# Minidicionário

**INGLÊS ■ PORTUGUÊS**
**PORTUGUÊS ■ INGLÊS**
**■ E VERBOS ■**

Prof. FRANCISCO DA SILVEIRA BUENO

# MINIDICIONÁRIO

## INGLÊS ■ PORTUGUÊS
## PORTUGUÊS ■ INGLÊS
## ■ e VERBOS ■

**FTD**

Todos os direitos reservados à
**EDITORA FTD S.A.**
**Matriz:** Rua Rui Barbosa, 156 (Bela Vista) São Paulo - SP
CEP 01326-010 - Telefone (011) 253-5011- Fax (011) 288-0132
Caixa Postal 65149 - CEP da Caixa Postal 01390-970
INTERNET: http://www.ftd.com.br

*Capa*
Roberto Soeiro

1996

ISBN 85-322-1692-7

# ÍNDICE

Nota explicativa .............................. IX
Abreviaturas usuais ........................... XI
Dicionário Inglês/Português ................... 1
Dicionário Português/Inglês ................... 419
Verbos ........................................ 715

# TABLE OF CONTENTS

Note .......................................... IX
Usual abbreviations ........................... XI
English/Portuguese Dictionary ................. 1
Portuguese/English Dictionary ................. 419
Verbs ......................................... 715

# NOTA EXPLICATIVA

Todos os verbetes inclusos nesta obra, acham-se destacados por letras maiúsculas em negrito, para melhor visualização do consulente.

A pronúncia figurada do inglês, encontra-se entre parênteses e foi simplificada através de caracteres e acentuação correntes.

Traduziu-se para o português na melhor forma existente, isto é, quando não há equivalência, usaram-se definições, o mesmo ocorrendo para o inglês.

Na parte final encontram-se os verbos ingleses de maior uso e suas respectivas traduções, completando-os com sinônimos e algumas frases exemplificativas.

# ABREVIATURAS USUAIS

| | |
|---|---|
| abr. de | abreviatura de |
| Acúst. | Acústica |
| adj. | adjetivo |
| adv. | advérbio |
| Aer. | Aeronáutica |
| Agric. | Agricultura |
| Agrim. | Agrimensura |
| Agron. | Agronomia |
| alem. | alemão |
| Alfaiat. | Alfaiataria |
| Anat. | Anatomia |
| Antrop. | Antropologia |
| aportg. | aportuguesamento |
| arc. | arcaico, arcaísmo |
| Arit. | Aritmética |
| Arqueol. | Arqueologia |
| Arquit. | Arquitetura |
| Astrol. | Astrologia |
| Astron. | Astronomia |
| Autom. | Automobilismo |
| aux. | auxiliar |
| Av. | Aviação |
| Bact. | Bacteriologia |
| Bal. | Balística |
| Biol. | Biologia |
| Bioquím. | Bioquímica |
| Bot. | Botânica |
| Bras. | Brasileirismo |
| bras. | brasileiro |
| brit. | britânico |
| Catol. | Catolicismo |
| Cin. | Cinema |
| Cirurg. | Cirurgia |
| Com. | Comércio |
| conj. | conjunção |
| Constr. | Construção |
| Cristal. | Cristalografia |
| Culin. | Culinária |
| depreciat. | depreciativo |
| desus. | desusado |
| dimin. | diminutivo |
| Dipl. | Diplomacia |
| Ecles. | Eclesiástico |
| ed. | edição |
| el. | elemento |
| Eletr. | Eletricidade |
| Eletrôn. | Eletrônica |
| Embriol. | Embriologia |
| Eng. | Engenharia |
| Ent. | Entomologia |
| Equit. | Equitação |
| equiv. | equivalente |
| esc. | escocês |
| esp. | espanhol |
| Espirit. | Espiritismo |
| Esp. | Esporte |
| etc. | et cetera (e outros) |
| Etim. | Etimologia |
| Etn. | Etnologia |
| EUA | Estados Unidos da América |
| ex. | exemplo, exemplar |
| Farmac. | Farmacologia |
| fam. | familiar |
| f. | feminino |
| f. pl. | feminino plural |
| fig. | figurado (sentido) |
| Filat. | Filatelia |
| Filol. | Filologia |

# ABREVIATURAS

| | |
|---|---|
| Filos. | Filosofia |
| Fís. | Física |
| Fisiol. | Fisiologia |
| Fitopat. | Fitopatologia |
| flex. | flexão |
| Fon. | Fonética |
| Fort. | Fortificação |
| Fot. | Fotografia |
| fr. | francês |
| fut. | futuro |
| Futeb. | Futebol |
| Gal. | Galicismo |
| gên. | gênero |
| Geol. | Geologia |
| Geogr. | Geografia |
| Geom. | Geometria |
| ger. | gerúndio |
| gír. | gíria |
| gráf. | gráfica (artes gráficas) |
| Gram. | Gramática |
| Heráld. | Heráldica |
| Hidrogr. | Hidrografia |
| Hist. | História |
| hol. | holandês |
| Hort. | Horticultura |
| Ict. | Ictiologia |
| Igr. | Igreja |
| imper. | imperativo |
| ind. | indicativo |
| inf. | infantaria; infantil; infinitivo |
| Inform. | Informática |
| Ingl. | Inglaterra |
| ing. | inglês |
| interj. | interjeição |
| ital. | italiano |
| Jornal. | Jornalismo |
| Jur. | Jurisprudência |
| Ling. | Lingüística |
| Lit. | Liturgia |
| Liter. | Literatura |
| loc. | locução |
| Lóg. | Lógica |
| Lus. | Lusitanismo |
| m. | masculino |
| m. pl. | masculino plural |
| Marít. | marítimo |
| Marcen. | Marcenaria |
| Mat. | Matemática |
| Mec. | Mecânica |
| Med. | Medicina |
| Metalúrg. | Metalúrgica |
| Métr. | Métrica |
| Meteor. | Meteorologia |
| Milit. | Militar |
| Miner. | Mineralogia |
| Mit. | mitologia |
| Mús. | Música |
| Náut. | Náutica |
| n. p. | nome próprio |
| Odont. | Odontologia |
| Ópt. | Óptica |
| Orn. | Ornitologia |
| p. | pronome |
| pal. | palavra |
| Pal. | Paleontologia |
| Parl. | Parlamentar |
| part. | particípio |
| Pat. | Patologia |
| pej. | pejorativo |
| pess. | pessoal |
| Petr. | Petrografia |
| p. ex. | por exemplo |
| Pint. | Pintura |
| pl. | plural |
| poét. | poético |
| Pol. | Política |
| pop. | popular |
| p. p. | particípio passado |
| pref. | prefixo |
| prep. | preposição |
| pret. | pretérito |
| pron. | pronome |
| prov. | provérbio |
| Psicol. | Psicologia |
| Psiq. | Psiquiatria |
| Quím. | Química |
| refl. | reflexivo |
| Rel. | Religião |
| Ret. | Retórica |
| Serol. | Serologia |
| s. | substantivo |
| sin. ou sg. | singular |
| s. pl. | substantivo plural |
| subj. | subjuntivo |
| subord. | subordinado |
| subst. | substantivado |
| suf. | sufixo |
| sup. | superlativo |
| Teat. | Teatro |
| Tecel. | Tecelagem |
| Téc. | Técnica |
| Telegr. | Telegrafia |
| Telev. | Televisão |
| Teol. | Teologia |
| term. | terminação |
| Tipogr. | Tipografia |

# ABREVIATURAS

| | |
|---|---|
| Topogr. | Topografia |
| Trigon. | Trigonometria |
| Univ. | Universal, Universidade |
| v. | verbo |
| var. | variável, variante, variação |
| vb. | vocábulo |
| Veter. | Veterinária |
| v. i. | verbo intransitivo |
| Vin. | Vinicultura |
| Vit. | Viticultura |
| vog. | vogal |
| vol. | volume |
| v. r. | verbo regular |
| v. t. | verbo transitivo |
| vulg. | vulgo, vulgar |
| yd | yard, jarda |
| Zool. | Zoologia |
| Zoot. | Zootecnia |

# INGLÊS-PORTUGUÊS

# A

**A** (êi), s. Primeira letra do alfabeto; (Mús.) lá; pl. a's.
**A** (êi), (Quím.) Símbolo do Argônio.
**A** (â ou êi), art. indef. Um, uma, uns, umas. V. *An.*
**A** (a), prep. e pref. Para, em, no, na, a, sobre, por.
**A.A.** (êi êi; â â), s. (Gfr.) Canhão, fogo antiaéreo.
**Ab** (áb), (Quím.) Alabamina; pref. ab (afastamento, separação).
**ABACK** (âbé'k), adv. Atrás, para trás; ao contrário. *To be taken aback:* ser colhido de surpresa, ficar surpreendido, embaraçado.
**ABACUS** (é'bäkäss), s. Ábaco.
**ABAFT** (âbéf't), adv. e prep. Atrás; (Náut.) à popa, a ré.
**ABALONE** (aeb'â'lou'ni), s. (Zool.) Haliote, madrepérola.
**ABANDON** (âbén'dânn), v. t. Abandonar. *To abandonon oneself to:* entregar-se a; s. desembaraço, despreocupação.
**ABANDONED** (âbén'dâned), adj. Abandonado, desamparado; depravado, dissoluto.
**ABANDONMENT** (âbén'dânment), s. Abandono, deserção.
**ABASE** (âbêi'ss), v. t. Rebaixar, humilhar, aviltar.
**ABASEMENT** (âbêis'ment), s. Aviltamento, humilhação.
**ABASH** (âbé'sh), v. t. Envergonhar; embaraçar, confundir.
**ABASHMENT** (âbésh'ment), s. Vergonha, vexame, humilhação.
**ABATE** (âbêi't), v. t. Abater, diminuir, reduzir, rebaixar; deduzir, suprimir, subtrair; omitir; (Jur.) reprimir ou suprimir abuso; suspender, extinguir ou desistir (ação); anular (mandado); v. i. minguar; declinar; decrescer; (Jur.) não surtir efeito, falhar; ser proibido.
**ABATEMENT** (âbêit'ment), s. Abatimento; diminuição, redução; (jur.) anulação.
**ABATER** (âbêitâr), s. Abatedor; (Jur.) intruso, usurpador.
**ABATTOIR** (âbêtuâ'r), s. Matadouro.
**ABBACY** (ébâssi), s. Abadia; dignidade abacial.
**ABBATIAL** (âbêi'shâl), adj. Abacial.
**ABBÉ** (ae b'ei), s. Abade, padre, eclesiástico.
**ABBESS** (ébiss), s. Abadessa.
**ABBEY** (é'bi), s. Abadia.
**ABBOT** (é'bât), s. Abade.
**ABBOTSHIP** (ébâtship), s. Cargo, dignidade de abade.
**ABBREVIATE** (ébri'viêt), v. t. Abreviar, reduzir, encurtar.
**ABBREVIATION** (ébriviêi'shânn), s. Abreviação, abreviatura; resumo.
**ABC** ou **A. B. C.** (êi-bi-si), s. Abecedário; alfabeto; rudimentos; princípios.
**ABDICANT** (éb'dikânt), adj. e s. Abdicante.
**ABDICATE** (éb'dikânt), adj. e s. Abdicante.
**ABDICATE** (éb'dikêit), v. t. e i. Abdicar, renunciar a.
**ABDICATION** (ébdikêi'shânn), s. Abdicação, renúncia.
**ABDOMEN** (ébdôu'mên), s. (Anat.) Abdome, ventre.
**ABDOMINAL** (ébdó'minâl), adj. Abdominal.
**ABDUCENT** (ébdâ'sent), adj. Abducente, abdutor.
**ABDUCT** (ébdâk't), v. t. Abduzir; arrebatar, raptar.
**ABDUCTION** (ébdâk'shânn), s. (Med.) Abdução; rapto.

**ABDUCTOR** (ébdăk'tar), s. Raptor; (Med.) abdutor.
**ABECEDARIAN** (eibissidé'rian) ou **ABECEDARY** (êibissi'deri), adj. Abecedário.
**ABED** (âbé'd), adv. Na cama, de cama. Deitado.
**ABERRANCE** (âbé'râns) ou **ABERRANCY** (âbé'rânsi), s. Aberração, anomalia, desvio; erro; desvario.
**ABERRATION** (ébârêi'shânn), s. Aberração; irregularidade; (ópt.) refração; (Astron. e Med.) desvio, anomalia.
**ABET** (âbé't), v. t. Incitar, instigar; fomentar.
**ABETMENT** (âbé'tment), s. Estímulo, instigagação, fomento.
**ABETTER** ou **ABETTOR** (âbé'târ), s. Instigador (de coisas repreensíveis), cúmplice.
**ABEYANCE** (âbêi'ânss), s. Expectativa; suspensão; estado jacente; vaga.
**ABHOR** (éb'hór), v. t. Detestar, odiar, abominar.
**ABHORRENCE** (éb-hó'rênss) ou **ABHORRENCY** (éb-hó'rênsi), s. Aversão, ódio, repugnância.
**ABHORRENT** (éb-hó'rênt), adj. Detestável, odioso, repugnante.
**ABIDANGE** (â'bai'dâns), s. Permanência, residência; duração, continuidade. *Abidance by*: fidelidade a, adesão a, sujeição a.
**ABIDE** (âbái'd), v. i. Habitar, residir; permanecer; v. t. sustentar, defender; suportar. *Abide by*: sustentar; defender; responsabilizar-se.
**ABIDER** (âbái'dâr), s. Habitante, morador.
**ABIDING** (âbái'dinn), adj. Duradouro, permanente. *Abiding place*: residência.
**ABILITY** (âbi'liti), s. Habilidade, aptidão; talento intelectual, capacidade, predicado (geralmente no plural: *abilities*).
**ABJECT** (âbdjék't), v. t. Rejeitar, desprezar.
**ABJECT** (âb'djékt), adj. Abjeto, vil, desprezível.
**ABJECTION** (âbdjék'shânn) ou **ABJECTNESS** (âbdjékt'ness), s. Abjeção, vileza, baixeza, infâmia, degradação.
**ABJURATION** (êbdjurêi'shânn), s. Abjuração, renúncia.
**ABJURE** (êbdju'r), v. t. Abjurar, renunciar, repudiar.
**ABJURER** (êbdju'râr), s. Abjurador, abjurante.
**ABLATION** (êblêi'shânn), s. Ablação.

**ABLATIVE** (é'blâtiv), adj. e s. (Gram.) Ablativo.
**ABLAZE** (âblêi'z), adj. Chamejante; adv. Em brasa.
**ABLE** (êi'bl), adj. Apto, capaz; forte; ativo.
**ABLE-BODIED** (êi'bl-bó'did), adj. Forte, robusto.
**ABLENESS** (êi'blnéss), s. Capacidade, aptidão.
**ABLOOM** (âblu'mm), adj. Florido, florescente; adv. floridamente.
**ABLUTION** (âblu'shânn), s. Ablução, lavagem.
**ABLY** (êi'bli), adv. Habilmente, com talento.
**ABNEGATE** (éb'nighêit), v. t. Abnegar, renunciar, abjurar; recusar.
**ABNEGATION** (ébnighêi'shânn), s. Abnegação, renúncia; sacrifício.
**ABNEGATOR** (éb'nighêitâr), s. Abjurador, apóstata.
**ABNORMAL** (ébnór'mâl), adj. Anormal, incomum; irregular.
**ABNORMALITY** (ébnórmé'liti), s. Anormalidade, irregularidade; anomalia; deformidade; pl.: *abnormalities*.
**ABOARD** (âbôur'd), adv. A bordo, no trem, no avião.
**ABODE** (âbôu'd), pret. e part. pass. de *abide*: s. Residência, domicílio.
**ABOLISH** (âbó'lish), v. t. Abolir, suprimir, anular.
**ABOLISHABLE** (âbó'lishâbl), adj. Anulável, abolível.
**ABOLISHER** (âbó'lishâr), s. Anulador, revogador, abolidor.
**ABOLISHMENT** (âbó'lishment), s. Abolição, anulação.
**ABOLITION** (éboli'shânn), s. Abolição; extinção, aniquilamento.
**ABOLITIONISM** (éboli'shânizm), s. Abolicionismo.
**ABOLITIONIST** (éboli'shânist), s. e adj. Abolicionista.
**A-BOMB** (êi bom'b), s. Bomba A, uma bomba atômica.
**ABOMINABLE** (âbó'minâbl), adj. Abominável, odioso; desagradável; repugnante.
**ABOMINABLY** (âbó'minâbli), adv. Abominavelmente.
**ABOMINATE** (âbó'minêit), v. t. Abominar, detestar, odiar.
**ABOMINATION** (âbóminêi'shânn), s. Abominação; acontecimento horrendo; repulsão.

**ABORIGINAL** (ébori'djinál), adj. Aborígine, nativo, indígena, primitivo; s. aborígine.
**ABORIGINALLY** (ébori'djináli), adv. Primitivamente, originariamente.
**ABORIGINE** (ébori'djini), s. Aborígine, índio.
**ABORT** (ábór't), v. i. Abortar; (fig.) malograr.
**ABORTION** (ábór'shánn), s. Aborto; (fig.) malogro, fracasso.
**ABORTIVE** (ábór'tiv), adj. Abortivo; imperfeito, estéril.
**ABOUND** (ábáun'd), v. i. Abundar (seguido de *in* ou *with*).
**ABOUNDING** (ábáun'dinn), adj. Abundante.
**ABOUT** (ábau't), prep. Em volta de; em poder de; cerca de; sobre, a respeito de; com; adv. ao redor; na vizinhança; aproximadamente; em direção oposta, — *to turn it about*: virá-lo. *To be about*: estar fazendo, ocupando-se, empenhando-se; tratar-se de; concernente a. *To be about to*: estar a ponto de, prestes a. *To bring about*: efetuar. *To come about*: acontecer. *About-face*: súbita mudança de atitude, de ação; (comando militar) meia volta, volver!
**ABOVE** (ábáv), prep. Sobre, por cima de; em poder de; em ou para lugar mais elevado, fora de; adv. acima ou superior a; superior em posição (no espaço, autoridade, etc.); supra. *Above a'l*: antes de mais nada, principalmente. *Aboveboard*: honesto, sincero; as claras, abertamente. *Above fifty dollars*: acima de, superior a 50 dólares; adj. situado, encontrado, mencionado. *Above mentioned*: acima (supra) mencionado. *Above oneself*: orgulhoso, altivo, presumido, pedante; s. algo que está acima.
**ABOVEBOARD** (ábáv'bóurd), adj. (fig.) Limpo, franco, honesto; adv. às claras.
**ABRADE** (ábrêi'd), vt. Desgastar, esmerilhar; esfolar.
**ABRASION** (ábrêi'jánn), s. Desgaste; esfoladura; abrasão.
**ABRASIVE** (ábrêi'siv), adj. e s. Abrasivo. *Abrasive paper*: lixa.
**ABREAST** (ábrés't), adv. Lado a lado; de frente. *Abreast of*: na altura de, diante de.
**ABRIDGE** (ábrid'j), v. t. Abreviar, resumir; reduzir; privar.
**ABRIDGED** (ábridj'd), adj. Abreviado, resumido.
**ABRIDGEMENT** ou **ABRIDGMENT** (ábridj'ment), s. Resumo; redução; diminuição.

**ABROACH** (ábrôu'tsh), adj. Perfurado, aberto; adv. profusamente. *To set abroach*: esvaziar; divulgar.
**ABROAD** (ábró'd), adv. Fora; largamente; para o estrangeiro; s. terras ou países estrangeiros.
**ABROGABLE** (éb'rogábl), adj. Ab-rogável, anulável.
**ABROGATE** (éb'roghêit), v. t. Ab-rogar, anular, revogar.
**ABROGATION** (éb-roghêi'shánn), s. Abrogação, anulação, abolição.
**ABRUPT** (ábráp't), adj. Abrupto, repentino; desconexo, confuso.
**ABRUPTION** (ábráp'shánn), s. Interrupção, ruptura, desmembramento.
**ABRUPTNESS** (ábrápt'néss), s. Rispidez, rudeza.
**ABSCESS** (éb'séss), s. (Med.) Abscesso, tumor, úlcera.
**ABSCIND** (éb'sind), v. t. Amputar, cortar, separar.
**ABSCISSA** (áb'sáiz), s. (Mat.) Abscissa.
**ABSCISSION** (ébsi'jánn), s. Abscisão, amputação.
**ABSCOND** (ébskón'd), v. i. Esconder-se, fugir à justiça; v. t. esconder.
**ABSCONDER** (ébskón'dár), s. Fugitivo, foragido, desertor.
**ABSENCE** (éb'sénss), s. Ausência, afastamento; distração; carência, falta. *In the absence of facts*: em faita de fatos; *absence* (absense) (neol.) carência ou inadequação de um sistema operacional (Adm. de Empresas).
**ABSENT** (éb'sênt), adj. Distraído, desatento; ausente.
**ABSENT** (ébsén't), v. t. Ausentar-se, retirar-se (com pron. reflexivo).
**ABSENTEE** (ébsênti'), s. Pessoa ausente.
**ABSENT-MINDED** (éb'sent-máin'did), adj. Distraído, absorto.
**ABSOLUTE** (éb'solut), adj. Absoluto, completo, inteiro; perfeito; ilimitado; despótico; s. absoluto.
**ABSOLUTELY** (éb'solutli), adv. Absolutamente; positivamente.
**ABSOLUTENESS** (éb'solutnéss), s. Arbitrariedade; independência.
**ABSOLUTION** (ébsolu'shánn), s. Absolvição, remissão.
**ABSOLUTISM** (éb'solutizm), s. Absolutismo, despotismo.

**ABSOLUTIST** (éb'solutist), adj. e s. Absolutista.
**ABSOLVABLE** (êbsól'vâbl), adj. Perdoável.
**ABSOLVE** (êbsól'v), v. t. Absolver, perdoar; isentar.
**ABSONANT** (éb'sonânt), adj. Desarmonioso; discordante.
**ABSORB** (âbsôr'b), v. t. Absorver, embeber; sugar; assimilar.
**ABSORBABLE** (âbsôr'bâbl), adj. Absorvível.
**ABSORBED** (âbsor'bid), adj. Absorto, extasiado.
**ABSORBENT** (âbsôr'bent), adj. e s. Absorvente.
**ABSORBING** (âbsôr'binn), adj. Absorvente; cativante.
**ABSORPTION** (âbsórp'shânn), s. Absorção; assimilação; enlevo.
**ABSTAIN** (âbstêi'n), v. i. Abster-se, privar-se (com *from*).
**ABSTAINER** (âbstêi'nâr), s. Abstêmio, abstinente.
**ABSTEMIOUS** (êbsti'miâss), adj. Abstêmio, sóbrio, moderado.
**ABSTEMIOUSNESS** (êbsti'miâsnéss), s. Temperança, sobriedade, moderação.
**ABSTENTION** (êbstên'shânn), s. Abstenção, abstinência.
**ABSTERGE** (êbstâr'dj), v. t. Absterger, limpar, purificar.
**ABSTERGENT** (êbstâr'djênt), adj. e s. Detergente, purificador.
**ABSTERSION** (êbstâr'shânn), s. Abstersão, purificação.
**ABSTINENCE** (êbs'tinénss) ou **ABSTINENCY** (êbs'tinênsi), s. Abstinência, sobriedade, temperança.
**ABSTINENT** (êbs'tinént), adj. Abstinente, sóbrio, moderado.
**ABSTRACT** (êbstrék't), adj. Abstrato; complexo; transcendental; s. extrato, resumo, sumário.
**ABSTRACTED** (êbstrék'tid), adj. Distraído, preocupado; separado.
**ABSTRACTION** (êbstrék'shânn), s. Abstração, distração.
**ABSTRUSE** (êbstru'ss), adj. Abstruso, obscuro, complexo; recôndito, escondido; secreto.
**ABSTRUSENESS** (êbstrus'néss), s. Abstrusidade, obscuridade.
**ABSURD** (âbsâr'd), adj. e s. Absurdo; disparatado, ridículo.
**ABSURDITY** (âbsâr'diti), s. Absurdo, disparate; insensatez; pl.: *absurdities*.
**ABUNDANCE** (âbân'dânss), s. Abundância, fartura.
**ABUNDANT** (âbân'dânt), adj. Abundante, copioso.
**ABUNDANTLY** (âbân'dântli), adv. Abundantemente.
**ABUSE** (âbiu'z), v. t. Abusar; prejudicar; injuriar; s. abuso; insulto; injúria.
**ABUSER** (âbui'zâr), s. Ofensor, injuriador, insultador.
**ABUSIVE** (âbiu'siv), adj. Abusivo; insultante; injurioso.
**ABUSIVENESS** (âbiu'sivnéss), s. Abuso; insolência.
**ABUT** (âbât'), v. i. Limitar, terminar em; confinar com (seguido de *on* ou *upon*); encostar, apoiar-se (seguido de *against*).
**ABUTMENT** (âbât'ment), s. Limite, confim, junção.
**ABYSM** (âbiz'm) ou **ABYSS** (âbi'ss), s. Abismo.
**ABYSMAL** (âbiz'mâl) ou **ABYSSAL** (âbi'sâl), adj. Abismal, abissal; insondável.
**ACADEMIC** (ékâdé'mik), adj. e s. Acadêmico.
**ACADEMICAL** (ékâdé'mikâl), adj. e s. Acadêmico.
**ACADEMICIAN** (âkédimi'shânn), ou **ACADEMIST** (âké'dimist), s. Acadêmico.
**ACADEMY** (âké'dimi), s. Academia; pl.: *academies*.
**ACANTHUS** (âkén'thâss), s. (Bot. e Arquit.) Acanto.
**ACCEDE** (éksi'd), v. i. Aceder, concordar, anuir; ter acesso; ser elevado a cargo ou dignidade.
**ACCEDENCE** (éksi'dênss), s. Acessão, acesso.
**ACCELERATE** (éksé'lârêit), v. t. Acelerar, apressar, precipitar.
**ACCELERATION** (éksélârêi'shânn), s. Aceleração.
**ACCELERATOR** (éksé'lârêitâr), s. Acelerador.
**ACCENT** (ék'sênt ou éksên't), v. t. Acentuar; dar ênfase a; frisar.
**ACCENTUATE** (éksên'tiuêit), v. t. Acentuar.
**ACCENTUATION** (éksêntiuêi'shânn), s. Acentuação.
**ACCEPT** (âksép't), v. t. Aceitar; admitir; favorecer.

**ACCEPTABILITY** (ăkséptăbi'liti) ou **ACCEPTABLENESS** (ăksép'tăblnéss), s. Aceitabilidade.

**ACCEPTABLE** (ěksép'tăbl), adj. Aceitável.

**ACCEPTANCE** (ăksép'tănss), s. Aceitação; aceite (de uma letra).

**ACCEPTANT** (ăksép'tănt), **ACCEPTER** ou **ACCEPTOR** (ăksép'tăr), s. Aceitante.

**ACCEPTION** (ăksép'shănn), s. Acepção.

**ACCESS** (ěk'séss), s. Acesso; admissão; entrada; passagem.

**ACCESSIBILITY** (ěkséssibi'liti), s. Acessibilidade.

**ACCESSION** (ěksé'shănn), s. Acessão; acesso, aumento.

**ACCESSIONAL** (ěksé'shănăl), adj. Adicional.

**ACCESSORY** (ěksé'sori), adj. Acessório, secundário; s. equipamento acessório; pl. *accessories*. *Accessory before* (ou *after*) *the fact*: (jur.) meios forenses. *Accessory ex post fact*: associado ou cúmplice de crime, ausente no ato; acoitador, coiteiro.

**ACCIDENCE** (ěk'siděnss), s. (Gram.) Morfologia; rudimentos de qualquer assunto.

**ACCIDENT** (ěk'sicent), s. Acidente, desastre; acaso, incidente, contingência. *By accident*: casualmente.

**ACCIDENTAL** (ěksidén'tăl), adj. Acidental; casual.

**ACCIDENTALLY** (ěksidén'tăli), adv. Casualmente.

**ACCLAIM** (ăklêi'mm), v. t. Aclamar, aplaudir; s. aclamação, aplauso.

**ACCLAMATION** (ěklămêi'shănn), s. Aclamação.

**ACCLIMATABLE** (ěklăi'mităbl) ou **ACCLIMATIZABLE** (ěkláimătăi'zăbl), adj. Aclimável.

**ACCLIMATE** (ăklăi'mêit) ou **ACCLIMATIZE** (ăklăi'mătáiz), v. t. e i. Aclimatar, aclimatar-se.

**ACCLIMATION** (ěklăimêi'shănn) ou **ACCLIMATIZATION** (ěkláimătizêi'shănn), s. Aclimatação.

**ACCLIVITOUS** (ăkli'vităss) ou **ACCLIVOUS** (ăklăi'văss), adj. Íngreme, aclive.

**ACCLIVITY** (ăkli'viti), s. Aclive, rampa, ladeira.

**ACCOLADE** (ěkolêi'd), s. Abraço; honra, louvor; condecoração (por toque de espada no ombro).

**ACCOMMODATE** (ăkó'modêit), v. t. Acomodar, ajustar; adaptar; reconciliar; fornecer; hospedar; adj. acomodado; quieto; bem instalado.

**ACCOMMODATING** (ăké'modêitinn), adj. Serviçal, obsequioso; compacente.

**ACCOMMODATION** (ăkómodêi'shănn), s. Acomodação; alojamento; adaptação; ajuste; auxílio, favor.

**ACCOMMODATIVE** (ăko'modêitiv), adj. Acomodatício, amoldável.

**ACCOMPANIER** (ékăm'păniăr), s. Sócio, companheiro.

**ACCOMPANIMENT** (ăkăm'păniment), s. Acompanhamento.

**ACCOMPANIST** (ăkăm'panist), s. Acompanhante.

**ACCOMPANY** (ăkăm'păni), v. t. Acompanhar, seguir; unir-se a.

**ACCOMPLICE** (ăkăm'pliss), s. Cúmplice.

**ACCOMPLISH** (ăkăm'plish), v. t. Cumprir, efetuar, realizar, executar, finalizar.

**ACCOMPLISHED** (ăkăm'plisht), adj. Completo, consumado, cumprido, executado.

**ACCOMPLISHMENT** (ăkăm'plishment), s. Cumprimento, realização; consumação; aperfeiçoamento.

**ACCORD** (ăkór'd), v. t. e i. Concordar; harmonizar, harmonizar-se; reconciliar; outorgar; conceder; s. acordo, harmonia; consentimento.

**ACCORDANCE** (ăkór'danss), s. Acordo, conformidade; concordância.

**ACCORDANT** (ăkór'dănt), adj. Concorde, conforme; harmonioso, correspondente (com *with* ou *to*).

**ACCORDING** (ăkór'dinn), adj. Concorde, harmonioso, de acordo (com prep. *to*). *According to your order*: segundo, em conformidade com (com.). *According to Cocker* (*Gunther, Hoyle*): matematicamente certo (estribado nessas autoridades).

**ACCORDION** (ăkór'diănn), s. Acordeão, harmônica.

**ACCOST** (ăkós't), v. t. e i. Acostar, abordar, aproximar-se de; dirigir a palavra a; saudar; s. saudação, cumprimento.

**ACCOUCHEMENT** (ăkush'măn), s. Parto.

**ACCOUCHEUR** (ěkushâ'r), s. Parteiro; fem.: *accoucheuse*.

**ACCOUNT** (ăkăun't), v. t. e i. Contar, calcular, avaliar, estimar; considerar, reputar; pensar, julgar, ter por. *To account for*: explicar, responder por, prestar contas de; s. conta, cálculo; relato, descrição; avaliação; consideração, estima; importância; lucro; conta-corrente. *On account of:* por causa de. *On no account:* de forma alguma. *To keep account:* escriturar livros.

**ACCOUNTABLE** (âkáun'tâbl), adj. Responsável.

**ACCOUNTANCY** (âkáun'tânssi), s. Contabilidade.

**ACCOUNTANT** (âkáun'tânt), s. Contador, contabilista. *Certified-accountant:* perito-contador.

**ACCOUNTING** (âkáun'tinn), s. Contabilidade.

**ACCOUTER** ou **ACCOUTRE** (âku'târ), v. t. Equipar, armar; vestir; ataviar.

**ACCOUTERMENT** ou **ACCOUTREMENT** (âku'târment), s. Equipamento; vestuário; atavios.

**ACCOUPLE** (âkâ'pl), v. t. Acasalar; unir.

**ACCREDIT** (âkré'dit), v. t. Acreditar, abonar; dar crédito a; autorizar oficialmente; endossar.

**ACCREDITED** (âkré'ditid), adj. Acreditado, autorizado.

**ACCRETION** (ékri'shânn), s. Aumento, acréscimo; incremento.

**ACCRUE** (âkru'), v. i. Aumentar; crescer; provir; resultar; s. aumento.

**ACCULTURATION** (âkâltiurêi'shânn), s. Aculturação.

**ACCUMBENT** (âkâm'bênt), adj. Reclinado, recostado.

**ACCUMULATE** (âkiu'miulêit), v. t. e i. Acumular, juntar, juntar-se; crescer; multiplicar-se; amontoar-se; adj. acumulado.

**ACCUMULATION** (âkimulêi'shânn), s. Acumulação, acúmulo; acervo; amontoado.

**ACCUMULATIVE** (âkiu'miulêitiv), adj. Acumulativo.

**ACCUMULATOR** (âkiu'miulêitâr), s. Acumulador.

**ACCURACY** (é'kiurâssi), s. Exatidão, retidão; pontualidade.

**ACCURATE** (ê'kiurit), adj. Exato, preciso, correto.

**ACCURSE** (âkâr'ss), v. t. Amaldiçoar; anatematizar.

**ACCURSED** (âkâr'sid ou âkârs't) ou **ACCURST** (âkârs't), adj. Maldito, detestável, execrável.

**ACCURSEDNESS** (âkâr'sidnéss), s. Maldição, condição de maldito.

**ACCUSABLE** (âkiu'zâbl), adj. Acusável, punível (com *of*).

**ACCUSATION** (êkiuzêi'shânn), s. Acusação, denúncia.

**ACCUSATIVE** (ékiu'sâtiv), adj. Acusativo; s. (Gram.) acusativo.

**ACCUSATORY** (âkiu'zâtôuri), adj. Acusatório.

**ACCUSE** (âkiu'z), v. t. Acusar, culpar, repreender (com *of, before, to*).

**ACCUSER** (âkiu'zâr), s. Acusador, delator; procurador público.

**ACCUSTOM** (âkâs'tâmm), v. t. Acostumar, familiarizar.

**ACCUSTOMED** (âkâs'tâmmd), adj. Acostumado; usual. *To get accustomed to:* acostumar-se a.

**ACE** (êiss), s. Ás (carta de jogar); ponto único (em certos jogos); craque, ás, campeão; ninharia; (gír.) *To have an ace in the hole:* recurso, trunfo a ser usado oportunamente. *Not an ace:* nem o mínimo. *Within an ace of:* muitíssimo perto, por um triz; de primeira classe. *An ace salesman:* um vendedor e tanto.

**ACEPHALIA** (âssefêi'lia), s. Acefalia, ausência total de cabeça.

**ACEPHALOUS** (âssé'fâlâss), adj. (Bot., Zool., fig.) Acéfalo.

**ACERB** (âssâr'b), adj. Acerbo, amargo, acre; áspero, severo.

**ACERBATE** (é'sârbêit), v. t. Azedar; acerbar; exasperar.

**ACERBITY** (âssâr'biti), s. Acerbidade; amargura; severidade, aspereza (de trato).

**ACERVATE** (âssâr'vit), adj. Amontoado, compacto.

**ACETATE** (é'sitit), s. (Quím.) Acetato.

**ACETIC** (âssi'tik), adj. Acético.

**ACETIFICATION** (âssitifikêi'shânn), s. (Quím.) Acetificação.

**ACETIFY** (âssé'tifái), v. t. Acetificar; pret. e part. pass.: *acetified.*

**ACETIMETER** (éssiti'mitâr), s. Acetímetro.

**ACETONE** (é'sâtounn), s. (Quím.) Acetona.

**ACETOUS** (é'sitâss) ou **ACETOSE** (é'sitôuss), adj. Acetoso, azedo, avinagrado.

**ACHE** (êik), v. i. Doer, sentir dores; desejar muito; s. dor.

**ACHIEVABLE** (âtshi'vâbl), adj. Executável, realizável.

**ACHIEVE** (âtshi'v), v. t. e i. Executar, realizar, completar; obter, ganhar, alcançar, atingir.

**ACHIEVEMENT** (âtshiv'ment), s. Execução, realização; empreendimento, feito, façanha; brasão.
**ACHIEVER** (âtshi'vâr), s. Executor; empreendedor.
**ACHING** (êi'kinn), adj. Dolorido.
**ACHROMATIC** (ékromé'tik), adj. Acromático.
**ACHROMATIZE** (âkrôu'mâtáiz), v. t. Acromatizar.
**ACHROMATOUS** (âkrôu'mâtâss), **ACHROMIC** (âkrôu'mik) ou **ACHROMOUS** (âkrôu'mâss), adj. Acrômico, sem cor.
**ACID** (é'sid), adj. s. Ácido; Ácido Lisérgico (LSD).
**ACIDIFY** (âssi'difái), v. t. Acidificar; acidular.
**ACIDITY** (âssi'diti) ou **ACIDNESS** (é'sidnéss), s. Acidez.
**ACIDULATE** (âssi'diulêit), v. t. Acidular.
**ACIDULOUS** (âssi'diulâs), adj. Acídulo.
**ACKNOWLEDGE** (âknô'lidj), v. t. Reconhecer, confessar, admitir; acusar o recebimento de; agradecer.
**ACKNOWLEDGEMENT** ou **ACKNOWLEDGMENT** (âknô'lidjment), s. Reconhecimento, gratidão; conformação; confissão; acusação de recibo; validação.
**ACME** (ék'mi), s. Acme, apogeu, culminância; (Biol. e Bot.) florescência.
**ACNE** (ék'ni), s. (Med.) Acne.
**ACOLYTE** (é'koláit), s. Acólito; sacristão.
**ACOUSTIC** (âkus'tik), adj. Acústico.
**ACOUSTICS** (âkus'tiks), s. Acústica.
**ACOUTYLEDON** (écoutilé'don), adj. Acotiledone.
**ACQUAINT** (âkuêin't), v. t. Avisar, informar, comunicar; instruir. *To acquaint oneself with:* familiarizar-se com, travar relações com.
**ACQUAINTANCE** (âkuêin'tânss), s. Conhecimento, relações; entendimento; habilidade; conhecido.
**ACQUAINTANCESHIP** (âkuêin'tânsship), s. Relações pessoais; amizade.
**ACQUEST** (âkués't), s. Aquisição.
**ACQUIESCE** (ékuié'ss), v. i. Aquiescer, anuir, consentir.
**ACQUIESCENCE** (ékuié'sênss), s. Aquiescência, concordância.
**ACQUIESCENT** (ékuié'sênt), adj. Aquiescente, condescendente; resignado; submisso.

**ACQUIRE** (âkuáiâ'r), v. t. Adquirir, ganhar, obter; contrair (hábito, costume).
**ACQUIREMENT** (âkuáiâr'ment), s. Aquisição; saber, talento; experiência.
**ACQUISITION** (ékuizi'shânn), s. Aquisição; ganho; compra; conquista.
**ACQUISITIVE** (âkuí'zitiv), adj. Aquisitivo; ganancioso, ávido.
**ACQUIT** (âkui't), v. t. Inocentar, absolver (um réu); desculpar; quitar. *To acquit oneself:* comportar-se; desempenhar-se.
**ACQUITTAL** (âkui'tâl), s. Absolvição; quitação; cumprimento do dever, desempenho.
**ACQUITTANCE** (âkuí'tânss), s. Quitação, recibo; isenção.
**ACRE** (êi'kar), s. Acre. *God's Acre:* terra dos pés juntos (pop.), cemitério.
**ACREAGE** (êi'kridj), s. Medição por acres.
**ACRID** (é'krid), adj. Acre, picante; mordaz; irritante.
**ACRIDITY** (ékri'diti) ou **ACRIDNESS** (é'kridnéss), s. Acridez; acrimônia; aspereza.
**ACRIMONIOUS** (ékrimôu'niâss), adj. Acrimonioso; sarcástico.
**ACRIMONIOUSNESS** (ékrimôu'niâsnéss), s. Amargor; aspereza.
**ACRIMONY** (é'krimâni), s. Acrimônia; rudeza.
**ACROBAT** (é'krobét), s. Acrobata, funâmbulo.
**ACROBATIC** (ékrobé'tik) ou **ACROBATICAL** (ékrobé'tikâl), adj. Acrobático.
**ACROBATICS** (ékrobé'tiks), s. Acrobacia; funambulismo.
**ACROMEGALY** (ékromé'gâli), s. Acromegalia.
**ACROSS** (âkrô'ss), adj. Cruzado; prep. através de; de lado a lado; no outro lado de; em contato com; deparar-se, topar com. *He came across an old friend:* topou com um velho amigo. *Get across:* fazer alguém compreender. *Put across* (gír.): tornar algo compreensível, fazer alguém compreender; fraudar, ludibriar, trapacear; adv. obliquamente. *Across the board:* inteira, completamente; (gír.) aposta feita num cavalo para os 1º, 2º e 3º páreos; geral, que abrange a todos, a tudo.
**ACROSTIC** (âkrôs'tik), s. Acróstico.
**ACT** (ékt), v. t. Obrar, produzir, fazer, executar; representar, fazer o papel de; pôr-se em ação ou movimento. *To act on:* proceder de acordo com; s. ato, ação; lei, decreto; procedimento; ato (em teatro). *In the act ou in the very act:* em flagrante.

**ACTABLE** (ék'tâbl), adj. Representável (peça).
**ACTH** (êi Ci Ti êitch), s. Hormônio adrenocorticotrópico.
**ACTING** (ék'tinn), s. Ação, desempenho; representação; substituição, interinado; encenação teatral; adj. interino; representável.
**ACTION** (ék'shânn), s. Ação, feito; operação; processo; combate; mecanismo; enredo; seqüência; gesto; (gfr.) jogo (qualquer jogo de azar); pl. procedimento, conduta. *Cycle of action*: ciclo de trabalho. *To bring to action*: instaurar processo, ação judicial. *See action* (militar): participar de combate. *To take action* (jur.): processar.
**ACTIONABLE** (ék'shânâbl), adj. Acionável.
**ACTIVATE** (ék'tivêit), v. t. Ativar; (Quím.) purificar.
**ACTIVATION** (éktivêi'shânn), s. Ativação; (Quím.) purificação.
**ACTIVE** (ék'tiv), adj. Ativo, vivo, esperto, ligeiro; movimentado; vigoroso; produtivo; (Gram.) ativo, transitivo (verbo); s. (Com.) o ativo.
**ACTIVENESS** (ék'tivnéss), s. Atividade, vivacidade.
**ACTIVITY** (ékti'viti), s. Atividade, diligência, presteza; energia; campo de ação; pl.: *activities*.
**ACTOR** (ék'târ), s. Ator; autor, agente principal; fem.: *actress*.
**ACTUAL** (ék'tiuâl ou ék'tshuâl), adj. Verdadeiro, real, efetivo.
**ACTUALITY** (éktiuél'liti), s. Realidade, fato; pl.: *actualities*.
**ACTUALLY** (ék'tiuâli), adv. Realmente, efetivamente.
**ACTUARY** (ék'tiuâri), s. Atuário; estatístico; escrivão.
**ACTUATE** (ék'tiuêit), v. t. Acionar, mover; impelir; incitar; instigar; atuar.
**ACTUATION** (éktiuêi'shânn), s. Acionamento, operação, atuação.
**ACUITY** (âkiu'iti), s. Acuidade, agudeza; sutileza, argúcia.
**ACUMEN** (âkiu'men), s. Agudeza de espírito, penetração, sagacidade.
**ACUMINATE** (âkiu'minêit), v. t. Aguçar; adelgaçar.
**ACUMINATE** (âkiu'minit), adj. Adelgaçado, pontiagudo.

**ACUMINATION** (âkiuminêi'shânn), s. Adelgaçamento.
**ACUTE** (âkiu't), adj. Agudo; pontiagudo; severo; repentino; vivo, perspicaz. (Gram.) *Acute accent*: acento agudo.
**ACUTELY** (âkiu'tly), adv. Sagazmente, agudamente.
**ACUTENESS** (âkiut'néss), s. Agudeza, perspicácia.
**AD** (éd), s. Anúncio, propaganda; abrev. de *advertisement*.
**ADACTYLOUS** (adék'tilâs), adj. Adátilo.
**ADAGE** (e'didj), s. Adágio, provérbio, anexim, rifão.
**ADAM** (é'dâm), s. Adão, o primeiro homem (Bíblia). *Adam's apple*: o pomo de Adão (gogó). *Adam's alc*: água. *Adam's alc is the best brew*: Não há melhor bebida que a água. *Adam and Eve on a raft*: forma pop. de pedir ovos fritos sobre pão torrado. *Adam's profession*: jardineiro, lavrador, agricultor; (gfr.) fazendeiro, agricultor.
**ADAMANTINE** (édâmén'tainn), adj. Adamantino, inquebrável.
**ADAPT** (âdép't), v. t. Adaptar, acomodar, ajustar, harmonizar.
**ADAPTABILITY** (âdéptâbi'liti), s. Adaptabilidade.
**ADAPTABLE** (âdép'tâbl), adj. Adaptável, aplicável.
**ADAPTATION** (âdéptêi'shânn), s. Adaptação, ajuste; acomodação.
**ADAPTER** ou **ADAPTOR** (âdép'târ), s. Adaptador, ajustador.
**ADD** (éd), v. t. Adicionar, acrescentar, somar, juntar; continuar (a falar, a escrever). *Add up to*: significar, indicar.
**ADDENDUM** (âdén'dâmm), s. Adendo, apêndice, suplemento.
**ADDIBLE** (é'dibl), adj. Acrescentável.
**ADDICT** (âdik't), v. t. e i. Dedicar, dedicar-se; entregar, entregar-se; escravizar-se (a um vício).
**ADDICTED** (âdik'tid), adj. Devotado, dedicado, afeito; habituado; dado (a um vício).
**ADDICTION** (âdik'shânn), s. Inclinação; propensão; apego.
**ADDITION** (âdi'shânn), s. Adição, soma; aditamento; aumento, acréscimo; anexo de um edifício. *In addition to*: além do que, em aditamento.
**ADDITIONAL** (âdi'shânâl), adj. Adicional, suplementar.

**ADDITIVE** (ê'ditiv), adj. Aditivo; cumulativo.
**ADDLE** (édl), v. t. e i. Confundir, aturdir; estragar, estragar-se; apodrecer, gorar; adj. confuso; podre, choco, oco; s. sedimento.
**ADRESS** (ádré'ss), v. t. Endereçar; dirigir a palavra; dirigir-se a alguém; preparar-se; dispor-se; s. endereço; discurso (dirigido a alguém); petição; dedicatória; ofício; carta; atitude.
**ADDRESSEE** (ádréssi'), s. Destinatário.
**ADDRESSER** ou **ADDRESSOR** (ádré'sâr), s. Remetente, assinante, subscritor; orador; suplicante.
**ADDUCE** (ádiu'ss), v. t. Aduzir, citar, exemplificar; alegar.
**ADDUCIBLE** (ádiu'sibl), adj. Aduzível, alegável.
**ADDUCTION** (ádák'shánn), s. Adução; citação, comprovação.
**ADDUCTIVE** (ádák'tiv), adj. Adutivo.
**ADEMPTION** (ádémp'shánn), s. Adenção; revogação (de doação, legado).
**ADENITIS** (éd'nitis), s. Adenite.
**ADENOID** (éd'nóid), s. Adenóide.
**ADEPT** (ádép't), adj. Habilitado, competente, perito; versado; s. prático, entendido; iniciado.
**ADEPTNESS** (ádépt'néss), s. Proficiência, competência.
**ADEQUACY** (é'dikuássi) ou **ADEQUATENESS** (é'dikuitnéss), s. Suficiência, proporcionalidade.
**ADEQUATE** (é'dikuit), adj. Adequado; equivalente; proporcionado; suficiente.
**ADHERE** (éd-hi'r), v. i. Aderir; grudar, colar-se; seguir; dedicar-se.
**ADHERENCE** (éd-hi'rênss) ou **ADHERENCY** (éd-hi'ránsi), s. Aderência; adesão; fidelidade; devoção, apego.
**ADHERENT** (éd-hi'rênt), adj. Aderente, ligado, pegado; s. aderente, partidário.
**ADHESION** (éd-hi'jánn), s. Adesão, aderência.
**ADHESIVE** (éd-hi'siv), adj. Adesivo, aderente, viscoso. *Adhesive tape:* esparadrapo; fita isolante; s. adesivo, cola.
**ADHESIVENESS** (éd-hi'sivnéss), s. Aderência, adesividade.
**ADHIBIT** (éd-hi'bit), v. t. Admitir; aplicar; juntar, afixar, anexar.
**ADHIBITION** (éd-hibi'shánn), s. Afixação, aplicação; emprego, uso.

**ADIPOSE** (é'dipôuse), adj. Adiposo, gordo.
**ADIPOSITY** (édipó'siti), s. Adiposidade, gordura.
**ADIT** (é'dit), s. Ádito; acesso; entrada; passagem (subterrânea).
**ADJACENCY** (ádjêi'sênsi), s. Adjacência, proximidade, vizinhança.
**ADJACENT** (ádjêi'sênt), adj. Adjacente, próximo, confinante, vizinho.
**ADJECTIVE** (é'djéktiv), adj. e s. (Gram.) Adjetivo.
**ADJOIN** (ádjói'nn), v. t. e i. Unir, ligar, juntar; confinar, limitar.
**ADJOINING** (ádjói'ninn), adj. Contíguo, confinante, adjacente.
**ADJOURN** (ádjár'nn), v. t. Adiar, prorrogar, diferir; transferir; interromper; suspender (transações).
**ADJOURNMENT** (ádjárn'ment), s. Adiamento, prorrogação; suspensão.
**ADJUDGE** (ádjád'j), v. t. e i. Adjudicar; julgar; sentenciar; condenar; decretar, ordenar.
**ADJUDGED** (ádjád'jid), adj. Adjudicado; sentenciado.
**ADJUDGMENT** ou **ADJUDGEMENT** (ádjádj'ment), s. Sentença, veredito; adjudicação.
**ADJUDICATE** (ádju'dikêit), v. t. Adjudicar; julgar, sentenciar (deliberar como juiz de direito).
**ADJUDICATION** (ádjud'kêi'shánn), s. Adjudicação; sentença; julgamento.
**ADJUDICATOR** (ádju'dikêitár), s. Juiz, árbitro.
**ADJUNCT** (é'djânkt), adj. e s. m. Adjunto; complemento, acessório; auxiliar; (Gram.) adjunto adverbial ou circunstancial.
**ADJUNCTION** (édjánk'shánn), s. Adjunção, união, adição.
**ADJURATION** (édjurêi'shánn), s. Juramento; rogo, súplica; exorcismo.
**ADJURE** (ádju'r), v. t. Adjurar; invocar; suplicar; intimar; exorcismar.
**ADJURER** ou **ADJUROR** (ádju'rár), s. Esconjurador.
**ADJUST** (ádjás't), v. t. Ajustar, regularizar; acomodar; adaptar; harmonizar; vencer dificuldades.
**ADJUSTABLE** (ádjás'tabl), adj. Ajustável, adaptável; regulável.
**ADJUSTER** ou **ADJUSTOR** (ádjás'târ), s. Ajustador; regulador.

**ADJUSTMENT** (ádjást'ment), s. Ajustamento, ajuste; regularização; normalização; montagem.

**ADJUTAGE** (é'djutidj), s. Bocal; bica de fonte.

**ADJUTANCY** (é'djutânsi), s. Ajutância, funções de ajudante (militar).

**ADJUTANT** (é'djutân), s. Ajudante, auxiliar, assistente (militar).

**ADJUVANT** (é'djuvânt), adj. e s. Ajudante, auxiliar, assistente.

**AD-LIB** (éd lib), v. t. Intercalar palavras ou frases em discurso, etc.; improvisar (diálogo, música, etc.).

**ADMEASURE** (édmé'jâr), v. t. Partilhar, repartir, aquinhoar.

**ADMEASUREMENT** (édmé'jarment), s. Partilha; medida; dimensão; aquinhoamento.

**ADMINISTER** (âdmi'nistâr), v. t. Administrar; dirigir; ministrar; fornecer; conduzir; ajudar; socorrer; prestar juramento.

**ADMINISTRABLE** (âdmi'nistrâbl), adj. Administrável.

**ADMINISTRATION** (âdministrêi'shânn), s. Administração, governo; gerência; direção; aplicação, distribuição; o presidente e o seu gabinete de ministros (nos Estados Unidos).

**ADMINISTRATIVE** (âdminis'trâtiv), adj. Administrativo, executivo.

**ADMINISTRATOR** (âdministrêi'târ), s. Administrador, gerente, curador.

**ADMIRABLE** (éd'mirâbl), adj. Admirável; excelente, ótimo.

**ADMIRABLY** (éd'mirâbli), adv. Admiravelmente.

**ADMIRAL** (éd'miral), s. Almirante. **ADM.** Abrev. de almirante, almirantado. *Admiral of the blue:* nome jocoso dado aos açougueiros ingleses. *Admiral of the red:* nome jocoso dado aos adeptos de Baco, os beberrões.

**ADMIRALSHIP** (éd'mirâl-ship), s. Almirantado.

**ADMIRALTY** (éd'mirâlti), s. Almirantado (corporação de oficiais superiores da Marinha. *First Lord of Admiralty:* ministro da Marinha; adj. de, relativo ou pertencente à Marinha.

**ADMIRATION** (édmirêi'shânn), s. Admiração.

**ADMIRE** (édmái'r), v. t. Admirar, apreciar; gostar de alguém (diz-se nos Estados Unidos).

**ADMIRER** (édmái'râr), s. Admirador; namorado; pretendente (à mão de).

**ADMIRING** (édmái'rinn), adj. Admirável, surpreendente; encantado; encantador.

**ADMIRINGLY** (édmái'rinnli), adv. Admiravelmente.

**ADMISSIBLE** (âdmi'sibl), adj. Admissível; lícito; aceitável (especialmente como prova).

**ADMISSION** (âdmi'shânn), s. Admissão, acesso, entrada, ingresso; preço do ingresso; consentimento; confissão; revelação.

**ADMIT** (âdmi't), v. t. Admitir, aceitar; permitir a entrada; dar direito de ingresso a; reconhecer (a verdade); confessar; admitir para cargos eletivos (diz-se nos Estados Unidos).

**ADMITTABLE** (âdmi'tâbl), adj. Admissível, aceitável.

**ADMITTANCE** (âdmi'tânss), s. Admissão, recepção, aceitação, entrada; concessão; direito de ingresso. *No admitance!:* entrada proibida.

**ADMIX** (âdmik'ss), v. t. e i. Misturar, misturar-se; juntar, juntar-se.

**ADMIXTURE** (édmiks'tiur ou édmiks'tshâr) ou **ADMIXTION** (âdmiks'shânn), s. Mistura, mescla.

**ADMONISH** (âdmó'nish), v. t. Advertir, admoestar, repreender, prevenir; exortar; avisar.

**ADMONISHER** (âdmó'nishâr), s. Admoestador; conselheiro.

**ADMONISHMENT** (âdmó'nishment) ou **ADMONITION** (édmoni'shânn), s. Admoestação, repreensão; advertência; censura; conselho.

**ADMONITORY** (âdmó'nitóuri), adj. Admonitório, repreensivo.

**ADO** (âdu'), s. Pressa, bulha; afã; alvoroço; algazarra; dificuldade. *Much ado about nothing:* muito barulho por nada. *Without more ado:* sem muitas cerimônias.

**ADOBE** (édóu'bi), s. Adobe, tijolo cru; barro seco ao sol.

**ADOLESCENCE** (édolé'sênss), s. Adolescência; juventude.

**ADOLESCENT** (édolé'sênt), adj. e s. Adolescente.

**ADOPT** (âdóp't), v. t. e i. Adotar, perfilhar; tomar, assumir; aceitar.

**ADOPTER** (âdóp'târ), s. Adotante; adotador.

**ADOPTION** (ădóp'shănn), s. Adoção; reconhecimento.
**ADOPTIVE** (ădóp'tiv), adj. Adotivo; adotado.
**ADORABLE** (ădóu'rábl), adj. Adorável, admirável; gracioso; belo.
**ADORATION** (ėdorêi'shănn), s. Adoração; culto; reverência.
**ADORE** (ădóu'r), v. t. e i. Adorar; reverenciar; gostar, estimar.
**ADORN** (ădór'n), v. t. Adornar, embelezar, enfeitar, decorar.
**ADORNER** (ădór'năr), s. Decorador, adornador.
**ADORNING** (ădínn), adj. Ornamental.
**ADORNMENT** (ădórn'ment), s. Adorno, ornamento; enfeite; decoração.
**ADOWN** (ădáu'n), adv. Para baixo; prep. ao longo de; sobre, de uma situação mais alta para outra mais baixa.
**ADRIFT** (ădrif't), adj. Desgovernado, sem rumo; adv. à toa, a esmo.
**ADROIT** (ădrói't), adj. Hábil, destro.
**ADULATE** (é'diulêit), v. t. Adular, bajular, lisonjear.
**ADULATION** (é'diulêi'shănn), s. Adulação, lisonja.
**ADULATOR** (é'diulêităr), s. Adulador.
**ADULATORY** (é'diulêitări), adj. Adulador.
**ADULT** (ădăl't), adj. e s. Adulto; desenvolvido (planta ou animal).
**ADULTERANT** (ădăl'tărănt), adj. Adulterante; s. agente, substância adulterante.
**ADULTERATE** (ădăl'tărêit), v. t. Adulterar, falsificar, corromper.
**ADULTERATE** (ădăl'tărit), adj. Adulterado, falsificado.
**ADULTERATION** (ădăltărêi'shănn), s. Adulteração, falsificação.
**ADULTERATOR** (ădăl'tăreităr), s. Adulterador, falsificador.
**ADULTERER** (ădăl'tărar), s. Adúltero; fem.: *adulteress*.
**ADULTERINE** (adăl'tărăinn), adj. Adulterino; espúrio, falso.
**ADULTEROUS** (ădăl'tărăss), adj. Adúltero, adulteroso, falso.
**ADULTERY** (ădăl'tări), s. Adultério; pl.: *adulteries*.
**ADULTHOOD** (ădăl'hud) ou **ADULTNESS** (ădăl't'néss), s. Maioridade, idade da razão, virilidade.
**ADUMBRATE** (é'dămbrêit), v. t. Adumbrar; pressagiar; anuviar, obscurecer; esboçar.

**ADUMBRATION** (édămbrêi'shănn), s. Adumbração; obscurecimento; esboço.
**ADUST** (ădăs't), adj. Adusto, tostado; ardente; sombrio (temperamento, aspecto).
**ADVANCE** (ădvén'ss), v. t. e i. Oferecer (argumentos); avançar; adiantar; progredir, melhorar; animar; fomentar; subir (em dignidade, posto, posição ou preço); sugerir; explicar; s. avanço; progresso, melhoramento; aumento; elevação; adiantamento; empréstimo; pl. proposta, tentativa.
**ADVANCED** (ădvéns't), adj. Adiantado, desenvolvido; superior aos demais (diz-se nos Estados Unidos).
**ADVANCEMENT** (ădvéns'ment), s. Avanço; adiantamento; progresso; melhoria; elevação (de posto, etc.).
**ADVANTAGE** (ĕdvăn'tidj), v. t. Auxiliar, promover, favorecer; v. i. ser vantajoso, benéfico. *To take advantage of:* aproveitar-se de; s. vantagem, lucro, benefício; primazia; preponderância; ascendência.
**ADVANTAGEOUS** (ĕdvăntêi'djăss), adj. Vantajoso, útil, lucrativo; favorável.
**ADVANTAGEOUSNESS** (ĕdvăntêi'djăsnéss), s. Vantagem, proveito.
**ADVENE** (ăd'vin), v. t. e i. Advir, chegar a, alcançar; ser acrescido como subsidiário.
**ADVENT** (éd'vĕnt), s. Advento, vinda, chegada.
**ADVENTISM** (éd'vĕntzmm), s. Adventismo.
**ADVENTIST** (éd'vĕntist), adj. e s. Adventista.
**ADVENTITIOUS** (édvĕnti'shăss), adj. Adventício, casual, acidental.
**ADVENTITIOUSNESS** (édvĕnti'shăsness), s. Casualidade.
**ADVENTURE** (ădvén'tshăr), s. Aventura; façanha; proeza; ousadia, coragem; especulação; v. t. aventurar, arriscar; v. i. aventurar-se.
**ADVENTURER** (ădvén'tshărăr), s. Aventureiro, especulador, negocista.
**ADVENTURESOME** (ădvén'tshărsămm), adj. Aventuroso, arriscado.
**ADVENTURESS** (ădvén'tshăréss), s. Aventureira.
**ADVENTUROUS** (ădvén'tshărăss), adj. Aventureiro; ousado, audaz; arriscado, temerário.
**ADVENTUROUSNESS** (ădvén'tshărăsnéss), s. Aventura; audácia, ousadia, intrepidez.

**ADVERB** (éd'várb), s. (Gram.) Advérbio.
**ADVERBIAL** (ádvár'biál), adj. (Gram.) Adverbial.
**ADVERSARY** (éd'vársári), s. Adversário, inimigo.
**ADVERSATIVE** (ádvár'sátiv), adj. Adversativo.
**ADVERSE** (éd'várss), adj. Adverso, oposto, antagônico.
**ADVERSITY** (ádvár'siti), s. Adversidade, desgraça, infortúnio.
**ADVERT** (édvár't), v. t. Advertir, observar, notar; referir-se; considerar.
**ADVERTENCE** (édvár'ténss) ou **ADVERTENCY** (édvár'tensi), s. Advertência; cautela, atenção; alusão, referência; reparo.
**ADVERTENT** (édvárt'tént), adj. Cauteloso, atento.
**ADVERTISE** (éd'vártáiz), v. t. Advertir, informar, avisar; publicar.
**ADVERTISEMENT** (édvártáiz'ment), s. Anúncio; propaganda; aviso, notificação.
**ADVERTISER** (éd'vártáizár), s. Anunciante.
**ADVERTISING** (éd'vártáizinn), s. Publicidade, propaganda; anúncio, cartaz.
**ADVICE** (ádvái'ss), s. Conselho, parecer, opinião; informação; notícia; novidade.
**ADVISABILITY** (ádváizábi'liti), s. Conveniência, oportunidade; prudência; pl.: *advisabilities*.
**ADVISABLE** (ádvái'zábl), adj. Aconselhável, prudente.
**ADVISE** (ádvái'z), v. t. e i. Aconselhar, avisar, dar conselho, ou tomá-lo; deliberar, refletir (seguido de *on* ou *about*).
**ADVISED** (ádváiz'd), adj. Avisado, prudente, refletido; deliberado, planejado.
**ADVISEDLY** (ádvái'zidli), adv. Prudentemente; deliberadamente.
**ADVISEMENT** (ádváiz'ment), s. Prudência, cautela; ponderação; deliberação.
**ADVISER** ou **ADVISOR** (ádvái'zár), s. Conselheiro, consultor; educador; mentor.
**ADVISORY** (ádvái'zári), adj. Consultivo; prudente.
**ADVOCACY** (éd'vokássi), s. Advocacia; defesa, proteção.
**ADVOCATE** (éd'vokéit), v. t. Advogar; defender, proteger.
**ADVOCATE** (éd'vokit), s. Advogado, defensor, protetor; medianeiro; fem.: *advocatress*.

**ADVOCATION** (édvokéi'shánn), s. Defesa, -apelação; pleito.
**ADVOWEE** (édváu'i), s. Patrono, padroeiro.
**ADVOWSON** (édváu'zánn), s. Padroado.
**ADZ** ou **ADZE** (édz), s. Enxó, machadinha de tanoeiro; v. i. trabalhar com enxó.
**AEGIS** (í'djiss), s. Égide, proteção, amparo.
**AEONIAN** (iôu'niánn), adj. Eterno, indefinido.
**AERATE** (êi'áreit), v. t. Arejar, ventilar; gaseificar; oxidar; oxigenar (o sangue).
**AERATION** (êiárêi'shánn), s. Ventilação, arejamento.
**AERATOR** (êi'áreitár), s. Ventilador.
**AERIAL** (êi-i'riál), adj. Aéreo, atmosférico; etéreo; irreal; leve; fino; gasoso; alto, elevado; s. antena (de rádio).
**AERIFICATION** (êiárifikêi'shánn), s. Aerificação; vaporização.
**AERIFY** (êiá'rifái), v. t. Aerificar, arejar; pret. e part. pass.: *aerified*.
**AERODROME** (êi'árodrôumm), s. Aeródromo.
**AERODYNAMIC** (êiárodáiné'mik) ou **AERODYNAMICAL** (êiárodáiné'mikál), adj. Aerodinâmico.
**AERODYNAMICS** (êiárodáiné'miks), s. Aerodinâmica.
**AEROGRAM** (êi'árogrémm), s. Aerograma, radiograma.
**AEROGRAPHY** (êiárô'gráfi), s. Aerografia.
**AEROGUN** (êi'árogánn), s. Canhão antiaéreo.
**AEROLOGIST** (êiárô'lodjist), s. Aerólogo.
**AEROLOGY** (êiárô'lodji), s. Aerologia.
**AEROMETER** (êiárô'mitár), s. Aerômetro.
**AERONAUT** (êi'áronót), s. Aeronauta.
**AERONAUTIC** (êi'áronótik) ou **AERONAUTICAL** (êi'áronótikál), adj. Aeronáutico.
**AERONAUTICS** (êi'áronótiks), s. Aeronáutica.
**AEROPLANE** (êi'ároplêinn), s. Aeroplano.
**AEROSTAT** (êi'árostét), s. Aeróstato.
**AEROSTATICS** (êiárostê'tiks), s. Aerostática.
**AERUGO** (é'ru'gô), s. Ferrugem. *Aerugo ferri*: subcarbonato de ferro.
**AESTHETE** (isthê't), s. Esteta.
**AESTHETIC** (isthê'tik) ou **AESTHETICAL** (isthê'tikál), adj. Estético.
**AESTHETICS** (isthê'tiks), s. Estética.
**AFAR** (áfá'r), adv. Ao longe, à distância.
**AFFABILITY** (éfábi'liti), s. Afabilidade, amabilidade.
**AFFABLE** (é'fábl), adj. Afável, amável, cortês.
**AFFAIR** (áfé'r), s. Negócio, assunto, questão, ocupação de qualquer natureza; aconteci-

mento, incidente; romance, namoro. *As affaire stand:* como estão as coisas atualmente. *That's not my affair!:* isso não me importa!

**AFFECT** (âfék't), v. t. Afetar, comover, impressionar; ter afeição ou predileção por; ser dado a; fingir, simular; (Med.) contaminar; s. sentimento, inclinação, afeto.

**AFFECTATION** (éféktêi'shânn), s. Afetação, fingimento.

**AFFECTED** (âfék'tid), adj. Afetado, fingido, presunçoso; simulado; apegado, inclinado.

**AFFECTEDLY** (âfék'tidli), adv. Afetadamente, presunçosamente, fingidamente.

**AFFECTING** (âfék'tinn), adj. Comovente, terno, patético.

**AFFECTINGLY** (âfék'tinli), adv. Comovidamente, ternamente.

**AFFECTION** (âfék'shânn), s. Afeição, ternura; inclinação; (Med.) doença, enfermidade, afecção.

**AFFECTIONAL** (âfék'shânâl), adj. Afetivo, emocional.

**AFFECTIONATE** (âfék'shânit), adj. Afeiçoado, afetuoso, carinhoso, afável.

**AFFECTIONATELY** (âfék'shânitli), adv. Afetuosamente, carinhosamente.

**AFFECTIONATENESS** (âfék'shânitnéss), s. Afeição, ternura, afetividade.

**AFFECTIVE** (âfék'tiv), adj. Afetivo, terno, amorável.

**AFERENT** (é'fârênt), adj. (Med.) Aferente.

**AFFIANCE** (âfái'ânss), v. t. Contrair núpcias; contratar casamento; jurar fidelidade (especialmente em casamento); s. contrato de casamento; esponsais; fé, confiança; compromisso.

**AFFIANCED** (âfái'ânst), adj. Com noivado ou casamento prometido; s. noivo.

**AFFILIATE** (âfi'liêit), v. t. e i. Adotar, perfilhar; associar-se, agregar-se; s. organização ou pessoa filiada, associada.

**AFFILIATION** (âfiliêi'shânn), s. Adoção, perfilhação; atribuição de paternidade; incorporação.

**AFFINITIVE** (âfi'nitiv), adj. Afim.

**AFFINITY** (âfi'niti), s. Afinidade, parentesco; semelhança, conformidade (com *between* ou *with*); (Quím.) afinidade.

**AFFIRM** (âfâr'mm), v. t. e i. Afirmar, confirmar; assegurar, garantir; certificar, ratificar; declarar solenemente.

**AFFIRMABLE** (âfâr'mâbl), adj. Afirmável.

**AFFIRMANCE** (âfâr'mânss), s. Confirmação, declaração.

**AFFIRMATION** (âfârmêi'shânn), s. Afirmação solene; confirmação, ratificação.

**AFFIRMATIVE** (âfâr'mâtiv), adj. Afirmativo, confirmatório; s. afirmativa; consentimento.

**AFFIX** (é'fiks), v. t. Afixar; juntar, anexar; lacrar, selar; fincar; apor (assinatura); s. afixo; anexo; apêndice; acessório.

**AFFLATION** (âflêi'shânn), s. Bafejo, sopro; inspiração.

**AFFLATUS** (âflêi'tâss), s. Inspiração (poética ou divina); sopro.

**AFFLICT** (âflik't), v. t. Afligir, atormentar; angustiar.

**AFFLICTION** (âflik'shânn), s. Aflição; desespero; angústia; mágoa; ansiedade.

**AFFLICTIVE** (âflik'tiv), adj. Aflitivo, angustioso.

**AFFLICTIVELY** (âflik'tivli), adv. Aflitivamente.

**AFFLUENCE** (é'fluênss), s. Afluência, afluxo; abundância; riqueza.

**AFFLUENT** (é'fluênt), adj. Afluente; abundante, copioso, opulento; s. afluente.

**AFFLUX** (é'flâks), s. Afluxo; afluência (de pessoas).

**AFFORD** (âfór'd), v. t. Dar, conceder, fornecer, proporcionar; permitir-se, dar-se ao luxo de; ter recursos para.

**AFFOREST** (éfó'rist), v. t. Reflorestar.

**AFFORESTATION** (éfóristêi'shânn), s. Reflorestamento.

**AFFRANCHISE** (éfrén'tsháiz), v. t. Franquear; alforriar, libertar; emancipar; isentar.

**AFFRANCHISEMENT** (éfrén'tshizment), s. Libertação; emancipação; isenção.

**AFFRAY** (âfrê'i), s. Desordem, tumulto, rixa, refrega; v. t. amedrontar, alarmar, sobressaltar.

**AFFRONT** (âfrân't), s. Afronta, injúria, insulto; v. t. afrontar, injuriar; enfrentar, fazer face a.

**AFFRONTER** (âfrân'târ), s. Agressor, provocador.

**AFFUSION** (âfiu'jânn), s. Afusão, derramamento; infusão.

**AFFIELD** (âfíl'd), adv. No campo ou para o campo; longe (de casa, do lar); fora (do caminho); desviado.

**AFIRE** (âfái'âr), adj. Incendiado, em chamas. *To set afire:* incendiar.

**AFLAME** (âflêi'mm), adj. Chamejante; (fam.) brilhante, radiante; em chamas.

**AFLAT** (âflé't), adj. e adv. Ao nível.
**AFLOAT** (âflôu't), adj. Flutuante; embarcado; desgovernado; livre, salvo, desimpedido; à tona, ao desamparo, desgovernadamente; em circulação, em curso.
**AFOOT** (âfu't), adv. A pé, andando; em movimento, em marcha, em ação.
**AFORESAID** (âfôur'séd), adj. Supracitado, supramencionado; dito, citado.
**AFORETHOUGHT** (âfôur'thót), adj. Premeditado, planejado.
**AFORETIME** (âfôur'táimm), adv. Antigamente, outrora; adj. anterior, antigo.
**AFOUL** (âfáu'l), adj. Embaraçado, confuso; adv. confusamente (diz-se nos Estados Unidos).
**AFRAID** (âfrêi'd), adj. Amedrontado, assustado. *I am afraid that. . .:* receio que. . . ou, lamento que . . . *To be afraid:* ter medo, estar receoso.
**AFRESH** (âfré'sh), adv. De novo, novamente.
**AFRICAN** (é'frikân), adj. e s. Africano; negro.
**AFRIKANDER** (éfrikén'dâr), s. Africânder, branco natural da África.
**AFT** (éft), adv. (Náut.) À popa, à ré.
**AFTER** (âf'târ), prep. Depois de, detrás de, após; em seguida a, no encalço de; acerca de, sobre; à moda de; de acordo com; em homenagem a; adj. subseqüente; posterior, ulterior; (Náut.) de popa; adv. atrás, detrás, em seguida; conj. depois de. *After all:* afinal de contas, afinal. *After one's own heart:* ao próprio gosto de, de acordo com a vontade. *To be after something:* esforçar-se para obter algo. *After ages:* posteridade; s. (pop.) nádegas, ânus.
**AFTER-BIRTH** (âf'târ-bârth), s. (Med.) Placenta, secundinas.
**AFTER-BRAIN** (âf'târ-brêin), s. Mentecéfalo, cérebro posterior.
**AFTERBURNER** (âf'tar bâr'ner), s. (Aer.) Motor a jato acoplado ao exaustor do motor principal para empuxo adicional.
**AFTER-CARE** (âf'târ kér), s. Cuidados, enfermagem a convalescentes; cuidados do puerpério.
**AFTERDECK** (âf'târ dék), s. (Náut.) Convés de ré.
**AFTER-EFFECT** (âf'târ i'fékt), s. Golpe tardio, inesperado; efeito posterior, residual.
**AFTER-MATH** (âf'tar máth), s. Resultado, frutos, conseqüências (geralmente desagradáveis).

**AFTERMOST** (âf'târmôust), adj. superl. O último, o mais traseiro.
**AFTERNOON** (âftârnu'nn), s. Tarde (parte do dia entre o meio-dia e o anoitecer); adj. vesperal, da tarde.
**AFTER-SAIL** (âf'târ-sêil), s. (Náut.) Vela de popa.
**AFTER-THOUGHT** (âf'târ-thót), s. Reflexão tardia; explicação posterior; malícia.
**AFTERWARD** (âf'târ-uârd) ou **AFTERWARDS** (âf'târ-uârdz), adv. Posteriormente, em seguida, mais tarde.
**AGAIN** (âghêi'n), adv. Outra vez, de novo, novamente; além disso, demais, porém. *Again and again:* repetidas vezes. *Never again:* nunca mais. *Over again:* outra vez.
**AGAINST** (âghêins't), prep. Contra, em oposição a, em sentido contrário a; defronte, diante; junto a; em comparação com; em defesa de.
**AGAPE** (âghêi'p), adj. Boquiaberto, embasbacado.
**AGAPE** (é'gâpi), s. Ágape.
**AGATE** (é'gât), s. (Min.) Ágata; (Tip.) nome dado nos Estados Unidos ao tipo de corpo 5 1/2.
**AGE** (êidj), s. Idade; velhice; época, era; geração; período de vida; (fam.) período extenso. *Full age:* maioridade. *Under age:* minoridade. *What is your age?:* que idade tem você? v. t. e i. envelhecer; amadurecer.
**AGED** (êi'djid), adv. Envelhecido, velho idoso; amadurecido.
**AGEDNESS** (êi'djidnéss), s. Velhice; sazonação.
**AGELESS** (êi'djiléss), adj. Perene, eterno, imutável.
**AGELONG** (êi'djilónn), adj. Duradouro, secular, perpétuo.
**AGENCY** (êi'djênsi), s. Agência; direção; ação, atividade; filial (de casa comercial, banco, etc.); pl.: agencies.
**AGENDA** (âdjén'da), s. Notas de negócios a efetuar; livro-almanaque ou diário comercial.
**AGENT** (êi'djênt), s. Agente; delegado, representante; mediador; causa; (fam.) vendedor; bilheteiro; (Quím.) reagente.
**AGENTIAL** (âdjén'shâl), adj. Representativo.
**AGGLOMERATE** (âglô'mârêit), v. t. e i. Aglomerar, aglomerar-se; amontoar.

**AGGLOMERATE** (ǎglǒ'mǎrit), adj. e s. Aglomerado.
**AGGLOMERATION** (ǎglǒmǎrêi'shǎnn), s. Aglomeração; ajuntamento.
**AGGLUTINANT** (ǎglu'tinǎnt), adj. Aglutinante; s. substância aglutinante.
**AGGLUTINATE** (ǎglu'tinêit), v. t. Aglutinar, ligar, unir, colar.
**AGGLUTINATE** (ǎglu'tinit), adj. Aglutinado, reunido, colado.
**AGGLUTINATION** (ǎglutinêi'shǎnn), s. Aglutinação.
**AGGRANDIZE** (é'grǎndáiz), v. t. Engrandecer; exaltar; elevar; aumentar, ampliar; exagerar.
**AGGRANDIZEMENT** (ǎgrén'dizment), s. Engrandecimento; elevação; exaltação.
**AGGRAVATE** (é'grǎvêit), v. t. Agravar; intensificar; (fam.) irritar, exasperar; provocar.
**AGGRAVATING** (égrǎvêi'tin), adj. Agravante; (fam.) exasperador, aborrecido, irritante.
**AGGRAVATION** (égrǎvêi'shǎnn), s. Agravação; circunstância agravante; (fam.) provocação.
**AGGREGATE** (é'grighêit), v. t. Agregar, incorporar, reunir; (fam.) perfazer o total de.
**AGGREGATE** (é'grighit), adj. e s. Agregado; s. coleção, conjunto; total, soma.
**AGGREGATION** (égrighêi'shǎnn), s. Agregação, coleção, conjunto; reunião, acúmulo.
**AGGREGATIVE** (é'grighêitiv), adj. Agregativo, coletivo; gregário, social.
**AGGRESS** (ǎgré'ss), v. i. Agredir, importunar, atacar; iniciar uma contenda.
**AGGRESSION** (ǎgré'shǎnn), s. Agressão, ataque, provocação, injúria.
**AGGRESSIVE** (ǎgré'siv), adj. Agressivo, ofensivo, belicoso; ativo, enérgico (diz-se nos Estados Unidos).
**AGGRESSIVENESS** (ǎgré'sivnéss), s. Agressividade.
**AGGRESSOR** (ǎgré'sǎr), s. Agressor, ofensor.
**AGGRIEVE** (ǎgri'v), v. t. Afligir, molestar, oprimir; prejudicar, lesar.
**AGGRIEVED** (ǎgriv'd), adj. Magoado; aflito; prejudicado, lesado.
**AGHAST** (ǎghés't), adj. Aterrado, horrorizado; espantado; consternado. *To stand aghast:* ficar horrorizado.
**AGILE** (é'djil), adj. Ágil, vivo, ligeiro.
**AGILITY** (ǎdji'liti) ou **AGILENESS** (é'djilnéss), s. Agilidade, vivacidade, presteza.
**AGIO** (é'djiôu ou êi'djiôu), s. Ágio.
**AGIOTAGE** (é'djiotidj), s. Agiotagem.
**AGIST** (ǎdjis't), v. t. Invernar, deixar pastar o gado, mediante pagamento.
**AGITATE** (é'djitêit), v. t. e i. Agitar, abalar, comover; sacudir; perturbar; discutir, debater (uma questão); agitar a opinião pública.
**AGITATION** (édjitêi'shǎnn), s. Agitação, comoção; perturbação; discussão, debate; campanha pública.
**AGITATOR** (é'djitêitǎr), s. Agitador, fomentador; perturbador.
**AGLET** (é'glét), s. Agulheta, adorno metálico (nos uniformes).
**AGLOW** (ǎglô'u), adj. Abrasado, incandescente; adv. abrasadamente.
**AGNAIL** (ég'néil), s. Panarício, unheiro.
**AGNATE** (ég'nêit), s. Agnato, agnado; adj. aparentado; similar, congênere.
**AGNATION** (égnê'shǎnn), s. Agnação.
**AGNOMEN** (ǎgnôu'men), s. Agnome, sobrenome.
**AGNOSTIC** (ǎgnós'tik), adj. e s. Agnóstico.
**AGO** (ǎgô'u), adv. Anteriormente, atrás (no tempo), desde. *Long ago:* há muito tempo; adj. passado.
**AGOG** (ǎgó'g), adj. Impaciente, ansioso, esperançoso, excitado; adv. ansiosamente, impacientemente.
**AGOING** (ǎgôu'inn), adv. Em movimento; com a intenção de.
**AGONIZE** (é'gonáiz), v. t. Agoniar, fazer sofrer muito, torturar; v. i. agonizar, estar na agonia.
**AGONIZING** (égonái'zinn), adj. Agonizante, torturante, atroz.
**AGONY** (é'goni), s. Agonia, angústia; dor intensa; martírio; pl.: *agonies*.
**AGOUTY** ou **AGOUTI** (ǎgu'ti), s. Cutia.
**AGRAFE** ou **AGRAFFE** (ǎgré'f), s. Gancho, colchete, broche.
**AGRARIAN** (ǎgré'riǎnn), adj. Agrário, campestre; s. agrariano.
**AGRARIANISM** (ǎgré'riǎnizmm), s. Agrarianismo.
**AGREE** (ǎgri), v. i. Concordar, assentir, estar de acordo, aprovar, ceder; coincidir; (Gram.) concordar (em número, caso, pessoa, gênero); assentar bem, dar-se bem; v. t. tornar agradável; reconciliar; arranjar.

**AGREEABILITY** (àgriàbi'liti), s. Agradabilidade; conveniência; pl.: *agreabilities*.
**AGREEABLE** (àgri'àbl), adj. Agradável; compatível, adequado.
**AGREEABLENESS** (àgri'àblnéss), s. Conformidade, proporção, concordância; satisfação, agrado.
**AGREED** (àgri'd), adj. De acordo; combinado; concedido; ajustado, convencionado.
**AGREEMENT** (àgri'ment), s. Acordo, concordância; contrato, convenção, ajuste; (Gram.) concordância (em número, caso, pessoa, gênero).
**AGRESTIC** (àgrés'tik) ou **AGRESTICAL** (àgrés'tikàl), adj. Agreste, rural; rústico, grosseiro.
**AGRICULTURAL** (ègrikàl'tiuràl ou ègrikàl'tshàràl), adj. Agrícola, agrário.
**AGRICULTURE** (ègrikàl'tiur ou ègrikàl'tshàr), s. Agricultura.
**AGRIMONY** (é'grimôuni), s. Agrimônia.
**AGRONOMIST** (àgró'nomist), s. Agrônomo.
**AGRONOMY** (àgró'nomi), s. Agronomia, agricultura.
**AGROUND** (àgràun'd), adj. Encalhado; imobilizado; adv. imobilizadamente.
**AGUE** (èi'guiu), s. Febre malária ou qualquer sintoma devido à enfermidade, como intermitência de arrepios, tremores. *Aguefit:* aceso de febre. *Aguish:* febril, sujeito a febre.
**AHEAD** (à-héd), adv. Avante, em frente, pela frente, à frente, adiante, na dianteira; (fam.) em posição vantajosa (diz-se nos Estados Unidos). *Go ahead:* avante! prossiga!
**AHEAP** (à-hi'p), adv. A granel, amontoadamente, num monte.
**AID** (èid), v. t. e i. Ajudar, auxiliar, socorrer; s. socorro, amparo, auxílio, apoio; ajudante, auxiliar (militar).
**AIDANCE** (èi'dànss), s. Ajuda, assistência.
**AIDLESS** (èid'léss), adj. Desamparado.
**AIDS** (èid's), s. Sigla de *Acquired Immunological Deficiency Syndrome* (Síndrome de Imunodeficiência Adquirida), (Med.) perturbação do sistema imunológico, que destrói a capacidade de defesa do organismo.
**AIL** (èil), v. t. e i. Doer, afligir, molestar; estar doente, sentir-se indisposto.
**AILING** (èi'linn), adj. Doente, incomodado.
**AILMENT** (èil'ment), s. Doença, indisposição, dor, incômodo.

**AIM** (èimm), v. t. Apontar, acertar, dirigir, endereçar; v. i. almejar, pretender; esforçar-se; fazer pontaria; s. mira, alvo (de arma); objetivo, finalidade, fim, desígnio, aspiração.
**AIMLESS** (èim'léss), adj. Incerto, vago, sem destino, sem objetivo; sem pontaria.
**AIN'T** (èin't), contr. Forma contraída de: *am not*, *are not* e (mais raramente) de *is not*.
**AIR** (ér), s. Ar, atmosfera; semblante, modo, porte (de uma pessoa); (Mús.) ária, tom, melodia; transmissão radiofônica. *On the air:* irradiando, "no ar". *Up in the air:* incerto. *What's on the air?:* qual é o programa (de rádio)?; v. t. arejar, ventilar; publicar; divulgar; exibir ostentosamente.
**AIR-BUILT** (ér'bilt), adj. (fig.) Fantástico, utópico, feito sem base.
**AIR-COOLING** (ér-ku'linn), s. Refrigeração por meio de ar.
**AIRCRAFT** (ér-kréft), s. Aeronave (qualquer tipo de máquina aérea).
**AIRDROME** (ér'dròumm), s. Aeródromo, aeroporto.
**AIRFORCE** (ér'fôurss), s. Força aérea.
**AIRILY** (é'rili), adv. Aereamente, alegremente.
**AIRINESS** (é'rinéss), s. Leveza; tenuidade; delicadeza; vivacidade; desembaraço; leviandade.
**AIRING** (é'rinn), s. Ventilação, arejamento; passeio ao ar livre.
**AIRLESS** (ér'léss), adj. Abafado, sem ar.
**AIRLINE** (ér'làinn), s. Linha aérea; ramal direto.
**AIR-LINE** (ér'làinn), adj. Direto, reto, em linha reta.
**AIRMAN** (ér'maen), s. Aviador.
**AIRPLANE** (ér'plèinn). S. Aeroplano.
**AIRPORT** (ér'pôurt), s. Aeroporto.
**AIRSCREW** (ér'skru), s. Hélice (de avião).
**AIRSHIP** (ér'ship), s. Aeróstato, balão, dirigível.
**AIRTIGHT** (ér'tait), adj. Incontestável, irrefutável, impenetrável.
**AIRWAY** (ér'uêi), s. Linha, rota aérea; aerovia.
**AIRY** (é'ri), adj. Aéreo; ilusório; leve, tênue, vaporoso; animado, ligeiro, vivo; elevado; alto; altivo; volúvel; leviano.
**AISLE** (á'il), s. Nave lateral (de igreja), ala; galeria, passagem (entre os assentos de uma igreja, de um auditório, etc.).

**AJAR** (ådjá'r), adj. Entreaberto (portão, porta); adv. em contradição; desarmoniosamente.
**AKIMBO** (ăkim'bŏu), adv. Com as mãos nos quadris.
**AKIN** (åki'nn), adj. Consangüíneo; semelhante, parecido.
**ALABASTER** (é'låbåstår), s. (Min.) Alabastro; adj. de alabastro.
**ALACRITOUS** (ålé'kritåss), adj. Álacre, vivo, entusiasmado.
**ALACRITY** (ålé'kriti), s. Alacridade, vivacidade; entusiasmo, boa vontade.
**ALAR** (êi'lår), adj. Alado.
**ALARM** (ålår'mm), s. Alarma; sobressalto, susto; despertador (o mesmo que *alarm clock*); v. t. alarmar; assustar; inquietar.
**ALARMING** (ålår'minn), adj. Alarmante, inquietante.
**ALARMIST** (ålår'mist), s. Alarmista, boateiro.
**ALBEIT** (ôlbi'it), conj. Não obstante.
**ALBESCENCE** (élbé'sênss), s. Albescência, alvura.
**ALBESCENT** (élbé'sênt), adj. Albescente, alvejante.
**ALBINISM** (él'binizm), s. Albinismo.
**ALBINO** (élbai'nôu), s. (Biol., Bot., Zool.) Albino.
**ALBUM** (él'båmm), s. Álbum.
**ALBUMEN** (él'biumen), s. (Biol., Quím., Bot.) Albume.
**ALBUMIN** (élbiu'min), s. Albumina.
**ALCHEMIST** (él'kimist), s. Alquimista.
**ALCHEMY** (él'kimi), s. Alquimia.
**ALCOHOL** (él'ko-hól), s. Álcool; bebida alcoólica.
**ALCOHOLIC** (élko-hó'lik), adj. Alcoólico; s. alcoólico, alcoólatra.
**ALCOHOLISM** (él'ko-holizm), s. Alcoolismo.
**ALCOHOLIZE** (él'ko-holåiz), v. t. Alcoolizar; embriagar; retificar (álcool).
**ALCOHOLOMETER** (élko-holó'mitår), s. (Quím.) Alcoômetro, pesa-licores.
**ALCOVE** (él'kŏuv), s. Alcova, sacada; caramanchão; recâmara.
**ALDERMAN** (ól'dårmenn), s. Vereador (nos Estados Unidos); pl.: *aldermen.*
**ALDERMANSHIP** (ól'dårmaenship) ou **ALDERMANRY** (ól'dårmaenri), s. Vereança (nos Estados Unidos).
**ALE** (êil), s. Cerveja forte de origem inglesa; festa campestre durante a qual se bebe ale.

**ALEATORY** (êiliåtôu'ri), adj. (Jur.) Aleatório, fortuito, casual.
**ALEE** (åli'), adv. (Náut.) A sotavento; adj. voltado para sotavento.
**ALEHOUSE** (êil'háuss), s. Cervejaria, botequim, bar.
**ALEMBIC** (ålém'bik), s. Alambique.
**ALERT** (ålår't), adj. Alerta, vigilante; ativo; perspicaz; s. (Mil.) alarma, sinal de prontidão. *On the alert:* atento, em guarda.
**ALERTNESS** (ålår'néss), s. Vigilância, prontidão; atividade; atenção.
**ALEWIFE** (êil'uáif), s. Cantineira.
**ALGA** (él'gå), s. Alga; pl.: *algae.*
**ALGEBRA** (él'djibrå), s. Álgebra.
**ALGEBRAIC** (él'djibrék), adj. Algébrico.
**ALGID** (él'djid), adj. Álgido.
**ALGIDITY** (éldji'diti) ou **ALGIDNESS** (él'djidnéss), s. Algidez.
**ALIAS** (êi'liéss), adv. Aliás, de outro modo; s. nome suposto, pseudônimo; pl.: *aliases.*
**ALIBLE** (é'libl), adj. Nutritivo, nutriente. *Alible food:* alimento nutritivo.
**ALIEN** (êi'liênn), adj. Estranho, estrangeiro, forasteiro; pertencente a outrem; discorde, diverso; s. estrangeiro, forasteiro.
**ALIENABLE** (êi'lienåbl), adj. Alienável.
**ALIENATE** (êi'lienêit), v. t. Alienar; afastar, desviar; desafeiçoar-se; passar, transferir (propriedade).
**ALIENATION** (êilienêi'shånn), s. Alienação, cessão, transferência de bens ou direitos (com *from*); alienação, demência.
**ALIENISM** (êi'lienizm), s. Alienismo.
**ALIENIST** (êi'lienist), s. Alienista, médico psiquiatra.
**ALIFORM** (é'lifórm), adj. Aliforme, que tem forma de casa.
**ALIGHT** (ålái't), adj. Aceso, iluminado; ardente; adv. em chamas; v. i. apear-se, desmontar, descer; pousar (um aeroplano); deparar (com *upon* ou *on*).
**ALIGN** ou **ALINE** (ålái'nn), v. t. e i. Alinhar, enfileirar; aderir, associar-se a; tomar posição.
**ALIGNMENT** ou **ALINEMENT** (ålåin'ment), s. Alinhamento, enfileiramento; coligação.
**ALIKE** (ålái'k), adj. Igual, semelhante, análogo; adv. da mesma forma, igualmente; do mesmo grau.
**ALIMENT** (é'liment), v. t. Alimentar, sustentar; s. alimento, comida; nutrição.
**ALIMENTAL** (élimén'tål), adj. Nutritivo.

**ALIMENTATION** (élimentêi'shânn), s. Alimentação, manutenção, substância.

**ALIMONY** (é'limôuni), s. Sustento, mesada, pensão; alimentos que o marido tem de dar à esposa da qual se divorciou; pl.: *alimonies*.

**ALINE, ALINEMENT**, V. *Align, Aligment*.

**ALIQUANT** (é'likuânt), adj. (Mat.) Aliquanta.

**ALIT** (âli't), pret. e part. pass. (Poét.) de *alight*.

**ALIVE** (âlái'v), adj. Vivo; ativo, animado, vivaz. *Alive to*: suscetível de, sensível a. *Look alive!*: depressa!; atenção! (Fam.) *Man alive!*: homem de Deus!

**ALKALI** (él'kâli), s. (Quím.) Álcali; pl.: *alkalis* ou *alkalies*.

**ALKALINE** (él'kâláinn), adj. (Quím.) Alcalino.

**ALKALOID** (él'kâlóid), adj. e s. (Quím.) Alcalóide.

**ALL** (ól), adj. Todo, toda, todos, todas; inteiro; máximo; tudo quanto; só, apenas; adv. inteiramente, completamente; excessivamente, muito; pron. tudo, todos, todas; s. tudo, totalidade, universo. *All right*: está bem, está certo. *All at once*: de repente. *After all*: apesar de tudo, afinal de contas. *By all means*: custe o que custar; sem dúvida. *All over*: em toda a parte; acabado, liquidado. *Not at all*: de forma alguma, não há de quê. *Once for all*: uma vez por todas, definitivamente.

**ALLAY** (âlê'i), v. t. Acalmar, aliviar, apaziguar; atenuar, moderar.

**ALLAYER** (âlêi'âr), s. Calmante.

**ALLAYMENT** (âlêi'ment), s. Alívio, apaziguamento.

**ALLEGATION** (élighêi'shânn), s. Alegação, declaração; asseveração; desculpa, pretexto.

**ALLEGE** (âlê'dj), v. t. Alegar, declarar, afirmar.

**ALLEGEABLE** (âlê'djâbl), adj. Alegável, declarável.

**ALLEGIANCE** (âli'djânss), s. Lealdade, fidelidade; vassalagem, submissão.

**ALLEGORIC** (éligó'rik) ou **ALLEGORICAL** (éligó'rikâl), adj. Alegórico.

**ALLEGORIZE** (é'ligoráiz), v. t. e i. Alegorizar.

**ALLEGORY** (é'ligouri), s. Alegoria, parábola; pl. *allegories*.

**ALLERGIC** (âlâr'djik), adj. Alérgico.

**ALLERGY** (é'lârdji), s. Alergia.

**ALLEVIATE** (âli'viêit), v. t. Aliviar, abrandar, mitigar.

**ALLEVIATION** (âliviêi'shânn), s. Alívio, mitigação.

**ALLEVIATIVE** (âli'viêitiv), adj. Aliviativo, paliativo.

**ALLEVIATORY** (âli'viêitôuri), adj. Aliviatório, mitigante.

**ALLEY** (é'li), s. Aléia, alameda, beco, ruela; campo para jogo de bola (diz-se nos Estados Unidos).

**ALL-FOOLS'-DAY** (ól-fulz-dêi), s. Dia dos Bobos (1º de abril).

**ALLHALLOWS** (ól-hé'louz), s. Todos os Santos; dia de Todos os Santos.

**ALLIANCE** (âlái'ânss), s. Aliança, união, confederação; união por casamento; parentesco.

**ALLIED** (âlái'd), adj. Aliado; confederado.

**ALLIGATOR** (é'lighêitâr), s. Aligátor, jacaré ou crocodilo americano. *Alligator pear*: abacate.

**ALLISION** (âli'jânn), s. Choque, colisão.

**ALLITERATION** (âlitârei'shânn), s. Aliteração.

**ALLOCATE** (é'lokêit), v. t. Designar; aquinhoar, repartir; fixar, demarcar.

**ALLOCATION** (élokêi'shânn), s. Partilha, divisão proporcional; colocação, disposição; fixação, abono.

**ALLOCATOR** (é'lokêitâr), s. Distribuidor.

**ALLOCUTION** (élokiu'shânn), s. Alocução.

**ALLODIAL** (âlôu'diâl), adj. (Jur.) Alodial.

**ALLODIUM** (âlôu'diâmm), s. (Jur.) Alódio; propriedade livre de encargos.

**ALLOPATH** (é'lopéth) ou **ALLOPATHIST** (é'lopéthist), s. Alopata.

**ALLOPATHY** (âló'pâthi), s. Alopatia.

**ALLOT** (âló't), v. t. Distribuir, repartir; designar; lotear; conceder, outorgar.

**ALLOTER** (âló'târ), s. Repartidor, distribuidor.

**ALLOTMENT** (âlót'ment), s. Partilha; divisão; porção; distribuição, concessão de terra; sorte, destino.

**ALLOTTEE** (âlóti'), s. Cessionário.

**ALLOW** (âlá'u), v. t. e i. Ceder, conceder, admitir, permitir, aprovar, outorgar, sancionar; deduzir; fazer concessão ou abatimento; tomar em consideração; (pop.) dizer, pensar, opinar (diz-se nos Estados Unidos).

**ALLOWABLE** (âláu'âbl), adj. Admissível, lícito, legal.

**ALLOWABLENESS** (ălău'ăblnéss), s. Legitimidade, conveniência.

**ALLOWANCE** (ălău'ănss), v. t. Dar pensão ou mesada a; racionar, distribuir por parcelas; s. concessão, permissão; abatimento, desconto; aprovação; mesada ou pensão; quota; tolerância, indulgência.

**ALLOY** (ălô'i), v. t. Combinar, ligar (metais); adulterar, falsificar, viciar; s. liga, mistura ou adulteração (de metais).

**ALL-ROUND** (ól-ráun'd), adj. Versátil; ao redor, estendendo para todos os lados.

**ALL-SAINTS'DAY** (ól-sein'ts-dêi), s. Dia de Todos os Santos.

**ALL-SOULS'DAY** (ól-sôul'z-dêi), s. Dia de Finados.

**ALLUDE** (ăliu'd), v. t. e i. Aludir, fazer referência, insinuar; comparar.

**ALLURE** (ăliu'r), v. t. e i. Atrair, seduzir, enfeitiçar, engodar; dissuadir; s. encantamento, fascinação.

**ALLUREMENT** (ălfur'met), s. Atração, sedução; isca, engodo; fascinação.

**ALLURER** (ăliu'râr), s. Sedutor, enganador, tentador.

**ALLURING** (ăliu'rinn), adj. Atraente, fascinante, sedutor.

**ALLUSION** (ăliu'jănn), s. Alusão, insinuação, referência.

**ALLUSIVE** (ăliu'siv), adj. Alusivo; sugestivo; figurativo.

**ALLUVION** (ăliu'viănn), s. Aluvião, cheia, inundação.

**ALLY** (ă'lá'i), v. t. Aliar, ligar, prender; formar aliança; concordar; v. i. aliar-se, confeerar-se, unir-se; pret. e part. pess.: *allied* (ălái'd); s. aliado; confederado; associado; afim; parente; auxiliar, assistente; pl.: *allies*.

**ALMANAC** (ól'mănék), s. Almanaque.

**ALMIGHTINESS** (ólmái'tinéss), s. Onipotência.

**ALMIGHTY** (ólmái'ti), adj. Onipotente, todo-poderoso. *Almighty God* ou *The Almighty*: Deus Todo-Poderoso.

**ALMOND** (ă'mănd), s. Amêndoa, amendoeira.

**ALMONER** (él'mănâr), s. Esmoler.

**ALMONRY** (él'mănri), s. Esmolaria, lugar onde se distribuem esmolas.

**ALMOST** (ól'môust), adv. Quase, aproximadamente, perto de; por pouco. *Almost never*: quase nunca.

**ALMS** (ámz), s. Esmola, caridade. *Alms man*: mendigo.

**ALMSHOUSE** (ámz'háuss), s. Asilo.

**ALOFT** (ălô'ft), adv. Em cima, no alto, para cima. *To go aloft*: morrer.

**ALONE** (ălôu'nn), adj. Sozinho, desacompanhado; solitário, isolado; só, exclusivo; único, sem igual; adv. unicamente, apenas, exclusivamente.

**ALONG** (ălô'nn), prep. Ao longo ou ao correr de; ao lado de; junto a; adv. ao comprido, ao longo; para diante; juntamente, acompanhadamente.

**ALONGSIDE** (ălôn'sáid), adv. Ao lado, junto a; prep. ao lado de, ao longo de.

**ALOOF** (ălu'f), adv. À distância, na distância; ao longe; adj. indiferente, desinteressado; afastado.

**ALOOFNESS** (ăluf'néss), s. Indiferença, desinteresse, distância, separação.

**ALOUD** (ălău'd), adv. Alto, em voz alta.

**ALPENSTOCK** (él'pinstók), s. Bordão com ponta de ferro usado por alpinistas.

**ALPHA** (él'fă), s. Alfa.

**ALPHABET** (él'făbét), s. Alfabeto.

**ALPHABETIC** (élfăbé'tik) ou **ALPHABETICAL** (ělfăbé'tikăl), adj. Alfabético.

**ALPHABETIZE** (él'făbitáiz), v. t. Alfabetar, pôr em ordem alfabética.

**ALREADY** (ólré'di), adv. Já, presentemente.

**ALSO** (ól'sôu), adv. Também, além disso; igualmente, todavia; conj. senão também. *Also ran* (gír.): cavalo que não consegue se classificar numa corrida; candidato derrotado à Presidência dos Estados Unidos.

**ALTAR** (ól'tăr), s. Altar. *Altar bread*: hóstia. *To lead to the altar*: casar com.

**ALTER** (ól'tăr), v. t. e i. Variar, mudar, alterar-se; (pop.) castra animais (na gíria dos Estados Unidos).

**ALTERABLE** (ól'tărăbl), adj. Alterável, mudável.

**ALTERATION** (óltărêi'shănn), s. Alteração, modificação.

**ALTERATIVE** (ól'tărêitiv), adj. e s. (Med.) Alterativo.

**ALTERCATE** (ól'tărkêit), v. i. Altercar, discutir, disputar, contender.

**ALTERCATION** (oltărkêi'shănn), s. Altercação, discussão, disputa, briga, contenda.

**ALTERNATE** (ól'tărnêit), v. t. e i. Alternar, alternar-se.

**ALTERNATE** (ól'tārnit), adj. Alternado, revezado; recíproco; s. substituto.
**ALTERNATION** (óltārnêi'shānn), s. Alternação, revezamento, turno.
**ALTERNATIVE** (óltārnêi'shānn), s. Alternativo; s. alternativa.
**ALTHOUGH** (ól'dhóu), conj. Posto que, embora, todavia, não obstante.
**ALTIMETER** (ālti'mitār), s. Altímetro.
**ALTITUDE** (ál'titiud), s. Altitude; (Mat., Astron.) altura.
**ALTITUDINAL** (āltitiu'dinál), adj. Altitudinal.
**ALTOGETHER** (óltugthé'dhār), adv. Inteiramente, completamente; conjuntamente; ao todo; sem exceção. *In the altogether:* nu, despido, pelado; s. todo, conjunto.
**ALTRUISM** (ál'truizm), s. Altruísmo.
**ALTRUIST** (ál'truist), s. Altruísta.
**ALTRUISTIC** (āltruis'tik) ou **ALTRUISTICAL** (āltruis'tikál), adj. Altruístico.
**ALUM** (é'lāmm), s. (Quím.) Alume.
**ALUMINIUM** (éliumi'niámm) ou **ALUMINUM** (éliumi'nāmm), s. Alumínio.
**ALUMNUS** (elám'nāss), s. Aluno graduado; bacharelando de colégio ou universidade; pl.: *alumni*.
**ALVEOLATE** (élvi'olit) ou **ALVEOLATED** (élvi'olêitid), adj. Alveolado.
**ALVEOLUS** (élvi'oláss), s. (Anat., Zool.) Alvéolo; pl.: *alveoli*.
**ALVIN** (ál'vin), s. (gír.) Simplório, caipira, otário.
**ALWAYS** (ól'uêiz), adv. Sempre, constantemente; invariavelmente; uniformemente.
**AM** (émm), 1ª pess. sing. do pres. do indic. do verbo *to be*.
**A. M.** (êi'émm), abrev. de *Ante Meridiem:* antes do meio-dia.
**AMAIN** (âmêi'nn), adv. Veementemente; violentamente; rapidamente, a toda a velocidade; repentinamente.
**AMALGAM** (âmél'gânn), s. Amálgama; mistura, liga.
**AMALGAMATE** (âmél'gâmêit), v. t. e i. Amalgamar, amalgamar-se; misturar-se, fundir-se.
**AMALGAMATION** (âmélgâmêi'shānn), s. Amalgamação.
**AMANUENSIS** (âméniuên'siss), s. Amanuense, copista; pl.: *amanuenses*.
**AMASS** (âmé'ss), v. t. Amontoar, acumular, empilhar.

**AMASSABLE** (âmé'sábl), adj. Acumulável, amontoável.
**AMASSMENT** (âmés'ment), s. Aglomeração, amontoado.
**AMATEUR** (é'mâtâr), adj. e s. Amador.
**AMATEURISH** (émâtâ'rish), adj. Superficial, imperfeito, sem tino profissional, de amador.
**AMATEURISM** (émâtâ'rism), s. Amadorismo.
**AMATIVE** (é'mâtiv), adj. Amativo, sensual.
**AMATIVENESS** (é'mâtivness), s. Amatividade, ternura, sensualidade.
**AMATORY** (é'mâtôuri), adj. Amatório, erótico.
**AMAZE** (âmêi'z), v. t. Espantar, assombrar, pasmar; confundir, embaraçar; s. (poét.) assombro.
**AMAZEMENT** (âmêiz'ment), s. Espanto, pasmo, admiração; confusão; perplexidade.
**AMAZING** (âmêi'zinn), adj. Espantoso, assombroso, estupendo, maravilhoso.
**AMAZON** (é'mâsānn), s. (Mit.) Amazona, mulher aguerrida; Amazonas (rio).
**AMAZONIAN** (émâzôu'niánn), adj. Amazônico, amazonense.
**AMBAGES** (ém'bidjiz), s. m. pl. Ambages, rodeios, circunlóquios.
**AMBASSADOR** (émbé'sâdar), s. Embaixador, portador oficial.
**AMBASSADRESS** (émbé'sâdréss), s. Embaixatriz.
**AMBER** (ém'bâr), s. (Min.) Âmbar; adj. ambarino, amarelo-âmbar.
**AMBIDEXTER** (émbidéks'târ), adj. e s. Ambidestro.
**AMBIDEXTERITY** (émbidékstâ'riti), s. Ambidestria.
**AMBIDEXTROUS** (émbidéks'trâss), adj. Ambidestro; ardiloso, embusteiro.
**AMBIENT** (ém'bient), adj. Ambiente, circundante.
**AMBIGUITY** (émbighiu'iti), s. Ambigüidade; pl. *ambiguities*.
**AMBIGUOUS** (émbi'ghiuáss), adj. Ambíguo, vago, incerto, dúbio.
**AMBIT** (ém'bit), s. Âmbito, contorno, periferia; divisa, raia, fronteira.
**AMBITION** (émbi'shānn), s. Ambição; pretensão, aspiração; v. t. ambicionar.
**AMBITIOUS** (émbi'shâss), adj. Ambicioso. *To be ambitious of:* ambicionar.
**AMBLE** (ém'bl), s. Esquipado, lento (passo de cavalo); v. i. andar a passo esquipado (o cavalo).

**AMBLER** (ém'blâr), s. Esquipador (cavalo).
**AMBLYOPE** (ém'blioup), s. Amblíope.
**AMBLYOPIA** (émbliòu'pia), s. Ambliopia.
**AMBO** (ém'bôu), s. Púlpito.
**AMBRY** (êm'bri), s. Guarda-louça, guarda-comida; despensa; nicho, nas igrejas, para guardar objetos sagrados; pl.: *ambries*.
**AMBULANCE** (ém'biulânss), s. Ambulância; hospital militar ambulante. (Gír.) *Ambulance chaser:* advogado de segunda categoria ou pouco escrupuloso; advogado que procura vítimas de acidentes estimulando-as a abrir processo.
**AMBULANT** (ém'biulânt), adj. Ambulante, móvel.
**AMBULATE** (ém'biulêit), v. i. Andar, mover-se.
**AMBULATORY** (émbiu'lâtôuri), adj. Ambulatório, móvel; s. galeria coberta, arcada, corredor.
**AMBUSCADE** (ém'bâskêid), s. Emboscada; v. t. e i. emboscar, emboscar-se.
**AMBUSH** (ém'bâsh), v. t. e i. Emboscar, emboscar-se; tocaiar; s. emboscada, cilada; pl.: *ambushes*.
**AMBUSHMENT** (ém'bâshment), s. Cilada, armadilha.
**AMELIORATE** (âmi'liorêit), v. t. e i. Melhorar, aperfeiçoar; aperfeiçoar-se.
**AMELIORATION** (âmiliorêi'shânn), s. Melhora, aperfeiçoamento.
**AMELIORATOR** (âmi'liorêitâr), s. Benfeitor, beneficiador.
**AMEN** (êi'men), s., adv. e interj. Amém.
**AMENABILITY** (âminâbi'liti), s. Responsabilidade; acessibilidade, submissão; pl.: *amenabilities*.
**AMENABLE** (âmi'nâbl), adj. Responsável; acessível; submisso.
**AMEND** (âmén'd), v. t. e i. Emendar, emendar-se; melhorar.
**AMENDABLE** (âmén'dâbl), adj. Emendável, corrigível.
**AMENDMENT** (âménd'ment), s. Emenda, correção; melhoria; regeneração; convalescência.
**AMENDS** (âménd'z), s. pl. Indenização; compensação; reparação.
**AMENITY** (âmi'niti), s. Amenidade, brandura; encanto, deleite, prazer; pl.: *amenities*.
**AMERCE** (âmâr'ss), v. t. Multar, taxar, punir.
**AMERCEMENT** (âmârs'ment), s. Multa, taxa, pena.

**AMERICAN** (âmé'rikânn), adj. e s. Americano (diz-se especialmente do cidadão dos Estados Unidos); língua americana (diz-se nos Estados Unidos).
**AMERICANISM** (âmé'rikânizm), s. Americanismo.
**AMERICANIZE** (âmé'rikânâiz), v. t. e i. Americanizar, americanizar-se.
**AMETHYST** (é'mithis), s. (Min.) Ametista.
**AMIABILITY** (êimiâbi'liti), s. Amabilidade; pl.: *amiabilities*.
**AMIABLE** (êi'miâbl), adj. Amável, afável, cativante; cordial; bondoso.
**AMICABILITY** (émikâbi'liti), s. Amizade, afeição; pl.: *amicabilities*.
**AMICABLE** (é'mikâbl), adj. Amigável, cordial, afável.
**AMID** (âmi'd) ou **AMIDST** (âmi'dst), prep. No meio de, entre, misturado com, cercado de.
**AMISS** (âmi'ss), adj. Importuno, impróprio; mal, vicioso, impuro; adv. erradamente, em falta, fora do lugar.
**AMITY** (é'miti), s. Amizade; harmonia; pl.: *amities*.
**AMMONIA** (âmôu'niá), s. (Quím.) Amônia.
**AMMONIAC** (âmôu'niék), adj. Amoníaco.
**AMMONIUM** (âmôu'niâmm), s. (Quím.) Amônio.
**AMMUNITION** (émiuni'shânn), s. Munição; meios de ataque ou defesa; v. t. municiar.
**AMNESIA** (émni'jiá ou émni'ziá), s. (Med.) Amnésia.
**AMNESTY** (ém'nesti), v. t. Anistiar; s. anistia; pl.: *amnesties*.
**AMOEBA** (âmi'bâ), s. (Zool.) Ameba.
**AMONG** (âmâ'nn) ou **AMONGST** (âmâns't), prep. Entre, no meio de, misturado com.
**AMORAL** (émô'ral), adj. Amoral.
**AMORALISM** (émô'rélizm), s. Amoralismo.
**AMORALITY** (émoré'liti), s. Amoralidade.
**AMORIST** (é'morist), s. Namorador, galanteador.
**AMOROUS** (é'morâss), adj. Amoroso, erótico, sensual; carinhoso, terno, afetuoso.
**AMOROUSLY** (é'morâsli), adv. Amorosamente, ternamente.
**AMOROUSNESS** (é'morâsnéss), s. Inclinação amorosa.
**AMORPHISM** (âmôr'fizm), s. Amorfismo, amorfia.
**AMORPHOUS** (âmôr'fâss), adj. Amorfo, informe.

**AMORPHOUSNESS** (âmór'fâsnéss), s. Amorfia, deformidade.
**AMORTIZATION** (âmórtizêi'shânn), s. Amortização.
**AMORTIZE** (émór'táiz), v. t. Amortizar.
**AMOUNT** (âmáun't), v. i. Importar em, equivaler; s. importância, quantia, soma total.
**AMPERAGE** (émpi'ridj), s. (Eletr.) Amperagem.
**AMPERE** (émpé'r ou ém'pir), s. (Eletr.) "Ampère".
**AMPERSAND** (ém'pârsénd), s. Nome do símbolo "&".
**AMPHIBIA** (émfi'biâ), s. pl. (Zool.) Anfíbios, batráquios.
**AMPHIBIAN** (émfi'biânn), s. (Zool.) Animal anfíbio; (Av. Mil.) avião ou tanque de guerra anfíbio; adj. anfíbio.
**AMPHIBOLOGY** (émfibó'lodji), s. (Gram.) Anfibologia, ambiguidade; pl.: *amphibologies*.
**AMPHITHEATER** ou **AMPHITHEATRE** (ém'fithiâtâr), s. Anfiteatro.
**AMPLE** (ém'pl), adj. Amplo, vasto; abundante; volumoso; largo; magnânimo.
**AMPLENESS** (ém'plnéss), s. Amplitude, abundância; vastidão; generosidade.
**AMPLIATION** (émpliêi'shânn), s. Ampliação.
**AMPLIFICATION** (émplifikêi'shânn), s. Amplificação; desenvolvimento, aumento, extensão.
**AMPLIFIER** (ém'plifaiâr), s. Amplificador, ampliador.
**AMPLIFY** (ém'plifái), v. t. e i. Amplificar, aumentar; expandir-se, alargar, dilatar-se; pret. e part. pass.: *amplified*.
**AMPLITUDE** (ém'plitiud), s. Amplitude, grandeza, extensão; abundância, riqueza.
**AMPOULE** (ém'pul), s. Ampola.
**AMPUTATE** (ém'piutêit), v. t. Amputar, cortar.
**AMPUTATION** (émpiutêi'shânn), s. Amputação.
**AMPUTEE** (émpiuti'), s. Aleijado, mutilado.
**AMSCRAY** (éms'crêi), v. i. (Gír.) Sair, voar, escapar, "dar no pé".
**AMUCK** (âmâ'k), adv. Furiosamente, como um louco; adj. tomado de fúria homicida. *To run amuck:* ferir a torto e a direito.
**AMULET** (é'miulit), s. Amuleto, talismã.
**AMUSE** (âmiu'z), v. t. Entreter, distrair, deleitar, divertir.

**AMUSEMENT** (âmiuz'ment), s. Diversão, entretenimento, distração, deleite.
**AMUSING** (âmiu'zinn), adj. Divertido, engraçado, festivo.
**AMUSIVE** (âmiu'siv), adj. Divertido, engraçado.
**AMYGDALA** (âmig'dâlâ), s. Amêndoa; (Anat.) amígdala.
**AN** (ânn), art. indef. Um, uma (usa-se antes das palavras começadas por "h" mudo ou por vogal, exceto "u" com o som de "iu").
**ANABAPTISM** (énâbép'tizm), s. Anabatismo.
**ANABAPTIST** (énâbép'tist), s. Anabatista.
**ANACHRONISM** (ânê'kronizm), s. Anacronismo.
**ANACHRONISTIC** (ânékronis'tik) ou **ANACHRONISTICAL** (ânékronis'tikâl), adj. Anacrônico.
**ANACOLUTHON** (énâkoliu'thônn), s. (Gram.) Anacoluto; pl.: *anacolutha*.
**ANADEM** (é'nâdemm), s. Anadema, grinalda, coroa de flores.
**ANAEMIA, ANAEMIC**, V. *Anemia, Anemic*.
**ANAESTHESIA, ANAESTHETIC**, V. *Anesthesia, Anesthetic*.
**ANAGRAM** (é'nâgrémm), s. Anagrama.
**ANAL** (é'nâl ou êi'nâl), adj. Anal, do ânus.
**ANALECTS** (é'nâlékts), s. pl. Analectos, antologia.
**ANALGESIA** (énâldji'ziâ), s. (Med.) Analgesia.
**ANALGESIC** (énâldji'sik), adj. e s. Analgésico.
**ANALGIZE** (énâl'djáiz), v. t. Anestesiar.
**ANALOGIC** (énâló'djik) ou **ANALOGICAL** (énâlô'djikâl), adj. Analógico.
**ANALOGISM** (ânê'lodjizm), s. (Fil.) Analogismo.
**ANALOGIST** (ânê'lodjist), s. Analogista.
**ANALOGOUS** (ânê'logâss), adj. Análogo, semelhante.
**ANALOGY** (ânê'lodji), s. Analogia, semelhança; pl.: *analogies*.
**ANALYSIS** (ânê'lississ), s. Análise; decomposição química; exame; resultado.
**ANALYST** (é'nâlist), s. Analista; psicanalista.
**ANALYTIC** (énâli'tik) ou **ANALYTICAL** (énâli'tikâl), adj. Analítico.
**ANALYTICS** (énâli'tiks), s. Analítica.
**ANALYZE** (é'nâláiz), v. t. Analisar; decompor; examinar.
**ANALYZER** (é'nâlâizâr), s. Analista, pesquisador.

**ANANIAS** (ânâni'âs), s. Ananias (Bíblia); (gfr.) mentiroso. *Ananias fcast:* reunião de mentirosos; disputa entre campeões de estórias inacreditáveis.

**ANAPHORA** (ânê'forâ), s. (Ret.) Anáfora.

**ANARCH** (é'nárk), s. Anarca, partidário do anarquismo.

**ANARCHIC** (énár'kik) ou **ANARCHICAL** (énár'kikâl), adj. Anárquico; desordenado; caótico.

**ANARCHISM** (é'nârkizm), s. Anarquismo (doutrina política); anarquismo, desordem, terrorismo; licenciosidade.

**ANARCHIST** (é'nârkist), s. Anarquista.

**ANARCHY** (é'nârki), s. Anarquia: confusão, indisciplina, desorganização.

**ANATHEMA** (ânê'thimâ), s. Anátema; condenação; execração; pessoa anatematizada, excomungada.

**ANATHEMATIZE** (ânê'thimâtáiz), v. t. e i. Anatematizar, excomungar, execrar.

**ANATOMIC** (énâtô'mik) ou **ANATOMICAL** (énâtô'mikâl), adj. Anatômico.

**ANATOMIST** (ânê'tomist), s. Anatomista.

**ANATOMIZE** (ânê'tomáiz), v. t. Anatomizar, dissecar.

**ANATOMY** (ânê'tomi), s. Anatomia; dissecação; análise minuciosa; pl.: *anatomies*.

**ANCESTOR** (én'sistâr), s. Antepassado, ancestre, avoengo, predecessor; (Biol.) ascendente; fem.: *ancestress*.

**ANCESTRAL** (én'sistrâl), adj. Ancestral, avito; herdado, hereditário.

**ANCESTRY** (én'sistri), s. Linhagem, descendência, ascendência, estirpe; pl.: *ancestries*.

**ANCHOR** (én'kâr), s. (Náut.) Âncora, ferro; (fig.) amparo, proteção, refúgio; v. t. e i. ancorar, lançar ferros; fixar, prender.

**ANCHORMAN** (Anchor-mar) (ên'kâr'mân), s. Último atleta numa corrida de revezamento.

**ANCHORABLE** (én'kârâbl), adj. Ancorável.

**ANCHORAGE** (én'kâridj), s. Ancoragem; ancoradouro, fundeadouro; (fig.) amparo, apoio, arrimo.

**ANCHORITE** (én'koráit) ou **ANCHORET** (én'korét), s. Anacoreta, ermitão, eremita; fem.: *anchoress*.

**ANCHOVY** (êntsôu'vi), s. (Zool.) Anchova, arenque; pl.: *anchovies*.

**ANCIENT** (êin'shent), adj. Antigo, velho, remoto; antiquado; venerável, vetusto; s. ancião, patriarca; pl.: povos da Antiguidade.

**ANCIENTNESS** (êin'shentnéss) ou **ANCIENTRY** (êin'shentri), s. Antiguidade.

**ANCILLAPY** (en'siléri), adj. Ancilar.

**ANCON** (én'kónn), s. Cotovelo; (Arquit.) consolo, suporte; pl.: *ancones*.

**AND** (énd cu ând), conj. E, assim como, e além disso; de modo que; mas, contudo. *And so on:* "et caetera" (etc.).

**ANDEAN** (éndi'ânn), adj. Andino.

**ANDIRON** (én'dáirân), s. Cão-de-chaminé; tripeça de ferro.

**ANDROID** (én'dróid), s. Fantoche.

**ANECDOTAGE** (é'nekdôutidj), s. Anedotário.

**ANECDOTAL** (é'nekdôutâl), adj. Anedótico.

**ANECDOTIC** (énekdô'tik) ou **ANECDOTICAL** (énekdô'tikâl), adj. Anedótico, relativo a anedota.

**ANECDOTIST** (é'nekdôutist), s. Anedotista.

**ANEMIA** ou **ANAEMIA** (âni'miâ), s. (Med.) Anεmia.

**ANEMIC** ou **ANAEMIC** (âni'mik), adj. Anêmico; débil.

**ANEMONE** (ânê'môuni), s. (Bot., Zool.) Anêmona.

**ANESTHESIA** ou **ANAESTHESIA** (énisthi'siâ), s. (Med.) Anestesia.

**ANESTHETIC** ou **ANAESTHETIC** (énisthé'tik), s. (Med.) Anestético, anestésico.

**ANESTHETIC**, **ANAESTHETIC** (énisthé'tik), **ANESTHETICAL** ou **ANAESTHETICAL** (énisthé'tikâl), adj. Anestésico, anestesiante.

**ANESTHETIZE** ou **ANAESTHETIZE** (enis'thitáiz), v. t. Anestesiar.

**ANEURISM** ou **ANEURYSM** (é'niurizm), s. (Med.) Aneurisma.

**ANEW** (âni'u), adv. De novo, novamente, outra vez.

**ANGEL** (êin'djel), s. Anjo, representação de um anjo; (fig.) anjo, pessoa muito bondosa; (gfr.) patrocinador, financiador de empreendimentos (esp. peça teatral).

**ANGELIC** (éndjé'lik) ou **ANGELICAL** (éndjé'likâl), adj. Angélico, angelical; puro, inocente.

**ANGELUS** (én'djilâss), s. Ângelus, ave-maria, o anoitecer (18 horas); pl. *angeluses*.

**ANGER** (éngâr), s. Cólera, ira, furor, raiva, ódio; v. t. e i. irritar, irritar-se; enraivecer, enfurecer-se; encolerizar.

**ANGIOLOGY** (éndjiô'loji), s. Angiologia.

**ANGIOMA** (endjiôu'ma), s. Angioma.

**ANGLE** (én'gl), s. Ângulo; ponto de vista; opinião; fase; (Mat.) ângulo; v. i. angular; pescar (com anzol); engodar, iscar; intrigar; tentar obter fraudulentamente.

**ANGLER** (én'glår), s. Pescador.

**ANGLEWORM** (én'gl-uårmm), s. Minhoca.

**ANGLICAN** (én'glikånn), adj. e s. Anglicano.

**ANGLICANISM** (én'glikånizm), s. Anglicanismo.

**ANGLICISM** (én'glissizm), s. Anglicismo.

**ANGLICIZE** (én'glissáiz), v. t. e i. Anglicizar, anglicizar-se.

**ANGLING** (én'glinn), s. Pesca com anzol.

**ANGLISTICS** (énglis'tiks), s. Estudo da língua inglêsa.

**ANGRILY** (én'grili), adv. Colericamente, furiosamente.

**ANGRINESS** (én'grinéss), s. Côlera, ira, raiva, furor.

**ANGRY** (én'gri), adj. Irado, colérico; aborrecido, zangado, furioso, indignado; dolorido (ferimento, ferida). *To get angry*: zangar-se, aborrecer-se; compar.: *angrier*; superl.: *angriest*.

**ANGUISH** (én'güish), s. Angústia, agonia, tortura, aflição, tormento; v. t. e i. angustiar, angustiar-se.

**ANGUISHED** (én'güisht), adj. Angustiado, atormentado, aflito.

**ANGULAR** (én'ghiulår), adj. Angular, anguloso; (fig.) magro, descarnado; inflexível; desajeitado.

**ANGULARITY** (énghiulé'riti), s. Angularidade; (fig.) magreza; rigidez; aspereza, rudeza; pl.: *angularities*.

**ANGULATE** (én'ghiulit) ou **ANGULATED** (én'ghiuléitid), adj. Angulado, anguloso.

**ANILINE** (é'nilinn ou é'niláinn) ou **ANILIN** (é'nilinn), s. (Quím.) Anilina.

**ANILITY** (éni'liti), s. Senilidade, velhice (da mulher); caduquice.

**ANIMADVERSION** (énimédvår'shånn), s. Animadversão, repreensão, crítica, censura.

**ANIMADVERT** (énimédvår't), v. t. Censurar, repreender, criticar, reprovar.

**ANIMAL** (é'nimål), s. Animal, bicho; bruto; (fig.) pessoa brutal, brutamontes; adj. animal; carnal.

**ANIMALISM** (é'nimålizm), s. Animalismo; sensualidade.

**ANIMALITY** (énimé'liti), s. Animalidade.

**ANIMALIZE** (é'nimåláiz), v. t. e i. Animalizar, animalizar-se; embrutecer.

**ANIMATE** (é'niméit), v. t. Animar; avivar; vivificar; encorajar, estimular, impulsionar, acionar; vitalizar; alegrar.

**ANIMATE** (é'nimit) ou **ANIMATED** (é'niméitid), adj. Animado, vivo; alegre, vivaz, vigoroso.

**ANIMATER** ou **ANIMATOR** (é'niméitår), s. Animador, estimulador.

**ANIMATING** (é'niméitinn), adj. Animador, encorajador; inspirador; tonificante.

**ANIMATION** (énimêi'shånn), s. Animação, vivacidade; entusiasmo.

**ANIMOSITY** (énimó'siti), s. Animosidade, aversão, ódio; pl.: *animosities*.

**ANIMUS** (é'nimåss), s. Ânimo, disposição ativa; hostilidade, malquerença, inimizade.

**ANISE** (é'nise), s. (Bot.) Anis, erva-doce.

**ANKLE** (êm'kl), s. Tornozelo, malévolo. *To ankle up to* (gír.): acercar-se, aproximar-se, andar até.

**ANKLEBONE** (én'kl-bôunn), s. (Anat.) Astrágalo.

**ANKLET** (én'klit), s. Tornozeleira; meia curta.

**ANNALIST** (é'nålist), s. Analista, cronista, historiador.

**ANNALS** (én'aiz), s. pl. Anais.

**ANNEAL** (éni'l), v. t. Temperar, recozer (metal); fundir; (fig.) fortalecer, enrijar.

**ANNEX** (ånék'ss), v. t. Anexar, juntar, afixar; unir; (fam.) apropriar-se de; s. anexo, aditamento, apêndice.

**ANNEXATION** (éneksêi'shånn), s. Anexação, incorporação, união; apêndice.

**ANNIE OAKLEY** (é'ni oukli), s. (gír.) Entrada gratuita (ingresso gratuito para espetáculos, etc.).

**ANNIHILABLE** (ånái'låbi), adj. Aniquilável, exterminável.

**ANNIHILATE** (ånái'lêit), v. t. Aniquilar, exterminar; anular, invalidar.

**ANNIHILATION** (ånáilêi'shånn), s. Aniquilação, extermínio, destruição.

**ANNIHILATOR** (ånái'ilêitår), s. Aniquilador, destruidor.

**ANNIVERSARY** (énivår'såri), adj. e s. Aniversário; pl.: *anniversaries*.

**ANNOTATE** (é'nôutêit), v. t. Anotar; comentar; tomar notas.

**ANNOTATION** (énôutêi'shånn), s. Anotação, apontamento; comentário; observação.

**ANNOTATOR** (énôutêi'tär), s. Anotador, comentarista.

**ANNOUNCE** (ånáun'ss), v. t. Anunciar, proclamar, publicar, noticiar; apresentar (um orador, um hóspede).

**ANNOUNCEMENT** (ånáuns'ment), s. Anúncio, proclamação, aviso; publicação; apresentação.

**ANNOUNCER** (ånáun'sår), s. Anunciador, arauto; locutor (de rádio ou televisão).

**ANNOY** (ånói'), v. t. Incomodar, importunar, apoquentar, aborrecer, molestar; ofender, ferir.

**ANNOYANCE** (ånói'ånss), s. Aborrecimento, contrariedade, incômodo; desgosto, tristeza; importunação.

**ANNOYER** (ånói'år), s. Importuno, maçador.

**ANNOYING** (ånói'inn), adj. Incômodo, aborrecido, importuno, irritante.

**ANNUAL** (é'niuål), adj. Anual; s. anuário.

**ANNUITANT** (åniu'itånt), s. Beneficiário de anuidade.

**ANNUITY** (åniu'iti), s. Anuidade, anualidade; pl.: *annuities*.

**ANNUL** (ånå'l), v. t. Anular, invalidar.

**ANNULAR** (é'niulår), adj. Anular, anelar, aniquilar, exterminar; pret. e part. pass.: *annulled*.

**ANNULATE** (é'niulêit) ou **ANNULATED** (é'niulêitid), adj. Anelado, encaracolado.

**ANNULATION** (éniulêi'shånn), s. Aneladura, formação de anéis; configuração de anel.

**ANNULLABLE** (ånå'låbl), adj. Anulável, rescindível.

**ANNULMENT** (ånål'ment), s. Anulação, invalidação, rescisão, abolição.

**ANNUNCIATE** (ånån'shiêit), v. t. Anunciar, publicar, proclamar, declamar.

**ANNUNCIATION** (ånånshiêi'shånn), s. Anunciação, proclamação; Anunciação (festa religiosa).

**ANNUNCIATOR** (ånånshiêi'tår), s. Anunciador, proclamador; sinal luminoso, indicador (de hospitais, hotéis, etc.).

**ANODYNE** (é'nodáinn), adj. e s. Anódino, analgésico.

**ANOINT** (ånóin't), v. t. Untar, esfregar (com óleo, etc.); ungir; sagrar, consagrar.

**ANOINTING** (ånóin'tinn), s. Unção, consagração.

**ANOINTMENT** (ånóint'ment), s. Aplicação (de óleo, ungüento, etc.); sagração; unção.

**ANOMALISM** (ånó'målizm), s. Anomalia, anormalidade.

**ANOMALOUS** (ånó'målåss), adj. Anômalo, anormal; irregular.

**ANOMALY** (ånó'måli), s. Anomalia, irregularidade; pl.: *anomalies*.

**ANONYM** (é'nonimm), s. Anônimo; pseudônimo.

**ANONYMITY** (énoni'miti), s. Anonimato, anonímia; pl.: *anonymities*.

**ANONYMOUS** (ånó'nimåss), adj. Anônimo, desconhecido.

**ANOTHER** (ånå'dhår), adj. Mais um, mais outro; diferente, outro; qualquer; pron. um outro, uma outra; qualquer um, qualquer uma. *Such another:* outro que tal.

**ANSWER** (én'sår), s. Resposta, réplica; resultado, solução (de um problema); contestação; v. t. e i. responder, retrucar, replicar, contestar; resolver; atender; obedecer; reagir; corresponder a; responsabilizar-se; pagar, expiar (culpas).

**ANSWERABLE** (én'såråbl), adj. Responsável, refutável.

**ANT** (ênt), s. (Zool.) Formiga. *To have ants in one's pants* (gír.): estar inquieto, desassossegado, nervoso, excitado. *White ant:* termita.

**ANTAGONISM** (énté'gonizm), s. Antagonismo, oposição; rivalidade.

**ANTAGONIST** (énté'gonist), s. Antagonista, oponente, rival.

**ANTAGONISTIC** (éntégonis'tik), adj. Antagônico, contrário; hostil.

**ANTAGONIZE** (énté'gonáiz), v. t. e i. Disputar; contender; hostilizar; causar inimizade; agir em oposição, ser antagônico.

**ANTARCTIC** (éntárk'tik), adj. Antártico; s. região antártica.

**ANTE** (ånti), pref. latino: Ante, antes. *Ante bellum:* antes da guerra, pré-guerra. *To ante up* (gír.): contribuir (com dinheiro); pagar; efetuar pagamento (geralmente contra vontade).

**ANTEATER** (ént'itår), s. (Zool.) Tamanduá, papa-formigas.

**ANTECEDE** (éntissi'd), v. t. Anteceder, preceder.

**ANTECEDENCE** (éntissi'darss), s. Antecedência, prioridade.

**ANTECEDENT** (éntissi'dånt), adj. e s. Antecedente, anterior, precedente; s. (Gram., Mús., Mat.) antecedente.

**ANTECESSOR** (éntissé'sâr), s. Antecessor, predecessor.
**ANTECHAMBER** (én'tishêimbâr), s. Antecâmara.
**ANTEDATE** (éntidêi't), v. t. Antedatar; anteceder, antecipar, preceder; s. antedata.
**ANTEDILUVIAN** (éntidilu'viânn), adj. e s. Antediluviano; velho, inadequado; (fig.) ancião, anciã.
**ANTENNA** (énté'nâ), s. Antena (de rádio, de inseto, etc.); pl.: (Zool.) *antennae*; (Rádio e TV) *antennas*.
**ANTENUPCIAL** (éntinâp'shâl), adj. Antenupcial.
**ANTEPENULT** (éntipinâl't) ou **ANTEPENULTIMATE** (éntipinâl'timêit), adj. e s. Antepenúltimo; antepenúltima sílaba.
**ANTERIOR** (énti'riâr), adj. Anterior, precedente, antecedente; prévio, mais cedo.
**ANTERIORITY** (éntiriô'riti), s. Anterioridade, precedência.
**ANTEROOM** (énti'rumm), s. Ante-sala, antecâmara.
**ANTHEM** (én'themm), s. Antífona, salmo; hino. *National anthem*: hino nacional.
**ANTHILL** (ént'hill), s. Formigueiro; cupim.
**ANTHOLOGICAL** (éntholó'jikâl), adj. Antológico.
**ANTHOLOGIST** (énthô'lodjist), s. Antologista.
**ANTHOLOGY** (énthô'lodji), s. Antologia; pl. *anthologies*.
**ANTHRAX** (én'thréks), s. (Med., Veter.) Antraz, carbúnculo.
**ANTHROPOID** (én'thropóid), adj. e s. Antropóide.
**ANTHROPOLOGIST** (énthropó'lodjist), s. Antropólogo, antropologista.
**ANTHROPOLOGY** (énthropó'lodji), s. Antropologia.
**ANTHROPOPHAGOUS** (énthropó'fâgâss), adj. e s. Antropófago.
**ANTHROPOPHAGY** (énthropó'fâdji), s. Antropofagia.
**ANTIAIRCRAFT** (éntiér'kráft), adj. Antiaéreo.
**ANTIBIOTIC** (éntibáió'tik), adj. e s. Antibiótico.
**ANTIBODY** (én'tibódi), s. (Med.) Anticorpo.
**ANTIC** (én'tik), s. Gesto grotesco; excentricidade; trejeito, momice, cômico, palhaço, bufão; adj. esquisito, bizarro.
**ANTICLY** (én'tikli), adv. Grotescamente; estranhamente.
**ANTICHRIST** (én'tikráist), s. Anticristo.
**ANTICIPATE** (énti'sipêit), v. t. e i. Antecipar, antecipar-se; adiantar, adiantar-se; fazer de antemão; prevenir; prever; acelerar, apressar.
**ANTICIPATION** (éntissipêi'shânn), s. Antecipação; adiantamento; intuição, previsão; prevenção; antegozo.
**ANTICIPATIVE** (éntissi'pêitiv) ou **ANTICIPATORY** (éntissi'pêitôuri), adj. Antecipador; antecipado; previdente; esperançoso.
**ANTIDOTE** (én'tidôut), s. Antídoto.
**ANTIFRICTION** (éntifrik'shânn), s. Antifricção.
**ANTILOGY** (énti'lodji), s. Antilogia; pl.: *antilogies*.
**ANTIMACASSAR** (entimâkê'sâr), s. Capa para espaldar ou braços de cadeira.
**ANTIMONY** (én'timôuni), s. (Quím.) Antimônio.
**ANTINOMY** (énti'nomi), s. Antinomia; pl.: *antinomies*.
**ANTIPATHETIC** (éntipâthê'tik) ou **ANTIPATHETICAL** (éntipâthê'tikâl), adj. Antipático, repulsivo.
**ANTIPATHY** (énti'pâthi), s. Antipatia, aversão; pl.: *antipathies*.
**ANTIPHON** (én'tifânn), s. Antífona, responso.
**ANTIPODE** (énti'pôud), s. Antípoda; oposto.
**ANTIPOPE** (én'tipôup), s. Antipapa.
**ANTIPTOSIS** (énti'ptosis), s. (Gram.) Antiptose, emprego de um caso gramatical por outro.
**ANTIPYRETIC** (éntipáiré'tik), adj. e s. (Med.) Antipirético, antifebril.
**ANTIQUARIAN** (éntikuêi'riânn), adj. e s. Antiquário.
**ANTIQUARY** (én'thikuéri), s. Antiquário; arqueólogo; pl.: *antiquaries*.
**ANTIQUATE** (én'tikuéit), v. t. Antiquar, tornar velho, obsoleto.
**ANTIQUATED** (én'tikuêitid), adj. Antiquado, obsoleto, velho.
**ANTIQUE** (énti'k), s. Antigüidade; objeto de arte antiga; adj. antigo, desusado, antiquado; clássico; venerável.
**ANTIQUITY** (énti'kuiti), s. Antigüidade, tempos antigos; os antigos; pl.: *antiquities*.
**ANTISCIANS** (énti'shiânss), s. Antecos.
**ANTISEPTIC** (éntissép'tik) ou **ANTISEPTICAL** (éntissép'tikâl), adj. Antisséptico.
**ANTISEPTIC** (éntissép'tik), s. Antisséptico, substância antisséptica.
**ANTISLAVERY** (éntislêi'vâri), adj. Antiescravista; contrário à escravidão.

**ANTITHESIS** (énti'thississ), s. Antítese; pl.: *antitheses*.

**ANTITOXIN** ou **ANTITOXINE** (éntitók'sinn), s. Antitoxina.

**ANTLER** (én'tlâr), s. Galhada de veado, rangífer, etc.

**ANTONYM** (én'tonimm), s. Antônimo.

**ANTRUM** (én'trâmm), s. Antro; pl.: *antra*.

**ANUS** (êi'nâss), s. (Anat.) Ánus; pl.: *anuses*.

**ANVIL** (én'vil), s. Bigorna.

**ANXIETY** (éngzái'âti), s. Ansiedade, ânsia, anseio; desejo veemente; preocupação; pl.: *anxieties*.

**ANXIOUS** (énk'shâss), adj. Ansioso; impaciente, inquieto, aflito.

**ANXIOUSLY** (énk'shâsli), adv. Ansiosamente, impacientemente.

**ANXIOUSNESS** (énk'shâsnéss), s. Ansiedade, ânsia.

**ANY** (é'ni), adj. Qualquer, quaisquer; algum, alguma; todo, toda, cada; nenhum, nenhuma; pron. qualquer um, qualquer uma; qualquer porção; algum, alguma; adv. de qualquer modo, em qualquer grau.

**ANYBODY** (é'ni-bó'di), pro. Qualquer um, qualquer pessoa; s. pessoa importante; "alguém"; sujeito, indivíduo.

**ANYHOW** (é'ni-hâu), adv. De qualquer maneira, seja como for; casualmente; descuidadamente.

**ANYONE** (é'ni-uânn), pron. Qualquer um, alguém, pessoa indiscriminada.

**ANYTHING** (é'nithinn), pron. Algo; acontecimento ou fato qualquer; s. qualquer coisa; adv. de qualquer forma, de todo jeito. *Anything else?*: (deseja) mais alguma coisa?

**ANYWAY** (é'ni-uêi), adv. De qualquer modo, seja como for, em todo caso, afinal de contas, apesar de tudo; negligentemente.

**ANYWHERE** (é'ni-uér), adv. Em qualquer parte ou lugar; em nenhuma parte, em nenhum lugar (nas frases negativas).

**ANYWISE** (é'ni-uáiz), adv. De qualquer modo.

**APACE** (âpêi'ss), adv. Rapidamente, aceleradamente, velozmente.

**APANAGE**, s. V. *Appanage*.

**APART** (âpár't), adv. À parte, separadamente; em fragmentos; desmontadamente; independentemente.

**APARTMENT** (âpárt'ment), s. Apartamento, aposento.

**APATHETIC** (épâthé'tik) ou **APATHETICAL** (épâthé'tikal), adj. Apático, insensível, indiferente.

**APATHY** (é'pâthi), s. Apatia, indiferença, insensibilidade; pl.: *apathies*.

**APE** (êip), s. Macaco, bugio, mono; macaqueador, pessoa que gosta de imitar outras; v. t. macaquear, arremedar.

**APEAK** (âpi'k), adv. A pique; adj. perpendicular.

**APERIENT** (âpi'rient), adj. e s. (Med.) Laxante, purgante.

**APERTURE** (é'pârtiuâr ou é'pârtshâr), s. Abertura, fenda, orifício, fresta.

**APERY** (êi'pâri), s. Arremedo, macaquice; pl.: *aperies*.

**APEX** (êi'peks), s. Ápice, cume, cimo; vértice (de um ângulo); apogeu, clímax; pl.: *apexes* ou *apices*.

**APHAERESIS, APHERESIS** (éfi'rississ) ou **APHESIS** (é'fississ), s. (Gram.) Aférese.

**APHORISM** (é'forizm), s. Aforismo, provérbio.

**APIARIAN** (êipié'riânn), adj. Apiário, apícola.

**APIARIST** (êi'piârist), s. Apicultor.

**APIARY** (êi'piâri), s. Apiário, colméia; pl.: *apiaries*.

**APICAL** (êi'pikâl), adj. Apical, elevado, cimeiro.

**APICES**, s. pl. de *apex*.

**APICULATE** (êpi'kiulêit), adj. (Bot.) Apiculado.

**APICULTURE** (êi'pikâltiur ou êi'pikâltishâr), s. Apicultura.

**APICULTURIST** (êipikâl'tiurist ou êipikâl'tshârist), s. Apicultor.

**APIECE** (âpi'ss), adv. Cada, cada um, cada uma; por peça, por cabeça.

**APISH** (êi'pish), adj. Simiesco; macaqueador, arremedador; ridículo; insensato; estúpido.

**APISHNESS** (êi'pishnéss), s. Macaquice; insensatez, estupidez.

**APLOMB** (âplô'mm), s. Autoconfiança, autosuficiência; firmeza; aprumo; compostura; calma.

**APOCALYPSE** (âpó'kâlips), s. Apocalipse; profecia.

**APOCALYPTIC** (âpókâlip'tik) ou **APOCALYPTICAL** (âpókâlip'tikâl), adj. Apocalíptico, profético.

**APOCOPATE** (âpó'kopêit), v. t. (Gram.) Apocopar.

**APOCOPE** (âpó'kopi), s. (Gram.) Apócope.

**APOCRYPHAL** (ăpó'krifăl), adj. Apócrifo; falso, espúrio.
**APOD** (é'pŏd), adj. e s. Ápode.
**APOGEE** (é'podji), s. Apogeu.
**APOLOGETIC** (ăpólodjé'tik) ou **APOLOGETICAL** (ăpólodjé'tikăl), adj. Apologético.
**APOLOGIST** (ăpó'lodjist), s. Apologista.
**APOLOGIZE** (ăpó'lodjáiz), v. i. Desculpar-se, pedir ou apresentar desculpas.
**APOLOGUE** (é'pológ), s. Apólogo.
**APOLOGY** (ăpóp'lodji), s. Apologia, defesa; desculpa, justificação, satisfação; pl.: *apologies*.
**APOPLEXY** (é'popléksi), s. (Med.) Apoplexia; pl.: *apoplexies*.
**APORT** (ăpór't), adv. (Náut.) À bombordo.
**APOSTASY** (ăpós'tăssi), s. Apostasia; pl.: *apostasies*.
**APOSTATE** (ăpós'tit), adj. e s. Apóstata, renegado, infiel.
**APOSTATIZE** (ăpós'tătáiz), v. i. Apostatar, renegar.
**APOSTLE** (ăpós'l), s. Apóstolo.
**APOSTLESHIP** (ăpós'l-ship) ou **APOSTOLATE** (ăpós'tolit), s. Apostolado.
**APOSTOLIC** (épostó'lik) ou **APOSTOLICAL** (épostó'likăl), adj. Apostólico.
**APOSTROPHE** (ăpós'trofi), s. (Gram.) Apóstrofo; (Ret.) apóstrofe, invocação.
**APOSTROPHIZE** (ăpós'trofáiz), v. t. Apostrofar.
**APOTHECARY** (ăpó'thikéri), s. Boticário, farmacêutico; pl.: *apothecaries*.
**APOTHEM** (ăpó'thém), s. (Mat.) Apótema.
**APOTHEOSIS** (ăpó'thiôussis), s. Apoteose; pl.: *apotheoses*.
**APOTHEOSIZE** (ăpó'thiossáiz), v. t. Deificar, glorificar, divinizar, exaltar, apoteosar.
**APOTOME** (ăpó'tomi), s. (Mús.) Apótomo.
**APPALL, APPAL** (ăpó'l), v. t. Espantar; aterrar; assustar.
**APPALLING** (ăpó'linn), adj. Espantoso, aterrador, horroroso.
**APPANAGE** ou **APANAGE** (é'pănidj), s. Apanágio.
**APPARATUS** (épărêi'tăss), s. Aparelho, instrumento, aparelhamento; pl.: *apparatus* ou *apparatuses*.
**APPAREL** (ăpé'răl), s. Vestuário, traje, vestes; v. t. vestir, ornar, enfeitar.
**APPARENT** (ăpé'rant), adj. Aparente, evidente, manifesto.

**APPARENTNESS** (păpé'răntnéss), s. Aparência, evidência.
**APPARITION** (épări'shănn), s. Aparição, visão, espectro; imagem.
**APPEAL** (ăpi'l), v. t. e i. Apelar, recorrer; fazer apelação, interpor recurso; interessar, agradar; s. atração, simpatia; encanto, enlevo.
**APPEALABLE** (ăpi'lăbl), adj. Apelável.
**APPEALER** (ăpi'lăr), s. Apelante, suplicante.
**APPEALING** (ăpi'linn), adj. Atraente, simpático; apelante, implorativo, suplicante.
**APPEAR** (ăpi'r), v. i. Aparecer, surgir, mostrar-se, apresentar-se.
**APPEARANCE** (ăpi'ărănss), s. Aparecimento; comparecimento; aspecto; aparência; publicação, lançamento (de um livro).
**APPEASABLE** (ăpi'zăbl), adj. Aplacável, reconciliável.
**APPEASE** (ăpi'z), v. t. Pacificar, apaziguar, acalmar, aplacar; sujeitar-se, conciliar.
**APPEASEMENT** (ăpiz'ment), Apaziguamento, pacificação, calma; conciliação.
**APPELANT** (ăpé'lănt), adj. e s. Apelante, recorrente, suplicante.
**APPELATE** (ăpé'lit), adj. Apelatório, de apelação; v. t. chamar.
**APPELATION** (épelêi'shănn), s. Nome, denominação, designação, título.
**APPELLEE** (épeli'), s. (Jur.) Apelante, réu, recorrido.
**APPEND** (ăpén'd), v. t. Anexar, juntar; pôr suplemento; fixar, atar.
**APPENDAGE** (ăpén'didj), s. Apêndice, suplemento, acessório; (Biol.) apêndice, membro.
**APPENDANT** ou **APPENDENT** (ăpén'dănt), adj. e s. Acessório, apêndice; dependência, dependente; associado, apenso, anexo.
**APPENDICITIS** (ăpendissăi'tiss), s. (Med.) Apendicite.
**APPENDIX** (ăpén'diks), s. Apêndice, acessório; (Anat., Zool.) parte acessória de um órgão; pl.: *appendixes* ou *appendices*.
**APPERCEPTION** (épărsép'shănn), s. Apercepção; plena compreensão.
**APPERTAIN** (ăpărtêi'nn), v. i. Pertencer, caber a; ser próprio de, dizer respeito a; formar parte ou propriedade de.
**APPETENCE** (é'pitănss) ou **APPETENCY** (é'pitănss), s. Desejo, apetência, cobiça;

afinidade de substâncias químicas; inclinação natural.
**APPETITE** (é'pitáit), s. Apetite, apetência; ânsia; concupiscência.
**APPETIZE** (é'pitáiz), v. t. Apetecer, abrir o apetite a.
**APPTIZER** (é'pitáizär), s. Aperitivo.
**APPETIZING** (épitái'zinn), adj. Apetitoso.
**APPLAUD** (âpló'd), v. t. e i. Aplaudir, aclamar; aprovar; elogiar, louvar.
**APPLAUSE** (âpló'z), s. Aplauso, aclamação; aprovação.
**APPLE** (épl), s. Maçã; macieira (também *apple tree*). *Apple of discord:* pomo de discórdia.
**APPLEJACK** (épl'djék), s. Aguardente de maçã (nos Estados Unidos).
**APPLE-PIE** (éi'pl'pái), s. Torta de maçã. *Apple-pie order* (gír.): perfeita ordem. *Apple sauce* (gír.): bobagem, asneira, besteira.
**APPLIANCE** (âplái'ânss), s. Aplicação, emprego; apetrecho, invento, instrumento, utensílio.
**APPLICABILITY** (éplikâbi'liti), s. Aplicabilidade, propriedade.
**APPLICABLE** (é'plikâbl), adj. Aplicável; utilizável.
**APPLICANT** (é'plikânt), s. Peticionário, requerente; pretendente, candidato.
**APPLICATION** (éplikéi'shânn), s. Aplicação, emprego, utilização; atenção; contenctração; solicitação, petição.
**APPLICATIVE** (é'plikêitiv), adj. Aplicável, prático.
**APPLIED** (âplái'd), pret. e part. pass. de *apply;* adj. aplicado, utilizado, empregado.
**APPLY** (âplái'i), v. t. e i. Aplicar, aplicar-se; pôr em prática; recorrer; dedicar-se; dirigir-se; destinar, consagrar; referir-se; pret. e part. pass.: *applied*.
**APPOINT** (âpóin't), v. t. e i. Designar, nomear; decretar; equipar, suprir; ordenar, determinar; (Jur.) autorizar, dispor de autorização.
**APPOINTEE** (âpóinti'), s. Pessoa nomeada para um cargo.
**APPOINTER** (âpóin'tär), s. Nomeador.
**APPOINTMENT** (âpóint'ment), s. Nomeação, decreto; cargo; encontro, entrevista; aprazamento; equipamento.
**APPORTION** (âpór'shânn), v. t. Dividir eqüitativamente; partilhar; ratear.
**APPORTIONMENT** (âpór'shânment), s. Distribuição, divisão, rateio, partilha.
**APPOSABLE** (âpóu'zâbl), adj. Aplicável.
**APPOSE** (âpóu'z), v. t. Apor, aplicar, justapor, acrescentar.
**APPOSITE** (é'pozit), adj. Apropriado, adequado, próprio, apto, conveniente.
**APPOSITENESS** (é'pozitnéss), s. Adaptação, conveniência.
**APPOSITION** (épozi'shânn), s. Aposição, adjunção, justaposição.
**APPOSITIVE** (âpó'zitiv), s. (Gram.) Aposto; adj. apositivo, aposto.
**APPRAISAL** (âprêi'zâl), s. Avaliação, apreciação; estimativa, cálculo de valor.
**APPRAISE** (âprêi'z), v. t. Avaliar, apreciar, estimar, aquilatar; fixar o preço ou valor.
**APPRAISEMENT** (âprêiz'ment), s. Avaliação, taxação; valor taxativo.
**APPRAISER** (âprêi'zâr), s. Avaliador.
**APPRECIABLE** (âpri'shâbl), adj. Apreciável, apreciativo.
**APPRECIATE** (âpri'shiêit), v. t. Apreciar, estimar, prezar; avaliar com precisão; dar valor a, admirar; aumentar o preço de (diz-se nos Estados Unidos).
**APPRECIATION** (âprishiêi'shânn), s. Apreciação, avaliação; valorização; simpatia, gratidão, reconhecimento.
**APPRECIATIVE** (âpri'shiâtiv), adj. Apreciativo; compreensivo, reconhecedor.
**APPREHEND** (épri-hén'd), v. t. e i. Apreender; temer, recear; prender, deter, perceber, entender, notar.
**APPREHENSIBLE** (épri-hen'sibl), adj. Apreensível, compreensível, concebível, perceptível.
**APPREHENSION** (épri-hén'shânn), s. Apreensão, compreensão, percepção, captura, prisão; temor, receio, medo; juízo, conceito.
**APPREHENSIVE** (épri-hén'siv), adj. Apreensivo, receoso; perspicaz, inteligente, sagaz.
**APPREHENSIVENESS** (épri-hén'sivnéss), s. Apreensibilidade; sagacidade, inteligência; medo, receio, temor.
**APPRENTICE** (âprén'tiss), s. Aprendiz; v. t. pôr ou aceitar como aprendiz.
**APPRENTICESHIP** (âprén'tis-ship), s. Aprendizado, aprendizagem, estágio, noviciado.
**APPRIZE** (âprái'z), v. t. Informar, notificar, avisar; avaliar.

**APPROACH** (ăprŏu'tsh), v. t. e i. Aproximar, aproximar-se; acercar-se; seduzir, corromper; s. aproximação, avizinhação, caminho, acesso, passagem; pl. tentativa de aproximação; introdução; propostas ilícitas; impróprias (nos Estados Unidos); pl.: *approaches*.

**APPROACHABLE** (ăprŏu'tshăbl), adj. Acessível; afável, comunicativo.

**APPROBATE** (é'probêit), v. t. Aprovar, sancionar; autenticar.

**APPROBATION** (éprobêi'shănn), s. Aprovação, sanção, beneplácito, consentimento, ratificação.

**APPROBATIVE** (é'probêitiv), adj. Aprobativo.

**APPROBATORY** (é'probătŏuri), adj. Aprobatório, digno de louvor.

**APPROPRIATE** (ăprŏu'priêit), v. t. Apropriar, adaptar; apropriar-se de, apoderar-se de.

**APPROPRIATE** (ăprŏu'priit), adj. Apropriado, adequado, conveniente, próprio.

**APPROPRIATENESS** (ăprou'priêitnéss), s. Conveniência.

**APPROPRIATION** (ăprŏupriêi'shănn), s. Apropriação, posse; verba; fundos.

**APPROVABLE** (ăpru'văbl), adj. Aprovável.

**APPROVAL** (ăpru'văl), s. Aprovação, consentimento; aplauso, louvor.

**APPROVE** (ăpru'v), v. t. e i. Aprovar, apoiar; louvar; sancionar, autorizar; consentir; mostrar; provar.

**APPROXIMATE** (ăprók'simêit), v. t. e i. Aproximar, aproximar-se; avizinhar, avizinhar-se de; chegar, igualar; tornar acessível.

**APPROXIMATE** (ăprók'simit), adj. Aproximado, quase correto; semelhante; perto, vizinho.

**APPROXIMATELY** (ăprók'simitli), adv. Aproximadamente.

**APPROXIMATION** (ăpróksimêi'shănn), s. Aproximação; chegada, estimativa, avaliação, cálculo.

**APPROXIMATIVE** (ăprók'simătiv), adj. Aproximativo.

**APPURTENANCE** (ăpăr'tinănss), s. Pertences, acessórios; direito ou privilégio.

**APPURTENANT** (ăpăr'tinănt), adj. Pertencente, pertinente; incidente (seguido de *to*).

**APRIL** (êi'pril), s. Abril. *April fool:* primeiro de abril; partida, peça que se prega a alguém nesse dia. *All fool's day: (dia de todos os tolos, primeiro de abril)*.

**APRIORITY** (ăprió'răiti), s. Apriorismo; pl.: *apriorities*.

**APRON** (êi'prănn), s. Avental; boca de palco (nos teatros); capota de carruagem. *To be tied to someone's apron strings:* estar sob a influência de, ou na dependência de alguém.

**APROPOS** (ĕpropŏ'u), adj. Oportuno, apropriado; adv. a propósito, oportunamente.

**APROSEXIA** (ĕprossěk'sia), s. (Med.) Aprosexia, impossibilidade de fixar a atenção.

**APSE** (épss), s. (Mat., Astron.) Apside; (Arquit.) abside; pl.: *apsides* ou *apses*.

**APT** (ĕpt), adj. Apto, adequado, próprio; inteligente; inclinado, tendente.

**APTITUDE** (ĕp'titiud), s. Aptidão, capacidade, habilidade; inclinação; conveniência; destreza; idoneidade moral; tendência.

**APTNESS** (ĕpt'nĕss), s. Competência; inteligência; jeito.

**AQUAFORTIS** (ĕkuafŏr'tis), s. Água-forte.

**AQUAFORTIST** (ĕkuafŏr'tist), s. Água-fortista.

**AQUARELLE** (ĕkuaré'l), s. Aquarela.

**AQUARIUM** (ăkuêi'riămm), s. Aquário; pl.: *aquariums* ou *aquaria*.

**AQUARIUS** (ăkuêi'riăss), s. (Astron.) Aquário (constelação boreal).

**AQUATIC** (ăkuê'tik), adj. Aquático; s. planta, animal aquático; pl.: esportes aquáticos.

**AQUEDUCT** (ĕkuidăkt), s. Aqueduto; (Anat.) tubo, aqueduto.

**AQUEOUS** (êi'kiăss), adj. Aquoso, áqüeo.

**AQUEOUSNESS** (êi'kiăsnéss), s. Aquosidade.

**AQUILINE** (é'kuilinn ou é'kuilăinn), adj. Aquilino, adunco, recurvo.

**ARAB** (é'răb), s. Árabe, cavalo árabe. *Street arab:* menino de rua, criança sem lar; adj. árabe.

**ARABESQUE** (ĕrăbés'k), adj. e s. Arabesco; fantástico, excêntrico.

**ARABIAN** (ărêi'biănn), adj. e s. Árabe, arábico.

**ARABIC** (é'răbik), adj. e s. Arábico; língua árabe.

**ARABLE** (é'răbl), adj. Arável, cultivável.

**ARAMAIC** (ĕrămêi'k), adj. e s. Aramaico.

**ARBITER** (ăr'bităr), s. Árbitro, juiz.

**ARBITRABLE** (ăr'bitrăbl), adj. Arbitrável.

**ARBITRAGE** (ăr'bitridj), s. Arbitragem.

**ARBITRAMENT** (ărbi'trăment), s. Arbitramento, arbitragem; arbítrio, julgamento; sentença.

**ARBITRARY** (ár'bitrâri), adj. Arbitrário, caprichoso, despótico, absoluto.
**ARBITRATE** (ár'bitrêit), v. i. Arbitrar, servir como árbitro.
**ARBITRATION** (árbitrêi'shânn), s. Arbitragem, arbitramento; decisão, sentença.
**ARBITRATOR** (ár'bitrêitâr), s. Árbitro; arbitrador.
**ARBOR** (ár'bâr), s. Árvore; eixo, veio, fuso.
**ARBOR** ou **ARBOUR** (ár'bâr), s. Caramanchão, pérgula, latada, parreiral.
**ARBOREAL** (árbôu'riâl) ou **ARBOREOUS** (árbôu'riâss), adj. Arbóreo; arborizado.
**ARBORESCENCE** (árborê'senss), s. Arborescência.
**ARBORESCENT** (árborê'sent), adj. Arborescente.
**ARBORICULTURE** (ár'borikâltiur ou ár'borikâltshâr), s. Arboricultura.
**ARBORICULTURIST** (árborikâl'tiurist ou árborikâl'tshârist), s. Arboricultor.
**ARBORIZATION** (árborizêi'shânn), s. Arborização.
**ARC** (árk), s. Arco; (Astron., Mat.) linha curva; (Eletr.) arco voltaico; v. i. formar um arco voltaico.
**ARCADE** (árkêi'd), s. Arcada, abóbada; v. i. construir ou formar arcadas.
**ARCH** (ár'tsh), s. Arco, abóbada; peito do pé; céu da boca; pl.: *arches*; v. t. e i. arquear, arquear-se.
**ARCH** (ár'tsh), adj. Principal, mor, insigne, eminente; astuto, matreiro; inteligente. (Usa-se quase sempre como elemento de composição.)
**ARCHAELOGIC** (árkiâlô'djik) ou **ARCHAEOLOGICAL** (árkiâlô'djikâl), adj. Arqueológico.
**ARCHAEOLOGY** (árkiô'lôudji), s. Arqueologia.
**ARCHAIC** (árkêi'ik), adj. Arcaico, antigo, velho.
**ARCHAISM** (ár'kêiizm), s. Arcaísmo.
**ARCHAIST** (ár'kêiist), s. Arcaísta, antiquário.
**ARCHAIZE** (ár'kêiáiz), v. t. e i. Arcaizar, tornar-se arcaico.
**ARCHANGEL** (ár'kêindjél), s. Arcanjo; (Bot.) angélica.
**ARCHANGELIC** (árkêindjé'lik) ou **ARCHANGELICAL** (árkêindjé'likâl), adj. Arcangélico.
**ARCHBISHOP** (ártshbi'shâp), s. Arcebispo.

**ARCHIDIOCESE** (ártshdái'ossiss), s. Arquidiocese, arcebispado.
**ARCHDUCHY** (ártshdâ'tshi), s. Arquiducado; pl.: *archduchies*.
**ARCHDUKE** (ártshdiu'k), s. Arquiduque.
**ARCHETYPE** (ár'kitáip), s. Arquétipo, protótipo.
**ARCHIEPISCOPAL** (árkiipis'kôupâl), adj. Arquiepiscopal.
**ARCHIEPISCOPATE** (árkiipis'kôupit), s. Arcebispado.
**ARCHIPELAGO** (árkipê'lâgôu), s. Arquipélalago; pl.: *archipelagos* ou *archipelagoes*.
**ARCHITECT** (árkitékt), s. Arquiteto; construtor.
**ARCHITECTURAL** (árkiték'tiurâl ou árkiték'tshârâl), adj. Arquitetural, arquitetônico.
**ARCHITECTURE** (árkiték'tiur ou árkiték'tshâr), s. Arquitetura; edifício, estrutura.
**ARCHIVE** (ár'káiv), s. Arquivo; depósito de documentos.
**ARCHIVIST** (ár'kivist), s. Arquivista.
**ARCHNESS** (ártsh'néss), s. Malfcia, brejeirice; importância, superioridade.
**ARCHWAY** (ártsh'uêi), s. Arcada.
**ARCTIC** (árk'tik), s. Regiões árticas; pl. galochas de inverno, adj. ártico.
**ARCUATE** (ár'kiuit), adj. Arqueado.
**ARDENCY** (ár'densi), s. Ardência; ardor, veemência.
**ARDENT** (ár'dent), adj. Ardente; chamejante; ardoroso, veemente, apaixonado, entusiasmado.
**ARDENTNESS** (ár'dentnéss), s. Ardência, veemência; entusiasmo, ardor.
**ARDOR** ou **ARDOUR** (ár'dâr), s. Ardor, fervor; grande entusiasmo; calor intenso.
**ARDOUS** (ár'diuâss), adj. Arduo, trabalhoso, difícil; íngreme, elevado, escarpado.
**ARDUOUSNESS** (ár'diuâsnéss), s. Dificuldade, arduidade.
**ARE** (ár), 2ª pess. sing. e 1ª, 2ª e 3ª pess. pl. do pres. do indic. do verbo *to be*; s. are (medida de 100m$^2$).
**AREA** (êi'riâ), s. Área; extensão, âmbito, raio, território, esfera; terreno cercado.
**ARENA** (âri'nâ), s. Arena; pl. *arenas* ou *arenae*.
**ARENACEOUS** (érinêi'shâss), adj. Arenáceo, arenoso.
**AREOLA** (éri'olâ), s. Aréola; (Bot., Zool.) auréola.
**AREOLATE** (éri'olit), adj. Areolado.

**AREOMETER** (érió'mitâr), s. Areômetro.
**ARGENT** (ár'djent), adj. Argênteo, prateado; s. (Poét.) prata.
**ARGENTEOUS** (árdjén'tiáss), adj. Argênteo, prateado.
**ARGENTINE** (ár'djentinn ou ár'djentáinn), adj. e s. Argênteo, argentino; da Argentina.
**ARGENTUM** (ârdjen'tân), s. Prata; (Quím.) elemento cujo símbolo é Ag.
**ARGIL** (ár'djil), s. Argila, barro de oleiro.
**ARGON** (ár'gónn), s. (Quím.) Argônio.
**ARGOT** (ár'gôu), s. Gíria, calão.
**ARGUABLE** (ár'ghiuábl), adj. Contestável, discutível; sustentável.
**ARGUE** (ár'ghiu), v. t. e i. Argüir, argumentar, discutir; demonstrar, provar; indicar; sustentar, afirmar, manter; persuadir, convencer.
**ARGUMENT** (ár'ghiument), s. Argumento; debate, discussão; dedução; sumário de uma obra.
**ARGUMENTATION** (árghiumentêi'shânn), s. Argumentação; discussão, controvérsia.
**ARGUMENTATIVE** (árghiumén'tâtiv), adj. Argumentativo; inclinado a controvérsia.
**ARGUS-EYED** (ár'gâs'aid), adj. Arguto, de visão penetrante; com olhos de Argos (mitologia grega).
**ARGUTE** (árghiu't), adj. Arguto, sagaz; agudo, estridente.
**ARIA** (á'riâ), s. Ária, melodia.
**ARIAN** (é'riânn), adj. e s. Ariano.
**ARIANISM** (é'riânizm), s. Arianismo, a doutrina de Ário.
**ARID** (é'rid), adj. Árido, estéril; desinteressante.
**ARIDITY** (éri'diti) ou **ARIDNESS** (é'ridnéss), s. Aridez, secura, insipidez.
**ARIGHT** (ârái't), adv. Corretamente, bem direito.
**ARISE** (ârái'z), v. i. Surgir, aparecer; elevar-se; levantar-se; originar, provir, resultar; pret.: *arose*; part. pass. *arisen*.
**ARISEN** (âriz'n), part. pass. de *arise*.
**ARISTOCRACY** (éristó'krâssi), s. Aristocracia; pl. *aristocracies*.
**ARISTOCRAT** (âris'tokrét), s. Aristocrata.
**ARISTOCRATIC** (éristokré'tik) ou **ARISTOCRATICAL** (éristokré'tikâl), adj. Aristocrático.
**ARITHMETIC** (ârith'métik), s. Aritmética.
**ARITHMETICAL** (érithimê'tikâl), adj. Aritmético.
**ARITHMETICIAN** (ârithmeti'shânn), s. Aritmético, calculista.
**ARIZONA TENOR** (árizô'na tên'âr), (gír.) Indivíduo com tosse tuberculosa.
**ARK** (árk), s. (Bíbl.) Arca. *Ark of the convenant:* Arca da Aliança, Arca de Noé.
**ARM** (ármm), s. Braço; membro dianteiro (dos animais); tentáculo (dos pólipos); galho, ramo; ramal, ramificação; (Náut.) braço da âncora; (fig.) poder, força, autoridade; arma; armamento, instrumento de ataque ou defesa; unidade de exército; v. t. e i. armar, armar-se; munir, prover de armas.
**ARMADA** (ármêi'dâ), s. Armada, frota de guerra.
**ARMADILLO** (ármâdi'lôu), s. (Zool.) Tatu.
**ARMAMENT** (ár'mâment), s. Armamento; força militar de uma nação.
**ARMARTURE** (ár'mâtiur ou ár'mâtshâr), s. Armadura; armas, armamento.
**ARMCHAIR** (árm'tshér), s. Poltrona.
**ARMENIAN** (ármi'niânn), adj. e s. Armênio.
**ARMFUL** (árm'ful), s. Braçada, aquilo que se pode tomar nos braços de uma só vez.
**ARMHOLE** (árm'hôul), s. Cava (de manga); axila, sovaco.
**ARMING** (ár'minn), s. Armamento, equipamento militar.
**ARMISTICE** (ár'mistiss), s. Armistício, trégua.
**ARMLESS** (árm'léss), adj. Maneta; desarmado, indefeso; desgalhado.
**ARMLET** (árm'lét), s. Pequeno braço de rio ou mar; bracelete.
**ARMOR** ou **ARMOUR** (ár'mâr), s. Armadura, couraça, blindagem; escafandro; v. t. blindar, encouraçar.
**ARMORED** ou **ARMOURED** (ár'mârd), adj. Blindado, encouraçado.
**ARMORER** ou **ARMOURER** (ár'mârâr), s. Armeiro.
**ARMORY** ou **ARMOURY** (ár'môuri), s. Arsenal; fábrica de armas; pl.: *armories* ou *armouries*.
**ARMPIT** (árm'pit), s. Axila, sovaco.
**ARMS** (ármz), s. pl. Armas; ciência ou serviço militar; brasões, símbolos heráldicos.
**ARMY** (ár'mi), s. Exército; multidão; legião; pl.: *armies*.
**AROMA** (ârôu'mâ), s. Aroma, perfume, fragrância.
**AROMATIC** (éromé'tik), s. Perfume, substância aromática.

**AROMATIC** (éromé'tik) ou **AROMATICAL** (éromé'tikâl), adj. Aromático.
**AROMATIZE** (ârôu'mâtáiz), v. t. Aromatizar.
**AROSE** (ârôu'z), pret. de *arise*.
**AROUND** (ârâun'd), adv. Em volta, em torno, circularmente; aqui e ali, para lá e para cá; para trás; prep. em torno de; junto de; por toda a parte; (fam.) bem próximo de (em quantidade, em importância).
**AROUSE** (ârâu'z), v. t. e i. Despertar, acordar; excitar, animar, estimular; levantar.
**AROW** (ârô'u), adv. Em linha, em fila.
**ARRAIGN** (ârêi'nn), v. t. (Jur.) Chamar a juízo; acusar, denunciar; impugnar; s. acusação, denúncia.
**ARRAIGNMENT** (ârêin'ment), s. Denúncia, acusação, citação.
**ARRACK** (âr'âk), s. Araque, aguardente de álcool destilado.
**ARRANGE** (ârêin'dj), v. t. Arranjar, dispor, arrumar, organizar; adaptar, ajustar, classificar.
**ARRANGEMENT** (ârêindj'ment), s. Arranjo, arrumação, disposição; classificação; acordo, convênio; (Mús.) arranjo.
**ARRANT** (é'rânt), adj. Notório, consumado, reconhecido; errante, ambulante.
**ARRAY** (ârê'i), v. t. Pôr, dispor em ordem de batalha; ordenar, classificar; enfeitar; revestir; s. formação (de tropas), ordem de batalha; série, rol; enfeite, atavio; vestuário, vestimenta.
**ARREAR** (âri'âr), s. Atraso, conta atrasada (usa-se geralmente no plural).
**ARREST** (ârés't), v. t. Fazer parar, deter; prender; interromper, suspender; atrair (atenção), s. captura, prisão; arresto, embargo; interrupção.
**ARRESTER** ou **ARRESTOR** (ârés'târ), s. Detentor, embargador; (Eletr.) interruptor automático.
**ARRESTMENT** (ârést'ment), s. Arresto; prisão, detenção; interrupção; dispositivo de parada.
**ARRIVAL** (ârái'vâl), s. Chegada, vinda, aparecimento; consecução (de um objetivo); (fam.) recém-nascido.
**ARRIVE** (ârái'v), v. t. e i. Chegar, vir, surgir; alcançar (um resultado); tornar-se famoso.
*To arrive at:* atingir, conseguir.
**ARRIVER** (ârái'vâr), s. Visitante, visita, o que chega.
**ARROBA** (ârôu'bâ), s. Arroba.

**ARROGANCE** (é'rogânss) ou **ARROGANCY** (é'rogânsi), s. Arrogância, presunção, altivez.
**ARROGANT** (é'rogânt), adj. Arrogante, soberbo, presunçoso.
**ARROGATE** (é'roghêit), v. t. Arrogar, arrogar-se; apropriar-se de; exigir ou reclamar indevidamente.
**ARROGATION** (éroghêi'shânn), s. Arrogância, presunção; usurpação, apropriação; insolência.
**ARROGATOR** (é'roghêitâr), s. Usurpador.
**ARROW** (é'rôu), s. Flecha, seta.
**ARROWROOT** (é'rôurut), s. Araruta.
**ARSENAL** (âr'sinâl), s. Arsenal; fábrica de armas.
**ARSENIC** (âr'sinik), s. (Quím.) Arsênico, arsênio.
**ARSON** (âr'sânn), s. (Jur.) Incêndio culposo, proposital.
**ARSONIST** (âr'sânist) ou **ARSONITE** (âr'sânâit), s. Incendiário.
**ART** (ârt), s. Arte, belas-artes; habilidade, destreza; inteligência; ciência, sabedoria, cultura; astúcia; ofício.
**ARTEL** (ârté'l), s. Cooperativa operária.
**ARTERIAL** (ârti'riâl), adj. (Anat.) Arterial; (fig.) principal, essencial.
**ARTERIALIZATION** (ârtiriâlizêi'shânn), s. (Biol.) Hematose.
**ARTERY** (âr'târi), s. (Anat.) Artéria; (fig.) via principal, estrada de rodagem, rio navegável; pl.: *arteries*.
**ARTESIAN** (ârti'ziânn), adj. Artesiano. *Artesian well:* poço artesiano.
**ARTFUL** (ârt'ful), adj. Astuto, ladino, ardiloso; hábil, destro; falso, simulado.
**ARTFULNESS** (ârt'fulnéss), s. Destreza; astúcia; experiência.
**ARTHRITIS** (ârthrái'tis), s. (Med.) Artrite, gota.
**ARTICHOKE** (âr'tishôuk), s. Alcachofra.
**ARTICLE** (âr'tikl), s. Artigo (de jornal, etc.); artigo, cláusula; parágrafo; mercadoria, peça; (Gram.) artigo (definido ou indefinido); v. t. articular, expor por artigos; contratar.
**ARTICULAR** (ârti'kiulâr), adj. (Anat.) Articular.
**ARTICULATE** (ârti'kiulêit), v. t. e i. Articular, articular-se; unir, ligar; enunciar, emitir sons articulados.
**ARTICULATE** (ârti'kiulit), adj. Articulado,

bem pronunciado, claro, distinto, inteligível; encaixado; segmentado.
**ARTICULATION** (ártikiulêi'shânn), s. Articulação; enunciação, pronunciação distinta; (Anat., Bot., Zool.) articulação, junta.
**ARTICULATOR** (árti'kiulêitâr), s. Articulador.
**ARTIFACT** (ár'tifékt), s. Artefato.
**ARTIFACTITIOUS** (ártifékti'shâss), adj. Artificioso.
**ARTIFICE** (ár'tifiss), s. Artifício, estratagema, artimanha; habilidade, engenho.
**ARTIFICER** (árti'fissâr), s. Artífice, artista; mecânico; inventor; realizador.
**ARTIFICIAL** (ártifi'shâl), adj. Artificial, falso, fingido, dissimulado; imitante, sucedâneo.
**ARTIFICIALITY** (ártifishié'liti), s. Artificialidade, artificialismo; pl.: *artificialities*.
**ARTIFICIALIZE** (ártifi'shâláiz), v. t. Artificializar.
**ARTILLERIST** (árti'lârist), s. Artilheiro.
**ARTILLERY** (árti'lâri), s. Artilharia; pl.: *artilleries*.
**ARTISAN** (ár'tizânn), s. Artesão, artífice.
**ARTIST** (ár'tist), s. Artista (pintor, literato, músico, escultor); o que executa um trabalho com arte e bom gosto.
**ARTISTE** (ártis't), s. Artista (cantor, cantora, dançarino, dançarina, ator, atriz profissional).
**ARTISTIC** (ártis'tik) ou **ARTISTICAL** (ártis'tikâl), adj. Artístico.
**ARTISTRY** (ár'tistri), s. Talento, carreira ou vocação artística; conjunto de trabalhos de arte; maestria.
**ARTLESS** (árt'léss), adj. Sem arte; natural, sem artifício; inábil; inculto.
**ARTLESSNESS** (árt'lésnéss), s. Simplicidade; ignorância; falta de arte.
**ARYAN** (é'riânn), s. Língua dos ários; descendente deste povo; (fam.) pessoa que não é da raça semítica; adj. ariano; indo-europeu.
**AS** (éz), adv. Tão, igualmente; tanto quanto; como, quão, quanto; assim como, conforme; quando; porquanto; embora; contanto que; em conseqüência do que; prep. como, na qualidade de; pron. que, quem, qual. *As. . . as*: tanto. . . como. *As many . . . as*: tantos . . . como. *As far as*: até. *As long as*: enquanto. *As well as*: assim como. *As yet*: ainda. *As you please*: como quiser.

**ASBESTOS** (ézbés'tôss) ou **ASBESTUS** (ézbés'tâss), s. Asbesto, amianto; tecido de asbesto, resistente ao fogo.
**ASCEND** (âssén'd), v. t. e i. Ascender, elevar-se, erguer-se; subir, galgar; voltar para a nascente; retornar ao ponto de origem.
**ASCENDANCE, ASCENDENCE** (âssén'dânss), **ASCENDANCY** ou **ASCENDENCY** (âssén'dânsi), s. Ascendência, domínio, preponderância.
**ASCENDANT** ou **ASCENDENT** (âssén'dânt), adj. Ascendente; superior, dominante, predominante; ancestral, antepassado.
**ASCENSION** (âssén'shânn), s. Ascensão, elevação, subida; Ascensão (festa religiosa.
**ASCENSIONAL** (âssén'shânâl), adj. Ascensional.
**ASCENSIVE** (âssén'siv), adj. Ascendente.
**ASCENT** (âssén't), s. Ascensão; aclive, rampa.
**ASCERTAIN** (éssârtêi'nn), v. t. Apurar, verificar, averiguar, determinar, indagar; certificar-se de.
**ASCERTAINMENT** (éssârtêin'ment), s. Averiguação, determinação, apuração.
**ASCETIC** (âssé'tik), s. Asceta.
**ASCETIC** (âssé'tik) ou **ASCETICAL** (âsse'tikâl), adj. Ascético.
**ASCETICISM** (âssé'tissizm), s. Ascetismo.
**ASCITES** (assái'tiz), (Med.) s. Ascite.
**ASCRIBABLE** (âskrái'bâbl), adj. Imputável, atribuível.
**ASCRIBE** (âskrái'b), v. t. Imputar, atribuir; referir.
**ASCRIPTION** (âskrip'shân), s. Imputação, atribuição; relato.
**ASH** (ésh), s. Cinza; cor de cinza; (Bot.) freixo, a madeira do freixo; pl.: *ashes*. *Ashdoor*: tampa de descarga. *Ash-pan, ashtray*: cinzeiro. *Ash-pit*: cinzeiro, depósito de cinzas. *Ash-pit drain*: escoadouro de cinzas. *Ashes*: cinzas, restos mortais.
**ASHAMED** (âshêim'd), adj. Envergonhado, vexado; confuso; irritado. *To be ashamed of*: ter vergonha de.
**ASHAMEDNESS** (âshêimd'néss), s. Vergonha.
**ASHEN** (é'shenn), adj. Cinza, de cinza, semelhante a cinza; pálido; semelhante a freixo.
**ASHERY** (é'shâri), s. Depósito de cinza; pl.: *asheries*.

**ASHES** (é'shiz), s. pl. Cinzas; restos mortais; ruínas.

**ASHES TO ASHES, DUST TO DUST:** Homem, que és pó, ao pó hás de voltar.

**ASHORE** (åshôu'r), adv. Na praia; em terra; encalhado. *To get ashore:* desembarcar.

**ASHY** (é'shi), adj. De cinzas; coberto de cinzas; cinzento; pálido; compar.: *ashier;* superl.: *ashiest.*

**ASIATIC** (êijié'tik), adj. e s. Asiático.

**ASIDE** (àssái'd), adv. De lado, para o lado; à parte; longe; à distância; salvo, exceto.

**ASININE** (é'sináinn), adj. Asinino, asnal; estúpido.

**ASININITY** (ésini'niti), s. Estupidez, asnice.

**ASK** (ésk), v. t. Perguntar, inquirir, indagar, interrogar; requerer, solicitar; necessitar, precisar; apregoar. *To ask for:* pedir; perguntar por.

**ASKANCE** (åskén'ss) ou **ASKANT** (åskén't), adv. De soslaio, de través, obliquamente; com desdém.

**ASKER** (és'kår), s. Requerente, peticionário.

**ASKEW** (åski'u), adv. De soslaio; adj. torto, oblíquo, enviesado.

**ASKING** (és'kinn), s. Pergunta; pl.: proclamas, banhos de casamento.

**ASLANT** (åslén't), adj. Enviesado, oblíquo; adv. enviesadamente, diagonalmente; prep. por viés de, sobre.

**ASLEEP** (åsli'p), adj. Adormecido, dormente; apático, inerte; lânguido; adv. entorpecidamente, apaticamente. *To be asleep:* ter (ou estar com) sono. *To fall asleep:* adormecer.

**ASLOPE** (åslôu'p), adj. Inclinado, oblíquo, ladeirento; adv. inclinadamente, em declive.

**ASP** (ésp), s. Áspide, víbora.

**ASPARAGUS** (åspé'râgåss), s. Espargo, aspargo.

**ASPECT** (és'pékt), s. Aspecto, aparência, semblante; ponto de vista, perspectiva; (Astron.) fase.

**ASPECTABLE** (åspék'tâbl), adj. Visível.

**ASPEN** (és'pånn), s. (Bot.) Faia; (adj.) de faia, semelhante a faia; (fig.) tremulante.

**ASPERITY** (åspé'riti), s. Aspereza, rudeza; severidade; acrimônia; pl.: *asperities.*

**ASPERSE** (åspår'ss), v. t. Aspergir, borrifar; difamar, caluniar.

**ASPERSION** (åspår'shånn), s. Aspersão; difamação, calúnia.

**ASPHALT** (és'tólt), s. Asfalto; v. t. asfaltar.

**ASPHYXIA** (ésfik'siå), s. Asfixia.

**ASPHYXIATE** (ésfik'siêit), v. t. Asfixiar, sufocar.

**ASPHYXIATION** (ésfiksiêi'shånn), s. Asfixia, sufocação; o processo de asfixiar.

**ASPHYXY** (ésfik'si), s. Asfixia; pl.: *asphyxies.*

**ASPIC** (és'pik), s. (Bot.) Alfazema; (Poét.) áspide, víbora.

**ASPIRANT** (åspái'rånt), s. Aspirante, pretendente, cadete aspirante; adj. aspirante.

**ASPIRATE** (és'pirêit), v. t. Aspirar, sorver, chupar.

**ASPIRATE** (és'pirit), adj. Aspirado; som aspirado (diz-se especialmente do *h*).

**ASPIRATION** (éspirêi'shånn), s. Aspiração; desejo, anseio, ambição.

**ASPIRATOR** (és'pirêitår), s. Aspirador.

**ASPIRE** (åspái'år), v. i. Aspirar, almejar, anelar; elevar-se, sublimar-se.

**ASPIRIN** (és'pirinn), s. Aspirina.

**ASQUINT** (åskuin't), adj. lateral, oblíquo; adv. lateralmente; de soslaio, de esguelha.

**ASS** (éss), s. Asno, burro; (fam.) imbecil, ignorante.

**ASSAIL** (åssê'il), v. t. Assaltar, atacar; acometer, agredir; criticar, vituperar.

**ASSAILANT** (åssêi'lånt) ou **ASSAILER** (åssêi'lår), s. Assaltante, agressor; crítico; adj. assaltante.

**ASSASSIN** (åssé'sinn), s. Assassino.

**ASSASSINATE** (åssé'sinéit), v. t. Assassinar, (fig.) injuriar gravemente; enodoar (reputação).

**ASSASSINATION** (åsséssinêi'shånn), s. Assassínio.

**ASSAULT** (åssól't), v. t. Assaltar, atacar violentamente, agredir, violar; s. assalto, agressão, ataque violento; violação, estupro.

**ASSAULTER** (åssól'tår), s. Assaltante.

**ASSAY** (åssê'i), v. t. Ensaiar, analisar (metais); submeter à análise; s. ensaio, análise (de metais); teste, prova.

**ASSAYER** (åssêi'år), s. Ensaiador, contrasteador (de metais).

**ASSEMBLAGE** (êm'blidj), s. Assembléia, reunião, ajuntamento, conjunto, grupo; montagem (de máquinas).

**ASSEMBLE** (åssém'bl), v. t. e i. Reunir, reunir-se; convocar; armar, construir (máquinas, etc.).

**ASSEMBLY** (ăssém'bli), s. Assembléia, congresso, conclave, reunião; baile, salão de baile; pl.: *assemblies*.

**ASSEMBLYMAN** (ăssém'blimaenn), s. Congressista; vereador; deputado; pl.: *assemblymen*.

**ASSENT** (ăssén't), v. i. Assentir, consentir, aquiescer; admitir; reconhecer; s. consentimento; anuência; aprovação, aceitação.

**ASSENTATION** (éssentêi'shănn), s. Complacência, assentimento (geralmente por lisonja ou servilismo).

**ASSET** (ăssăr't), v. t. Afirmar, assegurar; declarar; defender, sustentar; pugnar por.

**ASSERTION** (ăssăr'shănn), s. Asserção, afirmação, declaração, asseveração; defesa.

**ASSERTIVE** (ăssăr'tiv), adj. Assertivo, afirmativo; positivo; dogmático; agressivo.

**ASSERTOR** (ăssăr'tăr), s. Defensor; sustentador.

**ASSESS** (ăssé'ss), v. t. Tributar, taxar; estimar; avaliar (propriedades, rendas, etc.) para fins de tributação.

**ASSESSABLE** (ăssé'săbl), adj. Sujeito a taxas.

**ASSESSMENT** (ăssés'ment), s. Tributação; taxa, quota.

**ASSESSOR** (ăssé'săr), s. Assessor; avaliador do fisco; lançador de impostos.

**ASSET** (é'sit), s. Propriedade, posse, haver; qualidade, predicado; tino; pl. ativo de uma firma; bens sujeitos a penhora.

**ASSEVERATE** (ăssé'vărêit), v. t. Asseverar, assegurar, afirmar, declarar solenemente.

**ASSEVERATION** (ăssévărêi'shănn), s. Afirmação, declaração solene.

**ASSIDUITY** (ăssidiu'iti), s. Assiduidade; aplicação, diligência; solicitude, atenções (no plural: *assiduities*).

**ASSIDUOUS** (ăssi'diuăss), adj. Assíduo, aplicado, diligente.

**ASSIDUOUSNESS** (ăssi'diupasnéss), s. Assiduidade, perseverança.

**ASSIGN** (ăssái'nn), v. t. Nomear, designar, especificar; transferir (bens imóveis); ceder (direitos); referir, imputar; determinar, fixar; s. cessionário.

**ASSIGNATION** (éssignêi'shănn), s. Adjudicação; designação; transferência (de títulos, etc.); transmissão (de bens); encontro amoroso (em sentido pejorativo).

**ASSIGNEE** (éssini'), s. Concessionário; delegado, representante.

**ASSIGNER** (ăssái'năr) ou **ASSIGNOR** (éssinô'r), s. Cedente, transmitente.

**ASSIGNMENT** (ăssáin'ment), s. Designação; atribuição; alegação; cessão, transmissão (de bens); transferência (de títulos); título de transmissão.

**ASSIMILABLE** (ăssi'milăbl), adj. Assimilável.

**ASSIMILATE** (ăssi'milêit), v. t. Assimilar; absorver, digerir; v. i. assemelhar-se, harmonizar-se.

**ASSIMILATION** (ăssimilêi'shănn), s. Assimilação, ato de assimilar; (Biol., Sociol., Gram.) assimilação.

**ASSIMILATIVE** (ăssi'milêitiv), adj. Assimilativo.

**ASSIST** (ăssis't), v. t. e i. Assistir, ajudar, auxiliar, socorrer, comparecer, tomar parte.

**ASSISTANCE** (ăssis'tănss), s. Assistência, auxílio, ajuda, socorro, amparo.

**ASSISTANT** (ăssis'tănt), adj. e s. Assistente, auxiliar, ajudante.

**ASSIZE** (ăssái'z), s. Lei que determina o preço (do pão, da cerveja, etc.); julgamento, veredicto; pl. tribunal que se reune periodicamente nos diversos condados da Inglaterra.

**ASSOCIABLE** (ăssoyu'shiăbl), adj. Associável; compatível.

**ASSOCIATE** (ăssŏu'shiêit), v. t. e i. Associar, associar-se; unir, unir-se, ligar, ligar-se.

**ASSOCIATE** (ăssŏu'shiit), adj. Associado, confederado; aliado; s. sócio, parceiro.

**ASSOCIATION** (ăssŏussiêi'shănn), s. Associação, sociedade, união; confederação; clube; cooperação; amizade.

**ASSOCIATIVE** (ăssŏu'shiêitiv ou ăssŏushiătiv), adj. Associativo.

**ASSONANCE** (é'sonănss), s. Assonância.

**ASSONANT** (é'sonănt), adj. e s. Assonante, assoante.

**ASSORT** (ăssôr't), v. t. Classificar, ordenar, arranjar; aprovisionar; corresponder, combinar com; freqüentar, andar na companhia de (seguido de *with*).

**ASSORTER** (ăssôr'tăr), s. Classificador.

**ASSORTMENT** (ăssôr't'ment), s. Classificação; sortimento; coleção, seleção, escolha.

**ASSUAGE** (ăssuêi'dj), v. t. Abrandar, mitigar, acalmar; saciar; facilitar.

**ASSUAGEMENT** (ăssuêidj'ment), s. Alívio, mitigação; abrandamento.

**ASSUASIVE** (åssuêi'siv), adj. Calmante, mitigante, sedativo.
**ASSUME** (åssiu'mm), v. t. e i. Assumir; arrogar-se, apropriar-se de; empreender, tomar a seu cargo; presumir, supor; ser arrogante.
**ASSUMED** (åssium'd), adj. Assumido, adotado; suposto, hipotético, fictício.
**ASSUMING** (åssiu'minn), adj. Presumido, presunçoso, arrogante.
**ASSUMPTION** (åssâmp'shånn), s. Arrogância, presunção; usurpação; apropriação; Assunção (festa religiosa); suposição.
**ASSUMPTIVE** (åssâmp'tiv), adj. Assuntivo; presumido, suposto; orgulhoso, insolente.
**ASSURANCE** (åshu'rånss), s. Segurança, garantia, asseveração; certeza, convicção, confiança; impudência, descaramento, audácia; seguro de vida.
**ASSURE** (åshu'r), v. t. Assegurar, afirmar, garantir; pôr no seguro.
**ASSURED** (åshur'd), adj. Assegurado, certo, indubitável; convencido; atrevido, ousado, audaz; s. segurado.
**ASSUREDNESS** (åshuård'néss), s. Confiança, certeza, segurança; intrepidez, audácia.
**ASSURER** (åshu'râr), s. Segurador; companhia de seguros.
**ASSYRIAN** (åssi'riånn), adj. e s. Assírio.
**ASTATIC** (êisté'tik), adj. Instável, inconstante; (Fís.) astático.
**ASTERISK** (és'tårisk), s. Asterisco.
**ASTERN** (åstâr'nn), adv. (Náut.) À popa, à ré.
**ASTEROID** (és'tåróid), adj. e s. Asteróide; (Zool.) estrela-do-mar.
**ASTHENIA** (ésthi'niå), s. (Med.) Astenia.
**ASTHMA** (éz'må), s. Asma.
**ASTMATIC** (ézmé'tik) ou **ASTHMATICAL** (ézmé'tikål), adj. Asmático.
**ASTIGMATISM** (éstig'måtizm), s. (Med.) Astigmatismo.
**ASTIR** (åstâr'r), adj. Ativo, agitado; fora da cama, de pé; adv. ativamente; fora da cama.
**ASTONISH** (åstó'nish), v. t. Espantar, assombrar; surpreender; maravilhar, pasmar.
**ASTONISHING** (åstó'nishinn), adj. Espantoso, assombroso, surpreendente.
**ASTONISHMENT** (åstó'nishment), s. Pasmo, espanto, assombro, surpresa.
**ASTOUND** (åståun'd), v. t. Assombrar, pasmar; embaraçar, deixar perplexo.
**ASTOUNDING** (åståun'dinn), adj. Espantoso, alarmante; consternador.
**ASTRADDLE** (åstré'dl), adj. e adv. Escarranchado.
**ASTRAKHAN** (és'tråkênn), s. Astracã.
**ASTRAL** (és'trål), adj. Astral, sideral.
**ASTRAY** (åstré'i), adj. Desviado, fora do caminho; perdido; errado.
**ASTRICT** (åstrik't), v. t. Restringir, constranger, limitar; obrigar (moral ou legalmente).
**ASTRICTION** (åstrik'shånn), s. Contração, compressão; prisão de ventre, adstrição, constipação.
**ASTRICTIVE** (åstrik'tiv), adj. e s. Adstringente, adstritivo.
**ASTRICTIVENESS** (åstrik'tivnéss), s. Adstringência.
**ASTRIDE** (åstråi'd), adj. Montado; a cavalo; escarranchado; adv. escarranchadamente.
**ASTRINGE** (åstrin'dj), v. t. Adstringir, comprimir, ligar.
**ASTRINGENCY** (åstrin'djênsi), s. Adstringência; austeridade, severidade.
**ASTRINGENT** (åstrin'djênt), adj. Adstringente; severo, austero; s. adstringente.
**ASTROLOGER** (åstrô'lodjâr), s. Astrólogo.
**ASTROLOGIC** (éstrolô'djik) ou **ASTROLOGICAL** (éstrolô'djikål), adj. Astrológico.
**ASTROLOGY** (åstrô'lodji), s. Astrologia.
**ASTRONAUT** (åstró'nåuti), s. Pessoa que pratica a astronáutica, treinada para piloto de espaçonaves; cosmonauta.
**ASTRONAUTIC** (åstrô'nåutik), s. É a ciência e tecnologia da locomoção e sobrevivência do homem fora da atmosfera terrestre.
**ASTRONOMER** (åstrô'nomår), s. Astrônomo.
**ASTRONOMIC** (åstronô'mik) ou **ASTRONOMICAL** (åstronô'mikål), adj. Astronômico.
**ASTRONOMY** (åstrô'nomi), s. Astronomia.
**ASTUTE** (åstiu't), adj. Astuto, ladino, sagaz.
**ASTUTENESS** (åstiut'néss), Astúcia, sagacidade.
**ASUNDER** (åssån'dâr), adj. Distante; separado; remoto; adv. separadamente, à parte.
**ASYLUM** (åssåi'låmm), s. Asilo; hospício, manicômio; orfanato; abrigo noturno.
**ASYMMETRIC** (éssimé'trik) ou **ASYMETRICAL** (éssimé'trikål), adj. Assimétrico.
**ASYMMETRY** (éssi'mitri), s. Assimetria.
**ASYMPTOTE** (é'simptôut), s. (Mat.) Assíndota ou assimptota.
**ASYNDETON** (éssin'ditônn), s. (Gram.) Assíndeto.

**ASYNERGIA** (éssinâr'djia) ou **ASYNERGY** (éssi'nardji) (Med.) s. Assinergia.
**AT** (ét), prep. Em, no, nos, na, nas; perto de; sobre, junto a, na direção de, até; na condição de; através, por intermédio de; a fim de; segundo, conforme; por parte de; oriundo de. *At first:* a princípio. *At last:* por fim. *At least:* pelo menos. *At once:* de repente. *At odds:* em discussão.
**ATAVISM** (é'tàvizm), s. Atavismo.
**ATAVISTIC** (étàvis'tik), adj. Atávico.
**ATE** (êit), pret. de *eat*.
**ATHEISM** (êi'thiizm), s. Ateísmo.
**ATHEIST** (êi'thiist), s. Ateu, descrente.
**ATHEISTIC** (êithiis'tik) ou **ATHEISTICAL** (êithiis'tikâl), adj. Ateu, ateísta.
**ATHENIAN** (àthi'niânn), adj. e s. Ateniense.
**ATHIRST** (àthârs't), adj. Sedento, sequioso; ansioso.
**ATHLETE** (éth'lit), s. Atleta.
**ATHLETIC** (éthlé'tik) ou **ATHLETICAL** (éthlé'tikâl), adj. Atlético.
**ATHLETICISM** (éthlé'tissizm), s. Atletismo.
**ATHLETICS** (éthlé'tiks), s. Atlética, atletismo.
**ATHWART** (àthuór't), adv. De través, transversalmente, em cruz, de lado a lado; prep. em cruz com, através de, defronte de, contra a.
**ATILT** (àtil't), adj. Inclinado, aprumado; adv. inclinadamente.
**ATMOSPHERE** (ét'mâsfir), s. Atmosfera; ambiente, esfera social.
**ATMOSPHERIC** (étmâsfé'rik) ou **ATMOSPHERICAL** (étmâsfé'rikâl), adj. Atmosférico.
**ATMOSPHERICS** (étmâsfé'riks), s. pl. (Rádio e TV) Estática.
**ATOLL** (àto'l), s. Atol, recife de coral.
**ATOM** (é'tâmm), s. Átomo.
**ATOMIC** (àtô'mik) ou **ATOMICAL** (àtô'mikâl), adj. Atômico.
**ATOMICITY** (étà'missiti), s. Atomicidade.
**ATOMISM** (é'tàmizm), s. (Fís.) Atomismo.
**ATOMIST** (é'tamizt), adj. e s. Atomista.
**ATOMIZATION** (étomáizêi'shânn), s. Atomização, pulverização.
**ATOMIZE** (é'tomáiz), v. t. Atomizar, pulverizar.
**ATOMIZER** (é'tomáizâr), s. Atomizador, pulverizador
**ATOMY** (é'tomi), s. Átomo, partícula, migalha; pigmeu; pl.: *atomies*.
**ATONABLE** (âtôu'nâbl), adj. Reparável, resgatável.

**ATONALITY** (àtôu'néliti), s. (Mús.) Atonalidade.
**ATONE** (âtôu'nn), v. i. Expiar, reparar, resgatar (seguido de *for*).
**ATONEMENT** (âtôun'ment), s. Expiação, reparação, compensação.
**ATONIC** (âtô'nik), adj. (Gram.) Átono, não acentuado; (Med.) fraco, débil.
**ATONY** (é'toni), s. (Med.) Atonia, debilidade; (Gram.) atonicidade, falta de acentuação; pl.: *atonies*.
**ATOP** (âtô'p), adv. Em cima, no alto; prep. sobre, em cima de; além de; adj. alto, superior.
**ATRABILIOUS** (étrâbi'liâss), adj. Atrabiliário, hipocondríaco, melancólico, triste; colérico, rabugento.
**ATRABILIOUSNESS** (étrâbi'liâsnéss), s. Melancolia, hipocondria; cólera, rabugice.
**ATROCITY** (àtrô'siti), s. Atrocidade, crueldade, barbaridade; pl.: *atrocities*.
**ATROPHIC** (étrô'fik), adj. Atrofiado.
**ATROPHIED** (é'trofáid), pret. e part. pass. de *atrophy*.
**ATROPHY** (é'trofi), s. Atrofia, definhamento; pl.: *atrophies;* v. t. e i. atrofiar, atrofiar-se; pret. e part. pass.: *atrophied*.
**ATTACH** (âté'tsh), v. t. e i. Ligar, prender, atar, unir, anexar; embargar, apreender, arrestar; aderir; afeiçoar-se; apegar-se; conquistar, granjear.
**ATTACHMENT** (âté'tshment), s. Ligação, conexão, fixação; aderência; simpatia, dedicação, afeto; arresto, seqüestro.
**ATTACK** (âté'k), v. t. e i. Atacar, assaltar; lançar-se ao ataque; agredir, ferir; prejudicar, lesar; s. ataque, agressão, assalto; doença repentina, acesso; injúria, acusação, discussão.
**ATTAIN** (âtêi'nn), v. t. e i. Atingir; alcançar; conseguir, obter; chegar, realizar.
**ATTAINABLE** (âtêi'nâbl), adj. Realizável, atingível, acessível.
**ATTAINDER** (âtêin'dâr), s. Extinção dos direitos civis; infâmia, desonra, mancha.
**ATTAINMENT** (âtêin'ment), s. Aquisição, obtenção; talento, dote, conhecimento, capacidade.
**ATTAINT** (âtêin't), v. t. Privar dos direitos civis; infamar, degradar; infetar, contaminar; macular; s. degradação, desonra; mancha, nódoa moral.
**ATTAR** (é'târ), s. Essência aromática.

**ATTEMPER** (âtém'pâr), v. t. Temperar; abrandar, mitigar; remediar; conciliar, harmonizar; acomodar.

**ATTEMPERMENT** (âtêm'pârment), s. Moderação; conciliação; têmpera.

**ATTEMPT** (âtémp't), v. t. Tentar, ensaiar, experimentar; esforçar-se por; atacar, acometer; atentar contra a vida de alguém; s. tentativa, ensaio; esforço; ataque; empreendimento.

**ATTEND** (âtén'd), v. t. Acompanhar, seguir; atender a, prestar atenção; assistir a; cuidar de, prestar assistência a; servir; freqüentar (escola); escoltar; dedicar-se.

**ATTENDANCE** (âtén'dânss), s. Assistência, auditório; presença; comitiva; serviço, tratamento.

**ATTENDANT** (âtén'dânt), s. Criado, servente, servidor; acontecimento que acompanha outro; adj. assistente; dependente; sequaz.

**ATTENDER** (âtén'dâr), s. Servidor, assistente, auxiliar.

**ATTENTION** (âtén'shânn), s. Atenção; observação, cuidado; cortesia; pl. corte, galanteio, fineza amorosa; interj. (Mil.) sentido.

**ATTENTIVE** (âtén'tiv), adj. Atento; atencioso, cortês, polido, delicado.

**ATTENTIVENESS** (âtén'tivnéss), s. Atenção, fineza.

**ATTENUANT** (âté'niuânt), adj. Diluente; (Med.) atenuante; s. diluente.

**ATTENUATE** (âté'niuêit), v. t. e i. Atenuar, atenuar-se; minorar; diluir; emagrecer.

**ATTENUATE** (âté'niuit), adj. Atenuado, diluído.

**ATTENUATION** (âténiuêi'shânn), s. Atenuação; rarefação; debilitação.

**ATTEST** (âtés't), v. t. e i. Atestar, testificar; certificar; ajuramentar; s. atestação; certificado, atestado; depoimento, testemunho.

**ATTESTATION** (âtestêi'shânn), s. Atestação, prova, testemunho; ajuramentação.

**ATTESTER** ou **ATTESTOR** (âtés'târ), s. Atestante; testemunha.

**ATTIC** (é'tik), adj. Ático; ateniense; puro, clássico; s. sótão, desvão; (fam.) bestunto, cachola; pl. andar superior.

**ATTIRE** (âtá'ir), v. t. Vestir, ataviar, ornar; s. vestimenta, vestes; atavio, adorno; armação da galhada do veado.

**ATTIREMENT** (âtá'irment), s. Vestuário, roupagem.

**ATTITUDE** (é'titiud), s. Atitude, posição, postura; comportamento; intento, propósito.

**ATTITUDINIZE** (étitiu'dináiz), v. i. Assumir uma atitude; fazer pose.

**ATTORN** (âtôrn), v. t. Transferir; reconhecer legalmente um novo proprietário, senhorio; (Jur.) continuar como locatário sob novo senhorio.

**ATTORNEY** (âtâr'ni), s. Procurador, agente; advogado, representante. *Attorney at law* ou *public attorney:* advogado legalmente encarregado de fazer uma defesa em um tribunal. *Letter, power, warrant of attorney:* procuração (geral ou judicial).

**ATTORNEYSHIP** (âtâr'niship), s. Procuradoria; ofício de procurador.

**ATTRACT** (âtrék't), v. t. Atrair; seduzir; enlevar, encantar, conquistar.

**ATTRACTABILITY** (âtréktabi'liti), s. Atratividade, capacidade de atrair, de elevar.

**ATTRACTABLE** (âtrék'tâbl), adj. Atraível, atraente.

**ATTRACTION** (âtrék'shânn), s. Atração; sedução, encanto.

**ATTRACTIVE** (âtrék'tiv), adj. Atrativo; atraente, sedutor.

**ATTRACTIVENESS** (âtrék'tivnéss), s. Atratividade; sedução.

**ATTRAHENS** (âtra'êns), adj. Atraente; que puxa para fora.

**ATTRIBUTE** (âtri'buit), v. t. Atribuir, imputar; s. atributo, qualidade, característica; (Gram.) adjunto ou adjetivo atributivo.

**ATTRIBUTION** (étribiu'shânn), s. Atribuição; regalia; privilégio.

**ATTRIBUTIVE** (âtri'biutiv), adj. Atributivo; s. palavra ou locução atributiva.

**ATTRITED** (âtrái'tid), adj. Gasto pelo atrito.

**ATTRITION** (âtri'shânn), s. Atrito, fricção; desgaste.

**ATTUNE** (âtiu'nn), v. t. Afinar, entoar, harmonizar; concordar, corresponder; sintonizar (rádio).

**AUBURN** (ó'bârnn), adj. Ruivo, castanho-avermelhado; s. cor ruiva.

**AUCTION** (ók'shânn), v. t. Pôr ou vender em leilão; s. hasta pública, leilão.

**AUCTIONEER** (ókshâni'r), s. Leiloeiro; v. t. por ou vender em leilão.

**AUDACIOUS** (ódéi'shâss), adj. Audacioso, intrépido, arrojado; atrevido; insolente.

**AUDACITY** (ódé'siti), s. Audácia, coragem; insolência.

**AUDIBILITY** (ódibi'liti), s. Audibilidade; pl.: *audibilities*.
**AUDIBLE** (ó'dibl), adj. Audível, perceptível.
**AUDIENCE** (ó'dienss), s. Audiência; auditório, assistência; recepção; entrevista; possibilidade de ser ouvido; pl.: os leitores de uma publicação.
**AUDIENT** (ó'dient), adj. Ouvinte.
**AUDIOGRAM** (ó'diogramm), s. Audiograma.
**AUDIT** (ó'dit), v. t. e i. Examinar, verificar contas); proceder a exame de contas; freqüentar (colégio) como ouvinte; s. exame oficial de contas ou reclamações; acerto de contas.
**AUDITION** (ódi'shânn), s. Audição; ouvido; ensaio.
**AUDITIVE** (ó'ditiv), adj. Auditivo.
**AUDITOR** (ó'ditâr), s. Auditor; perito contador; ouvinte de aula ou preleção.
**AUDITORIUM** (óditôu'riâmm), s. Auditório.
**AUDITORY** (ó'ditôuri), adj. Auditivo; s. auditório, ouvintes; pl.: *auditories*.
**AUGER** (ó'gâr), s. Pua, broca.
**AUGHT** (ót), adv. De qualquer modo; pron. alguma coisa; cifra. *For aught I know:* que eu saiba.
**AUGMENT** (ógmén't), v. t. e i. Aumentar, ampliar; crescer; estender; s. aumento, acréscimo.
**AUGMENTABLE** (ógmén'tâbl), adj. Aumentável.
**AUGMENTATION** (ógmentéi'shânn), s. Aumento, acréscimo.
**AUGMENTATIVE** (ógmén'tâtiv), adj. e s. Aumentativo.
**AUGUR** (ó'gâr), v. t. e i. Augurar, pressagiar, vaticinar, adivinhar; s. áugure, adivinho, profeta.
**AUGURAL** (ó'ghiurâl), adj. Augural; agoureiro, profético.
**AUGURY** (ó'ghiuri), s. Augúrio, presságio, vaticínio, adivinhação, arte de adivinhar; pl.: *auguries*.
**AUGUST** (ó'gâst), adj. Augusto, grande, majestoso; Agosto (com inicial maiúscula).
**AUGUSTNESS** (ó'gâstnéss), s. Grandeza, majestade.
**AULIC** (ó'lik), adj. Áulico, cortesão, palaciano.
**AUNT** (ánt), s. Tia.
**AUREATE** (ó'riit), adj. Áureo, dourado, brilhante, resplandecente.

**AUREOLE** (ó'riôul) ou **AUREOLA** (óri'âlâ), s. Auréola; nimbo; (fig.) glória.
**AUREOUS** (ó'riâss), adj. Áureo, dourado.
**AURICLE** (ó'rikl), s. (Anat., Zool.) Aurícula.
**AURICULAR** (ori'kiulâr), adj. Auricular.
**AURICULATE** (óri'kiulêit), adj. Auriculado.
**AURIFEROUS** (óri'fârâss), adj. Aurífero.
**AURIFY** (ó'rifái), v. t. Transformar em ouro; pret. e part. pass.: *aurified*.
**AUSCULTATE** (ós'kâltêit), v. t. Auscultar.
**AUSCULTATION** (óskâltêi'shânn), s. Auscultação.
**AUSPEX** (ós'péks), s. Arúspice, áugure; adivinho; pl.: *auspices*.
**AUSPICE** (ós'piss), s. Auspício, predição, augúrio; proteção, patrocínio (geralmente no plural).
**AUSPICIOUS** (óspi'shâss), adj. Auspicioso; próspero, afortunado.
**AUSTERE** (ósti'r), adj. Austero, severo, rigoroso; sóbrio, sério, grave; abnegado, ascético.
**AUSTERITY** (ósté'riti), s. Austeridade, severidade, aspereza, rudeza.
**AUSTRALIAN** (óstrêi'liânn), adj. e s. Australiano.
**AUSTRIAN** (ós'triânn), adj. e s. Austríaco.
**AUTARCHY** (ó'târki), s. Autarquia; pl.: *autarchies*.
**AUTHENTIC** (óthén'tik) ou **AUTHENTICAL** (óthén'tikâl), adj. Autêntico, verdadeiro, genuíno.
**AUTHENTICATE** (óthén'tikêit), v. t. Autenticar; legalizar, validar; certificar.
**AUTHENTICATION** (óténtikêi'shânn), s. Autenticação.
**AUTHENTICITY** (óthenti'siti), s. Autenticidade; pl.: *authenticities*.
**AUTHOR** (ó'thâr), s. Autor, escritor; criador, inventor; fem.: *authoress*.
**AUTHORITATIVE** (óthó'ritêitiv), adj. autoritário, autorizado; ditatorial; dominante; peremptório.
**AUTHORITY** (óthó'riti), s. Autoridade, poder, domínio; texto, citação; entendido, perito; pl.: *authorities*.
**AUTHORIZABLE** (óthâráizâbl), adj. Autorizável.
**AUTHORIZATION** (óthâráizâbl), adj. Autorização.
**AUTHORIZE** (ó'thâráiz), v. t. Autorizar; consentir, permitir; justificar; legitimar.

**AUTHORSHIP** (ó'thârship), s. Autoria; profissão literária; origem, fonte.
**AUTOBIOGRAPHER** (ó'thârship), s. Autoria; profissão literária; origem, fonte.
**AUTOBIOGRAPHIC** (ótobáiogré'tik) ou **AUTOBIOGRAPHICAL** (ótobáiogré'fikâl), adj. Autobiográfico.
**AUTOBIOGRAPHY** (ótobáió'grâfi), s. Autobiografia; pl.: *autobiographies*.
**AUTOBUS** (ó'tobáss), s. Auto-ônibus, ônibus.
**AUTOCHTON** (ótók'tân), s. Autóctone; pl.: *autochtona* ou *autochtones*; aborígene; adj. autóctone, nativo, primitivo, aborígene.
**AUTOCRACY** (ótó'krâssi), s. Autocracia; pl.: *autocracies*.
**AUTOCRAT** (ó'tokrét), s. Autocrata; déspota.
**AUTOCRATIC** (ótokré'tik) ou **AUTOCRATICAL** (ótokré'tikâl), adj. Autocrático, despótico, absoluto.
**AUTOGRAPH** (ó'togréf), s. Autógrafo; v. t. autografar, assinar.
**AUTOGRAPHIC** (ótogré'fik) ou **AUTOGRAPHICAL** (ótogré'fikâl), adj. Autográfico, manuscrito.
**AUTOGRAPHY** (ótó'grâfi), s. Autografia, autógrafo, original.
**AUTOMAT** (ó'tomét), s. Restaurante automático.
**AUTOMATIC** (ótomé'tik), adj. Automático; s. arma automática.
**AUTOMATISM** (ótó'mâtizm), s. Automatismo.
**AUTOMATIZATION** (óto'matizeishânn), s. Automatização.
**AUTOMATIZE** (ótó'matáiz), v. t. Automatizar.
**AUTOMATON** (ótó'mâtânn), s. Autômato, títere; pl.: *automatons* ou *automata*.
**AUTOMOBILE** (ó'tomobil), adj. e s. Automóvel.
**AUTOMOBILSM** (ótomobi'lism), s. Automobilismo.
**AUTOMOBILIST** (ótomobi'list), s. Automobilista.
**AUTONOMOUS** (ótó'nomâss), adj. Autônomo, independente, livre; (Biol.) vegetativo, simpático.
**AUTONOMY** (ótó'nomi), s. Autonomia, independência; pl.: *autonomies*.
**AUTONYM** (ó'tonimm), s. Obra autônoma, que tem o verdadeiro nome do autor.
**AUTOPSY** (ó'topsi), s. Autópsia, necropsia; pl.: *autopsies*.
**AUTOSLOWBILE** (ótôslóu'bil), s. Carro antiquado, fora de moda, calhambeque, caranguejola; (combinação de *automobile* e *slow*: lento), o mesmo que Jalopy ou Geloppy (Neol.).
**AUTOSUGGESTION** (ótossâdjés'tshânn), s. Auto-sugestão.
**AUTUMN** (ó'tâmm), s. Outono; adj. outonal.
**AUTUMNAL** (ótâm'nâl), adj. Outonal; outonico.
**AUXILIARY** (ógzi'liâri), adj. Auxiliar; s. auxiliar, ajudante, assistente; verbo auxiliar; pl.: *auxiliaries*.
**AVAIL** (ávéi'l), v. t. e i. Aproveitar-se; valer a; ajudar, servir; dar lucro; ser útil ou proveitoso; s. proveito, utilidade, vantagem; pl. rendas, lucros.
**AVAILABILITY** (âvêilábi'liti), s. Utilidade, proveito; pl.: *availabilities*.
**AVAILABLE** (âvéi'lâb), adj. Utilizável, aproveitável; viável, exeqüível, factível; disponível, acessível; válido.
**AVALANCHE** (é'válantsh), s. Avalanche.
**AVARICE** (é'váriss), s. Avareza, cobiça, mesquinhez.
**AVARICIOUS** (évári'shâss), adj. Avaro, avarento; ávido.
**AVARICIOUSNESS** (évári'shâsnéss), s. Avareza, cobiça, avidez.
**AVAST** (ávas't), interj. Basta! chega!
**AVAUNT** (ávón't), interj. Fora! suma!
**AVENGE** (âvén'dj), v. t. e i. Vingar, vingar-se; punir, castigar; desforrar-se.
**AVENGER** (âvén'djâr), s. Vingador.
**AVENGING** (âvén'djinn), adj. Vingador, que vinga.
**AVENUE** (é'viniu), s. Avenida, alameda, aléia, rua principal.
**AVER** (âvâ'r), v. t. Afirmar, declarar, assegurar; justificar.
**AVERABLE** (âvâ'ribl), adj. Comprovável, justificável.
**AVERAGE** (é'vâridj), v. t. Calcular ou determinar a média de; ganhar, produzir em média; ratear; s. média, termo, tipo, preço ou nível médio.
**AVERMENT** (âvâr'ment), s. Afirmação, alegação, prova.
**AVERSE** (âvâr'ss), adj. Adverso, contrário, oposto, avesso, desfavorável.
**AVERSENESS** (âvârs'néss) ou **AVERSION** (âvâr'shânn), s. Aversão, repulsa, antipatia; animosidade, má vontade.

**AVERT** (åvâr't), v. t. Desviar, afastar; impedir, evitar.
**AVIAN** (êi'viånn), adj. Aviário, das aves.
**AVIATE** (êi'viêit), v. i. Voar em aeroplano, aeroplanar.
**AVIATION** (êiviêi'shånn), s. Aviação.
**AVIATOR** (êi'viêitår), s. Aviador; (fem.: *aviatress*.
**AVICULTURE** (évikål'tiur ou évikål'tshår), s. Avicultura.
**AVID** (é'vid), adj. Ávido, ansioso, anelante.
**AVIDITY** (åvi'diti), s. Avidez, ansiedade, cobiça; pl. *avidities*.
**AVOCADO** (évoká'dôu), s. Abacate, abacateiro.
**AVOCATION** (évokêi'shånn), s. Distração, desatenção; passatempo; ocupação.
**AVOID** (åvói'd), v. t. Evitar, esquivar, esquivar-se de; escapar, fugir a; invalidar, anular.
**AVOIDABLE** (åvói'dåbl), adj. Evitável; revogável, anulável.
**AVOIDANCE** (åvói'dånss), s. Ato de evitar; revogação, anulação, invalidação; fuga, escape.
**AVOUCH** (åváu'tsh), v. t. Afirmar publicamente, declarar, garantir; confessar, reconhecer; responder por.
**AVOUCHMENT** (åváutsh'ment), s. Declaração, afirmação, asseveração.
**AVOW** (åvá'u), v. t. Declarar francamente, admitir, reconhecer, confessar; (Jur.) justiricar, justificar-se.
**AVOWAL** (åváu'ål), s. Declaração pública, confissão.
**AVOWED** (åváu'd), adj. Declarado, confesso, manifesto.
**AVOWER** (åváu'år), s. Declarante, confessor.
**AVULSION** (åvål'shånn), s. Avulsão, separação, extração.
**AW** (ô), interj. de protesto, reprovação, descontentamento.
**AWAIT** (åuêi't), v. t. Esperar, aguardar.
**AWAKE** (åuêi'k), v. t. e i. Acordar, despertar, mover; animar, reavivar, incitar; pret. e part. pass.: *awoke* ou *awaked;* adj. acordado, desperto; alerta, atento.
**AWAKEN** (åuêi'kenn), v. t. e i. Acordar, despertar.
**AWAKENER** (åuêi'kennår), s. Que, ou aquele que desperta.
**AWAKENING** (åuêik'ninn), adj. Alarmante, excitante, estimulante, que desperta; s. o despertar.
**AWARD** (åuór'd), v. t. Adjudicar; conferir, dar, conceder (prêmio, recompensa, etc.); outorgar; s. julgamento, decisão, sentença; prêmio; adjudicação.
**AWARDABLE** (åuór'dåbl), adj. Recompensável, adjudicável.
**AWARDER** (åuó'dår), s. Árbitro, juiz, arbitrador.
**AWARE** (åuér'), adj. Consicente, cônscio, ciente; atento, vigilante, cauteloso.
**AWARENESS** (åuér'néss), s. Consciência, conhecimento; percepção.
**AWASH** (åuó'sh), adj. Levado pelas ondas; inundado; adv. à superfície, a boiar.
**AWAY** (åuê'i), adj. Distante, longe, ausente, fora; adv. à distância, longe, ao longe. *To get* ou *to go away:* ir-se embora. *To run away:* fugir. *To send away:* despedir.
**AWE** (ô), s. Medo, temor, reverência; v. t. inspirar respeito; aterrar, amedrontar.
**AWELESS** (ô'léss), adj. Destemido; irreverente.
**AWEIGH** (åuê'i), adj. Suspenso, içada (a âncora); adv. em suspenso.
**AWESOME** (ô'såmm), adj. Temível, medonho, terrível.
**AWESTRICKEN** (ô'strikånn) ou **AWESTRUCK** (ôs'tråk), adj. Aterrado, atemorizado, espantado.
**AWFUL** (ô'ful), adj. Tremendo, terrível, medonho; respeitável, solene; (fam.) muito ruim); muito feio; disforme.
**AWHILE** (åuái'l), adv. Por enquanto; um instante, um pouco.
**AWKWARD** (ô'kuård), adj. Desajeitado, inábil, inepto; embaraçado; deselegante.
**AWKWARDLY** (ô'kuårdli), adv. Desajeitadamente, desastrosamente; deseleganteemente.
**AWKWARDNESS** (ô'kuårdnéss), s. Inabilidade, inaptidão; desalinho, embaraço.
**AWL** (ól), s. Furador; sovela.
**AWN** (ônn), s. Pragana, barba de espiga.
**AWNING** (ô'ninn), s. Toldo, tenda; abrigo.
**AWOKE** (åuô'k), pret. e part. pass. de *awake*.
**AWRY** (årá'i), adj. Torto, oblíquo, desviado; errado; adv. obliquamente; (fig.) mal.
**AX** ou **AXE** (éks), s. Machado, machadinha; pl.: *axes*.

**AXIAL** (ék'siál), adj. Axial, relativo a eixo, longitudinal.
**AXILLA** (éksi'lá), s. (Anat., Bot.) Axila.
**AXIOM** (ék'siámm), s. Axioma, máxima; ensinamento; princípio estabelecido.
**AXIS** (ék'siss), s. Eixo (geométrico, óptico, etc.); linha imaginária ou real, que marca o centro rotativo de um corpo; pl.: *axes*.
**AXLE** (éks'l), s. Eixo (de roda), veio.
**AXMAN** (éks'maenn), s. Lenhador; pl.: *axmen*.
**AY** ou **AYE** (ái), adv. e interj. Sim, deveras; s. voto afirmativo.
**AY** ou **AYE** (êi), adv. Sempre, indefinidamente.
**AZIMUTH** (é'zimâth), s. (Astron.) Azimute.
**AZOIC** (âzôu'ik), adj. Azóico, sem vida. (Geol.) *Azoic age:* sistema azóico.
**AZOTE** (âzôu't), s. Azoto.
**AZTEC** (éz'têk), adj. e s. Asteca.
**AZURE** (é'jâr ou êi'jâr), adj. e s. Azul-celeste; pigmento azul; o firmamento; v. t. Azular.
**AZYME** ou **AZYM** (é'zimm), s. Ázimo.
**AZYGOUS** (é'zigâss), adj. Ázigo; singular, estranho.

# B

**B** (bi), s. Segunda letra do alfabeto; (Mús.) si; pl.: *b's*.
**BAA** (bá), v. i. Balir, balar (o carneiro, ou como o carneiro); s. balido de carneiro.
**BABBLE** (bé'bl), v. t. e i. Balbuciar, murmurar; tagarelar; sussurrar; s. murmúrio, balbucio; rumorejo; tagarelice.
**BABBLEMENT** (bé'blment) ou **BABBLING** (bé'blinn), s. Palrice, balbuciação, murmuração, falatório.
**BABBLER** (bé'blâr), s. Falador, tagarela.
**BABE** (bêib), s. Bebê (bras.), nenê, bobo grande; (fig.) trouxa); (gír.) broto, beleza, belezinha, moça, garota.
**BABEL** (bêi'bál), s. Babel (torre); (fig.) confusão, desordem.
**BABELDOM** (bêi'báldom), s. Reino de Babel; (fig.) terra da confusão, local de vozerio e desordem.
**BABY** (bêi'bi), s. Menino, bebê, criança de peito, criancinha; pessoa com modos infantis; adj. de bebê; infantil, pueril; pl.: *babies*.
**BABY-FARM** (bêi'bi-fármm), s. Dispensário; espécie de creche.
**BABYHOOD** (bêi'bi-hud), s. Primeira infância.
**BABYISH** (bêi'biish), adj. Infantil, pueril; ingênuo.
**BABYISM** (bêi'biizm) ou **BABYISHNESS** (bêi'biishnéss), s. Infantilidade, inocência, infância.
**BABYLIKE** (bêi'biláik), adj. Pueril.
**BABY-SITTER** (bêi'bi sit'êr), s. Pessoa remunerada para tomar conta de criança por tempo curto.
**BACCALAUREATE** (békâlô'riit), s. Bacharelato.
**BACCATE** (bêik'eit), adj. Baciforme; polposo; carnudo; (Bot.) bacífero.
**BACCHANAL** (bé'kânál), adj. Báquico, bacanal; devasso; s. sacerdote, devoto de Baco; farrista.
**BACCHANTE** (bâkén't), s. Bacante, sacerdotisa de Baco.
**BACCHIC** (bé'kik), adj. Báquico; bêbedo; orgíaco.
**BACCIFORM** (bák'sifórmm), adj. (Bot.) Baciforme.
**BACCIVOROUS** (béksi'vorâss), adj. Bacívoro.
**BACHELOR** (bé'tshâlâr), s. Bacharel; celibatário, homem solteiro.
**BACHELORHOOD** (bé'tshâlâr-hud), s. Celibato, estado de solteiro.
**BACHELORSHIP** (bé'tshâlârship), s. Bacharelato; celibato, estado ou condição de solteiro.
**BACILLARY** (bássi'lâri ou bé'silâri), adj. Bacilar; baciliforme.
**BACILLUS** (bássi'láss), s. Bacilo, micróbio; pl.: *bacilli*.
**BACK** (baek), s. Dorso, costas; lombo (de animais); costas (parte do vestuário); parte

traseira, lado posterior; encosto (de cadeira, poltrona); quilha (de navio); lombada (de livro); avesso (de tecido); tina ou cuba rasa; fundo, reverso; adj. detrás, traseiro, posterior; dorsal; dos fundos; atrasado; vencido (aluguel, pagamento); gutural (em fonética). *Back and side:* completamente. *Back and back:* ombro a ombro. *To put* (ou *get*) *the back up:* oferecer resistência. *To turn the back:* voltar as costas, abandonar; adv. para trás, atrás; no passado; de volta, de regresso; em reserva. *To draw back:* retirar-se; v. t. e i. endossar, firmar; montar (a cavalo); apostar (em cavalo de corridas); apoiar, sustentar, financiar; recuar, retroceder.

**BACKBIT** (baek'bit), pret. de *backbite.*

**BACKBITE** (baek'báit), v. t. e i. Caluniar ou censurar (pessoa ausente); falar mal de (alguém) pelas costas; pret.: *backbit;* part. pass.: *backbitten.*

**BACKBITER** (baek'báitâr), s. Caluniador, difamador.

**BACKBITING** (baek'báitinn), s. Maledicência, calúnia.

**BACKBITTEN** (boek'biten), part. pass. de *backbite.*

**BACKBOARD** (baek'bôurd), s. Espaldar; tabela (de quadra de bola-ao-cesto).

**BACKBONE** (baek'bôunn), s. Espinha dorsal, coluna vertebral; firmeza, determinação; força de caráter.

**BACKBREAKIN** (baek'brei'kin), adj. Opressivo, sobrecarregante.

**BACK COURT** (baek côrt), s. Fundo da quadra (tênis e basquete); pátio dos fundos.

**BACKDOOR** (baek'dôr), s. Porta dos fundos; passagem secreta; adj. clandestino, secreto.

**BACK DOWN** (baek dáun), v. t. e i. Voltar atrás, recuar, esquivar-se; faltar a uma promessa ou compromisso.

**BACKER** (bae'kâr), s. Apostador.

**BACKFIRE** (baek'fáir), s. Aceiro a fogo para atalhar um incêndio; explosão pela culatra; v. i. atalhar um incêndio com aceiro a fogo.

**BACKGROUND** (baek'gráund), s. Último plano (de uma perspectiva); segundo plano, fundo; acontecimento que explica fatos posterores; prática, conhecimento, experiência, educação; fundo musical.

**BACKHAND** (baek'haend), s. Pancada com as costas da mão; escrita inclinada para a esquerda; revês.

**BACKHANDED** (baek-haen'did), adj. Dado com as costas da mão; inclinada para a esquerda (letra); irônico, sarcástico, insincero.

**BACKING** (bae'kinn), s. Apoio, proteção; reforço; endosso; recuo, retrocesso; marcha a ré; colocação de lombada em livros; forro.

**BACKLOG** (baek'lôg), s. Pedaço grande de madeira, que arde ao fundo da lareira; acúmulo.

**BACK NUMBER** (baek nâm'bâr), s. Número ou exemplar atrasado (de um periódico); pessoa ou coisa fora da moda, antiquada.

**BACKSAW** (baek'só), s. Tipo de serrote de dorso reforçado.

**BACK SEAT** (baek sit), s. Assento traseiro; posição secundária, obscura. *To take a back seat:* colocar-se em posição secundária, apagar-se, omitir-se.

**BACKSET** (baek'sét), s. Reverso; empecilho, obstáculo, óbice; recaída.

**BACKSIDE** (baek'sáid), s. Traseiro; assento.

**BACKSIGHT** (baek'sáit), s. Alça de mira.

**BACKSLAPPER** (baek'slép'êr), adj. Adulador, bajulador.

**BACKSLID** (boek'slid), pret. de *backslide.*

**BACKSLIDDEN** (baek'sliden), part. pass. de *backslide.*

**BACKSLIDE** (baek'sláid), s. Apostasia; v. i. apostatar; desviar-se; reincidir; pret.: *backslid;* part. pass.: *backslid* ou *backslidden.*

**BACKSLIDER** (baek'sláidâr), s. Apóstata; renegado; reincidente.

**BACKSLIDING** (baek'sláidinn), s. Apostasia; resvalamento; reincidência.

**BACKSTAGE** (baek'stêidj), adv. Nos bastidores (do teatro); adj. atrás do palco.

**BACKSTAIRS** (baek'stérz), adj. Da escada de serviço; secreto; clandestino; s. escada de serviço.

**BACKSTITCH** (baek'stitsh), v. t. e i. Pespontar; s. pesponto; pl.: *backstitches.*

**BACKSTROKE** (baek'strôuk), s. Contragolpe; retrocesso; revês; pancada com as costas da mão.

**BACK TALK** (baek tôk), s. Resposta insolente.

**BACKYARD** (baek'iârd), s. Pátio interno.

**BACKWARD** (baek'uârd), adj. Atrasado; retrógrado; posterior; retrospectivo; invertido;

relutante; lento, vagaroso; tímido, acanhado; para o passado.
**BACKWARD** (bael'uârd) ou **BACKWARDS** (baek'uârds), adv. Para trás, atrás; de costas; de trâs para diante, de modo inverso; de mal a pior; em decadência; retrospectivamente. *To go backwards and forwards:* ir e vir.
**BACKWARDNESS** (baek'uârdnêss), s. Atraso, retardamento; relutância; hesitação; lentidão.
**BACKWATER** (baek'uótâr), s. Água represada; remanso; água estagnada.
**BACKWOODS** (baek'uudz), s. pl. Mato, sertão; região remota; adj. do interior; rude.
**BACON** (bêi'kânn), s. Toucinho; fatia de toucinho; (fam.) prêmio. *To save one's bacon:* salvar a própria pele.
**BACTERIA** (bêkti'riâ), s. Plural de *bacterium*.
**BACTERIAL** (bêkti'riâl), adj. Bacteriano, bactérico.
**BACTERIOLOGIST** (bêktiriô'lodjist), s. Bacteriologista.
**BACTERIOLOGY** (bêktiriô'lodji), s. Bacteriologia.
**BACTERIUM** (bêkt'râmm), s. Bactéria; pl.: *bacteria*.
**BAD** (bêd), adj. Mau, ruim, inferior; perverso; inútil; prejudicial; desagradável; importuno; medíocre; falso; estragado, hostil, assassino (diz-se nos Estados Unidos). *Bad debt:* dívida insolvável. *Bad grace:* má vontade. *To go bad:* estragar-se; decair; compar.: *worse;* superl.: *worst;* s. o mau, os maus, ruína.
**BADE** (bêd), pret. de *bid*.
**BAD EGG** (baed eg), s. (Gír.) Mau elemento.
**BADGE** (bédj), s. Insígnia, emblema, distintivo; símbolo; características; v. t. conferir distintivo a; marcar, assinalar.
**BADGER** (bêd'jâr), s. Texugo; a pele deste animal ou o pincel feito com seus pêlos; v. t. apoquentar; aborrecer.
**BADINAGE** (béd'inidj ou bédnâ'dj), s. Gracejo, chacota, graça, brincadeira, pilhéria.
**BADLY** (béd'li), adv. Mal; maldosamente; impropriamente; gravemente.
**BADNESS** (béd'néss), s. Maldade, ruindade, perversidade; imperfeição; má qualidade; mau estado; nocividade.
**BAFFLE** (béf'l), v. t. e i. Frustrar, malograr, anular; iludir; lutar em vão; mudar de direção (vento).

**BAFFLER** (bé'flâr), s. Enganador, confundidor, frustrador.
**BAFFLING** (bé'flinn), adj. Desnorteante; instável (diz-se do tempo, do vento).
**BAG** (baeg), s. Bolsa; saco, saca; bojo; úbere; pl. (fam.) calças; montão, porção; v. t. e i. ensacar; embolsar; apanhar ou matar (caça), intumescer-se, inflar; pret. e part. pass.: *bagged*.
**BAGASSE** (bâghé'ss), s. Bagaço.
**BAGATELLE** (bégâté'l), s. Bagatela, ninharia, insignificância; variedade de jogo de bilhar.
**BAFGUL** (baeg'ful), s. Sacada, taleigada.
**BAGGAGE** (bae'ghidj), s. Bagagem; equipagem.
**BAGGED** (baegd), pret. e part. pass. de *bag;* adj. ensacado; flácido; protuberante.
**BAGGING** (bae'ghinn), s. Ensacamento, enfardamento; pano para sacos; aniagem.
**BAGGY** (bae'ghi), adj. Flácido, frouxo; lânguido; ensacado; compar.: *baggier;* superl.: *baggiest*.
**BAGMAN** (baeg'maen), s. Caixeiro-viajante; pl.: *bagmen*.
**BAGNIO** (baen'you), s. Presídio, galé, lupanar, bordel.
**BAGPIPE** (baeg'pâip), s. Gaita de foles.
**BAIL** (bêil), v. t. Afiançar, caucionar; confiar (mercadorias); consignar (mercadorias sob caução ou fiança); libertar sob fiança; s. fiança, caução; fiador; bafa, divisão de estábulo; asa de chaleira, balde, etc.; pl. paliçada.
**BAILABLE** (bêi'lâbl), adj. Afiançável.
**BAILEE** (bêili'), s. Depositário.
**BAILER** ou **BAILOR** (bêi'lâr), s. Depositante; fiador.
**BAILIFF** (bêi'lif), s. Beleguim; bailio; mordomo, intendente.
**BAILSMAN** (beilz'men), s. (Jur.) Fiador.
**BAIT** (bêit), s. Isca, engodo, chamariz; atrativo; parada em viagem (para descanso ou lanche); v. t. e i. iscar, pôr isca em; engodar, seduzir; atiçar ou açular (cães); atormentar; molestar; dar ração a (animal); deter-se (em viagem) para tomar lanche).
**BAIZE** (bêiz), s. Baeta.
**BAKE** (bêik), v. t. e i. Cozer ao forno; assar; endurecer; crestar-se; tornar-se duro; s. cozedura; endurecimento.
**BAKER** (bêi'kâr), s. Padeiro, forneiro.
**BAKERY** (bêi'kâri), s. Padaria; profissão de padeiro; pl.: *bakeries*.

**BAKING** (bêi'kinn), s. Cozedura, fornada.
**BALANCE** (bé'lânss), v. t. e i. Pesar, balançar; contrabalançar; equilibrar, equilibrar-se; ponderar, avaliar; fazer balanço; hesitar, vacilar; s. balanço; balança; pêndulo; oscilação, equilíbrio; compensação; proporção, harmonia. *Balance weight:* contrapeso. *Trial balance:* balancete.
**BALANCER** (bé'lânsâr), s. Balanceiro, balancim; balançador, pesador; fiel de balança; equilibrista; compensador.
**BALCONY** (bêl'koni), s. Sacada; varanda; galeria, balcão de teatro; pl.: *balconies.*
**BALD** (bóld), adj. Calvo, careca; implume; desfolhado; nu; descarado, atrevido.
**BALDERDASH** (bôl'dârdésh), s. Tolice, disparate.
**BALDHEAD** (bóld'hêd), s. Calvo, careca.
**BALDHEADED** (bóld'hédid), adj. Careca.
**BALDLY** (bóld'li), adv. Toscamente, grosseiramente; sem elegância; singelamente.
**BALDNESS** (bóld'néss), s. Calvície; nudez; ausência de folhas, etc.; singeleza.
**BALDPATE** (bóld'pêit), s. Careca (o mesmo que *baldhead*); espécie de marreca; adj. calvo.
**BALDRIC** (bóŀ'drik), s. Talabarte, boldrié, cinturão.
**BALDY** (bêld'i), s. e adj. (fam.) Carequinha; (gír.) pneumático gasto.
**BALE** (béil), v. t. Enfardar, empacotar; s. maldade, calamidade, desgosto; fardo, pacote; (poét.) dor, sofrimento.
**BALEEN** (bâli'nn), s. Barba, barbatana de baleia.
**BALEFIRE** (bêil'fáir), s. Fogueira de festa.
**BALEFUL** (bêil'ful), adj. Funesto, calamitoso; pernicioso, nocivo, malfazejo.
**BALEFULNESS** (bêil'fulnéss), s. Calamidade, desgraça.
**BALK** (bôk), v. t. e i. Frustrar, malograr; esquivar-se; furtar-se a; empacar; emperrar; enjeitar, recusar; s. obstáculo; malogro, fracasso; impedimento; estorvo.
**BALKI** (bálki), adj. Embarcador; teimoso, birrento.
**BALL** (ból), s. Bola, esfera, globo; corpo celeste ou planeta (esp. a Terra); pelota; projétil; protuberância arredondada (especialmente do corpo humano); "saco" (gír.); fardo; baile, reunião dançante; v. t. e i. formar bola, abolar, dar forma de bola a; transformar-se em bola; (pop.) embaralhar (seguido de *up*). *Ball and chain* (gír.): esposa. *Ball of fire:* pessoa empreendedora, arrojada, enérgica. *To ball up play ball:* jogar bola, pelota. *To have a ball:* divertir-se à grande. *Ball up* (gír.): perplexo, confuso.
**BALLAD** *(bé'lâd), s. Balada, canção.*
**BALLADIST** *(bé'lâdist), s. Bardo, poeta.*
**BALLAST** (bé'lâst), v. t. Lastrar, dar estabilidade a; s. lastro (de navio, de balão, etc.; e, também, em sentido figurado).
**BALLERINA** (bélâri'nâ), s. Bailarina.
**BALLET** (bé'lêi), s. Bailado; corpo de bailado.
**BALLOON** (bâlu'nn), s. Balão; aeróstato; esfera grande; v. i. encher-se como balão; adj. em forma de balão.
**BALLOONER** (bâlu'nâr) ou **BALLOONIST** (bâlu'nist), s. Aeronauta.
**BALLOT** (bé'lât), s. Cédula eleitoral; voto secreto; sufrágio; escrutínio; eleição; sorteio; v. t. e i. votar; eleger por votação.
**BALLROOM** (bóŀ'rumm), s. Salão de baile.
**BALLYHOO** (bael'i'hu), s. (bras.) Camelô; (fig.) pregoeiro; publicidade ou propaganda ruidosa; clamor, alarido; v. t. e i. (gír.) fazer propaganda estrepitosa; trombetear, alardear.
**BALM** (bâmm), s. Bálsamo; conforto, alívio.
**BALMY** (bá'mi), adj. Balsâmico, aromático, fragrante; (pop.) adoidado, "pancada", maluco; compar.: *balmier;* superl.: *balmiest.*
**BALONY** (bé'lou'ni), s. (gír.) Garganta, conversa fiada, disparate, bobagem, tolice; insensatez, absurdo.
**BALSAM** (bóŀ'sâmm), s. Bálsamo.
**BALSAMIC** (bólsé'mik), adj. Balsâmico; aromático; aliviador.
**BALUSTER** (bé'lâstâr), s. Balaústre, corrimão.
**BALUSTRADE** (bélâstrêi'd), s. Balaustrada.
**BAMBOO** (bémbu'), s. Bambu; adj. de bambu.
**BAMBOOZLE** (bémbu'z), v. t. e i. Lograr, enganar, mistificar; confundir.
**BAMBOOZLEMENT** (bémbu'zlment), s. (fam.) Logro, mistificação; confusão, embaraço.
**BAN** (baen), v. t. Proibir, interdizer, maldizer, excomungar; s. proibição, interdição; anátema, excomunhão; banimento, expulsão.
**BANAL** (bêi'nâl ou bé'nâl), adj. Banal, vulgar.

**BANALITY** (bănĕ'liti), s. Banalidade; pl.: *banalities*.
**BANANA** (bănĕ'nă), s. Banana; bananeira.
**BAND** (běnd), v. t. e i. Ligar, ligar-se; unir, congregar; congregar-se; enfaixar; s. atadura, ligadura; venda; faixa; vínculo; banda de música; bando, tropa; equipe, turma, companhia; rebanho.
**BANDAGE** (běn'didj), v. t. Enfaixar, pôr atadura em; vender; s. atadura, faixa, ligadura.
**BANDER** (běn'dăr), s. Membro de um bando ou de uma liga.
**BANDEROLE** ou **BANDEROL** (běndărŏul), s. Bandeirola.
**BANDIT** (běn'dit), s. Bandido, bandoleiro.
**BANDMASTER** (běnd'maes'tăr), s. Maestro, regente de banda ou orquestra de "jazz".
**BANDOG** (běn'dóg), s. Cão de guarda.
**BANDOLEER** (běndoli'r), s. Bandoleiro.
**BANDY** (běn'di), v. t. Atirar de um lado para outro; trocar (golpes, palavras, etc.); fazer circular; s. jogo semelhante ao hóquei; adj. arqueado, curvado; compar.: *bandier*; superl.: *bandiest*.
**BANE** (běinn), s. Veneno, tóxico; ruína, destruição; epidemia.
**BANEFUL** (běin'ful), adj. Pernicioso, nocivo; funesto; venenoso.
**BANG** (běng), v. t. e i. Bater com ruído (porta, etc.); fechar, fechar-se violentamente; cortar em franja (cabelo); s. estrondo, pancada, ruído; golpe; franja de cabelo na testa; adv. ruidosamente; violentamente; interj.: zás! bumba!
**BANGLE** (běn'gl), s. Pulseira, bracelete.
**BANGTAIL** (běng'teil), s. (gír.) Cavalo de corrida.
**BANISH** (bě'nish), v. t. Banir, desterrar, deportar, expatriar, exilar.
**BANISHMENT** (bě'nishment), s. Banimento, desterro, deportação, exílio.
**BANISTER** (bě'nistăr), s. Balaústre, corrimão; pl. balaustrada.
**BANJO** (běn'djŏu), s. Banjo.
**BANK** (baenk), s. Banco, casa bancária; banca (em jogos de azar); banco (de sangue, de plasma); baixio, banco de areia, aterro, barragem, dique; rampa, ladeira, declive; recife, escolho; formigueiro; v. t. e i. amontoar, amontoar-se; empilhar, empilhar-se; reter, represar; limitar, confinar; depositar (dinheiro) em banco ou casa bancária; inclinar-se lateralmente ao fazer uma curva (avião); contar com, fiar-se em (seguido de *on* ou *upon*); cercar com dique ou barreira; ser banqueiro, manter um banco; fazer banca (em jogos de azar).
**BANKER** (baen'kăr), s. Banqueiro.
**BANKING** (baen'kinn), s. Negócio bancário; represamento, barreira, dique.
**BANKRUPT** (běnk'răpt), v. t. e i. Fazer falir, levar à bancarrota, arruinar; adj. e s. falido, arruinado, quebrado.
**BANKRUPTCY** (běnk'răptsi), s. Bancarrota, falência; pl.: *bankruptcies*.
**BANNER** (bě'năr), s. Bandeira, estandarte; insígnia.
**BANNS** (běnz), s. pl. Proclamas, pregões de casamento.
**BANQUET** (běn'kuit), v. t. e i. Banquetear, banquetear-se; s. banquete, festim.
**BANTER** (běn'tăr), s. Brincadeira, pilhéria, gracejo, troça, caçoada; v. t. zombar de, gracejar com.
**BANTERER** (běn'tărăr), s. Gracejador, brincalhão.
**BANTERING** (běn'terinn), s. Zombaria, escárnio.
**BANTLING** (běn'tlinn), s. Pirralho, fedelho.
**BAPTISM** (běp'tizm), s. Batismo.
**BAPTISMAL** (běp'tizmăl), adj. Batismal. *Baptismal font*: pia batismal.
**BAPTIST** (běp'tist), s. Batista.
**BAPTISTERY** (běp'tistéri), s. Batistério.
**BAPTIZE** (běptái'z) v. t. e i. Batizar; dar nome a; (fig.) iniciar; purificar.
**BAR** (bár), v. t. Barrar, pôr trave ou barra de ferro a; trancar; obstruir; impedir; listrar; s. barra, tranca, trave; barreira, obstáculo; listra; bar; balcão de bar; cargo ou profissão de advogado; tribunal; (jur.) exceção; prep. exceto, fora, salvo.
**BARB** (bárb), v. t. Farpar, prover de farpas; s. farpa, espinha, ponta; (Zool., Bot.) filamento, barba, barbilhão.
**BARBARIAN** (bárbě'riănn), adj. e s. Bárbaro; inculto, rude, grosseiro.
**BARBARIC** (bárbě'rik), adj. Incivilizado, selvagem; rudimentar; primitivo.
**BARBARISM** (bár'bărizm), s. Barbarismo, estado de bárbaro; (Gram.) barbarismo, estrangeirismo.
**BARBARITY** (bárbě'riti), s. Barbaridade, crueldade, brutalidade; barbarismo, estilo bárbaro; falta de gosto; pl.: *barbarities*.

**BARBARIZE** (bár'bâráiz), v. t. e i. Barbarizar, barbarizar-se; cometer barbarismos (na linguagem).

**BARBAROUS** (bár'bârâss), adj. Bárbaro, selvagem; cruel; inculto; incivilizado; impuro, incorreto (estilo).

**BARBAROUSNESS** (bár'bârâsnéss), s. Barbaridade; barbarismo.

**BARBECUE** (bár'bikiu), v. t. Assar inteiro (animal em grelha); assar no espeto; s. animal assado inteiro; churrasco.

**BARBED** (bár'bid), adj. Farpado. *Barbed wire:* arame farpado.

**BARBEL** (bár'bel), s. (Zool.) Barbilhão, filamento que se encontra na boca de alguns peixes.

**BARBER** (bár'bâr), s. Barbeiro; v. t. Barbear (diz-se nos Estados Unidos).

**BARE** (bér), adj. Nu, despido; descoberto, desguarnecido, desfolhado; implume, depenado; indigente, pobre; deserto; mero, simples; desacompanhado. *To be bare of:* estar desprovido de; v. t. descobrir, desnudar, revelar.

**BAREBACK** (bér'baek), adj. e adv. Sem sela, em pêlo.

**BAREBONE** (bér'bôunn), adj. Magricela.

**BAREFACED** (bér'féist), adj. De rosto descoberto, descarado, impudente, desavergonhado.

**BAREFACEDNESS** (bér'féistnéss), s. Descaramento.

**BAREFOOT** (bér'fut), s. Pé descalço.

**BAREFOOTED** (bér'futid), adj. Descalço.

**BARELY** (bér'li), adv. Claramente, francamente, abertamente; pobremente, escassamente, apenas.

**BARENESS** (bér'néss), s. Nudez; privação, pobreza; carência.

**BARFLY** (bár'flai), s. (gfr.) Bêbado contumaz que passa a maior parte do tempo em bares; "pau d'água".

**BARGAIN** (bár'ghinn), v. t. e i. Barganhar, trocar (mercadorias); regatear, pechinchar; negociar, ajustar a compra ou a venda de; s. barganha, troca; ajuste, pacto; negócio, transação; pechincha; aquisição. *At a bargain:* muito barato. *To strike up a bargain:* fazer um bom negócio.

**BARGE** (bár'dj), s. Barcaça, chata, batelão, lancha; (bras.) alvarenga; barco luxuoso de excursão; ônibus usado em piquenique; v. t. e i. transportar em batelão, mover-se, ir-se, partir. *To barge in:* entrar sem pedir licença. *To barge in on:* entrar ou chegar sem avisar. *To barge into:* intrometer-se (em conversa); irromper (em quarto, etc.).

**BARGEE** (bárdji'), s. Barqueiro.

**BARGEMAN** (bárdi'maen), s. Barqueiro; pl.: *bargemen.*

**BARITONE** ou **BARYTONE** (bae'ritðunn), adj. e s. Barítono.

**BARIUM** (bé'riâmm), s. (Quím.) Bário.

**BARK** (bárk), v. t. e i. Descascar, descortiçar; esfolar, escoriar; curtir; latir, ladrar; vociferar; (pop.) tossir com espalhafato; apregoar em voz alta (o vendedor); s. casca de árvore; córtex; latido; (fam.) pele.

**BARKEEPER** (bár-ki'pâr), s. Proprietário de bar, botequineiro.

**BARKER** (bár'kâr), s. Cão que ladra; descortiçadora (máquina); apregoador (à porta dos circos, feiras, etc.); camelô.

**BARKING** (bár'kin), s. Ladrido; descascamento.

**BARKY** (bár'ki), adj. Cascudo; corticoso.

**BARLEY** (bár'li), s. Cevada. *Barley corn:* grão de cevada.

**BARM** (bárm), s. Levedura, fermento.

**BARMAID** (bár'mêid), s. Garçonete, balconista de bar.

**BARMAN** (bár'maen), s. Dono de bar, botequineiro, balconista de bar; pl.: *barmen.*

**BARMY** (bár'mi), adj. Fermentado, espumoso; (fig.) excêntrico, maluco; compar.: *barmier;* superl.: *barmiest.*

**BARN** (bárn), s. Celeiro; estábulo, curral.

**BARNACLE** (bár'nâk), s. Craca, pato bravo, bernaca, bernacla; pl. óculos.

**BARNYARD** (bárn'iârd), s. Pátio de estrebaria.

**BAROGRAPH** (bé'rogréf), s. Barógrafo.

**BAROLOGY** (bârô'lodji), s. Barologia.

**BAROMETER** (bârô'mitâr), s. Barômetro.

**BAROMETRIC** (béromé'trik) ou **BAROMETRICAL** (béromé'trikâl), adj. Barométrico.

**BAROMETRY** (bârô'mitri), s. Barometria.

**BARON** (bé'rânn), s. Barão; (fam.) capitalista, magnata.

**BARONAGE** (bé'rândj), s. Baronato, baronia; os barões, coletivamente.

**BARONESS** (bé'rânéss), s. Baronesa.

**BARONIAL** (bé'rôunial), adj. Baronial.

**BARONY** (bé'roni), s. Baronia, pl.: *baronies.*

**BAROQUE** (bârôu'k), s. Barroco, estilo barro-

co; adj. barroco; extravagante; grotesco; irregular.
**BAROUCHE** (bâru'tsh), s. Carruagem de passeio, de quatro rodas.
**BARQUE** (bárk), s. Barco, barca.
**BARRACK** (bé'râk), s. Barraca, barracão; quartel, caserna (geralmente no plural); v. t. e i. aquartelar, aquartelar-se; morar em barraca.
**BARRAGE** (bé'râdj), s. Barragem, dique, represamento.
**BARRED** (bárd), adj. Gradeado; listrado transversalmente.
**BARREL** (b'rál), s. Barril, barriga; tambor; tonel; cilindro de realejo; cano (de arma de fogo); barriga (de sino); corpo (de animal); v. t. embarricar, embarrilar. *Barrel along:* viajar velozmente. *Over a barrel:* indefeso, a mercê de outrem; em desvantagem.
**BARRELMAKER** (bé'râlmêikâr, s. Tanoeiro.
**BARREL-ORGAN** (bé'ral-órgan), s. Realejo.
**BARREN** (bé'rânn), adj. Estéril, árido, infecundo, infrutífero, improfícuo; oco, vazio; fastidioso; bronco, estúpido; s. extensão de terra improdutiva.
**BARRENNESS** (bé'rân-néss), s. Esterilidade, aridez.
**BARRICADE** (bérikêi'd), s. Barricada; obstáculo; obstrução, barreira; v. t. levantar barricada em; bloquear, obstruir.
**BARRIER** (bé'riâr), s. Barreira, obstáculo; estacada; cancela; limite; arena de torneio (na antigüidade); (Eletr.) separador.
**BARRING** (bâ'rinn), prep. Excetuando, salvo, exceto.
**BARRISTER** (bé'ristâr), s. Advogado de foro.
**BARROOM** (bá'rumm), s. Bar, salão de bar.
**BARROW** (bé'rôu), s. Carrinho de mão; padiola, maca; túmulo, tipo de roupinha para bebês (o mesmo que *barrowcoat*).
**BARROWCOAT** (bé'rôukâut), s. V. *Barrow*.
**BARTENDER** (bâr'têndâr), s. Garção de bar.
**BARTER** (bár'târ), s. Troca, permuta de gêneros; mercadoria permutada; v. t. e i. trocar (gêneros); fazer permutas, negociar mercadorias por troca.
**BARYTONE** (bae'ritôunn), s. Barítono.
**BASAL** (bêi'sâl), adj. Basal, de base; básico, fundamental.
**BASE** (bêiss), s. Base, alicerce, fundamento, parte essencial; pé, pedestal; sustentáculo; adj. básico, de base; vil, abjeto,

mesquinho; humilde; (Mús.) baixo, grave; v. t. basear, fundamentar, fundar.
**BASEBALL** (bêis'ból), s. Basebol, o jogo nacional dos Estados Unidos; a bola usada nesse jogo.
**BASEBOARD** (bêis'bôurd), s. Rodapé (diz-se nos Estados Unidos).
**BASEBORN** (bêis'bórn), adj. Bastardo, ilegítimo; plebeu.
**BASELESS** (bêis'léss), adj. Infundado, improcedente; sem base.
**BASEMAN** (bêis'maen), s. Basebolista.
**BASEMENT** (bêis'ment), s. Rés-do-chão, porão; fundamento, base.
**BASENESS** (bêis'néss), s. Baixeza, vileza, mesquinhez, infâmia, torpeza; bastardia.
**BASH** (baech), v. t. Bater em, golpear esmagadoramente; despedaçar; s. pancada forte.
**BASHFUL** (bésh'ful), adj. Tímido, acanhado, envergonhado, retraído, constrangido.
**BASHFULNESS** (bésh'fulnéss), s. Acanhamento, timidez, vergonha; modéstia.
**BASIC** (bêi'sik), adj. Básico, fundamental, essencial.
**BASIL** (bé'zil), s. Manjericão.
**BASILAR** (bé'silâr), adj. Básico, fundamental; (Biol.) basilar.
**BASIN** (bêis'n), s. Bacia (também em Geog.); o conteúdo de uma bacia; vaso redondo e largo; (Anat.) pelve.
**BASIS** (bêi'siss), s. Base, fundamento; alicerce; pedestal; pl.: *bases*.
**BASK** (bask), v. t. e i. Aquecer, aquecer-se ao Sol ou ao calor do fogo; expor, expor-se ao Sol ou ao calor do fogo.
**BASKET** (bás'kit ou bés'kit), s. Cesto, cesta; cestada; v. t. encestar.
**BASKETBALL** (bás'kitból ou bés'kitiból), s. Bola-ao-cesto, basquetebol; a bola usada nesse jogo.
**BASKETFUL** (bás'kitful ou bés'kitful), s. Cestada.
**BASKETMAKER** (bás'kit-mêi'kâr), s. Cesteiro.
**BASKETWORK** (bás'kituârk ou bés'kituârk), s. Cestaria; obra de vime.
**BASQUE** (baesk), adj. e s. Basco.
**BAS-RELIEF** (bá-rili'f), s. Baixo-relevo.
**BASS** (bêiss), s. Som, tom baixo ou profundo; (Mús.) baixo (voz, instrumento, cantor); contrabaixo; adj. grave, baixo, profundo. *Bass drum:* bombo, zabumba. *Bass horn:* tuba. *Bass viol:* violoncelo; pl.: *basses*.

**BASS** (béss), s. Perca, labro (peixe).
**BASSINET** (béssiné't), s. Berço ou carrinho de vime para bebês.
**BASSO** (bá'sôu), s. Baixo (cantor); adj. baixo.
**BASSOON** (bássu'nn), s. Fagote.
**BAST** (baest), s. (Bot.) Entrecasca, líber; fibra liberiana.
**BASTARD** (bés'târd), s. Bastardo, filho ilegítimo; adj. bastardo, espúrio, falso, adulterado; inferior.
**BASTARDIZE** (bés'târdáiz), v. t. Declarar como bastardo; abastardar, corromper, adulterar.
**BASTARDY** (bés'târdi), s. Bastardia; pl.: *bastardies*.
**BASTE** (bêist), v. t. Untar com manteiga, gordura, etc. (a carne que está sendo assada); alinhavar; espancar, esbordoar; (fig.) verberar.
**BASTINADO** (béstinêi'dôu), s. Bastonada; bastão, cacete; v. t. dar bordoadas em.
**BASTING** (bêis'tinn), s. Alinhavo; espancamento; unto, gordura que se derrama sobre a carne que se está assando.
**BASTION** (bés'tshânn ou bés'tiânn), s. Bastião, baluarte.
**BAT** (baet), s. Bastão (de vários jogos); raqueta; pá (no críquete); rebatida, defesa; morcego; (fam.) pancada, bordoada; velocidade; bebedeira; v. t. e i. rebater (a bola) com a pá, a raqueta ou o bastão; surrar, espancar; estar na defesa; piscar (o olho).
**BATCH** (bétch), s. Fornada; quantidade produzida de uma só vez; porção, partida, grupo, leva, lote, remessa, moagem, bando; (gír.) solteiro. *Batch it*: viver como solteiro, viver só.
**BATCH** (bétsh), s. Fornada; porção; partida; caldeirada; moagem; grupo, bando, leva, lote.
**BATE** (bêit), v. t. e i. Abater, abater-se; diminuir, reduzir; restringir; mitigar; desfalecer.
**BATED** (bêi'tid), pret. e part. pass. de *bate*; adj. reduzido, diminuido.
**BATH** (báth ou béth), s. Banho; banheira; o ato de tomar banho; pl. casa de banhos; adj. de banho; v. t. mergulhar num banho; banhar (crianças).
**BATHE** (bêidh), v. t. e i. Banhar, banhar-se; lavar, lavar-se; regar; umedecer; inundar; tomar banho; nadar; cobrir, envolver.
**BATHER** (bêi'dhâr), s. Banhista.

**BATHHOUSE** (báth'háuss ou béth'háuss), s. Balneário; cabina para banhistas (nos Estados Unidos).
**BATHING** (bêi'thinn), s. Banho; adj. balneário, de banho. *Bathing-suit*: maiô. *Bathing-wrap*: roupão de banho.
**BATHOS** (bêi'thóss), s. Anticlímax; efeito patético forçado.
**BATHROBE** (báth'rôub ou béth'rôub), s. Roupão de banho (diz-se nos Estados Unidos).
**BATHROOM** (báth'rumm ou béth'rumm), s. Banheiro, quarto de banho; privada.
**BATHTUB** (báth'tâb ou béth'tâb), s. Banheira, tina.
**BATISMAN** (bésts'maen), s. Arremessador (no basebol e no críquete).
**BATTALION** (bâté'liânn), s. Batalhão.
**BATTEN** (baet'n), v. t. e i. Cevar; engordar; prover com sarrafos; prosperar, vicejar; devotar com avidez (seguido de *on* ou *upon*).
**BATTER** (bé'târ), s. Massa culinária; massa mole de farinha; batedor (no basebol); v. t. e i. malhar; golpear repetidamente; contundir; moer; desgastar pelo uso; desferir repetidos golpes; bombardear; demolir, abater (seguido de *in*).
**BATTERY** (bé'târi), s. Bateria (militar ou elétrica); bateria de cozinha; (Jur.) agressão; pl.: *batteries*.
**BATTLE** (bét'l), s. Batalha, combate, luta, conflito; v. i. batalhar, lutar, contender, pelejar.
**BATTLEFIELD** (bét'l-fild) ou **BATTLEGROUND** (bét'l-gráund), s. Campo de batalha.
**BATTLEMENT** (bét'l-ment), s. Ameia, muralha, parapeito (geralmente no plural); v. t. amear.
**BATTLESHIP** (bét'l-ship), s. Couraçado (navio).
**BATTY** (bét'ti), adj. Maluco, doido.
**BAUBLE** (bób'l), s. Bugiganga, bagatela, quinquilharia.
**BAULK** (bók), v. e s. V. *Balk*.
**BAWD** (bód), s. Caftina, alcoviteira.
**BAWDINESS** (bó'dinéss), s. Obscenidade, devassidão; alcovitice.
**BAWDRY** (bó'dri), s. Lenocínio; indecência, pornografia.
**BAWDY** (bó'di), adj. Obsceno, devasso; s. pornografia.
**BAWL** (ból), v. t. e i. Apregoar, proclamar em altos brados, berrar; vociferar; s. berro.

**BAWLING** (bó'linn), s. Gritaria, berraria.
**BAY** (bêi), v. t. e i. Ladrar; perseguir ladrando (caça); s. baía, angra, enseada, golfo; reentrância; latido de cães acuando a caça; posição de quem está cercado; compartimento, vão; fama, celebridade, lauréis (geralmente no plural); cavalo baio; (Arquit.) intercolúnio; adj. baio.
**BAYONET** (bêi'onit), s. Baioneta; v. t. perfurar com baioneta.
**BAZAR, BAZAAR** (bâzá'r), s. Bazar.
**BE** (bi), v. i. Ser, estar; existir; acontecer, ocorrer, realizar-se; pertencer; (dá-se o nome de "anômalo" a este verbo, em virtude de sua irregularidade; é um auxiliar importante para a voz passiva e também auxilia a formação do pretérito de alguns verbos de movimento, entre os quais *go, come;* pret.: *was;* part. pass.: *been*). *There to be:* haver. *To be able to:* ser capaz de. *To be like:* parecer-se com. *To be long:* demorar-se. *To be off:* ir-se embora. *To be over:* acabar. *To be right:* ter razão. *To be wrong:* não ter razão, estar errado.
**BEACH** (bitsh), s. Praia, litoral, margem. *On the beach:* na praia; (pop.) fracassado; pl.: *beaches;* v. t. encalhar, dar à praia.
**BEACHCOMBER** (bitsh-kôu'mâr), s. Vagalhão.
**BEACON** (bi'kânn), s. Farol; bóia luminosa; sinal de advertência; v. t. e i. prover de farol; alumiar; dar sinal por meio de luz, fogueira, etc.: servir como sinal de alarma.
**BEAD** (bid), s. Conta (de rosário, colar, etc.); pérola (de vidro, metal, etc.); gota, bolha, lágrima; pl. rosário ou terço; v. t. e i. ornar de contas; enfiar (contas); borbulhar.
**BEADING** (bi'dinn), s. Ornato em forma de contas ou colares; contas ou colares em geral; moldura; efervescência (de certos líquidos).
**BEADLE** (bid'l), s. Bedel; sacristão.
**BEADROLL** (bid'rôul), s. Lista, catálogo, série.
**BEADY** (bi'di), adj. Semelhante a contas (de rosário, etc.); coberto de contas.
**BEAGLE** (big'l), s. Sabujo, cão de caça; (fig.) detetive; espião.
**BEAK** (bik), s. Bico (de ave); (fig.) promontório; nariz adunco; esporão de proa (dos navios antigos); bocal (de instrumento de sopro; v. t. bicar.
**BEAKED** (bikt), adj. Bicudo; (Bot.) rostrado.

**BEAKER** (bi'kâr), s. Copo grande, de boca larga; chávena grande, de boca larga.
**BEAM** (bimm), s. Viga mestra, de madeira ou de ferro; travessão de balança; raio de luz; aspecto radiante; cilindro de tear; balancim; v. t. e i. irradiar, emitir (luz); brunir, dar brilho a; cintilar, brilhar; estar radiante; sorrir.
**BEAMFUL** (bim'ful), adj. Luminoso.
**BEAMING** (bi'minn), adj. Radiante; irradiante; brilhante; alegre; sorridente.
**BEAMLESS** (bim'léss), adj. Sem luz, sem brilho.
**BEAMY** (bi'mi), adj. Luminoso, brilhante, irradiante; jovial, alegre; compar.: *beamier;* superl.: *beamiest.*
**BEAN** (binn), s. Feijão, fava, vagem; feijoeiro; (pop.) sujeito, fulano; tunda; sova; pl. (gír) reprimenda (diz-se nos Estados Unidos); cabeça, cérebro. *Full of beans:* vivo, fogoso, ativo (gír.). *In the bean:* em grão. *Beanball* (gír.): em basebol, bola dirigida propositadamente à cabeça do batedor.
**BEAR** (bér), v. t. e i. Levar, carregar, conduzir, guiar; manter, nutrir (sentimento); suportar, agüentar; ter (filhos, filhotes), parir, dar à luz; produzir, render; ter, possuir; prestar (testemunho); exercer (cargo ou função); frutificar; proliferar; pressionar; resistir, ter paciência; sofrer, tolerar; arcar (com despesas); provocar a baixa; especular na baixa; pret. *bore;* part. pass.: *barn, borne;* s. urso; baixista; (fam.) pessoa rude, grosseira.
**BEARABLE** (bé'rábl), adj. Tolerável, suportável, aturável.
**BEARABLENESS** (bé'ráblnéss), s. Tolerância.
**BEARD** (bárd), s. Barba; pragana; barbatana; farpa (de seta); barbilhão (de peixe, de ave); v. t. e i. agarrar pela barba, puxar as barbas de; desafiar, afrontar; criar barba.
**BEARDED** (bár'did), adj. Barbado.
**BEARDLESS** (bárd'léss), adj. Imberbe, sem barba; sem pragana; (fig.) jovem.
**BEARER** (bé'râr), s. Carregador, transportador, portador, condutor; árvore frutífera; (Arquit.) viga mestra; (Mec.) suporte; (Com.) portador de títulos; adj. pagável ao portador.
**BEARING** (bé'rinn), s. Comportamento, procedimento, conduta; apoio; tolerância, pa-

ciência; relação, conexão; aspecto; ato de dar à luz; parto; fertilidade; frutificação; produção; mancal, coxinete. *Bearing line:* linha de mira.

**BEARISH** (bé'rish), adj. Semelhante ao urso; rude, grosseiro, áspero, intratável; que tende a baixar (Bolsa).

**BEAST** (bist), s. Besta; animal, quadrúpede; gado; (fam.) coisa desagradável ou abominável.

**BEASTLINESS** (bis'tlinéss), s. Bestialidade, animalidade, brutalidade; lascívia.

**BEASTLY** (bis'tli), adj. Bestial, animalesco, brutal; detestável; (fam.) incômodo; abominável.

**BEAT** (bit), s. Batida, pancada, golpe; pulsação, latejo; cadência; trajeto ou zona habitualmente percorridos por alguém; trilha de animal; divisão administrativa de alguns estados norte-americanos; (gfr.) furo jornalístico, (EUA) caloteiro, filante, pessoa que supera outra, o melhor; (Mús.) tempo de compasso, acento; (Ffs.) batimento, alternar em volume (som); (caça) batida; toque de tambor; esfera, setor de conhecimento. *Off one's beat:* fora da alçada de alguém, fora da competência de alguém. *On the beat;* na marca, na linha, na exata; adj. (fam.) cansado, exausto; v. t. e i. bater; (fam.) cansar, fatigar; quebrar a cabeça, dar tratos à bola; (gfr.) enganar, lograr; desconcertar, aturdir; bordejar, barlaventear; interj. *beat it!* (gfr., EUA): saia! fora! *Beats me:* não compreendo. *To beat up:* surrar; surpreender (o inimigo); bater (ovos).

**BEATEN** (bit'n), part. pass. de *beat;* adj. Gasto, usado, batido; vencido, derrotado; exausto; trilhado; aplainado; usual, corriqueiro.

**BEATER** (bi'târ), s. Batedor, golpeador; mão-de pilão; malho, maço.

**BEATIFIC** (biáti'fik) ou **BEATIFICAL** (biáti'fikál), adj. Beatífico.

**BEATIFICATION** (biêtifiêi'shânn), s. Beatificação.

**BEATIFY** (bié'tifái), v. t. Beatificar, santificar.

**BEATING** (bi'tinn), s. Batedura, sova; tunda; derrota, pulsação.

**BEATITUDE** (bié'titiud), s. Beatitude, bem-aventurança.

**BEAU** (bôu), s. Dândi, janota, almofadinha; namorador, galanteador.

**BEAUTEOUS** (biu'tiâss), adj. Belo, formoso.

**BEAUTIFIED** (biu'tifáid), pret. e part. pass. de *beautify.*

**BEAUTIFIER** (biu'tifáiâr), s. Embelezador.

**BEATIFUL** (biu'tiful), adj. Belo, formoso, lindo, precioso; magnífico, excelente; s. o belo (precedido de *ihe*).

**BEAUTIFULNESS** (biu'tifulnéss), s. Beleza, encanto.

**BEAUTIFY** (biu'tifái), v. t. e i. Embelezar, embelezar-se; aformosear; pret. e part. pass. *beautified.*

**BEAUTY** (biu'ti), s. Beleza, formosura, lindeza; pl.: *beauties.*

**BEAVER** (bi'vâr), s. Castor; pele de castor; viseira.

**BECALM** (bikâ'mm), v. t. Acalmar, serenar, abonançar.

**BECAME** (bikêi'mm), pret. de *become.*

**BECAUSE** (bicó'z), conj. Porque. *Because of:* por causa de, em virtude de.

**BECK** (bék), s. Aceno, sinal; inclinação de cabeça; riacho, córrego, arroio.

**BECKON** (bé'kânn), v. t. e i. Acenar, acenar a; s. aceno, gesto com que se acena.

**BECLOUD** (bikláu'd), v. t. Anuviar; nublar; obscurecer.

**BECOME** (bikâ'mm), v. t. e i. Convir a; ficar bem a; ajustar-se a; condizer com; tornar-se, vir a ser; transformar-se; pret.: *became;* part. pass.: *become.*

**BECOMING** (bikâ'minn), adj. Conveniente, adequado, próprio; elegante, gracioso; digno.

**BED** (béd), s. Cama, leito; álveo ou leito (de rio); fundo (de mar); base, alicerce; estrato, camada; canteiro de jardim ou horta; v. t. e i. deitar, deitar-se; pôr na cama; dar pousada a; plantar ou arranjar em canteiros; estratificar; coabitar; fixar em posição permanente.

**BEDABBLE** (bidéb'l), v. t. Salpicar, borrifar.

**BEDAUB** (bidó'b), v. t. Besuntar, lambuzar.

**BEDAZZLE** (bidéz'l), v. t. Ofuscar, deslumbrar; aturdir.

**BEDBUG** (béd'bâg), s. Percevejo.

**BEDCHAMBER** (béd-tshêim'bâr), s. Dormitório, aposento.

**BEDCLOTHES** (béd'klôudhz), s. pl. Roupa ou roupas de cama.

**BEDECK** (bidé'k), v. t. Enfeitar, ataviar, arrebicar, ornar com exagero.

**BEDEVIL** (bidév'l), v. t. Enfeitiçar, endiabrar; atormentar; confundir, baralhar.
**BEDEVILMENT** (bidév'l-ment), s. Feitiçaria; fascinação; desespero.
**BEDEW** (bidi'u), v. t. Orvalhar, umedecer.
**BEDGOWN** (béd'gáunn), s. Camisola.
**BEDIGHT** (bidái't), v. t. Ornar, ataviar.
**BEDIM** (bidi'mm), v. t. Obscurecer, ofuscar, turvar.
**BEDIZEN** (bidiz'n ou bidáiz'n), v. t. Aderecar, enfeitar, engalanar, arrebicar.
**BEDLAM** (béd'lámm), s. Manicômio, hospício; balbúrdia, tumulto, confusão.
**BEDLAMITE** (béd'lâmáit), s. Louco, alienado, demente.
**BEDOUIN** (bé'duinn), adj. e s. Beduíno; nômade; vagabundo.
**BEDPAN** (béd'paen), s. Comadre, urinol para pessoa enferma; botija de água quente.
**BEDRAGGLE** (bidrég'l), v. t. Enlodar, enlamear.
**BEDRID** (bé'drid) ou **BEDRIDDEN** (be'dridn), adj. Acamado; inválido; decrépito, caduco.
**BEDROOM** (béd'rumm), s. Quarto de dormir.
**BEDSORE** (béd'sôur), s. Ferida, assadura produzida pela permanência prolongada na cama.
**BEDSPREAD** (béd'spréd), s. Colcha, acolchoado (diz-se nos Estados Unidos).
**BEDSTEAD** (béd'stéd), s. Armação de cama.
**BED-TABLE** (béd-têib'l), s. Criado mudo.
**BEDTIME** (béd'tâimm), s. Hora de dormir.
**BEE** (bi), s. Abelha; mutirão (nos Estados Unidos); idéia fixa.
**BEECH** (bitsh), s. Faia (árvore); pl.: beeches.
**BEEF** (bif), s. Carne de boi ou de vaca; boi ou vaca; corpulência, força muscular; (fam.) peso; pl.: beeves.
**BEEFSTEAK** (bif'stêik), s. Bife; fatia de carne para bife.
**BEEFY** (bi'fi), adj. Carnudo, musculoso, robusto; bovino; compar.: beefier; superl.: beefiest.
**BEEHIVE** (bi'hâiv), s. Colmeia.
**BEEKEEPER** (bi-ki'pâr), s. Apicultor.
**BEEKEEPING** (bi-ki'pâr), s. Apicultura.
**BEELINE** (bi'láinn), s. Linha reta.
**BEEN** (binn), part. pass. de be.
**BEER** (bir), s. Cerveja. Bee house: cervejaria.
**BEERY** (bi'ri), adj. De cerveja, relativo a cerveja; embriagado pela cerveja.

**BEESTINGS** (bis'tinns), s. pl. Colostro (especialmente da vaca).
**BEESWAX** (biz'uéks), s. Cera de abelha; cera virgem; v. t. polir com cera de abelha.
**BEET** (bit), s. Beterraba; raiz ou açúcar de beterraba.
**BEETLE** (bit'l), s. Escaravelho, besouro; malho, macete, marreta; mão-de-pilo. Black beetle: barata; adj. saliente, hirsuto; v. t. e i. apisoar, triturar, moer; sobressair, projetar, projetar-se.
**BEETLEHEAD** (bit'l-héd), s. Estúpido, basbaque, parvo.
**BEEVES** (bivz), s. Plural de beef.
**BEEZER** (biz'êr), s. Nariz.
**BEFALL** (bifól'), v. t. e i. Acontecer, ocorrer, suceder a; pret. befell; part. befallen.
**BEFALLEN** (bifólén'), part. pass. de befall.
**BEFELL** (bifél'), pret. de befall.
**BEFIT** (bifi't), v. t. Convir a, quadrar, ser próprio de.
**BEFITTING** (bifi'tinn), adj. Conveniente, adequado, próprio; decoroso, decente.
**BEFOG** (bifó'g), v. t. Obscurecer, empanar, toldar; aturdir, perturbar.
**BEFOOL** (biful'), v. t. Enganar, ludibriar, lograr.
**BEFORE** (bifôu'r), conj. Antes que, de preferência a; adv. antes, adiante, na frente; dantes, no passado; prep. na frente de; anterior a; acessível a.
**BEFOREHAND** (bifôur'hénd), adv. De antemão, antecipadamente, previamente.
**BEFORETIME** (bifôur'taimm), adv. Antigamente, em tempos passados.
**BEFOUL** (bifául'), v. t. Emporcalhar; sujar; (fig.) macular.
**BEFRIEND** (bifrén'd), v. t. Favorecer, proteger; amparar, ajudar.
**BEFUDDLE** (bifád'l), v. t. Estontear; atordoar, desnortear.
**BEG** (bég), v. t. e i. Pedir, suplicar, rogar, implorar; esmolar, mendigar.
**BEGAN** (bighé'nn), pret. de begin.
**BEGET** (bighé't), v. t. Gerar, procriar, engendrar, criar, produzir, causar; provocar, pret. begot; part. pass.: begotten.
**BEGETTER** (bighé'târ), s. Gerador, procriador, genitor; criador; autor, causador.
**BEGGAR** (bé'gâr), s. Mendigo, pedinte; indigente; sujeito, indivíduo qualquer; v. t. reduzir à miséria, empobrece; exceder, ultrapassar.

**BEGGARLY** (bé'gârli), s. Pobre, indigente; desprezível.
**BEGGARY** (bé'gâri), s. Mendicância, miséria, penúria; a classe dos mendigos.
**BEGIN** (bighi'nn), v. t. e i. Começar, iniciar; dar origem; aparecer; instituir, fundar; inaugurar; pret.: *began;* part. pass.: *begun.*
**BEGINNER** (bighi'nâr), s. Iniciador, instituidor, fundador; principiante, novato.
**BEGINNING** (bighi'ninn), s. Começo; origem, causa; adj. que começa.
**BEGIRD** (bi'gârd), v. t. Rodear, cercar, cingir.
**BEGONE** (bigô'nn), interj. Fora!, suma! desapareça!
**BEGONIA** (bigôu'niâ), s. Begônia.
**BEGOT** (bigô't), pret. de *beget.*
**BEGOTTEN** (bigô't'n), part. pass. de *beget.*
**BEGREASE** (bigri'z), v. t. Engraxar, besuntar, untar.
**BEGRIME** (bigrái'mm), v. t. Enfarruscar; denegrir, enegrecer.
**BEGRUDGE** (bigrâd'j), v. t. Invejar; chorar.
**BEGUILE** (bigá'il), v. t. Enganar, iludir, lograr; engodar, seduzir; divertir, entreter.
**BEGUILEMENT** (bigáil'ment), s. Logro, engano; diversão, passatempo.
**BEGUILER** (bigái'lâr), s. Embusteiro, velhaco; sedutor.
**BEGUN** (bigâ'nn), part. pass. de *begin.*
**BEHALF** (bi-hâ'f), s. Favor, interesse, benefício, vantagem (só se usa nas locuções prepositivas: *in behalf of, on behalf of).*
**BEHAVE** (bi-hêi'v), v. t. e i. Conduzir, conduzir-se; agir, proceder; portar-se.
**BEHAVIOR, BEHAVIOUR** (bi-hêi'viâr), s. Comportamento, procedimento, conduta; maneiras.
**BEHEAD** (bi-héd), v. t. Decapitar.
**BEHELD** (bi-héld), pret. e part. pass. de *behold.*
**BEHEST** (bi-hést), s. Ordem, mandado; injunção.
**BEHIND** (bi-háind), prep. Atrás de; escondido; sob; depois de; inferior a; adv. atrás, detrás; atrasado; de reserva.
**BEHINDHAND** (bi-háind'hénd), adj. Atrasado; adv. em atraso.
**BEHOLD** (bi-hôuld), v. t. e i. Ver, avistar; contemplar; observar; considerar; pret. e part. pass.: *beheld;* interj.: olhe!, veja!
**BEHOLDEN** (bi-hôuld'n), adj. Obrigado, devedor; agradecido.

**BEHOLDER** (bi-hôul'dâr), s. Espectador, observador.
**BEHOOF** (bi-huf), s. Interesse, benefício, favor; proveito, vantagem (só se usa nas expressões: *on; for someone behoof).*
**BEHOOVE** (bi-huv) ou **BEHOVE** (bi-hôuv), v. t. e i. Convir a; ser preciso; cumprir; caber a.
**BEING** (bi'inn), s. Existência, vida; ser, ente, entidade; criatura; adj. existente, presente.
**BELABOR, BELABOUR** (bilêi'bâr), v. t. Espancar, surrar; ridicularizar.
**BELATE** (bilêi'), v. t. Retardar, demorar.
**BELATED** (bilêi'tid), adj. Retardado, tardio; surpreendido pela noite.
**BELATEDNESS** (bilêi'tidnéss), s. Atraso, retardamento.
**BELAY** (bilê'i), v. t. (Náut.) Amarrar; (pop.) parar.
**BELCH** (béltsh), v. t. e i. Arrotar; vomitar; expelir violentamente; s. arroto; vômito.
**BELDAM, BELDAME** (bél'dâmm), s. Avó; megera, mulher velha e feia.
**BELEAGUER** (bili'gâr), v. t. Sitiar, bloquear, cercar.
**BELEAGUERER** (bili'gârâr), s. Sitiador, bloqueador.
**BELFRY** (bél'fri), s. Campanário; pl.: *belfries.*
**BELGIAN** (bél'djiânn), adj. e s. Belga.
**BELIE** (bi'lái), v. t. Caluniar; deturpar; desfigurar; desmentir; contradizer.
**BELIEF** (bili'f), s. Crença, fé, credo, convicção.
**BELIEVABLE** (bili'vâbl), adj. Crível, acreditável, verossímil.
**BELIEVE** (bili'v), v. t. e i. Crer, acreditar; confiar; fiar-se; ter fé. *To make believe:* fingir; fazer de conta.
**BELIEVER** (bili'vâr), s. Crente, fiel.
**BELIEVING** (bili'vinn), adj. Crente, confiante.
**BELIKE** (bilái'k), adv. Provavelmente.
**BELITTLE** (bilit'l), v. t. Diminuir; depreciar, menosprezar.
**BELL** (bél), s. Campainha, sino, sineta, guizo; o som destes objetos; v. t. e i. dar forma de sino ou campainha a; prover de sino, campainha, sineta ou guizo; bramar.
**BELLBIRD** (bél'bârd), s. Araponga, ferreiro (pássaro).
**BELLFLOWER** (bél'fláuâr), s. Campânula.
**BELLIGERENCE** (bili'djârânss) ou **BELLIGERENCY** (bili'djârânsi), s. Beligerância.

**BELLIGERENT** (bili'djârânt), adj. e s. Beligerante.
**BELLMAN** (bél'maen), s. Pregoeiro; pl.: *belmen*.
**BELLOW** (bé'lôu), v. t. e i. Rugir, bramar, berrar; vociferar; s. grito, rugido, bramido, berro; vociferação.
**BELLOWS** (bé'lôuz), s. (sing. e pl.) Fole; (fig.) pulmões.
**BELLY** (bé'li), s. Barriga, ventre, pança, abdome, estômago; bojo; v. t. e i. formar bojo; enfunar, enfunar-se (vela); pret. e part. pass.: *bellied*.
**BELLYBAND** (bé'libénd), s. Cilha, barrigueira.
**BELLY LAUGH** (bé'li láf), s. Gargalhada estrondosa; piada engraçada.
**BELLY WASH** (bé'li uôch), s. (gír.) Lavagem intestinal, lavadura; qualquer bebida (alcoólica ou não).
**BELONG** (bilô'nn), v. i. Pertencer a, dizer respeito a, ser próprio de; competir a, caber a.
**BELONGING** (bilón'ghinn), s. Objeto pertencente a alguém; pl. propriedades, bens, predicados; acessórios.
**BELOVED** (bilâ'vid), adj. Amado, querido, caro; s. amado.
**BELOW** (bilô'u), prep. Abaixo, sob: inferior (em grau, etc.); indigno de; adv. abaixo, em lugar inferior; de grau inferior. *Below the mark:* de qualidade inferior.
**BELT** (bélt), s. Cinto, cinturão; correia, tira; faixa; (Geog.) estreito; zona, região; v. t. cingir, enfaixar; munir de cinto ou cinturão; bater com cinto em.
**BELTING** (bél'tinn), s. Correame.
**BELVEDERE** (bélvidi'r), s. Belvedere, mirante.
**BEMIRE** (bimái'r), v. t. Enlamear; atolar na lama.
**BEMOAN** (bimôu'nn), v. t. e i. Lamentar, lamentar-se.
**BEMUSE** (bimiu'z), v. t. Bestificar, estupidificar.
**BEMUSED** (bimiu'zid), adj. Perturbado; embriagado.
**BENCH** (béntsh), s. Banco, assento; bancada (de carpinteiro); os juízes de um tribunal; tribunal; juizado; saliência; plataforma; banco de remador; pl. *benches;* v. t. prover de bancos; juiz.

**BENCHER** (bén'tshâr), s. Juiz; vereador; remador; freqüentador de tavernas.
**BEND** (bénd), s. Curva, curvatura; volta, dobra; flexão; inflexão; couro para sola; v. t. e i. curvar, curvar-se; inclinar, inclinar-se; arquear; empenhar-se em; pret. e part. pass.: *bent*.
**BENDABLE** (bén'dâbl), adj. Flexível.
**BENDER** (bender), s. (gír.) Bebedeira prolongada.
**BENDING** (bén'dinn), s. Dobra, curva, inclinação; adj. inclinado, curvo.
**BENDS** (bénds), s. Cãibras.
**BENEATH** (bini'th), prep. Abaixo, sob, mais baixo que; inferior a; adv. abaixo, em posição inferior.
**BENEDICK** (bé'nidik) ou **BENEDICT** (bé'nidik), s. Homem recém-casado.
**BENEDICTION** (bénidik'shânn), s. Bênção; graça divina.
**BENEDICTORY** (bénidik'tôuri), adj. Abençoador; pl.: *benedictories*.
**BENEFACTION** (bénifék'shânn), s. Benefício, boa ação; doação.
**BENEFACTOR** (bénifék'târ), s. Benfeitor; doador.
**BENEFACTRESS** (bénifék'tréss), s. Benfeitora.
**BENEFIC** (biné'fik), adj. Benéfico, salutar.
**BENEFICE** (bé'nifiss), s. Benefício eclesiástico; domínio feudal.
**BENEFICENCE** (biné'fissenss), s. Beneficência.
**BENEFICENT** (biné'fissent), adj. Beneficente, caritativo.
**BENEFICIAL** (bénifi'shâl), adj. Benéfico, útil, salutar.
**BENEFICIARY** (bénifi'shiéri ou bénifi'shâri), adj. Beneficial; feudal; s. beneficiado (eclesiástico); beneficiário de seguro; pl.: *beneficiaries*.
**BENEFIT** (bé'nifit), s. Benefício, vantagem, proveito; v. t. e i. beneficiar, favorecer; lucrar, ser beneficiado.
**BENEVOLENCE** (biné'volenss), s. Benevolência, generosidade, bondade, caridade.
**BENEVOLENT** (biné'volent), adj. Benevolente, bondoso, caridoso.
**BENIGHTED** (binái'tid), adj. Surpreendido pela noite; entenebrecido; inculto, ignorante.
**BENIGN** (binái'nn), adj. Benigno; afável, gentil.

**BENIGNITY** (binig'niti), s. Benignidade; gentileza; pl.: *benignities*.
**BENISON** (bé'nizn), s. Bênção.
**BENT** (bént), pret. e part. pass. de *bend;* adj. Curvo, vergado; torto; decidido, determinado; s. curva, curvatura; volta,, dobra; inclinação; disposição; extensão, capacidade.
**BENUMB** (binã'mm), v. t. Entorpecer, insensibilizar.
**BENZINE** (bén'zinn), s. Benzina.
**BENZOIC** (bénzôu'ik), adj. Benzóico.
**BEQUEATH** (bikui'dh), v. t. Legar, deixar por testamento; transmitir.
**BERATE** (biréi't), v. t. Ralhar; reprovar, censurar (diz-se nos Estados Unidos).
**BEREAVE** (biri'v), v. t. Privar, despojar, destituir; desolar; pret. e part. pass.: *bereaved, bereft.*
**BEREAVED** (biri'vid), pret. e part. pass. de *bereave;* adj. Desolado (pela morte de parente, etc.).
**BEREAVEMENT** (biriv'ment), s. Privação, destituição, perda; desolação, aflição.
**BEREFT** (biréf't), pret. e part. pass. de *bereave.*
**BERG** (bârg), s. V. *Iceberg.*
**BERRY** (bé'ri), s. Qualquer fruto do tipo morango, amora, framboesa, etc.; fruto da roseira; ovo de crustáceo; semente ou grão seco; baga; v. i. dar ou produzir morangos, bagas, etc.; colher morangos, bagas, etc.; (gír.) maravilhoso, excelente.
**BERTH** (bârth), s. Ancoradouro; acomodação; emprego; beliche (em navio), leito (em carro-dormitório); folga, espaço, v. t. ancorar; prover de leito ou beliche; acomodar.
**BERTHAGE** (bâr'thidj), s. (Náut.) Ancoradouro.
**BESEECH** (bissi'tsh), v. t. Rogar, implorar, suplicar; pret. e part. pass.: *besought.*
**BESEECHING** (bissi'tshinn), adj. Suplicante; s. súplica, rogo.
**BESEEM** (bissi'mm), v. t. e i. Convir, quadrar; assentar ou ficar bem a; parecer bem.
**BESET** (bissé't), v. t. Assediar, acercar, sitiar, bloquear; cobrir (de adornos), pret. e part. pass.: *beset.*
**BESETMENT** (bissét'ment), s. Sítio, bloqueio, cerco.
**BESETTING** (bissé'tinn), adj. Habitual, insistente.
**BESIDE** (bissái'd), prep. Ao lado de, junto de, junto a, perto de; além de; fora de. *Beside oneself:* fora de si.
**BESIDES** (bissáid'z), prep. Além de, fora de; acima de; exceto, salvo; adv. além de, também; adicionalmente; outrossim.
**BESIEGE** (bissi'dj), v. t. Sitiar, assediar, cercar.
**BESIEGER** (bissi'djâr), s. Sitiador, sitiante.
**BESMEAR** (bismi'r), v. t. Sujar, emporcalhar.
**BESMIRCH** (bismâr'tsh), v. t. Manchar, enodoar, macular.
**BESOM** (bi'zâmm), s. Vassoura; v. t. varrer.
**BESOT** (bissó't), v. t. Embrutecer, bestificar; intoxicar, embriagar.
**BESOUGHT** (bissó't), pret. e part. pass. de *beseech.*
**BESPANGLE** (bispéng'l), v. t. Enfeitar, ou cobrir com lantejoulas.
**BESPATTER** (bispé'târ), v. t. Salpicar de lama; difamar, caluniar.
**BESPEAK** (bispi'k), v. t. Apalavrar, ajustar, encomendar com antecedência; indicar, revelar, ser indício de; pressagiar; solicitar; pret.: *bespoke;* pret. pass.: *bespoken.*
**BESPOKE** (bispôu'k), pret. de *bespeak.*
**BESPOKEN** (bispôu'kên), part. pass. de *bespeak.*
**BEST** (bést), adj. (superl. de *good*) Melhor, superior, o melhor, o mais desejável; superior, que tem mais valor; maior; principal. *Best man:* padrinho de casamento; adv. (superl. de *well*) melhor, mais bem, do melhor modo; no mais alto grau; s. o melhor; a melhor parte; o que é superior. *To do one's best:* fazer o possível; v. t. levar a melhor sobre, levar vantagem a; vencer, superar.
**BESTIAL** (bés'tiâl), adj. Bestial, brutal.
**BESTIALITY** (béstié'liti), s. Bestialidade, brutalidade; pl.: *bestialities.*
**BESTIALIZE** (bés'tiâláiz), v. t. Bestializar, embrutecer.
**BESTIR** (bistâ'r), v. t. Mover, agitar.
**BESTOW** (bistô'u), v. t. Dar, conferir, outorgar; utilizar, usar, aplicar; depositar.
**BESTOWAL** (bistôu'âl) ou **BESTOWMENT** (bistôu'ment), s. Emprego, aplicação; dádiva, concessão; favor.
**BESTRADDLE** (bistréd'l), v. t. Cavalgar.
**BESTREW** (bistru'), v. t. Juncar; alastrar, esparramar.
**BESTRIDE** (bistrái'd), v. t. Cavalgar, pôr-se a cavalo; estar montado; dar grandes pas-

sadas; proteger; defender; pret.: *bestrode;* part. pass.: *bestridden.*
**BESTRIDDEN** (bistrid'n), part. pass. de *bestride.*
**BESTRODE** (bistrôu'd), pret. de *bestride.*
**BET** (bét), s. Aposta; v. t. e i. apostar; pret. e part. pass.: *bet, betted.*
**BETAKE** (bitêi'k), v. t. e i. Recorrer a; lançar mão de; dirigir-se a; pret.: *betook;* part. pass.: *betaken.*
**BETAKEN** (bitêik'n), part. pass. de *betake.*
**BETHEL** (bé'thél), s. Santuário; capela.
**BETHINK** (bithin'k), v. t. e i. Refletir, pensar, considerar; resolver, decidir; pret. e part. pass.: *bethought.*
**BETHOUGHT** (bithô't), pret. e part. pass. de *bethink.*
**BETIDE** (bitái'd), v. t. e i. Acontecer, suceder.
**BETIMES** (bitáim'z), adv. A tempo, cedo; logo, depressa.
**BETOKEN** (bitôu'kn), v. t. Significar, representar, indicar; anunciar, pressagiar.
**BETOOK** (bitu'k), pret. de *betake.*
**BETRAY** (bitrê'i), v. t. Trair, atraiçoar; delatar, revelar; enganar; seduzir.
**BETRAYAL** (bitrêi'ál), s. Traição, denúncia; revelação.
**BETRAYER** (bitrêi'ár), s. Traidor; delator.
**BETROTH** (bitrô'th ou bitrôu'dh), v. t. Contrair esponsais; contratar casamento; ser noivo ou noiva de.
**BETROTHAL** (bitrô'thál ou bitrôu'dhál), s. Noivado; contrato de casamento.
**BETTED** (bé'tid), pret. e part. pass. de *bet.*
**BETTER** (bé'tár), s. Apostador, pessoa que faz apostas; pessoa ou coisa ou estado melhor; vantagem, superioridade; pl. superiores, chefes; adj. (compar. de *good*) melhor, superior, preferível; melhorado; mais vantajoso; de melhor uso; adv. (superl. *well*) melhor, de melhor maneira; mais; v. t. melhorar; exceder; superar. *Better half* (gfr.): esposa. *To get the better of:* vencer, levar a melhor. *Better off:* em melhores circunstâncias. *Better late than never:* antes tarde do que nunca.
**BETTERMENT** (bé'tárment), s. Melhora de vida; melhoria, benfeitoria; melhoramento, aperfeiçoamento.
**BETTING** (bé'tinn), s. Aposta, ato de apostar; apostas em geral.

**BETWEEN** (bitui'nn), prep. Entre; no meio de (dois ou duas); no intervalo de; em comum; adv. no meio; no intervalo; a intervalos.
**BEVEL** (bé'vel), s. Chanfradura, recorte, bisel; adj. chanfrado; v. t. e i. chanfrar; enviesar, enviesar-se; obliquar.
**BEVERAGE** (bè'váridj), s. Bebida, beberagem.
**BEVY** (bé'vi), s. Grupo, rancho (de mulheres); bando (de aves, etc.); pl.: *bevies.*
**BEWAIL** (biuêil'), v. t. Lamentar, lamentar-se; lastimar, lastimar-se; queixar-se.
**BEWAILING** (biuêi'linn), s. Lamentação, queixume.
**BEWARE** (biuê'r), v. i. Acautelar-se; tomar cuidado; interj. Cuidado!
**BEWILDER** (biuil'dár), v. t. Confundir, embaraçar, aturdir; tornar perplexo; desorientar; desencaminhar.
**BEWILDERING** (biuil'dárinn), adj. Desnorteante, embaraçoso; perplexo.
**BEWILDERMENT** (biuil'dárment), s. Confusão, perplexidade.
**BEWITCH** (biui'tsh), v. t. Encantar, seduzir, enfeitiçar, fascinar.
**BEWITCHING** (biui'tshinn), adj. Fascinante, sedutor, encantador.
**BEWITCHMENT** (biui'tshment), s. Encanto, fascinação, feitiço.
**BEYOND** (bi-ión'd), prep. Além de, do outro lado de; depois de; mais longe que; fora de; superior a; adv. além, acolá, mais longe; s. *The beyond:* a vida futura, o além (também se diz *the great beyond*).
**BEZEL** (bé'zel), s. Bisel, chanfradura.
**BIANNUAL** (bái'é'niuál), adj. Semestral, duas vezes por ano.
**BIAS** (bái'áss), s. Viés (em costura); direção oblíqua; inclinação, tendência; predileção; adj. enviesado, de viés; v. t. desviar; dispor; influenciar, induzir (de modo desfavorável).
**BIB** (bib), s. Babadouro, babador (de criança), faneca (peixe), v. i. beber muito e freqüentemente.
**BIBBER** (bi'bár), s. Beberrão.
**BIBLE** (bái'b'l), s. Bíblia; (fig.) livro, obra de grande valor.
**BIBLICAL** (bí'blikál), adj. Bíblico.
**BIBLIOGRAPHER** (biblio'gráfár), s. Bibliógrafo.

**BIBLIOGRAPHIC** (bibliogré'fik) ou **BIBLIOGRAPHICAL** (bibliogré'fikál), adj. Bibliográfico.
**BIBLIOGRAPHY** (bibliŏ'gráfi), s. Bibliografia; pl.: *bibliographies*.
**BIBLIOLATER** (bibliŏ'látâr), s. Bibliólatra.
**BIBLIOPHILE** (bi-bliofáil), s. Bibliófilo.
**BIBLIOPHILISM** (bibliŏ'filizm), s. Bibliofilia.
**BIBLIOPOLE** (bi'blioupôul), s. Bibliopola, negociante de livros raros.
**BIBULOUS** (bi'biulâss), adj. Poroso, esponjoso, absorvente; beberrão.
**BICARBONATE** (báikâr'bânit), s. Bicarbonato.
**BICENTENARY** (báissén'tinéri), adj. e s. Bicentenário; pl.: *bicentenaries*.
**BICEPS** (bái'séps), s. (Anat.) Bíceps; pl.: *bicepses*.
**BICHROMATE** (báikrôu'mit), s. (Quím.) Bicromato.
**BICKER** (bi'kâr), v. t. Alterar, disputar; tremular; adejar; s. altercação, disputa, contenda.
**BICKERER** (bi'kárâr), s. Altercador, discutidor.
**BICYCLE** (bái'sikl), s. Bicicleta; v. i. andar de bicicleta.
**BICYCLER** (bái'siklâr) ou **BICYCLIST** (bái'siklist), s. Ciclista.
**BID** (bid), s. Lanço, oferta, proposta; instância; solicitação; convite; apelo; v. t. e i. estipular (preço); lançar (proclamas de casamento); proclamar; dizer (adeus); desejar (boas vindas); propor; oferecer; ordenar, comandar; cobrir o lanço de alguém; licitar (em leilão); solicitar. *To bid fair:* prometer.
**BIDDABLE** (bi'dâbl), adj. Obediente, dócil, submisso.
**BIDDER** (bi'dâr), s. Licitante (em leilão).
**BIDDING** (bi'dinn), s. Lanço, licitação; ordem, comando; intimação; convite.
**BIDE** (báid), v. t. e i. morar, habitar; permanecer; aguardar, esperar.
**BIENNIAL** (báié'niâl), adj. Bienal; s. planta bienal.
**BIER** (bir), s. Carreta fúnebre; esquife; (fig.) morte.
**BIFF** (bif), v. t. (gír.) Espancar, esmurrar; s. pancada vigorosa; golpe.
**BIFID** (bái'fid), adj. Bífido, bifendido.
**BIFOCAL** (báifôu'kâl), adj. Bifocal; s. lente bifocal.
**BIFURCATE** (bái'fârkêit), v. t. e i. Bifurcar, bifurcar-se.

**BIFURCATION** (báifârkêi'shânn), s. Bifurcação; encruzilhada.
**BIG** (big), adj. Grande, vasto, volumoso, grosso; forte (voz); imponente, pomposo; orgulhoso, arrogante; grávida; repleto; magnânimo; compar.: *bigger;* superl.: *biggest.*
**BIGAMIST** (bi'gâmist), s. Bígamo.
**BIGAMOUS** (bi'gâmâss), adj. Bígamo.
**BIGAMY** (bi'gâmi), s. Bigamia; pl.: *bigamies*.
**BIG HOUSE** (big háuss), s. (gír.) Penitenciária.
**BIGHT** (báit), s. Angra, baía, golfo; reentrância; laçada (de corda).
**BIGNESS** (big'héss), s. Grossura, volume, grandeza.
**BIGOT** (bi'gât), s. Beato; fanático; intolerante.
**BIGOTRY** (bi'gâtri), s. Beatismo, fanatismo, intolerância; pl.: *bigotries*.
**BIG HEAD** (big héd), s. (gír.) Ressaca.
**BIG TOP** (big tôp), s. Circo.
**BIGWIG** (big'uig), s. (pop.) Mandachuva, pessoa importante.
**BIKE** (báik), s. (pop.) Bicicleta; formigueiro; (fig.) multidão.
**BILABIAL** (báilêi'biâl), adj. e s. Bilabial.
**BILATERAL** (báilé'tárâl), adj. Bilateral, de dois lados.
**BILBERRY** (bil'bâri), s. Arando, espécie de amora; pl.: *bilberries*.
**BILE** (báil), s. Bile, bílis; mau-humor; impertinência, cólera.
**BILGE** (bildj), v. t. e i. Abrir rombo em (a quilha do navio); sofrer rombo e invasão de água (o navio); s. fundo chato de embarcação; bojo de barril ou pipa.
**BILIARY** (bi'liâri), adj. Biliário, da bílis.
**BILINGUIST** (báilin'guist), s. Pessoa bilíngüe.
**BILIOUS** (bi'liâss), adj. Bilioso, colérico, mal-humorado.
**BILK** (bilk), v. t. Enganar, trapacear, lograr; fugir ao pagamento de; s. fraude, trapaça, logro; trapaceiro, vigarista.
**BILKING** (bil'kinn), s. Trapaça, logro.
**BILL** (bil), s. Conta, nota, fatura; letra de câmbio; nota de papel-moeda, cédula; projeto de lei; boletim; programa de teatro, de cinema, etc.; lista; cartaz; tabuleta; bico de ave, etc.; podadeira, foice; alabarda. *Bill of exchange:* letra de câmbio. *Bill of fare:* cardápio; (fig.) programa; v. t. i. faturar; anunciar por cartazes.

**BILLBOARD** (bil'bôurd), s. Quadro em que se afixam cartazes ou avisos.
**BILLET** (bi'lit), s. Bilhete, nota; boleto; alojamento, aquartelamento; v. t. aboletar.
**BILLFOLD** (bil'fôul), s. Carteira de bolso (diz-se nos Estados Unidos).
**BILLHEAD** (bil'héd), s. Impresso para faturas.
**BILLHOOK** (bil'huk), s. Podadeira, podão.
**BILLIARDS** (bi'liârds), s. pl. Bilhar.
**BILLINGSGATE** (bi'lingzghêit), s. Linguagem rude ou profana.
**BILLION** (bi'liánn), s. Bilhão.
**BILLIONAIRE** (biliáné'r), s. Bilionário (EUA).
**BILLIONTH** (bi'liânth), adj. Bilionésimo.
**BILLOW** (bi'lôu), s. Vagalhão; onda grande; v. i. encapelar-se (o mar).
**BILLOWY** (bi'lôui), adj. Encapelado.
**BILLPOSTER** (bil-pôus'târ) ou **BILLSTICKER** (bil-sti'kâr), s. Afixador de cartazes.
**BILLY** (bi'li), s. Cassetete, cacete. *Billy goat:* bode; pl.: *bilies*.
**BILLYCOCK** (bi'likók), s. Chapéu coco.
**BILOBATE** (báilôu'bêit) ou **BILOBATED** (báilôu'bêitid), adj. Bilobado.
**BIMANOUS** (bi'mânâss), adj. Bímano.
**BIMENSAL** (báimén'sál), adj. Bimensal.
**BIMESTER** (báimés'târ), s. Bimestre.
**BIMONTHLY** (báimânth'li), adj. Bimestral; adv. bimestralmente.
**BIN** (binn), s. Caixa, arca, tulha, paiol; compartimento das garrafas (em adegas); v. t. armazenar (vinho) em lugar adequado.
**BINARY** (bái'nâri), adj. Binário; s. unidade composta de duas partes; pl.: *binaries*.
**BIND** (báind), s. Atadura, faixa, cinta; v. t. e i. atar, ligar, amarrar, unir, aglutinar, aglutinar-se; debruar; guarnecer; encadernar; restringir; apegar-se; empenhar-se; obrigar-se; constipar; causar prisão de ventre a; fechar negócio mediante sinal; pret. e part. pass.: *bound*.
**BINDER** (báin'dâr), s. Encadernador; atador, enfeixador (de molhos de trigo); enfardadeira (máquina), substância aglutinante; ligadura, faixa, atadura.
**BINDERY** (báin'dâri), s. Oficina de encadernação.
**BINDING** (báin'dinn), s. Encadernação; debrum, cercadura; ato de atar, unir, ligar, etc.; adj. obrigatório.
**BINE** (báinn), s. Caule de trepadeira.
**BINNACLE** (bi'nâkl), s. Bitácula, caixa de bússola.
**BINOCLE** (bi'nôkl), s. Binóculo.
**BINOCULAR** (báinô'kiulâr), adj. Binocular; s. binóculo; microscópio binocular.
**BINOMIAL** (báinôu'miâl), adj. Binomial; s. binômio.
**BIOGRAPHER** (báió'grâfâr), s. Biógrafo.
**BIOGRAPHIC** (báiogré'fik) ou **BIOGRAPHICAL** (báiogré'fikâl), adj. Biográfico.
**BIOGRAPHY** (báió'grâfi), s. Biografia; pl.: *biographies*.
**BIOLOGIC** (báiolô'djik) ou **BIOLOGICAL** (báiolô'djikâl), adj. Biológico.
**BIOLOGIST** (báió'lodjist), s. Biologista; biólogo.
**BIOPLASM** (bái'oplézm), s. (Biol.) Bioplasma; protoplasma.
**BIPÁROUS** (bi'pârâss), adj. (Zool., Bot.) Bíparo.
**BIPARTITE** (bái'pârtâit), adj. Bipartido.
**BIPARTITION** (báipârti'shânn), s. Bipartição; bisseção.
**BIPED** (bái'ped) ou **BIPEDAL** (bi'pidâl), adj. Bípede.
**BIPLANE** (bái'plêinn), s. Biplano.
**BIRCH** (bârtsh), v. t. Açoitar; castigar com vara de vidoeiro; s. vidoeiro, bétula; vara de vidoeiro; pl. *birches*.
**BIRCHEN** (bâr'tshenn), adj. De vidoeiro.
**BIRD** (bérd), s. Ave, pássaro; (gír.) tipo, sujeito; rapariga; vaia, silvo; bronco; figurinha difícil. *A bird in the hand is worth two in the bush:* Mais vale um pássaro na mão que dois voando; v. i. passarinhar, caçar pássaros.
**BIRDCALL** (bârd'kól), s. Engodo, chamariz; assobio ou instrumento que imita o grito de uma ave.
**BIRDLIME** (bârd'láimm), s. Visco para apanhar pássaros; engodo, chamariz.
**BIRDMAN** (bârd'maen), s. Caçador ou empalhador de pássaros; ornitologista; (fam.) aviador; pl.: *birdmen*.
**BIRL** (bârl), v. t. e i. Rodopiar; virar, revolver.
**BIRR** (bâr), v. i. Zunir; s. força, ímpeto, vigor.
**BIRTH** (bârth), s. Nascimento, natividade, natalidade; parto; origem, linhagem, estirpe; criação, produto.
**BIRTHDAY** (bârth'dêi), s. Aniversário natalício.
**BIRTHPLACE** (bârth'plêiss), s. Terra natal.
**BIRTHRIGHT** (bârth'ráit), s. Direito de primogenitura; direito inato.

**BISCUIT** (bis'kit), s. Biscoito, bolacha; porcelana cozida mas não vidrada.
**BISECT** (báissék't), v. t. e i. Dividir em duas partes iguais; bifurcar-se.
**BISECTION** (báissék'shänn), s. Bisseção; bifurcação.
**BISECTOR** (báissék'tär), s. Bissetor; bissetriz.
**BISECTRIX** (báissék'triss), s. Bissetriz.
**BISEXUAL** (báissék'shuål), adj. Bissexual; bissexuado; hermafrodita.
**BISHOP** (bi'shåp), s. Bispo (também peça do jogo de xadrez).
**BISHOPRIC** (bi'shåprik), s. Bispado; diocese.
**BISK** (bisk), s. Caldo substancioso; sopa de mariscos, carne de aves ou de coelho.
**BISMUTH** (biz'måth), s. Bismuto.
**BISQUE** (bisk), s. O mesmo que *bisk;* vantagem de um ponto, em certos jogos; lambujem; porcelana não esmaltada.
**BISSEXTILE** (bisséks'til ou bisséks'tåil), adj. Bissexto; s. ano bissexto.
**BISTOURY** (bis'turi), s. Bisturi.
**BIT** (bit), s. Pedaço, porção; pouquinho, bocado; freio; palhetão de chave; pua, broca; moeda de valor pequeno. *Wait a bit:* espere um momentinho; v. t. refrear, reprimir, pôr freio a; pret. e part. pass. de *bite.*
**BITCH** (bitsh), s. Cadela; fêmea de outros animais; meretriz; pl.: *bitches.*
**BITE** (båit), v. t. e i. Morder, picar (serpente ou inseto); arrancar com os dentes; corroer (ácidos); causar ardor a (frio); pret.: *bit;* part. pass.: *bitten, bit;* s. mordida, mordedura, picada, dentada; bocado de comida; refeição ligeira.
**BITING** (bii'tinn), adj. Cortante, penetrante, agudo; mordaz; mordedor; sarcástico.
**BITTER** (bi'tår), adj. Amargo; pungente, cortante; acre; cruel; severo. *Bitter cold:* muitíssimo frio; s. amargor; v. t. amargar.
**BITTERNESS** (bi'tårnéss), s. Amargor, amargura; acrimônia; pungência.
**BITTERS** (bi'tårz), s. pl. Bíter, bebida amarga.
**BITUMEN** (bitiu'men), s. Betume.
**BITUMINOUS** (bitiu'minåss), adj. Betuminoso.
**BIVOUAC** (bi'vuék), s. Bivaque; v. i. bivacar; pret. e part. pass.: *bivouaked.*
**BIWEEKLY** (bái-uik'li), adj. Quinzenal; s. quinzenário; adv. quinzenalmente.
**BIZARRE** (bizá'r), adj. Bizarro, esquisito, extravagante.

**BLAB** (bléb), v. t. e i. Revelar, trair (segredo; ser indiscreto; revelar um segredo; tagarelar; s. tagarela; indiscreto.
**BLABBER** (blé'bår), s. Tagarela, indiscreto.
**BLACK** (blaek), adj. Negro, preto; escuro; sujo; sinistro; odioso; hostil, ameaçador; calamitoso; inveterado (EUA); s. a cor negra; o preto, o negro; roupa preta, luto; fuligem; v. t. pintar de preto; enegrecer; obscurecer; v. i. fazer-se preto.
**BLACKAMOOR** (blae'kåmur), s. Negro.
**BLACKBALL** (blaek'ból), v. t. Votar contra, rejeitar; s. voto contrário.
**BLACKBERRY** (blaek'béri), s. Amora silvestre; pl.: *blackberries.*
**BLACKBIRD** (blaek'bård), s. Melro.
**BLACKBOARD** (blaek'bôurd), s. Quadro-negro.
**BLACKEN** (blae'kånn), v. t. e i. Escurecer, escurecer-se; enegrecer; difamar; caluniar.
**BLACKFELLOW** (blaek'félôu), s. Negro australiano.
**BLACKGUARD** (blaek'gård), s. Patife; adj. vicioso, indecente, canalha; v. t. e i. insultar indecentemente; portar-se de modo infame.
**BLACKING** (blae'kinn), s. Graxa.
**BLACKISH** (blae'kish), adj. Escuro, anegrado.
**BLACKLEG** (blaek'lég), s. Trapaceiro; furador de greve.
**BLACKMAIL** (blaek'mêil), s. Chantagem, extorsão; v. t. fazer chantagem a; extorquir dinheiro de.
**BLACKMAILER** (blaek'mêi'lår), s. Chantagista.
**BLACKNESS** (blaek'néss), s. Negror, negrura, escuridão.
**BLACKOUT** (blaek'áut), s. Escurecimento total.
**BLADDER** (blé'dår), s. (Anat., Zool.) Bexiga; vesícula, ampola, parecido com bexiga.
**BLADDERY** (blé'dåri), adj. Vesicular.
**BLADE** (blêid), s. Lâmina; folha de instrumento cortante; borda das folhas (especialmente das gramíneas).
**BLAIN** (blêinn), s. Pústula, chaga; bolha, ampola.
**BLAMABLE** (blêi'måbl), adj. Culpável, censurável, reprovável.
**BLAMABLENESS** (blêi'måblnéss), s. Culpabilidade.

**BLAME** (blêimm), s. Censura, reprovação; culpa, responsabilidade, v. t. culpar, incriminar; censurar, reprovar; responsabilizar.

**BLAMEFUL** (blêim'ful), adj. Censurável, culpável, reprovável.

**BLAMELESS** (blêim'léss), adj. Inocente, imaculado.

**BLAMELESSNESS** (blêim'lésnéss), s. Inocência, inculpabilidade.

**BLANCH** (bléntsh), v. t. e i. Branquear, alvejar; empalidecer (de medo, etc.).

**BLAND** (blénd), adj. Brando, suave, afável, meigo; macio, tenro.

**BLANDISH** (blén'dish), v. t. Abrandar, suavizar; lisonjear, adular, amimar.

**BLANDISHMENT** (bléndish'ment), s. Carinho, afago, agrado, lisonja.

**BLANK** (blaenk), v. t. Cancelar, anular; substituir (palavra) por travessão; adj. em branco, não escrito; s. espaço em branco; espaço vazio; lacuna; bilhete de loteria em branco; alvo, centro do alvo.

**BLANKNESS** (blên'knéss), s. Brancura; palidez.

**BLANKET** (blén'kit), s. Coberta, cobertor, cobertura, manta, colcha; v. t. cobrir com cobertor ou manta; abafar (escândalo); adj. geral, coletivo.

**BLARE** (blér), v. t. e i. Clangorar, clarinar; berrar, clamar; s. clangor; estrondo; intensidade de cores.

**BLARNEY** (blár'ni), s. Adulação, lisonja, bajulação; v. t. e i. lisonjear, bajular; engambelar.

**BLASPHEME** (blaesfi'mm), v. t. e i. Blasfemar, caluniar.

**BLASPHEMER** (blaesfi'mâr), s. Blasfemo, blasfemador.

**BLASPHEMY** (blaes'fimi), s. Blasfêmia.

**BLAST** (blást), s. Rajada, pé-de-vento; explosão; som de instrumento de sopro; toque de corneta ou de clarim; ferrugem (doença de plantas); sopro; fôlego, alento; v. t. arruinar, destruir, fazer voar pelos ares; crestar; difamar.

**BLASTED** (blás'tid), adj. Arruinado, destruído; amaldiçoado, detestável; crestado; mirrado.

**BLASTING** (blás'tinn), s. Ato de dinamitar. *Blasting-powder:* dinamite, pólvora.

**BLAT** (blét), v. i. Balir, balar; (fam.) falar impensadamente.

**BLATANCY** (blé'tânsi), s. Barulho, estardalhaço, clamor.

**BLATANT** (blé'tânt), adj. Clamoroso, ruidoso, barulhento.

**BLATHER** (blé'dhâr), v. t. e i. Tagarelar, dizer tolices; s. tagarelice, conversa fiada.

**BLATHERSKITE** (blé'dhârskáit), s. Paroleiro, fanfarrão, parlapatão (EUA).

**BLAZE** (blêiz), s. Chama, labareda; fogo, fogueira; brilho, esplendor; arroubo (de temperamento); sinal (nas árvores) para indicar o caminho; pl. (gír.) inferno; v. t. e i. marcar (árvores) para indicar o caminho; chamejar, rutilar, resplandecer; tornar conhecido, proclamar.

**BLAZER** (blêi'zâr), s. Dia claro, resplandecente; jaqueta esporte, em cores vivas.

**BLAZING** (blêi'zinn), adj. Chamejante, resplandecente, rutilante.

**BLAZON** (blêiz'n), s. Brasão; arte heráldica; ostentação, exibição; v. t. blasonar, dar lustre a; proclamar; tornar conhecido.

**BLAZONRY** (blêizon'ri), s. Arte heráldica; exibição brilhantemente colorida.

**BLEACH** (blitsh), v. t. e i. Branquear, alvejar; descorar; empalidecer; s. branqueamento, descoramento; substância usada para branquear.

**BLEACHER** (bli'tshâr), s. Descorante, branqueador, descorador; bancada sem coberta, nos campos de esporte (EUA).

**BLEAK** (blik), adj. Frio, gelado; deserto, ermo, desabitado; descampado; desolado.

**BLEAKNESS** (blik'néss), s. Frialdade, algidez; desolação, abandono.

**BLEAR** (blir), v. t. Empanar, turvar (os olhos); lacrimejar; adj. turvo (os olhos); lacrimejante, rameloso.

**BLEAT** (blit), v. t. e i. Balir, balar; s. balido; lamúria.

**BLEB** (bléb), s. Ampola, bexiga, bolha.

**BLEED** (blid), v. t. e i. Sangrar; drenar, purgar; exsudar (seiva); sofrer, ter pena ou dó; (fam.) extorquir dinheiro de.

**BLEEDER** (bli'dâr), s. Sangrador; (fam.) parasita, mordedor.

**BLEEDING** (bli'dinn), s. Sangria, hemorragia; adj. sangrento; seivoso.

**BLEMISH** (blé'mish), v. t. Viciar, corromper, macular; manchar; difamar; s. mácula, nódoa, mancha, desonra; deíeito; vício.

**BLENCH** (bléntsh), v. i. Furtar-se, esquivar-se; recuar, retroceder.

**BLEND** (blénd), v. t. e i. Misturar; misturar-se; unir, unir-se; fundir-se; harmonizar-se; s. mistura, combinação, fusão.
**BLENDED** (blén'did), part. pass. de *blend;* adj. misturado; harmonizado; amalgamado.
**BLENDING** (blén'dinn), s. Mistura; combinação.
**BLENT** (blént), pret. e part. pass. de *blend.*
**BLESS** (bléss), v. t. Abençoar; benzer; consagrar; tornar próspero, feliz; afortunar; proteger, amparar; glorificar; louvar.
**BLESSED** (blé'sid) ou **BLEST** (blést), pret. e part. pass. de *bless;* adj. abençoado, bendito; sagrado, santo; afortunado; feliz; bem-aventurado.
**BLESSEDNESS** (blé'sidnéss), s. Bem-aventurança, felicidade.
**BLESSING** (blé'sinn), s. Bênção; graça; benefício; louvor; oração; invocação; (irôn.) imprecação, praga.
**BLEW** (blu), pret. de *blow.*
**BLIGHT** (bláit), v. t. e i. Crestar, empestar (plantas); definhar; frustrar; s. ferrugem (doença das plantas); o inseto causador dessa doença.
**BLIND** (bláind), adj. Escondido, encoberto; cego; insensível, apático; obscuro; secreto; sem saída, para cegos, de cegos; s. cortina, veneziana, antepara, estore; antolhos de cavalo; pretexto; subterfúgio; v. t. encobrir, esconder, eclipsar; cegar; vendar os olhos a; ocultar; deslumbrar.
**BLINDER** (bláin'dâr), s. O que cega; aquilo que impede de ver; antolhos de cavalo.
**BLINDFOLD** (bláind'fôuld), v. t. Vendar os olhos a; adj. com os olhos tapados; irrefletido; s. venda, o que tapa os olhos.
**BLINDLY** (bláind'li), adv. Às cegas.
**BLINDMAN'S BUFF** (bláind'maenzbâf), s. Jogo de cabra-cega.
**BLINDNESS** (bláind'néss), s. Cegueira.
**BLINK** (blink), v. t. e i. Fingir que não vê, ignorar; olhar de relance; pestanejar; piscar os olhos; bruxulear; s. clarão repentino; vislumbre; lampejo; relance.
**BLINKER** (blin'kâr), s. Pestanejador; venda, viseira; antolho; óculos escuros.
**BLISS** (bliss), s. Alegria, bem-estar, felicidade, bem-aventurança; graça; glória.
**BLISSFUL** (blis'ful), adj. Feliz, ditoso, bem-aventurado.
**BLISSFULNESS** (blis'fulnéss), s. Suprema felicidade.
**BLISTER** (blis'târ), s. Ampola, folha; v. t. e i. empolar, levantar borbulhas.
**BLITHE** (bláidh), adj. Alegre, jovial, contente.
**BLITHELY** (bláidh'li), adj. Alegremente, jovialmente.
**BLITHESOME** (bláidh'sâmm), adj. Alegre, folgazão, prazenteiro.
**BLIZZARD** (bli'zârd), s. Nevasca; saraivada.
**BLOAT** (blôut), v. t. e i. Inflar, inflar-se; inchar; intumescer; s. (pop.) bêbedo.
**BLOATED** (blôu'tid), adj. Inchado, inflado, enfatuado.
**BLOATER** (blôu'târ), s. Arenque defumado.
**BLOB** (blób), s. Glóbulo; borbulha, bolha.
**BLOCK** (blók), s. Bloco; grupo, conjunto; acha, cepo; obstáculo; bloqueio; quadra; (Tip.) clichê; v. t. e i. obstruir, entupir, encher, bloquear; formar em blocos.
**BLOCKADE** (blókêi'd), s. Bloqueio, sítio; obstrução; v. t. bloquear, obstruir.
**BLOCKADER** (blókêi'dâr), s. Bloqueador, sitiador.
**BLOCKHEAD** (blók'héd), s. Cabeça-dura, pessoa estúpida, bronca, ignorante.
**BLOCKISH** (bló'kish), adj. Estúpido, imbecil, obtuso.
**BLOCKY** (bló'ki), adj. Maciço; atarracado.
**BLOND, BLONDE** (blónd), adj. Louro, claro; s. pessoa loura.
**BLOOD** (blâd), s. Sangue; seiva, suco; linhagem, estirpe, raça, vida; temperamento, natureza animal; parentesco; matança, assassínio; cólera, paixão; homem valente.
**BLOODED** (blâ'did), adj. De raça, de puro sangue.
**BLOODGUILTINESS** (blâd-ghilt'néss), s. Homicídio.
**BLOODGUILTY** (blâd'ghilt), adj. Homicida.
**BLOODHOUND** (blâd'háund), s. Sabujo, cão de caça.
**BLOODILY** (blâ'dili), adv. Sanguinariamente, cruelmente.
**BLOODINESS** (blâd'dinéss), s. Crueldade, sangüinolência.
**BLOODLES** (blâd'léss), adj. Exangue; pálido.
**BLOODSHED** (blâd'shéd), s. Efusão de sangue; sangria; matança, carnificina.
**BLOODSHOT** (blâd'shót), adj. Olho injetado.
**BLOODSTAIN** (blâd'stêin), s. Mancha de sangue.
**BLOODSUCKER** (blâd'-sâ'kâr), s. Sanguessuga.

**BLOODTHIRSTY** (blåd-thârs'ti), adj. Sanguinário, cruel.

**BLOODY** (blå'di), adj. Ensangüentado, sangrento; sangüinário; infame, desprezível; compar.: *bloodier;* superl.: *bloodiest.*

**BLOOM** (blumm), s. Flor, florescência; frescor, viço; beleza; vitalidade; juventude; o avermelhado das faces; o aveludado dos frutos e das folhas; v. t. e i. tingir de cor rosada; florir, florescer; vicejar; adquirir cor rosada; estar na flor da idade.

**BLOOMERS** (blu'mårz), s. pl. Calções femininos (para a prática de esporte).

**BLOOMING** (blu'minn), adj. Florescente.

**BLOOMY** (blu'mi), adj. Florido, viçoso; aveludado (fruto, folha).

**BLOSSOM** (bló'sâmm), s. Flor (de árvores frutíferas); floração, florescência; v. i. florescer; desenvolver-se.

**BLOSSOMY** (bló'sâmi), adj. Florido.

**BLOT** (blót), s. Borrão (de tinta de escrever); mancha, nódoa; rasura, emenda; deslustre; v. t. manchar, borrar; macular.

**BLOTCH** (blótsh), s. Borrão de tinta; mancha na pele; erupção; pústula; v. t. sujar, manchar, borrar.

**BLOTTER** (bló'târ), s. Borrador; folha de mata-borrão.

**BLOUSE** (bláus), s. Blusa.

**BLOW** (blóu), s. Golpe; pancada; murro; soco; choque, revés, calamidade; desgraça, infortúnio; desastre; (Bot.) floração, florescência; sopro, assopro; ventania; rajada; recolho, repuxo (de baleia); v. t. e i. soprar, assoprar; bafejar; transportar; carregar; impelir; soar; tocar (instrumento de sopro); inchar; inflar; ofegar; bufar; (gír.) esbanjar dinheiro; ampliar fotografia; ventar; (fig.) ser esquecido; produzir corrente de ar; resfolegar; gabar-se; (gír.) irritar-se; zangar-se; fracassar; pret.: *blew;* part. pass.: *blown.*

**BLOWER** (blóu'âr), s. Assoprador; ventilador; fole; ventoinha; fanfarrão, bazofiador.

**BLOWFLY** (blóu'flái), s. Mosca varejeira.

**BLOWING** (blóu'inn), s. Sopro; ventilação.

**BLOWOUT** (blóu'áut), s. Ruptura de pneumático; explosão; arrouþo temperamental; (gír.) festança.

**BLOWPIPE** (blóu'páip), s. Maçarico de sopro; zarabatana.

**BLOWY** (blóu'i), adj. Ventoso, tempestuoso; compar.: *blowier;* superl.: *blowiest.*

**BLOWZED** (bláuz'd) ou **BLOWZY** (bláu'zi), adj. Rubicundo, vermelho, desgrenhado; relaxado.

**BLUBBER** (blåbâr), v. t. e i. Desfazer-se em lágrimas; chorar convulsivamente; banhar em lágrimas; s. gordura de baleia (e outros animais marinhos); choro, choradeira, pranto; adj. inchado (lábios).

**BLUDGEON** (blå'djânn), s. Cacete, maça.

**BLUE** (blu), adj. Azul, da cor do céu; lívido, triste, desanimado, melancólico, sombrio; (gír.) completo, total; (fam.) obsceno; compar.: *bluer;* superl.: *bluest;* s. a cor azul; tinta azul; anil; v. t. azular; anilar.

**BLUENESS** (blu'néss), s. Cor ou tonalidade azul.

**BLUES** (bluz), s. Melancolia, tristeza, abatimento moral, depressão.

**BLUFF** (blåf), s. Blefe, peta, logro; pessoa que blefa; penhasco, costa, íngreme; adj. íngreme, escarpado; franco, áspero; cordial, expansivo; v. t. enganar, iludir.

**BLUFFNESS** (blåf'néss), s. Escarpamento; franqueza; rudeza; fanfarronada.

**BLUISH** (blu'ish), adj. Azulado.

**BLUNDER** (blån'dâr), v. i. Cometer gafe, cair em erro, dizer asneiras; equivocar-se; s. disparate, erro, gafe.

**BLUNDERBUSS** (blån'dárbâss), s. Bacamarte, tolo, pateta.

**BLUNDERER** (blån'dârâr), s. Desatinado, trapalhão; pessoa estúpida ou desajeitada.

**BLUNDERING** (blån'dârinn), adj. Estouvado, desajeitado; disparatado.

**BLUNT** (blånt), adj. Embotado, sem corte; abrupto, áspero; obtuso, néscio; v. t. e i. embotar; entorpecer; neutralizar.

**BLUNTNESS** (blånt'néss), s. Embotamento, obtusidade; grosseria; incivilidade.

**BLUR** (blår), v. t. e i. Embaçar; nublar; borrar, enodoar, fazer borrões; tornar-se indistinto; macular (a honra de); s. obscuridade, falta de clareza; borrão; mancha; desdouro, labéu.

**BLURRY** (blå'ri), adj. Borrado; indistinto.

**BLURT** (blårt), v. t. Falar impensadamente; deixar escapar (segredo).

**BLUSH** (blåsh), v. i. Corar, ruborizar-se; adj. róseo, rubro; s. rubor, vermelhidão.

**BLUSHING** (blå'shinn), adj. Corado, ruborizado, envergonhado; s. rubor, vermelhidão.

**BLUSTER** (blås'târ), v. i. Roncar, zunir; proferir ameaças; encolerizar-se; jactar-se; s.

estrondo; vendaval; fúria; vociferação; conversa ruidosa; fanfarronada.
**BLUSTERER** (blås'tårår), s. Fanfarrão, gabolas.
**BOARD** (bôurd), s. Tábua, prancha; tabuleiro; tabuleta; quadro onde são afixados cartazes, etc.; pensão, comida; conselho, junta; borda; quadro-negro; bordo de navio. *On board:* a bordo; v. t. e i. abordar (uma embarcação); assoalhar; fornecer pensão a; hospedar-se; (Náut.) bordejar.
**BOARDER** (bôur'dår), s. Pensionista; aluno interno; hóspede.
**BOARDING** (bôur'dinn), s. Tábuas; tapume de tábuas; pensão; abordagem de navio.
**BOARISH** (bô'rish), adj. Porco, sujo; cruel; sensual.
**BOAST** (bôust), s. Gabolice, jactância, ostentação; bazófia; v. t. e i. gabar-se de, alardear; gabar; elogiar; esculpir grosseiramente (em pedra).
**BOASTER** (bôus'tår), s. Gabolas, fanfarrão.
**BOASTFUL** (bôusťful), dj. Fanfarrão, jactâncioso; orgulhoso.
**BOASTFULNESS** (bôusťfulnéss), s. Jactância, ostentação.
**BOAT** (bôut), s. Bote, barco, embarcação; navio; v. t. e i. transportar em barco; embarcar; navegar; andar de bote ou de barco; viajar por água; remar.
**BOATING** (bôu'tinn), s. Passeio de barco; transporte marítimo; manejo de um barco; o remo (esporte).
**BOATMAN** (bôuťmaen), s. Barqueiro.
**BOB** (bób), s. Fio de prumo, pêndulo; flutuador preso à linha de pescar; reverência, cortesia; batida, pancada leve; estribilho; cabelo curto (de mulher); (fam.) xelim; v. t. e i. menear; balouçar; inclinar com um movimento rápido; bater de leve; lograr; burlar; surripiar; pescar à linha.
**BOBBIN** (bô'binn), s. Bilro; fuso; bobina; carretel.
**BOBBY** (bô'bi), s. (pop.) Policial. *Bobby pin:* grampo de cabelo.
**BODE** (bôud), v. t. Pressagiar, augurar; pressentir.
**BODEFUL** (bôud'ful), adj. Agoureiro, pressagioso.
**BODEMENT** (bôud'ment), s. Agouro, presságio.
**BODICE** (bô'diss), s. Espartilho; cintura de vestido.

**BODIED** (bô'did), adj. Corpóreo, corporificado.
**BODILESS** (bô'diléss), adj. Incorpóreo; imaterial.
**BODILY** bô'dili), adj. Corpóreo, corporal; material; adv. em carne e osso, em pessoa; em conjunto.
**BODKIN** (bôďkinn), s. Furador; ponteiro; punção; alfinete de cabelo.
**BODY** (bô'di), s. Corpo, tronco; matéria; parte principal; grosso, maioria; corporação, classe; força ou unidade militar; armação; fuselagem de avião; casco de navio; consistência, densidade; coleção; carroçaria; chassi; v. t. corporificar; incorporar; englobar; dar corpo a; simbolizar.
**BODYGUARD** (bô'digård), s. Guarda pessoal, guarda-costas, escolta.
**BOG** (bóg), v. t. e i. Enlamear, enlamear-se; atolar; s. pântano, lamaçal, charco.
**BOGGLE** (bóg'l), v. i. Hesitar; recuar.
**BOGGLER** (bóg'lår), s. Pessoa irresoluta.
**BOGGY** (bô'ghi), adj. Pantanoso, lamacento; compar.: *boggier;* superl.: *bogiest.*
**BOGLE** (bóg'l), s. Duende, lobisomem.
**BOGUS** (bô'gåss), adj. Falso, adulterado; fictício.
**BOGY** (bô'ghi), s. Fantasma, duende, demônio; pl. *bogies.*
**BOIL** (bôil), v. t. e i. Pôr a ferver; aferventar; cozinhar; esterilizar por fervura; excitar-se; enervar-se; s. ebulição, fervura; agitação.
**BOILER** (bôi'lår), s. Caldeira, ou qualquer recipiente próprio para ferver, pessoa que faz ferver.
**BOILERY** (bôi'låri), s. Destilaria; salina.
**BOILING** (bôi'linn), adj. Fervente, escaldante; s. fervura, ebulição.
**BOISTEROUS** (bôis'tåråss), adj. Violento, tempestuoso; turbulento, barulhento.
**BOISTEROUSNESS** (bôis'tåråsnéss), s. Violência, tuburlência, tumulto.
**BOLAR** (bôu'lår), adj. Argiloso.
**BOLD** (bôuld), adj. Arrojado, intrépido, audacioso, ousado; descarado, impudente; claro, evidente; íngreme; pronunciado; adj. e s. (Tip.) negrito.
**BOLDFACE** (bûlďfêiss), s. Descarado, impudente; (Tip.) tipo negrito.
**BOLDFACED** (bôulďfêist), adj. Atrevido, impudente; (Tip.) negrito.
**BOLDNESS** (bôulď néss), s. Coragem, ousadia, audácia.

**BOLE** (bôul), s. Tronco de árvore.
**BOLIVIAN** (boli'viânn), adj. e s. Boliviano.
**BOLL** (bôul), s. Casulo, cápsula.
**BOLSHEVIK** (bôl'shivik), adj. Bolchevista; s. bolchevique, comunista.
**BOLSHEVISM** (bôl'shivizm), s. Bolchevismo.
**BOLSHEVIST** (bôl'shivist), adj. e s. Bolchevista.
**BOLSTER** (bôuls'târ), s. Travesseiro, almofadão; rolo de algodão ou paina, para cama; suporte; v. t. apoiar em travesseiro ou almofadão; amparar, defender, apoiar.
**BOLT** (bôult), s. Ferrolho, lingüeta de fechadura; dardo, seta; salto, pulo; partida súbita; rompimento com um partido político (EUA); dissidência; reviravolta; v. t. e i. arremessar, dardejar, disparar; saltar de repente; aferrolhar; joeirar; engolir à pressa sem mastigar; repudiar um candidato ou medida partidária (EUA).
**BOLTER** (bôul'târ), s. Cavalo arisco; peneira, crivo; dissidente (EUA).
**BOMB** (bômm), s. Bomba, granada; v. t. bombardear.
**BOMBARD** (bôm'bárd), v. t. Bombardear; s. bombarda.
**BOMBARDIER** (bômbârdi'r), s. Bombardeador, bombardeiro.
**BOMBARDMENT** (bômbárd'ment), s. Bombardeio.
**BOMBAST** (bôm'bést), adj. Bombástico; s. linguagem bombástica, empolada.
**BOMBASTIC** (bômbés'tik) ou **BOMBASTICAL** (bômbés'tikâl), adj. Bombástico, empolado.
**BOMBER** (bôm'bâr), s. Bombardeiro; avião de bombardeio.
**BOMBING** (bôm'binn), s. Lançamento de bombas.
**BOMBSHELL** (bômm'shél), s. Granada; (fig.) surpresa espantosa.
**BONBON** (bôn'bôn), s. Bombom, confeito.
**BOND** (bônd), s. Elo, vínculo, cadeia; obrigação moral, compromisso; fiança; fiador; caução; ligação, juntura; pacto, ajuste; contrato; título de dívida; v. t. e i. ligar-se; unir-se; aglutinar-se; penhorar, hipotecar; caucionar; afiançar; adj. cativo, escravo.
**BONDAGE** (bôn'didj), s. Servidão, escravidão; cativeiro; sujeição, dependência.
**BONDED** (bôn'did), adj. Hipotecado, penhorado; afiançado.
**BONDHOLDER** (bônd-hôul'dâr), s. Obrigacionista.
**BONDMAID** (bônd'mêid), s. Escrava, serva.
**BONDMAN** (bônd'maen), s. Escravo, servo.
**BONDSMAN** (bôndz'maen), s. Fiador; servo, escravo.
**BONDWOMAN** (bônd-uu'maen) ou **BONDSWOMAN** (bôndz-uu'maen), s. Escrava, serva; pl.: *bondwomen, bondswomen*.
**BONE** (bôunn), s. Osso, esqueleto, ossatura; pl. ossada, restos mortais; espinha (de peixes); barbatana (de baleia); marfim; qualquer coisa feita de osso; pl. dados, instrumento de percussão feito de dois pauzinhos; pessoa que toca esse instrumeno; v. t. e i. desossar; por barbatanas em; adubar com farinha de ossos; (gír.) roubar; entregar-se a trabalho árduo; (fam.) queimar as pestanas.
**BONEHEAD** (bôun'héd), s. Cabeça-dura, tolo, estúpido.
**BONELESS** (bôun'léss), adj. Sem osso; (fig.) sem caráter.
**BONER** (bôunn'êr), s. (gír.) Erro estúpido.
**BONFIRE** (bôun'fáir), s. Fogueira.
**BONNET** (bô'nit), s. Gorro escocês; touca, barrete; penacho usado pelos índios norte-americanos; capota; tampa de motor; v. t. cobrir com gorro, touca, barrete, etc.
**BONNY, BONNIE** (bô'ni), adj. Bonito, formoso; alegre; compar.: *bonnier;* superl.: *bonniest.*
**BONNYCLABBER** (bô'ni-clé'bâr), s. Leite coalhado.
**BONUS** (bôu'nâss), s. Bônus, bonificação, abono, prêmio, dividendo.
**BONY** (bôu'ni), adj. Ossudo.
**BOO** (bu), v. t. Apupar; s. apupo; vaia; interj. exclamação de aversão ou desprezo.
**BOOB** (bub), s. (EUA, gír.) Bobo, pateta, tolo, papalvo.
**BOO-BOO** (bu-bu), s. Pequeno ferimento, arranhão.
**BOOBY** (bu'bi), s. (pop.) Tolo, pateta, trouxa (EUA). *Booby prize:* prêmio de consolação. *Booby trap:* armadilha explosiva.
**BOODLE** (bud'l), s. (pop.) Cambada; dinheiro para suborno; pilhagem; v. t. subornar.
**BOOK** (buk), s. Livro; caderno; compêndio; tomo; libreto; texto de peça teatral; bloco; talão; v. t. registrar, inscrever em livro ou lista; fazer lançamento em livro; reservar (passagem, bilhete para um espetáculo).
**BOOKBINDER** (buk-báin'dâr), s. Encadernador.

**BOOKBINDERY** (buk-báin'dâri), s. Oficina de encadernação.
**BOOKBINDING** (buk-báin'dinn), s. Encadernação.
**BOOCKCASE** (buk'kêiss), s. Estante para livros.
**BOOKING** (bu'kinn), s. Reserva (de passagens, etc.).
**BOOKISH** (bu'kish), adj. Estudioso; teórico, formal; pedante.
**BOOKKEEPER** (buk-ki'pâr), s. Guarda-livros.
**BOOKKEEPING** (buk-ki'pinn), s. Escrituração comercial.
**BOOKLET** (buk'lit), s. Folheto, opúsculo, brochura.
**BOOKMAKER** (buk-mêi'kâr), s. Autor ou editor de livros; corretor de apostas (no turfe).
**BOOKMAN** (buk'maen), s. Estudioso, erudito; livreiro.
**BOOKSELLER** (buk-sé'lâr), s. Livreiro.
**BOOKSELLING** (buk-sé'linn), s. Venda, comércio de livros.
**BOOKSHELF** (buk'shélf), s. Estante, prateleira para livros.
**BOOKSHOP** (buk'shóp), s. Livraria.
**BOOKSTORE** (buk'stôur), s. Livraria (EUA).
**BOOKWORM** (buk'uârmm), s. Traça que ataca os livros; (fig.) pessoa muito aplicada aos livros.
**BOOM** (bumm), s. Estrondo, estampido; bramido, mugido; valorização, alta repentina (no comércio); incremento (de negócios, de atividade); propaganda política; v. t. e i. retumbar; valorizar; popularizar; ribombar; mugir; zumbir.
**BONN** (bunn), s. Bênção; favor, mercê, dádiva; adj. generoso, benigno; alegre, feliz.
**BOOR** (bur), s. Camponês; pessoa rústica.
**BOORISH** (bu'rish), adj. Rude, rústico, grosseiro.
**BOOST** (bust), s. Ajuda, apoio, impulso para progredir (EUA); v. t. suspender, alçar; apoiar.
**BOOT** (but), s. Bota, botina; chute, pontapé; (gfr.) demissão; porta-malas (de automóvel); v. t. e i. calçar, pôr botas em; dar pontapé em; despedir; demitir.
**BOOTBLACK** (but'blaek), s. Engraxate.
**BOOTED** (bu'tid), adj. Calçado com botas.
**BOOTH** (buth ou budh), s. Abrigo temporário; barraca; tenda de feira; cabina telefônica, ou para a urna, nas eleições.
**BOOTJACK** (but'djék), s. Descalçadeira.

**BOOTLEG** (but'lég), s. Cano de bota; comércio clandestino de bebida alcoólica (EUA).
**BOOTLESS** (but'léss), adj. Descalço; inútil; improfícuo.
**BOOTS** (buts), s. Engraxate, servente (em hotel).
**BOOTY** (bu'ti), s. Saque, presa, pilhagem.
**BOOZE** (buz), s. Bebida forte e de qualidade inferior; bebedeira; v. t. (fam.) embriagar-se.
**BOOZER** (bu'zâr), s. Ébrio.
**BOP** (bap), s. (gfr.) Tipo de música de "jazz"; v. t. bater, golpear.
**BORAX** (bôu'réks), s. Bórax.
**BORDER** (bôur'dâr), s. Borda, margem; fronteira, limite; debrum; v. t. guarnecer, debruar; confinar, marginar (ou limitar com); v. i confinar com (seguindo de *on, upon*).
**BORDERER** (bôur'dârâr), adj. Habitante de fronteira.
**BORDERING** (bôur'dârinn), adj. Adjacente, contíguo; s. orla, debrum, cercadura.
**BORE** (bôur), v. t. e i. Furar, brocar; importunar, incomodar; s. perfuração, furação; broca, sonda; calibre (de arma); pessoa ou coisa importuna.
**BOREBOM** (bôur'dâmm), s. Fatio, tédio, aborrecimento, maçada.
**BORER** (bôu'râr), s. Perfurador; broca; verruma.
**BORN** (bôrn), part. pass. de *bear;* Gerar, parir, dar à luz; adj. nascido, gerado, produzido; nato.
**BORNE** (bôrn), part. pass. de *bear* (no sentido de levar, conduzir, etc.).
**BORON** (bô'rânn), s. (Quím.) Boro.
**BOROUGH** (bâ'rôu), s. Burgo; circunscrição eleitoral; uma das cinco divisões da cidade de New York.
**BORROW** (bó'rôu), s. Empréstimo; v. t. e i. pedir ou tomar emprestado.
**BORROWER** (bó'rôuâr), s. O que pede ou toma emprestado.
**BORROWING** (bó'rôuinn), s. Empréstimo; ato de emprestar.
**BOSH** (bôsh), s. (fam.) Asneira, tolice.
**BOSK** (bósk) ou **BOSKET** (bós'kit), s. Bosquete, pequeno bosque.
**BOSKY** (bós'ki), adj. Arborizado; sombreado.
**BOSOM** (bu'zâmm), s. Seio, peito; âmago; coração; peitilho; adj. do peito; de confiança; v. t. pôr no seio; receber na intimidade; alimentar, nutrir.

**BOSS** (bóss), s. Bossa; protuberância; excrescência; giba; tachão; chefe; patrão; dirigente; mandachuva; v. t. gravar em relevo; dirigir; superintender; comandar; adj. bom; excelente, de primeira ordem.
**BOSSY** (bó'si), adj. Em relevo, proeminente; saliente; sobressalente; com tachões; com bossa; mandão, dominante; compar.: *bossier;* superl.: *bossiest.*
**BOT, BOTT** (bót), s. Berne.
**BOTANIC** (botê'nik) ou **BOTANICAL** (botê'-nikál), adj. Botânico, da Botânica.
**BOTANIST** (bô'tânist), s. Botânico, estudioso de Botânica.
**BOTANIZE** (bó'tânáiz), v. t. e i. Explorar (região) como botânico; estudar plantas; colecionar plantas para estudo; herborizar.
**BOTANY** (bô'tâni), s. Botânica.
**BOTCH** (bótsh), v. t. Remendar; atamancar; s. remendo tosco; pl. *botches.*
**BOTCHER** (bó'tshár), s. Remendão, mau trabalhador.
**BOTCHY** (bó'tshi), adj. Remendado, atamancado; compar.: *botchier;* superl.: *botchiest.*
**BOTFLY** (bót'flái), s. Mosca varejeira; mosca-de-berne.
**BOTH** (bôu'th), adj. Ambos, os dois, as duas; pron. ambos, ambas; adv. juntamente, bem como; conj. não só, tanto que.
**BOTHER** (bó'dhár), v. t. Preocupar, aborrecer, incomodar; afligir-se; s. contrariedade, preocupação, incômodo.
**BOTHERSOME** (bó'dhârsâmm), adj. Aborrecido, enfadonho, incômodo.
**BOTTLE** (bót'l), s. Garrafa, frasco, vidro; mamadeira; bebida alcoólica; v. t. engarrafar; enfrascar; conter, refrear (seguido de *up*).
**BOTTLENECK** (bót'l-nék), s. Gargalo de garrafa; (fig.) passagem estreita.
**BOTTLER** (bót'lár), s. Engarrafado; máquina de engarrafar.
**BOTTOM** (bó'tâmm, s. Fundo; parte inferior ou mais baixa; pé, base, alicerce; fundação; leito (de rio); baixada; terra de aluvião; borra; resíduo; sedimento; assento de cadeira; (fam.) nádegas, traseiro; resistência física (de esportistas, cavalo, etc.); (Náut.) quilha, casco; navio; âmago; essência; fundamento; adj. fundo, baixo; inferior; básico; último; v. t. e i. por fundo ou assento; firmar, alicerçar; fundamentar; pesquisar; aprofundar; basear-se; tocar o fundo.

**BOTTOMLESS** (bó'tâmléss), adj. Sem fundo; insondável.
**BOUGH** (báu), s. Galho, ramo de árvore.
**BOUGHS** (báuz), s. Ramagem.
**BOUGIE** (bu'dji), s. Vela; (Med.) algália; supositório.
**BOULDER, BOWLDER** (bôul'dâr), s. Calhau, seixo, pedregulho; bloco de minério.
**BOULEVARD** (bu'lâvár), s. Bulevar.
**BOULTER** (bôul'târ), s. Espinhel.
**BOUNCE** (bauns), s. Golpe ou pancada pesada e barulhenta; jactância; (gfr.) expulsão; demissão; (fam.) animação, vivacidade, vitalidade; adv. com um pulo; subitamente; ruidosamente; v. t. e i. repreender, fazer ricochetear; fazer saltar ou pular; ir e vir sem cerimônia; (gfr. EUA) ser devolvido (cheque) por insuficiência de fundos.
**BOUNCER** (báun'sâr), s. Saltador; fanfarrão; gabolas; peta, mentira grossa.
**BOUNCING** (báun'sinn), adj. Que pula ou salta; forte; vigoroso; barulhento.
**BOUND** (báund), pret. e part. pass. de *bind;* adj. Ligado, preso, atado; acorrentado; obrigado moralmente; encadernado; constipado (intestino); s. limite, fronteira, raia, marco, divisa; salto, pulo; v. t. e i. limitar, demarcar; restringir; saltar; pular.
**BOUNDARY** (báun'dâri), s. Limite, fronteira, divisa, marco.
**BOUNDER** (báun'dâr), s. Demarcador de limites; (fam.) salafrário.
**BOUNDLESS** (báund'léss), adj. Ilimitado; infinito; vasto, enorme.
**BOUNDLESSNESS** (báund'lésnéss), s. Imensidade, imensidão.
**BOUNTEOUS** (báun'tiâss), adj. Liberal, generoso; farto, abundante.
**BOUNTEOUSNESS** (báun'tiâsnéss), s. Liberalidade; bondade.
**BOUNTIFUL** (báun'tiful), adj. Liberal, dadivoso; farto.
**BOUNTY** (báun'ti), s. Liberalidade, generosidade; subvenção, subsídio; gratificação.
**BOURGEOIS** (bur'juá), adj. e s. Burguês, da classe média.
**BOURN, BOURNE** (bôurn), s. Limite; meta; arroio, regato.
**BOURSE** (bârss), s. Bolsa (merc. de valores).
**BOUSE** (báuss), v. t. e i. (Náut.) Alar, içar.
**BOUT** (báut), s. Turno, vez; golpe, lance; empreendimento; competição; contenda; partida (de jogo); ataque (de doença).

**BOVINE** (bóu'váinn), adj. e s. Bovino; (fig.) lento, apático.

**BOW** (báu), v. t. e i. Curvar, inclinar (a cabeça ou o corpo); reverenciar, cumprimentar; submeter-se, sujeitar-se; subjugar; s. mesura; reverência; saudação; inclinação.

**BOW** (bôu), v. t. e i. Curvar, dobrar; tocar (violino) com o arco; manejar o arco (de instrumento de corda); s. arco, curva, curvatura; nó, laço (de gravata, etc.); arqueiro; arco-íris.

**BOWEL** (báu'ǎl), s. Intestino, tripa; pl. entranhas, vísceras.

**BOWER** (bôu'ǎr), s. O que maneja o arco.

**BOWER** (báu'ǎr), s. Caramanchão; casa de verão; valete (baralho); (Náut.) âncora.

**BOWL** (bôul), s. Boliche; bola de madeira usada em certos jogos; bacia, tigela, vaso; bojo, cavidade; globo de lâmpada; concha de balança; bebida; ato de beber; pl. partida de boliche; v. t. e i. jogar (especialmente boliche); atirar a bola (no críquete); fazer rolar pelo chão; deslizar.

**BOWLEG** (bôu'lég), s. Perna torta.

**BOWLEGGED** (bôu'légd), adj. Cambaio, de pernas tortas.

**BOWLER** (bôu'lǎr), s. Arremessador da bola (no críquete); chapéu-coco.

**BOWMAN** (bôu'maen), s. Arqueiro, flecheiro.

**BOWSPRIT** (bôu'sprit), s. (Náut.) Gurupés.

**BOWSTRING** (bôu'strin), s. Corda de arco.

**BOWYER** (bôu'iǎr), s. Fabricante, ou vendedor de arcos.

**BOX** (bóks), s. Caixa, caixote, arca; estojo; compartimento; camarote de teatro; cabina, cubículo reservado; cocheira; boléia; caixa forte; guarita; cabana; presente de Natal; sopapo, bofetão, murro; caixa postal; v. t. encaixar, encaixotar; prover de caixa; esbofetear; dar socos em; lutar boxe com.

**BOXER** (bók'sǎr), s. Pugilista.

**BOXING** (bók'sinn), s. Boxe, pugilismo; encaixotamento; material para fazer caixas, etc.

**BOXWOOD** (bóks'uud), s. Buxo (madeira).

**BOY** (bói), s. Rapaz, moço, menino, garoto; filho; criado.

**BOYCOTT** (bói'kǫt), s. Boicote; v. t. boicotar.

**BOYFRIEND** (bói'friénd), s. Amiguinho, namorado.

**BOYHOOD** (bói'hud), s. Infância, meninice.

**BOYISH** (bói'ish), adj. Infantil, pueril, de menino.

**BOYISHNESS** (bói'ishnéss), s. Infantilidade, puerilidade.

**BOY SCOUT** (bói'skáut), s. Escoteiro.

**BRACE** (brêiss), s. Gancho; braçadeira; junção; fivela; cinta; reforço; suporte, escora, esteio; (Mús., Tip.) chave, colchete; pl. suspensórios; v. t. e i. atar, ligar; entesar; engatar, fortalecer-se.

**BRACELET** (brêis'lét), s. Bracelete; (pop.) algema.

**BRACER** (brei'ssǎr), s. Braçadeira, freio, suporte, gancho.

**BRACING** (brêi'sinn), adj. Estimulante, fortificante, tônico; s. amarração, suporte.

**BRACKEN** (brê'kǎnn), s. Feto, samambaia.

**BRACKET** (brê'kit), s. Gancho; braçadeira; encaixe; arandela, braço de lâmpada; parêntese, colchete (sinal gráfico).

**BRACKISH** (brê'kish), adj. Salobro; intragável, desagradável.

**BRAD** (brêd), s. Prego sem cabeça.

**BRADWAL** (bréd'ól), s. Furador, punção, sovela.

**BRAG** (braeg), s. Gabolice, jactância; fanfarrão; v. t. e i. alardear, gabar-se de; vangloriar-se de; blasonar.

**BRAGGART** (brae'gǎrt), adj. e s. Fanfarrão, gabolas.

**BRAID** (brêid), s. Trança, fita; galão; v. t. trançar, entrelaçar, amarrar com fita.

**BRAIDING** (brêi'dinn), s. Debrum, bordado, enfeite, obra trançada.

**BRAIN** (brêinn), s. Cérebro, miolo; inteligência, intelecto (geralmente no plural).

**BRAINLESS** (brêin'léss), adj. Desmiolado, idiota; irracional.

**BRAINSICK** (brêin'sik), adj. Insano, doido; insensato.

**BRAINY** (brêi'ni), adj. Inteligente, esperto, compar.: brainier; superl.: brainiest.

**BRAIRD** (brér'd), s. Broto, rebento; v. i. brotar, lançar rebentos.

**BRAISE** (brêiss), v. t. Refogar, guisar.

**BRAKE** (brêik), s. Freio, breque; espadela para bater linho, etc.; avenca; samambaia; matagal; v. t. e i. brecar, frear, travar; espadelar.

**BRAKEAGE** (brêi'kidj), s. Frenação, brecada.

**BRAKEMAN** (brêik'maen), s. Guarda-freio.

**BRAMBLE** (brémb'l), s. Silva, sarça, espinheiro.

**BRAMBLING** (brémb'linn), s. Tentilhão (pássaro).

**BRAN** (braenn), s. Farelo.
**BRANCH** (bréntsh), s. Galho, ramo; ramificação; secção, subdivisão; ramal; braço de rio; filial; descendência; v. t. e i. ramificar; ramificar-se.
**BRANCHIA** (brên'kiâ), s. Brânquia, guelra.
**BRANCHY** (brén'tshi), adj. Ramificado; galhudo, ramoso.
**BRAND** (brénd), s. Ferrete, estigma; marca de fabricação; tição; v. t. marcar a ferro quente; ferretear; estigmatizar.
**BRANDISH** (brén'dish), v. t. Brandir, agitar, acenar.
**BRANDY** (braen'di), s. Conhaque, aguardente de frutas.
**BRASH** (brésh), adj. Quebradiço, frágil; apressado, impetuoso; s. indisposição; dispepsia; erupção; entulho; escombros.
**BRASS** (brássi), s. Latão; bronze; utensílio ou ornamento de bronze ou latão; impudência, descaramento.
**BRASSY** (brá'si), adj. De latão; bronzeado; descarado; compar.: *brassier;* superl.: *brassiest.*
**BRAT** (braet), s. Pirralho, fedelho.
**BRAVADO** (brâvâ'dôu), s. Bravata, fanfarronice.
**BRAVE** (brêiv), adj. e s. Bravo, valente, corajoso; belo, magnífico; soldado; guerreiro pele-vermelha; v. t. desafiar, encorajar.
**BRAVERY** (brêi'vâri), s. Bravura, coragem, audácia; ostentação, pompa, aparato.
**BRAVO** (brá'vôu), interj. Bravo!; s. bandido; assassino assalariado.
**BRAWL** (bról), s. Altercação, briga, disputa; alvoroço, burburinho; antiga dança de roda; v. i. altercar, discutir, brigar; alvoroçar, burburinhar.
**BRAWLER** (bró'lâr), s. Altercador, discutidor.
**BRAWN** (brónn), s. Músculo, carne musculosa; paio; força muscular, vigor.
**BRAWNY** (bró'ni), adj. Musculoso; forte, vigoroso; compar.: *brawnier;* superl.: *brawniest.*
**BRAY** (brêi), v. t. e i. Zurrar; moer; triturar; s. zurro.
**BRAZE** (brêiz), v. t. Bronzear; ornamentar ou revestir com bronze ou latão; soldar.
**BRAZEN** (brêiz'n), adj. De bronze, de latão; bronzeado; descarado, impudente; v. t. mostrar-se atrevido, descarado.
**BRAZENFACED** (brêiz'n-fêist), adj. Atrevido, insolente, descarado.

**BRAZENNESS** (brêiz'n-néss), s. Descaramento, impudência.
**BRAZIER** (brêi'jâr), s. Latoeiro; soldador; caldeireiro; braseiro.
**BRAZILIAN** (brâsil'liânn), adj. e s. Brasileiro.
**BRAZIL-NUT** (brâsil'nât), s. Castanha-do-pará.
**BRAZILWOOD** (brâzil'uud), s. Pau-brasil.
**BRAZING** (brêi'zinn), s. Soldadura, solda forte; bronzeamento.
**BREACH** (britsh), s. Brecha; rotura, quebra; infração, violação; dissensão; disputa; rompimento de relações; lacuna; quebra de vagalhões; ressaca; v. t. fazer brecha em.
**BREAD** (bréd), s. Pão; hóstia; sustento diário; emprego; ganha-pão.
**BREADBASKET** (bréd-bás'kit), s. Cesto de pão.
**BREADKNIFE** (braed'náif), s. Faca de pão.
**BREADTH** (brédth), s. Largura; largueza de vistas; liberalidade, compreensão; extensão, amplitude.
**BREADTHWAYS** (brédth'uêiz) ou **BREADTHWISE** (brédth'uáiz), adv. Transversalmente, em largura.
**BREAK** (brêik), s. Quebra, ruptura, rompimento; abertura; pausa, interrupção; lacuna, falha; freio, breque; interrupção em circuito elétrico; baixa repentina no mercado; mudança repentina ou acetuada de tempo; seqüência de tacadas no bilhar; nicho; vão; (fig.) ruína, quebra; chance, oportunidade; (gfr., EUA) falha, rata; (Tip.) reticências; última linha de parágrafo; v. t. e i. quebrar-se; partir-se; fraturar, despedaçar-se; transgredir, violar; degradar, rebaixar; arrombar; irromper; interromper; desligar; dividir, separar; revelar; domar; subjugar; falir; fender-se; desabrochar; extinguir-se; estalar; surgir; raiar; perder a saúde, o crédito; mudar repentinamente; baixar subitamente (os preços na Bolsa); (Mús.) mudar de tom; pret.: *broke;* part. pass.: *broken.*
**BREAKABLE** (brêi'kâbl), adj. Quebradiço, frágil.
**BREAKAGE** (brêi'kidj), s. Rotura, fratura; quebradura; prejuízo resultante de quebra de objetos; indenização pela quebra de objetos.
**BREAKDOWN** (brêik'dáunn), s. Colapso; prostração, fadiga, depressão; interrupção; separação, análise.

**BREAKER** (brêi'kår), s. Interruptor; quebrador; violador, transgressor, infrator; domador; britador, britadeira (máquina); pl. arrebentação; ressaca.

**BREAKFAST** (brêik'fåst), s. Café da manhã, primeira refeição do dia; desjejum; v. t. e i. dar ou tomar café pela manhã; tomar o desjejum, a primeira refeição do dia.

**BREAKING** (brêi'kinn), s. Fratura, rotura; transgressão; bancarrota.

**BREAKNECK** (brêik'nék), adj. Arriscado; alcantilado; s. precipício.

**BREAKWATER** (brêik'uó'târ), s. Quebra-mar.

**BREAST** (brést), s. Peito; seio, peitilho; coração; sentimento; v. t. acometer de frente; opor-se a; enfrentar.

**BREASTBONE** (brést'bóunn), s. (Anat.) Esterno.

**BREATH** (bréth), s. Respiração, fôlego; bafo; sopro, hálito; aragem; sussurro, murmúrio; aroma, cheiro; instante, momento.

**BREATHABLE** (bri'dhåbl), adj. Respirável.

**BREATHE** (bridh), v. t. e i. Exalar; respirar; soprar; tomar fôlego; falar ou soprar suavemente; proferir; descansar; viver.

**BREATHFUL** (bréth'ful), adj. Vivo, animado; odoroso.

**BREATHING** (bri'dhinn), s. Respiração, fôlego; aragem; inspiração; aspiração (em fonética); (fig.) desejo oculto; suspiro; adj. vivente; natural; verdadeiro.

**BREATHLESS** (bréth'léss), adj. Ofegante, esbaforido, esfalfado; exânime; inanimado; imóvel; ansioso; parado; sem vento (o ar).

**BREECH** (britsh), s. Nádegas, traseiro; culatra; retranca.

**BREECHES** (bri'tshiz), s. pl. Calções; calças.

**BREECHING** (bri'tshinn), s. Retranca; (Náut.) cabo para amarrar as peças de fogo.

**BREED** (brid), v. t. e i. Gerar, produzir; educar; criar; procriar; incubar; chocar; multiplicar-se; pret. e part. pass.: *bred*; s. casta, raça; geração; parto; ninhada.

**BREEDER** (bri'dâr), s. Criador; autor; fonte, origem.

**BREEDING** (bri'dinn), adj. Grávida, prenhe; s. criação; gestação; educação; civilidade.

**BREEZE** (briz), s. Brisa, viração, aragem; murmúrio, sussurro; moscardo, tavão, cinza; pó de carvão; (gfr.) instante, momento; v. i. ventar moderadamente.

**BREEZY** (bri'zi), adj. Fresco, arejado; vivo; animado; alegre.

**BRETHREN** (bré'dhren), s. pl. Irmãos (no sentido religioso); confrades.

**BREVET** (bré'vit ou brivê't), s. Patente ou graduação honorária de oficial.

**BREVIARY** (bri'viéri), s. Breviário.

**BREVITY** (bré'viti), s. Brevidade; concisão.

**BREW** (bru), s. Bebida fermentada; infusão; mistura; processo de preparo de bebidas fermentadas; (fig.) tramar, planejar, urdir.

**BREWAGE** (bru'idj), s. Ato de fabricar bebidas fermentadas (como a cerveja); infusão, mistura; trama.

**BREWER** (bru'âr), s. Cervejeiro.

**BREWERY** (bru'åri), s. Cervejaria.

**BRIBE** (bráib), s. Suborno; (fig.) sedução; v. t. subornar; seduzir.

**BRIBER** (brái'bâr), s. Subornador; sedutor.

**BRIBERY** (brái'bâri), s. Suborno; corrupção.

**BRICK** (brik), s. Tijolo; ladrilho, pastilha; bloco para brincar de construir; pedaço de sabão; (pop.) bom rapaz, pessoa admirável; adj. cor de tijolo; v. t. cobrir de tijolos.

**BRICKLAYER** (brik-lêi'âr), s. Pedreiro, assentador de tijolos.

**BRICKLAYING** (brik-lêi'inn), s. Assentamento de tijolos; profissão de pedreiro.

**BRICKWORK** (brik'uårk), s. Obra de tijolos ou de ladrilhos; olaria, alvenaria.

**BRIDAL** (brái'dål), adj. Nupcial, de noiva; s. núpcias, bodas.

**BRIDE** (bráid), s. Noiva; recém-casada.

**BRIDEGROOM** (bráid'grumm), s. Noivo; recém-casado.

**BRIDESMAID** (brái'dzmêid), s. Dama de honra.

**BRIDEWELL** (bráid'uél), s. Cárcere, cadeia, casa de correção.

**BRIDGE** (bridj), s. Ponte; canal do nariz; cavalete; viaduto; jogo de cartas; v. t. construir uma ponte; ligar com ponte; transpor; abrir caminho.

**BRIDLE** (brái'd'l), s. Freio, rédeas; cabeçada de cavalo; (fig.) restrição; estorvo; sujeição; v. t. pôr freio em; refrear; dominar.

**BRIEF** (brif), adj. Breve, efêmero; conciso; transitório; s. breve pontifício; sumário, resumo; v. t. abreviar, resumir.

**BRIEFLESS** (brif'léss), adj. Sem clientes, sem causa (advogado).

**BRIEFLY** (brif'li), adv. Concisamente, resumidamente.

**BRIEFNESS** (brif'ness), s. Brevidade; concisão.

**BRIER, BRIAR** (brái'ãr), s. Sarça, roseira brava.
**BRIG** (brig), s. Prisão, cadeia; (Náut.) brigue; prisão de navio de guerra.
**BRIGADE** (brighéi'd), s. Brigada; organização; grupo.
**BRIGADIER** (brigãdi'r), s. Brigadeiro.
**BRIGAND** (bri'gãnd), s. Bandoleiro, bandido, salteador.
**BRIGANDAGE** (bri'gãndidj) ou **BRIGANDISM** (bri'gãndzm), s. Banditismo; depredação.
**BRIGHT** (bráit), adj. Brilhante, luminoso, resplendente; claro, vivo; esperto; inteligente; próspero; alegre, jovial; ilustre; transparente; s. esplendor, brilho, fulgor.
**BRIGHTEN** (bráit'n), v. t. e i. Iluminar, iluminar-se; polir, lustrar; avivar, avivar-se; animar, animar-se; brilhar; luzir.
**BRIGHTNESS** (bráit'néss), s. Brilho, fulgor; polimento; animação, alegria; vivacidade.
**BRILLIANCE** (bri'liãnss) ou **BRILLIANCY** (bri'liãnsi), s. Brilho, esplendor; magnificência; (fig.) inteligência; habilidade.
**BRILLIANT** (bri'liãnt), adj. Brilhante, fulgurante; esplêndido; ilustre; s. diamante, brilhante.
**BRIM** (brimm), s. Aba; beira, borda; orla; v. t. e i. encher, encher-se até a borda.
**BRIMFUL** (brim'fl), adj. Cheio até as bordas.
**BRIMFULNESS** (brim'fulnéss), s. Plenitude.
**BRINDLE** (brind'l), s. Cor raiada; pêlo malhado; animal malhado ou sarapintado; adj. malhado, sarapintado.
**BRINDLED** (brind'ld), adj. Malhado, sarapintado, listrado.
**BRINE** (bráinn), s. Salmoura; água do mar; mar, oceano; (poét.) lágrimas.
**BRING** (brinn), v. t. Trazer; levar, conduzir; induzir, persuadir; intentar; alegar; vender por; produzir; causar. To bring home: provar, convencer. To bring back: reconduzir; lembrar; pret. e part. pass.: brought.
**BRINGER** (brin'gãr), s. Portador.
**BRINK** (brink), s. Beira, orla, margem; extremidade.
**BRINY** (brái'ni), adj. Salgado; s. (fam.) mar; compar.: brinie; superl.: briniest.
**BRISK** (brisk), adj. Vivo, animado; estimulante; efervescente; ativo (medicamento); forte (vento); v. t. e i. animar; avivar.
**BRISKET** (bris'kit), s. Peito (de animal).
**BRISKNESS** (brisk'néss), s. Vivacidade, atividade.

**BRISTLE** (brist'l), s. Cerda, pêlo rijo; v. t. e i. eriçar, eriçar-se.
**BRISTLY** (brist'li), adj. Eriçado, hirsuto; compar.: brislier; superl.: brisliest.
**BRITANNIC** (brité'nik), adj. Británico.
**BRITICISM** (bri'tissizm), s. Anglicismo.
**BRITISH** (bri'tish), adj. e s. Británico.
**BRITON** (bri'tãnn), s. Bretão.
**BRITTLE** (brit'l), adj. Quebradiço, frágil; instável; irritadiço.
**BRITTLENESS** (brit'lnéss), s. Fragilidade.
**BROACH** (bróutsh), s. Furador, sovela, broca; espeto; agulha de torre de igreja; (Mec.) mandril; v. t. tornar público; entabular (assunto); abrir (pipa), espetar.
**BROAD** (bród), adj. Largo; vasto, amplo; extenso; essencial; principal; compreensivo, liberal; franco; claro, óbvio; explícito; rude; vigoroso; categórico; libertino; atrevido; arenoso; saibroso; aberta (vogal); s. a parte mais larga de qualquer coisa.
**BROADBRIM** (bród'brimm), **BROADBRIMMER** (bród-bri'mãr), s. Chapéu de aba larga.
**BROADCAST** (bród'kést), v. t. e i. Disseminar; semear; irradiar; transmitir; estar no ar (radiodifusora); adj. semeado a mão; espalhado; irradiado; difundido; s. sementeira a mão; radiodifusão.
**BROADCASTING** (bród-kés'tinn), s. Sementeira a mão; disseminação; radiodifusão; irradiação radiofônica.
**BROADEN** (bród'n), v. t. e i. Alargar, alargar-se; ampliar, ampliar-se.
**BROADLY** (bró'dli), adv. Amplamente; francamente; de modo grosseiro.
**BROAD-MINDED** (bród-máin'did), adj. Tolerante.
**BROAD-MINDEDNESS** (bród-main'did-néss), s. Tolerância; liberalidade.
**BROADNESS** (bród'néss), s. Grosseria; franqueza; largura.
**BROCADE** (brokéi'd), s. Brocado; v. t. Tecer ou trabalhar com tecidos em relevo.
**BROCHURE** (broshu'r), s. Brochura, panfleto, folheto.
**BROCK** (brók), s. Texugo; (fig.) pessoa velhaca.
**BROGAN** (bróu'gãnn), s. Calçado grosseiro e pesado.
**BROGUE** (bróug), s. Sotaque irlandês; calçado rústico, usado na Irlanda e Escócia.
**BROIL** (bróil), v. t. e i. Assar na grelha; torrar; estar muito quente; inflamar, inflamar-

se; disputar, altercar, discutir, brigar; s. ato de grelhar; carne grelhada; tumulto, motim; disputa, rixa.

**BROILER** (brói'lår), s. Agitador, perturbador; grelha; frango preparado para assar; (gír.) mocinha bonita, brotinho.

**BROKE** (brôuk), pret. de *break;* adj. (gír.) Quebrado, sem dinheiro, falido.

**BROKEN** (brôukn), part. pass. de *break;* adj. Quebrado em pedaços, fraturado; esfolado; rompido; abatido, humilhado; domesticado; enfraquecido; violado; falido; arruinado; incompleto; entrecortado; irregular.

**BROKENNESS** (brôuk'néss), s. Interrupção; ruína.

**BROKER** (brôu'lår), s. Corretor, agente, intermediário.

**BROKERAGE** (brôu'kåridj), s. Corretagem.

**BROMATE** (brpou'mêit), s. (Quím.) Bromato.

**BRONCHI** (brón'kái), **BRONCHIA** (brón'kiå), s. pl. (Anat.) Brônquios.

**BRONCHITIS** (brókái'tiss), s. (Med.) Bronquite.

**BRONZE** (brónz), s. Bronze; objeto de bronze; adj. de bronze; bronzeado.

**BROOCH** (brôutsh), s. Broche.

**BROOD** (brud), v. t. e i. Chocar, incubar; meditar; afagar; projetar; formar-se (tempestade); s. descendência; progênie; prole; adj. reprodutora (égua); choca (ninhada).

**BROODY** (bru'di), adj. Choca (galinha); taciturno, pensativo, ensimesmado; compar.: *broodier;* superl.: *broodiest.*

**BROOK** (bruk), s. Riacho, córrego; v. i. suportar, tolerar, sofrer.

**BROOKLET** (bruk'lit), s. Córrego, regato.

**BROOM** (brumm), s. Vassoura; v. t. varrer.

**BROOMSTICK** (brum'stik), s. Cabo de vassoura.

**BROTH** (bróth), s. Caldo; sopa rala.

**BROTHEL** (bró'thel), s. Bordel, prostíbulo.

**BROTHER** (brå'dhår), s. Irmão; amigo íntimo; companheiro; patrício; confrade; v. t. chamar irmão a; admitir à irmandade.

**BROTHERHOOD** (brå'dhår-hud), s. Irmandade, fraternidade, confraria.

**BROTHERLIKE** (brå'dhårláik), adj. Fraternal.

**BROTHERLINESS** (brå'dhårlinéss), s. Fraternidade.

**BROTHERLY** (brå'dhårli), adj. Fraternal, fraterno; adv. fraternalmente.

**BROUGHAM** (bru'åmm), s. Carro fechado, puxado por um cavalo.

**BROW** (bráu), s. Sobrancelha; fronte; testa; semblante; cume; bordo (de penhasco).

**BROWBEAT** (bráu'bit), v. t. e i. Intimidar, oprimir, franzir as sobrancelhas.

**BROWN** (bráun), adj. Castanho, marrom; moreno; pardo; s. cor castanha; v. t. e i. tornar-se castanho; bronzear; atrigueirar-se.

**BROWNIE** (bráu'ni), s. Duende benfazejo; menina escoteira.

**BROWNISH** (bráu'nish), adj. Acastanhado; pardacento, amorenado.

**BROWSE** (bráuz), v. t. e i. Pastar, comer folhas ou rebentos; s. ato de pastar; brotos tenros, rebentos.

**BRUISE** (bruz), s. Contusão, machucadura, esquimose; v. t. e i. triturar, pulverizar; contundir, contundir-se; esmurrar, ofender.

**BRUISER** (bru'zår), s. Pugilista, boxeador (em sentido depreciativo); brigão, prensa, espremedor.

**BRUMAL** (bru'mål), adj. Invernal; brumal.

**BRUME** (brumm), s. Bruma, nevoeiro.

**BRUMMAGEM** (brå'mådjåmm), adj. Falso, de imitação; s. joalheria barata.

**BRUMOUS** (bru'måss), adj. Brumoso, nevoento.

**BRUNETE** (brunét't), adj. Moreno; s. mulher ou menina morena.

**BRUNT** (brånt), s. Choque, colisão, impacto; parte mais difícil.

**BRUSH** (bråsh), v. t. e i. Escovar; varrer; limpar; retocar; roçar; esfolar; prover de gravetos; passar rapidamente; s. escova; pincel; broxa; vassoura; cauda de raposa; feixe de gravetos; escaramuça; luta; arranhadura; escoriação; interior, região pouco povoada (EUA).

**BRUSHWOOD** (bråsh'uud), s. Mato, matagal; galhos, gravetos.

**BRUSHY** (brå'shi), adj. Duro; áspero; eriçado; coberto de capoeira; copado; frondoso; compar.: *brushier;* superl.: *brushiest.*

**BRUSK, BRUSQUE** (bråsk, brusk), adj. Brusco, áspero, rude, grosseiro.

**BRUSQUELY** (brusk'li), adv. Bruscamente.

**BRUSQUENESS** (brusk'néss), s. Brusquidão, rudeza.

**BRUTAL** (bru'tål), adj. Brutal, rude; cruel, feroz.

**BRUTALITY** (bruté'liti), s. Brutalidade; rudeza; crueldade.

**BRUTALIZATION** (brutålizêi'shånn ou brutålåizêi'shånn), s. Embrutecimento.

**BRUTALIZE** (bru'tãláiz), v. t. e i. Brutalizar, embrutecer-se; tratar brutalmente.
**BRUTE** (brut), adj. Bruto, irracional; cruel; s. bruto, animal; animalidade.
**BRUTIFY** (bru'tifái), v. t. e i. Embrutecer, embrutecer-se; pret. e parrt. pass.: *brutified*.
**BRUTISH** (bru'tish), adj. Bruto, animalesco, selvagem, brutal; estúpido, rude.
**BUB** (bâb), s. (fam.) Rapaz, menino (EUA).
**BUBBLE** (bâb'l), s. Bolha, ampola; borbulha; murmúrio; logro, quimera; aparência falsa; bagatela; v. t. e i. formar bolhas; enganar.
**BUBBLER** (bâb'lâr), s. Bebedouro automático.
**BUBBLY** (bâb'li), s. Borbulhante.
**BUCCAL** (bâ'kâl), adj. Bucal, oral; relativo à face.
**BUCCANEER** (bâkâni'r), s. Bucaneiro, pirata; v. t. piratear.
**BUCK** (bâk), s. Bode; gamo, cervo; veado; macho de outros animais (antílope, coelho); barrela, lixívia; homem janota; adj. macho, de homem; v. t. e i. dar marradas, pinotear; empinar-se; copular (animais).
**BUCKET** (bâ'kit), s. Balde, tina; capacidade de um balde; v. t. e i. baldear, cavalgar arduamente; mover-se rapidamente.
**BUCKETFUL** (bâ'kiful), s. Baldada, capacidade de um balde.
**BUCKHOUND** (bâk'háund), s. Cão de caça.
**BUCKISH** (bâ'kish), adj. Afetado; janota; impetuoso; semelhante a bode.
**BUCKLE** (bâk'l), v. t. e i. Afivelar; anelar (o cabelo); vergar, empenar; amarrotar; atracar-se; entregar-se energicamente ao trabalho; s. fivela; anel de cabelo.
**BUCKLER** (bâk'lâr), v. t. Escudar, defender, proteger; s. escudo; broquel; defesa.
**BUCKSKIN** (bâk'skinn), s. Pele de gamo; camurça; pl. calças de couro.
**BUCOLIC** (biukó'lik), adj. Bucólico, pastoril, campestre, rústico; s. écloga; camponês.
**BUD** (bâd), s. Botão; rebento, broto; (fig.) origem, começo; criança, adolescente; v. t. e i. germinar, brotar; emitir; enxertar.
**BUDDHISM** (bu'dizm), s. Budismo.
**BUDDHIST** (bu'dist), adj. e s. Budista.
**BUDDY** (bâ'di), s. Companheiro, colega, camarada.
**BUDGE** (bâdj), v. t. e i. Mexer; mover-se; ceder; adj. forrado com pele de cordeiro; pomposo; austero; solene; s. pele de cordeiro (curtida); alforje; bolsa de couro.

**BUDGET** (bâ'djit), s. Saco, mochila; conteúdo de um saco; orçamento de receita e despesa.
**BUFF** (bâf), s. Couro de búfalo; cor amarelada, cor de camurça; disco de couro ou camurça, para polir; (fam.) pele nua; v. t. polir com camurça.
**BUFFALO** (bâ'fâlôu), s. Búfalo; bisão americano; manta de couro de búfalo.
**BUFFER** (bâ'fâr), s. Pára-choque; disco de couro para polir; (gír.) pessoa, sujeito; velhinho.
**BUFFET** (bâ'fit), v. t. e i. Esbofetear; lutar; s. bofetada; bufete, aparador; (fig.) contratempo, desgraça.
**BUFFOON** (bâfu'nn), s. Bufão, palhaço; farsista; v. i. gracejar; bufonear.
**BUFFOONERY** (bâfu'nâri), s. Bufonaria, chocarrice, zombaria; farsa.
**BUG** (bâg), s. Percevejo; pulgão; carrapato; (gír.) micróbio; falha, defeito (EUA).
**BUGABOO** (bâ'gâbu) ou **BUGBEAR** (bâg'bér), s. Espectro, fantasma, bicho-papão.
**BUGGER** (bâ'gâr), s. Sodomita, pederasta; biltre, velhaco.
**BUGGY** (bâ'ghi), adj. Cheio de percevejos; s. viatura leve, com um só assento e puxada por um cavalo.
**BUGLE** (bâg'l), adj. Adornado com contas de vidro; s. clarim, corneta; trompa.
**BUILD UP** (bild âp), s. Preparação, formação; desenvolvimento; estocagem; (gír.) referências exageradas; publicidade; elogio.
**BUILDER** (bil'dâr), s. Construtor, edificador.
**BUILDING** (bil'dinn), adj. Construtor; s. construção, edificação, estrutura; prédio, monumento; edifício.
**BUILT** (bilt), pret. e part. pass. de *build*; (gír.) de lindas formas (mulher).
**BULB** (bâlb), s. Bulbo, bolbo, cebola; lâmpada elétrica; tubo eletrônico.
**BULBOUS** (bâl'bâss), **BULBOSE** (bâl'bouss) ou **BULBACEOUS** (bâlbêi'shâss), adj. Bulboso; inchado.
**BULGAR** (bâl'gâr), s. ou **BULGARIAN** (bâlghé'riânn), adj. e s. Búlgaro.
**BULGE** (bâldj), v. t. e i. Tornar, tornar-se saliente; intumescer; s. bojo, saliência, protuberância; ventre; (pop.) vantagem.
**BULGED** (bâldjd), adj. Abaulado.
**BULGY** (bâl'dji), s. Protuberante, saliente.
**BULK** (bâlk), s. Corpo volumoso, grandeza, tamanho, massa, capacidade, volume; a

maioria; a parte principal; porto; (Náut.) porão; carregamento total de um navio; v. t. e i. amontoar, empilhar; avultar; crescer.
**BULKINESS** (bâl'kinéss), s. Volume, tamanho.
**BULKY** (bâl'ki), adj. Volumoso, corpulento.
**BULL** (bul), s. Touro; macho de grandes mamíferos (elefante, baleia); especulador que joga na alta; bula papal; édito; disparate; constelação e signo do Touro; (pop.) conversa fiada; detetive (EUA).
**BULLDOG** (bul'dóg), s. Buldogue, cão fila; pessoa corajosa; revólver de grande calibre; adj. tenaz.
**BULLET** (bu'lit), s. Bala, projétil; bola pequena.
**BULLFIGHT** (bul'fâit) ou **BULLFIGHTING** (bul'fáitinn), s. Tourada.
**BULLFIGHTER** (bul-fái'târ), s. Toureiro.
**BULLHEAD** (bul'héd), s. Pessoa obstinada.
**BULLHEADED** (bul-hé'did), adj. Obstinado, voluntarioso, teimoso, cabeçudo.
**BULLY** (bu'li), adj. Fanfarrão; desordeiro; (fam.) ótimo, admirável; s. fanfarrão, valentão, desordeiro; tirano.
**BULRUSH** (bul'râsh), s. Junco (planta).
**BULWARK** (bul'uârk), s. Baluarte; parapeito, muralha; quebra-mar; amurada do navio; v. t. fortificar; proteger; defender.
**BUM** (bâmm), s. (pop.) Vagabundo, ébrio; farra, orgia; v. t. filar; fazer rodar (pião); v. i. vadiar (EUA).
**BUMBLE** (bâmbl), s. Bedel, beleguim; presumido.
**BUMBLEBEE** (bâm'bl-bi), s. Mamangava, abelha grande.
**BUMBLEDOM** (bâm'bl-dâmm), s. Ostentação, presunção.
**BUMMER** (bâm'mâr), s. Desertor militar, que se entrega a pilhagens; político sem escrúpulos (gír., EUA).
**BUMP** (bâmp), s. Choque; pancada, baque; encontrão, solavanco; goal, inchaço; bossa; saliência; ressalto; solavanco de avião; v. t. e i. colidir, bater contra alguma coisa; chocar-se; (gír.) matar, assassinar.
**BUMPER** (bâm'pâr), s. Pára-choque; copo ou taça cheia até a borda; lotação completa (no teatro); (pop.) coisa enorme.
**BUMPKIN** (bâmp'kinn), s. Caipira, rústico, labrego; palhaço.
**BUMPTIOUS** (bâmp'shâss), adj. Presunçoso, convencido.

**BUN** (bânn), s. Brioche.
**BUNCH** (bântsh), s. Bossa, corcova; molho, maço, feixe; ramalhete; cacho; penca; grupo; tumor; v. t. e i. reunir, reunir-se em feixe; agrupar; amontoar; arrepanhar-se.
**BUNCHY** (bân'tshi), adj. Copado, frondoso; cacheado; enfeixado.
**BUND** (bând), s. Dique, aterro.
**BUNDLE** (bând'l), v. t. Empacotar, embrulhar, enfeixar; s. trouxa; pacote; feixe; grupo.
**BUNG** (bânn), s. Batoque, tampão ou boca de barril; v. t. abatocar, arrolhar.
**BUNGALOW** (bân'gâlôu), s. Bangalô.
**BUNGLE** (bâng'l), v. t. e i. Atamancar, trabalhar mal; errar; deitar a perder; s. trabalho mal feito; erro; inépcia.
**BUNGLER** (bânn'lâr) s. Remendão; trapalhão.
**BUNION** (bâ'niânn), s. Joanete.
**BUNK** (bânk), s. Tarimba; beliche (tipo de cama); v. i. dormir em tarimba ou beliche.
**BUNKER** (bân'kâr), s. Carvoeira de navio; arca; tulha.
**BUNNY** (bân'ni), s. Coelhinho.
**BUNT** (bânt), s. Bojo de rede ou de vela de navio; mangra de trigo; empurrão; v. t. e i. chifrar; dar marradas em; enfunar-se.
**BUNTER** (bân'târ), s. Alcoviteira.
**BUOY** (bói, bu'i), s. Bóia, salva-vidas; (fig.) tábua de salvação; v. t. fazer boiar; marcar com bóia; por a nado; sustentar; apoiar.
**BUOYANT** (bói'ânt, bui'ânt), adj. Flutuante; alegre; animado; esperançoso.
**BUR** (bâr), s. Carrapicho; ouriço (invólucro espinhoso de alguns frutos); v. t. tirar carrapichos ou ouriços de.
**BURBLE** (bârb'l), s. Bolha, borbulha; v. t. (fam.) efervescer; borbulhar.
**BURDEN** (bârd'n), s. Carga; tonelagem; capacidade de um navio; peso, encargo, dever; gravame, ônus; estribilho; v. t. carregar, sobrecarregar, oprimir.
**BURDENSOME** (bârd'n-sâmm), adj. Incômodo, pesado, oneroso, opressivo.
**BURDOCK** (bâr'dók), s. Bardana.
**BUREAU** (biu'rôu), s. Secretária, escrivaninha; repartição pública; agência; departamento; pl.: *bureaux, bureaus*.
**BUREAUCRACY** (biurô'krâssi), s. Burocracia.
**BUREAUCRAT** (biu'rokrét), s. Burocrata.
**BUREAUCRATIC** (biu'rokrétic), adj. Burocrático.
**BURG** (bârg), s. Burgo; distrito municipal; aldeia, vila.

**BURGEON** (bâr'djânn), s. Broto, rebento, botão; v. i. rebentar; lançar brotos, rebentos.
**BURGESS** (bâr'djiss), s. Cidadão livre; vereador.
**BURGHER** (bâr'gâr), s. Burguês, cidadão.
**BURGLAR** (bâr'glâr), s. Ladrão, gatuno ou arrombador noturno.
**BURGLARIOUS** (bârglé'riâss), adj. Relativo a roubo.
**BURGLARIZE** (bâr'glâráiz), v. t. (pop.) Roubar, assaltar (EUA).
**BURGLARY** (bâr'glâri), s. Roubo, arrombamento; invasão de domicílio.
**BURGLE** (bârg'l), v. t. e i. Arrombar (casa).
**BURGOMASTER** (bâr'gôu-maes'târ), s. Burgomestre.
**BURIAL** (bê'riâl), s. Enterro, sepultamento, funeral.
**BURIER** (bé'riâr), s. Coveiro.
**BURIN** (biu'rinn), s. Buril, cinzel.
**BURL** (bârl), s. Nó (em madeira, lã, fio, etc.); excrescência, nó, saliência (em tronco de árvore); v. t. tirar (nós (de madeira).
**BURLAP** (bâr'lép), s. Serapilheira.
**BURLESQUE** (bârlés'k), adj. Burlesco; ridículo; s. caricatura, farsa, paródia; v. t. e i. caricaturar, ridicularizar; parodiar.
**BURLINESS** (bâr'linéss) s. Grossura, volume.
**BURLY** (bâr'li), adj. Volumoso; corpulento; vigoroso; ríspido; nodoso.
**BURN** (bârn), s. Queimadura; combustão; fogo; ardor; v. t. e i. queimar, queimar-se; cauterizar; calcinar; inflamado por paixão; ansioso; excitado; arder; abrasar-se; pret. e part. pass.: burned, burnt.
**BURNER** (bâr'nâr), s. Bico de gás ou de candeeiro.
**BURNING** (bâr'ninn), adj. Ardente, incandescente; veemente; ansioso; s. queimadura; fogo, incêndio; ardor.
**BURNISH** (bâr'nish), v. t. e i. Brunir, polir, lustrar; ficar lustroso, brilhante, polido; s. brilho, polimento.
**BURNISHER** (bâr'nishâr), s. Polidor, lustrador.
**BURP** (bârp), s. (gír.) Arroto; v. i. arrotar.
**BURR** (bârr), v. t. e i. Pronunciar arrastando os "rr"; zumbir; rebarbar; s. som áspero ou gutural do "r"; broca de dentista; mó de moinho; rebarba; carrapicho; esmeril, rebolo; halo (em torno da Lua).
**BURROW** (bâ'rôu), v. t. e i. Cavar; escavar; entocar-se; esconder-se; s. toca, cova.

**BURSAR** (bâr'sâr), s. Tesoureiro de colégio; despenseiro.
**BURSE** (bârss), s. Bolsa de estudos.
**BURST** (bârst), v. t. e i. Rebentar, estourar, explodir; irromper; agir repentinamente; estar repleto; pret. e part. pass.: burst.
**BURY** (bé'ri), v. t. Enterrar, sepultar; soterrar; ocultar, esconder.
**BURYIN** (bé'riin), s. Enterro, sepultamento.
**BUS** (bâss), s. Ônibus.
**BUSH** (bush), s. Arbusto; moita; bosque; matagal; v. t. e i. plantar arbustos; espalhar-se como mato; enramar; copar.
**BUSHEL** (bu'shél), s. Medida de cereais: 35,238 litros nos Estados Unidos e 36,367 na Inglaterra; v. t. consertar, remendar, alterar (roupas masculinas).
**BUSHY** (bu'shi), adj. Copado, frondoso.
**BUSS** (bâss), s. Beijoca, bicota; v. t. e i. beijocar, bicotar; dar beijocas ou bicotas.
**BUST** (bâst), s. Busto; peitos, seios; (gír.) pancada, murro; fracasso; farra, pândega.
**BUSILY** (bi'zili), adv. Diligentemente.
**BUSINESS** (biz'néss), s. Negócio; ocupação; emprego; ofício; profissão; assunto, objeto, fim; dever; interesse pessoal; empresa, forma, estabelecimento comercial.
**BUSINESSLIKE** (biz'néssláik), adj. Prático, eficiente, metódico; comercial.
**BUSINESSMAN** (biz'nésmaen), s. Negociante, homem de negócios.
**BUSK** (bâsk), s. Barbatana do espartilho.
**BUSKIN** (bâs'kinn), s. Borzeguim.
**BUSTLE** (bâst'l), v. t. e i. Azafamar, apressar-se, alvoroçar-se; s. azáfama, alvoroço, afobação, tumulto; anquinhas.
**BUSY** (bi'zi), adj. Ocupado, atarefado; movimentado; ativo; diligente; v. t. ocupar, empregar, pôr a trabalhar; compar.: busier; superl.: busiest.
**BUSYBODY** (bi'zi-bô'di), s. Pessoa importuna, intrometida, metediça.
**BUT** (bât), conj. Mas, porém, não obstante; exceto, salvo, a não ser que; prep. com exceção de; exceto, menos; salvo; adv. somente, apenas, meramente; s. objeção, óbice, obstáculo. All but: quase.
**BUTCHER** (bu'tshâr), s. Carniceiro, açougueiro; verdugo; assassino cruel; remendão; sarrafaçal; v. t. chacinar; abater (reses).
**BUTCHERY** (bu'tshâri), s. Matadouro; açougue; ofício de açougueiro; carnificina.
**BUTLER** (bâ'tlâr), s. Mordomo, despenseiro.

**BUTLERSHIP** (bâ'tlârship), s. Mordomia, cargo de mordomo ou despenseiro.

**BUTT** (bât), s. A parte mais grossa ou mais volumosa de qualquer objeto; topo; coronha; ponto de mira; chifrada; marrada; pipa, tonel; cachimbo; feixe; v. t. e i. chifrar; aparar; projetar-se, formar saliência.

**BUTTER** (bâ'târ), s. Manteiga; (fam.) adulação; lisonja; v. t. pôr manteiga em; adular.

**BUTTERFLY** (bâ'târflái), s. Borboleta; adj. leviano; descuidado.

**BUTTERMILK** (bâ'târmilk), s. Soro de leite.

**BUTTERY** (bâ'târi), adj. Amanteigado, manteigoso, butiráceo; s. despensa; adega.

**BUTTOCK** (bâ'tâk), s. Nádega; alcatra; anca.

**BUTTON** (bât'n), s. Botão; gomo, olho, gema; abotoadura; nó; protuberância; v. t. abotoar; pregar botões em.

**BUTTONHOLE** (bât'n-nhôul), s. Botoeira: casa de botão; v. t. abrir casa de botão em; deter para uma conversa; importunar.

**BUTTONHOOK** (bât'n-huk), s. Abotoador, abotoadeira.

**BUTTONY** (bâ'tni), adj. Relativo, semelhante a, ou coberto de botões.

**BUTTRESS** (bâ'tréss), v. t. Escorar, estear, apoiar; s. contraforte; escora, apoio.

**BUTYRACEOUS** (biutirêi'shâss), adj. Butiráceo.

**BUXOM** (bâk'sâmm), adj. Rosado, saudável; jovial.

**BUY** (bái), v. t. e i. Comprar, adquirir, fazer compras; subornar; remir; resgatar; s. compra, aquisição; (fam.) pechincha.

**BUYABLE** (bái'âbl), adj. Comprável.

**BUYER** (bái'âr), s. Comprador; agente de compras.

**BUYING** (bái'inn), s. Compra, ato de comprar.

**BUZZ** (bâz), v. t. e i. Zumbir, zunir; cochichar; murmurar; sussurrar; esvaziar até a última gota; s. zumbido, zunido, zoada; cochicho; boato.

**BUZZER** (bâ'zâr), s. Cigarra (tipo de campainha); (fam.) telefone.

**BY** (bái), prep. Perto de, ao lado de, junto de, ao pé de; próximo a; ao longo de, através de; durante; da autoria de, da origem de; adv. perto, nas proximidades; aproximadamente, mais ou menos; de parte, de lado. *By me:* comigo. *By far:* em muito.

**BYE** (bái), s. Assunto secundário; coisa de menor importância; lugar de cada parceiro (no jogo). *Bye bye:* até logo.

**BYGONE** (bái'gônn), adj. Antigo; fora de moda; s. o passado.

**BYLAW** (bái'ló), s. Estatutos (de sociedade); regulamento (de lei).

**BYNAME** (bái'nêimm), s. Apelido; pseudônimo.

**BY-PATH** (bái'péth), s. Atalha, vereda.

**BY-PLAY** (bái'plêi), s. Mímica; passatempo.

**BYRE** (báir), s. Estábulo de vacas.

**BYSTANDER** (bái'stén'dâr), s. Espectador.

**BY-STREET** (bái'strit), s. Travessa, rua lateral.

**BYWORD** (bái'uârd), s. Provérbio, máxima; alcunha.

**BYZANTINE** (bizén'tinn), adj. e s. Bizantino.

# C

**C** (si), s. Terceira letra do alfabeto; algarismo romano equivalente a 100; (Mús.) dó.

**CAB** (kéb), s. Táxi; cabriolé; tílburi; cabina (de maquinista, de motorista de caminhão).

**CABAL** (kâbé'l), v. i. Cabalar, intrigar, tramar; s. cabala, trama, conspiração.

**CABALISTIC** (kébâlis'tik) ou **CABALISTICAL** (kébâlis'tikâl), adj. Cabalístico.

**CABALLER** (kâbé'lâr), s. Intrigante.

**CABBAGE** (kéb'idj), s. m. Repolho, couve; (gír.) dinheiro, cabeçorra; tecido que o alfaiate retém quando corta roupa; v. t. e i. furtar, surrupiar (especialmente retalhos).

**CABBY** (ké'bi), s. Cocheiro; chofer de táxi.

**CABIN** (ké'binn), s. Cabana, choupana; camarote; cabina; v. t. e i. viver numa caba-

na; encerrar em cabana ou em compartimento estreito; limitar, restringir.
**CABINET** (ké'binét), adj. Relativo a ou próprio de gabinete; secreto, confidencial; ministerial; s. armário ou móvel para arquivo.
**CABLE** (kêib'l), s. Cabo (de corda ou de aço); amarra de navio; cabo submarino; cabograma; v. t. amarrar com cabo; v. i. telegrafar pelo cabo submarino.
**CABLEGRAM** (kêib'l-grêmm), s. Cabograma.
**CABMAN** (kéb'maen), s. Chofer de táxi; cocheiro.
**CABOODLE** (kê'budêl), (gfr.) Bando, cambada, grupo (de pessoas ou coisas).
**CABOTAGE** (ké'botidj), s. Cabotagem, navegação costeira.
**CABSTAND** (kéb'sténd), s. Ponto de táxis.
**CACAO** (kâkâ'ôu), s. Cacau; cacaueiro.
**CACHE** (kaesh), s. Esconderijo; v. t. e i. esconder, colocar em esconderijo.
**CACHET** (kaeshê), s. Sinete, selo, marca característica, distintivo, cunho.
**CACHINNATE** (ké'kinêit), v. i. Cachinar, gargalhar.
**CACHINNATION** (kékinêi'shânn), s. Cachinada, gargalhada.
**CACIQUE** (kâssi'k), s. Cacique; (fig.) chefe político, mandachuva (EUA).
**CACKLE** (kêk'l), v. i. Cacarejar; tagarelar; rir-se; s. cacarejo; tagarelice; risada.
**CACOGRAPHY** (kâkô'grâfi), s. Cacografia.
**CACOLOGY** (kâkô'lodji), s. Cacologia.
**CACOPHONY** (kâkô'fôni), s. Cacofonia.
**CACTUS** (kék'tâss), s. Cacto.
**CAD** (kaed), s. Pessoa grosseira, malcriada.
**CADASTRE** (kâdés'târ), s. Cadastro.
**CADAVER** (kâdé'vâr), s. Cadáver (especialmente para dissecação).
**CADAVERIC** (kédâvé'rik), adj. Cadavérico.
**CADAVEROUS** (kâdé'vâráss), dj. Cadavérico; pálido; macilento; magro.
**CADDIE** (kae'di), s. Mensageiro; rapaz que no golfe, conduz os tacos e outros objetos.
**CADDISH** (kae'dish), adj. Grosseiro, mal-educado.
**CADDY** (kae'di), s. Caixa ou lata para chá; mensageiro.
**CADE** (kêid), s. Barril.
**CADENCE** (kêi'denss), s. Cadência; ritmo, compasso; entonação; v. t. cadenciar.
**CADENCED** (kêi'denst), adj. Cadenciado, harmonioso.
**CADENT** (kêi'dent) adj. Cadente; cadenciado.
**CADET** (kâdé't), s. Cadete; irmão ou filho mais novo.
**CADGE** (kédj), v. t. e i. Mascatear; mendigar.
**CADGER** (ké'djâr), s. Mascate; pedinte.
**CADRE** (kâ'der), s. Estrutura; (Mil.) quadro de oficiais; (Adm.) funcionário qualificados.
**CADUCITY** (kâdiu'siti), s. Caducidade.
**CADUCOUS** (kâdiu'káss), adj. Caduco; efêmero.
**CAECUM** (si'kâmm), s. (Anat.) Ceco.
**CAFETERIA** (kéfiti'riâ), s. Café automático; restaurante onde os fregueses se servem.
**CAFFEINE** (ké'fiinn), s. Cafeína.
**CAGE** (kêidj), s. Gaiola; jaula; prisão, cadeia; v. t. engaiolar; aprisionar; prender.
**CAGELING** (kêidj'linn), s. Pássaro engaiolado.
**CAJOLE** (kâdjôu'l), v. t. e i. Bajular, adular, lisonjear; engodar; acariciar; afagar.
**CAJOLEMENT** (kâdjôul'ment), s. Bajulação; engodo.
**CAJOLER** (kâdjôu'lâr), s. Lisonjeador, adulador.
**CAJOLERY** (kâdjôu'lâri), s. Adulação, lisonja; logro; carinho.
**CAKE** (kêik), s. Bolo, torta, pastel; massa; crosta, v. t. e i. endurecer, solidificar-se.
**CAKE WALK** (kêik wâlk), (EUA) Concurso de passos de dança (entre negros); espécie de dança de palco; v. i. dançar essa dança.
**CALABASH** (kê'lâbésh), s. Cabaça.
**CALABOOSE** (ké'lâbuz), s. Calabouço, prisão, cadeia.
**CALAMITOUS** (kâlé'mitâss), adj. Calamitoso; desastrado.
**CALAMITY** (kâlé'miti), s. Calamidade; desgraça.
**CALASH** (kâlé'sh), s. Caleche, caleça.
**CALCAREOUS** (kélké'riâss), adj. Calcário.
**CALCIFEROUS** (kélsi'fâráss), adj. Calcífero.
**CALCIFICATION** (kélsifikêi'shânn), s. Calcificação.
**CALCIFY** (kél'sifái), v. t. e i. Calcificar.
**CALCINATION** (kélsinêi'shânn), s. Calcinação.
**CALCINE** (kél'sáinn), v. t. e i. Calcinar.
**CALCIUM** (kél'siâmm), s. Cálcio.
**CALCULABLE** (kél'kiulâbl), adj. Calculável, avaliável.
**CALCULATE** (kél'kiulêit), v. t. e i. Calcular; (fam.) supor, pensar, conjeturar.
**CALCULATING** (kél'dkiulêitinn), adj. Calculador; s. ato de calcular.

**CALCULATION** (kélkiulêi'shānn), s. Cálculo, cômputo, avaliação; predição; previsão; cautela; discrição.

**CALCULATOR** (kél'kiulêitār), s. Calculador, calculista; máquina de calcular; livro de cálculos.

**CALCULUS** (kél'kiulāss), s. (Med., Mat.) Cálculo.

**CALDRON** (kól'drānn), s. Caldeirão, caldeira.

**CALEFACIENT** (kélifêi'shent), adj. Calefaciente.

**CALEFACTION** (kélifék'shānn), s. Calefação, aquecimento.

**CALEFACTOR** (kélifék'tār), s. Calefator, aquecedor.

**CALENDAR** (ké'lindār), s. Calendário, folhinha; almanaque; registro cronológico; v. t. registrar; pôr na lista.

**CALENDER** (ké'lindār), s. Calandra (máquina); calênder (monge maometano), daroês; v. t. calandrar.

**CALENDERING** (ké'lindering), s. Calandragem.

**CALENDS** (ké'lendz), s. pl. Calendas.

**CALESCENCE** (ké'lé'senss), s. Aquecimento, aumento de calor.

**CALF** (káf), s. Vitela, novilha; couro de bezerro; filhote de alguns mamíferos (baleia, hipopótamo); barriga da perna; palerma.

**CALFSKIN** (káf'skinn), v. s. Pele de bezerro.

**CALIBER, CALIBRE** (ké'libār), s. Calibre; diâmetro; capacidade, aptidão.

**CALIBRATE** (ké'librêit), v. t. Calibrar, medir o calibre.

**CALIBRATION** (kélibrêi'shānn), s. Calibragem.

**CALIBRATOR** (ké'librêitār), s. Calibrador.

**CALIF, CALIPH** (kêi'lif), s. Califa.

**CALIGINOUS** (káli'djināss), adj. Caliginoso, obscuro, nebuloso.

**CALIPER** (ké'lipār), s. Compasso de calibre, calibrador (ger. pl.); v. t. medir com compasso de calibre.

**CALIX** (kêi'liks ou ké'liks), s. Cálice (da flor).

**CALK, CAULK** (kók), v. t. Calafetar, alcatroar (fendas de barco); ponta de ferradura; gancho, harpão; v. t. prover de pontas (ferradura); ferrar (sapatos); marcar com giz.

**CALKER, CAULKER** (kó'kār), s. Calafete, calafetador, instrumento para calafatar.

**CALL** (kól), v. t. e i. Chamar; nomear; anunciar; convocar, intimar; fazer ou mandar vir; gritar, bradar. *To call off:* dissuadir. *To call up:* chamar ao telefone. *Call box:* quadro telefônico, (Eng.) cabina telefônica. Despertar; recordar; imaginar; s. chamada; apelo; grito; convite; intimação; isca; solicitação; apito, instrumento para chamar; (fam.) necessidade, ocasião.

**CALLBOY** (kól'bói), s. Rapaz de recados.

**CALLER** (kó'lār), s. Visitante, visita; o que chama, invoca, telefona.

**CALLIGRAPHER** (káli'gráfār) ou **CALLIGRAPHIST** (káli'gráfist), s. Calígrafo.

**CALLIGRAPHY** (káli'gráfi), s. Caligrafia.

**CALLING** (kó'linn), s. Chamada, convocação; apelo; intimação; ocupação, profissão, ofício; vocação; nomeação.

**CALLOSITY** (kâ'ló'siti), s. Calosidade.

**CALLOUS** (ké'lóu), adj. Caloso; calejado.

**CALLOW** (ké'lóu), adj. Implume; ingênuo; inexperiente.

**CALM** (kámm), v. t. e i. Acalmar; serenar; adj. calmo, tranqüilo; bonançoso; s. sossego, calma, tranqüilidade.

**CALMATIVE** (kél'mátiv), adj. e s. (Med.) Calmante.

**CALMNESS** (kám'néss), s. Calma, sossego.

**CALORIC** (ké'lór'ik), s. Calor; (Ffs.) Calórico; adj. de ou relativo ao calor, térmico.

**CALORIE, CALORY** (ké'lori), s. Caloria.

**CALORIFIC** (kélori'fik), adj. Calorífico.

**CALORIMETER** (kelori'mitār), s. Calorímetro.

**CALORIMETRY** (kélori'mitri), s. Calorimetria.

**CALUMNIATE** (kâlâm'niêt), v. t. Caluniar; difamar.

**CALUMNIATOR** (kâlâm'niêitār), s. Caluniador, difamador.

**CALUMNIOUS** (kâlâm'niáss), adj. Calunioso, difamatório.

**CALUMNY** (ké'lâmni), s. Calúnia, difamação, maledicência.

**CALVARY** (kél'vári), s. Calvário.

**CALVE** (káv), v. i. Parir (a vaca); fragmentar-se (geleira).

**CALVINISM** (kél'vinizm), s. Calvinismo.

**CALVINIST** (kél'vinist), s. Calvinista.

**CALX** (kélks), s. Cal; resíduos de minerais.

**CAMARILLA** (kémāri'lá), s. Camarilha; pequena câmara.

**CAMBER** (kém'bār), v. t. e i. Arquear; abaular-se; cambar; s. curvatura; arqueamento.

**CAMBERED** (kém'bārd), adj. Arqueado, cambado.

**CAMBIST** (kém'bist), s. Cambista; tabela de câmbio.

**CAMBRIC** (kém'brik), s. Cambraia.
**CAMEL** (ké'mel), s. Camelo.
**CAMELEER** (kémeli'r), s. Cameleiro; condutor de camelos.
**CAMELLIA** (kâmi'liâ), s. Camélia.
**CAMELOPARD** (kâmé'lopárd), s. Girafa.
**CAMEO** (ké'miôu), s. Camafeu.
**CAMERA** (ké'mârâ), s. Câmara; câmara escura; projetor; máquina fotográfica ou cinematográfica.
**CAMERAL** (ké'mârâl), adj. Relativo ou pertencente a câmara.
**CAMERAMAN** (ké'mârâmaen), s. Cinegrafista.
**CAMION** (ké'miânn), s. Caminhão.
**CAMISOLE** (ké'missôul), s. Camisola; jaqueta solta de senhora.
**CAMOMILE** (ké'momáil), s. Camomila.
**CAMOUFLAGE** (ké'mufládj), s. Camuflagem; (fig.) disfarce; v. t. camuflar.
**CAMP** (kémp), v. t. e i. Acampar; alojar; alojar-se temporariamente; s. acampamento; campo.
**CAMPAIGN** (kémpêi'nn), s. Campanha (militar, eleitoral); (fig.) esforço para a consecução de algo; v. i. fazer uma campanha.
**CAMPAIGNER** (kémpêi'nâr), s. Veterano, soldado velho.
**CAMPANERO** (kémpâné'rôu), s. Araponga (ave).
**CAMPANILE** (kémpâni'l), s. Campanário, torre de sinos.
**CAMPANOLOGER** (kémpânô'lodjâr) ou **CAMPANOLOGIST** (kémpânô'lodjist), s. Campanólogo.
**CAMPANOLOGY** (kémpânô'lodji), s. Campanologia.
**CAMPHOR** (kém'fâr), s. Cânfora.
**CAMPHORATE** (kém'fârêit), v. t. Canforar.
**CAMPING** (kémp'inn), s. Acampamento.
**CAN** (kén), s. Lata; vasilha de lata; caneca(o); (gír.) banheiro; cadeia, delegacia; traseiro, nádegas; v. t. enlatar; por em lata; (gír.) cessar, por término; despedir. *Can it*: pare com isso! pret. pass.: *canned*.
**CANADIAN** (kânêi'diânn) adj. e s. Canadense.
**CANAL** (kâné'l), s. Canal; v. t. abrir canal em.
**CANALIZATION** (kânélizêi'shânn ou kenâláizêi'shânn), s. Canalização.
**CANALIZE** (ké'nâláiz), v. t. e i. Canalizar.
**CANARD** (kânár'd), s. Notícia falsa ou exagerada.
**CANARY** (kâna'ri), s. Canário; cor de canário; vinho das Canárias.

**CANCEL** (kén'sél), v. t. Cancelar, anular, invalidar, rescindir; riscar, suprimir; s. cancelamento, anulação.
**CANCELLATION** (kénselêi'shânn), s. Cancelamento, abolição, invalidação.
**CANCELLER** (kén'sâlâr), s. Cancelador, anulador.
**CANCER** (kén'sâr), s. (Med.) Câncer, cancro; (fig.) vício, defeito; (Astron.) Câncer, Caranguejo.
**CANCERED** (kén'sârd) ou **CANCEROUS** (kén'sâráss), adj. Canceroso.
**CANDENT** (kén'dent), adj. Candente, em brasa.
**CANDESCENCE** (kân'dé'senss), s. Incandescência.
**CANDESCENT** (kândé'sent), adj. Incandescente.
**CANDID** (kén'did), adj. Cândido, sincero; ingênuo, simples, franco.
**CANDIDACY** (ken'didâssi), s. V. *Candidature*.
**CANDIDATE** (kén'didêit ou kén'didit), s. Candidato, concorrente.
**CANDIDATURE** (kén'didâtiur ou kén'didâtshâr), s. Candidatura.
**CANDIDNESS** (ken'didnêss), s. Candura; sinceridade; ingenuidade.
**CANDIED** (kén'did), adj. Coberto de açúcar, cristalizado; (fig.) adulador, lisonjeiro.
**CANDLE** (kénd'l), s. Vela; candeia; círio.
**CANDLELIGHT** (kénd'l-láit), s. Luz de vela; o cair da noite.
**CANDLESTICK** (kénd'l-stik), s. Castiçal.
**CANDLEWICK** (kénd'l-uik), s. Pavio de vela.
**CANDOCK** (kén'dók), s. Limo, lama, lodo.
**CANDOR, CANDOUR** (kén'dâr), s. Imparcialidade; franqueza.
**CANDY** (kén'di), s. Açúcar-cande; doce, bala, confeito, bombom; v. t. e i. encandilar; cobrir de açúcar, cristalizar (frutas, doces); (fig.) cobrir ou incrustar com substância cristalina (sal, gelo); adoçar; abrandar; (gír.) haxixe; maconha; LSD.
**CANE** (kêinn), s. Bengala; cana, junco; v. t. vergastar; empalheirar (móveis).
**CANESCENCE** (kâné'sânss), s. Alvura; cor esbranquiçada.
**CANESCENT** (kâné'sânt), adj. Branquejante.
**CANING** (kêi'ninn), s. Esbordoamento.
**CANICULAR** (kâni'kiulâr), adj. Canicular.
**CANINE** (kêi'náinn), adj. e s. Canino.
**CANISTER** (ké'nistâr), s. Hostiário; caixa para guardar chá, rapé, etc.

**CANKER** (kén'kår), s. Cancro, gangrena; broca, inseto destruidor; (fig.) vício, mácula; v. t. e i. cancerar; gangrenar; corromper.
**CANKEROUS** (kén'kåråss), adj. Gangrenoso; corrosivo.
**CANNED** (kén'd), pret. e part. pass. de *can*; adj. Enlatado; em conserva.
**CANNER** (kén'når), s. Enlatador; fabricante de conservas.
**CANNERY** (ké'nåri), s. Fábrica de conservas.
**CANNIBAL** (ké'nibål), s. Canibal, antropófago.
**CANNIBALISM** (ké'nibålism), s. Canibalismo, antropofagia.
**CANNIKIN** (ké'nikinn), s. Canequinha; latinha.
**CANNINESS** (ké'ninéss), s. Sagacidade, astúcia; cautela, prudência.
**CANNING** (ké'ninn), s. Enlatamento de conservas.
**CANNON** (ké'nånn), s. Canhão; carambola de bilhar; canela (de cavalo ou boi); parte do freio que fica dentro da boca da cavalgadura; v. t. e i. carambolar; canhonear.
**CANNONADE** (ké'nånéid), s. Canhonada, canhoneio; v. t. e i. canhonear.
**CANNONEER** (kénåni'r), s. Artilheiro.
**CANNONRY** (ké'nånri), s. Artilharia; canhonada.
**CANNOT** (ké'nót ou kånt), contr. Forma aglutinada de *can not*.
**CANNY** (ké'ni), adj. Prudente, cauteloso; sabido; econômico; engenhoso; moderado, circunspecto; inofensivo; de bom agouro; compar.: *cannier;* superl.: *canniest*.
**CANOE** (kánu'), s. Canoa; v. i. navegar em canoa.
**CANOEIST** (kánu'ist), s. Canoeiro.
**CANON** (kè'nånn), s. Cânone; cônego; dignitário da Igreja.
**CANONESS** (ké'nånéss), s. Canonisa, cônega.
**CANONIC** (kånó'nik) ou **CANONICAL** (kånó'nikål), adj. Canônico; regular, legal.
**CANONIST** (ké'nånist), s. Canonista.
**CANONIZATION** (kénånizéi'shånn ou kénånáizéi'shånn), s. Canonização.
**CANONIZE** (ké'nånáiz), v. t. Canonizar; glorificar, exaltar.
**CANONRY** (ké'nånri), s. Canonicato, conezia.
**CANOPY** (ké'nopi), s. Dossel; pálio; (fig.) cobertura, abrigo; v. t. cobrir com dossel.
**CANOROUS** (kånóu'råss), adj. Canoro; harmonioso.

**CANT** (ként), v. t. e i. Chanfrar; inclinar-se; virar, derrubar; falar com hipocrisia; choramingar; usar de gíria ou calão; s. canto, saliência; delive; calão; gíria profissional; beatice, hipocrisia; linguagem hipócrita.
**CAN'T** (kaent), contração de *can not*.
**CANTANKEROUS** (kåntén'kåråss), adj. Rabugento, mal-humorado; mau, perverso.
**CANTEEN** (kénti'nn), s. Cantina; cantil.
**CANTER** (kén'tår), Meio galope; v. t. e i. cavalgar a meio galope.
**CANTICLE** (kén'tikl), s. Cântico, hino religioso. *The Canticles:* o Cântico dos Cânticos.
**CANTLE** (kén'tl), v. t. Retalhar, fragmentar; s. retalho, pedaço, naco, fragmento.
**CANTON** (kén'tånn), s. Cantão, distrito; v. t. e i. dividir em cantões; acantonar, aboletar.
**CANTONMENT** (kén'tånment), s. Acantonamento, aquartelamento.
**CANVAS** (kén'våss), s. Lona, tela; barraca de lona; vela ou velame de navio; circo; vida circense; tela de pintor, quadro.
**CANVASS** (kén'våss), v. t. e i. Cabalar; examinar, considerar, investigar; fazer o escrutínio de; solicitar votos ou fregueses; visitar a clientela; s. exame, discussão; escrutínio; solicitação de votos ou fregueses.
**CANVASSER** (kén'våssar), s. Angariador (de votos, pedidos, etc.); investigador.
**CANYON** (ké'niånn), s. Desfiladeiro, vale profundo.
**CAOUTCHOUC** (káu'tshuk), s. Caucho; borracha.
**CAP** (kaep), s. Boné, quepe, gorro, barrete, casquete, boina; reverência, saudação; tampão de radiador; tampa; cápsula; chapa; chapéu dos cogumelos; tope, topo; cimo; extremidade; v. t. e i. cobrir a cabeça ou a parte mais alta; pôr ou tirar o chapéu, etc.; cobrir, coroar; colocar o tampão, a tampa, etc.; vencer; saudar tirando o boné.
**CAPABILITY** (kèipåbi'liti), s. Capacidade, aptidão, idoneidade.
**CAPABLE** (kèi'påbl), adj. Capaz, apto, competente, eficiente.
**CAPABLENESS** (kèi'påblnéss), s. Capacidade, aptidão.
**CAPACIOUS** (kåpêi'shåss), adj. Vasto, largo, espaçoso.
**CAPACIOUSNESS** (kåpêi'shåsnéss), s. Largueza, espaço, capacidade.
**CAPACITATE** (kåpé'sitèit), v. t. Capacitar, habilitar.

**CAPACITATOR** (kâpé'sitêitar), s. Condensador.

**CAPACITY** (kâpé'siti), s. Capacidade; aptidão, lidade; âmbito; espaço; cargo; posto; pl.: *capacities*.

**CAPARISON** (kâpé'risân), s. Caparazão; aprestos vistosos; jaez; v. t. ajaezar; vestir pomposamente.

**CAPE** (kêip), s. Cabo, promontório; capa ou manto curto.

**CAPER** (kei'pêr), s. Salto; cambalhota; travessura; salto grotesco; passo de dança; (Bot.) alcaparreira; (gír.) assalto, roubo; v. i. saltar, cabriolar; fazer travessura.

**CAPERER** (kêi'pârâr), s. Saltador, pulador.

**CAPERING** (kéi'pârinn), s. Cambalhota; salto.

**CASPEKIN** (keip'skin), s. Camurça; pelica.

**CAPILLARITY** (kêpilê'riti), s. Capilaridade.

**CAPILLARY** (ké'pilêri), adj. Capilar; s. vaso ou tubo capilar.

**CAPITAL** (ké'pitâl), adj. Capital; principal; primordial; excelente; ótimo; maiúscula; s. capital; cabedal; letra maiúscula.

**CAPITALISM** (ké'pitâlism), s. Capitalismo.

**CAPITALIST** (ké'pitalist), s. Capitalista.

**CAPITALIZATION** (képitâlizêi'shânn ou képitâláizêi'shânn), s. Capitalização.

**CAPITALIZE** (ké'pitâláiz), v. t. Capitalizar; aproveitar; tirar proveito (EUA).

**CAPITALLY** (ké'pitâli), adj. Capitalmente, principalmente; admiravelmente.

**CAPITATION** (képitêi'shânn), s. Capitação, imposto por cabeça.

**CAPITULATE** (kâpi'tiulêit), v. i. Capitular, render-se, entregar-se.

**CAPITULATION** (kâpitiulêi'shânn), s. Capitulação, rendimento; acordo, tratado; deposição de armas.

**CAPITULATOR** (kâpi'tiulêitâr), s. Capitulador.

**CAPON** (kéi'pânn), s. Capão, galo capado.

**CAPOTE** (kâpôu't), s. Capote com capuz.

**CAPRICE** (kâpri'ss), s. Capricho; excentricidade.

**CAPRICIOUS** (kâpri'shâss), adj. Caprichoso.

**CAPRICIOUSNESS** (kâpri'shânêss), s. Capricho; excentricidade.

**CAPRINE** (ké'prinn), adj. Caprino.

**CAPRIOLE** (ké'prioul), s. Cabriola; v. i. cabriolar.

**CAPSIZE** (képsái'z), v. i. Emborcar; soçobrar.

**CAPSTAN** (kép'stânn), s. (Náut.) Cabrestante.

**CAPSULAR** (ké'psiulâr), adj. Capsular, capsulado.

**CAPSULATE** (ké'psiulêit) ou **CAPSULATED** (ké'psiulêitid), adj. Capsulado, encerrado em cápsula.

**CAPSULE** (ké'psiul), s. Cápsula.

**CAPTAIN** (ké'ptinn), s. Capitão; chefe, comandante; contramestre; capataz; feitor; pioneiro; veterano; o primeiro aluno.

**CAPTAINCY** (ké'ptinsi) ou **CAPTAINSHIP** (ké'ptinship), s. Capitania, posto de capitão.

**CAPTATION** (képtêi'shânn), s. Captação.

**CAPTION** (kép'shânn), s. Captura, apreensão; embargo; chicana; título (em jornal); legenda (de ilustração); (Jur.) rubrica.

**CAPTIOUS** (kép'shâss), adj. Capcioso, falaz; chicaneiro; censurador; implicante.

**CAPTIOUSNESS** (kép'shâsnéss), s. Fraude, dolo, chicana, cavilação.

**CAPTIVATE** (ké'ptivêit), v. t. Cativar, fascinar, encantar.

**CAPTIVATING** (ké'ptivêitinn), adj. Cativante, fascinante.

**CAPTIVATION** (képtivêi'shânn), s. Fascinação, obsessão; cativeiro.

**CAPTIVE** (ké'ptiv), adj. e s. Cativo, prisioneiro, escravo; fascinado, encantado.

**CAPTIVITY** (képti'viti), s. Cativeiro, escravidão; obsessão; fascinação.

**CAPTOR** (ké'ptâr), s. Captor; apreensor.

**CAPTURE** (ké'ptiur ou ké'ptshâr), s. Captura, apresamento, presa; v. t. capturar, aprisionar, apreender.

**CAPUT** (kei'pât), s. Cabeça, extremidade arredondada.

**CAR** (kár), s. Carro, viatura, carruagem, bonde; automóvel; vagão; cabina de elevador.

**CARABINE** (ké'râbáinn), s. Carabina.

**CARABINEER** (kérâbini'r), s. Carabineiro.

**CARAFE** {kârâ'f), s. Garrafa para água.

**CARAMELIZE** (ké'râmeláiz), v. t. e i. Caramelizar; caramelizar-se.

**CARAPACE** (ké'râpêiss), s. Carapaça, couraça.

**CARAT** (ké'rât), s. Quilate.

**CARAVAN** (ké'rávânn), s. Caravana.

**CARAVEL** (ké'rávél), s. Caravela.

**CARBINE** (kár'binn), s. Carabina.

**CARBON** (kár'bânn), s. Carbono; folha de papel carbono; cópia a papel carbono; adj. carbôneo, carbonóide.

**CARBONACEOUS** (kárbonêi'shâss), adj. Carbonado; (Geol.) carbonífero.

**CARBONATE** (kár'bânit), v. t. Carbonatar; carbonizar; s. carbonato.
**CARBONIC** (kárbó'nik), adj. Carbônico; carbôneo.
**CARBONIFEROUS** (kárbâni'feráss), adj. Carbonífero.
**CARBONIZATION** (kárbânizêi'shân ou kárbânáizêi'shânn), s. Carbonização.
**CARBONIZE** (kár'bânáiz), v. t. Carbonizar.
**CARBURET** (kár'biurét), s. Carbureto, carboneto.
**CARBURETOR, CARBURETTOR** (kár'biurêitâr), s. Carburador.
**CARBURIZE** (kár'biuráiz), v. t. Carburar, carbonar.
**CARCASS, CARCASE** (kár'káss), s. Carcaça; armação, esqueleto, estrutura; pessoa o animal esquálido.
**CARD** (kárd), s. Cartão; carta de baralho; cartaz pequeno; papelão; cartolina; programa; cardápio; convite; ficha; carda, instrumento de cardar; verbete; (pop.) excêntrico, folgazão; v. t. cardar; cartear; fichar; inscrever ou endereçar cartão a.
**CARDER** (kár'dâr), s. Cardador; carda.
**CARDIAC** (kár'diék), adj. Cardíaco; fortalecente, revigorizador; s. cardial, estimulante do coração.
**CARDINAL** (kár'dinâl), s. Cardeal; ponto cardeal; número cardinal; adj. cardeal, cardinal, principal, primordial.
**CARDINALLY** (kár'dináli), adv. Principalmente.
**CARDINALSHIP** (kár'dinâlship), s. Cardinalato.
**CARDING** (kár'dinn), s. Cardação; adj. que carda.
**CARDIOGRAM** (kár'diogrémm), s. Cardiograma.
**CARDIOGRAPH** (kár'diogréf ou kárdió'grafi), s. Cardiógrafo ou cardiografia.
**CARDIOLOGY** (kárdió'lodji), s. Cardiologia.
**CARE** (kér), s. Cuidado, desvelo, zelo; atenção; inquietação; custódia; diligência; vigilância; proteção; v. i. ter, mostrar cuidado, interesse; importar-se; preocupar-se.
**CAREEN** (kâri'n), s. (Náut.) Querena, querenagem; v. t. e i. querenar.
**CAREENAGE** (kâri'nidj), s. Despesas de querenagem; ato de querenar.
**CAREER** (kári'r), s. Carreira, profissão, ofício, modo de vida; existência; v. i. correr; adj. de carreira, relativo a profissão (EUA).

**CAREERER** (kâri'râr), s. Corredor; aquele que corre.
**CAREFUL** (kér'ful), adj. Cuidadoso, cauteloso; meticuloso, exato.
**CAREFULLY** (kér'fuli), adv. Cuidadosamente, desveladamente; exatamente.
**CAREFULNESS** (kér'fulnéss), s. Cuidado, atenção; solicitude.
**CARELESS** (kér'léss), adj. Descuidado.
**CARELESSNESS** (kér'lésnéss), s. Descuido, negligência, incúria.
**CARESS** (káré'ss), v. t. Acariciar, afagar; s. carinho, afago, mimo.
**CARESSING** (káré'sinn), adj. Acariciador, afável.
**CARETAKER** (kér'têi'lâr), s. Zelador, guarda; curador.
**CARETAKING** (kér-têi'kinn), s. Cuidado, zelo.
**CAREWORN** (kér'uðurn), adj. Fatigado; consumido.
**CARFREE** (kêr fri), adj. Despreocupado; feliz, alegre.
**CARGO** (kár'gôu), s. Carga; frete.
**CARICATURAL** (kérikâtiu'râl ou kérikâtshu'râl), adj. Caricatural.
**CARICATURE** (ké'rikâtiur ou ké'rikâtshur), s. Caricatura; v. t. caricaturar; ridicularizar.
**CARICATURIST** (kérikâtiu'rist ou kérikâtshu'rist), s. Caricaturista.
**CARIES** (ké'riz), s. Cárie.
**CARILLON** (kâri'liân), s. Carrilhão.
**CARIOUS** (ké'riáss), adj. Cariado.
**CARKING** (kár'kinh), adj. Pesaroso, pungente; opressivo.
**CARMAN** (kár'maen), s. Carroceiro.
**CARMINE** (kár'minn ou kár'máinn), s. Carmim.
**CARNAGE** (kár'nidj), s. Carnificina, matança.
**CARNAL** (kár'nâl), adj. Carnal; sensual.
**CARNALITY** (kárné'liti), s. Carnalidade; sensualidade; lascívia.
**CARNATION** (kár'nei'chin), s. Cor vermelha, encarnado; (Bot.) cravo; adj. vermelho.
**CARNEOUS** (kár'niâss), adj. Carnoso; carnudo; da cor da carne.
**CARNIFY** (kár'nifái), v. i. e p. Encarnar.
**CARNIVAL** (kár'nivâl), s. Carnaval.
**CARNIVORA** (kárni'vâra), s. pl. Carnívoros.
**CARNIVORE** (kár'nivôur), s. ou **CARNIVOROUS** (kárni'vâráss), adj. Carnívoro.
**CAROL** (ké'râl), v. t. e i. Louvar, celebrar; gorjear; s. canto alegre; hino de Natal.
**CAROLER, CAROLLER** (ké'râlâr), s. Cantor, gorjeador.

**CAROM** (ké'râmm), v. i. Carambolar (no bilhar); s. carambola.
**CAROTID** (kâró'tid), s. (Anat.) Carótida.
**CAROUSAL** (kârâu'zâl), s. Orgia; pândega.
**CAROUSE** (kâráu'z), s. Bacanal, beberronia; v. i. farrear; embebedar-se.
**CAROUSER** (kâráu'zâr), s. Beberrão; farrista.
**CARP** (kárp), s. Carpa (peixe); v. i. censurar.
**CARPENTRY** (kár'pintri), s. Carpintaria; ofício, obra de carpinteiro.
**CARPER** (kár'pâr), s. Crítico; maldizente.
**CARPET** (kár'pit), s. Tapete; alcatifa; v. t. atapetar; alcatifar; (fam.) repreender.
**CARPETING** (kár'pitinn), s. Tapetes em geral.
**CARPING** (kár'pinn), adj. Repreendedor; censurador; crítico.
**CARPUS** (kár'pâss), s. (Anat.) Carpo.
**CARRIAGE** (ké'ridj), s. Carruagem; carro; vagão ferroviário; porte, frete, carreto; postura; modos; procedimento; comportamento.
**CARRIER** (ké'riâr), s. Mensageiro; carregador; carreteiro; canal, passagem.
**CARRION** (ké'riânn), s. Carniça, carne podre; cadáver em putrefação; adj. pútrido; putrefato; (fig.) repugnante; imundo.
**CARROT** (ké'râť), s. Cenoura; (fam.) ruivo.
**CARROUTY** (ké'râti), adj. Ruivo (cabelo); da cor da cenoura.
**CARRY** (ké'ri), v. t. e i. Levar, carregar; conduzir; transportar; conter; incluir; abranger; implicar; ter, possuir; influir; remover; distender; prolongar; sustentar; arrebatar, arrastar; ter em estoque ou depósito; publicar; capturar; atingir; portar-se, conduzir-se. To carry about: levar de um lado para outro; s. alcance (de arma ou projétil).
**CARRY-ALL** (ké'rióĺ), s. Estojo de utilidades.
**CARRYING** (ké'riin), s. Transporte, condução.
**CART** (kárt), s. Carroça, carreta; carro; v. t. i. carrear; guiar carro ou carroça.
**CARTAGE** (kár'tidj), s. Carreto, carretagem.
**CARTEL** (kár'tél), s. (Com. e Mil.) Cartel.
**CARTER** (kárt'târ), s. Carroceiro, carreteiro.
**CARTILAGE** (kár'tilidj), s. (Anat.) Cartilagem.
**CARTILAGINOUS** (kártilé'djinâss), adj. Cartilaginoso.
**CARTOGRAPHY** (kártó'grâfi), s. Cartografia.
**CARTOMANCY** (kártó'mânsi), s. Cartomancia.
**CARTON** (kár'tânn), s. Caixa de papelão; papelão; disco branco no centro do alvo; tiro que acerta nesse disco.
**CARTOON** (kártu'nn), s. Cartão, papelão encorpado; caricatura; desenho animado.

**CARTOONIST** (kártu'nist), s. Caricaturista; desenhista de esboços, cartazes ou desenhos animados.
**CARTOUCHE** (kârtu'sh), s. (Mil.) Cartucho; (Arquit.) cártula; ornato de um capitel.
**CARTRIDGE** (kár'tridj), s. Cartucho de arma de fogo; rolo de filmes para fotografias.
**CARUNCLE** (ké'râjkl), s. (Anat., Bot.) Carúncula.
**CARVE** (kárv), v. t. e i. Esculpir, entalhar; gravar; cinzelar; trinchar (carne).
**CARVEN** (kár'venn), adj. Esculpido; gravado.
**CARVER** (kár'vâr), s. Escultor; trinchador.
**CARVING** (kár'vinn), s. Escultura, entalhe, cinzeladura; trincho, ato de trinchar.
**CASCADE** (késkêi'd), s. Cascata.
**CASE** (kéiss), v. t. Pôr em caixa ou estojo; encaixotar; encaixar; acondicionar; cobrir; s. estojo; caixa; coldre, bainha; mala; invólucro; questão, ação judicial; situação.
**CASEMENT** (kêis'mânt), s. Armação, batente de janela; caixilho de vidraça.
**CASERN, CASERNE** (kázâr'nn), s. (Mil.) Caserna, quartel.
**CASH** (késh), s. Dinheiro, moeda sonante; pagamento à vista; v. t. converter em dinheiro; receber ou pagar em dinheiro.
**CASHEW** (késhu'), s. Cajueiro.
**CASHIER** (késhi'r), s. Caixa, pagador; v. t. demitir, despedir; (Mil.) dar baixa.
**CASHMERE** (késh'mir), s. Casimira.
**CASING** (kêi'sinn), s. Cobertura, coberta; invólucro, embalagem; revestimento; encaixe; guarnição de portas e janelas; encadernação; parte externa de pneu (EUA).
**CASK** (kásk), s. Barril, pipa, casco.
**CASKET** (kás'kit), s. Escrínio; pequeno cofre para jóias.
**CASQUE** (késk), s. Casco; elmo, capacete.
**CASSATION** (késsêi'shânn), s. Cassação; anulação, revogação, cancelamento.
**CASSEROLE** (ké'sârôul), s. Caçarola.
**CASSIMERE** (ké'sâmir), s. Casimira.
**CASSOCK** (ké'sâk), s. Batina, sotaina; (fig.) sacerdócio.
**CAST** (kaest), s. Golpe, lance, arremesso; molde; fundição; expressão, aparência; marca; cunho; cálculo; elenco, distribuição de papéis (em teatro, rádio, TV); arranjo; conjetura; previsão; ejeção, dejeção; isca para pescar; v. t. e i. lançar, arremessar; emitir; deixar cair; derramar; depositar; dar (voto); dirigir; imputar; despojar; pôr

de parte; computar; rejeitar; dar baixa a; vencer demanda judicial; lançar os dados; meditar. *To cast forth:* disseminar.
**CASTAWAY** (kést'âuêi), adj. Rejeitado, abandonado, naufragado; s. réprobo; pária.
**CASTE** (kést), s. Casta; classe social.
**CASTELLAN** (kés'telân), s. Castelão.
**CASTELLATED** (kés'tâlêitid), adj. Acastelado; fortificado.
**CASTER** (kaes'târ), s. Lançador, arremessador; fundidor (máquina).
**CASTIGATE** (kést'tighêit), v. t. Castigar, punir, corrigir; açoitar.
**CASTIGATION** (késtighêi'shânn), s. Castigo, punição; diatribe, crítica acerba.
**CASTIGATOR** (kés'tighêitâr), s. Castigador.
**CASTING** (kaes'tinn), s. Lanço, arremesso; fundição; previsão; escalação; rejeição.
**CASTLE** (kaes'l), s. Castelo; torre (também no jogo de xadrez), v. t. e i. enrocar; rocar.
**CASTLED** (kaest'lid), adj. Acastelado.
**CASTLING** (kaest'lin), s. (Xadrez) Roque.
**CASTOFF** (kaest'of), s. Refugo; rebotalho; adj. rejeitado; descartado; posto fora.
**CASTOR** (kás'târ), s. Castor; chapéu de pêlo de castor; pele de castor; (Astron.) Castor.
**CASTRATE** (késtrêi't), v. t. Castrar, capar.
**CASTRATION** (késtrêi'shânn), s. Castração.
**CASUAL** (ké'juâl), adj. Casual, fortuito, acidental; descuidado, negligente; sem método do sistema; s. trabalhador avulso.
**CASUALLY** (ké'juâli), adv. Casualmente.
**CASUALNESS** (ké'juâlnéss), s. Casualidade; acaso; negligência; incúria.
**CASUALTY** (ké'juâlti), s. Casualidade; desastre; infortúnio; perda de soldados.
**CASUIST** (ké'ziuist), s. Casufsta.
**CASUISTRY** (ké'ziustri), s. Casuística; sofisma.
**CAT** (két), s. Gato, gata; nome dado aos felídeos em geral; (pop.) mulher rancorosa.
**CATABOLISM** (kâté'bolizm), s. (Biol.) Catabolismo.
**CATACLYSM** (ké'tâklizm), s. Cataclismo; desastre social; derrocada.
**CATACOMB** (ké'tâkôumm), s. Catacumba.
**CATAFALQUE** (ké'tâfélk), s. Catafalco; essa; carro fúnebre.
**CATALAN** (ké'tâlénn), adj. e s. Catalão.
**CATALOG, CATALOGUE** (ké'tâlóg), s. Catálogo.
**CATALYSIS** (kâté'lississ), s. (Quím.) Catálise.
**CATALYST** (ké'tâlist), s. (Quím.) Catalisador.
**CATALYZE** (ké'tâláiz), v. t. (Quím.) Catalisar.
**CATAPLASM** (ké'tâplézm), s. (Med.) Cataplasma.
**CATAPULT** (ké'tâ'pôlt), s. Catapulta; estilingue, bodoque, atiradeira; v. t. lançar de catapulta; atirar de estelingue.
**CATARACT** (ké'târékt), s. Catarata, cachoeira, queda d'água; (Med.) catarata.
**CATARRH** (kâtâ'r), s. (Med.) Catarro; gripe.
**CATARRHINE** (ké'târáinn), adj. e s. (Zool.) Catarríneo.
**CATASTROPHE** (kâtés'trofi), s. Catástrofe.
**CATASTROPHIC** (kétâstrô'fik), adj. Catastrófico.
**CATCALL** (két'kól), s. Apupo, vaia.
**CATCH** (kétsh), s. Presa; captura; pescaria; vantagem, proveito; surpresa, armadilha; gancho, tramela; brinco; anel de ferro; embaraço; (fam.) bom partido; v. t. e i. apanhar, pegar, pôr a mão em; agarrar; prender (o fôlego); compreender; contrair (doença); apegar-se; enganchar-se; atrair a atenção. *Catch-as-catch-can:* luta livre.
**CATCHER** (ké'tshâr), s. Apanhador; o que prende; agarrador.
**CATCHING** (ké'tshinn), adj. Cativante; contagioso; s. ato de agarrar; captura.
**CATCHMENT** (kétsh'ment), s. Apanhamento; presa; captura; reservatório; captação.
**CATCHPENNIES** (kétsh'pênis), s. Papanfqueis.
**CATCHPOLE, CATCHPOLL** (kétsh'pôul), s. Meirinho; beleguim.
**CATCHUP** (kétsh'âp), s. Molho de tomates.
**CATCHWORD** (kétsh'uârd), s. Deixa (nas falas teatrais); (Tip.) chamada; lema; divisa.
**CATCHY** (ké'tshi), adj. Atrativo; embaraçoso; ilusório; intermitente; contagioso.
**CATE** (kêit), s. Iguaria, petisco.
**CATECHESIS** (kétiki'siss), s. Catequese.
**CATECHISM** (ké'tikizm), s. Catecismo.
**CATECHIZATION, CATECHISATION** (kétikizei'shânn ou kétikáizêi'shânn), s. Catequização.
**CATECHIZE, CATECHISE** (ké'tikáiz), v. t. Catequizar; interrogar solenemente.
**CATECHIZER, CATECHISER** (ké'tikáizâr), s. Catequizador, catequista.
**CATEGORICAL** (kétigô'rikâl), adj. Categórico.
**CATEGORIZE** (ké'tigoráiz), v. t. Categorizar.
**CATEGORY** (ké'tigôuri), s. Categoria; série.
**CATENARY** (ké'tinéri), s. Catenária.
**CATENATE** (ké'tinêit), v. t. Concatenar.

**CATENATION** (kétinêi'shân), s. Concatenação; encadeamento.
**CATER** (kéi'târ), v. t. Fornecer, abastecer, suprir; s. quadra (no jogo de cartas, dados).
**CATERER** (kêi'târâr), s. Fornecedor, aprovisionador.
**CATERPILLAR** (ké'târpilâr), s. Lagarta, larva de inseto; corrente sem fim; trator de lagarta ou corrente sem fim.
**CATERWAUL** (ké'târ-uól), v. i. Miar; soltar sons discordantes; guinchar; s. gritaria.
**CATFISH** (két'fish), s. Lampreia, peixe-gato.
**CATGUT** (két'gât), s. Categute.
**CATHARSIS** (kâthâr'siss), s. Catarse, purificação, purgação.
**CATHARTIC** (két'ar'tik), s. Catárico, laxante.
**CATHEDRA** (kâthi'drâ), s. Cátedra.
**CATHEDRAL** (kâthi'drâl), s. Catedral.
**CATHETER** (ké'thitâr), s. (Med.) Cateter.
**CATHODE** (ké'thôud), s. Cátodo, catódio.
**CATHOLIC** (ké'thólik), adj. e s. Católico; adj. universal; liberal; tolerante.
**CATHOLICISM** (kâthó'lissizm), s. Catolicismo.
**CATHOLICITY** (kéthóli'siti), s. Catolicidade; liberalidade; generosidade.
**CATHOLICIZE** (kâthçó'lissáiz), v. t. e i. Catolizar; tornar ou tornar-se católico.
**CATLIKE** (két'laik), adj. Felino.
**CATLING** (két'linn), s. Gatinho; corda fina de categute; (Med.) bisturi; escalpelo.
**CATNAP** (két'náp), s. Soneca, sono leve.
**CATTILY** (két'tili), adv. Felinamente; maldosamente; traiçoeiramente.
**CATTLE** (két'l), s. Gado; rebanho.
**CATTLEMAN** (két'lmaen), s. Criador ou tratador de gado (EUA).
**CATTY** (két'i), adj. Felino; traiçoeiro.
**CATWALK** (két'uâlk), s. Passadiço, passarela.
**CAUCUS** (kô'káss), s. Convenção (de partido político; (pop.) panelinha de políticos.
**CAUDAL** (kô'dâl), adj. Caudal (rel. a cauda).
**CAUDATE** (kô'dêit) ou **CAUDATED** (kô'dêitid), adj. Caudado.
**CAUDLE** (kód'l), s. Gemada quente.
**CAULDRON** (kôl'drânn), s. Caldeirão.
**CAULESCENT** (kôlé'sânt), adj. (Bot.) Caulescente.
**CAULICLE** (kó'likl), s. (Bot.) Caulículo.
**CAULIFLOWER** (kó'li-fláu'âr), s. Couve-flor.
**CAUSAL** (kô'zâl), adj. Causal; causativo.
**CAUSALNESS** (kô'zâlnéss) ou **CAUSALITY** (kózé'liti), s. Causalidade; ação ou agência causal.
**CAUSATION** (kôzêi'shânn), s. Causação; princípio da causalidade.
**CAUSATIVE** (kó'zátiv), adj. Causativo; causal.
**CAUSE** (kóz), v. t. Causar; ocasionar; motivar; produzir; induzir; compelir; s. motivo, razão; origem; ação judicial; partido.
**CAUSELESS** (kóz'léss), adj. Infundado, injusto, injustificável.
**CAUSER** (kó'zâr), s. Causador, motivador.
**CAUSERIE** (kóuzâri'), s. Ensaio, artigo de jornal; conversa, palestra.
**CAUSEWAY** (kóz'uêi), s. Calçada, passadiço; caminho elevado (em lugares pantanosos).
**CAUSTIC** (kós'tik), adj. Cáustico; corrosivo; sarcástico; mordaz; satírico.
**CAUSTICITY** (kósti'siti), s. Causticidade.
**CAUTER** (kó'târ), s. (Med.) Cautério.
**CAUTERIZATION** (kôtârizêi'shânn ou kôtârái-zêi'shânn), s. Cauterização.
**CAUTERIZE** (kô'târáiz), v. t. Cauterizar.
**CAUTERY** (kô'târi), s. Cautério.
**CAUTION** (kô'shânn), s. Cautela, prevenção, aviso; v. t. avisar, prevenir, advertir.
**CAUTIONARY** (kô'shânêri), adj. Admonitório; previdente, precavido; preventivo.
**CAUTIOUS** (kô'shâss), adj. Cauteloso, prudente, avisado; circunspeto.
**CAUTIOUSLY** (kô'shâsli), adv. Cautelosamente, prudentemente.
**CAUTIOUSNESS** (kô'shânéss), s. Cautela, prudência, precaução.
**CAVALCADE** (kévâlkêi'd), s. Cavalgada.
**CAVALIER** (kévâli'r), s. Cavaleiro, cavalheiro; galã; adj. jovial; soberbo; nobre; distinto.
**CAVALRY** (ké'vâlri), s. Cavalaria.
**CAVE** (kéiv), v. t. e i. Escavar; desmoronar; ruir; habitar em caverna; s. furna, antro.
**CAVEAT** (kêi'viét), s. Admoestação, repreensão; requerimento de patente (EUA).
**CAVE-IN** (kei'in), s. (pop.) Desabamento.
**CAVERN** (ké'vârn), s. Caverna, gruta, furna.
**CAVERNOUS** (ké'várnâss), adj. Cavernoso, oco (em sentido próprio e figurado).
**CAVESSON, CAVESON** (ké'vissân), s. Cabeção, espécie de cabresto.
**CAVIAR, CAVIARE** (ké'viâr), s. Caviar.
**CAVIL** (ké'vil), s. Cavilação, sofisma, chicana; objeção capciosa; v. i. cavilar, sofismar.
**CAVILER, CAVILLER** (ké'vilâr), s. Cavilador.
**CAVILING, CAVILLING** (ké'vilinn), adj. Cavilador, capcioso, sofista.
**CAVITY** (ké'viti), s. Cavidade; buraco.
**CAVY** (kéi'vi), s. Cobaia, porquinho-da-índia.

**CAW** (kó), s. Grasno, crocito.
**CAY** (kêi), s. Recife, baixio, ilhota.
**CEASE** (siss), v. t. e i. Cessar; extinguir.
**CEASELESS** (sis'léss), adj. Incessante, contínuo, ininterrupto.
**CEASELESSNESS** (sis'lésnéss), s. Continuidade.
**CEASING** (si'sinn), s. Cessação, interrupção.
**CECITY** (si'siti), s. (fig.) Cegueira.
**CEDAR** (si'dâr), s. Cedro; a madeira desta árvore.
**CEDE** (sid), v. t. Ceder, conceder, outorgar.
**CEDILLA** (sidi'lá), s. Cedilha.
**CEIL** (sil), v. t. Forrar, estucar (teto).
**CEILING** (si'linn), s. Teto, forro; máximo.
**CELADON** (sé'ládónn), s. Verde-acinzentado.
**CELEBRANT** (sé'librânt), s. Celebrante.
**CELEBRATE** (sé'librêit), v. t. Celebrar, comemorar, festejar; v. i. (fam.) divertir-se.
**CELEBRATED** (sélibrêi'tid), adj. Célebre, famoso, ilustre, notório.
**CELEBRATION** (sélibrêi'shânn), s. Celebração, comemoração, festejo.
**CELEBRATOR** (sé'librêitâr), s. Celebrador.
**CELEBRIOUS** (sé'librâs), adj. Célebre.
**CELEBRITY** (silé'briti), s. Celebridade, fama.
**CELERITY** (silé'riti), s. Celeridade, rapidez.
**CELERY** (sé'lâri), s. Aipo, salsão.
**CELESTE** (silés't), s. Celeste, cor do céu; celeste (voz, registro de órgão).
**CELESTIAL** (silés'tshâl), adj. Celestial; divino; angélico; chinês (com inicial maiúscula); s. espírito celeste.
**CELIBACY** (sé'libâssi), s. Celibato.
**CELIBATARIAN** (sélibâté'riânn) ou **CELIBATE** (sé'libêit), adj. e s. Celibatário, solteiro.
**CELL** (sél), s. Cela de prisão ou convento; cubículo; alvéolo; célula; unidade subsidiária de uma organização.
**CELLAR** (sé'lâr), s. Adega; depósito subterrâneo; celeiro; v. t. guardar em adega.
**CELLARAGE** (sé'lâridj), s. Armazenagem em adega ou depósito subterrâneo; taxa de armazenagem em adega.
**CELLARER** (sé'lârâr), s. Despenseiro de convento; encarregado de adega.
**CELLARET** (sé'lârit), s. Frasqueira, garrafeira.
**CELLARIST** (sé'lârist), s. Despenseiro.
**CELLULAR** (sé'liulâr), adj. Celular, celuloso.
**CELLULE** (sé'liu), s. Célula pequena.
**CELLULOID** (sé'liulôid), s. Celulóide.
**CELLULOSE** (sé'liulôuz), s. Celulose.

**CELT** (sélt), s. Instrumento pré-histórico, semelhante ao machado comum.
**CELT** (kélt ou sélt), adj. e s. Celta.
**CELTIC** (kél'tik ou sél'tik), adj. Céltico, celta.
**CEMENT** (simén't), v. t. e i. Cimentar; cementar; concretizar; s. cimento, argamassa; (fig.) elemento de união, vínculo.
**CEMENTATION** (siméntêi'shânn), s. Cimentação; cementação.
**CEMENTER** (simén'târ), s. Cimentador; vínculo.
**CEMETERY** (sé'mitéri), s. Cemitério.
**CENSE** (sénss), v. t. e i. Incensar, defumar, purificar ou perfumar com incenso.
**CENSER** (sén'sâr), s. Turíbulo, incensório.
**CENSOR** (sén'sâr), s. Censor, crítico.
**CENSORIAL** (sénsôu'riâl), adj. Censório, de censor ou de censura.
**CENSORIOUS** (sénsôu'riâss), adj. Severo, repreensivo, reprovador.
**CENSORIOUSNESS** (sénsôu'riâsness), s. Inclinação à censura, mania de censurar.
**CENSORSHIP** (sén'sârship), s. Censura, funções de censor.
**CENSURABLE** (sén'shârâbl), adj. Censurável, criticável, repreensível.
**CENSURE** (sén'shâr), s. Censura, crítica; desaprovação; v. t. repreender; criticar.
**CENSURER** (sén'shârâr), s. Censurador.
**CENSUS** (sén'sâss) s. Censo, recenseamento.
**CENT** (sént), s. Centésimo.
**CENTAGE** (sén'tidj), s. Percentagem.
**CENTAL** (sén'tâl), s. Peso equivalente a 100 arráteis ingleses; adj. relativo a um cento.
**CENTENARIAN** (sénliné'riânn), adj. e s. Centenário; pessoa centenária.
**CENTENARY** (sén'tinéri), s. Centenário.
**CENTENNIAL** (sénté'niâl), adj. e s. Centenário; centésimo aniversário.
**CENTER, CENTRE** (sén'târ), s. Centro; meio; ponto de atração ou de convergência, de emanação ou de radiação; ponto focal; v. t. e i. centralizar; concentrar-se; focalizar-se.
**CENTERBOARD, CENTREBOARD** (sén'târbôurd), s. (Náut.) Quilha corrediça.
**CENTESIMAL** (sénté'simâl), adj. Centesimal.
**CENTIGRADE** (sén'tigrêid), adj. Centígrado.
**CENTIGRAM, CENTIGRAMME** (sén'tigrémm), s. Centigrama.
**CENTILITER, CENTILITRE** (sén'tilitâr), s. Centilitro.
**CENTIMETER, CENTIMETRE** (sén'timitâr), s. Centímetro.

**CENTIPEDE** (sén'tipidi), s. Centopéia, lacraia.
**CENTNER** (sént'nâr), s. Unidade de peso equivalente a 50 quilos.
**CENTO** (sén'tôu), s. Centão, composição poética formada de trechos de outros autores; miscelânea; misturada.
**CENTRAL** (sén'trâl), adj. Central; principal.
**CENTRALIZATION** (sêntrâlizêi'shânn ou séntrâláizêi'shân), s. Centralização.
**CENTRALIZE** (sén'trâláiz), v. t. e i. Centralizar, centralizar-se; concentrar.
**CENTRALIZER** (sén'trâláizâr), s. Centralizador.
**CENTRALNESS** (sén'trâlnéss) ou **CENTRALITY** (séntré'liti), s. Centralidade.
**CENTRIK** (sén'trik) ou **CENTRICAL** (sén'trikâl), adj. Central.
**CENTRICITY** (séntri'siti), s. Centralidade.
**CENTRIFUGAL** (séntri'fiugâl), adj. Centrífugo.
**CENTRIFUGE** (sén'trifiudj), s. Centrifugador; desnatadeira; v. t. centrifugar.
**CENTRIPETAL** (séntri'pitâl), adj. Centrípeto.
**CENTUPLE** (sén'tiupl), v. t. Centuplicar; adj. cêntuplo, centuplicado; s. cêntuplo.
**CENTUPLICATE** (séntiu'plikêit), v. t. Centuplicar; adj. centuplicado, cêntuplo.
**CENTURIAL** (séntiu'riâl), adj. Centurial; secular.
**CENTURY** (sén'tiuri ou sén'tshuri), s. Século, centenária; centúria.
**CEPHALALGY** (séfâ'lâldji), s. Cefalalgia.
**CEPHALIC** (sifé'lik), adj. Cefálico, da cabeça.
**CEPHALOID** (sé'falóid), adj. Cefalóide.
**CERAMIC** (siré'mik), adj. Cerâmico.
**CERAMICS** (siré'miks), s. Cerâmica (arte).
**CERATED** (si'rêitid), adj. Encerado.
**CERE** (sir), v. t. Encerar; lacrar.
**CEREAL** (si'riâl), adj. e s. Cereal.
**CEREBELUM** (séribé'lâmm), s. (Anat.) Cerebelo.
**CEREBRAL** (sé'ribral), adj. Cerebral, mental.
**CEREBRATION** (séribrêi'shânn), s. Cerebração, função cerebral.
**CEREBRUM** (sé'ribrâmm), s. (Anat.) Cérebro.
**CERECLOTH** (sir'klóth), s. Mortalha.
**CEREMENT** (sir'ment), s. Sudário; mortalha.
**CEREMONIAL** (sérimôu'niâl), adj. e s. Cerimonial; ritual.
**CEREMONIALISM** (sérimôu'hiâlizm), s. Ritualismo, formalismo.
**CEREMONIALIST** (sérimôu'niâlist), s. Ritualista.
**CEREMONIOUS** (sérimôu'niâss), adj. Cerimonioso, mesureiro.
**CEREMONIOUSNESS** (sérimôu'niâsnéss), s. Cerimônia; caráter cerimonial.
**CEREMONY** (sé'rimôuni), s. Cerimônia; etiqueta; cerimônia religiosa.
**CERISE** (sâri'z), adj. e s. Cereja (cor).
**CERTAIN** (sâr'tn), adj. Certo, seguro, fixo; claro, evidente, positivo, verdadeiro; s. número ou quantidade indeterminada.
**CERTAINLY** (sâr'tnli), adv. Certamente.
**CERTAINTY** (sâr'tnti), s. Certeza; exatidão.
**CERTIFIABLE** (sâr'tifiáiâbl), adj. Certificável.
**CERTIFICATE** (sârti'fikit), adj. Certificado; atestado; s. certidão, laudo.
**CERTIFICATE** (sârti'fikêit), v. t. Certificar.
**CERTIFICATION** (sârtifikêi'shânn), s. Certificação, atestação, certificado.
**CERTIFIED** (sâr'tifáid), pret. e part. pass. de *certify;* adj. certificado, garantido.
**CERTIFIER** (sâr'tifáiâr), s. Certificador.
**CERTIFY** (sâr'tifái), v. t. Certificar; atestar; assegurar, garantir; autenticar.
**CERUSE** (si'russ), s. Alvaiade.
**CERVINE** (sâr'vinn ou sârváinn), adj. Cervino, de cervo.
**CERVIX** (sâr'viks), s. Cerviz, nuca.
**CESS** (séss), s. Imposto, tributo; v. t. tributar.
**CESSATION** (séssêi'shânn), s. Cessação, pausa, parada, suspensão, interrupção.
**CESSER** (sé'sâr), s. (Jur.) Suspensão.
**CESSION** (sé'shânn), s. Cessão, ato de ceder; direitos cedidos; renúncia.
**CESSIONARY** (sé'shânéri), s. Cessionário.
**CESSMENT** (sés'ment), s. Taxa, imposto.
**CESSPIT** (sés'pit) ou **CESSPOOL** (sés'pul), s. Fossa sanitária; cloaca; monturo.
**CETACEAN** (sitêi'shânn), adj. e s. Cetáceo.
**CETACEOUS** (sitêi'shâss), adj. Cetáceo.
**CHAFE** (tshêif), v. t. e î. Aquecer pelo atrito; esfolar; gastar pelo atrito; irritar-se; desgastar; s. irritação; fricção; escoriação.
**CHAFER** (tshêi'fâr), s. Escaravelho; braseiro ou aquecedor portátil.
**CHAFF** (tshéf), v. t. Caçoar, pilheriar de; s. picuinha, zombaria; farelo; alimpadura de cereais; (fig.) droga; coisa de pouco valor.
**CHAFFER** (tshé'fâr), s. Regateio; pechincha; v. i. pechinchar; mercadejar; tagarelar.
**CHAFFERER** (tshé'fârâr), s. Pechincheiro; regateador; escarnecedor; tagarela.
**CHAFFINCH** (tshé'fintsh), s. Tentilhão.
**CHAFFY** (tshé'fi), adj. Cheio de palha.

**CHAFING** (tshêi'finn), s. Aquecimento; fricção; irritação.
**CHAGRIN** (shě'grinn), s. Pesar; mortificação; desgosto; v. t. vexar, afligir, enfadar.
**CHAIN** (tshêinn), s. Corrente, cadeia, grilheta, algema; cordilheira; série, conjunto; trena de agrimensor; (fig.) escravidão; v. t. acorrentar; encadear; escravizar, sujeitar.
**CHAINLESS** (tshêin'léss), adj. Livre, sem cadeias.
**CHAINLET** (tshêin'lit), s. Correntinha.
**CHAIR** (tshér), s. Cadeira; cátedra; presidência; coxim de trilho das estradas de ferro; v. t. instalar na presidência; dar posse a.
**CHAIRMAN** (tshér'maen), s. Presidente de assembléia, reunião, comissão, etc.
**CHAIRMANSHIP** (tshér'maenship), s. Presidência.
**CHAISE** (shêiz), s. Carruagem de duas ou quatro rodas, sem capota.
**CHALCOGRAPHER** (kélkô'gráfâr) ou **CHALCOGRAPHIST** (kélkô'gráfist), s. Calcógrafo, o que grava em metal.
**CHALCOGRAPHY** (kélkô'gráfi), s. Calcografia; arte de gravar em metal.
**CHALDAIC** (kéldě'ik) ou **CHALDEAN** (kél di'ânn), adj. e s. Caldaico, caldeu.
**CHALET** (shalê'), s. Chalé.
**CHALICE** (tshé'liss), Cálice (de igreja); taça; copa; (Bot.) cálice de flor.
**CHALK** (tshôk), s. Giz, greda, cré; (fig.) marcação (num jogo), débito, vale; v. t. gizar, marcar; escrever ou desenhar com giz. *To chalk up:* pôr em conta; debitar.
**CHALKY** (tshô'ki), adj. Semelhante a giz; que encerra giz; gredoso.
**CHALLENGE** (tshé'lindj), v. t. e i. Desafiar; disputar judicialmente; reclamar; reivindicar; objetar; lançar um desafio; s. repto, cartel; provocação; pedido de senha.
**CHALLENGEABLE** (tshé'lendjâbl), adj. Desafiável, provocável.
**CHALLENGER** (tshé'lendjâr), s. Desafiador; provocador.
**CHALYBEATE** (kâli'biit), adj. Ferruginoso; s. medicamento ou água ferruginosa.
**CHAMBER** (tshêim'bâr), s. Câmara; gabinete; dormitório, aposento, compartimento; tribunal superior de justiça; câmara (em arma de fogo); (Anat.) cavidade do coração, v. t. e i. encerrar; residir; hospedar-se.
**CHAMBERLAIN** (tshêim'bârlinn), s. Camarista de corte; mordomo; tesoureiro municipal.

**CHAMBERMAID** (tshêim'bârméid), s. Camareira; arrumadeira; criada de quarto.
**CHAMBER-POT** (tshêim'bârpôt), s. Urinol.
**CHAMBRAY** (shém'brêi), s. Cambraia.
**CHAMELEON** (kâmi'liânn), s. Camaleão; (fig.) vira-casaca.
**CHAMFER** (tshém'fâr), s. Chanfro; chanfradura; cano de coluna; estria.
**CHAMOIS** (shé'muâ), s. Camurça; espécie de cabra montês.
**CHAMP** (tshémp), s. Mastigação; v. t. e i. mascar, esmoer; morder impacientemente.
**CHAMPAGNE** (shêmpêi'nn), s. Champanha.
**CHAMPAIGN** (shém'pêinn), s. Campina; planície; campo extenso; adj. plano; raso.
**CHAMPIGNON** (tshêmpi'niânn), s. Cogumelo.
**CHAMPION** (tshém'piânn), s. Campeão; vencedor; paladino, herói; adj. vitorioso; excelente; v. t. proceder como campeão; advogar; defender a causa de; combater por.
**CHAMPIONSHIP** (tshém'piânship), s. Campeonato; defesa.
**CHANCE** (tshénss), s. Acaso, casualidade; oportunidade; probabilidade; sorte; fortuna; risco; adj. casual; fortuito; acidental; v. t. e i. arriscar; aventurar-se.
**CHANCEABLE** (tshén'sâbl), adj. Fortuito.
**CHANCEL** (tshén'sél), s. Santuário; capelamor.
**CHANCELLERY** (tshén'sélâri), s. Chancelaria.
**CHANCELLOR** (tshén'sélâr), s. Chanceler.
**CHANCELLORSHIP** (tshén'sélârship), s. Chancelaria (cargo, funções, dignidade).
**CHANCERY** (tshén'sâri), s. Tribunal de justiça; chancelaria.
**CHANCY** (tshén'si), adj. Sujeito a riscos.
**CHANDELIER** (shéndili'r), s. Candelabro, lustre, lampadário.
**CHANDLER** (tshén'dlâr), s. Mercador; fabricante de velas; merceeiro; negociante.
**CHANDLERY** (tshén'dlâri), s. Mercearia; artigos de mercearia; depósito de velas.
**CHANGE** (tshéindj), s. Troca, substituição; mudança; variação; câmbio; permutação; nova fase; v. t. e i. mudar; cambiar; converter; alterar; modificar.
**CHANGEABILITY** (tshêindjâbi'liti) ou **CHANGEABLENESS** (tshêin'djâblnéss), s. Mutabilidade; instabilidade; inconstância.
**CHANGEABLE** (tshêin'djâbl), adj. Variável; alterável; mutável; inconstante; volúvel.
**CHANGEABLY** (tshêin'djâbli), adv. Variavelmente.

**CHANGEFUL** (tshêindj'ful), adj. Inconstante; variável, incerto.
**CHANGELESS** (tshêindj'léss), adj. Constante; invariável; imutável; inalterável.
**CHANGELING** (tshêindj'linn), s. Criança trocada por outra, logo ao nascer.
**CHANGING** (tshêin'djinn), s. Mudança; alteração; variação; adj. mutável; inconstante.
**CHANNEL** (tshé'nél), s. Canal, conduto, passagem, via; leito de rio; álveo; rego; estreito de mar; (fig.) meio, intermédio; faixa de onda (em rádio e TV); (Arquit.) acanaladura; v. t. canalizar; sulcar.
**CHANSON** (shén'sânn), s. Canção.
**CHANT** (tshént), s. Cântico; salmo; cantochão; v. t. e i. cantar, entoar, gorjear.
**CHANTER** (tshén'târ), s. Chantre; cantor de igreja.
**CHANTRESS** (tshén'tréss), s. Cantora, corista de igreja.
**CHAOS** (kêi'óss), s. Caos; confusão.
**CHAOTIC** (kêió'tik) ou **CHAOTICAL** (kêió'tikâl), adj. Caótico, confuso, desordenado.
**CHAP** (tshép), s. Sulco, greta, racha, fenda; maxilas; mandíbulas; goela; queixada; boca de animal (pl.); (fam.) sujeito; indivíduo; v. t. e i. sulcar; gretar; fender; rachar.
**CHAPBOOK** (tshép'buk), s. Novela popular; folheto; brochura; livrinho barato.
**CHAPE** (tshêip), s. Fivela; gancho de fivela; ponteira de bainha de espada.
**CHAPEL** (tshé'pêl), s. Capela; santuário.
**CHAPELRY** (tshé'pêl), s. Jurisdição de uma capela.
**CHAPFALLEN** (tshépfó'lânn), adj. Consternado; desanimado; desalentado.
**CHAPLAIN** (tshép'linn), s. Capelão.
**CHAPLAINCY** (tshép'linsi), s. Capelania.
**CHAPLET** (tshép'lit), s. Coroa; grinalda de flores; diadema; terço de rosário; colar.
**CHAPMAN** (tshép'maen), s. Vendedor ambulante; mascate.
**CHAPPIE, CHAPPY** (tshé'pi), s. (fam.) Rapazinho; garoto; sujeitinho; janota; estróina.
**CHAPTER** (tshép'târ), s. Capítulo; carta capitular; matéria; assunto; citação textual; cabido, assembléia de cônegos; v. t. pôr em capítulos; dividir em capítulos ou seções.
**CHAR** (tshár), v. t. e i. Torrar; tostar; carbonizar-se; s. biscate, trabalho extraordinário, "bico"; v. t. trabalhar a jornal.
**CHARACTER** (ké'râktâr), s. Caráter; reputação; fama; força moral; gênio; temperamento; qualidade; tipo; sinal; marca; letras; caracteres; algarismo, v. t. caracterizar; gravar; marcar; inscrever.
**CHARACTERISTIC** (kéråktâris'tik) ou **CHARACTERISTICAL** (kéråktâris'tikâl), adj. Característico; s. peculiaridade.
**CHARACTERIZATION** (kéråktâråizéi'shânn ou kéråktâråizêi'shânn), s. Caracterização.
**CHARACTERIZE** (ké'råktâråiz), v. t. Caracterizar; assinalar; distinguir.
**CHARACTERLESS** (ké'râktârléss), adj. Sem caráter; desavergonhado.
**CHARADE** (shârêi'd), s. Charada.
**CHARCOAL** (tshár'kôul), s. Carvão vegetal; carvão (lápis e desenho).
**CHARGE** (tshárdj), s. Cargo; encargo; incumbência; carga; preço; débito; taxa; despesa; custódia; tutela; instruções; mandado; imputação; acusação; investida; assalto; brasão; emblema heráldico; v. t. e i. carregar; onerar; exortar; incriminar; responsabilizar; encarregar; acometer; cobrar; levar à conta de, debitar; pedir (preço); (fig.) sobrecarregar a memória de.
**CHARGEABLE** (tshár'djâbl), adj. Acusável; culpável; responsável; cobrável.
**CHARGEABLY** (tshár'djâbli), adv. Dispendiosamente.
**CHARGER** (tshár'djâr), s. Cavalo de batalha; travessa grande.
**CHARILY** (tshé'rili), adv. Cautelosamente; zelosamente; parcimoniosamente.
**CHARINESS** (tshé'rinéss), s. Cautela; cuidado; zelo, prudência; parcimônia.
**CHARITABLE** (tshé'ritâbl), adj. Caridoso; caritativo; generoso; misericordioso
**CHARITABLENESS** (tshé'ritâblnéss), s. Caridade; beneficência.
**CHARITABLY** (tshé'ritâbli), adv. Caridosamente; generosamente.
**CHARITY** (tshé'riti), s. Caridade; esmola; beneficência; benevolência; instituição ou obra de caridade.
**CHARLATAN** (shár'latânn), adj. e s. Charlatão; impostor.
**CHARLATANISM** (shár'låtânizm) ou **CHARLATANSHIP** (shár'låtânship), s. Charlatanismo; impostura.
**CHARLATANRY** (shár'låtânri), s. Charlatanice, charlatanismo.
**CHARM** (tshárm), s. Encanto, sedução, atrativo; feitiço; encantamento; talismã; amuleto; v. t. cativar; seduzir; fascinar.

**CHARMER** (tshár'már), s. Encantador; fascinador; sedutor; feiticeiro.
**CHARMFUL** (tshárm'ful), adj. Encantador.
**CHARMING** (tshár'minn), adj. Fascinante, sedutor, encantador; maravilhoso.
**CHARMINGLY** (tshár'minnli), adv. Encantadoramente, sedutoramente.
**CHARMLESS** (tshárm'léss), adj. Sem encanto; sem graça; desgracioso.
**CHARNEL** (tshár'nel), adj. Sepulcral; s. cemitério; ossuário; capela mortuária.
**CHART** (tshárt), s. Carta ou mapa geográfico ou topográfico; gráfico; tabela; diploma; patente; roteiro; itinerário; v. t. traçar um gráfico, um roteiro, um mapa de.
**CHARTER** (tshár'tár), s. Título; escritura pública; carta-patente; patente; alvará; privilégio; imunidade; carta constitucional; estatuto; decreto; carta régia; v. t. fretar; privilegiar; garantir por lei; patentear.
**CHARTERER** (tshár'tárár), s. Fretador.
**CHARY** (tshé'ri), adj. Cuidadoso; cauteloso; econômico; avaro; reluante; tímido.
**CHASE** (tshéiss), s. Caça; caçada; presa; perseguição; chanfradura; fenda; fosso; caixilho; (Tip.) rama; v. t. e i. perseguir; escorraçar; afugentar; entalhar.
**CHASER** (tshéi'sár), s. Perseguidor; caçador; chanfrador; cinzelador; gravador.
**CHASING** (tshéi'sinn), s. Perseguição; caça; arte de cinzelar, de gravar, de entalhar.
**CHASM** (kézm), s. Abismo; precipício; brecha; fenda profunda; lacuna; hiato.
**CHASMY** (kéz'mi), adj. Abismal; lacunoso.
**CHASSIS** (tshás'i), s. Chassi; caixilho; (Aéreo) armação de fuselagem; (gír.) corpo; torso feminino.
**CHASTE** (tshéist), adj. Casto, puro; virtuoso; modesto; reservado.
**CHASTEN** (tshéis'n), v. t. Punir; castigar; corrigir; moderar; abrandar; purificar.
**CHASTENER** (tshéis'nár), s. Castigador; disciplinador; moderador; purificador.
**CHASTENESS** (tshéis'néss), s. Castidade; pureza; candura; simplicidade.
**CHASTISE** (tshéstái'z), v. t. Castigar; punir.
**CHASTISEMENT** (tshés'tizment), s. Castigo, punição, correção.
**CHASTISER** (tshéstái'zár), s. Castigador.
**CHASTITY** (tshés'titi), s. Castidade; continência; pureza; simplicidade, modéstia.
**CHAT** (tshét), s. Conversa, prosa, tagarelice.
**CHATTEL** (tshé'tel), s. Bens móveis (pl.).

**CHATTER** (tshé'tár), v. i. Ranger os dentes; chilrar; tagarelar; algaraviar; trepidar; s. tagarelice; palavreado oco; conversa fiada.
**CHATTERBOX** (tshé'tárbóks), s. Tagarela.
**CHATTERER** (tshé'tárár), s. Tagarela; nome de várias aves.
**CHATTERING** (tshé'tárinn), s. Tagarelice.
**CHATTINESS** (tshé'tinéss), s. Loquacidade, tagarelice.
**CHATTY** 'tshé'ti), adj. Loquaz, falador, palrador, tagarela.
**CHAUFFER** (tshcu'tár), s. Braseiro, tornilho.
**CHEAP** (tship), adj. Barato, de baixo preço; inferior, ordinário; comum; desprezível.
**CHEAPEN** (tshi'pen), v. t. e i. Baratear; depreciar; regatear; desacreditar.
**CHEAPENER** (tshi'penár), s. Regateador.
**CHEAPLY** (tship'li), adv. Barato; facilmente.
**CHEAPNESS** (tship'néss), s. Barateza; baixeza; facilidade; vulgaridade.
**CHEATER** (tshi'tár), s. Trapaceiro.
**CHEATING** (tshi'tinn), adj. Fraudulento.
**CHECK** (tshék), s. Xeque (no xadrez); tecido axadrezado; cheque bancário; talão, senha, etiqueta numerada; conta (de restaurante); contratempo; estorvo; vale; verificação; fenda; coerção; repressão; revés militar; v. t. e i. suster; refrear; impedir; conferir; pausar; rubricar; receber talão, vale, etc.; rachar; interj. confere!
**CHECKBOOK** (tshék'buk), s. Talão de cheques.
**CHECKER** (tshé'kár), s. Controlador; conferente, inspetor.
**CHECKER, CHEQUER** (tshé'kár), v. t. Enxadrezar; variar; matizar; s. peça de jogo de damas; tabuleiro de xadrez; tecido axadrezado; pl. jogo de damas.
**CHECKERBOARD** (tshé'kárbóurd), s. Tabuleiro de jogo de damas.
**CHECKERED** (tshé'kárd), adj. Axadrezado; matizado; variado; acidentado.
**CHECKLESS** (tshék'léss), adj. Irresistível.
**CHECKMATE** (tshék'méit), s. Xeque-mate; v. t. dar xeque-mate; derrotar.
**CHECKREIN** (tshék'réinn), s. Bridão, rédea, freio.
**CHECKUP** (tshék'áp), s. Exame médico completo (EUA).
**CHEEK** (tshik), s. Face, bochecha; descaramento; (fig.) parte lateral; focinho.
**CHEEKINESS** (tshi'kinéss), s. Descaramento, insolência.

**CHEEKY** (tshi'ki), adj. Bochechudo; descarado; insolente.
**CHEEP** (tship), s. Pipilo; pio de pássaro.
**CHEEPER** (tshi'pâr), s. Filhote de pássaro.
**CHEER** (tshir), v. t. e i. Animar; aplaudir; aclamar; alegrar; açular; s. alegria; animação; regozijo; provisões; alimento; comida. *Cheer up!:* ânimo!, coragem!
**CHEERER** (tshi'râr), s. Animador.
**CHEERFUL** (tshir'ful), adj. Alegre; prazenteiro; festivo; jovial.
**CHEERFULLY** (tshir'fuli), adv. Alegremente.
**CHEERFULNESS** (tshir'fulnéss), s. Alegria; jovialidade; animação.
**CHEERILY** (tshi'rili), adv. Animadamente.
**CHEERY** (tshi'ri), adj. Alegre; jovial; vivo.
**CHEESE** (tshiz), s. Queijo; massa de queijo.
**CHEESEPARING** (tshizpé'rinn), adj. Sovina; s. apara de queijo; sovinice; mesquinhez.
**CHEESY** (tshi'zi), adj. Caseoso.
**CHEF** (tshéf), s. Cozinheiro-chefe.
**CHEMICAL** (ké'mikâl), adj. Químico; s. substância química.
**CHEMISE** (shimi'z), s. Camisa de mulher.
**CHEMISM** (ke'mizm), s. Quimismo.
**CHEMIST** (ké'mist), s. Químico; droguista; farmacêutico.
**CHEMISTRY** (ké'mistri), s. Química; tratado sobre Química.
**CHEQUE** (tshék), s. Cheque. V. *Check.*
**CHERISH** (tshé'rish), v. t. Acariciar; proteger; abrigar; alimentar (um desejo, etc.).
**CHERISHER** (thé'rishâr), s. Protetor; patrão.
**CHERRY** (tshé'ri), s. Cereja, cerejeira; adj. semelhante a cereja; da cor da cereja.
**CHERUB** (thé'râb), s. Querubim; anjo.
**CHERUBIC** (tshérâ'bik), adj. Querubínico, angélico.
**CHESS** (tshéss), s. Jogo de xadrez.
**CHESSBOARD** (tshés'bôurd), s. Tabuleiro de xadrez.
**CHESSMAN** (tshés'maen), s. Peão (no xadrez).
**CHEST** (tshést), s. Peito, tórax, caixa torácica; arca; caixão; baú; cofre.
**CHESTNUT** (tshés'nât), adj. Castanho; alazão; s. cor de castanha; cavalo alazão.
**CHEVALIER** (shévâli'r), s. Cavalheiro; cavaleiro; membro da Legião de Honra (França).
**CHEVY** (tshé'vi), v. t. e i. Caçar, perseguir a caça; s. caça; grito usado das caçadas; barra-manteiga (brincadeira infantil).
**CHEW** (tshu), v. t. e i. Mastigar, mascar; ruminar; remoer; s. mastigação; pedaço de tabaco para mascar.
**CHEWER** (tshu'âr), s. Mastigador; mascador.
**CHEWING** (tshu'inn), adj. Próprio para mascar. *Chewing-gum:* goma de mascar.
**CHIC** (shik), adj. Chique, elegante; formoso; (fam.) esperto; inteligente (EUA); s. garbo.
**CHICANE** (shikêinn), v. t. e i. Chicanar, fazer chicanas; enganar; s. tramóia, enredo.
**CHICANER** (shikêi'nâr), s. Chicaneiro.
**CHICANERY** (shikêi'nâri), s. Chicana; velhacaria; cavilação; sofisma.
**CHICHORY** (tshi'kori), s. Chicória.
**CHICK** (tshik), s. Pinto, pintainho; pássaro recém saído do ovo; criança; pimpolho.
**CHICKEN** (tshi'kinn), s. Frango; galinha; carne de galinha; rapaz; pessoa inexperiente.
**CHICLE** (shik'l), s. Chicle, goma de mascar.
**CHIDE** (tshâid), v. Repreensão; censura.
**CHIDING** (tshái'dinn), s. Censura.
**CHIEF** (tshif), adj. Principal; primeiro; s. chefe, comandante; parte superior.
**CHIEFDOM** (tshif'dâmm), s. Supremacia.
**CHIEFLESS** (tshif'léss), adj. Sem chefe.
**CHIEFLY** (tshif'li), adv. Principalmente.
**CHIEFTAIN** (tshif'tinn), s. Chefe, cabeça.
**CHIEFTAINCY** (tshif'tinsi), s. Chefia.
**CHIFFON** (shi'fônn), s. Tecido fino; gase de seda; enfeite de vestuário feminino; fita.
**CHIGOE, CHIGO** (tshi'gôu), s. Bicho-de-pé.
**CHILBLAIN** (tshil'blêinn), s. Frieira.
**CHILD** (tsháild), s. Criança, filho, filha; menino, menina; discípulo; adepto; (fig.) criançola; produto; resultado.
**CHILDBED** (tsháild'béd), s. Parto.
**CHILDHOOD** (tsháild'hud), s. Infância.
**CHILDING** (tsháil'dinn), adj. Fecundo.
**CHILDISH** (tsháil'dish), adj. Infantil; pueril.
**CHILDISHNESS** (tsháil'dishnéss), s. Criancice; infantilidade; puerícia.
**CHILDLESS** (tsháild'léss), adj. Sem filhos.
**CHILDLIKE** (tsháild'láik), adj. Infantil; pueril.
**CHILDREN** (tshil'dren), s. pl. de *child.*
**CHILEAN** (tshi'liânn), adj. e s. Chileno.
**CHILIAD** (ki'liéd), s. Quilíade, milênio.
**CHILL** (tshil), s. Frio, calafrio, arrepio; resfriamento; v. t. e i. esfriar; arrefecer; refrigerar; adj. gelado; indiferente; descortês.
**CHILLED** (tsild), adj. Arrepiado; desanimado.
**CHILLINESS** (tshi'linéss), s. Frialdade; desânimo; indiferença.
**CHILLY** (tshi'li), adj. Friorento; indiferente; insensível.

**CHIME, CHIMB** (tsháimm), s. Borda de barril; carrilhão; repique de sinos; (fig.) harmonia; concordância; v. t. e i. repicar (sino, etc.); soar; dar (horas); concordar.
**CHIMER** (tshái'mâr), s. Carrilhador; sineiro.
**CHIMERA** (káimi'râ), s. Quimera; fantasia.
**CHIMERIC** (kái'mérik) ou **CHIMERICAL** (kái'mérikâl), adj. Quimérico; imaginário.
**CHIMNEY** (tshim'ni), s. Chaminé; manga de candeeiro; (fig.) cartola.
**CHIN** (tshinn), s. Queixo, mento; (pop.) conversa; prosa; lábia (EUA).
**CHINA** (tshái'nâ), s. Porcelana; louça de porcelana; adj. de louça, de porcelana.
**CHINATOWN** (tshái'nâtáunn), s. Bairro chinês.
**CHINAWARE** (tshái'nâuér), s. Artigos de porcelana; louçaria.
**CHINCH** (tshintsh), s. Percevejo doméstico.
**CHINCOUGH** (tshin'kóf), s. Coqueluche.
**CHINE** (tsháinn), s. Espinha dorsal; coluna vertebral; ribanceira; crista; aresta.
**CHINESE** (tsháini'z), adj. e s. Chinês.
**CHINK** (tshink), s. Fenda, racha; tinido; (pop.) dinheiro; v. t. e i. rachar; fazer fendas em; tinir; tocar (os copos).
**CHINTZ** (tshints), s. Chita; chitão.
**CHIP** (tship), s. Lasca; cavaco; apara; fragmento; ficha (em alguns jogos); v. t. e i. cortar em pedaços ou fatias; lascar.
**CHIPPER** (tshi'pâr), adj. Esperto; ladino, ágil, ativo (EUA).
**CHIPPING** (tshi'pinn), s. Cavaco; estilhaço.
**CHIPPY** (tshi'pi), adj. Quebradiço; de lascas, de fragmentos; seco; insípido.
**CHIRM** (shârmm), s. Zumbido de insetos; vozerio.
**CHIROGRAPHER** (káirô'grâfâr), s. Quirógrafo.
**CHIROGRAPHY** (káirô'grâfi), s. Quirografia.
**CHIROLOGY** (káirô'lodji), s. Quirologia.
**CHIROMANCER** (kái'romênsâr), s. Quiromante.
**CHIROMANCY** (kái'rômênsi), s. Quiromancia.
**CHIROPODIST** (káirô'podist), s. Quiropodista; pedicuro.
**CHIROPODY** (káirô'podi), s. Quiropodia.
**CHIRP** (tshârp), s. Gorjeio, chilro, trinado; cricri; estampa de tecido.
**CHIRPINESS** (tshâr'pinéss), s. Alegria (manifestada pelo canto).
**CHIRPY** (tshâr'pi), adj. Alegre, jovial, vivo, animado; conversador.
**CHIRRUP** (tshi'râp), s. Gorjeio, trinado, chilro; v. i. trinar (pop.) aplaudir, estimular.
**CHISEL** (tshiz'l), v. t. Cinzelar, esculpir; s. cinzel; buril; formão.
**CHISELED, CHISELLED** (tshiz'ld), adj. Esculpido, cinzelado.
**CHISELER, CHISELLER** (tshi'zâlâr), s. Cinzelador; (fig.) trapaceiro; aproveitador.
**CHISELING, CHISELLING** (tshi'zâlinn), s. Cinzeladura; (fig.) trapaça.
**CHIT** (tshit), s. Pirralho; criança; penhor; vale; referência; memorando.
**CHITCHAT** (tshit'shét), s. Tagarelice.
**CHIVALRIC** (tshivâl'rik) ou **CHIVALROUS** (tshi'vâlrâss), adj. Cavalheiresco; nobre.
**CHIVALROUSNESS** (tshi'vâlrâsnéss), s. Cavalheirismo; cortesia.
**CHIVALRY** (tshi'vâlri), s. Cavalheirismo; cortesia; bravura; honra.
**CHIVE** (tshaiv), s. (Bot.) Cebolinha; (pop.) faca, navalha; v. t. apunhalar.
**CHLORAL** (klôu'râl), s. (Quím.) Cloral.
**CHLORATE** (klôu'rit), s. (Quím.) Clorato.
**CHLORIDE** (klôu'ráid) ou **CHLORID** (klôu'rid), s. (Quím.) Cloreto.
**CHLORINATION** (klôurinêi'shânn), s. Cloração; cloragem.
**CHLORINE, CHLORIN** (klôu'rinn), s. (Quím.) Cloro.
**CHLOROFORM** (klôu'roform), s. Clorofórmio.
**CHLOROPHYL, CHLOROPHYLL** (klôu'rofil), s. Clorofila.
**CHOCK** (tshók), s. Calço, cunha, escora; v. t. prender com calço ou cunha; (Náut.) amarrar (o navio). *To chock up:* atravancar.
**CHOCK-FULL** (tshák'ful) ou **CHOKE-FULL** (tshôuk'ful), adj. Repleto; abarrotado.
**CHOCOLATE** (tshô'kolit), adj. De chocolate; da cor do chocolate; s. bombom de chocolate; bebida feita com chocolate.
**CHOICE** (tshóiss), adj. Escolhido, selecionado; primoroso; apurado; raro; s. escolha; preferência; escol, nata; sortimento.
**CHOICELY** (tshóis'li), adv. Primorosamente.
**CHOICENESS** (tshóis'néss), s. Excelência; primor; delicadeza; apuro.
**CHOIR** (kuáir), s. Coro de igreja.
**CHOIRBOY** (kuáir'bói), s. Menino de coro de igreja.
**CHOIRMAN** (kuáir'maen), s. Membro do coro de uma igreja.
**CHOKE** (tshôuk), v. t. e i. Sufocar; estrangular; obstruir; calibrar (arma); engasgar-se.

**CHOKEBORE** (tshôuk'bôur), s. Calibragem (de arma de fogo).
**CHOKER** (tshôu'kår), s. Sufocador; estrangulador; argumento irrefutável.
**CHOKING** (tshôu'kinn), adj. Sufocante; asfixiante; s. abafamento; entupimento.
**CHOKY** (tshôu'ki), adj. Sufocante.
**CHOLER** (kó'lår), s. Cólera, ira.
**CHOLERA** (kó'lårå), s. Cólera (doença).
**CHOLERIC** (kolé'rik), adj. Colérico; irado.
**CHOOP** (tshup), interj. Cale-se!
**CHOOSE** (tshuz), v. t. e i. Escolher; preferir; fazer escolha ou seleção.
**CHOOSER** (tshu'zår), s. Selecionador.
**CHOOSING** (tshu'zinn), adj. Exigente; s. escolha; seleção.
**CHOP** (tshóp), s. Fatia; fenda; racha; posta; naco; costeleta; machadada; passaporte; qualidade; senha; pl. mandíbula; v. t. e i. retalhar; cortar; trocar; permutar; interromper abruptamente; ser inconstante.
**CHOPHOUSE** (tshóp'háuss), s. Casa de pasto; restaurante (espec. em costeletas).
**CHOPPER** (tshó'pår), s. Cortador; talhador; lenhador; cutelo; machadinha.
**CHOPPING** (tshó'pinn), adj. Reforçado; entroncado; forte; encapelado; instável.
**CHOPPY** (tshó'pi), adj. Fendido; rachado; gretado; inconstante; encapelado.
**CHOPSTICK** (tshóp'stik), s. Pauzinho com que os orientais comem.
**CHORAL, CHORALE** (kôu'rål), adj. Coral; relativo a coro.
**CHORD** (kôrd), s. Acorde; afinação; corda (de instrumento musical); (Geom.) corda; (Anat.) prega membranosa da glote; v. t. e i. pôr cordas em; soar em harmonia.
**CHORRE** (tshôur), s. Biscate; bico (EUA).
**CHORIST** (kó'rist), s. Corista de teatro.
**CHORISTER** (kó'ristår), s. Corista, cantor de coro de igreja; (EUA) maestro do coro.
**CHOROGRAPHER** (koró'gråfår), s. Coreógrafo.
**CHOROGRAPHY** (koró'gråfi), s. Corografia.
**CHOROID** (kôu'róid), s. (Anat.) Coróide.
**CHORTLE** (tshórt'l), v. i. Rir-se; gargalhar.
**CHORUS** (kó'råss), s. Coro (de vozes).
**CHOSEN** (tshôuzn), part. pass. de *choose;* adj. Escolhido; selecionado; eleito.
**CHOUSE** (tsháuz), s. Logro, trapaça; fraude; caloteiro; v. t. lograr; enganar; trapacear.
**CHOW** (tshåu), (gír.) Comida; (Zool.) raça de cão chinês.

**CHRISM** (krizm), Crisma.
**CHRISMAL** (kriz'mål), adj. Relativo a crisma.
**CHRISMATION** (krizmêi'shånn), s. Ministração da crisma.
**CHRIST** (kráist), s. Cristo; Jesus Cristo.
**CHRISTEN** (kris'n), v. t. e i. Batizar.
**CHRISTENDOM** (kris'n-dåmm), s. Cristandade.
**CHRISTENING** (kris'ninn), s. Batismo.
**CHRISTIAN** (kris'tshånn ou cris'tiånn), adj. e s. Cristão.
**CHRISTIANISM** (kris'tshånizm ou kris'tiånizm), s. Cristianismo.
**CHRISTIANITY** (kristshié'niti ou kristié'niti), s. Cristandade.
**CHRISTIANIZATION** (kristshånizêi'shånn ou kristshånåizêi'shånn), s. Cristianização.
**CHRISTIANIZE** (kris'tshånáiz ou kris'tiånáiz), v. t. Cristianizar; converter ao cristianismo.
**CHRISTLESS** (kráist'léss), adj. Ímpio; incréu.
**CHRISTLIKE** (kráist'láik) ou **CHRISTLY** (kráist'li), adj. Cristão; semelhante a Cristo.
**CHRISTMAS** (kris'måss), s. Natal.
**CHRISTOLOGY** (kristó'lodji), s. Cristologia.
**CHROMATE** (krôu'mêit), s. (Quím.) Cromato.
**CHROMATIC** (kromé'tik), adj. Cromático.
**CHROMATICS** (kromé'tiks), s. Cromática.
**CHROME** (krôumm) ou **CHROMIUM** (krôu'miåmm), s. Cromo.
**CHRONIC** (kró'nik) ou **CHRONICAL** (kró'nikål), adj. Crônico; inveterado.
**CHRONICLE** (kró'nikl), v. t. Cronicar; historiar.
**CHRONICLER** (kró'niklår), s. Cronista; historiador.
**CHRONOGRAPH** (kró'nogréf), s. Cronógrafo.
**CHRONOGRAPHY** (kronó'gråfi), s. Cronografia.
**CHRONOLOGER** (kronó'lodjår), s. Cronólogo.
**CHRONOLOGIC** (kronoló'djik) ou **CHRONOLOGICAL** (kronoló'djkål), adj. Cronológico.
**CHRONOLOGY** (kronó'lodji), s. Cronologia.
**CHRONOMETER** (kronó'mitår), s. Cronômetro.
**CHRONOMETRIC** (kronomé'trik) ou **CHRONOMETRICAL** (kronomé'trikål), adj. Cronométrico.
**CHRONOMETRY** (kronó'mitri), s. Cronometria.
**CHRYSANTHEMUM** (krissén'thimåmm), s. Crisântemo.
**CHUBBINESS** (tshå'binéss), s. Gordura, obesidade.
**CHUBBY** (tshå'bi), adj. Gorducho; roliço; rechonchudo.

**CHUCK** (tshăk), v. t. e i. Acariciar; dar palmadinhas em; jogar, atirar; cacarejar; s. carícia; pancadinha; empurrão; repelão; arremesso; calço, cunha; estampido; cacarejo.

**CHUCKLE** (tshăk'l), v. i. Rir-se por entre dentes; casquinar; regozijar-se; s. cacarejo.

**CHUCKLEHEAD** (tshăk'l-héd), s. Cabeça-dura; estúpido; palerma.

**CHUFF** (tshăf), s. Rústico; campônio; roceiro.

**CHUFFY** (tshă'fi), adj. Rústico; grosseiro.

**CHUM** (tshămm), v. t. e i. Compartilhar do mesmo quarto; acamaradar-se; s. companheiro de quarto; amigo íntimo.

**CHUMMY** (tshămp), s. Íntimo; sociável.

**CHUMP** (tshămp), s. Cepo, tronco; lombo de carneiro; (fam.) pateta, parvo.

**CHUNK** (tshănk), s. Pedaço ou bloco grande; pessoa ou animal atarracado.

**CHUNKY** (tshăn'ki), adj. Atarracado; volumoso; compar.: *chunkier*; superl.: *chunkiest*.

**CHURCH** (tshărtsh), s. Igreja; templo; ofício divino; seita religiosa; v. t. levar à igreja.

**CHURCHGOER** (tshărtshgôu'ăr), s. Devoto, fiel, pessoa religiosa.

**CHURCHGOING** (tshărtshgôu'inn), adj. Devoto; religioso; s. devoção; ida à igreja.

**CHURCHLESS** (tshărtsh'léss), adj. Que não tem igreja; incréu.

**CHURCHLY** (tshărtsh'li), adj. Eclesiástico; próprio de igreja.

**CHURCHMAN** (tshărtsh'maen), s. Clérigo; eclesiástico; membro de uma igreja; fem.: *churchwoman*.

**CHURCHY** (tshăr'tshi), adj. Extremamente devotado à igreja; beato; santarrão.

**CHURCHYARD** (tshărtsh'iárd), s. Cemitério anexo a uma igreja; adro de igreja.

**CHURL** (tshărl), s. Plebeu; rústico; sovina.

**CHURLISH** (tshăr'lish), adj. Rude; mesquinho.

**CHURLISHLY** (tshăr'lishli), adv. Rudemente.

**CHURLISHNESS** (tshăr'lishnéss), s. Grosseria; aspereza; mesquinhez; sovinice.

**CHURN** (tshărn), s. Desnatadeira; batedeira de manteiga; v. t. e i. bater (manteiga, leite, nata); desnatar; agitar-se; espumar.

**CHURNING** (tshăr'ninn), s. Desnatamento; fabricação ou porção de manteiga batida.

**CHURR** (tshăr), v. i. Zunir; s. som vibrante.

**CHUTE** (shut), s. Cano ou plano inclinado; calha de transporte; escoadouro; (pop.) pará-quedas (abrev. de *parachute*).

**CHYMIFICATION** (kăimifiêi'shănn), s. Quimificação.

**CHYMIFY** (kăi'mifái), v. t. Quimificar.

**CICADA** (sikêi'dă), s. Cigarra.

**CICATRICE** (si'kătriss) ou **CICATRIX** (si'kătriks), s. Cicatriz.

**CICATRIZATION** (sikătrizêi'shănn), s. Cicatrização.

**CICATRIZE** (si'kătráiz), v. t. e i. Cicatrizar.

**CICERONE** (tshishărôu'nit), s. Cicerone; guia.

**CIDER** (sái'dăr), s. Sidra, vinho de maçã.

**CIGAR** (si'gár), s. Charuto.

**CIGARRETTE, CIGARET** (sigăré't), s. Cigarro.

**CILIARY** (si'liări), adj. Ciliar.

**CILIATE** (si'liit) ou **CILIATED** (si'liêitid), adj. Ciliado.

**CILICE** (si'liss), s. Cilício.

**CILIUM** (si'liămm), s. Cílio, pestana.

**CIMEX** (sái'méks), s. Percevejo doméstico.

**CIMMERIAN** (simi'riănn), adj. Cimério; lúgubre, tenebroso.

**CINCH** (sintsh), s. Cilha; (fam.) coisa certa; coação; v. t. cilhar, pôr cilha em; (fam.) fazer pressão sobre, forçar, coagir.

**CINCTURE** (sink'tshăr), s. Cinta; cinto; cinturão; cerca; muro; v. t. cercar; cingir.

**CINDER** (sin'dăr), s. Carvão apagado, ou brasa parcialmente acesa; pl. cinzas, especialmente escória vulcânica.

**CINDERY** (sin'dări), adj. Escoriáceo; cinerário.

**CINEMA** (si'nimă), s. Cinema.

**CINEMATOGRAPH** (sinimé'togréf), s. Cinematográfico; aparelho de projeção cinematográfica.

**CINEMATOGRAPHER** (sinimătáfăr), s. Cineasta; operador cinematográfico.

**CINEMATOGRAPHIC** (sinimătogré'fik), adj. Cinematográfico.

**CINEMATOGRAPHY** (sinimătô'grăfi), s. Cinematografia, cinema.

**CINERARY** (si'nărêri), adj. Cinerário.

**CINERATION** (sinărêi'shănn), s. Cineração; incineração.

**CINEREOUS** (sini'riăss), adj. Cinerário.

**CIPHER** (sái'făr), s. Cifra; zero; criptograma; (fig.) pessoa sem importância; v. t. e i. calcular; escrever em carcteres cifrados.

**CIRCLE** (săr'k'l), s. Círculo; circunferência; circuito; auréola; halo; coroa; diadema; anel; órbita de um corpo celeste; ciclo; período; associação; meio, ambiente; esfera de ação; v. t. e i. cercar; circundar; abranger; mover-se em círculo; andar em roda.

**CIRCLET** (săr'klit), s. Aro; anel; bracelete.

**CIRCLEWISE** (sârk'l-uáiz), adv. Circularmente, em círculos.
**CIRCUIT** (sâr'kit), s. Circuito; giro; perímetro.
**CIRCUITOUS** (sârkiu'itâss), adj. Tortuoso; indireto; desviado; perifrástico.
**CIRCULAR** (sâr'kiulâr), adj. Circular; indireto; redondo; s. circular (carta, aviso, etc.).
**CIRCULARIZE** (sâr'kiulâráiz), v. t. Tornar circular; notificar por meio de circulares.
**CIRCULATE** (sâr'kiulêit), v. t. e i. Fazer circular; propagar; mover-se em círculo.
**CIRCULATING** (sâr'kiulêitinn), adj. Circulante; periódico.
**CIRCULATION** (sârkiulêi'shânn), s. Circulação; curso; giro; divulgação; ventilação; moeda corrente; tiragem de periódicos.
**CIRCULATOR** (sâr'kiulêitâr), s. O que circula; distribuidor; (Mat.) dízima periódica.
**CIRCULATORY** (sâr'kiulâtôuri), adj. Circulatório.
**CIRCUMAMBIENCE** (sâr'kâm-êm'biênss) ou **CIRCUMAMBIENCY** (sâr'kâm-êmbiénss), s. Ambiente; ambiência; circundação.
**CIRCUMAMBIENT** (sâr'kâm-êm'biént), adj. Circum-ambiente, circundante.
**CIRCUMCISE** (sâr'kâm-sáiz), v. t. Circuncidar.
**CIRCUMCISION** (sârkâm-si'jânn), s. Circuncisão; (fig.) purificação espiritual.
**CIRCUMFERENCE** (sârkâm'fârênss), s. Circunferência; periferia; círculo.
**CIRCUMFLEX** (sârkâm'fléks), adj. Circunflexo; s. acento circunflexo.
**CIRCUMFLEXION** (sârkâm-flék'shânn), s. Circunflexão.
**CIRCUMFLUENT** (sârkâm'fluént), ou **CIRCUMFLUOUS** (sârkâm'fluâss), adj. Circunfluente, confinante.
**CIRCUMFUSE** (sârkâm'fiu'z), v. t. Circunfundir; espalhar ao redor; (fig.) cercar.
**CIRCUMFUSION** (sârkâm'fiujânn), s. Circunfusão; propagação.
**CIRCUMGYRATE** (sârkâm'djái'rêit), v. t. e i. Circungirar.
**CIRCUMJACENT** (sârkâm-djêi'sênt), adj. Circunjacente.
**CIRCUMLOCUTION** (sârkâm-lokiu'shânn), s. Circunlóquio; perífrase; rodeio.
**CIRCUMNAVIGATION** (sârkâm-névighjêi'shânn), s. Circunavegação.
**CIRCUMNAVIGATION** (sârkâm-névighjêi'shânn), s. Circunavegação.
**CIRCUMNAVIGATOR** (sârkâm-névighêitâr), s. Circunavegador.

**CIRCUMSCRIBE** (sâr'kâmskráib), v. t. Circunscrever; limitar; confinar; restringir.
**CIRCUMSCRIPTION** (sârkâmskrip'shânn), s. Circunscrição; limite; contorno; restrição.
**CIRCUMSPECT** (sâr'kâmspékt), adj. Circunspeto, prudente, discreto.
**CIRCUMSPECTION** (sâr'kâmspék'shânn), s. Circunspeção; prudência; discrição.
**CIRCUMSTANCE** (sâr'kâmsténss), s. Circunstância; particularidade; condição; ocorrência; v. t. sujeitar às circunstâncias.
**CIRCUMSTANTIAL** (sârkâmstén'shâl), adj. Circunstancial; pormenorizado; completo.
**CIRCUMSTANTIALITY** (sârkamsténshié'liti), s. Qualidade do que é circunstancial.
**CIRCUMSTANTIATE** (sârkâmstén'shiêit), v. t. Circunstanciar, pormenorizar.
**CIRCUMVALLATION** (sârkâm-vâléi'shânn), s. Circunvalação.
**CIRCUMVENT** (sârkâm-vén't), v. t. Enganar; lograr; enredar.
**CIRCUMVENTER, CIRCUMVENTOR** (sârkâm-vén'târ), s. Impostor, enganador.
**CIRCUMVENTION** (sârkâm-vén'shânn), s. Logro; enredo; fraude; burla.
**CIRCUMVOLUTION** (sârkâm-voliu'shânn), s. Circunvolução.
**CIRCUS** (sár'kâss), s. Circo; praça com encruzilhada (na Inglaterra).
**CIRQUE** (sârk), s. Espaço circular; anel.
**CISTERN** (sis'târn), s. Cisterna; (Anat.) vaso linfático.
**CITADEL** (si'tâdél), s. Cidadela; (fig.) refúgio.
**CITATION** (sáitêi'shânn), s. Citação; intimação; trecho citado; condecoração (EUA).
**CITE** (sáit), v. t. Citar, intimar; mencionar.
**CITHARA** (si'thârâ), s. Cítara.
**CITIZEN** (si'tizn), s. Cidadão; paisano; civil; munícipe; burguês; fem.: *citizeness*.
**CITIZENSHIP** (si'tiznship) ou **CITIZENHOOD** (si'tizn-hud), s. Cidadania; direitos de cidadão.
**CITRATE** (si'trit), s. (Quím.) Citrato.
**CITRIC** (si'trik), adj. Cítrico.
**CITRICULTURE** (si'trikâltshâr), s. Citricultura.
**CITRON** (si'trân), s. Cidra; cidreira.
**CITY** (si'ti), s. Cidade (grande e importante); população de uma cidade; adj. citadino.
**CIVIC** (si'vik), adj. Cívico; urbano; municipal.
**CIVICS** (si'viks), s. Tratado dos direitos e deveres do cidadão (EUA).
**CIVIL** (si'vil), adj. Civil, cortês; civil (opõe-se a militar, eclesiástico, criminal, político).

**CIVILIAN** (sivi'liânn), adj. e s. Civil.
**CIVILITY** (sivi'liti), s. Civilidade; polidez.
**CIVILIZABLE** (si'viláizâbl), adj. Civilizável.
**CIVILIZATION** (sivilizêi'shânn ou sivilái-zêi'shânn), s. Civilização; cultura.
**CIVILIZE** (si'viláiz), v. t. Civilizar; educar.
**CIVILIZED** (si'viláizd), adj. Civilizado.
**CIVILIZER** (si'viláizâr), s. Civilizador.
**CIVISM** (si'vuzm), s. Civismo; patriotismo.
**CLABBER** (klé'bâr), s. Coalhada; leite coalhado; v. i. coagular-se; coalhar.
**CLACK** (klék), v. i. Tagarelar; taramelar; estalar; s. taramela de moinho; estalo, estrépito; válvula de charneira.
**CLAIM** (kléimm), s. Reclamação; reivindicação; alegação; v. t. reivindicar; alegar.
**CLAIMABLE** (klêi'mâbl), adj. Reivindicável.
**CLAIMANT** (klêi'mânt) ou **CLAIMER** (klêi'mâr), s. Reclamante; requerente.
**CLAM** (klémm), v. t. e i. Aderir; grudar; mariscar; s. molusco; pl. torno, grampo.
**CLAMANT** (klé'mânt), adj. Clamante.
**CLAMBER** (klém'bâr), v. i. Escalar com dificuldade.
**CLAMBERER** (kém'bârâr), s. Escalador.
**CLAMMINESS** (klé'minéss), s. Viscosidade.
**CLAMMY** (klé'mi), adj. Viscoso; úmido e frio.
**CLAMOR, CLAMOUR** (klé'mâr), s. Clamor; brado; grito; alarido; tumulto; v. t. e i. clamar; vociferar; protestar; queixar-se.
**CLAMOROUS** (klé'mârâss), adj. Clamoroso; ruidoso; vociferante.
**CLAMOROUSNESS** (klé'mârâsnéss), s. Clamor; vozerio, gritaria.
**CLAMP** (klémp), s. Gancho; braçadeira; grampo; torno de carpinteiro; colchete; pregador; monte; pilha; v. t. e i. prender com grampo, braçadeira; agarrar; dar passadas; caminhar pesadamente; empilhar.
**CLAMPING** (klém'pinn), s. Aperto; travamento.
**CLAN** (klénn), s. Clã; tribo; grupo, grei.
**CLANDESTINE** (kléndés'tinn), adj. Clandestino; oculto, secreto.
**CLANDESTINENESS** (kléndéstin'néss), s. Clandestinidade.
**CLANG** (klénn), s. Clangor; tinido; grasnido.
**CLANGOR, CLANGOUR** (klén'gâr), s. Clangor; estrondo; som de trombeta.
**CLANGOROUS** (klén'gârâss), adj. Cangloroso, estridente.
**CLANK** (klénk), s. Fragor; estrépito; v. t. e i. estrepitar; produzir ruído estridente.
**CLANNISH** (klé'nish), adj. Relativo a clã.
**CLANNISHNESS** (klé'nishnéss), s. Espírito de casta.
**CLANSHIP** (klén'ship), s. Sistema de clãs; autoridade de um chefe de clã.
**CLANSMAN** (klénz'maen), s. Membro de clã.
**CLAP** (klép), s. Palmada; estrépido; estalo; tinido; aplauso; golpe de azar, v. t. e i. bater ruidosamente; dar palmadas em; chocar-se com estrépido; adj. vibrante.
**CLAPBOARD** (klép'bôurd), s. Tábua, ripa de madeira; aduela.
**CLAPPER** (klé'pâr), s. Aplaudidor; o que produz estalo, estrépido, etc.; castanholas; (fam.) taramela; língua; boca.
**CLAPPERCLAW** (klé'pârklô), v. t. Atacar com unhas e dentes; vilipendiar; insultar.
**CLAPTRAP** (klép'trép), s. Artifício barato.
**CLAQUE** (klék), s. Claque.
**CLARIFICATION** (klérifikêi'shânn), s. Clarificação; (fig.) esclarecimento.
**CLARIFIER** (kérifái'âr), s. Clarificador.
**CLARIFY** (klé'rifái), v. t. e i. Clarificar; clarificar-se; elucidar; elucidar-se.
**CLARINET** (klérinê't), s. Clarinete, clarineta.
**CLARION** (klé'riânn), s. Clarim; clarinada; som agudo e estridente.
**CLARITY** (klé'riti), s. Claridade, brilho; lucidez; clareza; pureza de som.
**CLASH** (klésh), s. Choque, colisão; oposição; conflito; estrondo; v. t. e i. chocar-se violentamente; colidir; conflitar; opor-se a.
**CLASHING** (klé'shin), adj. Retumbante; estridente; chocante; s. estrondo; oposição.
**CLASP** (klésp), s. Broche; colchete; fecho; fivela; pregador; amplexo; v. t. acolchetar; afivelar; abraçar; segurar na mão.
**CLASPER** (kés'pâr), s. Verruma; o que segura, engancha.
**CLASS** (kléss), s. Classe; grupo; posição social; aula; curso; v. t. classificar; ordenar; coordenar; adj. relativo a classe.
**CLASSIC** (klé'sik), adj. Clássico; s. clássico, obra ou autor clássico; pl. Clássicos, literatura dos gregos e romanos.
**CLASSICAL** (klé'sikâl), adj. Clássico; (Mús.) fino, clássico.
**CLASSICISM** (klé'sissizm), s. Classicismo.
**CLASSICIST** (klé'sissist), s. Classicista.
**CLASSIFIABLE** (kléssifái'âbl), adj. Classificável.
**CLASSIFICATION** (kléssifikêi'shânn), s. Classificação.

**CLASSIFICATORY** (klé'sifikeitori), adj. Classificador.
**CLASSIFIER** (klé'sifáiãr), s. Classificador.
**CLASSIFY** (klé'sifái), v. t. Classificar.
**CLASSMATE** (klés'mêit), s. Condiscípulo; colega de classe.
**CLASSROOM** (klés'rumm), s. Sala de aula, classe.
**CLASSY** (klé'si), adj. (pop.) De classe; distinto; elegante; alinhado.
**CLAT** (klét), s. Tagarela; v. i. tagarelar.
**CLATTER** (klé'târ), v. t. e i. Fazer barulho; bater com força; cair com estrépito; patear; trepidar (vidros); s. algazarra, gritaria.
**CLATTERER** (klé'târâr), s. Barulhento.
**CLATTERING** (ké'tãrinn), adj. Ressoante; barulhento; s. barulho; alarido; estrondo.
**CLAUSAL** (klô'zãl), adj. Clausular.
**CLAUSE** (klôz), s. Cláusula, condição; artigo de contrato; (Gram.) cláusula.
**CLAUSTRAL** (klôs'trãl), adj. Claustral.
**CLAVATE** (klêi'vêit), adj. Claviforme.
**CLAVICHORD** (kié'vikôrd), s. Clavicórdio.
**CLAVICLE** (klé'vikl), s. (Anat.) Clavícula.
**CLAVIER** (klé'viãr), s. Teclado (de instrumento músico).
**CLAVIFORM** (klé'vifôrmm), adj. Claviforme.
**CLAW** (klô), s. Garra; unha; pata (de gato); pinça; torno dentado; qualquer objeto pontudo e recurvado; v. t. e i. arranhar, dilacerar. *To claw off:* livrar-se de.
**CLAWBACK** (klôs'bék), s. Adulador.
**CLAWBAR** (klô'bâr), s. Pé-de-cabra.
**CLAY** (kléi), s. Argila, barro; iodo; terra; greda; v. t. adubar com marna; (fig.) barrar.
**CLAYED** (kléi'id), adj. Argiloso, de barro.
**CLAYEY** (klêi'i) ou **CLAYISH** (klêi'ish), adj. Argiloso, barrento.
**CLEAN** (klinn), adj. Limpo, claro; puro; inocente; honesto; escrupuloso; liso; regular; simétrico; destro; bem proporcionado; total; desimpedido; adv. limpamente; inteiramente; v. t. e i. limpar; assear; arrumar.
**CLEANER** (kli'n-ãr), s. Limpador; preparado ou objeto próprio para limpar.
**CLEAN-FINGERED** (klin-fin'gârd), adj. Honesto; escrupuloso.
**CLEAN-HANDED** (klin-hén'did), adj. Inocente.
**CLEANING** (kli'ninn), s. Limpeza, asseio.
**CLEANLINESS** (klin'linéss), s. Limpeza.
**CLEANLY** (klin'li), adj. Limpo, asseado; puro.
**CLEANESS** (klin'néss), s. Limpeza; asseio; pureza; elegância (de estilo); honestidade.
**CLEANSE** (klênz), v. t. Purgar; purificar; limpar; desinfetar.
**CLEANSER** (klên'zãr), s. Purificador; limpador; abstergente.
**CLEANSING** (klên'zinn), s. Purificação.
**CLEAR** (klir), adj. Claro, limpo, transparente; desanuviado; inteligível; evidente; perspicaz; seguro; impoluto; brilhante; desembaraçado; completo; s. claro, espaço vazio, intervalo; v. t. e i. aclarar; desobstruir; esclarecer; despachar ou passar (mercadorias) na alfândega; descriminar; obter ordem de saída (navio); passar sem tocar; livrar-se de um empecilho; esvair-se (neblina, etc.); superar (seguido de *away*).
**CLEARAGE** (kli'ridj), s. Afastamento; retirada; limpeza.
**CLEARANCE** (kli'rânss), s. Esclarecimento; liberação; desobstrução; certificado que permite a partida de um navio; derrubada; roça. *Clearance sale:* liquidação total.
**CLEARHEADED** (kur-hé'did), adj. Esclarecido; de espírito lúcido.
**CLEARING** (kli'rinn), s. Exame; apuração ou liquidação de contas; esclarecimento; justificação; terreno preparado para a cultura.
**CLEAR-SIGHTED** (klir-sái'tid), adj. Sagaz; perspicaz; penetrante.
**CLEAT** (klit), s. Gancho; braçadeira; suporte; calço; trave; chuteira (EUA); v. t. prover de ganchos, braçadeiras ou suportes.
**CLEAVABLE** (kli'vábl), adj. Divisível; que se pode fender.
**CLEAVAGE** (kli'vádj), s. Rachadura; fendidura; racha; divisão.
**CLEAVE** (kliv), v. t. e i. Fender; fender-se; rachar; secionar; abrir caminho.
**CLEAVE** (kliv), v. i. Apegar-se; manter-se fiel.
**CLEAVER** (kli'vâr), s. Rachador; machadinha de açougueiro.
**CLEEK** (klik), s. Gancho; presilha; braçadeira; tipo de bastão de golfe.
**CLEF** (kléf), s. (Mús.) Clave.
**CLEFT** (kléft), pret. e part. pass. de *cleave;* adj. Rachado; fendindo; s. racha, fenda.
**CLEG** (klég), s. Mutuca; mosca do gado.
**CLEMENCY** (klé'mensi), s. Clemência.
**CLEMENT** (klé'mênt), adj. Clemente.
**CLENCH** (kléntsh), s. Garra; pinça; tenaz; aperto; rebite; v. t. agarrar firmemente; cerrar, apertar (punhos, dentes).
**CLERGY** (klâr'dji), s. Clero.

**CLERGYMAN** (klår'djimaen), s. Clérigo; pastor protestante; ministro; sacerdote.
**CLERIC** (klé'rik), adj. Clerical; eclesiástico; s. clérigo, sacerdote.
**CLERICAL** (klé'rikål), adj. Clerical; eclesiástico. *Clerical error:* erro de escrita.
**CLERK** (klårk), s. Escrevente; copista; escriturário; sacristão; clérigo; balconista; caixeiro de loja (EUA).
**CLERKDOM** (klårk'dåmm), s. Escrivania, cargo de escrivão ou escrevente.
**CLERKLESS** (klårk'léss), adj. Analfabeto.
**CLERKLY** (klårk'li), adj. Relativo a amanuense, escriturário ou escrivão.
**CLERKSHIP** (klårk'ship), s. Clericato; amanuensado; cargo de secretário.
**CLEVER** (klé'vår), adj. Hábil, destro, capaz; talentoso; esperto; vivo; inteligente; bem-humorado; afável; obsequioso (EUA).
**CLEVERNESS** (klé'vårnéss), s. Habilidade; destreza; talento; inteligência.
**CLEW** (klu), s. Indício; vestígio; pista; fio, chave (de mistério); (Náut.) punho de vela.
**CLICK** (klik), s. Estalido; tinido; tique-taque; trinco; aldrava, ferrolho; v. t. e i. dar estalidos; tinir; crepitar; (pop.) ter bom êxito.
**CLICKER** (klikår), s. Paginador.
**CLICKET** (kli'kit), s. Tranqueta, aldrava.
**CLIENT** (klåi'ênt), s. Cliente, freguês.
**CLIENTAGE** (klåi'êntidj), s. Clientela.
**CLIFF** (klif), s. Penhasco; despenhadeiro.
**CLIMACTERIC** (kláimék'tårik), adj. Climatérico; crítico; s. período climatérico.
**CLIMATE** (klåi'mit), s. Clima.
**CLIMATIC** (klåime'tik) ou **CLIMATICAL** (kláimé'tikål), adj. Climático.
**CLIMATOLOGIST** (kláimåtô'lodjist), s. Climatologista.
**CLIMATOLOGY** (kláimåtô'lodji), s. Climatologia.
**CLIMAX** (klåi'méks), s. Clímax; ápice; auge.
**CLIMB** (klåimm), v. t. e i. Trepar; escalar; galgar; crescer; s. ascensão; escalada.
**CLIMBABLE** (kláim'åbl), adj. Escalável.
**CLIMBER** (klåi'mår), s. Escalador; trepador; trepadeira (planta); trepadora (ave).
**CLUMBING** (klåi'minn), adj. Escalador.; trepador; ascendente.
**CLIME** (klåimm), s. Região; (Poét.) clima.
**CLINCH** (klintsh), s. Rebite; aperto; agarramento; luta corpo-a-corpo; argumento decisivo; (Náut.) talinga; v. t. e i. prender ou segurar firmemente; fixar com rebite; confirmar, ratificar, comprovar; encerrar (discussão); atracar-se em luta corporal.
**CLINCHER** (klin'tshår), Rebitador; gancho; braçadeira; pregador, prendedor; torniquete; garra; (fam.) argumento irrefutável.
**CLING** (klinn), v. i. Apegar-se; aferrar-se (a uma idéia), aderir; colar-se.
**CLINGING** (kli'ninn), adj. Adesivo; aderente; pegajoso; colado (diz-se da roupa).
**CLINGY** (klin'ni), adj. Pegajoso; aderente; adesivo; que se aferra (a uma idéia).
**CLINIC** (kli'nik), adj. Clínico; s. clínica.
**CLINICAL** (kli'nikål), adj. Clínico.
**CLINICIAN** (klini'shånn), s. Clínico.
**CLINK** (klink), s. Tinido; tarameta; tranqueta; cela; v. t. e i. tinir; tilintar; ressoar.
**CLINKER** (klin'kår), s. O que tine ou tilinta; escória de carvão; lava escoriácea; tijolo vitrificado; (fam.) belo exemplar.
**CLINOMETER** (kláinô'mitår), s. Clinômetro.
**CLINOMETRY** (kláinô'mitri), s. Clinometria.
**CLINQUANT** (klin'kånt), adj. Rutilante; brilhante; cintilante como ouro; s. ouropel.
**CLIP** (klip), v. t. e i. Aparar, cortar com tesoura; podar; tosquiar; cercear; omitir sílabas ou letras ao falar; mover-se rapidamente; recortar; s. tosquia; ato de cortar, podar, aparar; andadura rápida; bofetada; prendedor de papéis; grampo.
**CLIPPER** (kli'pår), s. Tosquiador; cortador (geralmente no plural); tesoura; máquina de tosquiar ou cortar (cabelo); tipo de navio ou avião grande, de passageiros.
**CLIPPING** (kli'pinn), adj. Rápido; veloz; cortante; s. corte de cabelo, tosquia; lã de tosquia; andadura rápida; recorte; apara.
**CLIQUE** (klik), s. Facção; conventículo; panelinha; v. i. (fam) agir facciosamente.
**CLIQUISH** (kli'kish), adj. Faccioso.
**CLIQUISHNESS** (kli'kishnéss), s. Exclusivismo; facciosismo.
**CLOACA** (klôu'êikå), s. Cloaca; cano de esgoto; fossa; privada; (fig.) lugar imundo.
**CLOACAL** (klôuêi'kål), adj. Cloacal.
**CLOAK** (klôuak), s. Capa, capote; manto; dissimulação; disfarce; v. t. encapotar; encapar; encobrir, dissimular.
**CLOAKROOM** (klôuk'rumm), s. Vestiário.
**CLOCK** (klôk), s. Relógio (de torre, parede ou mesa); registrador; medidor.
**CLOCKER** (klô'kår), s. Cronometrista.
**CLOCKSETTER** (klôksé'tår), s. Acertador de relógios.

**CLOCKWISE** (klók'uáiz), adj. e adv. Que se move à maneira de um relógio.
**CLOCKWORK** (klók'uáiz), s. Mecanismo de relógio; adj. automático; cronométrico.
**CLOD** (klód), pret. e part. pass. de *clothe*; s. Torrão (de terra); leiva; solo; pateta; tolo; v. t. e i. atirar torrões de terra; coagular.
**CLODDISH** (kló'dish), adj. Semelhante a torrão (de terra); estúpido; grosseiro; rústico.
**CLODDISHNESS** (kló'dishnéss), s. Grosseria; rusticidade.
**CLODDY** (kló'di), adj. Cheio de torrões (de terra); semelhante a torrão (de terra); de pequena estatura (espec. cachorros).
**CLODHOPPER** (klód-hó'pâr), s. Roceiro; lavrador; caipira; sapatão pesado.
**CLODPATE** (klód'pêit), s. Palerma; cabeçadura.
**CLODPATED** (klód-pêi'tid), adj. Bronco; tolo.
**CLOG** (klóg), s. Peia; cepo; obstáculo; impedimento; pedaço de madeira; sapatão com sola de madeira; tamanco; v. t. e i. pear; embaraçar; impedir; emperrar; entupir; grudar; sapatear; dançar com tamancos.
**CLOGGINESS** (kló'ghinéss), s. Embaraço.
**CLOGGY** (kló'ghi), adj. Embaraçoso; nodoso; pegajoso; adesivo; compar.: *cloggier*.
**CLOISTER** (klóis'târ), s. Claustro; mosteiro; convento; v. t. enclaustrar; enclausurar.
**CLOISTERED** (klóis'târd), adj. Enclausurado.
**CLOISTRAL** (klóis'trâl), adj. Claustral.
**CLOISTRESS** (klóis'tréss), s. Freira; monja.
**CLOSE** (klóuz), v. t. e i. Fechar; obstruir; barrar a passagem; encerrar; concluir; confinar; cerrar (fileiras); circundar; chegar a acordo; tapar; arrolhar; fechar-se; cicatrizar; engalfinhar-se; (Náut.) perlongar. *To close in:* aproximar-se; s. fim; conclusão; junção; briga; peleja corpo-a-corpo.
**CLOSE** (klóuss), adj. Fechado; encerrado; limitado; segregado; reservado; sufocante; restrito; econômico; frugal; raro; secreto; próximo; contíguo; denso, cerrado; minucioso; rigoroso; conciso; íntimo; familiar; rente; observador; s. espaço fechado; cercado; cerca, sebe; beco estreito; viela; adv. perto, junto; secretamente; estreitamente. *Close by:* bem junto; pertinho.
**CLOSED** (klóuzd), adj. Fechado; encerrado.
**CLOSEFISTED** (klóus-fis'tid), adj. Mesquinho.
**CLOSELY** (klóus'li), adv. De perto; intimamente; hermeticamente; secretamente; atentamente; parcimoniosamente.

**CLOSE-MOUTHED** (klóus'máuthd), adj. Circunspecto; reservado.
**CLOSENESS** (klóus'néss), s. Proximidade; compacidade; intimidade; estreiteza; aperto; mesquinhez, avareza; concisão; abafamento; reclusão; segredo.
**CLOSE OUT** (klóus'áut), s. Liquidação.
**CLOSER** (klóu'zâr), s. Arrolhador, tapador; aquele que fecha, encerra, conclui, termina, cerca; (fam.) argumento de peso.
**CLOSET** (kló'zit), s. Quartinho, cubículo; gabinete; aposento particular; despensa; banheiro; privada; adj. secreto, privado, de gabinete; v. t. encerrar em gabinete.
**CLOSE-UP** (klóus'âp), s. Primeiro plano; tomada de muito perto (Cinema e Fotogr.).
**CLOSING** (klóu'zinn), s. Conclusão; encerramento; fechamento; adj. final.
**CLOSURE** (klóu'jâr), s. Encerramento; suspensão; conclusão; cerca; tapume; sebe.
**CLOT** (klót), s. Coágulo; grumo; v. t. e i. coagular; coagular-se.
**CLOTH** (klóth), s. Pano; tecido; toalha de mesa; roupa, vestuário, hábito clerical; pano de boca (teatro). *The cloth:* o clero.
**CLOTHE** (klóudh), v. t. Vestir, trajar; revestir; guarnecer; forrar.
**CLOTHES** (klóu'dhz), s. pl. Roupa; traje; vestuário; roupa de cama.
**CLOTHESLINE** (klóu'dhz-láinn), s. Varal; arame de secar roupa.
**CLOTHESMOTH** (klóu'dhz-móth), s. Traça.
**CLOTHESPIN** (klóu'dhz-pinn), s. Prendedor de roupa em varal para secar.
**CLOTHESPRESS** (klóu'dhz-préss), s. Guarda-roupa, vestiário.
**CLOTHIER** (klóu'dhiâr), s. Negociante ou fabricante de roupas feitas.
**CLOTHING** (klóu'dhinn), s. Vestuário, roupa; revestimento; coberta.
**CLOTHWORKER** (klóth-uâr'kâr), s. Tecelão.
**CLOUD** (kláud), s. Nuvem; névoa; bruma; mancha; multidão; grande número; (fig.) desgosto; desgraça; v. t. e i. nublar; nublar-se; obscurecer; anuviar.
**CLOUDBURST** (kláud'bârst), s. Aguaceiro.
**CLOUDED** (kláu'did), adj. Nublado; nebuloso; sombrio; triste, melancólico.
**CLOUDET** (kláu'dit), s. Nuvenzinha.
**CLOUDINESS** (kláu'dinéss), s. Nebulosidade;
**CLOUDLESS** (kláud'léss), adj. Desanuviado.
**CLOUDY** (kláu'di), adj. Nebuloso; nublado; obscuro; triste; indistinto; confuso.

**CLOUGH** (klâf), s. Ravina; desfiladeiro.

**CLOUT** (kláut), s. Tachão para sapato; remendo; trapo; centro de alvo; rodilha; murro; cascudo; v. t. remendar; esmurrar, dar cascudos em; pôr tachão em; cravejar.

**CLOVE** (klôuv), pret. de *cleave;* s. Dente de alho; bulbo; cravo-da-índia.

**CLOVER** (klôu'vâr), s. Trevo.

**CLOWN** (kláunn), s. Palhaço; campônio.

**CLOWNERY** (kláu'nâri), s. Palhaçada.

**CLOWNISH** (kláu'nish), adj. Apalhaçado; rústico; grosseiro; malcriado.

**CLOWNISHNESS** (kláu'nishnéss), s. Rusticidade; grosseria; palhaçada.

**CLOY** (klói), v. t. Saciar; fartar; (fig.) enjoar.

**CLOYINGLY** (klói'inli), adv. Fartamente; nauseosamente.

**CLOYINGNESS** (klói'innéss), s. Fartura; saciedade.

**CLUB** (klâb), s. Cacete; porrete; clava; maça; cassetete; clube; grêmio; sociedade; naipe de paus; v. t. e i. dar cacetadas em; associar-se; cotizar-se; adj. relativo a clube.

**CLUBBABLE, CLUBABLE** (klâ'bábl), adj. Sociável.

**CLUBBING** (klâ'binn), s. Surra; sova.

**CLUBBY** (klâ'bi), adj. Sociável.

**CLUBFIST** (klâb'fist), s. Grande munheca, punho grande.

**CLUBFOOT** (klâb'fut), s. Pé torto.

**CLUBFOOTED** (klâb-fu'tid), adj. De pé torto.

**CLUBHEADED** (klâb-hé'did), adj. Cabeçudo.

**CLUBLAW** (klâb'ló), s. Lei do mais forte.

**CLUCK** (klâk) v. t. e i. Cacarejar; s. cacarejo.

**CLUMP** (klâmp), v. t. e i. Agrupar; caminhar pesadamente; plantar em grupos; s. moita; arvoredo; cepo; bloco; pedaço; torrão.

**CLUMPING** (klâm'pinn) ou **CLUMPISH** (klâm'pish), adj. Pesadão; desajeitado.

**CLUMSILY** (klâm'zili), adv. Desajeitadamente.

**CLUMSINESS** (klâm'zinéss), s. Desazo; desajeitamento; falta de jeito, de prumo, de desembaraço.

**CLUMSY** (klâm'zi), adj. Desajeitado; sem graça; disforme; fosco; indelicado.

**CLUNCH** (klântsh), s. Pedaço; torrão.

**CLUSTER** (klâs'târ), s. Grupo; cacho; ramalhete; bando; enxame; assembléia, agrupamento; v. t. e i. agrupar; amontoar; produzir ou reunir em cachos; apinhar-se.

**CLUSTERED** (klâs'târd), adj. Aglomerado.

**CLUTCH** (klâtsh), s. Aperto; agarração; arrebatamento; tentativa de confisco ou de apreensão; apresamento; apropriação indébita; pitada; dose; ninhada; pl. garras, mãos, patas; poder; controle; embreagem; acoplamento; v. t. e i. agarrar; chocar.

**CLUTTER** (klâ'târ), s. Confusão, balbúrdia; desordem; tumulto; montão; v. t. e i. lançar-se na confusão, azafamar-se.

**CLUTTERED** (klâ'târd), adj. Repleto; amontoado.

**CLYSTER** (klis'târ), s. (Med.) Clister.

**COACERVATION** (koé'sârvêishânn), s. Acúmulo; amontoamento.

**COACH** (kôuths), s. Coche; carruagem; carro; vagão de passageiros; automóvel fechado; ônibus (EUA); treinador; professor particular; preceptor; v. t. e i. instruir, treinar (alunos, jogadores); estudar com, agir como preceptor; conduzir, andar de carro.

**COACHING** (kôu'tshin), s. Passeio ou viagem de carro; instrução; treinamento esportivo.

**COACHMAN** (kôu'tshmaen), s. Cocheiro.

**COACT** (kôuék't), v. t. e i. Cooperar.

**COACTION** (kôuék'shânn), s. Cooperação; colaboração; coação; coerção.

**COACTIVE** (kôuék'tiv), adj. Coadjuvante; cooperador; coercitivo.

**COADJACENT** (kôuâdjêi'sent), adj. Contíguo.

**COADJUTOR** (kôuâdju'târ), adj. e s. Coadjutor.

**COADJUTRESS** (kôuâdju'tréss) ou **COADJUTRIX** (kôuâdju'triks), s. Fem. de *coadjutor.*

**COADUNATE** (koé'diunêit), v. t. Coadunar.

**COADUNATE** (koé'diunit), adj. Coadunado.

**COADUNATION** (koédiunêi'shânn), s. Coadunação.

**COAGULABLE** (koé'ghiulábl), adj. Coagulável.

**COAGULANT** (koé'ghiulânt), s. Coalho.

**COAGULATE** (koé'ghiulêit), v. t. e i. Coagular; coagular-se; coalhar.

**COAGULATION** (koéghiulêi'shânn), s. Coagulação, coágulo.

**COAGULATIVE** (koéghiulêi'tiv), adj. Coagulante, coagulador.

**COAGULATOR** (koéghiulêi'târ), s. Coagulador.

**COAL** (kôul), s. Carvão; carvão de pedra; hulha; brasa; v. t. e i. fornecer a ou suprir de carvão; encarvoar; reduzir a carvão.

**COALER** (kôu'lâr), s. Navio carvoeiro.

**COALESCE** (kôu'âléss), s. Unir-se, fundir-se.

**COALESCENCE** (kôuâlé'senss), s. Coalecência, união, junção, mistura, fusão.

**COALESCENT** (kôuålé'sent), adj. Coalescente; aderente; aglutinante.
**COALITION** (kôuåli'shånn), s. Coalizão; coligação; acordo; fusão.
**COALY** (kôu'li), adj. Que contém carvão; semelhante a carvão.
**COARSE** (kôurss), adj. Grosseiro, rude, rústico; inferior; indelicado; vulgar.
**COARSELY** (kôurs'li), adv. Grosseiramente.
**COARSEN** (kôur'sen), v. t. e i. Tornar, tornar-se grosseiro áspero, rude; embrutecer; embrutecer-se; brutalizar-se.
**COARSENESS** (kôurs'néss), s. Grosseria; indelicadeza; rudeza; aspereza.
**COAST** (kôust), s. Costa, litoral, praia, beira-mar; v. t. e i. costear.
**COASTAL** (kôus'tål), adj. Costeiro, litorâneo.
**COASTER** (kôus'tår), s. Navio costeiro; descansador para garrafas e copos.
**COASTING** (kôus'tinn), s. Costeagem; cabotagem; navegação costeira.
**COASTWARD** (kôust'uård), adj. Costeiro; adv. em direção à costa.
**COASTWISE** (kpoust'uáiz) ou **COASTWAYS** (kôust'uêiz), adj. Costeiro; adv. ao longo da costa.
**COAT** (kôut), s. Paletó, casaco, sobretudo, capa, cobertura; pêlo, plumagem, lã; camada; demão de tinta, etc.; revestimento; tegumento; v. t. aplicar camada de; cobrir.
**COATED** (kôu'tid), adj. Coberto; revestido.
**COATEE** (kôu'ti), s. Jaleco; jaqueta militar.
**COATING** (kôu'tinn), s. Revestimento; camada; pintura; massa; tegumento; tecido para casacos.
**COATLESS** (kôu'tléss), adj. Sem paletó, sem pêlo, sem revestimento.
**COAT-STAND** (kôut'sténd), s. Cabide.
**COAUTHOR** (kôu-ó'thår), s. Co-autor.
**COAX** (kôuks), v. t. e i. Persuadir mediante lisonja; pessoa insinuante.
**COAXING** (kôuk'sinn), s. Adulação; carícia.
**COB** (kób), s. Massa de forma arredondada; monte, monturo; cume; cavalo de carga; cisne macho; aranha; sabugo de milho.
**COBALT** (kôu'bólt), s. Cobalto; adj. azul-escuro.
**COBALTIC** (koból'tik), adj. Cobáltico.
**COBBLE** (kób'l), v. t. e i. Remendar, consertar (sapato); calçar com pedras arredondadas; atamancar.
**COBBLER** (kób'lår), s. Sapateiro, remendão; operário inábil; ponche (bebida).

**COBBLESTONE** (kób'l-stôunn), s. Pedra arredondada usada em pavimentação.
**COBBLING** (kób'linn), s. Remendo, conserto (de sapato).
**COBNUT** (kób'nåt), s. Variedade de avelã.
**COBWEB** (kób'uéb), s. Teia de aranha; (fig.) sofisma; trama; argumento sutil.
**COCA** (kôu'kå), s. Coca; folhas de coca.
**COCAIN, COCAINE** (kôukêi'nn), s. Cocaína.
**COCAINISM** (kôukêi'inizm), s. Cocainismo.
**COCAINIZE** (kôukêi'náiz), v. t. Cocainizar.
**COCCYGEAL** (kóksi'djial), adj. Coccígeo.
**COCCYX** (kók'siks), s. Cóccix.
**COCHLEA** (kó'kliå), s. (Anat.) Cóclea.
**COCK** (kók), s. Galo, frango; macho de ave; canto do galo; cão de espingarda; torneira; válvula; fiel de balança; cata-vento; meda (de feno, etc.); piscadela; barquinho; namorador; aba levantada (de chapéu); v. t. e i. engatilhar (arma de fogo); levantar; erguer; empinar; piscar o olho; enfeixar, amontoar (o feno, etc.); revirar; aproximar-se; empertigar-se; pavonear-se.
**COCKADE** (kókêi'd), s. Cocar.
**COCKBOAT** (kók'bôut), s. Escaler, chalupa; barquinho.
**COCKCHAFER** (kók-tshêi'får), s. Besouro daninho às plantas.
**COCKCROW** (kók'krôu) ou **COCHCROWING** (kók-krôu'inn), s. Canto do galo, alvorada.
**COCKER** (kó'kår), v. t. Amimar; amimalhar; s. sabujo, cão pequeno.
**COCKEREL** (kó'kårél), s. Frango, galispo; (fig.) janota.
**COCKEYE** (kók'áid), adj. Vesgo, estrábico.
**COCKFIGHT** (kók'fáit), s. Briga de galos.
**COCKHORSE** (kók'hórss), s. · Cavalinho de pau.
**COCKNESS** (kó'kinéss), s. Petulância, insolência, afetação, presunção.
**COCKLE** (kók'l), v. t. e i. Enrugar; franzir; s. joio; amêijoa; carrapicho; ruga.
**COCKLEBUR** (kókl'bår), s. Bardana; carrapicho.
**COCKLOFT** (kók'lóft), s. Sótão.
**COCKNEY** (kók'ni), s. Londrino da gema; mulher melindrosa ou afetada.
**COCKPIT** (kók'pit), s. Rinha; lugar para brigas de galos.
**COCKOACH** (kók'rôutsh), s. Barata.
**COCKSCOMB** (kók'skóumm), s. Crista de galo; crista-de-galo (flor).
**COCKSURE** (kók'shur), adj. Infalível; presunçoso; dogmático.

**COCKTAIL** (kók'têil), s. Coquetel; salada de frutas; cavalo derrabado.
**COCKY** (kó'ki), adj. Afetado; presumido; vaidoso; enfatuado; petulante.
**COCO** (kôu"ko), s. Coco; coqueiro (também *coco palm*).
**COCOA** (kôu"ko), s. Cacau; chocolata em pó.
**COCONUT, COCOANUT** (kôu"konât), s. Coco; (fam.) cabeça, coco.
**COCOON** (kóku'nn), s. Casulo.
**COCOONERY** (kóku'nâri), s. Criação de bicho-da-seda.
**COD** (kód), s. Bacalhau; folhelho; bolsa; (pop.) tolo, v. t. lograr; fazer de bobo.
**CODDLE** (kód'l), v. t. Cozer lentamente; refogar; mimar; amimar.
**CODE** (kôud), s. Código; cifra.
**CODEX** (kôu'déks), s. Códice; código.
**CODFISH** (kód'fish), s. Bacalhau.
**CODGER** (kó'djâr), s. Velho excêntrico ou amalucado; indivíduo esquisitão; avaro.
**CODICIL** (kó'dissil), s. Codicilo; suplemento.
**CODICILLARY** (kódissi'lâri), adj. Codicilar.
**CODIFICATION** (kódifikêi'shânn), s. Codificação.
**CODIFY** (kó'difái), v. t. Codificar.
**CODLING** (kó'dlinn), s. Bacalhau miúdo; variedade de maçã, própria para cozer.
**COEDUCATION** (kôuédiukêi'shânn), s. Co-educação.
**COEDUCATIONAL** (kôuédiukêi'shânn), adj. Co-educacional.
**COEDUCATIONALISM** (kôuédiukei'shânalism), s. Co-educacionismo.
**COEFFICIENT** (kôuifi'shânt), adj. Cooperante; s. (Mat.) coeficiente.
**COEQUAL** (kôu-i-kuâl), adj. Co-igual, igual.
**COERCE** (kôuâr'ss), v. t. Coagir, forçar, compelir; reprimir, reter.
**COERCIBLE** (kôuâr'sibl), adj. Coercível.
**COERCION** (kôuâr'shânn), s. Coerção.
**COERCIVE** (kôuâr'siv), adj. Coercivo.
**COESSENTIAL** (kôuissén'shâl), adj. Coessencial.
**COETERNAL** (kôuitâr'nâl), adj. Coeterno.
**COETERNITY** (kôuitâr'niti), s. Coeternidade.
**COEVAL** (kôu-i-vâl), adj. Coevo, contemporâneo.
**COEXIST** (kôu-égzis't), v. i. Coexistir.
**COEXISTENCE** (kôu-égzis'tenss), s. Coexistência.
**COEXISTENT** (kôu-égzis'tent), adj. Coexistente.
**COEXTEND** (kôu-ékstén'd), v. t. e i. Coestender, coestender-se.
**COEXTENSION** (kôu-ékstén'shânn), s. Coextensão.
**COEXTENSIVE** (kôu-ékstén'siv), adj. Coextensivo.
**COFFEE** (kó'fi), s. Café (bebida, grão, fruto); cafeeiro (também *coffee tree*).
**COFFEEHOUSE** (kó'fi-háuss), s. Café (estabelecimento).
**COFFEEPOT** (kó'fi-pót), s. Cafeteira.
**COFFER** (kó'får), s. Cofre, arca, burra, v. t. pôr em cofre; guardar; acumular.
**COFFIN** (kó'finn), s. Esquife, ataúde, caixão de defunto; casco de cavalo; v. t. meter em esquife ou ataúde; (fig.) encerrar; fechar.
**COG** (kóg), s. Dente de roda ou de engrenagem; dado viciado com chumbo; trapaça, logro; pequena embarcação de pesca; v. t. dentar (uma roda); enganar; trapacear.
**COGENCY** (kôu'djênsi), s. Força compulsória; irrefutabilidade; irresistibilidade.
**COGENT** (kôu'djênt), adj. Convincente; irrefutável; compulsório; coagente.
**COGITABLE** (kó'djitâbl), adj. Cogitável.
**COGITATE** (kó'djitêit), v. t. Cogitar em.
**COGITATION** (kódjitêi'shânn), s. Cogitação.
**COGITATIVE** (kó'djitêitiv), adj. Cogitativo.
**COGNATE** (kóg'nêit), adj. Cognato (aparentado pelo lado materno); consangüíneo; congênere; s. cognato.
**COGNATION** (kógnêi'shânn), s. Cognação.
**COGNITION** (kógni'shânn), s. Cognição; percepção; noção; conhecimento.
**COGNITIVE** (kóg'nitiv), adj. Cognitivo.
**COGNIZABLE** (kóg'nizâbl ou kógnái'zâbl), adj. Cognoscível; perceptível.
**COGNIZANCE** (kóg'nizânss), s. Conhecimento; percepção; aviso; informação; alçada, jurisdição; insígnia, distintivo.
**COGNIZANT** (kóg'nizânt), adj. Ciente, sabedor; conhecedor.
**COGNIZE** (kóg'náiz), v. t. Conhecer, perceber; cientificar-se de; ter consciência de.
**COGNOMEN** (kógnôu'menn), s. Cognome.
**COGNOMINATION** (kógnôuminéi'shânn), s. Cognominação.
**COGNOSCIBLE** (kógnô'sibl), adj. Cognoscível; s. objeto cognoscível.
**COHABIT** (kôu-hê'bit), v. i. Coabitar.
**COHABITANT** (kôu-hê'bitânt), s. Coabitante.
**COHABITATION** (kôu-hébitêi'shânn), s. Coabitação.

**COHEIR** (kóué'r), s. Co-herdeiro.
**COHERE** (kôu-hi'r), v. i. Aderir; ser coerente.
**COHERENCE** (kôu-hi'rênss) ou **COHERENCY** (kôu-hi'rênss), s. Coerência; conexão; adesão; coesão; aderência.
**COHERENT** (kôu-hi'rênt), adj. Coerente.
**COHERER** (kôu-hi'rår), s. Receptor (em rádio e TV).
**COHERITAGE** (kôu-hê'ritêidj), s. Co-herança.
**COHERITOR** (kôu-hê'ritår), s. Co-herdeiro.
**COHESION** (kû-hi'jånn), s. Coesão, união.
**COHESIVE** (kôu-hi'siv), adj. Coesivo; coeso.
**COHESIVENESS** (kôu-hi'sivnéss), s. Natureza coesiva.
**COHORT** (kôu'hórt), s. Coorte; magote.
**COIF** (kóif), s. Coifa; touca; v. t. pôr coifa em.
**COIFFEUR** (kuá'får), s. Cabeleireiro.
**COIFFURE** (kuáfiu'r), s. Penteado, toucado.
**COIGN** (kóinn), s. Esquina; canto.
**COIL** (kóil), s. Espiral, anel em espiral; serpentina de tubos; bobina; caracol; anel de cabelo; v. t. e i. enrolar; serpear.
**COIN** (kóinn), s. Moeda, dinheiro amoedado; esquina; cunha; chaveta; v. t. e i. cunhar, amoedar; inventar; forjar.
**COINAGE** (kói'nidj), s. Cunhagem; sistema monetário; moedas; invenção.
**COINCIDE** (kôuinsái'd), v. i. Coincidir; concordar; harmonizar; combinar.
**COINCIDENCE** (kôu-in'sidênss), s. Coincidência; correspondência.
**COINCIDENT** (kôu-in'sidênt), adj. Coincidente, concordante.
**COINCIDENTAL** (kôu-insidén'tål), adj. Coincidente.
**COINER** (kói'når), s. Cunhador, moedeiro falso.
**COINHERITANCE** (kôuin-hé'ritenss), s. Herança em comum.
**COINHERITOR** (kôuin-hé'ritår), s. Co-herdeiro.
**COINING** (kói'ninn), s. Moedagem; cunhagem.
**COINSTANTENEOUS** (kôuinstântêi'niåss), adj. Simultâneo.
**COINSURANCE** (kôu-inshu'renss), s. Co-seguro.
**COINSURE** (kôu'inshur), v. t. e i. Co-segurar.
**COIR** (kóir), s. Fibra de coco.
**COKE** (kôuk), s. Coque (carvão); v. t. transformar em coque.
**COL** (kól), s. Desfiladeiro; colada; passagem entre montanhas.
**COLANDER** (kâ'lândår), s. Coador; peneira.

**COLD** (kôuld), adj. Frio; frígido; gelado; resfriado; indiferente, insensível; desanimado; desinteressado; sem expressão; seco; rude; imperceptível; nu, cru (fatos); s. frio; resfriado, defluxo; adv. friamente.
**COLD-BLOODED** (kôuld-blâ'did), adj. Insensível; desapiedado; cruel; de sangue frio.
**COLD-BLOODEDNESS** (kôuld-blâ'didnéss), s. Sangue frio, crueldade, insensibilidade.
**COLD-HEARTED** (kôuld-hár'tid), adj. Insensível; cruel; desumano.
**COLD-HEARTEDNESS** (kôuld-hár'tidnéss), s. Insensibilidade; desumanidade.
**COLD-LIVERED** (kôuld-li'vârd), adj. Imperturbável; apático.
**COLDLY** (kôul'dli), adv. Friamente; insensivelmente; indiferentemente.
**COLDNESS** (kôuld'béss), s. Frialdade; frieza; apatia; indiferença; desinteresse.
**COLD-STORE** (kôuld'stôur), v. t. Frigorificar.
**COLE** (kôul), s. Couve; nabo.
**COLEWORT** (kôul'uort), s. Couve.
**COLLABORATE** (kolé'bârêit), v. i. Colaborar.
**COLLABORATION** (kolébarêi'shånn), s. Colaboração, cooperação.
**COLLABORATIONIST** (kolébarêi'shånist), s. Colaboracionista.
**COLLABORATIVE** (kolébarêitiv), adj. Colaborativo.
**COLLABORATOR** (kolé'bârêitår), s. Colaborador.
**COLLAPSE** (kolé'pss), s. Colapso; ruína; desmoronamento; falência; prostração; desmaio; v. t. e i. aniquilar; arruinar; desabar; ruir; falir; sucumbir.
**COLLAPSIBLE** (kolé'psibl), adj. Flexível; dobradiço; arruinável; deformável.
**COLLAR** (kó'lår), s. Colarinho; gola; colar; gargantilha; coleira; (Náut.) alça do estai; v. t. pôr colar, coleira em; agarrar pelo colarinho, gola; (fam.) apoderar-se de.
**COLLARBONE** (kó'lârbôunn), s. Clavícula.
**COLLATE** (kólêi't), v. t. Conferir, confrontar; colar num benefício eclesiástico.
**COLLATERAL** (kólé'tárâl), adj. Colateral; paralelo; secundário; correspondente; concomitante; parente (mas não em linha reta).
**COLLATION** (kólêi'shånn), s. Colação; refeição leve; nomeação para benefício eclesiástico.
**COLLATOR** (kólêi'tår), s. Colador; verificador; cotejador; o que confere benefícios eclesiásticos.

**COLLEAGUE** (kŏ'lig), s. Colega, confrade; v. i. coligar-se; conspirar.
**COLLEAGHESHIP** (kŏ'ligship), s. Coleguismo.
**COLLECT** (kŏlék't), v. t. e i. Colecionar; cobrar (contas, etc.); recolher; angariar; recuperar (forças, faculdades); reunir-se; acumular-se; inferir; concluir; deduzir.
**COLLECT** (kŏ'lékt), s. Coleta (oração).
**COLLECTABLE** (kŏlék'tåbl), adj. Colecionável; cobrável; recuperável; acumulável.
**COLLECTED** (kŏlék'tid), adj. Calmo, tranqüilo; senhor de si; reunido, ajuntado.
**COLLECTEDLY** (kŏlék'tidli), adv. Coletivamente; calmamente; serenamente.
**COLLECTEDNESS** (kŏlék'tidnéss), s. Calma; serenidade; sangue frio.
**COLLECTION** (kŏlék'shånn), s. Coleção; compilação; acúmulo; coleta; cobrança.
**COLLECTIVE** (kŏlék'tiv), adj. Coletivo; reunido; agregado; s. substantivo coletivo.
**COLLECTIVISM** (kŏlék'tivizm), s. Coletivismo.
**COLLECTIVITY** (kŏlékti'viti), s. Coletividade.
**COLLECTOR** (kŏlék'tår), s. Coletor; cobrador.
**COLLECTORSHIP** (kŏlék'tårship), s. Coletoria; cargo ou jurisdição de coletor.
**COLLEGE** (kŏ'lidj), s. Colégio; congregação.
**COLLEGER** (kŏ'lidjår), s. Membro de colégio.
**COLLEGIAL** (kŏli'djiål), adj. Colegial.
**COLLEGIAN** (kŏli'djiånn), s. Colegial; estudante; membro de uma congregação.
**COLLEGIATE** (kŏli'djiit), adj. Colegial.
**COLLIDE** (kŏlái'd), v. i. Colidir; chocar-se; entrar em conflito; discordar.
**COLLIED** (kŏ'lid), adj. Fuliginoso.
**COLLIER** (kŏ'liår), s. Mineiro (de mina de carvão); carvoeiro; barco carvoeiro; tripulante de barco carvoeiro.
**COLLIERY** (kŏ'liåri), s. Mina ou comércio de carvão.
**COLLIGATE** (kŏ'lighêit), v. t. Coligar, unir.
**COLLIGATION** (kŏlighêi'shånn), s. Coligação.
**COLLIMATE** (kŏ'limêit), v. t. Colimar.
**COLLIMATION** (kŏlimêi'shånn), s. Colimação.
**COLLISION** (kŏli'jånn), s. Colisão; choque; encontro; conflito; abalroamento; abalo.
**COLLOCATE** (kŏ'lokêit), v. t. Colocar; dispor.
**COLLOCATION** (kŏlokêi'shånn), s. Colocação; arranjo; disposição.
**COLLODION** (kŏlŏu'diånn), s. Colódio.
**COLLOGUE** (kolŏ'g), v. i. Segredar; revelar secretamente; s. segredo.
**COLLOP** (kŏ'låp), s. Posta, pedaço de carne.
**COLLOQUIAL** (kolŏ'kuiål), adj. Coloquial.

**COLLOQUIALISM** (kolŏ'kuiålizm), s. Linguagem, expressão familiar.
**COLLOQUIST** (kŏ'lokuist), s. Interlocutor.
**COLLOQUY** (kŏ'lokui), s. Colóquio.
**COLLUDE** (kŏliu'd), v. i. Conluiar-se; conspirar; ser conivente.
**COLLUDER** (kŏliu'dår), s. Conspirador.
**COLLUSION** (kŏliu'jånn), s. Conluio; trama.
**COLLUSIVE** (kŏliu'siv), adj. Conspiratório.
**COLLY** (kŏ'li), s. Fuligem.
**COLLYRIUM** (kŏli'riåmm), s. Colírio.
**COLOGNE** (kolŏu'n), s. Água-de-colônia.
**COLOMBIAN** (kolŏm'biån), adj. e s. Colombiano.
**COLON** (kŏ'lånn), s. (Gram.) Dois pontos; (Anat.) côlon.
**COLONEL** (kårn'l), Coronel.
**COLONELCY** (kårn'lsi) ou **COLONELSHIP** (kårn'lship), s. Coronelato; cargo de coronel.
**COLONIAL** (kolŏu'niål), adj. Colonial; s. colono.
**COLONIZATION** (kŏlonizêi'shånn ou kŏlonáizêi'shånn), s. Colonização.
**COLONIZE** (kŏ'lonáiz), v. t. Colonizar; v. i. estabelecer-se em colônia.
**COLONIZER** (kŏ'lonáizår), s. Colonizador.
**COLONY** (kŏ'loni), s. Colônia.
**COLOR, COLOUR** (kå'lår), s. Cor; colorido; vermelhidão, rubor; dissimulação; pretexto; disfarce; aparência; pl. insígnia; bandeira; estandarte; v. t. e i. colorir; pintar; tingir; dissimular; disfarçar.
**COLORABLE, COLOURABLE** (kå'låråbl), adj. Tingível; aceitável; plausível; aparente; dissimulado; falso.
**COLORATION, COLOURATION** (kålårêi'shånn), s. Coloração, colorido.
**COLOR-BLIND, COLOUR-BLIND** (kå'lårbláind), adj. Daltônico.
**COLOR-BLINDNESS, COLOUR-BLINDNESS** (kå'lår-bláind'néss), s. Daltonismo.
**COLORED, COLOURED** (kå'lård), adj. Colorido; de cor; que pertence à raça negra; tendencioso, apaixonado.
**COLORFUL, COLOURFUL** (kå'lårful), adj. Colorido; brilhante.
**COLORING, COLOURING** (kå'lårinn), s. Coloração, corante; pigmento; disfarce.
**COLORLESS, COLOURLESS** (kå'lårléss), adj. Descolorido, incolor, pálido.
**COLT** (kŏult), s. Potro; pessoa inexperiente ou desajuizada; o revólver "Colt".

**COLTER** (kŏul'tăr), s. Sega.
**COLTISH** (kŏul'tish), adj. Alegre; folgazão.
**COLUMBIAN** (kŏlăm'biănn), adj. Columbiano; da Colúmbia; relativo a Cristóvão Colombo; (poét.) relativo aos Estados Unidos.
**COLUMN** (kŏ'lămm), s. Coluna; pilar; fileira de soldados.
**COLUMNAR** (kŏlăm'năr), adj. Colunar.
**COLUMNED** (kŏ'lămd), adj. Guarnecido de, ou disposto em colunas.
**COLUMNIST** (kŏ'lămnist), s. Cronista; pessoa que escreve coluna de jornal.
**COMATE** (kŏu'mĕit), s. Colega, companheiro.
**COMATOSE** (kŏu'mătŏuss), adj. (Med.) Comatoso, letárgico.
**COMB** (kŏumm), s. Pente; carda; almofaça; rastelo; sedeiro; crista de ave, de onda ou de monte; favo de mel; v. t. e i. pentear, cardar; pesquisar; buscar; esquadrinhar.
**COMBAT** (kŏm'băt), s. Combate; luta; batalha; peleja; v. t. e i. opor-se.
**COMBATANT** (kŏm'bătănt), adj. e s. Combatente.
**COMBATIVE** (kŏm'bătiv), adj. Combativo.
**COMBATIVENESS** (kŏmbé'tivnéss), s. Combatividade.
**COMBE** (kumm), s. Vale, baixada.
**COMBER** (kŏu'măr), s. Penteador, cardador; carda, sedeiro; vagalhão.
**COMBINATION** (kŏmbinéi'shănn), s. Combinação; união, fusão; coligação.
**COMBINE** (kŏm'băinn), s. Reunião; associação; conluio; concurso, monopólio (EUA).
**COMBINE** (kŏmbái'nn), v. t. e i. Combinar; juntar-se; associar; associar-se (EUA).
**COMBING** (kŏu'minn), s. Cardação; cabelo que se desprende ao pentear-se; resíduos da cardação.
**COMBO** (koum'bou), s. (gfr. mús.) Pequeno conjunto musical de vários instrumentos.
**COMBUSTIBILITY** (kămbăstibi'liti), s. Combustibilidade.
**COMBUSTIBLE** (kămbăs'tibl), s. Combustível; adj. combustível; inflamável; irritável.
**COMBUSTION** (kămbăs'tshănn), s. Combustão; ignição; agitação, conflagação.
**COME** (kămm), v. i. Vir, chegar, aproximar-se; aparecer; surgir; estender-se; acontecer; realizar-se; advir; nascer; proceder; provir; chegar a; estar presente. *To come back:* voltar; voltar a si; recorrer à memória. *To come in:* entrar. *To come on:* avançar; aproximar-se; vir.

**COMEBACK** (kăm'béck), s. Volta; retorno; (gfr.) resposta; réplica.
**COMEDIAN** (kămi'diănn), s. Comediante.
**COMEDIENNE** (kămidié'nn), s. Comediante (fem.) atriz de comédias.
**COMEDIST** (kŏ'midist), s. Comediógrafo.
**COMEDOWN** (kăm'dáun), s. Quebra, ruína.
**COMEDY** (kŏ'midi), s. Comédia.
**COMELINESS** (kăm'linéss), s. Graça; beleza: comportamento.
**COMELY** (kăm'li), adj. Gracioso, elegante, garboso, bonito; decente; agradável.
**COMER** (kă'măr), s. Recém-chegado; aquele que chega.
**COMESTIBLE** (komés'tibl), adj. Comestível.
**COMET** (kŏ'mit), s. Cometa.
**COMFIT** (kăm'fit), s. Confeito, doce, fruta cristalizada.
**COMFORT** (kăm'fărt), s. Conforto; consolo; alívio; v. t. confortar; aliviar; encorajar.
**COMFORTABLE** (kăm'fărtăbl), adj. Confortável; cômodo; confortador; consolador; satisfeito; contente; amplo; satisfatório.
**COMFORTER** (kăm'fărtăr), s. Confortador; consolador; manta de lã; cachecol; o Espírito Santo; acolchoado (EUA).
**COMFORTING** (kăm'fărtinn), adj. Confortador.
**COMFORTLESS** (kăm'fărtléss), adj. Desconsolado; sem conforto.
**COMIC** (kŏ'mik), adj. Cômico, engraçado; ridículo; s. comediante; comicidade.
**COMICAL** (kŏ'mikăl), adj. Cômico, divertido; engraçado; esquisito; estranho.
**COMING** (kă'minn), adj. Vindouro, futuro; s. chegada, vinda; advento.
**COMITY** (kŏ'miti), s. Cortesia, civilidade.
**COMMA** (kŏ'ma), s. (Mús.) Coma; (Gram.) vírgula.
**COMMAND** (kŏmén'd), s. Comando; mandato; autoridade, poder; controle; domínio; chefia; denominação; vigilância; conhecimento; tirocínio; v. t. e i. comandar; ordenar; controlar; governar; dirigir; render; lucrar.
**COMMANDANT** (kŏmăndén't), s. Comandante de um posto militar.
**COMMANDEER** (kŏméndi'r), v. t. Recrutar; requisitar para fins militares.
**COMMANDER** (kŏmén'dăr), s. Comandante; oficial da marinha de guerra; chefe.
**COMMANDERSHIP** (kŏmén'dărship), s. Comando; cargo de comandante.
**COMMANDING** (kŏmén'dinn), adj. Comandante; dominante; imperativo; poderoso.

**COMMANDMENT** (kómend'ment), s. Mandamento; ordem, preceito.
**COMMANDO** (kómén'dôu), s. Comando.
**COMMEASURABLE** (kamé'djárâbl), adj. Comensurável.
**COMMEASURE** (kâmé'djâr), v. t. Equivaler.
**COMMEMORABLE** (kómé'morâbl), adj. Comemorável.
**COMMEMORATE** (kómé'morêit), v. t. Comemorar, celebrar; honrar a memória de.
**COMMEMORATION** (kómémorêi'shânn), s. Comemoração.
**COMMEMORATIVE** (kómé'morêitiv), adj. Comemorativo.
**COMMEMORATOR** (kómé'morêitâr), s. Comemorador.
**COMMENCE** (kómén'ss), v. t. e i. Principiar; dar origem a; colar grau, doutorar-se.
**COMMENCEMENT** (kóméns'ment), s. Começo; origem, princípio; colação de grau; cerimônia de entrega de diplomas.
**COMMEND** (kâmén'd), v. t. Recomendar; elogiar; louvar; confiar; incumbir.
**COMMENDABLE** (kâmén'dâbl), adj. Recomendável; louvável; meritório.
**COMMENDABLENESS** (kâmén'dâblnéss), s. Mérito.
**COMMENDATION** (kóméńdêi'shânn), s. Recomendação; louvor; elogio; incumbência.
**COMMENDATORY** (kâmén'dátôuri), adj. Comendatório; recomendatório; elogioso.
**COMMENSAL** (kómén'sâl), s. Comensal.
**COMMENSURABILITY** (kâménshâr̂âbi'liti), s. Comensurabilidade.
**COMMENSURABLE** (kâmén'shârâbl), adj. Comensurável; proporcionado.
**COMMENSURATE** (kâmén'shârit), adj. Comensurável, comensurado; proporcionado; igual em tamanho ou extensão.
**COMMENT** (kó'ment), s. Comentário; crítica; anotação; v. t. e i. comentar; censurar.
**COMMENTARY** (kô'mentéri), s. Comentário; tratado expositivo ou explicativo; série de comentários; demonstração; ilustração.
**COMMENTATOR** (kô'mentêitâr), s. Comentador, comentarista.
**COMMERCE** (kó'mârss), s. Comércio; tráfico; intercurso; intercâmbio.
**COMMERCIAL** (kómâr'shâll), adj. Comercial; mercantil; s. programa de rádio ou TV, com propaganda comercial.
**COMMERCIALISM** (kómâr'shâlizm), s. Comercialismo; expressão, palavra comercial.

**COMMERCIALIZATION** (kómârshâláizêi'shânn ou koimarshâlizéi'shânn), s. Comercialização.
**COMMERCIALIZE** (komâr'shâláiz), v. t. Comercializar.
**COMMINATION** (kóminêi'shânn), s. Cominação; ameaça; denúncia.
**COMMINATORY** (kóminâtôuri), adj. Cominatório; ameaçador.
**COMMINGLE** (kóming'l), v. t. e i. Misturar.
**COMMINUTE** (kó'miniut), v. t. Cominuir; fragmentar; reduzir a pó, pulverizar.
**COMMINUTION** (kóminiu'shânn), s. Fragmentação; pulverização; trituração.
**COMMISERATE** (kómi'zârêit), v. i. Compadecer-se; apiedar-se; comiserar-se.
**COMMISERATION** (kómizârêi'shânn) s. Comiseração; compaixão; condolência.
**COMMISERATIVE** (kómi'zârêitiv), adj. Comiserativo; compassivo.
**COMMISSARIAL** (kómissé'riâl), adj. De comissário.
**COMMISSARIAT** (kómissé'riêt), s. Comissariado.
**COMMISSARY** (kó'misséri), s. Comissário; armazém de abastecimento.
**COMMISSION** (kómi'shânn), s. Comissão; comissionamento; missão; emprego; cargo; patente; v. t. comissionar; delegar.
**COMMISSIONAIRE** (kómishâné'r), s. Mensageiro; carregador de bagagens.
**COMMISSIONER** (kómi'shânâr), s. Comissário; membro de uma comissão; delegado; diretor de repartição pública.
**COMMISSURE** (kó'mishâr), s. Comissura; (Anat.) sutura; junção.
**COMMIT** (kómi't), v. t. Cometer; perpetrar; praticar; confiar; entregar; consignar; encarcerar. *To commit to memory:* decorar.
**COMMITMENT** (kómít'ment), s. Compromisso; cometimento; incumbência; perpetração; ordem de prisão; recolhimento à prisão.
**COMMITTEE** (kómi'ti), s. Comitê; comissão; junta; curador; comissário.
**COMMITTER** (kó'mitâr), s. Perpetrador; autor.
**COMMIX** (kómi'ks), v. t. e i, Misturar; misturar-se; fundir; entremear-se.
**COMMIXTURE** (kómiks'tshâr ou kómiks'tiur) ou **COMMIXTION** (kómiks'tshânn), s. Mistura; mescla; misto.
**COMMODE** (kómôu'd), s. Cômoda; lavatório.
**COMMODIOUS** (kómôu'diâss), adj. Apropriado; conveniente; espaçoso; amplo.

**COMMODITY** (kômô'diti), s. Mercadoria; gênero; produto; artigo; (Jur.) conveniência.
**COMMON** (kó'mânn), adj. Comum, usual, vulgar, popular, geral, universal, público; ordinário; baixo; inferior; s. terra comum, para uso de todos; pasto público; propriedade em comum; passagem pública.
**COMMONAGE** (kó'mânidj), s. Direito de pastagem em pastos públicos; propriedade em comum; posse conjunta.
**COMMONALTY** (kó'mânalti), s. Plebe; povo.
**COMMONLY** (kó'mânli), adv. Comumente, geralmente; vulgarmente.
**COMMONNESS** (kó'mânéss), s. Generalidade; comunidade; vulgaridade.
**COMMONPLACE** (kó'mân-pléiss), s. Lugar-comum, trivialidade, banalidade; adj. comum, vulgar, banal, trivial.
**COMMONS** (kó'mânz), s. Plebe, povo; alimento, provisões; a Câmara dos Comuns.
**COMMONWEALTH** (kó'mân-uélth), s. Estado; comunidade; república.
**COMMOTION** (kâmôu'shânn), s. Comoção, motim, revolta; tumulto, agitação.
**COMMUNAL** (ko'miunâl), adj. Comunal, relativo a comuns.
**COMMUNALIZE** (kómiu'nâláiz), v. t. Tornar comum.
**COMMUNE** (kâmiu'nn), s. Conversa, trato íntimo, v. i. conversar intimamente; receber o sacramento da Eucarístia, comungar.
**COMMUNE** (kó'miunn), s. Comuna (divisão administrativa e sistema político); comunidade; intimidade.
**COMMUNICABLE** (kâmiu'nikâbl), adj. Comunicável; contagioso.
**COMMUNICANT** (kâmiu'nikânt), s. Comungante; participador; adj. comunicante.
**COMMUNICATE** (kâmiu'nikêit), v. t. e i. Comunicar, participar, transmitir; revelar; estabelecer ligações com; comungar.
**COMMUNICATION** (kâmiunikêi'shânn), s. Comunicação, notificação, participação; intercâmbio; ligação; comunhão (eucarística).
**COMMUNICATIVE** (kâmiu'nikêitiv), adj. Comunicativo.
**COMMUNICATOR** (kâmiu'nikêitâr), s. Comunicador; notificador; comungante.
**COMMUNION** (kâmiu'niânn), s. Comunhão; coparticipação; confraternidade; comunicação, união; intercurso; comércio; sacramento da Eucaristia.
**COMMUNISM** (kó'miunizm), s. Comunismo.
**COMMUNIST** (kó'miunist), adj. e s. Comunista.
**COMMUNISTIC** (kómiunis'tik) ou **COMMUNISTICAL** (kómiunis'tikâl), adj. Comunista.
**COMMUNITY** (kâmiu'niti), s. Comunidade; sociedade; semelhança; paridade.
**COMMUNIZE** (kó'miunáiz), v. t. Socializar; adaptar ao comunismo.
**COMMUTABILITY** (kâmiutâbi'liti), s. Comutabilidade; permutação.
**COMMUTABLE** (kâmiu'tâbl), adj. Comutável.
**COMMUTATE** (kó'miutêit), s. Comutar; alterar ou mudar uma corrente elétrica.
**COMMUTATION** (kómiutêi'shânn), s. Comutação; permuta; substituição.
**COMMUTATIVE** (kâmiu'tâtiv), adj. Comutativo.
**COMMUTATOR** (kó'miutêitâr), s. Comutador.
**COMMUTE** (kómiu't), v. t. e i. Comutar; permutar; alterar; substituir; atenuar; alterar; mudar (corrente elétrica); ser substituto.
**COMMUTER** (kómiu'târ), s. Passageiro que viaja em ferrovia com bilhete gratuito.
**COMP** (kômp), s. (gír.) Bilhete gratuito, entrada franca.
**COMPACT** (kóm'pékt), adj. Compacto, denso, maciço; comprimido; conciso; s. pacto; acordo; tratado; estojo de pó-de-arroz.
**COMPACT** (kômpék't), v. t. Comprimir; espessar; unir; firmar um pacto.
**COMPACTNESS** (kômpékt'néss), s. Compacidade; densidade; solidez.
**COMPANION** (kômpé'niânn), s. Companheiro; camarada; dama de companhia; sócio; associado; (Náut.) gaiúta.
**COMPANIONABLE** (kômpé'niânâbl), adj. Sociável, tratável, afável.
**COMPANIONABLENESS** (kômpé'niânâblnéss), s. Amizade; camaradagem.
**COMPANIONSHIP** (kômpé'niânship), s. Companhia; camaradagem; sociabilidade.
**COMPANY** (kâm'pâni), s. Companhia; sociedade; empresa; convivência; hóspedes; tripulação de navio; divisão de regimento; comitiva; séquito.
**COMPARABILITY** (kômpârâbi'liti) ou **COMPARABLENESS** (kóm'pârâblnéss), s. Comparabilidade.
**COMPARABLE** (kóm'pârâbl), adj. Comparável (seguido de *to, with*).
**COMPARATIVE** (kômpé'râtiv), adj. Comparativo; relativo; s. (Gram.) grau comparativo.
**COMPARE** (kômpé'r), v. t. e i. Comparar,

confrontar, cotejar, comparar-se, igualar-se; s. comparação; confronto; cotejo.
**COMPARISON** (kômpe'rison), s. Comparação; (Gram.) inflexão dos adjetivos e advérbios.
**COMPART** (kômpár't), v. t. Repartir, dividir em compartimentos.
**COMPARTMENT** (kômpárt'ment), s. Compartimento, seção, divisão.
**COMPASS** (kâm'páss), v. t. Alcançar, atingir; planejar, maquinar, compreender, abranger; circundar; bloquear; percorrer; obter; perceber; s. extensão, espaço, circuito; âmbito; periferia; alcance da inteligência; compasso; adj. redondo; circular.
**COMPASSABLE** (kâm'pássâbl), adj. Alcançável.
**COMPASSION** (kômpé'shânn), s. Compaixão, comiseração, piedade, pena.
**COMPASSIONATE** (kômpé'shânêit), v. t. Compadecer-se de; ter dó ou compaixão.
**COMPASSIONATE** (kômpé'shânit), adj. Compassivo; clemente; piedoso.
**COMPASSIONATENESS** (kômpé'shânêitnéss), s. Compaixão, clemência, piedade, dó.
**COMPATIBILITY** (kômpétibi'liti), s. Compatibilidade, harmonia.
**COMPATIBLE** (kômpé'tibl), adj. Compatível; harmonioso; conciliável.
**COMPATIBLENESS** (kômpé'tiblnéss), s. Compatibilidade.
**COMPATRIOT** (kômpêi'triât), adj. e s. Compatriota.
**COMPATRIOTIC** (kômpêitriô'tik), adj. Compatriota.
**COMPATRIOTISM** (kômpêi'triotizm), s. Compatriotismo.
**COMPEER** (kômpi'r), s. Companheiro; camarada; par, igual.
**COMPEL** (kômpé'l), v. t. Compelir; obrigar; coagir; extorquir.
**COMPELLABLE** (kômpé'labl), adj. Compelível; constrangível.
**COMPELLATION** (kômpélêi'shânn), s. Interpelação; título; designação; tratamento.
**COMPELLER** (kômpé'lâr), s. Compelidor.
**COMPENDIOUS** (kômpén'diâss), adj. Compendioso; resumido; conciso.
**COMPENDIOUSLY** (kômpén'diâsli), adv. Resumidamente.
**COMPENDIOUSNESS** (kômpén'diâsnéss), s. Concisão; brevidade.
**COMPENDIUM** (kômpén'diâmm), s. Compêndio; resumo; súmula; síntese.

**COMPENSABLE** (kômpén'sâbl), adj. Compensável, indenizável.
**COMPENSATE** (kôm'pensêit), v. t. e i. Compensar, recompensar, equilibrar; contrabalançar; indenizar; ressarcir; remunerar.
**COMPENSATION** (kômpensêi'shânn), s. Compensação; indenização; reparação.
**COMPENSATIVE** (kômpén'sâtiv), adj. Compensativo; s. compensação; equivalente.
**COMPENSATOR** (kôm'pensêitâr), s. Compensador.
**COMPENSATORY** (kompén'sâtôuri), adj. Compensatório; compensador.
**COMPETE** (kômpi't), v. i. Competir; concorrer; disputar; rivalizar.
**COMPETENCE** (kóm'pitenss) ou **COMPETENCY** (kóm'pitensi), s. Competência; abastança; suficiência de meios.
**COMPETENT** (kóm'pitent), adj. Competente; apto; capaz.
**COMPETITION** (kômpiti'shânn), s. Competição; rivalidade; concorrência; concurso.
**COMPETITIVE** (kompé'titiv), adj. Concorrente; rival.
**COMPETITOR** (kompé'titâr), s. Competidor.
**COMPILATION** (kômpilêi'shânn), s. Compilação; coleção.
**COMPILE** (kompái'l), v. t. Compilar; ajuntar.
**COMPILER** (kompái'lâr), s. Compilador; colecionador.
**COMPLACENCE** (komplêi'senss) ou **COMPLACENCY** (komplêi'sensi), s. Complacência; contentamento, desvanecimento.
**COMPLACENT** (komplêi'sent), adj. Complacente; satisfeito de si mesmo.
**COMPLAIN** (komplêi'nn), v. i. Queixar-se; lamentar-se.
**COMPLAINANT** (komplêi'nânt), s. Queixoso; querelante, demandante (em juízo).
**COMPLAINER** (komplêi'nâr), s. Queixoso.
**COMPLAINT** (komplêin't), s. Queixa; reclamação; lamúria; doença; indisposição.
**COMPLAISANCE** (komplêi'zânss), s. Complacência; benevolência; cortesia.
**COMPLAISANT** (komplêi'zânt), adj. Complacente; benevolente; afável; cortês.
**COMPLECT** (komplék't), v. t. Entrelaçar; s. entrançar.
**COMPLECTED** (komplék'tid), adj. Entrelaçado; complicado.
**COMPLEMENT** (kôm'pliment), s. Complemento; suplemento; apêndice; plenitude; consumação; perfeição; remate; totalidade;

quantidade total; (Gram.) complemento; v. t. completar; formar o complemento de.
**COMPLEMENTAL** (kómplimén'tâl), adj. Complementar; suplementar; acessório.
**COMPLEMENTARY** (kómplimén'târi), adj. Complementar.
**COMPLETE** (kómpli't), v. t. Completar; concluir; acabar; inteirar; aperfeiçoar; adj. completo; concluido; acabado; perfeito.
**COMPLETELY** (kómplit'li), adv. Completamente; inteiramente.
**COMPLETENESS** (kómplit'néss), s. Inteireza; integridade; conclusão; acabamento.
**COMPLETION** (kompli'shânn), s. Completamento; conclusão; inteireza.
**COMPLETIVE** (kóm'plitiv), adj. Completivo.
**COMPLEX** (kóm'pléks), adj. Complexo; complicado; s. (Psic.) complexo.
**COMPLEXION** (kómplék'shânn), s. Cor, tez, aspecto, cútis; compleição; natureza.
**COMPLEXITY** (kómplék'siti), s. Complexidade.
**COMPLIANCE** (kompláiânss) ou **COMPLIANCY** (kompláiânsi), s. Condescendência; submissão; consentimento; aquiescência.
**COMPLIANT** (kompláiânt), adj. Condescendente; submisso; complacente.
**COMPLICACY** (kóm'plicâssi), s. Complicação; dificuldade.
**COMPLICATE** (kóm'plikêit), v. t. e i. Complicar; tornar confuso; piorar.
**COMPLICATED** (kóm'plikêitid), adj. Complicado: complexo; intricado.
**COMPLICATION** (kómplikêi'shânn), s. Complicação; dificuldade; embaraço.
**COMPLICITY** (kompli'siti), s. Cumplicidade; complexidade.
**COMPLIMENT** (kóm'pliment), v. t. Cumprimentar, saudar; felicitar; presentear; elogiar; s. atenção; elogio; expressão de cortesia; pl. homenagens, saudações.
**COMPLIMENTARY** (kómpliméntâri), adj. Cortês; obsequioso; de felicitações.
**COMPLIMENTER** (kóm'plimentâr), s. Lisonjeador; elogiador.
**COMPLOT** (komplô't), v. t. e i. Conspirar; maquinar; urdir; tramar.
**COMPLOT** (kóm'plot), s. Conspiração, trama.
**COMPLOTTER** (komplô'târ), s. Conspirador.
**COMPLY** (komplá'i), v. i. Aceder; anuir; aquiescer; consentir.
**COMPLYING** (kompláʻinn), adj. Condescendente; s. condescendência.

**COMPONENT** (kómpôu'nânt), adj. e s. Componente; ingrediente.
**COMPORT** (kompôur't), v. t. e i. Comportar-se; concordar; ser compatível.
**COMPORTMENT** (kompôurt'ment), s. Comportamento; conduta; aspecto; aparência.
**COMPOSE** (kompôu'z), v. t. e i. Compor; formar; constituir; ajustar; apaziguar.
**COMPOSED** (kompôuz'd), adj. Calmo; quieto.
**COMPOSEDNESS** (kompôuzd'néss), s. Compostura; serenidade.
**COMPOSER** (kompôu'zâr), s. Compositor; autor; componedor; linotipista; calmante.
**COMPOSING** (kompôu'zinn), adj. Calmante; compositivo; s. composição; redação; produção literária; arte musical.
**COMPOSITE** (kompô'zit), adj. Composto; heterogêneo; s. composto.
**COMPOSITION** (kómpozi'shânn), s. Composição; reconciliação; acordo; ajuste.
**COMPOSITIVE** (kompô'zitâr), s. Componedor; tipógrafo.
**COMPOST** (kóm'pôust), s. Composto; adubo químico; v. t. estercar com adubo químico; formar composto.
**COMPOSURE** (kompôu'jâr), s. Calma; serenidade; tranqüilidade; compostura.
**COMPOTATION** (kómpotêi'shânn), s. Beberronia.
**COMPOTE** (kóm'pôut), s. Compota; compoteira (EUA).
**COMPOUND** (kompáun'd), v. t. e i. Compor, combinar; misturar; resgatar ou dar quitação a (dívida) mediante pagamento com desconto; encobrir ou revelar um crime, em troca de compensações pecuniárias; capitalizar (juros); transigir; entrar em acordo; adj. composto; misto.
**COMPOUND** (kóm'pâund), s. Composto; combinação; mistura.
**COMPOUNDER** (kómpáun'dâr), s. Misturador; conciliador.
**COMPREHEND** (kómpri-hén'd), v. t. e i. Compreender; entender; abranger; incluir.
**COMPREHENSIBILITY** (kómpri-hénsibi'liti), s. Compreensão; entendimento; percepção; inclusão.
**COMPREHENSIBLE** (kómpri-hén'sibl), adj. Compreensível, inteligível; que se pode abranger, conter, incluir.
**COMPREHENSION** (kómpri-hén'shânn), s. Compreensão; amplitude; inclusão.
**COMPREHENSIVE** (kómpri-hén'siv), adj. Compreensivo; inteligente; extensivo.

**COMPRESS** (kompré'ss), v. t. Comprimir; prensar; condensar; resumir; abreviar.
**COMPRESS** (kôm'préss), s. (Med.) Compressa.
**COMPRESSED** (komprés't), adj. Comprimido.
**COMPRESSIBILITY** (kompréssibi'liti), s. Compressibilidade.
**COMPRESSIBLE** (kompré'sibl), adj. Compressível; reduzível.
**COMPRESSION** (kompré'shann), s. Compressão; condensação.
**COMPRESSIVE** (kompré'siv), adj. Compressivo.
**COMPRESSOR** (kompré'sâr), s. Compressor; (Anat.) músculo compressor.
**COMPRISABLE, COMPRIZABLE** (komprái'zábl), adj. Inclusivo; compressivo.
**COMPRISAL, COMPRIZAL** (komprái'zâl), s. Inclusão; compêndio; epítome.
**COMPRISE, COMPRIZE** (komprái'z), v. t. Compreender; incluir; conter; consistir de.
**COMPROMISE** (kôm'promáiz), s. Compromisso; acordo; conciliação; transigência; concessão; acomodação, v. t. e i. comprometer; resolver por meio de mútuas concessões; transigir; chegar a um acordo.
**COMPROMISING** (kômpromái'zinn), adj. Relativo a acordo; de compromisso.
**COMPULSION** (kompâl'shann), s. Compulsão; constrangimento; coação; obrigação.
**COMPULSIVE** (kompâl'siv), adj. Compulsivo; compulsório; obrigatório; coercivo.
**COMPULSIVELY** (kompâl'sivli), adv. Compulsoriamente; obrigatoriamente.
**COMPULSORY** (kompâl'sôuri), adj. Compulsório; obrigatório.
**COMPUNCTION** (kompânk'shann), s. Compunção; arrependimento; escrúpulo.
**COMPUNCTIOUS** (kompânk'shâss), adj. Compungido; arrependido; contrito.
**COMPUTABLE** (kômpiu'tâbl), adj. Computável.
**COMPUTATION** (kômpiutêi'shann), s. Computação; cômputo; cálculo.
**COMPUTE** (kômpiu't), v. t. Computar; calcular; estimar; orçar.
**COMPUTER** (kômpiu'târ), s. Computador; calculista; máquina de calcular.
**COMRADE** (kôm'réd), s. Camarada; companheiro; colega; membro; sócio.
**COMRADESHIP** (kôm'rédship), s. Camaradagem; companheirismo.
**CON** (kônn), v. t. Decorar; aprender de cor; examinar; considerar; adv. contra; s. vontade ou voto contrário; objeção.
**CONATION** (konêi'shann), s. (Fil.) Volição; desejo.
**CONCATENATE** (kônké'tinêit), v. t. Concatenar; encadear; adj. concatenado; ligado.
**CONCATENATION** (kônkátinêi'shann), s. Concatenação; encadeamento; série.
**CONCAVE** (kôn'kêiv), adj. Côncavo; escavado; cavado; s. côncavo; concavidade.
**CONCAVITY** (kônlé'viti), s. Concavidade.
**CONCAVOUS** (kôn'kévâss), adj. Côncavo.
**CONCEAL** (kônsi'l), v. t. Ocultar; encobrir; esconder; dissimular; disfarçar.
**CONCEALABLE** (konsi'lâbl), adj. Ocultável.
**CONCEALMENT** (konsi'lment), s. Encobrimento; segredo.
**CONCEDE** (konsi'd), v. t. e i. Conceder; outorgar; admitir; permitir; fazer concessões.
**CONCEIT** (konsi't), s. Conceito; dito espirituoso; vaidade; presunção; amor-próprio; estima; v. t. e i. agradar; supor.
**CONCEITED** (konsi'tid), adj. Presumido; convencido; afetado.
**CONCEITEDLY** (konsi'tidli), adv. Afetadamente, vaidosamente.
**CONCEITEDNESS** (konsi'tidnéss), s. Vaidade, presunção, afetação.
**CONCEIVABILITY** (konsivâbi'liti) ou **CONCEIVABLENESS** (konsi'vâblnéss), s. Conceptibilidade.
**CONCEIVABLE** (konsi'vâbl), adj. Concebível.
**CONCEIVE** (konsi'v), v. t. e i. Conceber; imaginar; perceber; ficar grávida; gerar; pensar; exprimir; pôr em palavras; julgar; crer.
**CONCEIVER** (konsi'vâr), s. Aquele que concebe.
**CONCEIVING** (konsi'vinn), s. Concepção.
**CONCENTER, CONCENTRE** (konsén'târ), v. t. e i. Concentrar; concentrar-se; centralizar; focalizar; convergir.
**CONCENTRATE** (kôn'sentrêit), v. t. e i. Concentrar; intensificar; condensar; s. produto concentrado; adj. concentrado.
**CONCENTRATION** (kônsentrêi'shann), s. Concentração; convergência; condensação; meditação; atenção profunda.
**CONCENTRATIVE** (konsén'trâtiv), adj. Concentrativo, concentrador.
**CONCENTRATOR** (kônsentrêi'târ), s. Concentrador.
**CONCENTRIC** (konsén'trik) ou **CONCENTRICAL** (konsén'trikâl), adj. Concêntrico.

**CONCENTRICITY** (kónsentri'siti), s. Concentricidade.
**CONCEPT** (kón'sépt), s. Concepção; idéia; noção; conceito.
**CONCEPTION** (konsép'shånn), s. Concepção; noção; idéia; compreensão; plano; invenção; produção; geração.
**CONCEPTIVE** (konsép'tiv), adj. Conceptivo, fecundo.
**CONCEPTUALISM** (konsép'tiuålism), s. Conceptualismo.
**CONCEPTUALIST** (konsép'tiuålist), s. Conceptualista.
**CONCERN** (konsår'n), v. t. Concernir; dizer respeito; interessar; afligir; preocupar; s. interesse; relação; ligação; importância; solicitude; negócio, firma, empresa.
**CONCERNED** (konsårn'd), adj. Interessado; ansioso, inquieto.
**CONCERNING** (konsår'ninn), adj. Concernente; relativo; prep. acerca de; com relação a; em referência a.
**CONCERNMENT** (konsårn'ment), s. Interesse; relação; importância; negócio; assunto; participação; solicitude; preocupação.
**CONCERT** (kón'sårt), s. Concerto musical; acordo; entendimento; união; combinação.
**CONCERT** (kónsår't), v. t. Concertar; convencionar; pactuar; planejar; imaginar.
**CONCERTED** (kónsår'tid), adj. Combinado.
**CONCERTMASTER** (kón'sårtmaståg) ou **CONCERTMEISTER** (konsårt'mêiståg), s. Primeiro violino de uma orquestra, "spalla".
**CONCERTO** (kóntshér'tôu), s. (Mús.) Concerto.
**CONCESSION** (konsé'shånn), s. Concessão; licença; privilégio.
**CONCESSIONARY** (konsé'shånéri), adj. e s. Concessionário.
**CONCESSIVE** (konsé'siv), adj. Concessivo.
**CONCH** (kónk), s. Concha, pavilhão auricular; caramujo; buzio; concha.
**CONCHOLOGY** (konkó'lodji), s. Conquiliologia; concologia.
**CONCIERGE** (kón'siérdj), s. Porteiro.
**CONCILIABLE** (konsi'liabl), adj. Conciliável.
**CONCILIAR** (konsi'kiar), adj. Conciliar, de concílio.
**CONCILIATE** (konsi'liêit), v. t. Conciliar; harmonizar; granjear (simpatia, adeptos, etc.); apaziguar; congraçar.
**CONCILIATING** (konsi'liêitinn), adj. Conciliador; conciliante.
**CONCILIATIVE** (konsi'liêitiv), adj. Conciliativo.
**CONCILIATOR** (konsi'liêitår), s. Conciliador.
**CONCILIATORY** (konsi'liåtôuri), adj. Conciliatório.
**CONCINITY** (konsi'niti), s. Apuro de estilo; elegância.
**CONCISE** (konsái'ss), adj. Conciso; lacônico.
**CONCISELY** (konsáis'li), adv. Concisamente.
**CONCISENESS** (konsáis'néss) ou **CONCISION** (konsi'jånn), s. Concisão; brevidade.
**CONCISION** (konsi'jånn), s. Corte, cisão.
**CONCLAMATION** (kónklåméi'shånn), s. Conclamação.
**CONCLAVE** (kon'klêiv), s. Conclave.
**CONCLUDE** (konklu'd), v. t. e i. Concluir, terminar, acabar; decidir; ajustar; deduzir; chegar a um acordo ou decisão.
**CONCLUDING** (konklu'dinn), adj. Último; derradeiro; final; concludente; finalizante.
**CONCLUSION** (konklu'jånn), s. Conclusão; fim; termo; decisão; ajuste; acordo.
**CONCLUSIVE** (konklu'siv), adj. Conclusivo; final; decisivo; concludente; definitivo.
**CONCLUSIVELY** (konklu'sivli), adv. Decididamente, conclusivamente.
**CONCLUSIVENESS** (konklu'sivnéss), s. Conclusão; caráter do que é conclusivo.
**CONCOCT** (kónkók't), v. t. Preparar (alimento); forjar; tramar; urdir.
**CONCOCTER** (kónkók'tår), s. Planejador; forjador; inventor; preparador.
**CONCOCTION** (kónkók'shånn), s. Preparação de alimentos misturando ingredientes diversos; trama; invenção; plano.
**CONCOMITANCE** (kónkó'mitånss) ou **CONCOMITANCY** (kónkó'mitånsi), s. Concomitância; coexistência.
**CONCOMITANT** (kónkó'mitånt), adj. Concomitante; s. companheiro; coisa que acompanha outra.
**CONCORD** (kón'kórd), s. Acordo; concórdia; paz; tratado; (Gram.) concordância; (Mús.) acorde harmonioso.
**CONCORDANCE** (kónkór'dånss), s. Concordância; harmonia.
**CONCORDANT** (kónkór'dånt), adj. Concordante, harmonioso, concorde.
**CONCORDAT** (kónkór'dêt), s. Acordo, tratado, concordata.
**CONCOURSE** (kón'kôurss), s. Concurso; reunião; assembléia; confluência; ponto de junção ou reunião.

**CONCRESCENCE** (kónkré'senss), Concrescência.
**CONCRETE** (kón'krit), adj. Concreto, real, palpável, material, sólido; s. material de construção; (Fil.) a realidade.
**CONCRETE** (kónkri't), v. t e i. Concretizar; concretizar-se; solidificar; solidificar-se.
**CONCRETENESS** (kón'critnéss), s. Consistência, solidez.
**CONCRETION** (kóncri'shánn), s. Concreção; concretização; solidificação; cálculo da bexiga, etc.; agregação geológica.
**CONCRETIVE** (kónkri'tiv), adj. Que tende a concretizar-se.
**CONCUBINAGE** (kónkiu'binidj), s. Concubinagem, concubinato.
**CONCUBINE** (kón'kiubáinn), s. Concubina.
**CONCUPISCENCE** (kónkiu'pissense), s. Concupiscência; luxúria.
**CONCUPISCENT** (kónkiu'pissent), adj. Concupiscente; sensual.
**CONCUR** (konkâ'r), v. i. Concorrer; cooperar; combinar; combinar-se; coincidir.
**CONCURRENCE** (konkâ'renss) ou **CONCURRENCY** (konkâ'rensi), s. Concorrência, concurso; confluência; acordo; aprovação; assentimento; combinação; coincidência.
**CONCURRENT** (konkâ'rent), adj. Concorrente; cooperante; confluente; convergente; simultâneo; s. concorrente; coadjuvante.
**CONCURRENTLY** (konkâ'rentli), adv. Concorrentemente; harmoniosamente.
**CONCUSS** (konkâ'ss), v. t. Concutir, sacudir; abalar; agitar; constranger; forçar.
**CONCUSSION** (konkâ'shánn), s. Concussão.
**CONCUSSIONAL** (konkâ'shâ'nâl), adj. Concussionário.
**CONCUSSIVE** (konkâ'siv), adj. Concussivo.
**CONDEMNABLE** (kondém'bâbl), adj. Condenável, reprovável.
**CONDEMNATION** (kondémnêi'shánn), s. Condenação, reprovação.
**CONDEMNATORY** (kondém'natôuri), adj. Condenatório.
**CONDEMNER** (kondém'nâr), s. Condenador.
**CONDENSABILITY** (kondénsâbi'liti), s. Condensabilidade.
**CONDENSABLE** (kondén'sâbl), adj. Condensável.
**CONDENSATE** (kondén'sit), adj. Condensado; s. vapor condensado.
**CONDENSATING** (kondensêi'tinn), adj. Condensador.
**CONDENSATION** (kóndensêi'shánn), s. Condensação; abreviação; resumo.
**CONDENSE** (kondén'ss), v. t. e i. Condensar; comprimir; resumir; abreviar.
**CONDENSED** (kondén'sid), adj. Condensado.
**CONDENSER** (kondén'sâr), s. Condensador (em refrigeração, ôptica e eletricidade).
**CONDESCEND** (kóndissén'd), v. i. Condescender; dignar-se; transigir; assentir.
**CONDESCENDENCE** (kóndissén'denss), s. Condescendência.
**CONDESCENDING** (kóndissén'dinn), adj. Condescendente; transigente.
**CONDESCENSION** (kóndissén'shánn), s. Condescendência; afabilidade.
**CONDIGN** (kondái'nn), adj. Condigno; merecido; justo; adequado; apropriado.
**CONDIGNLY** (kondáin'li), adv. Condignamente; merecidamente; justamente.
**CONDIGNNESS** (kondáin'néss), s. Condignidade, merecimento.
**CONDIMENT** (kón'diment), s. Condimento; tempero; v. t. condimentar.
**CONDIMENTAL** (kóndimén'tâl), adj. Condimentoso.
**CONDISCIPLE** (kóndissáip'l), s. Condiscípulo; colega de escola.
**CONDITION** (kondi'shánn), s. Condição; estipulação; classe ou posição social; estado; pl. circunstâncias, condições; v. t. e i. estipular; condicionar; limitar; convencionar; entrar em entendimento; impor condições.
**CONDITIONAL** (kondi'shânâl), adj. Condicional.
**CONDITIONALLY** (kondi'shânâli), adv. Condicionalmente.
**CONDITIONATE** (kondi'shânit), adj. Condicionado.
**CONDITIONED** (kondi'shánd), adj. Condicionado; circunstanciado; acondicionado.
**CONDOLATORY** (kondôu'latôuri), adj. Condolente, de condolência.
**CONDOLE** (kondôu'l), v. i. Condoer-se; dar pêsames.
**CONDOLEMENT** (kondôul'ment), s. Condolência, pesar.
**CONDOLENCE** (kondôu'lenss), s. Condolência; pl. pêsames.
**CONDOLENT** (kondôu'lent), adj. Condolente.
**CONDONATION** (kóndonêi'shánn), s. Perdão; indulto.
**CONDONE** (kondôu'nn), v. t. Perdoar; justificar (uma falta).

**CONDUCE** (kondiu'ss), v. i. Conduzir; levar; tender; contribuir para.
**CONDUCIBLE** (kondiu'sibl) ou **CONDUCIVE** (kondiu'siv), adj. Conducente, proveitoso.
**CONDUCT** (kôndâk't), v. t. e i. Conduzir; guiar; controlar; dirigir; reger; comandar.
**CONDUCT** (kôn'dâkt), s. Direção; administração; gerência; governo; escolta; comboio.
**CONDUCTIBILITY** (kondâktibi'liti), s. Condutibilidade.
**CONDUCTIBLE** (kondâk'tibl), adj. Condutível.
**CONDUCTING** (kondâk'tinn), adj. Condutor.
**CONDUCTION** (kondâk'shânn), s. Condução; transmissão (de som, calor, eletricidade, etc.); (Fís.) condutividade.
**CONDUCTIVE** (kondâk'tiv), adj. Condutivo.
**CONDUCTIVITY** (kondâkti'viti), s. Condutibilidade; condutividade.
**CONDUCTOR** (kondâk'târ), s. Condutor; guia; chefe; diretor; regente; maestro; chefe de trem (EUA); pâra-raios (EUA).
**CONDUIT** (kôn'diut), s. Conduto; canal; aqueduto; (Eletr.) eletroduto.
**CONDYLE** (kôn'dil), s. (Anat.) Côndilo.
**CONE** (kôunn), s. Cone (figura geométrica); peça em forma de cone; copinho comestível para sorvete (EUA).
**CONFABULATE** (konfé'biulêit), v. i. Confabular; palestrar.
**CONFABULATION** (konfébiulêi'shânn), s. Confabulação; conversa; palestra.
**CONFECT** (konfék't), v. t. Fazer; preparar (doce, confeito); pôr em conserva; fabricar.
**CONFECTION** (konfék'shânn), s. Confeito, doce, conserva de fruta; confecção; v. t. confeccionar; preparar (doces).
**CONFECTIONARY** (konfék'shânéri), adj. Relativo a confeitos, confeitaria ou confecção; s. artigo de confeitaria; confeiteiro.
**CONFECTIONER** (konfék'shâpâr), s. Confeiteiro.
**CONFECTIONERY** (konfék'shânéri), s. Confeitaria, doces em geral.
**CONFEDERATE** (konfé'dâri), adj. Confederado; aliado; s. cúmplice; parceiro.
**CONFEDERATION** (konfédârêi'shânn), s. Confederação; liga; união; aliança.
**CONFEDERATIVE** (konfé'dârêitiv), adj. Confederativo.
**CONFEDERACY** (konfé'dârâssi), s. Confederação; liga; conspiração; trama; cabala.
**CONFEDERATE** (konfé'dârêit), v. t. e i. Confederar; unir; unir-se; ligar; ligar-se.

**CONFER** (konfâ'r), v. t. e i. Conferir; conceder; outorgar; conferenciar; trocar idéias.
**CONFEREE** (kônfârî'), s. Colatário, de diploma ou grau; conferente.
**CONFERENCE** (kon'fârenss), s. Conferência; entrevista; consulta; concessão; outorga; colação de grau.
**CONFERMENT** (konfâr'ment), s. Concessão.
**CONFERRABLE** (konfâ'râbl), adj. Conferível.
**CONFERRER** (konfâ'râr), s. Outorgante.
**CONFESS** (konfé'ss), v. t. e i. Confessar; confessar-se; admitir; declarar ou ouvir em confissão; (poét.) evidenciar; manifestar.
**CONFESSEDLY** (konfé'sidli), adv. Confessamente; reconhecidamente.
**CONFESSION** (konfé'shânn), s. Confissão; reconhecimento; admissão; credo; fé; cada uma das seitas cristãs.
**CONFESSIONAL** (konfé'shânâl), adj. Confessional; s. confessionário.
**CONFESSIONALIST** (konfé'shânâlist), s. Aquele que confessa.
**CONFESSIONARY** (konfé'shânéri), adj. Confessionário.
**CONFESSOR** (konfé'sâr), s. Confessor; mártir.
**CONFETTI** (kanfé'ti), s. pl. Confetes.
**CONFIDANT** (kônfi'dént), s. Confidente.
**CONFIDE** (konfái'd), v. i. Confiar.
**CONFIDENCE** (kôn'fidenss), s. Confiança; confidência; ousadia.
**CONFIDENT** (kôn'fident), adj. Confiante; confiado; ousado; certo; seguro; s. confidente.
**CONFIDENTIAL** (kônfidén'shâli), adj. Confidencial; íntimo.
**CONFIDENTIALLY** (kônfidén'shâli), adv. Confidencialmente.
**CONFIDENTLY** (kôn'fidentli), adv. Confidentemente; confiadamente; atrevidamente.
**CONFIDER** (konfái'dâr), s. Aquele que confia.
**CONFIDING** (konfái'dinn), adj. Confiante.
**CONFIGURATION** (konfighiurêi'shânn), s. Configuração; contorno; figura; forma.
**CONFIGURATIVE** (konfi'ghiurêi'tiv), adj. configurativo.
**CONFIGURE** (konfi'ghiur), v. t. Configurar.
**CONFINABLE** (konfái'nâbl), adj. Confinável.
**CONFINE** (kôn'fainn), s. Confim, limite; v. t. e i. confinar; limitar; restringir; encarcerar; ser limítrofe.
**CONFINED** (konfáin'd), adj. Confinado; preso.
**CONFINEMENT** (konfáin'ment), s. Limitação; prisão; clausura; parto; puerpério.

**CONFINER** (konfái'nar), s. Habitante limítrofe.
**CONFIRM** (konfár'mm), v. t. Confirmar, ratificar, validar; crismar; comprovar.
**CONFIRMABLE** (konfár'mábl), adj. Confirmável.
**CONFIRMATION** (konfárméi'shánn), s. Confirmação; ratificação; prova; crisma.
**CONFIRMATIVE** (konfár'mátiv), adj. Confirmativo.
**CONFIRMATORY** (konfár'mátôuri), adj. Confirmatório; comprobatório.
**CONFIRMED** (konfárm'd), adj. Confirmado; crônico; crismado.
**CONFIRMEE** (kónfármi'), s. Pessoa confirmada ou crismada.
**CONFIRMER** (konfár'már), s. Confirmador.
**CONFISCABLE** (konfis'kábl), adj. Confiscável.
**CONFISCATE** (kón'fiskêit), v. t. Confiscar; apreender; adj. confiscação.
**CONFISCATION** (kónfiskêi'shánn), s. Confiscação.
**CONFISCATOR** (kón'fiskêitár), s. Confiscador.
**CONFISCATORY** (konfis'kátôuri), adj. De confiscação; confiscador.
**CONFITURE** (kón'fitiur), s. Confeito; doce.
**CONFLAGRANT** (konflêi'gránt), adj. Conflagrado; incendiado.
**CONFLAGRATE** (kón'flágrêit), v. t. e i. Conflagrar.
**CONFLAGRATION** (kónflágrêi'shánn), s. Conflagração.
**CONFLATION** (konflêi'shánn), s. Fusão, mistura.
**CONFLICT** (konflik't), v. i. Colidir; chocar; entrar em conflito; lutar; discordar; diferir.
**CONFLICT** (kón'flikt), s. Conflito; luta; combate; colisão; antagonismo; desacordo.
**CONFLICTING** (konflik'tinn), adj. Contraditório.
**CONFLICTIVE** (konflik'tiv), adj. Oposto; antagônico; adverso.
**CONFLICTION** (konflik'shánn), s. Antagonismo.
**CONFLUENCE** (kón'fluênss), s. Confluência.
**CONFLUENT** (kón'fluênt), adj. e s. Confluente; tributário; (Bot.) aderente.
**CONFLUX** (kón'fluks), s. Confluência.
**CONFORM** (konfór'm), v. t. e i. Conformar; ajustar; conformar-se; resignar-se; igualar; adj. conforme.
**CONFORMABILITY** (konformábi'liti), s. Conformidade; harmonia; obediência.

**CONFORMABLE** (konfór'mábl), adj. Conforme; semelhante; ajustado; acertado; concordante; submisso; obediente.
**CONFORMANCE** (konfor'mánss), s. Conformidade.
**CONFORMATION** (konforméi'shánn), s. Conformação; configuração; arranjo; forma; estrutura; correspondência; conformidade.
**CONFORMER** (konfór'már), s. Conformista.
**CONFORMIST** (konfór'mist), s. Conformista, membro da igreja Anglicana.
**CONFORMITY** (konfór'miti), s. Conformidade.
**CONFOUND** (konfáun'd), v. t. Confundir; perturbar; frustrar; misturar; consternar; amaldiçoar; destruir; estragar.
**CONFOUNDED** (konfáun'did), adj. Confuso; perplexo; abominável; maldito.
**CONFOUNDER** (konfáun'dár), s. Confundidor.
**CONFRATERNITY** (kónfrátár'niti), s. Confraternidade; irmandade; bando; turma.
**CONFRERE** (kón'frér), s. Confrade; colega.
**CONFRONT** (konfrán't), v. t. Confrontar; cotejar; defrontar; arrostar; acarear.
**CONFRONTATION** (konfrántêi'shánn) ou **CONFRONTMENT** (konfránt'ment), s. Confronto; acareação; paralelo.
**CONFUSE** (konfiu'z), v. t. Confundir; embaraçar; desordenar; desconcertar; perturbar; errar; envergonhar.
**CONFUSED** (konfiuz'd), adj. Confuso; desordenado; embaraçado; perplexo.
**CONFUSEDNESS** (konfiuzd'néss) ou **CONFUSION** (konfiu'jánn), s. Confusão; perplexidade; embaraço; desapontamento; vexame; desordem.
**CONFUTATION** (kónfiutêi'shánn), s. Confutação; refutação.
**CONFUTE** (kónfiu't), v. t. Confutar; refutar.
**CONFUTER** (kónfiu'tár), s. Confutador.
**CONGEAL** (kondji'l), v. t. e i. Congelar; congelar-se; coagular; coagular-se.
**CONGEALABLE** (kondji'lábl), adj. Congelável; coagulável.
**CONGEALMENT** (kondji'ment) ou **CONGELATION** (kóndjilêi'shánn), s. Congelação; coagulação; massa congelada.
**CONGENER** (kóndji'nár), s. Pessoa ou coisa congênere; adj. congênere.
**CONGENERIC** (kondjiné'rik), adj. Congênere.
**CONGENEROUS** (kondjé'bnáráss), adj. Congênere.
**CONGENIAL** (kondji'niál), adj. Congenial; análogo.

**CONGENIALITY** (kondjinié'liti), s. Congenialidade.
**CONGENITAL** (kondjé'nitâl), adj. Congênito; inato.
**CONGERIES** (kôndji'riz), s. Congérie; montão; acervo; agregação de coisas.
**CONGEST** (kóndjés't), v. t. e i. Congestionar; congestionar-se; acumular.
**CONGESTED** (kóndjés'tid), adj. Congestionado; repleto.
**CONGESTION** (kondjést'shânn), s. Congestionamento; acúmulo; (Med.) congestão.
**CONGESTIVE** (kondjés'tiv), adj. Congestivo.
**CONGLOBATE** (kôn'globêit), v. t. e i. Conglobar; conglobar-se; adj. conglobado.
**CONGLOBATION** (kônglobêi'shânn), s. Conglobação.
**CONGLOMERATE** (konglô'mârêit), v. t. e i. Conglomerar; amontoar; englobar.
**CONGLOMERATE** (konglô'mârit), adj. e s. Conglomerado.
**CONGLOMERATION** (konglômârêi'shânn), s. Conglomeração.
**CONGLUTINATE** (konglu'tinêit), v. t. e i. Conglutinar; adj. conglutinado.
**CONGLUTINATION** (konglutinêi'shânn), s. Conglutinação.
**CONGLUTINATIVE** (konglu'tinêitiv), adj. Conglutinativo.
**CONGRATULANT** (kongréi'tiulant), adj. Congratulante; s. felicitador; congratulador.
**CONGRATULATE** (kongré'tiulêit), v. t. Congratular; felicitar. *I congratulate myself:* dou-me por feliz.
**CONGRATULATION** (kongrétiulêi'shânn), s. Congratulação; pl. parabéns; felicitações.
**CONGRATULATOR** (kongré'tiulêitâr), s. Congratulador.
**CONGRATULATORY** (kongré'tiulâtôuri), adj. Congratulatório.
**CONGREGANT** (kôn'grigânt), s. Congregante.
**CONGREGATE** (kôn'grighêit), v. t. e i. Congregar; reunir-se; convocar.
**CONGREGATE** (kôn'grighit), adj. Congregado, reunido.
**CONGREGATION** (kôngrighêi'shânn), s. Congregação.
**CONGREGATIONAL** (kîngrighêi'shânal), adj. Congregacional; independente.
**CONGREGATIVE** (kongrighêi'tiv), adj. Congregativo.
**CONGRESS** (kôn'gréss), s. Congresso; assembléia; parlamento.
**CONGRESSIONAL** (kôngré'shânâl), adj. Congressional.
**CONGRESSMAN** (kôn'grésmaen), s. Congressista.
**CONGRESSWOMAN** (kôn'grés-uumaen), s. Congressista; deputada.
**CONGRUENCE** (kôn'gruênss) ou **CONGRUENCY** (kôn'gruênsi), s. Congruência, conveniência, concordância, harmonia.
**CONGRUENT** (kôn'gruént), adj. Congruente; conveniente; adequado.
**CONGRUITY** (kôngru'iti), s. Congruência.
**CONGRUOUS** (kôn'gruâss), adj. Côngruo; congruente; conveniente; apropriado.
**CONGRUOSNESS** (kôn'gruâsnéss), s. Congruidade, congruência.
**CONIC** (kó'nik) ou **CONICAL** (kó'nikâl), adj. Cônico; coniforme.
**CONIC** (kô'nik), s. Seção cônica.
**CONICALNESS** (kó'nikâlnéss), s. Conicidade.
**CONIFEROUS** (koni'fârâs), adj. Conífero.
**CONIFORM** (kôu'niform), adj. Coniforme.
**CONJECTURABLE** (kondjék'tiurâbl), adj. Conjeturável.
**CONJECTURAL** (kondjék'tiurâl), adj. Conjetural.
**CONJECTURE** (kondjék'tiur), v. t. e i. Conjeturar; s. conjetura; suposição; hipótese.
**CONJECTURER** (kondjék'tiurâr), s. Conjeturador.
**CONJOIN** (kondjói'nn), v. t. e i. Unir; unir-se; associar; associar-se; ligar-se.
**CONJOINT** (kondjôin't), adj. Conjunto; unido; ligado; associado.
**CONJUGAL** (kôn'djugâl), adj. Conjugal.
**CONJUGALITY** (kôndjughé'liti), s. Estado matrimonial.
**CONJUGATE** (kôn'djughêit), v. t. e i. Conjugar (idem Gram.); unir-se em matrimônio.
**CONJUGATE** (kôn'djughit), adj. Conjugado; unido; emparelhado; s. (Gram.) cognato.
**CONJUGATION** (kôndjughêi'shânn), s. Conjugação; união; combinação; (Gram.) conjugação; inflexão de um verbo.
**CONJUNCT** (kondjânk't), s. Parceiro; par; adj. conjunto; unido; ligado.
**CONJUNCTION** (kondjânk'shânn), s. Conjunção; associação; reunião; (Gram.) partícula de ligação.
**CONJUNCTIVA** (kóndjânktâi'vâ), s. (Anat.) Conjuntiva.
**CONJUNCTIVE** (kondjânk'tiv), adj. Conjuntivo; ligado; unido.

**CONJUNCTIVITIS** (kôndjânk'tivitis), s. (Med.) Conjuntivite.
**CONJUNCTURE** (kondjânk'tshâr ou kondjânk'tiur), s. Conjuntura; crise.
**CONJURATION** (kondjurêi'shânn), s. Conjuração; adjuração; magia; encanto.
**CONJURE** (kân'djâr), v. t. e i. Conjurar; evocar; praticar a magia; encantar; invocar espíritos (seguido de *up*).
**CONJURER, CONJUROR** (kân'djârâr), s. Mago; feiticeiro; prestidigitador; conjurador.
**CONJURING** (kân'djârinn), s. Feitiçaria; magia; prestidigitação.
**CONK** (kônk), s. (gír.) Nariz; cabeça; pancada na cabeça; v. t. e i. falhar; entrar em pane; enguiçar; bater na cabeça de alguém.
**CONKY** (kôn'ki), adj. e s. (fam.) Narigudo.
**CONNATE** (kó'nêit), adj. Conato; congênito.
**CONNATURAL** (konê'tshurâl ou konê'tiurâl), adj. Conatural.
**CONNECT** (konék't), v. t. e i. Ligar; ligar-se; juntar-se; associar-se; encadear; ligar horários (de trens, aviões) para baldeação.
**CONNECTED** (konik'tid), adj. Unido; conjugado; aparentado; relacionado.
**CONNECTING** (konék'tinn), adj. De união; ligação ou junção.
**CONNECTION** (konék'shânn), s. Conexão; união; ligação; junção; seqüência lógica; baldeação (de trens, aviões); parentesco; amizade; clientela; seita religiosa.
**CONNECTIVE** (konék'tiv), adj. Conetivo; que une; s. (Gram.) conetivo, palavra que liga proposições.
**CONNECTOR** (konék'târ), s. Agente ou dispositivo de ligação ou comunicação.
**CONNEXITY** (konék'siti), s. Conexidade.
**CONNIPTION** (konip'shânn), s. (fam.) Acesso de raiva (EUA).
**CONNIVANCE** (konái'vânss) ou **CONNIVANCY** (konái'vânsi), s. Conivência; cumplicidade.
**CONNIVANT** (konái'vânt), adj. Conivente.
**CONNIVE** (konái'v), v. i. Conluiar-se; ser conivente, fazer vista grossa.
**CONNIVER** (konái'vâr), s. Cúmplice; conivente.
**CONNOTATION** (kónotêi'shânn), s. Conotação; significação secundária.
**CONNOTATIVE** (konôu'tátiv), adj. Conotativo.
**CONOTE** (kónôu't), v. t. Conotar; implicar.
**CONNUBIAL** (koniu'biâl), adj. Conubial; conjugal; nupcial.
**CONNUBIALITY** (koniubié'liti), s. Conúbio.

**CONOIDAL** (konói'dâl), adj. Conoidal.
**CONQUER** (kôn'kâr), v. t. e i. Conquistar; vencer; subjugar; sair vitorioso; refrear.
**CONQUERABLE** (kôn'kârâbl), adj. Conquistável; subjugável; vencível.
**CONQUERING** (kôn'kârinn), adj. Vitorioso.
**CONQUEROR** (kôn'kârâr), s. Conquistador.
**CONQUEST** (kôn'kuist), s. Conquista; vitória.
**CONSANGUINE** (kônsén'ghâin) ou **CONSANGUINEOUS** (kônsénguï'niâss), adj. Consangüíneo; parente; afim.
**CONSANGUINITY** (kônsénguï'niti), s. Consangüinidade.
**CONSCIENCE** (kôn'shênss), s. Consciência.
**CONSCIENCELESS** (kôn'shênsléss), adj. Inescrupuloso; sem consciência.
**CONSCIENTIOUS** (kônshién'shâss), adj. Consciencioso; escrupuloso.
**CONSCIENTIOUSNESS** (kônshién'shâsnéss), s. Consciência, escrupulosidade.
**CONSCIONABLE** (kôn'shânâbl), adj. Consciencioso; razoável; justo.
**CONSCIOUS** (kôn'shâss), adj. Côncio; ciente; deliberado; intencional; de propósito.
**CONSCIOUSNESS** (kôn'shâsnéss), s. Consciência; percepção; conhecimento.
**CONSCRIBE** (konskrái'b), v. t. Recrutar.
**CONSCRIPT** (kôns'kript), adj. Conscrito; alistado; recrutado; sorteado.
**CONSCRIPT** (konskrip't), v. t. Sortear (para serviço militar); recrutar; alistar.
**CONSCRIPTION** (konskrip'shânn), s. Conscrição; alistamento; sorteio militar.
**CONSECRATE** (kôns'sikrêit), v. t. Consagrar; devotar; destinar; adj. consagrado.
**CONSECRATION** (kônsikrêi'shânn), s. Consagração; canonização; destinação.
**CONSECRATORY** (kôn'sikrâtôuri), adj. Consagrador.
**CONSECTARY** (konsék'târi), s. Conseqüência; dedução lógica.
**CONSECUTION** (kônsikiu'shânn), s. Sucessão; seqüência lógica.
**CONSECUTIVE** (konsé'kiutiv), adj. Consecutivo; sucessivo; conseqüente.
**CONSECUTIVELY** (konsé'kiutivli), adv. Consecutivamente.
**CONSECUTIVENESS** (konsé'kiutivnéss), s. Seqüência; seqüência lógica.
**CONSENSUAL** (konsén'shual), adj. Consensual.
**CONSENSUS** (konsén'sâss), s. Consenso; acordo.

**CONSENT** (konsén't), v. i. Consentir; aceder; anuir; s. consentimento; permissão.
**CONSENTANEOUS** (kónsentêi'niâss), adj. Consentâneo; conforme; unânime.
**CONSENTIENT** (konsén'shênt), adj. Concorde; concordante.
**CONSEQUENCE** (kón'sikuénss), s. Conseqüência; série; séquito; efeito; resultado.
**CONSEQUENT** (kón'sikuént), adj. Conseqüente; s. conseqüência; resultado.
**CONSEQUENTIAL** (kónsikuén'shâl), adj. Conseqüente; importante; pomposo.
**CONSOCIATE** (konsôu'shiêit), v. t. e i. Associar; consorciar; formar uma sociedade.
**CONSOCIATION** (konsôushiêi'shânn), s. Associação; união; sociedade; congregação eclesiástica (EUA).
**CONSOLABLE** (konsôu'lâbl), adj. Consolável.
**CONSOLATION** (konsolêi'shânn), s. Consolação, consolo.
**CONSOLATORY** (konsô'lâtôuri), adj. Consolador; consolatório.
**CONSOLE** (konsôu'l), v. t. Consolar.
**CONSOLE** (kón'sôul), s. (Arquit.) Consolo; (Mús.) estrutura com os teclados do órgão.
**CONSOLER** (konsôu'lâr), s. Consolador.
**CONSOLIDATE** (konsô'lidêit), v. t. e i. Consolidar; firmar; robustecer; solidificar-se; incorporar (empresas); adj. solidificado; combinado; unido; incorporado.
**CONSOLIDATED** (konsô'lidêitid), adj. Consolidado; permanente; unido; combinado.
**CONSOLIDATION** (konsôlidêi'shânn), s. Consolidação; solidificação; fusão de empresas industriais.
**CONSOLIDATOR** (konsô'lidêitâr), s. Consolidador.
**CONSOLING** (konsôu'linn), adj. Consolador.
**CONSOLS** (kón'sóls), s. pl. Títulos de dívida pública consolidada.
**CONSONANCE** (kón'sonânss) ou **CONSONANCY** (kón'sonânsi), s. Consonância.
**CONSONANT** (kón'sonânt), adj. Consonante; conforme; consoante; (Mús.) assonante.
**CONSONANTISM** (kón'sonantizm), s. Consonantismo.
**CONSONANTLY** (kón'sonântli), adv. Em consonância; harmoniosamente.
**CONSONOUS** (kón'sonâss), adj. Consonante.
**CONSORT** (kón'sórt), s. Consorte; cônjuge; sócio; navio que acompanha outro.
**CONSORT** (kónsór't), v. t. e i. Associar; unir; unir-se; concordar; harmonizar.

**CONSPECTUS** (konspék'tâss), s. Conspecto; sumário; sinopse.
**CONSPICUITY** (kónspikiu'iti), s. Conspicuidade.
**CONSPICUOUS** (konspi'kiuâss), adj. Conspícuo; distinto; manifesto; visível; preeminente; notável.
**CONSPICUOUSNESS** (konspi'kiuâssnéss), s. Conspicuidade.
**CONSPIRACY** (konspi'rássi), s. Conspiração; trama; maquinação; intriga.
**CONSPIRATOR** (konspi'râtâr) ou **CONSPIRER** (konspái'râr), s. Conspirador.
**CONSPIRE** (konspái'r), v. t. e i. Conspirar; tramar; maquinar; ligar-se; cooperar.
**CONSPUE** (konspi'u), v. t. Cuspir sobre; desprezar.
**CONSTABLE** (kâns'tâbl), s. Policial; condestável; guarda; mordomo.
**CONSTANCY** (kóns'tânsi), s. Constância; estabilidade; perseverança; fidelidade.
**CONSTANT** (kóns'tânt), adj. Constante; firme; (Ffs., Mat.) s. Número ou fator constante.
**CONSTELLATE** (kóns'tâlêit), v. t. Constelar.
**CONSTELLATION** (kónstâlêi'shânn), s. Constelação; reunião; grupo brilhante.
**CONSTERNATE** (kóns'târnêit), v. t. Consternar; atemorizar.
**CONSTERNATION** (kónstârnêi'shânn), s. Consternação; pavor; terror.
**CONSTIPATE** (kóns'tipêit), v. t. Constipar (os intestinos).
**CONSTIPATION** (kónstipêi'shânn), s. Constipação intestinal; prisão de ventre.
**CONSTITUENCY** (konsti'tuênsi), s. Eleitorado; distrito eleitoral; clientela.
**CONSTITUENT** (konsti'tiuênt), adj. Constituinte; componente.
**CONSTITUTE** (kóns'titiut), v. t. Constituir; eleger; nomear; decretar; legislar.
**CONSTITUTION** (kónstitiu'shânn), s. Constituição; compleição; estrutura; estatuto.
**CONSTITUTIONAL** (kónstitiu'shânâl), adj. Constitucional; legal; inerente; essencial; favorável à saúde; s. passeio higiênico.
**CONSTITUTIONALISM** (kónstitiu'shânâlizm), s. Governo constitucional.
**CONSTITUTIONALIST** (kónstitiu'shânâlist), s. Constitucionalista.
**CONSTITUTIONALITY** (kónstitiushânê'liti), s. Constitucionalidade.
**CONSTITUTIVE** (kónsti'tiutiv), adj. Constitutivo; essencial; fundamental; formativo.

**CONSTRAIN** (konstrêi'nn), v. t. Constranger; forçar; obrigar; comprimir; apertar; bloquear; reprimir; encarcerar.
**CONSTRAINABLE** (konstrêi'nâbl), adj. Constrangível.
**CONSTRAINED** (konstrêi'nid), adj. Constrangido; coagido.
**CONSTRAINT** (konstrêin't), s. Constrangimento; coação; repressão; embaraço.
**CONSTRICT** (konstrik't), v. t. Constringir; reprimir; apertar.
**CONSTRICTION** (konstrik'shânn), s. Constrição; compressão; contração; aperto.
**CONSTRICTIVE** (konstrik'tiv), adj. Constritivo.
**CONSTRICTOR** (konstrik'târ), s. Constritor; (Anat.) músculo constritor.
**CONSTRINGE** (konstrin'dj), v. t. Constringir; comprimir; adstringir.
**CONSTRINGENCY** (konstrin'djênsi), s. Constrição; adstringência.
**CONSTRINGENT** (konstrin'djênt), adj. Constringente; adstringente.
**CONSTRUABLE** (konstru'âbl), adj. Interpretável.
**CONSTRUCT** (konstrâk't), v. t. Construir; edificar; planejar; formar; arquitetar; s. construção; (Psic.) síntese mental.
**CONSTRUCTER** (konstrâk'târ), s. Construtor.
**CONSTRUCTION** (konstrâk'shânn), s. Construção; estrutura; interpretação; traçado geométrico; (Gram.) construção de frases.
**CONSTRUCTIONAL** (konstrâk'shânâl), adj. Estrutural; de ou relativo a construção.
**CONSTRUCTIONIST** (konstrâk'shânist), s. Intérprete de leis.
**CONSTRUCTIVE** (konstrâk'tiv), adj. Construtivo; engenhoso; criador; virtual; implícito.
**CONSTRUCTIVENESS** (konstrâk'tivenéss), s. Construtividade.
**CONSTRUCTOR** (konstrâk'târ), s. Construtor.
**CONSTRUE** (konstru'), v. t. e i. Construir; dar boa regência gramatical a; interpretar; traduzir; s. análise gramatical; explicação; tradução oral; trecho a ser traduzido.
**CONSTRUER** (konstru'âr), s. Intérprete.
**CONSUBSTANTIAL** (kônsâbstên'shâl), adj. Consubstancial.
**CONSUBSTANTIALITY** (kônsâbstênshié'liti), s. Consubstancialidade.
**CONSUBSTANTIATE** (kônsâbstên'shiêit), v. t. Consubstanciar.
**CONSUBSTANTIATION** (kônsâbstênshiêi'shânn), s. Consubstanciado.

**CONSUETUDE** (kôn'suitiud), s. Costume; uso.
**CONSUETUDINARY** (kônsuitiu'dinâri), adj. Consuetudinário; usual; costumeiro.
**CONSUL** (kôn'sâl), s. Cônsul.
**CONSULAR** (kôn'siulâr), adj. Consular.
**CONSULATE** (kôn'siulit), s. Consulado.
**CONSULT** (konsâl't), v. t. e i. Consultar; pedir conselho ou parecer a; deliberar; considerar; aconselhar-se.
**CONSULTABLE** (konsâl'tâbl), adj. Consultivo.
**CONSULTANT** (konsâl'tânt), s. Consultante.
**CONSULTATION** (kônsâltêi'shânn), s. Consulta; conferência; junta médica.
**CONSULTATIVE** (konsâl'tâtiv), adj. Consultivo; deliberativo.
**CONSULTEE** (kônsâlti'), s. Consultor; pessoa consultada.
**CONSULTING** (konsâl'tinn), adj. Consultor; que dá consulta.
**CONSUMABLE** (konsiu'mâbl), adj. Consumível; s. artigo de consumo.
**CONSUME** (konsiu'mm), v. t. e i. Consumir; devorar; preocupar; gastar; despender; malbaratar; consumir-se.
**CONSUMER** (konsiu'mâr), s. Consumidor.
**CONSUMMATE** (kôn'sâmeit), v. t. Consumar; acabar; completar; realizar.
**CONSUMMATE** (kôn'sâmit), adj. Consumado; acabado; perfeito; completo.
**CONSUMMATION** (kônsâmêi'shânn), s. Consumação; conclusão; remate; perfeição.
**CONSUMPTION** (konsâmp'shânn), s. Consunção; ato de consumir; ruína; devastação; gasto; estrago; tísica pulmonar.
**CONSUMPTIVE** (kônsâmp'tiv), adj. Consuntivo; destrutivo; tísico; s. tuberculoso.
**CONTACT** (kôn'tékt), s. Contacto; ligação; conexão; v. t. e i. pôr em contacto; entrar em contacto; comunicar-se com.
**CONTAGION** (kontêi'djânn), s. Contágio; vírus; doença infecciosa ou contagiosa; epidemia; propagação; influência.
**CONTAGIOUS** (kontêi'djâss), adj. Contagioso; infeccioso; contagiante.
**CONTAGIOUSNESS** (kontêi'djâsnéss), s. Contagiosidade.
**CONTAIN** (kontêi'nn), v. t. Conter; encerrar; abranger; refrear; reprimir; ser divisível por; deter (forças militares inimigas).
**CONTAINABLE** (kontêi'nâbl), adj. Que se pode conter, ou que pode conter.
**CONTAINER** (kontêi'nâr), s. Recipiente; receptáculo.

**CONTAMINATE** (konté'minêit), v. t. Contaminar; contagiar; infeccionar; corromper; viciar; manchar; perverter.

**CONTAMINATION** (kontêminêi'shânn), s. Contaminação; infecção; contágio; corrupção.

**CONTAMINATIVE** (konté'minêitiv), adj. Contaminador, infeccioso.

**CONTAMINATOR** (konté'minêitâr), s. Contaminador.

**CONTEMN** (kóntém'n), v. t. Desprezar; desdenhar; menosprezar.

**CONTEMNER, CONTEMNOR** (kontém'nâr), s. Desprezador.

**CONTEMPLABLE** (kontém'plábl), adj. Contemplável.

**CONTEMPLATE** (kón'têmplêit), v. t. e i. Contemplar; tencionar; projetar; pretender; pensar, meditar, refletir em; contar com.

**CONTEMPLATION** (kóntemplêi'shânn), s. Contemplação; projeto; plano; desígnio.

**CONTEMPLATIVE** (kontém'plátiv), adj. Contemplativo, meditativo.

**CONTEMPLATIVELY** (kontém'plátivli), adv. Contemplativamente; atentamente.

**CONTEMPLATOR** (kón'têmplêitâr), s. Meditador; planejador.

**CONTEMPORANEOUS** (kontêmporêi'niâss), adj. Contemporâneo; coetâneo; coevo.

**CONTEMPORANEOUSNESS** (kontêmporêi'niâsnéss), s. Contemporaneidade.

**CONTEMPORARY** (kontém'porêri), adj. e s. Contemporâneo; coevo.

**CONTEMPORIZE** (kontém'poráiz), v. t. Tornar contemporâneo; v. i. coincidir.

**CONTEMPT** (kontémp't), s. Desprezo; desdém; escárnio; vergonha; ignomínia.

**CONTEMPTIBILITY** (kontémptibi'liti), s. Baixeza, vileza; desprezo.

**CONTEMPTIBLE** (kontémp'tibl), adj. Desprezível; baixo; vil; mesquinho; ignóbil.

**CONTEMPTUOUS** (kontémp'tshuáss), adj. Desdenhoso; desprezativo.

**CONTEMPTUOUSNESS** (kontémp'tshâsnéss), s. Desprezo, desdém.

**CONTEND** (kontén'd), v. t. e i. Contender; lutar; combater; sustentar; afirmar; argumentar.

**CONTENDER** (kontén'dâr), s. Contendor; competidor.

**CONTENDING** (kontén'dinn), adj. Contendente, oposto.

**CONTENT** (kontén't), adj. Contente; satisfeito; disposto; s. contentamento.

**CONTENT** (kón'tent), s. Conteúdo (geralmente no plural); texto; índice; essência; ponto principal; volume; extensão.

**CONTENTED** (kontén'tid), adj. Contente; satisfeito.

**CONTENTION** (kontén'shânn), s. Contenda; disputa; batalha; competição; argumento.

**CONTENTIOUS** (kontén'shâss), adj. Contencioso; litigioso; altercador, briguento.

**CONTENTMENT** (kontént'ment), s. Contentamento; satisfação.

**CONTERMINAL** (kontâr'minâl) ou **CONTERMINOUS** (kontâr'minâss), adj. Contérmino; limítrofe; contíguo; adjacente.

**CONTEST** (kontés't), v. t. e i. Lutar por; abater; contender; discutir; altercar; pelejar.

**CONTEST** (kón'tést), s. Debate; controvérsia; luta; disputa; competição; contenda.

**CONTESTABLE** (kontés'tábl), adj. Contestável; disputável.

**CONTESTANT** (kontés'tant), s. Contendor; competidor; concorrente.

**CONTESTATION** (kóntestêi'shânn), s. Contestação; disputa; competição; litígio; controvérsia; argumento; assunto discutido.

**CONTEXT** (kón'têkst), s. Contexto; contextura.

**CONTEXTUAL** (kontéks'tshuâl), adj. Contextual.

**CONTEXTURE** (kontés'tshâr), s. Contextura; tecido; pano.

**CONTIGUITY** (kontighiu'iti), s. Contigüidade; proximidade; continuidade; contacto.

**CONTIGUOUS** (konti'ghiuáss), adj. Contíguo; adjacente; junto; pegado; próximo.

**CONTIGUOUSNESS** (konti'ghiuâsnéss), s. Contigüidade; vizinhança; adjacência.

**CONTINENCE** (kón'tinénss) ou **CONTINENCY** (kón'tinénsi), s. Continência; castidade; pureza; temperança; moderação.

**CONTINENT** (kon'tinênt), adj. Continente; casto; moderado; s. continente, terra firme.

**CONTINENTAL** (kóntinên'tâl), adj. Continental; s. habitante do continente (e não da Inglaterra); estrangeiro.

**CONTINGENCE** (kontin'djênss), s. Contato; (raramente) contingência.

**CONTINGENCY** (kontin'djânsi), s. Contingência; eventualidade; casualidade; despesa eventual.

**CONTINGENT** (kontin'djênt), adj. Contingente; eventual; incerto; duvidoso; acidental; inesperado; s. contingente; eventualidade; contingência; quota.

**CONTINUAL** (kônti'niuâl), adj. Contínuo; sucessivo; constante; incessante; freqüente.
**CONTINUANCE** (konti'niuânss), s. Continuação; prosseguimento; duração; seqüência.
**CONTINUANT** (kônti'niuânt), s. O que continua; (Gram.) consoante fricativa.
**CONTINUATION** (kontinuêi'shânn), s. Continuação; prolongação; seqüência.
**CONTINUATIVE** (konti'niuâtiv), adj. Continuativo.
**CONTINUATOR** (konti'niuêitâr), s. Continuador (de um trabalho).
**CONTINUE** (konti'niu), v. t. e. i. Continuar; prosseguir; prolongar; ficar; permanecer; durar; adiar; protrair.
**CONTINUED** (konti'niud), adj. Contínuo; incessante; constante; seguido; a fio.
**CONTINUITY** (kóntiniu'iti), s. Continuidade; persistência; integridade; cenário.
**CONTINUOUS** (konti'niuâss), adj. Contínuo.
**CONTINUOUSNESS** (konti'niuâsnéss), s. Continuidade.
**CONTORT** (kontór't), v. t. Contorcer; torcer.
**CONTORTION** (kontór'shânn), s. Contorção.
**CONTORTIONIST** (kontór'shânist), s. Contorcionista.
**CONTOUR** (kón'tur), s. Contorno; curva de nível; v. t. contornar.
**CONTRA** (kón'trâ), s. A parte oposta; (Com.) crédito; haver; compensação; prep. contra; adv. ao contrário; inversamente.
**CONTRABAND** (kón'trâbend), s. Contrabando; adj. contrabandeado; de bando.
**CONTRABANDIST** (kóntrâbên'dist), s. Contrabandista.
**CONTRABASS** (kón'trâbêiss), s. (Mús.) Contrabaixo.
**CONTRACEPTION** (kóntrâssép'shânn), s. Prevenção de gravidez.
**CONTRACEPTIVE** (kóntrâssép'tiv), adj. Anticoncepcional; s. preventivo de gravidez.
**CONTRACT** (kón'trékt), s. Contrato; ajuste; pacto; contrato de casamento; encomenda.
**CONTRACT** (kóntrék't), v. t. e i. Contratar; firmar contrato; contrair; adquirir, encolher; encurtar; abreviar; pegar (doença); limitar; restringir; franzir (as sobrancelhas).
**CONTRACTED** (kóntrék'tid), adj. Contraído; encolhido; franzido; mesquinho; egoísta.
**CONTRACTIBILITY** (kontréktibi'liti), s. Contratibilidade.
**CONTRACTIBLE** (kontrék'tibl), adj. Contraível.

**CONTRACTING** (kontrék'tinn), adj. Contratante.
**CONTRACTION** (kontrék'shânn), s. Contração, encolhimento; abreviação; redução.
**CONTRACTIVE** (kontrék'tiv), adj. Contrativo, contrátil.
**CONTRACTOR** (kontrék'târ), s. Contratante; contraente; empreiteiro; contratador; fornecedor; músculo contrator.
**CONTRACTUAL** (kontrék'tiuâl), adj. Contratual.
**CONTRADICT** (kôntrâdik't), v. t. Contradizer; contestar; desmentir; negar; opor-se a.
**CONTRADICTER, CONTRADICTOR** (kôntrâdik'târ), s. Contraditor.
**CONTRADICTION** (kóntrâdik'shânn), s. Contradição; objeção; oposição; incoerência.
**CONTRADICTORY** (kóntrâdik'tôuri), adj. Contraditório.
**CONTRADISTINCTION** (kóntrâdistink'shânn), s. Distinção por contraste.
**CONTRADISTINGUISH** (kóntrâdistin'güish), v. t. Contradistingüir.
**CONTRALTO** (kontréi'tôu), s. (Mús.) Contralto.
**CONTRAPOSITION** (kóntrâpozi'shânn), s. Contraposição; antítese.
**CONTRAPTION** (kontrép'shânn), s. Paliativo; geringonça; engenhoca.
**CONTRARIANT** (kontré'riânt), adj. Contrário.
**CONTRARIETY** (kontrârâi'âti), s. Contrariedade; oposição; repugnância.
**CONTRARIOUS** (kóntrêi'riâss), adj. Contrário.
**CONTRARIWISE** (kón'trâruaiz), adv. Contrariamente; inversamente.
**CONTRARY** (kón'trâri), adj. Contrário; oposto; desfavorável; adverso; antagônico; adv. contrariamente; s. contrário; contradição.
**CONTRAST** (kón'trést), s. Contraste.
**CONTRAST** (kontrés't), v. t. e i. Contrastar; diferençar; destacar-se; realçar.
**CONTRAVENE** (kón'trâvinn), v. t. Contravir; transgredir; contraditar; opor-se a.
**CONTRAVENER** (kóntrâvi'nâr), s. Contraventor; transgressor; contraveniente.
**CONTRAVENTION** (kóntrâvén'shânn), s. Contravenção; transgressão; violação.
**CONTRIBUTE** (kontri'biut), v. t. e i. Contribuir; concorrer; colaborar; auxiliar.
**CONTRIBUTION** (kóntribiu'shânn), s. Contribuição; tributo; imposto; cooperação; donativo; quota; artigo para jornal ou revista.
**CONTRIBUTIVE** (kontri'biutiv), adj. Contributivo.

**CONTRIBUTOR** (kontri'biutâr), s. Contribuidor; colaborador de jornal ou revista.
**CONTRIBUTORY** (kontri'biutôuri), adj. e s. Contributário; sócio responsável.
**CONTRITE** (kón'trâit), adj. Contrito; arrependido; penitente.
**CONTRITENESS** (kón'trâitnéss), s. Arrependimento; contrição; pesar.
**CONTRITION** (kontri'shânn), s. Contrição; penitência; arrependimento; compunção.
**CONTRIVABLE** (kontrái'vâbl), adj. Imaginável; factível.
**CONTRIVANCE** (kontrái'vânss), s. Invenção; artifício; plano; aparelho; dispositivo; sagacidade; habilidade; perspicácia.
**CONTRIVE** (kontrái'v), v. t. e i. Imaginar; idear; inventar; projetar; maquinar; tramar; conseguir; realizar.
**CONTRIVER** (kontrái'vâr), s. Inventor; ideador; maquinador; fautor; planejador.
**CONTROL** (kontrôu'l), v. t. Controlar; fiscalizar; governar; dirigir; refrear; reprimir; s. controle; domínio; fiscalização; autoridade; restrição; chave; alavanca; padronização.
**CONTROLLABLE** (kontrôu'lâbl), adj. Controlável; dirigível.
**CONTROLLER** (kontrôu'lâr), s. Controlador; superintendente; inspetor; (Eletr.) regulador de corrente; chave de controle.
**CONTROLLING** (kontrôu'linn), adj. De controle; de direção.
**CONTROVERSIAL** (kóntrovâr'shâl), adj. Controversial; polêmico; controverso.
**CONTROVERSIALIST** (kóntrovâr'shâlist), s. Controversista, polemista.
**CONTROVERSY** (kón'trovârsi), s. Controvérsia; polêmica; discussão; debate.
**CONTROVERT** (kón'trovárt), v. t. Controverter; contestar; disputar; debater.
**CONTROVERTER** (kóntrovár'târ) ou **CONTROVERTIST** (kóntrovár'tist), s. Contendor; disputador; contraditor; polemista.
**CONTROVERTIBLE** (kfontrovár'tibl), adj. Controvertível; disputável; discutível.
**CONTUMACIOUS** (kóntiumêi'shâss), adj. Contumaz, reincidente; obstinado; revel.
**CONTUMACY** (kón'tiumâssi), s. Contumácia; obstinação; revelia; insubordinação.
**CONTUMELIOUS** (kóntiumi'liâss), adj. Contumelioso; insultante; insolente; injurioso.
**CONTUMELY** (kón'tiumili), s. Contumélia; injúria; invectiva; insolência; vexame; desprezo; ignomínia.

**CONTUSE** (kontiu'z), v. t. Contundir; pisar; magoar; machucar.
**CONTUSION** (kontiu'jânn), s. Contusão.
**CONVALESCE** (kónvâlé'ss), v. i. Convalescer; restabelecer-se de uma doença.
**CONVALESCENCE** (kónvâlé'sénss), s. Convalescência.
**CONVALESCENT** (kónvâlé'sênt), adj. e s. Convalescente.
**CONVECTION** (konvék'shânn), s. Transporte; transmissão; (Fís.) convecção.
**CONVENANCE** (konvi'nânss), s. Conveniência; convenção.
**CONVENE** (konvi'nn), v. t. e i. Reunir; convocar; citar; emprazar; reunir-se; juntar-se.
**CONVENER, CONVENOR** (konvi'nâr), s. Convocador.
**CONVENIENCE** (konvi'niênss) ou **CONVENIENCY** (konvi'niênsi), s. Conveniência; oportunidade; vantagem; utilidade; conforto; facilidade; (pop.) privada.
**CONVENIENT** (konvi'niênt), adj. Conveniente; oportuno; adequado; cômodo; apropriado; prático; útil; fácil; simples.
**CONVENING** (konvi'ninn), s. Chamada; convocação.
**CONVENT** (kón'vênt), s. Convento; claustro.
**CONVENTICLE** (konvén'tikl), s. Conventículo; conciliábulo.
**CONVENTICLER** (konvén'tiklâr), s. Pessoa que toma parte em conventículos; não-conformista.
**CONVENTION** (konvén'shânn), s. Convenção; convênio; assembléia; reunião; pl. etiqueta; uso consagrado; formalidades.
**CONVENTIONAL** (konvén'shânâl), adj. Convencional; estipulado; formal.
**CONVENTIONALISM** (konvén'shânâlizm), s. Convencionalismo.
**CONVENTIONALIST** (konvén'shânâlist), s. Convencionalista.
**CONVENTIONALITY** (konvénshânê'liti), s. Convencionalismo; convenção social.
**CONVENTIONALIZE** (kónvén'shânâláiz), v. t. Convencionalizar, tornar convencional.
**CONVENTUAL** (konvén'tshuâl ou konvén'tiuâl), adj. e s. Conventual.
**CONVERGE** (konvár'dj), v. t. e i. Convergir; fazer convergir; dirigir para o mesmo ponto.
**CONVERGENCE** (konvár'djénss) ou **CONVERGENCY** (konvár'djénsi), s. Convergência.

**CONVERGENT** (konvâr'djènt), adj. Convergente.

**CONVERSABLE** (konvâr'sâbl), adj. Conversável; sociável; tratável.

**CONVERSABLENESS** (konvâr'sâblnéss), s. Sociabilidade.

**CONVERSANCE** (kón'vârsânss) ou **CONVERSANCY** (kón'vârsânsi), s. Intimidade.

**CONVERSANT** (kón'vârsânt), adj. Familiar; íntimo; relacionado; versado; entendido.

**CONVERSATION** (kóvârsêi'shânn), s. Conversação; palestra; colóquio; convivência.

**CONVERSATIONAL** (kónvârsêi'shânâl), adj. Coloquial; relativo a conversação.

**CONVERSATIONALIST** (kónvârsêi'shânâlist) ou **CONVERSATIONIST** (kónvârsêi'shânist), s. Conversador.

**CONVERSE** (konvâr'ss), v. i. Conversar.

**CONVERSE** (kón'vârss), s. Conversa; palestra; intercurso; relações; contrário; adj. inverso; oposto; recíproco; complementar.

**CONVERSELY** (kón'vârsli), adv. Inversamente; reciprocamente.

**CONVERSION** (konvâr'shânnn), s. Conversão; (Jur.) apropriação indébita.

**CONVERT** (konvâr't), v. t. e i. Converter; transformar; apropriar-se de; converter-se; tomar e usar ilegalmente.

**CONVERTER, CONVERTOR** (konvâr'târ), s. Convertedor.

**CONVERTIBILITY** (konvârtibi'liti) ou **CONVERTIBLENESS** (konvâr'tiblnéss), s. Convertibilidade.

**CONVERTIBLE** (konvâr'tibl), adj. Convertível; permutável; s. carro conversível.

**CONVEX** (kón'véks), adj. Convexo.

**CONVEXITY** (konvék'siti), s. Convexidade.

**CONVEY** (konvê'i), v. t. Transportar; conduzir; carregar; levar; trazer; comboiar; transmitir; transferir.

**CONVEYANCE** (konvêi'ânss), s. Transporte; condução; veículo; meio de transporte; documento de transmissão de propriedade.

**CONVEYANCER** (konvêi'ânsar), s. Notário; tabelião.

**CONVEYANCING** (konvêi'ânsinn), s. Tabelionato; preparação de documentos para transferência de imóveis.

**CONVEYER, CONVEYOR** (konvêi'âr), s. Condutor; portador; transmissor.

**CONVICT** (konvik't), v. t. Provar a culpabilidade de; condenar; declarar culpado (réu); convencer (alguém) do seu erro.

**CONVICT** (kón'vikt), s. Réu convicto; condenado; sentenciado.

**CONVICTION** (konvik'shânn), s. Convicção; prova de culpabilidade; condenação (de réu); persuação; certeza.

**CONVICTIONAL** (konvik'shânâl), adj. Convincente; condenatório.

**CONVICTIVE** (konvik'tiv), adj. Convincente.

**CONVINCE** (konvin'ss), v. t. Convencer.

**CONVINCIBLE** (konvin'sibl), adj. Convencível.

**CONVINCING** (kounvin'sinn), adj. Convincente.

**CONVINCINGNESS** (konvin'sinnéss), s. Força convincente; evidência.

**CONVIVIAL** (konvi'viâl), adj. Jovial; alegre; festivo; convivial, relativo a banquete.

**CONVIVIALITY** (konviviê'liti), s. Jovialidade; alegria; banquete; festa.

**CONVOCATE** (kón'vokêit) ou **CONVOKE** (konvôu'k), v. t. Convocar; reunir.

**CONVOCATION** (kónvokêi'shânn), s. Convocação; chamada; sínodo; assembléia.

**CONVOLUTE** (kón'voliut), adj. Convoluto; enrolado em espiral.

**CONVOLUTION** (kónvoli'shânn), s. Convolução; enrolamento.

**CONVOLVE** (konvôl'v), v. t. Enrolar.

**CONVOY** (kônvô'i), v. t. Comboiar; conduzir.

**CONVOY** (kón'voi), s. Comboio; escolta.

**CONVULSE** (konvâl'ss), v. t. Convulsionar.

**CONVULSION** (konvâl'shânn), s. Convulsão; comoção; abalo.

**CONVULSIONARY** (konvâl'shânêri), adj. Convulsionário.

**CONVULSIVE** (konvâl'siv), adj. Convulsivo.

**CONY, CONEY** (kôu'ni), s. Coelho europeu; pele de coelho.

**COO** (ku), v. t. e i. Arrulhar; murmurar.

**COOK** (kuk), s. Cozinheiro(a); v. t. e i. cozinhar; (pop.) alterar; falsificar; arruinar.

**COOKER** (ku'kâr), s. Cozedor (aparelho); falsificador; (fig.) contador de lendas.

**COOKERY** (ku'kâri), s. Culinária; cozinha.

**COOKMAID** (kuk'mêid), s. Cozinheira.

**COOKY, COOKIE** (ku'ki), s. Bolinho doce (EUA); pl.: cookies.

**COOL** (kul), s. Frescor; frescura; fresca; adj. fresco; calmo; sereno; tranqüilo; moderado; ponderado; sem entusiasmo; indiferente; impassível; ousado; audacioso; (pop.) sem exageros; (gír.) excelente, de primeira classe; o máximo; v. t. e i. refrescar; esfriar; arrefecer; acalmar; moderar.

**COOLER** (ku'lâr), s. Refrigerador; refrigerante; dorna de cervejaria; (pop.) geladeira (cela de prisão).
**COOLIE** (ku'li), s. Trabalhador chinês ou hindu.
**COOLING** (ku'linn), adj. Refrigerante, refrescante; s. resfriamento.
**COOLY** (ku'li), adv. Friamente; calmamente.
**COOLNESS** (kul'néss), s. Frescura; frescor; indiferença; calma; sangue frio.
**COOM** (kumm), s. Fuligem; serragem; refugo.
**COOM** (kumm ou kôumm), s. Comba; ravina; vale; baixada.
**COOP** (kup), v. t. Engaiolar; encurralar; encarcerar; prender; confinar; s. gaiola; galinheiro; capoeira; (pop.) cadeia.
**COOPER** (ku'pâr), s. Tanoeiro; v. t. e i. fazer ou consertar (barris); embarrilar; tanoar.
**COOPERAGE** (ku'pâridj), s. Tanoaria; trabalho de tanoeiro.
**CO-OPERATE, COOPERATE** (koó-pârêit), v. i. Cooperar, colaborar.
**CO-OPERATION, COOPERATION** (koópârêi'shânn), s. Cooperação; colaboração.
**CO-OPERATOR** (koó'pârêitâr), s. Cooperador; colaborador.
**CO-OPT, COOPT** (koópt), v. t. Cooptar.
**CO-OPTATION, COOPTATION** (koóptêi'shânn), s. Cooptação.
**CO-OPTATIVE, COOPTATIVE** (koóp'teitiv), adj. Cooptativo.
**CO-ORDINATE, COORDINATE** (koór'dinêit), v. t. Coordenar; ajustar; harmonizar.
**CO-ORDINATE, COORDINATE** (koór'dinit), s. Coordenadoria; adj. coordinado.
**CO-ORDINATION, COORDINATION** (koórdinêi'shânn), s. Coordenação.
**CO-ORDINATIVE, COORDINATIVE** (koórdinêitiv), adj. Coordenativo.
**COOT** (kut), s. Corvo marinho; (fam.) tolo.
**COOTLE** (ku'tli), s. (gfr.) Piolho.
**COP** (kóp), s. (gfr.) Guarda, policial, tira; maçaroca; canilha; fusada; v. t. (gfr.) roubar; surripiar; prender; capturar.
**COPARCENARY** (kopár'sinéri), s. Herança conjunta; co-propriedade.
**COPARCENER** (kopár'sinár), s. Co-herdeiro.
**COPARTNER** (kôupárt'nâr), s. Comparte; sócio; parceiro.
**COPARTNERSHIP** (kôupárt'nârship), s. Sociedade.
**COPE** (kôup), v. t. e i. Contender; lutar; entalhar; cobrir; s. abóbada; cúpula; cimo.

**COPIER** (kô'piâr), s. Imitador; copiador.
**COPING** (kôu'pinn), s. Cumeeira; cimalha.
**COPIOUS** (kôu'piâss), adj. Copioso; abundante; rico; prolixo.
**COPIOUSNESS** (kôu'piâsnéss), s. Abundância; riqueza; prolixidade; palavrório.
**COPPER** (kô'pâr), s. Cobre; moeda ou vasilha de cobre; (pop.) policial.
**COPPERISH** (kô'pârish), adj. De cobre.
**COPPERPLATE** (kô'párplêit), adj. Calcográfico; s. calcografia; placa de cobre.
**COPPERY** (kô'pâri), adj. Acobreado.
**COPPICE** (kô'piss) ou **COPSE** (kôps), s. Bosque; souto (de arbustos).
**COPSY** (kôp'si), adj. Matagoso.
**COPULATE** (kô'piulêit), v. i. Copular.
**COPULATION** (kópiulêi'shânn), s. Cópula; coito; conjunção.
**COPULATIVE** (kô'piulêitiv), adj. Copulativo; s. conjunção ou partícula copulativa.
**COPY** (kô'pi), v. t. e i. Copiar; transcrever; imitar; s. cópia, reprodução; manuscrito; exemplar de livro, jornal; modelo.
**COPYBOOK** (kô'pibuk), s. Caderno; copiador; adj. convencional; comum; banal.
**COPYHOLD** (kô'pi-hôuld), s. Aforamento; enfiteuse.
**COPYHOLDER** (kô'pi-hôul'dâr), s. Foreiro; enfiteuta; auxiliar de revisor.
**COPYING** (kô'piin), s. Cópia; ação de copiar.
**COPYIST** (kô'piist), s. Copista; imitador.
**COPYRIGHT** (kô'piráit), s. Direitos autorais; propriedade literária; adj. que tem reserva dos direitos autorais; v. t. obter tal reserva.
**COPYWRITER** (kô'pi-rái'târ), s. Redator de imprensa, propaganda ou publicidade.
**COQUET** (koké't), v. i. Namorar; galantear.
**COQUETRY** (kôu'ketri), s. Coqueteria.
**COQUETTE** (koké't), s. Namoradeira.
**COQUETTISH** (kokô'tish), adj. Namorador.
**CORAL** (kô'rál), s. Coral; ovário de lagosta; adj. de coral; coralino.
**CORALLINE** (kô'rálinn), adj. Coralino; de coral; s. coralina, alga marinha.
**CORD** (kôrd), s. Corda; cordão; cordel; tendão; nervo; veludo piquê; v. t. encordoar; atar com cordão; prover de cordame.
**CORDAGE** (kôr'didj), s. Cordame; cordoalha.
**CORDATE** (kôr'dêit), adj. Cordiforme.
**CORDED** (kôr'did), adj. Encordoado; atado com corda.
**CORDIAL** (kôr'diál), adj. Cordial; sincero; estimulante; s. tônico; fortificante.

**CORDIALITY** (kôrdiè'liti), s. Cordialidade.
**CORDON** (kôr'dànn), s. Cordão; galão; fita; (Arquit.) cornija linear; v. t. cercar.
**CORDUROY** (kôr'dàrôi), s. Veludo piquê; pl. calças feitas com este tecido.
**CORE** (kôur), s. Coração; âmago; centro; miolo; pevide; cerne; núcleo (de bobina elétrica); alma; condutor (de um cabo); v. t. extrair o núcleo, cerne ou pevide de.
**CORELIGIONARY** (kôurili'djânéri) ou **CORELIGIONIST** (kôurili'djânist), s. Correligionário.
**CORESPONDENT** (kôurispón'dènt), s. Cúmplice (em crime ou adultério).
**CORIACEOUS** (kôuriêi'shàss), adj. Coriáceo; cortiça; batoque; bóia (de linha de pescar).
**CORK** (kôrk), s. Cortiça; rolha de cortiça; batoque; v. t. arrolhar; refrear; reprimir.
**CORKED** (kôr'kt), adj. Arrolhado; pintado com cortiça queimada; sabor de rolha (vinho).
**CORKER** (kôr'kàr), s. Arrolhador; máquina de arrolhar; (pop.) argumento concludente; forma para alargar sapato; amigo íntimo; coisa excelente, muito boa, formidável.
**CORKING** (kôr'kinn), adj. (gír.) Formidável; sensacional (EUA).
**CORKSCREW** (kôrk'skru), adj. Espiralado; s. saca-rolhas.
**CORKY** (kôr'ki), adj. Corticento; (fam.) irrequieto; vivo.
**CORN** (kôrn), s. Semente, ou grão de cereal; trigo; aveia; milho; milharal; calo, calosidade; v. t. conservar em salmoura; granular; plantar milho; alimentar com milho.
**CORNCOB** (kôrn'kob), s. Espiga de milho.
**CORNCRAKE** (kôrn'krêik), s. Codorniz.
**CORNEA** (kôr'niâ), adj. (Anat.) Córnea.
**CORNEAL** (kôr'nial), adj. Corneal.
**CORNED** (kôr'nid), adj. Conservado em salmoura.
**CORNEOUS** (kôr'niâss), adj. Córneo.
**CORNER** (kôr'nàr), s. Canto; ângulo; esquina; açambarcamento; (fig.) dificuldade; embaraço; v. t. encurralar; monopolizar; colocar em situação embaraçosa (EUA).
**CORNERED** (kôr'nid), adj. Anguloso; encurralado; embaraçoso; difícil.
**CORNERMAN** (kôr'nàrmaen), s. Vagabundo; vadio.
**CORNERSTONE** (kôrn'stôunn), s. Pedra fundamental, angular; base; fundamento.
**CORNERWISE** (kôrn'uáiz), adv. Diagonalmente.
**CORNET** (kôr'nit), s. Cornetim; corneta; cartucho cônico de papel.
**CORNETTIST, CORNETIST** (kàr'nitis), s. Cornetim.
**CORNFLOWER** (kôrn'fláuàr), s. Centáurea.
**CORNICE** (kôrn'niss), s. Cornija.
**CORNSTARCH** (kôrn'stârsh), s. Amido de milho; maisena.
**CORNUTE** (kôrniu't) ou **CORNUTED** (kôrniu'tid), adj. Cornudo; cornígero.
**CORNY** (kôr'ni), adj. Relativo ao milho; (gír.) piegas e passadista (diéias, música); simples; rústico; rico em cereais; calejado.
**COROLARY** (koró'lâri), s. Corolário; conclusão; inferência; resultado.
**CORONA** (korôu'nâ), s. Coroa; halo; (Anat.) parte superior da cabeça; (Arquit.) cornija.
**CORONAL** (korôu'nâl), adj. Coronal; de coroa; s. diadema; coroa.
**CORONARY** (kô'ronâri), adj. Coronário.
**CORONATION** (kôronêi'shànn), s. Coroação.
**CORONER** (kô'ronàr), s. Magistrado encarregado de investigar casos suspeitos.
**CORONET** (kô'ronét), s. Diadema; coroa do casco do cavalo.
**CORPORAL** (kôr'porâl), adj. Corporal; corpóreo; físico; s. (Mil.) cabo.
**CORPORALITY** (kôrporê'liti), s. Corporalidade; materialidade.
**CORPORATE** (kôr'porit), adj. Incorporado; constituído; associado; coletivo.
**CORPORATION** (kôrporêi'shànn), s. Corporação; sociedade por ações (EUA).
**CORPORATIVE** (kôr'porêitiv), adj. Corporativo.
**CORPORATOR** (kôr'porêitâr), s. Membro de uma corporação.
**CORPOREAL** (kôrpôu'riâl), adj. Corpóreo; físico; tangível; palpável.
**CORPOREALITY** (kôrporiê'liti), ou **CORPOREITY** (kôrpori'iti), s. Corporalidade.
**CORPORIFICATION** (kôrpórifikêi'shànn), s. Corporificação.
**CORPS** (kôurs), s. Corpo, associação de pessoas; corpo de exército.
**CORPSE** (kôurps), s. Cadáver, defunto.
**CORPULENCE** (kôr'piulênss) ou **CORPULENCY** (kôrpiu'lênsi), s. Corpulência.
**CORPULENT** (kôur'piolênt), adj. Corpulento.
**CORPUS** (kôur'pàss), s. Corpo; coleção de obras literárias; bibliografia.
**CORPUSCLE** (kôur'pàsl) ou **CORPUSCULE** (kôrpâs'kiul), s. Corpúsculo; molécula.

**CORPUSCULAR** (kôurpås'kiulår), adj. Corpuscular.
**CORRECT** (kôrék't), v. t. Corrigir; retificar; castigar; repreender; equilibrar; curar; remediar; adj. correto; perfeito; exato; esmerado; justo; apropriado.
**CORRECTABLE** (kórék'tåbl), adj. Corrigível.
**CORRECTION** (kôrék'shånn), s. Correção; reficação; repreensão; compensação.
**CORRECTIONAL** (kôrék'shånål), adj. Correcional.
**CORRECTIVE** (kôrék'tiv), adj. e s. Corretivo.
**CORRECTNESS** (kôrék'tinéss), s. Correção; exatidão; integridade.
**CORRECTOR** (kôrék'tår), s. Corretor; revisor; censor; crítico; corretivo.
**CORRELATE** (kôrilêi't), v. t. e i. Correlacionar; ser correlativo; adj. e s. correlato.
**CORRELATION** (kôrilêi'shånn), s. Correlação.
**CORRELATIVE** (kôré'låtiv), adj. e s. Correlativo.
**CORRELATIVENESS** (kôré'låtivnéss), s. Correlatividade.
**CORRESPOND** (kôrispôn'd), v. i. Corresponder; condizer; escrever; trocar cartas.
**CORRESPONDENCE** (kôrispôn'dênss), s. Correspondência; harmonia; acordo; semelhança; troca de cartas; cartas.
**CORRESPONDENT** (kôrispôn'dênt), adj. e s. Correspondente.
**CORRESPONDING** (kôrispôn'dinn), adj. Correspondente; conforme.
**CORRIDOR** (kôri'dår), s. Corredor; passagem.
**CORRIGIBILITY** (kôridjibi'liti), s. Corrigibilidade.
**CORRIGIBLE** (kó'ridjibl), adj. Corrigível; emendável; retificável.
**CORRIVAL** (korái'vål), s. Rival; concorrente.
**CORROBORANT** (kord'borånt), adj. Corroborante; fortificante; s. tônico; confirmação.
**CORROBORATE** (koró'borêit), v. t. Corroborar; ratificar; confirmar; provar.
**CORROBORATION** (koróborêi'shånn), s. Corroboração; ratificação, confirmação.
**CORROBORATIVE** (koró'borêitiv), adj. Corroborativo; (Med.) tônico; fortificante.
**CORROBORATORY** (koró'borâtôuri), adj. Corroborativo; comprobatório.
**CORRODE** (korôu'd), v. t. e i. Corroer; desgastar-se; consumir-se lentamente.
**CORRODIBLE** (korôu'dibl), adj. Corrosível.
**CORROSION** (korôu'jånn), s. Corrosão.
**CORROSIVE** (korôu'ziv), adj. e s. Corrosivo.
**CORROSIVENESS** (korôu'sivnéss), s. Corrosão; desgaste; mordacidade.
**CORRUGANT** (kó'rugånt), adj. Franzido; enrugado.
**CORRUGATE** (kó'riughêit), v. t. e i. Corrugar; ondular; enrugar; enrugar-se.
**CORRUGATE** (kó'riughit), adj. Corrugado.
**CORRUGATION** (kóriughêi'shånn), s. Corrugação; ondulação; enrugamento.
**CORRUPT** (koråp't), v. t. e i. Corromper; estragar; viciar; depravar; infestar; subornar; apodrecer; degenerar; adj. corrupto; estragado; poluido; pervertido; depravado.
**CORRUPTER, CORRUPTOR** (koråp'tår), s. Corruptor.
**CORRUPTIBILITY** (koråptibi'liti), s. Corruptibilidade.
**CORRUPTIBLE** (koråp'tibl), adj. Corruptível.
**CORRUPTION** (koråp'shånn), s. Corrupção; putrefação; depravação; alteração.
**CORRUPTIONIST** (koråp'shånist), s. Corruptor; subornador.
**CORRUPTIVE** (koråp'tiv), adj. Corruptivo.
**CORRUPTLESS** (koråpt'léss), adj. Incorruptível.
**CORSAGE** (kôr'sidj), s. Corpete; corpo (de vestido); ramalhete usado no corpete.
**CORSAIR** (kôr'sér), s. Corsário; pirata.
**CORSET** (kôr'sit), s. Espartilho; colete.
**CORTEX** (kôr'téks), s. Córtex; córtice.
**CORTICAL** (kôr'tikål), adj. Cortical.
**CORTICATE** (kôr'tikêit) ou **CORTICATED** (kôr'tikêitd), adj. Corticoso.
**CORUSCANT** (korås'kånt), adj. Coruscante.
**CORUSCATE** (korås'kêit), v. t. Coruscar; faiscar; relampejar.
**CORUSCATION** (kôråskêi'shånn), s. Coruscação; lampejo.
**CORVINE** (kôr'våinn), adj. Corvino; de corvo.
**COSECANT** (kôussi'kånt) s. (Mat.) Co-secante.
**COSHER** (kó'shår), v. t. Amimar; acariciar.
**COSINE** (kôu'såinn), s. (Mat.) Coseno.
**COSMETIC** (kôsmé'tik), adj. e s. Cosmético.
**COSMETICAL** (kôsmé'tikål), adj. Cosmético.
**COSMIC** (kôs'mik) ou **COSMICAL** (kôs'mikål), adj. Cósmico; astronômico.
**COSMOGONIC** (kôsmogó'nik) ou **COSMOGONICAL** (kôsmogó'nikål), adj. Cosmogônico.
**COSMOGONY** (kôsmó'goni), s. Cosmogonia.
**COSMOGRAPHER** (kôsmó'gråfår), s. Cosmógrafo.
**COSMOGRAPHY** (kôsmó'gråfi), s. Cosmografia.

**COSMOLOGIST** (kósmŏ'lodjist), s. Cosmólogo.
**COSMOLOGY** (kósmŏ'lodji), s. Cosmologia.
**COSMOPOLITAN** (kósmopŏ'litănn), adj. e s. Cosmopolita.
**COSMOPOLITICAL** (kósmopóli'tikăl), adj. Cosmopolita.
**COSMOPOLITANISM** (kósmopoli'tanism), s. Cosmopolitismo.
**COSMOPOLITE** (kósmŏ'poláit), s. Cosmopolita.
**COSMOS** (kós'móss), s. Cosmos; universo.
**COSSACK** (kŏ'såk), s. Cossaco.
**COSSET** (kŏ'sit), v. t. Acariciar; afagar; amimar; s. cordeiro criado em casa.
**COST** (kóst), s. Preço; custo; despesa; gasto; perda; prejuízo; detrimento; v. t. e i. custar; valer; importar em; orçar; acarretar.
**COSTA** (kós'tå), s. (Anat.) Costela.
**COSTAL** (kós'tåi), adj. Costal, das costelas.
**COSTER** (kós'tår) ou **COSTERMONGER** (kós'tår-mån'går), s. Verdureiro ambulante.
**COSTING** (kós'tinn), s. Custo; custeio.
**COSTIVE** (kós'tiv), adj. Constipado; que sofre de prisão de ventre.
**COSTIVENESS** (kós'tivnéss), s. Constipação; prisão de ventre.
**COSTLINESS** (kós'tilnéss), s. Custo elevado; suntuosidade; preciosidade.
**COSTLY** (kóst'li), adj. Caro; dispendioso; esplêndido; suntuoso.
**COSTS** (kósts), s. pl. (Jur.) Custas judiciais.
**COSTUME** (kós'tiumm), s. Vestuário; traje; indumentária; traje típico (de país, região); v. t. vestir a caráter.
**COSTUMER** (kós'tiumår), s. Alfaiate ou costureira de teatro.
**COT** (kót), s. Casinha; choupana; catre; beliche; alpendre; redil; aprisco.
**COTANGENT** (kŏutén'djént), s. (Mat.) Cotangente.
**COTE** (kôut), s. Cabana; aprisco; curral.
**COTERIE** (kôu'tåri), s. Círculo social; roda familiar.
**COTILLION** (koti'liånn) ou **COTILLON** (koti'lånn), s. Cotilhão.
**COTTAGE** (kŏ'tidj), s. Casa (de campo, subúrbio). *Cottage osen:* fogão portátil.
**COTTAGER** (kŏ'tidjår), s. Aldeão; camponês.
**COTTAR** (kŏ'tår), s. Colono escocês.
**COTTER** (kŏ'tår), s. Cavilha; cunha; chaveta.
**COTTON** (kŏt'n), s. Algodão (tecido ou fio); algodoeiro; pl. roupas de algodão; v. i. (fam.) harmonizar-se; concordar; simpatizar; adj. de algodão; feito de algodão.
**COTYLEDON** (kótili'dånn), s. (Bot.) Cotilédone.
**COTYLEDONOUS** (kótili'dånåss), adj. Cotiledôneo.
**COUCH** (kåutsh), v. t. e i. Acamar; deitar; recostar; encobrir; esconder; redigir; reclinar-se; agachar-se; emboscar-se; s. canapé, divã, leito; toca.
**COUCHANT** (kåu'tshånt), adj. Agachado.
**COUGH** (kóf), v. t. e i. Tossir; s. tosse.
**COUGHER** (kŏ'får), s. Aquele que tosse.
**COUGHING** (kŏ'finn), adj. Que tosse; s. tosse.
**COULISSE** (kuli'ss), s. Bastidor (de teatro).
**COUNCIL** (kåun'sil), s. Conselho; assembléia; conferência; concílio.
**COUNCILLOR** (kåun'silår), s. Conselheiro; membro de um concílio.
**COUNCILMAN** (kåun'silmaen), s. Conselheiro ou vereador municipal.
**COUNSEL** (kåun'sél), v. t. e i. Aconselhar; dar ou pedir conselho; consultar; s. conselho; parecer; aviso; desígnio; causídico.
**COUNT** (kåunt), v. t. e i. Contar; enumerar; somar; calcular; valer; confiar em; ter em conta; fazer contas; s. conta; total; soma; estimativa; cômputo; atenção; consideração; conde; artigo de acusação.
**COUNTABLE** (kåun'tåbl), adj. Contável; computável.
**COUNTENANCE** (kåun'tinåss), s. Semblante; fisionomia; rosto; aparência; aspecto; compostura; v. t. aprovar, sancionar; proteger; patrocinar; apoiar; animar.
**COUNTENANCER** (kåun'tinånsår), s. Fautor; protetor.
**COUNTER** (kåun'tår), adj. Contrário; oposto; adv. contrariamente; inversamente; s. contador; calculador; tento; ficha; moeda falsa; contragolpe; contraforte (de calçado); guichê; v. t. e i. rebater; contra-atacar; opor; opor-se; contrariar.
**COUNTERACT** (kåun'tår-ék't), v. t. Contrariar.
**COUNTERACTION** (kåun'tår-ék'shånn), s. Oposição; impedimento.
**COUNTERACTIVE** (kåun'tår-ék'tiv), adj. Oposto; contrário.
**COUNTERATTACK** (kåun'tår-ê'ték), s. Contra-ataque; v. t. e i. contra-atacar.
**COUNTERBALANCE** (kåun'tårbélånse), s. Contrapeso; equilíbrio; v. t. contra-balançar; equilibrar.

**COUNTERBLAST** (káun'târblást), s. Contra-rajada; objurgação; oposição enérgica.
**COUNTERCHANGE** (káun'târ-shêin'dj), v. t. Trocar, permutar.
**COUNTERCHARGE** (káun'târ-tshár'dj), s. Contra-acusação.
**COUNTERCHARM** (káun'târ-tshármm), v. t. Frustrar o efeito de (encantamento, feitiço).
**COUNTERFEIT** (káun'târfít), v. t. e i. Falsificar; arremedar; imitar; fingir; pretender; s. falsificação; adulteração; disimulação; imitação; velhaco.
**COUNTERFEITER** (káun'târfitâr), s. Falsificador; falsário; moedeiro falso.
**COUNTERFOIL** (káun'târfóil), s. Talão; canhoto (de recibo, etc.).
**COUNTERFORT** (káun'târfpourt), s. Contraforte.
**COUNTERLIGHT** (káun'târláit), s. Contraluz.
**COUNTERMAND** (káun'târmánd), v. t. Contra-ordenar; contramandar; s. contra-ordem.
**COUNTERMARCH** (káun'târmártsh), v. i. Contramarchar; s. contramarcha.
**COUNTERMARK** (káun'târmárk), v. t. Contramarcar; s. contramarca.
**COUNTERMINE** (káun'târmáinn), v. t. Contraminar; frustrar; s. contramina.
**COUNTEROFFENSIVE** (káun'tarofen'siv), s. Contra-ofensiva.
**COUNTERPANE** (káun'târpêinn), s. Coberta de cama; colcha.
**COUNTERPART** (káun'târpárt), s. Parte correspondente; reprodução; duplicata; sósia.
**COUNTERPLOT** (káun'târplót), s. Contra-conspiração; v. t. frustrar conspiração.
**COUNTERPOINT** (káun'târpóint), s. Contraponto.
**COUNTERPOISE** (káun'târpóiz), s. Contrapeso; compensação; equilíbrio; v. t. e i. contrabalançar; equilibrar.
**COUNTERPOISON** (káun'târpóizn), s. Contraveneno; antídoto.
**COUNTERSIGN** (káun'târsáinn), v. t. Autenticar; rubricar; senha; contrasenha; rubrica.
**COUNTERSIGNATURE** (káun'tar'sig'natâr), s. Contra-assinatura.
**COUNTERSINK** (káun'târsink), v. t. Escarear; s. escareador.
**COUNTERVAIL** (káun'târvêil), v. t. Contrabalançar; compensar; contrapor-se a.
**COUNTERWEIGH** (káun'târ-uêi), v. t. e i. Contrapesar, contrabalançar; compensar; servir de contrapeso.

**COUNTERWEIGHT** (káun'târ-uêit), s. Contrapeso; v. t. e i. contrapesar.
**COUNTERWORK** (káun'târ-uórk), v. t. e i. Trabalhar ou agir contra; trabalhar em sentido contrário; s. operação contrária.
**COUNTESS** (káun'tiss), s. Condessa.
**COUNTINGHOUSE** (káun'tinn-háuss), s. Escritório comercial.
**COUNTLESS** (káunt'léss), adj. Inúmero; incontável.
**COUNTRIFIED, COUNTRYFIED** (kán'trifáid), adj. Rústico; agreste; rural.
**COUNTRY** (kân'tri), adj. Do campo; rústico; rural; campestre; s. país; região; nação; pátria; campo; roça; júri.
**COUNTRYFOLK** (kân'trifôulk), s. Gente do campo; camponeses.
**COUNTRYMAN** (kân'trimaen), s. Camponês; compatriota; habitante de um país.
**COUNTRYSIDE** (kân'tri-sáid), s. Região rural.
**COUNTRYWOMAN** (kân'tri-uu'maen), s. Camponesa; compatriota.
**COUNTY** (káun'ti), s. Condado; comarca.
**COUPLE** (kâp'l), s. Par; parelha; casal; elo; ajoujo; v. t. e i. ligar; emparelhar; acoplar.
**COUPLER** (kâp'lâr), s. Acopador (rádio e TV); engate; (Mús.) acoplamento do órgão.
**COUPLING** (kâp'linn), s. Ligação; junção; união; engate; acoplamento.
**COUPON** (ku'pôm), s. Cupom; cupão.
**COURAGE** (kâ'ridj), s. Coragem; ânimo; valor; bravura.
**COURAGEOUS** (kârêi'djâss), adj. Corajoso; valente; destemido; bravo; intrépido.
**COURAGEOUSNESS** (kârêi'djâsnéss), s. Coragem; bravura; valentia; intrepidez.
**COURIER** (ku'riâr), s. Correio; mensageiro.
**COURSE** (kôurse), s. Corrida; carreira; curso; direção; rumo; rota; procedimento; conduta; série; método; sistema; corrente. *Words of course*: palavras ocas; v. t. e i. correr; perseguir (caça); galopar; seguir.
**COURSER** (kôur'sâr), s. Caçador; corcel.
**COURSING** (kôur'sinn), s. Caça à lebre.
**COURT** (kôurt), s. Corte; paço; residência real; galanteios; tribunal; sessão de tribunal; quadra de tênis; pátio interno; beco sem saída; v. t. cortejar; namorar; galantear; solicitar; provocar; atrair.
**COURTEOUS** (kâr'tiâss), adj. Cortês; amável; polido; cortesão.
**COURTEOUSLY** (kâr'tiâsli), adv. Cortesmente.

**COURTEOUSNESS** (kâr'tiâsnéss), s. Cortesia, delicadeza, urbanidade.
**COURTER** (kâr'târ), s. Cortesão, cortejador.
**COURTESAN, COURTEZAN** (kâr'tizânn), s. Cortesã; prostituta.
**COURTESY** (kâr'tissi ou kôur'tissi), s. Cortesia; reverência; cumprimento; urbanidade; polidez; favor; v. t. saudar; reverenciar.
**COURTIER** (kâr'tiâr), s. Cortesão; homem da corte; cortejador.
**COURTLINESS** (kôurt'linéss), s. Cortesania; cortesia; polidez; urbanidade.
**COURTLY** (kôrt'li), s. Cortesão; palaciano; cortês; lisonjeiro; adv. à maneira da corte.
**COURT-MARTIAL** (kôurt-mâr'shâl), s. Conselho de guerra; v. t. submeter ao conselho.
**COURTROOM** (kôurt'rumm), s. Sala de tribunal.
**COURTSHIP** (kôurt'ship), s. Corte; namoro.
**COURTYARD** (kôurt'iârd), s. Pátio.
**COUSIN** (kâz'n), s. Primo, prima.
**COVALENCE** (kôuvêi'lêss) ou **COVALENCY** (kôuvêi'lênsi), s. Covalência.
**COVALENT** (kóuvêi'lent), adj. Covalente.
**COVE** (kôuv), v. Angra; enseada; vale estreito; recanto; recesso abrigado; abóbada; (pop.) sujeito; v. t. e i. abobadar; arquear.
**COVENANT** (kó'vinânt), s. Pacto; convenção; convênio; escritura de contrato; v. t. e i. contratar; ajustar; pactuar; estipular.
**CONVENANTER** (kó'vinântâr), s. Contratante.
**COVENANTOR** (kó'vinantâr), s. Compromitente.
**COVER** (kâ'vâr), v. t. Cobrir; tapar; vestir; encobrir; ocultar; incluir; abranger; compensar; fazer face a (despesa); encapar (livro); estender; pôr sobre; percorrer; viajar; ser suficiente; pôr o chapéu; s. cobertura; coberta; tampa; abrigo; resguardo; envelope; sobrescrito; capa de livro; talher; véu; disfarce; pretexto; invólucro; envoltório.
**COVERAGE** (kâ'vâridj), s. Cobertura; alcance; lastro-ouro.
**COVERED** (kâ'vârd), adj. Coberto; abrigado; oculto; de chapéu na cabeça.
**COVERING** (kâ'vârinn), s. Cobertura; capa; revestimento; (fig.) pretexto; adj. respectivo; competente.
**COVERT** (kâ'vârt), adj. Coberto; abrigado; escondido; s. toca; guarida (de animais).
**COVERTURE** (kâ'vârtshâr), s. Cobertura; abrigo; esconderijo; disfarce; estado matrimonial (da mulher).
**COVET** (kâ'vit), v. t. e i. Cobiçar; ambicionar.
**COVETABLE** (kâ'vitâbl), adj. Cobiçável.
**COVETOUS** (kâ'vitâss), adj. Ambicioso; cobiçoso, ganancioso.
**COVETOUSLY** (kâ'vitâsli), adv. Cobiçosamente; ambiciosamente; gananciosamente.
**COVETOUSNESS** (kâ'vitâsness), s. Cobiça; ganância; avareza.
**COVEY** (kâ'vi), s. Bando; ninhada; reunião.
**COVING** (kôu'vinn), s. Abóbada.
**COW** (káu), s. Vaca; fêmea de vários animais (baleia, elefante, rinoceronte, etc.); v. t. acovardar; intimidar; amedrontar.
**COWARD** (káu'ârd), adj. e s. Covarde; poltrão; medroso.
**COWARDICE** (káu'ârdiss) ou **COWARDLINESS** (káu'ârdlinéss), s. Covardia; poltronaria; pusilanimidade.
**COWARDLY** (káu'ârdli), adv. Covardemente; adj. poltrão; pusilânime; covarde.
**COWBELL** (káu'bél), s. Cincerro que se coloca ao pescoço da vaca.
**COWBOY** (káu'bôi), s. Vaqueiro; boiadeiro.
**COWCATCHER** (káu-ké'tshâr), s. Limpa-trilhos da locomotiva.
**COWER** (káu'âr), v. i. Agachar-se; encolher-se (de medo); tremer; esconder-se.
**COWHERD** (káu'hârd), s. Vaqueiro.
**COWHIDE** (káu'hâid), s. Couro de vaca; relho; chicote de couro cru; v. t. vergastar; chicotear; açoitar com relho de couro cru.
**COWHIDING** (káu-hái'dinn), s. Surra de relho.
**COWL** (kául), s. Capuz de frade; chapéu de chaminé; v. i. cobrir com capuz.
**COWLED** (kaul'id), adj. Encapuzado.
**COWMAN** (káu'maen), s. Criador de gado.
**CO-WORKER** (kóuôr'kâr), s. Colaborador.
**COWSHED** (káu'shéd), s. Estábulo.
**COXCOMB** (kóks'kôumm), s. Barrete de bufão; peralvilho, pelintra.
**COXCOMBRY** (kóks'kôumri), s. Presunção.
**COXY** (kô'ksi), adj. Afetado; presunçoso.
**COY** (kôi), adj. Acanhado; recatado; modesto; tímido; pudico; v. t. acariciar; afagar.
**COYLY** (kôi'li), adv. Modestamente.
**COYNESS** (kôi'néss), s. Modéstia; reserva.
**COZE** (kôuz), s. Conversa; bate-papo.
**COZEN** (kâzn), v. t. Enganar; defraudar.
**COZENER** (kâz'nâr), s. Enganador.
**CRAB** (kréb), s. Caranguejo; (Astron.) Câncer (signo); (fig.) homem rabugento.
**CRABBED** (kré'bid), adj. Áspero; carrancudo; impertinente; difícil de compreender.

**CRACK** (krék), s. Craque; estalo; estalido; estampido; quebra; fratura; fenda; racha; fissura; (pop.) mudança de voz; tapa; murro; bate-papo; tagarelice; instante; momento; (gfr.) atentado; tentativa; piada, chiste. *The crack of dawn:* o romper do dia; v. t. e i. estalar; rachar; rebentar; avariar; (gfr.) arrombar; orgulhar-se; gabar-se; estourar; não agüentar; zombar.

**CRACKER** (kré'kår), s. Petardo; foguete; explosivo; instrumento para quebrar.

**CRACKING** (kré'kinn), s. Rachadura; ação de rachar; estalo; crepitação.

**CRACKLE** (krék'l), v. i. Estalar; crepitar.

**CRADLE** (kréid'l), s. Berço; lugar de nascimento; terra natal; infância; v. i. deitar no berço; embalar.

**CRAFT** (kráft), s. Arte; ofício; habilidade; manha; destreza; embarcação; avião.

**CRAFTSMAN** (kráf'tsmaen), s. Artífice; mecânico perito.

**CRAFTINESS** (kráf'tinéss), s. Manha; astúcia.

**CRAFTY** (kráf'ti), adj. Ladino; astuto; hábil.

**CRAG** (krég), s. Despenhadeiro; abismo.

**CRAGGINESS** (kré'ghinéss), s. Fragosidade; escabrosidade.

**CRAGGY** (kré'ghi), adj. Escabroso; escarpado.

**CRAKE** (kréik), s. Som semelhante ao cacarejo da codorniz; v. i. emitir esse som.

**CRAM** (krémm), s. Abarrotamento; saciedade; v. t. abarrotar; encher; (fam.) estudar apressadamente para um exame.

**CRAMP** (krémp), s. Grampo; gancho; prensa; cãibra; impedimento; obstáculo; pl. cólicas; v. t. engatar; apertar numa prensa.

**CRAMPON** (krém'pånn), s. Gancho de ferro; guarnições de ferro usadas por alpinistas.

**CRANE** (kréinn), s. Grou (ave); grua; sifão; torneira; v. t. suspender por meio de grua; içar; estender; v. i. estender-se.

**CRANIOLOGIST** (kreinió'lodjist), s. Craniologista; craniólogo.

**CRANIOLOGY** (krèinió'lodji), s. Craniologia.

**CRANIUM** (krêi'niåmm), s. Crânio.

**CRANK** (krénk), s. Manivela; volta; torniquete; pessoa excêntrica; frase bombástica; adj. fraco; v. t. apertar com torniquete.

**CRANKED** (krénk't), adj. Curvo; dobrado.

**CRANKINESS** (krén'kinéss), s. Desequilíbrio.

**CRANKLE** (krén'kl), s. Curva; cotovelo; v. i. ziguezaguear, dar voltas.

**CRANKY** (krén'ki), adj. Débil; fraco (espírito).

**CRANNY** (kré'ni), s. Fenda; rachadura.

**CRAPE** (kréip), s. Crepe; faixa de crepe para luto; v. t. colocar crepe; encrespar.

**CRAPULENCE** (kré'piulånss), s. Crápula; intemperança; bebedeira; ressaca.

**CRAPULENT** (kré'piulånt) ou **CRAPULOUS** (kré'piulåss), adj. Crapuloso; ébrio; embriagado; com ressaca.

**CRASH** (krésh), s. Colisão; choque; batida; ruído de quebra; estrondo; desastre; tecido grosseiro de linho; adj. a todo vapor; com todos os recursos; v. t. e i. causar colisão ou desastre; estalar; (pop.) penetrar (em festas); colidir ou cair ruidosamente.

**CRASS** (kréss), adj. Crasso; grosseiro.

**CRASSLY** (krés'li), adv. Crassamente.

**CRASSNESS** (krés'néss), s. Grosseria.

**CRATE** (kréit), s. Engradado; caixote; canastra; (gfr.) pata-choca; lata-velha (automóvel); v. t. pôr em cestos; encaixotar.

**CRATER** (krêi'tår), s. Cratera de vulcão; buraco causado por explosão de bomba; vaso antigo para vinho.

**CRAVE** (krêiv), v. t. Rogar; suplicar; ambicionar; suspirar por; necessitar.

**CRAVER** (krêi'vår), s. Suplicante.

**CRAVEN** (krêivn), s. Covarde; poltrão; adj. medroso; v. t. tirar a coragem a.

**CRAVENNESS** (krêivn'néss), s. Covardia.

**CRAVING** (krêi'vinn), s. Desejo ardente; pedido.

**CRAW** (kró), s. Papo das aves; rogo; súplica.

**CRAWFISH** (kró'fish), s. Caranguejo de rio.

**CRAWL** (król), s. Rastejo; rastejamento; estilo de natação; aquário; v. i. arrastar-se; rastejar; andar de gatinhas.

**CRAWLER** (kró'lår), s. O que anda de rastos; réptil; verme; nadador do estilo "crawl".

**CRAYFISH** (krêi'fish), s. Camarão-de-água-doce.

**CRAYON** (krêi'ånn), s. Pastel; creiom; lápis para desenho.

**CRAZE** (kréiz), s. Loucura; demência; paixão; capricho; fantasia; ranhuras feitas em louças; v. t. enlouquecer; despedaçar.

**CRAZED** (kréizd), adj. Demente; louco.

**CRAZINESS** (krêi'zinéss), s. Demência; loucura; caducidade.

**CRAZY** (krêi'zi), adj. Louco; demente; decrépito; caduco; desequilibrado; desconjuntado; desarranjado; fraco.

**CREAK** (krik), s. Som áspero; chiado; v. t. e i. fazer chiar; ranger.

**CREAKY** (kri'ki), adj. Rangente; rangedor.
**CREAM** (krimm), s. Creme, nata; cor de creme; a melhor parte; pomada; cosmético; v. t. e i. desnatar; pôr creme; bater para formar creme; escolher o melhor.
**CREAMER** (kri'mår), s. Pote para creme; desnatadeira.
**CREAMERY** (kri'måri), s. Fábrica de manteiga e queijo; estabelecimento de laticínios.
**CREAMY** (kri'mi), adj. Cremoso; semelhante a nata ou a creme.
**CREASE** (kriss), s. Prega; dobra; ruga.
**CREASY** (kris'si), adj. Enrugado; rugoso.
**CREATE** (kriêi't), v. t. Criar; produzir; gerar; constituir; ocasionar; inventar.
**CREATION** (kriêi'shånn), s. Criação.
**CREATIVE** (kriêi'tiv), adj. Criativo; produtivo.
**CREATIVENESS** (kriêi'tivnéss), s. Criatividade; poder criador.
**CREATOR** (krieí'tår), s. Criador; inventor.
**CREATURE** (kri'tshår), s. Criatura; ser humano; animal doméstico; ente.
**CREDENCE** (kri'dånss), s. Crédito; crença; credencial; credência do altar.
**CREDENTIAL** (kridén'shål), s. Credencial.
**CREDIBILITY** (krédibi'liti), s. Credibilidade.
**CREDIBLE** (krê'duibl), adj. Crível.
**CREDIT** (krê'dit), s. Crédito; confiança; reputação; fé; honra; v. t. e i. acreditar; prestar crédito a; vender a crédito; confiar.
**CREDITABLE** (krê'ditabl), adj. Meritório; louvável; recomendável.
**CREDITOR** (krê'ditår), s. Credor.
**CREDO** (kri'dóu), s. Credo.
**CREDULITY** (kridiu'liti), s. Credulidade.
**CREDULOUS** (krê'diulåss), adj. Crédulo; ingênuo; cândido.
**CREDULOUSLY** (krê'diulåsli), adv. Credulamente; ingenuamente.
**CREDULOUSNESS** (krê'diulåsnéss), s. Credulidade.
**CREED** (krid), s. Credo, crença; profissão de fé; doutrina.
**CREEK** (krik), s. Angra; enseada.
**CREEKY** (kri'ki), adj. Tortuoso; sinuoso.
**CREEL** (kril), s. Cesto de pescador; (Mec.) grade.
**CREEP** (krip), s. Arrastamento; calafrio; (gír.) pessoa que causa arrepios; repulsiva; estúpida; v. i. arrastar-se; trepar; engatinhar; formigar; sentir calafrios; arrepiar-se; mover-se furtivamente; humilhar-se; insinuar-se; aviltar-se; bajular; deslizar.

**CREEPER** (kri'pår), s. Réptil; planta rasteira; ave trepadora.
**CREEP-HOLE** (krip'hóul), s. Buraco; cova; toca; (fig.) subterfúgio; escapatória.
**CREEPING** (kri'pinn), s. Prurido; formigueiro na pele; adulação; rastejamento.
**CREEPY** (kri'pi), adj. Arrepiado; medroso; arrepiador; pruriginoso.
**CREMATE** (krimêi't), v. i. Cremar; incinerar.
**CREMATION** (krimêi'shånn), s. Cremação.
**CREMATOR** (krimêi'tår), s. Cremador; forno crematório.
**CREMATORIUM** (krémåtó'riåmm), s. Crematório.
**CREMATORY** (krê'måtóuri), s. Crematório; forno crematório; adj. crematório.
**CRENELATE** (krê'nilêit), v. t. Fortificar com ameias; adj. ameado.
**CRENELATION** (krénilêi'shånn), s. Fortificação por meio de ameias.
**CREOSOTE** (kri'osóut), s. Creosoto.
**CREPITANT** (krê'pitånt), adj. Crepitante.
**CREPITATE** (krê'pitêit), v. i. Crepitar.
**CREPITATION** (krépitêi'shånn), s. Crepitação.
**CREPUSCULAR** (kripås'kiulår), adj. Crepuscular; indistinto; vago.
**CREPUSCULE** (krê'påskiul), s. Crepúsculo.
**CRESCENDO** (krishên'dóu), s. (Mús.) Crescendo; adj. em crescendo; adv. de forma crescente.
**CRESCENT** (krê'sånt), s. Quarto crescente (Lua); objeto em forma de meia-lua; adj. semilunar; crescente.
**CRESS** (kréss), s. Agrião.
**CRESSET** (krê'sit), s. Fogaréu; tigela em que se queimam combustíveis.
**CREST** (krést), s. Crista de galo; penacho na cabeça de certas aves; crina do cavalo; timbre de brazão; elmo; cimeira de elmo; v. t. e i. coroar; encimar; galgar o cimo a; superar; encapelar-se (onda).
**CRESTED** (krés'tid), adj. Cristado; provido de crista; coroado; emplumado.
**CRESTFALLEN** (krést'fólånn), adj. Desanimado; abatido; pesaroso; triste; cabisbaixo.
**CRESTFALLENNESS** (krést'fólånnéss), s. Desânimo; desalento; tristeza.
**CRESTLESS** (krést'léss), adj. Sem crista; que não é nobre.
**CRETACEOUS** (kritêi'shåss), s. (Geol.) Cretáceo.
**CRETIN** (krê'tinn), s. Cretino; idiota; imbecil.
**CRETINISM** (krê'tinizm), s. Cretinismo.

**CRETINOUS** (krê'tinâss), adj. Cretino, imbecil.
**CRETONNE** (kritô'nn), s. Cretone.
**CREVASSE** (krivé'ss), s. Fenda de geleira; brecha num dique (EUA); v. t. fender.
**CREVICE** (krê'viss), s. Fenda; abertura.
**CREVICED** (krê'vist), adj. Fendido; gretado.
**CREW** (kru), pret. de *crow*, s. Tripulação de navio; multidão; bando; turba.
**CREWEL** (kru'âl), s. Lã para bordar.
**CRIB** (krib), s. Mangedoura; curral; choça; berço de criança; tradução para auxiliar os estudantes; v. t. roubar; plagiar; encerrar.
**CRIBBAGE** (krî'bidj), s. Jogo de cartas.
**CRIBBING** (kri'binn), s. (fam.) Ato de plagiar ou de colar.
**CRICK** (krik), s. Câimbra muscular repentina.
**CRICKET** (krí'kit), s. Críquete (jogo de bola); grilo; banquinho para os pés; (fam.) espírito esportivo; v. i. jogar críquete.
**CRICKETER** (krí'kitâr), s. Jogador de críquete.
**CRICOID** (krái'kôid), s. (Anat.) Cartilagem cricóide.
**CRIER** (krái'âr), s. Pregoeiro; clamador.
**CRIME** (kráimm), s. Crime; delito; erro grave.
**CRIMELESS** (kráim'léss), adj. Inocente.
**CRIMINAL** (kri'minâl), adj. e s. Criminoso; adj. criminal. *Criminal laws:* direito penal.
**CRIMINALITY** (kriminê'liti), s. Criminalidade.
**CRIMINATE** (kri'minêit), v. t. Criminar; culpar; acusar; censurar.
**CRIMINATION** (kriminêi'shânn), s. Criminação; imputação de crime.
**CRIMINOLOGIST** (kriminô'lodjist), s. Criminologista.
**CRIMINOLOGY** (kriminô'lodji), s. Criminologia.
**CRIMP** (krimp), s. Encrespamento; ondulação; plissagem; cacho de cabelo; recrutador de homens para o serviço militar; adj. frágil; quebradiço; rígido; teso; v. t. encrespar; frisar; enrugar; torcer; preguear.
**CRIMPER** (krim'pêr), s. Frisador; ferro de frisar cabelo.
**CRIMPY** (krim'pi), adj. Encrespado; ondeado.
**CRIMSON** (krimz'n), s. Carmesim; vermelho.
**CRINAL** (krái'nl), adj. Crinal, de crina.
**CRINGE** (krindj), s. Adulação; servilismo; baixeza; v. t. adular; bajular.
**CRINGER** (krin'djâr), s. Adulador; bajulador.
**CRINKLE** (krink'l), s. Sinuosidade; v. i. serpear; ondear; enrugar, fazer rodeios.
**CRINKLY** (krin'kli), adj. Ondulado; enrugado.
**CRINOID** (krái'nóid), adj. e s. Crinóide.
**CRINOLINE** (krí'nolinn), s. Crinolina (tecido).
**CRIPPLE** (krip'l), adj. e s. Coxo; estropiado; inválido; v. t. aleijar; v. i. coxear.
**CRIPPLED** (kripl'd), adj. Estropiado; inválido.
**CRISIS** (krái'siss), s. Crise.
**CRISP** (krisp), adj. Crespo; ondeado; sinuoso; tortuoso; s. (gír.) dinheiro em cédulas; pl. batatas fritas em fatias muito finas; v. t. encaracolar; ondear; encrespar.
**CRISPER** (kris'pâr), s. Encrespador.
**CRISPNESS** (krisp'néss), s. Crespidão; decisão; resolução; vivacidade.
**CRISPY** (kris'pi), adj. Quebradiço; friável; ondulado; anelado.
**CRISSCROSS** (kris'króss), s. Desenho de linhas cruzadas; palavras cruzadas; (fig.) rabugento; adv. em forma de cruz.
**CRITERION** (kráiti'riânn), s. Critério; norma.
**CRITIC** (kri'tik), adj. Crítico; severo; s. crítico; censor; perito.
**CRITICAL** (kri'tikâl), adj. Crítico; severo; escrupuloso; decisivo; crucial.
**CRITICALLY** (kri'tikâli), adv. Severamente.
**CRITICALNESS** (kri'tikâlnéss), s. Severidade; exatidão; estado crítico.
**CRITICISM** (kri'tissizm), s. Criticismo; crítica.
**CRITICIZABLE** (kri'tissâizâbl), adj. Criticável.
**CRITICIZE** (kri'tissâiz), v. t. Criticar.
**CRITIQUE** (kriti'k), s. Crítica; arte do criticismo, comentário crítico.
**CROAK** (krôuk), s. O crocitar do corvo; o grasnar da rã; som desagradável; v. i. grasnar; crocitar; resmungar; rosnar.
**CROAKER** (krôu'kâr), s. Grasnador; rosnador; resmungão.
**CROAKINESS** (krôu'kinéss), s. Lamentação; resmungo; som semelhante ao grasnido.
**CROAKY** (krôu'ki), adj. Rouco; coaxante.
**CROCK** (krók), s. Pote; jarro; caco de louça; fuligem de chaminé; v. t. enferrujar.
**CROCKERY** (krô'kâri), s. Louça de barro.
**CROCKET** (krô'kit), s. Espécie de ornamento usado em cornijas, dosséis, etc.
**CROCODILE** (krô'kodâil), s. Crocodilo.
**CROCUS** (krôu'kâss), s. Açafrão; pó para limpeza.
**CROFT** (krôft), s. Quintal; quinta pequena; terreno cercado.
**CROFTER** (krôf'târ), s. Caseiro; arrendatário que cultiva um sítio.
**CRONE** (krôunn), s. Ovelha, ou mulher velha.

**CRONY** (krôu'ni), s. Camarada; amigo velho.
**CROOK** (kruk), s. Gancho; croque; cajado de pastor; trapaça; embuste; artifício; v. t. curvar; perverter.
**CROOKED** (kru'kid), adj. Curvo; torcido; desonesto; fraudulento.
**CROOKEDLY** (kru'kidli), adv. De través; de mau modo.
**CROOKEDNESS** (kru'kidnéss), s. Encurvatura; perversidade; maldade.
**CROON** (krunn), s. Canto ou som monótono.
**CROONER** (kru'når), s. Cantor de rádio.
**CROP** (krop), s. Colheita, ceifa, novidade (de frutos); coleção, corte de cabelo; cabelo curto; papo de aves; chicote curto de montaria; v. t. colher os frutos; ceifar; cortar rente; v. i. aflorar; surgir; aparecer.
**CROPPER** (krô'pår), s. Cultivador; plantador; cortador; aparador; máquina cortadora; raça de pombos; (fam.) queda violenta.
**CROPPY** (kro'pi), s. Pessoa de cabelos raspados.
**CROQUET** (krôu'kê), s. Nome de um jogo de campo; v. t. e i. impelir a bola do adversário, nesse jogo.
**CROSIER** (krôu'jår), s. Cajado de bispo ou de abade mitrado.
**CROSS** (króss), s. Cruz; tormento; aflição; contrariedade; revés; cruzamento (de raças); (Astron.) Cruzeiro; v. t. e i. cruzar; atravessar; riscar; apagar; afligir; contradizer; cruzar-se; barrar (um cheque); persignar-se; impedir; cruzamento (de ruas); cavalgar; adj. atravessado; transversal; em cruz; oposto; infeliz; desfavorável.
**CROSSACTION** (króss-ék'shånn), s. Ação judicial de contradita.
**CROSSBAR** (krós'bár), s. Viga; trancas.
**CROSSBILL** (krós'bil), s. Cruza-bico (ave); contraquerela.
**CROSSBONES** (krós'bôunz), s. pl. Ossos postos em cruz, como símbolo da morte.
**CROSSBRED** (króss'bréd), adj. e s. Mestiço; cruzado; híbrido.
**CROSSBREED** (króss'brid), v. t. e i. Cruzar; fazer cruzamento (de raças, plantas, etc.).
**CROSS-EYE** (króss'ái), s. Estrabismo.
**CROSS-EYED** (krós'áid), adj. Estrábico.
**CROSSING** (krô'sinn), s. Travessia; encruzamento de fios; o sinal da Cruz.
**CROSSLY** (krós'li), adv. De mau-humor.
**CROSSNESS** (krós'néss), s. Mau-humor; malícia; má disposição.
**CROSSPATCH** (krós'pétch), s. Resmungão.
**CROSSPIECE** (krós'piss), s. Travessa, travessão; (Náut.) travessão das abitas.
**CROSS-PURPOSE** (króss-pår'påss), Contradição; propósito contrário.
**CROSSROAD** (krós'rôud), s. Encruzilhada; atalho.
**CROSSWISE** (krós'uáiz) ou **CROSSWAIS** (krós'uêiz), adv. Transversalmente; de través; ao contrário.
**CROSSWORDS** (krós'uårdz), s. pl. Palavras de mau-humor.
**CROTCH** (krótsh), s. Forquilha; bifurcação.
**CROTCHET** (krót'shit), s. Excentricidade; fantasia; pequeno gancho; peça em forma de gancho; (Mús.) semínima.
**CROTCHETY** (krót'shiti), adj. Extravagante.
**CROUCH** (kráutsh), v. i. Abaixar-se; bajular.
**CROUP** (krup), s. Garupa; anca de cavalo; (Med.) crupe.
**CROUPIER** (kru'piår), s. Crupiê; banqueiro de jogo.
**CROW** (krôu), s. Corvo; gralha; nome de várias aves do mesmo tipo; (Carpint.) pé-de-cabra; canto do galo; grito de satisfação do bebê; v. i. cantar de galo, vangloriar-se.
**CROWD** (kráud), s. Multidão; turba; ajuntamento; populaça; (fam.) companhia; nome de uma espécie de violino antigo; v. t. amontoar; juntar; encher completamente; forças as velas da embarcação.
**CROWDED** (kráu'did), adj. Abarrotado; repleto; compacto; comprimido.
**CROWKEEPER** (krôu-ki'pår), s. Espantalho.
**CROWN** (kráunn), s. Coroa; diadema; grinalda; soberania; galardão, prêmio; recompensa; crista; cume; cimo; parte superior do dente; moeda de cinco xelins; glória; apogeu; v. t. coroar; premiar; completar; aperfeiçoar; proteger; consumar; acabar; fazer dama (no jogo de damas).
**CROWNER** (kráu'når), s. Completador; aperfeiçoador.
**CROWNPIECE** (kráun'piss), s. Parte superior de qualquer coisa.
**CROWNWORK** (kráun'uårk), s. Colocação de coroas dentárias.
**CROWSTONE** (krôu'stôunn), s. Cismeira.
**CRUCIAL** (kru'shiål), adj. Em forma de cruz; decisivo; conclusivo; severo; penoso.
**CRUCIFIER** (kru'sifáiår), s. Crucificador; atormentador, mortificador.
**CRUCIFIX** (kru'sifiks), s. Crucifixo.

**CRUCIFIXION** (krussifik'shånn), s. Crucificação.
**CRUCIFY** (kru'sifái), v. t. Crucificar; atormentar; afligir; mortificar.
**CRUDE** (krud), adj. Cru; bruto; não refinado; verde; imaturo (sentido próprio e figurado); indigesto; tosco; imperfeito.
**CRUDELY** (krud'li), adv. Cruamente.
**CRUDENESS** (krud'néss), s. Crueza; imperfeição; falta de acabamento.
**CRUDITY** (kru'diti), s. Crueza; dureza.
**CRUEL** (kru'ål), adj. Cruel; brutal; selvagem; bárbaro; pungente; doloroso; aflitivo.
**CRUELTY** (kru'ålti), s. Crueldade, ferocidade.
**CRUET** (kru'it), s. Galheta.
**CRUISE** (kruz), s. Cruzeiro, viagem de recreio em navio; v. t. fazer cruzeiro; cruzar o mar.
**CRUISER** (kru'zår), s. Cruzador (navio); avião ou automóvel que faz viagens de cruzeiro.
**CRUMB** (krâmm), v. t. Esmigalhar; pisar; fracionar; s. miolo ou migalha de pão.
**CRUMBLE** (krâmb'l), v. t. Esmigalhar; fracionar; s. substância em desagregação.
**CRUMBY** (krå'mi), adj. Mole; brando; cheio de migalhas; (pop.) piolhento.
**CRUMP** (krâmp), s. Golpe ou queda violenta; corcunda; (gír. mil.) granada; o som de explosão da granada; v. i. estar mal-humorado; mastigar ruidosamente.
**CRUMPET** (krâm'pit), s. Bolo doce; (pop.) cabeça; coco; bestunto.
**CRUMPLE** (krâmp'l), v. t. Dobrar; vincar; amarfanhar; v. i. encolher-se; (fam.) sofrer colapso; s. ruga; prega; dobra.
**CRUMPLED** (krâmpl'd), adj. Amassado; enrugado; espiralado.
**CRUNCH** (krântsh), v. t. Pisar; esmagar; triturar; mastigar com ruído; v. i. ranger (areia, neve) sob as pisadas de alguém.
**CRUPPER** (krå'pår), s. Rabicho do arreio do cavalo; garupa; ancas de cavalo; v. t. pôr o rabicho na sela do cavalo.
**CRUSADE** (krusêi'd), s. Cruzada; cruzado (moeda); v. i. tomar parte numa cruzada.
**CRUSADER** (krusêi'dår), s. Cruzado, o que toma parte numa cruzada.
**CRUSE** (kruz), s. Taça; jarro; bilha de barro.
**CRUSH** (krâsh), v. t. Esmagar; pisar; comprimir; apertar; subjugar; beber; esvaziar; despedaçar-se; s. esmagamento; compressão violenta; multidão; aglomeração.
**CRUSHED** (krusht), adj. Moído; pulverizado; oprimido; subjugado.

**CRUSHER** (krå'shår), s. Esmagador; opressor; compressor.
**CRUST** (kråst), s. Crosta; côdea; borra do vinho; (Med.) escara; (fig.) atrevimento; ousadia; v. t. e i. criar crosta; encodear.
**CRUSTACEA** (krâstéi'shiå), s. Crustáceos.
**CRUSTACEAN** (krustêi'shånn), adj. e s. Crustáceo.
**CRUSTACEOUS** (krås'têi'shiåss), adj. Crustáceo; coberto de crosta.
**CRUSTATION** (krâstéi'shånn), s. Incrustação.
**CRUSTED** (krâs'tid), adj. Coberto de crosta; maduro (vinho); antiquado.
**CRUSTINESS** (krås'tinéss), s. Impertinência; mau-humor.
**CRUSTY** (krås'ti), adj. Coberto de crosta; impertinente; rabugento.
**CRUTCH** (krâtsh), s. Muleta; aleijado; apoio; suporte; descanso (em sentido próprio e figurado); v. i. andar com muletas; sustentar; suportar com muletas ou forquilha.
**CRUX** (kråks), s. Cruz; dificuldade.
**CRY** (krái), s. Grito; brado; clamor; choro; proclamação; lamentação; pedido; v. t. e i. gritar; clamar; chorar; pedir; rogar.
**CRYING** (kråi'inn), s. Grito; choro; ato de gritar; adj. que grita; sabido; notório.
**CRYOLITE** (kråi'óláit), s. (Min.) Criólito.
**CRYPT** (kript), s. Cripta.
**CRYPTIC** (krip'tik) ou **CRYPTICAL** (krip'tikål), adj. Oculto; secreto; enigmático.
**CRYPTOGRAM** (krip'tågrémm), s. Criptograma.
**CRYPTOGRAPHY** (kriptó'gråfi), s. Criptografia.
**CRYSTAL** (krist'l), s. Cristal; vidro cristal; vidro de relógio; adj. de cristal; transparente; cristalino; límpido.
**CRYSTALLINE** (kris'tåláinn), adj. Cristalino; transparente; (Anat.) *crystalline lens:* cristalino.
**CRYSTALLIZATION** (kriståliźêi'shånn ou kriståláiźêi'shånn), s. Cristalização.
**CRYSTALLIZE** (kris'tåláiz), v. t. e i. Cristalizar.
**CRYSTALLOGRAPHER** (kristålò'grafår), s. Cristalógrafo.
**CRYSTALLOGRAPHIC** (kristålò'grafic) ou **CRYSTALLOGRAPHICAL** (kristalogrê'fikål), adj. Cristalográfico.
**CUB** (kåb), s. Filhote de urso, raposa, leão e outros animais; cachorro; rapaz grosseiro; menino desajeitado; fedelho; escoteiro

principiante; bobinho; repórter novato, foca; v. i. dar à luz; parir (animais).
**CUBE** (kiub), s. (Mat.) Cubo; v. t. cubar, elevar ao cubo; dar forma cúbica a.
**CUBIC** (kiu'bik), adj. Cúbito; tridimensional; (Mat.) terceiro grau; terceira potência.
**CUBICAL** (kiu'bikâl), adj. Cúbico; cubiforme.
**CUBICLE** (kiu'bikl), s. Cubículo.
**CUBISM** (kiu'bizm), s. Cubismo (Pintura).
**CUBIT** (kiu'bit), s. Cúbito; antiga medida de comprimento.
**CUBITAL** (kiu'bitâl), adj. e s. (Anat., Zool.) Cubital; cúbito.
**CUCKOO** (ku'ku), s. Cuco (pássaro); o canto desse pássaro; (pop.) maluco; tonto.
**CUCUMBER** (kiu'kâmbâr), s. Pepino.
**CUD** (kâd), s. Alimento que os ruminantes têm no primeiro estômago; (fig.) meditar.
**CUDDLE** (kâd'l), s. Afago; carinho; abraço; v. t. e i. acarinhar; abraçar; agachar-se.
**CUDDY** (kâ'di), s. Cozinha de navio; refeitório para os oficiais de bordo; vestíbulo; parvo; tolo.
**CUDGEL** (kâ'djâl), s. Cacete, porrete; bordão; v. t. bater; espancar; desancar.
**CUE** (kiu'), s. Ponta; extremidade; cauda; rabicho do cabelo; deixa (no teatro); taco de bilhar; humor; disposição mental.
**CUEIST** (kiu'ist), s. Jogador de bilhar.
**CUFF** (kâf), s. Punho de manga; bainha de calça; bofetada; sopapo; murro; algema; v. t. esbofetear; socar; esmurrar.
**CUIRASS** (kuiré'ss), s. Couraça; (Zool.) carapaça; v. t. couraçar.
**CUISINE** (kuizi'nn), s. Cozinha; arte culinária; comida; alimento.
**CULINARY** (kiu'linâri), adj. Culinário.
**CULL** (kâl), v. t. Escolher; apartar; selecionar; eleger; s. animal, coisa que se separa por não ter préstimo.
**CULLING** (kâ'linn), s. Escolha; separação.
**CULM** (kâlm), s. Colmo; caule das gramíneas; pó de carvão; carvão de pedra ordinário.
**CULMINANT** (kâl'minant), adj. Culminante.
**CULMINATE** (kâl'minêit), v. i. Culminar; atingir um fim; alcançar.
**CULMINATION** (kâlminêi'shann), s. Ponto culminante; (Astron.) culminação de um astro.
**CULPABILITY** (kâlpâbi'liti), s. Culpabilidade.
**CULPABLE** (kâl'pâbl), adj. Culpável.
**CULPRIT** (kâl'prit), s. Réu; culpado; ofensor.
**CULT** (kâlt), s. Culto; admiração; consideração homenagem; culto religioso; seita.

**CULTCH** (kâltsh), s. Refugio; entulho.
**CULTIVABLE** (kâl'tivâbl), adj. Cultivável.
**CULTIVATE** (kâl'tivêit), v. t. Cultivar; lavrar; arar; aperfeiçoar; praticar; estudar; consagrar-se a; procurar a amizade de.
**CULTIVATED** (kâl'tivêitid), adj. Culto; refinado; educado.
**CULTIVATION** (kâltivêi'shann), s. Cultivo; amanho; desenvolvimento; refinamento.
**CULTIVATOR** (kâl'tivêitâr), s. Cultivador; agricultor, lavrador.
**CULTURAL** (kâl'tshârâl), adj. Cultural.
**CULTURE** (kâl'tshâr), s. Cultura (também biológica); refinamento; ilustração; educação; cultivo; amanho; trato; v. t. cultivar; criar.
**CULTURED** (kâl'tshârd), adj. Culto; civilizado; cultivado; (Biol.) propagado artificialmente.
**CULVER** (kâl'var), s. Pombo; pomba.
**CULVERIN** (kâl'vârinn), s. Colubrina.
**CULVERT** (kâl'vârt), s. Passagem subterrânea para água; aqueduto; galeria; bueiro.
**CUMBER** (kâm'bâr), s. Impedimento; embaraço; estorvo; v. t. embaraçar; impedir; estorvar; incomodar; sobrecarregar.
**CUMBERER** (kâm'bârâr), s. Embaraçador.
**CUMBERSOME** (kâm'bârsâmm), adj. Incômodo; enfadonho; importuno; desajeitado.
**CUMBRANCE** (kâm'brânss), s. Embaraço.
**CUMBROUS** (kâm'brâss), adj. Incômodo.
**CUMBROUSNESS** (kâm'brâsnéss), s. Embaraço; impedimento; incômodo.
**CUMIN** (kâ'minn), s. (Bot.) Cominho.
**CUMSHAW** (kâm'shô), s. Gratificação.
**CUMULATE** (kiu'miulêit), v. t. Acumular.
**CUMULATE** (kiu'miulit), adj. Acumulado.
**CUMULATION** (kiumiulêi'shann), s. Acumulação; amontoamento; pilha; monte.
**CUMULATIVE** (kiu'miulâtiv), s. Cumulativo.
**CUMULUS** (kiu'miulâss), s. Cúmulo.
**CUNCTATION** (kânktêi'shann), s. Delonga.
**CUNCTATIVE** (kânk'tiv), adj. Procrastinador.
**CUNEIFORM** (kiu'niifôrm) ou **CUNIFORM** (kiu'nifôrm), adj. Cuneiforme.
**CUNNING** (kâ'ninn), s. Destreza; astúcia; habilidade; ardil; manha.
**CUNNINGLY** (kâ'ninnli), adv. Astuciosamente.
**CUNNINGNESS** (kâ'ninnéss), s. Astúcia.
**CUP** (kâp), s. Xícara; chávena; copo; taça; xicarada, o que uma xícara pode conter; bebida embriagante; ventosa; v. t. dar de beber; fazer aplicação de ventosa.
**CUPBOARD** (kâp'bôurd), s. Guarda-louça; armário de cozinha.

**CUPELLATION** (kiupelêi'shânn), s. Copelação (em metalurgia).
**CUPFUL** (kâp'ful), s. Xicarada; o conteúdo de um copo, de uma chávena.
**CUPID** (kiu'pid), s. Cupido; moço bonito.
**CUPIDITY** (kiupi'diti), s. Avareza; cobiça.
**CUPOLA** (kiu'pâlâ), s. (Arquit.) Cúpula.
**CUPPING** (ka'pin), s. Aplicação de ventosas.
**CUPPREOUS** (kiu'priâss), adj. De cobre.
**CUPRIC** (kiu'prik), adj. Cúprico.
**CUPRIFEROUS** (kiupri'fâráss), adj. Cuprífero.
**CUR** (kâr), s. Cão vira-lata; malandro; patife.
**CURABILITY** (kiurâbi'liti), s. Curabilidade.
**CURABLE** (klu'râbl), adj. Curável.
**CURACY** (kiu'râssi), s. Coadjutória eclesiástica.
**CURATE** (kiu'rit), s. Cura; pároco auxiliar.
**CURATIVE** (kiu'râti), s. Curativo.
**CURATOR** (kiurêi'târ), s. Curador; superintendente; administrador (de museu).
**CURATORSHIP** (kiurêi'târship), s. Curadoria.
**CURB** (kârb), s. Barbela do freio; freio do cavalo; parapeito do poço; inchaço na perna do cavalo; sujeição; restrição; v. t. refrear; dominar; proteger com guia de pedra.
**CURBSTONE** (kârb'stôunn), s. Guia de pedra; meio-fio de calçada.
**CURD** (kârd), s. Coalho, coágulo; requeijão.
**CURDINESS** (kâr'diness), s. Coagulação do leite.
**CURDLE** (kârd'l), v. i. Coagular-se (leite).
**CURDY** (kâr'di), adj. Coagulado; grosso.
**CURE** (kiur), s. Cura, tratamento, remédio; coadjutória eclesiástica; v. t. curar; tratar (doença); curar (ao sol, ao fumo); salgar.
**CURE-ALL** (kiur'ôl), s. Panacéia.
**CURELESS** (kur'léss), adj. Incurável.
**CURER** (kiu'râr), s. Remédio; médico; curandeiro; salgador; defumador.
**CURETTAGE** (kiuré'tidji), s. (Cir.) Curetagem.
**CURETTE** (kiurét), s. (Cir.) Cureta; v. t. curetar; raspar com cureta.
**CURFEW** (kâr'fiu), s. Toque de recolher; o sino que dá esse toque.
**CURIA** (kiu'riâ), s. Cúria.
**CURIO** (kiu'riôu), s. Curiosidade; objeto de arte digno de ver-se.
**CURIOSITY** (kiuriô'siti), s. Curiosidade; vontade de saber; indiscreção; objeto raro.
**CURIOUS** (kiu'riâss), adj. Curioso; indiscreto; interessante; (fam.) excêntrico, esquisito.
**CURIOUSLY** (kiu'riâsli), adv. Curiosamente.
**CURIOUSNESS** (kiu'riâsnéss), s. Curiosidade.

**CURL** (kârl), s. Anel; caracol; friso; ondulação; sinuosidade; nome de uma doença das plantas; v. t. encaracolar; frisar; ondular; torcer; v. i. encaracolar-se.
**CURLED** (kâr'lid), adj. Crespo; ondulado.
**CURLEW** (kâr'liu), s. Maçarico (ave).
**CURLINESS** (kâr'linéss), s. Ondulação.
**CURLING** (kâr'linn), s. Ondulação; encrespamento; jogo escocês sobre o gelo.
**CURLPAPER** (kâr'peipâr), s. Papelote (de encrespar cabelo).
**COURLY** (kârli), adj. Crespo; ondulado.
**CURMUDGEON** (kârmâd'jânn), s. Avarento.
**CURR** (kâr), v. i. Arrulhar (pomba).
**CURRANT** (kâ'rânt), s. Groselha; passa de Corinto.
**CURRENCY** (kâ'rânsi), s. Circulação; curso; valor corrente, crédito; voga.
**CURRENT** (kâ'rânt), adj. Corrente; comum; vulgar; circulante; s. marcha; progressão.
**CURRICULAR** (kâri'kiulâr), adj. Relativo a um curso.
**CURRICULUM** (kâri'kiulâmm), s. Currículo; curso; carro para corridas.
**CURRIER** (kâ'riâr), s. Curtidor de couros; limpador de cavalos.
**CURRISH** (kâ'rish), adj. Grosseiro, brutal.
**CURRISHNESS** (kâ'rishnéss), s. Brutalidade.
**CURRY** (kâ'ri), s. Caril, condimento apimentado; comida servida com caril; v. t. limpar os cavalos; escovar; almofaçar; curtir couros; (fig.) adular; bajular.
**CURSE** (kârss), s. Praga; maldição; imprecação; castigo; desgraça; calamidade; anátema; excomunhão; v. t. amaldiçoar; blasfemar; atormentar; excomungar.
**CURSED** (kâr'sid), adj. Maldito; abominável; detestável; miserável; mau; malvado.
**CURSEDLY** (kâr'sidli), adv. Detestavelmente.
**CURSEDNESS** (kâr'sidnéss), s. Abominação; perversidade; maldade.
**CURSIVE** (kâr'siv), adj. Cursivo; s. letra cursiva.
**CURSORINESS** (kâr'sârinéss), s. Negligência; superficialidade.
**CURSORY** (kâr'sâri), adj. Apressado; rápido; precipitado; descuidado; negligenciado.
**CURT** (kârt), adj. Curto; cortado; breve; conciso; abrupto; rude.
**CURTAIL** (kâr'têil), v. t. Resumir; abreviar; encurtar; cortar; mutilar.
**CURTAILMENT** (kâr'têilment), s. Redução; diminuição; resumo; mutilação.

**CURTAIN** (kârt'n), s. Cortina; cortinado; abrigo; resguardo; proteção; pano de boca do palco; v. t. ornamentar ou resguardar com cortinas; esconder; encobrir.
**CURTAINED** (kârtn'd), adj. Adornado; resguardado ou escondido com cortinas.
**CURTLY** (kâr'tli), adv. Abreviadamente.
**CURTNESS** (kâr'tnéss), s. Brevidade; concisão.
**CURTSY** (kâr'tsi), s. Reverência; cortesia; urbanidade; vênia; mesura.
**CURVATE** (kâr'vêit), adj. Curvado; curvo.
**CURVATURE** (kâr'vâtshâr), s. Curvatura; arqueamento; peça ou parte curvada.
**CURVE** (kârv), s. Curva; flexão; volta do caminho; v. i. curvar; dobrar; adj. curvado.
**CURVILINEAL** (kârvili'niâl), adj. Curvilíneo.
**CUSHAT** (kâ'shât), s. Pomba torcaz.
**CUSHION** (kâ'shânn), s. Almofada; coxim; travesseiro; pneumático; tabela do bilhar; pára-choque; v. t. proteger, adornar com almofadas; pôr sobre almofadas.
**CUSHIONED** (kâ'shânnd), adj. Almofadado.
**CUSHY** (kâsh'i), adj. (gír.) Macio; confortável.
**CUSP** (kâsp), s. Ponta; cúspide; vértice.
**CUSPID** (kâs'pid), s. Dente canino.
**CUSPIDOR** (kâs'pidâr), s. Escarrador.
**CUSS** (kâss), s. Maldição; pessoa sem valor; animal insignificante; v. t. (fam.) maldizer.
**CUSSED** (kâ'sid), adj. Amaldiçoado; mau.
**CUSSEDNESS** (kâ'sidnéss), s. Maldição; perversão.
**CUSTARD** (kâs'târd), s. Doce de creme.
**CUSTODIAL** (kâstou'diâl), adj. Custódio; s. receptáculo para objetos sagrados.
**CUSTODIAN** (kâs'tôu'diânn), s. Guarda; administrador.
**CUSTODY** (kâs'todi), s. Custódia; guarda; prisão; escolta; proteção; defesa; segurança.
**CUSTOM** (kâs'tâmm), s. Costume; uso; hábito; freguesia; pl. direitos alfandegários; venda; saída de mercadorias.
**CUSTOMARINESS** (kâs'tâmârinéss), s. Hábito; costume; uso.
**CUSTOMARY** (kâs'tâmâri), s. Registro de usos e costumes; ad. habitual; consuetudinário.
**CUSTOMER** (kâs'tâmâr), s. Freguês de uma loja; empregado aduaneiro; (fam.) pessoa.
**CUSTOMHOUSE** (kâs'tâm-háuss), s. Alfândega; aduana.
**CUT** (kât), v. t. Cortar; talhar; rachar; trinchar; fender; ferir; mutilar; esculpir; recortar; partir; separar; escavar; desbastar; lapidar; aparar; abrir (caminho); chicotear; desancar; ofender; desconsiderar; (fam.) cabular; faltar às aulas; castrar (animais). *To cut short:* encurtar; s. corte; cortadura; abertura; ferida; incisão; golpe; modo; forma; estilo; atalho; canal; pedaço cortado; adj. interceptado; castrado; preparado.
**CUTANEOUS** (kiutêi'niâss), adj. Cutâneo.
**CUTAWAY** (kât'âuêi), adj. Cortante; que corta; que tem uma parte cortada; s. fraque.
**CUTE** (kiut), adj. Agudo; perspicaz; inteligente; fino; esperto; atrativo; bonito.
**CUTELY** (kiu'tli), adv. Engenhosamente.
**CUTENESS** (kiu'tnéss), s. Agudeza; perspicácia; esperteza; encanto; atração.
**CUTICLE** (kiu'tikl), s. Cutícula; película.
**CUTICULAR** (kiuti'kiulâr), adj. Cuticular.
**CUTIS** (kiu'tis), s. Derma; cútis.
**CUTLASS** (kât'lâss), s. Cutelo; alfanje.
**CUTLER** (kât'lâss), s. Cuteleiro.
**CUTLERY** (kât'lâri), s. Cutelaria; ofício de cuteleiro; instrumentos cortantes em geral.
**CUTLET** (kât'lit), s. Costeleta; posta (carne).
**CUTPURSE** (kât'pârss), s. Batedor de carteiras.
**CUT-RATE** (kât'reit), adj. Que vende a preços reduzidos.
**CUTTER** (kâ'târ), s. Cortador; talhador; instrumento cortante; máquina de cortar; pequeno trenó (EUA); cúter, pequena embarcação; redator de filme cinematográfico.
**CUTTHROAT** (kât'throut), s. e adj. Assassino; matador; cruel; bárbaro.
**CUTTING** (kâ'tinn), s. Corte; incisão; talhe; adj. cortante; incisivo; áspero; sarcástico.
**CUTTLE** (kât'l) ou **CUTTLEFISH** (kât'l-fish), s. Siba (molusco).
**CUTUP** (kât'âp), s. (pop.) Palhaço; pessoa espalhafatosa, turbulenta que atrai atenções.
**CUTWORK** (kât'uôrk), s. Bordado aberto ou de aplicação.
**CUVETTE** (kiu'vét), s. Cubeta; cadinho.
**CYANATE** (sái'ânêit), s. (Quím.) Cianato.
**CYANIC** (saiê'nik), adj. Ciânico, azul.
**CYANIDE** (sái'anáid) ou **CYANID** (sái'ânid), s. Cianeto, cianureto.
**CYCLE** (sáik'l), s. Ciclo; período de tempo; época; bicicleta; triciclo; (Bot.) verticilo.
**CYCLIC** (sái'klik) ou **CYCLICAL** (sái'klikâl), adj. Cíclico; circular; em anel.
**CYCLING** (sái'klinn), s. Passeio de bicicleta.
**CYCLIST** (sái'klist), s. Ciclista.
**CYCLOID** (sái'klôid), s. Ciclóide.

**CYCLOIDAL** (sái'klóidâl), adj. Cicloidal.
**CYCLOMETER** (sáikló'mitâr), s. Ciclômetro.
**CYCLONE** (sái'klôunn), s. Ciclone.
**CYCLONIC** (sáikló'nik) ou **CYCLONICAL** (sáikló'nikâl), adj. Ciclônico.
**CYCLOPAEDIA, CYCLOPEDIA** (sáiklopi'diâ), s. Enciclopédia.
**CYCLOPAEDIC, CYCLOPEDIC** (sáiklopi'dik), adj. Enciclopédico.
**CCLOPAEDIST, CYCLOPEDIST** (sáiklopi'dist), s. Enciclopedista.
**CYCLOPEAN** (sáiklopi'ânn), adj. Ciclópico; gigantesco; enorme.
**CYCLOPS** (sái'klóps), s. Ciclope.
**CYCLOTRON** (sái'klotrôn), s. Cíclotron.
**CYGNET** (sig'nist), s. Cisne novo.
**CYLINDER** (si'lindâr), s. Cilindro; rolo.
**CYLINDRIC** (silin'drik) ou **CYLINDRICAL** (silin'drikâl), adj. Cilíndrico.
**CYLINDROID** (si'lindróid), adj. Cilindróide.
**CYMA** (sái'mâ), s. Cimalha.
**CYMBAL** (sim'bâl), s. Prato (instrumento músico).
**CYNIC** (si'nik), s. Cínico.
**CYNICAL** (si'nikâl), adj. Cínico; céptico.
**CYNICALLY** (si'nikâli), adv. Cinicamente.
**CYNICISM** (si'nissizm), s. Cinismo.
**CYNOSURE** (si'nâziuâr), s. Centro de interesse; (Astron.) Cinosura; Ursa-Menor.
**CYPRESS** (sái'priss), s. Cipreste.
**CYPRIAN** (si'priân), adj. e s. Cipriota.
**CYST** (sist), s. Cisto; quisto.
**CYSTIC** (sis'tik), adj. Cístico.
**CYSTITIS** (sistái'tiss), s. (Med.) Cistite.
**CYSTOID** (sis'tôid), s. Cistóide.
**CYTOPHAGY** (sáitó'fâdji), s. (Biol.) Fagocitose.
**CYTOPLASM** (sáito'plasm), s. Citoplasma.
**CZAR** (zár), s. Czar.
**CZARINA** (zári'nâ), s. Czarina.
**CZECH** (tshék), s. e adj. Tcheco; a língua tcheca.
**CZECHIC** (tshé'kik) ou **CZECHISH** (tshé'kish), adj. Tcheco.
**CZECHOSLOVAK** (tshékoslôu'vêk), adj. e s. Tcheco-eslovaco.

# D

**D** (di), s. A quarta letra do alfabeto; (Mús.) ré; (Mat.) 500 em numeração romana; abrev. de *December, Democrat, Democratic, Dutch* (maiúscula) e de *day, days, died, dollar, dose, penny, pence* (minúscula).
**DAB** (déb), s. Pancada leve; salpico de lama; pessoa ladina; v. t. bater levemente em.
**DABBER** (dé'bâr), s. Escova macia; broxa para salpicar.
**DABBING** (dé-binn), s. Processo de alisar a pedra.
**DABBLE** (déb'l), v. t. Salpicar; enlamear; umedecer; molhar; v. i. chafurdar; patinhar; intrometer-se; fazer com desmazelo.
**DABBLER** (déb'lâr), s. Metediço; diletante; trapalhão; desmazelado.
**DABSTER** (débs'târ), s. Esperto; finório.
**DACE** (dêiss), s. Mugem, pequeno peixe de água doce.
**DACHSHUND** (déks'hund), s. (Zool.) Bassê, cão de raça alemã, de corpo comprido.
**DACTYL** (dék'til), s. Dáctilo.
**DACTYLIC** (dékti'lik), adj. Dactílico.
**DACTYLOGRAPHY** (déktilo'grafi), s. Dactilografia ou datilografia.
**DACTYLOGRAM** (déktilo'grém) s. Impressão digital; dactilograma.
**DACTYLOGY** (dékti'lodji), s. Dactilogia.
**DACTYLOSCOPIC** (déktilos'có'pic), s. Dactiloscopia.
**DAD, DADDY** (déd ou dé'di), s. Papai, papá.
**DADDLE** (déd'l), s. Mão; punho; v. i. titubear.
**DADDY-LONG-LEGS** (dé'di-lonn-légz), s. Pernilongo.
**DADO** (dêi'dôu), s. Dado; corpo de pedestal.
**DAEDAL** (di'dâl), adj. Engenhoso; intrincado.
**DAEMONIC** (di'mônic), adj. Endemoniado; possesso; demoníaco.

**DAFFODIL** (dé'fãdil), s. Narciso (flor).
**DAFFY** (dé'fi), adj. (pop.) Tonto; aloucado.
**DAFT** (dáft), s. Imbecil; tolo; idiota.
**DAFTLY** (dáft'li), adv. Loucamente.
**DAFTNESS** (dáft'néss), s. Imbecilidade.
**DAGGER** (dé'gâr), s. Adaga, punhal; cruz (sinal tipográfico).
**DAGGLE** (dég'l), v. t. Enlamear, sujar.
**DAGOBA** (dá'gobá), s. Templo budista.
**DAHLIA** (dêi'liá), s. Dália (flor).
**DAILY** (dêi'li), s. Diário, jornal; adj. diário; quotidiano; adv. diariamente.
**DAINTINESS** (dêin'tinéss), s. Delicadeza; esmero; acepipe; melindre.
**DAINTY** (dêin'ti), s. Manjar, iguaria fina; gulodice; adj. saboroso; delicado; elegante.
**DAIRY** (dêi'ri), s. Leiteria; queijaria.
**DAIRYING** (dêi'riinn), s. Indústria de lacticínios.
**DAIRYMAN** (dêi'rimaen), s. Leiteiro, vendedor de leite; queijeiro; fem. *dairymaid*.
**DAIS** (dê'iss), s. Plataforma; tablado.
**DAISY** (dêi'zi), s. Margarida; bonina; malme-quer.
**DALE** (dêil), s. Vale.
**DALESMAN** (dêilz'maen), s. Habitante de um vale.
**DALLES** (delz), s. pl. Paredões de desfiladeiro ou garganta.
**DALLIANCE** (dé'liánss), s. Carícia; afago; divertimento; dilação; adiamento; demora.
**DALLIER** (dé'liâr), s. Brincalhão; galhofeiro.
**DALLY** (dé'li), v. i. Demorar-se; perder tempo; divertir-se; distrair-se; acariciar.
**DALTONISM** (dólt'nism), s. Daltonismo.
**DAM** (démm), v. t. Represar; tapar; s. açude; represa; fêmea dos quadrúpedes com cria.
**DAMAGE** (dé'midj), s. Prejuízo; perda; avaria; (pop.) despesa; preço; v. i. arruinar-se; v. t. prejudicar; arruinar; danificar.
**DAMAGEABLE** (dê'midjábl), adj. Danoso; que causa estrago, prejuízo, dano.
**DAMAGING** (dê'midjinn), adj. Prejudicial.
**DAMASK** (dé'mâsk), s. Damasco (tecido); v. t. adamascar; (fig.) variegar.
**DAME** (déimm), s. Dama; senhora; matrona; dona; ama de crianças; (fam.) tia.
**DAMN** (démm), v. t. Condenar; reprovar; censurar; desprezar; amaldiçoar; causar ruína; s. praga; importância insignificante.
**DAMNABLE** (dém'nábl), adj. Condenável; abominável; repreensível; detestável; infame.
**DAMNABLENESS** (dém'náblnéss), s. Execração; reprovação; abominação.
**DAMNABLY** (dém'nábl), adv. Detestavelmente.
**DAMNATION** (démnêi'shánn), s. Danação.
**DAMNATORY** (dém'nâtôuri), adj. Condenatório.
**DAMNED** (démd), adj. Danado; condenado.
**DAMNIFICATION** (démnifikêi'shánn), s. Danificação.
**DAMNIFY** (dém'nifái), v. t. Danificar; prejudicar; causar dano a; deteriorar.
**DAMNING** (dém'ninn), adj. Condenável.
**DAMP** (démp), v. t. Umedecer; molhar; desanimar; desencorajar; enfraquecer; s. umidade; névoa; ar viciado; exalação nociva; desânimo; gás inflamável gerado nas minas de carvão; adj. úmido; triste; desalentado.
**DAMPNESS** (démp'néss), s. Umidade; névoa.
**DAMPER** (dém'pâr), s. Apagador; abafador (de piano); registro (de chaminé, fogão); desanimador; que umedece ou molha.
**DAMSEL** (dém'zél), s. Donzela.
**DAMSON** (dém'zánn), s. Espécie de ameixa.
**DANCE** (dénss ou dánss), s. Dança; v. t. e i. dançar; bailar; brincar; saltar; pular.
**DANCER** (dén'sâr ou dán'sâr), s. Dançarino; dançarina.
**DANCING** (dén'sinn ou dán'sinn), s. Dança; adj. dançante; em que há dança.
**DANDELION** (déndilái'ánn), s. Dente-de-leão (flor).
**DANDER** (dén'dâr), s. Caspa; cólera; raiva; passo vagaroso; v. i. andar devagar.
**DANDIFIED** (dén'difáid), adj. Janota.
**DANDIFY** (dén'difái), v. t. Ajanotar; trajar com apuro excessivo.
**DANDLE** (dénd'l), v. t. Embalar; acariciar; afagar; amimar (uma criança).
**DANDLER** (dénd'lâr), s. Embalador.
**DANDY** (dén'di), s. Dândi; janota; peralvilho.
**DANDYISH** (dén'diish), s. Peralta; casquilho.
**DANDYISM** (dén'diizm), s. Janotismo.
**DANE** (dêinn), s. Dinamarquês.
**DANGER** (dêinn'djâr), s. Perigo; risco.
**DANGEROUS** (dêin'djárâss), adj. Perigoso.
**DANGEROUSLY** (dêin'djârâsli), adv. Perigosamente.
**DANGEROUSNESS** (dêin'djârâsnéss), s. Perigo; risco; ameaça.
**DANGLE** (déng'l), v. i. Flutuar; tremular; v. t. galantear; seguir uma pessoa.
**DANGLER** (déng'lâr), s. Galanteador; corte-

jador; importunador; balanço (de parque de diversões).
**DANGLING** (dén'glin), adj. Pendente.
**DANISH** (déi'nish), s. e adj. Dinamarquês; a língua dinamarquesa.
**DANK** (dénk), s. Lugar úmido ou pantanoso.
**DANKISH** (dén'kish), adj. Úmido.
**DANKISHNESS** (dén'kishnéss), s. Umidade.
**DANKNESS** (dénk'néss), s. Umidade.
**DANSEUSE** (dânsâ'z), s. Dançarina profissional.
**DAPPER** (de'pâr), adj. Vivo; ladino; esperto; ativo; gentil; asseado.
**DAPPERLY** (dé'pârli), adv. Vivamente; inteligentemente; asseadamente.
**DAPPERNESS** (dé'pârnéss), s. Asseio; esperteza; atividade; diligência.
**DAPPLE** (dép'l), s. Salpico; pinta no pêlo de um animal; animal mosqueado; v. t. salpicar com pintas; mosquear; adj. rajado.
**DARBIES** (dâr'biz), s. pl. (pop.) Algemas.
**DARE** (dér), v. i. Ousar; atrever-se; aventurar-se; v. t. desafiar; afrontar; arrostar; provocar; s. ousadia; desafio.
**DARE-DEVIL** (dér'dév'l), adj. e s. Temerário.
**DARER** (dé'râr), s. Intrépido; valente.
**DARING** (dé'rinn), s. Coragem; ousada; intrepidez; bravura; adj. audaz; atrevido.
**DARINGLY** (dé'rinnli), adv. Atrevidamente.
**DARINGNESS** (dé'rinnéss), s. Audácia.
**DARK** (dârk'), s. Escureza; escuridão; sombra; falta de clareza; ignorância; mistério; incerteza; adj. tenebroso; carregado; moreno; enigmático; cego; difcíl de compreender; opaco; secreto; melancólico; tétrico; perverso; (Rádio, TV) não transmitindo.
**DARKEN** (dâr'kânn), v. t. Escurecer; denegrir; cegar; confundir; manchar; macular.
**DARKENER** (dârk'nâr), s. Escurecedor.
**DARKISH** (dâr'kish), adj. Turvo; sombrio.
**DARKLING** (dâr'klinn), adj. Obscuro; sombrio; apagado; extinto; adv. às escuras.
**DARKNESS** (dârk'néss), s. Escuridão; densidade; trevas; ignorância; perversidade.
**DARKROOM** (dârk'rumm), s. (Fot.) Câmara escura.
**DARKSOME** (dârk'sâmm), adj. Sombrio; opaco; escuro; fosco.
**DARKY** (dâr'ki), s. Negro, preto, mulato.
**DARLING** (dâr'linn), adj. Querido; amado.
**DARN** (dârn), s. Cerzidura; (pop.) imprecação leve; remendo; adj. miserável; desgraçado; v. t. cerzir; (pop.) maldizer.

**DARNEL** (dâr'nâl), s. Joio, lóio.
**DARNER** (dâr'nâr), s. Remendão; cerzideira.
**DARNING** (dâr'ninn), s. Cerzidura; remendo.
**DART** (dârt), s. Dardo; besta; seta; azagaia; arremesso; movimento repentino; ferrão dos insetos; v. t. lançar; despedir; v. i. arremessar-se; lançar-se; voar como seta.
**DARTER** (dâr'târ), s. Frecheiro; lançador; pequeno peixe (semelhante à perca).
**DARTLE** (dâr'tl), v. t. e i. Arremessar.
**DARTRE** (dâr'târ), s. Impigem.
**DASHBOARD** (déch'bôrd), s. Painel de instrumentos; para-lama (carros); quebra-mar (embarcações).
**DASH** (désh), s. Arremetida; colisão; choque; pancada; ostentação; traço; incursão; causa de abatimento; vivacidade; v. t. arremessar; arrojar; quebrar; amolgar; desanimar; diluir; adulterar; obliterar; (pop.) rogar pragas contra.
**DASHER** (dé'shâr), s. Batedeira (de leite); o que se arroja contra; (fig.) valentão.
**DASHING** (dé'shinn), adj. Brilhante; elegante; vivo; precipitado; audaz; enérgico.
**DASTARD** (dés'târd), adj. e s. Poltrão; covarde; pusilânime; ignóbil; medroso; vil.
**DASTARDIZE** (dés'târdáiz), v. t. Atemorizar.
**DASTARDLINESS** (dés'târdlinéss, s. Covardia; pusilanimidade.
**DATE** (dêit), s. Data; época; tempo; duração; tâmara; entrevista; conclusão; v. t. datar; marcar encontro; v. i. estar datado.
**DATED** (dêi'tid), adj. Datado; obsoleto.
**DATELESS** (dêit'léss), adj. Sem data; indefinido; velho; fora de tempo.
**DATIVE** (dêi'tiv), s. (Gram.) adj. (Jur.) Dativo.
**DATUM** (dêi'tâmm), s. Dado; pormenor; princípio determinado; condição.
**DAUB** (dôb), s. Argamassa, barro; crosta; borrão; pintura tosca; primeira camada de pintura; v. t. untar com substância viscosa; adular; lisonjear; ocultar.
**DAUBER** (dô'bâr), s. Pintor ordinário; pintamonos; escova de engraxate; lisonjeiro.
**DAUGHTER** (dô'târ), s. Filha; membro feminino (de cidade, sociedade, família, etc.).
**DAUNT** (dón't), v. t. Atemorizar; assustar.
**DAUNTLESS** (dónt'léss), adj. Destemido.
**DAUNTLESSNESS** (dónt'léssnéss), s. Intrepidez; ousadia; coragem.
**DAUPHIN** (dô'finn), s. Delfim.
**DAVENPORT** (dév'npórt), s. Escrivaninha pequena; sofá; sofá-cama.

**DAVIT** (dé'vit), s. (Náut.) Turco; serviola.
**DAW** (dó), s. Gralha (ave); (fam.) simplório.
**DAWDLE** (dód'l), v. i. Prender-se; perder tempo com ninharias; s. vadio; ocioso.
**DAWDLER** (dód'lâr), s. Vadio; vagabundo.
**DAWN** (dónn), s. Alva; aurora; alvorada; princípio; origem; v. i. surgir; amanhecer.
**DAWNING** (dó'ninn), s. O amanhecer; a aurora; origem, nascimento.
**DAY** (dêi), s. Dia; luz; claridade; horas de trabalho; época; era; vida; existência.
**DAYBREAK** (dêi'brêik), s. Alvorada; alva.
**DAYDREAMER** (dêi'drim'mâr), s. Devaneador.
**DAYLIGHT** (dêi'láit), s. Dia; luz do dia.
**DAYLONG** (dêi'long), adj. Do dia todo.
**DAZE** (dêiz), s. Ofuscação; torpor.
**DAZZLE** (déz'l), s. Deslumbramento; excesso de luz; (fig.) fascinação; modo de camuflar navios; v. t. maravilhar; extasiar; ofuscar.
**DAZZLEMENT** (déz'lment), s. Ofuscação.
**DAZZLING** (déz'linn), adj. Deslumbrante; ofuscante; fascinante; encantador.
**DEACON** (di'kânn), s. Diácono; esmoler.
**DEACONESS** (di'kânés), s. Diaconisa.
**DEACONRY** (di'kânri), s. Diaconato.
**DEAD** (déd), adj. Morto; inanimado; entorpecido; inerte; impossibilitado; descorado; sem vida; tranqüilo; silencioso; sem brilho; triste; profundo; monótono; certo; indubitável; s. morto; silêncio. *Dead wind:* vento contrário; adv. completamente.
**DEADEN** (déd'n), v. t. Enfraquecer; paralisar.
**DEADHEAD** (déd'héd), s. (fam.) Filante.
**DEADLINESS** (déd'linéss), s. Mortalidade, qualidade de mortal; capacidade de matar.
**DEADLOCK** (déd'lók), s. Beco sem saída.
**DEADLY** (déd'li), adj. Mortal; implacável; intenso; fatal; adv. muito; muitíssimo.
**DEADNESS** (déd'néss), s. Morte; insipidez.
**DEAF** (déf), adj. Surdo, mouco; insensível.
**DEAFEN** (déf'n), v. i. Ensurdecer; aturdir.
**DEAFENING** (déf'ninn), s. Amortecimento do som; adj. ensurdecedor.
**DEAFNESS** (déf'néss), s. Surdez.
**DEAL** (dil), s. Quantidade; porção; pacto secreto; negociação; vez de dar cartas (jogo); v. t. repartir; dar; distribuir; divulgar; v. i. negociar; ser mão (jogo); lidar; desferir.
**DEALER** (di'lâr), s. Negociante; distribuidor; revendedor; o jogador que dá as cartas.
**DEALING** (di'linn), s. Comportamento; conduta; comércio; transação; pl. negócios.
**DEAN** (dinn), s. Deão; pequeno vale.

**DEANSHIP** (din'ship), s. Deado.
**DEAR** (di'r), s. Querido, estimado; amado; bem-amado; adv. caro; de preço elevado.
**DEARLY** (dir'li), adv. Carinhosamente; muito caro, por preço elevado.
**DEARNESS** (dir'néss), s. Carinho; carestia.
**DEARTH** (dârth), s. Penúria; fome; escassez.
**DEARY** (di'ri), s. Queridinho, queridinha.
**DEATH** (déth), s. Morte; óbito; mortandade; decadência; destruição; condenação.
**DEATHFUL** (dé'thful), adj. Mortal; mortífero.
**DEATHLESS** (dé'thléss), adj. Imortal; eterno.
**DEATHLIKE** (dé'thláik), adj. Cadavérico.
**DEATHLY** (dé'thli), adj. Cadavérico.
**DEAVE** (div), v. t. Ensurdecer.
**DEBAR** (dibâ'r), v. t. Excluir; privar; proibir.
**DEBARK** (dibâ'k), v. t. Desembarcar.
**DEBARKATION** (dibârkêi'shânn), s. Desembarque.
**DEBARMENT** (dibâr'ment), s. Exclusão; proibição; impedimento.
**DEBASE** (dibêi'ss), v. t. Humilhar, aviltar; falsificar; adulterar; rebaixar; degradar.
**DEBASEMENT** (dibêis'ment), s. Humilhação; aviltamento; degradação; falsificação.
**DEBATABLE** (dibêi'tâbl), adj. Discutível.
**DEBATE** (dibêi't), s. Debate; contenda.
**DEBATER** (dibêi'târ), s. Controversista.
**DEBAUCH** (dibó'tsh), s. Deboche; depravação; imoralidade; vida dissoluta; v. t. devassar; prostituir; corromper; seduzir.
**DEBAUCHER** (dibó'tshâr), s. Corruptor.
**DEBAUCHERY** (dibó'tshâri), s. Deboche; devassidão; libertinagem; corrupção.
**DEBAUCHMENT** (dibó'tshment), s. Sedução.
**DEBENTURE** (dibén'tshâr), s. Debênture.
**DEBILITATE** (dibi'litêit), v. t. Debilitar.
**DEBILITATED** (dibi'litêitid), adj. Debilitado.
**DEBILITATION** (dibilitêi'shânn), s. Debilitação; enfraquecimento; extenuação.
**DEBILITATIVE** (dibi'litêitiv), adj. Debilitante.
**DEBILITY** (dibi'liti), s. Debilidade; fraqueza.
**DEBIT** (dé'bit), s. Débito; dívida.
**DEBONAIR** (debânê'r), adj. Cortês; delicado.
**DEBONAIRNESS** (debânêr'néss), s. Cortesia.
**DEBOUSH** (debu'sh), v. t. Desembocar; sair de desfiladeiro; desfilar militarmente.
**DEBOUCHMENT** (debush'ment), s. Desembocadura.
**DEBRIS** (dé'bri), s. pl. Escombros; ruínas.
**DEBT** (débt), s. Dívida; obrigação; dever.
**DEBTOR** (dé'târ), s. Devedor.
**DEBUNK** (dibânk), v. t. (pop.) Desmascarar.

**DEBUTANT, DEBUTANTE** (débiu'tênt), s. Debutante; estreante.
**DECADENCE** (dé'kådânss) ou **DECADENCY** (dé'kådânsi), s. Decadência; queda.
**DECADENT** (dé'kâdânt), adj. Decadente.
**DECAGON** (dé'kâgânn), s. (Mat.) Decágono.
**DECAGRAM** (dé'kâgrémm), s. Decagrama.
**DECALITER, DECALITRE** (dé'kâlitâr), s. Decalitro.
**DECALOGUE** (dé'kâlõug) ou **DECALOG** (dé'kâlóg), s. Decálogo.
**DECAMETER, DECAMETRE** (dé'kâmitâr), s. Decâmetro.
**DECAMP** (dikém'p), v. i. Decampar; escapar.
**DECANT** (dikén't), v. t. Decantar; clarificar.
**DECANTATION** (dikéntêi'shânn), s. Decantação; clarificação de líquidos.
**DECANTER** (dikén'târ), s. Vaso para decantar licores; garrafa de mesa.
**DECANTING** (dikén'tinn), s. Decantação.
**DECAPITATE** (diké'pitêit), v. t. Decapitar.
**DECAPITATION** 9diképitêi'shânn), s. Decapitação; degola.
**DECAPOD** (dé'kâpod), adj. e s. Decápode.
**DECARBONIZATION** (dikárbânáizêi'shânn), s. Descarbonização.
**DECARBONIZE** (dikár'bânáiz), v. t. Descarbonizar.
**DECASYLLABIC** (dékâssilé'bik) ou **DECASYLLABLE** (dé'kâssilâbl), adj. e s. Decassílabo.
**DECAY** (dikê'i), s. Decadência; definhamento; pobreza; deterioração; v. t. e i. arruinar; empobrecer; declinar; piorar.
**DECAYED** (dikê'id), adj. Decaído.
**DECEASE** (dissi'ss), s. Morte; óbito.
**DECEASED** (dissis'd), adj. Morto; finado.
**DECEIT** (dissi't), s. Engano; fraude; dolo.
**DECEITFUL** (dissit'ful), adj. Enganoso; falso.
**DECEITFULNESS** (dissit'fulnéss), s. Falsidade; fraude; caráter enganador; falaz.
**DECEITLESS** (dissit'léss), adj. Sincero; leal.
**DECEIVABLE** (dissi'vâbl), adj. Enganadiço.
**DECEIVABLENESS** (dissi'vâblnéss), s. Facilidade de ser enganado.
**DECEIVE** (dissi'v), v. t. Enganar; iludir; defraudar; desapontar; decepcionar.
**DECEIVER** (dissi'vâr), s. Enganador.
**DECELERATE** (dissé'lârêit), v. t. Desacelerar; s. diminuição da velocidade.
**DECEMBER** (dissêm'bâr), s. Dezembro.
**DECEMVIR** (dissêm'vâr), s. Decênviro.
**DECEMVIRATE** (dissêm'virit), s. Decenvirato.
**DECENCY** (di'sensi), s. Decência; recato.

**DECENNIAL** (dissén'niâl), adj. Decenal; que dura dez anos; s. décimo aniversário.
**DECENT** (di'sent), adj. Decente; apropriado; decoroso; tolerável; razoável; brando.
**DECENTNESS** (di'sentnéss), s. Decência.
**DECENTRALIZATION** (disséntrâlizêi'shânn ou disséntrâláizêi'shânn), s. Descentralização.
**DECENTRALIZE** (dissén'trâláiz), v. t. Descentralizar.
**DECEPTION** (dissép'shânn), s. Decepção.
**DECEPTIVE** (dissép'tiv), adj. Enganoso.
**DECEPTIVENESS** (dissép'tivnéss), s. Decepção; engano; desilusão;. logro.
**DECIBEL** (décibél), s. (Ffs.) Decibel.
**DECIDABLE** (dissái'dâbl), adj. Que se pode decidir.
**DECIDE** (dissái'd), v. t. Decidir; resolver.
**DECIDED** (dissái'did), adj. Decidido; firme.
**DECIDEDNESS** (dissái'didnéss), s. Determinação; resolução; firmeza.
**DECIDER** (dissái'dâr), s. Árbitro; juiz.
**DECIDUOUS** (dissi'duâss), adj. Decíduo; caduco; passageiro; efêmero.
**DECIDUOUSNESS** (dissi'diuâsnéss), s. Caducidade.
**DECIGRAM** (dé'sigrêmm), s. Decigrama.
**DECILITER, DECILITRE** (dé'silitâr), s. Decilitro.
**DECIMAL** (dê'simâl), adj. Decimal; s. fração decimal.
**DECIMATE** (dé'simêit), v. t. Dizimar.
**DECIMATION** (déssimêi'shânn), s. Dizimação.
**DECIMETER, DECIMETRE** (dé'simitâr), s. Decímetro.
**DECIPHER** (dissái'fâr), v. t. Decifrar; interpretar; s. decifração; adj. decifrável.
**DECIPHERER** (dissái'fârâr), s. Decifrador.
**DECIPHERMENT** (dissái'fârment), s. Decifração.
**DECISION** (dissi'jânn), s. Decisão; arbítrio.
**DECIVENESS** (dissái'sivnéss), s. Resolução.
**DECK** (dék), s. Coberta; convés; tombadilho; albergue; baralho de cartas; assoalho (de ônibus, avião, etc.); v. t. adornar; assear.
**DECKER** (dé'kâr), s. Decorador; enfeitador.
**DECKING** (dé'kinn), s. Adorno; atavio.
**DECLAIM** (diklê'imm), v. t. e i. Declamar.
**DECLAIMER** (diklê'i'mâr), s. Declamador.
**DECLAMATION** (déklâmêi'shânn), s. Declamação.
**DECLAMATORY** (diklé'mâtõuri), adj. Declamatório.

**DECLARABLE** (diklé'râbl), adj. Declarável.
**DECLARATION** (déklârêi'shânn), s. Declaração; proclamação; manifesto; depoimento.
**DECLARATIVE** (diklé'râtiv), adj. Declarativo.
**DECLARATORY** (diklé'râtôuri), adj. Declaratório.
**DECLARE** (diklé'r), v. t. Declarar; afirmar; manifestar; v. i. depor; pronunciar-se.
**DECLARER** (diklé'râr), s. Declarante.
**DECLENSION** (diklân'shânn), s. Decadência; abatimento; declive; pendor; deterioração.
**DECLINABLE** (diklái'nâbl), adj. Declinável.
**DECLINATION** (déklinêi'shânn), s. Declinação; inclinação; escusa; renúncia.
**DECLINE** (diklái'nn), v. t. e i. Declinar; pender; rejeitar; negar-se; deteriorar; s. decadência; decréscimo; definhamento.
**DECLINING** (diklái'ninn), adj. Declinante.
**DECLIVITOUS** (dikli'vitâss), s. Inclinado.
**DECLIVITY** (dikli'viti), s. Declive; escarpa.
**DECOCT** (dikók't), v. t. Cozer.
**DECOCTION** (dikók'shânn), s. Cozimento.
**DECODE** (dikôu'd), v. t. Decifrar por código.
**DECOHERE** (diko-hi'r), v. i. Desligar o receptor.
**DECOLLATE** (dikó'lêit), v. t. Degolar.
**DECOLOR, DECOLOUR** (diká'lâr), v. t. Descolorir; descorar.
**DECOMPOSABLE** (dikômpôu'zâbl), adj. Decomponível; corruptível.
**DECOMPOSE** (dikômpôu'z), v. t. Decompor; analisar; v. i. corromper-se; desintegrar.
**DECOMPOSITION** (dikômpozi'shânn), s. Decomposição; desintegração.
**DECOMPOUND** (dikômpâun't), v. t. Decompor.
**DECOR** (dikó'r), s. Decoração; cenário.
**DECORATE** (dé'korêit), v. t. Decorar; ornar.
**DECORATION** (dékorêi'shânn), s. Decoração.
**DECORATIVE** (dé'korâtiv), adj. Decorativo.
**DECORATOR** (dé'korêitâr), s.Decorador.
**DECOROUS** (dé'korâss), adj. Decoroso.
**DECOROUSNESS** (dé'korâsnéss), s. Decoro; decência; correção; pudor.
**DECORUM** (dikó'râmm), s. Decoro; decência.
**DECOY** (dikó'i), s. Laço; armadilha; engodo.
**DECREASE** (di'kriss), s. Decrescimento.
**DECREASE** (dikri'ss), v. t. Decrescer; baixar; declinar; decair; v. i. minguar.
**DECREASING** (dikri'sinn), adj. Decrescente.
**DECREE** (dikri'), s. Decreto; lei; mandato; decisão; sentença; v. t. decretar; mandar.
**DECREMENT** (dé'kriment), s. Diminuição.
**DECREPIT** (dikrê'pit), adj. Decrépito; gasto.

**DECREPITATE** (dikré'pitêit), v. t. e i. (Quím.) Decrepitar; crepitar ao fogo; calcinar.
**DECREPITATION** (dikrâpitêi'shânn), s. (Quím.) Decrepitação.
**DECREPITNESS** (dikré'pitnéss) ou **DECREPITUDE** (dikré'pitiud), s Decrepitude.
**DECRETAL** (dikri'tâl), s. Decreto do papa.
**DECRIAL** (dikrái'âl), s. Censura ruidosa; gritaria de protesto; catilinária.
**DECRIER** (dikrái'âr), s. Vituperador.
**DECRY** (dikrá'i), v. t. Censurar publicamente.
**DECUMBENCE** (dikâm'bénss), s. Decúbito.
**DECUMBENT** (dikâm'bént), adj. Deitado.
**DECUPLE** (dé'kiupl), adj. e s. Décuplo.
**DECUSSATE** (dikâssêi't), v. t. Interceptar; adj. decussado, em forma de X.
**DECUSSATION** (dikâssêi'shânn), s. Intersecção; encruzamento.
**DEDICATE** (dé'dikêit), v. t. Dedicar; consagrar; destinar; adj. dedicado; consagrado.
**DEDICATEE** (dédikât'i), s. A pessoa que recebe uma dedicatória.
**DEDICATION** (dédikêi'shânn), s. Dedicação.
**DEDICATOR** (dé'dikêitâr), s. Dedicador.
**DEDICATORY** (dé'dikêitôuri), adj. Dedicatório.
**DEDUCE** (didiu'ss), v. t. Deduzir; concluir.
**DEDUCIBILITY** (didiussibí'liti), s. Dedução.
**DEDUCIBLE** (didiu'sibl), adj. Deduzível.
**DEDUCT** (didâk't), v. t. Deduzir; diminuir.
**DEDUCTION** (didâk'shânn), s. Dedução; inferência; diminuição; desconto; abatimento.
**DEDUCTIVE** (didâk'tiv), adj. Dedutivo.
**DEED** (did), s. Ato; ação; feito; façanha; proeza; documento; escritura de venda, título; contrato; v. t. ceder; transferir.
**DEEDFUL** (did'ful), adj. Ativo; enérgico.
**DEEM** (dimm), v. t. Julgar; supor; pensar.
**DEEP** (dip), adj. Fundo; profundo; grande; enorme; sagaz; perspicaz; intenso; perigoso; melancólico; silencioso; taciturno; carregado; escuro; grave; s. o fundo; abismo; intensidade; (fig.) o recesso do coração.
**DEEPEN** (di'pânn), v. t. Afundar; escurecer; aumentar; carregar as cores; aprofundar.
**DEEPLY** (dip'li), adv. Profundamente.
**DEEPNESS** (dip'néss), s. Profundidade; abismo; sagacidade; astúcia; perspicácia.
**DEER** (dir), s. Nome comum aos cervídeos.
**DEFACE** (difêi'ss), v. t. Desfigurar; mutilar.
**DEFACEMENT** (difeis'ment), s. Estrago; deterioração; mutilação; destruição.
**DEFACER** (difêi'sâr), s. Desfigurador.

**DEFALCATE** (difél'kêit), v. t. Desfalcar.
**DEFALCATION** (délkêî'shânn), s. Desfalque; dedução; desconto, redução; diminuição.
**DEFALCATOR** (di'fêlkêitâr), s. Desfalcador.
**DEFAMATION** (difâmêi'shânn), s. Difamação.
**DEFAMATORY** (difé'mâtôuri), adj. Difamatório; infamante.
**DEFAME** (difêi'mm), v. t. Difamar; desonrar.
**DIFAMER** (difêi'mâr), s. Difamador.
**DEFAULT** (difól't), s. Falta; omissão; descuido; negligência; delito; culpa; v. t. violar.
**DEFAULTER** (difól'târ), s. Delinquente; revel.
**DEFEASANCE** (difi'zânss), s. Anulação; revogação; rescisão.
**DEFEASIBILITY** (difizibi'liti), s. Anulabilidade.
**DEFEASIBLE** (difi'zibl), adj. Anulável.
**DEFEAT** (difi't), s. Derrota; desbarato; revés; anulação; revogação; v. t. derrotar; destroçar; anular; falhar; invalidar.
**DEFEATER** (difi'târ), s. Desbaratador.
**DEFEATIST** (difi'tist), s. Derrotista.
**DEFECATE** (dé'fikêit), v. t. Defecar; depurar.
**DEFECATION** (défikêi'shânn), s. Defecação.
**DEFECATOR** (dé'fikêitâr), s. Defecador.
**DEFECT** (difék't), s. Defeito; imperfeição; deficiência; erro; vício; balda.
**DEFECTION** (difék'shânn), s. Defecção.
**DEFECTIVE** (difék'tiv), adj. Defectivo.
**DEFECTIVENESS** (difék'tivnéss), s. Imperfeição; deficiência; falha; falta.
**DEFENCE, DEFENSE** (difén'ss), s. Defesa; auxílio; proteção; resistência; apologia.
**DEFENCELESS, DEFENSELESS** (difénss'léss), adj. Indefeso; desarmado; desprotegido.
**DEFEND** (difén'd), v. t. Defender; auxiliar.
**DEFENDABLE** (difén'dâbl), adj. Defensável.
**DEFENDANT** (difén'dânt), s. Réu; acusado.
**DEFENDER** (difén'dâr), s. Defensor; protetor.
**DEFENSIBILITY** (difénsibi'liti), s. Defesa.
**DEFENSIBLE** (difén'sibl), adj. Defensível.
**DEFENSIVE** (difén'siv), adj. e s. Defensivo.
**DEFENSIVENESS** (difén'sivnéss), s. Defensiva; defesa.
**DEFER** (difár), v. t. Adiar; dilatar; ceder.
**DEFERENCE** (dé'ferênss), s. Deferência; condescendência; respeito; acatamento.
**DEFERENT** (dé'ferênt), adj. Deferente; respeitoso; s. canal; tubo.
**DEFERENTIAL** (déferên'shâl), adj. Deferente.
**DEFERMENT** (difár'ment), s. Adiamento.
**DEFIANCE** (difái'ânss), s. Desafio; desprezo.
**DEFIANT** (difái'ânt), adj. Audacioso; hostil.

**DEFICIENCY** (difi'shânsi), s. Deficiência; imperfeição; defeito; falha.
**DEFICIENT** (difi'shânt), adj. Deficiente.
**DEFIER** (difái'âr), s. Desafiador; provocador.
**DEFILADE** (dé'filêid), s. Defesa contra artilharia inimiga; v. t. defender contra inimigo.
**DEFILE** (difái'l), s. Desfiladeiro; garganta; desfile; v. i. desfilar; v. t. manchar; sujar; violar; corromper; profanar.
**DEFILEMENT** (difáil'ment), s. Corrupção; profanação; prostituição; violação; desfile.
**DEFILER** (difái'lâr), s. Violador; sedutor.
**DEFINABLE** (difái'nâbl), adj. Definível.
**DEFINE** (difái'nn), v. t. e i. Definir; explicar; determinar; decidir; fixar; marcar.
**DEFINEMENT** (difáin'ment), s. Definição.
**DEFINER** (difái'nâr), s. Definidor.
**DEFINITE** (dé'finit), adj. Definido; preciso.
**DEFINITENESS** (définit'néss), s. Determinação; limitação; exatidão; precisão.
**DEFINITION** (défini'shânn), s. Definição.
**DEFINITIVE** (difi'nitiv), adj. Definitivo.
**DEFINITIVENESS** (difi'nitivnéss), s. Caráter do que é definitivo, preciso, determinado.
**DEFLAGRATE** (dé'flâgrêit), v. t. Pôr em deflagração; incendiar; abrasar; v. i. arder.
**DEFLAGRATION** (déflâgrêi'shânn), s. Deflagração; combustão; incêndio.
**DEFLAGRATOR** (dé'flâgrêitâr), s. Deflagrador.
**DEFLATIONARY** (di'flêi-csho'néri), adj. Deflacionário.
**DEFLECT** (diflék't), v. t. Fazer que se desvie; apartar; separar; v. i. desviar-se.
**DEFLECTION** (diflék'shânn), s. Deflexão.
**DEFLECTOR** (diflék'târ), s. Deflector; septo de desvio.
**DEFLORATION** (déflô'rei'shânn), s. Defloração; defloramento; florilégio; compilação (dos melhores textos).
**DEFLOWER** (difláu'âr), v. t. Desflorar; deflorar; estragar; arruinar.
**DEFORET** (di'fôurist), v. t. Desflorestamento.
**DEFORESTATION** (di'fôuris'teishânn), s. Desflorestamento; (bras.) desmatamento.
**DEFORM** (difôr'm), v. t. Deformar; desfigurar.
**DEFORMATION** (difórmêi'shânn), s. Deformação; desfiguração.
**DEFORMER** (difôr'mâr), s. Deformador.
**DEFORMITY** (difôr'miti), s. Deformidade.
**DEFRAUD** (difrô'd), v. t. Defraudar; iludir.
**DEFRAUDER** (difrô'dâr), s. Defraudador.
**DEFRAY** (difrê'i), v. t. Custear; pagar.

**DEFRAYABLE** (difrêi'ãbl), adj. Pagável.
**DEFRAYAL** (difrêi'ãl), s. Pagamento; custeio.
**DEFRAYER** (difrêi'ãr), s. Pagador.
**DEFRAYMENT** (difrêi'ment), s. Custeio; liquidação; pagamento.
**DEFROST** (difrós't), v. t. Descongelar.
**DEFROSTER** (difrós'tãr), s. Descongelador.
**DEFT** (déft), adj. Esperto; destro; ágil.
**DEFTNESS** (déft'néss), s. Destreza; primor.
**DEFUNCT** (difãnk't), adj. e s. Defunto; morto.
**DEFY** (difá'i), v. t. Desafiar; provocar; negar.
**DEGENERACY** (didji'nãrãssi), s. Degeneração.
**DEGENERATE** (didji'nãrêit), v. i. Degenerar; ir para pior; adj. e s. degenerado.
**DEGENERATENESS** (didji'nãrêitnéss) ou **DEGENERATION** (didjinãrêi'shann), s. Degeneração.
**DEGENERATIVE** (didji'nãrêitiv), adj. Degenerativo; sujeito a degeneração.
**DEGLUTINATE** (diglu'tinêit), v. t. Deglutir; desgrudar; despegar; descolar.
**DEGLUTITION** (digluti'shann), s. Deglutição.
**DEGREDATION** (degrãdêi'shann), s. Degradação; perversidade; aviltamento; diminuição; deposição; (Geol.) erosão.
**DEGRADE** (digrêi'd), v. t. e i. Degradar; aviltar; degenerar; envilecer-se; depor.
**DEGRADING** (digrêi'dinn), adj. Degradante.
**DEGREE** (digri'), s. Grau; classe; qualidade; graduação; degrau; hierarquia; intensidade; diploma; (Gram.) graus de comparação.
**DEHISCE** (di-hi'ss), v. i. Abrir-se, fender-se, espontaneamente (frutos).
**DEHISCENCE** (di-hi'sãnss), s. Deiscência.
**DEHISCENT** (di-hi'sãnt), adj. Deiscente.
**DEHORN** (di'hõrn), v. t. Descornar.
**DEHUMANIZE** (di-hiu'mãnáiz), v. t. Desumanizar; embrutecer.
**DEHYDRATE** (di-hái'drêit), v. t. e i. Desidratar; desidratar-se.
**DEHYDRATION** (di-háidrêi'shann), s. Desidratação.
**DEICIDE** (di'ssáid), s. Deicida; deicídio.
**DEICTIC** (dáik'tik), adj. Direto, demonstrativo (em Gramática).
**DEIFIC** (di'ific), adj. Deífico; deificante.
**DEIFICATION** (diiifikêi'shann), s. Deificação.
**DEIFY** (di'ifái), v. t. Deificar; divinizar.
**DEIGN** (dêinn), v. i. Condescender; dignar-se; v. t. permitir; conceder.
**DEISM** (di'izm), s. Deísmo.
**DEIST** (di'izt), s. Deísta.
**DEISTIC** (diis'tik) ou **DEISTICAL** (diis'tikãk), adj. Deístico.
**DEITY** (di'iti), s. Deidade.
**DEJECT** (didjék't), v. t. Prostrar; desalentar.
**DEJECTED** (didjék'tid), adj. Desalentado.
**DEJECTEDNESS** (didjék'tidnéss), s. Desânimo; prostração; abatimento.
**DEJECTION** (didjék'shann), s. Depressão; abatimento; tristeza; melancolia.
**DELAINE** (dilêi'nn), s. Musselina de lã.
**DELAY** (dilê'i), s. Demora; dilação; adiamento; atraso; v. t. e i. adiar; retardar.
**DELE** (di'li), s. (Tip.) Sinal para suprimir (nas provas tipográficas), v. t. delir; omitir.
**DELECTABLE** (dilék'tãbl), adj. Deleitável.
**DELECTABLENESS** (dilék'tãblnéss), s. Deleite; aprazimento; delfcia; regalo.
**DELECTATION** (dilékt êi'shann), s. Deleitação; deleite; delfcia; encanto.
**DELEGACY** (dél'égueci), s. Delegacia; delegação.
**DELEGATE** (dé'lighêit), v. t. Delegar.
**DELEGATE** (dé'lighit), s. Delegado; comissionado; enviado.
**DELEGATION** (déligh êi'shann), s. Delegação.
**DELETE** (dili't), v. t. Apagar; manchar.
**DELETERIOUS** (déliti'riãss), adj. Deletério; prejudicial; nocivo; desmoralizador.
**DELETERIOUSNESS** (déliti'riãsnéss), s. Prejuízo; desmoralização.
**DELETION** (dili'shann), s. Apagamento; anulação; ato de riscar.
**DELIBERATE** (dili'bãrêit), v. t. Deliberar; resolver; ponderar; discorrer; consultar.
**DELIBERATE** (dili'bãrit), adj. Prudente; circunspecto; acautelado; hesitante.
**DELIBERATENESS** (dili'bãritnéss), s. Circunspecção; reflexão; deliberação.
**DELIBERATION** (dilibãrêi'shann), s. Deliberação; decisão; reflexão.
**DELIBERATIVE** (dili'bãrêitiv), adj. Deliberativo; refletido.
**DELIBERATOR** (dili'bãrêitãr), s. Deliberante.
**DELICACY** (dé'likãssi), s. Delicadeza; finura; civilidade; bondade; indulgência.
**DELICATE** (dé'likêit), adj. Delicado; fino; gentil; cortês; suave; delicioso; delgado; frágil; casto; efeminado; terno; esquisito.
**DELICATENESS** (dé'likitnéss), s. Delicadeza; sensibilidade; fragilidade.
**DELICATESSEN** (délikãté'senn), s. pl. Guloseimas; fiambres; iguarias; acepipes.
**DELICIOUS** (dili'shãss), adj. Delicioso.

**DELICIOUSNESS** (dili'shâsnéss), s. Delícia; prazer; deleite; encanto.
**DELICT** (dilik't), s. Delito; culpa; crime.
**DELIGHT** (diláit), s. Deleite; gozo; prazer; encanto; delícia; v. t. agradar; encantar.
**DELIGHTED** (diláit'tid), adj. Encantado.
**DELIGHTFUL** (diláit'ful), adj. Deleitoso; encantador; agradável; aprazível.
**DELIGHTFULNESS** (diláit'fulnéss), s. Delícia; prazer; encanto.
**DELIMIT** (dili'mit), v. t. Delimitar; demarcar.
**DELIMITATION** (dilimitêi'shânn), s. Delimitação.
**DELINEATE** (dili'niêit), v. t. Delinear.
**DELINEATION** (diliniêi'shânn), s. Delineação; esboço; projeto; pintura; descrição.
**DELINEATOR** (dili'niêitâr), s. Delineador.
**DELINQUENCY** (dilin'kuensi), s. Delinqüencia; delito; culpa; ofensa; crime.
**DELINQUENT** (dilin'kuent), adj. e s. Delinqüente; culpado; faltoso; réu.
**DELIQUESCE** (delikué'ss), v. i. Liquefazer-se; fundir-se; dissolver-se.
**DELIRIOUS** (dili'riâss), adj. Delirante; excessivo; louco; demente.
**DELIRIOUSNESS** (dili'riâsnéss), s. Delírio; loucura; demência; entusiasmo.
**DELIRIUM** (di'lirium), s. Delírio; excitação.
**DELIVER** (dili'vâr), v. t. Livrar; libertar; ceder; entregar; expor; exprimir; comunicar; dar à luz; recitar; disparar (arma de fogo).
**DELIVERANCE** (dili'vârânss), s. Entrega; distribuição; livramento; parto; redenção.
**DELIVERER** (dili'vârâr), s. Libertador; entregador; discursador.
**DELIVERY** (dili'vâri), s. Entrega; livramento; distribuição; dicção; expedição; parto.
**DELIVERYMAN** (di'livâri'maen), s. Entregador.
**DELL** (dél), s. Vale pequeno; fosso; ravina.
**DELTA** (dél'tâ), s. Delta.
**DELTOID** (dél'tóid), adj. e s. Deltóide; triangular; s. (Anat.) deltóide.
**DELUDE** (diliu'd), v. t. Iludir; enganar; seduzir; frustrar; alucinar.
**DELUDER** (diliu'dâr), s. Enganador; sedutor.
**DELUDING** (diliu'dinn), adj. Enganador; ilusório, s. engano.
**DELUGE** (dé'liudj), s. Dilúvio; inundação; calamidade; v. t. inundar; alagar; submergir.
**DELUSION** (diliu'jânn), s. Engano; embuste; dolo; fraude; decepção; erro.
**DELUSIVE** (diliu'siv), adj. Ilusório; sedutor.

**DELUSIVENESS** (diliu'sivnéss), s. Engano; ilusão; erro.
**DELUSORY** (diliu'souri), adj. Ilusório.
**DELVE** (délv), v. t. Cavar; sondar; examinar; s. cova; cavidade; depressão.
**DELVER** (dél'vâr), s. Cavador.
**DEMAGNETIZATION** (dimégnitáizêi'shânn), s. Desmagnetização.
**DEMAGNETIZE** (dimég'nitáiz), v. t. Desmagnetizar.
**DEMAGOGIC** (dimâgô'jik) ou **DEMAGOGICAL** (dimâgô'jikâl), adj. Demagógico.
**DEMAGOGUE** (dé'mâgóg), s. Demagogo.
**DEMAGOGY** (dé'mâgódji), s. Demagogia.
**DEMAND** (dimén'd), s. Demanda; reclamação; exigência; pedido; (Com.) ordem; grande saída. Demand and supply: procura e oferta; v. t. pedir; exigir; perguntar.
**DEMARCATE** (di'mârkêit), v. t. Demarcar.
**DEMARCATION** (dimârkêi'shânn), s. Demarcação; delimitação.
**DEMATERIALIZE** (dimâti'riâláiz), v. t. Desmaterializar.
**DEMEAN** (dimi'nn), v. i. Portar-se; conduzir-se; v. t. aviltar; rebaixar.
**DEMEANOR, DEMEANOUR** (dimi'nâr), s. Procedimento; conduta; comportamento.
**DEMENT** (dimén't), v. i. Enlouquecer.
**DEMENTED** (dimén'tid), adj. Demente; louco.
**DEMENTEDNESS** (dimén'tidnéss) ou **DEMENTIA** (dimén'shiâ), s. Demência; loucura.
**DEMERIT** (dimé'rit), s. Demérito; nota baixa.
**DEMESNE** (dimêi'nn), s. Domínio; direito senhorial; região.
**DEMIGOD** (dé'migód), s. Semi-deus.
**DEMIGODDES** (dé'migódéss), s. Semi-deusa.
**DEMIJOHN** (dé'midjon), s. Garrafão empalhado.
**DEMILITARIZE** (dimi'litâráiz), v. t. Desmilitarizar.
**DEMIRELIEF** (dê'mirilif), s. Meio-relevo.
**DEMISABLE** (dimái'zâbl), adj. Arrendável.
**DEMISE** (dimái'z), s. Morte; falecimento; sucessão da coroa; transferência de propriedade; cessão, mediante testamento, arrendamento ou abdicação; v. t. e i. legar; ceder; transferir; aforar.
**DEMISSION** (dimi'shânn), s. Demissão; exoneração; abdicação.
**DEMIT** (dimi't), v. t. e i. Demitir; demitir-se; abdicar; exonerar-se.
**DEMOBILIZATION** (dimôubilizêi'shânn), s. Desmobilização.

**DEMOBILIZE** (dimõu'biláiz), v. t. Desmobilizar; debandar.
**DEMOCRACY** (dimó'krâssi), s. Democracia.
**DEMOCRAT** (dé'mokrét), s. Democrata.
**DEMOCRATIC** (démokré'tik) ou **DEMOCRATICAL** (démokré'tikâl), adj. Democrático.
**DEMOCRATIZATION** (dimokrâtizêi'shânn), s. Democratização.
**DEMOCRATIZE** (dimó'krâtáiz), v. t. Democratizar.
**DEMOGRAPHY** (dimó'grâfi), s. Demografia.
**DEMOLISH** (dimó'lish), v. t. Demolir; derrubar, arrasar; arruinar; aniquilar; s. demolidor; destruidor.
**DEMOLITION** (démoli'shânn), s. Demolição.
**DEMON** (di'mânn), s. Demônio.
**DEMONIAC** (dimõu'niék) ou **DEMONIACAL** (dimõu'niékâl), adj. Demoníaco; diabólico; endemoninhado; possesso; energúmeno.
**DEMONISM** (dé'manism), s. Demonismo.
**DEMONIST** (di'manist), s. Demonista.
**DEMONIZE** (di'monáiz), v. t. Endemoninhar.
**DEMONOLOGY** (dimânõ'lodji), s. Demonologia.
**DEMONSTRABLE** (dé'mânstrâbl), adj. Demonstrável.
**DEMONSTRABLY** (dé'mânstrâbli), adv. Com demonstrações.
**DEMONSTRATE** (dé'mânstrêit), v. t. Demonstrar; provar.
**DEMONSTRATION** (démânstrêi'shânn), s. Demonstração; prova; manifestação.
**DEMONSTRATIVE** (dimóns'trâtiv), adj. Demonstrativo; concludente; convincente; s. adjetivo ou pronome demonstrativo.
**DEMONSTRATIVENESS** (dimônstrâtvnéss), s. Demonstração.
**DEMONSTRATOR** (dé'mânstrêitâr), s. Demonstrador.
**DEMORALIZATION** (démorâlizêi'shânn ou démorâláizêi'shânn), s. Desmoralização.
**DEMORALIZE** (démorâlái'z), v. t. Desmoralizar; corromper; perverter; indisciplinar.
**DEMOTE** (dimõu't), v. t. Rebaixar; degradar.
**DEMOTIC** (dimó'tik), adj. Demótico; vulgar.
**DEMOTICS** (dimó'tiks), s. Sociologia.
**DEMOUNT** (dimáunt), v. t. Desmontar.
**DEMUR** (dimâ'r), v. i. Hesitar; vacilar; objetar; pôr dúvidas; s. objeção; escrúpulo.
**DEMURE** (dimiu'r), adj. Sério; reservado; afetadamente modesto ou grave; circunspecto.
**DEMURENESS** (dimiur'néss), s. Gravidade; circunspecção; prudência; recato.
**DEMURRAGE** (dimâ'ridj), s. Indenização de demora paga pelo capitão de navio mercante; prorrogação de prazo.
**DEMURRER** (dimâ'râr), s. Chicaneiro; pessoa que opõe objeção em juízo.
**DEN** (dênn), s. Caverna; antro; esconderijo; v. i. habitar em caverna, toca, covil.
**DENARIUS** (dinei'riâss), s. Donário, antiga moeda romana.
**DENARY** (di'nâri), adj. Decimal; s. o nº 10.
**DENATIONALIZE** (dinê'shânaláiz), v. t. Desnacionalizar.
**DENATURALIZE** (diné'tshârâláiz), v. t. e i. Desnaturalizar; desnaturalizar-se.
**DENATURE** (dinêi'tshâr), v. t. Desnaturar.
**DENDROLOGY** (dendro'lodji), s. Dendrologia.
**DENE** (dinn), s. Morro, pequeno monte de areia perto do mar.
**DENGUE** (dén'ghi), s. (Med.) Dengue, tipo de febre infecciosa.
**DENIAL** (dinái'âl), s. Negativa; rejeição.
**DENIER** (dinái'âr), s. Negador; contraditor.
**DENIGRATE** (dé'nigrêit), v. t. Denegrir.
**DENIGRATION** (dénigrêi'shânn), s. Denegração.
**DENIZEN** (dé'nizânn), s. Estrangeiro naturalizado; cidadão; habitante.
**DENOMINATE** (dinó'minêit), v. t. Denominar; chamar; adj. determinado; definido.
**DENOMINATION** (dinóminêi'shânn), s. Denominação; nome; signação; seita religiosa.
**DENOMINATIONAL** (dinóminéi'shânâl), adj. Relativo a uma seita religiosa; sectário.
**DENOMINATOR** (dinó'minêitâr), s. Denominador.
**DENOTATION** (dinôutêi'shânn), s. Denotação; designação; sinal; indicação.
**DENOTE** (dinôu't), v. t. Denotar; assinalar.
**DENOTEMENT** (dinôut'ment), s. Denotação.
**DENOUNCE** (dináun'ss), v. t. Denunciar; delatar; publicar; acusar; censurar.
**DENOUNCEMENT** (dináuns'ment), s. Denúncia; acusação.
**DENOUNCER** (dináun'sâr), s. Denunciador.
**DENSE** (dénss), adj. Denso; compacto.
**DENSENESS** (déns'néss), s. Densidade.
**DENSITY** (dén'siti), s. Densidade; espessura.
**DENT** (dênt), s. Mossa; vestígio de pancada ou pressão; dente (de engrenagem, roda, serra, etc.); entalhe; v. t. formar dente em (faca, etc.); dentear; adentar.
**DENTAL** (dén'tâl), adj. Dental; dentário; s. (Gram.) som ou letra dental.

**DENTATE** (dén'têit), adj. Denteado; dentado.
**DENTATED** (dén'têitid), adj. Dentado.
**DENTICLE** (dén'tikl), s. Dentículo.
**DENTIFRICE** (dén'tifriss), s. Dentifrício.
**DENTIL** (dén'til), s. (Arquit.) Dentículo; dentilhão.
**DENTILINGUAL** (déntilin'guâl), s. (Gram.) Consoante linguodental; adj. linguodental.
**DENTINE** (dén'tinn), s. Dentina.
**DENTIST** (dén'tist), s. Dentista.
**DENTISTRY** (dén'tistri), s. Odontologia.
**DENTITION** (dénti'shânn), s. Dentição.
**DENTURE** (dén'tshâr), s. Dentadura.
**DENUDATE** (diniu'dêit), v. t. Denudar; desnudar; v. i. despir-se; descobrir-se; adj. denudado; despido.
**DENUDATION** (diniudêi'shânn), s. Desnudação; despojamento.
**DENUNCIATE** (dinân'siêit), s. Denunciar.
**DENUNCIATION** (dinânsiêi'shânn), s. Denúncia; acusação.
**DENUNCIATOR** (dinân'siêitâr), s. Denunciante; delator.
**DENY** (dinâ'i), v. t. Negar; desmentir; contradizer; rejeitar; proibir; interdizer.
**DEODORANT** (diôu'dorânt), adj. e s. Desodorizante; desinfetante.
**DEODORIZATION** (diôudorizêi'shânn ou diôudoráizêi'shânn), s. Desinfecção.
**DEODORIZE** (diôu'doráiz), v. t. Desinfetar.
**DEODORIZER** (diôu'doráizâr), s. Desodorante; desinfetante.
**DEOXIDIZATION** (diôksidizêi'shânn), s. Desoxidação.
**DEOXIDIZE** (dick'sidáiz), v. t. Desoxidar.
**DEPART** (dipár't), v. i. Partir; afastar-se; ir-se embora; morrer; desistir; renunciar.
**DEPARTED** (dipár'tid), adj. e s. Defunto.
**DEPARTMENT** (dipárt'ment), s. Departamento; seção; repartição administrativa; distrito; província; ministério (EUA).
**DEPARTMENTAL** (dipártmén'tâl), adj. Departamental; distrital.
**DEPARTURE** (dipár'tshâr), s. Partida; saída; morte; abandono; renúncia; desistência.
**DEPEND** (dipén'd), v. i. Pender; depender.
**DEPENDABILITY** (dipéndâbi'liti), s. Confiança; fé.
**DEPENDABLE** (dipén'dâbl), adj. Seguro; certo; fidedigno; que merece confiança.
**DEPENDENCE** (dipén'dânss), s. Dependência; subordinação; confiança; sujeição; (Jur.) pendência.

**DEPENDENCY** (dipén'dânsi), s. Dependência; edifício; anexo; sucursal; filial.
**DEPENDENT** (dipén'dânt), adj. Dependente; subordinado; subalterno; contingente.
**DEPICT** (dipik't), v. t. Pintar; representar.
**DEPICTER** (dipik'târ), s. Pintor; retratador.
**DEPICTION** (dipik'shânn), s. Retrato; pintura.
**DEPILATE** (dé'pilêit), v. t. Depilar; arrancar, extrair os cabelos a.
**DEPILATION** (dépilêi'shânn), s. Depilação.
**DEPILATORY** (depi'lâtôuri), s. Depilatório.
**DEPLETE** (dipli't), v. t. Esgotar; sangrar.
**DEPLETION** (dipli'shânn), s. Depleção; sangria.
**DEPLETIVE** (dipli'tiv) ou **DEPLETORY** (dipli'touri), adj. Depletório.
**DEPLORABLE** (dipló'râbl), adj. Deplorável.
**DEPLORABLENESS** (dipló'râblnéss), s. Miserabilidade; miséria; estado deplorável.
**DEPLORE** (dipló'r), v. t. Deplorar; lastimar.
**DEPLOY** (dipló'i), v. t. (Mil.) Desdobrar; estender; v. i. desenvolver-se; estender-se.
**DEPOLARIZATION** (dipóulârizêi'shânn), s. Despolarização.
**DEPOLARIZE** (dipôu'lâráiz), v. t. Despolarizar.
**DEPONENT** (dipôu'nânt), s. Depoente.
**DEPOPULATE** (dipô'piulêit), v. t. Despovoar.
**DEPOPULATION** (dipópiulêi'shânn), s. Despovoação; assolamento; devastação.
**DEPOPULATOR** (dipô'piulêitâr), s. Despovoador; devastador, avassalador.
**DEPORT** (dipór't), v. t. Deportar; exilar; desterrar; v. i. comportar-se; haver-se.
**DEPORTATION** (dipórtêi'shânn), s. Deportação; exílio; desterro; degredo.
**DEPORTEE** (dipórti'), s. Exilado; desterrado.
**DEPORTMENT** (dipórt'ment), s. Comportamento; procedimento; porte; maneiras.
**DEPOSABLE** (dipôu'zâbl), adj. Amovível; destituível.
**DEPOSAL** (dipôu'zâl), s. Deposição; demissão; destituição.
**DEPOSE** (dipôu'z), v. t. Destituir; testificar.
**DEPOSIT** (dipó'sit), s. Depósito; penhor; garantia; sedimento; fezes; v. t. depositar; consignar; pôr (ovos); precipitar.
**DEPOSITARY** (dipó'zitâri), s. Depositário; depósito; lugar onde se deposita.
**DEPOSITION** (dipózi'shânn), s. Deposição; destituição, depoimento; testemunho; depósito; sedimento.
**DEPOSITOR** (dipó'zitâr), s. Depositante.

**DEPOSITORY** (dipô'zitôuri), s. Depósito; armazém; depositário; curador.
**DEPOT** (dé'pôu), s. Armazém; depósito; estação ferroviária; almoxarifado militar.
**DEPRAVATION** (déprâvêi'shânn), s. Depravação; corrupção; perversão; imoralidade.
**DEPRAVE** (diprêi'v), v. t. Depravar; viciar.
**DEPRAVED** (diprêiv'd), adj. Depravado.
**DEPRAVITY** (dipré'viti), s. Depravação.
**DEPRECATE** (dé'prikêit), v. t. Procurar afastar; desaprovar; refutar.
**DEPRECATION** (déprikêi'shânn), s. Deprecação; desaprovação.
**DEPRECATORY** (dé'prikâtôuri), adj. Deprecatório; suplicante; implorante.
**DEPRECIATE** (dipri'shiêit), v. t. Depreciar; deprimir; rebaixar; desvalorizar.
**DEPRECIATION** (diprishiêi'shânn), s. Depreciação; desvalorização; descrédito; redução no preço; desprezo; desdém.
**DEPREDATE** (dé'pridêit), v. t. Depredar; saquear; pilhar; assolar; devastar.
**DEPREDATION** (dépridêi'shânn), s. Depredação; roubo; saque; pilhagem; estrago.
**DEPREDATOR** (dé'pridêitâr), s. Depredador.
**DEPREDATORY** (dé'pridêitôuri), adj. Depredatório; devastador, saqueador.
**DEPRESS** (dipré'ss), v. t. Deprimir; abater; humilhar; rebaixar; comprimir; apertar; baratear; enfraquecer; abaixar o tom.
**DEPRESSED** (dipré'sid), adj. Deprimido; humilhado; abatido; desalentado.
**DEPRESSING** (diprés'sinn), adj. Deprimente; desanimador; desalentador; opressivo.
**DEPRESSION** (dipré'shânn), s. Depressão; abaixamento; compressão; abatimento.
**DEPRESSOR** (dipré'sâr), s. Depressor.
**DEPRIVATION** (déprivêi'shânn), s. Privação; carência; falta; perda; destituição.
**DEPRIVE** (diprái'v), v. t. Privar; despojar; desapossar; destituir; exonerar; excluir.
**DEPRIVEMENT** (dipráiv'ment), s. Privação.
**DEPTH** (dépth), s. Profundidade; fundo; altura; abismo; espessura; o âmago; a parte interior; meio da noite; coração do inverno; (fig.) o mar; sagacidade; (Náut.) pontal.
**DEPURATE** (dé'piurêit), v. t. Depurar; limpar.
**DEPURATION** (dépiurêi'shânn), s. Depuração; purificação; limpeza.
**DEPURATIVE** (dipiu'rátiv), adj. Depurativo; purgativo; s. depurativo; purgante.
**DEPUTATION** (déptiutêi'shânn), s. Deputação; delegação.

**DEPUTE** (dipiu't), v. t. Deputar, delegar.
**DEPUTIZE** (dé'piutáiz), v. t. e i. Deputar.
**DEPUTY** (dé'piuti), s. Deputado, delegado; comissionado; representante; agente.
**DERAIL** (dirêi'l), v. i. Descarrilar.
**DERAILMENT** (dirêil'ment), s. Descarrilamento.
**DERANGE** (dirêin'dj), v. t. Desarranjar; desordenar; enlouquecer; importunar.
**DERANGED** (dirêin'djd), adj. Desordenado.
**DERANGEMENT** (dirêindj'ment), s. Desarranjo; desordem; transtorno; desorganização; perturbação mental; loucura.
**DERBY** (dár'bi), s. "Derby", grande corrida de cavalos, automóveis ou aeroplanos; chapéu coco (EUA).
**DERELICT** (dé'rilikt), s. Navio abandonado; qualquer pessoa ou coisa desamparada; adj. abandonado; desleixado.
**DERELICTION** (dérilik'shânn), s. Abandono.
**DERIDE** (dirái'd), v. t. Zombar; escarnecer.
**DERIDER** (dirái'dâr), s. Escarnecedor.
**DERISON** (diri'jânn), s. Irrisão; zombaria.
**DERISIVE** (dirái'siv), adj. Irrisório; irônico.
**DERISIVENESS** (dirái'sivnéss), s. Zombaria; escárnio; ridículo.
**DERISORY** (dirái'sôuri), adj. Irrisório; ridículo.
**DERIVABLE** (dirái'vâbl), adj. Derivável.
**DERIVATION** (dérivêi'shânn), s. Derivação; descendência; etimologia.
**DERIVATIVE** (diri'vátiv), adj. Derivativo; derivado; derivante; s. derivado.
**DERIVE** (dirái'v), v. t. Derivar; deduzir; v. i. proceder; derivar-se.
**DERM** (dármm) ou **DERMA** (dár'mâ), s. (Anat.) Derma; pele.
**DERMAL** (dár'mâl), adj. Dérmico; cutâneo.
**DERMATOLOGIST** (dârmâtô'lodjist), s. Dermatologista; dermatólogo.
**DERMATOLOGY** (dârmâtô'lodji), s. Dermatologia.
**DEROGATE** (dé'roghêit), v. t. Derrogar; revogar; abolir; depreciar; desacreditar.
**DEROGATION** (déroghêi'shânn), s. Derrogação; anulação; menosprezo; deterioração.
**DEROGATIVE** (dirô'gâtiv) ou **DEROGATORY** (dirô'gâtôuri), adj. Derrogativo; derrogatório, derrogante; aviltante; detrativo.
**DERRICK** (dé'rik), s. Tipo de guindaste para grandes pesos.
**DERRINGER** (dé'rindjâr), s. Tipo de pistola de cano largo.

**DESCANT** (dés'ként), s. Descante; dissertação; discurso; comentário; canto; melodia; tiple (soprano); v. t. discorrer; discutir; cantar ao som de instrumento.
**DESCEND** (dissén'd), v. t. e i. Descer, baixar; descender; provir; originar-se; invadir.
**DESCENDANCE, DESCENDENCE** (dissén'danss), s. Descendência; linhagem.
**DESCENDANT** (dissén'dânt), adj. e s. Descendente.
**DESCENT** (dissén't), s. Descida; ladeira; encosta; obliqüidade; aviltamento.
**DESCRIBABLE** (diskrái'bâbl), adj. Descritível.
**DESCRIBE** (diskrái'b), v. t. Descrever; narrar; delinear; pintar; representar.
**DESCRIBER** (diskrái'bâr), s. Descritor.
**DESCRIPTION** (diskrip'shânn), s. Descrição; representação; classe; natureza; gênero.
**DESCRIPTIVE** (diskrip'tiv), adj. Descritivo.
**DESCRIPTIVENESS** (diskrip'tivnéss), s. Qualidade para descrever.
**DESCRY** (diskrá'i), v. t. Descobrir; avistar ao longe; observar; averiguar.
**DESECRATE** (dé'sikrêit), v. t. Profanar.
**DESECRATION** (désikrêi'shânn), s. Profanação; violação.
**DESECRATOR** (dé'sikrêitâr), s. Profanador.
**DESEGREGATE** (diségri'ghêit), v. t. Dessegregar.
**DESERT** (dizâr't), s. Merecimento; mérito ou demérito; virtude; v. i. desertar (do exército); abandonar; deixar; v. t. desamparar.
**DESERT** (dê'zart), s. Deserto; ermo; solidão.
**DESERTER** (dizâr'târ, s. Desertor; trânsfuga.
**DESERTION** (dizâr'shânn), s. Deserção; fuga.
**DESERTFUL** (dizârt'ful), adj. Meritório.
**DESERTLESS** (dizârt'léss), adj. Sem mérito.
**DESERVE** (dizâr'v), v. t. e i. Mercer.
**DESERVING** (dizâr'vinn), s. Mérito; merecimento; adj. merecedor; digno.
**DESICCATE** (dé'sikêit), v. t. Dessecar; secar; enxugar; adj. seco; enxuto.
**DESICCATION** (déssikêi'shânn), s. Dessecação.
**DESICCATIVE** (dé'sikâtiv), adj. Dessecativo.
**DESIDERATE** (dizi'dârêit), v. t. Desejar.
**DESIDERATIVE** (dizi'dârêiti), adj. Desiderativo; que exprime desejo.
**DESIDERATUM** (dizidârêi'tâmm), s. Desiderato; escopo; aspiração.
**DESIGN** (dizái'nn), s. Desígnio; projeto; intento; maquinação; trama; desenho; esbôço; modelo; v. t. e i. tencionar; traçar.
**DESIGNABLE** (dizái'nâbl), adj. Designável.
**DESIGNATE** (dé'zignêit), v. t. Designar; mostrar; eleger; escolher; distinguir.
**DESIGNATE** (dé'zignit), adj. Designado.
**DESIGNATION** (dézignêi'shânn), s. Designação; desígnio; eleição; acepção; nome.
**DESIGNATOR** (dézig'neitôr), s. Designador.
**DESIGNER** (dizái'nâr, s. Inventor; autor de projeto; maquinador; intrigante.
**DESIGNING** (dizái'ninn), adj. Falso; artificioso; astuto; hábil; s. desenho.
**DESIRABILITY** (dizáirâbi'liti), s. Desejo veemente; ânsia; grande vontade.
**DESIRABLE** (dizái'râbl), adj. Desejável; apetecível; agradável; conveniente.
**DESIRE** (dizai'r), s. Desejo; ânsia; vontade; apetite; avidez; anelo; rogo; luxúria; paixão; v. t. desejar; querer; apetecer.
**DESIROUS** (dizái'râss), adj. Desejoso.
**DESIST** (dizis't), v. t. Desistir; renunciar.
**DESISTANCE** (dizis'ténss), s. Desistência.
**DESK** (désk), s. Carteira escolar; escrivaninha; secretária; estante do coro; púlpito.
**DESOLATE** (dé'solêit), v. t. Desolar; devastar; desconsolar; amargurar; afligir; adj. desolado; triste; macambúzio; desalentado; aflito, abandonado; desamparado.
**DESOLATENESS** (dé'solitnéss), s. Desolação.
**DESOLATING** (dé'solêitinn), adj. Desolador.
**DESOLATION** (déssolêi'shânn), s. Desolação; devastação; tristeza; consternação.
**DESOLATOR** (dé'solêitâr), s. Desolador.
**DESPAIR** (dispê'r), s. Desespero; desesperança; v. i. desesparar.
**DESPAIRING** (dispê'rinn), adj. Desesperador.
**DESPATCH** (dispé'ths), s. Despacho; aviamento; expedição; mensagem; comunicação; presteza; agilidade; v. t. despachar; aviar; concluir; abreviar; matar.
**DESPATCHER** (dispé'tshâr), s. Expeditor; matador.
**DESPERADO** (désparêi'dôu), s. Malfeitor.
**DESPERATE** (dés'pârit), adj. Desesperado; furioso; violento; terrível; afoito; precipitado; irremediável; perdido.
**DESPERATELY** (dés'pârtitli), adv. Desesperadamente.
**DESPERATENESS** (dés'pâritnéss) ou **DESPERATION** (désparêi'shânn), s. Desespero; desesperança; fúria; destemor.
**DESPICABILTY** (déspikâbi'liti), s. Vileza; baixeza; objeção.

**DESPICABLE** (dés'pikábl), adj. Desprezível.
**DESPICABLENESS** (dés'pikáblnéss), s. Baixeza; indignidade.
**DESPISABLE** (dispái'zábl), adj. Desprezível; desdenhoso.
**DESPISE** (dispái'z), v. t. Desprezar; desdenhar; menoscabar.
**DESPISER** (dispái'zár), s. Desprezador.
**DESPITE** (dispái't), s. Despeito; enfado; malícia; desdém; menosprezo; insulto; afronta; v. t. vexar; humilhar; desprezar; prep. não obstante; todavia; apesar de.
**DESPITEFUL** (dispáit'ful), adj. Acintoso; insultuoso; maligno; malévolo, rancoroso.
**DESPOIL** (dispó'il), v. t. Despojar; privar de.
**DESPOILER** (dispó'lár), s. Espoliador; esbulhador; saqueador; ladrão.
**DESPOILMENT** (dispóil'ment) ou **DESPOLIATION** (dispóuliêi'shánn), s. Despojamento; espoliação; roubo; saque.
**DESPOND** (dispón'd), v. i. Desesperar.
**DESPONDENT** (dispón'dánt), adj. Desanimado; desalentado; abatido; acabrunhado.
**DESPONDING** (dispón'dinn), adj. Desesperante; triste.
**DESPOT** (dés'pót), s. Déspota; opressor.
**DESPOTIC** (déspó'tik), adj. Despótico.
**DESPOTISM** (dés'pótizm), s. Despotismo; tirania; absolutismo.
**DESPOTIST** (dés'potist), s. Adepto do despotismo.
**DESSERT** (dizár't), s. Sobremesa.
**DESTINATION** (déstinêi'shánn), s. Destinação; destino; fim; direção.
**DESTINE** (dés'tinn), v. t. Destinar; determinar com antecipação.
**DESTINY** (dés'tini), s. Destino; fado; sorte.
**DESTITUTE** (dés'titiut), adj. Destituído; desprovido; desamparado; pobre.
**DESTITUTION** (déstitiu'shánn), s. Destituição; falta; privação; pobreza; escassez.
**DESTROY** (distró'i), v. t. Destruir; exterminar; extinguir; aniquilar; provar a falsidade de.
**DESTROYER** (distrói'ár), s. Destruidor; exterminador; destróier, navio de guerra.
**DESTRUCTIBILITY** (distráktibi'liti), s. Destrutibilidade.
**DESTRUCTIBLE** (distrák'tibl), adj. Destrutível.
**DESTRUCTION** (distrák'shánn), s. Destruição; demolição; devastação; perdição; morte.
**DESTRUCTIVE** (distrák'tiv), adj. Destrutivo.
**DESTRUCTIVENESS** (distrák'tivnéss), s. Destrutibilidade; propensão para destruir.

**DESTRUCTOR** (distrák'tár), s. Destruidor; forno em que se queimam resíduos.
**DESUETUDE** (dé'suitiud), s. Desuso; dessuetude.
**DESULTORINESS** (dés'áltorinéss), s. Inconstância; ligeireza; leviandade.
**DESULTORY** (dé'sáltóuri), adj. Inconstante; variável; volúvel; irregular; incoerente.
**DETACH** (dité'sh), v. t. Destacar; separar.
**DETACHABLE** (dité'shábl), adj. Destacável.
**DETACHED** (dité'sht), adj. Separado; destacado; imparcial; sem prevenção.
**DETACHEDNESS** (dité'shtnéss) ou **DETACHMENT** (ditésh'ment), s. Desinteresse; imparcialidade; afastamento; separação; (Mil.) destacamento.
**DETAIL** (di'têil), s. Detalhe; particularidade; minudência; pequeno destacamento militar; v. t. pormenorizar; circunstanciar; destacar ou nomear para serviço especial.
**DETAILED** (di'têild), adj. Detalhado.
**DETAIN** (ditêi'nn), v. t. Deter; retardar.
**DETAINER** (ditêi'nár), s. Detentor; detenção; prisão; embargo.
**DETAINMENT** (ditêin'ment), s. Detenção; detença; demora.
**DETECT** (diték't), v. t. Descobrir; averiguar; investigar; procurar saber; revelar.
**DETECTABLE** (diték'tábl), adj. Detectável, que se pode descobrir.
**DETECTION** (diték'shánn), s. Descoberta de crimes; revelação; descobrimento.
**DETECTIVE** (diték'tiv), s. Detetive; agente secreto da polícia; adj. hábil para a descoberta de crimes; da polícia secreta.
**DETECTOR** (diték'tár), s. Descobridor; detector (aparelho elétrico).
**DETENT** (ditén't), s. Alavanca, pino ou mola de retenção.
**DETENTION** (ditén'shánn), s. Detenção; retenção; prisão, demora; detença.
**DETER** (ditá'r), v. t. Desviar; desanimar; dissuadir; deter; impedir (seguido de *from*).
**DETERGENT** (ditár'djent), s. Detergente; adj. detergente; detersivo.
**DETERIORATE** (diti'riorêit), v. t. e i. Deteriorar; estragar; estragar-se; degenerar.
**DETERIORATION** (ditiriorêi'shánn), s. Deterioração; dano; estrago; prejuízo.
**DETERIORATIVE** (dità'rioreitiv), adj. Deteriorante.
**DETERMINABLE** (ditár'minabl), adj. Determinável.

**DETERMINANT** (ditär'minânt), s. Determinante; adj. que determina.
**DETERMINATE** (ditär'minit), adj. Determinado; definido; positivo; concludente.
**DETERMINATENESS** (ditär'minitnéss), s. Resolução determinada; firmeza.
**DETERMINATION** (ditârminêi'shânn), s. Determinação; decisão; conclusão; intenção.
**DETERMINATIVE** (ditär'minêitiv), adj. e s. Determinativo.
**DETERMINE** (ditär'minn), v. t. Determinar; resolver; decidir; concluir; revogar; cancelar.
**DETERMINED** (ditär'minnd), adj. Determinado; firme; decidido.
**DETERMINISM** (ditär'minizm), s. Determinismo.
**DETERMINIST** (ditär'minist), s. Determinista.
**DETERRENCE** (di'téréns), s. Impedimento.
**DETERSIVE** (ditär'siv), s. (Med.) Detersivo; adj. detersivo; detergente.
**DETEST** (dités't), v. t. Detestar; abominar.
**DETESTABILITY** (ditéstâbi'liti), s. Detestabilidade.
**DETESTABLE** (dités'tâbl), adj. Detestável.
**DETESTATION** (détestêi'shânn), s. Detestação; abominação; ódio.
**DETHRONE** (dithrôu'nn), v. t. Destronar; (fig.) despojar de dignidade.
**DETHRONEMENT** (dithrôun'ment), s. Destronamento; destronização.
**DETONATE** (dé'tonêit), v. t. e i. Detonar.
**DETONATOR** (dé'tonêitâr), s. Detonador, aparelho para fazer explodir.
**DETONATION** (détonêi'shânn), s. Detonação.
**DETOUR** (di'tur), s. Desvio; mudança de direção; rodeio; volta; v. t. e i. desviar-se.
**DETOXICATE** (ditâk'sikeit), v. t. Desintoxicar.
**DETRACT** (ditrék't), v. t. Detrair; difamar.
**DETRACTING** (ditrék'tinn), s. Detração.
**DETRACTION** (ditrék'shânn), s. Detração; difamação; calúnia; diminuição; prejuízo.
**DETRACTIVE** (ditrék'tiv), adj. Detrativo; calunioso; que diminui, prejudica.
**DETRACTOR** (ditrék'târ), s. Detrator.
**DETRIMENT** (dé'triment), s. Detrimento; dano.
**DETRIMENTAL** (détrimén'tâl), adj. Prejudicial; danoso.
**DETRITION** (ditri'shânn), s. Atrito; desgaste por atrito.
**DETRITUS** (distrái'tâss), s. Detrito.
**DETRUNCATE** (ditrân'keit), v. t. Truncar; mutilar; decapitar.
**DEUCE** (diuss), s. Duque (dois, nas cartas ou dados); quarenta (para os adversários no tênis); interj. Diabo!; v. i. igualar (uma partida de tênis).
**DEUTERONOMY** (diutârô'nomi), s. (Bíbl.) Deuteronômio.
**DEVALUATE** (divé'liuêit), v. t. Desvalorizar (moeda).
**DEVALUATION** (divéliuêi'shânn), s. Desvalorização da moeda.
**DEVASTATE** (dé'vâstêit), v. t. Devastar; assolar; gastar; dissipar; saquear.
**DEVASTATING** (dévâstêi'ting), adj. Devastador; assolador.
**DEVASTATION** (dévâstêi'shânn), s. Devastação; assolação, destruição.
**DEVASTATOR** (dêvés'teitôr), s. Devastador.
**DEVAULE** (di'vael), v. t. Desvalorizar.
**DEVELOP** (divé'lop), v. t. Desenvolver; fomentar; revelar (Fotogr.); v. i. desdobrar-se; progredir; crescer; revelar-se.
**DEVELOPER** (divé'lopâr), s. Revelador (em fotografia).
**DEVELOPMENT** (divé'lopment), s. Desenvolvimento; crescimento; progresso; desenlace; desfecho; revelação (Fotogr.).
**DEVEST** (divés't), v. t. Despir; privar de.
**DEVIATE** (di'viêit), v. t. Desviar-se; separar-se; extraviar-se; dissentir; convergir.
**DEVIATION** (diviêi'shânn), s. Desvio; afastamento; separação; divergência; erro.
**DEVIATOR** (di'viêitâr), s. Desviador.
**DEVICE** (divái'ss), s. Projeto; plano; meio; expediente; ardil; artifício; invenção; estratagema; divisa; inscrição; modelo.
**DEVIL** (dév'l), s. Demônio; diabo; espírito das trevas; cruel; destemido; v. t. condimentar fortemente; importunar; atormentar.
**DEVILED, DEVILLED** (dév'ld), adj. Picante; apimentado.
**DEVILISH** (dév'lish), adj. Diabólico; infernal; malicioso; perverso; endiabrado.
**DEVILISHNESS** (dév'lishnéss), s. Diabrura; caráter diabólico; satânico.
**DEVILMENT** (dév'lmet), s. Diabrura; malícia.
**DEVILRY** (dév'lri), s. Diabrura.
**DEVILTRY** (dé'viltri), s. Diabrura; maldade.
**DEVIOUS** (di'viâss), adj. Desviado; afastado; extraviado; desencaminhado; errante.
**DEVIOUSNESS** (di'viâsnéss), s. Desvio.
**DEVISABLE** (divái'zâbl), adj. Ideável; imaginável; (Jur.) transmissível.
**DEVISE** (divái'z), v. t. Idear; imaginar; inventar; (Jur.) legar em testamento; s. legado.

**DEVISEE** (dĕvizi'), s. (Jur.) Legatário.
**DEVISER** (diváľzăr), s. Inventor; autor.
**DEVISOR** (dĕvĭză'r), s. (Jur.) Testador.
**DEVITALIZATION** (diváitălăizĕi'shănn), s. Desvitalização.
**DEVITALIZE** (divái'tăláiz), v. t. Desvitalizar.
**DEVITRIFY** (divi'trifái), v. t. Devitrificar.
**DEVOID** (divói'd), adj. Desprovido; isento.
**DEVOLUTION** (divolu'shănn), s. Devolução; entrega; incumbência; transmissão.
**DEVOLVE** (divól'v), v. t. Devolver; precipitar.
**DEVOTE** (divŏu't), v. t. Votar; consagrar; dedicar; condenar; amaldiçoar.
**DEVOTED** (divŏu'tid), adj. Devotado; dedicado; consagrado; condenado.
**DEVOTEDNESS** (divŏu'tidnéss), s. Devoção; afeto; dedicação; abnegação; sacrifício.
**DEVOTEE** (divŏuti'), s. Devoto.
**DEVOTION** (divŏu'shănn), s. Devoção; piedade; zelo; dedicação; pl. orações; rezas.
**DEVOTIONAL** (divŏu'shănăl), adj. Devocional; religioso; devoto.
**DEVOUR** (divŏu'r), v. t. Devorar; destruir.
**DEVOURER** (divŏu'răr), s. Devorador.
**DEVOUT** (divŏu't), adj. Devoto; piedoso.
**DEVOUTLY** (divŏu'tli), adv. Devotadamente.
**DEVOUTNESS** (divŏut'néss), s. Devoção; piedade; fervor.
**DEW** (diu'), s. Orvalho; rócio; relento; (fig.) qualquer coisa fresca ou refrescante; lágrimas; v. t. orvalhar; (fig.) refrescar.
**DEWDROP** (diu'drăp), s. Gota de orvalho.
**DEWFALL** (diu'fól) ou **DEWINESS** (diu'inéss), s. Orvalhada.
**DEWLAP** (diu'lép), s. Papada (dos animais).
**DEXTER** (déks'tăr), adj. Destro; direito; s. destra; lado direito.
**DEXTERITY** (dékstĕ'riti), s. Destreza; agilidade; aptidão; habilidade.
**DEXTEROUS** (déks'tărăss), adj. Destro; ágil.
**DEXTEROUSNESS** (déks'tărăsnéss), s. Destreza; perícia; agilidade; habilidade.
**DEXTRAL** (déks'trăl), adj. Direito; destro.
**DEXTRIN, DEXTRINE** (déks'trinn), s. (Quím.) Dextrina.
**DEXTROSE** (déks'trŏuss), s. (Quím.) Dextrose (glicose).
**DIABASE** (dái'ăbéiss), s. Diábase.
**DIABETES** (dái'ăbitis), s. Diabetes.
**DIABETIC** (dái'ăbitic), adj. Diabético.
**DIABLERIE** (dái'blări), s. Diabrura; bruxaria.
**DIABOLIC** (dáiăbó'lik) ou **DIABOLICAL** (dáiăbó'likăl), adj. Diabólico.

**DIABOLISM** (dáiĕ'bolizm), s. Diabolismo, culto do diabo; natureza diabólica; feitiçaria.
**DIABOLIZE** (dáiĕ'boláiz), v. t. Tornar diabólico; incutir maus princípios; satanizar.
**DIABOLO** (diăbŏ'lŏu), s. Diabolô (jogo).
**DIACONATE** (dáiĕ'konĕit), s. Diaconato.
**DIACRITIC** (dáiăkri'tik), adj. e s. Diacrítico.
**DIACRITICAL** (dáiăkri'tikăl), adj. Diacrítico; perspicaz; distinto.
**DIADEM** (dái'ădémm), s. Diadema.
**DIAERESIS** (dái'ăréssiss), s. (Gram.) Diérese; trema.
**DIAGNOSE** (dái'ăgnŏuz), v. t. (Med.) Diagnosticar.
**DIAGNOSIS** (dái'agnŏu'sis), s. Diagnose; diagnóstico.
**DIAGNOSTIC** (dáiăgnós'tik), adj. e s. Diagnóstico.
**DIAGONAL** (dáiĕ'gonăl), adj. e s. Diagonal.
**DIAGRAM** (dái'ăgrémm), s. Diagrama.
**DIAGRAPH** (dai'ăgraf), s. Diágrafo.
**DIAL** (dái'ăl), s. Relógio de sol; quadrante solar; mostrador (de relógio, rádio, etc.); indicador telegráfico; v. t. e i. marcar (em mostrador); sintonizar (estação radiofônica); discar (número telefônico).
**DIALECT** (dái'ălékt), s. Dialeto.
**DIALECTAL** (dái'ăléktăl), adj. Dialetal, de dialeto.
**DIALECTIC** (dáiălék'tik), adj. Dialético; s. dialética.
**DIALETICS** (dialéktiks), s. Dialética; lógica.
**DIALOG, DIALOGUE** (dái'ălóg), s. Diálogo; v. t. dialogar.
**DIALYSIS** (dáiĕ'lississ), s. (Quím.) Diálise; (Med.) debilidade; (Gram.) diérese.
**DIAMAGNETISM** (dáiămég'netizm), s. Diamagnetismo.
**DIAMETER** (dáiĕ'mităr), s. Diâmetro.
**DIAMOND** (dái'ămănd), s. Diamante; ouros naipe de cartas); losango; quadra de *baseball*. *Black diamond* (fig.): carvão mineral.
**DIAPASON** (dáiăpĕi'shănn), s. Diapasão.
**DIAPER** (dái'ăpăr), s. Pano adamascado; guardanapo floreado; cueiro; arabesco.
**DIAPHANEITY** (dáiăfĕni'ti), s. Diafaneidade.
**DIAPHANOUS** (dáiĕ'tănăss), adj. Diáfano; claro; transparente.
**DIAPHRAGM** (dái'ăfrémm), s. (Anat.) Diafragma.
**DIAPHRAGMATIC** (dáiăfrégmĕ'tik), adj. Diafragmático.
**DIARY** (dái'ări), s. Diário; jornal.

**DIASTESE** (dái'ăsteiss), s. (Quím.) Diástese.
**DIASTOLE** (dáiés'toli), s. (Med.) Diástole.
**DIATHERMAL** (dáiăthăr'măl) ou **DIATHERMIC** (dáiăthăr'mik), adj. Diatérmico.
**DIATHERMY** (dái'ăthârmi) ou **DIATHERMIA** (dáiăthâr'ma), s. Diatermia.
**DIATONIC** (dáiătô'nik), adj. (Mús.) Diatônico.
**DIATRIBE** (dái'ătráib), s. Diatribe; censura.
**DIBBLE** (dibl), s. Sacho, sachola (pequena enxada), v. t. plantar, cavar com sacho.
**DICE** (dáiss), s. pl. Dados; jogo de dados.
**DICER** (dick), s. (pop.) Homem; moço; (gfr. EUA), detetive.
**DICKENS** (di'kinz), s. Demônio; diabo.
**DICKER** (dik'ér), s. (EUA) Barganha; pechincha; permuta; v. t. trocar; regatear.
**DICKEY, DICKY** (di'ki), s. Peito; peitilho de camisa (postiço); avental; traseira de veículo; passarinho; colarinho alto.
**DICOTYLEDON** (dáikotili'dănn), s. (Bot.) Dicotilédone.
**DICTAPHONE** (dikté'fôun), s. Ditafone; (com maiúscula) marca registrada.
**DICTATE** (dik'têit), v. t. e i. Ditar; dar ordens; mandar; sugerir; s. máxima; preceito; ordem; palpite; inspiração.
**DICTATION** (diktêi'shănn), s. Ditado; prescrição; inspiração; ordem arbitrária.
**DICTATOR** (dik'têităr), s. Ditador; déspota.
**DICTATORIAL** (diktatôu'riăl), adj. Ditatorial; imperioso; arrogante.
**DICTATORIALNESS** (diktatôu'riălnéss) ou **DICTATORSHIP** (diktêi'tărship), s. Ditadura.
**DICTATORY** (dikté'tôri), adj. Ditatório; imperioso; dominante.
**DICTION** (dik'shănn), s. Dicção; expressão.
**DICTIONARY** (dik'shănéri), s. Dicionário.
**DICTUM** (dik'tămm), s. Dito; máxima; acórdão de tribunal.
**DIDACTIC** (dáidék'tik) ou **DIDACTICAL** (dáidék'tikăl), adj. Didático; instrutivo.
**DIDAPPER** (di'dăpăr), s. Mergulhão (ave).
**DIDDLE** (did'l), v. t. Trapacear; hesitar.
**DIDDLER** (did'lăr), s. Enganador.
**DIE** (dái), v. i. Morrer; perecer; expirar; finar-se; s. furador; buril (de moeda); matriz; estampa; pl. dado de jogar.
**DIELECTRIC** (dái-ilék'trik), s. (Eletr.) Dielétrico.
**DIESIS** (dai'ăsis), s. (Mús.) Diése, sustenido; (Tip.) cruz de referência.
**DIET** (dái'êt), s. Dieta; regime; ração diária; assembléia; v. t. e i. fazer dieta.

**DIETARY** (dái'êtri), adj. Dietético; s. dieta medicinal.
**DIETETIC** (dái-ité'tik) ou **DIETETICAL** (dái-ité'tikal), adj. Dietético.
**DIETETICIAN, DIETETION** (dái-iti'shănn), s. Dietista; especialista em dietética.
**DIETETICS** (dái-ité'tiks), s. Dietética.
**DIFFER** (di'făr), v. i. Diferir; discordar.
**DIFFERENCE** (di'fărênss), s. Diferença; distinção; divergência; controvérsia.
**DIFFERENT** (di'fărênt), adj. Diferente; desigual; distinto; diverso.
**DIFFERENTIAL** (difărén'shăl), adj. Diferencial; distinto; s. diferencial (cálculo).
**DIFFERENTIATE** (difărén'chiêit), v. t. Diferençar; diferenciar (também Mat.); (Mat.) derivar; mudar; discriminar.
**DIFFERENTIATION** (difărénshiêi'shănn), s. Diferenciação.
**DIFFERING** (di'fărinn), adj. Diferente; s. desavença; contestação.
**DIFFICULT** (di'fikălt), adj. Difícil; árduo.
**DIFFICULTY** (di'fikălti), s. Dificuldade; obstáculo; oposição; reparo; contenda.
**DIFFIDENCE** (di'fidênss), s. Desconfiança; dúvida; suspeita; humildade; modéstia.
**DIFFIDENT** (di'fidént), adj. Desconfiado; tímido; humilde; curto de entendimento.
**DIFFIDENTLY** (di'fidéntli), adv. Timidamente.
**DIFFRACT** (difrék't), v. t. Difratar; desviar (os raios luminosos).
**DIFFRACTION** (difrék'shănn), s. Difração.
**DIFFUSE** (difiu'z), v. t. e i. Difundir; derramar; espalhar; irradiar; propagar; adj. prolixo; extenso; espalhado; estendido.
**DIFFUSED** (difiuz'd), adj. Difuso; disperso.
**DIFFUSEDNESS** (difiuzd'néss), s. Dispersão; espargimento; difusão.
**DIFFUSSION** (difiu'zivn), adj. Difusivo; difuso; abundante.
**DIFFUSIVENESS** (difiu'zivnéss), s. Difusão.
**DIG** (dig), s. Cavadela; escavação; enxadada; (pop.) cutucada; cotovelada; comentário sarcástico; censura; escárnio; (gfr. EUA) estudante aplicado, (bras.) caxias; v. t. cavar; abrir; cavoucar; furar; arrancar; desenterrar; extrair; descobrir; averiguar; cravar; meter; v. i. evacuar; abrir buracos; revolver (a terra); abrir caminho; solapar.
**DIGAMMA** (dáighé'mă), s. Digama, a letra "F" do alfabeto grego (primitivo).
**DIGEST** (dái'djést), s. Digesto; código de leis.

**DIGEST** (didjés't), v. t. e i. Digerir; assimilar; elaborar; classificar; compilar; meditar; sofrer; tolerar; (Quím.) cozer; v. i. supurar.
**DIGESTIBILITY** (didjéstibi'líti), s. Digestibilidade.
**DIGESTIBLE** (didjés'tibl), adj. Digerível.
**DIGESTION** (didjést'shånn), s. Digestão; exame; supuração.
**DIGESTIVE** (didjés'tiv), adj. Digestivo; s. digestivo (medicamento).
**DIGGER** (di'går), s. Cavador; cavoqueiro.
**DIGGING** (di'ghinn), s. Escavação.
**DIGHT** (dáit), v. t. Adornar; adj. ornamentado; ordenado; disposto; adv. finalmente.
**DIGIT** (didjit), s. Algarismo; dígito; dedo; medida linear igual a 3/4 de polegada.
**DIGITAL** (di'djitål), adj. Digital; s. tecla de piano ou órgão.
**DIGNIFIED** (dig'nifáid), adj. Dignificado; nobre; altivo; respeitável; elevado; grave.
**DIGNIFY** (dig'nifái), v. t. Dignificar; elevar; exaltar; honrar; promover; condecorar.
**DIGNITARY** (dig'nitåri), s. Dignitário.
**DIGNITY** (dig'niti), s. Dignidade; honradez; mérito; nobreza; emprego; cargo; classe.
**DIGRAPH** (dái'gréf), s. (Gram.) Digrama.
**DIGRESS** (digré'ss), v. i. Divagar; desviar-se do assunto; fazer uma digressão.
**DIGRESSION** (digré'shånn), s. Digressão; divagação, desvio; afastamento.
**DIGRESSIVE** (digré'siv), adj. Digressivo.
**DIGRESSIVENESS** (digré'sivnéss), s. Digressão, desvio.
**DIHEDRAL** (di-hi'drål), adj. e s. Diedro.
**DIKE** (dáik), v. t. Represar; sustar o curso de; cercar de dique; fazer parar, conter; s. dique; represa; canal; leito de rio.
**DILAPIDATE** (dilé'pidéit), v. t. e i. Dilapidar; dissipar; destruir; demolir; estragar-se.
**DILAPIDATED** (dilé'pidéitid), adj. Dilapidado; mutilado; estragado.
**DILAPIDATION** (dilépidéi'shånn), s. Dilapidação; estrago; destruição; ruína.
**DILAPIDATOR** (dilé'pidéitår), s. Dilapidador.
**DILATABILITY** (diléitåbi'liti), s. Dilatabilidade.
**DILATATION** (diléitéi'shånn), s. Dilatação.
**DILATABLE** (diléi'tåbl), adj. Dilatável.
**DILATE** (diléi't), v. t. e i. Dilatar; expandir; desenvolver; v. i. dilatar-se; estender-se.
**DILATOR** (diléi'tår), s. Dilatador (também músculo).
**DILATORY** (di'låtóuri), adj. Dilatório; lento.
**DILEMMA** (dilém'må), s. Dilema; alternativa.

**DILETTANTE** (dilétén'te), s. Diletante, amador de belas artes.
**DILETTANTISM** (dilétén'tizm), s. Diletantismo.
**DILIGENCE** (di'lidjénss), s. Diligência (carruagem); diligência, atividade, cuidado.
**DILIGENT** (di'lidjént), adj. Diligente; assíduo; aplicado; solícito; trabalhador; laborioso.
**DILIGENTNESS** (di'lidjéntnéss), s. Diligência; solicitude; zelo; aplicação.
**DILL** (dil), s. Endro (planta).
**DILLY** (dili), s. (gfr.) Coisa excelente, excepcional, difícil de fazer, de conseguir.
**DILUENT** (di'luént), adj. e s. Diluente.
**DILLYDALLY** (dili-del'li), v. i. Perder tempo; vadiar; (gfr. bras.) embromar.
**DILUTE** (diliu't), v. t. e i. Diluir; dissolver; adj. diluído; fraco; atenuado.
**DILUTENESS** (diliut'néss), s. Diluição.
**DILUTION** (dilu'shånn), s. Diluição; fusão.
**DILUVIAL** (diliu'viål) ou **DILUVIAN** (diliu'viånn), adj. Diluviano.
**DIM** (dimm), adj. Obscuro; baço; turvo; sombrio; indefinido; v. t. obscurecer; ofuscar.
**DIME** (dáimm), s. Décimo de dólar; moeda de prata no valor de 10 *cents*.
**DIMENSION** (dimén'shånn), s. Dimensão; tamanho; extensão, medida.
**DIMENSIONAL** (dimén'shånål), adj. Dimensional; dimensível.
**DIMESTORE** (daim'stór), s. Lojas americanas.
**DIMIDIATE** (dimi'diéit), v. t. Mear; dividir ao meio; adj. partido ou dividido ao meio.
**DIMIDIATION** (dimidiéi'shånn), s. Divisão ao meio.
**DIMINISH** (dimi'nish), v. t. e i. Diminuir; reduzir; minorar; enfraquecer; minguar.
**DIMINISHABLE** (dimi'nishábl), adj. Reduzível.
**DIMINISHED** (dimi'nisht), adj. Diminuído; reduzido; (Mús.) diminuto.
**DIMINUENDO** (diminiuén'dôu), s. (Mús.) Diminuendo.
**DIMINUTION** (diminiu'shån), s. Diminuição; abatimento; redução; baixa.
**DIMINUTIVE** (dimi'niutiv), adj. Diminutivo; s. coisa muito pequena; (Gram.) diminutivo.
**DIMINUTIVENESS** (dimi'niutivnéss), s. Pequenez.
**DIMISSORY** (di'missóuri), adj. Demissório; de despedida.
**DIMITY** (di'miti), s. Fustão (tecido).
**DIMLY** (dim'li), adv. Obscuramente.
**DIMMER** (dim'ér), s. Redutor da intensidade de um feixe luminoso; da luz dos faróis.

**DIMNESS** (dim'néss), s. Obscuridade.
**DIMPLE** (dimp'l), v. t. e i. Formar covinhas (no queixo, face); fazer pequenas ondulações; s. covinhas; ondulação das águas.
**DIN** (dinn), v. t. e i. Atordoar; s. estrondo.
**DINE** (dáinn), v. i. Jantar; v. t. dar de jantar.
**DINER** (dáï'nâr), s. Aquele que janta; vagão-restaurante.
**DING** (dinn), v. t. Atirar; arremessar; repreender, bater; amolgar, v. i. fanfarronear, fazer de valentão; repicar os sinos.
**DINGINESS** (din'djinéss), s. Escuridão; cor escura; mancha.
**DINGLE** (ding'l), s. Vale estreito; desfiladeiro; garganta; alpendre; pórtico.
**DINGY** (din'dji), adj. Sombrio; escuro; anegrado; sujo; manchado.
**DINNER** (di'nâr), s. Jantar; banquete.
**DINT** (dint), s. Golpe; pancada; choque; força; poder; eficácia; vestígio; cavidade.
**DIOCESAN** (dáïó'sizân), adj. Diocesano.
**DIOCESE** (dáï'ossiss), s. Diocese.
**DIP** (dip), s. Mergulho; banho de imersão; declive; depressão; inclinação da agulha magnética; v. t. e i. mergulhar; imergir; molhar; banhar; submergir-se; afundar-se.
**DIPETALOUS** (dáipé'tâlâss), adj. (Bot.) Dipétalo.
**DIPHTHERIA** (difthi'riâ), s. (Med.) Difteria.
**DIPHTHONG** (dif'thônn), s. (Gram.) Ditongo.
**DIPLOMA** (diplôu'mâ), s. Diploma.
**DIPLOMACY** (diplôu'mâssi), s. Diplomacia; cautela; prudência; cuidado; tato.
**DIPLOMAT** (di'plomét), s. Diplomata.
**DIPLOMATE** (diplômeit), s. Diplomado.
**DIPLOMATIC** (diplomé'tik), adj. Diplomático; prudente; cauteloso; s. diplomata.
**DIPLOMATICS** (diplomé'tiks), s. Diplomática (leitura e conhecimento dos diplomas e escritos antigos).
**DIPLOMATIST** (diplôu'mâtist), s. Diplomatista, versado em diplomacia; diplomata.
**DIPLOMATIZE** (diplôu'mâtáiz), v. i. Proceder com diplomacia; conferir diplomas.
**DIPODY** (dí'podi), s. Dipodia.
**DIPOLAR** (dipôu'lâr), adj. Bipolar.
**DIPPER** (di'pâr), s. Mergulhador; mergulhão (ave); colher para tirar sopa; grupo de sete estrelas da Ursa Maior (EUA).
**DIPPING** (di'pinn), s. Mergulho; inclinação da agulha de marcar.
**DIPSOMANIA** (dipsomêi'niâ), s. (Med.) Dipsomania; adj. alcoolismo.

**DIPSOMANIAC** (dipsoméi'niák), s. Dipsomaníaco; adj. alcoólatra.
**DIPTERA** (dip'târa), s. pl. (Zool.) Dípteros.
**DIRE** (dáïr), adj. Horrendo; triste; lúgubre.
**DIRECT** (dirék't), v. t. e i. Dirigir; conduzir; guiar; governar; mostrar; indicar; dispor; instruir; servir de guia; (Mús.) dirigir; reger; adj. direto; evidente; decisivo.
**DIRECTION** (dirék'shânn), s. Direção; curso; rumo; governo; superintendência; manejo; fim; desígnio; sobrescrito; endereço; lado.
**DIRECTIVE** (dirék'tiv), adj. Diretivo.
**DIRECTNESS** (dirékt'néss), s. Direitura; retidão; integridade de caráter.
**DIRECTOR** (dirék'târ), s. Diretor; regente.
**DIRECTORATE** (dirék'târêit), s. Diretorado; diretório.
**DIRECTORSHIP** (daï'réktôr-ship), s. Diretoria.
**DIRECTORY** (dirék'tôuri), s. Diretório; anuário; almanaque; coletânea de regras.
**DIRECTRESS** (daï'réktrêss), s. Diretora.
**DIRECTRIX** (dirék'triks), s. Diretriz.
**DIREFUL** (dáïr'ful), adj. Horrível; funesto; terrível; pavoroso.
**DIREFULNESS** (dáïr'fulnéss), s. Horror; terror; medo.
**DIRGE** (dâr'dj), s. Canto fúnebre; endecha.
**DIRIGIBLE** (di'ridjibl), adj. e s. Dirigível; s. balão dirigível.
**DIRK** (dârk), s. Punhal escocês; v. t. apunhalar.
**DIRT** (dârt), s. Imundície; lama; porcaria; excremento; vileza; palavrão; obscenidade; v. t. sujar; emporcalhar.
**DIRTINESS** (dâr'tinéss), s. Sujeira; vileza.
**DIRTY** (dâr'ti), adj. Sujo; porco; imundo; desprezível; ignóbil; vil; tempestuoso; ventoso; v. t. sujar; manchar; conspurcar.
**DISABILITY** (dissâbi'liti), s. Inabilidade; incapacidade; impotência; limitação.
**DISABLE** (dissêib'l), v. t. Inabilitar; incapacitar; inutilizar, destruir; desmontar (bateria); (Náut.) desgarrar; desmantelar.
**DISABLEMENT** (dissêibl'ment), s. Impotência; incapacidade; inabilitação; fraqueza.
**DISABUSE** (dissâblu'z), v. t. Desenganar; tirar do erro; desiludir.
**DISACCUSTOM** (dissékás'tâmm), v. t. Desacostumar; desabituar.
**DISADVANTAGE** (disséd·vén'tidj), s. Desvantagem; prejuízo; perda; detrimento; v. t. prejudicar; colocar em situação inferior, desfavorável.

**DISADVANTAGEOUS** (dissédvêntêi'djâss), adj. Desvantajoso; prejudicial.
**DISADVANTAGEOUSNESS** (dissédvêntêi'djâsnéss), s. Desvantagem.
**DISAFFECT** (disséfék't), v. t. Desafeiçoar; indispor; descontentar.
**DISAFFECTED** (disséfék'tid), adj. Desafeiçoado; desleal; inamistoso.
**DISAFFECTION** (disséfék'shânn), s. Desafeição; deslealdade; aversão; má vontade.
**DISAFFIRM** (disséfâr'mm), v. t. Desafirmar; negar; (Jur.) anular; invalidar; repudiar.
**DISAFFIRMATION** (disséfârmêi'shânn), s. Denegação, desmentido; invalidação.
**DISAGREE** (dissâgri'), v. i. Discordar; divergir; diferir; ser prejudicial.
**DISAGREEABLE** (dissâgri'âbl), adj. Discordante; contrário; desagradável; ofensivo.
**DISAGREEMENT** (dissâgri'ment), s. Desacordo; discórdia; divergência; dissidência; altercação; recusa; desavença.
**DISALLOW** (dissélâ'u), v. t. e i. Desaprovar; rejeitar; negar a autoridade a; censurar.
**DISALLOWABLE** (dissélâu'âbl), adj. Negável; inadmissível; censurável; condenável.
**DISALLOWANCE** (dissélâu'âns), s. Desaprovação; proibição; negação.
**DISAPPEAR** (dissépi'r), v. i. Desaparecer; sumir-se; perder-se; extinguir-se.
**DISAPPEARANCE** (dissépi'rânss), s. Desaparecimento.
**DISAPPOINT** (dissépóin't), v. t. Desapontar; malograr; frustrar; decepcionar.
**DISAPPOINTED** (dissépóin'tid), adj. Desapontado.
**DISAPPOINTMENT** (dissépóint'ment), s. Desapontamento; fracasso; contrariedade.
**DISAPROBATION** (disséprobêi'shânn), s. Desaprovação; censura; reprovação.
**DISAPPROVAL** (dissépru'vâl), s. Desaprovação.
**DISAPPROVE** (dissépru'v), v. t. e i. Desaprovar; reprovar; condenar; rejeitar.
**DISAPPROVINGLY** (dissépru'vinnli), adv. Com reprovação.
**DISARM** (dissâr'mm), v. t. e i. Desarmar; privar de armas, de poder ofensivo; acalmar.
**DISARMAMENT** (dissâr'mâment), s. Desarmamento; deposição de armas.
**DISARRANGE** (dissérén'dj), v. t. Desarranjar; desordenar; perturbar; desorganizar.
**DISARRANGEMENT** (dissérén'djment), s. Desarranjo; desordem; perturbação.

**DISARRAY** (dissêrê'i), v. t. Desordenar; desbaratar; derrubar, transtornar; despir; s. confusão; desleixo no trajar; desalinho.
**DISARTICULATE** (dissârtikiulêi't), v. t. Desarticular; s. desarticulação.
**DISASSEMBLE** (dizés'sembél), v. t. Desmontar; separar; desunir; desagrupar.
**DISASSIMILATE** (diz'és*similait), v. t. Desassimilar.
**DISASTER** (dizés'târ), s. Desastre; desgraça; revés; calamidade.
**DISASTROUS** (dizés'trâss), adj. Desastroso; sinistro; malogrado; calamitoso.
**DISASTROUSNESS** (dizés'trâsness), s. Desastre; miséria; desgraça; desastroso.
**DISAVOW** (dissâvâ'u), v. t. Negar; repudiar.
**DISAVOWAL** (dissâvâu'âl), s. Negação; rejeição; desaprovação; retratação.
**DISBAND** (disbén'd), v. t. e i. Licenciar; debandar; despedir; expulsar, ser licenciado.
**DISBANDMENT** (disbénd'ment), s. Licenciamento; debandada; dispersão.
**DISBAR** (disbâ'r), v. t. Excluir (um advogado) do foro judicial.
**DISBELIEF** (disbili'f), s. Incredulidade; dúvida; indiferença.
**DISBELIEVE** (disbili'v), v. t. e i. Descrer; rejeitar; duvidar de.
**DISBELIEVER** (disbili'vâr), s. Incrédulo; descrente.
**DISBURSE** (disbâr'ss), v. t. Desembolsar; gastar; despender.
**DISBURSEMENT** (disbârs'ment), s. Desembolso; gasto; despesas.
**DISCARD** (diskâr'd), v. t. e i. Descartar-se (ao jogo); despedir; rejeitar; livrar-se de; excluir; suprimir; s. descarte (no jogo).
**DISCERN** (dizâr'nn), v. t. e i. Discernir; perceber; distinguir; reconhecer; julgar.
**DISCERNER** (dizâr'nâr), s. Observador; julgador; árbitro.
**DISCERNMENT** (dizârn'ment), s. Discernimento; critério.
**DISCERNIBLE** (dizâr'nibl), adj. Perceptível; distinguível; visível.
**DISCERNIBLENESS** (dizâr'niblness), s. Perceptibilidade.
**DICERNING** (dizâr'ninn), s. Discernimento; critério; penetração; adj. sagaz; perspicaz.
**DISCHARGE** (disthâr'dj), v. t. e i. Descarregar; desembaraçar; disparar; pagar; cumprir; soltar; absolver; licenciar; cancelar; isentar; esvaziar; expelir; supurar; irra-

diar; fornecer; s. descarga; absolvição; quitação; recibo; isenção; exclusão; baixa (no exército); descarga elétrica; explosão; erupção; exoneração; despedida; desembocadura; supuração.

**DISCHARGER** (distshár'djár), s. Descarregador; tubo, cano, via de descarga.

**DISCHARGING** (distshár'djinn), s. Descarga; descarregamento; adj. de descarga.

**DISCIPLE** (dissáip'l), s. Discípulo; apóstolo; sequaz; sectário; prosélito; v. t. educar.

**DISCIPLESHIP** (dissáipl'ship), s. Discipulado; condição de discípulo.

**DISCIPLINABLE** (di'siplinábl), adj. Disciplinável.

**DISCIPLINARIAN** (dissipliné'riánn), s. Disciplinador; severo; adj. de disciplina.

**DISCIPLINARY** (di'siplinári), adj. Disciplinar.

**DISCIPLINE** (di'siplinn), v. t. Disciplinar; educar; ensinar; castigar; s. disciplina; educação; instrução; ordem; doutrina.

**DISCIPLINER** (di'siplinár), s. Disciplinador.

**DISCLAIM** (disklêi'mm), v. t. Renegar; desaprovar; renunciar a; desconhecer.

**DISCLAIMER** (disklêi'már), s. Desaprovador; renunciante; repudiador; repúdio.

**DISCLAIMING** (disklêi'minn), s. Desaprovação; contradição.

**DISCLOSE** (disklou'z), v. t. e i. Descobrir; divulgar; manifestar-se; mostrar-se.

**DISCLOSER** (disklôu'zár), s. Revelador.

**DISCLOSURE** (disklôu'jár), s. Declaração; Descoberta; revelação; publicação.

**DISCOLORATION** (diskálárêi'shánn), s. Descoloração.

**DISCOLOR, DISCOLOUR** (diská'lár), v. t. Descorar; descolorar; tirar a cor; desbotar; manchar; v. t. descorar-se; desbotar-se.

**DISCOMFIT** (diskâm'fit), v. t. Derrotar; desbaratar; vencer definitivamente; malograr; desconsertar; embaraçar; confundir.

**DISCOMFITURE** (diskâm'fitshur), s. Derrota; desbarato; confusão; desapontamento.

**DISCOMFORT** (diskâm'fárt), v. t. Afligir; atormentar; s. desconforto; enfado; estorvo; preocupação; inquietação, aborrecimento.

**DISCOMMODE** (diskómô'd), v. t. Incomodar.

**DISCOMPOSE** (diskómpôu'z), v. t. Desordenar; transtornar; inquietar; perturbar.

**DISCOMPOSURE** (diskómpôu'jár), s. Desordem; confusão; desarranjo; inquietação.

**DISCONCERT** (diskónsár't), v. t. Desconsertar; perturbar; envergonhar; frustrar.

**DISCONCERTING** (diskónsár'tinn), adj. Desconcertante; embaraçoso.

**DISCONFORMITY** (diskónfór'miti), s. Desconformidade; dessemelhança.

**DISCONNECT** (diskónék't), v. t. Desunir; desligar; desconectar; desassociar.

**DISCONNECTABLE** (diskónék'tábl), adj. Desmontável; desconectável.

**DISCONNECTED** (diskónék'td), adj. Desligado; separado; desconexo; descosido.

**DISCONNECTEDNESS** (diskónék'tidnéss), s. Desconexão; separação; incoerência.

**DISCONNECTION** (diskónék'shánn), s. Desconexão; desunião; separação.

**DISCONSOLATE** (diskón'solit), adj. Desconsolado; desolado; inconsolável (com *at*).

**DISCONSOLATENESS** (diskón'solitnéss), s. Desconsolo; consternação.

**DISCONTENT** (diskóntén't), v. t. Descontentar; desagradar; adj. descontente; s. descontentamento; inquietação.

**DISCONTENTED** (diskóntén'tid), adj. Descontente; inquieto; preocupado.

**DISCONTENDNESS** (diskóntén'tidnéss), s. Descontentamento; inquietação, tristeza.

**DISCONTINUANCE** (diskónti'nuánss), s. Descontinuidade; interrupção.

**DISCONTINUE** (diskónti'niu), v. t. e i. Descontinuar; interromper; cessar; suspender.

**DISCONTINUITY** (diskóntiniu'iti), s. Descontinuidade; interrupção.

**DISCONTINUOUS** (diskónti'niuáss), adj. Descontínuo; interrompido.

**DISCONTINUOUSNESS** (diskónti'niuásnéss), s. Descontinuidade.

**DISCORD** (diskór'd), v. t. Discordar; divergir.

**DISCORDANCE** (diskór'dánss), s. Discordância; desacordo; desavença; dissensão.

**DISCORDANT** (diskór'dánt), adj. Discordante; discrepante; divergente.

**DISCOUNT** (diskáun't), v. t. e i. Descontar; deduzir, diminuir; abater; considerar; ter em conta; s. desconto; abatimento; redução; dedução, diminuição.

**DISCOUTENANCE** (diskáun'tinánss), v. t. Desaprovar; desfavorecer; acolher mal; desanimar; s. desagrado; mau acolhimento.

**DISCOUNTER** (diskáun'tár), s. O que desconta; cambista.

**DISCOURAGE** (diská'ridj), v. t. Desanimar; tirar o ânimo, a coragem a; obstruir; opor.

**DISCOURAGEMENT** (diská'ridjment), s. Desânimo; abatimento; falta de coragem.

**DISCOURAGING** (diskâ'ridjinn), adj. Desanimador; desalentador.
**DISCOURSE** (diskôur'ss), v. t. e i. Discursar; conversar; tratar de; s. discurso; conversação; dissertação; raciocínio.
**DISCOURTEOUS** (diskâr'tiâss), adj. Descortês; incivil; grosseiro.
**DISCOURTEOUSNESS** (diskâr'tiâsnéss), s. Descortesia; incivilidade.
**DISCOURTESY** (diskâr'tiss), s. Descortesia.
**DISCOVER** (diskâ'vâr), v. t. e i. Descobrir; inventar; expor; patentear; mostrar-se.
**DISCOVERABLE** (diskâ'vârâbl), adj. Manifesto; patente; que se pode descobrir.
**DISCOVERER** (diskâ'vârâr), s. Descobridor; inventor; autor; explorador.
**DISCOVERY** (diskâ'vâri), s. Descoberta; descobrimento; invenção.
**DISCREDIT** (diskré'dit), s. Descrédito; desonra; depreciação; desconsideração; descrença; v. t. desacreditar; duvidar de.
**DISCREDITABLE** (diskré'ditâbl), adj. Vergonhoso; desonroso; ignominioso.
**DISCREET** (diskri't), adj. Discreto; cauteloso; prudente; judicioso.
**DISCREETNESS** (diskrit'néss), s. Discrição; prudência; circunspecção.
**DISCREPANCE** (diskré'pânss) ou **DISCREPANCY** (diskré'pânsi), s. Discrepância.
**DISCREPANT** (diskré'pânt), adj. Discrepante; contrário; divergente.
**DISCRETE** (diskri't), adj. Discreto; distinto; separado; destacado; descontínuo.
**DISCRETENESS** (diskrit'néss), s. Separação; desagregação.
**DISCRETION** (diskré'shânn), s. Discrição; prudência; discernimento; sagacidade.
**DISCRIMINATENESS** (diskri'minêitnéss), s. Distinção; discernimento.
**DISCRETIONAL** (diskré'shânâl) ou **DISCRETIONARY** (diskré'shânêri), adj. Discricionário; arbitrário.
**DISCRETIVE** (diskri'tiv), adj. Discreto; separado; distinto; disjuntivo.
**DISCRIMINATE** (diskri'minêit), v. t. e i. Discriminar; distinguir; diferençar; separar; adj. distinto; diferenciado; separado.
**DISCRIMINATION** (diskriminêi'shânn), s. Discriminação; diferença; discernimento.
**DISCRIMINATIVE** (diskri'minâtiv), adj. Discriminativo; característico; judicioso.
**DISCRIMINATOR** (diskri'minêitâr), s. Discriminador.

**DISCROWN** (diskráu'nn), v. t. Descoroar; destronar.
**DISCURSIVE** (diskâr'siv), adj. Discursivo; digressivo; errante; divagador; superficial.
**DISCURSIVENESS** (diskâr'sivnéss), s. Raciocínio; juízo; tendência para divagar.
**DISCUSS** (diskâ'ss), v. t. Discutir; tratar, debater sobre; examinar; resolver.
**DISCUSSIBLE** (diskâ'sibl), adj. Discutível.
**DISCUSSION** (diskâ'shânn), s. Discussão.
**DISDAIN** (disdêi'nn), v. t. Desdenhar; menoscabar; s. desdém; desprezo; altivez.
**DISDAINFUL** (disdêin'ful), adj. Desdenhoso; orgulhoso.
**DISDAINFULNESS** (disdêin'fulnéss), s. Desdém; desprezo; menosprezo; arrogância.
**DISEASE** (dizi'z), v. t. Afligir; perturbar com enfermidade; s. doença; moléstia.
**DISEASED** (diziz'd), adj. Doente; enfermo; demente; débil; doentio.
**DISEMBARK** (dissêmbâr'k), v. t. e i. Desembarcar; descarregar.
**DISEMBARKATION** (dissêmbârkêi'shânn) ou **DISEMBARKMENT** (dissêmbârk'ment), s. Desembarque; descarregamento.
**DISEMBARRASS** (dissêmbé'râss), v. t. Desembaraçar; desobrigar.
**DISEMBARRASSMENT** (dissêmbé'râsment), s. Desembaraço.
**DISEMBODY** (dissêmbô'd), v. t. Desincorporar; desagregar; dar baixa (soldados); licenciar (tropas).
**DISEMBOGUE** (dissêmbôu'g), v. t. e i. Desembocar; desaguar; (fig.) esvaziar-se.
**DISEMBOWEL** (dissêmbáu'él), v. t. Desentranhar; estripar.
**DISEMBROIL** (dissêmbrô'il), v. t. Deslindar; desembaraçar.
**DISECHANT** (dissentshén't), v. t. Desencantar; desiludir.
**DISECHANTER** (dissentsén'târ), s. Desencantador.
**DISENCHANTMENT** (dissentshént'ment), s. Desencanto; desilusão.
**DISENCUMBER** (dissenkâm'bâr), v. t. Desembaraçar; desonerar.
**DISENDOW** (dissendâ'u), v. t. Anular (doação); suspender (subvenção).
**DISENGAGE** (dissenghêi'dj), v. t. e i. Desimpedir; desobrigar-se; desunir.
**DISENGAGED** (dissenghêi'djd), adj. Desocupado, livre, desimpedido; desembaraçado; sem compromisso.

**DISENGAGEMENT** (dissenghêidj'ment), s. Desimpedimento; desembaraço; liberdade; ócio; rompimento de noivado.

**DISENTANGLE** (dissentêng'l), v. t. Desembaraçar; desimpedir; desemaranhar.

**DISENTANGLEMENT** (dissentêngl'ment), s. Desenredo; livramento.

**DISENTHRALL, DISENTHRAL** (disenthrô'l), v. t. Livrar; libertar.

**DISENTHRALLMENT, DISENTHRALMENT** (dissenthrôl'ment), s. Libertação; soltura; entrega; franquia.

**DISENTHRONE** (dissenthrôu'nn), v. t. Destronar.

**DISENTOMB** (dissen'tum), v. t. Desenterrar; exumar.

**DISESTABLISH** (dissestê'blish), v. t. Separar a Igreja do Estado; privar do caráter de estabelecimento público.

**DISESTABLISHMENT** (dissestê'blishment), s. Separação da Igreja do Estado.

**DISESTEEM** (dissesti'mm), v. t. Desestimar; desprezar; s. desestima; desconsideração.

**DISFAVOR, DISFAVOUR** (disfêi'vâr), v. t. Desfavorecer, desacreditar; s. desfavor, descrédito; desprezo; fealdade.

**DESFIGURE** (disfi'ghiur), v. t. Desfigurar; afear; deformar; prejudicar a beleza de.

**DESFIGUREMENT** (disfi'ghiurment) ou **DESFIGURATION** (disfighiurêi'shânn), s. Desfiguração; deformação; afeamento.

**DISFOREST** (disfô'rest), v. t. Desflorestar.

**DISFRANCHISE** (disfrén'tsháiz), v. t. Privar de direitos civis, de franquias, imunidades.

**DISFRANCHISEMENT** (disfrén'tshizment), s. Privação dos direitos civis.

**DISFURNISH** (disfâr'nish) ou **DISGARNISH** (disgâr'nish), v. t. Desmobiliar; desguarnecer; desprover; desadornar.

**DISGORGE** (disgôr'dj), v. t. e i. Vomitar; expelir; indenizar.

**DISGRACE** (disgrêi'ss), s. Desgraça; desfavor; desestima; descrédito; mancha; desonra; v. t. desonrar; degradar; infelicitar.

**DISGRACEFUL** (disgrêis'ful), adj. Ignominioso; vergonhoso; infamante.

**DISGRACEFULNESS** (disgrêis'fulnéss), s. Infâmia; vergonha; humilhação; descrédito.

**DISGRUNTLE** (disgrânt'l), v. t. (fam.) Descontentar; enfadar; vexar.

**DISGUISE** (disgái'z), v. t. Disfarçar; dissimular; encobrir; ocultar; (pop.) embriagar; s. disfarce; dissimulação; fingimento.

**DISGUISED** (disgáiz'd), adj. Disfarçado; mascarado; fingido; (pop.) embriagado.

**DISGUISEMENT** (disgáiz'ment), s. Disfarce.

**DISGUST** (disgâs't), v. t. Repugnar; enfastiar; s. aversão, nojo (seguido de *at, for*).

**DISGUSTING** (disgâs'tinn), adj. Repugnante; fastidioso; desagradável; nojento.

**DISH** (dish), s. Prato grande, travessa; iguaria; concha de balança; cavidade; v. t. e i. servir uma refeição (seguido de *up, out*); pôr em travessa; convocar; escarear.

**DISHARMONY** (diz'hár'rnoni), s. Desarmonia, discórdia; desacordo; dissonância.

**DISHEARTEN** (dis-hárt'n), v. t. Desanimar.

**DISHEARTENMENT** (dis-hártn'ment), s. Desânimo; desalento; abatimento.

**DISHERISON** (dis-hé'rizânn), s. Deserdação.

**DISHEVEL** (dishé'vél), v. t. e i. Desgrenhar; desgrenhar-se; soltar o cabelo.

**DISHEVELLED** (dishé'véld), adj. Desgrenhando; desalinhado; desordenado.

**DISHEVELMENT** (dishé'vélment), s. Desgrenhamento; desalinho.

**DISHONEST** (dissô'nést), adj. Desonesto; ímprobo; desleal; fraudulento; impudico.

**DISHONESTY** (dissô'nésti), s. Desonestidade.

**DISHONOR, DISHONOUR** (dissô'nâr), v. t. Desonrar; infamar; envergonhar.

**DISHONORABLE, DISHONOURABLE** (dissô'norâbl), adj. Desonroso; ignóbil.

**DISHONORABLENESS, DISHONOURABLENESS** (dissô'norâblnéss), s. Desonra.

**DISHONORER, DISHONOURER** (dissô'norâr), s. Desonrador; libertino; devasso.

**DISILLUSION** (dissiliu'jânn), v. t. Desiludir; desenganar; s. desilusão; desengano.

**DISILLUSIONMENT** (dissiliu'jânment), s. Desilusão.

**DISINCLINATION** (dissinklinêi'shânn), s. Aversão, malquerença; afastamento.

**DISINCLINE** (dissinklái'nn), v. t. Indispor; malquistar; afastar.

**DESINCORPORATE** (dissinkôr'porêit), v. t. Desincorporar.

**DESINCORPORATION** (dissinkôrporêi'shânn), s. Desincorporação.

**DISINFECT** (dissinfék't), v. t. Desinfetar.

**DISINFECTANT** (dissinfék'tânt), adj. e s. Desinfetante.

**DISINFECTION** (dissinfék'shânn), s. Desinfecção.

**DISINGENUOUS** (dissinjé'niuâss), adj. Falso; dissimulado; fingido.

**DISINGENUOUSNESS** (dissinjé'nuâsnéss), s. Falsidade; má fé; astúcia; dissimulação.
**DISINHERIT** (dissin-hé'rIt), v. t. Deserdar.
**DISINHERITANCE** (dissin-hé'ritânss), s. Deserdação.
**DISINTEGRATE** (dissin'tigrêit), v. t. e i. Desintegrar; decompor-se; fragmentar-se.
**DISINTEGRATION** (dissintigrêi'shânn), s. Desintegração, desagregação.
**DISINTEGRATOR** (dissintigrêitâr), s. Desintegrador.
**DISINTER** (dissin'târ), v. t. Desenterrar; exumar; (fig.) revelar; descobrir.
**DISINTEREST** (dissin'târést), s. Desinteresse; indiferença; desprendimento.
**DISINTERESTED** (dissin'târéstid), adj. Desinteressado; imparcial; sem preconceito.
**DISINTERESTEDNESS** (dissin'târéstIdnéss), s. Desinteresse.
**DISINTERMENT** (dissin'târment), s. Desenterramento; exumação.
**DISJECT** (disdjék't), v. t. Dispersar.
**DISJOINT** (disdjói'nt), v. t. Deslocar; desmembrar; desmontar; desarmar; trinchar (ave).
**DISJOINTED** (disdjói'n'tid), adj. Desarticulado; deslocado; incoerente.
**DISJOINTEDNESS** (disdjói'n'tidnéss), s. Desconjúntamento; desarticulação.
**DISJUNCT** (disdjânk't), adj. Desunido; separado; desligado.
**DISJUNCTION** (disdjânk'shânn), s. Disjunção; desunião; separação.
**DISJUNCTIVE** (disdjânk'tiv), adj. Disjuntivo; s. (Gram.) disjuntiva (conj., prep.).
**DISK** (disk), s. Disco; pátena; objeto plano e circular; v. t. cortar em disco; dar forma de disco a; gravar um disco fonográfico.
**DISLIKABLE** (dislái'kâbl), adj. Desagradável.
**DISLIKE** (dislái'k), s. Aversão; repugnância; antipatia; v. t. não gostar, antipatizar.
**DISLIMB** (disli'mm), v. t. Desmembrar.
**DISLOCATE** (dis'lokêit), v. t. Deslocar; desconjuntar; mudar de lugar.
**DISLOCATION** (dislokêi'shânn), s. Deslocação; desarticulação.
**DISLODGE** (disló'dj), v. t. e i. Desalojar.
**DISLODGEMENT** (dislódj'ment), s. Desalojamento; despejo.
**DISLOYAL** (disló'iâl), adj. Desleal; falso.
**DISLOYALTY** (disló'iâlti), s. Deslealdade; infidelidade, falsidade.
**DISMAL** (diz'mâl), adj. Triste; lúgubre; sombrio; funesto; abatido; desanimador.
**DISMALNESS** (dIz'mâlnéss), s. Melancolia; tristeza; horror; medo; consternação.
**DISMANTLE** (dsménit'l), v. t. Desmontar; desguarnecer; despojar; desmobiliar, despir.
**DISMANTLEMENT** (dsméntI'ment), s. Desmantelamento; desmembramento.
**DISMAST** (dismés't), v. t. Desmastrear.
**DISMAY** (dismê'i), v. t. Desanimar; consternar; amedrontar; s. desânimo; assombro.
**DISMEMBER** (dismém'bâr), v. t. Desmembrar; desconjuntar; deslocar; separar as partes.
**DISMEMBERMENT** (dismém'bârment), s. Desmembramento.
**DISMISS** (dismi'ss), v. t. Despedir, demitir; dissolver; s. (Mil.) ordem de debandar.
**DISMISSAL** (dismi'sâl), s. Demissão, destituição; exoneração; licenciamento (tropas).
**DISMISSIBLE** (dismi'slbl), adj. Demissível.
**DISMOUNT** (dis'máun't), v. t. e i. Desmontar; desarmar; apear; descer; derribar.
**DISMOUNTING** (dis-máun'tinn), s. Desmontagem.
**DISNATURALIZE** (disné'tshurâláiz) ou **DISNATURE** (disnêi'tshâr), v. t. Desnaturalizar.
**DISNATURED** (disnêi'tshârd), adj. Desnaturado.
**DISOBEDIENCE** (dissobi'diânss), s. Desobediência; rebeldia; insurreição.
**DISOBEDIENT** (dissobi'diânt), adj. Desobediente; rebelde.
**DISOBEY** (disobê'i), v. t. e i. Desobedecer.
**DISOBEYER** (dissobêi'âr), s. Rebelde.
**DISOBLIGE** (disoblái'dj), v. t. Desagradar; afrontar; incomodar; desconsiderar.
**DISOBLIGING** (disoblái'djinn), adj. Incivil; descortês; grosseiro.
**DISOBLIGINGNESS** (dissoblái'djinéss), s. Incivilidade; descortesia; grosseria.
**DISORDER** (dissór'dâr), s. Desordem; desarranjo, confusão; desvairamento; doença; v. t. desordenar; perturbar; adoecer.
**DISORDERED** (dissór'dârd), adj. Desordenado, confuso; mórbido; doente; desvairado.
**DISORDERLINESS** (dissór'dâlinéss), s. Desordem; confusão; perturbação.
**DISORDERLY** (dissór'dârli), adj. Desordenado; confuso; tumultuoso; violento.
**DISORDINATE** (dissór'dinit), adj. Desordenado; desvairado; irreprimível.
**DISORGANIZATION** (dissórgânáizêi'shânn), s. Desorganização.
**DISORGANIZE** (dissór'gânáiz), v. t. Desorganizar.

**DISORIENTATION** (diz'òrientei'shânn), s. Desorientação; desnorteamento; desconcerto.
**DISOWN** (dissôu'nn), v. t. Repudiar; renegar; rejeitar; desaprovar; não reconhecer.
**DISPAIR** (dispé'r), v. t. Desaparelhar.
**DISPARAGE** (dispé'ridj), v. t. Deprimir; aviltar; rebixar; menosprezar; denegrir.
**DISPARAGEMENT** (dispé'ridjment), s. Menosprezo; injúria; infâmia; união desigual.
**DISPARAGER** (dispé'rdjâr), s. Depreciador; aviltador; difamador.
**DISPARAGING** (dispé'ridjinn), adj. Desonroso; depreciativo; aviltante.
**DISPARATE** (dis'pârit), adj. Desigual; diferente; discordante; dispar.
**DISPARATENESS** (dis'pâritnéss), s. Disparidade; desigualdade; dessemelhança.
**DISPARITY** (dispé'rit), s. Disparidade.
**DISPART** (dispâr't), v. t. e i. Dividir; separar.
**DISPASSION** (dispé'shânn), s. Imparcialidade; impassibilidade; indiferença.
**DISPASSIONATE** (dispé'shânit), adj. Calmo; impassível; frio; sereno; fleugmático.
**DISPASSIONATELY** (dispé'shânitli), adv. Desapaixonadamente; imparcialmente.
**DISPASSIONATENESS** (dispé'shânitnéss), s. Imparcialidade; serenidade.
**DISPEL** (dispé'l), v. t. Dissipar; dispersar.
**DISPENSABLE** (dispén'sâbl), adj. Dispensável; sem importância.
**DISPENSARY** (dispén'sâri), s. Dispensário.
**DISPENSATION** (dispénsèi'shânn), s. Dispensa; exceção; decreto; vontade divina.
**DISPENSATORY** (dispén'satôuri), s. Farmacopéia; formulário de produtos medicinais.
**DISPENSE** (dispén'ss), v. t. e i. Dispensar; distribuir; partilhar; administrar; ministrar (justiça); aviar (receita).
**DISPENSER** (dispén'sâr), s. Dispensador; distribuidor; farmacêutico.
**DISPENSING** (dispén'sinn), s. Aviamento de receita; dispensa; adj. que dispensa.
**DISPEOPLE** (dispip'l), v. t. Despovoar; assolar.
**DISPERMATUS** (dispâr'mâtáss) ou **DISPERMOUS** (dispâr'máss), adj. Dispermo.
**DISPERSE** (dispâr'ss), v. t. Dispensar; espalhar; dissipar; v. i. dispersar-se.
**DISPERSION** (dispâr'shânn), s. Dispersão.
**DISPERSIVE** (dispâr'siv), adj. Dispersivo.
**DISPIRIT** (dispi'rit), v. t. Desanimar; abater.
**DISPIRITED** (dispi'ritd), adj. Desanimado; acabrunhado; abatido; desmoralizado.

**DISPIRITEDNESS** (dispi'ritdnéss), s. Desânimo; abatimento; desmoralização.
**DISPLACE** (displéi'ss), v. t. Deslocar; desalojar; demitir; destituir; desordenar.
**DISPLACEABLE** (displéi'sâbl), adj. Deslocável.
**DISPLACEMENT** (displèis'ment), s. Deslocação; destituição; (Meteor.) alteração.
**DISPLANT** (displén't), v. t. Transplantar; desplantar; (fig.) mudar; deslocar.
**DISPLANTATION** (displéntèi'shânn), s. Transplantação, desplantação.
**DISPLAY** (displè'i), s. Exibição; ostentação; manifestação; desfile; espetáculo; v. t. exibir; mostrar; desenrolar; arvorar (bandeira); manifestar; (Tip.) por em destaque.
**DISPLAYER** (displèi'âr), s. Expositor; apresentador; ostentador.
**DISPLEASE** (displi'z), v. t. e i. Desagradar; descontentar; desgostar; ofender.
**DISPLEASING** (displi'zinn), adj. Desagradável; antipático; ofensivo.
**DISPLEASURE** (displé'jâr), s. Desprazer; desgosto; enfado; aborrecimento.
**DISPLUME** (displu'mm), v. t. Desplumar; depenar; (fig.) rebaixar; desonrar.
**DISPONE** (dispô'nn), v. t. e i. Ceder para outrem (lei escocesa).
**DISPONER** (dispôu'nâr), s. Outorgante.
**DISPORT** (dispôr't), v. t. e i. Divertir; recrear; brincar; s. divertimento; folguedo.
**DISPOSABLE** (dispôu'zâbl), adj. Disponível.
**DISPOSAL** (dispôu'zâl), s. Disposição; colocação; situação; venda; ordens; arranjos.
**DISPOSE** (dispôu'z), v. t. e i. Dispor; pôr em ordem; regular; distribuir; vender; ajustar.
**DISPOSED** (dispôuz'd), adj. Disposto; intencionado; inclindo.
**DISPOSER** (dispôu'zâr), s. Árbitro.
**DISPOSITION** (dispozi'shânn), s. Disposição; ordem; arranjo; distribuição; decisão final; caráter; aptidão; atitude; humor.
**DISPOSSESS** (dispozé'ss), v. t. Desapropriar; desapossar; espoliar; privar de.
**DISPOSSESSION** (dispôzé'shânn), s. Expropriação; despejo, desalojamento.
**DISPRAISE** (dispréi'z), v. t. Censurar, repreender; reprovar; s. censura; descrédito.
**DISPROOF** (dispru'f), s. Refutação; impugnação, contestação.
**DISPROPORTION** (dispropôr'shânn), s. Desproporção; falta de simetria; insuficiência; v. t. tornar desigual; deformar.

**DISPROPORTIONAL** (dispropôr'shânâl), adj. Desproporcional; desigual.
**DISPROPORTIONATE** (dispropôr'shânit), adj. Desproporcionado; sem proporção.
**DISPROVABLE** (dispru'vâbl), adj. Refutável.
**DISPROVE** (dispru'v), v. t. Desaprovar; refutar; impugnar.
**DISPUTABLE** (dispiu'tâbl), adj. Disputável.
**DISPUTABLENESS** (dispiu'tâblnéss), s. Caráter do que se pode disputar.
**DISPUTANT** (dis'piutânt), adj. e s. Disputante.
**DISPUTATION** (dispiutêi'shânn), s. Disputa; contenda; controvérsia; argumentação.
**DISPUTATIOUS** (dispiutêi'shâs) ou **DISPUTATIVE** (dispiu'tâtiv), adj. Disputativo.
**DISPUTE** (dispiu't), v. t. e i. Disputar; contender; altercar; lutar por; competir; s. contestação; disputa; controvérsia.
**DISQUALIFICATION** (diskuólifikêi'shânn), s. Desqualificação; incapacidade.
**DISQUALIFY** (diskuó'lifâi), v. t. Desqualificar.
**DISQUIET** (diskuái'ét), v. t. Inquietar; desassossegar; perturbar; incomodar, s. inquietação; ansiedade; perturbação.
**DISQUIETUDE** (diskuái'itiud), s. Ansiedade; inquietação; desassossego.
**DISQUISITION** (diskuizi'shânn), s. Dissertação sistemática; averiguação; exame;.
**DISREGARD** (disrigár'd), v. t. Desprezar; menosprezar; desatender; pôr de parte; s. negligência; desconsideração; pouco caso.
**DISREGARDFUL** (disrigárd'ful), adj. Desatento; negligente.
**DISRELISH** (disré'lish), v. t. Sentir aversão a; repugnar; s. aversão; fastio; desgosto.
**DISREPAIR** (disripé'r), s. Mau estado; desarranjo.
**DISREPUTABILITY** (disripiutâbi'liti) ou **DESREPUTABLENESS** (disripiu'tâblnéss), s. Descrédito; desonra; ignomínia; baixeza.
**DISREPUTABLE** (disriupiu'tâbl), adj. Desonroso; desacreditado; infamante.
**DISREPUTE** (disripiu't), v. t. Desonrar; desacreditar, s. desonra; descrédito; ignomínia.
**DISRESPECT** (disrispék't), s. Desrespeito, irreverência; descortesia; incivilidade, v. t. desconsiderar; desacatar.
**DISRESPECTFUL** (disrispékt'ful), adj. Desrespeitoso; irreverente; incivil; descortês.
**DISRESPECTFULNESS** (disrispékt'fulnéss), s. Desrespeito; incivilidade; grosseria.
**DISROBE** (disrôu'bl), v. t. e i. Despir, despojar; privar de.

**DISROOT** (disru't), v. t. Desarraigar.
**DISRUPT** (disrâp't), v. t. Romper; rebentar; despedaçar; dilacerar; adj. rasgado; roto.
**DISRUPTION** (disrâp'shânn), s. Rompimento; ruptura; dilaceração.
**DISRUPTIVE** (disrâp'tiv), adj. Rompedor.
**DISSATISFACTION** (dissétisfék'shânn), s. Insatisfação; descontentamento; pesar.
**DISSATISFACTORINESS** (dissétisfék'tôurinéss), s. Incapacidade de contentar.
**DISSATISFACTORY** (dissétisfék'tôuri), adj. Insatisfeito; desagradável; insuficiente.
**DISSATISFY** (dissé'tisfái), v. t. Descontentar; desagradar; desapontar.
**DISSECT** (dissék't), v. t. Dissecar; retalhar.
**DISSECTED** (dissékt'd), adj. Dissecado; cortado em postas; separado nas juntas.
**DISSECTION** (dissék'shânn), s. Dissecção; dissecação; (fig.) exame rigoroso.
**DISSECTOR** (dissék'târ), s. Dissector (pessoa, instrumento).
**DISSEIZE** (dissi'z), v. t. Desapossar; usurpar.
**DISSEIZEE** (dissizi'), s. Pessoa desapossada ou despojada ilegalmente.
**DISSEIZIN** (dissi'zinn), s. Usurpação; esbulho; desapropriação ilegal.
**DISSEIZOR** (dissi'zâr), s. Usurpador; esbulhador; despojador.
**DISSEMBLANCE** (dissem'bléns), s. Dissimulação; fingimento; disfarce.
**DISSEMBLE** (dissémb'l), v. t. e i. Dissimular; disfarçar; fingir; mascarar; alarde falso.
**DISSEMBLER** (dissém'blâr, s. Dissimulador.
**DISSEMINATE** (dissé'minêit), v. t. Disseminar; espalhar; divulgar; difundir.
**DISSEMINATION** (disséminéi'shânn), s. Disseminação; propagação; divulgação.
**DISSEMINATIVE** (dissé'minêitiv), adj. Disseminativo; disseminador.
**DISSEMINATOR** (dissé'minêitâr), s. Disseminador; propagador; divulgador.
**DISSENSION** (dissén'shânn), s. Dissensão; divergência; desavença; contenda.
**DISSENT** (dissén't), s. Dissensão; dissidência; discordância; v. t. divergir, diferir.
**DISSENTER** (dissén'târ), s. ou **DISSENTIENT** (dissén'tshiânt), adj. e s. Dissidente.
**DISSENTING** (dissén'tinn), adj. Discordante.
**DISSENTIOUS** (dissén'shâs), adj. Discordante; rixoso; contendor.
**DISSERTATE** (dissâr'têit), v. i. Dissertar.
**DISSERTATION** (dissârtêi'shânn), s. Dissertação; divagação; exposição; ensaio; tese.

**DISSERVE** (dissâr'v), v. t. Prejudicar; fazer mal; disservir.
**DISSERVICE** (dissâr'viss), s. Desserviço; prejuízo; perfídia.
**DISSEVERANCE** (dissé'vârânss), s. Separação; divisão; desunião.
**DISSEVER** (dissé'vâr), v. t. e i. Dividir; separar; desunir; secionar.
**DISSEVERMENT** (dissé'vârment), s. Divisão.
**DISSIDENCE** (di'sidéns), s. Dissidência; divergência; discordância.
**DISSIDENT** (di'sidént), adj. e s. Dissidente.
**DISSIMILAR** (dissi'milâr), adj. Dessemelhante; diferente; diverso.
**DISSIMILARITY** (dissimilé'riti), s. Dessemelhança; diversidade; disparidade.
**DISSIMILATE** (dissimé'leit), v. t. e i. Dessemelhar; diferenciar; dissimilar.
**DISSIMILATION** (dissimilêi'shânn), s. Diferenciação; dissimilação; catabolismo.
**DISSIMILITUDE** (dissimi'litfud), s. Dessemelhança; desigualdade.
**DISSIMULATE** (dissi'miuléit), v. t. e i. Dissimular; fingir; disfarçar.
**DISSIMULATION** (dissimiulêi'shânn), s. Dissimulação; fingimento; hipocrisia.
**DISSIMULATIVE** (dissi'miulêitiv), adj. Dissimulador; falso; fingido.
**DISSIMULATOR** (dissimélei'târ), s. Dissimulador.
**DISSIPATE** (di'sipêit), v. t. Dissipar; desperdiçar; esbanjar.
**DISSIPATED** (di'sipêitid), adj. Esbanjador; dissipador; dissoluto; pródigo.
**DISSIPATION** (dissipêi'shânn), s. Dissipação; libertinagem; diversão.
**DISSIPATOR** (di'sipêitôr), s. Dissipador.
**DISSOCIABLE** (dissôu'shiâbl), adj. Dissociável; insociável; intratável; separável.
**DISSOCIALIZE** (dissôu'shialáiz), v. t. Tornar insociável; afastar da sociedade.
**DISSOCIATE** (dissôu'shiêit), v. t. Dissociar; desagregar; desunir; separar; decompor.
**DISSOCIATION** (dissôushiêi'shânn), s. Dissociação; desagregação; desunião.
**DISSOLUBILITY** (dissoliubi'liti), s. Dissolubilidade; decomponibilidade.
**DISSOLUBLE** (di'soliubl), adj. Dissolúvel.
**DISSOLUBLENES** (di'soliubînéss), s. Dissolubilidade.
**DISSOLUTE** (di'soliut), adj. Dissoluto; imoral.
**DISSOLUTENESS** (di'soliutnéss), s. Libertinagem; devassidão.

**DISSOLUTION** (dissoliu'shânn), s. Dissolução; desintegração; decomposição; morte.
**DISSOLVABILITY** (dizôlvâbi'liti), s. Solubilidade.
**DISSOLVABLE** (dizôl'vâbl), adj. Dissolúvel.
**DISSOLVE** (dizôl'v), v. t. Dissolver; diluir; desfazer; derreter, v. i. dissolver-se; decompor-se; s. esfumação; (Cinematogr.) mudança gradual para a cena seguinte.
**DISSOLVENT** (dizôl'vent), adj. e s. Dissolvente.
**DISSONANCE** (di'sonânss) ou **DISSONANCY** (di'sonânsi), s. Dissonância; desacordo.
**DISSONANT** (di'sonânt), adj. Dissonante; discordante; desafinado; incongruente.
**DISSUADE** (dissuéi'd), v. t. Dissuadir; desviar; mudar de parecer (seguido de *from*).
**DISSUASION** (dissuêi'jânn), s. Dissuasão.
**DISSUASIVE** (dissuêi'siv), adj. Dissuasivo.
**DISSUASIVENESS** (dissuêi'sivnéss), s. Dissuasão.
**DISSYLLABIC** (dissilé'bik), adj. Dissilábico; s. (Gram.) dissílabo.
**DISTAFF** (dis'tëf), s. Roca de fiar; fuso.
**DISTANCE** (dis'tânss), s. Distância; extensão; período; espaço; intervalo; recato; reserva; respeito; altivez; v. t. distanciar; desviar; progredir; exceder; ir além.
**DISTANT** (dis'tânt), adj. Distante; remoto; afastado; recatado; embaraçado; obscuro.
**DISTASTE** (distêis't), s. Aversão; antipatia; desprazer; v. t. desgostar; aborrecer.
**DISTASTEFUL** (distêist'ful), adj. Enjoativo; desagradável; insípido; amargo; sem gosto; repelente; ofensivo; de mau gosto.
**DISTASTEFULNESS** (distêist'fulnéss), s. Insipidez; gosto desagradável; aversão.
**DISTEMPER** (distém'pâr), v. t. Destemperar; perder a serenidade; irritar-se; afetar; ofender; perturbar; causar doença a; pintar à têmpera; s. indisposição; enfermidade; incômodo; desarranjo; tinta sem óleo.
**DISTEND** (distén'd), v. t. e i. Distender; expandir; dilatar; inflar; intumescer.
**DISTENDER** (distén'dâr), s. Que, ou aquele que distende.
**DISTENSIBILITY** (disténsibi'liti), s. Grau de distensão.
**DISTENSIBLE** (distén'sibl), adj. Dilatável.
**DISTENSION** (distén'shânn), s. Distensão; dilatação.
**DISTENT** (distén't), adj. Distendido; dilatado.
**DISTICH** (dis'tik), s. Dístico; (Poét.) estância.

**DISTICHOUS** (dis'tikåss), adj. (Bot.) Dístico.
**DISTIL, DISTILL** (disti'l), v. t. e i. Destilar; retificar; gotejar; transpirar.
**DISTILLABLE** (disti'lâbl), adj. Destilável.
**DISTILLATE** (dis'tilit), s. Produto de destilação.
**DISTILLATION** (distilêi'shånn), s. Destilação.
**DISTILLATORY** (disti'låtôuri), adj. Destilatório.
**DISTILLER** (dis'tilâr), s. Destilador.
**DISTILLERY** (disti'lâri), s. Destilaria.
**DISTINCT** (distink't), adj. Distinto; claro; diferente; preciso; separado; apartado.
**DISTINCTNESS** (distinkt'néss), s. Distinção.
**DISTINCTION** (distink'shånn), s. Distinção, o que distingue; distintivo; prerrogativa.
**DISTINCTIVE** (distink'tiv), adj. Distintivo.
**DISTINCTIVENESS** (distink'tivnéss), s. Distinção; clareza; precisão.
**DISTINGUISH** (distin'gûish), v. t. Distinguir; diferençar; classificar; honrar; enaltecer.
**DISTINGUISHABLE** (distin'gûishâbl), adj. Distingüível; perceptível.
**DISTINGUISHED** (distin'gûisht), adj. Distinto; ilustre, famoso; eminente; egrégio.
**DISTINGUISHING** (distin'gûishinn), adj. Distintivo; judicioso; característico; peculiar.
**DISTORT** (distór't), v. t. Torcer; contorcer; decompor; falsificar; desnaturar.
**DISTORTED** (distór'tid), adj. Deformado.
**DISTORTER** (distór'târ), s. Desfigurador.
**DISTORTION** (distór'shånn), s. Torcimento; torcedura; deformidade; má interpretação.
**DISTRACT** (distrék't), v. t. Distrair; desviar (a mente, a atenção); confundir; enlouquecer.
**DISTRACTED** (distrékt'd), adj. Distraído; abstrato; perturbado; perplexo; demente.
**DISTRACTEDNESS** (distréktd'néss), s. Distração; desatenção; abstração; loucura.
**DISTRACTION** (distrék'shånn), s. Distração; abstração; confusão; demência.
**DISTRACTIVE** (distrék'tiv), adj. Distrativo.
**DISTRAIN** (distrêi'nn), v. t. e i. Embargar; penhorar; seqüestrar.
**DISTRAINABLE** (distrêi'nâbl), adj. Embargável; penhorável; seqüestrável.
**DISTRAINER, DISTRAINOR** (distrêi'når), s. Embargante; penhorador.
**DISTRAINMENT** (distrêin'ment), s. Embargo; penhora; seqüestro; seqüestração.
**DISTRAINT** (distrêin't), adj. Distraído.
**DISTRAUGHT** (distró't), adj. Distraído; perturbado; demente.

**DISTRESS** (distré'ss), v. t. Afligir; angustiar; agitar dolorosamente; (Jur.) penhorar; embargar; seqüestrar; s. mágoa; angústia; tristeza; apuro; desgraça; miséria; escassez; perigo; penhora; embargo; seqüestro.
**DISTRESSED** (distré'sid), adj. Infeliz; aflito; desgraçado; desprovido; desamparado.
**DISTRESSFUL** (distrés'ful), adj. Aflito; infeliz; lamentável; digno de pena.
**DISTRESSING** (distré'sinn), adj. Aflitivo; penoso; desolador; doloroso.
**DISTRIBUTABLE** (distri'biutâbl), adj. Distributivo; classificável.
**DISTRIBUTE** (distri'biut), v. t. e i. Distribuir; arranjar; dispor; (Jur.) administrar.
**DISTRIBUTER, DISTRIBUTOR** (distri'biutâr), s. Distribuidor; repartidor.
**DISTRIBUTING** (distri'biutinn), adj. Distribuidor.
**DISTRIBUTION** (distribiu'shånn), s. Distribuição; partilha; arranjo.
**DISTRIBUTIVE** (distri'biutiv), adj. Distributivo.
**DISTRICT** (dis'trikt), s. Distrito; divisão; jurisdição; região; território; comarca.
**DISTRUST** (distrås't), s. Desconfiança; suspeita; dúvida; v. t. desconfiar; temer.
**DISTRUSTFUL** (distråst'ful), adj. Desconfiado.
**DISTRUSTFULNESS** (distråst'fulnéss), s. Desconfiança; suspeita; medo; receio.
**DISTURB** (distår'b), v. t. Perturbar; inquietar; incomodar; interromper; estorvar.
**DISTURBANCE** (distår'bånss), s. Distúrbio; perturbação; desordem; motim; agitação.
**DISTURBER** (distår'bår), s. Desordeiro; perturbador; agitador; importuno; maçador.
**DISTURBING** (distår'binn), adj. Perturbador.
**DISUNION** (disiu'niånn), s. Desunião; separação; desacordo; desavença.
**DISUNITE** (dissiu'nåit), v. t. e i. Desunir; separar; dividir; desunir-se; desligar-se.
**DISUNITY** (dissiu'niti), s. Desunião.
**DISUSE** (dissiu'z), v. t. Desusar; desacostumar.
**DISUSE** (dissiu'ss), s. Desuso; descostume.
**DISUSED** (dissiuz'd), adj. Desusado; antiquado; arcaico.
**DITCH** (ditch), s. Rego, fosso, vala; trincheira. *To the last ditch:* até o último cartucho v. t. cavar (fosso, rego); jogar numa vala; (gír.) rejeitar; abandonar; por fora; descarrilar, descarrilhar (trem); v. i. cavar fosso.
**DITCHER** (di'tshâr), s. Cavador de fosso; máquina de abrir valetas.

**DITHER** (di'thâr), s. Tremor; estremecimento; (fam.) confusão; v. i. arrepiar; estremecer.
**DITHYRAMB** (di'thirémm), s. Ditirambo.
**DITHURAMBIC** (dithirém'bik), adj. Ditirâmbico; ardente; entusiástico.
**DITTO** (di'tôu), s. Dito; idem; o mesmo; adv. como anteriormente, igualmente.
**DITTY** (di'ti), s. Canção, cantiga; balada.
**DIURETIC** (dái-iuré'tik), adj. e s. Diurético.
**DIURNAL** (dáiâr'nâl), adj. Diurno; cotidiano; diário; efêmero; que dura só um dia.
**DIVAGATE** (dái'vaghêit), v. t. Divagar; desviar do assunto; perambular.
**DIVAGATION** (dáivághêi'shânn), s. Divagação; digressão.
**DIVALENT** (dai'veilént), adj. (Quím.) Bivalente.
**DIVAN** (divé'nn), s. Divã, espécie de sofá; tribunal turco; sala de fumar.
**DIVARICATE** (divé'rikêit ou dáivé'rikêit), v. t. e i. Bifurcar, dividir em dois.
**DIVARICATION** (divérikêi'shânn ou dáivérikêi'shânn), s. Bifurcação; separação em dois ramos; desacordo.
**DIVE** (dáiv), s. Mergulho (também aéreo); picada; pique; salto de trampolim; submersão (de submarino); (pop. EUA) taberna, espelunca, boate de péssima reputação; v. i. ocultar-se; penetrar profundamente.
**DIVER** (dái'vâr), s. Mergulhador.
**DIVERGE** (divâr'dj), v. i. Divergir; discordar.
**DIVERGENCE** (divâr'djénss) ou **DIVERGENCY** (divâr'djénsi), s. Divergência; desacordo.
**DIVERGENT** (divâr'djént) ou **DIVERGING** (divâr'djinn), adj. Divergente; oposto.
**DIVERS** (dái'vârss), adj. Diversos; vários.
**DIVERSE** (divâr'ss), adj. Diverso; diferente.
**DIVERSENESS** (divârs'néss), s. Diversidade.
**DIVERSIFICATION** (divârsifikêi'shânn), s. Diversificação; variedade; mudança.
**DIVERSIFORM** (dáivâr'siform), adj. Diversiforme; multiforme.
**DIVERSIFY** (divâr'sifái), v. t. Diversificar.
**DIVERSION** (divâr'shânn), s. Diversão; divertimento; desvio; deflexão.
**DIVERSITY** (divâr'siti), s. Diversidade.
**DIVERT** (divâr't), v. t. Desviar; divertir.
**DIVERTER** (divâr'târ), s. Entretedor.
**DIVERTING** (divâr'tinn), adj. Divertido.
**DIVERTISEMENT** (divâr'tizment), s. Divertimento; entretenimento.
**DIVERTISSEMENT** (divértismá'nn), s. Entremez; bailado, em intervalos de peça.

**DIVERTIVE** (divâr'tiv), adj. Divertido.
**DIVEST** (divés't), v. t. Despir; esbulhar.
**DIVESTITURE** (divés'titshâr), s. Despimento; despojo.
**DIVIDABLE** (diváí'dâbl), adj. Divisível.
**DIVIDE** (diváí'd), v. t. Dividir; partilhar; repartir; v. i. dividir-se; separar-se.
**DIVIDEND** (di'vidénn), s. Dividendo.
**DIVIDER** (diváí'dâr), s. Divisor; distribuidor.
**DIVIDING** (diváí'dinn), adj. Divisor.
**DIVINATION** (divinêi'shânn), s. Adivinhação; palpite; conjetura.
**DIVINATORY** (divi'nâtôuri), adj. Divinatório.
**DIVINE** (diváí'nn), v. t. e i. Adivinhar; prognosticar; adj. divino, celeste, sacro, sublime; s. teólogo; sacerdote; clérigo.
**DIVINENESS** (diváí'ninéss), s. Divindade.
**DIVINER** (diváí'nâr), s. Adivinho; vaticinador.
**DIVINITY** (divi'niti), s. Divindade; Deus; atributo divino; falso deus; teologia.
**DIVISIBILITY** (divizibi'liti), s. Divisibilidade.
**DIVISIBLE** (divi'zibl), adj. Divisível.
**DIVISION** (divi'jânn), s. Divisão; separação; distribuição; classificação; divergência; divisão (parte de exército ou esquadra).
**DIVISIONAL** (divi'jânâl), adj. Divisório.
**DIVISIVE** (diváí'ziv), adj. Distributivo.
**DIVISOR** (diváí'zâr), s. (Mat.) Divisor.
**DIVORCE** (divôur'ss), s. Divórcio; separação; desunião; v. t. divorciar; separar; desunir; s. divorciado.
**DIVORCEE** (divôur'si), s. Divorciado(a).
**DIVORCER** (divôu'sâr), s. O que divorcia.
**DIVULGATION** (diválghêi'shânn), s. Divulgação; propagação.
**DIVULGE** (divál'dj), v. t. Divulgar; propagar.
**DIVULGER** (divál'gâr), s. Divulgador; revelador.
**DIVULSION** (diváL'shânn), s. Arrancamento; ruptura; dilatação.
**DIVVY** (div'i), v. t. e i. (gír.) Partilhar; dividir.
**DIZEN** (diz'n ou dáiz'n), v. t. Ornar.
**DIZZINESS** (di'zinéss), s. Vertigem; tontura.
**DIZZY** (di'zi), v. t. Causar vertigens; aturdir; adj. vertiginoso; tonto; atordoado.
**DO** (du), v. t. e i. Fazer, executar, cumprir, efetuar; completar, acabar; preparar; cozer ou assar; pagar; fazer adiantamento em dinheiro; servir; preencher as condições; passar bem ou mal de saúde; seduzir; enganar; visitar; liquidar ou matar; desempenhar o papel de; conduzir-se; portar-se.
**DOABLE** (du'âbl), adj. Factível; fazível.

**DOBBIN** (dâb'in), s. Cavalo manso e pesadão.
**DOCILE** (dó'sil ou dôu'sáil), adj. Dócil; submisso; obediente; tratável; brando; manso.
**DOCILITY** (dóssi'liti), s. Docilidade, brandura.
**DOCK** (dók), v. t. Encurtar; diminuir; abreviar; cortar (cauda); (Jur.) rescindir; (Náut.) fazer entrar (em doca ou estaleiro); s. doca; dique; parte grossa do rabo dos animais; cotó, rabicho; banco dos réus.
**DOCKAGE** (dó'kidj), s. Direito de doca; ato de entrar em doca.
**DOCKER** (dó'kâr), s. Estivador.
**DOCKET** (dó'két), s. Resumo; extrato; sumário; abertura de falência; rótulo, etiqueta; calendário, almanaque; v. t. resumir, fazer uma súmula, condensar; rotular; etiquetar.
**DOCKYARD** (dók'iárd), s. Arsenal de marinha; estaleiro.
**DOCTOR** (dók'târ), s. Doutor (médico ou dentista); v. i. exercer clínica; tomar remédios; v. t. doutorar; receitar.
**DOCTORAL** (dók'târâl), adj. Doutoral.
**DOCTORATE** (dók'târit), s. Doutorado; dignidade; grau de doutor.
**DOCTRINAIRE** (dóktriné'r), adj. Doutrinário; teórico; s. visionário; escolástico; pessoa que usa teorias absurdas.
**DOCTRINE** (dók'trinn), s. Doutrina; dogma.
**DOCTRINIZE** (dók'trináiz), v. t. Doutrinar.
**DOCUMENT** (dó'kiumént), s. Documento; título; peça; v. t. documentar.
**DOCUMENTAL** (dókiumén'tâl), adj. Documentário; documental.
**DOCUMENTARY** (dó'kiuméntari), s. e adj. Documentário (também cinema).
**DOCUMENTATION** (dó'kiumentêishânn), s. Documentação.
**DOCUMENTIZE** (dó'kiumentáiz), v. t. Documentar; ensinar.
**DODDER** (dó'dâr), v. i. Tremer; titubear; vacilar; s. (Bot.) barba-de-frade, cuscuta.
**DODDERED** (dó'dârd), adj. Enfermo; abatido.
**DODECAGON** (dodé'kâgonn), s. (Mat.) Dodecágono.
**DODECAHEDRON** (dodéká-hé'drônn), s. (Mat.) Dodecaedro.
**DODGE** (dó'dj), v. t. e i. Fugir a; esquivar-se; espiar, espreitar; enganar, trapacear; s. subterfúgio; astúcia; logro; artimanha.
**DODGER** (dó'djâr), s. Trapaceiro; chicanista; (Mil.) insubmisso.
**DODO** (dou'dou), s. Dodo; (pop.) pessoa antiquada, estúpida; dodô (grande pomba).

**DOE** (dôu), s. Corça; fêmea do antílope e de outros animais.
**DOER** (du'âr), s. Fazedor, fautor; agente.
**DOFF** (dâf), v. t. Tirar (roupa); remover; tirar o chapéu (saudação); jogar fora; livrar-se de; deixar de lado.
**DOG** (dóg), s. Cão, cachorro; macho de outros animais; cão de chaminé; gato de ferro; cão de arma de fogo; (fam.) pessoa vil, tratante; gajo; sujeito. *A dead dog:* coisa sem valor; v. t. seguir insistentemente (como um cão); rastejar; caçar.
**DOGGED** (dó'ghid), adj. Obstinado; teimoso.
**DOGGEDNESS** (dó'ghidnéss), s. Obstinação.
**DOGGER** (dó'gâr), s. Dogre (barco).
**DOGGERY** (dó'gâri), s. Tratantada, canalhice; canalha; espelunca (EUA).
**DOGGIE** (dó'ghi), s. Cachorrinho; adj. como cão; vistoso; elegante.
**DOGGISH** (dó'ghish), adj. Próprio de cão; brutal; baixo; vil.
**DOGGISHNESS** (dó'ghishnéss), s. Bestialidade; baixeza.
**DOGMA** (dóg'mâ), s. Dogma.
**DOGMATIC** (dógmé'tik), adj. Dogmático.
**DOGMATICALLY** (dógmé'tikâli), adv. Dogmaticamente.
**DOGMATICALNESS** (dógmé'tikâlnéss), s. Tom dogmático.
**DOGMATICS** (dógmé'tiks), s. Dogmática.
**DOGMATISM** (dóg'métizm), s. Dogmatismo.
**DOGMATIZE** (dóg'mâtáiz), v. i. Dogmatizar; s. dogmatista; dogmatizador.
**DOILY** (dói'li), s. Pequeno guardanapo.
**DOING** (du'inn), s. Feito, fato, ação; acontecimento; ato de fazer.
**DOIT** (dóit), s. Pequena moeda de cobre holandesa; (fig.) óbolo, esmola; ninharia.
**DOITED** (dói'tid), adj. Caduco; demente.
**DOLDRUMS** (dól'drâmss), s. pl. Calmarias equatoriais; (fig.) tédio; depressão moral.
**DOLE** (dôul), v. t. Repartir; distribuir; s. doação; concessão; quinhão; verba oficial em favor dos desempregados; tristeza.
**DOLEFUL** (dôul'ful), adj. Triste; doloroso; melancólico; lúgubre.
**DOLEFULNESS** (dôul'fulnéss), s. Tristeza; dissabor; pesar; angústia; miséria.
**DOLL** (dól), s. Boneca(o); mulher bem vestida mas pouco inteligente.
**DOLLAR** (dó'lâr), s. Dólar (moeda dos Estados Unidos, Canadá, México, República Dominicana, Libéria).

**DOLLISH** (dó'lish), adj. Afetado; melindroso.
**DOLLISHNESS** (dó'lishnéss), s. Afetação.
**DOLLY** (dó'li), s. Boneca(o); forma abreviada do nome próprio Dorothy (Dorotéia).
**DOLMAN** (dól'mánn), s. Dólmã; casaco militar; capinha de senhora.
**DOLMEN** (dól'menn), s. Dolmen (monumento druídico); mesa de pedra.
**DOLOR, DOLOUR** (dôu'lâr), s. (Poét.) Dor, pesar, angústia; lamento; aflição.
**DOLOROUS** (dô'lârâss), adj. (Poét.) Doloroso.
**DOLOSE** (dolôu'ss), adj. (Jur.) Doloso.
**DOLPHIN** (dól'finn), s. Golfinho ou porco-do-mar (peixe); (Náut.) bóia de amarração.
**DOLT** (dólt), s. Tolo, pateta, basbaque.
**DOLTISH** (dól'tish), adj. Atoleimado.
**DOLTISHNESS** (dól'tishnés), s. Estupidez.
**DOMAIN** (domêi'nn), s. Domínio; soberania; império; esfera de ação; ramo especial.
**DOMAINAL** (domêi'nâl), adj. Dominial.
**DOME** (dôumm), s. Teto abobadado de uma rotunda; cúpula, zimbório; caixa de vapor; igreja, domo, catedral; mansão; v. t. e i. abobadar; elevar-se como uma cúpula.
**DOMELIKE** (dôum'láik) ou **DOMICAL** (dôu'mikâl), adj. Abobadado; arqueado.
**DOMESTIC** (domés'tik), adj. Doméstico, caseiro; manso; s. doméstico; criado; servo.
**DOMESTICATE** (domés'tikêit), v. t. Domesticar; familiarizar; amansar.
**DOMESTICATION** (doméstikêi'shânn), s. Domesticação, familiarização.
**DOMESTICITY** (doméstí'siti), s. Domesticidade; mansidão; assunto interno, familiar.
**DOMICIL, DOMICILE** (dó'missil), s. Domicílio, residência, habitação; v. t. e i. domiciliar; domiciliar-se; residir.
**DOMICILIARY** (domissi'liâri), adj. Domiciliário; particular.
**DOMICILIATE** (dómissi'liêit), v. t. e i. Domiciliar, domiciliar-se.
**DOMINANCE** (dó'minânss) ou **DOMINANCY** (dó'minânsi), s. Domínio; controle.
**DOMINANT** (dó'minânt), adj. Dominante; predominante; s. (Mús.) dominante.
**DOMINATE** (dó'minêit), v. t. e i. Dominar; controlar; governar; imperar; predominar.
**DOMINATION** (dóminêi'shânn), s. Dominação; soberania; domínio; império; ascendência.
**DOMINATIVE** (dó'minêitiv), adj. Dominativo.
**DOMINATOR** (dó'minêitâr), s. Dominador; governador; adj. preponderante.

**DOMINEER** (dómini'r), v. t. e i. Dominar; tiranizar; governar com arrogância.
**DOMINEERING** (domini'rinn), adj. Insolente; arrogante; imperioso; dominante.
**DOMINICAL** (domi'nikâl), adj. Dominical; s. templo; letra dominical.
**DOMINICAN** (domi'nikânn), adj. e s. Dominicano.
**DOMINIE** (dó'mini), s. Mestre-escola; clérigo.
**DOMINION** (domi'niânn), s. Domínio; soberania; governo; território; propriedade.
**DOMINO** (dó'minôu), s. Dominó, máscara; jogo de dominó.
**DON** (dónn), v. t. Vestir; envergar; pôr; assumir; s. Dom, senhor, cavalheiro.
**DONATE** (dôu'néit), v. t. Doar; contribuir.
**DONATION** (dôunêi'shânn), s. Doação; donativo; dádiva; oferenda; contribuição.
**DONATIVE** (dôu'nâtiv), s. Donativo; adj. instituído por doação.
**DONATOR** (dôunêi'târ), s. Doador.
**DONE** (dânn), part. pass. de *do;* adj. Feito, acabado, completado; cozido, assado; combinado; liquidado, mortalmente ferido; agonizante; enganado; logrado; interj. tocá! muito bem! *Well done!:* bravo!
**DONKEY** (dón'ki), s. Jumento; (fig.) pessoa estúpida ou obstinada.
**DONNERED** (dó'nârd), adj. Estupefato; aturdido; espantado.
**DONISH** (dó'nish), adj. Importante; formal.
**DONOR** (dóu'nór), s. Doador.
**DO-NOTHING** (du-nâ'thinn), adj. e s. Indolente, preguiçoso.
**DOODLE** (dud'l), adj. Tolo; pateta; bobo.
**DOOM** (dumm), v. t. Condenar; destinar; predestinar; s. julgamento; sentença, decreto, condenação; sorte; destino.
**DOOMED** (dumd), adj. Condenado.
**DOOMSDAY** (dumz'dei), s. Dia do Julgamento Final; dia de julgamento ou condenação.
**DOOR** (dôur), s. Porta, entrada, acesso; (fig.) casa, aposento; começo; padrinho.
**DOORBELL** (dôr'bél), s. Campainha de porta.
**DOORMAN** (dôur'maen), s. Porteiro.
**DOPE** (dôup), s. Narcótico; entorpecente; matéria lubrificante; droga estimulante que se injeta nos animais de corrida; v. t. e i. excitar por meio de drogas.
**DOPEY** (dôu'pi), adj. (gír.) Entorpecido; narcotizado; estúpido; apático; obtuso.
**DORMANCY** (dór'mânsi), s. Dormência; sonolência; letargia.

**DORMANT** (dór'mânt), adj. Dormente; entorpecido; oculto; secreto; desusado.
**DORMER** (dór'mâr), s. Trave, viga; água-furtada; sótão, trapeira.
**DORMITORY** (dór'mitôuri), s. Dormitório.
**DORMOUSE** (dór'mâuss), s. Arganaz; rato de campo.
**DORSAL** (dór'sâl), adj. Dorsal.
**DORSUN** (dór'sâmm), s. (Anat.) Dorso.
**DORY** (dôu'ri), s. Tipo e barco de pesca.
**DOSAGE** (dôu'sidj), s. Dose, porção; dosagem; (fig.) pílula; coisa diffcil de suportar; v. t. e i. dosar; medicamentar.
**DOSE** (dôus), s. Dose; v. t. dosar; administrar em doses; dosificar.
**DOSSAL** (dó'sâl), s. Dossel.
**DOSSER** (dó'sâr), s. Canastra; alcofa.
**DOT** (dót), s. Ponto, pingo sobre o "i" e o "j"; coisa insignificante; (fig.) guri; (fr.) dote; v. t. e i. pôr pontos; semear; salpicar; dotar.
**DOTAGE** (dôu'tidj), s. Imbecilidade; caducidade; extravagância; remendo; idolatria.
**DOTATION** (dotêi'shânn), s. Dotação.
**DOTE** (dôut), v. i. Amar apaixonadamente seguido de *on, upon*); caducar.
**DOTER** (dóu'târ), s. Apaixonado.
**DOTTEREL** (dó'târél), s. Nome de uma ave pernalta; (fig.) pessoa estúpida.
**DOTTINESS** (dó'tinéss), s. Imbecilidade.
**DOTTLE** (dót'l), s. Restos de tabaco de cachimbo.
**DOTTY** (dó'ti), adj. (fam.) Imbecil; estúpido.
**DOUBLE** (dâb'l), s. Dobro; duplo; sósia; dobra; prega; astúcia; artifício; v. t. e i. duplicar; repetir; fingir; dissimular; adj. dissimulado; falso; enganador.
**DOUBLENESS** (dâbl'néss), s. Dobro; dobrez; fingimento.
**DOUBLET** (dâ'blét), s. Par; casal; gibão.
**DOUBLING** (dâ'blinn), s. Dobragem, ato de dobrar; duplicação; revestimento.
**DOUBLOON** (dâblu'nn), s. Dobrão (antiga moeda de ouro).
**DOUBT** (dáut), s. Dúvida; suspeita; desconfiança; cepticismo; embaraço; problema; v. t. e i. duvidar; desconfiar; descrer de.
**DOUBTABLE** (dáu'tâbl), adj. Dubitável; duvidoso.
**DOUBTER** (dáu'târ), s. Duvidador; incrédulo.
**DOUBTFUL** (dáut'ful), adj. Duvidoso; indeciso; questionável.
**DOUBTFULNESS** (dáut'fulnéss), s. Dúvida; incerteza; ambigüidade.

**DOUBTLESS** (dáut'léss), adj. Indubitável; certo; adv. indubitavelmente.
**DOUBTLESSLY** (dáut'lésli), adv. Insofismavelmente; indubitavelmente.
**DOUCHE** (dush), s. Ducha; v. i. tomar ducha.
**DOUGFOOT** (dou'fut), s. (pop.) Soldado de infantaria.
**DOUGH** (dôu), s. Massa de farinha, pasta; argamassa; (gfr.) dinheiro (EUA).
**DOUGHFACED** (dôu'fêist), adj. Imbecil.
**DOUGHNUT** (dôu'nât), s. Rosquinha de massa frita em banha de porco.
**DOUGHTINESS** (dáu'tinéss), s. Valentia.
**DOUGHTY** (dáu'ti), adj. Corajoso.
**DOUR** (dur), adj. Severo; teimoso.
**DOURNESS** (dur'néss), s. Severidade; inflexibilidade.
**DOUSE** (dáuss), v. t. Mergulhar; ensopar; encharcar; apagar (luz); arrear (vela).
**DOVE** (dâv), s. Pombo(a); símbolo do Espírito Santo; inocência; carinhos; (fig.) pombinha; pessoa pacifista, ingênua, afetiva.
**DOVELET** (dâv'lét), s. Pombinha.
**DOVETAIL** (dâv'têil), s. Atarrachador; rabo de andorinha; v. t. atarrachar; ensamblar.
**DOWAGER** (dáu'âdjâr), s. Mulher velha e nobre (Inglaterra); viúva dotada.
**DOWDINESS** (dáu'dinéss), s. Desalinho.
**DOWDY** (dáu'di), adj. Desalinhado; desleixado; s. desalinho; mulher desalinhada.
**DOWEL** (dáu'êl), s. Tarugo, cavilha, pino; prego de madeira; suporte; caboz (peixe).
**DOWER** (dáu'âr), s. Legado a uma viúva; dote; pensão; prendas; talento; v. t. dotar.
**DOWHILL** (dáun-hil), adj. Declive; pendente; adv. em declive; ladeira abaixo.
**DOWLAS** (dáu'lâss), s. Pano de linho grosso.
**DOWN** (dáunn), adv. e prep. Embaixo; para baixo; em descida; sob controle de; em estado menos ativo; v. t. e i. derrubar, subjugar; largar; cair; adj. em declive; desanimado; abatido; s. penugem (aves); pêlo; fiapo; duna; colina (perto do mar); revés da fortuna; interj. abaixo! senta!
**DOWNCAST** (dáun'kést), adj. Abatido; deprimido; s. eixo ventilador de mina.
**DOWNFALL** (dáun'fól), s. Queda; ruína; aguaceiro.
**DOWNPOUR** (dáun'pôur), s. Temporal.
**DOWNRIGHT** (dáun'ráit), adj. Claro; evidente; manifesto; completo; chapado.
**DOWNRIGHTNESS** (dáun'ráitnéss), s. Sinceridade; clareza; franqueza.

**DOWNSTAIRS** (dáun'stérz), s. Térreo, andar térreo; adv. embaixo, no térreo.
**DOWNSTREAM** (dáun'strimm), adj. A jusante, rio abaixo.
**DOWNWARD** (dáun'uârd), adj. Inclinado, em declive; ladeirento; adv. para baixo.
**DOWNY** (dáu'ni), adj. Peludo; felpudo; macio; brando; tranqüilo; sagaz.
**DOWRY** (dáu'ri), s. Dote (de noiva); dádiva.
**DOXOLOGY** (dóksó'lodji), s. Doxologia.
**DOXY** (dâk'si), s. Opinião, doutrina, credo (esp. religioso); (gír.) amante; prostituta.
**DOZE** (dóz), s. Soneca, cochilo; v. i. cochilar; modorrar.
**DOZEN** (dâz'n), s. Dúzia.
**DOZER** (dó'zâr), s. Dorminhoco; sonhador.
**DOZINESS** (dó'zinéss), s. Sonolência.
**DOZY** (dó'zi), adj. Sonolento; adormecido; entorpecido.
**DRAB** (dréb), s. Cor pardacenta; adj. pardacento; (fig.) monótono.
**DRABBLE** (dréb'l), v. t. Sujar (de lodo); emporcalhar; v. i. emporcalhar-se.
**DRAFT** (dréft), v. t. Destacar; desligar; desenhar; projetar; bosquejar; traçar; redigir; fazer a minuta de; s. desenho; plano; projeto; esboço; rascunho; saque, ordem de pagamento; título, letra de câmbio.
**DRAFTED** (dréf'tid), adj. Sorteado; recrutado.
**DRAFTING** (dréf'tinn), s. Arte de desenho.
**DRAFTMAN** (dráft'maenn), s. Desenhista; projetista; redator (de projeto de lei).
**DRAG** (drég), s. Máquina, aparelho para arrastar ou puxar; draga; gancho; rede; garra; freio; grade de arar; carretão, v. t. e i. arrastar, puxar; gradar (a terra).
**DRAGGLE** (drég'l), v. t. e i. Arrastar; arrastar-se na lama; enlamear; emporcalhar.
**DRAGGLETAIL** (drégl'têil), s. Mulher desalinhada, desleixada.
**DRAGMAN** (drég'maen), s. Pescador que usa rede de arrastar.
**DRAGOMAN** (dré'gomaen), s. Dragomano; turgimão.
**DRAGON** (dré'gânn), s. Dragão; (fig.) pessoa de má índole, feroz; serpentária (planta).
**DRAGOON** (drágu'nn), s. Soldado de cavalaria, dragão; v. t. fustigar, perseguir por dragões (soldados); coagir.
**DRAIN** (drêinn), v. t. e i. Drenar, escoar; enxugar; s. dreno; esgotamento; goteira.
**DRAINABLE** (drêi'nâbl), adj. Drenável.
**DRAINAGE** (drêi'nidj), s. Drenagem.

**DRAINER** (drêi'nâr), s. Drenador; escoador.
**DRAKE** (drêik), s. Marreco, pato ou cisne macho.
**DRAM** (drémm), s. Dracma (peso); trago de bebida alcoólica.
**DRAMA** (drá'mâ), s. Drama.
**DRAMATIC** (drâmé'tik) ou **DRAMATICAL** (drâmé'tikâl), adj. Dramático.
**DRAMATIST** (drá'mâtist), s. Dramaturgo.
**DRAMATIZATION** (drémâtáizêi'shânn), s. Dramatização.
**DRAMATIZE** (drá'mâtáiz), v. t. Dramatizar.
**DRAMATURGE** (drá'mâtârdj), s. Dramaturgo; adj. dramatúrgico.
**DRAPE** (drêip), v. t. e i. Vestir, enroupar; pendurar (cortina).
**DRAPER** (drêi'pâr), s. Fabricante, vendedor de panos ou tecidos; decorador; tapeceiro.
**DRAPERY** (drêi'pâr), s. Comércio ou fabrico de tecidos; cortinas, tapeçaria.
**DRASTIC** (drés'tik), adj. Drástico; violento.
**DRAUGHT** (dréft), s. Corrente de ar; aspiração; beberagem, poção; calado do navio; esboço, desenho; v. t. esboçar; delinear.
**DRAUGHTINESS** (dréft'néss), s. Correnteza de ar.
**DRAUGHTSMAN** (drêfts'maen), s. Desenhador de plantas; peça do jogo de damas.
**DRAUGHTY** (dréf'ti), adj. Exposto a correntes de ar; (fig.) manhoso, astucioso.
**DRAW** (dró), v. t. e i. Tirar, puxar, arrastar; persuadir; inalar, chupar; desembainhar; evocar; descobrir; desenhar, delinear; sacar (letra de câmbio); alargar; estender; inferir; deduzir; aproximar-se; empatar (jogo); s. ato de puxar; atrativo, chamariz; pressão; tensão; empate (no jogo).
**DRAWBACK** (dró'béck), s. Desconto, redução; reembolso; desvantagem; obstáculo.
**DRAWBRIDGE** (drôu'bridje), s. Ponte levadiça.
**DRAWEE** (dró'i), s. (Com.) O sacado.
**DRAWEER** (dró'âr), s. (Com.) O sacador; desenhista; puxador; gaveta; pl. ceroulas.
**DRAWING** (dró'inn), s. Desenho, plano; sorteio, extração; saque (letra); pl. recibos.
**DRAWL** (dról), s. Pronunciação lenta, preguiçosa; v. t. e i. balbuciar; contemporizar.
**DRAWLER** (dró'lâr), s. Balbuciador; gago.
**DRAWLING** (dró'linn), adj. Lento, vagaroso; prolixo; confuso; gago.
**DRAWN** (drónn), part. pass. de *draw*; adj. Tirado, puxado; indeciso; nulo; empatado.

**DRAY** (drêi), s. Carretão, caminhão.
**DRAYAGE** (drêi'dj), s. Ato de transportar em carretão ou caminhão; frete.
**DRAYMAN** (drêi'maen), s. Carreteiro; motorista de caminhão.
**DREAD** (dréd), s. Medo, temor; espanto; receio; v. t. e i. temer; recear.
**DREADFUL** (dréd'ful), adj. Terrível; temível.
**DREADFULNESS** (dréd'fulnéss), s. Horror; medo; espanto.
**DREADLESS** (dréd'léss), adj. Intrépido.
**DREADLESSNESS** (dréd'lésnéss), s. Intrepidez; coragem; audácia.
**DREADNAUGHT, DREADNOUGHT** (dréd'nót), s. Pano grosso e forte; sobretudo desse tecido; destemido; encouraçado moderno.
**DREAM** (drimm), s. Sonho; quimera, fantasia; visão; v. t. e i. sonhar, imaginar.
**DREAMER** (dri'mâr), s. Sonhador; visionário.
**DREAMINESS** (dri'minéss), s. Fantasia.
**DREAMY** (dri'mi), adj. Dado a sonhos; sonhador, fantasioso, cismador.
**DREARINESS** (dri'rinéss), s. Tristeza, monotonia, melancolia.
**DREARISOME** (dri'risâmm), adj. Lúgubre.
**DREARY** (dri'ri), adj. Triste, sombrio; lúgubre; monótono; fatigante.
**DREADGE** (drédj), s. Draga; rede para pescar ostras, v. t. e i. dragar; pescar (ostras) à rede; polvilhar de farinha.
**DREDGER** (dré'djâr), s. Draga, máquina de dragar; pescador de ostras.
**DREDGING** (dré'djinn), s. Dragagem.
**DREGGISH** (dré'ghish) ou **DREGGY** (dré'ghi), adj. Turvo; borrento; que tem fezes.
**DREGS** (drégs), s, pl. Fezes, escória, refugo.
**DRENCH** (dréntsh), v. t. Ensopar, embeber, encharcar; s. poção para animais.
**DRENCHER** (drén'tshar), s. O que enxarca ou ensopa; o que administra uma poção.
**DRESS** (dréss), s. Vestido, vestuário, roupa, traje, fato; adorno, atavio; uniforme; hábito; v. t. e i. vestir; ataviar; podar; desvestir; desbastar; arranjar; cozinhar; limpar (cavalo); pensar (feridas); preparar-se.
**DRESSER** (dré'sâr), s. Camareiro; aparador, armário de cozinha; ajudante de cirurgião; curtidor de peles.
**DRESSINESS** (dré'sinéss), s. Janotice.
**DRESSING** (dré'sinn), s. Adorno; enfeite; ato de vestir; preparação; condimento; adubo; sova; surra. *Dressing hair:* penteado.
**DRESSMAKER** (dréss-mêi'kâr), s. Costureira.

**DRESSMAKING** (dréss-mêi'kinn), s. Costura.
**DRESSY** (dré'si), adj. (fam.) Que gosta de vestir-se bem; janota, elegante.
**DRIBBLE** (drib'l), s. Baba, saliva; gota; engano, logro; v. t. e i. babar; gotejar; chuviscar; driblar (no futebol).
**DRIBBLER** (dri'blâr), s. Enganador; jogador que dribla (no futebol).
**DRIBBLING** (dri'blinn), adj. Gotejante; mesquinho; avaro; driblador.
**DRIBBLET** (dri'blét), s. Pequena porção; miúdos (troco); óbolo.
**DRIER, DRYER** (drái'âr), s. Secante, secador.
**DRIFT** (drift), s. Força, impulso, ímpeto; violência; turbilhão; fim, objetivo; tendência; acervo, monte; desvio (rota de navio); passagem, galeria (minas); v. t. e i. amontoar; impelir, empurrar; abrir galerias (minas).
**DRIFTAGE** (drif'tidj), s. Tudo o que é levado pelo vento ou pelo mar.
**DRIFTER** (drif'târ), s. Navio caça-minas; barco de pesca de arrasto.
**DRIFTLESS** (drift'léss), adj. Sem direção, sem objetivo, sem sentido.
**DRILL** (dril), s. Trado, broca, pua, verruma; máquina de semear; sulco, rego, regueira; treino, disciplina; ramo de conhecimento; exercícios (militares, de ginástica); v. t. e i. furar, brocar, perfurar; semear; manobrar; treinar; ensinar exercícios.
**DRILLING** (drili'nn), s. Tecido de brim; exercício militar; ginástica.
**DRINK** (drink), v. t. Beber, sorver; ensopar; v. i. embebedar-se, embriagar-se; s. bebida (espec. alcoólica); poção, beberagem.
**DRINKABLE** (drin'kâbl), adj. Potável.
**DRINKER** (drin'kâr), s. Bebedor; bêbedo.
**DRINKING** (drinn'kinn), s. Ato de beber.
**DRIP** (drip), s. Gota; goteira; calha, escoador de água; umidade condensada.
**DRIPPING** (dri'pinn), s. Gotejamento.
**DRIVE** (dráiv), s. Passeio (de carro); estrada para carros; direção; ato de dirigir; (Com.) liquidação; golpe violento; v. t. e i. impelir, empurrar, atirar; enterrar, meter; coagir; seduzir; arrombar; segurar, penhorar; caçar; (Mec.) fazer mover; (fig.) arrastar, levar (ao desespero, à angústia).
**DRIVE-IN** (draiv-in), s. Cinema ao ar livre, visto do próprio carro; bar ou restaurante em que servem o freguês em seu carro.
**DRIVEL** (driv'l), v. i. Babar; dizer tolices; repetir várias vezes; s. baba; disparate.

**DRIVER** (drái'var), s. Condutor (de veículos); (Mec.) propulsor, roda motriz.
**DRIZZLE** (driz'l), v. t. e i. Chuviscar; garoar; s. chuvisco, garoa.
**DRIZZLING** (driz'linn), adj. Gotejante.
**DRIZZLY** (driz'li), adj. Brumoso; chuviscoso.
**DROLL** (drôul), v. i. Chacotear, gracejar; adj. jocoso, esquisito, cômico; s. divertido.
**DROLLERY** (drôu'lâri), s. Farsa; esquisitice.
**DROLLISH** (drôu'lish), adj. Divertido, gaiato.
**DROLLY** (drôu'li), adv. Jocosamente.
**DRONE** (drôu'nn), v. t. e i. Viver na ociosidade, vadiar; ler (em voz sonolenta); zumbir; s. zangão; preguiçoso; (Mús.) nota grave.
**DRONING** (drôu'ninn), adj. Sussurrante; s. zumbido, sussurro semelhante a zumbido.
**DRONISH** (drôu'nish), adj. Preguiçoso.
**DROOP** (drup), v. t. e i. Inclinar, baixar; desfalecer, enfraquecer; s. inclinação.
**DROOPING** (dru'pin), adj. Lânguido; pendente, desfalecido; s. tristeza, abatimento.
**DROP** (drôp), s. Gota, pingo; pingente (brinco); berloque; queda, descida; plataforma; pano de teatro; dose de bebida alcoólica; (fig.) parcela, porção mínima; pl. gotas medicinais; balas confeitadas; v. t. e i. derrubar, soltar; gotejar; acalmar (vento); renunciar; salpicar; recuar; cair morto.
**DROPLET** (drô'plit), s. Gotinha; (fig.) lágrima.
**DROPOUT** (drô'paut), s. (pop.) Aluno que abandona a escola antes de findar o curso.
**DROPPER** (drô'pâr), s. Conta-gotas; isca.
**DROPPING** (drô'pinn), s. Gotejamento; escoamento; pl. excremento (animal); flocos, fibras desprendidas durante a cardadura.
**DROPSY** (drôp'si), s. Hidropisia.
**DROSS** (drôss), s. Escória, sedimento; (fig.) refugo, rebotalho; lixo; ralé.
**DROSSINESS** (drô'sinéss), s. Impureza.
**DROSSY** (drô'si), adj. Impuro; ferrugento.
**DROUGHT** (dráut), s. Seca; aridez; falta; sede; adj. seco; árido; sedento.
**DROVE** (drôuv), s. Rebanho, récua; multidão.
**DROWN** (dráu'nn), v. t. e i. Afogar; abafar (voz, som); inundar; submergir.
**DROWNING** (dráu'ninn), s. Afogamento.
**DROWSE** (dráuss), v. t. e i. Adormecer, cochilar; entorpecer; sopitar.
**DROWSINES** (dráu'zinéss), s. Sonolência.
**DROWSY** (dráu'zi), adj. Sonolento, modorrento; soporífico.
**DRUB** (drâb), v. t. e i. Bater, espancar, surrar; s. pancada, paulada, sova.

**DRUBBER** (drâ'bâr), s. Espancador.
**DRUBBING** (drâ'binn), s. Espancamento.
**DRUDGE** (drâdj), v. i. Trabalhar continuadamente, escravizar-se ao trabalho; s. escravo do trabalho; criado de servir.
**DRUDGERY** (drâd'jâri), s. Trabalho penoso.
**DRUG** (drâg), s. Droga, medicamento; mercadoria invendável, coisa de pouco valor; v. i. misturar drogas; tomar narcóticos.
**DRUGSTORE** (drâg'stôur), s. Drogaria, farmácia; tabacaria.
**DRUID** (dru'id), s. Druida; druidismo.
**DRUM** (drâmm), v. t. e i. Tocar tambor; desenvolver; fazer propaganda de; aliciar adeptos; (Com.) solicitar (encomendas); s. tambor; tímpano; o som do tambor.
**DRUMMER** (drâ'mâr), s. Tambor (de regimento), tocador de tambor; caixeiro-viajante.
**DRUMSTICK** (drâm'stik), s. Baqueta de tambor; perna (de galinha, peru) cozida.
**DRUNK** (drânk), part. pass. de *drink;* adj. Bêbado, ébrio; saciado.
**DRUNKARD** (drân'kárd), s. Bêbedo, ébrio.
**DRUNKEN** (drân'kânn), adj. Ébrio; s. embriagado.
**DRY** (drái), v. t. e i. Secar, enxugar; murchar; esgotar-se; adj. enxuto; magro, descarnado; estéril; sem vida, pobre; desinteressado; sedento; satírico; áspero; severo.
**DRYING** (drái'inn), adj. Secativo, que seca.
**DRYNESS** (drái'néss), s. Secura; aridez.
**DRY-SALT** (drái'sólt), v. t. Salgar e secar.
**DRYSALTER** (drái'sóltâr), s. Droguista (Inglaterra).
**DRYSALTERY** (drái'sóltâri), s. Drogaria.
**DRY-SHOD** (drái'shód), adj. e adv. A pé enxuto.
**DUAL** (du'ál), adj. Dual; duplo.
**DUALISM** (diu'álizm), s. Dualismo; dualista.
**DUALITY** (diué'liti), s. Dualidade.
**DUB** (dâb), v. t. Armar cavaleiro; conferir uma dignidade; intitular, batizar; s. rufo de tambor; pancada seca; pessoa inútil.
**DUBBING** (dâ'binn), s. Graxa para amaciar o couro.
**DUBIETY** (diubái'âti), s. Dubiedade.
**DUBIOUS** (diu'biâss), adj. Dúbio; suspeito.
**DUBIOUSNESS** (diu'biâsnéss), s. Dubiedade.
**DUBITATION** (diubitêi'shânn), s. Dúvida.
**DUBITATIVE** (diu'bitêitiv), adj. Dubitativo.
**DUCAT** (dókét), s. Ducado (moeda); (gír.) bilhete de entrada para espetáculos.
**DUCE** (du'tché), s. Chefe; líder; caudilho.

**DUCHY** (dá'tshi), s. Ducado (domínio do duque).

**DUCK** (dâk), s. Pato(a); carne de pato; (fam.) querido, amor, benzinho; colega, camarada (EUA); mergulho; inclinação de cabeça; v. t. e i. enxarcar; fazer reverência.

**DUCKBILL** (dâk'bil), s. (Zool.) Ornitorrinco.

**DUCKLING** (dâk'linn), s. Patinho.

**DUCKY** (dâk'i), adj. Agradável; atraente.

**DUCT** (dákt), s. Ducto, canal, tubo.

**DUCTILE** (dâk'til ou dâk'táil), adj. Dúctil; dócil; submisso.

**DUCTILITY** (dâkti'liti), s. Ductilidade; flexibilidade; docilidade.

**DUD** (dâd), s. Pessoa sem préstimo; coisa imprestável; adj. (pop.) inútil; falsificado.

**DUDE** (diud), s. Almofadinha; janota; dândi; (gír. EUA) veranista, turista.

**DUDGEON** (dá'djânn), s. Ressentimento.

**DUE** (diu), adj. Devido, justo, merecido; apto; conveniente, próprio; exato; s. dívida, obrigação; direito; adj. diretamente.

**DUEL** (diu'él), s. Duelo, luta, competição; v. t. e i. bater-se em duelo.

**DUELLING** (diu'élinn), s. Duelo, desafio.

**DUELLIST** (diu'élist), s. Duelista.

**DUET** (diué't), s. Dueto, duo; (fig.) diálogo.

**DUFF** (dâf), s. Tipo de pudim de farinha; v. t. (pop.) falsificar (mercadoria).

**DUFFER** (dâ'fâr), s. (pop.) Mascate; pessoa estúpida; coisa falsa ou inútil.

**DUG** (dâg), pret. e part. pass. de *dig;* s. Teta de animal.

**DUGONG** (du'gónn), s. (Zool.) Dugongo.

**DUGOUT** (dâg'áut), s. Tipo de canoa; piroga; abrigo cavado na rocha.

**DUKE** (diuk), s. Duque.

**DUKEDOM** (diuk'dâmm), s. Ducado.

**DULCIFY** (dâl'sifái), v. t. Dulcificar; abrandar.

**DULCIMER** (dâl'simâr), s. (Mús.) Saltério.

**DULL** (dâl), adj. Obtuso, estúpido; inerte; vagaroso, baço; sombrio; desanimado; insípido; surdo (som); rombo; cego (instr. cortante); v. t. e i. entorpecer; deslustrar.

**DULLARD** (dâ'lârd), s. Pessoa atoleimada.

**DULLISH** (dâ'lish), adj. Estúpido; lento.

**DULLNESS** (dâl'néss), s. Obtusidade; lentidão; inércia; embaciamento.

**DULLY** (dâ'li), adv. Vagarosamente.

**DULY** (diu'li), adv. Devidamente; plenamente.

**DUMB** (dâmm), adj. Mudo, calado, silencioso; escondido; (fam.) bobo, pateta (EUA).

**DUMBNESS** (dâm'néss), s. Mudez; silêncio.

**DUMB-WAITER** (dâmm'uêi'tér), s. Pequeno aparador; criado-mudo; pequeno elevador.

**DUMMY** (dâ'mi), s. Pessoa muda, palerma; testa-de-ferro; boneco; adj. simulado.

**DUMP** (dâmp), v. t. Descarregar; deixar cair pesadamente; esvaziar; exportar ou importar a baixo preço; s. pedaço, bloco; ficha de chumbo usada em jogos infantis; batida seca; pl. abatimento, tristeza.

**DUMPISH** (dâm'pish), adj. Sombrio; triste.

**DUMPISHNESS** (dâm'pishnéss), s. Melancolia; abatimento; depressão.

**DUMPLING** (dâm'plinn), s. Pudim de maçã (ou outra fruta); bolinho de massa; (fam.) tampinha (pessoa gorda e baixa).

**DUMPY** (dâm'pi), adj. Abatido, melancólico; baixote, atarracado; descontente.

**DUN** (dânn), adj. Pardo, escuro, sombrio; s. credor importuno; pequeno monte.

**DUNCE** (dânss), adj. e s. Ignorante; libertino.

**DUNDERHEAD** (dân'dâr-héd), s. Estúpido.

**DUNE** (diunn), s. Duna.

**DUNG** (dânn), s. Estrume, esterco; imundície.

**DUNGEON** (dân'djânn), s. Calabouço, prisão; torre de mensagem; v. t. pôr em masmorra.

**DUNGHILL** (dân'hil), s. Esterqueira; adj. vil.

**DUNK** (dânnk), v. t. e i. Molhar (pão, bolo) no café, leite, sopa, etc.

**DUNNAGE** (dâ'nidj), s. (Náut.) Almofadas para proteção da carga, bagagem.

**DUO** (du'ôu), s. (Mús.) Duo, dueto.

**DUODECIMAL** (dioudé'simâl), adj. Duodecimal; s. duodécimo; duodécima parte.

**DUODENUM** (diuodi'nâmm), s. (Anat.) Duodeno.

**DUPE** (diup), s. Ingênuo; incauto; v. t. lograr; ludibriar.

**DUPERY** (diu'pâri), s. Logro; mistificação.

**DUPLE** (diup'l), adj. Duplo.

**DUPLICATE** (diu'plikit), adj. Duplicado, duplo, dobrado; s. dobro; duplicado; duplicata; cópia; reprodução exata.

**DUPLICATE** (diu'plikêit), v. t. e i. Duplicar; dobrar; reproduzir.

**DUPLICATION** (diuplikêi'shânn), s. Duplicação; prega, dobra.

**DUPLICATOR** (diu'plikêitâr), s. Duplicador (aparelho).

**DUPLICITY** (diupli'siti), s. Duplicidade; má fé.

**DURABILITY** (diurâbi'liti), s. Durabilidade.

**DURABLE** (diu'râbl), adj. Durável; resistente; s. duração.

**DURAMEN** (diurêi'menn), s. Cerne, durame.

**DURANCE** (diu'rânss), s. Encarceramento.
**DURATION** (diurêi'shânn), s. Duração; estabilidade.
**DURBAR** (dâr'bâr), s. Câmara de audiência.
**DURESS** (diu'réss ou diuré'ss), s. Encarceramento; (Jur.) coação.
**DURING** (diu'rinn), prep. Durante, enquanto.
**DUSK** (dâsk), adj. Ecuro, sombrio, penumbroso; s. crepúsculo, anoitecer, obscuridade; v. t. e i. obscurecer; obscurecer-se.
**DUSKINESS** (dâs'kinéss), s. Obscuridade.
**DUSKY** (dâs'ki), adj. Escuro, sombrio; triste.
**DUSTER** (dás'târ), s. Espanador; guarda-pó; tipo de peneira.
**DUSTINESS** (dâs'tinéss), s. Camada de pó.
**DUSTY** (dâs'ti), adj. Poeirento; pulverulento; seco; desinteressante.
**DUTCH** (dâtsh), adj. e s. Holandês; (pop.) alemão; s. língua holandesa, (pop.) alemã.
**DUTCHMAN** (dâtsh'maen), s. Holandês, habitante da Holanda; (pop.) um teuto (EUA).
**DUTEOUS** (diu'tiâss), adj. Obediente, submisso, respeitoso, cumpridor dos deveres.
**DUTEOUSNESS** (diu'tiâsnéss), s. Respeito.
**DUTIABLE** (diu'tiâbl), adj. Taxável; tributável.
**DUTIFUL** (diu'tiful), adj. Obediente, respeitoso; consciencioso.
**DUTY** (diu'ti), s. Dever, obrigação; direito aduaneiro; imposto; cargo; funções; respeito; acatamento.
**DUUMVIRATE** (diuâm'virit), s. Duunvirato.
**DUVETYN** (du'vâtinn), s. Tipo de tecido aveludado.
**DWARF** (duórf), s. Anão; anã; v. t. anunciar.
**DWARFISH** (duór'fish), adj. Ananicado.
**DWARFISHNESS** (duór'fishnéss), s. Naniquismo; estatura de anão.
**DWELL** (duél), v. i. Habitar; morar; residir; alongar-se sobre um assunto.
**DWELLER** (dué'lâr), s. Habitante, morador.
**DWELLING** (dué'linn), s. Habitação, residência; domicílio.
**DWINDLE** (duind'l), v. t. e i. Diminuir; minguar; degenerar.
**DYE** (dái), s. Corante, pigmento; tintura, tinta; cor, matiz; colorido; v. t. e i. tingir.
**DYEING** (dái'inn), s. Tinturaria.
**DYER** (dái'âr), s. Tintureiro.
**DYESTUFF** (dái'stâf), s. Corante.
**DYE-WOOD** (dái'uud), s. Madeira corante.
**DYING** (dái'inn), adj. Moribundo; agonizante.
**DYNAMIC** (dáiné'mik) ou **DYNAMICAL** (dáiné'mikâl), adj. Dinâmico; ativo; enérgico.
**DYNAMICS** (dáiné'miks), s. Dinâmico, dinamismo.
**DYNAMITE** (dái'nâmáit), s. Dinamite; (gfr.) heroína de alta qualidade; v. t. dinamitar.
**DYNAMO** (dái'nâmôu), s. Dínamo.
**DYNAST** (dái'nést), s. Dinasta.
**DYNASTY** (dái'nâsti ou di'nâsti), s. Dinastia.
**DYPSO** (dái'psou), s. (gír.) Alcoólatra.
**DYSENTERY** (di'sentéri), s. Disenteria.
**DISFUNCTION** (disfânk'shânn), s. (Med.) Disfunção.
**DYSPEPSIA** (dispép'sia), s. Dispepsia, indigestão.
**DYSPEPTIC** (dispép'tik) ou **DYSPEPTICAL** (dispép'tikâl) adj. Dispéptico.
**DYSTROPHY** (dis'trofi) ou **DYSTROPHIA** (distrôu'fiâ), s. Distrofia.

# E

**E** (i), s. Quinta letra do alfabeto; (Mús.) mi (maiúscula); pl.: *e's, es, ees.*
**EACH** (itsh), adj. e pron. Cada, cada um.
**EAGER** (i'gâr), adj. Animoso, fogoso; ardente, vivo; ávido; impaciente; áspero.
**EAGERLY** (i'gârli), adv. Avidamente.
**EAGERNESS** (i'gârnéss), s. Ânsia; avidez.
**EAGLE** (ig'l), s. (Zool.) Águia.
**EAGLET** (i'glit), s. Aguieta, pequena águia.
**EAR** (ir), s. Ouvido; orelha; audição; espiga de cereal; asa (de jarro, etc.); v. i. espigar.
**EARACHE** (ir'êik), s. Dor de ouvido.
**EARDRUM** (ir'drâm), s. Tímpano.
**EARED** (ird'), adj. Espigado; auriculado.

**EARFUL** (irful), s. (gfr.) Informação; boato.
**EARL** (ârl), s. Conde (Inglaterra).
**EARLAP** (ir'laep), s. Lobo, lóbulo; ponta.
**EARLDOM** (ârl'dâmm), s. Condado.
**EARLINESS** (âr'linéss), s. Precocidade; antecipação; madrugada.
**EARLY** (âr'li), adv. Cedo, no começo; adj. precoce, adiantado; temporão; matinal.
**EARMARK** (ir'márk), s. Marca, sinal nas orelhas (animal); v. t. fazer essa marca, sinal.
**EARN** (ârn), v. t. Ganhar, obter pelo trabalho; merecer; granjear; conquistar.
**EARNEST** (âr'nist), adj. Zeloso; ardente, apaixonado; sério; grave; importante; s. seriedade; realidade; penhor; garantia.
**EARNESTNESS** (âr'nistnéss), s. Zelo; fervor; atividade; canseira.
**EARNING** (âr'ninn), s. Salário, ganho; paga; pl. rendimentos.
**EARPHONE** (ir'foun), s. (Rádio) Fone de ouvidos; auscultador; auricular.
**EARPIESCING** (ir'pirs'inn), adj. Ensurdecedor.
**EARRING** (ir'rinn), s. Brinco; arrecada.
**EARSHOT** (ir'shót), s. Alcance da voz.
**EARTH** (ârth), s. Terra; chão; solo; globo terrestre; mundo; v. t. enterrar; entocar.
**EARTHBORN** (ârth'bound), adj. Terrestre; (fig.) terreno, materialista, prático.
**EARTHEN** (âr'thenn), adj. Da terra, de barro.
**EARTHENWARE** (âr'thenn-uér), s. Louça de barro.
**EARTHLINESS** (ârth'linés), s. Mundanidade; grosseria.
**EARTHLING** (ârth'linn), s. Habitante da Terra, espec. o homem; mortal; pessoa mundana.
**EARTHLY** (ârth'li), adj. Terreno, terrestre; carnal; sensual; grosseiro.
**EARTHQUAKE** (ârth'kuék), s. Terremoto.
**EARTHWARD** (ârth'uârd), adv. Em direção ao solo ou à terra.
**EARTHWORK** (ârth'uârk), s. Fortificação; terraplanagem; terraplenamento.
**EARTHWORM** (ârth'uórm), s. Minhoca.
**EARTHY** (ârthi), adj. Terreno, da terra; material, grosseiro.
**EASE** (iz), s. Repouso, sossego; comodidade; bem-estar; desembaraço; alívio; v. t. aliviar; suavizar; acalmar; repousar.
**EASEL** (iz'l), s. Cavalete de pintor.
**EASEFUL** (iz'ful), adj. Tranqüilo.
**EASEMENT** (iz'ment), s. Alívio, conforto; vantagem; desagravo.

**EASILY** (i'zili), adv. Facilmente.
**EASINESS** (i'zinéss), s. Facilidade; folga; bondade; abastança.
**EAST** (ist), s. Este, leste, levante, oriente; (Náut.) este, leste, nascente; adj. oriental, do oriente, do levante, do leste; adv. rumo leste (oeste), em direção leste (este).
**EASTER** (is'târ), s. Páscoa.
**EASTERN** (is'târn), adj. e s. Oriental.
**EASY** (i'zi), adj. Fácil; tranqüilo; sossegado; feliz; condescendente; plano; liso; confortável; competente; calmo; amável.
**EAT** (it), v. t. e i. Comer; mastigar; consumir; roer; nutrir-se.
**EATER** (i'târ), s. Comedor.
**EAVES** (ivs), s. pl. Cornija ou platibanda.
**EAVESDROPPER** (ivz'drâpér), s. Bisbilhoteiro; abelhudo.
**EBB** (éb), v. i. Refluir (a maré); decair; s. maré baixa; vazante; refluxo.
**EBON** (éb'ân), adj. De ébano, negro; s. ébano.
**EBONIZE** (é'bânáiz), v. t. Polir, imitando ébano.
**EBONY** (é'boni), s. Ébano.
**EBRIETY** (ibrái'iti), s. Embriaguez.
**EBULLIENCE** (ibâ'lienss) ou **EBULLIENCY** (ibâ'liensi), s. Ebulição; excitação.
**EBULLIENT** (ibâ'lient), adj. Fervente; (fig.) ardoroso, entusiasmado.
**EBULLITION** (ébâli'shânn), s. Ebulição; fervura; efervescência; agitação.
**ECCENTRIC** (éksén'trik) ou **ECCENTRICAL** (éksén'trikâl), adj. Excêntrico; bizarro.
**ECCENTRICITY** (ékséntri'siti), s. Excentricidade; esquisitice.
**ECCLESIASTIC** (ékliziés'tik), adj. e s. Eclesiástico; padre; clérigo.
**ECCLESIASTICISM** (ékliziés'tissizm), s. Clericalismo; zelo religioso.
**ECHELON** (é'shilónn), s. (Mil.) Escalão; v. t. escalonar; graduar.
**ECHELONNED** (é'shilónnd), adj. Escalonado.
**ECHO** (é'kôu), s. Eco; v. t. e i. ecoar; repetir.
**ECLETIC** (eklék'tik) ou **ECCLECTICAL** (eklék'tikâl), adj. Eclético; indulgente; tolerante.
**ECLIPSE** (ikli'ps), s. Eclipse; obscuridade, sombra; v. t. eclipsar; obscurecer.
**ECLIPTIC** (iklip'tik), adj. Eclíptico; s. eclíptica.
**ECLOG, ECLOGUE** (é'klóg), s. Écloga.
**ECONOMIC** (ikonó'mik) ou **ECONOMICAL** (ikonó'mikâl), adj. Econômico; moderado.

**ECONOMICS** (ikonó'miks), s. Economia; economia política.
**ECONOMIST** (ikó'nomist), s. Economista; ecônomo; pessoa econômica.
**ECONOMIZE** (ikó'nomáiz), v. t. e i. Economizar; poupar; ser econômico.
**ECONOMIZER** (ikó'nomáizár), s. Economizador.
**ECONOMY** (ikó'nomi), s. Economia; frugalidade; parcimônia; baixo custo.
**ECSTASY** (éks'tássi), s. Êxtase; arrebatamento; exaltação; transporte.
**ECSTATIC** (éksté'tik) ou **ECSTATICAL** (éksté'tikál), adj. Extático; absorto; enlevado.
**ECTODERM** (ék'todérm), s. Ectoderma.
**ECTOPLASM** (ék'toplésm), s. Ectoplasma.
**ECTYPE** (ék'táip), s. Cópia; reprodução.
**ECUMENIC** (ékiumé'nik) ou **ECUMENICAL** (ékiumé'nikal), adj. Ecumênico.
**EDACIOUS** (idêi'shâss), adj. Voraz; glutão.
**EDACIOUSNESS** (idêi'shâsnéss), s. Voracidade; avidez.
**EDACITY** (idae'séti), s. Edacidade; voracidade; glutonaria.
**EDDY** (é'di), s. Remoinho; turbilhão; ressaca; refluxo; v. t. e i. remoinhar.
**EDGE** (édj), s. Fio, gume corte; beira, orla, margem; ângulo; mordente; acrimônia; v. t. e i. afiar, aguçar; incitar, açular; orlar; exasperar; irritar; obrigar a entrar.
**EDGED** (édjd), adj. Afiado; guarnecido.
**EDGELESS** (édj'léss), adj. Embotado, sem gume.
**EDGEWAYS** (édj'uêiz) ou **EDGEWISE** (édj'uáiz), adv. lateralmente; do lado do gume.
**EDGING** (é'djinn), s. Debrum, orla; bainha; extremidade.
**EDGY** (é'dji), adj. Cortante; anguloso; nervoso; irritável.
**EDIBILITY** (édibi'liti), s. Qualidade do que é comestível.
**EDIBLE** (é'dibl), adj. e s. Comestível.
**EDICT** (i'dikt), s. Édito, decreto, ordem.
**EDIFICATION** (édifikêi'shânn), s. Edificação; aproveitamento; instrução moral.
**EDIFICE** (é'difiss), s. Edifício; casa; prédio.
**EDIFY** (é'difái), v. t. e i. Edificar, construir (no sentido moral ou religioso); melhorar.
**EDIFYING** (é'difáinn), adj. Edificante.
**EDILE** (i'dáil), s. Edil, vereador.
**EDILESHIP** (i'dáilship), s. Edilidade.
**EDIT** (é'dit), v. t. Editar, publicar (obra).
**EDITION** (edi'shânn), s. Edição, publicação.
**EDITOR** (é'ditâr), s. Editor, redator de uma publicação.
**EDITORIAL** (éditôu'riâl), adj. e s. Editorial.
**EDITORSHIP** (é'ditârship), s. Cargo e função de editor; direção de um jornal.
**EDUCABLE** (é'diukâbl), adj. Educável.
**EDUCATE** (é'diukêit), v. t. Educar; instruir.
**EDUCATED** (é'diukêitd), adj. Educado; instruído; ensinado.
**EDUCATION** (édiukêi'shânn), s. Educação; ensino; instrução.
**EDUCATIONAL** (édiukêi'shânâl), adj. Educacional; pedagógico.
**EDUCATIONIST** (édiukêi'shânist), s. Educador; pedagogo.
**EDUCATIVE** (é'diukêitiv), adj. Educativo.
**EDUCATOR** (é'diukêitâr), s. Educador.
**EDUCE** (idiu'ss), v. t. Deduzir; evocar.
**EDUCT** (idâk't), s. Produto, resultado.
**EDUCTION** (idâk'shânn), s. Dedução; emissão; desprendimento; descarga (máquina).
**EDUCTOR** (idâk'târ), s. Extrator; emissor.
**EEL** (il), s. Enguia; lampreia.
**EERIE, EERY** (i'ri), adj. Que inspira medo; tímido.
**EERINESS** (i'rinéss), s. Timidez; melancolia; lugubridade; pavor.
**EFFABLE** (é'fábl), adj. Dizível; explicável.
**EFFACE** (efêi'ss), v. t. Riscar; destruir.
**EFFACEABLE** (efêi'sâbl), adj. Anulável; destrutível.
**EFFACEMENT** (efêis'ment), s. Obliteração; cancelamento.
**EFFECT** (efék't), s. Efeito, resultado; repercussão; eficácia; pl. bens, propriedades; v. t. realizar; cumprir; consumar; assegurar.
**EFFECTIVE** (efék'tiv), adj. Eficaz; eficiente; vistoso; pessoa eficaz; soldado apto.
**EFFECTIVENESS** (efék'tivnéss), s. Eficiência; eficácia.
**EFFECTS** (i'fékts), s. pl. Bens móveis; títulos.
**EFFECTUAL** (efék'tiuâl), adj. Eficiente; eficaz.
**EFFECTUALNESS** (efék'tiuâlnéss), s. Eficiência.
**EFFECTUATE** (efék'tiuêit), v. t. Efetuar; executar; realizar.
**EFFEMINATE** (efé'minêit), v. t. e i. Efeminar; efeminar-se; adj. efeminado.
**EFFEMINATENESS** (efé'minitnéss), s. Efeminação.
**EFFERVESCE** (éfârvé'ss), v. i. Efervescer; fermentar; soltar bolhas.

**EFFERVESCENCE** (éfârvé'senss) ou **EFFERVESCENCY** (éfârvé'sensi), s. Efervescência; excitação.
**EFFERVESCENT** (éfârvé'sent), adj. Efervescente; espumoso; eruptivo.
**EFFETE** (efi't), adj. Impotente; estéril.
**EFFETENESS** (i'fitnéss), s. Esterilidade; infecundidade; esgotamento; cansaço.
**EFFICACIOUS** (éfikêi'shâss), adj. Eficaz; forte; poderoso; salutar.
**EFFICACIOUSNESS** (éfikêi'shâsnéss), s. Eficácia.
**EFFICACITY** (éfiké'siti) ou **EFFICACY** (é'fikâssi), s. Eficácia; eficiência.
**EFFICIENCE** (éfi'shenss) ou **EFFICIENCY** (éf'shensi), s. Eficiência; eficácia.
**EFFICIENT** (éfi'shent), adj. Eficiente; produtivo; ativo; s. causa eficiente; (Mat.) fator.
**EFFIGY** (é'fidji), s. Efígie; imagem; retrato.
**EFFLORESCE** (éfloré'ss), v. i. Florescer; (Quím.) eflorescer.
**EFFLORESCENCE** (efloré'senss) ou **EFFLORESCENCY** (efloré'sensi), s. Eflorescência; dsabrochamento; erupção.
**EFFLORESCENT** (efloré'sent), adj. Eflorescente (também em Quím.).
**EFFLUENCE** (é'fluenss) ou **EFFLUENCY** (é'fluensi), s. Emanação; emissão.
**EFFLUENT** (é'fluent), adj. e s. Efluente, que emana.
**EFFLUVIUM** (éflu'viâmm), s. Eflúvio.
**EFFLUX** (é'flâks), s. Eflúvio, exalação; desprendimento.
**EFFORT** (é'fârt), s. Esforço; tentativa.
**EFFORTLESS** (é'fârtléss), adj. Sem esforço.
**EFFRONTERY** (efrân'târi), s. Descaramento; impudência; desfaçatez.
**EFFULGE** (efâl'dj), v. i. Brilhar; refulgir.
**EFFULGENCE** (efâl'djenss), s. Brilho, esplendor.
**EFFULGENT** (efâl'djent), adj. Brilhante; resplendente.
**EFFUSE** (efiu'z), v. t. e i. Difundir; emanar; derramar; adj. espalhado; difuso.
**EFFUSION** (efiu'jânn), s. Efusão; expansão; derrame; disseminação.
**EFFUSIVE** (efiu'siv), adj. Efusivo; caloroso.
**EFFUSIVENESS** (efiu'sivnéss), s. Efusão; expansão.
**EFT** (éft), s. Salamandra; lagartixa.
**EGG** (ég), s. Ovo, óvulo; germe; larva de bicho-da-seda; v. t. misturar, cobrir com ovos; instigar; incitar.
**EGOISM** (é'gôuzim), s. Egoísmo.
**EGOIST** (é'gôuist), s. Egoísta.
**EGOISTIC** (égôuis'tik) ou **EGOISTICAL** (égôuis'tikâl), adj. Egoístico.
**EGOTISM** (é'gôutizm), s. Egotismo, egoísmo.
**EGOTIST** (é'gôutist), s. Egotista; egoísta.
**EGOTISTIC** (égpoutis'tik) ou **EGOTISTICAL** (égpoutis'tikâl), adj. Egotista; egoísta.
**EGOTIZE** (é'gôutáiz), v. t. Jactar, gabar-se.
**EGREGIOUS** (igri'djâss), adj. Egrégio, insigne; perfeito; arrematado.
**EGREGIOUSNESS** (igri'djâsnéss), s. Distinção; notoriedade.
**EGRESS** (i'gréss), s. Egresso; saída.
**EGRESSION** (igré'shânn), s. Partida; saída.
**EGRET** (é'gret), s. Garça pequena; penacho; cocar.
**EGYPTIAN** (idjip'shânn), adj. e s. Egípcio.
**EGYPTOLOGY** (idjiptó'lodji), s. Egiptologia.
**EIDER** (ái'dâr), s. Grande ganso marinho.
**EIDOGRAPH** (ái'dogréf), s. Eidógrafo, instrumento para copiar desenhos.
**EIDOLON** (áidôu'lônn), s. Representação, imagem; ídolo.
**EIGHT** (êit), adj. Oito; s. o número oito.
**EIGHTEEN** (êiti'nn), adj. Dezoito; s. o número dezoito.
**EIGHTEENTH** (êitin'th), adj. Décimo-oitavo.
**EIGHTY** (êi'ti), adj. Oitenta; s. o número oitenta.
**EITHER** (i'dhâr ou ái'dhâr), adj. e pron. Um de dois; um ou outro; ambos; qualquer dos dois; conj. ou.
**EJACULATE** (idjé'kiulêit), v. t. e i. Ejacular; proferir, bradar; falar com veemência.
**EJACULATION** (idjékiulêi'shânn), s. Ejaculação; jaculatória; exclamação breve.
**EJACULATORY** (idjé'kiulêitôuri), adj. Exclamatório.
**EJECT** (idjék't), v. t. Expelir, expulsar; desapossar; evacuar; arrojar; arremessar.
**EJECTION** (idjék'shânn), s. Expulsão; exclusão; evacuação.
**EJECTMENT** (idjékt'ment), s. Expulsão; emissão; (Jur.) desapropriação; ação de despejo ou de recuperação de bens.
**EJECTOR** (idjék'târ), s. Ejetor; expulsor.
**EKE** (ik), v. t. Alongar; aumentar; suprir; suplementar; manter; produzir com dificuldade; adv. (ant.) também; além do mais.
**ELABORATE** (ilé'borêit), v. t. Elaborar; trabalhar com esmero; adj. feito com muito cuidado; elaborado.

**ELABORATELY** (ilé'boritli), adv. Primorosamente.
**ELABORATENESS** (ilé'boritnéss), s. Esmero; primor; cuidado; trabalho.
**ELABORATION** (iléborêi'shânn), s. Elaboração.
**ELABORATIVE** (ilé'borêitiv), adj. Elaborativo; s. elaborador.
**ELAND** (i'lând), s. Antílope africano.
**ELAPSE** (ilé'ps), v. i. Passar (o tempo); decorrer; resvalar.
**ELASTIC** (ilés'tik), adj. e s. Elástico.
**ELASTICITY** (élâsti'siti), s. Elasticidade.
**ELATE** (ilêit), v. t. Exaltar, excitar; entusiasmar; ensoberbecer; tornar vaidoso; adj. exaltado; orgulhoso; soberbo.
**ELATION** (ilêi'shânn), s. Exaltação; júbilo.
**ELBOW** (él'bôu), s. Cotovelo; ângulo; braço; volta; v. t. e i. acotovelar; afastar.
**ELD** (éld), s. (ant. e poét.) Antigüidade; velhice.
**ELDER** (él'dâr), adj. (compar. de *old*) Mais velho, mais idoso, mais antigo; s. primogênito; ancião; chefe de uma tribo.
**ELDERLINESS** (él'dârlinéss), s. Idade madura; primogenitura.
**ELDEST** (él'dist), adj. (superl. de *old*) O primogênito.
**ELECT** (ilékt), v. t. Eleger; votar; nomear; escolher; adj. e s. eleito; escolhido.
**ELECTION** (ilék'shânn), s. Eleição; votação.
**ELECTIONEER** (ilékshâni'r), v. t. Cabalar; galopinar; angariar votos; s. galopim; angariador de votos.
**ELECTIONEERING** (ilékshâni'rinn), s. Propaganda, campanha eleitoral.
**ELECTIVE** (ilék'tiv), adj. Eletivo; sujeito a escolha.
**ELECTIVENESS** (ilék'tivnêss), s. Eletividade, elegibilidade.
**ELECTOR** (ilék'târ), s. Eleitor; votante.
**ELECTORAL** (ilék'târâ), adj. Eleitoral.
**ELECTORATE** (ilék'târit), s. Eleitorado.
**ELETRIC** (ilék'trik) ou **ELETRICAL** (ilék'trikâl), adj. Elétrico.
**ELECTRICIAN** (iléktri'shânn), s. Eletricista.
**ELECTRICITY** (iléktri'siti), s. Eletricidade.
**ELECTRIFICATION** (iléktrifikêi'shânn), s. Eletrificação; eletrização.
**ELECTRIFIABLE** (ilék'trifâiâbl), adj. Eletrizável.
**ELECTRIFY** (ilék'trifái), v. t. Eletrificar, eletrizar; entusiasmar.
**ELECTROCUTE** (ilék'trokiut), v. t. Eletrocutar.
**ELECTROCUTION** (iléktrokiu'shânn), s. Eletrocução.
**ELECTRODE** (ilék'trôud), s. Electródio.
**ELECTROLYSIS** (iléktró'lissis), s. Eletrólise.
**ELECTROLYTE** (ilék'trolάit), s. Eletrólito.
**ELECTROLYTIC** (iléktroli'tik), adj. Eletrolítico.
**ELECTRON** (ilék'trónn), s. Elétron.
**ELECTRONIC** (iléktrôu'nik), adj. Eletrônico; s. eletrônica.
**ELECTROTECHNICS** (iléktrôuték'niks), s. pl. Eletrotécnica.
**ELECTRUM** (ilék'trâmm), s. Eletro (liga de ouro e prata).
**ELEGANCE** (é'ligânss) ou **ELEGANCY** (é'ligânsi), s. Elegância, distinção; gentileza.
**ELEGANT** (é'ligânt), adj. Elegante; distinto.
**ELEGIAC** (ili'djiék) ou **ELEGIACAL** (ili'djiékâl), adj. Elegíaco.
**ELEGIST** (é'lidjist), s. Poeta elegíaco.
**ELEGIZE** (é'lidjáiz), v. t. Ecrever elegias.
**ELEGY** (é'lidji), s. Elegia.
**ELEMENT** (é'limént), s. Elemento; componente; fundamento, princípio; pl. noções, rudimentos; primeiras letras; os quatro elementos da natureza.
**ELEMENTAL** (élimén'tâl), adj. Elementar; simples; rudimentar.
**ELEMENTARINESS** (élimén'târinéss), s. Elementaridade; simplicidade.
**ELEMENTARY** (élimén'târ), adj. Elementar; rudimentar; simples.
**ELEPHANT** (é'lifânt), s. Elefante.
**ELEPHANTINE** (élifén'táinn), adj. Elefantino; pesadão; desajeitadο.
**ELEVATE** (é'livêit), v. t. Elevar, erguer; exaltar; encorajar; alegrar; animar.
**ELEVATED** (é'livêited), adj. Elevado, alto; sublime; s. ferrovia aérea (EUA).
**ELEVATION** (élivêi'shânn), s. Elevação; exaltação; sublimidade; bebedeira.
**ELEVATOR** (é'livêitâr), s. Elevador.
**ELEVEN** (ilév'n), adj. Onze; s. o nº 11.
**ELEVENTH** (ilévn'th), adj. Undécimo.
**ELF** (élf), s. Duende, gnomo, trasgo; fada; silfo; bruxa.
**ELFIN** (él'finn), s. Pequeno duende; criança travessa; diabrete.
**ELFISH** (él'fish), adj. De duende; travesso.
**ELICIT** (ili'sit), v. t. Eliciar; fazer sair.
**ELICITATION** (ilissitêi'shânn), s. Instigação; dedução; indução.
**ELIDE** (iláí'd), v. t. Elidir; suprimir.

**ELIGIBILITY** (élidjibi'liti), s. Eligibilidade.
**ELIGIBLE** (é'lidjibl), adj. Eligível; conveniente; vantajoso; s. eligibilidade.
**ELIMINATE** (ill'minéit), v. t. Eliminar; expulsar; abstrair.
**ELIMINATION** (iliminêi'shann), s. Eliminação; exclusão; expulsão.
**ELIMINATORY** (ili'minâtôuri), adj. Eliminatório.
**ELISION** (ill'jànn), s. Elisão.
**ELITE** (éli't ou il'it), s. Elite, a melhor parte.
**ELK** (élk), s. (Zool.) Alce.
**ELL** (él), s. Vara (antiga medida).
**ELLIPSE** (eli'ps), (Mat.) Elipse.
**ELLIPSIS** (eli'psiss), s. (Gram.) Elipse.
**ELLIPSOID** (elip'sóid) ou **ELLIPSOIDAL** (elipsói'dâl), adj. Elipsóide.
**ELLIPTIC** (elip'tik) ou **ELLIPTICAL** (elip'tikâl), adj. Elíptico.
**ELM** (él'mm), s. Olmo, olmeiro.
**ELOCUTION** (élokiu'shànn), s. Elocução.
**ELOCUTIONIST** (élokiu'shânist), s. Declamador; professor de declamação.
**ELONGATE** (ilón'ghéit), v. t. e i. Alongar; prolongar; estender-se; afastar.
**ELONGATION** (ilónghêi'shànn), s. Prolongamento; extensão; afastamento.
**ELOPE** (ilôup'), v. i. Evadir-se; escapar-se; fugir (do domicílio conjugal ou paterno).
**ELOPEMENT** (ilôup'ment), s. Fuga (do lar).
**ELOQUENCE** (é'lokuénss), s. Eloqüência.
**ELOQUENT** (é'lokuént), adj. Eloqüente; expressivo; significativo; convincente.
**ELSE** (éls), pron. Outro, outrem; adv. além de, em lugar de; conj. doutro modo; senão.
**ELSEWHERE** (éls'huér), adv. Em outra parte.
**ELUCIDATE** (iliu'sidéit), v. t. Elucidar; esclarecer; explicar.
**ELUCIDATION** (iliussidéi'shànn), s. Elucidação; esclarecimento; ilustração.
**ELUCIDATIVE** (iliu'sidéitiv), adj. Elucidativo.
**ELUCIDATOR** (iliu'sidéitâr), s. Elucidador; explicador; esclarecedor.
**ELUCIDATORY** (iliu'sidâtôuri), adj. Elucidativo; explicativo.
**ELUDE** (iliu'd), v. t. Iludir; evitar; escapar a; tergiversar.
**ELUSION** (iliu'jànn), s. Ilusão, engano; ardil, impostura; subterfúgio.
**ELUSIVE** (iliu'siv), adj. Ilusório; enganador.
**ELUSIVENESS** (iliu'sivnéss), s. Ilusão; artifício; fraude.
**ELUSORY** (iliu'sôuri), adj. Ilusório.

**ELVISH** (él'vish), adj. Próprio de duende.
**ELYSIAN** (ili'ziànn), adj. Elísio, celeste; sublime; agradável.
**EMACIATE** (imêi'shiêit), v. t. e i. Emagrecer; definhar; murchar.
**EMACIATION** (imêishiêi'shànn), s. Emagrecimento; magreza.
**EMANATE** (é'mânêit), v. i. Emanar; exalar; desprender-se; sair de.
**EMANATION** (êmânêi'shànn), s. Emanação.
**EMANATIVE** (é'mânâtiv), adj. Emanante; exalante.
**EMANCIPATE** (imén'sipêit); v. t. Emancipar; v. i. emancipar-se; adj. emancipado.
**EMANCIPATION** (iménsipêi'shànn), s. Emancipação; libertação.
**EMANCIPATOR** (imén'sipêitâr), s. Emancipador.
**EMASCULATE** (imés'kiulêit), v. t. Castrar; adj. emasculado, castrado, efeminado.
**EMASCULATION** (iméskiulêi'shànn), s. Castração.
**EMBALM** (imbâ'mm), v. t. Embalsamar.
**EMBALMMENT** (imbâm'ment), s. Embalsamamento.
**EMBALMER** (imbâ'mâr), s. Embalsamador.
**EMBANK** (imbén'k), v. t. Represar; aterrar; cobrar.
**EMBANKMENT** (imbenk'ment), s. Represa; dique; aterro; cobrança.
**EMBARGO** (embâr'gôu), s. Embargo; interdição; v. t. embargar.
**EMBARK** (imbâr'k), v. t. e i. Embarcar; aventurar-se; comprometer-se (num negócio).
**EMBARKATION** (embârkêi'shànn) ou **EMBARKMENT** (embârk'ment), s. Embarque.
**EMBARRASS** (embé'râss), v. t. Embaraçar; estorvar; envolver em dificuldades (negócio).
**EMBARRASSMENT** (embé'râsment), s. Embaraço; estorvo; dificuldade; empecilho.
**EMBASY** (em'bâssi), s. Embaixada.
**EMBATTLE** (embét'l), v. t. e i. Formar em batalha; guarnecer com ameias; fortificar.
**EMBAY** (embéi), v. t. Fechar numa baía; deter no ancoradouro; encerrar.
**EMBAYMENT** (embêi'ment), s. Baía; ancoradouro.
**EMBED** (imbé'd), v. t. Embutir; encaixar.
**EMBEDMENT** (imbéd'ment), s. Embutidura; encaixe; incrustação.
**EMBELLISH** (embé'lish), v. t. Embelezar; aformosear; adornar; enriquecer.

**EMBELLISHMENT** (embé'lishment), s. Embelezamento; adorno; decoração.
**EMBER** (em'bâr), s. Brasa, tição, aceso; borralho; período regular de tempo.
**EMBEZZLE** (embéz'l), v. t. Apropriar-se de; defraudar; s. desvio; abuso.
**EMBEZZLER** (embéz'lâr), s. Defraudador; peculatário.
**EMBITTER** (embi'târ), v. t. Amargar; infelicitar; envenenar; ulcerar (o coração).
**EMBITTERMENT** (embi'târment), s. Ato de tornar amargo.
**EMBLAZON** (emblêiz'n), v. t. Adornar; guarnecer com brasões; embelezar; esmaltar a cores; exaltar; celebrar.
**EMBLAZONMENT** (emblêizn'ment), s. Brazonamento; louvor exagerado.
**EMBLEM** (ém'blémm), s. Emblema; símbolo; insígnia; destintivo.
**EMBLEMATIC** (emblemé'tik) ou **EMBLEMATICAL** (emblemé'tikâl), adj. Emblemático.
**EMBLEMATIZE** (emblé'mâtáiz), v. t. Emblemar; simbolizar.
**EMBODIMENT** (embô'diment), s. Incorporação; agrupamento; condensação; resumo.
**EMBODY** (embô'di), v. t. e i. Incorporar; corporificar; encarnar.
**EMBOSON** (embu'zânn), v. t. Pôr no seio, ocultar; proteger; acariciar.
**EMBOSS** (embô'ss), v. t. Gravar em relevo; embutir; entalhar.
**EMBOSSER** (embô'sâr), s. Gravador em relevo.
**EMBOSSING** (embô'sinn), s. Gravação em relevo.
**EMBOSSMENT** (embôss'ment), s. Relevo, realce; trabalho em relevo.
**EMBOUCHURE** (embushu'r), s. Desembocadura (de rio); embocadura (de instrumento).
**EMBOWEL** (embáu'él), v. t. Desentranhar; estripar; despedaçar; esvaziar.
**EMBOWELER** (embáu'élâr), s. Estripador.
**EMBOWER** (embáu'âr), v. t. e i. Cobrir com folhagens; abrigar, sombrear.
**EMBRACE** (embrêi'ss), v. t. e i. Abraçar; abranger; aceitar; incluir; s. abraço.
**EMBRACEMENT** (embrêis'ment), s. Abraço.
**EMBRACER** (embrêi'sâr), s. Abraçador; subornador (de jurados).
**EMBRASURE** (embrêi'jur), s. Vão de porta ou de janela; seteira de muralha.
**EMBROCATE** (ém'brokêit), v. t. Fazer fomentações; aplicar linimentos.
**EMBROCATION** (embrokêi'shânn), s. Linimento; fomentação, fricção.
**EMBROIDER** (embrôi'dâr), v. t. e i. Bordar; esmaltar, embelezar.
**EMBROIDERER** (embrôi'dârâr), s. Bordador; bordadeira.
**EMBROIDERY** (embrôi'dâri), s. Bordado.
**EMBROIL** (embrôi'l), v. t. e i. Embrulhar; intrigar; confundir.
**EMBROILMENT** (embrôil'ment), s. Confusão; enredo; intriga; embrulhada; contenda.
**EMBRYO** (ém'briôu), s. Embrião; rudimento.
**EMBRYOLOGIST** (émbriô'lodjist), s. Embriologista.
**EMBRYOLOGY** (émbriô'lodji), s. Embriologia.
**EMBRYONIC** (émbriô'nik), adj. Embrionário.
**EMEND** (imén'd), v. t. Emendar; corrigir.
**EMENDABLE** (imén'dâbl), adj. Emendável; retificável.
**EMENDATION** (iméndêi'shânn), s. Emenda; correção.
**EMENDATOR** (imén'dâtâr), s. Emendador; retificador.
**EMENDATORY** (imén'dâtôuri), adj. Emendatório; próprio para emendar.
**EMERALD** (é'mârâld), s. Esmeralda; cor de esmeralda.
**EMERGE** (imâr'dj), v. i. Emergir; surgir; sair.
**EMERGENCE** (imâr'djénss), s. Emergência; aparição; resultado.
**EMERGENCY** (imâr'djénsi), s. Emergência; necessidade urgente; conjuntura.
**EMERGENT** (imâr'djént), adj. Emergente; repentino; difcil.
**EMERGENTLY** (imâr'djéntli), adv. Repentinamente.
**EMERITUS** (imé'ritâss), adj. Emérito-jubilado; aposentado.
**EMERSION** (imâr'shânn), s. Emersão; aparição.
**EMERY** (é'mâri), s. Esmeril.
**EMETIC** (imé'tik), s. Emético, vomitório; adj. emetizante; emético.
**EMIGRANT** (é'migrént), adj. e s. Emigrante.
**EMIGRATE** (é'migrêit), v. i. Emigrar.
**EMIGRATION** (émigrêi'shânn), s. Emigração.
**EMIGRATOR** (é'migrêitâr), s. Emigrante.
**EMIGRATORY** (emi'grâtôuri), adj. Emigratório.
**EMINENCE** (é'minénss) ou **EMINENCY** (é'minensi), s. Eminência; elevação; grandeza; excelência; título que se dá ao cardeal.
**EMINENT** (é'minént), adj. Eminente, ilustre.

**EMISSARY** (é'missâri), s. Emissário; mensageiro; canal; (Anat.) excretor; canal de ligação; adj. enviado; relativo ao emissário.
**EMISSION** (imi'shânn), s. Emissão; saída.
**EMISSIVE** (imi'siv), adj. Emissivo.
**EMIT** (imi't), v. t. Emitir; despedir; descarregar; pôr em circulação.
**EMMET** (é'mit), s. (fam.) Formiga.
**EMOLLIENT** (imô'lient), adj. Emoliente; brando; s. emoliente.
**EMOLUMENT** (imô'liument), s. Emolumento; lucro; gratificação.
**EMOTION** (imôu'shânn), s. Emoção; comoção; perturbação; sensação; excitamento.
**EMOTIONAL** (imôu'shânâl), adj. Emocional.
**EMOTIONALISM** (imôu'shânâlizm), s. Sentimentalismo.
**EMOTIONALIST** (imôu'shânalist), s. Sentimentalista.
**EMOTIONALITY** (imôu'shânêliti), s. Emotividade, sentimentalidade.
**EMOTIONLESS** (imôu'shânléss), adj. Insensível.
**EMOTIVE** (imôu'tiv), adj. Emotivo.
**EMPANEL** (impé'nel), v. t. Inscrever um jurado; arrolar; jurar.
**EMPANELMENT** (impé'nelment), s. Inscrição de jurados; arrolamento.
**EMPEROR** (ém'pârâr), s. Imperador.
**EMPERY** (ém'pâri), s. (Poét.) Império.
**EMPHASIS** (ém'fâssiss), s. Ênfase; energia; força; significância.
**EMPHASIZE** (ém'fâssáiz), v. t. Acentuar; salientar; dar ênfase; realçar.
**EMPHATIC** (emfé'tik ou **EMPHATICAL** (emfé'tikâl), adj. Enfático; enérgico; sonoro.
**EMPHATICALNESS** (emfé'tikâlnéss), s. Ênfase; vigor; energia; realce.
**EMPHYSEMA** (emfissi'mâ), s. (Med.) Enfisema.
**EMPIRE** (ém'páir), s. Império; (fig.) domínio.
**EMPIRIC** (émpi'rik), adj. Empírico; charlatânico.
**EMPIRICALLY** (émpi'rikâli), adv. Empiricamente.
**EMPIRICISM** (empi'rissizm), s. Empirismo; adj. empirista.
**EMPLACEMENT** (emplêis'ment), s. Localização; situação; (Fort.) plataforma para canhões.
**EMPLOY** (emplô'i), v. t. Empregar; ocupar; utilizar; servir-se de; s. emprego; ofício.
**EMPLOYABLE** (emplói'âbl), adj. Empregável.
**EMPLOYEE, EMPLOYE** (emplói'i), s. Empregado.
**EMPLOYER** (emplói'âr), s. Empregador; patrão, chefe; amo.
**EMPLOYMENT** (emplói'ment), s. Emprego; ocupação; cargo; aplicação; atividade.
**EMPORIUM** (empôu'riâmm), s. Empório; centro comercial.
**EMPOWER** (empáu'âr), v. t. Autorizar; dar poderes a; empossar.
**EMPRESS** (ém'press), s. Imperatriz.
**EMPTIER** (émp'tiâr), s. Esvaziador.
**EMPTINESS** (émp'tinéss), s. Vazio; vácuo; nulidade; ignorância; solidão.
**EMPTION** (émp'shânn), s. Compra.
**EMPTY** (émp'ti), adj. Vazio; oco; deserto; desocupado; estéril; imaginário; vão; destituído de inteligência; estúpido; nulo; v. t. e i. esvaziar; evacuar; esgotar.
**EMPYREAL** (empi'riâl), adj. Empíreo, empírico; s. empíreo, o lugar dos bem-aventurados e santos.
**EMPYREAN** (empiri'ân), adj. e s. Empíreo.
**EMU** (i'miu), s. Ema, avestruz australiana.
**EMULATE** (é'miulêit), v. t. Emular, competir; rivalizar; esforçar-se por sobrepujar.
**EMULATION** (émiulê'shânn), s. Emulação; estímulo; rivalidade; inveja.
**EMULATIVE** (é'miulâtiv), adj. Emulativo.
**EMULATOR** (é'miulêitâr) ou **EMULOUS** (é'miulâss), s. Êmulo; rival; competidor.
**EMULSIFY** (imâl'sifái), v. t. Emulsionar.
**EMULSION** (imâl'shânn), s. Emulsão.
**EMULSIVE** (imâl'siv), adj. Emulsivo, de que se pode extrair óleo.
**EMUNCTORY** (imânk'tôuri), adj. e s. (Med.) Emunctório.
**ENABLE** (enêib'l), v. t. Habilitar; capacitar; possibilitar; dar poderes a.
**ENACT** (enék't), v. t. Estabelecer; decretar; promulgar; cumprir; desempenhar.
**ENACTIVE** (enék'tiv), adj. Promulgador; que pode decretar.
**ENACTMENT** (enék'tment), s. Decreto; ordem; lei; sanção; promulgação.
**ENACTOR** (enék'târ), s. Legislador.
**ENAMEL** (ené'mel), s. Esmalte; v. t. esmaltar.
**ENAMELED, ENAMELLED** (ené'med), adj. Esmaltado.
**ENAMELER, ENAMELLER** (ené'melâr), s. Esmaltador.
**ENAMELING, ENAMELLING** (ené'melinn), s. Esmaltagem, esmalte.

**ENAMOR, ENAMOUR** (ené'mâr), v. t. Enamorar; cativar (geralm. no part. pass.).
**ENAMORED, ENAMOURED** (ené'mârd), adj. Enamorado (seguido de *of, with*).
**ENCAGE** (enkêi'dj), v. t. Engaiolar; encerrar; encarcerar.
**ENCAMP** (enkêm'p), v. t. e i. Acampar.
**ENCAMPMENT** (enkémp'ment), s. Acampamento; alojamento.
**ENCASE** (enkêi'ss), v. t. Encaixotar.
**ENCAUSTIC** (enkós'tik), s. Encáustico.
**ENCAVE** (enkêi'v), v. t. Esconder (numa caverna).
**ENCEINTE** (ânsén't), adj. Prenhe, grávida; s. recinto de uma fortaleza.
**ENCHAIN** (entshêi'nn), v. i. Encadear; subjugar; dominar.
**ENCHAINMENT** (entshêin'ment), s. Encadeamento; concatenação; ligação.
**ENCHANT** (entshén't), v. t. Encantar; enfeitiçar; arrebatar; deliciar.
**ENCHANTER** (entshén'târ), s. Encantador; mágico; feiticeiro.
**ENCHANTMENT** (entshént'ment), s. Encantamento; fascinação; feitiço; magia.
**ENCHANTRESS** (entshén'tréss), s. Feiticeira.
**ENCHASE** (entshêi'se), v. t. Encaixar; engastar.
**ENCHASING** (entshêi'sinn), s. Engaste; armação; montagem.
**ENCIRCLE** (ensârk'l), v. t. Cercar, cingir; envolver; rodear; abarcar.
**ENCLASP** (enklés'p), v. t. Cingir; conter; abarcar; abraçar; prender com broche.
**ENCLAVE** (én'klêiv), s. Território ou terreno encravado.
**ENCLITIC** (enkli'tik), s. (Gram.) Enclítica; adj. enclítico.
**ENCLOSE** (enklôu'z), v. t. Incluir; anexar; conter; encerrar.
**ENCLOSED** (enklôuz'd), adj. Anexado; incluido; anexo.
**ENCLOSER** (enklôu'zâr), s. Muro; valado; aquilo que cerca.
**ENCLOSURE** (inklôu'jur), s. Recinto fechado; cerca; tapada; encerramento.
**ENCLOUD** (enklâu'd), v. t. Anuviar; nublar; toldar; obscurecer.
**ENCOMIAST** (enkôu'miést), s. Encomiasta; panegirista.
**ENCOMIASTIC** (ênkôumiés'tik) ou **ENCOMIASTICAL** (enkôumiés'tikâl), adj. Encomiástico; panegírico.

**ENCOMIUM** (enkôu'miâmm), s. Encômio; louvor; elogio.
**ENCOMPASS** (enkâm'pâss), v. t. Cercar; circundar, cingir; encerrar; incluir; abraçar.
**ENCORE** (ânkôu'r), s. Repetição; bis; interj. bis!; adv. outra vez; v. t. pedir repetição.
**ENCOUNTER** (enkáun'târ), s. Encontro; choque; escaramuça; ataque; v. t. e i. encontrar; lutar; acometer; escaramuçar.
**ENCOURAGE** (enkâ'ridj), v. t. Animar; encorajar; instigar; estimular.
**ENCOURAGEMENT** (enkâ'ridjment), s. Encorajamento; incitamento; instigação.
**ENCOURAGER** (enkâ'ridjâr), s. Encorajador; animador; estimulante.
**ENCOURAGING** (enkâ'ridjinn), adj. Animador.
**ENCROACH** (enkrôu'tsh), v. i. Invadir; usurpar; abusar de (seguido de *on, upon*).
**ENCROACHER** (enkrôu'tshâr), s. Invasor.
**ENCROACHING** (enkrôu'tshinn), adj. Usurpante; usurpador.
**ENCROACHMENT** (enkrôu'tshment), s. Usurpação; invasão; intromissão.
**ENCRUST** (enkrâs't), v. t. Embutir; entalhar; incrustar.
**ENCUMBER** (enkâm'bâr), v. t. Estorvar; embarçar; obstruir; oprimir.
**ENCUMBRANCE** (enkâm'brânss), s. Estorvo; dificuldade; obstáculo; carga; hipoteca.
**ENCYCLIC** (ensi'klik) ou **ENCYCLICAL** (ensi'klikâl), s. e adj. Encíclica; encíclico.
**ENCYCLOPEDIA** (ensáiklopi'diâ), s. Enciclopédia.
**ENCYCLOPEDIC** (ensáiklopi'dik) ou **ENCYCLOPEDICAL** (ensáiclopi'dikâl), adj. Enciclopédico.
**ENCYCLOPEDISM** (ensáiklopi'dizm), s. Enciclopedismo.
**ENCYCLOPEDIST** (ensáiklopi'dist), s. Enciclopedista.
**END** (énd), s. Fim, termo, término, conclusão; ponta, extremidade; cabo; alvo; desígnio; resultado; interesse; fragmento; v. t. e i. acabar, terminar; morrer, expirar; matar; liquidar; decidir; resultar.
**ENDANGER** (endén'djâr), v. t. Arriscar; comprometer; expor.
**ENDANGERING** (endén'djârinn), adj. Perigoso; arriscado.
**ENDANGERMENT** (endén'djârment), s. Perigo.
**ENDEAR** (endi'r), v. t. Encarecer, tornar caro, estimado; manifestar carinho.

**ENDEARMENT** (endir'ment), s. Meiguice; ternura; afago; carinho.
**ENDEAVOR, ENDEAVOUR** (endé'vâr), v. t. e i. Esforçar-se; empenhar-se por.
**ENDEMIC** (endé'mik), adj. Endêmico.
**ENDING** (én'dinn), s. Fim, termo, conclusão; (Gram.) letra ou sílaba final.
**ENDIVE** (en'div), s. Endívia; chicória.
**ENDLESS** (énd'léss), adj. Interminável; infinito; perpétuo.
**ENDLESSNESS** (énd'lésnéss), s. Perpetuidade; continuidade.
**ENDLONG** (énd'lónn), adv. Estendido ao comprido.
**ENDMOST** (énd'môust), adj. O mais distante.
**ENDOGAMIC** (endóghé'mic), adj. Endogâmico.
**ENDOGAMY** (endô'gâmi), s. Endogamia.
**ENDORSE** (indór'ss), v. t. Endossar; rubricar; autenticar; sancionar; aderir a.
**ENDORSEMENT** (indórs'ment), s. Endosso; sanção; confirmação.
**ENDORSER** (indór'sâr), s. Endossante.
**ENDOW** (endá'u), v. t. Dotar, doar; favorecer; beneficiar com algum dom; prendar.
**ENDOWER** (endáu'âr), s. Doador; fundador.
**ENDOWMENT** (endáu'ment), s. Doação; dotação; dote; dom; prenda; vantagem.
**ENDUE** (endi'u), v. t. Dotar; investir; assumir.
**ENDURABLE** (endiu'râbl), adj. Suportável; tolerável; sofrível.
**ENDURANCE** (endiu'rânss), s. Paciência; resignação; resistência; duração.
**ENDURE** (endiu'r), v. t. e i. Tolerar; suportar; durar; resistir (a uma prova), etc.
**ENDURER** (endiu'râr), s. Tolerante; sofredor; conformado.
**ENDURING** (endiu'rinn), adj. Paciente; resistente; duradouro; perpétuo; constante.
**ENEMY** (ê'nimi), s. Inimigo; rival; adversário.
**ENERGETIC** (énârdjé'tik) ou **ENERGETICAL** (énârdjé'tikâl), adj. Energético; ativo.
**ENERGETICS** (énârdjé'tiks), s. (Fís.) Energética.
**ENERGIZE** (é'nârdjáiz), v. t. e i. Excitar; dar vigor, energia a; proceder com energia.
**ENERGUMEN** (énârghiu'menn), s. Energúmeno; endemoninhado; possesso.
**ENERGY** (é'nârdji), s. Energia; vigor; força.
**ENERVATE** (é'nârvêit ou inâr'veit), v. t. Enervar; debilitar; enfraquecer; derrotar.
**ENERVATE** (inâr'vêit), adj. Enervado; efeminado; esgotado; enfraquecido.
**ENERVATING** (énârvêi'tinn), adj. Enervante; debilitante; exaustivo.
**ENERVATION** (énârvêi'shânn), s. Enervação; debilitação; fraqueza.
**ENERVATOR** (é'nârvêitár), s. Enervador; debilitador.
**ENFEEBLE** (enfibl), v. t. Enfraquecer; debilitar.
**ENFEEBLEMENT** (enfibl'ment), s. Enfraquecimento; debilidade; fraqueza.
**ENFEEBLING** (enfi'blinn), adj. Debilitante; s. enfraquecimento.
**ENFEOFF** (enfé'f), v. t. (Jur.) Enfeudar; avassalar; submeter.
**ENFILADE** (enfilêi'd), v. t. Varrer com tiros de metralha; s. (Mil.) fogo de enfiada.
**ENFOLD** (enfôul'd), v. t. Envolver; abraçar.
**ENFOLDMENT** (enfôuld'ment), s. Envolvimento.
**ENFORCE** (enfôur'ss), v. t. Forçar a execução de; compelir; obrigar a; apoiar; executar.
**ENFORCED** (enfôurs't), adj. Forçado; violentado; adv. violentamente.
**ENFORCEMENT** (enfôurss'ment), s. Coação; constrangimento; sanção.
**ENFRANCHISE** (enfrén'tshiss ou enfrén'-tsháiz), v. t. Franquear; liberar; conferir direitos civis a.
**ENFRANCHISEMENT** (enfrén'tshisment), s. Franquia; emancipação.
**ENGAGE** (enghêi'dj), v. t. e i. Ajustar; assalariar; empenhar; reter; aliciar; angariar; ligar; combater; (Mec.) engrenar.
**ENGAGED** (enghêi'djd), adj. Ocupado; empenhado; comprometido; apalavrado; noivo; (Med.) engatado.
**ENGAGEMENT** (enghêi'djment), s. Compromisso; empenho; noivado; promessa de casamento; batalha; combate; obrigação.
**ENGAGING** (enghêi'djinn), adj. Insinuante; atraente; encantador.
**ENGENDER** (endjén'dâr), v. t. e i. Gerar; produzir; gerar-se.
**ENGINE** (en'djinn), s. Máquina; motor; locomotiva; engenho; força; ardil; v. t. prover, ou usar de máquinas.
**ENGINEER** (endjini'r), s. Engenheiro; maquinista (EUA); construtor; inventor; técnico; v. t. executar ou dirigir a execução de.
**ENGINERY** (en'djinâri), s. Maquinaria; manejo de máquinas; plano engenhoso.
**ENGIRD** (engâr'd), v. t. Cingir; cercar; pôr à cintura; pôr em volta da cabeça.

**ENGLANDER** (in'glândâr), s. Inglês.
**ENGLISH** (in'glish), adj. Inglês; s. a língua inglesa; v. t. inglesar; traduzir em inglês.
**ENGLISHISM** (in'glishism), s. Inglesismo, anglicismo.
**ENGLISHMAN** (ing'lishmaen), s. Inglês; fem. *englishwoman*.
**ENGLUT** (englâ't), v. t. Engolir; saciar.
**ENGORGE** (engór'dji), v. t. e i. Engurgitar; abarrotar-se; devorar; engolir.
**ENGRAFT** (engréf't), v. t. Gravar; enxertar.
**ENGRAFTMENT** (engréft'ment), s. Enxerto.
**ENGRAIL** (engrêil), v. t. e i. Espigar.
**ENGRAIN** (engrêinn), v. t. Tingir com grã.
**ENGRAVE** (engrêi'v), v. t. Gravar; esculpir.
**ENGRAVER** (engrêi'vâr), s. Gravador.
**ENGRAVING** (engréi'vinn), s. Gravação.
**ENGROSS** (engróss), v. t. Engrossar; condensar; monopolizar; absorver; passar a limpo; tirar pública-forma de.
**ENGROSSER** (engró'sâr), s. Copista; despachante.
**ENGROSSMENT** (engrós'ment), s. Transcrição; cópia; açambarcamento.
**ENGULF** engâl'f), v. t. Engolfar; afundar.
**ENGULFMENT** (engâlf'ment), s. Engolfamento; imersão; mergulho.
**ENHANCE** (en-hén'ss), v. t. Elevar; encarecer; realçar; engrandecer; tornar-se caro.
**ENHANCEMENT** (en-héns'ment), s. Encarecimento; alta; aumento; realce.
**ENIGMA** (inig'mâ), s. Enigma; mistério.
**ENIGMATIC** (inigmé'tik) ou **ENIGMATICAL** (inigmé'tikâl), adj. Enigmático; obscuro.
**ENIGMATIST** (inig'mâtist), s. Enigmatista; s. compor enigmas; falar de modo obscuro.
**ENJOIN** (endjó'nn), v. t. Impor; ordenar; ditar; prescrever; encarregar; proibir.
**ENJOINER** (andjói'nâr), s. Mandante.
**ENJOINMENT** (endjóin'ment), s. Injunção.
**ENJOY** (endjó'i), v. t. e i. Gozar; divertir-se; desfrutar; fruir; benefíciar-se com.
**ENJOYABLE** (endjói'âbl), adj. Desfrutável; agradável; divertido; s. gozo.
**ENJOYMENT** (endjói'ment), s. Gozo; alegria.
**ENKINDLE** (enkind'l), v. t. e i. Acender; inflamar; pegar fogo; excitar-se.
**ENLACE** (enlêi'ss), v. t. Enlaçar; entrelaçar; s. enlaçadura.
**ENLARGE** (enlár'dj), v. t. Engrandecer; aumentar; desenvolver; crescer; soltar.
**ENLARGMENT** (enlârdj'ment), s. Aumento; desenvolvimento; ampliação; plenitude.

**ENLARGER** (enlár'djâr), s. Ampliador (em fotografia).
**ENLARGING** (enlár'djinn), s. Ampliação.
**ENLIGHTEN** (enláit'n), v. t. Esclarecer; aclarar; instruir; abrir os olhos a; ilustrar.
**ENLIGHTENED** (enláitn'd), adj. Esclarecido.
**ENLIGHTENMENT** (enláitn'ment), s. Esclarecimento; ilustração; sabedoria.
**ENLINK** (enlin'k), v. t. Ligar; acorrentar.
**ENLIST** (enlist), v. t. e i. Alistar; inscrever.
**ENLISTMENT** (enlist'ment), s. Alistamento; inscrição; certificado de reservista.
**ENLIVEN** (enláiv'n), v. t. Animar; excitar.
**ENLIVENER** (enláiv'nâr), s. Animador.
**ENMESH** (enmué'sh), v. t. Enredar; emaranhar; confudir; prender com rede.
**ENMITY** (é'miti), s. Inimizade; hostilidade.
**ENNOBLE** (enôub'l), v. t. Enobrecer; nobilitar; ilustrar; conferir título nobiliárquico.
**ENNOBLEMENT** (enôubl'ment), s. Enobrecimento; nobilitação; elevação; excelência.
**ENNUI** (aniu'ui), s. Tédio; enfado.
**ENORMITY** (inór'miti), s. Enormidade; excesso; perversidade; insulto; ultraje.
**ENORMOUS** (inór'mâss), adj. Enorme; cruel.
**ENORMOUSNESS** (inór'mâsnéss), s. Enormidade; grandeza; imensidade.
**ENOUGH** (inâf), adj. Suficiente; bastante; adv. suficientemente; interj. basta! chega!
**ENOUNCE** (ináunss), v. t. Enunciar; exprimir.
**ENOUNCEMENT** (ináuns'ment), s. Enunciação; enunciado; exposição.
**ENQUIRE** (inkuái'âr), v. t. e i. Inquirir; indagar; informar-se; procurar; saber.
**ENQUIRER** (inkuái'ârâr), s. Investigador; indagador; pesquisador; esquadrinhador.
**ENQUIRY** (inkuái'âri), s. Indagação; consulta; exame; questão; inquérito; sindicância.
**ENRAGE** (enrrêi'dj), v. t. Enraivecer; irritar.
**ENRAGED** (enrrêi'djd), adj. Enraivecido.
**ENRAPT** (enrróp't), adj. Arrebatado; entusiasmado; emocionado.
**ENRAPTURE** (enrrép'tshur ou enrrépi'tiur), v. t. Transportar; arrebatar; entusiasmar.
**ENRAVISH** (enré'vish), v. t. Enlevar; extasiar.
**ENRICH** (enri'tsh), v. t. Enriquecer; melhorar.
**ENRING** (enrri'nn), v. t. Cingir; encerrar (num círculo, etc.); adornar (de anéis, etc.).
**ENROBE** (enrrôu'b), v. t. Vestir; envergar.
**ENROLL** (enrrôul), v. t. Registrar; inscrever; sentar praça; enrolar; v. i. matricular-se.
**ENROLMENT, ENROLLMENT** (enrrôullment), s. Inscrição; matrícula; alistamento.

**ENROOT** (enrru't), v. t. Enraizar.
**ENROOTED** (enrru'tid), adj. Enraizado.
**ENSANGUINE** (ensen'güinn), v. t. Ensangüentar; colorir de escarlate.
**ENSCONCE** (enskónssen), v. t. Cobrir; ocultar, envolver.
**ENSEMBLE** (ansâmb'l), s. Conjunto; aspecto geral; totalidade.
**ENSHRINEMENT** (enshráin'ment), s. Encerramento em relicário; engaste; encaixe.
**ENSHROUD** (enshául'd), v. t. Amortalhar; encobrir; envolver; ocultar.
**ENSIGN** (én'sáinn), s. Insígnia; emblema; distintivo; estandarte; v. t. assinalar.
**ENSIGNCY** (en'sáinsi), s. Porta-bandeira; posto de guarda-marinha (EUA).
**ENSLAVE** (enslêi'v), v. t. Escravizar; cativar.
**ENSLAVEMENT** (enslêiv'ment), s. Escravidão.
**ENSLAVER** (enslêi'vâr), s. Escravizador; tirano, déspota.
**ENSNARE** (ensné'r), v. t. Apanhar numa armadilha; surpreender; seduzir; enganar; s. enganador; sedutor.
**ENSE** (ensi'u), v. t. e i. Advir; resultar.
**ENSUING** (ensiu'inn), adj. Próximo, seguinte.
**ENSURE** (enshu'r), v. t. Segurar, pôr no seguro.
**ENTAIL** (entêi'l), v. t. (Jur.) Vincular; causar, levar a; s. vínculo; morgadio.
**ENTAILMENT** (entêil'ment), s. Vínculo, fideicomisso.
**ENTANGLE** (enténg'l), v. t. Enredar, emaranhar; impedir; perturbar; prender; laçar.
**ENTANGLED** (enténg'l'd), adj. Emaranhado; complicado; preso; comprometido.
**ENTANGLEMENT** (enténgl'ment), s. Enredo; complicação; confusão; obstáculo.
**ENTANGLER** (enténg'lâr), s. Complicador.
**ENTER** (én'târ), v. t. e i. Entrar em; penetrar; alistar-se; empreender; admitir; (Com.) escriturar; (Jur.) intentar processo.
**ENTERIC** (enté'rik), adj. (Anat.) Entérico.
**ENTERING** (én'târinn), s. Entrada.
**ENTERON** (én'târónn), s. (Anat.) Intestino; tubo digestivo.
**ENTERPRISE** (én'târpráiz), s. Empresa; empreitada; arrojo; energia; v. t. arriscar.
**ENTERPRISING** (én'târpráizinn), adj. Empreendedor; audaz; enérgico; progressista.
**ENTERTAIN** (entârtêi'nn), v. t. e i. Entreter; receber; obsequiar; planejar; nutrir.
**ENTERTAINER** (entârtêi'nâr), s. Anfitrião; hospedeiro; entretedor; artista.
**ENTERTAINING** (entârtêi'ninn), adj. Alegre; divertido; recreativo.
**ENTERTAINMENT** (entârtêin'ment), s. Entretenimento; divertimento; projeto; plano.
**ENTHRALL, ENTHRAL** (enthró'l), v. t. Dominar; escravizar; subjugar; submeter.
**ENTHRALLMENT, ENTHRALMENT** (enthról'ment), s. Domínio; escravidão.
**ENTHRONE** (enthrôu'nn), v. t. Entronizar.
**ENTHRONEMENT** (enthrôun'met), s. Entronização.
**ENTHUSE** (enthiu'z), v. t. Demonstrar entusiasmo; encorajar; animar.
**ENTHUSIASM** (enthiu'ziésm), s. Entusiasmo.
**ENTHUSIASTIC** (enthiuziés'tik) ou **ENTHUSIASTICAL** (enthiuziés'tikâl), adj. Entusiástico; s. entusiasta.
**ENTICE** (entái'ss), v. t. Tentar (espec. para o mal); excitar; seduzir; engodar; atrair.
**ENTICEMENT** (entáis'ment), s. Tentação; sedução; atração (para o mal); engodo.
**ENTICER** (entái'zâr), s. Tentador; sedutor; instigador.
**ENTIRE** (entái'âr), adj. Inteiro; completo; cabal; constante; sincero; s. o todo.
**ENTIRELY** (entái'ârli), adv. Inteiramente.
**ENTIRENESS** (entái'ârnéss) ou **ENTIRETY** (entái'ârti), s. Inteireza; integridade; totalidade; o conjunto.
**ENTITLE** (entáit'l), v. t. Intitular; dar direito a; autorizar; habilitar; qualificar.
**ENTITLED** (entáitl'd), adj. Habilitado; qualificado; intitulado; com direito a.
**ENTITY** (én'titi), s. Entidade; indivíduo; ser.
**ENTOMB** (entu'mm), v. t. Enterrar; sepultar.
**ENTOMBER** (entum'mâr), s. Coveiro.
**ENTOMBMENT** (entum'ment), s. Sepultamento; enterramento.
**ENTOMOLOGICAL** (entomoló'djikâl), adj. Entomológico
**ENTOMOLOGIST** (entomó'lodjist), s. Entomologista; v. i. estudar entomologia.
**ENTOMOLOGY** (entomó'lodji), s. Entomologia.
**ENTOURAGE** (anturá'j), s. Companhia; roda; círculo de relações.
**ENTRAILS** (én'trêils), s. pl. Entranhas; intestinos (de um animal).
**ENTRAMMEL** (entré'mel), v. t. Pôr dificuldades; entravar.
**ENTRANCE** (entrén'ss), v. t. Lançar em transe; arrebatar; extasiar.
**ENTRANCE** (én'trânss), s. Entrada; ingresso.

**ENTRANCEMENT** (entréns'ment), s. Arrebatamento; transporte; encantamento; êxtase.
**ENTRANT** (én'trânt), adj. Entrante; s. estreante; principiante.
**ENTRAP** (entré'p), v. t. Apanhar numa armadilha; surpreender; embaraçar; lograr.
**ENTRAPMENT** (entrép'ment), s. Laço; cilada.
**ENTRAPPER** (entré'pâr), s. O que lança armadilhas.
**ENTREAT** (entri't), v. t. Pedir encarecidamente; rogar; implorar.
**ENTREATING** (entri'tinn), adj. Suplicante.
**ENTREATY** (entri'ti), s. Súplica; pedido.
**ENTRENCH** (entrén'tsh), v. t. e i. Entrincheirar; entrincheirar-se; invadir; penetrar.
**ENTRENCHMENT** (entrén'tshment), s. Entrincheiramento; invasão; defesa.
**ENTREPOT** (antrâpô'u), s. Entreposto.
**ENTRUST** (entrâs't), v. t. Incumbir; confiar.
**ENTRY** (én'tri), s. Entrada; ingresso; saguão; vestíbulo; inscrição; (Com.) lançamento.
**ENTWINE** (entuái'nn), v. t. e i. Enlaçar.
**ENTWIST** (entuis't), v. t. Torcer; cercar.
**ENUMERATE** (iniu'mârêit), v. t. Enumerar; especificar; detalhar; recapitular.
**ENUMERATION** (iniumârêi'shânn), s. Enumeração; relação; especificação; computação.
**ENUMERATIVE** (iniu'mârâtiv), adj. Enumerativo; s. enumerador.
**ENUNCIABLE** (inân'siâbl), adj. Enunciável.
**ENUNCIATE** (inân'siêit), v. t. e i. Enunciar; expor; articular; exprimir; proferir.
**ENUNCIATION** (inânsiêi'shânn), s. Enunciação; exposição; afirmação; tese.
**ENUNCIATIVE** (inân'siâtiv) ou **ENUNCIATORY** (inân'siâtôuri), adj. Enunciativo; s. enunciador.
**ENURE** (iniu'r), v. i. Entrar em operação, em execução; estar disponível.
**ENVELOP** (envé'lâp), v. t. Envolver; cobrir.
**ENVELOPMENT** (envé'lâpment), s. Envolvimento; embaraço.
**ENVENOM** (envé'nâmm), v. t. Envenenar; perverter; amargurar; abjurar.
**ENVIABLE** (én'viâbl), adj. Invejável.
**ENVIER** (én'viâr), s. Invejoso; ciumento.
**ENVIOUS** (én'viâss), adj. Invejoso; cobiçoso; s. inveja; cobiça.
**ENVIRON** (enváï'rânn), v. t. Cercar; rodear; sitiar; s. pl. arredores; cercanias.
**ENVIRONMENT** (enváï'rânment), s. Ambiente; arredores; cerco.
**ENVISAGE** (envi'zidj), v. t. Encarar; fitar.

**ENVOY** (én'vôi), s. Enviado; legado.
**ENVY** (én'vi), s. Inveja; cobiça; ciúme; v. t. e i. invejar; cobiçar; desejar com ardor.
**ENWRAP** (en'rép), v. t. Envolver; encerrar.
**ENWRAPMENT** (enrrép'ment), s. Envolvimento; envoltório.
**ENWREATHE** (enri'dh), v. t. Engrinaldar.
**EPENTHESIS** (épen'thissis), s. (Gran.) Epêntese; adj. epentético.
**EPERGNE** (epâr'n), s. Coberta ornamental ou centro de mesa de jantar.
**EPHEMERAL** (ifé'mârâl) ou **EPHEMEROUS** (ifé'mârâss), adj. Efêmero; transitório.
**EPHEMERIDES** (efimé'ridz), s. pl. Efemérides.
**EPHOD** (é'fód), s. Veste sacerdotal judaica.
**EPIC** (é'pik), s. Poema épico; adj. épico.
**EPICARP** (é'pikârp), s. (Bot.) Epicarpo.
**EPICEDIUM** (épissi'diâmm), s. Epicédio.
**EPICENE** (é'pissinn), adj. e s. (Gram.) Epiceno, comum-de-dois.
**EPICENTER, EPICENTRE** (é'picentâr), s. Epicentro; ponto focal.
**EPICIST** (é'pissist), s. Poeta épico.
**EPICURE** (é'pikiur), s. Epicurista; gastrônomo.
**EPICUREAN** (épikiuri'ânn), adj. Epicurista; sensual.
**EPICYCLE** (é'pissâikl), s. Epiciclo.
**EPICYCLIC** (épissi'klik) ou **EPICYCLICAL** (epissi'klikâl), adj. Epicíclico.
**EPIDEMIC** (épidé'mik) ou **EPIDEMICAL** (épidé'mikâl), adj. Epidêmico; contagioso.
**EPIDERMIC** (épidâr'mik), adj. Epidérmico; s. epiderme.
**EPIDERMOID** (épidâr'môid), adj. Semelhante à epiderme.
**EPIGASTRIC** (épighés'trik), adj. Epigástrico.
**EPIGLOTTIS** (épigló'tiss), s. (Anat.) Epiglote.
**EPIGRAM** (é'pigrémm), s. Epigrama.
**EPIGRAMMATIC** (épigrâmé'tik) ou **EPIGRAMMATICAL** (épigrâmé'tiâl), adj. Epigramático; satírico; mordaz; espirituoso.
**EPIGRAMMATIST** (épigré'mâtist), s. Epigramatista; v. t. compor epigramas; satirizar.
**EPIGRAPH** (é'pigréf), s. Epígrafe.
**EPIGRAPHER** (é'pigréfâr), s. O que faz epígrafes; epigrafia; adj. epigráfico.
**EPILEPSY** (é'pilépssi), s. (Med.) Epilepsia.
**EPILEPTIC** (épilép'tik), adj. e s. Epiléptico.
**EPILOGIC** (épiló'djik), adj. Epilógico.
**EPILOGIZE** (ipi'lódjâiz ou é'pilodjáiz), v. t. e i. Epilogar; encerrar; condensar.

**EPILOGUE, EPILOG** (é'pilóg), s. Epílogo; conclusão; fim (de obra literária, etc.).
**EPIPHANY** (ipi'fâni), s. Epifania
**EPISCOPACY** (ipis'kopàssi) ou **EPISCOPATE** (ipis'kopit), s. Episcopado; bispado; adj. episcopal.
**EPISODE** (é'pisòud), s. Episódio; ocorrência.
**EPISODIC** (épisó'dik) ou **EPISODICAL** (épisó'dikâl), adj. Episódico.
**EPISTLE** (épis'l), s. Epístola; carta; missiva.
**EPISTLER** (ipis'lâr) ou **EPISTOLER** (ipis'-tlâr), s. Epistolágrafo.
**EPISTOLARY** (ipis'tolâri), s. Epistolário.
**EPISTOLIZE** (ipis'toláiz), v. t. Compor epístolas.
**EPISTYLE** (é'pistâil), s. (Arquit.) Epistílio.
**EPITAPH** (é'pitéf), s. Epitáfio.
**EPITHALAMIUM** (épithâlêi*miâmm), s. Epitalâmio.
**EPITHELIAL** (épithi'liâl), adj. Epitelial
**EPITHEIUM** (épithi'liâmm), s. (Biol.) Epitélio.
**EPITHET** (é'pithét), s. Epíteto.
**EPITHETIC** (épithé'tik) ou **EPITHETICAL** (épithé'tikâl), adj. Epitético.
**EPITOME** (ipi'tomi), s. Epítome; resumo.
**EPITOMIC** (épi'tòmik) ou **EPITOMICAL** (épitó'mikâl), adj. Resumido; sintetizado.
**EPITOMIST** (ipi'tomist) ou **EPITOMIZER** (ipi'tomáizâr), s. Resumidor; autor de epítome; v. t. e i. resumir, sintetizar.
**EPOCH** (é'pâk), s. Época; era; tempo.
**EPOCHAL** (é'pâkâl), adj. Memorável; notável; que faz época.
**EPODE** (é'pôud), s. Epodo.
**EPONYM** (é'ponimm), s. Epônimo.
**EPOPEE** (épopi') ou **EPOS** (é'póss), s. Epopéia, poema épico.
**EQUABILITY** (ikuâbi'liti), s. Igualdade.
**EQUABLE** (i'kuâbl ou é'kuâbl), adj. Igual; uniforme; liso; plano; suave; tranqüilo.
**EQUAL** (i'juâl), v. t. e i. Igualar; igualar-se; adj. igual; proporcionado; idêntico; imparcial; justo; adv. igualmente; s. igual; par; da mesma condição ou categoria.
**EQUALIZATION** (ikuólizêi'shânn), s. Igualação.
**EQUALIZE** (i'kuâláiz), v. t. Igualar; uniformizar; s. igualador.
**EQUALNESS** (i'kuâlnéss), s. Igualdade; uniformidade; imparcialidade.
**EQUANIMITY** (ikuâni'miti), s. Eqüanimidade; imparcialidade, serenidade; compostura.
**EQUANIMOUS** (ikuâ'nimâss), adj. Eqüânime.

**EQUANIMOUSNESS** (ikuâ'nimâsnéss), s. Eqüanimidade; imparcialidade.
**EQUATION** (ikuêi'shânn), s. (Mat.) Equação.
**EQUATOR** (ikuêi'târ), s. Equador.
**EQUATORIAL** (ékuâtô'riâl), adj. Equatorial.
**EQUERRY** (é'kuâri), s. Escudeiro.
**EQUESTRIAN** (ikués'triânn), adj. Eqüestre; s. cavaleiro; ginete.
**EQUIANGLED** (ikuién'gld) ou **EQUIANGULA** (ikuié'ghiulâr), adj. Eqüiângulo.
**EQUIBALANCE** (ikuibé'lânss), s. Equilíbrio.
**EQUIDISTANCE** (ikuidis'tânss), s. Eqüidistância; adj. eqüidistante.
**EQUILATERAL** (ikuilé'târâl), adj. Eqüilateral.
**EQUILIBRATE** (ikuilái'brêit), v. t. e i. Equilibrar.
**EQUILIBRATION** (ikuilibrêi'shânn), s. Equilíbrio.
**EQUILIBRATOR** (ikuilái'brêitâr), s. Equilibrador; equilibrista.
**EQUIMULTIPLE** (ikuimâl'tipl), adj. (Mat.) Eqüimúltiplo.
**EQUINE** (i'kuáinn), adj. Eqüino; cavalar.
**EQUINOCTIAL** (ikuinók'shâl), adj. Equinocial; s. linha do equinócio.
**EQUINOX** (i'kuinóks), s. (Astron.) Equinócio.
**EQUIP** (ikui'p), v. t. Equipar; prover do que é preciso; apetrechar; munir.
**EQUIPAGE** (é'kuipidj), s. Equipagem; equipamento; comitiva; tripulação.
**EQUIPMENT** (ikuip'ment), s. Equipamento; abastecimento; aparelhamento; vestuário.
**EQUIPOISE** (i'kuipóiss), s. Equilíbrio; contrapeso; v. t. equilibrar.
**EQUITABLE** (é'kuitâbl), adj. Eqüitável; eqüitativo; justo; imparcial; correto.
**EQUITABLENESS** (é'kuitâblnéss), s. Eqüidade; justiça; adv. imparcialmente.
**EQUITANCY** (é'kuitânsi), s. Equitação.
**EQUITY** (e'kuiti), s. Eqüidade; justiça.
**EQUIVALENCE** (ikui'vâlénss) ou **EQUIVALENCY** (ikui'vâlénsi), s. Eqüivalência.
**EQUIVALENT** (ikui'vâlént), adj. Eqüivalente.
**EQUIVOCAL** (ikui'vokâl), adj. Ambíguo; duvidoso; enigmático; obscuro; incerto.
**EQUIVOCALNESS** (ikui'vokâlnéss), s. Equívoco; ambigüidade; obscuridade.
**EQUIVOCATE** (ikui'vokêit), v. t. Equivocar-se; usar expressões ambíguas; mentir.
**EQUIVOCATION** (ikuivokêi'shânn), s. Equívoco; ambigüidade; engano; desfeita.
**EQUIVOCATOR** (ikui'vokêitâr), s. Equivocador; o que usa de expressões ambíguas.

**EQUIVOKE, EQUIVOQUE** (é'kuivôuk), s. Equívoco; trocadilho; engano.
**ERA** (i'rá), s. Era; época; período notável.
**ERADIATE** (irrâ'diêit), v. t. e i. Irradiar.
**ERADIATION** (irrâdiêi'shânn), s. Irradiação.
**ERADICABLE** (irrâ'dikâbl), adj. Erradicável.
**ERADICATE** (irrâ'dikêit), v. t. Erradicar; arrancar; suprimir; eliminar; destruir.
**ERADICATION** (irrâdikêi'shânn), s. Erradicação; exterminação.
**ERADICATIVE** (irrâ'dikâtiv), adj. e s. Erradicante; desarraigante.
**ERASABLE** (irrêi'sâbl), adj. Obliterável; destruível; anulável.
**ERASE** (irrêi'ss), v. t. Raspar; cancelar.
**ERASEMENT** (irrêis'ment), s. Rasuramento.
**ERASER** (irrêi'sâr), s. Raspador; borracha.
**ERASION** (irrêi'jân) ou **ERASURE** (irrêi'jur), s. Rasura; borrão; mancha; risco.
**ERE** (ér), prep. e conj. Antes de; antes que.
**ERECT** (irék't), v. t. Erigir; erguer; edificar; estabelecer; adj. ereto; levantado; audaz.
**ERECTILE** (irék'tâil ou irék'til), adj. Eréctil.
**ERECTION** (irék'shânn), s. Ereção; instalação; montagem (de máquinas); estrutura.
**ERECTNESS** (irék'tnéss), s. Ereção; firmeza.
**EREMITE** (é'rimáit), s. Eremita; adj. do eremita; eremítico.
**ERGO** (âr'gôu), adv. Logo; portanto.
**ERGOTISM** (âr'gotizm), s. Ergotismo.
**ERISTIC** (iris'tik) ou **ERISTICAL** (iris'tikâl), adj. Controverso; propenso a discutir.
**ERMINE** (âr'minn), s. Arminho, pele de.
**ERNE** (âr'nn), s. Águia (moeda de ouro); tipo de abutre pescador.
**ERODE** (irôu'd), v. t. e i. Roer; desgastar-se.
**ERODIBLE** (irôu'dibl), adj. Corrosível.
**EROSION** (irôu'jânn), s. Erosão; desgaste.
**EROTIC** (irô'tik), adj. Erótico; lúbrico.
**EROTICISM** (irô'tissizm), s. Erotismo.
**ERR** (âr), v. t. e i. Errar; pecar; fracassar.
**ERRABLE** (é'râbl), adj. Sujeito a errar.
**ERRAND** (é'rând), s. Recado; incumbência.
**ERRANT** (é'rânt), adj. Errante; vagabundo.
**ERRANTRY** (é'rântri), s. Vida errante.
**ERRATIC** (iré'tik) ou **ERRATICAL** (iré'tikâl), adj. Errático; errante; desordenado; excêntrico; transviado; vagabundo.
**ERRATUM** (irêi'tâmm), s. Errata; erro.
**ERRONEOUS** (irôu'niâss), adj. Errôneo; errado; inexato; incorreto; absurdo.
**ERRONEOUSNESS** (irôu'niâsnéss), s. Erro; engano; falsidade.

**ERROR** (é'râr), s. Erro; falta; transgressão.
**ERSE** (ârss), adj. e s. Dialeto escocês.
**ERST** (ârst), adv. Outrora; antigamente.
**ERUBESCENCE** (érubé'senss) ou **ERUBESCENCY** (érubé'sensi), s. Enrubescimento.
**ERUBESCENT** (érubé'sent), adj. Ruborizado; corado; avermelhado.
**ERUCTATE** (irâk'têit), v. t. Arrotar.
**ERUCTATION** (irâktêi'shânn), s. Eructação; arroto.
**ERUDITE** (é'rudáit ou é'riudâit), adj. Erudito; instruído; sábio; douto.
**ERUDITNESS** (é'rudáitnéss ou é'rjudáitnéss) ou **ERUDITION** (é'rudishânn ou ériudi'shânn), s. Erudição; saber; educar.
**ERUGINOUS** (irâ'djinâss), adj. Eruginoso; enferrujado; azinhavrado.
**ERUPT** (irâp't), v. t. e i. Entrar em erupção.
**ERUPTION** (irâp'shânn), s. Erupção; adj. eruptivo.
**ERYSIPELAS** (érissi'pelâss), s. (Med.) Erisipela.
**ESCALADE** (èskâlêi'd), v. t. Escalar.
**ESCALATOR** (és'kâlêitâr), s. Tipo de escada giratória.
**ESCALLOP** (eskô'lâp), v. t. Recortar; fazer festões; assar ostras.
**ESCAPADE** (és'kâpêid), s. Escapada; fuga; descuido; travessura; escoicear (o cavalo).
**ESCAPE** (iskêi'p), v. t. e i. Escapar; evitar; iludir; fugir; desprender-se; s. evasão; escapamento; derramamento de líquido.
**ESCAPEMENT** (iskêip'ment), s. Escapamento; escape (mecanismo de relógio); saída.
**ESCARP** (iskâr'p), v. t. Escapar; s. escarpa.
**ESCARPMENT** (iskârp'ment), s. Escarpa; talude; rampa escarpada.
**ESCHAROTIC** (éskarô'tik), adj. Escarótico.
**ESCHATOLOGY** (éskâtô'lodji), s. Escatologia.
**ESCHEAT** (éstshi't), v. t. e i. Confiscar.
**ESCHEW** (éstshu'), v. i. Evitar; renunciar a.
**ESCORT** (eskôr't), v. t. Escoltar; acompanhar; guardar; s. escolta; proteção.
**ESCULENT** (és'kiulent), adj. e s. Comestível.
**ESCUTCHEON** (iskât'shânn), s. Escudo de armas.
**ESKIMO** (és'kimôu), s. Esquimó.
**ESOPHAGUS** (issô'fâgâss), s. (Anat.) Esôfago.
**ESOTERIC** (éssoté'rik) ou **ESOTERICAL** (éssoté'rikâl), adj. Esotérico; secreto.
**ESPECIAL** (espé'shâl), adj. Especial; superior; distinto; excepcional.

**ESPECIALY** (espé'shàli), adv. Especialmente.
**ESPERANTO** (espérán'tôu), s. Esperanto.
**ESPIAL** (espái'àl), s. Espionagem.
**ESPLANADE** (ésplânéi'd), s. Esplanada.
**ESPOUSAL** (espáy'zàl), s. Esponsal; adoção; defesa; patrocínio.
**ESPOUSE** (espáu'ss), v. t. e i. Esposar; desposar; adotar; abraçar; patrocinar (causa).
**ESPOUSER** (espáu'zâr), s. Contraente de esponsais ou matrimônio; defensor.
**ESPRIT** (espri'), s. Espírito, graça, chiste.
**ESPY** (ispâ'i), v. t. e i. Avistar; espionar.
**ESQUIRE** (éskuái'r), s. Escudeiro.
**ESSAY** (éssêi'), v. t. Ensaiar; experimentar; s. ensaio (exposição literária); tentativa.
**ESSAYER** (éssêi'âr), s. Ensaísta; ensaiador.
**ESSAYIST** (é'sêist), s. Ensaísta; autor de ensaios literários.
**ESSENCE** (é'senss), s. Essência; perfume; extrato; o âmago, principal; v. t. perfumar.
**ESSENTIAL** (essén'shàl), adj. Essencial; indispensável; constitutivo; s. o essencial.
**ESSENTIALITY** (essénshà'liti), s. Essencialidade; substância essencial.
**ESTABLISH** (esté'blish), v. t. Estabelecer; fundar; substanciar; ratificar.
**ESTABLISHER** (esté'blishâr), s. Instituidor; fundador.
**ESTABLISHMENT** (esté'blishment), s. Estabelecimento; fundação; instituição; negócio; base; princípio fundamental.
**ESTATE** (istêi't), s. Estado; condição, qualidade; classe; posição social; propriedade; domínio; (Jur.) massa falida.
**ESTEEM** (esti'mm), v. t. Estimar; considerar; aquilatar; s. estima; apreço.
**ESTIMABLE** (és'timàbl), adj. Estimável.
**ESTIMABLENESS** (es'timàblnéss), s. Estima.
**ESTIMATE** (és'timêit), v. t. e i. Estimar; calcular; apreciar; julgar; orçar; s. avaliação; cálculo; cômputo; crédito; verba.
**ESTIMATION** (éstimêi'shànn), s. Estimação; estimativa; avaliação; preço; apreço.
**ESTIVAL** (és'tivâl ou estái'vàl), adj. Estival.
**ESTOP** (istô'p), v. t. (Jur.) Impedir; interdizer; proibir; embargar.
**ESTOPPAGE** (éstô'pidj), (Jur.) Embargo.
**ESTOPPEL** (éstô'pél), s. Interdição; impedimento; embargo.
**ESTRANGE** (éstren'dj), v. t. Alienar; apartar; separar; desviar de.
**ESTRANGEMENT** (éstrendj'ment), s. Alienação; aversão; frieza; indiferença.

**ESTREAT** (éstri't), s. (Jur.) Extrato; traslado; cópia; v. t. trasladar; dar cópia autêntica.
**ESTUARY** (és'tshuêri), s. Estuário.
**ESURIENCE** (issiu'riénss) ou **ESURIENCY** (issiu'riénsi), s. Fome; miséria; penúria; adj. esfomeado.
**ETCH** (étsh), v. t. Gravar; estampar com água-forte; delienar; esboçar.
**ETCHER** (é'tshâr), s. Gravador; água-fortista.
**ETCHING** (ét'shinn), s. Gravura; estampa a água-forte; esboço.
**ETERNAL** (itâr'nâl), adj. Eterno; imortal.
**ETERNALIZE** (itâr'nâláiz), v. t. Eternizar.
**ETERNITY** (itâr'niti), s. Eternidade; imortalidade; perenidade.
**ETHER** (ithâr), s. (Quím.) Éter.
**ETHEREAL** (ithi'riâl) ou **ETHEREOUS** (ithi'riâss), adj. Etéreo; sutil; leve; puro.
**ETHERIALIZE** (ithi'rialáiz), v. t. e i. Eterizar; espiritualizar.
**ETHERIZE** (i'thârái̇z), v. t. Anestesiar; sujeitar à influência do éter.
**ETHIC** (é'thic) ou **ETHICAL** (é'thikâl), adj. Ético, da moral; s. ética, ciência da moral.
**ETHMOID** (éth'móid), s. (Anat.) Etmóide.
**ETHNIC** (éth'nik), adj. Étnico.
**ETHNOGRAPY** (éthnó'grâf), s. Etnografia.
**ETHNOLOGY** (ethnó'lodji), s. Etnologia.
**ETHOLOGY** (ithó'lodji), s. Etologia.
**ETHYL** (é'thil), s. (Quím.) Etilo.
**ETHYLENE** (é'thilinn), s. (Quím.) Etileno.
**ETIOLATE** (i'tiolêit), v. t. e i. Estiolar; murchar; enfraquecer-se; desbotar.
**ETIOLATION** (itiolêi'shânn), s. Estiolamento; enfraquecimento; palidez.
**ETIOLOGY** (itiô'lodji), s. Etiologia.
**ETYMOLOGIC** (étimoló'djik) ou **ETYMOLOGICAL** (étimoló'djikâl), adj. Etimológico; s. etimologista, etimologia.
**ETYMON** (é'timónn), s. Étimo.
**EUCALYPTUS** (iu'lâlip'tâss), s. Eucalipto.
**EUCHARIST** (iu'kârist), s. Eucaristia.
**EUCHARISTIC** (iukâris'tik) ou **EUCHARISTICAL** (iukâris'tikâl), adj. Eucarístico.
**EUGENIC** (iudjé'nik) ou **EUGENICAL** (iudjé'nikâl), adj. Eugênico.
**EUGENICS** (iudjé'niks), s. Eugenia.
**EULOGIST** (iu'lodjist), s. Elogiador.
**EULOGISTIC** (iulodjis'tik) ou **EULOGISTICAL** (iulodjis'tikâl) ou **EULOGIOUS** (iulôu'djâss), adj. Laudatório; encomiástico.
**EULOGIZE** (iu'lodjáiz), v. t. Elogiar; louvar.
**EULOGY** (iu'lodji), s. Elogio; louvor; gabo.

**EUNUCH** (iu'nâk), s. Eunuco.
**EUPHEMISM** (iu'fimizm), s. Eufemismo.
**EUPHEMIZE** (iu'fimáiz), v. t. e i. Suavizar, usando de eufemismos.
**EUPHONIC** (iufó'nik) ou **EUPHONICAL** (iufó'nikâl), adj. Eufônico; v. t. tornar eufônico.
**EUPHONY** (iu'foni), s. Eufonia.
**EUROPEAN** (iuropi'ânn), adj. e s. Europeu; européia.
**EVACUANT** (evé'kiuânt), adj. Evacuante; v. t. evacuar; anular; abandonar.
**EVACUATION** (evékiuêi'shânn), s. Evacuação; cancelamento; anulação.
**EVADE** (evêi'd), v. t. e i. Evitar; evadir-se.
**EVADER** (evêi'dâr), s. Evasor; fugitivo.
**EVALUATE** (evé'liuêit), v. t. Avaliar; especificar o valor de; s. estimativa; avaliação.
**EVANESCE** (évâné'ss), v. t. Esvanecer; dissipar-se; espalhar-se.
**EVANESCENCE** (evâne'sssens), s. Esvanecimento; desaparição; adj. evanescente; efêmero; (Mat.) infinitesimal.
**EVANESCIBLE** (évané'sible), adj. Que tende a esvarecer-se, a dissipar-se.
**EVANGEL** (evén'djel), s. Evangelho.
**EVANGELIC** (ivendjé'lik) ou **EVANGELICAL** (ivendjé'likâl), adj. Evangélico.
**EVANGELIST** (ivén'djilist), s. Evangelista; adj. dos evangelistas.
**EVANGELIZATION** (ivéndjélizêi'shânn), s. Evangelização; v. t. converter; apostolar.
**EVANISH** (evé'nish), v. i. (Poét.) Desvanecer-se; desaparecer.
**EVAPORATE** (evé'porêit), v. t. e i. Evaporar; s. evaporação; adj. evaporante.
**EVAPORATOR** (ivé'porêitâr), s. Vaporizador.
**EVASION** (ivêi'jânn), s. Evasão; desfeita.
**EVASIVE** (ivêi'siv), adj. Evasivo; enganoso; ilusório; s. evasiva; subterfúgio.
**EVE** (iv), s. Véspera; (Poét.) a noite, o anoitecer.
**EVEN** (iv'n), v. t. Igualar; emparelhar; nivelar; equilibrar; adj. plano; par; uniforme; igual; justo; redondo (quantidades); adv. a par; ao nível; até; exatamente; igualmente.
**EVENNESS** (ivn'néss), s. Igualdade; uniformidade; lisura; imparcialidade.
**EVENING** (iv'ninn), s. O anoitecer, noite. *Evening party:* sarau; adj. vespertino.
**EVENT** (ivén't), s. Acontecimento; sucesso; resultado; saída; ocorrência; incidente.
**EVENTFUL** (ivén'ful), adj. Momentoso, cheio de acontecimentos, de incidentes, etc.

**EVENTIDE** (ivn'táid), s. O anoitecer.
**EVENTUAL** (ivén'tshuâl ou ivén'tiuál), adj. Conseqüente; resultante; final; definitivo.
**EVENTUALITY** (ivéntshué'liti), s. Eventualidade; contingência; resultado final.
**EVENTUATE** (ivén'tiuêit), v. t. Acontecer; resultar; s. resultado; conseqüência.
**EVER** (é'vâr), adv. Sempre; perpetuamente; em qualquer tempo; já; algum dia.
**EVERGREEN** (é'vârgrinn), adj. Virente; verdejante; s. sempre-viva (flor).
**EVERLASTING** (évârlás'tinn), adj. Perpétuo; eterno; perdurável; interminável.
**EVERMORE** (évâr'môur), adv. Eternamente.
**EVERSION** (evâr'shânn), s. Eversão; transtorno; desordem.
**EVERT** (ivâr't), v. t. Subverter; transtornar.
**EVERY** (é'vri), adj. Cada; todo, todos; toda, todas; tudo possível.
**EVERYBODY** (é'vribódi), pron. Toda a gente, todos.
**EVERYDAY** (évridei), adj. Diário; comum.
**EVERYONE** (é'vriuânn), pron. Cada um.
**EVERYTHING** (é'vrithinn), pron. e s. Tudo.
**EVERYWAY** (é'vriuêi), adv. De todos os modos; em todas as direções.
**EVICT** (evikt), v. t. Desapossar; desalojar por meios legais; usurpar; evidenciar.
**EVICTION** (évik'shânn), s. (Jur.) Evicção; prova; evidência. *Eviction notice:* ordem de despejo.
**EVIDENCE** (é'videnss), s. Evidência; prova; testemunho; v. t. evidenciar; demonstrar.
**EVIDENT** (é'vidént), adj. Evidente; claro; adj. evidencial; manifesto; patente.
**EVIL** (iv'l), adj. Mau, perverso; depravado; malvado; nocivo; prejudicial; funesto; s. mal; dano; prejuízo; calamidade; doença; adv. maldosamente; maliciosamente.
**EVILNESS** (ivl'néss), s. Maldade.
**EVINCE** (evin'ss), v. t. Manifestar; patentear; demonstrar; justificar; dar prova de.
**EVINCIBLE** (evin'sibl), adj. Demonstrável; provável; convincente.
**EVIRATE** (i'virêit), v. t. Castrar; s. castração.
**EVISCERATE** (ivi'sârêit), v. t. Eviscerar; desvitalizar; s. evisceração; estripação.
**EVITABLE** (é'vitâbl), adj. Evitável.
**EVOLUTE** (é'voliut), s. (Mat.) Evoluta.
**EVOLUTION** (évoliu'shânn), s. Evolução; crescimento; (Mil.) manobra.
**EVOLUTIONISM** (évoliu'shânizm), s. Evolucionismo.

**EVOLVE** (evól'v), v. t. e i. Desenrolar; expandir; desprender; abrir-se; desenvolver-se.
**EVOLVEMENT** (evólv'ment), s. Desenvolvimento; expansão; evolução.
**EVULSION** (evál'shånn), s. Evulsão; extração; arrancamento.
**EWE** (iu), s. Ovelha.
**EWER** (iu'år), s. Bilha: jarro para água.
**EX** (éks), prep. Posto em; sem direito a.
**EXACERBATE** (égzé'sårbêit), v. t. Exacerbar; irritar; agravar.
**EXACERBATION** (égzéssårbêi'shånn), s. Exacerbação; irritação; provocação.
**EXACT** (égzék't), v. t. e i. Exigir; extorquir; obrigar; adj. exato; rigoroso; escrupuloso.
**EXACTING** (égsék'tinn), adj. Exigente.
**EXACTION** (égzé'shånn), s. Exação.
**EXACTITUDE** (égzék'titiud), s. Exatidão; rigor; pontualidade.
**EXACTOR, EXACTER** (égzá'tår), s. Exator; opressor; extorsor.
**EXAGGERATE** (égzé'djårêit), v. t. e i. Exagerar; magnificar; sobrestimar; engrandecer; s. exageração; exagero.
**EXAGGERATIVE** (égzé'djårâtiv), adj. Desproporcional, em que há exagero; exagerado.
**EXAGGERATOR** (égzé'djårêitår), s. Exagerador; deturpador.
**EXALT** (égzól't), v. t. Exaltar, enaltecer; glorificar; fomentar; incrementar.
**EXALTATION** (égzóltêi'shånn), s. Exaltação; dignidade; contentamento; intensificação.
**EXALTED** (égzól'tid), adj. Exaltado; engrandecido; s. exaltação; glorificação.
**EXAMINANT** (egza'minant), s. Examinador.
**EXAMINATION** (égzéminêi'shånn), s. Exame; inspeção; investigação; análise.
**EXAMINE** (égzé'minn), v. t. Examinar; inspecionar; investigar; estudar; registrar.
**EXAMINEE** (égzé'mini), s. Examinando.
**EXAMINER** (égzé'minår), s. Examinador; investigador; interrogador.
**EXAMPLE** (égzémp'l), v. t. Exemplificar; s. exemplo; modelo; amostra.
**EXANIMATE** (égzé'nimit), adj. Exânime; inanimado.
**EXANIMATION** (égzénimêi'shånn), s. (Med.) Morte; insensibilidade.
**EXASPERATE** (égzés'pårêit), v. t. Exasperar; irritar; exaltar; inflamar; incensar.
**EXASPERATION** (égzéspårêi'shånn), s. Exasperação; irritação; (Med.) agravação.
**EXCAVATE** (éks'kåvêit), v. t. Cavar; escavar.

**EXCAVATION** (éks'kåvêishånn), s. Escavação; cavidade; fosso; buraco.
**EXCEED** (éksi'd), v. t. e i. Exceder; sobrepujar; avantajar-se; preponderar.
**EXCEEDING** (éksi'dinn), adj. Excedente; excessivo.
**EXCEL** (éksé'l), v. t. e i. Primar, exceder em cultura; superar; avantajar-se.
**EXCELLENCE** (ék'selénsi), s. Excelência (título honorífico).
**EXCELLENT** (ék'selént), adj. Excelente; ótimo, esplêndido.
**EXCELSIOR** (éksél'siór), adj. Mais elevado; sempre mais alto (lema de Nova York).
**EXCEPT** (éksép't), v. t. e i. Executar; excluir; prep. exceto.
**EXCEPTION** (éksép'shånn), s. Exceção; recusa; objeção; adj. recusável; censurável.
**EXCEPTIONAL** (éksép'shånål), adj. Excepcional, superior, fora do comum.
**EXCEPTOR** (éksép'tår), s. Censurador.
**EXCERPT** (éksérp't), v. t. Extrair (de um livro, etc.); selecionar; fazer excertos; escolher; s. excerto; seleção; transcrição; trecho.
**EXCESS** (éksé'ss), s. Excesso; excedente; demasia; transgressão; exorbitância.
**EXCESSIVE** (éksé'siv), adj. Excessivo; demasiado; redundante; s. excesso; demasia.
**EXCHANGE** (ékstshên'dj), v. t. e i. Trocar; permutar; cambiar; negociar na Bolsa; s. troca; permuta; câmbio; Bolsa.
**EXCHANGEABILITY** (ékstshéndjåbi'lit), s. Permutabilidade; adj. permutável; trocável.
**EXCHANGER** (ékstshên'djår), s. Cambista; banqueiro.
**EXCHEQUER** (ékstshé'kår), s. Tesouro público; erário; Min. da Fazenda (Inglaterra).
**EXCISE** (éksái'z), v. t. Cortar; extirpar; sisar; taxar; s. sisa; imposto do consumo.
**EXCISEMAN** (éksáiz'maen), s. Cobrador de impostos.
**EXCISION** (éksij'jånn), s. Excisão; extirpação; corte; amputação.
**EXCITABILITY** (éksåltâbi'liti), s. Excitabilidade.
**EXCITABLE** (éksái'tåbl), adj. Excitável; irritável; s. excitação.
**EXCITATION** (éksitêi'shånn), s. Excitação; estímulo; incitamento.
**EXCITATIVE** (éksái'tåtiv) ou **EXCITATORY** (éksái'tatôuri), adj. Excitante; excitativo.
**EXCITE** (ék'såit), v. t. Excitar; estimular; incitar; inflamar; provocar.

**EXCITEMENT** (éksáit'ment), s. Excitação; sensação; emoção.
**EXCITER** (éksái'tår), s. Incitador; instigador; (Fisiol.) excitante (nervo).
**EXCITING** (éksái'tinn), adj. Excitante; emocionante; estimulante.
**EXCLAIM** (éksklêi'mm), v. t. e i. Exclamar.
**EXCLAMATION** (éksklâmêi'shånn), s. Exclamação; ponto, sinal de exclamação (!); adj. exclamatório.
**EXCLUDE** (éksklu'd), v. t. Excluir; rejeitar.
**EXCLUSION** (éksklu'jånn), s. Exclusão.
**EXCLUSIONIST** (éksklu'jånist), s. Exclusivista.
**EXCLUSIVE** (éksklu'siv), adj. Exclusivo; seleto; restrito; s. exclusividade; repulsa.
**EXCOGITATE** (éksko'djitêit), v. t. e i. Inventar; imaginar; urdir; maquinar.
**EXCOGITATION** (ékskódjitêi'shånn), s. Cogitação; meditação; invenção; maquinação.
**EXCOMUNICATE** (ékskômùnikêit), v. t. Excomungar; anatematizar; s. excomunhão.
**EXCORIATION** (ékskoriêi'shånn), s. Escoriação; esfoladura.
**EXCREMENT** (ékskrimént), s. Excremento; resíduos fecais; adj. excrementício.
**EXCRESCENCE** (ékskrêi'senss), s. Excrescência; adj. excrescente; supérfluo.
**EXCRETE** (ékskri't), v. t. Excretar; expelir.
**EXCRETION** (ékskri'shånn), s. Excreção; excrescência; adj. excretório.
**EXCRUCIATE** (ékskru'shiêit), v. t. Excruciar; torturar; atormentar; martirizar.
**EXCRUCIATING** (ékskru'shiêitinn), adj. Cruciante; lancinante; pungente; s. tortura; tormento; martírio; pena; pesar.
**EXCULPATE** (ékskål'pêit), v. t. Desculpar.
**EXCULPATION** (ékskålpêi'shånn), s. Desculpa; justificação; defesa; adj. justificativo.
**EXCURRENT** (ékskå'rént), adj. Que corre para fora.
**EXCURSE** (ékskår'ss), v. t. Excursionar; viajar; vaguear.
**EXCURSION** (ékskår'shånn), s. Excursão; digressão; passeio; desvio; afastamento.
**EXCURSIONIST** (ékskår'shånist), s. Excursionista; v. t. excursionar.
**EXCURSIVE** (ékskår'siv), adj. Errante; digressivo; caprichoso; disparatado.
**EXCURSIVENESS** (ékskår'sivnéss), s. Extravagância; disparate; capricho.
**EXCURSUS** (ékskår'såss), s. Digressão; dissertação.

**EXCUSABLE** (ékskiu'zåbl), adj. Escusável; s. desculpa; condescendência.
**EXCUSATORY** (ékskiu'zåtôuri), adj. Apologético.
**EXCUSE** (ékskiu'z), v. t. Escusar, desculpar, perdoar; justificar; s. escusa; desculpa; justificação; pretexto.
**EXCUSER** (ékskiu'zår), s. Escusador.
**EXEAT** (ék'siåt), s. Permissão, licença para se ausentar temporariamente de colégio.
**EXECRABLE** (ék'sikråbl), adj. Excrável; abominável; detestável; s. abominação.
**EXECRATE** (ék'sikrêit), v. t. Execrar; amaldiçoar; detestar; maldizer.
**EXECRATION** (éksikrêi'shånn), s. Execração; maldição; ódio; adj. execratório.
**EXECUTABLE** (ék'sitiutåbl), adj. Executável.
**EXECUTANT** (égzé'kiutånt), s. Executante; músico.
**EXECUTE** (ék'sikiut), v. t. e i. Executar; cumprir; realizar; justiçar; matar; desempenhar; administrar; s. executor.
**EXECUTION** (éksikiu'shånn), s. Execução; desempenho; cumprimento; realização; penhora; funcionamento; operação.
**EXECUTIONER** (éksiukiu'shånår), s. Executor; carrasco.
**EXECUTIVE** (ékzé'kiutiv), adj. Executivo, administrativo; s. o poder executivo; organizador; administrador; diretor.
**EXECUTOR** (ék'sikiutår), s. Executor; testamenteiro.
**EXECUTORY** (éksé'kiutôri), adj. Executório; executivo.
**EXEGESIS** (éksidjí'siss), s. Exegese.
**EXEGETIC** (éksidjé'tik) ou **EXEGETICAL** (éksidjé'tikål), adj. Exegético; explicativo; s. exegética.
**EXEMPLAR** (égzém'plår), s. Exemplar; modelo; espécime; padrão; s. caráter; modelo.
**EXEMPLARITY** (égzémplé'riti), s. Exemplaridade; adj. exemplar; modelar.
**EXEMPLIFICATION** (égzémplifikêi'shånn), s. Exemplificação; (Jur.) traslado.
**EXEMPLIFY** (égzém'plifåi), v. t. Exemplificar; autenticar; ilustrar; transcrever fielmente.
**EXEMPT** (égzémp't), v. t. Isentar; dispensar; eximir; adj. livre; isento.
**EXEMPTIBLE** (égzémp'tibl), adj. Isentável; dispensável; s. imunidade; privilégio.
**EXERCISE** (ék'sårsáiz), v. t. e i. Exercitar; exercer; praticar; treinar; s. exercício; ensaio; uso; atividade; manobra militar.

**EXERCISER** (ék'sårsáizår), s. Exercitante.
**EXERCITATION** (égzårsitêi'shånn), s. Exercício; prática; disciplina mental.
**EXERT** (égzår't), v. t. e i. Esforçar; esforçar-se; envidar; empenhar-se; pôr em ação.
**EXERTION** (égzår'shånn), s. Esforço; diligência; adj. esforçado; diligente.
**EXFOLIATE** (éksfôu'liêit), v. t. e i. Esfoliar; descascar; escamar; adj. esfoliativo.
**EXFOLIATION** (éksfoliêi'shånn), s. Esfoliação; descascamento; esfoladura.
**EXHALANT** (éks-hêi'lånt), adj. e s. Exalante.
**EXHALATION** (éks-hålêi'shånn), s. Exalação; emanação.
**EXHALE** (éks-hêi'l), v. t. e i. Exalar; emitir; soltar; expandir-se; evaporar-se.
**EXHAUST** (égzós't), v. t. Exaurir; esgotar; absorver; enfraquecer; s. esgotador.
**EXHAUSTIBLE** (égzós'tibl), adj. Exaurível; esgotável.
**EXHAUSTING** (égzós'tinn), adj. Exaustor; exaustivo; fatigante.
**EXHAUSTION** (égzóst'shånn), s. Esgotamento; depauperamento.
**EXHAUSTIVE** (égzós'tiv), adj. Exaustivo; s. exaustão.
**EXHIBIT** (égz'bit), v. t. e i. Exibir; mostrar; apresentar; expor; administrar um remédio; s. exposição; (Jur.) documento, objeto usado como prova judicial.
**EXHIBITION** (égzbi'shånn), s. Exibição; exposição; pensão a estudante universitário.
**EXHIBITIONER** (égzbi'shånår), s. Exibidor; exibicionista; pensionista de colégio ou universidade inglesa.
**EXHIBITIVE** (égzbi'tiv), adj. Representativo.
**EXHIBITOR** (égzbi'tår), s. Expositor.
**EXHILARANT** (égzi'lårånt), adj. Hilariante; alegre jovial.
**EXHILARATE** (égzi'lårêit), v. t. Alegrar; divertir; estimular; v. i. alegrar-se.
**EXHILARATION** (égzilårêi'shånn), s. Alegria; jovialidade; animação; regozijo.
**EXHORT** (égzór't), v. t. e i. Exortar; incitar ao bem; animar; clamar por (divindade).
**EXHORTATION** (égzórtêi'shånn), s. Exortação.
**EXHORTATIVE** (égzór'tåtiv), adj. Exortativo; animador; s. exortador.
**EXHUMATION** (éks-hiumêi'shånn), s. Exumação; desenterramento.
**EXHUME** (éks-hiu'mm), v. t. Exumar; desenterrar; s. coveiro.

**EXIGENCE** (ék'sidjénss) ou **EXIGENCY** (ék'sidjénsi), s. Exigência; urgência.
**EXIGENT** (ék'sidjént) ou **EXIGIBLE** (éksi'dijibl), adj. Exigente; urgente; minucioso.
**EXIGUITY** (égzighiu'iti), s. Exigüidade; estreiteza; carência; adj. exíguo; minguado.
**EXILE** (ék'sáil), v. t. Exilar; desterrar; s. exílio; desterro.
**EXILITY** (égzi'liti), s. Tenuidade; pequenez.
**EXIST** (égzis't), v. t. Existir; viver; durar.
**EXISTENCE** (égzis'ténss), s. Existência; ser.
**EXISTENT** (égzis'tént), adj. Existente; s. o que existe.
**EXISTING** (égzis'tinn), adj. Existente; atual.
**EXIT** (ék'sit), s. Saída; partida.
**EXODUS** (ék'sodåss), s. Êxodo; emigração.
**EXONERATE** (égzó'nårêit), v. t. Exonerar; isentar; livrar; absolver; perdoar.
**EXONERATION** (égzónårêi'shånn), s. Exoneração; desculpa; isenção; adj. exonerativo.
**EXORBITANCE** (égzór'bitånss) ou **EXORBITANCY** (égzór'bitånsi), s. Exorbitância, extravagância; demasia; imoderação; adj. exorbitante; exagerado.
**EXORCISE** (ék'sórsáiz), v. t. e i. Exorcizar; esconjurar (um mau espírito).
**EXORCISM** (ék'sórcizm), s. Exorcismo.
**EXORCIST** (ék'sórsist), s. Exorcista.
**EXORDIAL** (égzór'diål), adj. Exordial.
**EXORDIUM** (égzór'diåmm), s. Exórdio.
**EXOTERIC** (éksoté'rik) ou **EXOTERICAL** (éksoté'rikål), adj. Exotérico; s. exotérica; exoterismo.
**EXOTIC** (éksó'tik), adj. Exótico; estrangeiro; importado; s. planta ou palavra exótica.
**EXPAND** (ékspén'd), v. t. e i. Expandir; dilatar; difundir; espalhar; inchar-se.
**EXPANDER** (ékspén'dår), s. Expandidor; difundidor.
**EXPANSE** (ékspén'ss), s. Expansão; dilatação; extensão; área.
**EXPANSIBLE** (ékspèn'sibl), adj. Expansível; s. expansibilidade; distensão.
**EXPANSION** (ékspén'shånn), s. Expansão; extensão; dilatação; desenvolvimento.
**EXPANSIVE** (ékspén'siv), adj. Expansivo; comunicativo.
**EXPATIATE** (ékspêi'shiêit), v. i. Desenvolver (um tema); discorrer; dissertar; dilatar.
**EXPATIATION** (ékspêishiêi'shånn), s. Desenvolvimento (de um assunto).
**EXPATIATOR** (ékspêi'shiêtår), s. Comentarista; dissertador.

**EXPATRIATE** (ékspêi'triêit), v. t. Expatriar.
**EXPATRIATION** (ékspêitriêi'shânn), s. Expatriação; desterro; exílio.
**EXPECT** (ékspé'kt), v. t. e i. Contar com; esperar (na certeza de); aguardar.
**EXPECTANCE** (ékspék'tânss) ou **EXPECTANCY** (ékspék'tânsi), s. Expectativa; expectação.
**EXPECTANT** (ékspék'tânt), adj. Expectante; s. aspirante; pretendente; candidato.
**EXPECTATION** (ékspéktêi'shânn), s. Expectação; esperança; pretensão; perspectiva.
**EXPECTORATE** (ékspék'torêit), v. t. e i. Expectorar; escarrar; s. expectoração.
**EXPEDIENCE** (ékspi'diénss) ou **EXPEDIENCY** (ékspi'diénsi), s. Aptidão; utilidade.
**EXPEDIENT** (ékspi'diént), adj. Oportuno; conveniente; diligente; favorável; útil.
**EXPEDITE** (éks'pidáit), v. t. Apressar; acelerar; expedir; despachar; facilitar.
**EXPEDITION** (ékspidi'shânn), s. Expedição; diligência; pressa; atividade.
**EXPEDITIONARY** (ékspidi'shânéri), adj. Expedicionário.
**EXPEDITIOUS** (ékspidi'shâss), adj. Expedito; pronto; rápido; diligente.
**EXPEDITIOUSNESS** (ékspidi'shânêss), s. Prontidão; presteza.
**EXPEL** (ékspé'l), v. t. Expelir; expulsar; banir, despedir; adj. expelível; expulsável.
**EXPEND** (ékspén'd), v. t. e i. Despender; gastar; empregar; consumir.
**EXPENDITURE** (ékspén'ditiur) ou **EXPENSE** (ékspén'ss), s. Gasto; consumo; desembolso; despesa; dispêndio. *Free of expense:* livre de porte.
**EXPENSIVE** (ékspén'siv), adj. Dispendioso; custoso; pródigo; gastador.
**EXPENSIVENESS** (ékspén'sivnéss), s. Dispêndio; gasto.
**EXPERIENCE** (ékspi'riênss), v. t. Experimentar; sofrer; passar por; s. experiência; perícia; prática; tentativa; ensaio.
**EXPERIMENT** (ékspé'rimént), s. Experiência; ensaio, tentativa; prova; v. t. experimentar.
**EXPERIMENTAL** (éksperimên'tâl), adj. Experimental; v. t. experimentar.
**EXPERIMENTATION** (éksperimêntêi'shânn), s. Experimentação; ensaio; prova.
**EXPERT** (ékspâr't), adj. Perito; destro; esperto; sabedor; s. técnico; especialista.
**EXPERTNESS** (ékspârt'néss), s. Habilidade; perícia; destreza; adv. habilmente.

**EXPIABLE** (éks'piâbl), adj. Expiável.
**EXPIATE** (éks'piêit), v. t. Expiar; remir (falta, crime); reparar; indenizar.
**EXPIATION** (ékspiêi'shânn), s. Expiação; reparação.
**EXPIATOR** (éks'piêitâr), s. Expiador; penitente; indenizador; adj. expiatório.
**EXPIRE** (ékspái'r), v. t. e i. Expirar; exalar; morrer; terminar; cessar; esgotar.
**EXPIRATION** (ékspirêi'shânn), s. Expiração; evaporação; fim; morte.
**EXPIRING** (ékspái'rinn), adj. Expirante; moribundo; s. expiração; fim.
**EXPLAIN** (éksplêi'nn), v. t. e i. Explicar; explanar; esclarecer; elucidar.
**EXPLAINABLE** (éksplêi'nâbl), adj. Explicável.
**EXPLAINER** (éksplêi'nâr), s. Explicador.
**EXPLANATION** (éksplânêi'shânn), s. Explanação; explicação; significação; sentido.
**EXPLANATORY** (ksplé'nâtôuri), adj. Explicativo; explícito.
**EXPLETIVE** (éks'plitiv), adj. Expletivo; redundante; s. palavra; frase redundante.
**EXPLICABLE** (éks'plikâbl), adj. Explicável.
**EXPLICATE** (éks'plikêit), v. t. e i. Explicar; esclarecer; interpretar; desenvolver; adj. explícito; esclarecido; desenvolvido.
**EXPLICATION** (éksplikêi'shânn), s. Explicação; esclarecimento; adj. explicativo.
**EXPLICATORY** (éks'plikâtôuri), adj. Explanatório; explicativo; explícito.
**EXPLICIT** (ékspli'sit), adj. Explícito; claro; formal; categórico; s. clareza; franqueza.
**EXPLODE** (éksplõu'd), v. t. e i. Explodir; expulsar violentamente; condenar; rejeitar.
**EXPLODER** (éksplôu'dâr), s. Explosivo; gritador; reprovador; censurador.
**EXPLOIT** (éksplói't), v. t. Tirar partido de; abusar da boa-fé; narrar com pormenores; s. façanha; feito; proeza; ato de bravura.
**EXPLOITATION** (éksplóitêi'shân), s. Exploração; utilização; abuso da boa-fé.
**EXPLOITER** (éksplói'târ), s. Explorador (deprec.); o que abusa da boa-fé ou ignorância de.
**EXPLORATION** (éksplorêi'shânn), s. Exploração; investigação; sondagem.
**EXPLORATORY** (éksplô'râtôuri), adj. Exploratório; explorativo
**EXPLORE** (éksplô'r), v. t. e i. Explorar (novas terras, etc.); investigar; sondar.
**EXPLORER** (éksplô'râr), s. Explorador; sondador; pesquisador.

**EXPLOSION** (éksplóu'jánn), s. Explosão; detonação; manifestação súbita e violenta.
**EXPLOSIVE** (éksplóu'siv), adj. e s. Explosivo.
**EXPLOSIVENESS** (éksplóu'sivnéss), s. Propriedade explosiva.
**EXPONENT** (ékspóu'nént), s. Expoente; expositor; intérprete; representante.
**EXPONENTIAL** (ékspóunén'shál), adj. (Mat.) Exponencial.
**EXPORT** (ékspôr't), v. t. Exportar; s. exportação.
**EXPORTATION** (éksportéi'shánn), s. Exportação.
**EXPORTER** (ékspôr'tár), s. Exportador.
**EXPOSE** (ékspóu'z), v. t. Expor; apresentar; divulgar; comprometer; abandonar.
**EXPOSEDNESS** (ékspóu'zidnéss), s. Exposição; exibição; interpretação; explicação.
**EXPOSITIVE** (ékspó'sitiv), adj. Expositivo.
**EXPOSITOR** (ékspó'sitár), s. Expositor.
**EXPOSTULATE** (ékspós'tshuléit), v. t. Altercar; contender; argumentar.
**EXPOSTULATION** (ékspóstshuléi'shánn), s. Altercação; debate; queixa; censura.
**EXPOSTULATIVE** (ékspós'tshulátiv), adj. Argumentativo; exprobativo.
**EXPOSTULATOR** (ékspós'tshuléitár), s. Censurador; acusador; reclamador.
**EXPOSURE** (ékspóu'jur), s. Exposição; demonstração; escândalo; revelação.
**EXPOUND** (ékspáun'd), v. t. Expor; explicar pormenorizadamente; interpretar.
**EXPOUNDER** (ékspáun'dár), s. Explicador; comentador; intérprete.
**EXPRESS** (ékspré'ss), v. t. Expressar; manifestar; declarar; anunciar; espremer; extorquir; adj. expresso; explícito; formal; direto; s. trem, mensageiro, ou carta, recado, telegrama expresso.
**EXPRESSIBLE** (ékspré'sibl), adj. Exprimível.
**EXPRESSION** (ékspré'shánn), s. Expressão; atitude; locução; vocábulo; fórmula ou símbolo algébrico; ato de espremer.
**EXPRESSIONAL** (ékspré'shánál), adj. Que tem poder de expressão; expressivo.
**EXPRESSIVENESS** (ékspré'sivnéss), s. Expressividade; significação; energia.
**EXPRESSNESS** (éksprés'néss), s. Clareza; exatidão.
**EXPROPRIATE** (éksprôu'priéit), v. t. Expropriar; desapropriar; alenar.
**EXPROPRIATION** (éksprôupriéi'shánn), s. Expropriação; alienação.

**EXPULSION** (ékspál'shánn), s. Expulsão.
**EXPUNGE** (éks'pándj), v. t. Anular; cancelar; apagar; expurgar; destruir.
**EXPURGATE** (éks'párghéit), v. t. Expurgar; extirpar; limpar; corrigir.
**EXPURGATION** (ékspárghéi'shánn), s. Expurgação; expurgo; depuração; correção.
**EXPURGATOR** (éks'párghéitár), s. Expurgador; corretivo.
**EXPURGATORY** (ékspár'gátôuri), adj. Expurgatório; depurativo.
**EXQUISITE** (éks'kuizit), adj. Primoroso; fino; delicado; taful; raro; intenso; agudo; s. pretensioso; janota; casquilho.
**EXQUISITENESS** (éks'kuizitnéss), s. Perfeição; delicadeza; gosto apurado.
**EXSCIND** (éksin'd), v. t. Cortar; excluir (de uma organização).
**EXSECT** (éksék't), v. t. Extirpar; cortar; extrair cirurgicamente.
**EXSECTION** (éksék'shánn), s. Extirpação cirúrgica.
**EXSERTED** (éksár'tid), adj. Saliente.
**EXSICCATE** (ék'sikéit), v. t. Dessecar; secar.
**EXSICCATION** (éksikéi'shánn), s. Dessecação pelo calor.
**EXSICCATOR** (ék'sikéitár), s. Dessecador.
**EXTANT** (éks'tánt), adj. Existente; atual; sobrevivente; saliente.
**EXTEMPORANEOUS** (ékstémporéi'niáss) ou **EXTEMPORY** (ékstém'porári), adj. Extemporâneo; repentino; imprevisto.
**EXTEMPORANEOUSNESS** (ékstémporéi'niásness), s. Extemporaneidade.
**EXTEMPORE** (ékstém'pôuri), adj. e adv. Improvisado; inesperadamente.
**EXTEMPORIZATION** (ékstemporizéi'shánn), s. Improviso; improvisação.
**EXTEMPORIZE** (ékstém'poráiz), v. t. e i. Improvisar; s. improvisador.
**EXTEND** (éksten'd), v. t. e i. Estender; prolongar; ampliar; (Jur.) embargar; penhorar.
**EXTENDED** (éksten'did), adj. Estendido; alongado; prolongado.
**EXTENDER** (éksten'dár), s. Prolongador.
**EXTENSIBILITY** (ékstensibi'liti), s. Extensibilidade.
**EXTENSIBLE** (éksten'sibl), adj. Extensível; prorrogável.
**EXTENSION** (éksten'shánn), s. Extensão; prolongamento; expansão; dilação de prazo.
**EXTENSITY** (éksten'siti), s. Extensão; amplitude.

**EXTENSIVE** (ékstén'siv), adj. Extensivo; vasto; espaçoso.
**EXTENSIVENESS** (ékstén'sivnéss), s. Extensão; extensibilidade; amplitude.
**EXTENSOR** (ékstén'sâr), s. (Anat.) Extensor (músculo).
**EXTENT** (ékstén't), s. Extensão; grau; proporção; alcance; (Jur.) embargo; avaliação de uma penhora.
**EXTENUATE** (éksté'niuêit), v. t. Atenuar (a gravidade de uma falta); diminuir; mitigar.
**EXTENUATING** (éksténiuêi'tinn), adj. Atenuante.
**EXTENUATION** (éksténiuêi'shânn), s. Atenuação; mitigação.
**EXTENUATIVE** (éksté'niuâitiv), adj. e s. Atenuativo; atenuante.
**EXTENUATORY** (éksté'niuâtôuri), adj. Paliativo.
**EXTERIOR** (éksti'riâr), adj. Exterior; externo; de fora; s. exterior; exterioridade.
**EXTERIORITY** (ékstirió'riti), s. Exterioridade.
**EXTERMINABLE** (ékstâr'minâbl), adj. Exterminável; destruível.
**EXTERMINATE** (ékstâr'minêit), v. t. Exterminar; destruir; eliminar; suprimir de vez.
**EXTERMINATION** (ékstârminêi'shânn), s. Extermínio; destruição; eliminação.
**EXTERMINATIVE** (ékstâr'minâitiv), adj. Exterminador; exterminativo.
**EXTERMINATOR** (ékstâr'minêitâr), s. Exterminador; destruidor.
**EXTERMINATORY** (ékstâr'minâtôuri), adj. Exterminatório; eliminatório.
**EXTERN** (ékstâr'n), s. Aluno externo; a parte exterior.
**EXTERNAL** (ékstâr'nâl), adj. Externo; exterior; s. a parte exterior.
**EXTERNALITY** (ékstârné'liti), s. Exterioridade.
**EXTERNALIZE** (ékstâr'nâláiz), v. t. Exteriorizar; tornar aparente.
**EXTERNALLY** (ékstâr'nâli), adv. Exteriormente.
**EXTINCT** (ékstink't), adj. Extinto; abolido.
**EXTINCTION** (ékstink'shânn), s. Extinção; abolição; apagamento; aniquilamento.
**EXTINCTIVE** (ékstink'tiv), adj. Extinguível.
**EXTINGUISH** (ékstin'güish), v. t. Extinguir; apagar; destruir; suprimir; obscurecer.
**EXTINGUISHABLE** (ékstin'güishâbl), adj. Extinguível.
**EXTINGUISHER** (ékstin'güishâr), s. Extintor.

**EXTINGUISHMENT** (ékstin'güishment), s. Extinção; abolição; supressão.
**EXTIRPATE** (éks'târpêit), v. t. Extirpar; arrancar; exterminar.
**EXTIRPATION** (ékstârpêi'shânn), s. Extirpação; exterminação.
**EXTIRPATIVE** (éks'târpâtiv), adj. Extirpador.
**EXTIRPATOR** (éks'târpêitâr), s. Extirpador (pessoa ou aparelho).
**EXTOL** (ékstó'l), v. t. Exaltar; enaltecer.
**EXTOLLER** (ékstó'lâr), s. Panegerista.
**EXTORT** (ékstór't), v. t. e i. Extorquir; arrancar; torcer; tirar à força.
**EXTORTER** (ékstór'târ), s. Extorsor; extorquidor.
**EXTORTION** (ékstór'shânn), s. Extorsão; violência; rapacidade.
**EXTORTIONATE** (éks-tór'shânit), adj. Injusto; opressivo; violento.
**EXTORTIONER** (ékstôr'shânâr), s. Opressor; concussionário.
**EXTRA** (éks'trâ), adj. Extra; extraordinário; s. o excesso.
**EXTRACT** (ékstrék't), v. t. Extrair; arrancar.
**EXTRACT** (éks'trékt), s. Extrato; resumo; sumário; fragmento; trecho, artigo (de livro).
**EXTRACTABLE** (ékstrék'tâbl), adj. Extraível.
**EXTRACTION** (ékstrék'shânn), s. Extração.
**EXTRACTIVE** (ékstrék'tiv), adj. Extrativo.
**EXTRACTOR** (ékstrék'târ), s. Extrator; fórceps; boticão.
**EXTRADITABLE** (ékstrâdái'tâbl), adj. Extraditável.
**EXTRADITE** (éks'trâdáit), v. t. Extraditar.
**EXTRADITION** (ékstrâdi'shânn), s. Extradição.
**EXTRANEOUS** (ékstrêi'niâss), adj. Estranho; externo; exterior; não essencial; alheio.
**EXTRAORDINARINESS** (ékstrór'dinériness), s. Singularidade.
**EXTRAORDINARY** (ékstrór'dinéri), adj. Extraordinário; raro; singular.
**EXTRAVAGANCE** (ékstré'vâganss), s. Extravagância; desvario; loucura.
**EXTRAVAGANT** (ékstré'vâgânt), adj. Extravagante; singular; exorbitante.
**EXTRAVAGANTNESS** (ékstré'vâgântnéss), s. Extravagância.
**EXTRAVASATE** (ékstré'vâssêit), v. t. e i. Extravasar; extravasar-se.
**EXTRAVASATION** (ékstrévâssêi'shânn), s. Extravasamento.
**EXTREME** (éks'trimm), adj. Extremo; supremo; máximo; distante; rigoroso; drástico; s. extremo; extremidade; fim; termo; excesso.

**EXTREMENESS** (éks'trimnéss), s. Qualidade de ser excessivo.
**EXTREMISM** (ékstri'mizm), s. Extremismo.
**EXTREMIST** (é'kstré'mist), s. Extremista.
**EXTRICABLE** (éks'trikábl), adj. Desembaraçável; acessível.
**EXTRICATE** (éks'trikêit), v. t. Desembaraçar; desenredar; aclarar; esclarecer.
**EXTRICATION** (ékstrikêi'shánn), s. Desenredo; desembaraço; ato de desembaraçar.
**EXTRINSIC** (ékstrin'sik), adj. Extrínseco.
**EXTROVERSION** (éks'trovár'shánn), s. Extroversão.
**EXTROVERT** (éks'trovárt), s. Extrovertido.
**EXTRUDE** (ékstru'd), v. t. Expulsar; lançar fora; enxotar; desapossar; depor.
**EXTRUSION** (ékstru'jánn), s. Expulsão.
**EXTRUSIVE** (ékstru'siv), adj. Que serve para expulsar.
**EXUBERANCE** (éksiu'bárânss), s. Exuberância; excesso; superabundância.
**EXUBERANT** (éksiu'bárânt), adj. Exuberante.
**EXUBERATE** (éksiu'bárêit), v. i. Exuberar.
**EXUDATION** (éksiudêi'shánn), s. Exudação.
**EXUDE** (éksiu'd), v. t. e i. Transpirar; suar.
**EXULT** (égzâl't), v. i. Exultar; triunfar.
**EXULTANCE** (égzâl'tânss), s. Exultação; alegria; júbilo.
**EXULTATION** (égzâltêi'shánn), s. Exultação.
**EXULTING** (égzêl'tinn), adj. Triunfante; alegre; jubiloso.
**EXUVIAE** (éksiu'vii), s. Pele; pêlos; despojos de animais.

**EXUVIATE** (éksiu'viêit), v. t. e i. Exuviar, mudar a pele, as penas.
**EXUVIATION** (éksiuviêi'shánn), s. Muda; renovação da pele, etc., de certos animais.
**EYAS** (ai'áss), s. Falcão novo, filhote.
**EYE** (ai), s. Olho; íris; região externa ao redor do olho, visão; perspicácia; acuidade visual; ponto de vista, opinião; que se assemelha ao olho: botão (flor); mosca (alvo); buraco, fundo (agulha); (fig.) foco (de luz, cultura). *Half an eye:* olhadela, perceber num relance; (gír.) notícia surpreendente, coisa arrebatadora, aperitivo tomado pela manhã; ilhó; presença; atenção; respeito; direção do vento; jeito, propensão; desejo; v. t. olhar, observar; vigiar.
**EYEBALL** (éi'ból), s. Globo ocular.
**EYEBROW** (ái'bráu), s. Sobrancelhas.
**EYED** (áid'), adj. Que tem olhos; mosqueado.
**EYEHOLE** (ái'hôul), s. Órbita ocular; furo; ilhó; vigia; buraco para espreita.
**EYELASH** (ái'lesh), s. Cílio; pestana.
**EYELESS** (ái'léss), adj. Cego.
**EYELET** (ái'lit), s. Ilhó.
**EYELID** (ái'lid), s. Pálpebra.
**EYESHOT** (ái'chat), s. Alcance da vista.
**EYESIGHT** (ái'sáit), s. Visão, sentido da vista.
**EYOT** (éit), s. Ilhota.
**EYEWINK** (ai'winnk), s. Piscadela (de olhos); instante; olhar; relance.
**EYRIE, EYRY** (é'ri), s. Ninho de ave de rapina.

# F

**F** (éf), s. Sexta letra do alfabeto; (Mús.) fá.
**FA** (fá), s. (Mús.) Fá.
**FABIAN** (fei'biânn), adj. Prudente; cauteloso.
**FABLE** (fêib'l), v. t. e i. Fingir, inventar fábulas; s. fábula, mito; história mentirosa.
**FABRIC** (fé'brik), s. Tecido, pano; construção; edifício; mão-de-obra.
**FABRICATE** (fé'brikêit), v. t. Edificar; construir; forjar; urdir; preparar; manufaturar.

**FABRICATION** (fébrikêi'shánn), s. Fabricação; estrutura; invenção; mentira; enredo.
**FABRICATOR** (fé'brikêitár), s. Fabricante; construtor; inventor.
**FABULIST** (fé'biulist), s. Fabulista.
**FABULIZE, FABULISE** (fé'biulâiz), v. t. e i. Escrever, narrar fábulas.
**FABULOUS** (fé'biulâss), adj. Fabuloso; fingido; falso; admirável.

**FABULOUSNESS** (fé'biulâsnéss), s. Caráter do que é fabuloso.
**FAÇADE** (fássá'd), s. Fachada; frontispício.
**FACE** (féiss), s. Face, rosto, cara; frontispício, lado; aspecto, aparência; ar, semblante; atrevimento; audácia; mostrador (de relógio); superfície; v. t. e i. fazer face a; encarar; opor; revestir; forrar.
**FACED** (féis't), adj. Forrado; guarnecido.
**FACELESS** (féis'léss), adj. Descarado.
**FACER** (fé'sâr), s. Bofetão, bofetada.
**FACET** (fé'set), v. t. Facetar; lapidar; s. faceta.
**FACETIOUS** (fássi'shâss), adj. Faceto; divertido; s. facécia, gracejo, humor.
**FACIAL** (féi'shâl), adj. Facial.
**FACILE** (fé'sil), adj. Fácil; simples; afável.
**FACILENESS** (fé'silnêss), s. Facilidade.
**FACILITATE** (fâssi'litêit), v. t. Facilitar.
**FACILITATION** (fâssilitêi'shânn), s. Facilidade; ato de facilitar.
**FACILITY** (fâssi'liti), s. Facilidade; afabilidade; destreza; habilidade; vantagem.
**FACING** (féi'sinn), s. Adorno; cobertura.
**FACT** (fékt), s. Fato, evento; feito; realidade.
**FACTION** (fék'shânn), s. Facção; parcialidade; oposição violenta (a um governo).
**FACTIONAL** (fék'shânâl), adj. Facionário.
**FACTIOUS** (fék'shâss), adj. Faccioso; desleal; parcial; perturbador.
**FACTIOUSNESS** (fék'shâsnéss), s. Sedição; amotinação; caráter faccioso.
**FACTITIOUS** (fékti'shâss), adj. Factício, artificial.
**FACTITIOUSNESS** (fékti'shâsnéss), s. Artificialidade.
**FACTIVE** (fak'tive), adj. Causativo; gerador.
**FACTOR** (fék'târ), s. Fator; agente; causa.
**FACTORAGE** (fék'toridj), s. Comissão; corretagem.
**FACTORIAL** (féktôu'riâl), adj. Fatorial, relativo a fator.
**FACTORIZE** (fék'toráiz), v. t. (Mat.) Fatorar; decompor em fatores.
**FACTORSHIP** (fék'târship), s. Agência.
**FACTORY** (fék'tori), s. Fábrica; manufatura; usina.
**FACULA** (fé'kiulâ), s. (Astron.) Fácula.
**FACULTATIVE** (fé'kltâtiv), adj. Facultativo.
**FACULTY** (fé'kâlt), s. Faculdade, poder (físico ou moral); talento; habilidade (EUA).
**FAD** (féd), s. Moda, capricho momentâneo.
**FADDINESS** (fé'dinéss), s. Moda; capricho.

**FADDIST** (fé'dist), s. Pessoa caprichosa.
**FADDY** (fé'di), adj. Caprichoso.
**FADE** (féid), v. t. e i. Murchar; definhar.
**FADING** (féi'dinn), adj. Esmorecido; pálido; passageiro; fugaz; s. desbotamento.
**FADINGNESS** (féi'dinnéss), s. Definhamento.
**FAG** (fég), v. t. e i. Trabalhar arduamente; fatigar-se; s. cansaço; aborrecimento; trabalho penoso; (Inglaterra:) aluno que é obrigado a servir aos mais adiantados.
**FAGGING** (fé'ghinn), s. Obrigação; obediência; submissão a aluno veterano (Inglat.).
**FAGGOT, FAGOT** (fé'gât), s. Feixe; molho; (fig.) pessoa metódica.
**FAIL** (féil), v. t. e i. Deixar de; desapontar; malograr; fracassar; falir; omitir.
**FAILING** (féi'linn), s. Falta; defeito; imperfeição; fracasso; prep. à falta de.
**FAILURE** (féi'liur), s. Falência, quebra; malogro; fiasco; desleixo; decadência.
**FAIN** (féinn), adj. Resignado; bem disposto; adv. de bom grado.
**FAINT** (féint), v. i. Desfalecer; murchar; decair; s. desmaio; síncope; adj. fraco; abatido; frouxo; superficial; indistinto.
**FAINTING** (féin'tinn), s. Desmaio.
**FAINTISH** (féin'tish), adj. Fraco; débil.
**FAINTNESS** (féint'nés), s. Fraqueza; covardia.
**FAIR** (fér), s. Feira; mercado; feira de amostras; mulher, namorada; adj. claro; puro; imparcial; agradável; favorável; em ordem, em forma; adv. imparcialmente; cortesmente; plausivelmente.
**FAIRISH** (fé'rish), adj. Razoável; regular.
**FAIRLY** (fér'li), adv. Razoavelmente.
**FAIRNESS** (fér'nêss), s. Beleza; formosura; imparcialidade.
**FAIRY** (fé'ri), s. Fada; duende; adj. de fadas; mágico; lendário.
**FAIRYLAND** (fér'lénd), s. Reino das fadas.
**FAIRYLIKE** (fér'láik), adj. Parecido com as fadas.
**FAIRWAY** (fér'wei), s. Passagem desimpedida, desobstruida; (Náut.) águas navegáveis; canal (de rio, baía); (Aer.) pista de amerrissagem.
**FAITH** (féith), s. Fé; dedicação; crença.
**FAITHFUL** (féi'thful), adj. Fiel; dedicado; leal; crente; exato.
**FAITHFULNESS** (féi'thfulnéss), s. Lealdade.
**FAITHLESS** (féi'thléss), adj. Infiel; desleal; pérfido; incrédulo; incréu.

**FAKE** (fêik), s. Mentira, falsidade; (Náut.) dobra (de corda); v. t. e i. mentir; dobrar.
**FAKER** (fêi'kår), s. Enganador; roubador.
**FAKIR** (faki'r), s. Faquir.
**FAKIRISM** (faki'rizm), s. Faquirismo.
**FALCATED** (fél'kêitd), adj. Em forma de foice.
**FALCHION** (fól'tshånn), s. Cimitarra.
**FALCON** (fók'n), s. (Zool.) Falcão.
**FALCONRY** (fók'nri), s. Falcoaria.
**FALL** (fól), v. t e i. Cair; ruir; desmoronar; aparecer; principiar; pecar, errar; morrer; degradar-se. *To fall in love:* apaixonar-se; s. quedra; ruína; descida; baixa de preço; catarata; cascata; outono (EUA).
**FALLACIOUS** (félêi'shåss), adj. Falso.
**FALLACIOUSNESS** (félêi'shånéss), s. Engano; falsidade; fraude; logro.
**FALLACY** (fé'låssi), s. Falácia; engano.
**FALLEN** (fól'n), part. pass. de *fall*; adj. Caído; decaído; arruinado.
**FALLIBILITY** (félibi'liti), s. Falibilidade.
**FALLING** (fó'linn), s. Queda; apostasia; renúncia; abandono.
**FALLOUT** (fó'laut), s. Precipitação radioativa.
**FALLOW** (fó'lôu), v. t. Arrotear, alqueirar; adj. fulvo; alourado; desocupado; selvagem; fero; s. terra de pousio.
**FALSE** (fóiss), adj. Falso; fingido; enganador; simulado; traiçoeiro; errôneo; artificial; postiço; (Mús.) desafinado.
**FALSEHEARTED** (fóls'hártid), adj. Covarde; traidor.
**FALSEHOOD** (fóls'hud), s. Falsidade.
**FALSIFICATION** (fólsifikêi'shånn), s. Falsificação; adulteração.
**FALSIFIER** (fól'sifáiår), s. Falsificador.
**FALSIFY** (fól'sifái), v. t. e i. Falsificar; mentir; atraiçoar.
**FALSITY** (fól'siti), s. Falsidade.
**FALTER** (fól'tår), v. t. e i. Gaguejar; vacilar.
**FALTERER** (fól'tårår), s. Gago.
**FALTERING** (fól'tårinn), s. Gaguejo; hesitação; adj. hesitante; titubeante.
**FAME** (fêimm), s. Fama; v. t. afamar.
**FAMED** (fêimd), adj. Famoso; afamado.
**FAMILIAR** (fåmi'liår), adj.familiar; íntimo; s. um amigo íntimo.
**FAMILIARITY** (fåmilié'riti), s. Familiaridade.
**FAMILIARIZE** (fåmi'liåráiz), v. t. Familiarizar.
**FAMILY** (fê'mili), s. Família; gênero; espécie.
**FAMINE** (fé'minn), s. Fome; carestia; penúria.
**FAMISH** (fé'mish), v. t. e i. Esfaimar; matar ou morrer à fome.
**FAMOUS** (fêi'måss), adj. Famoso, célebre.
**FAMOUSNESS** (fêi'måsnéss), s. Fama; notoriedade.
**FAN** (fénn), s. Ventilador, leque; admirador, torcedor; pá da hélice; v. t. ventilar; abanar; excitar; torcer (em esportes).
**FANATIC** (fåné'tik), adj. Fanático; louco por.
**FANATICISM** (fané'tissizm), s. Fanatismo.
**FANATICIZE** (fåné'tizáiz), v. t. Fanatizar.
**FANCIER** (fén'siår), s. Aficionado; sonhador.
**FANCIFUL** (fén'siful), adj. Fantasioso.
**FANCIFULNESS** (fén'sifulnéss), s. Fantasia; capricho; singularidade.
**FANCY** (fén'si), v. t. e i. Imaginar; fantasiar; s. imaginação; fantasia; capricho; adj. imaginário; caprichoso; ideal.
**FANE** (féinn), s. Templo, santuário.
**FANFARE** (fén'fér), s. Fanfarra.
**FANFARON** (fén'årônn), s. Fanfarrão.
**FANFARONADE** (fénfårônêi'd), s. Fanfarronada.
**FANG** (fénn), s. Garra, unha; dente canino.
**FANGLESS** (fénn'léss), adj. Desarmado.
**FANLIGHT** (fén'láit), s. Bandeira (de porta).
**FANNEL** (fé'nel), s. Barbatana; barba (de baleia); papada (de boi).
**FANNING** (fé'ninn), adj. Fagueiro.
**FANTAIL** (fén'têil), s. Pombo doméstico; cauda em leque.
**FANTASIA** (féntá'ziá), s. (Mús.) Fantasia.
**FANTASM** (fén'tézm), s. Fantasma.
**FANTASTIC** (féntés'tik) ou **FANTASTICAL** (féntés'tikål), adj. Fantástico; grotesco.
**FANTASTICALNESS** (féntés'tikålnéss), s. Fantasia; capricho; ilusão.
**FANTASY** (fén'tåssi), s. Fantasia, capricho; imaginação; gosto; bordado.
**FAR** (får), adv. Longe, ao longe; demasiado; adj. distante; remoto; longínquo.
**FARCE** (fárss), v. t. Rechear (ave); encher; entremear; s. farsa; recheio.
**FARCICAL** (fár'sikål), adj. Cômico; jovial.
**FARCICALITY** (fársiké'liti), s. Jocosidade.
**FARCY** (fár'si), s. Sarna de cavalo.
**FARE** (fér), s. Preço (de passagem ou ingresso); frete, carreto; v. i. passar (bem ou mal); viver de (seguido de *on*).
**FAREWELL** (fér'uél), s. Adeus; despedida; interj. adeus!
**FARINA** (fåri'nå), s. Farinha de cereais; (Quím.) fécula; (Bot.) pólen.
**FARINACEOUS** (fårinêi'shåss), adj. Farináceo.

**FARM** (fármm), s. Fazenda; herdade; estância; granja; quinta; rancho; v. t. e i. cultivar (fazenda, herdade); arrendar, alugar (terras); contratar para cuidar de crianças.
**FARMER** (fár'mâr), s. Fazendeiro; agricultor; lavrador; cobrador de rendas.
**FARMHOUSE** (farm'háuss), s. Sede de fazenda.
**FARMING** (fár'minn), s. Cultura; agricultura; arrendamento; cobrança de rendas.
**FARMOST** (fár'môust), adj. O mais afastado.
**FARMSTEAD** (fárm'stéd), s. Fazenda com as suas dependências.
**FARMYARD** (fárm'iárd), s. Pátio de fazenda.
**FARO** (fé'rôu), s. Faro (jogo de cartas).
**FARRIER** (fé'riâr), s. Ferrador; alveitar; v. i. exercer o ofício de alveitar.
**FARRIERY** (fé'riâri), s. Profissão de alveitar ou de ferrador.
**FARROW** (fé'rôu), v. t. e i. Parir (a porca); s. barrigada (de porca); ninhada (de porcos).
**FARTHER** (fár'dhâr), adj. Mais distante; adicional; mais; adv. mais longe; além.
**FARTHEST** (fár'dhést), adj. O mais distante, mais remoto; s. a maior distância; o último.
**FARTHING** (fár'dhin), s. Moeda inglesa equivalente à quarta parte do "penny".
**FARTHINGALE** (fár'dhinghêil), s. Anquinhas; saia-balão.
**FASCIATED** (fé'shiêitd), adj. Enfaixado.
**FASCIATION** (féshiêi'shann), s. Enfaixamento.
**FASCICLE** (fé'sikl), s. Fascículo; pequeno feixe.
**FASCICULAR** (féssi'kiulâr) ou **FASCICULATE** (féssi'kiulit), adj. Fasciculado; ligado como um feixe.
**FASCINATE** (fé'sinêit), v. t. e i. Fascinar.
**FASCINATING** (fé'sinêitinn), adj. Fascinante.
**FASCINATION** (féssinêi'shann), s. Fascinação; atração; encanto.
**FASCINATOR** (fé'sinêitâr), s. Fascinador.
**FASCINE** (féssi'nn), s. Faxina.
**FASCISM** (fáshiz'm), s. Fascismo.
**FASH** (tésh), s. Incômodo; aborrecimento; cuidado; v. t. incomodar; aborrecer.
**FASHION** (fé'shiann), s. Moda, estilo; costume; sistema; alta sociedade; v. t. amoldar; conformar; dar feitio; dispor.
**FASHIONABLE** (fé'shiânâbl), adj. Elegante; moderno; da alta sociedade; social.
**FASHIONED** (fé'shiând), adj. Formado; feito; elaborado; adaptado.
**FASHIONER** (fé'shiânâr), s. Modista; costureiro; formador; criador.
**FAST** (fést); v. i. Jejuar; adj. firme; seguro; sólido; estável; durável; fiel; leal; profundo (sono); rápido; veloz; adiantado (relógio). *Not so fast*: não se apresse tanto; adv. solidamente; rapidamente; junto; s. jejum; abstinência; (Náut.) amarra; cabo.
**FASTEN** (fés'n), v. t. e i. Atar; ligar; prender; vibrar (golpes); firmar-se.
**FASTENER** (fés'nâr), s. O que aperta.
**FASTENING** (fés'ninn), s. Atadura, ligadura; ato de prender; união; trinco; parafuso.
**FASTER** (fés'târ), s. Jejuador; abstinente.
**FASTIDIOUS** (fésti'diâss), s. Fastidioso; desdenhoso; delicado; melindroso.
**FASTIDIOUSNESS** (fésti'diâsnéss), s. Fastio; enfado; desdém; rabugice.
**FASTING** (fés'tinn), s. Jejum; abstinência; adj. de jejum.
**FASTNESS** (fést'néss), s. Firmeza; solidez; ligação; rapidez; fortaleza; praça forte.
**FAT** (fét), s. Gordura; banha; sebo, graxa enxúndia; obesidade; v. i. engordar; adj. gordo, obeso; corpulento; próspero; rico; (fig.) néscio; estúpido.
**FATEL** (fêi'tâl), adj. Fatal; funesto; mortal.
**FATALISM** (fêi'tâlizm), s. Fatalismo.
**FATALIST** (fêi'tâlist), adj. e s. Fatalista.
**FATALITY** (fâté'liti), s. Fatalidade; destino; desgraça; (Mil.) pl. mortes; baixas.
**FATBRAINED** (fét'brêind), adj. Estúpido.
**FATE** (fêit), s. Fado; destino, sorte.
**FATED** (fêi'tid), adj. Predestinado; fadado.
**FATEFUL** (fêit'ful), adj. Fatal; fatídico.
**FATEFULNESS** (fêit'fulnéss), s. Predestinação.
**FATHEAD** (fét'héd), s. Estúpido; bronco.
**FATHER** (fá'dhâr), s. Pai; patriarca; padre; chefe espiritual; criador; inventor; Deus; pl. antepassados; v. t. perfilhar; atribuir a.
**FATHERHOOD** (fádhâ'r-hud), s. Paternidade; qualidade de pai.
**FATHERLAND** (fá'dhârlénd), s. País natal.
**FATHERLESS** 9fá'dhârléss), adj. Órfão, órfã.
**FATHERLIKE** (fá'dhârláik), adj. Paterno.
**FATHERLY** (fá'dhârli), adj. Paternal; adv. paternalmente.
**FATHOM** (fé'dhâmm), s. Toesa (medida náutica); (fig.) valor; alcance; braça; v. t. sondar; penetrar; aprofundar.
**FATHOMABLE** (fé'dhâmâbl), adj. Sondável.
**FATHOMLESS** (fé'dhâmléss), adj. Insondável.

**FATIDIC** (féti'dik) ou **FATIDICAL** (féti'dikâl), adj. Fatídico; profético.
**FATIGUE** (fati'g), s. Fadiga; cansaço; v. t. fatigar; cansar; esgotar.
**FATNESS** (fét'néss), s. Gordura; fertilidade.
**FATTED** (fé'tid), adj. Engordurado.
**FATTEN** (fét'n), v. t. e i. Engordar; cevar; encorpar; enriquecer.
**FATTENER** (fét'nâr), s. O que engorda.
**FATTENING** (fét'ninn), s. Engorda.
**FATTISH** (fé'tish), adj. Um tanto gordo.
**FATTY** (fé'ti), adj. Gorduroso; oleoso; s. (fam.) gordinho; pessoa ou animal gordo.
**FATUITY** (fâtiu'iti), s. Fatuidade; vaidade.
**FATUOUS** (fé'tiuáss), adj. Fátuo; imbecil.
**FATUOUSNESS** (fé'tiuâsnéss), s. Fatuidade; tolice; imbecilidade.
**FAUBOURG** (fôubu'r), s. Subúrbio; arrabalde.
**FAUCAL** (fâ'kâl), adj. Faucal, das faces.
**FAUCES** (fô'siz), s. pl. Fauces.
**FAUCET** (fô'set), s. Torneira, batoque.
**FAUGH** (fó), interj. Fora! rua!
**FAULT** (fólt), s. Falta; culpa; erro; carência; escassez; defeito; imperfeição; v. t. e i. culpar; (Geol.) formar falha em.
**FAULTINESS** (fól'tinéss), s. Culpa; falta; erro.
**FAULTLESS** (fólt'léss), adj. Irrepreensível.
**FAULTLESSNESS** (fólt'lésnéss), s. Perfeição; inculpabilidade; irrepreensibilidade.
**FAULTY** (fól'ti), adj. Defeituoso; culpável.
**FAUN** (fónn), s. Fauno.
**FAUNA** (fô'nâ), s. Fauna.
**FAUTEUIL** (fôtâ'i), s. Poltrona estofada.
**FAVOR, FAVOUR** (fêi'vâr), s. Favor; obséquio; fineza; permissão; prenda; carta comercial; feição, semblante; v. t. favorecer; proteger; facilitar; parecer-se com.
**FAVORABLE, FAVOURABLE** (fêi'varâbl), adj. Favorável; propício; benigno.
**FAVORABLENESS, FAVOURABLENESS** (fêi'vârâblnéss), s. Bondade; benignidade.
**FAVORED, FAVOURED** (fêi'vârd), adj. Favorecido; obsequiado.
**FAVORER, FAVOURER** (fêi'vârâr), s. Favorecedor; protetor.
**FAVORITE, FAVOURITE** (fêi'vârit), adj. e s. Favorito; predileto; protegido.
**FAVORITISM, FAVOURITISM** (fêi'vâritizm), s. Favoritismo; filhotismo; parcialidade.
**FAVORLESS, FAVOURLESS** (fêi'vârléss), adj. Desprotegido.
**FAWN** (fónn), v. i. Acariciar; bajular; fazer festa; sacudir a cauda (cão); parir (corça); s. carinho; afago; lisonja; cabrito montês; cria de corça.
**FAWNER** (fó'nâr), s. Adulador; lisonjeador.
**FAWNING** (fó'ninn), s. Lisonja; bajulação.
**FAY** (fêi), v. t. e i. Unir; juntar; s. Fada, nome próprio feminino.
**FAZE** (feiz), v. t. (fam. EUA) Desconcertar.
**FEALTY** (fi'âlti), s. Fidelidade; lealdade.
**FEAR** (fiâr), s. Medo; temor; pavor; espanto; respeito à autoridade; temor de Deus; v. t. e i. recear, temer; venerar; respeitar.
**FEARFUL** (fiâr'ful), adj. Medroso; temeroso; cuidadoso; imponente; digno de respeito.
**FEARFULNESS** (fârful'néss), s. Timidez; medo; pavor; espanto; pusilanimidade.
**FEARING** (fiâ'rinn), adj. Receoso; s. receio.
**FEARLESS** (fiâr'léss), adj. Destemido.
**FEARLESSNESS** (fiâr'lésnéss), s. Intrepidez; bravura; coragem; arrojo.
**FEARSOME** (fiâr'sôumm), adj. Espantoso; tímido; assustado.
**FEARSOMENESS** (fiâr'sôumnéss), s. Medo; timidez.
**FEASANCE** (fi'zéns), s. (Jur.) Adimplemento; cumprimento de ordem ou obrigação.
**FEASIBILITY** (fizibi'liti), s. Possibilidade.
**FEASIBLE** (fi'zibl), adj. Possível; praticável.
**FEASEBLENESS** (fi'ziblnéss), s. Possibilidade; praticabilidade.
**FEAST** (fist), s. Festa; festim; banquete; v. t. e i. festejar; banquetear.
**FEASTER** (fis'târ), s. Festejador; folgazão.
**FEASTFUL** (fis'tful), adj. Festivo; festival.
**FEASTING** (fis'tinn), s. Festim; banquete.
**FEAT** (fit), s. Feito; façanha; destreza.
**FEATHER** (fé'dhâr), s. Pena (de ave); pluma; penacho; cocar; roupagem; estado de espírito; v. t. e i. emplumar; ondular; flutuar com pena; (Náut.) transviar os remos.
**FEATHERBED** (fé'dhâr'béd), s. Leito de penas; v. t. (gír.) dividir trabalho arbitrariamente.
**FEATHERBRAIN** (fé'dhârbrêinn), s. Tolo.
**FEATHERED** (fé'dhard), adj. Coberto de penas.
**FEATHERINESS** (fé'dhârinéss), s. O ser coberto de penas; tato suave.
**FEATHERING** (fé'dhârinn), s. Plumagem.
**FEATHERLESS** (fédhâr'léss), adj. Implume.
**FEATHERWEIGHT** (fé'dar-uêit), s. Peso pluma (no boxe).
**FEATHERY** (fé'dhâri), adj. Coberto de penas; alado; macio; fofo.

**FEATURE** (fi'tshur), s. Traço; aspecto; ponto característico; parte essencial de uma coisa; pl. feições; rosto; v. t. (fam.) retratar; dar realce a; publicar com destaque.
**FEBRIC** (fé'brik), adj. Febril.
**FEBRICITY** (febri'siti), s. Estado febril.
**FEBRIFUGAL** (febri'fugâl), adj. Febrífugo.
**FEBRUARY** (fé'bruâri), s. Fevereiro.
**FECAL** (fi'kl), adj. Fecal; excrementício.
**FECES** (fi'zis), s. pl. Fezes; sedimentos.
**FECULA** (fé'kiulâ), s. Fécula.
**FECULENCE** (fé'kiulenss) ou **FECULENCY** (fé'kiulênsi), s. Feculência; refugo.
**FECULENT** (fé'kiulent), adj. Feculento; impuro.
**FECUND** (fé'kând), adj. Fecundo; prolífico.
**FECUNDATE** (fé'kândêit), v. t. Fecundar.
**FECUNDATING** (fé'kândêitinn), adj. Fecundante.
**FECUNDATION** (fékândêi'shânn), s. Fecundação; fertilização.
**FECUNDITY** (fikân'diti), s. Fecundidade.
**FEDERAL** (fé'dârâl), adj. Federal.
**FEDERALIZE** (fé'dârâláiz), v. t. Federar; confederar; v. i. confederar-se.
**FEDERATE** (fé'dârêit), v. t. e i. Federar; confederar-se; adj. e s. confederado.
**FEDERATION** (fedârêi'shânn), s. Federação; confederação; liga.
**FEDERATIVE** (fé'dârâtiv), adj. Federativo.
**FEE** (fi'), s. Honorários; paga; gorjeta; taxa; emolumento; propriedade hereditária; v. t. remunerar; gratificar; subornar.
**FEEBLE** (fib'l), adj. Fraco; pusilânime.
**FEEBLENESS** (fibl'néss), s. Debilidade.
**FEEBLY** (fi'bli), adv. Debilmente.
**FEED** (fid), v. t. e i. Alimentar; prover; engordar; comer; s. alimento; sustento.
**FEEDBAG** (fid'beg), s. Embornal; bornal.
**FEEDER** (fi'dâr), s. O que alimenta; incitador.
**FEEDING** (fi'dinn), s. Alimentação; pasto.
**FEEL** (fil), v. t. e i. Sentir; aperceber-se; tocar; examinar com o tato; melindrar-se; s. tato; percepção.
**FEELER** (fi'lâr), s. O que sente, toca, apalpa; tentáculo; antena (de inseto); balão-de-ensaio; experiência.
**FEELING** (fi'linn), s. Tato; sentido do tato; toque; percepção; sensação; intuição; ternura; adj. sensível; terno; comovedor.
**FEIGN** (fêinn), v. t. e i. Fingir; imaginar.
**FEIGNEDNESS** (fêi'nidnéss), s. Fingimento; dissimulação; falsidade; ficção.

**FEIGNER** (fêi'nâr), s. Fingidor; dissimulador.
**FEINT** (fêint), s. Fingimento; dissimulação; disfarce; v. i. dissimular; disfarçar.
**FELDSPAR** (fél'dispár), s. Feldspato.
**FELICITATE** (feli'sitêit), v. t. Felicitar.
**FELICITATION** (felissitêi'shânn), s. Felicitação; parabéns.
**FELICITOUS** (feli'sitâss), adj. Feliz; venturoso; apropriado.
**FELICITY** (feli'siti), s. Felicidade; ventura.
**FELID** (fi'lid), s. Felino; felídio.
**FELINE** (fi'láinn), adj. e s. Felino.
**FELINENESS** (fi'láinnéss), s. Felinidade; natureza felina; astúcia.
**FELL** (fél), v. t. Derrubar; lançar por terra; cortar; s. cabelo; pêlo; remate (em costura); adj. ferino; feroz; bárbaro; hediondo.
**FELLER** (fé'lâr), s. Lenhador; lenheiro.
**FELLING** (fé'linn), s. Corte; derrubada; costura.
**FELLOE** (fé'lôu), s. Pina (de roda de carro).
**FELLOW** (fé'lôu), s. Companheiro; correligionário; confrade; sócio; semelhante; sujeito; indivíduo; v. t. irmanar; emparelhar.
**FELLOWSHIP** (fé'lôuship), s. Sociedade; associação; companhia; participação; confraternidade; prêmio em dinheiro dado a alunos excepcionais (EUA); v. t. admitir numa sociedade; v. i. associar-se com.
**FELLY** (fé'li), adv. Ferozmente; maldosamente; s. pina; camba (de carro).
**FELON** (fé'lânn), s. Réu; criminoso; (Med.) panarício; adj. malvado; desleal.
**FELONIOUS** (filôu'niâss), adj. Perverso; criminoso; traidor.
**FELONY** (fé'loni), s. Felonia; traição.
**FELT** (félt), s. Feltro; v. t. e i. feltrar.
**FELTING** (fél'tinn), s. Feltro.
**FEMALE** (fi'mêil), s. Fêmea; adj. fêmea, feminino, feminil.
**FEMININITY** (fémini'liti), s. Feminilidade.
**FEMININE** (fé'mininn), adj. Feminino; feminil; efeminado.
**FEMINIZE** (fémi'naiz), v. t. e i. Feminizar.
**FEMORAL** (fé'morâl), adj. (Anat.) Femoral.
**FEMUR** (fi'mâr), s. (Anat.) Fêmur.
**FEN** (fénn), s. Pântano; charco.
**FENCE** (fénss), v. t. e i. Cercar; fechar; guardar; entrincheirar; esgrimir; s. sebe; cercadura; valado; cancela; barreira; defesa; jogo de esgrima; debate.
**FENCELESS** (féns'léss), adj. Aberto, sem defesa.

**FENCER** (fén'sår), s. Esgrimista.
**FENCIBLE** (fén'sibl), adj. Defensável; s. miliciano.
**FENCING** (fén'sinn), s. Estacaria; cerca; valado; esgrima.
**FEND** (fénd), v. t. Desviar; defender; resguardar; v. i. defender-se; s. fenda; frincha.
**FENDER** (fén'dår), s. Guarda; defesa; guarda-fogo; limpa-trilhos; pára-lama (carros).
**FENESTRAL** (finés'trål), adj. De janela.
**FENNEL** (fé'nel), s. (Bot.) Funcho.
**FENNY** (fé'ni), adj. Pantanoso; palustre.
**FENT** (fént), s. Fenda.
**FEOFF** (féf), s. Feudo; v. t. enfeudar.
**FEOFFEE** (fé'fi), s. Feudatário.
**FEOFFER** (fé'får), s. Senhor feudal.
**FERACITY** (fé'ráseti), s. Feracidade; fecundidade; fertilidade.
**FERAL** (fi'rål), adj. Selvagem; feroz.
**FERIAL** (fi'riål), adj. Ferial, de féria.
**FERINE** (fi'råinn), adj. Ferino, feroz; maligna (doença); s. animal feroz; rapinante.
**FERITY** (fé'riti), s. Ferocidade; crueldade.
**FERMENT** (fårmén't), v. t. e i. Fermentar; aquecer; agitar; promover; excitar-se.
**FERMENT** (får'ment), s. Fermento; levedura; comoção; tumulto; ebulição.
**FERMENTABLE** (fårmén'tåbl), adj. Fermentável.
**FERMENTATION** (fårmêntêi'shånn), s. Fermentação.
**FERMENTATIVE** (fårmén'tåtiv), adj. Fermentativo.
**FERN** (fårnn), s. (Bot.) Feto, feto arborescente.
**FERNERY** (får'nåri), s. Fetal (terreno onde crescem fetos).
**FERNY** (får'ni), adj. Coberto de fetos.
**FEROCIOUS** (ferôu'shåss), adj. Feroz, voraz.
**FEROUCIOUSNESS** (ferôu'shåsnéss), s. Ferocidade; crueldade; voracidade.
**FERREOUS** (fé'riåss), adj. Férreo; ferrenho.
**FERRET** (fé'rit), s. Furão; fio; fita de seda; v. t. indagar; investigar; esquadrinhar; perscrutar; caçar com furão.
**FERRETER** (fé'ritår), s. Pesquisador; esquadrinhador; importuno; maçador.
**FERRETING** (fé'ritinn), s. Caça com furão.
**FERRIAGE** (fé'ridj), s. Transporte em balsa; frete dessa passagem.
**FERRIC** (fé'rik), adj. (Quím.) Férrico.
**FERROCONCRETE** (féro-kón'crit), s. Concreto armado.

**FERRUGINOUS** (féru'djinåss), adj. Ferruginoso.
**FERRULE** (fé'ril), s. Virola, ponta (de bengala, de guarda-chuva, etc.).
**FERRY** (fé'ri), v. t. e i. Transpor; atravessar em balsa ou barco, s. balsa; travessia em balsa; pontão.
**FERTILE** (får'til), adj. Fértil; produtivo.
**FERTILITY** (fårti'liti), s. Fertilidade.
**FERTILIZATION** (fårtilizêi'shånn), s. Fertilização; fecundação.
**FERTILIZE** (får'tiláiz), v. t. Fertilizar; adubar.
**FERTILIZER** (får'tiláizår), s. Fertilizante; fertilizador; adubo.
**FERULE** (fé'rul), s. Férula, palmatória; v. i. bater com a férula.
**FERVENCY** (får'vensi), s. Fervor; veemência.
**FERVENT** (får'vent), adj. Ardente; fervoroso; veemente; fogoso; apaixonado.
**FERVENTNESS** (får'ventnéss), s. Fervor; entusiasmo, veemência; paixão.
**FERVID** (får'vid), adj. Férvido; brilhante.
**FERVIDLY** (får'vidli), adv. Ardentemente.
**FERVIDNESS** (får'vidnéss), s. Ardor; zelo.
**FERVOR, FERVOUR** (får'vår), s. Fervor; ardor; devoção; veemência; entusiasmo.
**FESCUE** (fés'kiu), s. Ponteiro (usava-se nas escolas).
**FESTAL** (fés'tål), adj. Festivo; solene.
**FESTER** (fés'tår), v. t. e i. Ulcerar; inflamar-se; corromper-se; s. ferida; úlcera.
**FESTIVAL** (fés'tivål), adj. e s. Festivo; festival.
**FESTIVITY** (fésti'viti), s. Festividade.
**FESTOON** (féstu'nn), v. t. Engrinaldar; ornar de festões; s. grinalda ornamental.
**FETATION** (fi'teichen), s. (Med.) Fetação; gestação; gravidez.
**FETCH** (fétsh), v. t. e i. Ir buscar; trazer; alcançar ou valer (um preço); pegar; segurar; conduzir; (fam.) fazer aderir; (Náut.) mover-se. *To fetch over:* reconduzir; s. estratagema; ardil; ato de ir buscar.
**FETCHER** (fé'tshår), s. Procurador, buscador.
**FETCHING** (fétch'inn), adj. (fam.) Encantador.
**FETICIDE** (fité'said), s. (Jur.) Feticídio, aborto provocado.
**FETID** (fé'tid), adj. Fétido.
**FETIDNESS** (fé'tidnéss), s. Mau cheiro.
**FETISH** (fi'tish), s. Fetiche; ídolo.
**FETISHISM** (fi'tishizm), s. Fetichismo.
**FETISHIST** (fit'shizt), s. Fetichista.

**FETTER** (fe'târ), v. t. Agrilhoar; algemar; pear; s. elo; cadeia; pl. algemas; grilhões.
**FETTERED** (fé'târd), adj. Agrilhoado.
**FETTLE** (fét'l), v. t. e i. Ajustar; pôr em ordem; ocupar-se de banalidades; s. boas condições.
**FEUD** (fiu'd), s. Feudo; rixa; contenda.
**FEUDAL** (fiu'dâl), adj. Feudal.
**FEUDALISM** (fiu'dâlizm), s. Feudalismo.
**FEUDATORY** (fiu'dâtôuri), adj. Feudatário; s. feudatário; vassalo.
**FEVER** (fi'vâr), s. Febre; calor; agitação; animação; v. t. causar febre a.
**FEVERHEAT** (fi'vâr-hit), s. Temperatura febril.
**FEVERISH** (fi'vârish), adj. Febril; febricitante.
**FEVERISHNESS** (fi'vârishnéss), s. Indisposição febril.
**FEVERIT** (fi'vârit), s. Acesso de febre.
**FEW** (fiu'), adj. Poucos, poucas.
**FEWNESS** (fiu'néss), s. Pequeno número.
**FEZ** (féz), s. Fez, barrete egípcio.
**FEY** (fei), adj. Predestinado; destinado à morte; superexcitado; extremamente alegre; encantado; encantador; etéreo.
**FIANCE** (fiânsê'), s. (fr.) Noivo.
**FIASCO** (fi'és'kou), s. Fiasco; fracasso; malogro; frasco; garrafa.
**FIAT** (fai'et), s. Ordem; mandado; decreto.
**FIB** (fib), v. i. Mentir; contar petas; s. mentira; peta; história; conto.
**FIBBER** (fi'bâr), s. Mentiroso.
**FIBER, FIBRE** (fái'bâr), s. Fibra; filamento; força; caráter; essência; natureza.
**FIBERED, FIBRED** (fái'bârd), adj. Fibroso; filamentoso.
**FIBROUSNESS** (fái'brâsnéss), s. Qualidade de fibroso.
**FIBRIN, FIBRINE** (fái'brinn), s. Fibrina.
**FIBULA** (fi'biulâ), s. (Anat.) Perôneo.
**FICKLE** (fik'l), adj. Inconstante; volúvel.
**FICKLENESS** (fikl'néss), s. Inconstância; volubilidade; irresolução.
**FICTILE** (fik'til), adj. Maleável; moldável.
**FICTION** (fik'shânn), s. Ficção; novela; alegoria; apólogo; fábula; mito.
**FICTIONAL** (fik'shânâl), adj. Imaginário.
**FICTIONIST** (fik'shânist), s. Novelista.
**FICTITIOUS** (fikti'shâss), adj. Fictício; falso.
**FICTITOUSNESS** (fikti'shâsnéss), s. Caráter fictício.
**FID** (fid), s. (Náut.) Passador (de cabos); chave de mastro.

**FIDDLE** (fid'l), s. Rabeca, violino; v. t. e i. tocar rabeca, violino.
**FIDDLEDEE** (fid'él'dl), s. Disparate; interj. bobagem! tolice!
**FIDDLER** (fid'lâr), s. Rabequista; violinista.
**FIDELITY** (fidé'liti), s. Fidelidade; devoção.
**FIDGET** (fid'jét), s. Inquietação; agitação; v. t. e i. inquietar; bulir; afadigar-se.
**FIDGETILY** (fi'djétli), adv. Impacientemente.
**FIDGETINESS** (fid'jétinéss), s. Nervosismo.
**FIDGETY** (fi'djéti), adj. Inquieto; impaciente.
**FIDUCIAL** (fidiu'shâl), adj. Fiducial; fiduciário.
**FIDUCIARY** (fidiu'shâri), s. e adj. Fiduciário.
**FIEF** (fîfî'), s. Feudo; domínio.
**FIELD** (fild), s. Campo; campo de batalha, a própria batalha; esfera de ação; campo de jogos esportivos; caça; conjunto de caçadores; adj. de campo; v. t. e i. apanhar a bola (no basebol, críquete, etc.).
**FIELDER** (fild'âr), s. Jogador que intercepta a bola (no críquete, basebol, etc.).
**FIELDFARE** (fild'fér), s. Tordo europeu.
**FIEND** (find), s. Mau espírito; demônio.
**FIENDISH** (fin'dish), adj. Diabólico; satânico.
**FIENDISHLY** (fin'dishli), adv. Diabolicamente.
**FIENDISHNESS** (fin'dishnéss), s. Perversidade; diabrura.
**FIERCE** (firss), adj. Feroz; selvagem; bravio; impetuoso; violento; desumano; cruel.
**FIERCENESS** (firs'néss), s. Ferocidade.
**FIERILY** (fáir'rili), adv. Ardentemente; apaixonadamente.
**FIERINESS** (fái'rinéss), s. Fogosidade; ímpeto; ardor; paixão.
**FIERY** (fái'ri), adj. Fogoso; ardente; apaixonado; feroz; furioso; violento; colérico.
**FIFE** (fáif), s. Pífano, pífaro; v. t. e i. tocar pífano, pífaro.
**FIFER** (fái'fâr), s. Tocador de pífano, pífaro.
**FIFTEEN** (fifti'nn), adj. e s. Quinze; o número quinze.
**FIFTEENTH** (fiftin'th), adj. Décimo-quinto.
**FIFTH** (fif'th), adj. Quinto; s. a quinta parte.
**FIFTIETH** (fif'tiith), adj. Qüinqüagésimo; s. a qüinqüagésima parte.
**FIFTY** (fif'ti), adj. e s. Cinqüenta; o número cinqüenta.
**FIG** (fig), s. Figueira; figo; ninharia; bagatela; v. t. e i. (fam.) vestir, enfeitar.
**FIGHT** (fáit), v. t. e i. Lutar, brigar, combater; guerrear; pugnar; bater-se; defender-se; s. luta; combate.

**FIGHTER** (fái'târ), s. Combatente; batalhador.
**FIGHTING** (fái'tinn), adj. Combatente; belicoso; beligerante.
**FIGMENT** (fig'ment), s. Fantasia; invenção.
**FIGURABLE** (fi'ghiurâbl), adj. Figurável.
**FIGURATION** (fighiurêi'shânn), s. Figuração; figura; forma.
**FIGURATIVE** (fi'ghiurâtiv), adj. Figurativo.
**FIGURATIVENESS** (fi'ghiurâtivnéss), s. Qualidade de ser figurativo.
**FIGURE** (fi'ghiur), s. Figura; vulto; forma; aparência; imagem; contorno, emblema; tipo; cifra; número; preço; quantia; importância; v. t. e i. figurar; formar; delinear; imaginar; calcular; evidenciar-se.
**FIGURED** (fi'ghiurd), adj. Ornado com figuras; simbolizado; calculado; figurativo.
**FIGUREHEAD** (fi'ghiur-héd), s. (Náut.) Figura de proa (também em sentido figurado); figurão; chefão; cabeça; figura decorativa.
**FILAMENT** (fi'lâmént), s. Filamento; fibra.
**FILAMENTOUS** (filâmén'tâss), adj. Filamentoso.
**FILATURE** (fi'lâtshur), s. Fiação (de seda).
**FILBERT** (fil'bârt), s. Avelã; aveleira.
**FILCH** (fil'tsh), v. t. Tirar; furtar.
**FILCHER** (fil'tshâr), s. Larápio.
**FILCHING** (fil'tshinn), s. Furto.
**FILE** (fáil), s. Arquivo; fila; v. t. limar; polir; afiar com lima; aguçar; arquivar; pôr em ordem; v. i. (Mil.) marchar em fila.
**FILER** (fái'lâr), s. Limador.
**FILIAL** (fi'liâl), adj. Filial.
**FILIATION** (filiêi'shânn), s. Filiação; adoção.
**FILIBUSTER** (fi'libâstâr), s. Filibusteiro; corsário; pirata; v. t. piratear.
**FILIFORM** (fi'lifórm), adj. Filiforme.
**FILIGRANE** (fi'ligréinn), s. Filigrana.
**FILIGREE** (fi'ligri), adj. Adornado de filigrana; s. filigrana.
**FILING** (fái'linn), s. Limadura; arquivamento.
**FILL** (fil), v. t. e i. Encher; acumular; satisfazer; saciar; preencher; desempenhar (um cargo); obturar (dentes); fartar-se; atopetar-se; s. suficiência; suprimento.
**FILLER** (fi'lâr), s. Funil; conta-gotas; enchedor; enchedura.
**FILLET** (fi'lét), v. t. Atar; enfaixar; s. fita; faixa; atadura; (Arquit.) friso; moldura; filé (de boi ou vitela); posta de peixe.
**FILL-IN** (fil-inn), s. Substituto; reserva; parte intercalada em jornal; adj. para intercalar ou substituir.

**FILLING** (fi'linn), s. Enchimento; obturação.
**FILLIP** (fil'ép), s. Piparote; (fig.) estímulo; incentivo; v. t. dar piparotes.
**FILLY** (fi'li), s. Poldra; égua nova; (fig.) moça namoradeira.
**FILM** (filmm), s. Filme; fita; película; membrana; pele fina; filamento delicado; belida; v. t. filmar; cobrir com membrana.
**FILMINESS** (fil'minéss), s. Qualidade; aparência de película, membrana, véu, etc.
**FILMY** (fil'mi), adj. Membranoso; diáfano; imaginário.
**FILTER** (fil'târ), s. Filtro; purificador; v. t. e i. filtrar; filtrar-se; purificar-se.
**FILTERING** (fil'târin) ou **FILTRATION** (filrêi'shânn), s. Filtração; filtragem.
**FILTH** (filth), s. Sujeira; corrupção.
**FILTHINESS** (fil'thinéss), s. Sujidade; imundície; impureza.
**FILTHY** (fil'thi), adj. Imundo; sujo; obsceno.
**FIMBRIA** (fim'briâ), s. Fímbria; orla.
**FIMBRIATE** (fim'briêit), adj. Orlado; franjado.
**FIMBRIATION** (fimbriê'shânn), s. Fímbria.
**FIN** (finn), s. Barbatana; asa de avião; estabilizador; peixe; plano subsidiário.
**FINABLE** (fái'nâbl), adj. (Jur.) Suscetível de ser multado.
**FINAL** (fái'nâl), adj. Final; último; definitivo; conclusivo; s. o ponto final.
**FINALIST** (fái'nâlist), s. Finalista (em jogos).
**FINALITY** (fâiné'liti), s. Finalidade; tendência.
**FINANCE** (finén'ss), v. t. e i. Financiar; realizar operações financeiras; s. finança; fundos; rendas (geralmente no plural).
**FINANCIER** (finési'r), s. Financeiro; v. t. e i. financiar; realizar operações financeiras.
**FIND** (fáin'd), v. t. e i. Achar; encontrar; descobrir; verificar; certificar-se de; pensar; julgar; suprir; (Jur.) declarar; pronunciar; imaginar; inventar; s. achado.
**FINDER** (fáin'dâr), s. Achador; inventor.
**FINDING** (fain'dinn), s. Achado; descoberta; invenção; veredito; gasto; despesa.
**FINE** (fáinn), v. t. Multar; purificar; clarificar; esvair-se gradualmente; adj. fino; ótimo; de excelente qualidade; sutil; delicado; puro; refinado; esplêndido; gostoso; correto; interj. excelente! ótimo! muito bom!; s. multa; castigo.
**FINER** (fái'nâr), s. Refinado; belo; elegante; mais fino; mais formoso.
**FINERY** (fái'nâri), s. Decoração vistosa; adorno; luxo de vestuário; refinação.

**FINESSE** (finé'ss), s. Finura, astúcia, artifício; habilidade; v. i. usar de artifícios.
**FINGER** (fin'går), s. Dedo; qualquer peça semelhante a um dedo; comprimento ou largura de um dedo. *Finger-nail:* unha; v. t. e i. tocar, manejar com os dedos; manusear.
**FINGERING** (fin'gårinn), s. Manejo; (Mús.) dedilhado.
**FINIAL** (fi'niâl), s. (Arquit.) Ornamento que forma a parte superior de uma torre.
**FINICAL** (fi'nikâl), adj. Afetado no trajar; no andar, etc.; esquisito; fastidioso.
**FINICALNESS** (fi'nikâlnéss), s. Afetação.
**FINING** (fái'ninn), v. t. e i. Refinação; purificação.
**FINISH** (fi'nish), v. t. e i. Acabar, findar; completar; aperfeiçoar; cessar; fenecer; morrer; s. fim; termo; conclusão; retoque.
**FINISHED** (fi'uisht), adj. Terminado; acabado; concluído; perfeito; morto; esgotado.
**FINISHER** (fi'nishâr), s. Rematador; retocador; (pop.) golpe final.
**FINISHING** (fi'nishinn), s. Acabamento; consumação; último retoque; última demão; adj. derradeiro; final.
**FINITE** (fái'náit), adj. Finito.
**FINITENESS** (fái'náitnéss), s. Limitação.
**FINNY** (fini), adj. Provido de barbatanas ou nadadeiras; abundante em peixe.
**FINK** (fink'), s. Delator; fura-greves.
**FIORD, FJORD** (fiórd), s. Fiorde.
**FIR** (får), s. Pinheiro, abeto.
**FIRE** (fáiâr), s. Fogo, lume; chama; incêndio; ímpeto; veemência; ardor; paixão; brilho, fulgor; relâmpago; conflagração, erupção; provação; tortura; perseguição; v. t. e i. atear fogo a; incendiar; abrasar; explodir; incitar; iluminar; cauterizar; despedir.
**FIREBACK** (fáiâr'bék), s. Parede traseira de uma fornalha; espécie de faisão.
**FIREBALL** (fáiâr'ból), s. Bólide; (Mil.) granada de mão.
**FIREBOX** (fáiâr'bóks), s. Fornalha.
**FIREBUG** (fáir'bag), s. (pop.) Incendiário.
**FIREFLY** (fáiâr'flái), s. Vagalume; pirilampo.
**FIREPLACE** (fáiâr'pléiss), s. Lareira; lar.
**FIREPROOF** (faiâr'pruf), adj. À prova de fogo; v. t. tornar à prova de fogo.
**FIRER** (fái'râr), s. Incendiário.
**FIRESTONE** (fáiâr'stôunn), s. Pirita; pedra refratária; pederneira.
**FIREWATER** (fáiâr'wâtêr), s. Aguardente.
**FIREWOOD** (fáiâr'uud), s. Lenha.
**FIREWORK** (fáiâr'uárk), s. Fogo de artifício.

**FIRING** (fáiâ'rinn), s. Descarga de armas de fogo; combustível; fogo; cauterização; aquecimento.
**FIRK** (får'k), v. t. Impelir; atirar.
**FIRKIN** (får'kinn), s. Barril de madeira para banha, manteiga, etc.; um quarto de pipa ou nove galões (Inglaterra).
**FIRM** (fårmm), adj. Firme, seguro, fixo; inflexível; estável; vigoroso; resistente; s. firma comercial; v. t. firmar; confirmar.
**FIRMAMENT** (får'mâmént), s. O firmamento.
**FIRMAMENTAL** (fårmâmén'tâl), adj. Celeste.
**FIRMER** (får'mâr), s. Formão.
**FIRMNESS** (fårm'néss), s. Firmeza; constância; fidelidade; solidez.
**FIRRY** (fâ'ri), adj. Abietino; abundante em abetos.
**FIRST** (fårst), adj. Primeiro; primitivo; principal; fundamental; s. o primeiro; o princípio; adv. primeiramente; dantes; outrora.
**FIRST-CLASS** (fårst-class), adj. De primeira classe; excelente; adv. em primeira classe.
**FIRSTLING** (fårs'tlinn), s. As primícias; o primogênito.
**FIRTH** (fårth), s. Braço de mar; estuário.
**FISC** (fisk), s. Fisco; erário; tesouro.
**FISCAL** (fis'kâl), adj. e s. Fiscal.
**FISH** (fish), s. Peixe; pescado; carne branca; reforço; (Mec.) tala; (Náut.) lambareiro; v. t. e i. pescar; buscar; (Náut.) atravessar a âncora; procurar.
**FISHER** (fi'shâr) ou **FISHERMAN** (fi'shârmaen), s. Pescador; barco de pesca.
**FISHERY** (fi'shâri), s. Pesca; pescaria.
**FISHINESS** (fi'shinéss), s. Sabor, forma, cheiro de peixe; dubiedade; má reputação.
**FISHING** (fi'shinn), s. Pesca.
**FISHY** (fi'shi), adj. Piscoso; (fam.) duvidoso.
**FISSILE** (fi'sil), adj. Fendível; separável.
**FISSION** (fi'shânn), s. Fendimento; divisão em partes; (Biol.) divisão celular.
**FISSIONABLE** (fi'shânâbl), adj. Capaz de desintegração nuclear.
**FISSIPARISM** (fissi'pârizm) ou **FISSIPARITY** (fissipé'riti), s. Fissiparidade.
**FISSURE** (fi'shur), v. t. e i. Fender; partir; s. fenda, racha, abertura; (Anat.) fissura.
**FISSURED** (fi'shurd), adj. Fendido; rachado.
**FIST** (fist), s. Punho; pulso; v. t. dar murros.
**FISTIC** (fis'tik), adj. Do punho; relativo ao pugilismo.
**FISTICUFF** (fis'tikâf), s. Murro; luta a murros; v. t. e i. esmurrar; esmurrar-se.

**FISTULA** (fis'tshulå), s. Fístula.
**FISTULAR** (fis'tshulår), **FISTULARY** (fis'tshulåri) ou **FISTULOUS** (fis'tshulåss), adj. Fistular; fistuloso.
**FIT** (fit), v. t. e i. Assentar, ajustar; adaptar; dispor; amoldar; preparar; ir bem; servir; ornar; engatar; equipar; montar (máquinas); acomodar-se a; s. desmaio, ataque; capricho; fantasia; adaptação; forma; feitio; corte; adj. bom, próprio, conveniente, justo; preparado, capaz, digno; idôneo.
**FITCH** (fitsh), s. (Zool.) Doninha.
**FITFUL** (fit'ful), adj. Espasmódico; agitado; irregular; caprichoso.
**FITFULNESS** (fit'fulnéss), s. Capricho; justiça.
**FITLY** (fi'tli), adv. Convenientemente.
**FITMENT** (fit'ment), s. Equipagem.
**FITNESS** (fit'néss), s. Conveniência; propriedade; adaptação; dignidade.
**FITTER** (fi'tår), s. Adaptador; ajustador; cortador (de roupas).
**FITTING** (fi'tinn), adj. Próprio; adequado.
**FIVE** (fáiv), adj. e s. Cinco; o número cinco.
**FIVEFOLD** (fáiv'fõuld), adj. Quíntuplo.
**FIVER** (fái'vår), s. Nota, cédula de cinco dólares ou de cinco libras.
**FIVES** (fái'vz), s. pl. Jogo de péla.
**FIX** (fiks), v. t. e i. Fixar, prender, ligar, firmar; determinar; solidificar; pôr em ordem; ajustar; fixar residência; subornar (EUA); (fam.) encarregar-se de; tirar desforra; s. dificuldade; embaraço; apuro; dilema.
**FIXABLE** (fik'såbl), adj. Fixável; adaptável.
**FIXATION** (fiksêi'shånn), s. Fixação; firmeza.
**FIXED** (fi'kst), adj. Fixado, fixo; estável; preso; ligado; permanente.
**FIXEDNESS** (fi'kstnéss), s. Fixidez; firmeza.
**FIXING** (fi'ksinn), s. Fixação; determinação; adaptação; adorno; atavios.
**FIXITY** (fik'siti), s. Fixidez; estabilidade.
**FIXTURE** (fiks'tshur), s. Móvel fixo; peça fixa; pl. instalação.
**FIZZ** (fiz), v. i. Assobiar; zunir; efervescer; s. assobio; efervescência; crepitação.
**FIZZENLESS** (fi'zenléss), adj. Fraco; anêmico.
**FIZZER** (fiz'år), s. Assobiador.
**FIZZLE** (fiz'l), v. i. Assobiar; ser mal sucedido; s. assobio; crepitação; fiasco; malogro.
**FLABBERGAST** (flé'bårghést), v. t. Espantar; surpreender.
**FLABBINESS** (flé'binéss), s. Debilidade; moleza; frouxidão; lassidão.

**FLABBY** (flé'bi), adj. Frouxo; lasso; mole; fraco; lânguido.
**FLACCID** (flék'sid), adj. Flácido; débil.
**FLACCIDITY** (fléksi'diti), . Flacidez; debilidade; frouxidão; moleza.
**FLAG** (flég), s. Bandeira; pavilhão; estandarte; lousa; laje; espadana; lfrio roxo; v. t. e i. cair, pender; abater-se; fatigar-se; murchar; lajear; desanimar; distender; estirar.
**FLAGELLANT** (flé'djelânt), adj. Flagelante; s. que se flagela por motivo religioso.
**FLAGELLATE** (flé'djelêit), v. t. Flagelar.
**FLAGELLATION** (flédjelêi'shånn), s. Flagelação.
**FLAGELLATOR** (flé'djelêitår), s. Flagelador.
**FLAGELLUM** (flådjê'lâmm), s. Flagelo, açoite, azorrague; (Biol.) apêndice semelhante a uma pestana; (Bot.) galho delgado.
**FLAGEOLET** (flé'djolét), s. (Mús.) Flajolé.
**FLAGGING** (flé'ghinn), s. Lajeado; lajeamento; adj. flácido; lânguido.
**FLAGGY** (flé'ghi), adj. Mole; frouxo; flexível; insípido; laminado.
**FLAGITIOUS** (flådji'shåss), adj. Celerado; perverso; mau; infame; abominável; atroz.
**FLAGITIOUSNESS** (flådji'shåsnéss), s. Infâmia; malvadez; atrocidade; perversidade.
**FLAGON** (flé'gonn), s. Frasco, jarra.
**FLAGRANCY** (flêi'grânsi) ou **FLAGRANCE** (flêi'grånss), s. Enormidade; notoriedade; escândalo, ardor; calor.
**FLAGRANT** (flêi'grânt), adj. Flagrante; escandaloso; notório; atroz; acalorado; ardente.
**FLAGSTONE** (flêig'stõunn), s. Lájea.
**FLAIL** (fléil), s. Mangual; v. t. malhar cereais.
**FLAKE** (flêik), v. t. e i. Pôr em flocos; escamar; laminar; lascar-se; s. floco; lâmina; fagulha; andaime; cravo almiscarado.
**FLAM** (flémm), s. Mentira; v. t. enganar.
**FLAME** (flêimm), v. t. e i. Chamejar; lançar chamas; queimar-se; incendiar-se; s. chama, fogo; brilho; ardor; (fam.) namorada.
**FLAMELESS** (flêim'léss), adj. Sem chama.
**FLAMING** (flêi'minn), adj. Flamejante; ardente; brilhante.
**FLAMINGO** (flåmin'gôu), s. (Zool.) Flamingo.
**FLAMY** (flêi'mi), adj. Inflamado; brilhante.
**FLANGE** (fléndj), v. t. e i. Colocar abas em; abaixar; abater; s. orla; borla; guia; fita; aro; saliência circular.
**FLANK** (flénk), v. t. e i. Flanquear; bordejar; orlar; s. flanco; ala; ilharga.
**FLANKER** (flén'kår), s. (Mil.) Flanco.

**FLANNEL** (flén'l), s. Flanela; adj. de flanela; v. t. esfregar ou lustrar com flanela.

**FLAP** (flép), v. t. e i. Agitar, balançar, oscilar; pender (como a aba de um chapéu); deixar cair; abaixar (a aba de); açoitar; s. aba; ponta; fralda; extremidade; borda; lábios (de uma ferida); orelha (de sapato); pulsação; bofetada; batente.

**FLAPDOODLE** (flép'dud'l), s. Gabolice; disparate; tolice.

**FLAPJACK** (flép'djék), s. Panqueca, espécie de boio de grelha.

**FLAPPER** (flé'pâr), s. Aquele (ou aquilo) que bate, agita, prende; filhote de pássaro.

**FLARE** (flér), v. t. e i. Queimar (com chama fulgurante); chamejar; brilhar; exibir ostentação; s. brilho; fulgor; chama trêmula.

**FLARING** (flé'rinn), adj. Deslumbrante; ofuscante; vistoso.

**FLASH** (flésh), v. t. e i. Brilhar, reluzir; chamejar; flamejar; romper em chamas; falar, agir ou manifestar-se repentinamente; s. brilho; clarão repentino; relâmpago; momento; instante; esguicho; inspiração.

**FLASHINESS** (flé'shinéss) s. Brilho passageiro.

**FLASHING** (flé'shinn), s. Centelha.

**FLASHLIGHT** (flés'láit), s. Holofote; farol; farolete; luz de magnésio (em fotografia).

**FLASHY** (flé'shi), adj. Presunçoso, sem mérito; superficial; vistoso; insípido.

**FLASKET** (flés'ket), s. Pequeno frasco; tipo de cesto chato para roupa, etc.

**FLAT** (flét), v. t. e i. Alisar, aplainar; amortecer; (Mús.) abaixar o tom; s. plano; superfície horizontal; planura; baixio; barco chato; pavimento; andar; apartamento; (fam.) simplório; bobo; demente; adj. plano; liso; chato; fastidioso; insípido; (Mús.) surdo; grave; baixo (preço).

**FLATNESS** (flét'néss), s. Planura; lisura; insipidez; monotonia.

**FLATTEN** (flét'n), v. t. e i. Aplainar; deprimir; rebaixar; enfastiar; amortecer (voz).

**FLATTER** (flé'târ), v. t. Lisonjear; gabar.

**FLATTERER** (flé'târâr), s. Lisonjeador.

**FLATTERING** (flé'târinn), adj. Lisonjeiro; s. lisonja.

**FLATTERY** (flé'târi), s. Lisonja; adulação.

**FLATULENCE** (flé'tiulênss) ou **FLATULENCY** (flé'tiulênsi), s. Flatulência; (fig.) vaidade.

**FLATULENT** (flé'tiulént), adj. Flatulento; (fig.) presunçoso; vaidoso.

**FLATUS** (fléi'tâss), s. Flato; ventosidade.

**FLAUNT** (flônt), v. t. e i. Ostentar; pavonear-se; orgulhar-se; alardear; s. impertinência; ostentação; pl. adornos; atavios.

**FLAUNTER** (flôn'târ), s. Vaidoso.

**FLAUNTING** (flôn'tinn), adj. Vaidoso; soberbo.

**FLAUTIST** (flô'tist), s. Flautista.

**FLAVOR, FLAVOUR** (fléi'vâr), v. t. Temperar; adubar, condimentar; dar sabor a; s. sabor, gosto, cheiro; aroma; perfume.

**FLAVORED, FLAVOURED** (fléi'vârd), adj. Aromático, aromatizado; saboroso.

**FLAVORING, FLAVOURING** (fléi'vârinn), s. Essência; condimento; sainete.

**FLAVORLESS, FLAVOURLESS** (fléi'vârléss), adj. Insípido.

**FLAVOROUS, FLAVOUROUS** (fléi'vâráss), adj. Saboroso, cheiroso; aromatizado.

**FLAW** (flô), s. Fenda, brecha, racha; falha; defeito; mancha, mácula (na honra); perturbação de espírito; tumulto; v. t. fender; violar; fazer imperfeito.

**FLAWLESS** (flô'léss), adj. Inteiro, sem fendas; perfeito; são.

**FLAWY** (flô'i), adj. Imperfeito; tempestuoso.

**FLAX** (fléks), s. Linho (planta); fibra do linho.

**FLAXEN** (flék'sânn), adj. Do linho, ou semelhante a ele; alourado.

**FLAY** (fléi), v. t. Esfolar, tirar a pele a.

**FLAYER** (fléi'rinn), s. Esfolamento.

**FLEA** (fli), s. Pulga; v. t. catar pulgas.

**FLEABIT** (fli'báit), s. Picada de pulga; (fig.) pequena contrariedade.

**FLECK** (flék), v. t. Mosquear; sarapintar; s. pinta; mancha; nódoa; sarda.

**FLECKLESS** (flék'léss), adj. Imaculado.

**FLED** (fléd), v. t. e i. Cobrir ou suprir de penas ou asas; empenar, criar penas.

**FLEDGED** (flé'djed), adj. Empenado; coberto de penas.

**FLEDGLING, FLEDGELING** (flé'djlinn), s. Filhote de pássaro; adj. pouco conhecido; inexperiente (escritor, poeta, etc.).

**FLEE** (fli), v. t. e i. Fugir de; escapar.

**FLEECE** (fliss), v. t. Tosquiar; espoliar; despojar; s. tosquia; velo ou lã de carneiro.

**FLEECED** (fliss't), adj. Lanoso, lanudo; espoliado; despojado.

**FLEECER** (fli'sâr), s. Tosquiador; espoliador.

**FLEECY** (fli'si), adj. Lanzudo; felpudo.

**FLEER** (flir), s. Fugitivo; zombaria; escárnio; riso reprimido; v. t. e i. zombar; criticar.

**FLEERING** (fli'rinn), s. Escárnio; adj. impudente; escarnecedor.
**FLEETING** (fli'tinn), adj. Passageiro; transitório.
**FLEETNESS** (flit'néss), s. Velocidade, ligeireza, rapidez; curta duração.
**FLEMISH** (flé'mish), adj. Flamengo; s. a língua flamenga.
**FLESH** (flésh), s. Carne; polpa comestível; alimento, nutrição; carnalidade, sensualidade; membro da mesma família. *To lose flesh:* emagrecer; v. t. fartar, saciar; engordar; dar de comer a.
**FLESHED** (flésht), adj. Carnudo; polposo.
**FLESHFUL** (flésh'ful), adj. Gordo; carnoso.
**FLESHINESS** (flé'shinéss), s. Gordura; corpulência; pança.
**FLESHLY** (flé'shli), adj. Carnal; corpóreo; sensual.
**FLESHPOT** (flésh'pot), s. Panela de cozer carne.
**FLESHY** (flé'shi), adj. Carnudo; gordo.
**FLETCHER** (flé'thsâr), s. Flecheiro; arqueiro.
**FLEX** (fléks), v. t. Dobrar, vergar; sujeitar a flexão; s. curva; arqueamento; flexão.
**FLEXIBILITY** (fléksibi'liti), s. Flexibilidade.
**FLEXIBLE** (flék'sibl), adj. Flexível; dócil.
**FLEXIBLENESS** (flék'siblnéss) s. Flexibilidade.
**FLEXION** (flék'shann), s. Flexão; curvatura.
**FLEXOR** (flék'sâr), s. (Anat.) Músculo flexor.
**FLEXUOUS** (flék'siuâss), adj. Flexuoso; sinuoso; instável; vacilante.
**FLEXURE** (flék'shur), s. Flexão; curvatura; inclinação; dobra.
**FLIBBERTIGIBBET** (flib'ér-tidjibit), s. Mulher faladeira, matraca.
**FLICK** (flik), s. Chicotada; pancada leve; piparote; v. t. chicotear; sacudir.
**FLICKER** (fli'kâr), s. Luz bruxuleante; picanço; v. i. adejar, bater asas; tremulhar (luz).
**FLICKERING** (fli'kârinn), s. Luz, chama vacilante; hesitação; adj. bruxuleante.
**FLIER, FLYER** (flái'âr),, s. Voador; pássaro; coisa veloz; aviador; fugitivo; pêndulo; fiel de balança; cavalo de corrida.
**FLIGHT** (fláit), s. Vôo; movimento rápido; velocidade; trajetória; bando de pássaros; exaltação; elevação de pensamento; lanço de escada; migração; excursão; v. i. voar em bando; migrar.
**FLIGHTINESS** (flái'tinéss), s. Volubilidade; versatilidade; inconstância; rapidez.

**FLIGHTY** (flái'ti), adj. Caprichoso; inconstante; leviano; frívolo; rápido; fugitivo.
**FLIM-FLAM** (flim'flém), s. (pop.) Burla; fraude; escamoteação; pretexto; v. t. burlar.
**FLIMSY** (flim'zi), adj. Débil; fraco; frágil; inconsistente; s. papel fino; nota de banco.
**FLINCH** (flintsh), v. t. Recuar, desistir; abster-se; vacilar; s. recuo; hesitação.
**FLINCHER** (flin'tshâr), s. Recuador; desertor.
**FLINCHING** (flin'tshinn), adj. Vacilante; hesitante.
**FLINDERS** (flin'dârs), s. pl. Fragmentos; lascas; estilhaços.
**FLING** (flinn), v. t. e i. Arrojar; lançar; demolir; s. arremesso; pancada; salto.
**FLINT** (flint), s. Pederneira, sílex; rochedo; qualquer coisa muto dura.
**FLINTNESS** (flint'néss), s. Dureza; crueldade.
**FLINTY** (flin'ti), adj. De pederneira; duro; cruel; desumano.
**FLIP** (flip), v. t. Tocar ao de leve; atirar para o ar; afastar com um movimento rápido; s. sacudidela; arremesso rápido; estalido; nome de uma bebida.
**FLIPPANCY** (fli'pânsi), s. Loquacidade; volubilidade; impertinência; motejo; escárnio.
**FLIPPANT** (fli'pânt), adj. Loquaz; impertinente; petulante.
**FLIPPER** (fli'pâr), s. Barbatana; (pop.) mão.
**FLIRT** (flârt), s. Namoro; pessoa namoradeira; movimento vivaz; capricho; veneta; escárnio; mofa; v. i. flertar; namorar por divertimento; lançar; espirrar; escarnecer.
**FLIRTATION** (flârtéi'shânn), s. Namoro; flerte; garridice; galanteio; requebro.
**FLIT** (flit), v. i. Esvoaçar; voltear; passar rapidamente; fugir; emigrar; s. movimento leve; adejo; mudança de residência.
**FLITCH** (flitsh), s. Manta de toicinho; posta de peixe, defumada.
**FLITTER** (fli'târ), s. (fam.) Trapo, farrapo; andrajo; emigrante; o que esvoaça.
**FLITTERMOUSE** (fli'târmâuss), s. Morcego.
**FLITTING** (fli'tinn), s. Vôo rápido; fuga.
**FLOAT** (flôut), v. t. e i. Flutuar; boiar; pôr em circulação; obter apoio para; movimentar-se sem desígnio ou direção fixa; s. flutuação; jangada; bóia; onda; vaga; bote salva-vidas ou para a caça dos patos.
**FLOATABLE** (flôu'tâbl), adj. Flutuável.
**FLOATER** (flôu'târ), s. Flutuador.
**FLOATING** (flôu'tinn), adj. Flutuante; móvel; inconstante; variável; circulante.

**FLOCCULE** (flŏ'kiul), s. Floco; flóculo.
**FLOCCULENT** (flŏ'kiulênt), adj. Flocoso; lanoso; penuginoso.
**FLOCK** (flók), v. i. Reunir-se; juntar-se; congregar-se; andar aos bandos; v. t. estofar com lã; s. floco; bando; multidão; rebanho; agrupamento; tufo de lã; (pop.) povinho.
**FLOCKY** (flŏ'ki), adj. Em flocos.
**FLOE** (flòu), s. Massa de gelo polar flutuante.
**FLOG** (flóg), v. t. Fustigar; chicotear; s. chicotada; vergastada.
**FLOGGING** (flŏ'ghinn), s. Açoite, surra, sova.
**FLOOD** (flád), v. t. e i. Inundar, alagar; exceder-se; derramar-se; s. inundação; cheia; dilúvio; fluxo; aluvião; maré alta; abundância, torrente (de lágrimas); menstruação.
**FLOODGATE** (flád'ghêit), s. Comporta de dique.
**FLOORING** (flâ'rinn), s. Pavimentação; soalho; sobrado; material para pavimentos.
**FLOOR** (flór), s. Assoalho; chão; pavimento, andar; tribuna (no Congresso ou Parlamento); pl. (Náut.) varengas; v. t. e i. assoalhar; pavimentar; sobrepujar; vencer; embaraçar (com perguntas de algibeira).
**FLOORED** (flór'd), adj. Assoalhado; assobradado; abatido; vencido.
**FLOORER** (flŏ'rār), s. Murro, golpe, pancada forte; pergunta embaraçosa (num exame).
**FLOORING** (flŏ'rinn), s. Chão; soalho; sobrado; material para pavimentos.
**FLOP** (flóp), v. t. Bater, sacudir as asas; ir ao encontro de; cair repentinamente; s. fracasso; malogro; fiasco.
**FLOPHOUSE** (flóp'hauss), s. (fam.) Casa de cômodos; cortiço; albergue noturno.
**FLORA** (flŏ'rā), s. (Bot.) Flora.
**FLORESCENCE** (florés'senss), s. (Bot.) Florescência.
**FLORESCENT** (floré'sent), adj. Florescente.
**FLORET** (flóu'ret), s. (Bot.) Florinha; floco de seda.
**FLORICULTURE** (flŏu'rikâltshur), s. Floricultura.
**FLORICULTURIST** (flŏu'rikâltchurist), s. Floricultor.
**FLORID** (flŏ'rid), adj. Florido; brilhante; rosado; fresco; ornado; embelezado.
**FLORIDITY** (flóri'diti), s. Florescência; brilho; frescor; estilo florido.
**FLORIFEROUS** (flóri'fârâss), adj. Florífero.
**FLORIN** (flŏ'rinn), s. Florim (moeda).
**FLORIST** (flŏ'rist), s. Florista.

**FLORWALKER** (flŏ'uâl'kêr), s. Supervisor ou superintendente de uma seção (em lojas).
**FLOSS** (flóss), s. Seda natural ou vegetal; penugem.
**FLOSSY** (flŏ'si), adj. De seda frouxa.
**FLOTATION** (flotêi'shānn), s. Flutuação.
**FLOTSAM** (flŏt'sâmm), s. Destroços de um naufrágio.
**FLOUNCE** (flâunss), v. t. Debruar; guarnecer de franjas; v. i. mergulhar; debater-se; azafamar-se; s. debrum; orla; mergulho.
**FLOUNDER** (flâun'dâr), v. i. Tropeçar; patinhar; chafurdar-se; s. ação de debater-se ou patinhar; esforço brusco.
**FLOUNDERING** (flâun'dârinn), s. Ato de tropeçar, de patinhar ou de espojar-se.
**FLOUR** (flâ'ur), s. Farinha de trigo; polvilho; pó fino; v. t. e i. moer, fazer farinha; enfarinhar. *Flour mill:* moinho.
**FLOURISH** (flâ'rish), v. t. e i. Sacudir, agitar, brandir; florescer; prosperar; vangloriar-se; gabar-se; fazer traços à pena; (Mús.) preludiar; s. vigor; esplendor; brilho; prosperidade; ostentação; traço de pena; floreio musical; flores de retórica.
**FLOURISHING** (flâ'rishinn), adj. Florescente; progressivo.
**FLOURY** (flâu'ri), adj. Farinhento.
**FLOUT** (flâut), v. t. e i. Escarnecer; zombar; censurar; criticar; s. mofa; escárnio; censura; crítica; zombaria.
**FLOUTER** (flâu'târ), s. Zombeteiro; zombador.
**FLOUTING** (flâu'tinn), s. Mofa; escárnio.
**FLOW** (flôu), v. t. Fluir, manar; proceder; encher (a maré); s. fluxo; corrente; enchente; abundância; multidão; ondulação.
**FLOWER** (flâu'âr), s. Flor, florão; o melhor, a nata, o escol; figura de retórica; menstruação; adorno; enfeito; v. t. e i. enfeitar com flores; florir, florescer, estar em flor.
**FLOWERER** (flâu'ârâr), s. (Bot.) Planta que floresce em certo tempo.
**FLOWERET** (flâu'ârét), s. Florinha.
**FLOWERING** (flâu'ârinn), s. Floração.
**FLOWERY** (flâu'âri), adj. Florido.
**FLOWERPOT** (flâu'arpót), s. Vaso para plantas.
**FLOWING** (flôu'inn), adj. Cheio; fluente; rico.
**FLOWINGNESS** (flôu'innéss), s. Fluência; verbosidade.
**FLU** (flu), s. (pop.) Influenza, gripe.
**FLUB** (flâb), v. t. (pop.) Atamancar (trabalho); fazer confusão; embrulhar.

**FLUBDUB** (flá'dâb), s. (pop.) Pretensão; exibição; prosa.
**FLUCTUATE** (flăl'tuêit), v. t. Flutuar; ondear; oscilar; hesitar; agitar-se.
**FLUCTUATION** (flăktiuêi'shănn), s. Flutuação; vacilação; hesitação.
**FLUE** (flu), s. Cano de chaminé de fornalha; conduto; penugem.
**FLUENCY** (flu'ensi), s. Fluência, eloqüência; condutibilidade; abundância.
**FLUENT** (flu'ent), adj. Fluente, eloqüente; copioso; volúvel.
**FLUENTNESS** (flu'entnéss), s. Fluência.
**FLUFF** (flăf), s. Cotão; lanugem; penugem; cisco; pó, poeira; v. t. e i, afofar; tornar-se fofo ou felpudo; (Teat.) representar mal ou esquecer um papel.
**FLUID** (fluid), adj. s. Fluido, gasoso.
**FLUIDITY** (flui'diti) ou **FLUIDNESS** (fluid'néss), s. Fluidez.
**FLUKE** (fluk), s. (Náut.) Pata ou dente (da âncora); cauda da baleia; rebarba do arpão; desapontamento; fracasso.
**FLUME** (flumin), s. Regueira, canal, condutor (de roda hidráulica).
**FLUMINOUS** (flu'minăss), adj. Fluvial.
**FLUMMERY** (flă'mári), s. Manjar branco; lisonja; frioleira.
**FLUMP** (flămp), s. Barulho; baque; v. t. e i. arremessar(-se) ao chão com violência.
**FLUNK** (flănk), s. (pop. EUA) Reprovação (em exame), bomba, fracasso.
**FLUNKY, FLUNKEY** (flăn'ki), s. Lacaio; pessoa servil.
**FLUNKYISM** (flăn'kiizm), s. Servilismo.
**FLUOR** (flu'ór), s. Flúor.
**FLUORESCENCE** (fluoré'senss), s. Fluorescência.
**FLUORESCENT** (fluoré'sent), adj. Fluorescente.
**FLURRY** (flă'ri), v. t. Agitar; excitar; confundir; s. agitação; barulho; perturbação.
**FLUSH** (flăsh), s. Robustez; vigor; rubor; vermelhidão; inundação; fluxo; vôo rápido; adj. robusto; cheio de vida; quente e pesado (tempo); copioso; endinhelrado; pródigo; v. t. e i. corar; brilhar; levantar vôo; animar; excitar; (fig.) ensoberbecer-se.
**FLUSHING** (flă'shinn), s. Inundação; rubor; vermelhidão.
**FLUSTER** (flăs'tăr), v. t. Confundir; aturdir; aquecer; excitar (pelo vinho); v. i. exaltar-se; s. confusão de espírito; embriaguez.

**FLUTE** (flut), s. Flauta; estria; sulco; v. t. estriar, v. i. tocar flauta.
**FLUTING** (flu'tinn), s. Estriagem; canelagem.
**FLUTIST** (flu'tist), s. Flautista.
**FLUTTER** (flă'tăr), v. t. e i. Alvoroçar; bater as asas; adejar; agitar-se; vibrar; s. abalo; comoção; movimento rápido; saracoteio; confusão; alvoroço; pulsação irregular; (fig.) aposta a dinheiro.
**FLUTTERER** (flă'tărâr), s. Agitador.
**FLUVIAL** (flu'viăl), adj. Fluvial.
**FLUX** (flăks), s. Fluxo; curso; confluência; (Quím.) dissolvente; (Med.) corrimento.
**FLUXION** (flăk'shănn), s. Fluxão; escoamento; pl. (Mat.) cálculo diferencial.
**FLY** (flái), s. Mosca; anzol; fiel; pêndulo de balança; volante; v. t. e i. voar; fugir; evadir-se; flutuar; soltar (balão, etc.); rebentar; explodir. *To fly at:* lançar-se sobre.
**FLYAWAY** (flái'âuêi), s. Fugitivo; adj. folgado, solto (vestido); leviano; frívolo.
**FLYING** (flá'inn), adj. Volante; veloz; voador; s. vôo; aviação.
**FLYPAPER** (fláipêi'păr), s. Papel pega-mosca.
**FOAL** (fôul), v. t. e i. Parir (a égua); s. cria de animal de carga.
**FOAM** (fôumm), s. Espuma; baba; fermentação; (fig.) fúria; cólera; crise de nervos; v. t. e i. espumar; encrespar-se (o mar).
**FOAMING** (fôu'minn), adj. Espumante.
**FOAMY** (fôu'mi), adj. Espumoso.
**FOB** (fób), v. t. Aproveitar-se de; enganar; lograr, s. engano; bolso para relógio.
**FOCAL** (fôu'kăl), adj. Focal.
**FOCALIZE** (fôu'kăláiz), v. t. Focalizar; focar; enfocar.
**FOCUS** (fôu'kăss), s. Foco; v. t. focalizar; pôr em foo; focar; enfocar.
**FODDER** (fô'dăr), s. Forragem; v. t. alimentar (os animais); dar forragem, ração a.
**FOE** (fôu), s. Inimigo; adversário.
**FOEMAN** (fôu'maen), s. Inimigo de guerra.
**FOELIKE** (fôu'láik), adj. Hostil; inimigo; adv. como inimigo.
**FOG** (fóg), s. Nevoeira; névoa; cerração; neblina; confusão mental; perplexidade; v. i. enevoar-se; embaciar-se (uma fotografia).
**FOGGINESS** (fó'ghinéss), s. Nebulosidade.
**FOGGY** (fó'ghi), adj. Enevoado; cerrado; nublado; indistinto; confuso; coberto de feno.
**FOGY, FOGEY** (fôu'ghi), s. Obscurantista, pessoa de costumes antiquados.

**FOGYISH** (fôu'ghiish), adj. Obscurantista.
**FOGYISM** (fôu'ghiizm), s. Obscurantismo.
**FOIBLE** (fôib'l), s. O fraco, ponto fraco; parte flexível de uma espada.
**FOIL** (fóil), v. t. Derrotar; frustrar; anular; amortecer; s. derrota, revés; folha delgada de metal; ouropel.
**FOILING** (fói'linn), s. Rasto que os veados deixam na erva.
**FOISON** (foi'zânn), s. Abundância; fartura.
**FOIST** (fóist), v. t. Intercalar às escondidas; impingir; empurrar.
**FOLD** (fôuld), v. t. e i. Dobrar; envolver; enlaçar; abraçar; encerrar; encurralar; s. dobra; prega; envoltório; batente de porta; redil; aprisco; (fig.) congregação de fiéis.
**FOLDER** (fôul'dâr), s. Dobrador; dobradeira; pasta de papéis.
**FOLDING** (fôul'dinn), adj. Dobradiço; flexível.
**FOLIAGE** (fôu'lidj), s. Folhagem.
**FOLIATE** (fôu'liêit), v. t. Folhear; laminar (os espelhos); adj. folheado; frondoso.
**FOLIATION** (fôuliêi'shânn), s. (Bot.) Folheatura; renovo das folhas; laminação; estanhadura (de espelhos).
**FOLIO** (fôu'lio), s. Fólio; livro in-fólio; página.
**FOLK** (fôuk), s. Povo, coletivamente; o gênero humano, raça; pl. família; parentela (EUA); adj. folclórico, do povo.
**FOLKLORE** (fôuk'lór), s. Folclore.
**FOLKLORIST** (fôuk'lórist), s. Folclorista.
**FOLKSY** (fôuk'si), adj. (pop.) Amigável.
**FOLLICLE** (fó'likl), s. (Anat.) Folículo; glândula.
**FOLLICULAR** (foli'kiulâr), adj. Folicular.
**FOLLOW** (fó'lôu), v. t. e i. Seguir, acompanhar; perseguir; compreender; obedecer; observar; exercer uma profissão; tomar como modelo; s. seguimento; perseguição.
**FOLLOWER** (fó'lôuâr), s. Seguidor; sectário; sequaz; discípulo; satélite; imitador; (Mec.) tambor de transmissão; (fam.) admirador.
**FOLLOWING** (fó'lôuinn), adj. Seguinte, imediato; s. séquito; comitiva; gente.
**FOLLY** (fó'li), s. Tolice; insensatez.
**FOMENT** (fomén't), v. t. Fomentar; instigar; excitar; friccionar; dar fomentações.
**FOMENTATION** (foméntéi'shânn), s. Fomentação; fricção sobre a pele; incitamento.
**FOMENTER** (fomén'târ), s. Fomentador; causador; incitador.
**FOND** (fónd), adj. Amigo; afeiçoado.
**FONDLE** (fóndl), v. t. e i. Acariciar; afagar; amar em demasia.
**FOUNDLER** (fónd'lâr), s. Acariciador; apaixonado.
**FONDLING** (fónd'linn), s. Mimalho; queridinho; adj. acariciante.
**FONDNESS** (fónd'néss), s. Afeto, afeição, ternura; gosto; predileção (seguido de *for).*
**FONT, FOUNT** (fónt), s. Pia batismal; fonte; origem; (Tip.) fonte, sortimento de tipos.
**FONTAL** (fón'tâl), adj. Da pia batismal; originário; gerador; básico.
**FOOD** (fud), s. Comida, alimento, nutrição; pasto, ração.
**FOODFUL** (fud'ful), adj. Alimentício; fértil.
**FOODLESS** (fud'léss), adj. Estéril.
**FOOL** (ful), s. Tolo, pateta, néscio, imbecil; fruta escaldada misturada com nata e açúcar; v. t. e i. Zombar de; lograr; frustrar; brincar, folgar; desperdiçar.
**FOOLERY** (fu'lâri), s. Loucura; estravagância.
**FOOLING** (ful'inn), s. Gracejo; brincadeira; tolice; vadiação.
**FOOLISH** (fu'lish), adj. Néscio, tolo, imbecil.
**FOOLISHNESS** (fu'lishnéss), s. Insensatez, tolice; parvoíce; loucura.
**FOOLSCAP** (fulz'kép), s. Papel almaço; papel de ofício.
**FOOT** (fut), s. Pé; base; suporte; sopé; rodapé; fundo; o último de uma série; movimento; (fig.) de boa saúde; v. t. e i. pisar, andar; percorrer a pé.
**FOOTAGE** (fu'tidj), s. Comprimento em pés; comprimento total (de um filme).
**FOOTBALL** (fut'bôl), s. Futebol.
**FOOTBALLER** (fut'bôlâr), s. Futebolista.
**FOOTBOARD** (fut'bôard), s. Suporte para os pés; estribo; pedal.
**FOOTBRIDGE** (fut'bridj), s. Ponte para pedestres; passarela.
**FOOTED** (fu'tid), adj. Provido de pés.
**FOOTER** (fu'târ), s. (fam.) O jogo de futebol; pedestre, pessoa que anda a pé.
**FOOTGEAR** (fut'ghiâr), s. Sapatos e meias.
**FOOTING** (fu'tinn), s. Pé, base; posição; estado; ponto de apoio; funcionamento; piso; estabelecimento; soma de uma coluna de números; pl. alicerces. *To be on equal footing:* estar nas mesmas condições.
**FOOTLE** (fut'l), s. Bobagem; tolice; criancice.
**FOOTLESS** (fut'léss), adj. Sem pés; infundado; (fam.) estúpido; inepto.
**FOOTMARK** (fut'márk), s. Pegada, pisada.

**FOOTNOTE** (fut'nout), s. Nota ao pé da página; nota de rodapé.
**FOOTPATH** (fut'péth), s. Vereda ou trilha para pedestres.
**FOOTS** (futs), s. pl. Sedimentos; fezes.
**FOOZLE** (fuz'l), s. Golpe errado (no golfe); (fam.) ato desastrado, cacete; preguiçoso; v. t. atrapalhar; fazer atabalhoadamente.
**FOP** (fóp), s. Almofadinha; peralvilho.
**FOPPERY** (fó'pâri), s. Afetação no trajar.
**FOPPISH** (fó'pish), adj. Afetado; presumido; ridículo no trajar.
**FOPPISHNESS** (fó'pishnêss), s. Janotismo; fatuidade; presunção ridícula.
**FOR** (fôr), prep. Para; por, por causa de; durante; a fim de; em troca de; em lugar de; a despeito de; destinado a; conj. porque; pois; enquanto; desde que; devido a.
**FORAGE** (fó'ridj), v. t. e i. Saquear; ir à forragem; alimentar; sustentar; s. forragem; víveres; pilhagem.
**FORAGING** (fó'ridjinn), s. Forragem.
**FORAMEN** (forêi'men), s. Forame; pequena abertura.
**FORAMINIFEROUS** (forâmini'fârâss), adj. Foraminífero; foraminoso.
**FORASMUCH** (fórâsmâ'tsh), conj. Pois que.
**FORAY** (fó'rêi), v. t. e i. Saquear; invadir; devastar; s. saque, pilhagem; incursão.
**FORAYER** (fó'rêiâr), s. Saqueador; invasor.
**FORBEAR** (fórbé'r), v. t. e i. Abster-se de; deixar de; reprimir-se.
**FORBEARANCE** (fórbé'rânss), s. Abstenção; indulgência; tolerância; paciência.
**FORBEARING** (fórbé'rinn), adj. Indulgente; tolerante; clemente.
**FORBID** (fórbi'd), v. t. Proibir; vedar; interdizer; estorvar; excluir de.
**FORBIDDANCE** (fórbi'dânss), s. Proibição.
**FORBIDDEN** (fórbid'n), adj. Proibido; interdito.
**FORBIDDER** (fórbi'dâr), s. Proibidor; defensor.
**FORBIDDING** (fórbi'dinn), adj. Proibitivo; repulsivo; repelente.
**FORCE** (fôurss), s. Força; vigor; energia; poder; causa; motivo; peso; importância; valor, eficácia; queda d'água; força militar, tropas; v. t. e i. forçar; obrigar; constranger; violar; insistir; tosquiar; manobrar (navio); fazer amadurecer.
**FORCED** (fôurss't), adj. Forçado; constrangido; obrigado; feito à força.

**FORCEDNESS** (fôursst'néss), s. Coação; constrangimento.
**FORCEFULL** (fôurss'full), adj. Potente; violento; efetivo.
**FORCELESS** (fôurss'léss), adj. Fraco; débil.
**FORCEPS** (fór'seps), s. Fórcipe; pinça.
**FORCER** (fôur'sâr), s. Forçador; êmbolo.
**FORCIBLE** (fôur'sibl), adj. Forte; enérgico; poderoso; forçoso; concludente.
**FORCIBLENESS** (fôur'siblnéss), s. Força; violência.
**FORCING** (fôur'sinn), s. Ato de forçar; obtenção pela força.
**FORD** (fórd), v. t. Vadear; passar a vau; s. vau.
**FORE** (fôur), adj. Anterior; dianteiro; primeiro; adv. anteriormente; s. dianteira; frente; vanguarda; (Náut.) proa.
**FOREADVISE** (fôurédvái'ss), v. t. Prevenir.
**FOREARM** (fôur'ármm), s. Antebraço; v. t. premunir; armar antecipadamente.
**FOREBODE** (fôur'bôud), v. t. e i. Prognosticar; vaticinar; predizer.
**FOREBODER** (fôur'bôudâr), s. Adivinhador.
**FOREBODING** (fôur'bôudinn), s. Presságio.
**FORECAST** (fôurkés't), v. t. Vaticinar; profetizar; s. previsão; projeto; prognóstico.
**FORECASTER** (fôurkés'târ), s. Previsor.
**FORECASTLE** (fôur'kési ou fôuks'l), s. (Náut.) Castelo de proa.
**FORECLOSE** (fôurklôu'z), v. t. Impedir; barrar; excluir; privar; executar (hipoteca).
**FORECLOSURE** (fôurklou'zâr), s. Execução de hipoteca.
**FOREDATE** (fôur'dêit), v. t. Antedatar.
**FOREDOOM** (fôurdu'mm), v. t. Predestinar; s. condenação antecipada.
**FORE-END** (fôur'énd), s. Parte anterior.
**FOREFATHER** (fôur'fâdhâr), s. Antepassado.
**FOREFEND** (fôurfén'd), v. t. Impedir; defender.
**FOREFINGER** (fôur'fingâr), s. Dedo indicador; índice.
**FOREFOOT** (fôur'fut), s. Pé; pata dianteira.
**FOREFRONT** (fôur'frânt), s. A extrema dianteira.
**FOREGO** (fôur'gôu), v. t. e i. Privar-se de; sacrificar; ceder; abandonar; anteceder.
**FOREGOER** (fôur'gôuâr), s. Predecessor.
**FOREGOING** (fôur'gôuinn), adj. Anterior; antecedente; precedente.
**FOREGONE** (fôur'gônn), adj. Decidido; concluído; passado; anterior.

**FOREHAND** (fôur'hénd), adj. Prematuro; temporão; s. quarto dianteiro do cavalo.
**FOREHANDED** (fôur-hén'did), adj. Prematuro; feito com antecipação; econômico; endinheirado (EUA).
**FOREHEAD** (fôur'héd), s. Fronte; altivez.
**FOREIGN** (fó'rinn), adj. Estrangeiro; de fora; alheio a; exótico.
**FOREIGNER** (fó'rinâr), s. Estrangeiro.
**FOREJUDGE** (fôurdjä'dj), v. t. Prejulgar; prever.
**FOREJUDGMENT** (fôurdjä'djment), s. Preconceito; juízo prévio.
**FOREKNOW** (fôurnô'u), v. t. Prever; conhecer antecipadamente.
**FOREKNOWABLE** (fôurnôu'âbl), adj. Previsível; que se pode prever.
**FORELAND** (fôur'lénd), s. Promontório; cabo.
**FORELEG** (fôur'lég), s. Perna dianteira.
**FORELOCK** (fôur'lók), s. Guedelha; topete; madeixa; pino em forma de S.
**FOREMAN** (fôur'maen), s. Capataz; feitor; presidente de júri.
**FOREMAST** (fôur'mést), s. (Náut.) Mastro de mezena ou de proa.
**FOREMENTIONED** (fôurmén'shând), adj. Supracitado.
**FOREMOST** (fôur'môust), adj. Primeiro; dianteiro; pioneiro.
**FORENAME** (fôurnêi'mm), v. t. Mencionar antecipadamente; s. prenome; nome de batismo.
**FORENAMED** (fôur'nêimd), adj. Supradito; mencionado acima.
**FORENOON** (fôur'nunn), s. Manhã.
**FORENSIC** (forén'sik), adj. Forense.
**FOREORDAIN** (fôurórdêi'nn), v. t. Ordenar de antemão; predestinar.
**FOREPART** (fôur'pârt), s. Dianteira; proa.
**FOREPAW** (fôurpó'), s. Pata dianteira.
**FOREREACH** (fôur-ri'tsh), v. t. e i. (Náut.) Exceder; ir além; ganhar barlavento.
**FORERUN** (fôur-râ'nn), v. t. e i. Adiantar-se a; preceder; prevenir.
**FORERUNNER** (fôur-râ'nâr), s. Precursor; prognóstico; presságio.
**FORESAID** (fôur'séd), adj. Sobredito.
**FORESAIL** (fôur'sêil), s. (Náut.) Traquete.
**FORESEE** (fôursi'), v. t. e i. Prever; antecipar.
**FORESHADOW** (fôurshé'dôu), v. t. Predizer; sugerir de antemão; s. tipo; símbolo.
**FORESHAME** (fôurshêi'mm), v. t. Desonrar.

**FORESHORE** (fôur'shôur), s. Parte de uma praia não atingida pelas águas na vazante.
**FORESHORTEN** (fôurshórt'n), v. t. Escorçar (em desenho e pintura).
**FORESHOW** (fôur'shôu), v. t. Mostrar antecipadamente; vaticinar; s. exibição prévia.
**FORESIGHT** (fôur'sáit), s. Previsão; vaticínio; perspicácia; mira (de arma).
**FORESKIN** (fôur'skinn), s. (Anat.) Prepúcio.
**FOREST** (fó'rest), s. Floresta, selva, mata; adj. de mato; v. t. formar uma floresta.
**FORESTALL** (fôurstó'l), v. t. Antecipar; prevenir; monopolizar.
**FORESTALLER** (fôurstó'lâr), s. Monopolizador; açambarcador.
**FORESTAY** (fôur'stêi), s. (Náut.) Estai de mezena.
**FORESTER** (fó'rêstâr), s. Guarda-florestal.
**FORESTRY** (fó'restri), s. Silvicultura.
**FORETASTE** (fôurtêis't), v. t. Provar antecipadamente; s. antegosto; antegozo.
**FORETELL** (fôurté'l), v. t. e i. Predizer; antecipar; vaticinar.
**FORETHOUGHT** (fôur'thót), s. Previdência; cuidado; adj. deliberado; premeditado.
**FORETOKEN** (fôurtôuk'n), v. t. Prognosticar; s. prognóstico; anúncio antecipado.
**FORETOP** (fôur'tóp), s. Topete; (Náut.) cesto da gávea de mezena.
**FOREVER, FOR EVER** (fóré'vâr), adv. Para sempre; incessantemente; interj. Viva!
**FOREVERMORE** (fóré'vârmór), adv. Para todo o sempre.
**FOREWORD** (fôur'uârd), s. Prefácio; introdução.
**FOREYARD** (fôur'iârd), s. (Náut.) Verga da mezena ou traquete.
**FORFEIT** (fór'fit), s. Perda legal de direitos; multa, pena; prevaricação; delito; confiscação; v. t. perder (por confiscação); errar; pecar; faltar; adj. confiscado.
**FORFEITABLE** (fór'fitâbl), adj. Confiscável.
**FORFEITER** (fór'fitâr), s. Confiscador.
**FORFEITURE** (fór'fitshur) s. Confisco; perda; multa; prevaricação; retratação.
**FORGE** (fórdj), v. t. e i. Forjar; moldar; tramar; inventar; fabricar; imitar; falsificar; s. forja; fornalha, oficina.
**FORGED** (fór'djd), adj. Forjado; falsificado.
**FORGEMAN** (fór'djmaen), s. Ferreiro.
**FORGER** (fór'djâr), s. Forjador; falsário.
**FORGERY** (fór'djâri), s. Falsificação (especialmente de moedas e assinaturas).

**FORGET** (fórghé't), v. t. e i. Esquecer; olvidar; perder o interesse em; desprezar; descurar; proceder inconscientemente.
**FORGETFUL** (fórghé'ful), adj. Esquecido; negligente.
**FORGETFULNESS** (fórghé'fulnéss), s. Esquecimento; olvido; negligência; incúria.
**FORGET-ME-NOT** (fórghé't-mi-nót), s. Miosótis.
**FORGETTER** (fórghé'târ), s. Esquecido.
**FORGIVE** (fórghi'v), v. t. e i. Perdoar; absolver; desculpar; remitir (uma dívida, etc.).
**FORGIVENESS** (fórghi'vnéss), s. Perdão; remissão; absolvisão; clemência.
**FORGIVING** (fórghi'vinn), adj. Generoso; indulgente; clemente.
**FORK** (fórk), s. Garfo; forcado; forquilha; bifurcação; confluência de um rio; ponta de flecha; flecha; ziguezague do relâmpago; v. t. e i. remover com forcado; enforquilhar; bifurcar; esgotar (mina).
**FORKED** (fór'kit), adj. Bifurcado; em ziguezague.
**FORKEDNESS** (fór'kitnéss), s. Bifurcação.
**FORLORN** (fórlór'nn), adj. Perdido; solitário; abandonado; lúgubre; triste.
**FORLORNNESS** (fórlór'néss), s. Abandono; desamparo; miséria.
**FORM** (fórmm), v. t. e i. Formar; planear; construir; organizar-se; s. forma; figura; modelo, fórmula; ritual; solenidade; variedade; ordem; simetria; estrutura; sistema; conformação; esboço; classe de uma escola pública (Inglaterra); (Biol.) subdivisão.
**FORMAL** (fór'mâl), adj. Formal; cerimonioso; solene; grave; metódico; afetado; exterior.
**FORMALISM** (fór'mâlizm), s. Formalismo.
**FORMALIST** (fór'mâlist), s. Formalista.
**FORMALITY** (fórmé'liti), s. Formalidade; solenidade; cerimônia; etiqueta.
**FORMAT** (fóurmé't ou fórmá'), s. Formato (de um livro, etc.).
**FORMATION** (fórmêi'shânn), s. Formação; construção; organização; (Geol.) camada.
**FORMATIVE** (fór'mâtiv, adj. Formativo; plástico; s. (Gram.) palavra derivada.
**FORMER** (fór'mâr), adj. O primeiro; os primeiros (anteriormente mencionados); antigo.
**FORMERLY** (fór'mârli), adv. Antigamente.
**FORMIC** (fór'mik), adj. Fórmico.
**FORMICARY** (for'mikéri), s. Formigueiro.
**FORMICATION** (fórmikêi'shânn), s. Formigamento (na pele).

**FORMIDABLE** (fór'midâbl), adj. Tremendo; pavoroso; horrível; ameaçador.
**FORMIDABLENESS** (fór'midâblnéss), s. Pavor, horror, temor.
**FORMLESS** (fórm'léss), adj. Disforme.
**FORMLESSNESS** (fórm'lésness), s. Deformidade.
**FORMULA** (fór'miulâ), s. Fórmula; modelo; (Med.) receita.
**FORMULARY** (fór'miuléri), adj. Formal; s. formulário.
**FORMULATE** (fór'miulêit), v. t. Formular; desenvolver.
**FORMULATION** (fórmiulêi'shânn), s. Formulação.
**FORMULIZE** (fór'miulâiz), v. t. e i. Formular.
**FORNICATE** (fór'nikêit), v. t. Fornicar.
**FORNICATION** (fórnikêi'shânn), s. Fornicação.
**FORNICATOR** (fór'nikêitâr), s. Fornicador.
**FORNICATRESS** (fór'nikêitréss) ou **FORNICATRIX** (fór'nikêitriks), s. Fornicadora.
**FORSAKE** (fórsêi'k), v. t. Deixar, abandonar; desamparar; renegar; separar-se de.
**FORSAKER** (fórsêi'kâr), s. Abandonador; desertor.
**FORSAKING** (fórsêi'kinn), s. Abandono; desamparo; apostasia.
**FORSOOTH** (fórsu'th), adv. Certamente; deveras (em sentido irônico).
**FORSWEAR** (fórsué'r), v. t. e i. Abjurar; renegar; s. perjuro.
**FORT** (tórt), s. Forte; fortim.
**FORTALICE** (fór'tâliss), s. Fortaleza; forte.
**FORTE** (fórt), s. Forte, o ponto forte; adj. e s. (Mús.) forte.
**FORTH** (fôurth), adv. Adiante; para a frente; avante; diante de; por fora; para fora; à vista; ao longo de; já; até ao fim; prep. fora de; interj. saia!.
**FORTHCOMING** (fôurth'kâminn), adj. Próximo; futuro; vindouro; s. aparecimento; chegada; aproximação.
**FORTHWITH** (fôurth'uith), adv. Em seguida; imediatamente.
**FORTIETH** (fór'tieth), adj. Quadragésimo; s. a quadragésima parte.
**FORTIFICATION** (fórtifikêi'shânn), s. Fortificação.
**FORTIFIED** (fór'tifáid), adj. Fortificado.
**FORTIFIER** (fór'tifáiâr), s. Fortificador; fortalecedor.
**FORTIFY** (fór'tifái), v. t. e i. Fortificar.

**FORTITUDE** (fór'titiud), s. Fortaleza; força (de espírito, de ânimo); coragem.
**FORTLET** (fór'tlét), s. Fortim; pequeno forte.
**FORTNIGHT** (fórt'náit), s. Quinzena.
**FORTNIGHTLY** (fórt'náitli), adv. Quinzenalmente; adj. quinzenal.
**FORTRESS** (fór'tréss), s. Fortaleza; fortificação.
**FORTUITOUS** (fórtiu'itàss), adj. Fortuito; casual; eventual; imprevisto; ocasional.
**FORTUITY** (fórtiu'iti), s. Casualidade, eventualidade.
**FORTUNATE** (fór'tshunit), adj. Afortunado; ditoso; venturoso.
**FORTUNATENESS** (fór'tshunitnéss), s. Felicidade; ventura.
**FORTUNE** (fór'tshunn), s. Fortuna; ventura; sorte; bom êxito; destino, futuro; v. t. dotar; conceder dote; v. i. acontecer.
**FORTUNELESS** (fór'tshunléss), adj. Infortunado; infeliz.
**FORTUNETELLER** (fór'tshuntélar), s. Adivinho; adivinhador.
**FORTUNETELLING** (fór'tshunntéling), s. Adivinhação; adj. que adivinha.
**FORTY** (fór'ti), adj. Quarenta; s. o número quarenta.
**FORUM** (fóu'ràmm), s. Foro, forum; praça pública (na antiga Roma).
**FORWARD** (fór'uàrd), adv. Para a frente, avante; em evidência; adj. adiantado; precoce; prematuro; ansioso; pronto; disposto; impertinente; atrevido; oficioso; audaz; empreendedor; v. t. enviar; expedir; apressar; ativar; despachar; secundar.
**FORWARDER** (fór'uàrdàr), s. Promotor; instigador; remetente; despachante.
**FORWARDING** (fór'uàrdinn), s. Envio; expedição; remessa.
**FORWARDNESS** (fór'uàrdnéss), s. Adiantamento; progresso; precocidade; ousadia.
**FOSS, FOSSE** (fôss), s. Fosso; cova.
**FOSSA** (fô'sà), s. (Anat.) Depressão; cavidade.
**FOSSIL** (fó'sil), adj. Fóssil; antiquado; gasto pelo uso; s. fóssil.
**FOSSILIST** (fó'silist), s. Paleontologista.
**FOSSILIZATION** (fóssilizéi'shànn), s. Fossilização.
**FOSSILIZE** (fó'siláiz), v. t. e i. Fossilizar; petrificar-se; tornar-se antiquado.
**FOSTER** (fós'tàr), v. t. Criar; manter; entreter; encorajar; alentar; consolar.

**FOSTERAGE** (fós'tàridj), s. Tutela; adoção; emprego ou salário de ama-seca.
**FOSTER-BROTHER** (fós'tàr-brà'dhàr), s. Irmão-de-leite.
**FOSTERER** (fós'tàràr), s. Criador; protetor; consolador.
**FOSTER-FATHER** (fós'tàr-fá'dhàr), s. Pai adotivo.
**FOSTERING** (fós'tàrinn), adj. Benéfico; protetor.
**FOSTER-MOTHER** (fós'tàr-mó'dhàr), s. Mãe adotiva; ama-de-leite.
**FOSTER-SISTER** (fós'tàr-sis'tàr), s. Irmã-de-leite.
**FOSTER-SON** (fós'tàr-sànn), s. Filho adotivo.
**FOTHER** (fá'dhàr), v. t. (Náut.) Calafetar (um navio); vedar uma fenda; s. carga; peso.
**FOUL** (fául), v. t. e i. Colidir, abalroar (um navio); sujar, corromper; trair; alterar; infamar-se; adj. sujo, lodoso; vergonhoso; odioso; desleal; abominável; viciado (ar); infecto; contrário (vento); borrascoso (tempo); s. porcaria; sujidade; imoralidade; indecência; fealdade; turvação; enredamento; adv. traiçoeiramente, com perfídia.
**FOULARD** (fulár'd), s. Espécie de tecido de seda, fino e lavável.
**FOULNESS** (fául'néss), s. Sujidade, impureza; torpeza; infâmia; violação; fealdade.
**FOUND** (fáun'd), v. t. e i. Fundar, estabelecer, instituir; fundir, derreter.
**FOUNDATION** (fáundéi'shànn), s. Fundação, instituição; alicerce; princípio; base; bolsa, dotação para estudos; razão de ser.
**FOUNDATIONER** (fáundéi'shànàr), s. Pessoa subsidiada.
**FOUNDER** (fáun'dàr), s. Fundador; fundidor; inflamação no entrecasco do cavalo, v. t. afundar; fazer soçobrar; arruinar; esfalfar (o cavalo); v. i. naufragar; ir a pique; cair de cansaço; tropeçar (o cavalo).
**FOUNDERED** (fáun'dàrd), adj. Cansado, aguado; trôpego.
**FOUNDERING** (fáun'dàrinn), s. Ferida (no casco do cavalo); (Náut.) abalroamento; naufrágio.
**FOUNDING** (fáun'dinn), s. Fundação; fundição.
**FOUNDLING** (fáun'dinn), s. Menino enjeitado, filho de pais incógnitos.
**FOUNDRY** (fáun'dri), s. Fundição.
**FOUNT** (fáunt), s. Fonte; origem; causa; (Tip.) de tipos.

**FOUNTAIN** (fáun'ten), s. Fonte; princípio; causa; origem; começo; fundamento.
**FOUNTAINHEAD** (fáun'ten-héd), s. Manancial; origem; nascente.
**FOUR** (fóur), adj. Quatro; s. o número quatro.
**FOURFOLD** (fóur'fóuld), adj. Quádruplo; s. o quádruplo; adv. quadruplamente; quatro vezes mais.
**FOUR-FOOTED** (fôur-fu'tid), adj. Quadrúpede.
**FOUR-HANDED** (fôur-hén'did), adj. Quadrúmano.
**FOURSCORE** (fóur'skór), adj. Oitenta; octogenário.
**FOURTEEN** (fôurti'nn), adj. Quatorze; s. o número quatorze.
**FOURTEENTH** (fôurtin'th), adj. e s. Décimoquarto.
**FOURTH** (fôur'th), adj. Quarto; s. a quarta parte.
**FOURTHLY** (fôur'thli), adv. Em quarto lugar.
**FOWL** (fául), s. Ave, aves; v. i. caçar aves silvestres.
**FOWLER** (fáu'lår), s. Passarinheiro.
**FOWLING** (fáu'linn), s. Caça de aves selvagens.
**FOX** (fóks), s. Raposa; pessoa velhaca, astuciosa; v. t. e i. (pop.) vigiar matreiramente; dissimular; servir como espião; embebedar-se; perder a cor, azedar (a cerveja).
**FOXBANE** (fóks'bèinn), s. Acônito.
**FOX-CASE** (fókls'kèiss), s. Pele de raposa.
**FOXED** (fóks't), adj. Mofado; (fam.) bêbedo.
**FOXINESS** (fók'sinéss), s. Astúcia, ardil, manha; velhacaria; acidez; descoloração.
**FOXISH** (fó'kish), adj. Manhoso; matreiro.
**FOXY** (fó'ksi), adj. Velhaco, astuto; azedo; descolorado; desbotado.
**FOYER** (fói'år), s. Vestíbulo de teatro.
**FRACAS** (frêi'kåss), s. Desordem; contenda.
**FRACTION** (frék'shånn), s. Fração, fragmento; (Arit.) quebrado; v. t. fracionar.
**FRACTIONAL** (frék'shânâl), adj. Fracionário.
**FRACTIOUS** (frék'shåss), adj. Bulhento; rabugento; perverso.
**FRACTIOUSNESS** (frék'shâsnéss), s. Rabugice; impertinência; obstinação.
**FRACTURE** (frék'tshur), v. t. e i. Fraturar; quebrar; s. fratura; ruptura; quebra.
**FRAGILE** (fré'djil), adj. Frágil; quebradiço; franzino; delgado; débil; fraco.
**FRAGILITY** (frédji'liti), s. Fragilidade; fraqueza; debilidade.

**FRAGMENT** (frég'ment), s. Fragmento; pedaço; lasca; resto; cavaco; estilhaço de granada; trecho de uma obra.
**FRAGMENTARY** (frég'mentéri), adj. Fragmentário.
**FRAGMENTATION** (frég'mentêishånn), s. Fragmentação.
**FRAGMENTIZE** (freg'mentaiz), v. t. Fragmentar.
**FRAGRANCE** (frêi'grånss) ou **FRAGRANCY** (frêi'grånsi), s. Fragrância; odor; perfume.
**FRAGRANT** (frêi'grånt), adj. Fragrante; odorífero; aromático; perfumado.
**FRAGRANTNESS** (frêi'grântnéss), s. Fragrância.
**FRAIL** (frêil), adj. Frágil; quebradiço; débil; delicado; s. cesto grande, canastra.
**FRAILNESS** (frêil'néss), s. Fragilidade, debilidade, fraqueza; delicadeza.
**FRAME** (frêimm), s. Estrutura, composição; carcaça; esqueleto; construção; organização (do corpo); disposição (do espírito); bastidor; caixilho; moldura; forma; figura; classe; banco de torneiro; v. t. e i. formar uma estrutura; compor; inventar; dispor; adaptar; enquadrar; fabricar; fazer versos.
**FRAMER** (frêi'mår), s. Autor; fautor; inventor; armador; ajustador; fabricante de moldes.
**FRAMEUP** (frêimm'åp), s. (gír. amer.) Tramóia; conspiração.
**FRAMEWORK** (frêim'uårk), s. Armação, cavername; vigamento.
**FRAMING** (frêi'minn), s. Construção, estrutura; ossada; suportes; madeiramento.
**FRANC** (frénk), s. Franco (moeda).
**FRANCHISE** (frén'tshiss ou frén'tsháiz), s. Franquia, isenção especial; privilégio; v. t. privilegiar; isentar; eximir.
**FRANCHISEMENT** (frén'tshisment ou frén'tsháizment), s. Libertação; imunidade.
**FRANCISCAN** (frénsis'kånn), adj. e s. Franciscano.
**FRANGIBILITY** (fréndjibi'liti), s. Frangibilidade; fragilidade.
**FRANGIBLE** (frén'djibl), adj. Frágil; débil.
**FRANK** (frénk), v. t. Franquear; despachar livre de porte; adj. franco, liberal, sincero; ingênuo; s. franquia; porte franco.
**FRANKNESS** (frénk'néss), s. Franqueza, sinceridade; candura; inocência.
**FRANTIC** (frén'tik), adj. Frenético; colérico.
**FRANTICNESS** (frén'tiknéss), s. Frenesi; desespero; fúria; loucura.

**FRAP** (frép), v. t. (Náut.) Reforçar as amarras.
**FRATCH** (frétsh), v. i. Altercar; brincar; pular.
**FRATERNAL** (frâtâr'nâl), adj. Fraternal; fraterno; de irmão.
**FRATERNITY** (frâtâr'nit), s. Fraternidade; irmandade; confraria; sociedade; grêmio.
**FRATERNIZATION** (frétârnizêi'shânn), s. Fraternização.
**FRATERNIZE** (fré'târnáiz), v. i. e t. Fraternizar; confraternizar; irmanar.
**FRATERY** (fré'târi), s. Sala de capítulo de um mosteiro; convento (de frades).
**FRATRICIDAL** (frétrissái'dâl), adj. Fratricida.
**FRATRICIDE** (fré'trissáid), s. Fratricida; fratícidio.
**FRAUD** (fród), s. Fraude, engano, logro; impostura; decepção.
**FRAUDULENCE** (fró'diulénss), s. Fraudulência; fraude, engano, logro.
**FRAUDULENT** (fró'diulênt), adj. Fraudulento; enganador; falso.
**FRAUGHT** (frót), adj. Carregado de.
**FRAY** (frêi), v. t. e i. Espantar; atemorizar; abrir caminho a; sx. rixa, combate; rasgão; roçadura (no pano); lugar desgastado (no pano, na corda, etc.).
**FRAYING** (frêi'inn), s. Roçadura; desgaste (por atrito).
**FRAZZLE** (fréz'l), v. t. e i. (fam.) Desgastar; desfiar-se (pano); s. desgaste.
**FREAK** (frik), s. Salpico, risco, estria; capricho; extravagância; monstruosidade; deformidade.
**FREAKINESS** (frik'néss), s. Capricho; humor caprichoso.
**FREAKISH** (fri'kish), adj. Caprichoso; extravagante; excêntrico.
**FRECKLE** (frék'l), v. t. e i. Manchar, salpicar; tornar-se sardento; s. sarda.
**FRECKLED** (frékl'd) ou **FRECKLY** (frék'li), adj. Sardento; mosqueado; rajado.
**FREE** (fri), adj. Livre, liberto; independente; franco; liberal; generoso; grátis; vago; voluntário; vivo; desatado; ingênuo; desembaraçado; adv. sinceramente, prazenteiramente; v. t. libertar; franquear; licenciar; desobstruir; soltar.
**FREEBOARD** (fri'bôurd), s. (Náut.) Bordo livre.
**FREEBOOT** (fri'but), v. t. Piratear.
**FREEBOOTER** (fri'butâr), s. Flibusteiro; pirata.
**FREEBOOTING** (fri'butinn), s. Pirataria.

**FREEDOM** (fri'dâmm), s. Liberdade, independência; facilidade de ação; ousadia.
**FREE-HANDED** (fri-hén'did), adj. Com carta branca; com plenos poderes; generoso.
**FREEHOLD** (fri'hôuld), s. Terra alodial (livre de encargos ou direitos senhoriais).
**FREELY** (fri'li), adv. Livremente; espontaneamente; grátis.
**FREEMAN** (fri'maen), s. Homem livre; cidadão.
**FREEMASON** (fri'mêisn), s. Maçom; mação.
**FREEMASONRY** (fri'mêisnri), s. Maçonaria.
**FREER** (fri'âr), s. Libertador.
**FREETHINKER** (fri-thin'kâr), s. Livre-pensador.
**FREETHINKING** (fri-thinkinn), s. Livre-pensamento; adj. livre-pensador.
**FREE-WILL** (fri'uil), s. Livre-arbítrio; adj. voluntário; espontâneo.
**FREEZE** (friz), v. t. e i. Gelar; congelar.
**FREEZER** (fri'zâr), s. Congelador; geladeira.
**FREEZING** (fri'zinn), s. Congelação; adj. glacial.
**FREIGHT** (frêit), s. Carga, carregação; frete (de navio); v. t. carregar, fretar (navio).
**FREIGHTER** (frêi'târ), s. Carregador, fretador.
**FREIGHTING** (frêi'tinn), s. Fretamento; frete.
**FRENCH** (frén"tsh), adj. e s. Francês.
**FRENCHFY** (frén'tshfái), v. t. Afrancesar.
**FRENCHMAN** (frén'tshmaen), s. Francês.
**FRENCHY** (frén'tchi), adj. (pop.) Afrancesado; à francesa.
**FRENCHWOMAN** (frén'tsh-uu'maen), s. Francesa.
**FRENETIC** (fré'nétik), adj. Frenético.
**FRENZIED** (frén'zid), adj. Frenético; nervoso; colérico.
**FRENZY** (frén'zi), v. t. Delirar; tornar-se furioso; s. frenesi; grande entusiasmo.
**FREQUENCE** (fri'juénss), s. Freqüência; aceleração.
**FREQUENT** (fri'kuént), adj. Freqüente.
**FREQUENTATION** (frikuéntêi'shânn), s. Frequentação.
**FREQUENTATIVE** (frikuén'tâtiv), adj. Frequentativo.
**FREQUENTER** (frikuén'târ), s. Frequentador.
**FREQUENTNESS** (fri'kuéntnéss), s. Freqüência.
**FRESCO** (frés'kôu), s. Afresco (pintura).
**FRESH** (frésh), adj. Fresco; jovem; revigorante; novo; recém-chegado; verdejante;

folgado; largo (traje, roupa); puro (ar); doce (água); vivo; alegre; inexperiente; atrevido; petulante; garboso; s. cheia; inundação; nascente, ou corrente de água fresca.
**FRESHEN** (frésh'n), v. t. e i. Refrescar; refrescar-se; avivar; avivar-se.
**FRESHET** (fré'shit), s. Cheia; inundação; corrente de água doce.
**FRESHMAN** (frésh'maen), s. Principiante; novato; primeiranista de colégio.
**FRESHNESS** (frésh'néss), s. Frescura; viço; formosura; novidade.
**FRET** (frét), v. t. e i. Esfregar; gastar; esfolar; lascar; irritar; agitar; destruir-se; fermentar; queixar-se; comover-se; mastigar o freio; cinzelar, ornamentar com trabalhos em relevo; s. fricção; desgaste; irritação; esfoladura; incômodo; relevo.
**FRETFUL** (frét'ful), adj. Impertinente; aborrecido; incômodo; irritável; zangado.
**FRETFULNESS** (frét'fulnéss), s. Rabugice; impertinência; mau humor.
**FRETTED** (fré'tid), adj. Ornado de gregas.
**FRETTING** (fré'tinn), s. Agitação; irritação; incômodo; adj. molesto; penoso.
**FRETWORK** (frét'uárk), s. (Arquit.) Grega, ornato de arquitrave.
**FRIABILITY** (fráiàbi'liti), s. Friabilidade; qualidade do que é quebradiço.
**FRIABLE** (frái'ábl), adj. Friável; frágil.
**FRIAR** (frái'ár), s. Frade, frei.
**FRIARY** (frái'ár), s. Mosteiro, convento de frades; adj. monástico.
**FRIBBLE** (frib'l), v. t. e i. Divertir(-se); brincar; vacilar; adj. vão; frívolo; de pouca importância; s. ninharia; fútil; brincalhão.
**FRIBBLER** (tri'blár), s. Escarnecedor.
**FRICANDEAU** (frikândô'u), s. Fricandó.
**FRICASSEE** (trikássi'), s. Fricassê, v. t. guisar; fazer guisado.
**FRICATIVE** (fri'kátiv), adj. Fricativo; s. (Gram.) consoante fricativa.
**FRICTION** (frik'shánn), s. Fricção, atrito; conflito de opiniões; ausência de harmonia.
**FRIDAY** (frái'dêi), s. Sexta-feira.
**FRIEND** (frénd), s. Amigo, amiga; companheiro; correligionário; partidário; associado; protetor; pl. parentes, família; v. t. tratar como amigo; favorecer; proteger.
**FRIENDLESS** (frénd'léss), adj. Abandonado; desamparado, sem amigos.
**FRIENDLESSNESS** (frénd'lésnéss), s. Desamparo.

**FRIENDLINESS** (frénd'linéss), s. Amizade; benevolência.
**FRIENDLY** (frénd'li), adj. Amigável; favorável; propício; adv. amistosamente.
**FRIENDSHIP** (frénd'ship), s. Amizade.
**FRIEZE** (friz), v. t. Frisar (o pano); ondear; s. friso; frisa.
**FRIGATE** (fri'ghit), s. (Náut.) Fragata.
**FRIGHT** (fráit), s. Espanto, temor, susto; espantalho; v. t. (Poét.) assustar; atemorizar.
**FRIGHTEN** (fráit'n), v. t. Assustar; alarmar.
**FRIGHTFUL** (fráit'ful), adj. Espantoso; terrível.
**FRIGHTFULNESS** (fráit'fulnéss), s. Horror, temor, espanto, susto, medo.
**FRIGID** (fri'djid), adj. Frio, glacial; formal e proibitivo.
**FRIGIDITY** (tridji'diti), s. Frigidez; frieza; indiferença; formalidade.
**FRIGORIFIC** (frigori'fik) ou **FRIGORIFICAL** (frigori'fikál), adj. Frigorífico.
**FRILL** (fril), s. Faixa ornamental; franja; fímbria; borla; orla; v. t. e i. guarnecer de babados ou franjas; afofar.
**FRINGE** (frindj), v. t. Franjar; debruar; s. franja; orla; guarnição; debrum.
**FRIPPER** (fri'pár), s. Algibebe, adelo.
**FRIPPERY** (fri'pári), adj. Desprezível, sem valor; s. roupa velha, traste; loja de adelo; fingimento, afetação.
**FRISK** (frisk), s. Pulo, salto, cabriola; v. i. saltar, pular, brincar.
**FRISKER** (fris'kár), s. Brincalhão; folgazão; homem inconstante.
**FRISKET** (fris'két), s. (Tip.) Frasqueta.
**FRISKINESS** (frisk'néss), s. Alegria; galhofa.
**FRISKY** (fris'ki), adj. Alegre, folgazão; travesso; fogoso (cavalo).
**FRIT** (frit), v. t. Decompor e fundir em parte; s. frita (mistura de areia e soda, com que se faz o vidro).
**FRITTER** (fri'tár), v. t. Picar, espicaçar; s. posta de carne frita; bolinho de frigideira; retalho; fragmento.
**FRIVOL** (fri'vál), v. t. e i. Proceder frivolamente; desperdiçar.
**FRIVOLITY** (trivó'liti), s. Frivolidade.
**FRIVOLOUS** (fri'voláss), adj. Frívolo; trivial.
**FRIVOLOUSNESS** (fri'volásnéss), s. Frivolidade; futilidade.
**FRIZZ** (frizz) ou **FRIZZLE** (friz'l), v. t. Frisar, encrespar; s. anel de cabelos frisados.
**FRO** (frôu), adv. Atrás; para trás; de; para diante e para trás.

**FROCK** (frók), s. Vestido solto; hábito de religioso; avental (de médico, enfermeiro, etc.); v. t. e i. vestir hábito de religioso; ordenar-se; professor.

**FROG** (frág), s. Rã; ranilha; chave de desvio, nas estradas de ferro.

**FROGGY** (fró'ghi), s. Gia, rã pequena; adj. abundante em rãs; de rã.

**FROLIC** (fró'lik), v. i. Folgar, brincar; divertir-se; doidejar; adj. alegre, brincalhão; s. brincadeira, divertimento.

**FROLICSOMENESS** (fró'liksâmnéss), s. Brincadeira; travessura.

**FROM** (frómm), prep. De (indica origem, procedência); desde; a partir de; por causa de; conforme. *From among:* dentre.

**FROND** (fránd), s. Fronde, copagem, folhagem.

**FRONT** (frânt), s. Frente; frontispício; dianteira; fronte; face; atrevimento; ousadia; peitilho de camisa; franja de cabelo postiço; (Arquit.) fachada, frontaria; (Mil.) vanguarda, adj. fronteiro; dianteiro; v. t. fazer frente, encarar; v. i. estar em frente.

**FRONTAGE** (frân'tidj), s. Fachada; frente; dianteira; vitrina de loja.

**FRONTAL** (frân'tâl), adj. Frontal; dianteiro; anterior; s. frontal; frontão.

**FRONTIER** (frôn'tir), adj. Fronteiro; limítrofe; s. fronteira.

**FRONTISPICE** (frôn'tispiss), s. Frontispício (também em Arquitetura).

**FRONTLESS** (frânt'léss), adj. Sem fronte; descarado; atrevido.

**FRONTLET** (frânt'lét), s. Frontal; testeira.

**FROST** (fróst), s. Geada; frio intenso; (fig.) gelo, frieza; v. t. e i. gear; congelar.

**FROSTED** (frós'tid), adj. Coberto de gelo; crestado pela geada.

**FROSTINESS** (frós'tinéss), s. Frio excessivo.

**FROSTWORK** (fróst'uârk), s. Desenho de cristais de geada ou ornamentação que imite esse desenho.

**FROSTY** (frós'ti), adj. Congelado, gelado; enregelado; indiferente.

**FROTH** (fróth), s. Espuma, escuma; frivolidade; v. i. espumar; cobrir de espuma.

**FROTHINESS** (fró'thinéss), s. Espumosidade; estado espumoso; frivolidade.

**FROTHY** (fró'thi), adj. Espumoso; fútil.

**FROWARD** (fró'uârd), adj. Desobediente; intratável; obstinado; perverso; insolente.

**FROWN** (fráunn), v. t. e i. Franzir as sobrancelhas; carranquear; resmungar; s. franzimento das sobrancelhas; mau humor.

**FROWNING** (fráu'ninn), adj. Carrancudo; zangado; s. olhar carrancudo.

**FROWZINESS** (fráu'zinéss), s. Fedor; mau cheiro; desalinho, desordem.

**FROWZY** (fráu'zi), adj. Fétido, sujo, rançoso; desalinhado; rancoroso.

**FROZEN** (frôuz'n), part. pass. de *freeze;* adj. Gelado; congelado.

**FRUCTIFEROUS** (frâkti'fâráss), adj. Frutífero.

**FRUCTIFICATION** (frâktifikêi'shânn), s. Frutificação.

**FRUCTIFY** (frâk'tifái), v. t. Frutificar; fertilizar; fecundar; v. i. frutificar.

**FRUCTUOUS** (frâk'tshuâss), adj. Frutífero; fértil.

**FRUGAL** (fru'gâl), adj. Frugal; comedido.

**FRUGALITY** (frughé'liti), s. Frugalidade; sobriedade.

**FRUGIVOROUS** (frudji'vâráss), adj. Frugívoro.

**FRUIT** (frut), s. Fruto, fruta; conseqüência; resultado; utilidade; v. t. frutificar.

**FRUITAGE** (fru'tidj), s. Frutas em geral; resultado; efeito.

**FRUITER** (fru'târ), s. Fruteira; árvore frutífera; (Náut.) navio de transporte de frutas.

**FRUITERER** (fru'târâr), s. Negociante de frutas.

**FRUITFUL** (frut'ful), adj. Frutífero; fértil; fecundo; proveitoso.

**FRUITFULNESS** (frut'fulnéss), s. Fecundidade; fertilidade.

**FRUITLESS** (frut'léss), adj. Infrutífero; estéril; baldado, inútil.

**FRUITY** (fru'ti), adj. Semelhante a fruta (na cor, no gosto, etc.).

**FRUMENTY** (fru'ment), s. Manjar de trigo com leite.

**FRUMP** (frâmp), s. Velha rabugenta; escárnio; mofa.

**FRUMPISH** (frâm'pish), adj. Rabugento; desleixado; desalinhado; antiquado.

**FRUSTRATE** (frâs'trêit), v. t. Frustrar; malograr; iludir; inutilizar; anular judicialmente.

**FRUSTRATION** (frâstrêi'shânn), s. Inutilidade; desapontamento; frustração; malogro; derrota.

**FRUSTUM** (frâs'tâmm), s. Pedaço; fragmento; (Mat.) tronco de cone.

**FRUTESCENT** (fruté'sent), adj. (Bot.) Frutescente.

**FRY** (frái), v. t. e i. Fritar; frigir; fermentar; fundir; s. fritada; fritura; bando de crianças; porção de coisas pequenas.

**FUDDLE** (fâd'l), v. t. e i. Embriagar; embriagar-se; s. embriaguez.

**FUDDLER** (fâd'lâr), s. Ébrio.

**FUDGE** (fâdj), s. Loquacidade; palavrório; asneira; embuste; interj. tolice!; ora essa!; v. t. urdir; inventar histórias (Inglaterra).

**FUEL** (fiu'él), s. Combustível, lenha; aquecimento; alimento; v. t. alimentar (o fogo); alimentar; excitar.

**FUGACIOUS** (fiughêi'shâss), adj. Fugaz; efêmero; instável; caduco; volátil.

**FUGACIOUSNESS** (fiughêi'shâsnéss), s. Fugacidade; incerteza; volatilidade.

**FUGITIVE** (fiu'djitiv), adj. Fugitivo; fugaz; s. foragido; apóstata; desertor.

**FUGITIVENESS** (fiu'djitivnéss), s. Fugacidade; volubilidade; instabilidade.

**FUGLEMAN** (fiu'glmaen), s. Chefe de fila; instrutor (nos exercícios militares).

**FUGUE** (fiug), s. (Mús.) Fuga.

**FULCRUM** (fâl'krâmm), s. Fulcro.

**FULFIL** (fulfi'l), v. t. Cumprir; preencher; executar; efetuar; acumular.

**FULFILLER** (fulfi'lâr), s. Cumpridor; realizador.

**FUFILMENT** (fulfil'ment), s. Cumprimento.

**FULGENCY** (fâl'djensi), s. Fulgor; esplendor.

**FULGENT** (fâl'djent), adj. Fulgente; brilhante.

**FULGID** (fâl'gid), adj. Fúlgido; cintilante.

**FULGOR, FULGOUR** (fâl'gâr), s. Fulgor; brilho; esplendor.

**FULGURATE** (fâl'ghiurêit), v. i. Fulgurar; luzir; relampejar.

**FULGURATION** (fâlghiurêi'shânn), s. Fulguração; relâmpago.

**FULIGINOUS** (fiuli'djinâss), ad. Fuliginoso.

**FULL** (fl), v. t. e i. Engrossar; avolumar(-se); adj. cheio, pleno; abundante; farto; amplo; completo; perfeito; rico; saciado; sem mistura; grávida; maciço; sonoro; s. o mais alto (estado, ponto ou grau); medida completa; lua cheia; adv. inteiramente.

**FULLAGE** (fu'lidj), s. Pisoagem, pisoamento; preço da pisoagem.

**FULLER** (fu'lâr), v. t. Sulcar, chanfrar; entalhar; s. pisoador, pisoeiro.

**FULL-GROWN** (fâl'grôun), adj. Adulto, crescido.

**FULLING** (fu'linn), s. Pisoamento.

**FULLY** (fu'li), adv. Inteiramente; plenamente.

**FULMAR** (fâl'mâr), s. Gaivota dos pólos.

**FULMINANT** (ful'minânt), adj. e s. Fulminante.

**FULMINATE** (fâl'minêit), v. t. Fulminar; excomungar; v. i. explodir; fulgurar.

**FULMINATION** (fâlminêi'shânn), s. Fulminação; detonação; excomunhão; anátema.

**FULMINATORY** (fâl'minâtôuri), adj. Fulminatório.

**FULNESS, FULLNESS** (ful'néss), s. Plenitude; abundância; perfeição; amplidão.

**FULSOME** (fâl'sâmm), adj. Nojento, repugnante; impudico; desonesto; grosseiro; ofensivo; servil; baixo.

**FULSOMENES** (fâl'sâmnéss), s. Asquerosidade; infâmia; grosseria; servilismo.

**FULVOUS** (fâl'vâss) ou **FULVID** (fâl'vid), adj. Fulvo; tostado; tirante a ruivo.

**FUMBLE** (fâmb'l), v. t. i. Tatear, apalpar; esquadrinhar; titubear; balbuciar.

**FUMBLER** (fâm'blâr), s. Pessoa desastrada, desajeitada ou desmazelada.

**FUME** (fiumm), s. Fumo, vapor; emanação; excitação; cólera; vaidade; v. t. e i. defumar; incensar; perfumar; encher de gás; expor ao vapor; encolerizar-se.

**FUMED** (fiu'md), adj. Defumado; incensado.

**FUMIGATE** (fiu'mighêit), v. t. Defumar; fumigar; incensar; perfumar.

**FUMIGATION** (fiumighêi'shânn), s. Fumigação; desinfecção; defumação.

**FUMIGATORY** (fiu'mighêitôuri), adj. Fumigatório.

**FUN** (fânn), s. Divertimento, brincadeira, chiste, trote; v. i. brincar, gracejar.

**FUNAMBULIST** (fiuném'biulist), s. Funâmbulo.

**FUNCTION** (fânk'shânn), s. Função; faculdade; ofício; dever; entretenimento; cerimônia religiosa; v. i. funcionar; trabalhar.

**FUNCTIONAL** (fânk'shânâl), adj. Funcional.

**FUNCTIONALISM** (fânk'shânâllism), s. Funcionalismo.

**FUNCTIONARY** (fânk'shânéri), s. Funcionário.

**FUND** (fând), v. t. Converter em fundos públicos; capitalizar; consolidar; s. capital; reserva monetária; pl. fundos públicos.

**FUNDAMENT** (fân'dâment), s. Fundamento; assento; nádegas.

**FUNDAMENTAL** (fândâmén'tâl), adj. Fundamental; essencial; básico.

**FUNDAMENTALLY** (fândâmén'tâli), adv. Fundamentalmente; essencialmente.

**FUNDING** (fân'dinn), s. Consolidação de uma dívida flutuante.

**FUNERAL** (fiu'nârâ), s. Funeral.
**FUNERARY** (fiu'nâréri) ou **FUNEREAL** (fiuni'riâl), adj. Funéreo; lutuoso; lúgubre.
**FUNGOID** (fân'góid), adj. Fungiforme.
**FUNGOSITY** (fângó'siti), s. Fungosidade; (Med.) excrescência fungosa.
**FUNGOUS** (fân'gâss), adj. Fungoso; esponjoso.
**FUNGUS** (fân'gâss), s. (Bot.) Fungo.
**FUNICLE** (fiu'nikl), s. (Biol.) Funículo, cordão umbilical.
**FUNK** (fânk), s. Mau cheiro; fumaça; medo; peso; estorvo; pontapé, coice; v. t. e i. (fam. e pop.) infetar com mau cheiro ou fumaça; atemorizar; tremer de medo.
**FUNKINESS** (fân'kinéss), s. Timidez; medo.
**FUNKY** (fân'ki), adj. Tímido; infecto.
**FUNNEL** (fân'l), s. Funil; tubo afunilado; chaminé; túnel.
**FUNNIINESS** (fâ'ninéss), s. Graça; chiste; divertimento.
**FUNNY** (fâ'ni), adj. Engraçado; divertido; pândego; esquisito; bizarro; raro.
**FUR** (fâr), s. Pele; couro; pêlo; peliça; casaco de peles; sarro, crosta, sedimento; v. t. e i. forrar ou guarnecer de peles.
**FURBELOW** (fâr'bilóu), v. t. Enfeitar de babados ou folhos; s. folhos; pregas (saias).
**FURBISH** (fâr'bish), v. t. Lustrar; renovar.
**FURBISHER** (fâr'bishâr), s. Lustrador; brunidor; polidor.
**FURCATE** (fâr'kêit) ou **FURCATED** (fâr'kêitid), adj. Bifurcado.
**FURCATE** (fâr'kêit), v. t. Bifurcar; bipartir.
**FURCATION** (fârkêi'shânn), s. Bifurcação.
**FURIOUS** (fiu'riâss), adj. Furioso; colérico; violento; tempestuoso.
**FURIOUSNES** (fiu'riâsnéss), s. Fúria.
**FURL** (fârl), v. t. (Náut.) Ferrar as velas, colher o pano.
**FURLONG** (fâr'lônn), s. Medida linear inglesa (201,174 metros).
**FURLOUGH** (fâr'lôu), v. t. (Mil.) Licenciar; s. licença; baixa.
**FURNACE** (fâr'niss), s. Fornalha; forno; fornilho; crematório.
**FURNISH** (fâr'nish), v. t. Fornecer; mobiliar; guarnecer; prover; equipar.
**FURNISHED** (fâr'nisht), adj. Mobiliado.
**FURNISHER** (fâr'nishâr), s. Fornecedor; abastecedor; provedor; decorador.
**FURNITURE** (fâr'nitshur), s. Mobília; arreios; equipagem; adornos; utensílios.

**FURRIER** (fâ'riâr), s. Peleiro; vendedor de peles.
**FURROW** (fâ'rôu), s. Sulco, rego de arado; estria; vale; ruga; entalho, v. t. e i. sulcar; entalhar; arar; enrugar.
**FURROWY** (fâ'rôui), adj. Estriado; enrugado.
**FURRY** (fâ'ri), adj. De pele, semelhante a pele; coberto de peles.
**FURTHER** (fâr'dhâr), v. t. Adiantar, promover; facilitar; favorecer; adj. ou adv. (usado como compar. de *far*) ulterior; adicional; suplementar; mais adiante; em aditamento.
**FURTHERANCE** (fâr'dhârânss), s. Adiantamento (em dinheiro); auxílio, apoio; ajuda.
**FURTHERER** (fâr'dhârâr), s. Promotor; assistente; protetor.
**FURTHERMORE** (fâr'dhârmór), adv. Além disso; outrossim; demais.
**FURTHERMOST** (fâr'dhârmôust), adj. O mais afastado.
**FURTHEST** (fâr'dhést), adj. e adv. O mais distante; o mais remoto; extremo; a grande distância (no tempo ou espaço).
**FURTIVE** (fâr'tiv), adj. Furtivo; dissimulado; oculto; secreto; ilusório.
**FURTIVENESS** (fâr'tivnéss), s. Astúcia.
**FURUNCLE** (fiu'rânkl), s. (Med.) Furúnculo.
**FURY** (fiu'ri), s. Fúria; furor; paixão; frenesi.
**FURZE** (fârz), s. (Bot.) Tojo; junco marinho.
**FURZY** (fâr'zi), adj. Coberto de tojo.
**FUSCOUS** (fâs'kâss), adj. Fusco; sombrio.
**FUSE** (fiuz), v. t. e i. Fundir, derreter(-se); s. fusível; rastilho; estopim.
**FUSELAGE** (fiuz'lidj), s. Fuselagem; carga; carlinga de aeroplano.
**FUSIBILITY** (fiuzibi'liti), s. Fusibilidade.
**FUSIBLE** (fiu'zibl), adj. Fusível.
**FUSIL** (fiu'zil), s. Fuzil; espingarda ou mosquete de pederneira.
**FUSILIER** (fiuzili'r), s. Fuzileiro.
**FUSILLADE** (fiuzilêi'd), s. Fuzilaria, descarga de fuzis.
**FUSING** (fiu'zinn), adj. Fundente; de fusão.
**FUSION** (fiu'jânn), s. Fusão; reunião; liga.
**FUSIONIST** (fiu'jânist), s. Fusionista; partidário de fusão (polit., ind.); adj. de fusão.
**FUSS** (fâss), s. Estrondo; barulho; inquietação; v. t. e i. agitar; pôr embaraços a.
**FUSSINESS** (fâ'sinéss), s. Rebuliço; bulha; ares de importância; tom altivo.
**FUSSY** (fâ'si), adj. Estrondoso; bulhento; inquieto; afetado; cuprimenteiro.
**FUST** (fâst), s. Fuste; tronco; cumeeira.

**FUSTIAN** (fås'tshånn), adj. De fustão; bombástico; pomposo; s. fustão; estilo bombástico; algaravia pretensiosa.
**FUSTIC** (fås'tik), s. Fustete (madeira cuja tinta amarela, é usada em tinturaria).
**FUSTIGATE** (fås'tighêit), v. t. Fustigar; açoitar; chicotear.
**FUSTIGATION** (fåstighêi'shånn), s. Fustigação; chicoteamento.
**FUSTINESS** (fås'tinéss), s. Bolor.
**FUSTY** (fås'ti), adj. Bolorento; rançoso.
**FUTILE** (fiu'til), adj. Fútil; frívolo; inútil.
**FUTILITY** (fiuti'liti), s Futilidade.

**FUTTOCK** (få'tåk), s. (Náut.) Viga arqueada do arcabouço; gancho turco.
**FUTURE** (fiu'tshur), adj. e s. Futuro.
**FUTURITY** (fiutiu'riti), s. O futuro; o porvir; possibilidades futuras.
**FUZE** (fiuz), s. Espoleta.
**FUZZ** (fåz), v. t. e i. Cobrir de cotão ou penugem; levantar cotão; s. cotão; penugem; poeira muito fina.
**FUZZBALL** (fåz'ból), s. Fungão, gênero de cogumelos; que funga ou toma rapé.
**FYKE** (fáik), s. Tipo de rede de malhas para pescaria.

# G

**G** (dji), s. Sétima letra do alfabeto; (Mús.) sol.
**GAB** (ghéb), v. t. e i. Tagarelar; mentir; s. loquacidade; facúndia; garrulice.
**GABBARD** (ghé'bård), s. Gabarra (tipo de embarcação).
**GABBLE** (ghéb'l), v. t. e i. Tagarelar; palrar; s. tagarelice; aranzel; mexericos.
**GABBLER** (ghé'blår), s. Tagarela; palrador; (fam.) linguarudo.
**GABION** (ghêi'biånn), s. Gabião (espécie de cesto grande).
**GABLE** (ghêib'l), s. (Arquit.) Aresta; espigão.
**GABY** (ghêi'bi), s. Pateta; bobo; simplório.
**GAD** (ghéd), v. i. Vaguear; errar; perambular; s. cunha, ou outra ferramenta com ponta de aço; aguilhão; interj. caramba!
**GADGET** (ghé'djét), s. Aparelho; dispositivo; "slogan" para publicidade.
**GADWALL** (ghéd'uól), s. Pato de cor preta, das regiões setentrionais.
**GAFF** (ghéf), s. Gancho, arpão, fisga; v. t. e i. arpoar, fisgar, travar com o arpão.
**GAFFER** (ghé'får), s. Velho; velhote.
**GAG** (ghég), v. t. Amordaçar; por açaimo em; v. i. enjoar, ter náuseas; s. mordaça.
**GAGE** (ghêidj), v. t. Penhorar, empenhar; comprometer; s. penhor, cautela, garantia, fiança; desafio; afronta; manômetro; bitola.
**GAIETY** (ghêi'ti), s. Alegria, júbilo, jovialidade; formosura; garbo; esplendor.
**GAIN** (ghêinn), v. t. e i. Ganhar; lucrar; obter; conquistar; vencer; adiantar-se; chegar a; crescer; enriquecer; (Náut.) ganhar caminho (seguido de *by, on, upon*); s. lucro; vantagem; progresso; aquisição.
**GAINABLE** (ghêi'nåbl), adj. Acessível.
**GAINER** (ghêi'når), s. Ganhador; beneficiário.
**GAINFUL** (ghêin'ful), adj. Lucrativo; rendoso.
**GAINFULNESS** (ghêin'fulnéss), s. Ganho; lucro; vantagem.
**GAINLESS** (ghêin'léss), adj. Improfícuo; estéril; improdutivo.
**GAINLESSNESS** (ghêin'lésnéss), s. Inutilidade.
**GAINLY** (ghêin'li), adj. Belo, gracioso; hábil; destro; adv. destramente.
**GAINSAY** (ghêinsê'i), v. t. Contradizer; negar; desmentir; disputar.
**GAINSAYER** (ghêinsê'iår), s. Contraditor.
**GAYNSAYING** (ghêinsê'iinn), adj. Contraditório; s. contradição.
**GAIT** (ghêit), s. Andadura; passo; marcha; aspecto; porte; andadura (de cavalo); adestrar (cavalo); preparar; aprontar.
**GAITER** (ghêi'tår), s. Polaina; tipo de sapato sem cordões.
**GALA** (ghêlå), s. Gala, pompa, luxo.
**GALACTIC** (gålék'tik), adj. Galáctico.
**GALAXY** (ghé'låksi), s. Galáxia; Via-Láctea; (fig.) ensaio brilhante; pl. grupo brilhante (de literatos, de artistas, etc.).

**GALE** (ghêil), s. Rajada de vento; temporal; divertimento ruidoso.
**GALICIAN** (gâli'shiânn), adj. e s. Galego.
**GALILEAN** (ghélili'ânn), adj. e s. Galileu.
**GALL** (góll), s. Fel, bílis; ódio; amargura; malignidade; galha; escoriação; mancha; esterilidade do solo (Ingl.); v. t. e i. esfolar; coçar; picar; atormentar; irritar(-se).
**GALLANT** (ghélén't), adj. e s. Galante, garboso; namorador; v. t. e i. acompanhar (senhora); galantear; namorar; acariciar.
**GALLANTNESS** (ghélént'néss), s. Galanteio; amabilidade; bravura; nobreza.
**GALLANTRY** (ghé'lântri), s. Coragem; bravura; valor; generosidade; galanteria.
**GALLERY** (ghê'lâri), s. Galeria (de teatro); torrinha; tribuna; exposição (quadros).
**GALLEY** (ghê'li), s. (Náut.) Galé; cozinha de bordo; galera; galés, castigo, pena.
**GALLIC** (ghé'lik), adj. Gaulês, francês; (Quím.) gálico (ácido).
**GALLICISM** (ghé'lissizm), s. Galicismo.
**GALLICIZE** (ghé'lissáiz), v. t. Afrancesar.
**GALLINACEOUS** (ghélinêi'shâss), adj. Galináceo.
**GALLING** (gó'linn), s. Esfoladura, escoriação; adj. irritante; incômodo.
**GALLIPOT** (ghé'lipót), s. Boião ou pote de barro (de farmácia).
**GALLIVANT** (ghé'li'vént), v. i. Vagabundear.
**GALLON** (ghé'lânn), s. Galão (3,90 litros nos EUA e 4,54 litros na Inglaterra).
**GALLOON** (ghélu'nn), s. Galão; tira entrançada para debruar ou enfeitar; cadarço.
**GALLOP** (ghé'lâp), v. t. e i. Galopar; s. galope.
**GALLOPADE** (ghélopêi'd), s. Galopada; meio galope; espécie de dança.
**GALLOPER** (ghé'lopâr), s. Galopador.
**GALLOPING** (ghé'lopinn), s. Galopada.
**GALLOWAY** (ghé'lôuêi), s. Raça de cavalos pequenos de Galloway (Escócia).
**GALLOWS** (ghé'lôuz), s. Forca; patíbulo.
**GALOOT** (ghélu't), s. Indivíduo desastrado; recruta (EUA).
**GALOSH** (gálô'sh), s. Galocha.
**GALVANIC** (ghélvé'nik), adj. Galvânico.
**GALVANISM** (ghél'vânizm), s. Galvanismo.
**GALVANIZE** (ghél'vânáize), v. t. Galvanizar.
**GALVANOMETER** (ghélvánô'mitâr), s. Galvanômetro.
**GALVANOMETRY** (ghélvânô'mitri), s. Galvanometria.
**GALVANOSCOPE** (ghélvânô'skôup), s. Galvanoscópio.
**GAM** (ghém), s. Cardume (de baleias); visita (esp. entre tripulação de baleeiros no mar); (gír.) perna (esp. de mulher); v. i. reunir-se em cardumes (baleias); visitar-se.
**GAMBADE** (ghémbêi'd) ou **GAMBADO** (ghémbêi'dôu), s. Perneira; salto de cavalo.
**GAMBIT** (ghém'bit), s. Gambito (lance no xadrez).
**GAMBLE** (ghém'l), s. Jogo a dinheiro; v. t. e i. apostar em jogos de azar.
**GAMBLER** (ghém'blâr), s. Jogador.
**GAMBLING** (ghém'blinn), s. Jogo (de azar).
**GAMBOGE** (ghémbôu'dj), s. Guta ou goma-guta.
**GAMBOL** (ghém'bâl), v. i. Cabriolar; fazer travessuras; s. salto, pulo; travessura.
**GAME** (ghêimm), s. Jogo, partida; brinquedo, passatempo; trama, ardil; coragem; zombaria; intento; competição atlética; adj. de caça, próprio de caça; destemido; corajoso; aleijado; defeituoso; v. t. e i. apostar, ou perder no jogo; arriscar.
**GAMECOCK** (ghêim'kók), s. Galo de briga.
**GAMENESS** (ghêim'néss), s. Coragem.
**GAMETE** (ghé'mit), s. (Biol.) Gameta.
**GAMIN** (ghémin), s. Moleque.
**GAMINESS** (ghêi'minéss), s. Abundância de caça; gosto à caça.
**GAMING** (ghêi'minn), s. Prática do jogo; jogo em geral.
**GAMMA** (ghé'mâ), s. Gama (terceira letra do alfabeto grego).
**GAMMER** (ghé'mâr), s. (pop.) Velhota; comadre.
**GAMMON** (ghé'mânn), v. t. e i. Curar a carne, salgando-a ou defumando-a; dar gamão a; (fam.) fingir, dissimular; s. presunto curado; mistificação; engano; logro; gamão (vitória total nesse jogo).
**GAMMONING** (ghé'mâninn), s. Mentira; (Náut.) corda do gurupés.
**GAMP** (ghémp), s. Guarda-sol grande.
**GAMUT** (ghé'mât), s. (Mús.) Gama, escala de música.
**GAMY** (ghêi'mi), adj. Abundante de caça; gosto à caça; (fam.) ousado; brigão.
**GANDER** (ghén'dâr), s. Ganso.
**GANG** (ghénn), s. Bando, tropa, quadrilha; multidão; turma; grupo de operários; pelotão; destacamento; v. t. e i. reunir em bando, turma, grupo, etc.

**GANGER** (ghén'âr), s. Capataz; (Náut.) talinga.
**GANGLION** (ghén'gliân), s. (Anat.) Gânglio.
**GRANGREL, GRANGRELL** (ghén'grel), s. Homem boçal; vagabundo, vadio.
**GANGRENE** (ghén'grinn), v. t. e i. Gangrenar; gangrenar-se; s. gangrena.
**GANGSTER** (ghén'stâr), s. Bandido; bandoleiro; salteador.
**GANGUE** (ghénn), s. Ganga (dos minérios).
**GANGWAY** (ghén'uéi), s. (Náut.) Escada de bordo; prancha de desembarque.
**GANNET** (ghé'net), s. (Zool.) Ganso-patola.
**GANOID** (ghé'nóid), adj. Ganóide; s. ganóideo.
**GANTRY** (ghén'tri), s. Pórtico (do guindaste); cavalete; (estrada de ferro) ponte de sinalização; (Astronáutica) guindaste móvel usado para colocar a ogiva em um foguete.
**GAP** (ghép), v. t. Entalhar; abrir uma brecha em; s. brecha; fenda; buraco; abertura; passagem; lacuna; (Gram.) hiato.
**GAPE** (ghêip), v. i. Bocejar; ficar boquiaberto; apresentar rombo ou brecha; s. bocejo; abertura, fenda, brecha; expansão.
**GAPER** (ghêi'pâr), s. Bocejador; pateta.
**GAPING** (ghêi'pinn), s. Bocejo; adj. bocejante; anelante; boquiaberto.
**GARAGE** (ghé'ridj ou gârá'j), s. Garagem; v. t. pôr na garagem.
**GARANCINE** (ghé'rânsin), s. (Quím.) Garancina.
**GARB** (gárb), s. Garbo; forma ou estilo; traje, vestes característicos; aparência; aspecto; v. t. vestir; enroupar.
**GARBAGE** (gár'bidj), s. Refugo; lixo; sobras.
**GARBLE** (gárb'l), v. t. Escolher, separar, peneirar; alterar; truncar; perverter; s. impureza; refugo.
**GARBOIL** (gár'bôil), s. Confusão; tumulto.
**GARDEN** (gárd'n), s. Jardim; pomar; terreno cultivado; quintal; v. t. e i. cultivar jardins; ajardinar.
**GARDENER** (gárd'nâr), s. Jardineiro; hortelão.
**GARDNING** (gárd'ninn), s. Jardinagem; horticultura.
**GARDENIA** (gárdi'niá), s. (Bot.) Gardênia.
**GARFISH** (gár'fish), s. Enguia-do-mar.
**GARGANEY** (gár'gâni), s. Cerceta (ave).
**GARGARISM** (gár'gârizm), s. Gargarejo.
**GARGLE** (gárg'l), v. t. Gargarejar.
**GARGLING** (gár'glinn), s. Gargarejo.
**GARGOYLE** (gár'góli), s. Gárgula; carranca de bica.
**GARIBALDI** (ghéribôl'di), s. Tipo de blusa ou camisola.
**GARISH** (ghé'rish), adj. Brilhante; vistoso; extravagante; clamoroso.
**GARISHNESS** (ghé'rishnéss), s. Falso brilho; ostentação, pompa.
**GARLAND** (gár'lând), v. t. Engrinaldar; s. grinalda, coroa, florão; antologia literária; (fig.) prêmio.
**GARLIC** (gár'lik), s. Alho.
**GARMENT** (gár'ment), s. Traje; vestuário.
**GARMENTED** (gár'mentid), adj. Vestido; trajado.
**GARNER** (gár'nâr), v. t. Amontoar; armazenar; pôr no celeiro; s. celeiro; paiol.
**GARNET** (gar'nt), s. Granada (pedra); cor de granada (grená); (Náut.) candelica.
**GARNISH** (gár'nish), v. t. Guarnecer, ornar, ataviar; fornecer; (Jur.) notificar; intimar; s. adorno; enfeite.
**GARNISHEE** (gárnishi'), s. (Jur.) A parte intimada.
**GARNISHMENT** (gár'nishment), s. Adorno; embelezamento; ornamento; guarnição; (Jur.) intimação.
**GARNITURE** (gár'nitshur), s. Guarnição; adorno; embelezamento
**GARRET** (ghé'rét), s. Sótão; água-furtada.
**GARRISON** (ghé'rissânn), v. t. (Mil.) Pôr guarnição em, fortificar; s. guarnição.
**GARROTE** (ghêrôu't), v. t. Garrotar; estrangular; s. garrrote; estrangulação.
**GARRULOUS** (ghé'rulâss), adj. Gárrulo; palrador; verboso; loquaz.
**GARRULOUSNESS** (ghé'rulâsnéss), s. Garrulice; loquacidade; tagarelice.
**GARTER** (gár'târ), v. t. Ligar; pôr ligas em.
**GARTH** (gárth), s. (Poét.) Pátio; jardim fechado.
**GAS** (ghéss), s. Gás; (fam.) tolice, fanfaronice; empáfia; gasolina; v. t. e i. expor à ação de um gás; (fam.) dizer tolices.
**GASBAG** (ghés'bég), s. Câmara ou compartimento de gás; (gír.) falador; tagarela.
**GASCONADE** (ghéskněi'd), s. Gasconada; gabolice; v. i. jactar-se; blasonar.
**GASELIER** (ghéssili'r), s. Candeeiro de gás.
**GASEOUS** (ghé'siâss), adj. Gasoso; aeriforme; imaterial.
**GASH** (ghésh), s. Cutilada; corte; cicatriz; v. t. acutilar; ferir; entalhar.

**GASIFICATION** (ghéssifikêi'shånn), s. Gaseificação.
**GASIFORM** (ghé'sifórm), adj. Gasoso.
**GASIFY** (ghé'sifái), v. t. Gaseificar.
**GASKET** (ghés'ket), s. Empanque; arruela de vedação.
**GASLIGHT** (ghés'lait), s. Luz, bico de gás.
**GASOLINE, GASOLENE** (ghé'solinn), s. Gasolina.
**GASOMETER** (gheso'mitår), s. Gasômetro.
**GASP** (ghésp), v. t. e i. Arfar, dizer com esfôrço; murmurar; ofegar; palpitar; s. arfada; palpitação; respiração ofegante.
**GASSINESS** (ghé'sinéss), s. Vaidade; verbosidade.
**GASSY** (ghé'si), adj. Impregnado de gás; vaidoso; enfatuado.
**GASTRIC** (ghés'trik), adj. Gástrico.
**GASTRITIS** (ghéstrái'tiss), s. (Med.) Gastrite.
**GASTRONOMIC** (ghéstró'nomik) ou **GASTRONOMICAL** (ghéstronó'mikål), adj. Gastronômico.
**GASTRONOMIST** (ghéstrô'nomist), s. Gastrônomo.
**GASTRCNOMY** (ghéstró'nomi), s. Gastronomia.
**GAT** (ghét), s. Canal estreito, entre bancos de areia; (pop.) revólver (EUA).
**GATE** (ghéit), s. Portão; entrada principal; comporta; desfiladeiro; passagem natural.
**GATEKEEPER** (gheit-ki'pår), s. Porteiro.
**GATEWAY** (gheit'uêi), s. Passagem; porta.
**GATHER** (ghé'dhår), v. t. e i. Apanhar, colher; reunir; juntar; congregar-se; preguear; perceber; compreender; contrair-se; supurar; s. franzido; prega; dobra.
**GATHERER** (ghé'dhårår), s. Coletor; apanhador; pregueador.
**GATHERING** (ghé'dhårinn), s. Ajuntamento; reunião; coleta; colheita; concentração; franzido; prega.
**GAUCHE** (gôush), s. Canhoto; grosseiro.
**GAUCHERIE** (gôusheri'), s. Grosseria; desazo; incapacidade.
**GAUD** (gód), s. Ouropel, lentejoula; enfeite; adorno; bugiganga; bibelô.
**GAUDINESS** (gó'dinéss), s. Fausto, pompa.
**GAUDY** (gó'di), adj. Pomposo; garrido.
**GAUGE** (ghêidj), s. Padrão, calibre, diâmetro, bitola; lotação; calado d'água; v. t. medir, aferir, calibrar; calar (um navio).
**GAUGER** (ghêi'djår), s. Aferidor; calibrador; arqueador.
**GAUGING** (ghêi'djinn), s. Arqueação; aferição; calibração.
**GAUNT** (gónt ou gánt), adj. Magro; descarnado; emaciado; esfoemado; mesquinho.
**GAUNTLET** (gón'tlét ou gán'tlét), s. Manopla; luva de ferro; luva que cobre até metade do antebraço.
**GAUNTNESS** (gónt'néss ou gánt'néss), s. Magreza; mesquinhez.
**GAUZE** (góz), s. Gaze.
**GAUZINESS** (gô'zinéss), s. Diafaneidade.
**GAUZY** (gó'zi), adj. Gázeo; fino; diáfano.
**GAVEL** (ghév'l), s. Martelo de leiloeiro, juiz; feixe de cereal; v. t. dividir por partilha.
**GAVELKIND** (ghévl'kåind), s. Partilha de terras entre os filhos varões.
**GAVOT** (ghé'vât), **GAVOTTA** (gâvó'tå) ou **GAVOTTE** (gâvó't), s. Gavota.
**GAWK** (gók), s. Basbaque, tolo; v. i. apalermar-se.
**GAWKY** (gó'ki), adj. Parvo, tolo; inábil; s. pessoa palerma.
**GAY** (ghéi), adj. Alegre, divertido; vistoso; folgazão; leviano; desajuizado.
**GAYNESS** (ghêi'néss), s. Alegria; pompa.
**GAYSOME** (ghêi'såmm), adj. Alegre.
**GAZE** (ghêiz), s. Olhar fixo; pasmo, admiração; v. i. olhar fixamente; admirar-se.
**GAZER** (ghêi'zår), s. Conservador; espectador.
**GAZING** (ghêi'zinn), s. Contemplação.
**GAZINGSTOCK** (ghêi'zirstók), s. Espetáculo.
**GEAN** (ghinn), s. Cerejeira brava.
**GEAR** (ghir), v. t. e i. Engrenar; engatar; ligar; montar; armar; s. engrenagem; atavio; adorno; vestuá·io; traje; utensílios.
**GEARED** (ghird), adj. Engatado; equipado.
**GEARING** (ghi'rinn), s. Engrenagem; transmissão de movimento; encaixe; correias; (Náut.) cordame, cabos.
**GEE** (dji), v. t. e i. Virar para a direta (o animal de tiro); s. (fam.) cavalo; interj. Oh! safa! puxa! (denota grande admiração).
**GEHENNA** (ghi-hé'nå), s. Geena, inferno; tortura.
**GELATIN, GELATINE** (djé'låtinn), s. Gelatina.
**GELATINATE** (djilé'tinêit) ou **GELATINIZE** (djilé'tináiz), v. t. e i. Converter, converter-se em gelatina.
**GELATINOUS** (djilé'tináss), adj. Gelatinoso.
**GELD** (ghéild), v. t. Castrar (cavalo, etc.); adj. castrado; mutilado; estéril.
**GELDER** (ghél'dår), s. Castrador.

**GELDING** (ghél'dinn), s. Castração; cavalo castrado.
**GELID** (djé'lid), adj. (Poét.) Gélido; glacial.
**GELIDNESS** (djé'lidnéss), s. Frio glacial.
**GEM** (djémm), s. Gema, jóia, pedra preciosa; v. t. adornar com gemas ou pedras preciosas; v. i. espigar; germinar; florescer.
**GEMINATE** (djé'minêit), v. t. Duplicar; repetir; dispor aos pares; adj. geminado.
**GEMINATION** (djéminêi'shann), s. Duplicação; gemiparidade.
**GEMINOUS** (djé'minâss), adj. Geinado, aos pares.
**GEMINI** (djé'minái), s. pl. (Astron.) Gêmeos (constelação).
**GEMMEOUS** (djém'miâss), adj. Diamantino.
**GEMMIFEROUS** (djémi'fâråss), adj. Gemífero.
**GEMMOLOGY** (djémô'lodji), s. Gemologia, ciência das pedras preciosas.
**GEMOT** (ghimôu't), s. Comício; assembléia pública.
**GENDARME** (djémdár'mm), s. Gendarme.
**GENDER** (djén'dâr), v. t. Gerar, dar origem a; s. (Gram.) gênero; sexo.
**GENEALOGIC** (djéniâlô'djik) ou **GENEALOGICAL** (djéniâlô'djikâl), adj. Genealógico.
**GENEALOGIST** (djénié'lodjist), s. Genealogista.
**GENEALOGY** (djénié'lodji), s. Genealogia.
**GENERAL** (djé'nârâl), adj. Geral, comum, usual; público; s. (Mil.) general.
**GENERALITY** (djénârê'liti), s. Generalidade.
**GENERALIZATION** (djénârêlizêi'shann), s. Generalização.
**GENERALIZE** (djé'nârâláiz), v. t. e i. Generalizar.
**GENERALSHIP** (djé'nârâlship), s. Generalato.
**GENERATE** (djé'nârêit), v. t. Gerar; causar.
**GENERATING** (djé'nârêitinn), adj. Gerador; geradora.
**GENERATION** (djénârêi'shann), s. Geração, criação, reprodução; descendência; posteridade; derivação.
**GENERATIVE** (djé'nârâtiv), adj. Generativo; gerador; produtivo.
**GENEROSITY** (djénârô'siti), s. Generosidade.
**GENEROUS** (djé'nâråss), adj. Generoso; nobre; abundante; estimulante (vinho, etc.).
**GENEROUSNESS** (djé'nârâsnéss), s. Generosidade; liberalidade; franqueza.
**GENESIS** (djé'nissis), s. Gênese; geração; origem; começo; criação.

**GENIAL** (dji'niâl), adj. Cordial, benévolo; estimulante, revigorante; nupcial.
**GENIALITY** (djinié'liiti), s. Cordialidade.
**GENITAL** (djé'nitâl), adj. Genital; s. pl. órgãos genitais.
**GENITIVE** (djé'nitiv), s. (Gram.) Genitivo.
**GENIUS** (dji'niâss), s. Gênio, talento; pl. gênio; divindade; espírito protetor.
**GENTEEL** (djénti'l), adj. Distinto, bem educado; elegante.
**GENTEELNESS** (djéntil'néss), s. Gentileza, cortesia; elegância.
**GENTIAN** (djén'shânn), s. (Bot.) Genciana.
**GENTILE** (djén'táil), adj. e s. Gentio, pagão.
**GENTILISM** (djén'tilizm), s. Gentilismo; gentilidade.
**GENTILITY** (djénti'liti), s. Delicadeza; urbanidade; nobreza.
**GENTLE** (djént'l), v. t. Enobrecer; (fam.) amansar; domesticar; adj. brando; dócil; pacífico; tranqüilo; submisso.
**GENTLEFOLK** (djéntl'fôuk), s. Nobreza; alta roda; sociedade elegante.
**GENTLEMAN** (djéntl'maen), s. Gentil-homem; cavalheiro; homem ilustre.
**GENTLEMANLY** (djéntl'maenli), adj. Fidalgo; cavalheiresco; cortês.
**GENTLENESS** (djéntl'néss), s. Docilidade; doçura; brandura; delicadeza.
**GENTRY** (djén'tri), s. Pequena fidalguia; família distinta; alta burguesia.
**GENUFLECT** (djéniuflék't), v. t. e i. Genuflectir; ajoelhar-se em adoração.
**GENUFLECTION** (djéniuflék'shann), s. Genuflexão.
**GENUINE** (djé'niuinn), adj. Genuíno; legítimo; verdadeiro.
**GENUINENESS** (djé'niuinnéss), s. Autenticidade; veracidade; sinceridade; pureza.
**GENUS** (dji'nâss), s. Gênero.
**GEOCENTRIC** (djióssén'trik) ou **GEOCENTRICAL** (djióssén'trikâl), adj. Geocêntrico.
**GEODESY** (djiô'dissi), s. Geodésia.
**GEOGRAPHIC** (djiogré'fik) ou **GEOGRAPHICAL** (djiogré'fikâl), adj. Geográfico.
**GEOGREPHY** (djiô'grâfi), s. Geografia.
**GEOLOGIC** (djiolô'dijik) ou **GEOLOGICAL** (djiolô'djikâl), adj. Geológico.
**GEOLOGIST** (djiô'lodjist), s. Geólogo.
**GEOLOGY** (djiô'lodji), s. Geologia.
**GEOMETER** (djiô'mitâr), s. Geômetra.
**GEOMETRIC** (djiômé'trik) ou **GEOMETRICAL** (djiómé'trikâl), adj. Geométrico.

**GEOMETRICIAN** (djiómitri'shánn), s. Geômetra.
**GEOMETRY** (djió'mitri), s. Geometria.
**GERANIUM** (djirêi'niámm), s. (Bot.) Gerânio.
**GERM** (djármm), s. Germe, embrião, semente; ovário; origem; adj. relativo a germe; germinativo.
**GERMAN** (djâr'maen), adj. e s. Alemão; a língua alemã; adj. germano, consangüíneo.
**GERMANIC** (djârmê'nik), adj. Germânico.
**GERMANISME** (djâr'mânizm), s. Germanismo.
**GERMANIZE** (djâr'mânáiz), v. t. e i. Germanizar, germanizar-se.
**GERMICIDE** (djâr'missáid), s. Germicida.
**GERMINABEL** (djâr'minâl), adj. Germinável.
**GERMINAL** (djâr'minâl), adj. Germinal.
**GERMINATE** (djâr'minêit), v. i. Germinar, brotar; começar; principiar a desenvolver.
**GERMINATION** (djârminêi'shánn), s. Germinação; desenvolvimento inicial de um germe.
**GERUND** (djé'rând), s. (Gram.) Gerúndio.
**GESTATE** (djés'têit), v. t. Gerar, conceber; adj. em vias de gestação.
**GESTATION** (djéstêi'shánn), s. Gestação, gravidez.
**GESTICULATE** (djésti'kiulêit), v. i. Gesticular.
**GESTICULATION** (djéstikiulêi'shánn), s. Gesticulação.
**GESTICULATOR** (djésti'kiulêitâr), s. Gesticulador.
**GESTURE** (djés'tshur), v. i. Gesticular; s. gesto; aceno; mímica.
**GET** (ghêt), v. t. e i. Obter, ganhar, adquirir; entrar na posse de; pegar; habituar-se; compreender; decorar; chegar; persuadir; vencer; produzir; trazer; comprar; recolher; amontoar. *To get back:* regressar; (fig.) atingir um objetivo. *To get up:* levantar-se; subir. *To get upon:* montar sobre.
**GET-AT-ABLE** (ghêt-ét-êibl), adj. Adquirível.
**GETTER** (ghé'târ), s. Adquirente; adquiridor.
**GETTING** (ghé'tinn), s. Aquisição; lucro.
**GET-UP** (ghé'tâp), s. Arranjo; vestuário; enfeite.
**GEWGAW** (djiu'gó), s. Quinquilharia; bugiganga; ninharia; bagatela.
**GEYSER** (gái'sâr), s. Gêiser, fonte quente; aquecedor de água.
**GHASTLINES** (ghés'tlinéss), s. Palidez; aspecto medonho, carranca.
**GHASTLY** (ghés'tli), adj. Pálido, lívido, cadavérico; horripilante; chocante.
**GHEE** (ghi), s. Espécie de óleo ou azeite.

**GHERKI, GERKIN** (gâr'kinn), s. Pepino pequeno para conservar ou picles.
**GHOST** (gôust), s. Alma penada, fantasma, visão; espírito desencarnado; escritor cujas obras saem em nome de outro; v. t. e i. escrever em nome de terceiros (obr. liter.).
**GHOSTLIKE** (gôust'láik), adj. Lúgubre.
**GHOSTLINESS** (gôus'tlinéss), s. Espiritualidade.
**GHOSTLY** (gôus'tli), adj. Espiritual; espectral.
**GHOUL** (gul), s. Vampiro.
**GIANT** (djái'ânt), adj. Gigantesco; colossal; s. gigante.
**GIANTLIKE** (djái'ântláik), adj. Gigantesco.
**GIB** (djib), s. Grampo; chaveta; suporte; gato macho (às vezes castrado); v. t. prender com grampo; impedir; contrariar; v. i. mostrar má vontade.
**GIBBER** (dji'bâr), v. i. Algaraviar; s. algaravia; fala incoerente.
**GIBBERISH** (ghi'bârish), adj. Incompreensível; enigmático.
**GIBBET** (dji'bet), v. t. Enforcar; levar à execração pública; s. forca, patíbulo.
**GIBBON** (ghi'bânn), s. Gibão.
**GIBBOSITY** (ghibô'siti), s. Gibosidade; corcova.
**GIBBOUS** (ghi'báss), adj. Corcunda; convexo.
**GIBBOUSNESS** (ghi'bâsnéss), s. Curvatura.
**GIBE** (djáib), v. t. e i. Escarnecer, zombar de; s. sarcasmo, escárnio.
**GIPER** (djái'bâr), s. Escarnecedor.
**GIBING** (djái'binn), s. Zombaria.
**GIDDINESS** (ghi'dinéss), s. Vertigem; atordoamento; loucura; veleidade.
**GIDDT** (ghi'di), adj. Tonto, aturdido; leviano; inconstante; vertiginoso.
**GIFT** (ghift), s. Presente, dádiva, oferenda; dom; inclinação; v. t. presentear; doar.
**GIFTED** (ghif'tid), adj. Dotado, prendado.
**GIFTEDNESS** (ghif'tidnéss), s. Inspiração.
**GIG** (ghig), s. Cabriolé, sege; escaler; fisga; fateixa; peça, travessura; v. t. fisgar; arpoar; v. i. viajar em cabriolé.
**GIGANTIC** (djáighên'tik), adj. Gigantesco; colossal; enorme; poderoso; potente.
**GIGGLE** (ghigl), v. i. Rir (procurando abafar o riso); zombar; s. riso nervoso ou falso.
**GIGGLER** (ghi'glâr), s. Trocista, zombador.
**GIGOT** (dji'gât), s. Perna de carneiro.
**GILD** (ghild), v. t. Dourar; lustrar; dar brilho.
**GILDER** (ghil'dâr), s. Dourador.

**GILDING** (ghil'dinn), s. Douração, ato de dourar; embelezamento.
**GILL** (ghil), s. Guelra ou brânquia de peixe; (fam.) papada; bochecha; medida para líquidos (1/8 de litro); moça namoradeira.
**GILLYFLOWER** (djil'lifláuår), s. Cravo-da-índia; planta dessa família ou da mostarda.
**GILT** (ghilt), adj. Dourado; s. douração; material para douração; (gír.) dinheiro.
**GIMBAL** (djim'bål), s. Pêndulo, fiel.
**GIMCRACK** (djim'krék), adj. Barato e vistoso; s. coisa vistosa sem valor; quinquilharia.
**GIMLET** (ghim'lét), s. Verruma; broca, trado; v. t. verrumar; voltar a âncora ao navio.
**GIN** (djinn), s. Gim, aguardente; laço, armadilha; guindaste; máquina para descaroçar algodão; (Náut.) cabrilha; v. t. apanhar em laço ou armadilha; limpar (algodão).
**GINGER** (djin'djår), s. Gengibre (cerveja).
**GINGERALE** (djin'djår-êil), s. Bebida não alcoólica, condimentada com gengibre.
**GINGERBEER** (djin'djårbir), s. Cerveja de gengibre.
**GINGERBREAD** (djin'djårbréd), s. Pão de especiarias; (fig.) qualquer adorno barato e de mau gosto; adj. vistoso; vulgar.
**GINGERLY** (djin'djårli), adv. Cautelosamente; adj. cauteloso, prudente.
**GINGERY** (djin'djåri), adj. Aromático; de sabor a gengibre.
**GINGHAM** (ghi'nåmm), s. Guingão, tecido fino de algodão.
**GINNING** (djin'ninn), s. Debulha, separação das sementes do algodão.
**GIP** (djip), v. t. Estripar (o peixe).
**GIPSY** (dji'psi), s. Cigano; mocinha matreira; v. t. viver como cigano.
**GIRAFFE** (djiré'f), s. Girafa.
**GIRANDOLE** (dji'råndôul), s. Girândola; candelabro; lustre.
**GIRASOL, GIRASOLE** (dji'råsôl ou dji'råsôul), s. Girassol (pedra preciosa).
**GIRD** (gård), v. t. Cingir, cervar, circundar; amarrar, enlaçar; prover; investir; v. i. zombar, escarnecer; s. troça; escárnio.
**GIRDER** (går'dår), s. Viga, trave, barrote; zombador; (Náut.) longarina.
**GIRDING** (går'dinn), s. Cinto, faixa, atadura.
**GIRDLE** (går'dl), v. t. Cingir; pôr cinta em; s. cinto, cinturão; circunferência; zona.
**GIRL** (gårl), s. Rapariga; moça; donzela; aluna; (fam.) arrumadeira; corista de teatro.
**GIRLHOOD** (gårl'hud), s. Adolescência (fem.).

**GIRLISH** (går'lish), adj. Juvenil, de moça.
**GIRLISHNESS** (går'lishnéss), s. Juventude (fem.); brincadeira de menina.
**GIRTH** (gårth), s. Cilha; circunferência; periferia; v. t. cilhar; cingir.
**GIST** (djist), s. Substância; sentido principal; ponto essencial de uma questão.
**GIVE** (ghiv), v. t. Dar, doar; ceder; conferir; oferecer; pronunciar; perfazer; apresentar (aos olhos ou ao espírito); s. elasticidade. *Give and take:* concessão mútua.
**GIVEN** (ghiv'n), adj. Dado, inclinado a.
**GIVER** (ghi'vår), s. Doador; contribuinte.
**GIVING** (ghi'vinn), s. Dom; doação.
**GIZZARD** (ghi'zård), s. Moela; segundo estômago (aves); primeiro estômago (insetos).
**GLABROUS** (glêi'bråss), adj. Glabro, calvo, liso; macio; aveludado.
**GLACIAL** (glei'shål), adj. Glacial, gelado; (fig.) calmo, lento.
**GLACIATION** (gleishiêi'shånn), s. Congelação.
**GLAD** (gléd), adj. Satisfeito; contente.
**GLADDEN** (gléd'n), v. t. e i. Alegrar, contentar; animar; encorajar; alegrar-se.
**GLADE** (glêid), s. Clareira; atalho.
**GLADLY** (glé'dli), adv. Prazenteiramente, de bom grado.
**GLADNESS** (gléd'néss), s. Alegria; satisfação; júbilo.
**GLADSOME** (gléd'såmm), adj. Alegre.
**GLADSOMENESS** (gléd'såmnéss), s. Alegria.
**GLADSTONE** (gléd'stånn), s. Carruagem de luxo, de quatro rodas.
**GLAIR** (glér), s. Clara de ovo; albumina; substância viscosa.
**GLAIREOUS** (glé'riåss) ou **GLAIRY** (glé'ri), adj. Viscoso; pegajoso; albuminóide.
**GLAMOR, GLAMOUR** (glé'mår), s. Feitiço; encanto; fascinação.
**GLAMOROUS, GLAMOUROUS** (glé'måråss), adj. Encantador; fascinante; feiticeiro.
**GLANCE** (glénss), s. Clarão, fulgor, vislumbre; olhar de relance; olhadela; v. t. e i. olhar de soslaio; cintilar; brilhar; censurar indiretamente. *To glance off:* desviar-se.
**GLAND** (glénd), s. Glande; glândula; bolota.
**GLANDERS** (glén'dårs), s. (Med.) Mormo.
**GLANDULAR** (glén'diulår) ou **GLANDULOUS** (glén'diulåss), adj. Glandular.
**GLARE** (glér), v. i. Brilhar, cintilar; deslumbrar; olhar com indignação; s. resplendor; olhar penetrante; aspecto carrancudo.

**GLARING** (glé'rinn), adj. Brilhante, ofuscante; evidente; sabido; notório; espantoso; de olhar penetrante.

**GLARINGNESS** (glé'rinnéss), s. Brilho, resplendor; notoriedade; evidência.

**GLASS** (glaess), s. Copo; vidro; vidraça; espelho; monóculo; telescópio; ampulheta; termômetro; pl. óculos; adj. de vidro; vítreo; v. t. refletir (num espelho); cobrir com vidro; vidrar; envidraçar.

**GLASSFUL** (glaes'ful), s. O conteúdo de um copo.

**GLASSHOUSE** (glaes'háuss), s. Fábrica de vidro, vidraria.

**GLASSINESS** (glae'sinéss), s. Aspecto vítreo.

**GLASSMAKER** (glaess-mêi'kâr), s. Vidraceiro, fabricante de vidro.

**GLASSY** (glae'si), adj. Transparente; cristalino.

**GLAUCOUS** (gló'kâss), adj. Glauco, de cor verde-azulada.

**GLAZE** (glêi'z), s. Vidrado, lustro, verniz; polimento; v. t. e i. suprir ou guarnecer de vidros; envidraçar; tornar-se vítreo.

**GLAZED** (glêiz'd), adj. Vidrado; envidraçado; lustroso.

**GLAZER** (glêi'zâr), s. Esmaltador; vidreiro.

**GLAZING** (glêi'zinn), s. Vidrado; verniz; lustro; vidraria.

**GLEAM** (glimm), v. i. Luzir; radiar; cintilar; s. jato de luz; lampejo; raio; fulgor.

**GLEAMING** (gli'minn), adj. Fulgurante.

**GLEAN** (glinn), v. t. e i. Respigar; ajuntar, apanhar aos poucos; s. respigadura.

**GLEANING** (gli'ninn), s. Respiga; rebusca.

**GLEE** (gli), s. Regozijo; alegria; cantiga.

**GLEEFUL** (gli'ful), adj. Alegre, jubiloso.

**GLEEFULNESS** (gli'fulnéss), s. Alegria.

**GLEEMAN** (gli'maen), s. Cantor ambulante; bardo; menestrel.

**GLEET** (glit), s. (Med.) Blenorragia.

**GLEN** (glénn), s. Vale estreito.

**GLIB** (glib), adj. Fluente, escorregadio; adocicado; suave; volúvel; loquaz; s. anel de cabelo caído sobre a testa.

**GLIBNESS** (glib'néss), s. Facúndia; volubilidade.

**GLIDE** (gláid), v. i. Escorregar; resvalar; mover-se; avançar; (Mús.) modular; s. escorregadela; deslize; modulação.

**GLIDING** (glái'dinn), s. Deslize; resvalo; descida lenta.

**GLIMMER** (gli'mâr), v. i. Tremular; alumiar debilmente; afrouxar; tremer; s. luz frouxa; aparência vaga.

**GLIMPSE** (glimpse), v. t. e i. Ver num relance; luzir por intervalos; s. clarão, fulgor, reflexo; olhadela; idéia fugitiva.

**GLINT** (glint), v. t. e i. Refletir; refletir-se; luzir; s. brilho; clarão.

**GLISSADE** (glissêi'd), s. Deslizamento; resvalo; floreado (dança); v. i. escorregar.

**GLISTEN** (glis'n), v. i. Refulgir; cintilar; luzir; s. brilho; cintilação.

**GLITTER** (gli'târ), v. i. Brilhar; reluzir; s. brilho; fulgor; cintilação.

**GLITTERING** (gli'târinn), adj. Brilhante.

**GLIZADE** (glizêi'd), s. Resvaladura.

**GLOAM** (glôumm), v. t. e i. Obscurecer (como num crepúsculo); s. entardecer.

**GLOAMING** (glôu'minn), s. Crepúsculo vespertino; o cair da tarde.

**GLOAT** (glôut), v. i. Regozijar-se com o mal alheio; regalar-se de; prelibar.

**GLOBATE** (glôu'bêit) ou **GLOBATED** (glôu'bêitid), adj. Globoso; esférico.

**GLOBE** (glôub), s. Globo, esfera; v. t. arredondar.

**GLOBOSITY** (glôubô'siti), s. Redondeza.

**GLOBULAR** (gló'biulâr), adj. Globular.

**GLOBULE** (gló'biul), s. Glóbulo.

**GLOOM** (glumm), v. t. e i. Escurecer; entristecer; s. abatimento; melancolia.

**GLOOMINESS** (glu'minéss), s. Obscuridade; escuridão; melancolia; tristeza.

**GLOOMY** (glu'mi), adj. Escuro; tenebroso; triste; melancólico.

**GLORIFICATION** (glôurifikêi'shânn), s. Glorificação.

**GLORIFY** (glôu'rifâl), v. t. Glorificar; adorar.

**GLORIOLE** (glôu'riôul), s. Auréola; glória.

**GLORIOUS** (glôu'riâss), adj. Glorioso; eminente; esplêndido; belo; admirável.

**GLORIOUSNESS** (glôu'riâsnéss), s. Glória; esplendor; exaltação.

**GLORY** (glôu'ri), v. i. Vangloriar-se; s. glória, fama; louvor; exaltação; paraíso; bem-aventurança.

**GLOSS** (glóss), v. t. Lustrar, polir; acetinar; envernizar; disfarçar; glosar; comentar; s. lustro; brilho, polimento; falsa aparência.

**GLOSSARY** (glôu'sâri), s. Glossário.

**GLOSSER** (glâr), s. Lustrador; glosador; comentarista.

**GLOSSINESS** (gló'sinéss), s. Polimento; brilho; lustro.

**GLOSSY** (glŏ'si), adj. Brilhante; lustroso.
**GLOTTIS** (glŏ'tiss), s. (Anat.) Glote.
**GLOTTOLOGY** (glotŏ'lodji), s. Glotologia.
**GLOVE** (glâv), v. t. Enluvar; s. luva.
**GLOVED** (glâv'd), adj. Enluvado.
**GLOVER** (glâ'vâr), s. Luveiro.
**GLOW** (glôu), v. i. Brilhar; arder; irradiar luz e calor (ou apenas luz ou calor); animar-se; exaltar-se; s. calor; ardor; fogo; animação; veemência.
**GLOWER** (glâu'âr), v. i. Olhar ferozmente; s. olhar indignado.
**GLOWING** (glôu'inn), adj. Ardente; chamejante; corado; indignado.
**GLOZE** (glôuz), v. t. e i. Servir-se de paliativos; glosar; explicar; usar de lisonja; bajular; s. lisonja; paliação.
**GLUCOSE** (glu'kôuss), s. Glicose.
**GLUE** (glu), v. t. e i. Colar, grudar; aderir; apegar-se; s. cola, grude, visco.
**GLUER** (glu'âr), s. Colador, grudador.
**GLUEY** (glu'i), adj. Pegajoso; glutinoso.
**GLUEYNESS** (glu'inéss), s. Viscosidade.
**GLUME** (glumm), s. (Bot.) Gluma; película.
**GLUT** (glât), v. t. e i. Encher, saciar; abarrotar; fartar-se; tragar; devorar; s. fartura; excesso; superabundância.
**GLUTEN** (glu'tenn), s. Glúten.
**GLUTINOUS** (glu'tinâss), adj. Glutinoso; viscoso; pegajoso.
**GLUTINOUSNESS** (glu'tinâsnéss), s. Viscosidade; aderência.
**GLUTITION** (gluti'shânn), s. Glutição.
**GLUTTON** (glât'n), s. Glutão; comilão.
**GLUTTONIZE** (glât'nâiz), v. i. Comer demais.
**GLUTTONOUS** (glât'nâss), adj. Glutão; voraz.
**GLUTTONY** (glât'ni), s. Glutonaria; gula.
**GLYCERIN, GLYCERINE** (gli'zârinn ou glissâri'nn), s. Glicerina.
**GNAR, GNARR** (nâr), v. i. Rosnar (o cão).
**GNASH** (násh), v. t. Ranger os dentes.
**GNASHING** (né'shinn), s. Ranger dos dentes.
**GNAT** (nét), s. Pernilongo; bagatela.
**GNAW** (nó), v. t. e i. Roer; corroer; desgastar; atormentar
**GNAWER** (nó'âr), s. Roedor.
**GNAWING** (nó'inn), s. Roedura; corrosão; dor aguda (no estômago).
**GNEISS** (náiss), s. (Geol.) Gnaisse.
**GNOME** (nôumm), s. Gnomo, duende; máxima; aforismo.
**GNOSTIC** (nós'tik), adj. e s. Gnóstico.
**GNOSTICISM** (nós'tissizm), s. Gnosticismo.

**GO** (gôu), v. i. Andar, partir, ir, dirigir-se a; mover-se; trabalhar; funcionar; expirar; desaparecer; morrer; prosseguir; passar pôr; interessar; decair; assentar; ficar bem; tolerar; sofrer; ser vendido ou cedido; ser guiado; ser regulado; apostar; ter influência; viajar; estar prestes a; ser libertado; condizer; combinar com. *To go back:* retroceder. *To go under:* falir, arruinar-se; s. (fam.) moda; animação; golpe de êxito; situação difcil; farsa; peça; vez; turno; pacto; tratado; oportunidade.
**GOAD** (gôud), s. Aguilhão, ferrão; v. t. aguilhoar; incitar, estimular.
**GOAL** (gôal), s. Meta, fim, limite; intento; fonte, origem; tento, gol (em futebol).
**GOAT** (gôut), s. Cabra, bode.
**GOATHERD** (gôut'hârd), s. Cabreiro.
**GOATISH** (gôu'tish), adj. Caprino; lascivo.
**GOBBET** (gô'bit), s. Bloco de pedra.
**GOBBLE** (gôb'l), v. t. Engolir, tragar; v. i. fazer barulho, gorgorejar.
**GOBBLER** (gô'blâr), s. Comilão; (fam.) peru.
**GO-BY** (gôu'bái), s. Desconsideração; evasiva.
**GOD** (gód), s. Deus.
**GODCHILD** (gód-tsháil'd), s. Afilhado.
**GODDAUGHTER** (gód-dó'târ), s. Afilhada.
**GODDESS** (gô'dess), s. Deusa.
**GODFATHER** (gód-fâ'dhâr), s. Padrinho.
**GODLESS** (gód'léss), s. Herege; ateu; ímpio.
**GODLESSNESS** (gód'léssnéss), s. Ateísmo.
**GODLIKE** (gód'láik), adj. Divino.
**GODMOTHER** (gód-mô'thâr), s. Madrinha.
**GODPARENT** (gód-pé'rent), s. Padrinho, madrinha.
**GODWIT** (gô'duit), s. Ave aquática pernalta.
**GOER** (gôu'âr), s. Andador, passeante.
**GOFFER** (gó'fâr), v. t. Frisar, encrespar; estampar em relevo; s. friso.
**GOGGLE** (góg'l), v. i. Arregalar os olhos; olhar de través; s. o arregalar ou revirar dos olhos; pl. antolhos; adj. arregalado, saltado (diz-se dos olhos).
**GOING** (gôuinn), s. Ida, saída, partida.
**GOITER, GOITRE** (gói'târ), s. Papo, papeira.
**GOLD** (gôuld), s. Ouro; dinheiro; riqueza; a cor do ouro; adj. áureo, de ouro.
**GOLDBEATING** (gôuld'bi'tinn), s. Laminação do ouro.
**GOLDEN** (gôuld'n), adj. Dourado; excelente.
**GOLDSMITH** (gôuld'smith), s. Ourives.
**GOLF** (gólf), s. Golfe.

**GOLFER** (gól'får), s. Jogador de golfe.
**GOLLIWOG** (gól'liuóg), s. Boneco vestido grotescamente.
**GOLOSH** (goló'sh), s. Galocha.
**GOMBEEN** (góm'binn), s. Usura.
**GONE** (gónn), adj. Partido; ido; apaixonado.
**GONFALON** (gón'fålónn), s. Gonfalão, pendão; estandarte.
**GONG** (gónn), s. Gongo.
**GOOD** (gud), adj. Bom, bons; boa, boas; excelente; benigno; útil, vantajoso; propício; obediente; sólido; estável; hábil; considerável; virtuoso; apropriado; genuíno; legítimo. *No good*: não presta; s. bem, vantagem; virtude; bondade; adv. bem.
**GOODINESS** (gu'dinéss), s. Ingenuidade.
**GOODLINESS** (gu'dlinéss), s. Graça; elegância; formosura.
**GOOD-LOOKING** (gud-lu'kinn), adj. Bonito; de boa aparência.
**GOODLY** (gu'dli), adj. Belo, formoso; atraente; amplo; considerável.
**GOODNESS** (gud'néss), s. Bondade, benevolência; virtude; fineza, graça; mercê.
**GOODS** (gudz), s. pl. Mercadorias; artigos; gêneros; bens; haveres.
**GOODY** (gu'di), adj. Bonacheirão; ingênuo; s. santarrão; mulher velha e pobre.
**GOODWIFE** (gud'uåif), s. Dona de casa; ama.
**GOOSE** (guss), s. Ganso; ferro de assentar costura; bobo; néscio.
**GOOSEBERRY** (gus'béri), s. Groselha.
**GOOSEY** (gu'si), s. Gansinho; (fam.) mocinha tola.
**GOPHER** (gôu'får), s. Roedor semelhante ao rato.
**GORDIAN** (gór'diånn), adj. Górdio.
**GORE** (gôur), s. Sangue coagulado; viés; peça triangular (de pano); lote de terreno; v. t. ferir com lança ou chifradas; apunhalar.
**GORGE** (górdj), s. Garganta, goela; comida, bocado; desfiladeiro; v. t. e i. engolir, tragar; encher-se; saciar-se.
**GORGEOUS** (gór'djåss), adj. Esplêndido; suntuoso; magnificente; gradioso.
**GORGEOUSNESS** (gór'djåsnéss), s. Brilho; esplendor; magnificência.
**GORILLA** (gori'lå), s. Gorila.
**GORILY** (gôu'rili), adj. De modo sangrento.
**GORING** (gôu'rinn), s. Chifrada; esporada; punhalada.
**GORMANDIZE** (gór'måndåiz), v. i. Comer sofregamente.
**GORMANDIZER** (gór'måndåizår), s. Comilão.
**GORSE** (górss), s. Urze, tojo, zimbro.
**GORY** (gôu'ri), adj. Sangrento, ensangüentado.
**GOSH** (gósh), interj. Safa! caramba!
**GOSLING** (gós'linn), s. Patinho; gansinho.
**GOSPEL** (gós'pel), s. Evangelho; adj. evangélico; v. t. pregar o Evangelho; doutrinar.
**GOSPER** (gós'pår), s. Evangelista.
**GOSSAMER** (gó'såmår), s. Fio tênue, teia de aranha; peça de tecido fino.
**GOSSIP** (gó'sip), v. t. e i. Tagarelar; palrar; conversar em família, prosear; s. conversa, prosa, bate-papo, tagarelice; mexerico.
**GOSSIPY** (gó'sipi), adj. Falador; murmurador; mexeriqueiro.
**GOTHIC** (gó'thik), adj. Gótico.
**GOUGE** (gáudj), v. t. Cortar, chanfrar com goiva, regatear; s. goiva; escopro.
**GOURD** (gôurd), s. Abóbora; cabaça; cuia de beber.
**GOUT** (gáut), s. (Med.) Gota; artritismo.
**GOUTINESS** (gáu'tinéss), s. Artritismo.
**GOUTY** (gáu'ti), adj. Gotoso, artrítico.
**GOVERN** (gå'vårnn), s. Governo; v. t. e i. governar, administrar; guiar; regular; controlar; (Gram.) reger.
**GOVERNABLE** (gå'vårnåbl), adj. Governável; obediente; dócil.
**GOVERNANCE** (gå'vårnånss), s. Governança; governo; direção; autoridade.
**GOVERNESS** (gå'vårnéss), s. Governanta, aia, instrutora.
**GOVERNING** (gå'vårninn), adj. Que governa, que rege ou dirige.
**GOVERNMENT** (gå'vårnment), s. Governo, administração; autoridade; domínio; Governo do Estado; (Gram.) regência.
**GOVERNMENTAL** (gåvårnmén'tål), adj. Governamental.
**GOVERNOR** (gå'vårnår), s. Governador; aio; pai; patrão; regulador de velocidade.
**GOVERNORSHIP** (gå'vårnårship), s. Governo, função administrativa.
**GOWN** (gáunn), v. t. e i. Vestir(-se); s. roupão; toga; beca de magistrado; batina.
**GOWNED** (gáun'd), adj. Togado; vestido.
**GRAB** (gréb), v. t. e i. Agarrar; arrebatar; apossar-se de; s. agarramento; sustentáculo; grampo; prendedor.
**GRABBER** (gré'bår), s. Arrebatador.
**GRABBLE** (gréb'l), v. t. Apalpar; v. i. prostrar-se.

**GRACE** (grêiss), s. Graça, garbo, elegância; favor, mercê; bênção, graça divina; bondade; clemência; cortesia; agradecimento; graças (antes e depois das refeições); v. t. agraciar, dignificar; embelezar; honrar; gratificar; favorecer.
**GRACEFUL** (grêis'ful), adj. Elegante.
**GRACEFULNESS** (grêis'fulnéss), s. Graça, elegância.
**GRACELESS** (grêis'léss), adj. Desengraçado, sem graça; perverso; amaldiçoado.
**GRACELESSNESS** (grêis'lésnés), s. Falta de graça, insipidez; depravação; estado de réprobo; perversidade.
**GRACIOUS** (grêi'shâss), adj. Bondoso; amável; cortês; dotado de graça divina.
**GRACIOUSNESS** (grêi'shâsnéss), s. Graça; bondade; gentileza; amabilidade.
**GRACKLE** (grék'l), s. Melro americano.
**GRADATE** (grá'dêit), v. t. e i. Graduar; adj. graduado.
**GRADATION** (grâdêi'shânn), s. Gradação; passo, grau ou classe de uma série.
**GRADATIONAL** (grâdêi'shânâl), adj. Ordenado, com graduação.
**GRADE** (grêid), s. Grau, graduação, classe, divisão; ordem; série ginasial; qualidade; rampa, declive; agrupamento; cruzamento; v. t. graduar; classificar; nivelar.
**GRADIENT** (grêi'dient), adj. Ambulante; s. declive, rampa; parafuso de graduação.
**GRADIN** (grêi'dinn), s. Banqueta do altar; degrauzinho; assentos de anfiteatro.
**GRADUAL** (grê'djuál), adj. Gradual.
**GRADUALNESS** (gré'djuálnéss), s. Graduação; regularidade.
**GRADUATE** (gré'djuêit), v. t. e i. Graduar; classificar; regular; conferir grau a; diplomar-se; s. graduado (grau universitário).
**GRADUATION** (grédjuêi'shânn), s. Graduação; gradação; colação de grau.
**GRADUATOR** (gré'djuêitâr), s. Graduador; regulador.
**GRADUS** (grêi'dâss), s. Dicionário de prosódia latina.
**GRAFT** (gréft), s. Garfo, tipo de enxertia; amálgama; aliança; v. t. e i. incorporar.
**GRAFTER** (gréf'târ), s. Enxertador; subornador.
**GRAFTING** (gréf'tinn), s. Enxerto; suborno.
**GRAIL** (grêil), s. Cálice, taça.
**GRAIN** (grêinn), v. t. e i. Granular; espargir grãos; s. grão; glóbulo; semente; pevide; fisga de pesca; veio da madeira; índole; qualidade inata.
**GRAINER** (grêi'nâr), s. Granulador; imitador dos veios da madeira; pescador; curtidor de peles.
**GRAM** (grémm), s. Grão-de-bico.
**GRAMINACEOUS** (gréminêi'shâss) ou **GRAMINEOUS** (grâmi'niáss), adj. Gramíneo.
**GRAMMAR** (grêm'mâr), s. Gramática.
**GRAMMARIAN** (grémêi'riânn), s. Gramático.
**GRAMMATIC** (grémé'tik) ou **GRAMMATICAL** (grémé'tikál), adj. Gramatical.
**GRAMMATICIZE** (grémé'tissâiz), v. t. Tornar gramatical; v. i. fazer-se de gramático.
**GRAMME** (grémm), s. Grama (peso).
**GRAMOPHONE** (gré'mofôunn), s. Gramofone; fonógrafo.
**GRAMPUS** (grém'pâss), s. Espécie de golfinho; grande cetáceo.
**GRANARY** (gré'nâri), s. Celeiro.
**GRAND** (grénd), adj. Grande, grandioso, sublime; imponente; magnificente; ilustre; digno; s. (gfr.) nota de mil dólares.
**GRANDCHILD** (grénd-tshál'd), s. Neto; neta.
**GRANDDAUGHTER** (grénd-dô'târ), s. Neta.
**GRANDEE** (grén'di), s. Grande, poderoso; pessoa da nobreza.
**GRANDEUR** (grén'djur), s. Grandeza, majestade, magnificência.
**GRANDFATHER** (grénd-fâ'dhâr), s. Avô.
**GRANDILOQUENCE** (gréndi'lokuénns), s. Grandiloquência, ênfase.
**GRANDILOQUENT** (gréndi'lokuént), adj. Grandiloquente.
**GRANDIOSITY** (gréndiô'siti), s. Grandiosidade.
**GRANDMOTHER** (grénd-mâ'dhâr), s. Avó.
**GRANDNEPHEW** (grénd-né'fiu), s. Sobrinho-neto; fem.: *grandnice*.
**GRANDNESS** (grén'dnéss), s. Grandeza.
**GRANPA** (grén'pá) ou **GRANDPAPA** (grén'pápá), s. Vovô.
**GRANDSON** (grén'dsânn), s. Neto.
**GRANGE** (gréndj), s. Granja, herdade.
**GRANGER** (grêin'djâr), s. Estancieiro; granjeiro (EUA).
**GRANITE** (gré'nit), s. Granito.
**GRANITIC** (gréni'tik), adj. Granítico.
**GRANNY, GRANNIE** (grén'ni), s. Avó, vovó; mulher idosa.
**GRANT** (grént), s. Concessão, outorga, donativo, subsídio, privilégio; v. t. conferir, dar; transferir uma propriedade.

**GRANTABLE** (grén'tábl), adj. Concedível, outorgável; admissível.
**GRANTEE** (grén'ti), s. Concessionário.
**GRANTER** (grén'târ), s. Concessor, doador.
**GRANTOR** (grén'târ), s. (Jur.) Concessor; autor de um legado; outorgante.
**GRANULAR** (grén'niulâr) ou **GRANULOUS** (gré'nilâss), adj. Granular, granuloso.
**GRANULATE** (gré'niulêit), v. t. e i. Granular.
**GRANULATION** (gréniulêi'shânn), s. Granulação.
**GRANULIZE** (gré'niuláiz), v. t. Granular.
**GRAPE** (grêip), s. Uva; parreira; vinha.
**GRAPERY** (grêi'pâri), s. Vinhedo.
**GRAPH** (gréf), s. (Mat.) Diagrama; gráfico.
**GRAPHIC** (gré'fik) ou **GRAPHICAL** (gré'fikâl), adj. Gráfico.
**GRAPHOLOGER** (gréfó'logâr), s. Grafólogo.
**GRAPHOLOGY** (gréfó'lodji), s. Grafologia.
**GRAPNEL** (grép'nél), s. (Náut.) Fateixa; âncora pequena.
**GRAPPEL** (grép'l), s. Luta renhida, corpo a corpo; v. t. e i. agarrar, pegar corpo a corpo; prender; versar, manejar (um assunto).
**GRASP** (grésp), v. t. Agarrar, segurar; arrebatar; apanhar (o sentido de); compreender; s. poder de compreensão.
**GRASPER** (grés'pâr), s. Agarrador; avaro; ambicioso; aquele que compreende.
**GRASPING** (grés'pinn), adj. Avaro, ávido.
**GRASS** (gréss), s. Erva, relva, grama, capim; verdura; pasto; pl. gramíneas em geral.
**GRASSHOPPER** (gréss'hôpâr), s. Gafanhoto; cigarra; alavanca de piano; taramela de moinho.
**GRATE** (grêit), v. t. e i. Raspar, esfregar; desgastar(-se); consumir-se; s. grade; grelha; fogão; cancela; adj. agradável.
**GRATEFUL** (grêit'ful), adj. Grato; agradecido; agradável.
**GRATEFULNESS** (grêit'fulnéss), s. Gratidão; reconhecimento; prazer, agrado.
**GRATIFICATION** (grétifikêi'shânn), s. Gratificação; prêmio; galardão; deleite; gozo.
**GRATIFY** (gré'tifái), v. t. Satisfazer; agradar; contentar; gratificar; recompensar.
**GRATIS** (grêi'tiss), adv. Grátis, gratuito.
**GRATITUDE** (gré'titiud), s. Reconhecimento; gratidão.
**GRATUITOUS** (grâtiu'tâss), adj. Gratuito, gracioso; voluntário; espontâneo.
**GRATUITOUSNESS** (grâtiu'itâsnéss), s. Desinteresse; espontaneidade.
**GRATUITY** (grâtiu'iti), s. Presente, dádiva; propina; gorjeta; gratificação.
**GRAVAMEN** (grâvêi'men), s. Gravame; ônus.
**GRAVE** (grêiv), v. t. Gravar, esculpir; sepultar, enterrar; adj. grave, sério, importante; sóbrio; sisudo; profundo; s. cova, sepultura; destruição; ruína; acento grave.
**GRAVEL** (gré'vel), v. t. Cobrir de areia ou de calcário; embaraçar; interromper; s. cascalho; pedregulho; saibro; (Med.) cálculos dos rins.
**GRAVENESS** (grêv'néss), s. Gravidade, seriedade.
**GRAVER** (grêi'vâr), s. Buril, cinzel; gravador; escultor.
**GRAVID** (gré'vid), adj. Grávido, prenhe; pesado; muito carregado.
**GRAVING** (grêi'vinn), s. Gravação; gravura; escultura.
**GRAVITATE** (gré'vitêit), v. t. Gravitar.
**GRAVITATION** (grévitêi'shânn), s. Gravitação; tendência; inclinação.
**GRAVITY** (gré'viti), s. Gravidade; atração; seriedade, sobriedade; ar solene.
**GRAVY** (grêi'vi), s. Caldo de carne, molho.
**GRAY** (grêi), adj. Cinzento; grisalho; encanecido; s. a cor cinzenta; animal dessa cor; v. i. fazer-se cinzento; encanecer.
**GRAYISH** (grêi'ish), adj. Acinzentado, pardacento.
**GRAYNESS** (grêi'néss), s. Cor cinza; insipidez; obscuridade.
**GRAZE** (grêiss), v. t. e i. Dar pasto a; pastar; apascentar; criar; produzir; roçar.
**GRAZIER** (grêi'ziâr), s. Negociante de gado.
**GREASE** (griss), s. Gordura, unto; graxa lubrificante; v. t. untar; engraxar; lubrificar.
**GREASER** (gri'sâr), s. Azeitadeira.
**GREASINESS** (gri'sinéss), s. Gordura; untura; banha.
**GREASY** (gri'si), adj. Gorduroso; oleoso.
**GREAT** (grêit), adj. Grande, ilustre, notável; numeroso; extenso; vasto; elevado; principal; momentoso; esplêndido; magnânimo; difícil; notório; remoto.
**GREATNESS** (grêit'néss), s. Grandeza, magnanimidade; poder; majestade.
**GRECIAN** (gri'shânn), adj. e s. Grego; grega.
**GREED** (grid), s. Voracidade; avareza.
**GREEDINESS** (gri'dinéss), s. Avidez; gula; ganância; sofreguidão.
**GREEDY** (gri'di), adj. Voraz, guloso; ambicioso; ganancioso; insaciável; egoísmo.

**GREEK** (grik), s. Grego; a língua grega; literato (ou sábio) grego; adj. grego; helênico.

**GREEN** (grinn), s. A cor verde; verdura; prado ou campina; relva; pl. legumes, hortaliças; adj. verde; fresco; noviço; inexperiente; v. t. e i. pintar de, ou tornar-se verde; cobrir; cobrir-se de verdura.

**GREENBACK** (grin'bék), s. Papel-moeda (nos EUA).

**GREENER** (gri'nâr), s. Novato; principiante.

**GREENERY** (gri'nâri), s. Horta; maciço de verduras, arvoredos, etc.

**GREENFLY** (grin'flái), s. Pulgão.

**GREENGAGE** (grin'ghéid), s. Ameixa européia, conhecida por "rainha Cláudia".

**GREENHOUSE** (grin'háuss), s. Estufa.

**GREENISH** (gri'nish), adj. Esverdeado.

**GREENNESS** (grin'néss), s. Verdura, frescura; novidade; falta de experiência.

**GREENROOM** (grin'rumm), s. Camarim dos atores.

**GREENSICKNESS** (grin'siknéss), s. (Med.) Clorose, anemia.

**GREENSWARD** (grin'suórd), s. Gramado.

**GREET** (grit), v. t. Saudar; cumprimentar.

**GREETING** (gri'tinn), s. Saudação; felicitação; cumprimento.

**GREGARIOUS** (grighêi'riâss), adj. Gregário.

**GREGARIOUSNESS** (grighêi'riâsnéss), s. Tendência para andar em bandos; espírito gregário.

**GREGORIAN** (gregóu'riânn), adj. Gregoriano.

**GRENADE** (grinêi'd), s. Granada.

**GRENADIER** (grenádi'r), s. Granadeiro.

**GREY** (grêi), adj. Cinzento.

**GRID** (grid), s. Grade de barras paralelas; grelha.

**GRIDDLE** (grid'l), s. Chapa de buraco de fogão; grelha para assar tortas.

**GRIDE** (gráid), v. t. e i. Moer, ranger, soar asperamente; s. fricção, rangido.

**GRIEF** (grif), s. Pesar, dor, aflição; desastre.

**GRIEVANCE** (gri'vânss), s. Agravo, ofensa, abuso; pesar; injustiça; sem-razão.

**GRIEVE** (griv), v. t. e i. Atormentar, agravar, afligir; lamentar-se; doer-se; chorar.

**GRIEVER** (gri'vâr), s. Ofensor; anojado; o que causa dor, o que aflige.

**GRIEVING** (gri'vinn), s. Aflição; angústia.

**GRIEVOUS** (gri'vass), adj. Grave, penoso, aflitivo, doloroso; cruel; severo; intenso.

**GRIEVOUSNESS** (gri'vâsnéss), s. Aflição, angústia; mágoa; atrocidade; crueldade.

**GRIG** (grig), s. Grilo; enguia pequena; adj. vivo; ladino; esperto.

**GRILL** (gril), s. Grelha; o que se assa na grelha; v. t. e i. assar na grelha; torturar.

**GRILLAGE** (gri'lidj), s. Estacaria.

**GRILLE** (gril), s. Grade ou tela de ferro para portão; grade de radiador (automóvel).

**GRILSE** (grils), s. Salmonete.

**GRIM** (grimm), adj. Feio, carrancudo, horrendo; disforme; inflexível; drástico.

**GRIMACE** (grimêi'ss), v. i. Caretear, fazer caretas; s. careta; momice; carranca.

**GRIME** (gráimm), v. t. Sujar; s. sujeira.

**GRIMINESS** (grái'minéss), s. Imundície; sujeira; porcaria.

**GRIMNESS** (grim'néss), s. Ar feroz; fealdade; horror; espanto; disformidade.

**GRIMY** (grái'mi), adj. Sujo; imundo; porco.

**GRIN** (grinn), v. t. e i. Arreganhar os dentes; sorrir, mostrando os dentes cerrados.

**GRIND** (gráind), s. Ato de moer ou afiar; trabalho pesado; estudo maçante; pilhéria; gracejador; v. t. e i. moer; refinar; esmerilhar; tocar (realejo); comprimir; friccionar; ranger os dentes; vedar; pulverizar-se.

**GRINDER** (gráin'dâr), s. Amolador, afiador; pulverizador; moleiro; mó; tocador de realejo; aluno muito aplicado.

**GRINDING** (gráin'dinn), s. Moagem; trituração; pulverização; aguçamento; polimento; trabalho árduo; labuța; adj. oprimente; esmagador; compressor; amolador.

**GRIP** (grip), s. Aperto de mão; beliscadura; presa; gripe; v. t. e i. agarrar firmemente; impressionar; comover; surripiar.

**GRIPE** (gráip), v. t. e i. Agarrar, segurar; afligir; oprimir; ter cólicas; s. ato de agarrar; pressão; sujeição; peia; garras; tormento; opressão; pl. cólicas; puxos.

**GRIPER** (gri'pâr), s. Pinça.

**GRIPING** (grái'pinn), adj. Miserável; sórdido; avarento; opressivo; s. cólica.

**GRIPPE** (grip), s. (Med.) Gripe.

**GRISKIN** (gris'kinn), s. Lombo de porco; carne de porco assada.

**GRISLINESS** (griz'linéss), s. Terror, pânico.

**GRISLY** (griz'li), adj. Terrível; espantoso.

**GRIST** (grist), s. Grão para moer; moedura; provisão; lucro; ganho; vantagem.

**GRISTLE** (gris'l), s. (fam.) Cartilagem; pl. tendões.

**GRISTLY** (gri'sli), adj. Cartilaginoso; (fig.) jovem, vigoroso.

**GRIT** (grit), v. t. e i. Range ; emitir um som áspero; s. areia; saibro; cascalho ou pedregulho; firmeza de caráter.

**GRITTINESS** (gri'tinéss), s. Estado saibroso ou arenoso; firmeza de caráter; coragem.

**GRITTY** (gri'ti), adj. Saibroso; areento; arenoso; corajoso (nos EUA).

**GRIZZLE** (griz'l), s. Matiz cinzento.

**GRIZZLED** (gri'zld), adj. Ruço ou cinzento; grisalho; encanecido.

**GRIZZLY** (griz'li), s. Urso pardo; adj. cinzento; grisalho.

**GROAN** (gróunn), v. t. e i. Gemer; lamentar; suspirar; rugir; s. gemido; grunhido.

**GROANING** (gróu'ninn), s. Gemido, lamentação.

**GROAT** (gróut), s. Antiga moeda inglesa.

**GROATS** (gróuts), s. Sêmola.

**GROCER** (gróu'sâr), s. Merceeiro; vendeiro.

**GROCERY** (gróu'sâri), s. Mercearia; empório; pl. mantimentos; gêneros alimentícios.

**GROG** (gróg), s. Grogue; bebida alcoólica.

**GROGGINESS** (gró'ghinéss), s. Embriaguez.

**GROGGY** (gró'ghi), adj. Ébrio, cambaleante.

**GROGRAM** (gró'grâmm), s. Gorgorão (tecido).

**GROIN** (gróinn), s. (Arquit.) Ala; asa; aresta; (Anat.) virilha; v. t. construir (abóbodas) com nervuras ou arestas.

**GROOM** (grumm), s. Palafreneiro, moço de estrebaria; nubente; noivo; recém-casado; v. t. cuidar (de cavalos); (fig.) vestir.

**GROOMSMAN** (grummz'maen), s. Padrinho do noivo.

**GROOVE** (gruv), s. Encaixe, entalhe; cavidade; ranhura; estria; sulco; v. t. fazer ranhuras, sulcar, chanfrar, estriar.

**GROOVINESS** (gru'vinéss), s. Encaixe; ranhura; rotina.

**GROOVY** (gru'vi), adj. Que serve para encaixes; rotineiro.

**GROPE** (gróup), v. t. e i. Andar ou procurar às apalpadelas; (fig.) sondar.

**GROPER** (gróu'pâr), s. Tateador, o que anda às apalpadelas.

**GROSBEAK** (gróus'bik), s. Pardal de bico grosso.

**GROSS** (gróuss), adj. Grosso; volumoso; espesso; rude; grosseiro; crasso; monstruoso; ordinário; vulgar; repulsivo; vergonhoso; total, bruto; s. grosa; o grosso.

**GROSSLY** (gróus'li), adv. Grosseiramente.

**GROSSNESS** (gróus'néss), s. Grosseria; volume; gravidade; densidade; espessura.

**GROT** (grót), s. (Póet.) Gruta.

**GROTESQUE** (grotés'k), adj. Grotesco.

**GROUND** (gráund), s. Chão, piso, terra, terreno; fundamento, alicerce; território; campo (de esportes); motivo; bens de raiz; pl. sedimentos; detritos; fezes; v. t. e i. fundar; fixar; basear; fundamentar; dar em seco, encalhar; ensinar os elementos de.

**GROUNDING** (gráun'dinn), s. Fundamento; encalhe de um navio.

**GROUNDLESS** (gráund'léss), adj. Sem fundamento, infundado.

**GROUNDLESSNESS** (gráund'lésnéss), s. Falta de motivo ou razão.

**GROUNDLING** (gráun'dinn), s. Planta rasteira; animal que vive junto à terra; pessoa vil; leitor de gosto acanhado.

**GROUNDSILL** (gráund'sil), s. Viga fundamental; viga mestra; soleira.

**GROUNDWORK** (gráund'uârk), s. Fundação, base; parte essencial.

**GROUP** (grup), s. Grupo; v. t. e i. agrupar; ajuntar; reunir.

**GROUPING** (gru'pinn), s. Agrupamento; série.

**GROUSE** (gráuss), s. Galo silvestre; v. i. resmungar; reclamar (Inglaterra).

**GROUSING** (gráu'sinn), s. Rabugice; descontentamento (Inglaterra).

**GROUT** (gráut), s. Reboco, argamassa; resíduo; farinha grosseira; v. t. encher de reboco; cimentar.

**GROUTING** (gráu'tinn), s. Ato ou processo de rebocar ou cimentar.

**GROUTY** (gráu'ti), adj. Turvo (vinho); intratável; insociável; rabugento.

**GROVE** (gróuv), s. Pequeno bosque; alameda.

**GROVEL** (gróv'l), v. i. Arrastar-se; prostrar-se; rebaixar-se; espojar-se; engatinhar.

**GROVELER** (gró'vlâr), s. Homem vil, ordinário.

**GROW** (gróu), v. t. e i. Cultivar, plantar; produzir; crescer; medrar; avolumar-se; tornar-se; vir a ser. *To grow old*: envelhecer.

**GROWER** (gróu'âr), s. Cultivador, produtor.

**GROWING** (gróu'inn), adj. Crescente; s. crescimento; vegetação, cultura.

**GROWL** (grául), v. t. e i. Ralhar, repreender; resmungar; s. grunhido; rosnadela.

**GROWLER** (gráu'lâr), s. Resmungão; rosnador; grunhidor; ranzinza; rabugento.

**GROWN** (gróunn), adj. Crescido; adulto.

**GROWTH** (grôuth), s. Crescimento, desenvolvimento; cheia; origem; melhoria; produto; efeito; protuberância; tumor.
**GRUB** (grâb), v. t. e i. Roçar, cavar; desbastar; arrancar pela raiz; arrotear; sachar; s. larva; (pop.) comida.
**GRUBBER** (grâ'bâr), s. Sacho; escavador.
**GRUDGE** (grâdj), v. t. Invejar; resmungar; dar de má vontade; v. i. murmurar; queixar-se; s. rancor; malevolência; inveja.
**GRUDGER** (grâ'djâr), s. Invejoso.
**GRUEL** (gru'el), s. Mingau de aveia; papa.
**GRUESOME** (gru'sâmm), adj. Horrendo; pavoroso; triste.
**GRUESOMENESS** (gru'sâmnéss), s. Horror.
**GRUFF** (gráf), adj. Áspero; grosseiro; rude.
**GRUFFNESS** (gráf'néss), s. Grosseria; rispidez; aspereza
**GRUM** (grâmm), adj. Zangado; aborrecido.
**GRUMBLE** (grámb'l), v. t. e i. Resmungar; rosnar; queixar-se; s. resmungo; rosnadela; queixa; pl. acesso de mau humor.
**GRUMBLER** (grâm'blâr), s. Resmungão.
**GRUMBLING** (grâm'blinn), s. Murmuração; queixume; ato de resmungar.
**GRUMPINESS** (grâm'pinéss), s. Rabugice.
**GRUMPY** (grâm'pi), adj. Rabugento; queixoso; áspero; ríspido.
**GRUNT** (gránt), v. t. e i. Grunhir; rosnar; queixar-se por entre dentes; gemer; s. gemido; zanga.
**GRUNTER** (grân'târ), s. Grunhidor; porco.
**GRUNTING** (grân'tinn), s. Grunhido.
**GUARANTEE** (ghêrânti'), v. t. Garantir; abonar; responsabilizar-se por; certificar, asseverar; s. garantia; caução; penhor.
**GUARANTOR** (ghé'rântâr), s. Fiador.
**GUARANTY** (ghé'rânti), s. Garantia; caução.
**GUARD** (gárd), v. t. e i. Guardar, vigiar, proteger; acautelar-se; s. guarda; vigilante; sentinela; condutor.
**GUARDED** (gár'did), adj. Precavido; cauteloso; prevenido.
**GUARDEDNESS** (gár'didnéss), s. Prudência; cautela; precaução; circunspeção.
**GUARDIAN** (gár'diânn), s. Guardião; vigilante; tutor; curador.
**GUARDIANSHIP** (gár'diânship), s. Tutela; tutoria; proteção; guarda.
**GUARDLESS** (gárd'léss), adj. Desprotegido; desguarnecido; indefeso.
**GUARDROOM** (gárd'rum), s. Sala de guarda; xadrez; prisão (militar).

**GUDGEON** (gá'djânn), v. t. Lograr, enganar, s. cadoz (peixe); engodo; isca; tolo.
**GUERDON** (gâr'dânn), s. Galardão, recompensa; v. t. galardoar; premiar.
**GUERILLA** (gheri'lâ), s. Guerrilha; guerrilheiro.
**GUESS** (ghéss), v. t. e i. Conjeturar, supor; adivinhar; julgar; pensar; crer (EUA); s. suposição; conjetura; suspeita.
**GUESSABLE** (ghé'sâbl), adj. Conjeturável.
**GUESSER** (ghé'sâr), s. Conjeturador.
**GUESSING** (ghé'sinn), s. Conjetura; adivinhação.
**GUESSWORK** (ghés'uârk), s. Suposição.
**GUEST** (ghést), s. Conviva, hóspede; convidado; visita; pensionista.
**GUF** (gâf), s. Golpe de vento.
**GUFFAW** (gâfo'), s. Gargalhada.
**GUIDANCE** (gái'dénss), s. Guia; direção, ato de guiar.
**GUIDE** (gáid), v. t. Guiar, governar, dirigir; arranjar; ordenar; s. norma; modelo.
**GUIDEBOARD** (gáid'bord), s. Sinal de estrada.
**GUIDEBOOK** (gáid'buk), s. Guia (livro) para turista.
**GUIDINC** (gái'dinn), adj. Dirigente; regulador; relativo a direção.
**GUIDON** (gái'dânn), s. (Mil.) Guião.
**GUILD** (ghild), s. Corporação; sindicato.
**GUILDER** (ghil'dâr), s. Florim (padrão monetário da Holanda).
**GUILE** (gáil), s. Engano; logro; artifício.
**GUILEFUL** (gáil'ful), adj. Astucioso.
**GUILEFULNESS** (gáil'fulnéss), s. Astúcia; logro; insídia.
**GUILELESS** (gáil'léss), adj. Ingênuo; franco.
**GUILELESSNESS** (gáil'lésnéss), s. Ingenuidade; inocência.
**GUILT** (ghilt), s. Culpa; crime; pecado.
**GUILTINESS** (ghil'tinéss), s. Culpabilidade.
**GUILTLESSNESS** (ghilt'lésnéss), s. Inocência.
**GUILTY** (ghil'ti), adj. Culpado; criminoso.
**GUINEA** (ghi'ni), s. Guinéu (moeda); porquinho-da-Índia.
**GUISE** (gáiz), s. Modo, processo, forma, maneira; aparência; conduta; procedimento.
**GUITAR** (ghitâ'r), s. Guitarra.
**GULCH** (gâltsh), s. Ravina; barranco (EUA).
**GULF** (gâlf), s. Golfo; abismo.
**GULL** (gâl), v. t. Lograr, enganar, defraudar; s. gaivota; andorinha-do-mar; ingênuo.

**GULLABLE** (gâ'lâb), adj. Simples; crédulo.
**GULLER** (gâ'lâr), s. Velhaco.
**GULLERY** (gâ'lâri), s. Engano; trapaça.
**GULLET** (gu'lêt), s. Garganta; esôfago; encanamento subterrâneo.
**GULLIBILITY** (gâlibi'liti), s. Credulidade; simplicidade.
**GULLY** (gâ'li), v. t. Cavar, aterrar, desbarrancar; s. barranco; ravina estreita.
**GULP** (gâlp), v. t. Tragar, engolir avidamente; s. trago; gole.
**GUM** (gâmm), s. Goma; grude; cola; gengiva; v. t. pôr goma em; grudar, colar.
**GUMMY** (gâ'mi), adj. Gomoso; viscoso.
**GUMPTION** (gâmp'shânn), s. (fam.) perspicácia; sagacidade; inteligência; esperteza.
**GUN** (gânn), s. Arma de fogo; tiro; descarga; detonação; (Náut.) rajada; v. t. disparar arma de fogo; atirar com arma de fogo.
**GUNBOAT** (gân'bôut), s. Canhoneira.
**GUNLAYER** (gân-lêi-âr), s. Apontador.
**GUNNERY** (gâ'nâri), s. Artilharia.
**GUNPOWDER** (gân-páu'dâr), s. Pólvora.
**GUNWALE** (gâ'nuêil), s. Amurada de navio.
**GURGLE** (gârg'l), v. i. Gorgolar; borbulhar; borbotar; s. borbotão; gorgolão.
**GURLING** (gâr'glinn), s. Sussurro; murmúrio; gorgolão; adj. murmurante; sussurante.
**GUSH** (gâsh), v. t. e i. Brotar, esguichar; minar; s. jorro; (fig.) entusiasmo; efusão.
**GUSHER** (gâ'shâr), s. Qualquer coisa que jorra; pessoa facilmente emocionável.
**GUSHING** (gâ'shinn), adj. Que jorra; brota; esguicha; emocionante; sentimental.
**GUSSET** (gâ'sét), s. Entretela; ensancha.
**GUST** (gâst), s. Pé-de-vento, rajada; súbita efusão de sentimentos; sabor; paixão.
**GUSTATION** (gâstêi'shânn), s. Gustação; prova, gosto; ato de provar.
**GUSTATORY** (gâs'tâtôuri) ou **GUSTATIVE** (gâs'tâtiv), adj. Gustativo, sentido do gosto.
**GUSTFUL** (gâst'ful), adj. Saboroso.
**GUSTINESS** (gâs'tinéss), s. Caráter, estado tempestuoso, borrascoso.

**GUSTY** (gâs'ti), adj. Tempestuoso, borrascoso; flatulento.
**GUT** (gât), v. t. Desentranhar, estripar; assolar; saquear; s. tripa; corda de tripa.
**GUTTER** (gâ'târ), v. t. e i. Guarnecer de valetas; canelar; encanar; abrir valetas; s. caleira, cano, calha; riacho; (fig.) sarjeta.
**GUTTERING** (gâ'târinn), s. Encanamento das águas.
**GUTTLE** (gât'l), v. t. Engolir gulosamente.
**GUTTURAL** (gâ'târâl), adj. Gutural.
**GUY** (gái), v. t. Guiar; agüentar com um cabo; ridicularizar; lograr; mistificar; s. indivíduo, sujeito, gajo (EUA).
**GUZZLE** (gáz'l), v. t. e i. Beber imoderada ou freqüentemente; comer vorazmente.
**GUZZLER** (gâ'zlâr), s. Bêbedo; ébrio.
**GYBE** (djáib), v. t. e i. Escarnecer, zombar de; s. escárnio; zombaria.
**GYMNASIUM** (djimnêi'jânn), s. Ginásio (salão para ginástica; educandário clássico).
**GYMNAST** (djim'nést), s. Ginasta.
**GYMNASTIC** (djimnés'tik) ou **GUMNASTICAL** (djimnés'tikâl), adj. Ginástico.
**GYMNASTICS** (djimnés'tiks), s. Ginástica.
**GYNECOLOGIST** (djinikô'lodjist), s. Ginecologista.
**GYNECOLOGY** (djinikô'lodji), s. Ginecologia.
**GYP** (djip), s. Criado; (gír.) roubalheira; vigarice; v. t. e i. trapacear; roubar.
**GYPSEOUS** (djip'siâss), adj. Cheio de gesso; da natureza do gessc.
**GYPSUM** (djip'sâmm), s. Gipso, gesso.
**GYPSY** (dji'psi), s. Cigano; v. i. levar vida de cigano; vagabundear.
**GYRATE** (djái'rit), adj. Circular; v. i. girar.
**GYRATION** (djáirêi'shânn), s. Giro, rotação.
**GYRATORY** (djái'râtôuri), adj. Giratório.
**GYRE** (djáir), s. Giro, volta; v. i. girar.
**GYROPLANE** (djái'rôuplêin), s. Giroplano.
**GYROSE** (djái'rôuss), adj. Ondeado; encurvado.
**GYVE** (djáiv), v. t. Encadear; algemar.
**GYVES** (djái'vz), s. pl. Cadeias; grilhões.

# H

**H** (êitsh), s. Oitava letra do alfabeto.
**HA** (há), interj. Ah!

**HABERDASHER** (hé'bâr-dé'shâr), s. Bufarinheiro; capelista.

**HABERDASHERY** (hé'bâr-dé'shâri), s. Loja de armarinho; artigos de armarinho.
**HABERGEON** (hé'bârdjânn), s. Cota de malha para o tôrax e o pescoço.
**HABILE** (há'bil), adj. Hábil; competente.
**HABILIMENT** (hábi'limént), s. Peça de roupa; pl. vestuário, traje.
**HABILITATE** (hábi'litêi), v. t. e i. Habilitar.
**HABILITATION** (hábilitêi'shânn), s. Habilitação.
**HABIT** (hé'bit), v. t. Vestir, ataviar; trajar; s. hábito; traje; vestimenta; hábito; costume; uso; temperamento; aspecto; forma.
**HABITABLE** (hé'bitâbl), adj. Habitável.
**HABITANT** (hé'bitânt), s. Habitante;
**HABITATION** (hébitêi'shânn), s. Habitação.
**HABITUAL** (hábi'tshuâl), adj. Habitual.
**HABITUALNESS** (hábi'tshuâlnéss), s. Hábito.
**HABITUATE** (hábi'tshuêit), v. t. e i. Habituar.
**HABITUDE** (hé'bitiud), s. Hábito; costume; trato; relações; amizades.
**HACK** (hék), v. t. e i. Cortar; picar; despedaçar; entalhar; alugar; oferecer em aluguel; v. i. vender-se; prostituir-se; s. talhe, corte, entalhe; chanfradura; picareta; picão; sendeiro; cavalo ruim; adj. de aluguel.
**HACKER** (hé'kâr), s. Espécie de machado.
**HACKING** (hé'kinn), adj. Intermitente.
**HACKLE** (hék'l), v. t. Cardar (o linho); s. carda; espadela; seda crua; pluma ou pena de pássaro usada como isca.
**HACKNEY** (hék'ni), v. i. Repetir em demasia; assalariar; cansar pelo uso; s. cavalo de serviço, de tiro ou de aluguel; cavalo ruim, sendeiro; adj. de aluguel; assalariado.
**HACKNEYED** (hék'nid), adj. Banal; costumeiro; mercenário; assalariado.
**HADDOCK** (héd'dâk), s. Gado (peixe); espécie de bacalhau do Atlântico Norte.
**HADE** (hêid), s. Descida escarpada de mina; v. i. desviar-se da vertical.
**HADES** (hêi'diss), s. Hades, inferno.
**HAFT** (héft), v. t. Pôr um cabo em; s. cabo; punho; copos da espada.
**HAG** (hég), v. t. Atormentar; s. bruxa.
**HAGGARD** (hé'gârd), adj. Pálido; cadavérico; macilento; arisco; feroz.
**HAGGED** (hég'd), adj. Magro; pobre; coitado.
**HAGGISH** (hég'ich), adj. Horrendo; perverso.
**HAGGISHNESS** (hég'ichnéss), s. Fealdade.
**HAGGLE** (hég'l), v. t. e i. Estraçalhar; esmiuçar; azucrinar; disputar; regatear; s. ato de regatear ou pechinchar.
**HAGGLER** (hé'glâr), s. Regateador.
**HAGGLING** (hé'glinn), s. Ato de regatear; hesitação; vacilação, irresolução.
**HAIL** (hêil), v. t. e i. Granizar; saraivar; saudar; aclamar; s. saraiva; granizo; saudação; aclamação; apelo; interj. salve!
**HAIR** (hér), s. Cabelo; pêlo; crina; fibra; filamento. *Against the hair:* contra a vontade.
**HAIRBREADTH** (hér'brédth), s. Quase nada, pouca coisa; pequena distância; adj. muito estreito ou apertado.
**HAIRBRUSH** (hér'brâsh), s. Escova para cabelo.
**HAIRCUT** (hér'kât), s. Corte de cabelo.
**HAIRCUTTER** (hér-kâ'târ), s. Cabeleireiro, barbeiro.
**HAIR-DO** (hér'du), s. Penteado.
**HAIRDDRESSER** (hér-dré'sâr), s. Cabeleireiro.
**HAIRLESS** (hér'léss), adj. Calvo, pelado.
**HAIRLINE** (hér'lain), s. Linha muito fina; traço na escrita; listra (em tecido); contorno do couro cabeludo; (Tip.) tipo de letra fina.
**HAIRINESS** (hé'rinéss), s. Abundância de cabelos; qualidade de cabeludo ou peludo.
**HAIRPIN** (hér'pin), s. Grampo para cabelo.
**HAIRY** (hé'ri), adj. Cabeludo; felpudo.
**HAKE** (hêik), s. Espécie de bacalhau.
**HALATION** (hélêi'shânn), s. Veladura de uma chapa fotográfica.
**HALE** (hêil), adj. Robusto; forte; são; v. t. arrastar, puxar, içar.
**HALED** (hêil'd), adj. Arrastado; alado.
**HALF** (héf ou háf), s. Metade; adj. meio, semi; quase; adv. parcialmente; semi.
**HALFBACK** (héf'bék ou háf'bék), s. Médio (no futebol).
**HALFEN** (héf'n ou háf'n), adj. Que só tem metade.
**HALFLING** (hé'flinn ou há'flinn), s. Rapazola; adj. adolescente.
**HALFWAY** (héf'uêi ou háf'uêi), adj. Incompleto; adj. e adv. na metade do caminho.
**HALIBUT** (hé'libât ou hó'libât), s. Hipoglosso (peixe).
**HALIDOM** (hé'lidâmm), s. Santidade; relíquia sagrada.
**HALL** (hól), s. Salão; vestíbulo; saguão; átrio; entrada; corredor; sala de tribunal; edifício público, de universidade, etc.
**HALLMARK** (hól'márk), s. Carimbo oficial, indicativo da pureza de artigos de ouro e prata; indicação de legitimidade; prova de

excelência; v. t. pôr marca de contraste; marcar; assinalar.
**HALLO** (hélô'u), interj. Olá! alô!
**HALLOW** (hél'lôu), v. t. Santificar; benzer.
**HALLOWMAS** (hél'lôumâss), s. Todos-os-Santos.
**HALLWAY** (hól'uêi), s. Entrada, saguão, vestíbulo; corredor (EUA); "hall" (Inglat.).
**HALLUCINATE** (héliu'sinêit), v. i. Enganar-se; iludir-se; v. t. alucinar.
**HALLUCINATION** (héliussinêi'shânn), s. Alucinação; ilusão; erro.
**HALM** (hómm), s. Colmo; palha.
**HALO** (héi'lôu), v. t. e i. Aureolar; glorificar; s. halo; auréola.
**HALT** (hólt), v. t. e i. Mancar, coxear; duvidar; vacilar; adj. coxo, estropiado; s. ato de coxear; paragem; parada; interj. alto!
**HALTER** (hól'târ), s. Cabresto; cabeçada; baraço; corda de enforcar; v. t. encabrestar; enforcar; amarrar com corda.
**HALTING** (hól'tinn), adj. Manco; vacilante.
**HALVE** (hév ou háv), v. t. Dividir ao meio; diminuir; encaixar (uma tábua noutra).
**HAM** (hémm), s. Presunto; curva da perna.
**HAMATE** (hêi'mêit) ou **HAMATED** (héi'mêitd), adj. Adunco; pontudo; entrelaçado.
**HAMBLE** (hémb'l), v. t. Inutilizar os cães para a caça; mutilar; v. i. coxear.
**HAMBURGER** (hémbâr'gâr), s. Pequeno bife de carne moída, grelhada para sanduíches.
**HAME** (hêimm), s. Cangalhas.
**HAMLET** (hém'lét), s. Aldeola, lugarejo.
**HAMMER** (hé'mâr), v. t. e i. Martelar; bater ou moldar com martelo; forjar; labutar incessantemente (geralm. seg. de *at, out, upon*); s. martelo; malho; cão de espingarda.
**HAMMERSMITH** (hé'mârsmiss), s. Ferreiro que trabalha metal a martelo.
**HAMMOCK** (hém'mák), s. Rede (de dormir); maca (de marinheiro).
**HAMPER** (hém'pâr), v. t. Embaraçar; estorvar; carregar de cestos; s. canastra, cesto grande; cabaz; pl. algemas.
**HAND** (hénd), v. t. Dar, passar, transmitir; conduzir; guiar; s. mão; pata dianteira; ponteiro de relógio; palmo; demão; habilidade, destreza; lado; partida; direção; operário; autoridade; adj. manual; de mão.
**HANDBAG** (hénd'bég), s. Bolsa de senhoras; maleta.
**HANDBALL** (hénd'ból), s. Nome de um jogo; a respectiva bola.
**HANDBILL** (haend'bil), s. Volante, panfleto.
**HANDBOOK** (hénd'buk), s. Manual; guia.
**HANDCUFF** (hénd'kâff), s. Algema; v. t. algemar.
**HANDED** (hén'did), adj. Que tem mãos.
**HANDFUL** (hénd'ful), s. Mancheia; punhado; tarefa difícil.
**HANDICAP** (hén'dikép), v. t. Igualar os lances (numa corrida); embaraçar; impedir; retardar; s. vantagem concedida ao contendor mais fraco; desvantagem imposta a um competidor mais forte; obstáculo.
**HANDICRAFT** (hén'dikréft), s. Perícia manual; mão-de-obra; tear; adj. rel. a arte manual.
**HANDINESS** (hén'dinéss), s. Perícia; habilidade; destreza; comodidade.
**HANDIWORK** (hén'diuârk), s. Manufatura; trabalho manual; mão-de-obra.
**HANDKERCHIEF** (hén'kârtshif), s. Lenço de assoar.
**HANDLE** (hénd'l), v. t. Manejar; manusear; manobrar; tocar com a mão; por as mãos a.
**HANDLER** (hén'dlâr), s. Manipulador.
**HANDLESS** (haend'léss), s. Maneta.
**HANDLING** (hén'dlinn), s. Manejo; execução; toque; retoque; direção.
**HANDMADE** (hénd'mêid), adj. Feito a mão.
**HANDRAIL** (hén'drêil), s. Corrimão.
**HANDSEL** (hénd'sél), v. t. Estrear; iniciar; (fig.) experimentar; tentar a sorte; s. presente de festas; sinal; luvas.
**HANDSHAKE** (haend'xêik), s. Aperto de mãos.
**HANDSOME** (hén'sâmm), adj. Belo, elegante; de aspecto agradável; simpático; generoso; perfeito; honrado; conveniente.
**HANDSOMENESS** (hén'sâmnéss), s. Beleza, elegância; formosura; generosidade; retidão; conveniência.
**HANDY** (hén'di), adj. Jeitoso; destro; hábil; conveniente; útil; ao alcance da mão.
**HANDWRITING** (haend'rái'tinn), s. Manuscrito.
**HANG** (hénn), v. t. e i. Pendurar; suspender; forrar; flutuar; pender; ser enforcado; ameaçar; esperar; agarrar-se ao pescoço; estacionar; rondar; recuar; suspender; s. declive; ladeira; modo; idéia; jeito; funcionamento de uma máquina.
**HANGAR** (hân'gâr), s. Hangar, galpão.
**HANGDOG** (hénn'dóg), s. Indivíduo baixo, vil; mesquinho; adj. servil; envergonhado.
**HANGER** (hén'nâr), s. Verdugo; carrasco; cutelo; gancho; escápula; alça; cabide.

**HANGING** (hén'ninn), s. Enforcamento; suspensão; adj. suspenso; patibular; vertical.
**HANGMAN** (hénn'maen), s. Carrasco; enforcador.
**HANGOVER** (hén'ôuvâr), s. Remanescente; (gír.) ressaca (de bebedeira, etc.).
**HANK** (hénk), v. t. Formar em novelos ou meadas; s. novelo; freio; inclinação.
**HANKER** (hén'kâr), v. i. Suspirar por; desejar ardentemente.
**HANKERING** (hén'kârinn), s. Desejo veemente; inclinação; inveja; anseio.
**HANSOM** (hén'sâmm), s. Espécie de carro de duas rodas e boléia atrás da capota.
**HAP** (hép), v. i. (Arc.) Acontecer; ocorrer; s. acaso; sorte; lance; acidente.
**HAPHAZARD** (haep'haezárd), s. Acaso; casualidade; acidente; adj. casual; fortuito; adv. casualmente; a esmo; por acaso.
**HAPLESS** (hép'léss), adj. Infeliz.
**HAPLESSNESS** (hép'léssnéss), s. Infelicidade, desgraça; falta de sorte.
**HAPPEN** (hép'n), v. i. Acontecer; ocorrer.
**HAPPINESS** (hé'pinéss), s. Felicidade; ventura; sorte; graça; prazer; satisfação.
**HAPPY** (hé'pi), adj. Feliz; ditoso; venturoso.
**HARANGUE** (hâré'nn), v. t. e i. Arengar; falar em público; v. i. discursar, arengar.
**HARANGUER** (hârén'nâr), s. Arengador.
**HARASS** (hé'ráss), v. t. Aborrecer; importunar; assolar; devastar; arruinar.
**HARASSER** (hé'rássâr), s. Devastador; perseguidor; importuno.
**HARASSMENT** (hé'rásment), s. Tormento; importunação; estrago; devastação; ruína.
**HARBINGER** (hár'bindjâr), s. Precursor, arauto; prenúncio; v. t. predizer; vaticinar.
**HARBOR, HARBOUR** (hár'bâr), v. t. e i. Abrigar; resguardar; hospedar; proteger; refugiar-se; s. porto de abrigo para navios; ancoradouro; enseada; asilo; alojamento.
**HARBORAGE, HARBOURAGE** (hár'bâridj), s. Porto de abrigo; refúgio; entretenimento.
**HARBORER, HARBOURER** (hár-bârâr); s. Acolhedor; alojador.
**HARBORLESS, HARBOURLESS** (hár'bârléss), adj. Desamparado; desabrigado.
**HARD** (hárd), adj. Sólido, duro, firme; forte; árduo; severo; minucioso; perverso; inflexível; enérgico; persistente; ofensivo; opressivo; adv. duramente; violentamente; arduamente; s. o que quer que seja duro, difícil, intenso, violento, áspero, etc.

**HARDEN** (hárd'n), v. t. e i. Endurecer; endurecer-se; solidificar; tornar rijo, imune, insensível; temperar (metal).
**HARDENED** (hárd'nd), adj. Enfurecido; solidificado; calejado.
**HARDENING** (hárd'ninn), s. Endurecimento; dureza; têmpera; obstinação.
**HARD-FISTED** (hárd'fis'têd), adj. Avarento.
**HARD-HEADED** (hárd'hae'ded), adj. Teimoso; obstinado; cabeça-dura; prático.
**HARD-HEARTED** (hárd-hâr'têd), adj. Insensível; empedernido; cruel; impiedoso; frio.
**HARDINESS** (hár'dinéss), s. Vigor; robustez; persistência.
**HARDISH** (hár'dish), adj. Um tanto duro.
**HARDNESS** (hárd'néss), s. Dureza, firmeza; solidez; severidade; inflexibilidade; crueldade; obstinação no mal; grosseria.
**HARDPAN** (hárd'pénn), s. Subsolo; fundamento sólido; terra dura.
**HARDS** (hárdz), s. Estopa, linho grosso.
**HARDSHIP** (hárd'ship), s. Fadiga, opressão; trabalho; miséria; necessidade.
**HARDWARE** (hárd'uér), s. Ferragens.
**HARDWOOD** (hárd'uud), s. Madeira de lei.
**HARDY** (hár'di), adj. Forte, robusto; vigoroso; endurecido; intrépido; ousado.
**HARE** (hér), s. Lebre.
**HAREBRAINED** (hér'brêind), adj. Estonteado; desatinado.
**HAREHEARTED** (hér'hártd), adj. Medroso; tímido.
**HARELIP** (hér'lip), s. Lábio leporino.
**HAREM** (hêi'remm), s. Harém; serralho.
**HARICOT** (hé'rikôu), s. Feijão branco; ensopado de carne e verduras.
**HARK** (hárk), v. i. Ouvir, escutar atentamente (geralm. no imper. como interj.).
**HARLOT** (hár'lât), s. Meretriz; adj. lascivo.
**HARLOTRY** (hár'lâtri), s. Prostituição.
**HARM** (hármm), v. t. Prejudicar, causar dano; ofender; s. prejuízo; perigo; ofensa.
**HARMFUL** (hárm'ful), adj. Nocivo; perigoso.
**HARMFULNESS** (hárm'fulnéss), s. Prejuízo; dano; maldade.
**HARMLESS** (hárm'léss), adj. Inocente; inofensivo.
**HARMLESSNESS** (hárm'lésnéss), s. Inocência.
**HARMONIC** (hármó'nik), s. Tom acessório ou secundário; adj. harmônico.
**HARMONIOUS** (hármôu'niáss), adj. Harmonioso; concordante; simétrico; musical.

**HARMONIOUSNESS** (hármôu'niâsnéss), s. Harmonia.
**HARMONIZE** (hár'monáiz), v. t. Harmonizar; v. i. harmonizar-se; pôr-se de acordo.
**HARMONY** (hár'moni), s. Harmonia; concórdia; concordância; unanimidade; unidade.
**HARNESS** (hár'néss), v. t. Selar (cavalo); arrear; ajaezar; s. arnês; jaezes; arreios.
**HARNESS-MAKER** (hár'nés-mêi'kâr), s. Seleiro.
**HARP** (hárp), s. Harpa; v. i. tocar harpa.
**HARPER** (hár'pâr) ou **HARPIST** (hár'pist), s. Harpista.
**HARPING** (hár'pinn), s. Repetição inútil; (Mús.) harpejo; (Náut.) corrimão ou borda do castelo.
**HARPOON** (hárpu'nn), v. t. Arpoar; ferir com o arpão; s. arpão; fateixa; fisga.
**HARPOONER** (hárpu'nâr), s. Arpoador.
**HARPSICHORD** (hár'psikórd), s. (Mús.) Cravo.
**HARPY** (hár'pi), s. Extorquidor; rapinante; (Mit.) harpia.
**HARQUEBUS** (hár'kuibâss), s. Arcabuz.
**HARRIDAN** (hé'ridânn), s. Megera; velha de mau gênio; pangaré; cavalo ruim.
**HARRIER** (hé'riâr), s. Galgo, cão lebreira; bútio, tipo de ave de rapina.
**HARROW** (hé'rôu), v. t. Gradar (o terreno); torturar; atormentar; s. grade (agricult.).
**HARROWING** (hé'rôuinn), s. Gradagem, destorroamento de terreno lavrado; adj. cruciante; lascinante.
**HARRY** (hé'ri), v. t. e i. Assolar; saquear; pilhar; escaramuçar.
**HARSH** (hársh), adj. Rude; áspero; ofensivo; irritante; indelicado; rigoroso; austero.
**HARSHENN** (hár'shen), v. t. Tornar áspero; tornar severo, cruel.
**HARSHNESS** (hársh'néss), s. Aspereza; rudeza; severidade; indelicadeza.
**HART** (hárt), s. Veado (com mais de 5 anos).
**HARTSHORN** (hárts'hórnn), s. Chifre de veado; amoníaco líquido (usa-se para cheirar).
**HARVEST** (hár'vést), v. t. Colher, segar; lucrar (em resultado de um esforço); s. colheita, ceifa, sega; produto de um esforço.
**HARVESTER** (hár'véstâr), s. Ceifador; máquina de ceifar.
**HASH** (hésh), s. Picadinho de carne, fricassé; v. t. picar (a carne).
**HASLET** (hés'lét), s. Fressura de porco.
**HASP** (hésp), v. t. Fechar com cadeado; abrochar; s. colchete; ferrolho; broche.
**HASSOCK** (hé'sâk), s. Capacho espesso; genuflexório.
**HASTE** (hêist), v. t. e i. Apressar(-se); s. pressa; diligência; urgência.
**HASTEN** (hêi'sn), v. t. e i. Acelerar.
**HASTILY** (hêis'tli), adv. Apressadamente, aceleradamente; diligentemente.
**HASTY** (hêis'ti), adj. Apressado; pronto; diligente; vivo; ativo; impetuoso; violento.
**HA** (hét), s. Chapéu; (fig.) dignidade de cardeal; v. t. pôr chapéu em; cobrir.
**HATCH** (hétsh), s. Ninhada; saída da casca; incubação; manifestação; descoberta; comporta; escotilha; v. t. e i. chocar, fazer sair da casca; incitar; maquinar; sombrear.
**HATCHEL** (hé'tshél), s. Carda, sedeiro, ripanço; v. t. espadelar; importunar.
**HATCHET** (hé'tshit), s. Machadinha.
**HATCHING** (hé'tshinn), s. Ato de chocar.
**HATCHMENT** (hé'tshment), s. Armas, escudo, brasões de um morto
**HATCHWAY** (hé'tshuêi), s. (Náut.) Escotilha.
**HATE** (hêit), v. t. e i. Odiar, detestar, execrar; ter aversão a; s. ódio, aversão, repulsa; animosidade; malignidade.
**HATEFUL** (hêit'ful), adj. Odiento; odioso; detestável; execrável.
**HATEFULNESS** (hêit'fulnéss), s. Odiosidade; malignidade; aversão.
**HATER** (hêi'târ), s. Inimigo.
**HATING** (hêi'tinn) ou **HATRED** (hêi'trid), s. Ódio; aversão; inimizade; aborrecimento.
**HATPIN** (haet'pinn), s. Alfinete de chapéu.
**HATRED** (hêi'trêd), s. Ódio, raiva; rancor; inimizade.
**HAUGHTINESS** (hó'tinéss), s. Altivez, soberba; insolência; orgulho; arrogância.
**HAUGHTY** (hó'ti), adj. Orgulhoso; insolente.
**HAUL** (hól), v. t. e i. Puxar, arrastar; rebocar; mudar de rumo (o navio); deslocar-se (o vento); s. puxão, arrasto; o peixe apanhado em cada redada.
**HAULAGE** (hó'lidj), s. Arrastamento, reboque; o preço que se paga pelo reboque de uma embarcação.
**HAULER** (hó'lâr), s. Rebocador; transportador.
**HAULING** (hó'linn), s. Carreto, condução, transporte, reboque; puxão.
**HAULM** (hómm), s. Colmo; haste de cereal.
**HAUNCH** (hántsh), s. Anca, quadril.
**HAUNT** (hánt), v. t. e i. Assombrar; visitar amiúde (espírito errante); s. retiro; antro.

**HAUNTED** (hán'tid), adj. Freqüentado por espíritos errantes.
**HAUTBOY** (hôu'bôi), s. (Mús.) Oboé.
**HAUTEUR** (hôutâr), s. Altivez; arrogância.
**HAVE** (hév), v. t e i. Ter, possuir; abranger encomendar; querer; ter de; tomar, beber; experimentar; sentir; gerar; dar à luz.
**HAVER** (hé'vâr), s. Possuidor; tolice; v. i. tagarelar; balbuciar; dizer tolices.
**HAVERSACK** (hé'vârsék), s. Mochila, bornal.
**HAVING** (hé'vinn), s. Bens, posses, fortuna; adj. possuidor.
**HAVOC** (hé'vák), v. t. e i. Destruir; devastar s. destruição; estrago; carnificina.
**HAW** (hó), s. Sebe, cerca; cercado.
**HAWFINCH** (hó'fintsh), s. Pardal de bico grosso.
**HAWK** (hók), s. Falcão, açor; v. t. e i. tossir (forçando); apregoar; caçar com falcão.
**HAWKWEED** (hók'uíd), s. Chicória.
**HAWSE** (hóz), s. (Náut.) Frete do escovém.
**HAWSER** (hó'zâr), s. (Náut.) Espia; reboque.
**HAWTHORN** (hó'thórnn), s. Espinheiro; arbusto espinhoso.
**HAY** (hêi), s. Feno; pasto; forragem; espécie de dança rodada; v. i. secar (o feno); murchar; v. t. preparar o feno; alimentar animais com o mesmo.
**HAYFORK** (hêi'fórk), s. Forcado; garfão para feno, palha, etc.
**HAZARD** (hé'zârd), v. t. e i. Arriscar, aventurar; s. azar; risco; perigo; acaso.
**HAZARDABLE** (hé'zârdâbl), adj. Arriscado.
**HAZARDOUS** (hé'zârdâss), adj. Arriscado, perigoso; precário; incerto; duvidoso.
**HAZARDOUSNESS** (hé'zârdâsnéss), s. Risco; azar; acaso.
**HAZE** (hêi'z), s. Escuridão, nevoeiro; crepúsculo; neblina; obscuridade; falta de memória; v. i. estar nublado; chuviscar; garoar; vaguear; perambular.
**HAZEL** (hêi'z'l), s. Aveleira; cor de avelã; castanho; avermelhado; adj. avelanado (relativo a aveleira).
**HAZELNUT** (hêi'zel'nât), s. Avelã.
**H-BOMB**(êitsh'bómb), s. Bomba de hidrogênio.
**HAZINESS** (hêi'zinéss), s. Cerração.
**HAZY** (hêi'zi), adj. Enevoado; nublado; sombrio; ofuscado; indistinto; confuso; vago.
**HE** (hi), pron. pess. 3ª pess. do sing., Ele, aquele; adj. e s. homem; macho (animais).
**HEAD** (héd), s. Cabeça; chefe; guia; ponto principal; cabeçalho; cabeçote; tampão; ponta de bengala ou de lança; cabeceira (de cama, de mesa); cérebro, faculdades intelectuais; promontório; proa do navio; fonte; nascente; assunto, matéria; galhos de veado; efígie (em moeda); adj. primeiro, chefe; v. t. pôr cabeça ou cabeçalho; estar a testa de, chefiar; guiar; desviar.
**HEADACHE** (hé'dêik), s. Dor de cabeça.
**HEADBOARD** (haed'bôrd), s. Cabeceira (de cama, de sepultura, etc.).
**HEADDRESS** (hé'dress), s. Penteado.
**HEADER** (hé'dâr), s. Cabeça, chefe; patrão.
**HEADINESS** (hé'dinés), s. Teimosia.
**HEADLIGHT** (haed'láit), s. Farol dianteiro.
**HEADLINE** (haed'láinn), s. Título, cabeçalho.
**HEADPHONE** (haed'fôunn), s. Receptor ou fone de ouvido.
**HEADSTONE** (haed'stôunn), s. Pedra fundamental, angular; lousa de sepultura.
**HEADY** (hé'di), adj. Obstinado; teimoso; impetuoso; vertiginoso.
**HEAL** (hil), v. t. e i. Curar, sarar, cicatrizar; conciliar; purificar-se.
**HEALABLE** (hi'lábl), adj. Curável; sanável.
**HEALER** (hi'lâr), s. Curandeiro, o que cura.
**HEALING** (hi'linn), adj. Curativo, medicinal; s. cura, ato de curar; restabelecimento.
**HEALTH** (hélth), s. Saúde; sanidade; brinde.
**HEALTHFUL** (hélth'ful), adj. São; salubre.
**HEALTHFULNESS** (hélth'fulnéss), s. Salubridade; sanidade.
**HELATHINESS** (hél'thinéss), s. Sanidade.
**HEALTHY** (hél'thi), adj. São; sadio; salubre.
**HEAP** (hip), s. Monte, montão, pilha; acúmulo; aglomeração; multidão; v. t. amontoar, ajuntar; aglomerar; cumular; cobrir.
**HEAR** (hir), v. t. e i. Ouvir, escutar; atender; considerar; conceber; julgar (causa).
**HEARER** (hi'râr), s. Ouvinte, auditor.
**HEARING** (hi'rinn), s. Sentido do ouvido, audição; audiência; averiguação.
**HEARSAY** (hir'sêi), s. Boato; rumor.
**HEARSE** (hârss), s. Carro fúnebre; ataúde; v. t. pôr num carro funerário; sepultar.
**HEART** (hárt), s. Coração; peito; interior; centro; núcleo; medula; mecha; coragem; ânimo; afeição; amor; sensibilidade; querido(a); pl. naipe de copas; v. t. encorajar; edificar com um núcleo sólido e forte.
**HEARTACHE** (har'têik), s. Dor, mágoa.
**HEARTBREAK** (hárt'brêik), s. Desgosto.
**HEARTED** (hár'tid), adj. De coração.

**HEARTFELT** (hárt'félt), adj. Vivo, intenso; cordial; sincero.
**HEARTHSTONE** (hárth'stôunn), s. Lareira; lar; casa.
**HEARTINESS** (hár'tinéss), s. Sinceridade.
**HEARTLESS** (hárt'léss), adj. Cruel, desumano; insensível; covarde.
**HEARTLESSNESS** (hárt'lésnéss), s. Desumanidade; crueldade; insensibilidade.
**HEARTLY** (hár'tli), adv. Sinceramente.
**HEARTY** (hár'ti), adj. Cordial; franco; sincero; vigoroso; abundante; bem disposto.
**HEAT** (hit), s. Calor, ardor; cólera; paixão; veemência; páreo, corrida de cavalos; fermentação; apetite intenso; v. t. e i. aquecer; animar; acalentar; excitar; inflamar; aquecer-se; animar-se; excitar-se.
**HEATER** (hi'târ), s. Aquecedor; estufa; (pop.) revólver (EUA).
**HEATH** (hi'th), s. Urze, espinheiro; charneca.
**HEATHEN** (hi'dhnn), adj. Gentio; pagão; idólatra; incrédulo; infiel; s. pagão; gentio.
**HEATHENDOM** (hi'dhndâmm), s. Paganismo.
**HEATING** (hi'tinn), s. Aquecimento.
**HEATSTROKE** (hit'strôuk), s. Insolação; prostração por excesso de calor.
**HEAVE** (hiv), v. t. e i. Levantar com esforço; suspender; guindar; palpitar (o coração); engrossar (o mar); soltar (suspiro); jogar, lançar; vomitar; expectorar; mover-se (o navio); s. elevação; agitação; palpitação; arremesso; náusea; estertor.
**HEAVEN** (hév'n), s. Céu; firmamento; paraíso; Deus; a Providência Divina.
**HEAVENLINESS** (hévn'linéss), s. Excelência suprema; natureza celeste.
**HEAVENLY** (hévn'li), adv. Divinamente; adj. celeste, divino.
**HEAVER** (hi'vâr), s. Carregador; (Náut.) pé-de-cabra.
**HEAVINESS** (hé'vinéss), s. Peso; opressão; desgosto; tristeza; entorpecimento.
**HEAVY** (há'vi), adj. Pesado; oneroso; grave; aflitivo; entorpecido; denso; concentrado; maciço; árduo; bronco; estúpido.
**HEAVYWEIGHT** (hé'vi-uêit), s. (Boxe) Peso-pesado.
**HEBDOMADARY** (hébdó'mâdâri), adj. e s. Hebdomadário; semanário.
**HEBRAIC** (hibrêi'k) ou **HEBRAICAL** (hibrêi'kâl), adj. Hebraico.
**HEBREW** (hi'bru), adj. Hebreu, hebraico; s. hebreu; judeu.

**HECATOMB** (hé'kâtumm ou hé'kâtômm), s. Hecatombe, mortandade; carnificina humana.
**HECKLE** (hék'l), v. t. Interpelar, apartear; criticar; importunar.
**HECKLER** (hé'klâr), s. Aparteador, cardador.
**HECTARE** (hék'tér), s. Hectare.
**HECTIC** (hék'tik), adj. Héctico; tísico; s. febre héctica.
**HECTOGRAM** (hék'togrémm), s. Hectograma.
**HECTOLITER, HECTOLITRE** (hék'tolitâr), s. Hectolitro.
**HECTOMETER, HECTOMETRE** (hék'tomitâr), s. Hectômetro.
**HEDERA** (hé'dârâ), s. Hera.
**HEDGE** (hédj), s. Sebe, cerca de arbustos; barreira; v. t. e i. cercar de sebes; defender; limitar; obstruir; esconder-se.
**HEDGEBILL** (hédj'bil), s. Foice.
**HEDGEBORN** (hédj'bórnn), adj. De descendência humilde.
**HEDGEHOG** (hédj'hóg), s. Ouriço; homem carrancudo.
**HEDGEROW** (hédj'rôu), s. Fileira de cerca viva.
**HEDONISM** (hi'dânizm), s. Hedonismo.
**HEDONIST** (hi'dânist), s. Hedonista.
**HEED** (hid), s. Cautela, cuidado; consideração; atenção; v. t. e i. prestar atenção.
**HEEDFUL** (hid'ful), adj. Cuidadoso; atento.
**HEEDFULNESS** (hid'fulnéss), s. Cautela; vigilância; atenção.
**HEEDLESS** (hid'léss), adj. Descuidado; imprudente; insensato; distraído.
**HEEDLESSNESS** (hid'lésnéss), s. Desatenção; negligência; imprudência.
**HEEHAW** (hi'hó), s. Zurro; orneio; v. i. zurrar; ornejar.
**HEEL** (hil), s. Calcanhar; salto; tacão; fim; ponta, extremidade; inclinação do navio; (pop.) traidor, v. t. i. armar com esporão de metal (galo de rinha); seguir de perto; tombar, inclinar-se (o navio).
**HEELER** (hi'lâr), s. Apaniguado de político de má reputação (EUA).
**HEELING** (hi'linn), s. (Náut.) Inclinação do navio.
**HEELPIECE** (hil'piss), s. Tacão, salto.
**HEELPLATE** (hill'plêit), s. Chapinha de salto de sapato.
**HEFT** (héft), s. Peso; o grosso; a maior parte de alguma coisa; v. t. erguer; avaliar o peso de alguma coisa (levantando-a).
**HEGEMONY** (hidjé'moni), s. Hegemonia.

**HEGIRA** (hé'djirå), s. Hégira.
**HEIGHT** (háit), s. Altura; elevação; eminência; fastígio; apogeu; excelência.
**HEIGHTEN** (háit'n), v. t. e i. Erguer; levantar; agravar; crescer; aperfeiçoar.
**HEINOUS** (hêi'nåss), adj. Atroz; perverso; horrendo; infamante.
**HEINOUSNESS** (hêi'nâsnéss), s. Atrocidade.
**HEIR** (ér), s. Herdeiro; v. t. e i. herdar.
**HEIRDOM** (ér'dåmm), s. Herança.
**HEIRES** (é'réss), s. Herdeira.
**HEIRSHIP** (ér'ship), s. Herança; qualidade de herdeiro; direito de herdar.
**HELICOPTER** (héliióp'tår), s. Helicóptero.
**HELIOCENTRIC** (hiliossên'trik) ou **HELIOCENTRICAL** (hiliossên'trikâl), adj. Heliocêntrico.
**HELIOTROPE** (hi'liotrôup), s. Heliotrópio (flor).
**HELIUM** (hi'liåmm), s. (Quím.) Hélio.
**HELIX** (hi'liks), s. Hélice; voluta; espiral; pavilhão auricular.
**HELL** (hél), s. Inferno; casa de jogo; lugar de tortura e sofrimento.
**HELL-BENT** (hél'bént), adj. Inescrupuloso, ansioso (EUA).
**HELLCAT** (hél'két), s. Mulher vil, bruxa.
**HELLENIC** (hélé'nik), ad. e s. Helênico.
**HELLENIZE** (hé'lináiz), v. t. e i. Helenizar; helenizar-se.
**HELL-FIRE** (héll'fái'år), s. Fogo do inferno; castigo eterno.
**HELLISH** (hé'lish), adj. Infernal.
**HELLISHNESS** (hé'lishnéss), s. Infernação; de caráter diabólico.
**HELM** (hélmm), s. Leme; governo; direção; elmo, capacete; v. t. dirigir; conduzir.
**HELMET** (hél'mit), s. Elmo, capacete.
**HELP** (hélp), v. t. e i. Ajudar, socorrer; auxiliar; proteger; remediar; aliviar; mudar para melhor; s. ajuda; socorro; auxílio; remédio; recurso; alívio; ajudante; auxiliar.
**HELPER** (hél'pår), s. Auxiliar; ajudante, servente; auxílio, ajuda, socorro.
**HELPFUL** (hélp'ful), adj. Proveitoso; útil.
**HELPFULNESS** (hélp'fulnéss), s. Auxílio; proteção; ajuda; remédio.
**HELPING** (hél'pin), s. Ajuda; porção de comida servida a alguém.
**HELPLESS** (hélp'léss), adj. Desamparado, sem recursos; impossibilitado; desvalido.
**HELPLESSNESS** (hélp'lésnéss), s. Abandono; desamparo; fraqueza; impotência.
**HELPMATE** (hélp'mêit), s. Cooperador; colaborador; ajudante.
**HELPMEET** (hélp'mit), s. Cooperador; companheiro(a); cara-metade, esposa.
**HELVE** (hélv), s. Cabo (de machado, etc.); v. t. encabar (machado, etc.).
**HELVETIAN** (hélvi'shiånn), adj. e s. Helvético; sulço.
**HELVETIC** (hélvé'tik), adj. Helvético.
**HEM** (hémm), s. Bainha, debrum, orla; v. t. debruar; fazer bainha em; restringir; tossir.
**HEMAL** (hi'mål), adj. Hemal.
**HEMATIC** (himé'ti), adj. Hemático; sangüíneo.
**HEMATOLOGY** (hémåtô'lodji), s. Hematologia.
**HEMISPHERE** (hé'misfir), s. Hemisfério.
**HEMISPHERIC** (hémisfé'rik) ou **HEMISPHERICAL** (hémisfé'rikâl), adj. Hemisférico.
**HEMISTICH** (himé'tistik), s. (Poét.) Hemistíquio.
**HEMLOCK** (hémm'lók), s. Cicuta.
**HEMMER** (hé'mår), s. Embainhador(a) (também peça de máquina de costura).
**HEMOGLOBIN** (hémoglôu'binn), s. (Quím.) Hemoglobina.
**HEMORRHAGE** (hé'måridj), s. Hemorragia.
**HEMORRHOIDS** (hé'måróids), s. pl. Hemorróidas.
**HEMOSTAT** (hi'mostaest), s. Hemóstato (instrumento); hemostático (agente).
**HEMP** (hémp), s. Cânhamo.
**HEMPEN** (hém'pem), adj. Feito de cânhamo.
**HEMPSEED** (hámp'sid), s. Semente de cânhamo.
**HEMPY** (hém'pi), adj. De cânhamo; semelhante ao cânhamo.
**HEMSTITCH** (hém'stitch), s. Bainha aberta; v. t. fazer bainha aberta.
**HEN** (hénn), s. Galinha; fêmea das aves em geral; pl. aves domésticas em geral.
**HENBANE** (hén'bêinn), s. Meimendro.
**HENCE** (hénss), adv. Daqui; daí; doravante; portanto; conseqüentemente.
**HENCEFORTH** (héns'fôurth) ou **HENCEFORWARD** (héns-fôr'uârd), adv. Daqui em (ou por) diante, para o futuro.
**HENCHMAN** (hén'tshmaen), s. Subordinado; partidário; valete, criado, pajem.
**HENDECASYLLABLE** (héndékássi'lâbl), adj. e s. Hendecassílabo.
**HENHOUSE** (hénn'háuss), s. Galinheiro.
**HENNERY** (hén'nåri), s. Galinheiro; capoeira.
**HENPECK** (hén'pék), v. t. Tiranizar ou dominar o marido (diz-se da mulher).

**HEP** (hép), adj. (gír.) Bem informado, a par.
**HEPATIC** (hipé'tik) ou **HEPATICAL** (hipé'tikâl), adj. Hepático; s. remédio hepático.
**HEPTAGON** (hép'tâgónn), s. Heptágono.
**HEPTAHEDRON** (héptâ-hi'drônn), s. Heptaedro.
**HEPTATEUCH** (hép'tâtiuk), s. Heptateuco.
**HER** (hâr), adj. poss. Seu, seus, sua, suas (dela); pron. pess. a (*send her home:* mande-a para casa); lhe, a ela.
**HERALD** (hé'râld), s. Arauto, mensageiro, o que anuncia; pioneiro; v. t. anunciar publicamente; apresentar.
**HERALDRY** (hé'râldri), s. Heráldica.
**HERB** (hârb ou ârb), s. Planta herbácea.
**HERBACEOUS** (hârbêi'shâss), adj. Herbáceo.
**HERBAGE** (hâr'bidj), s. Ervas em geral, forragem verde para o gado; pastagem.
**HERBAL** (hâr'bâl), s. Herbário; adj. herbático.
**HERBALIST** (hâr'bâlist), s. Ervanário; herbolário.
**HERBARIUM** (hârbêi'riâmm), s. Herbário.
**HERBARY** (hâr'bâri), s. Jardim botânico.
**HERBIVORE** (hâr'bivâr), s. Herbívoro.
**HERBIVOROUS** (hârbi'vorâss), adj. Herbívoro.
**HERBORIZE** (hâr'boráiz), v. i. Herborizar.
**HERBOUS** (hâr'bâss), adj. Herboso.
**HERCULEAN** (hârkiu'iânn), adj. Hercúleo.
**HERD** (hârd), v. t. e i. Andar ou reunir em bandos; associar-se; s. bando; multidão; ajuntamento; rebanho; manada; ralé.
**HERDSMAN** (hârds'maen), s. Pastor; pegureiro; guarda de gado.
**HERE** (hir), adv. Aqui; por aqui; neste lugar; neste mundo; interj. olha!; toma!; presente!
**HEREAFTER** (hir'âftâr), adv. Doravante; na outra vida; s. a vida futura; o além.
**HEREBY** (hir'bái), adv. Pela presente, por este meio (o mesmo que *by this*).
**HEREDITABILITY** (hiréditâbi'liti), s. Hereditariedade.
**HEREDITABLE** (hiré'ditâbl), adj. Hereditário.
**HEREDITAMENT** (héridi'tâmént), s. Herança.
**HEREDITARY** (hiré'ditâri), adj. Hereditário.
**HEREDITY** (hiré'diti), s. Hereditariedade.
**HEREIN** (hi'rinn), adv. Nisto; junto; incluso; neste; nesta (o mesmo que *in this*).
**HEREINAFTER** (hirinaf'târ), adv. Daqui por diante; nas partes que se seguem (em documentos; discursos).
**HEREINTO** (hirintu'), adv. Nisto; neste lugar.
**HEREOF** (hir'ôf), adv. Disto, a respeito disto.
**HEREON** (hir'ónn), adv. Sobre isto.
**HERESY** (he'rissi), s. Heresia.
**HERETIC** (hé'ritik), s. Herege, dissidente; cismático; adj. herético.
**HERETICAL** (hiré'tikâl), adj. Herético.
**HERETO** (hir'tu), adv. Até hoje; para este fim.
**HEREUNDER** (hirân'dâr), adv. Abaixo; segundo isto; de acordo com isto.
**HEREUPON** (hir'âpônn), adv. Nisto; após isto; disto; assim fazendo.
**HEREWITH** (hiruiss'), adv. Junto a isto; em anexo; por meio disto; deste modo.
**HERITABLE** (hé'ritâbl), adj. Hereditário.
**HERITAGE** (hé'ritdj), s. Herança; herdade.
**HERMAPHRODISM** (hêrmafrodism), s. Hermafrodismo.
**HERMETIC** (hârmé'tik), adj. Hermético.
**HERMIT** (hâr'mit), s. Eremita; anacoreta.
**HERMITAGE** (hâr'mitdj), s. Ermida; claustro.
**HERN** (hârnn), s. A garça.
**HERNIA** (hâr'niâ), s. (Med.) Hérnia; ruptura.
**HERNIAL** (hâr'niâl) ou **HERNIARY** (hâr'niâri), adj. Hernial.
**HERO** (hi'rôu), s. Herói; guerreiro; personagem.
**HEROIC** (hirói'k), s. Poema épico; verso heróico; adj. heróico; valente; épico.
**HEROICS** (hirói'ks), s. pl. Fanfarronada.
**HEROINE** (hé'roinn), s. Heroína.
**HEROISM** (hé'roizm), s. Heroísmo.
**HERON** (hé'rânn), s. Garça.
**HERONRY** (hé'rânri), s. Lugar para a criação de garças.
**HERRING** (hé'rinn), s. Arenque.
**HERRINGER** (hé'rinâr), s. Pescador de arenques.
**HERS** (hârz), pron. pess. Seu, seus; sua, suas (dela); o, os; a, as (dela).
**HERSELF** (hârsél'f), pron. refl. da 3ª pess. (fem.) do sing. Ela mesma; ela própria.
**HESITANCE** (hé'zitânss) ou **HESITANCY** (hé'zitânsi), s. Hesitação; dúvida; demora.
**HESITATE** (hé'zitêit), v. i. Hesitar; demorar.
**HESITATION** (hézitêi'shânn), s. Hesitação.
**HESITATIVE** (hezitêi'tiv), adj. Hesitante.
**HEST** (hést), s. Ordem; mandado.
**HETERODOX** (hé'târodóks), adj. Heterodoxo.
**HETERODOXY** (hé'târodoksi), s. Heterodoxia.
**HETEROGAMY** (hé'terogâmi), s. Heterogamia.
**HETEROGENEITY** (hétârodjini'iti), s. Heterogeneidade.

**HETEROGENEOUS** (hétårodji'niåss), adj. Heterogêneo; confuso; discordante; vário.
**HETEROGENEOUSNESS** (hétårodji'niåsnéss), s. Heterogeneidade.
**HETEROSEXUAL** (hé'tero-séx'ual), s. Indivíduo heterosexual; adj. heterosexual.
**HEW** (hiu), v. t. e i. Cortar; talhar; desbastar; picar; labutar; mourejar.
**HEWER** (hiu'år), s. Talhador; desbastador.
**HEXAGON** (hék'sågônn), s. Hexágono.
**HEXAHEDRON** (héksâ-hi'drônn), s. Hexaedro.
**HEXAMETER** (héksé'mitår), s. Hexâmetro.
**HEXANGULAR** (hégzén'guiú'lêr), adj. (Geom.) Que tem seis ângulos.
**HEXARCHY** (hék'sårki), s. Hexarquia.
**HEY** (héi), inter. Eh! olá!
**HEYDAY** (héi'dêi), s. Auge; apogeu da vitalidade e vigor; vivacidade; fogo; ardor; interj. voz que exprime admiração ou alegria.
**HI** (hái), interj. Alô!
**HIATUS** (háiêi'tåss), s. Hiato; lacuna; fenda.
**HIBEBOUND** (háid'báund), adj. De pele aderida aos músculos; adj. teimoso.
**HIBERNAL** (háibår'nâl), adj. Hibernal.
**HIBERNATE** (hái'bårnêit), v. i. Hibernar.
**HIBERNATION** (háibårnêi'shånn), s. Hibernação.
**HIBERNIAN** (háibår'niånn), adj. e s. Irlandês.
**HIC** (hik), interj. Hic (soluço).
**HICCUP, HICCOUGH** (hi'cåp), s. Soluço; v. t. e i. soluçar.
**HICKORY** (hi'kori), s. Nome de uma espécie de nogueira.
**HIDDEN** (hi'dn), adj. Escondido; misterioso.
**HIDE** (háid), v. t. e i. Esconder; ocultar; segregar; s. couro, pele (de boi).
**HIDEOUS** (hi'diåss), adj. Medonho; horrendo.
**HIDEOUSNESS** (hi'diåsnéss), s. Fealdade extrema; hediondez; deformidade.
**HIDE-OUT** (hái'dáut), s. (pop.) Esconderijo.
**HIDING** (hái'dinn), s. Encobrimento; surra.
**HIE** (hái), v. t. e i. Ativar; incitar; afobar-se.
**HIEMAL** (hái'mål), adj. Hiemal.
**HIERARCHIC** (háiârár'kik) ou **HIERARCHICAL** (háiârár'kikål), adj. Hierárquico.
**HIERARCHY** (hái'ârårki), s. Hierarquia.
**HIERATIC** (háiåré'tik) ou **HIERATICAL** (háiåré'tikål), adj. Hierático.
**HIEROGLYPH** (hái'åróglif) ou **HIEROGLYPHIC** (háiåróglí'fik), s. Hieróglifo.
**HI-FI** (hái'fái), s. (pop.) Alta fidelidade.
**HIGGLE** 9hig'l), v. i. Regatear; revender.
**HIGGLER** (hi'glår), s. Regateador; mascate.

**HIGH** (hái), adj. Alto; elevado; grande; eminente; solene; nobre; altivo; orgulhoso; arrogante; caro; violento; forte; intenso; delicado; lisonjeiro; pleno; cheio; animado; consumado. *The Most High:* o Altíssimo, Deus; adv. alto; altamente; grandemente; s. o alto, as alturas, o céu.
**HIGHBALL** (hái'ból), s. Uísque com soda e gelo.
**HIGHBORN** (hái'bórn), adj. Bem nascido; de alta linhagem; nobre.
**HIGHBRED** (hái'bréd), adj. De raça pura; de maneiras refinadas; aristocrático.
**HIGHLAND** (hái'lénd), s. Planalto; região montanhosa; adj. relativo a essa região.
**HIGHLANDER** (hái'léndår), s. Montanhês.
**HIGHNESS** (hái'néss), s. Altura.
**HIGHWAY** (hái'uêi), s. Estrada de rodagem.
**HIKE** (háik), v. t. e i. Caminhar, marchar; s. passeio, marcha, caminhada.
**HIKING** (hái'kinn), s. Marcha, passeio a pé.
**HILARIOUS** (háilêi'riåss), adj. Alegre; jovial.
**HILARITY** (hilé'riti), s. Hilaridade.
**HILL** (hil), s. Colina, outeiro; monte; elevação; v. t. e i. amontoar; acumular.
**HILLINESS** (hi'linéss), s. Natureza montanhosa.
**HILLMAN** (hil'maen), s. Montanhês.
**HILLOCK** (hi'låk), s. Pequena colina, outeiro.
**HILLY** (hi'li), adj. Montanhoso; escarpado.
**HILT** (hilt), s. Punho, copos ou guarda (da espada); cabo do punhal.
**HILTED** (hil'tid), adj. Que tem cabo.
**HILUM** (hái'låmm), s. (Bot.) Hilo.
**HIM** (himm), pron. pess. masc. da 3ª pess. do sing. (caso objetivo de *he*) O, lhe, ele.
**HIMSELF** (himsél'f), pron. pess. refl. da 3ª pess. sing. (masc.) Ele mesmo; ele próprio.
**HIND** (háind) ou **HINDER** (háin'dår), adj. Posterior; traseiro; da retaguarda; s. criado de lavoura; corça; pequena cerva; v. t. e i. impedir; embaraçar; retardar; demorar; opor-se a; agir contra.
**HINDERANCE** (hin'dårånss) ou **HINDRANCE** (hin'drånss), s. Impedimento; demora.
**HINDERER** (hin'dårår), s. Impedidor; estorvador; obstrutor.
**HINDMOST** (háind'môust) ou **HINDERMOST** (háin'dårmôust), adj. Derradeiro; ótimo.
**HINDU** (hin'du), s. Hindu.
**HINGE** (hindj), s. Dobradiça; gonzo; junta; articulação; ponto principal; v. t. e i. pôr gonzo; girar sobre gonzos.

**HINT** (hint), s. Insinuação; sugestão; palpite; advertência; v. t. e i. sugerir; insinuar; dar palpite; dar a entender.
**HINTERLAND** (hin'tårlaend), s. Hinterlândia.
**HIP** (hip), s. Anca, quadril; (Arquit.) ângulo externo; cantoneira de telhado; v. t. derrear; desancar; tornar melancólico.
**HIPPED** (hipt), adj. Desconjuntado; descadeirado; tornado melancólico.
**HIPPISH** (hi'pish), adj. Um tanto melancólico.
**HIPPISHNESS** (hi'pishnéss), s. Melancolia.
**HIPPODROME** (hi'podrôumm), s. Hipódromo.
**HIPPOPOTAMUS** (hipopó'tâmâss), s. Hipopótamo.
**HIRCINE** (hår'sinn), adj. Hircino; relativo ao bode.
**HIRE** (háir), s. Aluguel; salário; pagamento; v. t. alugar; contratar; assalariar.
**HIRELING** (háir'linn), adj. e s. Mercenário; venal.
**HIRER** (hái'rår), s. Alugador; arrendador.
**HIRSUTE** (hårsiu't), adj. Hirsuto; peludo; cabeludo; (fig.) grosseiro.
**HIS** (hiz), pron. poss. masc. 3ª pess. sing. Seu, sua, seus, suas (dele).
**HISS** (his), s. Assobio, silvo, chiado; apupo; v. t. e i. sibilar, silvar, assobiar; vaiar.
**HISSER** (hi'sâr), s. Assobiador.
**HIST** (hist), v. t. Mandar calar; interj. silêncio!; psiu!
**HISTOLOGY** (histó'lodji), s. Histologia.
**HISTORIAN** (histôu'riânn), s. Historiador.
**HISTORIC** (histó'rik) ou **HISTORICAL** (histó'rikâl), adj. Histórico.
**HISTORY** (his'tori), s. História.
**HISTRIONIC** (histriô'nik) ou **HISTRIONICAL** (histriô'nikâl), adj. Histriônico.
**HISTRIONICS** (histriô'niks), s. Histrionismo, arte de representação dramática.
**HIT** (hit), s. Golpe, pancada; acerto; v. t. e i. ferir, bater; acertar (no alvo).
**HITCH** (hitsh), s. Nó, laço; obstáculo, empecilho; interrupção súbita; v. t. e i. prender; agarrar; suspender; saltar.
**HITHER** (hi'dhâr), adj. Aquém, da parte de cá; adv. para cá, para aqui.
**HITHERTO** (hi'dhârtu), adv. Até agora; até hoje; até aqui.
**HITTER** (hi'târ), s. O que fere, o que bate.
**HIVE** (háiv), s. Colmeia; enxame; v. t. e i. enxamear.
**HIVES** (háivz), s. Urticária; laringite.
**HO** (hôu), interj. Olá!

**HOAR** (hôur), adj. Branco, encanecido; bolorento; antigo; s. brancura; velhice; cãs.
**HOARD** (hôurd), s. Provisão; tesouro; esconderijo; v. t. e i. amontoar.
**HOARDER** (hôur'dâr), s. Amontoador; avaro.
**HOARINESS** (hôu'rinéss), s. Brancura; cãs.
**HOARSE** (hôurss), adj. Rouco; desafinado.
**HOARSENESS** (hôurs'néss), s. Rouquidão.
**HOARY** (hôu'ri), adj. Branco; esbranquiçado; encanecido; velho.
**HOAX** (hôuks), s. Mistificação; logro; burla; v. t. mistificar; lograr.
**HOAXER** (hôuk'sâr), s. Mistificador; burlador.
**HOB** (hôb), s. Superfície da lareira (a que serve de prateleira); mandril de aço.
**HOBBLE** (hob'l), s. Coxeadura; dificuldade; v. t. e i. claudicar; estorvar; embaraçar.
**HOBBLER** (hô'blâr), s. Coxo; cavaleiro.
**HOBBY** (hô'bi), s. Cavalinho de pau; cavalo pequeno; passatempo preferido; mania.
**HOBGOBLIN** (hôbgô'blinn), s. Duende; diabrete; espectro, espantalho.
**HOBNAIL** (hôb'nêil), s. Cravo de ferradura; (fig.) campônio; v. t. firmar com cravo.
**HOBNOB** (hôb'nôb), s. Convite para beber; v. i. brindar à saúde.
**HOCK** (hôk), s. Jarrete, pernil; vinho branco do Reno; (gfr.) penhor; v. t. incapacitar cortando os cordões do jarrete; penhorar.
**HOCKEY** (hô'ki), s. Hóquei (jogo).
**HOD** (hôd), s. Cocho (receptáculo de cabo comprido) de cal, reboco; maçarico.
**HOE** (hôu), s. Enxada; sachola; máquina para cavar; v. t. e i. sachar, mondar.
**HOER** (hôu'âr), s. Cavador; mondador.
**HOG** (hóg), s. Porco; pessoa suja ou gulosa; v. t. alongar; arquear; cortar rente (crina de cavalo); (gfr.) tomar demais para si.
**HOGGERY** (hô'gâri) ou **HOGGISHNESS** (hô'ghishnéss), s. Porcaria; grosseria.
**HOGGISH** (hô'ghish), adj. Porcino; grosseiro.
**HOGSHEAD** (hógs'héd), s. Casco; barril grande.
**HOIST** (hôist), s. Ato de levantar; guindaste; guincho; macaco; (Náut.) altura duma vela; v. t. levantar; içar; arvorar.
**HOISTING** (hôis'tinn), s. Guindagem; soerguimento; levantamento.
**HOLD** (hôuld), s. Presa, apresamento; garra; porão; v. t. e i. agarrar, segurar, prender; suster; defender; julgar; possuir; convocar; conter. *To hold out*: oferecer.
**HOLDALL** (hôul'dôl), s. Maleta; mochila.

**HOLDER** (hôul'dâr), s. Detentor; possuidor; arrendatário; proteção; cabo; punho; asa.
**HOLDING** (hôul'dinn), s. Posse; arrendamento; influência; coro, estribilho.
**HOLDOVER** (hôul'dôuvâr), s. Remanescente; estudante que repete ano ou matéria.
**HOLD-UP** (hôul'dâp), s. Assalto a mão armada; obstáculo; extorsão.
**HOLE** (hôul), s. Buraco; cavidade; cova; antro; caverna; fenda; esconderijo, v. t. e i. esburacar; (fig.) meter-se em apuros.
**HOLIDAY** (hô'lidêi), s. Dia santo; feriado; dia de festa; pl. férias.
**HOLINESS** (hôu'linéss), s. Santidade.
**HOLLAND** (hô'lânn), s. Holanda (tecido).
**HOLLOW** (hô'lôu), v. t. Cavar, escavar; furar; esvaziar; adj. oco; esburacado; fendido; surdo (som); pérfido; falso; s. cavidade; concavidade; antro; caverna; abismo; vale.
**HOLLOWNESS** (hô'lôunéss), s. Cavidade; perfídia; falsidade.
**HOLLY** (hô'li), s. Azevinho.
**HOLM** (hôulmm), s. Azinheira; azevinho.
**HOLSTER** (hôuls'târ), s. Coldre.
**HOLT** (hôult), s. Colina arborizada; bosque.
**HOLY** (hôu'li), adj. Santo; sagrado; divino; bento; pio; puro; justo; benfazejo.
**HOMAGE** (hô'midj), s. Homenagem; honraria; veneração; deferência; respeito.
**HOMAGER** (hô'midjâr), s. Homenageante; vassalo; súdito.
**HOME** (hôumm), s. Lar, casa; residência; habitação; pátria; cidade natal; alvo; gol; chegada (em esporte); adj. doméstico; familiar; caseiro; interno, interior; adv. para ou em casa; à ou na sua terra; v. t. dar casa a; alojar; v. i. voltar para casa.
**HOMELESS** (hôum'léss), adj. Sem casa.
**HOMELESSNESS** (hôum'lésnéss), s. Desamparo; abandono; desabrigo.
**HOMELINESS** (hôu'milinéss), s. Simplicidade; rusticidade; grosseria.
**HOMELY** (hôu'mili), adj. Doméstico; simples; caseiro; humilde; ignorante; grosseiro; feio; adv. simplesmente; grosseiramente.
**HOMEMADE** (hôum'meid), adj. Feito em casa; simples; comum.
**HOMESICK** (hôum'sik), adj. Nostálgico, com saudades da pátria ou do lar; s. nostalgia.
**HOMESPUN** (hôum'spânn), adj. Caseiro; nacional; feito em casa; s. pano tecido em casa, ou de fabricação nacional.
**HOMESTEAD** (hôum'stéd), s. Solar, mansão.

**HOMICIDE** (hô'missáid), s. Homicida; homicídio.
**HOMILY** (hô'mili), s. Homflia.
**HOMINY** (hô'mini), s. Papas de milho; angu.
**HOMOGENEITY** (homodji'niti), s. Homogeneidade.
**HOMOGENEOUS** (homodj'niâss), adj. Homogêneo.
**HOMONYM** (hô'monimm), s. (Gram.) Homônimo.
**HOMOPHONOUS** (homô'fonâss), adj. Homófono.
**HOMUNCULS** (hôumân'kiul), s. Homúnculo; anão.
**HONE** (hôunn), s. Pedra de amolar ou afiar; v. t. e i. afiar, amolar; afligir-se.
**HONEST** (ô'nist), adj. Honesto; sincero.
**HONESTLY** (ô'nistli), adv. Honestamente.
**HONESTY** (ô'nisti), s. Honestidade; honradez; probidade; castidade; virtude; boa fé.
**HONEY** (hã'ni), s. Mel; doçura; querido(a); meu bem; suavidade; agrado; adj. doce; melífico; caro; v. t. melar; adoçar; v. i. falar em tom melífluo.
**HONEYBEE** (hã'nibi), s. Abelha produtora de mel; abelha caseira.
**HONEYCOMB** (hã'nikôumm), s. Favo de mel.
**HONEYED** (hã'nid), adj. Melífluo; doce.
**HONEYMOON** (hã'nimunn), s. Lua de mel.
**HONK** (hônk), s. Grasnar de pato selvagem; silvo de sereia (de automóvel, bicicleta); v. i. grasnar, buzinar.
**HONOR, HONOUR** (ô'nâr), s. Honra; honradez; honestidade; fama; respeito; dignidade; pudor; ornamento de uma sociedade; v. t. honrar; glorificar (a Deus); estimar; (Com.) acolher bem (uma letra); pagar.
**HONORABLE, HONOURABLE** (ô'norâbl), adj. Honroso; justo; credenciado; honorífico.
**HONORABLENESS, HONOURABLENESS** (ô'norâblnéss), s. Honorabilidade; honestidade; retidão; lealdade.
**HONORARIUM** (ónorê'riâmm), s. Honorários.
**HOOD** (hud), s. Touca; capuz; capelo; hábito (de frade ou monje); dobra; prega ornamental; capota de automóvel; chapéu; capa de chaminé; v. t. pôr touca ou capuz.
**HOODWINK** (hud'uink), v. t. Vendar os olhos; lograr; enganar.
**HOOF** (huf), s. Casco (de cavalo, boi, etc.); v. i. andar devagar; andar a passo.
**HOOFPRINT** (huf'print), s. Pegada de animal de cascos.

**HOOK** (huk), s. Gancho; anzol; engodo; (Náut.) gato; bocarda; v. t. fisgar; apanhar no laço; engodar; v. i. arquear-se.
**HOOKED** (hukt), adj. Curvo; aquilino.
**HOOKER** (hu'kâr), s. Chaveco; embarcação pequena.
**HOOP** (hup), s. Arco, círculo; anel; colar; aro; camba de roda; cinto; v. t. e i. pôr arcos ou aros; abraçar; guinchar; gritar.
**HOOPER** (hu'pâr), s. Tanoeiro.
**HOOPING** (hu'pinn), s. Gritaria; algazarra; arcos em geral.
**HOOT** (hut), s. Grito, apupo, vaia; pio da coruja; v. t. e i. gritar; apupar; vaiar.
**HOP** (hóp), s. Salto, pulo; lúpulo; (fam.) dança, baile, festival; v. t. e i. andar aos pulos; coxear; pôr lúpulo em (a cerveja).
**HOPE** (hôup), s. Esperança; confiança; expectativa; v. t. e i. esperar; confiar.
**HOPEFUL** (hôup'fulnéss), s. Esperançoso; feliz; auspicioso; prometedor.
**HOPEFULNESS** (hôup'fulnéss), s. Esperança; boa disposição.
**HOPELESS** (hôup'léss), adj. Desesperado; desesperançado.
**HOPELESSNESS** (hôup'lésnéss), s. Desesperação, desânimo.
**HOPPER** (hô'pâr), s. Saltador; gafanhoto; caixa de descarga de vaso sanitário.
**HORD** (hôurd), s. Horda, bando, clã; v. i. viver em hordas.
**HORIZON** (horáiz'n), s. Horizonte.
**HORN** (hórnn), s. Chifre; trompa; antena de inseto; tentáculo; protuberância óssea.
**HORNED** (hór'nid), adj. Cornudo; cornígero.
**HORNET** (hór'nit), s. Vespão.
**HORNINESS** (hór'ninéss), s. Qualidade de ser córneo.
**HORNY** (hór'ni), adj. Córneo; caloso.
**HOROLOGE** (hó'rolódj), s. Relógio, principalmente de torre.
**HOROLOGY** (hó'rolódji), s. Relojoaria.
**HORRIBLE** (hó'ribl), adj. Horrível; atroz.
**HORRIBLENESS** (hó'riblnéss), s. Horribilidade.
**HORRID** (hó'rid), adj. Hórrido; horrível; atroz.
**HORRIDNESS** (hó'ridnéss), s. Horror.
**HORRIFY** (hó'rifái), v. t. Horrorizar.
**HORSE** (hórss), s. Cavalo, cavalete; cadeirinha; liteira; soldado de cavalaria; v. t. e i. montar a cavalo; fornecer cavalos.
**HORSEMAN** (hórs'maen), s. Cavaleiro; soldado de cavalaria.
**HORSEMANSHIP** (hórs-maenship), s. Equitação; cavalaria.
**HORSINESS** (hór'sinéss), s. Afeição pelos cavalos.
**HORSY** (hór'si), adj. Pertencente a cavalo; rude; grosseiro.
**HORTATIVE** (hór'tâtiv) ou **HORTATORY** (hór'tâtôuri), v. t. Exortativo; incitador.
**HORTICULTURE** (hór'tikâtshur ou hór'tikâltiur), s. Horticultura.
**HOSE** (hôuz), s. Meias; mangueira d'água; calções; v. t. regar com mangueira.
**HOSIER** (hôu'jâr), s. Vendedor de meias ou artigos semelhantes.
**HOSIERY** (hôu'jâri), s. Loja de meias e demais artigos do ramo de malharia; fábrica de meias ou malhas.
**HOSPICE** (hós'piss), s. Hospício; lugar de abrigo ou proteção.
**HOSPITABLE** (hós'pitâbl), adj. Hospitaleiro.
**HOSPITABLENESS** (hós'pitâblnéss), s. Hospitabilidade.
**HOSPITAL** (hós'pitâl), s. Hospital.
**HOSPITALITY** (hóspité'liti), s. Hospitalidade.
**HOST** (hôust), s. Hoste, exército; bando; hóspede; hospedeiro; hóstia.
**HOSTAGE** (hós'tidj), s. Refém.
**HOSTEL** (hós'tel) ou **HOSTELRY** (hós'telri), s. Hospedaria; estalagem; pousada.
**HOSTESS** (hôus'téss), s. Hospedeira; dona da casa, anfitriã.
**HOSTILE** (hós'til), adj. Hostil, inimigo.
**HOSTILITY** (hósti'liti), s. Hostilidade.
**HOSTLER** (ós'lâr), s. Moço de estrebaria, palafreneiro; pajem; estalajadeiro.
**HOT** (hót), adj. Quente; de elevada temperatura; cálido; inflamado; ardente; fogoso; intrépido; violento; apaixonado.
**HOTCHPOT** (hótsh'pót), s. (Jur.) Agrupamento de bens ou legados.
**HOTEL** (hote'l), s. Hotel; hospedaria.
**HOTFOOT** (hót'fut), adv. A toda pressa; v. i. apressar-se.
**HOTHEAD** (hót'héd), s. Pessoa impetuosa, fogosa, exaltada.
**HOTNESS** (hót'néss), s. Calor; veemência.
**HOTSPUR** (hót'spâr), s. Pessoa temerária; violenta; adj. fogoso; excitável.
**HOTWELL** (hót'uél), s. Reservatório; fonte termal.
**HOUGH** (hók), s. Jarrete; v. t. jarretar.
**HOUND** (háund), s. Cão de caça; sabujo; v. t. açular; caçar com cães.

**HOUNDING** (háun'dinn), s. Mastaréu; corpo de mastro.
**HOUR** (áuâr), s. Hora, tempo, ocasião.
**HOURLY** (áuâr'li), adj. De todas as horas; adv. a cada hora.
**HOUSE** (háuss), s. Casa, moradia, residência; habitação; morada; lar; domicílio; casa comercial; casa de espetáculos; assembléia. *To keep house:* cuidar de casa, ter sua casa, seu lar; v. t. residir, morar, habitar; recolher; v. i. recolher-se; agasalhar-se; ir em direção a casa.
**HOUSEHOLD** (háus'hôuld), s. Casa, família; lar; governo de um lar.
**HOUSEHOLDER** (háus'hôuldâr), s. Dono de casa, chefe de família.
**HOUSELESS** (háuss'léss), adj. Desabrigado, sem teto ou lar; desamparado.
**HOUSEWIFE** (háus'uái), s. A dona da casa, mãe de família; mulher econômica; estojo de costura; v. t. e i. economizar, dirigir com economia e habilidade (casa).
**HOUSEWIFELY** (háus'uáifli), adv. A modo de uma boa dona de casa; economicamente.
**HOUSEWIFERY** (háus'uáifâri), s. Governo da casa; economia doméstica.
**HOUSING** (háu'zinn), s. Alojamento; apartamento; habitação; residência.
**HOVEL** (hô'vel), s. Telheiro; choça; v. t. e i. abrigar; abrigar-se num telheiro ou choça.
**HOW** (háu), adv. Como, de que maneira, até que grau ou quantidade; até que extensão, quanto, a que preço, por que razão.
**HOWBEIT** (húbi'it), adv. Não obstante; seja como fôr.
**HOWEVER** (háu'évâr), adv. e conj. Todavia, contudo; como quer que seja.
**HOWITZER** (háu'itsâr), s. Morteiro; obus.
**HOWL** (hául), s. Uivo; gemido; rugido; alarido; v. i. uivar; gemer; fazer alarido.
**HOWLER** (háu'lâr), s. Uivador; tolice.
**HOWSOEVER** (háusoé'vâr), adv. Como queira, por mais que, de qualquer modo.
**HOY** (hói), interj. Olá! alto!; s. batelão, tipo de barco ou barcaça.
**HOYDEN** (hóid'n), s. pessoa atrevida; adj. atrevido; arrojado.
**HUB** (hâb), s. Cubo; núcleo; centro, sede.
**HUBBUB** (hâ'bâb), s. Algazarra; confusão.
**HUCKLE** (hâk'l), s. Corcunda; giba; saliência.
**HUCKSTER** (hâ'kstâr), s. Varejista; retalhista; vendilhão; maroto; velhaco; v. i. vender a varejo, em pequena escala.

**HUDDLE** (hâd'l), s. Confusão; tumulto; barulho, v. t. e i. confudir; misturar; acotovelar-se; apressar-se; afadigar-se.
**HUE** (hiu'), s. Cor, matiz, tinta, tom (de tinta); grito; vociferação.
**HUFF** (hâf), s. Arrogância; ímpeto; cólera; v. t. e i. bufar de raiva; zangar-se; ufanar-se; insultar; soprar pedra (jogo de damas).
**HUFFINESS** (hâ'finéss), s. Arrogância.
**HUFFISH** (hâ'fish), adj. Arrogante; fanfarrão.
**HUFFISHNESS** (hâ'fishnéss), s. Fanfarronice; petulância; arrogância.
**HUFFY** (hâ'fi), adj. Arrogante; irascível.
**HUG** (hâg), s. Abraço apertado; v. t. estreitar nos braços.
**HUGE** (hiudj), adj. Enorme; prodigioso.
**HUGENESS** (hiudj'néss), s. Enormidade; vastidão; imensidade.
**HULK** (hâlk), s. Casco de navio; pontão; batelão; coisa sem préstimo.
**HULKING** (hâl'kinn), adj. Desajeitado, pesadão; volumoso.
**HULL** (hâl), s. Casca; folhelho; casulo; casco (de embarcação); v. t. e i. descascar; flutuar na água como um casco.
**HULLABALOO** (hâlâbâlu'), s. Algazarra.
**HULLO** (hâ'lôu), interj. Olá!
**HUMAN** (hiu'maen), adj. Humano, do homem, da humanidade.
**HUMANE** (hiumêi'nn), adj. Humano, humanitário, compassivo, benevolente.
**HUMANENESS** (hiumêin'néss), s. Humanidade; doçura; clemência; compaixão.
**HUMANISM** (hiu'mânizm), s. Humanismo.
**HUMANIST** (hiu'mânist), s. Humanista.
**HUMANITARIAN** (hiumânitêi'riânn), adj. e s. Filantropo, compassivo, benevolente; o que nega a divindade de Cristo.
**HUMANITARIANISM** (hiumânitêi'riânizm), s. Humanitarismo.
**HUMANITIES** (hiumé'nitiz), s. pl. Humanidades; estudo de língua e literatura clássicas.
**HUMANITY** (hiumé'niti), s. Humanidade, o gênero humano.
**HUMANIZE** (hiu'mânáiz), v. t. Humanizar.
**HUMANKIND** (hiu'mânkáind), s. O gênero humano; a humanidade.
**HUMBLE** (hâmb'l), adj. Humilde; simples; modesto; v. t. humilhar; rebaixar; vexar.
**HUMBLENESS** (hâmbl'néss), s. Humildade.
**HUMBUG** (hâm'bâg), s. Engano; logro; decepção; vaia; embusteiro; v. t. iludir; lograr; mistificar.

**HUMDRUM** (hâm'drâmm), adj. Monótono; lento; s. homem maçante ou néscio.
**HUMID** (hiu'mid), adj. Úmido.
**HUMIDITY** (hiumi'diti), s. Umidade.
**HUMILIATE** (hiumi'liêit), v. t. Humilhar.
**HUMILIATION** (hiumilêi'shânn), s. Humilhação.
**HUMILITY** (hiumi'liti), s. Humildade.
**HUMMING-BIRD** (hâm'minn-bârd), s. Beija-flor (pássaro).
**HUMMOCK** (hâm'mâk), s. Montículo; cômoro.
**HUMOR, HUMOUR** (hiu'mâr), s. Humor, disposição do espírito, do temperamento; índole; capricho; v. t. aceder a, consentir em; comprazer-se; lisonjear.
**HUMORIST** (hiu'mârist), s. Humorista.
**HUMOROUS** (hiu'mârâss), adj. Gracioso; divertido; cômico; jocoso; gaiato.
**HUMOROUSNESS** (hiu'mârâsnéss), s. Capricho; jocosidade; originalidade.
**HUMORSOME** (hiu'marâmm), adj. Petulante; cômico; agradável.
**HUMP** (hâmp), v. t. e i. Curvar; corcovar; dobrar-se; esforçar-se; s. corcunda; giba.
**HUMPBACK** (hâmp'baek), s. Pessoa corcunda.
**HUMPBACKED** (hâmp'baekt), adj. Corcovado.
**HUMPINESS** (hâm'pinéss), s. Gibosidade; curvatura da coluna vertebral.
**HUMPY** (hâm'pi), adj. Giboso; corcunda.
**HUNCH** (hânth), s. Murro; empurrão; cotovelada; corcova; corcunda; pedaço; v. t. e i. empurrar; acotovelar; curvar; arquear.
**HUNCHBACK** (hântsh'baek), s. Corcunda.
**HUNDRED** (hân'dred), adj. num. Cem (ou cento); s. cento; centena; distrito; quarteirão.
**HUNDREDFOLD** (hân'dredfôuld), adj. Cêntuplo; cem vezes.
**HUNDREDTH** (hân'dredh), adj. ord. e s. Centésimo.
**HUNGARIAN** (hânghei'riânn), adj. e s. Húngaro.
**HUNGER** (hân'gâr), v. i. Ter fome; s. fome; desejo ardente; vontade.
**HUNGERER** (hân'gârâr), s. Faminto (em sentido próprio e figurado).
**HUNGRINESS** (hân'grinéss), s. Fome.
**HUNGRY** (hân'gri), adj. Esfomeado; estéril.
**HUNK** (hânk), s. (fam.) Pedaço grande; naco.
**HUNT** (hânt), s. Caça; matilha; associação de caçadores; v. t. e i. caçar, perseguir.
**HUNTER** (hân'târ), s. Caçador; cão ou cavalo de caça.

**HUNTING** (hân'tinn), s. Caça, caçada; perseguição; desejo de alcançar.
**HUNTRESS** (hân'tréss), s. Caçadora.
**HURDLE** (hârd'ç), s. Estacada; valado; grade; caniçada; v. t. fechar com cancelas ou cercas de vime.
**HURDY-GURDY** (hâr'di-gâr'di), s. Realejo; sanfona.
**HURL** (hârl), s. Arremesso; confusão; tumulto; v. t. arremessar com força.
**HURLING** (hâr'linn), s. Nome de um jogo de péla.
**HURLY** (hâr'li), s. Tumulto; barulhada.
**HURRICANE** (hâ'rikêinn), s. Furacão; tempestade; procela.
**HURRIED** (hâ'rid), adj. Apressado; precipitado.
**HURRIER** (hâ'riâr), s. Acelerador; inquietador.
**HURRY** (hâ'ri), s. Pressa; confusão, desordem; v. t. e i. apressar; precipitar.
**HURT** (hârt), s. Mal, prejuízo, dano; ofensa; detrimento; v. t. e i. fazer mal a, ferir, ofender; estragar; fazer doer.
**HURTFUL** (hârt'ful), adj. Prejudicial; nocivo.
**HURTFULNESS** (hârt'fulnéss), s. Dano, prejuízo; malefício.
**HURTING** (hâr'tinn), s. Dor.
**HURTLE** (hârt'l), v. t. e i. Arremessar-se com violência; agitar-se; mover-se com rapidez.
**HURTLESS** (hârt'léss), adj. Inofensivo; indene; ileso.
**HUSBAND** (hâs'bând), s. Marido, esposo; v. t. economizar; arranjar marido; casar.
**HUSBANDRY** (hâz'bândri), s. Boa administração de casa; economia; agricultura.
**HUSH** (hâsh), s. Silêncio; tranqüilidade; interj. silêncio! v. t. e i. fazer calar.
**HUSHABY** (hâ'shâbâi), s Cantiga para adormecer crianças.
**HUSK** (hâsk), s. Casca, vagem, pele, folhelho; v. t. descascar; debulhar.
**HUSKINESS** (hâs'kinéss), s. Aspereza (de som); rouquidão; o que tem casca.
**HUSKING** (hâs'kin), s. Ato de descascar ou descamisar cereais (esp. milho).
**HUSKY** (hâs'ki), adj. Rouco, roufenho; áspero; cascudo; forte; s. homem robusto.
**HUSSY** (hâ'zi), s. Mulher sem valor; sirigaita; qualquer rapariga.
**HUSTLE** (hâs'l), v. t. e i. Empurrar, acotovelar(-se); s. esbarro; cotovelada; encontrão.
**HUSTLER** (hâs'lâr), s. Pessoa enérgica.

**HUT** (hât), s. Cabana, choupana; barraca; v. t. e i. alojar em barraca; bivacar.
**HUTCH** (hâtsh), s. Arca, cofre; vasilha; gaiola; v. t. entesourar, economizar.
**HUTMENT** (hât'ment), s. Abarracamento de tropas.
**HYALINE** (hái'âlinn), adj. Hialino; cristalino.
**HYBRID** (hái'brid), adj. Híbrido.
**HYBRIDISM** (hái'bridism), s. Hibridismo.
**HYBRIDITY** (háibrí'diti), s. Hibridez.
**HYDRA** (hái'drâ), s. Hidra.
**HYDRAULIC** (háidró'lik), adj. Hidráulico.
**HYDROELECTRIC** (hái'drôu'eléctric), adj. Hidroelétrico.
**HYDROGEN** (hái'drodjénn), s. (Quím.) Hidrogênio.
**HYDROGRAPHY** (hái'drôu'graefi'), s. Hidrografia.
**HYDROLOGY** (háidró'lodji), s. Hidrologia.
**HYDROMECHANICS** (hái'drôumecáenics), s. Hidromecânica.
**HYDROMETRY** (háidró'mitri), s. Hidrometria.
**HYDROPATHY** (háidró'pâthi), s. Hidropatia.
**HYDROPHOBIA** (hái'drôufóbi'a), s. Hidrofobia.
**HYDROPLANE** (hái'droplêinn), s. Hidroplano.
**HYDROPSY** (hái'drópsi), s. Hidropsia.
**HYDROSPHERE** (hái'drâsfir), s. Hidrosfera.
**HYDROSTHERAPY** (hái'drôutherâpi'), s. Hidroterapia.
**HYDROUS** (hái'drâss), adj. Aquoso; que contêm hidrogênio.
**HYENA** (hái'inâ), s. Hiena.
**HYGIENE** (hái'djinn), s. Higiene.
**HYGIENIC** (hái'djienik) ou **HYGIENICAL** (hái'djienical), adj. Higiênico.
**HYGIENICS** (hái'djieniks), s. Higiene, medicina preventiva.
**HYGIENIST** (hái'dienist), s. Higienista.
**HYMEN** (hái'men), s. Hímen; casamento; himeneu.
**HYMENEAL** (háimini'âl) ou **HYMENEAN** (háimini'ânn), adj. Nupcial.

**HYMN** (him), s. Hino; v. t. e i. Celebrar com hinos; entoar hinos.
**HYMNAL** (him'nâl), s. Livro de hinos.
**HYMNIC** (him'nik), adj. Relativo a hinos.
**HYMNOLOGY** (himnó'lodji), s. Hinologia.
**HYOID** (hái'óid), adj. Hióide.
**HYPERACIDITY** (hái'pâr'aeciditi), s. Hiperacidez.
**HYPERBOLE** (háipâr'boli), s. Hipérbole.
**HYPERBOLISM** (háipâr'bolism), s. Hiperbolismo.
**HYPERSENSITIVE** (hái'pâr'sensitiv), adj. Hipersensível; supersensível.
**HYPERSONIC** (hái'pâr'sônic), adj. Hipersônico.
**HYPERTENSION** (hái'pârtenshânn), s. Hipertensão.
**HYPHEN** (hái'fenn), s. Hífen, traço de união; v. t. juntar por meio de hífen.
**HYPNOSIS** (hipnôu'siss), s. Hipnose.
**HYPNOTISM** (hip'notizm), s. Hipnotismo.
**HYPNOTIZE** (hip'notáiz), v. t. Hipnotizar.
**HYPNOTIZER** (hip'notáizâr), s. Hipnotizador.
**HYPOCONDRIAC** (háipôucondri'aek), s. e adj. Hipocondríaco.
**HYPOCRISY** (hipó'krissi), s. Hipocrisia.
**HYPOCRITE** (hi'pokrit), s. Hipócrita.
**HYPOTENUSE** (háipôuteniu'z), s. Hipotenusa.
**HYPOTHEC** (háipô'thik), s. Hipoteca legal.
**HYPOTHECATE** (háipô'thikêit), v. t. Hipotecar; dar garantia hipotecária.
**HYPOTHECATION** (háipôthikêi'shânn), s. Hipoteca; penhor.
**HYPOTHESIS** (háipó'thissis), s. Hipótese.
**HYPOTHETIC** (háipóthé'tik) ou **HYPOTHETICAL** (háipóthé'tikâl), adj. Hipotético; imaginário.
**HYSTERIA** (histí'riâ) ou **HYSTERICS** (histé'riks), s. Histerismo; espasmo.
**HYSTERIC** (histé'rik) ou **HYSTERICAL** (histé'rikâl), adj. Histérico.
**HYTHE** (háidh), s. Pequeno porto de descarga; enseada.

# I

**I** (ái), s. Nona letra do alfabeto; pron. pess. 1ª pess. do sing. Eu (sempre em maiúsc.).
**IAMBIC** (áiêm'bik), adj. Jâmbico; s. jambo.
**IBERIAN** (áibi'riânn), adj. e s. Ibérico; íbero.
**IBIDEM** (ibái'demm), adv. (lat.) No mesmo lugar; na mesma obra, capítulo ou página.

**ICAIRAN** (áiké'riànn), adj. De Ícaro; arrojado.
**ICE** (áise), s. Gelo; neve; sorvete; caramelo; açúcar cristalizado. *Ice age:* período glacial; v. t. gelar; cobrir com glacê (bolo).
**ICEBERG** (áis'bârg), s. Montanha de gelo flutuante.
**ICEBOX** (áis'boks), s. Geladeira; refrigerador.
**ICEBRAKER** (áiss'brêikâr), s. Navio quebragelo; máquina para quebrar gelo; estrutura para proteção contra gelo flutuante.
**ICECAP** (áiss'caep), s. Calota glacial; (Med.) bolsa ou capacete de gelo.
**ICED** (áist), adj. Gelado; de gelo.
**ICELANDER** (áis'lêndâr), ad. e s. Islandês.
**ICICLE** (ái'sikl), s. Caramelo; pingente de gelo.
**ICILY** (ái'cili), adv. Gelidamente; frigidamente; algidamente.
**ICINESS** (áis'néss), s. Congelação; frio excessivo.
**ICING** (ái'sinn), s. Crosta de gelo; glacê de açúcar; adj. glacial.
**ICON** (ái'kónn), s. Ícone.
**ICONOCLAST** (ái'côunôuklaest), s. Iconoclasta.
**ICTUS** (ik'tâss), s. (Med.) Icto choque, pulsação; (Gram.) acento tônico.
**ICY** (ái'si), adj. Gélido, gelado, glacial; indiferente; insensível.
**IDEA** (áidi'â), s. Idéia; concepção; noção; opinião; impressão.
**IDEAL** (áidi'âl), adj. Ideal; mental; perfeito; imaginário; utópico; s. o ideal.
**IDEALISM** (áidi'âlizm), s. Idealismo.
**IDEALIST** (áidi'âlist), s. Idealista.
**IDEALIZATION** (áidiâlizêi'shânn), s. Idealização.
**IDEALIZE** (áidi'âláiz), v. t. e i. Idealizar; imaginar.
**IDEM** (ái'dem ou i'dem), adv. (lat.) O mesmo.
**IDENTICAL** (áidên'tikâl, adj. Idêntico; análogo; semelhante.
**IDENTICALNESS** (áidên'tikâlnéss), s. Identicidade; semelhança.
**IDENTIFIABLE** (áidên'tifáiâbl), adj. Que se pode identificar; reconhecível.
**IDENTIFICATION** (áidéntifikêi'shânn), s. Identificação.
**IDENTIFIER** (áidén'tifáiâr), s. Identificador.
**IDENTIFY** (áidén'tifái), v. t. Identificar; s. identidade.
**IDEOLOGY** (áidiolodgi'), s. Ideologia.

**IDEOSYNCRASY** (áidiossinkraesi'), s. Idiossincrasia; maneirismo, peculiaridade.
**IDES** (áidz), s. Os idos (divisão do antigo calendário romano).
**IDIOCY** (i'diossi), **IDIOTCY** (i'diotsi) ou **IDIOTRY** (i'diótri), s. Idiotismo; estupidez.
**IDIOM** (i'diâmm), s. Idioma; dialeto.
**IDIOMATIC** (idiomê'tik) ou **IDIOMATICAL** (idiomê'tikâl), adj. Idiomático.
**IDIOT** (i'diât), adj. e s. Idiota; imbecil; ignaro.
**IDIOTIC** (idió'tik) ou **IDIOTICAL** (idió'tikâl), adj. Idiota, parvo, ignorante; inepto.
**IDIOTISM** (i'diátizm), s. Idiotismo.
**IDLE** (áid'l), adj. Preguiçoso; vadio; desocupado; frívolo; v. i. estar ocioso; vadiar.
**IDLENESS** (ái'dlnéss), s. Preguiça; vadiação.
**IDLER** (ái'dlâr), s. Preguiçoso; vadio.
**IDOL** (ái'dâl), s. Idolo.
**IDOLATER** (áidó'lâtâr), s. Idólatra.
**IDOLATRY** (áidó'lâtri), s. Idolatria.
**IDOLISM** (ái'dolizm), s. Idolatria, amor excessivo.
**IDOLIST** (ái'dolist), s. Idólatra.
**IDOLIZE** (ái'doláiz), v. t. Idolatrar.
**IDYL, IDYLL** (ái'dil), s. Idílio.
**IDYLLIC** (áidi'lik), adj. Idílico.
**IF** (if), conj. Se, ainda que, suposto que, quando, mesmo, no caso de.
**IGLOO, IGLU** (iglú), s. Habitação de gelo dos esquimós.
**IGNEOUS** (i'gniâss), adj. Igneo; vulcânico.
**IGNITE** (ignái't), v. t. e i. Acender; inflamar.
**IGNITION** (igni'shânn), s. Ignição; inflamação.
**IGNOBILITY** (ignôubi'liti), s. Baixeza; vileza.
**IGNOBLE** (ignôub'l), adj. Ignóbil; vil; baixo.
**IGNOBLENESS** (ignôu'blnéss), s. Vileza; baixeza; ignomínia.
**IGNOMINIOUS** (ignôumi'niâss), adj. Ignominioso; vil; infamante.
**IGNOMINIOUSNESS** (ignomi'niâsnéss), s. Ignomínia.
**IGNOMINY** (ig'nomini), s. Ignomínia; desonra.
**IGNORANCE** (ig'norânss), s. Ignorância.
**IGNORANT** (ig'norânt), ad. e s. Ignorante.
**IGNORE** (ignôu'r), v. t. e i. Ignorar; desprezar; esquecer; desconhecer.
**ILEX** (ái'leks), s. Roble; carvalho.
**ILL** (il), adj. Doente; mau; ruim; malvado; s. mal; malícia; adv. mal; dificultosamente.
**ILLATION** (ilêi'shâmm), s. Ilação; conclusão.
**ILLEGAL** (ili'gâl), adj. Ilegal.
**ILLEGALITY** (ili'ghéliti), s. Ilegalidade.
**ILLEGIBLE** (ilé'djibl), adj. Ilegível.

**ILLEGITIMACY** (ilidji'timâssi), s. Ilegitimidade.
**ILLEGITIMATE** (ilidji'timit), adj. Ilegítimo; bastardo.
**ILLICIT** (ili'sit), adj. Ilícito; ilegal.
**ILLICITNESS** (ili'sitnéss), s. Ilegalidade.
**ILLIMITABLE** (ili'mitâbl), adj. Ilimitado.
**ILLIMITABLENESS** (ili'mitâblnéss), s. Qualidade de ilimitado.
**ILLITERACY** (ili'târâssi), s. Analfabetismo; incultura.
**ILLITERATE** (ili'târit), adj. Ignorante; inculto.
**ILLITERATENESS** (ili'târitnéss), s. Ignorância.
**ILLNESS** (il'néss), s. Doença; enfermidade.
**ILLOGICAL** (ilô'djikâl), adj. Ilógico.
**ILLOGICALNESS** (ilô'djikâlnés), s. Falta de lógica; insensatez.
**ILLUME** (iliu'mm), v. t. Iluminar; alumiar.
**ILLUMINANT** (ili'minânt), adj. Iluminante.
**ILLUMINATE** (ili'minêit), v. t. Iluminar.
**ILLUMINATION** (iliuminêi'shânn), s. Iluminação; esplendor; brilho.
**ILLUMINATOR** (iliu'minêitâr), s. Iluminador.
**ILLUMINE** (iliu'minn), v. t. Iluminar; inspirar; esclarecer; (fig.) embelezar.
**ILLUSION** (iliu'jânn), s. Ilusão; engano; erro.
**ILLUSIONISM** (iliu'jânizm), s. Ilusionismo.
**ILLUSIONIST** (iliu'jânist), s. Ilusionista.
**ILLUSIVE** (iliu'siv), adj. Ilusório; fala.
**ILLUSIVENESS** (iliu'sivnéss), s. Ilusão.
**ILLUSORY** (iliusô'ri), adj. Ilusório; irreal.
**ILLUSTRATE** (i'lâstrêit), v. t. Ilustrar; aclarar; esclarecer; tornar ilustre.
**ILLUSTRATION** (ilâstrêi'shânn), s. Ilustração; explicação; gravura; celebridade.
**ILLUSTRATOR** (i'lâstrêitâr), s. Ilustrador, desenhista.
**ILLUSTRIOUS** (ilâs'triâss), adj. Ilustre; famoso; célebre; distinto; preclaro.
**ILLUSTRIOUSNESS** (ilâs'triâsnéss), s. Nobreza; distinção; grandeza.
**IMAGE** (i'midj), s. Imagem; efígie; retrato; estátua; idéia; imagem mental; v. t. formar imagem de; figurar; fantasiar; simbolizar.
**IMAGERY** (i'midjiri), s. Fantasia mental.
**IMAGINABLE** (imé'djinâbl), adj. Imaginável.
**IMAGINARINESS** (imé'djinârinéss), s. Imaginação.
**IMAGINARY** (imé'djinâri), adj. Imaginário; ideal; fictício; suposto.
**IMAGINATION** (imédjinêi'shânn), s. Imaginação; fantasia; quimera; concepção.

**IMAGINATIVE** (imé'djinâtiv), adj. Imaginativo.
**IMAGINE** (imé'djinn), v. t. e i. Imaginar; conjeturar; conceber; julgar; pensar.
**IMAGINER** (imé'djinâr), s. Imaginador; inventor.
**IMAGO** (imêi'gôu), s. O último ou perfeito estado de um inseto.
**IMBECILITY** (imbeci'liti), s. Imbecilidade.
**IMBIBE** (imbâi'b), v. t. Embeber; absorver; ensopar; v. i. banhar-se; embeber-se.
**IMBUE** (imbiu'), v. t. Imbuir; embeber; tingir.
**IMITABLE** (imi'tâbl), adj. Imitável.
**IMITATE** (i'mitêit), v. i. Imitar; copiar; arremedar; falsificar; contrafazer.
**IMITATION** (imitêi'shânn), s. Imitação; cópia.
**IMITATOR** (i'mitêitâr), s. Imitador.
**IMMACULATE** (imé'kiulit), adj. Imaculado.
**IMMACULATENESS** (imé'kiulitnéss), s. Pureza; inocência.
**IMMATERIAL** (imâti'riâl), adj. Imaterial; incorpóreo; pequeno; sem importância.
**IMMATURE** (imâtiu'r), adj. Imaturo; verde.
**IMMATURENESS** (imâtiur'néss), s. Imaturidade; precocidade.
**IMMEDIATE** (imi'diêit), adj. Imediato; próximo; instantâneo; urgente; sem demora.
**IMMEDIATELY** (imi'diêtli), adv. Imediatamente.
**IMMENSE** (imén'ss), s. Imensidão; enormidade.
**IMMENSITY** (imén'siti), s. Imensidade.
**IMMERGE** (imér'dg), v. i. Mergulhar; afundar.
**IMMERSE** (imâr'ss), v. t. e i. Imergir; mergulhar; batizar por imersão.
**IMMERSION** (imâr'shânn), s. Imersão.
**IMMIGRANT** (i'migrânt), s. Imigrante.
**IMMIGRATE** (i'migrêit), v. t. Imigrar.
**IMMIGRATION** (imigrêi'shânn), s. Imigração.
**IMMINENCE** (i'minénss), s. Iminência.
**IMMINENT** (i'minént) adj. Iminente.
**IMMOBILE** (imôu'bil), adj. Imóvel; fixo.
**IMMOBILITY** (imobi'liti), s. Imobilidade.
**IMMODERATE** (imô'dârit), adj. Imoderado; demasiado; excessivo.
**IMMODERATION** (imôdârêi'shânn), s. Imoderação; demasia; excesso.
**IMMODEST** (imô'dést), adj. Imodesto; indelicado; impudico; obsceno.
**IMMODESTY** (imô'désti), s. Imodéstia; indecência; desonestidade.
**IMMOLATE** (i'molêit), v. t. Imolar; sacrificar.
**IMMOLATION** (imolêi'shânn), s. Imolação.
**IMMORAL** (imó'râl), adj. Imoral; corrupto.

**IMMORALITY** (imoré'liti), s. Imoralidade; desregramento; corrupção.
**IMMORTAL** (imór'tâl), adj. Imortal.
**IMMORTALITY** (imórté'liti), s. Imortalidade.
**IMMORTALIZE** (imór'tálâiz), v. t. Imortalizar.
**IMMOVABILITY** (imova'biliti), s. Imobilidade.
**IMMOVABLE** (imu'vâbl), adj. Imóvel; inabalável.
**IMMOVABLENES** (imu'vâblnéss), s. Imobilidade.
**IMMUNE** (imiu'nn), adj. Imune; isento; s. pessoa imune.
**IMMUNITY** (imiu'niti), s. Imunidade; isenção.
**IMMUTABILITY** (imiutâbi'liti), s. Imutabilidade; permanência; firmeza.
**IMMUTABLE** (imiu'tâbl), adj. Imutável; firme.
**IMP** (imp), s. Duende; prole; enxerto; v. t. assistir; ajudar; aumentar; enxertar.
**IMPACT** (impék't), v. t. Apertar; unir; enfeixar; s. impacto; choque; colisão.
**IMPAIR** (impé'r), v. t. e i. Diminuir em quantidade; debilitar; s. deterioração, dano.
**IMPAIRMENT** (impér'ment), s. Enfraquecimento; diminuição; depreciação; prejuízo.
**IMPALEMENT** (impéíl'ment), s. Separação.
**IMPANATION** (impânêi'shânn), s. Empanação.
**IMPARITY** (impae'riti), s. Disparidade.
**IMPART** (impár't), v. t. e i. Dar; conceder; conferir; comunicar.
**IMPARTIAL** (impár'shâl), adj. Imparcial; justo.
**IMPARTIALITY** (impârshá'liti), s. Imparcialidade.
**IMPASSABLE** (impé'sâbl), adj. Impraticável; inacessível; impenetrável.
**IMPASSE** (impáss), s. Impasse; (fig.) beco, passagem ou caminho sem saída.
**IMPASSIONED** (impé'shând), adj. Apaixonado; ardente; excitado.
**IMPASSIVE** (impé'siv), adj. Impassível.
**IMPASSIVENESS** (impé'sivnéss), s. Impassibilidade; indiferença.
**IMPATIENCE** (impêi'shânss), s. Impaciência.
**IMPATIENT** (impêi'shânt), adj. Impaciente.
**IMPEACH** (impi'tsh), v. t. Acusar; denunciar; estorvar; prejudicar; aviltar; rebaixar.
**IMPEACHMENT** (impi'tshment), s. Acusação; denúncia; impedimento; obstáculo.
**IMPECCABLE** (impé'kâbl), adj. Impecável.
**IMPEDE** (impi'd), v. t. Impedir; estorvar.
**IMPEDIMENT** (impé'diment), s. Impedimento.
**IMPEL** (impé'l), v. t. Impelir; instigar.
**IMPEND** (impén'd), v. i. Pender; estar iminente; aproximar-se.

**IMPENETRABLE** (impé'nitrâbl), adj. Impenetrável.
**IMPENITENCE** (impé'nitânss), s. Impenitência.
**IMPENITENT** (impé'nitânt), adj. Impenitente.
**IMPERATIVE** (impé'râtiv), adj. Imperativo; s. (Gram.) o modo imperativo.
**IMPERCEPTIBLE** (impârsép'tibl), adj. Imperceptível.
**IMPERFECT** (impâr'fékt), adj. Imperfeito.
**IMPERFECTION** (imparfék'shânn), s. Imperfeição.
**IMPERIAL** (impi'riâl), adj. e s. Imperial.
**IMPERIALISM** (impi'riâlizm), s. Imperialismo.
**IMPERIALIST** (impi'riâlist), adj. e s. Imperialista.
**IMPERIL** (impé'ril), v. t. Arriscar.
**IMPERIOUS** (impi'riâss), adj. Imperioso.
**IMPERIOUSNESS** (impiriâsnéss), s. Imperiosidade.
**IMPERISHABLE** (impé'rishâbl), adj. Imperecível.
**IMPERISHABLENESS** (impé'rishâblnéss), s. Imortalidade.
**IMPERMEABLE** (impâr'miâbl), adj. Impermeável.
**IMPERSONAL** (impâr'sânâl), adj. Impessoal.
**IMPERSONATE** (impâr'sânêit), v. t. Personificar.
**IMPERSONATION** (impârsânêi'shânn), s. Personificação; representação.
**IMPERTINENCE** (impâr'tinânss), s. Impertinência; insolência.
**IMPERTINENT** (impâr'tinént), adj. Impertinente.
**IMPERTURBABLE** (impârtâr'bâbl), adj. Imperturbável; sereno.
**IMPERVIOUS** (impâr'viâss), adj. Impérvio; impenetrável; impermeável.
**IMPETUOUS** (impé'tiuâss), adj. Impetuoso.
**IMPETUOUSNESS** (impé'tiuâsnéss), s. Impetuosidade.
**IMPETUS** (im'pitâss), s. Ímpeto; impulso.
**IMPIETY** (impái'iti), s. Impiedade; desrespeito a Deus; crueldade.
**IMPINGE** (impin'dj), v. i. Chocar-se com.
**IMPIOUS** (im'piâss), adj. Ímpio; descrente.
**IMPIOUSNESS** (im'piâsnéss), s. Impiedade.
**IMPISH** (im'pish), adj. Travesso.
**IMPISHNESS** (im'pishnéss), s. Diabrura.
**IMPLACABILITY** (implá'cabiliti), s. Implacabilidade; inexorabilidade.
**IMPLACABLE** (implêi'kâbl), adj. Implacável.

**IMPLANT** (implén't), v. t. Implantar; inserir; incubar; s. implantação.
**IMPLANTATION** (impléntêi'shânn), s. Implantação; estabelecimento.
**IMPLANTER** (implén'târ), s. Implantador.
**IMPLEMENT** (im'plimént), s. Instrumento; ferramenta; acessório.
**IMPLICATE** (im'plikêit), v. t. Implicar; enredar; embaraçar; adj. implicado; enredado.
**IMPLICATION** (implikêi'shânn), s. Implicação; enredo; complicação.
**IMPLICIT** (impli'sit), adj. Implícito.
**IMPLICITNESS** (impli'sitnéss), s. Implicação; compreensão, clareza.
**IMPLORE** (implôu'r), v. t. Implorar; rogar.
**IMPLORER** (implôu'râr), s. Implorante.
**IMPLY** (implá'i), v. t. Implicar, envolver; querer dizer; significar; sugerir.
**IMPOLICY** (impô'lissi), s. Imprudência; inconveniência.
**IMPOLITE** (impolái'ti), adj. Incivil; rude.
**IMPOLITENESS** (impoláit'néss), s. Incivilidade; descortesia; grosseria.
**IMPONDERABILITY** (impon'derabiliti), s. Imponderabilidade.
**IMPONDERABLE** (impon'dêrêibl), adj. Imponderável; elemento imponderável.
**IMPORT** (impôur't), v. t. e i. Importar; significar; envolver; abranger; s. alcance; significação; importação.
**IMPORTABLE** (impôur'tâbl), adj. Importável; significativo.
**IMPORTANCE** (impôur'tânss), s. Importância; significação; peso.
**IMPORTANT** (impôur'tânt), adj. Importante; momentoso; vultoso; pomposo.
**IMPORTATION** (impôurtêi'shânn), s. Importação.
**IMPORTER** (impôur'târ), s. Importador.
**IMPORTUNATE** (impôr'tiunêit), adj. Importuno; incômodo; premente.
**IMPORTUNATENESS** (impôr'tiunêit'néss), s. Importunação; importunidade.
**IMPORTUNE** (impôr'tiunn), v. t. Importunar.
**IMPOSE** (impôu'z), v. t. e i. Impor; ordenar; obrigar a aceitar; taxar; lançar tributos.
**IMPOSER** (impôu'zâr), s. Impostor.
**IMPOSING** (impôu'zinn), adj. Grandioso; imponente.
**IMPOSITION** (impozi'shânn), s. Imposição; tributo; imposto; engano; impostura.
**IMPOSSIBILITY** (impâssibi'liti), s. Impossibilidade.

**IMPOSSIBLE** (impô'sibl), adj. Impossível; imaginário.
**IMPOST** (impôust'), s. Imposto; taxa.
**IMPOSTOR** (impôs'tor), s. Impostor; embusteiro.
**IMPOSTURE** (impôs'tiur), s. Impostura.
**IMPOTENT** (impotent'), adj. Impotente; incapaz; ineficaz.
**IMPOUND** (impâun'd), v. t. Encurralar; aprisionar; apossar-se de.
**IMPOVERISH** (impô'vârish), v. t. Empobrecer; esgotar os recursos; esgotar (a terra).
**IMPOVERISHMENT** (impô'vârishment), s. Empobrecimento.
**IMPRACTICABLE** (imprék'tikâbl), adj. Impraticável; impossível; teimoso.
**IMPRECATE** (im'prikêit), v. t. Imprecar; amaldiçoar.
**IMPRECATION** (imprikêi'shânn), s. Imprecação; maldição.
**IMPRECATOR** (im'prikêitâr), s. Imprecador.
**IMPREGN** (impri'nn), v. t. Impregnar; fecundar.
**IMPREGNABLE** (imprég'nâbl), adj. Impregnável; invencível; fecundável.
**IMPREGNATE** (imprê'gnêit), v. t. e i. Fecundar; tornar fértil; emprenhar; inspirar; adj. impregnado; fecundado.
**IMPREGNATION** (imprégnêi'shânn), s. Impregnação; fecundação.
**IMPRESS** (imprê'ss), v. t. Imprimir; gravar; assinalar; recrutar; requisitar; s. impressão; cunho; timbre; marca; semelhança; emblema; característico; leva de recrutas.
**IMPRESSIBILITY** (imprê'sibiliti), s. Impressionabilidade; suscetibilidade.
**IMPRESSIBLE** (imprê'sibl), adj. Impressionável; que pode ser impresso, gravado.
**IMPRESSION** (imprê'shânn), s. Impressão; idéia; impressão tipográfica.
**IMPRESSIONABLE** (imprê'shânâbl), adj. Impressionável.
**IMPRESSIONISM** (impressionizm), s. Impressionismo.
**IMPRESSMENT** (imprés'ment), s. Recrutamento forçado.
**IMPREST** (im'prést), s. Empréstimo.
**IMPRINT** (imprin't), v. t. Imprimir; gravar; estampar; s. impressão; marca; nome do editor ou do impressor, impresso num livro ou qualquer outra publicação.
**IMPRISON** (impriz'n), v. t. Aprisionar; encarcerar; fechar.

**IMPRISONMENT** (imprizn'ment), s. Aprisionamento; encarceramento.
**IMPROBABILITY** (impró'babiliti), s. Improbabilidade; inverossimilhança.
**IMPROBABLE** (impró'bâbl), adj. Improvável.
**IMPROBITY** (impró'biti), s. Improbidade.
**IMPROPER** (impró'pâr), adj. Impróprio.
**IMPROPRIATE** (imprôu'priêit), v. i. Apropriar-se; apossar-se; tomar bens alheios.
**IMPROPRIATION** (imprôupriêi'shânn), s. Apropriação dos bens eclesiásticos.
**IMPROVE** (impru'v), v. t. e i. Melhorar; melhorar-se; valorizar; emendar; corrigir.
**IMPROVEMENT** (impruv'ment), s. Melhoramento; progresso; aproveitamento.
**IMPROVER** (impru'vâr), s. Melhorador.
**IMPROVIDENCE** (improvidênss), s. Improvidência; imprevidência.
**IMPROVIDENT** (improvidênt), adj. Improvidente; imprôvido; imprevidente.
**IMPROVISATION** (improvizêi'shânn), s. Improvisação; improviso.
**IMPROVISATOR** (imprôuvisêi'târ), s. Improvisador.
**IMPROVISE** (im'provâiz), v. t. e i. Improvisar.
**IMPROVISER** (im'provâizâr), s. Improvisador.
**IMPRUDENCE** (impru'dénss), s. Imprudência.
**IMPRUDENT** (impru'dént), adj. Imprudente.
**IMPUGN** (impiu'nn), v. t. Impugnar; contestar.
**IMPUGNER** (impiu'nâr), s. Impugnador.
**IMPULSE** (im'pâlss), s. Impulso; ímpeto.
**IMPULSIVE** (impul'siv), adj. Impulsivo; momentâneo; repentino.
**IMPUNITY** (impiu'niti), s. Impunidade.
**IMPURE** (impiu'r), adj. Impuro; adulterado.
**IMPURENESS** (impiur'néss), s. Impureza.
**IMPUTABLE** (impiu'tâbl), adj. Imputável.
**IMPUTATION** (impiutêi'shânn), s. Imputação.
**IMPUTE** (impiu't), v. t. Imputar; atribuir.
**IMPUTER** (impiu'târ), s. Imputador.
**IN** (inn), prep. Em, de, por, para, durante, consoante, sobre; s. escaninho; canto; recanto; adv. dentro; em casa.
**INABILITY** (inâbi'liti), s. Inabilidade.
**INACCESSIBILITY** (inaksésibi'liti), s. Inacessibilidade.
**INACCESSIBLE** (inéksé'sibl), adj. Inacessível.
**INACCURACY** (iné'kiurâssi), s. Inexatidão.
**INACCURATE** (iné'kiurit), adj. Inexato.
**INACTION** (inék'shânn), s. Inação.
**INACTIVE** (inék'tiv), adj. Inativo; indolente.
**INADEQUACY** (uné'dikuâssi), s. Insuficiência.
**INADEQUATE** (iné'dikuit), adj. Inadequado.

**INADEQUATENESS** (iné'dikuitnéss), s. Insuficiência; inadequação.
**INADMISSIBLE** (inédmi'sibl), adj. Inadmissível.
**INADVISABLE** (inadvái'zêibl), adj. Desaconselhável; contra indicado.
**INALIENABLE** (inêi'lienâbl), adj. Inalienável.
**INANE** (inêi'nn), adj. Fútil; tolo; s. vácuo.
**INANENESS** (inêin'néss), s. Inanidade; o nada.
**INANIMATE** (iné'nimit), adj. Inanimado.
**INANITION** (inâni'shânn), s. Inanição.
**INANITY** (iné'niti), s. Inanidade; nulidade.
**INAPPEASABLE** (inépi'zâbl), adj. Implacável; inconciliável.
**INAPPOSITE** (iné'pozit), adj. Inconveniente.
**INAPPROACHABLE** (inéprôu'tshâbl), adj. Inacessível; inabordável.
**INAPPROPRIATE** (inéprou'priêit), adj. Inapropriado; inadequado.
**INAPPROPRIATENESS** (inéprôu'priêitnéss), s. Impropriedade; inconveniência.
**INAPT** (inépt), adj. Inapto; impróprio.
**INAPTITUDE** (inap'titiúd), s. Inaptidão.
**INAPTNESS** (inépt'néss), s. Inabilidade.
**INARTICULATE** (inarti'kiulit), adj. Inarticulado; indistinto; vago.
**INARTICULATENESS** (inarti'kiulitnéss), s. Inarticulação; falta de clareza.
**INARTISTIC** (inártis'tik), adj. Rude; grosseiro; não artístico.
**INASMUCH** (inésmâ'tsh), adv. Porquanto; visto que.
**INATTENTION** (inétén'shânn), s. Falta de atenção; distração.
**INATTENTIVE** (inétén'tiv), adj. Desatento.
**INATTENTIVENESS** (inétén'tivnéss), s. Desatenção; negligência.
**INAUDIBILITY** (inódibi'liti), s. Falta de audição.
**INAUDIBLE** (inó'dibl), adj. Inaudível.
**INAUGURAL** (inó'guirael), s. Discurso de inauguração ou de posse; adj. inaugural.
**INAUGURATE** (inó'ghiurêit), v. t. Inaugurar.
**INAUGURATION** (inóghiurêi'shânn), s. Inauguração.
**INAUSPICIOUS** (inóspi'shâss), adj. Não auspicioso; infeliz; funesto; sinistro.
**INAUSPICIOUSNESS** (inóspi'shâsnéss), s. Falta de sorte, desgraça, infelicidade.
**INBOARD** (in'bôurd), adj. Arrumado a bordo; adv. dentro (do porão do navio).
**INBORN** (in'bórnn), adj. Inato; natural.

**INBREATHE** (inbri'dh), v. t. Insuflar; aspirar.
**INBRED** (in'bréd), adj. Inato; congênito; produzido por cruzamento consangüíneo.
**INBREED** (inbri'd), v. t. Produzir; criar.
**INBREEDING** (inbri'dinn), s. Acasalamento de indivíduos ou raças aparentados.
**INCALCULABILITY** (inkélkiulâbi'liti), s. Incalculabilidade.
**INCANDESCENCE** (incaendescens'), s. Incandescente; fulgente.
**INCANTATION** (inkéntêi'shânn), s. Encantamento.
**INCAPABILITY** (inkêipâbi'liti), s. Incapacidade; inaptidão.
**INCAPABLE** (inkê'pâbl), adj. Incapaz; inepto.
**INCAPACITATE** (inkâpê'sitêit), v. t. Incapacitar; inabilitar; desclassificar.
**INCAPACITATION** (inkâpêsitêi'shânn), s. Inabilitação; desqualificação.
**INCAPACITY** (inkâpê'siti), s. Incapacidade.
**INCARCERATE** (inkâr'sârêit), v. t. Encarcerar.
**INCARCERATION** (inkârsârêi'shânn), s. Encarceramento; prisão.
**INCARNADINE** (inkâr'nâdinn), v. t. Tingir de encarnado; adj. cor de rosa.
**INCARNATE** (inkâr'nêit), v. t. Encarnar; v. i. encarnar-se; cicatrizar-se; humanizar-se.
**INCARNATION** (inkârnêi'shânn), s. Encarnação; cicatrização.
**INCAUTION** (inkô'shânn), s. Negligência; falta de cuidado; desmazelo.
**INCAUTIONS** (inkô'shâss), adj. Incauto.
**INCAUTIOUSNESS** (inkô'shâsnéss), s. Negligência; descuido; desmazelo.
**INCENDIARY** (insén'diâri), adj. e s. Incendiário.
**INCENSATION** (insénsêi'shânn), s. Incensação.
**INCENSE** (in'sénss), s. Incenso; lisonja; v. t. incensar; provocar; irritar; desafiar.
**INCENTIVE** (insén'tiv), s. Incentivo.
**INCEPT** (insép't), v. i. Começar; iniciar.
**INCEPTION** (insép'shânn), s. Começo.
**INCEPTIVE** (insép'tiv), adj. Incipiente; inicial.
**INCEPTOR** (insép'târ), s. Novato; calouro.
**INCERTITUDE** (insâr'titiud), s. Incerteza; dúvida; vacilação.
**INCESSANT** (insé'sânt), adj. Incessante.
**INCEST** (in'sést), s. Incesto.
**INCESTUOUS** (insés'shuâss), adj. Incestuoso.
**INCH** (intsh), s. Polegada; (fig.) pequena quantidade; v. t. e i. fazer avançar gradualmente; dar com parcimônia.

**INCHOATE** (in'koêit), adj. Começado; elementar; incipiente; v. t. principiar.
**INCHOATION** (inkoêi'shânn), s. Princípio; estado rudimentar.
**INCHOATIVE** (inkôu'âtiv), adj. Incoativo; rudimentar.
**INCHWORM** (intch'uôrm), s. Minhoca.
**INCIDENT** (incident), s. Incidente; adj. inerente a; incidente.
**INCINERATE** (insi'nârêit), v. t. Incinerar; reduzir a cinzas.
**INCINERATION** (insinârêi'shânn), s. Incineração.
**INCIPIENCE** (insi'piénss), s. Incipiência; começo; princípio.
**INCIPIENT** (insi'piént), adj. Incipiente.
**INCISE** (insái'z), v. t. Cortar; talhar; gravar.
**INCISION** (insi'jânn), s. Incisão; corte.
**INCISIVE** (insái'siv), adj. Incisivo; agudo.
**INCISIVENESS** (insái'sivnéss), s. Qualidade de incisivo.
**INCISOR** (insái'zâr), s. Incisivo (dente).
**INCITATION** (insitêi'shânn), s. Incitamento.
**INCITE** (insái't), v. t. Incitar; excitar.
**INCITEMENT** (insái't'ment), s. Incitamento; instigação; estímulo; ânimo.
**INCITER** (insái'târ), s. Incitador.
**INCITING** (insái'tinn), adj. Estimulante; s. incitação; estímulo.
**INCIVILITY** (insivi'liti), s. Incivilidade.
**INCLEMENCY** (inclé'menci), s. Inclemência; severidade; intempérie.
**INCLINABLE** (inklái'nâbl), adj. Inclinável.
**INCLINATION** (inklinêi'shânn), s. Inclinação.
**INCLINE** (inklái'nn), v. t. e i. Inclinar; curvar; s. declive; inclinação.
**INCLINING** (inklái'ninn), s. Inclinação; declive; tendência.
**INCLOSE** (inklôu'z), v. t. Incluir; conter.
**INCLOSURE** (inklôu'jur), s. Cercado; valado; conteúdo; documento apenso.
**INCLUDE** (inklu'd), v. t. Incluir; abranger.
**INCLUDING** (inklu'dinn), adj. Incluso; abrangido; compreendido.
**INCLUSION** (inklu'jânn), s. Inclusão.
**INCLUSIVE** (inklu'siv), adj. Inclusivo.
**INCOGNITO** (incôug'nitôu), s. e adv. Incógnito.
**INCOHERENCE** (inko-hi'rénss), s. Incoerência.
**INCOHERENT** (inko-hi'rént), s. Incoerente.
**INCOMBUSTIBILITY** (inkâmbâstibi'liti), s. Incombustibilidade.

**INCOMBUSTIBLE** (inkâmbâs'tibl), adj. Incombustível.
**INCOME** (in'kâmm), s. Renda; rendimento.
**INCOMER** (in'kâmâr), s. Recém-chegado; inquilino; intruso.
**INCOMING** (in'kâminn), adj. Entrante; próximo; futuro; s. entrada; rendimento.
**INCOMMENSURABILITY** (incomensiurae'biliti), s. Incomensurabilidade.
**INCOMMENSURABLE** (inkomén'shârâbl), adj. Incomensurável.
**INCOMMENSURATE** (inkomén'shurit), adj. Incomensurável; imenso; ilimitado.
**INCOMMENSURATENESS** (inkomén'shuritnéss), s. Incomensurabilidade.
**INCOMMODE** (inkô'môu'd), v. t. Incomodar; importunar; perturbar.
**INCOMMODIOUS** (inkômôu'diâss), adj. Incômodo; importuno; desagradável.
**INCOMMUNICABILITY** (inkómiunika'biliti), s. Incomunicabilidade.
**INCOMMUTABLE** (inkómiu'tâbl), adj. Incomutável.
**INCOMPARABLE** (inkóm'pârâbl), adj. Incomparável.
**INCOMPATIBILITY** (inkómpétibi'liti), s. Incompatibilidade.
**INCOMPETENCE** (inkóm'piténss), s. Incompetência.
**INCOMPLETE** (inkómpli't), adj. Incompleto; imperfeito; defeituoso; inacabado.
**INCOMPLETENESS** (inkómplit'néss), s. Imperfeição; falta de acabamento.
**INCOMPLETION** (inkómpli'shânn), s. Falta; imperfeição.
**INCOMPREHENSIBLE** (inkómpri-hén'sibl), adj. Incompreensível.
**INCOMPREHENSION** (inkómprihén'shânn), s. Incompreensão.
**INCOMPUTABLE** (inkómpiu'tâbl), adj. Incomputável; incalculável.
**INCONCEIVABLE** (inkónsi'vâbl), adj. Inconcebível; incrível.
**INCONCEIVABLENESS** (inkónsi'vâblnéss), s. Incompreensibilidade.
**INCONCLUSIVE** (inkónklu'siv), adj. Inconcludente.
**INCONCLUSIVENESS** (inkónklu'sivnéss), s. Inconseqüência; improcedência.
**INCONGRUENT** (inkón'griuent), adj. Incongruente; incôngruo.
**INCONGRUITY** (inkóngru'iti), s. Incongruência; impropriedade; incompatibilidade.
**INCONGRUOUS** (inkón'gruâss), adj. Incôngruo; inconveniente.
**INCONGRUOUSNESS** (inkón'gruâsnéss), s. Incongruência.
**INCONSEQUENCE** (inkón'sikuénss), s. Inconseqüência.
**INCONSEQUENT** (inkón'sikuént), adj. Inconseqüente.
**INCONSIDERABLE** (inkónsi'dârâbl), adj. Insignificante; sem importância.
**INCONSIDERABLENESS** (inkónsi'dârâblnéss), s. Insignificância; falta de importância.
**INCONSIDERATE** (inkónsi'dârit), adj. Inconsiderado; irrefletido; volúvel.
**INCONSIDERATENESS** (inkónsi'dâritnéss), s. Inconsideração; leviandade.
**INCONSIDERATION** (inkónsidârêi'shânn), s. Inconsideração.
**INCONSISTENCY** (inkonsis'ténsi), s. Inconsistência; incerteza.
**INCONSISTENT** (inkonsis'tént), adj. Inconsistente; volúvel.
**INCONSOLABLE** (inkónso'lêibl), adj. Inconsolável; desonsolado.
**INCONSPICUOUS** (inkónspi'kiuâss), adj. Obscuro; insignificante; inapreciável.
**INCONSTANCY** (inkóns'tânci), s. Inconstância.
**INCONSTANT** (inkóns'tânt), adj. Inconstante; mudável; variável.
**INCONTESTABLE** (inkóntes'tâbl), adj. Incontestável; irrefutável; indisputável.
**INCONTINENCE** (inkón'tinénss), s. Incontinência; desregramento; devassidão.
**INCONTINENT** (inkón'tinént), adj. Incontinente; devasso; dissoluto.
**INCONTROVERTIBILITY** (inkóntrovârtibi'liti), s. Indisputabilidade.
**INCONTROVERTIBLE** (inkóntrovâr'tibl), adj. Incontroverso; indubitável.
**INCONVENIENCE** (inkónvi'niénss), s. Inconveniência.
**INCONVENIENT** (inkónvi'niént), adj. Inconveniente.
**INCONVERTIBLE** (inkónvâr'tibl), adj. Inconvertível.
**INCONVINCIBLE** (inkónvin'sibl), adj. Não convencível; que não se pode persuadir.
**INCORPORATE** (inkór'porêit), v. t. e i. Incorporar; unir; juntar; anexar-se; adj. incorporado; incluido; imaterial.
**INCORPORATION** (inkórporêi'shânn), s. Incorporação; agrupamento; inclusão.

**INCORPOREAL** (inkórpôu'riâl), adj. Incorpóreo; intangível.
**INCORRECT** (inkórrék't), adj. Incorreto.
**INCORRECTNESS** (inkórékt'néss), s. Incorreção; inexatidão.
**INCORRIGIBILITY** (inkíoridjibi'liti), s. Incorrigibilidade.
**INCORRIGIBLE** (inkó'ridjibl), adj. Incorrigível.
**INCORRUPT** (inkârâ'pt), adj. Incorrupto; puro.
**INCORRUPTIBILITY** (inkórâptibi'liti), s. Incorruptibilidade; austeridade.
**INCORRUPTIBLE** (inkórâp'tibl), adj. Incorruptível; justo; reto; íntegro.
**INCREASE** (in'kriss), s. Incremento; aumento; produto; progênie; v. t. e i. aumentar; intensificar; estender-se; propagar.
**INCREASING** (inkri'sinn), adj. Crescente.
**INCREDIBILITY** (inkrédibi'liti), s. Incredibilidade.
**INCREDIBLE** (inkré'dibl), adj. Incrível.
**INCREDULITY** (inkrédiu'liti), s. Incredulidade.
**INCREDULOUS** (inkré'diulâss), adj. Incrédulo.
**INCREDULOUSNESS** (inkré'diulâsnéss), s. Incredulidade.
**INCREMENT** (in'krement), s. Incremento; aumento; acréscimo; desenvolvimento.
**INCRIMINATE** (inkri'minêit), v. t. Acusar; incriminar; inculpar.
**INCRIMINATION** (inkriminêi'shânn), s. Incriminação; acusação.
**INCRUST** (inkrâs't) ou **INCRUSTATE** (inkrâs'têit), v. t. Incrustar; engastar; revestir.
**INCRUSTATION** (inkrâstêi'shânn), s. Incrustação; embutido; engaste.
**INCUBATE** (in'kiubêit), v. t. e i. Incubar; chocar; projetar; planear.
**INCUBATION** (inkiubêi'shânn), s. Incubação.
**INCUBATIVE** (in'kiubêitiv), adj. Da incubação.
**INCUBUS** (in'kiubâss), s. Incubo; pesadelo; adj. opressor.
**INCULCATE** (inkâl'kêit), v. t. Inculcar; revelar.
**INCULCATION** (inkâkêi'shânn), s. Inculcação; educação; ensino.
**INCULCATOR** (inkâl'kêitâr), s. Inculcador.
**INCULPATE** (inkâl'pêit), v. t. Inculpar; acusar.
**INCULPATION** (inkâlpêi'shânn), s. Inculpação.
**INCUMBENCY** (inkâm'bénsi), s. Incumbência.
**INCUMBIENT** (inkâm'bént), adj. Obrigatório; sustentado sobre; justaposto.
**INCUR** (inkâ'r), v. t. Incorrer em; ficar sujeito.
**INCURABILITY** (inkiurâbi'liti), s. Incurabilidade.

**INCURABLE** (inkiu'râbl), adj. Incurável.
**INCURIOUS** (inkiu'riâss), adj. Descuidado; negligente; indiferente.
**INCURRENCE** (inkâr'rénss), s. Incurso; responsabilidade.
**INCURSION** (inkâr'shânn), s. Incursão.
**INCURSIVE** (inkâr'siv), adj. Incursivo.
**INCURVATE** (inkâr'vêit) ou **INCURVE** (inkâr'v), v. t. Curvar; arquear; dobrar; inclinar.
**INCURVATION** (inkârvêi'shânn), s. Curvatura; reverência; inclinação, flexão.
**INCUSE** (inkiu'z), s. Impressão ou figura estampada (em moeda); ad. cunhado; estampado; v. t. cunhar; imprimir; estampar.
**INDEBT** (indét), v. t. Endividar; incorrer em dívida; tornar devedor.
**INDEBTED** (indét'd), adj. Endividado; reconhecido; penhorado.
**INDEBTEDNESS** (indétd'néss), s. Estado de dívida; reconhecimento; obrigação.
**INDECENCY** (indêsênsi'), s. Indecência.
**INDECISION** (indissi'jân), s. Indecisão.
**INDECOROUS** (indikôu'râss), adj. Indecoroso.
**INDECOROUSNESS** (indikôu'râsnéss), s. Indecoro; indecência.
**INDEED** (indi'd), adv. Na verdade; de fato; realmente; interj. na verdade? sim?!
**INDEFATIGABLE** (indifé'tigâbl), adj. Infatigável; incansável.
**INDEFEASIBILITY** (indifizibi'liti), s. Indestrutibilidade; irrevogabilidade.
**INDEFEASIBLE** (indifi'zibl), adj. Irrevogável; indestrutível; inevitável.
**INDEFENSIBLE** (indifén'sibl), adj. Indefensável; fraco; desarmado.
**INDEFINABLE** (indifái'nâbl), adj. Indefinível.
**INDEFINITE** (indé'finit), adj. Indefinido.
**INDEFINITENESS** (indé'finitnéss), s. Indefinibilidade.
**INDELIBLE** (indé'libl), adj. Indelével; inesquecível; inapagável; indestrutível.
**INDELICACY** (indé'likâssi), s. Indelicadeza.
**INDELICATE** (indé'likit), adj. Indelicado.
**INDEMNIFICATION** (indémnifikêi'shânn), s. Indenização; compensação; reparação.
**INDEMNIFY** (indém'nifái), v. t. Indenizar.
**INDEMNITY** (indém'niti), s. Indenização.
**INDENT** (indén't), v. t. e i. Recortar; dentear; serrilhar; picotar; encomendar; fazer uma requisição; s. recorte dentado; traço; impressão; ordem; requisição; encomenda.
**INDENTATION** (idéntêi'shânn), s. Recorte denteado; entalhe; chanfradura.

**INDENTURE** (indén'tshur), s. Contrato; ajuste selado; pacto.
**INDEPENDENCE** (indipén'dénss) ou **INDEPENDENCY** (indipén'dénszs), s. Independência.
**INDESCRIBABLE** (indiskrái'bâbl), adj. Indescritível.
**INDESTRUCTIBLE** (indistrák'tibl), adj. Indestrutível.
**INDETERMINATE** (inditâr'minit), adj. Indeterminado.
**INDETERMINATION** (inditârminêi'shânn), s. Indeterminação; dúvida.
**INDEX** (in'déks), s. Índice; dedo indicador; (Mat.) expoente; índice (de raiz), v. t. pôr índice alfabético em.
**INDIAN** (in'diânn), adj. Índio, indiano ou hindu; s. indiano, índio, pele-vermelha.
**INDICATE** (in'dikêit), v. t. Indicar; designar; mostrar; salientar.
**INDICATION** (indikêi'shânn), s. Indicação.
**INDICATIVE** (indi'kâtiv), adj. Indicativo; s. (Gram.) o modo indicativo.
**INDICATOR** (in'dikêitâr), s. Indicador; registrador.
**INDICATORY** (in'dikêitôuri), adj. Indicador; demonstrativo.
**INDICT** (indái't), v. t. Acusar; processar.
**INDICTABLE** (indái'tâbl), adj. Processado; indigitado.
**INDICTER** (indái'târ), s. Denunciante.
**INDICTMENT** (indái't'ment), s. Acusação; denúncia; queixa.
**INDIFERENCE** (indi'ferens), s. Indiferença; desinteresse; apatia.
**INDIFERENT** (indi'ferent), adj. Indiferente.
**INDIGENCE** (in'didjénss), s. Indigência.
**INDIGENT** (in'didgent), adj. Indigente; pobre.
**INDIGESTED** (indidjés'tid), adj. Indigesto; confuso.
**INDIGESTIBLE** (indidjés'tibl), adj. Indigerível.
**INDIGNANT** (indig'nânt), adj. Indignado.
**INDIGNATION** (indignêi'shânn), s. Indignação; despeito; repulsão.
**INDIGNITY** (indig'niti), s. Indignidade; injúria.
**INDIGO** (in'digôu), s. Anil; índigo (cor).
**INDIRECT** (indirék't), adj. Indireto; doloso.
**INDIRECTNESS** (indirékt'néss), s. Obliqüidade; deslealdade.
**INDISCERNIBLE** (indizâr'nibl), adj. Indiscernível.
**INDISCIPLINABLE** (indi'siplinâbl), adj. Indisciplinável.
**INDISCIPLINE** (indi'siplinn), s. Indisciplina.
**INDISCREET** (indiskri't), adj. Indiscreto.
**INDESCRITION** (indiskré'shânn), s. Indiscrição; imprudência.
**INDISCRIMINATE** (indiskri'minit), adj. Indiscriminado; confuso; indistinto.
**INDISCRIMINATION** (indiskriminéi'shânn), s. Indiscriminação; indistinção; confusão.
**INDISPENSABLE** (indispén'sâbl), adj. Indispensável.
**INDISPOSE** (indispôu'z), v. t. Indispor.
**INDISPOSED** (indispôuz'd), adj. Indisposto.
**INDISPOSITION** (indispôuzi'shânn), s. Indisposição; incômodo; inimizade.
**INDISPUTABLE** (indis'piutâbl), adj. Indisputável; fora de dúvida.
**INDISSOCIABLE** (indissóu'shiâbl) ou **INDISSOLUBLE** (indi'soliubl), adj. Indissolúvel.
**INDISTINCT** (indistink't), adj. Indistinto; vago.
**INDISTINCTION** (indistink'shânn), s. Confusão; obscuridade.
**INDISTINCTIVE** (indistink'tiv), adj. Indistinto.
**INDISTINGUISHABLE** (indistin'güishâbl), adj. Indistingüível.
**INDISTINGUISHABLENESS** (indistin'güishâblnéss), s. Indistingüibilidade.
**INDITE** (indai't), v. t. e i. Redigir; compor.
**INDITER** (indái'târ), s. Redator; escritor.
**INDIVIDUAL** (indivi'diuâl), adj. Individual.
**INDIVIDUALITY** (individiué'liti), s. Individualidade.
**INDIVISIBLE** (indivi'zibl), adj. Indivisível.
**INDOCILE** (indó'sil) ou **INDOCIBLE** (indó'sibl), adj. Indócil; indomável.
**INDOCILITY** (indósi'liti), s. Indocilidade.
**INDOLENCE** (in'dolénss) ou **INDOLENCY** (in'dolênsi), s. Indolência; desmazelo.
**INDOLENT** (in'dolént), adj. Indolente.
**INDOMITABLE** (indó'mitâbl), adj. Indomável.
**INDOOR** (in'dour), adj. Interior; interno; feito portas adentro.
**INDOORS** (indour's), adv. Portas adentro, dentro de casa.
**INDORSE** (indor's), v. t. Endossar; afiançar.
**INDORSEE** (indôr'si), s. Endossador.
**INDORSEMENT** (indórs'ment), s. Endosso.
**INDRAUGHT** (in'dréft), s. Aspiração (absorção).
**INDUBITABLE** (indiu'bitâbl), adj. Indubitável.
**INDUBITABLENESS** (indiu'bitâblnéss), s. Certeza.
**INDUCE** (indiu'ss), v. t. Induzir; persuadir; sugerir; produzir; lisonjear.

**INDUCEMENT** (indius'ment), s. Incentivo; motivo; instigação; pretexto.
**INDUCER** (indiu'sâr), s. Instigador.
**INDUCT** (indâk't), v. t. Instalar; introduzir.
**INDUCTANCE** (indâk'tânss), s. (Eletr.) Indutância.
**INDUCTILITY** (indâkti'liti), s. Inductilidade.
**INDUCTION** (indâk'shânn), s. Indução; instalação; introdução.
**INDUCTIVE** (indâk'tiv), adj. Indutivo; ilativo.
**INDUCTOR** (indâk'târ), s. Indutor.
**INDULGE** (indâldj), v. t. e i. Favorecer; dar; satisfazer; entregar-se a; condescender.
**INDULGENCE** (indâl'djénss) ou **INDULGENCY** (indâl'djénsi), s. Indulgência.
**INDULGENT** (indâl'djént), adj. Indulgente.
**INDURATE** (in'diurêit), v. t. e i. Endurecer.
**INDUSTRIAL** (indus'triael), adj. e s. Industrial.
**INDUSTRIALIST** (indus'trialaist), s. Industrial.
**INDUSTRIALIZATION** (indus'trializêit'shânn), s. Industrialização.
**INDUSTRIALIZE** (indâs'triálaiz), v. t. Industrializar.
**INDUSTRIOUS** (indâs'triâss), adj. Industrioso.
**INDUSTRY** (indâs'tri), s. Indústria; engenho; atividade; diligência.
**INDWELL** (indué'l), v. t. e i. Residir; morar.
**INDWELLER** (indué'lâr), s. Morador; habitante.
**INDWELLING** (indué'linn), s. Residência; morada; adj. íntimo; que vive conosco.
**INEBRIATE** (ini'briêit), v. t. Embriagar; embebedar; entusiasmar; adj. embriagado.
**INEBRIATION** (inibriêi'shânn), s. Embriaguez; animação; entusiasmo.
**INEBRIETY** (inibrái'iti), s. Bebedeira.
**INEFACEABLE** (inefêi'sâbl), adj. Indelével.
**INEFECTIVE** (inefék'tiv), adj. Ineficaz; inútil.
**INEFECTIVELY** (inefék'tivli), adv. Inutilmente.
**INEFECTUAL** (inifék'tiuâl), adj. Ineficaz.
**INEFECTUALNESS** (inifék'tiuâlnéss), s. Ineficácia.
**INEFFICACIOUS** (inéfikêi'shâss), adj. Ineficaz.
**INEFFICACY** (inefi'casi), s. Ineficácia.
**INEFFICIENCY** (inefi'siensi), s. Ineficiência.
**INEFFICIENT** (inefi'sient), adj. Ineficiente.
**INELASTIC** (inilés'tik), adj. Inelástico; (fig.) inflexível; austero; rigoroso.
**INELEGANCE** (iné'leganss) ou **INELEGANCY** (iné'legansi), s. Inelegância; desaire.
**INELEGANT** (iné'legânt), s. Deselegante.

**INELIGIBILITY** (ine'lidgibiliti), s. Inegibilidade.
**INEPT** (inépt), adj. Inepto; incapaz; absurdo.
**INEPTNESS** (inépt'néss), s. Inépcia.
**INEQUALITY** (inikuó'liti), s. Desigualdade; diferença; diversidade.
**INEQUITABLE** (iné'kuitâbl), adj. Injusto.
**INEQUITY** (iné'kuiti), s. Iniqüidade; injustiça.
**INERT** (inár't), adj. Inerte; inativo; apático.
**INERTIA** (inér'shâ), s. Inércia; indolência.
**INERTNESS** (inârt'néss), s. Inércia; torpor.
**INESTIMABLE** (ines'timêibl), adj. Inestimável.
**INEVITABLE** (ine'vitêibl), adj. Inevitável.
**INEXACT** (inegzé'kt), adj. Inexato; errôneo.
**INEXCUSABLE** (inékskiu'zâbl), adj. Indesculpável.
**INEXHAUSTIBLE** (inégzós'tibl), adj. Inesgotável.
**INEXISTENT** (ineg'zistent), adj. Inexistente.
**INEXORABLE** (inék'sorâbl), adj. Inexorável.
**INEXORABLENESS** (inék'sorâblnéss), s. Inexorabilidade; inflexibilidade.
**INEXPEDIENCE** (inékspi'dénss) ou **INEXPEDIENCY** (inékspi'diénsi), s. Inaptidão; inutilidade.
**INEXPEDIENT** (inékspi'diént) adj. Inoportuno.
**INEXPENSIVE** (inékspén'siv), adj. Não dispendioso.
**INEXPERIENCE** (inékspi'riénss), s. Inexperiência.
**INEXPERIENCED** (inékspi'riénst), adj. Inexperiente.
**INEXPERT** (inékspâr't), adj. Inábil; inexperiente.
**INEXPERTNESS** (inékspârt'néss), s. Inexperiência.
**INEXPIABLE** (inéks'piâbl), adj. Inexpiável.
**INEXPLICABLE** (inéks'pikêibl), adj. Inexplicável; inexprimível.
**INEXPLICIT** (inékspli'sit), adj. Não explícito.
**INEXPRESSIVE** (iéks'pressiv), adj. Inexpressivo.
**INEXPUGNABLE** (inékspâg'nâbl), adj. Inexpugnável; inconquistável.
**INEXTENSIBLE** (inékstén'sibl), adj. Inextensível; improrrogável.
**INEXTINGUISHABLE** (inékstin'güishâbl), adj. Inextingüível.
**INEXTRICABLE** (inéks'trikâbl), adj. Inextricável; inacessível.
**INFALLIBILITY** (infélibi'liti), s. Infalibilidade.
**INFALLIBLE** (infé'libl), adj. Infalível; fatal.
**INFAMIZE** (in'famáiz), v. t. Infamar; desonrar.

**INFAMOUS** (in'fâmàss), adj. Infame.
**INFAMOSNESS** (in'fâmâsnéss), s. Infâmia; vileza.
**INFAMY** (in'fâmi), s. Infâmia; desonra.
**INFANCY** (in'fânsi), s. Infância; meninice.
**INFANT** (in'fént), s. Bebê; criancinha; (Jur.) menor; adj. infantil; nascente.
**INFANTICIDE** (infén'tissáid), s. Infanticídio.
**INFANTILE** (in'féntâil), adj. Infantil; pueril.
**INFANTILISM** (infén'tilism), s. Infantilismo.
**INFANTRY** (in'féntri), s. Infantaria.
**INFARCT** (infâr'kt), s. Enfarte.
**INFATUATE** (infé'tshuêit), v. t. Enfatuar; inspirar paixão; cegar; adj. enfatuado; apaixonado.
**INFATUATION** (infétshuêi'shànn), s. Enfatuação; cegueira; loucura.
**INFECT** (infék't), v. t. Infetar; infeccionar; estragar; perverter; contagiar.
**INFECTION** (infék'shànn), s. Infecção.
**INFECTIOUS** (infék'shàss), adj. Infeccioso.
**INFECTIOUSNESS** (infék'shàsnéss), s. Infecção; pestilência.
**INFECUNDITY** (infikân'diti), s. Infecundidade.
**INFELICITOUS** (infili'sitàss), adj. Infeliz.
**INFELICITY** (infili'siti), s. Infelicidade.
**INFELT** (in'félt), adj. Íntimo.
**INFER** (infâ'r), v. t. e i. Inferir; deduzir.
**INFERABLE** (infâ'râbl), adj. Conclusivo.
**INFERENCE** (in'fârénss), s. Inferência; dedução; conclusão.
**INFERENTIAL** (infârén'shâl), adj. Conclusivo.
**INFERIOR** (infi'riâr), s. Inferior; subalterno; adj. inferior.
**INFERIORITY** (infirió'riti), s. Inferioridade.
**INFERNAL** (infâr'nâl), adj. Infernal; diabólico.
**INFERTILE** (infâr'til), adj. Infértil; estéril.
**INFEST** (infés't), v. t. Infestar; molestar.
**INFEUDATION** (infiudêi'shànn), s. Enfeudação.
**INFIDEL** (in'fidél), adj. e s. Infiel; descrente.
**INFIDELITY** (infidé'liti), s. Infidelidade.
**INFIGHTING** (infâi'tin), s. Luta corpo a corpo.
**INFILTRATE** (infil'trêit), v. t. e i. Infiltrar; introduzir-se lentamente.
**INFILTRATION** (infiltrêi'shànn), s. Infiltração.
**INFINITE** (in'finit), adj. e s. Infinito; ilimitado; s. o infinito; Deus.
**INFINITENESS** (in'finitnéss), s. Infinidade.
**INFINITESIMAL** (infinitê'zimâl), s. Infinitésimo; infinitésima; adj. infinitesimal.
**INFINITY** (infi'niti), s. Infinidade.
**INFIRM** (infâr'mm), adj. Enfermo; doente.

**INFIRMARY** (infâr'mâri), s. Enfermaria.
**INFIRMITY** (infâr'miti), s. Enfermidade; falta.
**INFIX** (in'fiks0, s. (Gram.) Infixo; v. t. cravar; enterrar; encaixilhar.
**INFLAME** (inflêi'mm), v. t. e i. Inflamar; excitar; intensificar; inflamar-se; abrasar-se.
**INFLAMMABLE** (inflé'mâbl), adj. Inflamável.
**INFLAMMATION** (inflâmêi'shànn), s. Inflamação; ardor.
**INFLAMMATORY** (inflâ'mâtòuri), adj. Inflamatório; (fig.) incendiário.
**INFLATE** (inflêi't), v. t. e i. Inflar; inchar; enfunar-se; dilatar-se; inflacionar.
**INFLATION** (inflêi'shànn), s. Inflação.
**INFLATIONARY** (inflêik'shionâri), adj. Inflacionário.
**INFLATOR** (inflêi'târ), s. Inflator; o que faz inchar.
**INFLECT** (inflék't), v. t. e i. Variar; modular; (Gram.) declinar; conjugar.
**INFLECTION, INFLEXION** (inflék'shànn), s. Inflexão; modulação da voz; (Gram.) conjugação; inflexão.
**INFLEXIBILITY** (infléksibi'liti), s. Inflexibilidade.
**INFLEXIBLE** (inflék'sibl), adj. Inflexível.
**INFLICT** (inflik't), v. t. Infligir; aplicar.
**INFLICTION** (inflik'shànn), s. Imposição.
**INFLOW** (in'flòu), s. Afluência; influxo.
**INFLUENCE** (in'fluénss), v. t. Influir sobre; dominar, dirigir; persuadir; s. influência; autoridade; prestígio.
**INFLUENT** (in'fluént), adj. Influente; afluente.
**INFLUENTIAL** (influén'shâl), adj. Influente.
**INFLUX** (in'flâks), s. Influxo; fluxo; afluxo; afluência; entrada; introdução.
**INFLUXION** (inflâk'shànn), s. Influxo; infusão.
**INFOLD** (infòul'd), v. t. Envolver; encerrar.
**INFORM** (infòr'mm), v. t. Informar; avisar; notificar; delatar; imbuir; inspirar; adj. disforme; sem forma.
**INFORMAL** (infòr'm'l), adj. Irregular; insólito.
**INFORMALITY** (infórmé'liti), s. Irregularidade; falta de formalidade.
**INFORMANT** (infòr'mant), s. Informante.
**INFORMATION** (infórmêi'shànn), s. Informação; aviso; comunicação.
**INFORMATIVE** (infòr'mâtiv), adj. Informativo.
**INFORMED** (infòr'mêd), adj. Informado.
**INFORMER** (infòr'mâr), s. Informante; delator.
**INFRACT** (infrék't), v. t. Infringir; violar.
**INFRACTION** (infrék'shànn), s. Infração.
**INFRACTOR** (infrék'târ), s. Infrator.

**INFRANGIBLE** (infrén'djibl), adj. Infrangível; inquebrável; inseparável.
**INFREQUENCY** (infri'kuénss), s. Infreqüência; raridade.
**INFREQUENT** (infri'kuént), adj. Infreqüente.
**INFRINGE** (infrin'dj), v. t. e i. Infringir; transgredir; usurpar; invadir.
**INFRINGEMENT** (infrindj'ment), s. Infração; transgressão; falsificação.
**INFRINGER** (infrin'djår), s. Contraventor.
**INFURIATE** (infiu'riêit), v. t. Enfurecer; irritar; adj. enfurecido; raivoso.
**INFUSE** (infiu'z), v. t. Infundir; insinuar.
**INFUSIBLE** (infiu'zibl), adj. Infusível.
**INFUSION** (infiu'jånn), s. Infusão; inspiração.
**INFUSIVE** (infiu'ziv), adj. Que pode infundir.
**INFUSORIA** (infiussôu'riâ), s. pl. Infusórios.
**INGATHERING** (inghê'dhårinn), s. Colheita.
**INGENIOUS** (indji'niâss), s. Engenhoso; astuto; hábil.
**INGENIOUSNESS** (indji'niâsnéss), s. Engenho; arte; habilidade; astúcia.
**INGENUITY** (indji'niuiti), s. Engenho; habilidade.
**INGENUOUS** (indjé'niuåss), adj. Ingênuo; inocente; lhano; sincero.
**INGENUOUSNESS** (indjé'niuåsnéss), s. Ingenuidade; inocência; simplicidade.
**INGEST** (indjést'), v. t. Engolir; ingerir.
**INGESTION** (indjést'shånn), s. Ingestão.
**INGLORIOUS** (inglô'riåss), adj. Inglório; obscuro; modesto.
**INGLORIOUSNESS** (inglô'riâsnéss), s. Baixeza; vileza; ignomínia.
**INGOT** (in'gót), s. Lingote; barra de metal.
**INGRAIN** (ingrêi'nn), v. t. Tingir em rama; adj. tingido na fibra ou no fio; inerente.
**INGRATE** (in'grêit), s. Pessoa ingrata.
**INGRATIATE** (ingrêi'shiêit), v. t. Insinuar-se; captar a afeição de.
**INGRATITUDE** (ingré'titiud), s. Ingratidão.
**INGREDIENT** (ingré'dient), s. Ingrediente.
**INGRESS** (in'gréss), s. Ingresso; entrada.
**INGROWING** (in'grôuinn), adj. Que cresce para dentro.
**INGULF** (ingål'f), v. t. Engolir; engolfar.
**INHABIT** (in-hé'bit), v. t. e i. Habitar; morar.
**INHABITANT** (in-hé'bitânt), s. Habitante.
**INHABITATION** (in-hébitêi'shånn), s. Habitação; morada; domicílio.
**INHALATION** (in-hâlêi'shånn), s. Inalação.
**INHALE** (in-hêi'l), v. t. Inalar; aspirar.
**INHALER** (in-hêi'lår), s. Inalador.

**INHARMONIOUS** (in-harmôu'niåss), adj. Desarmônico; dissonante.
**INHARMONIOUSNESS** (in-harmôu'niásnéss), s. Desarmonia; dissonância.
**INHERE** (in-hi'r), v. i. Estar inerente.
**INHERENT** (in-hi'rent), adj. Inerente; natural.
**INHERIT** (in-hé'rit), v. t. e i. Herdar.
**INHERITANCE** (in-hé'ritånss), s. Herança.
**INHERITOR** (in-hé'ritår), s. Herdeiro.
**INHIBIT** (in-hi'bit), v. t. Inibir; proibir.
**INHIBITION** (in-hibi'shånn), s. Inibição; proibição; interdição.
**INHOSPITABILITY** (in-hós'pitêibiliti), s. Inospitabilidade.
**INHOSPITABLE** (in-hís'pitåbl), adj. Inóspito; inumano; áspero; rude.
**INHUMAN** (in-hiu'maen), adj. Desumano; bárbaro; selvagem.
**INHUMANITY** (in-hiumé'niti), s. Desumanidade.
**INHUMATION** (in-hiumêi'shånn), s. Inumação.
**INHUME** (in-hiu'mm), v. t. Inumar; enterrar.
**INIMICAL** (ini'mikâl), adj. Inimigo; hostil.
**INIMITABLE** (ini'mitâbl), adj. Inimitável.
**INIQUITOUS** (ini'kuitâss), adj. Iníquo; injusto.
**INIQUITY** (ini'kuiti), s. Iniqüidade; maldade.
**INITIALLY** (ini'shiêli), adv. Inicialmente.
**INITIAL** (ini'shâl), adj. Inicial; s. letra inicial; v. t. assinar com as iniciais do nome.
**INITIATE** (ini'shiêit), v. t. Iniciar; originar; adj. iniciado; começado.
**INITIATION** (inishiêi'shånn), s. Iniciação.
**INITIATIVE** (inishiei'tiv), adj. Inicial; iniciativo; preliminar; s. iniciativa.
**INJECT** (indjékt'), v. t. Injetar.
**INJECTION** (injék'shånn), s. Injeção.
**INJUDICIOUS** (indjudi'shåss), adj. Desajuizado; indiscreto; imprudente.
**INJUDICIOUSNESS** (indjudi'shåsnéss), s. Indiscrição; imprudência.
**INJUNCTION** (indjånk'shånn), s. Ordem; mandado; injunção; exortação.
**INJURE** (indjur), v. t. Prejudicar; lesar; estragar; danificar; violar; ferir.
**INJURER** (in'djurår), s. Injuriador.
**INJURIOUS** (indju'riåss), adj. Prejudicial; nocivo; ofensivo; injusto.
**INJURIOUSNESS** (indju'riåsnéss), s. Injúria; dano; ofensa; injustiça.
**INJURY** (in'djuri), s. Injúria; ofensa; dano.
**INJUSTICE** (indjås'tiss), s. Injustiça.
**INK** (ink), s. Tinta de escrever; v. t. borrar de, ou aplicar tinta a.

**INKER** (in'kår), s. (Tip.) Rolo de tinta; o que escreve com tinta.
**INKINESS** (in'kinéss), s. Escuridão; cor de tinta.
**INKLING** (in'klinn), s. Insinuação; desejo.
**INKY** (in'ki), adj. De tinta; manchado de tinta.
**INLAID** (in'lêid), adj. Marchetado; incrustado.
**INLAND** (in'lånd), adj. e s. Interior; o interior de um país..
**INLANDER** (in'låndår), s. Habitante do interior.
**INLAY** (inlêi), v. i. Marchetar; embutir.
**INLET** (in'lét), s. Angra; enseada; introdução.
**INLY** (in'li), adj. Interior; interno; adv. Interiormente; no íntimo; no coração.
**INLYING** (in'láinn), adj. Deitado; prostrado.
**INMATE** (in'mêit), s. Inquilino; aluno interno.
**INMOST** (in'mòust), adj. Interior; íntimo.
**INN** (inn), s. Estalagem; pousada; taverna; v. t. e i. alojar; alojar-se em estalagem.
**INNATE** (in'nêit), adj. Inato; intuitivo.
**INNATENESS** (in'nêitnéss), s. Natural; não adquirido.
**INNER** (in'når), adj. Interior; secreto.
**INNERMOST** (in'nårmòust), adj. Íntimo.
**INNERVATE** (inår'vêit), v. t. Inervar; alentar.
**INNERVATION** (inårvêi'shånn), s. Inervação; atividade nervosa.
**INNKEEPER** (inn'kipår), s. Estalajadeiro.
**INNOCENCE** (in'nossénss) ou **INNOCENCY** (in'nossénsi), s. Inocência.
**INNOCENT** (in'nossént), adj. e s. Inocente.
**INNOCUOUS, INNOXIOUS** (inó'kiuåss), adj. Inócuo; inofensivo.
**INNOCUOUSNESS,       INNOXIOUSNESS** (inó'kiuåsnéss), s. Inocuidade.
**INNOMINATE** (inó'minit), adj. Anônimo.
**INNOVATE** (in'novêit), v. t. e i. Inovar.
**INNOVATION** (inovêi'shånn), s. Inovação.
**INNOVATOR** (in'novêitår), s. Inovador; remodelador.
**INNUENDO** (iniuén'dòu), s. Insinuação.
**INNUMERABLE** (iniu'måråbl), adj. Inumerável; infinito.
**INNUTRITIOUS** (iniutri'shåss), adj. Desnutrido.
**INOBSERVANCE** (inóbzår'vånss), s. Inobservância.
**INOBSERVANT** (inóbzår'vånt), adj. Inobservante.
**INOCULATE** (inó'kiulêit) v. t. Inocular; impregnar; contagiar.

**INOCULATION** (inókiulêi'shånn), s. Inoculação.
**INOCULATOR** (inó'kiulêitår), s. Inoculador.
**INODOROUS** (inó'doråss), adj. Inodoro.
**INOFFENSIVE** (inófén'siv), adj. Inofensivo.
**INOFFENSIVENESS** (inófén'sivnéss), s. Qualidade de inofensivo.
**INOPERABLE** (inó'perêibl), adj. Inoperável.
**INOPERATIVE** (inó'pårátiv), adj. Ineficaz.
**INOPORTUNE** (inó'pòrtiún), adj. Inoportuno.
**INORDINATE** (inór'dinit), adj. Desordenado; imoderado; excessivo.
**INORDINATENESS** (inór'dinitnéss), s. Imoderação; irregularidade.
**INORGANIC** (inòrgae'nic), adj. Inorgânico.
**INPATIENT** (in'pêishént), s. Doente internado em hospital.
**INQUEST** (in'kuést), s. Inquérito judicial.
**INQUIRE** (inkuái'r), v. t. Inquirir; indagar.
**INQUIRER** (inkuái'rår), s. Inquiridor.
**INQUIRING** (inkuái'rinn), adj. Que examina, inquire, pergunta, investiga.
**INQUIRY** (inkuái'ri), s. Inquérito; investigação; pesquisa; pergunta; exame.
**INQUISITION** (inkuizi'shånn), s. Inquisição; Santo Ofício; inquérito judicial.
**INQUISITIVE** (inkui'sitiv), adj. Curioso; indiscreto; investigador; pesquisador.
**INQUISITIVENESS** (inkui'sitivnéss), s. Curiosidade; indiscrição.
**INQUISITOR** (inkui'zitår), s. Inquiridor.
**INROAD** (in'ròud), s. Incursão; invasão.
**INRUSH** (in'råsh), s. Invasão súbita; influxo repentino.
**INSALUBRIOUS** (insåliu'briåss), adj. Insalubre; doentio.
**INSALUBRITY** (insåliu'briti), s. Insalubridade.
**INSANE** (insêi'nn), adj. Insano; arrebatado.
**INSANENESS** (insêin'néss), s. Insanidade.
**INSANITARINESS** (insê'nitérinéss), s. Falta de higiene.
**INSANITARY** (insé'nitéri), adj. Não sanitário; anti-higiênico.
**INSANITY** (insé'niti), s. Insanidade.
**INSATIABLE** (insêi'shiábl), adj. Insaciável; sôfrego; implacável.
**INSATIATE** (insêi'shiêit), adj. Insaciável.
**INSCRIBE** (ins'kráib), v. t. Inscrever; dedicar (um livro).
**INSCRIPTION** (inskrip'shånn), s. Inscrição; dedicatória; rótulo.
**INSCROLL** (inskròul'), v. t. Escrever em rolo de pergaminho; registrar.

**INSCRUTABLE** (inskru'tåbl), adj. Inescrutável.
**INSCRUTABLENESS** (inskru'tåblnéss), s. Inescrutabilidade.
**INSECT** (in'sékt), s. Inseto.
**INSECTICIDE** (inséct'sáid), s. Inseticida.
**INSECURE** (insikiu'r), adj. Incerto; arriscado.
**INSECURITY** (insikiu'riti), s. Insegurança.
**INSEMINATE** (insé'minêit), v. t. Semear.
**INSEMINATION** (insé'minêishånn), s. Inseminação.
**INSENSATE** (insén'sêit), adj. Insensato.
**INSENSIBILITY** (insénsibi'liti), s. Insensibilidade; apatia.
**INSENSIBLE** (insén'sibl) ou **INSENTIENT** (insén'shiént), adj. Insensível; apático.
**INSEPARABILITY** (insé'parabiliti), s. Inseparabilidade.
**INSEPARABLE** (insé'pårâbl), adj. Inseparável.
**INSERT** (insår't), v. t. Inserir; intercalar.
**INSERTION** (insår'shånn), s. Inserção.
**INSET** (insé't), v. t. Inserir; implantar; s. inserção; conteúdo; influxo.
**INSHORE** (in'shôur), adv. Na costa; adj. perto da costa.
**INSIDE** (in'sáid), s. O interior; parte interna; conteúdo; passageiro que viaja dentro do carro; adj. interior; interno.
**INSIDER** (in'sáidår), s. O que está dentro; o que goza de uma vantagem particular.
**INSIDIOUS** (insi'diåss), adj. Insidioso.
**INSIDOUSNESS** (insi'diåsnéss), s. Insídia.
**INSIGHT** (in'sáit), s. Discernimento intelectual; perspicácia.
**INSIGNIFICANCE** (insigni'fikånss) ou **INSIGNIFICANCY** (insigni'fikånsi), s. Insignificância; pessoa insignificante.
**INSIGNIFICANT** (insigni'fikånt), adj. Insignificante.
**INSINCERE** (insinsi'r), adj. Fingido; desleal.
**INSINCERITY** (insinsé'rit), s. Falta de sinceridade; dissimulação.
**INSINUATE** (insi'niuêit), v. t. e i. Insinuar.
**INSINUATING** (insi'niuêitinn), adj. Insinuante.
**INSINUATION** (insiniuêi'shånn), s. Insinuação; alusão.
**INSINUATOR** (insi'niuêitår), s. Insinuador.
**INSIPID** (insi'pid), adj. Insípido.
**INSIPIDNESS** (insi'pidnéss), s. Insipidez.
**INSIST** (insis't), v. i. Insistir; perseverar.
**INSISTENCE** (insis'ténss) ou **INSISTENCY** (insisténsi), s. Insistência.
**INSOLATION** (insolêi'shånn), s. Insolação.
**INSOLENCE** (in'solénss), s. Insolência.
**INSOLENT** (in'solênt), adj. e s. Insolente.
**INSOLUBLE** (insô'liubl), adj. Insolúvel.
**INSOLUBLENESS** (insô'liublnéss), s. Insolubilidade.
**INSOLVABLE** (insól'våbl), adj. Insolvável; insolvível; inexplicável; insolúvel.
**INSOLVENCY** (insól'vensi), s. Insolvência.
**INSOLVENT** (insól'vent), adj. Insolvente.
**INSOMNIA** (insôum'niae), s. Insônia.
**INSOMUCH** (insômå'tsh), adv. A tal ponto, tanto; conj. a ponto (seguido de *that, as*).
**INSPECT** (inspék't), v. t. Inspecionar.
**INSPECTION** (inspék'shånn), s. Inspeção; exame; vistoria; fiscalização.
**INSPECTOR** (inspék'tår), s. Inspetor; investigador; superintendente.
**INSPECTORATE** (inspék'tårit), s. Inspetoria.
**INSPIRATION** (inspirêi'shånn), s. Inspiração.
**INSPIRE** (inspái'r), v. t. e i. Inspirar, aspirar; sugerir, comunicar; inspirar-se.
**INSPIRER** (inspái'rår), s. Inspirador.
**INSPIRING** (inspái'rinn), adj. Inspirativo.
**INSPIRIT** (inspi'rit), v. t. Animar; incitar.
**INSPIRITING** (inspi'ritinn), adj. Animador.
**INSTABILITY** (instâbi'liti), s. Instabilidade.
**INSTABLE** (instêi'bl), adj. Instável.
**INSTALL** (instó'l), v. t. Instalar; inaugurar.
**INSTALLATION** (instólêi'shånn), s. Instalação; colocação; arranjo.
**INSTALLMENT** (instól'ment), s. Instalação; prestação; pagamento em prestações.
**INSTANCE** (ins'tånss), v. t. Apresentar como exemplo; alegar; s. instância; insistência.
**INSTANCY** (ins'tånsi), s. Urgência; instância.
**INSTANT** (ins'tânt), s. Instante; momento; adj. instante; urgente; pertinaz; presente.
**INSTANTANEOUS** (instântêi'niåss), adj. Instantâneo.
**INSTANTANEOUSNESS** (instântêi'niåsnéss), s. Instantaneidade.
**INSTANTER** (instån'tår), adv. Ato contínuo; imediatamente.
**INSTEAD** (insté'd), adv. Em vez de; em lugar de.
**INSTEP** (ins'tép), s. Tarso; peito do pé.
**INSTIGATE** (ins'tighêit), v. t. Instigar; estimular; incitar (esp. às más ações).
**INSTIGATION** (instighêi'shånn), s. Instigação; incitamento.
**INSTIGATOR** (ins'tighêitår), s. Instigador.
**INSTIL, INSTILL** (insti'l), v. t. Instilar; inculcar; insinuar pouco a pouco, gota a gota.

**INSTILMENT, INSTILLMENT** (instil'ment), s. Instilação; insinuação.
**INSTINCT** (ins'tinkt), s. Instinto; aptidão natural; adj. animado; instigado.
**INSTINCTIVE** (ins'tinktiv), adj. Instintivo.
**INSTITUTE** (ins'titiut), s. Instituto; estabelecimento; fábrica; regra; preceito; máxima; v. t. instituir; ensinar; conferir.
**INSTITUTION** (institiu'shânn), s. Instituição.
**INSTITUTIONAL** (institiu'shânâl), adj. Institucional; elementar.
**INSTITUTOR** (ins'titiutâr), s. Instituidor; fundador; instrutor.
**INSTRUCT** (instrâk't), v. t. Instruir; informar.
**INSTRUCTION** (instrâk'shânn), s. Instrução; ensino; conhecimento; ordem.
**INSTRUCTIONAL** (instrâk'shânâl), adj. Relativo à instrução.
**INSTRUCTIVE** (instrâk'tiv), adj. Instrutivo.
**INSTRUCTOR** (instrâk'târ), s. Instrutor.
**INSTRUMENT** (ins'trumént), s. Instrumento.
**INSTRUMENTAL** (instrumén'tâl), adj. Instrumental.
**INSTRUMENTALY** (instrumenté'liti), s. Agência; meio; ação.
**INSTRUMENTATION** (instrumentêi'shânn), s. Instrumentação.
**INSUBORDINATE** (insâbórdini't), adj. e s. Insubordinado.
**INSUBORDINATION** (insâbórdinêi'shânn), s. Insubordinação.
**INSUBSTANTIAL** (insâbstân'shâl), adj. Insubstancial; frouxo; fraco.
**INSUFFERABLE** (insâ'fârâbl), adj. Intolerável; detestável; molesto; incômodo.
**INSUFFICIENCY** (insâfi'shênsi), s. Insuficiência.
**INSUFFICIENT** (insâfi'shént), adj. Insuficiente.
**INSULATE** (in'siulêit), v. t. Isolar; desligar.
**INSULATION** (insiulêi'shânn), s. Isolação.
**INSULATOR** (in'siulêitâr), s. Isolador.
**INSULT** (in'sâlt), s. Insulto; injúria; afronta; v. t. insultar; afrontar.
**INSULTER** (insâl'târ), s. Insultador.
**INSULTING** (insâl'tinn), adj. Insultante.
**INSUPERABILITY** (insiupârâbi'liti), s. Invencibilidade.
**INSUPERABLE** (insiu'pârâbl), adj. Insuperável; invencível.
**INSUPPORTABLE** (insâpór'tâbl), adj. Insuportável.
**INSUPPORTABLENESS** (insâpór'tâblnéss), s. Natureza insuportável.
**INSUPPRESSIBLE** (insâpré'sibl), adj. Insuprimível; irreprimível.
**INSURANCE** (insu'rânss), s. Seguro.
**INSURE** (inshu'r), v. t. e i. Segurar, fazer seguros de (vida, fogo, etc.).
**INSURED** (inshur'd), adj. Segurado.
**INSURER** (inshu'râr), s. Segurador.
**INSURGENCE** (insâr'djéns) ou **INSURGENCY** (insâr'djénsi), s. Insurgência; revolta.
**INSURGENT** (insâr'djént), adj. Revoltado.
**INSURMOUNTABLE** (insârmáun'tâbl), adj. Insuperável; invencível.
**INSURRECTION** (insârrék'shânn), s. Insurreição; levante; revolta.
**INSURRECTIONIST** (insârrék'shânist), s. Insurreto; revoltoso.
**INSUSCEPTIBILITY** (insâsséptibi'liti), s. Insensibilidade.
**INSUSCEPTIBLE** (insâssép'tibl), adj. Insensível; não suscetível.
**INTACT** (inték't), adj. Intacto; todo; inteiro.
**INTACTNESS** (inték'néss), s. Integridade.
**INTANGIBILITY** (inténdjibi'liti), s. Intangibilidade.
**INTANGIBLE** (intén'djibl), adj. Intangível.
**INTENGER** (in'tidjâr), s. Totalidade; número inteiro.
**INTEGRAL** (in'tigrâl), adj. Integral; integrante.
**INTEGRATE** (in'tigrêit), v. t. e i. Integrar.
**INTEGRATION** (intigrêi'shânn), s. Integração.
**INTEGRITY** (inté'griti), s. Integridade.
**INTELLECT** (in'tekékt), s. Intelecto.
**INTELLECTION** (intelék'shânn), s. Intelecção.
**INTELLECTUAL** (intelék'tshual), adj. e s. Intelectual; inteligente.
**INTELLECTUALISM** (intelék'tshuâlizm), s. Intelectualismo.
**INTELLECTUALIZE** (intelék'tualáiz), v. t. e i. Intelectualizar; raciocinar.
**INTELLIGENCE** (inté'lidjénss), s. Inteligência; informação; acordo.
**INTELLIGENCER** (inté'lidjénsâr), s. Informador; agente secreto; espião.
**INTELLIGENT** (inté'lidjént), adj. Inteligente; perito; hábil.
**INTELLIGIBLE** (inté'lidjibl), adj. Inteligível.
**INTEMPERANCE** (intém'pârénss), s. Intemperança; excesso; glutonaria.
**INTEMPERATE** (intém'pârit), adj. Intemperante; desmedido.
**INTEND** (intén'd), v. t. e i. Intentar; tencionar; ter cuidado; designar; dirigir.

**INTENDANCE** (intén'dânss), s. Intendência.
**INTENDED** (intén'did), adj. Prometido; s. noivo; noiva.
**INTENSE** (intén'ss), adj. Intenso; vivo; ardente; ativo; enérgico; esforçado.
**INTENSENESS** (inténs'néss), s. Intensidade.
**INTENSIFICATION** (intensifikêi'shânn), s. Intensificação.
**INTENSIFY** (intén'sifái), v. t. e i. Intensificar.
**INTENSION** (intén'shânn), s. Tensão; intensidade.
**INTENSIVE** (intén'siv), adj. Intensivo; veemente; aplicado; ativo.
**INTENSIVENESS** (intén'sivnéss), s. Intensidade.
**INTENT** (intén't), s. Intento; propósito.
**INTENTION** (intén'shânn), s. Intenção.
**INTENTIONAL** (intén'shânâl), adj. Intencional.
**INTENTIONED** (intén'shând), adj. Intencionado.
**INTENTNESS** (intént'néss), s. Aplicação assídua; atenção seguida; decisão.
**INTER** (intâ'r), v. t. Enterrar; sepultar.
**INTERACT** (intârék't), s. Entreato; intermédio; v. i. atuar um sobre outro.
**INTERACTION** (intârkék'shânn), s. Ação recíproca; interação.
**INTERBREED** (intâr'brid) v. t. e i. Cruzar (raças, variedades, etc.); mestiçar.
**INTERCALATE** (intâr'lâlêit), v. t. Intercalar.
**INTERCALATION** (intârkâlêi'shânn), s. Intercalação.
**INTERCEDE** (intârsi'd), v. t. Interceder; rogar.
**INTERCEDER** (intârsi'dâr), s. Intercessor.
**INTERCEPT** (intârsép't), v. t. Interceptar.
**INTERCEPTION** (intârsép'shânn), s. Intercepção; estorvo; empecilho.
**INTERCHANGE** (intârtshén'dj), s. Intercâmbio; câmbio; permuta; v. t. e i. trocar; alternar.
**INTERCHANGEABLE** (intârtshén'djâbl), adj. Permutável; mútuo; sucessivo.
**INTERCOMMUNICATE** (intârkómiu'nikêit), v. i. Comunicar entre si, mutuamente.
**INTERCOMMUNICATION** (intârkómiunikêi'shânn), s. Intercomunicação.
**INTERCOMMUNION** (intârkó'miuniânn), s. Comunhão recíproca; troca.
**INTERCOMMUNITY** (intârkómiu'niti), s. Comunicação mútua.
**INTERCOURSE** (in'târkôrss), s. Intercurso; intercâmbio; relações comerciais.
**INTERCROSS** (intâr'cróss), v. t. e i. Entrecruzar-se; cruzar.
**INTERCURRENCE** (intârkâ'renss), s. Intercorrência; alternativa.
**INTERCURRENT** (intârkâ'rént), adj. Intercorrente.
**INTERDICT** (in'târdikt), s. Interdito; ordem proibitória; adj. interditado; v. t. interdizer; proibir.
**INTERDICTION** (intârdik'shânn), s. Interdição.
**INTEREST** (in'târést), v. t. Interessar; interessar-se por; s. interesse; curiosidade; proveito; lucro; participação.
**INTERESTING** (in'târéstinn), adj. Interessante.
**INTERFERE** (intâr'fi'r), v. t. Interferir; intervir; intrometer-se; embaraçar; prejudicar.
**INTERFERENCE** (intârfi'rénss), s. Interferência; intervenção; intromissão.
**INTERFERER** (intârfi'râr), adj. Intrometido; importuno; interventor.
**INTERFERING** (intârfi'rinn), adj. Interferente; interveniente; contraditório; oposto.
**INTERFUSE** (intârfiu'z), v. t. Vazar; fundir juntamente; misturar.
**INTERFUSION** (intârfiu'jânn), s. Mistura; fusão.
**INTERIOR** (inti'riâr), adj. e s. Interior.
**INTERJECT** (intârdjék't), v. t. e i. Interpor.
**INTERJECTION** (intârdjék'shânn), s. Intervenção; (Gram.) interjeição.
**INTERJECTOR** (intârdjék'târ), s. O que interpõe ou intervêm.
**INTERKNIT** (intârkni't), v. t. Unir estreitamente.
**INTERLACE** (intârlêi'ss), v. t. e i. Entrelaçar; emaranhar-se; variar; alternar.
**INTERLACEMENT** (intârléis'ment), s. Entrelaçamento; mistura.
**INTERLARD** (intârlâr'd), v. t. Lardear; entremear; mesclar; intrometer-se.
**INTERLEAVE** (intârli'v), v. t. Entrefolhar.
**INTERLINE** (intârlái'nn), v. t. Entrelinhar; adj. interlinear, entre linhas.
**INTERLINEATION** (intârliniêi'shânn), s. Intercalação, entrelinha.
**INTERLINK** (intârlin'k), v. t. Encadear, ligar.
**INTERLOCK** (intârló'k), v. t. e i. Dependurar; fixar; encadear, abraçar; ficar apertado.
**INTERLOCUTION** (intârlókiu'shânn), s. Diálogo; interlocução.
**INTERLOCUTOR** (intârló'kiutâr), s. Interlocutor.
**INTERLOPE** (intârlôu'pi), v. i. Usurpar (direitos); fazer comércio fraudulento.

**INTERLOPER** (intârlóu'pâr), s. Intruso; corretor fraudulento.
**INTERLUDE** (in'târliud), s. Interlúdio.
**INTERMEDDLE** (intârméd'l), v. i. Intrometer-se; intervir.
**INTERMEDDLER** (intârméd'lâr), s. Intrometido.
**INTERMEDIARY** (intermi'diâri), adj. e s. Intermediário.
**INTERMEDIATE** (intârmi'dièit), v. t. Servir de intermediário; adj. medianeiro.
**INTERMENT** (intâr'mént), s. Enterro; funeral.
**INTERMINABLE** (intâr'minâbl), adj. Interminável; ilimitado.
**INTERMINGLE** (intârming'l) ou **INTERMIX** (intârmi'kss), v. t. e i. Entremear; misturar.
**INTERMISSION** (intârmi'shânn), s. Intermissão; pausa; intervalo.
**INTERMIT** (intârmi't), v. t. e i. Descontinuar; interromper; cessar.
**INTERMITENT** (intârmi'ténnt), adj. Intermitente.
**INTERMIXTURE** (intârmiks'tshur), s. Mistura; miscelânea.
**INTERN** (intâr'nn), v. t. e i. Internar; internar-se; adj. e s. interno.
**INTERNAL** (intâr'nal), adj. Interno; interior; doméstico; intrínseco.
**INTERNATIONAL** (intârné'shânâl), adj. Internacional.
**INTERNATIONALITY** (intârnéshâné'liti), s. Internacionalidade.
**INTERNATIONALIZE** (intârné'shânâláiz), v. t. Internacionalizar.
**INTERNECINE** (intârni'sinn), adj. Mutuamente destrutivo; exterminador.
**INTERNEE** (intâr'ni), s. Interno (de hospital).
**INTERNMENT** (intârn'ment), s. Internação.
**INTEROCEANIC** (intârôshié'nik), adj. Interoceânico.
**INTERPELLATE** (intârpé'lêit), v. t. Interpelar.
**INTERPELLATION** (intârpéléi'shânn), s. Interpelação.
**INTERPHONE** (intâr'fôunn), s. Interfone.
**INTERPOLATE** (intâr'polêit), v. t. Interpolar; intercalar.
**INTERPOLATION** (intârpolêi'shânn), s. Interpolação; intercalação.
**INTERPOSE** (intârpôu'z), v. t. e i. Interpor; colocar; colocar-se entre; interpor-se.
**INTERPOSITION** (intârpozi'shânn), s. Intervenção; interposição.
**INTERPRET** (intâr'prét), v. t. e i. Interpretar; explicar; esclarecer; traduzir; verter.

**INTERPRETATION** (intârpretêi'shânn), s. Interpretação; explicação; esclarecimento.
**INTERPRETER** (intâr'prétâr), s. Intérprete.
**INTERROGATE** (intâ'roghêit), v. t. e i. Interrogar.
**INTERROGATION** (intâroghêi'shânn), s. Interrogação.
**INTERROGATIVE** (intârô'gâtiv), adj. Interrogativo.
**INTERROGATOR** (intâ'roghêitâr), s. Interrogador; examinador.
**INTERROGATORY** (intâ'rogâtôuri), adj. e s. Interrogatório.
**INTERRUPT** (intârrâp't), v. t. Interromper; perturbar; obstruir; dividir.
**INTERRUPTER** (intârrâp'târ), s. Interruptor (também em eletricidade).
**INTERRUPTION** (intârrâp'shânn), s. Interrupção.
**INTERSECT** (intârsék't), v. t. e i. Entrecortar; cortar-se; cruzar-se.
**INTERSECTION** (intârsék'shânn), s. Intersecção.
**INTERSPERSE** (intârspâr'ss), v. t. Espalhar; semear; entremear; misturar.
**INTERSPERSION** (intârspâr'shânn), s. Disseminação.
**INTERTWINE** (intârtuái'nn), v. t. e i. Entrelaçar; entrelaçar-se.
**INTERVAL** (in'târvâl), s. Intervalo; interstício.
**INTERVENE** (intârvi'nn), v. i. Intervir; interpor-se; sobrevir; ingerir-se.
**INTERVENER** (intârvi'nâr), s. Interventor; medianeiro.
**INTERVENTION** (intârvén'shânn), s. Intervenção; mediação.
**INTERVENTOR** (intârvén'târ), s. Interventor; inspetor de minas (EUA).
**INTERVIEW** (in'târviú), v. t. Entrevistar; s. entrevista.
**INTERVIEWER** (in'târviuâr), s. Entrevistador.
**INTERWEAVE** (intârui'v), v. t. e i. Entrelaçar.
**INTESTACY** (intés'tassi), s. Falta de testamento válido.
**INTESTATE** (intés'têit), adj. (Jur.) Intestado; s. pessoa que morreu sem testamento.
**INTESTINE** (intés'tinn), adj. Intestino; interior; s. intestino, canal intestinal.
**INTIMACY** (in'timâssi), s. Intimidade.
**INTIMATE** (in'timêit), v. t. Dar a entender.
**INTIMATE** (in'timit), adj. Íntimo; familiar; cordial; s. amigo íntimo; confidente; sócio.
**INTIMATION** (intimêi'shânn), s. Intimação.

**INTIMIDATE** (inti'midêit), v. t. Intimidar; amedrontar; desencorajar.
**INTIMADATION** (intimidêi'shånn), s. Intimidação.
**INTIMITY** (inti'miti), s. Intimidade.
**INTO** (in'tu), prep. Em, dentro de, até ao interior.
**INTOLERABLE** (intó'låråbl), adj. Intolerável.
**INTOLERANCE** (intó'lårénss), s. Intolerância.
**INTOLERANT** (intó'lårant), adj. Intolerante.
**INTONATE** (in'tonêit), v. t. e i. Entoar; modular a voz.
**INTONATION** (intonêi'shånn), s. Entonação; entoação; modulação da voz.
**INTOXICATE** (intók'sikêit), v. t. Intoxicar; envenenar; embriagar; excitar.
**INTOXICATION** (intóksikêi'shånn), s. Intoxicação; embriaguez; excitação.
**INTRACTABLE** (intrék'tåbl), adj. Intratável.
**INTRANSIGENT** (intrén'sidjént), adj. e s. Intransigente.
**INTRANSITIVE** (intrén'sitiv), adj. (Gram.) Intransitivo.
**INTRENCH** (intrén'tsh), v. t. e i. Entrincheirar.
**INTRENCHMENT** (intrén'tshment), s. Entrincheiramento.
**INTREPID** (intré'pid), adj. Intrépido; arrojado.
**INTREPIDITY** (intrépi'diti), s. Intrepidez.
**INTRICACY** (in'trikåssi), s. Complicação.
**INTRICATE** (in'trikit), adj. Intricado; confuso.
**INTRICATENESS** (in'trikitnéss), s. Embrulhada; confusão.
**INTRIGUE** (intri'g), s. Intriga; enredo; amor secreto; v. t. intrigar; tramar.
**INTRIGUER** (intri'går), s. Intriguista; amante.
**INTRINSIC** (intrin'sik), adj. Intrínseco.
**INTRODUCE** (introdiu'ss), v. t. Introduzir; acrescentar; instituir; estabelecer.
**INTRODUCER** (introdiu'sår), s. Introdutor.
**INTRODUCTION** (introdåk'shånn), s. Introdução; apresentação.
**INTRODUCTORY** (introdåk'tôuri), adj. Introdutório.
**INTROIT** (intrói't), s. Intróito; introdução.
**INTROSPECTION** (introspék'shånn), s. Introspecção.
**INTROSPECTIVE** (introspék'tiv), adj. Introspectivo.
**INTRUDE** (intru'd), v. t. e i. Introduzir à força; intrometer-se.
**INTRUDER** (intru'dår), s. Intruso; usurpador.
**INTRUSION** (intru'jånn), s. Intrusão.
**INTRUSIVE** (intru'siv), adj. Intruso.

**INTUITION** (intiui'shånn), s. Intuição; pressentimento.
**INTUITIVE** (intiui'tiv), adj. Intuitivo.
**INTUMESCENCE** (intiumé'senss), s. Intumescência.
**INTUMESCENT** (intumé'sent), adj. Intumescente.
**INUNDATE** (i'nândêit), v. t. Inundar; alagar.
**INUNDATION** (inândêi'shånn), s. Inundação.
**INURE** (iniu'r), v. t. e i. Acostumar; calejar.
**INUREMENT** (iniur'ment), s. Costume.
**INUTILITY** (iniuti'liti), s. Inutilidade.
**INVADE** (invêi'd), v. t. e i. Invadir; violar.
**INVADER** (invêi'dår), s. Invasor; usurpador.
**INVALID** (in'vålid), v. t. Reformar, dar baixa (Exército, Marinha); adj. inválido.
**INVALIDATE** (invé'lidêit), v. t. Invalidar.
**INVALIDATION** (invélidêi'shånn), s. Invalidação; anulação.
**INVALUABLE** (invé'liuåbl), adj. Inestimável.
**INVAR** (invå'r), s. Invar (liga metálica).
**INVASION** (invêi'jånn), s. Invasão; agressão.
**INVECTIVE** (invék'tiv), s. Invectiva; ataque injurioso.
**INVEIGH** (invéi), v. t. Injuriar; vituperar.
**INVEIGLE** (invig'l), v. t. Seduzir; engodar.
**INVEIGLEMENT** (invigl'ment), s. Sedução.
**INVEIGLER** (invi'glår), s. Sedutor.
**INVENT** (invén't), v. t. Inventar; idear; criar.
**INVENTER, INVENTOR** (invén'târ), s. Inventor.
**INVENTION** (invén'shånn), s. Invenção.
**INVENTIVE** (invén'tiv), adj. Inventivo.
**INVENTIVENESS** (invén'tivnéss), s. Espírito inventivo, engenhoso.
**INVENTORY** (in'ventôuri), s. Inventário.
**INVERSE** (invår'ss), adj. e s. Inverso; invertido; v. t. inverter; trocar.
**INVERSION** (invår'shånn), s. Inversão; troca.
**INVERT** (invår't), v. t. Inverter; trocar; s. arco invertido; adj. invertido.
**INVERTEBRATE** (invår'tåbrit), adj. Invertebrado.
**INVEST** (invés't), v. t. e i. Aplicar; empregar (dinheiro, capital); revestir de poder.
**INVESTIGATE** (invés'tighêit), v. t. Investigar.
**INVESTIGATION** (invéstighêi'shånn), s. Investigação; exame.
**INVESTIGATOR** (invés'tighêitår), s. Investigador.
**INVESTMENT** (invést'ment), s. Vestimenta; roupagem; aplicação de dinheiro, emprego de capital; ataque, cerco; investidura.

**INVETERACY** (invé'târâssi), s. Inveteração; arraigamento.
**INVETERATE** (invé'târit), adj. Inveterado.
**INVETERATENESS** (invé'târitnéss), s. Inveteração.
**INVIDIOUS** (invi'diâss), adj. Invejoso; odioso.
**INVIDIOUSNESS** (invi'diâsnéss), s. Inveja.
**INVIGILATION** (invidjilêi'shânn), s. Invigilância.
**INVIGORATE** (invi'gârêit), v. t. Vigorar; fortalecer; fortificar.
**INVIGORATION** (invigârêi'shânn), s. Robustecimento.
**INVIGORATOR** (invi'gârêitâr), s. Fortificante.
**INVINCIBILITY** (invinsibi'liti), s. Invencibilidade.
**INVINCIBLE** (invin'sibl), adj. Invencível.
**INVIOLABILITY** (inváiolábi'liti), s. Inviolabilidade.
**INVIOLABLE** (invái'olábl), adj. Inviolável.
**INVIOLATE** (invái'olit), adj. Inviolado; intacto; íntegro.
**INVISIBILITY** (invizibi'liti), s. Invisibilidade.
**INVISIBLE** (invi'zibl), adj. Invisível.
**INVITATION** (invitêi'shânn), s. Convite.
**INVITE** (invái't), v. t. Convidar; solicitar.
**INVITER** (invái'târ), s. O que convida.
**INVITING** (invái'tinn), adj. Convidativo; atraente.
**INVITINGNESS** (invái'tinnéss), s. Atrativo.
**INVOCATION** (invokêi'shânn), s. Invocação.
**INVOICE** (in'vóiss), s. Fatura, remessa; v. t. faturar.
**INVOKE** (invôu'k), v. t. Invocar; pedir auxílio.
**INVOLUCRE** (in'voliukâr), s. Invólucro.
**INVOLUNTARY** (invô'lântéri), adj. Involuntário.
**INVOLUTION** (involiu'shânn), s. Involução; envolvimento.
**INVOLVE** (invól'v), v. t. Envolver; embaraçar; complicar; acarretar; causar.
**INWALL** (in'uól), v. t. Emparedar; murar; s. parede interna.
**INWARD** (i'nuârd), adj. Interno; interior; íntimo; adv. interiormente; s. o interior.
**INWARDNESS** (i'nuârdnéss), s. O interior; intimidade.
**INWEAVE** (inui'v), v. t. Tecer; entretecer.
**INWROUGHT** (inrô't), adj. Lavrado; embutido.
**IODATE** (ái'odêit), s. (Quím.) Iodato; v. t. iodar.
**IODIZE** (ái'odáiz), v. t. Tratar pelo iodo.
**ION** (ái'ann), s. (Fís., Quím.) Iônio, íon, ionte.

**IONOSPHERE** (áíou'nâsfir), s. Ionosfera.
**IOTA** (áiou'tâ), s. Jota; ponto; quantidade diminuta.
**IRASCIBLE** (áiré'shibl), adj. Irascível.
**IRASCIBLENESS** (áiré'siblnéss), s. Irascibilidade; irritabilidade.
**IRATE** (áirêi't), adj. Irado.
**IRE** (áir), s. Ira; cólera.
**IREFUL** (áir'ful), adj. Irado; colérico.
**IREFULNESS** (áir'fulnéss), s. Fúria; cólera.
**IRIDESCENCE** (iridé'senss), s. Iridescência.
**IRIDESCENT** (iridé'senss), adj. Iridescente.
**IRISH** (ái'rish), adj. e s. Irlandês.
**IRK** (ârk), v. t. Enfadar; cansar; molestar.
**IRKSOME** (ârk'sôumm), adj. Penoso.
**IRKSOMENESS** (ârk'sôumnéss), s. Enfado.
**IRON** (ái'ârn), s. Ferro em geral; ferro de engomar; pl. ferros, grilhões. *Iron-horse:* locomotiva; v. t. passar a ferro; algemar; brunir; adj. de ferro; férreo; indômito.
**IRONCLAD** (ái'ârnkléd), adj. Couraçado; ferrado; forte; s. navio couraçado.
**IRONED** (ái'ârnd), adj. Ferrado; passado a ferro; brunido.
**IRONICAL** (áirô'nikâl), adj. Irônico.
**IRONING** (ái'ronin), s. Ação de passar roupa a ferro.
**IRONMONGER** (ái'ârnmângâr), s. Ferrageiro; ferragista.
**IRONMONGERY** (ái'ârnmângâri), s. Negócio de ferragens.
**IRONMOULD** (ái'ârnmôuld), s. Mancha de ferrugem; ferrete.
**IRONSIDE** (ái'ârnsáid), s. Homem austero, enérgico, rigoroso.
**IRONWORK** (ái'ârn-uârk), s. Armação de ferro; ferragem.
**IRONWORKS** (ái'ârn-uârks), s. Fundição; forja.
**IRONY** (ái'roni), s. Ironia; sarcasmo; adj. férreo, de ferro.
**IRRADIANCE** (irrêi'diânss) ou **IRRADIANCY** (irrêi'diânsi), s. Irradiação; difusão.
**IRRADIATE** (irrêi'diêit), v. t. e i. Irradiar; iluminar; aclarar.
**IRRADIATION** (irrêidiêi'shânn), s. Irradiação; brilho; fulgor.
**IRRATIONAL** (irré'shânâl), adj. Irracional; absurdo.
**IRREBUTTABLE** (irribâ'tâbl), adj. Que não recua.
**IRRECLAIMABLE** (irriklêi'mâbl), adj. Incorrigível.

**IRRECOGNIZABLE** (irrékógnái'zâbl), adj. Irreconhecível.
**IRRECOVERABLE** (irrikâ'vârâbl), adj. Irreparável; irremediável.
**IRREDEEMABLE** (irridi'mâbl), adj. Irremissível; irresgatável; perpétuo.
**IRREDUCIBLE** (irridiu'sibl), adj. Irredutível.
**IRREFLECTIVE** (irriflék'tiv), adj. Irrefletido.
**IRREFRAGABLE** (irré'frâgâbl), adj. Irrefragável; infalível.
**IRREFUTABLE** (irrifiu'tâbl), adj. Irrefutável.
**IRREGULAR** (irré'ghiulâr), adj. Irregular; desigual; assimétrico.
**IRREGULARITY** (irréghiulé'riti), s. Irregularidade.
**IRRELEVANCE** (irré'livânss) ou **IRRELEVANCY** (irré'livânsi), s. Irrelevância.
**IRRELEVANT** (irré'livânt), adj. Despropositado; insignificante.
**IRRELIGION** (irréli'djânn), s. Irreligião; impiedade; descrença.
**IRRELIGIOUS** (irrili'djâss), adj. Irreligioso.
**IRRELIGIOUSNESS** (irrili'djâssnéss), s. Irreligiosidade; descrença.
**IRREMEDIABLE** (irrimi'diâbl), adj. Irremediável.
**IRREMOVABILITY** (irrimuvâbi'liti), s. Imobilidade; quietude.
**IRREMOVABLE** (irrimu'vâbl), adj. Fixo; imóvel; imutável.
**IRREPARABILITY** (irrépârâbi'liti), s. Irreparabilidade.
**IRREPARABLE** (irré'pârâbl), adj. Irreparável.
**IRREPRESSIBLE** (irripré'sibl), adj. Irreprimível.
**IRREPRESSIBLENESS** (irripré'siblnéss), s. Indocilidade.
**IRREPROACHABLE** (irriprôu'tshâbl), adj. Irrepreensível; correto; impecável.
**IRRESISTIBLE** (irrizis'tibl), adj. Irresistível.
**IRRESOLUTE** (irré'soliut), adj. Irresoluto.
**IRRESOLUTENESS** (irré'zoliutnéss) ou **IRRESOLUTION** (irrézoliu'shânn), s. Irresolução.
**IRRESOLVABLE** (irrizól'vâbl), adj. Insolúvel.
**IRRESPONSIBILITY** (irrispínsibi'liti), s. Irresponsabilidade.
**IRRESPONSIBLE** (irrispón'sibl), adj. Irresponsável.
**IRRESPONSIVE** (irrispón'siv), adj. Irrefutável.
**IRRESTRAINABLE** (irristrêi'nâbl), adj. Irrestringível.
**IRRETRIEVABLE** (irritri'vâbl), adj. Irreparável.

**IRREVERENCE** (irré'vârénss), s. Irreverência.
**IRREVERENT** (irré'várént), adj. Irreverente.
**IRREVERSIBLE** (irrivâr'sibl), adj. Irreversível.
**IRREVOCABLE** (irré'vokâbl), adj. Irrevogável.
**IRRIGATE** (i'righêit), v. t. Irrigar; regar.
**IRRIGATION** (irrighêi'shânn), s. Irrigação.
**IRRITABILITY** (irritâbi'liti), s. Irritabilidade.
**IRRITABLE** (irri'tâbl), adj. Irritável; colérico.
**IRRITANCY** (i'ritanci), s. Irritação; aborrecimento; (Jur.) nulidade; anulação.
**IRRITANTE** (i'ritânt), adj. e s. Irritante.
**IRRITATE** (i'ritêit), v. t. Irritar; exasperar; (Jur.) invalidar.
**IRRITATION** (irritêi'shânn), s. Irritação; provocação.
**IRRITATIVE** (i'ritêitiv), adj. Irritante.
**IRRUPTION** (irrâp'shânn), s. Irrupção.
**IRRUPTIVE** (irrâp'tiv), adj. Irruptivo.
**ISLAM** (is'lâmm), s. Islamismo.
**ISLAMIC** (is'lâmik), adj. Islâmico; maometano.
**ISLAMISM** (is'lâmizm), s. Islamismo.
**ISLAND** (ái'lând), s. Ilha; v. t. insular, formar ilha.
**ISLANDER** (ái'lândâr), s. Ilhéu.
**ISLE** (áil), s. Ilha.
**ISLET** (ái'lét), s. Ilhota.
**ISOLATE** (i'solêit), v. t. Isolar (também Eletr., Med., Quím.); insular, segregar.
**ISOLATION** (issolêi'shânn), s. Isolação.
**ISRAELITE** (iz'riéláit), s. Israelita; judeu; adj. israelita; judaico.
**ISSUABLE** (i'shuâbl), adj. Que pode ser emitido; publicável.
**ISSUE** (i'shu), v. t. e i. Sair, brotar; expedir; emitir; despachar; publicar; s. emissão; distribuição; edição ou número (jornal, revista); êxito; conclusão; conseqüência.
**ISSUER** (i'shur), s. Emissor; o que emite, descende ou emana.
**ISTHMUS** (is'mâss), s. Istmo.
**IT** (it), pron. pess. neutro (3ª pess. sing.) Ele, ela, o, a, isto, isso; é usado como sujeito dos verbos impessoais, mas não é traduzido: *it rains*: chove.
**ITALIAN** (ité'liânn), adj. e s. Italiano.
**ITALIC** (ité'lik), adj. Itálico; italiano, s. (Tip.) itálico (tipo de letra).
**ITALICIZE** (itá'lissáiz), v. t. (Tip.) Grifar, imprimir em itálico.
**ITCH** (itsh), s. Comichão; prurido; desejo; v. i. prurir; desejar ardentemente.
**ITCHINESS** (itsh'néss), s. Comichão; coceira.
**ITCHING** (i'tshinn), s. Comichão; desejo.

**ITCHY** (i'tshi), adj. Sarnento.
**ITERANCE** (i'tarânss), s. Repetição, iteração.
**ITERATE** (i'târêit), v. t. Repetir; reiterar.
**ITERATION** (itârêi'shânn), s. Iteração.
**ITINERANCY** (áiti'nârânsi), s. Itinerário.
**ITINERANT** (áiti'nârânt), adj. e s. Itinerante.
**ITINERATE** (áiti'nârêit), v. i. Perambular.
**ITS** (its), caso posses. do pron. pes. neutro Seu, sua, seus, suas (dele, dela).
**ITSELF** (itsél'f), pron. reflex. neutro Se, si, ele mesmo, ela mesma; mesmo; próprio.
**IVORY** (ái'vori), adj. Ebúrneo, de marfim; s. marfim.
**IVY** (ái'vi), s. Hera; planta trepadeira e rasteira.
**IZZARD** (i'zârd), s. Antigo nome da letra "z".

# J

**J** (djêi), s. Décima letra do alfabeto.
**JABBER** (djé'bâr), s. Tagarelice; algaravia; v. t. e i. tagarelar.
**JABBERER** (djé'bârâr), s. Palrador; tagarela.
**JACK** (djék), s. Joãozinho; sujeito; camarada; gaio; macaco; torno; guindaste; espeto; bandeira de proa.
**JACKAL** (djé'kól), s. (Zool.) Chacal.
**JACKASS** (djék'éss), s. Burro; estúpido.
**JACKDAW** (djék'dó), s. (Zool.) Gralha.
**JACKET** (djé'két), s. Jaqueta; jaleco; tampa; envoltório; v. t. vestir jaqueta.
**JACTITATION** (djéktitêi'shânn), s. Perturbação; agitação; excitação; (Jur.) falsa asserção de casamento.
**JADE** (djêid), s. Rocim; cavalo ruim; mulher vil; jade (pedra); v. t. e i. cansar.
**JADOO** (djé'du), s. Seda artificial; mágico; tirador de sorte.
**JAEGER** (iêi'gâr), s. Ave, espécie de gaivota.
**JAG** (djég), s. Dente de serra; brecha; recorte; bebedeira; v. t. recortar; dentear.
**JAGGED** (djé'ghid), adj. Recortado; denteado; irregular; escabroso; áspero.
**JAGGEDNESS** (djé'ghidnéss), s. Escabrosidade; desigualdade; mossa.
**JAGGER** (djé'gâr), s. Roda de latão; bufainheiro; mascate.
**JAIL** (djêil), s. Xadrez; cárcere; prisão; v. t. pôr na cadeia; encarcerar.
**JAILER** (djêi'lâr), s. Carcereiro.
**JALOUSIE** (djé'luzi), s. Gelosia, persiana.
**JAM** (djémm), v. t. e i. Apertar; comprimir; espremer; s. geléia; compota; aperto; obstrução; emperramento; (fig.) enrascada.
**JAMB** (djémm), s. Umbral de porta; haste.
**JAMBOK** (djém'bók), s. Chicote de couro.
**JANGLE** (djêng'l), v. i. Questionar; discutir; altercar; s. barulho desconcertado.
**JANGLER** (djén'glâr), s. Altercador; tagarela.
**JANGLING** (djén'glinn), s. Discórdia; altercação; tagarelice; queixume.
**JANUARY** (djé'niuéri), s. Janeiro.
**JAP** (djép), adj. e s. Japonês; s. língua japonesa.
**JAPAN** (djépé'nn), v. t. Acharoar; laquear; envernizar; s. charão; obra laqueada.
**JAPANESE** (djépâni'z), adj. e s. Japonês.
**JAPE** (djêip), s. Gracejo; peça; zombaria; v. t. e i. gracejar; motejar; troçar.
**JAR** (djár), v. t. e i. Discordar; altercar; vibrar; tremer; s. vibração; choque; conflito; disputa; jarro; pote; cântaro.
**JARGON** (djár'gânn), s. Algaravia; calão; gíria; jargão; zircônio (pedra).
**JARRING** (djá'rinn), adj. Discordante; incompatível; s. discordância; altercação; rixa.
**JASEY** (djêi'si), s. Espécie de cabeleira ou peruca de lã.
**JASMINE** (djás'minn), s. Jasmim.
**JASPER** (djés'pâr), s. Jaspe.
**JAUNDICE** (dján'diss), v. t. Afetar de icterícia; s. icterícia.
**JAUNDICED** (dján'dissd), adj. Ictérico; amarelado; invejoso; preconceituoso.
**JAUNT** (djánt), s. Excursão; passeio; v. i. passear; perambular; excursionar.
**JAUNTINESS** (dján'tinéss), s. Garbo; graça; ligeireza; bom modo.
**JAUNTING** (dján'tinn), adj. Passeador.
**JAUNTY** (dján'ti), adj. Airoso; garboso; ostensivo; fastidioso.

**JAVANESE** (djávâni'z), adj. e s. Javanês.
**JAW** (djó), v. t. e i. Ralhar; tagarelar; s. queixada; mandíbula; goela; garra.
**JAWBONE** (djó'bôunn), s. Maxilar.
**JAY** (djéi), s. Galo (ave); tagarela; inoportuno; (gír.) palerma; pamonha.
**JEALOUS** (djé'lâss), adj. Ciumento; zeloso; invejoso; desconfiado; intolerante.
**JEALOUSNESS** (djé'lâsnéss) ou **JEALOUSY** (djé'lâssi), s. Ciúme; desconfiança.
**JEAN** (djéinn), s. Fustão grosso; espécie de pano entrançado.
**JEER** (djir), v. t. e i. Escarnecer; zombar; s. zombaria; sarcasmo.
**JEERER** (dji'râr), s. Escarnecedor.
**JEERING** (dji'rinn), adj. Zombeteiro; s. sarcasmo.
**JEHU** (dji'hiu), s. Cocheiro.
**JEJUNE** (djidju'nn), adj. Seco; magro; faminto; estéril; árido; desprovido.
**JEJUNENESS** (djidjun'néss), s. Carência; esterilidade; pobreza.
**JEJUNUM** (djidju'nâmm), s. (Anat.) Jejuno.
**JELL** (djél), s. Geléia; v. t. e i. gelatinizar-se.
**JELLIED** (djé'lid), adj. Gelatinoso.
**JELLIFY** (djé'lifái), v. t. e i. Gelatinizar.
**JELLY** (djé'li), s. Geléia.
**JEMMY** (djé'mi), s. Pé-de-cabra.
**JENNY** (djé'ni), s. Torno; máquina de fiar.
**JEOPARDIZE** (djé'pârdáiz), v. t. Arriscar; pôr em perigo.
**JEOPARDOUS** (djé'pârdâss), adj. Arriscado.
**JEOPARDY** (djé'pârdi), s. Perigo; risco.
**JERK** (djârk), v. t. e i. Sacudir; arremessar; curar (carne ao sol); enunciar confusamente; s. safanão; abalo; dito espirituoso.
**JERKER** (djâr'kâr), s. Verificador da alfândega.
**JERKINESS** (djâr'kinéss), s. Qualidade do que é espasmódico.
**JERKY** (djâr'ki), adj. Caprichoso; impertinente; espasmódico.
**JERRY** (djé'ri), s. Construção inferior, feita à pressa e mal; geringonça.
**JERSEY** (djâr'zi), s. Boi ou vaca da ilha de Jersey; jérsei (tecido); tipo de camisola.
**JESS** (djéss), s. Correia que se prende aos pés do falcão; dificuldade; peia; v. t. pear; dificultar.
**JESSAMINE** (djé'sâminn), s. Jasmim.
**JEST** (djést), v. t. e i. Gracejar; brincar; zombar; s. gracejo; zombaria; farsa; bobo.

**JESTER** (djés'târ), s. Motejador; bobo; truão.
**JESTING** (djés'tinn), s. Zombaria; gracejo; adj. sarcástico.
**JESUIT** (djé'ziuit), s. Jesuíta; intrigante.
**JET** (djét), s. Azeviche; cor de azeviche; jorro; jacto; saída violenta; v. t. e i. emitir em forma de jacto; arremessar-se; projetar-se.
**JETSAM** (djé'tsâmm), s. Alijamento de carga; para evitar naufrágio; a carga lançada.
**JETTY** (djé'ti), adj. Azevichado, cor de azeviche; s. (Arquit.) saliência; platibanda.
**JEW** (dju), s. Judeu; israelita, hebreu.
**JEWEL** (dju'él), s. Jóia; pedra preciosa; prenda; v. t. adornar com jóias.
**JEWELLER** (dju'élâr), s. Joalheiro; lapidário.
**JEWELRY** (dju'éri), s. Pedraria; joalharia; comércio de pedras.
**JEWESS** (dju'éss), s. Judia.
**JEWISH** (dju'ish), adj. Judaico.
**JEWRY** (dju'ri), s. Bairro judeu; o povo ou a raça judaica.
**JIB** (djib), s. (Náut.) Bujarrona; v. i. mudar o curso de um navio; mover-se de modo irrequieto; ladrar.
**JIFFY** (dji'fi), s. (fam.) Olhadela; relance.
**JIG** (djig), s. Jiga (dança); v. t. e i. dançar ou cantar uma jiga.
**JIGGLE** (djig'l), v. t. e i. Sacudir ligeiramente; estremecer; menear-se; s. bamboleio; sacolejo; balanço.
**JIGSAW** (djig'só), s. Serra de vaivém.
**JILT** (djilt), s. Namoradeira; v. t. e i. namorar; dar o fora no noivo.
**JINGLE** (djing'l), s. Tinido; som; consonância; (Mús. e Poes.) quadrinha, rima; v. t. e i. tinir, retinir; esbarrar-se; rimar.
**JIVE** (djáiv), s. (gír.) Conversa mole; logro; (Mús.) "swing"; v. t. e i. lograr.
**JO** (djôu), s. Namorado(a); querido(a).
**JOB** (djób), s. Tarefa, coisa que fazer; obra; serviço; emprego; bico; biscate; ocupação pouco digna; embuste; v. i. trabalhar de empreitada; fazer bico; v. t. agiotar.
**JOBBER** (djó'bâr), s. Agiota; corretor; enredador; intrigante.
**JOBBERY** (djó'bâri), s. Agiotagem.
**JOBBING** (djó'binn), adj. Intermediário.
**JOCKEY** (djó'ki), s. Jóquei; negociante de cavalos; embusteiro; trapaceiro.
**JOCOSE** (djokôu'z), adj. Jocoso; alegre.
**JOCOSENESS** (djokôuz'néss), s. Jocosidade; alegria; graça.
**JOCOSITY** (djokôu'siti), s. Jocosidade.

**JOCULAR** (djó'kiulår), adj. Jocoso; jovial.
**JOCUND** (djó'kând), adj. Jocundo; alegre.
**JOCUNDITY** (djókân'diti), s. Jocundidade; alegria; júbilo.
**JOE** (djôu), s. Namorado; moeda de ouro portuguesa.
**JOG** (djóg), s. Abalo ligeiro; sacudidela; meio trote; trote lento; v. i. mover-se vagarosamente; dar cotoveladas; sugerir.
**JOGGER** (djó'gâr), s. Aquele que anda lentamente; pesadamente.
**JOGGLE** (djóg'l), s. Entalhe, encaixe; abalo; empurrão; v. t. e i. sacudir; entalhar.
**JOIN** (djóinn), v. t. e i. Unir, ligar; ajustar; combinar; anexar; acrescentar; associar-se; concordar; s. ponto de junção; ligação.
**JOINER** (djói'nâr), s. Marceneiro; mecânico.
**JOINERY** (djói'nâri), s. Marcenaria.
**JOINING** (djói'ninn), s. União; junção.
**JOINT** (djóint), s. Juntura; articulação; nó; ligação; adj. junto; unido; ligado; associado; v. t. e i. ligar; encaixar; articular.
**JOINTER** (djóin'tår), s. Junteira (instrumento de carpinteiro).
**JOINTRESS** (djóin'tréss), s. Viúva que recebe dote do marido.
**JOINTURE** (djóin'tshur), s. (Jur.) Bens dotais da viúva.
**JOIST** (djóist), s. Viga; trave; barrote.
**JOKE** (djôuk), v. t. e i. Gracejar; pilheriar; s. gracejo; piada; anedota.
**JOKER** (djôu'kâr), s. Gracejador; brincalhão.
**JOKING** (djôu'kinn), s. Gracejo; piada.
**JOLLIFICATION** (djólifikêi'shânn), s. (fam.) Festança; folia; pândega.
**JOLLINESS** (djó'linéss), s. Jovialidade; alegria; júbilo; regozijo.
**JOLLY** (djó'li), adj. Jovial; lindo; robusto.
**JOLLYBOAT** (djó'libôut), s. Escaler.
**JOLT** (djôult), s. Balanço; sacudidela; v. t. e i. sacudir; abanar; dar solavancos.
**JOLTING** (djôul'tinn), s. Sacudidela; balanço.
**JOSKIN** (djós'kinn), s. (gír.) Matuto; caipira.
**JOSS** (djóss), s. Ídolo chinês.
**JOSTLE** (djós'l), v. t. e i. Empurrar; esbarrar; acotovelar; s. colisão; choque; empurrão.
**JOT** (djót), s. Jota; ponto; til; um nada; v. t. tomar apontamentos; assentar; apontar.
**JOTTING** (djó'tinn), s. Nota; apontamento; observação; memorando.
**JOURNAL** (djâr'nâl), s. Jornal; registro cotidiano; (Com.) diário; (Mec.) munhão.
**JOURNALIST** (djâr'nâlist), s. Jornalista.

**JOURNALIZE** (djâr'nâlâiz), v. t. e i. Registrar em forma de diário; colaborar em jornais; (Com.) escriturar um diário.
**JOURNEY** (djâr'ni), v. t. Viajar; s. viagem; jornada; trajeto; caminhada.
**JOURNEYMAN** (djâr'nimaen), s. Mecânico com prática; diarista-(operário).
**JOUST** (djâst), s. Torneio, justa; v. i. medir-se em torneio.
**JOVIAL** (djôu'viâl), adj. Jovial; alegre.
**JOVIALITY** (djôuviê'liti), s. Jovialidade.
**JOWL** (djául), s. Mandíbula; maxila; queixada; bochecha; papada; barbela (de peixe).
**JOY** (djói), s. Prazer; alegria; v. t. e i. alegrar-se; regozijar-se.
**JOYFUL** (djói'ful), adj. Alegre; contente.
**JOYFULNESS** (djói'fulnéss), s. Alegria.
**JOYLESS** (djói'léss), adj. Triste; compungido.
**JOYLESSNESS** (djói'lésnéss), s. Tristeza.
**JOYOUS** (djói'âss), adj. Alegre; jubiloso.
**JUBILANT** (dju'bilânt), adj. Jubilante; triunfante; exaltante.
**JUBILATE** (dju'bilêit), v. i. Alegrar-se.
**JUBILATION** (djubilêi'shânn), s. Júbilo; exultação; alegria intensa.
**JUBILEE** (dju'bili), s. Jubileu.
**JUDAISM** (ju'dêizm), s. Judaísmo.
**JUDEAN** (djudi'ânn), adj. e s. Judeu.
**JUDGE** (djâdj), v. t. e i. Ajuizar; julgar; sentenciar; arbitrar; supor; concluir; s. juiz; árbitro; perito; conhecedor; entendido.
**JUDGEMENT, JUDGMENT** (djâdj'ment), s. Juízo; critério; opinião; decisão; sentença; julgamento; crítica; apreciação.
**JUDGESHIP** (djâdj'ship), s. Magistratura.
**JUDICATURE** (dju'dikâtshur), s. Judicatura; magistratura.
**JUDICIAL** (djudi'shâl), adj. Judicial; judicioso; criterioso.
**JUDICIARY** (djudi'shâri), adj. Judiciário.
**JUDICIOUS** (djudi'shâss), adj. Judicioso; sensato, elaborado.
**JUDICIOUSNESS** (djudi'shâsnéss), s. Juízo; critério; prudência; sabedoria.
**JUG** (djâg), s. Jarro, pote, bilha; (pop.) cadeia, xadrez; v. t. e i. estufar uma lebre; (pop.) pôr na cadeia; cantar como rouxinol.
**JUGGINS** (djâ'ghinss), s. Simplório.
**JUGGLE** (djâg'l), v. t. e i. Escamotear; enganar; s. ligeireza de mãos; trapaça.
**JUGGLER** (djâ'glâr), s. Prestidigitador.
**JUGGLERY** (djâ'glâri), s. Prestidigitação.

**JUGOSLAV** (iugoslá'v), s. Iugoslavo.
**JUICE** (djuss), s. Sumo, suco, caldo; essência; (fam.) corrente elétrica.
**JUICINESS** (dju'sinéss), s. Suculência.
**JUICY** (dju'si), adj. Sucoso, sumarento.
**JULY** (djulái), s. Julho.
**JUMBLE** (djâmb'l), s. Mistura; confusão; amálgama; v. t. e i. Misturar; baralhar.
**JUMBLING** (djâm'blinn), s. Confusão; ruído.
**JUMBO** (djâm'bôu), s. Colosso; gigante.
**JUMP** (djâmp), v. t. e i. Pular; saltar; passar por cima; (pop.) apoderar-se de; levantar (caça); s. salto; vestido solto; corpete.
**JUMPER** (djâm'pâr), s. Saltador; blusa de marinheiro; broca comprida de mineiros.
**JUNCTION** (djânk'shânn), s. Junção; conexão; ligação; entrosamento.
**JUNCTURE** (djânk'tshâr), s. Junção; união; junta; momento crítico; conjuntura.
**JUNE** (djunn), s. Junho.
**JUNGLE** (djâng'l), s. Floresta virgem; mato.
**JUNIOR** (dju'niâr), adj. Novo, o mais novo; s. o mais moço.
**JUNK** (djânk), s. Junco; embarcação pequena; cesta; pedaço grande.
**JUNKER** (djân'kâr), s. Jovem fidalgo alemão.
**JUNKET** (djân'kit), s. Banquete; festim; piquenique; v. t. e i. banquetear; festejar.
**JUNKETING** (djânk'tinn), s. Comezaina.
**JUNTO** (djân'tôu), s. Reunião secreta; conspiração; cabala; facção.
**JUPON** (dju'pón), s. Saia de baixo; saiote.
**JURIDICAL** (djuri'dikál), adj. Jurídico.
**JURISCONSULT** (djuriskón'sâlt), s. Jurisconsulto; jurista.
**JURISDICTION** (djurisdik'shânn), s. Jurisdição; competência.
**JURISPRUDENCE** (djurispru'dénss), s. Jurisprudência.
**JURIST** (dju'rist), s. Jurista; jurisconsulto.
**JUROR** (dju'râr) ou **JURYMAN** (dju'rimaen), s. Jurado.
**JURY** (dju'ri), s. Júri.
**JUST** (djâst), adj. Justo; imparcial; reto; honesto; exato; racional; legítimo; virtuoso; bom; adv. justamente; logo; somente.
**JUSTICE** (djâs'tiss), s. Justiça; eqüidade; retidão; júri; magistrado; direito.
**JUSTIFIABLE** (djâs'tifiáiabl), adj. Justificável.
**JUSTIFIABLENESS** (djâs'tifiáiâblnéss), s. Justiça; retidão.
**JUSTIFICATION** (djâstifikéi'shânn), s. Justificação, defesa.
**JUSTIFIED** (djâs'tifáid), adj. Justificado.
**JUSTIFIER** (djâs'tifáiâr), s. Justificador.
**JUSTIFY** (djâs'tifái), v. t. Justificar; defender; absolver; perdoar.
**JUSTINESS** (djâst'néss), s. Justiça; imparcialidade; exatidão; regularidade.
**JUT** (djât), s. Projeção; saliência; v. i. fazer saliência.
**JUTE** (djut), s. Juta.
**JUTTING** (djâ'tinn), adj. Saliente; arqueado.
**JUVENESCENCE** (djuvené'senss), s. Rejuvenescimento.
**JUVENESCENT** (djuvené'sent), adj. Rejuvenescente.
**JUVENILE** (dju'venil), adj. Juvenil; jovem; adaptado à juventude; s. jovem; mocinho.
**JUVENILITY** (djuveni'liti), s. Juventude; mocidade; vivacidade.
**JUXTAPOSE** (djâks'tâpôuz), v. t. Justapor.
**JUXTAPOSITION** (djâkstâpôzi'shânn), s. Justaposição; superposição.

# K

**K** (kêi), s. Décima-primeira letra do alfabeto; (Quím.) símbolo do potássio.
**KAILYARD** (kéi'liârd), s. Horta.
**KALE** (kêil), s. Couve; (gfr.) dinheiro.
**KALEIDOSCOPE** (kâlái'doskôup), s. Calidoscópio.
**KALENDS** (ké'lendz), s. Calendas.
**KANGAROO** (kéngâru'), s. (Zool.) Canguru.
**KATYDID** (kêi'tidid), s. Nome de uma espécie de cigarra (inseto).
**KECK** (kék), v. i. Enojar-se; repugnar-se; fazer esforço para vomitar.
**KEDGE** (kédj), s. Ancoreta; v. t. e i. rebocar um navio.

**KEEL** (kil), s. Quilha, querena; barco; osso do peito das aves; v. t. e i. prover de quilhas; sulcar os mares, navegar.
**KEELER** (ki'lâr), s. Gamela; tina rasa; trabalhador de barcas.
**KEELSON** (kél'sânn), s. Sobrequilha.
**KEEN** (kin), adj. Intenso; vivo; forte; potente; ardente, veemente; afiado; aguçado; perspicaz; penetrante; pungente; amargo.
**KEEP** (kip), v. t. e i. Guardar, conservar; reter; deter; manter; administrar; dirigir; sustentar; prover; proteger; defender; impedir. *To keep a holiday:* observar, guardar um dia santo ou feriado; registrar; escriturar. *To keep one's bed:* estar de cama; s. guarda, proteção; forte, torre de menagem; custódia; estado; condição.
**KEEPER** (ki'pâr), s. Guarda, defensor, sustentador; dispositivo, peça de retenção.
**KEEPING** (ki'pinn), s. Guarda; custódia; alimento, sustento; acordo; harmonia.
**KEEPSAKE** (kip'sêik), s. Dádiva; presente.
**KEF** (kéf), s. Langor; sonolência; torpor.
**KEG** (kég), s. Barril; barrica.
**KELP** (kép), s. Alga marinha (grande e grosseira).
**KELT** (kélt), adj. e s. Celta.
**KEMP** (kémmp), s. Pêlos duros de lã.
**KEN** (kénn), s. Vista, olhar; conhecimento, v. t. conhecer; enxergar; ver ao longe.
**KENDAL** (kén'dâl), s. Tipo de pano grosso de lã.
**KENNEL** (kén'nel), s. Canil, covil, antro; v. t. e i. abrigar em canil, covil ou toca.
**KENTLEDGE** (kén'tlédj), s. (Náut.) Linguado de lastro.
**KERCHIEF** (hâr'tshif), s. Lenço de cabeça; coifa; toucado.
**KERN** (kârn), s. Moinho manual; camponês rude.
**KERNEL** (kârn'l), v. i. Formar-se em grão; s. amêndoa; pevide.
**KERSEY** (kâr'zi), s. Pano macio, de lã.
**KERSEYMERE** (kâr'zimir), s. Casimira.
**KETCH** (kétsh), s. Chalupa; galcota; cafque.
**KETCHUP** (ké'tshâp), s. Molho de tomates.
**KETTLE** (két'l), s. Caldeirão; cafeteira.
**KETTLEDRUM** (ké'tldrâmm), s. Timbale.
**KEY** (ki), s. Chave; clave; chaveta; teclado; cais; parcéis; recife; v. t. fechar a chave; prover de chave; afinar (instrumento).
**KEYBOARD** (ki'bôurd), s. Teclado (de piano, máquina de escrever, linotipo, etc.).

**KEYHOLE** (ki'hôul), s. Buraco de fechadura.
**KEYSTONE** (ki'stôun), s. Pedra angular; fecho de atóbada.
**KHAKI** (ká'ki), s. Brim cáqui.
**KHALIF** (kâ'lif), s. Califa.
**KHAN** (kánn), s. Cã (soberano em certas regiões da Ásia).
**KIANG** (kiá'nn), s. Burro bravo.
**KIBE** (káib), s. Frieira, greta.
**KICK** (kik), s. Pontapé; coice; v. t. e i. escoicear; dar pontapés.
**KICKER** (ki'kâr), s. O que dá pontapés.
**KICKING** (ki'kinn), s. Ato de dar pontapés ou coices; violência; arbítrio.
**KICKSHAW** (kik'shó), s. Ninharia; guisado.
**KID** (kid), s. Cabrito; pele ou carne de cabrito; garoto; cesta pequena; bandeja; pl. luvas de pelica; v. i. dar cria (a cabra); v. t. (fam.) enganar; lograr alguém.
**KIDDLE** (kid'l), s. Pesqueira.
**KIDDLING** (ki'dinr), s. Cabritinho.
**KIDNAP** (kid'nép), v. t. Raptar; expatriar.
**KIDNAPPER** (kid'népâr), s. Raptor.
**KIDNAPPING** (kid'népinn), s. Rapto.
**KIDNEY** (ki'dni), s. (Anat.) Rim; temperamento; disposição.
**KIDSKIN** (kid'skin), s. Pelica; pele de cabrito.
**KILDERKIN** (kil'dârkinn), s. Meio barril (80 l).
**KILL** (kil), v. t. Matar; abater; aniquilar; pôr fim a; neutralizar; vetar (projeto de lei); fazer parar (motor); fascinar; s. ato de matar; caça abatida; canal; rio.
**KILLER** (ki'lâr), s. Assassino; matador.
**KILLING** (ki'linn), s. Assassínio.
**KILN** (kiln), s. Forno (para produtos industriais); v. t. secar ou calcinar ao forno.
**KILO** (ki'lôu), s. Quilo.
**KILOGRAM, KILOGRAMME** (ki'lôugraem), s. Quilograma.
**KILOMETER** (kilôumé'târ), s. Quilômetro.
**KILOWATT** (kilôuwó't), s. Quilowatt.
**KILT** (kilt), s. Saiote escocês; v. t. franzir ou dobrar (costura).
**KIN** (kinn), s. Parentesco; parente; adj. parente; da mesma espécie, raça ou tribo.
**KIND** (káind), s. Gênero; espécie; casta; família (de plantas ou animais); natureza, maneira; adj. bondoso; amoroso; amável.
**KINDERGARTEN** (kinn'dârgârtn), s. Jardim da infância.
**KINDHEARTED** (káind'hartd), adj. Bom; bondoso, de bom coração.
**KINDLE** (kind'l), v. t. e i. Acender; inflamar.

**KINDLER** (kin'dlár), s. Incendiário; agitador.
**KINDLINESS** (káin'dlinéss), s. Bondade.
**KINDLING** (kin'dlinn), s. Fogo; entusiasmo; material para acender o fogo.
**KINDLY** (káin'dli), adj. Benigno; amável.
**KINDNESS** (káind'néss), s. Amabilidade; bondade; benevolência; tolerância.
**KINDRED** (kin'dred), s. Parentesco; afinidade; adj. aparentado; irmanado; análogo.
**KINEMATICS** (kinemé'tiks), s. (Mec.) Cinemática.
**KINETIC** (kiné'tik), adj. Cinético; dinâmico.
**KING** (kinn), s. Rei; majestade.
**KINGCUP** (kin'kâp), s. Ranúnculo amarelo; copo-de-leite (Bot.).
**KINGDOM** (kin'dâmm), s. Reino, monarquia, domínio, nação.
**KINGFISHER** (kin'fishâr), s. (Zool.) Martim-pescador.
**KINGHOOD** (kin'hud), s. Realeza; soberania.
**KINGLIKE** (kin'láik), adj. Real; régio.
**KINGLINESS** (kin'linéss), s. Dignidade real.
**KINGLY** (kin'li), adj. Régio; majestoso.
**KINGSHIP** (kin'ship), s. Majestade; realeza.
**KINK** (kink), s. Dobra; prega; v. t. e i. formar dobra ou prega.
**KINLESS** (kin'léss), adj. Sem família.
**KINSFOLK** (kinz'fôulk), s. Parentela; família.
**KINSHIP** (kin'ship), s. Parentesco.
**KINSMAN** (kinz'maen), s. Parente.
**KINSWOMAN** (kinz'uumaen), s. Parenta.
**KIOSK** (káiósk'), s. Quiosque.
**KIP** (kip), s. Pele de animal, não curtida.
**KIPPER** (ki'pâr), s. Salmão desovado; peixe curado; v. t. curar (peixe), defumar.
**KIRSCH** (kârsh), s. Quirche, aguardente de cerejas.
**KIRTLE** (kârt'l), s. Saiote; túnica.
**KISS** (kiss), s. Beijo; ósculo; v. t. e i. beijar.
**KISSING** (ki'sinn), s. Beijo; ato de beijar.
**KIT** (kit), s. Selha pequena, tina, balde; estojo; molho.
**KITCHEN** (ki'tshenn), s. Cozinha.
**KITCHENER** (ki'tshenâr), s. Chefe de cozinha.
**KITCHENWARE** (kitchen'uéar), s. Utensílios de cozinha.
**KITE** (káit), s. Milhano ou milhafre; papagaio de papel; letra de favor (papagaio); (fig.) pessoa ávida; velhaco.
**KITH** (kith), s. Relações, amigos.
**KITTEN** (kitn), s. Gatinho; v. i. parir (a gata).
**KITTIWAKE** (ki'tiuêik), s. Espécie de gaivota.
**KITTLE** (ki'tl), adj. Intratável; rabugento.

**KLEPTOMANIA** (klép'tômaeni'), s. Cleptomania.
**KLOOF** (kluf), s. Ravina.
**KNACK** (nék), s. Destreza; habilidade; brinquedo; ninharia, bagatela.
**KNACKER** (né'kâr), s. Fabricante de brinquedos; esfolador; o que serve para bater.
**KNAG** (nég), s. Nó da madeira; saliência.
**KNAGGY** (né'ghi), adj. Nodoso; áspero.
**KNAP** (nép), v. t. e i. Estalar; britar; s. estalido; rangido; elevação; cume; eminência.
**KNAPPER** (né'pâr), s. Britador.
**KNAR** (nár), s. Nó de árvore.
**KNAVE** (nêiv), s. Patife; tratante; valete (de cartas); companheiro; camarada.
**KNAVERY** (nêi'vâri), s. Velhacaria; maldade.
**KNAVISH** (nêi'vish), adj. Velhaco; patife.
**KNAVISHNESS** (nêi'vishnéss), s. Patifaria.
**KNEAD** (nid), v. t. Amassar; unir.
**KNEADER** (ni'dâr), s. Amassador.
**KNECK** (nék), s. Amarra; torcida.
**KNEE** (ni), s. Joelho; curva; v. t. e i. ajoelhar; ajoelhar-se.
**KNEECAP** (ni'kép) ou **KNEEPAN** (ni'pânn), s. Rótula do joelho.
**KNEELING** (ni'linn), s. Genuflexão; adj. ajoelhado.
**KNELL** (nél), s. Dobre de sinos; v. t. e i. dobrar, tocar os sinos.
**KNIFE** (náif), s. Faca, navalha; punhal; v. t. apunhalar.
**KNIGHT** (náit), s. Cavaleiro (dignitário, membro de uma ordem oficial); cavalo (no xadrez); v. t. armar cavaleiro, condecorar.
**KNIGHTHOOD** (náit'hud), s. Dignidade de cavaleiro; cavalaria.
**KNIGHTLY** (náit'li), adv. Cavalheirescamente; à maneira de cavaleiro (fidalgo).
**KNIT** (nit), v. i. Fazer tricô, renda; unir.
**KNITTING** (ni'tinn), s. Obra de agulha de meia ou tear; união; ligação; junta; enlace.
**KNITTLE** (nit'l), s. Cabo de ferrar; atacador.
**KNOB** (nób), s. Nó; protuberância; botão (de aparelho de rádio, gaveta, etc.); puxador; maçaneta; castão de bengala.
**KNOBBINESS** (nó'binéss), s. Nodosidade.
**KNOBBY** (nó'bi), adj. Inchado; protuberante.
**KNOCK** (nók), s. Pancada; golpe; argolada; v. t. e i. bater à porta; espancar; tropeçar; impressionar; chocar; vencer; acordar. *To knock in the head*: arruinar; inutilizar.
**KNOCKER** (nó'kâr), s. Aquele que bate; batente de porta.

**KNOCKING** (nó'kinn), s. Ato de bater; golpe; pancada; barulho; tumulto.
**KNOCKOUT** (nócáut), s. Nocaute; golpe decisivo (Boxe); v. t. nocautear; derrubar.
**KNOLL** (nóul), s. Colina; morro; outeiro.
**KNOP** (nóp), s. Botão de flor; protuberância; bossa; borla; maçaneta.
**KNOT** (nót), s. Nó, laço; magote; faixa; bossa; protuberância; dificuldade; problema difícil; v. t. e i. atar, unir, vincular.
**KNOTTINESS** (nó'tinéss), s. Nodosidade; dificuldade.
**KNOTTY** (nó'ti), adj. Nodoso; embaraçoso.
**KNOUT** (náut), s. Tipo de chicote russo; v. t. chicotear.
**KNOW** (nôu), v. t. e i. Conhecer, saber; compreender; entender; s. conhecimento.
**KNOWABLE** (nôu'âbl), adj. Que se pode saber ou conhecer; distingüível; solúvel.
**KNOWER** (nôu'âr), s. Conhecedor.
**KNOW-HOW** (nou'háu), s. Perícia; prática.

**KNOWING** (nôu'inn), adj. Instruído; hábil; sagaz; fino; astucioso; s. conhecimento.
**KNOWINGNESS** (nôu'inness), s. Sagacidade.
**KNOWLEDGE** (nó'ledj), s. Saber, ciência; erudição; inteligência; notícia.
**KNOWN** (nôunn), adj. Sabido; reconhecido.
**KNOW-NOTHING** (nou'nâthinn), s. Ignorante.
**KNUCKLE** (nâk'l), s. Articulação, junta, nó (dos dedos); jarrete; presunto; v. i. ceder.
**KNUR** (nâr), s. Nó (da madeira, do tronco).
**KNURL** (nârl), s. Protuberância; bossa; nó; v. t. serrilhar.
**KOHLRABI** (kôul'râbi), s. Couve-rábano.
**KOPJE** (kó'pi), s. Outeiro; pequena colina.
**KOSHER** (kôu'shâr), adj. Puro; limpo.
**KOTOW** (kôutâ'u), s. Reverência profunda.
**KUDOS** (kiu'dóss), s. Fama; glória; crédito.
**KU-KLUX-KLAN** (ku-klux-klaen), s. Organização secreta (sul, EUA), destinada a garantir a supremacia dos brancos.
**KYLE** (káil), s. Estreito entre duas ilhas.

# L

**L** (él), s. Décima-segunda letra do alfabeto; cinqüenta (em algarismo romano); libra esterlina (em letra gótica).
**LA** (lá), s. (Mús.) Lá.
**LABEL** (lêi'bél), s. Rótulo, etiqueta; v. t. rotular; classificar; designar.
**LABIAL** (lêi'biâl), adj. e s. Labial.
**LABIALIZATION** (lêibiâláizêi'shânn), s. Labialização.
**LABIALIZE** (lêi'biâláiz), v. t. Labializar.
**LABIATE** (lêi'bi-it), adj. Labiado.
**LABIODENTAL** (lae'biôu-dêntael), s. e adj. Labiodental.
**LABOR, LABOUR** (lêi'bâr), s. Labor, trabalho; tarefa; fadiga; dificuldade; (Med.) mal; gravidez; dores de parto; (Náut.) inclinação do navio. *Labor of love:* trabalho agradável; v. t. e i. trabalhar; lidar; mourejar; afadigar-se; manejar com dificuldade; ser castigado pelo mar (navio).
**LABORATORY** (lê'borâtôuri), s. Laboratório.
**LABORER, LABOURER** (lêi'bârâr), s. Operário; obreiro; trabalhador.

**LABORING, LABOURING** (lêi'bârinn), s. Trabalho; fadiga; inclinação do navio; adj. trabalhoso; fatigante.
**LABORIOUS** (lâbôu'riâss), adj. Trabalhoso; difícil; penoso; árduo.
**LABORIOUSNESS** (lâbôu'riâsnéss), s. Afã; trabalho; diligência.
**LABYRINTH** (lé'birinth), s. Labirinto; dédalo; (Anat.) cavidade interior da orelha.
**LAC** (lék), s. Laca, goma-laca.
**LACE** (lêiss), s. Atacador; cordão; ponto de renda; gargantilha; v. t. e i. apertar com cordões; (fam.) açoitar; usar espartilho.
**LACERATE** (lé'sârêit), v. t. Lacerar; rasgar.
**LACERATE** (lè'sârit) ou **LACERATED** (lé'sâreitid), adj. Lacerado.
**LACERATION** (léssârêi'shânn), s. Laceração.
**LACHES** (lé'tshiz), s. Negligência; descuido.
**LACHRYMAL** (lé'krimâl), adj. Lacrimal.
**LACING** (lêi'sinn), s. Laçadura; ato de laçar; laço; passadeira; tunda; surra.
**LACK** (lék), s. Falta; carência; privação; v. t. e i. necessitar, precisar; ressentir-se.

**LACKADAISICAL** (lêcâdêi'sikâl), adj. Sentimental; choramingas; lânguido; pensativo.
**LACKEY** (lé'ki), s. Lacaio; servidor; pajem.
**LACKING** (lé'kinn), adj. Falto de, carente.
**LACONIAN** (lâkôu'niânn), adj. e s. ou **LACONIC** (lâkô'nik), adj. Lacônico; breve.
**LACQUER** (lé'kâr), s. Laca; verniz; v. t. lacar.
**LACQUERER** (lé'kârâr), s. Envernizador; fabricante de objetos de laca.
**LACQUERING** (lé'kârinn), s. Envernizamento.
**LACTATE** (lék'têit), s. Lactato; v. t. amamentar; v. i. segregar leite.
**LACTATION** (léktêi'shânn), s. Lactação.
**LACTEOUS** (lék'tiâss), adj. Lácteo, leitoso.
**LACTIC** (lék'tik), adj. Láctico.
**LACTOSE** (lék'tôuss), s. lactose.
**LACUNA** (lae'kiunn), s. Lacuna.
**LACUSTRINE** (lakâss'trin), adj. Lacustrino.
**LACY** (lei'ssi), adj. Rendado, feito de renda.
**LAD** (léd) ou **LADDIE** (lé'di), s. Moço, rapaz.
**LADDER** (lé'dâr), s. Escada de mão; fio corrido em meia; v. i. desfiar (a meia).
**LADE** (lêid), s. Canal; v. t. carregar; deitar fora, despejar; fazer água (barco).
**LADEN** (lêid'n), adj. Carregado; abatido.
**LADING** (lêi'dinn), s. Carregamento; frete.
**LADLE** (lêi'l), s. Colherão, concha; pá; v. t. e i. tirar com colherão ou pá.
**LADY** (lêi'di), s. Senhora; dama; esposa.
**LADYBIRD** (lêi'dibârd), s. Escaravelho.
**LADYLIKE** (lêi'diláik), adj. Senhoril; distinto.
**LADYSHIP** (lêi'diship), s. Senhoria; senhora.
**LAG** (lég), adj. Último; tardio; vagaroso; s. atraso; o que vem atrás; v. i. demorar-se.
**LAGGARD** (lé'gârd), adj. e s. Vagaroso.
**LAGGING** (lé'ghinn), s. Cobertura; revestimento; adj. lento, moroso, retardado.
**LAGOON** (lâgu'n), s. Lagoa, laguna.
**LAIC** (lêik), adj. e s. Laico; leigo; secular.
**LAICAL** (lêi'kâl), adj. Laical; secular.
**LAID** (lêid), adj. Posto; colocado.
**LAKE** (lêik), s. Lago; charco; goma-laca.
**LAM** (lémm), v. t. (gfr.) Bater; espancar.
**LAMA** (lá'mâ), s. Lama (padre lamaico no Tibete); lama, lhama (quadrúpede do Peru).
**LAMB** (lémm), s. Cordeiro; carne de cordeiro; (fig.) manso, delicado; v. i. parir (a ovelha).
**LAMBENCY** (lém'bênss), s. Qualidade de ligeiro; ligeireza.
**LAMBENT** (lém'bênt), adj. Ligeiro; fátuo; caprichoso; que se caracteriza pelo brilho.
**LAMBREQUIN** (lém'brikinn), s. Sanefa.
**LAMBSKIN** (lém'skinn), s. Pele de cordeiro.

**LAME** (lêimm), adj. Coxo, estropiado; imperfeito; v. t. aleijar; incapacitar.
**LAMELY** (lêim'l), adv. Imperfeitamente.
**LAMENESS** (lêim'néss), s. Coxeadura; defeito; imperfeição.
**LAMENT** (lâmén't), s. Lamento; queixa; v. t. e i. lamentar; queixar-se.
**LAMENTABLE** (lâmén'tâbl), adj. Lamentável.
**LAMENTATION** (lâmentêi'shânn), s. Lamentação; lamento; pranto; queixume.
**LAMENTING** (lâmén'tinn), s. Lamentação; adj. que se lamenta, que se queixa.
**LAMINA** (lé'minâ), s. Lâmina; chapa.
**LAMINATE** (lé'minêit), v. t. Laminar; adj. laminado; s. matéria plástica laminada.
**LAMINATION** (léminêi'shânn), s. Laminação.
**LAMP** (lémp), s. Lâmpada; lampião; lanterna.
**LAMPBLACK** (lémp'blék), s. Fuligem.
**LAMPOON** (lémpu'nn), s. Pasquim; libelo difamatório; v. t. difamar; satirizar.
**LAMPOONER** (lémpu'nâr), s. Pasquineiro; polemista; autor de libelos.
**LAMPREY** (lém'pri), s. Lampreia.
**LANATE** (lé'nit), adj. Lanoso; lanígero.
**LANCE** (lénss), v. t. Lancetar; lancear; furar; s. lança; lanceta; lançada; lanceiro.
**LANCER** (lén'sâr), s. Lanceiro; lancetador.
**LANCET** (lén'set), s. (Med.) Lanceta; pequeno cutelo pontiagudo; pequena lança.
**LANCINATING** (lén'sinêitinn), adj. Lancinante.
**LANCING** (lén'sinn), s. Lancetada; corte.
**LAND** (lénd), s. Terra, terreno; região; continente; herdade; propriedade; bens de raiz; v. t. e i. desembarcar; pôr em terra; aterrissar; pousar (avião).
**LANDED** (lén'did), adj. Desembarcado.
**LANDFALL** (lénd'fól), s. Herança inesperada; desmoronamento; (Náut.) ancoradouro.
**LANDHOLDER** (lénd'hôuldâr), **LANDLORD** (lénd'lórd) ou **LANDOWNER** (laend'ôunâr) s. Dono de terras; proprietário rural; fazendeiro.
**LANDING** (lén'dinn), s. Desembarque; descarga; aterragem; patamar.
**LANDMARK** (lénd'márk), s. Limite, baliza; ponto de referência; reconhecimento.
**LANDSCAPE** (lénd'skêip), s. Paisagem; painel; panorama.
**LADSLIDE** (lénd'sláid), s. Desmoronamento.
**LANGUIDNESS** (lén'gûidnéss), s. Languidez; abatimento; prostração; cansaço.
**LANGUISH** (lén'gûish), v. i. Languir; desfalecer; murchar; olhar com ternura.

**LANGUISHING** (lén'güishinn), adj. Lânguido; desfalecido; alquebrado; desanimado.
**LANGUISHMENT** (lén'güishment), s. Desfalecimento; abatimento; ternura.
**LANGUOR** (lén'gâr), s. Langor; abatimento.
**LANGUOROUS** (lén'gârâss), adj. Langoroso.
**LANK** (lénk), adj. Magro; seco; descarnado.
**LANKINESS, LANKNESS** (lénk'néss), s. Frouxidão; fraqueza.
**LANK**ï (lén'ki), adj. Frouxo; mole; magro.
**LANTERN** (lén'târnn), s. Lanterna; farol.
**LANYARD** (lé'niârd), s. (Náut.) Corda que prende os toldos às bordas dos escaleres.
**LAP** (lép), s. Recobrimento, bainha; regaço; colo; cobrança; sobreposição de tábuas; aba (de vestuário); volta completa de uma pista; v. t. dobrar; embrulhar; encobrir.
**LAPEL** (lâpé'l), s. Lapela.
**LAPFUL** (lép'ful), s. Arregaçada.
**LAPIDARY** (lé'pidéri), adj. e s. Lapidário.
**LAPIDATE** (lé'pidêit), v. t. Lapidar.
**LAPIDATION** (lépidêi'shânn), s. Lapidação.
**LAPPET** (lé'pét), s. Aba; pano; fio; lóbulo.
**LAPSE** (léps), s. Lapso; queda; escorregadela; falta ligeira; v. i. cair; cometer lapso; cair em erro; decair; caducar; prescrever.
**LAPSED** (lépst), adj. Decaído; caduco.
**LARBOARD** (lár'bôurd), adj. (Náut.) De bombordo; s. bombordo.
**LARCENOUS** (lár'sinâss), adj. Ladrão.
**LARCENY** (lár'sini), s. Furto; fraude.
**LARD** (lárd), s. Toicinho; v. t. engordar.
**LARDER** (lár'dâr), s. Despensa; guarda-comida; provisões de um lar.
**LARGE** (lárdj), adj. Grande; largo; vasto; considerável; adv. (Náut.) com o vento.
**LARGENESS** (lár'djnéss), s. Grandeza; amplidão; liberalidade; generosidade.
**LARGESS** (lár'djéss), s. Dom; dádiva.
**LARIAT** (lé'riét), s. Laço; corda.
**LARK** (lárk), s. Calhandra; cotovia; brincadeira; v. i. dizer gracinhas; pregar peça.
**LARKY** (lár'ki), adj. Travesso; brincalhão.
**LARRIKIN** (lé'rikinn), adj. e s. Desordeiro.
**LARRUP** (lé'râp), v. t. (gír.) Espancar; surrar; s. pancada, golpe.
**LARYNGOLOGY** (léringó'lâdji), s. Laringologia.
**LARYNX** (lé'rinks), s. (Anat.) Laringe.
**LASCIVIOUS** (léssi'viâss), adj. Lascivo.
**LASCIVIOUSNESS** (léssi'viâsnéss), s. Lascívia; luxúria.
**LASH** (lésh), v. t. e i. Açoitar; fustigar; censurar asperamente; s. látego; mecha (de chicote); pestana, cílio; sarcasmo.
**LASHER** (lé'shâr), s. Açoitador; chicoteador; látego; vergasta; crítico rigoroso.
**LASHING** (lé'shinn), s. Açoite; castigo com vara; (Náut.) amarradouro; pl. abundância.
**LASS** (léss), s. Moça, rapariga; namorada.
**LASSITUDE** (lé'sitiud), s. Lassidão; cansaço.
**LASSO** (lé'sôu), s. Laço; v. t. laçar.
**LAST** (lést), adj. Último; passado; s. o fim; a extremidade; carga; lastro; adv. ultimamente; enfim; v. i. durar; conservar-se.
**LASTING** (lés'tinn), adj. Durável; fixo.
**LASTLY** (lés'tli), adv. Por fim; finalmente.
**LATCH** (létsh), s. Trinco; fecho; aldrava.
**LATCHET** (lé'tshét), s. Cordão; lacinho.
**LATE** (lêit), adj. Tardio; atrasado; recente; adv. tarde; fora de hora.
**LATEEN** (lâti'nn), s. (Náut.) Latina; vela latina; adj. latino.
**LATELY** (lêi'tli), adv. Há pouco tempo.
**LATENCY** (lêi'tensi), s. Estado latente.
**LATENESS** (lêit'néss), s. Atraso; demora.
**LATENT** (lêi'tent), adj. Latente; secreto.
**LATENTLY** (lêi'tentli), adv. Secretamente.
**LATER** (lêi'târ), adj. Posterior; subseqüente; o mais tardio; adv. mais tarde.
**LATEST** (lêi'tést), adj. e adv. O último, o mais recente, o mais moderno.
**LATEX** (lae'téx), s. Borracha sintética; látice.
**LATHE** (lêidh), s. Torno mecânico.
**LATHER** (lé'dhâr), v. t. e i. Ensaboar; cobrir-se de espuma; surrar, s. espuma de sabão.
**LATHWORK** (leth'uórk), s. Ripado.
**LATIN** (lé'tinn), adj. Latino; s. o latim.
**LATINISM** (lé'tinizm), s. Latinismo.
**LATINIST** (lé'tinist), s. Latinista.
**LATISH** (lêi'tish), adj. (fam.) Um pouco tarde.
**LATITUDE** (lé'titiud), s. Latitude; acepção; significação; campo de ação.
**LATTER** (lé'târ), adj. O último (de dois); este; isto; o mais recente.
**LATTERLY** (lé'târli), adv. Recentemente.
**LATTICE** (lé'tiss), s. Janela de grade; gelosia; biombo japonês.
**LATTICED** (lé'tist), adj. Engradado; gradeado.
**LAUD** (lód), s. Louvor, elogio; canto de louvor; v. t. louvar; elogiar.
**LAUDABLE** (ló'dâbl), adj. Louvável; digno de aprovação; bom de saúde.
**LAUDABLENESS** (ló'dâblnéss), s. Qualidade do que é louvável.

**LAUDATORY** (lô'dâtôuri), adj. Laudatório; s. encômio; louvor.
**LAUGH** (léf ou láf), s. Riso; gargalhada; escárnio; mofa; v. i. rir-se; zombar.
**LAUGHABLE** (lé'fábl ou lá'fábl), adj. Risível.
**LAGHER** (lé'fâr ou lá'fâr), s. O que ri.
**LAUGHING** (lé'finn ou lá'finn), s. Riso; ato de rir; adj. risonho; jovial; zombeteiro.
**LAUNCH** (lán'tsh), v. t. e i, Lançar à água (barco); lançar, publicar (livro); s. lancha; lançamento (de navio; de livro, etc.).
**LAUNDRY** (lôn'dri), s. Lavanderia.
**LAUNDRYMAN** (lôn'drimaen), s. Lavandeiro.
**LAUREATE** (ló'riit), v. t. Laurear; aplaudir; festejar; adj. laureado.
**LAUREL** (ló'rél), s. Loureiro, louro (planta); laurel, triunfo; adj. láureo, de louro.
**LAVATORY** (lé'vâtôuri), adj. e s. Lavatório.
**LAVE** (léiv), v. t. e i. Lavar; banhar; molhar.
**LAVANDER** (lé'vendâr), s. Alfazema; lavanda.
**LAVER** (léi'vâr), s. Pia; bacia batismal.
**LAVISH** (lé'vish), adj. Pródigo; esbanjador; v. t. dar em profusão; dispersar.
**LAVISHNESS** (lé'vishnéss), s. Profusão; excesso; prodigalidade.
**LAW** (ló), s. Lei; regra; direito; constituição; decreto; édito; os Livros do Velho testamento; tribunal; adj. relativo a lei, forense; v. t. e i. (fam.) contender.
**LAWBREAKER** (ló'breikâr), s. Contraventor.
**LAWBREAKING** (ló'brèikinn), s. Infração.
**LAWFUL** (ló'ful), adj. Legal; legítimo.
**LAWFULNESS** (ló'fulnéss), s. Legitimidade.
**LAWGIVER** (ló'ghivâr), s. Legislador.
**LAWLESS** (ló'léss), adj. Ilegal; bárbaro.
**LAWLESSNESS** (ló'lésnéss), s. Ilegalidade.
**LAWMAKER** (ló'mèikâr), s. Legislador.
**LAWMAKING** (ló'meikinn), s. Decretação de leis; adj. Legislativo.
**LAWN** (lônn), s. Relva; relvado; alfombra; tapete de relva; cambraia de linho.
**LAWYER** (lói'râr), s. Advogado; legista.
**LAX** (léks), adj. Lasso, frouxo; fraco, vago.
**LAXATIVE** (lék'sâtiv) adj. Laxativo; s. laxante.
**LAXITY** (lék'siti), s. Relaxamento; lassidão.
**LAXLY** (léks'li), adv. Frouxamente.
**LAY** (léi), s. Situação; modo de estar ou jazer; leito; camada; ninhada; ramo de trabalho; lucro; quinhão; canto; balada; adj. leigo, secular; v. t. e i. pôr, colocar; estender; assentar; aplicar; apresentar; atribuir; apostar; armar (cilada); sossegar; planejar; localizar (cena, paisagem).

**LAYER** (léi'âr), s. Renovo, rebento; enxerto; orla (de calçado); galinha poedeira; camada, estrato; v. t. mergulhar (plantas).
**LAYERING** (léi'ârinn), s. Mergulhia.
**LAYING** (léi'inn), s. Colocação; entrada; lanço; lançamento (de pedra fundamental).
**LAYMAN** (léi'maen), s. Leigo; (fig.) manequim.
**LAYOFF** (léi'óf), s. Suspensão temporária de trabalho.
**LAYOUT** (léi'aut), s. Plano; esboço.
**LAYOVER** (léi'ôuvar), s. Permanência.
**LAZAR** (léi'zâr), s. Lázaro; leproso.
**LAZINESS** (léi'zinéss), s. Preguiça.
**LAZING** (léi'zinn), adj. Preguiçoso.
**LAZY** (léi'zi), adj. Preguiçoso; vadio.
**LEA** (li), s. Prado, campina, pastagem.
**LEACH** (litsh), v. t. e i. Lavar com lixívia ou barrela; s. lixívia; vasilha para barrela.
**LEAD** (léd), s. Chumbo; entrelinha; sonda; prumo; grafita; ponta de lápis; artigo ou liga de chumbo; pl. chapas ou folhas à base de chumbo; v. t. e i. chumbar; entrelinhar.
**LEAD** (lid), s. Chefia, direção; frente; vanguarda; prioridade; mão (no jogo); via, passagem; estréia; introdução; filão (nas minas); v. t. e i. levar; guiar; mandar; impelir; passar; gastar; empregar. To lead astray: desencaminhar.
**LEADEN** (léd'n), adj. De chumbo; chumbado; cor de chumbo; vagaroso; grosseiro.
**LEADER** (li'dâr), s. Condutor; guia; chefe; caudilho; comandante; nau-capitânia.
**LEADERSHIP** (li'dârship), s. Direção; chefia.
**LEADING** (li'dinn), adj. Principal; condutor; regente; influente; s. direção, condução.
**LEAF** (lif), s. Folha (de planta, livro, porta); tábua de mesa elástica; aba de mesa; caixilho; peça de biombo; v. i. cobrir-se de folhas; enfolhar; v. t. folhear livro.
**LEAFAGE** (li'fidji), s. Folhagem; folhas.
**LEAFLESS** (lif'léss), adj. Desfolhado.
**LEAFSTALK** (lif'stók), s. Pecíolo.
**LEAFY** (li'fi), adj. Frondoso.
**LEAGUE** (lig), s. Liga; aliança; união; légua.
**LEAGUER** (li'gâr) s. Confederado; associado.
**LEAK** (lik), s. Fenda, abertura; buraco; rombo; v. i. fazer água; fugir; pingar.
**LEAKAGE** (li'kidj), s. Derrame; escoamento, escape; desconto.
**LEAKING** (li'kinn), s. Saída; derrame.
**LEAKY** (li'ki), adj. Escoante; aberto; falador.

**LEAL** (lîl), adj. Leal; fiel; verdadeiro.
**LEAN** (lînn), s. Repouso; inclinação; carne magra; adj. magro; mesquinho; pobre; v. t. e i. pender; apoiar; encostar-se; confiar.
**LEANING** (lî'ninn), adj. Inclinado; pendente.
**LEANNESS** (lî'néss), s. Magreza; pobreza.
**LEAP** (lîp), s. Salto, pulo; transição súbita; extensão do salto; v. t. e i. pular; transpor.
**LEAPING** (lî'pinn), s. Salto.
**LEARN** (lår'nn), v. t. e i. Aprender; instruir-se; ser informado de.
**LEARNED** (lår'nid), adj. Sábio; versado.
**LEARNEDNESS** (lår'nidnéss), s. Erudição.
**LEARNER** (lår'når), s. Aprendiz; novato.
**LEARNING** (lår'ninn), s. Ciência; estudo.
**LEASE** (lîs), s. Arrendamento, escritura de; posse; v. t. e i. arrendar; aforar; espigar.
**LEASEHOLD** (lis'hôuld), adj. Arrendado; s. arrendamento.
**LEASH** (lîsh), s. Ajoujo, trela; atilho, correia; v. t. atar; prender com correia; ligar.
**LEAST** (lîst), adj. O mínimo; adv. o menos.
**LEASTWAYS** (lîst'uêiz), adv. Pelo menos.
**LEATHER** (lé'dhâr), s. Pele de animal, couro; artigo ou tira de couro; (gfr.) bola de futebol ou crlquete; adj. de couro; coberto de couro; v. t. e i. curtir peles; usar couro.
**LEATHERETTE** (lé'dhârét), s. Couro artificial.
**LEATHERN** (lé'dhârn), adj. De couro; rijo.
**LEAVE** (lîv), s. Licença; autorização; despedida; v. t. e i. deixar; abandonar; despedir-se; renunciar a; desistir de.
**LEAVEN** (lév'n), s. Levedura; fermento; má impressão; vestígio; v. t. fermentar; viciar.
**LEAVING** (lî'vinn), s. Partida; pl. restos.
**LEBANESE** (libani'z), s. e adj. Libanês.
**LECHEROUS** (lé'tshârâss), adj. Luxurioso.
**LECHEROUSNESS** (lé'tshârâsnéss), s. Luxúria; lascívia.
**LECHERY** (lé'tshâri), s. Luxúria; perversão.
**LECTION** (lék'shânn), s. Lição, leitura.
**LECTOR** (lék'târ), s. Leitor.
**LECTURE** (lék'tshâr), s. Leitura; lição oral; sermão; prática; repreensão; v. t. e i. fazer uma preleção; censurar.
**LECTURER** (lék'tshârâr), s. Doutrinador.
**LEDGE** (lédj), s. Borda; filete; recife.
**LEDGER** (lé'djâr), s. Livro-mestre; (Com.) razão (livro); lápide sepulcral.
**LEE** (lî), adj. Ao abrigo do vento; a sota-vento; s. sota-vento; abrigo; resguardo.
**LEECH** (li'tsh), s. Sanguessuga; ventosa; (Náut.) beira lateral da vela.

**LEEK** (lîk), s. Alho-porro.
**LEER** (lîr), s. Olhar malicioso, afetado ou de soslaio; compleição.
**LEERING** (lî'rinn), s. Olhar; adj. de través.
**LEES** (lîz), s. Fezes; excremento.
**LEET** (lît), s. Lista, relação (de candidatos).
**LEEWARD** (lî'uârd), s. Sota-vento; adj. e adv. a sota-vento.
**LEEWAY** (lî'uêi), s. Abatimento; movimento lateral de navio, para o lado da maré.
**LEFT** (léft), s. Esquerda, o lado esquerdo; adj. esquerdo, à esquerda.
**LEFTIST** (léf'tist), s. e adj. Esquerdista.
**LEG** (lég), s. Perna; pata; pé; suporte; quarto (de carneiro); jarrete (de boi); perna de compasso; cano de bota.
**LEGACY** (lé'gâssi), s. Legado; embaixada.
**LEGAL** (lî'gâl), adj. Legal; lícito.
**LEGALISM** (lî'gâlizm), s. Legalismo.
**LEGALIST** (lî'gâlist), s. Legalista.
**LEGALITY** (lighé'liti), s. Legalidade.
**LEGALIZATION** (lighélizêi'shânn), s. Legalização; legitimação.
**LEGALIZE** (lî'gâláiz), v. t. Legalizar.
**LEGATE** (lé'ghiti), s. Legado; delegado; embaixador; emissário.
**LEGATEE** (légâti'), s. Legatário.
**LEGATION** (lighêi'shânn), s. Legação.
**LEGEND** (lé'djend), s. Lenda; mito; legenda.
**LEGENDARY** (lé'djendéri), adj. Legendário; fabuloso; s. coleção de lendas.
**LEGGING** (lé'ghinn), s. Perneira; polaina.
**LEGGY** (lé'ghi), adj. De pernas compridas.
**LEGITM** (legi'tm), s. Legítima.
**LEGIBILITY** (lédjibi'liti), s. Legibilidade.
**LEGIBLE** (lé'djibl), adj. Legível.
**LEGION** (lî'djânn), s. Legião; multidão.
**LEGIONARY** (lî'djânéri), adj. Legionário; inumerável; s. legionário.
**LEGISLATE** (lé'djislêit), v. t. e i. Legislar.
**LEGISLATION** (lédjislêi'shânn), s. Legislação.
**LEGISLATIVE** (lé'djislêitiv), adj. Legislativo.
**LEGISLATOR** (lé'djislêitâr), s. Legislador.
**LEGISLATURE** (lé'djislêitshâr), s. Legislatura.
**LEGIST** (lî'djist), s. Legista.
**LEGITIMACY** (lidji'timâssi), s. Legitimidade.
**LEGITIMATE** (lidji'timêit), v. t. Legitimar; adj. legitimado; legítimo; genuíno.
**LEGITIMATION** (lidjitimêi'shânn), s. Legitimação.
**LEGITIMIST** (lidji'timist), s. Legitimista.
**LEGUME** (lé'ghiumm) ou **LEGUMEN** (lé'ghiumenn), s. Legume.

**LEGUMINOUS** (léghiu'minâs), adj. Leguminoso.
**LEISTER** (lis'târ), s. Arpéu.
**LEISURE** (li'jur), adj. Livre, de lazer, de ócio.
**LEISURED** (li'jurd), adj. Desocupado; ocioso.
**LEISURELINESS** (li'jurlinéss), s. Vagar; ócio.
**LEMAN** (lé'mânn), s. Namoro; namorada.
**LEMON** (lé'mânn), s. Limão; adj. de limão.
**LEMONADE** (lémânêi'd), s. Limonada.
**LEND** (lénd), v. t. Emprestar; (fig.) dar; proporcionar; conceder (auxílio).
**LENDABLE** (lén'dâbl), adj. Emprestável.
**LENDER** (lén'dâr), s. Emprestador.
**LENDING** (lén'dinn), s. Empréstimo.
**LENGTH** (lén'th), s. Comprimento; extensão; duração; grau; (Gram.) quantidade.
**LENGTHEN** (lén'thnn), v. t. e i. Alongar.
**LENGTHENING** (lén'thninn), s. Continuação.
**LENGTHINESS** (lén'thinéss), s. Comprimento.
**LENGTHY** (lén'thi), adj. Longo; alto; esguio.
**LENIENCE** (li'niénss) ou **LENIENCY** (li'niénsi), s. Brandura; doçura; indulgência.
**LENIENT** (li'niént), adj. Doce; brando; calmo.
**LENITIVE** (lé'nitiv), s. Lenitivo; calmante; laxativo; adj. lenitivo, que alivia, acalma.
**LENITY** (lé'niti), s. Brandura; clemência.
**LENS** (lénss), s. (Óptica) Lente; (Anat.) cristalino.
**LENT** (lént), s. Quaresma.
**LENTEN** (lén'ten), adj. Quaresmal.
**LENTIL** (lén'til), s. Lentilha.
**LEONINE** (li'oninn), adj. Leonino; poderoso.
**LEOPARD** (lé'pârd), s. (Zool.) Leopardo.
**LEPER** (lé'pâr), s. Leproso; lázaro.
**LEPROSY** (lé'prossi), s. Lepra.
**LEPROUS** (lé'prôuss), adj. Leproso.
**LEPROUSNESS** (lé'prôusnéss), s. Estado de leproso; lepra.
**LESBIAN** (lés'biaen), s. e adj. Lésbio; lesbiano; lêsbica.
**LESION** (li'jânn), s. Lesão; dano; ferida.
**LESS** (léss), adj. compar. de *little:* Menor; menos; inferior; o mais novo; prep. menos.
**LESSEE** (léssi'), s. Arrendatário; inquilino.
**LESSEN** (lés'n), v. t. e i. Diminuir; reduzir.
**LESSON** (léss'n), s. Lição; instrução; censura; v. t. dar uma lição; repreender.
**LESSOR** (lé'sâr), s. Senhorio.
**LEST** (lést), conj. fim de que não; para que não; com receio de; em caso de.
**LET** (lét), v. t. Deixar; alugar; fretar; impedir; s. estorvo; obstáculo; impedimento.
**LETHAL** (li'thâl), adj. Letal, mortal.

**LETHARGIC** (lithár'djik) ou **LETHARGICAL** (lithár'djikâl), adj. Letárgico.
**LETHARGY** (lé'thârdji), s. Letargia; apatia.
**LETTER** (lé'târ), s. Letra; carta; tipo de letra; pergaminho; diploma; pl. literatura; cultura literária; v. t. rotular; estampar letras.
**LETTERED** (lé'târd), adj. Letrado; erudito.
**LETTERHEAD** (lé'târhéd), s. Cabeçalho; papel timbrado.
**LETTERING** (lé'târinn), s. Título; letreiro; rótulo; impressão.
**LETTUCE** (lé'tiss), s. Alface; qualquer espécie de alface ou chicória.
**LEVANT** (livén't), s. O Levante; adj. oriental; v. t. esconder; levantar acampamento.
**LEVEE** (lé'vi), s. Dique; represa; açude; cais; molhe; muralha; v. t. pôr diques em.
**LEVEL** (lév'l), v. t. e i. Nivelar; adaptar; destruir; arrasar; adj. plano; horizontal; honrado; s. superfície plana; mira; pontaria.
**LEVELLER** (lévlâ'r), s. Nivelador.
**LEVELLING** (lév'linn), s. Nivelamento.
**LEVER** (lé'vâr), s. (Mec.) Alavanca; pé-de-cabra; v. t. servir-se de alavanca.
**LEVERAGE** (lé'vâridj), s. Força; poder de alavanca; (fig.) supremacia.
**LEVERET** (lé'vârét), s. Lebracho; lebrezinha.
**LEVIABLE** (lé'viâbl), adj. Taxável.
**LEVIGATE** (lé'vighéit), v. t. Moer; levigar; alisar; adj. alisado; macio; levigado.
**LEVIGATION** (lévighêi'shânn), s. Levigação.
**LEVITATE** (lé'vitêit), v. t. e i. Suspender; levitar; fazer flutuar ou boiar.
**LEVITATION** (lévitêi'shânn), s. Levitação.
**LEVITY** (lé'viti), s. Leveza; leviandade.
**LEVY** (lé'vi), s. Leva (de tropas); coleta; cobrança; v. t. recrutar; lançar impostos; embargar; v. i. executar penhora.
**LEWD** (liúd), adj. Lascivo; ignorante.
**LEWDNESS** (liúd'néss), s. Lascívia; impudicícia; devassidão.
**LEWIS** (liu'iss), s. Luva (instrumento de ferro feito em seções, para engatar).
**LEXICOGRAPHER** (léksikô'grâfâr), s. Lexicógrafo.
**LEXICOGRAPHY** (léksikô'grâfi), s. Lexicografia.
**LEXICON** (lék'sikônn), s. Léxico; dicionário.
**LIABILITY** (láiâbi'liti), s. Responsabilidade; perigo; (Com.) compromisso, obrigação.
**LIABLE** (lái'âbl), adj. Sujeito; responsável.
**LIAR** (lái'âr), s. Mentiroso; mentirosa.
**LIBATE** (lái'bêit), v. t. Derramar; libar.

**LIBATION** (láibêi'shânn), s. Libação.
**LIBEL** (lái'bél), s. Libelo; calúnia; difamação; v. t. difamar por escrito; caluniar.
**LIBELLER** (lái'bélâr) ou **LIBELLIST** (lái'belist), s. Libelista; difamador; acusador.
**LIBELLING** (lái'belinn), s. Acusação.
**LIBELLOUS** (lái'belâss), adj. Acusatório.
**LIBER** (lái'bâr), s. Líber; entrecasca; livro (de registro de títulos, hipotecas, etc.).
**LIBERAL** (li'bârâl), adj. Liberal; pródigo.
**LIBERALISM** (libê'raelism), s. Liberalismo.
**LIBERALITY** (libârê'liti), s. Liberalidade; generosidade; dádiva; doação.
**LIBERATE** (li'bârêit), v. t. Libertar; soltar.
**LIBERATION** (libârêi'shânn), s. Libertação; liberdade; soltura.
**LIBERATOR** (li'bârêitâr), s. Libertador.
**LIBERTY** (li'bârti), s. Liberdade; licença.
**LIBIDINOUS** (libi'dinâss), adj. Libidinoso.
**LIBIDINOUSNESS** (libi'dinâsnéss), s. Desonestidade; lascívia.
**LIBRARIAN** (láibrê'riânn), s. Bibliotecário.
**LIBRARY** (lái'brâri), s. Biblioteca.
**LIBRATE** (lái'brêit), v. t. Librar; equilibrar.
**LIBRATION** (láibrêi'shânn), s. Libração; equilíbrio; balanço.
**LICENSE, LICENCE** (lái'sénss), v. t. Licenciar; autorizar; s. privilégio; certificado universitário; licenciosidade; desordem.
**LICENSED, LICENCED** (lái'sénst), adj. Licenciado.
**LICENTIOUS** (láisén'shâss), adj. Licencioso.
**LICENTIOUSNESS** (láisén'shâsnéss), s. Licenciosidade; devassidão.
**LICIT** (li'sit), adj. Lícito; permitido.
**LICK** (lik), v. t. e i. Lamber; bajular; (Mec.) enrolar; dobrar; (fam.) surrar; vencer; sobrepujar; s. lambedura; pitada; pancada.
**LICKER** (li'kâr), s. Lambedor; glutão; tipo de lubrificador automático.
**LICKERISH** (li'kârish), adj. Delicado; saboroso.
**LICHERISHNESS** (li'kârishnéss), s. Delicadeza de paladar; gulodice.
**LICKING** (li'kinn), s. Lambedura; castigo.
**LICORICE** (li'koriss), s. Alcaçuz.
**LID** (lid), s. Tampa; coberta; pálpebra.
**LIDED** (li'did), adj. Tapado; que tem tampa.
**LIDLESS** (li'dléss), adj. Destampado; com as pálpebras abertas (olho).
**LIE** (lái), s. Mentira; fábula; ficção; v. i. mentir; enganar; estar deitado; jazer; estar situado; permanecer; agüentar-se.

**LIEF** (lif), adj. Querido; caro; amado; adv. de bom grado.
**LIEGE** (lidj), s. Feudatário; vassalo; súdito.
**LIEN** (li'en), s. Hipoteca; direito de recurso.
**LIEU** (liú), s. Lugar.
**LIEUTENANT** (liuté'nânt), s. Lugar-tenente.
**LIFE** (láif), s. Vida; duração; existência; ser; biografia; procedimento; porte; ardor; movimento; caráter; idéia central; o mundo. *Early life:* a mocidade.
**LIFEFUL** (láif'ful), adj. Cheio de vida; animado; vigoroso; vitalizador.
**LIFEGUARD** (láif'gârd), s. Salva-vidas.
**LIFELESS** (láif'léss), adj. Morto; inanimado; sem vida, sem animação, desabitado.
**LIFELESSNESS** (láif'lésnéss), s. Falta de vida, de vigor.
**LIFELIKE** (láif'láik), adj. Natural; vivo.
**LIFELONG** (láif'lónn), adj. Vitalício.
**LIFER** (láif'âr), (gír.) Prisão perpétua.
**LIFETIME** (láif'táimm), s. Duração da vida; existência; adj. eterno; perpétuo.
**LIFT** (lift), v. t. Levantar; erguer; roubar; despojar; v. i. levantar-se; ensoberbecer-se; s. ato de levantar; elevador; auxílio; ajuda; alça; esforço para levantar.
**LIFTER** (lif'târ), s. O que levanta, suspende, alça; ladrão de gado.
**LIFTING** (lif'tinn), s. Elevação, ato de levantar; ajuda; adj. de suspensão.
**LIGAMENT** (li'gâmént), s. Ligamento, tira.
**LIGATION** (lighêi'shânn), s. Ligação; laço.
**LIGATURE** (li'gâtshur), s. Ligadura.
**LIGHT** (láit), s. Luz, claridade, brilho; fonte de luz; inteligência; aurora, dia; ponto de vista; percepção; clarabóia; janela; adj. claro; brilhante; cheio de luz; esclarecido; leve; suave; brando; ligeiro; ágil; veloz; adv. levemente; v. t. e i. acender; iluminar; pousar; recair sobre; encontrar por acaso; desmontar; cair.
**LIGHTEN** (láit'n), v. t. e i. Aluminar; esclarecer; alijar; aliviar; relampejar.
**LIGHTER** (lái'târ), s. Acendedor; fragata; adj. (compar. de *light*) mais leve, mais claro.
**LIGHTERMAN** (láit'târmaen), s. Fragateiro.
**LIGHTHOUSE** (láit'háuss), s. Farol.
**LIGHTHOUSEKEEPER** (láit-háuski'pâr), s. Faroleiro.
**LIGHTIN** (lái'tinn), s. Iluminação; luz.
**LIGHTLY** (láit'li), adv. Ligeiramente; levemente; facilmente; sem razão.
**LIGHTMINDED** (láitmáin'did), adj. Leviano.

**LIGHTNESS** (láit'néss), s. Ligeireza; agilidade; leviandade.
**LIGHTNING** (láit'ninn), s. Iluminação; relâmpago; centelha.
**LIGHTS** (láits), s. pl. Bofes, pulmões (dos animais).
**LIGHTSOME** (láit'sâmm), adj. Luminoso; claro; festivo; alegre; animado.
**LIGHTSOMENESS** (láit'sâmnéss), s. Resplendor; alegria; regozijo.
**LIGNEOUS** (lig'niâss), adj. Lígneo; lenhoso.
**LIGNUM** (lig'nâmm), s. Ébano.
**LIKE** (láik), v. t. e i. Gostar de, achar bom; querer; convir em; adj. semelhante; análogo; parecido; adv. como; do mesmo modo.
**LIKELIHOOD** (láí'kli-hud) ou **LIKELINESS** (láí'linéss), s. Parecença; semelhança; aparência; verossimilhança; probabilidade.
**LIKELY** (láí'kli), adj. Provável; verossímil; agradável; apto; idôneo.
**LIKEMINDED** (láikmáin'did), adj. Da mesma opinião, o mesmo gosto, sentimento.
**LIKEN** (láik'n), v. t. Assemelhar; comparar.
**LIKENESS** (láik'néss), s. Semelhança; aparência; aspecto; ar; retrato.
**LIKEWISE** (láik'uáiz), adv. Da mesma forma.
**LIKING** (láí'kinn), s. Inclinação; simpatia; gosto; agrado; prova.
**LILAC** (láí'lâk), s. Lilás; adj. de cor lilás.
**LILT** (lilt), v. t. e i. Cantar; dançar; s. canto melodioso.
**LILY** (li'li), s. Lírio; adj. branco e puro.
**LIMB** (limm), s. Membro (perna, braço, asa) do animal; galho de árvore; orla; saliência; limbo; (fam.) velhaco; demônio.
**LIMBER** (lim'bâr), adj. Flexível; brando; macio; s. (Mil.) parte dianteira de uma carreta.
**LIMBERNESS** (lim'bârnéss), s. Flexibilidade.
**LIMBLES** (limb'léss), adj. Sem membros.
**LIME** (láimm), v. t. Aplicar cal a; cobrir de visco, grudar; enredar; s. cal, óxido de cálcio; visco; lodo; limo; lima (fruta).
**LIMESTONE** (láim'stôun), s. e adj. Calcário.
**LIMIT** (li'mit), s. Limite, extremo, marco, termo; v. t. limitar; confinar; restringir.
**LIMITABLE** (li'mitâbl), adj. Limitável.
**LIMITARY** (li'mitári), adj. Limítrofe.
**LIMITATION** (limitéi'shânn), s. Limitação; demarcação; restrição.
**LIMITED** (li'mitd), adj. Limitado; restrito; (Com.) de comandita, anônimo.
**LIMITEDNESS** (li'mitdnéss), s. Limitação.
**LIMITLESS** (li'mitléss), adj. Ilimitado.

**LIMN** (limn), v. t. Iluminar; pintar; descrever.
**LIMNER** (lim'nâr), s. Estampador; ilustrador.
**LIMNING** (lim'ninn), s. Estampa; aquarela.
**LIMOUS** (láí'mâss), adj. Limoso; lodoso.
**LIMP** (limp), adj. Mole; brando; macio; hesitante; s. coxeadura; v. i. coxear.
**LIMPER** (lim'pâr), s. Coxo; manco.
**LIMPET** (lim'pet), s. Patela, lapa, lampreia.
**LIMPID** (lim'pid), adj. Límpido; lúcido.
**LIMPIDITY** (limpi'diti), s. Limpidez; clareza.
**LIMPING** (lim'pinn), adj. Coxo; manco.
**LIMPNESS** (limp'néss), s. Debilidade.
**LIMY** (láí'mi), adj. Calcário; viscoso.
**LINDEN** (lin'denn), s. Tília (planta).
**LINE** (lainn), s. Linha; traço; cabo; contorno; linha de navegação; frota mercante; limite; confim; pl. versos. *Hard line:* apuros; v. t. forrar; guarnecer; riscar; alinhar; pôr em linha; v. i. estar em linha.
**LINEAGE** (li'niidj), s. Linhagem; estirpe; raça.
**LINEAL** (li'niâl), adj. Linear; hereditário.
**LINEAMENT** (li'niâmént), s. Lineamento.
**LINEATION** (liniê'shânn), s. Delineamento.
**LINED** (lâ'nid), adj. Forrado; revestido.
**LINEMAN** (láin'maen), s. Guarda de linhas telegráficas, telefônicas ou elétricas.
**LINEN** (li'ninn), s. Linho; pano de linho; roupa branca; adj. de linho; pálido; branco.
**LINER** (láí'nâr), s. Paquete; transatlântico; forro; revestimento; (Mec.) camisa (de cilindro); tubo interior de canhão; pincel traça-linhas.
**LINESMAN** (láins'maen), s. Soldado de regimento de linha; juiz de linha (futebol).
**LING** (linn), s. Urze; espécie de bacalhau.
**LINGER** (lin'gâr), v. t. e i. Demorar; tardar; estar doente por muito tempo; padecer.
**LINGERER** (lin'gârâr), s. Retardatário.
**LINGERIE** (lénjâri'), s. Roupa interior para senhoras.
**LINGERING** (lin'gârinn), adj. Lânguido; desfalecente; vagaroso; demorado; hesitante; lerdo; indolente; s. lentidão; languidez.
**LINGO** (lin'gôu), s. Gíria; calão; algaravia.
**LINGUAL** (lin'guâl), adj. Lingual; s. letra lingual.
**LINGUIST** (lin'güist), s. Poliglota.
**LINGUISTICS** (lin'güistiks), s. Lingüística.
**LINIMENT** (li'nimént), s. Linimento.
**LINING** (láí'ninn), s. Forro (de vestuário, chapéu, etc.); parede interior; guarnição.
**LINK** (link), s. Anel de cadeia; elo de corrente; enlace; traço de união; mecha de ca-

belos; tocha; archote; v. t. e i. ligar; encadear; unir; dar o braço a.
**LINKING** (lin'kinn), s. União; amizade.
**LINKS** (links), s. Areal à beira-mar; campo de golfe.
**LINN** (linn), s. Queda de água; catarata.
**LINNET** (lin'net), s. Pintarroxo (pássaro).
**LINOTYPE** (lái'notáip), s. Linotipo
**LINSEED** (lin'sid), s. Linhaça.
**LINSEY** (lin'zi), s. Espécie de barro; tipo de tecido de linho e lã.
**LINTEL** (lin'tel), s. Caixilho; verga de porta ou de janela.
**LION** (lái'ânn), s. Leão; (fig.) celebridade momentânea; objeto de interesse.
**LIONESS** (lái'âness), s. Leoa.
**LIONIZE** (lái'ânáiz), v. t. Tratar como uma celebridade; mostrar, tornar de interesse.
**LIP** (lip), s. Beiço, lábio; borda; extremidade; adj. labial; fingido; v. t. beijar; balbuciar; tocar levemente (com os lábios em).
**LIPPED** (lip't), adj. Provido de lábios ou rebordos; (Bot.) labiado.
**LIPPER** (li'pâr), s. Mar encapelado.
**LIPSTICK** (lip'stik), s. Batom.
**LIQUEFACTION** (likiufék'shânn), s. Liquefação.
**LIQUEFIER** (liqüefái'âr), s. Liquidificador.
**LIQUEFY** (li'kuifái), v. t. e i. Liquidificar.
**LIQUEUR** (liká'r), s. Licor, cordial.
**LIQUID** (li'kuid), adj. Líquido; límpido; claro; melífluo; fluente; brando; doce; s. líquido; fluido; bebida; beberagem.
**LIQUIDATE** (li'kuidêit), v. t. e i. Liquidar.
**LIQUIDATION** (likuidêi'shânn), s. Liquidação.
**LIQUIDATOR** (li'kuidêitâr), s. Liquidatário.
**LIQUIDITY** (liqüiditi), s. Liquidez.
**LIQUOR** (li'kâr), s. Qualquer bebida alcoólica; licor; v. t. e i. umedecer, untar, banhar; (gír.) oferecer bebida alcoólica a.
**LISP** (lisp), v. i. Ciciar; murmurar; pronunciar mal; s. cicio, murmúrio.
**LISPER** (lis'pâr), s. Tartamudo; cicioso.
**LISPING** (lis'pinn), adj. Cicioso; balbuciante.
**LISSE** (liss), s. Gaze de seda.
**LIST** (list), s. Lista; rol; relação; nomenclatura; catálogo; arena; ourela (do pano); desejo; inclinação do navio; filete; moldura; v. t. e i. alistar; orlar; listrar; oureolar; catalogar; incluir em lista.
**LISTED** (lis'tid), adj. Listrado; (Com.) cotizado.
**LISTEL** (list'l), s. Listel; filete.

**LISTEN** (lis'n), v. t. e i. Escutar; prestar atenção; atender; s. ato de escutar.
**LISTENER** (lis'nâr), s. Ouvinte; rádio-ouvinte.
**LISTENING** (lis'tinn), s. Escuta, ato de.
**LISTING** (lis'ninn), s. Ourela de pano; alistamento de soldados; sanefa.
**LISTLESS** (list'léss), adj. Negligente.
**LISTLESSNESS** (list'lésnéss), s. Indiferença; negligência; desleixo.
**LITANY** (li'tâni), s. Ladainha.
**LITER, LITRE** (li'târ), s. Litro.
**LITERACY** (li'târâssi), s. Aptidão para letras.
**LITERALNESS** (li'târâlnéss), s. Qualidade de literal.
**LITERALIST** (li'târâlist), s. Literalista.
**LITERALITY** (litâré'liti), s. O sentido literal.
**LITERALLY** (li'târâli), adv. Literalmente.
**LITERAL** (li'târâl), adj. Literal, ao pé da letra.
**LITERARY** (li'tarâri), adj. Literário.
**LITERATE** (li'târit), adj. e s. Literato; douto.
**LITERATURE** (li'târâtshur), s. Literatura; obras literárias; erudição.
**LITHE** (láidh), adj. Ágil; destro; flexível.
**LITHENESS** (láidh'néss), s. Flexibilidade.
**LITHER** (li'dhâr), adj. Flexível; maleável.
**LITHESOME** (lái'dhsâmm), adj. Flexível; ágil.
**LITHIUM** (li'thiâmm), s. Lítio.
**LITHOGRAFER** (lithó'gréfâr), s. Litógrafo.
**LITHOGRAPH** (li'thogréf), v. t. e i. Litografar; s. litografia.
**LITHOSPHERE** (li'thosfir), s. Litosfera.
**LITIGANT** (li'tigânt), adj. e s. Litigante.
**LITIGATE** (li'tighêit), v. t. e i. Litigar.
**LITIGATION** (litighêi'shânn), s. Litígio; pleito.
**LITIGIOUS** (liti'djâss), adj. Litigioso; litigante.
**LITIGIOUSNESS** (liti'djânéss), s. Espírito litigioso, trapaceiro.
**LITTER** (li'târ), s. Liteira; ninhada; (fig.) confusão; desordem; v. i. parir (o animal).
**LITTLE** (lit'l), adj. Pouco; limitado; pequeno; insignificante; humilde; exíguo; inferior; pouco espaço, pouco tempo; s. pouco, pouca coisa; adv. escassamente; pouco.
**LITTLENESS** (litl'néss), s. Insignificância; pequenez, ninharia.
**LITTORAL** (li'torâl), s. Litoral.
**LITURGY** (li'târdji), s. Liturgia.
**LIVABLE** (li'vâbl), adj. Habitável; tolerável.
**LIVE** (liv), v. t. e i. Morar; habitar; viver; existir; ganhar ou gozar a vida; adj. vivo, ardente, eficaz, eficiente; efetivo.
**LIVED** (liv'd), adj. De vida elevada, de alto tom ou classe.

**LIVELIHOOD** (lái'vlihud), s. Meio de vida; subsistência; sustento.
**LIVELINESS** (lái'vlinéss), s. Vida; atividade; fermentação.
**LIVELONG** (liv'lónn), adj. Longo; durável.
**LIVELY** (lái'vli), adj. Vivo, animado; espirituoso; vigoroso; enérgico; galhardo; airoso; adv. vivamente; vigorosamente.
**LIVER** (li'vâr), s. (Anat.) Fígado.
**LIVERY** (li'vâri), s. Libré; posse; investidura; ração; cocheira; estábulo (EUA).
**LIVESTOCK** (láiv'stók), s. Gado, reserva de.
**LIVID** (li'vid), adj. Lívido; pálido; plúmbeo; cinzento (céu).
**LIVIDNESS** (li'vidnéss) ou **LIVIDITY** (livi'diti), s. Lividez; palidez.
**LIVING** (li'vinn), adj. Vivo; vivificante; evidente; manifesto; s. modo de vida; sustento.
**LIZARD** (li'zârd), s. Lagarto; camaleão.
**LOAD** (lôud), v. t. Carregar (veículos; armas de fogo); acumular; oprimir; embaraçar; impedir; adulterar; contrafazer; v. i. carregar; receber carga.
**LOADER** (lôu'dâr), s. Carregador.
**LOADING** (lôu'dinn), s. Carga; adj. de carga.
**LOADSTONE** (lôu'dstôunn), s. Pedra-ímã.
**LOAF** (lôuf), v. t. e i. Vadiar; mandriar; s. pão; um pão; vadiação.
**LOAFER** (lôu'fâr), s. Preguiçoso; mandrião.
**LOAM** (lôumm), v. t. Gredar; barrear; s. greda; argila; barro; marga.
**LOAN** (lôunn), s. Empréstimo; o valor emprestado; v. t. emprestar.
**LOATH** (lôuth), adj. Contrário a; de má vontade; v. t. e i. aborrecer.
**LOATHFUL** (lôuth'ful), s. Aborrecimento; tédio; repugnância.
**LOATHLY** (lôu'thli), adj. Detestável; nauseabundo; adv. contra vontade.
**LOATHNESS** (lôu'thnéss), s. Relutância.
**LOATHSOME** (lôu'thsâmm), adj. Repugnante.
**LOB** (lób), s. Lobe (em jogo de tênis); degrau; v. t. e i. pender ou mover-se languidamente; deixar cair; rebater (a bola).
**LOBBY** (ló'bi), s. Vestíbulo; corredor (de teatro); antecâmara; passadiço.
**LOBE** (lôub), s. Lobo, lóbulo (da orelha).
**LOBELIA** (lôubi'liâ), s. Lobélia (planta).
**LOBSTER** (ló'bstar), s. Lagosta.
**LOBULE** (ló'biul), s. Lóbulo.
**LOCAL** (lôu'kâl), adj. Local; s. trem suburbano.
**LOCALITY** (lóké'liti), s. Localidade.

**LOCALIZATION** (lôu'kalizêishânn), s. Localização.
**LOCALIZE** (lôu'keláiz), v. t. Localizar.
**LOCATE** (lôu'kêit), v. t. e i. Colocar em determinado lugar; situar; estabelecer.
**LOCATED** (lôu'kêitid), adj. Situado; sito.
**LOCATION** (lôukêi'shânn), s. Colocação; situação; localidade; arrendamento.
**LOCATIVE** (lô'kâtiv), adj. (Gram.) Locativo.
**LOCK** (lók), s. Fechadura; fecho, cadeado; comporta; represa; canal; valado; cerco; borla; v. t. e i. fechar à chave; travar; encerrar; suprir de fechaduras.
**LOCKAGE** (ló'kidj), s. Comporta, represa; taxa paga pelo navio para transitar num canal.
**LOCKED** (lókd), adj. Fechado à chave; abrigado; encerrado.
**LOCKER** (ló'kâr), s. Compartimento; gaveta com chave; armário; caixão; paiol.
**LOCKET** (ló'kit), s. Medalhão; fecho.
**LOCKOUT** (ló'káut), s. Despedida em massa, fechamento de fábrica.
**LOCKSMITH** (lók'smith), s. Serralheiro.
**LOCKUP** (ló'kâp), s. Calabouço; prisão.
**LOCOMOTION** (lokomôu'shânn), s. Locomoção.
**LOCOMOTIVE** (lokomôu'tiv), s. Locomotiva; adj. locomotivo; locomotor.
**LOCUST** (lôu'kâst), s. Locusta, gafanhoto.
**LOCUTION** (lokiu'shânn), s. Locução; frase.
**LOCUTORY** (ló'kiutôuri), s. Locutório.
**LODE** (lód), s. (Min.) Filão; veio; riacho.
**LODESTAR** (lôu'dstâr), s. A estrela polar.
**LODGE** (lódj), s. Loja maçônica; alojamento; chalé; choupana; pavilhão; cubículo; covil; v. t. e i. alojar; hospedar; fixar; implantar; investir de; confiar; queixar-se.
**LODGEABLE** (ló'djâbl), adj. Habitável.
**LODGEMENT** (ló'djment), s. Alojamento; entrincheiramento; depósito bancário.
**LODGER** (ló'djâr), s. Hóspede; inquilino.
**LODGING** (ló'djinn), s. Casa; hospedaria.
**LOFT** (lóft), s. Sótão; celeiro; pombal.
**LOFTINESS** (ló'ftinéss), s. Elevação; altura; altivez; soberbia; orgulho; majestade.
**LOFTY** (ló'fit), adj. Elevado, excelso.
**LOG** (lóg), s. Acha de lenha; barrote; trave; barquilha ou velocímetro de bordo (navio).
**LOGARITHM** (ló'gârithm), s. (Mat.) Logarítmo.
**LOGGERHEAD** (ló'gâr-héd), s. Tonto; lorpa; imbecil; bote; baleeiro; tartaruga marinha.
**LOGIC** (lódjik), s. Lógica; raciocínio; método.

**LOGICAL** (ló'djikâl), adj. Lógico; coerente.
**LOGICALLY** (lóđj'caeli), adv. Logicamente.
**LOGICIAN** (lodji'shânn), s. Lógico, homem versado em Lógica.
**LOGISTIC** (lodjis'tik), adj. Logístico; s. logística.
**LOGOMACH** (logó'máki), s. Logomaquia.
**LOIN** (lóinn), s. Lombo; quadril; filé; correia.
**LOITER** (lói'târ), v. i. Demorar-se; tardar.
**LOITERER** (lói'trârâr), s. Ocioso; vagabundo.
**LOITERING** (lói'târinn), adj. Preguiçoso.
**LOLL** (lól), v. i. Recostar-se; refestelar-se; suspender; pôr a língua de fora.
**LOLLER** (ló'lâr), s. Preguiçoso; indolente.
**LOLLING** (ló'linn), s. Preguiça; indolência.
**LOLLIPOP LOLLYPOP** (ló'lipóp), s. Pirulito.
**LONDONER** (lân'dânâr), s. Londrino(a).
**LONE** (lôunn), adj. Solitário; só; solteiro.
**LONELINESS** (lôun'linéss), s. Solidão.
**LONELY** (lôun'li), adj. Solitário; só; deserto; não freqüentado; abatido, sem consolo.
**LONESOME** (lôun'sâmm), adj. Solitário, só.
**LONG** (lônn), adj. Longo, comprido; tardio; vagaroso; adv. extensamente; a grande distância; continuamente. *Before long:* em breve; s. longitude; adv. muito tempo; v. i. cobiçar; almejar.
**LONGBOAT** (lón'bôut), s. Lancha; chalupa.
**LONGER** (lón'nâr), compar. de *long:* adj. Mais longo, mais tempo; s. vasilha; aquele que suspira por; o que deseja ardentemente.
**LONGEVAL** (lóndji'vâl), adj. Longevo.
**LONGEVITY** (lóndjé'viti), s. Longevidade.
**LONGHAND** (lónn'hénd), s. Escrita por extenso.
**LONGING** (lón'ninn), s. Anseio; anelo; desejo ardente; adj. veemente; ardente; intenso.
**LONGISH** (lón'nish), adj. Um pouco longo.
**LONGITUDE** (lón'djitiud), s. Longitude.
**LOOBY** (lu'bi), s. Tolo.
**LOOK** (luk), v. t. e i. Olhar; observar; contemplar; parecer; ter aspecto de; considerar; prestar atenção; ter cuidado; esperar. *To look away:* desviar a vista; s. olhar; vista d'olhos; espiada; aspecto; aparência pessoal, fisionomia. *Good loks:* beleza.
**LOOKING** (lu'kinn), s. Que tem determinada aparência ou fisionomia.
**LOOM** (lumm), v. i. Assomar; aparecer; luzir; elevar-se gradualmente; s. tear; braço do remo; visão; aparição.
**LOOMING** (lu'minn), s. Miragem; visão.

**LOON** (lunn), s. Pateta; mergulhão (ave).
**LOONY** (lu'ni), s. Lunático; louco; tolo.
**LOOP** (lup), s. Rédea; guia; fivela; olhal; cordão; alamar; (Av.) curva, volta; v. t. e i. apresilhar; adentar; andar fazendo curvas.
**LOOSE** (luss), v. t. Soltar; desatar; relaxar; libertar; aliviar; desobrigar; desocupar; largar pano (navio); adj. solto; destacado; frouxo; flutuante; vago; negligente; abalado; indeterminado.
**LOOSEN** (lus'n), v. t. Desprender; soltar; desembaraçar (o ventre); v. i. soltar-se.
**LOOSENESS** (lus'néss), s. Frouxidão; relaxamento; liberdade; soltura; diarréia.
**LOOSENING** (lus'ninn), s. Laxação; adj. laxante.
**LOOT** (lut), v. t. Saquear; pilhar; s. saque.
**LOOTER** (lu'târ), s. Saqueador.
**LOP** (lóp), v. t. Mondar, podar, tirar os ramos a; desgalhar; s. os ramos cortados.
**LOPE** (lôup), s. Trote lento e seguro; v. t. e i. galopar; saltar.
**LOPPING** (ló'pinn), s. Poda; desbaste.
**LOPPY** (lu'pi), adj. Pendente; flácido.
**LOQUACIOUS** (lokuêi'shâss), adj. Loquaz.
**LOQUACIOUSNESS** (lokuêi'shâsnéss), s. Loquacidade; tagarelice.
**LORD** (lórd), s. Lorde; senhor; amo, dono; monarca; Senhor; o Supremo Ser; Jesus; Deus; v. t. e i. elevar à dignidade de lorde; dignificar; mandar; dominar.
**LORDLINESS** (lór'dlinéss), s. Grandeza; senhorio; dignidade; altivez; orgulho.
**LORDLY** (lór'dli), adj. Altivo; orgulhoso.
**LORDSHIP** (lórd'ship), s. Poder; autoridade; estado ou jurisdição de fidalgo.
**LORE** (lór), s. Ciência, saber, erudição; doutrina; adj. perdido; destruído.
**LORICATE** (ló'rikêit), v. t. Chapear; forrar; revestir; adj. chapeado; forrado com metal.
**LORICATION** (lórikêi'shânn), s. Ato de chapear.
**LORN** (lórnn), adj. Sem parentes; sem amigos; esquecido.
**LORRY** (ló'ri), s. Caminhão de carga.
**LORY** (ló'ri), s. (Zool.) Arara.
**LOSABLE** (lu'zâbl), adj. Fácil de perder.
**LOSE** (luz), v. t. e i. Perder; desaproveitar; desmerecer; ficar privado de; deixar escapar; malograr, perder-se; extraviar-se.
**LOSER** (luz'zâer), s. Perdedor; vencido.
**LOSS** (lóss), s. Perda; dano; prejuízo; quebra; desperdício; derrota; privação.

**LOST** (lóst), adj. Perdido; desperdiçado; desorientado; desaparecido; absorto.
**LOT** (lót), s. Lote, porção; acervo; monte; sorte; fado; fortuna; recinto; propriedade; v. t. dividir em lotes; designar.
**LOTUS** (lôu'tâss), s. Lótus, loto, lódão.
**LOUD** (láud), adj. Alto (a voz, o som, o ruído); forte; ruidoso; (fam.) escandaloso; urgente; adv. altamente; ruidosamente.
**LOUDNESS** (láud'néss), s. Ruído; barulho; sonoridade; espalhafato.
**LOUNGE** (láun'dj), v. i. Vaguear; andar; recostar-se; s. ociosidade; mandriice; sofá.
**LOUNGER** (láun'djâr), s. Vadio; velhaco.
**LOUR** (láuâr), v. i. Mostrar-se zangado.
**LOUSE** (láuss), s. Piolho; v. t. espiolhar.
**LOUSY** (láu'zl), adj. Piolhento.
**LOUT** (láut), s. Estúpido; rústico; tipo desajeitado; adj. grosseiro; rude; tosco; v. i. demorar-se; perder tempo.
**LOUTISH** (láu'tish), adj. Um tanto estúpido.
**LOUVER** (lu'vâr), s. (Arquit.) Gelosia; respiradouro.
**LOVABLE** (lâ'vâbl), adj. Amável; digno de amor, de simpatia.
**LOVE** (lâv), s. Amor, afeição profunda; amizade; dedicação; afabilidade; galanteio; pessoa amada; v. t. e i. amar, gostar de; adorar; estar enamorado.
**LOVELESS** (lâv'léss), adj. Desamorável; ingrato; inflexível.
**LOVELINESS** (lâ'vlinéss), s. Amabilidade.
**LOVELY** (lâ'vli), adj. Amável; encantador; sedutor; fascinante; (fam.) aprazível.
**LOVER** (lâ'var), s. Amante; amado; querido.
**LOVERSOME** (lâ'vârsâmm), adj. Simpático.
**LOVING** (lâvinn), adj. Afetuoso; terno.
**LOVINGNESS** (lâ'vinnéss), s. Carinho; afeto.
**LOW** (lóu), adj. Baixo; de pequena elevação; pequeno, fraco; humilde; deprimido; barato; moderado; servil; abjeto; respeitador; adv. baixo; por baixo preço; em voz baixa; v. i. mugir, balir; s. mugido; balido.
**LOWER** (lôu'âr), adj. Inferior; de baixo; v. t. e i. baixar; diminuir; humilhar; toldar-se.
**LOWERING** (lôu'ârinn), adj. Sombrio; ameaçador, nebuloso; carrancudo.
**LOWERINGNESS** (lôu'ârinnéss), s. Obscurecimento; ameaça; turvamento; negror.
**LOWERMOST** (lôu'ârmôust), adj. Ínfimo.
**LOWLINESS** (lôu'linéss), s. Baixeza; vileza.
**LOWLY** (lôu'li), adj. Baixo; vil; mesquinho; humilde; adv. humildemente; vilmente.
**LOW-NECKED** (lôu'nékt), adj. Decotado.
**LOWNESS** (lôu'néss), s. Pequenez; profundidade; prostração; abatimento; depreciação (de valor); qualidade de grave (o som).
**LOYAL** (ló'iâl), adj. Leal; fiel, constante.
**LOYALIST** (ló'iâlist), s. Realista.
**LOYALTY** (ló'iâlti), s. Lealdade; fidelidade.
**LOZENGE** (ló'zendj), s. Losango; pastilha medicamentosa.
**LUBBER** (lâ'bâr), s. Labrego; desajeitado.
**LUBBERLY** (lâ'bârli), adj. Desajeitado; abrutalhado; rústico; adv. desajeitadamente.
**LUBRICANT** (liu'brikânt), adj. e s. Lubrificante.
**LUBRICATE** (liu'brikêit), v. t. Lubrificar.
**LUBRICATION** (liubrikêi'shânn), s. Lubrificação; azeitamento.
**LUBRIFICATOR** (liu'brikêitâr), s. Lubrificador.
**LUBRICITY** (liubri'siti), s. Lubricidade; lascívia; inconstância.
**LUBRICOUS** (liu'brikâss), adj. Lúbrico.
**LUCENCY** (liu'sensi), s. Brilho; fulgor.
**LUCENT** (liu'sent), adj. Luzente; brilhante.
**LUCID** (liu'sid), ad. Lúcido, límpido.
**LUCIDITY** (liussi'diti) ou **LUCIDNESS** (liu'sidnéss), s. Lucidez; claridade; brilho.
**LUCK** (lâk), s. Fortuna; acaso; felicidade.
**LUCKINESS** (lâk'néss), s. Felicidade.
**LUCKLESS** (lâk'léss), adj. Sem sorte; infeliz.
**LUCKY** (lâ'ki), adj. Afortunado; ditoso; propício; venturoso; de sorte; que dá sorte.
**LUCUBRATE** (liu'kiubrêit), v. t. e i. Lucubrar; passar a noite estudando.
**LUCUBRATION** (liukiubrêi'shânn), s. Lucubração.
**LUDICROUS** (liu'dikrâss), adj. Burlesco; risível; absurdo.
**LUDICROUSNESS** (liu'dikrâsnéss), s. Jocosidade; extravagância.
**LUFF** (lâf), s. Ló; barlavento; v. t. pôr (o navio) em direção no vento; bolinar; orçar.
**LUG** (lâg), v. t. Puxar com força; puxar pelas orelhas; arrastar; içar; alar; s. coisa que se puxa; argola; orelha; peso; asa.
**LUGGAGE** (lâ'ghid), s. Equipagem; carga.
**LUGUBRIOUS** (lughiu'briâss), adj. Lúgubre; triste, doloroso; exageradamente solene.
**LUGUBRIOUSNESS** (lughiu'briâsnéss), s. Lugubridade.
**LUKEWARM** (lu'kuôrmm), adj. Morno; tépido; (fig.) insensível; indiferente; frio.
**LUKEWARMNESS** (lu'kuôrmnéss), s. Mornidão; tibieza; indiferença; apatia.

**LULL** (lăl), v. t. e i. Adormecer; embalar; acalmar; mitigar; s. calma; murmúrio; coisa que provoca o sono ou que acalma.
**LULLABY** (lă'lăbăi), s. Canção de ninar; canção de berço; arrulho.
**LULLER** (lă'lăr), s. Embalador, que acalenta.
**LUMBAGO** (lămbêi'gôu), s. Lumbago.
**LUMBAR** (lăm'băr), adj. Lombar.
**LUMBERJACK** (lăm'bârdjaek), s. Lenhador; casaco curto de lã ou couro.
**LUMBERMAN** (lăm'bârmaen), s. Madeireiro.
**LUMBRE** (lăm'băr), s. Madeira de construção; madeiramento; móveis velhos, trastes; velharia; v. t. e i. cortar, serrar madeira da floresta; mover-se com dificuldade.
**LUMINARY** (liu'mināri), s. Luminar; astro.
**LUMINESCENCE** (lăminicens'), s. Luminiscência.
**LUMINESCENT** (lămini'censt), adj. Luminiscente.
**LUMINOSITY** (liuminô'siti), s. Luminosidade.
**LUMINOUS** (liu'mināss), adj. Luminoso.
**LUMINOUSNESS** (liu'mināsnéss), s. Luminosidade; brilho; claridade.
**LUMP** (lămp), s. Massa informe; monte; monturo; conjunto; pessoa morosa; inchaço; bocado; v. t. e i. amontoar; acumular; aglomerar-se; trabalhar como estivador.
**LUMPER** (lăm'păr), s. Amontoador; estivador.
**LUMPING** (lăm'pinn), adj. Grosso; pesado.
**LUMPISH** (lăm'pish), adj. Pesado; estúpido.
**LUMPISHNESS** (lăm'pishnéss), s. Grosseria.
**LUMPY** (lăm'pi), adj. Grumoso; granuloso.
**LUNACY** (liu'năss), s. Loucura; demência; extravagância; procedimento disparatado.
**LUNARIAN** (liunê'riănn), s. Selenita; habitante da Lua; astrônomo de assuntos lunares.
**LUNAR** (lu'naer), adj. Lunar.
**LUNATE** (liu'nit) ou **LUNATED** (liu'nétid), adj. Em forma de meia-lua ou crescente.
**LUNATIC** (liu'nătik), adj. e s. Lunático.
**LUNATION** (liunêi'shănn), s. Lunação.
**LUNCH** (lăntsh), s. Lanche; v. t. e i. Lanchar.
**LUNCHEON** (lăn'tshănn), s. Lanche.
**LUNCHEONETTE** (lăntch'eonét), s. Lanchonete (restaurante para refeições ligeiras).
**LUNE** (liunn) ou **LUNULE** (liu'niulă), s. (Mat.) Lúnula, branco das unhas; a Lua; mania.
**LUNETTE** (liu'nét), s. Luneta.
**LUNG** (lănn), s. Pulmão; miúdos (de vitela).
**LUNGE** (lăndj), s. Estocada; investida; bote.
**LUPIN, LUPINE** (liu'pinn), s. Tremoço; adj. do lobo; lupino; voraz.
**LURCH** (lărtsh), s. Empate; partida nula; estorvo; desamparo; guinada; v. t. e i. trapacear; enganar; (Náut.) enviesar.
**LURCHER** (lăr'tshăr), s. Larápio; gatuno.
**LURCHING** (lăr'tshinn), s. Bordos; balanço rápido (do navio).
**LURE** (liur), s. Chamariz, engodo, isca; reclame sedutor; v. t. e i. atrair; tentar.
**LURID** (liu'rid), adj. Lúgubre; sombrio; ameaçador; baço (o céu); pálido.
**LURIDLY** (liu'ridli), adv. Lugubremente.
**LURK** (lărk), v. i. Ficar de emboscada.
**LURKER** (lăr'kăr), s. Espia, o que embosca.
**LUSCIOUS** (lă'shăss), adj. Suculento; saboroso; luxuriante; adocicado.
**LUSCIOUSNESS** (lă'shăsnéss), s. Doçura excessiva; sabor inexcedível.
**LUSH** (lăsh), adj. Suculento; viçoso; fresco.
**LUST** (lăst), v. i. Cobiçar ardentemente; ser luxurioso; s. desejo ardente; cobiça.
**LUSTER** (lăs'tăr), s. Brilho; candelabro.
**LUSTFUL** (lăst'ful), adj. Cobiçoso; sensual.
**LUSTFULNESS** (lăst'fulnéss), s. Desejo veemente; luxúria; desonestidade.
**LUSTINESS** (lăs'tinéss), s. Robustez; vigor.
**LUSTRATE** (lăs'trêit), v. t. Purificar; lustrar.
**LUSTRATION** (lăstrêi'shănn), s. Lustração.
**LUSTROUS** (lăs'trăss), adj. Lustroso; brilhante.
**LUSTRUM** (lăs'trămm), s. Lustro (espaço de cinco anos); purificação.
**LUSTY** (lăs'ti), adj. Forte; abundante.
**LUTE** (liut ou lut), s. Alaúde; (Quím.) luto massa para vedar aparelhos; v. t. vedar com luto.
**LUTIST** (liu'tist ou lu'tist), s. Fabricante ou tocador de alaúde.
**LUXATE** (lăk'sêit), v. t. Deslocar; desconjuntar.
**LUXATION** (lăksêi'shănn), s. Luxação; desarticulação.
**LUXE** (luks), s. Luxo.
**LUXURIANTE** (lăgju'riănt), adj. Luxuriante; viçoso; abundante.
**LUXURIATE** (lăgju'riêt), v. t. Vicejar; florescer; vangloriar-se.
**LUXURIOUS** (lăgju'riăss), adj. Luxuoso; faustoso; exuberante; voluptuoso.
**LUXURIOUSNESS** (lăgju'riăsnéss) ou **LUXURY**, s. Luxo; suntuosidade; luxúria; volúpia; prazer; intemperança.
**LYCEUM** (lăissi'ămm), s. Liceu.
**LYE** (lăi), s. Lixívia.

**LYING** (lái'inn), s. Mentira; adj. deitado; estendido; colocado; falso; mentiroso.
**LYKEWAKE** (láik'uêik), s. Velório.
**LYNCH** (lintsh), v. t. Linchar.
**LINX** (links), s. (Zool.) Lince.
**LYRE** (láir), s. Lira.

**LYRIC** (li'rik) ou **LYRICAL** (li'rikâl), adj. Lírico; s. poema lírico; canção lírica.
**LYRICISM** (li'ricism) ou **LYRISM** (lái'rizm), s. Lirismo.
**LYRIST** (lái'rist), s. Tocador de lira; s. poeta lírico.

# M

**M** (émm), s. Décima-terceira letra do alfabeto; 1.000 (cifra romana).
**MAB** (méb), v. i. Vestir-se com desalinho.
**MACABRE** (maekêi'bâr), adj. Macabro.
**MACARONI** (mékârôu'ni), s. Macarrão.
**MACARONIC** (mékârôu'nik), adj. Macarrônico, confuso.
**MACAROON** (mékâru'nn), s. Pequeno bolo de amêndoas.
**MACAW** (mâkô'), s. Arara (ave).
**MACE** (mêiss), s. Maça, clava.
**MACERATE** (mé'sârêit), v. t. Macerar; mortificar.
**MACERATION** (méssârêi'shânn), s. Maceração.
**MACHINATE** (mé'kinêit), v. t. e i. Maquinar.
**MACHINATION** (mékinêi'shânn), s. Maquinação; conluio; trama.
**MACHINATOR** (mé'kinêitâr), s. Maquinador.
**MACHINE** (mâshi'nn), s. Máquina; engenho; instrumento; *Machine-gun:* metralhadora; v. t. trabalhar com máquinas.
**MACHINERY** (mâshi'nâri), s. Maquinaria; mecanismo.
**MACHINIST** (máshi'nist), s. Mecânico; técnico em máquinas.
**MACKEREL** (mé'kârêil), s. Cavala (peixe).
**MACKINTOSH** (mé'kintôsh), s. Capa impermeável; casaco de borracha.
**MACROBIOTICS** (mé'krôubiótks), s. pl. Macrobiótica.
**MACULATE** (mé'kiulêit), v. t. Macular; manchar; difamar; adj. maculado; manchado.
**MACULATION** (mékiulêi'shânn), s. Mácula.
**MAD** (méd), s. Louco, doido; danado; raivoso; v. t. e i. tornar louco; enfurecer-se.
**MADAM** (mae'daem'), s. Senhora, cafetina.
**MADCAP** (méd'kép), adj. e s. Maluco.

**MADDEN** (méd'n), v. t. e i. Enlouquecer; enfurecer-se; ficar possesso; exasperar-se.
**MADDENING** (maed'ninn), adj. Enlouquecedor; desvairador; irritante.
**MADDING** (mé'dinn), adj. Tolo; insensato.
**MADE** (mêid), adj. Feito; fabricado; produzido; manufaturado; ornado.
**MADEMOISELLE** (mae'demôszél), s. Senhorita; senhorinha.
**MADHOUSE** (méd'háuss), s. Manicômio.
**MADLY** (mé'dli), adv. Loucamente.
**MADMAN** (méd'naen), s. Louco.
**MADNESS** (méd'néss), s. Loucura; fúria.
**MAG** (még), s. Tagarela; palrador.
**MAGAZINE** (mégázi'nn), s. Magazine; revista; armazém; depósito; celeiro; paiol; tambor de revólver.
**MAGE** (mêidj), s. Mago, feiticeiro.
**MAGGOT** (mé'gât), s. Capricho; fantasia.
**MAGGOTY** (mé'gâti), adj. Bichento; carunchoso; caprichoso; obstinado; maníaco.
**MAGI** (méc'djái), s. pl. Magos.
**MAGIC** (mé'djik), adj. Mágico; feiticeiro; s. magia; mágica.
**MAGICAL** (mé'djikâl), s. Mágico; sedutor.
**MAGICIAN** (mâdji'shânn), s. Mágico; prestidigitador.
**MAGISTERIAL** (médjisti'riâl), adj. De magistrado, magistradura; ditatorial.
**MAGISTRACY** (mé'djistrâssi), s. Magistratura.
**MAGISTRAL** (mé'djistrâl), s. Magistral.
**MAGISTRATE** (mé'djistrit) ou **MAGISTRATURE** (mé'djistrâtshur) s. Magistratura.
**MAGNANIMITY** (mégnéni'miti), s. Magnanimidade; generosidade; grandeza.
**MAGNANIMOUS** (mégné'nimâss), adj. Magnânimo; generoso; nobre.
**MAGNATE** (még'nêit), s. Magnate, magnata.

**MAGNET** (még'nit), s. Ímã, magnete.
**MAGNETIC** (mégné'tik), adj. Magnético.
**MAGNETISM** (maeg'nétism), s. Magnetismo; atração.
**MAGNETIZATION** (megnétizêi'shânn), s. Magnetização.
**MAGNETIZE** (még'netáiz), v. t. Magnetizar; encantar; seduzir.
**MAGNIFIABLE** (még'nifáiâbl), adj. Ampliável.
**MAGNIFICATION** (mégnifikêi'shânn), s. Ampliação; aumento; elevação; glorificação.
**MAGNIFICENCE** (méni'fissénss), s. Magnificência; grandeza; suntuosidade.
**MAGNIFICENT** (mégni'fissént), adj. Magnificente, magnífico; esplêndido; nobre.
**MAGNIFIER** (még'nifáiâr), s. Ampliador; lente (vidro de aumento).
**MAGNIFY** (még'nifái), av. t. Aumentar; ampliar; engrandecer; glorificar; sublimar.
**MAGNIFYING** (még'nifáinn), adj. De aumento; ampliador.
**MAGNILOQUENCE** (mégni'lokuénss), s. Magniloquência; ênfase.
**MAGNILOQUENT** (mégni'lokuént), adj. Magniloqüente.
**MAGNITUDE** (még'nitiud), s. Magnitude; grandeza; extensão, eito; brilho.
**MAGPIE** (még'pái), s. Pega (pássaro) espécie de gralha.
**MAHOGANY** (má-hó'gâni) s. Mogno, madeira.
**MAID** (mêid), s. Donzela; moça; rapariga; mulher solteira; criada.
**MAIDEN** (mêid'n), adj. Inteiro; intacto; novo; virgem; solteira; s. rapariga; donzela.
**MAIDENHAIR** (méidn'héir), s. Avença; capilária.
**MAIDENHOOD** (mêi'dên'hud), s. Condição, estado ou tempo de solteira.
**MAIDENLINESS** (méidn'linéss), s. Modéstia.
**MAIDENLY** (mêidn'li), adj. Virginal; puro; modesto; adv. virginalmente.
**MAIL** (mêil), s. Mala postal; correio; correspondência; cota de malha; armadura; carapaça; v. t. enviar; remeter (mala postal); armar com cota de malha; encouraçar.
**MAILBAG** (méil'bég), s. Mala postal.
**MAILBOX** (mêil'bóks), s. Caixa do correio.
**MAILING** (mêi'linn), s. Envio de correspondência pelo correio.
**MAILMAN** (mêil'maen), s. Carteiro.
**MAIM** (mêim), v. t. Mutilar; invalidar; s. mutilação; ferida; deformidade; defeito físico.
**MAIMED** (mêim'd), adj. Defeituoso; manco.

**MAIN** (mêinn), adj. Principal; essencial; importante; grande; inteiro; poderoso; s. força; violência; oceano; mar alto; o principal; cabo condutor principal (Eletr.)
**MAINLAND** (mêin'lénd), s. Continente.
**MAINLY** (méin'li), adv. Principalmente.
**MAINMAST** (mêinn'mést), s. (Náut.) Mastro principal.
**MAINSAIL** (mêinn'sêil), s. Vela grande.
**MAINTAIN** (mêin'têi'nn), v. t. e i. Manter; defender; sustentar; cumprir; alegar.
**MAINTAINABLE** (mêintêinn'nâbl), adj. Defensível; suportável.
**MAINTAINER** (mêintêi'nâr), s. Mantenedor.
**MAINTENANCE** (mêin'tinénss), s. Manutenção; sustento; defesa; proteção; apoio.
**MAIZE** (mê'iz), s. Milho.
**MAJESTIC** (mâdjés'tik) ou **MAJESTICAL** (mâdjés'tikâl), adj. Majestoso; pomposo; real.
**MAJESTY** (mé'djésti), s. Majestade; realeza.
**MAJOR** (mêi'djâr), adj. Maior, principal; s. (Mil.) Major; (Jur.) adulto; maior de idade.
**MAJORITY** (mádjô'riti), s. Maioridade; posto de major.
**MAKE** (mêik), v. t. e i. Fazer, fabricar, preparar; obrigar(-se); construir; estabelecer; percorrer; computar; pensar; alcançar; evidenciar(-se); dar em resultado; causar; somar; perfazer; descobrir; atingir; atravessr; representar; fazer de; contribuir para. *To make against:* ser desfavorável. *To make at:* arremeter, atacar; s. forma; feitio; talhe; estrutura; amigo íntimo; manufatura; disposição; constituição mental; marca.
**MAKE-BELIEVE** (méik'bili'v), adj. Falso; fingido; s. fingimento; pretexto; impostor.
**MAKER** (mêi'kâr), s. Autor; fabricante.
**MAKESHIFT** (mêik'shift), s. Paliativo; bálsamo; adj. provisório; temporário.
**MAKE-UP** (mêi'kâp), s. Caráter; constituição; disposição; pintura; maquilagem; caracterização (teatro, cinema, TV); composição tipográfica; exame de segunda época.
**MAKING** (mêi'kinn), s. Fabricação; manufatura; confecção; criação; construção.
**MALADROIT** (mélâdrói't), adj. Desastrado.
**MALADROITNESS** (mélâdroit'néss), s. Falta de jeito, falta de tino.
**MALADY** (mé'lâdi), s. Doença crônica; distúrbio mental.
**MALAISE** (mélêi'z), s. Mal-estar.
**MALARIAN** (mâlé'riânn), adj. Malárico.
**MALAY** (mâlêi, mêi'lêi), adj. e s. Malaio.

**MALCONTENT** (mél'kântént), adj. e s. Descontente.
**MALE** (mêil), s. Macho; varão; adj. masculino; varonil.
**MALEDICTION** (mélidik'shânn), s. Maldição; praga; imprecação.
**MALEFACTION** (mélifék'shânn), s. Crime; ofensa; delito; injúria.
**MALEFACTOR** (mélifék'târ), s. Malfeitor.
**MALEFICENT** (mâlé'fissént), adj. Maléfico.
**MALEVOLENCE** (mâlé'volénss), s. Malevolência; aversão; ódio.
**MALEVOLENT** (mâlé'volént), adj. Malevolente; malfazejo.
**MALFEASANCE** (mélfi'zânss), s. Malvadez.
**MALFORMATION** (mélformêi'shânn), s. Conformação viciosa; constituição defeituosa.
**MALICE** (mé'liss), s. Malícia; maldade; (Jur.) premeditação; intenção criminosa.
**MALICIOUS** (mâli'shâss), adj. Malicioso; mau.
**MALICIOUSNESS** (mâli'shâsnéss), s. Malícia.
**MALIGN** (mâlái'nn), v. t. Difamar; caluniar; adj. maligno; malévolo.
**MALIGNANCY** (mâlig'nânsi), s. Malignidade.
**MALIGNANT** (mâlig'nant), adj. Maligno; mau.
**MALIGNER** (mêlái'nâr), s. Caluniador.
**MALIGNITY** (mâlig'niti), s. Malignidade; maldade; animosidade; aversão; rancor.
**MALINGER** (mâlin'gâr), v. i. Fingir de doente.
**MALINGERER** (mâlin'gârâr), s. Doente fingido; negligente.
**MALINGERERING** (mâlin'gârinn), s. Emagrecimento; fingimento.
**MALL** (mól), s. Malho, maço; palamalho (jogo); passeio arborizado.
**MALLARD** (mé'lârd), s. Adem, pato selvagem.
**MALLEABLE** (mé'liâbl), adj. Maleável.
**MALLEABLENESS** (mé'liâblnéss), s. Maleabilidade.
**MALLET** (mé'lit), s. Malho; maço; macete.
**MALLOW** (mé'lôu), s. Malva.
**MALMSEY** (mám'zi), s. Malvasia, vinho doce.
**MALODOROUS** (mélôu'dârâss), adj. Mal cheiroso; desagradável.
**MALPRACTICE** (mélprék'tiss), s. Malversação.
**MALT** (mólt), s. Malte; cevada grelada (para cerveja); v. t. e i. fazer, preparar o malte.
**MALTING** (mól'tinn), s. Maltação.
**MALTREAT** (mêltri't), v. t. Maltratar.
**MALTREATMENT** (méltrit'ment), s. Maltrato.
**MALVERSATION** (mélvârsêi'shânn), s. Malversação; prevaricação.
**MAMELON** (mêi'milónn), s. Mamelão.

**MAMMAL** (mé'mâl), s. Mamífero.
**MAMMALIA** (mémêi'liâ), s. pl. Mamíferos.
**MAMMARY** (mé'mâri), adj. Mamário.
**MAMMIFEROUS** (memi'fârâss), adj. Mamífero.
**MAMMOTH** (mé'mâth), s. Mamute; adj. enorme, colossal.
**MAN** (maen), s. Homem; o gênero humano; a humanidade; criado; servo; peão (no xadrez); pedra (jogo de damas); tripulante; alguém, uma pessoa. *Man-friday:* homem para todo o serviço; v. t. tripular, pôr gente; armar; guarnecer; triunfar; encher de coragem; adj. masculino; varonil.
**MANACLE** (mé'nâkl), s. Manilha; pl. algemas; v. t. e i. algemar; manietar.
**MANAGE** (mé'nidj), v. t. e i. Dirigir; governar; administrar; guiar; gerenciar.
**MANAGEABLE** (mé'nidjâbl), adj. Manejável.
**MANAGEABLENESS** (mé'nidjâblnéss), s. Mansidão; flexibilidade.
**MANAGEMENT** (mé'nidjment), s. Manejo; direção; governo; gerência; emprego.
**MANAGER** (mé'nidjâr), s. Diretor; administrador, gerente; empresário; regente.
**MANAGERESS** (mé'nidjâréss), s. Diretora; governadora; administradora; regente.
**MANAGERIAL** (ménâdji'riâl), adj. Administrativo, relativo à gerência.
**MANAGING** (mé'nidjinn), s. Administração; gerência; adj. administrativo; diretor.
**MANCIPLE** (maen'sipl), s. Mordomo; despenseiro; fornecedor.
**MANDATE** (mén'dêit), s. Mandado; encargo.
**MANDATORY** (mén'dâtôuri), adj. Obrigatório; s. mandatário.
**MANDIBLE** (mén'dibl), s. Mandíbula.
**MANDRAKE** (mén'drêik), s. Mandrágora.
**MANDREL** (mén'drâl), s. (Mec.) Mandril; eixo.
**MANDRILL** (mén'dril), s. Mandril (macaco).
**MANE** (mêinn), s. Juba; crina.
**MANFUL** (maen'ful), adj. Viril; robusto; varonil; atrevido; animoso; belicoso.
**MANFULNESS** (maen'fulnéss), s. Valentia.
**MANGANESE** (méngâni'z), s. Manganês.
**MANGE** (mêindj), s. Sarna dos animais.
**MANGER** (mén'djâr), s. Manjedoura.
**MANGLE** (mêng'l), v. t. Desfigurar; mutilar cortando, escoriando ou esmagando; calandrar; acetinar; s. calandra, máquina de acetinar; máquina de passar a ferro.
**MANGLER** (mén'glâr), s. Destroçador; calandrador; lustrador; máquina para picar.
**MANGLING** (mén'glinn), s. Calandragem.

**MANGO** (mén'gôu), s. Manga (fruta); mangueira (o mesmo que *mango-tree*).
**MANGONEL** (mén'gôunl), s. Catapulta.
**MANHOLE** (maen'hôul), s. Bueiro; boca-de-lobo, abertura nas caldeiras, etc.
**MANHOOD** (maen'hud), s. Natureza humana; a humanidade; vigor; virilidade.
**MANIA** (mêi'niâ), s. Mania; obsessão.
**MANIAC** (mêi'niêk), adj. e s. Maníaco.
**MANIFEST** (mé'nifest), s. Manifesto, declaração; adj. manifesto, evidente; v. t. manifestar; patentear; evidenciar; testemunhar.
**MANIFESTATION** (ménifêstêi'shânn), s. Manifestação, exposição; sinal; evidência.
**MANIFESTLY** (mé'nifêstli), adv. Manifestamente; claramente.
**MANIFESTO** (ménifés'tôu), s. Manifesto, proclamação.
**MANIFOLD** (mé'nifôuld), adj. Grande variedade, múltiplo; vários; diversos; s. cópia; agregado; conjunto. v. t. mimeografar; multiplicar; tornar múltiplo.
**MONIFOLDNESS** (mé'nifôuldnéss), s. Multiplicidade.
**MANIKIN** (mé'nikinn), s. Manequim.
**MANIPE** (mé'nipl), s. (Ecles.) Manípulo.
**MANIPULATE** (mâni'piulêit), v. t. e i. Manipular, preparar, manejar; manobrar.
**MANIPULATION** (mânipoulêi'shânn), s. Manipulação.
**MANIPULATOR** (mâni'piulêitâr), s. Manipulador.
**MANKIND** (maen'káind), s. A humanidade; a espécie, o gênero humano; os homens.
**MANLIKE** (maen'láik), adj. Varonil, de homem; valoroso; animoso.
**MANLINESS** (maen'linéss), s. Virilidade.
**MANLY** (maen'li), adj. Varonil; animoso.
**MANNER** (mé'nâr), s. Maneira; espécie; sorte; aparência; educação; delicadeza.
**MANNERISM** (mé'nârizm), s. Maneirismo; cortesia; afetação; falta de gosto.
**MANNERIST** (mé'nârist), s. Maneirista.
**MANNERLY** (mé'nârli), adj. Delicado; cortês.
**MANNISH** (mé'nish), adj. Masculinizado.
**MANNISHNESS** (mé'nishnéss), s. Masculinidade; masculinismo.
**MANSE** (ménss), s. Granja; presbitério.
**MANSION** (mén'shânn), s. Mansão; morada.
**MANTLE** (mént'l), s. Manto; capa; v. t. cobrir; tapar; disfarçar; ocultar; atapetar.
**MANUFACTORY** (mé'niufék'tori), s. Fábrica; usina; manufatura.

**MANUFACTURE** (méniufék'tshur), s. Manufatura; indústria; obra; v. i. manufaturar; fabricar; v. t. ser fabricante.
**MANUFACTURING** (méniufék'tshârinn), s. Manufatura; indústria; fabrico.
**MANUMIT** (méniumi't), v. t. Manumitir; liberar.
**MANURE** (mâniu'r), s. Esterco; adubo; v. t. estercar; adubar; estrumar; fertilizar.
**MANURING** (mâniu'rinn), s. Estrumação.
**MANY** (mé'ni), adj. Muitos; muitas; diversos; s. multidão; o povo; um grande número.
**MAP** (mép), s. Mapa; v. t. traçar, delinear.
**MAPPING** (mé'pinn), s. Cartografia.
**MAPLE** (mêip'l), s. Ácer, bordo (árvore).
**MAR** (már), v. t. Macular; perturbar; prejudicar; burlar; s. mancha; mácula; ofensa.
**MARASMUS** (márés'mâss), s. Marasmo.
**MARAUD** (mârô'd), v. t. e i. Pilhar; roubar.
**MARAUDER** (mârô'dâr), s. Saqueador.
**MARAUDING** (mârô'dinn), s. Pilhagem.
**MARBLE** (márb'l), s. Mármore; bolinha de gude; adj. marmóreo. v. t. marmorizar.
**MARCH** (mártsh), s. Março (mês); marcha; progresso; v. i. caminhar; avançar.
**MARCHER** (már'tshâr), s. Marchador; habitante da fronteira.
**MARCHING** (már'tshinn), adj. De, em marcha.
**MARCHIONESS** (már'shânéss), s. Marquesa.
**MARCHPANE** (már'tshpêinn), s. Maça-pão.
**MARE** (mér), s. Égua.
**MARGIN** (már'djinn), s. Margem, beira; praia; litoral; orla; extremidade; (Com.) margem de lucros; v. t. marginar; fazer limite.
**MARGINAL** (már'djinâl), s. Marginal.
**MARGINING** (már'djininn), s. Margens.
**MARIGOLD** (mé'rigôuld), s. Cravo-de-defunto.
**MARINADE** (mé'rinêid), s. Escabeche.
**MARINE** (mâri'nn), adj. Marinho; náutico; s. Marinha (também pintura); fuzileiro naval.
**MARINER** (mé'rinâr), s. Marinheiro; nauta.
**MARISH** (mé'rish), adj. Pantanoso; s. pântano.
**MARITAL** (mé'ritâl), adj. Marital; conjugal.
**MARJORAM** (már'djorâmm), s. Mangerona.
**MARK** (márk), s. Marca; símbolo; signo; carimbo; nota escolar; testemunho; prova; distinção; regra; norma; v. t. marcar; notar; observar; provar; evidenciar.
**MARKER** (már'kâr), s. Marcador; ficha.
**MARKET** (már'kit), s. Mercado; feira; praça de negócios; bazar; preço; lucro; proveito; v. t. e i. levar ao, comprar ou vender no mercado ou na feira; negociar; traficar.

**MARKETER** (mar'kitâr), s. Feirante; aquele que compra ou vende no mercado.
**MARKETING** (márk'tinn), s. Compra ou venda no mercado.
**MARKING** (már'kinn), s. Marca; marcação.
**MARKSMAN** (márks'maen), s. Atirador.
**MARKUP** (már'kâp), s. Alta de preço.
**MARL** (márl), s. Marga; marna; v. t. estrumar (a terra) com marga, adubar.
**MARMALADE** (mar'mâléid), s. Compota.
**MAROON** (mâru'nn), v. t. Abandonar numa ilha deserta (por punição); v. i. vaguear; s. castanha; adj. castanho; marrom.
**MARQUIS** (már'kuiss), s. Marquês.
**MARRIAGE** (mé'ridj), s. Casamento; matrimônio; união íntima.
**MARRIAGEABLE** (mae'ridjêi'bl), adj. Casadouro(a); núbil.
**MARRIED** (mé'rid), adj. Casado; conjugal.
**MARROW** (mé'rôu), s. Tutano; medula; parte íntima; essência; substância.
**MARRY** (mé'ri), v. t. e i. Casar(-se); unir; desposar; interj. sim! deveras! safa!
**MARS** (márz), s. Marte.
**MARSH** (márch), s. Pântano; paul; lodaçal.
**MARSHAL** (már'shâl), s. Marechal; precursor; arauto; mestre-de-cerimônias; xerife; v. t. e i. dirigir; controlar; dispor; disciplinar.
**MARSHY** (már'shi), adj. Pantanoso.
**MART** (márt), s. Mercado; feira (o mesmo que *market*).
**MARTEN** (már'ten), s. (Zool.) Marta; lontra.
**MARTIAL** (már'shâl), adj. Marcial; belicoso; s. marciano; relativo ao planeta Marte.
**MARTIAN** (már'shânn), adj. e s. Marciano.
**MARTIN** (már'tinn), s. Martinete; guincho; pedreiro (espécie de andorinha).
**MARTYR** (már'târ), s. Mártir; v. t. martirizar.
**MARTYRDOM** (már'târdâmm), s. Martírio.
**MARTYRIZE** (már'târáiz), v. t. Martirizar; v. i. padecer martírio.
**MARTYROLOGY** (mártarô'lodji), s. Martirológio.
**MARVEL** (már'vel), s. Maravilha; prodígio; assombro; v. i. maravilhar-se; pasmar.
**MARVELLOUS** (már'velâss), adj. Maravilhoso.
**MARVELLOUSNESS** (már'velâssnéss), s. Maravilha; grandeza; singularidade.
**MASCULINE** (més'kiulinn), adj. Masculino; másculo; viril; s. gênero masculino.
**MASH** (mésh), s. Massa, pasta; mingau; mixórdia; v. t. amassar; triturar; mexer.
**MASHER** (mé'shâr), s. Peralvilho; vaidoso.

**MASHING** (mé'shinn), s. Mistura.
**MASHY** (mé'shi), adj. Misturado; amassado.
**MASK** (másk), s. Máscara; carranca; disfarce; pretexto; subterfúgio; v. t. mascarar; dissimular; encobrir; v. i. mascarar-se.
**MASKER** (más'kâr), s. Mascarado.
**MASON** (mêis'n), s. Pedreiro; britador; canteiro; Maçom, Pedreiro-Livre (in. maiúsc.).
**MASONIC** (mâssô'nik), adj. Maçônico.
**MASONRY** (mêisn'ri), s. Ofício de pedreiro, alvenaria; Maçonaria (inicial maiúsc.).
**MASQUERADE** (méskârêi'd), s. Mascarada, disfarce; v. i. mascarar-se; distarçar-se.
**MASS** (méss), s. Missa; ouvir missa; massa. *To attend mass*: acervo; grande quantidade; multidão; o povo; adj. em ou de massa; v. t. e i. juntar em massa; dizer missa.
**MASSACRE** (mé'sâkâr), v. t. Massacrar; s. massacre; matança.
**MASSACRER** (mé'sâkâr), s. Massacrador.
**MASSAGE** (mâssá'j), s. Massagem; v. t. fazer massagem.
**MASSEUR** (mâssâ'r) ou **MASSAGIST** (mâssâ'jist), s. Massagista.
**MASSINESS** (mé'sinéss), s. Peso; volume; massa; solidez.
**MASSIVE** (mé'siv) ou **MASSY** (mé'si), adj. Maciço; compacto; sólido; volumoso.
**MASSIVENESS** (mé'sivnéss), s. Solidez; peso; volume.
**MAST** (mést), s. Mastro; mastreação; bolota; v. i. mastrear; cevar com bolota.
**MASTER** (más'târ), s. Mestre; professor; senhor; amo; patrão; dono; proprietário; diretor; chefe; reitor; v. t. dominar; vencer; conhecer a fundo; executar com perícia; v. i. ser superior em alguma coisa.
**MASTERDOM** (más'târdâmm), s. Mando; domínio.
**MASTERFUL** (más'târful), adj. Imperioso; de mestre; hábil.
**MASTERFULNESS** (más'târfulnéss), s. Império; domínio; mando.
**MASTERLESS** (más'târléss), adj. Sem dono; sem mestre; obstinado; indômito.
**MASTERLINESS** (más'târlinéss), s. Maestria.
**MASTERLY** (más'târli), adj. De mestre; magistral; imperioso; adv. primorosamente.
**MASTERPIECE** (más'târpiss), s. Obra-prima.
**MASTERSHIP** (más'târship), s. Magistério; poder; domínio; talento; arte; obra-prima.
**MASTERY** (más'târi), s. Poder; superioridade; domínio; vantagem; vitória.

**MASTICATE** (més'tikêit), v. t. Mastigar.
**MASTICATION** (méstikêi'shánn), s. Mastigação; trituração (com os dentes).
**MASTICATOR** (més'tikêitâr), s. Mastigador.
**MASTIFF** (més'tif), s. Mastim.
**MASTING** (més'tinn), s. Mastreação.
**MAT** (mét), s. Esteira, tapete, capacho; adj. opaco, fosco; v. t. e i. esteirar, cobrir de capachos; achatar; entrançar; deslustrar.
**MATCH** (métsh), s. Companheiro, igual, o que forma par; competidor; adversário; fósforo; mecha; estopim; aliança; partido; prélio; concurso; justa; casamento; v. i. irmanar-se; ser igual em tamanho, feição, cor; ser parecido; casar-se; v. t. igualar-se.
**MATCHABLE** (mé'tshábl), adj. Proporcionado; comparável; condizente; conveniente.
**MATCHLESS** (mé'tshléss), adj. Incomparável.
**MATE** (mêit), s. Companheiro, camarada, colega, comensal; cônjuge; ajudante; contra-mestre; macho, fêmea (entre animais); piloto de navio; mate (no xadrez); v. t. igualar; emparelhar; competir; casar; unir; dar xeque-mate (no xadrez).
**MATELESS** (mêit'léss), adj. Só; desamparado; sem companheiro.
**MATERIAL** (mâti'rial), adj. Material; formado de matéria; relativo à matéria; físico; corpóreo; sensual; importante; capital; s. matéria; ingrediente; tecido; estofo.
**MATERIALISM** (máti'riâlizm), s. Materialismo.
**MATERIALIST** (máti'rialist), s. Materialista.
**MATERIALITY** (mâtirié'liti), s. Materialidade.
**MATERIALIZE** (mati'rialáiz), v. t. e i. Materializar; materializar-se.
**MATERNAL** (mâtêr'nâl), adj. Maternal, materno.
**MATERNALLY** (maetêr'naeli), adv. Maternalmente.
**MATERNITY** (mâtâr'niti), s. Maternidade.
**MATHEMATICAL** (méthimé'tikál), adj. Matemático; rigoroso; exato.
**MATHEMATICIAN** (méthimâti'shánn), s. Matemático.
**MATHEMATICS** (méthimé'tiks), s. Matemática.
**MATIN** (mé'tinn), adj. ou **MATINAL** (mae'tinêil), s. Matinal; matutino; a manhã; da manhã; pl. matinas.
**MATING** (mêi'ting), s. União; acasalamento.
**MATRICIDE** (mêi'trissáid), s. Matricídio.
**MATRICULATE** (mâtri'kiulêit), v. t. e i. Matricular(-se); adj. e s. matriculado.
**MATRICULATION** (mátrikiulêi'shánn), s. Matrícula.

**MATRIMONIAL** (métrimôu'niâl), adj. Matrimonial; conjugal.
**MATRIMONY** (mé'trimóuni), s. Matrimônio.
**MATRIX** (mêi'triks), s. Matriz, madre, útero.
**MATRON** (mêi'trânn), s. Matrona; mãe de família; governanta; mulher respeitável.
**MATRONHOOD** (mêi'trân-hud), s. Estado, qualidade de matrona.
**MATRONLY** (mêi'trânli), adv. Respeitavelmente; gravemente.
**MATTER** (mé'târ), s. Matéria; substância; assunto; importância; conseqüência; entidade; pus; porção indefinida. *What's the matter?*: que aconteceu, que foi?; v. i. importar; afetar; fazer caso; supurar.
**MATTERLESS** (mé'tarléss), adj. Insignificante; sem importância; fútil.
**MATTING** (mé'tinn), s. Esteira; tapete.
**MATTOCK** (mé'tok), s. Alvião (picareta).
**MATTRESS** (mé'tress), s. Colchão; enxergão.
**MATURATE** (mé'tiurêit), v. t. e i. Amadurecer; (Med.) fazer supurar;
**MATURATION** (métiurêi'shánn), s. Maturação; (Med.) supuração.
**MATURE** (mâtiu'r), v. t. e i. Madurar; amadurecer; (Med.) atingir o ponto de supuração; (Com.) vencer (título, letra); adj. maduro; sazonado; completo; acabado; prudente; considerado; vencido (prazo).
**MATURENESS** (matiur'nés), s. Maturidade; madureza.
**MATURITY** (mâtiu'riti), s. Maturidade; acabamento; perfeição; vencimento de uma letra.
**MATUTINAL** (mâtiu'tinâl), adj. Matutino.
**MAUDLIN** (mó'dlinn), adj. Embriagado; embasbacado; chorão (devido ao álcool).
**MAUL** (mól), s. Malno grande; marrão; v. t. malhar; espancar; maltratar.
**MAUNDER** (món'dâr), v. t. e i. Engrolar; resmungar; devanear; devagar; vaguear.
**MAVIS** (mêi'viss), s. Espécie de tordo.
**MAW** (mó), s. Bucho, papo (dos animais).
**MAWKISH** (mó'kish), adj. Desenxabido; imundo; asqueroso; repugnante; insípido.
**MAWKISHNESS** (mó'kishnéss), s. Asco; nojo; estupidez; sensaboria; insipidez.
**MAXIM** (mék'simm), s. Máxima; preceito.
**MAY** (mêi), v. defect. aux. Poder (no sentido de permissão, possibilidade); ter liberdade ou poder de; s. maio (mês); (fig.) primavera; mocidade; v. i. colher flores na manhã do primeiro dia de maio; festejar a entrada do mês (nas escolas).

**MAYBE** (mêi'bi), adv. Talvez.
**MAYING** (mêi'inn), s. Celebração das festas de maio.
**MAYOR** (mêi'âr), s. Prefeito; presidente da câmara ou chefe de um corpo municipal.
**MAYPOLE** (mêi'pôul), s. Mastro enfeitado com flores (para as festas de maio).
**MAZE** (mêiz), s. Labirinto; enredo; confusão; incerteza; v. t. e i. confundir; hesitar.
**MAZILY** (mêi'zili), adv. Confusamente.
**MAZINESS** (mêi'zinéss), s. Confusão; perplexidade; indecisão.
**MAZY** (mêi'zi), adj. Confuso; hesitante.
**ME** (mi), pron. pess. objet. Me, mim; s. (Mús.) a nota Mi.
**MEAD** (mid), s. Hidromel (bebida); (Poét.) prado; campina.
**MEADOW** (mé'dôu), s. Prado; charneca.
**MEAGER, MEAGRE** (mi'gâr), adj. Magro; insuficiente; escasso; estéril.
**MEAGERNESS, MEAGRENESS** (mi'gârnéss), s. Magreza; escassez; esterilidade.
**MEAL** (mil), s. Refeição; farinha grossa; pedaço; bocado; v. t. encher de farinha.
**MEALY** (mi'li), adj. Farináceo; seco.
**MEAN** (minn), adj. Baixo; vil; desprezível; abjeto; fraco; pequeno; mediano; intermediário; humilde; medíocre; s. meio ou meios; recursos; faculdades; expediente; termo médio; aparelhos; bens, riquezas. *By no means:* de nenhum modo, absolutamente não; v. t. e i. ter em vista; tencionar; dispor-se a; destinar-se; confirmar.
**MEANDER** (mién'dâr), s. Meandro; labirinto; v. i. correr sinuosamente; serpear (rio).
**MEANING** (mi'ninn), adj. Significativo; sugestivo; intencional; s. propósito; desígnio; acepção. *Double meaning:* ambigüidade.
**MEANINGLESS** (mi'ninléss), adj. Sem sentido; sem significação.
**MEANLY** (min'li), adv. Vilmente.
**MEANNES** (min'néss), s. Mesquinhez; vileza.
**MEANTIME** (min'táimm), adv. Entretanto.
**MEASLES** (miz'lz), s. Sarampo.
**MEASLY** (miz'li), adj. Atacado de sarampo.
**MEASURABLE** (mé'jurâbl), adj. Mensurável.
**MEASURE** (mé'jur), v. t. e i. Medir; dimensionar; graduar; regular; avaliar; tomar medida; s. medida; cadência; modo; grau; limite; norma; proporção; quantidade medida; capacidade; tamanho; compasso; expediente; projeto de lei. *Beyond measure:* além da medida, em excesso.

**MEASURELESS** (mé'jurléss), adj. Incomensurável; ilimitado.
**MEASUREMENT** (mé'jurment) ou **MEASURING** (mé'jurinn), s. Medição; medida; ato de medir; arqueação. *Mesasuring-tape:* trena.
**MEASURER** (mé'jurâr), s. Medidor.
**MEAT** (mit), s. Carne; alimento; comida; essência; substância; seiva; nata (EUA).
**MEATMAN** (mit'maen), s. Açougueiro.
**MEATY** (mi'ti), adj. Carnudo; vigoroso.
**MECHANIC** (miké'nik), adj. Mecânico; automático; s. mecânico; artífice; obreiro.
**MECHANICAL** (miké'nikâl), adj. Mecânico; da mecânica; materialista.
**MECHANICIAN** (mêkâni'shânn), s. Mecânico, perito em mecânica.
**MECHANICS** (miké'niks), s. Mecânica; ciência das máquinas.
**MECHANISM** (mé'kanizm), s. Mecanismo.
**MECHANIZE** (mé'kánáiz), v. t. Mecanizar.
**MEDAL** (mé'dâl), s. Medalha.
**MEDALLION** (medé'liânn), s. Medalhão.
**MEDALLIST** (mé'dâlist, s. Numismata; gravador de medalhas.
**MEDDLE** (méd'l), v. t. Intrometer-se.
**MEDDLER** (méd'dlâr), s. Intrometido; intruso.
**MEDDLESOME** (médl'sâmm), adj. Intrometido; curioso; intrigante; importuno.
**MEDDLING** (mé'dlinn), adj. Intrometido; oficioso; s. intervenção; ingerência.
**MEDIAL** (mi'diâl), adj. Médio; medial.
**MEDIAN** (mi'diânn), adj. Mediano, do meio.
**MEDIATE** (mi'diêit), v. t. e i. Mediar; intervir; adj. intermédio; mediato; interposto.
**MEDIATION** (midiêi'shânn), s. Mediação.
**MEDIATOR** (mi'diêitâr), s. Mediador.
**MEDICAL** (mé'dikâl), adj. Médico, medicinal; sanitário; s. estudante de medicina.
**MEDICAMENT** (mé'dikâment), s. Medicamento; remédio.
**MEDICATE** (mé'dikêit), v. t. Medicar; aplicar curativo a; medicinar.
**MEDICATION** (médikêi'shânn), s. Medicação.
**MEDICINAL** (médi'sinâl), adj. Medicinal.
**MEDICINE** (mé'dissinn), s. Medicina; remédio; medicamento; v. t. medicar; curar; tratar.
**MEDIOCRITY** (midió'krit), s. Mediocridade.
**MEDITATE** (mé'ditêit), v. t. e i. Meditar; cogitar; premeditar; projetar; tramar.
**MEDITATED** (mé'ditêitid), adj. Meditado.
**MEDITATION** (méditêi'shânn), s. Meditação; cogitação; estudo; discurso.
**MEDITATIVE** (mé'ditêitiv), adj. Meditativo.

**MEDIUM** (mi'diâmm), adj. Médio, mediano; moderado; medíocre; s. meio, meio termo; atmosfera; éter; médium (em Espiritismo).
**MEDLER** (mé'dlâr), s. Néspera (arbusto).
**MEDLEY** (mé'dli), s. Mistura; miscelânea; adj. confuso; misturado.
**MEED** (mid), s. Recompensa; prêmio.
**MEEK** (mik), adj. Afável; meigo; manso.
**MEEKNESS** (mik'néss), s. Brandura.
**MEET** (mit), v. t. Achar; encontrar; reunir; juntar; afrontar; convir em; combater, v. i. encontrar-se; reunir-se; ajuntar-se; pôr-se em contacto com; pelejar. *Till we meet again:* até à vista, até logo; s. ponto de encontro; ponto de reunião; encontro.
**MEETING** (mi'tinn), s. Encontro; entrevista; reunião; comício; conferência; desafio.
**MEETNESS** (mit'néss), s. Conveniência.
**MEGAMETER, MEGAMETRE** (mé'gamitâr), s. Megâmetro.
**MEGRIM** (mi'grimm), s. Enxaqueca.
**MELANCHOLIA** (mélânkôu'liá), s. Melancolia.
**MELANCHOLIC** (mélânkô'lik), adj. Melancólico; triste; aflitivo; hipocondríaco.
**MELANCHOLY** (mé'lânkôli), s. Melancolia; tristeza; hipocondria; adj. melancólico.
**MELIFLUOUS** (méli'fluâss), adj. Melífluo.
**MELIFLUOSNESS** (méli'fluâsnéss), s. Melifluidade; suavidade; doçura.
**MELLOW** (mé'lôu), adj. Maduro; sazonado; mole; brando; melodioso; pastoso; rico (o solo); alegre, meio embriagado; v. t. e i. amadurecer; abrandar; tornar melodioso.
**MELLOWNESS** (mé'lôunéss), s. Maturidade dos frutos); harmonia; suavidade.
**MELODIOUS** (mélôu'diâss), adj. Melodioso.
**MELODIOUSNESS** (mélôu'diâsnéss), s. Melodia; suavidade.
**MELODY** (mé'lodi), s. Melodia; ária; soprano.
**MELON** (mé'lânn), s. Melão.
**MELT** (mélt), v. t. e i. Derreter; dissolver; fundir; v. i. derreter-se; desvanecer-se.
**MELTED** (mél'tid), pret. e part. pass. de *melt;* adj. Derretido; enternecido.
**MELTER** (mél'târ), s. Fundidor; cadinho.
**MELTING** (mél'tinn), adj. Que se derrete; lânguido; enternecedor; s. fundição; fusão.
**MEMBER** (mém'bâr), s. Membro (do corpo animal); sócio; parte de um todo.
**MEMBERSHIP** (mém'bârship), s. Sociedade; posto de sócio; associado; representante; companhia (coletivamente).
**MEMBRANE** (mém'brêinn), s. Membrana.
**MEMBRANEOUS** (mém'brêiniâss), adj. Membranoso.
**MEMOIR** (mé'muôr), s. Memória; narrativa.
**MEMORABLE** (mé'morâbl), adj. Memorável; notável; célebre.
**MEMORIAL** (memôu'riâl), adj. Comemorativo; s. monumento comemorativo; exposição de fatos; petição.
**MEMORITER** (memó'ritâr), adv. De memória.
**MEMORIZE** (mé'moráiz), v. t. Decorar; recordar.
**MEMORY** (mé'mori), s. Memória; lembrança.
**MEN** (mén), s. Plural de *man;* Homens; obreiros; operários.
**MENACE** (mé'niss), v. t. e i. Ameaçar; intimidar; s. ameaça.
**MENACING** (mé'nissinn), adj. Ameaçador.
**MENAGE** (menâ'j), s. Domicílio; governo de casa, de família; economia doméstica.
**MEND** (ménd), v. t. e i. Consertar; corrigir; restabelecer; emendar-se; conserto; emenda; melhoria; restabelecimento.
**MENDABLE** (mén'dâbl), adj. Corrigível.
**MENDACIOUS** (mendêi'shâss), s. Mendaz; falso; mentiroso.
**MENDACITY** (mendé'siti), s. Mendacidade; mentira; embuste.
**MENDER** (mén'dâr), s. Reformador; remendão.
**MENDICANCY** (mén'dikânsi), s. Mendicância.
**MENDICANT** (mén'dikânt), adj. e s. Mendigo.
**MENDICITY** (mendi'siti), s. Mendicidade.
**MENDING** (mén'dinn), s. Reparação.
**MENIAL** (mi'niâl), adj. Doméstico; servil; subalterno; s. criado; lacaio.
**MENSES** (mén'siz), s. pl. Menstruação.
**MENSTRUAL** (méns'trual), adj. Menstrual.
**MENSTRUATE** (méns'truêit), v. i. Menstruar.
**MENSTRUATION** (ménstruêi'shânn), s. Menstruação; mênstruo.
**MENSURABLE** (mén'shurâbl), adj. Mensurável.
**MENSURATION** (ménshurêi'shânn), s. Mensuração; medida.
**MENTAL** (mén'tâl), adj. Mental; moral.
**MENTALITY** (mênté'liti), s. Mentalidade.
**MENTION** (mén'shânn), s. Menção; alusão; v. t. mencionar; referir-se a.
**MENTIONABLE** (mén'shânâbl), adj. Mencionável; digno de menção.
**MENTOR** (mén'târ), s. Mentor; guia.
**MENU** (mé'niu), s. Menu, cardápio.
**MERCANTILE** (mâr'kântil), adj. Mercantil.

**MERCENARY** (mâr'sinéri), adj. Mercenário; venal; s. pessoa mercenária; interesseira.
**MERCER** (mâr'sâr), s. Negociante de quinquilharias, de fazendas, de sedas.
**MERCERIZATION** (mârsârizêi'shânn), s. Mercerização.
**MERCERIZE** (mâr'sâráiz), v. t. Mercerizar.
**MERCHANDISE** (mâr'tshândáiz), s. Mercadoria(s); v. t. negociar; comerciar.
**MERCHANT** (mâr'tshânt), s. Negociante; comerciante; adj. mercantil; comercial.
**MERCHANTMAN** (mâr'tshântmânn), s. Navio mercante.
**MERCIFUL** (mâr'siful), adj. Misericordioso; clemente; compassivo; humano.
**MERCIFULNESS** (mâr'sifulnéss), s. Misericórdia; clemência; compaixão.
**MERCILESS** (mâr'siléss), adj. Impiedoso.
**MERCILESSNESS** (mâr'silésnéss), s. Crueldade; desumanidade.
**MERCURY** (mâr'kiuri), s. Mercúrio; (Astron.) Mercúrio (planeta); mercurial (planta).
**MERCY** (mâr'si), s. Mercê; clemência.
**MERE** (mir), adj. Mero; simples; puro; s. pântano; lagoa; tanque; marco; limite.
**MERELY** (mir'li), adv. Meramente.
**MERETRICIOUS** (méretri'shâss), adj. Meretrício; de meretriz; reles; libertino; sórdido.
**MERGANSER** (márghén'sâr), s. Merganso (ave de rapina).
**MERGE** (mârdj), v. t. e i. Amalgamar; unir; fundir; derreter-se; apagar-se.
**MERIDIAN** (meri'diânn), adj. Meridiano; do meio-dia; s. ponto culminante; zênite.
**MERIDIONAL** (mari'diânal), adj. e s. Meridional.
**MERINGUE** (mâré'nn), s. Merengue (doce).
**MERIT** (mé'rit), s. Mérito; merecimento; recompensa; prêmio; v. t. merecer.
**MERITORIOUS** (méritôu'riâss), adj. Meritório.
**MERITORIOUSNESS** (méritôu'riâsnéss), s. Mérito; merecimento.
**MERLE** (mârl), s. Melro (pássaro).
**MERLIN** (mâr'linn), s. Esmerilhão (ave).
**MERMAID** (mâr'mêid), s. Sereia.
**MERMAN** (mâr'mânn), s. Tritão.
**MERRY** (mé'ri), adj. Alegre; engraçado.
**MERRYMAKING** (mé'ri-mêi'kinn), s. Festa; folguedo; divertimento.
**MESH** (mésh), s. Malha de rede, peneira, etc.; v. t. apanhar em rede; enlaçar.
**MESHY** (mé'shi), adj. Reticulado; de malhas.
**MESMERISM** (més'marizm), s. Mesmerismo.
**MESMERIZE** (més'maráiz), v. i. Hipnotizar.
**MESMERIZER** (més'mâraizár), s. Magnetizador.
**MESNE** (minn), adj. (Jur.) Médio; mediano.
**MESS** (méss), s. Prato, comida; iguaria; porção; ração; rancho, embrulhada; dificuldades; v. t. sujar; enxovalhar; dar de comer; confundir; v. i. arranchar; intrometer-se.
**MESSAGE** (mé'sâdji), s. Mensagem; comunicação; embaixada.
**MESSENGER** (mé'sendjâr), s. Mensageiro; precursor; núncio; (Mec.) cadeia sem fim.
**MESSINESS** (més'néss), s. Desordem.
**MESSUAGE** (mé'suidj), s. Habitação completa (com dependências e terras anexas).
**MESSY** (mé'si), adj. Desordenado; desarranjado; em desordem; atravancado.
**METABOLISM** (meté'bolizm), s. Metabolismo.
**METACENTER, METACENTRE** (métâssén'târ), s. Metacentro.
**METAL** (mé'tâl), s. Metal; liga; substância; cascalho; pl. trilhos de estrada de ferro; v. t. cobrir ou revestir de metal; balastrar (estrada de ferro); macadamizar (rodovias).
**METALIZE** (mé'tâláiz), v. t. Metalizar; tornar metálico; vulcanizar (borracha).
**METALLED** (mé'tâld), adj. Revestido de metal.
**METALLURGY** (mé'tâlârdji), s. Metalurgia.
**METALWARE** (mé'tâl-uer), s. Artigo de metal.
**METALWORK** (mé'tâl-uórk), s. Trabalho em metal; v. i. trabalhar em metal.
**METAPHOR** (mé'tâfâr), s. Metáfora.
**METAPLASM** (mé'tâplézm), s. Metaplasmo.
**METE** (mit), v. t. Distribuir; repartir.
**METEOR** (mi'tiór), s. Meteoro.
**METEOROLOGY** (mitiorô'lodji), s. Meteorologia.
**METER, METRE** (mi'târ), s. Metro; medidor.
**METHOD** (mé'thâd), s. Método; regra; ordem; modo; maneira; execução; técnica musical.
**METHODIC** (méthô'dik) ou **METHODICAL** (méthô'dikâl), adj. Metódico; racional.
**METHODISM** (mé'thâdizm), s. Método; Metodismo (seita religiosa).
**METHODIST** (mé'thâdizt), s. Metodista.
**METHODIZE** (mé'thâdáiz), v. t. Metodizar.
**METICULOUS** (meti'kiuláss), adj. Meticuloso.
**METONIMY** (metô'nim), s. Metonímia.
**METRIC** (mé'trik) ou **METRICAL** (mé'trikâl), adj. Métrico.
**METRIFY** (mi'trifái), v. t. Metrificar.
**METTLE** (mét'l), s. Valor; coragem.

**METTLED** (mé'tld), adj. Vivo; fogoso; ousado.
**MEW** (miu'), v. i. Miar; engaiolar; s. gaivota; gaiola grande; miado; pl. estrebaria.
**MEWING** (miu'inn), s. Mio, miado.
**MEWL** (miul), v. i. Choramingar; lamentar-se; s. choro de criança.
**MEWLING** (miu'linn), s. Lamúria; vagido.
**MEXICAN** (mék'sikånn), adj. e s. Mexicano.
**MI** (mi), s. (Mús.) Mi.
**MICROBE** (mái'krôub), s. Micróbio.
**MICROCEPHALOUS** (máikrossé'fálâss), adj. e s. Microcéfalo.
**MICROSCOPE** (mái'kroskôup), s. Microscópio.
**MID** (mid), adj. Meio, médio.
**MIDDAY** (mid'dâi), s. Meio-dia.
**MIDDLE** (mid'l), adj. Do meio, central; mediano; s. meio; intervalo, coração; cintura.
**MIDDLING** (mi'dlinn), adj. Médio; regular.
**MIDGE** (midj), s. Mosquito-pólvora; anão.
**MIDLAND** (mid'lénd), adj. Central; s. a parte central de um país.
**MIDNIGHT** (mid'náit), s. Meia-noite; adj. escuro; oculto; secreto.
**MIDSHIPMAN** (mid'shipmaen), s. Guarda-marinha.
**MIDST** (midst), . Meio, centro; âmago; adv. no meio, entre; prep. no meio de, dentre.
**MIDSUMMER** (mid'sâmâr), s. Solstício do verão.
**MIDWAY** (mid'uêi), s. Meio do caminho; adj. situado no meio do caminho.
**MIDWIFE** (mid'uáif), s. Parteira; v. i. partejar.
**MIDWIFERY** (mid'uáifâri), s. Obstetrícia.
**MIEN** (min), s. Gesto; ar; garbo; feição.
**MIFF** (mif), s. Mau-humor.
**MIG, MIGG** (mig), s. Bola de gude.
**MIGHT** (máit), pret. de *may;* s. Poder; força.
**MIGHTINESS** (máit'néss), s. Poder, poderio.
**MIGHTY** (mái'ti), adj. Forte; poderoso; eficaz.
**MIGRATE** (mái'grêit), v. i. Emigrar; migrar.
**MIGRATION** (máigrêi'shânn), s. Migração.
**MIGRATORY** (mái'grâtôuri), adj. Migratório.
**MILCH** (miltsh), adj. Lácteo, de leite.
**MILD** (máild), adj. Suave, doce, brando; meigo; macio; indulgente; compassivo.
**MILDEW** (mil'diu), s. Mídio; ferrugem da seara; nigela (parasita).
**MILDNESS** (maild'néss), s. Brandura.
**MILEAGE** (mái'lidj), s. Comprimento; percurso ou distância em milhas.
**MILESTONE** (mail'stôunn), s. Marco miliário.
**MILITANCY** (mi'litânsi, s. Militança.
**MILITANT** (mi'litânt), adj. Militante.

**MILITARISM** (mi'litârizm), s. Militarismo.
**MILITARY** (mi'litéri), adj. Militar; bélico; marcial; s. os miitares; o exército.
**MILITATE** (mi'litêit), v. i. Militar; contender.
**MILK** (milk), s. Leite; suco leitoso; v. t. e i. mungir; ordenhar; mamar.
**MILKER** (mil'kår), s. Ordenhador.
**MILKINESS** (mi'kinéss), s. Natureza láctea; doçura; ternura; suavidade.
**MILKING** (mi'kinn), s. Mungidura.
**MILKMAID** (milk'mêid), s. Leiteira.
**MILKY** (mil'ki), adj. Lácteo; suave; doce.
**MILL** (mil), s. Moinho; manufatura; fiação; oficina; '(fam.) pugilato; milésimo do dólar; v. t. moer; triturar; pisoar; pisar.
**MILLED** (mild), adj. Pisado; socado.
**MILLENARY** (mi'linéri) ou **MILLENARIAN** (milinêi'riânn), adj. e s. Milenário.
**MILLER** (mi'lâr), s. Moleiro; máquina de moer.
**MILLIGRAM** (mi'ligrémm), s. Miligrama.
**MILLIMITER, MILLIMETRE** (mi'limitâr), s. Milímetro.
**MILLINER** (mi'linâr), s. Chapeleira.
**MILLING** (mi'linn), s. Moagem.
**MILLION** (mi'liânn), s. Milhão.
**MILLIONTH** (mi'liânth), adj. e s. Milionésimo.
**MILLSTONE** (mil'stôunn), s. Mó de moinho.
**MILORD** (milór'd), s. Nobre inglês.
**MILT** (milt), s. Ova de peixe; baço; v. t. fecundar (as ovas); adj. macho (dos peixes).
**MIME** (máimm), v. t. e i. Fazer mímica; gesticular; s. mimo; farsa; bobo.
**MIMIC** (mi'mik), v. t. Arremedar; exprimir por mímica; adj. mímico; burlesco.
**MIMICRY** (mi'mikri), s. Mímica; pantomima.
**MINATORY** (mi'nâtôuri), adj. Ameaçador.
**MINCE** (minss), v. t. Espedaçar; cortar em pedaços miúdos; atenuar; adoçar; v. i. pronunciar, ou andar de modo afetado.
**MINCEMEAT** (minss'mit), s. Picadinho (carne).
**MIND** (máind), s. Mente; cérebro; alma; ânimo; gosto; opinião; vontade; lembrança; memória. *With one mind:* unanimemente; v. t. e i. prestar atenção a; notar; considerar; desconfiar de; estar alerta; ter a gentileza de. *Never mind!:* não tem importância!.
**MINDED** (máin'did), adj. Propenso; inclinado.
**MINDFUL** (máind'ful), adj. Atento; cuidadoso.
**MINDFULNESS** (máind'fulnéss), s. Cuidado.
**MINDLESS** (máind'léss), adj. Descuidado.
**MINE** (mainn), pron. poss. Meu, minha; meus; minhas; v. t. e i. minar; destruir; explorar

(minas); s. mina; manancial de riquezas; preciosidade.
**MINER** (mái'nâr), s. Mineiro; sapador.
**MINERAL** (mi'nârâl), adj. e s. Mineral.
**MINERALIZATION** (minârâlizêi'shânn), s. Mineralização.
**MINERALOGY** (minâré'lodji), s. Mineralogia.
**MINGLE** (ming'l), v. t. e i. Misturar; juntar.
**MINGLED** (mingl'd), adj. Misturado; confuso.
**MINGLING** (min'glinn), s. Mistura; mixórdia.
**MINGY** (min'dji), adj. (fam.) Sovina.
**MINIFAY** (mi'nifái), v. t. Diminuir; reduzir.
**MINIM** (mi'nimm), s. O mais diminuto; o mínimo; partícula; nada; (Mús.) mínima; adj. mínimo; minúsculo.
**MINIMAL** (mi'nimâl), adj. Mínimo; o menor.
**MINIMIZE** (mi'nimáiz), v. t. Diminuir; encurtar; menosprezar.
**MINION** (mi'niânn), s. Valido; favorito; adj. delicado; esquisito.
**MINISH** (mi'nish), v. t. Diminuir; encurtar.
**MINISTER** (mi'nistâr), s. Ministro; sacerdote; v. t. ministrar; dar; v. i. atender; oficiar.
**MINISTERIAL** (ministi'riâl), adj. Ministerial.
**MINISTRATION** (ministrêi'shânn), s. Ministério; funções eclesiásticas; comissão.
**MINISTRI** (mi'nistri), s. Ministério; clero.
**MINK** (mink), s. Marta; lontra; a pele dele.
**MINOR** (mái'nâr), adj. Menor; secundário; inferior; s. pessoa de menor idade, menor.
**MINORITY** (minó'riti), s. Menoridade.
**MINSTER** (mins'târ), s. Mosteiro; catedral.
**MINSTREL** (mins'trél), s. Menestrel; bardo.
**MINT** (mint), s. Casa da moeda; fábrica, mina; fonte de fabricação ou invenção; v. t. cunhar moeda; inventar; forjar.
**MINTER** (min'târ), s. Moedeiro; inventor.
**MINUSCULE** (minâsk'ul), adj. Minúsculo; s. letra minúscula.
**MINUTE** (mi'nit), s. Minuto; momento; nota; registro; pl. minutas; atas; v. t. minutar; adj. miúdo; diminuto; minúsculo; exato.
**MINUTENESS** (miniu'néss), s. Miudeza; minudência; exigüidade; exatidão minuciosa.
**MINY** (mái'ni), adj. Rico em minas; de minas.
**MIRACLE** (mi'râkl), s. Milagre; maravilha.
**MIRACULOUS** (miré'kiulâss), adj. Miraculoso.
**MIRACULOUSNESS** (miré'kiulâsnéss), s. Milagre; o extraordinário; o sobrenatural.
**MIRAGE** (mirâ'j), s. Miragem; ilusão.
**MIRE** (máir), s. Atoleiro; lama; lodo; v. t. e i. atolar-se no lodo; enlamear.
**MIRINESS** (mái'rinéss), s. Lodo; sujidade.

**MIROR** (mi'rêr), s. Espelho; exemplo; ensinamento; modelo; v. t. espelhar; refletir.
**MIRTH** (mârth), s. Alegria; regozijo.
**MIRTHFUL** (mârth'ful), adj. Alegre; jovial.
**MIRTHFULNESS** (mârth'fulnéss), s. Alegria.
**MIRTHLESS** (mârth'léss), adj. Triste.
**MIRY** (mái'ri), adj. Lodoso; lamacento.
**MISADVENTURE** (missédvén'tshur), s. Infortúnio; desgraça.
**MISALLIANCE** (misséiláí'ânss), s. Casamento desigual; união imprópria.
**MISALLY** (miss'éláí), v. t. Casar mal.
**MISAPPLICATION** (misséplikéi'shânn), s. Mau emprego; falsa aplicação.
**MISAPPLY** (misséplá'i), v. i. Aplicar mal.
**MISAPPREHEND** (missépri-hén'd), v. t. Compreender mal; enganar-se; não perceber.
**MISAPPREHENSION** (missépri-hén'shânn), s. Má compreensão; engano; erro.
**MISAPPROPRIATION** (misséprôupriêi'shânn), s. Apropriação indébita; sonegamento.
**MISBECOME** (miss'bikâmm), v. t. Ficar mal a.
**MISBEGOTTEN** (miss'bigotn) ou **MISBEGOT** (miss'bigót), adj. Bastardo; ilegítimo.
**MISBEHAVE** (misbihéi'v), v. t. Conduzir mal; v. i. portar-se, conduzir-se mal.
**MISBEAUVIOUR** (misbihéi'viâr), s. Mau comportamento; mau porte; descortesia.
**MISBELIEF** (misbili'f), s. Falsa crença; erro.
**MISBELIEVER** (misbili'vâr), s. Incrédulo.
**MISCALCULATE** (miskêl'kiulêit), v. t. Calcular mal.
**MISCALCULATION** (miskêlkiulêi'shânn), s. Cálculo errado; conta errada.
**MISCALL** (mis'kôl), v. t. Dar nome errado ou injurioso; s. difamar; ofender.
**MISCARRIAGE** (miské'ridj), s. Mau sucesso; aborto; má administração; falência.
**MISCARRY** (miské'ri), v. i. Falhar; malograr.
**MISCELLANEOUS** (misselêi'niâss), adj. Misturado; misto; variado.
**MISCELLANY** (mi'sêlâni), s. Miscelânea.
**MISCHANCE** (mistshén'ss), s. Infortúnio; desgraça; malogro; v. i. sobrevir desgraça.
**MISCHARGE** (mistshár'd), v. t. Lançar uma quantia indevidamente; s. erro de preço.
**MISCHIEF** (mis'tshif), s. Mal; prejuízo.
**MISCHIEVOUS** (mis'tshivâss), adj. Malévolo; nocivo; peralta; desordeiro.
**MISCHIEVOUSNESS** (mis'tshivâsnéss), s. Malícia; maldade; travessura.
**MISCONCEPTION** (miskânsép'shânn), s. Opinião falsa; idéia errônea.

**MISCONDUCT** (miskóndâk't), v. t. e i. Conduzir, conduzir-se mal; s. mau procedimento.
**MISCONSTRUCTION** (miskónstrâk'shânn), s. Interpretação errônea; contra-senso.
**MISCONSTRUE** (miskónstru'), v. t. Interpretar mal; desnaturar.
**MISCOUNTING** (miskáun'tinn), s. Engano.
**MISCREANT** (mis'kriânt), s. Celerado; miserável; canalha; adj. perverso; vil.
**MISDEED** (misdi'd), s. Delito; má ação.
**MISDEEM** (misdi'mm), v. t. Julgar mal.
**MISDEMEANOUR** (misdimi'når), s. Delito; ofensa; crime; mau procedimento.
**MISDIRECTION** (misdirék'shânn), s. Má direção; erro judicial.
**MISDO** (misdu'), v. t. e i. Fazer mal; errar.
**MISDOER** (misdu'år), s. Delinqüente.
**MISDOING** (misdu'in), s. Falta; culpa; erro.
**MISER** (mái'zâr), s. Usurário; avarento.
**MISERABLE** (mi'zârâbl), adj. Infeliz; desditoso; s. miserável; indigente; desgraçado.
**MISERABLENESS** (mi'zârâblnéss), s. Desgraça; infelicidade; desventura.
**MISERLY** (mái'zârli), adj. Avaro; avarento.
**MISERY** (mi'zâri), s. Miséria; desdita.
**MISFAITH** (misféi'th), s. Falta de fé; incredulidade; desconfiança; descrença.
**MISFEASANCE** (misfi'zânss), s. (Jur.) Infração; transgressão; dano.
**MISFIT** (misfi't), v. t. Ajustar, encaixar mal.
**MISFORTUNE** (misfôr'tshunn), s. Infortúnio; desventura; desgraça; revés.
**MISGIVE** (misghi'v), v. t. e i. Inspirar receios a; estar receoso.
**MISGIVING** (misghi'vinn), s. Apreensão; pressentimento; dúvida; desconfiança.
**MISGOTTEN** (misgót'n), adj. Mal adquirido.
**MISGOVERN** (misgâ'vârn), v. t. Desgovernar.
**MISGOVERNMENT** (misgâ'vârnment), s. Mau governo; desbarato; esbanjamento.
**MISGUIDANCE** (misgái'dânss), s. Falsa direção; desvio; erro.
**MISGUIDE** (misgái'd), v. t. Guiar, dirigir mal.
**MISGHIDED** (misgái'did), adj. Desencaminhado.
**MISHANDLE** (mis-hénd'l), v. t. Manejar, dirigir; tratar mal.
**MISHAP** (mis-hé'p), s. Desgraça; infortúnio.
**MISHAPPEN** (mis-hép'n), v. i. Ter mau êxito.
**MISINFORMATION** (missinfórmêi'shânn), s. Informação errônea ou falsa.
**MISINTERPRET** (missintâr'prét), v. t. Interpretar mal; desvirtuar.

**MISJUDGE** (misdjâ'dj), v. t. e i. Julgar mal.
**MISJUDGEMENT, MISJUDGMENT** (misdjâdj'ment), s. Juízo falso; opinião errônea.
**MISKNOW** (miss'nôu), v. t. Desconhecer.
**MISLAY** (mislê'i), v. t. Deslocar; colocar mal.
**MISLEAD** (misli'd), v. t. Desencaminhar; extraviar; guiar mal; induzir em erro.
**MISLED** (mislê'd), adj. Desencaminhado.
**MISMANAGE** (mismê'nâdj), v. t. Conduzir, gerir, administrar mal.
**MISPLACE** (misplêi'ss), v. t. Colocar mal; pôr fora do lugar devido; extraviar.
**MISPLACEMENT** (misplêis'ment), s. Má colocação; desarticulação; afastamento.
**MISPRINT** (misprin't), v. t. Imprimir mal; s. erro tipográfico.
**MISPRISION** (mispri'jânn), s. (Jur.) Conivência; cumplicidade; desprezo.
**MISPRONOUNCE** (mispronáun'ss), v. t. e i. Pronunciar mal.
**MISPRONOUNCIATION** (mispronánsiêi'shânn), s. Pronúncia má ou incorreta.
**MISQUOTE** (miskuô't), v. t. Fazer citação errada; alegar falsamente.
**MISREAD** (misri'd), v. t. Ler ou interpretar mal.
**MISREPORT** (misripôur't), v. t. Referir inexatamente; s. informação errada.
**MISREPRESENT** (misréprizén't), v. t. Representar mal; deturpar; adulterar.
**MISREPRESENTATION** (misréprizéntêi'shânn), s. Falsidade, narração falsa.
**MISRULE** (misru'l), v. t. e i. Desgovernar; s. desgoverno, desordem; confusão; tirania.
**MISS** (miss), v. t. e i. Falhar; errar; deixar de fazer; perder (trem, ônibus, bonde, espetáculo); passar bem; sentir a falta de. *To miss out:* passar por alto; s. perda; falta; erro; menina; jovem; mulher solteira.
**MISSHAPE** (mis'shêip), v. t. Desfigurar.
**MISSHAPEN** (mis'shêipn), adj. Disforme.
**MISSING** (mi'sinn), adj. Desaparecido.
**MISSION** (mi'shânn), s. Missão; destino; estabelecimento missionário; objetivo.
**MISSIONARY** (mi'shânéri), adj. e s. Missionário; das missões.
**MISSIONER** (mi'shânâr), s. Missionário; enviado.
**MISSIVE** (mi'siv), s. Missiva; carta; mensageiro; adj. missivo.
**MISSPEND** (mi-spén'd), v. t. Gastar mal.
**MISSTATE** (mis-stêi7t), v. t. Expor mal; relatar inexatamente.

**MISSTATEMENT** (mis-stêit'ment), s. Informação errônea; narração falsa.
**MISSUIT** (missiu't), v. t. Adaptar mal.
**MISSY** (mi'si), adj. Sentimental; afetado; s. diminutivo de *miss;* menina.
**MIST** (mist), s. Neblina; névoa; nevoeiro.
**MISTAKE** (mistêi'k), v. t. e i. Compreender mal; equivocar-se; s. engano; erro.
**MISTAKEN** (mistêik'n), part. pass. de *mistake:* adj. Errado; errôneo; enganado.
**MISTER** (mis'târ), s. Senhor (escreve-se sempre em forma abreviada: *Mr.).*
**MISTINESS** (mis'tinéss), s. Cerração; tempo encoberto; obscuridade.
**MISTRANSLATION** (mistranslêi'shânn), s. Tradução incorreta.
**MISTREAT** (mis'trit), v. t. Maltratar.
**MISTRESS** (mis'tréss), s. Mestra; preceptora; ama; patroa; proprietária; amada; amante; s. senhora casada, dona (escreve-se sempre em forma abrev. *Mrs.).*
**MISTRUST** (mistrâs't), v. t. Desconfiar.
**MISTRUSTFULNESS** (mistrâst'fulnéss), s. Desconfiança; receio.
**MISTY** (mis'ti), adj. Enevoado; obscuro.
**MISUNDERSTAND** (missândârstén'd), v. t. Compreender mal; equivocar-se.
**MISUNDERSTANDING** (missândârstén'dinn), s. Mal-entendido; equívoco.
**MISUSE** (missiu'z), s. Abuso; maltrato; aplicação errônea; v. t. abusar de; maltratar.
**MITE** (máit), s. Gusano; pequeno óbolo.
**MITER, MITRE** (mái'târ), s. Mitra.
**MITIGATE** (mi'tighêit), v. t. Mitigar.
**MITIGATION** (mitighêi'shânn), s. Mitigação.
**MITTEN** (mit'n), s. Mitene (tipo de luva).
**MIX** (miks), v. t. e i. Misturar(-se); embaralhar; confundir(-se); juntar-se a.
**MIXED** (miks't), s. Misturado; misto.
**MIXER** (mik'sâr), s. Misturador; batedor.
**MIXTURE** (miks'tshur), s. Mistura; mescla.
**MISMAZE** (miz'mêiss), s. Dédalo; labirinto.
**MIZZEN** (miz'n), s. (Náut.) Mezena.
**MIZZLE** (miz'l), v. i. Chuviscar; confundir.
**MOAN** (môunn), v. t. e i. Gemer; lamentar-se.
**MOANFUL** (môun'ful), adj. Lamentoso.
**MOAT** (môut), *s.* Fosso.
**MOB** (mób), v. t. Amotinar; escaramuçar; s. motim; turba; populaça; a ralé.
**MOBILE** (môu'bil), adj. Movediço; volúvel.
**MOBILITY** (môubi'liti), s. Mobilidade.
**MOBILIZATION** (môubilizêi'shânn), s. Mobilização.
**MOBILIZE** (môu'bilâiz), v. t. e i. Mobilizar.
**MOBSMAN** (móbs'maen), s. Gatuno; vigarista.
**MOCK** (mók), v. t. e i. Zombar; ridicularizar; imitar; censurar; adj. burlesco; fingido.
**MOCKER** (mó'kâr), s. Escarnecedor.
**MOCKERY** (mó'kâri), s. Escárnio; zombaria.
**MOCKING** (mó'kinn), s. Zombaria; troça.
**MODALITY** (modé'liti), s. Modalidade.
**MODE** (môud), s. Modo, maneira; processo; método; uso; estilo; graduação; grau.
**MODEL** (mód'l), s. Modelo; amostra; norma; desenho; figurino; modelo; manequim; padrão; exemplo, v. t. e i. modelar; fazer molde; soldar; tornear; servir de modelo.
**MODELLER** (mó'delâr), s. Modelador.
**MODELLING** (mó'delinn), s. Modelação.
**MODERATE** (mó'dârêit), v. t. Moderar; acalmar; v. i. acalmar-se; conter-se; adj. moderado; regular; medíocre; calmo; sóbrio; parco; módico; de baixo preço.
**MODERATENESS** (mó'dâritnéss), s. Moderação; mediocridade.
**MODERATION** (módârêi'shânn), s. Moderação; temperança; calma; frugalidade.
**MODERN** (mó'dârn), adj. e s. Moderno.
**MODERNISM** (mó'dârnizm), s. Modernismo.
**MODERNITY** (módâr'niti), s. Novidade; modernidade; modernice.
**MODEST** (mó'dest), adj. Modesto; moderado.
**MODESTY** (mó'desti), s. Modéstia; recato.
**MODIFICATION** (módifikêi'shânn), s. Modificação.
**MODIFY** (mó'difái), v. t. Modificar; variar.
**MODULATE** (mó'diulêit), v. t., e i. Modular; temperar; regular; variar de tom.
**MODULATION** (módiulêi'shânn), s. Modulação; suavidade.
**MODULE** (môu'djiúl'), s. Módulo.
**MOIETY** (mói'iti), s. Metade; pequena porção.
**MOIL** (móil), v. i. Mourejar; labutar; afanar-se; inquietar-se; s. confusão; labuta; faina.
**MOIST** (móist), adj. Úmido; suculento.
**MOISTEN** (móist'n), v. t. Umedecer.
**MOISTNESS** (móist'néss), s. Umidade; suco.
**MOLE** (môul), s. Verruga; pinta; sinal; molhe; dique.
**MOLECULAR** (môulê'kiulâr), adj. Molecular.
**MOLECULE** (mó'lekiul), s. Molécula.
**MOLEST** (molés't), v. t. Molestar; incomodar.
**MOLESTATION** (molestêi'shânn), s. Incômodo; estorvo; opressão.
**MOLLIFICATION** (mólifikêi'shânn), s. Amolecimento; mitigação.

**MOLLIFIER** (mó'lifáiår), s. Calmante.
**MOLLIFY** (mó'lifái), v. t. Abrandar; suavizar.
**MOLLUSK, MOLLUSC** (mó'låsk), s. Molusco.
**MOLLY** (mó'li), s. Homem efeminado.
**MOLTEN** (móult'n), adj. Fundido; derretido.
**MOMENT** (môu'mént), s. Momento; instante; importância; peso; gravidade.
**MOMENTARILY** (môumen'tårili), adv. Momentaneamente; iminentemente.
**MOMENTARY** (môu'mentéri), adj. Momentâneo.
**MOMENTOUS** (môu'mentåss), adj. Momentoso; importante; solene; crítico.
**MOMENTOUSNESS** (môu'mentåsnéss), s. Gravidade; importância.
**MONARCH** (mó'nårk), s. Monarca; rei.
**MONARCHISM** (mó'nårkizm), s. Monarquismo.
**MONARCHY** (mó'nårki), s. Monarquia.
**MONASTERY** (mó'nåstéri), s. Mosteiro.
**MONASTICISM** (monés'tissizm), s. Monasticismo; vida monástica; ascetismo.
**MONAZITE** (môu'nazáit), s. Monazita.
**MONDAY** (mân'dêi), s. Segunda-feira.
**MONEY** (mâ'ni), s. Dinheiro, moeda; numerário; riqueza; caudal. *To make money:* ganhar dinheiro; v. t. cunhar moedas; converter em dinheiro.
**MONEYBAG** (mâni'bég), s. Bolsa de dinheiro; pl. (pop.) riqueza; ricaço.
**MONEYED** (mâ'nid), adj. Endinheirado.
**MONEYLESS** (mâ'niléss), adj. Sem dinheiro.
**MONGER** (mân'gâr), s. Negociante.
**MONGREL** (mân'grél), adj. e s. Mulato.
**MONITION** (môuni'shânn), s. Admoestação; advertência; conselho; aviso.
**MONITOR** (mó'nitâr), s. Monitor; instrutor.
**MONITORY** (mó'nitâri), adj. Monitório.
**MONK** (mânk), s. Monge, frade.
**MONKERY** (mân'kâri), s. Vida monástica.
**MONKEY** (mân'ki), s. Macaco; símio; bugio.
**MONODY** (mó'nodi), s. Monodia; canto fúnebre; elegia.
**MONOGRAM** (môno'graem), s. Monograma.
**MONOLOGUE** (mó'nálóg), s. Monólogo.
**MONOPOLIZE** (monó'poláiz), v. t. Monopolizar.
**MONOPOLY** (monó'poli), s. Monopólio.
**MONOSYLLABIC** (monossilé'bik), adj. Monossilábico; lacônico.
**MONOTONE** (mô'notôunn) ou **MONOTONY** (monó'tâni), s. Monotonia.
**MONOTONOUS** (monó'tânåss), adj. Monótono.

**MONSTER** (môns'tår) ou **MONSTROUS** (môns'trâss), s. Monstro; adj. monstruoso; disforme; prodigioso; formidável.
**MONSTRANCE** (móns'trânss), s. Custódia (receptáculo da hóstia).
**MONSTROSITY** (mônstró'siti) ou **MONSTROUSNESS** (móns'trâsnéss), s. Monstruosidade.
**MONTH** (mânth), s. Mês.
**MONTHLY** (mân'thli), adj. Mensal; publicação mensal; menstruação.
**MONUMENT** (mó'niumént), s. Monumento; marco, sinal de divisa; lápide sepulcral.
**MONUMENTAL** (móniumén'tål), adj. Monumental; grandioso; descomunal.
**MOO** (mu), v. i. Mugir; s. mugido.
**MOOCH** (mu'tsh, v. i. Vaguear; errar.
**MOOD** (mud), s. Ânimo; humor; modo; tom; temperamento; capricho; modo gramatical.
**MOODINESS** (mu'dinéss), s. Capricho; extravagância; tristeza.
**MOODY** (mu'di), adj. Triste; taciturno.
**MOON** (munn), s. Lua; mês lunar; v. t. vaguear; andar distraidamente.
**MOONLIGHT** (mun'láit), s. Luar; adj. iluminado pela Lua.
**MOONSHINE** (mun'sháinn), s. Luar; disparate; desatino; álcool; aguardente.
**MOONY** (mu'ni), adj. Enluarado; simples; claro; s. lunático; simplório; parvo.
**MOOR** (mur), v. t. e i. Amarrar; ancorar; atracar; s. charco; paul; pântano.
**MOORING** (mu'rinn), s. Ancoragem.
**MOORISH** (mu'rish), adj. Pantanoso; Mouro.
**MOOSE** (muss), s. (Zool.) Alce.
**MOOT** (mut), v. t. Debater; s. discussão.
**MOP** (móp), v. t. Esfregar o soalho com lambaz; v. i. fazer caretas; s. lambaz; esfregão; careta; carantonha.
**MOPBOARD** (mop'bôurd), s. Rodapé de parede (EUA).
**MOPE** (môup), v. t. e i. Atordoar; aparvalhar; aobrrecer; s. pessoa atoleimada.
**MOPISH** (môu'pish), adj. Embasbacado.
**MOPISHNESS** (môu'pishnéss), s. Estupidez; parvoíce; tristeza; enfado.
**MORAL** (mô'rål), adj. Moral; ético; casto; digno; s. moralidade; pl. costumes.
**MORALISM** (mô'rålizm), s. Moralismo; religiosidade.
**MORALIZATION** (mórålizêi'shânn), s. Moralização.
**MORALIZE** (mô'råláiz), v. t. e i. Moralizar.

**MORALIZER** (mó'rálàizâr), s. Moralizador.
**MORASS** (moré'ss), s. Pântano; paul.
**MORBID** (môr'bid), adj. Mórbido; insalubre.
**MORBIDNESS** (môr'bidnéss), s. Morbidez.
**MORE** (môur), adv. Mais, em maior número; além de; adj. (compar. de *much, many*) e s.: adicional, extra, mais; em maior quantidade.
**MOREOVER** (môur'òuvâr), adv. Além disso.
**MORIBUND** (mô'ribând), adj. e s. Moribundo.
**MORNING** (môr'ninn), s. Manhã; adj. matutino; da manhã.
**MOROSE** (morôu'ss), adj. Melancólico; sombrio; austero; casmurro; bronco; arisco.
**MOROSENESS** (morôus'néss), s. Enfado; mau humor; caráter caprichoso.
**MORPHIA** (môr'fiâ), s. Morfina.
**MORPHOLOGY** (môrfó'lodji), s. Morfologia.
**MORROW** (mô'rôu), adj. Seguinte, imediato (dia); s. amanhã.
**MORSE** (mórss), s. Morsa (mamífero); código sistema telegráfico de Morse.
**MORSEL** (môr'sel), s. Bocado (de comida).
**MORT** (mórt), s. Salmão de três anos.
**MORTAL** (môr'tâl), adj. Mortal; violento, fatal.
**MORTALITY** (môrté'liti), s. Mortalidade.
**MORTAR** (môr'târ), s. Almofariz; gral; morteiro (fogo de artifício); cimento; reboco.
**MORTGAGE** (môr'ghidj), s. Hipoteca.
**MORTIFEROUS** (môrti'fâráss), adj. Mortífero.
**MORTIFICATION** (mortifikêi'shânn), s. Mortificação.
**MORTIFY** (môr'tifái), v. t. e i. Mortificar; atormentar; subjugar; gangrenar-se.
**MORTISE** (môr'tiss), v. t. Embutir; encaixar; s. encaixo (na madeira); (fig.) firme a.
**MORTMAIN** (môrt'mêinn), s. (Jur.) Mão-morta; amortização.
**MORTUARY** (môr'tshuâri), adj. Mortuário; s. necrotério.
**MOSAIC** (mozéi'k), adj. e s. Mosaico; de Moisés.
**MOSLEM** (móz'lemm), adj. e s. Muçulmano.
**MOSQUE** (mósk), s. Mesquita.
**MOSS** (móss), s. Musgo; espuma; charco.
**MOSSY** (mó'si), adj. Musgoso.
**MOST** (môust), adj. O mais, o maior número; tamanho; extensão; grau (superl. de *much, many*); adv. extremamente; s. o principal.
**MOSTLY** (môus'tli), adv. O mais das vezes.
**MOTE** (môut), s. Átomo; corpúsculo; ponto.
**MOTEL** (môu'tel), s. Hotel a beira de estrada.
**MOTH** (móth), s. Traça; mariposa.

**MOTHER** (mâ'dhâr), s. Mãe; progenitora; madre; matriz; sogra; causa determinante; origem; adj. materno; natural; nacional; metropolitano; v. t. adotar; perfilhar.
**MOTHERHOOD** (mâ'dhâr-hud), s. Maternidade.
**MOTHERLAND** (mâ'thâr-laend), s. Pátria.
**MOTHERLESS** (mâ'dhârléss), adj. Órfão de mãe.
**MOTHERLINESS** (mâ'dhârlinéss), s. Maternidade; carinhos; cuidados maternais.
**MOTIF** (môuti'f), s. Motivo; assunto.
**MOTION** (môu'shânn), s. Movimento; gesto; sinal; moção; proposta formal; impulso; função; v. t. e i. acenar; aconselhar.
**MOTIONLESS** (môu'shânléss), adj. Imóvel; parado; pasmado; estupefato.
**MOTIVE** (môu'tiv), adj. Motriz; motor; movente; impulsor; s. motivo; causa; impulso; v. t. atuar como móvel de; causar.
**MOTLEY** (mô'tli), adj. Matizado; variegado; malhado; s. mescla de cores; traje mosqueado, de várias cores (como dos bufões).
**MOTOR** (môu'târ), s. Motor; automóvel; v. t. e i. conduzir em automóvel.
**MOTORBOAT** (môu'târ-bôut), s. Lancha a gasolina.
**MOTORCAR** (môu'târ-câr), s. Automóvel (o mesmo que *motor*).
**MOTORIST** (môu'târist), s. Motorista.
**MOTORIZE** (môutâr'ráiz), v. t. Motorizar.
**MOTORY** (môu'târi), adj. Que imprime movimento.
**MOTTLE** (mót'l), v. t. Matizar; mosquear; sarapintar; s. mancha colorida.
**MOTTLED** (mô'tld), adj. Sarapintado.
**MOULD** (môuld), s. Molde; modelo, bolor; terra vegetal; forma; natureza; v. t. moldar; modelar; traçar.
**MOUND** (máund), s. Monte; montículo (de terra); plataforma; barreira; dique; v. t. fortificar; entrincheirar; represar; aterrar.
**MOUNT** (máunt), s. Monte; morro; colina; cavalaria; sela; montaria; baluarte; fortaleza; v. t. e i. subir; elevar-se; montar; aparelhar (máquinas); cavalgar; ornamentar; somar (conta); por em cena (no teatro).
**MOUNTAIN** (máun'ten), s. Montanha; serra; monturo; massa; (fig.) imensidade; adj. montanhês; montanhoso; gigantesco.
**MOUNTAINEER** (máunteni'r), s. Montanhês.
**MOUNTAINOUS** (máun'tenâss), adj. Montanhoso; colossal; enorme.

**MOUNTANT** (máun'tânt), adj. Ascendente.
**MOUNTED** (máun'têd), adj. Montado; apontada (arma); fixado; apoiado.
**MOUNTING** (máun'tinn), s. Montagem; ato de subir.
**MOURN** (môur'n), v. t. e i. Chorar; afligir-se.
**MOURNER** (môur'nâr), s. Pranteador; o que está de luto.
**MOURNFUL** (môurn'ful), adj. Triste; melancólico; choroso; deplorável; lutuoso; funesto.
**MOURNFULNESS** (môurn'fulnéss), s. Luto; tristeza; melancolia; dó; aflição.
**MOURNING** (môur'ninn), s. Dor; lamentação; gemido; luto; adj. triste; lutuoso.
**MOUSE** (máuz), s. Rato; v. t. e i. caçar ratos.
**MOUSER** (máu'zâr), s. Animal rateiro; gato; espião; curioso.
**MOUSTACHE** (mâsté'sh), s. Bigode.
**MOUTH** (máudh), s. Boca; entrada; bico; gargalo; embocadura; foz de rio; língua; careta; lábio; v. t. mastigar; comer; v. i. falar alto; vociferar; declamar.
**MOUTHFUL** (máudh'ful), s. Bocado; pedaço; gole; trago; pequena porção; punhado.
**MOUTHPIECE** (máudh'piss), s. Bocal; embocadura; boquilha; (fig.) órgão; intérprete.
**MOUTHY** (máu'dhi), adj. Maledicente; gárrulo; loquaz; palrador.
**MOVABLE** (mu'vâbl), adj. Móvel; mudável; movediço; pl. bens móveis.
**MOVABLENESS** (mu'vâblnéss), s. Mobilidade.
**MOVE** (muv), v. t. e i. Mover(-se); impelir; transferir; transportar; persuadir; induzir; comover; agitar-se; desalojar; avançar; s. movimento; avanço; proposta; moção; lance (no jogo); golpe.
**MOVEMENT** (muv'ment), s. Movimento; impulso; marcha; ação; ato; afã; atividade.
**MOVER** (mu'vâr), s. Motor; fautor.
**MOVING** (mu'vinn), adj. Motriz; comovente; s. movimento; ação; mudança (de morada).
**MOW** (môu), v. t. e i. Ceifar; segar; s. granel; celeiro.
**MOWER** (môu'âr), s. Ceifeiro; segador.
**MOWING** (môu'inn), s. Ceifa, sega.
**MUCH** (mâtsh), adj. Muito; grande (em quantidade, importância); s. muito; porção considerável.
**MUCHNESS** (mâtsh'néss), s. Quantidade.
**MUCK** (mâk), s. Porcaria; estrume.
**MUCKY** (mâ'ki), adj. Imundo; sujo; porco.
**MUCOSITY** (miukâ'siti), s. Mucosidade.

**MUCOUS** (miu'kâss), adj. Mucoso.
**MUCUS** (miu'kâss), s. Muco; mucosidade.
**MUD** (mâd), s. Lama; lodo; v. t. e i, enlamear.
**MUDDINESS** (mâ'dinéss), s. Perturbação de espírito; turvação; sujidade.
**MUDDLE** (mâd'l), v. t. Turvar; misturar; entontecer; v. i. estar entontecido ou confuso; dissipar; s. desordem; trapalhada; fusão.
**MUDDY** (mâ'di), adj. Turvo; toldado; lamacento; lodoso; perturbado espiritualmente; v. t. enlamear; sujar; desnortear.
**MUDGUARD** (mâd'guard), s. Guarda-lama (pára-lama).
**MUFF** (mâf), s. Regalo (abrigo); pessoa desajeitada, tolo; v. t. e i. proceder ou fazer desajeitadamente.
**MUFFIN** (mâ'finn), s. Bolo leve.
**MUFFLE** (mâf'l), s. Múfula; crisol; cadinho; forno para argila; luva de pugilista; v. t. cobrir; esconder; abafar (som); v. i. resmungar; falar de maneira incompreensível.
**MUFFLER** (mâ'flâr), s. Manta; cachecol; agasalho; abafador.
**MUG** (mâg), s. Caneca; canecada.
**MUGGER** (mâ'gâr), s. Pequeno crocodilo indiano; salteador.
**MUGGINESS** (mâ'ghinéss), s. Calor úmido.
**MUGGY** (mâ'ghi), adj. Úmido; bolorento; pesado (o tempo).
**MULCH** (mâltsh), v. t. Cobrir as plantas com palha e estrume, para as proteger do frio.
**MULCT** (mâlkt), v. t. Multar; s. multa.
**MULE** (miul), s. Mula; chinelo; macho; máquina para fiar algodão; fuso mecânico.
**MULETEER** (miuliti'r), s. Almocreve; arrieiro.
**MULISH** (miu'lish), adj. Asnático, de burro; cabeçudo; obstinado; híbrido.
**MULISHNESS** (miu'lishnéss), s. Teima; obstinação; burrice; estupidez.
**MULL** (mâl), s. Musselina clara; caixa de rapé escocesa; v. t. confundir; atrapalhar.
**MULTIFARIOUS** (mâltifêi'riâss), adj. Multifário; variado; vário; diverso.
**MULTIFARIOUSNESS** (mâltifêi'riâsnéss), s. Multiplicidade; diversidade.
**MULTIFORM** (mâl'tifórm), adj. Multiforme.
**MULTIPLICATION** (mâltiplikêi'shânn), s. Multiplicação.
**MULTIPLIER** (mâl'tipláiâr), s. Multiplicador.
**MULTIPLY** (mâl'tiplái), v. t. e i. Multiplicar.
**MULTIPLYING** (mâl'tipláilinn), s. Multiplicação; adj. multiplicador.
**MULTITUDE** (mâl'titiud), s. Multidão; chusma.

**MULTITUDINOUS** (mâltiti'dinâss), adj. Numeroso; múltiplo, variado.
**MUM** (mâmm), v. i. Calar-se; disfarçar-se; interj. silêncio! caluda! adj. silencioso.
**MUMBLE** (mâmb'l), v. t. e i. Rosnar; resmungar; mascar vagarosamente.
**MUMBLER** (mâm'blâr), s. Rosnador; boateiro.
**MUMBLING** (mâm'blinn), s. Mastigação; murmuração.
**MUMMER** (mâ'mâr), s. Mascarado.
**MUMMIFICATION** (mâmifikêi'shânn), s. Mumificação.
**MUMMIFY** (mâ'mifái), v. t. Mumificar.
**MUMMY** (mâ'mi), s. Múmia.
**MUMP** (mâmp), v. t. e i. Resmungar; mendigar; enganar; lograr; comer devagar.
**MUMPER** (mâm'pâr), s. Mendigo; impostor.
**MUMPISH** (mâm'pish), adj. Arisco; taciturno.
**MUMPISHNESS** (mâm'pishnéss), s. Melancolia; mau humor.
**MUMPS** (mâmps), s. Parotidite, cachumba.
**MUNCH** (mântsh), v. t. e i. Mastigar ruidosamente.
**MUNIFICENCE** (miuni'fissénss) ou **MUNIFICENCY** (miuni'fissénsi), s. Munificência.
**MUNIFICENT** (miuni'fissént), adj. Munificente; generoso; liberal.
**MUNIMENT** (miu'nimênt), s. Documento cuidadosamente guardado; título de posse, escritura; fortificação; praça forte.
**MUNITION** (miuni'shânn), s. Munição; provisão; v. t. municiar; equipar.
**MURDER** (mâr'dâr), v. t. Assassinar; s. assassínio, homicídio.
**MURDERER** (mâr'dârâr), s. Assassino.
**MURDEROUS** (mâr'dârâss), adj. Cruel; homicida.
**MURDEROUSNESS** (mârdâ'râsnéss), s. Instinto homicida.
**MURE** (miu'r), s. Muro; v. t. enclausurar.
**MURKINESS** (mâr'kinéss), s. Trevas.
**MURKY** (mâr'ki), adj. Escuro; tenebroso.
**MURMUR** (mâr'mâr), s. Murmúrio; rumor; queixa; v. i. murmurar; queixar-se.
**MURMURING** (mâr'mârinn), adj. Murmurante; s. murmúrio; sussurro.
**MUSCLE** (mâs'l), s. Músculo; força muscular.
**MUSCULAR** (mâs'kiulâr), adj. Muscular.
**MUSE** (miuz), v. Musa; inspiração; cisma; devaneio, v. i. meditar; estar absorto.
**MUSEUM** (miuzi'âmm), s. Museu.
**MUSHROOM** (mâsh'rumm), s. Cogumelo; adj. de cogumelo; (fig.) fátuo; vaidoso.

**MUSIC** (miu'zik) ou **MUSICALNESS** (miu'zikâlnéss), s. Música; melodia; harmonia.
**MUSICAL** (miu'zikâl), adj. Musical; melodioso.
**MUSICIAN** (miuzi'shânn), s. Músico.
**MUSING** (miu'zinn), adj. Contemplativo; meditativo; s. meditação; êxtase.
**MUSK** (mâsk), s. Almíscar; almiscareiro.
**MUSKETEER** (mâsketi'r), s. Mosqueteiro.
**MUSKETRY** (mâs'ketri), s. Fuzilaria; companhia de mosqueteiros.
**MUSKY** (mâs'ki), adj. Almiscarado.
**MUSLIN** (mâs'linn), s. Musselina.
**MUSS** (mâss), s. Desordem; confusão; v. t. desordenar; amarrotar; confundir; sujar.
**MUSSEL** (mâs'l), s. Mexilhão.
**MUSSULMAN** (mâ'sâlmân), adj. e s. Muçulmano.
**MUST** (mâst), v. aux. defect. Dever; haver de; ter que; ser obrigado a; convir; v. t. e i. abolorecer; s. mosto, sumo de uva; mofo.
**MUSTACHE**, **MOUSTACHE** (masta'sh), s. Bigode; barbas (de animal).
**MUSTARD** (mâs'târd), s. Mostarda; mostardeira.
**MUSTER** (mâs'târ), v. t. Passar revista a; reunir; mostrar; exibir; v. i. juntar-se; s. revista militar; rol; lista de chamada.
**MUSTINESS** (mâs'tinéss), s. Mofo.
**MUSTY** (mâs'ti), adj. Rançoso, mofento; lento; vagaroso; preguiçoso.
**MUTABLE** (miu'tâbl), adj. Mutável; variável.
**MUTATE** (miu'têit), v. t. Mudar; alterar.
**MUTATION** (miutêi'shânn), s. Mutação.
**MUTE** (miut), adj. Mudo; silencioso; calado; s. mudo; estrume; (Gram.) letra ou sílaba muda; (Mús.) surdina; excremento (de pássaros); v. t. abafar, pôr em surdina.
**MUTENESS** (miut'néss), s. Mudez.
**MUTILATE** (miu'tilêit), v. t. Mutilar; cortar.
**MUTILATED** (miu'tilêitid), adj. Mutilado.
**MUTILATION** (miutilêi'shânn), s. Mutilação.
**MUTINEER** (miutini'r), s. Revoltoso; amotinador; v. i. amotinar-se; sublevar-se.
**MUTINOUS** (miu'tinâss), adj. Amotinador.
**MUTINOUSNESS** (miu'tinâsnéss), s. Tumulto; revolta; alvoroço.
**MUTINY** (miu'tini), v. i. Amotinar-se; revoltar-se; s. motim; insurreição; sedição.
**MUTISM** (miu'tizm), s. Mutismo.
**MUTTER** (mâ'târ), v. t. e i. Murmurar; resmungar; s. murmúrio; resmungo.
**MUTTERER** (mâ'târâr), s. Murmurador.
**MUTTON** (mât'n), s. Carne de carneiro.

**MUTUAL** (miu'tshuăl), adj. Mútuo; recíproco.
**MUTUALITY** (miutshué'liti), s. Mutualidade.
**MUZZLE** (măz'l), v. t. Açamar; fazer calar; v. i. farejar; cheirar; s. focinho; açamo.
**MUZZY** (mă'zi), adj. Turvado; embriagado.
**MY** (mái), adj. poss. Meu, minha; meus, minhas.
**MYOPE** (mái'ôup), s. Míope.
**MYOPIA** (máiôu'piă) ou **MYOPY** (mái'opi), s. Miopia.
**MYOPIC** (máió'pik), adj. Míope.
**MYRRH** (môr), s. Mirra (resina).
**MYRTLE** (mărt'l), s. Murta; mirto (planta).
**MYSELF** (máissél'f), pron. reflex. composto Eu próprio; eu mesmo; a mim mesmo.
**MYSTERIOUS** (misti'riăss), adj. Misterioso.
**MYSTERIOUSNESS** (misti'riăsnéss), s. Mistério; caráter misterioso, enigmático.
**MYSTERY** (mis'tări), s. Mistério; enigma; mister; profissão.
**MYSTIC** (mís'tik), adj. Místico; enigmático; secreto; oculto s. pessoa mística; místico.
**MYSTIFICATION** (mistifikêi'shănn), s. Mistificação; logro; confusão; perplexidade.
**MYSTIFY** (mis'tifái), v. t. Mistificar; ofuscar; confundir; iludir; tornar misterioso.
**MYSTIFYING** (misti'fáinn), adj. Mistificador.
**MYTH** (mith), s. Mito; ficção; fábula.
**MYTHIC** (mi'thik) ou **MYTHICAL** (mi'thikăl), adj. Mítico; lendário; fabuloso.
**MYTHICISM** (miti'ssizm), s. Miticismo.
**MYTHOLOGIC** (mithoó'djik) ou **MITHOLOGICAL**(mitholó'djikăl), adj. Mitológico.
**MYTHOLOGIST** (mithó'lódjist), s. Mitologista.
**MYTHOLOGY** (mitó'lodji), s. Mitologia; mito.
**MYTHUS** (mái'thăss), s. Mito.

# N

**N** (énn), s. Décima-quarta letra do alfabeto.
**NAB** (néb), v. t. Apanhar de súbito; prender.
**NABOB** (néi'bób), s. Nababo; ricaço.
**NACRE** (nêi'kăr), s. Nácar; madrepérola.
**NACREOUS** (nêi'kriăss), adj. Nacarado.
**NAG** (nég), v. t. e i. Importunar; repreender; s. garrano; sendeiro; cavalo pequeno.
**NAIL** (nêil), s. Unha, garr, pata; prego; cravo; cavilha; calosidade na perna do cavalo; tacha; divisão da jarda; v. t. pregar.
**NAILER** (nêi'lăr), s. Fabricante de pregos.
**NAILERY** (nêi'lări), s. Fábrica de pregos.
**NAIVE** (nai'v), ad. Crédulo; inocente.
**NAKED** (nêik't), adj. Nu, despido, descoberto; puro; simples; indefeso; indigente.
**NAKEDNESS** (nêikt'néss), s. Nudez; evidência; simplicidade; carência; falta.
**NAME** (nêimm), s. Nome, título; pretexto; fama; crédito; reputação; designação; v. t. nomear; chamar; apelidar; mencionar.
**NAMELESS** (nêim'léss), adj. Sem nome; anônimo; desconhecido; ignoto.
**NAMESAKE** (nêim'sêik), s. Homônimo.
**NAMING** (nêi'minn), s. Nomeação.
**NAP** (nép), s. Sono ligeiro, soneca; penugem; pêlo; v. i. dormir a sesta; estar desprevenido, v. t. levantar o pêlo de (tecido).
**NAPE** (nêip), s. Nuca.
**NAPKIN** (nép'kinn), s. Guardanapo.
**NAPLESS** (nép'léss), adj. Liso; sem pêlo.
**NAPPED** (népt), adj. Peludo; veloso.
**NAPPER** (né'păr), s. Dorminhoco; cardador.
**NAPPY** (né'pi), adj. Felpudo; veloso; que faz dormir (vinho, cerveja, etc.).
**NARCOTIC** (nar'kótik), s. Narcótico; narcomaníaco; adj. narcótico; narcotizante.
**NARCOTIZE** (năr'kotáiz), v. t. Narcotizar.
**NARD** (nărd), s. Nardo (planta).
**NARES** (nêi'riz), s. pl. Narinas.
**NARRATE** (nérrêi't), v. t. Narrar; contar.
**NARRATION** (nérrêi'shănn), s. Narração.
**NARRATIVE** (ná'rătiv), adj. Narrativo; s. narrativa; relato; descrição; história.
**NARRATOR** (nérrêi'tăr), s. Narrador.
**NARROW** (né'rôu), adj. Estreito; exíguo; reduzido; limitado; curto; mesquinho; intolerante; minucioso; escrupuloso; s. estreito, desfiladeiro, braço de mar; v. t. e i. estreitar(-se); encolher(-se); diminuir; limitar.
**NARROWING** (né'rôuinn), s. Estreitamento.
**NARROWNESS** (nérôunéss), s. Estreiteza; pequenez; pobreza; mesquinhez; miséria.
**NASAL** (nêi'zăl), adj. Nasal; s. nasal; som ou letra nasal.

**NASALITY** (näzé'liti), s. Nasalidade.
**NASALIZATION** (näzélizêi'shânn), s. Nasalização.
**NASALIZE** (nêi'zâláiz), v. t. e i. Nasalar.
**NASCENT** (né'sent), adj. Nascente.
**NASTINESS** (nés'tinéss), s. Imundície; sordidez; gosto nauseante.
**NASTY** (nés'ti), adj. Sujo; imundo; indecente; desonesto; tempestuoso.
**NATAL** (nêi'tâl), adj. Natal; nativo; natalício.
**NATATION** (nâtêi'shânn), s. Natação.
**NATES** (nêi'tiz), s. pl. Nádegas.
**NATION** (nêi'shânn), s. Nação; país; povo.
**NATIONAL** (né'shânâl), adj. Nacional.
**NATIONALISM** (né'shânâlizm), s. Nacionalismo.
**NATIONALITY** (néshânê'liti), s. Nacionalidade; nação; patriotismo.
**NATIONALIZATION** (néshânâlizêi'shânn), s. Nacionalização.
**NATIONALIZE** (né'shânâláiz), v. t. Nacionalizar.
**NATIVE** (nêi'tiv), adj. Nativo; natalício; natural; pátrio; vernáculo; ingênuo; puro. *Native soil*: terra natal; s. natural; indígena.
**NATIVENESS** (nêi'tivnéss), s. Estado natural.
**NATIVITY** (nâti'viti), s. Nascimento.
**NATTY** (né'ti), adj. Elegante; airoso; gentil.
**NATURAL** (né'tshurâl), adj. Natural; próprio; genuíno; bastardo; s. (Mús.) bequadro.
**NATURALISM** (né'tshurâlizm), s. Naturalismo.
**NATURALIZATION** (nétiurélizêi'shânn), s. Naturalização.
**NATURALIZE** (né'tiurâláiz), v. t. Naturalizar.
**NATURALNESS** (né'tshurâlnéss), s. Naturalidade; estado natural; ingenuidade.
**NATURE** (nêi'tshur), s. Natureza; caráter; índole; gênero; classe; espécie.
**NAUGHT** (nót), s. Nada, zero; cifra; adj. sem nenhum valor; adv. de modo algum.
**NAUGHTINESS** (nó'tinéss), s. Maldade; crueldade; perversidade.
**NAUGHTY** (nó'ti), adj. Mau; desobediente.
**NAUSEOUS** (nó'shâss), adj. Repugnante.
**NAUSEOUSNESS** (nó'shâsnéss), s. Náusea; repugnância; aversão.
**NAUTICAL** (nó'ticael), adj. Náutico.
**NAVAL** (nêi'vâl), adj. Naval, da marinha.
**NAVE** (nêiv), s. Nave de igreja; cubo de uma roda.
**NAVEL** (nêiv'l), s. (Anat.) Umbigo; centro.
**NAVICULAR** (nâvi'kiulâr), s. (Anat.) Navicular (osso).

**NAVIGABLE** (né'vigâbl), adj. Navegável.
**NAVIGATE** (né'vighêit), v. t. e i. Navegar; percorrer (o mar); (fam.) decidir-se.
**NAVIGATION** (névighêi'shânn), s. Navegação; pilotagem; comércio marítimo.
**NAVIGATOR** (né'vighêitâr), s. Navegador; navegante; piloto.
**NAVY** (nêi'vi), s. Marinha; esquadra; frota.
**NAY** (nêi), s. Não; desmentido, negação; adv. não; não só; de modo algum.
**NAZARENE** (nézâri'nn), adj. e s. Nazareno.
**NAZE** (nêi'z), s. Cabo; promontório.
**NEAP** (nip), adj. Baixo; ínfimo; vazante; s. vazante; águas mortas.
**NEAR** (niâr), adj. Próximo, perto, chegado; parente, familiar; íntimo; parcimonioso; mesquinho; exato; fiel. *Near horse*: cavalo de sela; adv. cerca; perto; prep. perto de; junto de; v. t. e i. aproximar(-se).
**NEARBY** (niâr'bái), adv. e adj. Muito perto ou próximo; vizinho; contíguo (EUA).
**NEARLY** (niâr'li), adv. Quase; de perto; intimamente; mesquinhamente.
**NEARNESS** (niâr'néss), s. Proximidade; afinidade; mesquinhez.
**NEAT** (nit), adj. Limpo, asseado; decente; bovino; s. gado bovino, rebanho.
**NEATLY** (ni'tli), adv. Asseadamente; puramente; garridamente; destramente.
**NEATNESS** (ni'néss), s. Limpeza; asseio; elegância; esmero; polidez; delicadeza.
**NEB** (néb), s. Bico; ponta; bico de pena.
**NEBULA** (né'biulâ), s. Névoa nos olhos.
**NEBULOSITY** (nébiuló'siti), s. Nebulosidade.
**NECESSARINES** (né'sessérinéss), s. Necessidade.
**NECESSARY** (né'sesséri), adj. Necessário; s. o necessário; necessidade; privada.
**NECESSITATE** (nessé'sitêit), v. t. Tornar necessário; constranger; compelir.
**NECESSITOUS** (nessé'sitâss), adj. Necessitado; indigente; forçado; estreito.
**NECESITOUSNESS** (nessé'sitâsnéss), s. Necessidade; pobreza; indigência.
**NECESSITY** (nessé'siti), s. Necessidade; precisão; exigência.
**NECK** (nék), s. Pescoço; colo; gargalo; colarinho; braço de instrumento de corda; istmo, península; v. t. agarrar pelo pescoço.
**NECKLACE** (nek'lêiss), s. Colar.
**NECKLET** (nek'lét), s. Colar pequeno.
**NECKTIE** (nék'tâi), s. Gravata.
**NECROLOGY** (nekró'lodji), s. Necrologia.

**NEED** (nid), v. t. e i. Necessitar, precisar de; carecer; haver necessidade; s. necessidade; falta; carência; urgência; miséria.
**NEEDER** (ni'dâr), s. Necessitado.
**NEEDFUL** (nid'ful), adj. Necessário.
**NEEDFULNESS** (nid'fulnéss), s. Necessidade; precisão; pobreza; exigência.
**NEEDINESS** (ni'dinéss), s. Pobreza; miséria.
**NEEDLE** (nid'l), s. Agulha; bússola; agulha magnética; pico de montanha; ponteiro.
**NEEDLESS** (nid'léss), adj. Supérfluo.
**NEEDLEWORK** (nidl'uârk), s. Trabalho de agulha; costura.
**NEEDY** (ni'di), adj. Necessitado; indigente.
**NEFARIOUS** (neféi'riâss), adj. Nefando.
**NEFARIOUSNESS** (neféi'riâsnéss), s. Abominação; infâmia; vileza; iniquidade.
**NEGATION** (neghêi'shânn), s. Negação.
**NEGATIVE** (né'gâtiv), adj. Negativo; contrário; restritivo; nulo; s. negativa; negação; v. t. negar; desmentir; desaprovar.
**NEGLECT** (neglék't), v. t. Negligenciar; olvidar; esquecer-se de; desatender; desprezar; omitir; não fazer caso; s. negligência; descuido; desleixo; desprezo; indiferença; desdém; desuso; omissão.
**NEGLECTER** (neglék'târ), s. Negligente.
**NEGLECTFULNESS** (neglékt'fulnéss), s. Negligência; descuido; desleixo.
**NEGLIGENCE** (né'glidjénss), s. Negligência; descuido; abandono; preguiça.
**NEGLIGENT** (né'glidjént), adj. Negligente; descuidado; desleixado; indiferente.
**NEGOTIABLE** (negôu'shâbl), adj. Negociável.
**NEGOTIATE** (negôu'shiêit), v. t. e i. Negociar; parlamentar.
**NEGOTIATION** (negôushiêi'shânn), s. Negociação.
**NEGOTIATOR** (negôu'shiêitâr), s. Negociador; negociante.
**NEGRESS** (ni'gréss), s. Negra; masc. *negro*.
**NEGROPHOBE** (ni'grofôub), s. Negrófobo.
**NEIGH** (nêi), v. i. Relinchar; s. relincho.
**NEIGHBOR, NEIGHBOUR** (nêi'bâr), adj. e s. Vizinho; próximo; v. t. e i. aproximar-se.
**NEIGHBORHOOD, NEIGHBOURHOOD** (nêi'bâr-hud), s. Vizinhança; arredores.
**NEIGHBORING, NEIGHBOURING** (nêi'bârinn), adj. Próximo; adjacente; vizinho.
**NEIGHBORLY, NEIGHBOURLY** (nêi'bârli), adj. Cortês; delicado, adv. cortesmente.
**NEITHER** (ni'dhâr ou nái'dhâr), adj. indef. Nenhum dos dois.

**NEOLOGISM** (nió'lodjizm), s. Neologismo.
**NEPHEW** (né'fiu ou nê'viu), s. Sobrinho.
**NERVE** (nârv), s. Nervo; tendão; nervura; v. t. dar força a, vigorizar; animar.
**NERVED** (nârvd), adj. Forte; robusto.
**NERVELESS** (nârv'léss), adj. Abatido.
**NERVOUS** (nâr'vâss), adj. Nervoso.
**NERVOUSNESS** (nâr'vâsnéss), s. Nervosidade; força; vigor.
**NERVURE** (nâr'viur), s. Nervura; veia.
**NESS** (néss), s. Promontório; cabo; suf. exprime qualidade ou estado.
**NEST** (nést), s. Ninho, ninhada; abrigo; covil; jogo; série; v. t. e i. aninhar; alojar-se; colocar um dentro do outro (série).
**NESTLE** (nést'l), v. t. e i. Abrigar, alojar; acariciar; engaiolar-se; acomodar-se.
**NESTLING** (nés'tlinn), s. Pintainho; filhote (de pássaro); adj. que está no ninho.
**NET** (nét), s. Rede; filó; tricô; malha; laço; armadilha; v. t. e i. colher com rede; apanhar no laço; (Com.) tirar o produto líquido; lançar a rede; adj. limpo; puro; livre.
**NETHER** (né'dhâr), adj. Inferior, baixo.
**NETHERMOST** (né'dhârmôust), adj. O mais baixo, o mais profundo.
**NETTED** (né'tid), adj. Coberto com rede; apanhado por rede.
**NETTING** (né'tinn), s. Rede; fabricação de redes; laço; (Náut.) pavesada.
**NETTLE** (nét'l), s. Urtiga; estado de irritação; v. t. picar com urtiga; irritar.
**NETTLING** (né'tlinn), s. Irritação; provocação.
**NETWORK** (nét'uêrk), s. Rede, cadeia de emissoras (de rádio, TV, etc.).
**NEURALGIC** (niurél'djik), adj. Nevrálgico.
**NEURALGY** (niurél'dji), s. Nevralgia.
**NEURASTHENIC** (niuraes'thênik), adj. Neurastênico.
**NEUROTIC** (niuró'tik), s. e adj. Neurótico.
**NEUTER** (niu'târ), adj. Neutro; sem sexo.
**NEUTRAL** (niu'trâl), adj. Neutro (que não toma partido); indefinido; mediano; pardacento; azulado (em pintura), s. neutral; neutro: indivíduo, país não beligerante.
**NEUTRALISM** (niu'trâlizm), s. Neutralidade.
**NEVER** (né'vâr), adv. Nunca, jamais; de modo nenhum.
**NEVERMORE** (né'vârmôur), adv. Jamais.
**NEVERTHLESS** (névârthlé'ss), adv. Contudo; não obstante; todavia.
**NEW** (niu), adj. Novo; sem uso; moderno; original; fresco; outro; diferente.

**NEWCOMER** (niu'kâmar), s. Recém-chegado.
**NEWISH** (niu'ish), adj. Quase novo.
**NEWLY** (niuli), adv. Recém; recentemente.
**NEWNESS** (niu'néss), s. Novidade; inovação; início; falta de prática.
**NEWS** (niuz), s. (sing. e pl.) Notícia(s); informação; aviso; sucesso.
**NEWSBOY** (niuz'bói), s. Jornaleiro.
**NEWSCAST** (niuz'kést) ou **NEWSCASTER** (niuz'kâstar), s. Noticiário (de rádio).
**NEWSMAN** (niuz'maen), s. Jornalista.
**NEWSPAPER** (niuz'pêipâr), s. Jornal; gazeta.
**NEWSSTAND** (niuz'taend), s. Banca de jornais e revistas.
**NEXT** (nékst), adj. Seguinte, próximo; vizinho; o mais próximo; o primeiro; adv. logo; imediatamente; depois; em seguida; prep. junto a; ao lado de.
**NEXUS** (nék'sâss), s. Nexo; sentido; conexão.
**NIB** (nib), s. Bico; ponta; extremidade; bico de pena; parte saliente; v. t. aguçar; fazer ponta; aparar.
**NIBBLE** (nib'l), v. t. e i. Mordiscar; roer; s. mordedura, dentada.
**NICE** (náiss), adj. Bom, belo, lindo, ótimo; fino; elegante; delicado; agradável; esquisito; escrupuloso; prudente; cauto.
**NICENESS** (náis'néss), s. Finura; gentileza; delicadeza; melindre; exatidão.
**NICETY** (nái'siti), s. Finura; gentileza; delicadeza; argúcia; gulodice.
**NICHE** (nitsh), s. Nicho; v. t. anichar.
**NICK** (nik), s. Talho; corte; entalhe; momento crítico; igualdade; conformidade; v. t. acertar no alvo; chegar a tempo; entalhar; v. i. igualar-se; fazer boa jogada.
**NICKEL** (ni'kel), s. Níquel; v. t. niquelar.
**NICKNACK** (nik'nék), s. Ninharia; bagatela.
**NICKNAME** (nik'nêimm), s. Apelido.
**NICTATE** (nik'têit) ou **NICTITATE** (niktitêit), v. t. Pestanejar.
**NICTATION** (niktêi'shânn) ou **NICTITATION** (niktitêi'shânn), s. Pestanejo; nictação.
**NIDUS** (nái'dâss), s. Ninho de insetos; (Anat.) conjunto de células nervosas.
**NIECE** (niss), s. Sobrinha.
**NIELLO** (nié'lôu), s. Nigela; v. t. nigelar.
**NIG** (nig), s. Bocado; pedaço; v. t. lavrar pedra; cortar, revogar.
**NIGGARD** (ni'gârd), adj. e s. Mesquinho; sórdido; avaro; v. t. e i. racionar avaramente.
**NIGGARDLINESS** (ni'gârdlinéss), s. Avareza.
**NIGGER** (ni'gâr), s. Negro, negra.

**NIGGLE** (nig'l), v. t. Zombar; escarnecer; v. i. esbanjar tempo com tolices.
**NIGH** (nái), adj. Próximo; perto; vizinho; prep. e adv. perto de; imediato; s. noite; (fig.) trevas; aflição; morte; a velhice.
**NIGHTINGALE** (nái'tinghêil), s. Rouxinol.
**NIGHTMARE** (náit'mêr), s. Pesadelo.
**NIGHTWARD** (náit'uârd), adj. Próximo da noite.
**NIL** (nil), s. Nulo; nada; nenhum.
**NIMBLE** (nimb'l), adj. Ágil; leve; alerta.
**NIMBLENESS** (nim'blnéss), s. Ligeireza; atividade; velocidade.
**NIMBLY** (nim'bli), adj. Ativo; veloz.
**NINE** (náinn), adj. e s. Nove; o número nove.
**NINETEEN** (náin'tinn), adj. e s. Dezenove.
**NINETEENTH** (náin'tinth), adj. e s. Décimonono.
**NINETY** (nái'niti), adj. e s. Noventa.
**NINNY** (ni'ni), adj. e s. Tolo; simplório.
**NINTH** (náin'th), adj. e s. Nono; nona parte.
**NIP** (nip), v. t. Beliscar; picar; morder; prender; enrascar, bebericar; s. beliscadura; unhada; dentada; mordida; pedaço; bocado; trago; gole; prisão; presa.
**NIPPER** (ni'pâr), s. Picador; beliscador; pinça; garra; pl. torquês; algemas.
**NIPPING** (ni'pinn), s. Arranhão; unhada; dentada; adj. penetrante; mordaz.
**NIPPLE** (nip'l), s. Mamilo, bico do peito; protuberância semelhante ao mamilo; chupeta; chaminé.
**NIPPY** (ni'pi), adj. (fam.) Picante; ácido; que aperta; penetrante (vento, frio).
**NIT** (nit), s. Lêndea.
**NITRATE** (nái'trêit), s. Nitrato; v. t. tratar com um nitrato ou ácido nítrico.
**NITROGEN** (nái'trodjénn), s. (Quím.) Nitrogênio.
**NITROUS** (nái'trâss), adj. Nitroso, salitroso.
**NIX** (niks), s. (gír.) Nada; ninguém.
**NO** (nôu), adj. Não; adj. nenhum; nenhuma; s. voto negativo; não.
**NOB** (nób), s. Cabeça; protuberância; pessoa de posição; gran-fino; figurão.
**NOBBINESS** (nó'binéss), s. Ostentação.
**NOBBLE** (nób'l), v. t. Enganar; lesar; lograr; dopar (cavalo de corrida).
**NOBBY** (nó'bi), adj. Vaidoso; ostentoso.
**NOBILITY** (nôubi'liti), s. Nobreza; aristocracia.
**NOBLE** (nôub'l), adj. Nobre, ilustre; majestoso; grande; liberal; s. nobre; aristocrata.

**NOBLEMAN** (nôubl'maen), s. Nobre; fidalgo.
**NOBODY** (nôu'bódi), s. Ninguém.
**NOCTAMBULISM** (nóktém'biulizm), s. Sonambulismo.
**NOCTURNE** (nók'târn), adj. e s. Noturno.
**NOD** (nód), v. t. Inclinar (a cabeça); v. i. fazer sinal afirmativo com a cabeça; cabecear, dormitar; s. sinal; aceno; inatenção.
**NODAL** (nôu'dêl), adj. Nodoso.
**NODDING** (nó'dinn), s. Cabeceamento de sono; aceno; adj. inclinado.
**NODDLE** (nód'l), s. (fam.) Cabeça; v. t. inclinar, a cabeça.
**NODDY** (nó'di), s. Idiota, imbecil.
**NODE** (nôud), s. Nódulo; nó; protuberância; enredo; complicação (drama); inchação.
**NODULE** (nó'diul), s. Nódulo.
**NOG** (nóg), s. Cavilha; cepo; toro (madeira).
**NOGGIN** (nó'ghinn), s. Cubo; jarro; vaso.
**NOHOW** (nôu'háu), adv. De modo algum.
**NOILS** (nóilz), s. Desperdícios; resíduos de lã, fibra, etc.
**NOISE** (nóiz), s. Barulho; ruído; bulha; fama; v. t. espalhar, divulgar; v. i. fazer barulho.
**NOISELESS** (nóiz'léss), adj. Silencioso.
**NOISELESSNESS** (nóiz'lésnéss), s. Silêncio; calma; tranqüilidade.
**NOISINESS** (nói'zinéss), s. Barulho; ruído.
**NOISOME** (nói'sâmm), adj. Nocivo; pernicioso; desagradável; asqueroso.
**NOISOMENESS** (nói'sâmnéss), s. Asco; nojo; infecção; mau cheiro.
**NOISY** (nói'zi), adj. Ruidoso; estrondoso.
**NOMINATE** (nó'minêit), v. t. Nomear; designar; propor como candidato.
**NOMINATION** (nóminêi'shânn), s. Nomeação.
**NOMINATIVE** (nó'minâtiv), adj. Nominativo; s. (Gram.) caso nominativo.
**NOMINEE** (nómini'), s. O nomeado.
**NONAGE** (nó'dijj), s. Menoridade.
**NONCE** (nónss), s. Tempo presente; ocasião.
**NONCHALANGE** (nónshâlén'ss), s. Indiferença; apatia.
**NONCHALANT** (nónshâlén't), adj. Indiferente.
**NONE** (nânn), pron. Nenhum, ninguém, nada; adv. não, de nenhum modo.
**NONENTITY** (nónén'titi), s. Insignificância.
**NONPAREIL** (nónnpâré'l), adj. Incomparável; s. pessoa ou coisa de grande mérito.
**NONPLUS** (nónn'plâss), v. t. Confundir; embaraçar; s. confusão.
**NONSENSE** (nónn'sénss), s. Contra-senso; tolice; asneira; interj. tolice! ora essa!

**NONSENSICAL** (nónsén'sikâl), adj. Absurdo; disparatado; estúpido; frívolo.
**NONSTOP** (nôun'stôp), adj. e adv. Direto; sem parar; sem escala.
**NONSUIT** (nonn'siut), v. t. (Jur.) Desembargar; julgar à revelia; s. desembargo.
**NOOK** (nuk), s. Recanto; ângulo; retiro.
**NOON** (nunn), s. Meio-dia; (fig.) apogeu.
**NOONDAY** (nun'dêi) ou **NOONTIDE** (nun'tâid), s. Meio-dia; apogeu, ponto culminante; adj. meridional.
**NOONING** (nu'ninn), s. A sesta.
**NOOSE** (nuss), s. Nó corredio, armadilha; v. t. apanhar num laço.
**NOR** (nór), conj. Nem; tampouco.
**NORM** (nórmm), s. Norma; regra; modelo.
**NORMAL** (nôr'mâl), adj. Normal; comum.
**NORMALITY** (nórmé'liti), s. Normalidade.
**NORMALIZATION** (nórmâlizêi'shânn), s. Normalização.
**NORMALIZE** (nór'mâláiz), v. t. Normalizar.
**NORTH** (nórth), s. Norte; adj. do norte, setentrional; adv. para o norte; ao norte; v. i. ganhar norte; fazer-se ao norte (vento).
**NORTHEAST** (nórth'istâr), s. Nordeste (vento).
**NORTHEASTERN** (nórthis'târn), adj. Do nordeste.
**NORTHERN** (nór'dhârn), adj. Do norte; s. vento do norte.
**NORTHERNER** (nór'dhârnâr), s. Nortista; setentrional.
**NORTHWARD** (nórth'uârd), adv. Para o norte; adj. que conduz para o norte.
**NOSE** (nôuz), s. Nariz, focinho; olfato; (fig.) percepção; (Náut.) bico de proa; a proa; bico de bule, jarro, etc.; v. t. e i. cheirar; focinhar; pronunciar fanhosamente.
**NOSEBAND** (nôuz'bénd), s. Focinheira.
**NOSTRIL** (nós'tril), s. Fossa nasal; venta.
**NOSY** (nôu'zi), adj. Narigudo; curioso.
**NOT** (nót), adv. Não; nem; de forma alguma.
**NOTABILITY** (nôutâbi'liti), s. Notabilidade; importância; valor.
**NOTABLE** (nôu'tâbl), adj. Notável; conspícuo; memorável; evidente; prudente; ativo; vigilante; perito; s. vulto notável; notabilidade; vigilância; atividade; prudência.
**NOTARY** (nôu'târi), s. Notário; tabelião.
**NOTATION** (notêi'shânn), s. Notação; significação; numeração; observação.
**NOTCH** (nóths), v. t. Entalhar; cortar; chanfrar; ganhar ponto no jogo; s. entalhe; encaixe; corte; mossa; passagem estreita.

**NOTE** (nôut), v. t. Notar; observar; reparar; tomar nota de; distinguir; s. nota, apontamento; marca, sinal; conhecimento; observação; missiva; escrito; vale, ordem de pagamento (Com.); tom, nota musical.
**NOTEBOOK** (nôut'buk), s. Caderno de anotações; (Com.) copiador.
**NOTED** (nôu'tid), adj. Notável; insigne.
**NOTELESS** (nôut'léss0, adj. Obscuro; desconhecido; pouco notável.
**NOTHING** (ná'thinn), s. Nada, coisa nenhuma; bagatela; zero, cifra; adv. de modo algum.
**NOTHINGNESS** (ná'thinhéss), s. Nada.
**NOTICE** (nôu'tiz), s. Nota, notícia; observação; conhecimento; descrição; consideração; cortesia; v. t. notar; fazer menção; importar-se com; tratar com consideração.
**NOTICEABLE** (nôu'tissábl), adj. Digno de atenção; perceptível; conspícuo.
**NOTIFICATION** (nôutifikêi'shánn), s. Notificação; aviso; advertência.
**NOTIFY** (nôu'tifái), v. t. Notificar; advertir.
**NOTION** (nôu'shánn), s. Noção, idéia; opinião; voto; parecer; teoria; crença.
**NOTIONAL** (nôu'shánál), adj. Imaginário.
**NOTORIETY** (nôutorái'iti), s. Notoriedade.
**NOTORIOUS** (nôtôu'riáss), adj. Notório.
**NOTORIOUSNESS** (nôtôu'riásnéss), s. Notoriedade; publicidade.
**NOUGHT** (nót), s. Nada, zero; pessoa ou coisa sem valor; adj. péssimo; inútil.
**NOUN** (náunn), s. (Gram.) Nome; substantivo.
**NOURISH** (ná'rish), v. t. e i. Nutrir, alimentar; sustentar; alentar; nutrir-se.
**NOURISHABLE** (ná'rishábl), adj. Fomentável; que se pode alimentar, nutrir.
**NOURISHMENT** (ná'rishment), s. Alimento, alimentação; nutrição; ato de nutrir.
**NOUS** (náuss), s. Inteligência; valor; senso comum; intelecto. (Usa-se ironicamente.)
**NOVATION** (novêi'shánn), s. (Jur.) Renovação de um contrato ou obrigação.
**NOVEL** (nóv'l), s. Romance, novela; adj. novo; recente; moderno; original.
**NOVELIST** (nó'velist), s. Novelista; romancista.
**NOVELTY** (nó'velti), s. Novidade.
**NOVEMBER** (novém'bár), s. Novembro.
**NOVICE** (nó'viss), s. Noviço; novato.
**NOVITIATE** (novi'shiêit), s. Noviciado.
**NOW** (náu), s. O momento atual; adv. agora; ora; já; imediatamente; ainda há pouco; então; naquele tempo; suposto isto.
**NOWADAYS** (náu'adêiz), adv. Atualmente; nos dias que correm.
**NOWAY, NOWAYS** (nôu'êiz), adv. De nenhum modo.
**NOWISE** (nôu'uáiss), adv. De forma alguma.
**NOXIOUS** (nók'sháss), adj. Nocivo; prejudicial; pernicioso.
**NOXIOUSNESS** (nók'shásnéss), s. Nocividade; insalubridade.
**NOZZLE** (nóz'l), s. Embocadura; bico; torneira; repuxo de mangueira.
**NUBBLE** (náb'l), s. Protuberância.
**NUCLEAL** (niu'kliál), adj. Nucleal.
**NUCLEAR** (niu'kliár), adj. Nuclear.
**NUCLEUS** (niu'kliáss), s. Núcleo; centro.
**NUDE** (niud), adj. Nu, nua; desguarnecido; destituído; s. nu, nudez; v. t. desnudar.
**NUDGE** (nádj), v. t. Tocar levemente com o cotovelo; s. cotovelada ligeira.
**NUDITY** (niu'diti), s. Nudez; desabrigo.
**NUGATORY** (niu'gátôuri), adj. Ineficaz; nulo.
**NUGGET** (ná'ghet), s. Pepita, massa de ouro.
**NUISANCE** (niu'sánss), s. Dano; incômodo; transtorno; flagelo; praga; peste.
**NULL** (nál), v. t. Anular; adj. nulo; inútil.
**NULLIFICATION** (nálifikêi'shánn), s. Anulação; supressão; abolição.
**NULLIFY** (ná'lifái), v. t. Anular; invalidar.
**NULLITY** (ná'liti), s. Nulidade.
**NUMB** (námm), v. t. Tolher; entorpecer; adj. transido; entorpecido.
**NUMBER** (nám'bár), s. Número (de jornal, revista); (Gram.) número; v. t. numerar.
**NUMBERER** (nám'bárár), s. Numerador; contador; calculista.
**NUMBERING** (námbárinn), s. Enumeração; contagem; censo; numeração.
**NUMBERLESS** (nám'barléss), adj. Inumerável.
**NUMBFISH** (nám'fish), s. Torpedo, peixe elétrico.
**NUMBLY** (nám'li), adv. Entorpecidamente.
**NUMBNESS** (nám'néss), s. Torpor.
**NUMERABLE** (niu'márábl), adj. Numerável.
**NUMERAL** (niu'márál), adj. Numeral; numérico; s. número; algarismo.
**NUMERATION** (niumárêi'shánn), s. Numeração; conta; cálculo; enumeração; censo.
**NUMERICAL** (niumé'rikál), adj. Numérico.
**NUMEROUS** (niu'máráss), adj. Numeroso; múltiplo; harmonioso.
**NUMEROUSNESS** (niu'márásnéss), s. Multidão; cópia; cadência; harmonia.

**NUMISMATICS** (niumismé'tiks), s. Numismática.
**NUMSKULL** (nâm'skâl), s. Parvo; néscio.
**NUMSKULLED** (nâm'skâld), adj. Parvo; lerdo.
**NUN** (nânn), s. Monja; freira.
**NUNNERY** (nâ'nâri), s. Convento de freiras.
**NUPTIAL** (nâp'shâl), adj. Nupcial; conjugal; s. casamento; núpcias; boda.
**NURSE** (nârss), s. Ama, aia, pajem; enfermeiro(a); governanta; protetor; espécie de tubarão; v. t. criar, amamentar (criança).
**NURSERY** (nârs'ri), s. Berçário; enfermaria.
**NURSING** (nâr'sinn), s. Criação; nutrição; alimento; zelo; estímulo.
**NURTURE** (nâr'tshur), v. t. Nutrir; educar; s. nutrição; alimentação; criação.

**NUT** (nât), s. Noz, avelã; botão; matriz; porca de parafuso; adj. maníaco; bêbado.
**NUTARIAN** (nâté'riânn), s. Vegetariano.
**NUTATE** (niu'têit), v. t. Oscilar; nutar.
**NUTATION** (niutêi'shânn), s. (Astron.) Nutação; mudança de posição.
**NUTCRACKER** (nât-kré'kâr), s. Quebra-nozes; espécie de pega (pássaro).
**NUTMEG** (nât'mêg), s. Noz moscada.
**NUTRIENT** (niu'trient), adj. Nutriente; nutritivo; s. alimento nutritivo.
**NUTRITION** (niutri'shânn), s. Nutrição.
**NUTSHELL** (nât'shél), s. Casca de noz, avelã.
**NUTTY** (nâ'ti), adj. Abundante em nozes.
**NUZZLE** (naz'l), v. t. e i. Focinhar; aninhar.
**NYMPH** (ninf), s. Ninfa (dinvidade fem.).

# O

**O** (ôu), s. Décima-quinta letra do alfabeto.
**OAF** (ôuf), s. Imbecil, idiota, parvo.
**OAFISH** (ôu'fish), adj. Tolo, aparvalhado.
**OAK** (ôuk), s. Carvalho (árvore).
**OAKEN** (ôu'kenn), adj. Feito de carvalho.
**OAR** (ôur), s. Remo; remador; v. t. e i. remar.
**OARED** (ôurd), adj. A remos; com remos.
**OAT** (ôut), s. Aveia; poesia pastoril.
**OATEN** (out'n), adj. De aveia.
**OATH** (ôuth), s. Juramento; anátema; praga.
**OATMEAL** (ôut'mil), s. Mingau de aveia.
**OBDURACY** (ôb'diurâssi), s. Endurecimento; obstinação; teima; perversidade.
**OBDURATE** (ôb'diurêit), adj. Endurecido; obstinado; impenitente; v. t. endurecer.
**OBEDIENCE** (ôbi'diénss), s. Obediência; sujeição.
**OBEDIENT** (obi'diént), adj. Obediente; dócil.
**OBELISK** (ô'belisk), s. Obelisco.
**OBESE** (obi'ss), adj. Obeso; gordo.
**OBESENESS** (obi'sinéss), s. Obesidade.
**OBEY** (obêi), v. t. e i. Obedecer.
**OBEYER** (obêi'âr), s. Obedecedor.
**OBFUSCATE** (ôbfâs'kêit), v. t. Ofuscar; perturbar (o espírito).
**OBFUSCATION** (ôbfâskêi'shânn), s. Ofuscação; obscurecimento; perturbação.
**OBIT** (ôu'bit), s. Óbito.

**OBITUARY** (obi'tshéri), adj. Obituário; s. pl. necrologia; nota necrológica.
**OBJECT** (ô'bdjékt), s. Objeto, coisa; assunto; desígnio; intento; v. t. e i. objetar; visar.
**OBJECTION** (ôbdjék'shânn), s. Objeção; oposição; reparo.
**OBJECTIVE** (ôbdjék'tiv), adj. Objetivo; s. objetiva (lente); destino; acusativo.
**OBJURATION** (ôbdjurêi'shânn), s. Juramento.
**OBJURGATE** (ô'bdjârghêit), v. t. Objurgar; censurar; repreender; reprovar.
**OBJURGATION** (ôbdjârghêi'shânn), s. Objurgação; reprimenda; censura.
**OBLATE** (ôblêi't), adj. Achatado nos pólos; s. oblata; hóstia; v. t. fazer oblatas.
**OBLATION** (ôbléi'shânn), s. Oblação.
**OBLIGANT** (ôbligânt), s. Devedor.
**OBLIGATE** (ô'blighêit), v. t. Obrigar.
**OBLIGATION** (ôblighêi'shânn), s. Obrigação; contrato; obséquio; favor.
**OBLIGATORY** (ô'bligatôuri), adj. Obrigatório.
**OBLIGE** (obláidj), v. t. Obrigar; forçar.
**OBLIGEE** (ôblidji'), s. Credor.
**OBLIGING** (oblái'djinn), adj. Serviçal.
**OBLIGINGNESS** (oblái'djinnéss), s. Delicadeza; polidez; bondade.
**OBLIQUE** (ôblik ou ôbláik), v. i. Obliquar; enviesar; adj. oblíquo; inclinado; evasivo.

**OBLIQUITY** (óbli'kuiti), s. Obliqüidade; inclinação; desonestidade; falta, desvio.
**OBLITERATE** (óbli'târêit), v. t. Obliterar; suprimir; abolir; anular.
**OBLITERATION** (óblitârêi'shânn), s. Obliteração; esquecimento; consumação.
**OBLIVION** (óbli'vânn), s. Esquecimento.
**OBLIVIOUS** (óbli'viâss), adj. Esquecido.
**OBLONG** (ó'blonn), adj. Oblongo.
**OBLOQUY** (ó'blokui), s. Infâmia; censura.
**OBOIST** (ôu'bóist), s. Tocador de oboé.
**OBOL** (ó'bol), s. Óbolo (moeda).
**OBSCENE** (óbsi'nn), adj. Obsceno.
**OBSCENITY** (óbsi'niti), s. Obscenidade.
**OBSCURATION** (óbskiurêi'shânn), s. Obscurecimento; escuridão; trevas.
**OBSCURE** (óbskiu'r), v. t. Obscurecer; ofuscar; confundir; v. i. ocultar-se; ad. obscuro; confuso; s. obscuridade.
**OBSECRATION** (óbsikêi'tshânn), s. Obsecração; súplica fervorosa a Deus.
**OBSEQUIOUS** (óbsi'kuiâss), adj. Obsequioso.
**OBSEQUIOUSNESS** (óbsi'kuiâsnéss), s. Obsequiosidade; submissão; servilidade.
**OBSERVABLE** (óbzâr'vabl), adj. Observável.
**OBSERVANCE** (óbzâr'vânss), s. Observância; cumprimento; hábito; costume; rito.
**OBSERVANT** (óbzâr'vânt), adj. Observador; submisso; acatador.
**OBSERVATION** (óbzârvêr'shânn), s. Observação; atenção; comentário; reflexão; juízo.
**OBSERVATORY** (óbzâr'vâtôuri), s. Observatório.
**OBSERVE** (óbzâr'v), v. t. e i. Observar; perceber; notar; cumprir; obedecer.
**OBSERVER** (óbzâr'vâr), s. Observador; vigia.
**OBSESS** (óbsé'ss), v. t. Obsedar; assediar.
**OBSESSION** (óbsé'shânn), s. Obsessão.
**OBSOLETE** (ó'bsolit), adj. Obsoleto.
**OBSTACLE** (ó'bstâkl), s. Obstáculo.
**OBSTETRICIAN** (óbstetri'shânn), s. Obstetriz.
**OBSTETRICS** (óbsté'triks), s. Obstetrícia.
**OBSTINACY** (óbs'tinâss), s. Obstinação.
**OBSTINATE** (óbs'tinit), adj. Obstinado.
**OBSTRUCT** (óbstrâk't), v. t. Obstruir.
**OBSTRUCTION** (óbstrâk'shânn), s. Obstrução; impedimento; obstáculo.
**OBTAIN** (óbtêi'nn), v. t. e i. Obter; alcançar; prevalecer; estar em uso; predominar.
**OBTAINABLE** (óbtêi'nâbl), adj. Que se pode obter.
**OBTRUDE** (óbtru'd), v. t. e i. Impor; introduzir à força; intrometer-se; expelir.

**OBTRUDER** (óbtru'dâr), s. Intrometido.
**OBTRUSION** (óbtru'jânn), s. Intrometimento.
**OBTRUSIVE** (óbtru'siv), adj. Intruso.
**OBTUND** (óbtân'd), v. t. Obtundir; embotar.
**OBTURATE** (óbtiurêi't), v. t. Obturar; tapar.
**OBTURATION** (óbtiurêi'shânn), s. Obturação.
**OBTUSE** (óbtiu'ss), adj. Obtuso; apagado.
**OBTUSENESS** (óbtius'néss), s. Obtusão; embotadura.
**OBVERT** (óbvâr't), v. t. Voltar; dirigir para.
**OBVERTING** (óbvâr'tinn), adj. No avesso.
**OBVIATE** (ób'vièit), v. t. Obviar; prevenir.
**OBVIOUS** (ób'viâss), adj. Óbvio; evidente.
**OCCASION** (ókêi'jânn), s. Ocasião; oportunidade; v. t. causar; determinar; excitar.
**OCCASIONAL** (ókêi'jânâl), adj. Ocasional.
**OCCIDENT** (ók'sidént), s. Ocidente; oeste.
**OCCIDENTAL** (óksidén'tâl), adj. Ocidental.
**OCCLUDE** (óklu'd), v. t. (Quím., Ffs.) Absorver; tapar; fechar.
**OCCLUSION** (óklu'jân), s. Oclusão.
**OCCLUSIVE** (óklu'siv), adj. Oclusivo.
**OCCULT** (ókâl't), v. t. Ocultar; dissimular; adj. oculto; secreto; místico.
**OCCULTATION** (ókâltêi'shânn), s. Ocultação; desaparecimento; ato de esconder.
**OCCULTISM** (ókâl'tizm), s. Ocultismo.
**OCCUPANCY** (ó'kiupânsi), s. Ocupação.
**OCCUPANT** (ó'kiupânt), s. Ocupante; titular.
**OCCUPATION** (ókiupêi'shânn), s. Ocupação; trabalho, emprego; destino.
**OCCUPIED** (ó'kiupáid); adj. Ocupado.
**OCCUPY** (ó'kiupái), v. t. e i. Ocupar; fazer uso de; dar emprego a.
**OCCUR** (ôkâ'r), v. i. Ocorrer; acontecer; suceder, vir à mente; apresentar-se.
**OCCURRENCE** (ókâ'renss), s. Ocorrência.
**OCCURRENT** (ókâ'rent), adj. Ocorrente; casual.
**OCEAN** (ôu'shânn), s. Oceano.
**OCEANIAN** (ôushiêi'niânn), adj. e s. Oceânico; da Oceânia.
**OCHRE** (ó'kâr), s. Ocre; oca.
**O'CLOCK** (oklók), abrev. de *of the clock:* do, ou pelo relógio.
**OCTAGON** (ók'tâgônn), s. Octógono.
**OCTAVE** (ók'têiv) ou **OCTAVAL** (ók'têvâl), adj. e s. Oitava (também em Mús. e Poes.).
**OCTOBER** (óktôu'bâr), s. Outubro.
**OCTOPUS** (ók'topâss), s. Octópode; polvo.
**OCULAR** (ó'kiulâr), adj. Ocular; visual; s. lente de óculos ou luneta.
**OCULIST** (ó'kiulist), s. Oculista.

ODD (ód), adj. Singular; peculiar; estranho; excêntrico; raro; ímpar; demasiado; excedente; curioso; só; único; desirmanado.
ODDITY (ó'diti), s. Singularidade.
ODDMENT (ód'ment), s. Parte incidental; coisa supérflua; sobras.
ODDNESS (ód'néss), s. Disparidade.
ODDS (óds), s. Vantagem ou excesso proveniente de distribuição ou comparação; fragmentos; sobras.
ODE (ôud), s. (Poét.) Ode.
ODIOUS (ôu'diâss), adj. Odioso; infame.
OUDIOUSNESS (ôu'diâsnéss), s. Odiosidade.
ODONTOLOGY (odontô'lodji), s. Odontologia.
ODOR, ODOUR (ôu'dâr), s. Odor; cheiro.
ODORIFEROUS (ôudâri'fârâss), adj. Odorífero; aromático.
ODOROUS (ôu'dârâss), adj. Cheiroso.
OEDEMA (idi'mâ), s. Edema.
OEDEMATOUS (idé'mâtâss), adj. Edematoso.
OF (óv), prep. De; relativo a; de propriedade de; incluso em.
OFF (óf), adj. Desocupado; desimpedido; livre; distante; prep. de; fora de; nas alturas de; adv. longe; distante; ao largo. Hands off!: tira as mãos!; v. i. (Náut.) navegar.
OFFAL (ô'fâl), s. Sobras; restos; refugo.
OFFCAST (óf'kést), adj. Rejeitado; proscrito; s. refugo; proscrito.
OFFCHANCE (óf'shânss), s. Ligeira probabilidade.
OFFEND (ofén'd), v. t. e i. Ofender; escandalizar; perturbar; desagradar; pecar.
OFFENDER (ófén'dâr), s. Ofensor.
OFFENSE (ófén'ss), s. Ofensa; pecado.
OFFER (ô'fâr), v. t. e i. Oferecer; sacrificar; propor; intentar; s. oferta; dádiva; convite.
OFFERING (ô'fârinn), s. Oferta; tributo.
OFFHAND (óf'hénd), adj. Improvisado; espontâneo; seco; brusco; adv. de improviso.
OFFICE (ô'fiss), s. Escritório; cartório; repartição; estudo; ofício; emprego; destino.
OFFICER (ô'fissâr), s. Oficial; funcionário público; oficial militar; agente policial; v. t. comandar; mandar; nomear oficiais.
OFFICIAL (ófi'shâl), adj. Oficial; público; autorizado; s. juiz eclesiástico; funcionário.
OFFICIATE (ófi'shiêit), v. t. Oficiar; fazer as vezes de; v. i. presidir aos ofícios divinos.
OFFICIATING (ófi'shiêitinn), adj. Substituto.
OFFICINAL (ófi'sinâl), adj. (Med.) Oficinal; s. droga, medicamento à venda em farmácia.
OFFICIOUS (ófi'shâss), adj. Oficioso.
OFFICIOUSNESS (ófi'shâsnéss), s. Oficiosidade; serviço voluntário.
OFFING (ô'finn), s. (Náut.) O alto mar.
OFFISH (ô'fish), adj. Intratável; arisco
OFFPRINT (ôf'print), v. t. Publicar em separata; s. separata.
OFFSADDLE (ófséd'l), v. t. Desmontar.
OFFSIDE (ófsái'd), s. Mão direita; adv. fora do lugar próprio; impropriamente.
OFTEN (óf'n), adj. Freqüente; adv. muitas vezes; repetidamente.
OGIVE (ôu'djiv), s. (Arquit.) Ogiva.
OGRE (ôu'gâr), s. Ogro; papão.
OIL (óil), s. Óleo; azeite; petróleo; v. t. azeitar; olear; engraxar; untar; alisar.
OILY (ói'li), adj. Oleoso; gorduroso.
OLD (ôuld), adj. Velho; idoso; antigo; sem valor; usual; familiar; conhecido; s. o que é velho ou antigo; tempo antigo.
OLDEN (ôuld'n), adj. Velho; v. i. envelhecer.
OLDFASHIONED (ôuld'fêshând), adj. Antiquado; fora de moda.
OLDNESS (ôuld'néss), s. Velhice.
OLEAGINOUS (ôulié'djinâss), adj. Oleaginoso; oleoso.
OLEANDER (ôuliên'dâr), s. Loendro.
OLIGARCHY (ô'ligârki), s. Oligarquia.
OLIVE (ô'liv), s. Oliveira; azeitona; adj. azeitonado.
OLIVER (ô'livâr), s. Aldrava.
OMEN (ôu'ménn), v. t. e i. Pressagiar; s. presságio; agouro; sinal.
OMENED (ôu'mennd), adj. Fatídico.
OMINOUS (ôu'minâss), adj. Ominoso; sinistro; nefasto.
OMISSIBLE (omi'sibl), adj. Omissível; que se pode excluir.
OMISSION (omi'shânn), s. Omissão; olvido.
OMISSIVE (omi'siv), adj. Omissivo.
OMIT (omi't), v. t. Omitir; descuidar.
OMNIFEROUS (ómni'fârâss), adj. Que produz todas as espécies.
OMNIPOTENT (ómni'potént), adj. Onipotente.
OMNIVOUROUS (ómni'vorâss), adj. Onívoro; voraz.
ON (ônn), prep. Sobre, em cima de; por meio de; além de; junto a; a; à; ao; de; conforme; adv. em posição de cobrir; estender-se; espalhar-se sobre; por, ou de cima; no devido lugar; para a frente; em andamento; sucessivamente. Go on!: prossigai.
ONCE (uânss), adv. Uma vez; outrora. But (just, only) once: somente uma vez.

**ONE** (uånn), adj. num. ordn. Um; uma; um tal; um certo; s. um; um; o número um; pron. um; algum; alguém.
**ONENESS** (uån'néss), s. Unidade; singularidade.
**ONER** (uå'når), s. Pessoa habilidosa.
**ONEROUS** (ó'nåråss), adj. Oneroso.
**ONEROUSNESS** (ó'nåråsnéss), s. Opressão.
**ONESELF** (uånsél'f), pron. reflex. Si mesmo; si próprio.
**ONESIDED** (uånsái'did), adj. Parcial; insuficiente.
**ONESIDEDNESS** (uånsái'didnéss), s. Parcialidade; injustiça.
**ONE-WAY** (uån'uêi), adj. De uma só direção; de um só sentido; de mão única.
**ONGOING** (ôngôui'nn), adj. Progressivo; s. avanço; progresso.
**ONION** (å'niånn), s. Cebola.
**ONLY** (ôun'li), adj. Único; só; raro; adv. só; somente; conj. mas; exceto.
**ONOMASTIC** (ónomés'tik), adj. Onomástico.
**ONRUSH** (ón'råsh), s. Investida; arremetida.
**ONSET** (ón'sét), s. Ataque; começo.
**ONSLAUGHT** (ón'slót), s. Ataque violento.
**ONTOLOGY** (ôntô'lodji), s. Ontologia.
**ONWARD** (ón'uård), adj. Avante; avançado.
**ONWARDS** (ón'uårdz), adv. Progressivamente; para diante.
**OOF** (uf), s. (fam.) Dinheiro.
**OOZE** (uz), v. t. e i. Fluir; transudar gradualmente; destilar; s, exsudação; lama.
**OOZINESS** (u'zinéss), s. Lama; lodo; propriedade taninosa.
**OOZY** (u'zi), adj. Lodoso; gotejante.
**OPACITY** (opé'siti), s. Opacidade.
**OPAL** (ôu'påI), s. Opala (pedra).
**OPALINE** (ôu'pålinn), adj. Opalino; cintilante.
**OPAQUE** (opêik), adj. Opaco.
**OPAQUENESS** (opêik'néss), s. Opacidade.
**OPEN** (ôupn), v. t. e i. Abrir; inaugurar; iniciar; dilatar-se; aparecer; mostrar-se; adj. aberto; patente; disposto a; suscetível de; sincero; suave; aberta (votal). *Wide open:* completamente aberto; aberto de par em par; s. lugar descoberto; campo raso.
**OPENHANDED** (ôupn'hendid), adj. Liberal.
**OPENHEARTED** (ôupn'hårtid), adj. Bom; franco; sincero.
**OPENING** (ôup'ninn), s. Abertura; brecha; entrada; buraco; orifício; inauguração; começo; meio; expediente; claro; campo aberto; adj. que se abre; aperitivo.

**OPENLY** (ôu'penli), adv. Claramente; abertamente.
**OPENNESS** (ôu'pennés), s. Nudez; clareza; franqueza; sinceridade.
**OPERA** (ôu'perae), s. Ópera.
**OPERATE** (ó'pårêit), v. t. e i. Operar; obrar; pôr em ação; dirigir; efetuar; desimpedir.
**OPERATING** (ó'pårêitinn), adj. Operante; em funcionamento, em serviço.
**OPERATION** (ópårêi'shånn), s. Operação; processo; agência; efeito; execução; especulação (na Bolsa, no mercado).
**OPERATIVE** (ó'pårelvi), adj. Operário; trabalhador; artífice; adj. operativo; eficaz.
**OPERATOR** (ó'pårêitår), s. Operador; maquinista; dactilógrafo; telegrafista, etc.
**OPHIDIAN** (ôu'fidaen), adj. Ofídico; ofídio.
**OPIATE** (ôu'piêit), adj. e s. Opiato; narcótico.
**OPINE** (opáinn), v. t. e i. Opinar; julgar.
**OPINION** (opi'niånn), s. Parecer; julgamento; fama; notoriedade; reputação.
**OPINIONATED** (opi'niånêitid), adj. Opiniático; teimoso; obstinado.
**OPIUM** (ôu'piåmm), s. Ópio.
**OPOSSUM** (opó'såmm), s. Sariguéia; gambá.
**OPPONENT** (ópôu'nent), adj. Oposto.
**OPPORTUNE** (opårtiu'nn), adj. Oportuno.
**OPPORTUNITY** (ópårtiu'niti), s. Oportunidade; conjuntura.
**OPPOSABLE** (ópôu'zåbl), adj. Objetável; impugnável.
**OPPOSE** (ópôu'z), v. t. e i. Opor; objetar.
**OPPOSED** (ópôu'z'd), adj. Oposto; contrário.
**OPPOSER** (ópôu'zår), s. Opositor; rival.
**OPPOSITE** (ó'pozit), adj. Oposto; fronteiro; diferente; s. antagonista; adv. em frente.
**OPPOSITION** (ópozi'shånn), s. Oposição; resistência.
**OPPOSITIONIST** (ópozi'shånist), s. Oposicionista.
**OPPRESS** (ópré'ss), v. t. Oprimir; tiranizar.
**OPPRESSION** (ópré'shånn), s. Opressão, vexame; calamidade; fadiga.
**OPPRESSIVE** (ópré'siv), adj. Opressivo.
**OPPRESSOR** (ópré'går), s. Opressor; tirano.
**OPPROBRIOUS** (ópròu'briåss), adj. Ignominioso; infamante.
**OPPROBRIOUSNESS** (ópròu'briåssnéss), s. Opróbrio; infâmia; ignomínia.
**OPPUGN** (ópiu'nn), v. t. Opugnar; controverter; discutir.
**OPPUGNANCY** (ópåg'nånsi), s. Oposição.
**OPPUGNANT** (ópåg'nånt), s. Opositor.

**OPPRESSIVELY** (ŏpresi'vĕli), adv. Opressivamente.
**OPTATIVE** (ŏuptĕi'tiv), s. e adj. Optativo.
**OPTIC** (ŏp'tik), adj. Óptico; s. olho; vista.
**OPTICAL** (ŏp'tikăl), adj. Óptico.
**OPTICIAN** (ŏpti'shănn), s. Óptico.
**OTIMISM** (ŏp'timizm), s. Otimismo.
**OPTION** (ŏp'shănn), s. Opção; alternativa.
**OPTIONAL** (ŏp'shănăl), adj. Facltativo.
**OPULENCE** (ŏ'piulénss) ou **OPULENCY** (ŏ'piulénsi), s. Opulência; abundância.
**OPULENT** (ŏ'piulent), adj. Opulento.
**OPUSCULE** (ŏpăs'kiul), s. Opúsculo; folheto.
**OR** (ór), conj. Ou; ou então; do contrário; s. ouro.
**ORACLE** (ŏ'răkl), s. Oráculo.
**ORACULAR** (oré'kiulăr), adj. Oracular.
**ORACULARNESS** (oré'kiulărnéss), s. Dom; autoridade de oráculo.
**ORAL** (ŏu'rael), adj. Oral.
**ORANG** (ŏurénn), s. (Zool.) Orangotango.
**ORANGE** (ŏ'rendj), s. Laranja; laranjeira; cor de laranja; adj. alaranjado.
**ORANGEADE** (ŏrendjĕi'd), s. Laranjada.
**ORANGERY** (ŏ'rendjeri), s. Laranjal.
**ORATE** (ŏurĕi't), v. t. Discursar; tagarelar.
**ORATION** (ŏurei'shănn), s. Oração; discurso.
**ORATOR** (ŏ'rătŏr), s. Orador.
**ORATORY** (ŏ'rătŏuri), s. Oratória; eloqüência; oratório (de igreja).
**ORB** (órb), v. t. Cercar; arredondar; s. orbe; globo; esfera.
**ORBED** (órbd), adj. Arredondado; esférico.
**ORBICULAR** (órbi'kiulăr), adj. Orbicular.
**ORBICULARNESS** (órbi'kiulărnéss), s. Esfericidade.
**ORBIT** (ór'bit), s. Órbita.
**ORCHARD** (ór'tshărd), s. Pomar.
**ORCHARDIST** (ór'tshărdist), s. Pomicultor.
**ORCHESTRA** (ór'kestră), s. Orquestra.
**ORCHESTRATE** (ór'kestrĕit), v. t. Orquestrar; instrumentar.
**ORCHESTRATION** (órkestrĕi'shănn), s. Orquestração; instrumentação.
**ORCHID** (ór'kid), s. Orquídea.
**ORDAIN** (órdĕi'nn), v. t. Ordenar; dar ordens a; conferir ordens a; consagrar; decretar.
**ORDAINER** (órdĕi'năr), s. Ordenador; instituidor.
**ORDEAL** (ór'diăl), s. Prova severa; experiência amarga.
**ORDER** (ór'dăr), v. t. Ordenar; dar instruções a; autorizar; (Com.) pedir, encomendar; regular; s. ordem; comando; mandato; decreto; norma; medida; meio, forma.
**ORDERING** (ór'dărinn), s. Ordem; disposição.
**ORDERLESS** (ór'dărléss), adj. Desordenado.
**ORDERLINESS** (ór'dărlinéss), s. Ordem, método; regularidade.
**ORDERLY** (ór'dărli), adj. Ordenado; metódico; pacífico; adv. ordenadamente.
**ORDINANCE** (ór'dinănss), s. Ordenança, mandado; lei; estatuto; rito.
**ORDINARY** (ór'dinéri), adj. Ordinário; vulgar.
**ORDINATE** (ór'dinit), adj. Regular, metódico; s. (Geom.) ordenada.
**ORDINATION** (órdinĕi'shănn), s. Arranjo, boa ordem.
**ORDNANCE** (ór'dănss), s. Artilharia.
**ORDURE** (ór'djur), s. Imundície; excremento.
**ORE** (ŏur), s. Minério.
**ORGAN** (ór'gănn), s. Órgão, realejo.
**ORGANIC** (órghé'nik) ou **ORGANICAL** (órghĕ'nikăl); adj. Orgânico; organizado.
**ORGANISM** (ór'gănizm), s. Organismo; estrutura orgânica.
**ORGANIZATION** (órgănizĕi'shănn), s. Organização; organismo; sociedade.
**ORGANIZE** (órgănăiz), v. t. Organizar, dispor; constituir; v. i. organizar-se.
**ORGANIZER** (ór'gănăizăr), s. Organizador.
**ORGANON** (ór'gănăn), s. Órgão.
**ORGY** (ór'dji), s. Orgia.
**ORIENT** (ŏu'riént), s. Oriente; leste; adj. nascente; oriental; v. t. e i. orientar(-se).
**ORIENTAL** (ŏu'riéntăl), adj. e s. Oriental.
**ORIENTATION** (ŏurientĕi'shănn), s. Orientação.
**ORIFICE** (ó'rifiss), s. Orifício.
**ORIGAN** (ó'rigănn), s. (Bot.) Orégão.
**ORIGIN** (ó'ridjinn), s. Origem; proveniência; causa; fundamento; raiz; nascimento.
**ORIGINAL** (ó'ridjinnăl), adj. Original; primitivo; radical; s. protótipo; excêntrico.
**ORIGINALITY** (oridjinĕ'liti), s. Originalidade.
**ORIGINATE** (óri'djinĕit), v. t. Originar; produzir; inventar; v. i. originar-se; ter origem.
**ORIGINATION** (óridjinĕi'shănn), s. Origem; princípio; causa.
**ORIOLE** (ŏu'riŏul), s. Oropêndula (pássaro).
**ORISON** (ó'rizănn), s. Oração; prece; rogo.
**ORLOP** (ór'lop) s. (Náut.) Balléu; ponte falsa.
**ORNAMENT** (ór'nămént), v. t. Ornamentar; embelezar; s. ornamento; adorno; insígnia.
**ORNAMENTAL** (órnămén'tăl), adj. Ornamental.

**ORNAMENTATION** (ôrnâmêntêi'shânn), s. Ornamentação.
**ORNATE** (ôrnêi't), adj. Ornado; embelezado.
**ORNATENESS** (ôrnêit'néss), s. Ornato; elegância; aparato.
**ORNITHOLOGY**(ôrnithô'lodji), s. Ornitologia.
**OROGRAPHY** (orô'gráfi), s. Orografia.
**OROLOGY** (orô'lodji), s. Orologia.
**ORPHAN** (ôr'fânn), adj. e s. Órfão; órfã.
**ORPHANAGE** (ôr'fânidj), s. Orfandade; orfanato.
**ORRERY** (ô'reri), s. Planetário.
**ORTHODOX** (ôr'thodóks), s. Ortodoxo.
**ORTHODOXY** (ôr'thodóksi), s. Ortodoxia.
**ORTHOEPY** (ôr'thoépi), s. Ortoépia.
**ORTHOGRAPHIC** (ôrthogré'fik) ou **ORTHOGRAPHICAL** (ôrthogré'fikâl), adj. Ortográfico.
**ORTHOGRAPHY** (ôrthô'gráfi), s. Ortografia.
**ORTHOPEDIA, ORTHOPAEDIA** (ôrthopi'diâ), s. Ortopedia.
**ORTHOPEDIC, ORTHOPAEDIC** (ôrthopi'dik) adj. Ortopédico.
**ORTHOPHONY** (ôrthô'foni), s. Ortofonia.
**OSCILLATE** (ô'silêit), v. t. e i. Oscilar.
**OSCILLATING** (ô'silêitinn), adj. Oscilante.
**OSCILLATION** (ôssilêi'shânn), s. Oscilação.
**OSCILLATOR** (ô'silêitâr), s. Oscilador.
**OSCULANT** (ôs'kiulânt), adj. Osculante.
**OSCULATE** (ôs'kiulêit), v. t. e i. Oscular.
**OSCULATION** (ôskiulêi'shânn), s. Osculação.
**OSCULATORY** (ôs'kiulâtouri), s. Relicário.
**OSIER** (ôu'jâr), adj. De vime; s. vimeiro.
**OSMANLY** (ôzmén'li), adj. e s. Otomano.
**OSMUND** (ós'mând), s. Osmonda (planta).
**OSPREY** (ós'pri), s. Xofrango (ave de rapina).
**OSSEOUS** (ô'siâss), adj. Ósseo.
**OSSICLE** (ô'sikl), s. Ossículo.
**OSSIFICATION** (ôssifikêi'shânn), s. Ossificação.
**OSSIFIED** (ô'sifáid), adj. Ossificado.
**OSSIFY** (ô'sifái), v. t. e i. Ossificar(-se).
**OSSUARY** (ôssiué'ri), s. Ossuário; ossário.
**OSTENSIBILITY** (ôsténsibi'liti), s. Ostensibilidade; qualidade de ostensivo.
**OSTENSIBLE** (ôstén'sibl), adj. Ostensível.
**OSTENSIVE** (ôstén'siv), adj. Ostensivo.
**OSTENTATION** (ôstentêi'shânn), s. Ostentação; pompa; alarde.
**OSTENTATIOUS** (ôstentêi'shâss), adj. Ostentoso; faustoso; magnicente.
**OSTENTATIOUSNESS** (ôstentêi'shâsnéss), s. Ostentação; vanglória; bazófia.
**OSTEOLOGY** (ôs'tiólodji), s. Osteologia.
**OSTIARY** (ôs'tiâri), s. Ostiário; estuário.
**OSTIUM** (ôs'tiâmm), s. (Anat.) Abertura.
**OSTRACISM** (ôs'trâssizm), s. Ostracismo.
**OSTRICH** (ôs'trish), s. (Zool.) Avestruz.
**OSTROGOTH** (ôs'trogóth), s. Ostrogodo.
**OTARY** (ôu'târi), s. Otário (esp. de foca).
**OTHER** (â'dhâr), adj. indef. Outro(s), outra(s).
**OTHERWISE** (â'dhâr-uâiz), adv. Doutro modo; aliás; adj. outro; diferente.
**OTIOSE** (ôu'shiôuss), adj. Negligente.
**OTIOSITY** (ôushiô'siti), s. Ociosidade.
**OTTER** (ô'târ), s. (Zool.) Lontra.
**OTTO** (ô'to) ou **OTTAR** (ô'târ), s. Essência de rosas; óleo essencial.
**OTTOMAN** (ô'tomânn), adj. Otomano; s. otomano, turco.
**OUGHT** (ôt), v. aux. defect. Dever (obrigação moral); convir; s. e pron. alguma coisa.
**OUNCE** (áunss), s. Onça (animal ou peso).
**OUR** (áur), adj. poss. Nosso(s); nossa(s).
**OURSELF** (áursél'f), pron. reflex. Nós mesmos.
**OUST** (áust), v. t. Tirar; desapossar.
**OUSTER** (áus'târ), s. Desapropriação.
**OUT** (áut), adv. e prep. Fora, de fora; ausente; por fora; completamente. *Out of:* fora de; sobre; sem; além disso; mais além; interj. fora!; s. exterior; omissão; salto; v. t. e i. expulsar; desalojar; desvendar-se.
**OUTBALANCE** (áute'lânss), v. t. Preponderar.
**OUTBID** (áutbi'd), v. t. Encarecer; cobrir um lance (leilão).
**OUTBOARD** (áut'bôurd), s. Borda exterior; adj. situado na parte externa do navio; adv. fora ou distante do centro.
**OUTBRAVE** (áutbrêi'v), v. t. Exceder em bravura.
**OUTBREAK** (áutbrêi'k), v. i. Rebentar; manifestar-se com furor; s. erupção; paixão.
**OUTBUILDING** (áutbil'dinn), s. Anexo; construção à parte de um edifício principal.
**OUTBURST** (áut'bârst), s. Erupção (de ira, paixão, etc.); explosão.
**OUTCAST** (áut'kést), adj. Expulso; banido; exilado; s. pária; proscrito; desterrado.
**OUTCLASS** (áutklé'ss), v. t. Exceder, sobrepujar; causar a desclassificação de.
**OUTCOME** (áut'kâmm), s. Conseqüência.
**OUTCROP** (áutkrô'p), v. i. Aparecer.
**OUTCRY** (áut'krái), s. Clamor; hasta pública.
**OUTDARE** (áutdé'r), v. t. Exceder em audácia.

**OUTDO** (áutdu'), v. t. Exceder; ultrapassar.
**OUTDONE** (áutdä'nn), adj. Excedido.
**OUTDOORS** (áut'dóurz), adv. Ao ar livre; fora de casa; s. campo; ar livre.
**OUTER** (áu'tär), adj. Exterior; externo.
**OUTERMOST** (áu'tärmôust), adj. Extremo.
**OUTFALL** (áut'fól), s. Saída, desembocadura.
**OUTFIT** (áut'fit), s. Equipamento; aparelhamento; enxoval, v. t. prover; habilitar.
**OUTFITTER** (áut'fitär), s. Provedor; abastecedor; habilitador, armador de navios.
**OUTFLANK** (áutflén'k), v. t. Flanquear; virar.
**OUTFLOW** (áut'flôu), s. Efusão, fluxo; jorro; v. t. correr, fluir, verter.
**OUTGO** (áut'gôu), v. t. Exceder; sobrepujar; v. i. adiantar-se; tomar a dianteira; s. gasto; despesa; efluxo; saída.
**OUTGOING** (áut'gôuinn), s. Ida; partida; saída; pl. despesas; adj. que parte, que sai.
**OUTGROW** (áut'grôu), v. t. Crescer em demasia.
**OUTGROWTH** (áut'grôuth), s. Crescimento excesivo; resultado; efeito.
**OUTHOUSE** (áut'háuss), s. Alpendre; anexo.
**OUTING** (áu'tinn), s. Passeio; excursão.
**OUTLANDISH** (áutlén'dish) ou **OUTLAND** (áutlén'd), adj. De aspecto grotesco; remoto; longínquo.
**OUTLANDISHNESS** (áutlén'dishnéss), s. Grosseria; rudeza; localização remota.
**OUTLAST** (áutlés't), v. t. Exceder em duração.
**OUTLAW** (áut'ló), s. Proscrito; banido; flibusteiro; v. t. proscrever; banir.
**OUTLAWRY** (áut'lóri), s. Proscrição.
**OUTLAY** (áut'léi), s. Despesas; custeio; v. t. despender.
**OUTLET** (áu'tlét), s. Passagem.
**OUTLIE** (áut'lái), v. t. Exceder em mentiras; v. i. acampar em tendas.
**OUTLINE** (áu'tláinn), s. Esboço; perfil; desenho; resumo; v. t. esboçar; descrever.
**OUTLIVE** (áutli'v), v. t. e i. Sobreviver a.
**OUTLIVER** (áutli'vär), s. Sobrevivente.
**OUTLOOK** (áut'luk), s. Aspecto; vista; perspectiva; vigilância; panorama; v. t. fixar os olhos em; desconcertar com o olhar.
**OUTLYING** (áut'láinn), adj. Afastado, exterior; extrínseco.
**OUTMOST** (áut'môust), adj. Extreme; mais exterior; mais saliente.
**OUTNUMBER** (áutnâm'bär), v. t. Exceder em número.

**OUTPACE** (áutpêi'ss), v. t. Ganhar a dianteira; ultrapassar.
**OUTPOST** (áut'pôust), s. Posto avançado.
**OUTPOUR** (áutpôu'r), s. Jorro; jacto.
**OUTPOURING** (áutpôu'rinn), s. Emanação; expansão; jorro; esguicho.
**OUTPUT** (áut'put), s. Produção; rendimento; potência (em Mecânica).
**OUTRAGE** (áu'trêidj), v. t. Ultrajar; injuriar; raptar; rapinar; s. ultraje; violência; indignidade; imoralidade.
**OUTRAGEOUS** (áutrêi'djäss), adj. Ultrajante; injurioso; atroz; excessivo.
**OUTRAGEOUSNESS** (áutrêi'djásnéss), s. Violência; fúria; atrocidade.
**OUTREACH** (áut-ri'tsh), v. t. e i. Ir além de; passar; tomar a dianteira; exceder.
**OUTRIDE** (áut-rái'd),v. t. e i. Ganhar a dianteira de; avançar demasiado.
**OUTRIDER** (áut-rái'där), s. Batedor; picador.
**OUTRIGGER** (áut'rigär), s. (Náut.) Pau das amuras da mezena.
**OUTRIGHT** (áu'tráit), adj. Sincero; franco; adv. já; imediatamente; completamente.
**OUTRIVAL** (áut-rái'väl), v. t. Exceder.
**OUTRUN** (áut'rânn), v. t. Correr mais que; ganhar.
**OUTRUSH** (áut'râsh), v. t. Exceder em violência, em precipitação.
**OUTSIDE** (áut'sáid), adj. Externo; exterior; aparente; superficial; forasteiro; estrangeiro; s. fora, lado de fora; aparência; adv. exteriormente; prep. fora de.
**OUTSIDER** (áut'sáidär), s. Estranho; forasteiro; pl. o público; os profanos.
**OUTSKIRT** (áut'skärt), s. Bordo; orla; limite; pl. cercanias; arrabaldes.
**OUTSPEAK** (áut'spik), v. t. Falar alto ou excessivamente; ousar falar.
**OUTSPOKEN** (áut'spôukn), adj. Franco; leal.
**OUTSPOKENNESS** (áut'spôuknéss), s. Franqueza; lealdade; sinceridade.
**OUTSTAND** (áutstén'd), v. t. e i. Demorar mais tempo que; projetar-se; sair do alinhamento; resistir; enfrentar.
**OUTSTANDING** (áutstén'dinn), adj. Saliente; pendente; não pago, a receber.
**OUTSTRETCH** (áutstrê'tsh), v. t. Estender; alargar; esticar; distender.
**OUTSTRIP** (áutstri'p), v. t. Avançar; passar.
**OUTTOP** (áut'tóp), v. t. Exceder; ultrapassar.
**OUTWARD** (áut'uärd), adj. Exterior; externo; visível; aparente; material; carnal; adv.

exteriormente, por fora; publicamente; para o exterior; s. aparência exterior; exterioridade; pl. mundo exterior.
**OUTWIT** (áutui't), v. t. Exceder em astúcia.
**OUTWORN** (áutuôr'nn), adj. Gasto pelo uso; desgastado.
**OUZEL** (uz'l), s. Melro (pássaro).
**OVARY** (ôu'vâri), s. Ovário; pl.: *ovaries*.
**OVATE** (ou'vêit), adj. Oval.
**OVATION** (ouvêi'shânn), s. Ovação.
**OVEN** (â'vénn), s. Forno.
**OVENBIRD** (â'vennbârd), s. João-de-barro, forneiro (pássaro).
**OVER** (ôu'vâr), v. t. Pular, saltar; sobrepujar; prep. e adv. sobre, em cima; defronte; por cima de; durante; além de; do outro lado; mais além; além disso; completamente, de um extremo a outro. *All over:* por todos os lados. *It's all over:* acabou-se, era tudo. *Over and about:* além disso; adj. exterior; superior; excedente, excessivo; s. sobra, excesso não justificado, saldo (diz-se nos Estados Unidos).
**OVERACT** (ôuvârék't), v. t. Levar a excesso, exagerar; carregar demasiado.
**OVERALL** (ôu'vârôl), adj. Em toda a extensão; global, integral.
**OVERALLS** (ôu'var-óls), s. pl. Macacão de operário.
**OVERANXIOUS** (ðuvârénk'shâss), adj. Ansioso, angustiado, extremamente aflito.
**OVERBALANCE** (ôuvârbé'lânss), v. t. Pesar mais que; exceder (em peso, valor, importância); s. excesso de peso; superioridade.
**OVERBALANCING** (ôuvârbé'lânsinn), s. Excesso, demasia, preponderância.
**OVERBEAR** (ðuvârbé'r), v. t. e i. Vencer, sobrepujar, sujeitar; reprimir; frutificar em demasia.
**OVERBEARING** (ôuvârbé'rinn), adj. Despótico, tirânico; altivo; dominante.
**OVERBEARINGNESS** (ðuvârbé'rinnéss), s. Altivez, despotismo.
**OVERBLOW** (ôuvârblô'u), v. i. Passar a borrasca; cair (o vento) de intensidade.
**OVERBOIL** (ôuvârbôi'l), v. t. Ferver ou cozer demais.
**OVERBOLD** (ôuvârbôul'd), adj. Temerário; presunçoso.
**OVERBURDEN** (ôuvârbârd'nn), v. t. Sobrecarregar; oprimir; adj. sobrecarregado.
**OVERBUSY** (ôu'vârbizi), adj. Oficioso; intrometido; muitíssimo ocupado.

**OVERCARE** (ôu'vârkêr), s. Solicitude, desvelo; carinho excessivo.
**OVERCAREFULNESS** (ðu'vârkérfulnéss), s. Cuidado extremo; prolixidade.
**OVERCAST** (ôuvârkés't), v. t. Escurecer, obscurecer; lançar sobre; revestir; cerzir; cicatrizar; v. i. enevoar-se; cobrir-se de nuvens; adj. enevoado, coberto de nuvens; sombrio.
**OVERCHARGE** (ðuvârtshár'dj), v. t. e i. Sobrecarregar; exagerar; carregar no preço; s. sobrecarga; extorsão; preço ou imposto excessivo.
**OVERCLOUD** (ðuvârklâu'd), v. t. Cobrir de nuvens; entristecer; v. i. anuviar-se.
**OVERCOAT** (ôu'vârkôut), s. Sobretudo.
**OVERCOME** (ðuvârká'mm), v. t. e i. Vencer, dominar, conquistar, superar; tornar-se superior.
**OVERCOOKED** (ðuvârkuk't), adj. Cozido demasiadamente.
**OVERCROWD** (ðuvârkrâu'd), v. t. e i. Encher em extremo.
**OVERDO** (ðuvârdu'), v. t. e i. Exceder, exagerar; exceder-se; cozinhar muito.
**OVERDRESS** (ðuvârdré'ss), v. t. e i. Vestir-se com esmero; ser elegante em demasia.
**OVERDUE** (ôu'vârdiu'), adj. Vencido e não pago (um título comercial), em atraso; passado.
**OVERFEED** (ôu'vâr'fid), v. t. Superalimentar; v. i. alimentar-se em excesso.
**OVERFLOW** (ôuvârflô'u), v. t. e i. Transbordar, espalhar-se, inundar; s. inundação, cheia.
**OVERFLOWING** (ðuvârflôu'inn), s. Transbordamento; excesso; adj. copioso, superabundante.
**OVERGROUND** (ôu'vârgráund), adj. Acima do solo.
**OVERGROW** (ðuvârgrô'u), v. t. e i. Crescer demasiadamente; atapetar (de verdura); tornar-se mais (que outro ou outrem).
**OVERGROWTH** (ðuvârgrôu'th), s. Vegetação abundante; grande crescimento.
**OVERHAND** (ôu'vâr-hénd), adj. e adv. Com a palma da mão voltada para baixo ou para o corpo, por baixo da mão.
**OVERHANDING** (ou'vâr-hen'dinn), adj. Que tem operários em excesso.
**OVERHANG** (ðuvâr-hê'nn), s. Saliência, aba do telhado; v. i. sobressair, pender sobre; dar para.

**OVERHAUL** (ŏuvâr-hô'l), v. t. Rever, examinar; desmontar; inspecionar as condições de; (Náut.) exceder em velocidade.

**OVERHAULING** (ŏuvâr-hô'linn), s. Inspeção, exame.

**OVERHEAD** (ŏu'vâr-héd), adj. Em cima, por cima; aéreo.

**OVERHEAT** (ŏuvâr-hi't), v. t. Aquecer muito; s. ato de requentar.

**OVERJOY** (ŏuvârdjô'i), v. t. Arrebatar, transportar (em êxtase), s. arrebatamento; êxtase; transporte de alegria.

**OVERJOYED** (ŏuvârdjói'd), adj. Pleno de alegria.

**OVERKIND** (ŏuvârkáin'd), adj. Extremamente carinhoso.

**OVERLADE** (ŏuvârlêi'd), v. t. Sobrecarregar.

**OVERLAND** (ŏu'vârlénd), adj. e adv. Por terra.

**OVERLAP** (ŏuvârlé'p), v. t. e i. Sobrepor, encobrir, envolver; sobrepor-se; s. envoltório; parte sobreposta.

**OVERLAY** (ŏuvârlê'i), v. t. Cobrir, dar uma camada de tinta; obscurecer; toldar.

**OVERLAYING** (ŏuvârlêi'nn), s. Cobertura; camada.

**OVERLOAD** (ŏuvârlôu'd), v. t. Sobrecarregar; s. sobrecarga.

**OVERLOOK** (ŏuvârlu'k), v. t. Ver do alto, dominar; superintender; dissimular; vigiar, observar; superintender; dissimular; desdenhar; não fazer caso de, deixar passar; encantar, enfeitiçar; pôr mau olhado em; pôr quebrante.

**OVERLOOK** (ŏu'vârluk), s. Ato de olhar do alto; revisão, inspeção, examinação, distração.

**OVERLOOKER** (ŏuvârlu'kâr), s. Guarda, vigilante, inspetor, superintendente.

**OVERLOOKING** (ŏuvârlu'kinn), s. Inspeção, vigilância; superintendência.

**OVER-MANY** (ou'varmê'ni), adj. Excessivos, demasiados.

**OVERMASTER** (ŏuvârmaes'târ), v. t. Dominar, exceder o controle sobre.

**OVERMATCH** (ŏuvârmé'tsh), v. t. Vencer; sobrepujar, ser muito forte para; s. luta de forças desiguais.

**OVERMUCH** (ŏuvârmâ'tsh), adj. e adv. Excessivo, demasiado; muito; excessivamente.

**OVERNIGHT** (ŏuvârnâi't), adv. Durante a noite; adj. da véspera; noturno; s. noite anterior; véspera.

**OVERPASS** (ŏuvârpé'ss), v. t. Atravessar, transpor; exceder; omitir; desprezar.

**OVERPOWER** (ŏuvârpáu'âr), v. t. Sujeitar; dominar, vencer, subjugar; acabrunhar.

**OVERPRESS** (ŏuvârpré'ss), v. t. Oprimir; instar vivamente; apertar demasiado.

**OVERPRODUCTION** (ŏuvârprodâk'shânn), s. Superprodução.

**OVERRULE** (ŏuvârru'l), v. t. e i. Controlar, sujeitando; afastar, rejeitar; anular; ganhar, predominar.

**OVERRULER** (ŏuvârru'lâr), s. Dominador, senhor.

**OVERRUN** (ŏuvârrâ'nn), v. t. Invadir, assolar, infestar; ir além de, passar os limites; espezinhar; recorrer (em tipografia).

**OVERRUNING** (ŏuvârrâ'ninn), s. Invasão.

**OVERSEA** (ŏuvârsi'), adj. Ultramarino, de além-mar.

**OVERSEE** (ŏuvârsi'), v. t. e i. Vigiar, inspecionar; superintender.

**OVERSEER** (ŏuvârsi'r), s. Inspetor, vigilante; capataz.

**OVERSET** (ŏuvârsé't), v. t. e i. Derrubar; emborcar; cair por terra; arruinar; (Tip.) compor linha com excesso de tipos; subverter; s. tombo, queda; subversão.

**OVERSHAD** (ŏuvârshêi'd), v. t. e i. Sombrear; escurecer.

**OVERSHADOW** (ŏvârshé'dŏu), v. t. Sombrear; lançar na sombra; sobrepor-se a, sobrepujar.

**OVERSHOOT** (ŏuvârshu't), v. t. e i. Exceder o alvo; ultrapassar os limites; levar muito longe.

**OVERSIGHT** (ŏu'vârsâit), s. Erro (devido à falta de atenção); descuido; controle, vigilância.

**OVERSTATE** (ŏuvârstêi't), v. t. Exagerar.

**OVERSTATEMENT** (ŏuvârstéit'ment), s. Exagero.

**OVERSTEP** (ŏuvârstê'p), v. t. e i. Exceder, exceder-se; ultrapassar.

**OVERSTOCK** (ŏuvârstô'k), v. t. Abarrotar; armazenar em excesso; s. estoque excessivo.

**OVERSTRAIN** (ŏuvârstrêi'nn), v. t. e i. Estender, estender-se; trabalhar demasiadamente; s. tensão.

**OVERSUPPLY** (ŏuvârsâplá'i), s. Excesso; superabundância.

**OVERTAKE** (ŏuvârtêi'k), v. t. Alcançar na carreira; apanhar, surpreender em flagrante.

**OVERTAX** (ŏu'vâr'taeks), v. t. Cobrar imposto excessivo; exigir demais de alguém.
**OVERTIME** (ŏu'vâr tâimm), s. Horas extraordinárias de um trabalho; trabalho extraordinário.
**OVERTHROW** (ŏuvârthrŏ'u), v. t. Deitar abaixo; derrotar; desfazer; malograr.
**OVERTIME** (ŏu'vârtáimm), s. Trabalho extraordinário, feito em horas extras; adv. fora de tempo marcado.
**OVERTIRE** (ŏuvârtái'r), v. t. Fatigar excessivamente.
**OVERTOP** (ŏuvârtŏ'p), v. t. e i. Dominar, exceder; sobressair; elevar-se acima de.
**OVERVALUE** (ŏuvârvé'liu), v. t. Encarecer o valor de; s. supervalia.
**OVERWEIGHT** (ŏuvâr-uêit), s. Excesso de peso; superioridade, preponderância; v. t. exceder em peso; preponderar.
**OVERWORN** (ŏuvâr-uŏur'nn), adj. Usado demais; gasto; esgotado (de fadiga).
**OVIFORM** (ŏu'vifórm), adj. Oviforme, oval.
**OVINE** (ŏu'váinn), adj. e s. Ovino.
**OVIPAROUS** (ovi'pârâss), adj. Ovíparo.
**OVULE** (ŏu'viul), s. Óvulo.
**OWE** (ŏu), v. t. e i. Ser devedor, dever (dinheiro, favores).

**OWING** (ŏu'inn), adj. Devido.
**OWL** (ául), s. Coruja, mocho.
**OWLER** (áu'lâr), s. Contrabandista.
**OWN** (ŏunn), adj. Próprio, própria (sempre precedido de um adjetivo possessivo, como em *I'm my own boss:* sou meu próprio patrão); v. t. possuir; v. t. e i. admitir, reconhecer; acusar a recepção de.
**OWNER** (áu'nâr), s. Dono, proprietário.
**OWNERSHIP** (ŏu'narship), s. Propriedade, domínio.
**OX** (ŏks), s. Boi; gado (no plural); quadrúpede bovino.
**OXIDATE** (ŏk'sidêit), v. t. Oxidar.
**OXIDATION** (ŏksidêi'shânn), s. Oxidação.
**OXIDE** (ŏk'sid), s. Óxido.
**OXYGEN** (ŏk'sidjénn), s. Oxigênio.
**OXYGENATE** (ŏksi'djinêit), v. t. Oxigenar.
**OXYGENATION** (ŏksidjinêi'shânn), s. Oxigenação.
**OXYTONE** (ŏk'sitónn), adj. (Gram.) Oxítono; s. vocábulo oxítono.
**OYER** (ŏu'iâr), s. (jur.) Audiência; julgamento.
**OYSTER** (ois'târ), s. Ostra.
**OZ** (áunss), abrev. de *ounce* (peso).
**OZONE** (ŏu'zŏunn), s. (Quím.) Ozônio.

# P

**P** (pi), s. Décima-sexta letra do alfabeto.
**PACE** (pêiss), s. Passo, andadura, passada; estrado, tablado. *To keep pace with:* andar tão depressa como; v. t. e i. andar a passo; regular a marcha; medir terras; abalizar.
**PACHYDERM** (pé'kidârmm), s. Paquiderme.
**PACHYDERMATA** (pékidâr'mâtâ), s. pl. Paquidermes.
**PACIFIC** (pâssi'fik), adj. Pacífico, quieto, manso; tranqüilo, sossegado; s. Pacífico (oceano).
**PACIFICALLY** (pâssi'fikaeli), adv. Pacificamente.
**PACIFICATE** (pâssifi'kâit), v. t. Pacificar.
**PACIFICATION** (pâssifikêi'shânn), s. Pacificação.
**PACIFICATOR** (pâssifi'kêitâr), s. Pacificador.

**PACIFIER** (pé'sifáiâr), s. Pacificador.
**PACIFIST** (pé'sifist), s. Pacifista.
**PACIFY** (pé'sifái), v. t. Pacificar, acalmar.
**PACING** (pêi'sinn), s. Passo, andadura, andar.
**PACK** (pék), s. Pacote, embrulho, fardo; matilha de cães; baralho de cartas; banco de gelo; horda, bando; v. t. enfardar, empacotar; apertar, encerrar, vedar; aprontar as malas; carregar às costas.
**PACKAGE** (pé'kidj), s. Acondicionamento, enfardamento, embalagem; pacote, fardo, volume.
**PACKER** (pé'kâr), s. Enfardador.
**PACKET** (pé'ket), s. Pacote; embrulho, volume de pequeno tamanho; mala, correio; vapor; v. t. enfardar, empacotar.

**PACKING** (pé'kinn), s. Enfardamento; embalagem; enchimento, recheio.
**PACKSAC** (pék'sék), s. Saco de viagem.
**PACT** (pékt), s. Pacto, ajuste, acordo, tratado.
**PAD** (péd), s. Almofada, travesseiro; estrada, vereda; ladrão de estradas; v. t. e i. enchumaçar, acolchoar, almofadar; pôr calço em; caminhar com dificuldade.
**PADDING** (pé'dinn), s. Chumaço.
**PADDLE** (péd'l), s. Remo; pá (de roda propulsora); tina; v. t. e i. Remar, impelir; patinhar; andar inseguramente (a criança).
**PADDLER** (pé'dlâr), s. Remador.
**PADDOCK** (pé'dók), s. Encilhamento; cerca; pequena pastagem fechada; espécie de sapo grande.
**PADLOCK** (pé'dlók), s. Cadeado; v. t. fechar a cadeado.
**PADUAN** (pé'diuânn), adj. e s. Paduano.
**PAGAN** (pêi'gânn), adj. e s. Pagão, pagã; infiel
**PAGANISM** (péi'gânizm), s. Paganismo.
**PAGANIZE** (péi'gânâiz), v. t. e i. Paganizar, paganizar-se.
**PAGE** (pêidj), s. Página (também de livro), fato notável, acontecimento; pajem; assistente; ajudante; mensageiro; indicador de teatro (diz-se nos Estados Unidos); v. t. paginar, folhear; servir de pajem ou de ajudante.
**PAGEANT** (pê'djânt), s. Espetáculo, cerimônia pomposa; cortejo aparatoso; adj. pomposo, suntuoso.
**PAGEANTRY** (pé'djântri), s. Pompa, aparato, ostentação.
**PAGINATE** (pé'djinêit), v. t. Paginar.
**PAGINATION** (pédjinêi'shânn), s. Paginação (também se diz paging), numeração de páginas.
**PAIL** (pêil), s. Balde.
**PAIN** (pêinn), s. Pena, dor, tormento, aflição; v. t. afligir, contristar, atormentar.
**PAINED** (pêin'd), adj. Dorido, doloroso, aflito.
**PAINFUL** (pêin'ful), adj. Doloroso, aflitivo, penoso; trabalhoso, árduo.
**PAINFULLY** (pêin'fuli), adv. Dolorosamente, doloridamente, penosamente.
**PAINFULNESS** (pêin'fulnéss), s. Dor, aflição, trabalho; dificuldade.
**PAINLESS** (pêin'léss), adj. Sem dor, sem trabalho; fácil.

**PAINLESSNESS** (pêin'lésnéss), s. Falta de dor; facilidade.
**PAINSTAKING** (pêinz'têiking), s. Esforço, trabalho, diligência; adj. laborioso, diligente.
**PAINSTAKER** (pêinz'têikâr), s. Pessoa laboriosa, ativa, amiga do trabalho.
**PAINT** (pêint), v. t. e i. Pintar; tingir; colorir; enfeitar com pinturas; v. i. dedicar-se à arte da pintura; pintar-se; enfeitar-se; s. tinta, tintura; arrebique; descrição.
**PAINTER** (pêin'târ), s. Pintor; (Náut.) cabo, amarra.
**PAINTING** (pêin'tinn), s. Pintura; descrição.
**PAIR** (pér), s. Par, parelha, junta, dupla; v. t. e i. emparelhar, igualar; estar aos pares; casar.
**PAIRING** (pé'rinn), s. Emparelhamento.
**PAJAMAS** (pádjá'mâss), s. Pijama.
**PAL** (pél), s. (pop.) Companheiro, camarada, amigo.
**PALACE** (pé'liss), s. Palácio.
**PALATABLE** (pé'litâbl), adj. Gostoso, saboroso.
**PALATABLENESS** (pé'litâblnéss), s. Gosto bom, sabor agradável.
**PALATAL** (pé'lâtâl), adj. e s. Palatal.
**PALATE** (pé'lit), s. Paladar; palato, céu da boca; sentido do gosto; preferência.
**PALATIAL** (pâlêi'shâl), adj. Palacial; majestoso.
**PALAVER** (pâlé'vâr), s. Palavreado; lisonja; v. t. e i. adular, bajular; palavrear.
**PALE** (pêil), v. t. e i. Fazer empalidecer; guarnecer de paliçadas; murar, estacar (uma árvore); adj. pálido, lívido, deslustrado; claro; descorado; s. sarrafo; estaca, poste; paliçada; sociedade, grêmio.
**PALENESS** (pêil'néss), s. Palidez.
**PALEONTOLOGIST** (péliôntô'lodjist), s. Paleontólogo.
**PALEONTOLOGY** (péliôntô'lodji), s. Paleontologia.
**PALING** (pêi'linn), s. Paliçada.
**PALISH** (pêi'lish), adj. Um pouco pálido.
**PALL** (pól), s. Pálio; mortalha; (fig.) manto de tristeza ou angústia; v. t. e i. tornar ou tornar-se insípido, fartar, saciar.
**PALLET** (pé'let), s. Aldrava; lingüeta; peça móvel, disco; cama pequena; enxergão; paleta (de pintura).
**PALLIATE** (pé'liêit), v. t. Paliar; encobrir; disfarçar; tornar menos severo.

**PALLIATION** (pĕliĕi'shănn), s. Paliação, alívio, mitigação.
**PALLIATIVE** (pé'liătiv), adj. e s. Paliativo.
**PALLID** (pé'lid), adj. Pálido, lívido, descorado.
**PALLIDNESS** (pé'lidnéss), s. Palidez.
**PALLOR** (pé'lăr), s. Palidez.
**PALM** (pá'mm), v. t. Empalmar, esconder na palma da mão, esconder; impor a (seguido de *off, on, upon*); s. palma, palmeira; palma da mão; palmo (medida); (Náut.) refluxo; (fig.) vitória.
**PALMATE** (pél'mit), adj. Espalmado.
**PALMER** (pá'măr), s. Empalmador, escamoteador; peregrino (dos tempos medievais).
**PALMETTO** (pael'métŏu), s. Palmito; palmeira de folhas em leque.
**PALMISTRY** (pá'mistri), s. Quiromância.
**PALMY** (pá'mi), adj. Palmar; florescente; próspero.
**PALPABILITY** (pélpăbi'liti), s. Palpabilidade; evidência.
**PALPABLE** (pél'păbl), adj. Palpável; evidente.
**PALPATE** (pél'pĕit), v. t. Apalpar, examinar pelo tato.
**PALPATION** (pélpĕi'shănn), s. Apalpação, toque.
**PALPITATE** (pél'pitĕit), v. t. Palpitar, latejar.
**PALPITATING** (pél'pitĕitinn), adj. Palpitante.
**PALPITATION** (pélpitĕi'shănn), s. Palpitação; pulsação irregular.
**PALSIED** (pól'zid), adj. Paralítico, paralisado.
**PALSY** (pól'zi), s. Paralisia; apatia, marasmo.
**PALTER** (pól'tăr), v. t. e i. Enganar, lograr, simular; regatear; negociar, questionar (preço).
**PALTRINESS** (pól'trinéss), s. Vileza, mesquinharia.
**PALTRY** (pól'tri), adj. Vil, miserável, mesquinho.
**PAMPER** (pém'păr), v. t. Nutrir em excesso; engordar; regalar, deleitar; acariciar.
**PAMPERED** (pém'părd), adj. Regalado, saciado.
**PAMPERING** (pém'părinn), s. Abundância, regalo.
**PAMPHLET** (pĕn'flit), s. Panfleto.
**PAMPHLETEER** (pĕnfliti'ăr), s. Panfletário.
**PAN** (paenn), s. Panela, caçarola, frigideira; marmita; chaleira; gamela; espécie de peneira; gonzo; crânio; v. i. separar o ouro do cascalho; cozer e servir em caçarola de barro. *To pan out:* dar bom resultado.
**PANCAKE** (pén'kĕik), s. Panqueca.
**PANDECT** (pén'dékt), s. Pandecta, tratado enciclopédico; digesto.
**PANDEMIC** (pĕndé'mik), adj. Epidêmico; s. epidemia.
**PANDER** (pén'dăr), s. Alcoviteiro; v. i. alcovitar.
**PANE** (pĕinn), s. Vidro de janela, vidraça, cara, lado, facela.
**PANEGYRIC** (pénidji'rik), s. Panegírico, apologia.
**PANEGYRIST** (pénidji'rist), s. Panegirista.
**PANEL** (paenél), s. Painel (de instrumentos).
**PANG** (pénn), s. Dor cruciante e repentina; agonia, tormento; v. t. atormentar, fazer sofrer.
**PANIC** (pé'nik), s. Pânico.
**PANICKY** (pé'nik), adj. Aterrorizado; com tendência para pânico.
**PANNIER** (pé'niăr), s. Cesta para animais de carga; cabaz; cangalha; anquinhas (de saia).
**PANSY** (pén'zi), s. Amor-perfeito (flor).
**PANT** (pént), s. Palpitação; ânsia; v. t. e i. palpitar; anelar; arquejar; ofegar.
**PANTALOON** (péntălu'nn), s. Arlequim, bobo; pl. calções, calças.
**PANTHEISM** (pén'thiizm), s. Panteísmo.
**PANTHEIST** (pén'thiist), s. Panteísta.
**PANTHER** (pén'thăr), s. Pantera.
**PANTIES** (pén'tiss), s. pl. Calcinhas (de mulher).
**PANTILE** (pén'tăil), s. Goteira, telha de beiral, de onde escorre a água da chuva.
**PANTING** (pén'tinn), s. Palpitação; trepidação.
**PANTOMIME** (pén'tomăimm), s. Pantomima; mágica; pantomimo.
**PANTRY** (pén'tri), s. Despensa; copa.
**PANTS** (pénts), s. pl. Ceroulas; calças; (abrev. de *PANTALOONS*).
**PAP** (pép), s. Teta, mama, peito; papa, mingau; polpa dos frutos.
**PAPACY** (pĕi'păssi), s. Papado, pontificado papal.
**PAPAL** (pĕi'păl), adj. Papal, pontificial.
**PAPAYA** (pá'păiá), s. Mamão.
**PAPER** (pĕi'păr), s. Papel; folha de papel; jornal; peça; documento; ensaio literário, memória, discurso escrito; invólucro; pa-

pel-moeda; ordem de pagamento; pl. cartas de valor, bilhetes, autos, documentos em geral; adj. de papel; como papel; v. t. empapelar; pôr em papel.
**PAPERBOAD** (pêi'pàrbôrd), s. Papelão (grosso).
**PAPILLA** (pàpi'là), s. Papila, glândula, teta.
**PAILFACE** (pêil'fêiss), s. Cara-pálida (nome dado pelos índios norte-americanos aos brancos).
**PAINTBRUSH** (pêint'bràsh), s. Pincel, brocha.
**PANORAMA** (paeno'raem'), s. Panorama.
**PAPPUS** (pé'pàss), s. Plúmula.
**PAPYRUS** (pàpái'ràss), s. Papiro.
**PAR** (pàr), s. Igualdade, paridade, nível; par (igualdade de câmbio).
**PARABLE** (pé'ràbl), s. Parábola (alegoria religiosa).
**PARABOLA** (pàrê'bolà), s. (Mat.) Parábola.
**PARACHUTE** (pá'ràshut), s. Pára-quedas.
**PARADE** (pàrêi'd), s. Parada, desfile, passeata; pompa, ostentação; alarde; passeio público; v. t. e i. dispor em parada; passar em revista; fazer ostentação de, fazer gala; cavalgar.
**PARADIGM** (pé'ràdimm), s. (Gram.) Paradigma; modelo; exemplo.
**PARADISE** (pé'ràdáis), s. Paraíso; céu; bem-aventurança.
**PARADISIACAL** (pèràdissái'àkàl), adj. Paradisíaco.
**PARADOX** (pé'ràkôks), s. Paradoxo; contradição.
**PARAFFIN** (pé'ràfinn), s. Parafina; v. t. aplicar parafina em.
**PARAGRAPH** (pé'ràgráf), s. Parágrafo; alínea; v. t. dividir em parágrafos.
**PARAKEET** (pé'ràkit), s. Periquito.
**PARALLEL** (pé'ràlél), v. t. e i. Pôr em paralelo; confrontar, comparar; correr parelhas com; adj. paralelo, igual, semelhante; s. linha paralela; comparação; semelhança; cópia.
**PARALYSE, PARALYZE** (pé'ràláiz), v. t. Paralisar.
**PARALYSIS** (pàrê'lississ), s. Paralisia; paralisação.
**PARALYTIC** (pèràli'tik), adj. e s. Paralítico.
**PARAMOUNT** (pé'ràmáunt), adj. Soberano, principal, superior, supremo, predominante.
**PARAMOUNTCY** (pé'ràmáuntsi), s. Superioridade, supremacia.

**PARAMOUR** (pé'ramur), s. Amante.
**PARAPET** (pé'ràpêt), s. Parapeito, muro fortificado.
**PARASITE** (pé'ràssáit), s. Parasita (animal ou planta).
**PARASITIC** (pèràssi'tik) ou **PARASITICAL** (pèràssi'tikàl), adj. Parasítico.
**PARASITICALNESS** (pèràssi'tikàlnéss), s. Qualidade de parasita.
**PARASOL** (pé'ràssól), s. Sombrinha, guarda-sol.
**PARCEL** (pàr'sel), v. t. Parcelar, repartir; distribuir (seguido de *out, into*); acondicionar em pacotes; s. parcela, porção; pacote, volume, embrulho; quantidade; (Com.) embarque, despacho; remessa.
**PARCENER** (pàr'sinàr), s. (Jur.) Co-herdeiro.
**PARCH** (pàrtsh), v. t. e i. Ressecar, tostar; ressecar-se, queimar-se; abrasar-se.
**PARCHING** (pàr'tshinn), adj. Ardente, abrasador.
**PARCHMENT** (pàr'tshment), s. Pergaminho, papiro; documento escrito em pergaminho.
**PARCIMONY** (pàr'simôuni), s. Parcimônia; economia, restrição (de opiniões, comentários); não confundir com **PARSIMONY**.
**PARDON** (pàrd'n), s. Perdão; graça; absolvição; v. t. perdoar; desculpar; remir.
**PARDONABLE** (pàr'dnàbl), adj. Perdoável; venial.
**PARDONABLENESS** (pàr'dnàblnéss), s. Venialidade.
**PARDONER** (pàr'dnàr), s. O que perdoa, desculpa.
**PARDONING** (pàr'dninn), adj. Clemente, indulgente.
**PARE** (pér), v. t. Aparar; descascar.
**PARENT** (pé'rent), s. Pai ou mãe, genitor, autor, gerador, origem; adj. paterno ou materno.
**PARENTAGE** (pé'rentidj), s. Parentesco, ascendência, família, origem, linhagem.
**PARENTAL** (pàrên'tàl), adj. Paterno ou materno.
**PARENTLESS** (pàrént'léss), adj. Órfão, órfã.
**PARER** (pé'ràr), s. Aparador, tosquiador; pessoa que corta; raspadeira.
**PARERGON** (pèràr'gônn), s. Acrescentamento; ornato.
**PARIETAL** (pàrái'itàl), adj. Parietal; s. osso parietal.
**PARING** (pé'rinn), s. Aparas, raspas, refugo; casca; pele.

**PARISH** (pé'rish), s. Paróquia; freguesia; adj. paroquial.
**PARISHIONER** (pé'rishnâr), s. Paroquiano.
**PARISIAN** (pâri'jiânn), adj. e s. Parisiense.
**PARITY** (pé'riti), s. Paridade, igualdade.
**PARK** (pârk), s. Parque, campo, campina, várzea; tapada, coutada; ponto de estacionamento; v. t. encerrar (num parque, numa tapada); estacionar (um carro, etc.).
**PARKING** (párkinn), s. Estacionamento de veículos. *No parking:* estacionamento proibido.
**PARLANCE** (pár'lânss), s. Locução, conversação; linguagem, maneira de falar.
**PARLEY** (pár'li), v. i. Parlamentar, conferenciar, discutir; s. conferência; negociação militar.
**PARLIAMENT** (pár'limênt), s. Parlamento.
**PARLIAMENTARY** (párlimén'târi), adj. Parlamentar, do parlamento.
**PARLOR, PARLOUR** (pár'lâr), s. Sala de visitas; parlatório, locutório.
**PARLOUS** (pár'lâss), adj. Sagaz; perigoso.
**PARODY** (oé'rodi), s. Paródia; caricatura; v. t. parodiar; arremedar.
**PAROXYSM** (pé'roksizm), s. Paroxismo; acesso; agonia.
**PAROXYTONE** (pérô'ksitôunn), s. Paroxítono.
**PARR** (pár), s. Filhote de salmão.
**PARRICIDE** (pé'rissáid), s. Parricida; parricídio.
**PARROT** (pé'rât), s. Papagaio.
**PARRY** (pé'ri), v. t. e i. Aparar, desviar (um golpe, uma pergunta capciosa, etc.); s. parada, evasão, movimento defensivo, defesa.
**PARSE** (párss), v. t. e i. Analisar (uma palavra ou sentença).
**PARSIMONIOUS** (pársimôu'niâss), adj. Parcimonioso, econômico, parco.
**PARSIMONY** (pár'simôuni), s. Parcimônia, economia, frugalidade, restrição (de gastos); não confundir com **PARCIMONY**.
**PARSING** (pár'sinn), s. Análise gramatical.
**PARSLEY** (párs'li), s. Salsa.
**PARSON** (pár'sânn), s. Pastor, clérigo, sacerdote, pároco (protestante).
**PARSONAGE** (pár'sânidj), s. Presbitério, curato, reitoria (protestante).
**PART** (párt), s. Parte, porção, quota, fração; ingrediente; componente; divisão; dever; obrigação; função, ofício; pl. habilidades, dotes pessoais. *Foreign parts:* países estrangeiros; v. t. e i. dividir em partes ou quinhões; separar, apartar; desprender-se, desunir-se; partir, morrer. *To part with:* dispor, desfazer-se, separar-se de.
**PARTAKE** (pártêi'k), v. t. Participar, partilhar de.
**PARTAKER** (pártêi'kâr), s. Participante; cúmplice.
**PARTAKING** (pártêi'kinn), s. Participação.
**PARTIAL** (pár'shâl), adj. Parcial.
**PARTIALITY** (párshié'liti), s. Parcialidade; gosto, predileção.
**PARTIALLY** (pár'chiali), adv. Parcialmente.
**PARTICIPANT** (párti'sipânt), adj. e s. Participante.
**PARTICIPATE** (párti'sipêit), v. t. e i. Participar, compartilhar de; ter qualidades em comum com (seguido de *in*).
**PARTICIPATION** (pártissipêi'shânn), s. Participação; porção, quinhão, parte.
**PARTICIPATOR** (párti'sipêitâr), s. Participador.
**PARTICIPLE** (pár'tissipl), s. (Gram.) Particípio.
**PARTÍCULA** (pár'tikl), s. Partícula.
**PARTICULAR** (párti'kiulâr), adj. Particular, privado; especial; individual; notável; minucioso; exato; s. particularidade, pormenor, circunstância; pl. informações; pormenores.
**PARTICULARITY** (pártikiulé'riti), s. Particularidade.
**PARTICULARIZE** (párti'kiuláráiz), v. t. Particularizar, pormenorizar, detalhar.
**PARTICULARLY** (párti'kiulârli), adv. Particularmente; extraordinariamente.
**PARTING** (pár'tinn), s. Separação, adeus, despedida, bifurcação, risca do cabelo; adj. divisório, de separação.
**PARTISAN, PARTIZAN** (pár'tizânn), adj. Faccioso, partidário; s. partidário, sequaz; alabarda.
**PARTITE** (pár'táit), adj. Dividido.
**PARTITION** (párti'shânn), s. Separação, divisão, partilha; tabique; (Mús.) partitura; v. t. separar, dividir, repartir.
**PARTITIVE** (pár'titiv), adj. e s. Partitivo.
**PARTLY** (pár'tli), adv. Em parte; parcialmente; até certo ponto.
**PARTNER** (pár'tnâr), s. Sócio, sócia (de firma comercial); par (na dança); parceiro (no jogo); companheiro, companheira; cônjuge; v. t. associar-se com.

**PARTNERSHIP** (pár'tnârship), s. Consórcio, sociedade, associação.

**PARTRIDGE** (pár'tridj), s. Perdiz.

**PART-TIME** (pár-táimm), adj. Por hora; de meio expediente.

**PARTURIENT** (pár'tshiú'rient), adj. Parturiente; de ou relativo ao parto.

**PARTURITION** (pártiuri'shânn), s. Parto.

**PARTY** (pár'ti), s. Partido político, facção; parte litigante; parte interessada; sarau, reunião festiva; (gfr.) sujeito, indivíduo.

**PAS** (pá), s. Passo; dança; direito de precedência.

**PASS** (páss), v. t. e i. Passar, cruzar, atravessar, transpor; ultrapassar, superar; passar alguma coisa, dar em mão; suceder; transcorrer; transferir; omitir; andar, caminhar; consentir, tolerar; suportar, sofrer; opinar; (Jur.) pronunciar sentença; morrer, passar desta para a outra vida. *To pass for*: passar por, ser considerado como; s. passo, passagem, caminho, desfiladeiro; estreito; parte navegável (de rio ou canal); estado; condição; bilhete de favor.

**PASSABLE** (pá'sâbl), adj. Passável, tolerável.

**PASSABLENESS** (pá'sâblnéss), s. Praticabilidade.

**PASSAGE** (pá'sidj), s. Passagem, passo; travessia; navegação; trecho; incidente; acontecimento; desafio; migração das aves.

**PASSAGEWAY** (pá'sséidjuêi), s. Passagem, corredor, galeria, via, caminho.

**PASSENGER** (pá'sendjâr), s. Passageiro; transeunte.

**PASSER** (pá'sâr), s. Aquele que passa; pedestre; transeunte; pardal (pássaro).

**PASSIBLE** (pá'sibl), adj. Passível.

**PASSING** (pá'sinn), adj. Passageiro; transitório; momentâneo; s. passo, passagem, caminho estreito; passamento, morte.

**PASSION** (pé'shânn), s. Paixão, ira, cólera, furor; Paixão de Cristo (com inicial maiúscula); martírio, sofrimento.

**PASSIONATE** (pé'shânit), adj. Apaixonado, arrebatado; vivo; impetuoso; intenso.

**PASSIONATENESS** (pé'shânitnéss), s. Impetuosidade, arrebatamento.

**PASSIONLESS** (péi'shiânléss), adj. Impassível, calmo, frio; desapaixonado.

**PASSIVE** (pé'siv), adj. Passivo; quieto; inerte; sofredor; s. (Gram.) voz passiva.

**PASSIVITY** (péssi'viti), s. Passividade; calma.

**PASSMAN** (paes'maen), s. Aquele que é aprovado em algum exame.

**PASSPORT** (paes'pôurt), s. Passaporte.

**PASSWORD** (paes'uârd), s. Senha, passe.

**PAST** (paest), adj. Passado, decorrido; último; consumado; s. o passado; o pretérito; antecedente; história; (Gram.) tempo pretérito; prep. mais de; depois de (tempo); fora de.

**PASTE** (pêist), s. Pasta, massa; cola, goma; v. t. pegar, colar.

**PASTEBOARD** (pêist'bôurd), s. Papelão; adj. de papelão.

**PASTEURIZATION** (pastârizêi'shânn), s. Pasteurização.

**PASTEURIZE** (pastâ'ráiz), v. t. Pasteurizar, esterilizar.

**PASTIME** (paes'táimm), s. Passatempo, entretenimento agradável.

**PASTINESS** (pêis'tinéss), s. Qualidade de pastoso.

**PASTRY** (pêis'tri), s. Pastelaria em geral, massas folhadas.

**PASTURAGE** (pás'tshurêidj), s. Pasto, pastagem.

**PASTURE** (pás'tshur), s. Pasto; v. t. e i. pastar, parscer; apascentar.

**PASTY** (pêis'ti), adj. Pastoso; s. pastel.

**PAT** (paet), adj. Exato; próprio, oportuno; satisfatório; bom; cômodo; adv. oportunamente, de modo conveniente; s. pancadinha, carícia, afago.

**PATCH** (pétsh), s. Retalho que serve de remendo; emplastro, esparadrapo; horta, canteiro; v. t. e i. remendar.

**PATCHABLE** (pé'tshâbl), adj. Remendável.

**PATCHER** (pé'tshâr), s. Remendão.

**PATCHING** (pé'tshinn), s. Remendo, conserto.

**PATCHWORK** (pétsh'uârk), s. Obra de fancaria; remendo.

**PATE** (pêit), s. (pop.) Cabeça, cachola.

**PATEN** (pé'ten), s. Pátena.

**PATENT** (pé'tent), adj. Patente, manifesto, notório; privilegiado; s. patente; privilégio; diploma; título; v. t. obter patente ou privilégio para; conceder patente ou privilégio.

**PATENTED** (pé'tentd), adj. Patenteado; privilegiado; concedido por alvará.

**PATENTEE** (pêtenti'), s. Pessoa que obteve um privilégio.

**PATERNAL** (pae'târnael), adj. Paternal, paterno.

**PATERNALLY** (paetér'naeli), adv. Paternalmente; paternamente; de lado paterno.
**PATERNITY** (pâtâr'niti), s. Paternidade.
**PATH** (péth), s. Caminho, vereda, senda; passo; curso; modo de proceder; conduta.
**PATHETIC** (pâthé'tik) ou **PATHETICAL** (pâthé'tikâl), adj. Patético; sentimental; enternecedor.
**PATHFINDER** (peth'fáindâr), s. Explorador; pioneiro.
**PATHLESS** (péth'léss), adj. Intransitável.
**PATHOLOGIC** (pétholó'djik) ou **PATHOLOGICAL** (pétholó'djikâl), adj. Patológico.
**PATHOLOGY** (pâthó'lodji), s. Patologia.
**PATHOS** (pêi'thóss), s. O patético; sentimento, compaixão, movimento da alma.
**PATHWAY** (péth'uêi), s. Caminho, vereda, senda; calçada.
**PATIENCE** (pêi'shenss), s. Paciência, conformidade.
**PATIENT** (pêi'shent), adj. Paciente, tolerante; s. paciente, doente, enfermo, cliente (de médico).
**PATIO** (pae'chiôu), s. Pátio.
**PATRIARCH** (pêi'triárk), s. Patriarca.
**PATRIARCHATE** (pêi'triárkit), s. Patriarcado.
**PATRICIAN** (pâtri'shânn), adj. Patrício, nobre.
**PATRIMONY** (pé'trimôuni), s. Patrimônio.
**PATRIOT** (pêi'triât), s. Patriota.
**PATRIOTIC** (pêitrió'tik), adj. Patriótico.
**PATRIOTISM** (pêi'triótizm), s. Patriotismo.
**PATROL** (pâtrôu'l), s. Patrulha, ronda; ato de patrulhar; v. t. e i. patrulhar, rondar, vigiar.
**PATROLMAN** (pêitrôul'maen), s. Guarda de patrulha.
**PATRON** (pêi'trânn), s. Patrono, protetor, benfeitor; padroeiro, freguês constante.
**PATRONAGE** (pé'trânidj), s. Patrocínio, proteção; patronato.
**PATRONESS** (pé'trânéss), s. Patrocinadora; padroeira.
**PATRONIZE** (pé'trânáiz), v. t. Patrocinar, favorecer; apadrinhar; ser freguês de.
**PATRONIZER** (pé'trânáizâr), s. Protetor, defensor.
**PATRONIZING** (pé'trânáizinn), adj. Protetor, patrocinador, condescendente.
**PATRONIZINGLY** (paetrôu'nái'zinli), adv. Protetoramente; condescendentemente.
**PATRONLESS** (pêi'trânléss), adj. Desamparado.

**PATRONYMIC** (pétroni'mik), adj. e s. Patronímico.
**PATTEN** (pé'n), s. Tamanco; coturno; patim; (Arquit.) alicerce, pedestal (de coluna).
**PATTER** (pé'târ), s. Pateada; murmuração; tagarelice; v. t. patear; sapatear.
**PATTERN** (pé'târn), v. t. e i. Imitar; copiar; s. modelo, exemplar, espécime; padrão; molde.
**PATTY** (pé'ti), s. Torta, pastel, empada.
**PATULOUS** (pé'tiulâss), adj. Aberto, estendido; manifesto.
**PAUCITY** (pó'siti), s. Exigüidade, escassez; deficiência, insuficiência.
**PAUNCH** (pántsh), s. Pança, abdome; aro ou rebordo de sino.
**PAUNCHY** (pân'tshi), adj. Barrigudo, pançudo.
**PAUPER** (pó'pâr), s. Pobre, indigente, pobretão.
**PAUPERISM** (pó'pârizm), s. Pauperismo, indigência, pobreza.
**PAUPERIZATION** (pópârizêi'shânn), s. Empobrecimento.
**PAUPERIZE** (pó'pâráiz), v. t. Depauperar, reduzir à pobreza.
**PAUSE** (póz), v. i. Pausar, cessar, parar; hesitar, vacilar; s. pausa, interrupção; hesitação.
**PAUSING** (pó'zinn), s. Pausa; meditação.
**PAVE** (pêiv), v. t. Calçar (ruas), empedrar; abrir caminho; facilitar.
**PAVEMENT** (pêiv'ment), s. Pavimento, piso; calçada.
**PAVER** (pêi'vâr), s. Calceteiro.
**PAVILION** (pâvi'liânn), s. Pavilhão; barraca; tenda; insígnia; estandarte.
**PAVING** (pêi'vinn), s. Pavimento, piso.
**PAW** (pó), s. Garra, pata; v. t. e i. calçar, espezinhar; escoicear; arranhar; escovar (o cavalo); (fam.) agarrar desajeitadamente.
**PAWKINESS** (pó'kinéss), s. Astúcia; manha.
**PAWKY** (pó'ki), adj. Astuto, manhoso, hábil, sagaz.
**PAWN** (pónn), v. t. Penhorar, empenhar; s. penhor; peão (no xadrez).
**PAWNBROKER** (pón'brôukâr), s. Agiota, corretor de penhores; penhorista; prestamista.
**PAWNER** (pó'nâr), s. Aquele que pede dinheiro sobre penhor.
**PAWNSHOP** (pón'shóp), s. Casa de penhores.

**PAY** (pêi), v. t. e i. Pagar, satisfazer, saldar, retribuir, recompensar; pagar as culpas, fazer penitência; corresponder; ombrear; prestar (atenção, homenaem, tributo); valer a pena, convir; desembolsar; (Náut.) arrear (cabo); alcatroar; s. paga, pagamento, soldo, ordenado, salário; recompensa; equivalência; compensação.

**PAYABLE** (pêi'ábl), adj. Pagável; à ordem; vencido e não pago.

**PAYEE** (pêi-i), s. Pessoa a quem se paga; sacador.

**PAYER** (pêi'ár), s. Pagador; (Com.) sacado.

**PAYMENT** (pêi'ment), s. Pagamento; recompensa, prêmio.

**PAYNIM** (pêi'nimm), s. Pagão.

**PEA** (pi), s. Ervilha.

**PEACE** (piss), s. Paz, calma, tranqüilidade; harmonia; concórdia; interj. Paz! silêncio!

**PEACEABLE** (pi'sábl), adj. Pacífico, tranqüilo, sossegado.

**PEACEABLENESS** (pi'áblnéss), s. Quietação, sossego.

**PEACEFUL** (pis'ful), adj. Pacífico, sossegado.

**PEACEMAKER** (pis'mêikár), s. Pacificador.

**PEACH** (pitsh), s. Pêssego; v. i. (fam.) delatar um cúmplice, denunciar.

**PEACHER** (pi'tshár), s. Delator.

**PEACOCK** (pi'kók), s. Pavão.

**PEACOCKISH** (pi'kókish), adj. Pavonesco, vaidoso.

**PEAHEN** (pi'hénn), s. Pavoa.

**PEAK** (pik), s. Pico, cume, ponta.

**PEAKED** (pikt), adj. Pontiagudo; (fam.) enfermiço.

**PEAKING** (pi'kinn), adj. Enfermiço, adoentado; s. (Náut.) repique (da carangueja).

**PEAL** (pil), s. Bulha, estrépito; repique de sinos; v. i. ressoar; retinir; ensurdecer.

**PEAN** (pi'ánn), s. Hino, cântico de exultação.

**PEANUT** (pi'nát), s. Amendoim.

**PEAR** (pir), s. Pera (fruta).

**PEARL** (párl), s. Pérola, aljôfar; belida, catarata no olho; v. t. e i. ornar com pérolas.

**PEASANT** (pé'zánt), adj. Rústico, campesino; s. aldeão, campônio; capataz.

**PEASANTRY** (pé'zántri), s. Gente do campo; aldeões.

**PEAT** (pit), s. Turfa, lenha.

**PEBBLE** (péb'l), v. t. e i. Lavrar o couro; s. seixo; calhau; pedregulho; ágata; pólvora muito grossa.

**PECCABILITY** (pékábi'liti), s. Pecabilidade.

**PECCABLE** (pé'kábl), adj. Pecável.

**PECCANCY** (pé'kánsi), s. Vício, defeito, imperfeição; falha.

**PECCANT** (pé'kánt), adj. Pecador; faltoso; (Med.) mórbido, doente, insalubre.

**PECK** (pék), v. t. Picar, espicaçar.

**PECKER** (pé'kár), s. Pica-pau, picanço; pico.

**PECKING** (pé'kinn), s. Picada.

**PECKISH** (pé'kish), adj. (fam.) Esfomeado.

**PECULATION** (pékiulêi'shánn), s. Peculato.

**PECULATOR** (pé'kiulêitár), s. Peculatário.

**PECULIAR** (pikiu'liár), adj. Peculiar; privativo; específico; singular; distinto; s. pessoa ou coisa singular.

**PECULIARITY** (pikiulié'riti), s. Peculiaridade, particularidade, singularidade.

**PECUNIARY** (pikiu'niári), adj. Pecuniário.

**PEDAGOG, PEDAGOGUE** (pé'dágóg), s. Pedagogo.

**PEDAGOGIC** (pédágó'djik) ou **PEDAGOGICAL** (pédágó'djikál), adj. Pedagógico.

**PEDAGOGY** (pédágó'dji), s. Pedagogia.

**PEDAL** (pé'dál), s. Pedal; adj. pedal, relativo ao pé ou a pedais; v. t. e i. pedalar.

**PEDANT** (pé'dánt), s. Pedante.

**PEDANTIC** (pédán'tik) ou **PEDANTICAL** (pédántikál), adj. Pedante, pedantesco.

**PEDANTRY** (pé'dántri), s. Pedantismo.

**PEDDLE** (péd'l), v. t. e i. Vender pelas ruas, mascatear; ocupar-se com ninharias.

**PEDESTRIAN** (pidés'triánn), s. Pedestre; transeunte; adj. vulgar, prosaico.

**PEDICLE** (pé'dikl), s. Pedúnculo.

**PEDIGREE** (pé'digri), s. Genealogia, linhagem, árvore genealógica; derivação (de uma palavra).

**PEDIMENT** (pé'diment), s. Frontão.

**PEDLAR** (pé'diár), s. Bufarinheiro.

**PEDUNCLE** (pedánk'l), s. Pedúnculo.

**PEEK** (pik), v. i. (fam.) Espiar, espreitar.

**PEEL** (pil), s. Casca, pele; pá (de remo, de forno); v. t. e i. descascar, pelar; pelar-se.

**PEELER** (pi'lár), s. Descascador; pelador.

**PEELING** (pi'linn), s. Descascamento, peladura.

**PEEP** (pip), v. i. Olhar, espreitar; aparecer; despontar; mostrar-se; s. assomo; indício; relance; olhadela; pio de pássaro.

**PEEPER** (pi'pár), s. Espreitador; pintainho.

**PEER** (pir), v. i. Fitar, assomar; espreitar; sair, despontar; s. par, companheiro; (Inglaterra) nobre.

**PEERAGE** (pi'ridj), s. Grandeza, nobreza.
**PEERLESS** (pir'léss), adj. Incomparável, sem igual.
**PEVISH** (pi'vish), adj. Impertinente, mal-humorado.
**PEEVISHNESS** (pi'vishnéss), s. Impertinência, rabugice.
**PEEWIT** (pi'uit), s. Pavãozinho.
**PEG** (pég), s. Cavilha, batoque; estaca; (fam.) escusa, pretexto; v. t. cavilhar.
**PEJORATION** (pédjorêi'shânn), s. Corrupção, corruptela.
**PEJORATIVE** (pédjó'râtiv), adj. Pejorativo, depreciativo.
**PELAGIG** (pilé'djik), adj. Oceânico, pelágico.
**PELF** (pélf), s. Riquezas mal adquiridas.
**PELICAN** (pé'likânn), s. Pelicano.
**PELISSE** (peli'ss), s. Peliça.
**PELLET** (pé'let), s. Bolinha; péla; pelota; bala.
**PELLICLE** (pé'likl), s. Película.
**PELLUCID** (peliu'sid), adj. Transparente, claro.
**PELLUCIDITY** (peliusi'diti), s. Transparência.
**PELT** (pélt), v. t. e i. Lançar, atirar, arremessar; s. golpe, cacetada; pedrada; peliça, pele, couro não curtido; forro de peles.
**PELTRY** (pél'tri), s. Pelaria, peles; peliça.
**PELURE** (pâliu'r), s. Pele, casca.
**PELVIC** (pél'vik), adj. Pélvico.
**PELVIS** (pél'vis), s. Pélvis.
**PEN** (pénn), s. Pena (de escrever); caneta com pena; caligrafia; estilo literário; escritor; cisne fêmea; jaula; curral, pocilga; redil; prisão; casa de campo; v. t. escrever, redigir; encerrar.
**PENALIZE** (pi'nâláiz), v. t. Declarar penal.
**PENALTY** (pé'nâlti), s. Pena, penalidade, multa.
**PENANCE** (pé'nânss), s. Penitência; mortificação.
**PENCE** (pénss), s. Plural de **PENNY**.
**PENCIL** (pén'sil), s. Lápis; pincel fino; feixe (de raios); v. t. escrever, desenhar a lápis.
**PENDANT** (pén'dânt), s. Pendente, pingente, brinco; flâmula; amantilho; adorno.
**PENDENCY** (pén'densi), s. Pendência; indecisão.
**PENDENT** (pén'dent), adj. Pendente; suspenso.
**PENDING** (pén'dinn), adj. Pendente; prep. durante; entretanto.
**PENDULOUS** (pén'djulâss), adj. Pendente.

**PENDULOUSNESS** (pén'djulâsnéss), s. Inclinação, estado de oscilação.
**PENETRABLE** (pé'netrâbl), adj. Penetrável; sensível.
**PENETRATE** (pé'netrêit), v. t. e i. Penetrar; introduzir-se em; perceber; comover.
**PENETRATION** (pénetrêi'shânn), s. Penetração; perspicácia, discernimento.
**PENGUIN** (pén'güinn), s. Pingüim (ave).
**PENHOLDER** (pén-hôul'dâr), s. Caneta.
**PENINSULAR** (penin'siulâr), adj. e s. Peninsular.
**PENITENCE** (pe'nitens), s. Penitência.
**PENITENT** (pé'nitent), s. e adj. Penitente.
**PENITENTIARY** (pénitén'shâri), adj. Penitenciário; penal; s. penitenciária, presídio.
**PENKNIFE** (pén'nâif), s. Canivete.
**PENMAN** (pén'maen), s. Calígrafo; escritor.
**PENMANSHIP** (pén'maenship), s. Caligrafia, escrita.
**PENNANT** (pé'nânt), s. Bandeirola, flâmula; pendão.
**PENNY** (pé'ni), s. Penny, dinheiro em geral, qualquer quantia pequena, moeda; pl.: pence, quando indica valor superior a um penny; pennies, quando indica uma porção de moedas de um penny.
**PENOLOGY** (penô'lodji), s. Penologia.
**PENSION** (pén'shânn), s. Pensão, renda, mesada, aposentadoria; v. t. dar uma pensão.
**PENSIONER** (pén'shânâr), s. O que recebe uma pensão; reformado; inválido.
**PENSIVE** (pén'siv), adj. Pensativo.
**PENSIVENESS** (pén'sivnéss), s. Meditação; melancolia, tristeza.
**PENSUM** (pén'shâmm), s. Castigo (a aluno).
**PENT** (pént), adj. Engaiolado, encurralado.
**PENTHOUSE** (pént'hauss), s. Alpendre, telheiro; arco, abóbada; anteparo.
**PENULTIMATE** (pinâl'timêit), adj. e s. Penúltimo.
**PENURIOUS** (piniu'riâss), adj. Avaro, mesquinho; deficiente; indigente.
**PENURY** (pé'niuri), s. Penúria, miséria, pobreza.
**PEOPLE** (pip'l), s. Povo, coletividade, gente; pessoas; o mundo; v. t. povoar, colonizar.
**PEPPER** (pé'pâr), s. Pimenta; pimenteira; v. t. apimentar.
**PEPPERING** (pé'pârinn), adj. Picante; fogoso; colérico; s. surra, sova.
**PEPTIC** (pép'tik), adj. Digestivo.

**PEPTONE** (pép'tŏunn), s. Peptona.
**PERAMBULATE** (pârém'biulêit), v. t. e i. Perambular, percorrer a pé; andar, passear.
**PERAMBULATION** (pârémbiulêi'shânn), s. Perambulação; jornada.
**PERAMBULATOR** (pârém'biulêitar), s. Carrinho de criança; viandante.
**PERCEIVABLE** (pârsi7vâbl), adj. Perceptível.
**PERCEIVE** (pârsi'v), v. t. Perceber, conhecer; discernir; apreender.
**PERCEIVER** (pârsi'vâr), s. Percebedor.
**PERCENTAGE** (pârsén'tidj), s. Percentagem.
**PERCEPT** (pâr'sépt), s. Objeto de percepção.
**PERCEPTIBLE** (pârsép'tibl), adj. Perceptível.
**PERCEPTION** (pârsép'shânn), s. Percepção; noção, idéia.
**PERCH** (pârtsh), s. Perca (peixe); poleiro; percha (medida); v. t. e i. empoleirar(-se).
**PERCIPIENT** (pârsi'piént), adj. Percipiente, perceptivo; s. o que é dotado de percepção.
**PERCOLATE** (pâr'kolêit), v. t. e i. Coar, filtrar, peneirar.
**PERCOLATOR** (pâr'kolêitâr), s. Filtro.
**PERCUSS** (pârkâ'ss), v. t. Bater, ferir, percutir.
**PERCUSSION** (pârkâ'shânn), s. Percussão; embate, colisão; choque; fragor.
**PERDITION** (pârdi'shânn), s. Perdição; ruína.
**PERDURABLE** (pâr'diurâbl), adj. Perdurável.
**PEREGRINATE** (pé'rigrinêit), v. t. Peregrinar.
**PEREGRINATION** (périgrinêi'shânn), s. Peregrinação.
**PEREGRINE** (pé'rigrinn), adj. Peregrino; estrangeiro; s. espécie de falcão.
**PEREMPTORY** (pé'remptôuri), adj. Peremptório; decisivo; formal; dogmático; positivo (julgamento, opinião).
**PERENNIAL** (pârê'niâl), adj. Perene, perpétuo; incessante, contínuo; vivaz (planta); s. planta vivaz.
**PERFECT** (pârfék't), v. t. Aperfeiçoar; acabar; consumar; adj. perfeito; correto; consumado; acabado; completo.
**PERFECTIBLE** (pârfék'tibl), adj. Perfectível.
**PERFECTION** (pârfék'shânn), s. Perfeição.
**PERFECTNESS** (pâr'féktnéss), s. Perfeição; excelência.
**PERFIDIOUS** (pârfi'diâss), adj. Pérfido, falso, desleal, traidor.
**PERFIDIOUSNESS** (pârfi'diâsnéss), s. Perfídia; deslealdade; traição.
**PERFIDY** (pâr'fidi), s. Perfídia, deslealdade.

**PERFORATE** (pâr'forêit), v. t. Perfurar; brocar; furar; adj. perfurado.
**PERFORATING** (pâr'forêitinn), adj. Perfurador.
**PERFORATION** (pârforêi'shânn), s. Perfuração, furo.
**PERFORATOR** (pâr'forêitâr), s. Perfurador; trado; broca.
**PERFORM** (pârfór'm), v. t. e i. Fazer, efetuar, executar; cumprir (o dever, etc.); interpretar (um papel); tocar (uma música).
**PERFORMABLE** (pârfór'mâbl), adj. Executável, realizável.
**PERFORMANCE** (pârfór'mânss), s. Execução, desempenho; composição; feito notável.
**PERFORMER** (pârfór'mâr), s. Executante, realizador; ator; músico; acróbata.
**PERFUME** (pârfiu'mm), s. Perfume; v. t. perfumar.
**PERFUMER** (pârfiu'mâr), s. Perfumista; perfumador.
**PERFUMERY** (pârfiu'mâri), s. Perfumaria.
**PERFUNCTORINESS** (pârfânk'tôurinéss), s. Negligência, indolência, desleixo.
**PERFUNCTORY** (pârfânk'tôuri), adj. Perfunctório; negligente; descuidado.
**PERHAPS** (pâr-hé'ps), adv. Talvez, porventura.
**PERI** (pi'ri), s. Fada, gnomo, duende.
**PERIL** (pé'ril), s. Perigo, risco; v. t. e i. expor, expor-se ao perigo; arriscar(-se).
**PERILOUS** (pé'rilâss), adj. Perigoso, arriscado.
**PERILOUSNESS** (pé'rilâsnéss), s. Perigo, risco; situação perigosa.
**PERIMETER** (piri'mitâr), s. Perímetro.
**PERIOD** (pi'riâd), s. Período, era, termo; limite, têrmino; pl. ponto final; menstruação.
**PERIODIC** (piriô'dik) ou **PERIODICAL** (piriô'dikâl), adj. Periódico; s. publicação periódica.
**PERIPHERY** (piri'fâri), s. Periferia.
**PERIPHRASIS** (piri'frâssis), s. Perífrase.
**PERIPHRASTIC** (pirifrés'tik), adj. Perifrástico.
**PERISH** (pé'rish), v. i. Perecer, sucumbir.
**PERISHABILITY** (périshâbi'liti), s. Fragilidade.
**PERISHABLE** (pé'rishâbl), adj. Perecedouro, frágil.
**PERIWIG** (pé'riuig), s. Chinó, peruca.
**PERJURE** (pâr'djur), v. t. e i. Perjurar.

**PERJURER** (pâr'djurâr), s. Perjuro.
**PERK** (pârk), v. t. e i. Adornar; enfeitar; adj. esperto; vivo; soberbo; altivo.
**PERKINESS** (pâr'kinéss), s. Aprumo, galhardia.
**PERKY** (pâr'ki), adj. Galhardo; vivo; alegre; empertigado; presunçoso.
**PERMANENCE** (pâr'mânênss) ou **PERMANENCY** (pâr'mânênsi), s. Permanência; constância; perseverança.
**PERMANENT** (pâr'mânént), adj. Permanente; firme; imutável.
**PERMANGANATE** (pârmén'gânêit), s. Permanganato.
**PERMEABLE** (pâr'miâbl), adj. Permeável.
**PERMEATE** (pâr'miêit), v. t. Permear; atravessar.
**PERMEATION** (pârmiêi'shânn), s. Penetração através dos poros ou interstícios.
**PERMISSION** (pârmi'shânn), s. Permissão, licença; consentimento; aquiescência.
**PERMISSIVE** (pârmi'siv), adj. Permissivo; tolerado; permitido.
**PERMIT** (pârmi't), v. t. e i. Permitir; consentir; autorizar.
**PERMUTABLE** (pârmiu'tâbl), adj. Permutável.
**PERMUTATION** (pârmiutêi'shânn), s. Permuta, permutação, troca.
**PERMUTE** (pârmiu't), v. t. Permutar, trocar.
**PERNICIOUS** (pârni'shâss), adj. Pernicioso, ruinoso, perigoso, funesto, fatal.
**PERNICIOUSNESS** (pârni'shâsnéss), s. Malignidade; qualidade perniciosa.
**PERORATION** (pêrorêi'shânn), s. Peroração.
**PERPEND** (pârpén'd), v. t. e i. Ponderar, estar atento; s. perpianho, grande pedra que toma toda a largura de uma parede.
**PERPENDICULAR** (pârpéndi'kiulâr), adj. Perpendicular, a prumo; s. linha perpendicular; retidão moral.
**PERPETRATE** (pâr'pétrêit), v. t. Perpetrar; cometer; executar.
**PERPETRATION** (pârpétrêi'shânn), s. Perpetração.
**PERPETRATOR** (pârpétrêi'târ), s. Perpetrador; culpado, criminoso.
**PERPETUAL** (pârpé'tshuâl), adj. Perpétuo, perene; incessante, sempiterno.
**PERPETUANCE** (pârpé'tiuânss), s. Perpetuação.
**PERPETUATE** (pârpé'tshuêit), v. t. Perpetuar.
**PERPETUATION** (pârpétshuêi'shânn), s. Perpetuação.

**PERPLEX** (pârplél's), v. t. Confundir, embaraçar; adj. embaraçado, enredado.
**PERPLEXED** (pârplék'sinn), adj. Perplexo; duvidoso; confuso.
**PERPLEXITY** (pârplék'siti), s. Perplexidade.
**PERQUISITE** (pâr'kuizit), s. Proveito além do salário habitual; gratificação; remuneração.
**PERRY** (pé'ri), s. Vinho de peras.
**PERSECUTE** (pâr'sikiut), v. t. Perseguir; importunar; molestar; (Jur.) processar.
**PERSECUTION** (pârsikiu'shânn), s. Perseguição; opressão; tormento.
**PERSECUTOR** (pâr'sikiutâr), s. Perseguidor, opressor.
**PERSEVERANCE** (pârsivi'rânss), s. Perseverança, persistência.
**PERSEVERE** (pârsivi'r), v. i. Perseverar, obstinar-se.
**PERSEVERING** (pârsivi'rinn), adj. Perseverante, constante.
**PERSIAN** (pâr'shânn), adj. e s. Persa; a língua persa.
**PERSIFLAGE** (pérsiflâ'j), s. Troça, zombaria, caçoada.
**PERSIST** (pârsis't), v. i. Persistir, insistir; continuar.
**PERSISTENCE** (pârsis'ténss) ou **PERSISTENCY** (pârsis'ténsi), s. Persistência, constância.
**PERSISTENT** (pârsis'tént), adj. Persistente, perseverante.
**PERSON** (pâr'sânn), s. Pessoa, indivíduo; personagem; pessoa gramatical.
**PERSONAGE** (pâr'sânidj), s. Personagem.
**PERSONAL** (pâr'sânâl), adj. Pessoal; particular; (Gram.) pessoal (pronome).
**PERSONALITY** (pârsânê'liti), s. Personalidade.
**PERSONALTY** (pâr'sânâlti), s. (Jur.) Bens móveis.
**PERSONATE** (pâr'sânêit), v.t. Passar por alguém; fingir; representar; fantasiar-se de.
**PERSONATION** (pârsânêi'shânn), s. Personificação; prosopopéia.
**PERSONIFICATION** (pârsânifikêi'shânn), s. Personificação, encarnação; (Ret.) prosopopéia.
**PERSONIFY** (pârsâ'nifâi), v. t. Personificar; personalizar.
**PERSONNEL** (pârsânê'l), s. Pessoal (de uma companhia, empresa, etc.).
**PERSPECTIVE** (pârspék'tiv), s. Perspectiva.

**PERSPICACIOUS** (pårspikêi'shåss), adj. Perspicaz, sagaz; penetrante; esclarecido.
**PERSPICACIOUSNESS** (pårspikêi'shåsnéss), s. Perspicácia, sagacidade, penetração.
**PERSPICUITY** (pårspikiu'íti), s. Perspicuidade, lucidez, clareza.
**PERSPICUOUS** (pårspi'kiuåss), adj. Perspícuo, claro, lúcido.
**PERSPIRATION** (pårspirêi'shånn), s. Transpiração; suor.
**PERSPIRE** (pårspái'r), v. t. e i. Transpirar, transudar, suar.
**PERSUADE** (pårsuêi'd), v. t. e i. Persuadir; convencer, fazer crer a; induzir.
**PERSUASION** (pårsuêi'jånn), s. Persuasão; convicção; crença, credo, opinião.
**PERSUASIVE** (pårsuêi'siv), adj. Persuasivo.
**PERT** (pårt), adj. Atrevido, petulante.
**PERTAIN** (pårtêi'nn), v. i. Pertencer, concernir, referir-se a.
**PERTINACIOUS** (pårtinêi'shåss), adj. Pertinaz, obstinado, constante, decidido.
**PERTINACIOUSNESS** (pårtinêi'shåsnéss), s. Pertinácia, obstinação; tenacidade.
**PERTINENT** (pår'tinént), adj. Pertinente; adaptado a; relativo a.
**PERTLY** (pår'tli), adv. Descaradamente; vivamente.
**PERTNESS** (pårt'néss), s. Insolência, petulância; ousadia.
**PERTURB** (pårtår'b), v. t. Perturbar, inquietar, irritar.
**PERTURBABLE** (pårtår'båbl), adj. Perturbável.
**PERTURBATION** (pårtårbêi'shånn), ou **PERTURBANCE** (pårtår'bånss), s. Perturbação; desordem; desvio; confusão.
**PERTURBER** (pårtår'bår), s. Perturbador.
**PERTUSSIS** (pårtå'siss), s. (Med.) Coqueluche.
**PERUKE** (peru'k), s. Peruca, cabeleira.
**PERUSE** (peru'z), v. t. Ler cuidadosamente; sondar, escrutar; penetrar.
**PERUSER** (peru'zår), s. Leitor atento; observador.
**PERVADE** (pårvêi'd), v. t. Penetrar, espalhar em; difundir-se largamente; possuir.
**PERVADING** (pårvêi'dinn), adj. Dominante.
**PERVASION** (pårvêi'jånn), s. Penetração.
**PERVERSE** (pårvår'ss), adj. Perverso; cruel; injusto; intratável; atrevido.
**PERVERSENESS** (pårvårs'néss), s. Perversidade, crueldade; atrevimento.
**PERVERSION** (pårvår'shånn), s. Perversão; corrupção; aplicação errônea.
**PERVERT** (pårvår't), v. t. Perverter, corromper; adj. renegado, apóstata, corruptor.
**PERVERTER** (pårvår'tår), s. Pervertedor, corruptor.
**PERVIOUS** (pår'viåss), adj. Permeável; penetrável.
**PERVIOUSNESS** (pår'viåsnéss), s. Permeabilidade.
**PESSIMISM** (pé'simizm), s. Pessimismo.
**PESSIMISTIC** (pé'simistik), adj. Pessimista.
**PEST** (pést), s. Peste, epidemia virulenta, praga; pessoa ou coisa detestável.
**PESTER** (pés'tår), v. t. Atormentar, irritar, perseguir; embaraçar; confundir.
**PESTERING** (pés'tårinn), adj. Enfadonho, incômodo, importuno.
**PESTIFEROUS** (pésti'fåråss), adj. Pestífero; nocivo.
**PESTILENCE** (pés'tilénss), s. Pestilência.
**PESTILENT** (pés'tilént), adj. Pestilento.
**PESTLE** (pést'l), s. Pilão, almofariz; v. t. e i. triturar, moer no pilão ou almofariz.
**PET** (pét), v. t. Afagar, amimar, embalar; adj. favorito, predileto; s. animal doméstico muito acariciado; despeito; enfado.
**PETAL** (pé'tål), s. Pétala.
**PETITION** (peti'shånn), s. Petição, requerimento; v. t. e i. solicitar, requerer.
**PETITIONARY** (peti'shånéri), adj. Requerente, suplicante.
**PETITIONER** (peti'shånår), s. Peticionário.
**PETRIFY** (pé'trifái), v. t. e i. Petrificar(-se).
**PETROL** (pé'tråi), s. Gasolina.
**PETROLOGY** (pétrå'lodji), s. Petrologia.
**PETTICOAT** (pé'tikôut), s. Saiote, anágua; adj. feminil, de mulher.
**PETTIFOGGER** (pé'tifógår), s. Chicaneiro.
**PETTIFOGGING** (pé'tifóghinn), s. Chicana; adj. chicaneiro, velhaco, astuto.
**PETTISH** (pé'tish), adj. Rabugento, impertinente; irascível, irritável.
**PETTISHNESS** (pé'tishnéss), s. Rabugice, impertinência; insignificância.
**PETTY** (pé'ti), adj. Pequeno, mesquinho; insignificante; inferior; subalterno.
**PETULANCE** (pé'tiulånss) ou **PETULANCY** (pé'tiulånsi), s. Petulância, atrevimento, insolência.
**PETULANT** (pé'tiulånt), adj. Petulante, insolente.
**PETUNIA** (pitiu'niå), s. Petúnia.

**PEW** (piu'), s. Banco (de igreja), estrado.
**PEWIT** (pi'uit), s. Pavoncino; corvo marinho; poupa.
**PEWTER** (piu'tår), s. Peltre.
**PHALANGE** (fålén'dj), s. (Anat.) Falange.
**PHANEROGAM** (fé'nåroghémm), s. (Bot.) Fanerógamo.
**PHANTASM** (fén'tézm), s. Fantasma.
**PHANTASTIC** (féntés'tik), adj. Fantástico.
**PHANTOM** (fén'tåmm), s. Fantasma, espectro, ilusão.
**PHARMACEUTIC** (farmåssiu'tik) ou **PHARMACEUTICAL** (farmåssiu'tikål), adj. Farmacêutico.
**PHARMACIST** (far'måssist) ou **PHARMACEUTIST** (farmåssiu'tist), s. Farmacêutico.
**PHARMACOLOGY** (farmåkó'lodji), s. Farmacologia.
**PHARMACY** (far'måssi), s. Farmácia.
**PHARYNX** (fé'rinks), s. (Anat.) Faringe.
**PHASE** (fêiz), s. Fase; aspecto.
**PHEASANT** (fê'sånt), s. Faisão.
**PHENOMENAL** (fénó'minål), adj. Fenomenal.
**PHENOMENON** (fenó'minónn), s. Fenômeno.
**PHIAL** (fái'ål), s. Frasco de vidro, redoma.
**PHILANDER** (filén'dår), s. Pretendente; amante; galanteador; v. i. galantear, cortejar.
**PHILANDERER** (filén'dårår), s. Galanteador.
**PHILANTHROPE** (fi'lénthroup), s. Filantropo.
**PHILANTHROPIC** (filénthró'pik) ou **PHILANTHROPICAL** (filénthró'pikål), adj. Filantrópico.
**PHILOLOGIST** (filó'lodjst), s. Filólogo.
**PHILOLOGY** (filó'lodji), s. Filologia.
**PHILOMEL** (fi'loméll), s. Filomela, rouxinol.
**PHILOSOPHER** (filó'sofår), s. Filósofo.
**PHILOSOPHIC** (filossó'fik) ou **PHILOSOPHICAL** (filossó'tikål), adj. Filosófico.
**PHILOSOPHIZE** (filó'sofáiz), v. t. Filosofar.
**PHILOSOPHY** (filó'sofi), s. Filosofia.
**PHILTER** (fil'tår), s. Filtro; feitiço; v. t. enfeitiçar; apaixonar.
**PHLEGM** (flémm), s. Fleuma, calma, pachorra; apatia, indiferença; insensibilidade.
**PHLEGMATIC** (flégmé'tik) ou **PHLEGMATICAL** (flégmé'tikål), adj. Fleumático; frio, indiferente.
**PHONE** (fôunn), s. Tom; som; (fam.) telefone; v. t. telefonar.
**PHONETIC** (foné'tik) ou **PHONETICAL** (foné'tikål), adj. Fonético.
**PHONETICS** (foné'tiks), s. Fonética (ciência).

**PHONOGRAPH** (fôu'nogréf), s. Fonógrafo; gramofone; v. t. fonografar.
**PHONOGRAPHY** (fonó'gråfi), s. Fonografia.
**PHONOLOGY** (fonó'lodji), s. Fonologia.
**PHONOMETER** (fonó'mitår), s. Fonômetro.
**PHOSPHATE** (fós'fêit), s. Fosfato.
**PHOSPHORESCENCE** (fósfåré'senss), s. Fosforescência.
**PHOSPHORESCENT** (fósfåré'sent), adj. Fosforescente.
**PHOTO** (fôu'to), s. Fotografia.
**PHOTOGRAPH** (fôu'togréf), s. Fotografia; v. t. e i. fotografar.
**PHOTOGRAPHER** (fotó'gråfår), s. Fotógrafo.
**PHOTOGRAPHY** (fotó'gråfi), s. Fotografia; arte fotográfica.
**PHOTOLYSIS** (fotó'lissis), s. Fotólise.
**PHRASE** (frêiz), s. Frase, sentença, período; v. t. frasear; nomear; chamar; exprimir.
**PHRASEOLOGY** (frêizió'lodji), s. Fraseologia.
**PHRASING** (frêi'zinn), s. Fraseologia; fraseado.
**PHRENETIC** (frené'tik) ou **PHRENETICAL** (frené'tikål), adj. Frenético; s. louco.
**PHTHISIS** (thái'siss), s. Tísica; tuberculose pulmonar.
**PHYSIC** (fi'zik), s. Medicina, medicamento; v. t. medicar, purgar.
**PHYSICAL** (fi'zikål), adj. Físico, material, corpóreo.
**PHYSICIAN** (fizi'shånn), s. Médico.
**PHYSICS** (fi'ziks), s. Física (ciência).
**PHYSIOGNOMY** (fizió'gnomi), s. Fisionomia; aparência, aspecto.
**PHYSIOLOGIC** (fizioló'djik) ou **PHYSIOLOGICAL** (fizioló'djikål), adj. Fisiológico.
**PHYSIOLOGY** (fizió'lodji), s. Fisiologia.
**PI** (pái), s. Pastel, impressão.
**PIANIST** (pié'nist), s. Pianista.
**PIANO** (pié'nôu), s. Piano; adj. e adv. (Mús.) piano, lentamente.
**PICAROON** (pikåru'nn), s. Pirata, aventureiro, ladrão.
**PICK** (pik), s. Picareta, picão; gazua; chave falsa; escolha, direito de seleção; o melhor, a nata; v. t. e i. picar, furar, espicaçar; palitar, limpar; selecionar, escolher; depenar; esvaziar (os bolsos); roer (um osso); abrir com gazua; furtar; lambiscar, comer um bocado; separar; levantar. *To pick holes:* maldizer.
**PICKAXE** (pik'éks), s. Picareta, picão.

**PICKED** (pikt), adj. Escolhido; selecionado; com puas.

**PICKER** (pi'kår), s. Apanhador, escolhedor; picareta; sacho; ancinho; altercador.

**PICKET** (pi'ket), s. Estaca, mourão; projetil pontiagudo; v. t. rodear com estacas; impedir de trabalhar (os operários); atar um cavalo à estaca.

**PICKING** (pi'kinn), s. Escolha; alimpadura; roubo; roedura; picada; pl. desperdícios; furtos.

**PICKLE** (pik'l), s. Conserva, escabeche; enredo; apuro; dificuldade; v. t. pôr em escabeche; conservar em vinagre.

**PICKLOCK** (pik'lók), s. Gazua, chave falsa; ladrão noturno.

**PICKPOCKET** (pik-pó'kit), s. Batedor de carteiras, ladrão.

**PICKTHANK** (pik'thénk), s. Adulador, bajulador.

**PICNIC** (pik'nik), s. Piquenique; v. i. Fazer piquenique.

**PICTURE** (pik'tshur ou pik'tiur), s. Pintura; quadro, desenho; semelhança; ilustração; descrição; filme cinematográfico; v. t. pintar, ilustrar; representar; imaginar.

**PICTURESQUE** (piktshurés'k), adj. Pitoresco.

**PIE** (pái), s. Torta ou pastelão; pega (ave); desordem, confusão.

**PIECE** (piss), s. Pedaço, fragmento; peça, corte (de fazenda); porção; parte; obra; composição; exemplo; quadro; peça (de teatro); v. t. remendar; acrescentar, unir, juntar; v. i. unir-se, juntar-se, ajustar-se.

**PIECEMEAL** (pis'mil), adv. Em pedaços, gradualmente, pouco a pouco; s. fragmento, retalho; adj. retalhado; remendado.

**PIECER** (pi'sår), s. Remendão.

**PIED** (páid), adj. Variegado.

**PIEDNESS** (páid'néss), s. Variedade de cores.

**PIER** (pir), s. Pilar (de ponte); cais, molhe, trapiche.

**PIERCE** (pirss), v. t. e i. Furar, traspassar com instrumento pontiagudo; esburacar; abrir passagem; comover; ser patético.

**PIECERABLE** (pir'såbl), adj. Penetrável.

**PIERCING** (pir'sinn), adj. Agudo, cortante, comovente.

**PIERCINGNESS** (pir'sinnéss), s. Agudeza, penetração; sutileza, finura.

**PIETISM** (pái'itizm), s. Devoção afetada, hipocrisia.

**PIETIST** (pái'itist), s. Beato, hipócrita, santarrão.

**PIETY** (pái'ti), s. Piedade; religiosidade; santidade.

**PIFFLE** (pif'l), s. Tolice, bagatela, futilidade, v. i. dizer tolices; ocupar-se com ninharias.

**PIG** (pig), s. Leitão, porco (especialmente quando novo), bacorinho; massa oblonga de ferro; barra de metal, lingote; avarento; v. i. parir (a porca); proceder ou viver como os porcos.

**PIGEON** (pi'djånn), s. Pombo, pomba; borracho; ingênuo, otário, simplório.

**PIGEONHEARTED** (pi'djånn-hårtid), adj. Tímido, covarde.

**PIGEONRY** (pi'djånri), s. Pombal.

**PIGGERY** (pi'gåri), s. Chiqueiro; porcaria.

**PIGGISH** (pi'ghish), adj. Voraz; sujo, imundo; vil, mesquinho; obstinado; egoísta.

**PIGGISHNESS** (pi'ghishnéss), s. Sujidade, imundície; voracidade; mesquinhez; obstinação; egoísmo.

**PIGGY** (pi'ghi), s. Leitão; adj. semelhante a leitão.

**PIGHEADED** (pig-hé'did), adj. Cabeçudo, teimoso.

**PIGMENT** (pig'ment), s. Pigmento.

**PIGMENTARY** (pig'mentéri), adj. Pigmentário.

**PIGSTY** (pig'stái), s. Chiqueiro, pocilga.

**PIGTAIL** (pig'téil), s. Rabo-de-cavalo (penteado de mulher).

**PIKE** (páik), s. Lúcio (peixe); pique, chuço, forcado.

**PIKED** (páikt), adj. Pontiagudo.

**PILASTER** (pilés'tår), s. (Arquit.) Pilastra.

**PILCH** (piltsh), s. Faixa para crianças; vestimenta forrada de peles.

**PILCHARD** (pil'tshård), s. Sardinha.

**PILE** (páil), s. Pilha, monte, montão; estaca; pilha elétrica; pira; edifício; pêlo, penugem; v. t. empilhar, amontoar; carregar uma pilha; ensarilhar.

**PILES** (páils), s. pl. (Med.) Hemorróidas; (Mil.) paliçada.

**PILFER** (pil'får), v. t. e i. Furtar, surripiar (coisas de pouco ou nenhum valor); enganar.

**PILFERER** (pil'fårår), s. Gatuno (que pratica pequenos furtos).

**PILGRIM** (pil'grimm), s. Peregrino, romeiro; v. i. peregrinar.

**PILGRIMAGE** (pil'grmidj), s. Peregrinação.
**PILING** (pái'linn), s. Acumulação; montão.
**PILL** (pil), s. Pílula; coisa aborrecida; (fam.) médico; lugar acanhado.
**PILLAGE** (pi'lidj), s. Pilhagem, saque, roubo; v. t. pilhar, roubar, saquear, devastar.
**PILLAR** (pi'lår), s. Pilar, coluna; estátua; monumento; (fig.) sustentáculo.
**PILLORY** (pi'lori), s. Pelourinho; execração pública; v. t. expor no pelourinho.
**PILLOW** (pi'lôu), s. Travesseiro, almofada, descanso, suporte; (fig.) camada; v. i. descansar sobre o travesseiro ou almofada.
**PILLOWCASE** (pi'lôukêiz), s. Fronha.
**PILLOWY** (pi'lôui), adj. Semelhante a um travesseiro; macio.
**PILOT** (pái'låt), s. Piloto; prático; guia; v. t. pilotar, guiar.
**PILOTAGE** (pái'låtidj), s. Pilotagem.
**PIMP** (pimp), s. Alcoviteiro; v. i. alcovitar.
**PIMPING** (pim'pinn), adj. Mesquinho, pequeno, insignificante.
**PIMPLE** (pimp'l), s. Empola, borbulha.
**PIMPLED** (pimpl'd), adj. Empolado.
**PIN** (pinn), s. Alfinete, broche; prego, cravo; cabide; cavilha; eixo; gonzo; insignificância; pl. (fam.) pernas; v. t. prender com alfinetes; cravar; encerrar, enjaular.
**PINCERS** (pin'sårz), s. (sing. e pl.) Pinça, tenaz; torquês.
**PINCH** (pintsh), s. Beliscão; aperto; dor, aflição; opressão; tormento; dificuldade; apuro; quina; esquina; v. t. e i. beliscar; apertar; oprimir; atormentar; ver-se em dificuldades; furtar (diz-se nos EUA).
**PINCHBECK** (pintsh'bék), s. Ouropel.
**PINCHER** (pin'tshår), s. Beliscador.
**PINCHING** (pin'tshinn), s. Beliscadura, opressão; tormento.
**PINCUSHION** (pinnkå'shiån), s. Almofada pequena onde se colocam alfinetes e agulhas.
**PINE** (páinn), s. Pinheiro, pinho, madeira de pino, v. t. e i. definhar, murchar, desfalecer; consumir-se.
**PINEAPPLE** (páin'aepl), s. Abacaxi, ananás.
**PING** (pinn), s. Silvo, sibilo; v. i. sibilar.
**PINGUID** (pin'güid), adj. Gordo; gorduroso.
**PINING** (pái'ninn), s. Languidez; desfalecimento; desejo ardente; adj. lânguido.
**PINION** (pi'niånn), s. Asa de ave; pena; roda dentada; pl. algemas; v. t. atar as asas, algemar.

**PINIONED** (pi'niånd), adj. De asas atadas; algemado; que tem rodas dentadas.
**PINK** (pink), s. Cravo (flor); cor-de-rosa; modelo; padrão; perfeição; tipo de excelência; salmão; olho, olhinho; v. t. furar, picar, picotar; traspassar com arma branca, apunhalar; abrir ilhós em; v. i. pestanejar; piscar; brilhar com luz fraca.
**PINKER** (pin'kår), s. Recortador.
**PINKING** (pin'kinn), s. Recorte.
**PINKISH** (pin'kish), adj. Tirante a cor-de-rosa.
**PINKY** (pin'ki), adj. Rosado, cor-de-rosa; que pestaneja.
**PINNACLE** (pi'nåkl), s. Pináculo; auge, apogeu; v. t. elevar; guarnecer de torres.
**PINNER** (pi'når), s. Alfineteira, almofada de alfinetes; encurralador.
**PINTLE** (pint'l), s. Pino; cavilha; cunha; gonzo.
**PIONEER** (påioni'r), s. Pioneiro, descobridor de caminhos; sapador; explorador; v. t. e i. abrir caminho, explorar.
**PIOUS** (pái'åss), adj. Pio, piedoso, religioso.
**PIOUSNESS** (pái'åsnéss), s. Piedade, devoção.
**PIP** (pip), s. Caroço, pevide, semente; gosma (das galinhas); ponto (no dominó, nas cartas de jogar, nos dados); v. t. e i. romper a casca (o pintainho); piar; chilrear; pàlpitar.
**PIPE** (páip), s. Cachimbo; tubo, canudo; cano; bica, biqueira; órgão vocal, garganta; gaita de foles; pipa, barril, tonel; casco; v. t. e i. tocar flauta, gaita de foles; assobiar, apitar (chamando); gritar; cantar em voz aguda.
**PIPEFUL** (páip'ful), s. Cachimbada.
**PIPER** (pái'pår), s. Flautista, gaiteiro.
**PIPETTE** (páipé't), s. Pipeta; sonda; proveta.
**PIPING** (pái'pinn), adj. Sibilante; suave; tranqüilo; s. som plangente; sibilo, silvo, apito; tubagem; encanamento; debrum, orla, trancelim.
**PIPIT** (pi'pit), s. Ave semelhante à cotovia.
**PIPIKIN** (pip'kinn), s. Escudela.
**PIQUANCY** (pi'kånsi), s. Acrimônia, mordacidade, azedume, aspereza; espírito mordaz.
**PIQUANT** (pi'kånt), adj. Picante, mordaz; áspero, satírico; forte; espirituoso.
**PIQUE** (pik), s. Melindre; má vontade; v. t. e i. irritar, ofender(-se); escandalizar.
**PIRACY** (pái'råssi), s. Pirataria.

**PIRATE** (páí'rit), s. Pirata; plagiário; v. t. e i. pilhar, furtar; piratear; plagiar.

**PIRATICAL** (páiré'tikál), adj. Pirático; relativo a plágio.

**PIRN** (pârn), s. Canela (de tecelagem).

**PISCATORIAL** (piskâtô'riâl) ou **PISCATORY** (pis'kâtôuri), adj. Piscatório.

**PISH** (pish), interj. Fora!

**PISS** (piss), s. Urina; v. t. urinar.

**PISTIL** (pis'til), s. (Bot.) Pistilo.

**PISTOL** (pis'tâl), s. Pistola; disparador; v. t. disparar a pistola.

**PISTON** (pis'tânn), s. Pistão; êmbolo; válvula (nos instrumentos de sopro).

**PIT** (pit), s. Buraco, cavidade no solo; fosso, fossa; túmulo; (fig.) o inferno; boca do estômago; v. t. escavar; marcar (com furinhos); prender num fosso.

**PITCH** (pitsh), s. Piche, breu, alcatrão, resina; declive, descida; grau; elevação; tom musical; estatura; ponto extremo; v. t. fixar, firmar; cobrir com breu; empedrar; graduar o tom; fixar estacas na terra; atirar, arrojar; estabelecer-se; arfar.

**PITCHER** (pit'shâr), s. Bilha, cântaro; alvião; picareta; espécie de pé-de-cabra.

**PITCHFORK** (pi'tshfôrk), s. Forcado de lavrador.

**PITCHINESS** (pi'tshnéss), s. Negrura; escuridão.

**PITCHY** (pi'tshi), adj. Embreado; triste, melancólico; tenebroso.

**PITEOUS** (pi'tiâss), adj. Compassivo; contristador; lastimoso, digno de dó.

**PITEOUSNESS** (pi'tiâsnéss), s. Compaixão; lástima; tristeza; dó; ternura.

**PITFALL** (pit'fôl), s. Armadilha; engodo.

**PITH** (pith), s. Seiva; medula; energia; vigor; requinte; v. t. matar, tirando a seiva, o núcleo vital, a medula; aturdir.

**PITHNESS** (pith'néss), s. Energia, vigor.

**PITHY** (pi'thi), adj. Meduloso; suculento; enérgico; vigoroso; altivo; conciso.

**PITIABLE** (pi'tiábl), adj. Lastimável, lamentável.

**PITIFUL** (pi'tiful), adj. Compassivo, piedoso; lastimável, lamentável.

**PITIFULLY** (pi'tifuli), adv. Compassivamente; piedosamente; lastimavelmente.

**PITIFULNESS** (pi'tifulnéss), s. Piedade, misericórdia, compaixão; desprezo.

**PITILESSNESS** (pi'tilésnéss), s. Desumanidade, crueldade.

**PITTANCE** (pi'tânss), s. Pequena porção; punhado; concessão insignificante.

**PITTED** (pi'tid), adj. Corroído, picado.

**PITTING** (pi'tinn), s. Corrosão.

**PITY** (pi'ti), s. Piedade, compaixão, dó, lástima, infortúnio; v. t. e i. compadecer-se de; ter pena de.

**PITYING** (pi'tiinn), adj. Lamentável, lastimável.

**PIVOT** (pi'vât), s. Pivô, eixo, pino, gonzo, essência; centro; v. t. e i. colocar sobre um eixo; girar sobre um eixo.

**PIXIE, PIXY** (pik'si), s. Fada, duende, elfo.

**PLACABILITY** (plêikâbi'liti), s. Placabilidade, doçura; mansidão; clemência.

**PLACABLE** (plêi'kâbl), adj. Placável; manso.

**PLACABLENESS** (plêi'kâblnéss), s. Benignidade.

**PLACARD** (plâkâr'd), v. t. Anunciar, fazer propaganda; afixar cartazes; s. placarde, cartaz, letreiro.

**PLACATE** (plêi'kêit), v. t. Aplacar, apaziguar; pacificar; acalmar, conciliar.

**PLACE** (plêiss), s. Lugar, localidade, sítio; espaço; morada, habitação; cargo, emprego, ofício; praça de armas; fortaleza; procedência; mansão; quinta; assento; motivo; v. t. pôr, colocar, dispor, arranjar; nomear; designar; plantar, fixar, instalar; empregar a juros; aplicar (capital).

**PLACER** (plêi'sâr), s. Agente, comissário.

**PLACET** (plêi'set), s. Permissão, sanção.

**PLACID** (plé'sid), adj. Plácido, sereno, sossegado, calmo.

**PLACIDITY** (plâssi'diti), s. Placidez, calma, serenidade; suavidade.

**PLAGIARISM** (plêi'djiârizm), s. Plagiato, plágio.

**PLAGIARIZE** (plêi'djiâráiz), v. t. Plagiar.

**PLAGIARY** (plêi'djâri), s. Plagiário.

**PLAGUE** (plêig), s. Praga, peste, flagelo, tormento, desgraça; v. t. atormentar, afligir; perseguir; matar; dar cabo de.

**PLAGUER** (plêi'gâr), s. Atormentador; perseguidor.

**PLAGUINESS** (plêi'ghinéss), s. Vexame, vexação.

**PLAGUY** (plêi'ghi), adj. Molesto, importuno.

**PLAID** (pléd), adj. Enxadrezado; s. manta escocesa em xadrez.

**PLAIDED** (plé'did), adj. Enxadrezado.

**PLAIN** (plêinn), adj. Liso, plano; singelo; simples; franco; sincero; evidente; claro;

vulgar; grosseiro; v. t. e i. chorar, lamentar; queixar-se; dar curso à tristeza.
**PLAINING** (plêi'ninn), s. Lamento, queixa.
**PLAINNESS** (plêin'néss), s. Superfície plana; singeleza, simplicidade; evidência.
**PLAINT** (plêint), s. Queixa, lamento.
**PLAINTFUL** (plêint'ful), adj. Queixoso, choroso.
**PLAINTIVE** (plêin'tiv), adj. Triste, choroso, dorido.
**PLAIT** (plêit ou plét), s. Prega, dobra; v. t. fazer pregas, franzir, enrugar.
**PLAN** (plânn), s. Plano, projeto, esboço; v. t. traçar um plano, projetar; tencionar; inventar; delinear, esboçar.
**PLANE** (plêinn), s. Plano, superfície plana; nível; grau de desenvolvimento; aeroplano, v. t. aplainar, alisar, desbastar.
**PLANER** (plêi'nâr), s. Plaina mecânica.
**PLANET** (plé'net), s. Planeta.
**PLANING** (plêi'ninn), s. Aplainamento.
**PLANISH** (plé'nish), v. t. Aplainar (madeira); alisar (metais).
**PLANISHER** (plé'nishâr), s. Aplainador, polidor.
**PLANK** (plânk), s. Prancha, tábua, ripa; base, fundamento; v. t. assoalhar, entabuar.
**PLANKING** (plân'kinn), s. Tabuado, forro.
**PLANT** (plânt), s. Planta vegetal; muda; conjunto de máquinas; instalação de aparelhos, máquinas, etc.; evasiva, rodeio; engano; planta do pé; v. t. plantar, fundar, fixar, segurar; instalar; engendrar.
**PLANTATION** (plêntêi'shânn), s. Plantação; plantio; fazenda; colônia; ostreira.
**PLANTER** (plên'târ), s. Plantador; agricultor; colono.
**PLANTING** (plân'tinn), s. Plantação; adj. relativo a uma plantação.
**PLASH** (plêsh), s. Atoleiro, charco; mancha; salpico; ramo entrelaçado; v. t. e i. enlamear, chafurdar; entrelaçar ramos.
**PLASHING** (plé'shinn), s. Entrelaçamento de ramos ou galhos; mancha (em pintura).
**PLASHY** (plé'shi), adj. Pantanoso, manchado.
**PLASTER** (plés'târ), v. t. Emplastrar; caiar; estucar; s. emplastro; estuque; reboco.
**PLASTERER** (plés'târâr), s. Caiador, estucador.
**PLASTERING** (plés'târinn), s. Estucamento; estuque.
**PLASTIC** (plés'tik), adj. Plástico.

**PLASTICITY** (plésti'siti), s. Plasticidade.
**PLAT** (plét), s. Pedaço de terra; mapa de terreno loteado; adj. plano, liso; v. t. trançar, tecer; executar uma planta.
**PLATAN** (plé'tânn), s. Plátano.
**PLATE** (plêit), s. Chapa; lâmina; folha de metal ou de vidro; baixel , prataria; guarda de fechadura; placa; matriz; tábua; prêmio nas corridas; dentadura; elemento; v. t. chapear, laminar, dourar, niquelar.
**PLATED** (plêi'tid), adj. Prateado, niquelado.
**PLATEFUL** (plêit'ful), s. Prato cheio; pratada.
**PLATING** (plêi'tinn), s. Chapeado, conjunto de chapas.
**PLATINIZE** (plêi'tináiz), v. t. Platinar.
**PLATINUM** (plêi'tinâm), s. Platina.
**PLATITUDE** (plé'titiud), s. Vulgaridade; baixeza.
**PLATITUDINOUS** (plétitiu'dinâss), adj. Vulgar; trivial; banal.
**PLATONIC** (plátó'nik) ou **PLATONICAL** (platô'nikâl), adj. Platônico.
**PLATONISM** (plêi'tonizm), s. Platonismo.
**PLATOON** (plâtu'nn), s. Pelotão.
**PLATTER** (plé'târ), s. Travessa, prato grande.
**PLAUDIT** (plô'dit), s. Aclamação, aplauso.
**PLAUSIBLE** (plô'zibl), adj. Plausível, louvável; s. coisa que merece aplauso, aplausibilidade (geralmente no plural).
**PLAY** (plêi), v. t. e i. Jogar; brincar; representar; interpretar; executar; desempenhar um papel; gracejar; tocar um instrumento; manejar; manipular; arrojar; divertir-se; ondular; fazer travessuras; mover-se livremente; s. jogo; divertimento; brincadeira; peça teatral; comédia, drama; interpretação; jogo fisionômico; movimento livre; liberdade de ação; reflexo de cores ou de luzes. *Fair play:* jogo lícito, limpo, leal.
**PLAYBOY** (plêi'bói), s. "Playboy", moço que passa a vida em prazeres e diversões.
**PLAYER** (plêi'âr), s. Jogador; ator; músico; folgazão.
**PLAYFUL** (plêi'ful), adj. Brincalhão, travesso.
**PLAYFULNESS** (plêi'fulnéss), s. Jovialidade, brincadeira.
**PLAYGROUND** (plêi'gráund), s. Pátio de recreio.
**PLAYHOUSE** (plêi'háuss), s. Teatro.
**PLAYWRIGHT** (plêi'ráit), s. Dramaturgo.

**PLEA** (pli), s. Causa; processo; argumento; instância; alegação, defesa; desculpa.
**PLEACH** (plitsh), v. t. e i. Entretecer; entrelaçar-se.
**PLEAD** (plid), v. t. e i. Advogar, pleitear; sustentar; escusar; desculpar; interceder; rogar; suplicar.
**PLEADABLE** (pli'dâl), adj. Pleiteável, demandável.
**PLEADER** (pli'dâr), s. Defensor, advogado, litigante.
**PLEADING** (pli'dinn), s. Alegação, defesa; processo, arrazoado; debates.
**PLEASANT** (plé'zânt), adj. Agradável, ameno, grato; alegre; divertido.
**PLEASANTNESS** (plé'sântnéss), s. Prazer, amabilidade, encanto.
**PLEASANTRY** (plé'zântri), s. Divertimento, gracejo, brincadeira.
**PLEASE** (pliz), v. t. e i. Agradar, satisfazer, contentar; obsequiar, comprazer, querer, ter gosto em.
**PLEASING** (pli'zinn), adj. Agradável, amável; complacente; alegre, divertido.
**PLEASURABLENESS** (plé'jurâblnéss), s. Agrado, encanto, prazer, deleite.
**PLEASURE** (plé'jur), s. Prazer, encanto, agrado; satisfação; gozo; complacência; desejo; barco de recreio.
**PLEBS** (plébs), s. Plebe, populaça.
**PLEDGE** (plédj), s. Penhor, sinal, fiança; promessa formal; brinde à saúde de; propriedade penhorada ou hipotecada; v. t. penhorar, hipotecar, caucionar; comprometer-se a; brindar à saúde de.
**PLEDGER** (plé'djâr), s. Fiador, penhorador.
**PLENARY** (pli'nâri), adj. Pleno, inteiro.
**PLENISH** (plé'nish), v. t. Fornecer; guarnecer de móveis, mobiliar (uma casa).
**PLENITUDE** (plé'nitiud), s. Plenitude.
**PLENTIFUL** (plén'tiful), adj. Copioso, abundante, fértil.
**PLENTIFULNESS** (plén'tifulnéss), s. Abundância; fertilidade.
**PLENTY** (plén'ti), adj. Copioso, abundante; adv. muito; s. abundância; profusão.
**PLEONASM** (pli'onêzm), s. Pleonasmo.
**PLETHORA** (plé'thorâ), s. Pletora; excesso; superabundância (de sangue, de humores).
**PLETHORIC** (plithô'rik), adj. Pletórico; farto; volumoso, excessivo.
**PLIABILITY** (pláiâbi'liti), s. Flexibilidade, docilidade, brandura.

**PLIABLE** (plái'âbl), adj. Dobradiço, flexível; dócil, brando; controlável.
**PLIABLENESS** (plái'âblnéss), s. Flexibilidade; docilidade, suavidade, brandura.
**PLIANCY** (plái'ânsi), s. Flexibilidade.
**PLIERS** (pláirz), s. pl. Alicate, tenaz.
**PLIGHT** (pláit), v. t. Prometer formalmente; prometer em casamento; s. penhor, promessa; caução; dobra; apuro; aperto.
**PLINTH** (plinth), s. (Arquit.) Ábaco, plinto.
**PLOD** (plód), v. t. e i. Marchar pesadamente; labutar, mourejar.
**PLODDER** (plô'dâr), s. Trabalhador, labutador.
**PLODDING** (plô'dinn), s. Labuta; adj. laborioso; trabalhador.
**PLOP** (plóp), adv. Repentinamente.
**PLOT** (plót), v. t. e i. Tramar, planear; urdir; lotear (terras); enredar-se; tramar-se; s. conluio; conspiração; enredo teatral.
**PLOTTING** (plô'tinn), s. Traçado de um plano; projeto; conspiração; loteamento de um terreno.
**PLOUGH, PLOW** (pláu), s. Arado, charrua; (fig.) lavoura; cepilho; v. t. e i. lavrar, arar, cultivar; (Náut.) sulcar, fender.
**PLOUGHER, PLOWER** (pláu'âr), s. Lavrador.
**PLOUGHING, PLOWING** (pláu'inn), s. Lavra, lavoura.
**PLUCK** (plák), v. t. Tirar, puxar, colher; apanhar; depenar; reprovar em exame; s. valor, ânimo, coragem; resolução; fressura; reprovação em exame (na Inglaterra).
**PLUCKY** (plâ'ki), adj. Valente, corajoso, valoroso.
**PLUG** (plâg), s. Batoque; rolha; cavilha; torneira; bujão; registro; obturador; porção de tabaco torcido; (fam.) burro; pega-soquete (em eletricidade); v. t. rolhar, tapar, vedar, atarraxar; obturar (dente); inserir numa cavilha de conexão; (pop.) balear; atirar.
**PLUM** (plâmm), s. Ameixa; (fam.) cem mil libras esterlinas (na Inglaterra); riqueza, fortuna; pl. homem milionário.
**PLUMAGE** (plu'midj), s. Plumagem; atavio; adorno; ostentação.
**PLUMB** (plâmm), v. t. Pôr a prumo; sondar, fazer canalizações; chumbar; adj. perpendicular; exato, completo, acabado, perfeito, concluído; s. prumo, fio-de-prumo; nível; sonda; adv. a prumo; com exatidão; perpendicularmente.

**PLUMBER** (plå'mår), s. Encanador; chumbador; bombeiro.
**PLUMBING** (plå'minn), s. Serviço de encanamento; conjunto de canos; sondagem.
**PLUMBLESS** (plåm'léss), adj. Insondável.
**PLUME** (plumm), s. Pluma, pena; orgulho; jactância; v. i. jactar-se, vangloriar-se.
**PLUMED** (plum'd), adj. Plumoso; empenachado.
**PLUMMET** (plå'met), s. Prumo; sonda; contrapeso.
**PLUMP** (plåmp), adj. Nédio, gordo; brusco; rude; adv. repentinamente; s. bando, magote; grupo; arvoredo; montão; v. t. arrojar, soltar, deixar cair; e v. i. engordar; votar (em eleições); cair a prumo.
**PLUMPNESS** (plåmp'néss), s. Redondez, gordura, corpulência; descortesia, incivilidade.
**PLUMPY** (plåm'pi), adj. Gordo, rechonchudo.
**PLUNDER** (plån'dår), v. t. Saquear, pilhar, despojar; s. pilhagem, roubo; presa.
**PLUNDERER** (plån'dårår), s. Flibusteiro, pirata, saqueador, salteador
**PLUNDERING** (plån'dårinn), s. Saque, pilhagem.
**PLUNDEROUS** (plån'dåråss), adj. Espoliador.
**PLUNGE** (plåndj), v. t. e i. Mergulhar; lançar; arremessar; submergir; precipitar; arrojar-se; quebrar-se (uma onda); s. mergulho, imersão; salto; arrojo; arremesso; aperto; dificuldade.
**PLUNGING** (plån'djinn), s. Mergulho; ato de arrojar-se; adj. que mergulha.
**PLUNK** (plånk), s. Som estridente; baque; golpe violento; v. t. tanger (instrumento).
**PLUPERFECT** (plu'pårfékt), adj. e s. (Gram.) Mais-que-perfeito.
**PLURAL** (plu'rål), adj. e s. Plural.
**PLURALITY** (pluré'liti), s. Pluralidade.
**PLUS** (plåss), adj. Mais, adicional; positivo; s. quantidade positia; o sinal de mais (+).
**PLUSH** (plåsh), s. Pelúcia; riço.
**PLUSHY** (plå'shi), adj. Felpudo.
**PLUTOCRACY** (plutó'kråssi), s. Plutocracia.
**PLUTOCRATIC** (plutokré'tik), adj. Plutocrático.
**PLUVIAL** (plu'viål) ou **PLUVIOUS** (plu'viåss), adj. Pluvial, chuvoso.
**PLY** (plåi), v. t. e i. Trabalhar com afinco; dispor; praticar; exercer; usar; manejar; menear; bordejar (um navio); importunar; ir depressa; fazer viagens; dobrar-se; lidar; bolinar; s. prega; dobra; ruga; hábito; costume.
**PLYER** (plåi'år), s. Trabalhador; aquele que faz fretes, viagens; (Náut.) bolineiro; pl. alicate.
**PNEUMATIC** (niumé'tik), adj. Pneumático.
**PNEUMONIA** (niumôu'niå), s. Pneumonia.
**POACH** (pôutsh), v. t. e i. Dar uma fervura a; invadir, penetrar; caçar ou pescar furtivamente; atolar(-se); tornar úmido, mole, barrento.
**POACHER** (pôu'tshår), s. Caçador furtivo, ladrão de caça.
**POCHARD** (pôu'tshárd), s. Pato marinho.
**POCK** (pók), s. Pústula (devido a bexigas).
**POCKET** (pó'kit), s. Bolso, algibeira; sacola; receptáculo em forma de bolso; (fig.) meios ou interesses pecuniários; v. t. pôr no bolso; tomar, subtrair, apropriar-se de; sofrer uma afronta.
**POCKETFUL** (pó'kitful), s. A porção que cabe num bolso.
**POD** (pód), s. Casca; vagem; casulo, v. i. inchar, encher-se; criar vagem ou casca.
**PODGINESS** (pó'djinéss), s. Gordura.
**PODGY** (pó'dji), adj. Gordo, gorduroso, graxo; atarracado.
**POEM** (pôu'emm), s. Poema; poesia.
**POET** (pôu'et), s. Poeta.
**POETESS** (pôu'etéss), s. Poetisa.
**POETIC** (poé'tik) ou **POETICAL** (poéti'kål), adj. Poético.
**POETICS** (poé'tiks), s. Poética (arte).
**POETRY** (pôu'etri), s. Poesia (em sentido geral).
**POGROM** (pogró'mm), s. Pogromo, morticínio, devastação.
**POIGNANCY** (pôi'nånsi), s. Violência, acerbidade; angústia.
**POIGNANT** (pôi'nånt), adj. Pungente, doloroso.
**POINT** (pôint), s. Ponta (de qualquer instrumento); bico, ponto; objeto; ponta de terra, cabo, promontório; brio; agudeza; capítulo; artigo; elevação; termo; conclusão; grau; instante; nota; tom; mira; agulha (de estrada de ferro); estado, situação; pontos (nas cartas de jogar, nos dados, no dominó); rosa-dos-ventos; buril; abridor; circunstância; pormenor; ocasião; sinal de pontuação; rabo, cauda de animal, rabicho; intento; exemplo. *Knotty-point:* o ponto intrigante, ponto espinhoso; v. t. e i.

apontar, aguçar, adelgaçar; pontuar; assinalar; encarar; dirigir, desmantelar.

**POINT-BLANK** (póint'blénk), adj. Direto, categórico, claro; horizontal; adv. categoricamente; diretamente; s. tiro à queima-roupa.

**POINTED** (póin'tid), adj. Pontiagudo, aguçado; satírico; acentuado; direto; ogival.

**POINTEDNESS** (póin'tidnéss), s. Acrimônia, azedume; aspereza; sutileza.

**POINTER** (póin'târ), s. Indicador, ponteiro; buril; agulha (de estrada de ferro); perdigueiro; cão caçador; pl. as duas estrelas da Ursa Maior.

**POINTING** (póin'tinn), s. Pontuação; pontaria; indicação; apontamento.

**POINTLESS** (póin'tléss), adj. Obtuso; insubstancial.

**POISE** (pói'z), s. Peso, contrapeso; balanço, equilíbrio; (fig.) eqüanimidade; serenidade; v. t. e i. contrabalançar, equilibrar; ponderar; oprimir (com peso).

**POISON** (póiz'n), s. Veneno, tóxico; peçonha; malignidade; v. t. envenenar; corromper.

**POISONER** (póis'nâr), s. Envenenador; corruptor.

**POISONOUS** (póiz'nâss), adj. Venenoso; tóxico; deletério.

**POKE** (póuk), s. Impulso; empurrão; jugo; bolsa; sacu; homem preguiçoso, vagaroso; v. t. e i. picar, ferir; bater; tentear; atiçar o fogo; apalpar; tatear.

**POKER** (póu'kâr), s. Atiçador de fogo; duende; fantasma; jogo de cartas, pôquer.

**POKINESS** (póu'kinéss), s. Pachorra, lentidão, estupidez.

**POKY** (póu'ki), adj. Pachorrento, lento; estúpido; gasto; melancólico; triste; pequeno; acanhado; apertado.

**POLAR** (póu'lar), adj. Polar.

**POLARIZATION** (polérizéi'shânn), s. Polarização.

**POLARIZE** (pou'lâráiz), v. t. Polarizar.

**POLE** (póul), s. Pólo; viga; estaca; varapau; vergôntea; vara (de medir); bafa de cavalariça; mastro; grimpa; polaco, polonês; v. t. empar, estacar; transportar com varas, impelir (um barco) com uma vara.

**POLEAXE** (póul'éks), s. Enxó, machadinha.

**POLECAT** (póul'két), s. Doninha, furão.

**POLEMIC** (polé'mik) ou **POLEMICAL** (polé'mikâl), adj. Polêmico, controverso.

**POLEMICS** (polé'miks), s. Polêmica.

**POLICE** (póli'ss), v. t. Policiar, vigiar; s. polícia.

**POLICEMAN** (pôlis'maen), s. Policial, polícia.

**POLICY** (pó'lissi), s. Política administrativa; método, sistema, processo; prudência; esperteza.

**POLISH** (pó'lish), v. t. e i. Polir, lustrar; envernizar; brunir; acetinar; (fig.) implantar ordem em; educar; civilizar; dizer mentiras; s. polimento; cortesia; civilidade; adj. e s. polaco, polonês.

**POLITE** (poláí't), adj. Polido, delicado, cortês; de estilo fino e elegante.

**POLITENESS** (poláíťnéss), s. Urbanidade, cortesia, delicadeza.

**POLITIC** (pó'litik), adj. Político, prudente, sagaz, hábil, ladino.

**POLITICIAN** (póliti'shânn), s. Político, estadista.

**POLITICS** (pó'litiks), s. Política (ciência de governo civil).

**POLITY** (pó'liti), s. Forma de governo; constituição política.

**POLL** (póul), v. t. e i. Inscrever (eleitores); recensear; matricular; tosquiar; ceifar; decapitar; roubar; s. cabeça, pessoa que manda; lista, rol; nomeação; eleição, escrutínio; matrícula; pl. colégios eleitorais.

**POLLARD** (pó'lârd), v. t. Podar (árvores); s. árvore podada.

**POLLING** (pôu'linn), s. Escrutínio, votação.

**POLLUTE** (póliu't), v. t. Poluir, manchar; corromper moralmente; contaminar, viciar.

**POLLUTION** (póliu'shânn), s. Poluição, mancha, corrupção; profanação.

**POLTROON** (póltru'nn), s. Poltrão, covarde; mandrião; ocioso.

**POLTROONERY** (póltru'nâri), s. Covardia.

**POLTROONISH** (póltru'nish), adj. Medroso, covarde.

**POLYCHROME** (pó'likrôumm) ou **POLYCHROMATIC** (pólikromê'tik), adj. Policromo, policromático.

**POLYCLINIC** (pôu'licli'nic), s. Policlínica.

**POLYGAMOUS** (poli'gâmâss), adj. Polígamo.

**POLIGAMY** (poli'gâmi), s. Poligamia.

**POLYGLOT** (pó'liglót), adj. e s. Poliglota.

**POLYP** (pó'lip), s. Pólipo.

**POMACE** (pâ'miss), s. Polpa (de maçãs, etc.) ralada ou triturada.

**POMADE** (pomêi'd) ou **POMATUM** (pomêi'tâmm), s. Pomada; brilhantina; v. t. empomadar.

**POME** (põumm'), s. Pomo.
**POMEGRANATE** (põm'grénit), s. Romã; romãzeira.
**POMICULTURE** (põ'mikåltshår), s. Pomicultura.
**POMIFEROUS** (pomi'fåråss), adj. Pomífero.
**POMMEL** (påm'mél), s. Pomo, maçã; coronha de arma de fogo; botão do punho da espada; v. t. zurzir, bater, espancar.
**POMP** (pômp), s. Pompa, fausto, esplendor.
**POMPOSITY** (pômpô'siti), s. Pomposidade; pompa; ostentação.
**POMPOUS** (pôm'påss), adj. Pomposo, aparatoso.
**POMPOUSNESS** (pôm'påsnéss), s. Pompa, esplendor.
**POND** (pônd), s. Tanque, brejo; viveiro; bacia; reservatório; v. t. fazer um tanque, um lago.
**PONDER** (pôn'dår), v. t. e i. Ponderar, meditar, estudar, refletir.
**PONDERABLE** (pôn'dåråbl), adj. Ponderável.
**PONDERABLENESS** (pôn'dåråblnéss), s. Ponderação.
**PONDEROUS** (pôn'dåråss), adj. Importante, grave; colossal; volumoso; convincente.
**PONDEROUSNESS** (pôn'dåråsnéss), s. Peso, gravidade.
**PONIARD** (pô'niård), s. Punhal pequeno; v. t. apunhalar.
**PONTIFF** (pôn'tif), s. Pontífice.
**PONTIFICATE** (pônti'fikit), s. Pontificado; v. i. pontificar.
**PONTOON** (pôntu'nn), s. Pontão; doca flutuante; barcaça.
**PONY** (pôu'ni), s. Garrano, cavalinho, pônei.
**POODLE** (pud'l), s. Cão d'água.
**POOL** (pul), s. Charco, lago, lagoa; bolo, bolada (jogo), pule; v. t. e i. mancomunar interesses; formar uma piscina, lagoa ou tanque.
**POOP** (pup), s. Popa, tombadilho; v. t. bater pela popa; (fam.) esfalfar.
**POOR** (pur), adj. Pobre, necessitado; incompleto; infeliz; estéril; seco; abatido; mal dormido; enfermiço; caro, querido; insignificante.
**POORLY** (pur'li), adj. Que está mal de saúde; adv. pobremente.
**POORNESS** (pur'néss), s. Pobreza, necessidade, miséria.
**POP** (pôp), s. Estalo, detonação, estouro; ruído; (fam.) concerto familiar; v. t. e i. largar, soltar; disparar; deixar cair; crepitar, dar estalidos; (gír.) pôr no "prego".
**POPCORN** (pôp'kôrnn), s. Pipoca.
**POPE** (pôup), s. Papa, pontífice.
**POPEDOM** (pôup'dåmm), s. Papado.
**POPERY** (pôu'påri), s. Papismo; catolicismo.
**POPGUN** (pôp'gånn), s. Semente de papoula.
**POPINJAY** (pô'pindjêi), s. Peralvilho, cafajeste; picanço ou pica-pau; papagaio.
**POPISH** (pôu'pish), adj. (deprec.) Papista, católico.
**POPLAR** (pô'plår), s. Álamo, choupo.
**POPLIN** (pô'plinn), s. Popelina (tecido).
**POPPLE** (pôp'l), v. t. e i. Mexer-se; borbulhar; agitar-se.
**POPPY** (pô'pi), s. Papoula, dormideira.
**POPULACE** (pô'piuliss), s. Populaça, plebe.
**POPULAR** (pô'piulår), adj. Popular; do povo.
**POPULARITY** (pôpiulé'riti), s. Popularidade.
**POPULARIZE** (pô'piuláráiz), v. t. Popularizar, vulgarizar.
**POPULATE** (pô'piulêit), v. t. Povoar; habitar; v. i. propagar-se, difundir-se.
**POPULATION** (pôpiulêi'shånn), s. População.
**POPULOUS** (pô'piulåss), adj. Populoso.
**POPULOUSNESS** (pô'piulåsnéss), s. Povoação.
**PORCELAIN** (pôrs'linn), s. Porcelana; adj. de porcelana.
**PORCH** (pôrtsh), s. Pórtico, alpendre, átrio.
**PORCUPINE** (pôr'kiupáinn), s. Porco-espinho, ouriço.
**PORE** (pôur), s. Poro; v. i. olhar de perto; fixar a vista sobre.
**PORER** (pôu'rår), s. Investigador.
**PORK** (pôrk), s. Carne de porco; (gír.) mamata (diz-se nos Estados Unidos).
**PORKER** (pôr'kår), s. Porco cevado, marrão.
**PORKLING** (pôr'klinn), s. Leitão.
**PORKY** (pôr'ki), adj. Porcino, gordo.
**PORNOGRAPHY** (porno'grafi), s. Pornografia.
**POROSITY** (pôurô'siti), s. Porosidade.
**POROUS** (pôu'råss), adj. Poroso.
**PORPHYRY** (pôr'firi), s. Pórfiro.
**PORPOISE** (pôr'påss), s. Boto, peixe-porco.
**PORRIDGE** (pô'ridj), s. Mingau, papa de aveia.
**PORRINGER** (pô'rindjår), s. Tigela; gamela.
**PORT** (pôrt), s. Porto, baía; canhoneira; vinho do Porto; porte, ar, aspecto; portal, portão, entrada; portinhola; orifício; canal; luz; v. t. e i. levar, passar a bombordo.

**PORTABLE** (pór'tăbl), adj. Portátil, manual; desmontável.
**PORTAGE** (pór'tidj), s. Porte, carreto, transporte; condução; espaço entre dois rios ou canais.
**PORTAL** (pór'tăl), adj. Relativo a portal; s. portal, pórtico; fachada.
**PORTATIVE** (pór'tătiv), adj. Portátil.
**PORTEND** (pórtén'd), v. i. Predizer, prognosticar, pressagiar.
**PORTENT** (pórtén't), s. Presságio, mau agouro; portento.
**PORTENTOUS** (pórtén'tăss), adj. Sinistro; monstruoso, pavoroso, prodigioso, portentoso.
**PORTER** (pór'tăr), s. Porteiro; portador; carregador, cerveja preta.
**PORTERAGE** (pór'tăridj), s. Transporte; ofício de porteiro.
**PORTFOLIO** (pórt'fóuliŏu), s. Pasta para documentos.
**PORTHOLE** (pôrt'hôul), s. Portinhola.
**PORTICO** (pór'ticŏu), s. Pórtico.
**PORTION** (pór'shănn), v. t. Partilhar, dividir, repartir; s. porção, quinhão, pedaço; dote.
**PORTIONER** (pór'shănăr), s. Dividor, distribuidor.
**PORTLINESS** (pór'tlinéss), s. Ar solene, porte majestoso.
**PORTLY** (pór'tli), adj. Majestoso, nobre; grosso; corpulento.
**PORTRAIT** (pór'trit), s. Retrato; (fig.) personificação.
**PORTRAY** (pórtrê'i), v. t. Retratar; descrever; representar; personificar.
**PORTRAYAL** (pórtrêi'ăl), s. Representação, quadro, retrato, pintura, descrição.
**PORTRAYER** (pórtrêi'ăr), s. Pintor, retratista, criador.
**PORTUGUESE** (pórtiughi'z), adj. e s. Português.
**POSE** (pôuz), v. t. Colocar em certa posição (para retrato ou modelo), posar; afirmar; propor; v. i. colocar-se em certa posição; embaraçar com perguntas repentinas; s. postura, pose, posição.
**POSER** (pôu'zăr), s. Pergunta embaraçosa; examinador.
**POSITION** (pozi'shănn), s. Posição, colocação; postura; lugar; fundamento; argumento, proposição; asserção.
**POSITIONAL** (pozi'shănăl), adj. Relativo à posição de alguém.
**POSITIVE** (pó'zitiv), adj. Positivo, formal, categórico; imperativo; leal; sincero; autorizado; teimoso.
**POSITIVENESS** (pó'zitivnéss), s. Positividade; certeza, segurança; obstinação, contumácia.
**POSITIVISM** (pó'zitivism), s. Positivismo, certeza.
**POSITIVIST** (pó'zitivist), s. Positivista.
**POSSE** (pó'si), s. Milícia; turba; pelotão; possibilidade.
**POSSESSED** (pózés'd), adj. Possesso, possuído.
**POSSESSION** (pózé'shănn), s. Possesso, posse; pl. bens, riquezas, posses.
**POSSESSIVE** (pózé'siv), adj. Possessivo; s. (Gram.) o caso possessivo.
**POSSESSOR** (pózé'săr), s. Possuidor; dominador.
**POSSESSORY** (pózé'sări), adj. (Jur.) Possessório.
**POSSIBILITY** (póssibi'liti), s. Possibilidade.
**POSSIBLE** (pó'sibl), adj. Possível.
**POST** (pôust), s. Poste, baliza, pilar, estaca; posta, correio; posto; guarnição; emprego, cargo; destino; mensageiro; estafeta; adj. subornado, contratado para a prática de algum mal; adv. rapidamente; v. t. e i. anunciar por meio de cartazes; postar, colocar; infamar; pôr ao corrente, informar; andar rapidamente; apressar-se.
**POSTAGE** (pôustêi'dj), s. Porte, taxa postal.
**POSTAL** (pôus'tăl), adj. Postal.
**POSTER** (pôus'tăr), s. Viajante pela posta; cavalo de posta; afixador de cartazes.
**POSTERITY** (postê'riti), s. Posteridade; as gerações futuras.
**POSTERN** (pôus'tărn), s. Postigo; porta traseira.
**POSTHUMOUS** (pós'tiumăss), adj. Póstumo.
**POSTIL** (pós'til), s. Nota, apostila.
**POSTMAN** (pôust'maen), s. Carteiro.
**POSTMARK** (pôust'márk), s. Carimbo do correio; v. t. carimbar (no correio).
**POSTMASTER** (pôust'maestăr), s. Agente do correio.
**POSTPONE** (pôust'pôunn), v. t. Pospor; transferir; suspender; ter menos consideração por.
**POSTPONEMENT** (pôst'pôunment), s. Transferência; adiamento.
**POSTULATE** (pós'tiulit), s. Postulado; v. t. postular; requerer; arrogar-se.

**POSTULATION** (póstiulêi'shânn), s. Postulação; requerimento.
**POSTURE** (pós'tshur), s. Postura, posição, atitude; situação; condição; v. t. e i. por ou pôr-se em determinada posição.
**POSY** (pôu'zi), s. Ramalhete; divisa, emblema; conceito, pensamento.
**POT** (pót), s. Panela; vaso; pote; jarro; medida de líquidos; quantidade contida numa panela; aposta (no jogo); taça (prêmio esportivo); (fam.) quantidade considerável; v. t. e i. guisar, refogar; conservar em potes; embriagar-se; atirar, disparar.
**POTABLE** (pôu'tâbl), adj. Potável; s. qualquer bebida.
**POTASH** (pô'tésh), s. Potassa; lixívia.
**POTATION** (pôutêi'shânn), s. Ato de beber; bebida; trago; libação; devassidão.
**POTATO** (potêi'tôu), s. Batata.
**POTBELLIED** (pót'bé-lied), adj. Barrigudo.
**POTENCY** (pôu'ténsi), s. Potência, força, autoridade.
**POTENT** (pôu'tent), adj. Potente, forte, poderoso; eficaz.
**POTENTATE** (pôu'tentêit), s. Potentado, soberano.
**POTENTIAL** (potén'shâl), adj. Potencial; possível; virtual; eficaz; (Gram.) que exprime possibilidade ou poder; s. potencial, potência; (Gram.) o modo potencial.
**POTENTIALITY** (poténshié'liti), s. Potencialidade, força; virtualidade; possibilidade.
**POTHER** (pó'dhâr), s. Bulha, confusão; motim; v. t. e i. atormentar; alvoroçar; importunar; esforçar-se em vão.
**POTHERB** (pót'hérb), s. Ervas que se criam em vasos.
**POTHOLE** (pót'hôull), s. Caldeirão.
**POTHOUSE** (pót'háus), s. Taverna, botequim.
**POTION** (pôu'shânn), s. Poção.
**POTPOUPORRI** (pót'puri), s. Miscelânea.
**POTSHERD** (pót'shârd), s. Caco, fragmento de louça.
**POTTAGE** (pót'tidj), s. Sopa, mingau.
**POTTER** (pó'târ), s. Oleiro; enlatador de carne, legumes, etc.; v. i. trabalhar negligentemente.
**POTTERER** (pó'târer), s. Pessoa indolente.
**POTTERY** (pó'târi), s. Olaria; cerâmica.
**POTTLE** (pót'l), s. Jarro, vaso, pote; medida de líquidos; cestinha para frutas.
**POUCH** (páutsh), s. Saco, saca; bolso, bolsa; cartucheira; pança; v. t. e i. embolsar; engolir; tragar; suprir de dinheiro; dar gorjeta.
**POULPE** (pul'p), s. Polvo.
**POULT** (pôult), s. Pinto, frango.
**POULTERER** (pôul'târâr), s. Galinheiro.
**POULTICE** (pôul'tiss), s. Emplastro, cataplasma; v. t. aplicar cataplasmas em.
**POULTRY** (pôul'tri), s. Aves domésticas.
**POUNCE** (páunss), v. t. e i. Furar, perfurar; lançar as garras a; precipitar-se; s. garra, pata; boneca de carvão (para desenho); pó de pedra-pomes.
**POUND** (páund), s. Libra (arrátel); libra (esterlina); curral, tapada, paliçada; v. t. encurralar (o gado); golpear, bater; estudar demasiado; triturar; moer.
**POUNDAGE** (páun'didj), s. Dedução, comissão de tanto por libra.
**POUNDER** (páun'dâr), s. Guarda, encarregado de curral; mão-de-gral; pilão, triturador; esmurrador; coisa que pesa uma libra; (fam.) pessoa que estuda muito.
**POUNDING** (páun'dinn), s. Martelamento; pancadaria.
**POUR** (pôur), v. t. e i. Derramar, verter; fluir; emanar; emitir em rápida continuidade; difundir-se; chover copiosamente; fundir; s. derrame, escoamento; temporal.
**POURBOIRE** (purboá'r), s. Propina, gorjeta.
**POURER** (pôu'râr), s. Vazador.
**POURING** (pôu'rinn), adj. Torrencial; de aguaceiro.
**POUT** (páut), s. Mau-humor; tromba, beiço em sinal de amuo; amuo; peru pequeno, francolim (ave parecida com a perdiz); v. i. enfadar-se; zangar; amuar, mostrar-se de má cara; fazer beiço em sinal de amuo.
**POUTING** (páu'tinn), adj. Mal-humorado.
**POVERTY** (pó'vârti), s. Pobreza, indigência; falta; deficiência; escassez.
**POWDER** (páu'dâr), s. Pó; polvilho; talco; pólvora; v. t. Pulverizar; reduzir a pó; salpicar; polvilhar; v. i. empoar-se.
**POWDERY** (páu'dâri), adj. Pulverulento; empoado.
**POWER** (páu'âr), s. Poder, força; energia; autoridade; capacidade, competência; grande número; poderio, potestade; força motriz; jurisdição; nação poderosa.
**POWERBOAT** (páu'ârbôut), s. Barco a motor.
**POWERFUL** (páu'ârful), adj. Poderoso, potente; dominante; pujante; convincente; (fam.) numeroso, em grande número.

**POWERFULNESS** (páu'árfulnéss, s. Força, energia, poder.
**POWERHOUSE** (páu'árhâuss), s. Usina elétrica; casa das máquinas.
**POWERLESS** (páu'árléss), adj. Impotente, fraco.
**POX** (póks), s. Pústula; doença que causa pústulas.
**PRACTICABLE** (prék'tikábl), adj. Praticável; viável.
**PRACTICAL** (prék'tikál), adj. Prático; claro; fácil; útil.
**PRACTICE** (prék'tiss), s. Prática, experiência; praxe; uso; costume; sistema; processo; modo; profissão; clientela; v. t. e i. praticar; experimentar; exercer uma profissão; exercitar; estudar.
**PRACTICER** (prék'tissár), s. Prático; praticante; maquinador, enredador.
**PRACTITIAN** (prék'tishaen), s. Prático; profissional.
**PRACTITIONER** (prékti'shánár), s. Profissional; médico; advogado.
**PRAETORIUM** (pritó'riámm), s. Pretório.
**PRAGMATIC** (prégmé'tik), adj. Pragmático; prático; filosófico.
**PRAGMATICAL** (prégmé'tikál), adj. Importuno; intrometido; oficioso; ativo nos negócios; usual, pragmático.
**PRAGMATISM** (prég'mátizm), s. Intromissão oficiosa; impertinência.
**PRAISE** (préi'z), v. t. Louvar, exaltar; glorificar; bendizer; adorar; s. louvor, elogio; mérito; abono; louvor a Deus.
**PRAISER** (préi'zár), s. Admirador; louvador.
**PRAISEWORTHINESS** (préiz'uárthinéss), s. Valor, merecimento, aprovação, louvor.
**PRAISEWORTHY** (préiz'uárthi), adj. Louvável; meritório; encomiástico.
**PRAM** (prámm), s. Barco de fundo chato; carrinho de criança.
**PRANCE** (prénss), v. i. Curvetear, cabriolar (o cavalo); saltar, emproar-se; empinar-se.
**PRANK** (prénk), v. t. e i. Ornar; ataviar-se em excesso; s. logro, burla.
**PRANKING** (prén'kinn), s. Adorno, enfeite.
**PRANKISH** (prén'kish), adj. Travesso, brincalhão.
**PRANKISHNESS** (prén'kishnéss), s. Travessura, brincadeira.
**PRATE** (prêit), v. i. Tagarelar, dar à língua; s. tagarelice; loquacidade.
**PRATER** (prêi'tár), s. Palrador; charlatão.

**PRATIQUE** (prae'tik), s. Prática.
**PRATTLE** (prét'l), s. Murmúrio; tagarelice; v. t. e i. tagarelar; murmurar; balbuciar; resmungar.
**PRAWN** (prónn), s. Lagostim.
**PRAXIS** (prék'siss), s. Praxe; crestomatia.
**PRAY** (prêi), v. t. e i. Orar, rezar; pedir, implorar; suplicar. *Pray!*: por favor! diga!
**PRAYER** (prêi'ár), s. O que pede; aquele que reza; oração; prece; reza; súplica.
**PRAYERFUL** (prér'ful ou prêi'árful), adj. Devoto; piedoso.
**PRAYERFULNESS** (prér'fulnéss ou prêi'árfulnéss), s. Piedade, devoção.
**PREACH** (pritsh), v. t. e i. Pregar, predicar.
**PREACHER** (pri'tshár), s. Pregador, sermonista.
**PREACHIFY** (pri'tshifái), v. i. Arengar, discursar de modo maçante.
**PREACHING** (pri'tshinn), s. Pregação, prédica.
**PREAMBLE** (pri'émbl), s. Preâmbulo, exórdio; prefácio; introdução.
**PREARRANGE** (priárêin'dj), v. t. Predispor.
**PREBEND** (pré'bend), s. Prebenda.
**PRECARIOUS** (prikêi'riáss), adj. Precário; incerto, duvidoso; perigoso; arriscado.
**PRECARIOUSNESS** (prikêi'riásnéss), s. Incerteza; precariedade.
**PRECATORY** (pré'kátóuri), adj. Precatório, suplicante.
**PRECAUTION** (prikó'shánn), s. Precaução; reserva; cuidado.
**PRECEDE** (prissi'd), v. t. e i. Preceder; antepor; acontecer em primeiro lugar.
**PRECEDENCE** (prissi'dénss) ou **PRECEDENCY** (prissi'dénsi), s. Precedência; prioridade; superioridade.
**PRECEDENT** (prissi'dént), adj. Precedente, antecedente, exemplar.
**PRECENTOR** (prissén'tár), s. Chantre.
**PRECEPT** (pri'sépt), s. Preceito; mandamento; regra; máxima; doutrina.
**PRECEPTOR** (prissép'tár), s. Preceptor.
**PRECESSION** (prissé'shánn), s. Precedência; (Astron.) precessão.
**PRECIOSITY** (présió'siti), s. Preciosismo; amaneiramento.
**PRECIOUS** (pré'sháss), adj. Precioso; estimado; bendito; valioso; querido; amado.
**PRECIOUSNESS** (pré'shásnéss), s. Preciosidade; alto preço; valia.
**PRECIPICE** (pré'sipis), s. Precipício.

**PRECIPITANCE** (prissi'pitânss) ou **PRECIPITANCY** (prissi'pitânsi), s. Precipitação.
**PRECIPITATE** (prissi'pitêit), v. t. e i. Precipitar(-se); despenhar(-se); acelerar; adj. precipitado; imprudente; s. (Qufm.) precipitado.
**PRECIPITATION** (prissipitêi'shânn), s. Precipitação.
**PRECIPITOUS** (prissi'pitâss), adj. Precipitado; arrojado; violento; rápido.
**PRECIPITOUSNESS** (prissi'pitâsnéss), s. Precipitação; escabrosidade.
**PRECISE** (prissái'ss), adj. Preciso; exato; definitivo; justo; formal; pundonoroso; particular; singular; idêntico.
**PRECISENESS** (prissáis'néss), s. Precisão, exatidão; pontualidade.
**PRECISION** (prissi'jânn), s. Precisão; exatidão; justeza.
**PRECLUDE** (priklu'd), v. t. Impedir, interdizer; excluir; evitar.
**PRECLUSION** (priklu'jânn), s. Exclusão; proibição.
**PRECLUSIVE** (priklu'siv), adj. Exclusivo; preventivo.
**PRECOCIOUS** (prikó'shâss), adj. Precoce, prematuro, adiantado.
**PRECONCEIVE** (prikónsi'v), v. t. Preconceber.
**PRECONCEPTION** (prikónsép'shânn), s. Preconceito; opinião antecipada.
**PRECONCERT** (prikonsâr't), v. t. Conceber; combinar antecipadamente; s. acordo prévio.
**PRECURSIVE** (prikâr'siv), adj. Precursor; preliminar; premonitório.
**PRECURSOR** (prikâr'sâr), s. Precursor; predecessor.
**PREDATION** (pridêi'shânn), s. Depredação.
**PREDATORY** (pré'dâtôuri), adj. Predatório; voraz.
**PREDECESSOR** (prédissé'sâr), s. Predecessor; antecessor.
**PREDESTINATE** (pridés'tinêit), v. t. Predestinar; predeterminar; adj. e s. predestinado.
**PREDESTINATION** (pridéstinêi'shânn), s. Predestinação.
**PREDESTINE** (pridés'tinn), v. t. Predestinar.
**PREDETERMINATION** (priditârminêi'shânn), s. Predeterminação.
**PREDETERMINE** (priditâr'minn), v. t. Predeterminar.

**PREDICABLE** (pré'dikâbl), adj. Predicável; pregável.
**PREDICAMENT** (pridi'kâmént), s. Predicamento; categoria; condição; transe; apuro, aperto.
**PREDICANT** (pré'diként), s. Afirmador; frade dominicano.
**PREDICATE** (pre'dikêit), v. t. e i. Afirmar; pregar.; s. predicado; atributo; qualidade.
**PREDICATION** (prédikêi'shânn), s. Afirmação; pregação.
**PREDICATIVE** (pridi'kâtiv), adj. Predicativo.
**PREDICT** (pridik't), v. t. Predizer; prognosticar; profetizar.
**PREDICTION** (pridik'shânn), s. Predição; vaticínio.
**PREDICTIVE** (pridik'tiv), adj. Profético; vaticinador.
**PREDICTOR** (pridik'târ), s. Profetizador; profeta.
**PREDILECTION** (pridilék'shânn), s. Predileção; preferência.
**PREDISPOSE** (pridispôu'z), v. t. Predispor.
**PREDISPOSITION** (pridisoôuzi'shânn), s. Predisposição.
**PREDOMINANCE** (pridó'minânss) ou **PREDOMINANCY** (pridó'minânsi), s. Predominância, supremacia.
**PREDOMINANT** (pridó'minânt), adj. Predominante; prepotente.
**PREDOMINATE** (pridó'minêit), v. t. Predominar; prevalecer.
**PREDOMINATION** (pridóminêi'shânn), s. Predomínio.
**PREEMINENCE** (prié'minénss), s. Preeminência; superioridade.
**PREEMINENT** (prié'minént), adj. Preeminente; supremo.
**PREEMPT** (priémp't), v. t. e i. Adquirir ou apropriar de antemão.
**PREEMPTION** (priémp'shânn), s. Preempção.
**PREEMPTOR** (priémp'târ), s. O que adquire direito de propriedade.
**PREFACE** (pré'fiss), s. Prefácio; v. t. e i. prefaciar.
**PREFATORY** (pré'fâtôuri), adj. Preliminar; preambular.
**PREFECT** (pri'fékt), s. Prefeito.
**PREFECTURE** (prifék'tshur), s. Prefeitura.
**PREFER** (prifâ'r), v. t. Preferir (seguido de *to*); escolher, eleger; propor, apresentar; dar preferência; enaltecer.
**PREFERABLE** (pré'fârâbl), adj. Preferível.

**PREFERENCE** (pré'fárênss), s. Preferência; predileção; primazia; vantagem.
**PREFERENTIAL** (préfárén'shãl), adj. Preferencial.
**PREFERMENT** (prifár'ment), s. Promoção, elevação; classe superior; cargo honorífico.
**PREFIX** (pri'fikiss), s. Prefixo; v. t. prefixar.
**PREGNABLE** (prég'nâbl), adj. Expugnável; vencível; superável.
**PREGNANCY** (prég'nânsi), s. Gravidez; fecundidade.
**PREGNANT** (prég'nânt), adj. Grávida, prenhe; fecundo; fértil.
**PREHENSIBLE** (pri-hén'sibl), adj. Apreensível.
**PREHENSILE** (pri-hén'sil), adj. Preênsil, capaz de agarrar.
**PREHISTORIC** (pri-histó'rik) ou **PREHISTORICAL** (pri-histó'rikãl), adj. Pré-histórico.
**PREHISTORY** (pri-his'tôuri), s. Pré-história.
**PREJUDGE** (pridjã'dj), v. t. Prejulgar; conjeturar; condenar apressadamente.
**PREJUDGEMENT** (pridjâdj'ment), s. Julgamento antecipado.
**PREJUDICE** (pré'djudiss), v. t. Predispor contra; debilitar, depreciar, prejudicar; s. prevenção, preconceito; dano, prejuízo.
**PREJUDICIAL** (prédjudi'shãl), adj. Prejudicial.
**PRELACY** (pré'lãssi), s. Prelatura, episcopado.
**PRELATE** (pré'lit), s. Prelado.
**PRELECT** (prilék't), v. i. Prelecionar, conferenciar.
**PRELECTION** (prilék'shânn), s. Preleção, conferência.
**PRELIMINARY** (prili'minéri), adj. Preliminar; preparatório; s. prelúdio; exórdio.
**PRELUDE** (priliu'd ou pré'liud), v. t. e i. Preludiar; s. prelúdio, prólogo, prefácio.
**PREMATURE** (primêi'tshiur), adj. Prematuro.
**PREMEDITATE** (primé'ditêit), v. t. e i. Premeditar.
**PREMEDITATION** (priméditêi'shânn), s. Premeditação.
**PREMIER** (pri'miêr), s. "Premier", primeiro ministro; adj. primeiro, principal.
**PREMISE** (primái'z), v. t. e i. Explicar; expor antecipadamente; s. premissa; pl. (Jur.) premissas, afirmações anteriores.
**PREMONITION** (primoni'shânn), s. Premonição; presságio; advertência.

**PREMONITORY** (primó'nitôuri), adj. Premonitório; prévio.
**PRENATAL** (pré'nêi'tael), s. Pré-natal.
**PREOCCUPATION** (prióкиupêi'shânn), s. Preocupação, inquietação; prevenção; posse anterior.
**PREOCCUPIED** (prió'kiupáid), adj. Preocupado, absorto; posto já em uso.
**PREOCCUPY** (prió'kiupái), v. t. Preocupar; inquietar; ocupar primeiro.
**PREPARATION** (prépárêi'shânn), s. Preparação; preparativo; disposição; introdução; estudo preliminar; manipulação; fabricação; confecção.
**PREPARATIVE** (pripé'rãtiv), adj. e s. Preparativo; preparatório.
**PREPARATORY** (pripé'rãtôuri), adj. Preparatório; introdutivo; prévio; s. preparativo.
**PREPARE** (pripé'r), v. t. e i. Preparar; dispor; aparelhar; guarnecer; equipar; estudar; aprender; fabricar; fazer preparativos.
**PREPAREDNESS** (pripérd'néss), s. Preparação; prevenção.
**PREPAY** (pripê'i), v. t. Pagar adiantadamente; franquear uma carta.
**PREPAYMENT** (pripêi'ment), s. Pagamento antecipado; franquia (de cartas, etc.).
**PREPENSE** (pripen'ss), adj. (Jur.) Premeditado.
**PREPONDERANCE** (pripón'dãrânss) ou **PREPONDERANCY** (pripón'dãrânsi), s. Preponderância; predomínio; prepotência.
**PREPONDERANT** (pripón'dãrânt), adj. Preponderante.
**PREPONDERATE** (pripón'dãrêit), v. t. e i. Preponderar; predominar; prevalecer.
**PREPONDERATION** (pripóndãrêi'shânn), s. Preponderância.
**PREPOSITION** (prepózi'shânn), s. Preposição.
**PREPOSITIVE** (pripó'zitiv), adj. Prepositivo; prefixo, que vai adiante; s. partícula prepositiva.
**PREPOSSESS** (pripózè'ss), v. t. Causar boa impressão; predispor; prevenir; tomar posse antes de outrem.
**PREPOSSESSION** (pripózé'shânn), s. Predisposição favorável; inclinação; ocupação prévia.
**PREPOSTEROUS** (pripós'tãrãss), adj. Absurdo; ridículo; grotesco; irracional.
**PREPOSTEROUSNESS** (pripós'tãrãsnéss), s. Coisa absurda, despropósito, disparate.

**PREPOTENCY** (pripôu'tensi), s. Prepotência; preponderância.
**PREPONTENT** (pripôu'tent), adj. Prepotente; preponderante.
**PREROGATIVE** (prirô'gâtiv), s. Prerrogativa; privilégio; adj. privilegiado.
**PRESAGE** (prissêi'dj), v. t. e i. Pressagiar; profetizar; predizer; s. presságio, pressentimento, prognóstico.
**PRESBYTER** (prés'bitâr), s. Presbítero.
**PRESBYTERIAN** (présbiti'riânn), adj. e s. Presbiteriano.
**PRESBYTERY** (prés'bitêri), s. Presbitério.
**PRESCHOOL** (priskul'), adj. Pré-escolar; s. jardim de infância.
**PRESCIENCE** (pri'shiénss), s. Presciência, conhecimento do futuro; previsão.
**PRESCIENT** (pri'shiént), adj. Presciente; previdente.
**PRESCIND** (prissin'd), v. t. e i. Abstrair.
**PRESCRIBE** (priskrái'b), v. t. e i. Prescrever, ordenar; ditar; receitar (remédios); (Jur.) prescrever; invalidar-se.
**PRESCRIPT** (pris'kript), s. Prescrição, regra; preceito.
**PRESCRIPTION** (priskrip'shânn), s. Prescrição, regra; preceito.
**PRESCRIPTIVE** (priskrip'tiv), adj. Prescritivo; sancionado; prescrito; consagrado pelo uso.
**PRESENCE** (pré'zenss), s. Presença; porte, ar, aspecto; personalidade; assistência pessoal; aparição; auditório.
**PRESENT** (pré'zent), adj. Presente, atual; vigente, corrente; pronto, disposto; (Gram.) presente; s. o presente; o tempo atual; (Gram.) tempo presente; dádiva, dom, obséquio; v. t. e i. apresentar; pôr em presença de; mostrar; sugerir; expor; apontar; alvejar; oferecer; fazer obséquio.
**PRESENTABLE** (prizén'tâbl), adj. Apresentável.
**PRESENTABLENESS** (prizén'tâblnéss), s. Apresentação.
**PRESENTATION** (prézentêi'shânn), s. Apresentação, exibição; oferecimento; representação.
**PRESENTIENT** (prissén'shent), adj. Que tem pressentimento.
**PRESENTIMENT** (prissén'timént), s. Pressentimento; prenúncio.
**PRESENTLY** (pré'zentli), adv. Presentemente; daqui a pouco; logo.

**PRESENTMENT** (prizént'ment), s. Apresentação; parecença; semelhança; conduta; representação; denúncia; acusação.
**PRESERVABLE** (prizâr'vâbl), adj. Preservável.
**PRESERVATION** (prézârvêi'shânn), s. Preservação.
**PRESERVATIVE** (prizâr'vâtiv), adj. e s. Preservativo; profilático; preventivo.
**PRESERVE** (prizâr'v), v. t. e i. Preservar; resguardar; pôr em conserva; manter; curar; s. conserva, compota; tapada; viveiro.
**PRESERVED** (prizârv'd), adj. De conserva (frutas, carnes, etc.).
**PRESERVER** (prizâr'vâr), s. Preservador, conservador.
**PRESIDE** (prizái'd), v. t. Presidir, dirigir, superintender.
**PRESIDENCY** (pré'zidénsi), s. Presidência.
**PRESIDENT** (pré'zidént), s. Presidente.
**PRESIDENTIAL** (prézidén'shâl), adj. Presidencial.
**PRESIDIUM** (prizi'diâmm), s. Presídio.
**PRESS** (préss), v. t. e i. Apertar; espremer; comprimir; imprensar; inculcar; impingir; constranger; fatigar; angustiar; insistir; importunar; calandrar; acetinar; recrutar (militarmente); urgir; apressar-se; ser importuno; ter influência; s. prensa; lagar; imprensa; urgência, premência; turba, multidão; opressão; armário; passada de ferro (em roupa); friso (em calças).
**PRESSER** (pré'sâr), s. Lagareiro; prensador; impressor.
**PRESSING** (pré'sinn), adj. Urgente; importante; enfadonho; s. pressa; diligência; espremedura; passada de ferro; pl. papel inferior destinado à impressão de panfletos, etc.
**PRESSION** (pré'shânn), s. Pressão; opressão; urgência.
**PRESSMAN** (prés'maen), s. Impressor.
**PRESSURE** (pré'shâr), s. Pressão; aperto; espremedura; urgência; pressa; impulso, ímpeto; impressão; incômodo.
**PRESTIDIGITATION** (préstididjitêi'shânn), s. Prestidigitação.
**PRESTIDIGITATOR** (préstidi'djitêitâr), s. Prestidigitador.
**PRESTIGE** (prés'tidj), s. Prestígio; reputação; influência.
**PRESUMABLE** (priziu'mâbl), adj. Presumível; provável.

**PRESUME** (priziu'mm), v. t. e i. Presumir, conjeturar; suspeitar; agir presunçosamente; ousar, atrever-se.

**PRESUMING** (priziu'minn), adj. Presunçoso, arrogante.

**PRESUMPTION** (prizâmp'shânn), s. Presunção, conjetura; suspeita; dúvida; vaidade; arrogância.

**PRESUMPTIVE** (prizâmp'tiv), adj. Presuntivo; suposto; presumido; vaidoso; arrogante.

**PRESUMPTUOUS** (prizâmp'tiuâss), adj. Presunçoso; vaidoso; arrogante; insolente.

**PRESUMPTUOUSNESS** (prizâmp'tiuâsnéss), s. Presunção; vaidade; arrogância; insolência.

**PRESUPPOSE** (prissâpôu'z), v. t. Pressupor; presumir; contar com.

**PRESUPPOSITION** (prissâpôuzi'shânn), s. Pressuposição; conjetura.

**PRETEND** (pritén'd), v. t. e i. Pretextar; afetar; pretender; alegar falsamente; simular, fingir; fazer de conta; intentar.

**PRETENDER** (pritén'dâr), s. Pretendente; fingidor, aparentador.

**PRETENSE, PRETENCE** (pritén'ss), s. Pretexto; pretensão, máscara; simulação; argumento falso; fim, alvo.

**PRETENSION** (pritén'shânn), s. Pretexto; afirmação gratuita; simulação; falso argumento; afetação; exibição; pretensão.

**PRETENTIOUS** (pritén'shâss), adj. Pretensioso, afetado.

**PRETERIT** (pré'târit), adj. e s. Pretérito; passado.

**PRETERITION** (prétâri'shânn), s. Preterição, omissão.

**PRETERMISSION** (pritârmi'shânn), s. Pretermissão, preterição; omissão, obliteração.

**PRETERMIT** (pritârmi't), v. t. Pretermitir; preterir; omitir, passar por alto.

**PRETERNATURAL** (pritârné'tshurâl), adj. Sobrenatural; extraordinário.

**PRETEXT** (pritéks't), s. Pretexto; fingimento; dissimulação.

**PRETTINESS** (pri'tinéss), s. Beleza, graça, formosura; elegância.

**PRETTY** (pri'ti), adj. Bonito; mimoso; elegante; garboso; suficiente; bastante; regular.

**PREVAIL** (privêi'il), v. t. Prevalecer, preponderar; estar em voga; vigorar; triunfar; persuadir; induzir.

**PREVAILING** (privêi'linn), adj. Prevalecente; predominante; dominante; corrente; avantajado; poderoso; eficaz; salutar.

**PREVALENCE** (pré'vâlénss), s. Predomínio, preponderância; influência; domínio.

**PREVALENT** (pré'vâlént), adj. Predominante; eficaz.

**PREVARICATE** (privé'rikêit), v. i. Prevaricar; cavilar; tergiversar; sofismar; mentir.

**PREVARICATION** (privêrikêi'shânn), s. Evasiva; fraude, engano, falsidade.

**PREVARICATOR** (privé'rikêi'târ), s. Prevaricador; embusteiro.

**PREVENT** (privén't), v. t. e i. Prevenir; evitar; antecipar; ir adiante.

**PREVENTATIVE** (privén'tâtiv), adj. Preventivo; profilático; s. preservativo.

**PREVENTER** (privén'târ), s. O que previne ou impede.

**PREVENTION** (privén'shânn), s. Prevenção; impedimento; estorvo.

**PREVENTIVE** (privén'tiv), adj. Preventivo; profilático.

**PREVIEW** (pri'viu), s. "Avant-première", pré-estréia.

**PREVIOUS** (pri'viâss), adj. Prévio, antecipado, anterior.

**PREVIOUSNESS** (pri'viâsnéss), s. Anterioridade; prioridade.

**PREVISE** (privâi'z), v. t. Prever.

**PREVISION** (privi'jânn), s. Previsão, profecia.

**PREY** (prêi), s. Presa; depredação; pilhagem; vítima; v. t. saquear, pilhar; corroer.

**PRICE** (práiss), s. Preço; valor; recompensa; prêmio; v. t. avaliar; fixar, ou perguntar o preço de.

**PRICELESS** (práis'léss), adj. Inestimável; (fam.) engraçadíssimo, bizarro; absurdo.

**PRICK** (prik), v. t. e i. Picar, cravar, perfurar; apontar; marcar; excitar; estimular; galopar; esporear; erguer-se; s. instrumento agudo; aguilhão; mira; alfinetada; escrúpulo; arrependimento; remorso.

**PRICKER** (pri'kâr), s. Ponta, bico; espinho; picador.

**PRICKING** (pri'kinn), s. Picada; comichão.

**PRICKLE** (prik'l), s. Bico; ferrão; pua; espinho.

**PRIDE** (práid), s. Orgulho, vaidade; brio; fausto, ostentação; jactância; insolência; motivo de orgulho ou de satisfação; v. t. e i. orgulhar(-se), jactar-se, vangloriar-se.

**PRIEST** (prist), s. Padre, sacerdote.

**PRIESTESS** (pris'téss), s. Sacerdotisa.
**PRIESTHOOD** (prisťhud), s. Sacerdócio, clero.
**PRIG** (prig), s. Tolo, estúpido; pedante; (fam.) ladrão; v. t. furtar; surripiar.
**PRIGGERY** (pri'gâri), s. Afetação; pedantismo.
**PRIGGISH** (pri'ghish), adj. Presunçoso, afetado.
**PRIM** (primm), adj. Afetado; v. t. e i. afetar, ser presumido; requebrar-se; ataviar.
**PRIMACY** (prái'mâssi), s. Primazia; superioridade; precedência.
**PRIMAL** (prái'mâl), adj. Primeiro; principal.
**PRIMARINESS** (prái'mârinéss), s. Primazia; superioridade.
**PRIMARY** (prái'mâri), adj. Primário; primeiro; primitivo; original; elementar.
**PRIMATE** (prái'mit), s. Primaz.
**PRIME** (práimm), adj. Primeiro, primitivo; principal; prematuro; primo (número); seleto; primoroso; s. manhã; primavera; origem; princípio; alvor; a flor, a nata, o melhor; v. t. dar a primeira demão a; preparar; alistar; informar; v. i. estar preparado.
**PRIMER** (prái'mâr), s. O que apronta, prepara, aconselha ou dá instruções; cápsula (de cartucho); espoleta, escova; cartilha; livro de orações.
**PRIMEVAL** (práimi'vâl), adj. Primitivo, original; primário; primeiro.
**PRIMING** (prái'minn), s. Imprimação ou imprimadura.
**PRIMITIVE** (pri'mitiv), adj. Primitivo; primordial; originário; radical; rudimentar.
**PRIMITIVENESS** (pri'mitivnéss), s. Antiguidade; natureza primitiva.
**PRIMNESS** (prim'néss), s. Afetação, pedantismo.
**PRIMORDIAL** (práimôr'diâl), adj. Primordial; primitivo; s. primórdio; origem.
**PRIMROSE** (prim'rôuz), s. Primavera (flor); adj. de cor amarela tirante a verde; florido.
**PRINCE** (prinss), s. Príncipe, soberano.
**PRINCEDOM** (prins'dâmm), s. Principado.
**PRINCELIKE** (prins'láik), adj. Principesco.
**PRINCESS** (prin'séss), s. Princesa.
**PRINCIPAL** (prin'sipâl), adj. Principal; capital; fundamental; essencial; s. chefe; sócio, gerente; capital posto a juros; constituinte (no foro); registro de órgão.
**PRINCIPALITY** (prinsipê'liti), s. Superioridade; primazia; soberania.

**PRINCIPATE** (prin'sipit), s. Principado; soberania.
**PRINCIPLE** (prin'sipl), s. Princípio, causa, origem; fundamento; motivo; essência; máxima; axioma; v. t. instruir, incutir; principiar; formar o espírito de alguém.
**PRINK** (prink), v. i. Enfeitar-se; pavonear-se.
**PRINT** (print), v. t. Imprimir; estampar; publicar; v. i. ser impressor; mudar de cor; s. estampa; tipo de imprensa; jornal; molde; forma; debuxo; estampado (tecido).
**PRINTED** (prin'tid), adj. Impresso; estampado.
**PRINTER** (prin'târ), s. Impressor; tipógrafo.
**PRINTERY** (prin'târi), s. Estamparia; tipografia.
**PRINTING** (prin'tinn), s. Impressão; tipografia; imprensa; estampagem; impresso.
**PRIOR** (prái'âr), adj. Anterior; prévio; s. prior.
**PRIORESS** (prái'oréss), s. Prioresa, priora.
**PRIORITY** (práió'riti), s. Prioridade; precedência.
**PRIORY** (prái'ori), s. Priorado (convento).
**PRISM** (prizm), s. Prisma; espectro solar.
**PRISON** (priz'n), s. Prisão, cárcere; v. t. prender, encarcerar.
**PRISONER** (priz'nâr), s. Prisioneiro, preso.
**PRISTINE** (pris'tinn), adj. Pristino, primitivo.
**PRIVACY** (prái'vâssi), s. Retiro, solidão; segredo; intimidade.
**PRIVATE** (prái'vit), adj. Privado, secreto, particular; solitário; reservado; clandestino; oculto, calado.
**PRIVATENESS** (prai'vitnéss), s. Segredo; retiro; recolhimento.
**PRIVATION** (práivêi'shânn), s. Privação, escassez, penúria.
**PRIVATIVE** (pri'vâtiv), adj. Privativo; (Gram.) negativo; s. partícula negativa.
**PRIVILEGE** (pri'vilidj), s. Privilégio, regalia; dom; graça; imunidade; prerrogativa; indulto; v. t. privilegiar; isentar, eximir.
**PRIVITY** (pri'viti), s. Confidência, segredo, informe reservado; intimidade.
**PRIVY** (pri'vi), adj. Privado, secreto, pessoal; íntimo; confidente; instruído, informado; s. confidente, cúmplice; privada, retrete.
**PRIZE** (prái'z), s. Prêmio, galardão, recompensa; prêmio de loteria; ventura, felicidade; vantagem inesperada; v. t. apreciar; avaliar; forçar (móvel, porta, etc.).

**PRIZER** (prái'zăr), s. Avaliador.
**PRO** (prōu), s. e prep. Pró, por, a favor.
**PROBABILITY** (próbăbi'liti), s. Probabilidade.
**PROBABLE** (pró'băbl), adj. Provável, plausível.
**PROBATE** (prōu'bêit), s. Aprovação de testamento; cópia de um testamento; avaliação de jóias deixadas em testamento.
**PROBATION** (prōubêi'shănn), s. Prova; exame; provação, noviciado.
**PROBATIONER** (prōubêi'shănăr), s. Candidato, concorrente; noviço; aspirante.
**PROBATIVE** (prōu'bătiv), adj. Probatório.
**PROBE** (prōub), s. Sonda cirúrgica; prova; teste; v. t. sondar, explorar.
**PROBITY** (pró'biti), s. Probidade; honradez.
**PROBLEM** (pró'blémm), s. Problema, questão.
**PROBLEMATIC** (próblemé'tik), adj. Problemático.
**PROCEDURE** (prossi'djur), s. Procedimento; porte; processo; funcionamento; operação.
**PROCEED** (prossi'd), v. i. Proceder, originar-se; obrar, agir, portar-se.
**PROCEEDING** (prossi'dinn), s. Procedimento; porte; processo; pl. ato ou processo judicial; medida legal; ata.
**PROCEEDS** (prōu'sidz), s. pl. Produtos; rendimentos.
**PROCESS** (pró'séss), s. Procedimento; operação; tratamento; progresso; curso; sucessão; processo; v. t. processar judicialmente; produzir.
**PROCESSION** (prossé'shănn), s. Prossecução; marcha, andamento; comitiva; cavalgada; desfilada de tropas.
**PROCLAIM** (proklêi'mm), v. t. Proclamar; publicar.
**PROCLAIMER** (proklêi'măr), s. Proclamador; aclamador.
**PROCLAMATION** (proklămêi'shănn), s. Proclamação.
**PROCLIVITY** (prokli'viti), s. Propensão, tendência.
**PROCRASTINATE** (prokrés'tinêit), v. t. e i. Procrastinar, delongar; retardar; ser demorado.
**PROCRASTINATION** (prokréstinêi'shănn), s. Procrastinação, delonga, adiamento.
**PROCREATE** (prōu'kriêit), v. t. procriar; gerar; ocasionar.
**PROCREATION** (prōkriêi'shănn), s. Procriação.
**PROCREATOR** (prōu'kriêităr), s. Procriador; genitor.
**PROCTOR** (prók'tăr), s. Procurador; solicitador; censor; chefe da disciplina (nos colégios e universidades).
**PROCURABLE** (prokiu'răbl), adj. Procurável.
**PROCURATION** (prókiurêi'shănn), s. Procuração; obtenção; alcovitice, lenocínio.
**PROCURATOR** (pró'kiurêităr), s. Procurador; agente; delegado.
**PROCURE** (prokiu'r), v. t. e i. Achar, encontrar; alcançar com algum esforço, por algum meio.
**PROCURER** (prokiu'răr), s. Alcoviteiro.
**PROD** (pród), v. t. Picar, agulhar, aguilhoar; s. instrumento pontiagudo; punção; picada.
**PRODIGAL** (pró'digăl), adj. Pródigo, perdulário; s. gastador.
**PRODIGALITY** (pródighé'liti), s. Prodigalidade.
**PRODIGALIZE** (pró'digaláiz), v. t. Prodigalizar, esbanjar.
**PRODIGIOUS** (prodi'djăss), s. Prodigioso, maravilhoso, extraordinário.
**PRODUCE** (prodiu'ss), v. t. e i. Produzir; gerar, criar; fabricar; fazer; mostrar; apresentar; (Com.) render; dar resultado; s. produto, ganho; produção; rendimento; provisões.
**PRODUCER** (prodiu'săr), s. Produtor; autor; criador.
**PRODUCIBLE** (prodiu'sibl), adj. Produtível.
**PRODUCT** (pró'dăkt), s. Produto, produção; resultado; provento; rendimento.
**PRODUCTION** (prodăk'shănn), s. Produção; composição; apresentação; produto.
**PRODUCTIVE** (prodăk'tiv), adj. Produtivo; fértil; lucrativo.
**PROFANATION** (profănêi'shănn), s. Profanação.
**PROFANE** (profêi'nn), v. t. Profanar; violar; macular; adj. profano, blasfemo, ímpio, irreverente; pagão.
**PROFANER** (profêi'năr), s. Profanador, sacrílego.
**PROFESS** (profé'ss), v. t. e i. Professar; manifestar; declarar; ensinar (professor).
**PROFESSED** (profés't), adj. Professo; manifesto; declarado.
**PROFESSION** (profé'shănn), s. Profissão; emprego; mister; ofício; arte; declaração formal; a arte dramática.

**PROFESSIONAL** (profé'shânâl), adj. Profissional; s. profissional; ator; atriz.
**PROFESSOR** (profé'sâr), s. Professor (especialmente de universidade ou colégio).
**PROFFER** (pró'fâr), s. Oferecimento, proposta; tentativa; v. t. oferecer, tentar.
**PROFFERER** (pró'fârâr), s. Ofertante, proponente.
**PROFICIENCY** (profi'shênsi), s. Proficiência; talento.
**PROFICIENT** (profi'shent), adj. Proficiente, hábil.
**PROFILE** (prôu'fáil), s. Perfil; contorno; recorte; v. t. perfilar.
**PROFIT** (pró'fit), s. Lucro, proveito, vantagem; rendimento; utilidade; v. t. e i. aproveitar; lucrar; melhorar; adiantar.
**PROFITABLE** (pró'fitâbl), adj. Proveitoso, vantajoso.
**PROFITABLENESS** (pró'fitâblnéss), s. Proveito, utilidade, vantagem, lucro, ganho.
**PROFITER** (pró'fitâr), s. Aproveitador.
**PROFITLESS** (pró'fitléss), adj. Desvantajoso.
**PROFLIGACY** (pró'fligâssi), s. Desregramento; libertinagem.
**PROFLIGATE** (pró'fligheit), adj. e s. Desregrado; libertino, imoral.
**PROFOUND** (profáun'd), adj. Profundo (intelectualmente); intensivo; exaustivo; perfeito; cabal; s. profundidade; abismo.
**PROFOUNDNESS** (profáund'néss), s. Profundidade (no sentido próprio e figurado).
**PROFUSE** (profiu'ss), adj. Profuso; copioso; intenso.
**PROFUSION** (profiu'jânn), s. Profusão; abundância; prodigalidade; desperdício.
**PROG** (prôg), s. Alimento, provisões; mendigo; aguilhada, aguilhão; picada; v. i. mendigar; roubar para comer; picar, aguilhoar.
**PROGENITOR** (prodjé'nitâr), s. Progenitor; linhagem, prole.
**PROGENY** (pró'djini), s. Progênie; prole; descendência; família.
**PROGNOSTIC** (prógnôus'tik), v. t. e i. Prognosticar; vaticinar; adj. e s. prognóstico.
**PROGNOSTICATION** (prógnôustikêi'shânn), s. Prognóstico, predição, prognosticação.
**PROGNOSTICATOR** (prógnôus'tikêitâr), s. Prognosticador, profeta, vaticinador.
**PROGRAM, PROGRAMME** (prôu'grémm), s. Programa; aviso; plano.
**PROGRESS** (progré'ss), v. t. e i. Adiantar; progredir; cotinuar; desenvolver-se; s. progresso; avanço; desenvolvimento; melhoramento.
**PROGRESSION** (progré'shânn), s. Progressão; marcha, movimento; série; seqüência.
**PROGRESSIST** (progré'sist), s. Progressista.
**PROGRESSIVE** (progré'siv), adj. Progressivo.
**PROHIBIT** (pro-hi'bit), v. t. Proibir, interdizer; tolher; obstar.
**PROHIBITION** (pro-hibi'shânn), s. Proibição; interdição.
**PROJECT** (prodjék't), v. t. Projetar, planear; atirar; arrojar; sobressair; ressaltar; s. projeto, plano; traçado; empresa.
**PROJECTION** (prodjék'shânn), s. Projeção; lançamento; plano; sacada; ressalto.
**PROJECTURE** (prodjék'tshur), s. Saliência, sacada.
**PROLAPSE** (prolép'ss), v. i. (Med.) Cair, descer.
**PROLEPTIC** (prolép'tik) ou **PROLEPTICAL** (prolép'tikâl), adj. Prévio, antecipado.
**PROLETARIAN** (prôulitêi'riânn), adj. e s. Proletário.
**PROLETARIAT** (prôulitêi'riét), s. Proletariado.
**PROLIFIC** (proli'fik) ou **PROLIFICAL** (proli'fikâl), adj. Prolíficc, produtivo, fecundo.
**PROLIX** (prôu'liks), adj. Prolixo, difuso; enfadonho, fastidioso.
**PROLIXITY** (prolik'siti), s. Prolixidade; difusão.
**PROLOCUTOR** (proló'kiutâr), s. Intercessor; presidente de uma assembléia.
**PROLOG, PROLOGUE** (prôu'lóg), s. Prólogo.
**PROLONG** (proló'nn), v. t. Prolongar; aumentar; distender; continuar; prosseguir.
**PROLONGATION** (prolonghêi'shân), s. Prolongamento; prorrogação; continuação.
**PROMENADE** (prómená'd), s. Passeio; lugar de passeio; v. i. passear, dar um passeio.
**PROMINENCE** (pró'minénss) ou **PROMINENCY** (pró'minénsi), s. Eminência; importância; elevação; ressalto; distinção.
**PROMINENT** (pró'minént), adj. Proeminente; eminente; conspícuo; saliente.
**PROMISCUITY** (promiskiu'iti), s. Promiscuidade; mistura, confusão.
**PROMISCUOUS** (promis'kiuâss), adj. Promíscuo.
**PROMISE** (pró'miss), v. t. e i. Prometer; s. promessa; compromisso.

**PROMISER, PROMISOR** (pró'missinr), s. Prometedor.
**PROMISSING** (pró'missinn), adj. Prometedor.
**PROMONTORY** (pro'mântôuri), s. Promontório.
**PROMOTE** (promôu't), v. t. e i. Promover; desenvolver; aumentar; fomentar; suscitar; estabelecer; favorecer; agenciar a.
**PROMOTER** (promôu'târ), s. Promotor; autor.
**PROMOTION** (promôu'shânn), s. Promoção; adiantamento.
**PROMOTIVE** (promôu'tiv), adj. Promovedor; protetor.
**PROMPT** (prômp't), adj. Pronto; expedito; penetrante; exato; ativo; resoluto; s. termo; dia de vencimento; v. t. incitar; servir de ponto (no teatro); fazer lembrar.
**PROMPTING** (prômp'tinn), s. Insinuação; persuasão; sugestão.
**PROMPTITUDE** (prômp'titiud), s. Prontidão; pontualidade; celeridade.
**PROMULGATE** (promâl'ghêit), v. t. Promulgar; anunciar.
**PROMULGATION** (promâlghêi'shânn), s. Promulgação.
**PROMULGATOR** (pro'mâlghêitâr), s. Promulgador.
**PRONE** (prônn), adj. Deitado; inclinado; debruçado; propenso; disposto.
**PRONG** (prônn), s. Dente de instrumento pontiagudo; forcado.
**PRONOUN** (prôu'náunn), s. Pronome.
**PRONOUNCE** (pronáun'ss), v. t. e i. Pronunciar; declarar; pronunciar-se; dar sentença (nos tribunais).
**PRONOUNCED** (pronáuns't), adj. Pronunciado; proferido; acentuado; marcado.
**PRONOUNCEMENT** (pronáuns'ment), s. Declaração ou proclamação formal.
**PRONUNCIATION** (pronânsiêi'shânn), s. Pronunciação, pronúncia, articulação.
**PROOF** (pruf), s. Prova, experiência; evidência; prova tipográfica; adj. de prova, à prova de, impenetrável; v. t. impermeabilizar.
**PROOFLESS** (pruf'léss), adj. Infundado; sem fundamento.
**PROP** (prôp), v. t. Apoiar; suportar; suster; manter; s. apoio, suporte; coluna.
**PROPAGATE** (pró'pâghêit), v. t. Propagar; espalhar; propagar-se; reproduzir-se.
**PROPAGATION** (própâghêi'shânn), s. Propagação; difusão; transmissão.
**PROPEL** (propé'l), v. t. Impelir; fazer avançar.
**PROPELLENT** (propé'lent), adj. Propulsor; motor.
**PROPENSITY** (propén'siti), s. Propensão; inclinação; tendência.
**PROPER** (pró'pâr), adj. Próprio; devido; justo.
**PROPERNESS** (pró'pârnéss), s. Conveniência.
**PROPERTY** (pró'pârti), s. Propriedade; coisa possuída; bens; tendência.
**PROPHECY** (pró'fissi), s. Profecia; presságio.
**PROPHESIER** (pró'fissáiâr), s. Profetizador; profeta.
**PROPHET** (pró'fit), s. Profeta.
**PROPITIATE** (propi'shiêit), v. t. e i. Propiciar; aplacar, conciliar.
**PROPITIATION** (propishiêi'shânn), s. Propiciação; conciliação, expiação.
**PROPITIOUS** (propi'shâss), adj. Propício; oportuno; benéfico; auspicioso.
**PROPITIOUSNESS** (propi'shâsnéss), s. Bondade; indulgência; boa disposição.
**PROPORTION** (propôr'shânn), s. Proporção; relação, regra; medida; simetria; analogia; v. t. proporcionar; dar, ajustar; conciliar; comparar.
**PROPORTIONATE** (propôr'shânêit), v. t. Proporcionar; adj. proporcionado.
**PROPOSAL** (propôu'zâl), s. Proposta, oferta; declaração.
**PROPOSE** (propôu'z), v. t. e i. Propor, oferecer; propor casamento.
**PROPOSER** (propôu'zâr), s. Proponente.
**PROPOSITION** (própozi'shânn), s. Proposição; oferta.
**PROPOUND** (propáun'd), v. t. Propor; expor; sustentar (uma opinião).
**PROPRIETARY** (propái'itéri), s. Proprietário; adj. proprietário; de proprietário, de propriedade.
**PROPRIETRESS** (proprái'itréss), s. Proprietária.
**PROPRIETY** (proprái'iti), s. Propriedade; conveniência; decoro; decência.
**PROPULSION** (propâl'shânn), s. Propulsão; impulso.
**PROROGATION** (prôuroghêi'shânn), s. Prorrogação; adiamento.
**PROROGUE** (prorôu'g), v. t. Prorrogar, adiar.
**PROSAIC** (prozêi'k) ou **PROSAICAL** (prosêi'kâl), adj. Prosaico.

**PROSCRIBE** (proskrái'b), v. t. Proscrever; banir.
**PROSCRIPT** (pros'kript), s. Proscrito; exilado.
**PROSCRIPTION** (proskrip'shánn), s. Proscrição; proibição.
**PROSE** (próuz), adj. Prosaico; s. prosa; v. t. e i. prosear; dissertar; discorrer longamente.
**PROSECUTE** (pró'sikiut), v. t. e i. Prosseguir; continuar; levar avante; executar; realizar.
**PROSECUTION** (próssikiu'shánn), s. Prossecução; instância; prosseguimento.
**PROSECUTOR** (pró'sikiutár), s. Perseguidor.
**PROSELYTE** (pró'siláit), s. Prosélito; neófito.
**PROSER** (próu'zár), s. Prosador; narrador enfadonho.
**PROSODIC** (prossó'dik) ou **PROSODICAL** (prossó'dikál), adj. Prosódico.
**PROSPECT** (prós'pékt), s. Perspectiva; aspecto; oportunidade; esperança; pretendente; v. t. e i. prometer, dar boas esperanças; explorar (minas).
**PROSPECTIVE** (prospék'tiv), adj. Previdente; antecipado.
**PROSPER** (prós'pár), v. t. e i. Medrar; prosperar; progredir; sair-se bem.
**PROSPERITY** (prospé'riti), s. Prosperidade; ventura; felicidade.
**PROSPEROUS** (prós'párâss), adj. Próspero; feliz.
**PROSTATE** (prós'téit), s. Próstata.
**PROSTITUTION** (próstitiu'shánn), s. Prostituição; desonra.
**PROSTRATE** (prós'tréit), v. t. Prostrar; derrubar; debilitar; adj. prostrado; abatido; humilhado.
**PROSTRATION** (próstréi'shánn), s. Prostração; abatimento.
**PROSY** (próu'zi), adj. Prosaico, sem graça; insípido.
**PROTAGONIST** (proté'gonist), s. Protagonista.
**PROTECT** (protékt'), v. t. Proteger, amparar; livrar.
**PROTECTION** (prolék'shánn), s. Proteção; amparo; apoio; protecionismo.
**PROTECTIVE** (proték'tiv), adj. Protetor; defensor; s. abrigo; resguardo.
**PROTECTOR** (proték'tár), s. Protetor; defensor; patrono; tutor.
**PROTEIN** (próu'tinn), s. Proteína.

**PROTEST** (próu'tést), s. Protesto; v. t. e i. protestar, declarar solenemente.
**PROTESTATION** (protestéi'shánn), s. Protesto; juramento.
**PROTON** (próu'ton), s. Próton.
**PROTOPLASM** (próu'toplaesm), s. Protoplasma.
**PROTOTYPE** (próu'totáip), s. Protótipo.
**PROTRACT** (protrék't), v. t. Protrair, protelar, prolongar.
**PROTRACTION** (protrék'shánn), s. Protraimento; demora.
**PROTRACTOR** (protrék'tár), s. Adiador, prolongador; transferidor (instrumento); (Anat.) músculo extensor.
**PROTRUDE** (protru'd), v. t. e i. Protrair; tirar para fora; ser proeminente.
**PROTRUSION** (protru'jánn), s. Protrusão; protuberância.
**PROTUBERANCE** (protiu'báránss), s. Protuberância.
**PROUD** (práud), adj. Orgulhoso; soberbo; grande, maravilhoso.
**PROVABLE** (pru'vábl), adj. Provável; demonstrável.
**PROVABLENESS** (pru'váblnéss), s. Probabilidade.
**PROVE** (pruv), v. t. e i. Provar; mostrar; evidenciar; justificar; sair-se bem.
**PROVENANCE** (pró'venánss), s. Proveniência; origem.
**PROVER** (pru'vár), s. Provador; demonstrador.
**PROVERB** (pró'várb), s. Provérbio, adágio.
**PROVIDE** (prováí'd), v. t. e i. Prover, fornecer, abastecer; estipular; contratar; acautelar-se; tomar precauções.
**PROVIDED** (prováí'did), adj. Provido, abastecido; conj. contanto que, com a condição de (seguido de *that*).
**PROVIDENCE** (pró'vidénss), s. Providência; economia; prudência; a Providência, Deus.
**PROVIDENT** (pró'vidént), adj. Previdente; econômico, prudente.
**PROVIDER** (prováí'dár), s. Provisor; despenseiro.
**PROVINCE** (pró'vinss), s. Província; cargo; emprego; obrigação; competência.
**PROVISION** (provi'jánn), s. Provisão; abastecimento; medida; disposição; cláusula; pl. mantimentos; v. t. prover, abastecer.
**PROVISIONAL** (provi'jánál), adj. Provisional; provisório; temporário; interino.

**PROVISO** (prováï'zôu), s. Condição, cláusula.
**PROVISORY** (prováï'zôuri), adj. Provisório; condicional.
**PROVOCATION** (prôvokêi'shânn), s. Provocação; estímulo; causa; pretexto.
**PROVOCATIVE** (provô'kătiv), adj. Provocante; excitante; estimulante; irritante.
**PROVOKE** (provôu'k), v. t. e i. Provocar; excitar, irritar, exasperar; promover.
**PROVOKING** (provôu'kinn), adj. Provocante.
**PROVOST** (prô'vâst ou provô'u), s. Preboste; reitor; decano do corpo docente de um colégio (na Inglaterra).
**PROW** (práu), s. (Náut.) Proa.
**PROWESS** (práu'éss), s. Proeza; façanha.
**PROWL** (prául), v. t. e i. Vaguear, andar errante.
**PROWLER** (práu'lâr), s. Rondador, ladrão.
**PROXIMATE** (prók'simit), s. Próximo; imediato.
**PROXIMITY** (próksi'miti), s. Proximidade.
**PROXY** (prók'si), s. Mandatário; procurador.
**PRUDENCE** (pru'dénss), s. Prudência, cautela, ponderação.
**PRUDENT** (pru'dént), adj. Prudente; precavido.
**PRUDERY** (pru'dâri), s. Afetação de virtude.
**PRUDISH** (pru'dish), adj. Com ares de virtude; santarrão.
**PRUNE** (prunn), v. t. e i. Podar, desbastar; aparar; s. ameixa preta ou passada.
**PRUNER** (pru'når), s. Podador.
**PRUNING** (pru'ninn), s. Poda, desbaste, corte nas árvores; ramos cortados.
**PRURIENCE** (pru'riénss) ou **PRURIENCY** (pru'riénsi), s. Prurido; comichão; desejo ardente.
**PRURIENT** (pru'riént), adj. Pruriente; impuro; sensual.
**PRURIGINOUS** (pruri'djinâss), adj. Pruriginoso.
**PRY** (prái), v. t. e i. Espreitar, pesquisar; procurar; registrar; levantar; alçar; s. bisbilhotice; indiscrição; espreitada; curioso; intrometido.
**PSALM** (sámm), s. Salmo.
**PSALTERY** (sól'târi), s. Saltério (instrumento).
**PSEUDONYM** (siu'donimm), s. Pseudônimo.
**PSYCHIC** (sáï'kik) ou **PSYCHICAL** (sáï'kikâl), adj. Psíquico.
**PSYCHOLOGIC** (sáikolô'djik) ou **PSYCHOLOGICAL** (sáikolô'djikâl), adj. Psicológico.

**PSYCHOLOGIST** (saikô'lodjist), s. Psicólogo.
**PSYCHOLOGY** (sáikô'lodji), s. Psicologia.
**PUBERTY** (piu'bârti), s. Puberdade; início de florescência.
**PUBESCENCE** (piubé'senss), s. Pubescência.
**PUBLIC** (pâ'blik), adj. Público(a); comum; geral; conhecido; s. c público; o povo.
**PUBLICAM** (pâ'blikânn), s. Publicano (na antiga Roma); taverneiro (na Inglaterra).
**PUBLICATION** (pâblikêi'shânn), s. Publicação; promulgação; jornal; revista.
**PUBLICITY** (pûbli'siti), s. Publicidade.
**PUBLISH** (pâ'blish), v. t. Publicar; editar; promulgar.
**PUBLISHER** (pâ'blishâr), s. Publicador; editor.
**PUCK** (pâk), s. Duende, elfo, fada, diabrete.
**PUCKER** (pâ'kâr), v. t. Enrugar; vincar; s. ruga; prega; (fam.) agitação; ansiedade.
**PUDDING** (pu'dinn), s. Pudim; salsichão.
**PUDDLE** (pâd'l), s. Lamaçal; poça; cimento hidráulico; curtimento; v. t. cimentar; enlodar.
**PUDGY** (pâ'dji), adj. (fam.) Rechonchudo, atarracado.
**PUERILE** (piu'ârâl), adj. Pueril; infantil.
**PUERILITY** (piuâri'liti), s. Puerilidade.
**PUFF** (pâf), v. t. e i. Inchar, intumescer; s. sopro; aragem; baforada; anúncio pomposo; elogio exagerado.
**PUFFER** (pâ'fâr), s. Soprador; adulador; charlatão; lançador falso (num leilão).
**PUFFIN** (pâ'finn), s. Mergulhão (ave).
**PUFFING** (pâ'finn), s. Inchação; vaidade; adulação; ato de soprar.
**PUFFY** (pâ'fi), adj. Intumescido; inchado.
**PUG** (pâg), s. Taipa, argamassa; pilão; cãozinho fraldeiro, criança travessa; v. t. cimentar.
**PUGILISM** (piu'djilizm), s. Pugilismo.
**PUGILIST** (piu'djilist), s. Pugilista.
**PUGNACIOUS** (pâgnêi'shâss), adj. Pugnaz; rixoso.
**PUGNACITY** (pâgné'siti), s. Pugnacidade.
**PUISNE** (piu'ni), adj. Mais novo; s. o que ocupa posição inferior.
**PUISSANCE** (piu'issânss), s. Pujança, potência.
**PUISSANT** (piu'ssânt), adj. Pujante, vigoroso.
**PUKE** (piuk), v. t. e i. Vomitar; s. vômito; vomitivo.
**PULE** (piul), v. i. Piar; choramingar.

**PULING** (piu'linn), s. Pio; choro; gemido.
**PULL** (pul), v. t. e i. Puxar; arrastar; rebocar; colher; vogar; remar; quebrar; despedaçar; erguer; içar; dar um puxão; (Tip.) tirar (prova); s. puxão; repelão; arranco; sacudidela; influxo; influência; puxador (de porta, gaveta, etc.); remada.
**PULLBACK** (pul'baek), s. Estorvo; obstáculo; (fig.) desconto.
**PULLER** (pu'lâr), s. Puxador; arrancador (de pregos, etc.); torquês; boticão.
**PULLET** (pu'lit), s. Frango.
**PULLEY** (pu'li), s. Polia, roldana; joelheira (para jogador de futebol).
**PULLMAN** (pul'mânn), s. Carro-dormitório.
**PULLULATE** (pâ'liulêit), v. i. Pulular; germinar.
**PULLULATION** (pâliulêi'shânn), s. Pululação; germinação.
**PULP** (pâlp), s. Polpa, medula; pasta; massa (de papel); v. t. descascar; reduzir a pasta.
**PULPIT** (pul'pit), s. Púlpito, tribuna.
**PULPY** (pâl'pi), adj. Pomposo, carnudo; mole.
**PULSATE** (pâl'sêit), v. t. Pulsar; bater; palpitar.
**PULSATION** (pâlsêi'shânn), s. Pulsação; palpitação.
**PULSE** (pâlss), s. Pulso; pulsação; vibração (também em sentido figurado); v. i. pulsar, bater.
**PULVERIZATION** (pâlvârizêi'shânn), s. Pulverização.
**PULVERIZE** (pâl'vâráiz), v. t. e i. Pulverizar.
**PUMICE** (pâ'miss), v. t. Alisar, polir com pedra-pomes; s. pedra-pomes (também se diz **PUMICE-STONE**).
**PUMP** (pâmp), s. Bomba de ar, máquina pneumática; v. t. e i. elevar (água) com a bomba; dar à bomba; sondar; tatear.
**PUMPING** (pâm'pinn), s. Esoto.
**PUMPKIN** (pâmp'kinn), s. Abóbora.
**PUN** (pânn), s. Trocadilho; v. t. e i. fazer trocadilho.
**PUNCH** (pântsh), v. t. Furar com punção; (fam.) bater, surrar; s. punção, furador; palhaço; murro; pancada; ponche (bebida).
**PUNCHEON** (pân'tshânn), s. Punção; buril; escora; espeque; medida para líquidos.
**PUNCTILIO** (pânkti'lio), s. Exatidão escrupulosa; meticulosidade; escrúpulo.

**PUNCTILIOUS** (pânkti'liâss), adj. Pontual; exato; escrupuloso; pundonoroso; cerimonioso.
**PUNCTUAL** (pânk'tshuâl), adj. Pontual; exato; rigoroso; justo; preciso; certo; regular.
**PUNCTUALITY** (pânktshuê'liti), s. Pontualidade; exatidão; presteza.
**PUNCTUALLY** (pânk'tshuâli), adv. Pontualmente.
**PUNCTUATION** (pânktsuêi'shânn), s. Pontuação.
**PUNCTURE** (pânk'tshur), v. t. Puncionar; furar, picotar; (fig.) desmascarar; s. picada.
**PUNGENCE** (pân'djênss) ou **PUNGENCY** (pân'djênsi), s. Pungência; acidez; acrimônia; mordacidade; aspereza.
**PUNGENT** (pân'djênt), adj. Pungente; ácido; acrimonioso; mordaz; ferino; cáustico.
**PUNISH** (pâ'nish), v. t. Punir; castigar.
**PUNISHER** (pâ'nishâr), s. Castigador, punidor.
**PUNITIVE** (piu'nitiv), adj. Punitivo.
**PUNK** (pânk), s. Isca; mecha; madeira podre; (gír.) frangote.
**PUNNING** (pâ'ninn), s. Trocadilhos; ato de fazer trocadilhos.
**PUNT** (pânt), v. t. e i. Remar de varejão; transportar, conduzir, caçar, pescar numa catraia ou chata; chutar a bola no ar (no futebol); s. barcaça movida a varejão; catraia, chata.
**PUNTER** (pân'târ), s. Barqueiro; jogador (de jogos de azar); o ponto (no jogo da banca).
**PUNY** (piu'ni), adj. Pequeno, insignificante; débil; fraco.
**PUP** (pâp), v. i. Dar cria (a cadela); s. filhote da cadela e de vários carnívoros; cachorro.
**PUPA** (piu'pâ), s. Ninfa, crisálida.
**PUPIL** (piu'pil), s. Aluno, aluna; pupila, menina dos olhos; (Jur.) pupilo, tutelado.
**PUPILAGE** (piu'pilidj), s. Menoridade.
**PUPPET** (pâ'pêt), s. Boneco, boneca; títere; fantoche; (fig.) instrumento.
**PUPPY** (pâ'pi), s. Cachorrinho; (fig.) patife; pelintra; presunçoso.
**PUPPYISH** (pâ'piish), adj. De cãozinho; impertinente, velhaco.
**PURBLIND** (pâr'bláind), adj. Míope.
**PURCHASABLE** (pâr'tshisâbl), adj. Comparável, adquirível.
**PURCHASE** (pâr'tshiss), v. t. Comprar; ad-

quirir; ganhar; obter; levantar (a âncora); s. compra; aquisição; (Náut.) estralheira.
**PURCHASER** (pâr'tshisâr), s. Comprador.
**PURDAH** (pâr'dâ), s. Cortina, cortinado.
**PURE** (piur), adj. Puro; genuíno; legítimo; inocente; simples.
**PURENESS** (piur'néss), s. Pureza.
**PURFLE** (pâr'fl), v. t. e i. Debruar; embainhar; s. debrum; orla.
**PURGATION** (pârghêi'shânn), s. Purgação; purificação; purga.
**PURGATIVE** (pâr'gâtiv), adj. Purgativo; s. purgante.
**PURGATORY** (pâr'gâtôuri), s. Purgatório; adj. purgatório; purificador.
**PURGE** (pârdj), v. t. e i. Purgar; purificar; desobstruir; justificar; s. purga; purgação; purgante.
**PURGING** (pâr'djinn), adj. Purgativo; s. purgação; diarréia.
**PURIFICATION** (piurifikêi'shânn), s. Purificação, refinação; depuração; expiação.
**PURIFIER** (piu'rifâiâr), s. Purificador.
**PURIFY** (piu'rifâi), v. t. e i. Purificar, clarificar; limpar; purificar-se; limpar-se.
**PURISM** (piu'rizm), s. Purismo.
**PURIST** (piu'rist), s. Purista.
**PURITAN** (piu'ritânn), s. Puritano.
**PURITANISM** (piu'ritânizm), s. Puritanismo.
**PURITY** (piu'riti), s. Pureza; castidade; inocência; honestidade; integridade.
**PURL** (pârl), v. t. e i. Rodopiar; ondular; ornar com espiguilha; murmurar; s. espiguilha; canutilho; pesponto; prega (de vestido); murmúrio; sussurro.
**PURLIN** (pâr'linn), s. Murmúrio; sussurro; adj. murmurante.
**PURLOIN** (pârleí'n), v. t. Furtar; plagiar; ocultar.
**PURLOINER** (pârlói'nâr), s. Plagiário; ladrão.
**PURPLE** (pârp'l), s. Púrpura; soberania; dignidade real; adj. purpúreo; régio; sangrento; v. t. e i. purpurar; tornar-se vermelho, corar; ruborizar.
**PURPORT** (pâr'pôurt), v. t. e i. Significar, querer dizer; dar a entender; tender para; s. significado, sentido; conteúdo; teor; escopo; alvo; objetivo.
**PURPOSE** (pâr'páss), v. t. e i. Propor-se a; decidir; projetar; s. propósito; desígnio; uso; proposta.
**PURR** (pâr), s. O ronronar do gato; v. i. ronronar como os gatos.

**PURSE** (pârss), s. Bolsa; (fig.) economias; tesouro; derrama; coleta; v. i. embolsar; franzir.
**PURSEFUL** (pârs'ful), adj. Rico, abastado.
**PURSINESS** (pâr'sinéss), s. Folego curto; dificuldade de respiração; gordura; intumescência.
**PURSUANCE** (pârsiu'ânss), s. Prosseguimento; seguimento; continuação.
**PURSUANT** (pârsiu'ânt), adv. Em conseqüência do.
**PURSUE** (pârsiu'), v. t. e i. Perseguir; acossar; esforçar-se por atingir; exercer, processar judicialmente.
**PURSUER** (pârsiu'âr), s. Perseguidor.
**PURSUIT** (pârsiu't), s. Perseguição, caça; ocupação; pretensão; diligência; instância; pl. ocupações; trabalhos.
**PURSY** (pâr'si), adj. Gordo; obeso; que respira com dificuldade.
**PURULENCE** (piu'rulênss) ou **PURULENCY** (piu'rulénsi), s. Purulência.
**PURULENT** (piu'rulént), adj. Purulento.
**PURVEY** (pârvê'i), v. t. e i. Prover, fornecer; suprir-se de provisões.
**PURVEYANCE** (pârvêi'ânss), s. Abastecimento; provisão, víveres.
**PURVEYOR** (pârvêi'âr), s. Abastecedor, fornecedor.
**PURVIEW** (pâr'viu), s. Circunscrição; esfera; limite de uma disposição legal; texto de uma lei.
**PUSH** (push), v. t. e i. Empurrar; impelir; forçar para diante; ativar; acelerar; obrigar; importunar; dar empurrões; apressar-se; abater; s. empurrão; impulso; pressão; repelão; pancada; arremetida; dificuldade; aperto; apuro.
**PUSHER** (pu'shâr), s. Impulsor; pessoa ativa; diligente.
**PUSHING** (pu'shinn), adj. Empreendedor; ativo; vigoroso.
**PUSILLANIMOUS** (piussilê'nimâss), adj. Pusilânime, covarde, tímido.
**PUSILLANIMOUSNESS** (piussilê'nimâsnéss), s. Pusilanimidade.
**PUSS** (puss), s. Bichano, gatinho; menina; mocinha.
**PUSSY** (pâ'ci), s. Gatinho; bichano.
**PUSTULATE** (pâs'tiulêit), v. i. Formar pústulas; adj. pustulento; pustuloso.
**PUSTULATION** (pâstiulêi'shânn), s. Formação de pústulas.

**PUSTULE** (pås'tiul), s. Pústula.
**PUSTULOUS** (pås'tiulåss), adj. Pustuloso.
**PUT** (put), v. t. e i. Pôr, colocar; depositar; apresentar; propor; confiar; incumbir; empregar; expressar verbalmente; constranger; incitar; s. lançamento; ato de pôr; emergência; nome de um jogo de cartas.
**PUTREFACTION** (piutrifék'shånn), s. Putrefação.
**PUTREFY** (piu'trifái), v. t. e i. Putrefazer; apodrecer; decompor-se.
**PUTRESCENCE** (piutré'senss), s. Putrescência.
**PUTRESCENT** (piutré'sent), adj. Putrescente.
**PUTRID** (piu'trid), adj. Pútrido; apodrecido.
**PUTTEE** (på'ti), s. Polaina.
**PUTTING** (pu'tinn), s. Colocação; ato de pôr.
**PUZZLE** (påz'l), v. t. e i. Confundir; embaraçar; decifrar; adivinhar; s. adivinha, enigma, quebra-cabeça; embaraço; jogo de paciência; perplexidade; confusão.
**PUZZLER** (påz'lår), s. Embaraçador.
**PUZZLING** (påz'linn), adj. Enigmático; embaraçador; s. perplexidade.
**PYGMY** (pig'mi), adj. e s. Pigmeu.
**PYRAMID** (pi'råmid), s. Pirâmide.
**PYRETIC** (påire'tik), adj. Pirético; s. febrífugo.
**PYROTECHNIC** (påiröuték'nik), adj. e s. Pirotécnico.
**PYROTECHNICS** (påiröuték'niks), s. Pirotécnica.
**PYTHON** (pái'thönn), s. Píton (espécie de jibóia); adivinho; espírito agoureiro.
**PYXIS** (pik'siss), s. Caixa, cofrezinho; escrínio; pomada emoliente; (Bot.) píxidio.

# Q

**Q** (kiu'), s. Décima-sétima letra do alfabeto.
**QUACK** (kuék), v. t. e i. Grasnar; bazofiar; tagarelar; s. grasnido; coaxo; charlatão; curandeiro.
**QUACKERY** (kué'kåri), s. Charlatanismo; empirismo.
**QUACKSALVER** (quaeksál'vår), s. Curandeiro; charlatão.
**QUADRAGESIMA** (juódrådjé'simå), s. Quadragésima; quaresma.
**QUADRANGLE** (kuó'dréngl), s. (Mat.) Quadrângulo; pátio, recinto quadrangular.
**QUADRANT** (kuó'drånt), s. Quadrante.
**QUADRAT** (kuó'dråt), s. (Tip.) Quadrado, quadratim.
**QUADRATE** (kuó'drêit), adj. Quadrado; quadrangular; conveniente, próprio; s. quadrado; (Mús.) bequadro; v. i. quadra; convir; acomodar-se.
**QUADRATIC** (kuó'draétik), s. (Mat.) Equação quadrática ou do segundo grau; adj. quadrado.
**QUADRATURE** (kuó'drātshur), s. Quadratura; esquadro.
**QUADRILLION** (kuódri'liånn), s. Quatrilião.
**QUADROON** (kuódru'nn), s. Quarteirão.
**QUADRUPED** (kuó'drupéd), adj. e s. Quadrúpede.
**QUADRUPLE** (kuó'drupl), adj. e s. Quádruplo; v. t. quadruplicar.
**QUADRUPLICATE** (kuódru'plikéit), v. t. Quadruplicar; v. i. quadruplicar-se; adj. quadruplicado.
**QUADRUPLICATION** (kuódruplikéi'shånn), s. Quadruplicação.
**QUAFF** (kuéf), v. t. e i. Sorver, absorver; esvaziar; tragar; s. trago; gole; copo.
**QUAG** (kuég), s. Barranco; paul; pântano.
**QUAGGY** (kué'ghi), adj. Pantanoso.
**QUAGMIRE** (kuég'máir), s. Pântano, barranco (o mesmo que QUAG).
**QUAIL** (kuêil), s. Codorniz; v. t. e i. Desanimar; coalhar.
**QUAINT** (kuêint), adj. Belo, bonito; singular; curioso; gentil.
**QUAINTNESS** (kuêint'néss), s. Elegância, graça; singularidade; raridade.
**QUAKE** (kuêik), v. i. Tremer, estremecer; s. tremor; estremecimento; abalo.
**QUAKING** (kuêi'kinn), adj. Tremente; s. tremor.
**QUALIFICATION** (kuólifiêi'shånn), s. Qua-

lificação; dom, aptidão, habilitação; idoneidade; prenda.
**QUALIFIED** (kuŏ'lifáid), adj. Apto, capaz; preparado; modificado; atenuado; incompleto.
**QUALIFIER** (kuŏ'lifáiâr), s. Qualificador; (Gram.) qualificativo.
**QUALIFY** (kuŏ'lifái), v. t. Habilitar; autorizar; diplomar; restringir; v. i. habilitar-se; preparar-se.
**QUALIFYING** (kuŏ'lifáiinn), adj. Qualificativo.
**QUALITY** (kuŏ'liti), s. Qualidade (em todos os sentidos).
**QUALM** (kuâmm), s. Enjôo, náusea; desfalecimento; desmaio; escrúpulo.
**QUALMISH** (kuâ'mish), adj. Desfalecido; escrupuloso; que tem náuseas.
**QUANDARY** (kuón'dâri), s. Dúvida; incerteza; embaraço; dificuldade.
**QUANTITY** (kuón'titi), s. Quantidade; soma; montante; número; volume.
**QUANTUM** (kuón'tâm), s. Quantum, tanto; quantidade; quantia.
**QUARANTINE** (kuŏrânti'nn), s. Quarentena; v. t. pôr, ou mandar pôr em quarentena.
**QUARREL** (kuŏ'rel), v. i. Altercar, disputar; contender; desavir-se, brigar; malquistar-se; s. questão; altercação; contenda; briga; diamante de vidraceiro.
**QUARRY** (kuŏ'ri), s. Quadrado ou losango; caça, despojo, carniça; vidraça; caixilho (de vidro, etc.).
**QUARRYMAN** (kuŏ'rimaen), s. Pedreiro; cavouqueiro (de pedreira).
**QUART** (kuŏrt), s. Quarto, medida de capacidade equivalente a 1,136 litros; vasilha dessa capacidade; (Mús.) quarta.
**QUARTER** (kuŏr'târ), v. t. e i. Dividir em quartos; desmembrar; percorrer, farejar ponto por ponto; alojar-se, estar hospedado; s. quarto, a quarta parte; quarteirão; trimestre; bairro; comarca; região; (Mús.) semínima; (fig.) misericórdia; piedade; pl. domicílio, morada; alojamento, quartel.
**QUARTERED** (kuŏr'târd), adj. Esquartejado; alojado; aquartelado; aboletado.
**QUARTERLY** (kuŏr'târli), adj. Trimestral; s. publicação trimestral; adv. trimestralmente.
**QUARTERMASTER** (kuŏr'târmaestâr), s. Contramestre de um navio; quartel-mestre.
**QUARTET** (kuŏrté't), s. Quarteto.
**QUARTZ** (kuŏtz), s. (Min.) Quartzo.

**QUASH** (kuŏsh), v. t. Quebrar, despedaçar; invalidar; anular; subjugar; sossegar; reprimir.
**QUATERNARY** (kuâtâr'nâri), adj. Quaternário; s. período quaternário.
**QUATRAIN** (kuŏ'trêinn), s. Quarteto; quadra.
**QUATRILLION** (kuŏtri'liânn), s. Quatrilião.
**QUAVER** (kuêi'vâr), v. i. Trilar; gorjear; tremer; vibrar; s. Trilo, gorjeio; colcheia.
**QUAVERING** (kuêi'vârinn), adj. Trêmulo; s. trinado, gorjeio, trino.
**QUAY** (ki), s. Cais, molhe, desembarcadouro.
**QUEASINESS** (kui'zinéss), s. Enjôo, náusea.
**QUEASY** 9kui'zi), adj. Enjoativo, nojento, escrupuloso; difcil; delicado.
**QUEEN** (kuinn), s. Rainha; dama (nos jogos de cartas, xadrez); v. i. fazer o papel de rainha; v. t. fazer rainha (no jogo).
**QUEENLY** (kuin'li), adj. Régio, próprio de rainha.
**QUEER** (kui'r), v. t. Embaraçar, fazer malograr uma transação; embatucar; adj. original, excêntrico,. singular, raro; s. moeda falsa; homossexual.
**QUEERISH** (kui'rish), adj. Um tanto estranho, bizarro.
**QUELL** (kuél), v. t. Sufocar, reprimir; domar, mitigar.
**QUELLER** (kué'lâr), s. Opressor; domador; amansador.
**QUENCH** (kuéntsh), v. t. Extinguir, debelar; abafar, sufocar; moderar; esfriar; amortecer.
**QUENCHER** (kuên'tshâr), s. Extintor, apagador.
**QUERIST** (kui'rist), s. Interrogador; investigador; curioso.
**QUERULOUS** (kué'rulâss), adj. Queixoso; lamuriante.
**QUERY** (kui'ri), s. Quesito, pergunta; hesitação; dúvida; ponto de interrogação; v. t. e i. indagar, informar-se; duvidar de.
**QUEST** (kuést), v. t. e i. Investigar, buscar; s. busca, pesquisa, procura.
**QUESTION** (kués'tshânn), s. Pergunta; questão; assunto; negócio; problema; controvérsia; debate; objeção; ponto de interrogação (ou *question-mark*); v. t. e i. indagar, perguntar; examinar perguntando; pôr em dúvida, desconfiar de; opor-se a.
**QUESTIONABLE** (kués'tshânâbl), adj. Questionável.
**QUESTIONER** (kués'tshânâr), s. Inquiridor.

**QUESTIONING** (kués'tshânínn), s. Exame, ato de examinar; interrogatório.
**QUEUE** (kiu'), s. Fila de pessoas; apêndice, laço.
**QUIBBLE** (kuib'l), s. Trocadilho; jogo de palavras; argúcia; sofisma; v. i. sofismar, chicanar, cavilar.
**QUICK** (kuik), adj. Rápido, veloz, ligeiro; vivo; esperto; sutil; sagaz; penetrante; desembaraçado; petulante; efetivo; s. o que quer que tenha vida; sensibilidade; adv. vivamente; ligeiramente.
**QUICKEN** (kuik'n), v. t. Vivificar, animar; apressar; estimular; excitar; v. i. animar-se; apressar-se; agitar-se.
**QUICKENING** (kuik'ninn), adj. Vivificador; estimulante; s. vivificação; aceleração.
**QUICKLIME** (kuik'láimm), s. Cal viva.
**QUICKLY** (kuik'li), adv. Rapidamente, prontamente.
**QUICKNESS** (kuik'néss), s. Ligeireza; presteza; vivacidade; penetração; prontidão.
**QUICKSAND** (kuik'sénd), s. Areia movediça.
**QUICKSILVER** (kuik'silvâr), s. Mercúrio; azougue.
**QUID** (kuid), s. Naco de fumo para mascar; remoedura de alguma coisa; (pop.) libra esterlina.
**QUIESCENCE** (kuáié'senss) ou **QUIESCENCY** (kuáié'sensi), s. Quietude, descanso, repouso, mansidão.
**QUIESCENT** (kuáié'sent), adj. Repousante, tranqüilo; inativo; que não se pronuncia (letra).
**QUIET** (kuái'et), adj. Calado, sossegado, calmo; pacífico; sereno; manso; imóvel; modesto; s. quietude; sossego; descanso; calma; v. t. e i. acalmar, aquietar; deter; calar-se.
**QUILL** (kuil), s. Pena de ave; bico; espinho; pena para escrever; torneira; lançadeira; v. t. franzir; enrugar; depenar.
**QUILLING** (kui'linn), s. Franzimento; franzido.
**QUILT** (kuilt), s. Colcha; cobertor pespontado; v. t. e i. acolchoar; estofar; pespontar.
**QUILTER** (kuil'târ), s. Colchoeiro.
**QUINCE** (kuinss), s. Marmelo; marmeleiro.
**QUINQUAGENARIAN** (kuinkuâdjinê'riânn), adj. e s. Qüinqüagenário.
**QUINQUENNIAL** (kuinkué'niâl), adj. Qüinqüenial; s. quinto aniversário.
**QUINSY** (kuin'zi), s. (Med.) Amigdalite.

**QUINT** (kuint), s. Um quinto; um quinteto; um conjunto de cinco; registro de órgão.
**QUINTESSENCE** (kuinté'senss), s. Quinta-essência, requinte, o mais alto grau.
**QUINTET** (kuinté't), s. (Mús.) Quinteto.
**QUINTILLION** (kuinti'liânn), s. Quintilião.
**QUINTUPLE** (kuin'tiupl), adj. Qüíntuplo; quintuplicado; v. t. e i. quintuplicar.
**QUIP** (kuip), s. Troça, sarcasmo, zombaria; ironia; v. t. e i. censurar, zombar.
**QUIRE** (kuáir), s. Coro de igreja; mão de papel; livro, caderno.
**QUIRK** (kuârk), v. t. Estriar; acanalar; moldar; s. desvio; volta ou curva fechada; sarcasmo; evasiva; rodeio; subterfúgio.
**QUIT** (kuit), v. t. Deixar, abandonar; dar quitação; desistir de; renunciar; adv. inteiramente; totalmente; bastante; muito.
**QUITS** (kuits), interj. Quites! em paz!
**QUITTANCE** (kui'tânss), s. Quitação, pagamento; recibo; recompensa; prêmio; desforra.
**QUIVER** (kui'vâr), s. Tremor, estremecimento; carcás, estojo para flechas; v. i. tremer, estremecer; palpitar; agitar-se.
**QUIVERING** (kui'vârinn), s. Estremecimento; adj. tremido.
**QUIZ** (kuiz), v. t. e i. Pilheriar; zombar; mistificar; lograr; olhar de través; formular perguntas sobre assuntos diversos; s. enigma, logro; mistificação.
**QUIZZICAL** (kui'zikâl), adj. Zombador, motejador; excêntrico; estranho.
**QUOD** (kuôd), v. t. (fam.) Pôr na prisão; s. prisão.
**QUODLIBET** (kuô'dlibét), s. (Mús.) Fantasia; (fig.) sutileza.
**QUOIN** (kóinn), s. Pedra angular; canto; escaninho; ângulo externo de um edifício; cunha; esquina; v. t. pôr em cunha.
**QUOTA** (kuôu'tâ), s. Cota; contingente; contribuição.
**QUOTABLE** (kuôu'tâbl), adj. Cotizável; citável.
**QUOTATION** (kuôutêi'shânn), s. Cotação de preços; orçamento; citação.
**QUOTE** (kuôut), v. t. Citar (uma passagem, um trecho); cotizar; orçar; escrever entre aspas.
**QUOTIDIAN** (kuoti'diânn), adj. Cotidiano; diário; s. febre intermitente.
**QUOTIENT** (kuôu'shent), s. (Mat.) Quociente.
**QUOTING** (kuôu'tinn), s. Cotação; citação.

# R

**R** (ár), s. Décima-oitava letra do alfabeto.
**RABBET** (ré'bét), s. Entalho, estria; sambladura; v. t. encaixar; entalhar; estriar.
**RABBIT** (ré'bit), s. Coelho.
**RABBITRY** (ré'bitri), s. Coelheira.
**RABBLE** (réb'l), s. Multidão, turba, gentalha.
**RABID** (ré'bid), adj. Rábido (atacado de hidrofobia); furioso, feroz; fanático.
**RABIDNESS** (ré'bidnéss), s. Raiva, violência.
**RACE** (rêiss), s. Raça humana, geração; linhagem; espécie; descendência; prole; corrida; regata; aposta; curso da vida; estreito; canal; gente; povo; disposição natural; v. t. e i. fazer correr; disputar uma corrida; (Mec.) girar velozmente.
**RACECOURSE** (rêis'cârs), s. Hipódromo.
**RACER** (rêi'sâr), s. Cavalo de corridas; barco de corridas; trilho de artilharia.
**RACHITIS** (rákái'tiss), s. (Med.) Raquitismo.
**RACIAL** (rêi'shál), adj. Racial.
**RACINESS** (rêi'sinéss), s. Aroma, gosto agradável (do vinho); força de expressão.
**RACING** (rêi'sinn), s. Corridas; adj. de corridas.
**RACISM** (rêi'cism), s. Racismo.
**RACK** (rék), s. Tortura, suplício; roda (antigo intrumento de tortura); cavalete; cabide, prateleira; caniçada; engradamento; bastidor; pena, dor, angústia; nuvem ligeira; roca; v. t. torturar; afligir; vexar; estirar, estender; lotar; extorquir dinheiro a; (Náut.) atracar; v. i. elevar-se na atmosfera (vapor); andar a passo travado (cavalo).
**RACKET** (ré'két), s. Raqueta (para jogar ténis); bulha, barafunda, algazarra; sapatos próprios para andar sobre a neve; dente de engrenagem; v. t. e i. arremessar a raquetadas; fazer bulha, algazarra.
**RACY** (rêi'si), adj. Espirituoso; aromático; picante (vinho); o estilo vigoroso.
**RADAR** (rêi'daer), s. Radar.
**RADIATE** (rêi'diânt), adj. Radiante, fulgurante; contente; jubiloso; s. ponto luminoso; foco; (Mat.) linha radial.
**RADIATE** (rêi'diêit), v. t. e i. Radiar; brilhar; irradiar; cintilar.
**RADIATION** (rêidiêi'shânn), s. Radiação; irradiação.
**RADIATOR** (rêi'diêitâr), s. Radiador; calorífero.
**RADICAL** (ré'dikál), adj. Radical; essencial; fundamental; original; primitivo; s. radical.
**RADICALNESS** (ré'dikálnéss), s. Origem, caráter ou natureza radical, fundamental.
**RADICATE** (ré'dikêit), adj. Arraigado; inveterado.
**RADIO** (rêi'di-ou), s. Rádio; adj. de ou relativo a rádio; v. t. e i. transmitir ou comunicar-se por rádio.
**RADIOACTIVITY** (rêi'di-ou'aek'tiviti), s. (Quím.) Radioatividade.
**RADIOBROADCAST** (rêi'di-ou'broudkaest), s. Transmissão ou emissão radiofônica; v. t. transmitir por rádio; irradiar.
**RADIOGRAPHY** (rêi'di-ou'graefi'), s. Radiografia.
**RADIOSCOPY** (rêi'di-êscopi), s. Radioscopia.
**RADIOTELEGRAM** (rêi'di-outelegraemm), s. Radiotelegrama.
**RADIOTELEGRAPHY** (rêidiotelê'gráfi), s. Radiotelegrafia.
**RADIOTELEPHONY** (rêi'dioutelefoni), s. Radiotelefonia.
**RADIOTHERAPY** (rêi'di-outheraepi), s. (Med.) Radioterapia.
**RADISH** (ré'dish), s. Rábano, rabanete.
**RADIX** (rêi'diks), s. Raiz; origem; fonte.
**RAFFLE** (ré'fl), v. t. e i. Rifar, sortear; s. rifa; sorteio; despojos; restos.
**RAFT** (ráft), s. Jangada, balsa; v. t. transportar em jangada; construir jangadas.
**RAFTER** (ráf'târ), s. Viga, barrote.
**RAG** (rég), s. Trapo, farrapo, andrajo; capacho; pessoa esfarrapada; cortina, cortinado; pendão; bandeira; v. t. e i. (fam.) escarnecer de, vaiar; enfadar, incomodar.
**RAGAMUFFIN** (ré'gâmâfinn), s. Vagabundo.
**RAGE** (rêidj), s. Raiva, fúria; extrema violência, intensidade extrema; despeito; voga, mania; vício; paixão; capricho; entusiasmo; v. i. enfurecer-se; encolerizar-se; assolar; danar.
**RAGEFUL** (rêidj'ful), adj. Furioso; raivoso.
**RAGGEDNESS** (ré'ghidness), s. Aspereza; escabrosidade; estado andrajoso.

**RAGING** (rêi'djinn), adj. Violento, furioso; s. raiva, ira, furor, violência.
**RAGMAN** (rég'maen), s. Trapeiro.
**RAGSTONE** (rég'stóunn), s. Pedra de amolar.
**RAGTAG** (rég'tég), s. Gentalha; ralé; plebe.
**RAGTIME** (rég'táimm), s. Música e dança norte-americana, de ritmo sincopado.
**RAID** (réid), s. Incursão; invasão; surpresa; v. t. e i. invadir, fazer uma incursão em.
**RAIDER** (rêi'dâr), s. Invasor; corsário.
**RAIL** (rêil), s. Barra, barreira, grade, corrimão; balaustre; parapeito; pau de cerca; v. i. viajar em estrada de ferro.
**RAILER** (rêi'lâr), s. Insultador; zombador.
**RAILING** (rêi'linn), s. Sebe, estacada, balaustrada; calúnia; maledicência.
**RAILROAD** (rêil'rôud), s. Via férra (na Inglaterra *railway*); v. t. apressar.
**RAIMENT** (rêi'bent), s. Roupa; vestuário.
**RAIN** (rêinn), s. Chuva; v. i. chover; derramar copiosamente.
**RAINBOW** (rêin'bôu), s. Arco-íris.
**RAINCOAT** (rêin'kôut), s. Capa impermeável.
**RAINDROP** (rêin'drôp), s. Pingo de chuva.
**RAINFALL** (rêin'fól), s. Aguaceiro.
**RAINPROOF** (rein'pruf), v. t. Impermeabilizar; adj. à prova de chuva; impermeável.
**RAINSTORM** (rêinn'stórm), s. Tempestade de chuva.
**RAINY** (rêini), adj. Chuvoso.
**RAISE** (rêi'z), v. t. Levantar, erguer; aumentar; exaltar; empinar; edificar; construir; fabricar; causar; ocasionar; educar; cultivar; alistar; vivificar; intensificar; pôr fim a; abandonar; encarcerar; juntar dinheiro; s. ato de suspender; erguer, levantar; aumento; aquisição; construção.
**RAISER** (rêi'sâr), s. Levantador; fundador; autor; cultivador; criador.
**RAISIN** (rêiz'n), s. Passa, uva seca.
**RAISING** (rêi'zinn), s. Levantamento, revolta; produção; cultivo; leva de tropas.
**RAKE** (rêik), s. Ancinho; raspador; ciscador; rodo, (Náut.) sacada da popa; caimento do mastro; v. t. e i. raspar; limpar com ancinho; ciscar; rebuscar; sondar; pesquisar; vadiar; (Náut.) inclinar-se.
**RAKER** (rêi'kâr), s. Raspador, raspadeira; o que trabalha com o ancinho; varredor de ruas.
**RAKING** (rêi'kinn), s. Limpadura com o ancinho; exame meticuloso; repreensão áspera; adj. rápido; veloz.

**RAKISH** (rêi'kish), adj. Devasso; libertino.
**RALLY** (ré'li), v. t. e i. Reunir(-se); juntar; zombar; ridicularizar; reanimar-se; s. reunião; mofa; zombaria; recuperação; restabelecimento.
**RAM** (rêmm), s. Carneiro; macho de animal ovino; bate-estacas; aríete; maço de calceteiro; (Astron.) Áries; v. t. calcar; enterrar; meter à força.
**RAMBLE** (rémb'l), v. i. Rodar; divagar, vadiar; serpentear; dar voltas; s. excursão, passeio.
**RAMBLER** (rém'blâr), s. Passeante; vadio; divagador.
**RAMIFICATION** (rémifikêi'shânn), s. Ramificação.
**RAMIFY** (ré'mifái), v. t. e i. Ramificar(-se).
**RAMMER** (ré'mâr), s. Maço, martelo de bate-estacas.
**RAMMISH** (ré'mish), adj. Fétido; libidinoso, lascivo.
**RAMP** (rémp), s. Rampa; declive; salto; v. i. empinar-se; esbravejar, enfurecer-se; brincar; v. t. prover de rampa.
**RAMPAGE** (rémpéi'dj), s. (fam.) Barulho, agitação, v. i. fazer alvoroço, agitar-se.
**RAMPANCY** (rém'pânsi), s. Exuberância; extravagância.
**RAMPART** (rém'párt), s. Baluarte, muro, muralha; v. t. cercar com muralhas.
**RAMROD** (rém'ród), s. Soquete; vareta de espingarda.
**RANCH** (réntsh), s. Fazenda, granja, herdade; v. t. viver ou trabalhar num rancho.
**RANCID** (rén'sid), adj. Rançoso; desagradável; repugnante.
**RANCOR, RANCOUR** (rén'kâr), s. Rancor, ódio.
**RAND** (rénd), s. Margem, orla, debrum.
**RANDOM** (rén'dâmm), s. Acaso; adj. impensado; fortuito; feito ao acaso.
**RANGE** (rêindj), s. Fila, fileira; série; classe; excursão; curso; extensão, fogão de cozinha; degrau de escada de mão; v. t. e i. alinhar, dispor, colocar; vaguear; errar; (Náut.) costear.
**RANGER** (rêin'djâr), s. Batedor, couteiro, monteiro; cão de fila; vagabundo.
**RANK** (rênk), s. Fila, fileira, série, classe, ordem; posição; dignidade; emprego honorífico; v. t. ordenar, classificar; v. i. ter certo grau ou determinada classificação.
**RANKLE** (rénk'l), v. i. Inflamar-se; irritar-se.

**RANKNESS** (rénk'néss), s. Superabundância; fertilidade; ranço; grandeza; enormidade.
**RANSACK** (rén'sék), v. t. Saquear, pilhar; explorar.
**RANSOM** (rén'såmm), s. Resgate; preço de um resgate; v. t. resgatar, remir.
**RANSOMER** (rén'såmår), s. Resgatador; redentor.
**RANT** (rént), v. i. Gritar; declamar; disparatar; s. linguagem afetada; discurso extravagante.
**RANTING** (rén'tinn), adj. Afetado; turbulento.
**RAP** (rép), s. Pancada rápida; batida; pipa-rote; bagatela; ninharia; v. t. e i. bater com rapidez; bater; dar pancadinhas secas; falar abruptamente; praguejar; v. t. arrebatar, extasiar.
**RAPACIOUS** (rápéi'shåss), adj. Rapace, ávido.
**RAPE** (réip), s. Roubo; rapto; extorsão; violação; bagaço (de uva); colza; v. t. violar, violentar.
**RAPID** (ré'pid), adj. Rápido.
**RAPIDITY** (rápi'diti), s. Rapidez, velocidade; desembaraço.
**RAPIER** (réi'piår), s. Florete; espadim de esgrima; estoque.
**RAPINE** (ré'pinn), s. Rapina, roubo, usura.
**RAPT** (répt), adj. Transportado; extasiado.
**RAPTURE** (rép'tshår), v. t. Arrebatar; extasiar; s. arroubo, enlevo; entusiasmo.
**RARE** (rér), adj. Raro, escasso; meio cru; disperso; espalhado; pouco denso.
**RAREFY** (ré'rifái), v. t. e i. Rarefazer(-se); dilatar-se.
**RARENESS** (ré'rinéss) ou **RARITY** (ré'riti), s. Raridade; excelência.
**RASCAL** (rés'kål), s. Tratante, velhaco, biltre, patife.
**RASCALLY** (rés'kåli), adj. Ignóbil, baixo, vil.
**RASH** (résh), adj. Arrojado, ousado; irrefletido; urgente; s. erupção de sangue, borbulha na pele.
**RASHER** (ré'shår), s. Fatia de toucinho.
**RASHNESS** (résh'néss), s. Temeridade; precipitação.
**RASP** (résp), s. Grosa (lima); ruído estridente; v. t. limar com grosa; raspar.
**RASPBERRY** (résp'béri), s. Framboesa.
**RASPING** (rés'pinn), s. Raspagem; limagem; adj. raspador.
**RAT** (rét), s. Rato, ratazana; trânsfuga; desertor; v. t. e i. substituir operários grevistas; trabalhar por salário inferior ao fixado pelo sindicato; mudar de partido.
**RATABLE** (réi'tåbl), adj. Avaliável, tributável.
**RATCH** (rétsh), s. Cremalheira; tambor de relógio; cão de caça.
**RATE** (réit), s. Preço, taxa, valor; classe; categoria; imposto; maneira; medida; bitola; contribuição local; v. t. avaliar, taxar; pôr preço em; repreender; v. i. valer.
**RATER** (réi'tår), s. Avaliador; louvador.
**RATHER** (ra'dhår), adv. Antes, de preferência a; um pouco; melhor dizendo; ao contrário.
**RATIFICATION** (rétifikêi'shånn), s. Ratificação.
**RATIFY** (ré'tifái), v. t. Ratificar, sancionar; validar, confirmar.
**RATIN** (ré'tinn), s. Veneno para ratos.
**RATING** (réi'tinn), s. Classe; avaliação.
**RATIOCINATE** (réshio'sinêit), v. i. Raciocinar.
**RATIOCINATION** (réshióssinêi'shånn), s. Raciocínio.
**RATION** (réi'shånn), s. Ração; pl. mantimentos; v. t. racionar.
**RATIONAL** (ré'shånål), adj. Racional; judicioso; s. ente racional.
**RATIONALITY** (réshåné'liti), s. Racionalidade; tino; raciocínio.
**RATTEN** (rét'n), v. t. Perseguir ou molestar trabalhadores que não aderem a greve.
**RATTLE** (rét'l), v. t. e i. Fazer ressoar; vociferar; censurar; tagarelar; s. estrondo, barulho; matraca; tagarelice.
**RATTLESNAKE** (réti'snêik), s. Cobra cascavel.
**RATTLETRAP** (rét'l-trép), s. Calhambeque.
**RATTLING** (ré'tlinn), adj. Alegre, vivo; retumbante.
**RAUCITY** (ró'siti), s. Rouquidão.
**RAUCOUS** (ró'kåss), adj. Rouco, rouquenho.
**RAVAGE** (ré'vidj), v. t. Assolar, devastar; roubar; s. destruição; devastação, ruína.
**RAVAGING** (ré'vdjinn), s. Devastação, ruína; adj. devasador, assolador.
**RAVE** (réiv), v. i. Delirar; bramar, rugir; encolerizar-se; entusiasmar-se.
**RAVEL** (rév'l), v. t. e i. Embaraçar; intrigar; desembrulhar; desmanchar-se.
**RAVEN** (rév'n), s. Corvo, urubu; adj. negro e brilhante; s. pilhagem; presa; v. t. e i. apresar, espoliar, rapinar; ser voraz.

**RAVENING** (rév'ninn), s. Voracidade, sofreguidão; adj. rapace.
**RAVENOUS** (rév'nâss), adj. Voraz; ávido; esfomeado.
**RAVIN, RAVINE** (révin'), s. Pilhagem; rapacidade; presa; ravina; garganta; desfiladeiro; ribanceira; v. t. e i. apresar; rapinar; ser voraz.
**RAVING** (rêi'vinn), adj. Alucinado, furioso; desvairado; s. delírio; alucinação.
**RAVISH** (ré'vishâr), s. Arrebatador; violador.
**RAVISHMENT** (ré'vishment), s. Arrebatamento; êxtase; rapto; violação; estupro.
**RAW** (ró), adj. Cru; verde (carne); descarnado; esfolado; indigesto; nevoento; bisonho; fresco.
**RAWHIDE** (ró-hái'di), s. Couro cru, chicote; adj. de couro cru.
**RAWNESS** (ró'néss), s. Crueza; inexperiência; frio glacial.
**RAY** (rêi), s. Raio de luz; emanação radiante; fila; linha reta; v. t. e i. irradiar; cintilar; listrar; riscar.
**RAZE** (rêiz), v. t. Arrasar, derribar, demolir; apagar; extirpar.
**RAZOR** (rêi'zâr), s. Navalha de barba.
**RE** (ri), s. (Mús.) Ré.
**REACH** (ritch), v. t. e i. Tocar, alcançar; obter; surpreender; lograr, enganar; colher; x. extensão, alcance; desígnio; objetivo; capacidade; faculdade.
**REACHABLE** (ri'tshâbl), adj. Atingível; alcançável.
**REACT** (riék't), v. t. Reapresentar uma peça; proceder novamente; v. i. reagir; refluir.
**REACTION** (riék'shânn), s. Reação; (mil.) contra-ataque.
**READ** (rid), v. t. e i. Ler, fazer a leitura de; decifrar; interpretar; compreender; aconselhar; avivar; adj. instruído.
**READABLE** (ri'dâbl), adj. Legível; interessante.
**READER** (ri'dâr), s. Leitor; declamador; revisor.
**READINESS** (ré'dinéss), s. Presteza, desembaraço, facilidade (de palavra).
**READING** (ri'dinn), s. Leitura; interpretação; revisão, estudo; adj. de leitura.
**READJUST** (riédjâs't), v. t. Reajustar; compor novamente.
**READJUSTMENT** (riédjâst'ment), s. Reajustamento; novo acordo; reconciliação.
**READMISSION** (riédmi'shânn), s. Readmissão.
**READMIT** (riédmi't), v. t. Readmitir.
**READY** (ré'di), adj. Pronto, preparado; disposto; rápido, vivo; diligente; hábil; inclinado; tendente; curto, breve; efetivo; adv. prontamente.
**REAL** (riâl), adj. Real; autêntico; verdadeiro; positivo; sincero; imóvel (bens).
**REALISM** (ri'âlizm), s. Realismo.
**REALIST** (ri'âlist), s. Realista.
**REALITY** (rié'liti), s. Realidade.
**REALIZATION** (rié'lizêishânn), s. Realização; compreensão.
**REALIZE** (ri'âlâiz), v. t. Realizar; efetuar; compreender; imaginar; (Com.) converter em inheiro.
**REALLY** (ri'âli), adv. Realmente, na verdade.
**REALM** (rélmm), s. Reino, região; domínio.
**REALTY** (ri'âlti), s. (Jur.) Bens imóveis.
**REAMER** (ri'mâr), s. Mandril.
**REANIMATE** (riae'nimeit), v. t. Reanimar(-se).
**REAP** (rip), v. t. e i. Ceifar.
**REAPER** (ri'pâr), s. Ceifeiro; máquina de ceifar.
**REAPPEARANCE** (riépi'rânss), s. Reaparecimento.
**REAPPER** (riépi'r), v. i. Reaparecer.
**REAPPOINT** (riépóin't), v. t. Restabelecer; nomear; fixar; apontar de novo.
**REAR** (rir), s. Retaguarda; parte traseira; adj. traseiro; posterior; último; v. t. e i. elevar, reerguer, construir; educar.
**REASON** (riz'n), s. Razão; motivo; causa; prova; argumento; princípio; justiça; direito; v. t. e i. raciocinar; discorrer; debater.
**REASONABLE** (riz'nâbl), adj. Razoável; racional; justo; moderado; módico.
**REASONING** (riz'ninn), s. Raciocínio, argumento.
**REASSEMBLE** (riéssémb'l), v. t. e i. Reunir novamente; tornar a juntar; congregar-se.
**REBATE** (ri'bêit), v. t. Abater, diminuir; abrandar; estriar; s. rebate; desconto; dedução.
**REBEL** (réb'l), adj. e s. Rebelde, revoltoso; v. i. revoltar-se; insurgir-se.
**REBELLION** (ribé'liânn), s. Rebelião; motim.
**REBELLIOUS** (ribé'liâss), adj. Rebelde; insubordinado.
**REBIRTH** (ribérth), s. Renascimento.
**REBOUND** (ribáun'd), s. Repercussão; v. i. repercutir.

**REBUFF** (ribâ'f), v. t. Repelir; rejeitar; s. recusa; mau acolhimento; resistência; denegação.
**REBUILD** (ri'bild), v. t. Reedificar, reconstruir.
**REBUKE** (ribiu'k), v. t. Repreender; censurar; s. repreensão.
**REBUT** (ribâ't), v. t. e i. Rebater; contradizer; refutar; contrariar.
**REBUTTAL** (ribâ'tâl), s. Refutação; réplica.
**RECALCITRANT** (rikél'sitrânt), adj. Recalcitrante; teimoso; obstinado.
**RECAL** (rikó'l), v. t. Chamar novamente; relembrar; anular; retratar; tocar a reunir; s. revocação; novo chamamento; recordação; toque de reunir.
**RECANT** (rikén't), v. t. e i. Retratar, retirar o que disse.
**RECAPITULATE** (riképi'tshulêit), v. t. e i. Recapitular; rever os pontos principais de; resumir.
**RECAPITULATION** (riképitshulêishpânn), s. Recapitulação.
**RECAST** (rikés't), v. t. Reformar, refundir; tornar a arremessar; tornar a calcular.
**RECEDE** (rissi'd), v. i. Retroceder; retirar-se; ir-se; desistir; tornar atrás; desviar-se; devolver.
**RECEIPT** (rissi't), s. Recibo; quitação; recebimento; receita; pl. (Com.) entradas, receitas, dinheiros recebidos; v. t. e i. passar recibo.
**RECEIVABLE** (rissi'vâbl), adj. Recebível; aceitável; a receber.
**RECEIVE** (rissi'v), v. t. Receber; aceitar; admitir; aprovar; hospedar; conter; cobrar.
**RECEIVER** (rissi'vâr), s. Recebedor; cobrador; destinatário; depositário; síndico.
**RECENSION** (risén'shann), s. Revisão; exame crítico de um livro; enumeação.
**RECENT** (ri'sent), adj. Recente; novo; moderno; fresco.
**RECEPTACLE** (rissép'tâkl), s. Receptáculo; recipiente.
**RECEPTION** (rissép'shânn), s. Recepção; recebimento; acolhimento; assimilação (de idéias).
**RECEPTIVE** (rissép'tiv), adj. Receptivo.
**RECESS** (rissé'ss), s. Retirada; partida; retiro; esconderijo, alcova; férias parlamentares; suspensão do trabalho.
**RECESSION** (rissé'shânn), s. Recesso; retirada; denúncia; restituição; devolução.
**RECIPIENT** (rissi'pient), s. Recipiente; receptor; recebedor.
**RECIPROCAL** (rissi'prokâl), adj. e s. Recíproco.
**RECIPROCATE** (rissi'prokêit), v. t. e i. Reciprocar, alternar; oscilar; retribuir.
**RECIPROCATION** (rissiprokêi'shânn), s. Reciprocação; correspondência mútua; movimento alternativo.
**RECITAL** (rissái'tâl), s. Exposição; narração; concerto musical; recital.
**RECITATION** (réssitêi'shânn), s. Recitação, declamação.
**RECITE** (rissái't), v. t. e i. Recitar; contar; narrar; citar.
**RECK** (rék), s. Cuidado, desvelo; v. t. e i. fazer caso de, ter cuidado com.
**RECKLESS** (rék'léss), adj. Negligente; descuidado; temerário; atrevido; esbanjador.
**RECKON** (rék'n), v. t. e i. Contar, calcular; avaliar; considerar; numerar; supor, crer; estimar.
**RECKONER** (rék'nâr), s. Contador; computador.
**RECKONING** (rék'ninn), s. Conta, cálculo; estimação, avaliação; quota; quinhão; ajuste de contas.
**RECLAIM** (riklêi'mm), v. t. Reclamar; reformar; contradizer; moralizar; cultivar; corrigir.
**RECLAMATION** (réklâmêi'shânn), s. Reclamação; reforma; emenda; reivindicação.
**RECLINE** (riklái'nn), v. t. e i. Pender, inclinar; encostar-se; reclinar-se.
**RECLUSE** (riklu'ss), adj. Recluso; solitário; s. recluso; eremita.
**RECOGNITION** (rékógni'shânn), s. Reconhecimento; confissão; exame; saudação amistosa.
**RECOGNIZANCE** (rikóg'nizânss), s. Reconhecimento; obrigação; tipo; confissão.
**RECOIL** (rikó'l), s. Recuo; retrocesso; ressalto; repercussão; coice (de arma de fogo); temor; repugnância; v. t. e i. recuar; refluir; retirar-se; dar coice (a arma de fogo); vacilar.
**RECOLLECT** (rékólék't), v. t. e i. Recolher; lembrar-se de novo, recordar, relembrar.
**RECOLLECTION** (rékólék'shânn), s. Lembrança, reminiscência, recordação, memória.
**RECOMMENCE** (rikómén'ss), v. t. Recomeçar.
**RECOMMEND** (rékómén'd), v. t. Recomendar; aconselhar; incumbir; encomendar.

**RECOMMENDATION** (rékóméndêi'shânn), s. Recomendação.
**RECOMPENSE** (ré'kómpénss), s. Recompensa; compensação, remuneração; indenização; v. t. recompensar; indenizar; retribuir.
**RECOMPOSE** (rikómpôu'z), v. t. Recompor; refazer; tranqüilizar.
**RECONCILE** (ré'kónsáil), v. t. Reconciliar; harmonizar; ajustar-se; v. i. harmonizar-se; resignar-se; compadecer-se.
**RECONCILIATION** (rékónsiliêi'shânn), s. Reconciliação; concordância; expiação.
**RECONDITE** (ré'kóndáit), adj. Recôndito; profundo; secreto.
**RECONDUCT** (rikóndâk't), v. t. Reconduzir.
**RECONQUER** (rikôn'kâr), v. t. Reconquistar.
**RECONSIDER** (rikónsi'dâr), v. t. Reconsiderar.
**RECONSTITUTE** (rikôns'titiut), v. t. Reconstituir; reorganizar.
**RECONSTRUCT** (rikónstrâk't), v. t. Reconstruir; restabelecer.
**RECONVEY** (rikónvê'i), v. t. Retransportar; retransmitir.
**RECORD** (rikór'd), v. t. Registrar, anotar; inscrever; mencionar; gravar (um disco); recordar-se de; s. registro; inscrição, relação; crônica, história; anais, arquivo; testemunho; memória; recorde (esportivo, etc.); gravação.
**RECORDABLE** (rikór'dábl), adj. Registrável.
**RECORDER** (rikór'dâr), s. Registrador; arquivista; contador; juiz municipal.
**RECORDING** (rikór'dinn), s. Aparelho registrador.
**RECOUNTMENT** (rikáunt'ment), s. Narração minuciosa.
**RECOURSE** (rikôur'ss), s. Recurso; auxílio; refúgio.
**RECOVER** (riká'vâr), v. t. Recobrir; recobrar; reaver; reparar; restabelecer; curar; obter em juízo; v. i. restabelecer-se; recobrar a saúde.
**RECOVERY** (riká'vâri), s. Restabelecimento; recuperação, redenção, resgate.
**RECREANT** (ré'kriânt), adj. e s. Covarde, falso, infiel.
**RECREATE** (ré'kriêit), v. t. Recrear; entreter; encantar; v. i. divertir-se; recrear-se.
**RE-CREATE** (rikriêi't), v. t. Criar novamente.
**RECRIMINATE** (rikri'minêit), v. t. Recriminar.
**RECROSS** (rikró'ss), v. t. Atravessar de novo.

**RECRUDESCENCE** (rikrudé'senss), s. Recrudescência.
**RECRUIT** (rikru't), v. t. e i. Recrutar; alistar; reparar; refazer-se; reanimar-se; s. reparação; suplemento; novato; recruta.
**RECRUITMENT** (rekrut'ment), s. Recrutamento; alistamento.
**RECTANGLE** (rék'téngl), s. Retângulo
**RECTIFY** (rék'tifái), v. t. Retificar; corrigir.
**RECTILINEAL** (réktili'niál) ou **RECTILINEAR** (réktili'niâr), adj. Retilíneo.
**RECTITUDE** (rék'titiud), s. Retidão; eqüidade; integridade.
**RECTOR** (rék'târ), s. Reitor; pároco; cura; prior; árbitro.
**RECTORY** (rék'târi), s. Reitoria; presbitério.
**RECUMBENT** (rikâm'bént), adj. Reclinado, recostado.
**RECUPERATE** (rikiu'pârêit), v. t. e i. Recuperar; restabelecer-se.
**RECUR** (riká'r), v. i. Ocorrer; suceder; repetir-se.
**RECURRENCE** (riká'rânss), s. Volta; retorno, renovação, repetição; reaparição.
**RECURRENT** (riká'rânt), adj. Periódico; que se repete.
**RED** (réd), adj. Vermelho; rubro; anárquico; s. a cor vermelha; cor de sangue; ocre; político ultra-radical; anarquista; comunista; v. t. avermelhar; pintar de vermelho.
**REDACTION** (ridék'shânn), s. Redação.
**REDACTOR** (ridék'târ), s. Redator.
**REDDEN** (réd'n), v. t. e i. Avermelhar(-se).
**REDDISHNESS** (ré'dishnéss), s. Vermelhidão.
**REDEEM** (ridi'mm), v. t. Remir, redimir, resgatar; libertar; reaver; recompensar; reparar.
**REDEEMER** (ridi'mâr), s. Resgatador; libertador.
**REDELIVER** (ridili'vâr), v. t. Restituir, entregar novamente.
**REDEMPTION** (ridémp'shânn), s. Redenção; reivindicação; amortização de uma dívida.
**REDINTEGRATE** (ridin'tigrêit), v. t. Renovar; reintegrar; adj. renovado; restabelecido; reintegrado; reposto.
**REDISTRIBUTE** (ridistri'biut), v. t. Redistribuir.
**REDISTRIBUTION** (ridistribiu'shânn), s. Redistribuição.
**REDNESS** (réd'néss), s. Vermelhidão; rubor.
**REDOLENT** (ré'dolént), adj. Fragrante, cheiroso.

**REDOUBLE** (ridá'bl), v. t. e i. Redobrar; repetir; repetir-se.
**REDOUBT** (ridáu't), s. Reduto.
**REDOUBTABLE** (ridáu'tâbl), adj. Formidável; terrível.
**REDOUND** (ridáun'd), v. i. Redundar; resultar.
**REDRAFT** (ridráf't), s. Novo projeto; nova redação; v. t. redigir novamente; delinear de novo.
**REDRAW** (ridró'), v. t. Redesenhar; tornar a estender; fazer um novo projeto; (Com.) tornar a sacar.
**REDRESS** (ridré'ss), v. t. Reparar; compensar; fazer justiça; aliviar; indenizar; desagravar; v. t. e i. vestir; vestir-se de novo; s. reparação; reforma; indenização; compensação.
**REDUCE** (ridiu'ss), v. t. Reduzir, encurtar; diminuir; subjugar; restringir; emagrecer; contrair; minorar; forçar; constranger.
**REDUCIBLE** (ridiu'sibl), adj. Redutível.
**REDUCTION** (ridâk'shânn), s. Redução; diminuição; conquista.
**REDUNDANT** (ridân'dânt), adj. Redundante; pleonástico; superabundante, excessivo.
**REDUPLICATE** (ridiu'plikêit), v. t. e i. Reduplicar, multiplicar(-se); repetir.
**REED** (rid), s. Cana, haste, junco; flauta pastoril; flecha, arco; bocal de instrumento músico; v. t. encanudar; cobrir de colmo.
**REEF** (rif), s. Recife; rochedo; escolho; baixio; (Náut.) rizes (no plural); v. t. colher os rizes.
**REEK** (rik), s. Fumo; vapor; v. t. e i. encher de fumo; defumar; exalar vapores.
**REEL** (ril), s. Dobadura; torniquete; carretel; bobina; v. t. dobar; v. i. cambalear; vacilar.
**RE-ELECT** (riilék't), v. t. Reeleger.
**REELING** (ri'linn), adj. Cambaleante; ébrio.
**RE-EMBARK** (riémbár'k), v. t. e i. Reembarcar.
**RE-ENACT** (riinék't), v. t. Ordenar de novo; restabelecer.
**RE-ENFORCE** (riénfôur'ss), v. t. Reforçar; fortificar; s. reforço.
**RE-ENGAGE** (rienghêi'dj), v. t. Contratar; alistar novamente; readmitir no serviço; empenhar-se novamente em combate.
**RE-ENTER** (rien'târ), v. t. e i. Reentrar.
**RE-ESTABLISH** (riesté'blish), v. t. Restabelecer.

**REFASHION** (rifé'shânn), v. t. Talhar de novo.
**REFECTION** (rifék'shânn), s. Refeição ligeira.
**REFER** (rifâ'r), v. t. e i. Referir(-se); atribuir; classificar; submeter; surpreender; recorrer a; reportar-se; ter relação com.
**REFERABLE** (rifâ'râbl), adj. Que se pode referir.
**REFEREE** (réfâri'), s. Árbitro; juiz; avaliador.
**REFERENCE** (ré'fârénss), s. Referência; alusão; menção, remissão; chamada (em dicionário); observação; testemunho; credencial.
**REFILL** (rifi'l), v. t. Reencher.
**REFINE** (rifái'nn), v. t. e i. Refinar(-se); purificar-se; aperfeiçoar-se; esmerar-se em excesso; apurar-se.
**REFINEMENT** (rifáin'ment), s. Refinamento; educação; cultura.
**REFINERY** (rifái'nâri), s. Refinaria; refinação.
**REFIT** (rifi't), v. t. Compor; consertar; reparar; reequipar.
**REFLECT** (riflék't), v. t. e i. Refletir; meditar; discorrer; censurar; manchar; deslustrar; recair em; redundar em.
**REFLECTION** (riflék'shânn), s. Reflexão; reflexo; meditação; observação; consideração.
**REFLECTIVE** (riflék'tiv), adj. Reflectivo; meditativo; (Gram.) reflexivo.
**REFLEX** (ri'flékss), adj. e s. Reflexo; revérbero.
**REFLEXIVE** (riflék'siv), adj. (Gram.) Reflexivo.
**REFLUX** (riflâk'ss), s. Refluxo; vazante.
**REFORM** (rifôr'mm), s. Reforma; v. t. reformar; emendar; corrigir; v. i. corrigir-se; emendar-se.
**REFORMATION** (rifôrmêi'shânn), s. Reforma, reformação.
**REFORMATORY** (rifôr'mâtôuri), s. Reformatório; casa de correção; penitenciária; adj. reformatório.
**REFRACT** (rifrék't), v. t. Refratar; refranger.
**REFRACTORY** (rifrék'tôuri), adj. Refratário; obstinado; teimoso; indócil; bravio.
**REFRAGABLE** (ré'frâgâbl), adj. Refutável; contestável.
**REFRAIN** (rifrêi'nn), v. t. e i. Refrear; conter(-se); moderar; abster-se; s. estribilho.
**REFRESH** (rifré'sh), v. t. e i. Refrescar; vivificar; aliviar; cobrar forças; animar-se; fazer uma refeição ligeira.

**REFRESHMENT** (rifrésh'ment), s. Refresco; refrigério; consolação; alívio; repouso.
**REFRIGERATE** (rifri'djârêi), v. t. Refrigerar.
**REFRIGERATOR** (rifri'djârêitâr), s. Refrigerador; geladeira.
**REFT** (réft), adj. Privado; despojado; s. abertura; fenda.
**REFUGE** (ré'fiudj), s. Refúgio; abrigo; subterfúgio; v. t. e i. abrigar(-se); proteger.
**REFUGEE** (réfiudji'), s. Refugiado; asilado.
**REFULGENT** (rifâl'djént), adj. Refulgente, brilhante.
**REFUND** (rifân'd), v. t. Reembolsar; restituir; reconsolidar; amortizar.
**REFUNDABLE** (rifân'dâbl), adj. Reembolsável; restituível.
**REFURBISH** (rifâr'bish), v. t. Limpar; brunir de novo.
**REFURNISH** (rifâr'nish), v. t. Remobiliar; reabastecer.
**REFUSE** (rifiu'z), v. t. e i. Recusar; rejeitar; opor-se a; negar-se; refundir; refugo; sobra; resíduo; adj. rejeitado; de refugo; imprestável.
**REFUTE** (rifiu't), v. t. Refutar; impugnar; contradizer, rebater.
**REGAIN** (righêi'nn), v. t. Tornar a ganhar; recobrar.
**REGAL** (ri'gâl), adj. Real, régio.
**REGALE** (righêi'l), v. t. Regalar; banquetear; festejar; deliciar; presentear; brindar; s. festim; festa; banquete.
**REGARD** (rigâr'd), v. t. Considerar; olhar; examinar; estimar; concernir a; s. consideração; respeito; estima; relação; pl. cumprimentos; recordações.
**REGARDLESS** (rigâr'dléss), adj. Desatento; indiferente; descuidado; desleixado.
**REGENCY** (ri'djensi), s. Regência.
**REGENERATE** (ridjé'nârit), adj. Regenerado; renascido, espiritualmente renovado.
**REGENERATION** (ridjénârêi'shânn), s. Regeneração; restauração; reprodução, renascimento.
**REGENT** (ri'djent), adj. Regente, reinante; s. regente, governador.
**REGION** (ri'djânn), s. Região; território; distrito.
**REGISTER** (ré'djistâr), s. Registro; arquivo; lista; rol; contador; livro de lembranças; v. t. indicar; anotar; v. i. matricular-se.
**REGISTRY** (ré'djistri), s. Registro; arquivo; protocolo; inscrição.

**REGNANT** (rég'nânt), adj. Reinante; dominante.
**REGRESS** (rigré'ss), s. Regresso; volta; v. i. regressar, retornar.
**REGRET** (rigré't), s. Pesar, sentimento, desgosto; desculpa (no plural); v. t. lamentar, deplorar; v. i. arrepender-se de.
**REGULAR** (ré'ghiulâr), adj. Regular; exato; pontual; simétrico; metódico; ordenado; autorizado; uniforme; corrente; natural; (Gram.) regular (verbo); s. (Mil.) regular, soldado de linha.
**REGULARIZATION** (réghiulérizêi'shann), s. Regularização.
**REGULATE** (ré'ghiulêit), v. t. Regular; ordenar; normalizar; dirigir.
**REGULATION** (réghiulêi'shânn), s. Regulação; regulamento; método; regime; ordem.
**REGULATOR** (ré'ghiulêitâr), s. Regulador; guia.
**REHABILITATE** (ri-hâbili'têit), v. t. Reabilitar.
**REHEARSAL** (ri-hâr'sâl), s. Narração; ensaio (no teatro); repetição de um recitativo.
**REIGN** (rêinn), s. Reino, reinado; soberania; v. i. reinar, dominar.
**REIMBURSE** (riimbâr'ss), v. t. Reembolsar; indenizar.
**REIMPRESSION** (riimpré'shânn), s. Reimpressão.
**REIN** (rêinn), s. Rédea; governo; direção; orientação; v. t. dirigir; governar; guiar; conter; refrear.
**REINDEER** (rêin'dir), s. Rangífer; rena.
**REINFORCE** (reiinfôur'ss), v. t. Reforçar; repor em execução.
**REINS** (rêinz), s. pl. Rins, região renal; (fig.) entranhas; afetos; paixões.
**REINSTALL** (riinstô'l), v. t. Reinstalar; reorganizar.
**REINSTATE** (riinstêi't), v. t. Reintegrar; repor; reempossar; indenizar, ressarcir.
**REITERATE** (rii'târêit), v. t. Reiterar; repetir.
**REJECT** (ridjék't), v. t. Rejeitar; recusar; negar; não admitir; repudiar.
**REJOICE** (ridjói'ss), v. i. Regozijar-se; alegrar-se; congratular-se; v. t. divertir.
**REJOIN** (ridjói'nn), v. t. Reajuntar, reagrupar; v. i. retorquir; treplicar.
**REJUVENATION** (ridjuvenêi'shânn), s. Rejuvenascimento.
**RELAPSE** (rilép'ss), v. i. Reincidir, recair; ser relapso; s. recaída, relapsia; (Med.) recidiva.

**RELATE** (rilêi't), v. t. Relatar, referir; narrar; v. i. concernir; dizer respeito a.
**RELATED** (rilêi'tid), adj. Relativo a; aparentado com; aliado; conexo; ligado.
**RELATER** (rilêi'tår), s. Relator; narrador.
**RELATION** (rilêi'shånn), s. Relação; respeito; afinidade; parentesco; trato; comunicação; pl. parentela.
**RELATIVE** (ré'låtiv), adj. Relativo; referente; concernente; a. parente; (Gram.) pronome relativo.
**RELAX** (rilék'ss), v. t. e i. Relaxar; abrandar; afrouxar; moderar; diminuir; expandir-se; pôr-se à vontade.
**RELAXATION** (riléksêi'shånn), s. Relaxação; afrouxamento; recreio; mitigação.
**RELAY** (ri'lêi), v. t. e i. Repor; expedir pela posta ou diligência; substituir (o pessoal fatigado); s. muda (de cavalos); substituição (de homem, de material).
**RELEASE** (rili'ss), v. t. Soltar; livrar; abandonar; exonerar; renovar (um arrendamento); s. liberdade, soltura, desobrigação; alívio; socorro; recibo, quitação.
**RELEGATION** (rélighêi'shånn), s. Desterro, exílio.
**RELENT** (rilén't), v. i. Abrandar-se; enternecer-se; capitular; amolecer; derreter.
**RELENTLESS** (rilén'tléss), adj. Empedernido; implacável; furioso; encarniçado.
**RELEVANCE** (ré'livånss) ou **RELEVANCY** (ré'livånsi), s. Relação; pertinência; aplicabilidade; propósito.
**RELIANCE** (riłåi'ånss), s. Confiança, fé.
**RELIC** (ré'lik), s. Relíquia.
**RELICT** (ré'likt), s. Viúva.
**RELIEF** (rili'f), s. Alívio; auxílio; reparação; soltura; liberdade; descanso; recurso; realce; relevo; saliência.
**RELIEVE** (rili'v), v. t. Aliviar; mitigar; atenuar; reparar; socorrer; isentar; exonerar; realçar; pôr em relevo.
**RELIGHT** (ri'låit), v. t. Reacender.
**RELIGION** (rili'djånn), s. Religião.
**RELIGIOUS** (rili'djåss), adj. Religioso, devoto, pontual; consciencioso; escrupuloso.
**RELINQUISHMENT** (rilin'kŭishment), s. Abandono; renúncia; cedência; desistência.
**RELISH** (ré'lish), s. Gosto, sabor; gulodice; pitéu; v. t. e i. saborear; ter bom gosto; agradar.
**RELUCTANT** (rilåk'tånt), adj. Relutante, hesitante.

**RELY** (riłåi), v. i. Fiar-se, confiar em.
**REMAIN** (rimêi'nn), v. i. Ficar, permanecer; continuar; morar; s. sobra; resto; pl. restos mortais, cadáver.
**REMAINDER** (riméin'dår), pl. Resto, restante; saldo (de uma partida de selos).
**REMAKE** (rimêi'k), v. t. Refazer.
**REMAND** (rimén'd), v. t. Reenviar; tornar a chamar.
**REMARK** (rimår'k), s. Observação (verbal ou por escrito); anotação; advertência; v. t. e i. observar, notar, advertir, distinguir.
**REMARKABLE** (rimår'kåbl), adj. Notável; extraordinário; invulgar; conspícuo.
**REMARRIAGE** (ri'méridj), s. Segundas núpcias.
**REMEDIABLE** (rimi'diåbl), adj. Remediável.
**REMEDY** (ré'midi), s. Remédio, medicamento; recurso; v. t. remediar; reparar.
**REMEMBER** (rimém'bår), v. t. e i. Lembrar.
**REMINDER** (rimåin'dår), s. Lembrança; sinal.
**REMINISCENCE** (rémini'senss), s. Reminiscência.
**REMISE** (rimåi'z), s. Cedência; abandono; renúncia; v. t. abandonar, deixar a.
**REMISS** (rimi'ss), adj. Remisso, tardio; lento; desleixado; despreocupado; inexato.
**REMISSION** (rimi'shånn), s. Remissão, perdão; indulto; libertação; moderação.
**REMISSNESS** (rimis'néss), s. Desleixo; negligência; preguiça.
**REMIT** (rimi't), v. t. e i. Remeter; mandar; enviar; entregar; confiar; exonerar; eximir; acalmar; enfraquecer; debilitar-se.
**REMITANCE** (rimi'tånss), s. Remessa (de dinheiro ou valores).
**REMNANT** (rém'nånt), s. Remanescente, resto; retalho (de pano).
**REMODEL** (rimô'del), v. t. Remodelar; refazer.
**REMONSTRANCE** (rimôns'trånss), s. Queixa; repreensão; custódia.
**REMORSE** (rimôr'ss), s. Remorso.
**REMORSELESS** (rimôs'léss), adj. Sem remorsos; impenitente; cruel, desumano.
**REMOTE** (rimôu't), adj. Remoto; afastado; retirado; isolado; alheio; leve; ligeiro.
**REMOTENESS** (rimôu'néss), s. Afastamento; distância considerável; fraqueza.
**REMOUNT** (rimåun't), v. t. e i. Remontar; restaurar; reformar.
**REMOVAL** (rimu'vål), s. Remoção, retirada; demissão; eliminação, assassínio.

**REMOVE** (rimu'v), v. t. e i. Remover; deslocar; tirar; arrancar; depor; destruir; transferir (domicílio); s. remoção; distância; espaço; intervalo; grau de parentesco.

**REMUNERATION** (rimiunârêi'shânn), s. Remuneração; recompensa.

**RENAME** (rinêi'mm), v. t. Dar novo nome.

**RENASCENCE, RENASCENCY** (rinê'senss, rinê'sensi), s. Renascença; renascimento.

**REND** (rênd), v. t. e i. Rasgar, dilacerar.

**RENDER** (rén'dâr), v. t. Render; dar; traduzir; verter; classificar; rebocar (parede).

**RENEGADE** (rê'nighêid), s. Renegado; trânsfuga.

**RENEW** (riniu), v. t. Renovar; restaurar.

**RENOUNCE** (rinâun'ss), v. t. Renunciar a.

**RENOVATE** (rê'novêit), v. t. Renovar.

**RENOVATION** (rê'novêit), s. Renovação; purificação.

**RENOWN** (rinâu'nn), s. Renome; fama.

**RENOWNED** (rinâun'd), adj. Famoso; célebre; insigne.

**RENT** (rênt), s. Aluguel; arrendamento; fenda; abertura; racha; v. t. alugar; arrendar.

**RENTAL** (rên'tâl), s. Aluguel; estado das rendas.

**RENTER** (rên'târ), s. Arrendatário, rendeiro.

**RENUNCIATION** (rinânsiêi'shânn), s. Renunciação, renúncia.

**REOCCUPY** (rió'kiupái), v. t. Reocupar.

**REOPEN** (riôup'n), v. t. Reabrir.

**REOPENING** (rioup'ninn), s. Reabertura; reinício.

**REORGANIZATION** (riórgânizêi'shânn), s. Reorganização.

**REPAIR** (ripér), v. t. Reparar; restaurar; remendar; consertar; s. reparo; morada, guarida.

**REPAIRER** (ripé'râr), s. Reparador.

**REPARATION** (rê'pârêi'shânn), s. Reparação; conserto; reforma; indenização.

**REPARTEE** (répârti), s. Réplica; resposta.

**REPASS** (ripé'ss), v. t. Repassar.

**REPAST** (ripês't), s. Refeição.

**REPATRIATE** (ripé'triêit), v. t. Repatriar.

**REPAY** (ripê'i), v. t. Tornar a pagar; reembolsar; retribuir; v. i. efetuar um pagamento.

**REPAYMENT** (ripêi'ment), s. Reembolso; devolução; novo pagamento.

**REPEAL** (ripi'l), v. t. Revogar; rescindir.

**REPEALING** (ripi'linn), adj. Revogatório.

**REPEAT** (ripi't), v. t. e i. Repetir; renovar; reiterar; s. repetição; (Mús.) estribilho.

**REPEATER** (ripi'târ), s. Repetidor; recitador; relógio de repetição; repetente (estudante).

**REPEL** (ripél), v. t. Repelir; rebater.

**REPELLENT** (ripé'lent), adj. Repelente; repulsivo; s. tecido impermeável.

**REPENT** (ripén't), v. t. e i. Arrepender-se.

**REPENTANCE** (ripén'tânss), s. Arrependimento; contrição.

**REPEOPLE** (ripip'l), v. t. Repovoar.

**REPERCUSS** (ripârkâss), v. t. Repercutir.

**REPERCUSSION** (ripârkâ'shânn), s. Repercussão.

**REPETITION** (repiti'shânn), s. Repetição.

**REPINING** (ripái'ninn), s. Queixa; lamentação; pesar; desgosto; adj. murmurador.

**REPIQUE** (ripi'k), v. t. e i. Repicar.

**REPLACE** (riplê'ss), v. t. Repor; restituir; restabelecer; substituir.

**REPLENISH** (riplê'nish), v. t. Reencher; completar; v. i. prover; abastecer-se.

**REPLETE** (ripli't), adj. Repleto; cheio.

**REPLETION** (ripli'shânn), s. Plenitude.

**REPLEVIN** (riplé'vinn), s. (Jur.) Reinvidicação.

**REPLY** (riplá'i), s. Resposta; réplica.

**REPORT** (ripôur't), s. Relatório; relação; memorial; narrativa; descrição; boato; rumor; v. t. e i. comparecer; servir como repórter.

**REPORTER** (ripôur'târ), s. Repórter; noticiarista; estenógrafo.

**REPORTING** (ripôur'tinn), s. Relação; reportagem; estenografia.

**REPOSE** (ripôu'z), s. Repouso; descanso; silêncio; sossego; tranqüilidade.

**REPREHENSION** (répri-hén'shânn), s. Repreensão; censura.

**REPRESENT** (répri'zent), v. t. Representar; expor; manifestar; simbolizar; exibir.

**REPRESENTATIVE** (réprizen'têtiv), s. Representante; agente; delegado; símbolo.

**REPRESS** (ripré'ss), v. t. Reprimir; dominar.

**REPRESSIBLE** (ripré'sibl), adj. Reprimível; dominável.

**REPRIEVE** (ripri'v), s. Suspensão temporária de uma pena.

**REPRIMAND** (réprimén'd), s. Reprimenda; repreensão; v. t. reprovar; repreender.

**REPRINT** (riprin't), s. Reimpressão.

**REPRISAL** (riprái'zâl), s. Represália.

**REPROACH** (riprôu'tsh), s. Censura; mancha; opróbrio; v. t. exprobrar.

**REPROACHFULNESS** (riprôu'tshfulnéss), s. Vitupério; opróbrio; ignomínia.

REPROBATE (ré'probêit), adj. e s. Réprobo; malvado; v. t. reprovar; rejeitar.
REPRODUCE (riprodiu'ss), v. t. Reproduzir.
REPRODUCER (riprodiu'sår), s. Reprodutor.
REPROOF (ripru'f), s. Reprovação; censura.
REPROVE (ripru'v), v. t. Reprovar; censurar.
REPTILE, REPTIL (rép'til), s. Reptil; (fig.) pessoa vil, abjeta; adj. reptil, rastejante.
REPUBLIC (ripâ'blik), s. República.
REPUBLICAN (ripâ'blikân), adj. e s. Republicano.
REPUBLICATION (ripâblikêi'shânn), s. Reimpressão; reedição.
REPUBLISH (ripâ'blish), v. t. Reeditar; reimprimir.
REPUDIATE (ripiudiêi't), v. t. Repudiar, rejeitar, repelir, abandonar; divorciar-se.
REPUDIATION (ripiudiêi'shânn), s. Repúdio; rejeição; renúncia; divórcio.
REPUGNANT (ripâg'nânt), s. Repugnância; aversão.
REPULSE (ripâl'ss), s. Repulsa, rejeição; revés; derrota militar.
REPULSION (ripâl'shann), s. Repulsão; repugnância.
REPUTATION (répiutêi'shânn), s. Reputação; crédito; fama; notoriedade.
REPUTE (ripiu't), s. Fama, crédito; v. t. reputar; considerar; ter na conta de.
REQUEST (rikués't), s. Pedido; requisição; solicitação; instância; reclamação.
REQUIREMENT (rekuâir'ment), s. Requerimento, petição, requisito; exigência.
REQUISITE (ré'kuizit), s. Requisito; coisa indispensável; adj. necessário.
REQUITAL (rikuâi'tâl), s. Recompensa; retorno; paga; revide; pena de talião.
REQUITER (rikuâi'târ), s. O que revida.
RESCIND (rissin'd), v. t. Rescindir; anular.
RESCRIPT (ris'kript), s. Rescrito.
RESCUE (rés'kiu), s. Socorro, salvação; v. t. livrar, salvar.
RESEARCH (rissârt'sh), s. Pesquisa científica; investigação; v. t. e i. pesquisar.
RESEAT (rissi't), v. t. Repor.
RESELL (rissé'l), v. t. Revender.
RESEMBLANCE (rizém'blânss), s. Semelhança; parecença; analogia; uniformidade.
RESENT (rizén't), v. t. e i. Ressentir(-se).
RESENTMENT (rizént'ment), s. Ressentimento; enfado; queixa.
RESERVE (rizâr'v), s. Reserva; fundos; sigilo; circunspecção; v. t. reter; guardar.

RESET (rissé't), s. Novo engaste.
RESIDE (rizâi'd), v. i. Residir; morar.
RESIDUE (ré'zidiu), s. Resíduo; resto.
RESIGN (rizâi'nn), v. t. e i. Resignar(-se).
RE-SIGN (rissâi'nn), v. t. Tornar a assinar.
RESIGNATION (rézignêi'shânn), s. Resignação; demissão, cessão, renúncia; paciência, submissão.
RESILIENCE, RESILIENCY (rizi'liénss, ri- zi'liénsi), s. Ressalto; elasticidade; mola; volta repentina.
RESIN (ré'zinn), s. Resina.
RESIST (rizis't), v. t. e i. Resistir, opor-se.
RESISTIBLE (rizis'tibl), adj. Resistível.
RESOLUBLE (ré'zoliubl), adj. Resolúvel.
RESOLUTE (ré'zoliut), adj. Resoluto.
RESOLUTION (rézoliu'shânn), s. Resolução; solução; intrepidez; firmeza; determinação.
RESOLVE (rizôl'v), v. t. e i. Resolver; informar; explicar; s. resolução.
RESONANCE (ré'zonânss), s. Ressonância.
RESORT (rizôr't), s. Recurso; concurso; concorrência; reunião; covil; antro.
RESOUND (rizâun'd), v. t. e i. Ressoar.
RESOURCE (rissôur'ss), s. Recurso; meio; expediente; faculdades; dotes; meios (pl.)
RESPECT (rispé'kt), s. Respeito; reverência; motivo; v. t. respeitar; venerar; honrar.
RESPECTING (rispék'tinn), prep. Quanto a; com respeito a.
RESPECTIVE (réspék'tiv), adj. Respectivo; particular.
RESPIRATION (réspirêi'shânn), s. Respiração.
RESPIRE (rispâi'r), v. t. e i. Respirar; aspirar; exalar; ter vida.
RESPITE (rés'pit), s. Descanso, pausa; folga; demora, prorrogação, prazo, v. t. dar descanso a; prorrogar.
RESPLENDENCE, RESPLENDENCY (risplén'dénss, risplén'dênsi), s. Resplendor; brilho; fulgor.
RESPOND (rispôn'd), s. Responso; resposta; v. t. e i. responder; corresponder; convir.
RESPONSIBILITY (rispônsibi'liti), s. Responsabilidade.
RESPONSION (rispôn'shânn), s. Fiança; caução; resposta.
RESPONSIVENESS (rispôn'sivnêss), s. Correspondência; sensibilidade.
RESPONSORY (rispôn'sôuri), s. Responsório; responso; adj. responsivo.
REST (rést), s. Repouso, descanso; pausa;

trégua; paz; calma; sono; suporte; apoio; pedestal; sustentáculo; resto; restante; os outros os demais; (fig.) morrer; v. t. e i. descansar; apoiar; reclinar; encostar; cessar; jazer; repousar no sono da morte; viver tranqüilo; estar em paz; fundar-se.

**RESTAURANT** (rés'torânt), s. Restaurante.

**RESTFULNESS** (rést'fulnéss), s. Tranqüilidade; quietude.

**RESTING** (rés'tinn), s. Descanso; adj. de descanso.

**RESTITUTION** (réstitiu'shânn), s. Restituição, devolução; recuperação; indenização.

**RESTIVENESS** (rés'tivnéss), s. Impaciência; teimosia; obstinação; indocilidade.

**RESTOCK** (ri-stók), v. t. e i. Reabastecer.

**RESTORATION** (ristorêi'shânn), s. Restituição; restauração, reintegração.

**RESTRAIN** (ristrêi'nn), v. t. Reter, refrear; impedir; afastar; desviar; restringir; vedar.

**RESTRAINT** (ristrêin't), s. Constrangimento; sujeição; coerção; limite; restrição, freio; estorvo; impedimento; proibição.

**RESTRICTION** (ristrik'shânn), s. Restrição; limitação; barreira; exceção.

**RESULT** (rizâl't), v. i. Resultar; seguir-se; inferir-se; s. resultado, efeito, conseqüência, conclusão, solução; decisão.

**RESUMABLE** (riziu'mâbl), adj. Reassumível; retomável; recomeçável.

**RESUMPTION** (rizâmp'shânn), s. Reassunção; recobro.

**RESURFACE** (ri-sâr'fêis), v. t. Revestir; pavimentar ou cobrir de novo.

**RESURGE** (ri-sârdj'), v. t. Ressurgir; ressuscitar.

**RESURRECTION** (rázârêk'shânn), s. Ressurreição; (fig.) restabelecimento.

**RESUSCITATION** (rissássitêi'shânn), s. Ressurreição; ressurgimento; renascimento.

**RETAIL** (ritê'il), s. Retalho; venda a retalho; v. t. contar minuciosamente; passar adiante (boato); transmitir aos bocados.

**RETAIN** (ritêi'nn), v. t. e i. Reter; guardar; conservar; ajustar (um advogado); assalariar; contratar; alugar; escorar.

**RETAKE** (ritêi'k), v. t. Retomar.

**RETALIATION** (ritéliêi'shânn), s. Represália; desforra; vingança; desagravo.

**RETARD** (ritâr'd), v. t. Retardar; protelar; opor obstáculos a; s. demora; atraso.

**RETCH** (rétsh), v. i. Fazer esforços para vomitar.

**RETENTION** (ritén'shânn), s. Retenção; conservação; limitação.

**RETICENCE** (ré'tissénss) ou **RETICENCY** (ré'tissénsi), s. Reticência; reserva.

**RETICLE** (ré'tikl), s. retículo.

**RETICULATE** (riti'kiulêit), v. t. e i. Fazer em forma de rede; adj. reticulado.

**RETINA** (ri'tinae), s. Retina.

**RETINUE** (ré'tiniu), s. Comitiva; cortejo.

**RETIRE** (ritâi'r), v. i. Retirar-se; ausentar-se; retroceder; v. t. (Com.) retirar da circulação.

**RETIREMENT** (ritâir'ment), s. Retiro; retirada; retraimento; reforma; aposentadoria.

**RETORT** (ritór't), s. Retorta; destilador; recriminação, v. t. retorquir; replicar; repelir.

**RETOUCH** (ritâ'tsh), v. t. Retocar; aperfeiçoar; s. retoque; última demão.

**RETRACE** (ritrêi'ss), v. t. e i. Retraçar; remontar; retomar; relatar novamente.

**RETRACT** (ritrék't), v. t. e i. Retratar(-se); encolher-se; fugir a; desistir de.

**RETRANSLATE** (ritrênslêi't), v. t. Traduzir novamente.

**RETREAT** (ritri't), v. i. Retirar-se; fugir; retroceder; afastar-se; desistir de; (Mil.) bater em retirada; dar um passo atrás (em esgrima); s. retiro; retraimento; asilo.

**RETRENCH** (ritrên'sh), v. t. e i. Fazer economias; poupar; (Mil.) entrincheirar(-se).

**RETRIBUTION** (rétribiu'shânn), s. Retribuição (espec. na acepção de "castigo").

**RETRIEVE** (ritri'v), v. t. Recuperar, reaver; apanhar a caça (os cães); restabelecer; restaurar; resgatar; remediar; consertar.

**RETRIM** (ritri'mm), v. t. Preparar; arranjar ou guarnecer novamente.

**RETROACT** (ritrôuék't), v. i. Retroagir.

**RETROGRADE** (ré'trogrêid), adj. Retrógrado; v. i. retrogradar; desandar.

**RETROSPECT** (ré'trospékt), v. t. e i. Lançar os olhos para o passado; rever coisas do passado; s. retrospecto.

**RETRY** (ritrâ'i), v. t. (Jur.) Julgar novamente; rever (processo).

**RETURN** (ritâr'nn), s. Volta, regresso; retrocesso, restituição; reposição; relação, lista; troca; troco; reembolso; resposta; partição oficial; v. t. e i. restituir; relatar; dar conta de; responder; apresentar lucro; regressar; repetir; tornar; eleger; ecoar.

**REUNION** (riu'niânn), s. Reunião; reconciliação; junta.

**REVALUATION** (ri-vaeliuêi'shănn), s. Revalorização.
**REVEAL** (rivi'l), v. t. Revelar; mostrar.
**REVEL** (ré'vel), v. i. Divertir-se; folgar; regalar-se; s. prazer; brincadeira; folia.
**REVENGE** (rivén'dj), v. t. e i. Vingar-se; s. vingança, desforra, represália.
**REVENUE** (ré'viniu), s. Renda, fisco; tesouro; provento; direitos aduaneiros.
**REVERBERATION** (rivărbărêi'shănn), s. Reverberação; repercussão; reflexão; eco.
**REVERENCE** (ré'vărênss), s. Reverência; respeito; veneração; v. t. reverenciar; respeitar; honrar; saudar respeitosamente.
**REVEREND** (ré'vărênd), adj. Reverendo, venerável; reverendo (cura, pastor); s. reverendo, padre.
**REVERIE, REVERY** (ré'vări), s. Devaneio; sonho; (Mús.) fantasia.
**REVERSE** (rivăr'ss), v. t. e i. Inverter; virar em sentido contrário; abolir; voltar ao estado anterior; s. inverso; verso (de página); vicissitude; mudança; contratempo.
**REVERSIBLE** (rivăr'săbl), adj. Reversível; anulável.
**REVET** (rivé't), v. t. Revestir (de reboco, etc.); fortificar.
**REVICTUAL** (rivit'l), v. t. Reabastecer; suprir; prover de novo; v. i. reabastecer-se.
**REVIEW** (reviu'), v. t. Rever, recapitular; analisar; criticar; (Mil.) passar em revista; (Jur.) rever (um processo); s. revista (publicação); exame; análise.
**REVILE** (rivái'l), s. Injúria; ultraje; afronta; v. t. injuriar, vilipendiar, ofender.
**REVISE** (rivái'z), v. t. Rever, reler; corrigir; limar; s. revisão; (Tip.) segunda prova.
**REVIVAL** (rivái'văl), s. Revivificação; restabelecimento; restauração; renovação.
**REVOKE** (rivóu'k), v. t. e i. Revogar; renunciar a; desistir de; abjurar.
**REVOLT** (rivóu't), v. t. e i. Revoltar(-se); amotinar-se; sentir repugnância; indignar-se; s. sedição; rebelião; revolta.
**REVOLUTION** (révoliu'shănn), s. Revolução; insurreição, giro, volta, ciclo, período.
**REVOLVE** (rivól'v), v. t. e i. Revolver; virar; girar; relembrar; pensar em; meditar.
**REVOLVER** (rivól'văr), s. Revólver (arma); o que imprime movimento rotativo.
**REVUE** (ri-viu'), s. Revista.
**REVULSION** (rivăl'shănn), s. Revulsão; repugnância; recuo violento; irritação, abalo.

**REWARD** (riuór'd), v. t. e i. Recompensar; gratificar; s. recompensa; prêmio.
**REWIRE** (ri-uái'êr), v. t. e i. Reenrolar; fazer nova fiação; telegrafar de novo.
**REWORD** (ri-uêrd), v. t. Reformular; repetir; dizer em outras palavras.
**REWRITE** (ri-rái't), v. t. Reescrever.
**REYNARD** (rêi'nărd), s. Raposa; personificação da astúcia.
**RHAPSODY** (răp'sódi), s. Rapsódia.
**RHEOSTAT** (ri-ês'taet), s. (Eletr.) Reostato.
**RHETORIC** (ré'torik), s. Retórica.
**RHEUM** (rumm), s. Reuma; expectoração.
**RHEUMATIC** (rumé'tik), adj. e s. Reumático.
**RHINAL** (rái'nael), adj. Nasal.
**RHINO** (rái'nou), s. (pop. Zool.) Rinoceronte.
**RHINOCEROS** (ráinô'serăss), s. Rinoceronte.
**RHINOLOGY** (ráinou'lodjii), s. Rinologia.
**RHOU** (rou), s. Rô (letra do alfabeto grego).
**RUBARB** (ru'bărb), s. Ruibarbo.
**RHUMB** (rămm), s. (Náut.) Rumo.
**RHYME** (rái'm), s. Rima.
**RHYTHM** (ri'thmm), s. Ritmo; cadência.
**RIB** (rib), s. Costela; filé; faixa; friso; viga; lista; listão, nervura das folhas; vareta de guarda-chuva; esposa; v. t. guarnecer de nervuras; fazer estrias; sulcar.
**RIBALD** (ri'bóld), adj. e s. Devasso; obsceno.
**RIBBON** (ri'bănn), v. t. e i. Ornar ou guarnecer de fitas; compor em forma de fitas; s. fita, cinta, faixa; (fam.) rédeas; pl. freio.
**RICE** (ráiss), s. Arroz.
**RICH** (ritsh), adj. Rico; opulento; valioso; fértil; delicioso; espirituoso; divertido.
**RICK** (rik), s. Meda, pilha; v. t. empilhar em medas; amontoar.
**RICKETS** (ri'kits), s. Raquitismo.
**RICOCHET** (ri-kou'tshet), v. t. Ricochetear.
**RID** (rid), v. t. Livrar; desembaraçar.
**RIDDLE** (rid'l), s. Enigma; adivinha; crivo; joeira; v. t. decifrar enigmas; crivar, joeirar; v. i. falar de maneira enigmática.
**RIDE** (ráid), v. i. Cavalgar; andar (de carro, bicicleta, cavalo, etc.); vogar; amestrar; escravizar; (Mec.) funcionar; s. passeio (de carro, bicicleta, etc.); percurso; trajeto.
**RIDGE** (ridji), v. t. Abrir sulcos; fazer regos num campo; enrugar; s. espinhaço; cume; crista; cordilheira; recife; rego.
**RIDICULE** (ri'dikiul), s. Ridículo; troça; mofa; v. t. ridicularizar; escarnecer de.
**RIDING** (rái'dinn), s. Passeio a cavalo, de carro, etc.; cavalgada; equitação.

**RIFE** (ráí'f), adj. Corrente, comum; numeroso; abundante.
**RIFLE** (ráif'l), v. t. Pilhar, roubar; subtrair; fazer girar um projetil; s. carabina, rifle.
**RIFT** (rift), s. Fenda, racha; fissura; ondulação; v. t. e i. fender, rachar(-se), gretar.
**RIG** (rig), v. t. Ataviar; guarnecer; montar; armar; provocar alta ou baixa de câmbio; v. i. (pop.) vestuário vistoso; algazarra; burla; equipagem (de navio); trapaça; fraude.
**RIGHT** (ráit), adj. Direito, direto, reto; razoável; honesto; regular; normal; próprio; no grau exato; habilitado; verdadeiro, sensato; legal; bem colocado; direito (contrário de avesso); adv. diretamente; justamente; fielmente; muito; neste instante; em alto grau; s. direito (lado); prerrogativa; privilégio; eqüidade; propriedade; domínio; v. t. endireitar; fazer justiça; corrigir.
**RIGHTFUL** (ráit'ful), adj. Legítimo; justo.
**RIGID** (ri'djid), adj. Rígido; hirto; inteiriçado, rigoroso; severo, preciso; exato.
**RIGOR, RIGOUR** (ri'gâr), s. Rigor; severidade; rigidez; dureza; inclemência do tempo; (Med.) calafrio.
**RILL** (ril), s. Ribeiro, regato; v. i. manar.
**RIM** (rimm), s. Borda, extremidade; aro; rebordo; margem; pestana; sobrancelha; v. t. orla, ungir, cercar; margear.
**RIME (RHYME)** (ráimm), s. Rima; degrau; fenda; geada; v. t. e i. versificar; nevar.
**RIND** (ráind), s. Casca, vagem; crosta (de queijo); v. t. descascar, pelar.
**RINDERPEST** (rin'dârpêst), s. Morrinha.
**RING** (rinn), s. Anel, argola, anilho, arco; círculo, cerne; olheiras; zunido; estrondo; ruído; repique dos sinos; clamor; arena; liça; pista; v. t. e i. cercar, circundar; pôr um anel; encaracolar; mover-se em círculo; repicar (sinos); soar (campainha); zumbir.
**RINGWORM** (rin'uârmm), s. Impigem.
**RINK** (rink), s. Rinque.
**RINSE** (rinss), v. t. Lavar; limpar.
**RIOT** (ráí'ât), s. Tumulto, rixa, confusão; motim; revolta; excesso; devassidão; intemperança; v. t. fazer distúrbios; v. i. exceder-se em orgias; entregar-se ao vício.
**RIP** (rip), v. t. e i. Rasgar, descoser, romper; despedaçar; descobrir; s. fenda; raspador (instrumento); (Náut.) bailadeiras.
**RIPARIAN** (ráipêi'riânn), adj. Ribeirinho.
**RIPE** (ráip), adj. Sazonado; feito; acabado; oportuno; preparado.

**RIPPER** (ri'pâr), s. Rasgador; trenó.
**RIPPLE** (rip'l), v. t. e i. Enrugar, ondular; ondear; sussurrar, murmurar (como um riacho); assedar; s. ondulação; agitação leve das águas; sedeiro; rastelo; arranhão.
**RISE** (ráiz), v. t. e i. Subir, ascender; chegar até; pôr-se em pé; provir; emanar; nascer; aparecer; amotinar-se; melhorar de posição; aumentar de volume; inchar; armar uma questão; subir de preço; ressuscitar; s. elevação; grau de ascensão; alta; adiantamento; acesso; cheia.
**RISIBLE** (ri'zibl), adj. Risível; irrisório.
**RISING** (ráí'zinn), adj. Que se eleva ou sobe; levante; próspero; amotinado; s. ato de levantar-se; nascer (do Sol); ascensão; ressurreição; encerramento de sessão.
**RISK** (risk), s. Risco; perigo; acaso.
**RITE** (ráit), s. Rito; ritual; sacramento.
**RITUAL** (ri'tshuâl), adj. e s. Ritual.
**RIVAL** (ráí'vâl), adj. e s. Rival; v. t. e i. Rivalizar ou competir com; emular.
**RIVE** (ráiv), v. t. e i. Fender, rachar; despedaçar; s. fenda, racha, fissura, greta.
**RIVER** (ri'vâr), s. Rio; (fig.) abundância.
**RIVET** (ri'vet), s. Rebite; cravo; prego rebitado; grampo; gato (da louça); v. t. rebitar; cravar, pregar; (fig.) gravar no espírito.
**RIVULET** (ri'viulit), s. Pequeno regato.
**ROACH** (róutsh), s. Barata (inseto).
**ROAD** (rôud), s. Estrada; incursão; baía.
**ROADWAY** (rôud'uêi), s. Rodovia.
**ROAM** (rôumm), v. i. Vaguear; errar; andar a esmo; vagabundear.
**ROAR** (rôur), v. i. Rugir; bramar; ribombar; troar (o canhão); vociferar; divulgar; s. rugido; bramido; estrondo; grito; berro.
**ROAST** (rôust), adj. Assado; tostado; s. carne assada; v. t. assar, torrar, tostar.
**ROB** (rób), v. t. Roubar, saquear, pilhar; privar; despojar; v. i. cometer um furto.
**ROBE** (rôub), s. Veste, trajo; túnica; manto; roupão; toga; beca; v. t. e i. vestir.
**ROBIN** (ró'binn), s. Pintarroxo (ave).
**ROBOT** (ro'bou), s. Robô.
**ROBUST** (robâst), adj. Robusto; forte; duro.
**ROCK** (rók), v. t. e i. Balançar(-se); agitar; tremer; s. rocha; penhasco; amparo.
**ROCKET** (ró'ket), s. Foguete; (Bot.) rinchão.
**ROCKING** (ró'kinn), s. Ato de embalar.
**ROCKY** (ró'ki), adj. Pedregoso; insensível.
**ROD** (rôd), s. Vara; verga; barra; vara de pescar; varinha de condão; castigo; poder.

**RODENT** (rôu'dent), adj. e s. (Zool.) Roedor.
**ROE (ROEBUCK)** (rôu), s. Cabrito montês.
**ROGATION** (roghèi'shànn), s. Rogações.
**ROGUERY** (rôu'gàri), s. Velhacaria, patifaria; vadiagem; malícia.
**ROISTER** (róis'tàr), s. Fanfarrão; prosa; v. i. fanfarrear; ostentar; alardear; bravatear.
**ROLE** (rôul), s. Papel, parte (teatro, cinema).
**ROLL** (rôul), v. t. e i. Fazer girar; rolar; enrolar; revolver; calandrar (papel); rufar (tambor); encrespar-se; agitar; retumbar; flutuar; encarquilhar-se; s. rolo, cilindro; lista; rol; balanço do navio; movimento de rotação ou de ondulação; pl. arquivos.
**ROLLER** (rôu'làr), s. Rolo, cilindro; rodízio; onda; vaga; maresia; variedade de pombo.
**ROMAN** (rôu'man), adj. e s. Romano; romana; severo; austero; católico.
**ROMANCE** (romén'ss), s. Romance, amor, aventura, invenção; v. t. e i. fantasiar; romancear; adj. românico, neolatino.
**ROMANY** (ró'mâni), s. Cigano; gitano; adj. dos ciganos.
**ROMP** (rômp), s. Brinquedo bulhento; garota brincalhona; v. i. brincar ruidosamente.
**ROOD** (rud), s. Cruz, crucifixo.
**ROOF** (ruf), s. Telhado; abóbada; teto; (fig.) lar; abrigo; v. t. cobrir com um teto.
**ROOK** (ruk), s. Gralha; roque ou torre (no xadrez); v. i. fazer roque; v. t. e i. roubar.
**ROOKERY** (ru'kàri), s. Viveiro ou ninho de gralhas; antro; covil; cortiço (habitação).
**ROOM** (rumm), s. Quarto, aposento; sala; oportunidade; alojamento; abrigo; causa; motivo; razão; v. t. e i. alojar(-se).
**ROOST** (rust), s. Poleiro; lugar de descanso; v. t. e i. empoleirar(-se); descansar.
**ROOT** (rut), s. Raiz (em todas as acepções); origem; base; nota fundamental; (Mús.) nota tônica; v. t. e i. arraigar; fossar a terra; desarraigar.
**ROPE** (rôup), s. Corda, cabo, fio; réstia (de cebolas); enfiada; v. t. e i. atar, amarrar ou rodear com corda; seduzir.
**ROSARY** (rôu'zàri), s. Grinalda de rosas.
**ROSE** (rôuz), s. Rosa, rosácea; roseira; cor-de-rosa; roseta; florescência; rubor.
**ROSEMARY** (rôuz'mâri), s. (Bot.) Rosmaninho; alecrim.
**ROSIN** (ró'zinn), s. Resina de terebintina; breu; pez; v. t. esfregar com resina.
**ROSTER** (rós'tàr), s. (Mil.) Regulamento; ordem de serviço; ordenança; lista, rol.

**ROT** (rót), v. t. e i. Apodrecer, estragar: corromper; decompor-se; cariar; s. podridão; parvoíce; tolice, disparate.
**ROTATION** (rotèi'shànn), s. Rotação; volta.
**ROTE** (rôut), s. Rotina; o que se decora.
**ROTUND** (rotân'd), adj. Redondo; circular; gordo; esférico; clara e forte (voz).
**ROUBLE** (rub'l), s. Rublo.
**ROUGH** (ráf), adj. Rude, áspero; tosco; eriçado; tempstuoso; severo; mal acabado; insolente; chocante; discordante; adstringente; s. estado tosco; homem rude; pl. gentalha; v. t. e i. tornar(-se) tosco, rude; escabroso; domar, domesticar.
**ROULADE** (rulá'd), s. Trinado, trino.
**ROUND** (ráund), adj. Redondo, esférico, côncavo; convexo; liberal, generoso; considerável; cheio, sonoro; positivo; rápido; fluente; honrado; completo; ingênuo; evidente; s. círculo; esfera; degrau de escada; rodela; fatia redonda; arco; argola; giro, passeio; volta completa; orbe, globo; assalto (esgrima); rota, caminho; sorte; dança; adv. em roda, ao redor; prep. à roda de; v. t. e i. arredondar; bolear; voltear; aperfeiçoar; completar; rondar.
**ROUNDER** (ráun'dàr), s. Instrumento para arredondar; circunferência; recinto; pl. nome de um jogo semelhante ao basebol.
**ROUSE** (ráuz), v. t. e i. Acordar; levantar a caça; estimular; incitar; ativar; lançar.
**ROUSING** (ráu'zinn), adj. Forte, violento; grande; deslavada (mentira).
**ROUT** (ráut), s. Derrota; destroço; tropel; tumulto; confusão; assembléia; v. t. derrotar; desbaratar; fazer sair com violência.
**ROUTE** (rut), s. Caminho; rumo; itinerário.
**ROUTINE** (ruti'nn), s. Rotina; adj. de praxe.
**ROVE** (rôuv), v. t. e i. Puxar (fio) através de um orifício; estirar e torcer levemente (pavio) antes da fiação; cardar (lã); percorrer; vaguear, errar; (fig.) delirar; s. correria.
**ROVER** (rôu'vâr), s. Vagabundo; volúvel.
**ROW** (rôu), s. Fila; passeio de barco; remada; barulho, contenda; v. t. e i. percorrer; errar; vogar; v. i. armar um tumulto; repreender.
**ROWDY** (ráu'di), s. e adj. Desordeiro; turbulento; barulhento.
**ROWEL** (ráu'àl), s. Roseta da espora; v. t. rosetear, meter a espora.
**ROWING** (rôu'inn), s. Desporto do remo; remadura; ato de remar; adj. de remos.

**ROYAL** (rói'ăl), adj. Real, régio, majestoso; nobre; magnífico; superior; tipo de papel (de grande formato) para imprensa.

**ROYALIST** (rói'ălist), s. Realista.

**RUB** (răb), v. t. e i. Esfregar; friccionar; raspar; esmerilhar; coçar, safar, retocar; aperfeiçoar; s. fricção; atrito; polimento.

**RUBBER** (ră'băr), s. Borracha; caucho; esfregador; polidor; pedra de amolar; grosa (lima); melhor de três (decisão de empate); pl. galochas; adj. de borracha.

**RUBBISH** (ră'bishi), s. Lixo, refugo; rebotalho; bagatela; insignificância; adj. inútil.

**RUBBLE** (răb'l), s. Cascalho.

**RUBICUND** (ru'bikănd), adj. Rubicundo.

**RUBRIC** (ru'brik), adj. Rubro, vermelho; s. rubrica; v. t. avermelhar, tornar rubro.

**RUBY** (ru'bi), s. Rubi; jóia de alto valor; colibri da América doNorte; v. t. tornar rubro ou da cor do rubi.

**RUCK** (răk), s. Prega, vinco; v. t. e i. vincar.

**RUDDER** (ră'dăr), s. Governo; direção; leme.

**RUDDY** (ră'di), adj. Vermelho; rubro.

**RUDENESS** (rud'néss), s. Rudeza; grosseria; crueza; insolência; severidade; rigor.

**RUDIMENT** (ru'dimênt), s. Rudimento; elemento; embrião.

**RUE** (ru), v. t. e i. Lastimar(-se); chorar; sentir remorsos por; arrepender-se; s. arrependimento; pesar.

**RUFF** (răf), s. Rufo, prega, dobra; rufo de tambor; perca (peixe).

**RUFFIAN** (ră'fiănn), s. Rufião; alcoviteiro; biltre; facínora; adj. de salteador; brutal.

**RUFFLE** (răf'l), v. t. Franzir; por em desordem; vincar; irritar; vexar; rufar (tambor); v. i. agitar-se; perturbar-se; enrugar-se; s. gola ou colarinho pregueado; confusão.

**RUG** (răg), s. Tapete pequeno; cão d'água.

**RUGEDNESS** (răgd'néss), s. Rudeza; severidade.

**RUIN** (ru'inn), s. Ruína; decadência; queda; perdição; aniquilamento; v. t. e i. arruinar; demolir; perder; decair.

**RULE** (rul), s. Regra, norma, estatuto; risco, linha traçada; mando, governo; poder; método; arranjo; boa ordem; régua; v. t. e i. estabelecer uma regra; riscar; persuadir.

**RULING** (ru'linn), adj. Predominante; dominante; s. decisão, parecer.

**RUM** (rămm), s. Rum, aguardente; adj. (fam.) estranho, singular, original.

**RUMBLE** (răm'bl), v. t. e i. Ressoar; avançar com estrondo; estabelecer tumulto; s. rumor; ruído; estrondo; tumulto.

**RUMINANT** (ru'minănt), adj. Ruminante.

**RUMMAGE** (răm'midj), v. t. e. i. Remexer; esquadrinhar; agitar bem (líquido); s. busca minuciosa; procura; revolta.

**RUMMER** (rum'măr), s. Copázio; taça.

**RUMOR, RUMOUR** (ru'măr), v. t. Divulgar; espalhar; s. rumor; boato.

**RUMP** (rămp), s. Anca, garupa, traseiro; alcatra; parte traseira de qualquer objeto.

**RUMPLE** (rămp'l), v. t. Amarrotar; enrugar; s. ruga, prega, dobra, vinco.

**RUMPUS** (răm'păss), s. (fam.) Balbúrdia; rixa.

**RUN** (rănn), v. t. e i. Correr; fazer correr; disputar uma corrida; fazer funcionar ou trabalhar; correr o risco de; expor-se a; dirigir; continuar; impelir; determinar; executar; deixar sair; sujeitar-se a; modelar; s. corrida; curso; generalidade; viagem; movimento; duração, vontade; aceitação; gosto; continuação.

**RUNAWAY** (ră'năuêi), adj. Fugitivo, desertor; s. fugitivo; trânsfuga; cabulador; gazeteiro.

**RUNG** (rănn), s. Degrau de escada de mão; vareta; barrote; caverna de navio.

**RUNNEL** (răn'l), s. Regata.

**RUNNER** (răn'năr), s. Corredor; peão; mensageiro; fugitivo; rebento; corretor, agente; gargantilha; anel.

**RUNNING** (răn'ninn), s. Carreira; curso; escoamento; corrimento; supuração; adj. corredor; corrente; fluente; atual, em vigor; a vencer; a receber (letra de câmbio).

**RUPTURE** (răp'tshur), s. Ruptura, rompimento; discórdia; desinteligência; (Med.) ruptura; hérnia; v. t. e i. romper(-se); fraturar.

**RURAL** (ru'răl), adj. Rural, campestre.

**RUSE** (ruz), s. Ardil; astúcia; manha.

**RUSH** (răsh), s. Ímpeto, investida; arremetida; movimento rápido; fúria; pressa; afobação; v. t. e i. impelir, empurrar; ativar; arremessar com violência; precipitar-se.

**RUSK** (răsk), s. Rosca; biscoito leve.

**RUSSET** (ră'set), adj. Ruivo, avermelhado; rústico; grosseiro; s. cor avermelhada; trajo de camponês.

**RUST** (răst), s. Ferrugem; camada de sujidade; mangra; bolor; cascão, v. t. e i. enferrujar; criar bolor; enfraquecer.

**RUSTIC** (răs'tik), adj. Rústico; rude; grosseiro; bucólico; campestre; em que não há arte; s. campônio; sertanejo.

**RUSTICATION** (rǎstikêi'shǎnn), s. Vida campestre.
**RUSTINESS** (rǎs'tinéss), s. Enferrujamento; rancidez; desuso.
**RUSTLE** (rǎs'l), v. t. e i. Sussurrar; murmurar; roçar; estremecer (a seda); s. murmúrio; sussurro; ruído.
**RUSTPROOF** (rǎst'pruf), adj. À prova de ferrugem; inoxidável.
**RUT** (rǎt), s. Carril, sulco, rego, regueira; rotina; praxe; ruído; mugido; cio dos animais; v. t. fazer sulcos; enrugar; v. i. estar no cio; bramar (como os veados).
**RUTH** (ruth), s. Piedade; compaixão; dó.
**RUTHLESSNESS** (ruth'léssnéss), s. Crueldade; desumanidade; falta de compaixão.
**RUTILATE** (ru'tilêit), v. i. Rutilar; luzir.
**RUTTISH** (rǎ'tish), adj. Libidinoso.
**RYE** (rái), s. Centeio.
**RYOT** (rái'ǎt), s. Lavrador; inquilino.

# S

**S** (éss), s. Décima-nona letra do alfabeto.
**SABER, SABRE** (sêi'bǎr), s. Sabre de cavalaria.
**SABLE** (sêib'l), s. Zibelina ou marta; a pele desse animal; luto; adj. negro; sombrio.
**SABOTAGE** (sabotá'j), s. Sabotagem; v. t. sabotar.
**SABULOUS** (sé'biulǎss), adj. Arenoso.
**SAC** (sék), s. (Biol.) Saco, bolsa membranosa.
**SACCHARINE** (sé'kǎrinn), s. Sacarina; adj. sacarino.
**SACERDOTAL** (séssǎrdòu'tǎl), adj. Sacerdotal.
**SACK** (sék), s. Saco, saca; juta; bata, roupão de mulher; saque, pilhagem; v. t. ensacar; saquear, roubar; despedir.
**SACKING** (sé'kinn), s. Aniagem.
**SACRAL** (sé'krǎl), adj. Sacro; sagrado.
**SACRAMENT** (sé'krǎmént), s. Sacramento.
**SACRIFICE** (sé'krifáis), s. Sacrifício, vítima; v. t. e i. sacrificar; imolar.
**SACRILEGE** (sé'krilidj), s. Sacrilégio.
**SACRISTAN** (sé'kristǎnn), s. Sacristão.
**SACRISTY** (sé'kristi), s. Sacristia.
**SAD** (séd), adj. Triste, pesaroso; desagradável (tempo); sombrio; melancólico; mau, perverso; calamitoso; circunspecto; grave.
**SADDLE** (séd'l), s. Sela, selim; mancal do eixo de um carro; v. t. selar; por carga.
**SADISM** (sé'dizm), s. Sadismo.
**SADNESS** (séd'néss), s. Tristeza, melancolia.
**SAFE** (sêif), adj. Salvo, incólume, ileso; são; livre; leal; idôneo; digno de confiança.
**SAFEGUARD** (sêif'gǎrd), s. Salvaguarda.
**SAFETY** (sêif'ti), s. Segurança; abrigo.
**SAFRON** (sé'frǎnn), s. Açafrão; adj. açafroado; de açafrão; v. t. açafroar.
**SAG** (ség), s. Inclinação, dobra; curvatura; v. t. e i. vergar; curvar(-se); pender.
**SAGACIOUS** (sǎghêi'shǎss), adj. Sagaz, perspicaz; de bom faro (cão de caça).
**SAGE** (sêidj), adj. Sábio, prudente; s. sábio; (Bot.) salva.
**SAIL** (sêil), s. Vela (de navio); veleiro; viagem; passeio de barco; v. t. e i. navegar em; manobrar; fazer-se de vela; partir; andar no mar; passar; voar.
**SAILING** (sêi'linn), s. Navegação; mareação; marcha de um navio a vela.
**SAINT** (sêint), s. Santo, santa; v. t. canonizar; venerar como santo.
**SAKE** (sêik), s. Causa, fim, motivo; atenção; consideração; respeito; propósito.
**SALABLE** (sêi'labl), adj. Vendável.
**SALACIOUS** (sǎlêi'shǎss), adj. Lascivo.
**SALAD** (sé'lǎd), s. Salada.
**SALAMANDER** (sé'lǎmêndǎr), s. Salamandra.
**SALARY** (sé'lǎri), s. Salário; ordenado.
**SALE** (sêil), s. Venda; leilão; mercado.
**SALIENT** (sêi'liént), adj. Saliente; s. ângulo saliente (em fortificação).
**SALINE** (sêi'lǎinn), s. Salina; adj. salino.
**SALIVA** (sǎlái'vǎ), s. Saliva.
**SALLOW** (sé'lôu), adj. Amarelado, pálido; s. espécie de salgueiro; rebento de sagueiro.
**SALLY** (sé'li), s. Saída; excursão; gracejo; capricho; arrebatamento; (Arquit.) proje-

ção, saliência; v. i. sair, projetar-se para fora; fazer uma surtida.
**SALMON** (sé'mănn), s. Salmão (peixe, cor).
**SALOON** (sălu'nn), s. Salão; carro-salão (nos trens); botequim; casa de bebidas (EUA).
**SALSIFY** (sél'sifi), s. Barba-de-bode (planta).
**SALT** (sólt), s. Sal; sabor, gosto; (fig.) graça; espírito; (fam.) marujo; adj. salgado; v. t. salgar, curar; (fig.) purificar; sazonar.
**SALTATION** (sěltěi'shănn), s. Salto; pulo; pulsação; palpitação.
**SALTERN** (sól'tărn), s. Salina.
**SALUBRIOUS** (săliu'briăss), adj. Salubre.
**SALUTARY** (sé'liutěri), adj. Salutar.
**SALUTE** (săliut'), v. t. e i. Saudar; cumprimentar; s. saudação; salva (de artilharia).
**SALVATION** (sělvěi'shănn), s. Salvação; redenção; bem-aventurança.
**SALVE** (sáv), s. Ungüento; pomada; v. t. e i. salvar (de perda por naufrágio).
**SALVIA** (sél'viă), s. Salva (planta).
**SAME** (sêimm), adj. e pron. Mesmo; mesma; mesmos, mesmas; idêntico; igual.
**SAMPLE** (sémp'l), s. Amostra; modelo; exemplo; v. t. dar amostra; comprovar; escolher; selecionar; exemplificar; igualar.
**SANCTIFIER** (sénk'tifáiăr), s. Santificador.
**SANCTION** (sénk'shănn), s. Sanção; confirmação; v. t. sancionar; aprovar; ratificar.
**SANCTUARY** (sénk'tshuěri), s. Santuário; templo; altar; abrigo.
**SAND** (saend), s. Areia; areal; praia; pl. litoral; (fig.) momentos, horas de vida.
**SANDAL** (saend'l), s. Sandália, alpercata.
**SANDWICH** (sén'duitsh), s. Sanduíche; v. t. fazer sanduíche; colocar entre camadas.
**SANDY** (saen'di), adj. Arenoso; areento; ruço; ruivo; s. alcunha dos escoceses.
**SANE** (sêinn), adj. São de espírito; sadio.
**SANGUINARINESS** (sén'güinĕriness), s. Caráter sangüinário.
**SANGUINENESS** (sén'güinnĕss), s. Ardor; confiança; segurança; cor sangüinea.
**SANITARY** (sé'nitĕri), adj. Sanitário.
**SANITATION** (sénitĕi'shănn), s. Higiene.
**SAP** (sép), s. Seiva, fluido vital; vigor; simplório; palerma; (Mil.) sapa; (fig.) trabalho oculto; v. t. e i. solapar; escavar.
**SAPAJOU** (sé'păju), s. Macaquinho, mico.
**SAPID** (sé'pid), adj. Sápido; saboroso.
**SAPIENCE** (sêi'piěnss), s. Sapiência (em sentido irônico).
**SAPIENT** (sêi'piěnt), adj. Sapiente; sábio.

**SAPLING** (sé'plinn), a. Arvorezinha.
**SAPONIFICATION** (săponifikěi'shănn), s. Saponificação.
**SAPPHIRE** (sé'fáir), s. Safira.
**SAPPY** (sé'pi), adj. Viçoso; suculento; imaturo; tolo, sentimental.
**SARCASM** (sár'kézm), s. Sarcasmo, ironia.
**SARCENET** (sárs'net), s. Tafetá.
**SARCOPHAGUS** (sárkô'făgăss), s. Sarcôfago.
**SARDINE** (sárdi'nn), s. Sardinha.
**SARDONYX** (sár'doniks), s. Sardônica.
**SARK** (sárk), s. Camisa; mortalha.
**SASH** (sésh), s. Vidraça corrediça; caixilho de janela; cinto; banda; faixa.
**SATANIC** (sătě'nik) ou **SATANICAL** (sătě'nikăl), adj. Satânico.
**SATE** (sěit), v. t. Saciar, fartar.
**SATELLITE** (sé'telăit), s. Satélite.
**SATIATION** (sěishiěi'shănn), s. Saciedade.
**SATIN** (sé'tinn), s. Cetim; adj. de cetim.
**SATIRE** (sé'táir), s. Sátira.
**SATISFACTION** (sétisfék'shănn), s. Satisfação; compensação, quitação, confirmação.
**SATURATION** (sétshurěi'shănn), s. Saturação.
**SATURDAY** (sé'tărdĕi), s. Sábado.
**SATURNINE** (sé'tărninn), adj. Saturnino; fleumático; taciturno; triste.
**SATYR** (sé'tăr), s. Sátiro; libertino.
**SAUCE** (sóss), s. Molho (para acompanhar refeições); atrevimento; v. t. temperar, por molho; adubar; dizer insolências a.
**SAUNTER** (són'tăr), v. i. Perambular; vadiar.
**SAUSAGE** (só'sidj), s. Salsicha, lingüiça.
**SAVAGE** (sé'vidj), adj. e s. Selvagem; feroz.
**SAVANT** (săvánn'), s. Sábio.
**SAVE** (sêiv), v. t. e i. Salvar, poupar; amealhar; preservar; guardar; chegar a tempo de; prep. exceto, salvo; conj. a não ser que; s. aquilo que se guarda ou poupa.
**SAVOR, SAVOUR** (sěi'văr), v. t. e i. Saborear; provar; s. sabor, gosto.
**SAVORY** (sêi'vări), s. Segurelha (planta).
**SAVOY** (săvôi'), s. Repolho; couve-de-milão.
**SAW** (só), v. t. Serra, serrote; provérbio; v. t. serrar; v. i. fazer uso de uma serra.
**SAWWORT** (só'uărt), s. Serralha (planta).
**SAXHORN** (séks'hórn), s. Bombardino.
**SAXOPHONE** (sék'sofŏunn), s. Saxofone.
**SAY** (sêi), v. t. e i. Dizer, falar, contar; mostrar; repetir; indicar; alegar; experimentar; ensaiar; s. fala, palavra, discurso; ensaio; testemunho; tecido de lã ou seda.

**SAYING** (sêi'inn), s. Ditado, provérbio, rifão.
**SCAB** (skéb), s. Crosta (de ferida); sarna; homem ruim, mesquinho; vil.
**SCABROUS** (skê'brǎss), adj. Escabroso.
**SCAD** (skéd0, s. Cavala (peixe.
**SCAFFOLD** (ské'fǎld), s. Estrado; andaime; tablado; cadafalso; v. t. fazer andaimes.
**SCALABLE** (skêi'lǎbl), adj. Escalável.
**SCALD** (skóld), s. Escaldadura; (fam.) traça; caspa; adj. tinhoso; casposo; v. t. queimar.
**SCALE** (skêil), v. t. e i. Escalar; trepar a; cortar, aparar; raspar; aliviar; escamar-se; descascar-se; v. s. escada de mão; escama; incrustação; crosta; caspa; camada de ferrugem; proporção, série; alça de mira; prato ou concha de balança; Libra (signo).
**SCALINESS** (skêi'linéss), s. Escamosidade.
**SCALLOP** (skó'lǎp), v. t. Recortar; fazer festões; assar ostras; s. pedúnculo; festões.
**SCALP** (skélp), v. t. Escalpar; esfolar; vender por preço inferior ao da tabela; s. couro cabeludo; cabeça; banco de ostras.
**SCALPEL** (skél'pel), s. (Med.) Escalpelo.
**SCALY** (skêi'li), adj. Escamoso; avaro; ruim.
**SCAMPER** (ském'pǎr), s. Fuga precipitada.
**SCAN** (sként), v. t. e i. Escandir ou medir um verso; examinar, esquadrinhar.
**SCANDAL** (skén'dǎl), s. Escândalo; calúnia; divulgação; opróbrio; v. t. difamar.
**SCANT** (sként), v. t. e i. Restringir; limitar o suprimento de; diminuir; recusar; invejar; chorar; adj. escasso; raro; medíocre.
**SCANTLE** (sként'l), v. t. e i. Despedaçar; picar; ser deficiente; faltar; minguar.
**SCAPE** (skêip), s. (Bot.) Escapo, haste, pedúnculo; (Arquit.) escapo, quadrante que liga o fuste da coluna ao capitel.
**SCAPHANDER** (skêfén'dǎr), s. Escafandro.
**SCAPULA** (ské'piulǎ), s. (Anat.) Omoplata.
**SCAR** (skár), v. t. e i. Cicatrizar(-se); s. cicatriz; gilvaz; desfiguração; labéu.
**SCARAB** (ské'rǎb), s. Escaravelho.
**SCARCENESS** (skérs'néss), s. Escassez.
**SCARE** (skér), s. Susto, sobressalto; terror; v. t. e i. assustar-se; atemorizar-se.
**SCARF** (skárf), s. Cinto, faixa, banda; manta; gravata; mantilha; ajuste; corvo marinho; v. t. por uma faixa ou banda; ocultar.
**SCARIFY** (ské'rifái), v. t. Escarificar; (fig.) criticar severamente; censurar; torturar.
**SCARIOUS** (ské'riǎss), adj. Escarioso; árido.
**SCARLET** (skár'lêt), adj. e s. Escarlate.
**SCARP** (skárp), s. Escarpa; encosta; declive.

**SCATHE** (skêith), s. Prejuízo; v. t. danificar.
**SCATHELESS** (skêidh'léss), adj. Intacto.
**SCATTER** (skê'tǎr), adj. Espalhar; esbanjar.
**SCAVENGER** (ské'vendjǎr), s. Varredor de ruas; animal que se nutre de carniça.
**SCENE** (sinn), s. Cena, cenário; (teatr.) arte.
**SCENOGRAPHY** (sinó'grǎfi), s. Cenografia.
**SCENT** (sént), s. Cheiro, olfato; aroma; perfume; (fig.) indício; rastro; v. t. e i. perfumar; cheirar; suspeitar.
**SCENTLESS** (sén'tléss), adj. Inodoro.
**SCEPTIC** (skép'tik) ou **SCEPTICAL** (skép'tikǎl), adj. Céptico.
**SCEPTRE, SCEPTER** (sép'tǎr), s. Cetro; (fig.) realeza; v. t. dar cetro a.
**SCHEDULE** (ské'djul), s. Cédula; lista; balanço; balancete; anexo; horário.
**SCHEME** (skimm), s. Esquema, projeto; esboço; desígnio; v. t. e i. projetar, planear.
**SCHISM** (sizmm), s. Cisma, divisão.
**SCHIST** (shist), s. (Geol.) Esquisto, xisto.
**SCHOLIAST** (skôu'liést), s. Escoliasta; crítico.
**SCHOOL** (skul), s. Escola; o corpo discente; treino; disciplina; maneiras; classe, aula; cardume de peixes; v. t. educar; adestrar.
**SCHOONER** (sku'nǎr), s. (Náut.) Escuna.
**SCIATICA** (sáié'tikǎ), s. Ciática.
**SCIENCE** (sái'enss), s. Ciência; erudição.
**SCINTILLA** (sinti'lǎ), s. Centelha; chispa.
**SCION** (sái'ǎnn), s. Enxerto; broto; filho.
**SCIRRUS** (si'rǎss), s. Cirro; tumor canceroso.
**SCISSION** (si'jǎnn), s. Cisão, divisão.
**SCISSORS** (si'zǎrss), s. Tesoura.
**SCLEROSIS** (sklirôu'siss), s. Esclerose.
**SCOBS** (skóbs), s. Serragem; potassa.
**SCOFFER** (skó'fǎr), s. Escarnecedor.
**SCOLDING** (skôul'dinn), s. Repreensão.
**SCONCE** (skónss), s. Fortificação; lanterna; arandela de castiçal; v. t. fortificar; multar.
**SCOOP** (skup), s. Colher grande; sonda; pá; alcatruz; cratera; lucro; furo jornalístico.
**SCOOT** (skut), s. (fam.) Fuga; v. i. safar-se.
**SCOPE** (skôup), s. Escopo; fim; alvo.
**SCORCH** (skórtsh), v. t. e i. Crestar; atrigueirar-se (rosto); queimar (roupa); (pop.) andar de automóvel; s. queimadura.
**SCORE** (skpour), s. Incisão; entalhe; risco; vinte, vintena; escota; conta; débito; respeito; motivo; número de pontos, escore; v. t. e i. entalhar, cortar; riscar; gravar; censurar; imputar; registrar; conquistar.
**SCORN** (skórn), s. Desdém, desprezo.
**SCORPION** (skór'piǎnn), s. Escorpião.

**SCOTCH** (skótsh), s. Incisão; corte; escora; v. t. escorar; calçar; adj. e s. escocês.

**SCOUR** (skáur), v. t. e i. Limpar; arear; s. ato de desentupir.

**SCOURGE** (skárdj), v. t. Flagelar; castigar severamente; s. chicote; açoite; castigo.

**SCOUT** (skáut), s. Escoteiro; explorador; espião; v. t. e i. vigiar de perto.

**SCOW** (skáu), s. Tipo de barcaça.

**SCOWL** (skául), s. Carranca; v. t. e i. repelir.

**SCRABBLE** (skréb'l), s. Garatuja; arranhão.

**SCRAG** (skrég), s. Coisa delgada; pessoa magra; v. t. matar por enforcamento.

**SCRAMBLE** (skrémb'l), v. t. e i. Agir confusa ou apressadamente; preparar ovos mexidos; s. esforço, diligência; ato de trepar.

**SCRAP** (skrép), s. Bocado, fragmento; resto; migalha; resumo, minuta.

**SCRAPE** (skréip), s. Embaraço; raspadura; reverência; v. t. e i. raspar; arranhar.

**SCRATCH** (skrétsh), s. Arranhão; risca; sulco; canal; v. t. e i. coçar, riscar, ciscar.

**SCREEN** (skrinn), s. Biombo, tabique; grade; tela de cinema; v. t. abrigar; proteger.

**SCREW** (skru), s. Parafuso; rosca; hélice; torcedura; pressão; força; avarento; salário; barco de vapor; v. t. e i. atarrachar; apertar; esprimer; oprimir; (fig.) estimular.

**SCRIBBET** (skri'bet), s. Lápis de pintor.

**SCRIBE** (skráib), s. Escrevente; escritor.

**SCRIMMAGE** (skri'midj), s. Escaramuça.

**SCRIMP** (skrimp), v. t. e i. Encurtar; restringir; adj. pequenino; contraído; curto.

**SCRIP** (skrip), s. Bolsa, valise, alforje.

**SCRIPT** (skript), s. Escrito; letra ou escrita cursiva; (jur.) documento original; manuscrito de peça cinematográfica.

**SCRIPTURE** (skrip'tshur), s. Escritura, documento; a Bíblia (geralm. no plural).

**SCRIVE** (skráiv), v. t. Registrar; inscrever.

**SCROFULA** (skró'tiulá), s. Escrófula.

**SCROLL** (skróul), s. Rolo de papel, de pergaminho; rascunho; inventário; espiral.

**SCROTUM** (skróu'támm), s. Escroto.

**SCRUB** (skráb), s. Pobre-coitado; ninharia; bagatela; arbusto enfezado; mato; cavalo velho; adj. desprezível; abjeto.

**SCRUBBER** (skrá'bár), s. Esfregão; vassoura.

**SCRUFF** (skráf), s. Nuca.

**SCRUPLE** (skrup'l), v. t. e i. Ter escrúpulos; duvidar; s. escrúpulo; escrúpulo.

**SCRUTINY** (skru'tini), s. Investigação, exame; pesquisa; inquirição.

**SCUD** (skád), v. i. Fugir, correr apressadamente; s. pancada; nuvens soltas.

**SCUFFLE** (skáf'l), s. Briga; rixa; tumulto.

**SCULL** (skál), s. Barquinho; cardume; v. t. e i. remar; transportar num barco a remo.

**SCULLERY** (ská'lári), s. Copa; lavadouro.

**SCULLION** (ská'liän), s. Lavador de pratos.

**SCULP** (skálp), s. Gravura; v. t. esculpir.

**SCUM** (skámm), v. t. e i. Escumar; s. escória dos metais; fezes; ralé; (ant.) escuna.

**SCUMBLE** (skámb'l), v. t. Esbater, graduar tintas (pintura); s. esbatimento (de quadro).

**SCUMMER** (ská'már), s. Escumadeira.

**SCUMMY** (ská'mi), adj. Escoriáceo.

**SCURF** (skárf), s. Caspa; crosta; escória.

**SCURRILITY** (skári'liti), s. Graça pesada; insolência; impropério; obscenidade.

**SCURRY** (ská'ri), v. t. e i. Fugir precipitadamente; s. fuga precipitada; agitação.

**SCURVY** (skár'vi), adj. Vil; miserável; desprezível; atacado de escorbuto.

**SCUT** (skát), adj. Curto (rabo); s. cauda.

**SCUTCH** (skátsh), s. Estopa.

**SCUTTLE** (skát'l), s. Escotilha; portinhola; corrida acelerada; v. t. pôr a pique (navio).

**SCYTHE** (sáidh), s. Foice; v. t. ceifar.

**SEA** (si), s. Mar; (fig.) oceano; dilúvio; colosso; adj. marítimo; naval.

**SEAL** (sil), s. Selo (sinete); cunho, marca; fecho; carimbo; sigilo, foca; v. t. lacrar.

**SEAM** (simm), s. Costura; sutura; junção; sulco, fenda; cicatriz; v. t. e i. cerzir; unir.

**SEAPLANE** (si'plêinn), s. Hidroavião.

**SEAR** (sir), adj. Murcho; árido; v. t. murchar; secar; chamuscar; tostar.

**SEARCH** (sártsh), s. Busca; pesquisa; exame; sindicância; v. t. e i. procurar; sondar.

**SEASHORE** (si'shôur), s. Litoral; costa; praia.

**SEASON** (siz'n), s. Estação do ano; época; momento propício; v. t. e i. amadurecer; acostumar-se, aclimatar; temperar, adubar.

**SEAT** (sit), s. Assento; cadeira; fundo, fundilhos; posição; domicílio; v. t. assentar.

**SEBACEOUS** (sibêi'sháss), adj. Sebáceo.

**SECANT** (si'kánt), adj. Secante; s. (Mat.) secante.

**SECESSION** (sissê'shánn), s. Secessão.

**SECLUSION** (siklu'jánn), s. Afastamento; separação; reclusão; retiro; solidão.

**SECOND** (sê'kánd), adj. Segundo, secundário; inferior; outro; novo; s. segundo (padrinho, no boxe); auxiliar; fração de tempo; v. t. secundar, ajudar, apoiar formalmente.

**SECRET** (si'kret), adj. Secreto, oculto; recôndito; s. segredo; mistério.
**SECRETARY** (sé'kritéri), s. Secretário.
**SECRETION** (sékri'shånn), s. Segregação; ocultamento; secreção.
**SECT** (sékt), s. Seita; doutrina; escola.
**SECTION** (sék'shånn), s. Secção; divisão.
**SECULAR** (sé'kiulår), adj. e s. Secular; civil.
**SECURE** (sikiu'r), adj. SEguro, salvo; sossegado; crente; v. t. segurar; resguardar.
**SEDATE** (sidêi't), adj. Calmo; tranqüilo.
**SEDENTARY** (sé'dentéri), adj. Sedentário.
**SEDIMENT** (sé'diment), s. Sedimento; borra.
**SEDITION** (sidi'shånn), s. Sedição; revolta.
**SEDUCE** (sidiu'ss), v. t. Seduzir; corromper.
**SEDULITY** (sidiu'liti), s. Assiduidade; afinco.
**SEE** (si), v. t. e i. Ver, enxergar; compreender; indagar; considerar; visitar; discernir; notar; procurar; consultar; s. sé, catedral.
**SEED** (sid), s. Semente, grão; causa, origem.
**SEEDY** (si'di), adj. Granuloso; gasto; usado.
**SEEING** (si'inn), s. Vista; visão.
**SEEK** (sik), v. t. e i. Procurar; buscar; tentar; esforçar-se por; aspirar a.
**SEEL** (sil), v. t. e i. Tapar os olhos a.
**SEEM** (simm), v. i. Parecer; afigurar-se a.
**SEEMLINESS** (sim'linéss), s. Decoro; graça.
**SEER** (sir), s. Vidente; profeta.
**SEESAW** (si'sô), v. t. e i. Balançar; adj. de balanço; alternado; s. gangorra.
**SEETHE** (sidh), v. t. e i. Fazer ferver.
**SEETHER** (si'dhår), s. Caldeira; panela.
**SEGMENT** (ség'ment), s. Segmento; secção.
**SEGREGATE** (sé'grighêit), v. t. e i. Segregar; isolar; adj. isolado; escolhido.
**SEISMIC** (sáis'mik), adj. Sísmico.
**SEIZING** (si'zinn), s. Tomada de posse; penhora; embargo; (Náut.) ancoragem.
**SEIZURE** (si'jur), s. Tomada; captura; prisão.
**SELDOM** (sél'dåmm), adv. Raramente.
**SELECTION** (silék'shånn), s. Seleção.
**SELF** (sélf), adj. e pron. Se, mesmo, próprio, em pessoa, individual; s. o eu, pessoa.
**SELL** (sél), v. t. e i. Vender; atraiçoar.
**SELVAGE** (sél'vidj), s. Ourela; v. t. orlar.
**SEMANTICS** (simén'tiks), s. Semântica.
**SEMAPHORE** (sé'måfôur), s. Semáforo.
**SEMBLANCE** (sém'blånss), s. Semelhança.
**SEMESTER** (simés'tår), s. Semestre escolar.
**SEMICOLON** (sé'mi-kôu'lånn), s. Ponto-e-vírgula.
**SEMINARY** (sé'minéri), adj. Seminal; s. seminário; sementeira.

**SEMIVOWEL** (sé'mi-váu'ål), s. Semivogal.
**SEMPSTRESS** (sém'pstréss); s. Costureira.
**SENATE** (sé'nit), s. Senado.
**SEND** (sénd), v. t. e i. Mandar, enviar; expedir; despachar; arremessar; despedir.
**SENILITY** (sini'liti), s. Senilidade; velhice.
**SENIOR** (si'niår), s. Sênior; ancião; decano.
**SENSATION** (sénsêi'shånn), s. Sensação; impressão forte; comoção; excitação.
**SENSE** (sénss), s. Senso, sentido; espírito; inteligência; razão; engenho; face.
**SENSELESSNESS** (séns'léssnéss), s. Insensatez; tolice, absurdo.
**SENSIBILITY** (sénsibi'liti), s. Sensibilidade.
**SENSUAL** (sén'shuål), adj. Sensual; lascivo.
**SENTENCE** (sén'tenss), s. Sentença; decisão; opinião;(Gram.) sentença, frase.
**SENTIMENT** (sén'timént), s. Sentimento; afeto; juízo, opinião; parecer; sentença.
**SENTINE ENTRY)** (sén'tinél), s. Sentinela.
**SEPAL** (sé'pål), s. (Bot.) Sépala.
**SEPARABILITY** (sépåråbi'liti), s. Separabilidade, divivisibilidade.
**SEPTEMBER** (séptém'bår), s. Setembro.
**SEPTIC** (sép'tik) ou **SEPTICAL** (sép'tikål), adj. Séptico; relativo à putrefação de tecidos.
**SEPTUAGENARIAN** (séptiuådjinêi'riånn), adj. e s. Septuagenário.
**SEPULCHRE** (sé'pålkrê), s. Sepulcro; túmulo.
**SEQUACIOUS** (sikuêi'shåss), adj. Sequaz.
**SEQUENCE** (si'kuénss), s. Seqüência; série; inferência; dedução; (Mús.) modulação.
**SEQUESTER** (sikués'tår), v. t. Seqüestrar.
**SERAPHIC** (seré'fik) ou **SERAPHICAL** (seré'fikål), adj. Seráfico; angélico; sublime.
**SERE** (sir), adj. Murcho; seco; árido.
**SERENADE** (sérenêi'd), s. Serenata.
**SERENE** (siri'nn), adj. Sereno; calmo; limpo.
**SERF** (sårf), s. Servo; aldeão; campesino.
**SERGEANT** (sår'djånt), s. Sargento; esbirro.
**SERIAL** (si'riål), adj. Disposto em série; sucessivo; s. publicação periódica, folhetim.
**SERIN** (sé'rinn), s. Pássaro semelhante ao canário; (Quím.) serina.
**SERIOUS** (si'riåss), adj. Sério; grave; solene.
**SERMON** (sår'månn), s. Sermão; exortação.
**SEROUS** (si'råss), adj. Seroso; aquoso.
**SERPENT** (sår'pént), s. Serpente; buscapé (foguete); (Astron.) Serpentário (constel.).
**SERRATE** (sé'rit), ou **SERRATED** (sé'rêitid), adj. Dentado, como uma serra.
**SERVE** (sårv), v. t. e i. Servir; estar ao serviço de; ministrar; bastar.

**SERVICE** (sår'viss), s. Serviço, préstimo; obséquio; ajuda; assistência; cumprimentos; baixela; prataria; peças de cozinha.
**SERVILITY** (sårvi'liti), s. Servilidade; vileza.
**SESAME** (sé'sâmi), s. (Bot.) Sésamo.
**SESSION** (sé'shånn), s. Sessão, audiência.
**SET** (sét), v. t. e i. Por, dispor; plantar; montar; endireitar; conformar; fixar (cor); causar; obrigar a; defraldar (velas); por em movimento; embaraçar; tornar perplexo; congelar; coagular-se; adaptar-se; amadurecer; enguiçar, ficar preso a; repassar; engomar; adj. resolvido; fixo; regulado; formal; sólido; montado; meditado; pronto; s. jogo, série; grupo homogêneo; o por do Sol ou da Lua; movimento; inclinação.
**SETTE** (sé'ti), s. Poltrona, sofá.
**SETTER** (sé'tår), s. Cão perdigueiro; espião; tipógrafo; instalador.
**SETTING** (sé'tinn), s. Colocação; montagem; direção do vento; ninhada de ovos.
**SETTLE** (sét'l), v. t. e i. Fixar, regular; determinar; acalmar; colonizar; clarificar; saldar; assentar (no fundo); casar-se; s. sofá.
**SEVEN** (sév'n), adj. Sete; s. o número sete.
**SEVER** (sé'vår), v. t. e i. Separar; romper.
**SEVERAL** (sé'vårål), adj. Vários; diversos; simples; distinto; s. divisão; separação.
**SEVERE** (sivi'r), adj. Severo; estrito; sério.
**SEW** (sôu), v. t. e i. Coser, costurar.
**SEWAGE** (siu'idj), s. Imundfcies.
**SEWER** (siu'år), s. cano de esgoto; bueiro.
**SEWING** (sôu'inn), s. Costura.
**SEX** (séks), s. Sexo
**SEXLESS** (séks'léss), adj. Assexual, neutro.
**SEXTANT** (séks'tånt), s. (Astron. e Mat.) Sextante.
**SEXTET** (séks'tét), s. (Mús.) Sexteto.
**SEXTON** (séks'tånn), s. Sacristão.
**SHABBINESS** (shé'binéss), s. Andrajos; desalinho; mesquinhez; baixeza; vileza.
**SHACKLE** (shék'l), v. t. Atar; algemar; pear; estorvar; s. algemas; cadeia; trava.
**SHAD** (shéd), s. Sável (peixe).
**SHADE** (shéid), s. Sombra; obscuridade; solidão; gradação de cor; grau diminuto; diferença mínima; matiz; ilusão; visão; imagem; cortina transparente de janela; v. t. e i. sombrear; escurecer; matizar; sombrear.
**SHAFT** (shåft), s. Eixo, fuso; timão, varal (de carro); haste de âncora; tubo; padiola.
**SHAG** (shég), s. Pelúcia; felpa; pêlo áspero; corvo marinho; v. t. e i. eriçar; ouriçar.

**SHAH** (shå), s. Xá (soberano persa).
**SHAKE** (shêik), v. t. e i. Sacudir; agitar; acenar; titubear; tremer; desanimar; estalar; rachar; arremessar; apertar a mão; s. abalo; meneio; calafrio; aduela.
**SHALE** (shêil), s. Piçarra.
**SHALLOP** (shé'låp), s. Chalupa.
**SHALLOW** (shé'lôu), adj. Baixo; superficial; pouco profundo; trivial; néscio; parvo.
**SHAM** (shémm), v. t. e i. Simular, fingir; pretextar; adj. pseudo; postiço; s. falsa aparência; fingimento; artiffcio; trapaceiro.
**SHAMBLE** (shémb'l), v. i. Caminhar penosamente; s. passo vacilante; bamboleio.
**SHAMBLES** (shém'bls), s. pl. Matadouro.
**SHAME** (shêimm), s. Vergonha; pudor; desonra; afronta; v. t. e i. desonrar; aviltar.
**SHAMMY** (shé'mi), s. Camurça.
**SHANK** (shénk), s. Perna, tíbia; tarso (da ave); tubo de cachimbo; (Bot.) pecíolo.
**SHANTY** (shén'ti), s. Cabana; choça.
**SHAPE** (shêip), v. t. e i. Dar forma a; moldar; ajustar; conceber; combinar-se; concordar, s. forma, feitio; construção; perfil; imagem; modo; exemplo; norma; padrão.
**SHAPELESSNESS** (shêip'lésnéss), s. Deformidade; desproporção; irregularidade.
**SHAPELINESS** (shêi'pilinéss), s. Simetria.
**SHARE** (shér), s. Parte, partilha; quota.
**SHARK** (shårk), s. Tubarão; velhaco; fraude.
**SHARP** (shårp), v. t. e i. Afiar, aguçar; enganar; (Mús.) elevar meio tom; adj. afiado, agudo; fino, perspicaz; hábil; enérgico; (Mús.) marcado com um sustenido; s. sustenido; adv. pontualmente; exatamente.
**SHATTER** (shå'tår), v. t. Quebrar; devastar; perturbar; frustrar; abalar (saúde).
**SHAVE** (shêiv), v. t. e i. Barbear(-se); raspar; esfolar; roçar; extorquir; s. ato de barbear ou aparar; plaina de marceneiro.
**SHAW** (shó), s. Bosquete; bosquezinho.
**SHAWL** (shól), s. Xale, manta.
**SHAWM** (shóm), s. Oboé.
**SHE** (shi), pron. pess. Ela, aquela, a.
**SHEAF** (shif), v. t. e i. Fazer feixes; s. feixe.
**SHEAR** (shir), v. t. e i. Tosquiar; podar; ceifar (trigo); (fig.) defraudar; s. tosquia.
**SHEARS** (shirz), s. Tesouras grandes.
**SHEATH** (shith), s. Bainha; estojo; vagem.
**SHEAVE** (shiv), s. Roda de polé ou roldana.
**SHED** (shéd), v. t. e i. Espalhar; entornar; largar (a pele, as penas); derramar-se; s. efusão; telheiro; alpendre; cabana.

**SHEENY** (shi'ni), adj. Lustroso; brilhante.
**SHEEP** (ship), s. Carneiro(s); ovelha(s).
**SHEEPISHNESS** (shi'pishnéss), s. Timidez.
**SHEER** (shir), adj. Puro, sem mistura; claro; completo; fino; íngreme; adv. de uma vez.
**SHEET** (shit), s. Lençol; lauda; chapa, lâmina de metal; camada; v. t. amortalhar.
**SHELF** (shélf), s. Prateleira; estante; baixio.
**SHELL** (shél), v. t. e i. Descascar; bombardear; mudar a pele; s. casco; carapaça.
**SHELTER** (shél'târ), s. Abrigo; asilo.
**SHELVING** (shél'vinn), adj. Inclinado; s. ato de pôr em, ou equipar com prateleira.
**SHENN** (shinn), s. Brilho, luz; reflexo.
**SHEPHERD** (shé'pârd), s. Pastor; guia.
**SHERD** (shârd), s. Caco, fragmento de louça.
**SHERIFF** (shé'rif), s. Xerife.
**SHERRY** (shé'ri), s. Xerez (vinho).
**SHIELD** (shild), s. Escudo; proteção; amparo.
**SHIFT** (shift), s. Meio, expediente; mudança; desvio; ardil; fraude; blusa de operário; v. t. e i. mudar; desviar; alterar; tergiversar.
**SHILLING** (shi'linn), s. Xelim.
**SHIM** (shimm), s. Calço, enchimento.
**SHIN** (shinn), s. Canela da perna.
**SHINDY** (shin'di), s. Tumulto; barulho.
**SHINE** (sháinn), v. i. Brilhar, luzir; distinguir-se; v. t. dar lustro; s. brilho.
**SHINGLE** (shing'l), s. Ripa, sarrafo; cascalho.
**SHIP** (ship), s. Navio; embarcação; (Com.) despacho por via férrea; expedir.
**SHIPPING** (shi'pinn), s. Marinha mercante.
**SHIPWRECK** (ship'rék), s. Naufrágio; ruína.
**SHIPYARD** (shi'piârd), s. Estaleiro.
**SHIRE** (sháir), s. Condado.
**SHIRK** (shârk), v. t. e i. Esquivar-se.
**SHIRT** (shârt), s. Camisa de homem; relafrio.
**SHIVERY** (shi'vâri), adj. Quebradiço; friável.
**SHOAL** (shóul), v. t. e i. Atropelar-se; reunir-se; s. baixio; cardume; bando.
**SHOCK** (shók), s. Choque, colisão; golpe; comoção violenta; cabelo ou pêlo abundante; acervo; medas ou montes de trigo; adj. felpudo, peludo; v. t. e i. chocar; abalar; ofender; escandalizar; horrorizar.
**SHODDY** (shó'di), adj. Aparente, falso; s. impostura; imitação de lã.
**SHOE** (shu), s. Sapato; ferradura; descanso.
**SHOO** (shu), interj. Fora!
**SHOOT** (shut), v. t. e i. Atirar, dar tiros; varar; arremessar; aplainar; voar; brotar; s. tiro; gomo; rebento; bácoro; conduto.
**SHOP** (shóp), s. Loja; oficina.

**SHORE** (shôur), s. Praia, litoral; espeque; escora; pontão; v. t. escorar; suster.
**SHORN** (shôurn), adj. Sem chifres (animal).
**SHORT** (shôrt), adj. Curto; escasso; inadequado; próximo; áspero; baixo; adv. brevemente; s. sumário; sílaba, vogal breve.
**SHORTCOMING** (shôrtkâ'minn), s. Defeito; negligência; deficiência; falta.
**SHORTHAND** (shôrt'haend), s. Taquigrafia.
**SHOT** (shôt), s. Tiro de arma de fogo; projetil; bomba; flecha; atirador; jogada; golpe; fotografia; quinhão; adj. batido; v. t. carregar (uma arma).
**SHOULDER** (shôul'dâr), s. Ombro; quarto dianteiro; suporte; parte saliente; v. t. e i. levar ao ombro; sustentar; ombrear-se.
**SHOUT** (sháut), v. t. e i. Gritar; s. brado.
**SHOVEL** (shâv'l), s. Pá; escavadeira.
**SHOW** (shôu), v. t. Mostrar; manifestar; provar; explicar; guiar; aparecer; s. espetáculo; exposição; mostra; desfile.
**SHOWERY** (sháu'âri), adj. Chuvoso.
**SHRED** (shréd), v. t. e i. Cortar em tiras; picar; s. pedaço; fragmento.
**SHREW** (shru), s. Megera, mulher má.
**SHREWDNESS** (shrud'néss), s. Astúcia.
**SHREWISHNESS** (shru'ishnéss), s. Mau gênio; arrebatamento; impertinência.
**SHRIEK** (shrik), s. Grito agudo; guincho.
**SHRIFT** (shrift), s. Confissão auricular.
**SHRIKE** (shráik), s. Açor.
**SHRILL** (shril), v. t. Guinchar; chiar.
**SHRIMP** (shrimp), s. Camarão; lagostim.
**SHRIMPER** (shrim'pâr), s. Diminuidor.
**SHRINE** (shráinn), s. Relicário; santuário.
**SHRINK** (shrink), v. t. e i. Encolher; sucumbir; enfraquecer; reduzir-se; decrescer; s. contração; encolhimento; arrepio.
**SHRIVE** (shráiv), v. t. e. i. Confessar.
**SHROUD** (shráud), s. Mortalha; abrigo; proteção; v. t. amortalhar; v. i. refugiar-se.
**SHRUB** (shrâb), s. Arbusto; sumo de limão ou de laranja azeda, com rum ou genebra.
**SHRUG** (shrâg), v. t. e i. Contrair, encolher os ombros; s. encolhimento de ombros.
**SHUCK** (shâk), s. Casca; vagem.
**SHUDDER** (shâ'dâr), s. Tremor; aversão.
**SHUFFLE** (shâf'l), v. t. e i. Estabelecer confusão; baralhar (cartas); enganar; desviar; prevaricar; s. confusão; evasiva; trapaça.
**SHUN** (shânn), v. t. e i. Evitar; abster-se de.
**SHUNT** (shânt), v. t. e i. Manobrar; iludir; mudar de opinião; s. desvio; derivação.

**SHUT** (shåt), v. t. Fechar; tapar; vedar; impedir; dobrar; pregar; v. i. fechar-se; s. ato de fechar; fim; termo; tampa; horizonte; adj. cerrado; fechado; pouco sonoro.

**SHY** (shái), adj. Tímido; assustadiço; s. sobressalto; lançamento; prova.

**SIBILATION** (sibilêi'shånn), s. Assobio, silvo.

**SICE** (sáiss), s. O número seis (nos dados); (fam.) seis pence; moço de estrebaria.

**SICK** (sik), adj. Doente; enfermo; enjoado.

**SICKLE** (sik'l), s. Sogadeira.

**SIDE** (sáid), s. Lado; ilharga; flanco; margem; declive; facção, partido; amurada; opinião; descendência, laço de parentesco; v. t. e i. igualar; estar ao lado de.

**SIDEFACE** (sáid'fêiss), s. Perfil.

**SIDEREAL** (sáidi'riål), adj. Sideral; astral.

**SIDESMAN** (sáidz'maen), s. Ajudante.

**SIDING** (sái'dinn), s. Via lateral (estr. fer.).

**SIEGE** (sidj), s. Sítio; cerco; assédio.

**SIEVE** (siv), s. Peneira; crivo.

**SIFTER** (sif'tår), s. Crivo, peneira.

**SIGH** (sái), s. Suspiro; v. t. e i. suspirar.

**SIGHT** (sáit), s. Vista; perspectiva; opinião.

**SIGHTING** (sái'tinn), s. Pontaria.

**SIGHTLESS** (sái'tléss), adj. Cego, sem vista.

**SIGHTLINESS** (sái'tlinêss), s. Formosura.

**SIGN** (sáinn), v. t. e i. Assinar; significar; s. sinal; tabuleta; indício; símbolo.

**SIGNATURE** (sig'nåtshur), s. Assinatura.

**SIGNET** (sig'nit), s. Sinete; selo; carimbo.

**SIGNIFICATION** (signifikêi'shånn), s. Significação; sentido.

**SILENCE** (sái'lenss), s. Silêncio.

**SILENT** (sái'lent), adj. Silencioso; tranquilo.

**SILK** (silk), s. Seda; adj. de seda.

**SILKWORM** (silk'uårmm), s. Bicho-da-seda.

**SILL** (sil), s. Soleira (porta); peitoril (janela).

**SILLY** (si'li), s. Louco, néscio.

**SILT** (silt), s. Lama; depósito sedimentar; v. t. e i. obstruir(-se); destilar; coar.

**SILVAN** (sil'vånn), adj. Silvestre; rústico.

**SILVER** (sil'vår), v. t. Pratear; estanhar (espelho); branquear; adj. argenteo; (fig.) tentador; tranquilo; s. prata; cor de prata.

**SIMIAN** (si'miånn), s. Mono, bugio; macaco.

**SIMILARITY** (similé'riti), s. Semelhança, analogia; conformidade.

**SIMONY** (si'moni), s. Simonia.

**SIMPER** (sim'pår), s. Sorriso aparvalhado.

**SIMPLE** (simp'l), adj. Simples; cândido; ingênuo; inocente; tolo; néscio; individual.

**SIMPLICITY** (simpli'siti), s. Simplicidade.

**SIMULACRE** (si'miulêikår), s. Simulacro.

**SIMULATION** (simiulêi'shånn), s. Simulação.

**SIMULTANEOUSNESS** (simåltêi'niåsnéss), s. Simultaneidade.

**SIN** (sinn), s. Pecado; culpa; maldade.

**SINAPISM** (si'någizm), s. (Med.) Sinapismo.

**SINCE** (sinss), adv. e prep. Desde; desde então; conj. desde que, uma vez que.

**SINCERITY** (sinsê'riti), s. Sinceridade.

**SINECURE** (sái'nikiur), s. Sinecura.

**SINEW** (si'niu), s. Tendão; fibra.

**SINFUL** (sin'ful), adj. Pecador, pecaminoso.

**SING** (sinn), v. t. e i. Cantar; gorjear (pássaros); murmurejar (água); (fig.) exaltar.

**SINGLENESS** (singl'néss), s. Simplicidade.

**SINGLET** (sinn'lit), s. Camiseta.

**SINGULAR** (sin'ghiulår), adj. e s. Singular.

**SINISTER** (si'nistår), adj. Sinistro; mau.

**SINKER** (sin'kår), s. O que faz afundar.

**SINKING** (sin'kinn), s. Desmoronamento.

**SINLESS** (sin'léss), adj. Impecável; santo.

**SINNER** (sin'når), s. Pecador; pecadora.

**SINUOSITY** (siniuô'siti), s. Sinuosidade.

**SINUS** (sái'nåss), s. Enseada; cavidade.

**SIP** (sip), s. Sorvo, gole; v. t. e i. bebericar.

**SIPHON** (sái'fånn), s. Sifão.

**SIR** (sår), s. Senhor (em sentido absoluto).

**SIRE** (sáir), s. Genitor, pai; v. t. dar cria.

**SIREN** (sái'renn), s. Sereia; adj. sedutor.

**SISKIN** (sis'kinn), s. Verdelhão (ave).

**SISTER** (sis'tår), s. Irmã; mana; freira.

**SITE** (sáit), s. Sítio; local; situação.

**SITTING** (si'tinn), s. Ato de sentar-se; assento; sessão; ninhada; adj. assentado.

**SITUATION** (sitshuêi'shånn), s. Situação.

**SIX** (siks), adj. Seis; s. o número seis.

**SIZE** (sáiz), s. Tamanho; grandeza; medida.

**SIZZLE** (siz'l), s. Chiado; calor excessivo.

**SKATE** (skêit), s. Patim; arraia branca.

**SKEIN** (skêinn), s. Meada; madeixa.

**SKELETON** (ské'letånn), s. Esqueleto.

**SKELTER** (skêl'tår), v. i. Andar apressado.

**SKETCH** (skétsh), s. Croqui; traçado; rascunho; pequena composição literária.

**SKEW** (skiu), s. Engano; desvio; adj. torcido.

**SKI** (ski), s. Esqui (patim norueguês).

**SKID** (skid), s. Calço (de roda); travão.

**SKIFF** (skif), s. Esquife (tipo de barco).

**SKILL** (skil), s. Perícia; habilidade.

**SKILLET** (ski'lit), s. Caçarola.

**SKIM** (skimm), s. Escuma; v. t. e i. desnatar.

**SKIMPINESS** (skim'pinéss), s. Mesquinhez.

**SKIN** (skinn), s. Pele, couro, casca.

**SKINNINESS** (ski'ninéss), s. Magreza.
**SKINNING** (ski'ninn), s. Forro.
**SKIP** (skip), s. Salto, pulo; omissão.
**SKIPPER** (ski'pâr), s. Capitão de navio mercante; piloto; patrão; pulador; dançarino.
**SKIRMISH** (skâr'mish), s. Escaramuça; rixa.
**SKIRT** (skârt), s. Aba; orla; limite; saia.
**SKIT** (skit), s. Repreensão; mofa; zombaria.
**SKITTISHNESS** (ski'tishnéss), s. Leviandade.
**SKIVE** (skáiv), v. t. Cortar; aparar; polir.
**SKUA** (skiuá), s. Ave de rapina.
**SKULK** (skâlk), v. i. Ocultar-se; esquivar-se.
**SKULL** (skâl), s. Crânio, cérebro.
**SKUNK** (skânk), s. Doninha; furão; (fig.) vil.
**SKY** (skái), s. Céu; firmamento; pl. clima.
**SKYER** (skái'âr), s. Golpe alto (no criquete).
**SKYLARK** (skái'lârk), s. Cotovia; calhandra.
**SKYLIGHT** (skái'láit), s. Clarabóia.
**SKYSCRAPER** (skái-skrêi'pâr), s. Arranha-céu (edifício).
**SLAB** (sléb), s. Folha; chapa; tábua; laje.
**SLABBER** (slé'bâr), s. Baba; baboseira.
**SLACK** (slék), v. t. e i. Afrouxar; amolecer; adj. bambo; frouxo; covarde; lento; s. parte bamba de uma corda; vale pequeno.
**SLAG** (slég), s. Escumalha, escória.
**SLAKE** (slêik), v. t. e i. Estancar; diminuir.
**SLAM** (slémm), s. Ato de bater com força.
**SLANDER** (slén'dâr), s. Calúnia; difamação.
**SLANG** (slénn), s. Gíria; calão.
**SLANT** (slént), s. Obliqüidade; sarcasmo.
**SLAP** (slép), s. Bofetada; palmada; tapa.
**SLASH** (slésh), s. Corte; talho; ferida.
**SLAT** (slét), s. Pancada violenta; lasca.
**SLATCH** (slétsh), s. Vento fresco; aragem.
**SLATE** (slêit), s. Ardósia, lousa; v. t. abusar.
**SLAVE** (slêiv), s. Escravo; servo.
**SLAVER** (slé'vâr), s. Baba; v. t. e i. babar-se.
**SLAY** (slêi), v. t. Matar.
**SLEAVE** (sliv), s. Seda crua; v. t. destrinçar.
**SLEAZY** (sli'zi), adj. Delgado; franzino.
**SLEDGE** (slédj), s. Trenó; rastilho; marreta.
**SLEEKNESS** (slik'néss), s. Lisura; polimento.
**SLEEP** (slip), s. Sono; repouso.
**SLEET** (slit), s. Geada.
**SLEEVE** (sliv), s. Manga; (Mec.) camisa.
**SLEIGHT** (sláit), s. Ardil, astúcia, manha.
**SLENDERNESS** (slén'dârnéss), s. Delgadeza.
**SLICE** (sláiss), s. Fatia; espátula; posta.
**SLIDE** (sláid), s. Desmoronamento; declive; chapa de projeção fixa (cine, tv, foto); v. t. e i. resvalar, escorregar, deslizar.
**SLIGHT** (sláit), s. Desprezo; desfeita.

**SLIGHTNESS** (sláit'néss), s. Fraqueza.
**SLIM** (slimm), adj. Esbelto; delgado; tênue.
**SLIME** (sláimm), s. Lodo; limo.
**SLING** (slinn), s. Funda, estilingue.
**SLINGER** (slinn'âr), s. Fundeiro; ligador.
**SLINK** (slink), v. i. Escapulir-se; v. t. e i. dar à luz (prematuro); abortar (animais).
**SLIP** (slip), v. t. e i. Fazer correr ou deslizar; por e tirar facilmente; escapar(-se).
**SLIPPER** (sli'pâr), s. Chinela; o que faz escorregar; avental de criança.
**SLIPPING** (sli'pinn), s. Deslize; incerteza.
**SLIPWAY** (slip'uêi), s. Plano inclinado.
**SLIT** (slit), s. Fenda; racha.
**SLIVER** (sli'vâr), s. Lasca; fatia.
**SLOBBER** (sló'bâr), s. Baba; v. t. e i. babar.
**SLOGAN** (slôu'gânn), s. Frase criada para fins de propaganda; estribilho; divisa.
**SLOOP** (slup), s. Chalupa.
**SLOP** (slóp), s. Líquido derramado; blusa.
**SLOPE** (slôup), s. Declive; corrimão; talude.
**SLOPPY** (sló'pi), adj. Lamacento.
**SLOSH** (slósh), s. Lama; neve derretida.
**SLOT** (slót), s. Fenda, ranhura; pista; indício.
**SLOTH** (slóth), s. Indolência; preguiça.
**SLOUCH** (sláutsh), s. Olhar tímido; pessoa rude; v. t. e i. ter ares de caipira.
**SLOUGH** (sláu), s. Lamaçal, pântano.
**SLOUGH** (sláf), s. Pele velha mudada pelas serpentes; v. t. e i. escarificar-se.
**SLOWNESS** (slôu'néss), s. Lentidão.
**SLUE** (slu), v. t. Retorcer.
**SLUG** (slág), s. Bloco de metal; preguiçoso.
**SLUICE** (sluss), s. Dique, açude, condutor.
**SLUM** (slámm), s. Bairro pobre; favela.
**SLUMBER** (slâm'bâr), s. Soneca; cochilo.
**SLUMP** (slâmp), s. Lugar pantanoso; fracasso; (Com.) baixa repentina no preço.
**SLUR** (slâr), s. Expropriação; estigma; (Mús.) modulação; v. t. desdenhar; ocultar.
**SLUSH** (slâsh), s. Lama; graxa; v. t. ensebar.
**SLYNESS** (slái'néss), s. Manha; astúcia.
**SMACK** (smék), s. Sabor, aroma; tintura; noção; tintura; beijoca; palmada.
**SMALL** (smól), s. Parte delgada; porção diminuta; pl. calções; adv. (Mús.) em tom baixo ou suave; adj. pequeno (tamanho); leve.
**SMALT** (smólt), s. Espécie de esmalte.
**SMART** (smârt), s. Dor aguda; aflição; v. i. sentir dor; pungir; adj. vivo, esperto.
**SMASH** (smésh), s. Estrépido; estrondo; v. t. e i. despedaçar(-se), falir.
**SMATTER** (smé'târ), s. Leve noção; tintura.

**SMATTERER** (smé'tárár), s. Presunçoso.
**SMEAR** (smir), s. Substância untuosa.
**SMELL** (smél), s. Cheiro; aroma; perfume.
**SMELT** (smélt), s. Esperlano, espécie de salmonete (peixe); v. t. e i. fundir; derreter.
**SMILE** (smáil), s. Sorriso; favor; graça.
**SMIRCH** (smártsh), s. Nódoa; mancha.
**SMIRK** (smárk), s. Sorriso afetado, forçado.
**SMITE** (smáit), v. t. Ferir; bater; castigar.
**SMITHY** (smith), s. Forja; ferraria.
**SMOCK** (smók), s. Camisa de mulher.
**SMOKE** (smóuk), s. Fumo; fumaça; v. t. e i. fumar; arder; farejar; descobrir; irritar-se.
**SMOOTH** (smudh), v. t. e i. Polir; alisar.
**SMOTHER** (smá'dhár), v. t. e i. Abafar.
**SMUDGE** (smádj), s. Mancha; v. t. untar.
**SMUG** (smág), adj. e s. Elegante.
**SMUGGLING** (smá'glinn), s. Contrabando.
**SMUT** (smát), s. Negror produzido pela fuligem; obscenidade; v. t. e i. enegrecer.
**SNACK** (snék), s. Refeição ligeira; quinhão.
**SNAFFLE** (snéfl), s. Bridão; freio ligeiro.
**SNAG** (snég), s. Nó, laço; empecilho.
**SNAIL** (snéil), s. Caracol, lesma.
**SNAKE** (snéik), s. Cobra, serpente.
**SNAP** (snép), s. Quebra, ruptura; estalo; mola; vigor; dentada; adj. de mola; de pressão; inesperado; v. t. e i. rachar; estalar.
**SNAPSHOT** (snép'shót), s. Tiro rápido; instantâneo fotográfico.
**SNARE** (snér), s. Laço; cilada; ardil.
**SNARL** (snárl), s. Rosnadura; questão.
**SNATCH** (snétsh), s. Arrebatamento; pedaço; fragmento; acesso passageiro.
**SNEAK** (snik), s. Homem vil, abjeto; gatuno.
**SNEER** (snir), s. Olhar de escárnio; ironia.
**SNEEZE** (sniz), s. Espirro; v. i. espirrar.
**SNELL** (snél), s. Sedalha, sedela; adj. ativo.
**SNICK** (snik), s. Corte; entalhe; v. t. cortar.
**SNIFF** (snif), s. Fungadela; aspiração.
**SNIGGER** (sni'gár), s. Riso abafado.
**SNIP** (snip), s. Ato de cortar; apara.
**SNIPE** (snáip), s. Narceja; (fig.) tolo.
**SNIPPER** (sni'pár), s. Cortador, alfaiate.
**SNIVEL** (sniv'l), s. Monco ou ranho.
**SNOB** (snób), s. Pretensioso; presumido.
**SNOOK** (snuk), v. i. Espreitar.
**SNOOZE** (snuz), s. Sesta; soneca.
**SNORE** (snôur), s. Ronco; v. i. ressonar.
**SNORT** (snórt), s. Bufo, ronco; v. t. e i. bufar.
**SNOUT** (snáut), s. Focinho; tromba.
**SNOW** (snôu), s. Neve.
**SNOWSLIDE** (snôu-sláí'd), s. Avalancha.

**SNUB** (snáb), s. Repreensão; menosprezo; v. t. acolher mal; censurar; adj. chato, largo.
**SNUFF** (snáf), s. Rapé; tabaco; coto de vela.
**SNUFFLER** (snâ'flár), s. Indivíduo fanhoso.
**SNUG** (snág), adj. Abrigado; compacto.
**SNUGGLE** (snág'l), v. i. Aninhar-se.
**SNUGNESS** (snág'néss), s. Comodidade.
**SO** (sôu), adv. Assim, deste modo; portanto; também; bem; por conseguinte; conj. contanto que; no caso de.
**SOAK** (sôuk), s. Embebimento; (gír.) orgia.
**SOAP** (sôup), s. Sabão; sabonete.
**SOAR** (sour), s. Voo, estro, rasgo.
**SOB** (sób), s. Soluço; sussurro; bramido.
**SOBERNESS** (sôu'bárnéss), s. Sobriedade.
**SOCIABILITY** (soshábi'liti), s. Sociabilidade.
**SOCIETY** (sossái'iti), s. Sociedade.
**SOCIOLOGY** (soshió'lodji), s. Sociologia.
**SOCK** (sók), s. Meia curta; escarpim.
**SOCKET** (só'két), s. Cavidade ou encaixe.
**SOD** (sód), s. Terreno relvoso; turfa; torrão.
**SODALITY** (sodé'liti), s. Confraria.
**SODDEN** (sód'n), adj. Molhado; empapado.
**SOEVER** (soé'vár), adv. Por mais que.
**SOFA** (sôu'fá), s. Sofá, canapé.
**SOFT** (sôft), adj. Mole, brando, flexível; melodioso; doce (água); (Gram.) sibilante.
**SOFTNESS** (sóft'néss), s. Brandura; ternura.
**SOGGY** (só'ghi), adj. Encharcado.
**SOIL** (sóil), s. Solo; terra; país; esterco.
**SOJOURN** (sôu'djárnn), s. Residência temporária; estada.
**SOLACE** (só'liss), s. Conforto; alívio.
**SOLDER** (só'dár, sôu'dár), s. Soldadura.
**SOLDIER** (sôul'djár), s. Soldado, militar.
**SOLE** (sôul), s. Planta do pé; sola do sapato; linguado; adj. só; único; v. t. por solas.
**SOLEMN** (só'lemn), adj. Solene; majestoso.
**SOLICIT** (soli'sit), v. t. Solicitar; pedir.
**SOLID** (só'lid), adj. Sólido; firme; estável.
**SOLIDARITY** (sólidé'riti), s. Solidariedade.
**SOLIDITY** (soli'diti), s. Solidez; volume.
**SOLILOQUY** (sóuli'lokui), s. Solilóquio.
**SOLITAIRE** (sólité'r), s. Solitário (jóia).
**SOLITARY** (só'litári), s. Solitário, recluso.
**SOLUBILITY** (sóliubi'liti), s. Solubilidade.
**SOLUTION** (soliu'shánn), s. Solução.
**SOLVENCY** (sól'vensi), s. Solvência.
**SOMBER, SOMBRE** (sóm'bár), adj. Sombrio.
**SOME** (sámm), adj. e pron. Algum, alguma; alguns; algumas; uns, umas; um pouco de.
**SOMETHING** (sám'thinn), adv. Algo, um tanto; s. alguma coisa; qualquer coisa; algo.

**SOMETIME** (såm'tåimm), adv. Outrora.
**SOMNOLENT** (sôm'nolênt), adj. Sonolento.
**SON** (sånn), s. Filho.
**SONANT** (sôu'nånt), adj. Sonante.
**SONG** (sónn), s. Canto; cantiga; poesia.
**SONNET** (són'net), s. Soneto.
**SONORITY** (sonó'riti), s. Sonoridade.
**SONSHIP** (sån'ship), s. Filiação.
**SOON** (sunn), adv. Cedo, em breve.
**SOOT** (sut), s. Fuligem; ferrugem.
**SOOTHE** (suth), v. t. Acalmar; lisonjear.
**SOP** (sóp), v. t. Umedecer; ensopar; s. pedaço de pão embebido em sopa; sopa.
**SOPHISM** (só'fizm), s. Sofisma.
**SORCERY** (sór'såri), s. Feitiçaria; bruxaria.
**SORDID** (sór'did), adj. Sórdido; vil.
**SORE** (sôur), s. Chaga; pena; adj. doloroso; sensível; doente; adv. dolorosamente.
**SORROWFULNESS** (só'rõufulnêss), s. Pesar, tristeza; angústia; aflição.
**SORRY** (só'ri), adj. Triste; pobre.
**SORT** (sórt), s. Espécie, sorte; maneira; classe; forma; gênero; v. t. e i. associar-se.
**SORTING** (sór'tinn), s. Distribuição; escolha.
**SOT** (sót), adj. Tolo; imbecil; ébrio.
**SOUGH** (såu, såf), s. Sarjeta; esgoto; sussurro do vento; murmúrio; rumorejo.
**SOUL** (sôul), s. Alma.
**SOUND** (såund), s. Som, ruído; sonda; braço de mar; bexiga natatória do peixe; adv. profundamente; v. t. e i. fazer soar, tanger ou retinir; auscultar; cantar; divulgar-se; adj. são, sadio; forte; inteiro; legítimo.
**SOUP** (sup), s. Sopa.
**SOUR** (såur), v. t. e i. Azedar; perverter.
**SOURCE** (sôurss), s. Fonte; manancial.
**SOURNESS** (såur'néss), s. Acidez, azedume.
**SOUSE** (såuss), s. Salmoura; escabeche.
**SOUTH** (såuth), s. Sul, meio-dia; adj. meridional, austral; v. i. virar para o sul.
**SOVEREIGN** (só'vrinn), adj. Soberano; real.
**SOW** (såu), s. Porca; espécie de carrapato; lingote de chumbo; (Mil.) barraca; v. t. semear, disseminar, espalhar.
**SOY** (sói), s. Soja (leguminosa).
**SPACE** (spêiss), s. Espaço, área; distância.
**SPADE** (spêid), s. Pá; enxada; eunuco.
**SPALL** (spól), s. Espádua; ombro; lasca.
**SPAN** (spénn), s. Palmo (medida); vão, pequeno intervalo; parelha de cavalos; v. t. medir aos palmos; amarrar; alcançar.
**SPANGLE** (spéng'l), s. Lentejoula.
**SPANISH** (spé'nish), adj. Espanhol.
**SPANK** (spénk), s. Palmada; v. t. dar palmadas; v. i. ir rapidamente; chispar.
**SPANNER** (spé'når), s. Chave inglesa.
**SPAR** (spár), s. (Náut.) Mastro; barra; vara; antena; pugilato; v. i. altercar.
**SPARENESS** (spér'néss), s. Magreza.
**SPARK** (spárk), s. Faísca; chispa; fulgor.
**SPARROW** (spé'rôu), s. Pardal; tico-tico.
**SPARSE** (spárss), adj. Disperso; espalhado.
**SPASM** (spézm), s. Espasmo.
**SPAT** (spét), v. t. e i. Desovar; s. palmada.
**SPATTER** (spé'tår), s. Salpico.
**SPAWN** (spónn), s. Ovas; fruto; v. t. gerar.
**SPEAK** (spik), v. t. e i. Falar; articular.
**SPEAR** (spir), s. Lança; arpão.
**SPECIAL** (spé'shål), adj. Especial; distinto.
**SPECIFIC** (spissi'fik), adj. Específico.
**SPECIOUS** (spi'shåss), adj. Especioso.
**SPECK** (spék), s. Nódoa; pinta; átomo.
**SPECTACLE** (spék'tåkl), s. Espetáculo.
**SPECTER, SPECTRE** (spék'tår), s. Espectro.
**SPECULATION** (spékiulêi'shånn), s. Especulação; conjetura; suposição; meditação.
**SPEECH** (spitsh), s. Palavra; fala; arenga.
**SPEED** (spid), s. Velocidade; pressa.
**SPELL** (spél), s. Turno; encanto; fascinação; feitiço; conto; v. t. e i. soletrar.
**SPELTER** (spél'tår), s. Zinco em bruto.
**SPEND** (spénd), v. t. Gastar; despender.
**SPEW** (spiu'), v. t. e i. Vomitar; lançar.
**SPHERE** (sfir), s. Esfera; globo; orbe.
**SPICE** (spáiss), s. Especiaria; sabor.
**SPICK** (spik), s. Ponta; espiga.
**SPIDER** (spái'dår), s. Aranha.
**SPIKE** (spáik), s. Espiga; ponta; cravo.
**SPILL** (spil), s. (fam.) Tombo; queda.
**SPIN** (spinn), s. Giro, volta; passeio.
**SPINACH** (spi'nitsh), s. Espinafre.
**SPINDLE** (spind'l), s. Fuso; bilro; carretel.
**SPINE** (spáinn), s. Espinho; coluna vertebral.
**SPINNING** (spi'ninn), s. Fiação.
**SPINSTER** (spins'tår), s. Solteirona.
**SPIRE** (spáir), s. Espiral; ápice; flecha.
**SPIRIT** (spi'rit), s. Espírito; alma; humor.
**SPIT** (spit), s. Cuspo; saliva; espeto.
**SPITE** (spáit), s. Despeito; rancor.
**SPLASH** (splésh), s. Salpico de lama.
**SPLAY** (splêi), s. Alargamento; v. t. abrir.
**SPLEEN** (splinn), s. Melancolia; bílis.
**SPLENDID** (splén'did), adj. Esplêndido.
**SPLICE** (spláiss), s. União de dois cabos ou pontas de corta; v. t. ajustar; unir.
**SPLINT** (splint), s. Lasca; fragmento.

**SPLIT** (split), s. Fenda; racha; rasgão.
**SPLOTCH** (splótsh), s. Mancha; nódoa.
**SPLUTTER** (splâ'târ), s. Azáfama; barulho.
**SPOIL** (spóil), s. Despojo; roubo; perdição.
**SPOKE** (spôuk), s. Raio de roda, leme, etc.; degrau de escada; travão de uma roda.
**SPOLIATION** (spôuliêi'shânn), s. Espoliação.
**SPONGE** (spândj), s. Esponja.
**SPONSOR** (spôn'sâr), s. Fiador; padrinho.
**SPONTANEOUS** (spôntêi'niâss), adj. Espontâneo; voluntário.
**SPOOF** (spuf), s. Burla; fraude; logro.
**SPOOK** (spuk), s. Fantasma; assombração.
**SPOOL** (spul), s. Carretel; v. t. dobar.
**SPOON** (spunn), s. Colher; apaixonado.
**SPOOR** (spur), s. Rasto ou trilha de animais.
**SPORADIC** (sporé'dik) ou **SPORADICAL** (sporé'dikâl), adj. Esporádico.
**SPORE** (spôur), s. (Bot.) Esporo.
**SPORT** (spórt), s. Desporto; zombaria.
**SPOT** (spót), s. Mancha; lugar; sítio.
**SPOUT** (spáut), s. Cano; bica; torneira.
**SPRAIN** (sprêinn), s. Torcedura; mau jeito.
**SPRAY** (sprêi), s. Espuma do mar; ramaria.
**SPREAD** (spréd), s. Extensão; expansão; propaganda; difusão; incremento; cobertor; v. t. e i. estender; espalhar(-se).
**SPRIG** (sprig), s. Vergôntea; renovo; broto.
**SPRING** (sprinn), s. Salto, pulo; fonte; nascente; primavera; v. t. e i. saltar; brotar; nascer; levantar a caça; soltar; livrar.
**SPRINGE** (sprindj), s. Armadilha, laço.
**SPRINKLE** (sprink'l), s. Borrifo; v. t. e i. borrifar; aspergir; chuviscar.
**SPRINT** (sprint), s. Corrida pedestre.
**SPRITE** (spráit), s. Espírito; duende.
**SPROCKET** (spró'ket), s. (Mec.) Dente.
**SPROUT** (spráut), s. Renovo; rebento.
**SPRUCE** (spruss), s. Variedade de pinheiro alvar; adj. enfeitado; asseado.
**SPRY** (sprái), adj. Ligeiro; leve.
**SPUD** (spâd), s. Alvião; sacho; batata.
**SPUME** (spiumm), s. Espuma; efervescência.
**SPUNK** (spânk), s. (fam.) Fogo; ardor; isca.
**SPUR** (spâr), s. Espora; aguilhão; incentivo.
**SPURIOUS** (spiu'riâss), adj. Espúrio.
**SPURN** (spârn), s. Desdém; desprezo.
**SPURT** (spârt), s. Jorro; esguicho.
**SPUTTER** (spâ'târ), s. Baba; saliva.
**SPY** (spái), s. Espião; v. t. espionar.
**SQUAB** (skuôb), s. Pombozinho; pessoa gorda e atarracada; adv. pesadamente.
**SQUABBLE** (skuôb'l), s. Questão; rixa.
**SQUADRON** (skuô'drâmm), s. Esquadrão.
**SQUALID** (skuô'lid), adj. Esquálido.
**SQUALL** (skuól), s. Procela; aguaceiro.
**SQUALOR** (skuó'lâr), s. Sujidade; sordidez.
**SQUAMA** (skuêi'mâ), v. Escama; bráctea.
**SQUANDERER** (skuôn'dârâr), s. Dissipador.
**SQUARE** (skuér), s. Quadrado; largo; praça; conformidade; adj. perfeito; exato; abundante; v. t. e i. quadrar; ajustar.
**SQUASH** (skuôsh), s. Abóbora; polpa; massa.
**SQUAT** (skuót), s. Acocoramento.
**SQUAWK** (skuók), s. Grito agudo.
**SQUEAL** (skuil), s. Grunhido; grito agudo.
**SQUEAMISH** (skui'mish), adj. Delicado.
**SQUEEZE** (skuiz), s. Aperto; pressão; abraço; v. t. comprimir; extorquir.
**SQUELCH** (skuél'tsh), s. Queda pesada.
**SQUIB** (skuib), s. Busca-pé; sátira.
**SQUIGGLE** (skuig'l), v. i. Serpear.
**SQUINT** (skuint), s. Ato de olhar de soslaio.
**SQUINTING** (skuin'tinn), s. Estrabismo.
**SQUIRE** (skuáir), s. Escudeiro; cavaleiro.
**SQUIRREL** (skui'rel), s. Esquilo.
**SQUIRT** (skuârt), s. Seringa; bisnaga.
**STAB** (stéb), s. Golpe; punhalada.
**STABILITY** (stâbi'liti), s. Estabilidade.
**STACK** (sték), s. Pilha (de trigo, feno); cano de chaminé; (fam.) abundância.
**STAFF** (stáf), s. Estado maior do exército.
**STAG** (stég), s. Estrado; palco; grau; v. t. por em cena; representar no palco.
**STAGGER** (sté'ghâr), s. Vacilação; pl. mania.
**STAGING** (stêi'djinn), s. Andaime; tablado.
**STAGNANCY** (stég'nânsi), s. Estagnação.
**STAGY** (stêi'dji), adj. Teatral.
**STAID** (stêid), adj. Grave; sério; sereno.
**STAIN** (stêinn), s. Mácula; nódoa; mancha.
**STAIR** (stér), s. Degrau; pl. escada.
**STAKE** (stêik), s. Estaca; moste; escora.
**STALE** (stêil), s. Urina (do gado); adj. velho.
**STALEMATE** (stêil'mêit), s. Xeque (xadrez).
**STALENESS** (stêil'néss), s. Velhice.
**STALK** (stók), s. Talo; haste; pé; tronco; v. t. e i. caçar à espreita; pavonear-se.
**STALL** (stól), s. Curral; estábulo; demora.
**STALLION** (stél'liânn), s. Garanhão.
**STALWART** (stól'uârt), adj. Forte, valente.
**STAMMER** (sté'mâr), s. Gaguez.
**STAMP** (stémp), s. Selo; impressão; marca; casta; carácter; carimbo; pilão; prensa.
**STANCE** (sténss), s. Lugar, local.
**STANCH** (sténtsh), adj. Constante; fiel; são.
**STANCHION** (stén'shânn), s. Escora; suporte.

**STAND** (sténd), v. t. e i. Pôr de pé; sofrer; manter-se; permanecer; achar-se; consistir; s. lugar; pouso; pedestal; oposição.
**STANDARD** (stén'dárd), adj. Típico; normal; oficial; clássico; s. modelo; norma; escora.
**STANDING** (stén'dinn), adj. Ereto, de pé; s. lugar; posição (social, moral), reputação.
**STANDISH** (stén'dish), s. Escrivaninha.
**STANDSTILL** (stén'dstil), s. Pausa.
**STAPLE** (stéip'l), s. Mercado; depósito; elemento vital; matéria-prima.
**STAR** (stár), s. Estrela; astro (também artista de cinema, rádio, etc.); ornato; destino.
**STARBOARD** (stár'bóurd), s. (Náut.) Estibordo; adj. de estibordo.
**STARCH** (stártsh), s. Amido; rigidez; dureza.
**STARE** (stér), s. Olhar fixo; pasmo.
**STARK** (stárk), adj. Forte; rígido; puro.
**STARLIGHT** (stár'láit), s. Luz das estrelas.
**STARLING** (stár'linn), s. Estorninho (pássaro); (Arquit.) espigão, esporão.
**START** (stárt), v. t. e i. Por em marcha ou movimento; suscitar; começar; desviar-se; estremecer; s. sobressalto; impulso; fenda.
**STARVATION** (starvêi'shánn), s. Fome; definhamento; completa desnutrição.
**STATE** (stéit), s. Estado, condição, situação; aparato; poder civil; o povo.
**STATEMENT** (stéit'ment), s. Declaração.
**STATICS** (sté'tiks), s. Estática.
**STATION** (stéi'shánn), s. Posto; posição; situação; condição social; emprego; pouso.
**STATIONERY** (stéi'shánéri), s. Papelaria.
**STATIST** (stéi'tist), s. Estatístico; estadista.
**STATUARY** (sté'tiuéri), s. Estatuário.
**STATURE** (sté'tshur), s. Estatura; tamanho.
**STATUTORY** (sté'tshutóri), adj. Estatuído.
**STAVE** (stéiv), s. Aduela; (Mús.) pentagrama; (Poes.) estrofe; v. t. e i. quebrar.
**STAY** (stéi), s. Estada; residência; parada; obstáculo; escora; suspensão (de processo); arrimo; (Náut.) estai; pl. espartilho; v. t. e i. parar; acalmar; confiar.
**STEADY** (sté'di), adj. Firme; seguro; sólido.
**STEAK** (stéik), s. Bife.
**STEAL** (stil), v. t. e i. Furtar; plagiar.
**STEALTHY** (stél'thi), adj. Clandestino; oculto.
**STEAM** (stimm), s. Vapor; exalação.
**STEED** (stid), s. Cavalo, ginete, corcel.
**STEEL** (stil), s. Aço; ferro; lâmina.
**STEEP** (stip), s. Abismo; v. t. molhar.
**STEEPLE** (stip'l), s. Torre; campanário.
**STEEPNESS** (stip'néss), s. Declividade.

**STEER** (stir), s. Novilho; v. t. e i. navegar.
**STELE** (sti'li), s. Padrão; coluna; marco.
**STELLAR** (sté'lár), adj. Astral, das estrelas.
**STEM** (stémm), s. Talo; pecíolo; proa.
**STENCH** (sténtsh), s. Mau cheiro.
**STENCIL** (stén'sil), s. Modelo; chapa de metal para gravação de letras; v. t. gravar; pintar, etc., por meio de "stencil".
**STENOGRAPHER** (stenó'gráfár), s. Estenógrafo.
**STEP** (stép), s. Passo, marcha; degrau; passo de dança; pl. diligência; meios.
**STEPCHILD** (stép'tsháild), s. Enteado(a).
**STEPFATHER** (stép'fádhár), s. Padrasto.
**STEPMOTHER** (stép'mádhár), s. Madrasta.
**STEREOSCOPE** (sti'riosköupi), s. Estereoscópio.
**STERILE** (sté'ril), adj. Estéril; infecundo.
**STERLING** (stár'linn), adj. Puro; genuíno; de bom quilate; s. libra esterlina.
**STERN** (stárn), adj. Severo; inflexível.
**STERTOROUS** (stár'tárâss), adj. Estertoroso.
**STETHOSCOPE** (sté'thóus'kopi), s. Estetoscópio.
**STEVEDORE** (sti'vidóur), s. Estivador.
**STEW** (stiu), s. Guisado; ensopado.
**STEWARDSHIP** (stid'uórd-shép), s. Intendência; administração; mordomia.
**STICK** (stik), s. Pau, bengala, vara; lenha miúda; arco do violino; picada; estocada; dúvida; teimosia; v. t. e i. furar; cravar.
**STICKY** (sti'ki), adj. Viscoso; tenaz.
**STIFF** (stif), adj. Duro; firme; brusco.
**STIFLING** (stái'flinn), s. Sufocação; asfixia.
**STIGMA** (stig'mae), s. Estigma.
**STIGMATISM** (stig'maetizm), s. Estigmatismo.
**STILE** (stáil), s. Degrau; barreira; torniquete.
**STILL** (stil), s. Silêncio; destilaria; adv. ainda; sempre; conj. todavia; entretanto; v. t. acalmar; adoçar; adj. calmo; tranqüilo.
**STILLBORN** (stil'bórn), adj. Nascido morto.
**STILLER** (sti'lár), s. Apaziguador.
**STILT** (stilt), s. Espécie de narceja; pl. andas, pernas de pau.
**STIMULANT** (sti'miulânt), adj. Estimulante.
**STIMULUS** (sti'miuláss), s. Estímulo.
**STING** (stinn), s. Ferrão; aguilhão; remorso.
**STINGINESS** (stin'djinéss), s. Avareza.
**STINK** (stink), s. Fedentina; mau cheiro.
**STINT** (stint), s. Restrição; limite; porção.
**STIPEND** (stái'pend), s. Estipêndio; salário.
**STIPPLE** (stip'l), s. Gravura ou desenho ponteado; v. t. gravar ou desenhar ponteando.

**STIPULATION** (stipiulêi'shânn), s. Estipulação; verba; pacto; ajuste; contrato.
**STIR** (stâr), s. Tumulto; rebuliço; excitação.
**STIRABOUT** (stâr'âbáut), s. Mingau de aveia.
**STIRPS** (stêr'ps), s. Estirpe; linhagem.
**STIRRUP** (stir'râp), s. Estribo.
**STITCH** (stitsh), s. Ponto (de costura); pontada, dor do lado; farrapo; jornada.
**STITHY** (sti'thi), s. Bigorna; forja.
**STOAT** (stôut), s. Doninha, fuinha.
**STOCK** (stók), s. Tronco; cepo; família; linhagem; suporte; provisão; lote; fundos.
**STOCKINGS** (stó'kinss), s. Meias.
**STOCKYARD** (stók'iárd), s. Curral.
**STODGE** (stó'dj), s. Massa confusa.
**STOICISM** (stôu'issizm), s. Estoicismo.
**STOKER** (stôu'kâr), s. Foguista; fornalha.
**STOLE** (stôul), s. Estola.
**STOLID** (stó'lid), adj. Estólido; parvo.
**STOMACH** (stâ'mâk), s. Estômago; desejo.
**STONE** (stôunn), s. Pedra; calhau; pedra preciosa; caroço; (fam.) testículo; v. t. apedrejar; endurecer; adj. de pedra.
**STOOK** (stuk), s. Meda (de trigo, etc.).
**STOOL** (stul), s. Tamborete; privada.
**STOOP** (stup), s. Pendor; inclinação; abatimento; condescendência; escora.
**STOP** (stóp), s. Ato de parar, suspensão; pausa; espera; batente; (Gram.) ponto; conclusão; v. t. e i. fazer parar; deter; anular; fechar; tapar; hospedar-se.
**STOPPAGE** (stó'pidj), s. Suspensão; parada.
**STORE** (stôr), s. Armazém; depósito; pl. materiais; víveres; v. t. fornecer; prover.
**STOREY** (stôu'ri), s. Andar, pavimento (Ingl.).
**STORIETTE** (stó'riét), s. Historieta.
**STORING** (stôu'rinn), s. Armazenagem.
**STORK** (stórk), s. Cegonha.
**STORM** (stórmm), s. Tempestade; assalto.
**STORY** (stôu'ri), s. História; fábula; andar.
**STOUP, STOOP** (stup), s. Pia de água benta.
**STOUT** (stáut), s. Cerveja preta; adj. forte.
**STOVE** (stôuv), s. Fogão; estufa.
**STOWAGE** (stôu'idj), s. Arrumação.
**STOWER** (stôu'âr), s. Estivador.
**STRABISMIC** (strae'bismik), adj. Estrábico.
**STRADDLE** (stréd'l), s. Posição de quem está escarranchado; afastamento.
**STRAGGLE** (strég'l), v. i. Desviar-se; errar.
**STRAIGHT** (strêit), adj. Direito, reto; desempenado; franco; s. pista reta.
**STRAIN** (strêinn), v. t. e i. Forçar, exagerar; esticar; comprimir; s. repelão; som; raça.

**STRAINER** (strêi'nâr), s. Coador, filtro.
**STRAIT** (strêit), s. Desfiladeiro; apuro; adj. estreito; apertado; íntimo; avaro.
**STRANGER** (strêin'djâr), s. Estranho, estrangeiro.
**STRANGLE** (strêng'l), v. t. Estrangular.
**STRAND** (strénd), s. Toro de cordas; cordão.
**STRANGULATION** (strênghiulêi'shânn), s. Estrangulamento; estrangulação.
**STRAP** (strép), s. Correia; grampo; colchete.
**STRATAGEM** (strae'taedjêmm), s. Estratagema.
**STRATEGY** (stré'tidji), s. Estratégia.
**STRATIFY** (stré'tifái), v. t. Estratificar.
**STRATOSPHERE** (strae'tosferi), s. Estratosfera.
**STRATUM** (strêi'támm), s. Camada; estrato.
**STRAW** (stró), s. Palha; estuda.
**STRAWBERRY** (stró'bêri), s. Morango.
**STRAY** (strêi), s. Animal sem dono; extravio.
**STREAK** (strik), s. Risca; veia; vestígio.
**STREAM** (strimm), s. Corrente; arroio; onda.
**STREAMER** (stri'mâr), s. Flâmula.
**STREET** (strit), s. Rua.
**STRENGTH** (strén'th), s. Força; energia.
**STRENUOUS** (stré'niuáss), adj. Estrênuo; corajoso; ardente; enérgico; tenaz.
**STREPTOMYCIN** (strép'tôumissin), s. Estreptomicina.
**STRESS** (stréss), s. Urgência; força, pressão; arranco; distensão; (Gram.) acento tônico; v. t. insistir em.
**STRETCHER** (strê'tshâr), s. Estirador, esticador; padiola, maca.
**STREW** (stru), v. t. Derramar; polvilhar.
**STRICKEN** (strik'n), adj. Acometido por.
**STRICKER** (strái'kâr), s. Grevista.
**STRICT** (strikt), adj. Estrito; exato; severo.
**STRIDE** (stráid), v. t. e i. Transpor; montar.
**STRIDENCE** (strái'déns), s. Estridência.
**STRIFE** (stráif), s. Luta; discussão, briga.
**STRIKE** (stráik), s. Pancada; golpe; greve; parede; raspadeira; v. t. e i. bater; ferir.
**STRIKING** (strái'kinn), adj. Notável.
**STRING** (strinn), s. Cordão; fio; nervo; série.
**STRINGENCY** (strin'djensi), s. Exatidão rigorosa; severidade; pressão; aperto.
**STRINGY** (strin'ghi), adj. Fino e comprido.
**STRIP** (strip), s. Faixa, tira; v. t. e i. despojar, desnudar; saquear; descascar.
**STRIVE** (stráiv), v. t. Esforçar-se; disputar.
**STRIVING** (strái'vinn), s. Porfia; empenho.
**STROKE** (strôuk), s. Golpe; tecla; proeza.

**STROLL** (strôul), s. Excursão; giro; volta.
**STRONG** (strónn), adj. Forte; robusto; hábil.
**STROP** (stráp), s. Correia de afiar navalha.
**STROPHE** (strou'fi), s. Estrofe.
**STRUCTURAL** (strák'tshurál), adj. Estrutural.
**STRUCTURE** (strák'tshur), s. Estrutura.
**STRUGGLE** (strág'l), s. Luta; agonia.
**STRUM** (strámm), s. Mau músico.
**STRUMPET** (strámp't), s. Prostituta; adj. lascivo; inconstante.
**STRUT** (strát), s. Andar altivo; espeque.
**STUB** (stáb), s. Toco; fragmento; resto.
**STUBBORNESS** (stábór'néss), s. Teimosia.
**STUBBY** (stá'bi), adj. Atarracado.
**STUCCO** (stá'kôu), s. Estuque.
**STUD** (stád), v. t. Viga; pino, cravo; garanhão; parafuso; v. t. armar; semear.
**STUDENT** (stiu'dent), s. Estudante, aluno.
**STUDIO** (stiu'diôu), s. Estúdio.
**STUDY** (stá'di), v. t. e i. Estudar; decorar; s. cuidado; desvelo; meditação; aula.
**STUFF** (stáf), s. Matéria; estofo; tecido; recheio; v. t. e i. encher, rechear; apertar.
**STUFFY** (stá'fi), adj. Mal ventilado, abafado.
**STULTIFY** (stál'tifái), v. t. Tornar estulto.
**STUM** (stámm), s. Mosto; engaço de uva.
**STUMBLE** (stámb'l), s. Tropeção; erro.
**STUMP** (stámp), s. Cepo; talo (de couve); estrado; v. t. e i. cabalar; desafiar; coxear.
**STUN** (stánn), s. Golpe que atordoa.
**STUNNING** (stá'ninn), s. Estupefação.
**STUNT** (stánt), s. Impedimento; animal ou coisa atrofiada; v. t. tolher; atrofiar.
**STUPE** (stiup), s. Compressa.
**STUPEFACTION** (stiupifék'shánn), s. Estupefação.
**STUPENDOUS** (stiupén'dáss), adj. Enorme.
**STUPID** (stiu'pid), adj. Estúpido; néscio.
**STURDINESS** (står'dinéss), s. Força; vigor.
**STURGEON** (står'djánn), s. Esturjão.
**STUTTER** (stá'tår), s. Gaguez.
**STY** (stái), s. Chiqueiro; pocilga.
**STYLE** (stáil), s. Estilo; linguagem; gosto.
**STYLET** (stái'lit), s. Estilete.
**STYLISHNESS** (stái'lishnéss), s. Elegância.
**STYLIST** (stái'list), s. Estilista.
**STYLUS** (stái'láss), s. Estilete.
**SUASION** (suêi'jánn), s. Persuasão.
**SUAVITY** (siu'êivit), s. Suavidade.
**SUBALTERN** (sab'aeltérn), s. e adj. Subalterno.
**SUBBASS** (sáb'beass), s. Contrabaixo.
**SUBCLASS** (sáb'class), s. Subclasse.

**SUB** (sáb), s. (fam.) Subalterno.
**SUBCONSCIOUSNESS** (sábkón'shásnéss), s. Percepção diminuta; subconsciência.
**SUBDIVISION** (sábdivi'jånn), s. Subdivisão.
**SUBDUER** (sábdiu'år), s. Dominador.
**SUBHEAD** (sáb'haed), s. Subtítulo.
**SUBHUMAN** (sáb'hiumaen), adj. Subumano.
**SUBJECT** (sáb'djékt), adj. Sujeito; subordinado; adstrito; obediente.
**SUBJOIN** (sábdjô'inn), v. t. Ajuntar; anexar.
**SUBJUGATE** (sáb'djughêit), v. t. Subjugar.
**SUBJUNCTIVE** (sábdjånk'tiv), adj. e s. (Gram.) Subjuntivo.
**SUBKINGDOOM** (sáb'kingdåm), s. Subreino.
**SUBLEASE** (sábli'ss), s. Sublocação.
**SUBLIMATE** (sá'blimit), v. t. Sublimar; elevar.
**SUBLIME** (sáblái'mm), v. t. e i. Sublimar; exaltar; dignificar; purificar; s. o sublime.
**SUBMARINE** (sábmári'nn), adj. e s. Submarino; v. t. e i. (fam.) torpedear.
**SUBMERSION** (sábmår'shánn), s. Submersão.
**SUBMISSION** (sábmi'shánn), s. Submissão.
**SUBORDINATE** (sábór'dinit), adj. e s. Subordinado; v. t. subordinar.
**SUBORN** (sábór'n), v. t. Subornar.
**SUBSCRIBE** (sábskrái'b), v. t. e i. Subscrever; firmar; endossar.
**SUBSEQUENT** (sáb'sikuént), adj. Subseqüente.
**SUBSERVE** (sábsår'v), v. t. Servir; ser útil.
**SUBSIDE** (sáb'sáid), v. i. Acalmar-se; aluir.
**SUBSIDIARY** (sáb'sid'aeri), s. Auxiliar; ajudante; adj. subsidiário; complementar.
**SUBSIST** (sábssis't), v. t. i. Sustentar; subsistir; sobreviver; durar; inerir.
**SUBSOIL** (sáb'soil), s. Subsolo.
**SUBSTANCE** (sábs'tånss), s. Substância.
**SUBSTANTIVE** (sá'bstántiv), s. (Gram.) Substantivo.
**SUBSTITUTION** (sábstitiu'shánn), s. Substituição.
**SUBSTRUCTURE** (sábstrak'tshår), s. Substrutura; base; alicerce.
**SUBTENANCY** (sábté'nånsi), s. Sublocação.
**SUBTERFUGE** (sáb'tårfiudj), s. Subterfúgio.
**SUBTERRANEAN** (sábterêi'niånn), adj. Subterrâneo.
**SUBTILE** (sáb'til), adj. Sutil; tênue.
**SUBTILIZE** (sáb'tiláiz), v. t. e i. Sutilizar.
**SUBTITLE** (sáb'tá'ti), s. Subtítulo.
**SUBTRACT** (sábtrék't), v. t. Subtrair, tirar.
**SUBTRAHEND** (sáb'trå-hénd), s. (Mat.) Subtraendo.

**SUBTROPICAL** (sâb-tró'pikael), adj. Subtropical.
**SUBURB** (sâ'bârb), s. Subúrbio; arrabalde.
**SUBVENTION** (sâbvén'shânn), s. Subvenção.
**SUBVERSION** (sâbvâr'shânn), s. Subversão.
**SUBWAY** (sâ'buêi), s. Caminho subterrâneo.
**SUCCEED** (sâksi'd), v. t. e i. Suceder.
**SUCCESS** (sâksé'ss), s. Êxito; sucesso.
**SUCCESSION** (sâksé'shânn), s. Sucessão.
**SUCCESSOR** (sâksé'sâr), s. Sucessor.
**SUCCINCT** (sâksink't), adj. Sucinto, conciso.
**SUCCORY** (sâ'kori), s. Chicória.
**SUCCULENCE** (sâ'kiulénss), s. Suculência.
**SUCCUMB** (sâkâ'mm), v. i. Sucumbir, morrer.
**SUCH** (sâtsh), adj. indef. Tal; semelhante; pron. indef. tal, tais; o mesmo; os mesmos.
**SUCK** (sâk), s. Sucção; v. t. e i. chupar.
**SUDDEN** (sâd'n), adj. Repentino; súbito.
**SUDS** (sâds), s. pl. Água de sabão; espuma.
**SUE** (siu), v. t. e i. Demandar; processar.
**SUET** (siu'et), s. Gordura; sebo.
**SUFFER** (sâ'fâr), v. t. Sofrer; tolerar.
**SUFFICIENCY** (sâfi'shensi), s. Suficiência.
**SUFFIX** (sâ'fiks), s. Sufixo.
**SUFFOCATION** (sâfokêi'shânn), s. Sufocação.
**SUFFRAGE** (sâ'fridj), s. Sufrágio, voto.
**SUFFUSION** (sâfiu'jânn), s. Difusão.
**SUGAR** (shu'gâr), s. Açúcar; v. t. adoçar.
**SUGGEST** (sâdjés't), v. t. e i. Sugerir.
**SUICIDE** (siu'issáid), s. Suicídio; suicida.
**SUIT** (siut), s. Sortimento; série; terno de roupa; petição; rogo; ação judicial; galanteio; naipe; v. t. e i. ajustar; agradar.
**SUITCASE** (sut'kêiz), s. Valise; maleta.
**SUITE** (sui't), s. Série; séquito.
**SULFANILAMIDE** (sâlfaeni'laemáid), s. Sulfanilamida.
**SULFATE** (sâl'fêit), s. Sulfato.
**SULFUR** (sâl'fâr), s. Súlfur; enxofre.
**SULK** (sâlk), s. Mau humor; v. i. zangar.
**SULLENNESS** (sâ'lennéss), s. Aborrecimento.
**SULLY** (sâ'li), s. Mancha; nódoa; deslustre.
**SULPHUR** (sâl'fâr), s. Enxofre.
**SULTAN** (sâl'tânn), s. Sultão.
**SULTRINESS** (sâl'trinéss), s. Canícula; calor.
**SULTRY** (sâl'tri), adj. Muito abafado (tempo).
**SUM** (sâmm), s. Soma; montante; cálculo.
**SUMMARY** (sâ'mâri), s. Sumário; adj. curto.
**SUMMER** (sâ'mâr), s. Verão; calculador.
**SUMMIT** (sâ'mit), s. Cume, ápice, topo, ponta.
**SUMMONS** (sâ'mânz), s. Convocação.
**SUMP** (sâmp), s. Reservatório; tanque.
**SUMPTUOUS** (sâm'tshuâss), adj. Suntuoso.

**SUN** (sânn), s. Sol; v. t. e i. expor ao sol.
**SUNBEAM** (sân'bimm), s. Raio de sol.
**SUNBOW** (sân'bôu), s. Arco-íris.
**SUNDAE** (sânn'de), s. Sorvete com calda.
**SUNDAY** (sân'dêi), s. Domingo.
**SUNDER** (sân'dâr), v. t. e i. Separar; partir.
**SUNDOWN** (sânn'dáunn), s. Pôr do sol.
**SUNDRY** (sân'dri), adj. Vários; diversos.
**SUNFAST** (sân'faest), adj. Que não desbota.
**SUNFLOWER** (sân'fláuâr), s. Girassol.
**SUNLIGHT** (sân'láit), s. Luz do Sol.
**SUNRISE** (sân'ráiz), s. O nascer do Sol.
**SUNSHADE** (sân'shêid), s. Sombrinha.
**SUNSTROKE** (sân'strôuk), s. Insolação.
**SUP** (sâp), s. Gole; trago.
**SUPERABLE** (siu'pârâbl), adj. Superável.
**SUPERABOUND** (sâper'aebáund), v. i. Superabundar; ser excessivo.
**SUPERADD** (siupârê'd), v. t. Acrescentar.
**SUPERANNUATION** (siupâréniuêi'shânn), s. Inabilitação; aposentadoria; reforma.
**SUPERB** (siupâr'b), adj. Soberbo; belo.
**SUPERCARGO** (siupârkár'gou), s. Sobrecarga.
**SUPERCILIOUS** (siupârsi'liâss), adj. Altivo.
**SUPERCOOL** (sâ'perkul), v. t. e i. Refrigerar.
**SUPERFICIAL** (siupârfi'shâl), adj. Superficial.
**SUPERFICIES** (siupârfi'shiis), s. Superfície.
**SUPERFLUOS** (siupâr'fluâss), adj. Supérfluos; excessivo.
**SUPERHUMAN** (sâ'perhiumaen), adj. Sobrehumano; sobrenatural; divino.
**SUPERIMPOSITION** (siupârimpôuzi'shânn), s. Sobreposição.
**SUPERINTEND** (siupârintên'd), v. t. e i. Superintender; dirigir; controlar; fiscalizar.
**SUPERIOR** (siupi'riâr), adj. Superior; melhor.
**SUPERLATIVE** (siupâr'lâtiv), adj. Superlativo.
**SUPERNATURAL** (siupârné'tshurâl), adj. e s. Sobrenatural.
**SUPERPOWER** (sâ'perpáu'âr), s. Superpotência.
**SUPERSCRIPT** (siu'pârskript), s. Sobrescrito.
**SUPERSEDE** (siupârsi'd), v. t. Substituir.
**SUPERSENSIBLE** (siupâr'sensibl), adj. Supersensível; supra-sensível.
**SUPERSONIC** (sâ'persônik), adj. Supersônico.
**SUPERSTITION** (siupârsti'shânn), s. Superstição.
**SUPERSTRUCTURE** (siupârstrâk'tshur), s. Superestrutura.

**SUPERVISION** (siupârvi'jânn), s. Supervisão.
**SUPINE** (siupái'nn), adj. Supino, ressupino.
**SUPINENESS** (siupáin'néss), s. Indiferença.
**SUPPER** (sâ'pâr), s. Ceia.
**SUPPLANT** (sâplén't), v. t. Suplantar.
**SUPPLE** (sâpl), adj. Brando; flexível; servil.
**SUPPLEMENT** (sâ'pliment), s. Suplemento.
**SUPPLENESS** (sâ'pliness), s. Flexibilidade.
**SUPPLIANCE** (sâ'plians), s. Súplica; prece.
**SUPPLIER** (sâ'pláiâr), s. Fornecedor.
**SUPPLY** (sâpLái), s. Suprimento; provisão.
**SUPPORT** (sâpôur't), s. Suporte; ajuda.
**SUPPOSE** (sâpôu'z), v. t. Supor; imaginar.
**SUPPOSITORY** (sâ'pôuzitori), s. Supositório.
**SUPPREMACY** (siupré'mâssi), s. Supremacia.
**SUPPRESS** (sâpré'ss), v. t. Suprimir; abolir.
**SUPPURATION** (sâpiurêi'shânn), s. Supuração.
**SUPREME** (siupri'me), adj. Supremo.
**SURCHARGE** (sârtshár'dj), s. Sobrecarga.
**SURCOAT** (sâr'kôut), s. Sobretudo; capote.
**SURD** (sârd), adj. Surdo, insonoro.
**SURE** (shur), adj. Certo; positivo
**SURENESS** (shur'néss), s. Segurança.
**SURETYSHIP** (shur'tiship), s. Caução, fiança.
**SURF** (sârf), s. Ressaca, refluxo das vagas.
**SURFACE** (sâr'fiss), s. Superfície; vista.
**SURFEI** (sâr'fit), s. Indigestão; enfado.
**SURGE** (shârdj), s. Onda; vaga; maré.
**SURGEON** (sâr'djânn), s. Cirurgião.
**SURGERY** (sâr'djâri), s. Cirurgia.
**SURLINESS** (sâr'liness), s. Mau humor.
**SURMISE** (sâr'máiz), s. Desconfiança.
**SURMONT** (sârmáun't), v. t. Superar.
**SURNAME** (sâr'nêimm), s. Sobrenome.
**SURPASS** (sârpé'ss), v. t. Exceder.
**SURPLICE** (sâr'pliss), s. Sobrepeliz.
**SURPLUS** (sâr'plâss), s. Excesso; sobra.
**SURPRISE** (sârprái'z), s. Surpresa.
**SURREALISM** (sâ'riaelizm), s. Surrealismo.
**SURRENDER** (sârrén'dâr), s. Rendição.
**SURROGATE** (sâ'roghêit), s. (Jur.) Sub-rogado; delegado; substituto.
**SURROUND** (sârrâun'd), v. t. Rodear.
**SURVEILLANGE** (sârvêi'laens), s. Supervisão; fiscalização; vigilância.
**SURVEY** (sârvê'i), s. Agrimensura; exame.
**SURVIVAL** (sâr'váivael), s. Sobrevivência.
**SUSCEPTIBILITY** (sâsséptibi'liti), s. Susceptibilidade.
**SUSPECT** (sâspék't), s. Pessoa suspeita.
**SUSPEND** (sâspén'd), v. t. Suspender.
**SUSPENSE** (sâspên's), s. Dúvida; indecisão.
**SUSPIRE** (sâs'páiâr), v. i. Suspirar.
**SUSTAIN** (sâstêi'nn), v. t. Sustentar (peso).
**SWAB** (suôb), v. t. Esfregar; s. lambaz.
**SWAG** (suég), s. Bagagem; trouxa.
**SWAGGER** (sué'gâr), s. Maneiras insolentes.
**SWAIN** (suêinn), s. Zagal; jovem camponês.
**SWALLOW** (suô'lôu), s. Andorinha; garganta; desfiladeiro; v. t. e i. engolir; tragar.
**SWAMP** (suômp), s. Pântano; paul.
**SWAN** (suônn), s. Cisne.
**SWANK** (suénk), adj. Ágil; flexível.
**SWAP** (suôp), s. Troca; barganha; permuta.
**SWARD** (suôrd), s. Relva; couro; pele.
**SWARM** (suômm), s. Formigueiro; enxame.
**SWARTHY** (suôr'thi), adj. Trigueiro; escuro.
**SWASH** (suôsh), v. t. e i. Chapinhar.
**SWATH** (suôth), s. Fileira; fiada; tira.
**SWAY** (suêi), s. Agitação; influência.
**SWEAR** (suér), v. t. e i. Jurar; prometer.
**SWEAT** (suét), s. Suor; fadiga; cansaço.
**SWEDE** (suid), s. Sueco(a), espécie de nabo.
**SWEEP** (suip), v. t. e i. Varrer; deslizar; remar; assolar; devastar; arrastar.
**SWEEPING** (sui'pinn), adj. Arrebatador.
**SWEEPSTAKE** (sui'pstêik), s. Jogo de apostas em corridas de cavalos.
**SWEET** (suit), adj. Doce; suave; fresco.
**SWEETHEART** (suit'hárt), s. Namorado(a).
**SWELL** (suél), s. Bojo; aumento de volume; inchação; ondulação; amplidão; exibição.
**SWELTER** (suél'târ), v. t. e i. Sufocar; abafar.
**SWERVE** (suârv), s. Desvio; mudança súbita.
**SWIFT** (suift), s. Gaivão; martinete; pedreiro.
**SWIFTNESS** (suift'néss), s. Ligeireza.
**SWIG** (suig), s. Gole; trago; bêbedo.
**SWILL** (suil), s. Trago; excesso (de bebida).
**SWIM** (suimm), s. Natação; v. t. e. i. boiar.
**SWINDLE** (suind'l), s. Logro; burla; calote.
**SWINE** (suáinn), s. Porco; varrão.
**SWING** (suinn), v. t. e i. Balançar; voltear; oscilar; brandir; vibrar; dançar o "swing".
**SWINGE** (suin'dj), v. t. Soldar; chicotear.
**SWINISH** (suái'nish), adj. Grosseiro; imundo.
**SWIPE** (suáip), s. Golpe; pancada forte.
**SWIRL** (suârl), s. Redemoinho.
**SWISH** (suish), v. t. Açoitar; v. t. e i. sibilar.
**SWISS** (suiss), adj. e s. Suíço.
**SWITCH** (suitsh), s. Vara flexível; desvio; comutador; v. t. e i. chicotear.
**SWITCHBOARD** (sui'tshbôrd), s. Mesa telefônica; quadro ou painel de controle.
**SWITCHMAN** (sui'tshmaen), s. Agulheiro; manobreiro; guarda-chaves (estr. ferro).

**SWIVEL** (suiv'l), s. Elo móvel.
**SWOON** (suunn), s. Desmaio; síncope.
**SWOOP** (suup), s. Golpe repentino; descida da ave sobre a presa; v. t. agarrar.
**SWOP** (suóp), s. Troca; v. t. permutar.
**SWORD** (sôurd), s. Espada.
**SYCAMINE** (si'kâmâinn), s. Amoreira.
**SYCAMORE** (si'kâmôur), s. Sicômoro.
**SYCE** (sáiss), s. Criado.
**SYLLABLE** (si'làbl), s. Sílaba.
**SYLLABUS** (si'làbàss), s. Sílabo, resumo.
**SYLVAN** (sil'vànn), adj. Silvestre.
**SYMBOL** (sim'bàl), s. Símbolo, figura.
**SYMMETRY** (sim'metri), s. Simetria.
**SYMPATHETIC** (simpâthê'tik); adj. Simpático.
**SYMPATHY** (sim'pâth), s. Simpatia.
**SYMPETALOUS** (simpé'talàss), adj. (Bot.) Simpétalo; gamopétalo.
**SYMPHONY** (sim'foni), s. Sinfonia; harmonia.
**SYMPTOM** (simp'tâmm), s. Sintoma; sinal.
**SYNAGOGUE** (si'naegóg), s. Sinagoga.
**SYNCHRONIZATION** (sinkronizêi'shànn), s. Sincronização.
**SYNCHROTON** (sin'kroton), s. Síncroton.
**SYNCOPATION** (sinkopêi'shànn), s. (Gram. e Mús.) Síncope.
**SYNCRETIM** (sin'kritizm), s. Sincretismo.
**SYNCRISIS** (sin'krissis), s. (Ret.) Síncrise.
**SYNDETIC** (sindé'tik), adj. (Gram.) Sindético.
**SYNDIC** (sin'dik), adj. Síndico.
**SYNDICATE** (sin'dikit), s. Sindicato.
**SYNOD** (si'nàd), s. Sínodo.
**SYNONYM** (si'nonimm), s. Sinônimo.
**SYNOPTIC** (sinóp'tik), adj. Sinótico.
**SYNTAX** (sin'téks), s. Sintaxe.
**SYNTHESIS** (sin'thissis), s. Síntese.
**SYNTHETIC** (sinthé'tik), adj. Sintético.
**SYNTONIZE** (sinn'tânàiz), v. t. Sintonizar.
**SYPHILIS** (si'filiss), s. Sífilis.
**SYRINGA** (sirin'gà), s. Seringa; seringueira.
**SYRINGE** (si'rindj), s. Seringa; v. t. seringar.
**SYRTS** (sir'tiss), s. Sirtes; recifes de areia.
**SYRUP** (si'ràp), s. Xarope; melado.
**SYSTEM** (sis'témm), s. Sistema; processo.
**SYSTEMATICS** (sistemae'tiks), s. Sistemática.
**SYSTOLE** (sis'toli), s. (Anat. e Gram.) Sístole.
**SYSTOLIC** (sistô'lik), adj. Sistólico.

# T

**T** (ti), s. Vigésima letra do alfabeto.
**TAB** (téb), s. Aba; faixa; projeção; ponta.
**TABBY** (té'bi), s. Espécie de seda ondeada.
**TABEFACTION** (tébifék'shànn), s. Emaciação.
**TABEFY** (té'bifái), v. t. e i. Consumir; emagrecer.
**TABERNACLE** (té'bârnékl), s. Tabernáculo.
**TABES** (têi'biss), s. (Med.) Tabes; atrofia.
**TABLE** (têib'l), s. Mesa; cardápio; placa.
**TABLELAND** (têibl'lénd), s. Tabuleiro.
**TABLET** (té'blet), s. Bloco de papel.
**TABLOID** (tàblói'd), s. Pastilha; comprimido.
**TABOO** (tâbu'), s. Tabu; proibição.
**TABOR** (têi'bàr), s. Tamboril; tamborim.
**TABULATE** (tê'biulêit), v. i. Dispor em quadros sinóticos; aplanar; alisar.
**TACHOMETER** (tae'kâmitâr), s. Tacômetro.
**TACHIGRAPHY** (tàki'gràfi), s. Taquigrafia.
**TACHICARDIA** (tàki'kardie), s. Taquicardia.
**TACIT** (té'sit), adj. Tácito; implícito.

**TACK** (ték), s. Tacha; preguinho.
**TACKLE** (ték'l), s. Polé; roldana; flecha; equipamento; acessórios; v. t. e i. prover.
**TACT** (tékt), s. Tato, jeito; tino.
**TACTIC** (ték'tik), adj. Estratégico; tático.
**TADPOLE** (téd'pôul), s. Sapinho; rãzinha.
**TAENIA** (ti'nià), s. Tênia.
**TAFFY** (té'fi), s. Rebuçado; bala puxa-puxa.
**TAG** (tég), s. Ferrão; agulhão; marca; sinal.
**TAGGER** (té'gâr), s. Apêndice.
**TAIL** (têil), s. Rabo; ponta; apêndice.
**TAILOR** (têi'lâr), s. Alfaiate.
**TAINT** (têint), s. Mancha; infecção.
**TAKE** (têik), v. t. e i. Tomar; agarrar; receber; arrebatar; prender; comer, beber; conduzir; precisar; subtrair; aprisionar; derivar; admitir; ganhar; surpreender; executar; comprar; arrendar; atravessar; assumir; extorquir; fotografar; s. ato de tomar, pegar, segurar.

**TALC** (télk), s. Talco.
**TALE** (têil), s. Conto; história; número.
**TALENT** (té'lent), s. Talento; gênio.
**TALISMAN** (tae'lismaen), s. Talismã.
**TALK** (tók), s. Conversa; boato; discurso.
**TALL** (tól), adj. Alto, grande, elevado.
**TALLOW** (té'lôu), s. Sebo; v. t. ensebar.
**TAMABLE** (têi'mâbl), adj. Domesticável.
**TALLY** (té'li), s. Talha; v. t. ajustar; talhar.
**TALON** (té'lânn), s. Garra, unha.
**TAMABIITY** (têimâbi'liti), s. Docilidade.
**TAMARIND** (tâ'marind), s. Tamarindo.
**TAMBOUR, TAMBOR** (têm'bur), s. Tambor.
**TAME** (têimm), adj. Dócil, manso; triste.
**TAMER** (têi'mâr), s. Domesticador.
**TAMPER** (têm'pâr), Intrometer-se; influir.
**TAN** (ténn), s. Marga; casca de carvalho; cor morena ou parda; adj. crestado; moreno.
**TANDEM** (tén'demm), s. Carro de dois cavalos; adv. um atrás do outro.
**TANG** (ténn), s. Espigão; peça pontiaguda.
**TANGENCY** (taenn'djenssi), s. Tangência.
**TANGLE** (téng'l), s. Enredo; complicação.
**TANK** (ténk), s. Tanque; cisterna; depósito.
**TANNER** (té'nâr), s. Curtidor.
**TANTAMOUNT** (tén'tâmáunt), adj. Equivalente.
**TANTIVY** (ténti'vi), adj. Rápido; veloz.
**TAP** (tép), s. Punção; cânula; torneira; pancada ligeira; macho de tarraxa; (Eletr.) tomada; derivação; v. t. e. i. abrir furo; verrumar; bater de leve; sangrar (árvore).
**TAPE** (têip), s. Trena; fita; liga.
**TAPER** (têi'pâr), s. Cfrio, vela grande; afilamento; adelgaçamento; adj. cônico.
**TAPESTRY** (té'pestri), s. Tapeçaria.
**TAPIR** (têi'pir), s. Anta; tapir.
**TAPIS** (têi'piss), s. Tapiz; tapete.
**TAPPING** (té'pinn), s. Incisão; furo.
**TAPS** (taeps), s. pl. Toque de silêncio.
**TAR** (tár), v. t. Alcatroar; brear.
**TARANTULA** (tâ'raentiulae), s. Tarântula.
**TARDINESS** (tár'dinéss), s. Lentidão; vagar.
**TARE** (tér), s. (Com.) Tara; (Bot.) cizânia.
**TARGET** (tár'djét), s. Alvo; escudo.
**TARIFF** (tae'rif), s. Tarifa; taxa.
**TARN** (tárnn), s. Paul; pequeno lago.
**TARNISH** (tár'nish), s. Mancha; deslustre.
**TARRIER** (té'riâr), s. Retardatário.
**TARSAL** (tar'sael), s. Tarso.
**TART** (tárt), s. Torta; adj. ácido; mordaz.
**TARTAN** (tár'tânn), s. Tecido escocês; xadrez.
**TARTAR** (tár'târ), s. Tártaro (depós. salino).

**TARTNESS** (tárt'néss), s. Azedume, acidez.
**TASK** (tésk), s. Tarefa; empresa.
**TASSEL** (tésl), s. Borla.
**TASTE** (têist), s. Gosto; paladar; amostra.
**TASTELESS** (têist'léss), adj. Insípido.
**TASTER** (têis'târ), s. Testador (de vinho, chá).
**TAT** (tét), v. t. e. i. Trabalhar em espiguilha.
**TATTER** (té'târ), s. Farrapo.
**TATTLE** (té'tl), s. Tagarelice.
**TATTOO** (tétu'), v. t. e i. Tatuar; s. tatuagem.
**TAUNT** (tónt), s. Mofa; adj. elevado.
**TAUTNESS** (tót'néss), s. Tensão.
**TAVERN** (té'várn), s. Taberna; botequim.
**TAWNY** (tó'ni), adj. Trigueiro; moreno.
**TAX** (téks), s. Taxa, imposto.
**TAXIDERMIST** (ték'sidârmist), s. Taxidermista; empalhador de animais vertebrados.
**TAXIMETER** (téksi'mitâr), s. Taxímetro; táxi.
**TEA** (ti), s. Chá; adj. de chá.
**TEACH** (titsh), v. t. e. i. Ensinar; instruir.
**TEAM** (timm), s. Parelha; bando; equipe.
**TEAR** (tér), s. Lágrima; pl. pranto; choro; v. t. e i. rasgar; despedaçar; arrebatar.
**TEASE** (tiz), v. t. Ralar; afligir; s. enfado.
**TEASEL** (tiz'l), v. t. Cardar.
**TEAT** (tit), s. Teta, úbere.
**TECHINESS** (té'tshinéss), s. Impertinência.
**TECHNIC** (ték'nik), s. Técnica; adj. técnico.
**TECHNOGRAPHY** (ték'nâgraefi), s. Tecnografia.
**TECHNOLOGY** (téknô'lodji), s. Tecnologia.
**TECHY** (té'tshi), adj. Rabugento; colérico.
**TED** (téd), v. t. Virar (o feno); pentear.
**TEDIOUS** (ti'diâss), adj. Tedioso; maçante.
**TEE** (ti), s. Meta; alvo (de certos jogos).
**TEEM** (timm), v. t. e i. Abundar em.
**TEENS** (tinns), s. pl. Os números ou os anos entre 13 e 19; adolescência.
**TEENY** (ti'ni), adj. Impertinente.
**TEETH** (tith), s. Dentes.
**TEETOTALISM** (titôu'tâlizm), s. Abstinência.
**TEGUMENT** (té'ghiumént), s. Tegumento.
**TEHEE** (ti-hi), s. Riso disfarçado.
**TELECOMMUNICATION** (télekâ'miunikêishânn), s. Telecomunicação.
**TELEGRAPH** (té'legrâf), s. Telégrafo.
**TELEMETRY** (telé'metri), s. Telemetria.
**TELEPATHY** (telé'pâthi), s. Telepatia.
**TELEPHONE** (té'lefôunn), s. Telefone.
**TELEPHONY** (telé'foni), s. Telefonia.
**TELESCOPE** (té'leskôup), s. Telescópio.
**TELETYPE** (té'letáip), s. Teletipo.
**TELEVIEW** (téleviú'), v. t. e i. Ver televisão.

**TELEVISION** (té'levijên), s. Televisão.
**TELL** (tél), v. t. e i. Contar; revelar; decifrar.
**TEMERARIOUS** (temé'rariâs), adj. Temerário.
**TEMERITY** (timé'riti), s. Temeridade.
**TEMPER** (tém'pâr), s. Têmpera; temperamento; mau gênio; calma; sangue frio.
**TEMPERANCE** (tém'pârânss), s. Temperança.
**TEMPERATE** (tém'pârit), adj. Temperado, moderado; sóbrio, abstêmio; brando; ameno.
**TEMPERATURE** (tém'pârâtshur), s. Temperatura.
**TEMPEST** (tém'pést), s. Tempestade.
**TEMPLE** (témp'l), s. Templo; (Anat.) fonte.
**TEMPORARY** (tém'poréri), adj. Temporário.
**TEMPORIZE** (tém'poráiz), v. i. Temporizar.
**TEMPT** (témp't), v. t. Tentar; provocar.
**TEN** (ténn), adj. Dez; s. o número dez.
**TENACIOUS** (tenêi'shâss), adj. Tenaz, duro.
**TENANT** (té'nânt), s. Inquilino; locatário.
**TENANTLESS** (té'nântléss), adj. Desocupado.
**TEND** (ténd), v. t. e i. Cuidar de, zelar por.
**TENDENCY** (tén'densi), s. Tendência.
**TENDER** (tén'dâr), s. Oferta; lance (leilão); tender (vagão que segue a locomotiva); adj. tenro; mole; v. t. e i. oferecer; propor.
**TENDERNESS** (tén'dârnéss), s. Ternura.
**TENDON** (tén'dânn), s. (Anat.) Tendão.
**TENEBROUS** (té'nibrâss), adj. Tenebroso.
**TENEMENT** (té'nemént), s. Cortiço; morada.
**TENFOLD** (tén'fôuld), adj. Décuplo.
**TENNIS** (tén'niss), s. Tênis (jogo).
**TENOR** (té'nâr), s. Tenor; curso; caráter.
**TENSE** (ténss), adj. Tenso; rijo; esticado.
**TENT** (tént), s. Tenda; barraca; tento.
**TENTACLE** (tén'tâkl), s. Tentáculo; antena.
**TENTER** (tén'târ), s. Escápula; gancho.
**TENTH** (ténth), adj. Décimo.
**TENUITY** (téniu'iti), s. Tenuidade; leveza.
**TEPEPID** (té'pidnéss), s. Tépido.
**TERGIVERSATE** (târ'djivârsêit), v. i. Tergiversar.
**TERM** (târmm), v. t. Nomear; s. termo.
**TERMAGANT** (târ'magânt), adj. Turbulento.
**TERMINATION** (târminêi'shânn), s. Terminação; término; conclusão; remate.
**TERMINOLOGY** (târminó'lodji), s. Terminologia.
**TERMITE** (târ'máit), s. Térmita, formiga.
**TERMLESS** (târm'léss), adj. Ilimitado.
**TERN** (târn), s. Andorinha do mar.
**TERNARY** (târ'nâri), adj. Ternário; s. terno.
**TERRACE** (té'riss), s. Terraço; balcão.
**TERRAPIN** (té'râpinn), s. Tipo de tartaruga.

**TERRESTRIAL** (terés'triâl), adj. e s. Terrestre; habitante da terra.
**TERRIBLE** (té'ribl), adj. Terrível; tremendo.
**TERRIER** (té'riâr), s. Cão rateiro.
**TERRIFY** (té'rifái), v. t. Terrificar.
**TERRITORY** (té'ritôuri), s. Território.
**TERSE** (târss), adj. Terso; elegante.
**TERSENESS** (târs'néss), s. Concisão; polidez; elegância.
**TERTIAN** (târ'shânn), adj. (Med.) Terçã.
**TERTIARY** (târ'tshiâri), adj. Terciário.
**TESSELLATION** (téssilêi'shânn), s. Mosaico.
**TEST** (tést), s. Teste; exame; análise; distinção; (Quím.) reagente; v. t. e i. provar.
**TESTAMENT** (tés'tâmént), s. Testamento.
**TESTIFY** (tés'tifái), v. t. e i. Testificar; depor.
**TESTIMONIAL** (téstimôu'niâl), s. Certidão.
**TESTIMONY** (tés'timôuni), s. Testemunho.
**TESTINESS** (tés'tinéss), s. Impertinência.
**TESTING** (tés'tinn), s. Ensaio; prova.
**TESTY** (tés'ti), adj. Colérico; teimoso.
**TETANUS** (té'tânâss), s. Tétano.
**TETHER** (té'dhâr), s. Liga; cadeia; cabresto.
**TETRAHEDRON** (tétrâ-hi'drônn), s. Tetraedro.
**TETRASYLLABLE** (tétrâssi'lâbl), s. Tetrassílabo.
**TETTER** (tét'târ), s. Afecção cutânea.
**TEXT** (tékst), s. Texto; original; tópico.
**TEXTURE** (té'kstshur), s. Textura.
**THAN** (dhenn), conj. Do que.
**THANK** (thênk), s. Agradecimentos.
**THANKFULNESS** (thênk'fulnéss), s. Gratidão.
**THAT** (dhét), adj. e pron. dem. Esse, essa; isso; aquele; aquilo; pron. rel. que, quem, o(a) qual, os quais; conj. que, para que, a fim de que; adv. (fam.) tão, de tal modo.
**THATCH** (thétsh), s. Colmo; palha; sapé.
**THAW** (thô), v. t. e i. Degelar; derreter.
**THE** (dhâ, antes de consoante; dhi, antes de vogal ou "h" mudo); art. def. O, a, os, as.
**THEATER, THEATRE** (thi'âtâr), s. Teatro.
**THEE** (dhi), pron. pess. Te, ti, tigo. (Usa-se somente em poesia e linguagem litúrgica).
**THEFT** (théft), s. Furto; roubo.
**THEIR** (dhér), adj. poss. 3ª pess. sing. Seu, seus, sua, suas, deles, delas.
**THEISM** (thi'izm), s. Teísmo.
**THEME** (thimm), s. Tema; assunto; matéria.
**THEMSELVES** (dhémsélv'z), pron. refl. Se, a si mesmos (mesmas); eles mesmos.
**THEN** (dhénn), adv. Então; naquele tempo; em seguida; adj. desse (daquele) tempo; s. ocasião; tempo; época já mencionada.

**THENCE** (dhénss), adv. Daí, dali; portanto.
**THEOCRACY** (thió'krâssi), s. Teocracia.
**THEOLOGY** (thió'lodji), s. Teologia.
**THEOREM** (thi'orémm), s. Teorema.
**THEORIST** (thi'orist), s. Teorista.
**THEORY** (thi'ori), s. Teoria.
**THEOSOPHIST** (thió'sofist), s. Teosofista.
**THERAPEUTICS** (thérâpiu'tiks), s. Terapêutica.
**THERE** (dhér), adv. Aí, ali, lá, acolá, nisso; nisto; interj. eis! olha! aí tem!
**THEREFORE** (dhér'fôur), adj. e conj. Portanto; por conseguinte, por isso.
**THEREIN** (dhér'inn), adv. Ali, lá, dentro.
**THERMAL** (thâr'mâl), adj. Térmico.
**THERMOGRAPH** (thâr'mogréf), s. Termógrafo.
**THESAURUS** (thessó'râss), s. Tesouro; repositório de vocábulos; léxico.
**THESE** (dhiz), adj. e pron. dem. Estes(as).
**THESIS** (thi'siss), s. Tese.
**THEWS** (thiuz), s. Músculos; força; vigor.
**THEY** (dhêi), pron. pess. Eles, elas.
**THICK** (thik), adj. Grosso; espesso; s. a parte mais grossa; gordura; abundância.
**THICKET** (thi'ket), s. Bosque, moita.
**THICKNESS** (thik'néss), s. Espessura; peso.
**THIEF** (thif), s. Ladrão; ladra.
**THIGH** (thái), s. Coxa.
**THILL** (thil), s. Lança; varal; timão.
**THIMBLE** (thimb'l), s. Dedal; (Náut.) ilhó.
**THIN** (thin), adj. Magro; franzino; superficial.
**THINE** (dháinn), pron. pess. O teu; a tua.
**THING** (thin), s. Coisa; objeto; ser.
**THINK** (think), v. t. e i. Julgar; considerar.
**THINKING** (thin'kin), s. Pensamento.
**THINNESS** (thin'néss), s. Tenuidade.
**THIRD** (thârd), adj. Terceiro; s. terço.
**THIRST** (thârst), s. Sede; (fig.) desejo; anelo.
**THIRTEEN** (thâr'tinn), adj. Treze.
**THIS** (dhis), adj. e pron. dem. Este; esta; isto; adv. deste modo; a este grau.
**THISTLE** (thist'l), s. Cardo (planta).
**THITHER** (dhi'dhâr), adj. Dali, de lá.
**THOLE** (dhôul), v. t. e i. Sofrer, aturar.
**THONG** (thônn), s. Correia; tira.
**THORAX** (thôu'réks), s. Tórax, peito.
**THORN** (thôrn), s. Espinho; pico; maçada.
**THOROUGH** (thâ'rô), adj. Inteiro; completo.
**THOROUGHBRED** (thâ'robréd), s. Animal de puro sangue (espec. cavalo).
**THROROUGHFARE** (thâ'rófér), s. Via pública; estrada; passagem; direito de passar.
**THOSE** (dhôuz), adj. e pron. dem. Esses(as).

**THOUGH** (dhôu), conj. Contudo, conquanto.
**THOUGHT** (thôt), s. Pensamento; opinião.
**THOUGHTLESS** (thôt'léss), adj. Irrefletido.
**THOUSAND** (tháu'zand), adj. Mil; s. um milhar; um milheiro.
**THRALL** (thrôl), s. Escravo; escravidão.
**THRASH** (thrésh), v. t. e i. Malhar; debulhar.
**THREAD** (thréd), s. Linha de costurar; fio.
**THREAT** (thrét), s. Ameaça.
**THREE** (thri), adj. Três; s. o número três.
**THRESHOLD** (thré'shâld), s. Limiar; soleira.
**THRID** (thrid), v. t. Enfiar (a linha na agulha).
**THRIFT** (thrift), s. Economia; prosperidade.
**THUG** (thâg), s. Assassino; matador.
**THUMB** (thâmm), s. Polegar (dedo); v. t. manusear, manejar desajeitadamente.
**THUMP** (thâmp), s. Murro; soco.
**THUNDER** (thân'dâr), s. Trovão; fulminação.
**THUNDERBOLT** (thân'dârbôult), s. Raio.
**THURIFER** (thiu'rifâr), s. Turiferário.
**THURSDAY** (thârs'dêi), s. Quinta-feira.
**THUS** (dhás), adv. Assim; desta forma.
**THWART** (thuórt), s. Banco de remador; prep. e adv. de través; adj. transversal.
**THWARTING** (thuór'tinn), adj. Contrário.
**THYROID** (thái'roid), s. Tiróide (glândula).
**TICKER** (ti'kâr), s. Relógio de bolso.
**TICKET** (ti'ket), s. Bilhete; etiqueta; cartão.
**TICKLE** (tik'l), v. t. Cócega; adj. inconstante.
**TICKTACK** (tik'ték), s. Tique-taque; pulsação.
**TIDE** (táid), s. Maré; fluxo; tempo, estação.
**TIDINESS** (tái'dinéss), s. Asseio; elegância.
**TIE** (tái), v. t. e i. Atar, ligar, unir bem; s. laço, nó; gravata; obrigação moral.
**TIER** (tir), s. Fila; fiada; ala; bancada.
**TIFF** (tif), s. Gole; arrufo; ímpeto.
**TIGE** (tidj), s. Haste; fuste de coluna.
**TIGER** (tái'gâr), s. Tigre; jaguar.
**TIGERISH** (tái'gârish), adj. Feroz; rapace.
**TIGHTEN** (tái't'n), v. t. e i. Apertar; estreitar.
**TIGHTNESS** (táit'néss), s. Impermeabilidade.
**TIGRESS** (tái'gréss), s. Fêmea do tigre.
**TILBURY** (til'bâri), s. Tílburi.
**TILDE** (til'di), s. Til (sinal gráfico).
**TILE** (táil), s. Telha; ladrilho; azulejo.
**TILL** (til), conj. Até ou até que; antes que; s. caixa para guardar dinheiro; v. t. cultivar.
**TILLAGE** (til'lidj), s. Lavoura; cultivo da terra.
**TILLER** (ti'lâr), s. Broto; rebento; lavrador.
**TILT** (tilt), s. Toldo; estocada; torneio.
**TILTH** (til'th), s. Lavoura.
**TIMBAL** (tim'bâl), s. Timbale.
**TIMBER** (tim'bâr), s. Madeira; viga mestra.

**TIME** (tåimm), s. Tempo, época, hora, momento; termo; delonga; prazo; limite; vez.
**TIMEKEEPER** (tåim'kipår), s. Cronômetro.
**TIMELESS** (tåim'léss), adj. Inoportuno.
**TIMELINESS** (tåim'linéss), s. Oportunidade.
**TIME-OUT** (tåim'áut), s. Intervalo.
**TIMID** (ti'mid), adj. Tímido; medroso.
**TIMING** (tål'minn), s. Adaptação.
**TIMOROUS** (ti'måråss), adj. Timorato, tímido.
**TIN** (tinn), s. Estanho; folha-de-flandres.
**TINCT** (tinkt), v. t. Tingir; s. tintura.
**TINDER** (tin'dår), s. Isca; mecha de isqueiro.
**TINE** (tåinn), s. Dente (de garfo); ponta (chifre); v. t. perder; cercar.
**TING** (tinn), s. Tinido; v. t. e i. tinir.
**TINGE** (tindj), v. t. Tingir; colorir; s. cor.
**TINGLE** (ting'l), s. Zunido; dor violenta.
**TININESS** (tåi'ninéss), s. Pequenez.
**TINKER** (tin'kår), s. Caldeireiro; latoeiro.
**TINKLER** (tin'klår), s. Tinido; zunido.
**TINMAN** (tin'maen), s. Funileiro.
**TINT** (tint), s. Tinta; cor; v. t. matizar.
**TINY** (tåi'ni), adj. Minúsculo.
**TIP** (tip), v. t. e i. Inclinar; bater ao de leve; dar gorjetas a; aconselhar; s. ponta; extremidade; pancada leve; aviso secreto.
**TIPPLE** (tip'l), s. Bebida; licor.
**TIPPLING** (ti'plinn), s. Embriaguez.
**TIPSTER** (ti'pstår), s. Vendedor de palpites.
**TIPSY** (ti'psi), adj. Ébrio.
**TIPTOE** (tip'tôu), s. Ponta do pé.
**TIPTOP** (tip'tóp), s. O mais alto grau; auge.
**TIRED** (tåir'd), adj. Cansado; fatigado.
**TIRELESS** (tåir'léss), adj. Incansável.
**TIRESOME** (tåir'såmm), adj. Fatigante.
**TISSUE** (ti'shu), s. Tecido (também em Biol.); série, cadeia; nexo; v. t. formar tecido.
**TIT** (tit), s. Avezinha; cavalinho; naco.
**TITANIC, TITANICAL** (taitå'nik, taitåni'kål), adj. Titânico.
**TITBIT** (tit'bit), s. Gulodice; pitéu, manjar.
**TITILLATION** (titilêi'shånn), s. Titilação; cócegas; excitação agradável.
**TITLE** (tåit'l), s. Título (em todos os sentidos).
**TITTER** (ti'tår), s. Riso abafado.
**TITTLE** (tit'l), s. Ponto; pingo; ninharia.
**TITUBATION** (titiubêi'shånn), s. Titubeação.
**TIVY** (ti'vi), adv. Apressadamente.
**TO** (tu), prep. A, para, em, até; para com; conforme; ao som de; adv. em direção a.
**TOAD** (tôud), s. Sapo; (fig.) pessoa feia.
**TOADY** (tôu'di), s. Adulador; bajulador.
**TOAST** (tôust), s. Brinde à saúde; torrada.

**TOBACCO** (tobé'kôu), s. Tabaco; fumo.
**TOBOGGAN** (tobô'gånn), s. Tobogã.
**TODAY** (tudêi), s. Hoje; adv. no dia de hoje.
**TODDLE** (tód'l), s. Andar vacilante.
**TO-DO** (tudu'), s. (fam.) Azáfama.
**TOE** (tôu), s. Dedo do pé; base.
**TOFF** (tóf), s. Almofadinha; janota.
**TOFFEE** (tô'fi), s. Caramelo.
**TOG** (tóg), s. Peça de vestuário.
**TOGA** (tôu'ghae), s. Toga.
**TOGETHER** (tughé'dår), adv. Juntamente.
**TOIL** (tôil), s. Trabalho fatigante; rede; laço.
**TOILET** (tôi'let), s. Banheiro; toucador.
**TOILFUL** (tôi'ful), adj. Arduo; trabalhoso.
**TOKEN** (tôuk'n), s. Sinal; penhor; lembrança.
**TOLE** (tôul), v. t. Atrair; arrastar; seduzir.
**TOLERANCE** (tô'lårånss), s. Tolerância.
**TOLL** (tôul), s. Dobre ou tanger de sinos.
**TOLLHOUSE** (tôul'håus), s. Portagem.
**TOM** (tômm), s. Macho de alguns animais.
**TOMATO** (tomêi'tou), s. Tomate.
**TOMB** (tumm), s. Túmulo; sepultura.
**TOMCAT** (tôm'két), s. Gato.
**TOME** (tô'mi), s. Tomo; volume.
**TOMFOOL** (tôm'ful), s. Tolo.
**TOMORROW** (tumô'rôu), s. Amanhã.
**TON** (tånn), s. Tonelada (1015 quilos).
**TONALITY** (tonê'lit), s. Tonalidade.
**TONE** (tôunn), s. Tom, som; timbre; acento; inflexão; disposição; v. t. e i. dar tom a.
**TONGUE** (tånn), s. Língua; verbosidade.
**TONIC** (tô'nik), adj. Tônico.
**TONIGHT** (tunåit), s. Esta noite.
**TONING** (tôu'ning), s. Tonalidade.
**TONNAGE** (tån'nidj), s. Tonelada; porte.
**TONSIL** (tôn'sil), s. Tonsila, amígdala.
**TONY** (tôu'ni), s. Simplório; adj. elegante.
**TOO** (tu), adv. Demais; também; além disso.
**TOOL** (tul), s. Ferramenta; instrumento.
**TOOTH** (tuth), s. Dente; gosto; paladar.
**TOOTHFUL** (tuth'ful), s. Bocado de comida ou pequena porção de bebida.
**TOOTHLESS** (tuth'léss), adj. Desdentado.
**TOOTHPICK** (tuth'pik), s. Palito
**TOOTHSOME** (tuth'såmm), adj. Saboroso.
**TOOTLE** (tut'l), s. Flauteio; v. i. flautear.
**TOP** (tóp), s. Cume; topo; pico; teto, telhado; cabeceira de mesa; chefe; cesto da gávea.
**TOPAZ** (tôu'péz), s. Topázio.
**TOPCOAT** (tóp'kôut), s. Sobretudo.
**TOPE** (tôup), s. Relicário, altar, torre budista; v. t. e i. beber excessivamente.
**TOPIARY** (tôu'piåri), adj. Podado; s. poda.

**TOPIC** (tó'pik), adj. Tópico; ponto; matéria.
**TOPKNOT** (tóp'nót), s. Penacho; topete; tope.
**TOPMAST** (tóp'mâst), s. (Náut.) Mastaréu.
**TOPOGRAPHY** (topó'grâfi), s. Topografia.
**TOPPER** (tó'pâr), s. (pop.) Cartola.
**TOPPING** (tó'pin), s. Extremidade, ponta.
**TOPPLE** (tóp'l), v. t. e i. Derrubar; ruir.
**TOPSAIL** (tóp'sêll), s. (Náut.) Gávea.
**TOPSYTURVY** (tópsitâr'vi), s. Confusão; adv. de pernas para o ar, às avessas.
**TOR** (tôr), s. Outeiro, colina.
**TORCH** (tórtsh), s. Tocha; archote; facho.
**TORMENT** (tór'ment), s. Tormento; suplício.
**TORPID** (tór'pid), adj. Adormecido; apático.
**TORREFACTION** (tórrifék'shann), s. Torrefação.
**TORRENT** (tó'rent), s. Torrente; correnteza.
**TORRID** (tó'rid), adj. Tórrido.
**TORSION** (tór'shânn), s. Torsão.
**TORT** (tórt), s. Dano; prejuízo.
**TORTUOUS** (tór'shâss), adj. Tortuoso.
**TORTURE** (tór'tshur), s. Tortura; agonia.
**TOSS** (tóss), v. t. e i. Lançar; arremessar.
**TOSSING** (tó'sin), s. Sacudidela; agitação.
**TOT** (tót), s. Criança; soma de algarismos.
**TOTAL** (tôu'tâl), s. Total; soma; adj. cabal.
**TOTTER** (tó'târ), s. Cambaleio; adj. oscilar.
**TOUCAN** (tu'kânn), s. Tucano.
**TOUCH** (tâtsh), s. Toque; tato; contacto.
**TOUCHING** (tâ'tshinn), adj. Tocante.
**TOUCHY** (tâ'tshi), adj. Melindroso; irritável.
**TOUGH** (tâf), adj. Duro; rijo; resistente.
**TOURISM** (tu'rizm), s. Turismo.
**TOURMALIN** (tur'mâlin), s. Turmalina.
**TOURNEY** (tur'ni), s. Torneio; competição.
**TOUSE** (táuss), v. t. Arrastar; despedaçar.
**TOUT** (táut), v. Angariador; v. i. espiar.
**TOW** (tôu), s. Reboque; estopa; v. t. rebocar.
**TOWARD, TOWARDS** (tôu'ârd, tôu'ârdz), adv. Em direção a; para.
**TOWEL** (táu'el), s. Toalha; v. t. e i. enxugar.
**TOWER** (táu'âr), s. Torre; fortaleza.
**TOWERING** (táu'ârinn),.adj. Sublime.
**TOWN** (táunn), s. Cidade; povoação.
**TOXIC, TOXICAL** (tók'sik[âl]), adj. Tóxico.
**TOY** 9tói), s. Brinquedo, berloque; galanteio.
**TRACE** (trêiss), s. Sinal; pista; vestígio.
**TRACHEA** (trêi'kiâ), s. (Anat.) Traquéia.
**TRACK** (trék), s. Pegada, pista; via férrea; via, estrada; rumo, curso; leito de rio.
**TRACT** (trékt), s. Trato de terra; região.
**TRACTABLE** (trék'tâbl), adj. Tratável, dócil.
**TRACTATE** (trék'têit), s. Pequeno tratado.

**TRACTION** (trék'shânn), s. Tração; tensão.
**TRADE** (trêid), s. Comércio, ofício; navegação; v. t. e i. negociar; comerciar.
**TRADITION** (trâdi'shânn), s. Tradição.
**TRADUCER** (trâdiu'sâr), s. Difamador.
**TRAFFIC** (tré'fik), s. Tráfico, comércio.
**TRAGEDY** (tré'djidi), s. Tragédia.
**TRAIL** (trêil), s. Pista; trilha; caminho.
**TRAILER** (trêi'lâr), s. O que arrasta; reboque.
**TRAIN** (trêinn), s. Trem, comboio, cortejo, procissão; cauda; série; engrenagem; armadilha; v. t. e i. treinar; educar; seduzir.
**TRAIT** (trêit), s. Traço; golpe; ação.
**TRAITOR** (trêi'târ), s. Traidor.
**TRAJECTION, TRAJECTORY** (trâdjék'shânn, trâdjék'tôuri), s. Trajetória.
**TRAM** (trémm), s. Bonde elétrico (Ing.); trilho.
**TRAMMEL** (tré'mel), s. Obstáculo; algemas.
**TRAMP** (trémp), s. Marcha pesada, passada; vadio; ato de vaguear; andar errante.
**TRAMPLE** (trémp'l), s. Ato de calçar os pés.
**TRAMWAY** (trâm'uêi), s. Via férrea; tranvia.
**TRANCE** (trénss), s. Transe; êxtase.
**TRANQUIL** (trânkuil), adj. Tranqüilo.
**TRANSACTION** (trénsék'shânn), s. Transação.
**TRANSATLANTIC** (trénsé'tlântik), adj. Transatlântico.
**TRANSCEND** (trésén'd), v. t. e i. Transcender; sobrepujar.
**TRANSCRIPT** (tréns'kipt), s. Transcrição.
**TRANSFER** (trénsfâ'r), s. Transferência.
**TRANSFIGURATION** (trénsfighiurêi'shânn), s. Transfiguração.
**TRANSFIX** (trénsfi'ks), s. Transfixar; empalar.
**TRANSFORM** (trénsfór'mm), v. t. e i. Transformar; transformar-se.
**TRANSFUSE** (trénsfiu'z), v. t. Transfundir.
**TRANSGRESSION** (trénsgrê'shânn), s. Transgressão; violação; ofensa; pecado.
**TRANSIENT** (trén'shent), adj. Transitório.
**TRANSIT** (trên'sit), s. Trânsito, passagem.
**TRANSITIVE** (trén'sitiv), adj. (Gram.) Transitivo.
**TRANSLATE** (trénslêi't), v. t. Traduzir; interpretar; exprimir; transmitir (telegrama).
**TRANSLUCENCE, TRANSLUCENCY** (trénsliu'senss, trênsliu'sensi), s. Transparência.
**TRANSMARINE** (tréns'marinn), adj. Transmarino; ultramarino.
**TRANSMIGRATION** (trénsmigrêi'shânn), s. Transmigração; metempsicose.
**TRANSMISSIBLE** (trénsmi'sibl), adj. Transmissível.

**TRANSMUTATION** (trênsmiutêi'shânn), s. Transmutação, transformação.
**TRANSOM** (trén'sâmm), s. Trave; barrote.
**TRANSPARENCY** (trênspê'rensi), s. Transparência.
**TRANSPIRATION** (trênspirêi'shânn), s. Transpiração.
**TRANSPLANT** (trêns'plaent), s. Transplante.
**TRANSPORT** (tréns'pôrt), s. Transporte; êxtase; indivíduo deportado.
**TRANSPOSAL** (trênspôu'zâl), s. Transposição.
**TRANSVERSE** (trénsvâr'ss), s. Travessa; diagonal; adj. oblíquo, transverso.
**TRAP** (trêp), s. Laço; armadilha; ratoeira.
**TRAPEZE** (trâpî'z), s. Trapézio.
**TRAPEZOID** (tré'pizóid), s. (Mat.) Trapezóide.
**TRAPPINGS** (trê'pinz), s. pl. Arreios.
**TRAPPY** (trê'pi), adj. Traiçoeiro.
**TRASH** (tré'shi), adj. Desprezível; vil.
**TRAVEL** (trév'l), s. Viagem; jornada.
**TRAVERSE** (tré'vârss), s. Travessa; viga.
**TRAVESTY** (tré'vesti), s. Paródia; caricatura.
**TRAWL** (trêi), s. Rede de arrasto.
**TRAY** (trêi), s. Tabuleiro; bandeja.
**TREACHERY** (trê'tshâri), s. Traição; insídia.
**TREACLY** (tri'kli), adj. Meloso; viscoso.
**TRAD** (tréd), s. Passo, andar, pegada.
**TREADLE** (tréd'l), s. Pedal; galadura.
**TREASON** (triz'n), s. Traição; deslealdade.
**TREASURE** (tré'jur), s. Tesouro; riqueza.
**TREASURY** (tré'juri), s. Tesouraria.
**TREAT** (trit), s. Regalo; festim; prazer; v. t. e i. tratar, lidar com; obsequiar; regalar.
**TREATISE** (tri'tiss), s. Tratado.
**TREATY** (tri'ti), s. Negociação; ajuste.
**TREBLE** (tréb'l), adj. Triplo; triplicado; s. (Mús.) soprano ou triple.
**TREE** (tri), s. Árvore; lenho, cruz; forca.
**TREFOIL** (tri'fóil), s. Trevo.
**TREMBLE** (trémb'l), s. Tremor.
**TREMENDOUS** (trimén'dâss), adj. Tremendo.
**TREMULANT** (tré'miulânt), adj. e s. Trêmulo.
**TRENCH** (tréntsh), s. Trincheira.
**TRENCHANCY** (trén'tshânsi), s. Causticidade.
**TRENCHER** (trén'tshâr), s. Trinchador; abridor de fossas ou trincheiras; mesa; iguaria.
**TREND** (trênd), s. Inclinação; tendência.
**TREPAN** (tripé'nn), s. Trépano.
**TREPIDATION** (trépidêi'shânn), s. Trepidação; tremor; espanto; alarma.
**TRESPASS** (trés'pâss), s. Violação; ofensa.
**TRESS** (tréss), s. Trança; cacho.

**TRESTLE** (trést'l), s. Tripeça; andaime.
**TREY** (trêi), s. Terno, três.
**TRIAD** (trái'éd), s. Tríade; trio.
**TRIAL** (trái'âl), s. Ensaio, prova; julgamento; ação judicial; sofrimento; expiação.
**TRIANGLE** (trái'êngl), s. Triângulo.
**TRIARCHY** (trái'ârki), s. Triarquia.
**TRIBE** (tráib), s. Tribo.
**TRIBULATION** (tribiulêi'shânn), s. Tribulação; aflição, infortúnio.
**TRIBUNAL** (tri'biunâl), s. Tribunal.
**TRIBUTE** (tri'biut), s. Tributo; imposto.
**TRICE** (tráiss), v. t. (Náut.) Içar; guindar.
**TRICK** (trik), s. Peça; artifício; farsa.
**TRICKLE** (trik'l), s. Gota; pingo d'água.
**TRICOLOR, TRICOLOUR** (trái'kâlâr), adj. Tricolor; s. bandeira tricolor.
**TRICORN** (trái'kêr), s. Tricórnio.
**TRICOT** (tri'kôu), s. Tricô; malha.
**TRICYCLE** (trái'sikl), s. Triciclo.
**TRIED** (tráid), adj. Experimentado; julgado.
**TRIFLE** (tráif'l), s. Ninharia; um nada; v. t. e i. proceder levianamente; desperdiçar.
**TRIG** (trig), s. Travão, calço; adj. asseado.
**TRIGGER** (tri'gâr), s. Gatilho de arma.
**TRIGONOMETRY** (trigonô'mitri), s. Trigonometria.
**TRILL** (tril), s. Trinado; gorjeio.
**TRILLION** (tri'liânn), s. Trilhão.
**TRILOGY** (tri'lodji), s. Trilogia.
**TRIM** (trimm), s. Ornato; enfeite; garbo.
**TRIMESTER** (trâi'mestâr), s. Trimestre.
**TRIMNESS** (trim'néss), s. Asseio; elegância.
**TRINE** (tráinn), adj. Trino; s. trio, tríade.
**TRINKET** (trin'kit), s. Ninharia; berloque.
**TRIO** (tri'ôu), s. Trio, trio musical.
**TRIP** (trip), s. Excursão; (pop.) tropeção.
**TRIPE** (tráip), s. Tripa; dobradinha.
**TRIPHTHONG** (trif'thônn), s. Tritongo.
**TRIPLANE** (trái'plêinn), s. Triplano (avião).
**TRIPLE** (trip'l), adj. Triplo; v. t. triplicar.
**TRIPLET** (tri'plet), s. Trigêmeo; terno.
**TRIPLICATION** (tri'plikêishânn), s. Triplicação; ato de tirar três vias ou cópias.
**TRIPOD** (trái'pod), s. Trípode; tripé.
**TRIPPER** (tri'pâr), s. Turista.
**TRIPPING** (tri'pinn), s. O andar ligeiro.
**TRISYLLABLE** (tráisi'lâbl), s. Trissílabo.
**TRITE** (tráit), adj. Trivial, banal; vulgar.
**TRITURATION** (tritiurêi'shânn), s. Trituraçã
**TRIUMPH** (trái'âmf), s. Triunfo; vitória.
**TRIVIAL** (tri'viâl), adj. Trivial, banal.
**TROGLODYTE** (trâ'glâdâit), s. Troglodita.

**TROLL** (trôl), s. Canção; cana de pescar.
**TROMBONE** (trâm'bôunn), s. Trombone.
**TROMP** (trâmp), s. Trompa.
**TROOP** (trup), s. Tropa; corpo militar; bando.
**TROPHY** (trôu'fi), s. Troféu.
**TROPIC** (trópi'k), s. Trópico.
**TROT** (trôt), s. Trote; (fig.) criança; bebê.
**TROTH** (tróth), s. Verdade; fé; fidelidade.
**TROUBLE** (trâb'l), s. Perturbação; aflição; dissabor; desgraça; dificuldade; apuros.
**TROUBLOUS** (trâ'blâss), adj. Tumultuoso.
**TROUGH** (trôf), s. Alguidar; tina; gamela.
**TROUNCE** (tráuns), v. t. Surrar; espancar.
**TROUSERS** (tráu'zârss), s. pl. Calças.
**TROUSSEAU** (truçou'), s. Enxoval de noiva.
**TROUT** (tráut), s. Truta (peixe).
**TROVE** (trôuv), s. Coisa achada; adj. achado.
**TROWEL** (tráu'el), s. Trolha; v. i. rebocar.
**TRUANCY** (tru'ânsi), s. Vadiagem.
**TRUCE** (truss), s. Armistício; trégua.
**TRUCK** (trâk), s. Troca; permuta; caminhão; vagoneta; carrinho de mão; ninharias.
**TRUCKAGE** (trâ'kidj), s. Transporte; condução; custo; permuta; troca; câmbio.
**TRUCKLING** (trâ'klinn), s. Submissão.
**TRUCULENT** (tru'kiulént), adj. Truculento.
**TRUDGE** (trâdj), v. i. Ir a pé; caminhar.
**TRUENESS** (tru'néss), s. Verdade; lealdade.
**TRUFFLE** (trâ'fl), s. Trufa.
**TRUISM** (tru'izm), s. Truísmo, evidência.
**TRULL** (trâl), s. Prostituta.
**TRUMP** (trâmp), s. Trombeta; clarim; v. t. impor; introduzir à força; inventar.
**TRUNCATE** (trân'kêit), v. t. Truncar.
**TRUNCHEON** (trân'tshânn), s. Bastão; clava.
**TRUNK** (trânk), s. Tronco; baú; caixão; tromba de elefante; v. t. quebrar; truncar.
**TRUSS** (trâss), s. Suporte de teto; fardo.
**TRUST** (trâst), s. Confiança; depósito; cargo.
**TRUSTY** (trâs'ti), adj. Fiel; leal; seguro.
**TRUTH** (truth), s. Verdade; realidade.
**TRUTHLESS** (truth'léss), adj. Falso.
**TRY** (trái), v. Prova, ensaio; experiência.
**TRYST** (trist, tráist), s. Reunião; entrevista.
**TUB** (tâb), s. Tina, cuba; dorna.
**TUBBINESS** (tâ'binéss), s. Corpulência.
**TUBERCULOSIS** (tiubârkiulôu'sis), s. Tuberculose.
**TUCK** (tâk), s. Dobra, prega; comestível.
**TUESDAY** (tius'dêi), s. Terça-feira.
**TUFT** (tâft), s. Coifa; cocar; ramalhete.
**TUFTY** (tâf'ti), adj. Espesso; copado.
**TUG** (tâgo), s. Ato de puxar com esforço.

**TUITION** (tiui'shânn), s. Instrução; ensino.
**TULIP** (tiu'lip), s. Tulipa.
**TUMBLE** (tâmb'l), v. i. Cair, tropeçar.
**TUMBLER** (tâm'blâr), s. Saltador; dançarino.
**TUMBLY** (tâm'bli), adj. Tosco; rude; áspero.
**TUMBREL, TUMBRIL** (tâm'brel, tâm'bril), s. Carroça; carreta.
**TUMEFY** (tiu'mifái), v. t. e i. Tumeficar; inchar(-se); intumescer(-se).
**TUMID** (tiu'mid), adj. Túmido; inchado.
**TUMULT** (tiu'mâlt), s. Tumulto; motim.
**TUN** (tânn), s. Tonel; pipa; v. i. fermentar.
**TUNE** (tiunn), s. Melodia; afinação; humor.
**TUNELESS** (tiun'léss), adj. Dissonante.
**TUNIC** (tiu'nik), s. Túnica.
**TUNNEL** (tân'nel), s. Túnel; funil.
**TUNNY** (tân'ni), s. Atum.
**TURBAN** (târ'bâ), s. Turbante.
**TURBID** (târ'bid), adj. Túrbido; confuso.
**TURBULENT** (târ'biulént), adj. Turbulento.
**TUREEN** (tiuri'nn), s. Terrina; sopeira.
**TURF** (târf), s. Turfa; v. t. cobrir com relva.
**TURGESCENT** (târdjé'sent), adj. Turgescente.
**TURK** (târk), s. Turco.
**TURKEY** (târ'ki), s. Peru.
**TURMOIL** (târ'môil), s. Tumulto; desordem.
**TURN** (târnn), v. t. e i. Virar; volver; girar; mudar; converter; traduzir; aproveitar; depender de; meditar; modelar; sentir náuseas; desviar-se; s. volta, giro, rotação; vez, turno; procedimento; modo de falar; serviço; obséquio; utilidade; forma.
**TURNCOAT** (târn'kôut), s. Desertor.
**TURNING** (târ'ninn), s. Esquina; rodeio.
**TURNIP** (târ'nip), s. Nabo; (fam.) relógio.
**TURNKEY** (târn'ki), s. Carcereiro; chaveiro.
**TURPITUDE** (târ'pitiud), s. Torpeza; vileza.
**TURRET** (tâ'ret), s. Torrinha; torreão.
**TURTLE** (târt'l), s. Tartaruga.
**TUSK** (tâsk), s. Presa de elefante; dente de javali; colmilho.
**TUSSLE** (tâs'l), s. Contenda; disputa.
**TUSSOCK** (tâ'sâk), s. Tufo (de remos, etc.).
**TUTELAGE** (tiu'telidj), s. Tutela, tutoria.
**TUTORING** (tiu'târinn), s. Instrução.
**TWADDLE** (tuód'l), s. Bisbilhotice; tagarelice.
**TWANG** (tuénn), s. Estridor, zunido, silvo.
**TWEED** (tuid), s. Pano de duas cores.
**TWEEDLE** (tuid'l), s. Som do violino; v. t. e i. manejar descuidosamente; torcer.
**TWEEZERS** (tui'zârss), s. pl. Pinças, tenazes.
**TWELVE** (tuélv), adj. Doze; s. o nº doze.
**TWENTY** (tuen'ti), adj. Vinte; s. o nº vinte.

**TWICE** (tuáiss), adv. Duas vezes.
**TWIDDLE** (tuid'l), s. Giro; volta.
**TWIG** (tuig), s. Rebento; raminho; varinha mágica; v. t. e i. observar atentamente.
**TWILIGHT** (tuái'láit), s. Crepúsculo.
**TWIN** (tuinn), s. Gêmeo; (Bot.) geminado.
**TWINE** (tuáinn), s. Fio de vela; barbante; v. t. e i. torcer em espiral; enroscar.
**TWINGE** (tuindj), s. Dor aguda; aflição.
**TWINKLE** (tuink'l), s, Cintilação; instante.
**TWIRL** (tuârl), s. Volta; rodopio; rotação.
**TWIST** (tuist), s. Trança; fio; mistura de chá e café; v. t. e i. torcer; desfigurar.
**TWIT** (tuit), v. t. Censurar; acusar.

**TWITCH** (tuitsh), s. Puxão; beliscadura.
**TWITTER** (tui'târ), s. Chilro, trinado.
**TWITTING** (tui'tinn), s. Censura; acusação.
**TWO** (tu), adj. Dois, duas; s. o nº dois.
**TYMPAN** (tim'pânn), s. Tímpano; tambor.
**TYPE** (táip), s. Tipo; padrão; marca; sinal.
**TYPEWRITE** (táip'ráit), v. t. e i. Datilografar.
**TYPHOON** (táifu'nn), s. Tufão; furacão.
**TYPHUS** (tái'fâss), s. (Med.) Tifo.
**TYPICAL** (ti'pikâl), adj. Típico; simbólico.
**TYPING** (tái'pinn), s. Dactilografia.
**TYPOGRAPHY** (táipó'grâfi), s. Tipografia.
**TIRANNY** (ti'râni), s. Tirania; despotismo.
**TYRO** (tái'rôu), s. Principiante; novato.

# U

**U** (iu), s. Vigésima-primeira letra do alfabeto.
**UBIQUITY** (iubi'kuiti), s. Ubiqüidade.
**UDDER** (â'dâr), s. Úbere.
**UGLINESS** (â'glinéss), s. Fealdade.
**ULCER** (âl'sâr), s. Úlcera, ferida.
**ULLAGE** (â'lidj), s. (Com.) Falta, deficit.
**ULSTER** (âls'târ), s. Gabão comprido.
**ULTIMATE** (âl'timit), adj. Último; elementar.
**ULULATION** (âliulêi'shânn), s. Uivo, berro.
**UMBER** (âm'bâr), adj. Sombreado; s. pigmento de cor escura; v. t. sombrear.
**UMBILIC** (âmbi'lik), s. Umbigo; adj. umbelical.
**UMBRAGE** (âm'bridj), s. Sombra; suspeita.
**UMBRELLA** (âmbré'lâ), s. Guarda-chuva.
**UMPIRE** (âm'páir), s. Árbitro.
**UNABLE** (âneib'l), adj. Incapaz.
**UNABRIGED** (ânâbri'djd), adj. Não abreviado.
**UNACCENTED** (ânéksén'tid), adj. (Gram.) Átono, não acentuado.
**UNACCPETABLE** (ânéksén'tâbl), adj. Inaceitável.
**UNACQUAINTED** (ânêkuêin'tid), adj. Desconhecido; estranho; pouco versado em.
**UNADVISABLE** (ânédvái'zâbl), adj. Imprudente.
**UNADVISED** (ânédváiz'd), adj. Indiscreto.
**UNAFFECTED** (ânéfék'tid), adj. Franco; leal.
**UNAFRAID** (ânâfréi'd), adj. Intimorato.
**UNALLOWABLE** (ânéláu'âbl), adj. Inadmissível.

**UNALTERABLE** (ânól'târâbl), adj. Inalterável.
**UNAMBIGUOUS** (ânêmbi'ghiuâss), adj. Claro.
**UNANIMOUS** (iuné'nimâss), adj. Unânime.
**UNANSWERABLE** (ânân'sârâbl), adj. Irrespondível; irrefutável; incontestável.
**UNAPPEASABLE** (ânépi'zâbl), adj. Implacável.
**UNAPPLIED** (ânéplái'd), adj. Não aplicado.
**UNAPPROACHABLE** (ânéprôu'tshâbl), adj. Inacessível.
**UNAPROVED** (ânépruv'd), adj. Não aprovado.
**UNAPT** (ânép't), adj. Inapto; incapaz.
**UNARGUED** (ânâr'ghiud), adj. Não debatido.
**UNARMED** (ânârm'd), adj. Desarmado.
**UNARTFUL** (ânâr'tful), adj. Sem artifício.
**UNASHAMED** (ânâshêim'd), adj. Desavergonhado.
**UNASSUMING** (ânéssiu'minn), adj. Modesto.
**UNATTACHED** (ânêté'tsht), adj. Desligado.
**UNATTENDED** (ânâtén'did), adj. Só.
**UNAVAILABLE** (ânâvêi'lâbl), adj. Inútil.
**UNAVOIDABLE** (ânâvói'dâbl), adj. Inevitável.
**UNAWARE** (ânâuê'r), adj. Desatento.
**UNBAKED** (ânbêi'kt), adj. Não cozido.
**UNBEARABLE** (ânbê'râbl), adj. Insuportável.
**UNBEATEN** (ânbi'ten), adj. Não trilhado.
**UNBECOMING** (ânbikâ'minn), adj. Indecente.
**UNBEFITTING** (ânbifi'tinn), adj. Inconveniente.
**UNBELIEF** (ânbili'f), s. Descrença.

**UNBELIEVABLE** (ânbili'vâbl), adj. Incrível.
**UNBEND** (ânbén'd), v. t. e i. Afrouxar; soltar; desligar; mostrar-se amável.
**UNBENDING** (ânbén'dinn), adj. Intransigente.
**UNBIDDEN** (ânbid'n), adj. Espontâneo.
**UNBLUSHING** (ânblâ'shinn), adj. Sem-vergonha.
**UNBOILED** (ânbóil'd), adj. Cru.
**UNBORN** (ânbór'n), adj. Não nascido, futuro.
**UNBOSOM** (ânbu'zâmm), v. t. e i. Revelar.
**UNBURIED** (ânbé'rid), adj. Insepulto.
**UNBUTTON** (ânbât'n), v. t. Desabotoar.
**UNCANDID** (ânkén'did), adj. Falso, traidor.
**UNCANNY** (ânké'ni), adj. Imprudente; inábil.
**UNCARED** (ânkér'd), adj. Desamparado.
**UNCEASING** (ânsi'sinn), adj. Incessante.
**UNCERTAIN** (ânsâr'tinn), adj. Incerto.
**UNCHAIN** (ântshéi'nn), v. t. Desencadear.
**UNCHANGEABLE** (ântshén'djâbl), adj. Imutável; inalterável; invariável; constante.
**UNCHASTE** (ântshêis't), adj. Impudico.
**UNCHECKABLE** (ântshé'kâbl), adj. Irreprimível; irrefreável.
**UNCHRISTIAN** (ânkris'tshânn), adj. Anticristão; pagão.
**UNCIVIL** (ânsi'vil), adj. Incivil.
**UNCLASP** (ânklés'p), v. t. Desabotoar; soltar.
**UNCLE** (ânk'l), s. Tio.
**UNCLEAN** (ânkli'nn), adj. Sujo; depravado.
**UNCLOSE** (ânklôu'z), v. t. Abrir, revelar.
**UNCLOTHED** (ânklôu'thd), adj. Nu, despido.
**UNCLOUDED** (ânkláu'did), adj. Claro, sereno.
**UNCOIL** (ânkói'l), adj. Disperso.
**UNCOLORED, UNCOLOURED** (ânkâ'lard), adj. Incolor.
**UNCOMEATABLE** (ânkomi'tâbl), adj. Inacessível.
**UNCOMFORTABLE** (ânkâm'fârtâbl), adj. Incômodo; penoso; desagradável.
**UNCOMMON** (ânkó'mânn), adj. Incomum.
**UNCOMPLAINING** (ânkômpléi'ninn), adj. Que não se queixa; paciente.
**UNCOMPROMISING** (ânkôm'promáizinn), adj. Incondicional; intransigente.
**UNCONCERN** (ânkôn'sârn), s. Indiferença; frieza; desleixo; negligência.
**UNCONDITIONAL** (ânkôndi'shânâl), adj. Incondicional.
**UNCONFINED** (ânkônfáin*d), adj. Ilimitado.
**UNCONFIRMED** (ânkônfârm'd), adj. Não confirmado; indeciso.
**UNCONQUERABLE** (ânkôn'kârâbl), adj. Inconquistável.

**UNCONSCIONABLE** (ânkôn'shânâbl), adj. Irracional; injusto; exorbitante.
**UNCONSIDERED** (ânkônsi'dârd), adj. Irrefletido; insignificante.
**UNCONSTITUTIONAL** (ânkônstitiu'shânâl), adj. Inconstitucional.
**UNCONTESTABLE** (ânkôntés'tâbl), adj. Incontestável.
**UNCONVENTIONAL** (ânkônvén'shânâl), adj. Despreocupado.
**UNCOOKED** (ânku'kt), adj. Cru.
**UNCORRECTED** (ânkórék'tid), adj. Incorreto.
**UNCORRUPT** (ânkôrâp't), adj. Incorrupto.
**UNCOUTH** (ânku'th), adj. Tosco; inculto.
**UNCOVER** (ânkâ'vâr), v. t. Destapar.
**UNCTION** (ânk'shânn), s. Unção.
**UNCULTURED** (ânkâl'tshurd), adj. Inculto.
**UNCUT** (ânkâ't), adj. Inteiriço.
**UNDAMAGED** (ândé'midjd), adj. Indene.
**UNDATED** (ândéi'tid), adj. Sem data.
**UNDAUNTED** (ândón'tid), adj. Ousado.
**UNDECIDED** (ândissái'did), adj. Indeciso.
**UNDECKED** (ândé'kt), adj. Sem ornatos.
**UNDEFILED** (ândifáil'd), adj. Sem mancha.
**UNDEFINED** (ândifáin'd), adj. Indefinido.
**UNDENIABLE** (ândináí'âbl), adj. Inegável.
**UNDER** (ân'dâr0, adv. e prep. Debaixo, embaixo; em posição ou grau inferior.
**UNDERAGE** (ân'dâridj), s. Menoridade.
**UNDERBRED** (ân'dârbred), s. Malandro.
**UNDERCOAT** (ân'dârôut), s. Peça que se usa sob o paletó ou casaco.
**UNDERCROFT** (ân'dârkróft), s. Câmara subterrânea; cripta (de igreja).
**UNDERDONE** (ân'dârdânn), adj. Imperfeito.
**UNDERFOOT** (ân'dârfut), adj. Calcado aos pés; abjeto; vil; adv. debaixo dos pés.
**UNDERGARMENT** (ân'dâr-gar'ment), s. Roupa branca; roupa inferior.
**UNDERGO** (ân'dârgôu), v. t. Sofrer, provar.
**UNDERGROUND** (ân'dârgôunn), adj. e s. Subterrâneo.
**UNDERHAND** (ân'dâr-hénd), adj. Secreto.
**UNDARHANDEDNESS** (ândâr-hên'didnéss), s. Dissimulação; astúcia; deslealdade.
**UNDERLEASE** (ân'dârliss), s. Sublocação.
**UNDERLINE** (ân'dârláin), s. Sublinha.
**UNDERLINEN** (ân'dârlininn), s. Roupa branca interior.
**UNDERLYING** (ân'dârláiinn), adj. Subjacente.
**UNDERMENTIONED** (ân'dâr-ménshând), adj. Abaixo-mencionado.
**UNDERMOST** (ân'dârmôust), adj. Ínfimo.

**UNDERNEATH** (ândârni'th), adv. e prep. Debaixo; por baixo; lá embaixo.
**UNDERPLOT** (ân'dârplót), s. maquinação.
**UNDERPRIZE** (ân'dârpráiz), v. t. Menosprezar.
**UNDERPROP** (ân'dârpróp), v. t. Escorar.
**UNDERSECRETARY** (ân'dâr-sékritéri), s. Subsecretário.
**UNDERSET** (ân'dârsét), s. Contracorrente.
**UNDERSHIRT** (ân'dârshârt), s. Camisola.
**UNDERSIDE** (ân'dârsáit), s. Lado de baixo.
**UNDERSIGN** (ân'dârsáinn), v. t. Subscrever.
**UNDERSKIRT** (ân'dâr-skârt), s. Saia de baixo.
**UNDERSTAND** (ândârstén'd), v. t. e i. Entender; compreender; saber o que faz.
**UNDERTAKE** (ândârtêi'k), v. t. e i. Empreender; tentar; incumbir-se de.
**UNDERTENANCY** (ândârté'nânsi), s. Sublocação.
**UNDERTONE** (ân'dârtôunn), adj. e adv. A meia voz.
**UNDERTOW** (ân'dârtôu), s. Ressaca.
**UNDERWOOD** (ân'dâr-uud), s. Arbusto.
**UNDERWORK** (ân'dâr-uârk), s. Trabalho subordinado; rotina.
**UNDERWORLD** (ân'dâr-uârld), s. Inferno; mundo sublunar; raça degenerada; ralé.
**UNDERWRITE** (ân'dâráit), v. t. Subscrever.
**UNDERWRITING** (ân'dâráitinn), s. Seguro.
**UNDESCRIBABLE** (ândiskrâi'bâbl), adj. Indescritível.
**UNDESERVED** (ândizârv'd), adj. Imerecido.
**UNDESIGNED** (ândizáin'd), adj. Involuntário.
**UNDESIRABLE** (ândizái'rábl), adj. Indesejável; inconveniente.
**UNDETERMINATE** (ânditâr'minit), adj. Indeterminado.
**UNDIGESTED** (ândidjés'tid), adj. Indigesto.
**UNDISCOVERED** (ândiskâ'vârd), adj. Oculto.
**UNDISGUISED** (ândisgáiz'd), adj. Natural.
**UNDISMAYED** (ândismêi'd), adj. Impávido.
**UNDISPUTED** (ândispiu'tid), adj. Incontestável.
**UNDISTINCTIVE** (ândistink'tiv), adj. Imparcial.
**UNDISTINGUISHED** (aĭstin'güisht), adj. Indistinto.
**UNDISTURBED** (ândistârb'd), adj. Impassível.
**UNDIVIDED** (ândivái'did), adj. Indiviso.
**UNDO** (ându'), v. t. Desfazer; destruir.
**UNDONE** (ândâ'nn), adj. Incompleto.
**UNDOUBTED** (ândâu'tid), adj. Indubitável.
**UNDRESS** (ândré'ss), adj. De uso diário (roupa); s. desalinho.

**UNDUE** (ândiu'), adj. Indevido; ilegal.
**UNDULATE** (ân'diulêit), v. t. e i. Ondular.
**UNDULY** (ândiu'li), adv. Ilegalmente.
**UNDUTIFUL** (ândiu'tiful), adj. Desobediente.
**UNDYING** (âdái'in), adj. Imortal; eterno.
**UNEARTH** (ânâr'th), v. t. Desenterrar.
**UNEASINESS** (âni'zinéss), s. Dsassossego.
**UNEDUCATED** (ânê'diukêitid), adj. Inculto.
**UNEMBARRASSED** (ânimbé'râst), adj. Desembaraçado.
**UNEMPLOYED** (ânimplói'd), adj. Desempregado.
**UNENDING** (ânén'dinn), adj. Infinito; eterno.
**UNENDURABLE** (ânéndiu'râbl), adj. Insuportável.
**UNEQUAL** (âni'kuâl), adj. Desigual; irregular.
**UNEQUITABLE** (âné'kuitâbl), adj. Injusto.
**UNEQUIVOCAL** (anikui'vokâl), adj. Inequívoco.
**UNERRING** (ânâ'rinn), adj. Infalível, certo.
**UNEVEN** (âniv'n), adj. Desigual.
**UNEVENTFUL** (ânivén'tiful), adj. Calmo.
**UNEXCEPTIONAL** (âniksép'shânâl), adj. Usual; corrente; banal; trivial.
**UNEXCUSABLE** (ânekskiu'sâbl), adj. Indesculpável.
**UNEXPECTED** (ânékspék'tid), adj. Inesperado.
**UNEXPERIENCED** (âneskpiu'rienst), adj. Inexperiente; ingênuo; bisonho.
**UNEXPLORED** (ânéksplô'rd), adj. Inexplorado.
**UNEXPRESSED** (ânéksprés't), adj. Tácito.
**UNEXPRESSIBLE** (ânéksprê'sâbl), adj. Inexprimível.
**UNFADIN** (ânfêi'dinn), adj. Perene, eterno.
**UNFAIR** (ânfê'r), adj. Injusto; infiel.
**UNFASHIONABLE** (ânfé'shânâbl), adj. Desusado; raro.
**UNFASTEN** (ânfés'n), v. t. Afrouxar, soltar.
**UNFAVORABLE, UNFAVOURABLE** (ânfêi'vâràbl), adj. Desfavorável; adverso.
**UNFEELING** (ânfi'linn), adj. Insensível, cruel.
**UNFEIGNED** (ânfêin'd), adj. Verdadeiro.
**UNFETTER** (ânfé'târ), v. t. Pôr em liberdade.
**UNFINISHED** (ânfi'nisht), adj. Não acabado.
**UNFIT** (ânfi't), v. t. Inabilitar; adj. incapaz.
**UNFITTING** (ânfi'tinn), adj. Impróprio.
**UNFIX** (ânfi'ks), v. t. Afrouxar, soltar.
**UNFLAGGING** (ânflé'ghinn), adj. Constante.
**UNFLEDGED** (ânflé'djid), adj. Implume.
**UNFLINCHING** (ânflin'tshinn), adj. Firme.
**UNFOLD** (ânfôul'd), v. t. Desdobrar; ampliar.

**UNFORESEEN** (ănfôr'sinn), adj. Imprevisto.
**UNFORGIVABLE** (ănfôrghi'văbl), adj. Imperdoável.
**UNFORMED** (ănfórm'd), adj. Informe.
**UNFORTUNATE** (ănfór'tshănit), adj. Infortunado; infeliz.
**UNFOUNDED** (ănfáun'did), adj. Infundado.
**UNFRIENDLY** (ănfrĕn'dli), adj. Inamistoso.
**UNFRUITFUL** (ănfru'tful), s. Infrutífero.
**UNGEAR** (ănghir'), v. t. Desengrenar.
**UNGENEROUS** (ăndjé'nărăss), adj. Egoísta.
**UNGENIAL** (ăndji'niăl), adj. Insalubre; rude.
**UNGENTLE** (ăndjént'l), adj. Áspero, rude.
**UNGLORIOUS** (ănglô'riăss), adj. Inglório.
**UNGLUE** (ănglu'), v. t. Descolar.
**UNGOVERNABLE** (ăngă'vărnăbl), adj. Ingovernável.
**UNGRACIOUS** (ăngrêi'shăss), adj. Desagradável.
**UNGRATEFUL** (ăngrêit'ful), adj. Ingrato.
**UNGUARDED** (ăngár'did), adj. Desguarnecido.
**UNGULA** (ăn'ghiulă), s. Unha; garra; casco.
**UNHAND** (ăn'hénd), v. t. Largar, soltar.
**UNHANDY** (ănhén'di), adj. Desajeitado.
**UNHAPPINESS** (ăn-hé'pinéss), s. Infelicidade.
**UNHARMED** (ăn'hárm'd), adj. Incólume, são.
**UNHEALTHY** (ăn-hél'thi), adj. Insalubre.
**UNHEEDING** (ăn-hi'dinn), adj. Descuidado.
**UNHESITATING** (ăn-hé'zitêitinn), adj. Resoluto; decidido.
**UNHOLINESS** (ăn-hóu'linéss), s. Impiedade.
**UNHOOK** (ăn-hu'k), v. t. e i. Desenganchar.
**UNHORSE** (ăn'hór'ss), v. t. Desmontar.
**UNHOSPITABLE** (ăn-hóspi'tăbl), adj. Inóspito.
**UNHOUSE** (ăn-háu'ss), v. t. Desalojar.
**UNHUMAN** (ăn'hiu'mănn), adj. Desumano.
**UNICORN** (iu'nikórn), s. Unicórnio.
**UNIFICATION** iunifikêi'shănn), s. Unificação.
**UNIFORM** (iu'nifórmm), s. Uniforme; farda; adj. igual, harmônico.
**UNIMPAIRED** (ănimpér'd), adj. Intacto, ileso.
**UNIMPEACHABLE** (ănimpi'tshăbl), adj. Irrepreensível.
**UNINHABITABLE** (ănin-hé'bităbl), adj. Inabitável.
**UNINJURED** (ănin'djurd), adj. Ileso, salvo.
**UNINTELLIGENT** (ănintél'lidjént), adj. Estúpido; ignorante.
**UNINTERESTED** (ănin'tăréstid), adj. Desinteressado.

**UNINTERRUPTED** (ănintărăp'tid), adj. Ininterrupto.
**UNION** (iu'niănn), s. União; liga; harmonia.
**UNIQUE** (iuni'k), adj. Unico; absoluto.
**UNISON** (iu'nissănn), s. Unissonância.
**UNIT** (iu'nit), s. Unidade.
**UNITE** (iunái't), v. t. e i. Unir(-se); compor.
**UNIVERSAL** (iunivăr'săl), adj. Universal.
**UNIVERSE** (iu'nivărss), s. Universo.
**INJUST** (ăndjăs't), adj. Injusto.
**UNJUSTNESS** (ăndjăst'néss), s. Injustiça.
**UNKEMPT** (ănkémp't), adj. Despenteado.
**UNKIND** (ănkáin'd), adj. Desamável.
**UNKNOT** (ăn'nót), v. t. Desatar.
**UNKNOWING** (ănou'inn), adj. Ignorante.
**UNLACE** (ănlêi'ss), v. t. Desapertar; desatar; s. indivíduo desconhecido.
**UNLADE** (ănlêi'd), v. t. e i. Descarregar.
**UNLAWFUL** (ănlô'ful), adj. Ilícito, ilegal.
**UNLEARNED** (ănlărn'd), adj. Iletrado.
**UNLEAVENED** (ănlév'nd), adj. Ázimo.
**UNLESS** (ănlé'ss), conj. A menos que.
**UNLIKE** (ănlái'k), adj. Diferente, desigual.
**UNLIMBER** (ănlim'băr), adj. Rígido.
**UNLIMITED** (ănli'mitd), adj. Ilimitado.
**UNLINK** (ănlin'k), v. t. Desfazer; soltar.
**UNLOAD** (ănlóu'd), v. t. Descarregar.
**UNLOCK** (ănlô'k), v. t. Abrir; (fig.) revelar.
**UNLOOSE, UNLOOSEN** (ănlu'ss, ănlus'n), v. t. e i. Desatar(-se); desfazer-se.
**UNLOVELY** (ănlă'vli), adj. Não amável.
**UNLUCKINESS** (ănlă'kinéss), s. Infelicidade.
**UNMAN** (ăn'maen), v. t. Desanimar; castrar.
**UNMARRIED** (ănmé'rid), adj. Solteiro.
**UNMEASURABLE** (ănmé'járăbl), adj. Imensurável, ilimitado.
**UNMERCIFUL** (ănmăr'siful), adj. Implacável.
**UNMINDFUL** (ănmáind'ful), adj. Descuidado.
**UNMISTAKEABLE** (ănmistêi'kăbl), adj. Inconfundível; claro; evidente; óbvio.
**UNMIXED** (ănmi'kst), adj. Sem mistura; puro.
**UNMOVABLE** (ănmu'văbl), adj. Imóvel, firme.
**UNNAMED** (ănéim'd), adj. Anônimo.
**UNNATURAL** (ăné'tshurăl), adj. Contrário à natureza; artificial; forçado, monstruoso.
**UNNECESSARY** (ăné'sesséri), adj. Desnecessário; dispensável.
**UNNERVE** (ănăr'v), v. t. Enervar.
**UNNUMBERED** (ănăm'bărd), adj. Inumerável.
**UNOBSERVANT** (ănăbzăr'vănt), adj. Inobservante.
**UNOBSTRUSIVE** (ănăbtru'siv), adj. Discreto.
**UNOFFENSIVE** (ănofén'siv), adj. Inofensivo.

**UNOPENED** (ânôu'pând), adj. Fechado.
**UNOGARNIZED** (ânór'gânáizd), adj. Inorganizado; inorgânico.
**UNOSTENTATIOUS** (ânôstentêi'shâss), adj. Simples, modesto.
**UNOWNED** (ânôun'd), adj. Sem dono.
**UNPACK** (ânpé'k), v. t. Desenfardar.
**UNPEOPLE** (ânpip'l), v. t. Despovoar.
**UNPERCEIVABLE** (ânpârsi'vâbl), adj. Imperceptível.
**UNPERTURBED** (ânpârtâr'bd), adj. Impassível; calmo.
**UNPICK** (ânpi'k), v. t. Desatar; descoser.
**UNPITIED** (ânpi'tied), adj. Desapiedado.
**UNPLEASANT** (ânplézna't), adj. Desagradável.
**UNPOLITE** (ânpolái't), adj. Descortês.
**UNPOLLUTED** (ânpoliu'tid), adj. Impoluto.
**UNPRACTICAL** (ânprék'tikâl), adj. Impraticável.
**UNPREJUDICED** (ânpre'djudist), adj. Imparcial.
**UNPRETENDING** (ânpritén'dinn), adj. Despretensioso.
**UNPREVENTABLE** (ânprivén'tâbl), adj. Inevitável.
**UNPRODUCTIVE** (âprâdák'tiv), adj. Improdutivo; estéril.
**UNPROFITABLE** (ânprô'fitâbl), adj. Inaproveitável; inútil.
**UNPROPITIOUS** (ânpropi'shâss), adj. Desfavorável.
**UNPROTECTED** (ânproték'tid), adj. Desprotegido.
**UNPUBLISHED** (ân'pâblisht), adj. Não publicado; inédito.
**UNPUNISHED** (ânpâ'nisht), adj. Impune.
**UNQUALIFIED** (ânkuô'lifáid), adj. Inábil.
**UNQUESTIONABLE** (ânkués'tshânâbl), adj. Indiscutível.
**UNRAVEL** (ânré'vâl), v. t. e i. Desenredar.
**UNREAD** (ânré'd), adj. Não lido; ignaro.
**UNREAL** (ânri'âl), adj. Irreal; fantasioso.
**UNREASON** (ânriz'n), s. Tolice; absurdo.
**UNRECOGNIZABLE** (ânré'kognáizâbl), adj. Irreconhecível.
**UNRECONCILIABLE** (ânré'kânsáilâbl), adj. Irreconciliável.
**UNREFINED** (ânrifáin'd), adj. Não refinado.
**UNRELENTING** (ânrilén'tinn), adj. Inflexível.
**UNRELIABLE** (ânriláí'âbl), adj. Incerto.
**UNREMEMBERED** (ânrimém'bârd), adj. Esquecido.

**UNREMITTING** (ânrimi'ting), adj. Persistente.
**UNREMOVABLE** (ânrimu'vâbl), adj. Imóvel.
**UNREPAIRABLE** (ânripé'râbl), adj. Irreparável.
**UNREPENTANT** (ânripén'tânt), adj. Impenitente.
**UNREST** (ânrés't), s. Inquietação; mal-estar.
**UNRESTORED** (ânristór'd), adj. Não recuperado; não restabelecido; não restituído.
**UNRESTRAINED** (ânristrêin'd), adj. Livre.
**UNRIGHTEOUS** (ânrái'tshâss), adj. Perverso.
**UNRIGHTFUL** (ânráit'ful), adj. Injusto.
**UNRIPE** (ánrái'p), adj. Verde, não maduro.
**UNROBE** (ânrôu'b), v. t. e i. Desnudar(-se).
**UNROPE** (ânrôu'p), v. t. Desatar.
**UNRULY** (ânru'li), adj. Indômito.
**UNSAFE** (ânsêi'f), adj. Perigoso.
**UNSATISFIED** (ânsé'tisfáid), adj. Insatisfeito.
**UNSAVORY, UNSAVOURY** (ânsêi'vâri), adj. Insípido; sem sabor; insosso.
**UNSAY** (ânsêi'i), v. t. Desdizer.
**UNSCRUPULOUS** (ânskru'piulâss), adj. Inescrupuloso.
**UNSEARCHABLE** (ânsâr'tshâbl), adj. Insondável; inescrutável.
**UNSEASONABLE** (ânsiz'nâbl), adj. Extemporâneo; inoportuno, intempestivo.
**UNSEAT** (ânsi't), v. t. Derrubar; invalidar.
**UNSEEING** (ânsi'inn), adj. Cego.
**UNSEEMLY** (ânsim'li), adj. Indecoroso, feio.
**UNSEEN** (ânsi'nn), adj. Invisível; oculto.
**UNSELFISH** (ânsél'fish), adj. Generoso.
**UNSERVICEABLE** (ânsâr'visâbl), adj. Inútil.
**UNSETTLE** (ânsét'l), v. t. Desarranjar; deslocar; tornar incerto; perturbar.
**UNSEVERED** (ânsé'vârd), adj. Indiviso.
**UNSHAKEN** (ânshêik'n), adj. Imóvel, firme.
**UNSHAPEN** (ânshêip'n), adj. Disforme.
**UNSHIP** (ânshi'p), v. t. Descarregar.
**UNSHOD** (ânshô'd), adj. Descalço.
**UNSIGHTLINESS** (ânsái'tlinéss), s. Fealdade.
**UNSKILFUL** (ânskil'ful), adj.. Inábil.
**UNSOCIABLE** (ânsôu'shâbl), adj. Insociável.
**UNSOLD** (ânsôul'd), adj. Não vendido.
**UNSOUGHT** (ânsô't), adj. Encontrado.
**UNSOUND** (ânsáun'd), adj. Que não está são.
**UNSPARING** (ânspé'rinn), adj. Generoso.
**UNSPEAKABLE** (ânspi'kâbl), adj. Inexprimível; inefável.
**UNSPOILED** (ânspóil't), adj. Intacto.
**UNSTABILITY** (ânstâbi'liti), s. Instabilidade.
**UNSTEADY** (ânsté'di), adj. Inconstante.
**UNSTITCH** (ânsti'tsh), v. t. Descoser.

**UNSTRESSED** (ânstrés't), adj. Não acentuado.
**UNSTUDIED** (ânstâ'did), adj. Não estudado.
**UNSUBDUED** (ânsâbdiu'd), adj. Indomado.
**UNSUBMISSIVE** (ânsâbmi'siv), adj. Insubmisso.
**UNSUBSTANTIAL** (ânsâbstên'shâl), adj. Imaterial.
**UNSUCCESSFUL** (ânsâksés'ful), adj. Infeliz.
**UNSUITABLE** (ânsiu'tâbl), adj. Impróprio.
**UNSURMOUNTABLE** (ânsârmáun'tâbl), adj. Insuperável.
**UNSUSPECTED** (ânsâspék'tid), adj. Insuspeito.
**UNSYMMETRIC, UNSYMMETRICAL** (ânsimé'trik, ânsimé'trikâl), adj. Assimétrico.
**UNSYMPATHETIC** (ânsimpâthé'tik), adj. Pouco simpático.
**UNTAINTED** (ântêin'tid), adj. Imaculado.
**UNTAMABLE** (ântêi'mâbl), adj. Indomável.
**UNTANGLE** (ântêng'l), v. t. Desembaraçar.
**UNTAUGHT** (ântó't), adj. Analfabeto.
**UNTEACHABLE** (ânti'tshâbl), adj. Indócil.
**UNTENABLE** (ânti'nâbl), adj. Insustentável.
**UNTHANKFUL** (ânthênk'ful), adj. Ingrato.
**UNTHINKING** (ânthin'kinn), adj. Irrefletido.
**UNTHRIFTY** (ânthrif'ti), adj. Pródigo.
**UNTIDILY** (ântái'dili), adj. Sem asseio.
**UNTIE** (ântá'i), v. t. Desatar; soltar (nó).
**UNTIL** (ânti'l), prep. Até; conj. até que.
**UNTO** (ân'tu), prep. A, ao, aos; em; para.
**UNTOUCHABLE** (ântâ'tshâbl), adj. Intocável.
**UNTOWARD** (ântôu'ârd), adj. Indócil.
**UNTRACEABLE** (ântrêi'sâbl), adj. Impenetrável; inexplicável.
**UNTRANSFERABLE** (ântrênsfâ'râbl), adj. Intransferível.
**UNTRANSLATABLE** (ântrânslêi'tâbl), adj. Intraduzível.
**UNTROUBLED** (ântrâ'bld), adj. Quieto, calmo.
**UNTRUE** (ântru'), adj. Não verídico, falso.
**UNTWIST** (ântuís't), v. t. Destorcer.
**UNUSUAL** (âniu'juâl), adj. Raro; incomum.
**UNUTTERABLE** (ânâ'târabl), adj. Inexprimível.
**UNVARIABLE** (ânvé'riâbl), adj. Invariável.
**UNWARRANTED** (ânuó'rântid), adj. Injustificado; não garantido; não autorizado.
**UNWARY** (ânué'ri), adj. Incauto.
**UNWELL** (ânué'l), adj. Indisposto.
**UNWHOLESOME** (ân-hôul'sâmm), adj. Insalubre; doentio.
**UNWISE** (ânuái'z), adj. Imprudente.

**UNWITTING** (ânui'tinn), adj. Inconsciente.
**UNWONTED** (ânuôn'tid), adj. Invulgar.
**UNWORTHY** (ânuâr'thi), adj. Indigno.
**UNWRAP** (ânré'p), v. t. Desembrulhar.
**UNWRITTEN** (ânri'tn), adj. Verbal.
**UNYELDING** (âni'ildinn), s. Inflexível.
**UP** (âp), prep. Em cima; acima; sobre; em; adv. em posição vertical; a par com; adj. de cima, ascendente; interj. de pé!
**UPBRAID** (âpbrê'd), v. t. Censurar.
**UPCAST** (âp'kást), adj. Levantado.
**UPHEAVE** (âp-hi'v), v. t. e i. Levantar.
**UPHOLDER** (âp-hôul'dâr), s. Sustentáculo.
**UPHOLSTER** (âp'hôuls'târ), v. t. Acolchoar.
**UPLAND** (âp'lênd), adj. Montanhoso.
**UPLIFT** (âp-lif't), s. Elevação; v. t. erguer.
**UPON** (âpó'nn), adv. e prep. Sobre; próximo a; cerca; ao depois.
**UPPER** (â'pêr), adj. Superior; mais alto.
**UPPISH** (â'pish), adj. (fam.) Altivo; soberbo.
**UPRAISE** (âprêi'z), v. t. Erguer; estimular.
**UPRIGHT** (âp'ráit), adj. Direito; reto; de pé.
**UPRISE** (âprái'z), v. t. e i. Levantar(-se).
**UPROAR** (â'prôur), s. Tumulto; barulho.
**UPSET** (âp'shót), s. Fim, remate; soma.
**UPSIDE** (âp'sáid), s. A parte superior.
**UPSTAIRS** (âp'stérz), s. O andar superior.
**UPSTART** (âp'stárt), v. i. Elevar-se subitamente; adj. e s. adventício.
**UPTHRUST** (âp'thrâst) s. Impulso para cima.
**UPWARD** (âp'uârd), adv. Subindo; mais.
**URAEMIA** (iuri'miâ), s. (Med.) Uremia.
**URBAN** (âr'bânn), adj. Urbano, da cidade.
**URCHIN** (âr'tshinn), s. Ouriço; moleque.
**URGE** (ârdj), v. t. e i. Urgir; exigir; levar.
**URINATE** (iu'rinêit), v. i. Urinar.
**URN** (ârn), s. Urna; vaso; túmulo.
**URSINE** (âr'sáinn), adj. Ursino, de urso.
**USAGE** (iu'zidj), s. Uso, costume, hábito.
**USEFUL** (iuz'ful), adj. Útil; benéfico.
**USHER** (â'shâr), v. t. Introduzir; s. porteiro.
**USUAL** (iu'juâl), adj. Usual; habitual.
**USURIOUS** (iujiu'riâss), adj. Usurário.
**USURP** (iuzâr'p), v. t. Usurpar.
**UTENSIL** (iutén'sil), s. Utensílio.
**UTERUS** (iu'târáss), s. Útero.
**UTILITY** (iuti'liti), s. Utilidade; proveito.
**UTMOST** (ât'môust), adj. Extremo; máximo.
**UTRICLE** (iu'trikl), s. (Anat. e Bot.) Utrículo.
**UTTER** (â'târ), v. t. Proferir; revelar.
**UVULA** (iu'viulá), s. (Anat.) Úvula.
**UXORIOUSNESS** (âksôu'riâsnéss), s. Ternura, carinho excessivo para com a esposa.

# V

**V** (vi), s. Vigésima-segunda letra do alfabeto.
**VACANCY** (vêi'kânss), s. Vaga; lugar; ócio.
**VACCINE** (vék'sinn), s. Vacina; adj. vacum.
**VACILLATE** (vé'silêit), v. i. Vacilar; hesitar.
**VACUITY** (vâkiu'iti), s. Vacuidade; inércia.
**VAGABOND** (vé'gâbônd), adj., s. Vagabundo.
**VAGARY** (vâghêi'ri), s. Extravagância; mania.
**VAGRANCY** (vêi'grânsi), s. Vadiagem.
**VAGUE** (vêig), adj. Vago; indefinido.
**VAIN** (vêinn), adj. Vão; vaidoso; fútil.
**VAINGLORY** (vêin'glôuri), s. Vanglória.
**VALEDICTION** (véledik'shânn), s. Adeus.
**VALET** (vé'let), s. Valete, criado; pajem.
**VALETUDINARIAN** (véletiudinêi'riânn), adj. e s. Valetudinário.
**VALIANT** (vé'liânt), adj. Valente; corajoso.
**VALID** (vé'lid), adj. Válido; são; justo.
**VALOR, VALOUR** (vé'lâr), s. Valor; ânimo.
**VALUABLE** (vé'liuâbl), adj. Valioso.
**VALUE** (vé'liu), v. t. Avaliar; estimar.
**VAMOSE** (vâmôu'ss), v. t. e i. Sair, ir-se.
**VAMP** (vém'p), s. Gáspea ou rosto do sapato.
**VAMPIRE** (vém'páir), s. Vampiro.
**VAN** (vénn), s. Vanguarda.
**VANDAL** (vén'dâl), s. Vândalo.
**VANGUARD** (vén'gárd), s. Vanguarda.
**VANILLA** (vâni'lâ), s. Baunilha.
**VANISH** (vé'nish), v. i. Desaparecer.
**VANITY** (vé'niti), s. Vaidade, presunção.
**VANQUISH** (vén'kūish), v. t. Vencer; dominar.
**VANTAGE** (vén'tidj), s. Vantagem; lucro.
**VAPID** (vé'pid), adj. Evaporado; insosso.
**VAPOR, VAPOUR** (véi'pâr), s. Vapor; fumo.
**VARIABLE** (vêi'riâbl), adj. Variável; móvel.
**VARIANCE** (vêi'riânss), s. Variação.
**VARIETY** (vârái'iti), s. Variedade.
**VARIOUS** (vêi'riâss), adj. Vário; diverso.
**VARNISH** (vár'nish), s. Verniz.
**VARSITY** (vár'siti), s. (Fam.) Universidade.
**VASE** (vêiz), s. Vaso; jarra; pote.
**VASELINE** (vae'zelinn), s. Vaselina.
**VASSAL** (vae'ssal), s. Vassalo; súdito.
**VAST** (vést), s. Vastidão; imensidade.
**VAT** (vét), s. Tina, cuba, tonel.
**VAULT** (vôlt), s. Abóbada; sepulcro; o céu.
**VAUNT** (vân't), s. Vaidade; jactância.
**VEAL** (vil), s. Carne de vitela.
**VEGETABLE** (vé'djitâbl), adj. e s. Vegetal.
**VEHEMENT** (vi'himént), adj. Veemente.

**VEHICLE** (vi'ikl), s. Veículo, viatura.
**VEIL** (vêil), s. Véu; coberta; cortina; tela.
**VEIN** (vêinn), s. Veia, veio; tendência.
**VELOCITY** (vilô'siti), s. Velocidade.
**VELVET** (vél'vet), s. Veludo; adj. macio.
**VENAL** (vi'nâl), adj. Venal; mercenário.
**VEND** (vénd), v. t. Vender.
**VENEER** (veni'r), v. t. Embutir; ocultar.
**VENERATE** (vé'nârêit), v. t. Venerar.
**VENERY** (vé'nâri), s. Montaria, caça.
**VENETIAN** (veni'shânn), adj. e s. Veneziano.
**VENGEANCE** (vén'djânss), s. Vingança.
**VENIAL** (vi'niâl), adj. Venial.
**VENISON** (vé'nizânn), s. Carne de veado.
**VENOM** (vénâmm), s. Veneno.
**VENOUS** (vi'nâss), adj. Venoso.
**VENT** (vént), s. Saída; vento; curso.
**VENTRILOQUISM** (ventri'lôkizm), s. Ventriloquismo.
**VENTURE** (vén'tshur), s. Aventura; risco.
**VERACIOUS** (verêi'shâss), adj. Verídico.
**VERANDA** (ve-raen'dae), s. Varanda; balcão.
**VERB** (vârb), s. (Gram.) Verbo.
**VERDANT** (vâr'dânt), adj. Verde; inexperiente; verdejante.
**VERDICT** (vâr'dikt), s. Veredito.
**VERDURE** (vêr'djâr), s. Verdura; frescor.
**VERGE** (várdj), s. Borda; margem; limite.
**VERGER** (vár'djâr), s. Porteiro de igreja.
**VERIFY** (vé'rifái), v. t. Verificar; constar.
**VERITY** (vé'riti), s. Verdade; realidade.
**VERJUICE** (vár'djuss), s. Agraço.
**VERMICELLI** (vârmissé'li), s. Aletria.
**VERMICIDE** (vâr'missâid), s. Vermicida.
**VERMIN** (vêr'minn), s. Bicha; vermina.
**VERNACULAR** (vârnê'kiulâr), adj. Vernáculo.
**VERSANT** (vâr'sânt), adj. Versado; instruído.
**VERSATILE** (vâr'sâtáil), adj. Versátil.
**VERSE** (várss), s. Verso; estância; estrofe.
**VERSED** (vârst), adj. Versado; douto.
**VERSICLE** (vâr'sikl), s. Versículo.
**VERSIFY** (vâr'sifái), v. t. e i. Versificar.
**VERSION** (vâr'shânn), s. Versão; tradução.
**VERTEBRA** (vâr'tebra), s. Vértebra.
**VERTEX** (vér'teks), s. Vértice; zênite.
**VERTIGO** (vér'tigôu), s. Vertigem.
**VERVAIN** (vâr'vêinn), s. Verbena.
**VERY** (vé'ri), adv. Muito; bastante; adj. verdadeiro; verídico; perfeito; completo.

**VESICLE** (vé'sikl), s. Vesícula.
**VESPERTINE** (vés'pertinn), adj. Vespertino.
**VESPIARY** (ves'piàri), s. Vespeiro.
**VESSEL** (vésl), s. Vaso, navio, barco; (Anat. e Zool.) vaso, canal; (Bot.) canal, duto.
**VEST** (vést), v. t. e i. Investir; vestir; pôr.
**VESTIGE** (vés'tidj), s. Vestígio; rudimento.
**VESTITURE** (vés'titshur), s. Revestimento.
**VESTMENT** (vést'ment), s. Vestimenta.
**VESTRY** (vés'tri), s. Sacristia.
**VETERAN** (vé'têrânn), adj. e s. Veterano.
**VETERINARY** (vé'tàrinéri), s. Veterinário.
**VEX** (véks), v. t. Vexar; humilhar; irritar.
**VIABLE** (vái'àbl), adj. Viável; capaz de.
**VIADUCT** (vái'âdàkt), s. Viaduto.
**VIAL** (vái'âl), s. Frasco; redoma.
**VIAND** (vái'ând), s. Vianda; carne; alimento.
**VIBRANT** (vái'brânt), adj. Vibrante; sonoro.
**VICAR** (vi'kàr), s. Vigário.
**VICE** (váiss), s. Vício; depravação; mácula; substituto; imediato; prep. em lugar de.
**VICINITY** (vissi'niti), s. Vizinhança.
**VICTIM** (vik'timm), s. Vítima.
**VICTORY** (vik'tôuri), s. Vitória; triunfo.
**VICTUAL** (vikt'l), v. t. e i. Abastecer; prover.
**VIDEO** (vi'diôu), s. Video.
**VIE** (vái), v. t. e i. Rivalizar; disputar.
**VIEW** (viu), s. Vista; perspectiva; paisagem.
**VIEWLESS** (viu'léss), adj. Invisível.
**VIGIL** (vi'djiil), s. Vigília; velório.
**VIGOR, VIGOUR** (vi'gâr), s. Vigor; energia.
**VILE** (váil), adj. Vil; desprezível; baixo.
**VILIFY** (vi'lifái), v. t. Aviltar; difamar.
**VILLAGE** (vi'lidj), s. Vila; aldeia; povoação.
**VILLAIN** (vi'linn), s. Vilão; pessoa sórdida.
**VIM** (vimm), s. Energia; força; vigor.
**VINCIBLE** (vin'sibl), adj. Vencível.
**VINDICABLE** (vin'dikâbl), adj. Justificável.
**VINDICTIVE** (vindik'tiv), adj. Vingativo.
**VINE** (váinn), s. Videira; vinha; trepadeira.
**VINEGAR** (vi'nigàr), s. Vinagre.
**VINTAGE** (vin'tidj), s. Vindima.
**VIOLATE** (vái'olêit), v. t. Violar; desonrar.
**VIOLENCE** (vái'olénss), s. Violência; fúria.
**VIOLET** (vái'olét), s. Violeta; a cor violeta.
**VIOLIN** (váio'lin), s. Violino; violinista.
**VIOLONCELLO** (váiolóntshé'lôu), s. Violoncelo.
**VIPER** (vái'pâr), s. Víbora.
**VIRGIN** (vár'djinn), s. Virgem; donzela.
**VIRIDITY** (viri'dit), s. Verdura; verdor.
**VIRILITY** (viri'liti), s. Virilidade.
**VIROSE** (vái'rôuss), adj. Virulento.
**VIRTUE** (vâr'tshu), s. Virtude; mérito.
**VIRUS** (vái'râss), s. Vírus; veneno.
**VISAGE** (vi'zidj), s. Semblante; aspecto.
**VISCERA** (vi'sârâ), s. pl. Vísceras.
**VISCID** (vi'sid), adj. Viscoso.
**VISCOUNT** (vái'kâunt), s. Visconde.
**VISCOUS** (vis'kâss), adj. Viscoso; pegajoso.
**VISE** (váiss), s. Torno mecânico
**VISIBILITY** (vizibi'liti), s. Visibilidade.
**VISIBLE** (vi'zibl), adj. Visível; claro.
**VISION** (vi'jânn), s. Visão; fantasma.
**VISIT** (vi'zit), s. Visita.
**VISOR** (vái'zâr), s. Viseira; máscara.
**VISUAL** (vi'juâl), adj. Visual.
**VITAL** (vái'tâl), adj. Vital; essencial.
**VITALITY** (váitê'liti), s. Vitalidade.
**VITAMIN, VITAMINE** (vái'tâminn), s. Vitamina.
**VITIATE** (vi'shiêit), v. t. Viciar; depravar.
**VITICULTURE** (vi'tikâltshur), s. Viticultura.
**VITREOUS** (vi'triâs), adj. Vítreo; vidroso.
**VITUPERATE** (váitiu'pâreit), v. t. Vituperar.
**VIVACIOUS** (vivê'shâss), adj. Vivaz; vivo.
**VIVID** (vi'vid), adj. Vívido; esperto.
**VIVIFY** (vi'vifái), v. t. Vivificar.
**VIVIPAROUS** (váivi'pârâss), adj. Vivíparo.
**VIVISECT** (vivissék't), v. t. e i. Dissecar.
**VIXEN** (vi'ksn), s. Raposa; megera.
**VOCABLE** (vôu'kâbl), s. Vocábulo; termo.
**VOCAL** (vôu'kâl), adj. Vocal; oral; sonoro.
**VOCATION** (vokêi'shânn), s. Vocação.
**VOCATIVE** (vôu'kâtiv), adj. e s. (Gram.) Vocativo.
**VOCIFERATE** (vôussi'fâreit), v. i. Vociferar.
**VOGUE** (vôug), s. Voga; moda prevalecente.
**VOICE** (vóiss), s. Voz; palavra; opinião.
**VOICELESS** (vóis'léss), adj. Sem voz; mudo.
**VOID** (vóid), s. Vácuo; evacuação; adj. vazio.
**VOLATILE** (vó'lâtiil), adj. Volátil; fugaz.
**VOLCANO** (vólkêi'nôu), s. Vulcão.
**VOLITION** (vôuli'shânn), s. Volição; vontade.
**VOLLEY** (vô'li), s. Descarga de artilharia; salva; grito de alegria; torrente de palavras; v. t. e i. rebater (a bola).
**VOLTAGE** (vól'tidj), s. (Eletr.) Voltagem.
**VOLUBLE** (vô'liubl), adj. Volúvel.
**VOLUME** (vó'liumm), s. Volume.
**VOLUNTARY** (vô'lântêri), s. Voluntário; adj. voluntário; espontâneo.
**VOLUPTUOUS** (volâp'tshuâss), adj. Voluptuoso; sensual.
**VOLUTION** (voliu'shânn), s. Volta em espiral.
**VOMIT** (vô'mit), v. t. e i. Vomitar; s. vômito.
**VORACIOUS** (vorêi'shâss), adj. Voraz.

**VOTARY** (vôu'târi), s. Devoto(a).
**VOTE** (vôut), s. Voto; v. t. e i. eleger; votar.
**VOTIVE** (vôu'tiv), adj. Votivo.
**VOUCH** (váutsh), s. Garantia; atestado.
**VOUCHSAFE** (váutshsêi'f), v. t. e i. Conceder; permitir; dignar-se.
**VOW** (váu), s. Voto; promessa.
**VOYAGE** (vô'idj), s. Viagem (por mar).
**VULCANIZATION** (vâlkânizêi'shânn), s. Vulcanização (da borracha).
**VULGAR** (vâl'gâr), adj Vulgar; comum; vil.
**VULNERABLE** (vâl'nârâbç), adj. Vulnerável.
**VULNERARY** (vâl'nâréri), adj. Vulnerário, próprio para a cura de feridas.
**VULPINE** (vâl'pinn), adj. Vulpino, de raposa.
**VULTURE** (vâl'tshur), s. Abutre.
**VULVA** (vâl'vâ), s. Vulva; madre; matriz.
**VYING** (vái'nn), adj. Rival; concorrente.

# W

**W** (dâ'bliu), s. Vigésima-terceira letra do alfabeto.
**WAD** (uód), s. Feixe; chumaço; estopa.
**WADDING** (uódinn), s. Pêlo; crina; forro.
**WADDLE** (uód'l), s. Bamboleio; saracoteio.
**WADE** (uéid), s. Vau; v. i. patinhar.
**WAFFLE** (uóf'l), s. Espécie de bolo leve.
**WAFT** (uáft), s. Ato de flutuar; boiar; vogar.
**WAFTAGE** (uáf'tidj), s. Transporte.
**WAG** (uég), s. Sacudidura; balanço; gracejo.
**WAGE** (uêidj), s. Salário; parada (ao jogo); v. t. e i. empreender; manter; sustentar.
**WAGGERY** (ué'gâri), s. Esperteza; malícia.
**WAGGON** (ué'gânn), s. Vagão; carro.
**WAGTAIL** (uég'têil), s. Alvéola (pássaro).
**WAIL** (uêil), s. Gemido; queixume.
**WAIN** (uêinn), s. Carro, carroça.
**WAINSCOAT** (uêin'skât), s. Estuque; rodapé.
**WAIST** (uêist), s. Cinta; cintura; meio.
**WAISTBELT** (uêist'bélt), s. Cinturão.
**WAISTCOAT** (uêist'kôut), s. Colete.
**WAIT** (uêit), s. Espera; demora; detença.
**WAIVE** (uêiv), s. Renúncia; desistência.
**WAKE** (uêik), s. Vigília; insônia.
**WALE** (uêil), s. Vinco; raia; sulco; vergão.
**WALK** (uók), s. Passeio; marcha; andar; giro.
**WALL** (uól), s. Muro; parede; muralha.
**WALLET** (uó'let), s. Carteira de bolso; sacola.
**WALLOP** (uó'lâp), s. Pancada; golpe; sova.
**WALLOW** (uó'lôu), v. i. Chafurdar.
**WALNUT** (uól'nât), s. Noz; a nogueira.
**WALRUS** (uól'râss), s. Morsa (Zool.).
**WALTZ** (uól'tz), s. Valsa; v. i. valsar.
**WAMBLE** (uômb'l), s. Enjôo, náusea; ronco.
**WAN** (uónn), adj. Lívido; pálido; lânguido.
**WAND** (uónd), s. Vara; varinha; batuta.
**WANDER** (uón'dâr), s. Vagabundo; viajor.
**WANE** (uêinn), s. Decadência; míngua.
**WANNES** (uón'néss), s. Palidez; lividez.
**WANT** (uónt), s. Falta; carência; indigência.
**WANTAGE** (uón'tidj), s. Falta; carência.
**WANTON** (uón'tânn), adj. Libertino; devasso.
**WAR** (uór), s. Guerra; oposição; luta.
**WARBLE** (uórb'l), s. Gorjeio; trinado.
**WARD** (uórd), s. Guarda, defesa; proteção; bairro; distrito; tutelado; enfermaria; sala; fortaleza; v. t. proteger; guardar.
**WARE** (uór), s. Mercadoria; adj. acautelado.
**WARINESS** (ué'rinéss), s. Cuidado, cautela.
**WARLIKE** (uór'lâik), adj. Marcial; belicoso.
**WARLOCK** (uór'lók), s. Feiticeiro; mágico.
**WARM** (uórmm), adj. Quente; tépido; ardente; caloroso; animado; fresco; ativo.
**WARN** (uórnn), v. t. e i. Avisar; advertir.
**WARP** (uórp), s. Urdidura; nateiro; lodaçal.
**WARRANT** (uó'rânt), s. Poder; autorização; ordem de prisão; fiança; alvará; diploma; patente; penhor; v. t. garantir; afiançar.
**WART** (uórt), s. Verruga; cravo.
**WARY** (uéi'ri), adj. Prudente; previdente.
**WASH** (uósh), s. Lavagem; lagoa; cosmético.
**WASHER** (uó'shâr), s. Lavador; lavadeira.
**WASHINESS** (uó'shinéss), s. Estado de diluição; fraqueza; inutilidade.
**WASHY** (uó'shi), adj. Úmido; frouxo; débil.
**WASP** (uósp), s. Vespa.
**WASPISHNESS** (uó'pishnéss), s. Mau humor.
**WASSAIL** (uó'sil), s. Brinde; banquete; orgia.
**WASTAGE** (uêis'tidj), s. Quebra; desgaste.
**WASTE** (uêist), s. Destruição; desgaste; desperdício; deserto; ermo; resto; refugo.
**WASTER** (uêis'târ), s. Gastador, destruidor.
**WATCH** (uótsh), s. Relógio; vigília; guarda.
**WATCHFUL** (uó'tshful), adj. Atento; esperto.

**WATER** (uó'tår), s. Água; chuva; maré; urina; lágrimas; suor; saliva; (fig.) pureza.
**WATERLESS** (uó'tårléss), adj. Seco; árido.
**WATERMELON** (uó'tår-mé'lon), s. melancia.
**WATERPROOF** (uó'tårpruf), adj. e s. Impermeável; v. t. impermeabilizar.
**WATT** (u-ót'), s. Watt, vátio; (bras.) vela.
**WAUL, WAWL** (uól), v. i. Miar.
**WAVE** (uêiv), s. Onda; ondulação; aceno.
**WAVERING** (uêi'vårinn), adj. s. Irresolução.
**WAVY** (uêi'vi), adj. Ondeante; flutuante.
**WAX** (uéks), s. Cera; cerume.
**WAXING** (uék'sinn), s. Aumento.
**WAY** (uéi), s. Via; caminho; curso; canal.
**WAYLAY** (uêi'lêi), v. t. Armar ciladas.
**WAYLESS** (uéi'léss), adj. Intransitável.
**WAYWARD** (uêi'uård), adj. Mau; instável.
**WE** (ui'), pron. pess. Nós.
**WEAK** (uik), adj. Fraco, débil; ineficaz.
**WEAL** (uil), s. Felicidade; prosperidade.
**WEALD** (uild), s. Descampado; duna.
**WEALTH** (uélth), s. Riqueza; exuberância.
**WEAN** (uin), v. t. Desmamar; separar.
**WEAPON** (ué'pånn), s. Arma; pl. espinhos.
**WEAR** (uér), s. Uso; desgaste; roupa; moda; s. açude; dique; represa.
**WEARY** (ui'ri), adj. Cansado; enfastiado.
**WEASEL** (uiz'l), s. Doninha ou fuinha.
**WEATHER** (ué'dhår), s. Tempo (temperatura).
**WEBBED** (uéb'd), adj. Palmípede.
**WEBSTER** (ué'bstår), s. Tecelão.
**WED** (uéd), v. t. e i. Casar; desposar.
**WEDGE** (uédj), s. Calço; cunha; v. t. calçar.
**WEDNESDAY** (unz'dêi), s. Quarta-feira.
**WEE** (ui), s. Pequeno espaço de tempo.
**WEED** (ui'd), s. Ervá má, joio; sinal de luto.
**WEEK** (ui'k), s. Semana.
**WEEL** (uil), s. Remoinha; armadilha p/peixe.
**WEENING** (ui'nin), s. Imaginação.
**WEEP** (uip), v. t. e i. Chorar; lamentar.
**WEFT** (uéft), s. Urdidura; objeto perdido.
**WEIGH** (uêi), v. t. e i. Pesar; considerar.
**WEIGHT** (uêit), s. Peso (em todas acepções).
**WEIGHTLESS** (uéit'léss), adj. Sem peso.
**WEIR** (uir), s. Açude; represa; dique.
**WEIRD** (uird), s. Destino; fado; sorte.
**WELCOME** (uél'kåmm), s. Boas vindas.
**WELFARE** (uél'fér), s. Bem-estar; ventura.
**WELL** (uél), s. Poço; fonte; nascente; reservatório; manancial; porão de navio; pl. estância de águas minerais; adj. bom, feliz, confortável; conveniente; proveitoso; v. t. e i. emanar, brotar (água); esguichar.

**WELT** (uélt), s. Orla; margem; vinco; vergão.
**WEN** (uénn), s. Quisto sebáceo; lobinho.
**WEND** (uénd), v. t. e i. Encaminhar; seguir.
**WEREWOLF** (ué'ruuf), s. Lobisomem.
**WEST** (uést), s. Oeste; ocidente; ocaso.
**WET** (uét), adj. Úmido; chuvoso; bêbedo.
**WHALE** (huêil), s. Baleia; cachalote.
**WHANG** (huénn), s. Pancada; surra; correia.
**WHARF** (huórf), s. Cais; desembarcadouro.
**WHAT** (uót), adj. e pron. interrog. Que? o que? adj. e pron. relat. o que (aquilo, aquele que); adv. em que, de que maneira; s. objeto; coisa.
**WHATEVER** (huót'évår), adj. e pron. Tudo aquilo que; seja o que for; por mais que.
**WHEAL** (uil), s. Mina de estanho; pústula.
**WHEAT** (huit), s. Trigo.
**WHEEDLE** (huid'l), s. Lisonja; engodo.
**WHEEL** (huil), s. Roda; polia; bicicleta; rotação; circuito; (pop.) dólar; (Náut.) leme.
**WHEELING** (hui'linn), s. Transporte sobre rodas; ato de rodar, rolar, pedalar, dirigir.
**WHEEZE** (huiz), s. Respiração ofegante.
**WHELM** (huélmm), v. t. Submergir; oprimir.
**WHELP** (huélp), s. Filhote de mamífero.
**WHEN** (huénn), adv. e conj. Quando.
**WHENCE** (huénss), adv. Donde, por isso.
**WHERE** (huér), adv. Onde, em que lugar.
**WHEREBY** (huér'bái), adv. Por que meio?
**WHET** (huét), v. t. Afiar; aguçar; irritar.
**WHETHER** (hué'dhår), adv. e conj. Se; quer... quer; pron. qual dos dois.
**WHICH** (hui'tsh), pron. Que, o qual, a qual, os quais; qual? cujo(s), cuja(s).
**WHICHEVER** (huitshé'vår), adj. e pron. Qualquer; quaisquer; um ou outro.
**WHIFFLE** (hui'fl), v. t. e i. Variar de opinião.
**WHIFFLING** (hui'flinn), s. Evasiva; rodeio.
**WHILE** (huiál), conj. Conquanto, ainda que; adv. no tempo em que; s. espaço de tempo; bocado; v. t. passar; entreter o tempo.
**WHIMPER** (huim'pår), s. Queixume; lamúria.
**WHIP** (huip), s. Chicote; açoite; carroceiro.
**WHIR** (huår), s. Zunido; zumbido; silvo.
**WHIRL** (huårl), s. Volta, giro; rotação.
**WHIRLPOOL** (huêr'pul), s. Remoinho (água).
**WHIRLWIND** (uhêr'uind), s. Remoinho (vento); turbilhão; furacão; tufão.
**WHISKEY, WHISKY** (huis'ki), s. Uísque.
**WHISPER** (huis'pår), s. Murmúrio; segredo.
**WHIST** (huist), s. Espécie de jogo de cartas; adj. mudo; calado; interj. silêncio!
**WHISTLE** (huist'l), s. Assobio; silvo; zunido.

**WHIT** (huit), s. Porção mínima; átomo.
**WHITE** (huáit), adj. Branco; alvo; pálido; sem mancha; inocente; feliz; propício; s. cor branca; brancura; clara de ovo; alvo de pontaria; v. t. branquear; caiar.
**WHITSUN** (huits'n), adj. Do Pentecostes.
**WHITTLE** (huit'l), s. Navalha; faca; cobertor de lã; v. t. e i. cortar; aparar; aguçar.
**WHO** (hu), pron. relat. e interrog. Que, quem, o(a, os, as) qual(is), aquele que.
**WHOLE** (hôul), adj. Todo, inteiro, completo; intacto; são; ileso; germano; puro-sangue.
**WHOLESALE** (hôul'sêil), s. Venda por atacado; adj. por atacado; atacadista.
**WHOLESOME** (hôul'sâmm), adj. Saudável.
**WHOM** (humm), pron. A quem, quem.
**WHOOP** (hup), s. Algazarra, grito de guerra; pio de coruja; v. t. e i. vaiar; apupar.
**WHORL** (huârl), s. (Bot.) Verticilo; (Bot. e Zool.) espiral; (Mec.) contrapeso de rosca.
**WHOSE** (huz), pron. relat. Cujo(a, os, as).
**WHY** (huái), adv. Por quê? por que razão?
**WICK** (uik), s. Mecha, pavio, torcida.
**WICKED** (ui'kid), adj. Perverso; mau; ruim.
**WICKER** (ui'kâr), s. Vime, vimeiro.
**WICKET** (ui'ket), s. Postigo; portinhola.
**WIDE** (uáid), adj. Largo; amplo; adv. longe; extensamente; s. largura; vastidão.
**WIDGEON** (ui'djânn), s. Adem, pato.
**WIDOW** (uidôu), s. Viúva.
**WIDTH** (uidth), s. Largura; compreensão.
**WIELD** (uild), v. t. Empunhar; manejar.
**WIFE** (uáif), s. Mulher, esposa, dona de casa.
**WIFELESS** (uáif'léss), adj. Sem esposa.
**WIG** (uig), s. Cabeleira postiça; chinó.
**WIGGING** (ui'ghinn), s. Censura; repreensão.
**WILD** (uáild), adj. Selvagem; inculto; feroz; desabitado; volúvel; s. deserto; solidão.
**WILDBOAR** (uáild'bôr), s. Javali.
**WILDCAT** (uáild'két), s. Gato montês; lince; adj. insensato; estouvado.
**WILDNESS** (uáild'néss), s. Selvajaria.
**WILL** (uil), s. Vontade; arbítrio; preceito; determinação; prazer; testamento; v. t. querer; resolver; decretar; legar.
**WILLFUL** (uil'ful), adj Voluntarioso.
**WILLING** (ui'linn), adj. Desejoso; pronto.
**WILLOW** (ui'lôu), s. Salgueiro; (pop.) objetos feitos de salgueiro; v. t. bater, limpar (o linho, o algodão, etc.).
**WILT** (uilt), v. t. e i. Definhar; esmorecer.
**WILY** (uái'li), adj. Astuto; velhaco.
**WIMBLE** (uim'bl), s. Broca; pua; furador.
**WIMPLE** (uim'pl), s. Touca ou véu de freira; flâmula; v. t. e i. velar, cobrir; ondear.
**WINCE** (uinss), v. i. Recalcitrar; retrair-se; ofender-se; encolher-se; recuar.
**WINCH** (uintsh), s. Manivela; guincho.
**WIND** (uind), v. t. e i. Farejar; expor ao vento; ventilar; soprar; dobrar; torcer; enrolar; rodar; s. vento; sopro; hálito; respiração; cehiro; ar; bazófia; v. t. tocar instrumento de sopro; tanger.
**WINDER** (uin'dâr, uáin'dâr), s. O que toca um instrumento de sopro; dobador; bobina; planta trepadeira; corda de relógio.
**WINDINESS** (uin'dinéss), s. Vento; vaidade.
**WINDING** (uáin'dinn), s. Desvio; curva; sinuosidade; dobagem; ângulo; inflexão; modulação (dos sons); (Eletr.) rolamento.
**WINDLASS** (uind'láss), s. (Mec.) Molinete.
**WINDMILL** (uind'mil), s. Moinho de vento.
**WINDOW** (uin'dôu), s. Janela; postigo; coberta; tampa; vitrina; (Anat.) abertura.
**WINDWARD** (uind'uârd), s. Barlavento.
**WINDY** (uin'di), adj. Ventoso; pomposo; oco.
**WINE** (uáinn), s. Vinho; bebida.
**WING** (uinn), s. Asa; ala; vôo; bastidor (de teatro); ponta (futebol); flanco (Mil.).
**WINGY** (uinni), adj. Alado; voador.
**WINK** (uink), s. Pestanejo; cochilo; soneca.
**WINNER** (uin'nâr), s. Vencedor; ganhador.
**WINNING** (uin'ninn), s. Ganho; lucro; adj. atraente, sedutor, cativante.
**WINNOW** (ui'nôu), v. t. e i. Joeirar; examinar; separar; bater com as asas.
**WINTER** (uin'târ), s. Inverno; hibernal.
**WIPE** (uáip), s. Ato de limpar; gracejo.
**WIRE** (uáir), s. Arame; fio elétrico; corda de instrumento musical; telegrama.
**WIRELESS** (uáir'léss), adj. Sem fio.
**WIRY** (uái'r), adj. De arame; (fig.) resistente; magro, porém vigoroso; nervoso; tenso.
**WISDOM** (uis'dâmm), s. Sabedoria; saber.
**WISE** (uáiz), adj. Sábio, douto; s. modo, maneira de agir; método; feitio; sorte.
**WISH** (uish), v. t. e i. Desejar, querer.
**WISP** (uisp), s. Paveia, punhado, feixe; bando de pássaros; escova; vassourinha.
**WISTFUL** (uis'tful), adj. Ansioso; atento.
**WIT** (uit), s. Agudeza de espírito; engenho.
**WITCH** (uitsh), s. Bruxa; v. t. fascinar.
**WITH** (uidh), prep. Com; por; entre; contra.
**WITHDRAW** (uidhdrô), v. t. e i. Retirar; apartar; separar; desviar; tirar; desdizer-se.
**WITHE** (uith), s. Vime; verga; cipó.

**WITHERED** (ui'dhârd), adj. Murcho; seco.
**WITHHOLD** (uidh'hôuld), v. t. Reter; deter; negar; recusar; v. i. reprimir-se; perecer.
**WITHIN** (uidhi'nn), pret. e adv. Dentro, no interior; incluso; anexo; daqui a.
**WITHOUT** (uidhâu't), prep. e adv. Sem, destituído, falto de; fora, por fora.
**WHITLESS** (ui'tléss), adj. Néscio; imbecil.
**WHITNESS** (uit'néss), s. Testemunha; indício; sinal; (jur.) declarante.
**WITTICISM** (ui'tissizm), s. Dito espirituoso.
**WITTY** (ui'ti), adj. Engenhoso; chistoso.
**WIVE** (uáiv), v. i. Casar-se.
**WIZARD** (ui'zârd), s. Feiticeiro; mago.
**WIZEN** (uizn), adj. Seco, murcho.
**WO, WOE** (uôu), s. Dor, pena, aflição.
**WOFULNESS, WOEFULNESS** (uôu'fulnéss), s. Desgraça; tristeza; aflição; miséria.
**WOLD** (uôuld), s. Planície; planura; duna.
**WOLF** (uulf), s. Lobo.
**WOLFISH** (uul'fish), adj. Feroz; carniceiro.
**WOMAN** (uu'maen), s. Mulher; adj. feminino.
**WOMB** (uumm), s. Madre, ventre; seio.
**WONDER** (uân'dâr), s. Admiração; pasmo; espanto; prodígio; v. t. e i. estar intrigado.
**WONT** (uânt), s. Uso, hábito, costume.
**WOO** (uu), v. i. Namorar; cortejar; almejar.
**WOOD** (uud), s. Madeira, pau, lenha, selva.
**WOODCUT** (uud'kât), s. Xilografia.
**WOODEN** (uud'n), adj. De pau, de madeira; rude; grosseiro; desastrado.
**WOODPECKER** (uud'pékâr), s. Picapau (ave).
**WOOF** (uuf), s. Trama (em tecelagem).
**WOOL** (uul), s. Lã; cabelo lanoso; pêlo.
**WORD** (uârd), s. Vocábulo, palavra, termo; expressão; linguagem; dito; fala; prosa; mensagem; ordem; sinal; v. t. e i. exprimir por palavras; enunciar; redigir; escrever.
**WORDLESS** (uâr'léss), adj. Silencioso.
**WORDY** (uâr'di), adj. Verbal; prolixo.
**WORK** (uârk), s. Trabalho, ocupação; obra; operação; tarefa; emprego; realização; direção; marcha; fadiga; costura; ação; pl. fábrica, oficina; movimento; maquinismo; v. t. e i. trabalhar, operar, agir; ocupar-se de; executar; fabricar; lavrar; fomentar; dirigir; manejar; manobrar; investigar; solver (problema); manufaturar; bordar; purgar; purificar; ir (bem ou mal).
**WORKABLE** (uâr'kâbl), adj. Praticável.
**WORKADAY** (uâr'kâdei), adj. De todos os dias; comum; prosaico; laborioso.
**WORKHOUSE** (uârk'háuss), s. Asilo.
**WORKING** (uâr'kinn), s. Obra; trabalho; jogo; tiragem de jornal; adj. que funciona.
**WORKMANSHIP** (uârk'maenship), s. Mão-de-obra; artefato; manufatura; feitio; primor.
**WORLD** (uârld), s. Mundo; universo; sociedade; gente; terra; globo; quantidade.
**WORM** (uârmm), s. Verme, bicho, minhoca, larva de inseto; (fig.) pessoa vil, desprezível; (Mec.) saca-trapos; (Quím.) serpentina; v. t. e i. insinuar-se; introduzir-se.
**WORRY** (uâ'ri), v. t. e i. Afligir; maçar.
**WORSHIP** (uâr'ship), v. t. Adorar; cultuar.
**WORST** (uârst), adj. Péssimo; o pior; adv. o pior possível; v. t. vencer; derrotar.
**WORSTED** (uârst'd), s. Estambre, lã fiada.
**WORT** (uârt), s. Planta, erva; tipo de cerveja.
**WORTHINESS** (uâr'dhinéss), s. Mérito; valor.
**WORTHLESS** (uâr'dhléss), adj. Indigno.
**WOUND** (uund), s. Ferida; úlcera; golpe.
**WOUNDER** (uun'dâr), s. O que fere; ofensor.
**WRACK** (rék), s. Alga; sargaço; ruína.
**WRANGLE** (réng'l), s. Altercação; discussão.
**WRAPPER** (ré'pâr), s. Envoltório; capa; pano; cobertura; o que serve para enrolar.
**WRATH** (rath), s. Ira, raiva, indignação.
**WREAK** (rik), s. Vingança; fúria; ira.
**WREATH** (rith), s. Grinalda; nuvem.
**WREATHE** (ridh), v. t. e i. Enroscar(-se).
**WRECK** (rék), s. Naufrágio; ruína; sargaço.
**WREN** (rénn), s. Carriça (ave).
**WRENCH** (réntsh), s. Arranco; torção; repelão, torcedura; chave de parafusos.
**WREST** (rést), s. Contorção; repelão; puxão.
**WRESTER** (rés'târ), s. Violador; infrator.
**WRESTLE** (rés'l), v. i. Brigar; lutar.
**WRETCHEDNESS** (ré'tshdnéss), s. Desdita; miséria; desgraça; infelicidade.
**WRIGGLE** (rig'l), s. Agitação; torcedura.
**WRIGGLING** (ri'glinn), s. Ondulação; meneio.
**WRIGHT** (ráit), s. Artífice; operário.
**WRING** (rinn), v. t. e i. Torcer, apertar, arrancar, esmagar; v. i. afligir-se; contorcer.
**WRINKLE** (rink'l), s. Ruga; vinco; prega.
**WRIST** (rist), s. Pulso; punho; munheca.
**WRIT** (rit), s. (Jur.) Mandado, citação.
**WRITE** (ráit), v. t. e i. Escrever; redigir.
**WRONG** (rônn), s. Iniquidade; injustiça; mal.
**WRONGED** (rônnd), adj. Injuriado; ofendido.
**WRONGFULNESS** (rôn'fulnéss), s. Falsidade.
**WRONGHEADED** (rôn-hé'did), adj. Disparatado; estouvado; teimoso; obstinado.
**WRONGING** (rôn'ninn), s. Ato de lesar; de prejudicar; injustiça.

**WRONGNESS** (rôn'néss), s. Iniqüidade; injustiça; erro; desacerto; inexatidão.
**WROTE** (róuth), adj. Aborrecido; irado.
**WROUGHT** (rót), adj. Batido; forjado; lavrado; manufaturado; trabalhado.

**WRY** (rái), adj. De través, de esguelha; torcido; pervertido; alterado; feio.
**WRYNECK** (rái'nék), s. Torcicolo; (Zool.) torcícolo (pássaro).
**WRYNESS** (rái'néss), s. Contorção; trejeito.

# X

**X** (éks), s. Vigésima-quarta letra do alfabeto.
**XANTHO** (zén'thou), s. Xanto (pedra preciosa).
**XMAS** (kris'mâss), abrev. de **CHRISTMAS**.
**X-RAY** (éks-rêi), s. Raio X; adj. radiográfico.
**XYLOGRAPH** (zái'lograf), s. Xilografia, gravura em madeira.

**XYLOGRAPHY** (záilò'gráfi), s. Xilografia, arte de gravar em madeira.
**XYLOID** (zái'lod), adj. Xilóide.
**XYLONITE** (zái'lonáit), s. Celulóide (termo comercial).
**XYLOPHAGE** (zái'lofêidj), s. Xilófago.
**XYLOPHONE** (zái'lofôunn, s. Xilofone.

# Y

**Y** (uái), s. Vigésima-quinta letra do alfabeto.
**YACHT** (iót), s. Iate; navio de recreio.
**YAH** (iá), interj. Bolas! pílulas!
**YAHOO** (iá'hu), s. Selvagem.
**YAK** (iék), s. Iaque, espécie de búfalo.
**YANKEE** (ién'k), s. Cidadão norte-americano.
**YAP** (iép), v. i. Ladrar, ganir.
**YARD** (iárd), v. t. e i. encurralar; s. jarda (medida inglesa); vara de medir.
**YARN** (iárnn), s. Fio (de lã, algodão, etc.).
**YARROW** (ié'rôu), s. Milefólio; mil-em-rama.
**YAWL** (iól), s. Iole (embarcação de vela).
**YAWN** (iónn), s. Bocejo; hiato; voragem.
**YEA** (iê), adv. Sim, s. afirmação.
**YEANLING** (iin'linn), s. Cordeirinho; ovelhinha; adj. recém-nascido; novo.
**YEAR** (iâr), s. Ano, pl. anos, idade; velhice.
**YEARN** (iárnn), v. i. Anelar; almejar.
**YEARNING** (iár'ninn), s. Saudade; anelo.
**YEAST** (iist), s. Fermento; levedura.
**YELL** (iél), s. Urro; grito de dor.
**YELLOW** (ié'lôu), adj. Amarelo; amarela.
**YELLOWNESS** (ié'lôunéss), s. Amarelidão; ciúme; inveja; covardia.
**YELP** (iélp), v. i. Uivar, ganir, latir.

**YEOMAN** (iôu'maen), s. Proprietário.
**YES** (iéss), adv. Sim, certamente.
**YESTERDAY** (iés'tárdêi), s. Ontem.
**YET** (iét), adv. Ainda; todavia; até agora.
**YEW** (iu'), s. Teixo (árvore).
**YIELD** (iild), v. t. e i. Produzir, render(-se); apresentar; permitir; sujeitar-se; ser útil; s. rendição; rendimento; juro; produção.
**YELDING** (iil'dinn), s. Submissão; rendição; entrega; produto; adj. indulgente.
**YOKE** (iôuk), s. Jugo; canga; opressão.
**YOKEL** (iôuk'l), s. Caipira; camponês.
**YOLK** (iôuk), s. Gema de ovo.
**YON** (iónn), adj. e adv. Distante; acolá.
**YONDER** (iôn'dár), adj. Longe; distante.
**YORE** (iôur), adv. Outrora; antigamente.
**YOU** (iu'), pron. pess. Tu, vós; te, tigo; lhe, vos, lhes, você(s), o(a) senhor(a), V. Sa..
**YOUNG** (iánn), adj. Jovem; moço; novo.
**YOUR** (iur, iôur), pron. poss. Teu(s), tua(s).
**YOURSELF** (iursél'f), pron. reflex. Tu, você.
**YOUTH** (iuth), s. Juventude; mocidade.
**YOWL** (iául), v. i. Uivar; s. uivo.
**YTTRIUM** (i'triam), s. Ítrio.
**YULE** (iul), s. Natal.

# Z

**Z** (zi, zed), s. Vigésima-sexta letra do alfabeto.
**ZANY** (zêi'ni), s. Bufão; palhaço; bobo; v. t. macaquear, arremedar, imitar.
**ZEAL** (zil), s. Zelo; devoção; fervor; ardor; escrúpulo; cuidado.
**ZEALOT** (zé'lãt), s. Entusiasta; fanático; pessoa exageradamente escrupulosa.
**ZEALOTRY** (zé'lãtri), s. Fanatismo, escrúpulo exagerado.
**ZEALOUS** (zé'lãss), adj. Zeloso, cuidadoso; escrupuloso.
**ZEALOUSNESS** (zé'lãsnéss), s. Zelo, ardor; entusiasmo.
**ZEBRA** (zi'brã), s. Zebra (animal).
**ZEBU** (zi'biu), s. Zebu (bovino).
**ZENITH** (zi'nith), s. (Astron.) Zênite; (fig.) ponto culminante; o auge.
**ZEPHYR** (zé'fãr), s. Zéfiro; vento suave e fresco; aragem; espécie de tecido leve.
**ZERO** (zi'rôu), s. Zero; cifra; nada.
**ZEST** (zést), s. Deleite; gosto; sabor; apetite; v. t. dar sabor a; temperar.
**ZINC** (zink), s. Zinco; v. t. revestir de zinco.
**ZINCOGRAPHER** (zinkó'gráfãr), s. Zincógrafo.
**ZINCOGRAPHY** (zinkó'gráfi), s. Zincografia.
**ZIPPY** (zi'pi), adj. (fam.) Animado, ativo; vigoroso.
**ZITHER, ZITHERN** (zi'thãr, zi'thãrn), s. Cítara.
**ZODIAC** (zôu'diãk), s. (Astron.) Zodíaco.
**ZONE** (zôunn), s. Zona; região; faixa de terra.
**ZONED** (zôun'd), adj. Marcado com, ou dividido em zonas; de cinta ou faixa.
**ZOO** (zu), s. Jardim zoológico (abrev. de ZOOLOGICAL).
**ZOOGRAPHER** (zôuó'gráfãr), s. Zoógrafo.
**ZOOGRAPHY** (zôuó'grafi), s. Zoografia.
**ZOLATRY** (zôuó'lãtri), s. Zoolatria.
**ZOOLOGICAL** (zôuoló'djikãl), adj. Zoológico.
**ZOOLOGIST** (zôuó'lodjist), s. Zoólogo.
**ZOOLOGY** (zôuó'lodji), s. Zoomegia.
**ZOOMETRY** (zôuó'mitri), s. Zoometria.
**ZOOMORPHY** (zôuó'morfi), s. Zoomorfia.
**ZOOSCOPY** (zoós'kopi), s. Zooscopia.
**ZOUNDS** (záunds), inter. Irral safal
**ZYGOMA** (záigôu'mã), s. (Anat.) Zigoma (osso da maçã do rosto).
**ZYME** (záimm), s. Fermento; germe causador da fermentação.
**ZYMOLOGY** (záimo'lodji), s. (Quim.) Zimologia.
**ZYMOTIC** (záimó'tik), adj. Zimótico.

# PORTUGUÊS-INGLÊS

# A

**A**, s. m. The first letter of the alphabet; art. def. the; prep. to; on; of; by; with; according to; in; pron. poss. her; it.

**À**, contr. prep. "a" and art. "a", at; in the; on; after; with; to.

**ABA**, s. f. Edge, brim (of a hat); extremity.

**ABAÇANADO**, adj. Swarthy, mulatto like.

**ABAÇANAR**, v. t. To tarnish, to darken.

**ABACATE**, s. m. Avocado; alligator pear.

**ABACAXI**, s. m. (Bot.) Pineapple.

**ABACELAR**, v. t. To plant new vines.

**ABACIAL**, adj. Abbatial.

**ABADÁGIO**, s. m. Meal given by parishioners to an abbot; revenue of an abbey.

**ABADE**, s. m. Abbot, abbê.

**ABADIA**, s. f. Abbey.

**ABAETADO**, adj. Well-clothed; baize-like.

**ABAETAR**, v. t. To cover with baize.

**ABAFADIÇO(A)**, adj. Choking, smothering; stuffy; (fig.) bad-tempered.

**ABAFADO(A)**, adj. Airless, close, stuffy; muggy; hidden; hollow (sound); opressed.

**ABAFADOR**, adj. Smothering; choking; s. m. muffler, damper; pad; tea cozy.

**ABAFAMENTO**, s. m. Suffocation.

**ABAFAR**, v. t. To suffocate, choke, stifles; to suppress; to smother, damp (fire); to muffle (sound); to cover; to repress, restrain; (law) to withhold (evidence).

**ABAINHAR**, v. t. To hem.

**ABAIXADOR**, s. m. Abater; (Anat.) depressor.

**ABAIXAMENTO**, s. m. Lowering, decrease.

**ABAIXAR**, v. t. To pull down, to lower.

**ABAIXO**, adv. Under, beneath, below, down.

**ABAJUR**, s. m. Lampshade.

**ABALADO**, adj. Loose, insecure; weakened.

**ABALANÇAR**, v. t. To balance; (Com.) Bring into balance; to swing; to weigh; to throw.

**ABALAR**, v. t. To shake, to stagger; v. i. to vacilate; to run away.

**ABALIZADO**, adj. Renowned; very competent.

**ABALIZAR**, v. t. To survey, mark, demarcate.

**ABALO**, s. m. Shake, concussion, shock.

**ABALOFAR**, v. t. To swell, to puff up.

**ABALROAMENTO**, s. m. Collision.

**ABALROAR**, v. t. To collide.

**ABALUSTRAR**, v. t. To adorn with balusters.

**ABANADOR**, s. m. Fire-fan; one who fans.

**ABANAR**, v. i. To fan; to shake.

**ABANCAR**, v. t. To provide of bench.

**ABANCAR-SE**, v. p. To sit down.

**ABANDALHAR**, v. t. To degrade, debase.

**ABANDAR**, v. t. To unite, combine (in a band, group); to separate, withdraw; to band.

**ABANDEJAR**, v. t. To form in the shape of a tray; to winnow.

**ABANDONADO**, adj. Helpless, abandoned.

**ABANDONAR**, v. t. To abandon, to leave off, to give up; v. p. to despair, to forseke to.

**ABANDONO**, s. m. Abandonment, desertion.

**ABANICO**, s. m. Small fan.

**ABANO**, s. m. Fan, fire-fan.

**ABARBADO**, adj. Very busy.

**ABARBAR**, v. t. To face; to puzzle.

**ABARBARAR-SE**, v. p. To become a barbarous.

**ABARCAR**, v. t. To contain, to embrace.

**ABARRACAR**, v. t. To settle barracks in; v. p. to withdraw into barracks.

**ABARRETAR-SE**, v. p. To cap oneself.

**ABARROTAR**, v. t. To overstock, to oversupply, to stuff with food.

**ABASTADO**, adj. Well-supplied; rich.

**ABASTANÇA**, v. t. Abundance, richness.

**ABASTAR**, v. t. To supply (with); v. p. to sotck oneself.

**ABASTARDAR**, v. t. To debase, to corrupt; v. p. to degenerate.

**ABASTECEDOR**, s. m. Supplier, provider.

**ABASTECER**, v. t. To supply, to provide.

**ABASTECIMENTO**, s. m. Supply of goods, provision.

**ABATE**, s. m. Abatement, reduction.

**ABATER**, v. t. To abate, to diminish, to lessen, to reduce.

**ABATIDO,** adj. Weak, faint, discouraged.
**ABATIMENTO,** s. m. Faintness; lowness of spirits; abatement; reduction.
**ABAULADO,** adj. Convex.
**ABAULAR,** v. t. To make convex or bulged.
**ABDICAÇÃO,** s. f. Abdication.
**ABDICAR,** v. i. To abdicate; to renounce.
**ABDOME,** s. m. Abdomen.
**ABDOMINAL,** adj. Abdominal.
**ABDUÇÃO,** s. f. Abduction.
**ABDUZIR,** v. t. To abduct.
**ABEBERAR,** v. t. To water (animals); to give drink to.
**ABECEDÁRIO,** s. m. Alphabet; abecedary.
**ABEIRAR,** v. t. To place at or near the edge.
**ABELHA,** s. f. Bee.
**ABELHEIRA,** s. f. Swarm of bees.
**ABEMOLAR,** v. t. To mark with flats.
**ABENÇOADO,** adj. Blessed; holy.
**ABENÇOAR,** v. t. To bless.
**ABERRAÇÃO,** s. f. Aberration; deviation from normal; derangement.
**ABERRANTE,** adj. Aberrant.
**ABERTAMENTE,** adv. Openly, freely.
**ABERTO,** adj. Open, free; sincere.
**ABERTURA,** s. f. Opening, hole; overture.
**ABESPINHADO,** adj. Angry.
**ABETO,** s. m. Fir, abies.
**ABETUMADO,** adj. Covered with bitumen.
**ABEXIM,** adj. e s. V. **ABISSÍNIO.**
**ABICAR,** v. t. To approach; to anchor.
**ABICHORNAR,** v. i. To become ashamed or upset.
**ABISCOITAR,** v. t. To bake ike a biscuit.
**ABISMADO,** adj. Astonished; amazed.
**ABISMAL,** adj. Abyssal.
**ABISMAR,** v. i. To cast into an abyss; v. p. to engage in meditation.
**ABISMO,** s. m. Abyss.
**ABISSÍNIO,** adj. e s. m. Abyssinian.
**ABJEÇÃO,** s. f. Abjection; humilliation.
**ABJETO,** adj. Abject, vile, base.
**ABJUDICAR,** v. t. To oust, to evict.
**ABJURAÇÃO,** s. f. Abjuration.
**ABJURAR,** v. t. To abjure, to repudiate.
**ABLAÇÃO,** s. f. Ablation, removal.
**ABLACTAÇÃO,** s. f. Ablactation.
**ABLACTAR,** v. t. To wean a child from the breast.
**ABLATIVO,** adj. e s. m. Ablative.
**ABLUÇÃO,** s. f. Ablution.
**ABLUIR,** v. t. To cleanse, to wash.
**ABNEGAÇÃO,** s. f. Abnegation; selfdenial.

**ABNEGAR,** v. i. To abnegate, to renounce.
**ABÓBADA,** s. f. Vault, arched roof.
**ABOBADAR,** v. t. To shape as a vault.
**ABOBADO,** adj. Silly, weak-minded, foolish.
**ABOBAR,** v. t. To stupefy; v. p. to grow stupid.
**ABÓBORA,** s. f. Pumpkin.
**ABOCANHAR,** v. t. To catch with the mouth or teeth; to bite.
**ABOLEIMADO,** adj. Stupid.
**ABOLETAR,** v. t. To quarter (soldiers).
**ABOLIÇÃO,** s. f. Abolition, suppression.
**ABOLICIONISMO,** s. m. Abolitionism.
**ABOLIR,** v. t. To abolish, to efface, to revoke.
**ABOLORECER,** v. i. To mold.
**ABOMINAÇÃO,** s. f. Abomination, hatred.
**ABOMINAR,** v. t. To abominate, to abhor.
**ABOMINÁVEL, ABOMINOSO,** adj. Abominable, hateful, odious.
**ABONAÇÃO,** s. f. Guarantee, warranty.
**ABONADO,** adj. Rich, wealthy.
**ABONADOR,** s. m. Warranter.
**ABONANÇAR,** v. t. To appease, to calm.
**ABONAR,** v. t. To warrant, to guarantee.
**ABONÁVEL,** adj. Warrantable.
**ABORDAGEM,** s. f. Boarding.
**ABORDAR,** v. t. To board, to accost (a person), to enter ship by force.
**ABORÍGINE,** adj. Aboriginal.
**ABORRECEDOR,** s. m. Abhorrer.
**ABORRECER,** v. t. To abhor, to execrate.
**ABORRECIDO,** adj. Abhorrent, detestable; tedious; tiresome, annoying, molesting.
**ABORRECIMENTO,** s. m. Abhorrence.
**ABORTAR,** v. t. To cause to fail; v. i. to abort, to miscarry in birth.
**ABORTIVO,** adj. Abortive, born imperfect.
**ABORTO,** s. m. Abortion; monstrosity.
**ABOSCAR,** v. t. To earn; to acquire.
**ABOTOAÇÃO,** s. f. Bloom.
**ABOTOADURA,** s. f. Set of buttons.
**ABOTOAR,** v. t. To button.
**ABRA,** s. f. Bay, haven.
**ABRAÇADEIRA,** s. f. Cramp.
**ABRAÇAR,** v. t. To hug; to embrace.
**ABRAÇO,** s. m. Embrace, hug.
**ABRANDAMENTO,** s. m. Softening; relenting.
**ABRANDAR,** v. t. To soften, to appease.
**ABRANGER,** v. t. To contain, to include.
**ABRASADO,** adj. Glowing, ardent, excited.
**ABRASADOR,** adj. Burning, glowing.
**ABRASÃO,** s. f. Abrasion.
**ABRASAR,** v. t. To burn, to inflame.

**ABRASILEIRAR**, v. t. To fit to the Brazilian stile, fashion or taste.
**ABRASIVO**, s. m. Abrasive, emery.
**ABRE-ILHÓS**, s. m. Bodkin.
**ABRENUNCIAR**, v. t. To reject.
**AB-REPTÍCIO**, adj. Overexcited.
**ABREVIAÇÃO, ABREVIAMENTO**, s. m. Abbreviation, shortening.
**ABREVIAR**, v. t. To abbreviate, to shorten.
**ABREVIATURA**, s. f. Abbreviature, abstract.
**ABRICÓ**, s. m. Apricot.
**ABRIDOR**, s. m. Opener.
**ABRIGADA**, s. f. Sheltered place.
**ABRIGAR**, v. t. To shelter, to protect.
**ABRIGO**, s. m. Shelter; asylum.
**ABRIL**, s. m. April.
**ABRILHANTAR**, v. t. To brighten.
**ABRIR**, v. t. To open, unlock (a door); to bore (tunnel); to begin (a debate), to excite (the appetite); to split (a cocoanut); to affix (a price); to clear up (the way).
**ABROCHADOR**, s. m. Hook (an implement to hold anything close).
**ABROCHADURA**, s. f. Clasping.
**ABROCHAR**, v. t. To clasp.
**AB-ROGAÇÃO**, s. f. Abrogation.
**AB-ROGADOR**, s. m. Abrogator.
**AB-ROGAR**, v. t. Toabrogate, to abolish.
**AB-ROGATIVO, AB-ROGATÓRIO**, adj. Abrogative.
**ABROLHADO**, adj. Blossomy.
**ABROLHAR**, v. i. To bud; v. t. to cause.
**ABROLHO**, s. m. Caltrop; (pl.) hidden rocks in the sea.
**ABROLHOSO**, adj. Difficult.
**ABROQUELAR**, v. t. To cover wit a buckler.
**ABRUMAR**, v. i. To darken, to gloom.
**ABRUPÇÃO**, s. f. Abruption.
**ABRUPTO**, adj. Abrupt, steep.
**ABRUTALHADO**, adj. Coarse, rude, rough.
**ABRUTALHAR**, v. i. To brutify.
**ABSCESSO**, s. m. Abscess.
**ABSCISSA**, s. f. Abscissa.
**ABSENTISMO**, s. m. Absenteeism.
**ABSIDE**, s. f. Apse.
**ABSINTO**, s. m. Wormwood; absinth.
**ABSOLUTAMENTE**, adv. Absolutely; positively; interj. not at all.
**ABSOLUTISMO**, s, .m. Absolutism.
**ABSOLUTO**, adj. Absolute, unconditional.
**ABSOLVER**, v. t. To absolve, to acquit.
**ABSOLVIÇÃO**, s. f. Absolution; acquital.
**ABSORÇÃO**, s. f. Absorption.
**ABSORTO**, adj. Ecstatic, raptured.
**ABSORVEDOR**, s. m. Absorber.
**ABSORVÊNCIA**, s. f. Absorption.
**ABSORVENTE**, adj. Absorbent, absorbing.
**ABSORVER**, v. t. To absorb: to imbibe.
**ABSORVÍVEL**, adj. Absorbable.
**ABSTÊMIO**, adj. Abstemious, abstinent.
**ABSTENÇÃO**, s. f. Abstention.
**ABSTER**, v. t. rel. e p. To abstain.
**ABSTERGÊNCIA**, s. f. Abstersion.
**ABSTERGENTE**, adj. Abstergent.
**ABSTERGER**, v. t. To absterge, to purify.
**ABSTINÊNCIA**, s. f. Abstinence.
**ABSTINENTE**, adj. Abstinent.
**ABSTRAÇÃO**, s. f. Abstraction.
**ABSTRAÍDO**, adj. Absent-minded; distracted.
**ABSTRAIR**, v. t. To abstract; to separate.
**ABSTRATO**, adj. Abstract, absent-minded.
**ABSTRUSO**, adj. Abstruse; obscure.
**ABSURDO**, adj. Absurd, unreasonable.
**ABULIA**, s. f. Abulia, loss of will-power.
**ABUNDÂNCIA**, s. f. Abundance; plenty.
**ABUNDANTE**, adj. Abundant, plentiful.
**ABUNDAR**, v. t. To abound, to teem.
**ABURGUESAR**, v. t. To render bourgeois.
**ABUSÃO**, s. f. Abuse; superstition.
**ABUSAR**, v. t. To abuse, to use ill; to defile.
**ABUSIVO**, adj. Abusive.
**ABUSO**, s. m. Abuse; violation.
**ABUTRE**, s. m. Vulture.
**ACABADIÇO**, adj. Unhealthy.
**ACABADO**, adj. Finished perfect, complete.
**ACABAMENTO**, s. m. Finishing.
**ACABAR**, v. t. To finish, to end, to conclude; to perfect; v. i. to come to an end.
**ACABRUNHADO**, adj. Downeast, depressed.
**ACABRUNHADOR**, adj. Oppressive.
**ACABRUNHAMENTO**, s. m. Depression.
**ACABRUNHAR**, v. t. To oppress, to depress.
**AÇACALAR**, v. t. To burnish, to polish.
**ACAÇAPADO**, adj. Squat.
**ACACHOAR**, v. i. To bubble; to foam.
**ACADEMIA**, s. f. Academy.
**ACADÊMICO**, adj. Academical; academic; s. m. academic, academician.
**ACAFAJESTADO**, adj. Roguish.
**ACAFAJESTAR**, v. t. (bras.) To coarse; make vulgar; to make base or abject.
**ACAFATA**, s. f. Maid of honour.
**AÇAFRÃO**, s. m. Saffron.
**ACAJADAR**, v. t. To cudgel.
**ACAJU**, s. m. Acajou.
**ACALENTADOR**, adj. Lulling.

**ACALENTAR,** v. t. To lull; to warm (a child).
**ACALENTO,** s. m. Lulling.
**ACALMAÇÃO,** s. f. Appeasement.
**ACALMADO,** adj. Appeased; soothed, still.
**ACALMAR,** v. t. To appease, to calm.
**ACALORADO,** adj. Ardent, passionate.
**ACALORAR,** v. t. To warm, to wxcite.
**ACAMADO,** adj. Lying in bed; adv. abed.
**ACAMAR,** v. t. To dispose by layers.
**ACAMARADAR-SE,** v. p. To become a comrade.
**AÇAMBARCADOR,** s. m. Monopolist.
**AÇAMBARCAMENTO,** s. m. Monopoly.
**AÇAMBARCAR,** v. t. To monopolize.
**ACAMPAMENTO,** s. m. Camping.
**ACAMPAR,** v. i. To encamp.
**ACAMURÇADO,** adj. Chamois-like.
**ACANALADO,** adj. Channelled.
**ACANALADURA,** s. f. Fluting.
**ACANALAR,** v. t. To flute, to channel.
**ACANALHADO,** adj. Vile, roguish.
**ACANALHAR,** v. t. To make roguish.
**ACANHADO,** adj. Timid, shy; scanty.
**ACANHAMENTO,** s. m. Shyness; timidity.
**ACANHAR,** v. t. To dwarf, stunt; to restrain, limit, restrict; to belittle.
**ACANTOADO,** adj. hidden; in a corner.
**ACANTOAR,** v. t. To place or adjust in a corner.
**ACANTONADO,** adj. Cantoned.
**AÇÃO,** s. f. Action, act, deed, work; suit.
**ACAPNIA,** s. f. Acapnia.
**ACAREAÇÃO, ACAREAMENTO,** s. f., s. m. Facing, confronting.
**ACAREAR,** v. t. To confront (witnesses); to face, challenge, encounter; to compare.
**ACARICIADOR,** adj. Caressing.
**ACARICIAR,** v. t. To caress, to fawn.
**ACARINHAR,** v. t. To caress.
**ACARRETADOR,** s. m. Carrier.
**ACARRETAR,** v. t. To wagon, to carry.
**ACASALAR,** v. t. To couple; to match.
**ACASO,** s. m. Chance, hazard.
**ACASTANHADO,** adj. Of a chestnut color.
**ACASTELAR,** v. t. To build or fortify oneself.
**ACATADO,** adj. Respectable.
**ACATAMENTO,** s. m. Respect, reverence.
**ACATAR,** v. t. To respect, to honor.
**ACATÁVEL,** adj. Respectable.
**ACAUDILHAR,** v. t. To command.
**ACAUTELADO,** adj. Cautious, forewarned.
**ACAUTELAR,** v. t. To caution, warn, put on one's guard; to watch, guard, defend.

**ACAVALADO,** adj. Grouped in a disordely fashion.
**ACAVALAR,** v. t. To mate stallion with mare.
**ACEDÊNCIA,** s. f. Agreement.
**ACEDENTE,** adj. Acceding.
**ACEDER,** v. rel. To accede to, to agree to.
**ACEFALIA,** s. f. Acephalia.
**ACÉFALO,** adj. Acephalous; headless.
**ACEIRO,** s. f. Steel-worker.
**ACEITAÇÃO,** s. f. Acceptance, approbation.
**ACEITADOR,** s. m. Accepter.
**ACEITANTE,** s. 2 gên. Accepter, acceptant.
**ACEITAR,** v. t. To accept, to agree to.
**ACEITÁVEL,** adj. Acceptable.
**ACEITE,** adj. Accepted; s. m. acceptance.
**ACEITO,** adj. Admitted, accepted.
**ACELERAÇÃO,** s. f. Acceleration.
**ACELERADOR,** adj. Accelerative.
**ACELERAR,** v. t. To accelerate.
**ACELGA,** s. f. Chard.
**ACÉM,** s. m. Loin.
**ACENAR,** v. i. To nod, to beckon.
**ACENDALHA,** s. f. Brushwood.
**ACENDEDOR,** s. m. Lighter.
**ACENDER,** v. t. To light, to set fire to.
**ACENDIMENTO,** s. m. Lighting.
**ACENDÍVEL,** adj. Inflammable.
**ACENDRAR,** v. t. To clean with ashes.
**ACENO,** s. m. Nod, wink; invitation.
**ACENTO,** s. m. Accent.
**ACENTUAÇÃO,** s. f. Accentuation.
**ACENTUADO,** adj. Accentuated, marked.
**ACENTUAR,** v. t. To accent, to emphasive.
**ACEPÇÃO,** s. f. Sense in which a word or statement is to be understood; meaning.
**ACEPILHAR,** v. t. To plane, to polish.
**ACEPIPE,** s. m. Delicacy, titbit.
**ACERADO,** adj. Steel-like; sharp.
**ACERAMENTO,** s. m. Steeling.
**ACERAR,** v. t. To steel; to whet.
**ACERBAR,** v. t. To acerbate, to make sour.
**ACERBIDADE,** s. f. Acerbity.
**ACERBO,** adj. Acerb, sour, bitter; harsh.
**ACERCA,** adv. Near, about.
**ACERCAR-SE,** v. p. To approach.
**ACERTADO,** adj. Wise, sensible; fit; proper.
**ACERTAR,** v. t. To adapt, to fit, to adjust.
**ACERTO,** s. m. Adjustment; wisdom; skill.
**ACERVO,** s. m. Accumulation.
**ACESO,** adj. Lighted; excited.
**ACESSÃO,** s. f. Accession.
**ACESSIBILIDADE,** s. f. Acccessibility, attainability.

**ACESSÍVEL**, adj. Accessible.
**ACESSO**, s. m. Access; means of approach or admission; fit or paroxysm in diseases.
**ACESSÓRIO**, adj. Accessory, additional.
**ACETÁBULO**, s. m. Acetabulum.
**ACÉTICO**, adj. Acetic.
**ACETIFICAÇÃO**, s. f. Acetification.
**ACETIFICAR**, v. t. To acetify.
**ACETINADO**, adj. Glossy, satin-like.
**ACETINAR**, v. t. To make glossy.
**ACETONA**, s. f. Acetone.
**ACETOSO**, adj. Acetous.
**ACHA**, s. f. Fire-wood.
**ACHACADIÇO**, adj. Sickly.
**ACHACAR**, v. i. To sicken; v. t. to disgust.
**ACHAQUE**, s. m. Usual illness.
**ACHAR**, v. t. To find, to invent, to discover.
**ACHATADELA**, s. f. Flattening.
**ACHATADO**, adj. Flat.
**ACHATAMENTO**, s. m. Flattening; flatness.
**ACHATAR**, v. t. To flatten.
**ACHAVASCAR**, v. t. To rough-hew.
**ACHEGA**, s. f. Subsidy; help; increase.
**ACHEGADO**, adj. Adjacent, near.
**ACHEGAMENTO**, s. m. Approaching.
**ACHEGAR**, v. t. To approach; to near.
**ACHINCALHAÇÃO**, s. f. Ridiculing.
**ACHINCALHADOR**, s. m. Mocker.
**ACHINCALHAR**, v. t. To ridicule; to mock.
**ACHINESAR**, v. t. To give a Chinese appearance to.
**ACHUMBAR**, v. t. To make leaden.
**ACICATAR**, v. t. To spur, prod.
**ACICATE**, s. m. Spur; (fig.) stimulus.
**ACICULADO**, adj. Needle-shaped.
**ACIDENTADO**, adj. Uneven; eventful; s. m. one who is wounded in an accident.
**ACIDENTAL**, adj. Accidental, incidental.
**ACIDENTALMENTE**, adv. Accidentally.
**ACIDENTAR**, v. t. To produce accident.
**ACIDENTE**, s. m. Accident, contingency.
**ACIDEZ**, s. f. Acidity.
**ACIDIFICAÇÃO**, s. f. Acidification.
**ACIDIFICANTE**, adj. Acidifying.
**ACIDIFICAR**, v. t. To acidify.
**ÁCIDO**, adj. Acid, sour; s. m. acid.
**ACIDOSE**, s. f. Acidosis.
**ACIDULADO**, adj. Acidulated.
**ACIDULAR**, v. t. To acidulate.
**ACÍDULO**, adj. Slightly acid, acidulous.
**ACIMA**, adv. Above; at a higher point.
**ÁCINO**, s. m. Acinus, a grape seed.
**ACINTE**, s. m. Provocation.

**ACINTOSO**, adj. Provocative.
**ACINZENTADO**, adj. Greyish.
**ACINZENTAR**, v. t. To gray, to color grayish.
**ACIONADO**, adj. Gesticulated (speech); acutated, moved, impelled.
**ACIONAR**, v. t. To bring into action.
**ACIONISTA**, s. 2 gên. Stockholder.
**ACIRRADO**, adj. Inolerant, obstinate.
**ACIRRAR**, v. t. To incite, to irritate.
**ACITRINADO**, adj. Citrine.
**ACLAMAÇÃO**, s. f. Acclamation.
**ACLAMAR**, v. t. e i. To acclaim, to praise.
**ACLARAÇÃO, ACLARAMENTO**, s. f., s. m. Clearing, clearance; explanation.
**ACLARAR**, v. t. To clear, to clarify.
**ACLIMAÇÃO**, s. f. Acclimation.
**ACLIVE**, adj. Acclivous, steep.
**ACME**, s. m. Acme.
**AÇO**, s. m. Steel; cutting weapon.
**ACOBERTADO**, adj. Well clothed.
**ACOBERTAR**, v. t. To cover; to protect.
**ACOBILHAR**, v. t. To shelter, protect.
**ACOBREADO**, adj. Copper-coloured.
**ACOBREAR**, v. t. To make copper-coloured.
**ACOCHAR**, v. t. (Naut.) To tighten (rope) by twisting; to compress or pack in layers.
**ACOCORADO**, adj. Squat.
**ACOCORAR-SE**, v. t. To crouch; to squat.
**AÇODADO**, adj. Hurried.
**AÇODAMENTO**, s. m. Hurry; hastiness.
**AÇODAR**, v. t. To hurry; to hasten.
**ACOIMAR**, v. t. To impute, to reproach.
**AÇOITAMENTO**, s. m. Scourging.
**ACOITAR**, v. t. To shelter, protect, harbor.
**AÇOITAR**, v. t. To scourge, to wip, to birch.
**AÇOITE**, s. m. Wip, quirt, lash; spanking.
**ACOLÁ**, adv. There, in that place (distant).
**ACOLCHETAR**, v. t. To close with hooks and eys; to clasp.
**ACOLCHOADO**, adj. Upholstered.
**ACOLCHOAR**, v. t. To wad, to upholster.
**ACOLHEDOR**, adj. Welcoming.
**ACOLHER**, v. t. To welcome, greet, receive.
**ACOLHIDA**, s. f. Reception, welcome.
**ACOLHIMENTO**, s. m. Welcome; shelter.
**ACOLIA**, s. f. Acholia.
**ACOLITAR**, v. t. To attend, to follow.
**ACÓLITO**, s. m. Acolyte; attendant.
**ACOMETEDOR**, adj. Aggressive; s. m. aggressor; assailant.
**ACOMETER**, v. t. To assault, to attack.
**ACOMETIDA**, s. f. Assault, attack.
**ACOMODAÇÃO**, s. f. Accommodation.

**ACOMODADO**, adj. Quiet, calm, still.
**ACOMODAR**, v. t. To accommodate; to adapt.
**ACOMODATÍCIO**, adj. Accommodative.
**ACOMPANHAMENTO**, s. m. Attendance, escort, retinue; accompaniment.
**ACOMPANHANTE**, s. 2 gên. Attendant; accompanier; accompanist.
**ACOMPANHAR**, v. t. To accompany.
**ACOMPRIDAR**, v. t. To lengthen, to extend.
**ACONCHEGAR**, v. t. To bring near; to warm.
**ACONCHEGO**, s. m. Snugness.
**ACONDICIONAMENTO**, s. m. Packing of goods; accommodation.
**ACONDICIONAR**, v. t. To give condition to.
**ACÔNITO**, s. m. Aconite, wolfsbane.
**ACONSELHAR**, v. t. To advise, to counsel.
**ACONSELHÁVEL**, adj. Advisable.
**ACONTECER**, v. t. To happen, to occur.
**ACONTECIMENTO**, s. m. Event, occurrence.
**ACOPLAMENTO**, s. m. Coupling, union.
**ACOPLAR**, v. t. To couple, to connect.
**AÇOR**, s. m. Goshawk.
**AÇORADO**, adj. Avid, eager.
**AÇORAR**, v. t. To excite a great desire.
**ACORDADO**, adj. Awake, awaked; watchful.
**ACORDANTE**, adj. Accordant, harmonic.
**ACÓRDÃO**, s. m. Decree, sentence.
**ACORDAR**, v. t. To wake; to arouse, to stir up; to harmonize with; to remember.
**ACORDE**, adj. Harmonious, concordant.
**ACORDEÃO**, s. m. Accordion.
**ACORDO**, s. m. Agreement, accordance.
**ACORDOAR**, v. t. To string.
**AÇORIANO**, adj. e s. m. Azorean.
**ACOROÇOADO**, adj. Encouraged.
**ACOROÇOAMENTO**, s. m. Encouragement.
**ACOROÇOAR**, v. t. To encourage.
**ACORRENTAR**, v. t. To chain, to link.
**ACORRER**, v. t. To come in haste.
**ACORRIMENTO**, s. m. Help, aid.
**ACORTINAR**, v. t. To furnish with curtains.
**ACOSSADOR**, s. m. Pursuer.
**ACOSSAMENTO**, s. m. Pursue.
**ACOSTAMENTO**, s. m. A place propper for parking (on a road).
**ACOSTAR**, v. t. To join, to approach.
**ACOSTUMADO**, adj. Used; accustomed.
**ACOSTUMAR**, v. t. To accustom.
**ACOTÉIA**, s. f. The flat roof of a house.
**ACOTOVELAR**, v. t. To elbow.
**AÇOUGUE**, s. m. Butcher shop.
**AÇOUGUEIRO**, s. m. Butcher.
**ACOVARDADO**, adj. Cowardly.

**ACOVARDAMENTO**, s. m. Cowardice.
**ACOVARDAR**, v. t. To frighten.
**ACRÂNIO**, adj. Acranial.
**ACRE**, adj. Sour, bitting; s. m. acre.
**ACREDITADO**, adj. Reliable, trusty.
**ACREDITAR**, v. t. To believe; to give credit.
**ACREDITÁVEL**, adj. Credible.
**ACRESCENTAMENTO**, s. m. Addition.
**ACRESCENTAR**, v. t. To add.
**ACRESCER**, v. t. To increase.
**ACRÉSCIMO**, s. m. Accretion; addition.
**ACRIDEZ**, s. f. Acridity.
**ACRIMÔNIA**, s. f. Acrimony; bitterness.
**ACRIMONIOSO**, adj. Acrimonious.
**ACRISOLADO**, aj. Purified; refined.
**ACRISOLAR**, v. t. To purify, to refine.
**ACROBACIA**, s. f. Acrobacy.
**ACRÓBATA**, s. m. e f. Acrobat.
**ACROBÁTICO**, adj. Acrobatic.
**ACROCEFALIA**, s. f. Acrocephaly.
**ACROCIANOSE**, s. f. Acrocyanosis.
**ACROMÁTICO**, adj. Achromatic.
**ACROMATISMO**, s. m. Achromatism.
**ACROMEGALIA**, s. f. Acromegaly.
**ACROMEGÁLICO**, adj. Acromegalic.
**ACRÔMIO**, s. m. Acromion.
**ACRÓPOLE**, s. f. Acropolis.
**ACRÓSTICO**, s. m. Acrostic.
**ACTÍNICO**, adj. Actinic.
**ACTÍNIO**, s. m. Actinium.
**AÇU**, adj. (bras.) Great, big.
**ACUAR**, v. t. To drive into a corner.
**ACÚBITO**, s. m. Accubitum; triclinium.
**AÇÚCAR**, s. m. Sugar.
**AÇUCARADO**, adj. Sugary; mellifluous.
**AÇUCARAR**, v. t. To sugar, to sweeten.
**AÇUCAREIRO**, s. m. Sugar-basin.
**AÇUCENA**, s. f. Lilly.
**AÇUDAR**, v. t. To dam; by a dam.
**AÇUDE**, s. m. Dam.
**ACUDIR**, v. t. To help, to assist, to aid.
**ACUIDADE**, s. f. Acuteness, sharpness.
**AÇULAMENTO**, s. m. Setting on, incitement.
**AÇULAR**, v. t. To set on, to incite.
**ACÚLEO**, s. m. Aculeus.
**ACUME**, s. m. Sumit; acumen.
**ACUMINADO**, adj. Acuminate.
**ACUMINAR**, v. t. To acuminate.
**ACUMPLICIAR**, v. t. To act as an accomplice.
**ACUMULAÇÃO**, s. f. Accumulation.
**ACUMULADOR**, s. m. Accumulator; storage battery.
**ACUMULAR**, v. t. To accumulate, to amass.

**ACUMULATIVO**, adj. Accumulative.
**ACÚMULO**, s. m. Accumulation, gathering.
**ACURADO**, adj. Accurate, precise, exact.
**ACURAR**, v. t. To perfect.
**ACUSAÇÃO**, s. f. Accusation, charge.
**ACUSADO**, adj. Accused; s. m. defendant.
**ACUSADOR**, adj. Accusing; s. m. accuser.
**ACUSAR**, v. t. To accuse, to charge.
**ACUSATIVO**, adj. e s. m. Accusative.
**ACUSATÓRIO**, adj. Accusatory.
**ACÚSTICA**, s. f. Acoustics.
**ACÚSTICO**, adj. Acoustic.
**ACUTILAR**, v. t. To stab, to pierce with.
**ADAGA**, s. f. Dagger.
**ADAGIAL**, adj. Adagial, proverbial.
**ADAGIAR**, v. i. To quote adages or proverbs.
**ADÁGIO**, s. m. Adage, proverb.
**ADAMADO**, adj. Effeminate, unmanly.
**ADAMANTINO**, adj. Adamantine.
**ADAMAR-SE**, v. i. To be effeminate.
**ADAMASCAR**, v. t. To damask.
**ADÂMICO**, adj. Adamic.
**ADAMÍTICO**, adj. Adamitic.
**ADAPTABILIDADE**, s. f. Adaptability.
**ADAPTAÇÃO**, s. f. Adaptation, fitness.
**ADAPTADOR**, s. m. Adapter.
**ADAPTAR**, v. t. To adapt, to adjust.
**ADAPTÁVEL**, adj. Adaptable.
**ADARGA**, s. f. Shield made of leather.
**ADEGA**, s. f. Cellar.
**ADEGUEIRO**, s. m. Cellarer.
**ADEJAR**, v. i. To flutter, to flicker.
**ADEJO**, s. m. Fluttering.
**ADELEIRO**, s. m. Fripper.
**ADELGAÇADO**, adj. Thin, narrow, slender.
**ADELGAÇAMENTO**, s. m. Thinning.
**ADELGAÇAR**, v. t. To thin, to lessen.
**ADEMAIS**, adv. Beside, also, further.
**ADEMANES**, s. m. pl. Gesture.
**ADENÇÃO**, s. f. Ademption.
**ADENDA**, s. f. Addendum.
**ADENIA**, s. f. Adenia.
**ADENITE**, s. f. Adenitis.
**ADENOMA**, s. m. Adenoma.
**ADENOPATIA**, s. f. Adenopathy.
**ADENSADO**, adj. Thickened.
**ADENSAMENTO**, s. m. Thickening.
**ADENSAR**, v. t. To thicken; to condense.
**ADENTADO**, adj. Toothed.
**ADENTAR**, v. i. To tooth.
**ADENTRAR-SE**, v. p. To go inland, to enter.
**ADENTRO**, adv. Inward.
**ADEPTO**, s. m. Partisan, follower.

**ADEQUAÇÃO**, s. f. Adequacy, fitness.
**ADEQUADO**, adj. Adequate, suitable, fit.
**ADEQUAR**, v. t. To adapt, to fit.
**ADEREÇAR**, v. t. To adorn, to address.
**ADEREÇO**, s. m. Set off, finery; address.
**ADERÊNCIA**, s. f. Adherence, attachment.
**ADERENTE**, adj. Adherent; s. m. partisan.
**ADERIR**, v. i. To adhere, to join; to agree.
**ADERNADO**, adj. Inclined and partially submerged (a vessel).
**ADERNAR**, v. i. To turn over on one side.
**ADESÃO**, s f. Adhesion, adherence.
**ADESIVO**, adj. Adhesive, sticking.
**ADESTRADO**, adj. Trained.
**ADESTRADOR**, s. m. Trainer, teacher.
**ADESTRAR**, v. t. To train, to teach.
**ADEUS**, interj. Good-bye, farewell.
**ADIAMENTO**, s. m. Adjournment.
**ADIANTADO**, adj. Advanced, forward; adv. fast (the clock); ahead, in advance.
**ADIANTAMENTO**, s. m. Advancement.
**ADIANTAR**, v. t. To advance; to accelerate.
**ADIANTE**, adv. Before, forward; ahead; interj. gon on! go ahead!
**ADIAR**, v. t. To adjourn, to defer, to delay.
**ADIÁVEL**, adj. Delayable.
**ADIÇÃO**, s. f. Addition, supplement.
**ADICIONADO**, adj. Added, joined.
**ADICIONAL**, adj. Additional.
**ADICIONAR**, v. t. To add, to join, to annex.
**ADIDO**, adj. Adjoined; s. m. attache.
**ADIMPLEMENTO**, s. m. Fulfilling.
**ADIPOSE**, s. f. Adiposis, obesity.
**ADIR**, v. t. To accept an inheritance; to add.
**ADITAMENTO**, s. m. Addition, supplement.
**ADITAR**, v. t. To add, to adjoin.
**ADITIVO**, adj. Additive.
**ADIVINHA**, s. f. Riddle; fortune-teller.
**ADIVINHAÇÃO**, s. f. Divination, prophecy.
**ADIVINHAR**, v. t. To divine, to foretell.
**ADIVINHO**, s. m. Diviner, fortune-teller.
**ADJACÊNCIA**, s. f. Adjacency, contiguity.
**ADJACENTE**, adj. Adjacent, adjoining.
**ADJETIVAÇÃO**, s. f. Use of adjectives.
**ADJETIVADO**, adj. Turned into an adjective.
**ADJETIVAR**, v. t. To adjective, to make an adjective; to qualify.
**ADJETIVO**, s. m. Adjective.
**ADJETO**, adj. Added; united.
**ADJUDICAÇÃO**, s. f. Adjudication.
**ADJUDICADOR**, s. m. Adjudicator.
**ADJUDICAR**, v. t. To adjudicate.
**ADJUNÇÃO**, s. f. Adjunction.

**ADJUNTO**, adj. Adjunct, joined; s. m. adjunct; associate; colleague.
**ADJURAÇÃO**, s. f. Adjuration.
**ADJURAR**, v. t. To adjure, to beseech.
**ADJUTOR**, s. m. Adjutant, assistat.
**ADJUTÓRIO**, s. m. Assistance, help, aid.
**ADJUVANTE**, adj. Helpful.
**ADMINÍCULO**, s. m. Adminicle, help, prop.
**ADMINISTRAÇÃO**, s. f. Administration; management.
**ADMINISTRAR**, v. t. To administer, to manage, to direct; to dispense.
**ADMINISTRATIVO**, adj. Administrative.
**ADMIRAÇÃO**, s. f. Admiration, marveling.
**ADMIRADOR**, s. m. Admirer.
**ADMIRAR**, v. t. To marvel at; to be surprised at; to admire; to esteem.
**ADMIRÁVEL**, adj. Admirable, wonderful.
**ADMISSÃO**, s. f. Admission; admittance.
**ADMISSÍVEL**, adj. Admissible.
**ADMITIR**, v. t. To admit, to allow; to confess.
**ADMOESTAÇÃO**, s. f. Admonition.
**ADMOESTAR**, v. t. To admonish; to warn.
**ADOBE**, s. m. Adobe.
**ADOÇAMENTO**, s. m. Sweetening.
**ADOÇANTE**, adj. Sweetening.
**ADOÇÃO**, s. f. Adoption, adopting.
**ADOÇAR**, v. t. To sweeten; to soften.
**ADOCICADO**, adj. Sweetish; sugared.
**ADOCICAR**, v. t. To sweeten.
**ADOECER**, v. i. To sicken, to fall ill.
**ADOENTADO**, adj. Sickish.
**ADOENTAR**, v. t. To sicken, to make sick.
**ADOIDADO**, adj. Foolish.
**ADOIDAR**, v. t. To madden.
**ADOLESCÊNCIA**, s. f. Adolescence; youth.
**ADOLESCENTE**, adj. Adolescent.
**ADOMINGAR-SE**, v. p. To dress in Sunday fashion.
**ADONIS**, s. m. (Bot.) Variety of buttercup; (mito.) Adonis; (fig.) dandy.
**ADONISAR**, v. t. To make gallant.
**ADOPERAR**, v. t. To employ, to make use of.
**ADORAÇÃO**, s. f. Adoration, worship.
**ADORADO**, adj. Worshipped.
**ADORADOR**, s. m. Adorer, worshipper.
**ADORAR**, v. t. To adore, to idolize.
**ADORMECEDOR**, adj. e s. m. Soporific.
**ADORMECER**, v. t. To put, to sleep; to numb.
**ADORMECIMENTO**, s. m. The act of putting.
**ADORMENTADO**, adj. Sleeping, asleep.
**ADORNAR**, v. t. To adorn, to embellish.
**ADORNO**, s. m. Adornment, ornament.

**ADOTADO**, adj. Adopted.
**ADOTAR**, v. t. To adopt, to affiliate.
**ADOTIVO**, adj. Adoptive.
**ADQUIRENTE**, s. 2 gên. Buyer.
**ADQUIRIR**, v. t. To acquire, to gain; to buy.
**ADQUIRÍVEL**, adj. Acquirable.
**ADREDE**, adv. Intentionally, on purpose.
**ADRENALINA**, s. f. Adrenalin.
**ADRIÇA**, s. f. Halyard.
**ADRIÇAR**, v. t. To hoist sails on a ship.
**ADRO**, s. m. Churchyard.
**AD-ROGAR**, v. t. To adopt a major person.
**ADSCREVER**, v. t. To write an addendum.
**ADSTRIÇÃO**, s. f. The act of astringing.
**ADSTRINGÊNCIA**, s. f. Astringency.
**ADSTRINGENTE**, adj. Astringent, binding.
**ADSTRINGIR**, v. t. To astringe; to bind.
**ADSTRITO**, adj. Astringed, limited, confined.
**ADUANA**, s. f. Customhouse.
**ADUBAÇÃO, ADUBAGEM**, s. f. Fertilization.
**ADUBAR**, v. t. To manure, to fertilize.
**ADUBO**, s. m. Adduction.
**ADUCIR**, v. t. To make ductile.
**ADUELA**, s. f. Stave (of a barrel).
**ADUFA**, s. f. Shutter; floodgate.
**ADUFE**, s. m. Timbrel.
**ADULAÇÃO**, s. f. Adulation, flattering.
**ADULAR**, v. t. To adulate.
**ADÚLTERA**, s. f. Adulteress.
**ADULTERAÇÃO**, s. f. Adulteration.
**ADULTERADO**, adj. Adultered.
**ADULTERAR**, v. t. To adulterate, to debase.
**ADULTERINO**, adj. Adulterine.
**ADULTÉRIO**, s. m. Adultery.
**ADÚLTERO**, adj. Adulterous; s. m. adulterer.
**ADULTO**, adj. Adult, grown-up; s. m. adult.
**ADUMBRAR**, v. t. To adumbrate.
**ADUNADO**, adj. Assembled.
**ADUNAR**, v. t. To unify, to unite.
**ADUNCAR**, v. t. To make aduncous.
**ADUNCO**, adj. Aduncous, crooked, hooked.
**ADURÊNCIA**, s. f. Causticity.
**ADURENTE**, adj. Burning; s. m. caustic.
**ADUSTÃO**, s. f. Cauterization by fire.
**ADUSTÍVEL**, adj. Combustible.
**ADUSTO**, adj. Burnt.
**ADUTOR**, s. m. Adductor.
**ADUTORA**, s. f. Pipe-line to carry water.
**ADUZIR**, v. t. To adduce, to cite.
**ÁDVENA**, s. 2 gên. Foreigner.
**ADVENTÍCIO**, adj. Adventitious, foreign; s. m. foreigner, stranger.
**ADVENTISTA**, s. 2 gên. Adventist.

**ADVENTO**, s. m. Advent, arrival; institution.
**ADVERBIAL**, adj. Adverbial.
**ADVERBIAR**, v. t. To employ as an adverb.
**ADVÉRBIO**, s. m. Adverb.
**ADVERSÃO**, s. f. Adverseness.
**ADVERSAR**, v. t. To oppose, to resist.
**ADVERSÁRIO**, adj. Adverse, antagonistic; s. m. adversary, opponent, antagonist.
**ADVERSATIVO**, adj. Adversative.
**ADVERSIDADE**, s. f. Adversity.
**ADVERSO**, adj. Adverse, opposing; hostile.
**ADVERTÊNCIA**, s. f. Advertence.
**ADVERTIR**, v. t. To advert; to admonish.
**ADVINCULAR**, adj. Linked, tied, connected.
**ADVIR**, v. t. To succeed, to supervene.
**ADVOCACIA**, s. f. Advocacy; the practice of law.
**ADVOGADO**, s. m. Advocate; lawyer.
**ADVOGAR**, v. t. To advocate, to support.
**AERAÇÃO, AERAGEM**, s. f. Aeration.
**AÉREO**, adj. Aerial; airy; imaginary.
**AERIFICAÇÃO**, s. f. Aerification.
**AERÓBIO**, adj. Aerobic; s. m. aerobe.
**AERODINÂMICA**, s. f. Aerodynamics.
**AERÓDROMO**, s. m. Aerodrome; airport.
**AEROFAGIA**, s. f. Aerophagy.
**AEROFÓLIO**, s. m. Airfoil.
**AEROGRÁFICO**, adj. Aerographic.
**AEROGRAMA**, s. m. Aerogram.
**AERÓLITO**, s. m. Aerolith, aerolite.
**AEROLOGIA**, s. f. Aerology.
**AEROMETRIA**, s. f. Aerometry.
**AEROMOÇA**, s. f. Stewardess, air-girl.
**AERONÁUTICA**, s. f. Aeronautics.
**AERONAVE**, s. f. Aircraft, airship.
**AEROPLANO**, s. m. Airplane.
**AEROPORTO**, s. m. Airport.
**AEROVIÁRIO**, s. m. Airline employee.
**AFÃ**, s. m. Eagerness; solicitude.
**AFABILIDADE**, s. f. Affability.
**AFADIGAR**, v. t. To fatigue, to tire.
**AFAGAR**, v. t. To caress, to fondle.
**AFAGO**, s. m. Caress, fondling.
**AFAIMAR**, v. t. To famish, to starve.
**AFAMADO**, adj. Famous, renowned.
**AFAMAR**, v. t. To make famous.
**AFANAR**, v. t. To seek; v. p. To toil.
**AFASTADO**, adj. For away, remote, distant.
**AFASTADOR**, adj. Removing; s. m. remover.
**AFASTAMENTO**, s. m. Removal; dismissal.
**AFASTAR**, v. t. To remove, to push.
**AFÁVEL**, adj. Alfable, kind, polite, civil.
**AFAZENDAR-SE**, v. t. To buy farms.

**AFAZER**, v. t. To inure, to habituate.
**AFAZERES**, s. m. pl. Business, work.
**AFEAMENTO**, s. m. Defacing.
**AFEAR**, v. t. To make ugly, to deface.
**AFECÇÃO**, s. f. Affection, disease.
**AFEGÃ, AFEGANE**, adj. Afghan; s. 2 gên. afghan, native of Afghanistan.
**AFEIÇÃO**, s. f. Affection, love; friendship.
**AFEIÇOADO**, adj. Affectionate, loving.
**AFEIÇOAMENTO**, s. m. Afection.
**AFEIÇOAR**, v. t. To fashion, to mold, to form.
**AFEITO**, adj. Accustomed, used to, inured.
**AFERENTE**, adj. Afferent, bearing inward.
**AFÉRESE**, s. f. Apheresis.
**AFERIÇÃO**, s. f. Gauging.
**AFERIDO**, adj. Gauged; s. m. millrace.
**AFERIDOR**, adj. Gauging; s. m. gauger.
**AFERRADO**, adj. Pertinacious, obstinate.
**AFERRAR**, v. t. To grapple, to grip, to garp.
**AFERRENHAR**, v. t. To render hard as iron.
**AFERRETADO, AFERRETEADO**, adj. Marked with a brand; stigmatized.
**AFERRO**, s. m. Attachment; tenacity.
**AFERROAR**, v. t. To sting, to stimulate.
**AFERROLHAR**, v. t. To bolt; to imprison.
**AFERVENTAÇÃO**, s. f. The act of parboiling.
**AFERVENTADO**, adj. Parboiled; half boiled.
**AFERVORADO**, adj. Fervent, vehement.
**AFERVORAR**, v. t. To arouse fervor or ardor.
**AFESTOADO**, adj. Festooned.
**AFESTOAR**, v. t. To festoon.
**AFETAÇÃO**, s. f. Affectation, mannerism.
**AFETADO**, adj. Affected, unnatural, pedant.
**AFETAR**, v. t. To affect, to pretend, to feign.
**AFETIVO**, adj. Affective; affectionate.
**AFETO**, adj. Affectionate; charged.
**AFETUOSIDADE**, s. f. Affection, fondness.
**AFETUOSO**, adj. Affectionate, loving.
**AFIAÇÃO**, s. f. Sharpening, whetting.
**AFIADO**, adj. Sharp, whetted.
**AFIADOR**, s. m. Grinder, sharpener.
**AFIAMBRADO**, adj. Dressed very smartly.
**AFIAMBRAR**, v. t. (Bras.) To cure.
**AFIANÇADO**, adj. Trusted; let on bail.
**AFIANÇAR**, v. t. To guarantee, to warrant.
**AFIAR**, v. t. To sharpen, to whet, to grind.
**AFICIONADO**, s. m. Amateur.
**AFIDALGADO**, adj. Raised to nobility.
**AFIDALGAR**, v. t. To ennoble.
**AFIGURAÇÃO**, s. f. Supposition.
**AFIGURAR**, v. t. To figure, to represent.
**AFILADO**, adj. Slender, slim.

**AFILAR**, v. t. To make pointed, taper.
**AFILHADA**, s. f. Goddaughter.
**AFILHADO**, s. m. Godson.
**AFILIAR**, v. t. To affiliate.
**AFIM**, adj. Having affinity; similar; alike.
**AFINAÇÃO**, s. f. Tuning, tuning up.
**AFINADO**, adj. Tuned.
**AFINAL**, adv. After all, at last.
**AFINAR**, v. t. (mus.) To tune up; to pitch.
**AFINCADO**, adj. Pertinacious, obstinate.
**AFINCAMENTO**, s. m. Pertinacity.
**AFINCAR**, v. t. To drive in, to plunge in.
**AFINCO**, s. m. Obstinacy, tenacity.
**AFINIDADE**, s. f. Affinity, kinship.
**AFIRMAÇÃO**, s. f. Affirmation, assertion.
**AFIRMAR**, v. t. e i. To affirm, to confirm.
**AFIRMATIVA**, s. f. Affirmative.
**AFISTULADO**, adj. Turned into a fistula.
**AFIVELADO**, adj. Buckled.
**AFIVELAR**, v. t. To buckle; to hold; to fix.
**AFIXAÇÃO**, s. f. The act of affixing.
**AFIXAR**, v. t. To affix, to fasten, to attach.
**AFIXO**, s. m. Affix.
**AFLAR**, v. t. To blow, to breathe.
**AFLATO**, s. m. Afflatus; blow; breath.
**AFLAUTADO**, adj. Looking or soundling like a flute; slender; (Fam.) shrill (the voice).
**AFLECHADO**, adj. Arrowy, arrowshaped.
**AFLEIMAR-SE**, v. p. To become impatient.
**AFLEUMAR**, v. t. To make phlegmatic.
**AFLIÇÃO**, s. f. Affliction, distress, anxiety.
**AFLIGIR**, v. t. To afflict, to distress.
**AFLITIVO**, adj. Afflictive, afflicting.
**AFLOGÍSTICO**, adj. Aphlogistic.
**AFLORAÇÃO**, s. f. The act of levelling or emerging; emergence.
**AFLORAMENTO**, s. m. Levelling.
**AFLORAR**, v. t. To level; v. i. to appear.
**AFLUÊNCIA**, s. f. Affluence; abundance.
**AFLUENTE**, s. m. Affluent, tributary.
**AFLUIR**, v. t. To flow, to converge.
**AFOBAÇÃO**, s. f. Hurry, flurried haste.
**AFOCINHAR**, v. t. To push with the snout.
**AFOFADO**, adj. Fluffy; vainglorious.
**AFOFAR**, v. t. To fluff.
**AFOGADIÇO**, adj. Easily choked; sultry.
**AFOGADILHO**, s. m. Hurry; precipitation.
**AFOGADO**, adj. Drowned; asphyxiated.
**AFOGADOR**, adj. Drowning; suffocating; s. m. choker; choke (of an automobile).
**AFOGAR**, v. t. To drown; to suffocate.
**AFOGUEADO**, adj. Blushing; ardent; aglow.
**AFOGUEAR**, v. t. To inflame, to fire.

**AFOITAR**, v. t. To embolden, to encourage.
**AFOITEZA**, s. f. Boldness, courage.
**AFOITO**, adj. Bold, daring.
**AFOLHAMENTO**, s. m. Rotation of cultures.
**AFOLHAR**, v. t. To divide a piece of ground in order to alternate the cultures.
**AFONIA**, s. f. Aphony.
**AFORA**, adv. Outside; out into.
**AFORAMENTO**, s. m. Letting by lease.
**AFORAR**, v. t. To let by lease.
**AFORISMO**, s. m. Aphorism, maxim, adage.
**AFORMOSEADOR**, s. m. Embellisher.
**AFORMOSEAR**, v. t. To embellish, to adorn.
**AFORQUILHAR**, v. t. To fork.
**AFORRAR**, v. t. To wad, to pad; to manumit, to release from slavery, to free.
**AFORTALEZAR**, v. t. To fortify.
**AFORTUNADO**, adj. Happy, lucky, fortunate.
**AFRANCESADO**, adj. Frenchified.
**AFRANCESAR**, v. t. To frenchify.
**AFREGUESAR**, v. t. To gain a customer or client.
**AFRESCO**, s. m. (Pint.) Fresco.
**ÁFRICA**, s. f. Prowess, deed.
**AFRICANISMO**, s. m. African barbarism.
**AFRICANO, ÁFRICO, AFRO**, adj. African.
**AFRODISÍACO**, adj. Aphrodisiac.
**AFRO-NEGRO**, adj. Relating to African Negroes.
**AFRONTA**, s. f. Affront, outrage, insult.
**AFRONTADO**, adj. Affronted; suffocated.
**AFRONTAR**, v. t. To affront, to insult.
**AFRONTOSO**, adj. Outrageous, ignominious.
**AFROUXAMENTO**, s. m. Relaxation.
**AFROUXAR**, v. t. Loosen; to slacken.
**AFTA**, s. f. Aphta.
**AFTOSO**, adj. Aphtous.
**AFUGENTADOR**, s. m. Chaser.
**AFUGENTAR**, v. t. To chase, to put to flight.
**AFUMADO**, adj. Subjected to the action of smoke; tasting of smoke; dark.
**AFUMAR**, v. t. To smoke; to fill with smoke.
**AFUNDAMENTO**, s. m. Sinking; depression.
**AFUNDAR**, v. t. To sink; to deepen; do dig.
**AFUNILADO**, adj. Funnel-shaped.
**AFUNILAR**, v. t. To shape like a funnel.
**AFUSADO**, adj. Fusiform.
**AFUSÃO**, s. f. Affusion, aspersion.
**AFUSAR**, v. t. To shape like a spindle.
**AGACHAR**, adj. Crouching, squat.
**AGACHAR-SE**, v. t. To cower; to crouch; to squat; to stoop down; to submit.
**AGADANHAR**, v. t. To scratch; to steal.

**AGAIATAR-SE**, v. t. To become roguish.
**AGAIOLAR**, v. t. To cage.
**AGALEGADO**, adj. Rude, rough, uncivil.
**AGALEGAR**, v. t. To make coarse or gross.
**AGALHAR**, v. i. To put forth branches (a tree).
**AGALOADO**, adj. Adorned with laces.
**ÁGAMO**, adj. Agamic.
**ÁGAPE**, s. m. Banquet, ceremonial dinner.
**AGAROTAR-SE**, v. p. To become roguish.
**AGARRADO**, adj. Niggard, miserly.
**AGARRAMENTO**, s. m. The act of catching.
**AGARRAR**, v. t. To catch, to grasp, to seize.
**AGASALHADO**, adj. Well wrapped up.
**AGASALHADOR**, adj. Hospitable; s. m. welcomer.
**AGASALHAR**, v. t. To lodge, to welcome.
**AGASALHO**, s. m. Wrap; muffler.
**AGASTADO**, adj. Angry; enraged.
**AGASTAMENTO**, s. m. Anger, irritation.
**AGASTAR**, v. t. To enrage, to irritate.
**ÁGATA**, s. f. Agate.
**AGATANHADO**, adj. Scratched.
**AGATANHAR**, v. t. To scratch.
**AGATINHAR**, v. t. To crawl up, to climb.
**AGAUCHAR-SE**, v. t. To adopt the habits or dress of a "gaúcho".
**AGÊNCIA**, s. f. Agency; operation.
**AGENCIADOR**, adj. Active, diligent.
**AGENCIAR**, v. t. To manage; to promote.
**AGENDA**, s. f. Agend.
**AGENTE**, adj. Acting; s. m. agent, doer.
**AGIGANTAR**, v. t. To enlarge; to make gigantic; to exaggerate.
**ÁGIL**, adj. Agile, nimble, lively.
**AGILIDADE**, s. f. Agility, nimbleness.
**ÁGIO**, s. m. Agio, premium; usury.
**AGIOTA**, s. m. Usurer; speculator.
**AGIOTAGEM**, s. f. Usury.
**AGIR**, v. i. To act; to behave.
**AGITAÇÃO**, s. f. Agitation, moving; tumult.
**AGITADO**, adj. Agitated, excited, uneasy.
**AGITADOR**, s. m. Agitator.
**AGITAR**, v. t. To agitate, to excite.
**AGLOMERAÇÃO**, s. f. Agglomeration.
**AGLOMERADO**, adj. Agglomerated, a-massed; s. m. agglomerate, collection.
**AGLOMERAR**, v. t. To agglomerate; to assemble, to accumulate, to cluster.
**AGLUTINADO**, adj. Agglutinate.
**AGLUTINANTE**, adj. Agglutinant.
**AGLUTINAR**, v. t. To agglutinate.
**AGNATO**, s. m. Agnate.

**AGNOSIA**, s. f. (Med.) Agnosia.
**AGNOSTICISMO**, s. m. Agnosticism.
**AGOMAR**, v. i. To bud, to germinate.
**AGONGORADO**, adj. Pompous (style).
**AGONIA**, s. f. Agony; anguish; affliction.
**AGONIAR**, v. t. To cause affliction or nausea to; to disgust; to grieve; to distress.
**AGONIZANTE**, adj. Agonizing.
**AGONIZAR**, v. i. To agonize; to suffer.
**AGORA**, adv. Now.
**AGOSTO**, s. m. August.
**AGOURAR**, v. t. To augur, to foretell.
**AGOUREIRO**, adj. Omened, ill-omened.
**AGOURO**, s. m. Augury, forewarning.
**AGRACIADO**, adj. Awarded with a title, badge, etc.; graced.
**AGRACIAR**, v. t. To grace, to honor.
**AGRADAR**, v. t. To please, to oblige; to satisfy; to like; to flatter; to please (the eye, ear, etc.); to blandish; to take delight in.
**AGRADÁVEL**, adj. Pleasant, agreeable.
**AGRADECER**, v. t. To thank.
**AGRADECIDO**, adj. Thankful, grateful.
**AGRADECIMENTO**, s. m. The act of thanking.
**AGRADO**, s. m. Pleasure, satisfaction.
**AGRANELAR**, v. t. To store in bulk.
**AGRÁRIO**, adj. Agrarian.
**AGRAVAÇÃO**, s. f. Aggravation.
**AGRAVADO**, adj. Aggravated; offended.
**AGRAVAMENTO**, s. m. Aggravation.
**AGRAVANTE**, adj. Aggravating, s. m. circumstance that aggravates the culpability.
**AGRAVAR**, v. t. To aggravate; to intensify.
**AGRAVO**, s. m. Offense; damage; injury.
**AGREDIR**, v. t. To aggress, to attack.
**AGREGAÇÃO**, s. f. Aggregation.
**AGREGADO**, adj. Aggregate, annexed.
**AGREGAR**, v. t. To aggregate, to associate.
**AGREMIAÇÃO**, s. f. Association, club.
**AGREMIAR**, v. t. To associate.
**AGRESSÃO**, s. f. Aggression, attack.
**AGRESSIVO**, adj. Aggressive.
**AGRESTE**, adj. Agrestial; sylvan; rustic.
**AGRIÃO**, s. m. Watercress.
**AGRÍCOLA**, adj. Agricultural.
**AGRICULTOR**, s. m. Agriculturist; tiller.
**AGRIDOCE**, adj. Between sour and sweet.
**AGRILHOAR**, v. t. To chain, to fetter.
**AGRIMENSURA**, s. f. Land-surveying.
**AGRONOMIA**, s. f. Agronomy.
**AGROPECUÁRIA**, s. f. Art and science of agriculture and cattle raising.

**AGROSSEIRADO,** adj. Rather coarse, rough.
**AGRUMELAR,** v. t. To curdle; to clot.
**AGRUPAMENTO,** s. m. Grouping; group.
**AGRUPAR,** v. t. To group, to cluster.
**AGRURA,** s. f. Acerbity, bitterness; grief.
**ÁGUA,** s. f. Water; rain; clearness and luster of some precious stones.
**AGUACEIRO,** s. m. Heavy shower.
**AGUADA,** s. f. Supply of potable water for maritime voyages.
**AGUADEIRO,** s. m. Water carrier.
**AGUADO,** adj. Waterish; mixed with water.
**AGUAPÉ,** s. m. A tangled mass of aquatic plants.
**AGUAR,** v. t. To water, to sprinkle with water; to dilute with water; to frustrate.
**AGUARDAR,** v. t. To await, to expect.
**AGUARDENTE,** s. f. Brandy.
**AGUARRÁS,** s. f. Essence of turpentine.
**ÁGUA-VIVA,** s. f. Jellyfish.
**AGUÇADO,** adj. Pointed; sharpened; acute.
**AGUÇADOR,** adj. Sharpening; grinding.
**AGUÇAR,** v. t. To sharpen, to whet, to grind.
**AGUDEZA,** s. f. Sharpness; perspicacity.
**AGUDO,** adj. Acute, keen, pointed; crucial.
**AGÜENTAR,** v. t. To support, to sustain.
**AGUERRIDO,** adj. Inured to war.
**AGUERRIR,** v. t. To accustom to war.
**ÁGUIA,** s. f. Eagle.
**AGUILHÃO,** s. m. Goad; stimulus.
**AGUILHOAR,** v. t. To goad, to stimulate.
**AGULHA,** s. f. Needle; hand (of a watch).
**AGULHADA,** s. f. Needle-prick.
**AGULHEIRO,** s. m. Needle-case.
**AH!,** interj. Ah!
**AI!,** interj. Wo!, woe!
**AÍ,** adv. There, in that place.
**AIA,** s. f. Preceptress, governess.
**AINDA,** adv. Still, yet; again.
**AIO,** s. m. Preceptor; chamberlain.
**AIPO,** s. m. Celery.
**AIRADO,** adj. Airy; lazy, iddle.
**AIROSO,** adj. Elegant, graceful; decorous.
**AJAEZADO,** adj. Harnessed, embellished.
**AJAEZAR,** v. t. To harness.
**AJANOTADO,** adj. Dandyish.
**AJANOTAR,** v. t. To dandify.
**AJANTARADO,** s. m. A late and heavy meal.
**AJARDINAR,** v. t. To make, or turn into, a garden.
**AJEITAR,** v. t. To arrange, to adapt; to fit.
**AJOELHADO,** adj. Genuflected; kneeling.
**AJOELHAR,** v. t. To make (someone) kneel.
**AJORNALAR,** v. t. To hire by day.
**AJOUJAR,** v. t. To yoke.
**AJUDA,** s. f. Hel, aid, assistance, favor.
**AJUDANTE,** s. 2 gên. Helper, aid, assistant.
**AJUDAR,** v. t. To help, to aid, to succor.
**AJUDEUZADO,** adj. Jewlike.
**AJUIZADO,** adj. Wise, judicious.
**AJUIZAR,** v. t. To estimate, to suppose.
**AJUNTAMENTO,** s. m. Crowd, throng.
**AJUNTAR,** v. t. To gather, to collect; to assemble, to convcke, to accumulate.
**AJURAMENTAR,** v. t. To administer an oath.
**AJUSTADO,** adj. Settled; stipulated; just.
**AJUSTAR,** v. t. To adjust, to fit, to adapt.
**AJUSTE,** s. m. Agreement, accord, pact.
**AJUTÓRIO,** s. m. Help, aid.
**ALA,** s. f. Row, file, rank; parapet (a bridge).
**ALABARDA,** s. f. Halberd.
**ALABASTRO,** s. m. Alabaster.
**ÁLACRE,** adj. Merry, joyous, gay.
**ALADO,** adj. Winged, wingy.
**ALAGADIÇO,** adj. Marshy, swampy.
**ALAGAMENTO,** s. m. Overflow, flood.
**ALAGAR,** v. t. To overflow, to flood.
**ALAMAR,** s. m. Frog.
**ALAMBICAR,** v. t. To distil; ornate.
**ALAMBIQUE,** s. m. Alembic.
**ALAMBRADO,** adj. Fenced with wire.
**ALAMBRAR,** v. t. To fence with wire.
**ALAMEDA,** s. f. Alley.
**ÁLAMO,** s. m. White poplar.
**ALANCEAR,** v. t. To pierce with a lance.
**ALANHAR,** v. t. To slash, to stab; to oppress.
**ALÃO,** s. m. Hound, mastiff.
**ALAPAR,** v. t. To hide in a cave.
**ALAPARDAR-SE,** v. t. To squat, to crouch.
**ALAR,** adj. Alar, alary; wingshaped.
**ALARANJADO,** adj. Orange-coloured.
**ALARDE,** s. m. Ostentation; vainglory.
**ALARDEAR,** v. t. To boast, to brag.
**ALARGAMENTO,** s. m. Widening; dilatation.
**ALARGAR,** v. t. To enlarge, to widen; to broaden; to expand, to slacken.
**ALARIDO,** s. m. Vociferation, clamor, outcry.
**ALARMANTE,** adj. Alarming.
**ALARMAR,** v. t. To alarm, to frighten.
**ALARME,** s. m. Alarm.
**ALARVE,** adj. Rustic, brutal, wild.
**ALASTRAMENTO,** s. m. Spreading.
**ALASTRAR,** v. t. To scatter, to spread.
**ALATINAR,** v. t. To latinize.
**ALAÚDE,** s. m. Lute.
**ALAVANCA,** s. f. Lever; handspike; crow.

**ALAZÃO**, s. m. Sorrel.
**ALBANÊS**, adj. Albanian.
**ALBARDA**, s. f. Pack-saddle.
**ALBARDAR**, v. t. To put a pack-saddle upon a beast; to abash; to oppress.
**ALBATROZ**, s. m. Albatross.
**ALBERGAR**, v. t. To lodge, to shelter.
**ALBERGUE**, s. m. Lodhing-house, inn, hotel.
**ALBESCENT**, adj. Albescent.
**ALBIFICAR**, v. t. To whiten.
**ALBINISMO**, s. m. Albinism.
**ALBIZO**, s. m. Chalk, clay, argil.
**ALBORNOZ**, s. m. Burnoose.
**ALBORQUE**, s. m. Exchange, barter.
**ALBUGEM**, s. f. Leucoma.
**ÁLBUM**, s, m. Album, scrapbook.
**ALBUME**, s. f. Albumen.
**ALBURNO**, s. m. Alburnum, sapwood.
**ALÇA**, s. f. Brace, catch; pl. suspenders.
**ALCÁCER**, s. m. Alcazar, fortress palace.
**ALCACHOFRA**, s. f. Artichoke.
**ALCAÇUZ**, s. m. Lincorice.
**ALÇADA**, s. f. Jurisdiction.
**ALCAIDE**, s. m. Alcaide.
**ÁLCALI**, s. m. Alkali.
**ALCALIFICAR**, v. t. To alkalify.
**ALCALÍMETRO**, s. m. Alkalimeter.
**ALCALINO**, adj. Alkaline.
**ALÇAMENTO**, s. m. Lifting, elevation.
**ALCANÇADO**, adj. Reached; obtained.
**ALCANÇAR**, v. t. To attain, to reach.
**ALCANCE**, s. m. Reach; capacity, ability.
**ALCÂNDOR**, s. m. Top, summit, pinnacle.
**ALCANDORAR-SE**, v. t. To perch high, to rise, to elevate oneself; to exalt oneself.
**ALCANTIL**, s. m. Precipice, a steep cliff.
**ALCANTILADO**, adj. Steep, precipitous.
**ALÇAPÃO**, s. m. Trap-door, trap, snare.
**ALCAPARRA**, s. f. Caper.
**ALÇAR**, v. t. To raise, to lift up, to build.
**ALCATÉIA**, s. f. Pack.
**ALCATIFADO**, adj. Covered with a carpet.
**ALCATRA**, s. f. Rump.
**ALCATRÃO**, s. m. Tar.
**ALCATRAZ**, s. m. Albatross; frigate bird.
**ALCATROAR**, v. t. To tar, to smear with tar.
**ALCATRUZ**, s. m. Bucket.
**ALCE**, s. m. Moose.
**ALCÍONE**, s. f. Halcyon.
**ALCOBAÇA**, s, f. Large bandkerchief.
**ÁLCOOL**, s. m. Alcohol.
**ALCOÓLATRA**, s. 2 gên. Drinker.
**ALCOÓLICO**, adj. Alcoholic.

**ALCORÃO**, s. m. Koran.
**ALCOVA**, s. f. Alcove.
**ALCOVITAR**, v. t. e v. i. To intrigue.
**ALCUNHA**, s. f. Nickname.
**ALDEÃO**, adj. Relating to village; s. m. contryman, villager.
**ALDEIA**, s. f. Village, country.
**ALDRAVA**, s. f. Latch; door-knocker.
**ALEATÓRIO**, adj. Aleatory, contingent.
**ALECRIM**, s. m. Rosemary.
**ALEGAÇÃO**, s. f. Allegation.
**ALEGAR**, v. t. To allege.
**ALEGORIA**, s. f. Allegory.
**ALEGRAR**, v. t. To cheer, to gladden; to rejoice; v. p. to be or become glad.
**ALEGRE**, adj. Merry, gay, cheer, glad; tipsy.
**ALEGRIA**, s. f. Merriment, gaiety; joy.
**ALÉIA**, s. f. Alley.
**ALEIJADO**, adj. Crippled, lame.
**ALEIJÃO**, s. m. Bodily or moral deformity.
**ALEIJAR**, v. t. To cripple; to lame.
**ALEITAÇÃO, ALEITAMENTO**, s. f., s. m. Suckling.
**ALEITAR**, v. t. To nurse, to suckle.
**ALEIVE, ALEIVOSIA**, s. m., s. f. Calumny.
**ALELUIA**, s. f. Hallelujah, alleluia.
**ALÉM**, adj. There, in that pace; beyond.
**ALEMÃO**, adj. e s. m. German.
**ALENTADO**, adj. Courageous, stout, bulky.
**ALENTAR**, v. t. To encourage, to animate.
**ALENTO**, s. m. Breath, courage; strength.
**ALERGIA**, s. f. Allergy.
**ALÉRGICO**, adj. Allergic.
**ALERTA**, adj. Alert, vigilant; wideawake; interj. take care!, attention! s. m. alarm.
**ALERTAR**, v. t. To warn, to put on bis guard.
**ALETA**, s. f. A small room.
**ALETRIA**, s. f. Vermicelli.
**ALFABETIZAÇÃO**, s. f. The act of teaching to read.
**ALFABETIZAR**, v. t. To teach to read.
**ALFABETO**, s. m. Alphabet.
**ALFACE**, s. f. Lettuce.
**ALFAFA**, s. f. Alfafa.
**ALFAIA**, s. f. Household furniture.
**ALFAIATARIA**, s. f. Tailor-shop.
**ALFAIATE**, s. m. Tailor.
**ALFÂNDEGA**, s. f. Customhouse.
**ALFANDEGÁRIO**, adj. Relating to customhouse.
**ALFANJE**, s. m. Seimitar.
**ALFARRÁBIO**, s. m. An old an worthless book.

**ALFAZEMA**, s. f. Lavender.
**ALFERES**, s. m. Ancient official rank.
**ALFIM**, adv. At last.
**ALFINETADA**, s. f. Pin-prick.
**ALFINETE**, s. m. Pin.
**ALFOMBRA**, s. f. Carpet; sward.
**ALFORJAR**, v. t. To keep in a saddlebag or wallet; to collect.
**ALFORJE**, s. m. Saddlebag, wallet.
**ALFORRIA**, s. f. Manumission.
**ALFORRIAR**, v. t. To manumit.
**ALGA**, s. f. Alga.
**ALGARAVIA**, s. f. Arabic tongue; gibberish.
**ALGARISMO**, s. m. Figure; number; numeral.
**ALGAZARRA**, s. f. Hubbub, outcry, clamor.
**ÁLGEBRA**, s. f. Algebra.
**ALGÉBRICO**, adj. Algebraic, algebraical.
**ALGEMA**, s. f. Handcuff, shackle, fetter.
**ALGEMAR**, v. t. To handcuff, to hinder.
**ALGIA**, s. f. (Med.) Pain.
**ALGIBEIRA**, s. f. Pocket.
**ALGIDEZ**, s. f. Algidity.
**ALGO**, pron. Something; adv. somewhat.
**ALGODÃO**, s. m. Cotton.
**ALGODOEIRO**, adj. Relating to cotton; s. m. cotton, cotton plant.
**ALGORÍTMICO**, adj. Algorismic.
**ALGOZ**, s. m. Executioner.
**ALGUÉM**, pron. Someone, somebody.
**ALGUIDAR**, s. m. Earthen vessel.
**ALGUM**, pron. Some, any; pl. some.
**ALGURES**, adv. Somewhere.
**ALHEAÇÃO**, s. f. Alienation.
**ALHEAR**, v. t. To alienate, to strange; to drive away; to turn aside; to divert.
**ALHEIO**, adj. Alien, of others; foreign.
**ALHO**, s. m. Garlic.
**ALHURES**, adv. Elsewhere.
**ALI**, adv. There, in that place.
**ALIADO**, adj. Allied; s. m. ally.
**ALIANÇA**, s. f. Alliance; wedding-ring.
**ALIAR**, v. t. To ally, to unite in alliance.
**ALIÁS**, adv. Alias, otherwise.
**ALIBI**, s. m. Alibi.
**ALICATE**, s. m. Pliers.
**ALICERÇAR**, v. t. To lay the foundation.
**ALICERCE**, s. m. Foundation, base.
**ALICIAMENTO**, s. m. Allurement, lure.
**ALICIAR**, v. t. To allure, to seduce.
**ALIENAÇÃO**, s. f. Alienation; madness.
**ALIENADO**, adj. Alienated; mad.
**ALIENAR**, v. t. To alienate; to estrange.
**ALIENISTA**, s. 2 gên. Alienist, psychiatrist.

**ALIGEIRAR**, v. t. To lighten, to hasten.
**ALIJAR**, v. t. (Naut.) To jettison; to discard.
**ALIMÁRIA**, s. f. Beast; brute; stupid person.
**ALIMENTAÇÃO**, s. f. Alimentation; feeding.
**ALIMENTAR**, adj. Alimentary; v. t. to nourish.
**ALIMENTO**, s. m. Aliment, nourishment.
**ALÍNEA**, s. f. First line of a paragraph.
**ALINHADO**, adj. Arranged in line.
**ALINHAMENTO**, s. m. Alinement; line, row.
**ALINHAR**, v. t. To align, to line, to range.
**ALINHAVAR**, v. t. To baste; to prepare.
**ALINHAVO**, s. m. Basting.
**ALÍQUOTA**, adj. Aliquot.
**ALISADO**, adj. Smoothed, polished.
**ALISAR**, v. t. To smooth, to polish.
**ALÍSIOS**, adj. Of or pertaining to trade winds; s. m. pl. trade winds.
**ALISTADO**, adj. Enlisted, recruited.
**ALISTAMENTO**, s. m. Enrollment.
**ALISTAR**, v. t. To enlist, to enroll.
**ALITERAR**, v. t. To alliterate.
**ALIVIADO**, adj. Relieved, alleviated.
**ALIVIAR**, v. t. To lighten; to relieve; to mitigate; to comfort; v. i. to allay.
**ALÍVIO**, s. m. Relief, alleviation; ease.
**ALJAVA**, s. f. Quiver.
**ALMA**, s. f. Soul, spirit; human being; character; life; courage; enthusiasm; bore (of a cannon); soundpost (of a fiddle).
**ALMAÇO**, s. m. Foolscap (paper).
**ALMANAQUE**, s. m. Almanac.
**ALMEIRÃO**, s. m. Species of chicory.
**ALMEJAR**, v. t. To long for, to yearn.
**ALMIRANTADO**, s. m. Admiralty.
**ALMIRANTE**, s. m. Admiral.
**ALMÍSCAR**, s. m. Musk.
**ALMISCARAR**, v. t. To perfume with musk.
**ALMOÇAR**, v. t. To lunch.
**ALMOÇO**, s. m. Lunch, midday meal.
**ALMOCREVE**, s. m. Muleteer.
**ALMOFADA**, s. f. Cushion, pad; panel.
**ALMOFARIZ**, s. m. Mortar.
**ALMÔNDEGA**, s. f. Meatball.
**ALMOTOLIA**, s. f. Oil-can, oil-pot.
**ALMOXARIFADO**, s. m. Stock-room.
**ALÔ**, interj. Hello!
**ALÓ**, adv. (Náut.) Windward.
**ALOCUÇÃO**, s. f. Allocution.
**ALOÉS**, s. m. Aloes.
**ALOJAÇÃO, ALOJAMENTO**, s. f., s. m. Lodging, quartering; quarter.
**ALOJAR**, v. t. To lodge, to harbour.
**ALONGADO**, adj. Long; elongate; distant.

**ALONGAMENTO**, s. m. Lengthening.
**ALONGAR**, v. t. To enlogate; to prolong.
**ALOPATIA**, s. f. Allopathy.
**ALOPÁTICO**, adj. Allopathic.
**ALOTROPIA**, s. f. Allotropy.
**ALOUCADO**, adj. Foolish.
**ALOURAR**, v. t. To render fair, to golden.
**ALPACA**, s. f. Alpaca.
**ALPARCATA, ALPARGATA**, s. f. A canvas shoe with a sole made of rubber or braided rope.
**ALPENDRE**, s. m. Porch.
**ALPESTRE**, adj. Relating to or like the Alps.
**ALPINISMO**, s. m. Alpinism.
**ALPINISTA**, s. 2 gên. Alpinist.
**ALPONDRAS**, s. f. pl. Stepping-stones.
**ALPORCAR**, v. t. To layer.
**ALQUEBRADO**, adj. Worn-out, exhausted.
**ALQUEBRAR**, v. t. To weaken; to extenuate.
**ALQUIMIA**, s. f. Alchemy.
**ALQUIMISTA**, s. 2 gên. Alchemist.
**ALSACIANO**, adj. e s. m. Alsatian.
**ALTA**, s. f. Boom; increase; rise; release from military service; discharge from a hospital after recovery; fashionable society.
**ALTA-FIDELIDADE**, s. f. High fidelity, hi-fi.
**ALTANEIRO**, adj. Towering, lofty.
**ALTAR**, s. m. Altar, cult; veneration.
**ALTA-RODA**, s. f. Highlife.
**ALTEAMENTO**, s. m. Hightening; raising.
**ALTEAR**, v. t. To heighten; to increase; to raise; v. i. to grow; to bulk.
**ALTERAÇÃO**, s. f. Alteration; modification.
**ALTERADO**, adj. Altered; perturbed.
**ALTERAR**, v. t. To alter, to modify.
**ALTERÁVEL**, adj. Alterable, changeable.
**ALTERCAÇÃO**, s. f. Altercation; quarrel.
**ALTERCAR**, v. i. To altercate, to quarrel.
**ALTERNAÇÃO**, s. f. Alternation.
**ALTERNADOR**, s. m. Alternator.
**ALTERNÂNCIA**, s. f. Alternation.
**ALTERNANTE**, adj. Alternating.
**ALTERNAR**, v. t. To alternate.
**ALTERNATIVA**, s. f. Alternative, option.
**ALTEROSO**, adj. Towering; majestic.
**ALTEZA**, s. f. Highness; sublimity; height.
**ALTIBAIXOS**, s. m. pl. Vicissitudes.
**ALTILOQÜÊNCIA**, s. f. Altiloquence.
**ALTÍMETRO**, s. m. Altimeter.
**ALTÍSSIMO**, adj. Extremely high; s. m. the Most High.
**ALTISSONANTE, ALTÍSSONO**, adj. High-sounding; pompous.

**ALTISTA**, adj. Relating to the activities of a bull or speculator.
**ALTITUDE**, s. f. Altitude, height.
**ALTIVEZ**, s. f. Fieriness, pride, arrogance.
**ALTIVO**, adj. Fiery, proud, arrogant.
**ALTO**, adj. High; tall, loud; acute; lofty; elevated; illustrious; important; excelent; superior; superb; excessive; adv. loud; interj. stop!; s. m. height, top; alto (Mús.).
**ALTRUÍSTA**, adj. Altruistic; s. 2 gên. altruist.
**ALTURA**, s. f. Height, altitude; summit; greatness; importance; stature.
**ALUCINAÇÃO**, s. f. Hallucination; illusion.
**ALUCINADO**, adj. Hallucinated.
**ALUCINAR**, v. t. To hallucinate; to craze.
**ALUDE**, s. m. Avalanche.
**ALUDIDO**, adj. Mentioned.
**ALUDIR**, v. rel. To mention, to hint at.
**ALUGAR**, v. t. To let, to lease, to hire.
**ALUGUEL, ALUGUER**, s. m. Hire, letting.
**ALUIÇÃO, ALUIMENTO**, s. f., s. m. Shake.
**ALUIR**, v. t. To shake; v. i. to crumble down.
**ALUME, ALÚMEN**, s. m. Alum.
**ALUMIAR**, v. t. To illuminate, to lighten.
**ALUMÍNIO**, s. m. Aluminum or aluminium.
**ALUNO**, s. m. Pupil, scholar; learner.
**ALUSÃO**, s. f. Allusion, indirect reference.
**ALUVIAL**, adj. Alluvial.
**ALUVIÃO**, s. m. Alluvium; torrent; flood.
**ALVA**, s. f. Dawn, daybreak.
**ALVACENTO, ALVADIO**, adj. Whitish.
**ALVAIADE**, s. m. White lead.
**ALVAR**, adj. Whitish; stupid, idiotic, fool.
**ALVARÁ**, s. m. Charter.
**ALVEJANTE**, adj. Albescent; s. m. bleacher.
**ALVEJAR**, v. t. To whiten, to blanch.
**ALVENARIA**, s. f. Masonry.
**ÁLVEO**, s. m. Bed (of a river, etc.).
**ALVEOLAR**, adj. Alveolar.
**ALVÉOLO**, s. m. Alveolus.
**ALVIÃO**, s. m. Mattock.
**ALVÍSSARAS**, s. f. pl. A reward given for good news.
**ALVITRE**, s. m. Proposal; suggestion.
**ALVO**, adj. White, pure, limpid; s. m. white; mark; aim, intention; design; end.
**ALVOR**, s. m. Dawn; whiteness.
**ALVORADA**, s. f. Dawn; reveille.
**ALVORECER**, s. m. Dawn, daybreak.
**ALVOROÇADO**, adj. Anxious, restless.
**ALVOROÇAR**, v. t. To agitate, to alarm.
**ALVOROÇO**, s. m. Agitation; alarm; startle.
**ALVURA**, s. f. Whiteness; pureness; purity.

**AMA**, s. f. Mistress; governess; nurse.
**AMABILIDADE**, s. f. Amiability; affability.
**AMACIAR**, v. t. To soften; to smooth.
**AMADA**, s. f. Beloved woman; sweet-heart.
**AMADO**, adj. Loved, beloved.
**AMADOR**, s. m. Lover; amateur.
**AMADORISMO**, s. m. Amateurism.
**AMADURAR, AMADURECER**, v. t. e i. To ripen; to mature.
**AMADURECIMENTO**, s. m. Ripening.
**ÂMAGO**, s. m. Pith, medulla, duramen.
**AMAINAR**, v. t. To lower (the sails).
**AMALDIÇOADO**, adj. Cursed; damned.
**AMALDIÇOAR**, v. t. To curse; to execrate.
**AMÁLGAMA**, s. f. Amalgam.
**AMALGAMAR**, v. t. To amalgamate.
**AMAMENTAÇÃO**, s. f. Breast-feeding.
**AMAMENTAR**, v. t. To suckle, to nurse.
**AMANCEBADO**, adj. Living in concubinage.
**AMANEIRADO**, adj. Affectd; mannered.
**AMANHÃ**, adv. Tomorrow; s. m. the future.
**AMANHAR**, v. t. To cultivate; to arrange.
**AMANHECER**, s. m. Dawn, daybreak.
**AMANSADOR**, s. m. Tamer.
**AMANSAR**, v. t. To tame; to soothe.
**AMANTE**, adj. Loving; s. m. lover.
**AMANTEIGADO**, adj. Having the taste, consistency or aspect of butter; buttered.
**AMAR**, v. t. To love, to be in love with.
**AMARANTO**, s. m. Amaranth.
**AMARELADO**, adj. Yellowish.
**AMARELÃO**, s. m. (Bras.) Anemia due to hookworm infestation.
**AMARELAR, AMARELECER**, v. t. To make yellow; v. i. to grow yellow; to yellow.
**AMARELO**, adj. Yellow; s. m. yellow colour.
**AMARFANHAR**, v. t. To crumple; to rumple.
**AMARGAR**, v. t. To embitter; unpleasant.
**AMARGO**, adj. Bitter, painful, hard, severe.
**AMARGOR**, s. m. Bitterness.
**AMARGURA**, s. f. Bitterness; anguish.
**AMARGURADO**, adj. Sad, afflicted.
**AMARGURAR**, v. t. To afflict, to grieve.
**AMARRA**, s. f. Anchor-cable; hawser.
**AMARRAÇÃO**, s. f. Anchorage.
**AMARRADO**, adj. Moored; tied; hindered.
**AMARRADURA**, s. f. hawser; anchoring.
**AMARRAR**, v. t. To tie (up), fasten.
**AMARRILHO**, s. m. String.
**AMARROTAR**, v. t. To crumple; to wrinkle.
**AMA-SECA**, s. f. Dry nurse, nursemaid.
**AMÁSIA**, s. f. Concubine.
**AMASSADEIRA**, s. f. Kneadig-machine.
**AMASSADO**, adj. Kneaded; pugged.
**AMASSAR**, v. t. To knead; to mix; to pug.
**AMÁVEL**, adj. Amiable; agreable; kind.
**AMAZONA**, s. f. Amazon.
**AMBAGES**, s. m. pl. Circumlocution.
**ÂMBAR**, s. m. Amber.
**AMBIÇÃO**, s. f. Ambition; aspiration.
**AMBICIONAR**, v. t. To covet; to desire.
**AMBIDESTRO**, adj. Ambidextrous.
**AMBIÊNCIA**, s. f. Environment.
**AMBIENTAR**, v. t. To create favorable surroundings or circumstances.
**AMBIENTE**, adj. Ambient; s. m. atmosphere.
**AMBIGÜIDADE**, s. f. Ambiguity.
**ÂMBITO**, s. m. Compass, orbit, boundary.
**AMBLIOPIA**, s. f. Amblyopia.
**AMBOS**, pron. Both.
**AMBROSIA**, s. f. Ambrosia (tamb. mitologia); something especially delicious.
**AMBULÂNCIA**, s. f. Ambulance.
**AMBULANTE**, adj. Ambulant.
**AMBULATÓRIO**, adj. Ambulatory.
**AMEAÇA**, s. f. Menace, threat.
**AMEAÇADOR**, adj. Menacing; threatenning.
**AMEAÇAR**, v. t. To menace, to threaten; to intimidate; to frighten.
**AMEALHAR**, v. t. To economize.
**AMEAR**, v. t. To embattle.
**AMEBA**, s. f. Amoeba.
**AMEBÍASE**, s. f. Amoebiasis.
**AMEDRONTADO**, adj. Frightened, afraid.
**AMEDRONTAR**, v. t. To frighten, to scare.
**AMEIA**, s. f. Battlement.
**AMEIGAR**, v. t. To fondle, to caress.
**AMEIXA**, s. f. Plum.
**AMEIXEIRA**, s. f. Plum-tree.
**AMÉM**, interj. e s. m. Amen.
**AMÊNDOA**, s. f. Almond.
**AMENDOIM**, s. m. Peanut.
**AMENIDADE**, s. f. Amenity; delight.
**AMENINAR**, v. t. To make childlike.
**AMENIZAR**, v. t. To make pleasant.
**AMENO**, adj. Pleasant, mild; soft.
**AMENORRÉIA**, s. f. Amenorrhea.
**AMERCEAR**, v. t. To pardon, to forgive.
**AMERICANIZAR**, v. t. e p. To americanize.
**AMERICANO**, adj. e s. m. American.
**AMERÍNDIO**, s. m. American Indian (in opposition to the Asiatic Indian).
**AMERISSAGEM**, s. f. The act of alighting upon the sea (a hydroplane).
**AMESQUINHAR**, v. t. To make mean, paltry.

**AMESTRADO**, adj. Trained; instructed.
**AMESTRAR**, v. t. To train (people, animals).
**AMIANTO**, s. m. Amianthus.
**AMIDO, ÁMIDO**, s. m. Starch.
**AMIGA**, s. f. Friend; concubine.
**AMIGADO**, adj. Living in concubinage.
**AMIGÁVEL**, adj. Amicable.
**AMÍGDALA, AMÍDALA**, s. f. Tonsil.
**AMIGDALITE, AMIDALITE**, s. f. Tonsillitis.
**AMIGO**, adj. Friendly, amicable, kind; favorable; propitious; alied; dear.
**AMILÁCEO**, adj. Amylaceous.
**AMIMAR**, v. t. To fondle, to pet, to haby.
**AMISTOSO**, adj. Friendly.
**AMIUDADO**, adj. Frequent, habitual.
**AMIUDAR**, v. t. To do frequently; to repeat.
**AMIÚDE**, adv. Often, frequently.
**AMIZADE**, s. f. Friendship; dedication.
**AMINÉSIA**, s. f. Amnesia.
**ÁMNIO**, s. m. Amnion.
**AMO**, s. m. Housemaster; boss; lord.
**AMODORRAR**, v. t. To drowse, to doze.
**AMOEDAR**, v. t. To coin, to mint.
**AMOFINAÇÃO**, s. f. Vexation, affliction.
**AMOFINADO**, adj. Vexed; afflicted; annoyed.
**AMOLAÇÃO**, s. f. Grinding, sharpening.
**AMOLADOR**, s. m. Grinder.
**AMOLANTE**, adj. Grinding.
**AMOLAR**, v. t. To sharpen, to grind.
**AMOLDAR**, v. t. To mold, to shape, adjust.
**AMOLDÁVEL**, adj. Moldable, malleable.
**AMOLECER**, v. t. To mollify, to soften.
**AMOLECIDO**, adj. Softened; mollified.
**AMOLGAR**, v. t. To flatten; to deform.
**AMÔNIA**, s. f. Ammonia water.
**AMONÍACO**, s. m. Ammonia.
**AMONTANHAR**, v. i. To rise (as a moutain).
**AMONTOADO**, s. m. Heap, mass, collection.
**AMONTOAR**, v. t. To heap up, to amass.
**AMOR**, s. m. Love, affection; Cupid.
**AMORA**, s. f. Mulberry.
**AMORAL**, adj. Amoral.
**AMORÁVEL**, adj. Loving; tender; affable.
**AMORDAÇAR**, v. t. To silence by force.
**AMORFO**, adj. Amorphous.
**AMORNAR**, v. t. To make lukewarm.
**AMOROSO**, adj. Amorous; passionate.
**AMOR-PERFEITO**, s. m. Pansy.
**AMORTALHAR**, v. t. To shroud.
**AMORTECEDOR**, s. m. Shock absorber.
**AMORTECER**, v. t. To deaden; to damp; to weaken; to muffle; to absorb; to cushion; to decrease, to diminish; to benumb, to calm.

**AMORTECIDO**, adj. Benumbed; swooned.
**AMORTIZAÇÃO**, s. f. Partial payment of a debt; clearing up of a debt by installments.
**AMORTIZAR**, v. t. To clear part of a debt.
**AMOSTRA**, s. f. Sample, pattern; sign.
**AMOTINAÇÃO**, s. f. Mutining; rebellion.
**AMOTINAR**, v. t. To raise, to stir up revolt.
**AMOVÍVEL**, adj. Removable; transitory.
**AMPARADO**, adj. Supported; rested.
**AMPARAR**, v. t. To support; to sustain.
**AMPARO**, s. m. Prop, support; protection.
**AMPERAGEM**, s. f. Amperage.
**AMPÈRE**, s. m. Ampere.
**AMPLIAÇÃO**, s. f. Amplifying, enlarging.
**AMPLIADOR**, adj. Amplifying; s. m. amplifier.
**AMPLIAR**, v t. To amplify, to develop.
**AMPLIDÃO**, s. f. Ampleness; largeness.
**AMPLIFICADOR**, s. m. Amplifier.
**AMPLITUDE**, s. f. Spaciousness; breadth.
**AMPLO**, adj. Ample, large, vast, wide.
**AMPULHETA**, s. f. Sandglass.
**AMPUTAÇÃO**, s. f. Amputation.
**AMPUTAR**, v. t. To amputate; to mutilate.
**AMUADO**, adj. Sullen, sulky.
**AMUAR**, v. t. To annoy, to vex, to bother.
**AMULATAR**, v. t. To impress color of a mulatto to.
**AMULETO**, s. m. Amulet, talisman.
**AMUO**, s. m. Pout, sulkiness.
**AMURA**, s. f. Tack.
**AMURADA**, s. f. Bulwark.
**ANÃ**, s. f. Dwarf.
**ANABATISTA**, s. 2 gên. Anabaptist.
**ANABOLISMO**, s. m. Anabolism.
**ANACORETA**, s. m. Anchorite.
**ANACRÔNICO**, adj. Anachronistic.
**ANAERÓBIO**, adj. Anaerobic.
**ANAFILÁTICO**, adj. Anaphylactic.
**ANAGRAMA**, s. m. Anagram.
**ANÁGUA**, s. f. Underskirt, pettiecat.
**ANAIS**, s. m. pl. Annals.
**ANAL**, adj. Anal; annual.
**ANALÉPTICO**, adj. e s. m. Analeptic.
**ANALFABETISMO**, s. m. Illiterateness.
**ANALGESIA**, s. f. Analgesia.
**ANALGÉSICO**, adj. e s. m. analgesic.
**ANALISADOR**, s. m. Analyser.
**ANALISAR**, v. t. To analyze; to comb.
**ANÁLISE**, s. f. Analysis.
**ANALISTA**, s. 2 gên. Analyst, analizer.
**ANALÍTICO**, adj. Analytic.
**ANÁLOGO**, adj. Analogous.
**ANANÁS**, s. m. Pineapple.

**ANÃO,** adj. Dwarf, dwarfish; s. m. dwarf.
**ANAPLASIA, ANAPLASTIA,** s. f. Anaplasty.
**ANARQUIA,** s. f. Anarchy.
**ANÁRQUICO,** adj. Anarchic, anarchical.
**ANÁTEMA,** s. m. Anathema.
**ANATEMATIZAR,** v. t. To anathematize.
**ANATOMIA,** s. f. Anatomy.
**ANATÔMICO,** adj. Anatomic.
**ANAVALHAR,** v. t. To wound with a razor.
**ANCA,** s. f. Hip; haunch; buttock.
**ANCESTRAL,** adj. Ancestral.
**ANCHO,** adj. Wide, broad; ample.
**ANCHOVA,** s. f. Anchovy.
**ANCIÃO,** adj. e a. m. Ancient.
**ANCILA,** s. f. Maid-servant; slave.
**ANCILOSE,** s. f. Ankylosis.
**ANCINHO,** s. m. Rake.
**ÂNCORA,** s. f. Anchor; (fig.) protection.
**ANCORADOURO,** s. m. Anchorage.
**ANCORAR,** v. t. e i. To anchor.
**ANDADA,** s. f. Journey.
**ANDADOR,** s. m. Messenger-boy.
**ANDADURA,** s. f. Gait.
**ANDAIME,** s. m. Scaffold.
**ANDAMENTO,** s. m. Gait; proceeding.
**ANDANÇA,** s. f. Gait; (fam.) activity.
**ANDANTE,** adj. Wandering; going; errant; adv. e s. m. andante (music).
**ANDAR,** v. t. To walk, to step; to go; to elapse; to work; to move, to be; s. m. walk.
**ANDARILHO,** s. m. Walker.
**ANDEJAR,** v. t. To ramble, to wander.
**ANDINO,** adj. Andean.
**ANDOR,** s. m. Frame on which an image is carried in a procession.
**ANDORINHA,** S. F. SWALLOW.
**ANDRAJO,** s. m. Rag, tatter.
**ANDRAJOSO,** adj. Tattered, ragged.
**ANDRÓGINO,** adj. Androgynous.
**ANEDOTA,** s. f. Anecdote.
**ANEDOTÁRIO,** s. m. Collection of anecdotes.
**ANEGAR,** v. t. To submerge; to drown.
**ANEGRAR,** v. t. To blacken, to darken.
**ANEJO,** adj. Yearling.
**ANEL,** s. m. Ring; link; curl.
**ANELÃO,** adj. Curly, curled; ringshaped.
**ANELANTE,** adj. Longing coveting; anxious.
**ANELAR,** v. t. To curl; to ring; to yearn.
**ANELÍDEO,** s. m. Annelid.
**ANELO,** . m. Longing; yearning; anxiety.
**ANEMIA,** s. f. Anemia, anaemia.
**ANÊMICO,** adj. Anemic, anaemic.
**ANERÓIDE,** adj. e s. m. Aneroid.

**ANESTESIA,** s. f. Anesthesia, anaestasia.
**ANESTESIAR,** v. t. To anesthetize.
**ANESTÉSICO,** adj. e s. m. Anesthetic.
**ANEURISMA,** s. m. Aneurysm.
**ANEXAR,** v. t. To annex; to attach.
**ANEXIM,** s. m. Proverb, maxim.
**ANEXO,** adj. Annexed; s. m. annex.
**ANFÍBIO,** adj. Amphibious; s. m. amphibian.
**ANFITEATRO,** s. m. Amphitheater.
**ANFITRIÃO,** s. m. Host.
**ÂNFORA,** s. f. Amphora.
**ANFRACTUOSIDADE,** s. f. Irregular jutting out; depression or bending; tortuousness.
**ANFRACTUOSO,** adj. Tortuous; sinuous.
**ANGARIAÇÃO,** s. f. Allurement.
**ANGARIAR,** v. t. To allure, to enlist.
**ANGELICAL, ANGÉLICO,** adj. Angelical.
**ANGINA,** s. f. Angina.
**ANGLICANISMO,** s. m. Anglicanism.
**ANGLICANO,** adj. e s. m. Anglican.
**ANGOLANO,** s. m. Native of Angola.
**ANGRA,** s. f. Creek, cove.
**ANGÜIFORME,** adj. Snake-shaped.
**ANGULAR,** adj. Angular.
**ÂNGULO,** s. m. Angle.
**ANGÚSTIA,** s. f. Anguish; distress; agony.
**ANGUSTIADO,** adj. Afflicted; distressed.
**ANGUSTIAR,** v. t. To distress, to afflict.
**ANGUSTO,** adj. narrow; tight.
**ANHO,** s. m. Lamb.
**ANIAGEM,** s. f. Coarse, fabric made from jute or cotton and used for wrapping packs.
**ANÍDRICO,** adj. Anhydrous.
**ANIDRIDO,** s. m. Anhydride.
**ANIL,** s. m. Anil, indigo.
**ANILINA,** s. f. Aniline; aniline dye.
**ANIMAÇÃO,** s. f. Animation; liveliness.
**ANIMADO,** adj. Animate; living.
**ANIMADOR,** adj. Animating; encouraging.
**ANIMAL,** adj. Animal; s. m. animal.
**ANIMÁLCULO,** . sm. Animalcule.
**ANIMALESCO,** adj. Animal.
**ANIMALIA,** s. f. Beast.
**ANIMALISMO,** s. m. Animalism.
**ANIMAR,** v. t. To animate, to cheer, to brighten, to stimulate, to kindle, to activate, to rouse; to hearten; to encourage; to inspire; to accelerarte; to speed up.
**ANÍMICO,** adj. Relating to the soul.
**ÂNIMO,** s. m. Animus, soul; courage; intention; valor or valour; interj. cheer up!.
**ANIMOSIDADE,** s. f. Courage; grudge.
**ANINHAR,** v. t. To put into a nest; to shelter.

ANÍON, ANIONTE, s. m. Anion.
ANIQUILAÇÃO, s. f. Annihilation.
ANIQUILAR, v. t. To annihilate, to humiliate.
ANIS, s. m. Anise.
ANISETE, s. m. Anisette.
ANISTIA, s. f. Amnesty.
ANIVERSARIAR, v. i. To celebrate one's birthday.
ANIVERSÁRIO, adj. Anniversary.
ANJINHO, s. m. Little angel; innocent child.
ANJO, s. m. Angel.
ANO, s. m. Year.
ANÓDINO, adj. Anodyne; harmless.
ANÓDIO, ÂNODO, s. m. Anode.
ANOITECER, v. i. Nightfall; dusk.
ANOJADO, adj. In mourning; sed.
ANOJAR, v. t. To disgust, to annoy.
ANOMALIA, s. f. Anomaly.
ANÔMALO, adj. Anomalous.
ANONIMATO, s. m. Anonymity.
ANÔNIMO, adj. Anonymous.
ANORMAL, adj. Abnormal.
ANORMALIDADE, s. f. Abnormality.
ANOTAÇÃO, s. f. Annotation; note; record.
ANOTAR, v. t. To annotate; to record.
ANSEIO, s. m. Strong desire; longing.
ÂNSIA, s. f. Affliction; anxiety.
ANSIAR, v. t. To afflict, to long for.
ANSIEDADE, s. f. Anxiety; anguish.
ANTA, s. f. Tapir; dolmen.
ANTAGÔNICO, adj. Antagonistic.
ANTAGONISMO, s. m. Antagonism.
ANTÁLGICO, adj. e s. m. Antalgic.
ANTANHO, adv. Yore.
ANTÁRTICO, adj. Antarctic.
ANTE, prep. Before.
ANTEBRAÇO, s. m. Forearm.
ANTECÂMARA, s. f. Antechamber.
ANTECEDÊNCIA, s. f. Antecedence.
ANTECEDER, v. t. To antecede.
ANTECESSOR, s. m. Antecessor.
ANTECIPAÇÃO, s. f. Anticipation.
ANTECIPAR, v. t. To anticipate.
ANTEDATA, s. f. Antedate.
ANTEDILUVIANO, adj. Antediluvian; very old.
ANTEDIZER, v. t. To foretell, to predict.
ANTEGOZAR, v. t. To foretaste.
ANTEMANHÃ, adv. Before daylight.
ANTEMERIDIANO, adj. Antemeridian.
ANTENA, s. f. Antenna(of a insect, of a radio or television set).
ANTENUPCIAL, adj. Antenuptial.
ANTEOLHOS, s. m. pl. Blinders.

ANTEONTEM, adv. The day before yesterday.
ANTEPARO, s. m. Bulkhead; wind-sereen; fire-screen,; caution; defence.
ANTEPASSADO, adj. Past, elapsed.
ANTEPASTO, s. m. "Hors d'oeuvre", appetizers served before a meal or as a first course.
ANTEPENÚLTIMO, adj. Antepenultimate.
ANTEPOR, v. t. To set before, to prefer.
ANTEPOSIÇÃO, s. f. Precedency.
ANTEPROJETO, s. m. Ground plan.
ANTEPROPOSTA, s. f. Preliminary proposal.
ANTERA, s. f. Anther.
ANTERIOR, adj. Anterior; before.
ANTE-ROSTO, s. m. Title page.
ANTES, adv. Before, first; formerly.
ANTE-SALA, s. f. Anteroom.
ANTEVER, v. t. To foresee.
ANTEVÉSPERA, s. f. The day before eve.
ANTEVISÃO, s. f. Foreseeing.
ANTICIENTÍFICO, adj. Unsientific.
ANTICRISTO, s. m. Antichrist.
ANTÍDOTO, s. m. Antidote.
ANTIESTÉTICO, adj. Anti-aesthetic.
ANTIGAMENTE, adv. Formerly.
ANTIGO, adj. Ancient; past; former; old.
ANTIGÜIDADE, s. f. Antiquity.
ANTI-HIGIÊNICO, adj. Unsanitary.
ANTILOGIA, s. f. Antilogy.
ANTÍLOPE, s. m. Antelope.
ANTIMÔNIO, s. m. Antimony.
ANTINATURAL, adj. Unnatural.
ANTIPATIA, s. f. Antipathy; aversion.
ANTIPÁTICO, adj. Antipathetic.
ANTIPATRIOTA, adj. Unpatriotic.
ANTIPIRINA, s. f. Antipyrin.
ANTÍPODA, s. 2 gen. Antipode.
ANTIQUADO, adj. Antiquated; out of use.
ANTIQUÁRIO, adj. Antiquarian.
ANTI-SEMITA, s. 2 gên. Anti-semite.
ANTISSEPSIA, s. f. Antisepsis.
ANTÍTESE, s. f. Antithesis; opposition.
ANTITETÂNICO, adj. (Med.) Antitetanic.
ANTITÓXICO, adj. Antitoxic.
ANTOJAR, v. t. To put before the view.
ANTOJO, s. m. The act of putting before the view; fancy; whim; longnig.
ANTOLOGIA, s. f. Anthology.
ANTONÍMIA, s. f. Antonymy.
ANTÔNIMO, adj. Antonymous.
ANTONOMÁSIA, s. f. Antonomasia; epithet.
ANTRACITE, s. f. Anthracite.
ANTRAZ, s. m. Anthrax, carbuncle.

**ANTRO,** s. m. Cave, cavern.
**ANTROPOFAGIA,** s. f. Anthropophagy.
**ANTROPÓIDE,** adj. e s. m. Anthropodi.
**ANTROPOLOGIA,** s. f. Anthropology.
**ANTROPÔNIMO,** s. m. Personal name.
**ANUAL,** adj. Annual, yearly.
**ANUÁRIO,** s. m. Year-book.
**ANUÊNCIA,** s. f. Acquiescence, assent.
**ANUIDADE,** s. f. Annuity.
**ANUIR,** v. t. To acquiesce, to approve.
**ANULAÇÃO,** s. f. Annulling, abolition.
**ANULAR,** adj. Annular, ring-shaped.
**ANUNCIAÇÃO,** s. f. Annunciation.
**ANUNCIADOR,** adj. Annnouncing; s. m. annunciator, announcer.
**ANUNCIAR,** v. t. To announciate; to notify.
**ANÚNCIO,** s. m. Announcement; notice.
**ANÚRIA,** s. f. Anuria.
**ANUS,** s. m. Anus.
**ANVERSO,** s. m. Obverse.
**ANZOL,** s. m. Fishhook.
**AO,** contr. prep. "a" + art. "o", or with pron. dem. "o", To the; at the, for the, in the; by the, into the; to that.
**AONDE,** adv. Where, whither.
**AORTA,** s. f. Aorta.
**APADRINHAR,** v. t. To be a godgather to.
**APAGADO,** adj. Put out; switched out.
**APAGADOR,** s. m. Extinguisher; damper.
**APAGAR,** v. t. To extinguish; to put out.
**APAIXONADO,** adj. Passionate; vehement.
**APAIXONAR,** v. t. To impassion.
**APALAVRADO,** adj. Settled; bespoken.
**APALAVRAR,** v. t. To bespeak.
**APALERMADO,** adj. Silly, stupid.
**APALHAÇAR,** v. t. To clown, to burlesque.
**APALPAÇÃO, APALPAMENTO,** s. f., s. m. Feeling, touch, groping.
**APALPADELA,** s. f. Slight feeling or touch.
**APALPAR,** v. t. To feel, to grope.
**APANÁGIO,** s. m. Appanage; attribute.
**APANHADO,** adj. Caught; gathered; s. m. summary, sum.
**APANHAR,** v. t. To seize, to catch.
**APANIGUADO,** s. m. Seetarian; favorite.
**APANIGUAR,** v. t. To protect; to back.
**APARA,** s. f. Shred, shaving.
**APARADOR,** s. m. Sideboard.
**APARAR,** v. t. To pare; to smooth; to parry.
**APARATO,** s. m. Pomp, splendor.
**APARCEIRAR,** v. t. To make a partner of.
**APARCELAR,** v. t. To parcel.
**APARECER,** v. t. To appear; to loom.

**APARELHADO,** adj. Prepared; equipped.
**APARELHAGEM,** s. f. Apparatus; equipment.
**APARELHAR,** v. t. To prepare, to fit out, to equip, to harness; to dispose; to adorn.
**APARELHO,** s. m. Apparatus; instrument.
**APARÊNCIA,** s. f. Appearance; aspect; look.
**APARENTADO,** adj. Kindred; related.
**APARENTE,** adj. Apparent, seeming; visible.
**APARIÇÃO,** s. f. Apparition; vision; ghost.
**APARTAMENTO,** s. m. Separation; division.
**APARTAR,** v. t. To separate; to disunite; to divide, to grade, to set aside; to apart.
**APARTEAR,** v. t. To heckle.
**APARVALHADO,** adj. Silly, stupid; puzzled.
**APASCENTAR,** v. t. To pasture, to graze.
**APASSIVAR,** v. t. To put into the passive voice; to make inert.
**APATETADO,** adj. Idiotic, silly.
**APATIA,** s. f. Apathy.
**APÁTICO,** adj. Apathetic.
**APÁTRIDA,** s. 2 gên. A person who has no legal nationality.
**APAVORADOR, APAVORANTE,** adj. Frightening; terrifying; horrible.
**APAZIGUADOR,** s. m. Pacifier, appeaser.
**APAZIGUAMENTO,** s. m. Pacification.
**APEAR,** v. n. To unhorse, to dismiss.
**APEDANTAR-SE,** v. t. To become pdantic.
**APEDREGULAR,** v. t. To gravel.
**APEDREJAMENTO,** s. m. Stoning.
**APEGAR,** v. t. To infect; to attach oneself to.
**APEGO,** s. m. Attachment; obstinacy.
**APELAÇÃO,** s. f. Appeal; appealing.
**APELADO,** s. m. Appellee.
**APELANTE,** adj. Appealing; s. m. appellant.
**APELAR,** v. i. To appeal; to resort.
**APELATIVO,** adj. Appellative.
**APELIDAR,** v. t. To surname; to nickname.
**APELIDO,** s. m. Surname; nickname.
**APELO,** s. m. Appeal; appealing.
**APENAR,** v. t. (ant.) To penalize; to punish.
**APENAS,** adv. Only; hardly; but; conj. As soon as.
**APÊNDICE,** s. m. Appendix; appendage.
**APENDICITE,** s. f. Appendicitis.
**APENHORAR,** v. t. To pledge; to plight.
**APENSAR,** v. t. To append.
**APENSO,** adj. Appended; annexed.
**APERCEBER,** v. t. To prepare; to warn; to perceive; to distinguish; to notice.
**APERCEBIMENTO,** s. m. Preparation.
**APERFEIÇOADO,** adj. Perfected; improved.
**APERFEIÇOAR,** v. t. To improve; to perfect.

**APERIENTE, APERITIVO,** s. m. Appetizer.
**APERRAR,** v. t. To cock (a firearm).
**APERREAÇÃO,** s. f. Vexing; afflicting.
**APERREADO,** adj. Uncomfortable; harassed.
**APERTADO,** adj. Tight, close, narrow; compressed; squeezed; miserly; austere.
**APERTÃO,** s. m. Pressure; squeeze.
**APERTAR,** v. t. To tighten; to press; to hold fast; to restrain; to afflict; to urge.
**APERTO, APERTURA,** s. m., s. f. Pressing.
**APETECER,** v. t. To appetize, to desire.
**APETECÍVEL,** adj. Appetizing.
**APETÊNCIA,** s. f. Appetence.
**APETITE,** s. m. Appetite; desire; ambition.
**APETRECHAR,** v. t. To supply with munitions, instruments, tools, implements, etc.
**APIÁRIO,** adj. Apiarian; s. m. apiary.
**APICAL,** adj. Apical.
**ÁPICE,** s. m. Apex, summit, top.
**APÍCOLA,** adj. Apicultural; s. m. apiarist.
**APIEDAR,** v. t. To move to pity.
**APIMENTADO,** adj. Seasoned with or with pepper; piquant; hot-tempered; exciting.
**APINHADO,** adj. Crowded, thronged.
**APINHAR,** v. t. To heap up; to crowd.
**APIREXIA,** s. f. Apyrexia.
**APISOAR,** v. t. To full; to tamp (soil).
**APITAR,** v. t. To whistle; (pop.) to die.
**APITO,** s. m. Whistle.
**APLACADOR,** s. m. Appeaser.
**APLACAR(-SE),** v. t. To placate; to appease; to pacify; to calm, to lull; to mitigate.
**APLAINADO,** adj. Planed, levelled.
**APLAINAR,** v. t. To plane, to remove.
**APLANAR,** v. t. To level; to remove (a difficulty); to disembarass.
**APLASIA,** s. f. (Med.) Aplasia.
**APLAUDIR,** v. t. To applaud, to praise.
**APLAUSÍVEL,** adj. Deserving applause.
**APLAUSO,** s. m. Applause; acclamation.
**APLICAÇÃO,** s. f. Applying; application.
**APLICADO,** adj. Applied; diligent; studious.
**APLICAR,** v. t. To apply; to superpose, to overlay, to affix; to use; flict.
**APLICÁVEL,** adj. Applicable.
**APOCALIPSE,** s. m. Apocalypse.
**APOCOPADO,** adj. (Gram.) Apocopate.
**APÓCRIFO,** adj. Apocryphal.
**APODAR,** v. t. To jest; to jeer at.
**APODERAR-SE,** v. t. To take possession.
**APODO,** s. m. Jest, scoff; jeer; nickname.
**APODRECER,** v. i. To rot, to decay.
**APODRECIMENTO,** s. m. Putrefaction; rot.

**APÓFISE,** s. f. Apophysis.
**APOGEU,** s. m. Apogee; (fig.) top, summit.
**APOIADO,** interj. Right! hear, hear!; adj. supported; rested; s. m. applause.
**APOIAR,** v. t. To suport; to uphold; to back; to bolster; to sustain; to favor; to lean.
**APOIO,** s. m. Applause; basis, protection.
**APOJADURA,** s. f. Great affluence of milk in a nurse's breast.
**APÓLICE,** s. f. Policy; bond; stock.
**APOLÍTICO,** adj. Apolitical; nonpolitical.
**APOLOGÉTICA,** s. f. apologetics.
**APOLOGIA,** s. f. Apologia.
**APÓLOGO,** s. m. Apologue.
**APONTADO,** adj. Pointed out; pointed.
**APONTADOR,** s. m. Timekeeper; prompter (at theatres).
**APONTAMENTO,** s. m. Note, annotation.
**APONTAR,** v. t. To sharpen; to mark.
**APOPLÉTICO,** adj. Apoplectic.
**APOPLEXIA,** s. f. Apoplexy.
**APOQUENTAÇÃO,** s. f. Vexation; trouble.
**APOR,** v. t. To appose, to add.
**APORTAMENTO,** s. m. Arrival at a port.
**APORTAR,** v. t. To take to a port or any other place; v. i. to cast anchor.
**APORTUGUESAR,** v. t. To give a Portuguese form to (especially to the language).
**APÓS,** prep. After; behind; adv. after.
**APOSENTADO,** adj. Retired; pensioned; off.
**APOSENTADORIA,** s. f. Pension; retiring.
**APOSENTO,** s. m. Room; house; dwelling.
**APOSIÇÃO,** s. f. Apposition.
**APOSSAR,** v. t. To put (someone) in possession, to give possession to; to master.
**APOSTA,** s. f. Bet, wager.
**APOSTAR,** v. t. e i. To bet, to wager.
**APÓSTATA,** s. 2 gên. Apostate.
**APOSTEMA,** s. m. Abscess.
**APOSTEMAR,** v. i. To degenerate into an abscess; v. t. to rot; to corrupt.
**APOSTILA,** s. f. Apostill.
**APOSTO,** adj. Apposed; s. m. noun in apposition.
**APOSTOLADO,** s. m. Apostleship.
**APOSTOLAR,** v. i. To preach the Gospel.
**APÓSTOLO,** s. m. Apostle.
**APÓSTROFE,** s. f. Apostrophe (figure of speech).
**APÓSTROFO,** s. m. Apostrophe (sign).
**APOTEGMA,** s. m. Apothegm; proverb.
**APOTEOSE,** s. f. Apotheosis.
**APOUCAR,** v. t. To belittle, to lessen.

**APRAZAMENTO**, s. m. Appointment.
**APRAZAR**, v. t. To summon, to cite; to send for; to designate (a place for a meeting).
**APRAZIMENTO**, s. m. Pleasure, delight.
**APRAZÍVEL**, adj. Pleasant, agreeable.
**APRE**, interj. Fie! the devil!
**APREÇAR**, v. t. To price.
**APRECIAÇÃO**, s. f. Appreciation; estimate.
**APRECIADO**, adj. Appreciated; valued.
**APRECIATIVO**, adj. Apprecitive.
**APREÇO**, s. m. Esteem, estimation; regard.
**APREENDER**, v. t. To apprehend, to arrest.
**APREENSÃO**, s. f. Apprehension; fear.
**APREENSIVO**, adj. Apprehensive.
**APREGOADO**, adj. Proclaimed; notorious.
**APRENDER**, v. t. To learn.
**APRENDIZ**, s. m. Apprentice.
**APRENDIZAGEM**, v. t. To apprehend, to arrest.
**APRESAMENTO**, s. m. Capture; arrest.
**APRESENTAÇÃO**, s. f. Presentation; introduction; appearance; aspect, mien.
**APRESENTAR**, v. t. To present; to introduce.
**APRESILHAR**, v. t. To provide or fasten with clips, loops, etc.
**APRESSADO**, adj. Hasty; hurried; urgent.
**APRESSAR**, v. t. To hasten, to speed.
**APRESSURAR**, v. t. To hasten; to forward.
**APRESTAMENTO**, s. m. Preparing.
**APRESTAR**, v. t. To equip, to outfit.
**APRESTO**, s. m. Preparation; pl. tools.
**APRIMORADO**, adj. Made with utmost care.
**APRIMORAR**, v. t. To perfect; to finish.
**APRIORÍSTICO**, adj. A priori.
**APRISCO**, s. m. Sheepfold; hut, den, cave.
**APRISIONADO**, adj. Captured; bound.
**APRISIONAR**, v. t. To imprison, to capture.
**APROAR**, v. t. To turn (the prow of a vessel) towards; to land.
**APROFUNDAR**, v. t. To deepen, to sink.
**APRONTAR**, v. t. To prepare; to equip.
**APROPRIAÇÃO**, s. f. Appropriating.
**APROPRIADO**, adj. Appropriate; suitable.
**APROPRIAR**, v. t. To appropriate, to fit up.
**APROVAÇÃO**, s. f. Approbation; approval.
**APROVADO**, adj. Approed; admitted.
**APROVAR**, v. t. To approve; to applaud.
**APROVEITADOR**, s. m. Profiter.
**APROVEITAR**, v. t. To profit; to take advange of; to use; to apply; to capitalize on; to make the best of; to turn; to account; to seize (opportunity, chance); to utilize.
**APROVEITÁVEL**, adj. Profitable; useful.
**APROVISIONAMENTO**, s. m. Provision.

**APROVISIONAR**, v. t. To provision.
**APROXIMAÇÃO**, s. f. Approaching.
**APROXIMADAMENTE**, adv. Nearly; about.
**APROXIMADO**, adj. Approximate; close.
**APROXIMAR**, v. t. Approximate; to bring near; to bring together (friends).
**APRUMADO**, adj. Upright; plumb.
**APRUMAR**, v. t. To plumb; to erect.
**APRUMO**, s. m. Upright position; aplomb.
**APTIDÃO**, s. f. Aptitude; aptness.
**APTO**, adj. Apt, fit, capable, suitable.
**APUNHALAR**, v. t. To stab.
**APUPAR**, v. t. To hiss, to hoot at.
**APURAÇÃO**, s. f. Purifying; counting.
**APURADO**, adj. Refined; exhausted; hard.
**APURAR**, v. t. To purify; to perfect; to improve; to conclude; to infern; to count; rto verify; to find out; to polish; to deduce.
**APURO**, s. m. Purifying; elegance; affliction.
**AQUÁRIO**, adj. Aquarium, fish bowl.
**AQUARTELADO**, adj. Lodged; billeted.
**AQUÁTICO**, adj. Aquatic.
**AQUECEDOR**, s. m. Heater.
**AQUECER**, v. t. To heat, to warm; to irritate.
**AQUECIMENTO**, s. m. Hesting.
**AQUEDUTO**, s. m. Aqueduct.
**AQUELA**, adj. dem. That; pron. dem. That one; she.
**ÀQUELA**, contr. art. "a" and ajd. or pron. dem. "aquela", To that, to that one.
**AQUELE**, adj. dem. That; pron. dem. that one; he.
**AQUÉM**, adv. e prep. On this side.
**AQUI**, adv. Here.
**AQUIESCÊNCIA**, s. f. Acquiescence.
**AQUIESCER**, v. i. To acquiesce; to consent.
**AQUIETAÇÃO**, s. f. Appeasing.
**AQUIETAR**, v. t. To appease, to quit; to still.
**AQUILATAR**, v. t. To value, to estimate.
**AQUILINO**, adj. Aquiline.
**AQUILO**, pron. dem. That, it.
**AQUINHOAMENTO**, s. m. Apportionment, division, sharing, allocation.
**AQUINHOAR**, v. t. To share, to portion.
**AQUISIÇÃO**, s. f. Acquisition; purchase.
**AQUISITIVO**, adj. Acquisitive.
**AQUOSIDADE**, s. f. Aqueousness.
**AQUOSO**, adj. Aqueous, watery.
**AR**, s. m. Air, atmosphere; wind; breeze.
**ARA**, s. f. Altar.
**ÁRABE**, adj. Arabian; arab; s. 2 gên. Arab.
**ARABESCO**, s. m. Arabesque; scribble.
**ARÁBICO**, adj. e s. m. Arabic.

**ARACNÍDEO**, s. m. Arachnida.
**ARADA**, s. f. Ploughing.
**ARADO**, s. m. Plough.
**ARAGEM**, s. f. Breeze.
**ARAMAR**, v. t. To fence with wire.
**ARAME**, s. m. Wire; (Bras.) money.
**ARANDELA**, s. f. Socket of a candlestick.
**ARANHA**, s. f. Spider; small two-wheeled carriage.
**ARANZEL**, s. m. Tedious speech.
**ARAPONGA**, s. f. (Bras.) bell-bird.
**ARAPUCA**, s. f. (Bras.) Snare.
**ARAR**, v. t. To plough.
**ARARA**, s. f. Macaw.
**ARARUTA**, s. f. Arrow-root.
**ARAUTO**, s. m. Herald.
**ARBITRAL**, adj. Arbitral.
**ARBITRAMENTO**, s. m. Arbitrating.
**ARBITRARIEDADE**, s. f. Arbitrariness.
**ARBITRÁRIO**, adj. Arbitrary.
**ARBÍTRIO**, s. m. Arbitrament; arbitration.
**ARBÓREO**, adj. Arboreal.
**ARBORESCER**, v. i. To become a tree.
**ARBORIFORME**, adj. Treelike.
**ARBORIZAÇÃO**, s. f. Arborization.
**ARBORIZADO**, adj. Forested, arboreous.
**ARBUSTO**, s. m. Shrub, bush, arbuscle.
**ARCA**, s. f. Chest; ark.
**ARCABOUÇO**, s. m. Chest; skeleton.
**ARCABUZ**, s. m. Harquebus.
**ARCADA**, s. f. Arcade; arched vault.
**ARCADO**, adj. Arched; bent.
**ARCAICO**, adj. Archaic.
**ARCANJO**, s. m. Archangel.
**ARCANO**, s. m. Arcanum; adj. occult.
**ARÇÃO**, s. m. Saddle-how.
**ARCAR**, v. t. To arch, to bow.
**ARCEBISPO**, s. m. Archbishop.
**ARCHOTE**, s. m. Torch.
**ARCO**, s. m. Arc; arch; bow.
**ARCOBOTANTE**, s. m. Flying buttreress.
**ARCO-ÍRIS**, s. f. Rainbow.
**ARDÊNCIA**, s. f. Ardency; ardour; heat.
**ARDENTE**, adj. Ardent; fiery; glowing.
**ARDER**, v. t. To burn, to flame.
**ARDIDO**, adj. Burnt; fermented; rancid.
**ARDIL**, s. m. Trick; stratagem.
**ARDILOSO**, adj. Tricky; artful; cunning.
**ARDOR**, s. m. Ardor; itch.
**ARDOROSO**, adj. Ardent, zealous.
**ARDÓSIA**, s. f. Slate.
**ARDUME**, s. m. (Bras.) Ardor; burning.
**ÁRDUO**, adj. Arduous.

**ARE**, s. m. Are.
**ÁREA**, s. f. Area.
**AREADO**, adj. Sanded, scoured; clean; refined; purified (sugar); stupefied.
**AREAL**, s. m. Sands; strand.
**AREAR**, v. t. To sand, to scour; to cover with sand; to brush (teeth); to refine; to purify.
**AREENTO**, adj. Sandy.
**AREIA**, s. f. Sand.
**AREJADO**, adj. Aired.
**AREJAMENTO**, s. m. Airing; ventilation.
**AREJAR**, v. t. To air, to ventilate; to aerate.
**ARENA**, s. f. Arena.
**ARENGA**, s. f. Teious speech; harangeu.
**ARENITO**, s. m. Sandstone.
**ARENOSO**, adj. Sandy.
**ARENQUE**, s. m. Herring.
**ARÉOLA**, s. f. Areola.
**AREÔMETRO**, s. m. Areometer.
**ARESTA**, s. f. Corner; angle.
**ARFADA, ARFADURA, ARFAGEM**, s. f. Panting; pitching.
**ARFAR**, v. i. To gasp for breath.
**ARGAMASSA**, s. f. Mortar.
**ARGELINO**, adj. e s. m. Algerian.
**ARGENTADO**, adj. Silvered.
**ARGENTÁRIO**, s. m. Moneyed man.
**ARGÊNTEO**, adj. Argent, silvery.
**ARGILA**, s. f. Clay, argil.
**ARGILOSO**, adj. Clayey; clayish; argillous.
**ARGOLA**, s. f. Ring; hoop; door-knocker.
**ARGÔNIO**, s. m. Argon.
**ARGÚCIA**, s. f. Subtlety; shrewdness.
**ARGUEIRO**, s. m. Straw; mote.
**ARGÜIÇÃO**, s. f. Inquiry; interrogtion.
**ARGÜIR**, v. t. To censure, to blame.
**ARGUMENTAÇÃO**, s. f. Argumentation.
**ARGUMENTAR**, v. t. To argue; to debate.
**ARGUMENTO**, s. m. Argument.
**ARGUTO**, adj. Subtle; sharp, shrewd.
**ÁRIA**, s. f. Aria; s. 2 gên. aryan.
**ARIDEZ**, s. f. Aridity, dryness.
**ÁRIDO**, adj. Arid, barren, sterile; dry.
**ARÍETE**, s. m. Battering-ram.
**ARISCO**, adj. Sandy.
**ARISTOCRACIA**, s. f. Aristocracy.
**ARISTOCRÁTICO**, adj. Aristocratic.
**ARITMÉTICA**, s. f. Arithmetic.
**ARITMÉTICO**, adj. Arithmetical.
**ARMA**, s. f. Arm, weapon; pl. arms; crest.
**ARMAÇÃO**, s. f. Arming; framework; rock.
**ARMADA**, s. f. Navy; fleet.
**ARMADILHA**, s. f. Snare; trap; stratagem.

**AMADOR**, s. m. Ship-owner.
**ARMADURA**, s. f. Armature; armor; harness.
**ARMAMENTO**, s. m. Arming; armament.
**ARMAR**, v. t. To arm; to provide; to load or set a weapon; to armor; to knight; to outfit; to equip; to reinforce; to assemble; to conscript; to incite a revolt; to scheme.
**ARMARINHO**, s. m. (Bras.) A shop in which are sold buttons, threads.
**ARMÁRIO**, s. m. Cupboard, closet.
**ARMAZÉM**, s. m. Warehouse, storehouse.
**ARMAZENAGEM**, s. f. Storage.
**ARMEIRO**, s. m. Armorer, gunsmith.
**ARMÊNIO**, adj. e s. m. Armenian.
**ARMINHO**, s. m. Ermine.
**ARMISTÍCIO**, s. m. Armistice.
**ARMORIAL**, adj. Armorial.
**ARNELA**, s. f. Stump (of a tooth).
**ARNÊS**, s. . Armor; harness.
**ARO**, s. m. Ring, hoop.
**AROMA**, s. m. Aroma, odor, flavor.
**AROMÁTICO**, adj. Aromatic; fragrant.
**AROMATIZAÇÃO**, s. f. Flavoring.
**ARPÃO**, s. m. Harpoon.
**ARPEJO**, s. . Arpeggio.
**ARPÉU**, s. m. Grapnel.
**ARPOADOR**, s. m. Harpooner.
**ARPOAR**, v. t. To harpoon.
**ARQUEAÇÃO**, s. f. Arching; bendling.
**ARQUEADO**, adj. Arched; bent.
**ARQUEAR**, v. t. To arc; to bend; to crook.
**ARQUEIRO**, s. m. Hoop-maker, hoopseller.
**ARQUEJANTE**, adj. Panting; out of breath.
**ARQUEJAR**, v. i. To pant.
**ARQUEOLOGIA**, s. f. Archaeology.
**ARQUEÓLOGO**, s. m. Archaeologist.
**ARQUÉTIPO**, s. m. Archetype.
**ARQUIDUQUE**, s. m. Archduke.
**ARQUIMILIONÁRIO**, s. m. Multimillionaire.
**ARQUIPÉLAGO**, s. m. Archipelago.
**ARQUITETAR**, v. t. To build; to imagine.
**ARQUITETO**, s. m. Architect.
**ARQUITETÔNICO**, adj. Architectural.
**ARQUITRAVE**, s. f. Architrave.
**ARQUIVADO**, adj. On file.
**ARQUIVAR**, v. t. To file.
**ARQUIVO**, s. m. File; card-file; pl. archives.
**ARRABALDE**, s. m. Suburb.
**ARRAÇOAR**, s. m. Rationing.
**ARRAÇOAR**, v. t. To ration.
**ARRAIA**, s. f. Ray; boundary; frontier.
**ARRAIAL**, s. m. Camp, rural feast.
**ARRAIGADO**, adj. Rooted; inveterate.
**ARRAIGAR**, v. t. To root; to establish.
**ARRANCADA**, s. f. Rush; impulse.
**ARRANCAR**, v. t. To pluck out; to extort.
**ARRANCO**, s. m. Impulse; rush; agony.
**ARRANHA-CÉU**, s. m. Skyscraper.
**ARRANHAR**, v. t. To scratch; to scrape (a violin or the like); v. i. to be harsh.
**ARRANJAR**, v. t. To arrange; to set in order; to ornament; to get; to obtain.
**ARRANJO**, s. m. Arrangement; ordering.
**ARRANQUE**, s. m. Rush; impulse.
**ARRAS**, s. f. pl. Pledge; dowry.
**ARRASADO**, adj. Razed to the ground.
**ARRASADOR**, adj. Demolishing; destroying.
**ARRASAR**, v. t. To raze to the ground.
**ARRASTADO**, adj. Dragged; creeping.
**ARRASTÃO**, s. m. Violent effort to pull.
**ARRASTAR**, v. t. To drag, to trail.
**ARRAZOADO**, adj. Reasonable; soberminded; s. m. reasoning, argumentation.
**ARRAZOAR**, v. i. To reason; to argue.
**ARRE**, interj. Fie! the devil!
**ARREAR**, v. t. To harness; to furnish.
**ARREBANHAR**, v. t. To assemble in flocks.
**ARREBATADO**, adj. Precipitate; hot-headed.
**ARREBATAMENTO**, s. m. Precipitance.
**ARREBATAR**, v. t. To snatch; to ravish.
**ARREBENTAÇÃO**, s. f. Surf; (Agric.) budding; (fam.) lack of money.
**ARREBENTADO**, adj. Burst, exploded.
**ARREBENTAR**, v. t. e i. To burst; to split.
**ARREBICAR**, v. t. To rouge; to embellish.
**ARREBITADO**, adj. Turned up (brim, nose).
**ARREBOL**, s. m. Redness of the sky.
**ARRECADAÇÃO**, s. f. Collection (of taxes).
**ARREDA**, interj. Get back!
**ARREDADO**, adj. Distant, set aside.
**ARREDAR**, v. t. To set aside; to remove.
**ARREDIO**, adj. Astray, retired.
**ARREDONDADO**, adj. Round, spherical.
**ARREDONDAR**, v. t. To round, to complete.
**ARREDOR**, adv. Around.
**ARREDORES**, s. m. pl. Suburbs.
**ARREFECER**, v. i. To cool, to calm, to quiet.
**ARREGAÇADO**, adj. Rolled up; turned up.
**ARREGAÇAR**, v. t. To turn up (a sleeve).
**ARREGALADO**, adj. Wide open (the eye).
**ARREGANHAR**, v. t. e i. To split.
**ARREGIMENTAÇÃO**, s. f. Enlistment.
**ARREIO**, s. m. Harness.
**ARRELIA**, s. f. Anger; vexation.
**ARRELIAR**, v. t. To vex, to tease.
**ARRELVAR**, v. t. To turf.

**ARREMATAÇÃO**, s. f. Sale at auction.
**ARREMATAR**, v. t. To buy at auction.
**ARREMATE**, s. m. Finishing touch.
**ARREMEDAR**, v. t. To mimic, to mitate.
**ARREMESSÃO**, s. m. Impulse to throw.
**ARREMESSAR**, v. t. to Throw; to cast away.
**ARREMETIDA**, s. f. Dash; assault.
**ARRENDADOR**, s. m. Leaser.
**ARRENDAR**, v. t. To lease.
**ARRENDATÁRIO**, s. m. Lenseholder, tenant.
**ARRENEGAR**, v. t. To apostatize; to abjure.
**ARREPANHAR**, v. t. To wrinkle; to snatch.
**ARREPELAR**, v. t. To pull or snatch out (hair or feathers); to dishevel.
**ARREPENDER-SE**, v. t. e i. To regret; to be sorry; to rue; to repent.
**ARREPENDIMENTO**, s. m. Repentance.
**ARREPIANTE**, adj. Dreadful.
**ARREPIAR**, v. t. To horripilate; to frighten.
**ARREPIO**, s. m. Shiver, chill, shivering.
**ARRESTAR**, v. t. To confiscate.
**ARREVESADO**, adj. Confused, obscure.
**ARREVESAR**, v. t. To reverse.
**ARREVESSAR**, v. t. To vomit.
**ARRIAÇÃO**, s. f. Lowering.
**ARRIAR**, v. t. To lower; to let down.
**ARRIBAÇÃO**, s. f. Arrival.
**ARRIBAR**, v. rel. To be directed to or arrive at a harbour; forced by a storm (a vessel).
**ARRIMAR**, v. t. To prop, to support, to back.
**ARRIMO**, s. m. Prop, staff, support; aid.
**ARRISCADO**, adj. Dangerous, audacious.
**ARRISCAR**, v. t. To risk, to venture.
**ARRITMIA**, s. f. Arrhythmia.
**ARRIVISMO**, s. m. System of succeeding in life at whatever cost; opportunism.
**ARRIZOTÔNICO**, adj. Stressed after the root.
**ARROBA**, s. f. Thirty-two pounds weight.
**ARROCHAR**, v. t. To bind fast.
**ARROCHO**, s. m. Bending lever; tourniquet.
**ARROGÂNCIA**, s. f. Arrogance.
**ARROGAR**, v. t. To arrogate; to claim.
**ARROIO**, s. m. Brook.
**ARROJADO**, adj. Bold, daring.
**ARROJAR**, v. t. To trail, to drag; to cast.
**ARROLAMENTO**, s. m. Enrolment; inventory.
**ARROLAR**, v. t. To enrol, to enlist.
**ARROLHAR**, v. t. To cork.
**ARROMBA**, s. f. Noisy guitar air.
**ARROMBAMENTO**, s. m. Forcing open.
**ARROSTAR**, v. t. To face, to confront.
**ARROTAR**, v. i. To belch; to boast, to brag.
**ARROTEAR**, v. t. To till (untilled land).

**ARROTO**, s. m. Belch, eructation.
**ARROUBAR**, v. t. To enrapture; to ravish.
**ARROXEADO**, adj. Violaceous, purplish.
**ARROXEAR**, v. t. e i. To make or become violet-colored; to bid fast; to purple.
**ARROZ**, s. m. Rice.
**ARROZAL**, s. m. Rice-field.
**ARRUAÇA**, s. f. Riot, tumult.
**ARRUAMENTO**, s. m. Arrangement by streets.
**ARRUAR**, v. t. To divide into streets.
**ARRUDA**, s. f. Rue.
**ARRUELA**, s. f. Washer.
**ARRUFAR**, v. t. To irritate; to annoy.
**ARRUFO**, s. m. Ill-humor; lovers quarrel.
**ARRUINADO**, adj. Ruined; destroyed.
**ARRUINAR**, v. t. To ruin; to destroy.
**ARRUIVADO**, adj. Somewhat red-haired red dish.
**ARRULHAR**, v. i. To coo.
**ARRUMAÇÃO**, s. f. Arranging; ordering.
**ARRUMAR**, v. t. To arrange, to set in order.
**ARSENAL**, s. m. Arsenal.
**ARSÊNICO**, s. m. Arsenic.
**ARTE**, s. f. Art; artifice; profession; trick.
**ARTEFATO**, s. m. Artifact.
**ARTELHO**, s. m. Ankle.
**ARTÉRIA**, s. f. Artery.
**ARTERIOSCLEROSE**, s. f. Arteriosclerosis.
**ARTESANATO**, s. m. The art or skill of an artisan; workmanship.
**ARTESÃO**, s. m. Artisan.
**ÁRTICO**, adj. Arctic.
**ARTICULAÇÃO**, s. f. Articulation.
**ARTICULAR**, adj. Articular.
**ARTÍFICE**, s. m. Artificer.
**ARTIFICIAL**, adj. Artificial.
**ARTIFÍCIO**, s. m. Artifice.
**ARTIGO**, s. m. Article.
**ARTILHARIA**, s. f. Artillery.
**ARTILHEIRO**, s. m. Artilleryman.
**ARTIMANHA**, s. f. Trick, fraud, artifice.
**ARTISTA**, s. 2 gên. Artist; artificer.
**ARTÍSTICO**, adj. Artistic.
**ARTRITE**, s. f. Arthritis.
**ARTRÓPODE**, s. f. Arthropod.
**ARTROSE**, s. f. Arthrosis.
**ARVORAR**, v. t. To hoist (a flag); to set upright; to raise, to lift, to elevate.
**ÁRVORE**, s. f. Tree.
**ARVOREDO**, s. m. Grove of trees; masting.
**AS**, art. def. f. pl. The; pron. dem. and pess. them, those, the ones.
**ÁS**, s. m. Ace, champion.

**ÀS,** contr. prep. "a" and art. def. or pron. dem. "as": At, on, to; after; with; in the.
**ASA,** s. f. Wing (of an animal or aircraft).
**ASBESTO,** s. m. Asbestos.
**ASCÁRIDE,** s. f. Ascarid.
**ASCENDÊNCIA,** s. f. Ascendency; ancestry.
**ASCENDER,** v. t. e rel. To ascend, to rise.
**ASCENSÃO,** s. f. Ascension.
**ASCENSOR,** s. m. Elevator, lift.
**ASCETA,** s. 2 gên. Ascetic.
**ASCO,** s. m. Aversion, disgust.
**ASFALTAR,** v. t. To asphalt.
**ASFIXIA,** s. f. Asphyxia.
**ASIÁTICO,** adj. e s. m. Asiatic.
**ASILADO,** adj. Cared for (in a home, asylum).
**ASILO,** v. t. To give refuge to.
**ASININO,** adj. Asinine; stupid.
**ASMA,** s. f. Asthma.
**ASNEIRA, ASNICE, ASNIDADE,** s. f. Silliness; foolishness.
**ASNO,** s. m. Ass; a dull, stupid person.
**ASPAS,** s. f. pl. Quotation marks.
**ASPARGO,** s. m. Asparagus.
**ASPECTO,** s. m. Aspect.
**ASPEREZA,** s. f. Asperity, roughness.
**ASPERGIR,** v. t. To spinkle, to asperse.
**ÁSPERO,** adj. Rough, barsh.
**ASPERSÃO,** s. f. Aspersion.
**ASPIRAÇÃO,** s. f. Aspiration; aspiring.
**ASPIRADOR,** s. m. Aspirator.
**ASPIRANTE,** s. m. Aspirant; cadet.
**ASPIRAR,** v. t. Inhale; to aspirate.
**ASPIRINA,** s. f. Aspirin.
**ASQUEROSO,** adj. Filthy; loathsome.
**ASSACAR,** v. t. To slander, to defame.
**ASSADEIRA,** s. f. Roaster.
**ASSADURA,** s. f. Roasting; irritation of the skin.
**ASSALARIADO,** s. m. Employee.
**ASSALARIAR,** v. t. To employ for pay.
**ASSALTANTE,** adj. Assailing.
**ASSALTAR,** v. t. To assail, to charge.
**ASSALTO,** s. m. Assault; round, bout.
**ASSANHADO,** adj. Enraged; furious.
**ASSANHAR,** v. t. To anger, to excite.
**ASSAR,** v. t. To roast; to burn.
**ASSARAPANTAR,** v. t. To frighten.
**ASSASSINAR,** v. t. To murder.
**ASSASSINATO, ASSASSÍNIO,** s. m. Murder.
**ASSAZ,** adv. Enough, sufficiently.
**ASSAZONAR,** v. t. To ripen; to mature.
**ASSEADO,** adj. Proper, clean, neat.
**ASSECLA,** s. 2 gên. Partisan, adherent.

**ASSÉDIO,** s. m. Siege; importunity.
**ASSEGURADO,** adj. Assured, secured.
**ASSEGURAR,** v. t. To assure; to guarantee.
**ASSEIO,** s. m. Cleanness, neatness.
**ASSELVAJAR,** v. t. To animalize; to coarsen.
**ASSEMBLÉIA,** s. f. Assembly; congress.
**ASSEMELHAR,** v. t. To liken; to compare.
**ASSENHOREAR-SE,** v. t. To master.
**ASSENTADA,** s. f. Session; sitting.
**ASSENTAMENTO,** s. m. Sitting; noting.
**ASSENTAR,** v. t. To seat; to lay; to fix; to register; to record; to decide; to agree upon; to assure; to determine; to strop; to apply; to ground, to base; to lie; to adjust; to adapt; to sharpen; to jot down; (Com.) to enter, to think, to suppose; to presume.
**ASSENTIMENTO,** s. m. Assent; agreement.
**ASSENTIR,** v. i. To assent, to accord.
**ASSENTO,** s. m. Seat, base; place; dwell.
**ASSEPSIA,** s. f. Asepsia.
**ASSERÇÃO,** s. f. Assertion.
**ASSESSOR,** s. m. Adviser; assessor.
**ASSESSORIA,** s. f. A body of men elected or apponted as an advisory body.
**ASSESTAR,** v. t. rel. To point, to aim.
**ASSETAR, ASSETEAR,** v. t. To pill or wound with an arrow.
**ASSEVERAR,** v. t. rel. To asseverate.
**ASSEXO, ASSEXUADO, ASSEXUAL,** adj. Asexual.
**ASSIDUIDADE,** s. f. Assiduity; diligence.
**ASSÍDUO,** adj. Assiduous; frequent.
**ASSIM,** adv. Thus; so; in this way.
**ASSIMETRIA,** s. f. Asymmetry.
**ASSIMÉTRICO,** adj. Asymmetric.
**ASSIMILAÇÃO,** s. f. Assimilation.
**ASSINADO,** adj. Signed.
**ASSINALADO,** adj. Marked; determined.
**ASSINALAR,** v. t. To mark; to appoint.
**ASSINANTE,** s. 2 gên. Signer; subscriber.
**ASSINAR,** v. t. To sign; to appoint.
**ASSINATURA,** s. f. Signature; signing.
**ASSINDÉTICO,** adj. Asyndetic.
**ASSÍRIO,** adj. e s. m. Assyrian.
**ASSISTÊNCIA,** s. f. Assistance; audience; medical attention; (Bras.) ambulance.
**ASSISTIR,** v. i. To stand by.
**ASSOALHAR,** v. t. To sun; to floor.
**ASSOAR(-SE),** v. t. To blow (one's nose).
**ASSOBERBADO,** adj. Overwhelmed.
**ASSOBERBAR,** v. t. To humiliate; to overchange (with work); to dominate.
**ASSOBIAR,** v. i. To whistle; v. t. to hiss.

**ASSOBIO**, s. m. Whistle; hiss.
**ASSOBRADAR**, v. t. To plank.
**ASSOCIAÇÃO**, s. f. Association; society.
**ASSOCIADO**, s. m. Associate; partner.
**ASSOCIAR**, v. t. To associate; to aggregate.
**ASSOLAÇÃO**, s. f. Devastating; ravage.
**ASSOLAR**, v. t. To devastate; to destroy.
**ASSOMAR**, v. i. To appear; to emerge.
**ASSOMBRAÇÃO**, s. f. (Bras.) Ghost.
**ASSOMBRADO**, adj. Shadt; astonished.
**ASSOMBRAR**, v. t. To shade; to frighten.
**ASSOMBROSO**, adj. Astonishing; amazing.
**ASSONÂNCIA**, s. f. Assonance.
**ASSOPRO**, s. m. Blowing; puff, whiff.
**ASSUADA**, s. f. Hoot; outcry; uproar.
**ASSUMIR**, v. t. To assume; to take on.
**ASSUNÇÃO**, s. f. Assumption; ascent.
**ASSUNTO**, s. m. Subject; matter; theme.
**ASSUSTADO**, adj. Afraid; frightened.
**ASSUSTADOR**, adj. Frightful.
**ASTECA**, adj. e s. 2 gên. Aztec.
**ASTÊNICO**, adj. Asthenic.
**ASTERISCO**, s. m. Asterisk.
**ASTERÓIDE**, s. m. Asteroid.
**ASTIGMATISMO**, s. m. Astigmatism.
**ASTRAL**, adj. Astral.
**ASTRO**, s. m. Star.
**ASTROFÍSICA**, s. f. Astrophisics.
**ASTROLOGIA**, s. f. Astrology.
**ASTRONOMIA**, s. f. Astronomy.
**ASTÚCIA**, s. f. Astuteness; artifice.
**ATA**, s. f. Report of any meeting.
**ATABALHOAR**, v. t. To do or say something disorderly, without reason.
**ATACADO**, adj. Laced up; attacked.
**ATACANTE**, adj. Attacking; insulting.
**ATACAR**, v. t. To attack; to charge.
**ATADA, ATADO**, s. f., s. m. Bundle; package.
**ATADURA**, s. f. Band, tie, bandage.
**ATAFONA**, s. f. Hand mill; horse mill.
**ATAFULHAR**, v. t. (pop.) To cram, to stuff.
**ATALAIA**, s. f. Sentinel; guard.
**ATALHAR**, v. t. To intercept; the growing.
**ATALHO**, s. m. Cross-way, by path.
**ATAMANCAR**, v. t. To bungle; to botch.
**ATAQUE**, s. m. Attack; assault; assail.
**ATAR**, s. m. Attar; attar of roses; v. t. to tie (up); to bind, to fasten; to lace; to subdue.
**ATARANTADO**, adj. Perplexed; perturbed.
**ATAREFADO**, adj. Busy.
**ATAREFAR**, v. t. To task; to burden.
**ATARRACADO**, adj. Stubby.

**ATARRACAR**, v. t. To make horse-shoe ready; to press close; to bind fast.
**ATARRAXAR**, v. t. To rivet, to screw.
**ATASSALHAR**, v. t. To tear; to calumniate.
**ATAÚDE**, s. m. Coffin.
**ATAVIAR**, v. t. To adorn, to beautify.
**ATÁVICO**, adj. Atavistic.
**ATAXIA**, s. f. Ataxy.
**ATÉ**, prep. Till, until (time); up to.
**ATEAR**, v. t. To light, to fire, to kindle.
**ATEÍSMO**, s. m. Atheism.
**ATEMORIZAR**, v. t. To alarm, to frighten.
**ATENÇÃO**, s. f. Attention; care; respect.
**ATENDER**, v. t. To attend; to wait on.
**ATENEU**, s. m. Athenaeum, Atheneum.
**ATENTADO**, s. m. Attempt; outrage.
**ATENTAR**, v. t. To observe carefully.
**ATENTATÓRIO**, adj. Unlawful; outrageous.
**ATENTO**, adj. Attentive; careful; polite.
**ATENUAÇÃO**, s. f. Attenuating.
**ATENUAR**, v. t. To attenuate; to diminish.
**ATERRADO**, adj. Frightened; landing.
**ATERRAGEM**, s. f. Landing (of an airplane).
**ATERRAR**, v. t. To frighten.
**ATERRO**, s. m. Landing; embanking.
**ATERRORIZAR**, v. t. To terrify.
**ATESTADO**, s. m. Certificate; attestation.
**ATESTAR**, v. t. To attest; to certify.
**ATEU**, adj. Atheistic; s. m. atheist.
**ATIÇAR**, v. t. To poke, to rouse; to instigate.
**ÁTICO**, adj. Attic; pure, classical (a style).
**ATIJOLAR**, v. t. To cover with brick.
**ATILAR**, v. t. To make smart.
**ATILHO**, s. m. Band, tie.
**ÁTIMO**, s. m. (Bras.) Very short time.
**ATINADO**, adj. Prudent; clever.
**ATINAR**, v. t. e i. To reach the point.
**ATINENTE**, adj. Concerning, relative.
**ATINGIR**, v. t. To reach to, to attain.
**ATINO**, s. m. Tact; circumspection.
**ATÍPICO**, adj. Atypic, atypical.
**ATIRADEIRA**, s. f. Slingshot; catapult.
**ATIRADOR**, s. m. Marksman; shooter; (Mil.) sharpshooter; soldier.
**ATIRAR**, v. t. To throw or cast; to hurl.
**ATITUDE**, s. f. Attitude; posture.
**ATIVA**, s. f. (Mil.) Active duty; (Gram.) active voice; principal part of an action.
**ATIVAR**, v. t. To activate; (Quím.) to render capable of reacting or of promoting reaction.
**ATIVIDADE**, s. f. Activity; diligence; energy.
**ATIVO**, adj. Active; working; diligent.

**ATLAS**, s. m. Atlas; (Mitol.) Atlas.
**ATLETA**, s. 2 gên. Athlete.
**ATLETISMO**, s. m. Athletics.
**ATMOSFERA**, s. f. Atmosphere.
**ATO**, s. m. Act, action, deed; edict.
**ATOALHAR**, v. t. To cover with a tablecloth.
**ATOAR**, v. t. To tow (ship); v. i. to balk (animal).
**ATOCHAR**, v. t. To crowd; to fill up.
**ATOL**, s. m. Atoll.
**ATOLADO**, adj. Stuck in mire.
**ATOLAR**, v. t. To stick in mud or mire.
**ATOLEIMADO**, adj. Silly; dulled.
**ATOLEIRO**, s. m. Swamp; muddy place.
**ATÔMICO**, adj. Atomic, atomical.
**ÁTOMO**, s. m. (Quím, Fís.) Atom; moment.
**ATONALIDADE**, s. f. Atonality.
**ATÔNITO**, adj. Astonished; surprised.
**ÁTONO**, adj. Atonic.
**ATOR**, s. m. Actor.
**ATORDOADO**, adj. Dizzy, stunned.
**ATORMENTAÇÃO**, s. f. Torment; affliction.
**ATRABILIÁRIO**, **ATRABILIOSO**, adj. Atrabilious; acrimonious; melancholic; gloomy.
**ATRACAÇÃO**, s. f. Landing; grappling.
**ATRAÇÃO**, s. f. Attraction; personal charm.
**ATRACAR**, v. t. To dock; to moor.
**ATRAENTE**, adj. Attractive; charming.
**ATRAIÇOAR**, v. t. To betray.
**ATRAIR**, v. t. To attract; to draw to.
**ATRANCAR**, v. t. To bar; to encumber.
**ATRAPALHAÇÃO**, s. f. Embarrassment.
**ATRAPALHAR**, v. t. To embarrass; to trouble.
**ATRÁS**, adv. Behind; back.
**ATRASADO**, adj. Behind; backward; late.
**ATRASAR**, v. t. To set back; to put behind.
**ATRASO**, s. m. Delay; retardation.
**ATRATIVO**, adj. Attractive; pl. charms.
**ATRAVANCAMENTO**, s. m. Obstruction.
**ATRAVANCAR**, v. t. To obstruct; to crowd.
**ATRAVÉS**, adv. Through; across.
**ATRAVESSADO**, adj. laid across; oblique.
**ATRAVESSAR**, v. t. To cross; to run through.
**ATRELADO**, adj. Harnessed.
**ATRELAR**, v. t. To put on a leash; to hitch.
**ATREVER-SE**, v. t. To dare, to risk.
**ATREVIDO**, adj. Bold; daring; courageous.
**ATRIBUIÇÃO**, s. f. Attribution.
**ATRIBUIR**, v. t. rel. To attribute; to impute.
**ATRIBULAR**, v. t. To afflict; to grieve.
**ATRIBUTO**, s. m. Attribute; symbol.
**ATRIGUEIRADO**, adj. Brownish.
**ÁTRIO**, s. m. Atrium.

**ATRITO**, s. m. Attrition; friction.
**ATRIZ**, s. f. Actress.
**ATRO**, adj. Dark; dreadful; gloomy.
**ATROADOR**, adj. Noisy; loud, thundering.
**ATROAR**, v. i. To rumble; to thunder.
**ATROCIDADE**, s. f. Atrocity; cruelty.
**ATROFIA**, s. f. Atrophy.
**ATROFIAR**, v. t. To atrophy; to weaken.
**ATROPELAR**, v. t. To run over; to tread on.
**ATROPELO**, s. m. Trampling; upsetting.
**ATROZ**, adj. Atrocious; inhuman; cruel.
**ATUAÇÃO**, s. f. Actuation.
**ATUAL**, adj. Present; actual.
**ATUALIDADE**, s. f. The present; now.
**ATUAR**, v. t. e i. To actuate.
**ATULHAR**, v. t. To fill up.
**ATUM**, s. m. Tunny fish.
**ATURAR**, v. t. To support; to bear; to endure.
**ATURDIDO**, adj. Surprised; stunned.
**ATURDIR**, v. t. To astound; to deafen.
**AUDÁCIA**, s. f. Audacity; boldness; daring.
**AUDACIOSO**, **AUDAZ**, adj. Audacious; daring; adventurous; bold; insolent.
**AUDIÇÃO**, s. f. Audition, concert.
**AUDIÊNCIA**, s. f. Audience; hearing.
**AUDITIVO**, adj. Auditory.
**AUDITÓRIO**, s. m. Auditorium; audience.
**AUDÍVEL**, adj. Audible.
**AUFERIR**, v. t. To get, to obtain; to gain.
**AUGE**, s. m. Summit; apogee.
**AUGURAR**, v. t. To augur; to pressage.
**AUGÚRIO**, s. m. Augury.
**AULA**, s. f. Class, class-room; lesson.
**ÁULICO**, adj. Aulic; courtly.
**AUMENTAR**, v. t. To augment; to enlarge.
**AUMENTO**, s. m. Augmentation; addition.
**AURA**, s. f. Aura.
**ÁUREO**, adj. Aureate, golden.
**AURÉOLA**, s. f. Aureole, aureola.
**AURÍCULA**, s. f. Auricle.
**AURICULAR**, adj. Auricular.
**AURÍFERO**, adj. Auriferous.
**AURORA**, s. f. Aurora; dawn.
**AUSCULTAR**, v. t. To auscultate.
**AUSÊNCIA**, s. f. Absence; lack; want.
**AUSENTAR-SE**, v. p. To absent oneself.
**AUSENTE**, adj. Absent; not present.
**ÁUSPICE**, s. m. Soothwayer; augur.
**AUSPÍCIO**, s. m. Auspice; pl. protection.
**AUSTERO**, adj. Austere; stern.
**AUSTRAL**, adj. Austral.
**AUSTRALIANO**, adj. e s. m. Australian.
**AUSTRÍACO**, adj. e s. m. Austrian.

**AUTARQUIA**, s. f. Autarchy.
**AUTENTICAÇÃO**, s. f. Authentication.
**AUTENTICAR**, v. t. To authenticate; to attest.
**AUTÊNTICO**, adj. Authentic; real; true.
**AUTO**, s. m. Solemnity; public act; deed; document; play; pl. official papers; short for automobile.
**AUTOBIOGRAFIA**, s. f. Autobiography.
**AUTOCLAVE**, s. f. Autoclave.
**AUTOCRACIA**, s. f. Autocracy.
**AUTOCRÍTICA**, s. f. Autocriticism.
**AUTÓCTONE**, adj. Autochthonous.
**AUTODIDATA**, adj. e s. 2 gên. A self-taught person.
**AUTOGRAFAR**, v. t. To autograph.
**AUTÓGRAFO**, s. m. Autograph.
**AUTOMÁTICO**, adj. Automatic; self.
**AUTÔMATO**, s. m. Automaton.
**AUTOMOBILISTA**, s. 2 gên. Automobilist.
**AUTOMÓVEL**, adj. Automotive; self-propelling; s. m. automobile.
**AUTONOMIA**, s. f. Autonomy.
**AUTÔNOMO**, adj. Autonomous; independent.
**AUTÓPSIA**, s. f. Autopsy.
**AUTOR**, s. m. Autor; a writer.
**AUTORA**, s. f. Authoress.
**AUTORIDADE**, s. f. Authority; jurisdiction.
**AUTORITÁRIO**, adj. Authoritative.
**AUTORIZAÇÃO**, s. f. Authorization.
**AUTORIZAR**, v. t. To authorize; to permit.
**AUTUAÇÃO**, s. f. Proceedings.
**AUTUAR**, v. t. To draw up; to report on.
**AUXILIAR**, v. t. To help, to aid; to assist.
**AUXÍLIO**, s. m. Help, aid, assistance.
**AVACALHAR**, v. t. To demoralize; to abase.
**AVAL**, s. m. Guarntee, security.
**AVALHANCHA, AVALANCHE**, s. f. Avalanche.
**AVALIAÇÃO**, s. f. Evaluation; estimation.
**AVALIAR**, v. t. To evaluate; to value.
**AVALIZAR**, v. t. To guarantee; to bail.
**AVANÇAR**, v. t. To advance.
**AVANTAJADO**, adj. Advantageous.
**AVANTE**, adv. Forward; onward; interj. on! go on ahead!
**AVAREZA**, s. f. Avarice, greed, stinginess.
**AVARIA** s. f. Damage; average; loss.
**AVASSALAR**, v. t. To make a vassal.
**AVE**, s. f. Bird; interj. hail.
**AVEIA**, s. f. Oat.
**AVELÃ**, s. f. Hazel-nut.
**AVELUDADO**, adj. Velvety; soft.
**AVELUDAR**, v. t. To make like velvet.

**AVENCA**, s. f. Maiden-hair fern.
**AVENÇA**, s. f. Agreement, adjustment.
**AVENIDA**, s. f. Avenue.
**AVENTAL**, s. m. Apron.
**AVENTAR**, v. t. To air, to manifest.
**AVENTURA**, s. f. Adventure, risk; chance.
**AVENTUREIRO**, adj. Adventurous; risky.
**AVERBAMENTO**, s. m. Marginal note.
**AVERBAR**, v. t. To annotate; to register.
**AVERIGUAÇÃO**, s. f. Inquiry; inquest.
**AVERIGUAR**, v. t. To inquire; to examine.
**AVERMELHAR**, v. t. To redden.
**AVERSÃO**, s. f. Aversion, dislike.
**AVESSAS**, s. f. pl. Opposite things.
**AVESSO**, adj. Contrary; reverted; adverse.
**AVESTRUZ**, s. 2 gên. Ostrich.
**AVIAÇÃO**, s. f. Aviation.
**AVIAMENTO**, s. m. Arrangement.
**AVIÃO**, s. m. Avion, aircraft, aeroplane.
**AVIAR**, v. t. To dispatch; to hasten; to send off; to ship; to execute; to carry out.
**AVÍCOLA**, s. 2 gên. Bird-fancier.
**AVIDEZ**, s. f. Avidity, greediness.
**ÁVIDO**, s. m. Avid; craving; eagerly.
**AVILANAR-SE**, v. t. To degenerate.
**AVILTAÇÃO, AVILTAMENTO**, s. f., s. m. Degradation; debasement; disgrace.
**AVILTAR**, v. t. To debase, to vilify.
**AVINAGRAR**, v. t. To season with vinegar.
**AVINDO**, adj. Agreed; harmonized.
**AVIR**, v. t. To adjust; to reconcile; to agree.
**AVISADO**, adj. Discreet; prudent; wise.
**AVISAR**, v. t. rel. To advise; to notify.
**AVISO**, s. m. Advice; notice; counsel.
**AVISTAR**, v. t. To sight, to see far away.
**AVIVAR**, v. t. To enliven; to revive; to vivify.
**AVIZINHAR**, v. t. To approach.
**AVÔ**, s. m. Grandfather.
**AVÓ**, s. f. Grandmother.
**AVOCAR**, v. t. rel. To evoke.
**AVOENGO**, adj. Ancestral.
**AVOLUMAR**, v. t. To swell; to increase.
**AVULSÃO**, s. f. Violent extraction.
**AVULSO**, adj. Separated, turned away.
**AVULTAR**, v. t. To augment; to enlarge.
**AXADREZADO**, adj. Chessboard like.
**AXILA**, s. f. Axil, armpit.
**AXIOMA**, s. m. Axiom, maxim.
**AZ**, s. m. Squadron; wing of army; troops.
**AZADO**, adj. Opportune; apt; propitious.
**AZÁFAMA**, s. f. Haste, rush; confusion.
**AZÁLEA**, s. f. Azalea.
**AZAR**, s. m. Bad luck; disgrace; hazard.

**AZARADO**, adj. Unlucky; unfortunated.
**AZEDAR**, v. t. To sour; to embitter.
**AZEDO**, adj. Sour, acid, tart.
**AZEDUME**, s. m. Sourness; acidness.
**AZEITAR**, v. t. To oil; to season with oil.
**AZEITE**, s. m. Olive-oil; oil.
**AZEITONA**, s. f. Olive.
**AZÊMOLA**, s. f. Sumpter, a beast of burden.
**AZENHA**, s. f. Water-mill.
**AZEVICHE**, s. m. Jet.
**AZIA**, s. f. Heartburn; stomach acidity.
**AZIAGO**, adj. Unlucky; ominous.
**ÁZIMO**, adj. Azymous.

**AZIMUTE**, s. m. Azymuth.
**AZINHAL**, s. m. A grove of holm-oaks.
**AZO**, s. m. Motive; opportunity; pretext.
**AZOAR**, v. t. To stun; to stupefy.
**AZORRAGUE**, s. m. Whip, lash.
**AZOTADO**, adj. Nitrogenous.
**AZOTO**, s. m. Nitrogen.
**AZOUGAR**, v. t. To mix with mercury.
**AZOUGUE**, s. m. Mercury; quicksilver.
**AZUL**, adj. e s. m. Blue.
**AZULAR**, v. t. To blue.
**AZULEJO**, s. m. Glazed tiles.
**AZUMBRAR**, v. t. To crook; to curve.

# B

**B**, s. m. Second letter of the alphabet.
**BABA**, s. f. Drivel; slaver; slobber.
**BABAÇU**, s. m. Babassu-nut.
**BABADO**, s. . Ruffling.
**BABADOR**, s. m. Child's bib.
**BABAR**, v. t. To wet with drooling saliva.
**BABEL**, s. f. (fig.) Confusion of language or voices; noisiness.
**BABOSEIRA**, s. f. Folly; stupidity.
**BACALHAU**, s. m. Cod, codfish
**BACAMARTE**, s. m. Blunderbuss.
**BACANAL**, s. f. Bacchanal.
**BACARÁ**, s. m. Baccarat, baccara.
**BACHAREL**, s. m. Bachelor.
**BACHARELAR**, v. i. To prattle; to babble.
**BACIA**, s. f. Basin; bowl.
**BACIFORME**, adj. Bacciform.
**BACILAR**, adj. Bacillary.
**BACILO**, s. m. Bacillus; pl. bacilli.
**BACINETE**, s. m. Basinet.
**BAÇO**, adj. Tarnished; dull; s. m. spleen.
**BÁCORA**, s. f. Young sow.
**BACORINHO**, s. m. Sucking pie.
**BÁCORO**, s. m. Little pig, hogling.
**BACTÉRIA**, s. f. Bacterium; pl. bacteria.
**BÁCULO**, s. m. Staff; bishop's staff.
**BADALAR**, v. t. To reveal indiscreetly; to ring; to sound; v. i. to sound (a bell).
**BADALO**, s. m. Bell-clapper.
**BADEJO**, s. m. Kind of fish.
**BAETA**, s. f. Baize.

**BAFEJAR**, v. t. To breathe.
**BAFEJO**, s. m. A very slight breeze.
**BAFIO**, s. m. Musty smell.
**BAFO**, s. m. Breath.
**BAGA**, s. f. Berry; drop of perspiration.
**BAGACEIRA**, s. f. Brandy; heap of husk.
**BAGAÇO**, s. m. Husk, peeling, skin (of fruits).
**BAGAGEIRO**, s. m. Baggage-man.
**BAGAGEM**, s. f. Bagagge.
**BAGATELA**, s. f. Bagatelle; trifle.
**BAGO**, s. m. Grain; grape.
**BAGULHO**, s. m. Grapestone; seeds.
**BAGUNÇA**, s. f. Disorder; a noisy party.
**BAIA**, s. f. Bay, inlet.
**BAILADO**, s. m. Dance; ballet.
**BAILAR**, v. i. To dance; to jump.
**BAILE**, s. m. Ball; dance.
**BAINHA**, s. f. Sheat; hem of a garment.
**BAIO**, adj. Bay color; s. m. bay-horse.
**BAIONETA**, s. f. Bayonet.
**BAIRRO**, s. m. City zone; district; quarter.
**BAIÚCA**, s. f. Little tavern or house.
**BAIXA**, s. f. Decrease, abatement; drop (in prices); low area; dismissal from service.
**BAIXAR**, v. t. To descend; to set down.
**BAIXELA**, s. f. Table service (china, silver).
**BAIXEZA**, s. f. Lowness; vileness; indignity.
**BAIXIO**, s. m. Shoal; sandbank.
**BAIXO**, adj. Low, small, short; cheap; vile.
**BAJULAÇÃO**, s. f. Flattery; false praise.
**BAJULAR**, v. t. To flatter in a servil way.

**BALA, s. f.** Shot; bullet; caramel; candy.
**BALADA, s. f.** Ballad.
**BALANÇA, s. f.** Balance; scale.
**BALANÇAR, v. t.** To balance, to swing.
**BALANCEAMENTO, s. m.** Balancing.
**BALANCETE, s. m.** (Com.) Trial balance.
**BALANÇO, s. m.** Balance; rock; swinging.
**BALÃO, s. m.** Balloon.
**BALAUSTRADA, s. f.** Balustrade.
**BALAÚSTRE, s. m.** Baluster.
**BALBUCIAÇÃO, s. f.** Stuttering.
**BALBUCIAR, v. t. e i.** To stutter; to lisp.
**BALBÚRDIA, s. f.** Confusion; disorder; noise.
**BALCÃO, s. m.** Balcony; box (theater).
**BALDADO, adj.** Void; frustrated; of no effect.
**BALDAR, v. t.** To frustrate; to thwart; to foil.
**BALDE, s. m.** Bucket, pail.
**BALDEAÇÃO, s. f.** Transfer of baggage or passangers; decanting.
**BALDEAR, v. t.** To bucket; to transfer.
**BALDIO, adj.** Common; fallow.
**BALEAR, v. t.** (Bras.) To shoot a bullet into.
**BALEEIRA, s. f.** Whaler; whaler boat.
**BALEIA, s. f.** Whale; bull-whale.
**BALELA, s. f.** False report; lie.
**BALIDO, s. m.** Bleat.
**BALÍSTICA, s. f.** Ballistics.
**BALIZA, s. f.** Mark, stake to indicate limit.
**BALNEÁRIO, s. m.** Bathing.
**BALOFO, adj.** Puffed up; flabby.
**BALSA, s. f.** Fermented pulp of the grapes; small raft used to cross rivers.
**BALSÂMICO, adj.** Balsamic.
**BÁLSAMO, s. m.** Balsam; balm.
**BALUARTE, s. m.** Bulwark, fort; bastion.
**BAMBA, adj.** (Gír.) Quarrelsome.
**BAMBEAR, v. t.** To Slacken; to loose.
**BAMBO, adj.** Loose; slack; hesitant.
**BAMBOLEAR(-SE), v. t. e i.** To sway, to swing; to rock; to totter; to wag; to dangle.
**BAMBU, s. m.** Bamboo.
**BANAL, adj.** Banal; common-place.
**BANALIZAR, v. t.** To render trivial.
**BANANA, s. f.** (Bot.) Banana.
**BANCA, s. f.** Desk; table; school desk.
**BANCADA, s. f.** A rank of benches or seats; special commitee; delegation.
**BANCAR, v. t.** To pretend or feign to be, to act, to play.
**BANCÁRIO, adj.** Banking, financial.
**BANCARROTA, s. f.** Bankruptcy; failure.
**BANCO, s. m.** Bank, bench, form, seat.
**BANDA, s. f.** Side; scarf; band.

**BANDAGEM, s. f.** Bandage.
**BANDEAR, v. t.** To band; to swing; to sway.
**BANDEIRA, s. f.** Flag, banner; ensign.
**BANDEIRANTE, s. m.** Explorer in Brazil backcountry.
**BANDEIRINHA, s. f.** Small flag; pennant; m. (esp.) linesman (soccer).
**BANDEJA, s. f.** Tray, salver; platter.
**BANDIDO, s. m.** Bandit; outlaw; gangster.
**BANDO, s. m.** Band, group; faction.
**BANDOLIM, s. m.** Mandoline; mandolin.
**BANHA, s. f.** Hog's fat; lard.
**BANHADO, adj.** Watered; s. m. swamp.
**BANHAR, v. t.** To bathe; to water; to wash.
**BANHEIRA, s. f.** Bath, bathing tub.
**BANHEIRO, s. m.** Bath-room; bath-keeper.
**BANIDO, adj.** Banished; outlawed.
**BANIR, v. t.** To banish; to outlaw; to exile.
**BANQUEIRO, s. m.** Banker; croupier.
**BANQUETA, s. f.** A little bench; banquette.
**BANQUETE, s. m.** Banquet.
**BANZÉ, s. m.** (pop.) Tumult; disorder.
**BAQUE, s. m.** A fall; thud; throb.
**BAQUEAR, v. t.** To convince; to persuade.
**BAR, s. m.** Bar.
**BARAFUNDA, s. f.** Disorderly multitude.
**BARALHAR, v. t.** To shuffle cards.
**BARALHO, s. m.** Pack or deck of cards.
**BARÃO, s. m.** Baron.
**BARATA, s. f.** Cockroach; black-beetle.
**BARATEAR, v. t.** To cheapen; to reduce or lower; to beat the prices.
**BARATO, adj.** Cheap; adv. chaply; s. m. the money given by the winner to the owner of a gambling house.
**BARBA, s. f.** Beard; chin.
**BARBADA, s. f.** Lower lip (of a horse).
**BARBADO, adj.** Bearded; barbed.
**BARBANTE, s. m.** Twine; packthread.
**BARBARISMO, s. m.** Barbarism.
**BÁRBARO, adj.** Barbarous, rude, savage.
**BARBATANA, s. m.** Fin of a fish.
**BARBEAR, v. t.** To shave.
**BARBEARIA, s. f.** Barber's shop.
**BARBEIRO, s. m.** Barber; (Med.) barbeiro (transmitter of Chagas' disease).
**BARCA, s. f.** Bark; ferryboat.
**BARCAÇA, s. f.** Large bark; lighter.
**BARCO, s. m.** Boat; rowboat.
**BARDO, s. m.** Bard, poet; hedge.
**BARGANHA, s. f.** Bargain; cheat.
**BÁRIO, s. m.** Barium.
**BARÍTONO, s. m.** Baritone.

**BARLAVENTO**, s. m. Windward.
**BARÔMETRO**, s. m. Barometer.
**BARONESA**, s. f. Baroness.
**BARQUEIRO**, s. m. Boatman, ferryman.
**BARRA**, s. f. Bar (metal or weed); crowbar (of iron); bedstead; flounce; trimming of a woman's gown; obstruction, harbor; entrance.
**BARRACA**, s. f. Hut, tent.
**BARRACÃO**, s. m. Shed; penthouse.
**BARRACO**, s. m. A wooden shack.
**BARRAGEM**, s. f. Barrage; dam.
**BARRANCO**, s. m. Ravine; precipice.
**BARRAR**, v. t. To cover with clay or mud; to bar; to obstruct; to impede; to exclude.
**BARREIRA**, s. f. Bar, barrier, stockade; lists.
**BARRELA**, s. f. Lye, buck.
**BARRENTO**, adj. Clayer; argillous.
**BARRETE**, s. m. Cap.
**BARRICA**, s. f. Cask, keg.
**BARRICADA**, s. f. Barricade.
**BARRIGA**, s. f. Belly; abdominal cavity.
**BARRIGADA**, s. f. Abundance of food; bellyful.
**BARRIL**, s. m. Barrel; cask.
**BARRO**, s. m. Clay.
**BARULHEIRA**, s. f. A great noise; confusion.
**BARULHENTO**, adj. Noisy; tumultuous.
**BARULHO**, s. m. Noise, confusion, mutiny.
**BASALTO**, s. m. Basalt.
**BASBAQUE**, s. m. Dolt; simpleton.
**BÁSCULA**, s. f. Weighing machine.
**BASCULANTE**, adj. Tilting; bascule.
**BASE**, s. f. Base, basis; foundation.
**BASEADO**, adj. Based, founded upon.
**BÁSICO, BASILAR**, adj. Basic, basilar.
**BASÍLICA**, s. f. Basilica.
**BASTA**, interj. Enough! no more! stop!
**BASTANTE**, adj. e adv. Enough; sufficient.
**BASTÃO**, s. m. Baton, staff.
**BASTAR**, v. i. To suffice, to be enough.
**BASTARDO**, adj. Bastard; degenerate.
**BASTIÃO**, s. m. Bastion.
**BASTIDOR**, s. m. Embroidering frame.
**BASTO**, adj. Thick, close, plentiful.
**BASTONETE**, s. m. Small baton.
**BATA**, s. f. Gown; dressing gown.
**BATALHA**, s. f. Battle; fight.
**BATALHÃO**, s. m. Battalion.
**BATALHAR**, v. i. To fight; to battle; to struggle hard; to war against.
**BATATA**, s. f. Potato.
**BATEDEIRA**, s. f. Churn; batter-vat.

**BATEDOR**, s. m. Beater; scout (soldier).
**BÁTEGA**, s. f. Wash basin; a fast rainfall.
**BATEL**, s. m. Little boat.
**BATELÃO**, s. m. Lighter; a large barge.
**BATENTE**, s. m. Side, fold, rabbet (of a door); doorpost; knocker of a door.
**BATER**, v. t. To knock, to rap; to beat; to strike; to conquer; to coin (money); to race.
**BATERIA**, s. f. Battery.
**BATERISTA**, s. m. e f. (Mus.) Drummer.
**BATIDA**, s. f. Beating; hunting; track; (Bras.) typical drink, kind of rum sour; crash.
**BATIDO**, adj. Beaten; coined; worn out.
**BATINA**, s. f. Cassock.
**BATISMAL**, adj. Baptismal.
**BATISMO**, s. m. Baptism; any act or experience with.
**BATIZADO**, s. m. Christening.
**BATIZAR**, v. t. To baptize; to christen.
**BATOM**, s. m. Lipstick.
**BATRÁQUIO**, s. m. Batrachian.
**BATUCAR**, v. i. To kammer; to beat.
**BATUQUE**, s. m. (Bras.) Generic name of Negroes dances accompanied by percussion instruments; noise-making.
**BATUTA**, s. f. Baton; s. 2 gên. (Bras.) champion; notable person; adj. agile; brave.
**BAÚ**, s. m. Trunk.
**BAUNILHA**, s. f. Vanilla; vanilla extract.
**BAZAR**, s. m. Bazaar; market.
**BAZÓFIA**, s. f. Boast; brag; vanity.
**BDÉLIO**, s. m. Bdellium.
**BE-A-BÁ**, s. m. A, b, c; elementary notions.
**BEATA**, s. f. Bigot.
**BEATIFICAÇÃO**, s. f. Beatification.
**BEATIFICAR**, v. t. To beatify; to make happy.
**BEATITUDE**, s. f. Beatitude.
**BEATO**, adj. Blessed; happy; pious; fanatic.
**BÊBADO, BÊBEDO**, adj. Drunk, intoxicated.
**BEBÊ**, s. m. Baby.
**BEBEDOURO**, s. m. Watering place; horsepond.
**BEBER**, v. t. To drink; to imbibe.
**BEBERAGEM**, s. f. Drink, potation; drinking.
**BEBERICAR**, v. t. To sip, to tipple.
**BEBIDA**, s. f. Drinkable; potable.
**BECA**, s. f. Magistrate's gown; toga.
**BECO**, s. m. Blind alley; dead end street.
**BEDEL**, s. m. Beadle.
**BEGÔNIA**, s. f. Begonia.
**BEICINHO**, s. m. Small lip.
**BEIÇO**, s. m. Lip; something jutting out.
**BEIJA-FLOR**, s. m. Humming bird.

**BEIJA-MÃO**, s. m. The act of kissing the hands; a sovereign's levee.
**BEIJAR**, v. t. To kiss; to touch lightly.
**BEIJO**, s. m. Kiss.
**BEIRA**, s. f. Bank; edge, border, brim; rim.
**BEIRADA**, s. f. Margin; surrouding area.
**BEIRA-MAR**, s. f. Seashore; beach.
**BEIRAR**, v. t. To follow the edge of, to skirt.
**BELA**, s. f. Beautiful woman; belle.
**BELADONA**, s. f. Belladonna.
**BELAS-ARTES**, s. f. pl. Arts, fine-arts.
**BELDADE**, s. f. Beauty.
**BELEZA**, s. f. Beauty, beauteousnes.
**BELICHE**, s. m. Cabin; berth.
**BÉLICO**, adj. Bellicose; warlike; pugnacious.
**BELIGERÂNCIA**, s. f. Belligerency.
**BELISCÃO**, s. m. Pinch; nip.
**BELISCAR**, v. t. To pinch, to nip; to scratch.
**BELO**, adj. Fair; beautiful; charming; fine.
**BEM**, adv. Well, right, much, very; s. m. good; virtue; happiness; pl. property; belongings; interj. that's rights!
**BEM-AVENTURADO**, adj. Blissful; very happy; s. m. saint; one blessed by the heaven.
**BEM-ESTAR**, s. m. Well-being; comfort.
**BEMOL**, s. m. Flat (in music).
**BEM-VINDO**, adj. Welcome.
**BÊNÇÃO**, s. f. Blessing; benediction.
**BENDITO**, adj. Blessed.
**BENDIZER**, v. t. To glorify; to bless.
**BENEFICÊNCIA**, s. f. Benefaction.
**BENEFICIADO**, adj. e s. m. Beneficiary.
**BENEFÍCIO**, s. m. Benefit, favor; gift.
**BENÉFICO**, adj. Beneficial; beneficent.
**BENEMÉRITO**, adj. Distinguished.
**BENEPLÁCITO**, s. m. Leave, approval.
**BENEVOLÊNCIA**, s. f. Benevolence.
**BENFEITOR**, s. m. Benefactor.
**BENFEITORIA**, s. f. Benefit; profit; improvement (in property).
**BENGALA**, s. f. Cane; stick.
**BENIGNO**, adj. Benign; kind; gracious.
**BENJOIM**, s. m. Benzoin.
**BENQUISTAR**, v. t. rel. To conciliate.
**BENQUISTO**, adj. Well-loved.
**BENS**, s. m. pl. Belongings; properties.
**BENTO**, adj. Blessed; holy.
**BENZEDURA**, s. f. Conjuring.
**BENZER**, v. t. To bless, to consecrate.
**BENZINA**, s. f. Benzine.
**BENZOATO**, s. m. Benzoate.
**BENZÓICO**, adj. Benzoic.
**BEQUE**, s. m. Beak, head of a ship.

**BERÇO**, s. m. Cradle; birth; origin.
**BERGANTIM**, s. m. Brigantine.
**BERILO**, s. m. Beryl.
**BERINJELA**, s. f. Eggplant.
**BERLINDA**, s. f. Berline.
**BERLOQUE**, s. m. Watch fob; trinket.
**BERRANTE**, adj. Gay, striking; crying.
**BERRAR**, v. i. To cry, to bawl; to bellow.
**BERREIRO**, s. m. Bawling; yelling.
**BERRO**, s. m. Bellow (of animals); bawl.
**BESOURO**, s. m. Beetle; deathwathc.
**BESTA**, s. f. Crossbow; beast; pack-animal.
**BESTEIRO**, s. m. Archer; crossbowman.
**BESTIAL**, adj. Beastly, bestial.
**BESTIALIDADE**, s. f. Bestiality; brutality.
**BESTIFICAR**, v. t. To make stupid.
**BESTUNTO**, s. m. Noddle.
**BESUNTAR**, v. t. To grease; to daub.
**BETA**, s. f. Beta; deep sharp in gold-mining rock.
**BETÃO**, s. m. Concrete.
**BETERRABA**, s. f. Beet; beetroot.
**BÉTULA**, s. f. Birch-tree.
**BETUME**, s. m. Bitumen.
**BEXIGA**, s. f. Bladder; chickenpox; pl. smallpox; pock marks.
**BEZERRA, BEZERRO**, s. f., s. m. Calf; veal.
**BIANGULAR**, adj. Biangular; biangulated.
**BIATÔMICO**, adj. Biatomic.
**BIBÁSICO**, adj. Dibasic.
**BIBELÔ**, s. m. Bibelot; a trinket.
**BIBERÃO**, s. m. Feedingbottle.
**BÍBLIA**, s. f. Bible.
**BÍBLICO**, adj. Biblical.
**BIBLIOGRAFIA**, s. f. Bibliography.
**BIBLIOTECA**, s. f. Library; bibliotheca.
**BÍBULO**, adj. Bibulous; spongy.
**BICA**, s. f. Water-drain; spigot; spout.
**BICADA**, s. f. Peck; stroke with the beak.
**BICAR**, v. t. To peck with the beak.
**BICARBONATO**, s. m. Bicarbonate.
**BICÉFALO**, adj. Bicephalous.
**BICELULAR**, adj. Bicellular.
**BÍCEPS**, s. m. Biceps.
**BICHA**, s. f. Worm; reptile; queue, line of people; angry woman.
**BICHEIRA**, s. f. Infected sore.
**BICHO**, s. m. Animal, beast, insect.
**BICICLETA**, s. f. Bicycle; cycle.
**BICO**, s. m. Beak; bill; point.
**BICOLOR**, adj. Bicolor; bicolored.
**BICÔNCAVO**, adj. Biconcave.
**BICONVEXO**, adj. Biconvex.

**BICORNE**, adj. Bicorn; having two points.
**BICUDO**, adj. Beaked; sharp; pointed.
**BICÚSPIDE**, adj. bicuspid.
**BIDÊ**, s. m. Bidet; washing-pail.
**BIELA**, s. f. Connecting rod.
**BIENAL**, adj. Biennial.
**BIÊNIO**, s. m. Something which takes place once in two years.
**BIFE**, s. m. Beefsteak.
**BIFOCAL**, adj. Bifocal.
**BIFURCAÇÃO**, s. f. Bifurcation; forking.
**BIGAMIA**, s. f. Bigamy.
**BIGODE**, s. m. Moustache; mustache.
**BIGORNA**, s. f. Bickern; anvil; beak iron.
**BIJUTERIA**, s. f. Bijoutery; trinkets.
**BILABIAL**, adj. Bilabial.
**BILATERAL**, adj. Bilateral.
**BILE**, s. f. Bile.
**BILHA**, s. f. Earthenware; bottle of water.
**BILHÃO**, s. m. Billion.
**BILHAR**, s. m. Billiards.
**BILHETE**, s. m. Ticket; billet-note.
**BILHETERIA**, s. f. Ticket window; box office.
**BILINGÜE**, adj. Bilingual.
**BÍLIS**, s. f. Bile; (fig.) choler; anger.
**BILRO**, s. m. Bobbin; lace-bobbin.
**BILTRE**, s. m. Scoundrel, rascal; a vile.
**BÍMANO**, adj. Bimanous.
**BIMBALHAR**, v. t. To ring the bells simultaneously.
**BIMENSAL**, adj. Bimonthly.
**BIMESTRE**, adj. Bimestral.
**BINÁRIO**, adj. Binary.
**BINOCULAR**, ADJ. BINOCULAR.
**BINÔMIO**, adj. e s. m. Binomial.
**BIOFÍSICA**, s. f. Biophisics.
**BIOGRAFAR**, v. t. To write the biography of.
**BIOGRAFIA**, s. f. Biography.
**BIOLOGIA**, s. f. Biology.
**BIOLÓGICO**, adj. Biologic, biological.
**BIOMBO**, s. m. Screen, folding screen.
**BIOQUÍMICA**, s. f. Biochemistry.
**BIÓXIDO**, s. m. Dioxide.
**BÍPEDE**, adj. Bipedal; biped.
**BÍPENE**, adj. Two-winged; bipenuate.
**BIPÉTALO**, adj. Bipetalous.
**BIPLANO**, s. m. Biplane.
**BIPOLARIDADE**, s. f. Bipolarity.
**BIQUADRADO**, adj. Biquadratic.
**BIQUINHO**, s. m. Small beak; bill.
**BIRRA**, s. f. Obstinacy; sulk; sulkness.
**BIRREME**, s. f. Bireme.
**BIRUTA**, s. f. Windsock (aviations).

**BIS**, adv. Again; twice; interj. encore!
**BISÃO**, s. m. Bison.
**BISAR**, v. t. To ask for a repetition.
**BISAVÔ**, s. m. Great-grandfather.
**BISAVÓ**, s. f. Great-grandmother.
**BISAVÓS**, s. m. pl. Great-grandparents.
**BISBILHOTAR**, v. i. To intrigue.
**BISCA**, s. f. A game of cards.
**BISCATE**, s. m. Work of little importance.
**BISCOITO**, s. m. Biscuit; cracker; cookie.
**BISMUTO**, s. m. Bismuth.
**BISNAGA**, s. f. Lead tube; squirt.
**BISNETA**, s. f. Great-granddaughter.
**BISNETO**, s. m. Great-grandson.
**BISONHO**, adj. Inexperienced; shy.
**BISPADO**, s. m. Bishopric.
**BISPO**, s. m. Bishop.
**BISSEÇÃO**, s. f. Bisection.
**BISSEMANAL**, adj. Bi-weekly.
**BISSETRIZ**, s. f. bisector.
**BISSEXTO**, adj. Bisextile.
**BISSEXUAL**, adj. Bisexual; hermaphrodite.
**BISSÍLABO**, adj. Dissyllabic.
**BISTURI**, s. m. Bistoury; scalpel.
**BITOLA**, s. f. Standard measure; gauge.
**BIVACAR**, v. i. To bivouac.
**BIVALVE**, adj. Bivalve; bivalvular.
**BIZARRO**, adj. Bizarre; gallant; noble.
**BLANDÍCIA**, s. f. Gentleness; tenderness.
**BLASFEMADOR**, s. m. Blasphemer.
**BLASFEMAR**, v. i. To blaspheme; to swear.
**BLASONAR**, v. i. To boast, to brag; to blazon; to show out.
**BLASONARIA**, s. f. Blazonry; boastfulness.
**BLATERAR**, v. t. To blurt; v. i. to bleat (sheep or camel); noisily; to proclaim.
**BLEFAR**, v. t. To cheat, to deceive.
**BLEFE**, s. m. Bluff.
**BLENDA**, s. f. Blende; pitchblend.
**BLENORRAGIA**, s. f. Blennorrhagia.
**BLINDADO**, adj. Armoured; steel-plated.
**BLINDAR**, v. t. To cover with armour plate.
**BLOCO**, s. m. Block; writing pad; tablet; (Odont.) inlay; boulder.
**BLOQUEAR**, v. t. To blockade; to block up.
**BLOQUEIO**, s. m. Blockade, siege.
**BLUSA**, s. f. Blouse; shift.
**BOA**, adj. Good.
**BOÁ**, s. f. Boa; scarf of fur or feathers worn around the neck.
**BOATO**, s. m. Rumour; hearsay; report.
**BOBAGEM**, s. f. Nonsense; foolish talk.
**BOBINA**, s. f. Bobbin; coil; reel.

**BOBO,** adj. Crazy, foolish, silly.
**BOCA,** s. f. Mouth; opening; entrance.
**BOCADINHO,** s. m. Little bit.
**BOCAL,** s. m. Mouthpiece; socket.
**BOÇAL,** adj. Stupid, coarse, rustic.
**BOCEJO,** s. m. Yawn, yawning; gape.
**BOCETA,** s. f. Little box; jewel box.
**BOCHECHA,** s. f. Cheek.
**BOCHECHO,** s. m. Mouthful of liquid.
**BODA,** s. f. Wedding; wedding feast.
**BODE,** s. m. Male geat; mulatto.
**BODEJAR,** v. i. To bleat like a goat.
**BODUM,** s. m. Rank smell; odor of perspiration; fetid odor of goats.
**BOÊMIA,** s. f. Bohemianism; vagrancy.
**BOÊMIO,** adj. e s. m. Bohemian.
**BOFETADA,** s. f. Slap, a blow given with the open hand at the face; (fig.) insult; offence.
**BOFETÃO,** s. m. Hard blow at the face.
**BOI,** s. m. Bull; ox.
**BÓIA,** s. f. Buoy; (Bras.) food.
**BOIADA,** s. f. Herd of oxen.
**BOIÃO,** s. m. A bulgy pot with a wide mouth.
**BOIAR,** v. i. To float; to buoy.
**BOICOTAR,** v. t. To boycott.
**BOINA,** s. f. Cap, barret.
**BOJO,** s. m. Belly; bulge; prominence.
**BOLA,** s. f. Ball.
**BOLACHA,** s. f. Seabiscuit.
**BOLADA,** s. f. A stroke of a ball.
**BOLAR,** v. t. To hit with a ball.
**BOLBO,** s. m. Bulb; root.
**BOLCHEVISMO,** s. m. Bolshevism.
**BOLDRIÉ,** s. m. Belt.
**BOLEAR,** v. t. To make round.
**BOLÉIA,** s. f. Driver's seat.
**BOLERO,** s. m. Bolero, spanish dance; a loose waist-length jacket open at the front.
**BOLETIM,** s. m. Bulletim; official report.
**BOLÉU,** s. m. Fall, tumble, thud.
**BOLHA,** s. f. Bubble, blister, bladder.
**BÓLIDE,** s. m. Aerolite, aerolith.
**BOLINA,** s. f. Bowline, tack.
**BOLINAR,** v. t. To haul a sail to windward.
**BOLO,** s. m. Cake; stake (a game).
**BOLOR,** s. m. Moldiness; mold; or mould.
**BOLOTA,** s. f. Acorn, mast.
**BOLSA,** s. f. Purse, pouch; bag; bourse.
**BOLSINHO,** s. m. Fob; pin-money.
**BOLSISTA,** s. 2 gên. Banker; broker.
**BOLSO,** s. m. Pocket.
**BOM,** adj. Good; satisfactory; fit, proper.

**BOMBA,** s. f. Bomb; pump; shell; siphon; shock absorber; failure on examination.
**BOMBACHO,** s. m. Small water pump.
**BOMBARDA,** s. f. Bombard.
**BOMBARDEAR,** v. t. To bombard.
**BOMBARDEIRO,** s. m. Bombardier.
**BOMBÁSTICO,** adj. Bombastic; inflated.
**BOMBEIRO,** s. m. Fireman.
**BOMBO,** s. m. Drum.
**BOMBORDO,** s. m. Larboard.
**BONANÇA,** s. f. Calm weather at sea; (fig.) calm, calmness; tranquility.
**BONDADE,** s. f. Kindness; goodness.
**BONDE,** s. m. (Bras.) Streetcar; tramway.
**BONDOSO,** adj. Kind; good; benevolent.
**BONÉ,** s. m. Cap.
**BONECA,** s. f. Doll.
**BONECO,** s. m. Puppet; doll.
**BONIFICAÇÃO,** s. f. Bonus; allowance.
**BONITO,** adj. Pretty; fine; good; noble.
**BONOMIA,** s. f. Bonhomie; goodness.
**BÔNUS,** s. m. Bonus, allowance.
**BOQUEIRÃO,** s. m. Wide opening.
**BOQUEJAR,** v. t. To mutter.
**BOQUILHA,** s. f. Cigar or cigarette holder.
**BOQUINHA,** s. f. Kiss, smack.
**BÓRAX,** s. m. Borax.
**BORBOLETA,** s. f. Butterfly; turnstile.
**BÓRICO,** adj. Boric.
**BORBOTÃO,** s. m. Gushing; bubbling.
**BORBULHA,** s. f. Skin blister; fault.
**BORBULHAR,** v. i. To blister; to boil.
**BORDA,** s. f. Edge; side, brim; margin coast.
**BORDADEIRA,** s. f. Woman embroiderer.
**BORDADO,** s. m. Embroidery.
**BORDALESA,** s. f. Large barrel.
**BORDÃO,** s. m. Staff; stick; (fig.) help.
**BORDAR,** v. t. To embroider; to fancy.
**BORDEJAR,** v. i. To tack; to totter.
**BORDEL,** s. m. Brothel.
**BORDO,** s. m. Side of a ship; board.
**BORDOADA,** s. f. A knok; stroke (with a stick).
**BOREAL,** adj. northern; boreal.
**BÓRICO,** adj. Boric.
**BORLA,** s. f. Tuft, tassel.
**BORNAL,** s. m. Provision bag; feedbag.
**BORRA,** s. f. Sediment in liquids; dregs.
**BORRACHA,** s. f. Rubber; eraser.
**BORRACHUDO,** adj. Swollen; s. m. brazilian mosquito.
**BORRADOR,** s. m. Wastebook; day book.
**BORRAGEM,** s. f. Borage.
**BORRALHEIRA,** s. f. Ash-pit.

**BORRALHEIRO, s. m.** Home-loving.
**BORRALHO, s. m.** Embers; (fig.) home.
**BORRÃO, s. m.** Blot; spot.
**BORRAR, v. t.** To plot; to stain; to daub.
**BORRASCA, s. f.** Tempest, storm.
**BORRIFAR, v. t.** To sprinkle, to be sprinkle.
**BORZEGUIM, s. m.** Buskin.
**BOSQUE, s. m.** Forest, wood; grove.
**BOSSA, s. f.** Lump, humps, bulge.
**BOSTA, s. f.** Dung, animal excrement.
**BOTA, s. f.** Boot; high shoes.
**BOTÂNICA, s. f.** Botany.
**BOTÃO, s. m.** Button; bud.
**BOTAR, v. t.** To throw down, to place.
**BOTE, s. m.** Boat; pass; thrust.
**BOTELHA, s. f.** Bottic.
**BOTEQUIM, s. m.** Coffeehouse; bar.
**BOTICA, s. f.** An apothecary's shop.
**BOTICÃO, s. m.** Toothdraer.
**BOTIJA, s. f.** Earthenware cruet.
**BOTINA, s. f.** Halfboots; bottine.
**BOTO, adj.** Blunt; set on edge.
**BOVINO, adj.** Bovine.
**BOXE, s. m.** Boxing; pugilism.
**BRABEZA, s. f.** Ferocity; savagery.
**BRABO, adj.** Rude, ferocious.
**BRAÇA, s. f.** Fathom.
**BRAÇADA, s. f.** Armful.
**BRAÇADEIRA, s. f. pl.** Leatherhandles.
**BRAÇAL, adj.** Brachial; done with the arms.
**BRACELETE, s. m.** Bracelet.
**BRAÇO, s. m.** Arm; part of the arm between the elbow and the shoulder; branch; bough; might; power; support.
**BRÁCTEA, s. f.** Bract.
**BRADAR, v. t. e i.** To cry out; to shout out.
**BRADO, s. m.** Cry, shout; squall, roar.
**BRAGUILHA, s. f.** Fly (of trousers).
**BRAMAR, v. i.** To roar; to shout.
**BRAMIDO, s. m.** Roar; howl; hellow; shout.
**BRANCO, adj.** White; pale; blank; s. m. white man; space between lines.
**BRÂNCHIA, s. f.** Branchia.
**BRANCURA, s. f.** Blankness; whiteness.
**BRANDAMENTE, adv.** Softly.
**BRANDIR, v. t.** To brandish, to wave.
**BRANDO, adj.** Bland, soft, gentle.
**BRANQUEAR, v. t.** To white or whiten; to bleach; to make white.
**BRAQUIAL, adj.** Brachial.
**BRASA, s. f.** Live coal; (fig.) ardor.
**BRASÃO, s. m.** Coat of arms; blazonry.
**BRASEIRA, BRASEIRO, s. f., s. m.** Brazier.

**BRASILEIRISMO, s. m.** Brazillianism.
**BRASILEIRO, adj. e s. m.** Brazillian.
**BRASONAR, v. t.** To emblazon; to inscribe or adorn with heraldic markings, decives, etc.
**BRAVATA, s. f.** Bravado.
**BRAVATEAR, v. t.** To boast; to brag.
**BRAVEZA, s. f.** Bravery; courage; valor.
**BRAVIO, adj.** Wild, rude, savage.
**BRAVO, adj.** Brave, courageous, valiant, bold; savage; interj. Well done! excellent!
**BRECA, s. f.** Cramp.
**BRECAR, v. t.** To brake.
**BRECHA, s. f.** Breach; gap.
**BREJEIRICE, s. f.** Waggery; waggishness.
**BREJEIRO, adj.** Wanton; mallicious; lazy.
**BREJO, s. m.** Marsh; bog, fen.
**BRENHA, s. f.** Thick bush; confusion.
**BRETANHA, s. f.** A kind of linean-cloth.
**BREU, s. m.** Pitch.
**BREVE, adj.** Brief, short, concise; adv. soon.
**BREVIÁRIO, s. m.** Breviary.
**BREVIDADE, s. f.** Brevity; shortness of duration; briefness.
**BRIDA, s. f.** Bridle, reins.
**BRIDÃO, s. m.** Bridoon; snaffle (bit.).
**BRIGA, s. f.** Strife, quarrel, fighting.
**BRIGADA, s. f.** Brigade.
**BRIGADEIRO, s. m.** Brigadier.
**BRIGÃO, adj.** Contentious, quarrelsome.
**BRIGAR, v. t.** To fight, to quarrel.
**BRIGUE, s. m.** Brig.
**BRILHANTE, adj.** Brilliant; s. m. cut diamond.
**BRILHANTINA, s. f.** Brilliantine.
**BRILHANTISMO, s. m.** Brilliance; splendor.
**BRILHAR, v. i.** To shine; to brighten.
**BRILHO, s. m.** Brilliance radiance; splendor.
**BRIM, s. m.** A sort of canvas; a similar cloth of line or cotton, or a mixture.
**BRINCADEIRA, s. f.** Fun, play, jest, game.
**BRINCAR, v. i.** To play, to toy, to joke.
**BRINCO, s. m.** Earring.
**BRINDAR, v. t.** To offer a gift to; v. i. to toast.
**BRINDE, s. m.** Toast; gift; present; offering.
**BRINQUEDO, s. m.** Toy.
**BRIO, s. m.** Sense of honor or dignity; valor.
**BRIOSO, adj.** Brave; proud; courageous.
**BRISA, s. f.** Breeze, a light wind.
**BRITÂNICO, adj. e s. m.** British, Britannic.
**BRITAR, v. t.** To break stones.
**BROA, s. f.** Bread made of maize.
**BROCA, s. f.** Drill, auger, borer; wimble.
**BROCADO, s. m.** Brocade.
**BROCAR, v. t.** To drill, to bore.

**BROCHA**, s. f. Flat-headed nail.
**BROCHADOR**, s. m. Book sewer; stitcher.
**BROCHE**, s. m. Brooch, clasp.
**BROCHURA**, s. f. Brochure, pamphlet.
**BROMATO**, s. m. Bromate.
**BROMETO**, s. m. Bromide, bromid.
**BROMO, BRÔMIO**, s. m. Bromine, bromin.
**BRONCO**, s. m. Coarse, dull, ignorant.
**BRÔNQUIO**, s. m. Bronchus.
**BRONZE**, s. m. Bronze.
**BRONZEADO**, adj. Bronze colored; bronzy.
**BROQUEADO**, adj. Hollow.
**BROSSA**, s. f. Planter's brush: horsebrush.
**BROTAR**, v. t. To produce; to create; v. i. to spout out; to spring; to arise (plants); to break out (eruptions); to be born.
**BROTO**, s. m. (Bras.) Bud, shoot; young girl.
**BROTOEJA**, s. f. Rash-blotches.
**BROXA**, s. f. Painter's brush.
**BRUMA**, s. f. Mist; fog; haze; mistery.
**BRUNIDO**, adj. Ironed; starched; shiny.
**BRUNIR**, v. t. To burnish; to iron (clothe).
**BRUSCAMENTE**, adv. Abruptly; roughly.
**BRUSCO**, adj. Cloudy; dark; brusque; blunt.
**BRUTAL**, adj. Brutal; savage, cruel; rude.
**BRUTO**, adj. Brute, rough, coarse; savage.
**BRUXA**, s. f. Witch, sorceress.
**BRUXARIA**, s. f. Sorcery; fascination.
**BRUXO**, s. m. Sorcerer, wizard.
**BRUXULEANTE**, adj. Flickering.
**BUBÃO**, s. m. Bubo.
**BUBÔNICO**, adj. Bubonic.
**BUCAL**, adj. Buccal.
**BUCANEIRO**, adj. Buccaneer.
**BUCÉFALO**, s. m. Bucephalus.
**BUCHA**, s. f. Wadding, bung.
**BUCHO**, s. m. Stomach (of animals, but not birds); (Bras.) belly, paunch.
**BUÇO**, s. m. Down mustache.
**BUCÓLICO**, s. m. Bucolic, pastoral, rural.
**BUDISMO**, s. m. Buddhism.
**BUEIRO**, s. m. Draintrap.

**BÚFALO**, s. m. Buffalo.
**BUFÃO**, s. m. Buffoon; jester.
**BUFAR**, v. t. To puff; to blow.
**BUFETE**, s. m. Buffet; sideboard.
**BUFO**, adj. Burlesque; s. m. puffing.
**BUFONARIA**, s. f. Buffoonery.
**BUGALHO**, s. m. Gallnut.
**BUGIA**, s. f. Female ape; waxcandle.
**BUGIGANGA**, s. f. Trifle; gewgaw; mummery.
**BUGIO**, s. m. Ape.
**BUGRE**, s. m. (Bras.) Indian, savage.
**BUJÃO**, s. m. Plug, peg.
**BULA**, s. f. Bull, a papal letter on an important subject; package insert.
**BULBO**, s. m. Bulb.
**BULCÃO**, s. m. A thick fog receding a storm.
**BULE**, s. m. Teapot; coffeepot.
**BULHA**, s. f. Quarrel; noise; confusion.
**BULÍCIO**, s. m. Murmur; restlessness; bustle.
**BULIR**, v. t. e i. To move, to stir, to rouse.
**BURACO**, s. m. Gap, cavity; hollow; hole.
**BURBOREJAR**, v. i. To make a noise like boiling water.
**BURBURINHO**, s. m. Tumult; murmur; buzz.
**BUREL**, s. m. Coarse woollen cloth.
**BURGUÊS**, adj. Common, vulgar; s. m. burgess; citizen; a rich man.
**BURGUESIA**, s. f. Citizens, bourgeoisie.
**BURIL**, s. m. Burin.
**BURILAR**, v. t. To engrave; to perfect.
**BURLA**, s. f. Trick; fraud; scoff.
**BURLAR**, v. t. To dupe, to cheat, to trick.
**BURLESCO**, adj. Burlesque, comical, jesting.
**BUROCRACIA**, s. f. Bureaucracy; officialism.
**BURRICE**, s. f. Stupidity; silliness.
**BURRO**, s. m. Ass, donkey.
**BUSCA**, s. f. Search, quest, investigation.
**BUSCAR**, v. t. To seek, to look for.
**BÚSSOLA**, s. f. Compass; (fig.) direction.
**BUZINA**, s. f. Automobile horn, trumpet.
**BUZINAR**, v. i. To blow; to wind.
**BÚZIO**, s. m. Diver; whelk; adj. dim; gloomy.

# C

**C**, s. m. The third letter of the alphabet; roman numeral, 100; (Mús.) the keynote of the major scale of "C"; adj. third; shaped like a "C".
**CÁ**, adv. Here, on this place.
**CÃ**, s. f. White hair; khan.
**CAATINGA**, s. f. Caatinga; (Bot.) tropical, trumpet creeper; yellow elder.

**CABAÇA, s. f.** Bottlegourd.
**CABAL, adj.** Complete; exat; rigorous; full.
**CABALA, s. f.** Cabala; cabal.
**CABANA, s. f.** Hut, cot, cottage.
**CABARÉ, s. m.** Cabaret.
**CABAZ, s. m.** Basket, pannier.
**CABEÇA, s. f.** Head, intelligence; talent; mind; thought; an intelligent person; leader; source; origin; top.
**CABEÇAL, s. m.** Cotton dressing around a wound.
**CABEÇALHO, s. m.** Pole, beam of a car or carriage; headline a title line over an article.
**CABECEAR, v. i.** To not; to incline; to slant.
**CABECEIRA, s. f.** Head of a table or bed.
**CABEÇO, s. m.** Top.
**CABEÇOTE, s. m.** Headstock; tailstock; bow (of a yoke); (Bras.) pommel (of a saddle).
**CABEDAL, s. m.** Funds, capital; means.
**CABELEIRA, s. f.** Hair; wig; peruke.
**CABELO, s. m.** Hair.
**CABER, v. i.** To be contained in; to be compatible; admissible or opportune.
**CABIDE, s. m.** Rack, peg; coathanger.
**CABIMENTO, s. m.** Reception; reason.
**CABINA, s. f.** Cabin; (Bras.) signal post in railways.
**CABINEIRO, s. m.** Railway man.
**CABISBAIXO, adj.** With head bent over.
**CABÍVEL, adj.** Appropriate, fitting; proper.
**CABO, s. m.** Cape, extremity; cable; headland; handle (of a knife, etc.); corporal.
**CABOCLO, s. m.** Mestizo of Indian and white blood; (Bras.) distrustful and treacherous person; adj. copper colored.
**CABOTAGEM, s. f.** Cabotage.
**CABOTINAGEM, s. f.** Life or habit of wandering comedian.
**CABRA, s. f.** (Zool.) She-goat, Nanny goat.
**CABRESTANTE, s. m.** Capsta.
**CABRESTO, s. m.** Halter; lead ox.
**CABRIOLA, s. f.** Caper; skip; leap; spring.
**CABRIOLÉ, s. m.** Cabriolet, cab.
**CABRITO, s. m.** Kid.
**CABULAR, v. i.** To play truant.
**CAÇA, s. f.** Chase, hunting; persecution.
**CAÇÃO, s. m.** Squalus.
**CAÇAPA, s. f.** Pocket of (a billiard table).
**CAÇAPO, s. m.** Young rabbit.
**CACAREJO, s. m.** Cackle, cluck.
**CACAU, s. m.** Cocoa, coco.
**CACHAÇA, s. f.** Brandy.
**CACHAÇO, s. m.** Nape.
**CACHEADO, adj.** Curly, wavy.
**CACHECOL, s. m.** Scarf, cravat, stole.
**CACHIMBAR, v. i.** To smoke a pipe.
**CACHO, s. m.** Bunch (of fruit or flower).
**CACHOEIRA, s. f.** Water-fall, cataract.
**CACHORRO, s. m.** Pup, cub; dog.
**CACHUMBA, s. f.** Mumps.
**CACIFE, s. m.** Jack-pot; sum to be won.
**CACIMBA, s. f.** Drizzle; waterhole.
**CACIQUE, s. m.** Cacique; political boss.
**CACO, s. m.** Potsherd.
**CAÇOADA, s. f.** Mockery.
**CAÇOAR, v. i.** To jest; to jeer; to mock.
**CACOETE, s. m.** Cacoethes; a bad habit.
**CACOFONIA, s. f.** Cacophony.
**CAÇULA, s. 2 gên.** Youngest child.
**CADA, adj.** Each; every.
**CADAFALSO, s. m.** Scaffold.
**CADARÇO, s. m.** Silk riband, tape.
**CADASTRO, s. m.** Cadastre; dossier.
**CADÁVER, s. m.** Cadaver, corpse.
**CADEADO, s. m.** Padlock.
**CADEIA, s. f.** Chain; succession; series; jail.
**CADEIRA, s. f.** Chair, seat; professoral functions; headquarters; pl. rump.
**CADELA, s. f.** Bitch.
**CADÊNCIA, s. f.** Cadence, rhythm.
**CADENCIADO, adj.** Cadenced; harmonious.
**CADERNETA, s. f.** Memorandum book.
**CADERNO, s. m.** Copybook; notebook.
**CADETE, s. m.** Cadet.
**CADINHO, s. m.** Crucible.
**CÁDMIO, s. m.** Cadmium.
**CADOZ, s. m.** Gudgeon.
**CADUCAR, v. i.** To grow old, to weaken.
**CADUCO, adj.** Senile; aged; decrepit.
**CAFAJESTE, s. m.** Man of a mean condition.
**CAFÉ, s. m.** Coffee.
**CAFEÍNA, s. f.** Caffeine.
**CAFEZAL, s. m.** Coffee-plantation.
**CÁFILA, s. f.** Caravan; drove of camels.
**CÁFTEN, s. m.** (Nras.) Panderer; procurer.
**CAFTINA, s. f.** (Bras.) Woman engaged in white-slave traffic.
**CAFUA, s. f.** Cave; hiding-place.
**CAFUNÉ, s. m.** Thumping head with fingers.
**CÁGADO, s. m.** Fresh water tortoise.
**CAIAÇÃO, s. f.** Whitewashing.
**CAIAR, v. t.** To whitewash.
**CÃIBRA, s. f.** Cramp; spasmodic contraction of muscles.
**CAIBRO, s. m.** Rafter.

**CAIÇARA**, s. f. (Bras.) Grove of dead treess; net of branches; palisade; corral, stockade.
**CAÍDO**, adj. Fallen, decayed; discouraged.
**CAIMENTO**, s. m. Fall; (fig.) prostration.
**CAIPIRA**, s. 2 gên. Countryman (fem. countrywoman); peasant; boor.
**CAIR**, To fall, to tumble, to decay, to lower.
**CAIREL**, s. m. Lace; flounce.
**CAIRO**, s. m. Fiber of cocoanut.
**CAIS**, s. m. Quay, wharf, dock, pier.
**CAIXA**, s. f. Box, chest, case; printer's case.
**CAIXÃO**, s. m. Great chest; caisson.
**CAIXEIRO**, s. m. Cashier; clerk; shop assistant; box-maker.
**CAIXILHO**, s. m. Window frame; door-case.
**CAIXOTE**, s. m. Small box.
**CAJADO**, s. m. Crook, heep-hook.
**CAJU**, s. m. Cashew-nut.
**CAJUEIRO**, s. m. Cashew tree.
**CAL**, s. f. Lime.
**CALA**, s. f. Small port or bay.
**CALABOUÇO**, s. m. Dungeon.
**CALABRE**, s. m. Cable, heavy rope.
**CALABREAR**, v. t. To fertilize; to pervert.
**CALADA**, s. f. Silence, quietness.
**CALADO**, adj. Silent, quiet; still; reserved, discreet; s. m. draft, vertical distance from the keel of the ship to the water line.
**CALAFETAGEM, CALAFETAMENTO**, s. f., s. m. Calking or caulking.
**CALAFRIO**, s. m. Shivering, chill.
**CALAMIDADE**, s. f. Calamity, a state of great distress, misery or any great misfortune; ruin, afliction, adversity.
**CALAMISTRADO**, adj. Curly-haired; curled.
**CALAMITOSO**, adj. Calamitous; unfortunate.
**CÁLAMO**, s. m. Calamus.
**CALANDRA**, s. f. Calender, mangle.
**CALÃO**, s. m. Slang, jargon.
**CALAR**, v. t. To impose silence; to keep secret; to silence; to conceal; to omit.
**CALÇADA**, s. f. Sidewalk; pavement.
**CALÇADEIRA**, s. f. Shoehorn, bootjak.
**CALÇADO**, s. m. Shoes, boots; slippers.
**CALCANHAR**, s. m. Heel.
**CALÇÃO**, s. m. Tight trouser.
**CALCAR**, v. t. To tread, to crush under foot.
**CALÇAR**, v. t. To provide shoes for.
**CALCÁREO**, adj. Calcareous.
**CALÇAS**, s. f. pl. Trousers, pantaloons.
**CALCETEIRO**, s. m. Paver, pavior or paviour.
**CALCIFICAÇÃO**, s. f. Calcification.
**CALCINAÇÃO**, s. f. Calcination.
**CALCINAR**, v. t. To calcine; to burn; to ash.
**CALÇO**, s. m. Wedge, chock.
**CALCULADOR**, s. m. Calculator.
**CALCULAR**, v. t. To calculate, to compute.
**CÁLCULO**, s. m. Calculation; estimate; computation; calculus, stone, jall-stone.
**CALDA**, s. f. Thin sirup made from sugar and water or fruit juice; pl. hot-springs.
**CALDEAR**, v. t. To weld; to temper.
**CALDEIRA**, s. f. Boiler, kettle.
**CALDEIRADA**, s. f. Kettleful.
**CALDEIRÃO**, s. m. Caldron; pot.
**CALDO**, s. m. Broth, bree; juice; soup.
**CALEÇA**, s. f. Calash, chariot.
**CALECHE**, s. f. Caleche, calash.
**CALEFAÇÃO**, s. f. Calefaction; heating.
**CALEIDOSCÓPIO**, s. m. Kaleidoscope.
**CALEIRA**, s. f. Gutter; tile.
**CALEJADO**, adj. Callous; hardened.
**CALENDÁRIO**, s. m. Calendar.
**CALENDAS**, s. f. pl. Calends.
**CALHA**, s. f. Trench, gutter; trough.
**CALHAMAÇO**, s. m. (Pop.) Large; old book.
**CALHAMBEQUE**, s. m. Small vessel.
**CALHAR**, v. i. To happen; to fit; to adjust.
**CALHAU**, s. m. Flint-stone, small stone.
**CALHORDA**, adj. (Bras.) Low; scoundrelly.
**CALIBRAGEM**, s. f. Calibration.
**CALIBRAR**, v. t. To calibrate; to graduate.
**CALIBRE**, s. m. Caliber; the diameter of a projectile; capacity; size, dimension; make.
**CÁLICE**, s. m. Chalice; a cup; a flower cup.
**CÁLIDO**, adj. Warm, tepid, hot; astute.
**CALIFA**, s. m. Caliph.
**CALIGEM**, s. f. Fogbank; dimness; obscurity.
**CALIGINOSO**, adj. Caliginous; dim; gloomy.
**CALIGRAFIA**, s. f. Calligraphy; hand-writing.
**CALISTA**, s. 2 gên. Pedicure, chiropodist.
**CALMA**, s. f. Calm, quiet, tranquility.
**CALMANTE**, adj. Calmative; anodyne.
**CALMARIA**, s. f. Calm; dead calm.
**CALO**, s. m. Callus; corn.
**CALOR**, s. m. Heat, warmth; hotnes.
**CALORÃO**, s. m. Excessive heat.
**CALORIA**, s. f. Calory, calorie.
**CALÓRICO**, s. m. Caloric.
**CALORÍFICO**, adj. Calorific; thermal.
**CALOSIDADE**, s. f. Callousness; callus.
**CALOTE**, s. m. Swindle, trick; cheat.
**CALOTEIRO**, s. m. Swindler; cheat.
**CALOURO**, s. m. Freshman.
**CALUDA**, interj. Hush!
**CALÚNIA**, s. f. Calumny; slander.

**CALVA**, s. f. Hairless scalp.
**CALVÁRIO**, s. m. Calvary.
**CALVÍCIE**, s. f. Baldness.
**CALVINISMO**, s. m. Calvinism.
**CALVO**, adj. Bald, bald-headed; hairless.
**CAMA**, s. f. Bed.
**CAMADA**, s. f. Layer, stratum.
**CAMAFEU**, s. m. Cameo.
**CAMALEÃO**, s. m. Chameleon.
**CÂMARA**, s. f. Chamber; town hall.
**CAMARADA**, s. 2 gên. Comrade; fellow.
**CAMARADAGEM**, s. f. Comradeship.
**CAMARÃO**, s. m. Shrimp, prawn.
**CAMAREIRA**, s. f. Maid of honor, maid.
**CAMAREIRO**, s. m. Valet of chamber.
**CAMARILHA**, s. f. Court favorites.
**CAMARIM**, s. m. Cabinet, boudoir.
**CAMAROTE**, s. m. Box (theater); cabin (in a ship).
**CAMBADA**, s. f. Objects strung together; a bunch of keys; (fig.) band, rabble; mob.
**CAMBADO, CAMBAIO**, adj. Bowlegged.
**CAMBALACHO**, s. m. Barter, truck; cheat.
**CAMBALEAR**, v. i. To reel, to totter.
**CAMBALHOTA**, s. f. Somersault; tumble.
**CAMBAR**, v. i. To bend the legs; to hobble.
**CAMBIAL**, adj. Of, or belonging to exchange.
**CAMBIAR**, v. t. To change (color, system, opinion); to exchange (money of different countries).
**CÂMBIO**, s. m. Exchange.
**CAMBRAIA**, s. f. Cambric.
**CAMBULHO**, s. m. Sinker, of fish net.
**CAMELEIRO**, s. m. Camel driver; cameleer.
**CAMÉLIA**, s. f. Camellia.
**CAMELO**, s. m. Camel.
**CAMINHADA**, s. f. Walk, a long walk.
**CAMINHANTE**, s. 2 gên. Traveler, transient.
**CAMINHÃO**, s. m. Truck, motor truck.
**CAMINHAR**, v. i. To walk, to go, to travel.
**CAMINHO**, s. m. Path; road; direction.
**CAMISA**, s. f. Shirt; chemise.
**CAMISEIRO**, s. m. Shirt-maker.
**CAMISOLA**, s. f. Smock; camisole.
**CAMOMILA**, s. f. Chamomile; camomile.
**CAMPA**, s. f. Tombstone; grave-stone small bell.
**CAMPAINHA**, s. f. Bell, band bell; (Med.) uvula.
**CAMPAL**, adj. Rural.
**CAMPANÁRIO**, s. m. Campanile; belfry.
**CAMPANHA**, s. f. Campaign.
**CAMPÂNULA**, s. f. Campanula, bell-glass.
**CAMPAR**, v. t. To encamp; to show off; to brag; v. i. to flaunt; to camp; to swindle.
**CAMPEÃO**, s. m. Champion.
**CAMPEAR**, v. t. To scour the country; to look for; to make an ostentatious display.
**CAMPECHE**, s. m. Logwood.
**CAMPEIRO**, s. m. Employee who caress for cattle; cowboy; countryman.
**CAMPEONATO**, s. m. Competition.
**CAMPESINO**, adj. Rural; country-like.
**CAMPESTRE**, adj. Rural; rustic.
**CAMPINA**, s. f. Plain, flat open country.
**CAMPO**, s. m. Field, camp; (Bras.) piece of ground plantation; country; open space.
**CAMPONÊS**, adj. Rural; rustic.
**CAMUFLAGEM**, s. f. Camouflage.
**CAMURÇA**, s. f. Chamois; deer skin.
**CANA**, s. f. Cane; sugar cane.
**CANAL**, s. m. Channel; canal; duct.
**CANALHA**, s. f. Rabble; the mob; s. m. rascal; scoundrel; shameless person.
**CANALIZAÇÃO**, s. f. Canalization.
**CANALIZAR**, v. t. To canalize; to open canals in; to lay pipes in, to pipe.
**CANAPÉ**, s. m. Coucj, settee, sopha.
**CANÁRIO**, s. m. Canary-bird.
**CANASTRA**, s. f. Large basket.
**CANASTRÃO**, s. m. A big basket; (gfr.) a bad actor.
**CANAVIAL**, s. m. A cane-plantation.
**CANÇÃO**, s. f. Song, air.
**CANCELA**, s. f. Gate, wicket.
**CANCELAMENTO**, s. m. Cancellation.
**CANCELAR**, v. t. To cancel; annul or destroy; to revoke; to recall; to erase.
**CÂNCER**, s. m. Cancer.
**CANCEROSO**, adj. Cancerous.
**CANCHA**, s. f. (Bras.) Race course.
**CANCIONEIRO**, s. m. Song-book.
**CANÇONETA**, s. f. Canzonetta, ditty.
**CANCRO**, s. m. Chancre; cancer.
**CANDEEIRO**, s. m. Lamp.
**CANDEIA**, s. f. Small oil lamp; candle.
**CANDEIO**, s. m. Torch.
**CANDELABRO**, s. m. Candelabrum.
**CANDELÁRIA**, s. f. Candlemas.
**CANDÊNCIA**, s. f. Incandescence.
**CÂNDY**, s. m. Candy.
**CANDIDATO**, s. m. Candidate.
**CÂNDIDO**, adj. White; candid; sincere; pure.
**CANDOR**, s. m. Whiteness; pureness.
**CANDOMBLÉ**, s. m. Brazilian woodoo.
**CANDURA**, s. f. Whiteness; innocence.

**CANECA**, s. f. Can, mug.
**CANECO**, s. m. Large mug.
**CANEIRO**, s. m. Dike; narrow channel; sea arm between rocks.
**CANELA**, s. f. Cinnamon; shin bone.
**CANELADO**, adj. Grooved, fluted; chaneled.
**CANETA**, s. f. Pen, penholder.
**CÂNFORA**, s. f. Camphor.
**CANFORADO**, adj. Camphorated.
**CANGA**, s. f. Yoke.
**CANGAÇO**, s. m. Fruit skins and pulp left after extracting juice; (Bras.) living of the brigands in north-eastern Brazil.
**CANGALHA**, s. f. Pannier.
**CANGOTE**, s. m. Occipital region.
**CANGURU**, s. m. Kangaroo.
**CÂNHAMO**, s. m. Hemp.
**CANHÃO**, s. m. Cannon; a piece of artillery.
**CANHONEAR**, v. t. To cannonade.
**CANHONEIRA**, s. f. Gun-boat.
**CANHOTA**, s. f. Left hand.
**CANIBAL**, s. 2 gên. Cannibal.
**CANIBALISMO**, s. m. Cannibalism; barbary.
**CANIÇAL**, s. m. Reeds-plantation.
**CANIÇO**, s. m. Reed, fishing-pole.
**CANÍCULA**, s. f. (Astron.) Canicula; Sirius.
**CANICULAR**, adj. Canicular.
**CANIL**, s. m. Kennel.
**CANINO**, adj. Canine; doglike; s. m. canine teeth.
**CANIVETE**, s. m. Penknife.
**CANJA**, s. f. Chicken soup.
**CANJERÊ**, s. m. (Bras.) Group of persons, generally Negroes, to practice conjuring.
**CANJICA**, s. f. Sort of pudding made from grated corn, seasoned with sugar and milk.
**CANO**, s. m. Pipe; tube.
**CANOA**, s. f. Canoe.
**CÂNON, CÂNONE**, s. m. Canon.
**CANÔNICO**, adj. Canonical.
**CANORO**, adj. Canorous; melodious.
**CANSAÇO**, s. m. Fatigue, weariness.
**CANSAR**, v. t. To tire, to fatigue, to bore.
**CANSEIRA**, s. f. Fatigue, hardship.
**CANTANTE**, adj. Singing.
**CANTAR**, v. t. To sing; to utter or interpret in musical tones produced by voice; to celebrate in song or poestru; to chant.
**CÂNTARO**, s. m. Water-pot.
**CANTAROLAR**, v. t. e i. To hum, to trill.
**CANTATA**, s. f. Cantata.
**CANTEIRO**, s. m. Quarryman, quarrier.
**CÂNTICO**, s. m. Canticle; hymn.
**CANTIGA**, s. f. Song.
**CANTIL**, s. m. Canteen; grooving plane.
**CANTINA**, s. f. Canteen.
**CANTO**, s. m. Song; canto; singing; vocal music, corner; angle; border; extremity.
**CANTOCHÃO**, s. m. Plain-chant (Gregorian chant).
**CANTOEIRA**, s. f. Iron brace; cramp-iron.
**CANTONEIRA**, s. f. Angle; corner; angle-iron; a triangular cupboard.
**CANTOR**, s. m. Singer, crooner.
**CANTORA**, s. f. Songstress.
**CANUDO**, s. m. Tube, pipe.
**CÂNULA**, s. f. Tube of any chirurgical instruments.
**CÃO**, s. m. Dog; cock (of a gun).
**CAOLHO**, adj. Cross-eyed; one-eyed.
**CAOS**, s. m. Chaos; confusion, disorder.
**CAPA**, s. f. Cover; cloak, mantle; covering.
**CAPACETE**, s. f. Casque, helmet.
**CAPACHO**, s. m. Door-mat, foot-mat.
**CAPACIDADE**, s. f. Capacity; ability; volume.
**CAPACITAR**, v. t. To enoble; to convince; to persuade; to capacite; to qualify.
**CAPACITOR**, s. m. (Elet.) Capacitor.
**CAPADO**, adj. Emasculate, castrated.
**CAPANGA**, s. m. Safety bag or pocket for money and valuables, carried underneath clothing, in travels; (Bras.) bodygard.
**CAPÃO**, s. m. Capon (a cock); gelding (a horse).
**CAPAR**, v. t. To castrate, to geld, to spay.
**CAPATAZ**, s. m. Foreman, boss.
**CAPAZ**, adj. Capable, fit, sufficient, able.
**CAPCIOSO**, adj. Captious.
**CAPEAR**, v. t. To cloak, to enclose.
**CAPELA**, s. f. Chapel.
**CAPELÃO**, s. m. Chaplain.
**CAPELO**, s. m. Monk's hood; cardinal's hat.
**CAPENGA**, adj. Crippled, lame.
**CAPETA**, s. m. The devil.
**CAPILAR**, adj. e s. m. Capillary.
**CAPIM**, s. m. A kind of grass.
**CAPINZAL**, s. m. Grazing field.
**CAPITAÇÃO**, s. f. Capitation; pool-tax.
**CAPITAL**, adj. Capital, leading, main, head; principal; chief; s. m. money, stock.
**CAPITALISMO**, s. m. Capitalism.
**CAPITALIZAR**, v. t. To capitalize, to convert into or to use as capital.
**CAPITANEAR**, v. t. To captain; to govern.
**CAPITANIA**, s. f. Captaincy, captainship.
**CAPITÃO**, s. m. Captain.

**CAPITEL**, s. m. Capital.
**CAPITÓLIO**, s. m. Capitol; (fig.) glory.
**CAPITOSO**, adj. Heady, obstinate.
**CAPITULAÇÃO**, s. f. Capitulation.
**CAPITULAR**, adj. Capitular; v. t. to chapter; to classify; to divide (in chapters).
**CAPÍTULO**, s. m. Chapter; a main division of a book, treatise, or the like; an organized branch of some society, etc.; a meeting of clergymen; an article of contract, charge.
**CAPÔ**, s. m. Hood (of a car).
**CAPOEIRA**, s. f. Coop, poultry-yard.
**CAPOTA**, s. f. Hood; top.
**CAPOTAR**, v. i. To nose down (airplane, automobile); to upset.
**CAPOTE**, s. m. Overcoat; cloak; ran coat.
**CAPRICHAR**, v. i. To act capriciously.
**CAPRICHO**, s. m. Caprice, fancy, whim.
**CAPRICÓRNIO**, s. m. Capricorn.
**CAPRINO**, adj. Caprine.
**CÁPSULA**, s. f. Capsule.
**CAPTAÇÃO**, s. f. Captation.
**CAPTAR**, v. t. To captivate, to catch; to get.
**CAPTURA**, s. f. Capture; seizure; arrest.
**CAPTURAR**, v. t. To capture; to arrest.
**CAPUCHINHO**, s. m. Capuchin; a person who leads an austere life; small capuche.
**CAPUCHO**, adj. e s. m. Penitent, austere; solitary; s. m. franciscan.
**CAPUZ**, s. m. Hood; capuche of a monk.
**CAQUÉTICO**, adj. Cachectic; decrepit.
**CAQUEXIA**, s. f. Cachexy; general weakness.
**CÁQUI**, adj. Khaki, drab-colored.
**CAQUI**, s. m. Persimmon.
**CARA**, s. f. Face, visage; look, aspect.
**CARABINA**, s. f. Rifle, carabine, carbine.
**CARABINEIRO**, s. m. Carabineer.
**CARAÇA**, s. f. A pasteboard mask.
**CARACOL**, s. m. Snail; curl.
**CARACTERES**, s. m. pl. Printing types or characters.
**CARACTERÍSTICA**, s. f. Characteristic.
**CARACTERIZAR**, v. t. To characterize.
**CARAMANCHÃO, CARAMANCHEL**, s. m. Bower, arbor or arbour.
**CARAMBA**, interj. Fie!
**CARAMBOLA**, s. f. Carom; red billiard ball.
**CARAMELO**, s. m. Caramel; caramel candy.
**CARAMUJO**, s. m. Periwinkle, conch.
**CARANGUEJO**, s. m. Crab.
**CARANGUEJOLA**, s. f. Large crab.
**CARANTONHA**, s. f. Grimace; an ugly face.
**CARAPINHA**, s. f. Curling hair.

**CARAPUÇA**, s. f. Cap; conical cap; a hint.
**CARÁTER**, s. m. Character.
**CARAVANA**, s. f. Caravan.
**CARAVELA**, s. f. Caravel; carvel.
**CARBONATO**, s. m. Carbonate.
**CARBONÍFERO**, adj. Carboniferous.
**CARBONIZAR**, v. t. To carbonize; to convert into a residue of carbon, as by fire.
**CARBONO**, s. m. Carbon.
**CARBÚNCULO**, s. m. Carbuncle, anthrax.
**CARBURADOR**, s. m. Carburetor.
**CARBURETO**, s. m. (Quím.) Carbide.
**CARCAÇA**, s. f. Carcass, carcase.
**CÁRCERE**, s. m. Prison, jail.
**CARCINÓIDE**, adj. Carcinoid.
**CARCINOMA**, s. f. Cancer, carcinoma.
**CARCOMA**, s. f. Wood fretter.
**CARCOMIDO**, adj. orm-eaten; impaired.
**CARDA**, s. f. Card; flaxcomb.
**CARDADOR**, s. m. Carder, wool-comber.
**CARDAGEM**, s. f. Carding.
**CARDÁPIO**, s. m. Menu, a bill of fare.
**CARDAR**, v. t. To car; to comb.
**CARDEAL**, adj. Cardinal, principal.
**CÁRDIA**, s. f. (Anat.) Cardia.
**CARDÍACO**, adj. Cardiac, cardiacal.
**CARDINAL**, adj. Chief, principal; cardinal.
**CARDIOGRAFIA**, s. f. Cardiography.
**CARDO**, s. m. Thistle.
**CARDUME**, s. m. Shoal (of fish).
**CAREAR**, v. t. To face, to confront.
**CARECA**, adj. Bald; s. m. bald man.
**CARECER**, v. i. To need, to lack.
**CAREIO**, s. m. Lure, enticement.
**CARÊNCIA**, s. f. Lack, need, scantle.
**CARESTIA**, s. f. Dearness; scarcity.
**CARETA**, s. f. Grimace, mask.
**CARGA**, s. f. Burden, load, freight, pack.
**CARGO**, s. m. Post, place, employment.
**CARGUEIRO**, adj. Burden-carrying; s. m. driver of beasts of burdens.
**CARIAR**, v. t. To make carious; to corrupt.
**CARICATO**, adj. Grotesque.
**CARICATURA**, s. f. Caricature; parody.
**CARÍCIA**, s. f. Caress, fondling.
**CARIDADE**, s. f. Charity; benevolence.
**CÁRIE**, s. f. Caries; tooth decay.
**CARIJÓ**, adj. Speckled; spotted; black and white (said of chickens).
**CARIL**, s. m. Curry, currie.
**CARILHO**, s. m. Silk reel.
**CARIMBAR**, v. t. To seal, to stamp.
**CARINHOSO**, adj. Caressing, kind, tender.

**CARITATIVO**, adj. Charitable; indulgent.
**CARIZ**, s. m. Countenance, aspect.
**CARLINGA**, s. f. Step (of a ship); cabin (of an airplane).
**CARMELITA**, s. f. Carmelite.
**CARMESIM**, s. m. Bright carmine.
**CARMIM**, s. m. Carmine.
**CARNAÇÃO**, s. f. Carnation; flesh color.
**CARNAL**, adj. Carnal; fleshy; sensual.
**CARNAR**, v. i. To make kindred.
**CARNAÚBA**, s. f. Carnauba.
**CARNAVAL**, s. m. Carnival.
**CARNE**, s. f. Flesh; meat (for eating); pulp (of a fruit); (fig.) animal nature.
**CARNEIRA**, s. f. Sheep-leather.
**CARNEIRO**, s. m. Sheep.
**CARNIÇA**, s. f. (Bras.) Carrion; offal; meat (of slain animals for food).
**CARNICÃO**, s. m. Thick matter (of a tumor).
**CARNICEIRO**, adj. Voracious; cruel.
**CARNIFICINA**, s. f. Carnage; butchery.
**CARNÍVORO**, adj. Carnivorous.
**CARNOSO**, adj. Fleshy; carneous.
**CARO**, adj. Dear, costly, expensive.
**CAROCHA**, s. f. Chafer; ground-beetle.
**CAROCHINHA**, s. f. Fairy story; legend.
**CAROÇO**, s. m. Seed; stone (of a fruit).
**CAROLA**, adj. Bigoted.
**CARONA**, s. f. (pop.) Ride, hitch; lift.
**CARÓTIDA**, s. f. Carotid.
**CARPA**, s. f. Carp.
**CARPELAR**, adj. Carpellary.
**CARPELO**, s. m. Carpel.
**CARPIDEIRA**, s. f. Female weeper; professional mourner; lament.
**CARPINTARIA**, s. f. Carpentry timber work.
**CARPIR**, v. t. To tear one's hair; to gather; v. i. to mourn, to lament, to complain.
**CARPO**, s. m. Carpus; wrist; fruit.
**CARRADA**, s. f. Cart-load.
**CARRANCA**, s. f. Grimace, frown, ugly.
**CARRAPATO**, s. m. Cattle tick.
**CARRAPICHO**, s. m. Knot, bun (of hair).
**CARRASCO**, s. m. Hangman; public executioner; (fig.) cruel person; tyrant.
**CARREAR**, v. t. To cart.
**CARREGAÇÃO**, s. m. Load, big quantity.
**CARREGADO**, adj. Charged, loaded, heavy.
**CARREGAMENTO**, s. m. Loading; cargo.
**CARREGAR**, v. t. To carry, to load.
**CARREIRA**, s. f. Road; race; run, course.
**CARRETA**, s. f. Cart, handcart.
**CARRETEIRO**, s. m. Cartman.
**CARRETEL**, s. m. Bobbin; spool; coil; reel.
**CARRETILHA**, s. f. Small wheel.
**CARRETO**, s. m. Carriage, cartage.
**CARRIL**, s. m. Rail.
**CARRILHÃO**, s. m. Carrilon; chimes.
**CARRINHO**, s. m. Toy cart; little cart.
**CARRIOLA**, s. f. Rustic cart with two wheels.
**CARRO**, s. m. Car, vehicle.
**CARROÇA**, s. f. Cart.
**CARROÇÃO**, s. m. Covered wagon.
**CARRUAGEM**, s. f. Carriage; coach.
**CARTA**, s. f. Letter; map; card.
**CARTÃO**, s. m. Visiting card; pasteboard.
**CARTAZ**, s. m. Poster; placard; bill; notice.
**CARTEAR**, v. t. To play at cards; v. p. to correspond (by letters).
**CARTEIRA**, s. f. Pocket-book; woman bag.
**CARTEIRO**, s. m. Postman; card-maker.
**CARTEL**, s. m. Cartel; challenge; label.
**CARTILAGEM**, s. f. Cartilage.
**CARTILHA**, s. f. Spelling-book; first reader.
**CARTOGRAFIA**, s. f. Cartography.
**CARTOLA**, s. f. Silk-hat; top-hat.
**CARTOLINA**, s. f. Bristol board.
**CARTOMANCIA**, s. f. Cartomancy.
**CARTONAGEM**, s. f. Boarding, book-binding.
**CARTÓRIO**, s. m. Office; register office.
**CARTUCHEIRA**, s. f. Cartridge-belt.
**CARTUCHO**, s. m. Cartridge.
**CARTUXO**, s. m. Carthusian monk.
**CARUNCHO**, s. m. Rot; termite.
**CARVALHO**, s. m. Oak.
**CARVÃO**, s. m. Coal.
**CARVOEIRO**, s. m. Coal-man; coal-seller.
**CÃS**, s. f. Wite hairs.
**CASA**, s. f. House, home, residence.
**CASACA**, s. f. Dinner coat.
**CASACO**, s. m. Coat.
**CASAL**, s. m. Couple; married couple.
**CASAMATA**, s. f. Casemate.
**CASAMENTO**, s. m. Marriage; wedding.
**CASAR**, v. t. To marry; to match; to join.
**CASARÃO, CASÃO**, s. m. A large house.
**CASCA**, s. f. Skin; bark; shell (of a nut); husk (of rice, corn, etc.); rind (of cheese).
**CASCALHO**, s. m. Broken stone; brittle rock.
**CASCÃO**, s. m. Rust; scab (over a sore); scurf (on the skin); rust (over metals).
**CASCAR**, v. t. To strike, to beat.
**CÁSCARA**, s. f. Copper ore.
**CASCATA**, s. f. Cascade, waterfall.
**CASCAVEL**, s. m. Little bell; s. m. (Bras.) rattle-snake.

**CASCO, s. m.** Skull; hoof; cask, barrel.
**CASCUDO, adj.** having thick shell or hard skin.
**CASEAR, v. t.** To make button-holes.
**CASEADO, s. m.** Act of making buttonholes; buttonhole stitch.
**CASEBRE, s. m.** Shack; a little and ruined house.
**CASEÍNA, s. f.** Casein.
**CASEIRO, adj.** Relating to house; homely.
**CASERNA, s. f.** Casern, military barracks.
**CASIMIRA, s. f.** Cashmere.
**CASMURRO, adj.** Headstrong; stubborn.
**CASO, s. m.** Case; event; accident; chance.
**CASPA, s. f.** Scurf, dandruff.
**CASQUETE, s. m.** Cap, beret; an old hat.
**CASQUILHAR, v. i.** To dress up; to be a dandy; to play the fop.
**CASQUILHO, adj.** Dandyish, foppish.
**CASQUINHA, s. f.** a thin rind or bark.
**CASSA, s. f.** Fine cotton muslin.
**CASSAÇÃO, s. f.** Cassation.
**CASSAR, v. t.** To annul, to make void.
**CASSETETE, s. m.** Cudgel, club.
**CÁSSIA, s. f.** Cassia.
**CASSINO, s. m.** Casino.
**CASTA, s. f.** Caste; race, lineage; nature.
**CASTANHA, s. f.** Chrestnut.
**CASTANHO, adj.** Brown colored; s. m. chestnut-tree wood.
**CASTANHOLAS, s. f. pl.** Castanets.
**CASTÃO, s. m.** head (gold, silver, etc.) of a cane.
**CASTELÃ, s. f.** Chatelaine.
**CASTELÃO, s. m.** Castellan; castle-man.
**CASTELHANO, adj. e s. m.** Castilian.
**CASTELO, s. m.** Castle; fort; citadel.
**CASTIÇAL, s. m.** Candlestick.
**CASTIÇAR, v. t. e i.** To breed; to mate.
**CASTIÇO, adj.** Pure-breed; of good breed; suitable for breeding; correct (language).
**CASTIDADE, s. f.** Chastity; purity.
**CASTIGAR, v. t.** To chastise, to punish.
**CASTIGO, s. m.** Chastisement, suffering.
**CASTO, adj.** Chaste, pure, clean; modest.
**CASTOR, s. m.** Castor, beaver.
**CASTRAÇÃO, s. f.** Castration.
**CASTRADO, adj.** Castrated; gelding (a horse); eunuch.
**CASUAL, adj.** Casual, fortuitous.
**CASUALIDADE, s. f.** Casualty; ocasion.
**CASUÍSTA, s. 2 gên.** Casuist.
**CASULA, s. f.** Chasuble.

**CASULO, s. m.** Cocoon; hull, husk.
**CATA, s. f.** Search, research.
**CATABOLISMO, s. m.** (Biol.) Catabolism.
**CATACLISMA, CATACLISMO, s. m.** Cataclysm, catastrophe.
**CATACUMBA, s. f.** Catacomb.
**CATADUPA, s. f.** Cataract; waterfall.
**CATADURA, s. f.** Countenance, gesture.
**CATAFALCO, s. m.** Catafalque.
**CATALEPSIA, s. f.** Catalepsy.
**CATALISADOR, s. m.** Catalist.
**CATÁLISE, s. f.** Catalysis.
**CATALOGAÇÃO, s. f.** Cataloguing.
**CATÁLOGO, s. m.** Catalogue, list.
**CATÃO, s. m.** (fig.) Austere man.
**CATAPLASMA, s. m.** Poultice.
**CATAPLEXIA, s. f.** Cataplexy.
**CATAPORA, s. f.** (Bras.) Chicken-pox.
**CATAPULTA, s. f.** Catapult, slingshot.
**CATAR, v. t.** To louse; to search.
**CATARATA, s. f.** Cataract, waterfall.
**CATARRO, s. m.** Catarrh.
**CATARSE, s. f.** Catharsis, purgation.
**CATÁSTROFE, s. f.** Catastrophe.
**CATAVENTO, s. m.** Weather-cock; vane.
**CATECISMO, s. m.** Catechism.
**CATECÚMENO, s. m.** Catechumen.
**CÁTEDRA, s. f.** Professorship.
**CATEDRAL, s. f.** Cathedral.
**CATEDRÁTICO, s. m.** Professor (in the highest branches of learning).
**CATEGORIA, s. f.** Category.
**CATEGÓRICO, adj.** Categorical; explicit.
**CATEGUTE, s. m.** Catgut.
**CATEQUESE, s. f.** Catechesis.
**CATEQUIZAÇÃO, s. f.** Catechizing.
**CATEQUIZAR, v. t.** To instruct.
**CATERVA, s. f.** Crew, shoal, gang.
**CATETER, s. m.** Catheter.
**CATETO, s. m.** Cathetus.
**CATINGA, s. f.** Strong, disagreeable perspiration; zone in which vegetation is scrubby and twisted.
**CATÍON, CATIONTE, s. m.** Cation.
**CATIVANTE, adj.** Captivating; fetching.
**CATIVAR, v. t.** To cptivate; to capture.
**CATIVEIRO, s. m.** Captivity; prison.
**CATÓDICO, adj.** Cathodic.
**CÁTODO, s. m.** Cathode.
**CATÓLICO, adj. e s. m.** Catolic.
**CATORZE, adj.** Fourteen.
**CATRAIA, s. f.** Little boat.
**CATRE, s. m.** Folding cot.

**CATURRA**, s. 2 gên. A headstrong person.
**CATURRICE**, s. f. Obstinateness.
**CAUÇÃO**, s. f. Caution; bail; gage; deposit.
**CAUCHO**, s. m. A tree whose latex produces a low grade rubber.
**CAUCIONAR**, v. t. To secure by deposit.
**CAUDA**, s. f. Tail; train (of dresses); rear (of an army); endy; extremity.
**CAUDAL**, adj. Abundant, plentiful; s. m. torrent; waterfall.
**CAUDALOSO**, adj. Copious, plentiful.
**CAUDATÁRIO**, s. m. Train-bearer (to an ecclesiastic); servile person.
**CAUDILHO**, s. m. Leader, captain.
**CAULE**, s. m. Stem, stalk.
**CAULIM, CAULINO**, s. m. Kaolin.
**CAUSA**, s. f. Cause, reason, motive; ground.
**CAUSAL**, adj. Causal.
**CAUSAR**, v. t. e t. rel. To cause, to be a cause of; to occasion.
**CAUSÍDICO**, s. m. Lawyer.
**CAUSTICANTE**, adj. Caustic.
**CAUSTICAR**, v. t. To apply caustics; to burn.
**CÁUSTICO**, adj. Caustic; corrosive.
**CAUTELA**, s. f. Caution; precaution.
**CAUTÉRIO**, s. m. Cautery, caustic.
**CAUTERIZAÇÃO**, s. f. Cauterization.
**CAUTERIZAR**, v. t. To cauterize.
**CAUTO**, adj. Cautious, prudent, careful.
**CAVA**, s. f. Digging, delving (of vines).
**CAVAÇÃO**, s. f. Digging; excavation.
**CAVACO**, s. m. Small splinter of wood; sliver; friendly conversation; chat.
**CAVADO**, adj. Hollowed.
**CAVALARIA**, s. f. Cavalary; chivalry.
**CAVALARIÇA**, s. f. Stable.
**CAVALEIRO**, s. m. Horseman, rider.
**CAVALETE**, s. m. Easel; anvil.
**CAVALGADA**, s. f. Cavalcade.
**CAVALHEIRO**, adj. Noble, cultured; s. m. gentleman, nobleman.
**CAVALO**, s. m. Horse.
**CAVAQUINHO**, s. m. Little guitar.
**CAVAR**, v. t. To dig, to excavate.
**CAVEIRA**, s. f. Skelecton head; skull.
**CAVERNA**, s. f. Den, cavern, large cave.
**CAVIAR**, s. m. Caviar.
**CAVIDADE**, s. f. Cavity.
**CAVILAÇÃO**, s. f. Cavil; sophism.
**CAVILHA**, s. f. Peg, pin, bolt.
**CAVO**, adj. Hollow; concave; cavernous.
**CEAR**, v. t. e i. To supper.
**CEBOLA**, s. f. Onion.

**CEBOLINHA**, s. f. Small onion.
**CECAL**, adj. Caecal.
**CECEAR**, v. i. To lisp.
**CECO**, s. m. Caecum.
**CEDÊNCIA**, s. f. Cession, yielding.
**CEDENTE**, adj. Yielding.
**CEDER**, v. t. To yield, to cede, to transfer.
**CEDILHAR**, v. t. To put a cedilla.
**CEDO**, adv. Soon; early.
**CEDRO**, s. m. Cedar.
**CÉDULA**, s. f. Schedule; bill; note.
**CEFALGIA**, s. f. Cephalgy; headache.
**CEFÁLICO**, adj. Cephalic.
**CEFALITE**, s. f. Cephalitis, encephalitis.
**CEGAR**, v. t. To blind; to dazzle.
**CEGO**, adj. Blind; s. m. blindman.
**CEGONHA**, s. f. Stork.
**CEIA**, s. f. Supper.
**CEIFA**, s. f. Harvest, crop.
**CEIFAR**, v. t. To reap, to harvest, to crop.
**CEITIL**, s. m. Old Portuguese coin.
**CELA**, s. f. Cell.
**CELEBRAÇÃO**, s. f. Celebration.
**CELEBRANTE**, adj. Celebrant.
**CELEBRAR**, v. t. To celebrate; to solemnize; to officiate.
**CÉLEBRE**, adj. Celebrated; famous.
**CELEBRIZAR**, v. t. To render famous.
**CELEIRO**, s. m. Granary; a storehouse for grain.
**CÉLERE**, adj. Swift, quick, speedy.
**CELERIDADE**, s. f. Celerity; speed, rapidity.
**CELESTE, CELESTIAL**, adj. Celestial.
**CELEUMA**, s. f. Uproar, row.
**CELHAS**, s. f. Eyelashes.
**CELIBATÁRIO**, adj. Celibate, unmaried.
**CELIBATO**, s. m. Celibacy; single life.
**CÉLULA**, s. f. Cell; cellule.
**CELULAR**, adj. Cellular; having cells.
**CELULÓIDE**, s. m. Celluloid.
**CELULOSE**, s. f. Cellulose.
**CEM**, s. m. A hundred.
**CEMENTAR**, v. t. To caseharden.
**CEMITÉRIO**, s. m. Cemetery; graveyard.
**CENA**, s. f. Scene; stage.
**CENÁRIO**, s. m. Scenery.
**CENDRADO**, adj. Ash-colored.
**CENHO**, s. m. Hoof disease (of horse and cattle); a severe countenance.
**CENÓBIO**, s. m. Cenobium.
**CENOGRAFIA**, s. f. Scenography.
**CENOURA**, s. f. Carrot.
**CENSO**, s. m. Census.

**CENSURA, s. f.** Censure; blaming.
**CENSURADO, adj.** Censured; criticized.
**CENTAURO, s. m.** Centaur.
**CENTAVO, s. m.** Cent.
**CENTEIO, s. m.** Rye.
**CENTELHA, s. f.** Scintilla, spark, flash (fire).
**CENTENA, s. f.** A hundred.
**CENTENÁRIO, s. m.** Centenary; century.
**CENTESIMAL, adj.** Centesimal.
**CENTÉSIMO, adj.** Hundredth.
**CENTÍGRADO, adj.** Centigrade.
**CENTIGRAMA, s. m.** Centigramme.
**CENTILITRO, s. m.** Centiliter.
**CENTÍMETRO, s. m.** Centimeter.
**CENTO, s. m.** A hundred.
**CENTOPÉIA, s. f.** Centipede.
**CENTRAL, adj.** Central; s. f. central station.
**CENTRALIZAÇÃO, s. f.** Centralization.
**CENTRAR, v. t.** To center, to place or fix in or at the center.
**CENTRÍFUGA, s. f.** Centrifuge.
**CENTRÍPETO, adj.** Centripetal.
**CENTRO, s. m.** Center or centre; the focus of activity; club, society.
**CÊNTUPLO, adj.** Centuple; hundredfold.
**CENTÚRIA, s. f.** Century.
**CENTURIÃO, s. m.** Centurion.
**CEPA, s. f.** Vine-plant.
**CEPO, s. m.** Stump, block, log.
**CEPTICISMO, CETICISMO, s. m.** Scepticism or skepticism.
**CERA, s. f.** Wax, cerumen (of ears).
**CERÂMICA, s. f.** Ceramics; earthenware.
**CÉRBERO, s. m.** Cerberus.
**CERCA, s. f.** Fence; hedge; wall; adv. near.
**CERCADO, adj.** Surrounded; besieged.
**CERCADURA, s. f.** Border; edge; garniture.
**CERCANIA, s. f.** Surroundings, vicinity.
**CERCAR, v. t.** To fence, to wall, to edge.
**CERCEAMENTO, s. m.** Retrenchment.
**CERCEAR, v. t.** To retrench, to clip, to limit.
**CERCO, s. m.** Siege; circle; frame.
**CERDA, s. f.** Bristle.
**CEREAL, adj.** Producing flour or bread; s. m. grain, cereal, corn.
**CEREBELO, s. m.** Cerebellum.
**CEREBRAL, adj.** Cerebral.
**CÉREBRO, s. m.** Cerebrum; brain.
**CEREJA, s. f.** Cherry.
**CÉREO, adj.** Waxen; wax-colored.
**CERIMÔNIA, s. f.** Ceremony.
**CERIMONIAL, adj. e s. m.** Ceremonial.
**CÉRIO, s. m.** Cerium.

**CERNE, s. m.** Pith; heart (of a tree).
**CEROULAS, s. f. pl.** Drawers.
**CERRAÇÃO, s. f.** Mist; fog.
**CERRADO, adj.** Shut; close-locked, dark.
**CERRAR, v. t.** To shut, to close, to lock.
**CERRO, s. m.** Hillock.
**CERTA, s. f.** Certainty; something sure.
**CERTAME, s. m.** Debate; combat; contest.
**CERTAMENTE, adv.** Surely; certainly.
**CERTEIRO, adj.** Sure; well-aimed.
**CERTEZA, s. f.** Certainty; assurance.
**CERTIDÃO, s. f.** Certificate.
**CERTIFICAR, v. t.** To certify, to assure.
**CERTO, adj.** Certain, sure, positive, right.
**CERÚLEO, adj.** Cerulean, azure.
**CERUME, s. m.** Cerumen, earwax.
**CERVA, s. f.** Hind, deer.
**CERVEJA, s. f.** Beer.
**CERVIZ, s. f.** Neck; nape (of the neck).
**CERVO, s. m.** Stag.
**CERZIDOR, s. f.** Darner.
**CESSAÇÃO, s. f.** Cessation; suspension.
**CESSÃO, s. m.** Cession, transfer, giving up.
**CESSAR, v. t.** To cease; to come to an end; to stop; v. t. to bring to an end.
**CESTA, s. f.** Basket.
**CESTO, s. m.** Pannier, basket.
**CETÁCEO, adj.** Cetaceous, cetacean.
**CETIM, s. m.** Satin.
**CETRO, s. m.** Scepter, sceptre.
**CÉU, s. m.** Heaven; sky, firmament.
**CEVA, s. f.** Feed; fattening of animals.
**CEVADA, s. f.** Barley.
**CEVADINHA, s. f.** Pearl-barley.
**CEVADO, adj.** Fattened; s. m. pig.
**CEVAR, v. t.** To fatten; to feed; to glut.
**CHÁ, s. m.** Tea; tea plant.
**CHÃ, s. f.** Plain.
**CHACAL, s. m.** Jackal.
**CHÁCARA, s. f.** Country-house (generaly near city).
**CHACINA, s. f.** Smoked-meat; slaughter.
**CHACOTA, s. f.** Jest, fun.
**CHAFARIZ, s. m.** Public fountain.
**CHAFURDAR, v. t.** To wallow, to mire.
**CHAGA, s. f.** Ulcer, wound, sore.
**CHALAÇA, s. f.** Jest, jose, fun.
**CHALÉ, s. m.** Chalet.
**CHALEIRA, s. f.** Tea-kettle.
**CHALUPA, s. f.** Sloop; long boat.
**CHAMA, s. f.** Flame, blaze, fire; (fig.) ardour.
**CHAMADA, s. f.** Call; eatchword; roll call.
**CHAMAMENTO, s. m.** Calling; convocation.

**CHAMAR**, v. t. To call, to convoke, to name.
**CHAMARIZ**, s. m. Bird-call; allurement.
**CHAMBRÉ**, s. m. Gown, dressing-gown.
**CHAMEJANTE**, adj. Burning; sparkling.
**CHAMINÉ**, s. f. Chimney; funnel.
**CHAMPANHA**, s. f. Champagne.
**CHAMUSCAR**, v. t. To singe, to scorch.
**CHANCA**, s. f. Brogue.
**CHANCE**, s. f. Chance, opportunity.
**CHANCELA**, s. f. Pendent seal; impression of official seal on documents.
**CHANCELARIA**, s. f. Chancellery.
**CHANCELER**, s. m. Chancellor.
**CHANFRADO**, adj. Canted; bevelled.
**CHANFRADURA**, s. f. Slope, bevel, chamfer.
**CHANTAGEM**, s. f. Blackmail.
**CHANTRE**, s. m. Chanter.
**CHÃO**, adj. Level, smooth, plane; sincere; simple; s. m. ground, soil, floor.
**CHAPA**, s. f. Metal sheet; plate; slate of candidates to election.
**CHAPADA**, s. f. Plateau.
**CHAPAR**, v. t. To plate.
**CHAPELARIA**, s. f. Hater's shop; hat-trade.
**CHAPÉU**, s. m. Hat.
**CHAPINHAR**, v. i. To splash; to dabble.
**CHARADA**, s. f. Charade.
**CHARADISTA**, s. 2 gên. Guesser or maker of charade.
**CHARCO**, s. m. Puddle; muddy swamp.
**CHARLATANICE, CHARLATANISMO**, s. f., s. m. Charlatanry; quackery; quackism.
**CHARLATÃO**, s. m. Charlatan; quack.
**CHARNECA**, s. f. Heath; arid.
**CHARNEIRA**, s. f. Hinge, joint.
**CHARQUE**, s. f. Salted an sun-dried meat.
**CHARRETE**, s. f. Buggy.
**CHARRUA**, s. f. Plough.
**CHARUTARIA**, s. f. Cigar-shop.
**CHARUTO**, s. m. Cigar.
**CHASCO**, s. m. Sarcasm, biting jest, jeer.
**CHASQUEAR**, v. t. To banter; to mock.
**CHATA**, s. f. Flat-bottom boat.
**CHATEADO**, adj. (pop. bras.) Bored, weary.
**CHATEZA**, s. f. Flatness; wearisomeness.
**CHATO**, adj. Flat, plane, level; importune; tiresome; s. m. crablouse.
**CHAVÃO**, s. m. Very large key; model.
**CHAVASCAL**, s. m. Filthy place.
**CHAVE**, s. f. Key.
**CHAVEIRO**, s. m. Key-keeper; key rack.
**CHAVELHO**, s. m. Horn, tentacle.
**CHÁVENA**, s. f. Cup; tea-cup.

**CHEFÃO**, s. m. Boss.
**CHEFE**, s. 2 gên. Chief, leader, master.
**CHEFIA**, s. f. Leadership; chiefdom.
**CHEGA**, s. f. (pop.) Reproach; scolding.
**CHEGADO**, adj. Arrived; adjacent, near.
**CHEGAR**, v. i. To arrive at, to approach; to come; to draw near; to be enough.
**CHEIA**, s. f. Rise, increase, inundation.
**CHEIO**, adj. Full, filled up; occupied; supplied; furnished; plenty; complete; replete.
**CHEIRAR**, v. t. To smell, to scent.
**CHEIRO**, s. m. Smell, odor, scent.
**CHEQUE**, s. m. Check; cheque.
**CHIAR**, v. t. To creack, to squeak.
**CHIBATA**, s. f. Wicker; slender cane.
**CHIBO**, s. m. Kid.
**CHICANA**, s. f. Chicane; chicanery.
**CHICLE**, s. m. (Bot. bras.) Sapodilla; gum.
**CHICANICE**, s. f. Chicanery.
**CHICÓRIA**, s. f. Endive, chicory.
**CHICOTADA**, s. f. Lash, stroke with a whip.
**CHICOTE**, s. m. Whip.
**CHIFRE**, s. m. Horn, antler.
**CHILRAR, CHILREAR**, v. i. To chirp.
**CHIMARRÃO**, s. m. Unsweetened mate tea.
**CHIMPANZÉ**, s. m. Chimpanzee.
**CHINELA, CHINELO**s. f., s. m. Slipper.
**CHINÓ**, s. m. Wig; peruke.
**CHIQUE**, adj. Chic, stylish, smart.
**CHIQUEIRO**, s. m. Pigpen.
**CHISPA**, s. f. Spark.
**CHISTOSO**, adj. Facetious; witty.
**CHITA**, s. f. Chintz.
**CHITÃO**, s. m. Cheap printed cotton fabric.
**CHOÇA**, s. f. Hut.
**CHOCADEIRA**, s. f. Incubator; brooder.
**CHOCALHAR**, v. t. e i. To ring a cowbell; to jingle.
**CHOCALHO**, s. m. Cow-bell; jingle.
**CHOCAR**, v. t. To hatch; to brood; to offend; to shock; to disgust; v. i. to brood, to hit.
**CHOCARRICE**, s. f. Jesting; scoff.
**CHOCHO**, adj. Dry, empty; brainless; silly.
**CHOCO**, adj. Broody; hatching; addled.
**CHOCOLATE**, s. m. Chocolate.
**CHOFER**, s. m. Chauffer; motorist; driver.
**CHOFRE**, s. m. A sudden blow or shoot.
**CHOPE**, s. m. Fresh beer from barrels.
**CHOQUE**, s. m. Shock; clash; collision; fight.
**CHORADEIRA**, s. f. Wailing; complaint.
**CHORAMINGAR**, v. i. e t. rel. To whimper.
**CHORAR**, v. t. To weep for, to mourn; to lament, to feel the loss of.

**CHORO**, s. m. Weeping, tears; complaint.
**CHOUPANA**, s. f. Hut.
**CHOUPO**, s. m. Poplar.
**CHOURIÇO**, s. m. Smoked sausage.
**CHOVER**, v. i. To rain.
**CHUCHAR**, v. t. To suck; to draw.
**CHUCHU**, s. m. Edible fruit of a plant.
**CHUÇO**, s. m. Pike.
**CHULÉ**, s. m. Stink from unclean foot.
**CHULEIO**, s. m. Whip stitch.
**CHUMAÇAR**, v. t. To wad, to pad.
**CHUMACEIRA**, s. f. Bushing; bearing.
**CHUMAÇO**, s. m. Wadding, padding.
**CHUMBADA**, s. f. Wound mads by small shots.
**CHUMBAR**, v. t. To lead; to wound (with a shot); to seal with lead; to solder.
**CHUMBO**, s. m. Lead; shot.
**CHUPADA, CHUPADELA**, s. f. Sucking; suck.
**CHUPAR**, v. t. To suck; to absorb; to draw.
**CHUPETA**, s. f. Pipette, sucker; tube for liquids; (Bras.) rubber nipple.
**CHURRASCO**, s. m. Steak grilled on live coals.
**CHUSMA**, s. f. Crew; throng; crowd.
**CHUTAR**, v. t. e i. To kick the ball (in football game).
**CHUTE**, s. m. Kick off.
**CHUVA**, s. f. Rain; (fig.) plenty.
**CHUVEIRO**, s. m. Shower-bath.
**CHUVINHA**, s. f. Drizzle, light.
**CHUVISCAR**, v. i. To mizzle, to drizzle.
**CHUVOSO**, adj. Rainy; showery, wet.
**CIANOGÊNIO**, s. m. Cyanogen.
**CIÁTICA**, s. f. Sciatica.
**CIBERNÉTICA**, adj. Cybernetics.
**CIBÓRIO**, s. m. Ciborium.
**CICA**, s. f. Astringent taste of unripe fruit.
**CICATRIZ**, s. f. Scar, cicatrice, cicatrix.
**CICATRIZAR**, v. t. e i. To cicatrize; to sear.
**CICERONE**, s. m. Cicerone.
**CICIAR**, v. i. To lisp, to whisper.
**CICIO**, s. m. Lisp, whisper.
**CÍCLICO**, adj. Cyclical.
**CICLISMO**, s. m. Cycling, cyclism.
**CICLISTA**, s. 2 gen. Cyclist.
**CICLO**, s. m. Cycle.
**CICLÓIDE**, s. m. Cycloid.
**CICLONE**, s. m. Cyclone; whirlwind.
**CICUTA**, s. f. Hemlock.
**CIDADÃ, CIDADÃO**, s. f., s. m. Citizen.
**CIDADE**, s. f. City; town.
**CIDADELA**, s. f. Citadel, fortres.

**CIDRA**, s. f. Citron.
**CIÊNCIA**, s. f. Science; learning.
**CIENTE**, adj. Aware, conscious.
**CIENTIFICAR**, v. t. To advise, to inform.
**CIENTÍFICO**, adj. Scientific.
**CIFRÃO**, s. m. The mark $.
**CIFRAR**, v. t. To cipher.
**CIGANO**, s. m. Gipsy; (fig.) sly fellow; adj. artful, wily, cunning, cheat.
**CIGARRA**, s. f. Grasshopper.
**CIGARREIRA**, s. f. Cigarette-case.
**CIGARRO**, s. m. Cigarette.
**CILADA**, s. f. Snare, trap, ambush.
**CILHA**, s. f. Saddle-girth, strap.
**CILHAR**, v. t. To strap, to girth.
**CILIAR**, adj. Ciliary.
**CILÍCIO**, s. m. Cilice.
**CILINDRADA**, s. f. (Mec.) Cylinder capacity.
**CILÍNDRICO**, adj. Cylindrical; round.
**CILINDRO**, s. m. Cylinder.
**CÍLIO**, s. m. Eyelash.
**CIMA**, s. f. Top; summit.
**CIMALHA**, s. f. Cyma.
**CÍMBALO**, s. m. Cymbal.
**CIMEIRA**, s. f. Crest, helmet; apex; top.
**CIMENTAÇÃO**, s. f. Cementation.
**CIMENTAR**, v. t. To cement; to cover with cement; to strengthen; to unite.
**CIMENTO**, s. m. Cement.
**CIMITARRA**, s. f. Scimitar; scimiter.
**CIMO**, s. m. Top, summit.
**CINABRE, CINÁBRIO**, s. m. Cinabar, red-lead.
**CÍNARA**, s. f. Artichoke.
**CINCO**, s. m. Five.
**CINDIR**, v. t. To divide, to cut apart.
**CINEASTA**, s. m. e f. Film maker.
**CINEMA**, s. m. Cinema; cinematograph; playhouse; motion picture theater.
**CINEMÁTICA**, s. f. Kinematics.
**CINEMATÓGRAFO**, s. m. Cinematograph, motion picture.
**CINERAÇÃO**, s. f. Incineration.
**CINERAL**, s. m. Ash heap.
**CINERAR**, v. t. To incinerate; to reduce to ashes.
**CINGEL**, s. m. Yoke of oxen.
**CINGIDO**, adj. Belted, girded; limited.
**CINGIR**, v. t. To belt, to gird, to limit.
**CÍNICO**, adj. Cynical; cynic.
**CINQÜENTA**, s. m. Fifty.
**CINTA**, s. f. Girdle, waist, band, belt.
**CINTILAÇÃO**, s. f. Scintillation.

**CINTILANTE**, adj. Scintillant, sparkling.
**CINTILAR**, v. i. To scintillate, to spark.
**CINTO**, s. m. Belt.
**CINTURA**, s. f. Waist, belt.
**CINZA**, s. f. Ash, cinder.
**CINZEIRO**, s. m. Ash-tray.
**CINZEL**, s. m. Chisel.
**CINCELADURA**, s. f. Engraving; chiseling.
**CINZENTO**, adj. Grey, gray.
**CIO**, s. m. Rut, rutting.
**CIOSO**, adj. Jealous.
**CIPO**, s. m. Tombstone.
**CIPÓ**, s. m. Liane, liana.
**CIPRESTE**, s. m. Cypress.
**CIRANDA**, s. f. Scree, popular dance.
**CIRANDAR**, v. t. To winnow; to screen.
**CIRCENSE**, adj. Circus; s. m. circus act.
**CIRCO**, s. m. Circus, circle.
**CIRCUITO**, s. m. Circuit.
**CIRCULAÇÃO**, adj. Circulation; currency.
**CIRCULAR**, v. t. To circle, to move round, to circulate; v. i. to circle, to go round; adj. circular, s. f. circular letter or notice.
**CIRCULATÓRIO**, adj. Circulatory, circling.
**CÍRCULO**, s. m. Circle; ring; club; society.
**CIRCUMPOLAR**, adj. Circumpolar.
**CIRCUNAVEGAÇÃO**, s. f. Circumnavigation.
**CIRCUNCIDAR**, v. t. To circumcise.
**CIRCUNCISÃO**, s. f. Circumcision.
**CIRCUNDAR**, v. t. To surround, to circle.
**CIRCUNFERÊNCIA**, s. f. Circumference.
**CIRCUNFLEXO**, adj. Circumflex.
**CIRCUNJACENTE**, adj. Circunjacent.
**CIRCUNSCREVER**, v. t. To circumscribe; to encircle; to bound; to limit; to enclose.
**CIRCUNSCRIÇÃO**, s. f. Circumscription.
**CIRCUNSPECTO**, adj. Circumspect; prudent.
**CIRCUNSTÂNCIA**, s. f. Circumstance; event.
**CIRCUNSTANCIAL**, adj. Circumstantial.
**CIRCUNSTANTE**, adj. Circumjacent; s. m. by-stander.
**CÍRIO**, s. m. Taper, torch, wax-torch.
**CIRRO**, s. m. Cirrus, scirrhus.
**CIRROSE**, s. f. Cirrhosis.
**CIRURGIA**, s. f. Surgery.
**CIRÚRGICO**, adj. Surgical.
**CISALHAS**, s. f. pl. Small metal fragments.
**CISÃO**, s. f. Scission, divergence.
**CISCO**, s. m. Dust, filth.
**CISMA**, s. m. Schism; s. f. mania, fancy.
**CISMAR**, v. i,. To dream; to fancy; to muse.
**CISNE**, s. m. Swan.
**CISTERNA**, s. f. Cistern.

**CÍSTICO**, adj. Cystic.
**CISTITE**, s. f. Cystitis.
**CISTO**, s. m. Cyst.
**CITA, CITAÇÃO**, s. f. Citation; quotation.
**CITAR**, v. t. To cite; to quote; to mention.
**CÍTARA**, s. f. Cithara.
**CITÁVEL**, adj. Quotable.
**CITRATO**, s. m. Citrate.
**CÍTRICO**, adj. Citric.
**CITRINO**, adj. Lemon-colored.
**CIÚME**, s. m. Jealousy; envy, emulation.
**CÍVEL**, adj. Civil.
**CÍVICO**, adj. Civic.
**CIVIL**, adj. Civil, gentle, polite, urbane.
**CIVILISMO**, s. m. Preponderance of civil law in a judicial system.
**CIVILIZAÇÃO**, s. f. Civilization.
**CIVILIZAR**, v. t. To civilize.
**CIVISMO**, s. m. Civism, patriotism.
**CIZÂNIA**, s. f. Darnel; (fig.) dissent.
**CLÃ**, s. m. Clan.
**CLAMAR**, v. t. To cry out; to clamor for.
**CLAMOR**, s. m. Clamor; uproar; din.
**CLAMOROSO**, adj. Clamant; clamorous.
**CLANDESTINIDADE**, s. f. Furtiveness.
**CLANDESTINO**, adj. Clandestine; secret.
**CLANGOR**, s. m. Clangor, a sharp, short.
**CLAQUE**, s. f. Claque.
**CLARA**, s. f. White of an egg.
**CLARABÓIA**, s. f. Skylight, glass-roof.
**CLARÃO**, s. m. Bright light; glimmer.
**CLAREAR**, v. t. To make clear; to explain.
**CLAREIRA**, s. f. Glade.
**CLARETE**, adj. Claret; s. m. purplish red.
**CLAREZA**, s. f. Clearness; intelligibility.
**CLARIDADE**, s. f. Clarity; clearness.
**CLARIFICAÇÃO**, s. f. Clarification.
**CLARIFICAR**, v. t. To clarify; to make clear.
**CLARIM**, s. m. Clarion.
**CLARINETA**, s. f. Clarinet, clarionet.
**CLARIVIDÊNCIA**, s. f. Clear-sighted; ness.
**CLARO**, adj. Clear, bright, light; pure; plain.
**CLASSE**, s. f. Class; rank; order; kind.
**CLASSIFICAR**, v. t. To classify, to arrange, to class, to sort; to organize.
**CLASSICISMO**, s. m. Classicism.
**CLÁSSICO**, adj. Classical; classic.
**CLASSIFICAÇÃO**, s. f. Classification.
**CLAUDICANTE**, adj. lame, crippled.
**CLAUDICAR**, v. t. To be lame; to limp.
**CLAUSTRAL**, adj. Monastical; cloistral.
**CLAUSTRO**, s. m. Cloister; convent.
**CLÁUSULA**, s. f. Claus; article, condition.

**CLAUSURA**, s. f. Reclusion; conventual life.
**CLAVA**, s. f. Club; eudgel.
**CLAVE**, s. f. (Mus.) Clef, key.
**CLAVICÓRDIO**, s. m. Clavichord.
**CLAVÍCULA**, s. f. Clavicle, collar-bone.
**CLAVIFORME**, adj. Claviform.
**CLEMÊNCIA**, s. f. Clemency, mercy.
**CLEPSIDRA**, s. f. Clepsydra, a water-clock.
**CLEPTOMANIA**, s. f. Cleptomania or kleptomania.
**CLERICAL**, adj. Clerical.
**CLÉRIGO**, s. m. Clergyman, priest.
**CLERO**, s. m. Clergy.
**CLICHÊ**, s. m. Cliche, plate, cut.
**CLIENTE**, s. 2 gên. Client, customer.
**CLIENTELA**, s. f. Clientele.
**CLIMA**, s. m. Climate.
**CLIMATÉRIO**, s. m. Climateric.
**CLIMÁTICO**, adj. Climatic.
**CLÍMAX**, s. m. Climax.
**CLÍNICA**, s. f. Clinic.
**CLÍNICO**, adj. Clinical; s. m. physician.
**CLIQUE**, s. m. Click.
**CLISTER**, s. m. Clyster.
**CLITÓRIS**, s. m. Clitoris.
**CLIVAR**, v. t. To split according to the strata.
**CLOACA**, s. f. Cloaca; water-closet.
**CLORAL**, s. m. Chloral.
**CLORATO**, s. m. Chlorate.
**CLORETO**, s. m. Chloride.
**CLORO**, s. m. Chlorine.
**CLOROFILA**, s. f. Chlorophyl.
**CLOROFÓRMIO**, s. m. Chloroform.
**CLUBE**, s. m. Club.
**COABITAÇÃO**, s. f. Cohabitation.
**COAÇÃO**, s. f. Forced, coerced.
**COADJUTOR**, s. m. Coadjutor.
**COADJUVAR**, v. t. To help; to aid; to assist.
**COADO**, adj. Strained.
**COADOR**, s. m. Strainer, colander, sieve.
**COADUNAÇÃO**, s. f. Assemblage.
**COADUNAR**, v. i. To join; to conciliate.
**COADURA**, s. f. Filtrate; filtration.
**COAGIR**, v. t. To coerce, to restrain.
**COAGULAÇÃO**, s. f. Coagulation.
**COAGULADOR**, s. m. Coagulator.
**COÁGULO**, s. m. Clot.
**COALESCÊNCIA**, s. f. Coalescence.
**COALESCER**, v. t. To coalesce.
**COALHADA**, s. f. Curdled-milk; clabber.
**COALHAR**, v. t. e i. To curdle, to curd.
**COALIZÃO**, s. f. Coalition.

**COAPTAÇÃO**, s. f. Coaptation.
**COAR**, v. t. To strain, to filter.
**COATIVO**, adj. Coercive.
**COAXAR**, v. i. To croak.
**COBAIA**, s. f. Cavy, guinea pig.
**COBALTO**, s. m. Cobalt.
**COBERTA**, s. f. Covering, cover; blanket.
**COBERTO**, adj. Covered; sheltered; hidden.
**COBERTOR**, s. m. Blanket.
**COBERTURA**, s. f. Covering.
**COBIÇA**, s. f. Covetousness, greed.
**COBRA**, s. f. Snake.
**COBRADOR**, s. m. Receiver; collector.
**COBRANÇA**, s. f. Receiving, collecting.
**COBRAR**, v. t. To receive payment of debt.
**COBRE**, s. m. Copper.
**COBRIR**, v. t. To cover; to envelop; to clothe.
**COCEIRA**, s. f. itch, itching.
**COCHE**, s. m. Coach, carriage.
**COCHEIRA**, s. f. Coach-house.
**COCHICHAR**, v. t. To whisper.
**COCHILAR**, v. i. To doze; to slumber.
**COCA**, s. f. Coca.
**COCADA**, s. f. Coconut candy.
**COCAÍNA**, s. f. Cocaine, cocain.
**COÇAR**, v. t. To scratch.
**COCÇÃO**, s. f. Boiling, coction.
**CÓCCIX**, s. m. Coccyx.
**CÓCEGAS**, s. f. pl. Tickling.
**COCHO**, s. m. Hod.
**COCHONILHA**, s. f. Cochineal.
**CÓCLEA**, s. f. Cocklea.
**COCO**, s. m. Coconut; coco-palm.
**CÔDEA**, s. f. Crust, scab.
**CODEÍNA**, s. f. Codeine.
**CÓDICE**, s. m. Codex.
**CODICILO**, s. m. Codicil.
**CODIFICADOR**, s. m. Codifier.
**CODIFICAR**, v. t. To codify.
**CÓDIGO**, s. m. Code.
**CODILHO**, s. m. Codille.
**CODORNIZ**, s. f. Quall.
**COEDUCAÇÃO**, s. f. Coeducation.
**COEFICIENTE**, s. m. Coefficient.
**COELHEIRA**, s. f. Rabbit warren.
**COELHO**, s. m. Rabbit; coney.
**COENTRO**, s. m. Coriander.
**COERÇÃO**, s. f. Coercion, repression.
**COERCÍVEL**, adj. Coercible.
**COERCIVO**, adj. Coercive; coercitive.
**COERÊNCIA**, s. f. Coherence; connexion.
**COESÃO**, s. f. Cohesion; cohering.
**COESO**, adj. United; combined.

**COESIVO**, adj. Cohesive, sticking.
**COESSÊNCIA**, s. f. Coessence.
**COETÂNEO, COEVO**, adj. Contemporary.
**COEXISTÊNCIA**, s. f. Coexistence.
**COEXISTIR**, v. i. To coexist.
**COFIAR**, v. t. To caress (the beard, the hair).
**COFRE**, s. m. Coffer, chest.
**COGITAÇÃO**, s. f. Cogitation.
**COGITAR**, v. t. e i. To cogitate; to ponder.
**COGNAÇÃO**, s. f. Cognation.
**COGNOME**, s. m. Cognomen, surname.
**COGNOSCÍVEL**, adj. Cognoscible.
**COGOTE**, s. m. Nape, the back of the neck.
**COGUMELO**, s. m. Mushroom; mold or mould.
**COIBIÇÃO**, s. f. Repression.
**COIBIR**, v. t. To repress; to restrain.
**COICE**, s. m. Kick; spurn; rear; heel.
**COIFA**, s. f. Coif.
**COIMA**, s. f. Penalty, fine.
**COINCIDÊNCIA**, s. f. Coincidence.
**COINCIDIR**, v. i. To coincide, to correspond exactly; to agree in all points.
**COIOTE**, s. m. Coyote.
**COISA**, s. f. Thing; matter; affair.
**COITADO**, adj. Poor, miserable; interj. poor man!; s. m. poor devil.
**COLA**, s. f. Glue; gum; trail.
**COLABORAÇÃO**, s. f. Collaboration.
**COLABORAR**, v. t. To collaborate.
**COLAÇÃO**, s. f. Graduation; snack, a light meal; (ant.) collation.
**COLADO**, adj. Glued, pasted.
**COLAGEM**, s. f. Gluing, pasting.
**COLAPSO**, adj. Collapse, breakdown.
**COLAR**, v. t. To past, to glue, to stick; to confer an ecclesiastic benefice on; to confer degree on; to gratuate; s. m. necklace.
**COLARINHO**, s. m. Collar.
**COLATERAL**, adj. Collateral, parallel; side by side.
**COLCHA**, s. f. Bedspread; counterpane.
**COLCHÃO**, s. m. Mattress.
**COLCHETE**, s. m. Clasp, clasp-book.
**COLDRE**, s. m. Holster.
**COLEADO, COLEANTE**, adj. Sinuous, windling, crooked.
**COLEAR**, v. i. To walk with a serpentine motion.
**COLEÇÃO**, s. f. Collection; gathering.
**COLECIONADOR**, s. m. Collector.
**COLECIONAR**, v. t. To collect, to assemble.
**COLEGA**, s. 2 gên. Fellow, colleague.

**COLEGIAL**, adj. Collegial.
**COLÉGIO**, s. m. College; school.
**COLEGUISMO**, s. m. Group spirit.
**COLEIRA**, s. f. Collar.
**COLEÓPTERO**, adj. Coleopterous.
**CÓLERA**, s. f. Choler; anger; passion; (Med.) cholera.
**COLÉRICO**, adj. Choleric, angry; passionate.
**COLETA**, s. f. Collect, collection (at mass).
**COLETÂNEA**, s. f. Collection; anthology.
**COLETAR**, v. t. To collect; to tax; to assess.
**COLÉTE**, s. m. Waistcoat, corset.
**COLETIVIDADE**, s. f. Collectivity.
**COLETIVISMO**, s. m. Collectivism.
**COLETIVO**, adj. Collective; s. m. street-car.
**COLETORIA**, s. f. Tax office.
**COLHEITA**, s. f. Crop, harvest; picking.
**COLHER**, v. t. To catch; to gather fruits, to crop; to cut off; to get; s. p. spoon.
**COLHERADA**, s. f. Spoonful.
**COLHIMENTO**, s. m. Gathering; plucking.
**COLIBRI**, s. m. Humming bird.
**CÓLICA**, s. f. Colic.
**COLIDIR**, v. rel. e i. To collide, to clash.
**COLIGAÇÃO**, s. f. Union, coalition.
**COLIGAR**, v. t. To ally; to bind together.
**COLIGIR**, v. t. To collimate; to aim.
**COLINA**, s. f. Hill.
**COLISÃO**, s. f. Collision; clash; chock.
**COLISEU**, s. m. Colosseum; coliseum.
**COLITE**, s. f. Colitis.
**COLMADO**, adj. Thatched.
**COLMEIA**, s. f Bee-hive.
**COLMO**, s. m. Thatch.
**COLO**, s. m. Lap; neck.
**COLOCAÇÃO**, s. f. Collocation; post; place.
**COLOCAR**, v. t. To collocate; to set.
**COLÓDIO**, s. m. Collodion.
**CÓLON**, s. m. Colon.
**COLÔNIA**, s. f. Colony; settlement.
**COLONIAL**, adj. Colonial.
**COLONIZAÇÃO**, s. f. Colonization.
**COLONIZAR**, v. t. To colonize.
**COLONO**, s. m. Colonist.
**COLOQUIAL**, adj. Colloquial.
**COLÓQUIO**, s. m. Colloquy.
**COLORAÇÃO**, s. f. Coloring or colouring.
**COLORANTE**, adj. Coloring; s. m. dye.
**COLORAR**, v. t. To color; to dye; to paint.
**COLORIDO**, adj. Colorful; vivid; bright.
**COLORÍMETRO**, s. m. Colorimeter.
**COLORIR**, v. t. To color; to paint; to brighten; to disguise; v. p. to blush.

**COLOSSAL**, adj. Colossal; monumental.
**COLOSSO**, s. m. Colossus.
**COLUNA**, s. f. Column, pillar; line.
**COLUNISTA**, s. m. e f. (Jornal) Columnist.
**COM**, prep. With.
**COMANDO**, s. m. Command.
**COMARCA**, s. f. District.
**COMATOSO**, adj. Comatose.
**COMBALIDO**, adj. Weak, decayed.
**COMBALIR**, v. i. To weaken; to impair.
**COMBATE**, s. m. Combat, fight; contest.
**COMBATENTE**, adj. Fighting, combative.
**COMBATER**, v. t. e i. To combat; to fight against; to struggle; to contend; to vie.
**COMBINAÇÃO**, s. f. Combination, combine, accord, agreement.
**COMBINADO**, adj. Combined, settled, joint.
**COMBINAR**, v. t. To combine, to settle.
**COMBOIAR**, v. t. To convoy, to escort.
**COMBOIO**, s. m. Convoy, train.
**COMBURENTE**, adj. Burning.
**COMBUSTÃO**, s. f. Combustion; burnning; (fig.) moral agitation; disorder; war.
**COMBUSTÍVEL**, adj. Combustible; s. m. fuel.
**COMEÇAR**, v. t. e i. To begin, to commence.
**COMEÇO**, s. m. Beginning; start; origin.
**COMÉDIA**, s. f. Comedy; play.
**COMEDIANTE**, s. 2 gên. Player, comedian.
**COMEDIDO**, adj. Moderate; prudent.
**COMEDIR**, v. t. To adequate; to moderate; v. p. to behave modestly.
**COMEDOR**, s. m. Eater; glutton.
**COMEDOURO**, s. m. Feed trough.
**COMEMORAÇÃO**, s. f. Commemoration.
**COMEMORAR**, v. t. To commemorate; to celebrate.
**COMEMORATIVO**, adj. Commemorative.
**COMENDA**, s. f. Insignia; badge.
**COMENDADOR**, s. m. Knight commander.
**COMENOS**, s. m. Instant, moment; occasion.
**COMENSAL**, s. 2 gên. Commensal; messmate; fellow-boarder.
**COMENSURAR**, v. t. To measure.
**COMENTAR**, v. t. To comment; to explain.
**COMENTÁRIO**, s. m. Commentary; comment.
**COMENTARISTA**, s. 2 gên. Commentator.
**COMER**, v. t. To eat; (fig.) to consume; to destroy; to dissipate; to swallow.
**COMERCIAL**, adj. Commercial; businesslike.
**COMERCIANTE**, adj. e s. 2 gê. Merchant; businessman; trader.
**COMERCIAR**, v. t. e i. To deal in; to trade.
**COMÉRCIO**, s. m. Commerce; business.

**COMESTÍVEL**, adj. Comestible; estable; edible; s. m. pl. food.
**COMETA**, s. m. Comet.
**COMETER**, v. t. To perpetrate; to do, to perform; v. rel. to entrust; v. p. to venture.
**COMETIMENTO**, s. m. Undertaking; enterprise, perpetration.
**COMICHÃO**, s. f. Itch, itching.
**COMÍCIO**, s. m. Meeting, assembly.
**CÔMICO**, adj. Comical; comic.
**COMIDA**, s. f. Food, meal, board.
**COMIGO**, pron. pess. With me.
**COMILÃO**, adj. Gluttonous; greedy.
**COMINAR**, v. t. To threaten, to menace.
**COMISERAÇÃO**, s. f. Commiseration; sorrow.
**COMISERAR**, v. t. To commiserate.
**COMISSÃO**, s. f. Commission; committee.
**COMISSARIADO**, s. m. Commissariat.
**COMISSÁRIO**, s. m. Comissary.
**COMISSURA**, s. f. Commisure; cleft.
**COMITÊ**, s. m. Comittee.
**COMITIVA**, s. f. Train, retinue
**COMO**, conj. As, like, when, because; adv. how, in what manner; for what reason.
**COMOÇÃO**, s. f. Commotion; shock; tumult.
**CÔMODA**, s. f. Chest-of-drawers.
**COMODIDADE**, s. f. Comfort; well-being.
**COMODISMO**, s. m. Selfishness.
**CÔMODO**, adj. Commodious; ample; spacious; comfortable; s. m. room; comfort.
**COMOVEDOR, COMOVENTE**, adj. Moving.
**COMOVER**, v. t. To move, to touch.
**COMPACIDADE**, s. f. Density; compactness.
**COMPACTO**, adj. Compact, dense, thick, close, solid, firm.
**COMPADECER**, v. t. To pity, to comiserate.
**COMPADECIMENTO**, s. m. Compassion; sympathy, condolence.
**COMPADRE**, s. m. Godfather.
**COMPAIXÃO**, s. f. Compassion, pity, mercy.
**COMPANHEIRO**, s. m. Companion, fellow.
**COMPANHIA**, s. f. Company, society; fellowship; association; a band of dramatic performers; a body of soldiers.
**COMPARAÇÃO**, s. f. Comparison; estimate.
**COMPARAR**, v. t. To compare, to balance.
**COMPARATIVO**, adj. Comparative.
**COMPARECER**, v. i. To appear personally; to turn up; to show up.
**COMPARECIMENTO**, s. m. Appearance; presentation; coming into court.
**COMPARSA**, s. 2 gên. Dumb actor or actress; figurant; (fig.) partner; copartner.

**COMPARTE,** adj. Sharing, participant.
**COMPARTILHAR,** v. t. To partake, to share in, to participate in.
**COMPARTIMENTO,** s. m. Compartment; division; section.
**COMPASSADO,** adj. Measured; moderate; slow, in rhythm, cadenced.
**COMPASSAR,** v. t. To slow; to beat time.
**COMPASSIVO,** adj. Compassionate.
**COMPASSO,** s. m. Compasses (instruments); compass, cadence, rhythm.
**COMPATIBILIDADE,** s. f. Compatibility.
**COMPATÍVEL,** adj. Compatible; suitable.
**COMPATRIOTA,** s. 2 gên. Compatriot; a fellow countryman.
**COMPELIR,** v. t. To compel, to oblige.
**COMPENDIADO,** adj. Abridged, concise.
**COMPENDIAR,** v. t. To abridge, to resume.
**COMPÊNDIO,** s. m. Compendium; abridgement; epitome; synopsis; summary.
**COMPENETRAÇÃO,** s. f. Conviction.
**COMPENETRAR,** v. t. To convinee; to penetrate deeply; v. p. to be fully convinced.
**COMPENSAÇÃO,** s. f. Compensation.
**COMPENSADOR,** adj. Compensating; worthy; s. m. compensator, balance weight.
**COMPENSAR,** v. t. To compensate; to be equivalent to; to make up for; to pay, to remunerate; v. t. rel. to make equivalent return for; to indemnify, to make up for.
**COMPETÊNCIA,** s. f. Competence; ability.
**COMPETENTE,** adj. Competent; capable, fit; proper; qualified; sufficient; necessary.
**COMPETIÇÃO,** s. f. Competition; competing; rivalry; contest; match.
**COMPETIR,** v. t. To compete, to strive.
**COMPILAÇÃO,** s. f. Compilation, collection.
**COMPILAR,** v. t. To compile; to collect (literary materials) into a volume; to compose out of materials from other documents.
**COMPLACÊNCIA,** s. f. Complaisance.
**COMPLEIÇÃO,** s. f. Constitution.
**COMPLEMENTAR,** adj. Complementary.
**COMPLEMENTO,** s. m. Complement.
**COMPLETAMENTE,** adv. Completely.
**COMPLETAR,** v. t. To complete; to make whole or perfect; to fill up; to conclude.
**COMPLETO,** adj. Complete; whole; ended.
**COMPLEXIDADE,** s. f. Complexity.
**COMPLEXO,** adv. Complex, composed of two or more parts; complicated; s. m. complex.
**COMPLICAÇÃO,** s. f. Complication.
**COMPLICADO,** adj. Complicated; complex.

**COMPLICAR,** v. t. e i. To complicate; intricate or difficult.
**COMPONENTE,** adj. Component; constituent.
**COMPOR,** v. t. To compose; to compound; to construct by mental labor; to arrange (type) for printing; v. p. to get better; to agree.
**COMPORTA,** s. f. Gate, dam.
**COMPORTADO,** adj. Well- (or ill-) behaved.
**COMPORTAR,** v. t. To comport; to bear; to stand; to allow; to contain; to comprise.
**COMPOSIÇÃO,** s. f. Composition.
**COMPOSITOR,** s. m. Composer; (Tip.) typesetter.
**COMPOSTO,** adj. Compound; composed.
**COMPOSTURA,** s. f. Composure; structure.
**COMPOTA,** s. f. Compote, stewed fruit.
**COMPRA,** s. f. Purchase; buying.
**COMPRADRO,** s. m. Buyer, purchaser.
**COMPRAR,** v. t. To buy, to purchase.
**COMPRAZER,** v. rel. To please.
**COMPREENDER,** v. t. To understand.
**COMPREENSÃO,** s. f. Comprehension.
**COMPREENSIBILIDADE,** s. f. Comprehensibility.
**COMPREENSÍVEL,** adj. Comprehensible.
**COMPRESSA,** s. f. Compress.
**COMPRESSÃO,** s. f. Compression.
**COMPRESSIBILIDADE,** s. f. Compressibility.
**COMPRESSOR,** adj. Compressive.
**COMPRIDO,** adj. Long; extended.
**COMPRIMENTO,** s. m. Lenght.
**COMPRIMIDO,** adj. Compressed; pressed; s. m. compressed tablet, tablet.
**COMPRIMIR,** v. t. To compress; to ram.
**COMPROMETEDOR,** adj. Compromising.
**COMPROMETER,** v. t. To compromise; to commit, to pledge; to risk; to endanger.
**COMPROMETIDO,** adj. Engaged; obliged.
**COMPROMISSO,** s. m. Compromise.
**COMPROVAÇÃO,** s. f. Confirmation.
**COMPROVADOR,** adj. Confirming.
**COMPROVAR,** v. t. To confirm; to ratify.
**COMPULSÃO,** s. f. Compulsion; coercion.
**COMPULSAR,** v. t. To examine; to consult (a book or documents).
**COMPULSÓRIO,** adj. Compulsory.
**COMPUNÇÃO,** s. f. Compunction; remorse.
**COMPUNGIDO,** adj. Compunctious.
**COMPUNGIR,** v. t. To touch; to move; to hurt.
**COMPUTAÇÃO,** s. f. Computation.
**COMPUTADOR,** adj. Computing.
**COMPUTAR,** v. t. To compute; to determine by calculation; to estimate; to calculate.

**COMPUTO,** s. m. Computation; estimate.
**COMUM,** adj. Common; public; familiar; prevalent; ordinary; vulgar; plain; s. m. people, community; majority.
**COMUNA,** s. f. Commune.
**COMUNAL,** adj. Communal.
**COMUNGANTE,** s. 2 gên. Communicant.
**COMUNGAR,** v. t. e i. To communicate, to partake of (communion); to commune.
**COMUNICABILIDADE,** s. f. Communicability.
**COMUNICAÇÃO,** s. f. Communication; intercourses; news; report.
**COMUNICADO,** adj. Communicated.
**COMUNICAR,** v. t. To communicate, to give share of; v. t. rel. to make known, to impart, to tell; to transmit.
**COMUNICATIVO,** adj. Communicative; frank.
**COMUNIDADE,** s. f. Community.
**COMUNISMO,** s. m. Communism.
**COMUNISTA,** adj. Communistic; communistical; s. 2 gên. communist.
**COMUTAÇÃO,** s. f. Commutation; change.
**COMUTADOR,** s. m. Commutator; switch.
**COMUTAR,** v. t. e t. rel. To commute.
**CONCA,** s. f. Concha.
**CONCATENAÇÃO,** s. f. Concatenation.
**CONCATENAR,** v. t. To concatenate; to connect, to join, to link.
**CÔNCAVO,** adj. Concave; hollow; curved or rounded; s. m. concave; concavity.
**CONCEBER,** v. t. To conceive; to form an idea of in one's mind; v. t. pred. to realize; to think; v. i. to give birth to.
**CONCEBÍVEL,** adj. Conceivable.
**CONCEDER,** v. t. To concede.
**CONCEITO,** s. m. Concept, idea; thought.
**CONCEITUADO,** adj. Esteemed.
**CONCEITUAR,** v. t. To judge, to esteem.
**CONCENTRAÇÃO,** s. f. Concentration.
**CONCENTRAR,** v. t. To concentrate; to centralize; to absorb; v. t. rel. to gather; to mass, v. p. to ponder; to meditate.
**CONCÊNTRICO,** adj. Concentric.
**CONCEPÇÃO,** s. f. Conception, idea.
**CONCEPTÍVEL,** adj. Conceivable.
**CONCERNÊNCIA,** s. f. Concern.
**CONCERNENTE,** adj. Concerning.
**CONCERNIR,** v. rel. To concern; to regard.
**CONCERTADO,** adj. Concerted; agreed.
**CONCERTAR,** v. t. To concert; to settle; to dispose, to put in order; to conciliate.
**CONCERTINA,** s. f. Concertina.
**CONCERTISTA,** s. 2 gên. Soloist.

**CONCESSÃO,** s. f. Concession.
**CONCESSIONÁRIO,** s. m. Concessionaire.
**CONCHA,** s. f. Conch, shell.
**CONCHAVAR,** v. t. To unite; to adjust.
**CONCHEGO,** s. m. Ease; comfortableness.
**CONCIDADÃO,** s. m. Fellow-citizen.
**CONCILIÁBULO,** s. m. Conventicle.
**CONCILIAÇÃO,** s. f. Conciliation.
**CONCILIADOR,** s. m. Conciliator.
**CONCILIAR,** v. t. To conciliate; to reconcile; to again the good will or favor of; v. p. to harmonize, to agree; adj. conciliar.
**CONCÍLIO,** s. m. Council.
**CONCISÃO,** s. f. Conciseness; concision.
**CONCISO,** adj. Concise, terse.
**CONCITAÇÃO,** s. f. Instigation; incitation.
**CONCITAR,** v. t. To incite; to stir up.
**CONCLAMAÇÃO,** s. f. Conclamation.
**CONCLAMAR,** v. t. To acclaim together.
**CONCLAVE,** s. m. Conclave.
**CONCLUDENTE,** adj. Concluding; conclusive.
**CONCLUIR,** v. t. To conclude, to finish.
**CONCLUSÃO,** s. f. Conclusion; inference.
**CONCLUSIVO,** adj. Conclusive; decisive.
**CONCOMITÂNCIA,** s. f. Concomitance.
**CONCOMITANTE,** adj. Concomitant; simultaneous; accompanying; attendant.
**CONCORDÂNCIA,** s. f. Concordance; agreement; accord, harmony.
**CONCORDAR,** v. t. To conciliate; v. i. to agree; to harmonize; to combine.
**CONCORDATA,** s. f. Concordat.
**CONCORDE,** adj. Unanimous; agreed.
**CONCÓRDIA,** s. f. Concord; harmony, peace.
**CONCORRÊNCIA,** s. f. Competition.
**CONCORRENTE,** adj. Concurrent; competitive; competing; s. m. competitor; rival.
**CONCORRER,** v. t. To concur; to compete.
**CONCREÇÃO,** s. f. Concretion.
**CONCRETIZAÇÃO,** s. f. Concreting.
**CONCRETIZAR,** v. t. To render concrete.
**CONCRETO,** adj. Concrete; united into one mass; formed by the union of separated particles; not abstract; s. m. a concrete object.
**CONCUBINA,** s. f. Concubine.
**CONCUPISCÊNCIA,** s. f. Concupiscence.
**CONCURSO,** s. m. Concourse; confluence; competition, contest.
**CONCUSSÃO,** s. f. Concussion.
**CONDADO,** s. m. Country; shire; earldom.
**CONDÃO,** s. m. Faculty; supernatural virtue or power.

**CONDE,** s. m. Count, earl.
**CONDECORAÇÃO,** s. f. Badge; honorary insignia.
**CONDECORAR,** v. t. To decorate with a badge; to grant a badge.
**CONDENAÇÃO,** s. f. Condemnation; doom.
**CONDENADO,** adj. Condemned; s. m. convict.
**CONDENAR,** v. t. To doom; to condemn.
**CONDENSAÇÃO,** s. f. Condensation.
**CONDENSAR,** v. t. To condense; to make or become more compact or dense; to compress or concentrate; (ffs.) to subject to condensation; (fig.) to abridge.
**CONDESCENDÊNCIA,** s. f. Condescendence.
**CONDESCENDER,** v. i. To condescend.
**CONDESSA,** s. f. Countess; small basket.
**CONDESTÁVEL,** s. m. Constable.
**CONDIÇÃO,** s. f. Condition, restriction.
**CONDICENTE,** adj. Suitable; fitting; fit.
**CONDICIONADO,** adj. Conditioned.
**CONDICIONAL,** adj. Conditional; containing.
**CONDICIONAR,** v. t. To condition.
**CONDIGNO,** adj. Condign; suitable; merited.
**CONDIMENTAR,** v. t. To season.
**CONDIMENTO,** s. m. Condiment: spice.
**CONDISCÍPULO,** s. m. School-fellow.
**CONDIZENTE,** adj. Suitable, fitting, fit.
**CONDIZER,** v. rel. To suit, to fit.
**CONDOER,** v. t. To arouse pity or compassion.
**CONDOÍDO,** adj. Compassionate; touched.
**CONDOLÊNCIA,** s. f. Condolence.
**CONDÔMINO,** s. m. Joint owner.
**CONDOR,** s. m. Condor.
**CONDUÇÃO,** s. f. Conduction; transportation; (pop.) vehicle.
**CONDUTA,** s. f. Conduct; guidance.
**CONDUTIBILIDADE,** s. f. Conductibility.
**CONDUTO,** s. m. Conduit; pipe.
**CONDUTOR,** adj. Conducting; s. m. conductor; a leader or guide.
**CONDUZIR,** v. t. To conduct; to direct, to lead, to guide, to drive, to convey, to carry.
**CONE,** s. m. Cone.
**CONECTIVO,** adj. Connective.
**CÔNEGO,** s. m. Canon.
**CONEXÃO,** s. f. Connection, relation.
**CONEXO,** adj. Connected, related.
**CONEZIA,** s. f. Canonship.
**CONFABULAÇÃO,** s. f. Chat, chit-chat.
**CONFABULAR,** v. i. To chat, to confabulate.
**CONFECÇÃO,** s. f. Executing; making.

**CONFECCIONAR,** v. t. To make, to prepare.
**CONFEDERAÇÃO,** s. f. Confederation.
**CONFEIÇÃO,** s. f. Confection.
**CONFEITAR,** v. t. To make comfit, candy, etc.
**CONFEITARIA,** s. f. Confectioner's shop.
**CONFEITO,** s. m. Comfit, sugar-plum.
**CONFERÊNCIA,** s. f. Conference; lecture.
**CONFERENCIAR,** v. i. To lecture, to confer, to converse; to compare views, to consult.
**CONFERIR,** v. t. To confer, to check; to grant.
**CONFESSAR,** v. t. To confess; to acknowledge or admit, as a fault or a debt.
**CONFESSIONÁRIO,** s. m. Confessional.
**CONFETE,** s. m. Confetti.
**CONFIADO,** adj. Confident; bold; impudent.
**CONFIANÇA,** s. f. Confidence, trust, reliance; intimacy; familiarity; boldness.
**CONFIANTE,** adj. Confident.
**CONFIAR,** v. i. To confide; to hope.
**CONFIDÊNCIA,** s. f. Confidence.
**CONFIGURAÇÃO,** s. f. Configuration; aspect; figure; shape.
**CONFIGURAR,** v. t. To configure.
**CONFIM, CONFINANTE,** adj. Bordering, limiting; confining.
**CONFINAR,** v. t. To border upon; to limit.
**CONFIRMAÇÃO,** s. f. Confirmation.
**CONFIRMAR,** v. t. To confirm, to make firm; to ratify; to verify; to corroborate; to administer the sacrament of confirmation.
**CONFISCAÇÃO,** s. f. Confiscation.
**CONFISCAR,** v. t. To confiscate.
**CONFISCO,** s. m. Arrest, confiscation.
**CONFISSÃO,** s. f. Confession; avowal.
**CONFLAGRAÇÃO,** s. f. Conflagration, a destructive fire; (fig.) revolution.
**CONFLAGRAR,** v. t. To burn, to convulse.
**CONFLITO,** s. m. Conflict; contest, struggle.
**CONFLUÊNCIA,** s. f. Confluence; a crowd.
**CONFLUENTE,** adj. e s. m. Confluent.
**CONFLUIR,** v. i. To run into; to flow into.
**CONFORMAÇÃO,** v. t. Conformation; structure, shape, form; resignation; submission.
**CONFORMADO,** adj. Shaped, formed.
**CONFORMAR,** v. t. To conform; to accommodate; to adapt, to harmonize.
**CONFORME,** adj. Conformable; resigned; similar; identical; conj. as, according as; prep. according to; adv. in conformity.
**CONFORMISTA,** s. 2 gên. Conformist.
**CONFORTADOR,** adj. Comforting; consoling.
**CONFORTAR,** v. t. To comfort, to console, to encourage; to fortify; to make strong.

**CONFORTO,** s. m. Comfort; welfare; consolation; encouragement.
**CONFRADE,** s. 2 gên. Colleague.
**CONFRANGEDOR,** adj. Tormenting; vexing.
**CONFRANGER,** v. t. To grieve; to oppress.
**CONFRARIA,** s. f. Confraternity.
**CONFRATERNIZAÇÃO,** s. f. Fraternization.
**CONFRATERNIZAR,** v. i. To fraternize (with).
**CONFRONTAÇÃO,** s. f. Confronting; confrontation; comparing; comparison.
**CONFRONTAR,** v. t. To confront; to face.
**CONFRONTO,** s. m. Comprobation.
**CONFUNDIR,** v. t. To confound; to confuse.
**CONFUSÃO,** s. f. Confusion; tumult; agitation; failure to distinguish clearly.
**CONFUSO,** adj. Confused; perplexed.
**CONGELAÇÃO,** s. f. Congelation; freezing.
**CONGELADOR,** s. m. Freezer.
**CONGELAR,** v. t. To congeal, to freeze.
**CONGÊNERE,** adj. Congenial; congenerous; identical; kindred; s. m. congener.
**CONGÊNITO,** adj. Congenital.
**CONGESTÃO,** s. f. Congestion.
**CONGESTIONAMENTO,** s. m. Congestion.
**CONGESTIONAR,** v. t. To congest.
**CONGLOBAÇÃO,** s. f. Conglobation.
**CONGLOBAR,** v. t. e i. To conglobate; to accumulate; to heap.
**CONGLOMERAÇÃO,** s. f. Conglomeration.
**CONGLOMERADO,** s. m. Conglomerate.
**CONGLOMERAR,** v. t. e p. To conglomerate, to gather or form into a ball or compact mass.
**CONGRAÇAR,** v. t. e rel. To reconcile; to adjust (differences); to harmonize.
**CONGRATULAÇÃO,** s. f. Congratulation.
**CONGRATULAR,** v. t. To congratulate (on or upon); to felicitate, to wish joy to; v. p. to rejoice with other persons happiness.
**CONGREGAÇÃO,** s. f. Conretation, assembly; brotherhood.
**CONGREGAR,** v. t. To congregate; to assemble; to convoke.
**CONGRESSISTA,** s. 2 gên. Delegate; member; congressman; congress-woman.
**CONGRESSO,** s. m. Congress.
**CONGRUÊNCIA,** s. f. Congruence.
**CONGRUENTE,** adj. Congruent, suitable.
**CONHAQUE,** s. m. Cognac.
**CÔNGRUO,** adj. Congruous, congruent.
**CONHECEDOR,** s. m. Connoisseur; expert.
**CONHECER,** v. t. To know; to recognize; to understand; to acknowledge; to discern.

**CONHECIDO,** adj. Known, public; famous.
**CONHECIMENTO,** s. m. Knowledge; recept.
**CÔNICO,** adj. Conic, conical.
**CONIVÊNCIA,** s. f. Connivance.
**CONIVENTE,** adj. Conniving; accomplice.
**CONJETURAL,** adj. Conjectural.
**CONJETURAR,** v. t. To conjecture; to guess.
**CONJUGAÇÃO,** s. f. Conjugation; conjunction; (Gran.) inflexion of a verb.
**CONJUGAL,** adj. Conjugal; matrimonial.
**CONJUGAR,** v. t. To conjugate; to unite.
**CÔNJUGE,** s. m. Consort.
**CONJUNÇÃO,** s. f. Conjunction, union, combination; opportunity; (Astron.) the meeting or passing of two or more celestial bodies in the same degree of the zodiac; (Gram.) a word that joins together clauses or words of the same grammatical rank.
**CONJUNTIVITE,** s. f. Conjunctivitis.
**CONJUNTIVO,** adj. Conjunctive, conective; (Gram.) of the nature of a conjunction.
**CONJUNTO,** adj. Conjoined; conjoint; s. m. assemblage, collection, a mass.
**CONJUNTURA,** s. f. Conjuncture; occasion.
**CONJURAÇÃO,** s. f. Conjuration; plot.
**CONJURAR,** v. t. To conjure, to exorcise; to implore; to plead; to avoid; to conspire.
**CONJURO,** s. m. Conjuration; conspiracy.
**CONLUIAR,** v. t. e i. To collude; to connive.
**CONLUIO,** s. m. Collusion; conspiracy; plot.
**CONÓIDE,** adj. e s. m. Conoid.
**CONOSCO,** pron. pess. With us, about us.
**CONOTAÇÃO,** s. f. Connotation.
**CONQUANTO,** conj. Although, though.
**CONQUISTA,** s. f. Conquest conquering.
**CONQUISTADOR,** s. m. Conqueror, victor.
**CONQUISTAR,** v. t. To conquer, to subdue.
**CONSAGRAÇÃO,** s. f. Consecration.
**CONSAGRAR,** v. t. To consecrate; to sanctify; to authorize; v. p. to devote oneself.
**CONSANGÜÍNEO,** adj. Consanguineous.
**CONSCIÊNCIA,** s. f. Conscience; perception.
**CONSCIENTE,** adj. Conscious; aware; mentally awake or active; intentional.
**CÔNSCIO,** adj. Conscious; aware.
**CONSCRIÇÃO,** s. f. Conscription.
**CONSCRITO,** adj. Conscript; s. m. conscript, person forced into militar or naval service.
**CONSECUÇÃO,** s. f. Obtainment.
**CONSECUTIVO,** adj. Consecutive.
**CONSEGUINTE,** adj. Consequent; consecutive, successive.
**CONSEGUIR,** v. t. To get, to obtain.

**CONSELHEIRO**, s. m. Counsellor; adviser.
**CONSELHO**, s. m. Advice; counsel; council.
**CONSENSO**, s. m. Counsensus; approval.
**CONSENTIMENTO**, s. m. Consent, approval.
**CONSENTIR**, v. t. To consent, to assent, to accede, to yield; to agree; to tolerate; v. i. to approve; v. t. rel. to allow; to admit.
**CONSEQUÊNCIA**, s. f. Consequence; result.
**CONSERTAR**, v. t. To mend; to repair; to fix.
**CONSERTO**, s. m. Mend, mending, repair.
**CONSERVA**, s. f. Conserve, preserve, tinned food.
**CONSERVAÇÃO**, s. f. Conservation; conserving; preserving; protecting.
**CONSERVADOR**, adj. Conservative; s. m. conservator, conserver.
**CONSERVAR**, v. t. To conserve, to preserve; v. p. to keep, to last, to hold out.
**CONSERVATÓRIO**, s. m. Conservatoire.
**CONSIDERAÇÃO**, s. f. Consideration; respect; esteem; regard; motive; reason.
**CONSIDERADO**, adj. Prudent; cautious.
**CONSIDERAR**, v. t. To consider, to think, to ponder; to regard, to esteem; v. rel. to meditate, to think; v. i. to think over.
**CONSIDERÁVEL**, adj. Considerable; notable.
**CONSIGNAÇÃO**, s. f. Consignment.
**CONSIGNAR**, v. t. rel. To consign; to entrust; to devote; v. t. to register; to assign.
**CONSIGO**, pron. pess. With himself, with herself; with you.
**CONSISTÊNCIA**, s. f. Consistence, cohesiveness; (fig.) firmness; solidity.
**CONSISTENTE**, adj. Consistent; (fig.) solid.
**CONSISTIR**, v. i. To consist, to be included (in); to be composed or made up (of).
**CONSISTÓRIO**, s. m. Consistory.
**CONSOANTE**, adj. e s. f. Consonant; prep. according to.
**CONSOLAÇÃO**, s. f. Consolation; relief, comfort, help.
**CONSOLADOR**, adj. Consoling.
**CONSOLAR**, v. t. To console, to comfort; to solace; to soothe; v. p. to be consoled.
**CONSOLIDAÇÃO**, s. f. Consolidation.
**CONSOLIDADO**, adj. Consolidated; firm; fix.
**CONSOLIDAR**, v. t. To consolidate.
**CONSONÂNCIA**, s. f. Consonance; harmony.
**CONSONANTAL**, adj. Consonantal.
**CONSONANTE**, adj. Consonant, consonantal.
**CONSÓRCIO**, s. m. Marriage; fellow-ship.
**CONSORTE**, s. 2 gên. Consort; partner; companion; husband; wife, spouse.

**CONSPÍCUO**, adj. Conspicuous.
**CONSPIRAÇÃO**, s. f. Conspiracy; plot.
**CONSPIRADOR**, s. m. Conspirator.
**CONSPIRAR**, v. i. To conspire; to plot together; to concur or work to one end.
**CONSPURCAR**, v. t. To soil, to stain, to corrupt, to dirt, to spot.
**CONSTÂNCIA**, s. f. Constancy; stability.
**CONSTANTE**, adj. Constant; firm; loyal; faithful; fixed, unchanging; regular.
**CONSTAR**, v. i. To be said; to consist.
**CONSTATAR**, v. t. To verify; to confirm.
**CONSTELAÇÃO**, s. f. Constellation.
**CONSTELAR**, v. t. To constellate.
**CONSTERNAÇÃO**, s. f. Consternation; dismay; affliction.
**CONSTERNAR**, v. t. To consternate.
**CONSTIPAÇÃO**, s. f. Constipation; (pop.) cold, common cold.
**CONSTIPADO**, adj. Constipated.
**CONSTIPAR**, v. t. To cause constipation in.
**CONSTITUCIONAL**, adj. Constitutional; s. m. constitutionalist.
**CONSTITUIÇÃO**, s. f. Constitution; establishment; appointment; temperament, disposition; the basic law or principles of government of a politically organized body, law.
**CONSTITUINTE**, adj. Constituent; s. 2 gên. client (of a lawyer); member of a constituent assembly.
**CONSTITUIR**, v. t. To constitute; to form.
**CONSTRANGEDOR**, adj. Constraining.
**CONSTRANGER**, v. t. To constrain, to compel, to force, to confine; to restrain.
**CONSTRANGIMENTO**, s. m. Constraint.
**CONSTRIÇÃO**, s. f. Constriction.
**CONSTRINGIR**, v. t. To draw together.
**CONSTRITIVO**, adj. Constrictive.
**CONSTRITOR**, adj. e s. m. Contrictor.
**CONSTRUÇÃO**, s. f. Construction; something built; a structure; a building; (Gram.) the syntactical arrangement of words in a sentence.
**CONSTRUIR**, v. t. To construct; to build.
**CONSTRUTIVO**, adj. Constructive.
**CONSUBSTANCIAL**, adj. Consubstantial.
**CONSUBSTANCIAR**, v. t. To consubstanciate.
**CÔNSUL**, s. m. Consul.
**CONSULADO**, s. m. Consulate; consulship.
**CONSULAR**, adj. Consular.
**CONSULENTE**, adj. Consulting; s. 2 gên. consulter, consultant.
**CONSULESA**, s. f. Consul's wife.

**CONSULTA**, s. f. Consultation; council.
**CONSULTAR**, v. t. To consult, to ask advice of; to consider; v. rel. to seek the advice of another; v. i. to confer or advise.
**CONSULTIVO**, adj. Consultive; consultative.
**CONSULTOR**, s. m. Consulter; adviser.
**CONSULTÓRIO**, s. m. Doctor's office.
**CONSUMAÇÃO**, s. f. Consummation; completion; termination.
**CONSUMADO**, adj. Consummated.
**CONSUMAR**, v. t. e p. To consummate, to complete; to achieve; to perform.
**CONSUMIÇÃO**, s. f. Consumption; consuming; distress; (Bras.) apprehension.
**CONSUMIDO**, adj. Lean, spent, exhausted.
**CONSUMIDOR**, adj. Distressing, afflicting.
**CONSUMIR**, v. t. To consume to use up, to eat or drink up; to afflict; to distress.
**CONSUMO**, s. m. Consumption; use; sale.
**CONTA**, s. f. Account, bill; reckoning; score; computation; report; esteem; value; amount; bead (of a rosary); (Arit.) rule.
**CONTÁBIL**, adj. Of or pertaining to accounting or bookleeping.
**CONTABILIDADE**, s. f. Accounting.
**CONTADO**, adj. Counted; reckoned, told.
**CONTADOR**, s. m. Counter; auditor.
**CONTADORIA**, s. f. Accountant's office.
**CONTAGIAR**, v. t. To contaminate, to transmit something contagious; to infect.
**CONTÁGIO**, s. m. Contagion; transmission of any influence to the mind of others.
**CONTAGIOSO**, adj. Contagious; infectious.
**CONTAMINAÇÃO**, s. f. Contamination; pollution; corruption.
**CONTAMINADO**, adj. Contaminated; corrupt.
**CONTAMINAR**, v. t. To contaminate; to defile, to corrupt, to pollute to infect, to soil.
**CONTAR**, v. t. To count, to reckon, to number, to tell, to relate, to include; to hope; to expect; v. i. to count upon; to hope.
**CONTATO**, s. m. Contact; touch.
**CONTEMPLAÇÃO**, s. f. Contemplation; meditation on spiritual things; musing.
**CONTEMPLAR**, v. t. To contemplate; v. rel. to meditate; to ponder.
**CONTEMPLATIVO**, adj. Contemplative.
**CONTEMPORÂNEO**, adj. Contemporaneous.
**CONTEMPORIZAÇÃO**, s. f. Compliance, condescension.
**CONTEMPORIZAR**, v. t. To comply with; to contemporize; to time.
**CONTENÇÃO**, s. f. Contention; contest.

**CONTENCIOSO**, adj. Contentious; quarrelsome; litigious.
**CONTENDA**, s. f. Contention; altercation.
**CONTENDER**, v. i. To contend; to compete.
**CONTENTAMENTO**, s. m. Contentment.
**CONTENTAR**, v. t. To content; to please; v. p. to be satisfied.
**CONTENTE**, adj. Content; satisfied; agreeing; assenting.
**CONTENTO**, s. m. Satisfaction; content.
**CONTER**, v. t. To contain, to include, to hold, to have capacity for.
**CONTERRÂNEO**, adj. Of the same country; compatrioty; s. m. compatriot.
**CONTESTAÇÃO**, s. f. Contestation; dispute.
**CONTESTAR**, v. t. To contest; to question; the validity of; to confirm; to deny.
**CONTESTÁVEL**, adj. Contestable.
**CONTEÚDO**, s. m. Content, contents; matter.
**CONTEXTO**, s. m. Context.
**CONTEXTURA**, s. f. Contexture.
**CONTIDO**, adj. Contained, included.
**CONTIGO**, pron. pess. With you.
**CONTIGÜIDADE**, s. f. Contiguity; proximity.
**CONTÍGUO**, adj. Contiguous; touching.
**CONTINÊNCIA**, s. f. Continence; continency; military salute; capacity.
**CONTINENTAL**, adj. Continental; of, relating to, or characteristic of a continent.
**CONTINENTE**, adj. Content, chaste; containing; s. m. continent, container.
**CONTIGÊNCIA**, s. f. Contingency; chance.
**CONTINGENTE**, adj. Contingent; accidental; conditional; dependent; s. m. contingent or chance, event; quota, as of troop.
**CONTINUAÇÃO**, s. f. Continuation; extension; prolongation.
**CONTINUAR**, v. t. To continue; to persist in; to keep on, to go on; v. i. to persevere.
**CONTINUIDADE**, s. f. Continuity; continuation; continuance.
**CONTÍNUO**, adj. Continuous; uninterrupted.
**CONTO**, s. m. Tale, fable, story, narrative.
**CONTORCER**, v. t. To contort, to distort; to twist, to wrench.
**CONTORNAR**, v. t. To contour, to border.
**CONTORNO**, s. m. Circuit; contour.
**CONTRA**, prep. Against; contrary to; adv. counter; s. m. reply, aswer; objection; obstacle; hindrance.
**CONTRABAIXO**, s. m. Contrabass.
**CONTRABALANÇAR**, v. t. To counterbalance.
**CONTRABANDEAR**, v. t. e i. To smuggle.

**CONTRABANDISTA,** s. 2 gên. Contrabandist.
**CONTRABANDO,** s. m. Contraband; illegal trade; smuggled goods.
**CONTRAÇÃO,** s. f. Contraction; reduction in length, shrink, etc.; abbreviation.
**CONTRADANÇA,** s. f. Contredanse.
**CONTRADIÇÃO,** s. f. Contradiction.
**CONTRADITA,** s. f. Contradiction; contest.
**CONTRADITAR,** v. t. To contradict; v. i. to oppose in words.
**CONTRADITÓRIO,** adj. Contradictory.
**CONTRADIZER,** v. t. To contradict.
**CONTRAFAÇÃO,** s. f. Counterfeiting.
**CONTRAFAZER,** v. t. To counterfeit; to forge.
**CONTRAFÉ,** s. f. Copy of a summons.
**CONTRAFEITO,** adj. Constrained; forced.
**CONTRAFORTE,** s. m. Counterfort; buttress.
**CONTRAGOLPE,** s. m. Counterblow; recoil.
**CONTRAGOSTO,** s. m. Aversion; dislike.
**CONTRAIR,** v. t. To contract, to shorten, to reduce, to shrink, to lessen, to acquire.
**CONTRALTO,** s. m. Contralto.
**CONTRALUZ,** s. f. Crosslight; counterlight.
**CONTRAMANDAR,** v. t. To countermand.
**CONTRAMARCA,** s. f. Countermark.
**CONTRAMARCHA,** s. f. Countermarch.
**CONTRAMARÉ,** s. f. Ebb-tide.
**CONTRAMESTRE,** s. 2 gên. Foreman.
**CONTRAPESO,** s. m. Counterpoise, counterbalance, counterweight.
**CONTRAPONTO,** s. m. Counterpoint.
**CONTRAPOR,** v. t. To confront, to oppose.
**CONTRAPRODUCENTE,** adj. Giving the opposite result.
**CONTRAPROJETO,** s. m. Counterproject.
**CONTRAPROPOSTA,** s. f. Counterproposal.
**CONTRAPROVA,** s. f. Counterproof.
**CONTRARIANTE,** adj. Contradicting.
**CONTRARIAR,** v. t. To contradict; to oppose.
**CONTRARIEDADE,** s. f. Contrariety.
**CONTRÁRIO,** adj. Contrary, adverse.
**CONTRASTANTE,** adj. Contrasting.
**CONTRATAÇÃO,** s. f. Contract, agreement.
**CONTRATAR,** v. t. To make a contract or agreement; deal, business transaction.
**CONTRATEMPO,** s. m. Reverse, accident.
**CONTRÁTIL,** adj. Contractile.
**CONTRATO,** s. m. Contract; convenant.
**CONTRATORPEDEIRO,** s. m. Destroyer.
**CONTRATUAL,** adj. Contractual.
**CONTRAVENÇÃO,** s. f. Contravention, violation, transgression.
**CONTRAVENENO,** s. m. Antidote.
**CONTRAVENTOR,** s. m. Transgressor.
**CONTRAVIR,** v. i. To contravene, to infringe.
**CONTRIBUIÇÃO,** s. f. Contribution, tax.
**CONTRIBUINTE,** s. 2 gên. Contributor.
**CONTRIÇÃO,** s. f. Contrition; sincere repentance.
**CONTRITO,** adj. Sorrowful; grievous.
**CONTROLAR,** v. t. To control.
**CONTROLE,** s. m. Control.
**CONTROVÉRSIA,** s. f. Controversy; disputation; discussion.
**CONTROVERSO,** adj. Controverted.
**CONTUBÉRNIO,** s. m. Co-habitation.
**CONTUDO,** conj. Nevertheless, however; yet.
**CONTUMACIA,** s. f. Default; obstinacy; contumacy; stubhorness; contumaciousness.
**CONTUMAZ,** adj. Contumacious; obstinate.
**CONTUMELIA,** s. f. Contumely; insolence.
**CONTUNDENTE,** adj. Contusing; bruising.
**CONTUNDIR,** v. t. To contuse, to grind.
**CONTURBAR,** v. t. To trouble, to agitate.
**CONTUSO,** adj. Brused.
**CONVALESCENÇA,** s. f. Convalescence.
**CONVALESCER,** v. t. To convalesce.
**CONVENÇÃO,** s. f. Convention; agreement.
**CONVENCER,** v. t. To convince, to persuade.
**CONVENCIDO,** adj. Convinced; (Bras.) ppresumptuous, too self-confident.
**CONVENCIMENTO,** s. m. Convincing, conviction; (Bras.) presumption.
**CONVENCIONADO,** adj. Agreed, settled.
**CONVENCIONAL,** adj. Conventional; agreed on; s. m. member of a convention.
**CONVENCIONAR,** v. t. To agree, to stipulate.
**CONVENIÊNCIA,** s. f. Convenience; fitness.
**CONVENIENTE,** adj. Conenient, suitable, fit.
**CONVÊNIO,** s. m. Convention; pact.
**CONVENTÍCULO,** s. m. Conventicle.
**CONVENTO,** s. m. Convent; closter; nunnery.
**CONVERGÊNCIA,** s. f. Convergence.
**CONVERSA, CONVERSAÇÃO,** s. f. Conversation; talk, chaf, causerie.
**CONVERSÃO,** s. f. Conversion.
**CONVERSAR,** v. t. To talk, to chat.
**CONVERSÍVEL,** adj. Convertible.
**CONVERSO,** adj. Converted; s. m. laybrother; convert.
**CONVERTER,** v. t. To convert; to change.
**CONVERTIDO,** s. m. Convert.
**CONVÉS,** s. m. Deck.
**CONVESCOTE,** s. m. Picnic.
**CONVEXIDADE,** s. f. Convexity, curvature.
**CONVEXO,** adj. Convex, curved or rounded.

**CONVICÇÃO**, s. f. Conviction; persuasion.
**CONVICTO**, adj. Conviced; convicted.
**CONVIDADO**, adj. Invited; s. m. guest.
**CONVIDAR**, v.t. rel. To invite, to bid.
**CONVINCENTE**, adj. Convincing.
**CONVIR**, v. i. To agree; to correspond.
**CONVITE**, s. m. Invitation; biding.
**CONVIVA**, s. 2 gên. Guest.
**CONVIVÊNCIA**, s. f. Sociability; familiarity.
**CONVIVER**, v. rel. To live together; to be sociable; to be acquainted with.
**CONVÍVIO**, s. m. Banquet; (fig.) sociability.
**CONVOCAÇÃO**, s. f. Convocation; meeting.
**CONVOCAR**, v. t. To convoke.
**CONVOSCO**, pron. pess. With you.
**CONVULSÃO**, s. f. Convulsion; spasm.
**CONVULSIONAR**, v. t. To convulse; to excite; to agitate; to revolutionize.
**CONVULSIVO**, adj. Convulsive; spasmodic.
**CONVULSO**, adj. Tremulous; convulsive.
**COOPERAÇÃO**, s. f. Co-operation.
**COOPERAR**, v. i. To co-operate.
**COOPERATIVA**, s. f. Co-operative society.
**COOPERATIVISMO**, s. m. Co-operative system.
**COORDENAÇÃO**, s. f. Co-ordination.
**COORDENADAS**, s. f. pl. Co-ordinates.
**COORDENAR**, v. t. To co-ordinate.
**COORTE**, s. f. Cohort; band.
**COPA**, s. f. Cupboard; buffet; pantry; hat crown; top; clump (of a tree).
**COPADO**, s. m. Bushy.
**CÓPIA**, s. f. Copy; abundance; imitation.
**COPIADOR**, s. m. Copyst; copier; copybook.
**COPIAR**, v. t. To copy; to transcribe; to ape.
**COPIOSO**, adj. Copious; plentiful; profuse.
**COPISTA**, s. m. 2 gên. Copyst; (fig.) plagiarist.
**COPLA**, s. f. Couple.
**COPO**, s. m. Glass; glassful.
**CO-PROPRIETÁRIO**, s. m. Fellow-proprietor.
**CÓPULA**, s. f. Copula; copulation.
**COPULAR**, v. i. To copulate; to unite in sexual intercourse.
**COQUE**, s. m. Coke.
**COQUEIRAL**, s. m. Coco-palm plantation.
**COQUEIRO**, s. m. Coco-palm, cocoa.
**COQUELUCHE**, s. f. Whooping-cough.
**COR**, s. m. Heart; will; desire; s. f. color; pigment or dye; appearance; hue (of the face); paint; party; flag.
**CORAÇÃO**, s. m. Heart; (fig.) courage.
**CORADO**, adj. Red; blusing; (fig.) ashamed.

**CORAGEM**, s. f. Courage, valor, boldness.
**CORAJOSO**, adj Courageous, brave.
**CORAL**, s. m. Coral; s. f. (Bras.) a small venemous snake.
**CORALINA**, s. f. Coraline.
**CORALINO**, adj. Rosy.
**CORANTE**, adj. Coloring; s. m. dye.
**CORAR**, v. t. To color; to dye; to bleach.
**CORBELHA**, s. f. Basket.
**CORÇA**, s. f. Doe, hind.
**CORCEL**, s. m. Steed; charger.
**CORÇO**, s. m. Roebuck.
**CORCOVA**, s. f. Hump, hunch.
**CORCOVADO**, adj. Humpbacked.
**CORCOVAR**, v. i. To stoop, to bow; to curvet.
**CORCUNDA**, s. f. Hunch, hump.
**CORDA**, s. f. Rope, cord; (Geom.) chord.
**CORDAME**, s. m. Cordage.
**CORDÃO**, s. m. Twist, string, fillet; cordon (of troops).
**CORDATO**, adj. Sage, wise, prudent.
**CORDEIRO**, s. m. Lamb.
**CORDEL**, s. m. String.
**CORDIAL**, adj. Cordial; sincere; hearty.
**CORDIALIDADE**, s. f. Cordiality.
**CORDIFORME**, adj Cordiform; cordate.
**CORDILHEIRA**, s. f. Chain; ridge (of mountains).
**CORDOALHA**, s. f. Roping.
**CORDOARIA**, s. f. Rope-factory.
**CORDURA**, s. f. Discretion; gravity.
**CORÉIA**, s. f. Chorea.
**COREOGRAFIA**, s. f. Choregraphy.
**CORETO**, s. m. Band stand; gazebo.
**CORIÁCEO**, adj. Coriaceous.
**CORIANDRO**, s. m. Coriander.
**CORIFEU**, s. m. Choragus.
**CORÍNTIO**, adj. e s. m. Corinthian.
**CORISCANTE**, adj. Coruscant.
**CORISCAR**, v. i. To coruscate, to lighten; to shine; to glitter; to scintillate.
**CORISCO**, s. m. Flash of lightening.
**CORISTA**, s. f. Chorister; chorus-girl.
**CORIZA**, s. f. Coryza.
**CORJA**, s. f. Rabble; multitude.
**CORNACA**, s. m. Elephant-driver.
**CORNADA**, s. f. Thrust with a horn.
**CÓRNEO**, adj. Corneous; horny.
**CORNETA**, s. f. Cornet; trumpet.
**CORNÍGERO**, adj. Cornigerous.
**CORNIJA**, s. f. Cornice.
**CORNO**, s. m. Horn; antenna similar to horny substance.

**CORNUCÓPIA**, s. f. Cornucopia.
**CORNUDO**, adj. Horned.
**CORO**, s. m. Choir; chorus; choristers.
**COROA**, s. f. Crown; clerical tonsure; glory.
**COROAÇÃO**, s. f. Coroation; crowning.
**COROAR**, v. t. To crown; to wreathe; to dignify; to adorn.
**COROGRAFIA**, s. f. Chorography.
**COROGRÁFICO**, adj. Chorographic.
**COROLA**, s. f. Corolla.
**COROLÁRIO**, s. m. Corollary, consequence.
**CORONHA**, s. f. Gunstock.
**CORONHADA**, s. f. stroke with a gunstock.
**CORPANZIL**, s. m. (fam.) Big body.
**CORPETE**, s. m. Bodice.
**CORPO**, s. m. Body; corporation; substancy; corpulence; principal part of a building.
**CORPORAÇÃO**, s. f. Corporation.
**CORPORAL**, adj. Corporal; material.
**CORPORÉO**, adj. Corporeous; corporeal.
**CORPULÊNCIA**, s. f. Corpulence; stoutness.
**CORPULENTO**, adj. Corpulent; stout.
**CORPÚSCULO**, s. m. Corpuscle; corpuscule.
**CORREAME**, s. m. Leather-work; belting.
**CORREARIA**, s. f. Saddler's shop.
**CORREÇÃO**, s. f. Correction; accuracy.
**CORRECIONAL**, adj. Correctional.
**CORREDEIRA**, s. f. Rapids in short section of a river.
**CORREDIÇA**, s. f. Groove; shutter.
**CORREDIÇO**, adj. Slippery; smooth; running.
**CORREDOR**, s. m. Runner; corridor; gallery.
**CORREEIRO**, s. m. Saddler.
**CÓRREGO**, s. m. Ravine; streamlet.
**CORREIA**, s. f. Leather strap, thong; rein.
**CORREIO**, s. m. Postman; messenger.
**CORRELAÇÃO**, s. f. Correlativeness.
**CORRELACIONAR**, v. t. To correlate.
**CORRELIGIONÁRIO**, s. m. Fellow-member of a religion or party.
**CORRENTE**, adj. Current, instant; fluent.
**CORRENTEZA**, s. f. Row (of houses); stream.
**CORRER**, v. i. To run, to flow, to elapse (time); to circulate (a report); to hurry.
**CORRERIA**, s. f. Incursion in road, raid.
**CORRESPONDÊNCIA**, s. f. Correspondence.
**CORRESPONDER**, v. t. To correspond, to fit.
**CORRETAGEM**, s. f. Brokerage.
**CORRETIVO**, adj. e s. m. Corrective.
**CORRETO**, adj. Correct; accurate; proper; honest; elegant.
**CORRETOR**, s. m. Broker.
**CORRIDA**, s. f. Run, race; course; raid.

**CORRIDO**, adj. Confused; ashamed.
**CORRIGENDA**, s. f. Corrigenda.
**CORRIGIR**, v. t. To correct; to amend; to make or set right; to punish; to chastise.
**CORRIGÍVEL**, adj. Corrigible.
**CORRIMÃO**, s. m. Banister; rail.
**CORRIMENTO**, s. m. Flowing; vexation.
**CORRIQUEIRO**, adj. Vulgar; trivial, common.
**CORROBORAÇÃO**, s. f. Corroboration.
**CORROBORAR**, v. t. To corroborate.
**CORROER**, v. t. e p. To corrode.
**CORROMPER**, v. t. To corrupt; to debase; to taint; to pervert; to falsify.
**CORROMPIDO**, adj. Corrupt; putrid.
**CORROSÃO**, s. f. Corrosion; wasting.
**CORROSIVO**, adj. Corrosive; (fig.) fretting; biting; s. m. corrosive.
**CORRUPÇÃO**, s. f. Corruption, depravity.
**CORRUPTÍVEL**, adj. Corruptible.
**CORRUPTO**, adj. Corrupt; dissolute.
**CORSÁRIO**, s. m. Corsair; pirate.
**CORSO**, adj. Corsican; s. m. privatering; piracy, pillage; procession of carriages.
**CORTA**, s. f. Cut, section.
**CORTADO**, adj. Cut; cleft.
**CORTADOR**, s. m. Cutter; butcher.
**CORTANTE**, adj. Cutting.
**CORTAR**, v. t. To cut, to fell (a tree), to intercept; to interrupt; to stop; to divide.
**CORTE**, s. m. Edge; cut; gash; incicion; section; s. f. stable of horses; oxen-stall; s. f. court; monarch's residence; love-making.
**CORTEJADOR**, s. m. Courtier; galantman.
**CORTEJAR**, v. t. To court; to woo; to try to get; to ask for; to allure; to attract.
**CORTEJO**, s. m. Attendance; procession.
**CORTÊS**, adj. Corteous; civil; polite.
**CORTESÃ**, s. f. Courtesan; prostitute.
**CORTESÃO**, s. m. Courtier; adj. courtly.
**CORTESIA**, s. f. Courtesy; civility; salute.
**CÓRTEX**, s. m. Cortex.
**CORTIÇA**, s. f. Cork, rind, bark.
**CORTIÇO**, s. m. Hive, bee-hive; (Bras.) a small dwelling with many dwellers.
**CORTINA**, s. f. Curtain; veil.
**CORTINADO**, s. m. Curtain.
**CORUJA**, s. f. Screech; owl.
**CORUSCANTE**, adj. Coruscant; flashing.
**CORUSCAR**, v. i. To coruscate; to sparkle.
**CORVETA**, s. f. Corvette; (Bras.) zigzag.
**CORVETEAR**, v. i. (Bras.) To zigzag; to curvet, to prance (the horse).
**CORVÍDEOS**, s. m. pl. Corvidae.

**CORVINA**, s. f. Corvina.
**CORVO**, s. m. Raven.
**CÓS**, s. m. Waistband.
**COSEDURA**, s. f. Sewing.
**CO-SENO**, s. m. Cosine.
**COSER**, v. t. To sew; to stich.
**COSMÉTICO**, s. m. Cosmetic.
**CÓSMICO**, adj. Cosmical; cosmic.
**COSMOGONIA**, s. f. Cosmogony.
**COSMOGRAFIA**, s. f. Cosmography.
**COSMOPOLITA**, adj. Cosmopolitan.
**COSMO, COSMOS**, s. m. Cosmos; the universe.
**COSTA**, s. f. Coast, shore; bank; pl. back.
**COSTADO**, s. m. Broadside, flank.
**COSTAL**, adj. Costal.
**COSTEAR**, v. t. e i. To coast along.
**COSTEIRO**, adj Coasting.
**COSTELA**, s. f. Rib.
**COSTELETA**, s. f. Cutlet; spare rib.
**COSTUMADO**, adj. Accustomed; usual.
**COSTUMAR**, v. t. To accustom; to habituate.
**COSTUME**, s. m. Custom, practice, usage; fashion; costume; suit of clothes.
**COSTUMEIRO**, adj. Usual; habitual.
**COSTURA**, s. f. Seam, sewing, needlework.
**COSTURAR**, v. t. e i. To sew; to seam.
**COTA**, s. f. Coat (of mail); annotation; quota.
**COTAÇÃO**, s. f. Quotation; (fig.) credit.
**CO-TANGENTE**, s. f. Cotangent.
**COTÃO**, s. m. Down, nap.
**COTAR**, v. t. To quote; to indicate the level; v. rel. to value; v. t. pred. to classify.
**COTEJAR**, v. t. To compare, to collate.
**COTEJO**, s. m. Comparing; comparison.
**COTIDIANO**, adj. Quotidian; daily.
**COTILÉDONE**, s. m. Cotyledon.
**COTO**, s. m. Stump; amputated arm or leg; pl. enlarged joints of the fingers.
**COTOVELADA**, s. f. Hunch or thrust with the elbow.
**COTOVELO**, s. m. Elbow; bend, joint, part, etc. like a bent elbow.
**COTOVIA**, s. f. Lark, crested-lark.
**COTURNO**, s. m. Sock.
**COUDELARIA**, s. f. Stud.
**COURAÇA**, s. f. Cuirass, armor plate.
**COURAÇADO**, adj. Armored; s. m. armored vessel, dreadnought.
**COURO**, s. m. Hide, leather; (fig.) skin.
**COUSA**, s. f. Thing; pl. properties.
**COUVE**, s. f. Colewort, cabbage, cole.
**COUVE-FLOR**, s. f. (Bot.) Cauliflower.

**COVA**, s. f. Hole, ditch, pit, cave; grave.
**COVAGEM**, s. f. Grave digging.
**COVARDE**, adj. Coward.
**COVARDIA**, s. f. Cowardice.
**COVEIRO**, s. m. Grave-digger.
**COVIL**, s. m. Den, lair; burrow.
**COVO**, adj. Deep, hollow; concave.
**COXA**, s. f. Thigh.
**COXEAR**, v. i. To limp; to halt.
**COXIM**, s. m. Cushion; seat of saddle.
**COXO**, adj. Lame, limping.
**COZEDURA**, s. f. Cooking; baking; boiling.
**COZER**, v. t. To cook, to boil.
**COZIMENTO**, s. m. Baking; boiling.
**COZINHA**, s. f. Kitchen; cooking.
**COZINHAR**, v. t. e i. To cook.
**CRANIANO**, adj. Cranial.
**CRÂNIO**, s. m. Skull, cranium.
**CRÁPULA**, s. f. Debauchery; scoundrel.
**CRAQUE**, adj. First rate; (pop. Ingl.) crack; s. m. (Bras.) person of great ability; (gfr. EUA) crackerjack; campion race horse.
**CRASE**, s. f. Crasis.
**CRASSO**, adj. Crass, thick; dense; coarse.
**CRATERA**, s. f. Crater.
**CRAVAÇÃO**, s. f. Setting (of stones).
**CRAVAR**, v. t. To rivet; to nail; to fix; to set (precious stones).
**CRAVEIRA**, s. f. Standard measure; size.
**CRAVEIRO**, s. m. Pink plant; nail manufacturer.
**CRAVEJAR**, v. t. To nail; to set (precious stones).
**CRAVELHA**, s. f. Peg.
**CRAVISTA**, s. 2 gên. Harpsichord player.
**CRAVO**, s. m. Nail, spike; harpsichord (instrument); pink (flower).
**CRÉ**, s. f. Chalk, fuller's earth.
**CRECHE**, s. f. Day-nursey.
**CREDÊNCIA**, s. f. Credence-table.
**CREDENCIAL**, adj. Credential.
**CREDIBILIDADE**, s. f. Credibility.
**CREDITAR**, v. i. To credit; to believe.
**CRÉDITO**, s. m. Credit; honor; esteem; trust.
**CREDO**, s. m. Creed; rule; interj. God forbid!
**CREDOR**, s. m. Creditor.
**CREDULIDADE**, s. f. Credulity.
**CRÉDULO**, adj. Credulous; ready or inclined to believe.
**CREMAÇÃO**, s. f. Cremation, burning.
**CREMALHEIRA**, s. f. Rack-rail.
**CREMAR**, v. t To cremate, to incinerate.
**CREMATÓRIO**, adj. Burning; s. m. crematory.

**CREME**, s. m. Cream.
**CRENÇA**, s. f. Belief, faith, conviction.
**CRENDICE**, s. f. Absurd belief.
**CRENTE**, adj. Believing, faithful.
**CREOSOTAGEM**, s. f. Creosoting.
**CREOSOTAR**, v. t. To creosote.
**CREPE**, s. 2 gên. Crepe; crape; a crapelike paper; mourning crape.
**CREPITAÇÃO**, s. f. Crepitation.
**CREPITANTE**, adj. Crackling, crepitating.
**CREPITAR**, v. i. To crepitate, to crackle.
**CREPUSCULAR**, adj. Crepuscular.
**CREPÚSCULO**, s. m. Crepuscule; twilight.
**CRER**, v. t. To believe; to presume; to trust.
**CRESCENÇA**, s. f. Growth; enlargement.
**CRESCENTE**, adj. Crescent, growing.
**CRESCER**, v. i. To grow, to increase.
**CRESCIMENTO**, s. m. Growth; progress.
**CRESPAR**, v. t. To curl, to wave.
**CRESPO**, adj. Curled, curly, wavy.
**CRESTA, CRESTAMENTO**, s. f., s. m. Tan; toasting.
**CRESTAR**, v. t. To burn a little; to toast.
**CRETINISMO**, s. m. Cretinism; idiocy.
**CRETINO**, s. m. Cretin, imbecile.
**CRETONE**, s. m. Cretonne.
**CRIA**, s. f. Young horse; colt; brood (of animals); suckling.
**CRIAÇÃO**, s. f. Creation, rearing; raising; invention; education; livestock (cattle).
**CRIADA**, s. f. Maid, servant.
**CRIADAGEM**, s. f. Servants.
**CRIADO**, s. m. Servant; waiter.
**CRIADOR**, s. m. Creator; cattle raiser.
**CRIANÇA**, s. f. Child; brat.
**CRIANÇADA**, s. f. Children.
**CRIANCICE**, s. f. Childish manners.
**CRIAR**, v. t. To create; to raise, to invent; to produce; to nurse (babies); to breed.
**CRIATURA**, s. f. Creature.
**CRIME**, s. m. Crime.
**CRIMINAL**, adj. Criminal.
**CRIMINALIDADE**, s. f. Criminality.
**CRIMINALISTA**, s. 2 gên. Criminalist.
**CRIMINOLOGIA**, s. f. Criminology.
**CRIMINOSO**, adj. Criminal.
**CRINA**, s. f. Horse-hair.
**CRIOLITA**, s. f. Cryolite.
**CRIPTA**, s. f. Crypt.
**CRIPTOGÂMICO**, adj. Cryptogamic.
**CRIPTOGRAFIA**, s. f. Cryptography.
**CRISÁLIDA**, s. f. Chrysalid.
**CRISÂNTEMO**, s. m. Chrysanthemum.

**CRISE**, s. f. Crisis; emergency; (Med.) fit.
**CRISMA**, s. f. Chrism; confirmation.
**CRISMAR**, v. t. To confirm.
**CRISOL**, s. m. Crucible.
**CRISÓLITA**, s. f. Chrysolite.
**CRISPAR**, v. t. To wrinkle; to contract.
**CRISTA**, s. f. Comb (of a cock); crest (of a helmet); ridge (of a mountain).
**CRISTAL**, s. m. Crystal.
**CRISTALINO**, adj. Crystalline; clear; pellucid; s. m. (Anat.) crystalline lens.
**CRISTALIZAÇÃO**, s. f. Crystallization.
**CRISTALIZAR**, v. t. e i. To crystallize.
**CRISTALÓIDE**, adj. Crystalloid.
**CRISTANDADE**, s. f. Christendom.
**CRISTÃO**, adj. e s. m. Christian.
**CRISTIANISMO**, s. m. Christianism.
**CRITÉRIO**, s. m. Criterion, wisdom.
**CRITERIOSO**, adj. Sensible; judicious.
**CRÍTICA**, s. f. Criticism.
**CRITICAR**, v. t. To criticize; to censure.
**CRÍTICO**, adj. Critical; uncertain; risky.
**CRIVAR**, v. t. To sift, to riddle.
**CRÍVEL**, adj. Credible.
**CRIVO**, s. m. Sieve, riddle.
**CROCHÊ**, s. m. Crochet.
**CROCITAR**, v. i. To croak.
**CROCODILO**, s. m. Crocodile.
**CROMADO**, adj. Chromium plated.
**CROMÁTICO**, adj. Chromatic.
**CROMO**, s. m. Chromium.
**CRÔNICA**, s. f. Chronicle; history.
**CRÔNICO**, adj. Chronic; inveterate.
**CRONISTA**, s. 2 gên. Chronicler; historian.
**CRONÓGRAFO**, s. m. Chronographer.
**CRONOGRAMA**, s. m. Chronogram.
**CRONOLOGIA**, s. f. Chronology.
**CRONOMETRIA**, s. f. Chronometry.
**CRONOMETRO**, s. m. Chronometer.
**CROQUE**, s. m. Grapple; crook; beat hook.
**CROQUETE**, s. m. Croquette.
**CROQUI**, s. m. Sketch; rough design.
**CROSTA**, s. f. Crust, scab.
**CRU**, adj. Raw, crude; blunt; coarse.
**CRUCIAL**, adj. Crucial.
**CRUCIANTE**, adj. Mortifying.
**CRUCIFICAÇÃO**, s. f. Crucifixion.
**CRUCIFICAR**, v. t. To crucify, to torture.
**CRUCIFIXO**, s. m. Crucifix.
**CRUEL**, adj. Cruel, inhuman; savage.
**CRUELDADE**, s. f. Cruelty.
**CRUENTO**, adj. Bloody.
**CRUEZA**, s. f. Crudity; cruelty.

**CRUSTÁCEO**, adj. Crustaceous.
**CRUZ**, s. f. Cross; rood; (fig.) affliction.
**CRUZADA**, s. f. Crusade.
**CRUZADO**, adj. Crossed; s. m. crusader; an ancient Portuguese coin; Brazilian monetary unit.
**CRUZADOR**, s. m. Cruiser.
**CRUZAMENTO**, s. m. Crossing; intercepting.
**CRUZAR**, v. t. To cross; to pass across.
**CRUZEIRO**, s. m. Cross-aisle (of a church); crossing; cruize.
**CUBA**, s. f. Vat, hogshead (used in making wine); tub.
**CUBAGEM**, s. f. Cubage, cubature.
**CUBAR**, v. t. To make the cubage of; to cube.
**CÚBICO**, adj. Cubic, cubical.
**CUBÍCULO**, s. m. Cubicle.
**CUBISMO**, s. m. Cubism.
**CUBITAL**, adj. Cubital.
**CÚBITO**, s. m. Cubitus; forearm.
**CUBO**, s. m. Cube; bucket (of a watermill); nave (of a wheel).
**CUCO**, s. m. Cuckoo.
**CUCURBITÁCEAS**, s. f. pl. Cucurbitaceae.
**CUECAS**, s. f. pl. Breeches; short under pants.
**CUEIRO**, s. m. Swaddling-clothes.
**CUIDADO**, s. m. Care; diligence; attention; study; anxiety; interj. take care! mind! stop!
**CUIDADOSO**, adj. Careful, diligent.
**CUIDAR**, v. t. To think, to believe.
**CUJO**, pron. rel. Whose, of whom; of which.
**CULATRA**, s. f. Breech.
**CULINÁRIA**, s. f. Cookery; cooking.
**CULMINAÇÃO**, s. f. Culmination.
**CULMINÂNCIA**, s. f. Culmination.
**CULMINANTE**, adj. Culminant.
**CULMINAR**, v. i. To culminate; to rise to a peak; to reach the highest point of power.
**CULPA**, s. f. Fault; offense; sin; guilt.
**CULPADO**, adj. Guilty, in fault.
**CULPAR**, v. t. To accuse, to blame, to charge, to incriminate, to indict.
**CULPÁVEL**, adj. Culpable.
**CULPOSO**, adj. Culpatory.
**CULTIVADO**, adj. Cultivated; tilled.
**CULTIVADOR**, s. m. Cultivator; tiller.
**CULTIVAR**, v. t. To cultivate; to till.
**CULTIVO**, s. m. Cultivation.
**CULTO**, adj. Cultured; educated; learned; s. m. cult, worship; homage; respects.
**CULTOR**, s. m. Cultivator.
**CULTURA**, s. f. Culture; tillage; growth.

**CULTURAL**, adj. Cultural.
**CUME**, s. m. Top, summit, apex; the apogee.
**CUMEEIRA**, s. f. Summit, top.
**CUMIADA**, s. f. Moutain ridge.
**CÚMPLICE**, s. 2 gên. Accomplice.
**CUMPLICIDADE**, s. f. Complicity.
**CUMPRIDOR**, s. m. Accomplisher; executor.
**CUMPRIMENTAR**, v. t. To compliment.
**CUMPRIMENTO**, s. m. Salutation; greeting.
**CUMPRIR**, v. t. To accomplish; to fulfil; to execute; to perform; v. i. to behoove.
**CUMULAR**, v. t. To accumulate; to gather.
**CÚMULO**, s. m. Cumulus; highest point; pile.
**CUNEIFORME**, adj. Cuneiform.
**CUNHA**, s. f. Wedge.
**CUNHADA**, s. . Sister-in-law.
**CUNHADO**, s. m. Brother-in-law.
**CUNHADOR**, s. m. Coiner.
**CUNHAGEM**, s. f. Coinage; coining.
**CUNHAR**, v. t. To coin, to turn out; to mint (coins); to stamp; (fig.) to emphasize.
**CUNHO**, s. m. Stamp, die (for stamping money); (fig.) mark; type; coin.
**CUNICULTURA**, s. f. Rabbit-rearing.
**CUPÃO**, s. m. Coupon.
**CUPIDEZ**, s. f. Cupidity; greed; avarice.
**CUPIDO**, s. m. Cupid.
**CÚPIDO**, adj. Covetous; greedy, eager.
**CUPIM**, s. m. Termite.
**CÚPRICO**, adj. Cupric.
**CUPRÍFERO**, adj. Copper-bearing.
**CÚPULA**, s. f. Cupola, dome, vault.
**CURA**, s. f. Cure; healing; s. m. curate.
**CURADO**, adj. Cured; hardened.
**CURADOR**, s. m. Trustee, guardian, tutor.
**CURADORIA**, s. f. Guardianship.
**CURANDEIRO**, s. m. Quack, charlatan.
**CURAR**, v. t. To cure, to restore to health; to prepare for preservation by drying, salting.
**CURATIVO**, s. m. Dressing, adj. curative.
**CURATO**, s. m. Work of a curate.
**CURÁVEL**, adj. Curable.
**CÚRIA**, s. f. Curia.
**CURIAL**, adj. Curial.
**CURIOSIDADE**, s. f. Curiosity.
**CURIOSO**, adj. Curious; strange; rare; odd.
**CURRAL**, s. m. Corral; cow-house; ox-stall.
**CURSAR**, v. t. To frequent; to follow.
**CURRÍCULO**, s. m. Curriculum; run; path.
**CURSIVO**, adj. e s. m. Cursive.
**CURSO**, s. m. Course, lectures, direction.
**CURTEZA**, s. f. Shortness.
**CURTIDOR**, s. m. Tanner.

**CURTIDURA**, s. f. Tanning.
**CURTIR**, v. t. To tan; to harden; to prepare.
**CURTO**, adj. Short; brief; concise.
**CURTUME**, s. m. Tanning.
**CURVA**, s. f. Curve, bend; hough (of the leg).
**CURVAR**, v. t. To curve; to bend; to flex; to duck; to bow; to crook; (fig.) to subjugate.
**CURVATURA**, s. f. Curvature; a bend.
**CURVETA**, s. f. Curvet, prance.
**CURVILÍNEO**, adj. Curvilinear.
**CURVO**, adj. Curved, crooked, bent.
**CÚSPIDE**, s. f. Cusp.
**CUSPIDELA**, s. f. Spitting.
**CUSPIR**, v. t. e i. To spit; to dart, to fling.
**CUSPO**, s. m. Spittle, saliva.

**CUSTAR**, v. t. To cost, to stand in.
**CUSTEAR**, v. t. To defray, to disburse.
**CUSTEIO**, s. m. Expense; defrayal.
**CUSTO**, s. m. Cost, price; (fig.) pains.
**CUSTÓDIA**, s. f. Custody; keeping.
**CUSTOSO**, adj. Dearly, costly; hard.
**CUTÂNEO**, adj. Cutaneous.
**CUTELA**, s. f. large meat-knife.
**CUTELARIA**, s. f. Cutlery.
**CUTELO**, s. m. Cutlass.
**CUTÍCULA**, s. f. Cuticle.
**CUTICULAR**, adj. Cuticular.
**CUTILADA**, s. f. Cut, slash.
**CÚTIS**, s. f. Cutis.
**CUTUCAR**, v. t. To nudge.

# D

**D**, s. m. The fourth letter of the alphabet; (Mús.) the second tone in the major scale of "c"; adj. as a Roman numeral, 500.
**DA**, contr. prep. "de" and art. "a", or prep. "de" and pron. dem. "a", Of the; from the; of that; from that.
**DÁCTILO**, adj. e s. m. Dactyl.
**DÁDIVA**, s. f. Gift, donation.
**DADIVOSO**, adj. Generous; liberal.
**DADO**, adj. Affable, pleasant, kind; s. m. dice, cube, known element.
**DAGUERREÓTIPO**, s. m. Daguerreotype.
**DAÍ**, contr. prep. "de" and adv. "aí", From there; therefore; thence; for that reason.
**DALÉM**, contr. prep. "de" and adv. "além", From there, from beyond.
**DALI**, contr. prep. "de" and adv. "ali", From there; thence; for that reason.
**DÁLIA**, s. f. Dahlia.
**DALTÔNICO**, adj. e s. m. Daltonian.
**DAMA**, s. f. Dame, lady; queen (at cards).
**DAMASCO**, s. m. Damask, apricot.
**DANAÇÃO**, s. f. Damnation; condemnation.
**DANADO**, adj. Damned; wicked; mad.
**DANAR**, v. t. To injure, to hurt, to spoil.
**DANÇA**, s. f. Dance, ball.
**DANÇAR**, v. i. To dance; to skip.
**DANÇARINA**, s. f. Dancing-girl.
**DANÇARINO**, s. m. Dancer.

**DÂNDI**, s. m. Dandy, fop coxcomb.
**DANIFICAÇÃO**, s. f. Damnification; harm.
**DANIFICAR**, v. t. To damnify; to damage.
**DANINHO**, adj. Hurtful; wicked.
**DANO**, s. m. Damage; harm; loss.
**DANTES**, contr. prep. "de" and adv. "antes", Before; formerly.
**DANTESCO**, adj. Dantesque, Dantean.
**DAQUELE**, contr. prep. "de" and adj. or pron. dem. "aquele", Of that; from that.
**DAQUI**, contr. prep. "de" and adv. "aqui", From here; hence.
**DAR**, v. t. To give, to bestow, to donate, to present, to grant; to supply; v. i. to beat, to strike, to collide, to encounter; v. p. to feel.
**DARDEJAR**, v. t. To shoot darts at; to dart.
**DARDO**, s. m. Dart; insect's sting.
**DARWINISMO**, s. m. Darwinism.
**DATA**, s. f. Date; plot of land.
**DATAR**, v. t. To date; to write a date on.
**DATIL**, s. m. Date.
**DATILOGRAFIA**, s. f. Typewriting.
**DATILOSCOPIA**, s. f. Fingerprinting.
**DATISMO**, s. m. Tautology; tedious repetition of synonims.
**DATIVO**, s. m. Dative case.
**DE**, prep. From, of, by, with, in.
**DEADO**, s. m. Deanship.
**DEAMBULAÇÃO**, s. f. Deambulation.

**DEÃO**, s. m. Dean.
**DEBACLE**, s. m. Debacle; collapse, rout.
**DEBAIXO**, adv. Below; underneath; under.
**DEBALDE**, adv. In vain.
**DEBANDADA**, s. f. Disbandment.
**DEBANDAR**, v. t. To disband, to disperse.
**DEBATE**, s. m. Debate; altercation.
**DEBATER**, v. t. To debate; to argue; to dispute; to discuss; v. i. to debate; to dispute.
**DEBELAÇÃO**, s. f. Extinction; suppression.
**DEBELAR**, v. t. To extinguish; to repress.
**DEBICAR**, v. i. To peck.
**DÉBIL**, adj Weak, weakly, feeble.
**DEBILIDADE**, s. f. Debility; infirmity.
**DEBILITAR**, v. t. To debilitate; to enfeeble.
**DEBITAR**, v. t. To debit; to charge.
**DÉBITO**, s. m. Debit, debt.
**DEBOCHAR**, v. t. To debauch; to deprave.
**DEBRUÇAR**, v. t. To lean or bend forward.
**DEBUTANTE**, s. f. (Bras.) Debutant.
**DEBRUM**, s. m. Hem.
**DEBULHA**, s. f. Thrashing.
**DEBULHAR**, v. t. To thrash; to husk.
**DEBUXADOR**, s. m. Drawer.
**DEBUXAR**, v. t. To draw, to sketch, to draft.
**DEBUXO**, s. m. Sketch, first draft outline.
**DÉCADA**, s. f. Decade.
**DECADÊNCIA**, s. f. Decadence; decline.
**DECADENTE**, adj. Decadent; sinking.
**DECAEDRO**, s. m. Decahedron.
**DECÁGONO**, s. m. Decagon.
**DECAGRAMA**, s. m. Decagram or decagramme.
**DECAÍDA**, s. f. Decay; decline; downfall.
**DECAÍDO**, adj. Decadent, decrepit.
**DECAIR**, v. i. To decay, to decline.
**DECALCAR**, v. t. To trace.
**DECALCOMANIA**, s. f. Decalcomania.
**DECALITRO**, s. m. Decalitre.
**DECÁLOGO**, s. m. Decalogue.
**DECALQUE**, s. m. Countertracing.
**DECÂMETRO**, s. m. Decametre.
**DECANADO**, s. m. Deanery.
**DECANIA**, s. f. Deanship.
**DECANO**, s. m. Dean; the senior member of diplomatic corps, class, or corporation.
**DECANTAÇÃO**, s. f. Decantation.
**DECANTAR**, v. t. To decant; to praise.
**DECAPITAÇÃO**, s. f. Decapitation.
**DECAPITAR**, v. t. To decapitate.
**DECASSÍLABO**, adj. Decassyllabic.
**DECENAL**, adj. Decennial.
**DECÊNCIA**, s. f. Decency; modesty.

**DECÊNIO**, s. m. Decennium, decennary.
**DECENTE**, adj. Decent; proper; modest; moderate; decorous; respectable.
**DECEPADO**, adj. Cut off; maimed.
**DECEPAR**, v. t. To behead; to mutilate.
**DECEPÇÃO**, s. f. Deception.
**DECEPCIONAR**, v. t. To deceive.
**DECERTO**, adv. Assuredly, certainly.
**DECIBEL**, s. m. Decibel.
**DECIDIDO**, adj. Determined; decided; firm.
**DECIDIR**, v. t. To decide, to determine.
**DECÍDUO**, adj. Deciduous.
**DECIFRAÇÃO**, s. f. Deciphering.
**DECIFRAR**, v. i. To decipher; to detect.
**DECIGRAMA**, s. m. Decigram or decigramme.
**DECILITRO**, s. m. Decilitre.
**DÉCIMA**, s. f. Tithe; tenth part.
**DECIMAL**, adj. Decimal.
**DECÍMETRO**, s. m. Decimetre.
**DÉCIMO**, adj. Tenth.
**DECISÃO**, s. f. Decision; resolution.
**DECISIVO**, adj. Decisive; conclusive; final.
**DECLAMAÇÃO**, s. f. Declamation.
**DECLAMAR**, v. t. To declaim; to recite.
**DECLARAÇÃO**, s. f. Declaration; statement; announcement; affirmation; exposition.
**DECLARADO**, adj. Declared; stated; sincere.
**DECLARANTE**, adj. That declares.
**DECLARAR**, v. t. To declare, to avow, to assert, to state, to proclaim, to manifest, to pronounce, to reveal, to confess; to explaind; to clarify; to affirm.
**DECLINAÇÃO**, s. f. Declension; declination.
**DECLINAR**, v. t. To decline; to depress; to cause decline; to refuse; to reject; (Gram.) to inflect a noun, adjective or pronoun, showing number, case and gender.
**DECLÍNIO**, s. m. Decline; decay, ebb; slump.
**DECLIVE**, s. m. Slope; declivity.
**DECOCÇÃO**, s. f. Decoction.
**DECOLAGEM**, s. f. Take-off.
**DECOLAR**, v. i. To take off.
**DECOMPOR**, v. t. To decompose; (fig.) to analyze; (mat.) to break down; to modify.
**DECOMPOSIÇÃO**, s. f. Decomposition; alteration; analysis.
**DECORAÇÃO**, s. f. Decoration, scenery.
**DECORAR**, v. t. To decorate; to adorn; to embellish; to memorize; to learn by heart.
**DECORO**, s. m. Decorous; decent.
**DECORRER**, v. i. To slide, to elapse, to pass.
**DECOTADO**, adj. Low-necked.
**DECOTAR**, v. t. To cut a low-necked dress.

**DECOTE**, s. m. Low cut in the neck (of a dress); pruning, topping.
**DECRÉPITO**, adj. Decrepit.
**DECREPITUDE**, s. f. Decrepitude.
**DECRESCENTE**, adj. Decreasing.
**DECRESCER**, v. i. To decrease, to diminish.
**DECRETAR**, v. t. To decree; to ordain.
**DECRETO**, s. m. Decree; mandate; order.
**DECÚBITO**, s. m. Decumbent position.
**DECÚMANO**, adj. Decuman; tenth.
**DÉCUPLO**, adj. e s. m. Decuple.
**DECÚRIA**, s. f. Decuria.
**DECURIÃO**, s. m. Decurion.
**DECURSO**, s. m. Course, lapse (of time).
**DEDAL**, s. m. Thimble; foxglove.
**DEDALEIRA**, s. f. Foxglove; digitalis.
**DÉDALO**, s. f. Labyrinth, maze.
**DEDEIRA**, s. f. Finger-stall.
**DEDICAÇÃO**, s. f. Affection, love.
**DEDICAR**, v. t. To dedicate, to devote, to consercate; to inscribe (a book).
**DEDICATÓRIA**, s. f. Dedication, dedicatory.
**DEDILHAR**, v. t. To finger.
**DEDO**, s. m. Finger.
**DEDUÇÃO**, s. f. Deduction; subtraction; abatement; conclusion; decision.
**DEDUTIVO**, adj. Deductive.
**DEDUZIR**, v. t. To deduct; to subtract.
**DEFASAGEM**, s. f. Difference em phase.
**DEFASAR**, v. t. To put out of phase.
**DEFECAÇÃO**, s. f. Defecation.
**DEFECAR**, v. t. To defecate.
**DEFECÇÃO**, s. f. Defection; failure; desertion; apostasy.
**DEFECTIVO**, adj. Defective; imperfect.
**DEFEITO**, s. m. Defect; fault; blemish.
**DEFEITUOSO**, adj. Defective; faulty.
**DEFENDER**, v. t. To defend; to protect; to regist; to contest; v. p. to repel attack.
**DEFENSÁVEL**, adj. Defensible.
**DEFENSIVA**, s. f. Defensive.
**DEFENSIVO**, adj. Defensive; protective.
**DEFENSOR**, s. m. Defender; defendant.
**DEFERÊNCIA**, s. f. Deference; respect.
**DEFERENTE**, adj. Deferential; complying.
**DEFERIMENTO**, s. m. Authorization; aproval.
**DEFERIR**, v. t. To yield, to approve, to condescend; v. i. to defer; to delay.
**DEFESA**, s. f. Defense; protection.
**DEFESO**, adj. Prohibited; forbidden.
**DEFICIÊNCIA**, s. f. Deficiency; failure.
**DEFICIENTE**, adj. Deficient, imperfect.
**DEFICIT**, s. m. Deficit; deficiency.
**DEFICITÁRIO**, adj. Showing a deficit, short.
**DEFINHADO**, adj. Thin, debilitated; wasted.
**DEFINHAMENTO**, s. m. Wasting; decay.
**DEFINHAR**, v. t. To cause to lose flesh.
**DEFINIÇÃO**, s. f. Definition.
**DEFINIDO**, adj. Definite; fixed; limited.
**DEFINIR**, v. t. To define; to limit; to explain.
**DEFINÍVEL**, adj. Definable.
**DEFLAGRAÇÃO**, s. f. Deflagration.
**DEFLAGRAR**, v. i. To deflagrate; to burn.
**DEFLEXÃO**, s. f. Deflection.
**DEFLORAÇÃO**, s. f. Withering.
**DEFLORAR**, v. t. To deflower.
**DEFLUIR**, v. i. To flow.
**DEFLUXO**, s. m. Defluxion, cold.
**DEFORMAÇÃO**, s. f. Deformation.
**DEFORMAR**, v. t. To deform; to desfigure.
**DEFORMIDADE**, s. f. Deformity; uglines.
**DEFRAUDAÇÃO**, s. f. Defrauding.
**DEFRAUDAR**, v. t. To defraud, to deprive.
**DEFRONTAR**, v. t. To face.
**DEFRONTE**, adv. Opposite to, in front.
**DEFUMAÇÃO**, s. f. Smoking.
**DEFUMADO**, adj. Smoky.
**DEFUMAR**, v. t. To smoke, to cure (meat, fish, etc.) with smoke.
**DEFUNTO**, adj. Deceased, defunct; s. m. dead person; corpse.
**DEGELAR**, v. i. To defrost; to melt; to thaw.
**DEGELO**, s. m. Defrost; thaw.
**DEGENERAÇÃO**, s. f. Degeneration.
**DEGENERADO**, adj. Degenerate; corrupt.
**DEGENERAR**, v. i. To degenerate.
**DEGLUTIÇÃO**, s. f. Deglutition.
**DEGLUTIR**, v. t. To swallow.
**DEGOLAÇÃO**, s. f. Beheading; decollation.
**DEGOLAR**, v. t. To behead, to decollate.
**DEGRADAÇÃO**, s. f. Degradation; degeneration; deterioration; disgrace.
**DEGRADANTE**, adj. Degrading; debasing.
**DEGRADAR**, v. t. To degrade; to corrupt.
**DEGRAU**, s. m. Degree, grade, step.
**DEGREDADO**, s. m. Convict, exile.
**DEGREDAR**, v. t. To banish; to exile.
**DEGREDO**, s. m. Banishment; exile.
**DEICIDA**, s. 2 gên. Deicide.
**DEICÍDIO**, s. m. Deicide, murder of Christ.
**DEIDADE**, s. f. Deity; divinity; goddess.
**DEIFICAÇÃO**, s. f. Deification.
**DEÍSMO**, s. m. Deism.
**DEITADO**, adj. In bed; recumbent.
**DEITAR**, v. t. To put in; to place; to lay.
**DEIXAR**, v. t. To leave behind; to abandon.

**DEJEIÇÃO, s. f.** Defecation; (Geol.) substances ejected by volcanoes.
**DEJEJUAR, v. i.** To break one's fast.
**DEJETAR, v. t.** To defecate.
**DELA,** contr. prep. "de" and pron. pess. "ela", Of her, from her; her, hers.
**DELAÇÃO, s. f.** Delation.
**DELAPIDAR, v. t.** To dilapidate.
**DELATAR, v. t.** To denounce, to delate.
**DELE,** contr. prep. "de" and pron. pess. "ele", Of him, from him, his.
**DELEGAÇÃO, s. f.** Delegation.
**DELEGACIA, s. f.** Charge or office of a delegate; police station.
**DELEGANTE, s. 2 gên.** Constituent.
**DELEGAR, v. t.** To delegate; to depute.
**DELEITAÇÃO, DELEITAMENTO, s. f., s. m.** Delectation, delight, enjoyment.
**DELEITANTE, adj.** Pleasant, pleasing.
**DELEITAR, v. i.** To delight, to please.
**DELEITÁVEL, adj.** Delectable, delightful.
**DELETÉRIO, adj.** Deleterious, noxious, poisonous; harmful; destructive; demoralizing.
**DELETREAR, v. i.** To spell.
**DELÉVEL, adj.** Easily erased or destroyed.
**DELFIM, s. m.** Delphin; dauphin.
**DELGADO, adj.** Thin, slim, slender, lean, slight; delicate; **s. m.** the slender part.
**DELIBERAÇÃO, s. f.** Deliberation, decision.
**DELIBERAR, v. t.** To deliberate, to decide.
**DELIBERATIVO, adj.** Deliberative.
**DELICADEZA, s. f.** Delicacy; fineness; courtesy; refinement of feeling; conduct; taste.
**DELICADO, adj.** Delicate; attentive; weak.
**DELÍCIA, s. f.** Delight.
**DELICIAR, v. t.** To delight, to please.
**DELICIOSO, adj.** Delicious, delightful.
**DELIMITAÇÃO, s. f.** Delimitation.
**DELIMITAR, v. t.** To delimit, to bound.
**DELINEAÇÃO, s. f.** Delineation.
**DELINEAR, v. t.** To delineate; to outline.
**DELINQÜÊNCIA, s. f.** Delinquency; misdeed.
**DELINQÜENTE, adj.** Delinquent; guilty; criminal; **s. 2 gên.** delinquent person.
**DELIR, v. t.** To liquify, to dissolve; to undo.
**DELIRANTE, adj.** Delirious; furious; raving.
**DELIRAR, v. i.** To delirious; to rave.
**DELÍRIO, s. m.** Delirium; exaltation.
**DELITO, s. m.** Delict, crime, blame.
**DELONGA, s. f.** Delay; deferring.
**DELTA, s. m.** Delta.
**DELUDIR, v. t.** To delude.
**DELUSÓRIO, adj.** Deceptive; deluding.

**DEMAGOGIA, s. f.** Demagogy; demagoguery.
**DEMAGÓGICO, adj.** Demagogic.
**DEMAIS, adv.** Too, too much; excessively; moreover; **adj.** excessive; superfluous.
**DEMANDA, s. f.** Law-suit; demand; request.
**DEMANDAR, v. t.** To sue at law; to demand; to claim; to require; to call for; to need.
**DEMÃO, s. f.** Coat of paint; retouch; aid.
**DEMARCAÇÃO, s. f.** Demarcation; division.
**DEMARCAR, v. t.** To demarcate; to delimit.
**DEMASIA, s. f.** Excess, oversupply; abuse.
**DEMASIADO, adj.** Excessive; superfluous; abusive; **adv.** excessively, too, too much.
**DEMÊNCIA, s. f.** Dementia, insanity.
**DEMENTAR, v. t.** To madden.
**DEMÉRITO, s. m.** Demerit, fault.
**DEMISSÃO, s. f.** Demission, resignation.
**DEMISSIONÁRIO, s. m.** Resigner.
**DEMITIR, v. t.** To dismiss; to discharge.
**DEMO, s. m.** Devil.
**DEMOCRACIA, s. f.** Democracy.
**DEMOCRATA, s. m. e f.** Democrat.
**DEMOGRAFIA, s. f.** Demography.
**DEMOLIÇÃO, s. f.** Demolition.
**DEMOLIR, v. t.** To demolish; to destroy.
**DEMONÍACO, adj.** Demoniac, devilish.
**DEMÔNIO, s. m.** Demon, devil.
**DEMONSTRAÇÃO, s. f.** Demonstration; proof; show; display.
**DEMONSTRAR, v. t.** To demonstrate; to prove; to explain; to show publicly.
**DEMONSTRATIVO, adj.** Demonstrative; proving; conclusive; (Gram.) serving to point or the person or thing refered to, distinguishing it from others.
**DEMORA, s. f.** Delay, retardation.
**DEMORAR, v. t.** To delay; to detain.
**DEMOVER, v. t.** To displace, to remove.
**DENEGAÇÃO, s. f.** Denial, denegation.
**DENEGAR, v. t.** To deny; to disown.
**DENEGRIDO, adj.** Blackened; tarnished.
**DENEGRIR, v. t.** To blacken, to smut.
**DENGÜE, DENGUICE, s. m., s. f.** Coyness; primness; affectation.
**DENODADO, adj.** Bold; resolute; intrepid.
**DENODO, s. m.** Boldness, courage, daring.
**DENOMINAÇÃO, s. f.** Denomination; a name; designation or title.
**DENOMINADOR, s. m.** Denominator.
**DENOMINAR, v. t.** To denominate; to call.
**DENOMINATIVO, adj.** Denominative.
**DENOTAR, v. t.** To denote; to indicate; to show; to be the name for; to signify.

**DENSIDADE**, s. f. Density; compactness.
**DENSÍMETRO**, s. m. Densimeter.
**DENSO**, adj. Dense, compact, thick.
**DENTADA**, s. f. Bite; (fig.) sting.
**DENTADO**, adj. Toothed; dentade.
**DENTADURA**, s. f. Set of teeth; denture.
**DENTAL**, adj. Dental.
**DENTAR**, v. t. To bite; to indent; to notch.
**DENTE**, s. m. Tooth; fang; tusk (of an animal); prong (of a fork).
**DENTEADO**, adj. Indented; serrte; notched.
**DENTEAR**, v. t. To indent; to notch; to tooth.
**DENTIÇÃO**, s. f. Dentition; toothing.
**DENTICULADO**, adj. Denticulated.
**DENTIFORME**, adj. Dentiform.
**DENTIFRÍCIO**, adj. Of or pertaining to a dentifrice; s. m. dentifrice; tooth paste.
**DENTINA**, s. f. Dentine; ivory.
**DENTISTA**, s. 2 gên. Dentist.
**DENTRE**, contr. prep. "de" and prep. "entre", Among, amidst; from among.
**DENTRO**, adv. Within, in, inside.
**DENUDAR**, v. t. To denude, to lay bare.
**DENÚNCIA**, s. f. Denunciation (also law); accusation; impeachment.
**DENUNCIAR**, v. t. To denounce; to accuse.
**DEPARAR**, v. t. To cause appear; to present.
**DEPARTAMENTO**, s. m. Department.
**DEPAUPERAR**, v. t. To depauperate.
**DEPENADO**, adj. Deplumated; featherless.
**DEPENAR**, v. t. To deplume.
**DEPENDÊNCIA**, s. f. Dependency; reliance; trust; s. f. pl. out-houses, out-buildings.
**DEPENDENTE**, adj. Dependent; relying on.
**DEPENDER**, v. rel. To depend, to rely.
**DEPENDURADO**, adj. Suspended, hanging.
**DEPENDURAR**, v. t. To suspend, to hang.
**DEPENICAR**, v. t. To pluck.
**DEPILAÇÃO**, s. f. Depilation.
**DEPILAR**, v. t. To depilate, to strip off hair.
**DEPILATÓRIO**, adj. e s. m. Depilatory.
**DEPLEÇÃO**, s. f. (Med.) Depletion.
**DEPLORAÇÃO**, s. f. Deploring.
**DEPLORAR**, v. t. To deplore, to lament.
**DEPLORÁVEL**, adj. Deplorable; grievous.
**DEPOENTE**, s. m. Deponent, witness.
**DEPOIMENTO**, s. m. Testimony; deposition.
**DEPOIS**, adv. After, afterwards, then, next.
**DEPOR**, v. t. To depose; to testify.
**DEPORTAÇÃO**, s. f. Deportation; exile.
**DEPORTAR**, v. t. To deport; to banish.
**DEPOSIÇÃO**, s. f. Deposition; testimony.
**DEPOSITANTE**, s. 2 gên. Depositer.

**DEPOSITAR**, v. t. To deposit; to entrust; to put; to let fall (as sediment).
**DEPOSITÁRIO**, s. m. Depositary; trustee.
**DEPÓSITO**, s. m. Deposit, trust; storehouse; warehouse; sediment; depot.
**DEPOSTO**, adj. Deposed; dismissed.
**DEPRAVAÇÃO**, s. f. Depravation; depravity.
**DEPRAVADO**, adj. Depraved, corrupt.
**DEPRAVAR**, v. t. To deprave; to corrupt.
**DEPRECAR**, v. t. To supplicate; to invoke.
**DEPRECIAÇÃO**, s. f. Deopreciation.
**DEPRECIADOR**, adj. Depreciative; s. m. depreciator.
**DEPRECIAR**, v. t. To depreciate.
**DEPREDAÇÃO**, s. f. Depredation; pillage.
**DEPREDAR**, v. t. To plunder; to spoil.
**DEPREENDER**, v. t. To perceive; to deduce.
**DEPRESSA**, adv. Quickly, fast, in a hurry.
**DEPRESSÃO**, s. f. Depression; small hole.
**DEPRESSIVO**, adj. Depressive.
**DEPRIMENTE**, adj. Depressing.
**DEPRIMIDO**, adj. Downcast, dejected.
**DEPRIMIR**, v. t. To depress; to humble.
**DEPURAÇÃO**, s. f. Depuration.
**DEPURADOR**, adj. Depurative; s. m. purifier.
**DEPURAR**, v. t. To depurate; to purify.
**DEPUTADO**, s. m. Deputy; congressman.
**DEPUTAR**, v. t. To depute; to commit.
**DERIVAÇÃO**, s. f. Derivation.
**DERIVADA**, adj. Derived; (mat.) derivative.
**DERIVADO**, adj. Derived; s. m. derivative.
**DERIVAR**, v. i. To derive; to come from; v. t. to turn aside, to derive, to draw, to deviate.
**DERIVAIVO**, adj. Derivtive.
**DERMATOLOGIA**, s. f. Dermatology.
**DERMATOSE**, s. f. Dermatosis.
**DERME**, s. f. Derm, skin.
**DÉRMICO**, adj. Dermic, dermal.
**DERMOGRAFIA**, s. f. Dermography.
**DERRABAR**, v. t. To dock.
**DERRADEIRO**, adj. Last, final.
**DERRAMA**, s. f. Per capita local tax.
**DERRAMADO**, adj. Shed, scattered, spread.
**DERRAMAMENTO**, s. m. Shedding; dispersion; overflowing; effusion; scattering.
**DERRAMAR**, v. t. To lop, to scatter, to shed; to spread; to assess (taxes); to pour out; to effuse; to prune (trees).
**DERRAPAGEM**, s. f. (Bras.) Skidding, skid.
**DERREAMENTO**, s. m. Extenuation.
**DERREAR**, v. t. To bow or weigh (someone dawn); exhaust; to prostrate; to scold.
**DERREDOR**, adv. Around.

**DERRETER**, v. t. To melt, to thaw, to liquefy; to soften, to mollify; to dissolve; to fuse.
**DERRETIDO**, adj. Melted; (fig.) amorous.
**DERRIBAMENTO**, s. m. Demolition.
**DERRIBAR**, v. t. To demolish; to pull down.
**DERRIÇAR**, v. t. To disentangle; v. i. to mock; to contend; (pop.) to make love.
**DERRISÃO**, s. f. Derision; mockery.
**DERRISÓRIO**, adj. Derisive; ridiculous.
**DERROCADA**, s. f. Destruction; ruining.
**DERROCAR**, v. t. To throw down; to raze.
**DERROGAÇÃO**, s. f. Derogation.
**DERROGAR**, v. t. To derogate, to annul.
**DERROGATÓRIO**, adj. Derogatory.
**DERROTA**, s. f. Defeat, rout; destruction.
**DERROTAR**, v. t. To defeat; to rout; to destroy; v. i. to stray (from the course).
**DERRUBAMENTO**, s. m. Demolition.
**DERRUBAR**, v. t. To throw down.
**DESABADO**, adj. Turned down (the brim of a hat).
**DESABAFAR**, v. t. To air, to uncover.
**DESABAFO**, s. m. Relief, ease.
**DESABALADO**, adj. (pop.) Enormous; huge.
**DESABAMETO**, s. m. Crumbling; falling.
**DESABAR**, v. t. To pull down.
**DESABITADO**, adj. Uninhabited.
**DESABITUAR**, v. t. To disaccustom.
**DESABONAR**, v. t. To discredit.
**DESABOTOAR**, v. t. To unbutton; v. i. to blossom, to bloom.
**DESABRIDO**, adj. Sharp; unpleasant; wild.
**DESABRIGADO**, adj. Unsheltered; open.
**DESABRIGAR**, v. t. To unshelter, to forsake; to abandon.
**DESABROCHAR**, v. i. To blossom.
**DESACATAMENTO**, s. m. Disrespect.
**DESACATAR**, v. t. To disrespect, to profane.
**DESACAUTELADO**, adj. Imprudent; careless.
**DESACAUTELAR**, v. t. To be incautious.
**DESACERTADO**, adj. Inconsiderate; wrong.
**DESACERTAR**, v. t. e i. To miss; to mistake.
**DESACERTO**, s. m. Mistake; fault.
**DESACOLCHETAR**, v. t. To unhook hook-and-eye fastenings.
**DESACOMPANHADO**, adj. Alone.
**DESACONSELHAR**, v. t. To dissuade.
**DESACORDADO**, adj. Fainted.
**DESACORDAR**, v. t. To put in disagreement.
**DESACORDO**, s. m. Disaccord; dissension.
**DESACOROÇOAR**, v. t. To discourage.
**DESACORRENTAR**, v. t. To unleash; to free.
**DESACOSTUMADO**, adj. Unusual.

**DESACOSTUMAR**, v. t. To be unaccustomed.
**DESACREDITAR**, v. t. To descredit; to decry.
**DESAFEIÇÃO**, s. f. Disaffection; dislike.
**DESAFEIÇOADO**, adj. Disaffected.
**DESAFEITO**, adj. Unaccustomed.
**DESAFERRAR**, v. t. To loose; to free.
**DESAFETO**, adj. Disaffected.
**DESAFIANTE**, adj. Defying.
**DESAFIAR**, v. t. To defy; to dare; to provoke.
**DESAFINAÇÃO**, s. f. Dissonance.
**DESAFINAR**, v. t. To untune.
**DESAFIO**, s. m. Challenge, defiance.
**DESAFIVELAR**, v. t. To unbuckle.
**DESAFOGADO**, adj. Cleared; open; easy.
**DESAFOGAR**, v. t. To clear, to free.
**DESAFOGUEAR**, v. t. To cool, to refresh.
**DESAFORADO**, adj. Insolent; impudent.
**DESAFORAR**, v. t. To exempt.
**DESAFORO**, s. m. Insolence; insult.
**DESAFORTUNADO**, adj. Unhappy.
**DESAFRONTA**, s. f. Revenge.
**DESAFRONTADO**, adj. Released, free; open.
**DESAFRONTAR**, v. t. To revenge; to free.
**DESAGASALHADO**, adj. Unsheltered.
**DESAGASALHAR**, v. t. To take the wraps off.
**DESAGRADAR**, v. t. To displease.
**DESAGRADÁVEL**, adj. Disagreable.
**DESAGRADO**, s. m. Disagreableness.
**DESAGRAVAR**, v. t. To redress, to revenge.
**DESAGRAVO**, s. m. Reparation; amends.
**DESAGREGAÇÃO**, s. f. Disaggregation.
**DESAGREGAR**, v. t. To separate.
**DESAGUADOURO**, s. m. Ditch, drain, gutter.
**DESAGUAMENTO**, s. m. Drainage; draining.
**DESAGUAR**, v. i. To discharge, to flow into (a river).
**DESAJEITADO**, adj. Awkward, clumsy.
**DESAJUDADO**, adj. Unhelpe.
**DESAJUSTAR**, v. t. To break off (a treaty).
**DESALENTADOR**, adj. Discouraging.
**DESALENTAR**, v. t. To discourage; to dismay, to dispirit, to depress.
**DESALENTO**, s. m. Discouragement.
**DESALINHADO**, adj. Sluttish; out of line.
**DESALINHAR**, v. t. To put out of line; to disorder; to derange.
**DESALINHO**, s. m. Negligence.
**DESALMADO**, adj. Wicked; inhuman; cruel.
**DESALOJAR**, v. t. To dislodge; to expel.
**DESAMARRAR**, v. t. To unbind; to loosen.
**DESAMOR**, s. m. Aversion; dislike; cruelty.
**DESAMORTIZAR**, v. t. To disentail.
**DESAMPARADO**, adj. Forlon, helpless.

**DESAMPARAR**, v. t. To forsake, to abandon.
**DESAMPARO**, s. m. Abandonment; forsaking.
**DESANCAR**, v. t. To beat.
**DESANDAR**, v. t. To pull, to turn back.
**DESANEXAR**, v. t. To disunite.
**DESANIMADO**, adj. Low-spirited.
**DESANIMAR**, v. t. To discourage; to deject.
**DESÂNIMO**, s. m. Discouragement; sadness.
**DESANUVIADO**, adj. Cloudless; clear.
**DESANUVIAR**, v. t. e i. To clear up.
**DESAPAIXONADO**, adj. Dispassionate; calm.
**DESAPARAFUSAR**, v. t. To unscrew.
**DESAPARECER**, v. i. To disappear.
**DESAPARECIDO**, adj. Missing.
**DESAPARECIMENTO**, s. m. Disappearance; vanishing; death; decease.
**DESAPARIÇÃO**, s. f. Disappearance.
**DESAPEGADO**, adj. Detached; indifferent.
**DESAPEGO**, s. m. Indifference.
**DESAPERCEBIDO**, adj. Improvident.
**DESAPERTAR**, v. t. To loosen, to unscrew.
**DESAPIEDADO**, adj. Unhuman, cruel.
**DESAPLICADO**, adj. Careless; negligent.
**DESAPONTAMENTO**, s. m. Disappointment.
**DESAPONTAR**, v. t. To disappoint.
**DESAPOSSAR**, v. t. To disposses.
**DESAPRENDER**, v. t. To unlearn.
**DESAPROVAÇÃO**, s. f. Disapproval.
**DESAPROVADOR**, adj. Disapproving.
**DESAPROVAR**, v. t. To disapprove.
**DESAPROVEITAR**, v. t. To waste.
**DESAPRUMADO**, adj. Not plumb.
**DESARBORIZAR**, v. t. To deprive of trees.
**DESARMAMENTO**, s. m. Disarmament.
**DESARMAR**, v. t. To disarm.
**DESARMONIA**, s. f. Disharmony; dissonance.
**DESARMONIZAR**, v. t. To disharmonize.
**DESARRAIGAR**, v. t. To root out; to uproot.
**DESARRANJAR**, v. t. To derange, to trouble.
**DESARRANJO**, s. m. Confusion; disorder.
**DESARRAZOADO**, adj. Unreasonable.
**DESARRAZOAR**, v. i. To talk nonsense.
**DESARREAR**, v. t. To unharness.
**DESARRIMO**, s. m. Forlornness.
**DESARROLHAR**, v. t. To uncork.
**DESARRUMAÇÃO**, s. f. Disturbance; disorder; perturbation; disarrangement.
**DESARRUMAR**, v. t. To displace; to disturb.
**DESARTICULAR**, v. t. To disarticulate.
**DESARVORADO**, adj. Dismasted; guideless.
**DESARVORAR**, v. t. To dismast; v. i. (fam.) to decamp, to fly away.
**DESASSIMILAR**, v. t. To disassimilate.

**DESASSOCIAR**, v. t. To disassociate.
**DESASSOMBRADO**, adj. Bold, brave.
**DESASSOMBRO**, s. m. Boldness; courage.
**DESASSOSSEGAR**, v. t. To disquiet; to trouble; v. i. to worry.
**DESASTRADO**, adj. Awkward; unlucky.
**DESASTRE**, s. m. Disaster; misfortune.
**DESATADO**, adj. Untied; undone.
**DESATAR**, v. t. To untie; to unlace.
**DESATARRAXAR**, v. t. To unscrew.
**DESATAVIADO**, adj. Untrimmed; simple.
**DESATAVIAR**, v. t. To undeck.
**DESATENÇÃO**, s. f. Inattention; incivility.
**DESATENCIOSO**, adj. Inattentive.
**DESATENDER**, v. t. To neglect; to disrespect.
**DESATERRAR**, v. t. To excavate.
**DESATERRO**, s. m. Excavation; cutting.
**DESATINADO**, adj. Inconsiderate; stunned.
**DESATINAR**, v. t. To madden; v. i. to be crazy.
**DESATRACAR**, v. t. To unmoor.
**DESATRELAR**, v. t. To unleash, to take out (the horses).
**DESAUTORIZAÇÃO**, s. f. Stripping of authority.
**DESAVENÇA**, s. f. Discord; dissension.
**DESAVERGONHADO**, adj. Shameless; brazen, saucy; impudent.
**DESAVINDO**, adj. Disagreed.
**DESAVIR**, v. t. To estrange; to alienate.
**DESAZO**, s. m. Clumsiness; carelessness.
**DESBANCAR**, v. t. To beat, to exceed to surpass.
**DESBARATADO**, adj. Defeated; dispersed.
**DESBARATAR**, v. t. To destroy; to waste; to squander; (Mil.) to defeat; to rout.
**DESBASTAMENTO**, s. m. Rough-hewing.
**DESBASTAR**, v. t. To rough-turn, to lop, to pare; to chip off, to polish.
**DESBLOQUEAR**, v. t. To raise the blockade.
**DESBOCADO**, adj. Foul-mouthed.
**DESBOCAR**, v. t. To render hard-mouthed (horse); to empty; to spill.
**DESBOTAMENTO**, s. m. Discoloring.
**DESBOTAR**, v. i. To discord, to lose its color.
**DESBRAVAMENTO**, s. m. Taming; domestication; reclaiming; cultivation; polishing.
**DESBRAVAR**, v. t. To grub up (the land).
**DESBRIDAR**, v. t. To unbridle.
**DESCABELADO**, adj. Bald; disheveled.
**DESCABIDO**, adj. Improper, inconvenient.
**DESCAIMENTO**, s. m. Debility; decay.
**DESCAIR**, v. i. To decay; to decline.

**DESCALABRO**, s. m. Damage, ruin, loss.
**DESCALÇADEIRA**, s. f. Boot jack.
**DESCALÇAR**, v. t. To pull off (boots, gloves).
**DESCALÇO**, adj. Barefooted.
**DESCAMBAR**, v. i. To slide down; to swerve.
**DESCAMISAR**, v. t. To husk.
**DESCAMPADO**, s. m. Open country, desert.
**DESCANSADO**, adj. Calm, quiet, rested.
**DESCANSAR**, v. t. To rest; to relax; to lay or set down; to relieve; to alleviate; to repose; to sleep; to back, to support; v. i. to lie fallow (field); rest assured; (Bras.) to give birth; to die.
**DESCARACTERIZAR**, v. t. To take away the character of.
**DESCARADO**, adj. Shameless; impudent.
**DESCARAMENTO**, s. m. Shamelessness.
**DESCARAR**, v. p. To make one barefaced.
**DESCARGA**, s. f. Discuarge; relief.
**DESCARGO**, s. m. Acquittal; discharge.
**DESCARNADO**, adj. Fleshless; lean; gaunt.
**DESCARNAR**, v. t. To strip off (the flesh).
**DESCAROÇAR**, v. t. To take out (kernels, grains, or fruit).
**DESCARREGADO**, adj. Unloaded.
**DESCARREGAMENTO**, s. m. Discharge; unloading; relief; dischargement.
**DESCARRILAMENTO**, s. m. Running off the rails.
**DESCARRILAR**, v. i. To run off the rails.
**DESCARTAR**, v. t. To discard; to remove.
**DESCARTE**, s. m. Discarding (of cards).
**DESCASAR**, v. t. To nullify, to undo (a marriage); to disunite; v. p. to divorce.
**DESCASCAR**, v. t. To bark, to peel, to shell.
**DESCENDÊNCIA**, s. f. Descent; lineage.
**DESCENDENTE**, adj. Descending.
**DESCENDER**, v. i. To descend.
**DESCENTRALIZAÇÃO**, s. f. Descentralization.
**DESCENTRALIZAR**, v. t. To descentralize.
**DESCER**, v. t. To pull down; to lower; v. i. to come down; to descend; to alight; to fall.
**DESCERRAR**, v. t. To open, to break open.
**DESCIDA**, s. f. Descent; taking down; fall.
**DESCINGIR**, v. t. To ungird; to undo.
**DESCLASSIFICAÇÃO**, s. f. Changing of class; discredit.
**DESCLASSIFICADO**, adj. Unclassified.
**DESCLASSIFICAR**, v. t. To disqualify, to discredit, to dishonor; to lower.
**DESCOALHAR**, v. t. To liquify, to melt.
**DESCOBERTO**, adj. Uncovered; exposed.

**DESCOBRIDOR**, s. m. Discoverer.
**DESCOBRIMENTO**, s. m. Discovery; finding.
**DESCOBRIR**, v. t. To uncover; to disclose; to reveal; to denounce; to divulge.
**DESCOLAR**, v. t. To unglue, to undo.
**DESCOLORAÇÃO**, s. f. Discoloration.
**DESCOLORAR**, v. t. To bleach, to discolor.
**DESCOLORIR**, v. t. To discolor; v. i. to fade.
**DESCOMEDIDO**, adj. Immoderate; excessive.
**DESCOMPASSADO**, adj. Out of measure or compass; immoderate.
**DESCOMPOR**, v. t. To decompose; to discompose; to unsettle; (fig.) to insult.
**DESCOMPOSTO**, adj. Disordered, indecent.
**DESCOMPOSTURA**, s. f. Insult, censure.
**DESCOMPRIMIR**, v. t. To decompress.
**DESCOMUNAL**, adj. Excessive, huge.
**DESCONCEITUAR**, v. t. To defame.
**DESCONCENTRAR**, v. t. To descentralize, to disperse, to scatter, to distract.
**DESCONCERTADO**, adj. Disorderly.
**DESCONCERTAR**, v. t. To derange; to disorder, to disconcert; v. i. to disagree, to differ; v. p. to lose one's composure.
**DESCONCHAVO**, s. m. Nonsense.
**DESCONDENSAR**, v. t. To dilute; to rarefy.
**DESCONEXÃO**, s. f. Disconnection.
**DESCONEXO**, adj. Disconnected; incoherent.
**DESCONFIADO**, adj. Suspicious; mistrustful.
**DESCONFIANÇA**, s. f. Diffidence; distrust.
**DESCONFIAR**, v. t. To suspect; v. i. to distrust, to suspect, to doubt.
**DESCONFORME**, adj. Disagreeing.
**DESCONFORTÁVEL**, adj. Unconfortable.
**DESCONFORTO**, s. m. Discomfort.
**DESCONGELAÇÃO**, s. f. Thaw, thawing.
**DESCONGELAR**, v. t. To unfreeze, to melt.
**DESCONGESTIONANTE**, m. Decongestant.
**DESCONGESTIONAR**, v. t. To release; to relieve; to clear.
**DESCONHECEDOR**, adj. Ignorant.
**DESCONHECER**, v. t. To ignore; to not know.
**DESCONHECIDO**, adj. Unknown; s. m. stranger.
**DESCONHECIMENTO**, s. m. Ignorance.
**DESCONJUNTAMENTO**, s. m. Dislocation; luxation; disunion.
**DESCONJUNTAR**, v. t. To dislocate.
**DESCONSIDERAÇÃO**, s. f. Disesteem.
**DESCONSIDERADO**, adj. Disesteemed; inconsiderate; disrespectful.
**DESCONSIDERAR**, v. t. To disesteem; to disrespect; to offend.

**DESCONSOLAÇÃO**, s. f. Disconsolation.
**DESCONSOLADOR**, adj. Discomforting; grieving; afflicting.
**DESCONSOLO**, s. m. Disconsolation.
**DESCONTAR**, v. t. To discount; to deduct.
**DESCONTENTAMENTO**, s. m. Discontent.
**DESCONTENTAR**, v. t. To discontent; to displease; to dissatisfy.
**DESCONTÍNUO**, adj. Discontinuous.
**DESCONTO**, s. m. Discount; abatement.
**DESCONVIR**, v. i. To discord, to disagree.
**DESCORADO**, adj. Discolored; plae.
**DESCORAMENTO**, s. m. Paleness; discoloring, bleaching.
**DESCORAR**, v. t. To discolor; to tarnish.
**DESCORTÊS**, adj. Impolite; unkind.
**DESCORTESIA**, s. f. Incivility.
**DESCORTINAR**, v. t. To discover; to discern.
**DESCOSER**, v. t. To unseam, to unsew.
**DESCRÉDITO**, s. m. Discredit; dispute.
**DESCRENÇA**, s. f. Disbelief.
**DESCRENTE**, s. m. Disbeliever, sceptic.
**DESCRER**, v. t. To disbelieve; v. i. to be incredulous; to disbelieve.
**DESCRIÇÃO**, s. f. Description.
**DESCRITIVO**, adj. Descriptive.
**DESCRUZAR**, v. t. To uncross.
**DESCUIDADO**, adj. Careless.
**DESCUIDAR**, v. t. To neglect; v. p. to be careless; to forget.
**DESCUIDO**, s. m. Negligence.
**DESCULPA**, s. f. Excuse, apology.
**DESCULPAR**, v. t. To excuse; to justify.
**DESCURADO**, adj. negligent.
**DESCURAR**, v. t. To neglect.
**DESDE**, prep. From; since; conj. since.
**DESDÉM**, s. m. Disdain, scorn.
**DESDENHAR**, v. t. To disdain, to scorn.
**DESDENHOSO**, adj. Disdainful; scornful.
**DESDENTADO**, adj. Toothless.
**DESDITA**, s. f. Misfortune.
**DESDITOSO**, adj. Unfortunate.
**DESDIZER**, v. t. To contradict; to gainsay.
**DESDOBRAMENTO**, s. m. Unfolding.
**DESDOBRAR**, v. t. To unfold; to develop.
**DESEJAR**, v. t. To desire; to wish for.
**DESEJO**, s. m. Desire, wish.
**DESELEGÂNCIA**, s. f. Inelegance.
**DESEMALAR**, v. t. To unpack.
**DESEMARANHAR**, v. t. To disentangle.
**DESEMBARAÇADO**, adj. Easy; quick; free; bold; agile; active.
**DESEMBARAÇAR**, v. t. To clear away from.

**DESEMBARAÇO**, s. m. Ease; facility; boldness; courage; assurance.
**DESEMBARALHAR**, v. t. To disentangle.
**DESEMBARCADOURO**, s. m. Landingplace.
**DESEMBARCAR**, v. t. To land, to disembark.
**DESEMBARGADOR**, s. m. Judge of a High Court of Justice.
**DESEMBARGAR**, v. t. To clear; to get rid of (embargo).
**DESEMBARQUE**, s. m. Landing; unloading.
**DESEMBOCADURA**, s. f. Mouth of a river.
**DESEMBOCAR**, v. i. To lead (a street); to discharge (a river).
**DESEMBOLSAR**, v. t. To disburse; to spend.
**DESEMBOLSO**, s. m. Disbursement.
**DESEMBRULHAR**, v. t. To unfoid; to unpack.
**DESEMBRUTECER**, v. t. To polish.
**DESEMPACOTAR**, v. t. To unpack.
**DESEMPATAR**, v. t. To resolve; to clear up.
**DESEMPATE**, s. m. Clearing up.
**DESEMPENHAR**, v. t. To disengage; to perform; to free from debt.
**DESEMPENHO**, s. m. Performance.
**DESEMPERRAR**, v. t. To loosen.
**DESEMPOSSAR**, v. t. To dispossess.
**DESEMPREGADO**, adj. Unemployed.
**DESEMPREGAR**, v. t. To dismiss.
**DESENCADEAR**, v. t. To unchain; to let loose; v. p. to get loose; to break out.
**DESENCADERNAR**, v. t. To unbind.
**DESENCAIXAR**, v. t. To put out of joint.
**DESENCAIXOTAR**, v. t. To take out (of a box).
**DESENCALHAR**, v. t. To set afloat a grounded vessel.
**DESENCAMINHADO**, adj. Astray; perverted.
**DESENCAMINHAR**, v. t. To put out of the way; to miislead; (fig.) to pervert.
**DESENCANTAMENTO**, s. m. Disenchanting.
**DESENCANTAR**, v. t. To disenchant, to disillusion; to find, to discover.
**DESENCARACOLAR**, v. t. To unroll.
**DESENCARCERAR**, v. t. To disimprison.
**DESENCARQUILHAR**, v. t. To unwrinkle.
**DESCARREGAR**, v. t. To discharge; to disburden; to acquit; to exempt.
**DESENCOLERIZAR**, v. t. To calm.
**DESENCONTRAR**, v. t. To cause not to meet.
**DESENCORPAR**, v. t. To diminish the volume of.
**DESENCORPORAR**, v. t. To disincorporate; to dismember; to disunite; to disjoin.
**DESENCOSTAR**, v. t. To straighten.
**DESENCOVAR**, v. t. To dig out; to find out.

**DESENCRAVAR**, v. t. To unnail.
**DESENCRESPAR**, v. t. To uncurl, to smooth.
**DESENCURRALAR**, v. t. To bring out (the flock); to force out (a bull).
**DESENDIVIDAR**, v. t. To pay someone's debt.
**DESENFAIXAR**, v. t. To uncoil.
**DESENFARDAR**, v. t. To unpack.
**DESENFASTIAR**, v. t. To whet the appetite.
**DESENFERRUJAR**, v. t. To remove the rust of; to rub off the rust.
**DESENFIAR**, v. t. To unthread.
**DESENFREADO**, adj. Unruly; unbridled.
**DESENFREAR**, v. t. To undrible; to control.
**DESENGANADO**, adj. undeceived; given over (a sick person).
**DESENGANAR**, v. t. To undeceive; to disillusion; to disenchant; to disabuse.
**DESENGARRAFAR**, v. t. To draw (from bottles).
**DESENGASGAR**, v. t. To clear the throat.
**DESENGATAR**, v. t. To uncramp; to unhook.
**DESENGATILHAR**, v. t. To pull (the trigger).
**DESENGONÇADO**, adj. Unhinged.
**DESENGONÇAR**, v. t. To dislocate.
**DESENGORDURAR**, v. t. To take off (the grease); to scour; to clean (from grease).
**DESENGRAÇADO**, adj. Ungraceful; dull.
**DESENGROSSAR**, v. t. To rough-hew.
**DESENHAR**, v. t. To draw, to draft, to plan.
**DESENHISTA**, s. 2 gên. Draughtsman.
**DESENHO**, s. m. Drawing; design; sketch.
**DESENLAÇAR**, v. t. To unlace; to unite.
**DESENLACE**, s. m. Upshot; solution; final event; unraveling; ending.
**DESENLEAR**, v. t. To untie; to unravel.
**DESENODOAR**, v. t. To remove stains or spots of; to clean.
**DESENRAIZAR**, v. t. To unroot, to eradicate.
**DESENRASCAR**, v. t. To disembarrass.
**DESENREDAR**, v. t. To disentangle.
**DESENROLAR**, v. t. To unroll; to extend.
**DESENROSCAR**, v. t. To untwine.
**DESENRUGAR**, v. t. To unplait.
**DESENSACAR**, v. t. To take out (of a sack).
**DESENSEBAR**, v. t. To scour; to cleanse.
**DESENTALAR**, v. t. To take away (the laths).
**DESENTENDER**, v. t. To misunderstand.
**DESENTENDIDO**, adj. Relating to people who feign ignorance.
**DESENTENDIMENTO**, s. m. Misunderstanding; want or lack of understanding.
**DESENTERRAR**, v. t. To dig up; to disinter; to exhume; (fig.) to discover, to find out.

**DESENTESAR**, v. t. To loosen; to unstiffen.
**DESENTOADO**, adj. Dissonant; out of tune.
**DESENTOAR**, v. t. To be out of tune.
**DESENTORPECER**, v. t. e i. To free from numbness; to reanimate; to revive.
**DESENTRANHAR**, v. t. To remove from the depths; to disembowel; to eviscerate.
**DESENTRISTECER**, v. t. To make merry.
**DESENTULHAR**, v. t. To empty; to clear.
**DESENTUPIMENTO**, s. m. Cleaning.
**DESENTUPIR**, v. t. To unstop; to cleanse.
**DESENVASILHAR**, v. t. To take out (of a cask).
**DESENVENCILHAR**, v. t. To loosen; to unite.
**DESENVOLTO**, adj. Nimble, light, speed.
**DESENVOLTURA**, s. f. Nimbleness; agility.
**DESENVOLVER**, v. t. To develop; to unroll; to unfold; to elaborate; v. p. to grow.
**DESENVOLVIDO**, adj. Grown up; advanced.
**DESENVOLVIMENTO**, s. m. Development.
**DESENXABIDO**, adj. Insipid; dull.
**DESENXOVALHAR**, v. t. To clean.
**DESEQUILIBRADO**, adj. Unbalanced; crazy.
**DESEQUILIBRAR**, v. t. To unbalance.
**DESERÇÃO**, s. f. Desertion.
**DESERDAÇÃO, DESERDAMENTO**, s. m. Desinheritance.
**DESERDAR**, v. t. To disinherit.
**DESERTAR**, v. i. To desert, to abandon.
**DESERTO**, s. m. Desert; wilderness; solitude; adj. desert; solitary; wild.
**DESERTOR**, s. m. Deserter.
**DESESPERAÇÃO**, s. f. Despair; anger.
**DESESPERADO**, adj. Desperate, hopeless.
**DESESPERANÇA**, s. f. Despair, hopelessness; desperation.
**DESESPERANÇAR**, v. t. To cause to despair; to dicourage; to disheraten.
**DESESPERAR**, v. t. To drive to despair.
**DESESTIMA**, s. f. Disesteem.
**DESESTIMAR**, v. t. To disesteem.
**DESFAÇATEZ**, s. f. Effrontery; shamelessness; impudence; sauciness; cynicism.
**DESFALCAMENTO**, s. m. Defalcation.
**DESFALCAR**, v. t. To defalcate; to diminish.
**DESFALECER**, v. i. To fail; to swoon.
**DESFALECIMENTO**, s. m. Failing; swoon.
**DESFALQUE**, s. m. Defalcation.
**DESFASTIO**, s. m. Cheerfulness; pastime.
**DESFAVOR**, s. m. Disfavor, disgrace.
**DESFAVORÁVEL**, adj. Unfavorable.
**DESFAVORECER**, v. t. To disfavor; to discountenance.

**DESFAVORECIDO, adj.** Ill-favored.
**DESFAZER, v. t.** To undo; to unmake; to deliver from; to break; to destroy; to dissolve; **v. p.** to be dissipated; to melt, to sell; to dispose of; to get rid of.
**DESFECHAR, v. t.** To discharge, to fire.
**DESFECHO, s. m.** Issue, conclusion.
**DESFEITA, s. f.** Affront, insult, outrage.
**DESFEITO, adj.** Undone; dissolved.
**DESFERIR, v. t.** To unfurl (sails); to let fly (arrows).
**DESFERRAR, v. t.** To unshoe (a horse); to unfurl (sails).
**DESFIADO, adj.** Untwisted; unwoven.
**DESFIAR, v. t.** To unweave; to unravel.
**DESFIGURAR, v. t.** To disfigure; to distort.
**DESFILADEIRO, s. m.** Defile; cut in mountain.
**DESFILAR, v. i.** To defile; to march in ranks.
**DESFILE, s. m.** Defile; parade; march.
**DESFLORAÇÃO, s. f.** Deflowering.
**DESFLORAR, v. t.** To deflower.
**DESFOLHA, s. f.** Fall of leaves; depriving.
**DESFOLHAR, v. t.** To remove the leaves from.
**DESFRUTAR, v. t.** To enjoy; to make use of; to pick (fruits).
**DESGADELHAR, v. t.** To dishevel.
**DESGALHAR, v. t.** To lop (a tree).
**DESGARRADO, adj.** Gone astray.
**DESGARRAR, v. t.** To mislead; to lead astray; **v. p.** to be led into error.
**DESGASTAR, v. t.** To consume.
**DESGASTE, s. m.** Wearing out; wear.
**DESGOSTAR, v. t.** To displease; to disguste.
**DESGOSTO, s. .** Disgust; dislike.
**DESGOVERNADO, adj.** Careless; wasteful.
**DESGOVERNAR, v. t.** To misgovern.
**DESGRAÇA, s. f.** Misfortune; poverty.
**DESGRAÇADO, adj.** Unhappy; unlucky.
**DESGRAÇAR, v. t.** To make unhappy; to disgrace; to make miserable; to ruin.
**DESGRACIOSO, adj.** Unhandsome; clumsy.
**DESGRENHADO, adj.** Dishevelled.
**DESGRUDAR, v. t.** To unglue.
**DESGUARNECER, v. t.** To withdraw from (the troops); to undeck; to deprive (ornaments).
**DESIGNAÇÃO, s. f.** Designation; assignment; appointment; denomination.
**DESIGNAR, v. t.** To designate; to assign.
**DESÍGNIO, s. m.** Design; purpose; aim.
**DESIGUAL, adj.** Unequal; unlike; rough.
**DESIGUALAR, v. t.** To make unequal.

**DESIGUALDADE, s. f.** Unequality.
**DESILUDIDO, adj.** Undeceived.
**DESILUDIR, v. t.** To disillusion; to undeceive.
**DESILUSÃO, s. f.** Disillusion.
**DESIMPEDIMENTO, s. m.** Clearing up.
**DESIMPEDIR, v. t.** To remove (an impediment); to clear up.
**DESINCHAR, v. i.** To become less swollen; to deflate; to let the air out.
**DESINÊNCIA, s. f.** Desineness; ending (of a word).
**DESINFECÇÃO, s. f.** Disinfection.
**DESINFETANTE, adj.** Disinfecting.
**DESINFLAMAR, v. t.** To remove an inflammation.
**DESINQUIETAR, v. t.** (Pop.) To disquiet.
**DESINQUIETO, adj.** (Pop.) Restless.
**DESINTEGRAÇÃO, s. f.** Disintegration.
**DESINTEGRADOR, adj.** Disintegrating.
**DESINTEGRAR, v. t. e p.** To disintegrate; to separate or decompose into fragments or power; to destroy the wholeness or identity of; to separate; to disjoin.
**DESINTELIGÊNCIA, s. f.** Misunderstanding.
**DESINTERESSADO, adj.** Uninterested.
**DESINTERESSANTE, adj.** Uninteresting.
**DESINTERESSAR, v. t.** To deprive of interest or profit.
**DESINTOXICAR, v. t.** To counteract poison or infection.
**DESISTÊNCIA, s. f.** Desistance.
**DESISTIR, v. t.** To desist; to cease.
**DESJEJUAR, v. i.** To break one's fast.
**DESJEJUM, s. m.** Breakfast.
**DESJUNGIR, v. t.** To unyoke.
**DESLACRAR, v. t.** To unseal.
**DESLAVADO, adj.** Discolored.
**DESLEAL, adj.** Disloyal; faithless; false.
**DESLEALDADE, s. f.** Disloyalty; unfairness.
**DESLEIXADO, adj.** Negligent; slovenly.
**DESLEIXAR, v. t.** To neglect; **v. p.** to relax.
**DESLEIXO, s. m.** negligence; carelessness.
**DESLIGADO, adj.** Loose, untied; separate.
**DESLIGAMENTO, s. m.** Disconnection.
**DESLIGAR, v. t.** To disconnect; to disjoin, to separate; to sever; to dissolve.
**DESLINDADO, adj.** Disentangled.
**DESLINDAR, v. t.** To explain.
**DESLIZAMENTO, s. m.** Sliding.
**DESLIZAR, v. i.** To slide, to slip.
**DESLIZE, s. m.** Sliding; deviation; fault.
**DESLOCAÇÃO, s. f.** Dislocation; luxation.
**DESLOCAR, v. t.** To displace; to dislocate.

**DESLUMBRAMENTO**, s. m. Dazzling; fascination; dazzle.
**DESLUMBRAR**, v. t. To dazzle.
**DESMAGNETIZAÇÃO**, s. f. Demagnetization.
**DESMAGNETIZAR**, v. t. To demagnetize.
**DESMAIADO**, adj. Fainted; unconscious.
**DESMAIAR**, v. i. To faint, to lose consciousness; to turn pale; to fade; to swoon.
**DESMAIO**, s. m. Fainting, swoon.
**DESMAMAR**, v. t. To wean.
**DESMANCHADO**, adj. Upset; undone.
**DESMANCHAR**, v. t. To undo; to take to pieces; to put out of joint; to dissolve.
**DESMANDADO**, adj. Disobedient.
**DESMANDO**, s. m. Disorder; unruliness.
**DESMANTELADO**, adj. Dismantled.
**DESMANTELAMENTO**, s. m. Dismantling.
**DESMANTELAR**, v. t. To dismantle; to demolish; to strip: to raze; to take apart.
**DESMARCADO**, adj. Out of measure.
**DESMASCARAR**, v. t. To unmask, to uncloak.
**DESMASTREAMENTO**, s. m. Dismasting.
**DESMASTREAR**, v. t. To dismast.
**DESMAZELADO**, adj. Careless; slovenly.
**DESMAZELO**, s. m. Neglience.
**DESMEDIDO**, adj. Huge; immoderate.
**DESMEMBRAÇÃO**, **DESMEMBRAMENTO**, s. m. Dismemberment.
**DESMEMBRAR**, v. t. To dismember.
**DESMEMORIADO**, adj. Forgetful.
**DESMEMORIAR**, v. t. To cause amnesia; loss of memory; v. p. to lose memory.
**DESMENTIDO**, s. m. Retraction.
**DESMENTIR**, v. t. To belie; to withdraw (a statement, etc.); to contradict, to deny.
**DESMERECER**, v. i. To become undeserving.
**DESMESURADO**, adj. Huge; enormous.
**DESMIOLADO**, adj. hare-brained.
**DESMOBILIZAÇÃO**, s. f. Demobilization.
**DESMOBILIZAR**, v. t. To demobilize.
**DESMONTAR**, v. i. To dismount; to take to pieces; to alight (from a horse).
**DESMORALIZAÇÃO**, s. f. Demoralization.
**DESMORALIZAR**, v. t. To demoralize.
**DESMORONAR**, v. t. To throw down.
**DESNACIONALIZAÇÃO**, s. f. Denationalization.
**DESNACIONALIZAR**, v. t. To denationalize.
**DESNATADEIRA**, s. f. Churn.
**DESNATAR**, v. t. To cream, to skim, to churn.
**DESNATURADO**, adj. Unnatural; cruel.
**DESNATURALIZAR**, v. t. To disnaturalize.
**DESNECESSÁRIO**, adj. Unnecessary.
**DESNÍVEL**, s. m. Unlevelling.
**DESNIVELADO**, adj. unlevelled.
**DESNIVELAMENTO**, s. m. Unlevelling.
**DESNORTEADO**, adj. Lost; confused.
**DESNORTEAR**, v. t. To lead stray.
**DESNUDAÇÃO**, s. f. Denudation.
**DESNUDAR**, v. t. To bare, to strip of.
**DESOBEDECER**, v. i. To disobey.
**DESOBEDIÊNCIA**, s. f. Disobedience.
**DESOBEDIENTE**, adj. Disobedient.
**DESOBRIGAR**, v. t. To discharge.
**DESOBSTRUÇÃO**, s. f. Clearing up.
**DESOBSTRUIR**, v. t. To clear from obstruction; to remove obstructions.
**DESOCUPAÇÃO**, s. f. leisure; evacuation.
**DESOCUPADO**, adj. Unoccupied; idle.
**DESOCUPAR**, v. t. To quit, to evacuate.
**DESODORANTE**, s. m. Deodorant, deodorizer; adj. deodorizing.
**DESOLAÇÃO**, s. f. Desolation: solitude.
**DESOLADO**, adj. Desolate; solitary.
**DESOLADOR**, adj. Afflicting; grievous.
**DESOLAR**, v. t. To desolate; to destroy.
**DESONESTAR**, v. t. To dishonor; to defile.
**DESONESTIDADE**, s. f. Dishonesty.
**DESONRA**, s. f. Dishonor; disgrace.
**DESONRADO**, adj. Dishonored, disgraced.
**DESONRAR**, v. t. To dishonor; to bring shame on; to seduce; to degrade.
**DESOPILAÇÃO**, s. f. Removal of obstructions.
**DESOPILAR**, v. t. To free from obstruction.
**DESOPRESSÃO**, s. f. Cessation of oppression.
**DESOPRIMIR**, v. t. To free from oppression.
**DESORDEIRO**, adj. Disorderly; rowdy.
**DESORDEM**, s. f. Disorder; confusion.
**DESORDENADO**, adj. Disorderly; confused.
**DESORDENAR**, v. t. To disorder.
**DESORGANIZAÇÃO**, s. f. Disorganization.
**DESORGANIZAR**, v. t. To disorganize.
**DESORIENTAÇÃO**, s. f. Disorientation; leading astray, bewilderment.
**DESORIENTADO**, adj. Headless; foolish.
**DESORIENTAR**, v. t. To disorient; to mislead.
**DESOSSAMENTO**, s. m. Boning.
**DESOSSAR**, v. t. To bone.
**DESOVA**, s. f. Spawning scason; spawn, fry (of fishes).
**DESOVAR**, v. i. To spawn.
**DESPACHADO**, adj. Settled; resolved; quick; agile; nimble.

**DESPACHANTE**, s. m. Customs clearing agent; forwarding-agent.
**DESPACHAR**, v. t. To dispatch; to hasten; to forward; to expedite; to register.
**DESPACHO**, s. m. Dispatch; decision; sentence; judgment; clearing of goods.
**DESPARAFUSAR**, v. t. To unscrew.
**DESPEDAÇAR**, v. t. To tear to pieces.
**DESPEDIDA**, s. f. Farewell, dismissing.
**DESPEDIDO**, adj. Dismissed, fired.
**DESPEDIR**, v. t. To dismiss, to discharge, to send away, to fire; v. i. to bid farewell, to take leave; v. p. to say good-by.
**DESPEITADO**, adj. Despiteful.
**DESPEITAR**, v. t. To spite, to vex; v. p. to fret, to get angry.
**DESPEITO**, s. m. Spite; displeasure; anger.
**DESPEJADO**, adj. Emptied, clear; licentious.
**DESPEJAR**, v. t. To empty, to void.
**DESPEJO**, s. m. Emptying, removing.
**DESPENCAR**, v. t. To take from a bunch; v. i. to fall down; v. p. to fall clumsily.
**DESPENDER**, v. t. To spend; to spread.
**DESPENHADEIRO**, s. m. Precipice, steep.
**DESPENHAR**, v. t. To throw headlong; to throw down; v. p. to fall headlong.
**DESPENSA**, s. f. Pantry.
**DESPENSEIRA**, s. f. Housekeeper.
**DESPENSEIRO**, s. m. Butler, steward.
**DESPENTEAR**, v. t. To undress (the hair).
**DESPERCEBIDO**, adj. Unnoticed; inconsidered.
**DESPERDIÇADO**, adj. Wasting; prodigal.
**DESPERDIÇAR**, v. t. To waste; to misspend.
**DESPERDÍCIO**, s. m. Waste, lavishness.
**DESPERSUADIR**, v. t. To dissuade.
**DESPERTADOR**, s. m. Alarm-clock.
**DESPERTAR**, v. t. To awake; to excite; to stimulate; to provoke; s. m. awakening.
**DESPERTO**, adj. Awake, not sleeping; alert.
**DESPESA**, s. f. Expense, outlay, cost.
**DESPICAR**, v. t. To revenge.
**DESPIDO**, adj. Stripped; undressed, naked.
**DESPIQUE**, s. m. Revenge.
**DESPIR**, v. t. To divest, to undress, to unclothe; to take off; v. p. to undress.
**DESPISTAR**, v. t. To mislead.
**DESPLANTE**, s. m. (fig.) Boldness.
**DESPLUMAR**, v. t. To pluck.
**DESPOJAR**, v. t. To spoil, to shear.
**DESPOJO**, s. m. Spoils, booty, fragments.
**DESPONTAR**, v. t. To blunt; to break the point off; v. i. to begin to appear.

**DESPOPULARIZAR**, v. t. To depopularize.
**DESPORTE, DESPORTO**, s. m. Sport; recreation, diversion.
**DESPORTISTA**, adj. Sporting; sportive; sporty; s. m., s. f. sportman, sportwoman.
**DESPORTIVO**, adj. Sporting, sport.
**DESPOSAR**, v. t. To betroth; v. p. to marry.
**DESPOTA**, s. m. Despot; tyrant.
**DESPÓTICO**, adj. Despotic; arbitrary.
**DESPOTISMO**, s. m. Despotism; tyranny.
**DESPOVOADO**, adj. Depopulated; unpeopled; s. m. desert.
**DESPOVOAR**, v. t. To depopulate.
**DESPRAZER**, v. t. To displease, to disgust.
**DESPREGADO**, adj. Unnailed; unfurled.
**DESPREGAR**, v. t. To unnail; to remove the nails from); to loosen, to unfasten, to unwind, to disentangle; to undo (the plaits).
**DESPRENDER**, v. t. To unpin, to unclasp.
**DESPRENDIMENTO**, s. m. Unfastening.
**DESPREOCUPAÇÃO**, s. f. Carelessness.
**DESPREOCUPADO**, adj. Carefree.
**DESPRESTIGIAR**, v. t. To depreciate.
**DESPRESTÍGIO**, s. m. Depreciation.
**DESPRETENSIOSO**, adj. Modest.
**DESPREVENIDO**, adj. Unwary; unguarded.
**DESPREZADO**, adj. Despised; rejected.
**DESPREZADOR**, adj. Despising; disdaining.
**DESPREZAR**, v. t. To despise, to depreciate, to scorn, to reject; v. p. to humble.
**DESPREZÍVEL**, adj. Despicable, despisable.
**DESPREZO**, s. m. Scorn, disdain, contempt.
**DESPROPORÇÃO**, s. f. Disproportion.
**DESPROPORCIONADO**, adj. Disproporcionate; disproportional.
**DESPROPOSITADO**, adj. Unreasonable; nonsensical; absurd; ill-timed.
**DESPROPÓSITO**, s. m. Nonsense.
**DESPROTEGER**, v. t. To forsake; to abandon; to stop protecting.
**DESPROVER**, v. t. To unprovide.
**DESPROVIDO**, adj. Unprovided.
**DESQUALIFICAÇÃO**, s. f. Disqualification.
**DESQUALIFICAR**, v. t. To disqualify, to disable, to indispose, to unfit.
**DESQUITADO**, adj. (Bras.) Separated.
**DESQUITAR**, v. (Bras.) To effect a modified form of divorce which precludes remarriage.
**DESQUITE**, s. m. Divorce.
**DESREGRADO**, adj. Intemperate; dissolute.
**DESREGRAMENTO**, s. m. Unruliness.
**DESRESPEITAR**, v. t. To disrespect.

**DESRESPEITO**, s. m. Disrespect; incivility.
**DESSE**, contr. prep. "de" and pron. or adj. dem. "esse", Of that.
**DESSECAR**, v. t. To desiccate; to dry out.
**DESSEDENTAR**, v. t. To quench one's thirst.
**DESSEMELHANÇA**, s. f. Dissimilitude.
**DESSEMELHANTE**, adj. Dissimilar; different.
**DESSIMETRIA**, s. f. Dissymmetry.
**DESSOLDAR**, v. t. To unsolder.
**DESTACAMENTO**, s. m. Detachment.
**DESTACAR**, v. t. To detach; to detail; to emphasize; v. p. to excel, to stand out.
**DESTAMPAR**, v. t. To open, to uncover.
**DESTE**, contr. prep. "de" and pron. or adj. dem. "este", Of this.
**DESTELHAMENTO**, s. m. Untiling.
**DESTELHAR**, v. t. To untile.
**DESTEMIDO**, adj Bold, fearless.
**DESTEMPERADO**, adj. Distempered; unrully.
**DESTEMPERAR**, v. t. To untemper; to disconcert; to untune; to soften (steel).
**DESTERRAR**, v. i. To banish; to exile.
**DESTERRO**, s. m. Exile; banishment.
**DESTILAÇÃO**, s. f. Distillation.
**DESTILADOR**, adj. Distilling; s. m. alembic.
**DESTILAR**, v. t. To distil.
**DESTILARIA**, s. f. Distillery.
**DESTINAÇÃO**, s. f. Destination, purpose.
**DESTINAR**, v. t. To destine; to appoint.
**DESTINATÁRIO**, s. m. Addressee.
**DESTINO**, s. m. Destiny; fortune; purpose.
**DESTITUIÇÃO**, s. f. Dismiss; want.
**DESTITUÍDO**, adj. Dismissed; destitute.
**DESTITUIR**, v. t. To dismiss; to depose.
**DESTOANTE**, adj. Inharmonious, dissonant.
**DESTOAR**, v. i. To sound discordantly.
**DESTORCER**, v. t. To untwist.
**DESTRA**, s. f. Right hand.
**DESTRAMENTE**, adv. Adroitly; cleverly.
**DESTRANCAR**, v. t. To unbar.
**DESTRAVAR**, v. t. To unfetter; to loose.
**DESTREINADO**, adj. Untrained; out of shape.
**DESTREZA**, s. f. Dexterity; adroitness.
**DESTRO**, adj. Dexterous, adroit; handy.
**DESTROÇAR**, v. t. To destroy; to ruin; to spoil; to ravage; to break to pieces.
**DESTROÇO**, s. m. Havoc; spoil, ruin.
**DESTRÓIER**, s. m. Destroyer.
**DESTRONAMENTO**, s. m. Dethronement.
**DESTRONAR**, v. t. To dethrone.
**DESTRONCAR**, s. f. To trucate, to maim.
**DESTRUIÇÃO**, s. f. Destruction; ruin; spoil.
**DESTRUIDOR**, adj. Destructive; destroying.
**DESTRUIR**, v. t. To destroy, to waste, to ruin.
**DESTRUTIBILIDADE**, s. f. Destructibility.
**DESTRUTÍVEL**, adj. Destructible.
**DESTRUTIVO**, adj. Destructive; ruinous.
**DESUMANIDADE**, s. f. Inhumanity, cruelty.
**DESUMANO**, adj. Inhuman; cruel.
**DESUNIÃO**, s. f. Disunion; dissension.
**DESUNIR**, v. t. To disunite; to disjoin.
**DESUSADO**, adj. Disused; unusual.
**DESUSO**, s. m. Disuse.
**DESVAIRADO**, adj. Confused; deranged; mad, hallucinated.
**DESVAIRAR**, v. t. To hallucinate; to confuse.
**DESVALORIZAÇÃO**, s. f. Depreciation.
**DESVALORIZAR**, v. t. To devaluate.
**DESVANECER**, v. t. To dissipate; to disperse; to extinguish; to dispel; to puff op.
**DESVANECIDO**, adj. Dispelled; vain.
**DESVANTAGEM**, s. f. Disadvantage.
**DESVANTAJOSO**, adj. Disadvantageous.
**DESVÃO**, s. m. Attic; garret.
**DESVARIO**, s. m. Incongruity; raving.
**DESVELADO**, adj. Careful; watchful.
**DESVELAR**, v. t. To keep awake, to prevent from sleeping; to uncover; to undress; to keep vigilant; to cause insomnia.
**DESVELO**, s. m. Care, zeal; devotion.
**DESVENDAR**, v. t. To remove blindfold.
**DESVENTURA**, s. f. Unhappiness; bad luck.
**DESVENTURADO**, adj. Unfortunate.
**DESVESTIR**, v. t. To undress.
**DESVIADO**, adj. Removed, distant.
**DESVIAR**, v. t. To divert, to deviate, to detour; to deflect; to turn asside; to mak distant; to separate; to evade; to impede; to embezzle; to save; to free from; to dissuade; to remove; to mislead; to lead astray.
**DESVIO**, s. m. Deviation, error; fault.
**DESVIRTUAR**, v. t. To depreciate; to decry.
**DETALHAR**, v. t. To detail; to particularize.
**DETALHE**, s. m. Detail.
**DETENÇÃO**, s. f. Detention; imprisonment.
**DETER**, v. t. To detain; to withhold; to keep back; to deter; to restrain; to stop; to check; to halt; to retard.
**DETERGENTE**, adj. Detergent, s. m. cleansing agent.
**DETERIORAÇÃO**, s. f. Deterioration.
**DETERIORAR**, v. t. e p. To deteriorate; to impair or become impaired, to degenerate.
**DETERMINAÇÃO**, s. f. Determination; decision; firmness; resolution; resolve.
**DETERMINADO**, adj. Determinate; resolute.

**DETERMINANTE, adj. e s. 2 gên.** Determinant.
**DETERMINAR, v. t.** To determine; to limit; to ordain; to settle; to resolve.
**DETERMINATIVO, adj.** Determinative.
**DETERSÃO, s. f.** Detersion.
**DETERSIVO, adj.** Detersive.
**DETESTAR, v. t.** To detest; to abhor.
**DETESTÁVEL, adj.** Detestable.
**DETETIVE, s. m.** Detective; (pop.) G-man.
**DETIDO, adj.** Hindered; stopped.
**DETONAÇÃO, s. f.** Detonation; report.
**DETONADOR, s. m.** Detonator; blasting cap.
**DETONAR, v. i.** To detonate; to detonize.
**DETRAÇÃO, s. f.** Detraction.
**DETRAIR, v. t. e i.** To detract; to defame.
**DETRATOR, s. m.** Detractor.
**DETRÁS, adv.** After; behind.
**DETRIÇÃO, s. f.** Detrition.
**DETRIMENTO, s. m.** Detriment; damage.
**DETRITO, s. m.** Detritus; residual deposits.
**DETURPAÇÃO, s. f.** Disfigurement.
**DETURPAR, v. t.** To alter, to deface.
**DEUS, s. m.** God.
**DEUSA, s. f.** Goddess.
**DEVAGAR, adv.** Slowly, without haste.
**DEVANEAR, v. i.** To muse, to meditate.
**DEVANEIO, s. m.** Fancy, musing, whim, dream, chimera.
**DEVASSA, s. f.** Inquest, judicial inquiry.
**DEVASSADO, adj.** Accessible; open to view.
**DEVASAR, v. t.** To view; to divulge.
**DEVASSIDÃO, s. f.** Licentiousness.
**DEVASSO, adj.** Licentious; s. m. libertine.
**DEVASTAÇÃO, s. f.** Devastation; spoil.
**DEVASTADOR, adj.** Devastating; s. m. devastator; destroyer; spoiler; ravager.
**DEVASTAR, v. t.** To devastate; to ravage.
**DEVEDOR, s. m.** Debtor.
**DEVER, v. t.** To owe; to ought; to must; to have to; to be obliged to; s. m. duty.
**DEVIDO, adj.** Due, just; s. m. debt.
**DEVOÇÃO, s. f.** Devotion; piety; ardent love; zeal; devoting, dedication.
**DEVOLUÇÃO, s. f.** Devolution, return.
**DEVOLUTO, adj.** Unoccupied; vacant.
**DEVOLVER, v. t.** To return; to give back.
**DEVORADOR, adj.** Devouring.
**DEVORAR, v. t.** To devour; to eat up greedily; to seize and destroy in a reckless or cruel manner; to use up; to lay waste.
**DEVOTADO, adj.** Devoted; dedicated.
**DEVOTAR, v. t.** To devote; to consecrate.
**DEVOTO, adj.** Devout; consecrated.
**DEXTRINA, s. f.** Dextrin.
**DEZ, adj. num.** Ten.
**DEZEMBRO, s. m.** December.
**DEZENA, s. f.** Group of ten; half a score.
**DEZENOVE, adj. num.** Nineteen.
**DEZESSEIS, adj. num.** Sixteen.
**DEZESSETE, adj. num.** Seventeen.
**DEZOITO, adj. num.** Eighteen.
**DIA, s. m.** Day; daylight.
**DIABÉTICO, adj.** Diabetical; s. m. diabetic.
**DIABO, s. m.** Devil; satan; demon; wicked.
**DIABÓLICO, adj.** Devilish; diabolic.
**DIABRURA, s. f.** Devilry.
**DIACONATO, s. m.** Deaconship.
**DIACONISA, s. f.** Deaconess.
**DIÁCONO, s. m.** Deacon.
**DIACRÍTICO, adj.** Diacritical.
**DIADEMA, s. m.** Diadem; crown.
**DIAFANEIDADE, s. f.** Diaphaneity.
**DIÁFANO, adj.** Diaphanous.
**DIAFILME, s. m.** Positive film.
**DIAFRAGMA, s. m.** Diaphragm.
**DIAGNOSE, s. f.** Diagnosis.
**DIAGNOSTICAR, v. t.** To diagnose.
**DIAGNÓSTICO, adj. e s. m.** Diagnostic.
**DIAGONAL, adj.** Diagonal; having a slanting direction; s. m. diagonal.
**DIAGRAMA, s. m.** Diagram.
**DIALÉTICA, s. f.** Dialectics.
**DIALÉTICO, adj.** Dialectical; dialectic.
**DIALETO, s. m.** Dialect.
**DIAL, adj.** Daily; s. m. dial.
**DIALOGADO, adj.** Exposed in a dialogue.
**DIALOGAR, v. t.** To put into a dialogue; v. i. to converse; to take part in a dialogue.
**DIÁLOGO, s. m.** Dialogue; dialog.
**DIAMANTE, s. m.** Diamond.
**DIAMANTÍFERO, adj.** Diamantiferous.
**DIAMBA, s. f.** (Bot. Bras.) Cannabis.
**DIAMANTINO, adj.** Adamantine.
**DIAMETRAL, adj.** Diametrical.
**DIÂMETRO, s. m.** Diameter.
**DIANTE, adv.** Before, in front.
**DIANTEIRA, s. f.** Forepart, front; vanguard.
**DIANTEIRO, adj.** Forward.
**DIAPASÃO, s. m.** Diapason.
**DIÁRIA, s. f.** Daily income; daily expense.
**DIARIAMENTE, adv.** Daily.
**DIÁRIO, adj.** Daily; s. m. diary; newspaper.
**DIARISTA, s. 2 gên.** Editor of daily paper; day worker.
**DIARRÉIA, s. f.** (Med.) Diarrhea.

**DIÁSTOLE, s. f.** Diastole.
**DIATERMIA, s. f.** Diathermy.
**DIÁTESE, s. f.** Diathesis.
**DIATRIBE, s. f.** Diatribe; invective.
**DICÇÃO, s. f.** Diction; expression; accent.
**DICÉFALO, adj.** Dicephalous.
**DICHOTE, s. m.** Jest; scoff.
**DICIONÁRIO, s. m.** Dictionary.
**DICIONARISTA, s. 2 gên.** Lexicographer.
**DICÓRDIO, s. m.** Dichord.
**DICOTILEDÓNEA, s. f.** Dicotyledon.
**DICROMÁTICO, adj.** Dichromatic.
**DIDÁCTILO, adj.** Didactylous; didactyl.
**DIDATA, s. m. e f.** Didact.
**DIDÁTICA, s. f.** Didacties.
**DIDÁTICO, adj.** Didactic.
**DIEDRO, adj.** Dihedral, **s. m.** dihedron.
**DIETA, s. f.** Diet.
**DIETÉTICA, s. f.** Dietetics.
**DIETÉTICO, adj.** Dietetic.
**DIETISTA, s. 2 gên.** Dietitian.
**DIFAMAÇÃO, s. f.** Defamation, slander.
**DIFAMANTE, adj.** Slandering.
**DIFAMAR, v. t.** To defame, to slander.
**DIFÁSICO, adj. (Elet.)** Diphase.
**DIFERENÇA, s. f.** Difference; variation.
**DIFERENÇAR, v. t.** To differentiate; to distinguish; **v. p.** to recognize.
**DIFERENCIAÇÃO, s. f.** Differentiation.
**DIFERENCIAL, adj.** Differential; differing.
**DIFERENTE, adj.** Different; dissimilar; distinct; unlike; unusual.
**DIFERIR, v. t.** To defer, to postopne; to procrastinate; to put up; **v. i.** to quarrel.
**DIFÍCIL, adj.** Difficult; hard to do or make; not easy; intricate; troublesome.
**DIFICULDADE, s. f.** Difficulty; hardness.
**DIFICULTAR, v. t.** To make difficult.
**DIFRAÇÃO, s. f.** Diffraction.
**DIFTERIA, s. f. (Med.)** Diphtheria.
**DIFTÉRICO, adj.** Diphtheric, diphtherical.
**DIFUNDIR, v. t.** To diffuse; to pour out; to scatter; to spread; to divulge; to publish.
**DIFUSÃO, s. f.** Diffusion; expansion.
**DIFUSO, adj.** Diffuse; copious; prolix.
**DIGERIR, v. t. e i.** To digest.
**DIGERÍVEL, adj.** Digestible.
**DIGESTÃO, s. f.** Digestion.
**DIGESTIVO, adj. e s. m.** Digestive.
**DIGITAL, adj.** Digital; **s. f. (Bot.)** Digitalis.
**DIGITIFORME, adj.** Digitiform; digitate.
**DÍGITO, s. m.** Digit.
**DIGLADIAR-SE, v. p.** To fight.

**DIGNAR-SE, v. p.** To dign; to condescend.
**DIGNIDADE, s. f.** Dignity; merit; honor; nobleness; worth; high rank; office.
**DIGNIFICAR, v. t.** To dignify; to honor.
**DIGNITÁRIO, s. m.** Dignitary.
**DIGNO, adj.** Worthy; dignified; honest.
**DIGRESSÃO, s. f.** Digression; deviation.
**DIGRESSIVO, adj.** Digressive.
**DILAÇÃO, s. f.** Delay; putting off; retardation; postponement.
**DILACERAÇÃO, s. f.** Dilaceration.
**DILACERANTE, adj.** Dilacerating; pungent.
**DILACERAR, v. t.** To tear to pieces, to rend asunder, to dilacerate; to pierce; to thrill.
**DILAPIDAÇÃO, s. f.** Dilapidation.
**DILAPIDAR, v. t.** To dilapidate.
**DILATAÇÃO, s. f.** Dilatation.
**DILATADO, adj.** Dilated; vast; delayed; (Med.) distended.
**DILATAR, v. t.** To dilate; to distend.
**DILATÓRIO, adj.** Dilatory.
**DILEÇÃO, s. f.** Special affection; choice.
**DILEMA, s. m.** Dilemma.
**DILETANTE, s. 2 gên.** Dilettante.
**DILETO, adj.** Beloved; favorite; very dear.
**DILIGÊNCIA, s. f.** Diligence; industry.
**DILIGENCIAR, v. t.** To solicit; to try.
**DILIGENTE, adj.** Diligent, industrious, alert.
**DILUENTE, adj.** Diluting; diluent.
**DILUIÇÃO, s. f.** Dilution.
**DILUIR, v. t.** To dilute.
**DILUVIANO, dj.** Diluvian.
**DILÚVIO, s. m.** Deluge, flood.
**DIMENSÃO, s. f.** Dimension; measure.
**DIMINUENDO, s. m.** Minuend.
**DIMINUIÇÃO, s. f.** Diminution; decrease.
**DIMINUIR, v. t.** To dinnish; to lessen; degree; estimation; rank or the like; **v. i.** to decrease; to abate; to thin, to lower.
**DIMINUTIVO, adj.** Diminutive.
**DIMINUTO, adj.** Minute, small.
**DIMORFIA, DIMORFISMO, s. f., s. m.** Dimorphism.
**DINÂMICA, s. f.** Dynamics.
**DINAMITAR, v. t.** To dynamite.
**DINAMITE, s. m.** Dynamite.
**DINAMIZAR, v. t.** To cause to be or become dynamic; to apply dynamics to.
**DÍNAMO, s. m.** Dynamo.
**DINAMÔMETRO, s. m.** Dynamometer.
**DINASTIA, s. f.** Dynasty.
**DINÁSTICO, adj.** Dynastic.
**DINHEIRO, s. m.** Money; coin; capital.

**DINOSSAURO**, s. m. Dinosaur.
**DIOCESANO**, adj. Diocesan.
**DIOCESE**, s. f. Diocese.
**DIÓPTRICA**, s. f. Dioptrics.
**DIORAMA**, s. m. Diorama.
**DIPÉTALO**, adj. Dipetalous.
**DIPLOMA**, s. m. Diploma; chart; certificate.
**DIPLOMACIA**, s. f. Diplomacy; tact, skill.
**DIPLOMADO**, adj. Graduated.
**DIPLOMATA**, s. 2 gên. Diplomatist.
**DIPLOMÁTICA**, s. f. Diplomatics.
**DÍPODE**, adj. Biped.
**DÍPTERO**, adj. Dipterous; s. m. dipteran or dipteron.
**DIPSOMANIA**, s. f. Dipsomania.
**DIQUE**, s. m. Dam dike; (fig.) barrier.
**DIREÇÃO**, s. f. Direction, guidance; management; command; order; administration.
**DIREITA**, s. f. Right hand; right side.
**DIREITO**, adj. Right; honest; just; upright; s. m. right; law; duty; tax; adv. straight.
**DIRETIVO**, adj. Directive.
**DIRETO**, adj. Direct, straight; immediate.
**DIRETOR**, s. m. Director; headmaster; manager; runner.
**DIRETORA**, s. f. Directress; directrix.
**DIRETORIA**, s. f. Direction; directorship.
**DIRETÓRIO**, s. m. Directory.
**DIRETRIZ**, s. f. Directrix.
**DIRIGENTE**, adj. Leading; directing; s. 2 gên. director, manager; directress.
**DIRIGIDO**, adj. Governed; controlled.
**DIRIGIR**, v. t. To direct; to manage; to lead; to govern; to rule; to regulate; to guide.
**DIRIGÍVEL**, adj. Dirigible.
**DIRIMENTE**, adj. Diriment; nullifying.
**DIRIMIR**, v. t. To annul; to break off; to settle.
**DISCAR**, v. t. (Bras.) to dial (telephone).
**DISCERNIMENTO**, s. m. Discernment; judge.
**DISCERNIR**, v. t. To discern; to distinguish or see; v. t. rel. to separate.
**DISCIPLINA**, s. f. Discipline; pennal infliction; correction; order; instruction.
**DISCIPLINAR**, v. t. To discipline; to regulate; to train in self-control, obedience, etc.
**DISCÍPULO**, s. m. Disciple; pupil.
**DISCO**, s. m. Disk; saucer; record.
**DISCÓBULO**, s. m. Discobolus.
**DISCÓIDE**, adj. Discoid; discoidal.
**DISCORDÂNCIA**, s. f. Discordance; disagreement; (Mus.) discord of sounds.
**DISCORDANTE**, adj. Discordant.
**DISCORDAR**, v. i. To disagree.

**DISCORDE**, adj. Discordant; out of tune.
**DISCÓRDIA**, s. f. Discord; conflict; strife.
**DISCORRER**, v. t. To traverse; to ponder.
**DISCOTECA**, s. f. Phonograph record collection or library; record cabinet or rack.
**DISCREPÂNCIA**, s. f. Discrepancy; variance.
**DISCREPANTE**, adj. Discrepant.
**DISCREPAR**, v. i. To be discrepant; to differ.
**DISCRETO**, adj. Discreet, cautious, prudent.
**DISCRIÇÃO**, s. f. Discretion; reserve.
**DISCRICIONÁRIO**, adj. Discretionary.
**DISCRIMINAÇÃO**, s. f. Discrimination.
**DISCRIMINAR**, v. t. To discriminate; to distinguigh; to discern.
**DISCURSAR**, v. t. To expound; v. i. to discourse; to make speech.
**DISCURSO**, s. m. Discourse; speech; dissertation; address.
**DISCUSSÃO**, s. f. Discussion, contest.
**DISCUTIR**, v. t. To discuss; to debate.
**DISCUTÍVEL**, adj. Discussible; doubtful.
**DISENTERIA**, s. f. Dysentery.
**DISFARÇADO**, adj. Disguised; cloaked.
**DISFARÇAR**, v. t. To disguise; to cloak.
**DISFARCE**, s. m. Disguise; cloak.
**DISFORME**, adj. Deformed; disfigured; huge.
**DISFORMIDADE**, s. f. Deformity.
**DISJUNÇÃO**, s. f. Disjunction; separation.
**DISJUNGIR**, v. t. To disyoke; to unyoke.
**DISJUNTO**, adj. Disjunct; separated.
**DÍSPAR**, adj. Unequal, unlike.
**DISPARADOR**, s. m. Shooter; trigger (of firearms).
**DISPARADA**, s. f. Stampede; running away.
**DISPARAR**, v. t. To shoot; to discharge; to fire; to dart; to fling; to let go; v. i. to run away, to haste away; to go off (a fire-arm).
**DISPARATADO**, adj. Extravagant, rash.
**DISPARATAR**, v. i. To talk or act foolishly.
**DISPARATE**, s. m. Nonsense, blunder.
**DISPARIDADE**, s. f. Disparity; difference in age, rank, character, or the like; inequality; unlikeness; dissimilitude.
**DISPARO**, s. m. Discharge; shot; (Mil.) firing.
**DISPÊNDIO**, s. m. Expense; cost; charge.
**DISPENDIOSO**, adj. Costly; expensive.
**DISPENSA**, s. f. Exemption; licence, license.
**DISPENSAR**, v. t. To dispense; to exempt; to excuse; to distribute; to dismiss; to spare.
**DISPENSÁRIO**, s. m. Dispensary.
**DISPENSÁVEL**, adj. Dispensable.
**DISPEPSIA**, s. f. Dyspepsia.
**DISPÉPTICO**, adj. e s. m. Dyspeptic.

**DISPERSÃO**, s. f. Dispersion.
**DISPERSAR**, v. t. To disperse; to disband; v. i. e p. to separate; to spread.
**DISPERSIVO**, adj. Dispersive.
**DISPERSO**, adj. Dispersed; scattered.
**DISPLICÊNCIA**, s. f. Displeasure; boredom.
**DISPONIBILIDADE**, s. f. Availability.
**DISPONÍVEL**, adj. Disposable, available.
**DISPOR**, v. t. To dispose; to place; to bestow; to arrange; to plan; to adapt.
**DISPOSIÇÃO**, s. f. Disposition; arrangement; disposal; preparation; order.
**DISPOSITIVO**, s. m. Gear; apparatus; rule.
**DISPOSTO**, adj. Disposed; ordered; ready.
**DISPUTA**, s. f. Quarrel; contest; debate.
**DISPUTAR**, v. t. To dispute; to argue; to discuss, to debate; to contest.
**DISPUTÁVEL**, adj. Disputable.
**DISSABOR**, s. m. Displeasure; annoyance.
**DISSECAÇÃO**, s. f. Dissection.
**DISSECAR**, v. t. To dissect.
**DISSEMINAÇÃO**, s. f. Dissemination.
**DISSEMINAR**, v. t. To disseminate.
**DISSENÇÃO**, s. f. Dissention; discord.
**DISSENTIMENTO**, s. m. Dissent.
**DISSENTIR**, v. i. To dissent; to disagree.
**DISSERTAÇÃO**, s. f. Dissertation; essay.
**DISSERTAR**, v. rel. e i. To dissert; to discourse.
**DISSIDÊNCIA**, s. f. Dissidence; separation.
**DISSIDENTE**, adj. Dissident.
**DISSÍDIO**, s. m. Dissension.
**DISSÍLABO**, s. m. Dissyllable.
**DISSIMILAR**, adj. Dissimilar; unlike.
**DISSIMILITUDE**, s. f. Dissimilitude.
**DISSIMULAÇÃO**, s. f. Disimulation; cloak.
**DISSIMULADO**, adj. Dissembled; disguised.
**DISSIMULAR**, v. t. To dissimulate; to dissemble; to pretend; to disguise; to feign.
**DISSIPAÇÃO**, s. f. Dissipation; waste.
**DISSIPADOR**, s. m. Dissipater; prodigal.
**DISSIPAR**, v. t. To dissipate; to break up; to disperse; to squander; to consume.
**DISSO**, contr. prep. "de" and pron. "isso", Of that, about that.
**DISSOCIAÇÃO**, s. f. Dissociation.
**DISSOCIAR**, v. t. To dissociate; to disunite; to disconnect; to detach; to decompose.
**DISSOLUBILIDADE**, s. f. Dissolubility.
**DISSOLUÇÃO**, s. f. Dissolution; ruin; final liquidation of a business; (Quím.) liquefaction.
**DISSOLUTO**, adj. Dissolute; lewd; vicious.
**DISSOLÚVEL**, adj. Dissoluble.
**DISSOLVENTE**, adj. e s. m. Dissolvent.
**DISSOLVER**, v. t. To dissolve; to melt; to break up; to rescind; to annul; to corrupt.
**DISSONÂNCIA**, s. f. Dissonance; discord.
**DISSONANTE**, adj. Dissonant; discordant.
**DISSUADIR**, v. t. To dissuade; to advise against; to persuade (a person).
**DISSUASÃO**, s. f. Dissuasion.
**DISTÂNCIA**, s. f. Distance; interval; length.
**DISTANCIAR**, v. t. To distance; to space.
**DISTANTE**, adj. Distant, far, remote.
**DISTAR**, v. i. To be distant.
**DISTENDER**, v. t. To distend; to extend; to spread; to stretch; to enlarge; to inflate.
**DISTENSÃO**, s. f. Distension; stretching.
**DÍSTICO**, s. m. Distich, couplet.
**DISTINÇÃO**, s. f. Distinction; difference; variation; honor; title; rank; merit.
**DISTINGUIR**, v. t. To distinguish; to discern; v. p. to stand out; to distinguish oneself.
**DISTINTIVO**, adj. Distinctive; s. m. badge; decoration; sign, mark.
**DISTINTO**, adj. Distinct; separate; noble.
**DISTRAÇÃO**, s. f. Distraction; absence (of mind); inadvertence; irreflection.
**DISTRAIDO**, adj. Distracted; absent-minded.
**DISTRAIR**, v. t. To distract; to divert.
**DISTRIBUIÇÃO**, s. f. Distribution; classification; that which is distributed.
**DISTRIBUIDOR**, s. m. Distributer; postman; dispenser; (Técn.) slide-valve.
**DISTRIBUIR**, v. t. To distribute, divide among a number, to deal out, to spread out.
**DISTRIBUTIVO**, adj. Distributive.
**DISTRITAL**, adj. Relative to a district.
**DISTRITO**, s. m. District; country.
**DISTÚRBIO**, s. m. Disturbance, agitation.
**DITADO**, s. m. Dictation, proverb, sentence.
**DITADOR**, s. m. Dictator; one who exercises supreme authority in a state.
**DITADURA**, s. f. Dictature.
**DITAME**, s. m. Dictate, order, rule.
**DITAR**, v. t. To dictate; to order or command.
**DITATORIAL**, adj. Dictatorial.
**DITO**, adj. Said; aforesaid; surnamed; s. m. ditto; sentence, saying.
**DITONGO**, s. m. Diphthong.
**DITOSO**, adj. Happy, fortunate.
**DIURESE**, . f. Diuresis.
**DIURÉTICO**, adj. e s. m. Diuretic.
**DIURNAL**, adj. Diurnal, daily.
**DIURNO**, adj. Daily.

**DIUTURNO,** adj. Lasting, durable.
**DIVA,** s. f. Godness; diva.
**DIVÃ,** s. m. Couch, divan.
**DIVAGAÇÃO,** s. f. Divagation; rambling.
**DIVAGAR,** v. i. To divagate; to wander.
**DIVERGÊNCIA,** s. f. Divergence.
**DIVERGENTE,** adj. Divergent.
**DIVERGIR,** v. i. To diverge; to differ.
**DIVERSÃO,** s. f. Diversion; pastime; sport.
**DIVERSIDADE,** s. f. Diversity; unlikeness; dissimilitude; variance; variety.
**DIVERSIFICAR,** v. t. To diversify.
**DIVERSO,** adj. Diverse, varied; various; different; pl. divers, several.
**DIVERTIDO,** adj. Amusing; entertaining.
**DIVERTIMENTO,** s. m. Diversion.
**DIVERTIR,** v. t. To divert; to amuse; to please; to entertain; v. p. to enjoy oneself.
**DÍVIDA,** s. f. Debt.
**DIVIDENDO,** s. m. Dividend.
**DIVIDIR,** v. t. To divide; to apportion; to share; to make hostile; to disunite; to separate into equal parts; by division; to mark, to limit; v. t. rel. to separate; to part.
**DIVINDADE,** s. f. Divinity; deity.
**DIVINIZAR,** v. t. To deify; to divinize.
**DIVINO,** adj. Divine; of God or a god; religious; godlike; heavenly; celestial.
**DIVISA,** s. f. Device; mark; emblem; motto.
**DIVISÃO,** s. f. Division; partition.
**DIVISAR,** v. t. To discern; to see.
**DIVISIBILIDADE,** s. f. Divisibility .
**DIVISIONAL,** adj. Divisional.
**DIVISIONÁRIO,** adj. Divisionary.
**DIVISÍVEL,** adj. Divisible.
**DIVISO,** adj. Divided.
**DIVISOR,** s. m. Divisor, divider.
**DIVISÓRIA,** s. f. Mark, line of demarcation.
**DIVISÓRIO,** adj. Dividing.
**DIVORCIAR,** v. t. To divorce; to disunite.
**DIVÓRCIO,** s. m. Divorce.
**DIVULGAÇÃO,** s. f. Divulgation.
**DIVULGADOR,** s. m. Divulger.
**DIVULGAR,** v. t. To divulge; to publish.
**DIZER,** v. t. To say; to tell, to relate; to receite; to mean; to speak; to affirm.
**DÍZIMA,** s. f. Tithe; tenth part.
**DIZIMAÇÃO,** s. f. Decimation.
**DIZIMAR,** v. t. To decimate; to levy tithes.
**DÍZIMO,** s. m. Tithe.
**DO,** contr. prep. "de" and art. "o", Of the, from the; contr. prep. "de" and pron. dem. "o", of that, of the one; from that.

**DÓ,** s. m. Mourning, pity, compassion, sadness; (Mús.) the "C" note; the syllabe used to designate the first note of the scale.
**DOAÇÃO,** s. f. Donation; a grant; gift.
**DOADOR,** s. m. Donor, giver.
**DOAR,** v. t. To donate, to give, to bestow.
**DOBRA,** s. f. Fold, plait; tuck; dog's ears (on a book).
**DOBRADEIRA,** s. f. Machine to fold books or newspapers.
**DOBRADIÇA,** s. f. Hinge.
**DOBRADIÇO,** adj. Bending; pliant; flexible.
**DOBRADO,** adj. Folded, double; bent.
**DOBRÃO,** s. m. Doubloon.
**DOBRAR,** v. t. To double, to duplicate.
**DOBRÁVEL,** adj. Bending, folding.
**DOBRO,** s. m. Double; in a pair.
**DOCA,** s. f. Dock, wharf.
**DOCE,** adj. Sweet; gentle; afflabe; s. m. candy; dessert; jam, jelly.
**DOCEIRO,** s. m. Confectioner.
**DOCÊNCIA,** s. f. Teaching.
**DOCENTE,** adj. Teaching, professoral.
**DÓCIL,** adj. Docile; gentle.
**DOCILIDADE,** s. f. Docility.
**DOCUMENTAÇÃO,** s. f. Documentation.
**DOCUMENTAR,** v. t. To document.
**DOCUMENTÁRIO,** adj. Documentary.
**DOCUMENTO,** s. m. Document.
**DOÇURA,** s. f. Sweetness; softness.
**DODECAEDRO,** s. m. Dodecahedron.
**DODECÁGONO,** s. m. Dodecagon.
**DOENÇA,** s. f. Illness; sickness; disease.
**DOENTE,** adj. Ill, sick, unwell, s. m. patient.
**DOENTIO,** adj. Sickly, sickish.
**DOER,** v. i. To ache, to pain; v. p. to pity; to feel sorry for; to resent (an offense).
**DOGE,** s. m. Doge.
**DOGMA,** s. m. Dogma.
**DOGMÁTICO,** adj. Dogmatic; dogmatical.
**DOGMATISMO,** s. m. Dogmatism.
**DOGMATIZAR,** v. t. e i. To dogmatize.
**DOGUE,** s. m. Pug-dog.
**DOIDICE,** s. f. Madness, silliness; insanity.
**DOIDIVANAS,** s. 2 gên. e 2 núm. Harebrained person.
**DOIDO,** adj. Mad, insane, demented; crazy; foolish; enthusiastic; s. m. lunatic, maniac, fool.
**DOÍDO,** adj. Painful.
**DOIS,** num. Two.
**DÓLAR,** s. m. Dollar.
**DOLENTE,** adj. Sorrowful; doleful.

**DÓLMÃ**, s. m. Dolman.
**DÓLMEN**, s. m. Dolmen.
**DOLO**, s. m. Fraud, trickery.
**DOLOMITA**, s. f. Dolomite.
**DOLORIDO, DOLOROSO**, adj. Painful, sorrowful, doleful, dolorous.
**DOLOSO**, adj. Fraudulent.
**DOM**, s. m. Gift, donation, talent.
**DOMADOR**, s. m. Tamer.
**DOMAR**, v. t. To tame, to subdue.
**DOMESTICAR**, v. t. To tame, to domesticate.
**DOMÉSTICO**, adj. Domestic, homely; s. m. servant.
**DOMICILIADO**, adj. Resident, residing.
**DOMICILIAR**, v. t. To domicile, to establish in a domicile; to settle or dwell.
**DOMICÍLIO**, s. m. Domicile, residence.
**DOMINAÇÃO**, s. f. Domination.
**DOMINADOR**, s. m. Dominator, ruler; master.
**DOMINANTE**, adj. Ruling, dominant.
**DOMINAR**, v. t. To dominate; to repress; to rule; to control; to govern; to comand; to rise above; v. p. to master oneself.
**DOMINGO**, s. m. Sunday.
**DOMINICAL**, adj. Dominical.
**DOMINICANO**, adj. e s. m. Dominican.
**DOMÍNIO**, s. m. Dominion; supreme power; sovereignty; territory governed; control, rule, authority, jurisdiction; a self-governing colony; possession.
**DOMINÓ**, s. m. Domino; dominoes (game).
**DONA**, s. f. Lady; proprietress; owner.
**DONATÁRIO**, s. m. Donee.
**DONATIVO**, s. m. Donation; gift; grant.
**DONDE**, contr. prep. "de" and adv. "onde", From where, from what place, whence.
**DONO**, s. m. Owner; master; head of a house.
**DOMO**, s. m. Dome; (fig.) church, cathedral.
**DONZEL**, s. m. Young nobleman.
**DONZELA**, s. f. Young lady; girl; damsel.
**DOPAR**, v. t. (gír. bras.) To dope.
**DOR**, s. f. Ache, pain; suffering; sorrow.
**DORAVANTE**, adv. Henceforth; from now on.
**DÓRICO**, adj. e s. m. Dorian; doric (Arquit.).
**DORIDO**, adj. Aching, hurt, painful.
**DORMENTE**, adj. Sleeping; dormant; s. m. sleeper, railroad tie.
**DORMIDA**, s. f. Sleep; sleeping place.
**DORMIDEIRA**, s. f. (Bot.) Poppy.
**DORMINHOCO**, s. m. Sleepy-head.
**DORMIR**, v. i. To sleep; to be or lie asleep; to be quiet or inactive; to be dead.

**DORMITAR**, v. i. To slumber, to doze.
**DORMITÓRIO**, s. m. Dormitory; (pop.) dorm; (Bras.) bedroom; bedroom furniture.
**DORNA**, s. f. Vintage tub.
**DORSAL**, adj. Dorsal.
**DORSO**, s. m. Back; reverse.
**DOSAGEM**, s. f. Dosage.
**DOSAR, DOSEAR**, v. t. To dose.
**DOSE**, s. f. Dose.
**DOSIMETRIA**, s. f. Dosimetry.
**DOSSEL**, s. m. Dossal.
**DOTAÇÃO**, s. f. Dotation; foundation.
**DOTADO**, adj. Endowed.
**DOTAL**, adj. Referring to a dowry.
**DOTAR**, v. t. To endow; to give as donation.
**DOTE**, s. m. Dowry; dower; endowment; a quality with which a person is endowed by nature.
**DOURADO**, adj. Golden, gilt.
**DOURAR**, v. t. To cover with gold-leaf.
**DOUTO**, adj. learned, erudite.
**DOUTOR**, s. m. Doctor.
**DOUTORA**, s. f. Doctoress.
**DOUTORADO**, s. m. Doctorship.
**DOUTORAMENTO**, s. m. Conferring of doctor's degree.
**DOUTORAR**, v. t. To doctor; to confer the doctor's degree.
**DOUTRINA**, s. f. Doctrine.
**DOUTRINAÇÃO**, s. f. Indoctrination.
**DOUTRINAR**, v. t. To indoctrinate; to teach.
**DOZE**, num. Twelve.
**DRACONIANO**, adj. Draconian; harsh.
**DRAGA**, s. f. Dredge.
**DRAGAGEM**, s. f. Dredging.
**DRAGÃO**, s. m. Dragon; a dragon (horse soldier).
**DRAGAR**, v. t. To dredge.
**DRAGONA**, s. f. Epaulet; shoulder-strap.
**DRAMA**, s. m. Drama.
**DRAMALHÃO**, s. m. Poor drama.
**DRAMÁTICO**, adj. Dramatic.
**DRAMATIZAR**, v. t. To dramatize.
**DRAMATURGO**, s. m. Dramatist.
**DRÁSTICO**, adj. Drastic.
**DRENAGEM**, s. f. Drainage.
**DRENAR**, v. t. To drain.
**DRENO**, s. m. Drain pipe; culvert.
**DRIBLAR**, v. t. e i. (esp.) To dribble.
**DRIÇA**, s. f. Haul-yard.
**DROGA**, s. f. Drug; (fig.) stuff.
**DROGARIA**, s. f. Drug trade; drugstore.
**DROMEDÁRIO**, s. m. Dromedary.

**DRUIDA**, s. m. Druid; fem. druidess.
**DRUÍDICO**, adj. Druidic, druidical.
**DUAL**, adj. Dual.
**DUALISMO**, s. m. Dualism.
**DUAS**, num. Two.
**DÚBIO**, adj. Dubious; doubtful; obscure.
**DUBITÁVEL**, adj. Dubious; questionable.
**DUBLAGEM**, s. f. (cine, TV) Dub, dubbing.
**DUCADO**, s. m. Duchy; ducat (coin).
**DUCAL**, adj. Ducal.
**DUCENTÉSIMO**, num. Two hundredth.
**DUCHA**, s. f. Shower-bath, douche.
**DUCTIL**, adj. Ductile; flexible; phable.
**DUELAR**, v. i. To duel.
**DUELO**, s. m. Duel.
**DUENDE**, s. m. Hobgoblin; boggy; bogie.
**DUETO**, s. m. Duet.
**DULCIFICAÇÃO**, s. f. Dulcification.
**DULCIFICAR**, v. t. To dulcify; to sweeten; to soften; to soothe.
**DUNA**, s. f. Down, sand-hill.
**DUO**, s. m. Duet, duo, dune.
**DUODÉCIMO**, num. e s. m. Twelfth.
**DUODENITE**, s. f. Duodenitis.
**DUODENO**, s. m. Duodenum.
**DUPLA**, s. f. (Bras.) couple; twosome.
**DUPLICAÇÃO**, s. f. Duplication.

**DUPLICADO**, adj. Duplicate; doubled; s. m. duplicate, copy.
**DUPLICAR**, v. t. To duplicate; to double; to fold; to make a duplicate of.
**DUPLICATA**, s. f. Duplicate; double; copy; commercial paper.
**DUPLICIDADE**, s. f. Duplicity.
**DUPLO**, num. Duplex; twofold, double.
**DUQUE**, s. m. Duke; deuce; two (at cards); fem. duchess.
**DURABILIDADE**, s. f. Durability.
**DURAÇÃO**, s. f. Duration.
**DURADOURO**, adj. Lasting; enduring.
**DURANTE**, prep. During, for.
**DURAR**, v. i. To last; to endure; to live.
**DURÁVEL**, adj. Durable; lasting.
**DUREZA**, s. f. Hardness; rudeness; cruelty; resistance; stiffness.
**DURO**, adj. Hard; solid; firm; tough; harsh.
**DUUNVIRATO**, s. m. Duumvirate.
**DÚVIDA**, s. f. Doubt; hesitation.
**DUVIDAR**, v. t. To doubt; to consider questionable; to distrust; to suspect; to hesitate.
**DUVIDOSO**, adj. Doubtful; suspicious; undecided; uncertain; ambiguous.
**DUZENTOS**, num. Two hundred.
**DÚZIA**, s. f. Dozen.

# E

**E**, s. m. Fifth letter of the alphabet; conj. and.
**ÉBANO**, s. m. Ebony.
**EBONITE**, s. f. Ebonite.
**EBÓREO**, adj. Made of ivory; ivory-colored.
**ÉBRIO**, adj. Ebrious; drunk; intoxicated.
**EBULIÇÃO**, s. f. Boiling; ebulition; effervescence; (fig.) agitation, excitement.
**EBURNEO**, adj. Eburnian; eburnean.
**ECLESIÁSTICO**, adj. Ecclesiastic; s. m. clergyman.
**ECLÉTICO**, adj. e s. m. Eclectic.
**ECLIPSAR**, v. t. To eclipse; to obscure.
**ECLIPSE**, s. m. Eclipse.
**ECLÍPTICA**, s. f. Ecliptic.
**ÉCLOGA**, s. f. Eclogue.
**ECLOSÃO**, s. f. (Zool.) Eclosian; hatching; emergence; appearance; development.

**ECLUSA**, s. f. Dam, dike, lock.
**ECO**, s. m. Echo.
**ECOAR**, v. t. To echo; to send back or repeat (a sound); v. i. to echo.
**ECONOMIA**, s. f. Economy; economics.
**ECONÔMICO**, adj. Economic; thrifty; saving.
**ECONOMIZAR**, v. t. To economize; to save.
**ECTIPOGRAFIA**, s. f. Braile printing.
**ECTOPLASMA**, s. m. Ectoplasm.
**ECUMÊNICO**, adj. Ecumenical.
**ECZEMA**, s. m. Eczema.
**EDACIDADE**, s. f. Edacity; voracity.
**EDEMA**, s. m. Edema.
**EDAZ**, adj. Voracious.
**ÉDEN**, s. m. Eden.
**EDÊNICO**, adj. Edenic.
**EDIÇÃO**, s. f. Edition.
**EDIFICAÇÃO**, s. f. Edification; building.

**EDIFICADOR**, s. m. Builder; adj. edifying.
**EDIFICANTE**, adj. Edifying; moralizing.
**EDIFICAR**, v. t. To build up; to construct.
**EDIFÍCIO**, s. m. Building; structure.
**EDIL**, s. m. Edile.
**EDITAL**, s. m. Public note; edict.
**EDITAR**, v. t. To publish; to edit.
**EDITO**, s. m. Ordinance, regulation.
**ÉDITO**, s. m. Edictal; proclamation; judicial order.
**EDITOR**, s. m. Publisher, editor.
**EDITORA**, s. f. Publishing house.
**EDITORIAL**, adj. Editorial; s. m. editorial; leading article.
**EDREDÃO**, s. m. Coverlet.
**EDUCAÇÃO**, s. f. Education; instruction.
**EDUCADO**, adj. Well-bred; polite.
**EDUCADOR**, s. m. Educator; preceptor.
**EDUCANDÁRIO**, s. m. Educational school.
**EDUCAR**, v. t. To educate; to train; to bring up; to rear; to teach.
**EDUCATIVO**, adj. Educative.
**ÉDULO**, adj. Edible.
**EDUZIR**, v. t. To educe; to elicit; to evolve.
**EFEITO**, s. m. Effect; result; outcome; intent.
**EFEMERIDADE**, s. f. Quality of the being short-live.
**EFEMÉRIDES**, s. f. pl. Ephemerides.
**EFÉMERO**, adj. Ephemeral; short-lived.
**EFEMINADO**, adj. Effeminate; unmanly, womanish.
**EFERVESCÊNCIA**, s. f. Effervescence.
**EFETIVAR**, v. t. To bring about; to effect.
**EFETIVO**, adj. Effective; true; real, actual, s. m. forcess, contingent (of troops).
**EFETUAÇÃO**, s. f. Effectuation; achievement; accomplishment; fulfilment.
**EFETUAR**, v. t. To realize; to fulfil.
**EFICÁCIA**, s. f. Efficacy.
**EFICAZ**, adj. Efficacious; powerful; efficient; competent; capable.
**EFICIÊNCIA**, s. f. Efficiency.
**EFÍGIE**, s. f. Effigy.
**EFLORESCÊNCIA**, s. f. Efflorescence.
**EFLORESCER**, v. i. To effloresce; to flourish; to blossom.
**EFLUÊNCIA**, s. f. Irradiation; emanation.
**EFLUENTE**, adj. Emanating.
**EFLÚVIO**, s. m. Effluvium.
**EFUNDIR**, v. t. To effuse; to pour out or forth.
**EFUSÃO**, s. f. Effusion, a pouring out.
**EFUSIVO**, adj. Effusive; pouring out.
**ÉGIDE**, s. f. Aegis; shield; protection.
**EGÍPCIO**, adj. e s. m. Egyptian.
**EGIPTOLOGIA**, s. f. Egyptology.
**ÉCLOGA**, s. f. Ecloque.
**EGO**, s. m. Ego.
**EGOCÊNTRICO**, adj. Egocentric.
**EGOÍSMO**, s. m. Egoism, selfishness.
**EGOÍSTA**, adj. Selfish; egoistic.
**EGRÉGIO**, adj. Illustrious; egregious; remarkable; extraordinary.
**EGRESSÃO**, s. f. Departure.
**EGRESSO**, s. m. Former monk.
**EGRETA**, s. f. Egret, aigrette.
**ÉGUA**, s. f. Mare.
**EIA**, interj. Come on! look happy! don't be blue! (utterance used to animate someone); whoa! (used to make a horse stop).
**EIS**, adv. Here is, here are.
**EIRA**, s. f. Barn-floor; threshing floor.
**EIRADO**, s. m. Terrace, open porch.
**EIVADO**, adj. Cracked; cleft; contaminated.
**EIVAR**, v. t. To contaminate; to infect; to stain; to spot; v. p. to become rotten.
**EIXO**, s. m. Axle; axis; arbor; spindle.
**EJACULAÇÃO**, s. f. Ejaculation; emission.
**EJACULADOR**, adj. Ejaculating; s. m. ejaculator.
**EJACULAR**, v. t. To ejaculate; to eject (fluids from the body); to throw out.
**EJEÇÃO**, s. f. Ejection; casting out.
**EJETOR**, adj. Ejecting; s. m. ejector.
**ELA**, pron. pess. She, it, her.
**ELABORAÇÃO**, s. f. Elaboration.
**ELABORAR**, v. t. To elaborate; to produce with labor; to work out in detail.
**ELAÇÃO**, s. f. haughtiness; pride.
**ELANGUESCER**, v. t. To languish.
**ELASTICIDADE**, s. f. Elasticity.
**ELÁSTICO**, adj. Elastic; flexible; adaptable; s. m. elastic band.
**ELE**, pron. pess. He, it; him.
**ELECTRODINÂMICA**, s. f. Electrodynamics.
**ELECTRÓDIO, ELÉCTRODO**, s. m. Electrode.
**ELECTROÍMÃ**, s. m. Electromagnet.
**ELECTROMAGNÉTICO**, adj. Electromagnetic.
**ELECTROMOTOR**, adj. Electromotive; s. m. electromotor.
**ELECTROQUÍMICA**, s. f. Electrochemistry.
**ELECTROTERAPIA**, s. f. Electroterapy.
**ELECTROTIPIA**, s. f. Electrotype.
**ELEFANTE**, s. m. Elephant.
**ELEFANTÍASE**, s. f. Elephantiasis.
**ELEGÂNCIA**, s. f. Elegance.
**ELEGANTE**, adj. Elegant, smart.

**ELEGENDO**, s. m. Candidate.
**ELEGER**, v. t. To elect; to choose.
**ELEGIA**, s. f. Elegy.
**ELEGIBILIDADE**, s. f. eligibility.
**ELEGÍVEL**, adj. Eligible.
**ELEIÇÃO**, s. f. Election, choice; a choosing; selection.
**ELEITOR**, s. m. Elector; voter.
**ELEITORADO**, s. m. Electorate.
**ELEITORAL**, adj. Electoral.
**ELEMENTAR**, adj. Elementary; primary.
**ELEMENTO**, s. m. Element (Quim., Mat., Gram., Astron. Eletr.) component, constituent; (fig.) ambience; pl. rudments; fundamental principles.
**ELENCO**, s. m. List, catalogue, catalog; (Bras.) company of actors; troupe.
**ELEVADO**, adj. Elevated; high; noble.
**ELETIVO**, adj. Elective.
**ELETRICIDADE**, s. f. Electricity.
**ELETRICISTA**, s. 2 gên. Electrician.
**ELÉTRICO**, adj. Electric.
**ELETRIFICAÇÃO**, s. f. Electrification.
**ELETRIFICAR**, v. t. To electrify.
**ELETRIFICÁVEL**, adj. Electrifiable.
**ELETRIZ**, s. f. Electress, voter, woman elector.
**ELETRIZANTE**, adj. Electrifying; exciting; captivating.
**ELETRIZAR**, v. t. To electrize; to electrify; (fig.) to captivate, to enrapture; to excite.
**ELETRO**, s. m. Electrum.
**ELETROANÁLISE**, s. f. (Quim.) Electroanalysis.
**ELETROCARDIOGRAFIA**, s. f. Electrocardiography.
**ELETROCARDIOGRAMA**, s. m. Electrocardiogram.
**ELETROCINEMÁTICO**, adj. Electrokinetic; s. f. electrokinetics.
**ELETROCUÇÃO**, s. f. Electrocution.
**ELETROCUTAR**, v. t. To electrocute.
**ELETRODINÂMICO**, adj. Electrodynamic.
**ELETRÓDIO, ELÉTRODO**, s. m. Electrode.
**ELETROENCEFALOGRAMA**, s. m. Electroencephalogram.
**ELETROFONE**, s. m. Electrophone.
**ELETROGRAFIA**, s. f. Electrograph.
**ELETROÍMÃ**, s. m. Electromagnet.
**ELETROLISÃO**, s. f. Electrolyzation.
**ELETROLISAR**, v. t. To electrolyze.
**ELETRÓLISE**, s. f. (Quim.) Electrolysis.
**ELETROLÍTICO**, adj. Electrolytic.
**ELETROMAGNÉTICO**, adj. Electromagnetic.
**ELETROMETALURGIA**, s. f. Electrometallurgy.
**ELETROMETRIA**, s. f. Electrometry.
**ELETRÔMETRO**, s. m. Electrometer.
**ELETROMOTOR**, adj. Electromotive; s. m. electromotor.
**ELÉTRON**, s. m. (Quim.) Electron.
**ELETRÔNICO**, adj. Electronic.
**ELETROQUÍMICO**, adj. Electrochemical.
**ELETROSCÓPIO**, s. m. (Fís.) Electroscope.
**ELETROSTÁTICO**, adj. Electrostatic.
**ELETROTÉCNICA**, s. f. Electrical engineering.
**ELETROTERAPIA**, s. f. Electrotherapy.
**ELETROTIPIA**, s. f. Electrotypy.
**ELETRÓTIPO**, s. m. (Tip.) Electrotype.
**ELEVAÇÃO**, s. f. Elevation; raising; height; a raised place; praise; exaltation.
**ELEVADO**, adj. Elevated; high; lofty.
**ELEVADOR**, s. m. Elevator, lift.
**ELEVAR**, v. t. To elevate; to lift up; to raise.
**ELICIAR**, v. t. To elicit.
**ELIDIR**, v. t. To elide; to omit; to ignore.
**ELIMINAÇÃO**, s. f. Elimination; exclusion.
**ELIMINAR**, v. t. To eliminate; to expel; to kill.
**ELIMINATÓRIO**, adj. Eliminatory.
**ELIPSE**, s. f. Ellipse; ellipsis.
**ELÍPTICO**, adj. Elliptic.
**ELISÃO**, s. f. Elision.
**ELÍSIO**, adj. Elysian; s. m. elysian fields.
**ELITE**, s. f. Elite.
**ELIXIR**, s. m. Elixir.
**ELMO**, s. m. Helmet.
**ELO**, s. m. Link in chain; tendril.
**ELOCUÇÃO**, s. f. Elocution.
**ELOENDRO**, s. m. Oleander.
**ELOGIAR**, v. t. To praise, to eulogize; to extol; to exalt.
**ELOGIÁVEL**, adj. Laudable; praiseworthy.
**ELOGIO**, s. m. Praise; eulogy; encomium.
**ELONGAÇÃO**, s. f. Elongation; (Med.) discolation of joint.
**ELOQÜÊNCIA**, s. f. Eloquence.
**ELUCIDAÇÃO**, s. f. Elucidation.
**ELUCIDAR**, v. t. To elucidate; to explain.
**ELUCIDATIVO**, adj. Elucidative.
**ELUCUBRAÇÃO**, s. f. Lucubration.
**ELUDIR**, v. t. To elude; to evade.
**EM**, prep. In; at; into; upon, on; by.
**EMA**, s. f. (Zool.) Rhea.
**EMAÇAR**, v. t. To file papers.
**EMACIAÇÃO**, s. f. Emaciation.

**EMACIADO**, adj. Emaciated.
**EMACIAR**, v. t. To emaciate; to thin; v. i. to grow lean.
**EMAGRECER**, v. t. To cause to be or become thin, skinny; to emaciate.
**EMAGRECIMENTO**, s. m. Thinning, emaciation.
**EMALAR**, v. t. To put in trunks.
**EMANAÇÃO**, s. f. Emanation.
**EMANAR**, v. i. To emanate.
**EMANCIPAÇÃO**, s. f. Emancipation.
**EMANCIPAR**, v. t. To emancipate; to liberate.
**EMARANHAMENTO**, s. m. Entanglement; confusion; involvement; complication.
**EMARANHAR**, v. t. To entangle.
**EMASCULAÇÃO**, s. f. Emasculation, castration.
**EMASCULAR**, v. t. To emasculate.
**EMBAÇAR**, v. t. To dull; to shade, v. i. to be stunned.
**EMBAIMENTO**, s. m. Cheat; deceit; fraud.
**EMBAINHAR**, v. t. To coax, to allure, to deceive, to wheedle, to seduce.
**EMBAIXADA**, s. f. Embassy.
**EMBAIXADOR**, s. m. Ambassador; fem. ambassadress.
**EMBAIXO**, adv. Below; down.
**EMBALAGEM**, s. f. packing.
**EMBALAR**, v. t. To rock, to sing, to sleep; to pack, to crate, to tie in bundles.
**EMBALO**, s. m. Rocking; swinging.
**EMBALSAMAÇÃO, EMBALSAMAMENTO**, s. f., s. m. Embalmment; embalming.
**EMBALSAMAR**, v. t. To embalm; to perfum.
**EMBANDEIRAR**, v. t. To flag, to adorn with flags.
**EMBARAÇADO**, adj. Embarrassed; disturbed; encumbered; perplexed; intricate.
**EMBARAÇAR**, v. t. To embarrass; to hinder; to complicate; to confuse, to perplex.
**EMBARAÇO**, s. m. Embarrassment; difficulty; hesitation; perturbation; perplexity.
**EMBARALHAMENTO**, s. m. Shuffle; confusion.
**EMBARALHAR**, v. t. To shuffle (cards, etc.); to mix; to jumble; to muddle; to confuse.
**EMBARBECER**, v. i. To grow a beard.
**EMBARCAÇÃO**, s. f. Craft, ship, vessel.
**EMBARCADOURO**, s. m. Wharf; landing-place; dock.
**EMBARCAR**, v. t. To embark.
**EMBARGADO**, adj. under an embargo.
**EMBARGAR**, v. t. To embargo.

**EMBARGO**, s. m. Embargo, obstacle; hindrance; disturbance.
**EMBARQUE**, s. m. Shipping; embarkment.
**EMBARRILHAR**, v. t. To barrel; (pop.) to deceive; to embarrass.
**EMBASBACAR**, v. i. e p. To be stupefied.
**EMBATE**, s. m. Collision; shock; blow.
**EMBEBEDAR**, v. t. To make drunk; to intoxicate; v. p. to get drunk.
**EMBEBER**, v. t. To imbibe, to drink in; to soak in; to absorb.
**EMBEBIDO**, adj. Imbued with; soaked.
**EMBELEZAMENTO**, s. m. Embellishment.
**EMBELEZAR**, v. t. To embellish, to beautify; to adorn, to attire.
**EMBEVECER**, v. t. To charm; v. p. to look raptured.
**EMBEVECIMENTO**, s. m. Rapture; amazement.
**EMBIRRAÇÃO**, s. f. Obstinacy; stubbornness; antipathy; aversion, dislike; mania.
**EMBIRRAR**, v. i. To be stubborn, to obstinate; to dislike; to have a aversion.
**EMBLEMA**, s. m. Emblem.
**EMBOCADURA**, s. f. Mouth (of a river); mouthopiece.
**EMBOCAR**, v. t. To put into the mouth of; to bit (a horse); to raise to the lips; to get into the mouth of a river.
**EMBODEGAR**, v. t. To dirt, to foul.
**EMBOLAR(-SE)**, v. i. To wrestle or struggle with someone, to rolling on the ground; (Bras.) to roling like a ball.
**EMBOLIA**, s. f. Embolism.
**ÊMBOLO**, s. m. Piston, sucker of a pump.
**EMBOLSAR**, v. t. To pocket; to pay a debt to.
**EMBORA**, adv. Be it so, let it be so; conj. in spite of, although, though; interj. be off!
**EMBORCAR**, v. t. To empty; to dump.
**EMBORNAL**, s. m. Bag (to give barley to horses); scupper (in a ship).
**EMBORRACHAR**, v. t. (gir.) To make drunk.
**EMBORRASCAR**, v. t. To overcast; to agitate.
**EMBOSCADA**, s. f. Ambush, ambuscade.
**EMBOSCAR**, v. t. To ambush, to ambuscade.
**EMBOTADURA, EMBOTAMENTO**, s. f., s. m. Dullness, bluntness.
**EMBOTAR**, v. t. To blunt, to dull.
**EMBRANDECER**, v. t. To soften, to loosen; v. i. to grow soft.
**EMBRANQUECER**, v. t. To whiten, to make white.
**EMBRAVESCER**, v. t. To enrage; to infuriate.

**EMBRAVECIMENTO**, s. m. Enragement; anger; furor.
**EMBREADO**, adj. Tarred; tar; (Bras.) put into gear.
**EMBRENHAR**, v. t. To hide in the woods; to hide among brambles or in thickets; to penetrate into woods, bush, etc.
**EMBRIAGADO**, adj. Drunk, intoxicated.
**EMBRIAGAR**, v. t. To intoxicate; to cause drunkness to; v. p. to get drunk.
**EMBRIAGUEZ**, s. f. Drunkness, intoxication.
**EMBRIÃO**, s. m. Embryo.
**EMBRIDAR**, v. t. To bridle; to restrain.
**EMBRIOLOGIA**, s. f. Embryology.
**EMBRIONÁRIO**, adj. Embryo.
**EMBROCAÇÃO**, s. f. Embrocation.
**EMBRULHADA**, s. f. Confusion; disorder.
**EMBRULHAR**, v. t. To pack up; to wrap; to mix; to complicate; to cause qualm (to the stomach); to be overcast (the weather); (Bras.) to trick; to cheat; v. p. to wrap oneself; to confuse; to perplex oneself.
**EMBRULHO**, s. m. Packet; bundle; trick.
**EMBRUTECER**, v. t. To brutalize; to brutify.
**EMBRUTECIMENTO**, s. m. Brutishness.
**EMBUCHAR**, v. t. To gorge, to glut, to satiate; (Mec.) to provide with bushings; v. i. (Bras.) to fume, to be tongue-tied; gorged.
**EMBURRADO**, adj. Sulky, moody, angry.
**EMBURRAR**, v. t. To brutalize; v. i. (pop.) to balk, to be stubborn as a mule; to pout.
**EMBUSTE**, s. m. Artifice, stratagem, trick.
**EMBUSTEIRO**, s. m. Liar; tale-teller.
**EMBUTIDO**, s. m. Inlaid-work, marquetry.
**EMBUTIR**, v. t. To inlay; to engrave.
**EMENDA**, s. m. Emendation; correction.
**EMENDAR**, v. t. To emend; to free from faults; to correct; to repair; to piece.
**EMENDÁVEL**, adj. Reparable; amendable.
**EMENTA**, s. f. Summary; memorandum-book; bill of fare.
**EMERGÊNCIA**, s. f. Emergency.
**EMERGENTE**, adj. Emergent.
**EMERGIR**, v. i. To emerge; to rise or come forth; to come out into view; to appear.
**EMÉRITO**, adj. Emeritus; remarkable.
**EMERSÃO**, s. f. Emersion.
**EMÉTICO**, adj. e s. m. Emetic.
**EMIGRAÇÃO**, s. f. Emigration.
**EMIGRANTE**, adj. e s. 2 gên. Emigrant.
**EMIGRAR**, v. i. To emigrate; to leave a country or region in order to settle elsewhere.
**EMINÊNCIA**, s. f. Eminence.

**EMINENTE**, adj. Eminent; high; lofty; distinguished; evident; notable.
**EMISSÃO**, s. f. Emission, discharge; issue.
**EMISSÁRIO**, s. m. Emissary; a secret agent.
**EMISSOR**, adj. Issuing, emitting; s. m. sender, transmitter.
**EMITIR**, v. t. To emit; to send forth; to give off; to throw; to utter; to issue.
**EMOÇÃO**, s. f. Emotion.
**EMOCIONAL**, adj. Emotional.
**EMOCIONANTE**, adj. Stirring, causing emotion.
**EMOCIONAR**, v. t. To thrill, to excite.
**EMOLDURAR**, v. t. To frame.
**EMOLIENTE**, adj. Emollient.
**EMOLIR**, v. t. To soften.
**EMOLUMENTO**, s. m. Emolument; fees or salary.
**EMOTIVIDADE**, s. f. Emotiveness.
**EMOTIVO**, adj. Emotive.
**EMPA**, s. f. Propping up of vines.
**EMPACAR**, v. i. To buck; to stutter; to stammer; (Bras.) to balk.
**EMPACOTADEIRA, EMPACOTADORA**, s. f. Baling-machine.
**EMPACOTAR**, v. t. To pack; to pack up; to make a pack of; to put or arrange in a pack; to bale; to sack.
**EMPADA**, s. f. Pie (of meat or fish).
**EMPALAÇÃO**, s. f. Impalement.
**EMPALAR**, v. t. To impale.
**EMPALHAÇÃO**, s. f. Packing or covering with straw as protection; (fig.) palliative; delay; subterfuge.
**EMPALHAR**, v. t. To cover or surround with straw; to stuff with straw; (Fig.) to delay, to put off; to palliate.
**EMPALIDECER**, v. t. To pale, to grow pale; v. p. to lose its color; to fale.
**EMPALMAÇÃO**, s. f. Jugglery; juggling; hiding (in the palm of the hand).
**EMPALMADOR**, s. m. Cheater; filcher.
**EMPALMAR**, v. t. To palm, to conceal in the palm or about the hand; to pass or get rid of by trickery; to cheat out;; to juggle; to filch; to pilfer.
**EMPANADA**, s. f. Sash-window (made of linen or paper).
**EMPANADO**, adj. Tarnished; covered with cloth; bound up.
**EMPANAR**, v. t. To cover with cloth; to tarnish; to make dull; to obscure; to dim.
**EMPANCAR**, v. t. To hold back; to clog.

**EMPANZINAR**, v. t. To glut with food; to gorge; v. p. to gorge oneself.
**EMPAPAR**, v. t. To soak; to imbibe; to steep.
**EMPAPELADOR**, s. m. One who wraps in paper.
**EMPAPELAR**, v. t. To wrap in paper.
**EMPAR**, v. t. To prop a vine.
**EMPARCEIRAR**, v. t. To join, to match, to couple, to pair.
**EMPAREDAMENTO**, s. m. Immurement.
**EMPAREDAR**, v. t. To immure; to close.
**EMPARELHADO**, adj. Matched; double; side by side.
**EMPARELHAR**, v. t: To match, to couple; to pair; v. i. to go side by side.
**EMPARREIRAR**, v. t. To cover with vine-stock; v. p. to be full of leaves (a vine).
**EMPASTAMENTO**, s. m. Pasting up.
**EMPASTAR**, v. t. To paste up.
**EMPATAR**, v. t. To tie; to check; to defer; to embarrass; to equallize; to make equal.
**EMPATE**, s. m. Tie; delay; suspension.
**EMPECILHO**, s. m. Impediment; obstacle.
**EMPEDERNECER**, v. t. e i. To petrify; to indurate (the heart); to become hard-hearted.
**EMPEDERNIDO**, adj. Hard-hearted; petrified.
**EMPEDERNIR**, v. t. To harden, to petrify.
**EMPEDRADO**, adj. Paved; s. m. stone-pavement.
**EMPEDRAMENTO**, s. m. Pavement, paving.
**EMPEDRAR**, v. t. To pave.
**EMPENA**, s. f. Gable.
**EMPENADO**, adj. Warped.
**EMPENAMENTO**, s. m. Warping.
**EMPENAR**, v. t. e i. To warp; to feather; to adorn with feathers.
**EMPENHADO**, adj. Indebted; being in debt; engaged; interested in.
**EMPENHAR**, v. t. To pawn; to deposit as pledge; to mortgage; intercede; to mediate; v. p. to run into debt; to endeavor.
**EMPENHO**, s. m. Pawn, a pledge; guaranty; interest, protection, diligence.
**EMPERRADO**, adj. Hard (a lock), stiff; obstinate; struck.
**EMPERRAR**, v. t. To make hard; obstinate.
**EMPERTIGADO**, adj. Proud, stiff-necked.
**EMPERTIGAR**, v. t. To make stiff, v. p. to strut.
**EMPESTAR**, v. t. To infect.
**EMPILHAMENTO**, s. m. Heaping up; piling up.
**EMPILHAR**, v. t. To pile up, to heap up.

**EMPINAR**, v. t. To straighten up.
**EMPÍREO**, s. m. Empyrean; adj. divine.
**EMPÍRICO**, adj. Empiric, quack; s. m. an empiric; a quack.
**EMPIRISMO**, s. m. Empiricism.
**EMPLASTAMENTO**, s. m. Plastering.
**EMPLASTAR**, v. t. To plaster.
**EMPLASTO, EMPLASTRO**, s. m. Plaster.
**EMPLUMAR**, v. t. To feather.
**EMPOADO**, adj. Covered with powder; dusty.
**EMPOAR**, v. t. To powder; to dust.
**EMPOBRECER**, v. t. To impoverish; to make poor; to exhaust the strength, richness or fertility of (land); v. i. to get poor.
**EMPOBRECIMENTO**, s. m. Impoverishment.
**EMPOÇAR**, v. i. To form a puddle.
**EMPOEIRAR**, v. t. To dust.
**EMPOLA**, s. f. Blister.
**EMPOLADO**, adj. Swollen, puffed up; (fig.) proud, vain, bombastic (style).
**EMPOLAR**, v. t. To blister; v. i. to swell.
**EMPOLEIRAR-SE**, v. p. To perch.
**EMPOLGANTE**, adj. Overpowering.
**EMPOLGAR**, v. t. To grap; to take or seize eagerly; to lay hold of, with the mind.
**EMPORCALHAR**, v. t. To dirty; to soil.
**EMPÓRIO**, s. m. Storchouse; grocery.
**EMPOSSAR**, v. t. To put in possession; v. p. to take possession of, to take hold of.
**EMPRAZAMENTO**, s. m. Summons.
**EMPRAZAR**, v. t. To summon; to convoke; to send for; to call forth.
**EMPREENDEDOR**, adj. Enterprising; s. m. undertaker.
**EMPREENDER**, v. t. To undertake; to enterprise.
**EMPREENDIMENTO**, s. m. Undertaking.
**EMPREGADO**, adj. Employed; s. m. clerk.
**EMPREGADOR**, s. m. Employer.
**EMPREGAR**, v. t. To employ; to make use of; to occupy, to devote, to consecrate.
**EMPREGO**, s. m. Use; occupation; job; employ; employment.
**EMPREITADA**, s. f. Contract work.
**EMPREITEIRO**, s. m. Contractor.
**EMPRESA**, s. f. Enterprise; initiative.
**EMPRESÁRIO**, s. m. Contractor; undertaker; enterpriser; manager (of a theatre).
**EMPRESTAR**, v. t. To lend, to loan.
**EMPRÉSTIMO**, s. m. Lending, loan.
**EMPUBESCER**, v. i. To attain to the puberty.
**EMPUNHAR**, v. t. To grasp, to grip, to seize.
**EMPURRÃO**, s. m. Push, knock, thrust.

**EMPURRAR**, v. t. To push, to shove.
**EMUDECER**, v. i. To grow dumb; to be silent.
**EMULAR**, v. i. To emulate, to rival.
**ÊMULO**, adj. Rivalling, emulous; s. m. rival.
**EMULSÃO**, s. f. Emulsion.
**EMURCHECER**, v. i. To fade; to lose freshness, brilliance or clearness, to decay; to wither; to grow dim.
**ENALTECER**, v. t. To exalt, to elevate; to extol; to praise.
**ENAMORAR**, v. t. To inspire love; to charm.
**ENCABAR**, v. t. To put a handle to; to helve.
**ENCABEÇAR**, v. t. To lead; to condut; to run.
**ENCABRESTAMENTO**, s. m. Haltering.
**ENCABRESTAR**, v. t. To halter; to subdue.
**ENCADEAMENTO**, s. m. Chaining; cham, link; connection.
**ENCADEAR**, v. t. To chain, to link, to connect; to fetter; to restrain; to repress.
**ENCADERNADOR**, s. m. Book-binder.
**ENCADERNAR**, v. t. To bind (books).
**ENCAIXAR**, v. t. To pack up; to box.
**ENCAIXE**, s. m. Socket; goover; casing.
**ENCAIXILHAR**, v. t. To frame.
**ENCAIXOTAMENTO**, s. m. Packing up.
**ENCAIXOTAR**, v. t. To box, to put in a box.
**ENCALÇO**, s. m. Trail, track, pursuit.
**ENCALHAR**, v. t. To run aground, to strand.
**ENCALHE**, s. m. Running aground; obstacle; hindrance; obstruction; (Bras.) book or newspaper copies not sold and given back to publishing houses.
**ENCALMAR**, v. t. To heat.
**ENCAMINHAR**, v. t. To lead, to direct; to guide; v. p. to direct one's steps.
**ENCANAMENTO**, s. m. Conduit; canalization.
**ENCANAR**, v. t. To canalize; (Med.) to splint; to confine (broken limb, etc.) with splints.
**ENCAMPAR**, v. t. To escind, to annul; to expropriate; to take over the liabilities (firm).
**ENCANECER**, v. i. To grow grey-haired.
**ENCANTADO**, adj. Enchanted.
**ENCANTADOR**, adj. Charming; lovely; mee; s. m. enchanter, magician.
**ENCANTAMENTO**, s. m. Enchantment; charm; fascination.
**ENCANTAR**, v. t. To enchant; to charm.
**ENCANTO**, s. m. Enchantment.
**ENCANTOADO**, adj. Driven into a corner.
**ENCANTOAR**, v. t. To drive into a corner.
**ENCAPAR**, v. t. To wrap up; to cloak; to bind (a book).
**ENCAPELADO**, adj. Rough (the sea).

**ENCAPELAR**, v. t. To rough (the sea).
**ENCAPOTADO**, adj. Cloaked; disguised.
**ENCAPOTAR**, v. t. To cloak, to disguise.
**ENCARACOLADO**, adj. Curly.
**ENCARACOLAR**, v. t. To curl; to curve; to coil; v. p. to curl.
**ENCARAPINHADO**, adj. Curly (the hair).
**ENCARAPINHAR**, v. t. To curl, to make frizzle.
**ENCARAR**, v. t. To face; to look upon.
**ENCARCERAMENTO**, s. m. Incarceration.
**ENCARCERAR**, v. t. To incarcerate; to imprison; to put in prison or jail.
**ENCARECER**, v. t. To raise the price of; to outbid; to enhance; to praise.
**ENCARECIMENTO**, s. m. The raising of prices; enhancement; exaggeration.
**ENCARGO**, s. m. Charge, office; duty; order.
**ENCARNAÇÃO**, s. f. Incarnation.
**ENCARNADO**, adj. Incarnate; red, rosy.
**ENCARNAR**, v. t. To paint in flesh colour; v. i. to incarnate; to clothe with flesh or bodily form; to embody.
**ENCARNIÇADO**, adj. Eager; fierce; savage.
**ENCARNIÇAR**, v. t. To flesh; to feed dogs with meat in order to encourage them to exertion; to irritate; to excite; to fret.
**ENCARQUILHAR**, v. t. To wrinkle; to wither.
**ENCARRANCAR**, v. t. To frown; v. p. to become dark (the weather).
**ENCARREGADO**, adj. Charged with; s. m. agent.
**ENCARREGAR**, v. t. To charge, to load, to lay or put a load on or in; to entrust with; to overcharge; v. p. to look after.
**ENCARRILHAR**, v. t. To put on the rails or ruts (a carriage or steam-engine); to direct; to guide; v. i. to go right.
**ENCARTAR**, v. t. To give a professional certificate (to); to include.
**ENCARTUCHAR**, v. t. To make cartridges.
**ENCARVOAR**, v. t. To blacken with coal; v. p. to reduce to coal; to foul with coal.
**ENCASACAR-SE**, v. t. To put on a jacket or dress coat; to dress up to a coat.
**ENCASCAR**, v. t. To put into a cask; to plaster (a wall); v. i. to grow stronger (the hoof of a horse); to get new bark (the tree).
**ENCASQUETAR**, v. t. rel. To cover with a cap, to persuade.
**ENCASTELADO**, adj. Hoof-bound; castled.
**ENCASTELAR**, v. t. To fortify; to pile; v. p. to confine oneself in a castle.

**ENCASTOAR**, v. t. To enchase, to set (a precious stone); to mount (canes or stick).
**ENCÁUSTICA**, s. f. Encaustic painting.
**ENCEFÁLICO**, adj. Encephalic.
**ENCÉFALO**, s. m. Encephalon.
**ENCELAR**, v. t. To shut in a cell.
**ENCELEIRAR**, v. t. To store; to treasure up.
**ENCENAÇÃO**, s. f. Staging.
**ENCENAR**, v. t. To stage.
**ENCERADO**, adj. Waxed; like wax; s. m. oil-cloth; cere-cloth; (Náut.) tarpaulin.
**ENCERAR**, v. t. To wax.
**ENCERRAMENTO**, s. m. Closing; close.
**ENCERRAR**, v. t. To enclose, to shut up or in; to contain; to confine; to lock up.
**ENCETAMENTO**, s. m. Beginning.
**ENCETAR**, v. t. To make the first cut in.
**ENCHARCAR**, v. t. To inundate; to soak.
**ENCHENTE**, s. f. Flood; inundation; overflowing; swelling (of a river); fullness.
**ENCHER**, v. t. To fill; to make full; to complete; to feed, to satisfy; to occupy; v. i. to become full; to rise (the tide); v. p. to feed up; to grow rich.
**ENCHIMENTO**, s. m. Filling up; abundance.
**ENCHUMAÇAR**, v. t. To wad, to pad.
**ENCÍCLICA, ENCÍCLICO**, s. f., adj. Encyclic.
**ENCICLOPÉDIA**, s. f. Encyclopedia.
**ENCILHAMENTO**, s. m. Act of sadding and mounting.
**ENCILHAR**, v. t. To saddle, to girth (a horse); to harness (an animal).
**ENCIMAR**, v. t. To put above or on top.
**ENCIUMADO**, adj. Jealous, envious.
**ENCLAUSTRAR, ENCLAUSURAR**, v. t. To cloister.
**ENCLÍTICA**, s. f. Enclitic.
**ENCOBERTA**, s. f. Hiding-place; dissimulation.
**ENCOBERTAR**, v. t. To cover; to conceal.
**ENCOBERTO**, adj. Hidden; secret; cloaked.
**ENCOBRIMENTO**, s. m. Coccaling; cloak.
**ENCOBRIR**, v. t. To hide; to secret; to conceal; to disguise; v. p. to hide oneself.
**ENCOLERIZAR**, v. t. To anger; to make angry; v. p. to get angry.
**ENCOLHER**, v. t. To shrink, to straiten, to shorten; to grow narrow; to contract.
**ENCOLHIDO**, adj. Shrunk, contracted; (fig.) timid).
**ENCOLHIMENTO**, s. m. Shrinking.
**ENCOMENDAÇÃO**, s. f. Ordering; burial service.
**ENCOMENDAR**, v. t. to commend; to recommend; to order; to bespeak; to pray by a dead person.
**ENCOMIAR**, v. t. To praise, to panegyrize.
**ENCOMIASTA**, s. 2 gên. Encomiast, praiser.
**ENCÔMIO**, s. m. Encomium, panegyric.
**ENCOMPRIDAR**, v. t. To lengthen; to prolong.
**ENCONTRAR**, v. t. To meet, to encounter; to bump into; to find; to come face to face with; to discover; to come across.
**ENCONTRO**, s. m. Meeting; encounter; sock; quarrel; collision; opposition; date.
**ENCORAJADOR**, adj. Encouraging.
**ENCORAJAMENTO**, s. m. Encouragement.
**ENCORAJAR**, v. t. To encourage; to incite; to foment; to hoost; to cheer; to hearten.
**ENCORPADO**, adj. Thick; heavy; corpulent.
**ENCORPAMENTO**, s. m. Thickness; stoutness; corpulence.
**ENCORPAR**, v. t. To thicken; to greater consistency.
**ENCOSTA**, s. f. Slope; hill-side.
**ENCOSTAR**, v. t. rel. To support; to prop; to place against; v. p. to go to bed; to lean.
**ENCOSTO**, s. m. Stay, prop, support; back (of a seat).
**ENCOURAÇADO**, adj. Cuirassed; ironclad.
**ENCOURAÇAR**, v. t. To cuirass; to armor.
**ENCOVADO**, adj. Sunk; deep-seated hollow.
**ENCOVAR**, v. t. To shut up (in a cave); to bury; v. p. to sink.
**ENCRAVADO**, adj. Nailed; enclosed.
**ENCRAVAMENTO**, s. m. Nailing; fastening; prick (in a horse's foot).
**ENCRAVAR**, v. t. To prick or nail (a horse); to spike; to enchase; to set (jewels); v. p. to sink; to come to grief.
**ENCRAVELHAR**, v. t. (pop.) To corner or embarras (someone); to peg.
**ENCRENCA**, s. f. (pop. bras.) Hitch, snag, snare, difficulty; scheme; confusion; row.
**ENCRENCAR**, v. t. (pop. bras.) To create confusion (in); to complicate (a situation).
**ENCRESPADO**, adj. Curled; rough (the sea).
**ENCRESPAR**, v. t. To curl, to frizzle; v. p. to wrinkle; to become rough (the sea).
**ENCRISTAR-SE**, v. t. To raise the crest (said of birds); (fig.) to bristle up.
**ENCROSTADO**, adj. Crusty, scabby.
**ENCROSTAR**, v. i. To crust; to scab.
**ENCRUADO**, adj. Undercooked; crude.
**ENCRUAR**, v. t. To become hard.

**ENCRUZAMENTO**, s. m. Crossing.
**ENCRUZAR**, v. t. To cross, to put or lay across.
**ENCRUZILHADA**, s. f. Cross-way.
**ENCUBAR**, v. t. To put into a vat or tub.
**ENCURRALAR**, v. t. To corral; to confine.
**ENCURTAR**, v. t. To shoten; to restrain.
**ENCURVAÇÃO, ENCURVADURA, ENCURVAMENTO**, s. f., s. m. Incurvation; bowing; bending.
**ENCURVAR**, v. t. To incurvate; to incurve; to arch; to bend.
**ENDEMONINHADO**, adj. Demoniac.
**ENDENTAÇÃO**, s. f. Indentation; an indenting; a notch or recess.
**ENDENTADO**, adj. Indented.
**ENDENTAR**, v. t. To indent; to dent.
**ENDEREÇAR**, v. t. To address, to send; to direct; to guide.
**ENDEREÇO**, s. m. Address.
**ENDEUSAMENTO**, s. m. Deification.
**ENDEUSAR**, v. t. To deify; to make a god of.
**ENDEZ**, s. m. Nest-egg.
**ENDIABRADO**, adj. Devilish; furious.
**ENDINHEIRADO**, adj. Rich, moneyed.
**ENDIREITAR**, v. t. To straighten, to correct; to put right; v. p. to stand upright.
**ENDIVIDADO**, adj. Indebted; in debt.
**ENDIVA, ENDIVIA**, s. f. Endive.
**ENDIVIDAR**, v. t. To put in debt; v. p. to run into debts; to contract debts.
**ENDOCÁRDIO**, s. m. Endocardium.
**ENDOCARDITE**, s. f. Endocarditis.
**ENDOCARPO**, s. m. Endocarp.
**ENDOCRINOLOGIA**, s. f. Endocrinology.
**ENDOENÇAS**, s. f. pl. Sufferings; afflictions.
**ENDOIDECER**, v. t. To madden; to make insane; v. i. to go mad.
**ENDOMINGADO**, adj. Dressed in one's best clothes.
**ENDOPLASMA**, s. m. Endoplasm.
**ENDOSSADO**, adj. Endorsed; s. m. endorsee.
**ENDOSSANTE**, s. 2 gên. Endorser.
**ENDOSPERMA**, s. m. Endosperm.
**ENDOSSAR**, v. t. To endorse, to sign.
**ENDOSSE, ENDOSSO**, s. m. Endorsement.
**ENDURECER**, v. t. To harden; to make cruel or unfeeling.
**ENDURECIMENTO**, s. m. Hardness; obduracy; cruelty, ruthlessness.
**ENEGRECER**, v. t. To blacken; to darken; to defame; v. i. to become dark.

**ENEGRECIMENTO**, s. m. Blackening.
**ENERGIA**, s. f. Energy, strenght of expression; foree of utterance; natural power or strength; force of action, strenght; vigor.
**ENERGIZAR**, v. t. To energize, to animate.
**ENÉRGICO**, adj. Energetic; vigorous; active.
**ENERVAÇÃO**, s. f. Enervation.
**ENERVADO**, adj. Enervate, weakened.
**ENERVANTE**, adj. enervating.
**ENERVAR**, v. t. To enervate; to deprive of nerve; force or energy; to weaken; to debilitate; to lessen the mental or moral vigor of; v. p. to become enervated.
**ENEVOADO**, adj. Cloudy; gloomy; foggy.
**ENEVOAR**, v. t. To dim, to sully; v. p. to grow misty, dim, foggy.
**ENFADAR**, v. t. To cause fatigue; to bore.
**ENFADO**, s. m. Weariness; displeasure.
**ENFADONHO**, adj. Tiresome, troublesome.
**ENFAIXAR**, v. t. To swaddle; to band.
**ENFARDAMENTO**, s. m. Packing up; package.
**ENFARDELAR**, v. t. To pack up, to make into a bundle.
**ENFARINHADO**, adj. Covered with flour; powdered, floured.
**ENFARINHAR**, v. t. To cover with flour.
**ENFARTE**, s. m. Stuffing; cramming; glutting; repletion; swelling; (Med.) infarct.
**ÊNFASE**, s. f. Emphasis.
**ENFASTIAR**, v. t. To cause loathing, to loathe; to tire, to disgust.
**ENFÁTICO**, adj. Emphatic.
**ENFEITAR**, v. t. To adorn, to attire, to beautify; to embellish, to ornament, to deck.
**ENFEITE**, s. m. Ornament, attire.
**ENFEITIÇAR**, v. t. To bewitch; to charm.
**ENFEIXAR**, v. t. To bundle up, to truss; to join, to unite.
**ENFERMAGEM**, s. f. Nursing; care of the sick.
**ENFERMAR**, v. t. To make ill; v. i. to become sick.
**ENFERMARIA**, s. f. Infirmary.
**ENFERMEIRA**, s. f. Nurse.
**ENFERMEIRO**, s. m. Male-nurse.
**ENFERMIDADE**, s. f. Infirmity; sickness; illness; feebleness; weakness; debility.
**ENFERMO**, adj. Sick, ill; s. m. sickperson.
**ENFERRUJAR**, v. t. To rust; to make rust.
**ENFESTADO**, adj. Folded longwise.
**ENFESTAR**, v. t. To fold longwise.
**ENFEZADO**, adj. Dwarfish; (fig.) angry.

**ENFEZAR**, v. t. To stunt; to dwarf; (fig.) to bore; to irritate.
**ENFIAÇÃO**, s. f. Filing; threading.
**ENFIADA**, s. f. Enfilade; range; file; row.
**ENFIADO**, adj. Threaded; strung.
**ENFIADURA**, s. f. A needleful; threading.
**ENFIAR**, v. t. To thread, to string; to enfilade; to pass in a row; v. i. to grow pale.
**ENFILEIRAR**, v. t. To range in a file; to range; v. p. to line up.
**ENFIM**, adv. At last, finally.
**ENFITEUSE**, s. f. Emphyteusis.
**ENFITEUTA**, s. 2 gên. Emphyteuta.
**ENFOLHAR**, v. i. To leaf; to cover with leaves.
**ENFORCAMENTO**, s. m. Hanging.
**ENFORCAR**, v. t. To hang; v. p. to hang oneself.
**ENFRAQUECER**, v. t. To enfeeble.
**ENFRAQUECIMENTO**, s. m. Weakness, debility; feebleness.
**ENFRASCAR**, v. t. To bottle; v. i. e p. to soak; to get drunk.
**ENFRENTAR**, v. t. To face; to oppose firmly.
**ENFRONHAR**, v. t. To put in a pillowcase; to slip on (a dress, etc.); to cover up; to teach.
**ENFUMAÇAR(-SE)**, v. t. To smoke up.
**ENFUNADO**, adj. Puffed up; swollen.
**ENFUNAR**, v. t. To swell, to puff up.
**ENFURECER**, v. t. To enrage; to madden; v. i. e p. to rage (wind, sea).
**ENFURECIDO**, adj. Furious.
**ENFURECIMENTO**, s. m. Rage, fury, furor.
**ENGABELAR**, v. t. (Bras.) To cajole; to dupe.
**ENGAIOLAR**, v. t. To cage, to imprison.
**ENGAJAMENTO**, s. m. Engagement.
**ENGAJAR**, v. t. To engage.
**ENGALANAR**, v. t. To adorn with ribbons.
**ENGANADO**, adj. Mistaken; deceived.
**ENGANADOR**, s. m. Deceiver.
**ENGANAR**, v. t. To deceive, to cheat; to trick; to mislead.
**ENGANCHAR**, v. t. To hook; to catch.
**ENGANO**, s. m. Deceit; a trick; cheat; fraud.
**ENGANOSO**, adj. Deceitful.
**ENGARRAFAMENTO**, s. m. Bottling.
**ENGARRAFAR**, v. t. To bottle; to enclose in, or as in a bottle.
**ENGASGAR**, v. t. To throttle; to stifle; to choke; v. p. to stifle, to embarrass.
**ENGASGO, ENGASGUE**, s. m. Choking.
**ENGATAR**, v. t. To cramp; to fasten or hold with a cramp, to couple (railway carriage).

**ENGATE**, s. m. Cramp; link.
**ENGATILHAR**, v. t. To cock (a gun).
**ENGATINHAR**, v. i. To crawl; to creep.
**ENGAVETAMENTO**, s. m. Act of putting into a drawer; (Bras.) telescoping of railroad cars in a collision.
**ENGAVETAR**, v. t. To put into a drawer; to pospone, to put off indefinitely.
**ENGELHAR**, v. t. To wrinkle; to shrivel.
**ENGENDRAR**, v. t. To engender; to beget; to bring forth; to produce; to cause.
**ENGENHAR**, v. t. To idealize; to invent; to engender; to cause; to produce.
**ENGENHARIA**, s. f. Engineering.
**ENGENHEIRO**, s. m. Engineer.
**ENGENHO**, s. m. Talent; skill; wit; artifice; machine; engine; mill.
**ENGENHOSO**, adj. Ingenious; clever; inventive; industrious; witty; facetious.
**ENGESSAR**, v. t. To plaster; to parget.
**ENGLOBAR**, v. t. To join, to add; to form into a ball or globe.
**ENGODO**, s. m. (for fish, etc.) decoy; lure; enticement; (pop. EUA) catch; wheedling.
**ENGOLFAR**, v. t. To engulf; to swallow up.
**ENGOLIR**, v. t. To swallow.
**ENGOMADEIRA**, s. f. Ironer; starcher.
**ENGOMAR**, v. t. To iron, to startch.
**ENGONÇO**, s. m. Hinge; iron-hook.
**ENGORDA**, s. f. Fattening.
**ENGORDAR**, v. t. To fatten; v. i. to grow fat.
**ENGORDURAR**, v. t. To grease.
**ENGRAÇADO**, adj. Funny; pleasant; merry.
**ENGRAÇAR**, v. i. To make graceful, pleasant, agreeable; to beautify.
**ENGRADAMENTO**, s. m. Railing; grating.
**ENGRADAR**, v. t. To rail; to grate.
**ENGRANDECER**, v. i. To enlarge, to augment; to increase; to amplify.
**ENGRANDECIMENTO**, s. m. Augmentation; increase, elevation; exaltation.
**ENGRAXAR**, v. t. To black, to clean, to shine (shoes, boots).
**ENGRAXATE**, s. m. Shoeshiner; shoeblack.
**ENGRENAGEM**, s. f. Gear, gearing wheel.
**ENGRENAR**, v. t. To gear; to notch.
**ENGROLAR**, v. t. To numble; to parboil.
**ENGROSSAR**, v. t. to enlarge, to swell.
**ENGUIA**, s. f. Eel.
**ENGUIÇADO**, adj. Unlucky; stunted.
**ENGUIÇAR**, v. t. To bring ill luck to (one); to make stunted.
**ENGUIÇO**, s. m. Ill luck; hindrance; obstacle.

**ENGULHAR, v. t.** To give qualms to; v. i. to be qualmish; to have qualms.
**ENGULHO, s. m.** Qualm, nausea.
**ENIGMA, s. m.** Enigma, riddle.
**ENIGMÁTICO, adj.** Enigmatic; obscure.
**ENJAULAR, v. t.** To cae; to arrest.
**ENJEITADO, adj.** Rejected; abandoned.
**ENJEITAR, v. t.** To reject; to repudiate.
**ENJOADO, adj.** Affected with nausea.
**ENJOAR, v. t.** To nauseate; to give qualms.
**ENJOATIVO, adj.** Nauseous; nasty; sickish.
**ENJÔO, s. m.** Sea-sickness; nausea; qualm.
**ENLAÇADO, adj.** United; attached; tied.
**ENLAÇAR, v. t.** To bind, to entangle, to lace; to connect; to tie; v. p. to enchain.
**ENLACE, s. m.** Union; conexion; entangle; marriage.
**ENLAMEADURA, s. f.** Splash, splash of mud.
**ENLAMEAR, v. t.** To splash; to dirty; to mud.
**ENLATADO, adj.** Canned; tinned.
**ENLATAMENTO, s. m.** Caning; tinning.
**ENLATAR, v. t.** To can, to tin.
**ENLEIO, s. m.** Tying, enlacement; intrigues.
**ENLEVAÇÃO, s. f.** Rapture, ecstasy; charm.
**ENLEVAR, v. t.** To ravish, to charm, to exalt.
**ENLEVO, s. m.** Rapture, transportation.
**ENLOUQUECER, v. t.** To madden; v. i. to become mad.
**ENLOUQUECIMENTO, s. m.** Madness; raving.
**ENLUTADO, adj.** Mournful; sorrowful.
**ENLUTAR, v. t.** To mourn; to grieve; to afflict.
**ENLUVADO, adj.** Gloved, gauntleted.
**ENODOAR, v. t.** To spot, to stain, to soil; (fig.) to defame, to slander, to dishonor.
**ENOITECER, v. t.** To make dark; to darken.
**ENORME, adj.** Enormous, huge; of great size; number or degree.
**ENORMIDADE, s. f.** Enormity; atrocity.
**ENQUADRAR, v. t.** To frame; to embody.
**ENQUISTAR, v. t. e p.** To encyst.
**ENRAIVECER, v. t.** To enrage; v. i. e p. to rage, to be mad.
**ENRAIZAR, v. t. e p.** To root, to take root; (fig.) to become fixed.
**ENRASCADA, s. f.** Jam, complication.
**ENRASCAR, v. t.** To net; to entangle; to cheat; v. p. to get into trouble.
**ENREDAR, v. t.** To entangle; to intrigue; to wind about; to embroil; to plot.
**ENREDO, s. m.** Intricacy; intrigue; entanglement; plot (of a play).
**ENREGELAR, v. t.** To freeze; to congeal.
**ENRIJAR, v. t.** To harden, to strengthen.

**ENRIQUECER, v. t.** To enrich; to ornament; to adorn; to fertilize (the soil).
**ENRIQUECIMENTO, s. m.** Enrichment.
**ENROLAR, v. t.** To roll up; to wrap.
**ENROSCADO, adj.** Twined.
**ENROSCADURA, ENROSCAMENTO, s. f., s. m.** Twine.
**ENROSCAR, v. t. rel. e p.** To twine, to wind.
**ENROUPAR, v. t.** To clothe, to blanket.
**ENROUQUECER, v. t.** To make hoarse.
**ENROUQUECIMENTO, s. m.** Hoarseness.
**ENRUBECER, v. t.** To redden; to blush.
**ENRUGADO, adj.** Wrinkled.
**ENRUGAR, v. t.** To wrinkle.
**ENSABOADURA, s. f.** Soaping.
**ENSABOAR, v. t.** To soap; to lather (the face).
**ENSACADO, adj.** Bagged.
**ENSACAR, v. t.** To bag, to put in a sack.
**ENSAIADOR, s. m.** Assayer; trier.
**ENSAIAR, v. t.** To assay, to try, to rehearse.
**ENSAMBRAMENTO, s. m.** Gravelling.
**ENSAMBRAR, v. t.** To gravel.
**ENSAIO, s. m.** Essay; rehearsal; trial; test.
**ENSANDECER, v. t.** To make mad.
**ENSANGÜENTADO, adj.** Bloody.
**ENSANGÜENTAR, v. t.** To make bloody.
**ENSEADA, s. f.** Inlet, entrance.
**ENSEJAR, v. t.** To watch an opportunity to try, to chance.
**ENSEJO, s. m.** Opportunity; occasion.
**ENSILAGEM, s. f.** Ensilage.
**ENSILAR, v. t.** To ensilage.
**ENSINAMENTO, s. m.** Teaching.
**ENSINAR, v. t.** To teach, to instruct; to educate; v. p. to learn by yourself.
**ENSINO, s. m.** Teaching; education.
**ENSOPADO, adj.** Wet, soaked; stew.
**ENSOPAR, v. t.** To soak, to stew.
**ENSURDECEDOR, adj.** Noisy; tumultuous.
**ENSURDECER, v. t.** To deafen; v. i. to become deaf.
**ENTALAR, v. t.** To wedge; v. p. to get into troubles.
**ENTALHADOR, s. m.** Wood-engraver; carver.
**ENTALHAR, v. t.** To engrave or carve (in wood).
**ENTALHE, s. m.** Carving; engraving.
**ENTANTO, adv.** Nevertheless, however.
**ENTÃO, adv.** Then, at that time, on that occasion.
**ENTARDECER, v. i.** To grow late; dark; to approach nightfall; s. m. nigtfall; evening.

**ENTE**, s. m. Being.
**ENTEADA**, s. f. Stepdanghter.
**ENTEADO**, s. m. Stepson.
**ENTEDIAR**, v. t. To annoy, to tire.
**ENTENDEDOR**, s. m. Connoisseur; critic.
**ENTENDER**, v. t. To understand; to comprehend; to discern; to mean; to intend; to know; v. i. to be acquainted or skilled in a matter; to think, to judige; s. m. meaning.
**ENTENDIDO**, adj. Understood; skilful; experient; knowing; intelligent.
**ENTENDIMENTO**, s. m. Understanding.
**ENTENEBRECER**, v. t. e i. To darken.
**ENTERITE**, s. f. Enteritis.
**ENTERNECER**, v. t. To touch; to move to pity.
**ENTERRAR**, v. t. Tobury, to inter; to plunge or engross.
**ENTERRO**, s. m. Burial.
**ENTESAR**, v. t. To stretch, to stiffen.
**ENTIDADE**, s. f. Entity.
**ENTOAÇÃO**, s. f. Intonation; inflexion.
**ENTOAR**, v. t. To intone.
**ENTOMOLOGIA**, s. f. Entomology.
**ENTONAÇÃO**, s. f. Intonation.
**ENTONAR**, v. t. To lift (the head) haughtily.
**ENTONTECER**, v. t. To stupify; to stun; to render duil; v. i. to become mad.
**ENTORNAR**, v. t. To pour out, to spill.
**ENTORPECENTE**, adj. e s. m. Narcotic.
**ENTORPECER**, v. t. To benumb, to deprive of sensation or sensibility; v. i. e p. to grow benumbed; to swoon.
**ENTORPECIMENTO**, s. . Torpor; laziness.
**ENTORTAR**, v. t. To crook, to bend.
**ENTOZOÁRIO**, s. m. Entozoon.
**ENTRADA**, s. f. Entry, entrance, mouth; opening; passage; orifice; access; origin.
**ENTRADO**, adj. Entered.
**ENTRANÇAR**, v. t. To braid, to interlace, to interweave; to make into tress (the hair).
**ENTRANHADO**, adj. Penetrated; deep, profound; inveterate; deeply rooted.
**ENTRANHAS**, s. f. pl. Entrails, bowels.
**ENTRAR**, v. t. To enter; to come or go in or into; to pierce or penetrate; to join as a member; v. i. to go or come in or into a place, to enter; to begin or star; to take part or form a part; to take possession; to penetrate; to invade; v. rel. to go or come in.
**ENTRAVAR**, v. t. To impede, to clog.
**ENTRAVE**, s. m. Clog, trammel.
**ENTRE**, prep. Between, betwixt, in the mids of; among.

**ENTREABERTO**, adj. Ajar; slightly open.
**ENTREABRIR**, v. t. To half-open.
**ENTREATO**, s. m. Interlude; interval.
**ENTRECHOCAR-SE**, v. p. To collide with.
**ENTRECORTAR**, v. t. To interseet; to cut in.
**ENTRECOSTO**, s. m. Rib-roast; backbone.
**ENTREDIZER**, v. t. To soliloquize.
**ENTREFOLHA**, s. f. Blank leaf, interleaf.
**ENTREGA**, s. f. Delivery; surrender; treachery; perfidy.
**ENTREGADOR**, adj. Delivering; betraying; s. m. deliverer; traitor; denunciator.
**ENTREGAR**, v. t. To decliver, to give over; to denounce; v. p. to surrender, to submit.
**ENTREGUE**, adj. Delivered; (fig.) absorbed.
**ENTRELAÇAR**, v. t. To interlace.
**ENTRELINHA**, s. f. Interlineation.
**ENTRELUZIR**, v. i To glimmer.
**ENTREMEADO**, adj. Interposed.
**ENTREMEAR**, v. t. To intermingle; to intermix; v. p. to interpose.
**ENTREMEIO**, s. m. Middle space; intermedium.
**ENTREMENTES**, adv. In the meanwhile.
**ENTREMOSTRAR**, v. t. To show indistinctly.
**ENTREPOR**, v. t. To interpose.
**ENTREPOSTO**, s. m. Storchouse; emporium.
**ENTRESSOLA**, s. f. Inner sole.
**ENTRETANTO**, adv. However; meanwhile.
**ENTRETELA**, s. f. Buckram.
**ENTRETENIMENTO**, s. m. Amusement; pastime; distraction.
**ENTRETER**, v. t. To amuse, to divert.
**ENTREVADO**, adj. e s. m. Paralytic.
**ENTREVAR**, v. t. To paralyze.
**ENTREVER**, v. t. To glumpse; to foresee.
**ENTREVISTA**, s. f. Interview.
**ENTREVISTAR**, v. t. To interview.
**ENTRINCHEIRAMENTO**, s. m. Entrenchment.
**ENTRISTECER**, v. t. To sadden.
**ENTRISTECIMENTO**, s. m. Sadness; gloom.
**ENTRONCAMENTO**, s. m. Junction; a place or point where railway lines meet or cross.
**ENTRONCAR**, v. t. To join; v. i. to branch out; to thicken.
**ENTRONIZAÇÃO**, s. f. Enthronization.
**ENTRONIZAR**, v. t. To enthrone.
**ENTRUDO**, s. m. Carnival; shrovetide.
**ENTULHAR**, v. t. To fill up; to heap up.
**ENTULHO**, s. m. Debris, rubbish.
**ENTUPIMENTO**, s. m. Choking up; obstruction; stopping up.
**ENTUPIR**, v. t. To stop up; to obstruct.

**ENTUSIASMAR**, v. t. To enthuse; to arouse enthusiasm; to transport; to cheer up.
**ENTUSIASMO**, s. m. Enthusiasm.
**ENUMERAÇÃO**, s. f. Enumeration.
**ENUMERAR**, v. t. To enumerate; to number; to count; to name over; to specify.
**ENUNCIAÇÃO**, s. f. Enunciation.
**ENUNCIADO**, adj. Expressed; s. m. enunciation; proposition, statement.
**ENUNCIAR**, v. t. To enunciate; to express.
**ENVAIDECER**, v. t. To make proud, to render vain.
**ENVASILHAR**, v. t. To barrel, to cask.
**ENVELHECER**, v. t. To make old; to age.
**ENVELHECIDO**, adj. Old-looking.
**ENVELHECIMENTO**, s. m. Oldness; aging.
**ENVELOPE**, s. m. Envelope.
**ENVENENAMENTO**, s. f. Poisoning.
**ENVENENAR**, v. t. To poison; to corrupt.
**ENVEREDAR**, v. rel. To apply (to a determined place); to address oneself, to follow.
**ENVERGADURA**, s. f. Spread (of sail); capacity, ability, skillfulness.
**ENVERGAMENTO**, s. m. (Naut.) Act of blinding, fastening of sails, ropes; curvature.
**ENVERGAR**, v. t. To bend (the sails of the yacht); to put on, to dress; to bend.
**ENVERGONHAR**, v. t. To shame; to humiliate; v. p. to be ashamed, to shame.
**ENVERNIZAR**, v. t. To varnish; to polish.
**ENVESGAR**, v. t. To squint.
**ENVIADO**, adj. Sent; s. m. messenger.
**ENVIAR**, v. t. To send; to dispatch; to forward; to transmit; to emit; to convey.
**ENVIDRAÇADO**, adj. Glazed.
**ENVIDRAÇAR**, v. t. To glaze.
**ENVIÉS**, s. m. Slant.
**ENVIESADO**, adj. Sloping; slanting; aslant.
**ENVIESAR**, v. t. To slope, to slant.
**ENVILECER**, v. t. To vilify; to abase; v. i. e p. to grow vile.
**ENVIO**, s. m. Sending, dispatch; delivery.
**ENVIUVAR**, v. i. To become a widow or a widower; to get widowed.
**ENVOLTO**, adj. Wrapped up, involved.
**ENVOLTÓRIO**, s. m. Wrapper, cover (of a bundle or parcel).
**ENVOLVEDOR**, adj. Enveloping; involving; s. m. cover (of colth); (fig.) intrigant.
**ENVOLVER**, v. t. To wrap, to involve, to cover; to envelop.
**ENXADA**, s. f. Hoe.
**ENXADADA**, s. f. Stroke with a hoe.
**ENXADÃO**, s. m. Mattock.
**ENXADREZAR**, v. t. To cheeker.
**ENXAGUAR**, v. t. To rinse; to remove (dirt, etc.) by washing lightly.
**ENXAME**, s. m. Swarm (of bees).
**ENXAMEAR**, v. t. To gather into a bee-hive.
**ENXAQUECA**, s. f. Megrim, headache.
**ENXERGA**, s. f. Pallet; straw bed.
**ENXERGAR**, v. t. To see; to deserv; to discern; to distinguish.
**ENXERTAR**, v. t. To graft, to insert; to introduce.
**ENXERTIA**, s. f. Grafting.
**ENXERTO**, s. m. Graft, grafting.
**ENXOFRE**, s. m. Sulphur, briimstone.
**ENXOTAR**, v. t. To scare, to drive away.
**ENXOVAL**, s. m. Outfit, trousseau.
**ENXOVIA**, s. f. Dungeon.
**ENXUGAR**, v. t. To dry; to make dry.
**ENXURRADA**, s. f. Torrent, great abundance.
**ENXUTO**, adj. Dry, free from moisture.
**EOCENO**, s. m. Eocene.
**EÓLIO**, adj. e s. m. Aeolian, eolian.
**EPÊNTESE**, s. f. Epenthesis.
**EPICARPO**, s. m. Epicarp.
**EPICENO**, adj. Epicene.
**ÉPICO**, adj. Epic, heroic.
**EPICURISMO**, s. m. Epicureanism.
**EPIDEMIA**, s. f. Epidemic.
**EPIDÉRMICO**, adj. Epidermic.
**EPIDERME**, s. f. Epidermis.
**EPÍFORA**, s. f. Epiphora.
**EPIGASTRO**, s. m. Epigastrium.
**EPIGLOTE**, s. f. Epiglottis.
**EPÍGRAFE**, s. f. Epigraph.
**EPIGRAMA**, s. m. Epigram.
**EPILAÇÃO**, s. f. Depilation.
**EPILEPSIA**, s. f. Epilepsy.
**EPÍLOGO**, s. m. Epilogue, epilog.
**EPISCOPADO**, s. m. Episcopacy.
**EPISÓDIO**, s. m. Episodie; an incidental experience.
**EPÍSTOLA**, s. f. Epistle; a letter.
**EPITÁFIO**, s. m. Epitaph.
**EPITELIAL**, adj. Epithelial.
**EPITÉLIO**, s. m. Epithelium.
**EPÍTETO**, s. m. Epithet.
**ÉPOCA**, s. f. Epoch; an era.
**EPOPÉIA**, s. f. Epic, an epic poem; epos.
**EQUAÇÃO**, s. f. Equation.
**EQUACIONAR**, v. t. To equate.
**EQUADOR**, s. m. Equator.
**EQÜÂNIME**, adj. Equanimous.

**EQÜANIMIDADE**, s. f. Equanimity; calm temper; evenness of mind.
**EQUATORIAL**, adj. e s. m. Equatorial.
**EQÜESTRE**, adj. Equestrian.
**EQÜIÂNGULO**, adj. Equiangular.
**EQÜIDADE**, s. f. Equity; justness.
**EQÜIDISTÂNCIA**, s. f. Equisitance.
**EQÜIDISTAR**, v. i. To be equidistant.
**EQÜILATERAL, EQÜILÁTERO**, adj. Equilateral.
**EQUILIBRAÇÃO**, s. f. Equilibration.
**EQUILIBRAR**, v. t. To equilibrate.
**EQUILÍBRIO**, s. m. Equilibrium, balance.
**EQUILIBRISTA**, s. 2 gên. Equilibrist, acrobat.
**EQUIMOSE**, s. m. Ecchymosis.
**EQÜINO**, adj. Equine.
**EQUINOCIAL**, adj. Equinoctial.
**EQUINÓCIO**, s. m. Equinox.
**EQUIPADO**, adj. Equipped; fitted out.
**EQUIPAGEM**, s. f. Equipage; equipment.
**EQUIPAMENTO**, s. m. Equipment; supply.
**EQUIPAR**, v. t. To equip; to furnish.
**EQUIPARAR**, v. t. To compare; to match.
**EQUIPE**, s. f. Team, staff, gang.
**EQUIPOLENTE**, adj. Equipollent.
**EQUITAÇÃO**, s. f. Horsemanship.
**EQÜITATIVO**, adj. Equitable, just, fair.
**EQUIVALÊNCIA**, s. f. Equivalence.
**EQUIVALENTE**, adj. Equivalent; identical.
**EQUIVOCAÇÃO**, s. f. Equivocation.
**EQUIVOCAR**, v. i. To equivocate; to use equivocal language; v. p. to mistake.
**EQUÍVOCO**, adj. Equivocal, ambiguous; suspicious or questionable; doubtful.
**ERA**, s. f. Era.
**ERÁRIO**, s. m. Exchequer, public treasury.
**EREÇÃO**, s. f. Erection, erecting.
**EREMITA**, s. 2 gên. Hermit, eremite.
**ERÉTIL**, adj. Erectile.
**ERETO**, adj. Erected, erect, upright.
**ERG**, s. m. Erg.
**ERGUER**, v. t. To raise up; to erect; to lift up; to elevate; v. p. to rise up; to stand up.
**ERIÇADO**, adj. Bristling, bristly, on end (the hair).
**ERIGIR**, v. t. To erect, to set upright.
**ERISIPELA**, s. f. Erysipelas.
**ERMIDA**, s. f. Hermitage.
**ERMITÃO**, s. m. Eremite.
**ERMO**, adj. Solitary; lonely; s. m. desert.
**EROSÃO**, s. f. Erosion.
**ERÓTICO**, adj. Erotic; amatory.

**ERRADICAÇÃO**, s. f. Eradication; uprooting.
**ERRADICAR**, v. t. To eradicate; to root up.
**ERRADIO**, adj. Lost, wandering; errant.
**ERRADO**, adj. Wrong; mistaken; erroneous.
**ERRANTE**, adj. Wandering, errant.
**ERRAR**, v. t. To mistake, to err, to blunder.
**ERRATA**, s. f. Erratum.
**ERRO**, s. m. Error; blunder; fault; sin.
**ERUCTAÇÃO**, s. f. Eructation.
**ERUCTAR**, v. t. To eruct, to eructate.
**ERUDIÇÃO**, s. f. Erudition; culture.
**ERUPÇÃO**, s. f. Eruption.
**ERVA**, s. f. Herb; grass.
**ERVANÁRIO**, s. m. Herbalist.
**ERVILHA**, s. f. Pea.
**ERVOSO**, adj. Grassy; herbaceous.
**ESBAFORIDO**, adj. Out of breath; panting.
**ESBANJADOR**, adj. Prodigal; squandering.
**ESBANJAR**, v. i. To lavish; to squander.
**ESBARRÃO**, s. m. Slight shove.
**ESBARRAR**, v. t. To dash; to knock against.
**ESBELTEZ, ESBELTEZA**, s. f. Elegance.
**ESBELTO**, adj. Slender, elegant.
**ESBIRRO**, s. m. Bailiff; constable; catchpoll; (Naut.) stay, beam, shore.
**ESBOÇAR**, v. t. To sketch, to outline.
**ESBOÇO**, s. m. Sketch; rough-draw.
**ESBOFETEAR**, v. t. To slap.
**ESBORRACHAR**, v. t. To crush; to squash.
**ESBRANQUIÇADO**, adj. Whitish; whity.
**ESBRANQUIÇAR**, v. t. To whiten.
**ESBRASEAR**, v. t. To make red-hot.
**ESBRAVEJAR**, v. t. To shout; to scream; v. i. to rage, to ramp, to storm, to scream.
**ESBUGALHADO**, adj. Goggle; bulding (said of eyes).
**ESBUGALHAR**, v. t. To goggle; to open wide (the eyes).
**ESBULHADO**, adj. Plundered; robbed; despoiled; (law) deforced.
**ESBULHADOR**, adj. Plundering; despoiling; usurping; s. m. robber; dispossessor.
**ESBULHAR**, v. t. To plunder; to rob; to despoil; to usurp; to flay; (law) to deforce.
**ESBURACAR**, v. t. To bore, to make holes in.
**ESCABELO**, s. m. Foot stool.
**ESCABROSIDADE**, s. f. Roughtness.
**ESCABROSO**, adj. Rough; rugged; coarse.
**ESCADA**, s. f. Stairway, staircase.
**ESCADARIA**, s. f. Stairease.
**ESCAFANDRISTA**, s. 2 gên. Diver.
**ESCAFÓIDE**, adj. Seaphoid.
**ESCALA**, s. f. Scale.

**ESCALADA**, s. f. Escalade, scaling.
**ESCALÃO**, s. m. Step; rung.
**ESCALAR**, v. t. To escalade; to scale.
**ESCALADO**, adj. Escaladed.
**ESCALDANTE**, adj. Sultry, burning.
**ESCALDAR**, v. t. To scald, to burn; to poach (eggs); v. i. to burn, to boil.
**ESCALER**, s. m. Boat; life-boat.
**ESCALONAR(-SE)**, v. t. To echelon; to stagger.
**ESCALPELAR**, v. t. To scalp; to cut or tear the scalp from.
**ESCALPELO**, s. m. Scalpel.
**ESCALPO**, s. m. Scalp.
**ESCALVADO**, adj. Bare, arid, sterile.
**ESCALVAR**, v. t. To make arid or sterile.
**ESCAMA**, s. f. Scale, squama.
**ESCAMAR**, v. t. To scale.
**ESCAMÍFERO**, adj. Squamiferous.
**ESCAMOSO**, adj. Scaly, squamous.
**ESCAMOTEAR**, v. t. e i. To perform tricks, to do prestidigitations; to palm; to filch.
**ESCANCARAR**, v. t. To throw (a door, etc.) wide open.
**ESCANDALIZAR**, v. t. To scandalize.
**ESCÂNDALO**, s. m. Scandal; malicious gossip; bad example.
**ESCANDALOSO**, adj. Scandalous; indecorous; dishonorous.
**ESCANGALHAR**, v. t. To break up; to destroy; to ruin.
**ESCANHOAR**, v. t. To shave.
**ESCAPADELA**, s. f. Escape; evasion, flight.
**ESCAPAMENTO**, s. m. Escapament (watch, clock); escape; (Mec.) exhaust; leakage.
**ESCAPAR**, v. i. To escape; to get away; to evade, to run away (from); to flee, to fly.
**ESCAPATÓRIA**, s. f. Subterfuge, excuse.
**ESCÁPULA**, s. f. Scapula.
**ESCAPULÁRIO**, s. m. Scapular.
**ESCAPULIR**, v. i. To escape, to run away; v. p. to sneak, to steal away.
**ESCARA**, s. f. Scab, scurf, eschar.
**ESCARAMUÇA**, s. f. Skirmish; contest.
**ESCARAVELHO**, s. m. Scarab, beetle.
**ESCARCÉU**, s. m. Billow; noise.
**ESCAREAR**, v. t. To enlarge a hole.
**ESCARLATE**, adj. e s. m. Scarlet.
**ESCARLATINA**, s. f. Scarlatina, scarlet fever.
**ESCARMENTAR**, v. t. To reprimand; to punish; to chastise.
**ESCARNECEDOR**, s. m. Mocker, jester, jeer.
**ESCARNECER**, v. t. e i. To mock; to scoff.

**ESCÁRNIO**, s. m. Mockery; mock; jeer; scoff.
**ESCARPA**, s. f. Scarp.
**ESCARPADO**, adj. Sloped; steeply; steep.
**ESCARRADEIRA**, s. f. Spitoon, cuspidor.
**ESCARRAR**, v. t. e i. To spit; to expectorate.
**ESCASSEAR**, v. t. To become scarce.
**ESCASSEZ**, s. f. Scarcity; scareeness; want.
**ESCASSO**, s. f. Scanty; short; stingy.
**ESCAVAÇÃO**, s. f. Digging; excavation.
**ESCAVADEIRA**, s. f. (Mec.) Excavator.
**ESCAVAR**, v. t. To dig out; to hollow.
**ESCLARECEDOR**, adj. Enlightening; illuminating; elucidating; clarifying; informing; instructing; s. m. lighter; elucidator.
**ESCLARECER**, v. t. To clear up; to clear.
**ESCLARECIMENTO**, s. m. Clearing up; explanation; elucidation.
**ESCLEROSE**, s. f. Sclerosis.
**ESCLERÓTICA**, s. f. Sclerotic.
**ESCOADOURO**, s. m. Drain, gutter, sewer.
**ESCOAMENTO**, s. m. Flowing off; draining.
**ESCOAR**, v. t. To flow out slowly; to drain.
**ESCOL**, s. m. Choice; elite.
**ESCOLA**, s. f. School.
**ESCOLAR**, adj. School, relating to a school or schools; s. 2 gên. student, pupil.
**ESCOLÁSTICA**, s. f. Scholasticism.
**ESCOLHA**, s. f. Choice; selection.
**ESCOLHER**, v. t. To chose, to select.
**ESCOLHO**, s. m. Reef, rock.
**ESCÓLIO**, s. m. Scholium.
**ESCOLTA**, s. f. Escort.
**ESCOLTAR**, v. t. To escort; to convoy.
**ESCOMBROS**, s. m. pl. Havoc; rubbish.
**ESCOMUNAL**, adj. Uncommon, unusual.
**ESCONDER(-SE)**, v. t. To hide, to conceal; to cover, to bury; to cloak; to mask; to disguise; to secrete; to lie concealed.
**ESCONDERIJO**, s. m. Hiding-place.
**ESCONJURAR**, v. t. To exorcize; to conjure.
**ESCONSO**, adj. Sloping; hidden; s. m angle.
**ESCOPRO**, s. m. Chisel.
**ESCORA**, s. f. Prop, stay.
**ESCORBÚTICO**, adj. Scorbutic.
**ESCORBUTO**, s. m. Scurvy.
**ESCORCHAR**, v. t. To flay, to skin, to peel; (fig.) to abuse for gain; to speculate.
**ESCORÇO**, s. m. Foreshortening.
**ESCORE**, s. m. (Esp.) Score.
**ESCÓRIA**, s. f. Scoria, dross; (fig.) rubbish, refuse, dregs; dregs of the people.
**ESCORIAÇÃO**, s. f. Excoriation.
**ESCORIAR**, v. t. To excoriate; to flay.

**ESCORPIÃO**, s. m. Scorpion.
**ESCORRAÇAR**, v. t. To maltreat; to expulse.
**ESCORREGADIO**, adj. Slippery.
**ESCORREGAR**, v. t. To slide; to slip; to glide; to make a false step.
**ESCORREITO**, adj. Healthy; perfect.
**ESCORRER**, v. t. To run off, to drain.
**ESCORRIMENTO**, s. m. Draining, dropping.
**ESCOTEIRO**, s. m. Boy-scout.
**ESCOTILHA**, s. f. Hatch-way.
**ESCOTISMO**, s. m. Scouting.
**ESCOVA**, s. f. Brush.
**ESCOVAR**, v. t. To brush.
**ESCRAVA**, s. f. Slave woman; large bracelet.
**ESCRAVATURA**, s. f. Slavery; slave trade.
**ESCRAVIDÃO**, s. f. Slavery; bondage.
**ESCRAVIZAR**, v. t. To enslave.
**ESCREVENTE**, s. 2 gên. Clerk.
**ESCREVER**, v. t. To write; to be author of; to produce books, poems, plays, etc.
**ESCREVINHAR**, v. t. e i. To scrawl.
**ESCRIBA**, s. 2 gên. Scribe.
**ESCRITA**, s. f. Writing; hand-writing.
**ESCRITO**, adj. Written; registered; s. m. bill.
**ESCRITOR**, s. m. Writer, author.
**ESCRITÓRIO**, s. m. Office; study.
**ESCRITURA**, s. f. Writing; deed; document.
**ESCRITURAÇÃO**, s. f. Book-keeping.
**ESCRITURAR**, v. t. To keep commercial books; to register; to contract.
**ESCRITURÁRIO**, s. m. Clerk.
**ESCRIVANINHA**, s. f. Desk, writing-desk.
**ESCRIVÃO**, s. m. Clerk; notary.
**ESCRÓFULA**, s. f. Scrofula; king's evil.
**ESCRÓPULO**, s. m. Scruple; an apothecarie's weight.
**ESCROQUE**, s. m. Crok, sweindler, cheat.
**ESCRÚPULO**, s. m. Scruple, hesitation.
**ESCRUPULOSO**, adj. Scrupulous; conscientious; punctilious.
**ESCRUTADOR, ESCRUTINADOR**, s. m. Scrutator.
**ESCRUTAR**, v. t. To search, to scrutinize.
**ESCRUTINAR**, v. i. To scrutinize; to examine closely; to make a scrutiny (of).
**ESCRUTÍNIO**, s. m. Scrutiny; close examination.
**ESCUDAR**, v. t. To shield.
**ESCUDEIRO**, s. m. Shield-bearer; valet.
**ESCUDO**, s. m. Shield, escutcheon; a portuguese coin.
**ESCULACHAR**, v. t. (gir. bras.) To beat up, to thrash; (fig.) to demoralize.

**ESCULHAMBAÇÃO**, s. f. (bras. vulgar) Dressing-down; tongue lashing; disorder, mess; desmoralization; shamelessness.
**ESCULPIR**, v. t. To sculpture, to carve.
**ESCULTOR**, s. m. Sculptor, carver.
**ESCULTURA**, s. f. Sculpture, carving.
**ESCUMA**, s. f. Foam, scum, froth.
**ESCUMADEIRA**, s. f. Skimmer.
**ESCUMANTE**, adj. Foaming.
**ESCUMAR**, v. t. To skim; v. i. to foam.
**ESCUMILHA**, s. f. Birdshot; (Tecel.) sheer loosley woven material; (Bot.) eunatorium.
**ESCUNA**, s. f. Schooner.
**ESCURECEDOR**, adj. Darkening; s. m. darkener.
**ESCURECER**, v. t. To darken, to obscure, to dim, to cloud, v. i. to grow obscure.
**ESCURIDÃO**, s. f. Darkness; obscurity; ignorance, blindness.
**ESCURO**, adj. Dark, shaded; gloomy; dim.
**ESCUSA**, s. f. Excuse.
**ESCUSADO**, adj. Useless; vain; futile.
**ESCUSAR**, v. t. To excuse; to justify; to pardon; to forgive; v. i. to have no need; v. p. to decline; to apologize for.
**ESCUSÁVEL**, adj. Excusable.
**ESCUSO**, adj. Hidden, secret.
**ESCUTA**, s. f. Listening; hearkening.
**ESCUTAR**, v. t. To listen to, to give attention to, to hearken to.
**ESDRÚXULO**, adj. Singular, odd, whimsical; (Gram.) accented on the antepenult syllable.
**ESFACELAMENTO**, s. m. Downfall, ruin, collapse, destruction.
**ESFACELAR**, v. t. To ruin, to collapse.
**ESFAIMADO**, adj. Starved, famishing.
**ESFAIMAR**, v. t. To famish; to starve.
**ESFALFAMENTO**, s. m. Exhaustion, fatigue.
**ESFALFAR**, v. t. To exhaust, to overtire.
**ESFAQUEAR**, v. t. To knife.
**ESFARELAR**, v. t. e p. To crumble.
**ESFARRAPADO**, adj Torn, ragged.
**ESFARRAPAR**, v. t. To tear, to rend, to rag.
**ESFERA**, s. m. Sphere; a glove or globular body; (fig.) circuit or range of action, knowledge, or influence.
**ESFÉRICO**, adj. Spheric, spherical.
**ESFERÓIDE**, s. m. Spheroid
**ESFÍNCTER**, s. m. Sphincter.
**ESFINGE**, s. f. Sphinx.
**ESFOLAR**, v. t. To flay; to skin.
**ESFOLHAR**, v. t. To husk.

**ESFORÇADO**, adj. Valiant, courageous.
**ESFORÇAR**, v. t. To strengthen, to encourage; to confirm; v. p. to try, to strive.
**ESFORÇO**, s. m. Effort, struggle, energy.
**ESFREGAÇÃO**, s. f. Scouring.
**ESFREGÃO**, s. m. Rubbing-cloth.
**ESFREGAR**, v. t. To rub, to scour, to clean.
**ESFRIAMENTO**, s. m. Coolness; cooling; (fig.) chill, depression.
**ESFRIAR**, v. t. To cool, to lower the temperature; to make cool; v. i. to grow cool; v. p. to become cool; to quiet, to calm.
**ESFUMAR**, v. t. To shade, to stump.
**ESGALHADO**, adj. Antlered; full of shoots.
**ESGALHAR**, v. t. To cut the branches of.
**ESGALHO**, s. m. Antler.
**ESGANAR**, v. t. To strangle, to throttle; v. p. to be strangled or suffocated.
**ESGANIÇAR**, v. t. e p. To yelp; to bark.
**ESGAR**, s. m. Grimace, face.
**ESGARAVATAR**, v. t. To scratch, to scrape; (fig.) to search thoroughly.
**ESGARÇAR**, v. t. To tear, to rend; v. p. to open (cloth).
**ESGAZEADO**, adj. Wan, haggard.
**ESGAZEAR**, v. t. To stare at; to gaze.
**ESGOTADO**, adj. Exhausted, tired; worn out.
**ESGOTAMENTO**, s. m. Exhaustion.
**ESGOTAR**, v. t. To exhaust; to tire out; to draw; to use up.
**ESGOTO**, s. m. Drain, gutter; sewer.
**ESGRIMA**, s. f. Fencing.
**ESGRIMIR**, v. t. To fence, to brandish.
**ESGUICHAR**, v. t. To spring, to spirt out, to spout, to squirt (at).
**ESGUICHO**, s. m. Spout, squirt; jetwater spout.
**ESGUIO**, adj. Slender, slim, thin.
**ESMAECER**, v. i. e p. To faint; to swoon; to lose consciousness.
**ESMAGADO**, adj. Crushed; (fig.) overwhelmed; overpowered.
**ESMAGADOR**, adj. Crushing; (fig.) overwhelming; s. m. crusher.
**ESMAGAR**, v. t. To crush; to bruise; to overwhelm; to force out by pressure.
**ESMALTAR**, v. t. To enamel, to inlay or coat with enamel.
**ESMALTE**, s. m. Enamel.
**ESMERALDA**, s. f. Emerald.
**ESMERAR**, v. t. To perfect; to do one's best.
**ESMERIL**, s. m. Emery.
**ESMERILHADOR**, adj. Grinding; polishing.
**ESMERILHAR**, v. t. To polish, to rub.
**ESMERO**, s. m. Great care, accuracy.
**ESMIGALHAR**, v. t. To crumble; to crush.
**ESMIUÇAR**, v. t. To crumble; to pick; to analise; to search.
**ESMO**, s. m. Calculation, estimate.
**ESMOLA**, s. f. Alms.
**ESMOLAR**, v. t. e i. To give alms.
**ESMOLER**, adj. Charitable; s. m. almoner.
**ESMORECER**, v. t. To discourage.
**ESMORECIMENTO**, s. m. Discouragement.
**ESMURRAR**, v. t. To box, to cuff.
**ESÔFAGO**, s. m. Esophagus.
**ESPAÇADO**, adj. Separated by intervals.
**ESPAÇAR**, v. t. To space; to adjourn.
**ESPACEJAR**, v. t. To space.
**ESPAÇO**, s. m. Space; distance; area, or volume; an interval; duration; time.
**ESPAÇOSO**, adj. Spacious, ample.
**ESPADA**, s. f. Sword.
**ESPADANA**, s. f. Spout, throw; fin (of a fish).
**ESPADANAR**, v. t. To spout out; to gush.
**ESPADÃO**, s. m. Large sword.
**ESPADAÚDO**, adj Broad-shouldered.
**ESPADELA**, s. f. Scutcher; flax or hemp brake.
**ESPADELAR**, v. t. To beat (hemp or flax).
**ESPADIM**, s. m. Dress-sword.
**ESPÁDUA**, s. f. The shoulder.
**ESPAIRECER**, v. t. To amuse, to distract.
**ESPALDAR**, s. m. Shoulder-piece; a chair's back.
**ESPALHADEIRA**, s. f. Pitchfork.
**ESPALHADOR**, s. m. Spreader, one who spreads or divulges.
**ESPALHAFATO**, s. m. Noiseness, disorder.
**ESPALHAFATOSO**, adj. Noisy; exaggerated.
**ESPALHAR**, v. t. To scatter, to spread.
**ESPALMAR**, v. t. To flatten, to level.
**ESPANADELA**, s. f. Dusting.
**ESPANADOR**, s. m. Duster, dusting brush.
**ESPANAR**, v. t. To dust.
**ESPANCAR**, v. t. To beat, to strike.
**ESPANTADIÇO**, adj. Fearful, shy, timid.
**ESPANTALHO**, s. m. Scare-crow.
**ESPANTAR**, v. t. To frighten, to scare; v. p. to be surprised, or frightened.
**ESPANTO**, s. m. Fright, surprise.
**ESPANTOSO**, adj. Dreadful, surprising.
**ESPARADRAPO**, s. m. Adhesive bandage.
**ESPARGIMENTO**, s. m. Scattering.
**ESPARGIR**, v. t. To scatter, to spread.
**ESPARGO**, s. m. Aspargus.

**ESPARRELA**, s. f. Snare, noose; cheat.
**ESPARSO**, adj. Scattered, sparse.
**ESPARTILHO**, s. m. Corset, stays.
**ESPARTO**, s. m. Esparto.
**ESPASMO**, s. m. Spasm, fit.
**ESPASMÓDICO**, adj. Spasmodic.
**ESPATIFAR**, v. t. To smash; to break into pieces.
**ESPÁTULA**, s. f. Spatula.
**ESPAVORIR**, v. t. To frighten, to terrify.
**ESPECIAL**, adj. Special; unique; extra.
**ESPECIALIDADE**, s. f. Specialty.
**ESPECIALIZAÇÃO**, s. f. Specialization; particularization.
**ESPECIALIZAR**, v. t. To specialize, to particularize; v. i. to concentrate one's efforts on a special business, subject, etc.
**ESPECIARIA**, s. f. Spice.
**ESPÉCIE**, s. f. Species; kind, sort; variety.
**ESPECIFICADO**, adj. Specified, detailed.
**ESPECIFICAR**, v. t. To specify, to particularize, to name or state exactly or in detail.
**ESPECÍFICO**, adj. Specific.
**ESPÉCIME**, s. m. Specimen.
**ESPECTADOR**, s. m. Spectator, looker-on.
**ESPECTRAL**, adj. Spectral, of, like, or relating to a specter.
**ESPECTRO**, s. m. Spectrum; specter; ghost.
**ESPECTROSCÓPIO**, s. m. Spectroscope.
**ESPECULAÇÃO**, s. f. Speculation.
**ESPECULADOR**, s. m. Speculator.
**ESPECULAR**, v. t. To speculate; to meditate; to ponder in an effort to understand; v. i. to buy, sell property, stocks; not to keep but to profit from fluctuations in prices.
**ESPECULATIVO**, adj. Speculative; thoughtful; meditative; theoretical.
**ESPELHAR**, v. t. To reflect image, to mirror; to shine.
**ESPELHO**, s. m. Mirror; looking-glass.
**ESPELUNCA**, s. f. Cavern, den; (fig.) dirty lodging or glambling house.
**ESPEQUE**, s. f. Hand-pike, lever.
**ESPERA**, s. f. Expectation, waiting; hope; delay; respite; ambush.
**ESPERADO**, adj. Expected; hoped for.
**ESPERANÇA**, s. f. Hope, expectation.
**ESPERANÇOSO**, adj. Hopeful, promissing.
**ESPERANTO**, s. m. Esperanto.
**ESPERAR**, v. t. To wait for; to hope, to expect, to look forward to; to suppose.
**ESPERDIÇADO**, adj. Prodigal, wasteful.
**ESPERDIÇAR**, v. t. To waste, to dissipate.
**ESPERDÍCIO**, s. m. Waste, squandering.
**ESPERMA**, s. m. Sperm.
**ESPERMATOZÓIDE**, s. m. Spermatozoon, spermatozoid.
**ESPERNEAR**, v. i. To kick, to strike out with the foot or feet.
**ESPERTAR**, v. t. To stimulate, to enliven.
**ESPERTEZA**, s. f. Vivacity; skill; liveliness.
**ESPERTO**, adj. Smart, clever, active, artful.
**ESPESSO**, adj. Thick, close, dense.
**ESPESSURA**, s. f. Thickness; density.
**ESPETACULAR**, adj. Spectacular.
**ESPETÁCULO**, s. m. Spectacle, show.
**ESPETAR**, v. t. To spit, to pink, to pierce.
**ESPEZINHAR**, v. t. To tread on; (fig.) to vex.
**ESPIA**, s. 2 gên. Spy; sentinel; tow-line.
**ESPIÃO**, s. m. Spy.
**ESPIAR**, v. t. To spy, to watch or examine.
**ESPIGA**, s. f. Spike, ear of corn or grain.
**ESPIGADO**, adj. Eared, grown up; tall.
**ESPIGAR**, v. i. To ear; to grow up.
**ESPINAFRE**, s. m. Spinach.
**ESPINAL**, adj. Spinal, dorsal.
**ESPINETA**, s. f. Spinet.
**ESPINGARDA**, s. f. Rifle, gun.
**ESPINHA**, s. f. Spine; fish-bone; thorn.
**ESPINHAÇO**, s. m. Spinal column.
**ESPINHAL**, adj. Spinal, s. m. a place full of thorn bush.
**ESPINHO**, s. m. Thorn, prick.
**ESPINHOSO**, adj. Thorny; (fig.) difficult.
**ESPINOTEAR**, v. t. To leap, to jump.
**ESPIONAGEM**, s. f. Spying, espionage.
**ESPIONAR**, v. t. To spy, to play the spy upon.
**ESPIRA**, s. f. Spire, spiral, coil.
**ESPIRAL**, adj. e s. f. Spiral.
**ESPIRAR**, v. t. To breathe, to exale; v. i. to be alive.
**ESPÍRITA**, s. 2 gên. Spiritist, spiritualist.
**ESPIRITISMO**, s. m. Spiritism, spiritualism.
**ESPÍRITO**, s. m. Spirit, soul; a specter, ghost; a supernatural being; intent, real meaning; mind, understanding; any distilled alcoholic liquor; alcohol.
**ESPIRITUAL**, adj. Spiritual.
**ESPIRITUALIDADE**, s. f. Spirituality.
**ESPIRITUALIZAR**, v. t. To spiritualize; to render spiritual; to purify from the corrupting influences of world.
**ESPIRITUOSO**, adj. Spirituous; alcoholic.
**ESPIRRAR**, v. i. To sneeze, to crackle or sparkle, to spout out.
**ESPIRRO**, s. m. Sneeze, sneezing.

**ESPLANADA**, s. f. Esplanade.
**ESPLÊNDIDO**, adj. Splendid; showy.
**ESPLENDOR**, s. m. Splendor, splendour; brilliance; magnificence; pomp; glory.
**ESPLÊNICO**, adj. Splenic, splenetic.
**ESPLENOGRAFIA**, s. f. Splenography.
**ESPOLETA**, s. f. Quick-match.
**ESPOLIAÇÃO**, s. f. Spoliation.
**ESPOLIADOR**, s. m. Spoiler, plunderer.
**ESPOLIAR**, v. t. To spoil, to plunder, to rob.
**ESPÓLIO**, s. m. Spoil, booty; spolium, the properties of a deceases person.
**ESPONJA**, s. f. Sponge.
**ESPONJOSO**, adj. Spongy.
**ESPONSAIS**, s. m. pl. Betrothal.
**ESPONTANEIDADE**, s. f. Spontaneity.
**ESPONTÂNEO**, adj. Spontaneous; self-acting.
**ESPONTAR**, v. t. To clip.
**ESPORA**, s. f. Spur.
**ESPORADA**, s. f. Stroke with a spur; (fig.) stimulus; excitement.
**ESPORÁDICO**, adj. Sporadic.
**ESPORÃO**, s. m. Any stiff, sharp spine on a bird's leg; any hollow projecting spurlike part of a corolla.
**ESPOREAR**, v. t. To spur; to prick with spur; to incite; to stimulate; to put spurs on.
**ESPORO**, s. m. Spore.
**ESPOSA**, s. f. Wife, spouse; bride.
**ESPOSAR**, v. t. To marry; to espouse; (fig.) to adopt, to defend, to protect.
**ESPOSO**, s. m. Husband, spouse.
**ESPOSTEJAR**, v. t. To slice.
**ESPRAIAMENTO**, s. m. Overflowing.
**ESPRAIAR**, v. t. To throw to the beach; to spill, to pour, to spread.
**ESPREGUIÇADEIRA**, s. f. Couch.
**ESPREGUIÇAR-SE**, v. t. To stretch oneself out.
**ESPREITA**, s. f. Pee, sly look.
**ESPREITAR**, v. t. To peep, to spy.
**ESPREMEDURA**, s. f. Pression, pressing.
**ESPREMAR**, v. t. To press, to squeeze.
**ESPUMA**, s. f. Foam, froth.
**ESPUMADEIRA**, s. f. Skimmer, skimming-spoon.
**ESPUMANTE**, adj. Frothy; sparkling (wine).
**ESPUMAR**, v. i. To foam, to froth; v. t. to remove froth or foam.
**ESPUMOSO**, adj. Foamy, frothy.
**ESPÚRIO**, adj. Spurious; not genuine.
**ESPUTAÇÃO**, s. f. Sputum, saliva.
**ESPUTAR**, v. i. To spit.
**ESQUADRA**, s. f. Fleet, policial station.
**ESQUADRÃO**, s. m. Squadron.
**ESQUADRAR**, v. t. To form into squadrons; to square, to quarter.
**ESQUADRIA**, s. f. Square.
**ESQUADRILHA**, s. f. Fleet of small war-vessel; squadron of airplanes.
**ESQUADRINHAR**, v. t. To research, to examine, to search, to sweep, to investigate.
**ESQUADRO**, s. m. Square; set-square.
**ESQUÁLIDO**, adj. Squalid; dirty.
**ESQUARTEJAMENTO**, s. m. Quartering.
**ESQUARTEJAR**, v. t. To quarter; to tear.
**ESQUECER**, v. t. To forget; to omit; to neglect; v. i. to slip from memory.
**ESQUECIDO**, adj. Forgotten; forgetful.
**ESQUELÉTICO**, adj. Skeletal.
**ESQUELETO**, s. m. Skeleton.
**ESQUEMA**, s. m. Scheme; outline; project.
**ESQUENTADO**, adj. Heated; warmed.
**ESQUENTADOR**, adj. Heating; warming; s. m. heater; foot-warming.
**ESQUENTAR**, v. i. To overheat, to heat; to warm; v. p. to grow hot or angry.
**ESQUERDA**, s. f. Left hand.
**ESQUERDISTA**, adj. (Polit.) Leftist; left wing; radical.
**ESQUERDO**, adj. Left; sinister; awkward.
**ESQUI**, s. m. Ski.
**ESQUIADOR**, adj. Skiing; s. m. skier.
**ESQUIAR**, v. i. To ski.
**ESQUIFE**, s. m. Coffin; skiff.
**ESQUILO**, s. m. Squirrel.
**ESQUIMÓ**, s. m. Eskimo.
**ESQUINA**, s. f. Angle; crner; edge.
**ESQUISITICE**, s. f. Eccentricity; oddness.
**ESQUISITO**, adj. Strange, singular, odd.
**ESQUIVANÇA**, s. f. Disdain; repugnance.
**ESQUIVAR**, v. t. To duck, to dodge; to avoid; to evade, to shirk; to disdain; to scorn; to thwart, to check, to prevent; to shun.
**ESQUIVO**, adj. Disdainful, rude.
**ESQUIZOFRENIA**, s. f. Schizophrenia.
**ESQUIZOFRÊNICO**, adj. Schizophrenic; s. m. a person affected with schizofrenia.
**ESSA**, s. f. Catafalque.
**ESSE, ESSA**, adj. e pron. dem. That, that one.
**ESSÊNCIA**, s. f. Essence.
**ESSENCIAL**, adj. Essential; necessary; important; principal; main.
**ESTA**, adj. e pron. dem. This, this one.

**ESTABANADO**, adj. (Bras.) Reckless; fidgety.
**ESTABELECER**, v. t. To establish, to found; to fix; to determine; to bring into practice; to settle; to set up, to install.
**ESTABELECIDO**, adj. Established; set up.
**ESTABELECIMENTO**, s. m. Establishment; settlement; shop.
**ESTABILIDADE**, s. f. Stability.
**ESTABILIZADOR**, adj. Stabilizing; s. m. stabilizer.
**ESTABILIZAR**, v. t. To stabilize; to make stable or firm; to make or hold steady.
**ESTÁBULO**, s. m. Stable; cattle shed.
**ESTACA**, s. f. Stake, prop, pole.
**ESTACADA**, s. f. Stockade; palisade; fence.
**ESTAÇÃO**, s. f. Station; season; railway station.
**ESTACAR**, v. t. To stake, to prop; to fasten up or support with stakes.
**ESTACIONAMENTO**, s. m. Standing; parking.
**ESTACIONAR**, v. i. To stop, to stand, to park.
**ESTACIONÁRIO**, adj. Stationary, stable; fixed; not changing condition; stopped.
**ESTADA**, s. f. Stay, permanence, sojourn.
**ESTADIA**, s. f. Stay, lay-days.
**ESTÁDIO**, s. m. Stadium; epoch; phase.
**ESTADISTA**, 2 gên. Statesman.
**ESTADO**, s. m. State; condition; situation.
**ESTADUAL**, adj. State.
**ESTAFA**, s. f. Toil, hard work; fatigue; exhaustion; gruel; (pop.) bamboozlement.
**ESTAFETA**, s. m. Estafette, courier.
**ESTAGIAR**, v. t. To serve as an apprentice or intern.
**ESTAGIÁRIO**, s. m. Trainer apprentice.
**ESTÁGIO**, s. m. Stage.
**ESTAGNAÇÃO**, s. f. Stagnation.
**ESTAGNADO**, adj. Stagnant.
**ESTAGNAR**, v. t. To stop up, to render stagnant; to stop the flow of.
**ESTALACTITE**, s. f. Stalactite.
**ESTALAGEM**, s. f. Inn, hotel.
**ESTALAGMITE**, s. f. Stalagmite.
**ESTALAJADEIRO**, s. m. Host; inn-keeper.
**ESTALAR**, v. t. To crack, to break; v. i. to crackle, to crepitate.
**ESTALEIRO**, s. m. Shipyard, dockyard.
**ESTALIDO**, s. m. Clap, cracking.
**ESTALO**, s. m. Noise, crash.
**ESTAME**, s. m. Stamen.
**ESTAMPA**, s. f. Stamp, print, engraving.
**ESTAMPADO**, adj. Printed; imprinted; print; figured; calico; published.
**ESTAMPADOR**, s. m. Printer, stamper.
**ESTAMPAGEM**, s. f. Stamping; printing.
**ESTAMPAR**, v. t. To print, to stamp; to goffer.
**ESTAMPARIA**, s. f. Printery.
**ESTAMPIDO**, s. m. Clap, noise, report (of a gun); explosion.
**ESTAMPILHA**, s. f. Stamp.
**ESTAMPILHAR**, v. t. To stamp.
**ESTANCAR**, v. t. To stanch; to stop or check the flowing of; to monopolize; v. i. to dry up; to cease flowing or bleeding.
**ESTÂNCIA**, s. f. Stay, sojourn; stanza.
**ESTANDARTE**, s. m. Standard; emblem.
**ESTANHAGEM**, s. f. Tinning; plating.
**ESTANHAR**, v. t. To tin.
**ESTANHO**, s. m. Tin.
**ESTANTE**, s. f. Bookcase; bookshelf.
**ESTAPAFÚRDIO**, adj. (pop.) Preposterous.
**ESTAQUEAMENTO**, s. m. Staking or propping up with stakes; stretching (hides).
**ESTAQUEAR**, v. t. To stake, to peg; to prop; to stretch (hides); (Bras.) to spread-eagle.
**ESTAR**, v. i. To be, to stand.
**ESTARDALHAÇO**, s. m. Noise; clatter; hullabaloo; fuss; (fig.) ostentation; blatancy.
**ESTARRECER**, v. t. To frighten; v. i. to be struck with terror.
**ESTARRECEDOR**, adj. Frightening; fearsome; appalling; astounding.
**ESTATAL**, adj. State, of or pertaining to the state.
**ESTATELADO**, adj. Startled; dumbfounded; motionless; still.
**ESTATELAR**, v. t. To throw on or lay on the floor or on the ground; to startle.
**ESTÁTICA**, s. f. Statics.
**ESTÁTICO**, adj. Static, statical.
**ESTATÍSTICA**, s. f. Statistics.
**ESTATÍSTICO**, adj. Statistical; statistic.
**ESTÁTUA**, s. f. Statue.
**ESTATUÁRIA**, s. f. Statuary.
**ESTATUÁRIO**, s. m. Statuary; sculptor.
**ESTATUIR**, v. t. To establish, to decree.
**ESTATURA**, s. f. Stature; height.
**ESTATUTO**, s. m. Statute; rule; a legislative act; law.
**ESTÁVEL**, adj. Stable; firmly established; fixed; not changeable; inalterable.
**ESTE, ESTA**, pron. e adj. dem. This, this one.
**ESTE**, s. m. East.
**ESTEARINA**, s. f. Stearine.
**ESTEIO**, s. m. Support, prop, stay.

**ESTEIRA**, s. f. Mat; the wake (of a shup).
**ESTEIRÃO**, s. m. Coarse mat.
**ESTEIRAR**, v. t. To mat; v. i. to sail.
**ESTEIREIRO**, s. m. Mat-maker.
**ESTELAR**, adj. Stellar.
**ESTELIONATÁRIO**, s. m. (Law) Stelionate.
**ESTÊNCIL**, s. m. Stencil.
**ESTENDER**, v. t. To extend, to stretch out; to reach (out, forth); to spread; to expand; to spread out; to broaden the act of; to hold out; to dilate; to prolong; to lengthen; to protract; to diffuse; to propagate; (lf.g) to defeat; to knock down.
**ESTENDIDO**, adj. Spread, stretched.
**ESTENOGRAFAR**, v. t. To stenograph.
**ESTENOGRAFIA**, s. f. Stenography.
**ESTENÓGRAFO**, s. m. Stenographer.
**ESTENTOR**, s. m. Stentor.
**ESTENTÓREO**, adj. Stentorian.
**ESTEPE**, s. f. Steppe.
**ESTERCAR**, v. t. To dung; to fertilize or dress with manure; v. i. to defecate.
**ESTERCO**, s. m. Dung, manure, animal excrement.
**ESTEREOGRAFIA**, s. f. Stereography.
**ESTEREOMETRIA**, s. f. Stereometry.
**ESTEREOSCÓPIO**, s. m. Stereoscope.
**ESTEREOTIPAR**, v. t. To stereotype.
**ESTEREÓTIPO**, s. m. Stereotype.
**ESTEREOTOMIA**, s. f. Stereotomy.
**ESTÉRIL**, adj. Sterile, barren.
**ESTERILIDADE**, s. f. Sterility.
**ESTERILIZAÇÃO**, s. f. Sterilization.
**ESTERILIZADOR**, adj. Sterilzing; s. m. sterilizer.
**ESTERILIZAR**, v. t. To sterilize.
**ESTERLINO**, adj. e s. m. Sterling.
**ESTERNAL**, adj. Sternal.
**ESTERNO**, s. m. Sternum, breastbone.
**ESTERTOR**, s. m. Rattle.
**ESTETA**, s. 2 gên. Esthetician.
**ESTÉTICA**, s. f. Esthetics.
**ESTÉTICO**, adj. Esthetic.
**ESTETOSCÓPIO**, s. m. Stethoscope.
**ESTIADA, ESTIAGEM**, s. f. Good weather after storm; dryness; aridity.
**ESTIAR**, v. i. To stop raining.
**ESTÍBIO**, s. m. Stibium; antimony.
**ESTIBORDO**, s. m. Starboard.
**ESTICAR**, v. t. To stretch; to make tense.
**ESTIGMA**, s. m. Stigma.
**ESTIGMATIZAR**, v. t. To stigmatize; to brand; to censure; to criticize.

**ESTILETE**, s. m. Stiletto; (Bot.) style.
**ESTILHAÇAR**, v. t. To splinter.
**ESTILHAÇO**, s. m. Splinter.
**ESTILINGUE**, s. m. (Bras.) Sling.
**ESTILÍSTICA**, s. f. Stylistics.
**ESTILIZAR**, v. t. To stylize.
**ESTILO**, s. m. Style; custom.
**ESTIMA**, s. f. Esteem, appreciation.
**ESTIMAÇÃO**, s. f. Estimate; calculation.
**ESTIMAR**, v. t. To esteem; to estimate.
**ESTIMATIVA**, s. f. Estimation; calculation.
**ESTIMATIVO**, adj. Estimative.
**ESTIMÁVEL**, adj. Estimable.
**ESTIMULAÇÃO**, s. f. Stimulation.
**ESTIMULANTE**, adj. e s. m. Stimulant.
**ESTIMULAR**, v. t. To stimulate; to excite.
**ESTIO**, s. m. Summer.
**ESTIOLADO**, adj. Etiolated.
**ESTIOLAMENTO**, s. m. Etiolation.
**ESTIOLAR**, v. t. To etiolate; to blanch.
**ESTIPENDIAR**, v. t. To stipend; to wager.
**ESTIPÊNDIO**, s. m. Stipend.
**ESTÍPULA**, s. f. Stipule.
**ESTIPULAÇÃO**, s. f. Stipulation.
**ESTIPULADOR**, s. m. Stipulator.
**ESTIPULAR**, v. t. To stipulate; to adjust; to contract; to specify.
**ESTIRADO**, adj. Wiredrawn; prolix.
**ESTIRAR**, v. t. To stretch; to align or aline.
**ESTIRPE**, s. f. Stirps, stock, lineage, race.
**ESTIVA**, s. f. Hold (of a ship); stowage.
**ESTIVADOR**, s. m. Stevedore.
**ESTIVAGEM**, s. f. Stowing.
**ESTIVAL**, adj. Estival.
**ESTOCAGEM**, s. m. (Com. Bras.) Stock; build-up.
**ESTOFA, ESTOFO**, s. f., s. m. Stuff; raw material.
**ESTOFADOR**, s. m. Upholsterer.
**ESTOFAR**, v. t. To upholster; to stuff.
**ESTOICISMO**, s. m. Stoicism.
**ESTÓICO**, adj. Stoic, stoical.
**ESTOJO**, s. m. Case, set.
**ESTOLA**, s. f. Stole.
**ESTÓLIDO**, adj. Stolid, dull, foolish.
**ESTOMACAL**, adj. Stomachic.
**ESTÔMAGO**, s. m. Stomach.
**ESTOMATITE**, s. f. Stomatitis.
**ESTONTEADOR**, adj. Stunning; amazing.
**ESTONTEANTE**, adj. Stunning.
**ESTONTEAR**, v. t. To stun, to astound.
**ESTOPA**, s. f. Tow; fibres of flax, hemp, etc.
**ESTOPAR**, v. t. To calk with tow.

**ESTOPIM**, s. m. Match-rope; quick-match.
**ESTOQUE**, s. m. Stock; supply; rapier.
**ESTOQUEAR**, v. t. To wound with a tuck.
**ESTORNAR**, v. t. To transfer.
**ESTORNO**, s. m. Crossentry.
**ESTORRICAR**, v. t. To dry up.
**ESTORVAR**, v. t. To embarrase; to disturb.
**ESTORVO**, s. m. Hindrance; obstacle.
**ESTOURAR**, v. t. To split, to burst open.
**ESTOURO**, s. m. Crah, explosion; bursting.
**ESTOUVADO**, adj. Hare-brained; imprudent.
**ESTOUVAMENTO**, s. m. Heedlessness.
**ESTRÁBICO**, adj. Strabismic; s. m. cross-eyed, squint-eyed.
**ESTRABISMO**, s. m. Strabismus; squint.
**ESTRAÇALHAR**, v. t (Bras.) To shatter; to smash; to mangle; to shred.
**ESTRADA**, s. f. Road, highway, way.
**ESTRADO**, s. m. Low platform, estrade.
**ESTRAGADO**, adj. Deteriorated; degenerated; spoiled; wasted; prodigal.
**ESTRAGAR**, v. t. To deteriorate, to impair; to vitiate; to corrupt; to squander.
**ESTRAGO**, s. m. Deterioration; damage.
**ESTRANGEIRO**, adj. Foreign.
**ESTRAMBÓTICO**, adj. Extravagant; odd; queer; ridiculous.
**ESTRANGEIRADO**, adj. Foreign in manners and speech; outlandish.
**ESTRANGULAÇÃO**, s. f. Strangulation.
**ESTRANGULADOR**, s. m. Strangler.
**ESTRANGULAR**, v. t. To strangle; to choke; to kill by compreesing the throat; to throttle; to stifle; choke or suffocate in any manner; v. p. to be strangled, suffocated.
**ESTRANHAR**, v. t. To find strange, odd or queer; to wonder at; to be surprised.
**ESTRANHÁVEL**, adj. Strange; reprehensible; surprising.
**ESTRANHEZA**, s. f. Strangeness.
**ESTRANHO**, adj Foreign, strange; odd; queer; curious; wonderful.
**ESTRATAGEMA**, s. m. Stratagem.
**ESTRATÉGIA**, s. f. Strategy.
**ESTRATÉGICO**, adj. Strategic.
**ESTRATEGISTA**, s. 2 gên. Strategist.
**ESTRATIFICAÇÃO**, s. f. Stratification.
**ESTRATIFICAR**, v. t. To stratify; to form, deposit, or arrange in strata.
**ESTRATO**, s. m. Stratus; stratum.
**ESTRATOSFERA**, s. f. Stratosphere.
**ESTREANTE**, adj. Of or pertaining to an entrant or a debutant; s. m. debutante.

**ESTREAR**, v. t. To handsel, to inaugurate.
**ESTREBARIA**, s. f. Stable.
**ESTRÉIA**, s. f. Handsel; beginnings; initiation; first appearance; first performance.
**ESTREITAMENTO**, s. m. Narrowness.
**ESTREITAR**, v. t. To straiten, to make strait or narrow; to contract; to confine; v. i. e p. to narrow; to diminish; to contract.
**ESTREITEZA**, s. f. Narrowness.
**ESTREITO**, adj. narrow; tight; s. m. strait.
**ESTRELA**, s. f. Star; destiny; blaze (of hose or ox).
**ESTRELADO**, adj. Starry; star-shaped.
**ESTRELAR**, v. t. To star; to fry (eggs).
**ESTRELINHA**, s. f. Asterisk.
**ESTREMA**, s. f. Demarcation.
**ESTREMADO**, adj. Limited; demarcated.
**ESTREMAR**, v. t. To demarcate; to fix boundaries; to divide; to separate.
**ESTREMECER**, v. t. To shake; to shiver; to frighten; to love deeply.
**ESTREMECIDO**, adj. Shuddering; well-loved.
**ESTREMECIMENTO**, s. m. Shock; commotion.
**ESTREMUNHADO**, adj. Awakened suddenly.
**ESTREMUNHAR**, v. i. To awaken suddenly.
**ESTREPAR**, v. t. To furnish with caltrop.
**ESTREPE**, s. m. Thorn; caltrop.
**ESTREPITAR**, v. i. To make noise; to crack.
**ESTRÉPITO**, s. m. Noise, crack.
**ESTREPTOCOCO**, s. m. Streptococcus.
**ESTREPTOMICINA**, s. f. Strpetomycin.
**ESTRIA**, s. f. Stria; groove.
**ESTRIADO**, adj. Striated; striate.
**ESTRIAMENTO**, s. m. Striation.
**ESTRIAR**, v. t. To striate, to flute.
**ESTRIBAR**, v. t. To put one's feet in the stirrup; v. p. to rely on.
**ESTRIBEIRA**, s. f. Foothoard, step.
**ESTRIBILHO**, s. m. Burden; refrain; chorus.
**ESTRIBO**, s. m. Stirrup platform on railway station.
**ESTRICNINA**, s. f. Strychnine.
**ESTRIDÊNCIA**, s. f. Stridence; clangor.
**ESTRIDENTE**, adj. Strident; harsh-souding.
**ESTRIDOR**, s. m. Clang, shrill; stridor; hiss.
**ESTRÍDULO**, adj. Stridulous.
**ESTRILAR**, v. i. (Gfr. Bras.) To blow one's top; to scream; to quarrel.
**ESTRIPAÇÃO**, s. f. Disembowelment; evisceration.
**ESTRIPAR**, v. t. To disembowel; to paunch.
**ESTRITAMENTE**, adv. Strictly.
**ESTRITO**, adj. Strict, rigorous; precise.

**ESTROFE**, s. f. Strophe, stanza.
**ESTRÓINA**, adj. Hare-brained; s. 2 gên. a rake, dissolute man.
**ESTROINICE**, s. f. Extravagance; folly.
**ESTRONDEAR**, v. i. To thunder, to resound.
**ESTRONDO**, s. m. Thunderous noise, crash; clangor; smash.
**ESTRONDOSO**, adj. Tumultuous; noisy; clamorous; eminent; magnificent; pompous.
**ESTRUGIR**, v. t. To thunder; to crash.
**ESTRUMAR**, v. t. To manure, to enrich (land) by a fertilizer.
**ESTRUME**, s. m. Manure, dung.
**ESTRUMEIRA**, s. f. Dung-hill.
**ESTRUTURA**, s. f. Structure.
**ESTRUTURAL**, adj. Structural.
**ESTUAÇÃO**, s. f. Great heat; nausea.
**ESTUANTE**, adj. Ardent, feverish.
**ESTUAR**, v. i. To boil, to burn.
**ESTUÁRIO**, s. m. Estuary; ilet.
**ESTUCADOR**, s. m. Plasterer.
**ESTUCAR**, v. i. To plaster, to stucco.
**ESTUDADO**, adj. Studied; (fig.) affected.
**ESTUDANTE**, s. 2 gên. Student, learner.
**ESTUDAR**, v. t. To study; to analyze; to examine; to observe attentively; v. i. to study; to ponder; to meditate.
**ESTUDIOSO**, dj. Studious; diligent; active.
**ESTUDO**, s. m. Study; learning.
**ESTUFA**, s. f. Hot-house, stove, heater.
**ESTUFADO**, s. m. Stew; adj. stewed.
**ESTUFAR**, v. t. To stew; to boil slowly.
**ESTULTÍCIA**, s. f. Folly; silliness.
**ESTULTIFICAR**, v. t. To stultify; to cause to appear foolish or stupid.
**ESTULTO**, adj. Silly, foolish.
**ESTUPEFAÇÃO**, s. f. Stupefaction.
**ESTUPEFACIENTE**, adj. Stupefying.
**ESTUPIFICAR**, v. t. To stupefy.
**ESTUPENDO**, adj. Stupendous.
**ESTUPIDEZ**, s. f. Stupidity; silliness.
**ESTÚPIDO**, adj. Stupid; dull; coarse; s. m. stupid person.
**ESTUPOR**, s. m. Stupor.
**ESTUPRADOR**, s. m. One who commits rape on.
**ESTUPRAR**, v. t. To rape, to commit, rape upon; to ravish, to outrage.
**ESTUPRO**, s. m. Rape.
**ESTUQUE**, s. m. Stucco, plastering.
**ESVAECER**, v. t. To dissipate; to puff up; v. i. e p. to vanish away, to disappear.
**ESVAIDO**, adj. Faint; exhausted.

**ESVAIR**, v. t. To evaporate; to dissipate; v. p. to faint; to be dissipated; to swoon.
**ESVAZIAMENTO**, s. m. Emptying.
**ESVAZIAR**, v. t. To empty.
**ESVERDEADO**, adj. Greenish.
**ESVOAÇAR**, v. i. To fluter; to hover.
**ETAPA**, s. f. Stage; halting-place.
**ÉTER**, s. m. Ether.
**ETÉREO**, adj. Ethereal.
**ETERIZAR**, v. t. To etherize.
**ETERNIDADE**, s. f. Eternity.
**ETERNIZAR**, v. t. To eternize; to celebrate.
**ETERNO**, adj. Eternal; everlasting; having neither beginning nor end; s. m. God, the Eternal.
**ÉTICA**, s. f. Ethics.
**ÉTICO**, adj. Ethical.
**ETILENO**, s. m. Ethylene.
**ETILO**, s. m. Ethyl.
**ÉTIMO**, s. m. Etymon.
**ETIMOLOGIA**, s. f. Etymology.
**ETIQUETA**, s. f. Etiquette; label.
**ETMÓIDE**, s. m. Ethmoid.
**ETNICISMO**, s. m. Ethnicism.
**ÉTNICO**, adj. Ethnic, ethnical.
**ETNOGRAFIA**, s. f. Ethnography.
**ETNOLOGIA**, s. f. Ethnology.
**EU**, pron. pess. I.
**EUCALIPTO**, s. m. Eucalyptus.
**EUCARISTIA**, s. f. Eucharist.
**EUCOLÓGIO**, adj. Euchology.
**EUCRASIA**, s. f. Eucrasy.
**EUFÊMICO**, adj. Euphemistic.
**EUFEMISMO**, s. m. Euphemism.
**EUFONIA**, s. f. Euphony.
**EUFONO**, adj. Euphonious, pleasing or smooth in sound.
**EUFORBIÁCEAS**, s. f. pl. Euphorbiaceae.
**EUFORIA**, s. f. Euphory.
**EUFUÍSMO**, s. m. Euphuism.
**EUGENIA**, s. f. Eugenics.
**EUGÊNICO**, adj. Eugenic.
**EUGENISMO**, s. m. Eugenics.
**EUNUCO**, s. m. Eunuch; a castrated man.
**EUPEPSIA**, s. f. Eupepsy.
**EURECA**, interj. Eureka!
**EURITMIA**, s. f. Eurhytmy.
**EUROPEIZAR**, v. t. To europeanize.
**EUROPEU**, s. m. European.
**EUTANÁSIA**, s. f. Euthanasia.
**EVACUAÇÃO**, s. f. Evacuation.
**EVACUAR**, v. t. To evacuate; to withdraw; to discharge; v. i, to defecate.

**EVADIR,** v. p. To evade; to escape or avoid by skill or trickery; v. t. to evade, to foil.
**EVANESCENTE,** adj. Evanescent.
**EVANGELHO,** s. m. Gospel.
**ENVAGÉLICO,** adj. Evangelical.
**EVANGELIZAR,** v. t. To evangelize; to instruct in the gospel; to convert to Christianity.
**EVAPORAÇÃO,** s. f. Evaporation.
**EVAPORAR,** v. t. To evaporate; v. p. to evaporate; to vanish; to disappear.
**EVAPORÁVEL,** adj. Evaporable.
**EVASÃO,** s. f. Evasion; an evading; escape; (fig.) subterfuge; evasion.
**EVASIVA,** s. f. Evasion; subterfuge.
**EVASIVO,** adj. Evasive, not frank.
**EVENTO,** s. m. Event, occurrence; incident.
**EVENTUAL,** adj. Eventual, casual.
**EVENTUALIDADE,** s. f. Eventuality.
**EVERSÃO,** s. f. Eversion.
**EVERTER,** v. t. To evert; to destroy.
**EVICÇÃO,** s. f. Eviction.
**EVIDÊNCIA,** s. f. Evidence; certainty.
**EVIDENCIAR,** v. t. To evidence.
**EVIDENTE,** adj. Evident, plain, clear.
**EVISCERAÇÃO,** s. f. Evisceration.
**EVISCERAR,** v. t. To eviscerate.
**EVITAR,** v. t. To avoid, to shun.
**EVITÁVEL,** adj. Avoidable.
**EVOCAÇÃO,** s. f. Evocation.
**EVOCAR,** v. t. To evoke; to conjure.
**EVOCATIVO,** adj. Evocative.
**EVOLAR-SE,** v. p. To fly; to evaporate.
**EVOLUÇÃO,** s. f. Evolution.
**EVOLUCIONAR,** v. i. To evolve, to develop; to pass through a process of evolution.
**EVOLUCIONÁRIO,** adj. Evolutionary.
**EVOLUIR,** v. i. To evolve.
**EVOLUTA,** s. f. Evolute.
**EVOLVENTE,** s. f. Involute.
**EVOLVER,** v. i. e p. To evolve.
**EVULSÃO,** s. f. Evulsion.
**EVULSIVO,** adj. Evulsive.
**EX,** pref. Ex; out ol; formerly.
**EXAÇÃO,** s. f. Exaction.
**EXACERBAÇÃO,** s. f. Exacerbation.
**EXACERBAR,** v. t. To exacerbate; v. p. to become irritated.
**EXAGERAÇÃO,** s. f. Exaggeration.
**EXAGERADOR,** s. m. Exaggerator.
**EXAGERAR,** v. t. To exaggerate; v. i. to misrepresent something by overstatement.
**EXAGERO,** s. m. Exaggeration.

**EXALAÇÃO,** s. f. Exhalation.
**EXALAR,** v. t. To exhale; to breath out; to emit; to rise or pass off.
**EXALTAÇÃO,** s. f. Exaltation.
**EXALTADO,** adj. Exalted; irritated; angry.
**EXALTAR,** v. t. To exalt; to praise.
**EXAME,** s. m. Examination; exam; inquiry; investigation; inspection; scrutiny.
**EXAMINAÇÃO,** s. f. Examination.
**EXAMINAR,** v. t. To examine; to investigate; to comb; to test; to question.
**EXÂNIME,** adj. Exanimate.
**EXANGUE,** adj. Bloodless; exhausted.
**EXANTEMA,** s. f. Exanthema.
**EXASPERAÇÃO,** s. f. Exasperation; anger.
**EXASPERAR,** v. t. To exasperate, to anger.
**EXATIDÃO,** s. f. Exactness; accuracy.
**EXATO,** adj. Exact; strict; precise.
**EXAURIR,** v. t. to exhaust.
**EXAURÍVEL,** adj. Exhaustible.
**EXAUSTÃO,** s. f. Exhaustion.
**EXAUSTIVO,** adj. Exhaustive.
**EXAUSTO,** adj. Exhausted; worn-out.
**EXCEÇÃO,** s. f. Exception.
**EXCEDENTE,** adj. Exceeding; s. m. overplus.
**EXCEDER,** v. t. to excel, to exceed, to surpas, v. rel. to advantage.
**EXCELÊNCIA,** s. f. Excellence; excelency.
**EXCELENTE,** adj. Excellent.
**EXCELSO,** adj. Excelsior; still higher.
**EXCENTRICIDADE,** s. f. Eccentricity.
**EXCÊNTRICO,** adj. Eccentric; odd.
**EXCEPCIONAL,** adj. Exceptional.
**EXCERTO,** s. m. Excerpt.
**EXCESSIVO,** adj. Excessive; exaggerated.
**EXCESSO,** s. m. Excess; intemperance.
**EXCETO,** prep. Except, excluding; save.
**EXCETUAR,** v. t. To except; to exclude; v. i. to make objection; v. p. to exempt oneself.
**EXCISÃO,** s. f. Excision.
**EXCISAR,** v. t. To excise.
**EXCITABILIDADE,** s. f. Excitability.
**EXCITAÇÃO,** s. f. Excitation.
**EXCITAMENTO,** s. m. Excitement.
**EXCITANTE,** adj. Exciting; s. m. stimulant.
**EXCITAR,** v. t. To excite; to stimulate to rouse.
**EXCITÁVEL,** adj. Excitable.
**EXCLAMAÇÃO,** s. f. Exclamation.
**EXCLAMAR,** v. t. e i. To exclaim, to cry out.
**EXCLAMATIVO,** adj. Exclamatory.
**EXCLUIR,** v. t. To exclude; to shut out.
**EXCLUSÃO,** s. f. Exclusion; exception.

**EXCLUSIVISMO**, s. m. Exclusivism.
**EXCLUSIVISTA**, adj. e s. 2 gên. Exclusivist.
**EXCLUSIVO**, adj. Exclusive; excluding; single; sole.
**EXCLUSO**, adj. Excluded.
**EXCOGITAR**, v. t. To excogitate.
**EXCOMUNGADO**, adj. e s. m. Excomunicate.
**EXCOMUNGAR**, v. t. To excommunicate.
**EXCOMUNHÃO**, s. f. Excommunication.
**EXCREÇÃO**, s. f. Excretion, excreta.
**EXCREMENTO**, s. m. Excrement, feccal matter.
**EXCRESCÊNCIA**, s. f. Excrescence.
**EXCRESCER**, v. i. To tumefy.
**EXCRETAR**, v. t. To excrete.
**EXCRETO**, adj. Excreted; s. m. excreta.
**EXCRETOR**, adj. Excretory.
**EXCRUCIANTE**, adj. Excruciating.
**EXCRUCIAR**, v. t. To excruciate.
**EXCURSÃO**, s. f. Excursion; expedition.
**EXCURSIONAR**, v. i. To go on an excursion.
**EXCURCIONISTA**, s. 2 gên. Excurcionist.
**EXCURSO**, s. m. Excursion; digression.
**EXECRAÇÃO**, s. f. Execration, curse.
**EXECRAR**, v. t. To execrate; to curse; to detest; to abhor; to hate.
**EXECRÁVEL**, adj. Execrable; abominable.
**EXECUÇÃO**, s. f. Execution; capital punishment.
**EXECUTANTE**, s. m. Executor; player.
**EXECUTAR**, v. t. To execute; to perform; to carry out; to put to death.
**EXECUTÁVEL**, adj. Executable.
**EXECUTIVO**, adj. e s. m. Executive.
**EXECUTOR**, s. m. Executor, performer.
**EXEGESE**, s. f. Exegesis.
**EXEGETA**, s. 2 gên. Exegete.
**EXEMPLAR**, adj. Exemplary; s. m. exemplar; model, copy, type.
**EXEMPLIFICAÇÃO**, s. f. Exemplification.
**EXEMPLIFICAR**, v. t. To exemplify.
**EXEMPLO**, s. m. Example; exemplar.
**EXEQUIAS**, s. f. pl. Obsequies; funeral rites.
**EXEQÜIBILIDADE**, s. f. Execution.
**EXEQÜÍVEL**, adj. Executable.
**EXERCER**, v. t. To exercise; to exert; to drill; to practise; to put in practice; to carry out.
**EXERCÍCIO**, s. m. Exercise; practice; use.
**EXERCITAR**, v. t. To exercise; to drill.
**EXÉRCITO**, s. m. Army.
**EXERGO**, s. m. Exergue.
**EXIBIÇÃO**, s. f. Exhibition; display.
**EXIBICIONISMO**, s. m. Exhibitionism.
**EXIBICIONISTA**, s. 2 gên. Exhibitionist.
**EXIBIDOR**, s. m. Exhibitor, exhibiter.
**EXIBIR**, v. t. To exhibit; to present to view; to show; to display.
**EXIGÊNCIA**, s. f. Exigence, exigency.
**EXIGENTE**, adj. Exigent, urgent, critical.
**EXIGIR**, v. t. To require, to exact, to claim.
**EXIGÍVEL**, adj. Exigible.
**EXÍGUO**, adj. Exiguous.
**EXILADO**, adj. Exiled; s. m. exile.
**EXILAR**, v. t. To exile.
**EXÍLIO**, s. m. Exile, banishment.
**EXÍMIO**, adj. Excellent; eminent.
**EXIMIR**, v. t. To exempt; to free.
**EXISTÊNCIA**, s. f. Existence; actual occurrence; that which exists; life; reality.
**EXISTENCIAL**, adj. Existential.
**EXISTENCIALISMO**, s. m. Existentialism.
**EXISTENTE**, adj. Existent, existing.
**EXISTIR**, v. i. To exist; to live.
**ÊXITO**, s. m. Result, success.
**ÊXODO**, s. m. Exodus.
**EXONERAÇÃO**, s. f. Exoneration.
**EXONERAR**, v. t. To exonerate; to dismiss.
**EXORAR**, v. t. To implore, to supplicate.
**EXORÁVEL**, adj Exorable.
**EXORBITÂNCIA**, s. f. Exorbitance.
**EXORBITANTE**, adj. Exorbitant; excessive.
**EXORBITAR**, v. i. To go beyond the limits or measures.
**EXORCISMO**, s. m. Exorcism.
**EXORCISTA**, s. 2 gên. Exorcist.
**EXÓRDIO**, s. m. Exordium.
**EXORTAÇÃO**, s. f. Exhortation.
**EXORTAR**, v. t. To exhort; to advise or warm earnestly.
**EXOTÉRICO**, adj. Exoteric.
**EXÓTICO**, adj. Exotic; extravagant; odd.
**EXPANDIR**, v. t. To expand, to spread out; to enlarge; to distend; to develop.
**EXPANSÃO**, s. f. Expansion; increase; diffusion; development.
**EXPANSIBILIDADE**, s. f. Expansibility.
**EXPANSÍVEL**, adj. Expansible.
**EXPANSIVO**, adj. Expansive; liberal; frank.
**EXPATRIAÇÃO**, s. f. Expatriation, exile.
**EXPATRIAR**, v. t. To expatriate, to exile.
**EXPECTADOR**, s. m. Expectant.
**EXPECTATIVA**, s. f. Expectation; hope.
**EXPECTORAÇÃO**, s. f. Expectoration.
**EXPECTORAR**, v. t. To expectorate; to spit.
**EXPEDIÇÃO**, s. f. Expedition; enterprise.
**EXPEDICIONÁRIO**, adj. Expeditionary.

**EXPEDIENTE**, s. m. Expedient, shift.
**EXPEDIR**, v. t. To expedite; to dispatch.
**EXPEDITO**, adj. Expeditious; speedy.
**EXPELIR**, v. t. To expel, to eject.
**EXPENDER**, v. t. To expend, to spend.
**EXPENSAS**, s. f. pl. Expense, cost.
**EXPERIÊNCIA**, s. f. Experience; trial; test.
**EXPERIENTE**, adj. Experient.
**EXPERIMENTAÇÃO**, s. f. Experimentation.
**EXPERIMENTADO**, adj. Experienced; expert.
**EXPERIMENTAL**, adj. Experimental.
**EXPERIMENTAR**, v. t. To experiment; to try; to test; to rehearse.
**EXPERIMENTO**, s. m. Experiment; test.
**EXPIAÇÃO**, s. f. Expiation.
**EXPIAR**, v. t. To expiate; to atone for.
**EXPIATÓRIO**, adj. Expiatory.
**EXPIÁVEL**, adj. Expiable.
**EXPIRAÇÃO**, s. f. Expiration; death.
**EXPIRANTE**, adj. Expiratory.
**EXPIRAR**, v. t. To expire; to exhale; v. i. to die, to end, to cease.
**EXPLANAÇÃO**, s. f. Explanation.
**EXPLANAR**, v. t. To explain.
**EXPLANATÓRIO**, adj. Explanatory.
**EXPLETIVO**, adj. Explective.
**EXPLICAÇÃO**, s. f. Explication.
**EXPLICAR**, v. t. To explain; to expound; to make pain or clear.
**EXPLICATIVO**, adj. Explicative.
**EXPLICÁVEL**, adj. Explicable.
**EXPLÍCITO**, adj. Explicit.
**EXPLODIR**, v. i. To explode.
**EXPLORAÇÃO**, s. f. Exploration.
**EXPLORADOR**, s. m. Explorer; exploiter.
**EXPLORAR**, v. t. To explore; to examine.
**EXPLORATÓRIO**, adj. Exploratory.
**EXPLORÁVEL**, adj. Explorable.
**EXPLOSÃO**, s. f. Explosion.
**EXPLOSIVO**, adj. e s. m. Explosive.
**EXPOENTE**, s. m. Exponent.
**EXPOR**, v. t. To expose; to lay open; to cast out, to abandon, to display; to reveal.
**EXPORTAÇÃO**, s. f. Exportation; export.
**EXPORTAR**, v. t. To export; to carry or send abroad.
**EXPORTÁVEL**, adj. Exportable.
**EXPOSIÇÃO**, s. f. Exposition; a public exhibition or show; exposure; abandonment; explanation; report.
**EXPOSITIVO**, adj. Expositive.
**EXPOSTO**, adj. Exposed; s. m. foundling.
**EXPRESSÃO**, s. f. Expression.

**EXPRESSAR**, v. t. To express, to represent in words; to state; to make known.
**EXPRESSIVO**, adj. Expressive.
**EXPRESSO**, adj. Express, clear; exact; precise; s. m. a train runing at special speed, with few stops.
**EXPRIMIR**, v. t. To express.
**EXPROBRAÇÃO**, s. f. Reproach; censure.
**EXPROBRAR**, v. t. To reproach; to censure.
**EXPROPRIAÇÃO**, s. f. Expropriation.
**EXPROPRIAR**, v. t. To expropriate.
**EXPUGNAÇÃO**, s. f. Assault, conquest.
**EXPUGNAR**, v. t. To storm, to assault.
**EXPULSÃO**, s. f. Expulsion; driving out.
**EXPULSAR**, v. t. to expel; to drive out; to eject; to force out, to banish, to exile.
**EXPUNÇÃO**, s. f. Expunction.
**EXPUNGIR**, v. t. To expunge; to blot out.
**EXPURGAÇÃO**, s. f. Expurgation.
**EXPURGAR**, v. t. To expurgate.
**EXPURGATÓRIO**, adj. Expurgatory.
**EXSUDAÇÃO**, s. f. Exudation.
**ÊXTASE**, s. f. Ecstasy.
**EXTASIAR**, v. t. To transport; to enrapture.
**EXTÁTICO**, adj. Ecstatic.
**EXTEMPORÂNEO**, adj. Extemporaneous.
**EXTENSÃO**, s. f. Extension; duration.
**EXTENSÍVEL**, adj. Extensible, extensile.
**EXTENSIVO**, adj. Extensive.
**EXTENSO**, adj. Extensive; broad; wide.
**EXTENSOR**, s. m. Extensor.
**EXTENUAÇÃO**, s. f. Extenuation; feebleness.
**EXTENUANTE**, adj. Extenuating; exhausting.
**EXTENUAR**, v. t. To extenuate; to exhaust.
**EXTERIOR**, adj. Exterior; outward.
**EXTERIORIDADE**, s. f. Exteriority.
**EXTERIORIZAR**, v. t. To exteriorize.
**EXTERMINAÇÃO**, s. f. Extermination.
**EXTERMINAR**, v. t. To exterminate.
**EXTERMÍNIO**, s. m. Extermination.
**EXTERNATO**, s. m. Day-school.
**EXTERNO**, adj. External, outward; visible.
**EXTINÇÃO**, s. f. Extinction; annulment.
**EXTINGUIR**, v. t. To extinguish; to put out; to destroy; to anniquilate; v. p. to go out.
**EXTINTO**, adj. Extinct, extinguished.
**EXTINTOR**, s. m. Fire-extinguisher; adj. extinctive.
**EXTIRPAÇÃO**, s. f. Extirpation.
**EXTIRPAR**, v. t. To extirpate; to radicate.
**EXTIRPÁVEL**, adj. Extirpable.
**EXTORQUIR**, v. t. To extort.
**EXTORSÃO**, s. f. Extorsion.

**EXTRA,** adj. Extra; extraordinary; s. m. e f. supernumerary; (mus.) encore.
**EXTRAÇÃO,** s. f. Extraction.
**EXTRACURRICULAR,** adj. Extracurricular.
**EXTRADIÇÃO,** s. f. Extradiction.
**EXTRADITAR,** v. t. To extradite.
**EXTRAIR,** v. t. To extract.
**EXTRAORDINÁRIO,** adj. Extraordinary; unusual; remarkable; notable.
**EXTRATAR,** v. t. To extract; to quote.
**EXTRATO,** s. m. Extract.
**EXTRAVAGÂNCIA,** s. f. Extravagance.
**EXTRAVAGANTE,** adj. Extravagant; wasteful; prodigal; squandering.
**EXTRAVASAÇÃO, EXTRAVASAMENTO,** s. m. Extravasation.
**EXTRAVASAR,** v. t. To extravasate; to let out; v. i. to extravasate, to flow out.
**EXTRAVIADO,** adj. Astray; misled; lost.
**EXTRAVIAR,** v. t. To lead astray; to mislead.
**EXTRAVIO,** s. m. Deviation; error; theft.
**EXTREMADO,** adj. Distinguished; perfect.
**EXTREMAR,** v. t. To demarcate; to limit.
**EXTREMIDADE,** s. f. Extremity; end; limit; (fig.) penury; extreme poverty.
**EXTREMO,** adj. Extreme; utmost; last; final.
**EXTREMOSO,** adj. Excessive; extreme.
**EXTRÍNSECO,** adj. Extrinsic; extrinsical.
**EXTROVERSÃO,** s. f. Extroversion.
**EXUBERÂNCIA,** s. f. Exuberance; fertility.
**EXUBERANTE,** adj. Exuberant; plentiful.
**EXÚBERE,** adj. Weaned.
**EXULAR,** v. t. To emigrate.
**EXULCERAÇÃO,** s. f. Exulceration.
**EXULCERAR,** v. t. To exulcerate.
**ÊXULE,** adj. Banished.
**EXULTAÇÃO,** s. f. Exultation.
**EXULTAR,** v. t. To exult; to rejoice.
**EXUMAÇÃO,** s. f. Exhumation.
**EXUMAR,** v. t. To exhume.

# F

**F,** s. m. The sixth letter of the alphabet.
**FÁ,** s. m. Fa, a syllabe used to designate the fourth not of the scale.
**FÃ,** s. 2 gên. Fan (abrev. of "fanatic").
**FABRICA,** s. f. Factory; mill; plant; fabric.
**FABRICAÇÃO,** s. f. Manufacture; construction; making; make.
**FABRICANTE,** s. 2 gên. Manufacturer.
**FABRICAR,** v. t. To fabricate; to build; to invent, to devise; to construct.
**FABRICÁVEL,** adj. Makable; manufactured.
**FABRIL,** adj. Mechanic, manufacturing.
**FÁBULA,** s. f. Fable; story; lie.
**FABULAÇÃO,** s. f. Fable; fiction; novel.
**FABULÁRIO,** s. m. Fable-book.
**FABULOSO,** adj. Fabulous, fictitious.
**FACA,** s. f. Knife.
**FACADA,** s. f. Stab.
**FAÇANHA,** s. f. Deed, exploit.
**FACÃO,** s. m. Large knife.
**FACÇÃO,** s. f. Faction; a clique.
**FACCIONAR,** v. t. To divide into ractions.
**FACCIOSO,** adj. Factious.
**FACE,** s. f. Face; visage; countenance.
**FACEAR,** v. t. To face, to square.
**FACÉCIAS,** s. f. pl. Facetiae.
**FACECIOSO,** adj. Facetious; joking.
**FACEIRO,** adj. Found of elegance; showy.
**FACEJAR,** v. t. To face.
**FACETA,** s. f. Facet.
**FACETADO,** adj. Faceted.
**FACETAR,** v. t. To facet.
**FACHA,** s. f. Torch; flambeau, axe, face.
**FACHADA,** s. f. Facade; front; (pop.) figure.
**FACHO,** s. m. Torch, light.
**FACIAL,** adj. Facial.
**FACILIDADE,** s. f. Facility; ease.
**FACILITAR,** v. t. To facilitte.
**FACÍNORA,** adj. e s. m. Criminal.
**FACTÍCIO,** adj. Factitious; artificial.
**FACTÍVEL,** adj. Feasible.
**FACTÓTUM,** s. m. Factotum.
**FACULDADE,** s. f. Faculty; talent; knack; power; a department in a university.
**FACULTAR,** v. t. To permit, to allow.
**FACULTATIVO,** adj. Facultative; optional; s. m. medicine doctor.
**FACÚNDIA, FACUNDIDADE,** s. f. Eloquence.

**FADA**, s. f. Fairy; (fig.) a charming woman.
**FADADO**, adj. Fated, predestined.
**FADAR**, v. t. To fate, to destine.
**FADIGA**, s. f. Fatigue, weariness.
**FADISTA**, s. m. Singer or player of fados.
**FADO**, s. m. Fate; destiny; a Portuguese song.
**FAGÓCITO**, s. m. Phagocyte.
**FAGOTE**, s. m. Bassoon.
**FAGUEIRO**, adj. Affectionate; affable.
**FAGULHA**, s. f. Spark.
**FAIA**, s. f Beech.
**FAIANÇA**, s. f. Faience.
**FAINA**, s. f. Toil; board job.
**FAISÃO**, s. m. Pheasant.
**FAÍSCA**, s. f. Spark; flash.
**FAISCAR**, v. i. To spark; to flash.
**FAIXA**, s. f. Band; belt; strip, strap.
**FALA**, s. f. Speech; talk; voice; address.
**FALAÇÃO**, s. f. Fallacy; deception.
**FALÁCIA**, s. f. Fallacy; deception.
**FALACIOSO**, adj. Fallacious.
**FALADO**, adj. Spoken; famous; renowned.
**FALADOR**, s. m. Talker; babbler; gossiper.
**FALANGE**, s. f. Phalanx.
**FALANGETA**, s. f. Terminal phalanx (of a finger or toe).
**FALANGINHA**, s. f. Middle phalanx (of a finger or toe).
**FALAR**, v. t. e i. To speak, to talk, to tell, to say, to address; to discourse; to utter.
**FALATÓRIO**, s. m. Talk, prattle, babble.
**FALAZ**, adj. Fallacious; deceptive.
**FALCÃO**, s. m. Falcon; hawk.
**FALCATRUA**, s. f. Cheat; trick.
**FALCOARIA**, s. f. Falconry.
**FALCOEIRO**, s. m. Falconer.
**FALECER**, v. i. To die, to cease to live.
**FALECIDO**, adj. Deceased.
**FALECIMENTO**, s. m. Death, decease.
**FALÊNCIA**, s. f. Failure; bankruptcy; insolvency; decline; lack of success; omission.
**FALHA**, s. f. Crack; fissure, error; flaw; lack.
**FALHADO**, adj. Cracked; flawy.
**FALHAR**, v. t. To crack; to break; to misfire; to disappoint; to fail; to miss; v. rel. to fail.
**FALIDO**, adj. Failed.
**FALIR**, v. i. To fail; to fade.
**FALÍVEL**, adj. Capable of failing.
**FALSÁRIO**, s. m. Falsifier, forger.
**FALSEAR**, v. t. To misrepresent; to cheat.
**FALSETE**, s. m. Falsetto.
**FALSIDADE**, s. f. Falsity; lie, untruth.

**FALSIFICAÇÃO**, s. f. Falsification, forgery.
**FALSIFICAR**, v. t. To falsify; to adulterate.
**FALTA**, s. f. Fault; flaw; failing; lack.
**FALTAR**, v. i. To be absent, to miss, to fail.
**FALTO**, adj. Needy, deficient; lacking.
**FALUA**, s. f. Barge.
**FALUEIRO**, s. m. Bargeman.
**FAMA**, s. f. Fame, reputation, renown.
**FAMÉLICO**, adj. Hungry; starveling.
**FAMIGERADO**, adj. Renowned; famous.
**FAMÍLIA**, s. f. Family; parents; tribe; clan.
**FAMILIAR**, adj. Familiar; intimate; common.
**FAMILIARIDADE**, s. f. Familiarity.
**FAMILIARIZAR**, v. t. To familiarize; to make well-known; to accustom.
**FAMINTO**, adj. Hungry; starveling.
**FAMOSO**, adj. Famous; renowned; famed.
**FANÁTICO**, adj. e s. m. Fanatic.
**FANATISMO**, s. m. Fanaticism.
**FANATIZAR**, v. t. To fanaticize.
**FANEROGAMIA**, s. f. (Bot.) Phanerogamia.
**FANEROGÂMICO**, adj. Phanerogamic.
**FANFARRA**, s. f. Fanfare.
**FANFARRÃO**, s. m. Braggart; bully.
**FANHOSO**, adj. Nasal; snuffling; s. m. snuffler.
**FANTASIA**, s. f. Fantasy, fancy; whim.
**FANTASIAR**, v. t. To fantasy; to fancy.
**FANTASMA**, s. m. Phantom; phantasm; ghost.
**FANTASMAGÓRICO**, adj. Phantasmagoric.
**FANTÁSTICO**, adj. Fantastic; imaginary; unreal; fanciful; capricious; whimsical.
**FANTOCHE**, s. m. Puppet.
**FAQUEIRO**, s. m. Knife-case; silver chest.
**FAQUIR**, s. m. Fakir; fakeer; dervish.
**FARAD**, s. m. Farad.
**FARÂNDOLA**, s. f. Farandole.
**FARAÓ**, s. m. Pharaoh.
**FARAÔNICO**, s. m. Pharaonic.
**FARDA**, s. f. Uniform; livery.
**FARDAMENTO**, s. m. Military uniform.
**FARDAR**, v. t. To clothe, to provide with uniform.
**FARDO**, s. m. Burden, load, pack.
**FAREJAR**, v. t. To seent, to smell.
**FARELO**, s. m. Bran; (fig.) trifle.
**FARFALHANTE**, adj. Rustling; vain.
**FARINÁCEO**, adj. Farinaceous.
**FARINAR**, v. t. To mill, to flour.
**FARINGE**, s. f. Pharynx.
**FARINGITE**, s. f. Pharyngitis.
**FARINHA**, s. f. Meal; flour.

**FARISAICO**, s. m. Pharisaic.
**FARISEU**, s. m. Pharisee.
**FARMACÊUTICO**, adj. Pharmaceutic; s. m. druggist; pharmacist.
**FARMÁCIA**, s. f. Drugstore; pharmacy.
**FARMACOLOGIA**, s. f. Pharmacology.
**FARMACOPÉIA**, s. . Pharmacopeia.
**FARNEL**, s. m. Provisions or supplies for a trip.
**FARO**, s. m. Scent, smelling.
**FAROL**, s. m. Lighthouse; lantern; ship's light; (Bras.) ostentation; display.
**FAROLEIRO**, s. m. Light-houseman; (Bras.) boaster, braggart; show-off.
**FAROLETE**, s. m. (Bras.) Tail light (of a car).
**FARPA**, s. f. Barb, splinter; little dart.
**FARPADO**, adj. Barbed.
**FARPÃO**, s. m. Harpoon.
**FARRA**, s. f. (Gír.) Binge; carousal.
**FARRAPO**, s. m. Rag, rags.
**FARROUPILHA**, s. m. Ragamuffin.
**FARRUSCA**, s. f. Smudge; smut on the face.
**FARRUSCO**, adj. Black, soiled with coal or soot.
**FARSA**, s. f. Farce; a ridiculous affair, action, show, or the like.
**FARSANTE, FARSISTA**, s. 2 gên. Farce-player, buffoon.
**FARTAR**, v. t. To satiate, to overfeed, to tire out, to bore; v. p. to be tired.
**FARTO**, adj. Satiated, satisfied; complete.
**FARTURA**, s. f. Plenty; abundance; satiation.
**FASCICULADO**, adj. Fasciculate.
**FASCÍCULO**, s. m. Fascicle.
**FASCINAÇÃO**, s. f. Fascination.
**FASCINADOR**, adj. Fascinating; s. m. fascinator; captivator.
**FASCINAR**, v. t. To fascinate; to charm.
**FASCÍNIO**, s. m. Fascination.
**FASCISMO**, s. m. Fascism.
**FASE**, s. f. Phase; aspect, view; phasis.
**FASQUIA**, s. f. lath, a strip of wood.
**FASQUIAR**, v. t. To lath, to cover or line with lath.
**FASTIDIOSO**, adj. Fastidious, tedious, inopportune; untimely.
**FASTÍGIO**, s. m. Summit, top.
**FASTIGIOSO**, adj. Fastigious; high; elevated; haughty.
**FASTIO**, s. m. Repugnance; aversion; boredom: annoyance; want for appetite.
**FASTO**, s. m. Ostentation; pomp.
**FATAL**, adj. Fatal; fateful, deadly; lethal.
**FATALIDADE**, s. f. Fatality; deadliness.
**FATALISMO**, s. m. Fatalism.
**FATIA**, s. f. Slice, piece.
**FATÍDICO**, adj. Fatidical.
**FATIGADO**, adj. Tired, weary.
**FATIGANTE**, adj. Tiring; wearisome.
**FATIGAR**, v. t. To tire, to fatigue, to weary; v. p. to get or become tired.
**FATO**, s. m. Suit; deed; action, event.
**FATOR**, s. m. Factor.
**FATORAÇÃO**, s. f. (Mat.) Factoring.
**FATORAR**, v. t. (Mat.) To factor; to factorize.
**FATUIDADE**, s. f. Fatuity; stupidity.
**FÁTUO**, adj. Fatuous; foolish; silly.
**FATURA**, s. f. Invoice; bill of parcels.
**FATURAMENTO**, s. m. (Com.) Invoicing.
**FATURAR**, v. t. To invoice.
**FAUNA**, s. f. Fauna.
**FAUNO**, s. m. Faun.
**FAUSTO**, s. m. Pomp, ostentation; adj. prosperus; lucky; happy.
**FAUTOR**, s. m. Countenancer, abettor.
**FAVA**, s. f. Bean.
**FAVAL**, s. m. Field of beans.
**FAVELA**, s. f. (Bras.) Shantytown.
**FAVO**, s. m. Honey comb; cell (of bees).
**FAVOR**, s. m. Favor or favour; kindness; privilege; help; interest; letter, missive.
**FAVORÁVEL**, adj. Favorable; favoring; approvable; hepful; advantageous.
**FAVORECER**, v. t. To favor; to show kindness to; to give support to; to back; to sustain.
**FAVORECIDO**, adj. Helped; attended.
**FAVORITA, FAVORITO**, s. f., s. m. e adj. Favorite.
**FAVORITISMO**, s. m. Favoritism.
**FAXINA**, s. f. Fascine, fatigue.
**FAXINEIRO**, s. m. Fascine-maker.
**FAZENDA**, s. f. Farm; plantation; cloth.
**FAZENDEIRO**, s. m. Farmer.
**FAZER**, v. t. To do, to make; to create; to perform; to build; to compose; to realize; to prepare; to manufacture.
**FÉ**, s. f. Faith; truth; complete confidence; fidelity; proof; testimony.
**FEALDADE**, s. f. Ugliness.
**FEBRE**, s. f. Fever; excitement caused by strong feeling.
**FEBRICITANTE**, adj. Feverish; febrile.
**FEBRÍFUGO**, adj. e s. m. Febrifuge
**FEBRIL**, adj. Febrile, feverish.
**FECAL**, adj. Fecal.
**FECHADO**, adj. Closed, shut; reserved.

**FECHADURA**, s. f. Lock.
**FECHAR**, v. t. To shut, to fasten, to close, to lock, to conclude, to end, to finish; v. p. to keep quiet; to cloud, do darken.
**FECHO**, s. m. Bolt, bar; end, conclusion.
**FÉCULA**, s. f. Fecula, starch.
**FECUNDAÇÃO**, s. f. Fecundation.
**FECUNDANTE**, adj. Fecundating.
**FECUNDAR**, v. t. To fecundate; to fertilize.
**FECUNDEZ, FECUNDIDADE**, s. f. Fecundity; fruitfulness, productivity.
**FECUNDO**, adj. Fecund, prolific, fertile.
**FEDER**, v. i. To stink.
**FEDERAÇÃO**, s. f. Federation.
**FEDERAL**, adj. Federal.
**FEDERALISMO**, s. m. Federalism.
**FEDERALISTA**, s. 2 gên. Federalist.
**FEDERAR**, v. t. To federalize, to federate.
**FEDERATIVO**, adj. Federativo.
**FEDOR**, s. m. Stink, fetidness.
**FEDORENTO**, adj. Stinking, fetid.
**FEIÇÃO**, s. f. Figure, form, aspect, shape.
**FEIJÃO**, s. m. French bean, kidney-bean.
**FEIJOEIRO**, s. m. Bean plant.
**FEIO**, adj. Ugly; offensive to the sigh; repulsive; unpleasant, disagreable.
**FEIRA**, s. f. Fair, market.
**FEIRANTE**, s. 2 gên. Merchant, hawker.
**FEITA**, s. f. Occasion, act.
**FEITIÇARIA**, s. f. Sorcery, witchcraft.
**FEITICEIRA**, s. f. Witch, sorceress.
**FEITICEIRO**, adj. Bewitching, charming, alluring; s. m. sorcerer, wizard.
**FEITIÇO**, adj. Artificial, unreal, fictitious; s. m. sorcery, witchcraft, charm, fetish.
**FEITIO**, s. m. Fashion; shape; workmanship; mode; style.
**FEITO**, adj. Done, made; grown up; ready; prepared; s. m. fact, deed, action, event.
**FEITOR**, s. m. Administrator; foreman.
**FEITORAR**, v. t. To administer; to direct.
**FEITORIA**, s. f. Factory; foremanship.
**FEITURA**, s. f. Making; structure; work.
**FEIXE**, s. m. Sheaf; bundle (of sticks).
**FEL**, s. m. Bile; gall; (fig.) bitterness; hate.
**FELDSPATO**, s. m. Feldsoar.
**FELGA**, s. f. Clod.
**FELICIDADE**, s. f. Felicity; happiness; bliss.
**FELICITAÇÃO**, s. f. Felicitation.
**FELICITAR**, v. t. To congratulate.
**FELINO**, adj. Feline; (fig.) treacherous.
**FELIZ**, adj. Happy, lucky.
**FELIZARDO**, s. m. Happy man; lucky man.

**FELONIA**, s. f. Felony; treachery.
**FELPA**, s. f. Shag; nap (of cloth); down (soft hair).
**FELPADO, FELPUDO**, adj. Shaggy; nappy.
**FELTRAR**, v. t. To felt; to stuff with felt.
**FELTRO**, s. m. Felt.
**FÊMEA**, s. f. Female; woman; bitch.
**FEMENTIDO**, adj. False, disloyal.
**FEMINILIDADE**, s. f. Feminity; womanliness.
**FEMININO**, adj. Feminine; female.
**FEMINISTA**, s. 2 gên. Feminist.
**FEMORAL**, adj. Femoral.
**FÊMUR**, s. m. Femur, the thigh bone.
**FENDA**, s. f. Chap, chink, crack, split.
**FENDER**, v. t. To split, to cleave, to chink.
**FENECER**, v. i. To end; to die; to fade.
**FENESTRADO**, adj. Fenestrate.
**FÊNICO**, adj. Phenic.
**FENO**, s. m. Hay.
**FENOL**, s. m. Phenol.
**FENOMENAL**, adj. Phenomenal; extraordinary; unusual.
**FENÔMENO**, s. m. Phenomenon.
**FERA**, s. f. Wild beast; (fig.) cruel person.
**FERACIDADE**, s. f. Feracity; fruitfulness.
**FERAL**, adj. Feral, cruel; sinister.
**FERAZ**, adj. Fertile, fruitful.
**FÉRETRO**, s. m. Coffin, bier.
**FÉRIA**, s. f. Week-day; wage; pl. vacation.
**FERIADO**, s. m. Holiday.
**FERIDA**, s. f. Wound, cut, ulcer; (fig.) offense; injury; pain.
**FERIMENTO**, s. m. Wounding.
**FERINO**, adj. Ferine; fierce; cruel.
**FERIR**, v. t. To wound, to hurt, to strike.
**FERMENTAÇÃO**, s. f. Fermentation; unrest.
**FERMENTAR**, v. t. e i. To ferment.
**FERMENTO**, s. m. Ferment, yeast; (fig.) agitation; tumult.
**FERO**, adj. Fierce, cruel, wild, savage.
**FEROCIDADE**, s. f. Ferocity; savagery; wildness; fierceness; (fig.) cruelty.
**FEROZ**, adj. Fierce; ferocious; wild; cruel.
**FERRADOR**, s. m. Farrier; horseshoer.
**FERRADURA**, s. f. Horseshoe.
**FERRAGEM**, s. f. Iron-work; iron binding; pl. fittings, hardware.
**FERRAMENTA**, s. f. Tool, implement.
**FERRÃO**, s. m. Stick, prick.
**FERRAR**, v. t. To iron; to shoe (horse); to mark (cattle); to bit; to prick.
**FERRARIA**, s. f. Farriery, smithy.
**FERREIRO**, s. m. Blacksmith, iron worker.

**FERRENHO**, adj. Hard as iron; iron colored; (fig.) inflexible; inexorable; obstinate.
**FÉRREO**, adj. Ferreous; (fig.) cruel.
**FERRETE**, s. m. Branding iron; iron-mold; stigma; mark or brand of infamy.
**FERRETAR, FERRETEAR**, v. t. To brand, to prick; (fig.) to afflict; to defame.
**FERRETOAR**, v. t. To prick; to sting; (fig.) to censure, to criticize.
**FERRO**, s. m. Iron; pl. chains, fetters.
**FERROADA**, s. f. Sting; prick; (fig.) quip.
**FERROLHAR**, v. t. To bolt; to chain.
**FERROLHO**, s. m. Bolt, latch.
**FERROSO**, adj. Ferrous.
**FERROVIA**, s. f. Railroad.
**FERROVIÁRIO**, s. m. Railway-workman.
**FERRUGEM**, s. f. Rust; blight (of plants).
**FERRUGINOSO**, adj. Ferruginous.
**FÉRTIL**, adj. Fertile, fruitful.
**FERTILIDADE**, s. f. Fertility; fecundity; fruitfulness; productive power.
**FERTILIZANTE**, adj. Fertilizing; s. m. fertilizer; manure.
**FERTILIZAR**, v. t. To fertilize.
**FÉRULA**, s. f. Ferule.
**FERVEDOURO**, s. m. Boiling; ebulition; agitation; boiler.
**FERVER**, v. t. e i. To boil; to bubble.
**FÉRVIDO**, adj. Fervid, very hot; ardent.
**FERVILHAR**, v. i. To boil; (fig.) to swarm.
**FERVOR**, s. m. Fervor, fervour.
**FERVOROSO**, adj. Ardent, fervid.
**FERVURA**, s. f. Ebullition effervescence.
**FESTA**, s. f. Feast, festival; party.
**FESTANÇA**, s. f. Merrymaking.
**FESTEIRO**, s. m. Feaster, merrymaker.
**FESTEJAR**, v. t. To feast; to celebrate; to welcome: to caress.
**FESTEJO**, s. m. Festival; festivity.
**FESTIM**, s. m. Feast.
**FESTIVAL**, adj. e s. m. Festival.
**FESTIVIDADE**, s. f. Festivity; gaiety.
**FESTIVO**, adj. Festive, joyous.
**FETAL**, adj. Fetal.
**FETICHE**, s. m. Fetish, fetich.
**FETICHISMO**, s. m. Fetishism, fetichism.
**FÉTIDO**, adj. Fetid, stinking.
**FETO**, s. m. Fetus, foetus.
**FEUDAL**, adj. Feudal.
**FEUDALISMO**, s. m. Feudalism.
**FEUDALISTA**, adj. Feudalistic; s. 2 gên. feudalist.
**FEUDATÁRIO**, adj. e s. m. Feudatory.

**FEUDO**, s. m. Feud, feod.
**FEVEREIRO**, s. m. February.
**FEZ**, s. m. Fez.
**FEZES**, s. f. pl. Feces, dregs, excrements.
**FIAÇÃO**, s. f. Spinning.
**FIADA**, s. f. Course; enfilade; file; tire.
**FIADEIRO**, s. m. Spinner.
**FIADO**, adj. Spun; trusting; sold on credit.
**FIADOR**, s. m. Bailsman, bail.
**FIAMBRE**, s. m. Cold ham.
**FIANÇA**, s. f. Bail; surety.
**FIAPO**, s. m. Thin thread.
**FIAR**, v. t. To spin; to trust; to confide; v. i. to spin; to sell on credit.
**FIASCO**, s. m. Fiasco; failure.
**FIBRA**, s. f. Fibre, fiber; nerve.
**FIBRILA**, s. f. Fibril, fibrilla.
**FIBRINA**, s. f. Fibrin.
**FIBROCELULAR**, adj. Fibrocellular.
**FIBRÓIDE**, adj. Fibroid.
**FIBROMA**, s. m. Fibroma.
**FIBROSO**, adj. Fibrous.
**FICAR**, v. rel. To remain; to stay; v. i. to subsist; to last.
**FICÇÃO**, s. f. Fiction; fictitious literature.
**FICHA**, s. f. Card (a piece of pasteboard for various purposes); counter, chip (a device used in games).
**FICHADO**, adj. On file; (pop. Bras.) having a police record.
**FICHAR**, v. t. To index; to catalogue; to record (on index or file cards).
**FICHÁRIO**, s. m. Card file; card index or catalogue; file, file cabinet.
**FICTÍCIO**, adj. Fictitious; imaginary.
**FIDALGO**, adj. Noble; s. m. nobleman, lord.
**FIDALGUIA**, s. f. Nobility; generosity.
**FIDEDIGNO**, adj. Credible; trustworthy.
**FIDELIDADE**, s. f. Fidelity; faithfulness; loyalty; exactness; accuracy; probity.
**FIDUCIÁRIO**, adj. Fiduciary.
**FIEIRA**, s. f. Drawplate; (fig.) trial, test; row; line; string; series; string of a top.
**FIEL**, adj. Faithful; loyal; honest; exact; s. m. guard, overseer.
**FIGA**, s. f. Amulet, spell.
**FÍGADO**, s. m. Liver.
**FIGO**, s. m. Fig.
**FIGUEIRA**, s. f. Fig-tree.
**FIGURA**, s. f. Figure; form; shape; outline; appearance; impression; personage.
**FIGURADO**, adj. Figurative.
**FIGURANTE**, s. 2 gên. Figurant.

**FIGURÃO**, s. m. Important person; big shot.
**FIGURAR**, v. t. To figure, to represent by a figure; to fashion; to shape; to symbolize.
**FIGURATIVO**, adj. Figurative.
**FIGURINO**, s. m. Fashion plate; model.
**FIGURINHA**, s. f. Small figure; picture stamp in a child's collection.
**FILA**, s. f. File; rank, row.
**FILAMENTAR**, adj. Filamentary.
**FILAMENTO**, s. m. Filament; fiber.
**FILAMENTOSO**, adj. Filamentous.
**FILANTE**, adj. Spoiled.
**FILANTROPIA**, s. f. Philanthropy.
**FILANTRÓPICO**, adj. Philanthropic.
**FILÃO**, s. m. Lode, vein.
**FILAR**, v. t. To catch.
**FILARMÔNICA**, s. f. Band; orchestra; musical society.
**FILATELIA**, s. f. Philately.
**FILÉ**, s. m. Fillet.
**FILEIRA**, s. f. File, row, rank.
**FILETE**, s. m. Narrow hem; fillet; filament.
**FILHA**, s. f. Daughter.
**FILHO**, s. m. Son; descendent; bud.
**FILHOTE**, s. m. Native; young (of animals); nestling; favorite.
**FILIAÇÃO**, s. f. Filiation.
**FILIAL**, adj. Filial; s. f. branch.
**FILIAR**, v. t. To adopt as child; to affiliate.
**FILICÍDIO**, s. m. Filicide.
**FILIFORME**, adj. Filiform.
**FILIGRANA**, s. f. Filigree, filigrane.
**FILISTEU**, adj. e s. m. Philistine.
**FILMAR**, v. t. To film; to make motion pictures.
**FILME**, s. m. Film.
**FILMOTECA**, s. f. Film collection.
**FILÓ**, s. m. Net-lace.
**FILÓFAGO**, adj. e s. m. Phylophagous.
**FILOLOGIA**, s. f. Philology.
**FILOSOFAL**, adj. Philosophical.
**FILOSOFIA**, s. f. Philosophy.
**FILOSÓFICO**, adj. Philosophic.
**FILÓSOFO**, s. m. Philosopher.
**FILTRAÇÃO**, s. f. Filtration.
**FILTRAR**, v. t. To filter; to strain; to pass through a filter; to percolate.
**FILTRO**, s. m. Filter.
**FIM**, s. m. End, close; conclusion; purpose.
**FIMBRADO**, adj. Fringed.
**FIMBRIADO**, adj. Fimbriated; fringed.
**FÍMBRIA**, s. f. Fringe.
**FINADO**, adj. Deceased; dead.

**FINAL**, adj. Final, terminal; last; conclusive.
**FINALIDADE**, s. f. Finality.
**FINALISTA**, s. 2 gên. Finalista.
**FINALIZAR**, v. t. To finish; to conclude; to arrive at the end; to bring to an end; v. i. to come to an end; to cease; to get through.
**FINALMENTE**, adv. Finally; at last.
**FINANÇAS**, s. f. pl. Finance; treasury.
**FINANCEIRO**, s. m. Financier; capitalist.
**FINANCISTA**, s. 2 gên. Financier.
**FINAR**, v. i. To come to an end; to die; to finish; to conclude; v. p. to decay; to die.
**FINCAR**, v. t. To fix, to drive (stakes, etc.).
**FINDAR**, v. t. e i. To finish; to have an end.
**FINDÁVEL**, adj. Transitory; unstable.
**FINDO**, adj. Finished; consummate; ended.
**FINEZA**, s. f. narrowness; fineness; favor.
**FINGIDO**, adj. Feigned; fictitious; insincere.
**FINGIMENTO**, s. m. Feigning; hypocrisy.
**FINGIR**, v. t. To feign; to imagine; to pretend; to sham; v. i. to pretend.
**FINITAMENTE**, adj. Finitely.
**FINITO**, adj. Finite, limited; transitory.
**FINO**, adj. Thin, fine; subtile or subtle; delicate; polite; clever; sharp; shrewd.
**FINÓRIO**, adj. Sharp; shrewd; clever; sly.
**FINTA**, s. f. Feint; (bras.) swindle; trick.
**FINTAR**, v. t. To tax, to assess.
**FINURA**, s. f. Fineness; cunning; courtesy.
**FIO**, s. m. Thread, yarn, sharp edge.
**FIRMA**, s. f. Sign, signature; firm.
**FIRMAMENTO**, s. m. Firmament, sky.
**FIRMAR**, v. t. To make steady; to fix; to sign.
**FIRME**, adj. Firm, fixed, compact; solid; steady; constant; decided; fast (color).
**FIRMEZA**, s. f. Firmness; stability.
**FISCAL**, adj. Fiscal; s. m. inspector.
**FISCALIZAÇÃO**, s. f. Control; inspection.
**FISCALIZAR**, v. t. To inspect; to survey; to check; to examine; to control.
**FISCO**, s. m. The exchequer; public treasure; tax collection department.
**FISGA**, s. f. Harpoon.
**FISGADA**, s. f. (Bras.) Pang; sharp pain.
**FISGAR**, v. i. To harpoon; (fig.) to understand immediately.
**FÍSICA**, s. f. Physics.
**FÍSICO**, adj. Physical, material; bodily; s. m. physicist; body.
**FISIOCRACIA**, s. f. Physiocracy.
**FISIOLOGIA**, s. f. Physiology.
**FISIONOMIA**, s. f. Physionomy; face; countenance; external aspect.

**FISIONÔMICO**, adj. Physiognomic.
**FISIOTERAPIA**, s. f. (Med.) Physioterapy.
**FISSÍPARO**, adj. Fissiparous.
**FISSURA**, s. f. Fissure; a narrow cleft; crevice; cleavage.
**FÍSTULA**, s. f. Fistula.
**FISTULAR**, adj. Fistular.
**FISTULOSO**, adj. Fistulous.
**FITA**, s. f. Ribbon; bandage; film.
**FITAR**, v. t. To fix on; to stare at; to look attentively; to prick up the ears (the animals).
**FITO**, s. m. Purpose, intention; objective; adj. fixed.
**FITÓFAGO**, adj. Phytofagous.
**FITOGÊNESE**, s. f. Phytogenesis.
**FITOGEOGRAFIA**, s. f. Phytogeography.
**FITOLOGIA**, . f. Phytoklogy.
**FITOZOÁRIO**, s. m. Phutozoon.
**FIVELA**, s. f. Buckle.
**FIXA**, s. f. Rag-bolt; landmark; pin.
**FIXAÇÃO**, s. f. Fixation; fixing.
**FIXADOR**, s. m. Fixer; fixing bath (photo).
**FIXAR**, v. t. To fix, to make firm or fast; to settle; to establish.
**FIXATIVO**, adj. Fixative.
**FIXIDEZ**, s. f. Fixity, fixidness.
**FIXO**, adj. Fixed; firm; steady, settled.
**FLABELAÇÃO**, s. f. Flabellation.
**FLABELAR**, v. t. To fan, to blow.
**FLABELO**, s. m. Flabellum, fan.
**FLACIDEZ**, s. f. Flaccidity.
**FLÁCIDO**, adj. Flaccid; lacking stiffness; soft and weak; relaxed.
**FLAGELAÇÃO**, s. f. Flagellation.
**FLAGELAR**, v. t. To flagellate; to scourge.
**FLAGELO**, s. m. Flagellum; (fig.) calamity.
**FLAGRANTE**, adj. Flagrant.
**FLAGAR**, v. i. To burn.
**FLAMA**, s. f. Flame; brilliance; ardor.
**FLAMEJANTE**, adj. Flaming; sparkling.
**FLAMEJAR**, v. i. To flame; to blaze; to burn.
**FLAMINGO**, s. m. Flamingo.
**FLÂMULA**, s. f. Pennant; streamer.
**FLANCO**, s. m. Flank; side of anything.
**FLANELA**, s. f. Flannel.
**FLANGE**, s. m. Flange.
**FLANQUEAR**, v. i. To flank, to attack the flank of.
**FLATO**, s. m. Flatulence; hysterism.
**FLATULÊNCIA**, s. f. Flatulency.
**FLATULENTO**, adj. Flatulent.
**FLAUTA**, s. f. Flute.

**FLAUTAR**, v. t. To flute.
**FLAUTIM**, s. m. Small flute.
**FLAVO**, adj. Blond, blonde.
**FLÉBIL**, adj. Weeping, doleful.
**FLEBITE**, s. f. Phlebitis.
**FLECHA**, s. f. Arrow.
**FLECHADA**, s. f. Arrow-shot.
**FLECHAL**, adj. Wall-plate.
**FLECHAR**, v. t. To arrow.
**FLECHEIRO**, s. m. Archer, bowman.
**FLEUMA**, s. f. Phlegm; impassibility.
**FLEUMÁTICO**, adj. Phlegmatic.
**FLEXÃO**, s. f. Flexion; flexure.
**FLEXIBILIDADE**, s. f. Flexibility.
**FLEXIONAR**, v. t. To make the flexion of.
**FLEXÍVEL**, adj. Flexible; pliant.
**FLEXUOSO**, adj. Flexuous; sinuous; tortuous; crooked.
**FLEXURA**, s. f. Flexure, bending.
**FLIBUSTEIRO**, s. m. Buccaneer; freebooter.
**FLOCO**, s. m. Flock; a lock of wool or hair.
**FLOR**, s. f. Flower; blossom; bloom.
**FLORA**, s. f. Flora.
**FLORAÇÃO**, s. f. Blooming; flowering.
**FLORAL**, adj. Floral.
**FLOREADO**, adj. Flowered; florid; ornate; (mus.) figured, figurate; s. m. ornament.
**FLOREAR**, v. t. To flower; to blossom; to decorate with flowers.
**FLOREIO**, s. m. Flourish.
**FLORESCÊNCIA**, s. f. Florescence.
**FLORESCER**, v. i. To bloom, to flower.
**FLORESTA**, s. f. Forest, a tract of woodland.
**FLORESTAL**, adj. Forest.
**FLORETE**, s. m. Foil.
**FLORICULTURA**, s. f. Floriculture.
**FLORIDO**, adj. Flowered; flowering.
**FLÓRIDO**, adj. Flourishing; florid, birght in color.
**FLORÍFERO**, adj. Floriferous.
**FLORILÉGIO**, s. m. Florilegium; anthology.
**FLORIM**, s. m. Florin.
**FLORIR**, v. i. To bloom, to blossom, to flower, to flourish.
**FLORISTA**, s. 2 gên. Florist.
**FLOTILHA**, s. f. Flotilla.
**FLUÊNCIA**, s. f. Fluency.
**FLUENTE**, adj. Fluent, flowing.
**FLUIDEZ**, s. f. Fluidity; fluid quality.
**FLUIDO**, adj. Fluid; liquid or gaseous; flowing; fluent; floating; s. m. fluid; a fluid substance; a liquid or gas.

**FLUIR**, cv. t. To flow; to run, to ooze.
**FLÚOR**, s. m. Fluorine; fluorin.
**FLUORESCÊNCIA**, s. f. Fluorescence.
**FLUORESCENTE**, adj. Fluorescent.
**FLUORETO**, s. m. Fluoride.
**FLUORITA**, s. f. Fluorite, fluor.
**FLUTUAÇÃO**, s. f. Fluctuation; oscilation.
**FLUTUADOR**, s. m. Float.
**FLUTUANTE**, adj. Floating; wavering.
**FLUTUAR**, v. i. To float; to fluctuate; to waver; to vacillate.
**FLUVIAL**, adj. Fluvial.
**FLUVIÔMETRO**, s. m. Fluviometer.
**FLUXÃO**, s. f. Fluxion, flux.
**FLUXO**, s. m. Flux, afflux, flowing, abundance; adj. fluid, transitory.
**FOBIA**, s. f. Phobia; fear, dread; aversion.
**FOCA**, s. f. Phoca, seal.
**FOCAL**, adj. Phocal.
**FOCAR**, v. t. To focus; to bring to a focus; to focalize; to center; to concentrate; to adjust the focus of.
**FOCINHO**, s. m. Muzzle, snout.
**FOCO**, s. m. Focus; a center of activity, attraction, or attention; (Med.) infected region of a disease; (fig.) center.
**FOFO**, adj. Spongy, light, fluffy; soft.
**FOGAGEM**, s. f. Pimple, rash.
**FOGÃO**, s. m. Stove.
**FOGAREIRO**, s. m. Little stove.
**FOGARÉU**, s. m. Bonfire.
**FOGO**, s. m. Fire, hearth; a sparkle; (fig.) ardor of passion or spirit; warmth; enthusiasm; liveliness of imagination.
**FOGO-FÁTUO**, s. m. Fatuous fire; wisp.
**FOGOSIDADE**, s. f. Impetuosity; passion.
**FOGOSO**, adj. Fiery; vehement; ardent.
**FOGUEIRA**, s. f. Bonfire, fire.
**FOGUETE**, s. m. Rocket.
**FOGUETEAR**, v. i. To fire rockets.
**FOGUISTA**, s. 2 gên. Stoker; fire-man.
**FOLCLORE**, s. m. Folklore.
**FOLCLORISTA**, s. 2 gên. Folklorist.
**FOLE**, s. m. Bellows.
**FÔLEGO**, s. m. Breath; repose; leisure.
**FOLGA**, s. f. Rest, recreation; repose.
**FOLGADO**, adj. Quiet, calm; loose, ample.
**FOLGAR**, v. i. To rest, to rejoice; to glad; v. t. to enlarge, to widen.
**FOLGUEDO**, s. m. Amusement; pastime.
**FOLHA**, s. f. Leaf; sheet; blade; folio; foil; newspaper.
**FOLHADO**, adj. Leafy.

**FOLHAGEM**, s. f. Foliage.
**FOLHAR**, v. i. To leaf, to put forth leaves.
**FOLHEADO**, adj. Veneered; leafy.
**FOLHEAR**, v. t. To leaf; to turn over; the leaves of a book; to run through; to veneer.
**FOLHETIM**, s. m. Feuilleton.
**FOLHETISTA**, s. 2 gên. Feuilletonist.
**FOLHETO**, s. m. Phamphlet; booklet.
**FOLHINHA**, s. f. Leaflet; calendar.
**FOLHUDO**, adj. Leafy.
**FOLIA**, s. f. A sort of dance performed to the tambourine sound; merrymaking; spree.
**FOLIÁCEO**, adj. Foliaceous; leaflike; leafy.
**FOLIÃO**, s. m. Merrymaker; buffoon; clown.
**FOLIAR**, v. i. To make merry; to frolic.
**FOLICULAR**, adj. Follicular.
**FOLICULÁRIO**, s. m. Pamphletist.
**FOLÍCULO**, s. m. Follicle; small cavity.
**FÓLIO**, s. m. Folio.
**FOLIOLADO**, adj. Foliolate.
**FOME**, s. f. Hunger.
**FOMENTAÇÃO**, s. f. Fomentation.
**FOMENTAR**, v. t. To foment; to premote to the growht or spread of; to incite.
**FOMENTO**, s. m. Fomentation.
**FONAÇÃO**, s. f. Phonation.
**FONÉTICA**, s. f. Phonetics.
**FONÉTICO**, adj. Phonetic.
**FÔNICO**, adj. Phonic.
**FONOGRAFIA**, s. f. Phonografy.
**FONÓGRAFO**, s. m. Phonograph.
**FONOLOGIA**, s. f. Phonology.
**FONTE**, s. f. Fountain; spring; water spout; (fig.) origin, source.
**FORMIGAMENTO**, s. m. itching; pricking.
**FONTENÁRIO**, s. m. Public fountain.
**FORA**, adv. Out, outward, outside, abroad; prep. except; interj. get out!
**FORAGIDO**, adj. e s. m. Emigrant; outlaw.
**FORASTEIRO**, s. m. Foreigner; stranger.
**FORCA**, s. f. Gallows; gibbet.
**FORÇA**, s. f. Strength, power, force.
**FORCADO**, s. m. Pitchfork, prong.
**FORÇADO**, adj. Forced; compulsory; s. m. convict.
**FORÇAR**, v. t. To force, to ravish; to violate; to constrain or compel, to wrest; to strain.
**FORCEJAR**, v. i. To endeavour; to resist.
**FÓRCEPS**, s. m. Forceps.
**FORÇOSO**, adj. Necessary; inevitable; urgent; strong.
**FORENSE**, adj. Forensic.
**FORJA**, s. f. Forge; smithy; smithery.

**FORJADO**, adj. Forged.
**FORJADOR**, s. m. Forger; smith.
**FORJAR**, v. t. To forge; to work at a forge; to produce, to fashion; to fabricate; to counterfeit; to make or imitate falsery.
**FORMA**, s. f. Form, shape, configuration; essence, aspect; disposition, way; manner; rank; line; physical and mental condition; mold or mould; form, model, pattern.
**FORMAÇÃO**, s. f. Formation; making
**FORMAL**, adj. Formal; explicit.
**FORMALIDADE**, s. f. Formality; ceremony.
**FORMALISMO**, s. m. Formalism.
**FORMALIZAR**, v. t. To formalize, to shape.
**FORMÃO**, s. m. Chisel; carpenter's chisel.
**FORMAR**, v. t. To form, to fashion; to mould; to shape; v. p. to take degree.
**FORMATURA**, s. f. University degree.
**FÓRMICO**, adj. Formic.
**FORMIDÁVEL**, adj. Formidable; dreadful.
**FORMIGA**, s. f. Ant.
**FORMIGANTE**, adj. itching.
**FORMIGÃO**, s. m. Large ant; concrete.
**FORMIGAR**, v. i. To itch; to prick; to swarm.
**FORMIGUEIRO**, s. m. Ant-hill; swarm.
**FORMOSO**, adj. Beautiful; handsome; fair.
**FORMOSURA**, s. f. Beauty.
**FÓRMULA**, s. f. Formula.
**FORMULAÇÃO**, s. f. Formulation.
**FORMULAR**, v. t. To formulate; to reduce to or express in a formula; to formularize.
**FORMULÁRIO**, s. m. Formulary.
**FORNADA**, s. f. Batch; baking.
**FORNALHA**, s. f. Furnace.
**FORNECEDOR**, s. m. Furnisher; supplyer.
**FORNECER**, v. t. To furnish; to equip; to fit out; to supply.
**FORNECIMENTO**, s. m. Supply; furnishing.
**FORNICAÇÃO**, s. f. Fornication.
**FORNICAR**, v. i. To fornicate.
**FORNO**, s. m. Stove; oven, furnace.
**FORO**, s. m. Court of Justice; lordship; quit-rent; privilege; right.
**FORQUILHA**, s. f. Pitchfork.
**FORRAGEAR**, v. t. To fodder, to forage.
**FORRAGEIRO**, s. m. Forager.
**FORRAGEM**, s. f. Forage.
**FORRAR**, v. t. To line; to overlay; to deliver; to free; to paper; to cover with.
**FORRO**, s. m. Lining; ceiling; wall-paper; upholstering; skin; adj. free; enfranchised.
**FORTALECER**, v. t. To strengthen; to fortify.
**FORTALEZA**, s. f. Fortress; strength, energy.

**FORTE**, adj. Strong; stout; powerful; robust; vigorous; nappy; s. m. fort, fortification.
**FORTIFICAÇÃO**, s. f. Fortification, fort.
**FORTIFICANTE**, adj. Fortifying; tonic; s. m. tonic, a strengthening medicine.
**FORTIFICAR**, v. t. To fortify; to strengthen by military defenses.
**FORTIM**, s. m. Small fort.
**FORTUITO**, adj. Fortuitous; happening by chance; chancy; accidental; unexpected.
**FORTUNA**, s. f. Fortune; chance; luck; good luck; fate; destiny; richness; prosperity.
**FOSCAR**, v. t. To tarnish, to dim.
**FOSCO**, adj. Dim, tame, dull.
**FOSFATO**, s. m. Phosphate.
**FOSFITO**, s. m. Phosphite.
**FOSFORAR**, v. t. To phosphorate.
**FOSFÓREO**, adj. Phosphoreous.
**FOSFORESCENTE**, adj. Phosphorescent.
**FOSFORESCER**, v. i. To phosphoresce.
**FOSFÓRICO**, adj. Phosphoric.
**FÓSFORO**, s. m. Phosphorus; match.
**FOSSA**, s. f. Fossa; fosse; ditch; moat.
**FÓSSIL**, adj. e s. m. Fossil.
**FOSSILIZAÇÃO**, s. f. Fossilization.
**FOSSILIZAR**, v. t. To fossilize; to change into a fossil; to become like rock; to become out-of-date in opinion; to collect fossil.
**FOSSO**, s. m. Ditch; moat; fosse; trench.
**FOTO**, s. f. (pop.) Photo; snapshot.
**FOTOCARTOGRAFIA**, s. f. Photogrametry; photomaps or aero photography.
**FOTOCÓPIA**, s. f. Photocopy; photostat.
**FOTOCOPIAR**, v. t. To photostat.
**FOTODINÂMICO**, adj. Photodynamic.
**FOTOELÉTRICO**, adj. Photoelectric.
**FOTOGENIA**, s. f. Photogeny.
**FOTOGRAFAR**, v. t. To photograph.
**FOTOGRAFIA**, s. f. Photography; photo.
**FOTOGRÁFICO**, adj. Photographic.
**FOTOGRAVURA**, s. f. Photogravure.
**FOTOLITOGRAFIA**, s. f. Photolithography.
**FOTOMETRIA**, s. f. Photometry.
**FOTÔMETRO**, s. m. Photometer.
**FOTOQUÍMICA**, s. f. Photochemistry.
**FOTOSFERA**, s. f. Photosphere.
**FOTOTIPIA**, s. f. Phototypy.
**FOTOTIPOGRAFIA**, s. f. Phototipography.
**FOTOZINCOGRAFIA**, s. f. Photozincography.
**FOZ**, s. f. Mouth of a river.
**FRACASSAR**, v. i. To fail, to break down; to ruin; to be unsuccessful.
**FRACASSO**, s. m. Failure; crash; ruin.

**FRAÇÃO**, s. f. Fraction.
**FRACIONAMENTO**, s. m. Fractionation.
**FRACIONAR**, v. t. To fractionize.
**FRACIONÁRIO**, adj. Fractional.
**FRACO**, adj. Feeble; weak; poor; coward; thin; s. m. weakness; coward; weakling.
**FRADE**, s. m. Friar, monk.
**FRAGA**, s. f. Rock; crag.
**FRAGATA**, s. f. Frigate.
**FRAGATEIRO**, s. m. Boatman.
**FRÁGIL**, adj. Fragile; breakable; frail; weak.
**FRAGILIDADE**, s. f. Fragility; frailty.
**FRAGMENTAÇÃO**, s. f. Fragmentation.
**FRAGMENTAR**, v. t. To reduce to fragments.
**FRAGMENTO**, s. m. Fragment; a part broken off; a small detached portion.
**FRAGOR**, s. m. Noise, crack, crash.
**FRAGOROSO**, adj. Noisy.
**FRAGRÂNCIA**, s. f. Fragrance; a sweet smell.
**FRAGRANTE**, adj. Fragrant.
**FRALDA**, s. f. Skirt; flap.
**FRALDILHA**, s. f. Leather apron.
**FRAMBOESA**, s. f. Raspberry.
**FRANCESISMO**, s. m. Gallicism.
**FRANCISCANO**, adj. e s. m. Franciscan.
**FRANCO**, adj. Frank, free in expressing one's feeling, opinion, etc.; outspoken; sincere; open; s. m. frank; franc (French coin).
**FRANGA**, s. f. Pullet.
**FRANGALHO**, s. m. Rags, tatter.
**FRANGO**, s. m. Chicken; capon.
**FRANJA**, s. f. Fringe.
**FRANJAR**, v. t. To fringe.
**FRANQUEAR**, v. t. To free from; to frank; to post.
**FRANQUEZA**, s. f. Frankness; honesty; liberality; privilege.
**FRANQUIA**, s. f. Freedom; exemption; immunity, postage.
**FRANZIDO**, adj. Shrunk; wrinkled; s. m. plait, fold, ruffle.
**FRANZIMENTO**, s. m. Shrinkage.
**FRANZINO**, adj. Thin, slender.
**FRANZIR**, v. t. To plait; to fold; to ruffle.
**FRAQUE**, s. m. Cutway-coat, tailcoat.
**FRAQUEJAR**, v. i. To become weak; to weaken; to lose one's courage; to loosen.
**FRAQUEZA**, s. f. Weakness; feebleness.
**FRASCARIA**, s. f. Great number of flask, small bottles, etc.
**FRASCO**, s. m. Bottle; flask.
**FRASE**, s. f. Phrase; sentence.
**FRASEADO**, s. m. Phrasing.
**FRASEAR**, v. i. To phrase.
**FRASEOLOGIA**, s. f. Phraseology.
**FRATERNAL**, adj. Fraternal; brotherly.
**FRATERNIDADE**, s. f. Fraternity.
**FRATERNIZAR**, v. i. To fraternize.
**FRATERNO**, adj. Fraternal; brotherly.
**FRATRICIDA**, s. 2 gên. e adj. Fratricide.
**FRATURA**, s. f. Fracture; rupture; (Geol.) the texture, shape, etc., of a freshly broken surface.
**FRATURAR**, v. t. To fracture, to break, to crack.
**FRAUDAÇÃO**, s. f. Defraudation.
**FRAUDADOR**, s. m. Defrauder.
**FRAUDAR**, v. t. To defraud; to cheat; to trick.
**FRAUDE**, s. f. Fraud, deceit, trick; cheat.
**FRAUDULÊNCIA**, s. f. Fraudulence.
**FRAUDULENTO**, adj. Fraudulent; deceiving; cheating; based on fraud.
**FREGUÊS**, s. m. Customer; parishioner.
**FREGUESIA**, s. f. Clientele; custom.
**FREI**, s. m. Friar.
**FREIMA**, s. f. Impatience, hastiness.
**FREIO**, s. m. Bit; brake; check; stop; (fig.) obstacle; repression.
**FREIRA**, s. f. Nun.
**FREIRE**, s. m. Friar.
FREIXAL, s. m. Ash-grove.
**FREIXO**, s. m. Ash-tree.
**FREMENTE**, adj. Roaring; trembling.
**FREMIR**, v. i. To roar; to tremble; to moan.
**FRÊMITO**, s. m. Roaring; quivering.
**FRENESI**, s. m. Frenzy, madness; fury.
**FRENÉTICO**, adj. Frantic; furious; mad; frenetic; frenzied.
**FRENOLOGIA**, s. f. Phrenology.
**FRENTE**, s. f. Front; forehead; the forward part or surface of a thing; frontage.
**FREQÜÊNCIA**, s. f. Frequency.
**FREQÜENTAR**, v. i. To frequent; to visit often; to be in or to resort to, habitually.
**FREQÜENTE**, adj. Frequent; habitual; constant; happening at short intervals.
**FRESCA**, s. f. Evening breeze.
**FRESCO**, adj. Fresh; pure; brisk, cool; new; recent; sour or decayed; vigorous; lively; not salt; s. m. freshness; evening breeze.
**FRESCOR**, s. m. Freshness.
**FRESCURA**, s. f. Freshness; coolness.
**FRESTA**, s. f. Gap-window; cleft; fissura.
**FRETAGEM**, s. f. Freight; freight charges.
**FRETAMENTO**, s. m. Affreightment; freigatage; chartering.

**FRETAR**, v. t. To freight; to rent; to charter.
**FRETE**, s. m. Freight, freightage.
**FRIABILIDADE**, s. f. Friability.
**FRIAGEM**, s. f. Cold; coldness.
**FRIALDADE**, s. f. Coldness; insensibility.
**FRIÁVEL**, adj. Friable, easily reducible to powder.
**FRICATIVO**, adj. Fricative.
**FRICÇÃO**, s. f. Friction; attriction.
**FRICCIONAR**, v. t. To rub; to scour.
**FRIEIRA**, s. f. Chilblain.
**FRIEZA**, s. f. Coldness, chill, cold; indifference; frigidity.
**FRIGIDEZ**, s. f. Frigidity; indifference.
**FRÍGIDO**, adj. Frigid; intensily cold; lacking ardor, warmth or the like.
**FRIGIR, FRITAR**, v. t. To fry, to brown or sear in hot fat.
**FRIGORÍFICO**, s. m. Cooler; refrigerator; adj. frigorific, frigorifical.
**FRINCHA**, s. f. Cleft; break; crack.
**FRIO**, adj. Cold; chilly; frigid; insensible.
**FRIORENTO**, adj. Chilly.
**FRISA**, s. f. Corner box.
**FRISADO**, adj. Curled; frizzled.
**FRISADOR**, s. m. Frizzler.
**FRISAGEM**, s. f. Frizzling.
**FRISAR**, v. t. To frizzle; to emphasize.
**FRISO**, s. m. Frieze.
**FRITADA**, s. f. Fritter; frying; fry; (fig.) confusion; disorder.
**FRITO**, adj. Fried.
**FRIVOLIDADE**, s. f. Frivolity.
**FRÍVOLO**, adj. Frivolous; light-minded; silly.
**FROCO**, s. m. Flake, flock.
**FRONDE**, s. f. Foliage.
**FRONDEAR, FRONDEJAR**, v. i. To leaf.
**FRONDESCER**, v. i. To become frondescent or leafy.
**FRONDOSO**, adj. Leafy.
**FRONHA**, s. f. Pillow-case.
**FRONTAL**, adj. e s. m. Frontal.
**FRONTÃO**, s. . Pediment.
**FRONTE**, s. f. Forehead, front, brow; head.
**FRONTEIRA**, s. f. Frontier, boundary, border.
**FRONTEIRIÇO**, adj. Bordering.
**FRONTEIRO**, adj. Opposite, facing.
**FRONTISPÍCIO**, s. m. Frontispiece, forefront.
**FROTA**, s. f. (Naut.) Fleet; (Naut. Mil.) armada; (fig.) crowd, multitude.
**FROUXIDÃO**, s. f. Weakness; sloth.
**FROUXO**, adj. Slack; feeble; weak; mild.
**FRUFRU**, s. m. Rustling of leaves; frou-frou.
**FRUGAL**, adj. Frugal.
**FRUGALIDADE**, s. f. Frugality.
**FRUIÇÃO**, s. f. Fruition; enjoyment; pleasure; fulfilment.
**FRUIR**, v. t. To enjoy; to have the use or possession of.
**FRUSTRAÇÃO**, s. f. Frustration.
**FRUSTRADO**, adj. Frustrated, baffled; defeated, disappointed; (fig.) unsuccessful.
**FRUSTRAR**, v. t. To frustrate; to defeat.
**FRUTA**, s. f. Fruit.
**FRUTEIRA**, s. f. Fruit-basket.
**FRUTEIRO**, s. m. Fruiterer.
**FRUTICULTURA**, s. f. Fruit growing.
**FRUTÍFERO**, adj. Fructiferous; fertile.
**FRUTIFICAÇÃO**, s. f. Fructification.
**FRUTIFICAR**, v. i. To fructify; to bear fruit; v. t. to fertilize.
**FRUTO**, s. m. Fruit; profit, advantage; product; consequence, effect.
**FUÁ**, adj. (Bras.) Skittish (said of a horse); s. m. (Bras.) intrigue; gossip.
**FUBÁ**, s. m. (Bras.) Corn meal, Indian meal; rice flour.
**FUÇA**, s. f. (vulgar) Snout, muzzle; (gir. EUA) mug, kisser.
**FUÇAR**, v. t. To grub; (fig.) to mix (things) up.
**FUEIRO**, s. m. Stick, cart-pole.
**FUGA**, s. f. Flight, runaway; leak; fugue.
**FUGACIDADE**, s. f. Fugacity.
**FUGAZ**, adj. Fugacious; transitory.
**FUGIDA**, s. f. Flight.
**FUGIDIO**, adj. Fleeting; flying; fugitive; evanescent; shy, misanthropic, antisocial.
**FUGIR**, v. i. To flee, to fly, to escape.
**FUGITIVO, FUJÃO**, adj. e s. m. Fugitive; runaway.
**FUINHA**, s. f. (Zool.) Stone marten; s. m. e f. very thin person; miser; (gír. EUA) skinflint.
**FULA, FULO**, adj. (Fig.) Furious, incensed; infuriated; s. f. haste, hurry; blister.
**FULANO**, s. m. Such a one.
**FULCRO**, s. m. Fulcrum.
**FULGÊNCIA, FULGOR**, s. f., s. m. Fulgency, brightness, splendor, radiance, shine.
**FULGURANTE**, adj. Fulgurant.
**FULGURAR**, v. i. To shine, to lighten.
**FULIGEM**, s. f. Soot.
**FULIGINOSO**, adj. Sooty.
**FULMINAÇÃO**, s. f. Fulmination; detonation.
**FULMINANTE**, adj. Fulminating; thundering.
**FULMINAR**, v. t. To fulminate; to thunder forth.

**FULMÍNEO**, adj. Fulminating.
**FÚLVIO, FULVO**, adj. Fulvous.
**FUMAÇA**, s. f. Smoke, puff.
**FUMACEIRA**, s. f. Cloud of smoke; smudge.
**FUMANTE**, adj. Smoking; s. m. smoker.
**FUMAR**, v. t. e i. To smoke.
**FUMARENTO**, adj. Smoky.
**FUMEGANTE**, adj. Smoking.
**FUMEGAR**, v. i. To smoke; v. t. exhale.
**FUMEIRO**, s. m. Chimney.
**FUMICULTOR**, s. m. Tobacco planter.
**FUMIGAÇÃO**, s. f. Fumigation.
**FUMIGAR**, v. i. To fumigate.
**FUMO**, s. m. Smoke; vapor or gas; fume.
**FUNAMBULESCO**, adj. Funambolatory.
**FUNÂMBULO**, s. m. Funambulist.
**FUNÇÃO**, s. f. Function; special duty; entertainment; performance.
**FUNCHO**, s. m. Fennel.
**FUNCIONAL**, adj. Functional.
**FUNCIONALISMO**, s. m. Public service.
**FUNCIONAMENTO**, s. m. Functioning.
**FUNCIONAR**, v. i. To work; to go, to function; to perform or fulfill its function.
**FUNCIONÁRIO**, s. m. Functionary; official.
**FUNDA**, s. f. Sling; truss.
**FUNDAÇÃO**, s. f. Foundation; base.
**FUNDADOR**, s. m. Founder.
**FUNDAMENTAL**, adj. Fundamental; essential.
**FUNDAMENTAR**, v. t. To settle; to establish.
**FUNDAMENTO**, s. m. Fundament; basis; foundation; supporting structure; reason.
**FUNDAR**, v. t. To found; to build.
**FUNDEADOURO**, s. m. Anchoring-place.
**FUNDEAR**, v. i. To anchor; to cast anchor.
**FUNDIÇÃO**, s. f. Foundry; melting; smeltery.
**FUNDIDO**, adj. Cast, melted.
**FUNDILHO**, s. m. Seat (of trousers).
**FUNDIR**, v. t. To found; to cast; to melt.
**FUNDÍVEL**, adj. Liquefiable, fusible.
**FUNDO**, s. m. Bottom; depth; foundation; eye (of a needle); background (of stage); fund.
**FUNDURA**, s. f. Profoundity; depth.
**FÚNEBRE**, adj. Funeral, mournful.
**FUNERAL**, s. m. Funeral, burial.
**FUNERÁRIO**, adj. Funerary.
**FUNESTO**, adj. Fatal, disastrous; cruel.
**FUNGAR**, v. i. To sniff; to snore; to sniffle.
**FUNGÍVEL**, adj. Fungible; consumable.
**FUNGO**, s. m. Fungus.
**FUNICULAR**, adj. Funicular.
**FUNÍCULO**, s. m. Funicle.
**FUNIL**, s. m. Funnel.

**FUNILEIRO**, s. m. Tinsmith; tinker.
**FURACÃO**, s. m. Hurricane; cyclone.
**FURADO**, adj. Bored; pierced.
**FURADOR**, s. m. Borer, piercer; boring-tool.
**FURÃO**, s. m. Ferret.
**FURAR**, v. t. To bore, to drill; to pierce.
**FURGÃO**, s. m. Luggage-van.
**FÚRIA**, s. f. Fury; violent anger; fierceness.
**FURIBUNDO**, adj. Furious; raging; mad.
**FURIOSO**, adj. Furious; frenzied; violent.
**FURNA**, s. f. Cave, cavern.
**FURO**, s. m. Hole; bore; orifice.
**FUROR**, s. m. Fury; furor, furere; madness.
**FURTA-COR**, adj. Dove-colored.
**FURTADO**, adj. Stolen; hidden.
**FURTA-FOGO**, s. m. Dark lantern.
**FURTAR**, v. t. To steal, to rob, to kidnap.
**FURTIVO**, adj. Furtive; sly; secret; stealthy.
**FURTO**, s. m. Thievery, robbery.
**FURÚNCULO**, s. m. Furuncle, boil.
**FURUNCULOSE**, s. f. Furunculosis.
**FUSA**, s. f. Demi-semiquaver.
**FUSÃO**, s. f. Fusion; fusing; melting; union.
**FUSCO**, adj. Fuscuous, dark, dusky; (fig.) gloomy; s. m. twilight.
**FUSELAGEM**, s. f. (Aer.) Fuselage; body.
**FUSIBILIDADE**, s. f. Fusibility.
**FUSIFORME**, adj. Fusiform.
**FÚSIL**, adj. Fusible.
**FUSIONAR**, v. t. To amalgamate.
**FUSÍVEL**, adj. Fusible.
**FUSO**, s. m. Spindle.
**FUSTA**, s. f. Pinnace.
**FUSTÃO**, s. m. Fustian.
**FUSTIGAÇÃO**, s. f. Fustigation; whipping.
**FUSTIGAR**, v. t. To fustigate; to switch.
**FUTEBOL**, s. m. Football.
**FUTEBOLISMO**, s. m. (Esp.) Soccer playing.
**FUTEBOLISTA**, s. m. e f. (Esp.) Soccer player; soccer fan.
**FÚTIL**, adj. Futile; frivolous.
**FUTILIDADE**, s. f. Futility; frivolity; trifle.
**FUTURISMO**, s. m. Futurism.
**FUTURISTA**, s. 2 gên. Futurist.
**FUTURO**, s. m. Future; future time; the future tense or a verb in that tense; adj. future.
**FUZIL**, s. m. Rifle; link; flint.
**FUZILAMENTO**, s. m. Shooting.
**FUZILANTE**, adj. Flashing; sparkiling.
**FUZILAR**, v. t. To shoot; to dart; v. i. to lighten; to strike fire, to sparkle.
**FUZILARIA**, s. f. Musketry; discharge.
**FUZILEIRO**, s. m. Fusilier.

# G

**G**, s. m. The seventh letter of the alphabet.
**GABAÇÃO**, s. f. Praising, praise, boast.
**GABADOR**, s. m. Praiser; boaster.
**GABAR**, v. t. To praise, to flatter; to extol.
**GABARDINA**, s. f. Gabardine.
**GABARITO**, s. m. Gauge; gage; template; jig; clearance; (fig.) caliber; quality; ability; height limit of buildings.
**GABAROLICE**, s. f. Boastering; brag.
**GABIÃO**, s. m. Gabion.
**GABINETE**, s. m. Cabinet.
**GABO**, s. m. Praise, prasing, boast, brag.
**GABOLICE**, s. f. Boastering.
**GACHO**, s. m. Nape of a bull's neck.
**GADANHA**, s. f. Scythe; soup ladle; claw.
**GADANHO**, s. m. Claw, talon; iron-rake.
**GADELHA**, s. f. A lock of hair.
**GADO**, s. m. Cattle; livestock.
**GAÉLICO**, adj. Gaelic.
**GAFA**, s. f. Galf, hok; itch; scab; leprosy.
**GAFANHOTO**, s. m. Grasshopper.
**GAFE**, s. f. Blunder.
**GAFEIRA**, s. f. Scab, scurf, rot, mange.
**GAGO**, adj. Stammering; s. m. stutterer.
**GAGUEIRA**, s. f. Stuttering; stammering.
**GAGUEJAR**, v. i. To stutter, to stammer.
**GAIATAR**, v. i. To play tricks.
**GAIATICE**, s. f. Boy's trick.
**GAIATO**, adj. Mischievous; naughty; playful.
**GAIOLA**, s. f. Bird-cage; cage; frame work (of any structure); furniture crate.
**GAIOLEIRO**, s. m. Cage maker, cage seller.
**GAITA**, s. f. Pipe, reed-pipe, harmonica; (fig.) money; dough.
**GAITEIRO**, s. m. Bag-piper; adj. lively.
**GAIVOTA**, s. f. Sea-mew.
**GAJO**, s. m. Fellow; slyboots.
**GALA**, s. f. Gala; festive dress.
**GALÃ**, s. m. Galant; lover.
**GALACTÓFAGO**, adj. Galatophagist.
**GALACTOSE**, s. f. Galactose.
**GALANTARIA, GALANTERIA**, s. f. Gallantry.
**GALANTE**, adj. Gallant; sowy; gay or smart in dress; brave; s. 2 gên. gallant.
**GALANTEAR**, v. t. To court; to gallant.
**GALANTEIO**, s. m. Gallantry; court-ship.
**GALANTINA**, s. f. Galantine.
**GALÃO**, s. m. Gallon (measure); spring (of a horse); strips; gallon.

**GALAPO**, s. m. Saddle-opad.
**GALARDÃO**, s. m. Reward; recompense.
**GALARIM**, s. m. Pinnacle; apex of glory; top.
**GALÁXIA**, s. f. Galaxy; the Milk Way.
**GALÉ**, s. f. Galley; s. m. galley slave.
**GÁLEA**, s. f. Helmet.
**GALEÃO**, s. m. Galleon.
**GALENA**, s. f. Galena.
**GALÊNICO**, adj. Galenical.
**GALENO**, s. m. Physician, medical doctor.
**GALEOTA**, s. f. Galliot, galiot.
**GALEOTE**, s. m. Galley-slave, convict.
**GALERA**, s. f. Galley; melting furnace.
**GALGA**, s. f. Millstone; the female of the greyhound.
**GALGAR**, v. t. to jump, leap or spring over.
**GALGO**, s. m. Greyhound.
**GALHA**, s. f. Gall; gall-apple.
**GALHADA**, s. f. Anther.
**GALHARDEAR**, v. i. To show.
**GALHARDETE**, s. m. Pennant; signal flag.
**GALHARDIA**, s. f. Gallantry; grace; vigor.
**GALHARDO**, adj. Gracious; courteous.
**GALHETA**, s. f. Cruet.
**GALHETEIRO**, s. m. Cruet-stand.
**GALHO**, s. m. Branch of tree; horn.
**GALHOA**, s. f. Mirth; frolic; joke.
**GALICISMO**, s. m. Gallicism.
**GALIMATIAS**, s. f. pl. Confused speech.
**GALINÁCEO**, adj. Gallinaceous.
**GALINHA**, s. f. Hen.
**GALINHEIRO**, s. m. Poulterer.
**GALINHOLA**, s. f. Woodcock.
**GÁLIO**, s. m. Gallium.
**GALO**, s. m. Cock, rooster.
**GALOCHA**, s. f. Galosh, overshoe.
**GALOPADA**, s. f. Race, galloping, gallop.
**GALOPANTE**, adj. Galloping.
**GALOPAR**, v. i. To gallop.
**GALOPIM**, s. m. Errant-boy; cabal.
**GALPÃO**, s. m. (Bras.) Storage sehed.
**GALVÂNICO**, adj. Galvanic.
**GALVANIZAÇÃO**, s. f. Galvanization.
**GALVANIZAR**, v. t. To galvanize.
**GALVANÔMETRO**, s. m. Galvanometer.
**GALVANOPLASTIA**, s. f. Galvanoplasty.
**GAMA**, s. f. (Mús.) Gamut.
**GAMÃO**, s. m. Gammon, back gammon.
**GAMARRA**, s. f. Martingale.

**GAMBÁ**, s. m. e f. Opossum, possum.
**GAMBIARRA**, s. f. Stage-lights.
**GÂMBIA**, s. f. (pop.) Leg.
**GAMBITO**, s. m. Gambit (pop.) lean leg.
**GAMBOA**, s. f. A sort of quince.
**GAMELA**, s. f. Wooden-bowl.
**GAMETA**, s. m. (Biol.) Gamete, germ cell.
**GAMO**, s. m. Buck fallow-deer.
**GAMOPÉTALO**, s. m. Gamopletalous.
**GAMOSSÉPALO**, adj. Gamosepalous.
**GANA**, s. f. Hunger, appetite.
**GANÂNCIA**, s. f. Covetousness; ambition gain; profit; rapacity; usury.
**GANANCIOSO**, adj. Covetous; lucrative.
**GANCHO, GARAVATO**, s. m. Hook.
**GANCHORRA**, s. f. Boat hook.
**GANDAIA**, s. f. Rag-gathering; laziness.
**GÂNDARA**, s. f. Sandy land.
**GANGA**, s. f. Gangue.
**GANGLIFORME**, adj. Gangliform.
**GÂNGLIO**, s. m. Ganglion.
**GANGORRA**, s. f. (Bras.) Seesaw.
**GANGRENA**, s. f. Gangrene.
**GANGRENAR**, v. t. e i. To gangrene.
**GANHAR**, v. t. To gain, to earn, to win, to get, to reach; v. i. to profit, to excel.
**GANHO**, s. m. Gain, profit.
**GANIDO**, s. m. Barking, bark, yelping, yelp.
**GANIR**, v. i. To bark, to yelp.
**GANÓIDEO, GANÓIDE**, adj. Ganoid.
**GANSO**, s. m. Gander; goose.
**GARAGEM**, s. f. Garage.
**GARANHÃO**, s. m. Stallion.
**GARANTE**, s. 2 gên. Guarantor; warranter.
**GARANTIA**, s. f. Guarantee, warrant.
**GARANTIR**, v. t. To guarantee; to warrant.
**GARAPA**, s. f. Cane juice.
**GARATUJA**, s. f. Grimaces; scrawl, dash.
**GARAVETO**, s. m. Stick of dry wood.
**GARBO**, s. m. Garb, gracefulness.
**GARBOSO**, adj. Graceful; elegant.
**GARÇA**, s. f. Heron.
**GARÇON**, s. m. Waiter.
**GARDÊNIA**, s. f. Gardenia.
**GARE**, s. f. Platform (in a railway station).
**GARFADA**, s. f. A forkful.
**GARFO**, s. m. Fork.
**GARGALHADA**, s. f. Loud laughter.
**GARGALHAR**, v. i. To laugh aloud.
**GARGALO**, s. m. Neck of a bottle.
**GARGANTA**, s. f. Throat; a gorge; a defile.
**GARGANTEAR**, v. i. To warble; to quaver.
**GARGANTILHA**, s. f. Necklace.
**GARGAREJAR**, v. i. To gargle.
**GARGAREJO**, s. m. Gargle.
**GÁRGULA**, s. f. Gargoyle.
**GARI**, s. m. (Bras.) Street cleaner.
**GARIMPAGEM**, s. f. Prospecting (for precious metals, stones, etc.).
**GARIMPAR**, v. t. To search for diamonds, gold, etc.
**GARIMPO**, s. m. Diamonds mine.
**GARACHA**, s. f. Gown.
**GAROA**, s. f. (Bras.) Mist; drizzle.
**GAROAR**, v. i. To mist, to drizzle.
**GAROTA**, s. f. (Bras.) Young girl.
**GAROTO**, s. m. Street urchin; (Bras.) a small boy.
**GARRA**, s. f. Claw talon, paw; (fig.) tirany.
**GARRAFA**, s. f. Bottle.
**GARRAFÃO**, s. f. Demijohn; large bottle.
**GARRANCHO**, s. m. Tortuous branch (of a tree); disease in a horse hoof.
**GARRANO**, s. m. Nag; pony.
**GARRIDICE**, s. f. Elegance; smartness.
**GARRIDO**, adj. Elegant, smart.
**GARROTE**, s. m. Garrote; yearling.
**GARROTILHO**, s. m. Croup; quinsy.
**GARRULAR**, v. t. To prattle; to babble.
**GARRULICE**, s. f. Chatter, garrulity.
**GÁRRULO**, s. m. Garrulous person.
**GARUPA**, s. f. Rump of a horse.
**GÁS**, s. m. Gas.
**GASEIFICAR**, v. t. To gasify.
**GASEIFORME**, adj. Gasiform.
**GASGANETE**, s. m. (pop.) Throat.
**GASOGÊNIO**, s. m. Gasogene.
**GASOLINA**, s. f. Gas, gasolene.
**GASÔMETRO**, s. m. Gasometer.
**GASOSA**, s. f. Soda or soda-water.
**GASOSO**, adj. Gaseous.
**GÁSPEA**, s. f. Vamp.
**GASTADOR**, s. m. Waster; spendthrift.
**GASTALHO**, s. m. Clam, clasp.
**GASTAR**, v. t. To spend, to expend; to use up; to consume wastefully; to squander; to pass the time of; v. i. to expend, consume or waste anything.
**GASTERÓPODOS**, s. m. pl. Gasteropoda.
**GASTO**, adj. Worn, spent; s. m. expense.
**GASTRALGIA**, s. f. Gastralgia.
**GÁSTRICO**, adj. Gastric.
**GASTRITE**, s. f. Gastritis.
**GASTRO-ENTERITE**, s. f. Gastro-enteritis.
**GASTROLOGIA**, s. f. Gastrology.
**GASTRONOMIA**, s. f. Gastronomy.

**GASTRONÔMICO**, adj. Gastronomic.
**GATARIA**, s. f. Great number of cats.
**GATEAR**, v. t. To claw, to cramp.
**GATILHO**, s. m. Trigger (of a gun).
**GATINHO**, s. m. Kitten, kitty.
**GATO**, s. m. Cat; cramp-iron; hook; error.
**GATUNAGEM**, s. f. Robbery; pilfering.
**GATUNO**, s. m. Thief, pilferer.
**GÁUDIO**, s. m. Enjoyment, pleasure.
**GÁVEA**, s. f. Top, top-sail.
**GAVETA**, s. f. Drawer.
**GAVIÃO**, s. m. Hawk.
**GAVINHA**, s. f. Tendril, clasper.
**GAZA, GAZE**, s. f. Gauze.
**GAZEAR**, v. t. To play truant.
**GÁZEO**, adj. Greenish.
**GAZETA**, s. f. Gazette, newspaper; truancy.
**GAZETEIRO**, s. m. Journalist; truant.
**GAZUA**, s. f. Pick-lock, master key.
**GEADA**, s. f. Frost; glazed frost.
**GEAR**, v. i. To freeze, to frost.
**GEBA**, s. f. Hump, protuberance.
**GEBO**, adj. Humpbacked; old fashioned; s. m. Indian ox.
**GEBOSO**, adj. Gibbous; hunched.
**GEENA**, s. f. Gehenna, hell.
**GÊISER**, s. m. Geyser.
**GELADO**, adj. Icy, iced; very cold; insensible; s. m. ice, ice-cream.
**GELADOR**, adj. Freezin; s. m. freezer.
**GELAR**, v. t. e i. To freeze, to congeal.
**GELATINA**, s. f. Gelatine; jelly.
**GELATINOSO**, adj. Gelatinous.
**GELÉIA**, s. f. Jelly, jam.
**GELEIRA**, s. f. Glacier.
**GELEIRO**, s. m. Ice-man.
**GELHA**, s. f. Wrinkle.
**GELIDEZ**, s. f. Coldness; insensibility.
**GÉLIDO**, adj. Frozen, gelid.
**GELO**, s. m. Ice; (fig.) coldness.
**GELOSIA**, s. f. Window blind.
**GEMA**, s. f. Yolk; gemma; bud; gem.
**GEMADA**, s. f. Egg-flip, egg-nog.
**GEMENTE**, adj. Moaning, wailing.
**GÊMEO**, adj. e s. m. Twin.
**GEMER**, v. i. To moan, to wail, to lament.
**GEMIDO**, s. m. Moan, groan, wail.
**GEMINAÇÃO**, s. f. Gemination.
**GEMINAR**, v. t. (Gram.) To geminate, to double, to become double or paired.
**GEMIPARIDADE**, s. f. Gemmiparity.
**GÊMULA**, s. f. Gemmule.
**GENCIANA**, s. f. Gencian.

**GENDARME**, s. m. Gendarme.
**GENEALOGIA**, s. f. Genealogy; lineage.
**GENEBRA**, s. f. Gin.
**GENERAL**, s. m. (Mil.) General.
**GENERALATO**, s. m. Generalship.
**GENERALIDADE**, s. f. Generality
**GENERALÍSSIMO**, s. m. Generalissimo.
**GENERALIZAR**, v. t. To generalize.
**GENÉRICO**, adj. Generic.
**GÊNERO**, s. m. Class, kind, genre, sort; genus; (Gram.) gender.
**GENEROSIDADE**, s. f. Generosity; kindness.
**GENEROSO**, adj. Generous; noble; fertile.
**GÊNESE**, s. f. Genesis, origin.
**GÊNESIS**, s. m. Genesis, first book of the Old Testament.
**GENÉTICO**, adj. Genetic.
**GENGIBRE**, s. m. Ginger.
**GENGIVA**, s. f. (Anat.) Gum.
**GENIAL**, adj. Genius-like.
**GENIALIDADE**, s. f. Geniality.
**GÊNIO**, s. m. Genius; temperament.
**GENIOSO**, adj. Ill-tempered.
**GENITAL**, adj. Genital.
**GENITIVO**, adj. Genitive.
**GENITOR**, s. m. Genitor, father.
**GENRO**, s. m. Son-in-law.
**GENTAÇA, GENTALHA**, s. f. Mob the rabble, populace.
**GENTE**, s. f. People; family; humanity.
**GENTIL**, adj. Gentile; kind; refined; nice.
**GENTIL-HOMEM**, s. m. Nobleman.
**GENTÍLICO**, adj. Gentile.
**GENTIO**, adj. e s. m. Gentile.
**GENUFLEXÃO**, s. f. Genuflection.
**GENUIDADE**, s. f. Genuineness.
**GENUÍNO**, adj. Genuine; authentic; pure.
**GEOCÊNTRICO**, adj. Geocentric.
**GEODÉSIA**, s. f. Geodesy.
**GEODINÂMICA**, s. f. Geodynamics.
**GEÓFAGO**, s. m. Geophagist.
**GOEGENIA**, s. f. Geogeny.
**GEOGRAFIA**, s. f. Geography.
**GEOLOGIA**, s. f. Geology.
**GEOMANCIA**, s. f. Geomancy.
**GEOMETRIA**, s. f. Geometry.
**GEOTROPISMO**, s. m. Geotropism.
**GERAÇÃO**, s. f. Generation; lineage.
**GERADOR**, s. m. Generator; adj. generative.
**GERAL**, adj. General; common, s. m. the greater or common part; general, the chief or a religious order.
**GERÂNIO**, s. m. Geranium.

**GERAR**, v. t. To beget; to generate; to produce; to originate; to cause; to develop.
**GERÊNCIA**, s. f. Management; managership; administration.
**GERENCIAR**, v. t. To manage; to direct.
**GERENTE**, s. 2 gên. Manager.
**GERGELIM**, s. m. Sesame.
**GERIFALTE**, s. m. Gerfalcon.
**GERINGONÇA**, s. f. Gibberish; jargon.
**GERIR**, v. t. To manage; to administer.
**GERMÂNICO**, adj. Germanic.
**GERME**, s. m. Germ; bud; microbe; origin.
**GERMINAÇÃO**, s. f. Germination.
**GERMINAR**, v. i. To germinate, to sprout.
**GERMINATIVO**, adj. Germinative.
**GERÚNDIO**, s. m. Gerund.
**GESSAL**, s. m. Chalk-pit, gypsum-pit.
**GESSAR**, v. t. To plaster.
**GESSO**, s. m. Gypsum, plaster of Paris.
**GESTA**, s. f. Gest, deed, adventure.
**GESTAÇÃO**, s. f. Gestation; pregnancy.
**GESTANTE**, s. f. Pregnant.
**GESTICULAÇÃO**, s. f. Gesticulation.
**GESTICULAR**, v. t. To gesticulate.
**GESTO**, s. m. Gesture; countenance.
**GIBA**, s. f. Hump, gibbosity.
**GIBÃO**, s. m. Doublet.
**GIBOSO**, adj. Gibbous.
**GIESTA**, s. f. Broom.
**GIGANTE**, s. m. Giant; adj. gigantic.
**GIGANTESCO**, adj. Gigantic; colossal; vast.
**GILETE**, s. f. Safety-razor; blade.
**GILVAZ**, s. m. Scar.
**GINASIAL**, adj. Gymnasial.
**GINÁSIO**, s. m. Gymnasium; high school.
**GINASTA**, s. 2 gên. Gymnast.
**GINÁSTICA**, s. f. Gymnastics.
**GINECOLOGIA**, s. f. Gynecology.
**GINETE**, s. m. Jennet.
**GINGA**, s. f. Scull.
**GINGAR**, v. t. To scull (a boat); to waddle.
**GINJA**, s. m. Dwarf-cherry.
**GINOFOBIA**, s. f. Avertion to women.
**GINOSPÉRMICO**, adj. Gymnospermous.
**GIPSO**, s. m. Gypsum.
**GIRAÇÃO**, s. f. Gyration, turning.
**GIRAFA**, s. f. Giraffe.
**GIRÂNDOLA**, s. f. Girandole.
**GIRAR**, v. i. To gyrate, to turn round, to revolve, to go in a circle or to spiral; to circulate; to wander; to stroll.
**GIRASSOL**, s. m. Sunflower.
**GIRATÓRIO**, adj. Gyratory; circulatory.
**GÍRIA**, s. f. Slang; jargon.
**GIRO**, s. m. Rotation; turning; stroll
**GIROPLANO**, s. m. Autogyro; helicopter.
**GIROSCÓPIO**, s. m. Gyroscope.
**GIZ**, s. m. Chalk.
**GLABELA**, s. f. Glabella.
**GLACIAL**, adj. Glacial, icy.
**GLADIADOR**, s. m. Gladiator.
**GLÁDIO**, s. m. Sword.
**GLADÍOLO**, s. m. Gladiolus.
**GLANDE**, s. f. Acorn; mast.
**GLÂNDULA**, s. f. Gland.
**GLANDULAR**, adj. Glandular.
**GLAUCO**, adj. Glaucous, greenish.
**GLAUCOMA**, s. f. Glaucoma.
**GLEBA**, s. f. Glebe, clod, land, soil.
**GLICERATO**, s. m. Glycerate.
**GLICERINA**, s. f. Glucerine.
**GLICÔNICO**, adj. Glyconic.
**GLICOSE**, s. f. Glycose, glucose.
**GLIFO**, s. m. Glyph.
**GLÍPTICA**, s. f. Glyptics.
**GLOBAL**, adj. Global.
**GLOBO**, s. m. Globe; sphere; the earth.
**GLOBULAR**, adj. Globular; round.
**GLÓBULO**, s. m. Globule.
**GLOMERAR**, v. t. To glomerate.
**GLÓRIA**, s. f. Glory; praise; renown; fame.
**GLORIFICAÇÃO**, s. f. Glorification.
**GLORIFICAR**, v. t. To glorify; to adore; to worship; to exalt, to praise; to honor.
**GLORIOSO**, adj. Glorious; splendid.
**GLOSA**, s. f. Gloss.
**GLOSADOR**, s. m. Glosser.
**GLOSAR**, v. t. To gloss; to annotate.
**GLOSSÁRIO**, s. m. Glossary; a dictionary explaining terms.
**GLOSSOGRAFIA**, s. f. Glossography.
**GLOSSOLOGIA**, s. . Glossology.
**GLOTE**, s. m. Glotis.
**GLÓTICO**, adj. Glottic.
**GLUCOSE**, s. f. Glucose.
**GLUTÃO**, adj. Gluttonous; s. m. glutton.
**GLUTE, GLÚTEN**, s. f. Gluten.
**GLUTINA**, s. f. Glutin.
**GLUTINAR**, v. t. To glutinate, to glue.
**GLUTINOSO**, adj. Glutinous.
**GNAISSE**, s. m. Gneiss.
**GNOMO**, s. m. Gnome.
**GNÔMON**, s. m. Gnomon.
**GNOSE**, s. f. Gnosis.
**GNÓSTICO**, adj. Gnostic.
**GOELA**, s. f. Throat; gullet.

**GOIABA, s. f.** Guava.
**GOIABADA, s. f.** Guava jam.
**GOIABEIRA, s. f.** Guava-tree.
**GOIVA, s. f.** Gouge.
**GOIVO, s. m.** Wallflower.
**GOLA, s. f.** Collar, neckband (of a shirt, dress, etc.).
**GOLE, s. m.** Gulp, swallow.
**GOLFADA, s. f.** Gush, spout.
**GOLFO, s. m.** Gulf.
**GOLPE, s. m.** Blow, stroke, cut, knock; hit, coup; gash; salsh; (pop. EUA) lick.
**GOLPEAR, v. t.** To slash, to strike, to cut.
**GOLPISTA, adj.** (Pol. Bras.) Advocating; **s. m. e f.** activist, one who advocates a coup.
**GOMA, s. f.** Gum; glue; (Bras.) starch.
**GOMADO, adj.** Gummy.
**GOMAR, v. i.** To bud, to sprout, to shoot.
**GOMIL, s. m.** Jug.
**GOMO, s. m.** Bud, budding.
**GÔNDOLA, s. f.** Gondola.
**GONGO, s. .** Gong.
**GONGORISMO, s. m.** Gongorism.
**GONIOMETRIA, s. f.** Goniometry.
**GONOCOCO, s. m.** Gonococcus.
**GONORRÉIA, s. f.** Gonorrhea.
**GONZO, s. m.** Hinge.
**GORAR, v. t.** To frustrate, to fail; **v. i.** to addle (eggs).
**GORDO, adj.** Fat, well-fed, fleshy.
**GORDURA, s. f.** Fat; obesity; grease.
**GORGOLÃO, s. m.** Gush.
**GORGOLEJAR, v. i.** To gush; to bubble.
**GORGOLEJO, s. m.** Bubble, gurgle.
**GORGONZOLA, s. m.** Gorgonzola.
**GORGORÃO, s. m.** Grogram.
**GORGULHO, s. m.** Weevil.
**GORILA, s. m.** Gorilla.
**GORJAL, s. m.** Gorget; wimple.
**GORJEAR, v. t.** To warble, to quaver, to trill.
**GORJEIO, s. m.** Warbling.
**GORJETA, s. f.** Tip, gratuity.
**GORRO, s. m.** Round cap.
**GOSMA, s. f.** Strangles (of horses); pip (of fowl).
**GOSTAR, v. t.** To taste; to try; to enjoy; **v. i.** to like, to be fond of.
**GOSTO, s. m.** Taste; flavor; savor.
**GOTA, s. f.** Drop; (Med.) gout.
**GOTEIRA, s. f.** Gutter.
**GOTEJAR, v. i.** To drop, to drip.
**GÓTICO, adj.** Gothic.
**GOTO, s. m.** Windpipe.
**GOTOSO, adj.** Gouty.
**GOVERNADOR, GOVERNANTE, s. m.; s. 2 gên.** Governor.
**GOVERNAMENTAL, adj.** Governmental.
**GOVERNANTA, s. f.** Governess; housekeeper.
**GOVERNAR, v. t.** To govern; to rule; to regulate; (Naut.) to steer.
**GOVERNO, s. m.** Government; rule; territory or country governed; guidance; guide; (Naut.) steering, steerage.
**GOZADO, adj.** Enjoyed; (pop. Bras.) funny.
**GOZADOR, adj.** Joking; loafing; **s. m.** joker.
**GOZAR, v. t.** To enjoy, to relish; to make the use of; (Bras.) to make fun of.
**GOZO, s. m.** Joy, enjoyment, possession.
**GRAÇA, s. f.** Grace, favour, kindness; mercy; a divine favor; baptismal name.
**GRACEJAR, v. i.** To joke, to jest.
**GRACEJO, s. m.** Joke, jest.
**GRACINHA, s. f.** Cute child or person.
**GRACIOSO, adj.** Graceful, gracious.
**GRAÇOLA, s. f.** Sorry pleasantry.
**GRÃ-CRUZ, s. f.** Gran cross.
**GRADAÇÃO, s. f.** Gradation.
**GRADADOR, s. m.** Harrowing.
**GRADAR, v. t.** To harrow, to grade.
**GRADATIVO, adj.** Gradual; progressive.
**GRADE, s. f.** Harrow; grating; frame; grate.
**GRADEADO, s. m.** Railing.
**GRADEAR, v. i.** To rail, to grate.
**GRADIENTE, s. m.** (Fis.) Gradiente.
**GRADIL, s. m.** Iron fence.
**GRADIM, s. m.** Sculptor's chisel.
**GRADO, s m.** Good will.
**GRADUAÇÃO, s. f.** Graduation.
**GRADUADO, adj.** Graduated, classified.
**GRADUAL, adj.** Gradual.
**GRADUAR, v. t.** To graduate; to divide into grades according to a scale; to marke with degrees of measurement, weight, etc.; **v. i.** to become graduated.
**GRAFAR, v. i.** To spell.
**GRAFIA, s. f.** Spelling.
**GRÁFICO, adj.** Graphic; **s. m.** graph.
**GRAFITA, s. f.** Graphite.
**GRAFOLOGIA, s. f.** Graphology.
**GRAINHA, s. f.** Grape-stone.
**GRALHA, s. f.** Rook, jackdaw; (Tip.) misprint.
**GRALHAR, v. i.** To croak, to caw.
**GRAMA, s. m.** Gramme, gram; **s. f.** (Bot.) grass.

**GRAMÁTICA**, s. f. Grammar, grammar-book.
**GRAMATICAL**, adj. Grammatical, based on the principles of grammar.
**GRAMÁTICO**, s. m. Grammarian.
**GRAMÍNEA**, s. f. Grass.
**GRAMÍNEO**, adj. Gramineous; grassy.
**GRAMOFONE**, s. m. Gramophone.
**GRAMPO**, s. m. Cramp, clamp, hairpin.
**GRANADA**, s. f. Grenade.
**GRANADEIRO**, s. m. Grenadier.
**GRANAR**, v. t. e i. To granulate.
**GRANDALHÃO, GRANDÃO**, adj. Huge.
**GRANDE**, adj. Big, large, stout; great; s. m. grandee.
**GRANDEZA**, s. f. Greatness; magnitude.
**GRANDILOQÜÊNCIA**, s. f. Grandiloquence.
**GRANDIOSO**, adj. Grand, grandiose; huge; noble; pompous.
**GRANEL**, s. m. Barn, cornloft, granary; (Tip.) galley proof.
**GRANIFORME**, adj. Graniform.
**GRANÍTICO**, adj. Granitic.
**GRANITO**, s.m. Granite.
**GRANÍVORO**, adj. Granivorous.
**GRANIZAR**, v. t. To hail.
**GRANIZO**, s. m. Hail.
**GRANJA**, s. f. Grange, farm.
**GRANJEIRO**, s. m. Farmer, granger.
**GRANULADO**, adj. Granulated.
**GRANULAR**, v. t. To granulate; adj. granular.
**GRÂNULO**, s. m. Granule.
**GRÃO**, s. m. Grain, seed, corn; particle; grain (weight).
**GRÃO-DE-BICO**, s. m. Chick-pea.
**GRÃO-DUCADO**, s. m. Grand-duchy.
**GRÃO-DUQUE**, s. m. Grand-duke.
**GRÃO-VIZIR**, s. m. Grand vizier.
**GRASNAR**, v. i. To caw, to croak, to quack.
**GRASSAR**, v. t. To spread (disease, epidemy); to scatter.
**GRATIDÃO**, s. f. Gratitude.
**GRATIFICAÇÃO**, s. f. Gratification.
**GRATIFICAR**, v. t. To give a gratuity to; to reward; to tip.
**GRÁTIS**, adv. Gratis, free, for nothing.
**GRATO**, adj. Grateful, thankful.
**GRATUIDADE**, s. f. Gratuitousness.
**GRATUITO**, adj. Gratuitous.
**GRAU**, s. m. Degree; grade; step; academic title.
**GRAÚDO**, adj. Big, great, larges; s. m. wealthy or powerful person.

**GRAVAÇÃO**, s. f. Engraving; record.
**GRAVADOR**, s. m. Engrave.
**GRAVAR**, v. t. To engrave, to chase; to grave, to stamp, to print, to sculpture; to impress deeply or indelibly (on the mind).
**GRAVATA**, s. f. Neck-tie, tie, cravat.
**GRAVE**, adj. Grave; sober; serious; solemn; important; (Mus.) low in pitch, not acute.
**GRAVIDADE**, s. f. Gravity; serisouness; solemnity; weight; heaviness; (Mus.) lowness of pitch; (Ffs.) terrestrial gravitation.
**GRAVIDAR**, v. t. To make pregnant.
**GRAVIDEZ**, s. f. Pregnancy.
**GRAVÍMETRO**, s. m. Gravimeter.
**GRAVITAÇÃO**, s. f. Gravitation.
**GRAVITAR**, v. i. To gravitate, to obey the law of gravitation; to tend, to move as though drawn toward something.
**GRAVOSO**, adj. Onerous; burdensome.
**GRAVURA**, s. f. Graving; illustration.
**GRAXA**, s. f. Grease; blacking (of shoes).
**GRAXO**, adj. Greasy.
**GRECIZAR**, v. t. To grecize.
**GREDA**, s. f. Cklay, chalk, argil.
**GREGAL**, adj. Gregarious.
**GREGÁRIO**, adj. Gregarious.
**GREGORIANO**, adj. Gregorian.
**GREI**, s. f. Flock; herb; (Ant.) nation; people.
**GRELAR**, v. i. To sprout, to bud.
**GRELHA**, s. f. Grate, a frame of iron bars.
**GRELHAR**, v. t. To broil, to cook on gridiron.
**GRELO**, s. m. Sprout, shoot of plant.
**GRÊMIO**, s. m. Club; society; corporation.
**GRENHA**, s. f. Entangled hair.
**GRÉS**, s. f. Sandstone.
**GRETA**, s. f. Cleft, rift, clink, crack, chap.
**GRETAR**, v. t. To crack, to chap, to rift.
**GREVE**, s. f. Strike.
**GREVISTA**, s. 2 gên.Striker.
**GRIFADO**, adj. In italics.
**GRIFAR**, v. t. To curl (the hair); to emphatize; (Tip.) to italicize, to print in italics; to underline (written letter or words) with a single line; to use italics.
**GRIFO**, s. m. Griffin; griffon; a riddle; a puzzling question; adj. e s. m. italic.
**GRILHÃO**, s. m. Chain; (fig.) captivity.
**GRILO**, s. m. Cricket.
**GRIMPA**, s. f. Weathercock.
**GRINALDA**, s. f. Garland, chaplet.
**GRIPE**, s. f. (Med.) Grippe, cold.
**GRIS**, adj. Gray.
**GRISALHO**, adj. Grayish; gray-haired.

**GRISETA**, s. f. Burner of a lamp; lamp.
**GRISÉU**, adj. Graycolored.
**GRISU**, s. m. Firedamp.
**GRITAR**, v. i. To cry, to speak loudly; to scream; to shout.
**GRITARIA**, s. f. Shouting; bawling; noise.
**GRITO**, s. m. Cry, shout, outcry; bawl.
**GROGUE**, s. m. Grog; adj. drunk.
**GROSA**, s. f. Rasp, wood-rasp; gross (twelve dozen).
**GROSELHA**, s. f. Currant; gooseberry.
**GROSELHEIRA**, s. f. Currant-bush, gooseberry bush.
**GROSSERIA**, s. f. Rudeness; coarseness; roughness; coarse language; vulgarity.
**GROSSO**, adj. Thick; swollen; gross; bulky.
**GROSSURA**, s. f. Thickness, bigness, bulk.
**GROTESCO**, adj. Grotesque; fantastic.
**GROU**, s. m. (Zool.) Crane; fem. **GRUA**.
**GRUDAR**, v. t. To glue.
**GRUDE**, s. m. Glue; paste.
**GRUGULEJAR**, v. i. To gobble (the turkey).
**GRULHA**, s. f. Babbler.
**GRULHAR**, v. i. To prate, to prattle; to chat.
**GRUMAR**, v. t. To clot.
**GRUMETE**, s. m. Ship-boy; cabin-boy.
**GRUMO**, s. m. Clot, grume.
**GRUMOSO**, adj. Grumous; clotted.
**GRUNHIDO**, s. m. Grunt.
**GRUNHIR**, v. i. To grunt; to make or utter with a grunt.
**GRUPAMENTO**, s. m. Grouping.
**GRUPAR**, v. t. To group.
**GRUPO**, s. m. Group; cluster; aggregation.
**GRUTA**, s. f. Grotto, cave, den.
**GUALDRAPA**, s. i. Saddlecloth.
**GUANO**, s. m. Guano.
**GUANTE**, s. m. Iron-gloves; gauntlet.
**GUAPO**, adj. Brave, bold.
**GUARDA**, s. f. Guard, vigilance; keeping; defence; m. keeper, watcher, watchman.
**GUARDA-CHUVA**, s. m. Umbrella.
**GUARDA-COMIDA**, s. m. Cupboard.
**GUARDADOR**, s. m. Keeper; guardian.
**GUARDA-LIVROS**, s. m. Bookkeeper.
**GUARDA-MARINHA**, s. m. Midshipman.
**GUARDA-MOR**, s. m. High usher.
**GUARDANAPO**, s. m. Napkin.
**GUARDA-NOTURNO**, s. m. Night watenman.
**GUARDA-PÓ**, s. m. Dust coat.
**GUARDAR**, v. t. To keep, to save, to guard, to reserve; to defend; to retain.
**GUARDA-ROUPA**, s. m. Wardrobe.

**GUARDA-SOL**, s. m. Umbrella, parasol.
**GUARDIÃO**, s. m. Keeper; guardian.
**GUARIDA**, s. f. Cave, den; shelter.
**GUARITA**, s. f. Sentry-box.
**GUARNECEDOR**, s. m. Trimmer; supplier.
**GUARNECER**, v. t. To furnish; to provide with; to adorn, to attire; to set off.
**GUARNIÇÃO**, s. f. Garrison; crew (of a ship); garniture, ornament.
**GUEDELHA**, s. f. Lock of hair.
**GUELRAS**, s. f. pl. Gills (of a fish).
**GUERRA**, s. f. War, warfare; struggle.
**GUERREAR**, v. t. To fight, to wage war against, to war.
**GUERREIRO**, adj. Warlike; s. m. warrior.
**GUERRILHA**, s. f. Guerila warfare.
**GUERRILHAR**, v. i. To engage in guerilla warfare.
**GUERRILHEIRO**, s. m. Guerilla.
**GUIA**, s. m. Guide; leader; slide guide; long rein; guide-book.
**GUIADOR**, s. m. Guide; leader.
**GUIAR**, v. t. To guide; to direct along a course; to direct; to pilot; to conduct; to drive.
**GUICHÊ**, s. m. Ticket window.
**GUILHOTINA**, s. f. Guillotine.
**GUILHOTINAR**, v. t. To guillotine.
**GUINADA**, s. f. Twinge; (Naut.) yaw.
**GUINAR**, v. i. (Naut.) To yaw.
**GUINCHAR**, v. i. To screech, to scream; to crame, to raise or lift by a crane.
**GUINCHO**, s. m. Screeching, crane.
**GUINDAR**, v. t. To crane, to hoist.
**GUINDASTE**, s. m. Crane.
**GUINÉU**, s. m. Guinea (coin).
**GUISA**, s. f. Manner; way; fashion.
**GUISADO**, s. m. Stew.
**GUISAR**, v. t. To stew, to cook up.
**GUITA**, s. f. String.
**GUITARRA**, s. f. Guitar.
**GUITARRISTA**, s. 2 gên. Guitarrist.
**GUIZO**, s. m. Rattle, little bell.
**GULA**, s. f. Gluttony.
**GULODICE**, s. f. Voracity; gluttony; dainty.
**GULOSEIMA**, s. f. Dainty; daintiness; titbit.
**GUME**, s. m. Edge.
**GUMOSO**, adj. Gummy.
**GURUPÉS**, s. m. Bowsprit.
**GUSA**, s. f. Pig-iron.
**GUSTAÇÃO**, s. f. Tasting, gustation.
**GUSTATIVO**, adj. Gustatory.
**GUTURAL**, adj. Guttural.
**GUTURALIZAR**, v. t. To gutturalize.

# H

**H**, s. m. The eighth letter of the alphabet; symbol for hydrogen.
**HÁBIL**, adj. Capable, able; dexterous; expert; clever; skilful.
**HABILIDADE**, s. f. Ability, skill, talent.
**HABILITAÇÃO**, s. f. habilitation, aptitude, capacity, competence.
**HABILITAR**, v. t. To capacitate, enable; to qualify, to prepare, to train; to entitle; to authorize; to empower; to facilitate.
**HABITAÇÃO**, s. f. Residence; habitation.
**HABITÁCULO**, s. m. Small dwelling-house.
**HABITANTE**, adj. Inhabiting; resident; s. 2 gên. inhabitant, dweller.
**HABITAR**, v. t. To inhabit, to live in; v. i. to live, to reside, to dwell.
**HÁBITO**, s. m. Habit; custom, use; manner.
**HABITUAL**, adj. Habitual, customary, usual.
**HABITUAR**, v. t. To habituate, to custom.
**HAGIOGRAFIA**, s. f. Hagiography.
**HAGIOLOGIA, HAGIOLÓGIO**, s. f., s. m. Hagiology.
**HÁLITO**, s. m. Breath, respiration.
**HALL**, s. m. Foyer.
**HALO**, s. m. Halo; aureole; circle of light.
**HALOGRAFIA**, s. f. Halography.
**HALÓIDE**, adj. Haloid, resembling salt.
**HALOMANCIA**, s. f. Halomancy.
**HALTERE**, s. m. Dumb-bell.
**HAMADRIA, HAMADRÍADE**, s. f. Hamadryad.
**HANGAR**, s. m. Hangar, shelter, shed.
**HANSA**, s. f. Hanse.
**HANSEÁTICO**, adj. Hanseatic.
**HARAQUIRI**, s. m. Hara-kiri.
**HARÉM**, s. m. Harem.
**HARMONIA**, s. f. Harmony; peace; order.
**HARMÔNICA**, s. f. Harmonica.
**HARMONIOSO**, adj. Harmonious; well proportioned; symmetrical.
**HARMONIZAR**, v. t. To harmonise.
**HARPA**, s. f. Harp.
**HÁRPIA**, s. f. Harpy; (fig.) a greedy or ravenous person.
**HARPISTA**, s. 2 gên. Harpist; harper.
**HASTA**, s. f. Lance, pike.
**HASTE**, s. f. Staff; rod; spindle; (Bot.) stem.
**HASTEAR**, v. t. To hoist, to raise (a flag).
**HAURIR**, v. t. To exhaust; to absorb to suck.
**HAUSTO**, s. m. Draught; gulp, swallow.

**HAVER**, v. t. There to be; s. m. credit.
**HAVERES**, s. m. pl. Wealth, richness.
**HEBDOMADÁRIO**, adj. Hebdomadal.
**HEBRAICO**, adj. Hebraic.
**HEBREU**, s. m. Hebrew.
**HECATOMBE**, s. f. Hecatomb; slaughter.
**HECTARE**, s. m. Hectare.
**HÉCTICA**, s. f. Hectic, consumptiveness.
**HÉCTICO**, adj. Hectic (fever).
**HECTÓGRAFO**, s. m. Hectograph.
**HECTOGRAMA**, s. m. Hectogramme.
**HECTOLITRO**, s. m. Hectolitre.
**HECTÔMETRO**, s. m. Hectometer.
**HEDIONDO**, adj. Hideous, dreadful; awful; horrible; ugly; detestable.
**HEGEMONIA**, s. f. Hegemony.
**HÉJIRA**, s. f. Hegira.
**HELÊNICO, HELENO**, adj. Hellenic; hellene.
**HELENIZAR**, v. t. To hellenize, to give Greek form or character to.
**HELÍACO**, adj. Heliacal.
**HELIANTO**, s. m. Sunflower.
**HÉLICE**, s. f. Helix; propeller.
**HELICOIDAL**, adj. Helical; helicoidal.
**HELICÓPTERO**, s. m. Helicopter.
**HÉLIO**, s. m. Helium.
**HELIOCÊNTRICO**, adj. Heliocentric.
**HELIOGRAFIA**, s. f. Heliography.
**HELIOGRAVURA**, s. f. Heliogravure.
**HELIOSCÓPIO**, s. m. Helioscope.
**HELIÓSTATO**, s. m. Heliostat.
**HELIOTERAPIA**, s. f. Heliotherapy.
**HELIOTIPIA**, s. f. Heliotypy.
**HELIOTRÓPICO**, adj. Heliotropic.
**HELIOTRÓPIO**, s. m. (Bot.) Heliotrope; (Min.) heliotrope, blood-stone.
**HELIOTROPISMO**, s. m. Heliotropism.
**HELMINTOLOGIA**, s. f. Helminthology.
**HEMATITA**, s. f. Hematite, haematite.
**HEMATOCELE**, s. f. Hematocele.
**HEMATOLOGIA**, s. f. Hematology.
**HEMATOSE**, s. f. Hematosis.
**HEMICICLO**, s. m. Hemicycle.
**HEMIPLEGIA**, s. f. Hemiplegia.
**HEMÍPTERO**, adj. Hemipterous; s. m. hemipter.
**HEMISFÉRIO**, s. m. Hemisphere.
**HEMITROPIA**, s. f. Hemitropy.
**HEMOGLOBINA**, s. f. Hemoglobin.

**HEMOPTISE**, s. f. Hemoptysis.
**HEMORRAGIA**, s. f. Hemorrhage.
**HEMORRÓIDAS**, s. f. pl. Hemorrhoid.
**HEMOSTÁTICO**, adj. Hemostatic.
**HENDECÁGONO**, s. m. Hendecagon.
**HENDECASSÍLABO**, s. m. Hendecasylable; adj. hendecasyllabic.
**HEPÁTICO**, adj. Hepatic.
**HEPATITE**, s. f. Hepatitis.
**HEPATOCELE**, s. f. Hepatocele.
**HEPATOLOGIA**, s. f. Hepatology.
**HEPTACÓRDIO**, s. m. Heptachord.
**HEPTAEDRO**, s. m. Heptahedron.
**HEPTÁGONO**, s. m. Heptagon.
**HEPTÂMETRO**, s. m. Heptameter.
**HEPTANDRIA**, s. f. (Bot.) Heptandria.
**HEPTARQUIA**, s. f. Heptarchy.
**HEPTASSÍLABO**, adj. Heptasyllabic.
**HEPTOGRAFIA**, s. f. Heptography.
**HERA**, s. f. (Bot.) Ivy.
**HERÁLDICA**, s. f. Heraldry.
**HERANÇA**, s. f. Inheritance; heritage.
**HERBÁCEO**, adj. Herbaceous.
**HERBÁRIO**, s. m. Herbarium.
**HERBÍVORO**, adj. Herbivorous; s. m. herbivore.
**HERBOLÁRIO**, s. m. Herbalist.
**HERCÚLEO**, adj. Herculean.
**HERDADE**, s. f. Inheritance; farm; state.
**HERDAR**, v. t. To inherit.
**HERDEIRO**, s. m. Heir; fem. heiress.
**HEREDITARIEDADE**, s. f. Hereditariness.
**HEREDITÁRIO**, adj. Hereditary.
**HEREGE**, s. 2 gên. Heretic; adj. heretical.
**HERESIA**, s. f. Heresy.
**HERÉTICO**, adj. Heretical; s. m. heretic.
**HERMAFRODITA**, s. m. e adj. Hermaphrodite.
**HERMENÊUTICA**, s. f. Hermeneutics.
**HERMÉTICO**, ad. Hermetic.
**HERMODÁCTILO**, adj. Hermodactyl.
**HÉRNIA**, s. f. Hernia, rupture.
**HERÓI**, s. m. Hero.
**HERÓICO**, adj. Heroic, heroical.
**HEROÍNA**, s. f. Heroine.
**HEROÍSMO**, s. m. Heroism.
**HERPES**, s. m. pl. Herpes.
**HERTZIANO**, adj. Hertzian.
**HESITAÇÃO**, s. f. Hesitation, indecision.
**HESITANTE**, adj. Hesitant; faltering.
**HESITAR**, v. i. To hesitate; to falter; to vacillate, to waver.
**HETERODOXO**, adj. Heterodox.
**HETEROGAMIA**, s. f. Heterogamy.
**HETEROGÊNE**, adj. Heterogenous; differing in kind; unlike in qualities.
**HETEROMORFIA**, s. f. Heteromorphy.
**HEXACORDE**, s. m. Hexachord.
**HEXAEDRO**, s. m. Hexahedron.
**HEXAGONO**, s. m. Hexagon.
**HEXAGRAMA**, s. m. Hexagram.
**HEXÂMETRO**, s. m. Hexameter.
**HEXAPÉTALO**, adj. Hexapetalous.
**HEXÁPODE**, adj. Hexapod.
**HIALINO**, adj. Hyaline, glassy.
**HIALOGRAFIA**, s. f. Hyalography.
**HIALÓIDE**, adj. Hyaloid.
**HIATO**, s. m. Hiatus, gap.
**HIBERNAÇÃO**, s. f. Hibernation.
**HIBERNAR**, v. t. To hibernate, to winter.
**HIBÉRNICO**, adj. e s. m. Hibernian.
**HIBRIDISMO**, s. m. Hybridism.
**HÍBRIDO**, adj. e s. m. Hybrid.
**HIDRA**, s. f. Hydra.
**HIDRAGOGO**, s. m. Hydragog.
**HIDRÂNGEA**, s. f. Hydrangea.
**HIDRATAÇÃO**, s. f. Hydration.
**HIDRATAR**, v. t. To hydrate; v. p. to become a hydrate.
**HIDRATO**, s. m. Hydrate.
**HIDRÁULICA**, s. f. Hydraulics.
**HIDROAVIÃO**, s. m. Seaplane.
**HIDROCEFALIA**, s. f. Hydrocephaly.
**HIDRODINÂMICA**, s. f. Hydrodynamics.
**HIDRÓFILO**, s. m. Hydrophilous.
**HIDROFOBIA**, s. f. Hydrophobia.
**HIDROGENAÇÃO**, s. f. Hydrogenation.
**HIDROGENAR**, v. t. To hydrogenate.
**HIDROGÊNIO**, s. m. Hydrogen.
**HIDROGRAFIA**, s. f. Hydrography.
**HIDRÓIDE**, adj. Hydroid.
**HIDRÓLISE**, s. f. Hydrolysis.
**HIDROLOGIA**, s. f. Hydrology.
**HIDROMANCIA**, s. f. Hydromancy.
**HIDROMECÂNICA**, s. f. Hydromechanics.
**HIDROMEL**, s. m. Hydromel.
**HIDROMETRIA**, s. f. Hydrometry.
**HIDRÔMETRO**, s. m. Hydrometer.
**HIDROPATIA**, s. f. Hydropathy.
**HIDROPISIA**, s. f. Hydropsy; dropsy.
**HIDROPLANO**, s. m. Hydroplane, seaplane.
**HIDROPNEUMÁTICO**, s. m. Hydropneumatic.
**HIDROSCÓPIO**, s. m. Hydroscope.
**HIDROSFERA**, s. f. Hydrosphere.
**HIDROSSULFÚRICO**, adj. Hydrosulfurous.
**HIDROSTÁTICA**, s. f. Hydrostatics.
**HIDROTERAPIA**, s. f. Hydrotherapy.

**HIDROTÉRMICO**, adj. Hydrothermal.
**HIDRÓXIDO**, s. m. Hydroxide.
**HIEMAL**, adj. Hiemal.
**HIENA**, s. f. Hyena.
**HIERARQUIA**, s. f. Hierarchy.
**HIERÁRQUICO**, adj. Hierarchic.
**HIERÁTICO**, adj. Hieratic, hieratical.
**HIERÓGLIFO**, s. m. Hieroglyph.
**HÍFEN**, s. m. Hyphen.
**HIGIENE**, s. f. Hygiene.
**HIGIÊNICO**, adj. Hygienic.
**HIGIOLOGIA**, s. . Hygiology.
**HIGROMETRIA**, s. f. Hygrometry.
**HIGRÔMETRO**, s. m. Hygrometer.
**HIGROSCÓPIO**, s. m. Hygroscope.
**HILARIANTE**, adj. Exhilarating.
**HILARIEDADE**, s. f. Hilarity; cheerfulness.
**HILO**, s. m. Hilum.
**HÍMEN**, s. m. Hymen.
**HIMENEU**, s. m. Marriage, wedding.
**HINÁRIO**, s. m. Hymn; a religious song.
**HINTERLÂNDIA**, s. f. Hinterland.
**HIÓIDE**, s. m. Hyoid, hyoid bone.
**HIPER**, pref. Hyper; over, beyond, above the ordinary; (Med.) hyper.
**HIPERACIDEZ**, s. f. Hyperacidity.
**HIPÉRBOLE**, s. f. (Geom.) Hyperbola; (Mat.) hiperbole.
**HIPERBÓREO**, s. m. Hyperborean.
**HIPERCRÍTICO**, adj. Hypercritical; s. m. hypercritic.
**HIPERICÃO**, s. m. Hypericum.
**HIPERTENSÃO**, s. f. Hypertension.
**HIPERTROFIA**, s. f. Hypertrofy.
**HÍPICO**, adj. Hippic.
**HIPISMO**, s. m. Riding; horse-racing.
**HIPNOSE**, s. f. Hipnosis.
**HIPNOTISMO**, s. m. Hypnotism.
**HIPOCAMPO**, s. m. Hippocampus.
**HIPOCAUSTO**, s. m. Hypocaust.
**HIPOCLORITO**, s. m. Hypochlorites.
**HIPOCONDRIA**, s. f. Hypochondria.
**HIPOCRISIA**, s. f. Hypocrisy; pretense.
**HIPÓCRITA**, adj. Hypocritical; s. 2 gen. hypocrite; deceiver; dissemb'er.
**HIPODÉRMICO**, adj. Hypodermic.
**HIPÓDROMO**, s. m. Hippodrome.
**HIPOFARINGE**, s. f. Hypopharynx.
**HIPOGÁSTRIO**, s. m. Hypogastrium.
**HIPOGRIFO**, s. m. Hippogriff.
**HIPOGLOSSO**, adj. Hypoglossal.
**HIPOLOGIA**, s. f. Hippology.
**HIPOPÓTAMO**, s. m. Hippopotamus.
**HIPOSCÊNIO**, s. m. Hyposcenium.
**HIPOSSULFITO**, s. m. Hyposulphite.
**HIPÓSTASE**, s. f. Hypostasis.
**HIPOTECA**, s. f. Mortgage.
**HIPOTECAR**, v. t. To mortgage, to hypothecate.
**HIPOTENSÃO**, s. f. Hipotension.
**HIPOTENUSA**, s. f. Hypotenuse.
**HIPÓTESE**, s. f. Hypothesis.
**HIPOTROFIA**, s. f. Hypotrophy.
**HIPSOMETRIA**, s. f. Hypsometry.
**HIPSÔMETRO**, s. m. Hypsometer.
**HIRCINO**, adj. Hircine, hircic.
**HIRTO**, adj. Stiff, rigid; hirsute.
**HIRUNDINO**, adj. Hirundine.
**HISPÂNICO**, adj. Hispanic.
**HISPIDEZ**, s. f. Hairiness.
**HISSOPE**, s. m. Aspergillum, sprinkler.
**HISTERIA**, s. f. Hysteria.
**HISTOGENIA**, s. f. Histogeny.
**HISTOLOGIA**, s. f. Histology.
**HISTÓRIA**, s. f. History; story; tale.
**HISTORIAR**, v. t. To historify; to tell.
**HISTORIOGRAFIA**, s. f. Historiography.
**HISTRIÃO**, s. m. Histrion; clown.
**HODIERNO**, adj. Hodiernal.
**HODOMETRIA**, s. f. Hodometry.
**HOJE**, adv. Today; at present time.
**HOLANDA**, s. f. Holland, a line or cotton fabric.
**HOLOCAUSTO**, s. m. Holocaust.
**HOLOEDRO**, s. m. Holohedron.
**HOLOFOTE**, s. m. Holophote, search-light.
**HOLOTÚRIA**, s. f. Holothurian.
**HOMBRIDADE**, s. f. Manliness; courage.
**HOMEM**, s. m. Man, human being; husband.
**HOMENAGEAR**, v. t. To do homage to.
**HOMENAGEM**, s. f. Homage; deference.
**HOMEOPATIA**, s. 2 gên. Homeopath.
**HOMÉRICO**, adj. Homeric.
**HOMICIDA**, s. 2 gên. Homicide; adj. homicidal.
**HOMICÍDIO**, s. m. Homicide.
**HOMÍLIA**, s. f. Homily.
**HOMINAL**, adj. Mannish.
**HOMIZIADO**, adj. Refugee, fugitive.
**HOMIZIAR**, v. t. To shelter; to conceal.
**HOMOCÊNTRICO**, adj. Homocentrical.
**HOMOFONIA**, s. f. Homophony.
**HOMÓFONO**, s. m. Homophone.
**HOMOGAMIA**, s. f. Homogamy.
**HOMOGENEIDADE**, s. f. Homogeneity.
**HOMOGÊNEO**, adj. Homogeneous; alike.

**HOMÓGRAFO, s. m.** Homograph.
**HOMOLOGAÇÃO, s. f.** Homologation.
**HOMOLOGAR, v. t.** To homologate; to confirm; to approve; to ratify.
**HOMÓLOGO, adj.** Homologous.
**HOMOMORFISMO, s. m.** Homomorphism.
**HOMONÍMIA, s. f.** Homonymy.
**HOMÔNIMO, s. m.** Homonym.
**HOMOPLASIA, s. f.** Homoplasy.
**HOMOPLÁSTICO, adj.** Homoplastic.
**HOMOSSEXUAL, adj.** Homosexual.
**HOMÚNCULO, s. m.** Homunculus; dwarf.
**HONESTIDADE, s. f.** Honesty; integrity.
**HONESTO, adj.** Honest; truthful, frank, open.
**HONOR, s. m.** Honor.
**HONORABILIDADE, s. f.** Honorableness.
**HONORÁRIO, adj.** Honorary; s. m. pl. honorarium, fee.
**HONORÍFICO, adj.** Honorary.
**HONRA, s. f.** Honor, esteem; fame; probity.
**HONRADEZ, s. f.** Honorableness; honor.
**HONRAR, v. t.** To honor; to regard or treat with honor; to bestow honor; to dignify.
**HONRARIA, s. f.** Honors; rank; distinction.
**HORA, s. f.** Hour.
**HORÁRIO, s. m.** Schedule; timetable.
**HORDA, s. f.** Horde; crowd; multitude.
**HORIZONTAL, adj.** Horizontal.
**HORIZONTE, s. m.** Horizon.
**HOROGRAFIA, s. f.** Horography.
**HOROLÓGIO, s. m.** Horology.
**HORÓSCOPO, s. m.** Horoscope.
**HORRENDO, adj.** Horrible; dreadful; cruel.
**HÓRRIDO, adj.** Horrid, hideous; shocking.
**HORRIPILANTE, adj.** Horripilant.
**HORRIPILAR, v. t.** To cause horror, to terrify.
**HORTA, s. f.** Kitchen garden.
**HORTALIÇA, s. f.** Vegetables.
**HORTELÃ, s. f.** Mint.
**HORTELÃO, s. m.** Kitchen gardener.
**HORTÊNSIA, s. f.** Hydrangea.

**HORTICULTOR, s. m.** Horticulturist.
**HORTICULTURA, s. f.** Horticulture.
**HORTO, s. m.** Small kitchen garden.
**HOSPEDAGEM, s. f.** Lodging; hospitality.
**HOSPEDAR, v. t.** To lodge.
**HÓSPEDE, s. 2 gên.** Guest; adj. foreign.
**HOSPEDEIRO, s. m.** Host; innkeeper.
**HOSPÍCIO, s. m.** Hospice; madhouse.
**HOSPITAL, s. m.** Hospital.
**HOSPITALEIRO, adj.** Hospitable.
**HOSPITALIZAÇÃO, s. f.** Hospitalization.
**HOSPITALIZAR, v. t.** To hospitalize.
**HOSTE, s. f.** Host.
**HÓSTIA, s. f.** Host, wafer.
**HOSTIL, adj.** Hostile, unfriendly.
**HOSTILIZAR, v. t.** To oppose to; to fight.
**HOTEL, s. m.** Hotel, inn.
**HOTENTOTE, s. 2 gên.** Hotentot.
**HUGUENOTE, s. m.** Huguenot.
**HULHA, s. f.** Pit-coal.
**HULHEIRA, s. f.** Coal-mine, coal-pit.
**HUMANAR, v. t.** To humanize; to render humane, merciful, and kindly; to civilize.
**HUMANIDADE, s. f.** Humanity.
**HUMANITÁRIO, adj.** Humanitarian; kind; good; benevolent; s. m. philanthropist.
**HUMANIZAR, v. t.** To humanize, to civilize.
**HUMANO, adj.** Human; s. m. pl. the man.
**HUMIFICAÇÃO, s. f.** Humifying.
**HUMILDADE, s. f.** Humility; modesty.
**HUMILDE, adj.** Humble; modest; simple.
**HUMILHAÇÃO, s. f.** Humiliation; humbling.
**HUMILHAR, v. t.** To humiliate; to humble.
**HUMO, HÚMUS, s. m.** Humus.
**HUMOR, s. m.** Humor; mood; wit; temper.
**HUMORADO, adj.** Humorous.
**HUMORISMO, s. m.** Humorism.
**HUNO, adj.** Hunnish.
**HUNOS, s. m. pl.** Huns.
**HÚSSAR, HUSSARDO, s. m.** Hussar.
**HUSSITA, s. 2 gên.** Hussite.

I

**I, s. m.** The ninth letter of the alphabet.
**IANQUE, adj. e s. 2 gên.** Yankee.
**IAQUE, s. m.** Yak.
**IATE, s. m.** Yacht.
**IATISMO, s. m.** Yachting.

**IBERO, adj. e s. m.** Iberian.
**IBIDEM, adv.** Ibidem.
**IBIS, s. 2 gên., 2 num.** Ibis.
**IÇAR, v. t.** To raise (flag or banner); to hoist.
**ICEBERG, s. m.** Iceberg.

**ICHÓ**, s. m. Trap (for catching rabbits or birds).
**ICOGRAFIA**, s. f. Ichnography.
**ÍCONE**, s. m. Icon.
**ICONOCLASMO**, s. m. Iconoclasm.
**ICONOGRAFIA**, s. f. Iconography.
**ICONOLATRIA**, s. f. Iconolatry.
**ICOR**, s. m. Ichor.
**ICOSAEDRO**, s. m. Icosahedron.
**ICOSANDRIA**, s. f. Icosandria.
**ICTERÍCIA, ITERÍCIA**, s. f. (Med.) Jaundice.
**ICTERÓIDE**, adj. Icteroid.
**ICTIÓFAGO**, adj. Ichthyophagous.
**ICTIOGRAFIA**, s. f. Ichthyography.
**ICTIÓGRAFO**, s. m. Ichthyographer.
**ICTIOL**, s. m. Ichthyol.
**ICTIOLOGIA**, s. f. Ichthyology.
**IDA**, s. f. Departure, going, journey, trip.
**IDADE**, s. f. Age, lifetime; a particular period in history; oldness.
**IDEAÇÃO**, s. f. Ideation.
**IDEAL**, adj. ideal; imaginary; s. m. ideal, perfection.
**IDEALISMO**, s. m. Idealism.
**IDEALIZAÇÃO**, s. f. Idealization.
**IDEALIZAR**, v. t. To idealize, to imagine, to think; to attribute ideal characteristics to.
**IDÉIA**, s. f. Idea, a product of thinking; a formulated opinion; plan; project, intension; a vague conception, notion.
**IDEM**, adv. Idem, the same.
**IDÊNTICO**, adj. Identic, the same, identical; alike, exactly.
**IDENTIDADE**, s. f. Identity.
**IDENTIFICAÇÃO**, s. f. Identification.
**IDENTIFICAR**, v. t. To identify; to fix the identity of; to prove to be the same.
**IDEOGRAFIA**, s. f. Ideography.
**IDEOGRAMA**, s. m. Ideogram.
**IDEOLOGIA**, s. f. Ideology.
**IDÍLICO**, adj. Idyllic.
**IDÍLIO**, s. m. Idyll, idyl.
**IDIOBLASTO**, s. m. (Biol.) Idioblast.
**IDIOLATRIA**, s. f. Egotism.
**IDIOMA**, s. m. Idionm; language.
**IDIOSSINCRASIA**, s. f. Idiosyncrasy.
**IDIOTA**, adj. Idiot, idiotic; s. 2 gên. idiot; stupid person; fool, simpleton.
**IDIOTIA**, s. f. Idiocy.
**IDIOTISMO**, s. m. Idiocy, idiom.
**IDIOTIZAR**, v. t. To make an idiot or fool of.
**IDO**, adj. Gone, past, ago; s. m. simpliflied from of Esperanto.

**IDÓLATRA**, s. m. Idolater, pagan; s. f. idolatress; pagan; adj. idolatrous; pagan.
**IDOLATRAR**, v. t. To adore, to worship; to idolize; to make an idol of.
**IDOLATRIA**, s. f. Idolatry.
**ÍDOLO**, s. m. Idol; false god.
**IDONEIDADE**, s. f. Suitableness; aptitude.
**IDÔNEO**, adj. Suitable, apt, fit.
**IDOSO**, adj. Old, aged.
**IEMANJÁ**, s. f. Afro-Brazilian goddess of the sea.
**IGARAPÉ**, s. f. (Bras.) Narrow wateray.
**IGNARO**, adj. Ignorant, lacking knowledge.
**IGNÁVIA**, s. f. Indolence, idleness.
**ÍGNEO**, adj. Igneous.
**IGNIÇÃO**, s. f. Ignition.
**IGNÍVOMO**, adj. Fire-expelling out.
**IGNÍVORO**, adj. Fire-eating.
**IGNIZAR-SE**, v. p. To ignite; to take fire; to begin to burn.
**IGNÓBIL**, adj. Ignoble, base, mean.
**IGNOMÍNIA**, s. f. Ignominy; infamy.
**IGNOMINIAR**, v. t. To dishonor, to disgrace.
**IGNORADO**, adj. Ignored; unknown; obscure.
**IGNORÂNCIA**, s. f. Ignorance.
**IGNORANTE**, adj. Ignorant; illiterate; s. 2 gên. ignoramus; dunce.
**IGNORANTISMO**, s. m. Obscurantism.
**IGNORAR**, v. t. To ignore; not to know.
**IGNOTO**, adj. Unknown; hidden.
**IGREJA**, s. f. Church; temple.
**IGUAL**, adj. Equal, equable, like in value, quality, or position; adequate, just; s. 2 gên. equal, a person of the same or similar rank, ability, or the like.
**IGUALAÇÃO**, s. f. Equalization.
**IGUALAR**, v. t. To equalize; to make equal in amount, degree, etc.; to make uniform; to level; v. i. to be equal to.
**IGUALDADE**, s. f. Equality, likeness.
**IGUALITARISMO**, s. m. Social-equality.
**IGUARIA**, s. f. Dish, food.
**ILAÇÃO**, s. f. Illation.
**ILAQUEAR**, v. t. To tie, to fasten; to hold; (fig.) to neutralize some one's influence.
**ILEGAL**, adj. Illegal, unlawful.
**ILEGALIDADE**, f. Illegality.
**ILEGIBILIDADE**, . f. Illegibility.
**ILEGITIMIDADE**, s. f. Illegitimacy.
**ILEGÍTIMO**, adj. Illegitimate; bastard.
**ILEGÍVEL**, adj. Illegible.
**ILESO**, adj. Unhurt, safe and sound.
**ILETRADO**, adj. Illiterate, unlearned.

**ILHA**, s. f. Island, isle.
**ILHAL**, s. m. Flank.
**ILHAR**, v. t. To isolate.
**ILHARGA**, s. f. Flank, side.
**ILHÉU**, adj. Insular; s. m. Islander.
**ILHÓ**, s. m. Eyelet, eyelet-hole.
**ILÍACO**, adj. Iliac; s. m. iliac bone.
**ILIBAÇÃO**, s. f. Rehabilitation.
**ILIBAR**, v. t. To rehabilitate, to free from charge, to pronounce not guilty of.
**ILIBERAL**, adj. illiberal; narrow; bignoted.
**ILIBERALIDADE**, s. f. Illiberality.
**ILÍCITO**, adj. Illicit, unlawful.
**ILÍDIMO**, adj. Illegitimate, unlawful.
**ILIDIR**, v. t. To refute.
**ILIDÍVEL**, adj. Refutable.
**ILIMITADO**, adj. Illimited; boundless; huge.
**ILÍO**, s. m. Ilium.
**ILITERATO**, adj. Illiterate; ignorant.
**ILOCÁVEL**, adj. Illocal.
**ILÓGICO**, adj. Illogical, not observing or resulting from logical reasoning.
**ILUDENTE**, adj. Deceitful, fallacious.
**ILUDIDO**, adj. Deceived, deluded; cheated.
**ILUDIR**, v. t. To illude, to deceive, to trick.
**ILUMINAÇÃO**, s. f. Illumination; lighting up.
**ILUMINADO**, adj. Illuminated; enlightened; sunid; s. m. illuminee, visionary.
**ILUMINAR**, v. t. To illuminate, to enlighten; to explain; to illumine.
**ILUMINISMO**, s. m. Illuminism.
**ILUMINURA**, s. f. Illumination, adornment of letters, margins, etc., with designs, borders, or pictures in colors or gold.
**ILUSÃO**, s. f. Illusion, deception, delusion.
**ILUSIONISMO**, s. m. Illusionism.
**ILUSIONISTA**, s. 2 gên. Illusionist, juggler.
**ILUSÓRIO**, adj. Illusory; deceptive; false.
**ILUSTRAÇÃO**, s. f. Illustration; explanation; clearing up of a difficulty; a picture designed to explain or decorate a text.
**ILUSTRADOR**, s. m. Engraver; illustrator.
**ILUSTRAR**, v. t. To illustrate, to provide with pictures intended to explain or adorn, to make clear or explain, by figures and examples.
**ILUSTRE**, adj. Illustrious; eminent; famous.
**ILUSTRÍSSIMO**, adj. Most illustrious.
**ÍMÃ**, s. m. Magnet.
**IMACULADO**, adj. Immaculate; pure.
**IMAGEM**, s. f. Image; statue; symbol.
**IMAGINAÇÃO**, s. f. Imagination; a mental image; a cration of the mind.

**IMAGINAR**, v. t. To imagine; to suppose; to guess; to conceive.
**IMAGINÁRIO**, adj. Imaginary; not real, ideal.
**IMAGINATIVA**, s. f. Imaginativeness.
**IMALEÁVEL**, adj. Not malleable.
**IMANÊNCIA**, s. f. Immanence.
**IMANIZAR**, v. t. To magnetize.
**IMANTAÇÃO**, s. f. Magnetization.
**IMANTAR**, v. t. To magnetize.
**IMARCESCIBILIDADE**, s. f. Unfadingness.
**IMATERIAL**, adj. Immaterial; spiritual.
**IMATERIALISMO**, s. m. Immaterialism.
**IMATERIALIZAR**, v. t. To immaterialize.
**IMATURIDADE**, s. m. Immaturity.
**IMATURO**, adj. Immature, not mature; unripe; premature.
**IMBECIL**, adj. Imbecile; feeble-minded, idiotic, stupid; s. 2 gên. imbecile, idiot.
**IMBECILIDADE**, s. f. Imbecility; foolishness.
**IMBECILIZAR**, v. t. To make imbecile.
**IMPELE**, adj. Timid; not warlike.
**IMBERBE**, adj. Beardless.
**IMBIBIÇÃO**, s. f. Imbibition.
**IMBRICAÇÃO**, s. f. Imbrication.
**IMBRICAR**, v. t. To imbricate.
**IMBRÓGLIO**, s. m. Imbroglio.
**IMBUIR**, v. t. To imbibe, to imbue; to soak.
**IMEDIAÇÃO**, s. f. Immediacy; pl. contiguity.
**IMEDIATO**, adj. Immediate; adjcante; ot distant; made or done at once; s. m. mate.
**IMEMORADO**, adm. Unremenbered.
**IMEMORÁVEL, IMEMORIAL**, adj. Immemorial, extending beyound memory or record.
**IMENSIDADE**, s. f. Immensity.
**IMENSO**, adj. Immense; very great; huge.
**IMENSURÁVEL**, adj. Immensurable.
**IMERECIDO**, adj. Unmeritorious.
**IMERGENTE**, adj. Immersing.
**IMERGIR**, v. t. To immerse; to immerge.
**IMÉRITO**, adj. Unmeritorious.
**IMERSÃO**, s. f. Immersion.
**IMERSO**, adj. Immersed, plunged, sunk.
**IMIGRAÇÃO**, s. f. Immigration.
**IMIGRANTE**, adj. e s. 2 gên. Immigrant.
**IMIGRAR**, v. i. To immigrate.
**IMIGRATÓRIO**, adj. Immigratory.
**IMINÊNCIA**, s. f. Imminence.
**IMISCIBILIDADE**, s. f. Immiscibility.
**IMISCUIR-SE**, v. p. To interfere.
**IMITAÇÃO**, s. f. Imitation; copy; likeness.
**IMITADOR**, s. m. Imitator; adj. imitation.
**IMITAR**, v. t. To imitate, to be like; to resemble; to mimic; to ape, to mock.

**IMITÁVEL**, adj. Imitable.
**IMO**, adj. Inmost, intimate.
**IMOBILIÁRIO**, adj. Immovable; landed.
**IMOBILIDADE**, s. f. Immobility; stillness.
**IMOBILIZAÇÃO**, s. f. Immobilization.
**IMOBILIZAR**, v. t. To immobilize.
**IMODERAÇÃO**, s. f. Immoderation.
**IMODERADO**, adj. Immoderate, excessive.
**IMODESTO**, adj. Immodest; forward, bold.
**IMÓDICO**, adj. Immoderate, excessive.
**IMOLAÇÃO**, s. f. Immolation.
**IMOLAR**, v. t. To immolate, to sacrifice.
**IMORAL**, adj. Immoral, wicked, evil.
**IMORALIDADE**, s. f. Immorality; vice.
**IMORREDOURO**, adj. Imperishable.
**IMORTAL**, adj. Immortal; undying eternal; s.. m. immortal, an immortal being.
**IMORTALIDADE**, s. f. Immortality; eternal existence or fame.
**IMORTALIZAR**, v. t. To immortalize.
**IMOTO**, adj. Unmoved.
**IMÓVEL**, adj. Immovable; firmly fixed, settled; fastened, or the like; firm; impassive; s. m. real estate; real property.
**IMPACIÊNCIA**, s. f. Impatience.
**IMPACIENTAR**, v. t. To make impatient.
**IMPACTO**, adj. Impacted, colliding.
**IMPAGÁVEL**, adj. Invaluable, priceless.
**IMPALPÁVEL**, adj. Impalpable; intangible.
**IMPALUDAÇÃO**, s. f. Infecting with marsh-fever.
**IMPALUDISMO**, s. m. Paludism.
**ÍMPAR**, adj. odd, uneven; single.
**IMPARCIALIDADE**, s. f. Impartiality.
**IMPARCIAL**, adj. Impartial, unbiassed.
**IMPARIDADE**, s. f. Oddness; singularity.
**IMPASSE**, s. m. Impasse.
**IMPASSIBILIDADE**, s. f. Impassibility.
**IMPASSÍVEL**, adj. Impassible; indifferent.
**IMPATRIÓTICO**, adj. Unpatriotic.
**IMPAVIDEZ**, s. f. Intrepidity.
**IMPECÁVEL**, adj. Impeccable, faultless.
**IMPEDIÇÃO**, s. f. Impediment; obstacle.
**IMPEDIDO**, adj. Hindered; (Esp.) off-side.
**IMPEDIMENTO**, s. m. Impediment, hindrance.
**IMPEDIR**, v. t. To impede, to obstruct.
**IMPELENTE**, adj. Impellent.
**IMPELIR**, v. t. To impel, to propel; to give an impulse to.
**IMPENDER**, v. i. To impend, to be imminent.
**IMPENETRABILIDADE**, s. f. Impenetrability.
**IMPENETRÁVEL**, adj. Impenetrable, that cannot be understood; unfathomable.

**IMPENHORÁVEL**, adj. Incapable of being pledged or pawned.
**IMPENITÊNCIA**, s. f. Impenitence.
**IMPENSADO**, adj. Thoughtless; unexpected.
**IMPERADOR**, s. m. Emperor.
**IMPERANTE**, adj. Buling, reigning; s. 2 gên. ruler, sovereign.
**IMPERAR**, v. i. To reign; v. t. to govern.
**IMPERATIVO**, s. m. Imperative; something imperative; a command; (Gram.) the imperative mood, or a verb in this mood; ad. imperative; obligatory; compulsory; (Gram.) expressive of command or exhortation.
**IMPERATRIZ**, s. f. Empress.
**IMPERCEBÍVEL**, adj. Imperceivable.
**IMPERCEPTÍVEL**, adj. Imperceptible; very slight, subtile, small, etc.
**IMPERFEIÇÃO**, s. f. Imperfection; fault.
**IMPERFEITO**, adj. Imperfect; faulty; s. m. (Gram.) the imperfect tense.
**IMPERFURAÇÃO**, s. f. Imperforation.
**IMPERIAL**, adj. Imperial; sovereign.
**IMPERIALISMO**, s. m. Imperialism.
**IMPERIALISTA**, s. 2 gên. Imperialist.
**IMPERÍCIA**, s. f. Unskilfulness.
**IMPÉRIO**, s. m. Empire; sovereignty; rule.
**IMPERIOSO**, adj. Imperious; arrogant.
**IMPERITO**, adj. Unskilful, inexpert.
**IMPERMANÊNCIA**, s. f. Impermanence.
**IMPERMEABILIDADE**, s. f. Impermeability.
**IMPERMEABILIZAR**, v. t. To render impermeable; to waterproof.
**IMPERMEÁVEL**, adj. Impermeable; impervious; s. m. waterproof.
**IMPERMUTABILIDADE**, s. f. Unchangeableness.
**IMPERSCRUTÁVEL**, adj. Inscrutable.
**IMPERSISTENTE**, adj. Inconstant.
**IMPERSONALIDADE**, s. f. Impersonality.
**IMPERTÉRRITO**, adj. Fearless.
**IMPERTINÊNCIA**, s. f. Impertinence.
**IMPERTINENTE**, adj. Impertinent; saucy; rude; insolent; not applicable or fitting.
**IMPERTURBABILIDADE**, s. f. Imperturbability; imperturbableness.
**IMPESSOAL**, Impersonal.
**ÍMPETO**, s. m. Impetus; impulse.
**IMPETRAÇÃO**, s. f. Impetration; petition.
**IMPETRANTE**, adj. Supplicant.
**IMPETRAR**, v. t. To supplicate; to impetrate.
**IMPETUOSIDADE**, s. f. Impetuosity.
**IMPETUOSO**, adj. Impetuous; rushing; violent; hastily; energetic.

**IMPIEDADE**, s. f. Impiety; an impious act.
**IMPIEDOSO**, adj. Pitiless; cruel; ruthless.
**IMPIGEM**, s. f. Herpes.
**IMPINGIR**, v. t. To force, to impose; to sell dear.
**ÍMPIO**, adj. Impious; profane; cruel.
**IMPLACABILIDADE**, s. f. Implacability.
**IMPLACÁVEL**, adj. Implacable.
**IMPLANTAR**, v. t. To implant.
**IMPLEMENTO**, s. m. Implement; tool.
**IMPLICAÇÃO**, s. f. Implication.
**IMPLICÂNCIA**, s. f. Implication.
**IMPLICAR**, v. t. To implicate; to involve.
**IMPLÍCITO**, adj. Implicit; tacit.
**IMPLORAÇÃO**, s. f. Imploration.
**IMPLORAR**, v. t. To implore; to pray to.
**IMPLUME**, adj. Unfeathered.
**IMPLÚVIO**, s. m. Impluvium.
**IMPOLIDEZ**, s. f. Impoliteness.
**IMPOLIDO**, adj. Impolite, uncivil; rude.
**IMPOLÍTICO**, adj. Impolitic, indiscreet.
**IMPOLUTO**, adj. Stainless, virtuous.
**IMPONDERABILIDADE**, s. f. Imponderability.
**IMPONDERAÇÃO**, s. f. Inconsequence.
**IMPONDERÁVEL**, adj. Imponderable.
**IMPONÊNCIA**, s. f. Magnificence; majesty.
**IMPONENTE**, adj. Imposing; haughty.
**IMPONTUALIDADE**, s. f. Unpunctuality.
**IMPOPULAR**, adj. Unpopular.
**IMPOPULARIZAR**, v. t. To make unpopular.
**IMPOR**, v. t. To impose; to subject (a person) to a charge, penalty; etc.; to lay upon.
**IMPORTAÇÃO**, s. f. Importation; import.
**IMPORTÂNCIA**, s. f. Importance; consequence; cost, charge, amount; sum.
**IMPORTANTE**, adj. Important; significant.
**IMPORTAR**, v. t. To import, to introduce from without; to bring (goods) from another country; v. i. to matter; to concer; to be important; to amount, to cost.
**IMPORTUNAÇÃO, IMPORTUNIDADE**, s. f. Importunity.
**IMPORTUNAR**, v. t. To importune; to urge persistently; to annoy; to harass.
**IMPORTUNO**, adj. Importune; pressing.
**IMPOSIÇÃO**, s. f. Imposition.
**IMPOSSIBILIDADE**, s. f. Impossibility.
**IMPOSSIBILITADO**, adj. Rendered impossible; incapacitated to work.
**IMPOSSIBILITAR**, v. t. To impossibilitate.
**IMPOSSÍVEL**, adj. Impossible; impracticable.
**IMPOSTO**, s. m. Tax, impost.
**IMPOSTOR**, s. m. Impostor, pretender.

**IMPOSTURA**, s. f. Imposture; deception.
**IMPOSTURAR**, v. t. To play the impostor.
**IMPOTÁVEL**, adj. Undrinkable.
**IMPOTÊNCIA**, s. f. Impotency; weakness.
**IMPOTENTE**, adj. Impotent; not potent; deficient in capacity.
**IMPRATICABILIDADE**, s. f. Impracticability.
**IMPRATICÁVEL**, adj. Impracticable; unmanaeable; not usable.
**IMPRECAÇÃO**, s. f. Imprecation; curse.
**IMPRECAR**, v. t. e i. To imprecate; to call down, or invoke evil; to curse.
**IMPRECATÓRIO**, adj. Imprecatory.
**IMPRECAUÇÃO**, s. f. Unawariness.
**IMPRECISÃO**, s. f. Lack of precision.
**IMPRECISO**, adj. Not precise.
**IMPREENCHÍVEL**, adj. Irreplaceable.
**IMPREGNAÇÃO**, s. f. Impregnation.
**IMPREGNAR**, v. t. To impregnate; to saturate; to fill, to imbue.
**IMPREMEDITADO**, adj. Unpremeditated.
**IMPRENSA**, s. f. Printing-press; press; impriting.
**IMPRENSAR**, v. t. To press, to print.
**IMPRESCINDÍVEL**, adj. Indispensable.
**IMPRESCRITIBILIDADE**, s. f. Imprescriptibility.
**IMPRESCRITÍVEL**, adj. Imprescriptible.
**IMPRESSÃO**, s. f. Impression, impressing; influence or effect on the feeling, sense, or intellect; a vague remembrance, belief, or opinion; pressure of printing type, plates, etc., on paper; the whole number of copies.
**IMPRESSIONABILIDADE**, s. f. Impressionability.
**IMPRESSIONAR**, v. t. To cause impression on; to touch; to move; to affect.
**IMPRESSIONÁVEL**, adj. Impressionable, liale to impression; plastic; susceptible.
**IMPRESSIONISMO**, s. m. Impressionism.
**IMPRESSIONISTA**, s. 2 gên. Impressionist.
**IMPRESSIVO**, adj. Impressive.
**IMPRESSOR**, s. m. Printer.
**IMPRESSO**, adj. Printed; s. m. printed work; printed pamphlet.
**IMPRESTÁVEL**, adj. Futile; s. m. e f. (pop. bras.) useless person.
**IMPRETERÍVEL**, adj. Undelayable.
**IMPREVIDÊNCIA**, s. f. Improvidence.
**IMPREVIDENTE**, adj. Improvident, thriftless.
**IMPREVISIBILIDADE**, s. f. Quality or state of being unpredictable.

**IMPREVISTO**, adj. Unforeseen.
**IMPRIMIR**, v. t. To print, to imprint, to impress; to stamp or mark; to fix indelibly.
**IMPROBABILIDADE**, s. f. Improbability.
**IMPROBIDADE**, s. f. Improbity, dishonesty.
**ÍMPROBO**, adj. Wicked, dishonest.
**IMPROCEDÊNCIA**, s. f. Want of basis.
**IMPROCEDER**, v. t. To make invalid.
**IMPRODUCENTE**, adj. Sterile, fruitless.
**IMPRODUTÍVEL**, adj. Improducible.
**IMPRODUTIVIDADE**, s. f. Sterility.
**IMPROFERÍVEL**, adj. unutterable.
**IMPROFICIÊNCIA**, s. f. Improficiency.
**IMPROFÍCUO**, adj. Unprofitable.
**IMPROLÍFERO**, adj. Unprolific.
**IMPRONUNCIAR**, v. t. (Bras.) To declare groundless, to throw out of court.
**IMPROPERAR**, v. t. To reproach, to insult.
**IMPROPÉRIO**, s. m. Reproach, insult.
**IMPROPÍCIO**, adj. Unpropitious, ill.
**IMPROPRIEDADE**, s. f. Impropriety.
**IMPRÓPRIO**, adj. Improper; incorrect.
**IMPRORROGÁVEL**, adj. That cannot be prorogued; undelayable.
**IMPROVÁVEL**, adj. Improbable.
**IMPROVIDÊNCIA**, s. f. Improvidence.
**IMPROVIDENTE, IMPRÓVIDO**, adj. Improvident; thoughtless, careless.
**IMPROVISAÇÃO**, s. f. Improvisation; act, art ou result of improving.
**IMPROVISAR**, v. t. To improvise, to compose, recite, sing without previous study or preparation.
**IMPRUDÊNCIA**, s. f. Imprudence.
**IMPRUDENTE**, adj. Imprudent, not prudent, careful, or discreet; unwise.
**IMPUBERDADE**, s. f. Impuberty.
**IMPUBESCÊNCIA**, s. f. Impuberty.
**IMPUDÊNCIA**, s. f. Impudence; brazeness.
**IMPUDENTE**, adj. Impudent, brazen, saucy.
**IMPUDICÍCIA**, s. f. Impudicity; lewdness.
**IMPUDOR**, s. m. Impudence.
**IMPUGNAÇÃO**, s. f. Impugnation.
**IMPUGNAR**, v. t. To impugn, to attack by words or arguments; to oppose as false.
**IMPULSÃO**, s. f. Impulsion, impetus.
**IMPULSAR**, v. t. To impel.
**IMPULSIONADO**, adj. Impelled; propelled; actuated, animated, stibulated.
**IMPULSIONAR**, v. t. To impel, to excite.
**IMPULSIVO**, adj. Impulsive; hasty.
**IMPULSO**, s. m. Impulse.
**IMPULSOR**, adj. Propellent; impellent.

**IMPUNE**, adj. Unpunished.
**IMPUNIDADE**, s. f. Impunity.
**IMPUREZA**, s. f. Impurity.
**IMPURO**, adj. Impure, adulterated; not purified; unchaste, obscene; not idiomatic.
**IMPUTABILIDADE**, s. f. Imputableness.
**IMPUTAÇÃO**, s. f. Imputation.
**IMPUTAR**, v. t. To impute, to ascribe the responsability for; to charge upon.
**IMPUTREFAÇÃO**, s. f. Imputrescence.
**IMPUTRESCÍVEL**, adj. Not putrescible.
**IMUNDÍCIE**, s. f. Dirt, filth.
**IMUNDO**, adj. Dirty, unclean, filthy.
**IMUNE**, adj. Immune; exempt.
**IMUNIDADE**, s. f. Immunity.
**IMUNIZAÇÃO**, s. f. Immunization.
**IMUNIZAR**, v. t. To immunize.
**IMUTABILIDADE**, s. f. Immutability.
**IMUTAÇÃO**, s. f. Immutation, change.
**INABALÁVEL**, adj. Unshaken, steadfast.
**INABDICÁVEL**, adj. That cannot be abdicated.
**INÁBIL**, adj. Inapt, unskiful.
**INABILIDADE**, s. f. Inability.
**INABILITAÇÃO**, s. f. Inability.
**INABITADO**, adj. Uninhabited.
**INABITAR**, v. t. To uninhabit.
**INABORDÁVEL**, adj. Unapproachable.
**INACABADO**, adj. Unfinished; immature.
**INAÇÃO**, s. f. Inaction; indecision; idleness.
**INACEITÁVEL**, adj. Unacceptable.
**INACESSIBILIDADE**, s. f. Inaccessibility.
**INACREDITÁVEL**, adj. Unbelievable; incredible.
**INADAPTÁVEL**, adj. Inadaptable.
**INADEQUADO**, adj. Inadequate.
**INADERENTE**, adj. Unadherent.
**INADIÁVEL**, adj. Undelayable.
**INADMISSÍVEL**, adj. Inadmissible.
**INADQUIRÍVEL**, adj. Unattainable.
**INADVERTÊNCIA**, s. f. Inadvertence; inadvertency; inattention; oversight.
**INALAÇÃO**, s. f. Inhalation.
**INALADOR**, s. m. Inhalter.
**INALAR**, v. t. To inhale, to breathe in.
**INALIENÁVEL**, adj. Inalienable.
**INALTERADO**, adj. Unaltered.
**INANE**, adj. Inane; empty; silly.
**INANIÇÃO**, s. f. Inanition; emptiness.
**INANIMADO, INÂNIME**, adj. Inanimate.
**INAPELÁVEL**, adj. Unappealable.
**INAPETÊNCIA**, s. f. Inappetence.
**INAPLICABILIDADE**, s. f. Inapplicability.

**INAPLICÁVEL,** adj. Inapplicable; unsuitable.
**INAPRECIÁVEL,** adj. Inappreciable.
**INAPTIDÃO,** s. f. Inaptitude; inaptness.
**INARRÁVEL,** adj. Unrelatable.
**INARTICULADO,** adj. Inarticulate; unable to articulate; not distinct; not jointed.
**INASSIDUIDADE,** s. f. Lack of assiduity.
**INASSIMILÁVEL,** adj. Unassimilable.
**INATACÁVEL,** adj. Unassailable.
**INATENDÍVEL,** adj. Unworthy of attention.
**INATINGÍVEL,** adj. Unattainable, inaccessible.
**INATIVO,** adj. Inactive; not active; inert.
**INATO,** adj. Innate, inborn; belonging by nature.
**INAUDITO,** adj. Unheard of; untold.
**INAUDÍVEL,** adj. Inaudible.
**INAUFERÍVEL,** adj. Unobtainable.
**INAUGURAÇÃO,** s. f. Inauguration.
**INAUGURAR,** v. t. To inaugurate, to install.
**INAUTENTICIDADE,** s. f. Lack of authenticity.
**INAVEGÁVEL,** adj. Unnavigable.
**INCALCULÁVEL,** adj. Incalculable.
**INCANDESCÊNCIA,** s. f. Incandescence.
**INCANDESCER,** v. t. To incandesce.
**INCANSÁVEL,** adj. Indefatigable.
**INCAPACITAR,** v. t. To incapacitate; to disable, to disqualify.
**INCAPAZ,** adj. Incapable, disqualified.
**INCARACTERÍSTICO,** adj. Not characteristic.
**INCARNAÇÃO,** s. f. Incarnation; incarning.
**INCARNAR,** v. t. To incarnate; to clothe with flesh or bodile form; to embody; to give a concrete or actual form to.
**INCAUTO,** adj. Incautious; heedless; rash.
**INCENDER,** v. t. To inflame; to redden; (fig.) to excite, to stimulate.
**INCENDIAR,** v. t. To fire, to set on fire; to burn; to animate; to inflame.
**INCENDIÁRIO,** adj. Incendiary; tending to arouse rebellion; inflammatory; s. m. incendiary; fire-bug, a person who maliciously sets fire to a property; (fig.) revolutionary; agitator.
**INCÊNDIO,** s. m. Fire; formidable burn.
**INCENSAÇÃO,** s. f. Incensation, incensement.
**INCENSAR,** v. t. To incense; to perfume.
**INCENSO,** s. m. Incense; flattery.
**INCENSURÁVEL,** adj. Incensurable.
**INCENTIVO,** adj. Incentive; s. m. stimulus.
**INCERTEZA,** s. f. Incertitude; indecision.
**INCERTO,** adj. Uncertain, doubtful.

**INCESSANTE,** adj. Incessant.
**INCESSIBILIDADE,** s. f. Inalienability.
**INCESTO,** s. m. Incest; adj. incestuous.
**INCHAÇÃO,** s. f. Swelling; tumefaction.
**INCHADO,** adj. Swollen; puffed up; self-conceited; bombastic (style).
**INCHAR,** v. t. To swell; to puff up.
**INCIDÊNCIA,** s. f Incidence.
**INCIDENTE,** adj. Incident; liable to happen; occasional, fortuitous; s. m. occurrence.
**INCINERAÇÃO,** s. f. Incineration.
**INCINERAR,** v. t. To incinerate; to burn to ashes; to consume by fire.
**INCIPIENTE,** adj. Incipient.
**INCISÃO,** s. f. Incision, incising; cut.
**INCISIVO,** adj. Incisive, cutting, sharp; acute; s. m. incisor.
**INCITABILIDADE,** s. f. Incitability.
**INCITAÇÃO, INCITAMENTO,** s. f., s. m. Incitation; incitement.
**INCITAR,** v. t. To incite, to arouse to action.
**INCIVIL,** adj. Uncivil, uncourteous.
**INCIVILIDADE,** s. f. Incivility; rudeness.
**INCLASSIFICÁVEL,** adj. Unclassifiable.
**INCLEMÊNCIA,** s. f. Inclemency.
**INCLEMENTE,** adj. inclement; harsh; severe; stormy (the weather).
**INCLINAÇÃO,** s. f. Inclination, bent, a particular disposition or tendence; bowing.
**INCLINAR,** v. t. To incline; to bow; to slope or slant; v. i. to incline; to influence in direction, course of action, opinion, etc.
**INCLUIR,** v. t. To include; to confine; to enclose; to comprise; to contain.
**INCLUSÃO,** s. f. Inclusion.
**INCOAÇÃO,** s. f. Inchoation; starting.
**INCOATIVO,** adj. Inchoative.
**INCOBRÁVEL,** adj. Unrecoverable.
**INCOERCÍVEL,** adj. Incoercible.
**INCOERÊNCIA,** s. f. Incoherence.
**INCOERENTE,** adj. Incoherent; illogical.
**INCOESÃO,** s. f. Incohesion.
**INCÓGNITA,** s. f. Incognita.
**INCÓGNITO,** adj. e adv. Incognito.
**INCOGNOSCÍVEL,** adj. Incognoscible.
**ÍNCOLA,** s. 2 gên. Inhabitant.
**INCOLOR,** adj. Colorless.
**INCÓLUME,** adj. Safe and sound; unhurt.
**INCOMBUSTÍVEL,** adj. Incombustible.
**INCOMENSURÁVEL,** adj. Incommensurable.
**INCOMODADOR,** adj. Disturbing; s. m. importuner; disturber.
**INCOMODAR,** v. t. To incomode; to trouble.

**INCOMODIDADE**, s. f. Incommodiousness.
**INCÔMODO**, adj. Incommodious; troublesome; s. m. inconvenience, disturbance.
**INCOMPARÁVEL**, adj. Incomparable; single.
**INCOMPATIBILIZAR**, v. t. To render incompatible; v. p. to grow incompatible.
**INCOMPETÊNCIA**, s. f. Incompetency.
**INCOMPLETO**, adj. Incomplete; imperfect.
**INCOMPLEXO**, adj. Incomplex.
**INCOMPORTÁVEL**, adj. Insufferable.
**INCOMPREENSÃO**, s. f. Incomprehension.
**INCOMPREEENSÍVEL**, adj. Incomprehensible; not understandable.
**INCOMUNICÁVEL**, adj. Incommunicable.
**INCOMUTÁVEL**, adj. Not commutable.
**INCONCEBÍVEL**, adj. Inconceivable.
**INCONCESSÍVEL**, adj. Unallowable.
**INCONCESSO**, adj. Not allowed.
**INCONCILIAÇÃO**, s. f. Irreconcilableness.
**INCONCLUDENTE**, adj. Unconclusive.
**INCONCORDÁVEL**, adj. Irreconcilable.
**INCONCUSSO**, adj. Austere, unmoved.
**INCONDICIONALIDADE**, s. f. Unconditionalness, unconditionality.
**INCÔNDITO**, adj. Incondite; confuse.
**INCONEXO**, adj. Unconected.
**INCONFESSADO**, adj. Not confessed.
**INCONFIDÊNCIA**, s. f. Unfaithfulness.
**INCONFORTÁVEL**, adj. unconfortable.
**INCONFUNDÍVEL**, adj. That cannot be confounded.
**INCONGELÁVEL**, adj. Uncongealable.
**INCONGRUÊNCIA**, s. f. Incongruity.
**INCONGRUENTE**, adj. Incongruent.
**INCONJUGÁVEL**, adj. That cannot be conjugated.
**INCONJURÁVEL**, adj. That cannot be conjured.
**INCONQUISTADO**, adj. Unconquered.
**INCONSCIÊNCIA**, s. f. Unconsciousness.
**INCONSEQUÊNCIA**, s. f. Inconsequence.
**INCONSIDERAÇÃO**, s. f. Inconsideration; (fig.) precipitation.
**INCONSIDERADO**, adj. Inconsiderate; ill-advised; ill-considered; thoughtless.
**INCONSISTÊNCIA**, s. f. Inconsistency.
**INCONSOLÁVEL**, adj. Inconsolable.
**INCONSONÂNCIA**, s. f. Inconsonance.
**INCONSTÂNCIA**, s. f. Inconstancy.
**INCONSTITUCIONAL**, adj. Unconstitutional.
**INCONSUMÍVEL**, adj. Inconsumable.
**INCONTAMINADO**, adj. Uncontaminated.
**INCONTESTADO**, adj. Uncontested.

**INCONTINÊNCIA**, s. f. Incontinence.
**INCONTINENTI**, adv. Immediately.
**INCONTINUIDADE**, s. f. Interruption.
**INCONTRASTÁVEL**, adj. Insuperable.
**INCONTROVERSO**, adj. Incontestable.
**INCONVENIÊNCIA**, s. f. Inconvenience.
**INCONVERSÍVEL**, adj. Inconvertible.
**INCONVICTO**, adj. Not convinced.
**INCOORDENAÇÃO**, s. f. Incoordination.
**INCORPORAÇÃO**, s. f. Incorporation.
**INCORPORAR**, v. t. To incorporate, fo form into, a legal corporation; to give a material form to; v. i. to unite in one body; to form or become a legal corporation.
**INCORPÓREO**, adj. Incorporeal; immaterial.
**INCORREÇÃO**, s. f. Incorrectness.
**INCORRER**, v. t. To incur.
**INCORRETO**, adj. Incorrect; faulty.
**INCORRIGÍVEL**, adj. Incorrigible; unruly; s. m. an incorrigible person.
**INCORRUTÍVEL**, adj. Incorruptible; unalterable; unchangeable.
**INCORRUTO**, adj. Incorrupt; sound, pure, honest, or the like.
**INCREDIBILIDADE**, s. f. Incredibility.
**INCREDULIDADE**, s. f. Incredulity.
**INCRÉDULO**, adjc. Incredulous; skeptical.
**INCREMENTAR**, v. t. To increase; to add.
**INCREMENTO**, s. m. Increase; increment.
**INCRÉU**, s. m. Unbeliever.
**INCRIMINAR**, v. t. To incriminate; to accuse.
**INCRÍVEL**, adj. Incredible, unbelievable.
**INCRUENTO**, adj. Unbloody.
**INCRUSTAR**, v. t. To incrust, to cover or line with a crust, or hard coat; to inlay.
**INCUBAR**, v. t. To incubate, to sit upon eggs to hatch them, to brood.
**ÍNCUBO**, s. m. Incubus.
**INCULCA**, s. f. Inculcation.
**INCULCADEIRA**, s. f. Inculcatrix; bawd.
**INCULCAR**, v. t. To inculcate, to teach and impress upon the mind by frequent repetition; to implant firmly in the mind.
**INCULPABILIDADE**, s. f. Inculpability.
**INCULPADO**, adj. Inculpable, not guilty.
**INCULPAR**, v. t. To inculpate, to involve or implicate in guilt.
**INCULTIVÁVEL**, adj. Uncultivated, uncultured; unpolite, impolite, rude, coarse.
**INCULTURA**, s. f. Lack of culture.
**INCUMBÊNCIA**, s. f. Incumbency; duty.
**INCUMBIR**, v. t. To charge with; to entrust; v. i. to be incumbent on; to rest on a person.

**INCURÁVEL**, adj. Incurable.
**INCÚRIA**, s. f. Carelessness, negligence.
**INCURIOSO**, adj. Incurious, not inquisitive.
**INCURSÃO**, s. f. Incursion; raid.
**INCUTIR**, v. t. To suggest, to inspire.
**INDAGAÇÃO**, s. f. Investigation; inquiry.
**INDAGAR**, v. t. To investigate; to inquire.
**INDECÊNCIA**, s. f. Indecency; immodesty.
**INDECENTE**, adj. Indecent, improper.
**INDECIDIDO**, adj. Undecided.
**INDECIFRÁVEL**, adj. Indecipherable.
**INDECISÃO**, s. f. Indecision; hesitation.
**INDECISO**, adj. Undecided; uncertain.
**INDECLARÁVEL**, adj. Unutterable.
**INDECLINÁVEL**, adj. Indeclinable.
**INDECOMPONÍVEL**, adj. Undecomposable.
**INDECORO**, s. m. Indecorum.
**INDEFECTÍVEL**, adj. Indefectible.
**INDEFENSÁVEL**, adj. Indefensible; fenceless; unjustifiable.
**INDEFENSO**, adj. Defenceless.
**INDEFERIMENTO**, s. m. Denial, refusal.
**INDEFESO**, adj. Undefended, defenceless.
**INDEFINÍVEL**, adj. Indefinable.
**INDEISCÊNCIA**, s. f. Indehiscence.
**INDEISCENTE**, adj. Indehiscent, not dehiscent; remaining closed at maturity.
**INDELÉVEL**, adj. Indelibel.
**INDELICADEZA**, s. f. Indelicacy; rudeness.
**INDELINEÁVEL**, adj. That cannot be delineated.
**INDENIDADE**, s. f. Indemnity, protection from loss or damage.
**INDENIZAÇÃO**, s. f. Indemnification.
**INDENIZAR**, v. t. To indemnify, to make secure against loss or damage.
**INDEPENDÊNCIA**, s. f. Independence; independency; self-government; freedom.
**INDESCRITÍVEL**, adj. Indescribable.
**INDESCULPÁVEL**, adj. Inexcusable.
**INDESTRUTÍVEL**, adj. Indestructible; strong and lasting.
**INDETERMINAÇÃO**, s. f. Indetermination.
**INDETERMINADO**, adj. Indeterminate, undetermined; indefinite, vague; irresolute; (Bot.) indeterminate, having flowers along the main axis but not at the tip.
**INDEVIDO**, adj. Unjust, undue.
**INDEX**, s. m. Index, index finger; forefinger; (Rel.) index, a list of book forbidden to Catholics.
**INDICAÇÃO**, s. f. Indication, indicating; a sign; symptom; a suggestion.

**INDICADOR**, adj. Indicating; s. m. indicator.
**INDICAR**, v. t. To indicate, to point out; to be an index, sign or token of; to show indirectly; (Med.) to manifest by symptoms.
**INDICATIVO**, adj. Indicative, pointing out; suggestive; (Gram.) indicative; s. m. the indicative mood.
**ÍNDICE**, s. m. Index, a table, list or file, usually alphabetical, used in refering to topics, names, etc., in a book or a collection; the forefinger; exponent; indicator.
**INDICIADO**, adj. Indicted (person).
**INDICIAR**, v. t. To indict; to accuse.
**INDÍCIO**, s. m. Signal, mark, trace, footstep.
**ÍNDICO**, adj. Indian.
**INDIFERENÇA**, s. f. Indifference; unimportance; negligence.
**INDIFERENTE**, adj. Indifferent; impartial; neutral; unconcerned; unimportant.
**INDÍGENA**, adj. Native, indigenous.
**INDIGÊNCIA**, s. f. Indigence, poverty, want.
**INDIGENTE**, adj. Indigent, needy, poor.
**INDIGERÍVEL**, adj. Indigestible.
**INDIGESTÃO**, s. f. Indigestion; dyspepsia.
**INDIGNAÇÃO**, s. f. Indignation, anger.
**INDIGNAR**, v. t. To rouse the indignation of; to cause indignation; to disgust; to revolt.
**INDIGNIDADE**, s. f. Indignity; insult.
**ÍNDIGO**, s. m. Indigo.
**ÍNDIO**, s. m. e adj. Indian.
**INDILIGÊNCIA**, s. f. Indolence, laziness.
**INDIRETO**, adj. Indirect; roundabout; circuitous; equivocal; (fig.) backhanded; dissimulated; (Gram.) oblique.
**INDIRIGÍVEL**, adj. Unmanageable.
**INDISCERNÍVEL**, adj. Indiscernible.
**INDISCIPLINA**, s. f. Indiscipline.
**INDISCIPLINAR**, v. t. To render undisciplined.
**INDISCRETO**, adj. Indiscreet, rash.
**INDISCRIÇÃO**, s. f. Indiscreetness.
**INDISCRIMINÁVEL**, adj. That cannot be discriminated; undistiguishable.
**INDISCUTÍVEL**, adj. Incontestable.
**INDISPENSÁVEL**, adj. Indispensable; absolutely necessary.
**INDISPONÍVEL**, adj. Inalienable.
**INDISPOR**, v. t. To indispose, to render unfit; to make sick or ill; to disincline.
**INDISPOSIÇÃO**, s. f. Indisposition; aversion; disinclination; unwillingness.
**INDISPUTÁVEL**, adj. Indisputable.
**INDISSOLÚVEL**, adj. Indissoluble.

**INDISTINÇÃO**, s. f. Indistinction.
**INDISTINTO**, adj. Indistinct, not clear, obscure, confused.
**INDITOSO**, adj. Unfortunate, unhappy.
**INDIVIDUAL**, adj. Individual; particular.
**INDIVIDUALIDADE**, s. f. Individuality; distinctive character; an individual.
**INDIVIDUALIZAÇÃO**, s. f. Individualization.
**INDIVIDUALIZAR**, v. t. To individualize; to make individual; to particularize.
**INDIVÍDUO**, adj. Indivisible; undivided; s. m. individual; a single human being.
**INDIVISIBILIDADE**, s. f. Indivisibility.
**INDIVISÍVEL**, adj. Indivisible.
**INDIZÍVEL**, adj. Unutterable; inexpressible.
**INDÓCIL**, adj. Indocile.
**ÍNDOLE**, s. f. Character, temper.
**INDOLÊNCIA**, s. f. Indolence.
**INDOMADO**, adj. Undomesticated.
**INDÔMITO**, adj. Untamable.
**INDUBITÁVEL**, adj. Indubitable.
**INDUÇÃO**, s. f. Induction; inducting; the conclusion so reached; (Eletr.) induction.
**INDÚCTIL**, adj. Inductile.
**INDULGÊNCIA**, s. f. Indulgence; an indulgent act; leniency; (Rel.) a remission of the temporal or purgatorial punishment for sin.
**INDULGENTE**, adj. Indulgent, indulging.
**INDULTO**, s. m. Indult, exemption.
**INDUMENTÁRIA**, s. f. Clothing, vestiments.
**INDURAÇÃO**, s. f. Induration.
**INDÚSTRIA**, s. f. Industry; any branch of art, occupation, or business; steady attention or diligence in any employment or pursuit; (fig.) invention, shrewdness, astuteness.
**INDUSTRIALIZAÇÃO**, s. f. Industrialization.
**INDUSTRIALIZAR**, v. t. To industrialize.
**INDUSTRIAR**, v. t. To teach, to instruct.
**INDUTÂNCIA**, s. f. Inductance.
**INDUTAR**, v. t. To cover with: to furnish; to equip.
**INDUTIVO**, adj. Inductive.
**INDUTOR**, s. m. Inductor, a person or thing that inducts; (Eletr.) inductor.
**INDUZIDO**, adj. Induced; s. m. (Eletr.) armature.
**INDUZIR**, v. t. To induce, to lead on; to prevail on; to bring about; to cause.
**INEBRIANTE**, adj. Inebriating; inebriant.
**INEBRIAR**, v. t. To inebriate; to make drunk; to excite or stupefy; v. p. to get drunk.
**INÉDIA**, s. f. Abstinence from food.
**INÉDITO**, adj. Inedited, unpublished.

**INEFÁVEL**, adj. Ineffable.
**INEFICÁCIA**, s. f. Inefficacy.
**INEFICIÊNCIA**, s. f. Inefficiency.
**INEGÁVEL**, adj. Incontestable.
**INEGOCIÁVEL**, adj. Unnegotiable.
**INELÁSTICO**, adj. Inelastic.
**INELEGÂNCIA**, s. f. Inelegance.
**INELEGÍVEL**, adj. Ineligible.
**INELUTÁVEL**, adj. Ineluctable.
**INÉPCIA**, s. f. Ineptitude.
**INEQUÍVOCO**, adj. Unequivocal.
**INÉRCIA**, s. f. Inertia; sluggishness.
**INERÊNCIA**, s. f. Inherence; immanency.
**INERTE**, adj. Inert; not having active properties; sluggish; listless; lazy, idle.
**INESCRUTÁVEL**, adj. Inscrutable.
**INESGOTÁVEL**, adj. Inexhaustible; exhaustless; incapable of being wearied or depressed in vigor or acting.
**INESPERADO**, adj. Unexpected.
**INESQUECÍVEL**, adj. Unforgettable
**INESTIMÁVEL**, adj. Inestimable.
**INEVITÁVEL**, adj. Inevitable.
**INEXAMINÁVEL**, adj. That cannot be examined.
**INEXATIDÃO**, s. f. Inexactitude.
**INEXAURÍVEL**, adj. Inexhaustible.
**INEXECUTÁVEL**, adj. Inexecutable.
**INEXEQÜÍVEL**, adj. Unworkable.
**INEXIGÍVEL**, adj. Not demandable.
**INEXISTÊNCIA**, s. f. Inexistence.
**INEXORÁVEL**, adj. Inexorable; relentless.
**INEXPANSIVO**, adj. Bashful; reserved.
**INEXPERIÊNCIA**, s. f. Inexperience.
**INEXPLICÁVEL**, adj. Inexplicable.
**INEXPLORADO**, adj. Uunexplored.
**INEXPRESSIVO**, adj. Iinexpressive.
**INEXPRIMÍVEL**, adj. Inexpressible.
**INEXPUGNÁVEL**, adj. Inexpugnable.
**INEXPURGADO**, adj. Unexpurgated.
**INEXTENSÃO**, s. f. Inextension.
**INEXTERMINÁVEL**, adj. That cannot be exterminated.
**INEXTINGÜÍVEL**, adj. Inextinguishable.
**INEXTINTO**, adj. Inextinguished.
**INEXTIRPÁVEL**, adj. Inextirpable.
**INEXTRICÁVEL**, adj. Inextricable.
**INFACTÍVEL**, adj. Unfeasible.
**INFALIBILIDADE**, s. f. Infallibility.
**INFALÍVEL**, adj. Infalible; unerring.
**INFALSIFICÁVEL**, adj. Unfasilfiable.
**INFAMANTE**, adj. Defaming.
**INFAMAR**, v. t. To defame.

**INFAME**, adj. Infamous; notoriously bad.
**INFÂMIA**, s. f. Infamy; evil reputation.
**INFÂNCIA**, s. f. Infancy; babyhood.
**INFANTARIA**, s. f. Infantry.
**INFANTE**, adj. Infant; s. 2 gên. infante.
**INFANTICÍDIO**, s. m. Infanticide.
**INFANTIL**, adj. Infantile, childish.
**INFANTILIZAR**, v. t. To render infantile.
**INFATIGÁVEL**, adj. Indefatigable.
**INFAUSTO**, adj. Inauspicious; unlucky.
**INFECÇÃO**, s. f. Infection.
**INFECCIONAR**, v. t. To infect, to cause a disease; to contaminate; to taint.
**INFECCIOSO**, adj. infectious.
**INFECTAR**, v. t. To infect; to corrupt.
**INFECUNDIDADE**, s. f. Infecundity; sterility.
**INFECUNDO**, adj. Infecund; fruitless.
**INFELICIDADE**, s. f. Infelicity; misfortune.
**INFELICITAR**, v. t. To cause unhappiness.
**INFENSO**, adj. Unfriendly; adversary.
**INFERÊNCIA**, s. f. Inference, inferring.
**INFERIOR**, adj. Inferior, situated lower down; lower; of poor or poorer quality; s. m. inferior, an inferior person or thing.
**INFERIORIZAR**, v. t. To render inferior to.
**INFERIR**, v. t. To infer, to deduce.
**INFERNAL**, adj. Infernal; helish.
**INFERNAR**, v. t. To damn; to harass; to vex.
**INFERNO**, s. m. Hell.
**ÍNFERO**, ad. Inferior; s. m. hell.
**INFÉRTIL**, adj. Infertile, sterile.
**INFERTILIDADE**, s. f. Infertility.
**INFERTILIZAR**, v. t. To make infertile; to sterilize; to make useless.
**INFESTAÇÃO**, s. f. Infestation.
**INFIBULAÇÃO**, s. f. Infibulation.
**INFIDELIDADE**, s. f. Infidelity; uafaithfulness.
**INFIEL**, adj. Unfaithful; inaccurate; inexact; infidel; pagan; s. m. infidel.
**INFILTRAÇÃO**, s. f. Infiltration.
**INFILTRAR**, v. t. To infiltrate; to penetrate or pass through a filtering.
**ÍNFIMO**, adj. Lowest, meanest.
**INFINDÁVEL, INFINDO**, adj. Endless.
**INFINIDADE**, s. f. Infinity.
**INFINITÉSIMA**, s. f. Infinitesimal.
**INFINITIVO**, adj. e s. m. Infinitive.
**INFINITO**, adj. Infinite; without limits, of any kind; boundless; indefinitely large; vast; immense; s. m. infinite; boundless space or time; infinity; infinitive.
**INFIRMAR**, v. t. To weaken.
**INFIRME**, adj. Infirm; weak, feeble, insecure.

**INFIXIDEZ**, s. f. Lack of fixity.
**INFLAÇÃO**, s. f. Inflation; inflating.
**INFLACIONAR**, v. t. To inflate.
**INFLADO**, adj. Swollen, puffy, bloated.
**INFLAMAÇÃO**, s. f. Inflammation.
**INFLAMAR**, v. t. To inflame; to kindle or intensity; to enrage; (Med.) to cause inflamation; to burn, to blaze, to ignite.
**INFLAMÁVEL**, adj. Inflammable; combustible; easile excited or angered; excitable.
**INFLAR**, v. t. To inflate; to swell with air or gas; to elate; to blow; (fig.) to make proud.
**INFLECTIR**, v. t. To inflect; to turn from a direct line; to deflect; to vary the pitch of (the voices); (Gram.) to vary (a word) by inflection; to decline.
**INFLEXÃO**, s. f. Inflection; a bend.
**INFLEXIBILIDADE**, s. f. Inflexibility.
**INFLEXÍVEL**, adj. Inflexible; rigid; determined; incaoable of chance; unalterable.
**INFLIGIR**, v. t. To inflict; to deliver (blows) or to cause (pain, punishment, etc.) by striking; to impose; to cause to suffer.
**INFLORAR**, v. t. To flower; to adorn with flowers; v. p. to flower, to bloom, to blossom.
**INFLORESCÊNCIA**, s. f. Inflorescence.
**INFLUÊNCIA**, s. f. Influence.
**INFLUENCIAR**, v. t. To influence; to determine the nature or course of.
**INFLUENTE**, adj. Influentia.
**INFLUIR**, v. t. To influence; to predominate.
**INFLUXO**, s. m. Influx; a flowing in.
**INFORMAÇÃO**, s. f. Information; report.
**INFORMAR**, v. t. To inform; to comunicate knowledge to; to tell; to acquaint, to notify; to report; to instruct; to each; to shape; to animate; to confirm.
**INFORME**, adj. Shapeless; without form; s. m. information.
**INFORTIFICÁVEL**, adj. Unfortifiable.
**INFORTUNA**, s. f. Adversity, unhappiness.
**INFORTUNAR**, v. t. To make unfortunate.
**INFORTÚNIO**, s. m. Misfortune; bad luck.
**INFRAÇÃO**, s. f. Infraction; transgression.
**INFRANGÍVEL**, adj. Infrangible; unbreakble.
**INFRAVERMELHO**, adj. (Ffs.) Infrared.
**INFRATOR**, s. m. Infractor.
**INFRENE**, adj. Unbriedled; disorderly.
**INFREQÜENTE**, adj. Infrequent; sparse.
**INFRINGIR**, v. t. To infringe; to violate.
**INFRUTÍFERO**, adj. Unfruitful; fruitless.
**INFUNDADO**, adj. Unfounded; goundless.
**INFUNDIR**, v. t. To infuse; to instill; to steep.

**INFUSÃO**, s. f. Infusion; admixture; tineture.
**INFUSO**, adj. Infused into.
**INFUSÓRIO**, s. m. Infusorium.
**INGÊNITO**, s. m. Inborn, innate.
**INGENTE**, adj. Large, huge.
**INGENUIDADE**, s. f. Ingenuousness.
**INGÊNUO**, adj. Ingenuous; frank; open.
**INGERÊNCIA**, s. f. Interference.
**INGERIR**, v. t. To ingest.
**INGESTÃO**, s. f. Ingestion.
**INGLÊS**, adj. English; s. m. (Ling.) english; englishman.
**INGLESA**, s. f. Englishwoman.
**INGLESAR**, v. t. To anglicize.
**INGLÓRIO**, adj. Inglorious; modest.
**INGOVERNÁVEL**, adj. Ungovernable.
**INGRATIDÃO**, s. f. Ingratitude.
**INGREDIENTE**, s. m. Ingredient; a constituent.
**ÍNGREME**, adj. Steep.
**INGRESSAR**, v. t. To enter, to go into, to penetrate, to find a way through.
**INGRESSO**, s. m. Ingress; entrance; access.
**INGUA**, s. f. (Med.) Bubo.
**INGUINAL**, adj. Inguinal.
**INGURGITAÇÃO, INGURGITAMENTO**, s. f., s. m. Ingurgitation.
**INGURGITAR**, v. t. To ingurgitate.
**INFRENHO**, adj. Timid, shy, bashful; (fig.) stupid, dull; witless.
**INIBIÇÃO**, s. f. Inhibition; inhibiting.
**INIBIDO**, adj. Shy, timid; inhibited.
**INIBIR**, v. t. To inhibit; to forbid; to cheek.
**INICIAÇÃO**, s. f. Initiation; starting.
**INICIADO**, s. m. Initiate; novice.
**INICIAL**, adj. Initial; placed at the beginning; first; s. f. the first letter o a word or name.
**INICIAR**, v. t. To initiate; to commence.
**INICIATIVA**, adj. Initiative, initial; s. f. initiative; enterprise; (pop. EUA) push.
**INICIATÓRIO**, adj. Initiatory; introductory.
**INÍCIO**, s. m. Beginning, start.
**INIGUALÁVEL**, adj. Matchless; unmatched.
**INILUDÍVEL**, adj. Unmistakable.
**INIMAGINÁVEL**, adj. Unimaginable.
**INIMIGO**, adj. Inimical; hostile; s. m. enemy.
**INIMITÁVEL**, adj. Inimitable.
**INIMIZADE**, s. f. Enmity; hostility.
**ININTELIGÍVEL**, adj. unintelligible.
**ININTERRUPÇÃO**, s. f. Uninterruptedness.
**INIQÜIDADE**, s. f. Iniquity.
**INÍQUO**, adj. Unjust; wick, bad, cruel.
**INJEÇÃO**, s. f. Injection (also med.).

**INJETAR**, v. t. To inject, to force a fluid into.
**INJETOR**, s. m. Injector.
**INJUNÇÃO**, s. f. Injunction; commanding.
**INJUNGIR**, v. t. To enjoin, to command.
**INJÚRIA**, s. f. Injury; an act that injures.
**INJURIAR**, v. t. To injure, to offend.
**INJUSTIÇA**, s. f. Injustice; violation of another person's rights; wrong; an unjust act.
**INJUSTIFICÁVEL**, adj. Unjustifiable.
**INOBEDIÊNCIA**, s. f. Disobedience.
**INOBSERVÂNCIA**, s. f. Unobservance.
**INOCÊNCIA**, s. f. Innocence, freedom from guilt; harmlessness; innocuousness.
**INOCENTE**, adj. Innocent, sinless, pure; s. 2 gên. innocent; an innocent person.
**INOCUIDADE**, s. f. Innocuity; innocuousness.
**INOCULAÇÃO**, s. f. Inoculation.
**INOCULAR**, v. t. To inoculate.
**INÓCUO**, adj. Innocuous; harmless; pure.
**INODORO**, adj. Inodorous.
**INOFENSIVO**, adj. Inoffensive.
**INOLVIDÁVEL**, adj. Unforgettable.
**INOMINÁVEL**, adj. Unspeakable; vile; mean.
**INOPERANTE**, adj. Inoperative.
**INOPINADO**, adj. Unexpected.
**INOPORTUNIDADE**, s. f. Inopportunity.
**INOPORTUNO**, adj. Inopportune; ill-time.
**INORGÂNICO**, adj. Inorganic.
**INORGANIZADO**, adj. Unorganized.
**INOSPITALIDADE**, s. f. Inhospitableness.
**INÓSPITO**, adj. Inhospitable.
**INOVAÇÃO**, s. f. Inhovation.
**INOVAR**, v. t. To innovate; to make changes.
**INOXIDÁVEL**, adj. Inoxidable.
**INQUALIFICÁVEL**, adj. Unqualifiable.
**INQUEBRANTÁVEL**, adj. Inflexible; unalterable; undefatigable; resistant.
**INQUEBRÁVEL**, adj. Unbreakable.
**INQUÉRITO**, s. m. Inquest; inquiry.
**INQUESTIONÁVEL**, adj. Unquestionable.
**INQUIETAÇÃO**, s. f. Inquietude.
**INQUIETANTE**, adj. Disquieting; disturbing.
**INQUIETAR**, v. t. To disquiet; to perturb.
**INQUIETO**, adj. Unquiet; restless; fidgety; apprehensive.
**INQUILINO**, s. m. Lodger, tenant.
**INQUINAÇÃO**, s. f. Pollution; infection.
**INQUIRIÇÃO**, s. f. Inquiry, inquest.
**INQUIRIDOR**, adj. Inquisitive; inquering; questioning; s. m. inquirer, inquisitor.
**INQUIRIR**, v. t. To inquiry, to ask about.
**INQUISIÇÃO**, s. f. Inquisition, inquiry; a papal court (now called Holy Office).

**INQUISITORIAL**, adj. Inquisitorial.
**INSACIABILIDADE**, s. . Insatiability.
**INSACIÁVEL**, adj. Insatiable.
**INSALIVAÇÃO**, s. f. Insalivation.
**INSALUBRE**, adj. Insalubrious.
**INSANÁVEL**, adj. Incurable.
**INSÂNIA**, s. f. Insanity; madness.
**INSANO**, adj. Insane, mad.
**INSATISFAÇÃO**, s. f. Dissatisfaction.
**INSATISFAZER**, v. t. To dissatisfy.
**INSATURÁVEL**, adj. Unsaturable.
**INSCREVER**, v. t. To inscribe, to write or engrave (words or letters); to enter a name of; to enroll; (Geom.) to draw (one figure within another).
**INSCRIÇÃO**, s. f. Inscription.
**INSCULPIR**, v. t. To engrave, to carve.
**INSECÁVEL**, adj. Undrainable.
**INSEDUZÍVEL**, adj. That cannot be seduced.
**INSEGURANÇA**, s. f. Insecurity; risk.
**INSEGURO**, adj. Insecure; not tightly fastened; not safety guarded or protected.
**INSEMINAÇÃO**, s. f. Insemination.
**INSENSATEZ**, s. f. insensateness.
**INSENSIBILIDADE**, s. f. Insensibility.
**INSENSÍVEL**, adj. Insensible; apathetic.
**INSEPARÁVEL**, adj. Inseparable.
**INSEPULTO**, adj. Unburied.
**INSERÇÃO**, s f. Insertion.
**INSERIR**, v. t. To insert.
**INSETICIDA**, s. m. Insecticide.
**INSETÍVORO**, adj. Insectivorous.
**INSETO**, s. m. Insect.
**INSÍDIA**, s. f. Insidiouness.
**INSIDIOSO**, adj. Insidious; treacherous.
**INSIGNE**, adj. Notable, illustrious.
**INSÍGNIA**, s. f. Insigna; badge; emblem.
**INSIGNIFICÂNCIA**, s. f. Insignificance.
**INSINCERIDADE**, s. f. Insincerity.
**INSINUAÇÃO**, s. f. Insinuation.
**INSINUANTE**, adj. Insinuative.
**INSINUAR**, v. t. To insinuate; to suggest.
**INSIPIDEZ**, s. f. Insipidness.
**INSÍPIDO**, adj. Insipid, fasteless.
**INSIPIENTE**, adj. Stupid, unwise; illiterate.
**INSISTÊNCIA**, s. f. Insistence; persistence.
**INSISTIR**, v. t. To insist; to pres, to urge.
**INSOBRIEDADE**, s. f. Insobriety.
**INSOCIABILIDADE**, s. f. Unsociability.
**INSOFISMÁVEL**, adj. Invulnerable to sophistic arguments or reasoning.
**INSOFRÍVEL**, adj. insufferable; intolerable.
**INSOLAÇÃO**, s. f. Sunstroke, insolation.

**INSOLÊNCIA**, s. f. Insolence; insult.
**INSÓLITO**, adj. Uncommon; unusual.
**INSOLÚVEL**, adj. insoluble, not solvable.
**INSOLVÊNCIA**, s. f. Insolvency
**INSOLVENTE**, adj. Insolvent, not able to pay one's debts.
**INSONDÁVEL**, adj. Unsondable; unfathomable; (fig.) mysterious, inexplicable.
**INSONE**, adj. Sleepless.
**INSONORIDADE**, s. f. Irresonance.
**INSOSSO**, adj. Insipid, unsalted.
**INSPEÇÃO**, s. f. Inspection; control.
**INSPECIONAR**, v. t. To inspect, to examine.
**INSPETOR**, s. m. Inspector; overseer.
**INSPIRAÇÃO**, s. f. Inspiration; inspiring.
**INSPIRAR**, v. t. To inspire; to inhale.
**INSPIRÁVEL**, adj. Inspirable; inspirational.
**INSTABILIDADE**, s. f. Instability; lack of determination; inconstancy.
**INSTALAÇÃO**, s. f. Installatio, settlement.
**INSTALAR**, v. t. To install; to invest; to set.
**INSTÂNCIA**, s. f. Instance; instigation.
**INSTANTÂNEO**, adj. Instantaneous; s. m. (Fotogr.) snap-shot.
**INSTANTE**, adj. Instant, pressing, urgent; carnest; s. m. instant, moment.
**INSTAR**, v. t. To insist on, to urge, to press.
**INSTAURAÇÃO**, s. f. Instauration.
**INSTAURAR**, v. t. To restore, to repair; to begin, to start; to organize, to establish.
**INSTÁVEL**, adj. Unstable.
**INSTIGAÇÃO**, s. f. Instigation, abetment.
**INSTIGAR**, v. t. To instigate; to provoke.
**INSTILAÇÃO**, s. f. Instillation.
**INSTILAR**, v. t. To instill; to persuade.
**INSTINTIVO**, adj. Instinctive.
**INSTINTO**, s. m. Instinct.
**INSTITUIÇÃO**, s. f. Institution; institute.
**INSTITUIR**, v. t. To institute; to stablish; to found; to organize; to initiate.
**INSTITUTO**, s. m. Institute, technical school.
**INSTRUÇÃO**, s. f. Instruction; education.
**INSTRUIR**, v. t. To instruct; to teach.
**INSTRUMENTAÇÃO**, s. f. Instrumentation.
**INSTRUMENTAL**, adj. Instrumental; s. m. instruments.
**INSTRUMENTO**, s. m. Instrument; utensil.
**INSTRUTOR**, adj. Instructional; s. m. instructor, instructer; teacher.
**ÍNSUA**, s. f. Islet.
**INSUAVE**, adj. Unsoft, unpleasant.
**INSUBMERGÍVEL**, adj. Unsinkable.
**INSUBMISSÃO**, s. f. Insubjection.

**INSUBORDINAÇÃO**, s. f. Insubordination; mutiny; failure to obey authority.
**INSUBORDINAR**, v. t. To make insubordinate.
**INSUBSTANCIAL**, adj. Unsubstantial.
**INSUCESSO**, s. m. Unsuccess.
**INSUFICIÊNCIA**, s. f. Insufficiency; inability.
**INSUFICIENTE**, adj. Insufficient; deficient.
**INSUFLAÇÃO**, s. f. Insufflation.
**INSUFLAR**, v. t. To insufflate; to blow.
**ÍNSULA**, s. f. Islet.
**INSULAÇÃO**, s. f. Insulation.
**INSULAR**, v. t. To insulate; to isolate
**INSULSO**, adj. Insipid, tasteless.
**INSULTADOR**, adj. Insulting; s. m. insulter.
**INSULTAR**, v. t. To insult; to affront.
**INSULTO**, s. m. Insult; affront.
**INSUPERÁVEL**, adj. Insuperable.
**INSUPORTÁVEL**, adj. Insupportable.
**INSUPRÍVEL**, ad. Irreplaceable.
**INSURDESCÊNCIA**, s. f. Deafness.
**INSURGIR**, v. t. To excite to insurrection.
**INSURRECIONAR**, v. t. To excite insurrection; to raise, to rouse, to revolt.
**INSUSPEITO**, adj. Unsuspected.
**INSUSTENTÁVEL**, adj. Untenable.
**INTANGÍVEL**, adj. Intangible; vague.
**INTATO, INTACTO**, adj. Untouched; intact.
**ÍNTEGRA**, s. f. Integer; a whole.
**INTEGRAÇÃO**, s. f. Integration.
**INTEGRAL**, adj. Integral; entire; whole.
**INTEGRAR**, v. t. To integrate; to form or unite into one whole; to make entire.
**INTEGRIDADE**, s. f. Integrity.
**ÍNTEGRO**, adj. Entire, complete, honest.
**INTEIRAR**, v. t. To complete, to inform.
**INTEIRIÇO**, adj. Of one piece, solid.
**INTEIRO**, adj. Entire, whole, complete.
**INTELECTO**, s. m. Intellect; intelligence.
**INTELECTUAL**, adj. Intellectual; rational.
**INTELIGÊNCIA**, s. f. Intelligence; intellect.
**INTELIGÍVEL**, ajd. Intelligible.
**INTEMERATO**, adj. Intemerate; undefiled.
**INTEMPERADO**, adj. Intemperate; extreme.
**INTEMPÉRIE**, s. f. Inclemency (of weather).
**INTEMPESTIVO**, adj. Unseasonable.
**INTENÇÃO**, s. f. Intention; purpose.
**INTENCIONADO**, adj. Minded.
**INTENCIONAR**, v. t. To intend, to plan.
**INTENDÊNCIA**, s. f. Intndancy.
**INTENDER**, v. t. To superintend.
**INTENSÃO**, s. f. Intension; vehemence.
**INTENSIFICAR**, v. t. To intensify; to heighten.
**INTENSO**, adj. Intense; excessive; ardent.

**INTENTAR**, v. t. To intend; to project.
**INTENTO**, s. m. Intent; intention.
**INTENTONA**, s. f. Rebellion, revolt.
**INTERCADÊNCIA**, s. f. Intermittence.
**INTERCALAÇÃO**, s. f. Intercalation.
**INTERCALAR**, v. t. To intercalate; to insert.
**INTERCÂMBIO**, s. m. Interchange; dealings.
**INTERCEDER**, v. i. To intercede; to intermediate.
**INTERCELULAR**, adj. Intercellular.
**INTERCEPTAR**, v. t. To intercept; to cut off.
**INTERCESSÃO**, s. f. Intercession; mediation; interceding.
**INTERCOLONIAL**, adj. intercolonial.
**INTERCOLUNAR**, adj. intercolumnar.
**INERCOLÚNIO**, s. m. Intercolumniation.
**INTERCOMUNICAÇÃO**, s. f. Intercomunication.
**INTERCONTINENTAL**, ad. Intercontinental.
**INTERCORRÊNCIA**, s. f. Intercurrence.
**INTERCOSTAL**, adj. Intercostal.
**INTERCUTÂNEO**, adj. Intercutaneous.
**INTERDIÇÃO**, s. f. Interdiction; forbidding.
**INTERDIGITAL**, adj. Interdigital.
**INTERDITAR**, v. t. To interdict; to prohibit.
**INTERESSADO**, adj. interested; liable.
**INTERESSAR**, v. t. To interest, to affect.
**INTERESSE**, s. m. Interest; advantage; profit; benefit.
**INTERESTADUAL**, adj. Interstate.
**INTERFERÊNCIA**, s. f. Interference.
**INTERFERIR**, v. t. To intervene; to interfere.
**INTERFIXO**, adj. Interfixed.
**ÍNTERIM**, s. m. Interim, meanwhile.
**INTERINO**, adj. Provisional, acting.
**INTERIOR**, adj. Interior, being within; inside; inner; private, s. m. interior; the inland; inner nature; internal affairs of a stae.
**INTERJEIÇÃO**, s. f. Interjection.
**INTERLINEAR**, adj. Interlinear.
**INTERLOCUÇÃO**, s. f. Interlocution.
**INTERLOCUTÓRIO**, adj. Interlocutory.
**INTERLUNAR**, adj. Interlunar.
**INTERLÚDIO**, s. m. Interlunation.
**INTERMEDIAR**, v. t. To intermediate.
**INTERMEDIÁRIO**, adj. Intermediary; intervening; s. m. intermediary; mediator.
**INTERMÉDIO**, adj. intermediate; s. m. intermediary; mediator; intermediation; intervention; (teatro) interlude.
**INTERMINÁVEL**, adj. Interminable; endless.
**INTERMISSÃO, INTERMITÊNCIA**, s. f. Intermittence, interposition.

**INTERMITIR**, v. t. To intermit; to stop for a time.
**INTERNAÇÃO**, s. f. Inernment.
**INTERNACIONAL**, adj. International.
**INTERNACIONALIZAR**, v. t. To internationalize.
**INTERNAMENTO**, s. m. Internation.
**INTERNAR**, v. t. To intern.
**INTERNO**, adj. Interned; s. m. boarder.
**INTERNÚNCIO**, s. m. Internuncio.
**INTERPELAÇÃO**, s. f. Interpellation.
**INTERPELAR**, v. t. To interpellate; to question formally.
**INTERPOLAÇÃO**, s. f. (Mat.) Interpolation.
**INTERPOLAR**, adj. (Fís.) Interpolar; v. t. to interpolate (Mat.), insert, to interperse.
**INTERPOR**, v. t. To interpose; to intrude.
**INTERPOSTO**, s. m. Entrepot.
**INTERPRETAÇÃO**, s. f. Interpretation.
**INTERPRETAR**, v. t. To interpret, to make or given explanation.
**INTÉRPRETE**, s. 2 gên. Interpreter.
**INTERREGNO**, s. m. Interregnum.
**INTERROGAÇÃO**, s. f. Interrogation.
**INTERROGAR**, v. t. To interrogate; to inquire; to question.
**INTERROGATIVO**, adj. Interrogative.
**INTERROGATÓRIO**, s. m. Interrogatory; a formal question; adj. interrogative.
**INTERROMPER**, v. t. To interrupt; to break into; to stop or hinder by breaking; to break in upon (some action or discourse).
**INTERRUPÇÃO**, s. f. Interruption; a break.
**INTERRUPTOR**, s. m. Interruptor; switch; circuit breaker.
**INTERSEÇÃO**, s. f. Intersection.
**INTERSTELAR**, adj. Interstellar.
**INTERSTÍCIO**, s. m. Interstice; chink.
**INTERURBANO**, adj. Intracity; interurban; s. m. long-distance telephone call.
**INTERVALAR**, v. t. To set in an interval.
**INTERVALO**, s. m. Interval, a space separating objects, etc.
**INTERVENÇÃO**, s. f. Intervention.
**INTERVERTEBRAL**, adj. Intervertebral.
**INTERVERTER**, v. i. To invert, to reverse.
**INTERVIR**, v. t. To intervene, to interfere.
**INTERVOCÁLICO**, adj. Intervocalic.
**INTESTADO**, adj. Intestate.
**INTESTINAL**, adj. Intestinal.
**INTESTINO**, s. m. Intestine; internal; domestic, s. m. intestine.
**INTIMAÇÃO**, s. f. Intimation; citation.

**INTIMAR**, v. i. To notify; to summon.
**INTIMIDAÇÃO**, s. f. Intimidation.
**INTIMIDADE**, s. f. Intimacy.
**INTIMIDAR**, v. t. To intimidate; to cow.
**ÍNTIMO**, adj. Intimate; innermost; very personal; private; familiar; close in friendship.
**INTITULAÇÃO**, s. f. Entitling.
**INTITULAR**, v. t. To entitle.
**INTOCÁVEL**, adj. Untouchable; unsullied.
**INTOLERÂNCIA**, s. f. Intolerance; bigotry.
**INTOLERANTE**, adj. Intolerant; illiberal.
**INTOLERÁVEL**, adj. Intolerable.
**INTONAÇÃO**, s. f. Intonation.
**INTORÇÃO**, s. f. Intorsion.
**INTOXICAÇÃO**, s. f. Intoxication.
**INTOXICAR**, v. t. To intoxicate.
**INTRADORSO**, s. m. Intrados.
**INTRADUZÍVEL**, adj. Untranslatable.
**INTRAMOLECULAR**, adj. intramolecular.
**INTRAMUSCULR**, adj. (Med.) Intramuscular.
**INTRANQÜILIDADE**, s. f. Agitation.
**INTRANQÜILIZAR**, v. t. To disturb.
**INTRANSFERÍVEL**, adj. Intransferable.
**INTRANSIGÊNCIA**, s. f. Intransigence.
**INTRANSITÁVEL**, adj. Impassable.
**INTRANSITIVO**, adj. Intransitive.
**INTRANSMISSÍVEL**, adj. Intransmissible.
**INTRANSPORTÁVEL**, adj. Untransportable.
**INTRATÁVEL**, adj. Intractable.
**INTRAVENOSO**, adj. Intravenous.
**INTREPIDEZ**, s. f. Intrepidity; valor.
**INTRÉPIDO**, adj. Intrepid; courageous.
**INTRIGA**, s. f. Intrigue; plot.
**INTRIGAR**, v. t. To intrigue; to cheat; to trick; to puzzle; to plot.
**INTRINCADO**, adj. Intricate; complex; complicated; hard to follow or understand.
**INTRÍNSECO**, adj. Intrinsic; essential.
**INTRODUÇÃO**, s. f. Introduction.
**INTRODUZIR**, v. t. To introduce; to bring into practice or use; to cause to be acquainted; to present formally; to insert.
**INTRÓITO**, s. m. Preface; (Lit.) introit.
**INTROMETER**, v. t. To intromit.
**INTROMETIDO**, adj. Meddlesome; bold; s. m. meddler.
**INTROMISSÃO**, s. f. Intromission.
**INTROSPECÇÃO**, s. f. Introspection.
**INTRUJÃO**, s. m. Deceiver; cheat; impostor.
**INTRUSÃO**, s. f. Intrusion.
**INTUIÇÃO**, s. f. Intuition; insight.
**INTUITIVO**, adj. Intuitive.
**INTUMESCÊNCIA**, s. f. Intumescence.

**INTUMESCER**, v. t. e p. To become tumid; to swell up; to grow proud.
**INTURGESCÊNCIA**, s. f. Inturgescence.
**INTURGESCER**, v. i. To swell up.
**INUMAÇÃO**, s. f. Inhumation.
**INUMANIDADE**, s. f. Inhumanity.
**INUMAR**, v. t. To inhume, to inter, to bure.
**INÚMERO**, adj. Numberless, countless.
**INUNDAÇÃO**, s. f. Inundation; flood.
**INUNDAR**, v. t. To inundate; to deluge.
**INURBANIDADE**, s. f. Inurbanity.
**INUSITADO**, adj. Out of use; unusual.
**INÚTIL**, adj. Inutile, vain, useless; needless.
**INUTILIZAR**, v. t. To make useless.
**INVADEÁVEL**, adj. Unfordable.
**INVADIR**, v. t. To invade, to enter for conquest or plunder; to trespass.
**INVAGINAÇÃO**, s. f. Invagination.
**INVALIDAÇÃO**, s. f. Invalidation.
**INVALIDAR**, v. t. To invalidate; to invalid; to classify, or dismiss from duty.
**INVALIDEZ**, s. f. Invalidity.
**INVÁLIDO**, adj. invalid, not well, sickly, null.
**INVARIÁVEL**, adj. Unchangeable.
**INVASÃO**, s. f. Invasion.
**INVASOR**, adj. Invading: s. m. invader.
**INVECTIVA**, s. f. Invective; harsh or bitter utterance.
**INVECTIVAR**, v. t. To inveigh.
**INVEJA**, s. f. Envy.
**INVEJAR**, v. t. To envy, to fell envy toward.
**INVEJOSO**, adj. Envious.
**INVENÇÃO**, s. f. Invention; contrivance.
**INVENCIBILIDADE**, s. f. Invincibility.
**INVENCIONICE**, adj. Fib, falsehood, story.
**INVENCÍVEL**, adj. invincible.
**INVENDÁVEL**, adj. Unsaleable.
**INVENTAR**, v. t. To invent; to create or design in one's imagination; to make up.
**INVENTARIANTE**, adj. inventorying; s. 2 gên. one who makes an inventory.
**INVENTARIAR**, v. t. To inventory.
**INVENTIVA**, s. f. Inventiveness.
**INVENTIVO**, adj. Inventive.
**INVENTO**, s. m. Invention; contrivance.
**INVERIFICÁVEL**, adj. unverifiable.
**INVERNADA, INVERNIA**, s. f. Winter season; wintry weather.
**INVERNAL**, adj. Hibernal.
**INVERNAR**, v. To hibernate, to winter.
**INVERNO**, s. m. Winter.
**INVEROSSÍMIL**, adj. Unlike, untruthful.
**INVEROSSIMILHANÇA**, s. f. Inveracity.
**INVERSÃO**, s. f. Inversion; inverting; reverseal of position, order or relation.
**INVERSO**, adj. e s. m. Inverse.
**INVERTEBRADO**, adj. e s. m. Invertebrate.
**INVERTER**, v. t. To invert, to turn upside down, outside in, or inside out; to reverse.
**INVÉS**, s. m. Wrong side.
**INVESTIDA**, s. f. Investing, assault, charge.
**INVESTIDURA**, s. f. Investiture; vesture.
**INVESTIGAÇÃO**, s. f. Investigation.
**INVESTIGAR**, v. t. To investigate, to search.
**INVESTIR**, v. t. To invest; to endow legally; to install in office with appropriate ceremonies; to put (money) into a business, bonds, etc.; to attack, to assault.
**INVETERADO**, adj. Inveterate; habitual.
**INVIABILIDADE**, s. f. Impracticableness.
**INVIÁVEL**, adj. Impracticable.
**INVICTO**, adj. Unvanquished; invincible.
**ÍNVIO**, adj. Pathless.
**INVIOLABILIDADE**, s. f. Inviolability.
**INVIOLÁVEL**, adj. Inviolable.
**INVISIBILIDADE**, s. f. Invisibility.
**INVISÍVEL**, adj. Invisible; not clear or distinct; s. m. invisible.
**INVOCAÇÃO**, s. f. Invocation, invoking.
**INVOCAR**, v. t. To invoke, to call on for aid or protection; to call forty by incarnation.
**INVOLTÓRIO**, s. m. Covering; wapper.
**INVÓLUCRO**, s. m. Involucre, covering; wrapper; packing; envelope.
**INVOLUNTÁRIO**, adj. Involuntary.
**INVULNERABILIDADE**, s. f. Invulnerability.
**INVULNERÁVEL**, adj. invulnerable.
**IODAR**, v. t. To iodize.
**IODO**, s. m. iodine.
**IODOFÓRMIO**, s. m. Iodoform.
**ÍON**, s. m. Ion.
**IÔNICO**, adj. Ionic.
**IONIZAR**, v. t. To ionize.
**IOTA**, s. f. Iota (Greek alphabet).
**IPECACUANHA**, s. f. Ipecacuanha, ipecac.
**IR**, v. i. To go, to move on a course, to run; to pass; to elapse; to happen; to extend; to put oneself; to be suitable; to harmonize; to fit; to walk; to die; v. op. to go away; to go out; to die.
**IRA**, s. f. Ire, rage, anger.
**IRACÚNDIA**, s. f. irascibility.
**IRADO**, adj. Irate, angry, enraged.
**IRAR**, v. t. To make angry; to anger; to enrage; v. p. to grow or get angry.
**IRASCÍVEL**, adj. Irascible; choleric; irritable.

**IRIADO, IRISADO,** adj. Irised.
**IRIAR, IRISAR,** v. t. To iridize.
**IRÍDIO,** s. m. Iridium.
**ÍRIS,** s. f. Iris; rainbow.
**IRMÃ,** s. f. Sister.
**IRMANDADE,** s. f. Brotherhood; fraternity.
**IRMÃO,** s. m. Brother.
**IRONIA,** s. f. Irony; sarcasm; satire.
**IRÔNICO,** adj. Ironical.
**IROSO,** adj. Angry.
**IRRA,** inter. Zounds!
**IRRACIONAL,** adj. Irrational; absurd.
**IRRACIONALIDADE,** s. f. Irrationality.
**IRRADIAÇÃO,** s. f. Irradiation.
**IRRADIAR,** v. t. To irradiate; to trow rays of light on; to illuminate; to radiate; v. i. to emit rays; to be radiant.
**IRREAL,** adj. Unreal.
**IRREALIZÁVEL,** adj. Irealizable.
**IRRECLAMÁVEL,** adj. Irreclaimable.
**IRRECONCILIÁVEL,** adj. Irreconcilable.
**IRRECUPERÁVEL,** adj. Irrecoverable.
**IRRECUSÁVEL,** adj. Irrecusable.
**IRREDENTISMO,** s. m. Irredentism.
**IRREDIMÍVEL,** adj. Irredeemable.
**IRREDUTÍVEL, IRREDUZÍVEL,** adj. Irreducible; not reducible.
**IRREFLETIDO,** adj. Thoughtless.
**IRREFLEXÃO,** s. f. Irreflection.
**IRREFORMÁVEL,** adj. Unreformable.
**IRREFRAGÁVEL,** adj. Irrefragable.
**IRREFUTÁVEL,** adj. Irrefutable.
**IRREGULAR,** adj. Irregular; unnatural; (Gram.) irregular, not conforming to the normal manner of inflection.
**IRRELIGIÃO,** s. f. Irreligion; impiety.
**IRREMEDIÁVEL,** adj. Irremediable.
**IRREMISSÍVEL,** adj. Irremissible.
**IRREMÍVEL,** adj. Irredeemable.
**IRREMOVÍVEL,** adj. Irremovable.
**IRREPARADO,** adj. Unrepaired.
**IRREPLICÁVEL,** adj. Irrefutable.
**IRREPREENSÍVEL,** adj. Irreprehensible.
**IRREPRIMÍVEL,** adj. Irrepressible.
**IRREQUIETO,** adj. Unsteady; restless.
**IRRESIGNÁVEL,** adj. Unconformable.
**IRRESISTÊNCIA,** s. f. Irresistance.
**IRRESOLUÇÃO,** s. f. Irresolution; indecision.
**IRRESOLUTO,** adj. Irresolute; not decided or determined.
**IRRESPIRÁVEL,** adj. Unbreathable.
**IRRESPONDÍVEL, IRRETORQUÍVEL,** adj. Unanswerable; irrefutable.
**IRRESPONSÁVEL,** adj. Irresponsible; not answerable for consequences.
**IRRESTRINGÍVEL,** adj. Unrestrainable.
**IRRESTRITO,** adj. Unrestricted.
**IRREVOGÁVEL,** adj. Irrevocable.
**IRRIGAÇÃO,** s. f. Irrigation; irrigating.
**IRRIGADOR,** adj. Irrigating; watering; s. m. irrigator.
**IRRIGAR,** v. t. To irrigate.
**IRRISÃO,** s. f. Derision, mockery.
**IRRITABILIDADE,** s. f. Irritability.
**IRRITAÇÃO,** z. f. Irritation; vexation.
**IRRITAR,** v. t. To irritate; to excite impatience, anger, or displeasure; to provoke.
**ÍRRITO,** adj. Null, invalid; useless.
**IRROGAÇÃO,** s. f. Imposition (of a penalty).
**IRROMPER,** v. t. To burst.
**IRRUPÇÃO,** s. f. Irruption.
**ISCA,** s. f. Bait, tinder; (fig.) allurement.
**ISCAR,** v. t. To bait; (fig.) to allure; to entice; (Bras.) to incite, to set on.
**ISENÇÃO,** s. f. Exemption; abnegation.
**ISLÂMICO,** adj. Islamic; islamitic.
**ISMAELITA,** s. 2 gên. Ishmaelite.
**ISÓCRONO,** adj. Isochronous.
**ISOGAMIA,** s. f. Isogamy.
**ISÓGONO,** adj. Isogonic.
**ISOLAÇÃO, ISOLAMENTO,** s. f. Isolation, solitude.
**ISOLAR,** v. t. To isolate; to insulate; to segregate; (Quím.) to separate from all other substances; (Med.) to separate (a patient).
**ISÔMERE,** adj. Isomerous.
**ISOMÉRICO,** adj. Isomeric.
**ISOMÉTRICO,** adj. Isometric.
**ISOMORFISMO,** s. m. Isomorphism.
**ISÓPODES,** s. m. pl. Isopoda.
**ISÓSCELES,** adj. Isosceles.
**ISOTÉRMICO,** adj. Isothermal.
**ISÓTOPOS,** s. m. pl. Isotope.
**ISQUEIRO,** s. m. Lighter; tinder-lighter.
**ISRAELITA,** s. 2 gên. Israelite.
**ISSO,** pron. dem. That; it.
**ISTMO,** s. m. Isthmus.
**ISTO,** pron. dem. This.
**ITALIANISMO,** s. m. Italianism.
**ITÁLICO,** adj. Italic, or of relating to ancient Italy or its people; (Tip.) italic, designating, or relating to type in which the letters slope up toward the right; s. m. (Tip.) italic.
**ITEM,** adv. Item; also; s. m. item, article.
**ITINERANTE,** adj. Itinerant.
**ITINERÁRIO,** adj. Itinerary; s. m. itinerary.

# J

**J**, s. m. The tenth letter of the alphabet.
**JÁ**, adv. Already; in this moment; now.
**JABUTICABA**, s. f. (Bot. Bras.) Jaboticaba.
**JACA**, s. f. (Bot.) Jack, fruit of jack tree.
**JAÇA**, s. f. Spot in precious stones.
**JACARANDÁ**, s. m. (Bot. Bras.) Jacaranda.
**JACARÉ**, s. m. Alligator.
**JACENTE**, adj. Jacent, recumbent.
**JACINTO**, s. m. Hyacinthi.
**JACOBINO**, s. m. Jacobin.
**JACTÂNCIA**, s. f. Boasting; bragging; pride.
**JACTO**, s. m. Throw, cast, hurl; jet; stream of water; impulse.
**JACULAÇÃO**, s. f. Jaculation.
**JACULATÓRIA**, s. f. Prayer.
**JADE**, s. m. (Min.) Jade.
**JAEZ**, s. m. Harness; (fig.) kind, sort.
**JAGUAR**, s. m. Jaguar.
**JALAPA**, s. f. Jalap.
**JALECO, JAQUETA**, s. m., s. f. Jacket.
**JAMAIS**, adv. Never, not ever.
**JAMANTA**, s. m. Devilfish.
**JAMBA**, s. f. (Bras.) Jamb.
**JANEIRO**, s. m. January.
**JANELA**, s. f. Window.
**JANGADA**, s. f. Raft.
**JANOTA**, adj. Foppish; dandyish.
**JANSENISMO**, s. m. Jansenism.
**JANTAR**, v. i. To dine; s. m. dinner.
**JAPONÊS**, adj. e s. m Japanese.
**JAQUETÃO**, s. m. Coat.
**JARDA**, s. f. Yard.
**JARDIM**, s. m. Garden; flower-garden.
**JARDINAR**, v. t. To garden.
**JARDINEIRA**, s. f. Flower stand.
**JARDINEIRO**, s. m. Gardener.
**JARRA**, s. f. Jar.
**JARRETE**, s. m. Curve back of the knee.
**JARRETEIRA**, s. f. Garter.
**JARRO**, s. m. Pot, pitcher.
**JASMIM**, s. m. Jasmine, jessamine.
**JASPE**, s. m. Jasper.
**JÁSPEO**, adj. Jaspideous, jaspery.
**JATO**, s. m. Jet, gush, outpour, stream, ejaculation, throw, cast, hurl; jet plane.
**JAU**, adj. e s. m. Javanese.
**JAULA**, s. f. Jail; cage.
**JAVALI, JAVARDO**, s. m. Wild board.
**JAZER**, v. i. To lie; to lie in prison.
**JAZIDA**, s. f. Resting-place; (Bras.) mine.
**JAZIGO**, s. m. Grave; tomb; (Miner.) bed, deposit, field (of minerals).
**JEITO**, s. m. Mode, manner, skill, learning.
**JEJUAR**, v. i. To fast.
**JEJUM**, s. m. Fast, fasting.
**JEJUNO**, s. m. Jejunum.
**JERARCA**, s. m. Hierarch.
**JERICO**, s. m. Ass, donkey.
**JEROPIGA**, s. f. A kind of beverage made of must, brandy and sugar.
**JESUÍTA**, s. m. Jesuit.
**JIBÓIA**, s. f. Boa.
**JINGOÍSMO**, s. m. Jingoism.
**JIPE**, s. m. Jeep.
**JOALHERIA**, s. f. Jewellery; jewelry.
**JOANETE**, s. m. Knuckle bone; (Náut.) topsail.
**JOANINHA**, s. f. Cochineal.
**JOÃO-NINGUÉM**, s. m. Nobody.
**JOÃO-PESTANA**, s. m. Sleep.
**JOCOSO**, adj. Jocose, jocular, gracious.
**JOEIRAR**, v. t. To fan, to winnow.
**JOELHEIRA**, s. f. Knee-piece; knee-protector (in football).
**JOELHO**, s. m. Knee.
**JOGADA**, s. f. Throw, stroke, turn.
**JOGAR**, v. t. To play, to throw, to risk; to stake, to gamble.
**JOGO**, s. m. Play, game, sport, bet, wager.
**JOGRAL**, s. m. Jester.
**JOGUETE**, s. m. Pun, quibble; mockery.
**JÓIA**, s. f. Jewel, a precious stone; entrance fee (at club, society, etc.).
**JOIO**, s. m. Darnel.
**JÔNICO**, adj. Ionic.
**JORNADA**, s. f. Journey, tour, trip.
**JORRO**, s. m. Jet, waterspout, gush.
**JOTA**, s. m. The letter "j".
**JOVEM**, adj. Young, youthful; s. m. youth.
**JOVIAL**, adj. Jovial; merry; gay; jolly.
**JOVIALIZAR**, v. t. To jovialize.
**JUBA**, s. m. Mane.
**JUBILAÇÃO**, s. f. Jubilation; exultation.
**JUBILADO**, adj. Retored (said of a teacher).
**JUBILAR**, v. t. To rejoice; to cheer; v. i. to jubilate; to exult.
**JUBILEU**, s. m. Jubilee.
**JÚBILO**, s. m. Jubilation; exultation.

**JUCUNDO**, adj. Jocund, merry, gay, mirthful.
**JUDAICO**, adj. Judaic, judaical.
**JUDEU**, adj. Jewish; Judean; Judaen; s. m. Jew; Judean; Judaen.
**JUDIA**, s. f. Jewess.
**JUDIAR**, v. i. To mock, to torture.
**JUDICATURA**, s. f. Judicature; a court of justice; jurisdiction; judicial authority.
**JUDICIAL**, adj. Judicial.
**JUDICIOSO**, adj. Judicious, wise.
**JUGO**, s. m. Yoke; (fig.) submission.
**JUGULAR**, adj., s. f. Jugular; v. t. to subjugate; to subdue; to hang; to murder.
**JUIZ**, s. m. Judge.
**JUIZADO**, s. m. Judgeship.
**JUÍZO**, s. m. Judgement; discernment; good sense; opinion; court of justice.
**JULGADO**, adj. Judged; decided; s. m. judicature; the office of a judge; judgeship.
**JULGAMENTO**, s. m. Judgement; sentence.
**JULGAR**, v. t. To judge; to hear and decide as a judge; to estimate; to criticize.
**JULHO**, s. m. July.
**JUMENTO**, s. m. Jackass, ass, donkey.
**JUNCAL**, s. m. Rush-bed.
**JUNÇÃO**, s. f. Junction; joining.
**JUNCAR**, v. t. To strew; to spread.
**JUNCO**, s. m. Rush, bulrush, cane; s. m. junk, any of various vessels of Chinese waters.
**JUNGIR**, v. t. To yoke; to join; to link.
**JÚNIOR**, adj. Junior.
**JUNTA**, s. f. Joint, joining, junta; court.
**JUNTAR**, v. t. To join, to unite, to fasten or put together; associate oneself with; to combine in time, action, effort or the like; to assemble in one body; v. p. to meet together; to assemble.
**JUNTO**, adj. United; joined, near; adv. together; very near; jointly; conjointly.
**JUNTURA**, s. f. Juncture; joining; junction; joint; articulation; connection; union.
**JURA**, s. f. Oath; curse.
**JURADO**, adj. Sworn; s. m. juryman; juror.
**JURAMENTADO**, adj. Sworn.
**JURAMENTO**, s. m. Oath; curse; blasphemy.
**JURAR**, v. t. To swear; to take oath; promise solemnly; to curse.
**JÚRI**, s. m. Jury.
**JURÍDICO**, adj. Juridical.
**JURISDIÇÃO**, s. f. Jurisdiction.
**JURISPERITO**, s. m. Jurisprudent.
**JURISPRUDÊNCIA**, s. f. Jurisprudence.
**JURISPRUDENTE**, s. m. Jurisprudent, jurisconsult.
**JURISTA**, s. 2 gên. Jurist.
**JURO**, s. m. Interest.
**JUS**, s. m. Right, legal right.
**JUSANTE**, s. f. Ebb, ebb-tide.
**JUSTA**, s. f. Joust, tilt.
**JUSTALINEAR**, adj. Line by line.
**JUSTAPOR**, v. t. To juxtapose, to place side by side.
**JUSTAR**, v. i. To joust, to tilt.
**JUSTEZA**, . f. Justice; accuracy; precision.
**JUSTIÇA**, s. f. Justness; righteousness; uprightness; rectitude; fairness; jurisdiction.
**JUSTIÇAR**, v. t. To punish; to chastise.
**JUSTIFICAÇÃO**, s. f. Justification.
**JUSTIFICAR**, v. t. To justify; o pronounce free from guilt or blame.
**JUSTO**, adj. Just, impartial; merited; true; well founded; exact; accurate.
**JUTA**, s. f. Jute, a glossy fiber.
**JUVENIL**, adj. Juvenile, young; immature.
**JUVENTUDE**, s. f. Youth; youthfulness.

# K

**K**, s. m. This letter does not belong to the Portuguese alphabet. It is used, however, in certain abbreviations accepted internationally, and in a few foreign words introduced into the language.
**KAISER**, s. m. Kaiser.
**KANTISMO**, s. m. Kantism, Kantianism.
**KANTISTA**, s. 2 gên. Kantist; adj. e s. 2 gên. Kantian.
**KEPLERIANO**, adj. Keplerian.
**KILOVOLT**, s. m. Kilovolt.
**KILOWATT**, s. m. Kilowatt.

# L

**L**, s. m. The eleventh letter of the alphabet.
**LÁ**, adv. There, in that place; s. m. la, sixth note of the scale.
**LÃ**, s. f. Wool.
**LABACA**, s. f. Dock.
**LABAREDA**, s. f. Flame; blaze; (fig.) vivacity; ardor; impetuosity; intensity.
**LÁBARO**, s. f. Labarum; flag.
**LABELO**, s. m. Small lip; (Bot.) labellum.
**LABÉU**, s. m. Blemish; shame; blot; stain.
**LABIADO**, adj. Labiate; labiated.
**LABIAL**, adj. e s. m. Labial.
**LÁBIO**, s. m. Lip.
**LABIODENTAL**, adj. Labiodental.
**LABIRINTO**, s. m. Labyrinth; maze; (fig.) any confused condition; (Anat.) labyrinth, the internal ear.
**LABOR**, s. m. Labor or labour, toil, work.
**LABORAÇÃO**, s. f. Working; activity; work.
**LABORAR**, v. t. To labor, to toil; to work.
**LABORATÓRIO**, s. m. Laboratory.
**LABORIOSO**, adj. Laborious; toilsome; active; hard; requiring much work.
**LABREGO**, adj. e s. m. Rustic; countryman.
**LABUTA**, s. f. Toiling, labor.
**LABUTAR**, v. t. To labor; to toil; to strive.
**LACA**, s. f. Lac, a resinous substance.
**LAÇADA**, s. f. Slip-knot.
**LACAIO**, s. m. Lackey; footman; valet.
**LAÇAR**, v. i. To lace, to twist; to tie.
**LACERAÇÃO**, s. f. Laceration; lacing.
**LACERAR**, v. t. To lacerate, to rend; to tear.
**LAÇO**, s. m. Lace, knot, noose, slip-knot.
**LACÔNICO**, adj. Laconic; concise.
**LACRADO**, adj. Sealed with wax (said of letters, bottles, cards, etc.).
**LACRAR**, v. t. To seal with sealing-wax.
**LACRAU**, s. m. Scorpion.
**LACRE**, s. m. Sealing-wax.
**LACRIMAÇÃO**, s. f. Lachrymation, of or relating to tears; designating, relating to, or situated near the lachrymal glands.
**LACRIMEJANTE**, adj. Tearful; whimpering.
**LACRIMEJAR**, v. t. To whine; to whimper.
**LACTAÇÃO**, s. f. Lactation.
**LACTAR**, v. t. To latate; to suckle; to nurse.
**LÁCTEO, LÁTEO**, adj. Lacteous; milky.
**LACTICÍNIO, LATICÍNIO**, s. m. Milk-food.

**LÁCTICO**, adj. Lactic.
**LACTOSE**, s. m. Lactose.
**LACUNA**, s. f. Lacuna; a blank space.
**LACUNAR, LACUNOSO**, adj. Lacunose; lacunous; full of lacunas.
**LACUSTRE**, adj. Lacustral, lacustrian.
**LADAINHA**, s. f. Litany.
**LÁDANO**, s. m. Ladanum.
**LADEAMENTO**, s. m. Act of coasting along.
**LADEAR**, v. t. To coast along; to flank; to evade, to shun; to beat about the bush.
**LADEIRA**, s. f. Slope; acclivity.
**LADINO**, adj. Sly, cunning, astute.
**LADO**, s. m. Side, face, surface; flank.
**LADRA**, s. f. Thief.
**LADRADOR**, adj. Barking; yelping.
**LADRÃO**, adj. Thievish, burglarious, larcenous; (pop.) lightfingered; s. m. thief, robber, crook, burglar; pilferer, petty thief.
**LADRAR**, v. t. To bark, to yelp.
**LADRILHADO**, adj. Brick paved.
**LADRILHAR**, v. t. To brick, to cover with title.
**LADRILHO**, s. m. Brick, tile.
**LADROAGEM, LADROEIRA**, s. f. Theft.
**LADROAR**, v. t. To thieve, to steal.
**LAGAMAR**, s. m. Basin; lagoon; bay.
**LAGAR**, s. m. Press.
**LAGARTA**, s. f. Caterpillar.
**LAGARTIXA**, s. f. Small lizard.
**LAGARTO**, s. m. Lizard.
**LAGO**, s. m. Lake.
**LAGOA, LAGUNA**, s. f. Lagoon.
**LAGOSTA**, s. f. Lobster.
**LAGOSTIM**, s. m. Norway-lobster.
**LÁGRIMA**, s. f. Tear, tear-drop.
**LAGRIMAL**, adj. Lachrymal, lacrimal.
**LAGRIMEJAR**, v. t. To weep for.
**LAIA**, s. f. Quality, kind, sort.
**LAICO**, adj. Lay, laic, secular.
**LAIS**, s. m. (Naut.) Yardarm.
**LAIVAR**, v. t. To stain, to spoil.
**LAIVO**, s. m. Dirty, spot, stain; sign; pl. slight knowledge.
**LAJE, LAJA, LÁJEA**, s. f. Flagstone.
**LAJEADO**, adj. Paved.
**LAJEAR**, v. t. To pave with flagstone.
**LAMA**, s. f. Mud, mire; (fig.) stain blemish, blot; s. m. lama, a lamaist priest.

**LAMAÇAL, LAMACEIRO,** s. m. Muddy place; slough, puddle.
**LAMAÍSMO,** s. m. Lamaism.
**LAMBADA,** s. f. Slap, stroke, blow.
**LAMBÃO,** adj. Gluttonous; s. m. glutton.
**LAMBARICE,** s. f. Greediness; pl. dainties.
**LAMBAZ,** adj. Gluttonous; s. 2 gên. glutton, mop, swab.
**LAMBEDOR,** adj. Licking; (Bras.) flattering.
**LAMBER,** v. t. To lick; to touch lightly.
**LAMBIDA, LAMBIDELA,** s. f. Licking; (fig.) flattery.
**LAMBISCAR,** v. t. To nibble; to eat little.
**LAMBISGÓIA,** s. f. Prude; affected woman.
**LAMBRETA,** s. f. (Bras.) Motor scooter.
**LAMBRIS,** s. m. pl. Wainscot; stucco or marble facing.
**LAMBUJEM,** s. f. Danties, tidbits, leftovers (food); (fig.) small gain; (Bras.) advantage.
**LAMBUZAR,** v. t. To dirty, to soil; to grease.
**LAMECHA,** adj. Drivelling; enamored.
**LAMEIRA, LAMEIRO,** s. f. Marsh, slough.
**LAMELA,** s. f. Lamella.
**LAMELIRROSTRO,** adj. Lamellirostral.
**LAMENTAÇÃO,** s. f. Lamentation; lament.
**LAMENTAR,** v. t. To lament; to express or fell sorrow for; to wail; to mourn.
**LAMENTÁVEL,** adj. Lamentable; sorrowful.
**LAMENTO,** s. m. Lament, wailing.
**LÂMINA,** s. f. Lamina; a thin plate or scale; blade, sheet of metal.
**LAMINADO,** adj. Laminated; laminate.
**LAMINAR,** v. t. To laminate; to divide into laminae; to form into a thin plate.
**LAMIRÉ,** s. m. Diapason.
**LAMPA,** s. f. Lamp, Chinese silk.
**LÂMPADA,** s. f. Lamp.
**LAMPADÁRIO,** s. m. Candelabrum.
**LAMPARINA,** s. f. Night lamp, night candle.
**LAMPEIRO,** adj. Bold; meddlesome; quick.
**LAMPEJAR,** v. i. To shine; to glitter; to flash.
**LAMPEJO,** s. m. Spark, flash.
**LAMPIÃO,** s. m. Lantern; street-lamp.
**LAMPRÉIA,** s. f. Lamprey.
**LAMÚRIA,** s. f. Lamentation; lament.
**LAMURIAR,** v. i. To lament, to mourn; to weep; to complain.
**LANA-CAPRINA,** s. f. Trifle.
**LANAR,** adj. Lanigerous; woolly.
**LANÇA,** s. f. Lance; pole (of a carriage).
**LANÇA-CHAMAS,** s. m. Flame-thrower.
**LANÇADEIRA,** s. f. Weaver's shuttle.
**LANÇADOR,** s. m. Bidder, thrower.

**LANÇAMENTO,** s. m. Throw; cast; bid; (Com.) entry (in bookkeeping); (Naut.) launching; introduction; (Bot.) shoot, sprout; (Econ.) tax assessment.
**LANÇAR,** v. t. To throw, to cast, to hurl, to toss, to fling; to send forth; to launch; to start, to introduce; to release; to bid (at an auction); (Com.) to enter, to register, to publish; (Bot.) to germinate; to expel; to bury, to inter.
**LANCE,** s. m. Casting; throwing; event; conjuncture; risk, danger.
**LANCEIRO,** s. m. Lancer; lance-maker.
**LANCEOLAR,** adj. Lanceolate.
**LANCETA,** s. f. Lancet.
**LANCETADA,** s. f. Prick with a lancet.
**LANCETAR,** v. t. To bleed; to cut or prick with a lancet; to lancinate.
**LANCHA,** s. f. Launch, boat.
**LANCHÃO,** s. m. Barge.
**LANCHAR,** v. t. e i. To lunch.
**LANCHE,** s. m. Afternoon snack; (EUA) coffee break.
**LANCHONETE,** s. f. (Bras.) Luncheonette.
**LANCINAR,** v. t. To lancinate; to torment.
**LANÇO,** s. m. Cast, throw, spurt; jet; flight of stairs; bid (an offer, as at an auction).
**LANDÔ,** s. m. Landau.
**LANGOR,** s. m. Languor.
**LANGUIDEZ,** s. f. Languidness; languor.
**LÂNGUIDO,** adj. Languid; weak; tired out; sluggish; lacing force, enthusiasm.
**LANHAR,** v. t. To cut, to slash; to wound.
**LANHO,** s. m. Cut or slash; deep wound.
**LANÍFERO,** adj. Laniferous.
**LANIFÍCIO,** s. m. Woollen manufacture; s. m. pl. woollen goods.
**LANÍGERO,** adj. Lanigerous; woodly.
**LANOSO,** adj. Wooly, lanigerous.
**LANTERNA,** s. f. Lantern; skylight.
**LANUGEM,** s. f. Down, downiness.
**LAPA,** s. f. Den, grotto.
**LAPADA,** s. f. Blow with a stone.
**LÁPARO,** s. m. Young rabbit.
**LAPAROTOMIA,** s. f. Laparotomy.
**LAPELA,** s. f. Lapel.
**LAPIDAÇÃO,** s. f. Lapidation, stoning.
**LAPIDAR,** v. t. To polish or cut stones; to lapidate.
**LÁPIDE,** s. f. Gravestone; tombstone.
**LAPIDIFICAÇÃO,** s. f. Lapidification.
**LAPIDIFICAR,** v. t. To lapidify.
**LÁPIS,** s. m. Pencil.

**LAPSO**, s. m. Lapse; slip; a slight error.
**LAQUEAÇÃO**, s. f. Ligature (of arteries).
**LAQUEAR**, v. t. To tie (arteries); (Bras.) to cover with shellac.
**LAR**, s. m. Home; fireplace.
**LARANJA**, s. f. Orange.
**LARANJAL**, s. m. Orange-grove.
**LARÁPIO**, s. m. Filcher, pilferer.
**LARDEAR**, v. t. To lard; to intermix.
**LAREIRA**, s. f Fireplace.
**LARGA**, s. f. Yielding giving up; loosening.
**LARGADO**, adj. (Bras.) Abandoned; (fig.) incorrigible; disorderly; faint; loosened.
**LARGAR**, v. t. To let go, to loose, to loosen; to leave, to abandon; to give up.
**LARGO**, adj. Wide, broad, ample; spacious, vast; liberal; free; s. m. square.
**LARGUEZA**, s. f. Width, wideness; (fig.) generosity, liberality.
**LARGURA**, s. f. Width, breadth.
**LARINGE**, s. f. Larynx.
**LARINGITE**, s. f. Laryngitis.
**LARVA**, s. f. Larva.
**LARVAL, LARVAR**, adj. Larval.
**LASCA**, s. f. Serrap, splint.
**LASCAR**, v. t. To splinter; to clink; to crack.
**LASCÍVIA**, s. f. Lasciviousness.
**LASSIDÃO, LASSITUDE**, s. f. Lassitude, languor; weariness; fatigue; slackness.
**LASSO**, adj. Weary, exhausted; slack.
**LÁSTIMA**, s. f. Pity; compassion.
**LASTIMAR**, v. t. To deplore; to lament over; to regret; v. p. to complain; to worry.
**LASTIMÁVEL**, adj. Pitiable.
**LASTRAÇÃO**, s. f. Ballasting.
**LASTRAR**, v. t. To ballast.
**LASTRO**, s. m. (Naut., aero.) Ballast; (Fig.) gold reserve; home; (pop.) appetizer.
**LATA**, s. f. Tin; tin-plate.
**LATADA**, s. f. Trellis; grape-wine.
**LATAGÃO**, s. m. A tall, stout man.
**LATÃO**, s. m. Brass.
**LÁTEGO**, s. m. Scourge; whip.
**LATEJANTE**, adj. Throbbing.
**LATEJAR**, v. i. To throb; to palpitate (with anormal rapidity).
**LATENTE**, adj. Latent; hidden; dormant.
**LATERAL**, adj. Lateral.
**LÁTEX**, s. m. Latex.
**LATIDO**, s. m. Barking, yelping.
**LATIFUNDIÁRIO**, s. m. Large landowner.
**LATIFÚNDIO**, s. m. Latifundium.
**LATIM**, s. m. Latin.

**LATINIZAR**, v. t. e i. To latinize.
**LATIR**, v. i. To bark, to yelp.
**LATITUDE**, s. f. Latitude.
**LATO**, adj. Vast, extensive, wide.
**LATOARIA**, s. f. Tinsmith.
**LATRINA**, s. f. Water-closet; latrine.
**LATROCÍNIO**, s. m. Larceny, robbery.
**LAUDA**, s. f. Page, sheet.
**LÁUDANO**, s. m. Laudanum.
**LAUDATIVO**, adj. Laudative; praising.
**LAUDO**, s. m. Certificate.
**LÁUREA**, s. f. Laurel-crown; prize.
**LAUREAR**, v. t. To laureate; to crown with laurel; to reward; to distinguish.
**LAURÉOLA**, s. f. A small crown of laurel.
**LAUTO**, adj. Sumptuous; opulent; rich.
**LAVA**, s. f. Lava.
**LAVABO**, s. m. Lavabo.
**LAVADEIRA**, s. f. Washer; laundress.
**LAVADOR**, adj. Washing; cleaning.
**LAVAGEM**, s. f. Washing; wash; (Med.) lavage; (Bras.) enema; hogwash; (vulg.) reprimand, scolding.
**LAVANDA**, s. f. Lavender.
**LAVANDARIA, LAVANDERIA**, s. f. Laundry.
**LAVANDISCA**, s. f. Pied wagtail.
**LAVA-PÉS**, s. m. Foot-washing.
**LAVAR**, v. t. To wash, to clean, to launder; to purify; to clear.
**LAVATÓRIO**, s. m. Lavatory; lavabo.
**LAVRA**, s. f. Tillage; labor; mining; authorship; cultivation of land.
**LAVRADIO**, adj. Arable, plowable.
**LAVRADO**, adj. Tilled; s. m. embroidery.
**LAVRADOR**, s. m. Tiller; countryman.
**LAVRAR**, v. t. To plough; to plow; to till; to mine; to carve, to engrave; to sculpture; to enchase; to embroider.
**LAXAÇÃO**, s. f. Laxity; laxation.
**LAXO**, adj. Lax, not tense, firm, or rigid.
**LAZARENTO**, adj. Leprous.
**LÁZARO**, s. m. Lazarous.
**LAZER**, s. m. Leisure, ease.
**LEAL**, adj. Loyal, faithful, true.
**LEALDADE**, s. f. Loyalty, fidelity.
**LEÃO**, s. m. Lion.
**LEBRE**, s. f. Hare.
**LEBRÉU**, s. m. Greyhound.
**LECIONAR**, v. t. e i. To teach, to give private lessons.
**LECITINA**, s. f. Lecithin.
**LEDO**, adj. Joyful, gay.
**LEDOR**, s. m. Reader.

**LEGAÇÃO**, s. f. Legation, embassy.
**LEGADO**, s. m. Legate, an authorized representative of the Pope; an embassador or envoy; bequest.
**LEGAL**, adj. Legal; lawful; (vulg. Bras.) OK, perfect; marvelous, terrific.
**LEGALIDADE**, s. f. Legality; lawfulness.
**LEGALIZAÇÃO**, s. f. Legalization.
**LEGALIZAR**, v. t. To legalize; to make legal.
**LEGAR**, v. t. To legate, to bequeath.
**LEGATÁRIO**, s. m. Legatee.
**LEGENDA**, s. f. Legend; an inscription, motto or the like.
**LEGENDÁRIO**, adj. Legendary; fabulous.
**LEGIÃO**, s. f. Legion.
**LEGIBILIDADE**, s. f. Legibility.
**LEGIONÁRIO**, adj. e s. m. Legionary.
**LEGISLAÇÃO**, s. f. Legislation.
**LEGISLAR**, v. t. To legislate; to cause to be, become, or take a certain course, by legislation; v. i. to legislate, to make or enact a law or laws.
**LEGISLATIVO**, adj. Legislative.
**LEGISTA**, s. 2 gên. Legist.
**LEGÍTIMA**, s. f. Legitime.
**LEGITIMAÇÃO**, s. f. Legitimation.
**LEGITIMAR**, v. t. To legitimate; to legitimize.
**LEGÍTIMO**, adj. Legitimate, lawfully; begotten; lawful, legal; genuine; authentic.
**LEGÍVEL**, adj. Legible; easily read; plain.
**LÉGUA**, s. f. League.
**LEGUME**, s. m. Legume, legumen.
**LEGUMINOSA**, s. f. Leguminose.
**LEI**, s. f. Law; an edict, ordinance, statute or the like.
**LEIAUTE**, s. m. Layout.
**LEICENÇO**, s. m. Phlegmon.
**LEIGO**, adj. Lay; laic; s. m. laic.
**LEILÃO**, s. m. Auction.
**LEILOAR**, v. t. To auction; to sell at auction.
**LEIRA**, s. f. Bed (in a garden).
**LEITÃO, LEITOA**, s. m., s. f. Sucking pig.
**LEITE**, s. m. Milk; (Bot.) latex.
**LEITEIRA**, s. f. Milk-container; milk-pot.
**LEITEIRO**, adj. Milky; s. m. milkman.
**LEITERIA**, s. f. Dairy.
**LEITO**, s. m. Bed, bedsteady.
**LEITOR**, s. m. Reader; lector.
**LEITOSO**, adj. Milky.
**LEITURA**, s. f. Reading.
**LEIVA**, s. f. Clod, lump (of earth).
**LEMA**, s. f. Lemma; proposition; theme; subject; emblem.

**LEMBRADO**, adj. Mindful; remembered.
**LEMBRANÇA**, s. f. Remembrance; memory; souvenir; keepsake; pl. regards.
**LEMBRAR**, v. t. To remind; to put (a person) in mind (of something); to remember.
**LEMBRETE**, s. m. Note, mark.
**LEME**, s. m. Helm; rudder.
**LENÇO**, s. m. Handkerchief.
**LENÇOL**, s. m. Bed sheet; shroud.
**LENDA**, s. f. Legend; fable.
**LÊNDEA**, s. f. Nit.
**LENGALENGA**, s. f. Chit-chat; rigmarole.
**LENHA**, s. f. Wood; firewood.
**LENHADOR**, s. m. Wood-cutter.
**LENHAR**, v. i. To cut wood.
**LENHO**, s. m. Trunk, branch; wood.
**LENHOSO**, adj. Ligneous; woody.
**LENIENTE**, adj. Lenitive; lenient.
**LENIFICAR**, v. t. To lenify; to mitigate.
**LENIMENTO**, s. m. Lenitive, a medicine or lotion that eases pain.
**LENINISTA**, adj. e s. 2 gên. Leninist.
**LENIR**, v. t. To lenify.
**LENITIVO**, adj. e s. m. Lenitive.
**LENOCÍNIO**, s. m. Pandering.
**LENTE**, adj. Reading; s. m. high-school.
**LENTEJOULA**, s. f. Spangle.
**LENTÍCULA**, s. f. Small lens.
**LANTICULAR**, s. f. Lenticular; lentiform.
**LENTIDÃO**, s. f. Lentitude, slowness.
**LENTIGINOSO**, adj. Lentiginous.
**LENTILHA**, s. f. Lentil.
**LENTO**, adj. Slow; dull; stupid; lazy; idle.
**LEOA**, s. f. Lioness.
**LEOPARDO**, s. m. Leopard.
**LEPIDEZ**, s. f. Cheer, jollity; joviality.
**LÉPIDO**, adj. Merry; joyful; gallant.
**LEPIDÓPTERO**, adj. Lepidopterous.
**LEPORINO**, adj. Leporine, hare-like.
**LEPRA**, s. f. Leprosy.
**LEPROSARIA, LEPROSOÁRIO**, s. f., s. m. Leprosery.
**LEQUE**, s. m. Fan.
**LER**, v. t. To read; to peruse; to utter aloud (something written or printed); to interpret; to mean according to its words, terms, etc.
**LERDO**, adj. Heavy, lazy; dull.
**LESADO**, adj. Injured; hurt; damaged.
**LESÃO**, s. f. Lesion.
**LESAR**, v. t. To hurt; to damage; to injure.
**LESBIANISMO**, s. m. Lesbianism.
**LESIVO**, adj. Injuring; offensive; hurting.
**LESMA**, s. f. Slug, slug snail; (fig.) a drone.

**LESTE**, s. m. East.
**LESTO**, adj. Ready, smart; nimble.
**LETAL**, adj. Lethal, deadly, fatal; mortal.
**LETARGIA**, s. f. Lethargy; profound sleep; a state of inaction or indifference.
**LETÁRGICO**, adj. Lethargic; lethargical.
**LETIFICANTE**, adj. Joyful.
**LETIFICAR**, v. t. To rejoice; to make merry.
**LETRA**, s. f. Letter; character; (Tip.) type; calligraphy; handwriting; (Mus.) lyrics; (Com.) note; inscription; pl. letter, missive; epistle; literature; erudition.
**LETRADO**, adj. Lettered; literate; erudite; learned; s. m. man of letters.
**LETREIRO**, s. m. Label; title; inscription.
**LETRIA**, s. f. Vermicelli.
**LÉU**, s. m. Anchorless.
**LEUCEMIA**, s. f. Leukemia.
**LEUCÓCITO**, s. m. Leucocyte.
**LEUCORRÉIA**, s. f. Leucorrhea.
**LEVA**, s. f. Weighing (of an anchor); levy; transport (of prisioners); batch (any set of things made, done, etc., at one time).
**LEVADA**, s. f. Water course; stream.
**LEVADIÇO**, adj. Easily moved, movable.
**LEVADO**, adj. (Bras.) Mischievous; devilish (child), naughty, undisciplined; impish.
**LEVANTADIÇO**, adj. Easily revolted; restless; insubordinate; careless; hoisting.
**LEVANTAMENTO**, s. m. Raising; elevation, rebellion; revolt; insurrection.
**LEVANTAR**, v. t. To raise, to lift, to elevate, to hoist; to pick up; to stand (something or someone); to increase, to intensify; (fig.) to exalt, to dignify; to highten; to ennoble, to aggrandize, to arouse, to incite, to excite, to gather, to levy (taxes); (Fin.) to collect (money); to cease; to remove; to annul; to put (someone) to flight; to erect; to build; to propose; (Mil.) to enlist, to recruit.
**LEVANTE**, s. m. Levant, orient; riot; mutiny.
**LEVAR**, v. t. To carry; to convey; to transport; to take away; to bring, to lead; to endure; to take (time).
**LEVE**, adj. Light; not heavy; quick; agile.
**LEVEDAR**, v. t. To leaven; to cause to ferment.
**LEVEDURA**, s. f. Leaven, yeast.
**LEVEZA**, s. f. Lightness; inconstancy.
**LEVIANDADE**, s. f. Frivolity; levity; flippancy; inconsideration; inconstancy.
**LEVIANO**, adj. Thoughtless; frivolous; light.
**LEVITAÇÃO**, s. f. Levitation.

**LEVÍTICO**, s. m. Leviticus, third book of the Pentateuch.
**LÉXICO**, s. m. Lexicon, dictionary.
**LEXICOGRAFIA**, s. f. Lexicography.
**LEZÍRIA**, s. f. Marshy land.
**LHAMA**, s. f. Fabric with threads of gold and silver; s. m. lhama.
**LHANEZA**, s. f. Sincerity; candor.
**LHANO**, adj. Sincere; honest; frank; kind.
**LHE**, pron. pess. He, him, her, it; to him, to her, to it; you, to you.
**LIA**, s. f. Dregs, lees.
**LIAÇA**, s. f. Bundle (of straw).
**LIAME**, s. m. Band, bond.
**LIBAÇÃO**, s. f. Libation.
**LIBANÊS**, adj., s. m. Lebanese.
**LÍBANO**, s. m. Lebanon.
**LIBAR**, v. t. e i. To libate, to drink, to suck.
**LIBELINHA, LIBÉLULA**, s. f. Libellula, dragonfly.
**LÍBER**, s. m. (Bot.) Liber.
**LIBERAÇÃO**, s. f. Liberation.
**LIBERADO**, adj. Liberated; released; paroled; s. m. free or liberated (prisioner).
**LIBERAL**, adj. Liberal; not restricted; generous; abundant; not strict or rigorous; broad minded; not narrow in opinion or judgment; not conservative.
**LIBERALIDADE**, s. f. Liberality.
**LIBERALIZAR**, v. t. e i. To liberalize; to make or become liberal.
**LIBERAR**, v. t. To liberate; to disengage.
**LIBERDADE**, s. f. Liberty; freedom from slavery, imprisionment, or control by another; familliarity.
**LIBERTAÇÃO**, s. f. Libertation; freedom.
**LIBERTAR**, v. t. To free, to liberate.
**LIBERTINAGEM**, s f. Libertinism.
**LIBERTINO**, adj. Libertine; dissolute; s. m. libertine; rake.
**LIBERTO**, adj. Free; loose; safe.
**LIBIDINAGEM**, s. f. Lewdness; sensuality.
**LIBIDO**, s. f. Libido.
**LIBRA**, s. f. Pound.
**LIBRAR**, v. t. To librate; to balance.
**LIBRÉ**, s. m. Livery.
**LIÇA**, s. f. List, lists.
**LIÇÃO**, s. f. Lesson; explanation; lecture.
**LICENÇA**, s. f. License or licence; excess of liberty; freedom; lasciviousness.
**LICENCIAMENTO**, s. m. Licentiation.
**LICENCIAR**, v. t. To license, to permit or authorize; to give a license to; to authorize.

**LICENCIATURA, s. f.** Licenciate; conferral of the degree of licentiate (on someone).
**LICENCIOSIDADE, s. f.** Licentiousness.
**LICENCIOSO, adj.** Licentious; lascivious.
**LICEU, s. m.** Secondary school; high-school.
**LICITAÇÃO, s. f.** Outbidding.
**LICITAR, v. t. e i.** To outbid.
**LÍCITO, adj.** Licit, lawful.
**LICOR, s. m.** Liqueur, liquor.
**LICORNE, s. m.** Unicorn.
**LICOROSO, adj.** Like liquor.
**LIDA, s. f.** Work, fatigue.
**LIDAR, v. i.** To struggle for; to work hard.
**LIDE, s. f.** Fight, battle, struggle.
**LÍDER, s. m.** Leader, chief; conductor, head.
**LIDERAR, v. t.** To lead.
**LÍDIMO, adj.** Legitimate.
**LIDO, adj.** Read, learned.
**LIGA, s. f.** League; unioun; alliance; ligation; association; junction; alloy (of metals).
**LIGAÇÃO, s. f.** Binding, fastening; conection; junction; union; friendship; liaison.
**LIGAMENTO, s. m.** Ligament; bandage; band, tie; connecting bond; binding.
**LIGAR, v. t.** To tie, to bind, to connect; to joint; to fasten; to cement; (Quim.) to alloy, to mix; to emulsify; (Mus.) to slur; to tie.
**LIGEIRO, adj.** Light, airy; agile; swift; quick; speedy; transparent; flimsy; vaporous; delicate; slender; fidgety; inconstant; smart.
**LÍGNEO, adj.** Ligneous; woody.
**LIGNITE, s. f.** Lignite.
**LIGULADO, adj.** (Bot.) Ligulate; strapshaped.
**LILÁS, s. m.** (Bot.) Lilac.
**LILIÁCEO, adj.** Liliaceous.
**LIMA, s. f.** File; (Bot.) lime.
**LIMALHA, s. f.** Fillings; file-dust.
**LIMÃO, s. m.** Lemon.
**LIMAR, v. t.** To file, to rub, to smooth, to cut with a file; to remove with a file.
**LIMBO, s. m.** Limbo, the abode of souls of unbaptized infants; limb, border, edge; (Bot.) limb.
**LIMEIRA, s. f.** (Bot.) Lime-tree.
**LIMIAR, s. m.** Threshold, doorstep.
**LIMITAÇÃO, s. f.** Limitation; restriction.
**LIMITAR, v. t.** To limit, to apply a limit to, to set a limit or bounds for; to restrain; v. i. to confine; v. p. to be confined or restrained.
**LIMITE, s. m.** Limit, boundary; frontier.
**LIMÍTROFE, adj.** Frontier; limitrophe.
**LIMO, s. m.** Ooze, slimy mud, slime.
**LIMOEIRO, s. m.** (Bot.) Lemon-tree.

**LIMONADA, s. f.** Lemonade.
**LIMOSIDADE, s. f.** Sliminess; oozeness.
**LIMPADELA, LIMPADURA, s. f.** Cleaning.
**LIMPAR, v. t.** To clean, to cleanse, to clear.
**LIMPEZA, s. f.** Cleanliness, perfection.
**LÍMPIDO, adj.** Limpid, clear; transparent.
**LIMPO, adj.** Clean, clear, free from dirt; innocent, morally pure.
**LINCE, s. m.** Linx.
**LINCHAMENTO, s. m.** Lynching.
**LINCHAR, v. t.** To lynch.
**LINDA, LINDE, s. f.** Boundary; limit; bound.
**LINDAR, v. t.** To limit, to border, to confine.
**LINDEZA, s. f.** Beauty; grace; charm.
**LINDO, adj.** Fine; pretty; beautiful.
**LINEAMENTO, s. m.** Lineament; outline.
**LINEAR, adj.** Linear, of, or relating to a line or lines.
**LINFA, s. f.** Lymph.
**LINFÁTICO, adj.** Lymphatic.
**LINGOTE, s. m.** (Met.) Ingot; bar iron; pig iron; (Tip.) leading.
**LÍNGUA, s. f.** Tongue; language; speech.
**LINGUADO, s. m.** Sheet of paper or metal; (Ictiol.) sole.
**LINGUAGEM, s. f.** Language, speech.
**LINGUAJAR, v. i.** Mode of speech; dialect.
**LINGUARUDO, adj. e s. m.** Chatterbox.
**LINGÜETA, s. f.** Little tongue; bolt.
**LINGÜIÇA, s. f.** Sausage.
**LINGÜIFORME, adj.** Linguidorm.
**LINGÜÍSTICA, s. f.** Linguistics.
**LINHA, s. f.** Line; thread; a cord, tape or the like used in measuring, leveling, etc.; boundary, limit; outline, contour; course of conduct, thought, or policy; lineage; a series or rank of objects thought; transportation system or company; the wire connecting one telegraph or telephne station with another; a row of letters, words, etc., extending across a page or column; a road, route, way; the equator.
**LINHAÇA, s. f.** Linseed, flaxseed.
**LINHAGEM, s. f.** Lineage; origin; race.
**LINHITA, s. f.** Lignite.
**LINHO, s. m.** Linen, flax.
**LINIMENTO, s. m.** Liniment.
**LINÓLEO, s. m.** Linoleum.
**LINOTIPIA, s. f.** Linotyping.
**LINOTIPO, s. f.** Linotype.
**LIOZ, s. f.** Limestone.
**LIPOGRAMA, s. m.** Lipogram.
**LIPOMA, s. m.** (Med.) Lipoma.

**LIQUEFAÇÃO**, s. f. Liquefaction.
**LIQUEFAZER, LIQUESCER, LIQUIDIFICAR**, v. t., v. i., v. t. To liquefy, to become liquid.
**LÍQUEN**, s. m. (Bot.) Lichen.
**LIQUIDAÇÃO**, s. f. Liquidation.
**LIQUIDAR**, v. t. To liquidate; to pay (a debt or accounts); v. i. to pay off.
**LIQUIDIFICAÇÃO**, s. f. Liquefaction.
**LÍQUIDO**, adj. Liquid, flowing freely like water; fluid; s. m. liquid, a substance in the liquid state; drink.
**LIRA**, s. f. Lyre; a musical instrument of the harp kind; lira, an Italian coin.
**LÍRICO**, adj. Lyric, lyrical.
**LÍRIO**, s. m. Lily.
**LIRISMO**, s. m. Lyriscism.
**LISIM**, s. m. Vein in a stone-pit; cleft.
**LISO**, adj. Smooth, even; plain; lank (hair).
**LISONJA**, s. f. Flattery, wheedling; cajole.
**LISONJEAR**, v. t. To flatter, to wheedle.
**LISTA**, s. f. Enumeration; roll; strip.
**LISTRA**, s. f. Stripe.
**LISTRADO**, adj. Striped; tabby.
**LISURA**, s. f. Smoothness; (fig.) honesty.
**LITANIA**, s. f. Litany.
**LITEIRA**, s. f. Litter.
**LITERAL**, adj. Literal.
**LITERÁRIO**, adj. Literate, literary.
**LITERATURA**, s. f. Literature.
**LITÍASE**, s. f. Lithiasis.
**LITIGAR**, v. t. To litigate, to contest in law; v. i. to contend, to dispute.
**LITÍGIO**, s. m. Litigation, lawsuit.
**LÍTIO**, s. m. Lithium.
**LITOCROMIA**, s. f. Lithochromy.
**LITOGRAFIA**, s. f. Lithography.
**LITOLOGIA**, s. f. Lithology.
**LITOMANCIA**, s. f. Lithomancy.
**LITORAL**, adj. Littoral; s. m. littoral, a coastal region; seashore.
**LITOSFERA**, s. f. Lithosphere.
**LITOTOMIA**, s. f. Lithotomy.
**LITRO**, s. m. Litre, liter.
**LITURGIA**, s. f. Liturgy.
**LIVIDEZ**, s. f. Lividness.
**LÍVIDO**, adj. Livid, discolored.
**LIVRAMENTO**, s. m. Deliverancce; liberation.
**LIVRAR**, v. t. To deliver, to set free; to release; v. o. to be exempted; to get rid of.
**LIVRARIA**, s. f. Bookstore, book-shop.
**LIVRE**, adj. Free, exempt; innocent of; independent; released from some duty, tax, etc.; given without cost; frank; licentious; not confined or restricted; not liberal or exact; not obstructed.
**LIVRO**, s. m. Book; a written or printed narrative or record; a collection of sheets strung or bound together.
**LIXA**, s. f. Sandpaper.
**LIXAR**, v. t. To rub with sandpaper.
**LIXEIRO**, s. m. Rubbish-collector.
**LIXÍVIA**, s. f. Lixivium.
**LIXO**, s. m. Filth, rubbish; (fig.) mob.
**LOBA**, s. f. Tumor; she-wolf.
**LOBADO**, adj. Lobed, lobate.
**LOBAL**, adj. Wolfish, cruel, sanguinary.
**LOBÃO**, s. m. Tumor.
**LOBÉLIA**, s. f. (Bot.) Lobelia.
**LOBINHO**, s. m. Wolf's cub, a little wolf; cyst.
**LOBISOMEM**, s. m. Werewolf, werwolf.
**LOBO**, s. m. Lobe; wolf.
**LÔBREGO**, adj. Dark, dismal, gloomy.
**LOBRIGAR**, v. t. To have a glimpse of.
**LÓBULO**, s. m. Lobule.
**LOCAÇÃO**, s. f. Location; rental.
**LOCAL**, adj. Local; s. m. locate, place.
**LOCALIDADE**, s. f. Locality; position; town.
**LOCALIZAR**, v. t. To localize; to fix in, or confine to a definite place or locality.
**LOÇÃO**, s. f. Lotion.
**LOCAR**, v. t. To let, to hire.
**LOCATIVO**, adj., s. m. (Gram.) Locative.
**LOCOMOÇÃO**, s. f. Locomotion.
**LOCOMOTIVA, LOCOMOTIVO**, s. f. Locomotive.
**LOCOMOVER-SE**, v. p. To locomote.
**LOCUÇÃO**, s. f. Locution, manner of expression; a particular form of expression.
**LÓCULO**, s. m. Loculus.
**LOCUPLETAR**, v. t. To make rich, to enrich.
**LOCUSTA**, s. f. Locust.
**LOCUTÓRIO**, s. m. Locutory.
**LODAÇAL**, s. m. Muddy area, swamp.
**LODO**, s. m. Mud, mire, ooze.
**LOENDRO**, s. m. Oleander.
**LOGARITMO**, s. m. Logarithm.
**LÓGICA**, s. f. Logic.
**LÓGICO**, adj. Logical, logic; s. m. logician.
**LOGO**, adv. Immediately; without delay, soon; conj. therefore, then, so.
**LOGOGRIFO**, s. m. Logogryph.
**LOGOMAQUIA**, s. f. Logomachy.
**LOGRADOURO**, s. m. A common.
**LOGRAR**, v. t. To obtain, to get, to enjoy.
**LOGRO**, s. m. Profit, gain; cheat; trap.
**LOJA**, s. f. Shop, store, lodge.

**LOMBADA**, s. f. Back (of a book).
**LOMBO**, s. m. Loin, loins; reins; back.
**LOMBRIGA**, s. f. Pin worm.
**LONA**, s. f. Canvas; sail-cloth.
**LONGE**, adv. Far; far away; adj. distant, remote; s. m. pl. background (of a picture); distance; hints; resemblance.
**LONGEVO**, adj. Long-lived; longevous.
**LONGIMETRIA**, s. f. Measure of distances.
**LONGÍNQUO**, adj. Distant, remote.
**LONGITUDE**, s. f. Longitude.
**LONGO**, adj. Long; not short; not brief.
**LOQUACIDADE**, s. f. Loquacity; chattiness.
**LOQÜELA**, s. f. Speech, talk.
**LOQUETE**, s. m. Padlock.
**LORCA**, s. f. Warren for breeding rabbits.
**LORO**, s. m. Stirrup-trap.
**LORPA**, adj. Silly, foolish, stupid.
**LOSANGO**, s. m. Lozenge.
**LOSNA**, s. f. (Bot.) Wormwood.
**LOTAÇÃO**, s. f. Budget; capacity (theatre).
**LOTE**, s. m. Lot; portion; quantity.
**LOTO**, s. m. Lotus, lotos; lotto.
**LOUÇA**, s. f. Tableware (porcelain, pottery).
**LOUCURA**, s. f. Madness, insanity.
**LOURAR**, v. t. e i. To yellow.
**LOUREIRO**, s. m. (Bot.) Laurel, bay-tree.
**LOURO**, s. m. Laurel; crown of laurel; pl. honor, distinction.
**LOUSA**, s. f. Blackboard; slate; flagstone.
**LOUVA-A-DEUS**, s. m. Greshopper.
**LOUVAÇÃO**, s. f. Appraisement; praising.
**LOUVAR**, v. t. To praise; to eulogize; to exalt; to glorify; to appraise; to value.
**LOUVOR**, s. m. Praise, commendation.
**LUA**, s. f. Moon.
**LUBRICAR**, v. t. To lubricate.
**LÚBRICO**, adj. Lubricous; (fig.) lascivious.
**LUBRIFICAÇÃO**, s. f. Lubrification.
**LUBRIFICANTE**, adj. Lubricant; lubricating.
**LUBRIFICAR**, v. t. To besmear, to lubricate.
**LUCARNA**, s. f. Garret-window.
**LUCERNA**, s. f. A lamp.
**LUCIDEZ**, s. f. Lucidity, clearness.
**LÚCIDO**, adj. Lucid, clear, transparent; shining; bright; easily understood.
**LÚCIFER**, s. m. Lucifer, satan.
**LUCÍMETRO**, s. m. Lucimeter.
**LUCRAR**, v. t. To gain, to profit, to obtain.
**LUCRO**, s. m. Profit, gain, lucre.
**LUCUBRAÇÃO**, s. f. Lucubration.
**LUCUBRAR**, v. t. To lucubrate.
**LUDIBRIAR**, v. t. To deceive, to scorn.

**LUFA**, s. f. Blast (of wind); (fig.) toil; haste.
**LUFA-LUFA**, s. f. Fuss, great haste; toil.
**LUGAR**, s. m. Place, space; room; region; locality; state; lieu; social rank or position.
**LUGAREJO**, s. m. Hamlet, small village.
**LUGRE**, s. m. Lugger.
**LÚGUBRE**, adj. Lugubrious; mournful; sad.
**LULA**, s. f. (Zool.) Calamary; squid.
**LUMBAGO**, s. m. Lumbago.
**LUMBRICIDA**, s. m. Vermifuge.
**LUME**, s. m. Fire; light; (fig.) perspicacity.
**LUMEEIRA**, s. f. Skylight; (Zool.) glow-worm.
**LUMINAR**, s. m. Luminary, footstep; (fig.) a person who enlightens others.
**LUMINOSO**, adj. Luminous; shining; brilliant.
**LUNÁTICO**, adj. Lunatic; insane; crazy.
**LUNETA**, s. f. Lunette; spectacles; spy-glass.
**LUPA**, s. f. Magnifying glass.
**LUPANAR**, s. m. Brothel.
**LUPINO**, adj. Wolfish.
**LUPO, LÚPUS**, s. m. Lupus.
**LÚPULO**, s. m. Hop.
**LURA**, s. f. Rabbit-warren.
**LÚRIDO**, adj. Lurid, pale; wan.
**LUSCO-FUSCO**, s. m. Twilight.
**LUSITANO, LUSITÂNICO, LUSO**, adj. e s. m. Lusitanian.
**LUSTRAR**, v. t. To gloss, to glaze, to polish.
**LUSTRE**, s. m. Luster, lustre; shine; gloss.
**LUSTRO**, s. m. Luster; lustrum.
**LUSTROSO**, adj. Lustrous; glossy; shining.
**LUTA**, s. f. Struggle; combat; contest; fight.
**LUTAR**, v. i. To fight; to countend.
**LUTERANO**, adj. e s. m. Lutheran.
**LUTO**, s. m. Mourning.
**LUTUOSO**, adj. Sad, funeral; mournful.
**LUVA**, s. f. Glove; pl. bonus; gratification.
**LUXAÇÃO**, s. f. Luxation.
**LUXAR**, v. t. To luxate, to dislocate.
**LUXO**, s. m. Luxe, luxury.
**LUXUOSO**, adj. Luxurious; showy.
**LUXÚRIA**, s. f. Lewdness; lust; lascivity.
**LUXURIAR**, v. t. To luxuriate; to grow profusely; to live luxuriously.
**LUZ**, s. f. Light; an emanation from a radiant body; daylight; dawn; public view or knowledge; that which furnishes illumination.
**LUZEIRO**, s. m. Luminary; light; pl. the eyes.
**LUZENTE**, adj. Bright; luminous.
**LUZERNA**, s. f. Lucarne; (Bot.) lucerne.
**LUZIDIO**, adj. Glittering; shining.
**LUZIDO**, adj. Sumptuous; splendid, bright.
**LUZIR**, v. i. To shine; to glisten; to sparkle.

# M

**M**, s. m. The twelfth letter of the alphabet.
**MÁ**, adj. fem. de **MAU**.
**MACA**, s. f. Hammock; stretcher.
**MAÇA**, s. f. Club, bat, mace.
**MAÇÃ**, s. f. Apple.
**MACABRO**, adj. Macabre; grisly.
**MACACA**, s. f. She-ape.
**MACACÃO**, s. m. Monkey; jack (machine for lifting heavy weights).
**MAÇADA**, s. f. Blow with a club; tiresome, work; boring conversation; bore; trouble.
**MACADAME**, s. m. Macadam.
**MAÇADURA**, s. f. Flailing of flax; massage.
**MAÇAL**, s. m. Whey.
**MACAMBÚZIO**, adj. Sad, melancholic, surly.
**MAÇANETA**, s. f. Knob, pommel.
**MAÇANTE**, adj. Annoying, bothering; s. m. e f. bore, pest, nuisance.
**MAÇÃO**, s. m. Freemason; large mace.
**MACAQUEAR**, v. t. To ape, to imitate.
**MAÇAR**, v. t. To beat, to flail; to tire; to bore.
**MAÇARICO**, s. m. Blowpipe; blow-torch.
**MACARRÃO**, s. m. Macaroni.
**MACELA**, s. f. Camomile.
**MACERAÇÃO**, s. f. Maceration.
**MACERAR**, v. t. To macerate; (fig.) to oppress.
**MACETA, MACETE**, s. f., s. m. Hammer.
**MACHADA, MACHADO**, s. f., s. m. Axe.
**MACHADINHA**, s. f. Hatchet.
**MACHEAR**, v. t. To plait; copulate (animals).
**MACHETADA**, s. f. A cut with a hunting knife.
**MACHETE**, s. m. Hunting-knife; sword.
**MACHIAR**, v. i. To become barren.
**MACHO**, s. m. Male; plait (of a dress); adj. male; robust; virile.
**MACHORRA**, adj. Barren, steril.
**MACHUCADURA**, s. f. Bruise; contusion.
**MACHUCAR**, v. t. To crush; to bruise.
**MACIÇO**, adj. Massive; solid; s. m. massif.
**MACIEIRA**, s. f. Apple-tree.
**MACIEZ, MACIEZA**, s. f. Softness.
**MACILENTO**, adj. Wan, pale; thin, meager.
**MACIO**, adj. Smooth; soft (to touch).
**MAÇO**, s. m. Mallet; package; packet.
**MAÇONARIA**, s. f. Freemasonry.
**MÁ-CRIAÇÃO**, s. f. Ill-manner; discourtesy.
**MACROBIA**, s. f. Longevity; macrobiosis.
**MACROBIÓTICA**, s. f. Macrobiotics.
**MACROCÉFALO**, adj. Macrocephalous.
**MACROCOSMO**, s. m. Macrocosm.
**MACROLOGIA**, s. f. Macrology.
**MACRÓSPORO**, s. m. Macrospore.
**MÁCULA**, s. f. Spot, stain, taint; defect.
**MACULAR**, v. t. To stain, to maculate.
**MADAMA**, s. f. Madam, lady.
**MADEIRA**, s. f. Wood; timber; lumber.
**MADEIRAR**, v. t. To timber.
**MADEIRO**, s. m. Log, beam.
**MADEIXA**, s. f. Skein; lock (of hair).
**MADONA**, s. f. Madonna, the Virgin Mary.
**MADRASTA**, s. f. Stepmother.
**MADRE**, s. f. Nun; superior mother; matrix; (Anat.) womb.
**MADREPÉROLA**, s. f. Mother-of-pearl.
**MADREPORITA**, s. f. Madreporite.
**MADRESSILVA**, s. f. Honeysuckle.
**MADRIGAL**, s. m. Madrigal.
**MADRINHA**, s. f. Godmother.
**MADRUGADA**, s. f. Dawn, the daybreak.
**MADRUGAR**, v. i. To dawn, to begin, to grow light in the morning; to rise early.
**MADURAÇÃO**, s. f. Maturation; ripening (of fruit).
**MADURAR**, v. t. e i. To mature, to ripen.
**MADURO**, adj. Mature, ripe, matured.
**MÃE**, s. f. Mother; (fig.) origin.
**MAESTRIA**, s. f. Mastership, mastery.
**MAESTRINA**, s. f. Woman composer or conductress (music).
**MAESTRO**, s. m. Maestro, master in music.
**MAGAZINE**, s. m. Magazine; a storehouse.
**MAGIA**, s. f. Magic.
**MÁGICA**, s. f. Sorceress; sorcery; magic.
**MÁGICO**, adj. Magic, magical; s. m. magician; sorcerer.
**MAGISTER**, s. m. Teacher, master.
**MAGISTÉRIO**, s. m. Magistery; mastership.
**MAGISTRAL**, adj. Magisterial.
**MAGMA**, s. f. (Geol.) Magma.
**MAGNANIMIDADE**, s. f. Magnanimity.
**MAGNATA**, s. m. Magnate; a person of rank, position or fame; big-shot.
**MAGNÉSIO**, s. m. Magnesium.
**MAGNETE**, s. m. Magnet; loadstone.
**MAGNÉTICO**, adj. Magnetic.
**MAGNETISMO**, s. m. Magnetism; the power to attract; personal charm; mesmerism.

**MAGNETITA**, s. f. Magnetite.
**MAGNETIZADOR**, s. m. Magnetizer.
**MAGNETIZAR**, v. t. To magnetize, to communicate magnetic properties to; to convert into magnet; to charm, to captivate; to hypnotize; to mesmerize.
**MAGNETO**, s. m. Magneto.
**MAGNIFICAÇÃO**, s. f. Magnifying; magnification; glorification.
**MAGNIFICAR**, v. t. To magnify; to enlarge; to exaggerate; to extol; to praise; to glorify.
**MAGNIFICENTE, MAGNÍFICO**, adj. Magnificent; exalted; noble; splendid; sumptuous.
**MAGNITUDE**, s. f. Magnitude.
**MAGNO**, adj. Great, grand.
**MAGNÓLIA**, s. f. (Bot.) Magnolia.
**MAGO**, s. m. Magus, magician, sorcerer.
**MÁGOA**, s. f. Bruise; (fig.) chagrin; grief.
**MAGOAR**, v. t. To hurt, to bruise; to chagrin.
**MAGOTE**, s. m. Band (of persons); mass (of things).
**MAGREZA**, s. f. Meagerness; thinness.
**MAGRO**, adj. Lean, thin; meager.
**MAIANÇA**, s. f. Handful.
**MAIO**, s. m. May, the fifth month of the year.
**MAIÔ**, s. m. Bathing suit.
**MAIOR**, adj. Greater, larger; s. m. major.
**MAIORAL**, s. m. Chief, head.
**MAIORIA**, s. f. Majority.
**MAIORIDADE**, s. f. Majority, the condition of being of full legal age.
**MAIS**, adv. More, besides, over.
**MAISAL**, s. m. Plantation of maize.
**MAISENA**, s. f. Maizena.
**MAIÚSCULO**, adj. Capital (letter).
**MAJESTADE**, s. f. Majesty; stateliness.
**MAJESTOSO**, adj. Majestic; noble; grand.
**MAJOR**, s. m. Major, a commissioned officer.
**MAJORAÇÃO**, s. f. (Bras.) Increase.
**MAL**, adv. Ill, badly, wrong; poorful; hardly; s. m. evil, ill; mischief; wrong; harm; illness; injury; misfortune; vice; sickness; disease; pain, ache; inconvenience.
**MALA**, s. f. Suitcase; trunk; mail, box, bag.
**MALABARISMO**, s. m. Jugglery.
**MALÁCIA**, s. f. Calm, calmness, stillness.
**MAL-AGRADECIDO**, adj. Ungrateful.
**MALAGUETA**, s. f. Indian pepper.
**MAL-AJAMBRADO**, adj. Ill-formed (person).
**MALAIO**, adj. e s. m. Malay, Malayan.
**MALANDRAGEM, MALANDRICE**, s. f. Loafness.
**MALANDRAR, MALANDREAR**, v. i. To loaf.

**MALANDRO**, s. m. Loafer, vagabond; rascal.
**MALÁRIA**, s. f. Malaria.
**MAL-ASSOMBRADO**, adj. Haunted.
**MAL-AVENTURADO**, adj. Unlucky.
**MALBARATADOR**, s. m. Dissipater; squanderer; waster.
**MAL-CHEIROSO**, adj. Bad smelling, stinking.
**MALCRIADO**, adj. Ill-bred; rude, impolite.
**MALDADE**, s. f. Evil, malice; iniquity.
**MALDIÇÃO**, s. f. Malediction.
**MALDISPOSTO**, adj. Ill-humored.
**MALDITO**, adj. Cursed, damned.
**MALDIZENTE**, adj. Slanderous.
**MALDOSO**, adj. Bad, malicious.
**MALEABILIDADE**, s. f. Malleability.
**MALEÁVEL**, adj. Malleable; adaptable.
**MALEDICÊNCIA**, s. f. Slander; ill-report.
**MAL-EDUCADO**, adj. Ill-bred; rude, impolite.
**MALEFICENTE**, adj. Maleficent; harmful.
**MALEFÍCIO**, s. m. Witchcraft, sortilege.
**MALÉFICO**, adj. Harmful.
**MALEIRO**, s. m. Trunkmaker; trunk-seller.
**MALEITA**, s. f. Malária.
**MAL-ENCARADO**, adj. Ill-looking.
**MAL-ENTENDIDO**, s. m. Misunderstanding.
**MAL-ESTAR**, s. m. Indisposition; illness.
**MALETA**, s. f. Valise.
**MALEVOLÊNCIA**, s. f. Malevolence; malice.
**MALFADADO**, adj. Unlucky, ill-fated.
**MALFEITO**, adj. Ill-done; disfigured.
**MALGASTAR**, v. t. To squander; to waste.
**MALGRADO**, prep. In spite of.
**MALHA**, s. f. Mail (chain armor); mesh (of a net); spot or coloration (of an animal).
**MALHADO**, adj. Spotted, speeckled.
**MALHAR**, v. t. To thresh, to beat out or separate grain from (corn, etc.); to hammer; to beat; to bore; to importunate.
**MALHETAR**, v. t. To dovetail.
**MALHARIA**, s. f. Knitwear mill.
**MALHO**, s. m. Mallet; sledge hammer.
**MAL-HUMORADO**, adj. Ill-humored.
**MALÍCIA**, s. f. Malice, ill will; enmity of heart.
**MALICIAR**, v. t. To misconceive.
**MÁLICO**, adj. (Qufm.) Malic.
**MALIGNA**, s. f. Malignant fever; (Bras.) malaria.
**MALIGNAR**, v. t. To corrupt, to vitiate.
**MAL-INCLINADO**, adj. Ill-inclined.
**MAL-INTENCIONADO**, adj. Ill-minded.
**MALMEQUER**, s. m. Marigold.
**MALOGRADO**, adj. Frustrated, failed.
**MALOGRO**, s. m. Frustration; failure.

**MALQUERENÇA,** s. f. Malevolence; aversion.
**MALQUERER,** v. t. To wish ill, to hate.
**MALQUISTAR,** v. t. To disunite.
**MALSÃO,** adj. Unwholesome, unhealthy.
**MALSIM,** s. m. Exciseman; spy; informer.
**MALSOANTE,** adj. Lacking euphony.
**MALTA,** s. f. Gang, mob; band of wandering laborers.
**MALTAGEM,** s. f. Preparation of malt.
**MALTE,** s. m. Malt.
**MALTÊS,** adj. e s. m. Maltese; s. m. wandering workman.
**MALTOSE,** s. f. Maltose.
**MALTRAPILHO,** adj. Ragged; s. m. beggar.
**MALTRATAR,** v. t. To maltreat, to abuse.
**MALTRATO,** s. m. Maltreatment; misure.
**MALTUSIANO,** s. m. Malthusian.
**MALUCO,** adj. Mad, insane; crazy.
**MALVA,** s. f. Mallow.
**MALVÁCEA,** s. f. Malvaceous plant.
**MALVADEZ, MALVADEZA,** s. f. Perversity.
**MALVADO,** adj. Cruel; bad; wicked.
**MALVAÍSCO,** s. m. Marshmallow.
**MALVASIA,** s. f. Malmsey.
**MALVERSAÇÃO,** s. f. Malversation.
**MALVISTO,** adj. Suspect; disliked.
**MAMA,** s. f. Teat, breast, mamma.
**MAMÃ,** s. f. Mother, ma, mamma, mammy.
**MAMADEIRA,** s. f. Nursing-bottle.
**MAMALUCO, MAMELUCO,** s. m. Mameluke.
**MAMÃO,** adj. Sucking; s. m. (Bot.) Mammee; Papaya.
**MAMAR,** v. t. e i. To suck, to nurse.
**MAMÁRIO,** adj. Mammary.
**MAMATA,** s. f. (Bras.) Theft; sinecure.
**MAMÍFERO,** adj. Mammalian; s. m. mammal.
**MAMILAR,** adj. Mammillary.
**MAMILHO,** s. m. Prominence in the interior of fire-arms.
**MAMILO,** s. m. Mammilla; nipple.
**MAMONA,** s. f. Castor-oil bean.
**MAMUTE,** s. m. Mammoth.
**MANA,** s f. Sister.
**MANÁ,** s. m. Manna.
**MANADA,** s. f. Herd (of cattle); drove.
**MANANCIAL,** adj. Flowing; never-ceassing; s. m. spring, fountain.
**MANAR,** v. i. To flow, to spring, to abound.
**MANATIM,** s. m. (Bras.) Manatee.
**MANCADA,** s. f. (Bras.) Error, blunder.
**MANCAL,** s. m. Bearing.
**MANCAR,** v. i. To limp; to halt.
**MANCEBA,** s. f. Mistress, concubine.

**MANCEBO,** s. m. Youth; young man.
**MANCHA,** s. f. Spot, stain.
**MANCHAR,** v. t. To stain; to spot; (fig.) to defame; to blemish (reputation, name).
**MANCHEIA,** s. f. Handful.
**MANCHU,** adj. e s. m. Manchu.
**MANCO,** adj. Crippled, lame; s. m. cripple.
**MANCOMUNAÇÃO,** s. f. Collusion; plot.
**MANDA,** s. f. Cross reference.
**MANDACHUVA,** s. m. (Bras.) Big shot.
**MANDADO,** s. m. Command, order, mandate.
**MANDAMENTO,** s. m. Commandment; order.
**MANDANTE,** s. 2 gên. Head, chief, boss.
**MANDAR,** v. t. To command, to order, to direct; to have authority over; to lead; to exercise supreme power or influence; to send; to send forth; to cause; v. i. To rule, to be in command.
**MANDARIM,** s. m. Mandarin.
**MANDATÁRIO,** s. m. Mandatary.
**MANDÍBULA,** s. f. Mandible; jaw.
**MANDIL,** s. m. Horse-cloth; apron.
**MANDINGA,** s. f. Witchcraft, sorcery.
**MANDIOCA,** s. f. Manioc.
**MANDO,** s. m. Command; authority; power.
**MANDOLIM,** s. m. Mandolin.
**MANDRÁGORA,** s. f. Mandragora; mandrake.
**MANDRIÃO,** s. m. Idler, sluggard, loafer.
**MANDRIICE,** s. f. Idleness, laziness.
**MANDRIL,** s. m. Mandrel; mandrill; a large baboon of West Africa.
**MANDRILHAR,** v. t. To smooth with a mandrel.
**MANEAR,** v. t. To handle, to manage with the bands; to handle the reins, the gun; (Bras.) to fetter, to fasten.
**MANEÁVEL,** adj. Tractable; workable.
**MANEIRA,** s. f. Manner, mode; habit; custom; conduct; behavior; pl. deportment.
**MANEIRISMO,** s. m. Mannerism; affection.
**MANEIROSO,** adj. Mannerly; civil; polite.
**MANEJO,** s. m. Handling; management.
**MANEQUIM,** s. m. Manikin.
**MANETA,** s. m. One-handed person.
**MANGA,** s. f. Sleave; gas-mantle; (Bot.) mango.
**MANGAÇÃO,** s. f. Mockery; derision; taunt.
**MANGANATO,** s. m. Manganate.
**MANGANÉS, MANGANÉSICO,** s. m. Manganese.
**MANGANÍFERO,** adj. Manganiferous.
**MANGANOSO,** adj. Manganous.
**MANGAR,** v. rel. To mock, to jest; to joke.

**MANGRA**, s. f. Blight, mildew.
**MANGRAR**, v. t. To blast, to blight.
**MANGUE**, s. m. Marshy ground; (Bot.) mangrove.
**MANGUEIRA**, s. f. Hose; fire-ensine hose; (Bot.) mango tree.
**MANHA**, s. f. Skill; astuteness; bad custom or habit; artifice; (Bras.) wailing.
**MANHÃ**, s. f. Morning, forenoon; dawn.
**MANHOSO**, adj. Crafty, skilful.
**MANIA**, s. f. Mania, madness; excessive enthusiasm; craze; devotion to a hobby.
**MANÍACO**, adj. Maniac, maniacal.
**MANICÔMIO**, s. m. Madhouse; insane asylum.
**MANICÓRDIO**, s. m. Clavichord.
**MANICURO**, s. m. Manicure.
**MANIETAR**, v. i. To manacle.
**MANIFESTAÇÃO**, s. f. Manifestation.
**MANIFESTAR**, v. t. To manifest, to show plainly; to evidence; to reveal; to display.
**MANIFESTO**, adj. Manifest, evident; clear; plain, understandable; s. m. manifesto.
**MANIFORME**, adj. Hand-shaped.
**MANILHA**, s. f. Bracelet, armlet; shackle.
**MANINHO**, adj. Sterile, barren; fruitless.
**MANIPULAÇÃO**, s. f. Manipulation; handling.
**MANIPULAR**, v. t. To manipulate; to handle, to manage.
**MANIRROTO**, adj. Prodigal, lavish.
**MANIVELA**, s. f. Crank, lever, handle.
**MANJAR**, s. m. Food, dish.
**MANJEDOURA**, s. f. Manger.
**MANJERICÃO**, s. m. (Bot.) Sweet basil.
**MANOBRA**, s. f. Maneuver, manoeuvre; a military or naval movement planned for some special purpose; skillful handling of a situation; artifice, stratagem.
**MANOBRAR**, v. t. To maneuver, to manoeuvre; to move (troops or ships) in maneuvers.
**MANOBRISTA**, s. m. Able, clever, seaman.
**MANÔMETRO**, s. m. Manometer.
**MANOPLA**, s. f. Gauntlet, iron glove (armor); (fig.) a large hand.
**MANQUEJAR**, v. i. To lim, to lame, to hobble.
**MANSÃO**, s. m. Mansion, dwelling.
**MANSARDA**, s. f. Mansard roof; garret.
**MANSIDÃO**, s. f. Mildness; meekness.
**MANSO**, adj. Mild, meek; gentle; tame; calm.
**MANTA**, s. f. Blanket; coverlet; neck cloth.
**MANTEIGA**, s. f. Butter.
**MANTEL**, s. m. Table cloth, altar cloth.

**MANTELETE**, s. m. Mantelet.
**MANTENÇA**, s. f. Maintenance; sustenance.
**MANTER**, v. t. To maintain, to keep up; to carry on; to support, to sustain; to uphold; to defend; to affirm; to bear the expense of.
**MANTÉU**, s. m. Long cloak; petticoat.
**MANTIMENTO**, s. m. Maintenance; sustenance; support; pl. food; groceries.
**MANTISSA**, s. f. (Mat.) Mantissa.
**MANTO**, s. m. Mantle; veil; cloak.
**MANTÔ**, s. m. Manteau.
**MANUAL**, adj. Manual, of, or relating to the hands; done, made, or operated by hand; s. m. manual, a small book; a handbook.
**MANÚBRIO**, s. m. (Anat.) Manubrium.
**MANUFATURA**, s. f. Manufacture; anything manufactured; manufacturing.
**MANUFATURAR**, v. t. To manufacture, to make either by hand or machinery; to fabricate, to invent.
**MANUMITIR**, v. t. To manumit, to free.
**MANUSCREVER**, v. t. e i. To handwrite; to write by hand.
**MANUSCRITO**, s. m. Manuscript; a handwritten or typewritten document as distinguished from a printed copy; adj. manuscript.
**MANUSEAR**, v. t. To handle; to touch, hold, take up, move or otherwise affect with the hand.
**MANUSEIO**, s. m. Handling.
**MANUTENÇÃO**, s. f. Maintenance; maintaining; means of sustenance; support, defense; upkeep of property.
**MÃO**, s. f. Hand; forehand (of horses); control; direction; skill; the hand as means of assistance; something to point a way or call attehtion; a player; a single round of a game; coat (of paint or whitewash).
**MAOMETANO**, adj. e s. m. Mohammedan; mahometan.
**MAPA**, s. m. Map, a representation, usually flat, of the earth's surface, or part of it.
**MAQUEIRO**, s. m. Stretcher-bearer.
**MAQUIA**, s. f. Corn measure.
**MAQUIAVÉLICO**, adj. Machiavellian; (fig.) astute, shrewd.
**MAQUILAGEM**, s. f. Make-up.
**MÁQUINA**, s. f. Machine, engine; a combination of mechanical parts, such as levers, gears, pulleys, etc., serving to transmit and modify force and motion in such a way as to do some desired work; (fig.) any person that acts like a machine, automatically; a

**MAQUINAÇÃO**, s. f. Machination; a scheme or intrigue to do evil; plot; contrivance.

**MAQUINAL**, adj. Machinal; mechanical.

**MAQUINAR**, v. t. To machinate; to plan, to plot; to scheme; to intrigue; to conspire.

**MAQUINARIA**, s. f. Machinery, machines in general or collectively.

**MAR**, s. m. Sea, the great body of salt water covering the larger portion of the earth's surface; some thing like or suggesting a large body of water.

**MARABU**, s. m. Marabout; (Zool.) marabou, a large African stork.

**MARACATU**, s. m. (Bras.) Street dancers of Carnival time.

**MARACUJÁ**, s. m. Maypop.

**MARAJÁ**, s. m. Maharaja, maharajah; (Bot.) any of various thorn palma.

**MARASMO**, s. m. Marasmus.

**MARASQUINO**, s. m. Maraschino.

**MARATONA**, s. f. Marathon.

**MARAVALHAS**, s. f. pl. Paring (of wood); (fig.) trifles.

**MARAVILHA**, s. f. Marvel, wonder.

**MARAVILHAR**, v. t. To be struck with surprise; to wonder; to marvel; to astonish.

**MARCA**, s. f. mark, a distinguishing sign; make (of a car, etc.); a brand, a written or printed symbol; importance, trade-mark; frontier, border, boundary; stigma.

**MARCADOR**, adj. Marking; (Esp.) scoring; s. m. Marker; sampler; (Esp. bras.) scoreboard.

**MARCANTE**, adj. Conspicuous, striking.

**MARCAR**, v. t. To mark, to put a mark on; to affix a mark to; to bound, designate, show, or set apart by a mark; to notice, to observe; to indicate, to distinguish; to keep account of the points (in games); to stigmatize; to brand.

**MARCASSITA**, s. f. (Miner.) Marcasite.

**MARCENARIA**, s. f. Joinery.

**MARCESCÊNCIA**, s. f. Marcescence.

**MARCHA**, s. f. March; marching; a regular and uniform step; (Mil.) the distance covered by a military unit in one advance; a piece of music with a strongly marked rhythm intended to accompany a march.

**MARCHANTE**, s. m. Cattle-dealer.

**MARCHAR**, v. i. To march; to advance with steps regularly timed; to proceed.

**MARCHETAR**, v. t. To inlay; to enamel.

**MARCHETARIA**, s. f. Inlaid work, marquetry.

**MARCIAL**, adj. martial; belonging to an army; warlike.

**MARCIANO**, adj. e. s. m. Martian.

**MARCO**, s. m. Stake, post; landmark; boundary; border; mark (a German coin).

**MARÇO**, s. m. March, third month of the year.

**MARÉ**, s. f. Tide; occasion, opportunity.

**MAREANTE**, s. m. Sailor, mariner; seafarer.

**MAREAR**, v. t. To steer, to work a ship; to navigate; to cause seasickness; v. i. to go to sea; to sail; to be seasick.

**MARECHAL**, s. m. Marshal; field-marshal.

**MAREJAR**, v. t. The perspire, to excrete fluids through the pores; to distil; to drop.

**MAREMOTO**, s. m. Seaquake.

**MARESIA**, s. f. Sea-smell; surge.

**MARFIM**, s. m. Ivory.

**MARGA**, s. f. Marl.

**MARGARIDA**, s. f. (Bot.) Daisy.

**MARGARINA**, s. f. Margarine, butterin.

**MARGEAR**, v. t. To border, to go along the margin.

**MARGEM**, s. f. Margin; border; bank (river); edge; limit; the part of a page outside of the main body of printed or written matter; the difference between the net sales and the cost of the merchandise sold.

**MARGINADOR**, s. m. One that marginates.

**MARGINAL**, adj. Marginal

**MARGINALIDADE**, s. f. State of incomplete assimilation into a given culture.

**MARGINAR**, v. t. To margin, to marginate; to form a margin to; to border.

**MARGOSO**, adj. Like marl, marly.

**MARGRAVE**, s. m. Margrave.

**MARGUEIRA**, s. f. Marl deposit.

**MARICAS**, s. m. Sissy; paint waist.

**MARIDO**, s. m. Husband.

**MARIMBA**, s. f. Marimba, a form of xylophone.

**MARINHA**, s. f. Navy; marine, mercantile and naval shipping collectively a picture of some marine subject.

**MARINHAGEM**, s. f. Crew (of a ship); seamanship.

**MARINHAR**, v. t. To sail, to navigate.

**MARINHEIRO**, s. m. Sailor; seaman; mariner; seafazer.

**MARINHO, MARINO**, adj. Marine, maritime.

**MARIONETE**, s. f. Marionette, puppet.

**MARIPOSA**, s. f. Moth.

**MARISCAR**, v. t. To gather shellfish.
**MARISCO**, s. m. Shellfish.
**MARITAL**, adj. Marital, matrimonial.
**MARÍTIMO**, adj. Maritime; nautic.
**MARMANJO**, s. m. A full grown person.
**MARMELADA**, s. f. Quince-marmalade.
**MARMELO**, s. m. Quince.
**MARMITA**, s. f. Kettle, pot.
**MÁRMORE**, s. m. Marble.
**MARMOREAR, MARMORIZAR**, v. t. To marble.
**MARMÓREO**, adj. Marmorean; marmoreal.
**MARMORIZAÇÃO**, s. f. Marbling.
**MARMOTA**, s. f. Marmot.
**MARNEL**, s. m. Marshy ground.
**MAROLA**, s. f. (Bras.) Rough sea; (Naut.) swell.
**MAROSCA**, s. f. Cheat, trick.
**MAROTAGEM**, s. f. Trick; knavery.
**MAROTO**, s. m. Rascal; scoundrel; adj. lewd; malicious.
**MARQUÊS**, s. m. Marquis.
**MARQUESA**, s. f. Marchioness; marquise.
**MARQUESINHA**, s. f. Small umbrella.
**MARQUISE**, s. f. (Bras.) Marquee, marquise.
**MARRADA**, s. f. Butt.
**MARRAFA**, s. f. Lock (of hair).
**MARRALHAR**, v. t. To insist.
**MARRÃO**, s. m. Weaned hog; heavy hammer (used in breaking stones).
**MARRAR**, v. t. To butt; to shove or strike by a push with the heads or horns.
**MARRECO**, s. m. A kind of duck.
**MARRETA**, s. f. Stone-hammer.
**MARRETAR**, v. t. (Bras.) To sledge; to maul; to demolish; to destroy.
**MARROM**, adj. e s. m. Maroon, brown.
**MARROQUIM**, s. m. Morocco leather.
**MARROQUINO**, adj. Moorish; Moroccan; s. m. Moor.
**MARSUPIAL**, adj. Marsupial, having a pouch for carrying the young; s. m. marsupial.
**MARTA**, s. f. (Zool.) Marten.
**MARTE**, s. m. Mars.
**MARTELADA**, s. f. Hammer-blow.
**MARTELAR**, v. t. To hammer; to strike or beat with a hammer; to importunate; to insist.
**MARTELO**, s. m. Hammer; mallet.
**MÁRTIR**, s. 2 gên. Martyr.
**MARTÍRIO**, s. m. Martyrdom.
**MARTIRIZAR**, v. t. To martyr, to torture.
**MARUGEM**, s. f. Chickweed.
**MARUJA**, s. f. Seafaring people; sailors.

**MARUJO**, s. m. Sailor, seaman, seafarer.
**MARULHADA**, s. f. Surge, billow, tumult.
**MARULHAR**, v. i. To surge, to toss; to splash.
**MARXISMO**, s. m. Marxism.
**MAS**, conj. But, however; yet; s. m. but, fault, defect; obstacle.
**MASCAR**, v. t. To chew; to ruminate.
**MÁSCARA**, s. f. Mask, a cover for the face used for disguise, protection, etc.; masque; (fig.) cloak.
**MASCARADO**, s. m. Masker, adj. disguised.
**MASCARAR**, v. t. To mask; to cover for concealment or defense; to disguise, to cloak; v. p. to masquerade; to wear a mask.
**MASCARILHA**, s. f. Half-mask.
**MASCARRA**, s. f. Smut; (fig.) taint, stin.
**MASCATE**, s. m. (Bras.) Street pedlar.
**MASCAVADO**, adj. Unrefined.
**MASCAVAR**, v. t. To separate the brown sugar from the white sugar; to adulterate.
**MASCOTE**, s. f. Mascot.
**MASCULINIDADE**, s. f. Masculinity; mannishness.
**MASCULINO**, adj. Masculine, belonging to, or consisting of males; used by males; suitable to, or characteristic of a man; male; virile; robust; (Gram.) of the clas of words distinguished for males.
**MÁSCULO**, adj. Mannish; vigorous; virile.
**MASMORRA**, s. f. Dungeon, prison, jail.
**MASOQUISMO**, s. m. Masochism.
**MASSA**, s. f. Dough; paste; bulk; mass; totality; crowd; pl. the people.
**MASSACRAR**, v. t. To massacre.
**MASSACRE**, s. m. Massacre.
**MASSAGEM**, s. f. Massage.
**MASSEIRA**, s. f. Kneading-trough.
**MASSETER**, s. m. Masseter.
**MASTARÉU**, s. m. Small mast.
**MASTIGAÇÃO**, s. f. Mastication.
**MASTIGAR**, v. t. To masticate; to chew.
**MASTIM**, s. m. Mastiff.
**MASTODONTE**, s. m. Mastodon.
**MASTREAÇÃO**, s. f. Masting (of the ships); masts.
**MASTREAR**, v. t. To mast.
**MASTRO**, s. m. Mast.
**MASTURBAÇÃO**, s. f. Masturbation.
**MATA**, s. f. Wood, forest; thicket.
**MATA-BORRÃO**, s. m. Blotting-paper.
**MATA-BURRO**, s. m. (Bras.) Cattle guard.
**MATADOURO**, s. m. Slaughter-house.
**MATAGAL**, s. m. Thicket.

**MATAR**, v. t. To kill, to put to death, to destroy; to slay, to murder, to assassinate; to butcher, to bungle; to slaughter (cattle); to appease, to assuage, to mitigate (hunger, needs, feelings); (gfr.) to play hooky; to cut (classes); v. i. to kill.
**MATE**, s. m. Mate, Paraguay tea.
**MATEIRA**, s. f. Thicket.
**MATEIRO**, s. m. Forester.
**MATEMÁTICA**, s. f. Mathematics.
**MATEMÁTICO**, adj. Mathematical; s. m. mathematician.
**MATÉRIA**, s. f. Matter, whatever occupies space; material; affair, concern; material treated in a book, speech, etc.; pus, creamy matter in a sore, boil or abscess.
**MATERIALISMO**, s. m. Materialism.
**MATERIALIZAÇÃO**, s. f. Materialization.
**MATERIALIZAR**, v. t. To materialize; to give material form to.
**MATERNAL**, adj. Maternal, motherly.
**MATERNIDADE**, s. f. Maternity; motherhood; maternity hospital.
**MATILHA**, s. f. Pack (of hounds or dogs).
**MATINAL**, adj. Morning, early.
**MATINAR**, v. t. To awake early.
**MATINÊ**, s. f. Matinee.
**MATIZ**, s. m. Shade, shading, hue, gradation or nuance of colors.
**MATIZAR**, v. t. To shade, to variegate.
**MATO**, s. m. Brushwood; bush; wood.
**MATRACA**, s. f. Wooden rattle.
**MATREIRO**, adj. Sagacious, crafty.
**MATRIARCAL**, adj. Matriarchal.
**MATRICÍDIO**, s. m. Matricide.
**MATRÍCULA**, s. f. Matriculation; fee, list, roll.
**MATRICULAR**, v. t. To matriculate; to enroll; to admit; to enroll in a bod or society.
**MATRIMONIAL**, adj. Matrimonial.
**MATRIMÔNIO**, s. m. Matrimony, marriage.
**MATRIZ**, s. f. Matrix, that which gives origin, form, or foundation to; womb; (Tip.) matrix, a metal plate formed to mold the face of a type.
**MATURAÇÃO**, s. f. Maturation; ripening (of a fruit).
**MATURIDADE**, s. f. Maturity; ripeness; full development; ful age.
**MATUTAR**, v. t. To plan, to intent.
**MATUTINO**, aJj. Matutinal.
**MATUTO**, s. m. (Bras.) Backwoodsman.
**MAU**, adj. Bad, ill, evil, perverse; naughty; bad-tempered; s. m. bad; wicked person.

**MAUSOLÉU**, s. m. Mausoleum.
**MAVIOSO**, adj. Tender; gentle; sweet.
**MAXILA**, s. f. Maxilla, jawbone.
**MÁXIMA**, s. f. Maxim, axiom.
**MÁXIMO**, adj. Maximum, greatest; s. m. maximum, greatest; the highest degree.
**MAZELA**, s. f. Wound; sore; (fig.) blemish.
**MAZURCA**, s. f. Mazurka, mazourka.
**ME**, pron. pess. Me; to me.
**MEAÇÃO**, s. f. Half; joint-property.
**MEADA**, s. f. Skein, quantity of yarn.
**MEADO**, adj. e s. m. Middle, half.
**MEALHEIRO**, s. m. Savings; spare-money.
**MEANDRAR**, v. i. To meander; to follow a meander or intricate course.
**MEANDRO**, s. m. Meander, a turn or winding.
**MEAR**, v. t. To divide into two equal parts.
**MEATO**, s. m. (Anat.) Meatus.
**MECÂNICA**, s. f. Mechanics.
**MECÂNICO**, adj. Mechanical; s. m. mechanician, mechanic.
**MECANIZAR**, v. t. To mechanize, to make mechanical or machinelike; to reduce to a fixed mechanical routine; to replace personnel with machinery.
**MECHA**, s. f. Lamp-wick; linstock.
**MEDALHA**, s. f. Medal.
**MEDALHÃO**, s. m. Medallion.
**MEDALHAR**, v. t. To medal; to confer a medal on.
**MEDALHISTA**, s. 2 gên. Medallist, one skilled in medals; a collector of medals; designer, engraver or maker of medals.
**MÉDIA**, s. f. Mean, average, mean rate.
**MEDIAÇÃO**, s. f. Mediation.
**MEDIAL**, adj. medial, median; (Fonét.) medial, situated within a word; s. m. (Gram.) medial, a medial letter.
**MEDIANIA**, s. f. Mediocrity; just medium.
**MEDIANO**, adj. Median, being in the middle; intermediate; middle; (Estat.) median.
**MEDIANTE**, adj. Intermediary; prep. by means of.
**MEDIAR**, v. t. To mediate, to divide in the middle; to act as intermediary.
**MEDIASTINO**, s. m. (Anat.) Mediastinum.
**MEDIATO**, adj. Mediate, not direct.
**MEDICAÇÃO**, s. f. Medication.
**MEDICAMENTAR, MEDICAR**, v. t. To medicate; to treat with medicine; to cure, to heal; to drug.
**MEDIÇÃO**, s. f. Measurement, measuring.
**MEDICINA**, s. f. Medicine.

**MÉDICO**, adj. Medical; s. m. doctor, physician, medic.

**MEDIDA**, s. f. Measure; extent; length, quantity; limit, moderation, bound; rule.

**MEDIDOR**, adj. Measuring; s. m. measurer; gauge, meter.

**MEDIEVAL**, adj. Medieval.

**MÉDIO**, adj. Median, being in the middle; middling; intermediate; mean; average.

**MEDÍOCRE**, adj. Mediocre; medium; middling; ordinary; s. m. mediocre person.

**MEDIR**, v. t. To measure, to find out the extent, degree, capacity, etc.; to estimate; to determine or lay off by means of a measure; to mark the limits of; to bring into comparison or competition; v. i. to calculate; to express in measure or meter; v. p. to compete; to contend; to vie.

**MEDITABUNDO**, adj. Meditative; gloomy.

**MEDITAÇÃO**, s. f. Meditation; reflection.

**MEDITAR**, v. t. e i. To meditate; to muse; to reflect; to consider; to plan.

**MEDITERRÂNEO**, adj. Mediterranean.

**MÉDIUM**, s. m. Medium, in spiritualism, a person supposed to be able to transmit information from spirits.

**MEDO**, s. m. Fear, fright, dread.

**MEDONHO**, adj. Frightful; horrible; ghostly.

**MEDRA, MEDRANÇA**, s. f. Thriving; growth; progress, increase.

**MEDRAR**, v. t. e i. To thrive; to increase.

**MEDULA**, s. f. Marrow; pith; essence; (Bot. e Anat.) medulla.

**MEDUSA**, s. f. (Zool.) Medusa.

**MEEIRO**, s. m. Cropper.

**MEFISTOFÉLICO**, adj. Mephistophelian; devillish; wick.

**MEGAFONE**, s. m. Megaphone.

**MEGALÍTICO**, adj. Megalithic.

**MEGALOCEFALIA**, s. f. Megalocephaly.

**MEGALOMANIA**, s. f. Megalomania.

**MEGÂMETRO**, s. m. Megameter; megametre.

**MEGASCÓPIO**, s. m. Megascope.

**MEGATÉRIO**, s. m. Megatherium.

**MEGERA**, s. f. Shrew; a scolding woman.

**MEIA**, s. f. Stocking; sock.

**MEIGO**, adj. Caressing, gentle, tender.

**MEIO**, s. m. Middle, center, midst, central portion; waist; way, expedient, means; pl. means, resource, income, wealth.

**MEIO-TOM**, s. m. Half-tone, a half step.

**MEL**, s. m. Honey.

**MELAÇO**, s. m. Molasses.

**MELADO**, adj. Sweet as honey; honey colored; s. m. melada.

**MELANCIA**, s. f. Watermelon.

**MELANCOLIA**, s. f. Melancholy; sadness.

**MELANEMIA**, s. f. Melanemia.

**MELANIA**, s. f. Melania.

**MELANITA**, s. f. Melanite.

**MELANÚRIA**, s. f. Melanuria; melanuresis.

**MELANURO**, adj. Black-tailed.

**MELÃO**, s. m. Melon; muskmelon.

**MELAR**, v. t. To sweeten with honey; to blight; v. i. to blight.

**MELCATREFE**, s. m. Busybody; scamp.

**MELENA**, s. f. Lock (of hair).

**MELHOR**, adj. Better, superior, preferable; s. m. better, best; advantage, superiority; adv. more, in a better or superior manner.

**MELHORA**, s. f. Improvement; progress.

**MELHORAR**, v. t. e i. To ameliorate; to make or grow better, to improve; to make improvements, to rise in value.

**MELHORIA**, s. f. Improvement; amelioration; advantage; mending; progress.

**MELÍFLUO**, adj. Mellifluous; (fig.) smooth.

**MELINDRADO**, adj. Hurt, pained; offended.

**MELINDRAR**, v. t. To hurt, to pain, to grieve, to offend, to pique, to wound.

**MELINDRE**, s. m. Niceness; cautiousness.

**MELISSA**, s. f. Melissa.

**MELODIA**, s. f. Melody.

**MELODIOSO**, adj. Melodious; gentle.

**MELOPÉIA**, s. f. Melopoeia, art or theory of inventing music.

**MELRO**, s. m. Blackbird.

**MEMBRANA**, s. f. Membrane, film.

**MEMBRO**, s. m. Member; limb.

**MEMORANDO**, adj. memorable; s. m. memorandum.

**MEMORAR**, v. t. To remember; to recall.

**MEMORÁVEL**, adj. Memorable; remarkable.

**MEMÓRIA**, s. f. Memory; remembrance; recollection; fame; renown; reputation; monument; reminder; pl. memoirs.

**MENÇÃO**, s. f. Mention.

**MENCIONAR**, v. t. To mention; to refer.

**MENDAZ**, adj. Mendacious; deceitful; lying.

**MENDICIDADE**, s. f. Mendicity, begary.

**MENDIGAR**, v. t. To beg, to ask or supplicate in charity; v. i. to practice beggary.

**MENEAR**, v. t. To shake, to move; to manage, to hand; to wield; to swing; to toss (one's) head; to wag (one's legs); v. p. to move, to stir, to make haste; to struggle.

**MENEIO**, s. m. Motion, swinging; gesture; (fig.) handling; shrewdness; arrangement.
**MENESTREL**, s. m. Minstrel.
**MENINA**, s. f. Girl, a female child.
**MENINGES**, s. f. pl. Meninges.
**MENINICE**, s. f. Childhodd; infancy; early youth; boyhood; girlhood; puerility.
**MENINO**, s. m. Boy, infant.
**MENISCO**, s. m. Meniscus.
**MENOR**, adj. comp. Shorter, younger, minor; smaller; litterl; s. 2 gên. minor.
**MENORIDADE**, s. f. Minority; the smallest number; the estate of being minor.
**MENOS**, adv. e adj. less; prep. except; but; s. m. minimum, the least quantity.
**MENOSCABAR**, v. t. To despise, to disdain.
**MENOSPREÇO**, s. m. Disdain, contempt.
**MENOSPREZAR**, v. t. To undervalue, to depreciate; to disdain; to scorn.
**MENOSPREZO**, s. m. Scorn, disdain.
**MENSAGEIRO**, s. m. Messenger; adj. missive; announcing.
**MENSAGEM**, s. f. Message, a communication, written or verbal, sent from one person to another; an official communication.
**MENSAL**, adj. Monthly.
**MENSALIDADE**, s. f. Allowance.
**MENSTRUAÇÃO**, s. f. Menses, the flowing of the menstrual flux.
**MENSURAR**, v. t. To mensurate, to measure.
**MENSURÁVEL**, adj. Mensurable.
**MENTAL**, adj. mental, pertaining to the mind; intellectual; spiritual.
**MENTALIDADE**, s. f. Mentality; intellectuality.
**MENTE**, s. f. The mind, understanding; soul.
**MENTECAPTO**, adj. Insane, mad, crazy.
**MENTIR**, v. i. To lie, to falsify; to fib; to decive; to delude; to fail; to tell lies.
**MENTIRA**, s. f. A lie, falsehood.
**MENTOLADO**, adj. (Quím.) Mentholated.
**MENTOR**, s. m. Mentor.
**MEQUETREFE**, s. m. Busybody; rascal.
**MERCADEJAR**, v. t. To trade, to traffic.
**MERCADO**, s. m. Market; mart, fair; market place; commerce; exchange.
**MERCADORIA**, s. f. Merchandise, goods.
**MERCANTE**, adj. Merchant.
**MERCÊ**, s. f. Grace, favor, mercy; reward.
**MERCEARIA**, s. f. Grocery.
**MERCENÁRIO**, adj. Mercenary.
**MERCÚRIO**, s. m. Quick-silver; (Astron.) Mercury.

**MERECEDOR**, adj. Worthy; deserving.
**MERECER**, v. t. To deserve; to merit.
**MERECIMENTO**, s. m. Worth; merit; valor.
**MERENDA**, s. f. Lunch.
**MERETRÍCIO**, adj. Meretricious; s. m. prostitution.
**MERETRIZ**, s. f. Prostitute, harlot.
**MERGULHADOR**, s. m. Diver, plunger.
**MERGULHÃO**, s. m. Plungeon.
**MERGULHAR**, v. t. To dip, to plunge.
**MERIDIANA**, s. f. The meridian line.
**MERIDIANO**, adj. e s. m. Meridian.
**MÉRITO**, s. m. Merit, worth.
**MERO**, adj. Plain, mere.
**MÊS**, s. m. Month.
**MESA**, s. f. Table; board; (fig.) food; fare.
**MESADA**, s. f. Allowance.
**MESÁRIO**, s. m. One pertaining to the boards of a brotherhood or society.
**MESCLA**, s. f. Mixture; variety of colors.
**MESCLAR**, v. t. To mix, to mingle, to blend; to add; to join, to link, to unite, to insert.
**MESENTÉRIO**, s. m. Mesentery.
**MESMO**, adj. Same, like; adv. even; exactly.
**MESQUINHARIA, MESQUINHEZ**, s. f. Meanness; stinginess; misfortune; trifle.
**MESQUINHO**, adj. Stingy, mean; poor; insignificant; unhappy.
**MESQUITA**, s. f. Mosque, mosk.
**MESSE**, s. f. Harvest, crop; (fig.) conquest.
**MESSIAS**, s. m. Messiah, Messias.
**MESTIÇAGEM**, s. f. Crossbreeding.
**MESTIÇO**, adj. e s. m. Mongreel; mestizo.
**MESTRA**, s. f. Mistress; teacher; (fig.) chief, main.
**MESTRE**, s. m. Master, teacher.
**MESTRE-CUCA, MESTRE-CUCO**, s. m. (pop.) Cook.
**MESTRIA**, s. f. Mastery; eminent skill.
**MESURA**, s. f. Courtesy, a bow.
**MESURAR**, v. t. To make courtesies; to bow; to court; v. p. to act moderately.
**META**, s. f. Goal, aim, purpose; limit.
**METABOLISMO**, s. m. Metabolism.
**METACARPO**, s. m. Metacarpus.
**METADE**, s. f. Half; pl. halves.
**METAFÍSICA**, s. f. Metaphysics.
**METAFÍSICO**, dj. Metaphysic; s. m. metaphysician.
**METÁFORA**, s. f. Metaphor.
**METAFORIZAR**, v. t. To express metaphorically; to make use of metaphora.
**METAL**, s. m. Metal; (fig.) money.

**METÁLICO**, adj. Metallic.
**METALIZAR**, v. t. To metallize.
**METALURGIA**, s. f. Metallurgy.
**METALÚRGICO**, adj. metallurgic, metallurgical; s. m. metallurgist.
**METAMORFOSE**, s. f. Metamorphosis.
**METAMORFOSEAR**, v. t. to metamorphose; to change into a different form.
**METAPLASMO**, s. m. Metaplasm.
**METATARSO**, s. m. Metatarsus.
**METEORITO**, s. m. Meteorite, meteorolite.
**METEORO**, s. m. Meteor; bolide.
**METEOROLOGIA**, s. f. Meteorology.
**METEOROSCÓPIO**, s. m. Astrolabe.
**METER**, v. t. To place, to put, to introduce; to cause; to set, to lay; to insert; to place between; to stick; to thrust; to comprise; to include; to employ; to apply; to keep.
**METICULOSIDADE**, s. f. Meticulosity; shyness; cautiousness.
**METICULOSO**, adj. Meticulous; fearful; shy.
**METIDO**, adj. Meddlesome; bold; dare.
**METÓDICO**, adj. methodical; (fig.) moderate.
**METODIZAR**, v. t. To methodize, to reduce to a method; to systematize; to regularize.
**MÉTODO**, s. m. Method; manner; mode; procedure; process; system; technique; plan.
**METONÍMIA**, s. f. Metonymy.
**METRAGEM**, s. f. (Bras.) Length.
**METRALHA**, s. f. Grape-shot.
**METRALHADORA**, adj. Machine-guning; s. f. machine gun.
**MÉTRICO**, adj. Metrical, metric.
**METRIFICAÇÃO**, s. f. Versification.
**METRO**, s. m. Meter, metre.
**METRÓPOLE**, s. f. Metropolis.
**MEU**, adj. e pron. My, mine.
**MEXEDOR**, adj. Stirring, moving; s. m. agitator; one who stirs or agitates.
**MEXER**, v. t. To mix; to stir; to agitate; to displace; to move; to set in motion; v. p. to stir, to move, to hurry.
**MEXERICA**, s. f. (Bot. Bras.) Tangerine.
**MEXERICAR**, v. t. To tell tales; to intrigue.
**MEXIDA**, s. f. Confusion; disorder; noise.
**MEXILHÃO**, s. m. Meddler; busybody; adj. fidgety, naughty.
**MEZENA**, s. f. Mizzen, spanker.
**MEZINHA**, s. f. Any sort of homely medicine; clyster.
**MIADO**, s. m. Mewing.
**MIAR**, v. i. To mew, to cry like a cat.
**MICAJEM**, s. f. A face proper of a monkey.
**MIÇANGA**, s. f. Glass-bead.
**MICÇÃO**, s. f. Micturition.
**MICO**, s. m. A sort of a small ape.
**MICRO**, s. m. Micron, a unite of length; the thousandth part of a millimiter.
**MICRÓBIO**, s. m. Microbe; germ; bacterium.
**MICROCÉFALO**, adj. Microcephalous, having a small head; s. m. one who has a small head.
**MICROCOSMO**, s. m. Microcosm.
**MICROFILME**, s. m. Microfilm.
**MICROFONE**, s. m. Microphone.
**MICROFONIA**, s. f. Microphonia.
**MICROGRAFIA**, s. f. Micrography.
**MICRÔMETRO**, s. m. Micrometer.
**MICRORGANISMO**, s. m. Microorganism.
**MICROSCÓPIO**, s. m. Microscope.
**MICTÓRIO**, adj. Diuretic; s. m. (Bras.) public urinal.
**MIGALHA**, s. f. Crumb; a little bit; pl. rest.
**MIGAR**, v. t. To crumble.
**MIGRANTE**, adj. Migrant; migratory.
**MIJAR**, v. t. To piss, to make water.
**MIL**, num. Thousand, one thousand.
**MILAGRE**, s. m. Miracle, wonder.
**MILAGROSO**, adj. Miraculous; performed supernaturally; wonderful.
**MILHA**, s. f. Mile, a measure of lenght.
**MILHÃO**, s. m. Million.
**MILHAR**, s. m. Thousand.
**MILHARADA, MILHARAL**, s. f., s. m. Cornfield.
**MILHO**, s. m. Corn, Indian corn, maize.
**MILÍCIA**, s. f. Militia, military, warfare.
**MILIGRAMA**, s. m. Milligram.
**MILILITRO**, s. m. Milliliter.
**MILÍMETRO**, s. m. Millimeter.
**MILIONÁRIO**, adj. Very rich; s. m. millionaire.
**MILIONÉSIMO**, adj. e s. m. Millionth.
**MILITANTE**, adj. Military; s. m. soldier; v. t. to serve as a soldier; v. rel. to militate.
**MILITAR**, adj. Military, soldiery; s. m. military man, soldier; v. i. to serve as a soldier; to be directed or operated (against).
**MILORDE**, s. m. Milord.
**MIMAR**, v. t. To fondle, to pet, to caress.
**MÍMICO**, adj. Mimic, mimical.
**MIMO**, s. m. Gift, present, caress, delicacy.
**MIMOSEAR**, v. t. To fondle, to caress.
**MINA**, s. f. Mine; (fig.) source of wealth.
**MINAR**, v. t. To mine, to undermine, to sap; to excavate; to harass; v. i. to spreadout.

**MINDINHO**, s. m. The little finger.
**MINEIRA**, s. f. A ground full of minerals.
**MINEIRO**, s. m. A miner.
**MINERAÇÃO**, s. f. Mining.
**MINERAL**, s. m. e adj. Mineral.
**MINERALIZAÇÃO**, s. f. Mineralization.
**MINERALOGIA**, s. f. Mineralogy.
**MINGAU**, s. m. Mush, mash.
**MÍNGUA**, s. f. Want, absence of what is needed; scarcity; fault.
**MINGUADO**, adj. Wanting; needy; scarce.
**MINGUANTE**, s. m. The wane of the moon; (fig.) decadence; adj. decreasing.
**MINGUAR**, v. t. To decrease; to decline.
**MINHA**, adj. e pron. pess. My, mine.
**MINHOCA**, s. f. Earthworm.
**MINIATURA**, s. f. Miniature.
**MÍNIMO**, s. m. e adj. Minimum.
**MINISTÉRIO**, s. m. ministry; charge; office.
**MINISTRAR**, v. t. To furnish; to supply; to give; to apply; to serve; to confer; to check up; v. i. to exercise an office.
**MINISTRO**, s. m. Minister; agent; assistant; magistrate.
**MINORAÇÃO**, s. f. Levessing; diminution.
**MINORAR**, v. t. To lessen, to diminish.
**MINORIA**, s. f. Minority; few.
**MINORIDADE**, s. f. Minority, the smallest number; the state of being a minor.
**MINÚCIA**, s. f. Minutiae smaller or minor detail or particulars; particularity; trifle.
**MINÚSCULO**, adj. Minute, very small.
**MINUTA**, s. f. Minute, the first draught of any writing.
**MINUTO**, s. m. Minute.
**MIOLO**, s. m. Brain; crumb; pith; marrow.
**MÍOPE**, adj. Shortsighted; s. 2 gên. myope.
**MIOPIA**, s. f. Myopia; shortsightedness.
**MIOSÓTIS**, s. f. Myosotis; forget-me-not.
**MIRA**, s. f. Sight (of a gun); aim, end, goal.
**MIRACULOSO**, adj. Miraculous.
**MIRAGEM**, s. f. Mirage; (fig.) illusion.
**MIRANTE**, s. m. Belvedere.
**MIRAR**, v. t. To aim; to stare; to look at; to face; to observe; to peep; to spy.
**MIRÍADE**, s. f. Myriad.
**MIRÍFICO**, adj. Marvellous, wonderful.
**MIRIM**, adj. (Bras.) Small, tiny.
**MIRRA**, s. f. Myrrh; s. 2 gên. a very lean person; niggard.
**MIRRADO**, adj. Withered, faded; lean; thin.
**MIRRAR**, v. t. To wither; to fade; to waste; v. i. e p. to dry; to grow lean; to waste.

**MISANTROPIA**, s. f. Misanthropy.
**MISCELÂNEA**, s. f. Miscellanea, miscellany; (fig.) confusicn, disorder; mixture.
**MISCIBILIDADE**, s. f. Miscibility.
**MISCÍVEL**, adj. Miscible.
**MISERAÇÃO**, s. f. Compassion; pity.
**MISERÁVEL**, adj. Miserable, wretched; wicked; villainous; niggard; stingy; s. 2 gên. an indigent or unfortunate person; a rascal; a niggard; a stingy person.
**MISÉRIA**, s. f. Misery; destitution; poverty; covetousness; trifle; baseness; vileness.
**MISERICÓRDIA**, s. f. Compassion, mercy; pity; interj. bless me!
**MISSA**, s. f. Mass.
**MISSAL**, s. m. The mass-book.
**MISSÃO**, s. f. Mission; commission.
**MISSAR**, v. i. To say or to hear a mass.
**MISSIONÁRIO**, s. m. Missionary.
**MISSIVA**, s. f. Missive, a massage or letter.
**MISTER**, s. m. Job; charge; task; work; business; office; urgency; need; want.
**MISTICISMO**, s. m. Mysticism.
**MÍSTICO**, adj. Mystic, mystical.
**MISTIFICAR**, v. t. To mystify; to cheat.
**MISTO**, adj. Mixed; confused.
**MISTURADA**, s. f. Miscellany; confusion.
**MISTURAR**, v. t. To mix; to blend; to confuse; to puzzle; v. p. to meddle.
**MISTURÁVEL**, adj. Miscible.
**MITIGAÇÃO**, s. f. Mitigation, alleviation.
**MITIGAR**, v. t. To mitigate; to mollify; to meliorate; to diminish; to appease.
**MITO**, s. m. Myth, legend.
**MITOLOGIA**, s. f. Mythology.
**MITRA**, s. f. Miter; episcopal office or dignity.
**MIUDEZA**, s. f. Littleness, smallness.
**MIÚDO**, adj. Little, tiny, small, minute.
**MIXÓRDIA**, s. f. Medley; confusion; mixture.
**MNEMÔNICA**, s. f. Mnemonics.
**MNEMONIZAR**, v. t. To mnemonize; to make mnemonic; to express mnemonically.
**MÓ**, s. f. Millstone; grindstone.
**MOAGEM**, s. f. Grinding.
**MÓBIL**, adj. mobile, movable; s. m. motor; motive.
**MOBILAR, MOBILHAR**, v. t. To furnish; to fit up.
**MOBÍLIA**, s. f. Furniture.
**MOBILIDADE**, s. f. Mobility; mcvableness.
**MOBILIZAÇÃO**, s. f. Mobilization; act of assembling, equipping and preparing military and naval forces for active hostilities.

**MOBILIZAR**, v. t. To mobilize; to render mobile or movable; to put into movement or circulation; to assemble and put in a state of readiness for active service in war; to undergo mobilization.

**MOCA**, s. f. Mocha, a variety of coffee; (Bras.) mockery, scoff, club, cudgel.

**MOÇA**, s. m. A girl, young woman.

**MOÇÃO**, s. f. Motion; movement; comotion.

**MOCHILA**, s. f. Knapsack; haversack.

**MOCHO**, adj. Hornless; s. m. (Zool.) a kind of owl.

**MOCIDADE**, s. f. Youth, young people.

**MOÇO**, s. m. Young man, boy; adj. young; (fig.) unexperienced.

**MODA**, s. f. Mode; fashion; custom; manner.

**MODALIDADE**, s. f. Modality.

**MODELAÇÃO**, s. f. Modelling.

**MODELAR**, v. t. To model, to design or imitate forms; to shape; to plan.

**MODELO**, s. m. Model, that which exactly resembles something; a copy, style or structure; pattern; a person or thing that serves as an artist's pattern.

**MODERAÇÃO**, s. f. Moderation; limitation; restriction; temperateness.

**MODERAR**, v. t. To moderate; to restrain from excess; to make temperate; to control; v. p. to become less violent, severe, rigorous, intense; to keep one's temper.

**MODERNIDADE**, s. f. Modernity; modernness.

**MODERNISMO**, s. m. Modernism.

**MODERNIZAR**, v. t. To modernize; v. i. to adopt modern ways or the like.

**MODERNO**, adj. Modern, of, pertaining to, or characteristic of the present time; of recent period; new-fashioned; new

**MODÉSTIA**, s. f. Modesty; moderation; self-control; diffidence; shyness; chastity.

**MODESTO**, adj. Modest, reserved, shy.

**MODICIDADE**, s. f. Modicity.

**MÓDICO**, adj. Small, insignificant; moderate.

**MODIFICAÇÃO**, s. f. Modification; change.

**MODIFICAR**, v. t. To modify; to change; to alter; to differentiate into, or diversify, by different forms; to limit; to moderate.

**MODILHÃO**, s. m. Modillion.

**MODINHA**, s. m. Popular song.

**MODISMO**, s. m. Idiotism, idiom.

**MODISTA**, s. f. Dressmaker, modiste.

**MODO**, s. m. Mode, manner of doing or being; method; form; kind; way; (Gram.) mode, mood; (mús.) mode.

**MODORRA**, s. f. Letargy, sleepness.

**MODULAÇÃO**, s. f. Modulation.

**MODULAR**, v. t. To modulate, to temper, to soften; to give tune to.

**MÓDULO**, s. m. Module; adj. melodious.

**MOEDA**, s. f. Coin, metal money; money.

**MOEDAGEM**, s. f. Coining; minting.

**MOEDOR**, s. m. Grinder; adj. grinding.

**MOELA**, s. f. Gizzard.

**MOENDA**, s. f. Millstone; grinding.

**MOER**, v. t. To grind, to crush, to reduce to powder; to harass; (fig.) to think over.

**MOFA**, s. f. Mockery; laughing, scorn.

**MOFAR**, v. t. To mock, to scoff, to mold.

**MOFO**, s. m. Mold, mustiness.

**MOGNO, MÓGONO**, s. m. Mahogany.

**MOÍDO**, adj. Ground; harrassed; beat.

**MOINHA**, s. f. Chaff, siftings.

**MOINHO**, s. m. Mill, flour-mill.

**MOITA**, s. f. Thicket, coppice.

**MOLA**, s. f. Spring; (fig.) incentive.

**MOLAR**, adj. Molar, grinding; of, or pertaining to the molar teeth; s. m. molar tooth.

**MOLDADO**, adj. Molded; s. m. molding.

**MOLDAGEM**, s. f. Molding; casting; (Geol.) mold.

**MOLDAR**, v. t. To mold, to mould, to form into a particular shape; to model; to form a mold of; v. p. to assume form or shape; to take a mold or pattern.

**MOLDE**, s. m. Mold; the matrix or cavity in which anything is shaped; form, shape, in which something is molded; model.

**MOLDURA**, s. f. Molding; picture-frame.

**MOLE**, adj. Soft; weak, indolent; s. f. bulk, an enormous volume; big mass.

**MOLECAGEM**, s. f. (Bras.) Roguery; mischief.

**MOLÉCULA**, s. f. Molecule.

**MOLEIRA**, s. f. (Anat.) Fontanel.

**MOLEIRO**, s. m. Miller.

**MOLENGA**, adj. Indolent.

**MOLEQUE**, s. m. Colored boy; little boy.

**MOLESTADOR**, s. m. Teaser, molester.

**MOLESTAR**, v. t. To molest, to afflict or affect (disease); to disturb; to bother.

**MOLÉSTIA**, s. f. Disease, illness.

**MOLEZA**, s. f. Softness; slackness; idleness.

**MOLHAÇÃO**, s. f. Wetting.

**MOLHADOS**, s. m. pl. Wine, oil and other liquids sold at a grocery.

**MOLHAR**, v. t. To wet, to moisten, to soak, to dampen; v. p. to get or become wet.

**MOLHE**, s. m. Mole, as a breakwater.

**MOLHEIRA**, s. f. Sauceboat; gravy boat.
**MOLHO**, s. m. A bundle, sheaf; herd; sauce; gravy.
**MOLIFICAÇÃO**, s. f. Mollification.
**MOLIFICAR**, v. t. To mollify, to soften; to make tender; to reduce the hardness, harshness or asperity of; to appease, to pacify, to calm, to quiet; to enervate.
**MOLINETE**, s. m. Windlass, turnstile.
**MOLOSSO**, s. m. Mastiff.
**MOLUSCO**, s. m. (Zool.) Mollusc; mollusk.
**MOMENTÂNEO**, adj. Momentaneous.
**MOMENTO**, s. m. Moment, a minute portion of time; an instant; opportunity.
**MOMENTOSO**, adj. Momentous; very important; weighty.
**MOMICE**, s. f. Grimace.
**MOMO**, s. m. Grimace, mummery, mime; mome; (fig.) contempt, scorn; momus.
**MONACAL**, adj. Monkish, monastical.
**MONARCA**, s. m. Monarch; a supreme ruler.
**MONARQUIA**, s. f. Monarchy.
**MONÁSTICO**, adj. Monastical; monasterial.
**MONAZITA**, s. f. Monazite.
**MONÇÃO**, s. f. Monsoon; (fig.) occasion.
**MONDA**, s. f. Weeding.
**MONDAR**, v. t. To weed, to thin out; to clear of weeds; to remove and rout out weeds; (fig.) to correct, to amend.
**MONETÁRIC**, adj. Monetary, of, or pertaining to money.
**MONGE**, s. m. Monk, friar.
**MONGOL**, adj. e s. m. Mongol, Mongolian.
**MONGOLISMO**, s. m. (Med.) Mongolism, Mongolianism.
**MONISTA**, s. 2 gên. Monist, a believer in monism.
**MONITOR**, s. m. Monitor; admonisher.
**MONJA**, s. f. Nun.
**MONO**, s. m. Ape, monkey; (fig.) ugly person.
**MONOCARPIANO**, **MONOCÁRPICO**, adj. Monocarpic; bearing fruit but once and dying.
**MONOCÉFALO**, adj. Monocephalous.
**MONOCELULAR**, adj. Monocellular; unicellular.
**MONOCICLO**, s. m. Monocyclo.
**MONOCÓRDIO**, s. m. Monochord.
**MONOCOTILEDÔNEA**, s. f. Monocotyledon; pl. monocotyledones.
**MONOCROMÁTICO**, adj. Monochromatic.
**MONÓCULO**, s. m. Monocle.
**MONODÁCTILO**, **MONODÁTILO**, adj. Monodactyle, monodactylous.

**MONODELFO**, adj. Monodelphous.
**MONODIA**, s. f. Monody, an ode sung by one voice; a monodic composition.
**MONODIAR**, v. t. To monodize.
**MONODONTE**, adj. Monophiodont.
**MONOFILO**, adj. Monophyllous.
**MONOFISISMO**, s. m. Monophysitism.
**MONOFOBIA**, s. f. Monophobia.
**MONOGAMIA**, s. f. Monogamy.
**MONOGÁSTRICO**, adj. Monogastric.
**MONOGENIA**, s. f. Monogey.
**MONÓGINO**, adj. Monogynous.
**MONÓGRAFO**, s. m. Monographer.
**MONOGRAMA**, s. m. Monogram.
**MONÓICO**, adj. Monoecious, monecious.
**MONOIDEÍSMO**, s. m. (Psic.) Monodeism.
**MONOLÍTICO**, adj. Monolithic.
**MONOLOGAR**, v. t. To monologue.
**MONÓLOGO**, s. m. Monologue; soliloquy.
**MONOMANÍACO**, adj. Monomaniacal; s. m. monomaniac; (pop. EUA) fiend.
**MONOMAQUIA**, s. f. Monomachy.
**MONOMETALISMO**, s. m. Monometalism.
**MONÔMETRO**, s. m. Monometer.
**MONÔMIO**, s. m. Monomial.
**MONONUCLEAR**, adj. Mononuclear.
**MONOPÉTALO**, adj. Monopetalous.
**MONOPLANO**, s. m. Monoplane.
**MONOPLEGIA**, s. f. Monoplegia.
**MONOPÓLIO**, s. m. Monopoly.
**MONOPOLIZAÇÃO**, s. f. Monopolization.
**MONOPOLIZAR**, v. t. To monopolize, to acquire a monopoly of.
**MONOSSÉPALO**, adj. Monosepalous.
**MONOSSILÁBICO**, adj. Monosyllabic.
**MONOTEÍSMO**, s. m. Monotheism.
**MONOTONIA**, s. f. Monotony.
**MONOTRÊMATO**, s. m. Monotreme.
**MONOVALENTE**, adj. Monovalent.
**MONSENHOR**, s. m. Monsignor.
**MONSTRO**, s. m. Monster, any huge or enormous animal or thing; a person of excessive ugliness, monstrosity; deformity.
**MONSTRUOSIDADE**, s. f. Monstrosity; malformation; cruelty; ruthlessness.
**MONTA**, s. f. Amount, sum, total; cost.
**MONTADA**, s. f. Mounting; riding-horse.
**MONTAGEM**, s. f. Mounting; assembling.
**MONTANHA**, s. f. Mountain.
**MONTANHOSO**, adj. Montainous.
**MONTANTE**, s. m. Amount, sum, total.
**MONTAR**, v. t. To ride, to be carried on an animal's back; to mount; to set; to fit up.

**MONTARIA**, s. f. Hunting.
**MONTE**, s. m. Mount; heap; pile.
**MONTÉIA**, s. f. Plant of a building.
**MONTEIRO**, s. m. Huntsman.
**MONTEPIO**, s. m. Retirement pension.
**MONTÍCULO**, s. m. Monticle, little hill.
**MONTRA**, s. f. Shop-window, show-window, display-window.
**MONTURO**, s. m. Dung-hill.
**MONUMENTAL**, adj. Monumental; huge.
**MONUMENTO**, s. m. Monument.
**MOR**, adj. Grand.
**MORA**, s. f. Delay, extension of time.
**MORADA**, s. f. Dwelling-place; house.
**MORADIA**, s. f. Residence, house.
**MORAL**, adj. Moral; s. m. morality; s. f. moral; morals.
**MORALIDADE**, s. f. Morality; righteousness.
**MORALIZAÇÃO**, s. f. Moralization.
**MORALIZAR**, v. t. To moralize; to give a moral quality to; v. i. to moralize, to make moral reflections.
**MORANGO**, s. m. Strawberry.
**MORAR**, v. i. To live, to abide, to dwell.
**MORATÓRIA**, s. f. Moratorium.
**MORBIDEZ**, s. f. Morbidity; languor.
**MÓRBIDO**, adj. morbid; sickish; languid.
**MORCEGO**, s. m. Bat.
**MORCELA**, s. f. Sausage.
**MORDAÇA**, s. f. Gag.
**MORDAZ**, adj. Mordacious; bitting; acrid.
**MORDEDELA, MORDEDURA**, s. f. Bite.
**MORDENTE**, s. m. (Mús.) Mordent; adj. bitting, caustic.
**MORDER**, v. t. To bite.
**MORDICAR, MORDISCAR**, v. t. To mordicate; to bite; to corrode.
**MORDOMIA**, s. f. Stewardship.
**MORDOMO**, s. m. Majordomo.
**MORENO**, adj. Brunette; brown; dark-hued; dark-complexioned; s. m. brunet.
**MORFÉIA**, s. f. Leprosy.
**MORFINA**, s. f. Morphina.
**MORFOGENIA**, s. f. Morphogenesis.
**MORFOLOGIA**, s. f. Morphology.
**MORGADIO**, s. m. Majorat.
**MORGUE**, s. m. Morgue.
**MORIBUNDO**, adj. Moribund, dying.
**MORIGERAÇÃO**, s. f. Temperance.
**MORINGA**, s. f. Water-pot; jar.
**MORMAÇO**, s. m. Warm, damp, full weather.
**MOROSIDADE**, s. f. Slowness.
**MOROSO**, adj. Slow, backward.

**MORRÃO**, s. m. Snuff.
**MORRER**, v. t. To die, to cease to live; to stop, to finish, to end; to expire.
**MORRO**, s. m. Hillock; hill, mount.
**MORSA**, s. f. (Zool.) Morse, walrus.
**MORSEGÃO**, s. m. Bite, pinch, nip.
**MORSO**, s. m. Bite.
**MORTAL**, adj. Mortal, deadly; human.
**MORTALHA**, s. f. Shroud.
**MORTALIDADE**, s. f. Mortality; slaughter, butchery.
**MORTE**, s. f. Death, cessation of living; extinction, end; murder; bloodshed; decease.
**MORTEIRO**, s. m. (Mil.) Mortar.
**MORTICÍNIO**, s. m. Slaughter; massacre.
**MORTIÇO**, adj. Dead, pale, dull; dying; failing; not bright.
**MORTIFICAÇÃO**, s. f. Mortification; anguish; anxiety; grief; pain; trouble.
**MORTIFICAR**, v. t. To mortify; to chagrin; to torment; to torture.
**MORTO**, adj. Dead, lifeless; insensible, without sensation, consciousness, etc.; extinct; disused; obsolet; very tired; s. m. dead; a dead body, a dead man; corpse.
**MOSAICO**, s. m. e adj. Mosaic.
**MOSCA**, s m. Fly, housefly.
**MOSCADO**, adj. Musky.
**MOSCATEL**, adj. e s. m. Muscatel.
**MOSQUEADO**, adj. Spotted; bespeckled.
**MOSQUETÃO, MOSQUETE**, s. m. Musket.
**MOSQUETEAR**, v. t. To shoot with a musket; v. i. to fire with a musket.
**MOSQUETEIRO**, s. m. Musketeer.
**MOSQUITEIRO**, s. m. Mosquito-net.
**MOSQUITO**, s. m. Mosquito.
**MOSSA**, s. f. Bruise, notch; nick; shock.
**MOSTARDA**, s. f. Mustard.
**MOSTEIRO**, s. m. Cloister, monastic house.
**MOSTO**, s. m. Must.
**MOSTRA**, s. f. Show; showing.
**MOSTRADOR**, s. m. Dial, face (of a clock or watch).
**MOSTRAR**, v. t. To show; to point out; to exhibit; to display; to disclose; to reveal; to prove; to instruct; to indicate; v. p. to appear; to make an ostentatious display.
**MOSTRUÁRIO**, s. m. Shop-window; showcase.
**MOTE**, s. m. Motto; jest; joke.
**MOTEJAR**, v. t. To scoff, to jest; to mock.
**MOTILIDADE**, s. f. Motility.
**MOTIM**, s. m. Mutiny, revolt, insurrection.

**MOTIVAÇÃO**, s. f. Motivation.
**MOTIVAR**, v. t. To motive; to provide with a motive; to cause, to bring about.
**MOTIVO**, s. m. Motive, reason, cause, purpose; incentive; (Mus.) motive, the theme or subject of a composition or movement.
**MOTO**, s. m. Motto, motion; s. f. motorcycle.
**MOTOR**, adj. Motor; s. m. motor; engine.
**MOTRIZ**, adj. Motive
**MOUCO**, adj. Deaf, hard of hearing.
**MOURO**, adj. Moorish, s. m. moor.
**MOVEDIÇO**, adj. Moveable; mobile; not fixed or stationary; changeable; quick (sand); (fig.) inconstant.
**MÓVEL**, adj. Movable; s. m. motive; mobile; piece of furniture.
**MOVER**, v. t. To move, to change the place or position of; to displace; to set in motion; to excite to action; to stir, to affect; to touch.
**MOVIMENTAÇÃO**, s. f. Moving.
**MOVIMENTAR**, v. t. To move, to give movement to.
**MOVIMENTO**, s. m. Motion; movement; moving; activity.
**MOVÍVEL**, adj. Movable.
**MU**, s. m. Mule, ass.
**MUAR**, adj. Mulish.
**MUCILAGEM**, s. f. Mucilage.
**MUCO**, s. m. Mucus.
**MUCOSA**, s. f. Mucous membrane.
**MUÇULMANO**, adj. Molesm; mohamedan; s. m. Mussulman.
**MUDA**, s. f. Change, alteration; moving; molting or moulting, shedding; transplanting.
**MUDANÇA**, s. f. Charge, alteration; moving; transformation.
**MUDAR**, v. t. To change, to transfer, to modify, to make different; to transform.
**MUDEZ**, s. f. Dumbness, muteness.
**MUGIDO**, s. m. Bellowing, moo, low.
**MUI**, adv. Most, very.
**MUITO**, idj. Much, many, a great deal of; adv. very, much, too.
**MULA**, s. f. She-mule.
**MULATO**, s. m. Mulatto.
**MULETA**, s. f. Crutch; (fig.) support.
**MULHER**, s. f. Woman; wife; female.
**MULTA**, s. f. Mulet, fine; penalty.
**MULTAR**, v. t. To mulet; to fine.
**MULTIANGULAR**, adj. Multiangular.
**MULTIARTICULADO**, adj. Multiarticulated.
**MULTIAXÍFERO**, adj. (Bot.) Multiaxial.
**MULTICAPSULAR**, adj. (Bot.) Multicellular.

**MULTICOLOR, MULTICOR**, adj. Multicolored; multicolor.
**MULTIDÃO**, s. f. Multitude, crowd, throng; a great number (of persons or things).
**MULTIFÁRIO**, adj. Multifarious.
**MULTIFLORO**, adj. (Bot.) Multiflorous.
**MULTÍFLUO**, adj. Flowing abundantly.
**MULTIFOLIADO**, adj. Multifoil.
**MULTIFORME**, adj. Multiform.
**MULTÍLOQUO**, adj. Multiloquous.
**MULTÍMODO**, adj. Manifold; multifarious.
**MULTIPARTIDO**, adj. Multipartite.
**MULTÍPEDE**, adj. Multiped.
**MULTIPLICAÇÃO**, s. f. Multiplication; increase, increasing.
**MULTIPLICADOR**, adj. Multiplying; s. m. multiplier.
**MULTIPLICANDO**, s. m. Multiplicand.
**MULTIPLICAR**, v. t. To multiply; to increase in number; to amplify or magnify.
**MULTIPLICATIVO**, adj. Multiplicity.
**MÚLTIPLO**, adj. Multiple.
**MULTÍSSONO**, adj. Multisonous.
**MULTÍVAGO**, adj. Multivagant; wandering.
**MULTIVALVE**, adj. Multivalve.
**MÚMIA**, s. f. Mummy.
**MUMIFICAR**, v. t. To mummify, to embalm and dry as a mummy; to make into or like a mummy.
**MUNDANO**, adj. Mundane; worldly; earthly.
**MUNDIAL**, adj. Worldly, universal; common.
**MUNDÍCIA, MUNDÍCIE**, s. f. Cleanness.
**MUNDIFICAR**, v. t. To cleanse; to purify.
**MUNDO**, adj. Clean, neat; s. m. world, the universe; the mankind; a great number or quantity; a sphere or scene of life and action.
**MUNGIR**, v. t. To mil.
**MUNHECA**, s. f. Wrist.
**MUNIÇÃO**, s. f. Ammunition, munition.
**MUNICIONAR**, v. t. To munition.
**MUNICIPAL**, adj. Municipal.
**MUNICIPALISMO**, s. m. Municipalism.
**MUNÍCIPE**, s. 2 gên. Citizen; rate payer; townsman; townswoman.
**MUNICÍPIO**, s. m. Municipality.
**MUNIFICÊNCIA**, s. f. Munificency.
**MUNIR**, v. t. To provide, to furnish with; to fortify; to munition; to arm; to provision.
**MUQUE**, s. f. (vulg. Bras.) Muscle; biceps.
**MURAL**, adj. Mural; s. m. (Neol.) mural, a mural painting.
**MURALHA**, s. f. Wall; rampart.

**MURAR,** v. t. To wall in, to fence in or off; (fig.) to fortify; to defend.
**MURCHAR,** v. t. i. e p. To wither; to fade.
**MURCHO,** adj. Withered; faded; sad.
**MURIÁTICO,** adj. Muriatic.
**MURÍDEO,** adj. Murine; s. m. pl. muridae.
**MURMURAÇÃO,** s. f. Murmur; whisper.
**MURMURANTE,** adj. Murmuring; whispering.
**MURMURAR,** v. t. To murmur; to whisper; to express discontent; to grumble.
**MURMÚRIO,** s. m. Murmur, a low, confused and indistinct sound, like that of running water; grumbling; whisper.
**MURO,** s. m. Wall.
**MURRO,** s. m. Punch, blow with the fist.
**MURTA,** s. f. (Bot.) Myrtle.
**MUSA,** s. f. Muse; inspiration, poetry.
**MUSCULAÇÃO,** s. f. Musculation.
**MÚSCULO,** s. m. Muscle.
**MUSCULOSO,** adj. Brawny, muscled; vigorous, strong.
**MUSEU,** s. m. Museum.
**MUSGO,** s. m. Moss.
**MÚSICA,** s. f. Music; melody; harmony; band, orchestra.
**MUSICAR,** v. t. To music; to set to music.
**MÚSICO,** s. m. Musician; adj. musical, music.
**MUSSELINA,** s. f. Muslin.
**MUSSITAÇÃO,** s. f. Mussitation; mumbling.
**MUTAÇÃO,** s. f. Mutation; change; alteration; inconstancy.
**MUTÁVEL,** adj. Mutable; variable.
**MUTILAÇÃO,** s. f. Mutilation.
**MUTILAR,** v. t. To mutilate; to maim.
**MUTISMO,** s. m. Mutism, dumbness.
**MUTUAL,** adj. Mutual, reciprocal.
**MUTUALIDADE,** f. Mutuality.
**MUTUAR,** v. t. e i. To mutualize, to make or become mutual; to exchange, to permute.
**MUTUÁRIO,** s. m. Mutuary; borrower.
**MÚTUO,** adj. Mutual; reciprocal; s. m. loan; change.

# N

**N,** s. m. The thirteenth letter of the alphabet.
**NABABO,** s. m. Nabob.
**NABO,** s. m. Turnip.
**NAÇÃO,** s. f. Nation, kindred, race; nationality; country; people.
**NÁCAR,** s. m. Nacre, mother-of-pearl.
**NACIONAL,** adj. National.
**NACIONALIDADE,** s. f. Nationality; national character; a nation; a people unite by common institutions, language, etc.
**NACIONALIZAR,** v. t. To nationalize; to make national; to naturalize.
**NACO,** s. m. Slice; piece; bit.
**NADA,** s. m. Nothing; non-existence; trifle; pron. indef. nothing; adv. no.
**NADADEIRA,** s. f. Fin, flipper.
**NADADOR,** adj. Swimming; s. m. swimmer.
**NADAR,** v. i. To swim; to overflow.
**NÁDEGA,** s. f. Buttock, rump.
**NADO,** adj. Born; s. m. swimming.
**NAFTA,** s. f. Naphtha.
**NÁIADE,** s. f. Naiad.
**NAIPE,** s. m. Suit of cards.
**NAMORADA,** s. f. Sweetheart.
**NAMORADO,** s. m. Lover; sweetheart.
**NAMORAR,** v. t. e i. To flirt with; to make lobe; to be in love with.
**NAMORO,** s. m. Love-making, courtship.
**NANAR,** v. t. e i. To lull a child to sleep.
**NANISMO,** s. m. Nanism; dwarfishness.
**NANQUIM,** s. m. Nankeen; very black ink.
**NÃO,** adv. No, not; s. m. a refusal, no.
**NÃO-ME-DEIXES,** s. m. 2 núm. (Bot.) Groundsel.
**NAPELO,** s. m. (Bot.) Napellus, the common monkshood.
**NAPOLITANO,** adj. e s. m. Napolitan.
**NAQUELE,** contr. prep. "em" and pron. dem. "aquele", In that, on that.
**NAQUILO,** contr. prep. "em" and pron. "aquilo", In that, on that.
**NARCEJA,** s. f. (Zool.) Snipe.
**NARCISISMO,** s. m. Narcissism.
**NARCISO,** s. m. (Bot.) Narcissus.
**NARCOSE,** s. f. Narcosis.
**NARCÓTICO,** adj. e s. m. Narcotic.

**NARCOTIZAR**, v. t. To narcotize.
**NARDO**, s. m. (Bot.) Nard, spikenard.
**NARINA**, s. f. Nostril.
**NARIZ**, s. m. Nose.
**NARRAÇÃO**, s. f. Narrative, narration.
**NARRAR**, v. t. To narrate; to tell, rehearse or recite; to relate the particulars (of); to give an account (of).
**NASAL**, adj. Nasal, of or pertaining to the nose; (Fonet.) nasal.
**NASALAR**, v. t. To nasalize; to speak in a nasal manner.
**NASCENÇA**, s. f. Birth; nascency; origin.
**NASCENTE**, adj. Nascent, beginning to exist, grow or develop; starting; s. m. East, Orient; s. f. spring, source.
**NASCER**, v. i. To be born; to arise.
**NASCIDO**, adj. Born; native; natural.
**NASCIMENTO**, s. m. Birth; lineage; descent; origin; natural condition or position.
**NASCITURO**, adj. Begotten.
**NASSA**, s. f. Wicker-basket.
**NASTRO**, s. m. Tape.
**NATA**, s. f. Cream; (fig.) the choicest part of a thing.
**NATAÇÃO**, s. f. Swimming, natation.
**NATAL**, s. m. Christmas, Christmas Day; adj. native, natal.
**NATATÓRIO**, adj. Natatory.
**NATIVIDADE**, s. f. Nativity; birty.
**NATIVISMO**, s. m. Nativism.
**NATIVO**, adj. Native, natural, inherent; artless, unaffected; s. m. native, aboriginal.
**NATO**, adj. Born, innate, natural.
**NATRO**, s. m. Natron.
**NATURA**, s. f. (Poét.) Nature.
**NATURAL**, adj. Natural; s. m. native, humor.
**NATURALIDADE**, s. f. Naturalness, naturality; simplicity.
**NATURALIZAÇÃO**, s. f. Naturalization.
**NATURALIZAR**, v. t. To naturalize; to confer the rights and privileges of a native citizen on; to acclimate; to receive or adopt as native, natural, or vernacular.
**NATUREZA**, s. f. Nature; essence; kind; sort; type; innate; character; disposition; temperament; vital functions; process, or the like; the physical universe; natural scenery; simple, primitive life; the mankind.
**NAU**, s. f. Vessel, ship.
**NAUFRAGAR**, v. i. To shipwrek, to fail.
**NAUFRÁGIO**, s. m. Shipwreck; wreck; ruin.
**NÁUSEA**, s. f. Nausea; qualm; (fig.) loathing.
**NAUSEABUNDO, NAUSEANTE**, adj. Nauseant; nauseating; disgusting.
**NAUSEAR**, v. t. To cause nausea; to loathe.
**NAUTA**, s. m. Sailor, seafaring man.
**NÁUTICA**, s. f. Nautical science.
**NÁUTICO**, adj. Nautical.
**NAVAL**, adj. Naval.
**NAVALHA**, s. f. Razor.
**NAVE**, s. f. Nave, vessel; ship.
**NAVEGAÇÃO**, s. f. Navigation.
**NAVEGAR**, v. t. To navigate; to pass over in a vessel; v. i. to navigate, to journey by water; to go in a vessel; to sail or manage a vessel; to operate a vessel.
**NAVIFORME**, adj. Naviform.
**NAVIO**, s. m. Vessel; ship.
**NEBLINA**, s. f. Mist, fog.
**NEBULOSA**, s. f. Nebula.
**NEBULOSO**, adj. Nebulous; cloudy; nebular.
**NECEDADE**, s. f. Nonsense, foolishness.
**NECESSÁRIA**, s. f. Necessary; waterclosed.
**NECESSÁRIO**, adj. Necessary, essential, needful, indispensable, useful.
**NECESSIDADE**, s. f. Necessity; requisite; need, want, poverty.
**NECESSITAR**, v. t. To necessitate; to force to comple; to reduce to want or privation.
**NECROLOGIA**, s. f. Necrology.
**NECROMANCIA**, s. f. Necromancy.
**NECRÓPOLE**, s. m. Necropolis, cemetery.
**NECROPSIA, NECROSCOPIA**, s. f. Autopsy.
**NECROSE**, s. f. Necrosis.
**NECROTÉRIO**, s. m. Morgue.
**NÉCTAR**, s. m. Nectar.
**NÉDIO**, adj. Fat, well-fed.
**NEFANDO**, adj. Nefandous; impious; hateful.
**NEFASTO**, adj. Inauspicious; funest; doleful.
**NEFRALGIA**, s. f. (Med.) Nephralgia.
**NEFRÍTICO**, adj. Nephritic.
**NEFROLOGIA**, s. f. Nephrology.
**NEGA**, s. f. Negation; want of skill.
**NEGAÇA**, s. f. Lure, cheat, trick.
**NEGAÇÃO**, s. f. Negation; a refusal; nullity; negativity; denial; inaptitude.
**NEGACEAR**, v. t. To allure; to decoy.
**NEGAR**, , v. t. To negate, to deny, to declare or prove nonexistent; to reject as false.
**NEGATIVA**, s. f. Negative.
**NEGATIVISMO**, s. m. Negativism.
**NEGATIVO**, adj. Negative, denying.
**NEGLIGÊNCIA**, s. f. Negligence, neglect; carelessness, inattention, slovenliness.
**NEGOCIAÇÃO**, s. f. Negotiation; trading.

**NEGOCIANTE**, s. m. Negociant, negotiator, merchant, trader, dealer, businessman.
**NEGOCIAR**, v. t. To negotiate; to deal with; to buy or sell; v. i. to transact business.
**NEGOCIATA**, s. f. A dishonest transaction or enterprise.
**NEGÓCIO**, s. m. Business, trade, commerce; a commercial or industrial enterprise of any kind; affair, transaction.
**NEGREIRO**, s. m. Slave-trader.
**NEGREJAR**, v. t. To grow black; to look black.
**NEGRITO**, adj. Negrito (pygmy); (Tip.) s. m. bold-faced type; Negrito (pygmy).
**NEGRO**, adj. Black; dark; baneful; unlucky; s. m. Negro, black man.
**NEGRUME**, s. m. Blackness, gloom, sadness.
**NELE**, contr. "em" and "ele", in him; in hit.
**NEM**, conj. No, neither.
**NEMORAL**, adj. Nemoral.
**NEMOROSO**, adj. Woody.
**NENÉ**, s. m. Baby, lithe child.
**NENHUM**, adj. No; pron. indef. none.
**NENHURES**, adv. Nowhere.
**NEO-CATÓLICO**, adj. e s. m. Neo-Catholic.
**NEÓFITO**, s. m. Neophyte.
**NEOGÓTICO**, adj. Neo-Gothic.
**NEOLATINO**, adj. Neo-Latin.
**NEOLÍTICO**, adj. Neolithic.
**NEOLOGIA**, s. f. Neology.
**NÉON, NEÔNIO**, s. m. Neon.
**NEOPLASIA**, s. f. Neoplasia.
**NEOPLASMA**, s. m. Neoplasm.
**NEOPLASTIA**, s. f. Neoplasty.
**NEOTÉRICO**, adj. Neoteric.
**NEOZÓICO**, adj. Neozoic.
**NEPOTISMO**, s. m. Nepotism.
**NERVAÇÃO**, s. f. (Bot.) Nervation, neuration.
**NERVINO**, adj. Nervine, soothing nervous excitement; s. m. nervine, nervine agent; a nerve tonic.
**NERVO**, s. m. Nerve; sinew; tendon; (fig.) muscular power and control; energy.
**NERVOSISMO**, s. m. Nervousness.
**NERVOSO**, adj. Nervous; sinewy; strong; vigorous; having the nerves weak, deseased, or easily excited; excitable.
**NERVURA**, s. f. (Bot.) Nerve, nervure; (Encad.) cording.
**NÉSCIO**, adj. Ignorant, nescient.
**NETA**, s. f. Grand-daughter.
**NETO**, adj. Clean, net; s. m. grandson.
**NEURALGIA**, s. f. Neuralgia.

**NEURASTENIA**, s. f. Neurasthenia.
**NEUROLOGIA**, s. f. Neurology.
**NEUROMA**, s. m. (Med.) Neuroma.
**NEUROSE**, s. f. (Med.) Neurosis.
**NEUTRALIDADE**, s. f. Neutrality.
**NEUTRALIZAR**, v. t. To neutralize, to counterbalance, to annul, to nullify.
**NEUTRO, NEUTRAL**, adj. Neutral, impartial.
**NEVADA**, s. f. Snow-fall.
**NEVAR**, v. t. e i. To snow.
**NEVASCA**, s. f. Snowstorm.
**NEVE**, s. f. Snow.
**NÉVOA**, s. f. Fog, mist; obscurity.
**NEVRALGIA**, s. f. Neuralgia.
**NEVRITE**, s. f. Neuritis.
**NEVROLOGIA**, s. f. Neurology.
**NEVROMA**, s. f. Neuroma.
**NEVROPATIA**, s. f. Neuropathy.
**NEVROSE**, s. f. Neurosis.
**NEWTONIANO**, adj. Newtonian.
**NEXO**, s. m. Nexus; coherence; union; link.
**NICHO**, s. m. Niche.
**NICOTINA**, s. f. Nicotine, nicotin.
**NICTAÇÃO**, s. f. Nictation.
**NIDIFICAÇÃO**, s. f. Nidification.
**NIDIFICAR**, v. i. To nidificate, to build a nest.
**NIGROMANCIA**, s. f. Necromancy.
**NIILISMO**, s. m. Nihilism.
**NIMBO**, s. m. Nimbus.
**NÍMIO**, adj. Excessive.
**NINAR**, v. t. To lull to sleep; v. i. to sleep (said of a child).
**NINFA**, s. f. Nymph.
**NINGUÉM**, pron. indef. No one, nobody; anyone, anybody.
**NINHADA**, s. f. Brood; nestful.
**NINHARIA**, s. f. Bagatelle, trifle.
**NINHO**, s. m. Nest.
**NIPÔNICO**, adj. Japanese.
**NÍQUEL**, s. m. Nickel.
**NIQUELAR**, v. t. To nickel; to plate with nickel.
**NIRVANA**, s. f. Nirvana.
**NISSO**, contr. prep. "em" and pron. dem. "isso", In that, on that.
**NITIDEZ**, s. f. Clearness; neatness.
**NÍTIDO**, adj. Nitid; clear; bright; lustrous.
**NITRATO**, s. m. Nitrate.
**NITRIDO**, s. m. Neighing.
**NITRIFICAÇÃO**, s. f. Nitrification.
**NITRIFICAR**, v. t. To nitrify.
**NITRIR**, v. i. To neigh.
**NITRO**, s. m. (Quim.) Niter, nitre, saltpeter.

**NITROBENZINA**, s. f. Nitrobenzene.
**NITROGÊNIO**, s. m. Nitrogen.
**NITROGLICERINA**, s. f. Nitro-glycerine or nitro-glycerin.
**NITROSIDADE**, s. f. Nitrousness.
**NÍVEL**, s. m. Level.
**NIVELAMENTO**, s. m. Levelness, levelling.
**NIVELAR**, v. t. To level; to nivellate, to make flat or level; to grade, to plane; to bring to a horizontal position; to bring to a common level or plane; (fig.) to equalize; to demolish; to flatten.
**NÍVEO**, adj. Niveous, snowy.
**NÓ**, s. m. Knot; tie; union; joint; knuckle; node; complication or difficulty.
**NOBILIÁRIO**, s. m. Nobiliary.
**NOBILITAÇÃO**, s. f. Ennoblement.
**NOBILITAR**, v. t. To ennoble; to elevate.
**NOBRE**, adj. Noble; honorable; aristocratic; dignified; eminent; s. m. nobleman, noble.
**NOBREZA**, s. f. Nobleness; dignity.
**NOÇÃO**, s. f. Notion; an idea; conception.
**NOCIVIDADE**, s. f. Noxiousness; hurtfulness.
**NOCIVO**, adj. Noxious, hurtful, harmful, pernicious; insalubrious; corrupting to morals.
**NOCTAMBULISMO**, s. m. Noctambulism.
**NOCTICOLOR**, adj. Darken.
**NOCTÍVAGO**, adj. Noctivagous; noctivagant.
**NODAL**, adj. Nodal, of the nature of, or pertaining to a knot.
**NÓDOA**, s. f. Spot, stain; stigma.
**NÓDULO**, s. m. Nodule.
**NODULOSO**, adj. Nodulous; noduled; knotty.
**NOGUEIRA**, s. f. Walnut-tree.
**NOITADA**, s. f. The whole night; night out.
**NOITE**, s. f. Night.
**NOIVA**, s. f. Bride, fiancée.
**NOIVADO**, s. m. Wedding; berothal.
**NOIVAR**, v. t. To court, to be in love with before wedding.
**NOIVO**, s. m. Bridegroom.
**NOJENTO**, adj. Nauseous, disgusting.
**NOJO**, s. m. Nausea, qualm; loathing.
**NOLIÇÃO**, s. f. Unwillingness.
**NÔMADE**, adj. Nomad, wandering.
**NOME**, s. m. Name; reputation; fame.
**NOMEAÇÃO**, s. f. Nomination; appointment.
**NOMEADA**, s. f. Reputation, fame.
**NOMEAR**, v. t. To name; to designate; to entitle; to call; to refer by name; to mention; to nominate; to appoint; to cite.
**NOMENCLATURA**, s. f. Nomenclature, list, catalogue, register; a vocabulary; glossary.

**NOMINAÇÃO**, s. f. Nomination.
**NOMINATIVO**, s. m. Nominative, nominative case; adj. nominated, nominative.
**NONAGENÁRIO**, adj. e s. m. Nonagenarian.
**NONAGÉSIMO**, adj. Nonagesimal, ninetieth.
**NONO**, adj. Ninth.
**NÔNUPLO**, adj. Ninefold.
**NORA**, s. f. Daughter-in-law.
**NORDESTE**, s. m. Northeast.
**NÓRDICO**, adj. Nordic.
**NORMA**, s. f. Norm; model; type; pattern.
**NORMAL**, adj. Normal; regular; usual.
**NORMALISTA**, s. f. Of or pertaining to a normal school; s. m. normal school student.
**NORMALIZAR**, v. t. To normalize; to make normal.
**NOROESTE**, s. m. Northwest.
**NORTE**, s. m. North; guide; direction.
**NORTEAR**, v. t. To guide, to lead.
**NORTISTA**, adj. (Bras.) Northern; of or pertaining to northern Brazil.
**NORUEGUÊS**, adj. e s. m. Norwegian.
**NÓS**, pron. pess. We; us; ourselves.
**NOS**, pron. pess. Us.
**NOSOFOBIA**, s. f. Nosophobia.
**NOSOLOGIA**, s. f. Nosology.
**NOSSA, NOSSO**, adj. e pron. poss. Our; pron. pess. ours, or us.
**NOSTALGIA**, s. f. Nostalgia; homesickness.
**NOTA**, s. f. Note; a written communication; memorandum; bill; memorial, account; a formal diplomatic or official missive; mark, sign; musical sound; (Mús.) note.
**NOTABILIDADE**, s. f. Notability; proeminence; remarkableness.
**NOTABILIZAR**, v. t. To make notable.
**NOTAÇÃO**, s. f. Notation.
**NOTAR**, v. t. To note; to observe; to notice or observe with care; to annotate; to take note; to charge; to accuse; to ponder.
**NOTÁRIO**, s. m. Notary.
**NOTÁVEL**, adj. Notable; illustrious.
**NOTÍCIA**, s. f. News; information; report.
**NOTICIAR**, v. t. To notice; to inform.
**NOTIFICAÇÃO**, s. f. Notification; citation.
**NOTIFICAR**, v. t. To notify; to acquaint; to summon; to inform by notice; to declare.
**NOTORIEDADE**, s. f. Notoriety, a well-known, noted, or famous person.
**NOTÓRIO**, adj. Notorious; remarkable; universally recognized; evident; manifest.
**NOVA**, s. f. News, novelty.
**NOVAÇÃO**, s. f. Change; novation.

**NOVATO**, adj. Inexperienced, raw; s. m. novice; beginner.
**NOVE**, num. Nine.
**NOVECENTOS**, num. Nine hundred.
**NOVEL**, adj. Novel; new; unusual strange.
**NOVELA**, s. f. Novel.
**NOVELO**, s. m. Ball of thread.
**NOVEMBRO**, s. m. November.
**NOVENA**, s. f. Novena.
**NOVICIADO**, s. m. Novitiate; novice.
**NOVIÇO**, s. m. Novice; beginner; apprentice.
**NOVIDADE**, s. f. Novelty; newness; innovation; news.
**NOVILHA**, s. f. Heifer.
**NOVILHO**, s. m. Steer; bullock.
**NOVILÚNIO**, s. m. New moon.
**NOVO**, adj. New; recent; modern; strange; unfamiliar; renovated; refreshed; young.
**NÓXIO**, adj. Noxious, hurtful, harmful.
**NOZ**, s. m. Nut, walnut.
**NU**, adj. Naked; nude; bare; barren; plain.
**NUBENTE**, adj. e s. 2 gên. Betrothed.
**NÚBIL**, adj. Nubile; marriageable (said of females or of age).
**NUBLADO**, adj. Cloudy, overcast.
**NUBLAR**, v. t. To cloud, to blacken; to overcast; v. p. to grow or become cloudy.
**NUCA**, s. f. Nape, back of the neck.
**NUÇÃO**, s. f. Assent, consent.
**NUCÍVORO**, adj. Nucivorous.
**NUCLEAL**, adj. Nuclear, nucleal.
**NUCLEAR**, adj. Nuclear.
**NÚCLEO**, s. m. Nucleus; kernel.
**NUDAÇÃO**, s. f. Nudity.
**NUDEZ**, s. f. Nudness, nudity; nakedness.

**NUDISMO**, s. m. Nudism.
**NUGA**, s. f. A trifle.
**NULIDADE**, s. f. Nullity; nullification.
**NULIFICAR**, v. t. To nullify; to make null; to render invalid; to annul, to cancel.
**NUMÁRIA**, s. f. Numismatics.
**NUMÁRIO**, adj. Nummary.
**NUMERAÇÃO**, s. f. Numeration; numbering.
**NUMERAL**, adj. e s. m. Numeral.
**NUMERAR**, v. t. To number; to count; to enumerate; to marke or distinguish by a number; to reckon; to compute.
**NUMERÁRIO**, adj. Numerary; s. m. money.
**NUMÉRICO**, adj. Numeric; numerical.
**NÚMERO**, s. m. Number; the total aggreate or amount of units (of things or persons); a sum; a numeral; quantity; amount; deal.
**NUMEROSO**, adj. Numerous; copious; plentiful; abundant.
**NUMISMÁTICA**, s. f. Numismatics.
**NUNCA**, adv. Never; not ever.
**NUNCIATURA**, s. f. Nunciature.
**NÚNCIO**, s. m. Nuncio.
**NUPCIAL**, adj. Nuptial; matrimonial.
**NÚPCIAS**, s. f. pl. Nuptial; marriage; wedding; nuptial ceremony.
**NUTAÇÃO**, s. f. Nutation.
**NUTO**, s. m. Nod; nutation.
**NUTRIÇÃO**, s. f. Nutrition; nourishing.
**NUTRIDO**, adj. Nourished; well-fed; strong.
**NUTRIENTE, NUTRITIVO**, adj. Nutritive.
**NUTRIR**, v. t. To nourish; to feed; to maintain; to keep up (hope).
**NUTRIZ**, s. f. Wet-nurse.
**NUVEM**, s. f. Cloud; haze.

# O

**O**, s. m. The fourteenth letter of the alphabet; art. def. the; pron. dem. he, him, that; the one; pron. dem. neutro, it.
**OÁSIS**, s. m. Oasis.
**OBCECAÇÃO**, s. f. Obduracy; obstinacy.
**OBCECAR**, v. t. To blind, to offuscate the understanding; to obdurate.
**OBEDECER**, v. i. To obey; to be obedient to; to perform; to submit to; to be ruled by.

**OBEDIENTE**, adj. Obedient, biddable; submissive; subject; compliant; attentive.
**OBELISCO**, s. m. Obelisk.
**OBESIDADE**, s. f. Obesity; corpulence.
**OBESO**, adj. Obese, very faty, very fleshy.
**ÓBICE**, s. m. Hindrance, impediment.
**ÓBITO**, s. m. Death.
**OBJEÇÃO**, s. f. Objection; disapproval; interposition; obstruction; hindrance.

**OBJETAR,** v. t. To object; to set before or against; to oppose or interpose.
**OBJETIVA,** s. f. (Fotog.) Objective.
**OBJETIVAR,** v. t. To objectify; to render objective; to aim, to direct the intention.
**OBJETIVO,** adj. Objective, pertaining to the material object; expressing facts without distortion; s. m. objective; end, purpose, aim; (Gram.) objective case.
**OBJETO,** s. m. Object; concrete thing; aim; purpose, goal, scope.
**OBJURGAÇÃO,** s. f. Objurgation.
**OBJURGAR,** v. t. To objurgate, to chide.
**OBLAÇÃO,** s. f. Oblation offering; sacrifice.
**OBLÍQUA,** s. f. (Geom.) Oblique line.
**OBLIQUÂNGULO,** adj. Oblique-angled.
**OBLIQUAR,** v. t. To oblique, to turn obliquely; (mil.) to oblique, to march or advance obliquely.
**OBLIQÜIDADE,** s. f. Obliquity.
**OBLITERAÇÃO,** s. f. Obliteration.
**OBLITERAR,** v. t. To obliterate, to erase or blot ont; v. i. to become obliterated.
**OBLÍVIO,** s. m. Oblivion; forgetfulness.
**OBLONGO,** adj. Oblong.
**OBNUBILAÇÃO,** s. f. Obnubilation.
**OBNUBILAR,** v. t. To obnubilate; to cloud.
**OBOÉ,** s. m. Oboe, hautboy.
**ÓBOLO,** s. m. Obolus; obol; small alms.
**OBRA,** s. f. Work; labor; act; deed.
**OBRAR,** v. t. To work; to act; to operate; to bring out; v. i. to work; to defecate.
**OBREIRA,** s. f. Workwoman; worker, bee.
**OBREIRO,** s. m. Woerker; workman.
**OBRIGAÇÃO,** s. f. Obligation; duty; engagement; favor, gratitude, task.
**OBRIGADO,** adj. Obliged; interj. thank you; thanks.
**OBRIGAR,** v. t. To oblige; to bind; to compel; to constrain; to force.
**OBRIGATÓRIO,** adj. Compulsory; obligatory.
**OBSCENIDADE,** s. f. Obscenity.
**OBSCENO,** adj. Obscene; indecent; lewd.
**OBSCURANTISMO,** s. m. Obscurantism.
**OBSCURANTIZAR,** v. t. To obscure.
**OBSCURECER,** v. t. To obscure; to darken; to make dim; to make unintelligible or vague; to hide; to keep secret; to disguise.
**OBSCURO,** adj. obscure; dark; dusty; dim; gloomy; retired or remote; hidden; vague.
**OBSECRAÇÃO,** s. f. Obsecration; supplication.
**OBSEQÜENTE,** adj. Obsequent; obedient.

**OBSEQUIAR,** v. t. To favor, to gratify.
**OBSÉQUIO,** s. m. Obsequiousness; kindness; gentleness; favor.
**OBSEQUIOSO,** adj. Serviceable; kind.
**OBSERVAÇÃO,** s. f. Observation, remark.
**OBSERVADOR,** s. m. Observer; looker-on; adj. watching.
**OBSERVAR,** v. t. To observe; to take notice of; to obey; to pay attention to; to watch; to perceive; to celebrate; to remark.
**OBSERVATÓRIO,** s. m. Observatory.
**OBSESSÃO,** s. f. Obsession.
**OBSESSO,** adj. Possessed; haunted; s. m. haunter.
**OBSESSOR,** adj. Obsessing; s. m. obsessor, besieger; bore.
**OBSIDIAR,** v. t. To obsess, to besiege.
**OBSOLETAR,** v. t. To obsolete, to outwear.
**OBSOLETO,** adj. Obsolete, antiquated.
**OBSTÁCULO,** s. m. Obstacle; difficulty; impediment; hindrance; obstruction.
**OBSTANTE,** adj. Hindering.
**OBSTAR,** v. i. To be oppsed to; to be an obstacle to; v. t. to obstruct, to hinder.
**OBSTETRÍCIA, OBSTETRICA,** s. f. Obstetrics.
**OBSTINAÇÃO,** s. f. Obstinacy; obstinateness; stubborneess; obduracy; tenacity.
**OBSTINAR,** v. t. To obstinate.
**OBSTRINGIR,** v. t. To constrain; to force.
**OBSTRITO,** adj. Forced; constrained.
**OBSTRUÇÃO,** s. f. Obstruction.
**OBSTRUIR,** v. t. To obstruct; to block up; to impede; to retard; to embarrass.
**OBSTRUTOR,** adj. Obstructive; s. m. obstructor.
**OBTENTOR,** s. m. Obtainer.
**OBTER,** v. t. To obtain; to get; to acquire.
**OBTESTAR,** v. t. To obteste, to call to witness; to invoke as witness; to beseech.
**OBTUDENTE,** adj. Obtundent.
**OBTUNDIR,** v. t. To obtund, to blunt; to reduce the edge, pungency or violence of.
**OBTURAÇÃO,** s. f. Obturation.
**OBTURADOR,** adj. Obturating; s. m. obturator; (Fotogr.) a camera shutter.
**OBTURAR,** v. t. To obturate; to stop or close (an opening); to obstruct.
**OBTUSÂNGULO,** adj. Obtuse-angled.
**OBTUSÃO,** s. f. Obtuseness.
**OBTUSO,** adj. Obtuse; blunt; (fig.) dull.
**OBUMBRAR,** v. t. To overshadow; to darken; to shade; to obumbrate; to obscure.

**OBUS**, s. m. Howitzer.
**OBVENÇÃO**, s. f. Obvention, an incidental advantage.
**OBVIAR**, v. t. To obviate; to make unnecessary; to oppose; to intervene.
**ÓBVIO**, adj. Obvious; plain; evident; open.
**OCA**, s. f. (Bras.) Indian dwelling.
**OCAR**, v. t. To hollow; to excavate.
**OCASIÃO**, s. f. Occasion, a favorable opportunity; cause; occurrence.
**OCASIONAL**, adj. Occasional; casual.
**OCASIONAR**, v. t. To occasion; to cause; to bring about; to origin; to start; v. p. to happen; to come from.
**OCASO**, s. m. Setting (of the sun); west, occident; sunset; (Fig.) end, death.
**OCCIPÍCIO**, s. m. Occiput.
**OCCIPITAL**, adj. e s. m. Occipital.
**OCEANO**, s. m. Ocean; the sea.
**OCEANOGRAFIA**, s. f. Oceanography.
**OCELADO**, adj. Ocellate, ocellated.
**OCELO**, s. m. Ocellus.
**OCIDENTAL**, adj. Occidental; western.
**OCIDENTE**, s. m. Occident; the west; the Western Hemisphere.
**ÓCIO**, s. m. Leisure, rest, repose; laziness.
**OCIOSO**, adj. Idle, lazy; useless; s. m. idler.
**OCLUSÃO**, s. f. Occlusion; closing or shutting.
**OCLUSIVO**, adj. Occlusive.
**OCO**, adj. Hollow; not solid; (fig.) vain.
**OCORRÊNCIA**, s. f. Occurrence; a casual meeting; incident; (Geol.) occurence.
**OCORRER**, v. i. To occur; to happen; to appear; to present itself; to suggest itself; (Liturg.) to fall on the same day; to befall; to help, to aid; to meet.
**OCRA**, s. f. Ocher, ochre.
**OCTAEDRO**, s. m. Octahedron.
**OCTOGENÁRIO**, adj. e s. m. Octogenarian.
**OCTOGÉSIMO**, num. The eightieth.
**OCTÓGINO**, adj. Octogynous.
**OCTOGONAL**, adj. Octagonal.
**OCTÓPODE**, adj. e s. m. Octopod.
**OCTOSSÍLABO**, adj. e s. m. Octosylable.
**OCULAÇÃO**, s. f. Grafting.
**OCULADO**, adj. Oculated; oculate.
**OCULAR**, adj. Ocular.
**OCULISTA**, s. 2 gên. Oculist.
**OCULÍSTICA**, s. f. Ophthalmology.
**ÓCULOS**, s. m. Eyeglasses, spy-glass; pl. spectacles.
**OCULTAÇÃO**, s. f. Occultation; hiding.

**OCULTAR**, v. t. To occult, to hide.
**OCULTISMO**, s. m. Occultism.
**OCULTO**, adj. Occult, concealed; not manifest; covered; mysterious; supernatural.
**OCUPAÇÃO**, s. f. Occupation; business; profession; employment; calling; work; job.
**OCUPAR**, v. t. To occupy, to inhabit; to take; to take possession of, to hold, to keep; to fill; to cover; to seize; to dwell in; to employ; to busy; to keep engaged.
**ODE**, s. f. Ode.
**ODIAR**, v. t. To hate, to detest, to abhor.
**ÓDIO**, s. m. Hate, hatred, odium; aversion; abhorrence; loathing.
**ODOMETRIA**, s. f. Odometry.
**ODÔMETRO**, s. m. Odometer.
**ODONTALGIA**, s. f. Odontalgia.
**ODONTOLOGIA**, s. f. Odontology.
**ODOR**, s. m. Odor, scent, smell, perfume.
**ODORANTE, ODORÍFERO, ODORÍFICO**, adj. Odoriferous, perfumed, fragrant.
**ODRE**, s. m. Wineskin; leatherbottle; (fig.) drunkard.
**OESTE**, s. m. West; adj. western.
**OFEGANTE**, adj. Breathless, out of breath.
**OFEGAR**, v. i. To pant, to breathe with difficulty; to gasp for breath.
**OFENDER**, v. t. To offend; to hurt, to injure physically; to wound; to annoy; to shock; to violate; to transgress; to attack; to insult.
**OFENSA**, s. f. Offense; hurt; injury; pain.
**OFENSIVA**, s. f. Offensive; attack.
**OFENSIVO**, adj. Offensive; attacking; relating to attack; aggressive; harmful; baneful.
**OFERECER**, v. t. To offer; to propose, to suggest; to proffer; v. i. to sacrifice.
**OFERECIMENTO**, s. m. Offering; proffer.
**OFERENDA**, s. f. Offer.
**OFERTA**, s. f. Offering, offer.
**OFERTAR**, v. t. To offer.
**OFERTORIO**, s. m. Offertory.
**OFICIAL**, adj. Official, authorized; authoritative; s. m. officer.
**OFICIALATO**, s. m. officialship.
**OFICIALIDADE**, s. f. Staff of officiers.
**OFICIALIZAR**, v. t. To officialize; to make official; to establish (a church).
**OFICIAR**, v. t. To officiate.
**OFICINA**, s. f. workshop, workroom.
**OFÍCIO**, s. m. Office, employ; work; occupation; profession; official letter; ceremony.
**OFICIOSO**, adj. Officious; attentive; obliging.
**OFÍDIO**, adj. Snakelike; s. m. pl. ophidia.

**OFTALGIA**, s. f. Eye-ache.
**OFTALMIA**, s. f. Ophthalmia.
**OFTALMOLOGIA**, s. f. Ophthalmology.
**OFUSCAÇÃO**, s. f. Darkening; offuscation.
**OFUSCAR**, v. t. To offuscate; to render obscure; to dim (light); to dazzle; to deprive of mental clearness.
**OGIVA**, s. f. Ogive.
**OGRA**, s. f. Ogress.
**OGRO**, s. m. Ogre.
**OITAVA**, s. f. Octave.
**OITAVADO**, adj. Eight-sided; octagonal.
**OITAVO**, num. Eighth; s. m. an eighth.
**OITENTA**, num. Eighty.
**OITO**, num. Eight.
**OITOCENTOS**, num. Eight hundred.
**OJERIZA**, s. f. Antipathy; aversion; dislike.
**OLARIA**, s. f. Pottery factory.
**OLEÁCEAS**, s. f. pl. Oleaceae.
**OLEADO**, adj. Oleaginous; unctuous; s. m. oilcloth, linoleum.
**OLEAR**, v. t. To oil, to smear or rub over with oil; to lubricate with oil.
**OLEENTO, OLEOSO**, adj. Oily; greasy.
**OLEÍFERO**, adj. Oleiferous.
**OLENTE**, adj. Olented; scent; odorous; fragrant; smelling.
**ÓLEO**, s. m. Oil.
**OLEOGRAFIA**, s. f. Oleography.
**OLEÔMETRO**, s. m. Oleometer.
**OLEOSIDADE**, s. f. Oleaginousness.
**OLFATIVO**, adj. Olfactory.
**OLFATO**, s. m. Olfact; smell.
**OLHADA**, s. f. Glance, glimpse.
**OLHADELA**, s. f. Glimpse, look, eyebeam.
**OLHAR**, v. t. To look at; to see, to pay attention; to inspect; to examine; to search for; to watch; to give a look to; v. i. to face, to front; to look, to eye; to stare at; s. m. look, glance, gaze.
**OLHO**, s. m. Eye; eyeball; vision; sight; oversight; care; attention; watchfulness; young bud or sprout (of plant); eyelet.
**OLIGARCA**, s. m. Oligarch.
**OLÍMPIADA**, s. f. Olympiad.
**OLIMPO**, s. m. Olympus.
**OLIVA**, s. f. Olive; olive-tree.
**OLMEIRO, OLMO**, s. m. Elm-tree.
**OLOR**, s. m. Odor, perfume, fragrance.
**OLVIDAR**, v. t. To forget.
**OLVIDO**, s. m. Forgetting; rest.
**OMBREAR**, v. i. Compete with.
**OMBREIRA**, s. f. Shoulder-strap; doorstep.

**OMBRO**, s. m. Soulder; (fig.) power; vigor.
**OMELETA**, s. f. Omelet.
**OMINAR**, v. t. To omen, to pressage, to augur; to forebode.
**OMISSÃO**, s. f. Omission; failure.
**OMITIR**, v. t. To omit, to leave out or unmentioned; to fail to insert or name; to neglect.
**OMOPLATA**, s. f. Omoplate; shou der-blade.
**ONAGRO**, s. m. Onager.
**ONÇA**, s. f. Ounce (weight unity); (Zool.) ounce, a large leopardlike cat.
**ONDA**, s. f. Wave; billow; surge; a body of water; the sea.
**ONDE**, adv. Where, in which.
**ONDEADO**, adj. Waved, wavy.
**ONDEAR**, v. t. To wave; to undulate; v. i. to cause to move in waves; to flutter.
**ONDULADO**, adj. Undulated; wavy; curled (hair).
**ONDULAR**, v. t. To undulate; to wave.
**ONERAR**, v. t. Tô burden with; to impose (taxes).
**ONEROSO**, adj. Onerous; oppressive.
**ÔNIBUS**, s. m. Omnibus, bus.
**ONIFORME**, adj. Omniform.
**ONIPOTENTE**, adj. Omnipotent.
**ONIPRESENÇA**, s. f. Omnipresence.
**ONISCIÊNCIA**, s. f. Omniscience.
**ONÍVORO**, adj. Omnivorous.
**ÔNIX**, s. m. Onyx.
**ONOMANCIA**, s. f. Onomancy.
**ONOMÁSTICA**, s. f. Onomasticon.
**ONOMATOLOGIA**, s. f. Onomatology.
**ONOMATOPAICO, ONOMATOPÉICO**, adj. Onomatopoeic.
**ONTEM**, adv. Yesterday.
**ONTOGÊNESE**, s. f. Ontogenesis.
**ONTOLOGIA**, s. f. Ontology.
**ONTOLOGISMO**, s. m. Ontologism.
**ÔNUS**, s. m. Onus; burden; (fig.) obligation.
**ONZE**, num. Eleven.
**ONZENÁRIO, ONZENEIRO**, s. m. Usurer.
**OOSFERA**, s. f. Oosphere, a female gamete.
**OPACIDADE**, s. f. Opacity, opaqueness.
**OPACO**, adj. Opaque, not transparent; dark.
**OPALA**, s. f. Opal.
**OPALESCÊNCIA**, s. f. Opalescence.
**OPALINO**, adj. Opaline, opalescent.
**OPÇÃO**, s. f. Option; the power or right to choose; choosing; selection.
**ÓPERA**, s. f. Opera.
**OPERAÇÃO**, s. f. Operation; action.
**OPERAR**, v. i. To operate; to perform, work;

to produce an effect; to perform an operation, v. t. to put into operation; to run; to conduct; to manage.
**OPERÁRIO**, s. m. Workman; worker; (fem. workwoman).
**OPEROSO**, adj. Operose; laborious; busy.
**OPIAR**, v. t. To opiate.
**OPILAÇÃO**, s. f. Oppilation.
**OPILAR**, v. t. To oppilate; to block up.
**OPIMO**, adj. Excellent; rich; fertile.
**OPINAR**, v. t. e i. To opine; to have an opinion; to express an opinion; to think.
**OPINIÃO**, s. f. Opinion; estimation.
**ÓPIO**, s. m. Opium.
**OPÍPARO**, adj. Pompous; abundant; showy.
**OPONENTE**, adj. Opponent; opposite; antagonistic; s. 2 gên. opponent; adversary.
**OPOR**, v. t. To oppose; to resist.
**OPORTUNIDADE**, s. f. Opportunity, chance.
**OPORTUNISMO**, s. m. Opportunism.
**OPORTUNO**, adj. Opportune; timely.
**OPOSIÇÃO**, s. f. Opposition; resistance.
**OPOSITOR**, adj. Opposing; s. m. opponent; counteractive; competitor; rival; candidate.
**OPOSTO**, adj. Opposite; set over against; facing; hostile; contrary; s. m. opposite.
**OPRESSÃO**, s. f. Oppression; tyranny.
**OPRESSIVO**, adj. Oppressive; tyranical.
**OPTATIVO**, adj. Optative.
**ÓPTICA, ÓTICA**, s. f. Optics.
**ÓPTICO, ÓTICO**, adj. Optic, optical.
**OPTIMATES, OTIMATES**, s. m. pl. Optimates.
**OPTOMETRIA**, s. f. Optometry.
**OPTÔMETRO**, s. m. Optometer.
**OPUGNAÇÃO**, s. f. Oppugnation; attack.
**OPUGNAR**, v. t. To oppugnate; to oppugn; to fight against; to assail; to controvert.
**OPULÊNCIA**, s. f. Opulence; wealth; riches; plenty; amplitude; abundance.
**OPULENTO**, adj. Opulent; wealthy; rich.
**OPUSCULO**, s. m. Opuscule.
**ORA**, conj. But, therefore.
**ORAÇÃO**, s. f. Oration, petition; prayer; discourse; speech; (Gram.) sentence.
**ORACULAR**, adj. Oracular; v. t. e i. to oracle, to oraculate.
**ORÁCULO**, s. m. Oracle.
**ORADOR**, s. m. Orator, speaker.
**ORAL**, adj. Oral; spoken; verbal.
**ORANGOTANGO**, s. m. Orangutan, orangoutang.
**ORAR**, v. i. To pray; to say prayers; to ask for; to implore; to make speech.

**ORATÓRIA**, s. f. Oratory; language.
**ORATÓRIO**, adj. Oratorial; s. m. oratory.
**ORBE**, s. f. Orb; a spherical body; a globe; circle; world.
**ÓRBITA**, s. f. Orbit; the path described by a celestial body; the eye socket; (fig.) region or scope of activity; (Zool.) orbit, the skin around the eye of a bird.
**ORÇA**, s. f. (Náut.) Bowline.
**ORÇAMENTO**, s. m. Estimate; calculation.
**ORÇAR**, v. t. To budget; to estimate.
**ORDEIRO**, adj. Peaceable; orderly.
**ORDEM**, s. f. Order; system; normal state; command, direction.
**ORDENAÇÃO**, s. f. Ordination; arrangement; classification; rule.
**ORDENADA**, s. f. (Geom.) Ordinate.
**ORDENADO**, s. m. Salary; wages; adj. ordered.
**ORDENANÇA**, s. m. Orderly; s. f. ordination; order; law.
**ORDENAR**, v. t. To order; to regulate; to dispose; to direct; to rule; to manage; to confer holy orders to; to ordain.
**ORDENHA**, s. f. Milking.
**ORDENHAR**, v. i. To milk.
**ORDINAL**, adj. Ordinal.
**ORDINÁRIA**, s. f. Daily expenses; annual or monthly allowance.
**ORDINÁRIO**, adj. Ordinary; customary; usual; normal; commonplace; inferior; habitual.
**ORELHA**, s. f. Ear.
**ORELHEIRA**, s. f. Animal's ear; pig's ear.
**ORELHUDO**, adj. Large-eared; (fig.) blockish; stubborn; s. m. blockhead.
**OREÓGRAFO**, s. m. Orograph.
**ORFÃ**, s. f. Orphan-girl.
**ORFANAR**, v. t. To render orphan.
**ÓRFÃO**, adj. e s. m. Orphan.
**ORFEÃO**, s. m. Choral society.
**ORGANDI**, s. m. Organdy.
**ORGÂNICO**, adj. Organic.
**ORGANISMO**, s. m. Organism, any individual living plant or animal.
**ORGANIZAÇÃO**, s. f. Organization.
**ORGANIZAR**, v. t. To organize; to give an organic structure to; to systematize, to order; to arrange.
**ORGANOGRAFIA**, s. f. Organography.
**ÓRGÃO**, s. m. Organ.
**ORGIA**, s. f. Orgy, spree.
**ORGULHAR**, v. t. To make proud of; v. p. to get or become proud.

**ORGULHO**, s. m. Pride, self-esteem; haughtiness; insolence; disdain; vanity.
**ORIENTAÇÃO**, s. f. Orientation.
**ORIENTADOR**, s. m. Guide; director.
**ORIENTAL**, adj. e s. m. Oriental.
**ORIENTAR**, v. t. To orient, to orientate, to direct, to guide; v. p. to have orientation.
**ORIENTE**, s. m. Orient, East.
**ORIFÍCIO**, s. m. Orifice; opening; mouthlike.
**ORIGEM**, s.f. Origin; derivation; parentage; ancestry; source, fountain; spring; cause.
**ORIGINAL**, adj. Original; primitive; earliest; not copied, reproduced or translated; firsthand; inventive; odd, queer; s. m. original; a singular or eccentric person; pattern.
**ORILBA**, s. f. Edge, brim.
**ORIUNDO**, adj. Native; originated.
**ORIZICULTURA**, s. f. Rice culture.
**ORLA**, s. f. Border, fringe; (Arquit.) orle.
**ORLAR**, v. t. To border, to edge.
**ORNAMENTAÇÃO**, s. f. Ornamentation; decoration.
**ORNAMENTAR**, v. t. To ornament, to embellish; to decorate, to adorn; to deck.
**ORNAMENTO**, s. m. Ornament; decoration.
**ORNAR**, v. t. To ornate, to adorn.
**ORNEAR, ORNEJAR**, v. i. To bray.
**ORNEIO**, s. m. Bray.
**ORNITOLOGIA**, s. f. Ornithology.
**OROGENIA**, s. f. Orogeny; orogenesis.
**OROGRAFIA**, s. f. Orography.
**ORQUESTRA**, s. f. Orchestra.
**ORQUESTRAR**, v. t. To orchestrate.
**ORQUÍDEA**, s. f. Orchid.
**ORTO**, s. m. The rising of any star or planet; (p. ext.) origin, birth.
**ORTODOXIA**, s. f. Orthodoxy.
**ORTOÉPIA, ORTOEPÍA**, s. f. Orthoepy.
**ORTOFONIA**, s. f. Orthophony.
**ORTOGONAL**, adj. Orthogonal.
**ORTOGRAFIA**, s. f. Orthography.
**ORTOLOGIA**, s. f. Orthology.
**ORTOMETRIA**, s. f. Orthometry.
**ORTOPEDIA**, s. f. Orthopedy.
**ORTÓPTERO**, adj. Orthopterous; s. m. orthopteran, pl. orthoptera.
**ORVALHAR**, v. t. e i. To dew.
**ORVALHO**, s. m. Dew.
**OSCILAÇÃO**, s. f. Oscillation; variation; change back and forth; vacillation.
**OSCILAR**, v. i. To oscillate, to swing backward and forthward; to vibrate.
**OSCULAÇÃO**, s. f. Osculation, a kiss.

**OSCULAR**, v. t. To osculate, to kiss.
**OSMOSE**, s. f. Osmose, osmosis.
**OSSADA**, s. f. Bones.
**OSSÁRIO**, s. m. Ossuary.
**OSSATURA**, s. f. Bones; skeleton.
**OSSEÍNA**, s. f. Ossein.
**ÓSSEO**, adj. Osseous, bony, composed of, or like bones.
**OSSIFICAÇÃO**, s. f. Ossification, the formation of bone.
**OSSIFICAR**, v. t. e i. To ossify; to harden.
**OSSIFORME**, adj. Bone-shaped.
**OSSO**, s. m. Bone.
**OSSUÁRIO**, s. m. Ossuary.
**OSTEALGIA**, s. f. Ostealgia.
**OSTEÍNA**, s. f. Ostein, ossein.
**OSTENSÍVEL**, adj. Ostensible.
**OSTENSIVO**, adj. Ostensive; showing.
**OSTENSÓRIO**, s. m. Ostensory.
**OSTENTAÇÃO**, s. f. Ostentation; display.
**OSTENTADOR**, adj. Exhibiting; boastful; show-off; s. m. exhibitor, braggart.
**OSTENTAR**, v. t. To show, to display, to boast, to exhibit.
**OSTEOGÊNESE**, s. f. Osteogenesis.
**OSTEOGENIA**, s. f. Osteogeny.
**OSTEOGRAFIA**, s. f. Osteography.
**OSTEOMIELITE**, s. f. Osteomyelitis.
**OSTEOTOMIA**, s. f. Osteotomy.
**OSTIÁRIO**, s. m. Ostiary.
**OSTÍOLO**, s. m. Ostiole, small aperture; orifice, pore.
**OSTRA**, s. f. Oyster.
**OSTRACISMO**, s. m. Ostracism.
**OSTRARIA**, s. f. Large quantity of oysters.
**OSTREICULTURA**, s. f. Ostreiculture.
**OSTRO**, s. m. Purple.
**OTALGIA**, s. f. Otalgia.
**OTÁRIO**, s. m. A fool person.
**ÓTICO**, adj. Otic.
**OTIMISTA**, adj. Optimistic; s. 2 gên. optimist.
**ÓTIMO**, adj. Excellent, marvelous, great, grand; (gír. EUA) solid, peachy, hot; s. m. optimum; interj. good! fine! swell! great!
**OTITE**, s. f. Otitis.
**OTOLOGIA**, s. f. Otology.
**OTOMANA**, s. f. Ottoman.
**OTOSCOPIA**, s. f. Otoscopy.
**OU**, conj. Either, or.
**OURELA**, s. f. Border, side.
**OURIÇO**, s. m. Bur; (Zool.) hedgehog.
**OURIVES**, s. m. Goldsmith.
**OURIVESARIA**, s. f. Goldsmithery.

**OURO**, s. m. Gold; (fig.) wealth; riches.
**OUROPEL**, s. m. Tinsel.
**OUSADIA**, s. f. Boldness, daring.
**OUSADO**, adj. Bold, daring, courageous.
**OUSAR**, v. t. To dare, to venture, to bold.
**OUTEIRO**, s. m. Hill.
**OUTONAL**, adj. Autumnal.
**OUTONO**, s. m. Autumn; fall.
**OUTORGA**, s. f. Grant, granting.
**OUTORGAR**, v. t. To grant; to concede.
**OUTRO**, pron. Other, another; adj. additional; different; second.
**OUTRORA**, adv. Formely; once.
**OUTUBRO**, s. m. October.
**OUVIDO**, s. m. Ear, hearing.
**OUVIR**, v. t. To hear; to listen to.
**OVA**, s. f. Spawn.
**OVAÇÃO**, s. f. Ovation.
**OVACIONAR**, v. t. To ovation; to acclaim.
**OVAL**, adj. Oval.
**OVALAR**, v. t. To ovalize, to make oval.
**OVANTE**, adj. Victorious; triumphant.
**OVARIANO**, adj. Ovarian.
**OVÁRIO**, s. m. Ovary.
**OVELHA**, s. f. Ewe.
**ÓVEO**, adj. Oval.
**OVIFORM**, adj. Oviform.
**OVIL**, s. m. Sheep-cote.
**OVINO**, adj. Ovine.
**OVIPARIDADE**, s. f. Oviparity.
**OVO**, s. m. Egg.
**OVÓIDE**, adj. Ovoid.
**OVOLOGIA**, s. f. Ovology.
**OVOVIVÍPARO**, adj. Ovoviviparous.
**OVULAR**, adj. Ovular.
**ÓVULO**, s. m. Ovule.
**OXALÁ**, interj. Would to God!
**OXALATO**, s. m. Oxalate.
**OXIDAÇÃO**, s. f. Oxidation.
**OXIDAR**, v. t. To oxidize, to oxidate.
**ÓXIDO**, s. m. Oxide.
**OXIGENAÇÃO**, s. f. Oxygenation.
**OXIGENAR**, v. t. To oxygenate.
**OXIGÊNIO**, s. m. Oxygen.
**OXÍTONO**, adj. e s. m. Oxytone.
**OZONIZAÇÃO**, s. f. Ozonization.
**OZONIZAR**, v. t. To ozonize, to treat or impregnate with ozone.

# P

**P**, s. m. The fifteenth letter of the alphabet.
**PÁ**, s. f. Spade, shovel; blade (of an oar).
**PÁBULO**, s. m. Pabulum; sustenance.
**PACA**, adj. Foolish; simple; s. f. (Zool.) paca; bale; pack; bundle; s. m. e f. numbskull.
**PACATO**, adj. Peaceful; pacific; quiet.
**PACHORRA**, s. f. Sluggishness; calmness.
**PACIÊNCIA**, s. f. Patience, resignation.
**PACIENTE**, adj. Patient, enduringe, able to suffer or bear; s. 2 gên. patient.
**PACIFICAÇÃO**, s. f. Pacification.
**PACIFICADOR**, adj. Pacifying; s. m. pacificator; pacifier; peacemaker; appeaser.
**PACIFICAR**, v. t. To pacify, to appease, to soothe, to calm, to quiet; to tranquilize.
**PACÍFICO**, adj. Pacific, peaceful; peaceable; quiet, calm, tranquil; conciliatory.
**PAÇO**, s. m. Palace, court.
**PACOTE**, s. m. Pack, packet; package; parcel; bundle.
**PACÓVIO**, adj. Foolish; s. m. simpleton, fool.
**PACTO**, s. m. Pact, agreement, compact.
**PACTUAR**, v. t. To pact; to agree; to bargain.
**PADARIA**, s. f. Bakery, bakehouse.
**PADECEDOR**, adj. Suffering; s. m. sufferer.
**PADECER**, v. t. To suffer, to bear, to endure, to support, to tolerate, to stand.
**PADECIMENTO**, s. m. Enduring; suffering.
**PADEJAR**, v. i. To bake; to shovel.
**PADIOLA**, s. f. Handbarrow.
**PADRÃO**, s. m. Pattern, model; specimen; sample; outline; a decorative design.
**PADRASTO**, s. m. Stepfather.
**PADRE**, s. m. Priest; clergyman.
**PADRINHO**, s. m. Godfather; protector.
**PADROEIRO**, s. m. Patron, patron saint.
**PADRONIZAR**, v. t. To standardize, to gauge.
**PAGA**, s. f. Pay, remuneration; wages.
**PAGADORIA**, s. f. Pay-office; treasury.
**PAGAMENTO**, s. m. Pay, payment; salary.

**PAGANISMO**, s. m. Paganism.
**PAGANIZAR**, v. t. e i. To paganize.
**PAGÃO**, adj. Pagan, idolatrous; irreligious; s. m. pagan, heathen.
**PAGAR**, v. t. e i. To pay; to remunerate; to compensate; to reimburse; to indemnify, to be profitable to.
**PÁGINA**, s. f. Page; writing.
**PAGINAR**, v. t. To page, to paginate.
**PAGO**, adj. Paid, rewarded; s. m. reward.
**PAGODE**, s. m. Pagoda.
**PAI**, s. m. Father, male, parent.
**PAINEL**, s. m. Picture, panel.
**PAIOL**, s. m. Storeroom.
**PAIRAR**, v. i. To ply; to fickler to and fro; to bring to; to soar (bird); to hover; to lie.
**PAÍS**, s. m. Country; nation; fatherland.
**PAISAGEM**, s. f. Landscape, scenery, scene.
**PAISANO**, s. m. Countryman; civilian.
**PAIXÃO**, s. f. Passion; love; rage; anger.
**PAJEAR**, v. t. e i. To page; to act as page; (Bras.) to attend children.
**PAJEM**, s. m. Page; baby sitter.
**PALA**, s. f. Eye-shade; bezel (of a jewel); peak (of a cap).
**PALACETE**, s. m. Small palace.
**PALACIANO**, adj. Palatial, s. m. courtier.
**PALÁCIO**, s. m. Palace.
**PALADAR**, s. m. Palate; taste.
**PALADINO**, s. m. Paladin; champion.
**PALÁDIO**, s. m. Palladium, a silver-white rare metallic element; (fig.) safeguard.
**PALAFITA**, s. f. Palafitte.
**PALAFRÉM**, s. m. Palfrey.
**PALAFRENEIRO**, s. m. Ostler; undergroom.
**PALANCA**, s. f. Pile; palisade.
**PALANFRÓRIO**, s. m. Babbling; nonsense.
**PALANQUE**, s. m. Plataform; scaffold.
**PALANQUIM**, s. m. Palanquim; palankeen.
**PALATAL**, adj. Palatal; palatine.
**PALATINA**, s. f. Palatine, a fur covering.
**PALATINO**, adj. Palatine; palatal.
**PALATITE**, s. f. Palatitis.
**PALATIZAR**, v. t. To palatize.
**PALATO**, s. m. Palate; taste.
**PALAVRA**, s. f. Word; verbal expression; promise; an order, command.
**PALAVRÃO**, s. m. Obscenity, coarse word.
**PALAVREADO**, s. m. Prating; palaver.
**PALAVREAR**, v. i. To prate; to palaver.
**PALCO**, s. m. Stage; a plataform or scaffold for any purpose; (fig.) the theatre; the scene of any remarkable action or event.

**PALEÁCEO**, adj. Strawy.
**PALEOBOTÂNICA**, s. f. Paleobotany.
**PALEOCENO**, adj. e s. m. (Geol.) Paleocene.
**PALEOFITOLOGIA**, s. f. Paleophytology.
**PALEOGRAFIA**, s. f. Paleography.
**PALÉOLA**, s. f. Paleola.
**PALEOLÍTICO**, adj. Paleolithic.
**PALEOLOGIA**, s. f. Paleology.
**PALEONTOGRAFIA**, s. f. Paleontography.
**PALEOZÓICO**, adj. e s. m. Paleozoic.
**PALEOZOOLOGIA**, s. f. Paleozzology.
**PALERMA**, adj. Silly, foolish; s. 2 gên. fool; blockhead; stupid.
**PALESCÊNCIA**, s. f.Paleness.
**PALESTRA**, s. f. Talking, talk; chat.
**PALESTRAR**, v. i. To talk, to chat, to prate.
**PALETA**, s f. Palette, pallet.
**PALETÓ**, s. m. paletot, jacket.
**PALHA**, s. f. Straw.
**PALHAÇADA**, s. f. Buffoonery.
**PALHAÇO**, s. m. Clown; buffoon.
**PALHAGEM**, s. f. A heap of straw.
**PALHETA**, s. f. Pallet; reed (of an instrument); racket.
**PALHINHA**, s. f. A kind of straw.
**PALHOÇA**, s. f. Thatched cottage; cot, hut.
**PALIAÇÃO**, s. f. Palliation; palliating.
**PALIAR**, v. t. To palliate; to hide, to shelter; to disguise; to mitigate; to lessen; to excuse; to ease without curing.
**PALIATIVO**, adj. e s. m. Palliative.
**PALIÇADA**, s. f. Palisade.
**PALIDEZ**, s. f. Pallidness; paleness; colorlessness, dimness, faintness.
**PÁLIDO**, adj. Pale; pallid; faint; dim; wan.
**PALIFICAR**, v. t. To palisade; to surround, furnish, enclose, or fortify, with palisades.
**PALINGENESIA**, s. f. Palingenesis.
**PALINÓDIA**, s. f. Palinode.
**PÁLIO**, s. m. Canopy.
**PALITAR**, v. t. To pick (teeth).
**PALITO**, s. m. Toothpick.
**PALMA**, s. f. Palm, the under partt of the hand; (Bot.) palm; (fig.) victory; triumph.
**PALMADA**, s. f. Slap, a stroke given with the palm (of hand).
**PALMAR**, adj. Palmar.
**PALMATÓRIA**, s. f. Ferule; rod; candlestick.
**PALMEAR**, v. t. To applaud; v. i. to clap hands.
**PALMEIRA**, s. f. Palm-tree.
**PÁLMER**, s. m. (Ffs.) Micrometer.
**PALMILHA**, s. f. Inner sole (of a shoe).

**PALMILHAR**, v. t. To put sock (in shoes); to mend; v. i. to foot, to walk.
**PALMÍPEDE**, adj. e s. m. Palmiped.
**PALMITAL**, s. m. Grove of dwarf fan-palm.
**PALMITO**, s. m. A dwarf fan-palm; palmetto.
**PALMO**, s. m. Palm, a linear measure.
**PALPAÇÃO**, s. f. Touching; palpation.
**PALPAR**, v. t. To touch; to palpate; to examine by touch; to explore by palpation.
**PALPÁVEL**, adj. Palpable; (fig.) obvious.
**PÁLPEBRA**, s. f. Eyelid.
**PALPITAÇÃO**, s. f. Palpitation; a tremble.
**PALPITAR**, v. i. To palpitate, to pulsate violently; to thrill; to throb; to flutter; to fidget.
**PALPITE**, s. m. Palpitation; hint; conjecture; (fig.) presentiment, foreboding.
**PALPO**, s. m. Palp, palpus.
**PALRADOR**, adj. Prattling; s. m. prattler.
**PALRAR**, v. i. To prate, to chatter.
**PALRATÓRIO**, s. m. Locutory; talk, chat.
**PALUDE**, s. m. Moor, marsh, fen.
**PALUDISMO**, s. m. Paludism.
**PALUSTRE**, adj. Palustral, paludal; living in marshy places; marshy.
**PAMONHA**, s. f. (Bras.) Cake made of green corn, cinnamon, etc., rolled and baked in corn huskes; s. m. e f. (fig.) dunce, simpleton; (gfr.) boob; sluggard; idler.
**PAMPA**, s. f. Pampa, pampas.
**PÂMPANO**, s. m. Wine-shoot.
**PANACÉIA**, s. f. Panacea.
**PAN-AMERICANO**, adj. Pan-american.
**PANARÍCIO, PANARIZ**, s. m. Whitlow, agnail.
**PANASCAL, PANASQUEIRA**, s. m., s. f. Ground where cocksfoot grows.
**PANASCO**, s. m. Cocksfoot.
**PANCA**, s. f. Wooden lever.
**PANÇA**, s. f. Helly, paunch, potbelly.
**PANCADA**, s. f. A blow, a stroke, a knock; (pop.) craze, mania.
**PANCADARIA**, s. f. Brawl, tumult.
**PÂNCREAS**, s. m. 2 núm. Pancreas.
**PANCREÁTICO**, adj. Pancreatic.
**PANDA**, s. f. Panda (Zool.).
**PANDARECOS**, s. m. pl. (Bras.) Bits, pieces.
**PANDEAR**, v. t. To puff, to swell out; to inflate; to expand, to distend.
**PANDEGA**, s. f. Merry-making.
**PANDEIRO**, s. m. Tambourine.
**PANDEMÔNIO**, s. m. Pandemonium.
**PANDORA**, s. f. (Mús., Mitol.) Pandora.
**PANDULHO**, s. m. (pop. Bras.) Belly, stomach; sinker (of a fishing net).

**PANE**, s. f. Breakdown, fellure, stalling (of a motor).
**PANEGÍRICO**, adj., s. m. Panegyric.
**PANELA**, s. f. Pot, pan.
**PANFLETÁRIO**, adj. Pamphlet-like; s. m. pamphleteer.
**PANFLETO**, s. m. Pamphlet.
**PÂNICO**, adj. e s. m. Panic.
**PANIFICAÇÃO**, s. f. Panification, conversion into bread.
**PANO**, s. m. Cloth, fabric.
**PANÓPLIA**, s. f. Panoply.
**PANORAMA**, s. m. Panorama; landscape.
**PANTALHA**, s. f. Lamp shape.
**PANTALONAS**, s. f. pl. Pantaloons.
**PANTANAL**, s. m. Marshy place.
**PÂNTANO**, s. m. Swamp, marsh, bog, fen.
**PANTEÃO**, s. m. Pantheon.
**PANTERA**, s. f. Panther.
**PANTÓGRAFO**, s. m. Pantograph.
**PANTOMIMA, PANTOMINA**, s. f. Pantomime.
**PANTURRA**, s. f. Paunch, potbelly; (fig.) vanity, presumptioh.
**PÃO**, s. m. Bread; food; sustenance.
**PAPA**, s. m. The Pope, the head of the Church; pap, a soft food for infants or invalids.
**PAPÁ**, s. m. Dad, daddy.
**PAPADA**, s. f. Double chin.
**PAPA-FINA**, adj. Tasteful, excellent.
**PAPA-FORMIGAS**, s. 2 gên. Ant-eater.
**PAPAGAIO**, s. m. Parrot (a bird); kite.
**PAPAGUEAR**, v. t. e i. To parrot.
**PAPAI**, s. m. (pop. Bras.) Dad, daddy, papa, pa; (gfr. EUA) pop, pappy.
**PAPAL**, adj. Papal.
**PAPALVO**, s. m. Simpleton, fool.
**PAPÃO**, s. m. Bugbear, bugaboo.
**PAPAR**, v. t. e i. To eat; to extort.
**PAPARICAR**, v. t. e i. To pick, to caress.
**PAPEAR**, v. i. To prate, to chatter.
**PAPEIRA**, s. f. Mumps.
**PAPEL**, s. m. Paper; pl. documents proving identity, authority, etc.
**PAPELÃO**, s. m. Pasteboard; (fig.) blunder.
**PAPELARIA**, s. f. Stationer's shop.
**PAPELETA**, s. f. Poster, announcement.
**PAPELOTE**, s. m. Curlpaper.
**PAPILA**, s. f. Papilla.
**PAPILIONÁCEO**, adj. Papillionaceous.
**PAPILOMA**, s. f. (Med.) Papilloma.
**PAPO**, s. m. Double chin; craw, crop (of the birds); goitre.
**PAPOULA**, s. f. (Bot.) Poppy.

**PAQUETE**, s. m. Packet-boat; mail-boat.
**PAQUIDERME**, s. m. Pachyderm.
**PAR**, adj. Even; equal, like; s. m. pair, couple; partner (at a dance); peer (dignity).
**PARA**, prep. For; to; in order to; ready to.
**PARÁBASE**, s. f. Parabasis.
**PARABÉNS**, s. m. pl. Congratulation.
**PARÁBOLA**, s. f. Parable; (Mat.) parabola.
**PARABÓLICO**, adj. Parabolic.
**PARACENTESE**, s. f. Paracentesis.
**PÁRA-BRISA**, s. m. Windshield (of a car).
**PÁRA-CHOQUE**, s. m. Buffer.
**PARADA**, s. f. Stop; delay; stopping place; parade, pompous show, formal display.
**PARADEIRO**, s. m. Whereabouts; end.
**PARADIGMA**, s. m. Paradigm.
**PARADISÍACO**, adj. Paradisiac, paradisiacal.
**PARADO**, adj. Stopped; (fig.) quiet.
**PARADOXAL**, adj. Paradoxical.
**PARAFINA**, s. f. Paraffin.
**PARÁFRASE**, s. f. Paraphrase.
**PARAFUSAR**, v. t. To screw; v. i. to muse; to think, to meditate.
**PARAFUSO**, s. m. Screw.
**PARAGEM**, s. f. Stopping-place; stop.
**PARAGÓGICO**, adj. Paragogic.
**PARAGONAR**, v. t. To paragon, to compare with; to parallel, to match.
**PARÁGRAFO**, s. m. Paragraph.
**PARAÍSO**, s. m. Paradise, the garden of Eden; heaven; (fig.) a place, state of bliss.
**PÁRA-LAMA**, s. m. Fender.
**PARALAXE**, s. f. (Astron.) Parallax.
**PARALELA**, s. f. Parallel; a parallel line, curve or surface.
**PARALELEPÍPEDO**, s. m. Parallelepiped.
**PARALELISMO**, s. m. Parallelism.
**PARALELOGRAMO**, s. m. Parallelogram.
**PARALIPÔMENOS**, s. m. pl. Paralipomenon.
**PARALIPSE**, s. f. Paralipsis.
**PARALISAÇÃO**, s. f. Paralysation; paralysis; stopping.
**PARALISAR**, v. t. To paralyse, to affect or strike with paralysis; to destroy or impair the energy of; to render ineffective.
**PARALISIA**, s. f. Paralysis, palsy.
**PARALÍTICO**, adj. Paralytic, palsied; s. m. paralytic, a person affected with paralysis.
**PARALOGIZAR**, v. t. To paralogize, to reason falsely.
**PÁRA-LUZ**, s. m. Lamp-shape.
**PARAMENTAR**, v. t. To adorn, to attire.
**PARAMENTO**, s. m. Hanging, ornament.

**PARAMÉTRICO**, adj. Parametric.
**PARÂMETRO**, s. m. Parameter.
**PARAMNÉSIA**, s. f. Paramnesis.
**PÁRAMO**, s. m. Paramo.
**PARANINFO**, s. m. Paranymph, best man.
**PARAPEITO**, s. m. Parapet.
**PÁRA-QUEDAS**, s. m. 2 núm. Parachute.
**PARAR**, v. i. To cease to go on; to cease the activity or operation; to stop; to suppress; to arrest; to check; to halt; to block.
**PÁRA-RAIOS**, s. m. 2 núm. Lightning-rod.
**PARASITA**, s. m. Parasite, a person who lives at another's expenses, a hanger on; toady; (Biol.) parasite.
**PARASITISMO**, s. m. Parasitism.
**PÁRA-SOL**, s. m. Parasol.
**PARAVANTE**, s. m. Foredeck.
**PÁRA-VENTO**, s. m. Wind's creen.
**PARCEIRO**, s. m. Partner; an associate; participant; adj. alike, similar.
**PARCEL**, s. m. Rock, bank.
**PARCELA**, s. f. Parcel, a portion, fragment of whole; indiscriminate, indefinite number.
**PARCELAR**, v. t. To parcel, to divide or distribute by parts or portions.
**PARCERIA**, s. f. Partnership.
**PARCIAL**, adj. Partial; biased.
**PARCIALIDADE**, s. f. Partiality; inclination to favor one party.
**PARCIMÔNIA**, s. f. Parsimony; stinginess.
**PARCO**, adj. Parsimonious, saving.
**PARDACENTO**, adj. Darkish, greyish.
**PARDAL**, s. m. Sparrow.
**PARDIEIRO**, s. m. Hovel, shed.
**PARDO**, adj. Grey; dark; s. m. mulatto.
**PARDOCA**, s. f. Hen-sparrow.
**PARECENÇA**, s. f. Resemblance; similitude.
**PARECER**, v. i. To seem; to appear; to look to be; v. p. to look like; to resemble; s. m. appearance; opinion; judgement; aspect.
**PAREDÃO**, s. m. Thick wall; breakwater.
**PAREDE**, s. f. Wall; strike, cessation of work for higher wages.
**PAREGÓRICO**, adj. Paregoric.
**PARELHA**, s. f. Pair, couple; match; team (of horses).
**PARÉLIO**, s. m. (Astron.) Parhelion.
**PARÊMIA**, s. f. Proverb; allegory.
**PARENCÉFALO**, s. m. Parencephalon.
**PARÊNQUIMA**, s. f. Parenchyma.
**PARENTA**, s. f. A female relation; kinswoman.
**PARENTE**, s. m. Relative, relation, kinsman.

**PARENTESCO**, s. m. Relationship; kinship.
**PARÊNTESE**, s. m. Parenthesis; (fig.) an interval or interlude.
**PÁREO**, s. m. Race, running match; (fig.) dispute, rivalry.
**PARGO**, s. m. Sea-bream.
**PÁRIA**, s. f. Pariah; (fig.) an outcast.
**PARIATO**, s. m. Peerage; rank or dignify of a peer.
**PARIÇÃO**, s. f. Bringing forth (animals).
**PARIDADE**, s. f. Parity; equality.
**PARIETAL**, adj. Parietal, of or pertaining to a wall; mural; s. m. parietal, one of the parietal bones.
**PARIR**, v. t. To bring forth, to give birth.
**PARISSÍLABO**, adj. Parisyllabic.
**PARLAMENTAR**, v. i. To parley; to converse; to parliament; adj. parliamentary; s. m. parliamentarian.
**PARLAMENTARISMO**, s. m. Parliamentarism.
**PARLAMENTO**, s. m. Parliament, parliament-house.
**PARLAPATÃO**, s. m. Pedant, impostor, lier.
**PARLAR**, v. t. To prattle, to chatter, to chat.
**PARMESÃO**, adj. e s. m. Parmesan; s. m. parmesan cheese.
**PARNASIANO**, adj. e s. m. Parnassian.
**PÁROCO**, s. m. Parish priest; parson (protestant).
**PARÓDIA**, s. f. Parody.
**PARODIAR**, v. t. To parody; to burlesque.
**PAROLA**, s. f. Loquacity; verbiage; chat.
**PARONÍMIA**, s. f. Paronymy.
**PARÓQUIA**, s. f. Parish.
**PARÓTIDA**, s. f. Parotid; parotid gland.
**PAROXISMO**, s. m. (Med.) Paroxysm.
**PAROXÍTONO**, adj. e s. m. Paroxytone.
**PARQUE**, s. m. Park.
**PARRA**, s. f. Vine-leaf.
**PARREIRA**, s. f. Vine; spreading vine.
**PARRICÍDIO**, s. m. Parricide.
**PARTE**, s. f. Part, piece, fragment, section; portion; share; one of the opposing sides in an argument or conflict; pl. (Bras.) astuteness, trick; (Mús.) part.
**PARTEIRA**, s. f. Midwife.
**PARTEIRO**, s. m. Obstetrician.
**PARTIÇÃO**, s. f. Partition; division.
**PARTICIPAÇÃO**, s. f. Participation.
**PARTICIPAR**, v. t. To give notice, to inform about; v. i. to participate, to share.
**PARTICIPIAL**, adj. (Gram.) Participial.
**PARTICÍPIO**, s. m. Participle.

**PARTÍCULA**, s. f. Particle; a minute part of matter; any very small portion; atom.
**PARTICULAR**, adj. Particular, individual; single; special; pl. particularities, details.
**PARTICULARIZAR**, v. t. e i. To particularize; to state in detail; to be circumstancial.
**PARTIDA**, s. f. Departure, leaving; game, match; a lot, a parcel (of goods); party, an assembly; a body (of soldiers).
**PARTIDÁRIO**, s. m. Partisan, party man.
**PARTIDO**, s. m. party, side; advantage; profig; match, marriage; adj. parted, divided.
**PARTILHA**, s. f. Partition; separation.
**PARTILHAR**, v. i. To partition; to partake; to participate; to share.
**PARTIR**, v. t. To part, to divide or separate into distinct parts; to disunite; to split; v. i. e p. to part, to break to pieces; to depart.
**PARTITIVO**, adj. (Gram.) Partitive.
**PARTITURA**, s. f. (Mús.) Partitur, partitura.
**PARTO**, s. m. Parturition; delivery.
**PARVALHICE**, s. f. Silliness; foolishness.
**PARVO**, adj. Small; simple; s. m. fool.
**PÁRVULO**, adj. Innocent; small; s. m. child.
**PASCER**, v. t. To pasture; to graze.
**PÁSCOA**, s. f. Easter; Passover (of the Jews).
**PASMACEIRA**, s. f. Astonishment; gaping.
**PASMAR**, v. t. To astound, to astonish; v. i. e rel. to gape, to be amazed.
**PASPALHÃO, PASPALHO**, s. m. Scarecrow; fool; dolt; dunce.
**PASQUIM**, s. m. Pasquinade; lampoon posted in a public place; satirical writing.
**PASSA**, s. f. Raisin.
**PASSADA**, s. f. Step, pace.
**PASSADEIRA**, s. f. Strainer, filter; narrow carpet.
**PASSADIÇO**, adj. Passing, transitory; s. m. narrow passage, way.
**PASSADIO**, s. m. Daily food.
**PASSADO**, adj. Past, out of fashion; old; deteriorated; s. m. past, the past time.
**PASSAGEIRO**, adj. Temporary; transitory; s. m. passenger, traveller.
**PASSAGEM**, s. f. Passage; way; channel or course; lobby; corridor; a right or permission to pass, a particular portion of a literary or musical composition.
**PASAMANARIA**, s. f. Lace-work.
**PASSAMANES**, s. m. pl. Lace, trimming.
**PASSAMENTO**, s. m. Death, decease.
**PASSAPORTE**, s. m. Passport.

**PASSAR**, v. t. e i. To pass, to go by, beyond; over, through or the like; to go, to move; to change possession; to elapse; to depart; to take palce; to occur; to circulate; to surpass; to excel; to transfer from one person to another; to hand; to omit.

**PASSARADA**, s. f. Crowd of birds.

**PASSARELA**, s. f. (Bras.) Theather aisle; ramp, runway, gangway.

**PASSARINHO**, s. m. Little bird.

**PÁSSARO**, s. m. Bird.

**PASSATEMPO**, s. m. Pastime, recreation.

**PASSÁVEL**, adj. Passable; tolerable.

**PASSE**, s. m. Pass, free-pass.

**PASSEAR**, v. t. To walk, to move along on foot; v. i. to walk.

**PASSEATA**, s. f. Tour, promenade.

**PASSEIO**, s. m. Walk, sidewalk; stroll; pavement.

**PASSIONAL**, adj. Passional.

**PASSISTA**, adj. Walking (said of a horse); s. m. e f. (Bras.) person who performs Carnival dances.

**PASSIVA**, s. f. (Gram.) Passive voice.

**PASSIVIDADE**, s. f. Passiveness; inactivity.

**PASSIVO**, adj. Passive; inactive; inert.

**PASSO**, s. m. Pace, step, the lenght of a step in walking; (Geogr.) pass, passageway.

**PASTA**, s. f. Portfolio; paste.

**PASTAGEM**, s. f. Pasturage.

**PASTAR, PASTEJAR, PASTOREAR**, v. t. e i. To pasture; to graze, to grass.

**PASTEL**, s. m. Pastel; a drawing in pastel; a soft, pale color; a kind of pie.

**PASTILHA**, s. f. Pastille, medical lozange.

**PASTO**, s. m. Pasture; grassland used for grazing; food, aliment, nourishment.

**PASTOR**, s. m. Shepherd.

**PASTORIL**, adj. Pastoral, rural, rustic.

**PASTORIZAÇÃO**, s. f. Pasteurization.

**PASTOSO**, adj. Viscous, sticky.

**PATA**, s. f. Duck; paw; foot of a beast with claws.

**PATACOADA**, s. f. Nonsense; boasting.

**PATADA**, s. f. Kick.

**PATAMAR**, s. m. Stairhead; landing.

**PATAVINA**, s. f. Nothing.

**PATEAR**, v. t. e i. To kick; to stamp the foot; to hiss, to hoot.

**PÁTENA**, s. f. Paten.

**PATENTE**, adj. Patent; evident; obvious; manifest; s. f. patent; an official document granting a righ or privilege; a license.

**PATENTEAR**, v. t. To manifest; to open; to patent, use and sell (some invention).

**PATERNAL, PATERNO**, adj. Paternal; fatherly.

**PATETA**, s. 2 gên. Simpleton; blockhead.

**PATÉTICO**, adj. Pathetic; affecting.

**PATIBULAR**, adj. Patibulary.

**PATÍBULO**, s. m. Gallows; gibet.

**PATIFARIA**, s. f. Knavery; mischief.

**PATIFE**, s. m. Rascal; knave; adj. rascally.

**PATIM**, s. m. Skate; landing.

**PÁTINA**, s. f. Patina, a film formed on copper and bronze by exposure to weather or by acids.

**PATINAR**, v. i. To skate.

**PATINHAR**, v. i. To paddle, to dabble.

**PÁTIO**, s. m. Yard; courtyard.

**PATO**, s. m. Duck; drake; (fig.) a fool person.

**PATOÁ**, s. m. Patois, a dialect.

**PATOGÊNESE, PATOGENIA**, s. f. Pathogeny; pathogenesis.

**PATOGNOMIA**, s. f. Pathognomy.

**PATOLA**, adj. Stupid, foolish; s. m. boob.

**PATOLOGIA**, s. f. Pathology.

**PATRANHA**, s. f. Lie, story.

**PATRÃO**, s. m. Master; boss; patron.

**PÁTRIA**, s. f. Native country; home.

**PATRIARCADO**, s. m. Patriarchate.

**PATRÍCIO**, s. m. e adj. Patrician.

**PATRIMONIAL**, adj. Patrimonial.

**PATRIMÔNIO**, s. m. Patrimony an state inherited from one's father or other ancestor.

**PÁTRIO**, adj. Of or pertaining oto a native country; paternal.

**PATRIÓTICO**, adj. Patriotic, patriotical.

**PATROA**, s. m. mistress (of a house); patroness.

**PATROCINAR**, v. t. To patronize; to help.

**PATROCÍNIO**, s. m. Patronage; support.

**PATRONADO, PATRONATO, PATRONAGEM**, s.m, s. f. Patronage; protection, support.

**PATRONÍMICO**, adj. Patronymic.

**PATRONO**, s. m. Patron; protector.

**PATRULHA**, s. f. Patrol; a guard.

**PATRULHAR**, v. t. e i. To patrol; to go on patrol along the line of sentinels.

**PATUSCADA**, s. f. Spree, revelry, jamboree.

**PAU**, s. m. Wood; piece of wood; stick; pl. club (at cards).

**PAU-BRASIL**, s. m. (Bot. Bras.) Brazilwood.

**PAUL**, s. m. Marsh, swamp.

**PAULADA**, s. f. Blow with a stick.

**PAULATINO**, adj. Done slowly, by degrees.

**PAULISTA**, adj. Of or pertaining to the State of São Paulo; s. m. e f. native of te State of São Paulo.
**PAULISTANO**, adj. Of or pertaining to the city of São Paulo.
**PAUSA**, s. f. Pause; a temporary stop or rest; (Mús.) pause.
**PAUSAR**, v. t. To pause, to cease for a time; to hesitate; to intermit speaking or acting.
**PAUTA**, s. f. Guide lines (in paper).
**PAUTADO**, adj. Ruled (paper); methodic.
**PAUTAR**, v. t. To rule lines on paper; to direct; to moderate; to make methodic.
**PAVANA**, s. f. Pavan.
**PAVÃO**, s. m. Peacock.
**PAVÊS**, s. m. Pavese.
**PÁVIDO**, adj. Fearful, frightened.
**PAVILHÃO**, s. m. Pavilion; a large tent.
**PAVIMENTAÇÃO**, s. f. Pavement; flooring.
**PAVIMENTAR**, v. t. To pave, to cover (a road, etc.) with stone, asphalt or the like.
**PAVIMENTO**, s. m. Pavement, floor.
**PAVIO**, s. m. The wick of a candle.
**PAVOA**, s. f. Pea-hen.
**PAVONEAR**, v. t. To pavonize.
**PAVOR**, s. m. Dread, terror.
**PAXÁ**, s. m. Pasha.
**PAZ**, s. f. Peace; an agreement to end hostilities; tranquil state; harmony in personal relations; inward serenity; calmness.
**PAZADA**, s. f. A shovelful.
**PÉ**, s. m. Foot, the part of the leg below the ankle; lowest part or base; pedestal; bottom; something resembling a foot in position or use; a measure of lenght; pretext.
**PEÃO**, s. m. A foot traveller; foot soldier; pebleian; cowboy.
**PEAR**, v. t. To retard; to hinder.
**PEÇA**, s. f. Piece; any single object for a class or group; a literary, artistic, or musical composition; one of the objects moved on the board (in certain games); a coin; a cannon; (fig.) a trick.
**PECADO**, s. m. Sin; any offense.
**PECADOR**, s. m. Sinner; peccant; offender.
**PECAR**, v. i. To sin; to commit a sin.
**PECHA**, s. f. Blemish, fault, spot.
**PECHINCHA**, s. f. Godsend; bargain.
**PECIOLADO**, adj. Petiolated.
**PECÍOLO**, s. m. Petiole, leafstalk.
**PEÇONHA**, s. f. Poison, venom.
**PECTINA**, s. f. Pectin.
**PECTORAL**, adj. Pectoral.

**PECUÁRIA**, s. f. Cattle raising; catle-breeding; livestock; raising.
**PECULATO**, s. m. Peculation, peculate.
**PECULIAR**, adj. Peculiar; singular; special.
**PECÚLIO**, s. m. Savings; economy.
**PECÚNIA**, s. f. Money, pecuniary.
**PEDACINHO**, s. m. A little piece; a bit.
**PEDAÇO**, s. m. Piece, a part cut, torn, or broken from a thing; a fragment; bit.
**PEDÁGIO**, s. m. (Bras.) Toll, pike (on road).
**PEDAGOGIA**, s. f. Pedagogy.
**PEDAL**, s. m. Pedal; foot-lever; treadle.
**PEDALAR**, v. t. e i. To pedal; to use or work the pedals (of).
**PEDANTARIA**, s. f. Pedantry; display.
**PEDANTE**, adj. Pedant; pedantic.
**PEDANTEAR**, v. i. To pedantize.
**PEDANTOCRACIA**, s. f. Pedantocracy.
**PEDATROFIA**, s. f. (Med.) Pedatrophy.
**PÉ-DE-MEIA**, s.m. Savings.
**PEDERASTA**, s. m. Pederast.
**PEDERNAL**, adj. Stony; s. m. firestone.
**PEDERNEIRA**, s. f. A flint, a firestone.
**PEDESTAL**, s. m. Pedestal; the base of a statue, vase, etc.; any base or foundation.
**PEDESTRE**, s. 2 gên. Pedestrian; a walker, a foot-traveller; ad. pedestrian.
**PEDIATRA**, s. 2 gên. Pediatrician.
**PEDÍCULO**, s. m. Pedicel, pedicle.
**PEDICURO**, s. m. Pedicure.
**PEDIDO**, s. m. Request, petition.
**PEDIFORME**, adj. Pediform.
**PEDILÚVIO**, s. m. Pedilluvian.
**PEDINCHAR**, v. t. e i. To beg.
**PEDIR**, v. t. To ask; to beg; to request.
**PEDITÓRIO**, s. m. Public collection.
**PEDOLOGIA**, s. f. Pedology.
**PEDÔMETRO**, s. m. Pedometer.
**PEDRA**, s. f. Stone, a small piece of rock; (Med.) gall-stone; pebble-like mass (in the kidney).
**PEDRARIA**, s. f. Precious stone, gems.
**PEDREGULHO**, s. m. Gravel; a big stone.
**PEDREIRA**, s. f. Stone-pit; quarry.
**PEDREIRO**, s. m. Mason.
**PEDUNCULADO**, adj. (Bot.) Pedunculated.
**PEDÚNCULO**, s. m. (Bot.) Peduncle, a flower stalk; (Zool.) peduncle, pedicel.
**PEGA**, s. f. Holding; catching (of a bull); quarrel; (Zool.) magpie.
**PEGADA**, s. f. Footmark; footstep; trace.
**PEGAJOSO**, adj. Viscous, gluey.
**PEGAMASSO**, s. m. Glue.

**PEGAR**, v. t. To seize, to hold; to glue; to join; to unite; to infect; to contaminate.
**PEGO**, s. m. Pit, abyss; whirlpool.
**PEIA**, s. f. Shackle; (fig.) embarrass.
**PEITILHO**, s. m. Shirt-front.
**PEITO**, s. m. Breast; thorax; udder; teat; shirt-front; (fig.) courage.
**PEITORAL**, adj. Pectoral; s. m. breastplate; poitrel; (Med.) pectoral.
**PEITORIL**, s. m. Parapet; windowsill.
**PEIXE**, s. m. Fish.
**PEIXE-BOI**, s. m. Manatee.
**PEIXE-ELÉTRICO**, s. m. Electric eel.
**PEIXE-ESPADA**, s. m. Swordfish.
**PEIXE-MARTELO**, s. m. Hammerhead shark.
**PEIXE-VOADOR**, s. m. Flying fish.
**PEJAR**, v. t. To overload; to embarrass.
**PEJORATIVO**, adj. Pejorative; depreciatory.
**PELA**, contr. "per" and art "a", By; along.
**PELA**, s. f. Ball; handball.
**PELADA**, s. f. Alopecia, loss of hair.
**PELADO**, adj. Without hair; bald.
**PELAGEM**, s. f. Pelage.
**PELÁGICO**, adj. Pelagic, of or relating with the ocean; oceanic.
**PÉLAGO**, s. m. Pelago, sea; (fig.) abyss.
**PELAGRA**, s. m. (Med.) Pellagra.
**PELAME**, s. m. Hides; taning.
**PELANCA**, s. f. Wrinkled skin.
**PELAR**, v. t. To skin, to strip the skin from.
**PELARGÔNIO**, s. m. Pelargonium.
**PELE**, s. f. Skin; pelt; hide; fell; fur.
**PELEJA**, s. f. Fight; battle; struggle, combat.
**PELEJAR**, v. i. To flight; to struggle; to combat; to battle; to dispute.
**PELE-VERMELHA**, s. m. Redskin.
**PELIÇA**, s. f. Pelisse.
**PELICA**, s. f. Kid leather.
**PELICANO**, s. m. (Zool.) Pelican.
**PELÍCULA**, s. f. Pellicle; membrane.
**PELINTRA**, adj. Shabby but pretentious; (Bras.) dandy; foppish; trichy.
**PELITRAPO**, s. m. Ragamuffin, a ragged.
**PELO**, contr. prep. "per" and art. or pron. dem. "o", By, along, about.
**PÊLO**, s. m. Hair.
**PELOTA**, s. f. Pellet; small ball.
**PELOTÃO**, s. m. Platoon; troop.
**PELOURINHO**, s. m. Pillory.
**PELÚCIA**, s. f. Plush.
**PELUGEM**, s. f. Down; soft hairy growth.
**PELVE**, s. m. (Anat.) Pelvis.
**PENA**, s. f. Feather, plume; pity; regret.

**PENACHO**, s. m. Panache.
**PENADO**, adj. Feathery; painful; grievous.
**PENAL**, s. m. Penal; punitive.
**PENALIZAR**, v. t. To pain; to afflict.
**PENAR**, v. i. To suffer; to pain.
**PENCA**, s. f. (Bras.) Bunch.
**PENDÃO**, s. m. Pennon, flag, banner.
**PENDÊNCIA**, s. f. Dispute; quarrel; fight.
**PENDENTE**, adj. Pendent, suspended.
**PENDER**, v. i. To hang; to be suspended; to pend; to incline; to be indecisive.
**PENDOR**, s. m. Slope; inclination.
**PÊNDULA**, s. f. Clock.
**PÊNDULO**, s. m. Pendulum; adj. pendulous.
**PENDURA**, s. f. Hanging; hanging object.
**PENDURAR**, v. t. To hang; to suspend; to fasten; to droop; to incline.
**PENEDIA**, s. f. Cliff; rocky hill
**PENEIRA**, s. f. Sieve.
**PENEIRAR**, v. t. To sift; to separate with a sieve; to examine critically.
**PENEJAR**, v. t. To write or draw (with a pen).
**PENETRA**, s. m. Peevish or insolent person.
**PENETRAÇÃO**, s. f. Penetration, penetrating; entering; sagacity; astuteness.
**PENETRAR**, v. t. To penetrate; to enter into; to pierce; to permeate; to crash.
**PENHA**, s. f. Rock, cliff.
**PENHASCO**, s. m. High cliff or rock.
**PENHOR**, s. m. Pledge; a guaranty; pawn; something considered as a sign; token.
**PENHORA**, s. f. Seizure; confiscation.
**PENHORAR**, v. t. To seize; to confiscate; to pawn; to oblige.
**PENIFORME**, adj. Penniform; feather-like.
**PENÍNSULA**, s. f. Peninsula.
**PENISCO**, s. m. Pine-seed.
**PENITÊNCIA**, s. f. Penance, sorrow; repentance, penitence, contrition; torment.
**PENITENCIAR**, v. t. To penance, to punish.
**PENITENCIÁRIA**, s. f. Penitenciary.
**PENITENCIÁRIO**, s. m. Penitentiary prisoner; prisoner; adj. penitentiary; penitential.
**PENOSO**, adj. Painful; difficult; hard.
**PENSADO**, adj. Deliberate; premeditated.
**PENSADOR**, s. m. Thinker.
**PENSAMENTO**, s. m. Thought; reflection; an idea; imagination; intention; fancy.
**PENSÃO**, s. f. Pension, a payment regularly made to a person; boarding-house.
**PENSAR**, v. i. To think; to reflect; v. t. to imagine; to consider; s. m. thought.
**PÊNSIL**, adj. Pensile; hanging; suspended.

**PENSIONATO**, s. m. Boarding school; boardinghouse.
**PENTACÓRDIO**, s. m. Pentachord.
**PENTAEDRO**, s. m. Pentahedron.
**PENTAGONAL**, adj. Pentagonal.
**PENTÁGONO**, s. m. Pentagon.
**PENTAGRAMA**, s. m. Pentagram.
**PENTATEUCO**, s. m. Pentateuch.
**PENTE**, s. m. Comb.
**PENTEADO**, s. m. Hairdressing; headdress; coiffure; adj. combed.
**PENTEAR**, v. t. e i. To comb.
**PENTECOSTES**, s. m. Pentecost.
**PENUGEM**, s. f. Down; fluff.
**PENÚLTIMO**, adj. e s. m. Penultimate.
**PENUMBRA**, s. f. Penumbra; dim-light.
**PENÚRIA**, s. f. Penury; extreme poverty.
**PEONAGEM**, s. f. Peonage.
**PEÔNIA**, s. f. Peony.
**PEPINO**, s. m. Cucumber.
**PEPITA**, s. f. Nugget.
**PEPSINA**, s. f. Pepsin or pepsine.
**PEPTONA**, s. f. Peptone.
**PEQUENEZ**, s. f. Smallness; childhood.
**PEQUENO**, adj. Little; small; short.
**PERA**, s. f. Pear.
**PERALTA**, s. 2 gên. Bean, dandy; fop; (Bras.) a naughty boy.
**PERAMBULAÇÃO**, s. f. (Bras.) Perambulation; strolling; wandering.
**PERAMBULAR**, v. i. To perambulate; to stroll; to wander; to roam; to rove.
**PERANTE**, prep. Before; in presence of.
**PERCAL**, s. m. Percale.
**PERCALÇO**, s. m. Gain; profit; drawback.
**PERCEBER**, v. t. To perceive, to see, to hear, or the like, with understanding; to apprehend mentally; to discern; to remark.
**PERCENTAGEM**, s. f. Percentage.
**PERCEPÇÃO**, s. f. Perception; apprehension; discernment.
**PERCEVEJO**, s. m. (Zool.) Bug.
**PERCHA**, s. f. Perch, bar; gutta-percha.
**PERCLUSO**, adj. Crippled.
**PERCORRER**, v. t. To percur; to traverse; to travel over; to look over; to survey.
**PERCUCIENTE**, adj. Percussive, percutient.
**PERCURSO**, s. m. Travelling over; distance, way, course, road, route, path.
**PERCUSSÃO**, s. f. Percussion.
**PERCUTIR**, v. t. To percuss; to strike.
**PERDA**, s. f. A loss; damage; ruin; waste.
**PERDÃO**, s. m. Pardon; forgiveness.
**PERDER**, v. t. To lose; to miss from one's possession; to be deprived; to ruin; to destroy; to waste; to fail to gain or win; to wander from; to lose sight or memory of.
**PERDIÇÃO**, s. f. Loss; ruin; perdition.
**PERDIDA**, s. f. Prostitute.
**PERDIDO**, adj. Lost; ruined; misguided.
**PERDIGÃO**, s. m. Male partridge.
**PERDIGOTO**, s. m. Young partridge; spit.
**PERDIGUEIRO**, s. m. Setter.
**PERDIZ**, s. f. Partridge.
**PERDOAR**, v. i. To pardon; to free (a person) from punishment for a fault or crime.
**PERDULÁRIO**, adj. Prodigal; wasteful; s. m. spendthrift.
**PERDURAÇÃO**, s. f. Long duration.
**PERDURAR**, v. i. To last a long time.
**PEREBA**, s. f. Apostem; abscess.
**PERECER**, v. i. To perish; to die.
**PEREGRINAÇÃO**, s. f. Peregrination.
**PEREGRINAR**, v. i. To peregrinate; to travel.
**PEREGRINO**, s. m. Pilgrim; adj. foreign.
**PEREMPTO**, adj. Prescribed.
**PEREMPTÓRIO**, adj. Peremptory, decisive.
**PERENAL, PERENE**, adj. Perennial; lasting through the year; unceasing; endless.
**PERERECA**, adj. Small and lively or restless; s. f. (Zool. Bras.) hyla, tree fog.
**PERFAZER**, v. t. To perfect; accomplish.
**PERFECTIBILIDADE**, s. f. Perfectibility, state of being perfect or improved.
**PERFEIÇÃO**, s. f. Perfection; entire development; accomplishment; complete or high excellence; faultlessness; beauty.
**PERFEITO**, adj. Perfect; whole; exact.
**PÉRFIDO**, adj. Perfidious, guilty of perfidy; false, treacherous; doublecrossing.
**PERFIL**, s. m. Profile, contour, outline.
**PERFILAR**, v. t. To profile; to draw up in line.
**PERFILHAÇÃO**, s. f. Adoption, affiliation.
**PERFILHAR**, v. t. To adopt; to affiliate.
**PERFOLIAÇÃO**, s. f. Perfoliation.
**PERFULGÊNCIA**, s. f. Fulgency; brilliancy.
**PERFUMADO**, adj. Perfumed.
**PERFUMAR**, v. t. To perfume; to scent; to aromatize, to give a flavor to.
**PERFUME**, s. f. Perfume; a scent; smell.
**PERFUNCTÓRIO**, adj. Perfunctory; careless.
**PERFURAÇÃO**, s. f. Perforation; punching.
**PERFURAR**, v. t. To perforate, to pierce; to make small holes through or in; to drill.
**PERFURATRIZ**, s. f. (Mec.) Drill press.
**PERGAMINHO**, s. m. Parchment.

**PÉRGULA**, s. f. Pergola.
**PERGUNTA**, s. f. Question; inquiry; a doubt.
**PERGUNTAR**, v. t. To ask; to question.
**PERIANTO**, s. m. (Bot.) Perianth.
**PERICÁRDIO**, s. m. (Anat.) Pericardium.
**PERICARPO**, s. m. (Bot.) Pericarp.
**PERÍCIA**, s. f. Skill, skillfulness.
**PERICLITANTE**, adj. In danger; risky.
**PERICRÂNIO**, s. m. Pericranium.
**PERICULOSIDADE**, s. f. (Lei) Criminal potenciality or tendency.
**PERIFERIA**, s. f. Periphery, the surface of any body.
**PERIFÉRICO**, adj. Peripheral; external.
**PERÍFRASE**, s. f. Periphrasis; evasive.
**PERIGAR**, v. i. To peril, to be in danger.
**PERIGO**, s. m. Danger, peril, risk.
**PERIMÉTRICO**, adj. Perimetric.
**PERIÓDICO**, adj. Periodic, periodical; regular; s. m. periodical; newspaper.
**PERÍODO**, s. m. Period; age, era; cycle.
**PERIÓSTEO**, s. m. Periosteum.
**PERIPÉCIA**, s. f. Peripetia; (pop.) incident.
**PÉRIPLO**, s. m. Periplus, circumnavegation.
**PERIQUITO**, s. m. Parakeet.
**PERISCÓPIO**, s. m. Periscope.
**PERISTILO**, s. m. Peristyle.
**PERITO**, adj. Skilled; skillful; clever, able; dexterous; s. m. expert, connoisseur.
**PERITONITE**, s. f. (Med.) Peritonitis.
**PERJURAR**, v. i. To perjure; to violate one's oath; to forswear; v. t. to abjure.
**PERJÚRIO**, s. m. Perjury; false swearing.
**PERLAR**, v. t. To pearl.
**PERLONGAR**, v. t. To coast along (ship); to delay; to postpone.
**PERLUSTRAR**, v. t. To survey; to inspect.
**PERMANECER**, v. i. To remain, to stay to rest; to continue; to persevere; to persist.
**PERMANÊNCIA**, s. f. Permanence; duration.
**PERMANENTE**, adj. Permanent; enduring; fixed; s. m. permanent wave.
**PERMEAR**, v. t. e i. To permeate; to bore.
**PERMEIO**, adv. In the middle.
**PERMISSÃO**, s. f. Permission; permitting; authorization, leave; permit.
**PERMISSIVO**, adj. Permissive; allowable.
**PERMITIR**, v. t. To permit; to allow; to consent to; to tolerate.
**PERMUTA**, s. f. Exchange; permutation.
**PERMUTAÇÃO**, s. f. Permutation; exchange of one thing to another; (Mat.) permutation.
**PERMUTAR**, v. t. To permute; to exchange.

**PERNA**, s. f. Leg; something resembling a leg in form or use.
**PERNADA**, s. f. Walk with long steps; kick.
**PERNALTA**, s. f. (Zool.) Stil-bird.
**PERNEAR**, v. i. To kick or shake the legs.
**PERNICIOSO**, adj. Pernicious; ruinous.
**PERNIL**, s. m. Slender leg.
**PERNILONGO**, adj. Long-legged.
**PERNOITAR**, v. t. To spend the night away from home; to spend the night.
**PERNÓSTICO**, adj. Pedantic; antipathic.
**PÉROLA**, s. f. Pearl.
**PERONEAL**, adj. Peroneal.
**PERÔNIO**, s. m. (Anat.) Fibula.
**PERORAÇÃO**, s. f. Peroration.
**PERORAR**, v. i. To perorate; to speak at lenght.
**PERPASSAR**, v. i. To pass by; to move.
**PERPENDICULAR**, adj. Perpendicular; vertical; upright; s. m. Perpendicular.
**PERPETRAÇÃO**, s. f. Perpetration.
**PERPETRAR**, v. t. To perpetrate; to commit.
**PERPÉTUA**, s. f. (Bot.) Everlasting; immortelle.
**PERPETUAR**, v. t. To perpetuate, to make perpetual; to give an enduring character or existence to; v. p. to last forever.
**PERPÉTUO**, adj. Perpetual; endless; eternal; constant; everlasting; uneceasing.
**PERPLEXÃO, PERPLEXIDADE**, s. f. Perplexity.
**PERPLEXO**, adj. Perplexed; filled with doubt or uncertainty; confused; irresolute.
**PERQUIRIR**, v. t. To search, to inquiry.
**PERRO**, s. m. Dog; adj. stubborn.
**PERSCRUTAÇÃO**, s. f. Perscrustration.
**PERSCRUTAR**, v. t. To perscrutate.
**PERSEGUIÇÃO**, s. f. Persecution, pursuit.
**PERSEGUIR**, v. t. To persecute, to pursue; to chase; to hyunt down; to prosecute; to afflict; to harass; to annoy; to importune.
**PERSEVERANÇA**, s. f. Perseverance.
**PERSEVERAR**, v. i. To persevere, to persist, to remain, to last; to insist; to perseverate.
**PERSIANA**, s. f. Persian blinds.
**PÉRSICO**, adj. e s. m. Persian.
**PERSIGAL**, s. m. Pigsty, hog-pen; sty.
**PERSIGNAÇÃO**, s. f. The act of crossing.
**PERSIGNAR-SE**, v. p. To make the signal of cross.
**PERSISTÊNCIA**, s f. Persistence.
**PERSISTENTE**, adj. Persistent, persisting; persevering; determined; contumacious.

**PERSISTIR,** v. rel. e i. To persist, to persevere, to remain, to continue, to last.
**PERSOLVER,** v. t. To pay off.
**PERSONAGEM,** s. 2 gên. Personage; a person of rank or distinction; a person; a character represented in a play, novel, etc.
**PERSONALIDADE,** s. f. Personality.
**PERSONALIZAR,** v. t. To personalize; to personify; to personate; to impersonate.
**PERSONIFICAR,** v. t. To personify; to personalize; to personate; to symbolize.
**PERSPECTIVA,** s. f. Perspective.
**PERSPICÁCIA,** s. f. Perspicacity; shrewdness; acuteness of sight or discernment.
**PERSPICAZ,** adj. Perspicacious; shrewd.
**PERSUADIMENTO,** s. m. Persuasion.
**PERSUADIR,** v. t. To persuade; to induce; v. i. to convince.
**PERSUASÃO,** s. f. Persuassion; conviction.
**PERSUASOR,** adj. Persuasive; s. m. persuader.
**PERTENÇA,** s. f. Pertaining; belongings.
**PERTENCER,** v. i. To pertain, to belong to (possession, function, etc.); to reer to, to relate to; to appertain.
**PERTINÁCIA,** s. f. Pertinacity; obstinacy.
**PERTINAZ,** adj. Pertinacious; obstinate; tenacious, stubborn; determined, firm.
**PERTINENTE,** adj. Pertinent, suitable, appropriated; fitting; proper; apropos.
**PERTO,** adv. Near, close to; about; almost.
**PERTURBAÇÃO,** s. f. Perturbation; perturbing; agitation of mind; disquiet.
**PERTURBAR,** v. t. To perturb; to disturb; to derange; to trouble; to agitate.
**PERU,** s. m. Turkey.
**PERUA,** s. f. Turkey-her.
**PERUCA,** s. f. Wig, peruke, periwig.
**PERVERSÃO,** s. f. Perversion; corruption.
**PERVERSO,** adj. Perverse; corrupt; vicious.
**PERVERTER,** v. t. To pervert; to corrupt; to deprave; to mislead; to misinterpret; to violate; to derange.
**PÉRVIO,** adj. Pervious; frank, open.
**PESADELO,** s. m. Nightmare.
**PESADO,** adj. Weighed, weighty; heavy; burdensome; troublesome; hard; fatidious; lazy; dull; corpullent; (Bras.) unlucky.
**PESAGEM,** s. f. Welghing.
**PÊSAME,** s. m. Condolence.
**PESAR,** v. i. To weigh; to ponder; to estimate; to be heavy; to be important, influential or the like; to press hard.

**PESAROSO,** adj. Sorry, sorrowful.
**PESCA,** s. f. Fishing; fishery.
**PESCADO,** s. m. Fish caught; fish.
**PESCAR,** v. t. e i. To fish; to try to catch fish in; to attempt to catch fish; to pick up; to perceive; to understand; to discover.
**PESCOÇÃO,** s. m. Blow on the neck; slap.
**PESCOÇO,** s. m. Neck.
**PESETA,** s. f. Peseta, Spanish silver coin.
**PESO,** s. m. Weight; a system of units used in stating how heavy things are; a heavy object; burden, load; pressure; importance; influence; authority.
**PESPEGAR,** v. t. To strike; to apply.
**PESPEGO,** s. m. Hindrance; obstruction.
**PESPONTAR, PESPONTEAR,** v. i. e t. To quilt, to make quilted work.
**PESPONTO,** s. m. Quilting-stitch.
**PESQUISA,** s. f. Research, search; inquiry.
**PESQUISAR,** v. t. To research, to search; to investigate; v. i. to make researches.
**PÊSSEGO,** s. m. Peach.
**PESSIMISMO,** s. m. Pessimism.
**PÉSSIMO,** adj. Very bad.
**PESSOA,** s. f. Person, a human being; an individual; personage.
**PESSOAL,** adj. Personal; done in person; relating to one's person; private; (Gram.) personal; s. m. personnel.
**PESTANA,** s. f. Eyelash.
**PESTANEAR, PESTANEJAR,** v. t. To blink.
**PESTANEJO,** s. m. Blinking, winking.
**PESTE,** s. f. Pest, a fatal epidemic disease; plague; a person who pesters or annoys.
**PESTILENTE, PESTILENTO,** adj. Pestilent, pernicious; deadly.
**PETA,** s. f. Fib, lie.
**PÉTALA,** s. f. (Bot.) Petal.
**PETARDO,** s. m. Petard.
**PETIÇÃO,** s. f. Petition, a formal request; a solemn entreaty; supplication.
**PETISCAR,** v. t. To nibble at food; v. i. to cat dainty bits.
**PETISCO,** s. m. Titbit, dainty bit.
**PETIZ,** adj. Small; s. m. little boy.
**PETRECHOS,** s. m. pl. Ammunition; tools.
**PÉTREO,** adj. Stony.
**PETRIFICAÇÃO,** s. f. Petrification.
**PETRIFICAR,** v. t. To petrify; to convert into stone; to harden; to stupefy with ear.
**PETROGRAFIA,** s. f. Petrography.
**PETROLEIRO,** adj. Petrolic; s. m. petroleur; oil-tanker.

**PETRÓLEO**, s. m. Petrol, petroleum.
**PETROLINA**, s. f. Petrolin.
**PETROSO**, adj. Stony.
**PETULÂNCIA**, s. f. Petulance; insolence.
**PETULANTE**, adj. Petulant; insolent; brazen.
**PEÚGA**, s. f. Sock.
**PEVIDE**, s. f. Seed (of fruits); pip.
**PEXOTE**, s. m. Novice; unexperienced or ignorant person.
**PEZ**, s. m. Pitch.
**PIA**, s. f. Sink, sink-stone; basin; trough.
**PIAÇABA**, s. f. Piassaba.
**PIADA**, s. f. Biting, jeer, taunt; peep (the cry of a chicken); joke.
**PIADO**, s. m. Wheezing, wheeze; peep (the cry of a chicken).
**PIANO**, s. m. Piano; adv. softly, quietly.
**PIANOLA**, s. f. Pianola.
**PIÃO**, s. m. Top (toy).
**PIAR**, v. i. To chirp, to pip, to peep.
**PIASTRA**, s. f. Piastre.
**PICADA**, s. f. Pricking; sting; peak.
**PICADEIRO**, s. m. Riding-school.
**PICADO**, adj. Pricked; rough (the sea); s. m. minced-meat.
**PICANTE**, adj. Pricking; stinging; piquant.
**PICA-PAU**, s. m. Woodpeecker.
**PICAR**, v. t. To prick; to shred; to sting; to peek; to puncture; to hash; to excite.
**PICARDIA**, s. f. Knavery.
**PICARESCO**, adj. Burlesque.
**PICARETA**, s. f. Pick, pick-axe.
**PICARETAGEM**, s. f. (Bras.) Chiseling; cheating; swindling; pickaxing.
**PÍCARO**, adj. Knavish, roguish; ridiculous.
**PICAROTO**, s. m. Summit, top.
**PÍCEO**, adj. Pitchy.
**PICHADOR**, s. m. Person who works with pitch; (Bras.) lampoonist.
**PICHAR**, v. t. (Bras.) To pitch; to smear with pitch.
**PICHE**, s. m. Pitch.
**PICHO**, s. m. Pewter-tankard.
**PICHORRA**, s. f. Pewter.
**PICLES**, s. m. pl. Pikles.
**PICO**, s. m. Peak, summit, top; prickle.
**PICOLÉ**, s. m. (Bras.) Popsicle.
**PICOSO**, adj. Prickly; prickle-edged.
**PICOTADEIRA**, s. f. Perforator (instrum.).
**PICOTAR**, v. t. (Bras.) To perforate; to punch (railway tickets); to picot.
**PICTURAL**, adj. Picturesque.
**PICUINHA**, s. f. Teasing.

**PIEDADE**, s. f. Piety; piousness; devoutness; pity; compassion; commiseration.
**PIEDOSO**, adj. Pious, devout.
**PIEGAS**, s. 2 gên., 2 núm. Ninny; trifler; adj. effeminate; tender; gentle; ridiculous.
**PIEIRA**, s. f. Wheezing, wheeze.
**PÍFARO**, s. m. Fife.
**PIGARREAR**, v. i. To hoarsen, to hoarse.
**PIGARRO**, s. m. Hoarseness; strangles (of horses); pip (of fouls).
**PIGMENTAÇÃO**, s. f. Pigmentation.
**PIGMENTAR**, v. t. To give pigment to.
**PIGMEU**, s. m. Pygmy; dwarf.
**PIJAMA**, s. m. Pyjamas.
**PILÃO**, s. m. Pestle.
**PILAR**, v. t. To bray; to peel; s. m. pillar, pier.
**PILASTRA**, s. f. Pillaster.
**PILHA**, s. f. Pile, heap; (Eletr.) pile.
**PILHAGEM**, s. f. Pillage, plundering, spoil.
**PILHAR**, v. t. To pillage, to rob, to catch.
**PILHÉRIA**, s. f. Fun, jesting.
**PILORO**, s. m. (Anat.) Pylorus.
**PILOSO**, adj. Pilose, hairy.
**PILOTAR**, v. t. To pilot, to serve as a pilot.
**PILOTO**, s. m. Pilot; a guide, a leader.
**PÍLULA**, s. f. Pill, pilule.
**PIMENTA**, s. f. Pepper.
**PIMENTÃO**, s. m. Pimiento; guinea pepper.
**PIMENTO**, s. m. Pimento, allspise.
**PIMPÃO**, s. m. Bully; swaggerer.
**PIMPINELA**, s. f. (Bot.) Burnet.
**PIMPOLHO**, s. m. Young shoot; (fig.) a baby.
**PINA**, s. f. Felly (of a wheel).
**PINACOTECA**, s. f. Art museum.
**PINÁCULO, PÍNCARO**, s. m. Pinnacle; peak; apex; summit.
**PINÇA**, s. f. Pincers; clip.
**PINÇA**, s. m. Brush.
**PINCELAR**, v. t. To paint, to daub.
**PINGA**, s. f. Drop (of liquid); (gír. Bras.) white rum.
**PINGADEIRA**, s. f. Dropping-pan.
**PINGAR**, v. t. To drop; to let fall in drops; v. i. to drip; to fall; to start raining.
**PINGENTE**, s. m. Ear-drop, pendant.
**PINGUE-PONGUE**, s. m. (Esp.) Pingpong; table tennis.
**PINGÜIM**, s. m. Penguin.
**PINHA**, s. f. Pine cone; fruit of pine.
**PINHÃO**, s. m. Seed of the pine-tree.
**PINHEIRAL, PINHAL**, s. m. Pine-grove; pine-wood.

**PINHEIRO**, s. m. Pine-tree, pine.
**PINHO**, s. m. Pine-wood.
**PINICAR**, v. t. (Bras.) To peck; to pinch.
**PINO**, s. m. Peg; top, the highest point.
**PINÓIA**, s. f. (Pop. Bras.) Something worthless, of no consequence; (pop.) bad deal.
**PINOTE**, s. m. Jump, leap, bound.
**PINOTEAR**, v. i. To curvet.
**PINTA**, s. f. Spot, mark.
**PINTADO**, adj. Painted.
**PINTAINHO**, s. m. Chick; young bird.
**PINTALGAR**, v. t. To speckle; to cover with speckless; to spot; to variegate.
**PINTAR**, v. t. To paint, to make a picture or design; to apply paint to; to color; to describe vividly; v. p. to paint, to color one's face in order to beautify.
**PINTARROXO**, s. m. Robin, red-breast.
**PINTASSILGO**, s. m. Goldfinch.
**PINTO**, s. m. Chick.
**PINTOR**, s. m. Painter.
**PINTORA**, s. f. Paintress.
**PINTURA**, s. f. Painting, paint; painture; pigment for the face or body.
**PIO**, adj. Pious, devout, charitable; s. m. peep (the cry of a chicken).
**PIOLHO**, s. m. Louse; pl. lice.
**PIONEIRO**, s. m. Pioneer; early settler; explorer.
**PIOR**, adv. Worse.
**PIORAR**, v. t. e i. To make or to become worse.
**PIORRÉIA**, s. f. Pyorrhea, pyorrhoea.
**PIPA**, s. f. Pipe, a large cask used esp. for wine and oil.
**PIPAROTE**, s. m. Fillip.
**PIPI**, s. m. (Bras.) Piss.
**PIPIAR, PIPILAR**, v. i. To chirp, to pip; to peep, to cry as a chicken; s. m. peep.
**PIPOCA**, s. f. Pop-corn.
**PIPOCAR**, v. i To pop, to burst; to crackle.
**PIQUE**, s. m. Pique; piquant taste.
**PIQUENIQUE**, s. m. Picnic.
**PIQUETAR**, v. t. To demarcate with stakes.
**PIQUETE**, s. m. Picket, a detachment of soldiers.
**PIRA**, s. f. Pyre.
**PIRÂMIDE**, s. f. Pyramid.
**PIRAR, PIRAR-SE**, v. i. (gír. Bras.) To scram, to skiddoo.
**PIRATA**, s. 2 gên. Pirate, corsair, robber.
**PIRATEAR**, v. t. e i. To pirate; to commit piracy (upon); to play the pirate.

**PIRES**, s. m. Saucer.
**PIRÉTICO**, adj. Pyretic.
**PIREXIA**, s. f. Pyrexia.
**PIRILAMPO**, s. m. Glow-worm; firefly.
**PIROFOBIA**, s. f. Pyrophobia.
**PIROGA**, s. f. Pirogue.
**PIROGÊNESE**, s. f. Pyrosenesis.
**PIROGRAVURA**, s. f. Pyrogravure.
**PIROLATRIA**, s. f. Pyrolatry.
**PIROTÉCNICO**, adj. Pyrotechnic, pyrotechnical; s. m. fireworker.
**PIRRAÇA**, s. f. Teasing; insult.
**PIRRALHO**, s. m. Child, bantling, chit; brat.
**PIRRONISMO**, s. m. Pyrrhonism.
**PIRUETA**, s. f. Pirouette.
**PIRULITO**, s. m. (Bras.) Lollipop, lollypop.
**PISADA**, s. f. Footstep; pressing (of grapes); treading.
**PISÃO**, s. m. Fulling-mill; (Bras.) foot-step.
**PISAR**, v. t. To tread, to bruise, to trample; to crush (with feet); to hurt; to press.
**PISCADELA**, s. f. Twinkling, twinkle, wink.
**PISCA-PISCA**, s. m., s. f. (pop. Bras.) Winks continuously; s. m. blinker (signal light); flasher (display sign).
**PISCAR**, v. t. To twinkle; to wink.
**PISCICULTURA**, s. f. Pisciculture, fish-breeding.
**PISCIFORME**, adj. Pisciform, fish-like.
**PISCINA**, s. f. Piscina; swimming pool.
**PISCO**, adj. Winking; s. m. bullfinch.
**PISO**, s. m. Floor; pavement; ground; level; tread; walking; footing.
**PISTA**, s. f. Trail; track; trace; footprint; a vestige.
**PISTÃO**, s. m. Piston.
**PISTILO**, s. m. (Bot.) Pistil.
**PISTOLA**, s. f. Pistol.
**PISTOLÃO**, s. m. (Bras.) Pull (special favor or influence).
**PITADA**, s. f. Pinch of snuff; pinch, a very small quantity.
**PITAGÓRICO**, adj. Pythagorean.
**PITEIRA**, s. f. Cigaret-holder.
**PITÉU**, s. m. Dainty.
**PITONISA**, s. f. Pythoness.
**PITORESCO**, adj. Picturesque.
**PITUITÁRIO**, adj. Pituitary, pertaining to, or designating the pituitary body.
**PLACA**, s. f. Plate; plaque.
**PLACÁVEL**, adj. Placable, capable of being placated or pacified.
**PLACENTA**, s. f. (Anat.) Placent.

**PLACIDEZ, s. f.** Placidity; calmness.
**PLÁCIDO, adj.** Placid, undisturbed; quiet.
**PLÁCITO, s. m.** Consent, approbation; permission, assent.
**PLAGA, s. f.** Region, zone; country.
**PLAGIADOR, s. m.** Plagiarist; **adj.** plagiary.
**PLAGIAR, v. t.** To plagiarize.
**PLÁGIO, s. m.** Plagiarism.
**PLAINA, s. f.** Plane.
**PLAINO, s. m.** Plane; level; plan.
**PLANA, s. f.** class, category; rank; order.
**PLANALTO, s. m.** Plateau; upland.
**PLANEAR, PLANEJAR, v. t.** To plan; to form a plan; to plan out.
**PLANETA, s. m.** Planet.
**PLANETÁRIO, adj.** Planetary; **s. m.** planetarium.
**PLANGENTE, adj.** Plangent; pitiful; sad.
**PLANÍCIE, s. f.** A plain, a level land.
**PLANIFICAR, v. t.** To make plane representation of a surface.
**PLANISFÉRIO, s. m.** Planisphere.
**PLANO, adj.** Level; even; flat; plan; (Mat.) plan, dealing with flat surfaces; **s. m.** plan, a diagram; method or scheme of action or arrangement; project; program; plane, a level or flat surface.
**PLANTA, s. f.** Plant, a young tree, shrub or herb; plan.
**PLANTAÇÃO, PLANTIO, s. f.** Plantation; a place planted; grove.
**PLANTÃO, s. m.** Guard, act or duty of guarding.
**PLANTAR, v. t.** To plant, to put or set in ground for growth; to set firmly; to fix in place; to establish; to found.
**PLANTÍGRADO, adj. e s. m.** (Zool.) Plantigrade.
**PLANURA, s. f.** Plan, level land.
**PLASMA, s. m.** Plasma.
**PLASMAR, v. t.** To model, to mold or mould.
**PLÁSTICA, s. f.** Plastic art.
**PLÁSTICO, adj.** Plastic, formative; **s. m.** plastic, any of a large group of organic materials.
**PLATAFORMA, s. f.** Platform, a level surface; a flat car; (Pol.) platform.
**PLÁTANO, s. m.** Platan, plane-tree.
**PLATÉIA, s. f.** Pit (of a theatre).
**PLATIBANDA, s. f.** Platband.
**PLATINA, s. f.** Platinum.
**PLATÔNICO, adj.** Platonic.
**PLAUSÍVEL, adj.** Plausible; applausible.
**PLEBE, s. f.** Plebe; common peoble, mob.
**PLEBEU, adj. e s. m.** Plebeian.
**PLEBISCITO, s. m.** Plebiscite; plebiscitum.
**PLECTRO, s. m.** Plectrum.
**PLEITEAR, v. t.** To plead, to argue before a court; to apology, to excuse; **v. i.** to plead, to offer a plea, to argue; to entreat.
**PLEITO, s. m.** Lawsuit, plea, an appeal.
**PLENÁRIO, adj.** Plenary; fu'l; complete; **s. m.** congress.
**PLENILUNAR, adj.** Plenilunar.
**PLENIPOTENCIÁRIO, adj. e s. m.** Plenipotenciary.
**PLENITUDE, s. f.** Plenitude; fullness.
**PLENO, adj.** Full; complete.
**PLEONASMO, s. e s. m.** Pleonasm.
**PLETORA, s. f.** (Med.) Plethora; excess.
**PLEURA, s. f.** (Anat.) Pleura.
**PLEXO, s. m.** Pléxus.
**PLICA, s. f.** Accent; fold, plait.
**PLINTO, s. m.** (Arquit.) Plinth.
**PLUMA, s. f.** Plume, feather; pen.
**PLÚMBEO, adj.** Plumbeous.
**PLÚMEO, adj.** Feathered.
**PLURAL, adj. e s. m.** Plural.
**PLUTOCRACIA, s. f.** Plutocracy.
**PLUTONISMO, s. m.** Plutonism.
**PLUVIAL, adj.** Pluvial, rainy.
**PLUVIÓGRAFO, s. m.** Rain record.
**PLUVIÔMETRO, s. m.** Pluviometer; rain gauge.
**PNEUMÁTICO, adj.** Pneumatic; **s. m.** pneu; tire; pneumatic.
**PNEUMONIA, s. f.** (Med.) Pneumonia.
**PÓ, s. m.** Powder; dust.
**POALHA, s. f.** Thin dust (in the atmosphere).
**POBRE, adj.** Poor, needy; indigent; scanty; impoverished; insufficient; imperfect; infertile; barren; sterile; **s. m.** poor, beggar.
**POÇA, s. f.** Pool, a puddle.
**POÇÃO, s. f.** Potion, a dose, draft.
**POCILGA, s. f.** Pigsty, sty.
**POÇO, s. m.** Well; pit; shaft (of a mine).
**PODA, s. f.** Pruning, lopping.
**PODAR, v. t.** To prune, to lop; to cut down.
**PODER, v. t. e i.** Can, to be able to may, to be possible; to have power; **s. m.** power, ability, means; state government; force; vigor; strenght.
**PODERIO, s. m.** Power; domination.
**PODRE, adj.** Rotten; decomposed; putrid.
**PODRIDÃO, s. f.** Rottenness; (fig.) perversion; corruption.

**POEDEIRA**, adj. Laying (hen).
**POEIRA**, s. f. Dust; fine; dry; powdery particles of earth.
**POEMA**, s. m. Poem; a piece of poetry.
**POENTE**, s. m. West, occident.
**POESIA**, s. f. Poetry; poesy; poem.
**POÉTICO**, adj. Poetical, poetic.
**POIS**, conj. Because; then; since, therefore.
**POJA**, s. f. (Náut.) Clew (of a sail).
**POJAR**, v. t. e re. To land; v. i. to swell.
**POJO**, s. m. Landing-place.
**POLA**, s. f. A tree branch, sprout shoot.
**POLACA**, s. f. Polacca, a Polish dance.
**POLAINAS**, s. f. pl. Gaiters.
**POLAR**, adj. Polar.
**POLDRA**, s. f. Filly; female foal; colt.
**POLDRO**, s. m. Colt, foal.
**POLÉ**, s. f. Pulley.
**POLEGADA**, s. f. Inch.
**POLEGAR**, s. m. Thumb.
**POLEIRO**, s. m. Roost, perch.
**POLÊMICO**, adj. Polemic, controversial.
**POLENTA**, s. f. Polenta.
**PÓLEN**, s. m. Pollen.
**POLHA**, s. f. Pullet, young hen.
**POLIANDRA**, s. f. Polyandrist; (Bot.) polyandria.
**POLIANDRIA**, s. f. Polyandry, the possession by a woman of more than one husband at the same time.
**POLIANDRO**, adj. Polyandrous.
**POLICÁRPICO**, adj. Polycarpic, polycarpous.
**PÓLICE**, s. m. Thubm
**POLICHINELO**, s. m. Polichinelle, Punch.
**POLÍCIA**, s. f. Politic; s. m. policeman.
**POLICIAL**, s. m. Policeman; police officer.
**POLICIAR**, v. t. To police, to maintain law and order (in a country).
**POLICLÍNICA**, s. f. Polyclinic.
**POLICROMO**, adj. Polychromous, many-colored; polychromatic.
**POLIDÁCTILO**, adj. e s. m. Polydactyl.
**POLIDEZ**, s. f. Politeness; breeding.
**POLIDO**, adj. Polished, shining; polite; civil.
**POLIDOR**, s. m. Polisher; shining brush; adj. polishing.
**POLIEDRO**, s. m. Polyhedron.
**POLIFAGIA**, s. f. Polyphagy, polyphagia.
**POLIFONIA**, s. f. Polyphony.
**POLÍGAMO**, adj. e s. m. Polygamist.
**POLIGLOTA**, adj. e s. 2 gên. Polyglot.
**POLÍGONO**, s. m. (Geom.) Polygon.
**POLIGRAFIA**, s. f. Polygraphy.

**POLÍMATA**, s. m. Polymath, polymathis.
**POLIMORFO**, adj. Polymorphous.
**POLÍNICO**, adj. (Bot.) Pollinic.
**POLINIZAR**, v. t. To pollinize; to pollinate.
**POLINÔMIO**, s. m. Polynomial.
**POLIOMIELITE**, s. f. (Med.) Poliomyelitis.
**POLIORAMA**, s. m. Polyorama.
**PÓLIPO**, s. m. (Med.) Polypus.
**POLIR**, v. t. e p. To polish, to give luster to; to make polite, to civilize.
**POLISSÍLABO**, s. m. Polysyllable.
**POLITECNIA**, s. f. Polytechnics.
**POLITEÍSMO**, s. m. Polytheism.
**POLÍTICA**, s. f. Politics, political science; policy; prudence or wisdom in the management of affairs; sagacity; astuteness.
**POLITICAR**, v. i. To politicize, to discuss; to take part in politics.
**POLÍTICO**, adj. Political; politic; s. m. politician, statesman.
**POLITIQUEIRO**, s. m. Petty politician.
**POLME**, s. m. Pap.
**PÓLO**, s. m. Pole.
**POLPA**, s. f. Pulp.
**POLPOSO, POLPUDO**, adj. Pulpous, pulpy.
**POLTRÃO**, s. m. Poltroon; adj. cowardly.
**POLTRONA**, s. f. Arm-chair, easy-chair.
**POLUIÇÃO**, s. f. Pollution; defilement.
**POLUIR**, v. t. To pollute, to defile, to stain.
**POLVILHAR**, v. t. To powder.
**POLVILHO**, s. m. Powder; pl. hair powder.
**POLVO**, s. m. (Zool.) Poulpe, octopus.
**PÓLVORA**, s. f. Gunpowder.
**POLVOROSA**, s. f. (Pop.) Haste, rush, agitation, confusion, disorder, uproar.
**POMA**, s. f. Beast, teat.
**POMADA**, s. f. Pomade.
**POMAR**, s. m. Orchard.
**POMBA**, s. f. Female dove.
**POMBO**, s. m. Dove, pigeon.
**POMICULTURA**, s. f. Pomiculture, fruit culture.
**POMO**, s. m. Pome.
**POMPA**, s. f. Pom; magnificence; ostentation; pride; showing-off.
**PÔMULO**, s. m. Cheek bone.
**PONCHE**, s. m. Punch.
**PONDERABILIDADE**, s. f. Ponderability, ponderableness.
**PONDERAÇÃO**, s. f. Ponderation; weighing consideration.
**PONDERAR**, v. t. To ponderate, to weigh; to ponder; v. i. to meditate, to deliberate.

**PONTA**, s. f. Extremity; point or peak; summit, top, head; edge, horn.
**PONTADA**, s. f. Smart; stitch.
**PONTAL**, s. m. The depth of hold (of a ship); promontory.
**PONTÃO**, s. m. Pontoon; pontoon bridge; prop, stay.
**PONTAPÉ**, s. m. Kick.
**PONTARIA**, s. f. Aim, aiming.
**PONTE**, s. f. Bridge; deck (of a ship).
**PONTEADO**, adj. Stitched; stiopled.
**PONTEAR**, v. t. To stitch; to sew; to mark with ponts.
**PONTEIRA**, s. f. Tip.
**PONTEIRO**, s. m. Pointer; quill to play on a stringed instrument; chisel; graver; hand (of a clock).
**PONTIAGUDO**, adj. Sharp, pointed.
**PONTIFICAR**, v. i. To pontificate; to celebrate pontifical Mass.
**PONTÍFICE**, s. m. Pontiff; bishop; chief or high piest.
**PONTILHAR**, v. t. To dot, to mark with dots.
**PONTO**, s. m. Point, dot, spot; stitch; item; detail, question; place; site; situation, a position or condition attained; a step; stage; culmination; end; the precise thing; the essential matter; register.
**PONTUAÇÃO**, s. f. Punctuation; pointing.
**PONTUAL**, adj. Punctual; precise.
**PONTUAR**, v. t. To punctuate, to point; to stop; v. i. to use punctuation marks.
**PONTUDO**, adj. Pointed; piercing; stinging.
**POPA**, s. f. Poop; stern (of a ship).
**POPELINA**, s. f. Poplin.
**POPULAÇÃO**, s. f. Population.
**POPULAR**, adj. Popular, of or relating to the common people; s. m. proletarian.
**POPULARIZAR**, v. t. To popularize; v. p. to render oneself popular.
**POPULOSO**, adj. Populous.
**PÔQUER**, s. m. Poker.
**POR**, prep. For; by; through; out of; about.
**PÔR**, v. t. To put, to place, to lay, to set, to fix, to establish, to settle; to employ; to use; to apply; to impose; to submit; to put on; to lay (eggs); to give (a name); to drive.
**PORÃO**, s. m. Basement; hold (of a ship).
**PORCA**, s. f. (Zool.) Sow.
**PORCALHÃO**, adj. Dirty; s. m. dirty fellow.
**PORÇÃO**, s. f. Portion, a share; part.
**PORCARIA**, s. f. Dirt, filth, obscenity.
**PORCELANA**, s. f. Porcelain, china.

**PORCENTAGEM**, s. f. Percentage.
**PORCIÚNCULA**, s. f. Small portion.
**PORCO**, s. m. Pig, hog, swine.
**POREJAR**, v. t. To sweat.
**PORÉM**, conj. But, vet, however.
**PORFIA**, s. f. Quarrel, contention; obstinacy.
**PORFIAR**, v. i. To quarrel, to strive, to contend obstinately; to be obstinate.
**PORMENOR**, s. m. Detail.
**PORMENORIZAR**, v. t. To detail.
**PORO**, s. m. Pore, spiracle.
**POROSO**, adj. Porous, porose.
**PORQUANTO**, conj. Considering that, since.
**PORQUE**, conj. Because, for the reason that.
**POR QUE?**, Why? that for? for what reason?
**PORQUÊ**, s. m. Reason, cause, motive.
**PORQUETE**, s. m. (Náut.) Cross piece of the stern.
**PORRE**, s. m. (Bras.) Drunkenness.
**PORRETE**, s. m. Stick.
**PORTA**, s. f. Door; doorway; gateway; access; entrance.
**PORTA-AVIÕES**, s. m. Aircraft-carrier.
**PORTA-BANDEIRA**, s. m. Color-bearer.
**PORTADOR**, s. m. Porter, bearer.
**PORTA-ESTANDARTE**, s. 2 gên. Standard-bearer.
**PORTAGEM**, s. m. Toll.
**PORTAL**, s. m. Porta, doorway.
**PORTA-LÁPIS**, s. m. Pencil-case.
**PORTA-NÍQUEIS**, s. m. Purse.
**PORTANTO**, conj. Therefore, consequently.
**PORTÃO**, s. m. Gate, large door.
**PORTARIA**, s. f. Main gate; entrance, hall.
**PORTAR-SE**, v. p. To behave, to conduct oneself; to act.
**PORTÁTIL**, adj. Portable.
**PORTA-VOZ**, s. m. Speaking-trumpet.
**PORTE**, s. m. Postage; behavior; port, presence; portage freight; size; capacity.
**PORTEIRA**, s. f. Female door-keeper; a gate.
**PORTEIRO**, s. m. Door-keeper.
**PORTENTO**, s. m. Portent.
**PÓRTICO**, s. m. Portico.
**PORTINHOLA**, s. f. Door (of a carriage).
**PORTO**, s. m. Port, harbor, haven.
**PORTUGALENSE**, adj. Portuguese.
**PORVENTURA**, adv. By chance, perhaps.
**PORVIR**, s. m. Future.
**POSCENIO**, s. m. The back of a stage.
**PÓS-DATA**, s. f. Postdate.
**POSE**, s. f. Attitude, posture.
**PÓS-ESCRITO**, s. m. Postscript.

**POSIÇÃO**, s. f. Position; physical attitude, posture; mental attitude; site, location, place; official or social rank or status.
**POSITIVISMO**, s. m. Positivism.
**POSITIVO**, adj. Positive, affirmative, real; actual; concrete; s. m. positive.
**POSOLOGIA**, s. f. Posology.
**POSPOR**, v. t. To postpone, to defer, to delay, to put off.
**POSPOSIÇÃO**, s. f. Postponement.
**POSSANÇA**, s. f. Power, strenght.
**POSSANTE**, adj. Powerful, mighty, vigorous.
**POSSE**, s. f. Possession, power; pl. possessions; property; wealth.
**POSSESSÃO**, s. f. Possession.
**POSSESSIVO**, adj. Possessive; (Gram.) possessive, designating or relating to the pronom denoting possession.
**POSSESSO**, adj. Possessed; mad; crazed.
**POSSIBILIDADE**, s. f. Possibility; pl. possession, property; wealth.
**POSSIBILITAR**, v. t. To possibilitate.
**POSSÍVEL**, adj. Possible; practicable; feasible; s. m. the attainable; best.
**POSSUIDOR**, s. m. Possessor, owner.
**POSSUIR**, v. t. To possess, to have, to own, to hold (as property); v. p. to influence strongly; to dominate; to maintain under control; to copulate.
**POSTA**, s. f. Slice, cut, piece; post, mail, a post-office; a letter box; relay.
**POSTAR**, v. t. To post, to mail; to place.
**POSTE**, s. m. Post, pillar, stake.
**POSTEMA**, s. m. Abscess.
**POSTERGAÇÃO**, s. f. Act of leaving behind; contempt, despise.
**POSTERGAR**, v. t. To leave behind; to postpone; to put off; to scorn; to disdain.
**POSTERIDADE**, s. f. Posterity; descendants.
**POSTERIOR**, adj. Posterior, later in order, time or sequence; hinder; pl. the hinder parts of an animal's body; buttocks.
**PÓSTERO**, adj. Future; pl. descendants.
**POSTIÇO**, adj. Artificial, false.
**POSTIGO**, s. m. Wicket.
**POSTILAR**, v. t. To postil; to annotate; to write comments.
**POSTO**, adj. Placed, put, set, s. m. place, stead; employment; office; post.
**POSTULAÇÃO**, s. f. Postulation.
**POSTULAR**, v. t. To postulate.
**POSTURA**, s. f. Posture, position, situation; leaving (of eggs).

**POTABILIDADE**, s. f. Potableness.
**POTAMOLOGIA**, s. f. Potamology.
**POTASSA**, s. f. Potass, potash.
**POTÁSSIO**, s. m. Potassium.
**POTÁVEL**, adj. Potable, drinkable.
**POTE**, s. m. Pot, water-pot.
**POTÊNCIA**, s. f. Potency, potence; power; authority; specific efficacy or capacity; power of procreation; sovereign nation.
**POTENCIAL**, adj. Potential.
**POTENCIAR**, v. t. To raise to power.
**POTENTADO**, s. m. Potentate.
**POTENTE**, adj. Potent; strong; vigorous.
**POTERNA**, s. f. Postern.
**POTESTADE**, s. f. Potestate; potentate.
**POTRA**, s. f. Filly, hernia, rupture.
**POTRO**, s. m. Colt, foal, young horse.
**POUCO**, adj., adv., s. m. Little, few.
**POUPAR**, v. t. To save, to spare; v. p. to spare trouble; to shun, to dodge.
**POUSADA**, s. f. Inn, lodging; dwelling-house; lodging-house.
**POUSAR**, v. t. To lay down a burden; to put, to lay down, to set; v. i. to lodge at, to perch; to alight.
**POUSO**, s. m. Resting-place.
**POVO**, s. m. People; race, tribe; nation; persons; members of a family; the populace; common people, mob.
**POVOAÇÃO**, s. f. Village; town; borough; population.
**POVOADO**, s. m. Village.
**POVOADOR**, adj. Peopling; s. m. colonist; colonizer, settler.
**POVOAR**, v. t. To people, to supply, stock, or fill with people; to populate.
**PRAÇA**, s. f. Square; market-place; a fortified place; bull-ring; a soldier.
**PRADARIA**, s. f. Meadow-land, prairie.
**PRADO**, s. m. Meadow.
**PRAGA**, s. f. Curse, imprecation; plague.
**PRAGANA**, s. f. Awn, beard (of corn).
**PRAGMÁTICA**, s. f. Pragmatic, pragmatica.
**PRAGUEJADOR**, s. m. Curser.
**PRAGUEJAMENTO**, s. m. Imprecation; oath.
**PRAIA**, s. f. Beach, shore, seaside cost.
**PRANCHA**, s. f. Plank; board.
**PRANCHETA**, s. f. Plane-table; little plank.
**PRANTEADOR**, s. m. Mourner, weeper; adj. mourning.
**PRANTEAR**, v. t. To mourn, to weep for; to fell sorrow or regret.
**PRANTO**, s. m. Weeping, mourning; wailing.

**PRATA**, s. f. Silver.
**PRATADA**, s. f. A plateful, dishful.
**PRATEADO**, adj. Silvered; silver colored.
**PRATEAR**, v. t. To silver, to coat with a substance resembling silver.
**PRATELEIRA**, s. f. Shelf.
**PRÁTICA**, s. f. Practice; usage, habit; exercise; talk; lecture; speech.
**PRATICANTE**, adj. Practing; s. 2 gên. practicant, opractitioner.
**PRATICAR**, v. t. To practice, to practise; to do, to perform, to fulfil; to train; to operate; v. rel. to preach; to talk, to converse.
**PRÁTICO**, adj. Practical; businesslike; expert; s. m. practioner; practicer.
**PRATO**, s. m. Plate, dish.
**PRAVIDADE**, s. f. Pravity; badness.
**PRAVO**, adj. Depraved; perverse.
**PRAXE**, s. f. Praxis, practise, use, habit; custom; conventional conduct.
**PRAZENTEIRO**, adj. Joyful, gay, cheerful.
**PRAZER**, s. m. Pleasure, delight, enjoyment; joy; v. rel. to please, to be pleasant.
**PRAZO**, s. m. A term; time; delay.
**PRÉ**, s. m. Pay (in Army and Navy).
**PREAMAR**, s. m. High tide, high flood.
**PREAMBULAR**, adj. Preambulary; introductory; preliminary; v. t. to preface.
**PREÂMBULO**, s. m. Preamble, preface.
**PREAR**, v. t. e i. To prey, to seize.
**PREBENDA**, s. f. Prebend.
**PRECAÇÃO**, , s. f. Supplication.
**PRECARIEDADE**, s. f. (Bras.) Precariousness.
**PRECÁRIO**, dj. Precarious, unsettled; dubious; insecure, unstable; hard, difficult.
**PRECATAR**, v. t. To precaution; to forewarn; to put (a person) on guard.
**PRECATÓRIA**, s. f. Deprecative letter.
**PRECAUÇÃO**, s. f. Precaution.
**PRECAUTELAR**, v. t. To precaution.
**PRECAVER**, v. t. To prevent from, to precaution; to forewarn.
**PRECE**, s. f. Prayer.
**PRECEDÊNCIA**, s. f. Precedence.
**PRECEDER**, v. t. e i. To precede, to be or go before in rank, importance, order, time.
**PRECEITO**, s. m. Precept.
**PRECEITUAR**, v. t. To precept, to assert (something) as precept or rule; to teach (one) by precepts.
**PRECEITUÁRIO**, s. m. Collection of precepts.
**PRECEPTOR**, s. m. Preceptor, a teacher.

**PRECESSÃO**, s. f. Precession.
**PRECINGIR**, v. t. To gird.
**PRECINTA**, s. f. Band, strap, ribbon.
**PRECIOSIDADE**, s. f. Preciosity.
**PRECIOSO**, adj. Precious, valuable; costly; highly esteemed; dear, beloved.
**PRECIPÍCIO**, s. m. Precipice; cliff; an abrupt slope, abysm; (fig.) damage; ruin; danger.
**PRECIPITAÇÃO**, s. f. Precipitation; a precipitating, precipitance, precipitancy; rush, haste; (Quím.) precipitation.
**PRECIPITAR**, v. t. To precipitate, to move rappidly; to cause to happen suddenly; to urge; to hurry; (Quím.) to precipitate.
**PRECÍPUO**, adj. Principal; essential; main.
**PRECISÃO**, s. f. Precision, exactness; accuracy; necessity; want; need.
**PRECISAR**, v. t. e p. To precise; to state, define, or determine exactly; to particularize; to want, to need, to necessitate.
**PRECISO**, adj. Precise; definite; exact; accurate, correct; needful; indispensable.
**PRECITADO**, adj. Aforesaid, forementioned.
**PRECITO**, adj. Reprobable; s. m. reprobate.
**PREÇO**, s. m. Price; value, worth; rate.
**PRECOCE**, adj. Precocious; forward.
**PRECOGITAR**, v. t. To precogitate, to premeditate.
**PRECOGNIÇÃO**, s. f. Precognition.
**PRECONCEBER**, v. t. To preconceive; to form a previous notion or idea of.
**PRECONCEITO**, s. m. Preconception, prejudice; prepossession.
**PRECONIZAÇÃO**, s. f. Preconization.
**PRECORDIAL**, adj. Precordial, situated in front of the heart.
**PRECURSOR**, adj. Precursory; s. m. precursor; a forerunner; harbinger.
**PREDATÓRIO**, adj. Predatory.
**PREDECESSOR**, s. m. Predecessor.
**PREDEFINIR**, v. t. To predefine.
**PREDESTINAÇÃO**, s. f. Predestination; predestinating; fate, destiny.
**PREDESTINAR**, v. t. To predestinate; to predetermine or foreordain.
**PREDETERMINAR**, v. t. To predetermine; to preordain; to predestine; to determine beforehand; to settle in advance.
**PREDICAÇÃO**, s. f. Predication; sermon; (Gram.) predication.
**PREDICADO**, s. m. Predicate; ability; virtue.
**PREDIÇÃO**, s. f. Prediction.
**PREDICATIVO**, adj. (Gram.) Predicative.

**PREDILEÇÃO**, s. f. Predilection; sympathy; partiality.
**PREDILETO**, adj. Dear, darling.
**PRÉDIO**, s. m. House; property; edifice; building; landed property.
**PREDISPOR**, v. t. To predispose; to give a tendency to.
**PREDISPOSIÇÃO**, s. f. Predisposition, previous inclinaation, tendency or propensity; predilection; susceptibility.
**PREDIZER**, v. t. To foretell; to predice; to prognasticate.
**PREDOMINAÇÃO**, s. f. Predomination.
**PREDOMINÂNCIA**, s. f. Predominance, predominancy, prevalence.
**PREDOMINAR**, v. i. To predominate, to prevail; to rule; to exceed in number.
**PREELEGER**, v. t. To preelect.
**PREEMINÊNCIA**, s. f. Preeminent.
**PREENCHER**, v. t. To fill, to perform.
**PREESTABELECER**, v. t. To pre-establish.
**PREEXCELÊNCIA**, s. f. Pre-excellence.
**PREEXISTIR**, v. i. To pre-exist.
**PREFAÇÃO**, s. f. Preface, prologue.
**PREFACIAR**, v. t. To preface; to make, to speak, or write a preface.
**PREFÁCIO**, s. f. Preface, introduction.
**PREFEITO**, s. m. Prefect, praefect; (Bras.) mayor.
**PREFEITURA**, s. f. Prefecture; (Bras.) official residence of a mayor.
**PREFERÊNCIA**, s. f. Preference; choice.
**PREFERIR**, v. t. To prefer; to put in a high position, rank or the like; to set above something else in estimation, favor or liking; v. rel. to choose (something or some person) rather; to like better.
**PREFIGURAÇÃO**, s. f. Prefiguration.
**PREFIGURAR**, v. t. To prefigurate; to figure to oneself, or imagine beforehand.
**PREFINIR**, v. t. To prefine, to limit.
**PREFIXAR**, v. t. To prefix.
**PREGA**, s. f. Fold, plait, wrinkle; gather.
**PREGAÇÃO**, s. f. Preaching; (fam.) chiding.
**PREGADOR**, s. m. Preacher.
**PREGÃO**, s. m. Ban; outcry.
**PREGAR**, v. t. To nail; to rivet; to fasten or stud with a nail or nails; to bind or hold; to stare; to look with fixed eyes open; to detect and expose (as a lie); to preach; to proclaim or utter in a sermon; to deliver.
**PREGO**, s. m. Nail.
**PREGOAR**, v. t. To proclaim; to divulge.
**PREGUEAR**, v. t. To plait, to fold.
**PREGUIÇA**, s. f. laziness, idleness; indolence; slothfulness.
**PREGUIÇAR**, v. i. To laze, to idle, to loaf.
**PREGUSTAR**, v. t. To pregust.
**PRÉ-HISTÓRIA**, s. f. Prehistory.
**PREIA-MAR**, s. f. High tide.
**PREJUDICAR**, v. t. To prejudice, to damage.
**PREJUDICIAL**, adj. Prejudicial; harmful; damaging, noxious.
**PREJUÍZO**, s. m. Prejudice; loss; injury.
**PREJULGAR**, v. t. Prejudge.
**PRELAÇÃO**, s. f. Prelation; preferment.
**PRELACIA**, s. f. Prelacy; prelateship.
**PRELADO**, s. m. Prelate; s. f. abbess.
**PRELEÇÃO**, s. f. Prelection.
**PRELECIONADOR**, s. m. Prelector, a reader.
**PRELECIONAR**, v. t. To prelect, to lecture.
**PRELEGADO**, s. m. Prelegacy; prelegatee.
**PRELIBAÇÃO**, s. f. Prelibation, a foretaste.
**PRELIMINAR**, adj. Preliminary, prefactory; preparatory; s. m. preliminary.
**PRÉLIO**, s. m. Combat, battle, fight.
**PRELO**, s. m. Printing-press, press.
**PRELUDIAR**, v. t. e i. To pelude; to play an introduction or prelude; to introduce.
**PREMATURO**, adj. Premature; happening; arriving, existing or performed before the proper time; too early.
**PREMEDITAÇÃO**, s. f. Premeditation; premeditating; planning beforehand.
**PREMEDITAR**, v. t. To premeditate; to deliberate before acting, speaking, etc.
**PREMÊNCIA**, s. f. Urgency, pressure.
**PREMER**, v. t. To compress, to press; to oppress; to squeeze.
**PREMIAR**, v. t. To reward; to recompense.
**PRÊMIO**, s. m. Prize, reward; premium.
**PREMISSA**, s. f. Premise.
**PREMONITÓRIO**, adj. Premonitory.
**PREMUNIR**, v. t. To warm, to caution; v. p. to guard, to provide.
**PRENDA**, s. f. Gift; present; endowments.
**PRENDEDOR**, s. m. Holder; fixer.
**PRENDER**, v. t. To seize, to catch, to take up; to arrest; to imprison; to fasten; to detain; v. p. to attach to; to stick to.
**PRENHE**, adj. Pregnant; full of; plentiful.
**PRENHEZ, PRENHIDÃO**, s. f. Prengancy.
**PRENOÇÃO**, s. f. Prenotion.
**PRENOME**, s. m. Prename.
**PRENSA**, s. f. Press; printing-press.
**PRENSAR**, v. t. To press; to compress.

**PRENUNCIAR**, v. t. To pedict, to foretell.
**PRENÚNCIO**, s. m. Prediction, presage.
**PREOCUPAÇÃO**, s. f. Preoccupation.
**PREOCUPAR**, v. t. To preoccupy; to engage; to occupy; v. p. to worry about.
**PREOPINAR**, v. t. To give one's opinion beforehand.
**PREORDENAR**, v. t. To preordain.
**PREPARAÇÃO**, s. f. Preparation.
**PREPARADO**, adj. Prepared; ready, s. m. chemical product; a drug.
**PREPARAR**, v. t. To prepare; to provide; to fit; to get ready; to dispose; to cook.
**PREPARATÓRIO**, adj. Preparatory; preliminary; s. m. pl. preparatory studies; preparatory school.
**PREPONDERANTE**, adj. Preponderant, preponderating; superior in force, weight, etc.; prevalent.
**PREPONDERAR**, v. i. To preponderate; to exceed in weight, influence, power, force, etc.; to prevail, to predominate.
**PREPOR**, v. t. To prepose, to place before; to place over as chief; to put forward.
**PREPOSIÇÃO**, s. f. Preposition; the act of preposing or placing before; (Gram.) preposition.
**PREPÓSITO**, s. m. Purpose, intention, view.
**PREPOSITURA**, s. f. Prepositure, office or dignity of a provost.
**PREPÓSTERO**, adj. Preposterous, inverted in order.
**PREPOTÊNCIA**, s. f. Prepotency; predominance; prepotence.
**PREPOTENTE**, adj. Prepotent; despotic.
**PREPÚCIO**, s. m. Prepuce, the foreskin.
**PRERROGATIVA**, s. f. Prerogative.
**PRESA**, s. f. Prey; booty; anything as good, etc., taken or got by violence; spoil, plunder, pilage; any animal, seized by another to be devoured, a person given up or seized as a victim.
**PRESBIOPIA**, s. f. (Med.) Presbyopia.
**PRESBITA**, s. 2 gên. Presbyope, presbyte.
**PRESBITERIANO**, ad. e s. m. Presbyterian.
**PRESCIÊNCIA**, s. f. Prescience.
**PRESCINDIR**, v. i. To prescind, to cut off or away; to abstract; to detach; to spare.
**PRESCREVER**, v. t. To prescribe; to ordain; to dictate; to guide; to limit; to confine; v. i. (Jur.) to prescribe.
**PRESCRIÇÃO**, s. f. Prescription.
**PRESENÇA**, s. f. Presence; port, air; aspect.

**PRESENCIAR**, v. t. To be present; to assist; to see, to witness.
**PRESENTÂNEO**, adj. Momentanoues; quick.
**PRESENTE**, adj. Present, being before, in view, or at hand; not past or future; s. m. present, present time; a thing presented; a figt; donation; (Gram.) the present tense.
**PRESENTEAR**, v. t. To pesent, to offer as a gift; to give.
**PRESEPE, PRESÉPIO**, s. m. Stable, manger, crib.
**PRESERVAÇÃO**, s. f. Preservation.
**PRESERVAR**, v. t. To preserve; to protect; to keep intact; to defend; to guard.
**PRESERVATIVO**, adj. Preservative; s. m. preservative, preserver.
**PRESIDENTE**, s. m. President, one who presides; governor; head; the chief executive officer of a modern republic.
**PRESIDIAR**, v. t. To garrison; to defend (a place); to guard.
**PRESIDIÁRIO**, adj. Presidial, of, or pertaining to a garrison; s. m. convict.
**PRESÍDIO**, s. m. Garrison; prison; jail.
**PRESIDIR**, v. t. To preside, to direct, control or regulate preceding as chief officer, to superintend or direct, to rule.
**PRESILHA**, s. f. Loop; strap; footstrap.
**PRESO**, adj. Bound, fastened, tied; imprisioned; confined; s. m. prisoner, convict.
**PRESSA**, s. f. Haste, hurry, speed; urgency.
**PRESSAGIAR**, v. t. To presage, to forebode; to have a presentiment; to predict.
**PRESSÁGIO**, s. m. Presage, omen; presentiment; foreboding; foreknowledge.
**PRESSÃO**, s. f. Pression, pressure, compression, affliction; opression; (fig.) influence, coercion, pressure; violence.
**PRESSENTIMENTO**, s. m. Presentiment; apprehension; a premonition; hint.
**PRESSENTIR**, v. t. To surmise; to forebode; to have a presentiment.
**PRESSUPOR**, v. t. To presuppose, to suppose beforehand; to involve.
**PRESSUPOSTO**, adj. Presupposed; s. m. conjecture; design; motive; cause; pretext.
**PRESSUROSO**, adj. Hasty, pressing, speedy.
**PRESTAÇÃO**, s. f. Lending; instalment.
**PRESTADIO**, adj. Serviceable.
**PRESTAMISTA**, s. 2 gen. Pawnbroker; pawnbrokeress.
**PRESTANTE**, adj. Useful; obliging; excellent.

**PRESTAR**, v. i. To be usefull; to be fit; v. t. to give; to lend; to render; to impart.
**PRESTES**, adj. Ready to; speedy; adv. quick.
**PRESTEZA**, s. f. Agility, nimbleness.
**PRESTIDIGITADOR, PRESTÍMANO**, s. m. Prestidigitator; juggler.
**PRESTIGIAR**, v. t. To give prestige to.
**PRESTÍGIO**, s. m. Prestige; influence.
**PRÉSTIMO**, s. m. Merit, worthiness; ability.
**PRÉSTITO**, s. m. Retinue, train, attendants.
**PRESTO**, adj. Quick; prompt; adv. soon.
**PRESUMIDO**, adj. Presumptuous, self-conceited; presumptive.
**PRESUMIR**, v. t. To presume; to suppose; to assume, to guess; to conjecture.
**PRESUNÇÃO**, s. f Presumption; conjecture; vanity; insolence.
**PRESUNTO**, s. m. Ham.
**PRETA**, s. f. Color woman, Negress.
**PRETENDER**, v. t. e i. To pretend; to lay a claim; to allegate a title; to claim; to intend; to design; to aim; to aspire; to proceed; to make court or suit; to seeck in marriage.
**PRETENSÃO**, s. f. Pretence, pretense; claiming, claim; pretensiousness; aim, purpose; pl. boasting, bragging, vanity.
**PRETERIÇÃO**, s. f. Preterition; omission.
**PRETERIR**, v. t. To pretermit; to pass by; to pass over; to omit; to neglect; to intermit.
**PRETÉRITO**, adj. Preterit, preterite; past; bygone; s. m. preterite; the preterite tense.
**PRETERÍVEL**, adj. That can be pretermit.
**PRETERMISSÃO**, s. f. Omission.
**PRETERNATURAL**, adj. Preternatural.
**PRETEXTAR**, v. t. To pretext.
**PRETEXTO**, s. m. Pretext; excuse.
**PRETO**, adj. Black; having dark skin; dirty; sullen; negro; s. m. black; the darkest color; Negro, a blackman.
**PRETOR**, s. m. Praetor, pretor.
**PRETORIA**, s. f. Praetorship.
**PREVALESCENTE**, adj. Prevalent; prevailing; widespread.
**PREVALECER**, v. i. To prevail.
**PREVARICAÇÃO**, s. f. Prevarication.
**PREVARICAR**, v. i. To prevaricate; to deviate from duty; to deviate from the truth; to deviate to go astray; v. t. to corrupt.
**PREVENÇÃO**, s. f. Prevention; precaution; caution; foresight; warning; prejudice.
**PREVENIR**, v. t. To prevent, to forestall; to advise; to warn; to foresee; to predispose; v. p. to provide; to take caution.
**PREVENTIVO**, adj. Preventive, a preventive measure, situation, etc.; s. m. (Med.) preventive, anything that prevents or helps to prevent disease.
**PREVER**, v. t. To foresee; to see or have knowledge of, beforehand; to presuppose.
**PREVIDÊNCIA**, s. f. Foresight.
**PREVIDENTE**, adj. Provident; wise; making provision for the future.
**PRÉVIO**, adj. Previous, preliminary, anterior.
**PREVISÃO**, s. f. Prevision; foresight.
**PREZADO**, adj. Dear, esteemed.
**PREZAR**, v. t. To esteem, to value, to honor.
**PRIMA**, s. f. Female cousin; (Mús.) prime.
**PRIMAR**, v. t. To excel, to surpass.
**PRIMÁRIO**, adj. Primary, first in order of time or development; primitve, original; basic, fundamental; principal; (Bras.) mediocre, common; narrow.
**PRIMATA, PRIMATE, PRIMAZ**, s. m. Primate.
**PRIMAVERA**, s. f. Spring; springtime; primrose.
**PRIMAVERIL, PRIMAVERAL**, adj. Vernal.
**PRIMAZIA**, s. f. Primacy; primateship.
**PRIMEIRO**, adj., adv. First, preceding all others in time, order, position, rank, etc.; s. m. first.
**PRIMEVO**, adj. Primeval, primal, primitive.
**PRIMÍCIAS**, s. f. pl. Firstling.
**PRIMITIVO**, adj. Primitive, primary.
**PRIMO**, adj. Prime, first; s. m. cousin.
**PRIMOGÊNITO**, adj. Elder, eldst, first-born.
**PRIMOR**, s. m. Beauty, delicacy; accuracy.
**PRIMORDIAL**, adj. Primordial, primary, essential, first created or existing.
**PRIMÓRDIO**, s. m. Primordial, an origin; first principle or element.
**PRINCESA**, s. f. Princess.
**PRINCIPADO**, s. m. Princedom.
**PRINCIPAL**, adj. Principal, chief, main, capital; s. m. principal; a leader, chief, head; superior of a religious community.
**PRÍNCIPE**, s. m. Prince, a sovereign, ruler.
**PRINCIPIAR**, v. t. To begin, to commence; to start; to set about.
**PRINCÍPIO**, s. m. Beginning, principle; ultimate source or origin; a basic doctrine or rule.
**PRIOR**, s. m. Prior, a monastic superior.
**PRIORIDADE**, s. f. Priority.
**PRISÃO**, s. f. Prison, jail; imprisonment; incarceration; capture; seizing; arrest.
**PRISIONEIRO**, s. m. Prisoner; a captive.

**PRISMA**, s. m. (Geom.) Prism.
**PRIVAÇÃO**, s. f. Privation; destitution; want.
**PRIVADA**, s. f. Water-closet, latrine.
**PRIVADO**, adj. Private, privy; s. m. a favourite.
**PRIVAR**, v. t. To deprive, to take away from; to dispossess; to divest; to stop from having.
**PRIVILEGIAR**, v. t. To privilege; to grant a privilege or privileges to; to invest with a peculiar right, immunity, prerrogative, or the like.
**PRIVILÉGIO**, s. m. Privilege; a peculiar or personal advantage or right; prerogative.
**PRÓ**, adv. Pro; on behalf of the affirmative side; s. m. pro.
**PROA**, s. f. Prow, the bow of a vessel.
**PROBABILIDADE**, s. f. Probability.
**PROBALIZAR**, v. t. To probalize, to make probable; to give probability to.
**PROBIDADE**, s. f. Probity; tried virtue or integrity; moral and intellectual rectitude; uprightness.
**PROBLEMA**, s. f. Problem, question; (Mat.) problem.
**PROBLEMATIZAR**, v. t. To problematize, to rise or discuss problem; to speculate; to render problematic.
**PROBO**, adj. Honest, virtuous.
**PROCEDÊNCIA**, s. f. Origin; derivation from.
**PROCEDENTE**, j. Coming; resulting; sprung; consequent.
**PROCEDER**, v. t. Te proceed; to originate; to descend; to come (from); to begin and carry on a legal process; to act by method; to behave; v. i. to operate; to continue; s. m. proceeding, procedure; behavior.
**PROCELA**, s. f. Storm, tempst.
**PRÓCER, PRÓCERE**, s. m. Grand, stateman, capitalist (of a nation).
**PROCERIDADE**, s. f. Procerity; tallness.
**PROCESSAMENTO**, s. m. Proceedings.
**PROCESSÃO**, s. f. Origin, provenance.
**PROCESSAR**, v. t. To process, to issue or take out process against; to serve process upon; to try; to subject to some special process or treatment.
**PROCESSO**, s. m. Process; act of proceeding; progress; something that occurs in a series of actions or events; mandate; edict; progress; course of an action.
**PROCIDÊNCIA**, s. f. (Med.) Procidence, prolapse.

**PROCISSÃO**, s. f. Procession.
**PROCLAMA**, s. f. Proclamation; ban (of marriage).
**PROCLAMAR**, v. t. To proclaim, to make known by public announcement; to publish abroad; to declare; to announce.
**PRÓCLISE**, s. f. Proclisis.
**PROCLIBIDADE**, s. f. Proclivity; inclination.
**PROCÔNSUL**, s. m. Proconsul.
**PROCRASTINAR**, v. t. To procrastinate, to defer, to postpone, to delay, to put off.
**PROCRIAÇÃO**, s. f. Procreation; begetting; a bringing into existence; production.
**PROCRIAR**, v. t. To procreate; to generate and produce; to beget; to engender.
**PROCURA**, s. f. Search, searching; an effort to find, something; research; investigation.
**PROCURAÇÃO**, s. f. Procuration; proxy; letter of attorney.
**PROCURADOR**, s. m. Proctor; proxy; an attorney; procurator.
**PROCURAR**, v. t. To search; to look over or through; to seek; to make search of; to loof for; to ask for; to procure.
**PRODIGALIDADE**, s. f. Prodigality; excessive liberality; waste.
**PRODIGALIZAR, PRODIGAR**, v. t. To prodigalize, to expend extravagantly; to squander, to waste, to spend as a prodigal.
**PRODÍGIO**, s. m. Prodigy.
**PRÓDIGO**, adj. e s. m. Prodigal.
**PRÓDROMO**, s. m. Preface, introduction.
**PRODUÇÃO**, s. f. Production, produce; work.
**PRODUTIVO**, adj. Productive; creative; fertile; fruitful; generative; profitable.
**PRODUTO**, s. m. Product; production.
**PRODUZIR**, v. t. To produce, to bring forth; to give birth to; to bear; to generate; to furnish; to manufacture; to make; to originate.
**PROEMINÊNCIA**, s. f. Prominence; something prominent; jutting; salience; projection.
**PROEMINENTE**, adj. Prominent; standing out or projetinc, beyond a surface; jutting.
**PROÊMIO**, s. m. Proem; preface; prelude.
**PROEZA**, s. f. Prowness; courage; bravery, superior skill, ability, or the like.
**PROFANAÇÃO**, s. f. Profanation; desecration; sacrilege.
**PROFANAR**, v. t. To profane; to desecrate; to debase; to abuse; to delife; to vulgarize.
**PROFANO**, adj. Profane; s. m. profaner.
**PROFECIA**, s. f. Prophecy, a prediction of something to come or happen.

**PROFERIR**, v. t. To profer, to put forth or before; to utter; to pronounce.
**PROFESSAR**, v. t. To profess; to declare or admit openly; to confess; to practice the profession of; to teach as professor; to follow; v. i. to profess, to join a religious order by professing faith and taking vows.
**PROFESSOR**, s. m. Professor; teacher; master; lecturer; s. f. lady teacher.
**PROFÉTICO**, adj. Prophetical.
**PROFETIZAR**, v. t. To prophesy; to speak or write as a prophet; to foretell; to predict.
**PROFICIENTE**, adj. Proficient; versed.
**PROFÍCUO**, adj. Profitable; useful; lucrative.
**PROFILÁTICO**, adj. Prophylatic, preventive.
**PROFISSÃO**, s. f. Profession; confession (of faith); calling; occupation; work.
**PRÓFUGO**, adj. Fugitive; wandering.
**PROFUNDAMENTE**, adv. Profoundly, deeply.
**PROFUNDAR**, v. t. To plunge or penentrate far down; to deepen; to sink.
**PROFUNDEZA, PROFUNDIDADE**, s. f. Profundity; depth; profoundness.
**PROFUNDO**, adj. Profound; deep; intellectualy deep; not superficial; deep-seated.
**PROFUSÃO**, s. f. Profusion; abundance.
**PROFUSO**, adj. Profuse; pouring forth liberally; prodigal; bountiful.
**PROGÊNIE**, s. f. Progeny.
**PROGENITOR**, s. m. Progenitor, a direct ancestor; forefather.
**PROGLÓTIDE, PROGLOTE**, s. f. (Zool.) Proglotid.
**PROGNATISMO**, s. m Prognathism, prognathy.
**PROGNOSTICAR**, v. t. To prognosticate, to foretell from sign or symptoms.
**PROGRAMA**, s. m. Program, a brief outline of the order to be pursued, in any public exercice, performance, etc.; a plan for future procedure.
**PROGRAMAR**, v. t. To program, to programme, to schedule.
**PROGREDIR**, v. t. To progress; to move forward; to make progress or improvement.
**PROGRESSÃO**, s. f. Progression, the act of progressing forward; a sequence; (Mat.) progression.
**PROGRESSO**, s. m. Progress; movement forward; progression; advance; growth.
**PROIBIÇÃO**, s. f. Prohibition; interdition.
**PROIBIR**, v. t. To prohibit; to forbid by authority; to interdict.
**PROJEÇÃO**, s. f. Projection; a scheming or plannin; a jutting out; prominence.
**PROJETAR**, v. t. To project; to plan, to contrive, to scheme; to cause to protrude, to jut, to jut out; to throw away; to reject; to cause (light or shadow) to fall into space.
**PROJÉTIL**, s. m. Projectile; a missile for a firearm or a cannon.
**PROJETO**, s. m. Project; a plan or design; a scheme; proposal; projection.
**PROJETOR**, s. m. (Ótic.) Projector, an optical instrument for projecting an image upon a screen.
**PROL**, s. m. Profit; advantage.
**PROLAÇÃO**, s. f. Postponement.
**PROLAPSO**, s. m. (Med.) Prolapse.
**PROLE**, s. f. Issue, offspring.
**PROLEPSE**, s. f. Prolepsis.
**PROLETÁRIO**, s. m. Proletarian; proletary; worker; workman.
**PROLETARIZAR**, v. t. To proletarianize, to reduce or bring to proletarianism.
**PROLIFERAR**, v. t. To proliferate; to breed, to bear; to generate offspring.
**PROLIFICAÇÃO**, s. f. Prolification, fecundity.
**PROLIFICAR**, v. t. To breed, to bear; to render prolific or fruitful; to generate.
**PROLIXO**, adj. Prolix; verbose; wordy.
**PRÓLOGO**, s. m. Prologue; preface.
**PROLONGAÇÃO**, s. f. Prolongation; retard.
**PROLONGAMENTO**, s. m. Prolongation, a lengthening in space or time.
**PROLONGAR**, v. t. To prolong, to draw out; to continue; to lengthen in extent or range.
**PROLÓQUIO**, s. m. Maxim, axiom.
**PROMANAR**, v. i. To emanate; to derivate from.
**PROMESSA**, s. f. Promise; engage; pledge.
**PROMETER**, v. t. To promise, to make (to another) a promise of; to assure; to show or suggest beforehand; to engage; v. i. to promise; to pledge one's word.
**PROMETIDO**, adj. Promised, pledged; engaged; affianced; s. m. proiss; fiance.
**PROMISCUIDADE**, s. f. Promiscuity.
**PROMÍSCUO**, adj. Promiscuous; mixed.
**PROMISSOR**, adj. Promising.
**PROMISSÓRIA**, s. f. Promissory note.
**PROMOÇÃO**, s. f. Promotion.
**PROMOTOR**, s. m. Promoter, a public prosecutor.
**PROMOVER**, v. t. To promote, to exalt in station, rank, or honor; to advance.

**PROMULGAR**, v. t. To promulgate, to make known by open declaration or official proclamation; to declare; to publish.

**PRONAÇÃO**, s. f. Pronation.

**PRONOME**, s. m. Pronoun, a word used in place of a noun.

**PRONTIDÃO**, s. f. Promptness, promptitude; speed; quickness; readiness; hastiness.

**PRONTIFICAR(-SE)**, v. t. To get ready, to make ready; to offer.

**PRONTO**, adj. Prompt; speedy; quick, ready; hasty; sudden; adv. promptly; quickly.

**PRONTO-SOCORRO**, s. m. First aid clinic.

**PRONTUÁRIO**, s. m. Promptuary, a storehouse; a book of ready reference.

**PRONÚNCIA**, s. f. Pronunciation; formal accusation.

**PRONUNCIAMENTO**, s. m. Pronouncement; revolt; sublevation.

**PRONUNCIAR**, v. t. To pronounce; to utter officially; to affirm; to assert; to deliver; to speak; to utter words or syllables.

**PROPAGAÇÃO**, s. f. Propagation, continuance or multiplication by generation; the spreading abroad, or extension of anything; diffusion, dissemination.

**PROPAGANDA**, s. f. Propaganda; a plan for the propagation of a doctrine or system of principles; advertising; publicity.

**PROPAGAR**, v. t. To propagate, to multiply; to extend; to disseminate; to promulgate; to propagandize; to divulge; to disclose.

**PROPALAR**, v. t. To publish; to divulge to spread.

**PROPAROXÍTONO**, adj. Proparoxytone; proparoxytonic; s. m. proparoxytone.

**PROPEDÊUTICA**, s. f. Propaedeutics.

**PROPELIR**, v. t. To propel, to drive forth or nout; to impel forward; to push ahead.

**PROPENSÃO**, s. f. Propension, propensity; tendency; natural inclination.

**PROPICIAR**, v. t. To propitiate; to pacify; to make propitious; to render favorable.

**PROPÍCIO**, adj. Propitious; lucky.

**PROPINA**, s. f. Fee; a charge for admission; a tip; gratuity.

**PROPÍNQUO**, adj. Propinque, near, adjacent; proximate.

**PROPONENTE**, adj. e s. 2 gên. proponent.

**PROPOR**, v. t. To propose; to propound; to offer for consideration, to show; to nominate for membership.

**PROPORÇÃO**, s. f. Proportion; size.

**PROPORCIONADO**, adj. Proportionated, regular; conformable; harmonious.

**PROPORCIONAR**, v. t. To proportion, to adjust in a suitable proportion or relation; to form or arrange symmetrically; to accommodate; to adapt; to furnish.

**PROPOSIÇÃO**, s. f. Proposition.

**PROPÓSITO**, s. m. Purpose, design, aim, end, intention; resolution; plan.

**PROPOSTA**, s. f. Proposal, proposition; suggestion, motion.

**PROPOSTO**, s. m. Substitute; delegate.

**PROPRIEDADE**, s. f. Propriety; peculiarity; singularity; true nature, character or condition; an inherent quality; precise verbal sense; property; holdings; ownership; possession; landed estate; land.

**PRÓPRIO**, adj. Proper, own; same; suitable; fit, appropriate; peculiar; inherent; exact, correct; individual, distinct; s. m. inherent quality; messenger.

**PROPUGNAR**, v. t. To contend for, to defend.

**PROPULSÃO**, s. f. Propulsion.

**PROPULSOR**, adj. e s. m. Propulsive; propeller.

**PRORROGAR**, v. t. To prorogue, to defer; to adjour; to put off, to postpone; to extend.

**PRORROMPER**, v. i. To start; to burst.

**PROSA**, s. f. Prose; language spoken or written; (Bras.) talking, conversation, s. m. prattler.

**PROSAICO**, adj. Prosaic, dull, humdrum.

**PROSÁPIA**, s. f. Race, generation; lineage.

**PROSAR**, v. t. To prose; to write; translate or paraphrase in prose; (Brs.) to talk.

**PROSCÊNIO**, s. m. Proscenium.

**PROSCREVER**, v. t. To proscribe, to condemn; to prohibit; to outlaw; to banish.

**PROSCRITO**, adj. Proscribed; s. m. outlaw.

**PROSÉLITO**, s. m. Proselyte, a new convert.

**PROSÓDIA**, s. f. Prosody.

**PROSPECTIVO**, adj. Prospective; of the future; looking forward.

**PROSPECTO**, s. m. Prospectus.

**PROSPERIDADE**, s. f. Prosperity, success; happines.

**PRÓSPERO**, adj. Prosperous, succesful; thriving; favorable; auspicious; happy.

**PROSSECUÇÃO, PROSSEGUIMENTO**, s. f., s. m. Prosecution; pursuit.

**PROSSEGUIR**, v. t. To prosecute, to pursue, to follow up; to go on; v. i. to proceed, to carry on to go ahead.

**PRÓSTATA**, s. f. (Anat.) Prostate gland.
**PROSTATOMIA**, s. f. Prostatomy.
**PROSTERNAÇÃO, PROSTRAÇÃO**, s. f. Prostration.
**PROSTÍBULO**, s. m. Brothel.
**PROSTITUIR**, v. t. To prostitute; (fig.) to debase, to corrupt.
**PROSTITUTA**, s. f. Prostitute, harlot; (gír.) slut, moll, doxy, chippoy.
**PROSTRAR**, v. t. To prostrate; to throw to the ground, to subjugate; to humiliate.
**PROTAGONISTA**, s. 2 gên. Protagonist.
**PRÓTASE**, s. f. Protasis.
**PROTEÇÃO**, s. f. Protection; patronage; cover; help, aid; shelter; defence.
**PROTEGER**, v. t. To protect; to defend; to guard; to shelter; to patronage; to help.
**PROTEÍNA**, s. f. Protein.
**PROTELAR**, v. t. To protract; to postpone.
**PRÓTESE**, s. f. (Farm.) Prothesis.
**PROTESTAR**, v. t. To protest; to declare solemnly; to assert; to affirm; to make a protest against; to testify.
**PROTESTO**, s. m. Protest, a protestation.
**PROTETOR**, s. m. Protector.
**PROTETORADO**, s. m. Protectorship.
**PROTOCOLAR**, adj. Protocolar.
**PROTOMÁRTIR**, s. m. Protomartyr.
**PROTOPLASMA**, s. m. Protoplasm.
**PROTÓTIPO**, s. m. Prototype; pattern; original; paragon.
**PROTÓXIDO**, s. m. Protoxid.
**PROTOZOÁRIO**, s. m. Protozoan.
**PROTRAIR**, v. t. To protract; to prolong; to delay; tto defer; to postpone; to retard.
**PROTUBERÂNCIA**, s. f. Protuberance, projection, prominence, jutting, bulge.
**PROVA**, s. f. Proof; testimony; token; mark; test; taste; probation; proof sheet.
**PROVAR**, v. t. To proof, to make or take a proof or test of; to evidence; to show; to make a trial of; to test; to taste; to suffer; to endure; to try on (clothes, shoes, etc.).
**PROVÁVEL**, adj. Probable.
**PROVECTO**, adj. Provect; advanced in years.
**PROVEDOR**, s. m. Purveyor, provider, furnisher; supplier.
**PROVEITO**, s. m. Profit; gain; advantage.
**PROVENÇAL**, adj. Provençal.
**PROVENIÊNCIA**, s. f. Provenance; origin.
**PROVENTO**, s. m. Profit, gain.
**PROVER**, v. t. To provide with; to supply; to purvey; to give; to bestow; to furnish.

**PROVÉRBIO**, s. m. Proverb.
**PROVETA**, s. f. Test-tub; gauge.
**PROVIDÊNCIA**, s. f. Providence, divine or providential guidance or care; prudence.
**PROVIDENCIAL**, adj. Providential, determined by Providence; opportune, lucky.
**PROVIDENCIAR**, v. t. To provide for; to make provision on; to prepare beforehand.
**PROVIDENTE, PRÓVIDO**, adj. Providential; furnishing; cautious; prudent.
**PROVIMENTO**, s. m. Provision; supply; stock.
**PROVÍNCIA**, s. f. Province, country.
**PROVINDO**, adj. Proceeding, coming forth.
**PROVIR**, v. i. To arise from, to proceed.
**PROVISÃO**, s. f. Stock, provision; store.
**PROVISIONAR**, v. t. To provision, to supply with provisions; to supply, to furnish.
**PROVISÓRIO**, adj. Provisional; temporary.
**PROVOCADOR, PROVOCANTE**, adj. Provoking; s. m. challenger, provocator.
**PROVOCAR**, v. t. To provoke, to call forth or out; to challenge; to invite; to move, to arouse; to incite; to offend; to irritate.
**PROXIMIDADE**, s. f. Proximity, nearness, vicinity.
**PRÓXIMO**, adj. Near, adjacent, next; s. m. neighbor or neighbour.
**PRUDÊNCIA**, s. f. Prudence, caution, foresight, forethought.
**PRUDENTE**, adj. Prudent, cautious, wary; considerate; wise; discreet; circumspect.
**PRUÍDO, PRURIDO**, s. m. Pruritus; prurience; itch; itching.
**PRUMO**, s. m. Plummet, plumb, plumb-line.
**PRUSSIANO**, adj. e s. m. Prussian.
**PRÚSSICO**, adj. Prussic.
**PSAMITO**, s. m. (Geol.) Psammite; sandstone.
**PSEUDO**, pref. Pseudo.
**PSEUDÔNIMO**, s. m. Pseudonym; adj. pseudonimous.
**PSICANÁLISE**, s. f. Psychoanalysis.
**PSICOFÍSICA**, s. f. Psychophysics.
**PSICÓGRAFO**, s. m. Psychographer.
**PSICOLOGIA**, s. f. Psychology.
**PSICOMETRIA**, s. f. Psychometry.
**PSICOPATIA**, s. f. Psychopathy, mental disorder.
**PSICOSE**, s. f. Psychosis, mental disorder.
**PSICOTÉCNICA**, s. f. Psychological test.
**PSICOTERAPIA**, s. f. Psychoterapeutics.
**PSIQUE**, s. f. Psyche, the human soul; mental life; the mind.

**PSIQUIATRIA**, s. f. Psychiatry.
**PSÍQUICO**, adj. Psychic.
**PTERODÁCTILO**, s. m. Pterodactyl.
**PUA**, s. f. Sharp point, prong, prickle.
**PUBERDADE**, s. f. Puberty.
**PUBESCÊNCIA**, s. f. Pubescence.
**PÚBIS**, s. m. Pubes, pubis.
**PUBLICAÇÃO**, s. f. Publication.
**PUBLICAR**, v. t. To publish, to make public or generally known; to print; to spread.
**PUBLICIDADE**, s. f. Publicity; advertising.
**PÚBLICO**, adj. e s. m. Public.
**PUDERA**, interj. No wonder! of course!
**PUDIBUNDO**, adj. Shameful; modest; chaste.
**PUDICÍCIA**, s. f. Pudicity; pudency; chastity.
**PUDIM**, s. m. Pudding.
**PUDOR**, s. m. Pudicity; shamefacedness.
**PUERICULTURA**, s. f. Puericulture.
**PUERIL**, adj. Puerile, childish.
**PUGILATO**, s. m. Pugilism, boxing.
**PUGNA**, s. f. Battle, combat, fight.
**PUGNADOR**, s. m. Pugnacious; quarrelsome; combative; belligerent; adj. pugnacious.
**PUIR**, v. t. e i. To wear out.
**PUJANÇA**, s. f. Strength, vigor, vitality.
**PUJAR**, v. t. To exceed, to surpass.
**PULAR**, v. i. To jump, to leap, to spring.
**PULGA**, s. f. Flea.
**PULGÃO**, s. m. Plant louse.
**PULMÃO**, s. m. Lung, lungs.
**PULMONÁRIA**, s. f. (Bot.) Pulmonaria.
**PÚLPITO**, s. m. Pulpit, preaching.
**PULSAÇÃO**, s. f. Pulsation.
**PULSAR**, v. t. To strike, to play on (a stringed instrument); v. i. to pulsate, to beat.
**PULSEIRA**, s. f. Bracelet.
**PULSO**, s. m. Pulse; wrist.
**PULULAR**, v. i. To pullulate, to germinate; to bud; to abound; to produce abundantly.
**PULVERESCÊNCIA, PULVERULÊNCIA**, s. f. Pulverulence, dustiness.
**PULVERIZAR**, v. t. To pulverize, to reduce to a fine powder; to smash; to demolish.
**PUMA**, s. f. (Zool.) Puma.
**PUNÇÃO**, s. f. Puncture, pricking; bradawal.
**PUNDONOR**, s. m. Self respect; nobility of character.
**PUNGIR**, v. t. To pinch, to prick; to pierce; to puncture; to sting; to stimulate; to incite.
**PUNHADO**, s. m. Handful; a few.
**PUNHAL**, s. m. Dagger.
**PUNHO**, s. m. Fist; wrist; cuff; ruffle; clenched hand.

**PUNIÇÃO**, s. f. Punishment; chastisement.
**PUNIR**, v. t. To punish; to castigate; to chasten; to amerce; v. i. to strive.
**PUNTURA**, s. f. Puncture.
**PUPILA**, s. f. Pupil, eye-ball; apple of the eye; a girl ward.
**PUPILO**, s. m. Pupil; a boy ward.
**PURÊ**, s. m. Purée.
**PUREZA**, s. f. Purity; chastity; innocence; freedom from defilement of sin; clearness; freedom from foulness or dirt; freedom from deleterious matter.
**PURGANTE**, adj. e s. m. Purgative medicine; laxative.
**PURGAR**, v. t. To purge; to purify; to cleanse.
**PURGATÓRIO**, s. m. Purgatory.
**PURIFICADOR**, adj. Purificative; purificatory; s. m. purifier.
**PURIFICAR**, v. t. e p. To purify; to free from impurities of defilement; to free from guilt or moral blemish.
**PURISMO**, s. m. Purism.
**PURITANO**, adj. e s. m. Puritan.
**PURO**, adj. Pure, not mixed; clear; mere; faultless; chaste; abstract; theoretical.
**PÚRPURA**, s. f. Purple, purple-shell; rank or dignity of a king or cardinal.
**PURPURAR**, v. i. To purple, to become or turn purple; v. t. to purple, to make or dye purple.
**PURPURINA**, s. f. Purpurina.
**PURULÊNCIA**, s. f. Purulence.
**PUS**, s. m. Pus, a creamy matter in a sore, boil, etc.
**PUSILÂNIME**, adj. Pusillanimous; cowardly.
**PÚSTULA**, s. f. Pustule.
**PUTATIVO**, adj. Putative; reputed.
**PUTREFAÇÃO**, s. f. Putrefaction, the rotting of animal or vegetal matter.
**PUTREFATO**, adj. Putrefied; rotten.
**PUTREFAZER**, v. t. e p. To putrefy; to render or become putrid; to decompose, to rot.
**PUTRESCÍVEL**, adj. Putresible, capable of putrefaction.
**PÚTRIDO**, adj. Putrid, decomposed rotten, putrescent; decayed.
**PUTRIFICAR**, v. t. To putrefy.
**PUXADO**, adj. Pulled; expensivo (price).
**PUXÃO**, s. m. A pull, draw, strain; a sharp sudden push.
**PUXAR**, v. t. To pull; to draw; to draw out; to stretch; v. i. to tend, to strain.

# Q

**Q,** The sixteenth letter of the alphabet.
**QUACRE,** s. m. Quaker.
**QUADRA,** s. f. Square room, court or yard; a square; quatrain; four (at cards game); (fig.) season; epoch.
**QUADRADO,** adj. Square, squared; (pop. bras.) ignorant, coarse.
**QUADRAGÉSIMA,** s. f. Quadragesima Sunday; the fortieth.
**QUADRANGULADO, QUADRANGULAR,** adj. Quandrangular.
**QUADRANTAL,** adj. e s. m. Quadrantal.
**QUADRANTE,** s. m. (Mat.) Quadrant, the quarter of a circle; dial of a clock or watch; an instrument for measuring altitude.
**QUADRAR,** v. t. To square; to quadrate; to correspond.
**QUADRATRIZ,** s. f. Quadratrix.
**QUADRATURA,** s. f. Quadrature.
**QUADRÍCULA,** s. f. Small square.
**QUADRICULADO,** adj. Checkered; crosslined.
**QUADRIENAL,** adj. Quadriennial.
**QUADRIÊNIO,** s. m. Quadriennium, space or period of four years.
**QUADRIFÓLIO,** s. m. Quadrifoliate.
**QUADRIFORME,** adj. Quadriform.
**QUADRIGÊMEO,** adj. (Anat.) Quadrigerminal; fourfold, quadruple; s. m. quadruplet.
**QUADRIL,** s. m. Hip, haunch.
**QUADRILÁTERO,** adj. e s. m. Quadrilateral.
**QUADRILHA,** s. f. Gang, band of robbers; party, group; quadrille.
**QUADRILOBADO,** adj. Quadrilobate.
**QUADRILONGO,** adj. Quadrilateral.
**QUADRIMESTRAL,** adj. Four-monthly.
**QUADRIMOTOR,** adj. Four-motor, four-engine; s. m. four-engine plane.
**QUADRISSILÁBICO,** adj. Quadrisulabic; s. m. quadrisyllable.
**QUADRÍVIO,** s. m. Quadrivium; the meeting of four roads; crossway.
**QUADRO,** s. m. Square; picture, painting; map; list; board; list of officers.
**QUADRÚMANO,** adj. Quadrumanous, having four hands; s. m. quadrumane.
**QUADRÚPEDE,** adj. e s. m. Quadruped; (fig.) a coarse person.
**QUADRUPLICAR,** v. t. To quadruplicate; to quadruple; to multiply by four.
**QUAL,** pron. Which, whom; such as; one, another; conj. like; interj. nonsense!
**QUALIDADE,** s. f. Quality; proper; true, or essential nature; class, kind, grade; attribute; property.
**QUALIFICAÇÃO,** s. f. Qualification.
**QUALIFICAR,** v. t. To qualify; to attribute a quality to; to classify; to ennoble.
**QUALIFICATIVO,** adj. Qualificative.
**QUALQUER,** adj. e pron. Any, anybody, some; whoever, whichever.
**QUANDO,** adv. When; conj. though, although.
**QUANTIA,** s. f. Amount, sum.
**QUANTIDADE,** s. f. Quantity, sum.
**QUANTO,** pron. e adj. All that, what, whatever; how much; how many; how far.
**QUÃO,** adv. How, what.
**QUARENTA,** num. Forty.
**QUARENTENA,** s. f. Quarantine; period of forty days.
**QUARESMA,** s. f. Lent, a 40-day period of lasting observed by many Christian in preparation for Easter.
**QUARTÃ,** adj. e s. f. Quartan.
**QUARTA,** s. f. Wednesday.
**QUARTANISTA,** s. 2 gên. Student in the fourth year of a faculty.
**QUARTEAR,** v. t. To quarter, to divide into four equal parts.
**QUARTEIRÃO,** s. m. Quarter; block of houses.
**QUARTEJAR,** v. t. To quarter, to divide into quarters; to mince, to chop; to dilacerate.
**QUARTEL,** s. m. Quarter, the fourth part; quarter, barrack, lodging.
**QUARTETO,** s. m. Quartet, a group of four; a musical composition for four voices of four instruments.
**QUARTILHO,** s. m. Pint.
**QUARTO,** s. m. Quarter, fourth part; a quartier of an hour; room, chamber, bed-room.
**QUARTZO,** s. m. Quartz.
**QUASE,** adv. Almost, all but, near, scarcely.
**QUATERNÁRIO,** adj. Quaternary.

**QUATORZE**, num. Fourteenth.
**QUADRÍDUO**, s. m. The space of four days.
**QUATRO**, s. m, e num. Four.
**QUATROCENTOS**, num. Four hundred.
**QUATRO-OLHOS**, s. m. Four-eyes; (Zool.) kind of red brocket.
**QUE**, pron. rel. Who, which, that; pron. e adj. interrog. what? which? conj. than; as, that; because, for; adv. how, how much.
**QUÊ**, s. m. A bit, little, something; difficulty; complication; interj. what! why so!
**QUEBRA**, s. f. A breaking, rupture; diminution, decrease; loss; failure; bankruptcy.
**QUEBRADEIRA**, s. f. Puzzle, enigma, riddle; prostration; weariness; languidness; (pop.) lack of money.
**QUEBRADIÇO**, adj. Fragile, breakable.
**QUEBRADO**, adj. Broken; bankrupt; s. m. fraction, fractional number; pl. change, surplus money, returned to a person who offers in payment a note bank of greater value than the sum due.
**QUEBRA-LUZ**, s. m. Lamp-shade.
**QUEBRA-MAR**, s. f. Bulwark.
**QUEBRANTADOR**, v. t. Infringer; breaker.
**QUEBRANTAR**, v. t. To break; to disable; to impair, to destroy; to crush the strength or spirit of; to transgress; to violate; to break down; to fail in health.
**QUEBRANTO**, s. m. Weakness, weariness.
**QUEBRAR**, v. t. To break; to fracture; to crack; to smash; to stave; to destroy, to end; to interrupt; to discontinue; to weaken, to debilitate; to transgress; to ruin; to bankrupt; to exceed (a record); v. i. to break, to burst; to weaken or fail.
**QUEBRO**, s. m. Movement of the body.
**QUEDA**, s. f. A fall; downfall; trumble; ruin, bankrupetcy; lapse, fault; declivity; inclination; propensity; bent (for music, etc.).
**QUEDAR(-SE)**, v. i. To stop, to be still; to stay in one place.
**QUEFAZER, QUEFAZERES**, s. m., s. m. pl. Occupation; business; work.
**QUEIJARIA**, s. f. Dairy.
**QUEIJO**, s. m. Cheese.
**QUEIMA**, s. f. Burning, combustion.
**QUEIMADA**, s. f. Forest fire; burning of wood.
**QUEIMADO**, adj. Burnt; (Bras.) angry; s. m. smell or taste of food burnt.
**QUEIMAR**, v. t. To burn, consume or destroy with flames or heat; to char, scald, etc., by heat or fire; to waste; v. i. to burn, to suffer from high fever.
**QUEIXA**, s. f. Complaint, expression of greif, pain, or discontent; accusation; formal allegation; offense.
**QUEIXADA**, s. f. Jawbone, jaw.
**QUEIXAR-SE**, v. p. To complain, to deplore, to grumble, to bewail, to grieve.
**QUEIXO**, s. m. Chin; the jawbone.
**QUEIXOSO**, adj. Plantive, moanful; s. m. complainer.
**QUEIXUME**, s. m. Complaining, lamentation.
**QUELHA**, s. f. Alley; lane.
**QUEM**, pron. Who, that, whom, which; anyone who.
**QUENTÃO**, s. m. (Bras.) Sugarcane rum with ginger served hot, strong hot drink.
**QUENTE**, adj. Warm, hot.
**QUER**, conj. Either; or; whether.
**QUERELA**, s. f. Querela, an action or complaint in a court.
**QUERELAR**, v. t. To complain, to bring as action into a court.
**QUERENA**, s. f. Keel.
**QUERENAR**, v. t. To careen, to tip (a vessel) over on one side; to tip.
**QUERENÇA**, s. f. Wish, longing; affection; liking; serie, haunt (of animals).
**QUERER**, v. i. To wish, to long for; to desire; to request; to love, to like; to will, to command; to choose; to agree, to consent.
**QUERIDO**, adj. Loved, beloved; dear; s. m. dear, darling, beloved.
**QUERMESSE**, s. f. Kermess; church hurt.
**QUEROSENE**, s. m. Kerosene, coal oil.
**QUERUBIM**, s. m. Cherub.
**QUESITO**, s. m. Query, inquiry.
**QUESTÃO**, s. f. Question; inquiry; a query; discussion, debate; objection; doubt.
**QUESTIONAR**, v. t. e i. To question; to ask question; to inquire; to query; to dispute; to quarrel; to contend.
**QUESTIONÁRIO**, s. m. Questionnaire.
**QUESTIÚNCULA**, s. f. Unimportant question.
**QUESTOR**, s. m. Quaestor.
**QUIÇÁ**, adv. Perhaps, maybe.
**QUIETAÇÃO**, s. f. Quietness, rest, stillness.
**QUIETAR**, v. t. To quiet, to appease, to calm.
**QUIETO**, adj. Quiet, still, peaceable.
**QUILATAR**, v. t. To assay gold or silver; to value.
**QUILATE**, s. m. Carat; (fig.) excellence; superiority; perfection.

**QUILHA**, s. f. Keel (of a ship).
**QUILIFICAÇÃO**, s. f. Chylification.
**QUILIFICAR**, v. t. To chylify, to convert into chyle.
**QUILO**, s. m. Kilogram; (Med.) chyle, the milk fluid containing bits of fat.
**QUILOCICLO**, s. m. (Fís., rád.) Kilocycle.
**QUILOGRAMA**, s. m. Kilogramme.
**QUILOLITRO**, s. m. Kilolitre.
**QUILOMETRAGEM**, s. f. Measuring by kilometers.
**QUILÔMETRO**, s. m. Kilometer.
**QUILOWATT**, s. m. Kilowatt.
**QUIMBANDA**, s. m. (Bras.) Bantu high priest, witch doctor, sorcere; voodoo ritual, place where voodoo rites are practiced.
**QUIMERA**, s. f. Chimera.
**QUIMÉRICO**, adj. Chimerical, quimeric.
**QUÍMICA**, s. f. Chemistry.
**QUÍMICO**, adj. Chemical; s. m. chemist.
**QUIMO**, s. m. Chyme.
**QUIMONO**, s. m. Kimono.
**QUINA**, s. f. A corner; five (a cards game); quinquina.
**QUINADO**, adj. Prepared with quinquina.
**QUINAU**, s. m. Correction.
**QUINCÔNCIO, QUINCUNCE**, s. m. Quincunx.
**QUINDECÁGONO**, s. m. Quindecagon.
**QUINHÃO**, s. m. Share, portion; part; (fig.) destiny, fate.
**QUINHENTOS**, num. Five hundred.
**QUINHOAR**, v. t. To share, to partake with anothers.
**QUININA**, s. f. Quinine.
**QUININO**, s. m. Sulphat of quinine.
**QUINO**, s. m. Lotto (a game).
**QUINQUAGÉSIMO**, num. Fiftieth; s. m. the fiftieth part.
**QUINQUÊNIO**, s. m. Quinquennium, a period of five years.
**QUINQUILHARIA**, s. f. Hardwares; trifles.
**QUINTA**, s. f. Farm.
**QUINTA-FEIRA**, s. f. Thursday.
**QUINTAL**, s. m. Orchard, kitchen-garden.
**QUINTETO**, s. m. Quintet, a composition for five voices or instruments; any set of five.
**QUINTO**, num. Fifth; one fifth.
**QUINTUPLICAR**, v. t. e i. To quintuple; to make or become fivefold or five times as much or many.
**QUINZE**, num. Fifteen.
**QUINZENA**, s. f. A fortnight, a period of fifteen days.
**QUINZENAL**, adj. Bimonthly.
**QUIOSQUE**, s. m. Kiosk, newstand.
**QUIPROQUÓ**, s. m. Confusion, mistake.
**QUIROMANCIA**, s. f. Chiromancy.
**QUIRÓPTEROS**, s. m. pl. Chiroptera.
**QUISTO**, s. m. (Med.) Cyst.
**QUITAÇÃO, QUITAMENTO**, s. f., s. m. Quittance, acquittance; discarge from a debt or an obligation.
**QUITANDA**, s. f. Greengrocery; market.
**QUITAR**, v. t. To acquit, to pay off; to set free or discharge (from some obligation); to leave, to spare.
**QUITE**, adj. Free (from debt or obligation).
**QUIXOTESCO**, adj. Quixotic.
**QUIZILA**, s. f. Aversion; antipathy; misunderstanding.
**QUOCIENTE**, s. m. Quotient.
**QUOTA**, s. f. Quota, part, share, portion.
**QUOTIDIANO**, adj. Daily, happening, done or issued each day.
**QUOTIZAR**, v. t. To assess; to fix amount of (taxes); to rate.

# R

**R**, The seventeenth letter of the alphabet.
**RÃ**, s. f. Frog.
**RABADA**, s. f. Pigtail; fish-tail; rump.
**RABANADA**, s. f. Stroke with the tail; (fig.) gust of wind; egg-bread; a sort of pancake.
**RABANETE**, s. m. Small radish.
**RÁBANO**, s. m. (Bot.) Radish.
**RABÃO**, adj. Docked (horse); having a short tail; s. m. radish.
**RABEAR**, v. i. To wag, to whisk (the tail); to frisk about, to stir.
**RABECA**, s. f. Fiddle, violin.

**RABECÃO,** s. m. Contrabass, doublebass, bass-viol.
**RABEIRA,** s. f. Back part of anything; track.
**RABI,** s. m. Rabbi.
**RÁBIA,** s. f. Rabies; canine madness; hydrophobia.
**RABIÇA,** s. f. Plough-tail.
**RABICHO,** s. m. Crupper (of a hose); pigtail.
**RÁBIDO,** adj. Rabid, furious.
**RABINO,** s. m. Rabbi; adj. mischievous; peevish.
**RABISCAÇÃO, RABISCO,** s. f. Scrawl, scribble.
**RABISCAR,** v. t. e i. To scrawl, to draw, mark or write hastily or carelessly.
**RABISSECO,** adj. Sterile, fruitless.
**RABO,** s. m. Tail, the rear end or a prolongation of the rear end, fo the animal's body; the back, last, lower, of inferior part of anything; a long braid or tress of hair; the queue.
**RABO-DE-CAVALO,** s. m. (pop. bras.) Ponytail; (bot. bras.) variety of horsetail, variety of horseradish.
**RABO-DE-FOGUETE,** s. m. Titmouse with very long tail feathers; (pop. bras.) to undertake a dificcult task, to stick one's neck out.
**RABONA,** s. f. Jacket.
**RABUGEM,** s. f. Mange; (fig.) peevishness.
**RABUGENTO,** adj. Peevish, morose, fretful.
**RABUJAR,** v. i. To be peevish; to be ill-humored; to whimper.
**RÁBULA,** s. m. Chicaner; pettifogger.
**RABULAR,** v. i. To pettifog, to advocate like a pettifogger; to argue tricklly.
**RAÇA,** s. f. Race, the descendents of a common ancestor; a family, tribe, people, or nation, believed to belong to a same stock; lineage; origin; generation; blood.
**RAÇÃO,** s. f. Ration, an allowance of food.
**RACEMÍFERO,** adj. Racemiferous, bearing racemes.
**RACEMO,** s. m. Raceme.
**RACHA,** s. f. Clink, chap, crack, cleft, fissure; fragment; chip.
**RACHAR,** v. t. e p. To clink, to chap, to split, to cleave, to crack, to cut, to slit.
**RACIAL,** adj. Racial; (Biol.) phyletic.
**RACIOCINAR,** v. t. To reason, to use the reason, to think according to the logical processes; to persuade by arguments.
**RACIOCÍNIO,** s. m. Reasoning; ratiocination.
**RACIONAL,** adj. Rational, reasonable; s. m. the human being.
**RACIONALIZAÇÃO,** s. f. Rationalization.
**RACIONALIZAR,** v. t. To rationalize, to make (something) rational or reasonable; to apply the principles of scientific management to (a factory, industrial process or the like).
**RADAR,** s. m. Radar; (fig.) sixth sense.
**RADIADO,** adj. Radiated, radiate.
**RADIADOR,** s. m. Radiator.
**RADIAL,** adj. Radial.
**RADIALISTA,** s. m., s. f. (Bras.) Broadcaster; anyone connected with the radio industry.
**RADIANTE,** adj. Radiant; vivid, shining; beaming with life, happiness, joy, love, hope, etc.
**RADIAR,** v. t. e i. To radiate, to emit rays; to shine; to glow; to be radiant; to beam; to spread around.
**RADIATIVO, RADIOATIVO,** adj. Radioactive.
**RADICAÇÃO,** s. f. Radication, a taking root.
**RADICAL,** adj. Radical, of or belonging to the root; fundamental; of or relating to radicals (in politics).
**RADICANDO,** adj. (Mat.) Said of a radicand; s. m. (Mat.) radicant, quantity under radical sign.
**RADICAR,** v. t. e p. To radicate, to cause to take root; to plant deeply and firmly; to fix or establish firmly.
**RADICIFLORO,** adj. (Bot.) Radiciflorous.
**RADÍCULA,** s. f. (Bot.) Radicle.
**RADICULAR,** adj. Radicular.
**RADIELETRICIDADE, RADIOELETRICIDADE,** s. f. Radio-electricity.
**RÁDIO,** s. m. Radium; radio, a radio receiving, set; a radiogram; a radio message; a radiometer; (Anat.) radius.
**RADIOAMADOR,** s. m. Radio amateur, radio ham.
**RADIOCOMUNICAÇÃO,** s. f. Radiobroadcast.
**RADIOCULTURA,** s. f. (Bot.) Application of prismatic colors to plant culture; cultural diffusion via radiobroadcast.
**RADIODIAGNÓSTICO,** s. m. Radiodiagnostic.
**RADIOFONE,** s. m. Radiophone.
**RADIOFONIA,** s. f. (Ffs.) Radiotelephony.
**RADIOFOTO,** s. f. Radiophoto, radiophotograph.
**RADIOFREQÜÊNCIA,** s. f. Radio frequency.
**RADIOGRAFAR,** v. t. To radiograph, to make a radiograph of; to radio, send, communi-

cate, or inform by radiotelegraphy; to send (a person) a radiogram.
**RADIOGRAFIA**, s. f. Radiograpy; radiograph.
**RADIOGRAMA**, s. m. Radiogram, radiotelegram.
**RADIOLOGIA**, s. f. Radiology.
**RADIOMETRIA**, s. f. Radiometry.
**RADIOSCOPIA**, s. f. Radioscopy.
**RADIOSO**, adj. Radiant, beaming, shining.
**RADIOTÉCNICA**, s. f. Radiotechnology, radio engineering.
**RADIOTELEFONIA**, s. f. Radiotelephony.
**RADIOTELEGRAFIA**, s. f. Radiotelegraphy.
**RADIOTERAPIA**, s. f. Radiotherapeutics, radiotherapy.
**RADIOUVINTE**, s. m. A radio listener; pl. audience.
**RADIOVITROLA**, s. f. Radio-phonograph.
**RAFAR**, v. t. To wear out, to waste.
**RÁFIA**, s. f. Raffia, fiber from the leafstalks of the raffia palm.
**RAIA**, s. f. Line, stripe, streak; limit, boundary; confine; border; frontier.
**RAIADO**, adj. Streaked, striped; variegated.
**RAIAR**, v. i. To break, to down (the day); to ray, to emit rays; to radiate, to beam, to brighten; v. t. to streak, to strip.
**RAINHA**, s. f. Queen.
**RAIO**, s. m. Ray, beam (of light); thunderbolt (a single discharge of lightning with its accompanying thunder); (Mat.) radius; spoke, arm.
**RAIVA**, s f. Rage; fury; anger; madness; hydrophobia.
**RAIVOSO**, adj. Rageful, furious, raging.
**RAIZ**, s. f. Root; basis; (Mat.) radix; origin.
**RAJA**, s. f. Stripe, stripe.
**RAJÁ**, s. m. Rajah.
**RAJAR**, v. t. To strip.
**RALAÇÃO**, s. f. Affliction; vexation; irritation; grating; rasping.
**RALAR**, v. t. To grate, to scrape; to vex.
**RALÉ**, s. f. Mob, common people.
**RALEAR**, v. t. To thin; v. p. to become thin.
**RALHAÇÃO**, s. f. Scolding.
**RALHAR**, v. i. To scold, to chide, to rebuke.
**RALHO**, s. m. Scolding; rebuke; admonition.
**RALO**, adj. Thin, rare; s. m. a grater, a rasp.
**RAMA, RAMAGEM, RAMARIA**, s. f. Foliage; boughs or branches (of a tree); printer's chase.
**RAMADA**, s. f. Green boughs.
**RAMADO**, adj. Branchy.

**RAMAL**, s. m. Ramification, branch line.
**RAMALHETE**, s. m. Nosegay, a bunch of flowers.
**RAMEIRA**, s. f. Prostitute, harlot.
**RAMELA**, s. f. Rheum or rheuma.
**RAMERRÃO**, s. m. Regular course, routine.
**RAMIFICAÇÃO**, s. f. Ramification; branching.
**RAMIFICAR**, v. t. To ramify; to extend or spread out into branches or divisions; to branch.
**RAMO**, s. f. Branch, bough, offshoot; bunch; nosegay; branching, a subdivision.
**RAMPA**, s. f. Ramp, a sloping passage; way from one level to another; hillside; acclivity, a steep upward slope.
**RAMPANTE**, adj. (Heráld.) Rampant.
**RANÇADO**, adj. Rancid, rank; obsolete.
**RANÇAR, RANCESCER**, v. i. To become rancid or rank.
**RANCHEIRO**, s. m. Messman, messmate; a cowboy.
**RANCHO**, s. m. Mes; food (for soldier); band, troop; (Bras.) shanty.
**RANCOR**, s. m. Rancor, comity, ill will; grudge; animosity; inveterate malevolence.
**RANCOROSO**, adj. Rancorous, deeply malevolent; hateful.
**RANÇOSO**, adj. Rancid, rank.
**RANGEDOR**, adj. Creaking, creaky; squeaking, squeaky; s. m. squeaker.
**RANGER**, v. t. To creak, to make a sharp squeaking sound; to grind, to gnash (the teeth).
**RANGÍFER, RANGÍFERO**, s. m. Reindeer.
**RANHENTO**, adj. (Fam.) Snotty.
**RANHETA**, adj. Peevish, morose; s. 2 gên. a peevish person.
**RANHO**, s. m. Snivel, snot; mucus (of the nose).
**RANHURA**, s. f. Groove; rabbet; furrow.
**RANILHA**, s. f. Frog, the triangular elastic horny pad in the middle of the sole of a horse's foot.
**RÁNULA**, s. f. Ranula.
**RANÚNCULO**, s. m. (Bot.) Ranunculus.
**RANZINZA**, adj. (Bras.) Grouchy, cranky, crabby; stubborn.
**RAPACE**, adj. Rapacious, greedy, voracious.
**RAPADEIRA**, s. f. Scraper, scratching knife.
**RAPADOR**, adj. Scraping, rasping; s. m. scarper; shaver; (Bras.) close-cropped pasture land.

**RAPADURA**, s. f. (Bras.) Lump of hard brown sugar; scarping, rasping.

**RAPAPÉ**, s. m. A low reverence; a scrape.

**RAPAR**, v. t. To scarpe, to rasp, to grate; to cut away (with a knife); to shave close or lean; to remove by rasping the surface; to gather the board money.

**RAPARIGA**, s. f. Girl, young woman; (Bras.) prostitute.

**RAPAZ**, s. m. A boy, young man.

**RAPÉ**, s. m. Snuff, a preparation of pulverized tobacco.

**RAPIDEZ**, s. m. Rapidity, haste, speed.

**RÁPIDO**, adj. Rapid, fast, quick; swift.

**RAPINA**, s. f. Rapine, the seizing and carrying away of things by force; pillage; plunder.

**RAPINADOR, RAPINANTE**, adj. Plunderer, robbering; s. m. plunder.

**RAPINAR**, v. t. To plunder, to pillage; to pilfer.

**RAPOSA**, s. f. Fox, a flesh-eating mammal; (fig.) a sly, cunning person.

**RAPOSO**, s. m. A he-fox; (fig.) a cunning man.

**RAPSÓDIA**, s. f. Rhapsody.

**RAPTADO**, adj. Abducted, kidnaped; raped; pillaged, looted robbed.

**RAPTAR**, v. t. To ravish, to plunder; to rape.

**RAQUE**, s. f. (Anat.) Rachis, the spinal column; (Bot.) rachis, the main axis of a flower cluster.

**RAQUETA**, s. f. Racket.

**RAQUIALGIA**, s. f. Rachialgia.

**RAQUIDIANO**, adj. Rachidian.

**RÁQUIS**, s. m. Rachis.

**RAQUITISMO**, s. m. Rachitis, rickets.

**RAREAR**, v. t. e i. To make or become rare or thin.

**RAREFAÇÃO**, s. f. Rarefaction.

**RAREFATO, RAREFEITO**, adj. Rarefied.

**RAREFAZER**, v. t. To rarefy.

**RAREZA, RARIDADE**, s. f. Rarity; quality or state of being rare; thinness (atmosphere); infrequency, scarcity.

**RARO**, adj. Rare; thin (atmosphere); very uncommon; scarce; extraordinary.

**RÁS**, s. m. Ras, a prince (in Abyssinia).

**RASA**, s. f. Strickle; bushel.

**RASANTE**, adj. Strinckling; leveling; running parallel to; grazing; skimming.

**RASAR**, v. t. To measure (with a strickle); to equal, to level.

**RASCA**, s. f. Fishing-net; a kind of fishing-boat.

**RASCADA**, s. f. A kind of net; (Fam.) difficulty, trouble.

**RASCANTE**, adj. Tart, acrid; s. m. a tart wine.

**RASCÃO**, s. m. Vagrant.

**RASCAR**, v. t. To scratch, to scrape.

**RASCUNHADO**, adj. Sketched, outlined, drafted.

**RASCUNHAR**, v. t. To sketch; to outline.

**RASGADELA, RASGÃO, RASGO**, s. f., s. m. Rent, tear.

**RASGADO**, adj. Torn.

**RASGAR**, v. t. To tear, to rip, to rend, to split; to lacerate; to wound, to abrasion; erasure.

**RASO**, adj. Level, plain, flat; simple; vulgar.

**RASOURA**, s. f. Strickle.

**RASOURAR**, v. t. To level with a strickle.

**RASPA**, s. f. Scraping.

**RASPADEIRA**, s. f. Scraper, scratcher.

**RASPADURA, RASPAGEM**, s. f. Scraping; erasion; erasure.

**RASPÃO**, s. m. Scrape, scratch.

**RASPAR**, v. t. To scrape, to rub over the surface of; to grate over; to remove by rasping the surface; to smooth; to erase.

**RASTEAR**, v. t. e i To track, to trace, to creep, to crawl.

**RASTEIRA**, s. f. Trip.

**RASTEIRO**, adj. Creeping; low; mean; vulgar.

**RASTEJADOR**, adj. Searching; creeping; crawling; s. m. tracer, searcher; creeper.

**RASTEJAR**, v. t. To trace, to follow the trace, footprints, or trail of; to make out by examining vestiges or remains; v. i. to creep, to crawl.

**RASTELAR**, v. t. To comb, to hackle (the flax).

**RASTELO**, s. m. Flaxcomb, hackle.

**RASTILHO**, s. m. Train, a line of gunpowder laid to lead a fire to a charge.

**RASTO**, s. m. Trace, track, pist; footprint; sign; vestige.

**RASTREAR**, v. t. e i. To trace; to creep.

**RASTRO**, s. m. Rake; trace, track; footprint.

**RASURA**, s. f. Erasure; scratching.

**RASURADO**, adj. Erased; scraped; grated.

**RATÃO**, s. m. A large rat; an extravagant person.

**RATAR**, v. t. To gnaw (like rats).

**RATAZANA**, s. f. Rat, a large rat; (fig.) a ridiculous person.

**RATEAR**, v. t. To share, to apportion, to distribute proportionally.

**RATEIO, RATEAÇÃO**, s. m., s. f. Apportionment.

**RATICE**, s. f. Antic, caper, prank, oddity.

**RATICIDA**, s. 2 gên. Rat-killer.

**RATIFICAÇÃO**, s. f. Ratification; confirmation; sanction.

**RATIFICAR**, v. t. To ratify, to sanction, to authorize; to confirm, to corroborate.

**RATINHAR**, v. t. e i. To save; to cheapen; to haggle.

**RATO**, s. m. Mouse, rat.

**RATOEIRA**, s. f. A mouse-trap.

**RATONICE**, s. f. Pilfering.

**RAVINA**, s. f. Ravine, torrent.

**RAZÃO**, s. f. Reason; a cause or motive; an explanation; justification; sane thinking; sensible or right views; ratio; rate.

**RAZOAMENTO**, s. m. Reasoning; argumentation.

**RAZOAR**, v. i. To reason, to argue; v. t. to reason, to discuss in order to convince; to persuade by argument; to plead.

**RAZOÁVEL**, adj. Reasonable, rational; just; moderately priced.

**RÉ**, s. f. Accused woman; (Mar.) stern; s. m. (Mús.) re.

**REABASTECER**, v. t. To revictual; to equip again.

**REABASTECIMENTO**, s. m. Replenishment; refueling, reprovisioning.

**REABERTURA**, s. f. Reopening.

**REABILITAÇÃO**, s. f. Rehabilitation.

**REABILITAR**, v. t. To rehabilite; to restore to a former rank, right, etc.; to re-enable.

**REABRIR**, v. t. To reopen.

**REAÇÃO**, s. f. Reaction.

**REACENDER**, v. t. To light again, to rekindle; to revive.

**REACIONÁRIO**, adj. e s. m. Reactionary.

**REACUSAR**, v. t. To re-accuse.

**READAPTAÇÃO**, s. f. Readaptation; (Lei Bras.) relocation, placement (of government personnel).

**READMISSÃO**, s. f. Readmission.

**READQUIRIR**, v. t. To get back, to regain, to reacquire, to recover.

**REAFIRMAR**, v. t. To reaffirm, to affirm again in order to confirm.

**REAGENTE**, adj. Reactive; s. m. reagent.

**REAGIR**, v. i. To react; to respond; to show a reaction.

**REAGRUPAR**, v. t. To regroup; to rearrange.

**REAL**, adj. Royal, kinglike; real, actual; genuine; true; s. m. real, former coin unit in Brazil and Portugal.

**REALÇAR**, v. t. To raise, to extol; to set off; to emphasize, to stress; v. i. to excel.

**REALCE**, s. m. Relief; set-off; brightness; lustre; distinctness; emphasis, stress.

**REALEGRAR(-SE)**, v. t. To make happy again; to make very happy.

**REALEJO**, s. m. Barrel-organ, street-organ.

**REALENGO**, adj. Royal, kinglike.

**REALEZA**, s. f. Royalty, sovereignty; royal persons.

**REALIDADE**, s. f. Reality; that which is real; royalty.

**REALISTA**, adj. Realistic, realistical.

**REALIZAÇÃO**, s. f. Realization; accomplisment; fulfilment.

**REALIZAR**, v. t. To realize, to bring into real or actual existence; to achieve, to perform, to accomplish; to bring about; to convert into money; to gain.

**REALIZÁVEL**, adj. Realizable, accomplishable, performable.

**REANIMAÇÃO**, s. f. Reanimation.

**REANIMAR**, v. t. To reanimate, to revive, to reinvigorate.

**REAPARECER**, v. i. To reappear.

**REAPARIÇÃO, REAPARECIMENTO**, s. f., s. m. Reappearance.

**REAPROXIMAR**, v. t. e i. To reconcile, to restore freindly relations.

**REAQUISIÇÃO**, s. f. Recovering.

**REASCENDER**, v. i. To reascend.

**REASSUMIR**, v. t. To reassume.

**REASSUNÇÃO**, s. f. Reassumption.

**REATAMENTO**, s. m. Renewing; renewal.

**REATAR**, v. t. To bind again; to re-establish to restore; to recommence; to tie again.

**REATOR**, s. m. (Energ. atôm.) Reactor, pile.

**REAVER**, v. t. To recover, to get back.

**REAVIVAR**, v. t. To revive; to reawaken; to renew; to reanimate.

**REBAIXAMENTO**, s. m. Lowering; debasement.

**REBAIXAR**, v. t. To low; to lessen; to depreciate; to degrade, to abate; v. p. to abase oneself.

**REBAIXO**, s. m. Lowering; space under a staircase; room under an inclined roof.

**REBANHO,** s. m. Herd (of oxen); flock (of sheep).
**REBARBA,** s. f. Bezel, a sloping edge, side, or face; barb, a sharp projection.
**REBARBATIVO,** adj. Rebarbative, double-chinned.
**REBATE,** s. m. Alarm; sudden attack; charge.
**REBATEDOR,** adj. Beating or striking again; repulsing, repelling; alarming; (fin.) discounting; s. m. (fin.) money changer, exchange broker; (esp.) batter, hitter.
**REBATER,** v. t. To beat again; to rivet; to repel; to confute, to prove wrong.
**REBECA,** s. f. Violin.
**REBELAR,** v. t. e p. To rebel, to renounce and resist by force; tobe disobedient or insubordinate.
**REBELDE,** adj. e s. 2 gên. Rebel, obstinate.
**REBELIÃO,** s. f. Rebellion, revolt, mutiny, insurrection.
**REBENTAÇÃO,** s. f. Bursting; surf, breaking on the shore.
**REBENTAR,** v. i. To burst, to break, to break out; to sprout, to shoot, to bud; to spring.
**REBENTO,** s. m. Sprout, shoot, bud.
**REBITADOR,** adj. Riveting; clinching (said of a screw, nail); s. m. riveter; clincher.
**REBITAR,** v. t. To rivet; to turn up; to clinch.
**REBITE,** s. m. Rivet, bolt.
**RÊBO,** s. m. Gravel; broken stone.
**REBOANTE,** adj. Echoing, resounding.
**REBOAR,** v. i. To re-echo; to resound.
**REBOCADOR,** s. m. Tow-boat, tug-boat.
**REBOCAR,** v. t. To plaster, to parget, to rough-cast; To tow, to draw or pull along, esp. through water.
**REBOCO,** s. m. Plaster, rough-cast.
**REBOLADO,** s. m. Wadding, a wadding walk; fluttering.
**REBOLAR,** v. t. To roll; to tumble; to twirl; to whirl, to spin; to sway, to swing (one's hips); to teeter; to turn, to flutter.
**REBOLIÇO,** adj. Grindstone-like.
**REBOLO,** s. m. Grindstone, grinder.
**REBÔO,** s. m. Resounding.
**REBOQUE,** s. m. Tow, towing.
**REBOQUEAR,** v. t. To plaster, to parget; to tow, to track.
**REBORDAR,** v. t. To embroider again, to take off the edges of a polished glass.
**REBORDO,** s. m. Edge, border.
**REBOTALHO,** s. m. Waste parts; refuse; outcast; trash.

**REBOTE,** s. m. Large plane; (esp. bras.) rebound.
**REBRAMAR, REBRAMIR,** v. i. To roar; to resound.
**REBRILHAR,** v. i. To shine again, to glitter, to sparkle, to glow.
**REBROTAR,** v. i. To shoot or sprout again.
**REBUÇADO,** s. m. Sweet, candy.
**REBUÇAR,** v. t. To muffle up, to disguise.
**REBUÇO,** s. m. Lapel; muffling; disguising.
**REBULIÇO,** s. m. Noise, tumult; disorder.
**REBULIR,** v. t. To retouch, to correct.
**REBUSCADO,** adj. Refined (style).
**REBUSCAR,** v. t. To research, to search.
**RECADO,** s. m. Message, errand; (pop. bras.) reprimend, scolding, caution.
**RECAIR,** v. t. To fall again; to relapse; to repeat (an offense or error); to fall back.
**RECALCADO,** adj. Rammed; kept down.
**RECALCAMENTO,** s. m. Treading down; compressing.
**RECALCAR,** v. t. To press down, to crush; to repress a subsconscious desire.
**RECALCITRANTE,** adj. Recalcitrant, rebelious or resistant; obstinately insubordinate.
**RECALCITRAR,** v. i. To recalcitrate, to kick backwards; to kick, to protest; to manifest opposition.
**RECALCULAR,** v. t. To recalculate, to recompute.
**RECALQUE,** s. m. Repression, the mental state created by a desire denied by an outlet or satisfaction.
**RECAMAR,** v. t. To embroider, to adorn, to deck.
**RECÂMARA,** s. f. Recamera, retiring room.
**RECAMBIAR,** v. t. To return, to send back.
**RECAMO,** s. m. Embroidery; adornment.
**RECANTAÇÃO,** s. f. Recantation.
**RECANTAR,** v. t. To recant, to retrate; to revoke; to sing or tell again.
**RECANTO,** s. m. Nook, a sheltered corner or place.
**RECAPITALIZAR,** v. t. To recapitalize.
**RECAPITULAÇÃO,** s. f. Recapitulation.
**RECAPITULAR,** v. t. To recapitulate, to give a summary of; to summarize; to make a recapitulation of.
**RECAPTURAR,** v. t. To recapture.
**RECARGA,** s. f. Overchare; fresh attack.
**RECATADO,** adj. Shy, bashful; modest; reserved; cautious.

**RECATAR**, v. t. To guard, to keep secret; to preserve, to safeguard, to hide, to conceal; to search a new; to rummage.

**RECATO**, s. f. Precaution, caution; modesty.

**RECAUCHUTAGEM**, s. f. Retreading, recapping (of tires).

**RECAUCHUTAR**, v. t. To retread, to recap (tires).

**RECAVAR**, v. t. To dig again.

**RECEAR**, v. t. e p. To fear, to be afraid, to dread, to suspect.

**RECEBEDORIA**, s. f. Collectorship.

**RECEBER**, v. t. To receive; to take; to hold, to contain; to permit to enter; to greet.

**RECEBIMENTO**, s. m. Reception; receiving.

**RECEIO**, s. m. Fear, dread, apprehension.

**RECEITA**, s. f. Receipt, prescription.

**RECEITAR**, v. t. To prescribe; to designate or order the use of (a remedy).

**RECEITÁRIO**, s. m. Place where prescriptions are kept.

**RECEITUÁRIO**, s. m. Medical formulary; receipt book; bundle of prescriptions.

**RECÉM**, adv. Recently, newly.

**RECÉM-NASCIDO**, adj. Newly born; s. m. newly born baby.

**RECÉM-VINDO**, adj. Newly arrived.

**RECENDÊNCIA**, s. f. Fragrance.

**RECENDER**, v. t. To exhale a sweet smell.

**RECENSEAMENTO**, s. m. Census.

**RECENSEAR**, v. t. To take a census.

**RECENTE**, adj. Recent, new, late.

**RECEOSO**, adj. Afraid, fearful; apprehensive; suspicious.

**RECEPÇÃO**, s. f. Reception.

**RECEPTÁCULO**, s. m. Receptacle; a container; a holder; repository; (Bot.) receptacle.

**RECEPTADOR**, adj. Receiving; fencings; s. m. receiver; fence, person who receives and stashes setolen goods.

**RECEPTÍVEL**, adj. Receptible.

**RECEPTOR**, s. m. Receptor, a receiving set; receiver, treasurer.

**RECESSO**, s. m. Recess, retirement.

**RECHAÇAR**, v. t. To repel; to refute; to beat; to drive back.

**RECHEADO**, adj. Filled; stuffed.

**RECHEAR**, v. t. To stuff; to cram; to fill overfull; v. t. rel. to stuff, to fill with a seasoned mixture of bread crumbs, spices, etc.; v. p. to stuff, to feed greedily; to cram.

**RECHEIO**, s. m. Stuff, raw material; a mixture of seasoned bread crumbs, spices, etc.

**RECHIAR**, v. t. To creak.

**RECHINAR**, v. i. To creak, to squeak.

**RECHONCHUDO**, adj. Plump, punchy.

**RECIBO**, s. m. Receipt; quittance.

**RECIDIVA**, s. f. Relapse, recidivation.

**RECIDIVAR**, v. i. To recidive, to relapse.

**RECIFE**, s. m. Reef, ridge, rocks.

**RECINTO**, s. m. Enclosed space; site.

**RÉCIPE**, s. m. Recipe, receipt.

**RECIPIENDÁRIO**, s. m. Recipiendary, an accepted candidate.

**RECIPIENTE**, adj. Recipient, receiving, receptive; s. m. recipient, receiver.

**RECIPROCAÇÃO**, s. f. Reciprocation, reciprocity.

**RECIPROCAR**, v. t. To reciprocate, to give and return mutually; to exchange; to reapy; v. i. to alternate.

**RECÍPROCO**, adj. Reciprocal, mutual.

**RECISÃO**, s. f. Abrogation, annulling.

**RÉCITA**, s. f. Recital, theatrical performance.

**RECITAÇÃO**, s. f. Recitation; recital.

**RECITAL**, s. m. Recital, concert.

**RECITAR**, v. t. To recite, to rehearse.

**RECLAMAÇÃO**, s. f. Reclamation, claim, protest.

**RECLAMAR**, v. t. e i. To reclaim, to claim back; to demand return of; to demand.

**RECLAME**, s. m. Reclame, advertisement, advertising, publicity.

**RECLAMO**, s. m. Advertisement; birdcall; decoy-bird.

**RECLINAÇÃO**, s. f. Reclination, reclining.

**RECLINAR**, v. t. To recline, to lay back; to incline, to bend.

**RECLUIR**, v. t. To seclude, to shut up apart from others; to isolate.

**RECLUSÃO**, s. f. Reclusion, seclusion.

**RECLUSO**, adj. e s. m. Recluse.

**RECOBRAMENTO**, s. m. Recovery.

**RECOBRAR**, v. t. To recover, to regain; to recuperate.

**RECOBRIR**, v. t. To recover.

**RECOBRO**, s. m. Recovery; recuperation.

**RECOGNIÇÃO**, s. f. Recognition

**RECOLHER**, v. t. To gather; to collect; to glean; to harvest, to garner; to pick; to pluck; to harbor, to lodge; to guard, to cloe; to withdraw; to take out of circulation (money); to receive, to bring in; to bury; to keep in mind; to contract.

**RECOLHIMENTO**, s. m. Retirement; seclusion; meditation.

**RECOLOCAR**, v. t. To replace, to put back.

**RECOLONIZAR**, v. t. To recolonize; to reduce once again to the status of colony.

**RECOMEÇAR**, v. i. To begin again, to recommence.

**RECOMENDAÇÃO**, s. f. Recommendation, something which recommends or commends; advice; warning.

**RECOMENDAR**, v. t. To recommend, to give in charge; to entrust; to commend; to present as one's advice; to offer or suggest with favoring representations; to attract favor to; to advise; to counsel.

**RECOMPENSA**, s. f. Recompense, repayment; reward; indemnity.

**RECOMPENSAR**, v. t. To recompense, to compensate; to make up for; to pay for; to return in kind; to repay; to indemnify, to reward, to reimburse.

**RECOMPOR**, v. t. To recompose, to rearrange; to restore, to reconcile.

**RECOMPOSIÇÃO**, s. f. Recomposition; reconciliation.

**RECÔNCAVO**, s. m. Recess, hollow; a cave.

**RECONCENTRAÇÃO**, s. f. Reconcentration.

**RECONCENTRAR**, v. t. To reconcentrate; to hold in or back, to keep back (one's emotion, feelings, etc.).

**RECONCILIAÇÃO**, s. f. Reconciliation, restoration to harmony or friendship.

**RECONCILIAR**, v. t. To reconcile; to conciliate; to harmonize; to restore to friendship; to peace; v. p. to become conciliated.

**RECONDICIONAMENTO**, s. m. (Mec.) Overhaul.

**RECONDICIONAR**, v. t. To overhaul, to recondition.

**RECÔNDITO**, adj. Recondite, hidden from sight; deep; concealed.

**RECONDUÇÃO**, s. f. Reconduction.

**RECONDUZIR**, v. t. To reconduct, to conduct back.

**RECONFORTANTE**, adj. Invigorating; refreshing.

**RECONFORTAR**, v. t. To comfort, to console; to invigorate.

**RECONHECER**, v. t. To recognize; to identify; to know, to acknowledge; to confess; to be grateful for; to reward; to grant; to reconnoiter; to accept, to admit.

**RECONHECIDO**, adj. Grateful, thankful.

**RECONHECIMENTO**, s. m. Recognition, acknowledgement; gratitude; confession.

**RECONQUISTA**, s. f. Reconquest.

**RECONQUISTAR**, v. t. To reconquer, to recover, to regain.

**RECONSIDERAÇÃO**, s. f. Reconsideration.

**RECONSIDERAR**, v. t. To reconsider.

**RECONSTITUINTE**, adj. e s. 2 gên. Reconstituent.

**RECONSTITUIR**, v. t. To reconstitute, to restore the constitution of; to constitute again.

**RECONSTRUÇÃO**, s. f. Reconstruction; rebuilding.

**RECONSTRUIR**, v. t. To rebuild; to reconstruct; to construct again; to remodel; to form again or anew; to reorganize.

**RECONTAR**, v. t. To reckon, to recount; to narrate, to relate in details.

**RECONTRO**, s. m. Recounter, encounter; combat; struggle.

**RECONVENÇÃO**, s. f. Reconvention.

**RECOPILAÇÃO**, s. f. Recopilation, recollection.

**RECOPILAR**, v. t. To recopile, to recollect.

**RECORDAÇÃO**, s. f. Remembrance, rememoration; memory.

**RECORDAR**, v. t. To remember, to recollect, to recall, to be similar to.

**RECORDE**, s. m. Record.

**RECORRER**, v. t. To resort; to appeal; to have resource.

**RECORTAR**, v. t. To cut; to retail; to cut figures in paper.

**RECORTE**, s. m. Cutting out.

**RECOSER**, v. t. To sew again.

**RECOSTAR**, v. t. To slope, to incline; to lay.

**RÉCOVA**, s. f. A drove of beast.

**RECOVAR**, v. t. To carry (merchandise); to wagon.

**RECOZER**, v. t. To boil again; to overboil; to bake again.

**RECOZIMENTO**, s. m. Rebaking.

**RECREAÇÃO**, s. f. Recreation, divertion, play, amusement.

**RECREAR**, v. t. To amuse, to divert, to entertain, to recreate, to refresh, to please.

**RECREIO**, s. m. Recreation; diversion; amusement; playground.

**RECREMENTO**, s. m. Recrement.

**RECRESCÊNCIA**, s. f. Recrescence, new growth.

**RECRESCER**, v. i. To grow again or anew; to rise again.

**RECRIAÇÃO**, s. f. Recreation.

**RECRIAR, v. t.** To recreate, to create again or anew; to reform (in the mind).
**RECRIMINAÇÃO, s. f.** Recrimination.
**RECRIMINAR, v. t. e i.** To recriminate, to accuse; to retort or return (an accusation); to make an accusation; to charge back (a fault) upon.
**RECRUDESCÊNCIA, s. f.** Recrudescence.
**RECRUDESCER, v. i.** To recrudesce; to become recrudescent; to break out again; to renew activity.
**RECRUTA, s. m.** Recruit, a newly enlist soldier or sailor.
**RECRUTAR, v. t.** To recruit, to enlist; to gather.
**RECRUZAR, v. t.** To recross, to cross again.
**RECUA, s. f.** Recoil.
**RÉCUA, s. f.** A drove of beast.
**RECUAMENTO, s. m.** Recoil, recoiling; a backward movement; retreat.
**RECUAR, v. i.** To draw back; to shrink, to flinch, to move backward, to recoil.
**RECUPERAÇÃO, s. f.** Recuperation, recovery; restoration to health or strength.
**RECUPERAR, v. t.** To recuperate; to recover; to regain; to restore to health; v. p. to recuperate; to recover health or strength; to convalesce.
**RECURSO, s. m.** Recourse, resort, resource, expedient; apeal, petiticion, aid; remedy, assistance; pl. means, funds.
**RECURVAR, s. f.** To recurvate, to recurve.
**RECUSA, s. f.** Refusal, denial, refusing; rejection.
**RECUSAR, v. t.** To refuse, to decline to accept; to reject; to deny.
**REDAÇÃO, s. f.** Redaction; editing; editorial office.
**REDAR, v. t.** To give again.
**REDARGÜIÇÃO, . f.** Refort, reply.
**REDARGÜIR, v. t.** To retort; to confute; to reply.
**REDATOR, s. m.** Editor, redactor.
**REDE, s. f.** A net; network; (fig.) trap.
**RÉDEA, s. f.** Rein, bridle; (fig.) position of control or command; control.
**REDEMOINHO, s. m.** Whirl.
**REDENÇÃO, s. f.** Redemption; deliverance; release, liberation.
**REDENTOR, s. m.** Redeemer.
**REDIBIÇÃO, s. f.** Redhibition.
**REDIBIR, v. t.** To annul the sale of an article on account of some defect; to conceal.

**REDIGIR, v. t.** To draw up; to redact; to write out.
**REDIL, s. m.** Sheepfold, fold.
**REDIMIR, v. t.** To redeem, to ransom, free or rescue by paying a price.
**REDINTEGRAR, v. t.** To redintegrate, to make whole again; to restore to the integrity.
**REDISTRIBUIÇÃO, s. f.** Redistribution; repartition; rearrangement.
**REDISTRIBUIR, v. t.** To redistribute.
**REDIVIVO, adj.** Resuscitated, revived.
**REDOBRA, s. f.** A double fod.
**REDOBRAR, v. t. e i.** To redouble; to double or increase in size or amount.
**REDOLENTE, adj.** Redolent, odorous, fragrant.
**REDOMA, s. f.** Glass-case; glass-bell.
**REDONDEAR, v. t.** To make round, to round.
**REDONDEZA, s. f.** Roundness; rotundity; surroundings.
**REDONDILHA, s. f.** Redondilla.
**REDONDO, adj.** Round, rotund; circular.
**REDOR, s. m.** Circuit.
**REDUÇÃO, s. f.** Reduction, diminution, allowance, abatement.
**REDUNDÂNCIA, s. f.** Redundance, redundancy; pleonasm; verbosity.
**REDUNDAR, v. i.** To redound, to flow back; to come; to be redundant.
**REDUPLICAR, v. t. e i.** To reduplicate; to redouble, to repeat.
**REDUTIBILIDADE, s. f.** Reductibility; reducibleness.
**REDUTO, s. m.** Redoubt.
**REDUZIR, v. t.** To reduce, to diminish; to lessen; to bring or lead back (a person or thing) to a former place or state; to lower, to degrade, to humble; to subdue, to capture; to restore (a person, thing, condiction, etc.); to restrain; to bound; to limit, to confine; v. p. to become reduced in any way.
**REEDIÇÃO, s. f.** Reprint, a new impression of a printed work.
**REEDIFICAR, v. t.** To rebuilt, to reedificate.
**REEDITAR, v. t.** To reprint, to print again; to print a new edictíon of.
**REEDUCAR, v. t.** To re-educate.
**REELEGER, v. t.** To re-elect, to elect again.
**REEMBARCAR, v. t.** To re-embark, to embark again.
**REEMBOLSAR, v. t.** Reimburse, to pay back; to repay; to indemnify; to pay.

**REEMPOSSAR**, v. t. To re-empower.
**REEMPREGAR**, v. t. To re-employ.
**REENCARNAÇÃO**, s. f. Reincarnation.
**REENCARNAR**, v. i. To reincarnate; to give a new fleshly or human form to.
**REENCHER**, v. t. To fill again, to refil.
**REENCONTRAR**, v. t. To meet again; to find again; to re-encounter.
**REENGAJAMENTO**, s. m. Re-engagement.
**REENGAJAR-SE**, v. t. To re-engage; (Mil.) tore-enlist.
**REENTRÂNCIA**, s. f. Re-entrance, re-entrancy.
**REENTRAR**, v. t. To re-enter, to enter again.
**REENVIAR**, v. t. To send again.
**REESTABELECER**, v. t. To re-establish, to establish anew or again.
**REESTRUTURAR**, v. t. To reorganize, to reconstruct, to readjust; to recalssify.
**REEXPORTAÇÃO**, s. f. Re-exportation.
**REFALSAMENTO**, s. m. Deceit.
**REFALSEAR**, v. t. To deceive.
**REFAZER**, v. t. To remake; to redo; to repair, to fix; to correct, to emend; to rebuild, to reconstruct; to re-form; to restore; to revivify; to refres; to feed, to nourish; to provide, to supply; to re-collect; to regroup.
**REFEIÇÃO**, s. f. Meal, the food taken at one time to satisfy the appetite.
**REFEITO**, adj. Refreshed; restored; renewed.
**REFEITÓRIO**, s. m. Refectory, a dining hall.
**REFÉM**, s. m. Hostage.
**REFENDER**, v. t. To split again.
**REFERÊNCIA**, s. f. Reference; relation; an allusion; a written statement of the qualification of a person.
**REFERENDAR**, v. t. To countersign; to reference; to suply with a reference; to make or give a reference.
**REFERENDO**, s. m. Referendum.
**REFERENTE**, adj. Relative relating, referring, connected.
**REFERIDO**, adj. Related, named.
**REFERIR**, v. t. e i. To refer, to relate, to have relation; to make reference; to recount, to tell; to report.
**REFERVER**, v. t. To boil again; to ferment; to rage; to boil over.
**REFESTELAR-SE**, v. p. To sport, to make marry; to accost.
**REFILAR**, v. t. To bite again, to rebite; v. i. to resist; to recalcitrate.

**REFINAÇÃO**, s. f. Refining, refinement.
**REFINADO**, adj. Refined; free from impurities (gold, sugar, etc.); cultivated in manners, taste, etc.; subtle.
**REFINAMENTO**, s. m. Refinement, purification; clarification; politeness; elegance; cultivation.
**REFINAR**, v. t. To refine, to reduce to a fine, unmixed, or pure state; to clarify, to sublime; to improve or perfect; v. i. e p. to refine, to become free from impurities, coarseness, vulgarity, etc.; to improve by introducing refinements.
**REFINARIA**, s. f. Refinery.
**REFINCAR**, v. t. To drive again.
**REFLETIR**, v. t. To reflect, to bend, throw or cast back; to give back an image; to mirror; v. i. to reflect, to think, to cogitate, to ponder, to meditate; to ruminate; to reflect light, heat, etc.; to cast discredit.
**REFLETIVO**, adj. Reflective.
**REFLETOR**, adj. Reflective; s. m. reflector.
**REFLEXÃO**, s. f. Reflection, the return of the light or sound waves from surface; reflected light or heat; meditation, contemplation, cogitation, consideration, thinking.
**REFLEXIONAR**, v. i. To reflect, to ponderate; to think.
**REFLEXIVO**, adj. Reflective, reflexible.
**REFLEXO**, s. m. Reflex, a mirrored image; reflection; an involuntary act or movement performed as the result of a massage (nervous impulse) sent from a sense organ to a muscle, gland or the like; adj. reflex, bent or trned back; of light, reflected; produced by reflex action.
**REFLORESCER, REFLORIR**, v. t. e i. To reflower; to reflourish.
**REFLORESTAR**, v. t. To reforest, to renew forest cover on (land) by seeding or planting trees.
**REFLUÊNCIA**, s. f. Refluence, refluency.
**REFLUIR**, v. i. To flow back.
**REFLUXO**, s. m. Reflux, a flowing back; ebb.
**REFOGADO**, s. m. Stew, stewed meat; onion-sauce.
**REFORÇO**, s. m. Reinforcement.
**REFORMA**, s. f. Reform; reformation; amendment.
**REFOLGAR**, v. i. To take a good rest.
**REFOLGO**, s. m. Rest; relief.
**REFOLHAR**, v. t. To cover with leaves; to fold; (fig.) to dissimulate, to disguise.

**REFOLHO, s. m.** Fold; (fig.) cloak.
**REFORÇAR, v. t.** To reinforce, to strengthen by addition of something new; to render stronger.
**REFORMADOR, s. m.** Reformer; adj. reforming.
**REFORMAR, v. t.** To reform, to change into a new or improved condition; to restore to a former good state; to amend; to better; to rectify; to repair; to form again or anew; v. p. to reform, to amend or correct one's own character or habits.
**REFORMATÓRIO, s. m.** Reformatory.
**REFRAÇÃO, s. f.** Refraction.
**REFRANGENTE,** adj. Refracting.
**REFRANGER, v. t.** To refract, to subject (rays or light) to refractio.
**REFRANGIBILIDADE, s. f.** Refrangibility; refrangibleness.
**REFRÃO, s. m.** Refrain.
**REFRATAR, v. t.** To refract, to subject (rays or light) to refraction; to reflect.
**REFRATÁRIO,** adj. Refractory.
**REFRATOR, s. m.** Refractor.
**REFREADO,** adj. Restrained; curbed; moderated.
**REFREAR, v. t.** To restrain, to curb, to check, to bridle, to contain; to govern; to control; to hold back; to rein in; to brake (a car); to moderate, to emper.
**REFREGA, s. f.** Fray, affray.
**REFREIO, s. m.** Bridle, curb; check.
**REFRÉM, s. m.** Refrain.
**REFRESCANTE,** adj. Cooling; refreshing.
**REFRESCAR, v. t.** To refresh, to make fresh or fresher; to restore vigor, spirit, etc.; to replenish; v. i. to refresh, to become fresh; to give or supply refreshment; v. p. to refresh oneself; to take refreshment.
**REFRIGERAÇÃO, s. f.** Refrigeration, act or process of refrigerating.
**REFRIGERADOR,** adj. Refrigerative; s. m. refrigerator.
**REFRIGERANTE,** adj. e s. m. Refrigerant.
**REFRIGERAR, v. t.** To refrigerate, to make or keep cold or cool; to refresh; v. p. to refresh oneself.
**REFRIGÉRIO, s. m.** Refrigeration; freshness; relief.
**REFRINGÊNCIA, s. f.** Refringency.
**REFRINGENTE,** adj. Refractive, refringent.
**REFUGAR, v. t.** To reject, to refuse, to throw aside.
**REFUGIADO, s. m.** Refugee.
**REFUGIAR-SE, v. i.** To expatriate oneself; to take or seek refuge; to seek asylum; to seek shelter; (fig.) to seek protection.
**REFÚGIO, s. m.** Refuge, shelter; asylum; protection; retreat.
**REFUGO, s. m.** Refuge, rubbish, waste.
**REFULGÊNCIA, s. f.** Refulgence, radiance; brightness; splendor.
**REFULGIR, v. i.** To shine; to be refulgent.
**REFUNDIÇÃO, s. f.** Recasting, remelting.
**REFUNDIR, v. t.** To refound, to cast or found again.
**REFUTAR, v. t.** To refuse, to deny; to reject; to decline to accept; to decline to do, to give, etc.
**REFUTÁVEL,** adj. Refutable.
**REGA, REGADIO, s. f., s. m.** Irrigation; watering.
**REGAÇO, s. m.** The lap; the part of the clothing covering the body between the front waistline and the knees; the part of the body so covered.
**REGADOR, s. m.** Watering ean.
**REGALAR, v. t.** To regale, to give or offer delight or pleasure; to gratify.
**REGALIA, s. f.** Reale, prerogative of royalty; privilege.
**REGALISMO, s. m.** Regalism, doctrine of royal supremacy (esp. in church affairs).
**REGALO, s. m.** Rejoyment, delight, pleasure; present, gift, muff.
**REGANHAR, v. t.** To regain.
**REGAR, v. t.** To irrigate; to water; to wet with water.
**REGATA, s. f.** Regatta, a rowing or sailing race.
**REGATAR, v. t.** To huckster.
**REGATEAR, v. t.** To chaffer, to haggle, to cheapen; to grudge.
**REGATEIO, s. m.** Bargaining, haggle.
**REGATO, s. m.** Brook, rill.
**REGEDOR,** adj. Ruling; s. m. a parish administrator.
**REGEDORIA, s. f.** The office of a parish administrator.
**REGELADO,** adj. Frozen, congealed.
**REGELAR, v. t.** To freeze, to congeal; v. i. to be frozen.
**REGELO, s. m.** Iciness; coolness; (fig.) insensibility.
**REGÊNCIA, s. f.** Regency.
**REGENERAÇÃO, s. f.** Regeneration.

**REGENERAR(-SE)**, v. t. To regenerate; to reform; to reclaim, to renovate; to reform completely in character and habits.

**REGENTE**, adj. Regent, acting as regent; s. m. regent, one who governs the kingdom during the minority; conductor, a person who directs an orchestra, chorus, etc.

**REGER**, v. t. To govern, to rule; to conduct or direct the performance (of an orchestra, etc.); v. i. to act as regent.

**RÉGIA**, s. f. The king's palace.

**REGIÃO**, s. f. Region, a large tract of land; a country, province, district, or the like; an indefinite area; a part or division of the body.

**REGICÍDIO**, s m. Regicide, the killing or murder of a king.

**REGIME, REGÍMEN**, s. m. Regime, administration; method of rule or management; system of governing; the existing political or social system; regiment, a systematic course of diet.

**REGIMENTO**, s. m. Regime method or rule of management; regiment, a body of soldiers commanded by a colonel; (fig.) a crowd of people.

**RÉGIO**, adj. Royal, kinglike.

**REGIONAL**, adj. Regional, of or pertaining to a region.

**REGIONALISMO**, s. m. Regionalism.

**REGIRAR**, v. t. To turn again.

**REGIRO**, s. m. Circumvolution.

**REGISTRADA**, adj. Registered, entered, inscribed, recorded, filed; noted.

**REGISTRADOR**, s. m. Recorder; register.

**REGISTRAR**, v. t. To register, to enter in a register, roll, list, etc.; to recor automatically; to secure special care and protection for (mail matter) by having it especially recorded and paying extra postage; to show (an emotion) by special facial expression, gesture, etc.

**REGISTRO**, s. m. Register; registration.

**REGO**, s. m. A furrow; trench; drain.

**REGORJEAR**, v. i. To twitter.

**REGORJEIO**, s. m. Twitter.

**REGOZIJAR**, v. t To rejoice; to gladden; v. p. to rejoice, to feel joy or great delight.

**REGOZIJO**, s. m. Rejoicing, joy, delight.

**REGRA**, s. f. A rule; regulation; usual or sistematic method or way of doing something; (Mat.) rule, a method prescribed for performing any operation.

**REGRADO**, adj. Regular, orderly.

**REGRAR**, v. t. To rule or draw lines; to regulate; to moderate.

**REGREDIR**, v. i. To regress; to retrograde.

**REGRESSÃO**, s. f. Regression; regress.

**REGRESSAR**, v. i. To return, to come back.

**REGRETA**, s. f. Reglet.

**RÉGUA**, s. f. Ruller, a straight, smooth-edged strip of wood, metal, etc.

**REGUEIRA, REGUEIRO**, s. f., s. m. Furrow, drack, drain.

**REGULAÇÃO**, s. f. Regulation, rule; law; control, direction.

**REGULAGEM**, s. f. (Bras.) Adjustment (of machines, motors, etc.).

**REGULAMENTO**, s. m. Regulation; rule; order; direction.

**REGULAR**, v. t. To regulate, to direct according to rule; to adjust; to dispose, to methodize, to arrange; to order, to rule; to regularize; to make regular or conformable to law, rules, or the like.

**REGULAR**, adj. Regular; orderly; ordinary; moderate; belonging to a religious order.

**REGULARIZAÇÃO**, s. f. Regularization.

**REGULARIZAR**, v. t. To regularize, to regulate; to correct; to rectify; to make reasonable.

**RÉGULO**, s. m. Petty king.

**REGURGITAÇÃO**, s. f. Regurgitation.

**REGURGITAR**, v. i. To regurgitate; to regorge; to vomit up.

**REI**, s. m. King, a male ruler or sovereign; the head of a State caled "kingdom"; the principal piece in the game of chess; a card bearing the picture of a king.

**REIMPRESSÃO**, s. f. Reprinting, reprint.

**REIMPRIMIR**, v. t. To reprint, to print again; to print a new ediction of.

**REINAÇÃO**, s. f. Romping, play.

**REINADO**, s. m. Reign, the time during which a sovereign rules.

**REINAR**, cv. t. To reign, to govern as king, emperor, or the like; to rule over; to predominate; to prevail.

**REINCIDÊNCIA**, s. f. Reiteration, relapse.

**REINCIDIR**, v. i. To relapse, to fall back into a former state after a change for the better.

**REINO**, s. m. Reign, the territory or sphere which is reigned over; kingdom, realm.

**REINSTALAÇÃO**, s. f. Reinstatement.

**REINSTALAR**, v. t. To reinstate, to reinstall.

**REINTEGRAÇÃO**, s. f. Reintegration.

**REITERATIVO**, adj. Reiterative.
**REITOR**, s. m. Rector, the head of a university; a parish priest.
**REITORIA**, s. f. Rectory, rectorship.
**REIVINDICAÇÃO**, s. f. Revindication.
**REIVINDICAR**, v. t. To revindicate, to reclaim; to recover by a formal demand for restoration.
**REJEIÇÃO**, s. f. Rejection, reject.
**REJEITAR**, v. t. To reject; to repel, to repudiate, to refuse; to cast or throw away; to eject or spew out; to vomit.
**REJEITÁVEL**, adj. Rejective; refusable, capable of being refused.
**REJUBILAÇÃO**, s. f. Rejoicing.
**REJUBILAR**, v. t. To rejoice.
**REJUVENESCER**, v. t. To rejuvenate, to render young or youthful again; to revigorate.
**RELAÇÃO**, s. f. Relation; narration; relationship; account; connection; reference; respect; pl. dealings; affairs.
**RELACIONAR**, v. t. To relate, to tell; to narrate; to bring into connection; to establish relationship between; v. p. to relate, to have relationship or connection; to belong; to refer.
**RELÂMPAGO**, s. m. Lightning; flash.
**RELAMPAGUEAR, RELAMPEAR, RELAMPEJAR**, v. i. To lighten; to glitter; to shine or flash brightly; to shine with or like lightining.
**RELANCE**, s. m. Recasting of a net; glance, look.
**RELANCEAR**, v. t. To glance, to look with a quick gaze; to cast a glance on.
**RELAPSO**, adj. Relapsed; s. m. relapser.
**RELATAR**, v. t. et. rel. To relate, to tell; to narrate; to report; to recount; to state.
**RELATIVIDADE**, s. f. Relativity.
**RELATIVO**, adj. e s. m. Relative.
**RELATO**, s. m. Report, account.
**RELATOR**, s. m. Relator, relater, narrator.
**RELATÓRIO**, s. m. Report, statement.
**RELAXAÇÃO**, s. f. Relaxation, relaxing, a lessening of tension, strictness, etc.; neglect.
**RELAXAR**, v. t. To relax, to make less rigid, tense, etc.; to slack; to make less severe, rigorous, etc.; v. p. to relax, to become less rigid, tense, etc.; to grow slack.
**RELEGAR**, v. t. To relegate, to banish; to dismiss to inferior position or sphere.
**RELEMBRAR**, v. t. To remind, to rememorate.

**RELENTAR**, c. i. To wet, to moisten, to dew.
**RELENTO**, s. m. Night-dew.
**RELER**, v. t. To read again.
**RELES**, adj. Vile, base, mean.
**RELEVAÇÃO**, s. f. Remission, forgiveness, pardon.
**RELEVADO**, adj. Exempted, indulged.
**RELEVÂNCIA**, s. f. Importance, eminence.
**RELEVAR**, v. t. To give relief; to emboss; to carve, to mold; to release, to pardon, to exempt, to forgive; to commend; to relieve; to put in relief; to give prominence to.
**RELEVO**, s. m. Relief, embossment.
**RELHO**, adj. Old, very old; s. . whip.
**RELICÁRIO**, s. m. Reliquary.
**RELIGAR**, v. i. To bind again.
**RELIGIÃO**, s. f. Religion, any of the systems of faith or worship.
**RELIGIOSA**, s. f. A nun.
**RELIGIOSIDADE**, s. f. Religiousness, piety.
**RELIGIOSO**, adj. Religious; devout; pious; godly; rigid, exact; scrupulous.
**RELINCHAR**, v. i. To neigh, to whinny.
**RELINCHO**, s. m. Neigh, neighing.
**RELÍQUIA**, s. f. Relic, an object venerated because of its association with Christ or a saint; ruins; remains; souvenir; memento.
**RELÓGIO**, s. m. Watch, clock, time-piece.
**RELUTÂNCIA**, s. f. Reluctance; obstinacy; opposition; repugnance; aversion.
**RELUTAR**, v. i. To reluct, to make a determined resistance; to fight; to struggle; to feel or show repugnance or reluctance.
**RELUZENTE**, adj. Relucent, shining; refulgent, radiant.
**RELUZIR**, v. i. To reluce, to reflect light; to shine, to glitter.
**RELVA, RELVADO**, s. f., s. m. Grass, turf; grass-plot.
**RELVAR, RELVEJAR**, v. i. To grass; to cover with grass.
**REMADA, REMADURA**, s. f. Rowing.
**REMADOR**, s. m. A rower, oarsman.
**REMANCHAR**, v. i. To delay, to linger, to loiter.
**REMANESCENTE**, adj. Remaining, lasting, enduring; s. m. remainder; residue.
**REMANSO**, s. m. Rest, repose, ease; dead water.
**REMAR**, v. t. To row, to propel with oars along the surface of water; to be moved by oars.
**REMARCAÇÃO**, s. f. Re-marking; markdown.

**REMARCAR**, v. t. To mark again.
**REMASCAR**, v. i. To chew again, to ruminate; to considerate again or anew.
**REMATAÇÃO**, s. f. Saling by auction.
**REMATAR**, v. t. To end, to finish; to complete, to accomplish.
**REMATE**, s. m. End, finishing; conclusion; top; pinnacle.
**REMEDAR**, v. t. To mimic, to ape.
**REMEDIADO**, adj. Remedied; well-off.
**REMEDIAR**, v. t. To remedy; to provide or serve as remedy; to cure; to relieve; to correct, to repair; to redress.
**REMÉDIO**, s. m. Remedy, medicine; relieve; help; anything that corrects or counteracts an evil or sickness.
**REMEDIR**, v. t. To measure again.
**REMEDO**, s. m. Imitation; mockery.
**REMELA**, s. f. Blearness; blearedness.
**REMELAR**, v. i. To blear; to become bleareyed.
**REMELENTO, REMELOSO, REMELADO**, adj. Blear-eyed.
**REMEMORAÇÃO**, s. f. Rememoration.
**REMEMORAR**, v. t. To rememorate, to remember, to remind.
**REMENDADO**, adj. Patched, mended; spotted.
**REMENDÃO**, s. m. Patcher, mender; botcher; shoemaker, a person who repairs shoes.
**REMENDAR**, v. t. To piece, to patch, to mend, to botch.
**REMERECER**, v. t. To deserve in a high degree.
**REMESSA**, s. f. Remittance; payment; parcel.
**REMETENTE**, s. m. Remittor, remitter.
**REMETER**, v. t. To send; to remit, to submit, to refer; to postpone, to put off; to attack.
**REMEXER**, v. t. To stir up; to shake up; to rummage; to turn upside down.
**REMEXIDA**, s. f. Stir, stirring; rummaging; confusion, disorder.
**REMEXIDO**, adj. (Fam.) Restless, bustling, fidgety; naughty.
**REMIDOR**, s. m. Redeemer.
**REMÍGIO**, s. m. Remex; pl. remiges.
**REMIGRAR**, v. i. To remigrate, to migrate again or back.
**REMÍPEDE**, adj. Remiped, having the feet that are used as oars.
**REMIR**, v. t. To redeem; to ransom to deliver; to make amends for.

**REMIRAR**, v. t. To look again.
**REMISSA**, s. f. (Fig.) Adjournment; putting off.
**REMISSÃO**, s. f. Remission, pardon; forgiveness; diminution of force or intensity; relaxation, abatement.
**REMISSIVO**, adj. Remissive.
**REMISSO**, adj. Remiss.
**REMITÊNCIA**, s. f. Remittence.
**REMITIR**, v. t. To remit, to forgive, to pardon; to set free; to absolve; to relax.
**REMO**, s. m. Oar, boat-oar; paddle.
**REMOÇAMENTO**, s. m. Rejuvenation.
**REMOÇÃO**, s. f. Removal, remove.
**REMOÇAR**, v. t. e i. To rejuvenate, to render young or youthful again.
**REMODELAÇÃO**, s. f. Remodelment.
**REMODELAR**, v. t. To remodel, to mold anew.
**REMOEDURA**, s. f. Rumination.
**REMOER**, v. t. To ruminate, to chew the cud; to ponder, to consider again and again.
**REMOINHAR**, v. i. To turn round, to whirl.
**REMOINHO**, s. m. Whirl, whirlpool.
**REMOLAR**, s. m. Oar-maker.
**REMOLHAR**, v. t. To wet or soap again.
**REMONTA**, s. f. Remount.
**REMONTAR**, v. t. To remount, to mount, to go up again; to ascend, to vamp; to patch, to mend.
**REMONTE**, s. m. High place; elevation, vamping.
**REMOQUEADOR**, s. m. Taunter, scoffer, mocker.
**REMOQUEAR**, v. t. e i. To taunt, to scoff, to mock.
**REMORDER**, v. t. To bite again, to chew on; to disparage; to backbite; to torture; to torment; to mull over, to ponder.
**REMORDIMENTO**, s. m. Remorso.
**REMOROSO**, adj. Delaying.
**REMORSO**, s. m. Remorse, compunction; repentant regret; repentance.
**REMOTO**, adj. Remote, distant.
**REMOVEDOR**, s. m. Cleaner, remover; cleaning fluid.
**REMOVER**, v. t. To remove, to move; to transfer; to change the location of; to dismiss; to discharge; to get rid of to displace.
**REMUNERAÇÃO**, s. f. Remuneration, payment, reimbursement, recompense; pay; satisfaction.
**REMUNERAR**, v. t. To remunerate, to reward; to pay; to reimburse; to satisfy.

**REMUNERÁVEL,** adj. Remunerable.
**REMURMURAR,** v. i. To remurmur, to murmur repeatedly.
**RENA,** s. f. (Zool.) Reindeer.
**RENAL,** adj. Renal.
**RENANO,** adj. Rhenish.
**RENASCENÇA,** s. f. Renascence, rebirth, revival; renaiscence.
**RENASCIMENTO,** s. m. Renascence.
**RENDA,** s. f. Lace (a delicate open work fabric of line threads); income (money which comes in to a person from his labor, business, or property).
**RENDADO,** adj. Laced.
**RENDAR,** v. t. Torent; to lace.
**RENDER,** v. t. To subject, to subdue, to reduce; to yield; to render, to render tribute; to produce, to make or to be profitable.
**RENDIÇÃO,** s. f. Surrender, giving up, delivery.
**RENDIDO,** adj. Overcome, conquered.
**RENDILHAR,** v. t. To adorn with laces.
**RENDIMENTO,** s. m. Income, revenue; surrender; submission; hernia, rupture.
**RENDOSO,** adj. Lucrative, profitable, gainful.
**RENEGADO,** s. m. Renegade, apostate.
**RENEGAR,** v. t. To deny, to renounce, to desert.
**RENHIDO,** adj. Fierce; furious; bloodly.
**RENHIR,** v. t. To dispute, to debate; to contend.
**RENIFORME,** adj. Reniform.
**RENITÊNCIA,** s. f. Renitence, renitency; resistance; opposition; reluctance; obstinacy.
**RENITIR,** v. i. To resist.
**RENOME,** s. m. Renown; fame, celebrity.
**RENOVAÇÃO,** s. f. Renovation, renewal.
**RENOVAR,** v. t. To renew, to renovate, to make new again; to regenerate; to replace; to rebuild; to restore; v. i. to put forth (shoots); v. o. to revigorate, to rejuvenate, to renew youthful vigor in.
**RENQUE,** s. m. Row, file; rank.
**RENTE,** adj. e adv. Close, even with, close to.
**RENTEAR,** v. t. To cut off close; v. i. to spark, to play the gallant.
**RENÚNCIA,** s. f. Renunciation, renounce, renouncement, renouncing.
**RENUNCIAR,** v. t. To renounce, to give up; to abandon or resign; to abjure, to forswear; to retract, to repudiate; to reject; to deny.

**REOCUPAÇÃO,** s. f. Reoccupation.
**REOCUPAR,** v. t. To reoccupy, to occupy again.
**REORDENAR,** v. t. To reordain.
**REORGANIZAÇÃO,** s. f. Reorganization.
**REORGANIZAR,** v. t. To reorganize, to organize again or anew; to improve; to amend.
**REÓSTATO,** s. m. Rheostat.
**REÓTOMO,** s. m. Rheotome.
**REPA,** s. f. Thin hair.
**REPAGAR,** v. t. To repay.
**REPARAÇÃO,** s. f. Reparation, repairing; compensation, restitution; indemnity.
**REPARAR,** v. t. To repair, to restore; to remedy, to heal; to mend; to correct; to renew; v. i. to notice, to observe.
**REPARO,** s. m. Repair, restore to sound condition; amendment; doubt, objection; defence, notice.
**REPARTIÇÃO,** s. f. Partition, separation, division; repartition, distribution; office, department.
**REPARTIMENTO,** s. m. Partion; compartiment.
**REPARTIR,** v. t. To share, to distribute, to allot, to divide, to portion out.
**REPASSADO,** adj. Soaked; imbued.
**REPASSAR,** v. t. e i. To repass, to pass over or through again; to go or pass again; to soak through; to reexamine; to revise, to read again.
**REPASTAR,** v. t. e i. To pasture again; to feed; to feast.
**REPASTO,** s. m. Repasture, food.
**REPATRIAÇÃO, REPATRIAMENTO,** s. f., s. m. Repatriation.
**REPATRIAR,** v. t. To repatriate, to restore or return to one's own country, allegiance or citizenship.
**REPELÃO,** s. m. Thrust, violent pull, push.
**REPELÊNCIA,** s. f. Repellence, repellency, repulsion.
**REPELIR,** v. t. To repel, to drive back; to repulse; to resist or oppose sucessfully; to reject; to cause disgust or aversion.
**REPENICAR,** v. t. To chime.
**REPENTE,** s. m. Outburst; sudden fit or act.
**REPENTINO,** adj. Sudden, instantaneous, precipitate, impetuous, abrupt, rapid, unexpected.
**REPENTISTA,** adj. Extemporary; s. 2 gên. improvisator or improviser, one who does or says things offhand.

**REPERCUSSÃO**, s. f. Repercussion; reband; recoil; reverberation; a reaction from something done, said, etc.

**REPERCUTIR**, v. t. e i. To repercuss, to reverberate (a sound); to drive back, to reflect, to throw back; to be reflected.

**REPERTÓRIO**, s. m. Repertory, a list, index, catalogue or calendar, repertoire.

**REPES**, s. m. Rep, repp, reps.

**REPESAR**, v. t. To reweigh, to weigh again; to examine attentively.

**REPESO**, adj. Contrite, sorry, repentant; s. m. reweight, reweighing.

**REPETENTE**, adj. Repeating; s. m. repeater, a student repeating a course in school.

**REPETIÇÃO**, s. f. Repetition, repeating; act of reciting something learned; a copy, a reproduction; (Ret.) repetition, reiteration; (Bras.) s. m. repeater, a rapid-firing small arm.

**REPETIDOR**, adj. Repeating; s. m. one who repeats.

**REPETIR**, v. t. e i. To repeat, to say or utter again; to make, to do, or perform again; to say or utter after another person; to reiterate; to reproduce.

**REPICAR**, v. t. e i. To chime.

**REPINTAR**, v. t. To repaint, to paint again.

**REPIQUE**, s. m. Chime.

**REPISAR**, v. t. To press again, to tread over again; to repeat over and over.

**REPLANTAÇÃO**, s. f. Replantation.

**REPLANTAR**, v. t. To replant.

**REPLETO**, adj. Replete, filled to capacity; full; supplied in abundance; gorged with food (persons); complete.

**RÉPLICA**, s. f. Reply, answer, response; replica, a reproduction, facsimile or copy of a picture or statue; (Mús.) replica.

**REPLICAR**, v. t. e i. To reply, to answer, to respond.

**REPOLHO**, s. m. White cabbage.

**REPONTAR**, v. i. To appear, to come up; to dawn.

**REPOR**, v. t. To replace, to restore, to pay back; to put back.

**REPORTAGEM**, s. f. Reportage, writing of a journalistic character.

**REPORTAR**, v. t. To turn backwards; to moderate; to attribute; to refer to.

**REPÓRTER**, s. m. Reporter, a person who gathers and reports news for a newspaper or other periodical.

**REPOSIÇÃO**, s. f. Reposition, restitution.

**REPOSITÓRIO**, s. m. Repository.

**REPOSTEIRO**, s. m. Door-curtain.

**REPOUSANTE**, adj. Reposeful, restful, quiet, tranquil.

**REPOUSAR**, v. i. e t. To repose, to rest, to take a rest; to sleep; to lie, to recline; to trust; to rely; to be supported; to cease from activity; to lie burried.

**REPOUSO**, s. m. Rest, repose; sleep; peace; calm.

**REPOVOAR**, v. t. To repeople.

**REPREENDER**, v. t. To reprehend, to reprimand; to chide; to censure; to call down; to reprove.

**REPREENSÃO**, s. f. Reprehension, reproof, chiding; blame.

**REPREGAR**, v. t. To nail again; to bestud.

**REPRESA**, s. f. Dam; bracket; barrier.

**REPRESÁLIA**, s. f. Reprisal.

**REPRESAR**, v. t. To dam, to restrain the flow of; to block up; to detain; to put in jail; to repress; to restrain.

**REPRESENTAÇÃO**, s. f. Representation, show; exhibition; reproduction; simulation; a dramatic production or performance.

**REPRESENTAR**, v. t. To represent, to portray, or depict; to present; to act the role of; to stand in place of; to act the part of (another); to act on the stage (a play).

**REPRESSÃO**, s. f. Repression, restraint; check; suppression.

**REPRESSOR**, s. m. Represser.

**REPRIMENDA**, s. f. Reprimand; a severe or formal reproof; censure.

**REPRIMIR**, v. t. To repress; to restrain; to curb; to suppress; to put down; to overpower; to refrain; to control oneself; to forbear.

**REPRISE**, s. f. (Mús.) Reprise; rerun (of a movies); revival (of a play).

**RÉPROBO**, adj. e s. m. Reprobate.

**REPRODUÇÃO**, s. f. Reproduction, act or process of reproducing; copy; likeness; model; (Biol.) reproduction.

**REPRODUTOR**, adj. Reproductive; s. m. reproducer.

**REPRODUZIR**, v. t. To reproduce; to produce again; to produce again by generation of offspring; to repeat; to make an image or copy of; to present or exhibit again.

**REPROVAÇÃO**, s. f. Reprobation, disapproval; censure.

**REPROVADO**, adj. Reproved, refused, rejected; s. m. repeater, a student repeating a course in school or college.
**REPTAÇÃO**, s. f. Challenge.
**REPTANTE**, adj. Reptant, creeping.
**REPTAR**, v. t. To challenge, to defy, o provoke.
**RÉPTIL**, adj. e s. m. Reptile.
**REPÚBLICA**, s. m. Republic, commonwealth; the state.
**REPUBLICANIZAR**, v. t. To republicanize.
**REPUDIADO**, adj. Repudiated; divorced.
**REPUDIAR**, v. t. To repudiate, to divorce; to put away, to discard; to carst off; to disown; to renounce.
**REPUGNÂNCIA**, s. f. Repugnance, aversion, loathing; reluctance; antipathy.
**REPUGNAR**, v. t. To repugnate, to oppose; to combat; v. i. to be repugnant; to cause aversion; to be contrary.
**REPULSA**, s. f. Refusal, repulse; rejection.
**REPULSAR**, v. t. To repulse, to repel; to reject; to drive back.
**REPUTAÇÃO**, s. f. Reputation; public esteem; fame, renown.
**REPUTAR**, v. t. To repute, to esteem, to think; to consider, to attribute, to impute.
**REPUXADO**, adj. Drawn back.
**REPUXAR**, v. t. To draw back, to pull back; v. i. to spout.
**REPUXO**, s. m. Drawing back; water-spout.
**REQUEBRAR**, v. t. To woo; to waddle; to jig; to swing.
**REQUEBRO**, s. m. Waddle.
**REQUEIJÃO**, s. m. Curd, curd-cheese.
**REQUEIMAR**, v. t. To roast excessively; to overcook.
**REQUENTADO**, adj. Warmed up again.
**REQUERENTE**, s. 2 gên. Solicitor, petitioner, requester; adj. requesting; requiring.
**REQUERER**, v. t. To require, to demand; to claim, to call for; to petition for; to make a request.
**REQUERIMENTO**, s. m. Request, petition, demand.
**REQUESTAR**, v. t. To request, to solicite; to woo; to court.
**RÉQUIEM**, s. m. Requiem.
**REQUINTADO**, adj. Dressed up; refined; delicate.
**REQUINTAR**, v. t. e i. To refine; to excel, to surpass; to dress up.
**REQUISIÇÃO**, s. f. Requisition.

**REQUISITAR**, v. t. To requisition, to make a requisition; to put in requisition; to demand; to press in service.
**REQUISITO**, s. m. Requisite.
**RÉS**, adj. Even, level, close, plain.
**RESCALDAR**, v. t. To scald again; to scorch.
**RESCINDIR**, v. t. To rescind, to annul, to cancel; to abolish.
**RESICÓRIO**, adj. Rescissory.
**RESCREVER**, v. t. To rewrite, to write again.
**RÉS-DO-CHÃO**, s. m. Ground-floor.
**RESENHA**, s. f. Report, description.
**RESERVA**, s. f. Reserve; stock; store, extra supply; reserved public land; reservation; restriction; relf-restraint; discretion; force withheld from action, but available; (Esp.) reserve, a substitute.
**RESERVADO**, adj. Reserved, kept or set apart or aside for future or special use; restrained in words or actions; cold; reticent; silent; save.
**RESERVAR**, v. t. To reserve, to keep in store for future or special use, to set aside; to keep; to save; to preserve; to secure by stipulation.
**RESERVATÓRIO**, s. m. Reservoir, a place where anything is kept in store; a place where water is collected and kept for use.
**RESERVISTA**, s. m. Reservist.
**RESFOLEGAR**, v. i. To breathe, to gasp for breath; to pant.
**RESFRIADO**, s. m. Cold, a disordered bodily condition; coolness; cooling.
**RESFRIAR**, v. t. To cool; to chill.
**RESGATAR**, v. t. To ransom; to rescue; to free from.
**RESGATE**, s. m. Ransom.
**RESGUARDAR**, v. t. To preserve; to shelter; to defend; to protect; v. p. to take care of oneself.
**RESGUARDO**, s. m. Guard; foresight; care; prudence; caution; defence; shelter.
**RESIDÊNCIA**, s. f. Residence; abode; dwelling-house.
**RESIDENTE**, adj. Resident, residing, dwelling; s. 2 gên. abider, dweller.
**RESIDIR**, v. i. To reside, to live, to dwell; to abside; to stay, to remain.
**RESIDUAL**, adj. Residual, remaining.
**RESÍDUO**, s. m. Residue, remnant, remainder; rest, residuum.
**RESIGNAR**, v. t. To resign, to yield, to submit; to renounce; to abdicate; to relinquish.

**RESINA**, s. f. Resin.
**RESINAR**, v. t. To resin; to treat with resin; to apply resin to.
**RESINIFICAR**, v. t. To resinify, to convert into or treat with resin.
**RESINOSO**, adj. Resinous.
**RESISTÊNCIA**, s. f. Resistance, opposition, power or capacity to resist; (Eletr.) resistance.
**RESISTIR**, v. t. To resist, to withstand; to oppose; to be able to repel; to strive against; to resist arrest; to offer resistance.
**RESMA**, s. f. Ream, twenty quires.
**RESMUNGÃO**, adj. Grumbling; s. m. grumbler.
**RESMUNGAR**, v. i. To grumble, to mutter, to growl.
**RESOLUBILIDADE**, s. f. Resolubility, resolubleness.
**RESOLUÇÃO**, s. f. Resolution, resoluteness, determination, firmness; decision, solution, answer.
**RESOLUTO**, adj. Resolute, resolved, firm; steady; bold, audacious.
**RESOLVER**, v. t. To resolve, to determine or decide; to answer; to solve; to separate or break up into constituent parts or elements; to analyze; to decide, to conclude.
**RESPALDAR**, s. m. Backboard, backrest; v. t. to repair (worn pages or a book); to level; to plane.
**RESPALDO**, s. m. Backboard, backrest; gall (on a horse).
**RESPECTIVO**, adj. Respective.
**RESPEITABILIDADE**, s. f. Respectability; respectfulness.
**RESPEITAR**, v. t. To respect; to consider worthy of esteem; to esteem, to value; to relate to; to be concerned with.
**RESPEITO**, s. m. Respect, esteem, diferencial regard or honor; consideration; relation; reference; point of vie
**RESPEITOSO**, adj. Respectful.
**RESPINGADOR**, **RESPINGÃO**, s. m. Sprinkler.
**RESPINGAR**, v. i. To sprinkle, to scatter in small drops; to gush out; to grumble; to give an unpolite answer to.
**RESPINGO**, s. m. Sprinkling, gushing out.
**RESPIRAÇÃO**, s. f. Respiration; breathing; inspiration and expiration.
**RESPIRADOURO**, s. m. Breathing-hole, air-hole.

**RESPIRAR**, v. t. e i. To respire, to breathe; to breathe out, to blow; to revive; to recover hope or courage; to inhale; to instil.
**RESPIRO**, s. m. Breath, breathing.
**RESPLANDECENTE**, adj. Resplendent; lustrous.
**RESPLANDECER, RESPLENDER**, v. i. To resplend, to shine resplendently; to be resplendent.
**RESPLENDOR**, s. m. Splendor, resplendence; aureola; halo; (fig.) celebrity.
**RESPONDÃO**, s. m. Grumtler.
**RESPONDER**, v. t. e i. To answer, to respond; to answer back; to reply; to be accountable or responsible; to satisfy; to correspond to; to be equivalent to.
**RESPONSABILIDADE**, s. f. Responsibility; responsibleness.
**RESPONSABILIZAR**, v. t. To charge, to entrust; to blame; to inculpate.
**RESPOSTA**, s. f. Answer, reply, response; the solution of a problem.
**RESQUÍCIO**, s. m. Vestige; remainder; cleft; slit, clink, chap.
**RESSABER**, v. t. To know very well; v. i. to have a marked taste.
**RESSABIADO**, adj. Skittish; nervous; suspicious; disgusted.
**RESSACA**, s. f. Ebb, reflux of tide; (Bras.) hangover.
**RESSAIBO**, s. m. Bad taste.
**RESSAÍDO**, adj. Projecting; bulged.
**RESSAIR**, v. t. To go out aain; to exceed, to become prominent, to stand out; to just.
**RESSALTAR**, v. i. To jut out; to be in evidence; to stand out.
**RESSALTO**, s. m. Jutting out; salience; rebord; protuberance.
**RESSALVA**, s. f. Safeguard; correction; exception.
**RESSALVAR**, v. t. To safeguard; to correct; to except.
**RESSAQUE**, s. m. (Com.) Redraft.
**RESSARCIR**, v. t. To compensate for, to indemnify, to make up for; to recover.
**RESSECADO**, adj. parched, dried up; resected.
**RESSECAR**, v. t. To overdry; to dry again.
**RESSEGURAR**, v. t. To reinsure.
**RESSENTIMENTO**, s. m. Resentment, rancor, spite, grudge.
**RESSENTIR**, v. t. To resent, to feel indignant displeasure at.

**RESSEQUIR**, v. t. To dry up, to parch.
**RESSICAÇÃO**, s. f. Excessive dryness.
**RESSOAR**, v. t. e i. To resound; to reverberate, to ring; to produce an echo; to sound or utter in full; to sound again.
**RESSONÂNCIA**, s. f. Resonance, echo; sonority; ring; jingle.
**RESSONAR**, v. t. To resound, to reecho, to ring; to reverberate; v. i. to resound; to be resonant; to breathe noisily; to snore.
**RESSOPRAR**, v. t. To blow again.
**RESSORÇÃO**, s. f. Reabsorption.
**RESSORVER**, v. t. To reabsorb.
**RESSUDAÇÃO**, s. f. Perspiration; sweating.
**RESSUDAR**, v. i. To perspire, to transude.
**RESSUMAR**, v. t. e i. To ooze, to exude, to percolate; to sweat; to distil or distill.
**RESSURGIMENTO**, s. m. Ressurrection; renaissance, renewal, revival.
**RESSURGIR**, v. t. To resurge, to rise again; to resurrect.
**RESSURTIR**, v. i. To spring back, to rebound.
**RESSUSCITAÇÃO**, s. f. Resuscitation, restoration, revival; renewal.
**RESSUSCITADOR**, adj. Reviving, restoring; s. m. reviver, restorer, resuscitator.
**RESSUSCITAR**, v. i. To resuscitate, to revive, to restore; to resurrect, to restore to life; to rise from the dead; the exhume.
**RESTABELECER**, v. t. To re-establish; to establish, again or anew; v. p. the recover from an illness or loss; to repair, to amend.
**RESTANTE**, adj. Remaining, resting; s. m. remainder, rest.
**RESTAR**, v. i. To remai; to rest; to be left out; to remain over.
**RESTAURAÇÃO**, s. f. Restoration, renovation, repair; recovery.
**RESTAURANTE**, adj. Restoring, restorative; s. m. restorative, restorer; restaurant, a public eating house.
**RESTAURAR**, v. t. To restore, to give back; to return; to put back into existence or use; to repair; to renew, to amend; to recover; to heal; to cure.
**RESTAURÁVEL**, adj. Restorable.
**RESTELO**, s. m. Rake.
**RÉSTIA**, s. f. Rope (of onions, etc.); ray (of light).
**RESTINGA**, s. f. Reef, shallow; sand-bank.
**RESTITUIÇÃO**, s. f. Restitution; restoration of anything to its rightful owner; return; reparation; rehabilitation.

**RESTITUIR**, v. i. To restitute; to give back; to restore; to rehabilitate; to repair; to indemnify.
**RESTO**, s. m. Rest, remainder, residue.
**RESTRIÇÃO**, s. f. Restriction, limitation.
**RESTRINGENTE**, adj. Restringent, binding; astringent; styptic; s. m. (Med.) an astringent or styptic.
**RESTRINGIR**, v. t. To restrict, to bound; to restrain; to limit; to confine; to repress; to curb; to restringe; to bind; to astringe.
**RESTRITIVO**, adj. Restrictive, lemiting; s. f. restrictive clause.
**RESULTANTE**, adj. e s. f. Resultant.
**RESULTAR**, v. i. To result, to proceed; to spring; to rise; to follow; to end; to terminate; to come out; to come from.
**RESUMIR**, v. t. To resume, to summarize; to rise; to abridge; to cut off; to shorten.
**RESUMO**, s. m. Resume, a summing up; abridgement; summary.
**RESVALAR**, v. t. e i. To slip, to slide; to glide; to steal away.
**RESVALO**, s. m. Sliding, slide; slipping.
**RETA**, s. f. Straight line.
**RETÁBULO**, s. m. Retable.
**RETAGUARDA**, s. f. Rear-guard; rear.
**RETAL**, adj. Rectal.
**RETALHADOR**, s. m. Slasher.
**RETALHADURA**, s. f. Cutting into small pieces; slash.
**RETALHAR**, v. t. To cut up; to tear; to slash; to shred, to cut into shreds; to cut into pieces; to retail, to sell in small quantities, to sell by retail.
**RETALHO**, s. m. Shred; strip; rag; fragment; retail.
**RETALIAÇÃO**, s. f. Retaliation; reprisal; punishment.
**RETALIAR**, v. t. To retaliate.
**RETAMA**, s. f. (Bot.) Retama.
**RETANGULAR**, adj. Rectangular.
**RETÂNGULO**, s. m. Rectangle.
**RETARDAÇÃO, RETARDAMENTO**, s. f., s. m. Delay, retardment, retardation.
**RETELHAR**, v. t. To tile anew.
**RETÉM**, s. m. Store, stock.
**RETEMPERAR**, v. t. To temper again; to revigorate, to strengthen, to fortify; to improve.
**RETARDAR**, v. t. e i. To retard, to delay; to keep back; to postpone, to put off, to slow, to defer; to be late.

**RETARDATÁRIO**, adj. Retardatory; s. m. laggard.
**RETELHADURA**, s. f. Repairing of a roof; tiling anew.
**RETENÇÃO**, s. f. Retention, keeping, maintenance, holding.
**RETENTIVA**, s. f. Retentive; memory; retention.
**RETENTOR**, s. m. Retainer.
**RETER**, v. t. To retain; to hold; to preserve; to keep in mind or memory; to refrain.
**RETESAR**, v. t. To stretch; to draw tight; to stiffen.
**RETICÊNCIA**, s. f. Reticence, restraint in speaking or communication; pl. suspension-mark.
**RETICENTE**, adj. Reticent.
**RETÍCULA**, s. f. Reticle.
**RETICULAÇÃO**, s. f. Reticulation, network.
**RETÍCULO**, s. m. Reticle; (Zool.) reticulum.
**RETIDÃO**, s. f. Rectitude, integrity, uprightness; correctnes of procedure.
**RETIFICAÇÃO**, s. f. Rectification.
**RETIFICAR**, v. t. To rectify, to make or set right; to correct, to amend, to adjust.
**RETIFORME**, adj. (Bot.) Retiform.
**RETINA**, s. f. (Anat.) Retina.
**RETINIDO**, s. m. Resounding; tinkling; jingle.
**RETINIR**, v. t. To tinkle; to clink; to jingle.
**RETINITE**, s. f. (Med.) Retinitis.
**RETIRADA**, s. f. (Mil.) Retreat; retirement; withdrawal.
**RETIRADO**, adj. Retired; solitary.
**RETIRAR**, v. t. e i. To retreat, to go back; to retire from any position or place; to withdraw; to remove; to take.
**RETIRO**, s. m. Retirement, reclusion, solitude.
**RETO**, adj. Right, straight; just, equitable; without curves; s. m. rectum.
**RETOCADOR**, adj. Finishing; retouching; s. m. finisher, retoucher.
**RETOCAR**, v. i. To retouch; to finish; to improve.
**RETOMADA**, s. f. Recapture, reconquest.
**RETOMAR**, v. t. To take back; to get back; to recover.
**RETORÇÃO**, s. f. Retortion; twist; twisting.
**RETORCER**, v. t. To twist, to twine.
**RETORCIDO**, adj. Twisted; refined (style).
**RETÓRICA**, s. f. Rhetoric.
**RETÓRICO**, adj. Rethorical; s. m. rhetorician.

**RETORNAR**, v. i. e t. To return, to come back; to bring back.
**RETORNO**, s. m. Return, returning; a coming or going back; repayment; requital.
**RETORQUIR**, v. t. To retort, to answer, to say in reply.
**RETRAÇÃO**, s. f. Retraction.
**RETRAÇAR**, v. t. To retrace, to trace again.
**RETRAÍDO**, adj. Withdrawn; reserved; shy.
**RETRAIMENTO**, s. m. Retraction; reservedness; shyness; reclusion.
**RETRAIR**, v. t. To retract, to withdraw; to draw back.
**RETRAMAR**, v. t. To plot again.
**RETRANÇA**, s. f. Crupper.
**RETRANSMISSÃO**, s. f. Retransmission, reconveyance.
**RETRANSMISSOR**, adj. Retransmitting, relaying; s. m. retransmitter, relay.
**RETRANSMITIR**, v. t. To retransmit, to reconvey; to relay.
**RETRATAÇÃO**, s. f. Retraction.
**RETRATADO**, adj. Portrayed, painted; photographed.
**RETRATAR**, v. t. To retract, to renounce, to rescind, to abjure, to repudiate; to portray, to paint, to delineate; to describe.
**RETRÁTIL**, adj. Retractile.
**RETRATISTA**, s. 2 gên. Portraitist; portrait-painter; a photographer.
**RETRATO**, s. m. Portrait; photograph; image.
**RETRAVAR**, v. t. To brake again.
**RETRIBUIÇÃO**, s. f. Retribution, recompense; return; reward.
**RETRIBUIR**, v. t. To retribute, to pay back; to give in return; to requite.
**RETRILHAR**, v. t. To tread again.
**RETRO**, adv. Backward, back, to the rear; s. m. first face of a paper sheet.
**RETROAÇÃO**, s. f. Retroaction.
**RETROAGIR**, v. i. To retroact, to act backward; to react.
**RETROAR**, v. i. To resound again.
**RETROATIVIDADE**, s. f. Retroactivity, retroactiveness.
**RETROCEDER**, v. t. To retrocede, to go back; to recede; to cede or grant back.
**RETROCEDIMENTO**, s. m. Retrocession, recession; backing, backward motion; refression, retrogression.
**RETROCESSÃO**, s. f. Retrocession, recession; retrogradation.
**RETROCESSO**, s. m. Retrogression.

**RETROFLEXÃO**, s. f. Retroflexion.
**RETROGRADAÇÃO**, s. f. Retrogradation.
**RETROGRADAR**, v. t. To retrograde, to go in a retrograde direction; to go or move backward; to go back to an earlier or former time.
**RETRÓGRADO**, adj. e s. m. Retrograde.
**RETRÓS**, s. m. Twist, twisted silk.
**RETROSPECÇÃO**, s. f. Retrospection.
**RETROSPECTIVO**, adj. Retrospective, contemplative, of or relative to things past.
**RETROSPECTO**, s. m. Retrospect, a looking back on things past; a review of the past.
**RETROTRAIR**, v. t. To cause to retrograde.
**RETROVERSÃO**, s. f. Retroversion, translation back into the original language.
**RETROVERTER**, v. t. To retrovert, to turn back; to revert; to retranslate.
**RETROVISOR**, adj. Rear-view; s. m. rear-view mirror.
**RETRUCAR**, v. t. To reply, to retort.
**RETUMBÂNCIA**, s. f. Resounding.
**RETUMBANTE**, adj. Resouding; echoing.
**RETUMBAR**, v. t. To resound, to re-echo.
**RÉU**, s. m. Defendant; a criminal; adj. guilty; criminal, wicked.
**REUMA**, s. f. Rheum.
**REUMATISMO**, s. m. Rheumatism.
**REUNIÃO**, s. f. Meeting; reunion; social party.
**REUNIFICAR**, v. t. To reunify; to reconsolidate.
**REUNIR**, v. t. To reunite, to bring together after separation; to unite again, to rejoin.
**REVACINAR**, v. t. To revaccinate; to vaccinate a second time or again.
**REVALIDAÇÃO**, s. f. Revalidation.
**REVALIDAR**, v. t. To revalidate, to restore validity; to renew.
**REVALORIZAÇÃO**, s. f. Revalorization; revaluation.
**REVALORIZAR**, v. t. To revalorize, to revalue.
**REVANCHE**, v. t. Revange.
**REVEL**, adj. Rebel, obstinate.
**REVELAÇÃO**, s. f. Revelation.
**REVELADOR**, adj. Disclosing, revealing; s. m. revealer; (Fotogr.) developer.
**REVELAR**, v. t. To reveal, to disclose, to divulge; to discover; to communicate or impart by supernatural means or agency; (Fotogr.) to develop.
**REVELIA**, s. f. Default; contumacy.

**REVENDEDOR**, adj. Reselling; s. m. reseller.
**REVENDER**, v. t. To resell, to sell again.
**REVER**, v. t. To review; to view or see again; to examine again; to look back on.
**REVERBERAÇÃO**, s. f. Reverberation, reverberating.
**REVERBERAR**, v. t. e i. To reverberate; to reflect; to return or send back.
**REVÉRBERO**, s. m. Reverberation.
**REVERÊNCIA**, s. f. Reverence; bow; respect; deference; veneration, curtsy.
**REVERENCIAR**, v. t. To revere; to honor; to regard with reverence; to reverence; to bow; to show respect for.
**REVERENDO**, adj. Reverend; s. m. reverend, a clergyman.
**REVERSÃO**, s. f. Reversion.
**REVERSO**, adj. Reverse, contrary, s. m. the reverse, lower side (of a surface).
**REVERTER**, v. i. To revert, to come to; to recover; to return.
**REVÉS**, s. m. Reverse; back-stroke.
**REVESTIMENTO**, s. m. Revestment.
**REVESTIR**, v. t. To clothe again; to attire; to face or repair a wall; to revel.
**REVEZAMENTO**, s. m. Alternation.
**REVEZAR**, v. t. To alternate; to carry out by turns.
**REVIDAR**, v. t. To retort, tot reply in kind; to retaliate, to requite; to strike back; to contradict; (esp.) to raise the bet.
**REVIGORAR**, v. t. To revigorate, to reinvigorate.
**REVINDA**, s. f. Coming back, return.
**REVIR**, v. i. To come again, to return.
**REVIRAR**, v. t. To turn again; to turn round; to goggle (the eyes).
**REVIRAVOLTA**, s. f. Turning round, complete turn.
**REVISÃO**, s. f. Revision, revisal, revise, correction; re-examination.
**REVISAR**, v. t. To verify, to control; to revise, to correct, to amend; to make a revision.
**REVISOR**, s. m. Reviser, proof reader; ticket collector.
**REVISTA**, s. f. Review, a general survey; re-examination; an inspection of troops by an officer; a periodical; a revue.
**REVISTAR**, v. t. To review troops; to look over, to examine; to inspect.
**REVIVER**, v. t. To revive, to recover life, vigor or strength; to renew in mind or memory; to reawaken.

**REVIVESCÊNCIA**, s. f. Revivescence or revivescine.
**REVIVESCER**, v. t. e i. To revive.
**REVIVIFICAR**, v. t. To revivify, to revive.
**REVOADA**, s. f. Flight (of birds); (fig.) chance, opportunity.
**REVOAR**, v. t. To fly again, to fly back.
**REVOCAÇÃO**, s. f. Revocation.
**REVOCAR**, v. t. To revoke, to rescind; to annul; to recall; to call or summon back.
**REVOGAÇÃO**, s. f. Revocation, cancellation.
**REVOGAR**, v. t. To revoke, to annul, to rescind.
**REVOGÁVEL**, adj. Revocable.
**REVOLTA**, s. f. Revolt, rebellion, insurrection; uprising; mutiny.
**REVOLTADO**, adj. Revolted; s. m. rebel, mutineer.
**REVOLTAR**, v. t. To revolt, to rebel; to be disgusted or shocked; to feel disgust or nausea; to nauseate.
**REVOLTO**, adj. Turbulent, troubled; boisterous (the sea); cloudy (the weather).
**REVOLTOSO**, adj. Turbulent; rebel; s. m. rebel.
**REVOLUÇÃO**, s. f. Revolution; motion of a figure about a center or axis; rebellion; total or radical change; rotation; (Astron.) revolution; (Sociol.) revolution.
**REVOLUCIONAR**, v. t. To revolutionize; to render revolutionary; to imbue with revolutionary doctrines or principles; to undergo revolution; to revolution; to change.
**REVOLUCIONÁRIO**, adj. Revolutionary; s. m. revolutionist, revolutionary.
**REVOLUTEANTE**, adj. Turning round and round; whirling.
**REVOLUTEAR**, v. i. To revolve; to whirl; to turn round and round.
**REVOLVER**, v. t. To revolve, to turn over and over (in the mind); to whirl; to wheel; to rotate; to perform a revolution.
**REVÓLVER**, s. m. Revolver, firearm, gun.
**REVOLVIMENTO**, s. m. Revolving.
**REVULSÓRIO**, adj. Revulsive.
**REZA**, s. f. Prayer, praying.
**REZAR**, v. t. e i. To pray.
**REZINGAR**, v. i. To grumble, to quarrel, to wrangle.
**RIA**, s. f. Mouth or estuary (of a river).
**RIACHO**, s. m. Brook, rill, streamlet.
**RIBALTA**, s. f. Footlights; the stage.

**RIBAMAR**, s. f. Seashore.
**RIBANCEIRA**, s. f. Ravine, chasm.
**RIBEIRA**, s. f. River-side; river bank.
**RIBEIRO**, s. m. Small river.
**RIBOMBAR**, v. i. To resound, to thunder; to reverberate.
**RIBOMBO**, s. m. Thundering; resounding.
**RICAÇO**, s. m. A very rich man.
**RIÇAR**, v. t. To curl, to frizzle (the hair).
**RÍCINO**, s. m. (Bot.) Ricinus, castor-oil plant.
**RICO**, adj. Rich, wealthy; moneyed; opulent; valuable; plentiful; abounding.
**RICOCHETEAR, RICOCHETAR**, v. i. To ricochet.
**RICTO**, s. m. Rictus.
**RIDENTE**, adj. Smilling, cheerful, gay, joyfull; (fig.) blooming.
**RIDICULARIZAR**, v. t. To ridicule, to deride, to mock; to jeer, to make ridiculous.
**RIDÍCULO**, adj. Ridiculous; s. m. ridicule, raillery, derision, mockery, irony, sarcasm.
**RIFA**, s. f. Raffle.
**RIFÃO**, s. m. Proverb, maxim.
**RIFAR**, v. t. To raffle, to dispose of, by means of a raffle.
**RIGIDEZ**, s. f. Rigidity, rigidness; stiffness; severity, rigor; hardness; strictness.
**RÍGIDO**, adj. Rigid, not flexible; stiff; strict; not lax or indulgent; hard; austere.
**RIGOR**, s. m. Rigor, rigidity; stiffness; severity; harshness.
**RIGOROSO**, adj. Rigorous; inflexible; inexorable; exact; strict; accurate; harsh.
**RIJO**, adj. Stiff, hard; harsh, severe; strong.
**RILHAR**, v. t. To gnaw; to chew.
**RIM**, s. m. Kilney.
**RIMA**, s. f. Rhyme; heap.
**RIMADO**, adj. Versified, rhymed.
**RIMAR**, v. t. e i. To rhyme, to make rhymes; to compose (rhymed verses).
**RINALGIA**, s. f. Rhinalgia.
**RINCÃO**, s. m. Corner; nook.
**RINCHAR**, v. i. To neigh; to whinny.
**RINCHO**, s. m. Neighing (of horses).
**RINITE**, s. f. (Med.) rhinitis.
**RINOCERONTE**, s. f. Rhinoceros.
**RINORRAGIA**, s. f. Rhinorrhagy.
**RINORRÉIA**, s. f. Rhinorrhea.
**RINOSCOPIA**, s. f. Rhinoscopy.
**RIO**, s. m. River, stream.
**RIPA**, s. f. Lath, batten.
**RIPAR**, v. t. To hackle (the flax); to clear (the earth); to lath.

**RIPOSTAR**, v. i. To riposte, to make a riposte; to retort quickly.
**RIQUEZA**, s. f. Wealth, riches; opulence.
**RIR**, v. i. To laugh, to show mirth, satisfaction, or derision by laughter; to smile; to jeer, to mock, to deride.
**RISADA**, s. f. Laughter, laughing.
**RISCA**, s. f. Line, mark, stripe; part (in one's hair).
**RISCADO**, adj. Striped; s. m. gingham.
**RISCAR**, v. t. To erase; to scratch out; to strike out; to draw, to cancel, to annul.
**RISCO**, s. m. Stripe, scratch; outline; danger, risk.
**RISÍVEL**, adj. Risible, comical, laughable.
**RISO**, s. m. Laughter, laugh, laughing.
**RISONHO**, adj. Smiling, cheerful.
**RISOTA**, s. f. Sneer, mocking.
**RISPIDEZ**, s. f. Hardness.
**RÍSPIDO**, adj. Harsh, rough; rude.
**RISTE**, s. m. Rest (of a lance).
**RITMADO**, adj. Rhythmic, rhythmical.
**RITMO**, s. m. Rhythm; cadence; rime.
**RITO**, s. m. Rite.
**RITUAL**, adj. e s. m. Ritual.
**RIVAL**, adj. e s. 2 gên. Rival.
**RIVALIDADE**, s. f. Rivalry; jealousy.
**RIVALIZAR**, v. t. e i. To rival, to strive to equal or excel; to emulate; to be in rivalry.
**RIXA**, s. f. Quarrel, dispute, wrangle; disorder; disagreement.
**RIXAR**, v. i. To quarrel.
**RIZICULTOR**, s. m. Rice planter, rice grower; adj. rice planting, rice growing.
**RIZICULTURA**, s. f. Rice culture.
**RIZOMA**, s. f. (Bot.) Rhizome.
**RIZÓPODE**, s. m. Rhizopod.
**ROAZ**, adj. Gnawing, rodent.
**ROBALO**, s. m. Robalo, sergeant-fish.
**ROBLE**, s. m. Roble.
**ROBLEDO**, s. m. Oak-grove.
**ROBORAÇÃO**, s. f. Corroboration.
**ROBORAR**, v. t. To roborate; to strengthen; to corroborate.
**ROBUSTECER**, v. t. e i. To strengthen, to make robust; to grow robust.
**ROBUSTO**, adj. Robust, strong, vigorous; sound.
**ROCA**, s. f. Distaff.
**ROÇADELA**, s. f. Stubbing, clearing (of undergrowth); slight touch.
**ROCAMBOLESCO**, adj. Extravagant, fantastic.
**ROÇAR**, v. t. To clear for cultivation; to clear land of brush wood; to graze; to touch slightly.
**ROCHA**, s. f. Rock, a large mass of stony material.
**ROCHEDO**, s. m. Large rock; cliff.
**ROCHOSO**, adj. Rocky.
**ROCIADA**, s. f. Dew-falling.
**ROCIAR**, v. i. To dew; to bedew; to sprinkle; to drizzle.
**ROCIM**, s. m. Nac; sorry nag.
**ROCIO**, s. m. Dew, drizzle.
**ROCÍO**, s. m. Dew, drizzle.
**ROCOCÓ**, adj. e s. m. Rococo.
**RODA**, s. f. Wheel; circle; circumference, orb; turning-box; compass (of a dress).
**RODAGEM**, s. f. Wheelwork.
**RODANTE**, adj. Rolling.
**RODAPÉ**, s. m. Footnote (a note of reference or comment placed below the text on a printed page); baseboard, skirting-board (a protecting line of board, or other material, carried round the walls of a room and touching the floor).
**RODAR**, v. t. e i. To roll, to move on rollers; to drive or impel forward; to move or be moved on wheels; to turn around; to rotate; to encircle.
**RODEAR**, v. t. e i. To enclose, to encircle; to turn around.
**RODEIO**, s. m. Roundabout way; circumlocution; shift, evasion, subterfuge; rodeo.
**RODELA**, s. f. Round shield; small wheel; slice (of lemon, orange, etc.).
**RODILHA**, s. f. Dish-clout; pad for carrying burdens on; clout.
**RODÍZIO**, s. m. Ladle boarded wheel (of water mill); water-wheel; turn.
**RODO**, s. m. Rake, a long-handled implement.
**RODOPELO**, s. m. Turn of the hair.
**RODOPIAR**, v. i. To whirl, to turn round or about.
**RODOPIO**, s. m. Whirl, whirling.
**RODOVALHO**, s. m. Turbot.
**ROEDOR**, adj. Gnawing; rodent; corroding; s. m. rodent.
**ROEDURA**, s. f. Gnawing; corrosion.
**ROER**, v. i. To gnaw, to bite repeatedly, to eat away; to corrode; to wear away.
**ROGAÇÃO**, s. f. Rogation, a petition, request; pl. rogations.
**ROGAR**, v. t. To beg, to supplicate, to implore; to entreat.

**ROGATIVA, ROGATÓRIA,** s. f. Request, supplication; prayer.
**ROGO,** s. m. Request, supplication, prayer, entreaty.
**ROÍDO,** adj. Gnawed, corroded.
**ROJAR,** v. t. e i. To drag; to trail; to throw; v. i. e p. to crawl, to creep.
**ROL,** s. m. Roll, register, record, list.
**ROLAMENTO,** s. m. Rolling; (Mec.) bearings.
**ROLANTE,** adj. Rolling.
**ROLAR,** v. t. To roll, to drive or impel forward; to turn over and over; v. i. to coo (the turtle).
**ROLDANA,** s. f. Pulley.
**ROLDÃO,** s. m. Confusion; precipitation.
**ROLETA,** s. f. Roulette.
**ROLETE,** s. m. Small roll.
**ROLHA,** s. f. Cork; stopper.
**ROLHAR,** v. t. To cork, to provide with a cork; to hold back; to restrain, to compel to silence.
**ROLHO,** adj. (Pop.) Fat, plump.
**ROLIÇO,** adj. Round, plump.
**ROLO,** s. m. Roll; bundle; roll of paper or notes; package.
**ROMÃ,** s. f. Pomegranate.
**ROMAGEM,** s. f. Pilgrimage.
**ROMAICO,** adj. e s. m. Romaic.
**ROMANA,** s. f. Balance.
**ROMANÇA,** s. f. Romanza, romance, a short lyric tale set to music.
**ROMANCE,** s. m. Romance; novel; a fictious tale; fantasy.
**ROMANCEAR,** v. t. To romance, to write or tell romances.
**ROMANESCO,** adj. Romanesque, fanciful, fantastic; imaginative; chimerical.
**ROMANIZAR,** v. t. To romanize.
**ROMANO,** adj. e s. m. Roman.
**ROMÂNTICO,** adj. Romantic; sentimental; imaginative, fantastic; s. m. romantic, a person of romantic temperament; one given to romance.
**ROMANTISMO,** s. m. Romanticism.
**ROMARIA,** s. f. Pilgrimage; popular festival.
**RÔMBICO,** adj. Rhombic.
**ROMBO,** s. m. Hole; leak; (Geom.) rhombus.
**ROMBOEDRO,** s. m. Rhombohedron.
**ROMENO,** adj. e s. m. Rumanian.
**ROMPANTE,** adj. Arrogant; s. m. impetuosity, fury.
**ROMPER,** v. t. e i. To break, to split, to open up the surface; to impair, to destroy; to defeat; to transgress; to violate; to disclose; to interrupt; to open; to discontinue; to end; to tear; to rend; to burst forth; to end friendly relations; to appear suddenly; to spring up.
**ROMPIMENTO,** s. m. Breaking; breach; rupture.
**RONCADA,** s. f. A nap; snoring.
**RONCADOR,** s. m. Snorer; boaster.
**RONCAR,** v. i. To snore; to roar; to brag; to rumble.
**RONCO,** s. m. Snoring, snore; roaring; rumbling.
**RONDA,** s. f. Round, patrol; a circular dance.
**RONDAR,** v. t. To patrol, to round.
**RONDÓ,** s. m. (Mús.) Rondo.
**RONHA,** s. f. Scab (in sheep); craftiness.
**RONHENTO, RONHOSO,** adj. Scabby, crafty.
**RONQUEIRA, RONQUIDÃO, RONQUIDO,** s. f., s. m. Hoarseness; snoring.
**RONQUENHO,** adj. Hoarse, rough.
**RONROM,** s. m. Purr, purring.
**RONRONAR,** v. i. To purr.
**ROQUETE,** s. m. Rocket.
**ROR,** s. m. (Pop.) A lot, great amount.
**ROREJANTE,** adj. Dewy; bedewing; perspiring.
**ROREJAR,** v. t. To dew; to bedew; to perspire.
**ROSA,** s. f. Rose.
**ROSÁCEA,** s. f. Rose-window; rosace.
**ROSÁCEO,** adj. Rosaceous.
**ROSADO,** adj. Rose, rosy.
**ROSÁRIO,** s. m. Rosary, a string of beads.
**ROSBIFE,** s. m. Roast-beef.
**ROSCA,** s. f. Screw, coil of a serpent; rusk, a kind of sweet biscuit; thread.
**ROSEIRA,** s. f. Rose-bush.
**RÓSEO,** adj. Rosy, blooming.
**ROSETA,** s. f. Small rose; rosette.
**ROSICLER,** adj. Rosepink.
**ROSMANINHO,** s. m. (Bot.) French lavender.
**ROSNADOR,** s. m. Grumbler.
**ROSNAR,** v. t. e i. To grumble; to snarl; to growl.
**ROSSIO,** s. m. A place, a square.
**ROSTO,** s. m. Face, the front part of the head; visage; countenance; frontispiece (of a book); head (of a coin).
**ROSTRAL,** adj. Rostral.
**ROSTRIFORME,** adj. Rostriform.
**ROSTRO,** s. m. Rostrum; a bird's beak; the curved end of a ship's prow.

**ROTA,** s. f. Struggle; defeat; route, course, way, path.
**ROTAÇÃO,** s. f. Rotation, turn, revolution.
**ROTATIVO,** adj. Rotative.
**ROTEIRO,** s. m. Logbook; guide for traveller; roadbook.
**ROTIFORME,** adj. Rotiform, wheel-shaped.
**ROTINA,** s. f. Routine.
**ROTINEIRO,** adj. Routine, routinary.
**ROTO,** adj. Ragged, in rags; broken.
**RÓTULA,** s. f. Rotula, kneecap, kneepan.
**ROTULAR,** adj. Rotular; v. t. to ticket, to label, to inscribe.
**RÓTULO,** s. m. Inscription, label.
**ROTUNDIDADE,** s. f. Rotundity; circular form.
**ROTUNDO,** adj. Round, fat.
**ROTURA,** s. f. Rupture; fracture.
**ROUBALHEIRA,** s. f. Robbery, thievery.
**ROUBAR,** v. t. e i. To rob, to steal from; to plunder, to pillage; to thieve.
**ROUBO,** s. m. Robbery, theft, plunder.
**ROUCO,** adj. Hoarse, having a rough voice.
**ROUPA,** s. f. Clothes, clothing; linen.
**ROUPAGEM,** s. f. Drapery.
**ROUPÃO,** s. m. Dressing-gown.
**ROUQUEJAR,** v. i. To be hoarse; to snore.
**ROUQUENHO,** adj. Snuffling.
**ROUQUICE, ROUQUIDÃO,** s. f. Hoarseness; roughness.
**ROUXINOL,** s. m. Nightingale.
**ROXEAR,** v. t. To purple.
**ROXO,** adj. e s. m. Purple, violet.
**RUA,** s. f. Street, throughfare; way; interj. be off! get you gone!
**RUBEFACIENTE,** adj. e s. m. Rubefacient.
**RUBENTE,** adj. Red, ruddy.
**RÚDEO,** adj. Ruby, reddish.
**RUBI,** s. m. Ruby.
**RUBICUNDO,** adj. Rubicund, ruddy, red.
**RUBIDEZ,** s. f. Redness, ruddiness; shame.
**RÚBIDO,** adj. (Poes.) Reddish.
**RUBIFICAR,** v. t. To rubify, to redden.
**RUBIGINOSO,** adj. Rubiginous, rusty.
**RUBLO,** s. m. Rouble, monetary unit of Russia.
**RUBOR,** s. m. Redness; blush; flush; shame.
**RUBORESCER,** v. i. To redden, to shame; to become red (in face); to flush.
**RUBORIZAR,** v. t. e p. To redden, to make red; to blush; to flush.
**RUBRICA,** s. f. Rubric, rubrication.
**RUBRICADOR,** adj. Rubricating; initialing; signing; s. m. rubricator; countersingner.

**RUBRICAR,** v. t. To rubricate, to rubricize.
**RUBRO,** adj. Red, ruddy.
**RUÇO,** adj. Grey, faded.
**RUDE,** adj. Rude, discourteous, unpolite, coarse, vulgar; rugged; uncivilized.
**RUDIMENTAR,** adj. Rudimental, elementary.
**RUDIMENTO,** s. m. Rudiment, a first or elementary principle of any art or science; (Biol.) rudiment.
**RUELA,** s. f. Lane, alley.
**RUFAR,** v. t. e i. To beat a drum; to ruff.
**RUFIÃO,** s. m. Ruffian.
**RUFLAR,** v. i. To ruffle, to flutter.
**RUFO,** s. m. Roll of a drum, ruffle, a low.
**RUGA,** s. f. Wrinkle, furrow.
**RÚGBI,** s. m. Rugby (football).
**RUGIDO,** s. m. Roar.
**RUGIR,** v. i. To roar, to utter, to rustle.
**RUGOSO,** adj. Rugous, wrinkled, wrinkly.
**RUIBARBO,** s. m. (Bot.) Rhubarb.
**RUÍDO,** s. m. Noise, uproar; rumor.
**RUIM,** adj. Bad, wicked, vile, low, mean.
**RUÍNA,** s. f. Ruin; destruction; downfall; pl. the remains of a tumble-down house, wrecked city, etc.
**RUIR,** v. i. To tumble, to fall down, to fall into ruins; to crumble down.
**RUIVO,** adj. Red; red-haired.
**RUM,** s. m. Rum, an alcoholic liquor.
**RUMA,** s. f. Pile, heap.
**RUMAR,** v. t. To put a ship on the due course; v. i. to steer for.
**RUMINAÇÃO,** s. f. Rumination.
**RUMINAR,** v. t. To ruminate, to chew the cud; to ponder, to consider again and again.
**RUMO,** s. m. Rhumb; course (of a ship).
**RUMOR,** s. m. Rumor; noise, hearsay; report.
**RUMOREJAR,** v. t. To rustle; to babble; to rumor; to tell or spread by rumor.
**RUMOREJO,** s. m. Rustling; babbling; rumor.
**RUNA,** s. f. Sap (of the pine-tree).
**RUPESTRE,** adj. Rupestral, rupestrian.
**RUPIA,** s. f. Rupee, an East Indian silver coin.
**RÚPTIL,** adj. Ruptile.
**RUPTURA,** s. f. Rupture, break; disruption.
**RURAL,** adj. Rural; rustic; pastoral.
**RURALIZAR,** v. t. e i. To ruralize, to render rural; to become rural; to rusticate.
**RUSGA,** s. f. Noise, uproar, disorder.
**RUSSO,** adj. e s. m. Russian.
**RUSTICIDADE,** s. f. Rusticity; rustic manners; coarseness; rudeness; simplicity.

**RÚSTICO**, adj. Rustic, rude, coarse; artless; rural; s. m. rustic, an inhabitant of the country.
**RUTÊNIO**, a. m. Ruthenium.
**RUTILAÇÃO**, s. f. Brightness; shining.
**RUTILANTE, RÚTILO**, adj. Bright, shining.
**RUTILAR**, v. i. To glitter, to shine, to gleam.
**RUTINA**, s. f. Rutin.
**RUVINHOSO**, adj. Worm-eaten; (fig.) ill-humored; capricious.

# S

**S, s**. m. The eighteenth letter of the alphabet.
**SÃ**, adj. Healthy, freedom from disease.
**SÁBADO**, s. m. Saturday; Sabbath.
**SABÃO**, s. m. Soap.
**SABATINA**, s. f. Repetition (of lessons); school-works on Saturday; discussion.
**SABATISMO**, s. m. Sabbatism.
**SABEDOR**, adj. Acquainted with; s. m. a learned man.
**SABEDORIA**, s. f. Wisdom; knowledge.
**SABEÍSMO**, s. m. Sabaism.
**SABER**, v. t. e i. To know; to recognize; to be skilled in; to have knowledge; to be or become aware; to have information.
**SABIÁ**, s. m. A Brazilian bird.
**SABIDO**, adj. Known; wise; prudent.
**SABINA**, s. f. (Bot.) Savin.
**SÁBIO**, adj. Wise; sage; learned; s. m. a sage; a wise person; a learned man; wizard.
**SABLE**, s. m. (Heráld.) Sable.
**SABOIANO**, adj. Belonging to Savoy; s. m. Savoyard.
**SABONETE**, s. m. Cake, toilet soap.
**SABOR**, s. m. Savor, savour; taste; flavor; a specific flavor or quality.
**SABOREAR**, v. t. To savor or savour; to impart savor to; to taste with pleasure; to delight in; to like; to relish.
**SABOROSO**, adj. Savory; savorous; pleasing to taste; appetizing.
**SABOTADOR**, adj. Sabotaging; s. m. saboteur.
**SABOTAR**, v. t. To sabotage; to practise sabotage on.
**SABRE**, s. m. Saber or sabre, a cavalry sword with a curved blade.
**SABUGO**, s. m. Elder; pitch of the elder; hangnail.

**SABUGUEIRO**, s. m. Elder-tree.
**SABUJAR**, v. t. To flatter, to fawn on, to adulate.
**SABUJO**, s. m. Bloodhound; (fig.) cringer, flatterer.
**SABURRA**, s. f. (Med.) Saburra, foulness of the mouth or stomach.
**SABURRAR**, v. t. (Náut.) To saburrate, to ballast (a ship).
**SACA**, s. f. Big sack; a bag.
**SACADA**, s. f. Balcony; bagful.
**SACADO**, s. m. (Com.) Drawee, the person in whose favor an order or bill of exchange is drawn.
**SACADOR**, s. m. Drawer, one who draws a bill of exchange; the maker of promissory note.
**SACA-MOLAS**, s. m. Tooth-drawer.
**SACANA**, adj. (pop. Bras.) Immoral, dirty.
**SACANAGEM**, s. f. (pop. Bras.) Immoral act or dirty trick.
**SACÃO**, s. m. Jerk, jolt.
**SACAR**, v. t. e i. To draw; to pull out; to bring about; to take out; to withdraw; to drag; to draw a letter of exchange.
**SACARATO**, s. m. (Quím.) Saccharate.
**SACARIA**, s. f. A large number of sacks.
**SAÇARICAR**, v. i. (pop. Bras.) To wiggle, to shake or jump around in a dance.
**SACARÍDEO**, adj. Saccharoid, resembling loaf sugar; s. m. saccharide.
**SACARIFICAR**, v. t. To saccharify, to convert into or impregnate with sugar; to saccharify.
**SACARINA**, s. f. Saccharin.
**SACARÓIDE**, adj. (Min.) Saccharoid, crystalline and granular (stone).
**SACA-ROLHAS**, s. m. Corkscrew.
**SACAROSE**, s. f. Saccharose.

**SACERDÓCIO**, s. m. Sacerdocy, the priesthood, sacerdotage.
**SACERDOTAL**, adj. Sacerdotal.
**SACERDOTE**, s. m. A priest.
**SACERDOTISA**, s. f. A priestess.
**SACHA**, s. f. Hoe; hoeing.
**SACHAR**, v. t. To hoe; to weed; to rake.
**SACHÊ**, s. m. Sachet.
**SACI**, s. m. (Bras.) A little one-legged black boy who, according to the popular creed, roams the swamp during the night, goes after the travellers or traps them along their way.
**SACIADO**, adj. Satiated, sated, satisfied.
**SACIAR**, v. t. To saciate, to sate; to surfeit, to cloy; to glut.
**SACIEDADE**, s. f. Society; repletion; surfeit.
**SACO**, s. m. Sack, a bag typically large and oblong, and of coarse material; a measure of capacity having the quantity contained or supposed to be contained, in a sack; cloth for sacks, sacking.
**SACOLA**, s. f. Wallet, a bag or sack for carrying things; knapsack.
**SACOLEJAR**, v. t. To shake; to rock; to swing; to sway.
**SACRAMENTAR**, v. t. (Ecles.) To administer the sacraments to; to give extreme unction to; to consecrate (the Host); to make scared; (pop. bras.) to legalize; to fulfill the requirements of.
**SACRAMENTO**, s. m. Sacrament.
**SACRÁRIO**, s. m. Sacrarium, the Eucharistic tabernacle.
**SACRIFICADO**, adj. Sacrificed, immolated; (fig.) prejudiced, suffering or sustaining (loss or injury); victimized.
**SACRIFICANTE**, s. m. Sacrificer; adj. sacrificing.
**SACRIFICAR**, v. t. e i. To sacrifice, to offer as a sacrifice; to suffer loss; to give up, to renounce for the sake of something; to make a sacrifice.
**SACRIFÍCIO**, s. m. Sacrifice; immolation; privation; loss; renouncement.
**SACRILÉGIO**, s. m. Sacrilege, profanation.
**SACRÍLEGO**, adj. Sacrilegious, committing sacrilege; involving sacrilege.
**SACRIPANTA, SACRIPANTE**, s. 2 gên. A rascal, a knave; adj. low, mean; knavish.
**SACRISTÃ, SACRISTÃO**, s. m. A sacristan, a sexton.
**SACRISTIA**, s. f. The sacristy, a vstry.

**SACRO**, adj. Sacred, sacral; (Anat.) pertaining to or in the region of the sacrum, s. m. sacrum.
**SACROSSANTO**, adj. Sacrosanct, most holy or sacred.
**SACUDIDA, SACUDIMENTO, SACUDIDURA**, s. f. Shaking, shake.
**SACUDIDELA**, s. f. Small shake.
**SACUDIR**, v. t. To shake, to agitate, to jar; to jolt, to stagger, to make tremble; to make quiver, to rock; to toss, to throw; to push out, to throw off; to rid oneself of; to knock down or shake down (fruit) from a tree.
**SÁDICO**, adj. Sadistic.
**SADIO**, adj. Healthy; wholesome; free from desease.
**SADISMO**, s. m. Sadism.
**SADOMASOQUISMO**, s. m. Sadomasochism.
**SADUCEÍSMO**, s. m. Sadduceeism.
**SADUCEU**, s. m. Sadducee, sadducecist.
**SAFA**, interj. Out of the qayl; by Jingol
**SAFADEZA**, s. f. (pop. Bras.) Immortality; lack of ethics; shamlessness; baseness.
**SAFADO**, adj. Worn out; (pop.) shameless; (Bras.) impudent, licentious, immoral.
**SAFANÃO**, s. m. A jerk, a shake; (pop.) a slap.
**SAFAR**, v. t. To wear out; to clear; to wipe out.
**SÁFARA**, s. f. A stony waste.
**SAFARDANA**, s. m. Wretch, rascal person.
**SÁFARO**, adj. Sterile; rude; wild.
**SAFENA**, s. f. (Anat.) Saphena.
**SÁFICO**, adj. Sapphic.
**SAFIO**, s. m. Small conger.
**SAFIRA**, s. f. Sapphire.
**SAFISMO**, s. m. Sapphism.
**SAFO**, adj. Free from; clear.
**SAFRA**, s. f. Harvest; crop; a smith's anvil.
**SAGA**, s. f. Saga.
**SAGACIDADE**, s. f. Sagacity; quickness or acutteness of sense perceptions; shrewdness; penetration; discerment.
**SAGAZ**, adj. Sagacious, shrewd, acute, persipacious.
**SAGITADO**, adj. (Bot.) Sagittate.
**SAGITÁRIA**, s. f. (Bot.) Sagittaria.
**SAGITÁRIO**, s. m. Sagittarius.
**SAGO**, s. m. Sagum.
**SAGRAÇÃO**, s. f. Consecration, a ceremony used in consecrating.
**SAGRADO**, adj. Sacred; divine; holy; sacrosanct.

**SAGRAR,** v. t. To consecrate, to make or declare sacred; to bless; to hallow; to dedicate.

**SAGU,** s. m. Sago, a dry granulated or powdered starch.

**SAGUÃO,** s. m. Inner yard.

**SAGUEIRO,** s. m. (Bot.) Sago-palm.

**SAIA,** s. f. Skirt, a arment covering the body from the waist down.

**SAIBO,** s. m. Taste, flavor, savor.

**SAIBRAMENTO,** s. m. The covering with gravel.

**SAIBRAR,** v. t. To trench up; to cover with gravel.

**SAIBRO,** s. m. Gravel.

**SAÍDA,** s. f. Way out; exit; issue; outlet; going out; a passage out; witty retort or answer; projection; sale.

**SAÍDO,** adj. Projected; salient; gone out.

**SAIMENTO,** s. m. End; funeral; funeral procession.

**SAIR-SE,** v. i. To go; to proceed; to depart; to go out; to get out; to issue, to come out, to be published; to turn out; to go away; to happen in a given manner.

**SAL,** s. m. Salt, common salt.

**SALA,** s. f. Room; hall.

**SALADA,** s. f. Salad, a cold dish of green vegetables dressed with oil, vinager, etc.

**SALADEIRA,** s. f. Salad-dish; salad-bowl.

**SALAFRÁRIO,** adj. Scoundrelly, villainous; s. m. scoundrel, villian.

**SALAMALEQUE, SALEMELEQUE,** s. m. Salaam, a Moislem salutation; (fig.) an affected bow.

**SALAMANDRA,** s. f. (Zool.) Salamander, a lizardlike animal once popularly supposed to be able to live in fire.

**SALAME,** s. m. Salame, a kind of sausage.

**SALÃO,** s. m. Salon, a large hall or drawing room, for reception of guests, for works of arts, etc.

**SALARIAL,** adj. (Bras.) Wage, of or pertaining to wages.

**SALÁRIO,** s. m. Wages; hire; pay given for labor.

**SALDAR,** v. t. To balance, to settle (an account) by paying deficit; to sell at low price.

**SALDO,** s. m. Balance (of an account); an excess on either the credit or debt side of an account; remainder, rest.

**SALEIRO,** s. m. Salt-cellar; salt seller.

**SALETA,** s. f. Small room.

**SALGA, SALGAÇÃO, SALGADURA, SALGAMENTO,** s. f., s. m. Salting.

**SALGADINHOS,** s. m. pl. (Bras.) Salty hors d'oeuvres or canapes.

**SALGADO,** adj. Salted, salty; (fig.) too expensive; of high price; witty.

**SALGAR,** v. t. To salt, to add salt; to preserve with salt; to flavor; to prepare with salt for preserving.

**SALGUEIRAL,** s. m. A plantation of willows.

**SALGUEIRO,** s. m. Willow.

**SALICILATO,** s. m. Salicyllate.

**SALICULTURA,** s. f. Salt-manufacture.

**SALIÊNCIA,** s. f. Salience, projection; jutting; protuberance.

**SALIENTAR,** v. t. To call attention to, point out, to emphasize, to accentuate.

**SALIENTE,** adj. Salient, proeminent, outstanding; jutting; jutting out, protruding, bulging; (Bras.) saucy, impudent.

**SALIFICAR,** v. t. To form a salt.

**SALINA,** s. f. Saline, a salt spring; a natural deposit of common salt.

**SALINAÇÃO, SALINAGEM,** s. f. Salt-making, salification.

**SALINEIRO,** s. m. Salter, dealer in salt.

**SALINO,** adj. Saline, salty.

**SALITRAÇÃO,** s. f. Saltpeter-making.

**SALITRAR,** v. t. To cover with salt-peter.

**SALITRARIA,** s. f. Saltpeter refinery.

**SALITRE,** s. m. Saltpeter; nitre.

**SALITROSO,** adj. Nitrous.

**SALIVA,** s. f. Spittle, pit, saliva.

**SALIVAÇÃO,** s. f. Salivation.

**SALIVAR,** v. i. To spit, to produce an abnormal flow of saliva in; to produce salivation.

**SALIVOSO,** adj. Salivous, of the nature of saliva; pertaining to saliva.

**SALMÃO,** s. m. (Zool.) Salmon, a large soft-finned fish.

**SALMEAR,** v. t. e i. To psalm, to sing or extol in psalms.

**SALMO,** s. m. Psalm, a sacred song or poem.

**SALMOURA,** s. f. Brine, water satured with salt.

**SALPICADO,** adj. Lightly sprinkled with salt; (fig.) sprinkled, flecked; dotted; spattered.

**SALPICÃO,** s. m. A kind of sausage.

**SALPICAR,** v. t. To speckle; to speck; t besprinkle; to sprinkle over; to strew; t splash; to scatter water, mud, etc. upon.

**SALPICO,** s. m. Speck, splash; small spot or blemish.
**SALPIMENTA,** s. f. Salt and pepper.
**SALPIMENTAR,** v. t. To season with salt and pepper; (fig.) to dissimulate; to treat with smart or abusive language.
**SALPINGITE,** s. f. (Med.) Salpingitis.
**SALPINTAR,** v. t. (Bras.) To speck, to speckle, to produce specks on or in.
**SALPRESAR,** v. t. To season slightly with salt.
**SALSA,** s. f. Parsley.
**SALSAPARRILHA,** s. f. (Bot.) Sarsaparilla.
**SALSEIRA,** s. f. Sauce-boat.
**SALSEIRO,** s. m. (Meteor.) Rainstrom, downpour; (Bras.) fight, brawl.
**SALSICHA,** s. f. Sausage.
**SALSICHÃO,** s. m. Dried-sausage.
**SALSICHARIA,** s. f. Pork-shop.
**SALSO,** adj. Salt, salted.
**SALTADA,** s. f. A leap; assault.
**SALTADOR,** adj. Leaping, jumping; s. m. jumper; hopper.
**SALTAR,** v. t. e i. To jump, to leap; to leap over; to get over; to ship; to omit; to pass over without notice or mention; to spring.
**SALTARILHAR,** v. t. To go by jumps; to hop.
**SALTEADO,** adj. Alternated, interpolated; assaulted; robbed.
**SALTEADOR,** s. m. Brigand, scoundrel.
**SALTEAR,** v. t. To assault; to make a violent attack upon; to rob.
**SALTÉRIO,** s. m. Psalter.
**SALTIGRADO,** adj. Saltigrade.
**SALTIMBANCO,** s. m. Mounter-bank; quack.
**SALTITANTE,** adj. Hopping, skipping.
**SALTITAR,** v. i. To skip, to hop.
**SALTO,** s. m. Leap; jump, bound; skip; assault; robberu; heel (of shoes etc.).
**SALUBRE,** adj. Salutary; salubrious; healthy.
**SALUBRIDADE,** s. f. Salubrity, healthness.
**SALUTAR,** adj. Salutary, healthy.
**SALVA,** s. f. Volley (of guns); salver, tray; (Bot.) garden sage.
**SALVAÇÃO,** s. f. Salvation; saving of the soul; deliverance; salvage.
**SALVADOR,** s. m. Saver, saviour; adj. saving.
**SALVAGUARDA,** s. f. Safeguard; security.
**SALVAGUARDAR,** v. t. To safeguard, to guard, to protect against, to defend.
**SALVAMENTO,** s. m. Safety; salvation.
**SALVANTE,** prep. Except, saving.

**SALVAR,** v. t. To save, to rescue or deliver from danger; to preserve; to salvaguard; preserve something from danger, loss, waste, etc.; to eccept; v. p. to fly out; to run away; to escape; to be saved.
**SALVATÉRIO,** s. m. Resource, salvation.
**SALVA-VIDAS,** s. m. Life-buoy; life-boat.
**SALVE,** interj. Hail!
**SALVO,** adj. Safe, secure, saved; conj. save, except; prep. save, except, saving.
**SAMAMBAIA,** s. f. (Bot.) Brake, bracken; fern; adders's fern; bromelia.
**SAMARITANO,** adj. e s. m. Samaritan.
**SAMARRA,** s. f. Sheepskin garment; s. m. (gfr.) priest.
**SAMBA,** s. m. A kind of Brazilian dance.
**SAMBURÁ,** s. m. (Bras.) Wicker basket.
**SAMOVAR,** s. m. Samovar, a metal urn used in Russia for making tea.
**SANADOR,** adj. Sanative, sanatory, curative.
**SANATÓRIO,** s. m. Sanatorium.
**SANÇÃO,** s. f. Sanction, approval, ratification, endorsement.
**SANCIONAR,** v. t. To sanction, to give sanction to; to ratify, to confirm; to authorize.
**SANDÁLIA,** s. f. Sandal.
**SÂNDALO,** s. m. (Bot.) Sandalwood.
**SANDEJAR,** v. i. To play the fool; to talk nonsenses.
**SANDEU,** adj. Idiot, foolish; s. m. a fool or idiot person.
**SANDUÍCHE,** s. m. Sandwich.
**SANEAMENTO,** s. m. Sanitation, use of sanitary measures.
**SANEAR,** v. i. To sanitate, to make sanitary; to provide with sanitary appliances; to sanitize; to make sanitary.
**SANEFA,** s. f. Valance, a short decorative drapery across the top of a window.
**SANFONA,** s. f. Hurdy-gurdy.
**SANFORIZADO,** adj. Sandorized; (maiúsc.) trade-mark.
**SANFORIZAR,** v. t. To sanforize.
**SANGRADOR,** adj. Bleeding; s. m. bleeder.
**SANGRAR,** v. t. To bleed, to let bleed; (fig.) to extort money.
**SANGRENTO,** adj. Bleeding, bloody.
**SANGRIA,** s. f. Bleeding, bloodletting; sangaree, a kind of beverage prepared with red wine, sugar and water.
**SANGUE,** s. m. Blood; bloodlife; life; lineage; relationship by descent from a common ancestor; kinship.

**SANGUESSUGA**, s. f. (Zool.) Leech.
**SANGUINÁRIO**, adj. Sanguinary, bloodthristy; cruel; murderous.
**SANGUÍNEO**, adj. Sanguineous; sanguine, of the blood-red color.
**SANGUINIDADE**, s. f. Sanguinity, consanguinity.
**SANHA**, s. f. Fury; ire, anger, rage, hatred.
**SANIDADE**, s. f. Healthy, sanity, saneness; lucidity; wholesomenes.
**SÂNIE**, s. f. (Med.) Sanies.
**SANIFICAR**, v. t. To sanify; to make healthful; to provide with sanitary conditions.
**SANITÁRIO**, adj. Sanitary; hygienic, hygienical.
**SANITARISTA**, s. m. Sanitaria, one versed in sanitary measures.
**SANSCRÍTICO**, adj. Sanskrit, of, pertaining or written in Sanskrit.
**SANTA**, s. f. Saint; (fig.) virtuous or saintly woman; (ecles.) image of the Virgin Mary.
**SANTÃO, SANTARRÃO**, s. m. A hypocrite person; a bigot.
**SANTEIRO**, s. m. Image-maker or seller.
**SANTIDADE**, s. f. Sanctity, holiness; purity; saintliness; godliness.
**SANTIFICAÇÃO**, s. f. Sanctification; consecration.
**SANTIFICAR**, v. t. To sanctify, to make sacred or holy; to consecrate; to hallow; to canonize; to make free from sin; to purify; to glorify; to saint, to make a saint of.
**SANTIMÔNIA**, s. f. Sanctimony.
**SANTÍSSIMO**, adj. Most holy.
**SANTO**, adj. Holy, sacred; saintly; s. m. Saint.
**SANTUÁRIO**, s. m. Sanctuary; shrine; Holy of Holies.
**SÃO**, adj. Sound, wholesome; entire; healthy; saint; morally healthy.
**SAPA**, s. f. Shovel; (Mil.) sap, sapping.
**SAPADOR**, s. m. (Mil.) Sapper, a person trained in the digging of saps.
**SAPAR**, v. t. To sap, to undermine; to unsettle or weaken; (Mil.) to operate against by saps.
**SAPATA**, s. f. Low choe; (Mec.) bed, bed plate; (Constr.) bolster; footing; (Náut.) bull's-eye, deadeye, bank.
**SAPATARIA**, s. f. Shoemaker's shop.
**SAPATEADO**, s. m. Clog-dance.
**SAPATEAR**, v. t. e i. To beat time with the foot; to stamp.
**SAPATEIRA**, s. f. Shoemaker's wife; a piece of forniture to keep shoes.
**SAPATILHA**, s. f. Ballet slipper or shoe; evening pumps; padding on keyes of musical instruments.
**SAPATO**, s. m. Shoe.
**SAPÉ**, s. m. (Bot.) Sape grass, variety of grass used especialy for thatching.
**SAPECA**, adj. Flirtatious, coquettish.
**SAPECAR**, v. t. (Bras.) To scorch, to singe, to parch, to dry, to toast (especialy tea leaves, meal, etc.); (Bras.) to beat, to thrash; (gfr. EUA) to make a mess of, to botch up; v. i. to flirt, to be coquettish (said especialy of a young woman).
**SÁPIDO**, adj. Savory, sapid, palatable.
**SAPIÊNCIA**, s. f. Sapience; widdom; sageness; profound knowledge; divine wisdom.
**SAPINHOS**, s. m. Thrush, a disease of the mouth and throat of infants.
**SAPO**, s. m. Toad.
**SAPÓLIO**, s. m. Sapolio, cake of detergent powder.
**SAPONÁCEO**, adj. Saponaceous, soapy.
**SAPONIFICAR**, v. t. To saponify, to convert into soap.
**SAPRÓFAGO**, adj. Saprophagous.
**SAPRÓFILO**, adj. Saprophilous, saprophitic.
**SAQUE**, s. m. Sack, plunder, pillage, ravage, spoil, robbery; (Com.) draft.
**SAQUÊ**, s. m. Sake, rice wine.
**SAQUEAR**, v. t. To sack, to plunder, to pillage, to rob.
**SAQUINHO**, s. m. Small sack or bag; sachet.
**SARABANDA**, s. f. Saraband; (fig.) reprehension, reprimand.
**SARACOTEAR**, v. t. To waddle, to wag.
**SARAIVA**, s. f. Hail, a shower of anything which falls like hail.
**SARAIVADA**, s. f. Hailstorm.
**SARAMPO**, s. m. Measles.
**SARAPINTADO**, adj. Spotted, speckled.
**SARAR**, v. t. To heal, to restore to health; to cure (a discase or wound); to remedy; to return to a sound condition.
**SARAU**, s. m. Soirée, an evening party.
**SARÇA**, s. f. Bramble, bush, thorn.
**SARCASMO**, s. m. Sarcasm, irony; taunt.
**SARCOCELE**, s. f. (Me.) Sarcocele.
**SARCÓFAGO**, s. m. Sarcophagus; adj. sarcophageous.
**SARCÓIDEO**, adj. Sarcoid, resembling flesh.
**SARCOMA**, s. f. (Med.) Sarcoma.

**SARÇOSO**, adj. Thorny.
**SARDA**, s. f. Freckle.
**SARDINHA**, s. f. Sardine.
**SARDO**, adj. e s. m. Sardinian.
**SARDÔNICO**, adj. Sardonic, sardonical, sarcastic.
**SARGAÇO**, s. m. Sargasso, a seaweed; gulfweed.
**SARGENTO**, s. m. Sergeant.
**SARGO**, s. m. Sargus, the sea bram.
**SARI**, s. m. Sari.
**SARILHO**, s. m. Reel, winder; windlass; hoist; (Bras.) gear of a water wheel, turn or gyration on a trapeze or a horizontal bar.
**SARJA**, s. f. Serge, a twilled fabric.
**SARJETA**, s. f. Gutter, a narrow ditch beside a road or a sidewalk.
**SARANA**, s. f. Itch, itching, a contagious eruption of the skin.
**SARPAR**, v. t. To lift (an anchor); v. i. to weigh anchor.
**SARRACENO**, adj. e s. m. Saracen.
**SARRAFO**, s. m. Fath, shingle.
**SARRAZINAR**, v. i. To be bore, to be importune.
**SARRENTO**, adj. Tartarous.
**SARRO**, s. m. Tartar, substance deposited in wine casks; hard coating forme on the teeth.
**SATÃ, SATANÁS**, s. m. Satan.
**SATÂNICO**, adj. Satanic, devilissh, infernal.
**SATÉLITE**, s. m. (Astron.) Satellite, moon.
**SÁTIRA**, s. f. Satire, a biting literary work ridiculing human weakness, vice, etc.
**SATIRIZAR**, v. t. To satirize, to make the object of satire; to write satires upon.
**SÁTIRO**, s. m. Satyr.
**SATISFAÇÃO**, s. f. Satisfaction; contentment; pleasure; amends; atonement; excuse; payment.
**SATISFAZER**, v. t. e i. To satisfy, to satiate; to content; to give satisfaction; to repair (a fault, a mistake, etc.).
**SATIVO**, adj. Sowing.
**SÁTRAPA**, s. f. Satrap, the governor of a province in ancient Persia; any overlord.
**SATURAÇÃO**, s. f. Saturation.
**SATURANTE**, adj. Saturating; tedious.
**SATURAR**, v. t. To saturate, to soak; to steep; to drench.
**SATURNAL**, adj. Saturnal.
**SATURNINO, SATÚRNIO**, adj. Saturnine; saturnian.
**SATURNO**, s. m. (Astron.) Saturn.
**SAUDAÇÃO**, s. f. Salutation.
**SAUDADE**, s. f. Regret, sorrow, longing.
**SAUDAR**, v. t. To salute, to compliment; to greet; to make a salute; to welcome.
**SAUDÁVEL**, adj. Sound, wholesome; salutary; healthy.
**SAÚDE**, s. f. Health, freedom from disease; toast.
**SAUDOSISMO**, s. m. (Bras.) A yearning or longing for the past.
**SAUDOSO**, adj. Longing, regretted.
**SÁURIO**, s. m. Saurin.
**SAÚVA**, s. f. Sauba ant.
**SAVANA**, s. f. Savana, savannah.
**SAVEIRO**, s. m. A sort of fishman's boat.
**SAXÃO, SAXÔNIO**, adj., s. m. Saxon.
**SAXÁTIL**, adj. Saxatile.
**SAXOFONE**, s. m. Saxophone.
**SAXOSO**, adj. Stony, covered with stones.
**SAXOTROMPA**, s. f. Saxotromba.
**SAZOAR**, v. t. To season.
**SAZONAÇÃO**, s. f. Maturation, ripening.
**SAZONAR**, v. t. To season; to mature; to render pleasant to the taste; to grow ripe.
**SE**, conj. If, whether; pron. pess. himself, itself, themselves; each other; one another; pron. indef. one, people, we, you, they, someone, somebody.
**SÉ**, s. f. See, cathedral.
**SEARA**, s. f. Corn-land.
**SEAREIRO**, s. m. Farmer.
**SEBÁCEO**, adj. (Med.) Sebaceous.
**SEBÁCICO**, adj. (Quím.) Sebacic.
**SEBATO**, s. m. (Quím.) Sebate.
**SEBE**, s. f. Hedge.
**SEBENTO**, adj. m. Greasy; oily; dirty, foul.
**SEBO**, s. m. Tallow, the fat of sheep, oxen, etc., extracted by melting.
**SECA**, s. f. Drying, dryness.
**SECADOR**, s. m. Desiccator; dryer.
**SECAGEM**, s. f. Drying; seasoning (of the wood).
**SECANTE**, s. f. (Geom.) Secant; s. m. dryer; adj. drying.
**SEÇÃO**, s. f. Section; the part cut off; division; portion; intersection; (Geom.) section.
**SECAR**, v. t. e i. To dry, to dry up; to free from moisture; to exhaust of water or other liquid; to season (wood); to become dry; to fade, to wither.
**SECATIVO**, adj. Siccative; s. m. siccative substance.

**SECCIONAL**, adj. Sectional; departmental.
**SECESSÃO**, s. f. Secession.
**SECIONAR, SECCIONAR**, v. t. To section, to cut or separate into sections.
**SECO**, adj. Dry, free from moisture, exhausted of water or other liquid; rude; ill-mannered; lacking sweetness.
**SECREÇÃO**, s. f. Secretion.
**SECRETA**, s. m. A secret agent.
**SECRETARIA**, s. f. Secretariat, the office of a secretary.
**SECRETÁRIA**, s. f. Secretary; a writing desk.
**SECRETARIAR**, v. i. To act as a secretary; to be a secretary of.
**SECRETÁRIO**, s. m. Secretary, an officer of State; one having the oversight of, or responsibility for; the correspondence, records, etc., of an organization.
**SECRETO**, adj. Secret, kept from the knowledge of others; hidden; secluded, retired; recondite; occult; unknown; privy; covert; s. m. secret, a mystery.
**SECTÁRIO**, adj. e s. m. Sectarian.
**SÉCTIL**, adj. Sectile, capable of being cut.
**SECULAR**, adj. Secular, existing or continuing through ages or centuries; centuried; lay, nonecclesiastical, civil; temporal; worldly; s. m. layman.
**SECULARIZAR**, v. t. To secularize, to transfer from ecclesiastical to civil or lay use; to change the status of a priest from regular to secular.
**SÉCULO**, s. m. Century, a period of 100 years; a unit composed originally of 100 men, in the army; long period; the world.
**SECUNDAR**, v. t. To second; to follow or attend; to assist; to support; to confirm; to corroborate; to back.
**SECUNDÁRIO**, adj. Secondary; next below the first in importance; of second place or class.
**SECURA**, s. f. Dryness; thirst; roughness of temper; insensibility; lack of feeling; (pop.) longing, craving.
**SECUSSÃO**, s. f. Commotion, violent agitation.
**SEDA**, s. f. Sil, the fiber produced by some insect larvae; fabric woven from the fiber produced by silkworm; something resembling this fiber.
**SEDAÇÃO**, s. f. Thea llaying (of a pain, irritation, etc.).
**SEDAÇO**, s. m. Boulting-cloth.

**SEDAR**, v. t. To allay, to relieve (a pain or distress); to alleviate, to hackle, to comb out (flex or hemp) with a hackle; to hatchel, to cleanse or dress with a hatchel.
**SEDATIVO**, adj. e s. m. Sedative.
**SEDE**, s. f. See, a center, of a bishop's power and authority; a diocesan center; head-office (of an organization); thirst, a sensation of dryness in the mouth and throat; a strong desire for drink; any craving or longing; avidity; impatience.
**SEDENHO**, s. m. (Med.) Seton; a issue.
**SEDENTÁRIO**, adj. Sedentary, accustomed to pass much time in a sitting posture; inactive; s. m. sedentary man.
**SEDENTO**, adj. Thirsty; eager, avid.
**SEDIÇÃO**, s. f. Sedition; an insurrection against constituted authority; tumult; dissension; mutiny; revolt.
**SEDIMENTAR**, v. i. To sedimentate, to cause to deposit sediment.
**SEDIMENTAR, SEDIMENTÁRIO**, adj. Sedimentary, pertaining to, formed by, or consisting of, sediment.
**SEDIMENTO**, s. m. Sediment, material or mass of it, deposited by water; dregs.
**SEDOSO**, adj. Silky, silken; hairy.
**SEDUÇÃO**, s. f. Seduction, lure; enticement; attraction.
**SÉDULO**, adj. Sedulous; active; diligent.
**SEDUTOR**, s. m. A seducer; allurer; adj. seductive, alluring; captivating.
**SEDUZIR**, v. t. To seduce, to lead or draw (a person) astray; to allure; to mislead; to tempt; to entice; to deprave.
**SEGA**, s. f. Colter, coulter, a cutter on a plow to cut the curf.
**SEGA, SEGADA, SEGADURA**, s. f. Harvest, harvest-time.
**SEGADEIRA**, s. f. A large scythe.
**SEGADOR**, s. m. A reaper, a mower.
**SEGAR**, v. t. To mow, to cut down (grass, etc.); to cut the grass, grain from; to put an end to.
**SEGE**, s. m. Two-wheeled chaise.
**SEGMENTAÇÃO**, s. f. Segmentation, the act of dividing into segments.
**SEGMENTAR**, v. t. To segment, to separate into segments; to divide by segmentation; to divide or separate into parts.
**SEGMENTO**, s. m. Segment, section; (Geom.) segment; a part cut off from a figure by a line or plane.

**SEGNÍCIA, SEGNÍCIE**, s. f. Laziness; indolence; negligence.

**SEGREDAR**, v. t. e i. To whisper; to speak secretly; to mention privately.

**SEGREDO**, s. m. Secret, something kept conccaled or hidden; a mystery; recess.

**SEGREGAÇÃO**, s. f. Segregation; separation from others or from main body.

**SEGREGAR**, v. t. To segregate, to separate; to cut off from others; to isolate.

**SEGUIDA**, s. f. Following, continuation.

**SEGUIDAMENTE**, adv. Consecutively; afterwards; subsequently.

**SEGUIDO**, adj. Followed; continuous, constant, continual; immediate, next; unbroken.

**SEGUIDOR**, s. m. Follower; disciple; partisan.

**SEGUIMENTO**, s. m. Following; pursuing; continuation; consequence; result.

**SEGUINTE**, adj. next, immediate; contiguous; adjoining; s. m. follower.

**SEGUIR**, v. t. e i. To follow, to go or come after; to go chase, to pursue; to obey; to mind; to proceed along; to pursue with hostility; to go along; to succeed in order of time, rank or natural sequence; to keep the eyes or the attention fixed upon; to result; to occur as a consequence; to imitate.

**SEGUNDA**, s. f. (Mús.) Second; (Mec.) second gear or speed; short for MONDAY.

**SEGUNDA-FEIRA**, s. f. Monday.

**SEGUNDO**, adj. Second, next to the first in order or place or time; occuring again; of the same kind as another; secondary; inferior; prep. according to; s. m. second, the sictieth part of a minute of time; a moment, an instant; one who comes after; a backer; an assistant.

**SEGURANÇA**, s. f. Safety, security; protection; freedom from worry; guarantee.

**SEGURAR**, v. t. To firm, to make or become fast, secure, etc.; to seize and confine; to assure, to give certitude to; to guarantee.

**SEGURO**, adj. Secure, free from fear, care, etc.; safe, firm, steady; s. m. insurance; insuring; premium.

**SEIO**, s. m. Breast; bosom, a hollowed or incurving part; a cavity, sinus; inner recess; womb; loving enclosure; the soul; ambient, sphere, circle, intimacy; gulf, an inlet; (Náut.) the belly of a sail.

**SEIRA**, s. f. A kind of bag, or basked made of woven bulrush.

**SEIS**, num. Six; s. m. the number six.

**SEISAVO, SEISTIL**, s. m. The sixth part.

**SEISCENTOS**, num. Six hundred.

**SEITA**, s. f. Sect, a religious order; a party.

**SEIVA**, s. f. Sap, the juice of a plant; sapwood; vital juice, blood; vigor.

**SEIXO**, s. m. Pebble, a small roundish stone.

**SELA**, s. f. Saddle.

**SELADO**, adj. Saddled (the horse), sealed (a letter, etc.).

**SELADOR**, s. m. Sealer; one who saddles.

**SELAGEM**, s. f. Sealing; stamping.

**SELAR**, v. t. To saddle, to put a saddle upon; to seal, to affix a seal to; to stamp; to enclose securely; to determine finally; to conclude; to make valid; to confirm.

**SELEÇÃO**, s. f. Selection, a selecting; choise; a group of things chosen; (Biol.) selection, natural selection.

**SELECIONAR**, v. t. To select, to choose, to pick up.

**SELEIRO**, s. m. Saddler.

**SELÊNICO**, adj. Selenic.

**SELÊNIO**, s. m. Selenium.

**SELENITA**, s. 2 gên. Selenite, an inhabitant of the moon; (Miner.) selenite.

**SELENOCÊNTRICO**, adj. (Astr.) Selecentric, relating to the center of the moon.

**SELENOGRAFIA**, s. f. Selenography.

**SELETA**, s. f. A collection of selected literary passages; a kind of an aromatic and juicy pear.

**SELETAR**, v. t. (Neol.) To select.

**SELETIVO**, adj. Selective, pertaining to selection; tending to select.

**SELETO**, adj. Selected; select; picked; choosen; of special excellence; exclusive.

**SELIM**, s. m. English saddle.

**SELO**, s. m. Seal; postage stamp, postmark.

**SELVA**, s. f. Jungle, an impenetrable thicket.

**SELVAGEM**, adj. Savage; wild; untamed; uncivilized; barbarous; cruel; fierce.

**SELVAJARIA**, s. f. Savagery, barbarity; uncivilized condition or state of being.

**SELVÁTICO**, adj. Wild; rude; savage.

**SEM**, prep. Without, lacking.

**SEMÁFORO**, adj. Semaphore.

**SEMANA**, s. f. A week, a period of seven days; the six working days of a week.

**SEMANAL**, adj. Weekly.

**SEMANÁRIO**, adj. Weckly; s. m. a weekly publication.

**SEMÂNTICA**, s. f. Semantics.

**SEMBLANTE**, s. m. Semblant, face, air; figure, show.
**SEM-CERIMÔNIA**, s. f. Lack of ceremony; lack of politeness or courtesy.
**SÊMEA**, s. f. Wheat flour; bran.
**SEMEADO**, adj. Sown; scattered; dotted.
**SEMEADOR**, adj. Sowing; s. m. sower; sowing machine.
**SEMEAR**, v. t. e i. To sow, to scaatter seed upon the earth for growth; to plant; to spread abroad; to disseminate; to implant.
**SEMELHANÇA**, s. f. Resemblance, similarity; likeness; similitute; analogy, semblance.
**SEMELHAR**, v. t. To resemble, to be like or similar to.
**SÊMEN**, s. m. Semen; seed; sperm.
**SEMENTAR**, v. t. To sow.
**SEMENTE**, s. f. Seed; anysmall seedlike fruit; semen; (fig.) origin, source.
**SEMENTEIRA**, s. f. See-time; seeding; sowing; seed-bed; land sown; (fig.) origin.
**SEMESTRAL**, adj. Semestral.
**SEMESTRE**, s. m. Semester, half a year.
**SEMI**, pref. Semi, half, partly; partial.
**SEMIANUAL**, adj. Semiannual, biannual.
**SEMI-AUTOMÁTICO**, adj. Semi-automatic.
**SEMIBREVE**, adj. (Mús.) Semibreve.
**SEMICERRAR**, v. t. To partially close (the door, one's eyes, etc.).
**SEMICIRCULAR**, adj. Semicircular.
**SEMICOLCHEIA**, s. f. (Mús.) Semiquaver.
**SEMICONSCIENTE**, adj. Semiconscious.
**SEMIDEUS**, s. m. Demigod.
**SEMIFINAL**, adj. Semifinal.
**SEMI-HUMANO**, adj. Subhuman.
**SEMI-INTERNO**, adj. e s m. Day-boarder.
**SEMILÚNIO**, s. m. Semilune, half-moon.
**SEMIMORTO**, adj. Halfdead.
**SEMINAÇÃO**, s. f. Semination, dissemination; (Bot.) semination.
**SEMINAL**, adj. Seminal, pertaining, or relating, to the seed or semen.
**SEMINÁRIO**, s. m. Seminary, a plot where plants for transplantation are raised from the seed; the place whence anything is produced; an educational school for training candidates for the ministry or priesthood; adj. seminal.
**SEMÍNIMA**, s. f. (Mús.) Crotchet.
**SEMINU**, adj. Half-naked.
**SEMIOFICIAL**, adj. Semiofficial.
**SEMIOGRAFIA**, s. f. Semiography.
**SEMIOLOGIA**, s. f. (Med.) Semiology.

**SEMITA**, s. 2 gên. Semite, Semitic.
**SEMITOM**, s. m. (Mús.) Semitone.
**SEMITRANSPARENTE**, adj. Semitransparent.
**SEMIVIVO**, adj. Half-alive.
**SEMIVOGAL**, s. f. Semivowel.
**SEM-MODOS**, s. f. Ill-mannered; impolite.
**SEM-NOME**, adj. Anonymous; s. m. anonym.
**SÊMOLA, SEMOLINA**, s. f. Semola, semoline.
**SEMOSTRADOR**, s. m. A show-off, a braggart; adj. ostentatious, boastfull.
**SEMOVENTE**, adj. Self-moving.
**SEM-PAR**, adj. Unique, unequalled.
**SEMPITERNO**, adj. Sempiternal; everlasting.
**SEMPRE**, adj. Always, ever.
**SEMPREVIVA**, s. f. Evergreen, an evergreen plant; houseleek.
**SEM-RAZÃO**, s. f. Wrong; injury.
**SEM-SABOR**, adj. Tasteless.
**SEM-SAL**, adj. Not salted; insipid.
**SEM-VALOR**, adj. Valueless, worthless.
**SEM-VERGONHA**, s. f. (Bras.) Shameless, impudent, bold-faced; s. m. bold face.
**SENADO**, s. m. The senate, senate-house.
**SENADOR**, s. m. Senator.
**SENÃO**, conj. Otherwise, else; but; prep. but, except; s. m. a fault or defect.
**SENDA**, s. f. Pathway, footpath; routine; course of business or official duties regulr pursued; regular habit or practice.
**SENECTUDE**, s. f. Senectitude, senectude, old age; decrepitude.
**SENHA**, s. f. Watchword, password.
**SENHOR**, s. m. Master, lord; owner; sir; mister; God.
**SENHORA**, s. f. Lady; wife; mistress.
**SENHOREAR**, v. t. To master; to subdue.
**SENHORIA**, s. f. Lordship; landlady.
**SENHORIL**, adj. Seigniorial; lord-like; elegant, distinguished.
**SENHORITA**, s. f. Miss, a young unmarried woman or girl.
**SENILIDADE**, s. f. Senility, old age.
**SÊNIOR**, adj. Senior, elder.
**SENO**, s. m. (Mat.) Sine.
**SENÓIDE**, s. f. (Mat.) Sine wave.
**SENSABORIA**, s. f. Tastelessness, insipidity, insipidness.
**SENSAÇÃO**, s. f. Sensation; a more or less indefinite bodile feeling; mental perception; a particular emotional feeling; a vivid emotion or experience attended by excitement; sensational experience; sensibility.

**SENSACIONAL**, adj. Sensational, of or relating to the senses or to sensation.
**SENSACIONISMO**, s. m. (Psic.) Sensationism.
**SENSATEZ**, s. f. Sensibleness, discretion.
**SENSATO**, adj. Sensible; responsive; reasonable; rational; circumspect; watchful.
**SENSIBILIDADE**, s. f. Sensibility, perceptibility to the senses; sensitiveness; acuteness of feeling; delicacy; susceptibility.
**SENSIBILIZAR**, v. t. To sensibilize, to make sensitive; to sensitize; (Fog.) to sensitize.
**SENSITIVO**, adj. Sensitive; suceptible.
**SENSÍVEL**, adj. Sensitive; tender; touchy.
**SENSO**, s. m. Sense, good judgment; reason; intelligence; meaning.
**SENSORIAL**, adj. Sensorial.
**SENSÓRIO**, adj. Sensory; s. m. (Anat.) sensorium.
**SENSUAL**, adj. Sensual, sensuous; flesh, not spiritual; voluptuous; lewd, lustful.
**SENSUALISMO**, s. m. Sensualism, the doctrine that all ideas have their origin in sensation.
**SENSUALIZAR**, v. t. To sensualize, to make sensual; to carnalize; to brutify.
**SENTAR**, v. t. To seat, to place in or on a seat.
**SENTENÇA**, s. f. Sentence, a decision or judgment pronounced by a court; a maxim, an axiom; a brief spoken or written passage; (Gram.) sentence.
**SENTENCIADO**, adj. Judged, sentenced.
**SENTENCIAR**, v. t. To sentence, to pass judgment on; to adjudge; to condenm to punishment; to express in sentences.
**SENTIDO**, adj. Sensible; grievous, sorry; s. m. sense; meaning; care; direction; way; interj. alert!
**SENTIMENTAL**, adj. Sentimental; excessively tender or emotional; romantic.
**SENTIMENTALISMO**, s. m. Sentimentalism.
**SENTIMENTO**, s. m. Sentiment; feeling; sensibility; passion, perception; sorrow; distress; resentment.
**SENTINELA**, s. f. Sentry, soldier placed on guard; guard; watchtower.
**SENTIR**, v. t. Sentiment, feeling; v. t. to feel; to touch; to handle; to test; to feel sorrow, fear or pity; to be aware or conscious of; to be hurt in one's feeling; to be sensible of; to foresee, to perceive; v. p. to feel, to be sensitive; to be moved or affected.

**SÉPALA**, s. f. (Bot.) Sepal, a leaf or divi0 sion of the calyx.
**SEPARAÇÃO**, s. f. Separation, a separating; point or line of division; divorce.
**SEPARADO**, adj. Separate, unconnected; not united or associated; solitary; particular.
**SEPARAR**, v. t. To separate; to disunite; to disconnect; to sever; to party by a legal separation; to set apart from others; v. i. to separate, to cease to be together; to come apart; to cease to live as man and wife; to part company; to divorce.
**SEPARATA**, s. f. Separatum, a separate article, document or the like.
**SEPARÁVEL**, adj. Separable, capable of being separated or divided.
**SÉPIA**, s. f. Sepia, a rich brown pigment prepared from the ink of various cuttlefishes.
**SEPICOLA**, adj. (Bot.) Sepicolous, inhabiting hedges or hedgerows.
**SEPSIA**, s. f. (Med.) Sepsis, infection from any putrescent substance containing microorganisms.
**SEPTICEMIA**, s. f. (Med.) Septicemia, septicaemic, blood poisoning.
**SEPTICIDA**, adj. (Bot.) Septicidal.
**SÉPTICO**, adj. Septic, putrefactive.
**SEPTO**, s. m. Septum.
**SEPTUOR**, s. m. (Mús.) Septet, a composition for seven instruments or voices.
**SEPULCRAL**, adj. Sepulchral; gloomy; unnaturally low and grave (voice or sound).
**SEPULCRO**, s. m. Sepulcher, sepulchre; grave, tomb; sepulture.
**SEPULTAR**, v. t. To sepulcher, to sepulchre; to place in sepulchre; to bury; to entomb.
**SEPULTURA**, s. f. Sepulture, sepulcher; grave; burial.
**SEQUAZ**, s. m. Follower, partisan.
**SEQÜÊNCIA**, s. f. Sequence; succession; the order of events in time; a serie having continuity and connection.
**SEQUER**, adv. At least, however.
**SEQÜESTRAÇÃO, SEQÜESTRO**, , s. f., s. m. Sequestration.
**SEQÜESTRAR**, v. t. To sequestrate, to confiscate; to seclude; to separate.
**SEQUIOSO**, adj. Thristy, dry; (fig.) eager.
**SÉQUITO**, s. m. Retinue, body of retainers.
**SER**, v. i. To be; to exist; to belong; to be made of; to be used for; to happen; to concern; to have reality, to live; s. m. being; a living thing.

**SERÃO**, s. m. Evening; night work.
**SEREIA**, s. f. Mermaid, an imaginary sea criature; siren, a device for sounding signals.
**SERELEPE**, s. 2 gên. (Bras.) A smart and nimble person.
**SERENAR**, v. t. To calm, to soothe, to pacify, to quiet; to serene; (Bras.) to drizzle, to rain in very small drops; to dew.
**SERENATA**, s. f. Serenade, serenata.
**SERENIDADE**, s. f. Serenity; calmness; quietness; calmness of mind; tranquility.
**SERENO**, adj. Serene, calm, placid, undisturbed; tranquil; s. m. evening damp.
**SERIAÇÃO**, s. f. Seriation, arrangement in series.
**SERIAMENTE**, adv. Seriously; earnestly.
**SERIAR**, v. t. To arrange in a series; to classify; to order.
**SÉRICO**, adj. Silken.
**SERICULTURA**, s. f. Sericiculture, sericiculture, the production of raw silk.
**SÉRIE**, s. f. A series; succession; a continuation; a sequence.
**SERIEDADE**, s. f. Seriousness; integrity.
**SERINGA**, s. f. A syringe, a tube operated by a piston, as a hand pump, for drawing water or a liquid and for spraying or throwing it; syringa, the mock orange.
**SERINGAR**, v. t. To syring, to inject liquid by a syringe; (Pop.) to bore.
**SERINGUEIRA**, s. f. Seringa, any of several Brazilian yielding rubber.
**SÉRIO**, adj. Serious; earnest; thoughtful.
**SERMÃO**, s. m. Sermon, a discourse delivered for religious instruction.
**SEROSO**, adj. Serous; thin; watery.
**SEROTERAPIA**, s. f. Serumtherapy.
**SERPEANTE**, adj. Creeping, trailing; serpentine; crooked.
**SERPEAR, SERPEJAR**, v. i. To meander, to wind or turn in its course; to serpent; to serpentine, to move like a serpent; to take by a serpentine course; to insinuate.
**SERPENTÁRIO**, s. m. Secretary-bird; serpent-eater; (Bras.) serpentarium, an enclosure in which serpents are kept.
**SERPENTE**, s. f. Serpent, a snake; (pop.) ugly woman; a dangerously fascinating person.
**SERPENTICIDA**, s. m. Serpent killer.
**SERPENTINA**, s. f. Serpentin, a roll made of a long strip of colored paper.

**SERRA**, s. f. Saw, a cutting tool with a thin flat blade baving teeth on its edge; chain of moutains.
**SERRAÇÃO**, s. f. Sawing.
**SERRADURA, SERRAGEM**, s. f. Sawing, saw dust.
**SERRALHA**, s. f. (Bot.) Sow-thistle.
**SERRALHARIA**, s. f. Locksmith's trade.
**SERRANIA**, s. f. Chain of mountains.
**SERRANO**, s. m. A mountaineer; adj. mountainous.
**SERRAR**, v. t. To saw, to cut or divide with a saw; to use a saw.
**SERRARIA**, s. f. Saw mill; sawyer's frame.
**SERRIFORME**, adj. (Zool.) Serriform.
**SERRILHA**, s. f. Serrated rim (of a coim); bridle-bit.
**SERRILHAR**, v. t. To mill; to serrate, to cut teeth on the edge.
**SERRIRROSTRO**, adj. Serrirostrate, saw-billed.
**SERRO**, s. m. Hillock; mound.
**SERTANEJO**, adj. Of or pertaining to the forest; rude; inland; s. m. inlander.
**SERTÃO**, s. m. Backwoods; the inland part of a country.
**SERUM**, s. m. Serum.
**SERVA**, s. f. A maid, a domestic servant; a woman slave.
**SERVENTE**, s. 2 gên. Servant, a domestic servant.
**SERVENTIA**, s. f. Service, use, entrance.
**SERVIÇAL**, adj. Serviceable; useful; doing services; s. 2 gên. servant.
**SERVIÇO**, s. m. Service; the occupation or condition of a servant; labor done for another; duty done or required; profession, office; employ; aid; help; divine service; a set of articles needed for serving a meal.
**SERVIDÃO**, s. f. Servitude; condition of a slave; slavery; serfdom; bondage.
**SERVIL**, adj. Servile, of or pertaining to a slave; abject; obsequious; menial.
**SERVILIDADE, SERVILISMO**, s. f., s. m. Servility, a mean submission of obsequiousness; baseness; meanness.
**SÉRVIO**, adj. Serbian; s. m. serb.
**SERVIR**, v. i. To serve; to labor or live as a servant; to help persons to food at table; to benefit; to help; to do military, naval, or similar service; to obey and worship (religious sense); to wait upon; to act as; v. p. to make use of; to be pleased; to deign.

**SERVITUDE**, s. f. Servitude, the condition of a slave or servant; slavery; bondage.
**SERVÍVEL**, adj. useful.
**SÉSAMO**, s. m. Sesame, an East Indian herb.
**SESQUIPEDAL**, adj. Sesquipedal, sesquipedalian.
**SESSÃO**, s. f. Session, the sitting of a court, council, legislature, etc., for the transaction of business; meeting.
**SESSAR**, v. t. To sift, to separate with or as with a sieve.
**SESSENTA**, num. Sixty.
**SESTA**, s. f. Siesta, a short rest at midday.
**SESTRO**, adj. Left; (fig.) sinister; s. m. fancy, whim, caprice, cacoethes, a bad habit.
**SETA**, s. f. Arrow.
**SETÁCEO**, adj. Setaceous; bristly.
**SETE**, num., s. m. Seven.
**SETEAR**, v. t. To wound with an arrow.
**SETECENTOS**, num. Seven hundred.
**SETEIRA**, s. f. Loop-hole; loop-light.
**SETEIRO**, s. m. Archer, bowman.
**SETEMBRO**, s. m. September.
**SETENADO**, adj. (Bot.) Septenate, divided in seven parts (leaves).
**SETÊNIO**, s. m. Septennium, a period of seven years.
**SETENTA**, num. Seventy.
**SETENTRIÃO**, s. m. Septentrion; the North Pole; the north or northern regions.
**SETENTRIONAL**, adj. Septentrional.
**SETÍFERO**, adj. Setaceous, set with or consisting of bristles.
**SETILHA**, s. f. Septenarius.
**SÉTIMA**, s. f. (Mús.) Seventh, an interval of seven degrees or a tone at this interval.
**SÉTIMO**, num. Seventh, s. m. the seventh part.
**SEU**, adj. poss. His; its; your; one's; pl. their; pron. poss. his; his own; yours; own; pl. theirs; their own.
**SEVERIDADE**, s. f. Severity; austerity.
**SEVERO**, adj. Severe, grave, austere.
**SEVÍCIA**, s. f. Cruelty, ill-treatment.
**SEVICIAR**, v. t. To treat with cruelty.
**SEVILHANO**, adj. e s. m. Sevillian.
**SEXAGENÁRIO**, adj. Sexagenary, sexagenaria; s. m. sexagenarian.
**SEXAGÉSIMA**, s. f. Sexagesima.
**SEXAGÉSIMO**, adj. Sixtieth.
**SEXÂNGULO**, s. m. Sexangle.
**SEXDIGITAL**, adj. Sexdigital.

**SEXENAL**, adj. Sexennial, lasting six years, or occuring once in six years.
**SEXO**, s. m. Sex.
**SEXTA**, s. f. Sext, one of the canonical hours; short for Friday **(SEXTA-FEIRA)**.
**SEXTA-FEIRA**, s. f. Friday.
**SEXTANTE**, s. m. Sextant.
**SEXTAVADO**, adj. Hexagonal.
**SEXTETO**, s. m. (Mús.) Sextet.
**SEXTILHA**, s. f. Sextain, sestina.
**SEXTO**, num. Sixth.
**SEXTUPLICAR**, v. t. To multiply by six; to sextuple.
**SEXUAL**, adj. Sexual, relating to or associated with sex.
**SEXUALIDADE**, s. f. Sexuality, the state or quality of being distinguished by sex.
**SEZÃO**, s. f. Intermittent or periodic fever.
**SEZONISMO**, s. m. Malaria, marsh fever.
**SI**, s. f. (Mús.) Si, the seventh note of the scale; pron. himself, herself; itself; oneself; yourself.
**SIAMÊS**, adj. e s. m. Siamese.
**SIBA**, s. f. (Zool.) Cuttlefish.
**SIBARITA**, s. m. Sybarite.
**SIBERIANO**, adj. e s. m. Siberian.
**SIBILA**, s. f. Sibyl.
**SIBILAÇÃO**, s. f. Sibilance, sibilancy, the state or quality of being sibilant; sibilation; utterance with a hissing sound.
**SIBILANTE**, adj. Sibilant; hissing; making a hissing soud.
**SIBILAR**, v. t. To sibilate, to pronounce with initial "s"; to hiss.
**SIBILINO**, adj. Sibyline, pertaining to a sibyl; prophetic; (fig.) enigmatic; obscure.
**SIBILO**, s. m. Hiss, hissing.
**SICÁRIO**, s. m. Hired murderer.
**SICATIVO**, adj. Siccative, drying; s. m. a drier, siccative.
**SICOFANTA**, s. 2 gên. Sycophant, a servile flatterer; toady.
**SICRANO**, s. m. Such a one.
**SIDERAL**, adj. Sideral; starry; astral.
**SIDEROGRAFIA**, s. f. Siderography.
**SIDEROMANCIA**, s. f. Sideromancy, divination by observing straws burning on hot iron.
**SIDEROSCÓPIO**, s. m. Sideroscope.
**SIDEROTECNIA**, s. f. Siderotechny.
**SIDERURGIA**, s. f. Siderurgy, the metallurgy of iron and steel.
**SIDERÚRGICO**, adj. Siderurgical.

**SIDRA**, s. f. Cider, wine made of the juice of apples expressed and fermented.

**SIFÃO**, s. m. Siphon or syphon a bent pipe or tube having one end longer than the other, used for drawing off liquids from a higher to a lower level; the respiratory tube of a molusk; a siphon bottle.

**SÍFILIS**, s. f. (Med.) Syphilis, an infectious disease due to microorganism.

**SIFILIZAR**, v. t. To syphilic, to innoculate with syphilis; to introduce syphilis among.

**SIFILOGRAFIA**, s. f. Syphilography.

**SIFINÓIDE**, adj. Siphon-shaped.

**SIGILAÇÃO**, s. f. Sigillation; secrecy.

**SIGILAR**, v. t. To sigillate, to seal, to close by or as seal.

**SIGILO**, s. m. A secret.

**SIGLA**, s. f. Sigla.

**SIGMA**, s. m. Sigma, the 18th letter of the Greek alphabet.

**SIGMATISMO**, s. m. Sigmatism.

**SIGNA**, s. f. Flag; standard, emblem.

**SIGNATÁRIO**, s. m. Signatory, a signer with anothers; signer; subscriber.

**SIGNIFICAÇÃO, SIGNIFICADO**, s. f., s. m. Signification; meaning; significancy.

**SIGNIFICADOR**, adj. Significative; indicative; suggestive; s. m. signifier, any significative thing.

**SIGNIFICAR**, v. t. To signify, to mean, to denote; to manifest; to imply; to import.

**SIGNO**, s. m. (Astron.) Sign, a division of the ecliptic or zodiac.

**SÍLABA**, s. f. Syllable.

**SILABAR**, v. i. To syllabicate, to syllabify.

**SÍLABO**, s. m. Syllabus, one or two tables of propositions condemned as erroneous.

**SILAGEM**, s. f. Ensilage.

**SILENCIAR**, v. t. To silence; to quiet, to stop the noise of; to mute; to repress; to omit to mention; v. i. to become silent; to still.

**SILÊNCIO**, s. m. Silence; absence of sound or noise; stillness; quietness; muteness; silentness. **Silêncio!**: be quiet!, keep quiet!, be silent!

**SILENCIOSO**, adj. Silent; mute; taciturn; reserved; speechless.

**SILEPSE**, s. f. Syllepsis.

**SÍLFIDE**, s. f. Sylph; (fig.) a slender, graceful woman.

**SILFO**, s. m. Sylph, an imaginary being inhabiting the air.

**SILHA**, s. f. Row of hives.

**SILHUETA**, s. f. Silhouette, a delineation of the outline of a person.

**SÍLICA**, s. f. Silex, silica, flint.

**SILICATO**, s. m. Silicate.

**SILÍCIO**, s. m. Silico.

**SILO**, s. m. Silo, a storage bin for grain.

**SILOGISMO**, s. m. Syllogism, an argument stated in logical form, consisting of three prepositions, the first two called "premises" and the last "conclusion".

**SILOGIZAR**, v. t. To syllogize, to reason or infer by means of syllogism.

**SILURIANO**, adj. Silurian, refering to a division of the Paleozoic period, or age of invertebrates.

**SILVA**, s. f. Bramble, bush.

**SILVADO**, s. m. Hedgerow; bramble.

**SILVÁTICO**, dj. Sylvan.

**SILVESTRE**, adj. Wild; woody.

**SILVÍCOLA**, adj. Silvicolous, living in or inhabiting woodlands; s. m. one who lives in woodlands.

**SILVICULTURA**, s. f. Silviculture.

**SILVO**, s. m. Whistle, whistling, hissing.

**SIM**, adv., s. m. Yes; indeed.

**SIMBIOSE**, s. f. (Bot.) Symbiose, the partnership of dissimilar organisms, which, association, though at times harmful, is usually advantageous.

**SIMBIÓTICO**, adj. Symbiotic, pertaining to symbiosis.

**SIMBÓLICO**, adj. Symbolic, symbolical.

**SIMBOLISMO**, s. m. Symbolism, representation by symbols; the expression by a group of French authors and artists sentiments and emotions exalting the metaphysical and the misterious.

**SIMBOLIZAÇÃO**, s. f. Symbolization.

**SIMBOLIZAR**, v. t. e i. To symbolize, to use symbols; to represent or express by symbol or symbols; to treat as a symbol; to serve as a symbol.

**SÍMBOLO**, s. m. Symbol; emblem; figure; type; sign.

**SIMETRIA**, s. f. Symmetry, the due proportion of the several parts of a body to catch other; harmony or adaptation of parts to catch other; proportion.

**SIMETRIZAR**, v. t. e i. To symmetrize, to make symmetrical; to have symmetry.

**SIMIESCO**, adj. Simian.

**SÍMIL**, adj. Similar, like; s. m. simile.

**SIMILAR**, adj. Similar, having a general likeness.
**SÍMILE**, s. m. Simile, comparison, similarity.
**SIMILITUDE**, s. f. Similitude; resemblance.
**SÍMIO**, adj. Simian, apelike; s. m. ape-monkey.
**SIMPATIA**, s. f. Sympathy; affection, mutual or reciprocal susceptibility; tenderness; a bond of good will; an expression of sorrow for another's emotion, grief, etc.; (Med.) sympathy.
**SIMPATIZANTE**, adj. Sympathizing, supporting; s. m. sympathizer; supporter.
**SIMPATIZAR**, v. i. To sympathize, to react or respond in sympathy; to be favorable impressed.
**SIMPLES**, adj. Simple, single, uncompound, mere; having nothing added; artless; unsophisticated; easily understood; bare; plain; not luxurious; ignorant, not wle or sagacious; innocent.
**SIMPLICIDADE**, s. f. Simplicity, simpleness; modesty; plainess; artlessness.
**SIMPLIFICAÇÃO**, s. f. Simplification, the act of simplifying.
**SIMPLIFICAR**, v. t. To simplify, to make simple; to make clear.
**SIMPLÓRIO**, adj. Simple; silly; dunce; s. m. simpleton; a fool; a silly person.
**SIMULAÇÃO**, s. f. Simulation.
**SIMULACRO**, s. m. Simulacrum; that which is fashioned in the likeness of a being or thing; an image; an effigy.
**SIMULADO**, adj. Feigned; pretended; simulate; false.
**SIMULAR**, v. t. To simulate; to feign; to counterfeit; to imitate; to pretend; to sham.
**SIMULTANEIDADE**, s. f Simultaneity; simultaneousness.
**SIMULTÂNEO**, adj. Simultaneous; taking place or operating oat the same time.
**SINA**, s. f. Fate, destiny.
**SINAGOGA**, s. f. Synagogue.
**SINAL**, s. m. Sign, a motion or gesture conveying an idea, wish, etc.; a conventional symbol or emblem; an indication, a token; pressage, omen; a trace or vestige; patch-spot (on skin); earnest-money paid as instalment to contract.
**SINALAR**, v. t. To sign, to place a sign upon; to represent or indicate by a sign; to make a sign, to communicate directions; to signalize, to make signal.
**SINALEIRO**, s. m. Signalman, signalist.
**SINALIZAÇÃO**, s. f. Road-signs.
**SINALIZAR**, v. t. To sign-post a road.
**SINAPISMO**, s. m. Sinapism.
**SINCERIDADE**, s. f. Sincerity; honesty; heartness; sincereness.
**SINCERO**, adj. Sincere, unfeigned; frank; upright, honest, true; real, actual.
**SÍNCOPA**, s. f. (Mús.) Syncopation, a temporary displacement or shiting of the regular metrical accent.
**SINCOPAR**, v. t. (Gram.) To syncopate, to contract (a word) by syncope; (Mús.) to syncopate, to change or affect by syncopation.
**SÍNCOPE**, s. f. (Med.) Syncope, a fainting due to insufficiency of blood in the cerebrum; (Gram.) syncope, the loss or cutting out of one or more sounds or letters from the middle of a word; (Mús.) syncopation, a temporary displacement or shifting of the regular metrical accent.
**SÍNCRESE**, s. f. Syncrisis.
**SINCRETISMO**, s. m. Syncretism.
**SINCRÔNICO**, adj. Synchronous, happening at the same time.
**SINCRONIZAR**, v. t. To synchronize; to agree in time.
**SÍNCRONO**, adj. Synchronous; concurrent in time; contemporaneous; simultaneous.
**SINCRONOLOGIA**, s. f. Syncronology, systematical arrangement of synchronous events.
**SINDICAL**, adj. Syndical.
**SINDICALISMO**, s. m. Syndicalism.
**SINDICALIZAR**, v. t. To syndicate.
**SINDICÂNCIA**, s. f. inquiry; investigation.
**SINDICAR**, v. t. e i. To inquire, to investigate; to make an investigation, examination or the like.
**SINDICATO**, s. m. Syndicate; trade-union.
**SÍNDICO**, s. m. Syndic, trustee.
**SÍNDROMA, SÍNDROME**, s. m. (Med.) Syndrome, a group of signs and symptoms that occur together and characterize a disease.
**SINECURA**, s. f. Sinecure.
**SINEIRO**, s. m. A bell-ringer; bell-founder.
**SINERGIA**, s. f. Synergy.
**SÍNESE**, s. f. Synesis.
**SINETA**, s. f. Small bell.
**SINETE**, s. m. A signet; seal; small seal.
**SINFONIA**, s. f. Symphony.
**SINFÔNICO**, adj. Symphonic.

**SINGELEZA**, s. f. Simplicity, plainness; sincerity; innocence.
**SINGELO**, adj. Simple, single; plain; sincere, true, honest.
**SINGRAR**, v. i. To sail; to steer.
**SINGULAR**, adj. Singular; eccentric; peculiar; extraordinary; s. m. (Gram.) singular, the singular number.
**SINGULARIDADE**, s. f. Singularity; eccentricity; oddity.
**SINGULARIZAR**, v. t. To singularize, to make singular; to distinguish; to particularize; v. p. to affect singularity; to render oneself singular.
**SINISTRA**, . f. The left hand.
**SINISTRAR**, v. t. To experience a disaster.
**SINISTRO**, adj. Sinister; disastrous; evil; ill-omened; indicative of lurking evil; sinistrous; perverse; s. m. disaster; damage, loss, accident; catastrophe.
**SINO**, s. m. Bell.
**SINODAL**, adj. Synodal, synodic.
**SÍNODO**, s. m. Synod, ecclesiastical council, convention, or court.
**SINOLOGIA**, s. f. Sinology.
**SINONÍMIA**, s. f. Synonymy.
**SINONIMIZAR**, v. t. To synonymize.
**SINÔNIMO**, s. m. Synonym, one of two or more words having the same or nearly the same meaning.
**SINOPSE**, s. f. Synopsis.
**SINOVITE**, s. f. (Med.) Synovitis.
**SÍNQUISE**, s. f. Synchysis.
**SINTÁTICO, SINTÁXICO**, adj. Syntactic, syntactical.
**SINTAXE**, s. f. (Gram.) Syntax, that part of grammar which teaches of the proper construction and arrangement of words in a sentence.
**SÍNTESE**, s. f. Synthesis, the making of a complex and unified whole out of separate or simple elements, details, conceptions or the like.
**SINTÉTICO**, adj. Synthetic, of, relating to, or consisting in synthesis; artificial.
**SINTETIZAR**, v. t. To synthesize, to combine or put togeter by synthesis; to produce by synthesis.
**SINTOMA**, s. f. Symptom, any perceptible change in the body or its functions, indicating disease, or the kind or phase of desease; token, sign, indication.
**SINTOMÁTICO**, adj. Symptomatic.

**SINTOMIA**, s. f. (Ret.) Syntomia, syntomy.
**SINTONIA**, s. f. Syntony.
**SINTONIZAÇÃO**, s. f. Syntonization.
**SINTONIZAR**, v. i. To syntonize, to tune in; to put in tune.
**SINUOSIDADE**, s. f. Sinuosity, tortuosity, circumlocution.
**SINUOSO**, adj. Sinuous; intricate.
**SINUSITE**, s. f. (Med.) Sinusitis.
**SIONISMO**, s. m. Zionism.
**SIRE**, s. m. Sire.
**SIRGA**, s. f. Tow-rope.
**SIRGAGEM**, s. f. Towing.
**SIRGAR**, v. t. To low, to warp.
**SIRÍACO**, adj. e s. m. Syriac.
**SIRIGAITA**, s. f. (Gír.) A restless and sly girl.
**SIRINGOTOMIA**, s. f. Syringotomy.
**SÍRIO**, adj. e s. m. Syrian; s. f. (Astron.) Sirius.
**SIROCO**, s. m. Sirocco.
**SISA**, s. f. Excise, excise tax.
**SISAR**, v. t. To collect the excise; to excise, to lay or impose an excise upon.
**SÍSMICO**, adj. Seismic, seismical.
**SISMO**, s. m. Earthquake.
**SISMOGRAFIA**, s. f. Seismography.
**SISMOLOGIA**, s. f. Seismology.
**SISMÔMETRO**, s. m. Seismometer.
**SISO**, s. m. Sense, judgement; wisdom.
**SISTEMA**, s. m. System; method; mode; an organic or organized whole; an organized set of principles or facts; regular method or order.
**SISTEMATIZAÇÃO**, s. f. Systematization.
**SISTEMATIZAR**, v. t. To systematize, to make into a system; to organize; to arrange methodically.
**SÍSTOLE**, s. f. (Anat.) Systole.
**SISTRO**, s. m. Sistrum, a former instrument.
**SISUDEZ**, s. f. Circumspection, seriousness; gravity.
**SISUDO**, adj. Circumspect; serious; grave in disposition, manner, or appearance; thoughtful.
**SITIANTE**, adj. Besieging; s. m. besieger; s. 2 gên. (Bras.) small farmer.
**SÍTIO**, s. m. Siege, a besieging of a fortified place by an army, place; site; ground; (Bras.) small farm.
**SITIOFOBIA**, s. f. Sitiophobia.
**SITIOLOGIA**, s. f. Sitiology.
**SITIOMANIA**, s. f. Sitiomania.
**SITO**, adj. Situated, placed.

**SITUAÇÃO**, s. f. Situation, manner in which an object is placed; location, state; condition; position; site; position or place of employment; place; office.

**SITUAR**, v. t. To situate, to place in a site; to place one in a situation; to localize; to place.

**SÓ**, adj. Alone, only; lonesome; sole; adv. more, only; lonely.

**SOADA**, s. f. Tone, sound; rumor; report; hearsay; noise.

**SOADO**, adj. Sounded; rumored.

**SOALHADO**, s. m. Floor, flooring.

**SOALHAR**, v. t. To floor.

**SOALHO**, s. m. Floor, the level space forming the bottom of a room.

**SOANTE**, adj. Sonorous; sounding.

**SOAR**, v. t. e i. To sound; to make a noise or sound; to cause to sound; to produce a sound; to strike (hours).

**SOB**, prep. Under; beneath; below.

**SOBA**, s. m. Chief (of an African tribe).

**SOBEJAR**, v. i. To superabound, to exceed; to be left; to remain.

**SOBEJO**, adj. Excessive; s. m. pl. remains, leavings.

**SOBERANIA**, s. f. Sovereignity, supreme political authority.

**SOBERANIZAR**, v. t. To sovereignize, to have domination; to be sovereign.

**SOBERANO**, adj. e s. m. Sovereign.

**SOBERBA**, s. f. Pride, arrogance, haughtiness; pomp.

**SOBERBIA**, s. f. Excessive pride.

**SOBERBO**, adj. Superbious; proud; arrogant; superb, majestic; sumptuous.

**SOBPÉ**, s. m. Foot; base (of a hill).

**SOBPOR**, v. t. To put under; to lay beneath of.

**SOBRA**, s. f. Rest, remain; overplus; overflow; excess.

**SOBRAÇAR**, v. t. to put under the arms; to support; to help.

**SOBRADAR**, v. t. To floor, to cover or furnish with a floor.

**SOBRADO**, adj. Left; excessive; plentiful; s. m. floor; (Bras.) a house with one or two floors or stories.

**SOBRANCEAR**, v. i. To rise above; to tower; to be superior to; to hang over.

**SOBRANCEIRO**, adj. Towering; hanging-over; haughty.

**SOBRANCELHA**, s. f. The eyebrow.

**SOBRAR**, v. i. To remain, to be left over; to be more than enough.

**SOBRE**, prep. On; upon; over; about.

**SOBREABUNDANTE**, adj. Superabundant, abounding in great plenty.

**SOBREABUNDAR**, v. i. To superabound; to abound in great plenty.

**SOBREALCUNHA**, s. f. Second nickname.

**SOBREAPELIDO**, s. m. Second nickname or second surname.

**SOBREAVISO**, s. m. Forethought; previous advice.

**SOBRECARGA**, s. f. Surcharge, surplus, overcharge, an excessive load or burden; an overprint.

**SOBRECARREGAR**, v. t. To surcharge, to overcharge or overload; to fill to excess.

**SOBRECASACA**, s. f. Frock-coat.

**SOBRECENHO**, s. m. Frown, a wrinkling at the brown.

**SOBRECÉU**, s. m. The tester (of a bed).

**SOBRECOBERTA**, s. f. Upper cover or covering.

**SOBREDITO**, adj. Above mentioned.

**SOBREDOURAR**, v. t. To gild anew; to overgild.

**SOBREEMINÊNCIA**, s. f. Supereminence.

**SOBREEMINENTE**, adj. Supereminent, eminent in a superio degree; most distinguished.

**SOBREENTENDER**, v. t. To superintend.

**SOBREERGUER**, v. t. To superexalt.

**SOBREEXCEDER**, v. t. To superexceed.

**SOBREEXCELÊNCIA**, s. f. Superexcellence.

**SOBREEXCITAR**, v. t. To overexcite.

**SOBRE-HUMANO**, adj. Superhuman.

**SOBREJACENTE**, adj. Superjacent, lying above or upon.

**SOBRELEVAR**, v. t. To surpass, to surmount; to outdo; to exceed; to tower.

**SOBRELOJA**, s. f. Entresol, mezzanine, a low story between two higher ones, above the ground floor.

**SOBRELOTAÇÃO**, s. f. Overloading, surcharge (of a ship).

**SOBREMANEIRA, SOBREMODO**, adv. Excessively.

**SOBREMESA**, s. f. Dessert, the pudding, pastry or the like served at the close of a meal.

**SOBRENADAR**, v. i. The float, to rest on the surface of a liquid; to swim on the surface of a liquid.

**SOBRENATURAL,** adj. Supernatural, miraculous; superhuman.
**SOBRENOME,** s. m. Surname; nickname.
**SOBRENOMEAR,** v. t. To surname, to give a surname to; to call by a surname.
**SOBRENUMERÁVEL,** adj. Numberless, innumerable, countless.
**SOBREPAGA,** s. f. Extra pay.
**SOBREPELIZ,** s. f. Surplice.
**SOBREPESAR,** v. t. To overweigh.
**SOBREPESO,** s. m. Extra wight; overwight.
**SOBREPOR,** v. t. To surpose; to lay upon; to overlap.
**SOBREPOSIÇÃO,** s. f. Superposition.
**SOBREPOSSE,** adv. Excessively, too much.
**SOBREPOSTO,** adj. Suoperposed.
**SOBREPOVOAR,** v. t. To over populate.
**SOBREPROVA,** s. f. Confirmation, a new proof.
**SOBREPUJAR,** v. t. To surpass, to excel.
**SOBREQUILHA,** s. f. (Náut.) Keelson, kelson.
**SOBRESCREVER, SOBRESCRITAR,** v. t. To subescribe, to address.
**SOBRESCRITO,** s. m. Address, envelope.
**SOBRESSAIR,** v. i. To surpass, to excel; to exceed; to overtop.
**SOBRESSALENTE,** adj. Spare, not being used, but held in reserve; in store; supernumerary.
**SOBRESSALTADO,** adj. Surprised; frightened; taken aback.
**SOBRESSALTAR,** v. i. To surprise; to catch unaware, to frighten; to startle; v. p. to be surprisd at; to be alarmed, to fear.
**SOBRESSALTO,** s. m. Alarm, fear, a sudden surprise or fright.
**SOBRESSELENTE,** adj. Spare, in store; supernumerary.
**SOBRESTANTE,** adj. Overseeing; overlooking; towering; s. m. overseer, overlooker; watcher.
**SOBRESTAR,** v. t. To suspend, to delay, to give up: to postpone; to put off; to be imminent.
**SOBRETAXA,** s. f. Extra tax, additional tax, overtax.
**SOBRETERRESTRE,** adj. Superterrestrial.
**SOBRETUDO,** s. m. Overcoat; adv. above all.
**SOBREVESTE,** s. f. Upper coat or garment.
**SOBREVIR,** v. t. To supervenue, to come or happen as something additional, unlooked for, etc.; to be added; to follow closely; to happen, to occur.

**SOBREVIVÊNCIA,** s. f. Survival.
**SOBREVIVENTE,** adj. Surviving; s. 2 gên. survivor, one who survives.
**SOBREVIVER,** v. t. To survive, to remain alive or existent; to outlive, to outlast.
**SOBREVOAR,** v. t. To fly over.
**SOBRIEDADE,** s. f. Sobriety, soberness.
**SOBRINHA,** s. f. Niece, a daughter of one's brother or sister.
**SOBRINHO,** s. m. Nephew, a son of one's brother or sister.
**SÓBRIO,** adj. Sober; not drunk; temperate; serious or grave in mood, expression, etc.
**SOBROLHO,** s. m. The eyebrow.
**SOCAPA,** s. f. Pretense, disguise.
**SOCAR,** v. t. To box; to hit; to strike; to knead; to pound; (Bras.) to pestle; to pound, crush or pulverize with a pestle.
**SOCAVAR,** v. t. to undermine, to sap.
**SÓCIA,** s. f. Female associate.
**SOCIABILIZAR,** v. t. To make sociable.
**SOCIAL,** adj. Social, sociable; convivial.
**SOCIALISMO,** s. m. Socialism.
**SOCIALIZAR,** v. t. To socialize; to make or render social; to render socialistic in nature.
**SOCIEDADE,** s. f. Society; relationship; association; alliance; the social order; community life; social circle; (Sociol.) society.
**SÓCIO,** s. m. Partner; sharer; associate.
**SOCIOLÓGICO,** adj. Sociologistic, sociologistical.
**SOCO,** s. m. Sabot, wooden shoes; (Arquit.) socle; sock, socking, a violent blow or hit; a box, a punch.
**SOÇOBRAR,** v. t. e i. To sink, to overwhelm; to go down; to lose courage.
**SOÇOBRO,** s. m. Sinking; shipwreck; ruin; fall.
**SOCORRER,** v. t. To help, to aid; to assist; to succor, to relief; to comfort.
**SOCORRO,** s. m. Succor; help; aid, assistance; interj. help!
**SODA,** s. f. Soda, sodium carbonate.
**SÓDIO,** s. m. Sodium.
**SOER,** v. i. To accustom, to be accustomed.
**SOERGUER,** v. t. To lift, to raise.
**SOEZ,** adj. Vile; mean; vulgar.
**SOFÁ,** s. m. Sofa, a couch, usually upholstered and furnished with back and arms.
**SOFISMA, SOFÍSTICA,** s. f. Sophism; sophistry, deceptively subtle reasoning.

**SOFISMAR**, v. i. To sophistry.
**SOFISTICAÇÃO**, s. f. Sophistication.
**SOFISTICAR**, v. t. e i. To sophisticate, to use sophistry; to adulterate to falsify; to cause to become artificial.
**SOFREAR**, v. t. To curb; to refrain; to check with the bridle.
**SOFREDOR**, s. m. Sufferer, one who suffers; adj. suffering.
**SÔFREGO**, adj. Eager for, greedy, voracious.
**SOFRER**, v. t. e i. To suffer; to submit to; to bear; to undergo, to experience; to tolerate, to put up with; to undergo pain of body or mind; to allow.
**SOFRIMENTO**, s. m. Sufferance; endurance; patience; pain.
**SOGRA**, s. f. Mother-in-law.
**SOGRO**, s. m. Father-in-law.
**SOL**, s. m. The sun.
**SOLA**, s. f. Leather; sole (of a foot).
**SOLAPADO**, adj. Undermined; hidden; secret.
**SOLAR**, adj. Solar, of, from, or pertaining to the sun; s. m. manor, manor-house.
**SOLÁRIO**, s. m. Solarium, sun-dial.
**SOLAVANCO**, s. m. A jerk, a jolt.
**SOLDA**, s. f. Solder, a metallic alloy for uniting metals.
**SOLDADO**, s. m. Soldier.
**SOLDADOR**, adj. Soldering, s. m. solderer.
**SOLDADURA, SOLDAGEM**, s. f. Soldering.
**SOLDAR**, v. t. e i. To solder, to join with solder; to unite or repair by means of soldering; to be or become unite by or as by solder.
**SOLDO**, s. m. Pay, sold; sou (coin).
**SOLECISMO**, s. m. Solecism.
**SOLEIRA**, s. f. Threshold; footboard (of a carriage).
**SOLENE**, adj. Solemn; stately; formal; grave; deeply earnest.
**SOLENIDADE**, s. f. Solemnity; a solemn rite, utterance or the like; seriousness; gravity.
**SOLENIZAR**, v. t. To solemnize, to commemorate or observe with appropriate ceremonies.
**SOLÉRCIA**, s. f. Artfulness, cunning, skill.
**SOLETRAÇÃO**, s. f. Spelling.
**SOLETRAR**, v. t. e i. To spell.
**SOLFA**, s. f. (Mús.) Sol-fa.
**SOLFAR, SOLFEJAR**, v. t. e i. To sol-fa, to solmizate.

**SOLFEJO**, s. m. (Mús.) Solfeggio.
**SOLICITAÇÃO**, s. f. Solicitation; request.
**SOLICITAR**, v. t. To solicit, to make appeals or requests; to ask for; to solicit of or from a person; to beg for; to importune; to court.
**SOLÍCITO**, adj. Solicitous; careful; eager to do; diligent.
**SOLIDÃO**, s. f. Solitude, loneliness; seclusion; a lonely place.
**SOLIDAR**, v. t. To make solid.
**SOLIDARIEDADE**, s. f. Solidarity.
**SOLIDARIZAR**, v. t. To solidarize, to lead to solidarity; to unite in solidarity.
**SOLIDEZ**, s. f. Solidity, solidness; firmness.
**SOLIDIFICAÇÃO**, s. f. Solidification, the act of solidifying; the state of being solidified.
**SOLIDIFICAR**, v. t. To solidify, to make or become solid, compact or hard; to reduce (a fluid) to a solid state; to make firm.
**SÓLIDO**, adj. Solid, not hollow; compact; rigid; firm; sound; s. m. solid, a solid substance or body having its constituent particles firmly adhering together.
**SOLILÓQUIO**, s. m. Soliloquy, a talking or discourse to oneself; a written composition of the nature of a monologue.
**SOLÍPEDE**, adj. Solipedal, solidungulated; s. m. soliped, solidungulate.
**SOLIPSISMO**, s. m. Solipsism, the doctrine that one can know only self and consequently that self is the only existing reality to the individual mind.
**SOLISTA**, s. 2 gên. Soloist, one who performs or sings a solo.
**SOLITÁRIA**, s. f. Tapeworm.
**SOLITÁRIO** adj. Solitary, alone, lonely, lonesome; single; sole; desolate.
**SOLMIZAÇÃO**, s. f. Solmization.
**SOLO**, s. m. Soil, ground, earth; (Mús.) solo.
**SOLSTÍCIO**, s. m. Solstice, that point in the ecliptic at which the sun is farthest from the equator.
**SOLTAR**, v. t. To untie, to loosen; to let go; to set at liberty; to release.
**SOLTEIRÃO**, s. m. Bachelor; an old bachelor; a single man.
**SOLTEIRO**, adj. Unmarried, single.
**SOLTEIRONA**, s. f. Spinster.
**SOLTO**, adj. Loose, free, not tied; licentious.
**SOLTURA**, s. f. Setting (at liberty); letting loose; licentiousness.
**SOLUBILIZAR**, v. t. To render soluble.

**SOLUÇANTE**, adj. Weeping.
**SOLUÇÃO**, s. f. Solution, the answer obtained in solving a problem; a breaking up; explanation; solution; solving.
**SOLUÇAR**, v. i. To sob, to weep with contractions of the throat.
**SOLUCIONAR**, v. t. To solve; to puzzle out; to answer.
**SOLUÇO**, s. m. Sob; hiccup; hiccough.
**SOLUTIVO**, adj. Laxative.
**SOLUTO**, adj. Loose; s. m. solution.
**SOLÚVEL**, adj. Soluble.
**SOLVÊNCIA**, s. f. Solvency, the state or quality of being solvent.
**SOLVENTE**, adj. Solvent, that dissolves or can dissolve; able or sufficient to pay all legal debts.
**SOLVER**, v. t. To solve, to explain, to resolve, to puzzle out; to find the solution of; to pay (a debt); to dissolve; to separate.
**SOLVIBILIDADE**, s. f. Solvency.
**SOLVÍVEL**, adj. Solvable, susceptible of solution; able to pay one's debt.
**SOM**, s. m. Sound, the sensation of hearing; that which is heard; noise without meaning; earshot; a speech sound.
**SOMA**, s. f. Sum, amount; a quantity of money; total; the result obtained by adding two or more numbers, quantities, etc.; s. m. (Anat.) soma, the whole axial portion of an animal; all of any organism; soma, as intoxicating drink in ancient India.
**SOMAR**, v. t. To sum, to calculate the amount or total of; to add together.
**SOMÁTICO**, adj. Somatic, physical, corporeal.
**SOMATOLOGIA**, s. f. Somatology, the science of the general principles of matter, and its properties; study of the anatomy and physiology of man.
**SOMATOLÓGICO**, adj. Somatologic.
**SOMATÓRIO**, s. m. Total, sum or amount.
**SOMBRA**, s. f. Shade, shadow, the image by such a darkened space on a surface that cuts across; a degree of color; a shaded portion of a picture; darkness; a reflected image; an specter; vestige; a constant companion.
**SOMBREAR**, v. t. To shade; to shadow; to hide partly by shadow; to darken; to cast a shadow upon; to cloud; to represent the effect of shade or shadow on an object (in painting, etc.).

**SOMBRINHA**, s. f. Small sun umbrella.
**SOMBRIO**, adj. Shady, dark; gloomy; sad.
**SOMENOS**, adj. Olf little worth; cheaper.
**SOMENTE**, adjv. Only; merely; but.
**SOMERGULHAR**, v. t. Submerge.
**SOMÍTICO**, adj. Avaricious, grasping.
**SONAMBULISMO**, s. m. Somnambulism, sleepwalking.
**SONÂMBULO**, adj. Somnambulistic, somnambulistical; s. m. somnambulist, sleepwalker.
**SONÂNCIA**, s. f. Sonance, quality of being sonant; a sound; a tune.
**SONANTE**, adj. Sonant, sounding.
**SONATA**, s. f. Sonata.
**SONATINA**, s. f. sonatina, a little sonata.
**SONDA**, s. f. (Med.) Probe; plumb, bob.
**SONDAGEM**, s. f. (Náut.) Sounding, measurement by sounding; (Med.) probing.
**SONDAR**, v. t. To sound; to bore; (Med.) to probe.
**SONECA**, s. f. A nap, a short slumber; doze.
**SONEGA, SONEGAÇÃO**, s. f. Concealing; concealment.
**SONEGAR**, v. t. To conceal, to hide.
**SONETAR, SONETEAR**, v. t. To write or compose sonnets.
**SONETO**, s. m. Sonnet, a short poem, a verse formed of fourteen lines rhyming according to a definite pattern.
**SONHADOR**, adj. Dreaming, dreamy, musing; s. m. dreamer; muser.
**SONHAR**, v. t. e i. To dream, to have a dream or dreams; to consider as possible or probable; to spend in dreaming; to have a fix idea; to muse.
**SONHO**, s. m. Dream; vision; reverie; fiction.
**SÔNICO**, adj. Phonetic, pertaining to the voice or sounds.
**SONIDO**, s. m. Sound, acute sound, crash.
**SONÍFERO**, adj. Somnific, somniferous, soporific; s. m. a hypnotic or soporific.
**SONÍLOQUO**, adj. Somniloquacious; s. m. somniloquy.
**SONO**, s. m. Sleep, a temporary lessening of feeling, thought, and activity; a state of inactivity, torpor or the like; the condition of an animal when hibernating; death; (fig.) indolence, sluggishness.
**SONOLÊNCIA**, f. Somnolency; drowsiness.
**SONOLENTO**, adj. Somnolent, sleepy; (fig.) slow, lazy.
**SONORIDADE**, s. f. Sonorousness, sonority.

**SONORIZAÇÃO,** s. f. Sonorousness.
**SONORIZAR,** v. t. To render sonorous; v. i. to sound.
**SONORO,** adj. Sonorous, resonant; loud or full in sound.
**SONOROSO,** adj. Sonorous, having a loud and pleasant sound; melodious, full of, or produced by, melody.
**SONSA,** s. f. Slyness; shanm.
**SONSO,** adj. Sly; s. m. shammer.
**SOPA,** s. f. Soup; porridge; cinch; something easy to be done.
**SOPAPO,** s. m. Slap; blow; punch.
**SOPÉ,** s. m. Base, foot (of a hill).
**SOPEAR,** v. t. To trample, to tread, under the feet; to treat with insult or contempt; to humiliate, to abase; to repress, to restrain.
**SOPEIRA,** s. f. Tureen, a large, deep table vessel for holding soup; soup dish.
**SOPESAR,** v. t. To weigh in one's hand; to estimate the weight of.
**SOPITAR,** v. t. To make drowsy; to calm, to allay, to soothe, to put to sleep; to quiet.
**SOPOR,** s. m. Sopor, profound or lethargic sleep.
**SOPORATIVO,** adj. Soporific, causing, or tending to induce, sleep.
**SOPORÍFERO,** adj. Soporiferous, soporific.
**SOPORIZAR,** v. t. To render soporific, to make drowsy; to calm; to allay.
**SOPRANO,** s. m. Soprano, the highest kind of female voice; a singer with such a voice.
**SOPRAR,** v. t. e i. To blow, to send forth a forcible current of air; to produce a noise by expelling air; to force a current of air upon; to inflate, to whisper; v. t. rel. To hint, to suggest, to insinuate.
**SOPRO,** s. m. Blowing, blow, a forcing of air from the mouth or nose or through some instrument.
**SOQUEAR,** v. t. e i. To box, to strike qwith the open hand or with the fist; toengage in boxing; to fight with the fists.
**SOQUEIRA,** s. f. The roots of sugarcane.
**SOQUETE,** s. m. A rammer; socket.
**SORAR,** v. t. To convert into whey or serum.
**SORDÍCIA, SORDÍCIE, SORDIDEZ,** s. f. Sordidness, meanness, stinginess, filth.
**SÓRDIDO,** adj. Sordid, vile, mean, base; dirty, filthy.
**SORO,** s. m. Serum; whey.
**SOROR,** s. f. Sister, a member of a religious order.
**SORORICÍDIO,** s. m. Sororicide.
**SOROSE,** s. f. (Bot.) Sorosis, a fruit like the pineapple, breadfruit, etc., formed from a union of flowers.
**SORRATEIRO,** adj. Cunning, sneaking, sly, crafty.
**SORRELFA,** s. f. Slyness, sham.
**SORRIDENTE,** adj. Smiling; gay; kind; pleasant.
**SORRIR,** v. i. To smile, to have or exhibit a smile; to look or appear gay, thriving, kindly, etc.; to express by a smile; to bestow approval; to look with amusement, ridicule, disdain, etc.
**SORRISO,** s. m. Smile, the act of smiling; a look of pleasure, kindness, happiness, or slight contempt.
**SORTE,** s. m. Luck, fortune, fate; chance; lottery.
**SORTEAR,** v. t. To lot, to draw lots; to raffle.
**SORTEIO,** s. m. Balloting; drawing lots; wassortment; lottery; raffle.
**SORTILÉGIO,** s. m. Sortilege; sorcery, witchery; witchcraft.
**SORTIMENTO,** s. m. Assortment; stock; supply.
**SORTIR,** v. t. e p. To furnish, to supply; to furnish oneself.
**SORUMBÁTICO,** adj. Sullen, sour, gloomy.
**SORVEDOURO,** s. m. Abyss, pit, whirlpool.
**SORVER,** v. t. To sip, to suck, to absorb.
**SORVETE,** s. m. Ice-cream; ice.
**SORVO,** s. m. Sipping, swallow.
**SÓS,** na loc. adv. "a sós": Alone, by oneself.
**SÓSIA,** s. m. Sosia, a person closely resembling another.
**SOSLAIO,** s. m. Slant.
**SOSSEGADO,** adj. Tranquil, quiet, undisturbed, still.
**SOSSEGADOR,** s. m. Quieter, appeaser.
**SOSSEGAR,** v. t. e i. To appease, to calm, to tranquilize; to become tranquil.
**SOSSEGO,** s. m. Calmness, quietness.
**SOTAINA,** s. f. Cassock; (pop.) a priest.
**SÓTÃO,** s. m. Garret, an attic.
**SOTAQUE,** s. m. Accent, a peculiar manner of pronunciation.
**SOTA-VENTO,** s. m. Leeward, lee.
**SOTERRAÇÃO, SOTERRAMENTO,** s. m. Burying; interment.
**SOTERRÂNEO,** adj. Subterraneous, subterranean; s. m. subterrane, an underground cave.

**SOTERRAR,** v. t. To bury; to put under ground.
**SOTURNIDADE,** s. f. Sadness, sullenness, gloominess.
**SOTURNO,** adj. Sullen, dull, gloimy, sad.
**SOVA,** s. f. Thrashig, beating.
**SOVACO,** s. m. Arm-pit.
**SOVAR,** v. t. To thrash, to beat; to knead, to mold or mould.
**SOVIÉTICO,** adj. Sovietic.
**SOVIETIZAR,** v. t. To sovietize, to bolshevize.
**SOVINA,** s. f. A wooden pin; dove-tail; s. 2 gên. miser, niggard; adj. sordid, miserly.
**SOVINAR,** v. t. To sting, toprick; (fig.) to disturb, to molest; to hurt.
**SOVINICE,** s. f. Stinginess, avarice.
**SOZINHO,** adj. Alone, lonely; by oneself.
**SUA,** adj. poss. Your; its; her; pron. poss. yours, hers, its.
**SUÃ,** s. f. (Bras.) Animal chine, especialy pig including meat in its part.
**SUADO,** adj. Sweaty, perspiring.
**SUADOR,** adj. Sweating; s. m. sweater.
**SUADOURO,** s. m. Sudorific.
**SUÃO,** s. m. South wind.
**SUAR,** v. i. To sweat, to perspire; to work hard; to labor.
**SUARENTO,** adj. Sweating.
**SUASÓRIO, SUASIVO,** adj. Persuasive, having the power to persuade.
**SUÁSTICA,** s. f. Swastiks.
**SUAVE,** adj. Smooth, soft; gentle; sweet; suave; pleasant.
**SUAVIDADE,** s. f. Suavity, softness, tranquility.
**SUAVIZAÇÃO,** s. f. Smoothing, softness.
**SUAVIZAR,** v. t. To soften; to appease; to mitigate.
**SUBAGUDO,** adj. Subacute.
**SUBALTERNAÇÃO,** s. f. Subordination, the act of subornating or placing in a lower order.
**SUBALTERNAR,** v. t. To subordinate, to place in a lower order; to render subject.
**SUBALTERNIZAR,** v. i. To subordinate, to make subaltern.
**SUBALTERNO,** adj. e s. m. Subaltern.
**SUBAQUÁTICO,** adj. Subaquatic.
**SUBÁQUEO,** adj. Subaqueous, beneath the surface of the water.
**SUBARRENDAMENTO,** s. m. Subletting, undertenancy.

**SUBARRENDAR,** v. t. To sublet, to sublease.
**SUBAXILAR,** adj. (Bot.) Subaxillary.
**SUBCHEFE,** s. m. Assistant chief.
**SUBCLASSE,** s. f. Subclass; (Biol.) subclass, a category below a class and above another.
**SUBCLAVICULAR, SUBCLÁVIO,** adj. Subclavicular.
**SUBCONSCIÊNCIA,** s. f. Subonsciousness.
**SUBCONTRÁRIO,** adj. (Lóg.) Subcontrary.
**SUBCULTURA,** s. f. subculture.
**SUBCUTÂNEO,** adj. Subcutaneous.
**SUBDELEGADO,** s. m. Assistant deputy.
**SUBDELEGAR,** v. t. To subdelegate.
**SUBDIACONATO,** s. m. Subdiaconate.
**SUBDIRETOR,** s. m. Assistant director.
**SUBDISTINGUIR,** v. t. To subdistinguish.
**SUBDIVIDIR,** v. t. To subdivide, to divide again.
**SUBDIVISÍVEL,** adj. Subdivisible.
**SUBDORSAL,** adj. Subdorsal.
**SUBDUPLO,** adj. Subduple.
**SUBENTENDER,** v. t. To understand; to assume.
**SUBESPÉCIE,** s. f. Subespecies.
**SUBEÊNERO,** s. m. Subgenus.
**SUBGRAVE,** adj. (Mús.) Undergrave.
**SUBIDA,** s. f. Ascension, going up; rise.
**SUBIDO,** adj. Raised, ounted; dear, expensive; excessive; finest.
**SUBINSPETOR,** s. m. Deputy inspector.
**SUBIR,** v. t. e i. To go up; to climb; to ascend; to walk up; to walk upstairs; to mount; to raise, to bring up.
**SÚBITO,** adj. Sudden, unexpected; adv. suddenly; s. m. some sudden event.
**SUBJACENTE,** adj. Subjacent, lying under or below.
**SUBJETIVIDADE,** s. f. Subjectivity.
**SUBJETIVO,** adj. Subjective.
**SUBJUGAÇÃO,** s. f. Subjugation, the act of subjugating; state of being subjugated.
**SUBJUGADOR,** s. m. Subjugator, one who subjugates; conqueror.
**SUBJUGAR,** v. t. To subjugate, to bring under the yoke of power or domination; to conquer by force; to subdue; to overcome.
**SUBJUNTIVO,** adj. (Gram.) Subjunctive; s. m. subjunctive mood.
**SUBLEVAÇÃO,** s. f. Sublevation, insurrection; uprising; raising up.
**SUBLEVAR,** v. t. e p. To sublevate; to raise, to lift up, to excite; to rebel; to revolt.

**SUBLIMAÇÃO**, s. f. Sublimation, process of sublimating; state of being sublimed.

**SUBLIMAR**, v. t. e p. To sublimate, to cause to sublime; to extract or get by subliming; to sublime; to exalt; to heighten; to elevate to a place of dignity or honor.

**SUBLIME**, adj. Sublime, noble, majestic; s. m. sublime, the supreme degree; the acme.

**SUBLIMIDADE**, s. f. Sublimity, loftiness of sentimental or style; elevation; excelence; moral grandeur.

**SUBLINEAR**, adj. Sublinear, underline.

**SUBLINGUAL**, adj. (Anat.) Sublingual, located beneath the tongue.

**SUBLINHA**, s. f. Underline.

**SUBLINHAR**, v. t. To underline, to draw a line under.

**SUBLOCAÇÃO**, s. f. Underletting.

**SUBLOCAR**, v. t. To sublet, to underglet.

**SUBLUNAR**, adj. Sublunary or sublunar, situated beneath the moon.

**SUBMARINO**, s. m. Submarine, a shipe for firing torpedoes, that may be submerged by horizontal rudders or by filling the tanks and then propelled under water; adj. submarine, existing, growing, etc., under the sea.

**SUBMERGIR**, v. t. e i. To submerge, to put under water; to plunge; to inundate; to plunge into water; to dip.

**SUBMERSÍVEL**, adj. Submersible; s. m. submersible, submarine.

**SUBMETER**, v. t. e p. To subject, to submit, to put or place under; to subdue; to yield; to acquiesce; to be submissive.

**SUBMISSÃO**, s. f. Submission, the act of submiting or yielding; obedience.

**SUBMÚLTIPLO**, s. m. Submultiple.

**SUBORDINAÇÃO**, s. f. Subordination.

**SUBORDINADO**, adj. Subordinate, subservient; obedient; subordinative; collateral; s. m. subordinate, one who stands in order or rank below another.

**SUBORDINADOR**, adj. Subordinating; s. m. one who subordinates.

**SUBORDINAR**, v. t. e p. To subordinate; to place in a lower order or classe; to maje subject or subservient; to subdue.

**SUBORDINATIVO**, adj. Subordinative.

**SUBORNAÇÃO**, s. f. Subornation, the act of suborning.

**SUBORNAR**, v. t. To suborn, to incite secretly or unlawfully; to instigate; to procure (another) to commit perjury; to induce a person to commit perjury by bribes or persuasion.

**SUBPOR**, v. t. To put under.

**SUB-REPÇÃO**, s. f. Subreption.

**SUB-ROGAÇÃO**, s. f. Suborogation.

**SUB-ROGAR**, v. t. To subrogate, to put in the place of another; to substitute.

**SUBSCREVER**, v. t. To subscribe, to sign (one's name) to a document; to give consent to; to attest by writing one's name beneath; to agree to pay and take something; to be in favor; to adhere; to assent.

**SUBSCRIÇÃO**, s. f. Subscription; signature, consent; sum or amount of sums subscribed; a signature on a paper.

**SUBSCRITO**, adj. Subscript, written below.

**SUBSECRETÁRIO**, s. m. Subsecretary.

**SUBSEQÜÊNCIA**, s. f. Subsequence.

**SUBSERVIÊNCIA**, s. f. Subserviency, a subordinate place or condition; willingness to serve in a subordinate capacity; servility.

**SUBSIDIAR**, v. t. To subsidize, to furnish with subsidy; to pay subsidy.

**SUBSÍDIO**, s. m. Subsidy; aid; assistance.

**SUBSISTÊNCIA**, s. f. Subsistence, living, being, existence; act of furnishing support to animal life.

**SUBSISTIR**, v. i. To subsist, to have existence; to be, to exist or to continue to exist; to remain; to live.

**SUBSOLO**, s. m. Subsoil.

**SUBSTABELECER**, v. t. To substitute; to replace.

**SUBSTÂNCIA**, s. f. Substance, essential element; main part; substantiality; solidity; mass, quantity; amount; a solid body; the majority; material of which a thing is made; material possessions; resource.

**SUBSTANCIAL**, adj. Substantial; s. m. the main point of; the essence.

**SUBSTANCIALIZAR**, v. t. To substantialize, to make substantial.

**SUBSTANCIAR**, v. t. To substantiate; to nourish; to put into substance or concrete form; to make solid or firm; to establish the existence of truth; by proof or competent evidence; to confirm.

**SUBSTANCIOSO**, adj. Substantial; nourishing.

**SUBSTANTIVAR**, v. t. To convert into a substantive.

**SUBSTANTIVO**, s. m. Substantive.

**SUBSTITUIÇÃO**, s. f. Substitution.
**SUBSTITUIR**, v. t. To substitute, to put in the place of another person or thing; to replace, to take the palce of.
**SUBSTITUTO**, s. m. Substitute; deputy.
**SUBSTRATO**, s. m. Substratum.
**SUBENTENDER**, v. i. To subtend, to extend under.
**SUBTENSA**, s. f. (Geom.) Subtense.
**SUBTERFÚGIO**, s. m. Subterfuge; as evasion; artifice; a place of retreat.
**SUBTERRÂNEO**, adj. Subterraneous; subterranean; s. m. subterrane, an underground cave.
**SUBTÍTULO**, s. m. Subtitle.
**SUBTRAÇÃO**, s. f. Subtraction, act of subtracting; thievery; stealing.
**SUBTRAIR**, v. t. To subtract, to withdraw or take away, as a part from a whole; to deduct.
**SUBURBANO**, adj. Suburban, pertaining to, in, or living within, the suburbs.
**SUBÚRBIO**, s. m. Suburb, as outlying part of a city; smaller place near a large city.
**SUBVENÇÃO**, s. f. Subvention, subsidy.
**SUBVENCIONAR**, v. t. To subsidize, to furnish with a subsidy.
**SUBVERSÃO**, s. f. Subversion, the act of subverting; overthrow; insubordination.
**SUBVERTER**, v. t. To subvert, to overthrow, to ruin; to undermine the morals, allegiance, or faith of; to corrupt.
**SUCÇÃO**, s. f. Suction, sucking, act or process of sucking.
**SUCEDÂNEO**, adj. Succedaneous.
**SUCEDER**, v. i. To succeed, to come next after another; to follow another in order; to be successfull; to follow as heir or successor; to follow; to come next after.
**SUCEDIDO**, adj. Happening; s. m. event, happening, occurence.
**SUCESSÃO**, s. f. Sucession, act or fact of succeeding; sequence; suite.
**SUCESSO**, s. m. Success; event; favorable end of a venture; prosperity; luck.
**SÚCIA**, s. f. A gang, rabble.
**SUCINTO**, adj. Succint, concise, brief, short.
**SÚCIO**, s. m. Rascal, vagrant.
**SUCO**, s. m. Juice; sap.
**SÚCUBO**, s. m. Succubus, an evil spirit or demon supposed to be responsible for the nightmares; adj. succubuous.
**SUCULÊNCIA**, s. f. Succulency; juiciness.

**SUCUMBIR**, v. i. To succumb, to yield; to submit; to die; to sink down.
**SUCURI, SUCURIÚBA**, s. f. Large Brazilian snake.
**SUCURSAL**, adj. e s. m. Succursal.
**SUDAÇÃO**, s. f. Perspiration; sweat.
**SUDANÊS**, adj. e s. m. Sudanese.
**SUDÁRIO**, s. m. Shroud, a winding sheet or cover for the dead.
**SUDESTE**, s. m. e adj. Southeast.
**SUDOESTE**, s. m. e adj. Southwest.
**SUDORÍFICO, SUDORÍFERO**, adj. Sudorific, pertaining to sweat; causing perspiration; s. m. sudorific, a medicine producing perspiration.
**SUECO**, adj. Swedish; s. m. swede.
**SUESTE**, s. m. e adj. Southeast.
**SUFICIÊNCIA**, s. f. Sufficiency; competency; ability; capacity.
**SUFIXAR**, v. t. To suffix, to add or annex to the end, a letter or syllable, to a word; to append.
**SUFIXO**, s. m. Suffix, a letter or syllable added at the end of a word.
**SUFOCAÇÃO**, s. f. Suffocation.
**SUFOCAR**, v. t e i. To suffocate, to kill by stopping respiration; to throtle; to extinguish or destroy by deprivation of air; to smother; to become stifled or smothered.
**SUFRAGÂNEO**, s. m. (Eccles.) Suffragan, an assistant bishop.
**SUFRAGAR**, v. t. To elect by vote; to suffrage; to vote for; to side with; to help by means of suffrages; to pray for.
**SUFRÁGIO**, s. m. Suffrage, vote; the right or voting (in political matters); aid, help, assistance; an intercessory prayer; a petition to God.
**SUFUMIGAÇÃO**, s. f. Suffumigation.
**SUGAÇÃO**, s. f. Suck, sucking.
**SUGAR**, v. t. To suck, to draw (liquid, especially mother's milk) with the mouth; to extort (money); (pop. EUA) to bleed; to obtain by threats, injustice or violence.
**SUGERIR**, v. t. To suggest, to put into a person's mind the thought of; to propose as an idea, possibility, etc.; to call to one's mind because of close association with some other thing; to remaind by association of ideas.
**SUGESTÃO**, s. f. Suggestion, the act of suggesting; hint, insinuation; instigation, incitement; incentive.

**SUGESTIONAMENTO**, s. m. Influencing by suggestion also (psychologically).
**SUGESTIONAR**, v. t. To suggest, to introduce indirectly to the mind or thoughts; to hint.
**SUÍÇA, SUÍÇAS**, s. f. Whisker, the hair on the sides of a man's face.
**SUICIDA**, s. 2 gên. Suicide, one who commits or attempts self-murder; a felo-de-se.
**SUICÍDIO**, s. m. Suicide, self-murder.
**SUÍÇO**, adj. e s. m. Swiss.
**SUÍNO**, s. m. Swine; any hoofed mammal of the bog kind; (fig.) a filthy contemptible fellow; adj. swinish.
**SUJAR**, v. t. To dirty, to soil; to foul; to defile; to besmear; to demoralize; to corrupt.
**SUJEIÇÃO**, s. f. Subjection; subjugation.
**SUJEIRA**, s. f. Dirth, filth, foulness.
**SUJEITAR**, v. t. To subject, to submit.
**SUJEITO**, adj. Subject; liable; s. m. guy; (Gram.) nominative of sentence.
**SUJO**, adj. Dirty, filthy; nasty; dishonest.
**SUL**, adj. e s.m. South.
**SULCAR**, v. t. To furrow, to plough; to line.
**SULCO**, s. m. Furrow, track; channel.
**SULFA**, s. f. (Farm.) Sulfanilamide.
**SULFAMIDA**, s. f. (Quím.) Sulfamide.
**SULFATAR**, v. t. To sulphate, to sprinkle with coppersulphate.
**SULFATO**, s. m. Sulphate, a salt of sulphuric acid.
**SULFETO, SULFURETO**, s. m. (Quím.) Sulfid, sulfide, sulfuret.
**SULFITO**, s. m. Sulphite.
**SÚLFUR**, s. m. Sulphur.
**SULFURAR**, v. t. To sulphurate, to sulphurize.
**SULFURETO**, s. m. Sulphide, sulphuret.
**SULTANA**, s. f. Sultana, sultaness.
**SULTÃO**, s. m. Sultan.
**SUMA**, s. f. Summa, a treatise or series of treatises; sum.
**SUMACA**, s. f. Small fishing boat.
**SUMAGRE**, s. m. Sumach, sumac.
**SUMARENTO**, adj. Juicy, succulent.
**SUMARIAR**, v. t. To summarize; to reduce to a summary; to present briefly.
**SUMÁRIO**, s. m. Summary, a concise statement of the substance or main points of some longer account, speech, report, etc.; adj. summary, short, brief, compendious.
**SUMIÇO**, s. m. Vanishment.
**SUMIDADE**, s. f. Summit, pinnacle, peack, height; (fig.) prominent person.
**SUMIR**, v. t. To banish, to disappear; to pass away; to pass from sight or existence; to extinguish; to put out; to destroy.
**SUMO**, adj. At the highest point; at the highest degree; s. m. juice, sap.
**SUMPÇÃO**, s. f. Sumption.
**SÚMULA**, s. f. Summula, an epitome.
**SUNA**, s. f. Sunna, sunnah.
**SUNGA**, s. f. (Bras.) Bathing trunks.
**SUNTUOSIDADE**, s. f. Sumptuosity.
**SUNTUOSO**, adj. Sumptuos, costly; lavish; splendid, magnificent.
**SUOR**, s. m. Sweat, perspiration.
**SUPEDÂNEO**, s. m. Footstool.
**SUPEDITAR**, v. t. To furnish, to supply.
**SUPERABUNDÂNCIA**, s. f. Superabundance, great abundance, excess.
**SUPERABUNDAR**, v. i. To superabound.
**SUPERACIDEZ**, s. f. Overacidity.
**SUPERADO**, adj. Outstripped, outdone; excelled, transcendend; superseded.
**SUPERAGITAÇÃO**, s. f. Overagitation; overexcitment; deep trouble.
**SUPERAGITAR**, v. t. To overagitate.
**SUPERALIMENTAR**, v. t. To overfeed.
**SUPERAQUECER**, v. t. To overheat.
**SUPERAR**, v. t. To surmount, to surpass; to outdo, to excel; to subjugate, to subdue.
**SUPERAVIT**, s. m. Superavit, surplus.
**SUPERCAMPEÃO**, s. m. (Bras.) Champion's champion.
**SUPERCAPITALIZAR**, v. t. To overcapitalize.
**SUPERCHEIO**, adj. Overfull, overfilled.
**SUPERCÍLIO**, s. m. Brow, eyebrow, the hairy arch above the eye.
**SUPEREXALTAR**, v. t. To superexalt; to irritate excessively.
**SUPEREXCITAR**, v. t. To overexcite.
**SUPERFICIAL**, adj. Superficial, pertaining to, or being on the surgace; lying on the surface; not profound or through.
**SUPERFÍCIE**, s. f. Superficies, the surface; the exterior part or face; superficial area.
**SUPÉRFLUO**, adj. Superfluous; nonessential; needless; useless; s. m. surplus, superfluity excess.
**SUPERINDUSTRIALIZAR**, v. t. To overindustrialize.
**SUPERINTENDÊNCIA**, s. f. Superintendence, supervision.
**SUPERIOR**, adj. Superior; extremely excellent of its kind; higher in rank or office; higher, upper; courageously or serenely in-

different; supercilious, arrogant; s. m. superior; a person of a higher rank or position; head of a religious house.
**SUPERIORA**, s. f. Superioress, a superior of a religious order.
**SUPERIORIDADE**, s. f. Superiority, superior characteristic or detail; pre-eminence, excellence; predominancy.
**SUPERLATIVO**, adj. e s. m. Superlative.
**SUPERLOTAR**, v. t. To overcrowd.
**SUPER MERCADO**, adj. Supermarket.
**SUPERNUMERÁRIO**, adj. e s. m. Supernumerary.
**SUPERPOSTO**, adj. Superposed.
**SUPERPOTÊNCIA**, s. f. Superpower.
**SUPERPOVOADO**, adj. Overpopulated.
**SÚPERO**, adj. Upper, above; superior.
**SUPERPOR**, v. t. To superpose.
**SUPERPRODUÇÃO**, s. f. Overproduction.
**SUPERSENSÍVEL**, adj. Supersensible.
**SUPERSÔNICO**, adj. Supersonic.
**SUPERSTIÇÃO**, s. f. Superstition.
**SUPERVALORIZAÇÃO**, s. f. Excessive increase in value.
**SUPERVENÇÃO, SUPERVENIÊNCIA**, s. f. Supervention.
**SUPERVISÃO**, s. f. Supervision.
**SUPERVIVÊNCIA**, s. f. Survival.
**SUPIMPA**, adj. (Bras. pop.) Excellent.
**SUPINAÇÃO**, s. f. Supination; the state or condition of lying on the back.
**SUPLANTAR**, v. t. To suplant, to take the place of another; to replace; to supersede.
**SUPLEMENTAR, SUPLEMENTÁRIO**, adj. Supplementary, supplemental, serving as a supplement; additional.
**SUPLEMENTAR**, v. t. To supplement; to fill up or supply by additions.
**SUPLEMENTO**, s. m. Suplement; complement; appendix; a part added to or issued; (Geom.) supplement.
**SUPLÊNCIA**, s. f. Supplying; substituting.
**SUPLETIVO**, adj. Supplementary.
**SÚPLICA**, s. f. Supplication; humble and earnest prayer; urgent petition; entreaty.
**SUPLICAR**, v. t. To supplicate, to beseech, to entreat, to petition, to pray God.
**SUPLICIAR**, v. t. To punish; to chastise; (fig.) to afflict, to torment, to offend.
**SUPLÍCIO**, s. m. Supplice, punishment; (fig.) torture, torment, affliction.
**SUPOR**, v. t. To suppose, to accept or assume as true; to believe; to think; to imagine.

**SUPORTAR**, v. t. To support, to bear the weight of; to sustain; to endure; to tolerate; to pay the cost of; to maintain.
**SUPORTE**, s. m. Prop; stay; support.
**SUPOSIÇÃO**, s. f. Supposition; conjecture; hypothesis; surmise.
**SUPOSITÓRIO**, s. m. Suppository.
**SUPOSTO**, adj. Supposed.
**SUPRA**, adv. Mentioned above or previously.
**SUPRACITADO, SUPRADITO, SUPRAMENCIONADO**, adj. Above mentioned.
**SUPRANATURALISMO**, s. m. Supernaturalism.
**SUPRANUMERADO**, adj. Above numbered.
**SUPRANUMERÁRIO**, adj. e s. m. Supernumerary.
**SUPRA-ORBITAL**, adj. (Anat.) Supraorbital.
**SUPRA-RENAL**, adj. (Anat.) Suprarenal; s. f. (Anat.) adrenal gland.
**SUPRA-SUMO**, s. m. Acme, the highest point.
**SUPREMACIA**, s. f. Supremacy; supreme authority or power; ascendancy.
**SUPREMO**, adj. Supreme; bighest in rank or authority; most excellent; pre-eminent; utmost; ultimate, last final.
**SUPRESSÃO**, s. f. Suppression, the act of suppressing; stoppage; concealment.
**SUPRIDOR**, s. m. Supplier, substitute.
**SUPRIMENTO**, s. m. Supply, reinforcement.
**SUPRIMIR**, v. t. To suppress; to keep from public knowledge; to stop the publication or circulation of; to repress, to conceal.
**SUPRIR**, v. t. To supply, to furnish; to supplement, to compensate, to make up for; to substitute, to take the place of; to fill (a need); to aid, to assist.
**SUPURAÇÃO**, s. f. Suppuration, the act or effect of generating pus.
**SUPURAR**, v. i. To suppurate, to cause to generate pus.
**SUPUTAR**, v. t. To suppurate; to reckom.
**SURDEZ**, s. f. Deafness, the state, quality or affection of being deaf.
**SURDINA**, s. f. (Mús.) Sordine; mute.
**SURDIR**, y. i. To appear, to come forth; to emerge; to spring, to gush out.
**SURDO**, adj. Deaf; deprived of hearing; surd.
**SURDO-MUDO**, s. m. Deaf-and-dumb.
**SURGIR**, v. i. To spring, to gush out; to emerge, to proceed; to rise; to appear.
**SURPREENDER**, v. t. To surprise; to come upon or attack unexpectedly; to take (a per-

**SURPRESA**, s. f. Surprise; amazement; trick.
**SURRA**, s. f. A beating, thrashing.
**SURRAR**, v. t. To curry (leather); to beat.
**SURRIPIAR**, v. t. To pilfer; to flich; to thieve.
**SURTIDA**, s. f. (Mil.) Sortie.
**SURTIR**, v. t. e i. To produce efect; to succeed; to thrive.
**SURTO**, adj. Anchored, moored; s. m. start, a sudden motion or switch; ambition, a consuming desire to achieve some object or purpose, as to gain influence, distinction.
**SURURU**, s. m. (Bras. pop.) Brawl, row, riot.
**SUSCEPTIBILIDADE**, s. f. Susceptibility, the quality or state of being susceptible; feeling, emotion; sensibility; impressibility.
**SUSCEPTÍVEL**, adj. Susceptible; receptive, impressible; sensible; sensitive; softhearted; easily acted upon.
**SUSCITAÇÃO**, s. f. Suscitation; excitation.
**SUSCITAR**, v. t. To suscitate; to raise up; to excite; to stir up; to suggest; to hint.
**SUSERANIA**, s. f. Suzerainty, the office, or dignity, of a suzerain.
**SUSERANO**, s. m. Suzerain, a feudal lord, to whom fealty is due.
**SUSPEIÇÃO**, s. f. Suspicion, the act of suspecting; distrus, want of confidence; supposition.
**SUSPEITA**, s. f. Suspicion; doubt; mistrust.
**SUSPEITAR**, v. t. To suspect, to imagine (a person) to be guilt, on slight evidence or without proof; to have doubts; to mistrust; to guess, to surmise; to be suspicious.
**SUSPENDER**, v. t. To suspend, to stop temporarily; to intermit; to withhold; to hung up; to cease (for a time).
**SUSPENSÃO**, s. f. Suspension.
**SUSPENSO**, adj. Hung; hunging; suspended.
**SUSPENSÓRIO**, adj. Suspensory; s. m. pl. braces, suspenders.
**SUSPICÁCIA**, s. f. Suspiciousness.
**SUSPIRAR**, v. t. e i. To sigh for, to take a long deep, audible breath; to lament.
**SUSPIRO**, s. m. Sigh.
**SUSSURRANTE**, adj. Whispering, murmuring; susurant.
**SUSSURRAR**, v. i. To susurr, to susurrate; to hum; to murmur; to whisper.
**SUSTÂNCIA**, s. f. Substance.
**SUSTAR**, v. t. e i. To stop, to hold up.
**SUSTENIDO**, s. m. (Mús.) Diesis, sharp.
**SUSTENTAÇÃO**, s. f. Sustenance, maintenance; sustentation; livehood.
**SUSTENTÁCULO**, s. m. Prop, support, stay.
**SUSTENTAMENTO**, s. m. Sustenance, the act of sustaining; that which supports life.
**SUSTENTAR**, v. t. To sustain, to support, to maintain; to feed, to nourish to prop up.
**SUSTENTO**, s. m. Sustenance; food; means of support; maintenance; nourishment.
**SUSTO**, s. m. Sudden terror, fright; dread.
**SUTA**, s. f. Bevel.
**SUTACHE**, s. m. Soutache, a kind of trimming or embroidery braid.
**SÚTIL**, adj. Sutile, done by stitching.
**SUTIL**, adj. Subtile, delicately constructed; fine; sharp; rarefied; skill, crafty, subtle; shrewd; s. m. subtleness, subtility.
**SUTILEZA, SUTILIDADE**, s. f. Subtility, subtileness; subtlety, acuteness of intellect.
**SUTURA**, s. f. Suture, the uniting of the edges of a wound by stitching.
**SUTURAR**, v. t. To suture.
**SUXAR**, v. t. To loosen or loose; to relax; to slacken; to set free.
**SUXO**, adj. Loose, slackened.

# T

**T**, s. m. The nineteenth letter of the alphabet.
**TÁ**, interj. Stop! hold!
**TABA**, s. f. Indian village.
**TABACARIA**, s. f. Tobacco-shop.
**TABACO**, s. m. (Bot.) Tobacco; tobaccoplant.
**TABAGISMO**, s. m. Tobaccoism.
**TABAQUEIRO**, s. m. Tobacconist.
**TABARDO**, s. m. Tabard.
**TABARÉU**, s. m. A shy person; (Bras.) countryman, peasant.
**TABEFE**, s. m. A slap, cuff, blow.
**TABELA**, s. f. Table, a plate; tablet; board; slab; list; legend; index; billiard table.

**TABELAMENTO**, s. m. Price ceiling.
**TABELAR**, v. t. To price, to set a price on; to fix the price of.
**TABELIÃO**, s. m. Notary.
**TABELIONADO, TABELIONATO**, s. m. Notariate, the office of a notary.
**TABERNA**, s. f. Tavern; inn.
**TABERNÁCULO**, s. m. Tabernacle.
**TABIQUE**, s. m. Wooden-partition; partition.
**TABLADO**, s. m. Scaffold; stage (of a theatre).
**TABLETE**, s. m. (Farm.) Tablet, pastille.
**TABU**, s. m. Taboo, tabu; prohibition, ban.
**TÁBUA**, s. f. Board plank; index; table of contents; list.
**TABUADA**, s. f. Multiplication table.
**TÁBULA**, s. f. Round table.
**TABULADO**, s. m. Floor; planks.
**TABULAR**, v. t. To tabulate; adj. tabular.
**TABULEIRO**, s. m. Tray; bed (of a garden); plataform (of a bridge); chess-board.
**TABULETA**, s. f. Sign-board.
**TAÇA**, s. f. Cup, a drinking vessel.
**TACADA**, s. f. Stroke with a cue.
**TACANHEZ, TACANHEZA, TACANHICE**, s. f. Stinginess; avarice; narrow-mindedness.
**TACANHO**, adj. Stingy, narrow-minded.
**TACÃO**, s. m. Heel.
**TACHA**, s. f. Tack; (fig.) blemish, fault.
**TACHO**, s. m. Wide pan; pot.
**TACHONAR**, v. t. To tack; to fasten by tacks.
**TÁCITO**, adj. Tacit, silent; wordless.
**TACITURNIDADE**, s. f. Taciturnity; gloominess; glooming; sullennes; loneliness.
**TACITURNO**, adj. Taciturn, gloom, silent.
**TACO**, s. m. Cue; parquet; block.
**TACÔMETRO**, s. m. Tachometer.
**TAEL**, s. m. Chinese coin.
**TAFETÁ**, s. m. Taffeta, a fine, thin, glossy, silken fabric.
**TAFOFOBIA**, s. f. Taphophobia, fear of being burried alive.
**TAFUL**, adj. Foppish, dandyish; s. m. dandy.
**TAGARELA**, s. 2 gên. Talkative or loquacious person; talker; chatterer.
**TAGARELAR**, v. t. To chatter; to prattle.
**TAIFA**, s. f. (Náut.) Deck hands; mess boys.
**TAINHA**, s. f. Mullet, kind of sea-fish.
**TAIPA**, s. f. Mud-wall; adobe wall.
**TAL**, adj. Such, like; so; so much.
**TALABARTE**, s. m. A sword-belt.
**TALAGARÇA**, s. f. Canvas, a kind of cotton fabric.

**TÁLAMO**, s. m. Nuptial bed; (Bot.) thalamus.
**TALÃO**, s. m. (Com.) Counterfoil, ticket.
**TALAR**, v. t. To ravage; to spoil; to waste; to destroy; to furrow; to groove.
**TALASSOCRACIA**, s. f. Thalassocracy; marine supremacy.
**TALASSOGRAFIA**, s. f. Thalassography, the science of the marine organism.
**TALCO**, s. m. Talc, a hydrous silicate of magnesia occuring in granulr masses; talcum, a toilet powder prepared from talk and scent.
**TALENTO**, s. m. Talent, a natural capacity or skill; an ancient weight and money.
**TALENTOSO**, adj. Talented; endowed with talent or eminent hability; clever; skill.
**TÁLER**, s. m. Taler, a large silver coin issued by various German states.
**TALHA**, s. f. Large earthen vessel for water; carving wood; tackle.
**TALHADA**, s. f. A slice, a cut.
**TALHADEIRA**, s. f. Chopping-knife.
**TALHADO**, adj. Carved; able; fit; cut.
**TALHA-MAR**, s. m. (Náut.) Cutwater.
**TALHÃO**, s. m. Bed (in a garden); earthen water-pot.
**TALHAR**, v. t. e i. To cut, to cut out; to carve, to engrave; to put a stop to; to fashion by cutting; to curdle (milk).
**TALHARIM**, s. m. Thin moodless.
**TALHE**, s. m. Shape, configuration; style.
**TALHER**, s. m. Cover, table fittings.
**TALHO**, s. m. Butcher's shop; carving; fashion; manner.
**TALIÃO**, s. m. Talion.
**TALISMÃ**, s. m. Talisman, amulet.
**TALMUDE**, s. m. Talmud.
**TALO**, s. m. Stalk, the stem of main axis of a plant.
**TALÓFITA**, s. f. (Bot.) Thallopphyte.
**TALUDE**, s. m. Slppe, shelving.
**TALUDO**, adj. Stalky; bulky; corpulent; big.
**TALVEZ**, adv. Perhaps, maybe.
**TAMANCO**, s. m. Clog, wooden-shoe.
**TAMANDUÁ**, s. m. Tamandua.
**TAMANHO**, s. m. Bulk, size; volume; adj. so great, so big, so large.
**TAMANQUEAR**, v. t. To make noise with clogs; to wear clogs.
**TÂMARA**, s. f. Date, the edible, oval fruit of the date palm.
**TAMAREIRA**, s. f. Date tree, date palm.
**TAMARGA, TAMARISCO**, s. f., s. m. Tamaris.

**TAMARINDEIRO, TAMARINDO,** s. m. Tamarind.

**TAMBACA,** s. f. Tombac, an alloy consisting of copper and zinc.

**TAMBÉM,** conj., adv. Also, too; as well; moreover; likewise; besides.

**TAMBOR,** s. m. Drum, drummer; a drum shaped object; barrel (of a machine).

**TAMBORETE,** s. m. Taboret, stool.

**TAMBORIL, TAMBORILETE,** s. m. Tabor.

**TAMBORILAR,** v. t. To drum; to beat with a rapid series of strokes.

**TAMISAR,** v. t. To sift, to strain.

**TAMPA,** s. f. Cover, lid; case.

**TAMPAR,** v. t. To cover.

**TAMPO,** s. m. Cover, cap.

**TAMPOUCO,** adv. Either.

**TANADO,** adj. Brown, tan-colored.

**TANARIA,** s. f. Tannery.

**TANÁZIA,** s. f. (Bot.) Tansy.

**TANGA,** s. f. Tana, tangka.

**TANGEDOR,** adj. Playing (instruments); ringing, strinking, tolling; driving, proding (animals); touching lightly; grazing; s. m. player (of musical intruments, bells, gong, etc.); driver (of animals).

**TANGÊNCIA,** s. f. Tangency.

**TANGENTE,** s. f. (Geom.) Tangent; a last chance; adj. tangent, touching.

**TANGER,** v. t. To play (musical instruments); to pluck (string instruments); to ring, to strike, to toll (bell, gong, etc.); to drive, to prod (animals).

**TANGERINA,** s. f. Tangerine, a redish-yellow orange.

**TANGÍVEL,** adj. Tangible; capable of being touched; palpable; real; actual.

**TANGO,** s. m. Tango, South-American dance.

**TANOAR,** v. t. To cooper, to repair casks.

**TANOARIA,** s. f. Cooper's shop; cooperage.

**TANQUE,** s. m. Tank, a large basin, cistern or other artificial receptacle for liquids; pond; (Mil.) tank, a self-propelling engine.

**TANTÃ,** s. m. Gong; tom-tom; (Bras.) silly.

**TÂNTALO,** s. m. Tantalum, a kind of metal.

**TANTO,** adj. As much, so much; so many, as many, as well as.

**TÃO,** adv. So; such; as much.

**TAPA,** s. m. Horny part of a hoof; rap; a slap.

**TAPADO,** adj. Closed; shut; covered; (fig.) stupid; blockheaded; fool; ignorant.

**TAPADURA,** s. f. Covering; paling, a fence constructed of pales; enclosure; hedge.

**TAPAGEM,** s. f. Enclosure; hedgerow.

**TAPA-LUZ,** s. m. Lampshade.

**TAPA-OLHO,** s. m. (Bras.) A hard blow at the face.

**TAPAR,** v. t. To cover, to close; to stop up; to fence; to wall; to hedge; to pale.

**TAPEAÇÃO,** s. f. (pop. Bras.) Tricking; cheating; deceiving; trickery; deceit.

**TAPEAR,** v. t. (pop. Bras.) To trick, to cheat; to deceive to dupe, to chisel.

**TAPEÇAR,** v. t. To carpet, to cover with a carpet.

**TAPEÇARIA,** s. f. Tapestry; hangings.

**TAPERA,** adj. (Bras.) Blind in one eye or in both; crazy; mad; s. f. abandoned house or settlement; ruins; fallow land.

**TAPETAR,** v. t. To carpet.

**TAPETE,** s. f. Carpet; rug.

**TAPIOCA,** s. f. Tapioca.

**TAPIR,** s. m. (Zool.) Tapir, American mammal.

**TAPUME,** s. m. Fence; paling; hedge.

**TAQUARA,** s. f. (Bot. Bras.) Bamboo.

**TAQUEAR,** v. t. (Bras.) To parquet.

**TAQUEÔMETRO,** s. m. Tachometer.

**TAQUICARDIA,** s. f. Tachycardia.

**TAQUIGRAFAR,** v. t. To write in shorthand.

**TAQUIGRAFIA,** s. f. Shorthand, stenography.

**TAQUÍMETRO,** s. m. Tachymeter.

**TARA,** s. f. Tare.

**TARADO,** adj. Tared; (fig.) unsound (in moral sense); stained, tainted.

**TARAMELA,** s. f. Wooden bolt; mill-clapper.

**TARANTISMO,** s. m. (Med.) Tarantism.

**TARÂNTULA,** s. f. Tarantula.

**TARAR,** v. t. (Com.) To tare, to reckon or determine the weight of.

**TARDAMENTO, TARDANÇA,** s. m., s. f. Delay; retard.

**TARDAR,** v. i. To delay; to retard; to be long.

**TARDE,** s. f. Afternoon.

**TARDEZA,** v. i. lateness; laziness.

**TARDINHA,** s. f. Evening.

**TARDIO, TARDO,** adj. Late; tardy; slow; lazy.

**TAREFA,** s. f. Task; toil; job.

**TAREIA,** s. f. Thrashing, drubbing.

**TARIFA,** s. f. Tariff; rate, quotation.

**TARIFAR,** v. t. To tariff.

**TARIMBA,** s. f. Wooden couch; bedstead; (fig.) soldier life.

**TARIMBAR,** v. i. To be a soldier.

**TARJA,** s. f. Target; border.

**TARJETA,** s. f. A narrow border.

**TARRAÇADA**, s. f. Bowlful.
**TARRAFA**, s. f. Casting net; sweep net.
**TARRAFAR**, v. t. To fish with the casting net.
**TARRAXA**, s. f. Screw; wedge.
**TARRAXAR**, v. t. To screw.
**TARSO**, s. m. (Anat.) Tarsus.
**TARTAMUDEAR, TARTAREAR**, v. i. To stutter, to stammer.
**TARTAMUDO**, adj. Stammering; s. m. stammerer.
**TARTÁREO**, adj. Tartarean.
**TARTÁRICO**, adj. (Quím.) Tartaric.
**TARTARIZAR**, v. t. To tartarize, to treat with tartar.
**TÁRTARO**, s. m. Tartar.
**TARTARUGA**, s. f. Tortoise; turtle.
**TARTUFO**, s. m. Tartufe, tartuffe; a hypocrite.
**TASCA**, s. f. Tavern.
**TASMÂNIO**, adj. e s. m. Tasmanian.
**TASQUINHAR**, v. t. To eat, to chew.
**TATARANETO**, s. m. A great-great-grandson.
**TATARAVÔ**, s. m. A great-great-grandfather.
**TATEAR**, v. t. e i. To grope; to feel.
**TATIBITATE**, s. 2 gên. Stammerer, stutterer.
**TÁTICA**, s. f. Tactics, the science of maneuvering troops or ships; skillful or clever devices for accomplishing.
**TÁTICO**, adj. Tactical; s. m. tactician.
**TÁTIL**, adj. Tactile, of or relating to the sense of touch.
**TATO**, s. m. Touch; tact; adroitness.
**TATU**, s. m. (Zool.) Armadillo.
**TATUAGEM**, s. f. Tattoo, tattooing.
**TATUAR**, v. t. To tattoo, to mark or color (the skin) indelibly by pricking.
**TAUMATURGIA**, s. f. Thaumaturgy.
**TÁUREO, TAURINO**, adj. Taurine.
**TAURO**, s. m. (Astron.) Taurus, zodiacal contellation.
**TAUROMAQUIA**, s. f. Tauromachy.
**TAUTOFONIA**, s. f. Tautophony.
**TAUTOLOGIA**, s. f. Tautology.
**TAUXIA**, s. f. Dasmacene.
**TAVÃO**, s. m. (Zool.) Gadfly; horsefly.
**TAVERNA**, s. f. Tavern, inn.
**TÁVOLA**, s. f. Round table.
**TAXA**, s. f. Tax; rate; royalties.
**TAXAR**, v. t. To tax, to levy a tax on; to rate; to value; to charge; to accuse.
**TAXATIVO**, adj. Taxing.
**TÁXI**, s. m. Taxicab.
**TAXIDERMIA**, s. f. Taxidermy.
**TAXÍMETRO**, s. m. Taximeter.

**TAXINOMIA**, s. f. Taxonomy.
**TE**, pron. pess. You, yourself; thee; to thee.
**TEAR**, s. m. Loom; weaving machine; movemente (of a clock).
**TEATRAL**, adj. Theatral; theatrical.
**TEATRO**, s. m. Theatre, theater, an edifice for spectacles; a place where importants acts are enacted.
**TEBANO**, adj. e s. m. Theban.
**TECEDOR, TECELÃO**, s. m. Weaver; (fig.) plotter.
**TECEDURA**, s. f. Weaving.
**TECELAGEM**, s. f. Weaving business; weaver's trade.
**TECER**, v. t. To weave, to spin; to make cloth on a loom; to become interwoven.
**TECIDO**, s. m. Woven, fabric; cloth; tissue.
**TECLA**, s. f. Key (of a piano).
**TECLADO**, s. m. Keyboard.
**TÉCNICA**, s. f. Technique; technics.
**TÉCNICO**, adj. Technical; s. m. technician.
**TECNOCRACIA**, s. f. Technocracy.
**TECNOLOGIA**, s. f. Technology.
**TECO-TECO**, s. m. (Bras.) Single-motored airplane.
**TECTÔNICA**, s. f. Tectonics.
**TÉDIO**, s. m. Tedium, tediousness, ennui.
**TEGUMENTO**, s. m. Tegument.
**TEIA**, s. f. Web; weft, something woven; a network cobweb, the network or fine threads spread by a spider; plot, intrigue.
**TEIMA**, s. f. Obstinacy; stubborness.
**TEIMAR**, v. i. To be obstinate or stubborn.
**TEÍSMO**, s. m. Theism.
**TELA**, s. f. Web; linen cloth; canvas; screen.
**TELECOMANDAR**, v. t. To direct, to operate or execute by remote control.
**TELECOMUNICAÇÃO**, s. f. Telecommunication.
**TELEDINÂMICO**, adj. Teledynamic.
**TELEFONAR**, v. t. e i. To telephone, to speak to (a person) by telephone; to call up.
**TELEFONE**, s. m. Telephone.
**TELEFONIA**, s. f. Telephony.
**TELEFOTO**, s. m. Telephoto.
**TELEFOTOGRAFIA**, s. f. Telephotograph.
**TELEGRAFAR**, v. t. To telegraph, to wire.
**TELEGRAFIA**, s. f. Telegraphy.
**TELÉGRAFO**, s. m. Telegraph.
**TELEGRAMA**, s. m. Telegram; cable.
**TELEGUIADO**, adj. Remote control; s. m. guided missible, ballistic missible.
**TELEMECÂNICA**, s. f. Telemechanics.

**TELEMETRIA**, s. f. Telemetry.
**TELEOBJETIVA**, s. f. Telephoto lens.
**TELEOLOGIA**, s. f. Teleology.
**TELEPATIA**, s. f. Telepathy.
**TELESCOPIA**, s. f. Telescopy.
**TELESCÓPIO**, s. m. Telescope, glass.
**TELESPECTADOR**, s. m. Radiobserver; televisor.
**TELETIPO**, s. m. Teletype.
**TELEVISÃO**, s. f. Television; transmission of a image at a distance.
**TELEVISOR**, s. m. Televisor set.
**TELHA**, s. f. Tile.
**TELHADO**, s. m. Roof, the cover of any building.
**TELHAL**, s. m. Tilery; a kiln or field where tiles are made or burnt.
**TELHAR**, v. t. To tile, to cover with tiles.
**TELIZ**, s. m. Saddle-cloth.
**TELÚRIO**, s. m. Tellurian.
**TEMA**, s. f. Theme, a subject of discourse; text; topic, (Mús.) theme.
**TEMER**, v. t. To fear, to dread, to apprehend; to revere, to venerate, to worship; v. i. to fear, to be afraid.
**TEMERÁRIO**, adj. Temerarious, venturous; daring, rash; inconsiderate.
**TEMIDO**, adj. Dreaded, feared.
**TÊMPERA**, s. f. Temper, just mixture of different qualities; the state of a metal with respect to its hardness; disposition of mind; calmness of mind; composure; self-control.
**TEMPERADO**, adj. Temperate; seasoned; moderate; pleasant; mild.
**TEMPERAMENTO**, s. m. Temperament; temper; disposition.
**TEMPERAR**, v. t. To temper, to prepare by combining; to compound; to regulate by moderating; to bring (steel, glass, etc.) to the proper degree of hardness; to season, to flavor; (Mús.0 to temper, to tune.
**TEMPERATURA**, s. f. Temperature.
**TEMPERO**, s. m. Seasoning; flavoring; condiment.
**TEMPESTADE**, s. f. Tempest, violent wind with rain, hail or snow; storm; any violent tumult, commotion or agitation.
**TEMPESTIVO**, adj. Tempesty; stormy; tempestuous.
**TEMPESTUOSO**, adj. Tempestuous; stormy; turbulent; violent.
**TEMPLÁRIO**, s. m. Templar.
**TEMPLO**, s. m. Temple.

**TEMPO**, s. m. Time, the period during which an action, process or the like, continues; the point or period when something occurs; fitting moment; occasion, lifetime; a generation, age, era, epoch, etc.; duration, without reference to point or period; rate of speed in marching, speaking, etc.; unite of duration; (Mús.) time; (Gram.) time; condition of the air or atmosphere with, respect to heat or cold, dryness or wetness, calm or storm, etc.; period, epoch; opportunity; time, period in the passage of the hours, days, years, etc.
**TEMPORADA**, s. f. Season.
**TEMPORAL**, adj. Temporary, temporal; secular; s. m. tempest, storm.
**TEMPORALIZAR**, v. t. To temporalize, to place or define in time relations.
**TEMPORÂNEO, TEMPORÁRIO**, adj. Temporary; transitory; not permanent, temporal.
**TEMPORÃO**, adj. Premature, untimely.
**TÉMPORAS**, s. f. pl. Ember-days; (Anat.) temple, the flattened space on either side of the forehead of the man.
**TEMPORIZAÇÃO**, s. f. Temporization.
**TEMPORIZAR**, v. i. To temporize, to delay.
**TENACIDADE**, s. f. Tenacity; persistency.
**TENELHA**, s. f. Tenaille.
**TENAZ**, adj. Tenacious; pertinacious; obstinate; (fig.) stingy.
**TENCA**, s. f. Tench, a freshwater fish.
**TENÇÃO**, s. f. Intension, mind; plan, resolution; purpose.
**TENCIONAR**, v i. To intent, to purpose.
**TENDA**, s. f. Tent.
**TENDAL**, s. m. Shearing shed.
**TENDÃO**, s. m. Tendon, sinew.
**TENDÊNCIA**, s. f. Tendency, inclination, bent; drift; trent; disposition for a certain type of thought or action.
**TENDER**, v. i. To tend, to move or direct one's course in a certain direction; to bias.
**TENEBROSIDADE**, s. f. Tenebrosity; quality of being tenebrous.
**TENEBROSO**, adj. Tenebrous; dark; gloomy; dusky; obscure.
**TENÊNCIA**, s. f. Lieutenancy.
**TENENTE**, s. m. Lieutenant.
**TENESMO**, s. m. Tenesmus.
**TÊNIA**, s. f. Taenia, tapeworm.
**TÊNIS**, s. m. Lawn tennis, tennis.
**TENOR**, s. m. (Mús.) Tenor; a man with that kind of voice.

**TENORINO**, s. m. (Mús.) Tenorino.
**TENOTOMIA**, s. f. Tenotomy.
**TENRO**, adj. Tender, soft; fragile; delicate.
**TENSÃO**, s. f. Tension; stretching; tensing; mental strain; tenseness; (Eletr.) tension, voltage; (Mec.) tension, a force causing or tending to cause extension.
**TENSO**, adj. Tense; stretched, tight; rigid; feeling; showing or marked by nervous tension or strain.
**TENSOR**, s. m. Tensor, adj. stretching.
**TENTAÇÃO**, s. f. Temptation; tempting.
**TENTACULAR**, adj. Tentacular.
**TENTÁCULO**, s. m. Tentacle.
**TENTADO**, adj. Ellured, captivated.
**TENTAR**, v. t. To tempt, to induce, to incite; to entice; to lure, to allure; to provoke; to risk; to venture; to endeavour.
**TENTATIVA**, s. f. Tentative; experimentation.
**TENTEAR**, v. t. To probe; to sound; to assay; to try; to feel one's way, as in the dark.
**TENTILHÃO**, s. m. Charfinch.
**TENTO**, s. m. Point (in games); counter, chip in games); mark, care; caution.
**TÊNUE**, adj. Tenuous, not dense; subtile; rare; insignificant.
**TENUIDADE**, s. f. Tenuity; rarity; thinness (of a fluid); faintness.
**TEOCRACIA**, s. f. Theocracy.
**TEODOLITO**, s. m. Theodolite.
**TEOFONIA**, s. f. Theophony.
**TEOGONIA**, s. f. Theogony.
**TEOLOGIA**, s. f. Theology, knowledge of God and the supernatural; scientific study of religion and religious ideas.
**TEOR**, s. m. Tenor, that course of thought which holds on through a discourse, writing, etc.; the general drift or thought.
**TEOREMA**, s. f. Theorem, that which is considered or established as a principle or law; (Mat.) theorem, general statement that has been or can be proved.
**TEORIA**, s. f. Theory, the general principles drawn from any body of facts; hypothesis.
**TEÓRICO**, adj. Theoretical, theoretic; s. m. theorist.
**TEORIZAR**, v. t. To theorize, to form theories; to form an opinion of what is likely to be true; to speculate.
**TEOSOFIA**, s. f. Theosophy.
**TEPIDEZ**, s. f. Tepidity; likewarmness; (fig.) indolence, slothness.
**TEPIDO**, adj. Tepid; moderately warm.

**TER**, v. t. To have; to possess; to hold; to contain; to own; to be forced or compelled; to beget, to bear; to hold in the mind; to experience; to engage in; to exercise or show; to obtain; to acquire; to hold an advantage over; to have, is also used as an auxiliary verb, indicating completed action.
**TERAPÊUTICA**, s. f. Therapeutics.
**TERAPIA**, s. f. Therapy, therapeutics.
**TERATOLOGIA**, s. f. Teratology.
**TÉRBIO**, s. m. Terbium.
**TERÇA**, s. f. Third part (of anything); short for Tuesday; tierce.
**TERÇADO**, s. m. Short sword, sabre.
**TERÇA-FEIRA**, s. f. Tuesday.
**TERÇAR**, v. t. To cross, to mix (tree things); to divide (into three parts).
**TERCEIRA**, s. f. Bawd, panderess; (Mús.) third.
**TERCEIRO**, adj. Third; s. m. mediator.
**TERCETO**, s. m. Tercet, a group of three successive verses; triplet.
**TÉRCIA**, s. f. Tierce (canonical hour).
**TERCIÁRIO**, adj. Tertiary, of or relating to a third place; (Geol.) tertiary.
**TERÇO**, s. m. The third part; chaplet.
**TERÇOL**, s. m. (Med.) Sty, an inflamed swelling on the edge of an eyelid.
**TEREBENTINA**, s. f. Turpentine.
**TEREBRAÇÃO**, s. f. Terebration; a boring; a boring pain; perforation.
**TEREBRAR**, v. t. To terebrate, to perforate.
**TERGIVERSAÇÃO**, s. f. Tergiversation; evasion; subterfuge.
**TERGIVERSAR**, v. i. To tergiversate, to practise deception; to use subterfuges; to beat about the bush; to evade an issue.
**TERMAS**, s. f. pl. Thermae; warmsprings or baths; therm, therme, bathing place.
**TÉRMICO**, adj. Thermic.
**TERMINAÇÃO**, s. f. Termination, end, conclusion; ending; close.
**TERMINAR**, v. t. e p. To terminate, to put an end to; to end; to get through with; to form the conclusion; to finish; to perfect; to close; to have its end, final part, or outcome.
**TÉRMINO**, s. m. Term, limit; end, terminus.
**TERMINOLOGIA**, s. f. Terminology; the technical terms used in any trade, profession.
**TERMO**, s. m. Term; limit, bound, termination; end; tenure; a word or expression having a precisely limited meaning to a science; mutual relationship; footing; conditions.

**TERMOBARÔMETRO**, s. m. Thermobarometer.
**TERMOCAUTÉRIO**, s. m. Thermocautery.
**TERMODINÂMICA**, s. f. Thermodynamics.
**TERMOELETRICIDADE**, s. f. Thermoelectricity.
**TERMOGENIA**, s. f. Thermogenesis.
**TERMÓGRAFO**, s. m. Thermograph.
**TERMOLOGIA**, s. f. Thermology, the science branch which treats of heat.
**TERMOMAGNÉTICO**, adj. Thermomagnetic.
**TERMOMETRIA**, s. f. Thermometry; the measurement of heat; the using of a thermometer in making a medical diagnosis.
**TERMÔMETRO**, s. m. Thermometer, an instrument for measuring temperature or the degree of bodies heat.
**TERMONUCLEAR**, adj. Thermonuclear.
**TERMOQUÍMICA**, s. f. Thermochemistry.
**TERMOSCOPIA**, s. f. Thermoscopy.
**THERMOSCÓPIO**, s. m. Thermoscope, an instrument indicating relative differences in temperature.
**TERMOSTÁTICO(A)**, adj. Thermostatic; s. f. thermostatics.
**TERMOSTATO**, s. m. Thermostat.
**TERMOTERAPIA**, s. f. Thermotherapy.
**TERNADO**, adj. (Bot.) Ternate.
**TERNÁRIO**, adj. Ternary, ternal.
**TERNO**, adj. Tender, delicate, loving; s. m. ternary; three (at card or dice); a male suit.
**TERNURA**, s. f. Tenderness; love; kindness.
**TERRA**, s. f. Earth; land; soil; ground; native country; region; country; the world.
**TERRAÇO, TERRADO**, s. m. Terrace.
**TERRACOTA**, s. f. Terracotta.
**TERRAMICINA**, s. f. Terramycin.
**TERRA-NOVA**, s. m. Newfoundland dog.
**TERRAPLENAGEM**, s. f. Earthwork.
**TERRAPLENAR**, v. t. To level; to make even.
**TERRÁQUEO**, adj. Terraqueous.
**TERREAL, TERRENAL,** , adj. Terrestrial.
**TERREIRO**, s. m. Yard; back-yard; square; cleared and flat land arround a house; (Bras.) outdoor place where voodoo is practiced; compound.
**TERREMOTO**, s. m. Earthquake, a skaking or trembling of the earth.
**TERRENO**, adj. Terrene; terrestrial; earthy; wordly; mundane; s. m. terrain, soil; land.
**TÉRREO**, adj. Low ground.
**TERRESTRE**, adj. Terrestrial; earthly; wordly; living on land and not in water.

**TERRIFICANTE**, adj. Terrifici, terrible, frighful, dreadful, awful.
**TERRIFICAR**, v. t. To terrify, to alarm or chock with terror or fear; to frighten.
**TERRINA**, s. f. Tureen, a large, deep table vessel for holding soup.
**TERRITÓRIO**, s. m. Territory; region; district; land under the jurisdiction of a ruler, government or state.
**TERRÍVEL**, adj. Terrible, dreadful, horrible.
**TERROR**, s. m. Terror, violent dread.
**TERRORIZAR**, v. t. e i. To terrorize, to reduce to a state of terror; to use intimidation.
**TERROSO**, adj. Earthy.
**TERSO**, adj. Terse, concise.
**TESE**, s. f. Thesis.
**TESO**, adj. Stiff, tight, rigid, firm, strong.
**TESOURA**, s. f. Scissors; shears.
**TESOURAR**, v. t. To cut with scissors.
**TESOURARIA**, s. f. Treasurer's office; treasury; treasurership.
**TESOURO**, s. m. Treasure, riches; treasury, the department of a government which has charge of the finance; treasure house.
**TESTA**, s. f. Forehead, forepart; front.
**TESTADA**, s. f. Butt; a stroke with the forehead; (Bras.) blunder.
**TESTADOR**, s. m. Testator (fem.: testatrix).
**TESTAMENTEIRO**, s. m. The executor of a will.
**TESTAMENTO**, s. m. Testament; a will.
**TESTAR**, v. t. e i. To will; to test; to try; to experiment; to assay; to make a will.
**TESTE**, s. m. Test; examination; trial.
**TESTEMUNHA**, s. f. Witness.
**TESTEMUNHAR**, v. t. e i. To testify; to depose; to state; to attest; to give evidence; to witness; to observe; to see.
**TESTEMUNHO**, s. m. Testimony, declaration made by a witness; that which serves as evidence or proof; declaration, affirmation.
**TESTIFICAÇÃO**, s. f. Testification.
**TESTIFICAR**, v. t. To testify; to give testimony; to bear witness; to declare.
**TESTO**, s. m. Cover, lid.
**TESTUDO**, adj. Having a large forehead; (fig.) obstinate, stubborn, headstrong.
**TETA**, s. f. Teat, nipple, udder; (fig.) source.
**TÉTANO**, s. m. Tetanus.
**TETO**, s. m. Ceiling, the overhead inside lining or finish of a room; (Aeron.) ceiling, te top limit of visibility for flying.
**TETRAEDRO**, s. m. (Geom.) Tetrahedron.

**TETRÁGONO**, adj. Tetragonal; s. m. tetragon.
**TETRAGRAM**, s. m. Tetragram.
**TETRALOGIA**, s. f. Tetralogy.
**TETRÂMETRO**, s. m. Tetrameter.
**TETRANETO**, s. m. The son of a great-great-grandson.
**TETRARCA**, s. m. Tetrarch.
**TETRASSILÁBICO**, adj. Tetrasyllabic, quadrisyllabic.
**TETRAVALÊNCIA**, s. f. Quadrivalence.
**TETRAVÔ**, s. m. The father of a great-great-grandfather.
**TÉTRICO**, adj. Tetric; austere; gloomy.
**TEU**, adj. poss. Your; thy; pron. poss. yours.
**TEURGIA**, s. f. Theurgy.
**TEUTÔNICO**, adj. Teutonic.
**TÊXTIL**, adj. Textile.
**TEXTO**, s. m. Text; theme; topic.
**TEXTURA**, s. f. Texture.
**TEZ**, s. f. Skin, texture of a person's face.
**TI**, pron. poss. Thee; you.
**TIA**, s. f. Aunt; (fam.) spinster.
**TIARA**, s. f. Tiara.
**TÍBIA**, s. f. (Anat.) Tibia; an ancient flutelike instrument.
**TIBIEZA**, s. f. Lukewarmness; indifference.
**TIÇÃO**, s. m. Firebrand, brand.
**TIÇOEIRO**, s. m. Poker.
**TICO-TICO**, s. m. (Bras.) Kind of croen sparrow; (fig.) small, thin man.
**TIFO**, s. m. Typhus.
**TIFÓIDE**, adj. Typhoidal, typhoid.
**TIGELA**, s. f. Bowl; a drinking cup.
**TIGRE**, s. m. Tiger.
**TIJOLO**, s. m. Brick.
**TIL**, s. m. Tilde mark.
**TÍLIA**, s. f. (Bot.) Lime-tree, linden tree.
**TILINTAR**, v. i. To clink, to chink.
**TIMÃO**, s. m. Beam (of a plow); pole (of a couch); (Náut.) helm, rudder.
**TIMBALE**, s. m. Timbal, kettledrum.
**TIMBRADO**, adj. Crested (said of paper, etc.).
**TIMBRAR**, v. t. To stamp.
**TIMBRE**, s. m. Timbre, peculiar or distinctive tone; tone color.
**TIMIDEZ**, s. f. Timidity; shyness.
**TÍMIDO**, adj. Timid; timorous; fearful; shy.
**TIMONEIRO**, s. m. Steerman; helmsman.
**TIMPANITE**, s. m. (Med.) Tympanites.
**TÍMPANO**, s. m. Tympanum, eardrum; (Tip.) tympan.
**TINA**, s. f. Tub; pail.
**TINGIDURA**, s. f. Dyeing.
**TINGIR**, v. t. To tinge; to impart a tint to; to color; to dye, to stain.
**TINHA**, s. f. Scurf.
**TINIDO**, s. m. Tinkling, ringing.
**TINIR**, v. i. To tinkle, to shiver with cold.
**TINO**, s. m. Sense; judgement.
**TINTA**, s. f. Ink; hue; color; tint; dye.
**TINTEIRO**, s. m. Inkstand.
**TINTINÁBULO**, s. m. A bell.
**TINTO**, adj. Dyed; tinted.
**TINTURA**, s. f. Tint; a slight coloring; color.
**TINTURARIA**, s. f. Dry-cleaning shop.
**TINTUREIRO**, s. m. Dyer.
**TIO**, s. m. Uncle.
**TIORGA**, s. f. Drunkenness.
**TÍPICO**, adj. Typical, characteristic of a type.
**TIPLE**, s. m. (Mús.) Treble, soprano.
**TIPO**, s. m. Type; a particular class, kind or order; a representative specimen or instance; pattern; mold or mould; figure; a fellow; (Tip.) type.
**TIPOGRAFIA**, s. f. Typography.
**TIPÓIA**, s. f. Kind of palanquim.
**TIPOLOGIA**, s. f. Typology.
**TIPTOLOGIA**, s. f. Typtology.
**TIQUE**, s. m. (Med.) Tic, twitching; (Bras.) nothing.
**TIRA**, s. f. Strip; band.
**TIRACOLO**, s. m. Shoulderbelt; baldric.
**TIRADA**, s. f. Stretch; long speech.
**TIRAGEM**, s. f. Printing; number printed; circulation; draft of a chimney; drawing.
**TIRA-LINHAS**, s. m. Drawing-pen.
**TIRÂNICO**, adj. Tyrannical; oppressive.
**TIRANIZAR**, v. t. e i. To tyrannize, to oppress; to rule with unjust severity.
**TIRANO**, adj. Tyrannous; s. m. tyrant.
**TIRANTE**, adj. Inclining to; seeming; pulling; s. m. joist; stay; brace; prep. save, except.
**TIRA-PROSA**, s. m. Bully; tough guy; swinging boats (a park of fair amusement).
**TIRAR**, v. t. To take, to remove; to substract; to take off; to derive profit from; to withdraw, to take back or away; to abolish.
**TIREÓIDE, TIRÓIDE**, s. f. (Anat.) Thyroid; thyroid gland.
**TIRITAR**, v. i. To shiver, to quiver, to tremble; to shake (from cold).
**TIRO**, s. m. Shot; shooting, a discharge of a firearm; firing.
**TIROCÍNIO**, s. m. Tirocinium; apprenticeship.

**TIRO-DE-GUERRA,** s. m. (Bras.) Military training school.
**TIROLÉS,** adj. e s. m. Tyrolese, Tyrolian.
**TIROTEIO,** s. m. Firing; volley of musketry.
**TISANA,** s. f. Tisane, ptisan.
**TÍSICA,** s. f. Phthisis, tuberculosis.
**TISNA,** s. f. Spot (of soot).
**TISNAR,** v. t. To blacken; to stain; to spot (with carbon); to soot.
**TITÃ,** s. m. Titan.
**TITÂNIO,** s. m. (Quím.) Titanium.
**TÍTERE,** s. m. Marionette, puppet; (pop.) fop.
**TITILAÇÃO,** s. f. Titillation.
**TITILAR,** v. t. To titillate to tickle.
**TITUBEANTE,** adj. Titubant; stagering; tottering; vacillating; unsteady.
**TITUBEAR,** v. i. To titubate, to totter.
**TITULADO,** adj. Titled.
**TITULAR,** adj. e s. m. Titular; v. t. to title; to set down or arrange under a title; to give a title to; to entitle; to confer the title of.
**TÍTULO,** s. m. Title, name of a book or other work of art; heading of a chapter, title of a page; a descriptive name; appellation of dignity, distinction, etc; championship.
**TMESE,** s. f. (Gram.) Tmesis.
**TOADA,** s. f. Tune; continual sounding.
**TOALETE,** s. m. Toilet; WC; (pop. EUA) John.
**TOALHA,** s. f. Towel.
**TOANTE,** adj. Consonant, sounding.
**TOAR,** v. i. To sound, to resound.
**TOBOGÃ,** s. m. (Entret.) Toboggan; coaster.
**TOCA,** s. f. Burrow.
**TOCA-DISCOS,** s. m. Record player.
**TOCADO,** adj. Tipsy.
**TOCAIA,** s. f. (Bras.) Ambush; blind; trap.
**TOCAR,** v. t. To touch; to perceive by to sense of feeling; to hit or strike lightly; to affect (one's sense of heart); to stir to pity or remorse; to affect the interest of; to concern; to make allusion or slight reference to; to play (an instrument); to make an incidental stop (a ship).
**TOCATA,** s. f. (Mús.) Toccata.
**TOCHA,** s. f. Torch.
**TOCO,** s. m. Stub, stump (of a tree).
**TODAVIA,** conj. Yet, however, nevertheless.
**TODO,** adj. All, every, whole; s. m. the whole **TODO-PODEROSO,** s. m. Almighty.
**TOGA,** s. f. Toga; gown.
**TOLDA,** s. f. (Náut.) Quarter-deck.
**TOLDADO,** adj. Overcast (weather); muddy (wine); tipsy, fuddled.
**TOLDAR,** v. t. e i. To cover with awning; (fig.) to cover; to blur; to blear; to cloud.
**TOLDO,** s. m. Awning, tilt; a covering.
**TOLEIMA,** s. f. Foolishness, silliness.
**TOLEIRÃO,** s. m. A great silly fellow.
**TOLERÂNCIA,** s. f. Tolerance; toleration.
**TOLERANTE,** adj. Tolerant; forbearing.
**TOLERAR,** v. t. To tolerate, to endure; to put up with; to suffer; to bear with.
**TOLHER,** v. t. To hinder; to hamper; to bar; to restrain; (fig.) to hamstring.
**TOLHIDO,** adj. Hindered; crippled.
**TOLICE,** s. f. Folly; silliness; stupidity.
**TOLO,** adj. Foolish; silly; s. m. a fool.
**TOM,** s. m. Tone; vocal or musical sound; accent or inflection of the voice; manner of expression; character, quality; any tint or shade of color; (Mús.) tone.
**TOMADA,** s. f. Taking; seizure, capture.
**TOMAR,** v. t. To take; to lay hold of; to grasp; to seize or capture; to secure for oneself; to buy; to extract and use; to subtract; to measure and observe; to use as means of transportation; to occupy; to require; to assume; to introduce into the body (medicines); to accept; to feel or experience; to undertake or perform; to make, to form; to write down or record; to drink; to eat; to choose; to direct (some designated motion).
**TOMATE,** s. m. Tomato.
**TOMBADILHO,** s. m. (Náut.) The quarter-deck.
**TOMBAR,** v. t. e i. To throw drown; to tumble; to fall down; to turn over.
**TOMBO,** s. m. Tumble; fall.
**TÔMBOLA,** s. f. Tombola, a kind of lottery.
**TOMENTO,** s. m. (Bot.) Tomentum.
**TOMISMO,** s. m. Thomism.
**TOMO,** s. m. Tome; any book.
**TONA,** s. f. Skin, pellicle; (fig.) surface.
**TONALIDADE,** s. f. Tonality.
**TONAR,** v. t. To thunder.
**TONELADA,** s. f. A ton.
**TONELAGEM,** s. f. Tonnage; shipping; load.
**TÔNICA,** s. f. (Mús.) Tonic, key-note or key-tone; (Gram.) a tonic voiced sound.
**TÔNICO,** adj. Tonic; increasing or restoring physical tone; invigorating; (Mús.) tonic; (Gram.) accented; s. m. tonic, a medicine having a tonic effect.
**TONIFICAR,** v. t. To tonic, to give a tonic to.
**TONITRUANTE, TONÍTRUO,** adj. Tonitruous, thundering, thunderous.

**TONSURA**, s. f. Tonsure.
**TONTEIRA**, s. f. Dizziness; foolery.
**TONTO**, adj. Silly, foolish, stupid; s. m. fool.
**TONTEAR**, . i. To talk nonsense; to fool.
**TOPADA**, s. f. Stumbling; tripping.
**TOPAR**, v. t. e i. To find; to meet with (by chance); to strike against; to stumble.
**TOPÁZIO**, s. m. Topaz.
**TOPE**, s. m. Top; cockade; clashing.
**TOPETAR**, v. i. To strike with the head.
**TOPETE**, s. m. Foretop; toupee; a forelock; a mass of hair.
**TÓPICO**, adj. e s. m. Topic.
**TOPO**, s. m. The summit, top or upper part (of a hill); extremity, end.
**TOPOGRAFIA**, s. f. Topography.
**TOPONÍMIA**, s. f. Toponymy.
**TOQUE**, s. m. Touch; touching; assay; touch, test (of metal); ringing (of bells).
**TORA**, s. f. Large slice, slab, log (with cap. letter) Torah.
**TORÁCICO**, adj. Thoracic.
**TORAR**, v. t. To saw (a tree); to cut up.
**TÓRAX**, s. m. (Anat.) Thoax.
**TORÇÃO, TORCEDURA**, s. m. Torsion; twisting.
**TORCEDOR**, adj. Twisting; s. m. twister, fan.
**TORCER**, v. t. To twist; to distort; to sprain; to misinterpret; to strain; to turn; to wring.
**TORCICOLO**, s. m. Winding; subterfuge; crick in the neck; roundabout way.
**TORCIDA**, s. f. Wick; fans; rooters.
**TORCIDO**, adj. Twisted; winding; oblique.
**TORDILHO**, adj. Grayish.
**TORDO**, s. m. Thrush.
**TÓRIO**, s. m. (Quím.) Thorium.
**TORMENTA**, s. f. Storm; torment; tempest.
**TORMENTO**, s. m. Torment, torture; distress; affiction; misfortune, bad luck.
**TORNA**, s. f. Restitution, devolution, return.
**TORNAR**, v. t. e i. To render; to make; to cause to be; to change; to convert.
**TORNASSOL**, s. m. (Bot.) Turnsole.
**TORNEADO**, adj. Turned by a torner.
**TORNEAR**, v. t. e i. To turn, to shape or fashion in a lathe; tomold in gracefull; well-rounded form.
**TORNEIO**, s. m. Tourney; tournament.
**TORNEIRA**, s. f. Tap.
**TORNEIRO**, s. m. Turner.
**TORNIQUETE**, s. m. Turnstile; tourniquet.
**TORNO**, s. m. Lathe; vice.
**TORNOZELO**, s. m. Ankle.

**TORO**, s. m. Thunk (of a tree); (Arquit.) torus.
**TORPE**, adj. Obscene, lascivious, unchaste.
**TORPEDEAR**, v. t. To torpedo, to discharge, or destroy by a torpedo.
**TORPEDEIRO**, s. m. Torpedo-boat.
**TORPEDO**, s. m. Torpedo.
**TORPEZA**, s. f. Obscenity, lascivity; infamy.
**TORPOR**, s. m. Torpor; apathy; lathargy.
**TORQUÊS**, s. f. Pincers.
**TORRA**, s. f. Torrefaction, act of toasting.
**TORRADA**, s. f. Toast.
**TORRADEIRA**, s. f. Toaster.
**TORRÃO**, s. m. Clod, lump (of earth); country, ground, soil.
**TORRAR**, v. t. To toast; to brown bread; to roast coffee; to sunburn.
**TORRE**, s. f. Tower; steeple of a church; castle (at chess).
**TORREAR**, v. t. e i. To surround with towers.
**TORREFAÇÃO**, s. f. Torrefaction; roasting.
**TORRENCIAL**, adj. Torrential; outpouring.
**TORRENTE**, s. f. Torrent, a violent stream.
**TORRESMO**, s. m. Cracklings.
**TÓRRIDO**, adj. Torrid; parched; burning.
**TORRIFICAR**, v. t. To torrefy, to subject to hеat; to roast; to parch.
**TORRINHA**, s. f. Turret; box of the last tier (in the theatre).
**TORSO**, s. m. Torso, human bust.
**TORTA**, s. f. Tart, pie.
**TORTO**, adj. Crocked; tortuous; oblique.
**TORTUOSO**, adj. Tortuous; full of twist or curves; sinuous; wavy; deceitful.
**TORTURA**, s. f. Torture; extreme pain; torment; anguish of body or mind; affliction.
**TORTURAR**, v. t. To torture, to subject to torture; to torment; to subject to distress.
**TORVAR**, v. t. e i. To disturb; to trouble; to be irritated or angry; to frowm.
**TORVELINHAR**, v. t. To whirl.
**TORVELINHO**, s. m. Whirlwind, whirlpool.
**TORVO**, adj. Angry; grim, stern; dreadful.
**TOSA**, s. f. Sheep-shearing.
**TOSADURA**, s. f. Shearing; sheep-shearing.
**TOSAR**, v. t. To shear, to cut off the hair from; to shave; to pasture; to grass.
**TOSCO**, adj. Coarse, unpolished; rude.
**TOSQUIA, TOSQUIADURA**, s. f. Sheep-shearing.
**TOSQUIAR**, v. t. To shear; to cut, clip, or sever, wool from sheep, nap from cloth, etc.; to pillage, to plunder, to loot.

**TOSSE, s. f.** Cough; coughing.
**TOSSIR, v. i.** To cough.
**TOSTADO, adj.** Parched, toasted; sunburnt; tanned (by sun).
**TOSTÃO, s. m.** Formely Brazilian nickel coin.
**TOSTAR, v. t.** To toast, to brown by heat.
**TOTAL, s. m.** Whole, total; totality; amount; adj. total, not partial; entire; complete.
**TOTALITARISMO, s. m.** Totalitarism.
**TOTALIZAÇÃO, s. f.** Totalizatio.
**TOTALIZAR, v. t.** To totalize, to make total or a total; to register totals.
**TOTEM, TÓTEME, s. m.** Totem.
**TOUCA, s. f.** Colf, cap, hood.
**TOUCADO, s. m.** Coiffure.
**TOUCADOR, s. m.** Dressing table; dressing room.
**TOUCAR, v. t.** To dress 9the head); to adorn.
**TOUCINHO, s. m.** Lard.
**TOUPEIRA, s. f.** (Zool.) Mole.
**TOURADA, s. f.** A drove of bull; bull-fight.
**TOUREADOR, TOUREIRO, s. m.** Bullfighter.
**TOUREAR, TOUREJAR, v. t.** To fight bulls.
**TOURO, s. m.** Bull.
**TOUTINEGRA, s. f.** Blackcap.
**TOXICAR, v. i.** To intoxicate; to poison.
**TÓXICO, adj. e s. m.** Toxic.
**TOXICOLOGIA, s. f.** Toxicology.
**TOXINA, s. f.** Toxin, toxine.
**TRABALHADO, adj.** Labored; well-done.
**TRABALHADOR, s. m.** Work, workman; adj. industrious, hardworking.
**TRABALHAR, v. t.** To work, to labor; to be employed; to treat or manipulate in the process of making something; to operate.
**TRABALHO, s. m.** Labor; work; industry; toil; product of labor or toil; employment; deed; feat; anything produced by mental effort; embroidery; needlework.
**TRABUCO, s. m.** Blunderbuss, trabuco.
**TRAÇA, s. f.** Clothesmoth, a small insect with narrow wings.
**TRAÇADO, adj.** Moth-eten; outlined; s. m. outline, sketch; draw.
**TRAÇÃO, s. f.** Traction, the drawing of a vehicle by motive power; hauling force.
**TRAÇAR, v. i.** To trace, to draw; to outline, to delineate; to sketch, to make marks or lines on; to write; to compose; to record in the form of a curved, wavy or broken line.
**TRACEJAMENTO, s. m.** Sketch; laying out.
**TRACEJAR, v. t.** To draw, to sketch.
**TRÁCIO, adj. e s. m.** Thracian.

**TRAÇO, s. m.** Trace, something traced or drawn; a mark left behind; a vestige; a sign; track.
**TRACOMA, s. m.** (Med.) Trachoma, a cronic, contagious form of conjunctivitis.
**TRADIÇÃO, s. f.** Tradition, an inherited culture, attitude, etc.
**TRADICIONALISMO, s. m.** Traditionalism.
**TRADUÇÃO, s. f.** Translation.
**TRADUZIR, v. t.** To translate, to turn into one's own or another language.
**TRAFEGAR, v. i.** To traffic, to carry on traffic; to deal.
**TRÁFEGO, s. m.** Traffic, the flow of pedestrians and vehicles along a road, air route, etc.; intercourse; familiarity.
**TRAFICÂNCIA, s. f.** Knavery trade.
**TRAFICAR, s. m.** To traffic, to deal in an underhanded way.
**TRÁFICO, s. m.** Traffic; trade; (fam.) illicit sale or trade.
**TRAGAR, v. t.** To swallow; to take in or absorb in any way; to devour.
**TRAGÉDIA, s. f.** Tragedy.
**TRÁGICA, s. f.** Tragedienne, an actress of tragedy.
**TRÁGICO, adj.** Tragical, tragic; calamitous.
**TRAGICOMÉDIA, s. f.** Tragicomedy.
**TRAGO, s. m.** Draught, liquor drunk or smoke inhaled.
**TRAIÇÃO, s. f.** Treason, treachery.
**TRAIDOR, s. m.** Traitor, betrayer; adj. treacherous; disloyal.
**TRAIR, v. t.** To betray; to deceive by treachery; (gír. EUA) to doublecross.
**TRAJAR, v. t.** To dress; to clothe.
**TRAJE, TRAJO, s. m.** Dress; garb; garment.
**TRAJETO, s. m.** Traject; trajet; passage; course; route; way.
**TRAJETÓRIA, s. f.** Trajectory; trajet.
**TRAMA, s. f.** Woof, the horizontal threads in a woven; weft; texture; cloth; (fig.) a plot, intrigue.
**TRAMAR, v. t.** To weave, to form by interlacing threads, filaments, or the like; to spin; (fig.) to plot, to conspire.
**TRAMBOLHADA, s. f.** Lot of things tied together.
**TRABOLHAR, v. i.** To tumble; to tumble down; to speak confusedly.
**TRAMBOLHO, s. m.** A clog; (fig.) hindrance, obstacle; (fam.) heavy person.
**TRAMELA, s. f.** Wooden catch or latch.

**TRÂMITE**, s. m. Path; pl. means; course.
**TRAMÓIA**, s. f. Trick, cheat; plot, intrigue.
**TRAMPOLIM**, s. m. Spring-board; leaping-board.
**TRAMPOLINAR**, v. i. To cheat, to swindle.
**TRANÇA**, s. f. Tress, pigtail.
**TRANCA**, s. f. Transverse bar; cross-bar.
**TRANÇADO**, adj. Tressed.
**TRANCAFIAR**, v. t. (Bras.) To imprison.
**TRANCAR**, v. t. To bar; to faste with bar.
**TRANÇAR**, v. t. To weave.
**TRANCO**, s. m. A jerk, a jolt; shake, shock; (Bras.) dash, push, shove, thrust.
**TRANQUEIRA**, s. f. Palisade; trench.
**TRANQUETA**, s. f. Door-latch.
**TRANQÜILIDADE**, s. f. Tranquility; calmness; peace; stillness; composure.
**TRANQÜILIZAR**, v. t. To tranquilize; to soothe; to reassure; to calm; to still, to lull.
**TRANQÜILO**, adj. Tranquil, undisturbed.
**TRANSAÇÃO**, s. f. Transaction; a business deal; agreement.
**TRANSACIONAR**, v. i. To transact, to prosecute transactions; to carry on business; to have dealings; to compromise; to perform.
**TRANSALPINO**, adj. e s. m. Transalpine.
**TRANSATLÂNTICO**, adj. Transatlantic.
**TRANSBORDAMENTO**, s. m. Overflowing.
**TRANSBORDAR**, v. i. To overflow; to tranship.
**TRANSCENDÊNCIA**, s. f. Transcendency.
**TRANSCENDENTE**, adj. Transcendent, surpassing; extraordinary; transcendental.
**TRANSCENDER**, v. t. e i. To transcend; to rise above or beyond the limits or power of; to overpass, to exceed, to surpass.
**TRANSCOAÇÃO**, s. f. Straining.
**TRANSCOAR**, v. t. To strain, to filter.
**TRANSCORRER**, v. i. To elapse; to go by.
**TRANSCREVER**, v. t. To transcribe, to write a copy of.
**TRANSCRIÇÃO**, s. f. Transcription, transcript, a copy.
**TRANSCURSÃO**, s. f. Course or elapse, of time.
**TRANSCURSAR**, v. i. To go by beyond.
**TRANSE**, s. m. Anguish, distress.
**TRANSEUNTE**, adj. Passing; transitory; s. m. passer-by, passer.
**TRANSFERÊNCIA**, s. f. Transference; passage; conveyance.
**TRANSFERIR**, v. t. To transfer; to convey; to transmit; to remove; to shift; to postpone.

**TRANSFIGURAÇÃO**, s. f. Transfiguration.
**TRANSFIGURAR**, v. t. To transfigurate, to transfigure, to change the form or appearance of; to transform; to metamorphose.
**TRANSFORMAÇÃO**, s. f. Transformation; complete change.
**TRANSFORMADOR**, adj. Transforming; s. m. transformer; (Eletr.) transformer.
**TRANSFORMAR**, v. t. To transform, to change; to turn in or into; to convert.
**TRANSFORMISMO**, s. m. Transformism.
**TRÂNSFUGA**, s. 2 gên. Trasnfuge; apostate.
**TRANSFUSÃO**, s. f. Transfusion.
**TRANSGREDIR**, v. t. To transgress, to go beyond the limits set by; to break (law); to violate, to pass over (limits, boundaries).
**TRANSGRESSÃO**, s. f. Transgression; misdeed; offense; infrigment; trespass.
**TRANSIÇÃO**, s. f. Transition.
**TRANSIDO**, adj. Chilled; frozen.
**TRANSIGÊNCIA**, s. f. Condescendence, consent; compliance.
**TRANSIGIR**, v. t. e i. To compound; to condescend.
**TRANSIR**, v. t. e p. To pass through; to penetrate; to chill.
**TRANSITAR**, v. i. To transit; to change.
**TRANSITÁVEL**, adj. Passable, capable of being passed, traveled, navigated, etc.
**TRANSITIVO**, adj. Transitive (a verb of transitive force).
**TRÂNSITO**, s. m. Transit, a passage through or over; passing from this life.
**TRANSITÓRIO**, adj. Transitory, not enduring.
**TRANSLAÇÃO**, s. f. Traslation; a version.
**TRANSLÚCIDO**, adj. Translucent.
**TRANSLUZIR**, v. i. To be translucent.
**TRANSMARINO**, adj. Transmarine.
**TRANSMIGRAÇÃO**, s. f. Transmigration.
**TRANSMIGRAR**, v. i. To transmigrate; to pass from another body (the soul).
**TRANSMISSÃO**, s. f. Transmission.
**TRANSMISSÍVEL**, adj. Transmissible.
**TRANSMISSOR**, s. m. Transmitter.
**TRANSMITIR**, v. t. To transmit, to pass something on or down to one's heirs, successor, or the like; to hand down; to cause (as light, force, etc.) to pass or be conveyed through space or a medium; to conduct; to send out (a message speech, music, etc. by means of radio waves.
**TRANSMONTAR**, v. t. To pass to the other side of the mountains; to go beyond.

**TRANSMUDAR**, v. t. To transmute; to convert; to transform.
**TRANSMUTAÇÃO**, s. f. Transmutation; convertion.
**TRANSOCEÂNICO**, adj. Transoceanic.
**TRANSPARECER**, v. i. To appear through.
**TRANSPARÊNCIA**, s. f. Transparency.
**TRANSPARENTE**, adj. Transparent, admitting light; diaphanous; sheer; gauzy; clear; s. m. transparent slate.
**TRANSPIRAÇÃO**, s. f. Transpiration.
**TRANSPIRAR**, v. t. e i. To transpire; to excrete; to exhale moisture, perfume, etc.; to leak out; to come to light, to become known; to spread about, to divulge.
**TRANSPLANTAÇÃO**, s. f. Transplantation.
**TRANSPLANTAR**, v. t. To transplant; to transport; to emigrate; (Cir.) to transplant.
**TRANSPONÍVEL**, adj. Capable of being transposed; (pop.) negotiable.
**TRANSPOR**, v. t. To transpose, to change the relative, usual, or natural place or order of; to reverse or rearrange the sequence of; to exceed, to overpass.
**TRANSPORTAÇÃO**, s. f. Transportation.
**TRANSPORTAR**, v. t. To transport; to carry; to haul; to convey; (Mús.) to transpose.
**TRANSPORTE**, s. m. Transport; conveyance; transfer; (fig.) rapture, ecstasy.
**TRANSPOSIÇÃO**, s. f. Transposition.
**TRANSTORNAR**, v. t. To overthrow; to upset; to disturb, to trouble.
**TRANSTORNO**, s. . Overthrow; trouble.
**TRANSUBSTANCIAR**, v. t. To transubstantiate.
**TRANSUDAR**, v. i. To transude; to cause to exude.
**TRANSVASAR**, v. t. To transfuse, to pour liquid from one receptacle to another.
**TRANSVERBERAR**, v. t. e i. To reflect; to make diaphanous; to be translucent.
**TRANSVERSAL**, adj. e s. m. Transversal.
**TRANSVERTER**, v. t. To overthrow; to translate.
**TRANSVIA**, s. f. Tramway.
**TRANSVIAR**, v. t. e p. To mislead; to go astray.
**TRANSVIO**, s. m. Misleading.
**TRAPA**, s. f. Trap, pitfall.
**TRAPAÇA, TRAPAÇARIA**, s. f. Cheat, trickery, fraud, swindle.
**TRAPACEAR**, v. t. To cheat, to trick, to defraud, to deceive.

**TRAPACEIRO**, s. m. Cheat, trickster; card-sharper (at cards); adj. cheating.
**TRAPALHADA**, s. f. Confusion; disorder.
**TRAPALHÃO**, s. m. Ragged man; impostor.
**TRAPEIRA**, s. f. Dormer-window.
**TRAPEIRO**, s. m. Rag-gatherer; rag-seller.
**TRAPEJAR**, v. i. To flap.
**TRAPÉZIO**, s. m. Trapezium; trapeze.
**TRAPEZISTA**, s. 2 gên. Trapezist.
**TRAPEZÓIDE**, s. m. Trapezoid.
**TRAPICHE**, s. m. (Bras.) Small sugar mill; pier; wharf; pier warehouse.
**TRAPO**, s. m. Rag, a waste piece of cloth torn or cut off.
**TRAQUÉIA**, s. f. (Anat.) Traches.
**TRAQUEJAR**, v. t. To pursue; to go after.
**TRAQUEOTOMIA**, s. f. Tracheotomy.
**TRAQUINAR**, v. i. To troublesome; to play pranks; to be naughty.
**TRAQUINAS**, adj. Troublesome, restless; naughty; s. 2 gên. a pert boy or girl.
**TRAQUITANA**, s. f. An old carriage.
**TRÁS**, prep., adv. Behind, after; interj. bang!
**TRANSBORDAMENTO**, s. m. Overflowing.
**TRANSBORDAR**, v. t. e i. To overflow; to tranship; to spread.
**TRASEIRA**, s. f. Back or hinder part of anything; rear.
**TRASEIRO**, adj. Back; hind; posterior; coming behind; s. m. hinder part; buttocks.
**TRASFEGA**, s. f. Backing; drawing off.
**TRASFEGAR**, v. t. To rack; to pour off.
**TRASGO**, s. m. Elf; goblin; ghost.
**TRASLAÇÃO**, s. f. Translation; removal.
**TRASLADAÇÃO**, s. f. Translation; conveyance.
**TRASLADADOR**, s. m. Transcriber; conveyor; remover.
**TRASLADAR**, v. t. To translate; to remove or change from one place to another; to transfer; to turn into one's own language.
**TRASLADO**, s. m. Copy; transcript; model.
**TRASMUDAR**, v. t. To transmutate.
**TRASPASSAR**, v. i. To pass over, to transpass; to violate; to die; to copy.
**TRASPASSE**, s. m. Assignment; death.
**TRASPASSO**, s. m. Translaction; anguish.
**TRASTE**, s. m. Piece of furniture; truck, scamp; rogue; rascal; (Bras.) a useless and worthless person.
**TRATADO**, s. m. Treaty; treatise; essay.
**TRATADOR**, s. m. Horse breeder; treater.

**TRATAMENTO**, s. m. Treatment; usage; caring for; something used in treating.
**TRATANTADA**, s. f. Roguery; swindle.
**TRATAR**, v. t. To treat, to consider terms of accommodation; to negotiate; to handle a subjetc; to bear the expense of another's food, etc,; to discuss the terms of; to deal with; to expound; to present; to subject action (as chemical); to care for medically or surgically.
**TRATO**, s. m. Treatment; behavior; manner; agreement; pact contract; trade, traffic.
**TRATOR**, s. m. Tractor.
**TRAUMA**, s. m. (Med.) Trauma, an injury, wound or mental shock.
**TRAUMATISMO**, s. m. Traumatism, trauma.
**TRAUMATIZAR**, v. t. To traumatize.
**TRAUMATOLOGIA**, s. f. Tramatology.
**TRAVA**, s. f. Clog, trammel, beam; setting (of a saw).
**TRAVAÇÃO**, s. f. Connexion; joining; link.
**TRAVADO**, adj. Linked; joined; connected; braced; checked with brake.
**TRAVADOR**, adj. Linking; joining, checking; s. m. saw-set.
**TRAVANCA**, s. f. Clog; obstacle; hindrance.
**TRAVÃO**, s. m. Brake; shackle (for horses).
**TRAVAR**, v. t. To put on the brake; to brace; to check; to join; to pull up; to stop.
**TRAVE**, s. f. A beam; rafter.
**TRAVÉS**, s. m. Bias, traverse.
**TRAVESSA**, s. f. Cross-bar; sleeper (railway); to transom; dish; crossroad; by way.
**TRAVESSÃO**, s. f. Beam (of a balanc), dash; large dish.
**TRAVESSEIRO**, s. m. Pillow; bolster.
**TRAVESSIA**, s. f. Crossing; passage.
**TRAVESSO**, adj. Cross; naughty; restless.
**TRAVESSURA**, s. f. Trick; wile; naughtiness.
**TRAVO, TRAVOR**, s. m. Acridity; bitterness.
**TRAZER**, v. t. To bring, to cause to come; to take, to lead; to carry; to bring about.
**TRECHO**, s. m. Space of time; period; interval; piece (of music); passage.
**TREFILAMENTO**, s. m. (Metal.) Wiredrawing.
**TREFILAR**, v. t. To wiredraw.
**TRÉGUA**, s. f. Truce; armistice.
**TREINADOR**, s. m. e adj. Trainer; handler; training; exercising; practicing.
**TREINAMENTO**, s. m. Training; excercise.
**TREINAR**, v. t. To train; to drill; to exercise; to practice; to coach; to manage.
**TREINO**, s. m. Training; practice; exercise.
**TREJEITAR**, v. i. To make grimaces.
**TREJEITO**, s. m. Grimace; grin; twist.
**TREJURAR**, v. t. e i. To swear, to forswear.
**TRELA**, s. f. Leash, thong or cord for a dog; (fig.) talking, chattering.
**TREM**, s. m. Train; carriage; coach; equipage; the furniture of a shouse.
**TREMA**, s. f. Diacresis, dieresis, a mark placed over a vowel.
**TREMEBUNDO**, adj. Tremendous, frightful.
**TREMEDEIRA**, s. f. (Bras.) Tremor; trepidation; fidgets; (gfr. EUA) jitters.
**TREMELICAR**, v. t. To shiver, to tremble.
**TREMELUZIR**, v. i. To sparkle, to twinkle.
**TREMENDO**, adj. Dreadful, tremendous, terrific; frightful; respectable; extraordinary.
**TREMER**, v. i. To tremble; to shiver, to quiver; to quaker; to vibrate; to feel fear.
**TREMIDO**, adj. Shaky; doubtful.
**TREMOÇO**, s. m. Lupine-seed; lupine (plant).
**TREMOR**, s. m. Trembling, tremor, vibration.
**TREMPE**, s. f. (pop.) Trivet; threesome; group of three persons.
**TREMULAÇÃO**, s. f. Shivering; oscillation.
**TREMULANTE**, adj. Waving; flickering.
**TREMULAR**, v. i. To wave; to oscillate; to swing; to speak or sing in a tremolo.
**TRÊMULO**, adj. Tremulous; quavering; vibratory; s. m. (Mús.) tremolo.
**TRENA**, s. f. Topcord.
**TRENÓ**, s. m. Sledge; sleigh.
**TREPADEIRA**, s. f. Creeping or climbing plant.
**TREPANAR**, v. t. To trepan; to perforate (the skull) with a trepan.
**TRÉPANO**, s. m. Trepan.
**TREPAR**, v. i. To climb; to ascend by use of the hands or feet; to rise; to slope upward.
**TREPIDAÇÃO**, s. f. Trepidation; agitation.
**TREPIDAR**, v. t. To tremble (with fear); to quaker; to shake; to oscillate; to jar.
**TRÉPLICA**, s. f. Surrebutter.
**TREPLICAR**, v. t. To surrebut.
**TRÊS**, num. Three.
**TRESANDAR**, v. t. To cause to go back; to stink of.
**TRESCALAR**, v. i. To smell strongly; to exhale.
**TRESDOBRAR**, v. t. To triple, to treble.
**TRESFOLEGAR**, v. i. To pant, to breathe in a labored manner.
**TRESGASTAR**, v. t. e i. To waste too much.

**TRESLER,** v. i. To read backwards; to go foolish from too much reading.
**TRESLOUCADO,** adj. Crazy, mad.
**TRESMALHAR,** v. t. To loose; to disperse.
**TRESMUDAR,** v. t. To transmute.
**TRESNOITADO,** adj. Sleepless.
**TRESPASSAR,** v. t. To pass over; to cross, to run through; to transfer; to transgress.
**TRESVARIAR,** v. i. To rage, to be delirious.
**TRETA,** s. f. Stratagem; feint.
**TREVAS,** s. f. pl. Darkness; obscurity; (fig.) ignorance.
**TREVO,** s. m. (Bot.) Clover.
**TREZE,** nu,. Thirteen.
**TREZENTOS,** num. Three hundred.
**TRÍADE,** s. f. Triade.
**TRIANGULAR,** adj. Triangular; v. t. to triangulate, to divide into triangles.
**TRIÂNGULO,** s. m. Triangle.
**TRIBO,** s. f. Tribe, clan.
**TRIBULAÇÃO,** s. f. Tribulation.
**TRIBUNA,** s, f. Tribune; rostrum, stand.
**TRIBUNAL,** s. m. Tribunal, court of justice.
**TRIBUTAÇÃO,** s. f. Tribute; contribution.
**TRIBUTAR,** v. t. To tax; to impose tax on; to tribute; to pay as tribute; to devote.
**TRIBUTO,** s. m. Tribute; tax; levy; duty.
**TRICA,** s. f. Chicane, cheat.
**TRICENAL,** adj. Tricennial, occurring once every thirty years.
**TRICICLO,** s. m. Tricycle.
**TRICÍPITE,** adj. Tricipital, having three heads; s. m. tricips muscle.
**TRICÔ,** s, m. Knitting; tricot.
**TRICOMA,** s. m. Trichome.
**TRICÓRDIO,** s. m. e adj. Trichord.
**TRICÓRNIO,** s. m. Tricorn, a three-cornered cocked hat.
**TRICOTAR,** v. i. To knit, to form (a fabric) from a single thread interlaced in loops by-means of longs needles.
**TRICOMIA,** s. f. Trichromatism.
**TRICÚSPIDE,** adj. Tricuspid, having three cusps; (Anat.) tricuspid, pertaining to the tricuspid valve.
**TRIDENTE,** s. m. Trident, a three-pronged spear.
**TRÍDUO,** s. m. Triduum, a term of three days.
**TRIEDRO,** adj. e s. m. Trihedral.
**TRIÊNIO,** s. m. Triennial; a period of three years; a triennal event.
**TRIFÁSICO,** adj. Triphasic.
**TRIFLOR,** adj. (Bot.) Trifoliate.

**TRIFURCAÇÃO,** s. f. Trifucartion.
**TRIFURCAR,** v. t. e i. Trifurcate.
**TRIGAL,** s. m. Wheatfield.
**TRIGÊMEO,** s. m. Trigeminal; each of the three born at same birth; adj. trigeminous, born three together.
**TRIGÉSIMO,** num. The thirtieth.
**TRIGINIA,** s. f. (Bot.) Trygynia.
**TRÍGLIFO,** s. m. Triglyph.
**TRIGO,** s. m. Wheat; corn.
**TRÍGONO,** adj. e s. m. Trigon.
**TRIGONOMETRIA,** s. f. Trigonometry.
**TRIGUEIRO,** adj. Brownish.
**TRILADO, TRILO,** s. m. Trill, quaver.
**TRILATERAL,** adj. Trilateral.
**TRILHA,** s. f. Track, trace.
**TRILHAR,** v. t. To thrash, to thresh; to beat; to tread out; to track.
**TRILHÃO,** num. Trillion.
**TRILHO,** s. m. Track; rail; harrow (for thrashing corn).
**TRILOGIA,** s. f. Trilogy.
**TRIMENSAL, TRIMESTRAL,** adj. Trimonthly.
**TRINADO,** s. m. Trill, tremulous sound.
**TRINAR,** v. i. To trill; to utter trills; to play or sing with a trill.
**TRINCA,** s. f. (Bras.) Scratch, cleft; crevice.
**TRINCADO,** adj. Bitten off; (fig.) sly.
**TRINCAR,** v. t. To gnaw; to chew noisily with teeth.
**TRINCHA,** s. f. Adze; slice, steak, chop.
**TRINCHADOR,** adj. Carving; s. m. carver.
**TRINCHANTE, TRINCHÃO,** s. m. Carver; carving knife, carving fork; dresser.
**TRINCHAR,** v. t. To carve, to cut up (meat) at table.
**TRINCHEIRA,** s. f. Trench, parapet.
**TRINCO,** s. m. Latch; latch-key.
**TRINDADE,** s. f. Trinity.
**TRINERVADO,** adj. Three-nerved.
**TRINETO,** s. m. Great-great-grandson.
**TRINO,** adj. Trine; trinitarian; s. m. trill.
**TRINÔMIO,** adj. e s. m. Trinominal.
**TRINTA,** num. Thirty.
**TRIO,** s. m. Trio; a set of three; (Mús.) trio.
**TRIPA,** s. f. Tripe; intestine.
**TRIPARTIR,** v. t. To tripartite; to divide into three parts.
**TRIPÉ,** s. m. Tripod.
**TRIPEÇA,** s. f. Three-footed stool.
**TRIPÉTALO,** adj. (Bot.) Tripetalous.
**TRIPLANO,** s. m. Triplane.
**TRIPLE,** adj. Triple; threefold.

**TRIPLICAÇÃO**, s. f. Triplication.
**TRIPLICAR**, v. t. To triple; to treble.
**TRÍPLICE**, adj. Triplex; triple; threefold.
**TRIPLO**, adj. Triple, treble.
**TRIPUDIAR**, v. i. To trip, to move with light quick steps.
**TRIPÚDIO**, s. m. Trip, a quick; tripudium.
**TRIPULAÇÃO**, s. f. Crew, the company of seamen who man a ship or a boat.
**TRIPULAR**, v. t. To man (a ship); to supply with men.
**TRIQUÍASE**, s. f. Trichiasis.
**TRIRREME**, s. m. Trireme.
**TRISAVÓ**, s. f. Great-great-grandmother.
**TRISAVÔ**, s. m. Great-great-grandfather.
**TRISSECAR**, v. t. To trisect.
**TRISSEMANAL**, adj. Triweekly.
**TRISSÍLABO**, s. m. Trisyllable.
**TRISTE**, adj. Sad, sorrowful; heavy; blue.
**TRISTEZA**, s. f. Sorrow, sadness; gloom.
**TRITONGO**, s. m. Triphthong.
**TRITURADOR**, adj. Triturating; grinding; s. m. triturator; grinder.
**TRITURAR**, v. t. To triturate, to rub; to grind; to thrash; to hurt; to harass; to annoy.
**TRIUNFADOR**, adj. e s. m. Triumphant.
**TRIUNFAR**, v. t. To triumph, to obtain victory.
**TRIUNFO**, s. m. Triumph; victory; conquest; success; jubilation; exaltation.
**TRIUNVIRATO**, s. m. Triumvirate.
**TRIVALÊNCIA**, s. m. (Quím.) Trivalence.
**TRIVALVE**, adj. (Bot.) Trivalve.
**TRIVIAL**, adj. Trivial, common; vulgar.
**TRIVIALIZAR**, v. t. To render trivial.
**TRIZ**, s. m. Trice, an instant.
**TROADA**, s. f. Thundering; firing.
**TROAR, TRONAR**, v. i. To thunder.
**TROCA**, s. f. Exchange, barter.
**TROÇA**, s. f. Mockery; scoff.
**TROCADILHO**, s. m. Pun, a use of words of the same sound but different meanings.
**TROCADOR**, s. m. Exchanger; adj. exchanging.
**TROCANTER**, s. m. (Anat.) Trochanter.
**TROCAR**, v. t. To exchange; to barter; to give in exchange; to equivocate; to truck.
**TROÇAR**, v. t. To mock; to scoff; to scorn.
**TROCA-TINTAS**, s. m. pl. Dauber; bungler.
**TROCO**, s. f. Change.
**TROÇO**, s. m. (Bras.) Thing; thingumbob; (gfr.) big shot; bigwig.
**TROFÉU**, s. m. Trophy.
**TROGLODITA**, s. 2 gên., adj. Troglodyte.

**TROIANO**, adj. e s. m. Trojan.
**TRÓICA**, s. f. Troika, a vehicle drawn by three horses abreast.
**TROLE**, s. m. Trolley, trolly.
**TROMBA**, s. f. Trunk; proboscis.
**TROMBADA**, s. f. Blow with the trunk.
**TROMBAR**, v. t. (Bras.) To crash.
**TROMBETA, TROMPA**, s. f. Trumpet; trumpet-player.
**TROMBONE**, s. f. Trombone; trompone-player.
**TROMBOSE**, s. f. (Med.) Thrombosis.
**TRONANTE**, adj. Thundering.
**TRONCHAR**, v. t. To chop off, to mutilate.
**TRONCHO**, s. m. Cabbage stalk.
**TRONCHUDO**, adj. Thick-stalked.
**TRONCO**, s. m. Bole, the trunk or stem of a tree; stem; trunk, the main stem or body of a tree; the body of a man or animal not including the head or limbs; lineage; trave, a frame or enclosure in which horse is place to be shod or gelded.
**TRONCUDO**, dj. (Bras.) Heavy-set; (EUA) stocky.
**TRONO**, s. m. Throne.
**TROPA**, s. f. Troop; soldiers collectively; a division of a cavalry squadron.
**TROPEÇAMENTO, TROPEÇÃO**, s. f. Stumbling, stumble.
**TROPEÇAR**, v. i. To stumble, to trip in walking; to walk unsteadily; to err, to sin.
**TROPEÇO**, s. m. Stumble, a trip; false or blundering step or slip.
**TRÔPEGO**, adj. Hobbling, limping; s. m. hobbler.
**TROPEIRO**, s. m. Muleteer, mule-driver.
**TROPEL**, s. m. Stamp; clatter (of horse's hoofs); mob; crowd; tumult.
**TROPICAL**, adj. Tropical.
**TROPICAR**, v. i. To stumble often.
**TRÓPICO**, s. m. Tropic.
**TROPO**, s. m. (Ret.) Trope, figure of speech.
**TROPOLOGIA**, s. f. Tropology.
**TROQUEU**, s. m. Trochee, a foot of two syllables.
**TROTADOR**, adj. Trotting; s. m. trotter; trotting horse.
**TROTAR**, v. i. To trot, to ride or drive a trot; v. t. (Bras.) to scoff, to mock; to haze.
**TROTE**, s. m. Trot, a gait of the horse; (Bras.) hazing, abusive or ridiculous treatment.
**TROUXA**, s. f. Pack; bundle; adj. foolish; unskilled; s. 2 gên. a clumsy woman.

**TROVA**, s. f. Song; ballad.
**TROVADOR**, s. m. Troubadour.
**TROVÃO**, s. m. Thunder.
**TROVAR**, v. i. To make rhymes; to write ballads.
**TROVEJAR**, v. i. To thunder; to give forth a sound likened to thunder.
**TROVISCAR**, v. i. To thunder lightly.
**TROVOADA**, s. f. Thunderstorm.
**TRUANEAR**, v. i. To play the buffoon.
**TRUÃO**, s. m. Buffoon; jester.
**TRUCIDAR**, v. t. To kill; to slaughter.
**TRUCULÊNCIA**, s. f. Truculence.
**TRUFA**, s. f. Truffle.
**TRUNCAR**, v. t. To trucate; to mutilate.
**TRUNFAR**, v. i. To trump; toruff.
**TRUNFO**, s. m. Trump, trump card.
**TRUQUE**, s. m. Trick, bluff; tratagem.
**TRUTA**, s. f. Trout.
**TU**, pron. pess. Thou; you.
**TUA**, adj., pron. pess. Thy, thyne, your, yours.
**TUBA**, s. f. Trumpet.
**TUBAGEM**, s. f. Tubing, tubage.
**TUBARÃO**, s. m. (Ictiol.) Shark.
**TÚBERA**, s. f. Truffle.
**TUBERCULADO**, adj. (Bot.) Tuberculate.
**TUBERCULIZAR**, v. i. To tuberculize.
**TUBERCULOSE**, s. f. Tuberculosis.
**TUBEROSA**, s. f. (Bot.) Tuberose.
**TUBO**, s. m. Tube, pipe.
**TUBULAÇÃO**, s. f. Tubing.
**TUBULAR**, adj. (Bot.) Tubular.
**TUCANO**, s. m. Toucan.
**TUCHO**, s.m. (Bras., mec.) Tappet.
**TUDO**, pron. indef. All, the whole; everything; anything.
**TUFÃO**, s. m. Hurricane.
**TUFAR**, v. i. To swell out; to pout.
**TUFO**, s. m. Tuft; puff; flock of cotton.
**TUGIR**, v. i. To mutter; to speak in a very low voice.
**TUGÚRIO**, s. m. Hut, cottage.
**TULE**, s. m. Tulle.
**TULHA**, s. f. Granary, store house for grain.
**TULIPA**, s. f. (Bot.) Tulip.
**TUMBA**, s. f. Grave, tomb; bier.
**TUMEFAÇÃO**, s. f. Tumefaction; a tumor.
**TUMEFAZER**, v. t. To tumefy, to swell.
**TUMESCÊNCIA**, s. f. Tumescence.
**TUMIDEZ**, s. f. Tumidity.
**TÚMIDO**, adj. Tumid; swollen; protuberant.
**TUMOR**, s. m. Tumour; tumor.

**TUMULAR**, v. t. To bury; adj. tumular.
**TÚMULO**, s. m. Tomb, grave; tumulo.
**TUMULTO**, s. m. Tumult, uprising, riot, mutiny; (fig.) perturbation.
**TUMULTUAR**, v. t. To tumult.
**TUNA**, s. f. Musical group.
**TUNDA**, s. f. Sound beating.
**TUNDRA**, s. f. Tundra.
**TÚNEL**, s. m. Tunnel.
**TUNGADA**, s. f. (Bras.) A blow, a shock.
**TUNGAR**, v. i. (Bras.) To discuss, to debate; to wrangle; v. t. to fool, to trick, to cheat.
**TUNGSTÊNIO**, s. m. Tungstein.
**TÚNICA**, s. f. Tunic; tunica.
**TUPI**, s. m. Any Tupian Indian; adj. Tupian.
**TURBA**, s. f. Crowd; rabble; mob.
**TURBAÇÃO**, s. f. Perturbation; confusion.
**TURBADO**, adj. Disordered; cloudy.
**TURBANTE**, s. m. Turban.
**TURBAR**, v. t. To trouble; to overcast; to agitate; to disturb; to dim.
**TURBILHÃO**, s. m. Whirlwind; vortex; disturbance; tumult.
**TURBINA**, s. f. Turbine.
**TURBINADO**, adj. Turbinated; spiral.
**TURBO-HÉLICE**, s. m. Turboprop.
**TURBOJATO**, s. m. Turbojet.
**TURBULÊNCIA**, s. f. Turbulence; agitation; commotion, disturbance; impetuosity.
**TURCO**, adj. Turkish; s. m. Turk (fem. Turkish woman).
**TURFA**, s. f. Turf, peat-turf.
**TURFE**, s. m. The turf, the track or course for horse racing.
**TURGÊNCIA**, s. f. Turgescency, turcescence.
**TURGESCER**, c. t. To turgesce, to become turgid; to swell or be inflated.
**TÚRGIDO**, adj. Turgid, tumid.
**TURIBULAR**, v. t. To thurify, to cense; (fig.) to flatter, to cajoule.
**TURÍBULO**, s. m. Thurible.
**TURIFICAÇÃO**, s. f. Thurification.
**TURIFICAR**, v. i. To thurify.
**TURISMO**, s. m. Tourism.
**TURISTA**, s. 2 gên. Tourist.
**TURMA**, s. f. Group, gang (of people).
**TURMALINA**, s. f. Tourmaline.
**TURNO**, s. m. Turn; place, time, or opportunity in a scheduled or alternating order.
**TURQUESA**, s. f. Turquoise.
**TURRA**, s. f. Butt (with the head); obstinacy, altercation; adj. obstinate; stubborn.
**TURRAR**, v. i. To butt; tobe obstinate.

**TURVAÇÃO, TURVAMENTO,** s. m. Perturbation; disquiet (of mind); dimming.
**TURVAR,** v. t. To disturb; to confuse the mind; to trouble; to agitate; to dim.
**TURVO,** adj. Muddy; dim; cloudy.
**TUTANO,** s. m. Marrow; pith.
**TUTELA,** s. f. Tutelage, tutorage; care.
**TUTELAR,** adj. Tutelar; v. t. to tutor.
**TUTOR,** s. m. Tutor, guardian; defender.
**TUTORAR,** v. i. To tutor, to have the tutelage.
**TUTU,** s. m. (Bras.) Brazilian dish; (gír.) money, dough.
**TZAR,** s. m. Czar, title of the former Emperors of Russia; fem.: czarina.
**TZAREVICHE,** s. m. Czarevitch, a son of the czar.
**TZARISMO,** s. m. Czarism.
**TZIGANO,** adj. e s. m. Tzigane.

# U

**U,** s. m. The twentieth letter of the alphabet.
**UBERDADE,** s. f. Abundance; fertility; uberty.
**ÚBERE,** adj. Uberous; fruitful; copious; plentiful; abundant; s. m. udder.
**UBIQUAÇÃO, UBIQÜIDADE,** s. f. Ubiquity.
**UBÍQUO,** adj. Ubiquitous, omnipresent.
**UCHA,** s. f. Hutch box; chest.
**UCHARIA,** s. f. Pantry.
**UCRANIANO,** adj. e s. m. Ukranian.
**UFA, interj.** Hey-day!
**UFANAR,** v. t. To make proud.
**UFANO,** adj. Vain, proud; boastful; braggart.
**UI, interj.** (Bras.) Owl ouch! ail coh!
**UIRAPURU,** s. m. Amazonian wren; notable songbird of Brazil.
**UISQUE,** s. m. Whisky.
**UIVAR,** v. i. To howl; to utter a loud, long mournful cry (as a dog).
**UIVO,** s. m. Howl.
**ÚLCERA,** s. f. Ulcer.
**ULCERAR,** v. t. e i. To ulcerate.
**ULIGINOSO,** adj. Uliginous.
**ULMÁRIA,** s. f. Meadow-sweet.
**ULMEIRO,** s. m. Elm-tree.
**ULTERIOR,** adj. ulterior; further; posterior.
**ULTIMAÇÃO,** s. f. Ultimation; finish.
**ULTIMADO,** adj. Ended; finished; ultimate.
**ULTIMAMENTE,** adv. Of late, lately.
**ULTIMAR,** v. t. To ultimate; to end; to finish.
**ULTIMATO,** s. m. Ultimatum; ultimate.
**ÚLTIMO,** adj. Last, hindmost; extreme, final.
**ULTRAJAR,** v. t. To outrage, to subject to violent injury; toinjure or abuse.
**ULTRAJE,** s. m. Outrage; a violation of right and decency.
**ULTRAMAR,** s. m. Ultramare; foreign lands.
**ULTRAMARINO,** adj. Ultramarine; oversea.
**ULTRAMODERNO,** adj. Ultramodern.
**ULTRAPASSADO,** adj. Surpassed.
**ULTRAPASSAR,** v. t. To go beyound.
**ULTRA-SOM,** s. m. Ultrasound; supersound.
**ULTRAVIOLETA,** s. f. Ultraviolet.
**ULTRICE, ULTRIZ,** s. f. Avenging woman.
**ULULAÇÃO,** s. f. Ululation; a howling.
**ULULAR,** v. i. To ululate, to howl; to shriek.
**UM, UMA,** num. One; only one; pron. one; art. indef. a; an.
**UMBELA,** s. f. Small parasol; (Bot.) umbel, a racemose inflorescence.
**UMBELÍFERA,** s. f. Umbelliferae.
**UMBIGO,** s. m. Umbilicus, navel.
**UMBILICAL,** adj. Umbilical.
**UMBRAL,** s. m. Door-post; threshold; lintel.
**UMBRÁTIL, UMBRÁTICO,** adj. Umbratile.
**UMBRÍFERO,** adj. Umbrageous; shady.
**UMECTAÇÃO,** s. f. Humectation.
**UMECTAR,** v. t. To humectate; to wet.
**UMEDECER,** v. t. e i. To moisten.
**ÚMERO,** s. m. (Anat.) Humerus.
**UMIDADE,** s. f. Moisture, humidity.
**ÚMIDO,** adj. Humid, moist, damp; rainy (of the weather); tearful (of the eyes).
**UNÂNIME,** adj. Unanimous.
**UNÇÃO,** s. f. Unction.
**UNCIFORME,** adj. Unciforme.
**UNCINADO,** adj. Uncinate, hooked.
**UNDECÁGONO,** s. m. (Geom.) Undecagon.
**UNDÉCIMO,** num. Eleventh.
**UNDÉCUPLO,** num. Eleven times as much.
**UNDÍVAGO,** adj. Floating on the waves.
**UNGIDO,** adj. Anointed.
**UNGIR,** v. t. To anoint, to consecrate.
**UNGUEAL,** adj. Ungual, pertaining to, or having, a nail, claw or hoof.

**ÚNGÜE, ÚNGÜIS,** s. m. (Anat.) Unguis.
**UNGÜENTO,** s. m. Unguent, ointment.
**UNGÜIFORME,** adj. Unguiform.
**UNGULADO,** adj. Ungulate; hoofed.
**UNHA,** s. f. Nail (of a finger or toe); hoof; talon; claw; pointed hook.
**UNHAR,** v. i. To scratch, to scrape with the claws or nails; to anchor; to layer (vines).
**UNHEIRO,** s. m. Agnail, whitlow.
**UNIANGULAR,** adj. Uniangular.
**UNIÃO,** s. f. Union; juntion; alliance.
**UNICAMENTE,** adv. Only.
**ÚNICO,** adj. Unique; only; singular; single.
**UNICORNE, UNICÓRNIO,** s. m. Unicorn.
**UNIDADE,** s. f. Unity; concord; harmony; union; continuity, without deviation or change; consistency of style; (Mat.) unity.
**UNIDO,** adj. United; compacted; joined.
**UNIFICAR,** v. t. To unify; to unite.
**UNIFLORO,** adj. (Bot.) Uniflorous.
**UNIFORME,** adj. Uniform; regular; s. m. uniform, dress of a particular style worn by persons in the same service, order, etc.
**UNIFORMIZAÇÃO,** s. f. Uniformization.
**UNIFORMIZAR,** v. t. To make uniform; to equalize; to uniform.
**UNIGÊNITO,** adj. Unigenital.
**UNIJUGADO,** adj. (Bot.) Unijugate.
**UNILATERAL,** adj. Unilateral; onesided.
**UNILÍNGÜE,** adj. Unilingual.
**UNILOCULAR,** adj. Unilocular.
**UNIONISMO,** s. m. Unionism.
**UNÍPARO,** adj. Uniparous.
**UNIPESSOAL,** adj. Unipersonal.
**UNIR,** v. t. To join, to fasten; to unite.
**UNISSEXUAL,** adj. Unisexual.
**UNISSONANTE, UNÍSSONO,** adj. Unisonous; s. m. unison.
**UNITÁRIO,** adj. Unitary; as m. unitarian.
**UNIVALÊNCIA,** s. f. Univalence.
**UNIVALVE,** adj. (Bot.) Univalve; univalvular.
**UNIVERSAL,** adj. e s. m. Universal.
**UNIVERSALISMO,** s. m. Universalism.
**UNIVERSALIZAR,** v. t. To universalize.
**UNIVERSIDADE,** s. f. University.
**UNIVERSO,** s. m. The universe, the world.
**UNÍVOCO,** adj. Univocal; unambiguous.
**UNO,** adj. Sole, one; one only, singular.
**UNTADURA,** s. f. Anoiting, daubing.
**UNTAR,** v. t. To anoint, to daub; to grease.
**UNTO,** s. m. Grease, fat (of animals).
**UNTUOSO,** adj. Unctuous, fatty; greasy, oily.
**URÂNIO,** s. m. Uranium.
**URANO,** s. m. Uranus.
**URANOGRAFIA,** s. f. Uranography.
**URANOLOGIA,** s. f. Uranology, the study of the heavens.
**URANOPLASTIA,** s. f. Uranoplasty.
**URANOSCOPIA,** s. f. Uranoscopy.
**URATO,** s. m. (Quím.) Urate, a salt of uric acid.
**URBANIDADE,** s. f. Urbanity, affability.
**URBANISTA,** s. 2 gên. Urbanist, a specialist in city planning.
**URBANIZAR,** v. t. To urbanize; to render urbane; to refine; to polish.
**URBANO,** adj. Urban, urbane; courteous.
**URBE,** s. f. City; town.
**URDIDEIRA,** s. f. Woman warper.
**URDIDURA, URDIMENTO,** s. f., s. m. Warping; (fig.) a plot, conspiracy.
**URDIR,** v. t. To warp, to weave; to make or manufacture on a loom; (fig.) to contrive.
**URÉIA,** s. f. (Quím.) Urea.
**UREMIA,** s. f. Uremia, uraemia.
**URÉTER,** s. m. (Anat.) Ureter.
**URGÊNCIA,** s. f. Urgency; insistence.
**URGENTE,** adj. Urgent, pressing; urging.
**URGIR,** v. i. To be urent; v. t. to urge.
**ÚRICO,** adj. (Quím.) Uric.
**URINA,** s. f. Urine.
**URINAR,** v. i. To urinate; to make water.
**URINÍFERO,** adj. Uriniferous.
**URINOL,** s. m. Urinal; chamber-pot.
**URNA,** s. f. An urn; ballot-box.
**UROPÍGIO,** s. m. Urupygium.
**URRAR,** v. i. e t. To roar, to groan; to shout.
**URRO,** s. m. Roar, roaring.
**URSADA,** s. f. (Bras. pop.) Disloyalty.
**URSO, URSA,** s. m., s. f. Bear.
**URTICÁRIA,** s. f. urticaria; hives; nettle rash.
**URTIGA,** s. f. Nettle.
**URTIGAR,** v. t. To nettle; to urticate.
**URUBU,** s. m. Urubu, black vulture.
**URZE,** s. f. Heath.
**USADO,** adj. Worn out; employed, used.
**USAR,** v. t. e i. To use; to wear; to have on; to wear out; to be used to; to be in habit of; to employ; to make use of.
**USO,** s. m. Use, using, usage; custom; usance; wearing; wear; fashion; mode.
**USUAL,** adj. usual; customary.
**USUALMENTE,** adv. Usually.
**USUFRUIR,** v. t. To enjoy the usufruct of; to hold (property) subject to usufruct.
**USUFRUTO,** s. m. Usufruct.

**USURA**, s. f. Usury; an exorbitant rate or amount of interest charged.
**USURAR**, v. i. To practice usury.
**USURPAÇÃO**, s. f. Usurpation.
**USURPAR**, v. t. To usurp, to seize and hold in possession by force or without right.
**UTENSÍLIO**, s. m. Utensil; any useful tool or implement.
**UTERINO**, adj. Uterine.
**ÚTERO**, s. m. (Anat.) Uterus, womb.
**ÚTIL**, adj. Useful, profitable; s. m. utility.
**UTILITÁRIO**, adj. e s. m. Utilitarian.
**UTILIZAR**, v. t. To utilize; to make use of.

**UTOPIA**, s. f. Utopia.
**UTRICULAR**, adj. Utricular.
**UTRÍCULO**, s. m. (Anat., Bot.) Utricle.
**UVA**, s. f. Grape.
**ÚVEA**, s. f. (Anat.) Uvea.
**UVULA**, s. f. (Anat.) Uvula.
**UVULITE**, s. f. Uvulitis.
**UXORICÍDIO**, s. m. Uxoricide, the murder of a wife by her husband.
**UXÓRIO**, adj. Uxorial, of, pertaining to, or characteristic of a wife.
**UZÍFUR, UZÍFURO**, s. m. Cinnabar, red mercuric sulphate, vermilion.

# V

**V**, s. m. The twenty-first letter of the alphabet.
**VACA**, s. f. Cow; beef.
**VACÂNCIA**, s. f. Vacancy; vacuity.
**VACAR**, v. i. To be vacant; to vacate.
**VACARIA**, s. f. A cow-house; dairy.
**VACILAÇÃO**, s. f. Vacillation, indecision.
**VACILAR**, v. i. To vacillate; flicker; to hesitate; to totter; to be variable in emotion.
**VACINA**, s. f. Vaccine.
**VACINAR**, v. t. To vaccinate.
**VACUIDADE**, s. f. Vacuity; emptiness.
**VACUM**, adj. Bovine; oxlike.
**VÁCUO**, s. m. Vacuum; space devoid of matter; adj. vacuous, empty; unfilled; void.
**VADEAÇÃO**, s. f. Wading; fording.
**VADEAR**, v. t. To wade; to ford.
**VADIAÇÃO, VADIAGEM**, s. f. Vagrancy.
**VADIAR**, v. i. To lead the life of a vagabond; to be lazy; to wander; to rove; to ramble.
**VADIO, VAGABUNDO**, s. m., adj. Vagrant; vagabond; loafer.
**VAGA**, s. f. Huge wave; vacancy.
**VAGABUNDEAR**, v. i. To vagabond, to vagabondize; to roam; to rove; to loaf.
**VAGALHÃO**, s. m. Billow; a huge wave.
**VAGA-LUME**, s. m. Firefly; glow-worm.
**VAGÃO**, s. m. Railroad coach, railroad car.
**VAGAR**, v. i. To become vagant; to be empty; to rove, ro idle; s.m. leisure; slowness.
**VAGAREZA**, s. f. Slowness; lentitude.
**VAGAROSO**, adj. Slow, not hasty.
**VAGEM**, s. f. String beans.

**VAGIDO**, s. m. Wailing, mewling.
**VAGO**, adj. Vague, not clear or exact; indefinite; vagrant; unfixed; s. m. vagueness.
**VAGONETE**, s. m. Trolley; trolly.
**VAGUEAR, VAGUEJAR**, v. i. To vague, to wander; to ramble; to rove; to digress.
**VAIA**, s. f. Hoot, shouting.
**VAIAR**, v. i. To hoot.
**VAIDADE**, s. f. Vanity; presumption; pride.
**VAIDOSO**, adj. Vain, proud; puffed up; futile.
**VAIVÉM**, s. m. Battering-ram; sway.
**VALA**, s. f. Ditch; gutter; drain.
**VALADO**, s. m. Fence, hedgerow, hedge.
**VALE**, s. m. Valley, a long depression or tract of lowland between ranges of hills; advance of money; promissory note.
**VALÊNCIA**, s. f. (Quím.) Valence.
**VALENTÃO**, adj. Bragging; valiant.
**VALENTE**, adj. Brave, courageous; s. m. valiant, a brave and corageous person.
**VALENTIA**, s. f. Valiancy, bravery; valor.
**VALER**, v. t. To be valuable; to be equivalent to; to mean; v. i. to be worth, to bear a certain price; to be in favor; to have influence; to be current; to help; to protect, v. p. to employ; to have recourse to.
**VALERIANA**, s. f. (Bot.) Valerian.
**VALETA**, s. f. Gutter; gully.
**VALETE**, s. m. Knave (at cards playing).
**VALETUDINÁRIO**, adj. Valetudinarian; sickly, weakly; infirm.
**VALIA**, s. f. Value; credit; favor.
**VALIDADE**, s. f. Validity; quality.

**VALIDAR**, v. t. To validate, to make valid; to give legal force to; to substantiate.
**VÁLIDO**, adj. Valid, efficacious; legal.
**VALIOSO**, adj. Valuable; important.
**VALOR**, s. m. Value, the worth of a thing; real worth; distinctive quality; price; valor, valour; personal bravery; courage; (Mús.) value, the relative length of a tone or note.
**VALORIZAÇÃO**, s. f. Valuation, appraisal.
**VALORIZAR**, v. t. To valorize, to determine prices or the price; to give the value.
**VALOROSO**, adj. Valorous, brave, intrepid.
**VALQUÍRIA**, s. f. Valkyrie.
**VALSA**, s. f. Waltz.
**VALSAR**, v. i. To waltz, to dance waltz.
**VALVA**, s. f. (Zool., Bot.) Valve; valva.
**VÁLVULA**, s. f. Valve, kind of decive for controlling the passage of liquid; (Anat.) valve.
**VAMPIRISMO**, s. m. Vampirism.
**VAMPIRO**, s. m. Vampire; bloodsucker.
**VANÁDIO**, s. m. Vanadium.
**VANDALISMO**, s. m. Vandalism.
**VÂNDALO**, s. m. Vandal; destroyer.
**VANGLÓRIA**, s. f. Vainglory.
**VANGUARDA**, s. f. Vanguard.
**VANILINA**, s. f. Vanilin, vaniline.
**VANTAGEM**, s. f. Advantage; gain; profit.
**VANTAJOSO**, adj. Advantageous; lucrative.
**VÃO**, s. m. Vacuum, empty space; void; dormer window; adj. vain; useless; futile.
**VAPOR**, s. m. Vapor, vapour; steam; steamboat, steamer.
**VAPORAÇÃO, VAPORIZAÇÃO**, s. f. Vaporization.
**VAPORAR, VAPORIZAR**, v. t. To vaporize, to convert into vapour or vapor; to spray with a vapor.
**VAPOROSO**, adj. Vaporous, ethereal.
**VAQUEIRO**, s. m. Cowboy, cowkeeper.
**VARA**, s. f. Twig; rod; verge; jurisdiction; (fig.) punishment; correction.
**VARADA**, s. f. A blow with a rod.
**VARADO**, adj. Beached; run through.
**VARADOR**, s. m. Gauger.
**VARAL**, s. m. Thill, shaft of cart or carriage; (Bras.) wash line.
**VARANDA**, s. f. Veranda; porch; balcony.
**VARÃO**, s. m. Male; man; grown to manhood; man of respectability.
**VARAPAU**, s. m. Pole; cudgel.
**VARAR**, v. t. To beat (with a rod); to beach (a ship or boat); to drive away; to amaze; v. i. to strand; to go beyond.

**VAREJA**, s. f. Fleshfly, blowfly.
**VAREJAR**, v. t. To beat (trees) with a pole; to measure or sell by the ell; to bater down (with artillery); to search for contraband or stolen goods.
**VAREJO**, s. m. Beating down the fruit (of trees); search for contraband; retail.
**VARETA**, s. f. Ramrod.
**VARGA**, s. f. Marshy plain.
**VARIAÇÃO**, s. f. Variation; change; variety; deflection; (Mús.) variation.
**VARIADO**, adj. Varied; various; diversified.
**VARIANTE**, adj. e s. f. Variant.
**VARIAR**, v. t. To vary, to alter, to change, to modify; to make different kinds; to introduce variety into; to differ; to deviate; to rave, to be delirious; (Mús.) to vary, to embellish or modify with variations.
**VARICELA**, s. f. (Med.) Chicken-pox, varicella.
**VARICOCELE**, s. f. (Med.) Varicocele.
**VARIEDADE**, s. f. Variety; quality of being various or varied; variation, diversity.
**VARIEGAÇÃO**, s. f. Variegation.
**VARIEGAR**, v. t. To variegate, to mark with many different colors; to introduce variety into; to diversify.
**VÁRIO**, adj. Various; different; inconstant; fickle; divers; manysided; several.
**VARÍOLA**, adj. Smallpox, variola.
**VARIZ**, s. f. Varix, varicosity.
**VARONIL**, adj. Manly; courageous.
**VARONILIDADE**, s. f. Virility; manhood.
**VARREDELA, VARREDURA**, s. f. Sweeping.
**VARRER**, v. t. To sweep; to brush; to destroy; v. p. to be forgotten; to dissipate.
**VÁRZEA**, s. f. Tilled plain; plain level.
**VASA**, s. f. Ooze; mud; slime.
**VASCA**, s. f. Convulsion; qualm; nausea.
**VASCOLEJAR**, v. i. To agitate, to shake (a liquid); to excite; to disturb.
**VASCULAR**, adj. (Anat.) Vascular.
**VASCULHAR**, v. t. To sweep the dust, cobwebe, etc. from wall; to make search in; to search, to comb.
**VASELINA**, s. f. Vaseline.
**VASILHA**, s. f. Vessel; cask.
**VASILHAME**, s. m. Set of casks.
**VASO**, s. m. Vessel; vase; flower-pot; vessel; ship; vein; duct.
**VASSALAGEM**, s. f. Vassalage; dependence.
**VASSALAR**, v. t. To vassal, to treat as, or reduce to a state of a vassal.

**VASSALO**, s. m. Vassal, dependant; subject.
**VASSOURA**, s. f. Broom.
**VASTIDÃO**, s. f. Vastness; immensity.
**VASTO**, adj. Vast; great; immense; huge.
**VATE**, s. m. A bard, a poet.
**VATICANO**, s. m. Vatican.
**VATICINAÇÃO**, s. f. Vatication; prophecy.
**VATICINAR**, v. t. To vaticinate, to foretell.
**VÁTIO**, s. m. Watt.
**VAU**, s. m. Ford, a place where a river or other water may be crossed by wading.
**VAZA**, s. f. Trick (in card playing, the cards played in one round).
**VAZAMENTO**, s. m. Draining; emptying; outflow; spilling; leakage; carving; casting.
**VAZANTE**, s. f. Reflux of tide; ebb.
**VAZAR**, v. t. To empty; to spill; to pour out; to carve; to chisel; to hollow out; to put out (an eye); to melt; to cast; to found; to flow into; to discharge; v. i. to leak; to run; to drip; to ooze; to seep; to flow out; to ebb.
**VAZIAR**, v. t. To empty; v. i. to manure (the horse).
**VAZIO**, s. m. Void; vacuum; empty space; blank; adj. empty; void; vacant; vain.
**VEADO**, s. m. Hart, stag, the male red deer.
**VECTOR**, s. m. Vector.
**VEDAÇÃO**, s. f. Fencing, fence, barrier.
**VEDAR**, v. t. To forbid; to bar; to obstruct; to prohibit; to disallow; to stop; to block; to hinder; to check; to close; to shut; to seal; to calk; to pack; to puddle; v. i. to stanch; to stop flowing; to obstruct.
**VEDETA**, s. f. Vedette, a mounted sentinel; theater star.
**VEDETE**, s. f. Distinguished star (specially in cinema or theatre).
**VEDOR**, s. m. Overseer; controller; inspector; spring-finder.
**VEEMÊNCIA**, s. f. Vehemence; intensity.
**VEEMENTE**, adj. Vehement; impetuous; intense; very ardent; passionate.
**VEGETAÇÃO**, s. f. Vegetation, act or process of vegetation, or growing as a plant does; vegetable growth, development; inert existence; a monotonous life removed from the stimulation of social contacts; dull and stagnant life.
**VEGETAL**, adj. Vegetable, of or relating of plants; of the nature of a plant; s. m. vegetable.
**VEGETALISMO, VEGETARIANISMO**, s. m. Vegetarianism.

**VEGEJANTE, VEGETATIVO**, adj. Vegetant, vegetating.
**VEGETAR**, v. i. To vegetate, to grow in the manner of plants; to lead a passive existence, without initiative or exertion of body or mind; to do little but eat and grow.
**VEGETARIANO, VEGETARISTA**, s. m. e adj., s. 2 gên. Vegetarian.
**VEIA**, s. f. (Anat.) Vein, one of the tubular branching vessels that carry the blood back to the heart; a streak or wavy band or line appearing in wood, marble, etc.; strain; (Bot.) vein, one of the vascular bundles forming the framework of fibrous tissue of a leaf.
**VEICULAR**, adj. Vehicular.
**VEÍCULO**, s. m. Vehicle, carriage, car, truck; anything used as means of carrying persons or objects.
**VEIO**, s. m. Vein, a fissure in rock filled with mineral matter; seam; spindle; shaft.
**VELA**, s. f. Sail; sailing vessel; the surface of the arm of a windmill; candle; sentinel; watching.
**VELADURA**, s. f. Watching; veiling.
**VELAME, VELÂMEN**, s. m. Set of sails; disguise.
**VELAR**, v. t. To veil; to hide; to conceal; to disguise; to take care; to keep vigil.
**VELEAR**, v. t. To equip or furnish with sail.
**VELEIDADE**, s. f. Velleity; a faint hope; desire; inclination; wish; volubility; whim.
**VELEIRO**, s. m. A sailing vessel; sailmaker; candle-maker; adj. sailing.
**VELEJAR**, v. i. To sail.
**VELETA**, s. f. Weathercock.
**VELHA**, s. f. Old woman; (fam.) mother.
**VELHACO**, s. m. Knave, rascal, rogue; adj. knavish; roguish; crafty.
**VELHARIA**, s. f. Old things; rubbish.
**VELHICE**, s. f. Old age.
**VELHO**, adj. Old; former; ancient; of long standing; s. m. old man; (Bras.) father.
**VELOCIDADE**, s. f. Velocity, speed, swiftness, rapidity; celerity.
**VELOCÍMETRO**, s. m. Speedometer; velocimeter; speed indicator.
**VELOCINO**, s. m. Fleece.
**VELOCÍPEDE**, s. m. Velocipede.
**VELÓDROMO**, s. m. Cycle racing-track.
**VELÓRIO**, s. m. Corpsewatch; vigil; wake.
**VELOSO**, adj. Downy, wooly, hairy.
**VELOZ**, adj. Swift, rapid, speedy.

**VELUDO, VELUDOSO, VELUDÍNEO,** s. m., adj. Velvet.
**VENÁBULO,** s. m. Javelin, a light spear.
**VENAL,** adj. Venal, vendible; corrupt; mercenary; saleable.
**VENALIDADE,** s. f. Venality; mecenariness.
**VENCEDOR,** s. m. Victor, winner; adj. victorious; conquering.
**VENCER,** v. t. To win; to conquer; to triumph; to vanquish; to overcome; to surmount; to succeed; to defeat; to quell; v. i. to win; to gain; to get; to make; to earn.
**VENCIDA,** s. f. Defeat; act of vanquishing.
**VENCIMENTO,** s. m. Victory, conquest; maturity (of a bill of exchange); time of falling due.
**VENCÍVEL,** adj. Conquerable, vincible.
**VENDA,** s. f. Sale, selling; market; grocery; a store where foodstuffs are sold; tavern, inn; bandage (a strip used to cover the eyes).
**VENDAGEM,** s. f. Blindfolding.
**VENDAR,** v. t. To bandage, to blindfold.
**VENDAVAL,** s. m. Storm-weather, tempest.
**VENDÁVEL, VENDÍVEL,** adj. Saleable.
**VENDEDOR,** s. m. Seller; salesman; trader.
**VENDEIRO,** s. m. Innkeeper; grocer, a dealer in foodstuffs.
**VENDER,** v. t. To sell; to deal in; to transfer in return for money; to betray; to denounce; v. i. to sell, to sell goods; to be sold; to find buyers.
**VENDIDO,** adj. Sold; betrayed.
**VENDILHÃO,** s. m. A pedlar or peddler.
**VENEFÍCIO,** s. m. Poisoning.
**VENENÍFERO,** adj. Veneniferous.
**VENENO,** s. m. Poison; venom; rancor, spite.
**VENENOSO,** adj. Venomous, envenomed, poisonous, rancorous.
**VENERAÇÃO,** s. f. Veneration, respect, devotion; awe; whorship.
**VENERAR,** v. t. To venerate, to revere; to respect.
**VENERÁVEL,** adj. Venerable, reverential.
**VENÉREO,** adj. Venereal.
**VENETA,** s. f. Fancy, whim; bad humor or bad temper.
**VENEZIANA,** s. f. Venetian window, palladian window.
**VENEZIANO,** adj. e s. m. Venetian.
**VÊNIA,** s. f. Permission, forgiveness; excuse.
**VENIAL,** adj. Venial, trivial.
**VENOSO,** adj. Veiny; venous; venose.

**VENTA,** s. f. Nostril; nose.
**VENTANEAR,** v. t. To air, to ventilate; v. i. to blow hard.
**VENTANIA,** s. f. High wind.
**VENTAR,** v. i. To blow.
**VENTAROLA,** s. f. A kind of fan.
**VENTILAÇÃO,** s. f. Ventilation, circulation of air; free and open discussion; publicity.
**VENTILADO,** adj. Ventilated; aerated; airy.
**VENTILADOR,** s. m. Ventilator.
**VENTILAR,** v. t. To ventilate, to cause fresh air to circulate through (a room, etc.); to give air to; to make public; to discuss freely.
**VENTO,** s. m. Wind, a movement of air; a breeze; tempest; gas or air generated in the stomach or bowels.
**VENTOINHA,** s. f. Weathercock, a vane that turns with the wind to show the wind's direction; (fig.) a fickle or incostant person.
**VENTOSA,** s. f. Cupping-glass.
**VENTOSO,** adj. Windy; vain, inflated.
**VENTRAL,** adj. Ventral.
**VENTRE,** s. m. Venter; belly; abdomen.
**VENTRICULAR,** adj. Ventricular.
**VENTRÍCULO,** s. m. Ventricle.
**VENTRILOQUIA,** s. f. Ventriloquism.
**VENTRUDO,** adj. Pot-bellied.
**VENTURA,** s. f. Venture, fortune, chance; contingency; luck; hazard; risk.
**VENTUROSO,** adj. Fortunate, lucky, risky, venturesome.
**VÊNUS,** s. f. Venus.
**VER,** v. t. To see; to behold; to descry; to glimpse; to comtemplate; to look at; to perceive; to notice; to observe; to distinguish; to witness; to understand; to conceive; to regard; to consider; to envisage; to ascertain; to visit; to call on; to take care of; to attend to; v. i. to see.
**VERACIDADE,** s. f. Veracity; truthfulness.
**VERANEAR,** v. t. To summer, to pass the summer.
**VERANEIO,** s. m. Summer holidays.
**VERÃO,** s. m. Summer, the warmest period of the year.
**VERAS,** s. f. pl. Truth, reality.
**VERAZ,** adj. Veracious, truthful.
**VERBA,** s. f. Item; sum; an article of a law, will, etc.; a quantity.
**VERBAL,** adj. Veral, oral.
**VERBALIZAR,** v. t. To verbalize, to make verbal.
**VERBALMENTE,** adv. Verbally.

**VERBENA**, s. f. (Bot.) Vervain.
**VERBERAÇÃO**, s. f. Verberation.
**VERBERADOR**, s. m. Reprover; adj. verberating.
**VERBERAR**, v. t. To verberate; to strike; to reprove; to beat.
**VERBETE**, s. m. Note, annotation; entry; meaning, the connection of a word or phrase; the intension of a term.
**VERBO**, s. m. (Gram.) Verb, a word which predicates or affirms something; a word; a vocable.
**VERBORRÉIA**, **VERBOSIDADE**, s. f. Verbosity.
**VERDADE**, s. f. Truth, verity; reality; veracity; honesty; sincerity; truthfulness.
**VERDADEIRO**, adj. True, faithful; loyal; veracious; veritable; real; genuine.
**VERDASCAR**, v. t. To switch, to whip with a switch.
**VERDE**, adj. Green colored; green; fresh; having a sickly color; not ripe; not seasoned; inexperienced; s. m. green; something of a green color.
**VERDEJAR**, v. i. To green; to get a greenish color.
**VERDOR**, s. m. Verdure, greenness of the vegetation; green color; (fig.) freshness.
**VERDUGO**, s. m. Hangman; small knife.
**VERDURA**, s. f. Verdure; green vegetation; vegetables; (fig.) inexperience; vigor.
**VEREAÇÃO**, s. f. Town council; comon-council.
**VEREADOR**, s. m. Councilman, councillor.
**VEREDA**, s. f. Footpath.
**VEREDICTO**, s. m. Veredict, the answer of a jury given to the court; decision, judgment; opinion pronounced.
**VERGA**, s. f. Switch; yard (of a ship).
**VERGALHÃO**, s. m. Iron bar or beam.
**VERGALHAR**, v. t. To whip, to scourge, to beat.
**VERGAME**, s. m. Yards (of a ship).
**VERGÃO**, s. m. Wale, a streak mad on the skin by a rod or whip.
**VERGAR**, v. t. e i. To curve, to bend; (fig.) to subdue; to abase; to humble oneself.
**VERGASTADA**, s. f. A blow with a switch.
**VERGASTAR**, v. t. To switch, to lash, to flagellate, to cudgel.
**VERGEL**, s. m. Orchard; fruit-garden.
**VERGONHA**, s. f. Shame; modesty; descency; decorum; confusion; blush.

**VERGONHOSO**, adj. Shameful; bashful; shy.
**VERGÔNTEA**, s. f. Offspring; sprout.
**VERGONTEAR**, v. t. To shoot forth; to sprout.
**VERÍDICO**, adj. Verifical, veridic, truthful; veracious.
**VERIFICAÇÃO**, s. f. Verification; the act or state of being verified; confirmation by evidence.
**VERIFICAR**, v. t. To verify; to ascertain; to check; to find out.
**VERIFICÁVEL**, adj. Verifiable.
**VERME**, s. m. Worm; tapeworm.
**VERMELHÃO**, s. f. Vermilion; redness.
**VERMELHAR**, v. t. e i. To redden, to make or become red or reddish.
**VERMELHIDÃO**, s. f. Redness, blush.
**VERMELHO**, adj. Red, of the color red; revolutionary in politics; s. m. red, the red color; any pigment or dye which colors red; a revolutionary; socialist.
**VERMICIDA**, adj. Vermicidal; s. m. vermicide.
**VERMICULAR**, adj. Vermiculous, vermicular.
**VERMÍCULO**, s. m. Vermicule, a small worm.
**VERMÍFUGO**, adj. e s. m. Vermifuge.
**VERMINOSE**, s. f. Verminosis; infestation or disease caused by parasitic worms.
**VERMUTE**, s. m. Vermouth.
**VERNAÇÃO**, s. f. (Bot.) Vernatio, the disposition or method of arrangement of foliage leaves within the bud.
**VERNÁCULO**, adj. e s. m. Vernacular.
**VERNAL**, adj. Vernal, of or pertaining to the spring; appearing in the spring.
**VERNIZ**, s. m. Varnish, the covering or coating given by the application of varnish; (fig.) an artificial coverig to give a fair appearance to any act or conduct; outside show; gloss.
**VERNO**, adj. Vernal.
**VERO**, adj. True, veritable.
**VEROSSÍMIL**, adj. Verisimilar, having the appearance of truth; probable; likely.
**VERRUGA**, s. f. A wart, a small hard tumor on the skin; a hard growth or protuberance on plants.
**VERRUGOSO**, **VERRUGUENTO**, adj. Warted, warty.
**VERRUMA**, s. f. Drill, a boring tool.
**VERRUMAR**, v. t. To drill; to perforate; to pierce; to torture, to harras; to afflict.
**VERSADO**, adj. Versed, conversant; skilled; practised.
**VERSAL**, s. m. Capital letter.

**VERSÃO**, s. f. Version; translation.
**VERSAR**, v. t. To version, to make a version or translation.
**VERSÁTIL**, adj. Versatile, variable, changeable; unsteady; inconstant.
**VERSATILIDADE**, s. f. Versatility; versatileness.
**VERSEJADOR**, s. m. Poetaster; versifier.
**VERSEJAR, VERSIFICAR**, v. i. To versify; to compose verses.
**VERSICOLOR**, adj. Versicolored.
**VERSÍCULO**, s. m. Versicle.
**VERSIFICAÇÃO**, s. f. Versification.
**VERSO**, s. m. Verse; stanza; versification; poetry; reverse; back of a coin.
**VÉRTEBRA**, s. f. Vertebra.
**VERTEBRADO**, adj. Vertebrate, vertebrated; s. m. (Zool.) vertebrate; pl. vertebrata.
**VERTEDURA**, s. f. Spilling; overmeasure.
**VERTENTE**, s. f. Watershed.
**VERTER**, v. t. To spill; to shed; to turn into; to translate; v. i. to leak; to overflow.
**VERTICAL**, adj. Vertical; perpendicular; s.m. the vertical, the vertical line.
**VÉRTICE**, s. m. Vertex; culmination; top; summit; apex.
**VERTICILADO**, adj. (Bot.) Verticillate; verticillated.
**VERTICILO**, s. m. (Bot.) Verticil.
**VERTIGEM**, s. f. (Med.) Vertigo, dizziness; giddiness; faint.
**VERTIGINOSO**, adj. Vertiginous, dizzy, rotary, giddy; revolving.
**VERVE**, s. f. Verve, vivacity of imagination; enthusiasm; spirit.
**VESANIA**, s. f. (Med.) Vesania, insanity.
**VESGO**, adj. Squinting; squint-eyed; cross-eyed; strabismic; strabisma; cock-eyed.
**VESICAÇÃO**, s. f. (Med.) Vesication.
**VESICAR**, v. t. To vesicate, to blister.
**VESICATÓRIO**, adj. (Med.) Vesicatory.
**VESÍCULA**, s. f. Vesicle.
**VESPA**, s. f. Wasp, an insect related to the bees.
**VESPÃO**, s. m. Hornet, a large wasp.
**VESPEIRO**, s. m. A wasp's net.
**VÉSPER**, s. m. Vesper; (fig.) the West.
**VÉSPERA**, s. f. Eve, the period immediately preceding ome important event; evening.
**VESPERAL**, adj. Vesperal, relating to the evening; s. m. vesperal, a book containing the office and music for vespers; a concert or show that takes place in the afternoon.
**VESPERTINO**, adj. Vespertine, vespertinal; s. m. evening paper.
**VESTE**, s. f. Clothes; vest.
**VESTEL**, s. m. Vestal; a virgin; a woman pure and chaste; adj. vestal.
**VÉSTIA**, s. f. Vest, a kind of jacket; (Bras.) leather coat used by the cowherds.
**VESTIÁRIO**, s. m. Vestry; wardrobe; a repository of clothes or vestments.
**VESTIBULAR**, adj. Vestibular.
**VESTÍBULO**, s. m. Vestibule, hail, lobby; (Anat.) vestibule, any of various cativies or fossae.
**VESTIDO**, s. m. Dress; clothes; garment; gown; vestment; adj. Dressed; covered.
**VESTIDURA**, s. f. Clothes, garments.
**VESTÍGIO**, s. m. Vestige, a track; streak; footprint; a trace, sign, or mark left by something; remains; (Biol.) vestige.
**VESTIMENTA**, s. f. Vestiment, dress.
**VESTIR**, v. t. To dress; to clothe; to array; to attire; to apparel; to don; to wear; to cover; to protect; to tailor; to make clothes for; to adorn; to deck; to embellish; to color; to dye; to put on (gloves, socks, etc.).
**VESTUÁRIO**, s. m. Clothes, covering for the human body, apparel.
**VETAR**, v. t. To veto, to prohibit; to refuse to admit or approve; to refuse assent to.
**VETERANO**, adj. e s. m. Veteran.
**VETERINÁRIA**, s. f. The veterinary science.
**VETERINÁRIO**, s. m. Veterinary, veterinarian, veterinary surgeon; adj. veterinary.
**VETO**, s. m. Veto, an authoritative prohibition or negative; interdiction.
**VETOR**, s. m. Vetor.
**VETUSTO**, adj. Vetust, venerable from antiquity; ancient; old.
**VÉU**, s. m. Veil, a nun's veil; (fig.) a cover.
**VEXAÇÃO, VEXAME**, s. f., s. m. Vexation, chagrin, mortification; trouble.
**VEXADO**, adj. Vexed; chagrined; annoyed.
**VEXAR**, v. t. To vex, to harass, to trouble; to humiliate; to disturb.
**VEXATIVO, VEXATÓRIO**, adj. Vexatious; afflictive; disturbed; full of vexation.
**VEZ**, s. f. Time; turn; opportunity; occasion; share.
**VEZAR**, v. t. To accustom, to habituate.
**VEZEIRO**, adj. Accustomed, habituated.
**VIA**, s. f. Way, road; street; direction; means; course; passage; via; copy; duplicate; (Anat.) via, a passage.

**VIABILIDADE,** s. f. Viability.
**VIAÇÃO,** s. f. Network of roads.
**VIADUTO,** s. m. Viaduct, a bridge.
**VIAGEM,** s. f. Voyage; trip, journey; tour; travel; travelling.
**VIAJANTE,** adj. Travelling; s. m. traveller; passenger.
**VIAJAR,** v. t. To travel, to journey to a distance place; to take a trip.
**VIANDA,** s. f. Viand; food; meat.
**VIANDAR,** v. t. To walk, to go on foot; to travel.
**VIÁTICO,** s. m. Viaticum, travelling money or supplies for a journey; the Eucharist administered to a person in danger of death.
**VIATURA,** s. f. Vehicle; means of transport.
**VIÁVEL,** adj. Viable, capable of living; practible; feasible; accomplishable.
**VÍBORA,** s. f. (Zool.) Viper, a kind of snake; (fig.) a treacherous or malignant person.
**VIBORDO,** s. m. (Náut.) Waist (of a ship).
**VIBRAÇÃO,** s. f. Vibration; oscillation; trembling motion; a quiver.
**VIBRANTE,** adj. Vibrating.
**VIBRAR,** v. t. To vibrate, to swing to and for; to set in vibration; to oscillate; v. i. to vibrate, to be in vibration; to thrill; to produce a quivering effect or sound.
**VIBRÁTIL,** adj. Vibratile.
**VIBRATÓRIO,** adj. Vibratory.
**VIBURNO,** s. m. (Bot.) Viburnum.
**VICARIATO,** s. m. Vicariate, the office, authority, or jurisdiction of a vicar; vicarship.
**VICE-ALMIRANTE,** s. m. Vice-admiral.
**VICE-CHANCELER,** s. m. Vice-chancellor.
**VICE-CONSUL,** s. m. Vice-consul.
**VICE-GOVERNADOR,** s. m. Deputy governor; vice-governor.
**VICEJANTE,** adj. Exuberant, luxuriant.
**VICEJAR,** v. i. To grow luxuriant; to bloom; to shine.
**VICE-PRESIDENTE,** s. m. Vice-president.
**VICE-REI,** s. m. Viceroy.
**VICE-VERSA,** adv. Vice-versa; conversely.
**VICIAÇÃO,** s. f. Vitiation; corruption.
**VICIAR,** v. t. To addict; to corrupt; to pervert; to vitiate; to invalidate; to adulterate; to falcify.
**VICINAL,** adj. Vicinal, neighboring, neighbor; adjacente; near-by.
**VÍCIO,** s. m. Vice, immoral conduct or habit; depravity; corruption; a physical defect or deformity; hobby.
**VICIOSO,** adj. Vicious, corrupt, depraved; defective; faulty; imperfect; impure.
**VICISSITUDE,** s. f. Vicissitude, irregular change; changes of fortune, condition, etc.
**VIÇO,** s. m. Bloom, blossom, flower; vigor and freshness.
**VICUNHA,** s. f. Vicuna, vicuna cloth; (Zool.) vicuna, a wild ruminant of the Andes.
**VIDA,** s. f. Life, conscious existence; the vibration of existence of an animal or plant; existence; lifetime; livelihood; a person; living beings collectively; a biography; animation; vivacity; spirit; way of living; vine twig or shoot; grape-vine; vine branch.
**VIDEIRA,** s. f. Grape-vine; vine.
**VIDENTE,** s. 2 gên. Seer, foreteller.
**VIDRAÇA,** s. f. Window-glass; window; window-pane.
**VIDRADO,** adj. Glazed; dim.
**VIDRAR,** v. t. To glaze, to cover with vitreous substance; (fig.) to dim; v. o. to glaze, to grow dim.
**VIDRARIA,** s. f. Glass-making; glass-work; glass-shop.
**VIDRENTO, VIDROSO,** adj. Vitreous, glassy.
**VIDRO,** s. m. Glass; window-pane; a small bottle.
**VIELA,** s. f. Lane; narrow street; any narrow way or track; (Mús.) vielle.
**VIGA,** s. f. Beam; girder.
**VIGAMENTO,** s. m. The beams of a building; carpenter's work; framework.
**VIGÁRIO,** s. m. Vicar; curate.
**VIGARISTA,** s. 2 gên. Swindler; confidence man or woman.
**VIGÊNCIA,** s. f. Time when a law, etc. is in force.
**VIGENTE,** adj. In force, in vigor.
**VIGÉSIMO,** num. Twentieth.
**VIGIA,** s. f. Watching; watch; vigilance; sentinel; watch-box; hole-peeper.
**VIGIAR,** v. t. To watch; to look out for; to spy; to observe; to keep vigil; to keep under observation; to watch for; to vigil.
**VIGILANTE,** adj. Vigilant, watchful; wakeful; attentive; observant; cautious; wary.
**VIGÍLIA,** s. f. Vigil, watching, wakefulness; vigilance; lucubration; the eve of a least.
**VIGOR,** s. m. Vigor; potency; energy; strength or force in animal or vegetal nature; power; effective legal status; validity.
**VIGORAR,** v. t. To vigor; to invigorate; v. i. to grow vigorous; to be in force.

**VIGOROSO**, adj. Vigorous; forceful; energetic; potent; effective; vehement.
**VIGOTA**, s. f. Small beam.
**VIL**, adj. Vile, mean; abject; base; villainous.
**VILA**, s. f. Country-town; country-house; villa, pretentious rural residence.
**VILANIA**, s. f. Villainy; a deed of deep depravity; meanness.
**VILÃO**, s. m. Villain, Knave, rascal; boor.
**VILAREJO**, s. m. Group of houses (gener, in the country); thorp; hamlet.
**VILEGIATURA**, s. f. Villegiatura, stay or sojourn at a villa, or country.
**VILEZA**, s. f. Vileness, meanness, baseness.
**VILIFICAR**, v. t. To vilify, to debase.
**VILIPENDIAR**, v. t. To vilify, to defame, to debase, to revile.
**VILIPÊNDIO**, s. m. Contempt; disdain.
**VIME**, s. m. Osier; osier twig.
**VINÁCEO**, adj. Vinaceous.
**VINAGEM**, s. f. Vinification; wine-making.
**VINAGRAR**, v. t. To vinegar, to make into vinegar; to treat with vinegar; to apply vinegar to.
**VINAGRE**, s. m. Vinegar.
**VINÁRIO**, adj. Vinous.
**VINCAR**, v. t. To crease; to fold; to plait.
**VINCO**, s. m. Crease, fold, plait; wale, a ridge raised on the skin by a blow.
**VINCULAR**, v. t. To entail, to settle (property) inalienably on a person and his descendants; to bind; to vinculate; to tie; adj. entailling.
**VÍNCULO**, s. m. Vinculum; a tie; link; entail; entailment.
**VINDA**, s. f. Arrival, coming.
**VINDICAÇÃO**, s. f. Vindication; defense; justification against denial.
**VINDICAR**, v. t. To vindicate, to sustain; to justify; to maintain; to defend; to lay claim to; to assert a right; to claim.
**VINDÍCIA**, s. f. Vindictive, act of vengeance.
**VINDIMA**, s. f. Vintage, time of gathering the crop of grapes; act of making the wine for the season, crop of wine.
**VINDIMAR**, v. t. To vintage, to gather grapes.
**VINDITA**, s. f. Vindicta; vengeance; chatisement.
**VINDO**, adj. Come, arrived.
**VINDOURO**, adj. Future, coming.
**VÍNEO**, adj. Vinous.
**VINGADOR**, adj. Vindictive; s. m. avenger; revenger.

**VINGANÇA**, s. f. Vengeance, revenge.
**VINGAR**, v. t. To avenge; to revenge; to gain; to attain; to reach; to succeed in; v. i. to succeed; to prosper; to flourish; to thrive.
**VINGATIVO**, adj. Vindictive, revengeful.
**VINHA, VINHAGO, VINHAL, VINHEDO**, s. f, s. m., Vineyard.
**VINHÁCEO**, adj. Winy.
**VINHATEIRO**, s. m. Viniculturist; vine-dresser; wine-grower.
**VINHETA**, s. f. Vignette, a relatively small decorative design or illustration put just before the title page.
**VINHO**, s. m. Wine.
**VINÍCULA**, adj. Wine-growing, vinicultural.
**VINIFICAÇÃO**, s. f. Vinification.
**VINIFICAR**, v. t. To convert (grapes) into wine.
**VINOLÊNCIA**, s. f. Vinosity; addiction to wine.
**VINOLENTO**, adj. Vinous, given to wine, affected by wine.
**VINOSO**, adj. Vinous, producing by wine; having the qualities of wine; of the color of wine.
**VINTE**, num. Twenty.
**VINTÉM**, s. m. Vintem, an obsolete Portuguese coin of 20 reis.
**VINTENA**, s. f. Score; the twentieth part.
**VIOLA**, s. f. Viol; viola.
**VIOLAÇÃO**, s. f. Violation; transgression; infringement; profanation; ravishment.
**VIOLÁCEO**, adj. Violaceous.
**VIOLADO**, adj. Violated; broken; defiled; deflowered; profaned.
**VIOLÃO**, s. m. A viol; guitar.
**VIOLAR**, v. t. To violate, to transgress; to break or disregard; to commit rape on; to outrage; to profane; to injure by violence; to abuse; to mistreat.
**VIOLÊNCIA**, s. f. Violence, exertion of physical force; profanation; intensity; ardor.
**VIOLENTAR**, v. t. To force, to violate, to do violence; to commit rape on.
**VIOLENTO**, adj. Violent, impectuous; forced.
**VIOLETA**, s. f. (Bot.) Violet, common purple; any of the colors resembling violet.
**VIOLINO**, s. m. Violin.
**VIOLONCELO**, s. m. Violoncello.
**VIPERINA**, s. f. (Bot.) Viper's bugloss.
**VIPERINO**, adj. Viperine, viperish.
**VIR**, v. i. To come, to arrive; to appear; to reach; to proceed; to happen; to occur; to

to come back; to return; to descend; to take place; to issue; to be attainable.
**VIRA,** s. f. Welt (of a shoe).
**VIRABREQUIM,** s. m. Crankshaft.
**VIRAÇÃO,** s. f. Breese.
**VIRADO,** adj. Turned; inside out; upside down; naughty; mischievous.
**VIRAGO,** s. f. Virago, a woman with masculine qualities of body and mind.
**VIRALATA,** s. m. e f. (Bras.) Mutt; mongrel; street dog; (fig.) vagabond; bum.
**VIRAR,** v. t. To turn; to reverse; to invert; to empty; to void; to change (the direction of); to transmute; to cause to revolve or rotate; to upset (the stomach); to pour by turning; to whirl or wheel; to turn against.
**VIRAVOLTA,** s. f. Circular motion; somersault; (fig.) vicissitude.
**VIRENTE,** adj. Verdant; green; (fig.) fortunate; flourishing; prosperous.
**VIRGA,** s. f. Rod.
**VIRGEM,** s. f. A virgin; maid; the Holy Virgin; adj. virgin, pure; chaste; modest.
**VIRGINAL, VIRGÍNEO,** adj. Virginal.
**VIRGINDADE,** s. f. Virginity.
**VÍRGULA,** s. f. Comma, a punctuation mark.
**VIRIL,** adj. Virile, manly.
**VIRILHA,** s. f. Groin.
**VIRILIDADE,** s. f. Virility; manly vigor; power or force; masculinity.
**VIRIPOTENTE,** adj. Viripotent, marriageabe.
**VIROLA,** s. f. Virola, ferrule.
**VIROTE,** s. m. Small arrow.
**VIRTUAL,** adj. Virtual.
**VIRTUALIDADE,** s. f. Virtuality; potentiality; potencial existence.
**VIRTUDE,** s. f. Virtue, moral excellence; morality; efficacy; active power to accomplish a given effect; rectitude.
**VIRTUOSE,** s. m. e f. Virtuoso (esp. mus.).
**VIRTUOSO,** adj. Virtuous; pure; s. m. virtuoso; a person who shows great skill in the practice of fine arts.
**VIRULÊNCIA,** s. f. Virulency, virulence, venomousness; (fig.) bitterness of temper.
**VIRULENTO,** adj. Virulent; poisonous; malignant; infectious; noxious.
**VIRUS,** s. m. Virus.
**VISAGEM,** s. f. Visage; appearance; vision.
**VISÃO,** s. f. Sight, the power of seeing; a view, a spectacle; vision; ghost.
**VISAR,** v. t. To aim at; to point or direct (a weapon or missile) toward and object; to direct one's efforts at some purpose; v. i. to aim at; to have in view; to aspire.
**VISCERAL, VISCEROSO,** adj. Visceral.
**VÍSCERAS,** s. f. pl. Viscera, the internal organs of the body or trunk.
**VISCO,** s. m. (Bot.) Mistletoe, birdlime; (fig.) allurement, enticement.
**VISCONDE,** s. m. Viscount, a nobleman.
**VISCONDESSA,** s. f. Viscontless, a viscount's wife.
**VISCOSIDADE,** s. f. Viscosity.
**VISCOSO, VISGUENTO,** adj. Viscous, sticky.
**VISEIRA,** s. f. Visor, vizor, the projecting forepiece of a cap, to protect the eyes.
**VISIBILIDADE,** s. f. Visibility, quality, state or degree of being visible.
**VISIGODO,** s. m. Visigoth.
**VISIONAR,** v. t. To vision, to see as in a vision; v. i. to have visions.
**VISITA,** s. f. Visit, a visiting, a call; a stay as a guest; a formal or professional.
**VISITADOR,** adj. Visiting, visitant, inspecting; s. m. visitor; caller; inspector.
**VISITAR,** v. t. To visit, to call upon; to make a visit; to go or come to see; to dwell with for a time, as guest.
**VISÍVEL,** adj. Visible; discernible; obvious.
**VISLUMBRAR,** v. t. To glimmer, to shine faintly; to catch a glimpse or a sight of.
**VISLUMBRE,** s. m. Glimmer; faint light; light resemblance.
**VISO,** s. m. Sight; aspect; visage; glimmer; sign.
**VISTA,** s. f. Sight; the power of seeing; the eyes; the organ of vision; a look; glance; the range of view; a view; spectable; inspection; picture; drawing; intention, design; purpose.
**VISTO,** adj. Seen; examined; known, respected, s. m. vise or visa, a signature of approval on a document.
**VISTORIA,** s. f. Inspection; assessment; survey; valuation.
**VISTORIAR,** v. t. To survey, to inspect.
**VISTOSO,** adj. Striking, showy; ostentious.
**VISUAL,** adj. Visual.
**VISUALIDADE,** s. f. Visuality, visibility; mental image or picture.
**VISUALIZAR,** v. t. e i. To visualize.
**VISUALMENTE,** adv. Visually.
**VITAL,** adj. Vital, live, animate; indispensable; imperative.
**VITALÍCIO,** adj. Vital; lifelong.

**VITALIDADE,** s. f. Vitality, vital force or animation; animation, vigor; liveliness.
**VITALIZAR,** v. t. To vitalize, to endow with life or vitality; to give life to; to make alive.
**VITAMINA,** s. f. Vitamin.
**VITELA,** s. f. Heifer; veal, calf's flesh; calf.
**VITELO,** s. m. Calf.
**VITICULTOR,** s. m. Viticulturist; wine-grower.
**VÍTIMA,** s. f. Victim, a person injured, destroyed or sacrificed.
**VITIMAR,** v. t. To victimize, to make a victim of.
**VITÓRIA,** s. f. Victory; success; conquest; triumph; victoria, a four-wheeled carriage.
**VITORIAR,** v. t. To applaud; to laud.
**VITÓRIA-RÉGIA,** s. f. (Bot. Bras.) Victoria.
**VITORIOSO,** adj. Victorious; conquering; being a victor; winning.
**VITRAL,** s. m. Stained glass-window.
**VÍTREO,** adj. Vitreous; glassy.
**VITRIFICAÇÃO,** s. f. Vitrification; vitrifaction.
**VITRIFICAR,** v. t. e i. To vitrify; to become glass or glasslike.
**VITRINA,** s. f. Shop-window; shop-case.
**VITRIOLADO,** adj. Vitriolated.
**VITRIOLIZAÇÃO,** s. f. Vitriolization.
**VITRIOLIZAR,** v. t. To vitriolize, to vitriolate, to convert into a vitriol.
**VITRÍOLO,** s. m. Vitriol, a sulphate of any of various metals.
**VITROLA,** s. f. Victrola; phonograph.
**VITUPERAÇÃO,** s. f. Vituperation; wordy abuse; severe censure.
**VITUPERAR,** v. t. To vituperate, to abuse in words; to censure severely; to use abusive words.
**VITUPÉRIO,** s. m. Vituperation, severe censure.
**VIÚVA,** s. f. Widow; s. m. widower; adj. widowed; (fig.) desolate; helpless.
**VIVA,** interj. Hurrah, viva; s. m. cheer, a shout of applause; hurrah.
**VIVACIDADE,** s. f. Vivacity; vital force; tenacity of life; animation; liveliness.
**VIVALMA,** s. f. Soul alive (used only in the negative).
**VIVAZ,** adj. Vivacious, lively; long-lived.
**VIVEIRO,** s. m. Coop, a small enclosure; a pen.
**VIVÊNCIA,** s. f. Existence; way of life; habits; customs; grasp of the life experience.
**VIVENDA,** s. f. Dwelling; cottage; villa; countryhouse.

**VIVENTE,** adj. Living; s. 2 gên. living person or animal.
**VIVER,** v. t. To live; to leal; to pass; v. i. to live; to exist; to be alive; to last; to endure; to remain; to reside; to dwell; to subsist; to live on; to feed; to enjoy life.
**VÍVERES,** s. m. pl. Provisions; victuals.
**VIVEZA,** s. f. Liveliness; sagacity.
**VIVIDO,** adj. Lively, vivid.
**VIVIFICAÇÃO,** s. f. Vivification.
**VIVIFICADOR,** s. m. Vivificator; adj. vivifying.
**VIVIFICANTE,** adj. vivifying, life-giving; vivificate.
**VIVIFICAR,** v. t. To vivify, to endure with life; to animate; to make vivid; to impart life.
**VIVIPARIDADE,** s. f. Viviparity; viviparousness.
**VIVÍPARO,** adj. Viviparous, producing living young (instead of eggs); s. m. pl. vivipara.
**VIVO,** adj. Live, alive; living, lively; bright; striking; vivid; quick; s. m. living person; braid (of a garment).
**VIZINHANÇA,** s. f. Neighbourhood, neighborhood; neighbours, neighbors; nearness; vicinity; proximity.
**VIZINHAR,** v. t. To neighbour or neighbor, to be next or near to; to adjoin.
**VIZINHO,** s. m. Neighbour or neighbor, a person who lives near another; a person or thing near another; adj. neighboring or neighbouring, adjoining or adjacent.
**VIZIR,** s. m. Vizier, vizir.
**VOADOR,** adj. Flying; s. m. flier.
**VOAR,** v. i. To fly, to pass through the air with wings; to float or wave in the air; to be rapidly spent; to seem to pass rapidly; to fly aircraft; to journey over by flying; to carry by air; to soar.
**VOCABULAR,** adj. Vocabular, of or relating to the words.
**VOCABULÁRIO,** s. m. Vocabulary, a list or collection of words; a dictionary; lexicon.
**VOCÁBULO,** s. m. Vocable, a word; term; name.
**VOCAÇÃO,** s. f. Vocation; inclination; a call; the work, profession, etc., to which one feels he is called or fitted.
**VOCAL,** adj. Vocal, of or pertaining to the voice.
**VOCÁLICO,** adj. Vocalic.
**VOCALISE,** s. m. (Mús.) Vocalise, an exercise for sigers, commonly using vowels.
**VOCALISMO,** s. m. Vocalism.

**VOCALIZAR**, v. t. e i. To vocalize, to practice singing upon vowels sounds; to change into or use as a vowel.

**VOCATIVO**, adj. (Gram.) Vocative; s. m. vocative case.

**VOCÊ**, pron. pess. You.

**VOCIFERAÇÃO**, s. f. Vociferation; clamor.

**VOCIFERAR**, v. t. To vociferate, to cry out, loudly, or violently; to clamor; to utter with a loud voice; to shout out.

**VODCA**, s. f. Vodka.

**VOEJAR**, v. t. To flutter, to flicker; to flit.

**VOGA**, s. f. Vogue, fashion; usage; popularity; acceptation; stern-oar; rowing.

**VOGAL**, s. f. Vowel; s. m. voter, member of a jury; adj. vogal, vocalic.

**VOGAR**, v. i. To row; to float; to sail; to slip; to glide or slide; to be in vogue or fashion; to divulge, to spread out.

**VOLANTE**, adj. Volant, flying; passing from place to place; unsettled; s. m. fly-wheel; hand-wheel; sterring-wheel (of a car); (Bras.) an ace driver.

**VOLANTIM**, s. m. Runner, running footman; funambulist; a rope wlaker or rope dancer.

**VOLÁTIL**, adj. Volatile, gaseous; vaporous.

**VOLATILIZANTE**, adj. Volatilizing; s. m. volatilizer.

**VOLATILIZAR**, v. t. e i. To volatize, to render or become volatile; to cause to pass off in vapor.

**VÔLEI, VOLEIBOL**, s. m. Volleyball.

**VOLFRÂMIO**, s. m. Wolfram.

**VOLIÇÃO**, s. f. Volition, will; determination.

**VOLITAR**, v. i. To volitate, to flutter; to flicker.

**VOLITIVO**, adj. Volitive, pertaining to, or having the power of, will.

**VOLT**, s. m. (Eletr.) Volt, the unity of electromotive force.

**VOLTA**, s. f. Turn, turning; circuit; revolution; change; rotation; return; come back; promenade; walk; vicissitude.

**VOLTADO**, adj. Turned up: opposite.

**VOLTAGEM**, s. f. Voltage, electric potential expressed in volts.

**VOLTAICO**, adj. Voltaic.

**VOLTÂMETRO**, s. m. Voltameter.

**VOLTAR**, v. t. To turn; to revolve; to turn inside out; to persuade; to convert; to veer, v. i. to retunr; to go or to come back; to turn around.

**VOLTARETE**, s. m. Ombre.

**VOLTEADOR**, s. m. Vaulter; adj. whirling.

**VOLTEAR**, v. i. e t. To whirl; to revolve rapidly; to vault; to wave; to flick.

**VOLTEIO**, s. m. Vault, a leap over or upon something; vaulting.

**VOLTEJAR**, v. t. e i. To whirl; to revolve; to vault; to flick.

**VOLTÍMETRO**, s. m. Voltmeter.

**VOLUBILIDADE**, s. f. Volubility; inconstancy; versatility.

**VOLUME**, s. m. Volume, bulk; a mass; a book; sufficient matter to fill a book; tome; packet; corpulence; (Mús.) volume, fullness or quantity of tone.

**VOLUMÉTRICO**, adj. Volumetric.

**VOLUMOSO**, adj. Voluminous; bulky; large; sweelling.

**VOLUNTARIADO**, s. m. Voluntariate, a voluntary service; the volunteers.

**VOLUNTÁRIO**, adj. Voluntary; free; self-willed; s. m. volunteer.

**VOLUNTARIOSO**, adj. Headstrong, stubborn; self-willed.

**VOLÚPIA**, s. f. Volupty.

**VOLUPTUOSO**, adj. Voluptuous; sensuous; luxurious.

**VOLUTA**, s. f. (Arquit.) Volute, a spiral or scroll-like conformation.

**VOLÚVEL**, adj. Voluble; changeable; instable; fickle; (Bot.) voluble.

**VOLVER**, v. t. e i. To turn, to revolve; to roll; to move in some direction by turning over; to turn round; to come or go back; to turn towards.

**VOMER**, s. m. (Anat.) Vomer, a bone situated below the ethmoidal region.

**VÔMICA**, s. f. (Med.) Vomica, a cavity in the lungs, as from tuberculosis or suppuration.

**VOMITAR**, v. t. To vomit, to eject from the stomach through the mouth; to belch forth; v. i. to vomit; to throw up; to utter, to pour forth vehemently in speech.

**VÔMITO**, s. m. Vomit, contents of the stomach thrown up through the mouth; an emetic.

**VONTADE**, s. f. Will, the power or faculty of determining what one will do; rational choice; power to control or dispose of; one's own wish or desire; what is whished or decreed by another.

**VÔO**, s. m. Flying, flight; ecstasy; rapture.

**VORACIDADE**, s. f. Voracity, voraciousness, greediness.

**VORAGEM**, s. f. Vortex, whirlwind; tornado; waterspout.
**VORAGINOSO**, adj. Voraginous, devouring; eating.
**VORAZ**, adj. Voracious, greedy in eating; ravenous; insatiable; (fig.) destroying; ambitious.
**VÓRTICE**, s. m. Vortex; whirlwind.
**VOS**, pron. You.
**VÓS**, pron. pess. You.
**VOSSO**, adj. pess. Your; pron. poss. yours.
**VOTAÇÃO**, s. f. Voting.
**VOTANTE**, adj. Voting; s. 2 gên. voter.
**VOTAR**, v. t. To vote; to elect; to vow; to grant; to bestow; v. i. to vote.
**VOTIVO**, adj. Votive, given, consecrated, or promised by vow.
**VOTO**, s. m. Vote; suffrage; ballot, word, etc. used to express one's choice; the right of suffrage; a vow, solemn promise.
**VOZ**, s. f. Voice; the power of speaking; speech; utterance; expressed wish, choice or opinion; vote; suffrage; (Gram.) voice, distinction of form in a verb; (Mús.) voice, a musical sound produced by the vocal cords; the hability to sing.
**VOZEADOR**, s. m. A bawler.
**VOZEAMENTO, VOZEARIA**, s. m. Outcry; hallooing; shouting; bawling.
**VOZEAR**, v. t. To bawl; to cry out; to shout; to halloo.
**VOZEIRÃO**, s. m. A loud voice.
**VOZEIRO**, adj. Noisy, clamorous, chatty, talkative; s. m. chatter.
**VULCÂNICO**, adj. Vulcanic.
**VULCANITE**, s. f. Vulcanite.
**VULCANIZAÇÃO**, s. f. Vulcanization.
**VULCANIZAR**, v. t. To vulcanize, to subject to the process of vulcanization; (fig.) to exalt, to enthusiasm.
**VULCÃO**, s. m. Volcano, opening in earth's crust from which molten rock, steam, etc., are poured or thrown forth.
**VULGAR**, adj. Vulgar, general; common; coarse; lacking cultivation or refinement; boorish; offensive to good taste; s. m. vulgar, common language, the vernacular.
**VULGARIDADE**, s. f. Vulgarity, quality or state of being vulgar; the state of lower class of society; coarseness.
**VULGARISMO**, s. m. Vulgarism, a vulgar phrase or expression; rudeness; vulgarity.
**VULGARIZAÇÃO**, s. f. Vulgarization, a vulgarizing; a making commonly or widely known; popularization.
**VULGARIZADOR**, s. m. Vulgarizer, one who vulgarizes.
**VULGARIZAR**, v. t. To vulgarize; to cheapen; to coarsen; to divulge; to make public.
**VULGATA**, s. f. Vulgate, a Latin version of the Bible.
**VULGO**, s. m. Vulgus, vulgar people, common people; the mob; populace; adv. vulgo, commonly.
**VULNERABILIDADE, VULNERAÇÃO**, s. f. Vulnerability, vulnerableness.
**VULNERAR**, v. t. To vulnerate; to wound; to hurt.
**VULNERATIVO**, adj. Vulnerative, vulnific, causing wounds; wounding.
**VULNERÁVEL**, adj. Vulnerable.
**VULNÍFICO**, adj. Vulnific.
**VULPINO**, adj. Vulpine, fox-like; (fig.) cunning; crafty; malicious.
**VULTO**, s. m. Face, countenance; visage; image; aspect; appearance; outline; size, bulk, volume; (fig.) importance; big shot.
**VULTOSO**, adj. Bulky, of great size or bulk; voluminous.
**VULTURINO**, adj. Vulturine, belonging to vulture; vulturous.
**VURMOSO**, adj. Purulent.

# W

**W**, s. m. Former letter of the Portuguese alphabet.
**WAGNERIANO**, adj. Wagnerian.
**WAGNERIISMO**, s. m. Wagnerism.
**WATT**, s. m. Watt, a unit for measuring electric power.
**WATTÍMETRO**, s. m. Wattmeter, an instrument for measuring electric power is watts.

# X

**X**, s. m. The twenty-second letter of the alphabet; in Roman numerals, 10; (Mat.) the sign of multiplication, an unknown quantity.
**XÁ**, s. m. Shah, the title of the ruler in Persia (Iran).
**XABRAQUE**, s. m. Shabrack, saddle-cloth.
**XADREZ**, s. m. Chess, a game played; chessboard; a fabric having a pattern in squares; (Bras.) jail, prison.
**XADREZAR**, v. t. To checker, to mark with alternative squares like a checkerboard; to cheque.
**XAIREL**, s. m. Saddle-cloth; horsecloth.
**XALE**, s. m. Shawl, a cloth of various materials used as a loose outer covering for the shoulders, etc.
**XAMPU**, s. m. Shampoo.
**XANGÔ**, s. m. (Bras.) Powerful voodoo deity; voodoo rite.
**XANTEÍNA**, s. f. Xanthine, a yellow color ring matter found in madder.
**XANTELASMA, XANTELOMA**, s. f. (Med.) Xanthoma, xanthelasma.
**XÂNTICO**, adj. Xanthic.
**XANTINA**, s. f. Xanthine, a white microcrystalline nitrogenous compound.
**XANTITA**, s. f. (Miner.) Xanthite, a yellowish variety of vesuvianite.
**XANTOPSIA**, s. f. (Med.) Xanthopsia, a condition in which objects appear yellow.
**XANTUNGUE**, s. m. (Tec.) Shantung; pongee.
**XARA**, s. f. Wooden-arrow.
**XARÁ**, s. 2 gên. Namesake; s. m. a country dance.
**XARDA**, s. f. Czardas.
**XAROCO**, s. m. Sirocco.
**XAROPADA**, s. f. Syrup; (Bras.) something tedious or tiresome.
**XAROPAR**, v. i. To give syrup; to drug.
**XAROPE**, s. m. Syrup or sirup.
**XAROPOSO**, adj. Syrup-like.
**XAVECO**, s. m. Xebec, a small vessel; (Bras.) unimportant, or valueless person or thing.
**XELIM**, s. f. Shilling, a British silver coin and money of account.
**XENARTROS**, s. m. pl. (Zool.) Xernarthra, an order consisting of edentates.
**XENELASIA**, s. f. Xenelasia.
**XÊNIO**, s. m. Xenium, a present given to a guest or stranger, by ancient Greeks.
**XENOFOBIA**, s. f. Xenophobia.
**XENOMANIA**, s. f. Xenomania, a mania for foreign customs, manners, fashion, etc.
**XENÔNIO**, s. m. Xenon, a heavy, gaseous, colorless element.
**XEPA**, s. f. (Pop. mil.) Army food; mess; (gír. Bras.) chow; second-hand newspaper.
**XEQUE**, s. m. Check, sheik, the chief or an Arabian tribe, clan or family.
**XEQUE-MATE**, s. m. Checkmate; final defeat from which there is no escape.
**XERASIA**, s. f. (Med.) Xerasia, a disease of the hair characterized by dryness.
**XERETEAR**, v. t. e i. (pop. Bras.) To interfere in or with; to flatter; to cajole.
**XEREZ**, s. m. Sherry wine; black grape.
**XERIFE**, s. m. Sheriff, a high official of a shire or country.
**XEROFAGIA**, s. f. Xerophagy or xerophagia, the practice of living on a diet of dried food.
**XERÓFITA**, adj. (Bot.) Xerophyte.
**XEROFTALMIA**, s. f. (Med.) Xerophtalmia, a dry and thickened condition of the conjunctiva.
**XI**, interj. (Bras.) Gee!
**XÍCARA**, s. f. Cup; demitasse; cupful.
**XIFOFILO**, adj. (Bot.) Xiphophyllus, having sword-shaped leaves.
**XIFÓIDE, XIFÓIDEO**, s. m. Xiphoid, ensiform, like a sword.
**XIFÓPAGOS**, s. m. pl. Xiphopagus, siamese twins; adj. xhiphopagous.
**XILINDRÓ**, s. m. (gír. Bras.) Hoosegow; cooler.
**XILÓFAGO**, s. m. (Zool.) Xylophaga, a genus of marine bivalves which bore holes in wood.
**XILÓFILO**, adj. Xilophilous, found or living in wood.
**XILOFONE**, s. m. (Mús.) Xylophone.
**XILOGRAFIA**, s. f. Xilography, the art of engraving in wood.
**XILOGRAVURA**, s. f. Xilograph.
**XILÓIDE**, adj. Xiloid, resembling wood.
**XILOLOGIA**, s. f. Xilology, dendrology, treating of the structure of wood.

**XILOMANCIA**, s. f. Xilomancy, divination by means of pieces of wood.
**XINGAÇÃO, XINGAMENTO**, s. f., s. m. The act of calling names.
**XINGAR**, v. t. (Bras.) To call names.
**XINTÓ, XINTOISMO**, s. m. Shintoism, shinto, the native cult and religion of the Japanese.
**XINTOÍSTA**, j. e s. 2 gê. Shintoist.
**XISTO**, s. m. Schist, crystalline rock that splits into slates; xyst, a long and an open portico Greck.
**XISTOSO**, adj. Schistous.
**XIXI**, s. m. (pop. Bras.) Weewee.
**XOFRANGO**, s. m. Osprey; breaknones.
**XÔ**, interj. Shoo!
**XODÓ**, s. m. e f. (pop. Bras.) Sweetheart; (pop. EUA) sweetie.
**XUCRO**, adj. (Bras.) Undosmesticated; wild; rough; crude; unmannerly; stubborn.

# Z

**Z**, s. m. The twenty third letter of the alphabet; (Mat.) an unknown quantity.
**ZABANEIRA**, s. f. Woman of doubtful character.
**ZABUMBA**, s. m. A big drum.
**ZABUMBAR**, v. i. To beat a big drum; v. t. to deafen the ears.
**ZABURRO**, s. m. Zaburro, a kind of millet.
**ZAGAIA**, s. f. Assagai, assegai, a slender spear used by some tribus of South Africa.
**ZAGAL**, s. m. A shepherd; a pastor.
**ZAGALOTE**, s. m. Small bullet.
**ZAGUEIRO**, s. m. Fullback.
**ZAGUNCHADA**, s. f. A blow with a javelin.
**ZAGUNCHAR**, v. t. To javelin, to pierce with a javelin.
**ZAGUNCHO**, s. m. Javelin, a light spear.
**ZAIBO**, adj. Squint-eyed; crooked.
**ZAMBAIO**, adj. One-eyed.
**ZAMBRO**, adj. Crooklegged.
**ZAMBUJAL**, s. m. Wild olive grove.
**ZAMBUJEIRO, ZAMBUJO**, s. m. Wild olive.
**ZAMPAR**, v. t. e i. To eat greedly.
**ZANAGA**, adj. Squint-eyed; s. 2 gên. squint-eyed person.
**ZANGA**, s. f. Anger, rage; quarrel; misunderstanding; annoyance; sentimental trouble.
**ZANGADO**, adj. Angry; choleric; ill-tempered; bad-tempered.
**ZANGÃO**, s. m. Drone, the male of honey bees; (fig.) a person who lives on the labor of others; sponger; money jobber; a bore.
**ZANGAR**, v. t. To anger; to irritate; to annoy.
**ZANGARREAR**, v. t. e i. To thrum.
**ZANZAR**, v. i. (Bras.) To wander, to ramble about aimlessly.
**ZANZIBARITA**, s. 2 gên. Native of Zanzibar.
**ZAPE**, s. m. A blow.
**ZARABATANA**, s. f. Blow-pipe.
**ZARAGATA**, s. f. Riot, uproar; disturbance; turmoil; quarrel.
**ZARAGATEIRO**, s. m. Rioter; adj. turbulent.
**ZARANGA**, s. 2 gên. Wanderer; adj. wandering.
**ZARANZAR**, v. i. To wander, to ramble about; to go to and fro.
**ZARCÃO**, s. m. Minium, red-lead.
**ZARCO**, adj. Light blue-eyed.
**ZARELHA**, s. f. Meddlesome woman, a busybody.
**ZARELHAR**, v. i. To meddle; to intrigue.
**ZARELHO**, s. m. Busybody, meddlesome person.
**ZAROLHO**, adj. Squint-eyed; cross-eyed.
**ZARPAR**, v. t. e i. To weigh anchor.
**ZEBRA**, s. f. (Zool.) Zebra, an African horse-like mammal.
**ZEBRAR**, v. t. To stripe, like a zebra.
**ZEBRÓIDE**, adj. Zebroid, like or pertaining to a zebra.
**ZEBU**, s. m. Zebu, a light colored Indian ox having short horns, large ears and a large hump over the shoulders.
**ZEDOÁRIA**, s. f. (Bot.) Zedoary.
**ZÉFIRO**, s. m. Zephyr, the West wind; any soft, gently breeze.
**ZELADOR**, s. m. Overseer.

**ZELAR**, v. t. To watch over carefully; to shepherd; to take care of.
**ZELO**, s. m. Zeal, ardent interest; fervor.
**ZELOSO**, adj. Zelous, devoted; jealous.
**ZENDA**, s. f. Zend, the Zoroastrian sacred writings.
**ZÊNITE**, s. m. Zenith.
**ZEPELIN**, s. m. Zeppelin, a huge dirigible airship.
**ZERO**, s. m. Zero, a cipher; the number corresponding to the metaphysical nothing or naught; the point at which the graduaded degrees on a scale commence.
**ZETACISMO**, s. m. Zetacism.
**ZETÉTICA**, s. f. Zetetic, investigation in field of algebra to determine an unknown quantity; search.
**ZEUNERITA**, s. f. (Min.) Zeunerite.
**ZIBELINA**, s. f. Sable, a dark-brown mammal related to the martens.
**ZIGUEZAGUE**, s. m. Zigzag; sinuosity.
**ZIMASE**, s. f. Zymase.
**ZIMBÓRIO**, s. m. Dome, cupola.
**ZIMBRAL**, s. m. Juniper-grove.
**ZIMBRAR**, v. t. To strike; to beat; v. i. to pitch (a ship).
**ZIMBRO**, s. m. (Bot.) Juniper.
**ZIMOGENIA**, s. f. Zimogenesis, transformation of a zymogen into an enzyme.
**ZIMOLOGIA**, s. f. Zymology, the science of, or treatise on fermentation.
**ZIMOSCÓPIO**, s. m. Zymoscope.
**ZIMOTECNIA**, s. f. Zymotechnics.
**ZINABRE**, s. m. Verdigris.
**ZINCAGEM**, s. f. Zincification.
**ZINCAR**, v. t. To zincify; to zinc, to galvanize.
**ZINCO**, s. m. Zinc, a bluish-white crystalline metallic element.
**ZINCOGRAFIA**, s. f. Zincography.
**ZINCOGRAVURA**, s. f. Zincograph.
**ZINGAMOCHO**, s. m. Top; weathercock.
**ZÍNGARO**, s. m. Gypsy, gipsy.
**ZINGRAÇÃO**, s. f. Mockery; scoffing.
**ZINGRAR**, v. t. To mock, to laugh at; to scoff.
**ZÍNIA**, s. f. (Bot.) Zinnia.
**ZIRBO**, s. m. (Anat.) Epiploom.
**ZIRCÃO**, s. m. (Miner.) Zircon, a silicate of zirconium.
**ZIRCÔNIO**, s. m. (Quím.) A metallic element.
**ZOAR**, v. i. To hum; to buzz; to sound.
**ZODÍACO**, s. m. Zodiac.
**ZÓICO**, adj. Zoic, of or pertaining to animal life and action.

**ZOILO**, s. m. Zoilist.
**ZOMBADOR**, **ZOMBETEIRO**, s. m. Jester, mocker; adj. mocking.
**ZOMBAR**, **ZOMBETEAR**, v. i. To mock, to jeer, to deride; to scoff.
**ZOMBARIA**, s. f. Mockery; scoffing; derision.
**ZONA**, s. f. Zone; belt; an area or region set off; band, circle; region.
**ZONZO**, adj. (Bras.) Dizzy; giddy; light.
**ZOÓFAGO**, adj. Zoophagous; s. m. pl. zoophaga.
**ZOÓFILO**, adj. Zoophilous, animal loving; (Bot.) adapted to pollination by animals; s. m. zoophilist, a lover of animals.
**ZOÓFITO**, s. m. Zoophyta.
**ZOOFOBIA**, s. f. Zoophobia.
**ZOOGEOGRAFIA**, s. f. Zoogeography.
**ZOOGRAFIA**, s. f. Zoography, description of animals, their forms and habits.
**ZOOLATRIA**, s. f. Zoolatry.
**ZOÓLITO**, s. m. Zoolite, zoolith.
**ZOOLOGIA**, s. f. Zoology, the science that treats of animals and the animal kingdom.
**ZOOLÓGICO**, adj. Zoological.
**ZOOMORFISMO**, s. m. Zoomorphism.
**ZOONOSE**, s. f. Zoonosis.
**ZOOTAXIA**, s. f. Zootaxy; zoological taxonomy.
**ZOOTECNIA**, s. f. Zootechny.
**ZOOTERAPIA**, s. f. Zootherapy; veterinary therapeutics.
**ZOOTOMIA**, s. f. Zootomy.
**ZOROASTRISMO**, s. m. Zoroastrianism.
**ZORRA**, s. f. Timber-truck, truck; old fox.
**ZORRAGUE**, s. m. Whip; lash.
**ZORRO**, s. m. Zorro, a fox; adj. slow; crafty.
**ZOSTER**, s. m. Belt, band.
**ZUÍDO**, s. m. Humming, buzzing.
**ZUIR**, **ZUMBAR**, **ZUMBIR**, **ZUNIR**, v. i. To buss, to hum; to whistle.
**ZULU**, s. m. e adj. Zulu.
**ZUMBIDO**, **ZUNIDO**, s. m. Buzzing, hum.
**ZUMBO**, s. m. Buzz, buzzing; rumor.
**ZUNZUM**, s. m. Hum, report, rumor; intrigue.
**ZUPAR**, v. i. To strike, to beat; to drub.
**ZURRADA**, s. f. Braying.
**ZURRAPA**, s. f. Sorry wine.
**ZURRAR**, v. i. To bray, to utter (with) a bray.
**ZURRO**, s. m. Bray, a harsh cry (of an ass); harsh; grating sound.
**ZURZIR**, v. t. To thrash, to cudgel; to whip; to chastise; to scold.
**ZWINGLIANISMO**, s. m. Zwinglianism.

# VERBOS

# A

**ABANDON** (ae-baen'dênn), v.r. (p. e pp. ABANDONED), abandonar; desamparar; sin.: *leave; give up; forsake; desert*.

**ABASH** (ae-bae'ch), v.r. (p. e pp. ABASHED), vexar; humilhar; sin.: *humiliate; disconcert; shame; confuse*.

**ABATE** (ae-bêit'), v.r. (p. e pp. ABATED), abater; reduzir; sin.: *decrease; diminish; lessen; reduce*.

**ABBREVIATE** (é-bri'vi-êit), v.r. (p. e pp. ABBREVIATED), abreviar, resumir; sin.: *abridge; condense; shorten; contract*.

**ABDICATE** (éb'di-kêit), v.r. (p. e pp. ABDICATED), abdicar; renunciar; sin.: *resign; renounce; give up; quit*.

**ABDUCT** (éb-dâkt'), v.r. (p. e pp. ABDUCTED), raptar; arrebatar; sin.: *kidnap; carry off*.

**ABET** (ae-bét'), v.r. (p. e pp. ABETED), animar; incitar; sin.: *aid; encourage; incite*.

**ABHOR** (éb-hór'), v.r. (p. e pp. ABHORRED), detestar; odiar; sin.: *loathe; detest; hate*.

**ABIDE** (ae-báid'), v.r. (p. e pp. ABODE), residir; habitar; sin.: *inhabit; dwell; live*.

**ABJURE** (éb-djur'), v.r. (p. e pp. ABJURED), abjurar; renunciar; sin.: *abnegate; recant; renounce; retract*.

**ABOLISH** (ae-bó'lich), v.r. (p. e pp. ABOLISHED), suprimir; anular; sin.: *abrogate; nulify; annul*.

**ABOMINATE** (ae-bó'mi-nêit), v.r. (p. e pp. ABOMINATED), detestar; abominar; sin.: *abhor; detest; execrate; hate; loathe*.

**ABOUND** (ae-báund'), v.r. (p. e pp. ABOUNDED), fluir; abundar; sin.: *flourish; luxuriate; teem; overflow; swarm*.

**ABRIDGE** (ae-bri'dj), v.r. (p. e pp. ABRIDGED), resumir; abreviar; sin.: *abbreviate; cut down contract; shorten; prune*.

**ABROGATE** (éb'rôu-ghêit), v.r. (p. e pp. ABROGATED), anular; abrogar; sin.: *abolish; nullify; rescind; annul; repeal*.

**ABSCOND** (ébs-kónd'), v.r. (p. e pp. ABSCONDED), fugir; desaparecer; sin.: *vanish; scape*.

**ABSENT** (éb-sent'), v.r. (p. e pp. ABSENTED), faltar a; ausentar-se; sin.: *withdraw*.

**ABSOLVE** (éb-sólv'), v.r. (p. e pp. ABSOLVED), perdoar; absolver; sin.: *acquit; clear; exculpate; exonerate; forgive; pardon; remit*.

**ABSORB** (éb-çórb'), v.r. (p. e pp. ABSORBED), sorver, absorver; sin.: *consume; engulf; imbibe; engross; suck up; drink in*.

**ABSTAIN** (ébs-têinn'), v.r. (p. e pp. ABSTAINED), privar-se; abster-se; sin.: *forbear; cease; refrain; withhold; relinsquish*.

**ABSTRACT** (ébs-trékt'), v.r. (p. e pp. ABSTRACTED), retirar, abstrair; sin.: *separate; withdraw*.

**ABUSE** (ae-biúz'), v.r. (p. e pp. ABUSED), enganar, abusar; sin.: *insult; misuse; revile*.

**ABUT** (ae-bât'), v.r. (p. e pp. ABUTTED), limitar, confinar com; sin.: *limit; confine*.

**ACCEDE** (ék-cid'), v.r. (p. e pp. ACCEDED), aceder; consentir; sin.: *aquiesce; agree; consent; assent; comply; succeed; attain*.

**ACCELERATE** (ék-cê'lâ-rêit), v.r. (p. e pp. ACCELERATED), acelerar; apressar; sin.: *hasten; expedit; further; quicken; forward*.

**ACCENT** (ék-cent'), v.r. (p. e pp. ACCENTED), dar acento a; articular; sin.: *utter; emphasize*.

**ACCENTUATE** (ék-cen'tiú-êit), v.r. (p. e pp. ACCENTUATED), salientar; acentuar; sin.: *emphasize; heighten the effect of*.

**ACCEPT** (ék-cépt'), v.r. (p. e pp. ACCEPTED), admitir; aceitar; sin.: *receive; take; admit*.

**ACCLAIM** (ô-clêimm'), v.r. (p. e pp. ACCLAIMED), aclamar; aplaudir; sin.: *applaud; cry aloud; shout*.

**ACCLIMATE** (ék-clái'mêit), v.r. (p. e pp. ACCLIMATED), aclimar; aclimatar; sin.: *acclimatize*.

**ACCLIMATIZE** (ae-clái'mae-táiz), v.r. (p. e pp. ACCLIMATIZED), aclimatar; aclimar; sin.: *acclimate*.

**ACCOMODATE** (ék-có'môu-dêit), v.r. (p. e pp. ACCOMODATED), acomodar; alojar; sin.: *adapt, adjust; fit; suit; serve; oblige*.

**ACCOMPANY** (ék-kêm'pae-ni), v.r. (p. e pp. ACCOMPANIED), seguir; acompanhar; sin.: *scort; attend*.

**ACCOMPLISH** (ék-cóm'pli-ch), v.r. (p. e pp. ACCOMPLISHED), efetuar; realizar; sin.: *complete; achieve; execute; effect*.

**ACCORD** (ék-córd'), v.r. (p. e pp. ACCORDED), conceder; outorgar; sin.: *grant; agree*.

**ACCOST** (ék-cóst), v.r. (p. e pp. ACCOSTED), abordar; abeirar-se de; sin.: *approach to; address*.

**ACCOUNT** (é-cáunt'), v.r. (p. e pp. ACCOUNTED), considerar; julgar; sin.: *record; report; sum; balance*.

**ACCRUE** (é-cru'), v.r. (p. e pp. ACCRUED), resultar; provir; sin.: *result, proceede*.

**ACCUMULATE** (ék-kiú'miú-lêit), v.r. (p. e pp. ACCUMULATED), amontoar; acumular; sin.: *amass; collect; gather; hoard; heap up*.

**ACCURSE** (ék-kârs), v.r. (p. e pp. ACCURSED), amaldiçoar; anatematizar; somente usado no particípio passado.

**ACCUSE** (ék-kiúz'), v.r. (p. e pp. ACCUSED), denunciar; acusar; sin.: *charge; indict; arraign; impeach; blame*.

**ACCUSTOM** (é-kâs'têmm), v.r. (p. e pp. ACCUSTOMED), acostumar; habituar; sin.: *habituate; inure*.

**ACHE** (êik), v.r. (p. e pp. ACHED), doer; sofrer; sin.: *suffer; pain; yearn; long*.

**ACHIEVE** (ae-tchiv'), v.r. (p. e pp. ACHIEVED), realizar; efetuar; sin.: *perform; accomplish; consumate; realize*.

**ACKNOWLEDGE** (ék-nó'lê-dj), v.r. (p. e pp. ACKNOWLEDGED), admitir; reconhecer; sin.: *allow; avow; confess; concede*.

**ACQUAINT** (ék-kûêint'), v.r. (p. e pp. ACQUAINTED), informar; comunicar; sin.: *apprise; enlighten*.

**ACQUIESCE** (ék-kiéss'), v.r. (p. e pp. ACQUIESCED), concordar; consentir; sin.: *acced; agree*.

**ACQUIRE** (ék-kuái'âr), v.r. (p. e pp. ACQUIRED), adquirir; obter; sin.: *attain; earn*.

**ACQUIT** (ék-kuít), v.r. (p. e pp. ACQUITED), absolver; exonerar; sin.: *absolve; discharge*.

**ACT** (êkt), v.r. (p. e pp. ACTED), agir; representar; sin.: *perform; play a role*.

**ACTUATE** (ék'tiú-êit), v.r. (p. e pp. ACTUATED), impelir; incitar; sin.: *impel; induce*.

**ADAPT** (ae-dépt'), v.r. (p. e pp. ADAPTED), adaptar; ajustar; sin.: *accomodate; adjust*.

**ADD** (éd), v.r. (p. e pp. ADDED), adicionar; acrescentar; sin.: *anex; adjoin; adduce*.

**ADDICT** (é-dikt'), v.r. (p. e pp. ADDICTED), entregar(-se); dedicar(-se); sin.: *devote*.

**ADDRESS** (é-dréss'), v.r. (p. e pp. ADDRESSED), endereçar; dirigir-se a; sin.: *salute*.

**ADDUCE** (é-diúss'), v.r. (p. e pp. ADDUCED), apresentar; aduzir; sin.: *advance; allege*.

**ADHERE** (é-dér'), v.r. (p. e pp. ADHERED), aderir; grudar(-se); sin.: *attach; cling*.

**ADJOIN** (éd-djóinn'), v.r. (p. e pp. ADJOINED), adicionar; juntar; sin.: *join; add*.

**ADJOURN** (éd-djórs'), v.r. (p. e pp. ADJOURNED), deferir; adiar; sin.: *suspend; defer*.

**ADJUDGE** (éd-djó'dj), v.r. (p. e pp. ADJUDGED), considerar; julgar; sin.: *acree; award*.

**ADJUDICATE** (éd-djó'di-kéi), v.r. (p. e pp. ADJUDICATED), decidir; adjudicar; sin.: *adjudge; give judgment*.

**ADJURE** (é-djur), v.r. (p. e pp. ADJURED), suplicar; conjugar; sin.: *charge; urge*.

**ADJUST** (é-djóst'), v.r. (p. e pp. ADJUSTED), adjustar; adaptar; sin.: *accommodate; adapt*.

**ADMINISTER** (éd-mí'nis-târ), v.r. (p. e pp. ADMINISTERED), administrar; dirigir; sin.: *manage; conduct; minister*.

**ADMIRE** (éd-mái'âr), v.r. (p. e pp. ADMIRED), admirar; apreciar; sin.: *approve; applaud*.

**ADMIT** (éd-mit'), v.r. (p. e pp. ADMITED), admitir; aceitar; sin.: *acknowledge; allow*.

**ADMONISH** (éd-mó'ni-ch), v.r. (p. e pp. ADMONISHED), admoestar; repreender; sin.: *caution; rebuke; counsel*.

**ADOPT** (ae-dópt'), v.r. (p. e pp. ADOPTED), adotar; aceitar; sin.: *affiliate; embrace*.

**ADORE** (ae-dôr'), v.r. (p. e pp. ADORED), venerar; adorar; sin.: *love; worship; idolize*.

**ADORN** (ae-dôrn'), v.r. (p. e pp. ADORNED), adornar; enfeitar; sin.: *deck; decorate*.

**ADULATE** (é'diú-lêit), v.r. (p. e pp. ADULATED), adular; bajular; sin.: *flatter; fawn on*.

**ADULTERATE** (ae-dâl'tĕ-rêit), v.r. (p. e pp. ADULTERATED), adulterar; falsificar; sin: *falsify; corrupt; counterfeit; forge.*

**ADVANCE** (éd-vaens'), v.r. (p. e pp. ADVANCED), avançar; progredir; sin.: *proceed; progress.*

**ADVENTURE** (éd-vĕn'tchiúr), v.r. (p. e pp. ADVENTURED), aventurar-se; arriscar-se; sin.: *risk; attempt; hazard; dare.*

**ADVERT** (éd-vârt'), v.r. (p. e pp. ADVERTED), referir-se; aludir; sin.: *allude; refer.*

**ADVERTISE** (éd'vâr-tâiz), v.r. (p. e pp. ADVERTISED), anunciar; proclamar; sin.: *announce; proclaim; publish.*

**ADVISE** (éd-vâiz'), v.r. (p. e pp. ADVISED), avisar; prevenir; sin.: *counsel; inform.*

**ADVOCATE** (éd'vŏu-kêit), v.r. (p. e pp. ADVOCATED), advogar, defender; sin.: *favor; support.*

**AFFECT** (é-fékt'), v.r. (p. e pp. AFFECTED), afetar; impressionar; sin.: *assume; pretend.*

**AFFILIATE** (é-fi'li-êit), v.r. (p. e pp. AFFILIATED), filiar-se; associar-se; sin.: *adopt; admit; initiate; receive.*

**AFFIRM** (é-fârm'), v.r. (p. e pp. AFFIRMED), afirmar; asseverar; sin.: *aver; assert.*

**AFFIX** (é-fix'), v.r. (p. e pp. AFFIXED), afixar; apor; sin.: *attach; add, anex; fix.*

**AFFLICT** (é-flikt'), v.r. (p. e pp. AFFLICTED), afligir; atormentar; sin.: *torment; pain.*

**AFFORD** (é-ford'), v.r. (p. e pp. AFFORDED), dar-se ao luxo; conseguir; sin.: *spare; supply.*

**AFFRANCHISE** (é-frén'thcáiz), v.r. (p. e pp. AFFRANCHISED), libertar; isentar; sin.: *liberate; enfranchise.*

**AFFRONT** (é-front'), v.r. (p. e pp. AFFRONTED), afrontar; insultar; sin.: *insult; abuse.*

**AGE** (êi'dj), v.r. (p. e pp. AGED), envelhecer; ficar velho; sin.: *grow old.*

**AGGLOMERATE** (é-glŏ'mâ-rêit), v.r. (p. e pp. AGGLOMERATED), aglomerar; avolumar-se; sin.: *gather; grow; collect (into a ball or mass).*

**AGGRANDIZE** (é'grén-dâiz), v.r. (p. e pp. AGGRANDIZED), engrandecer; exaltar; sin.: *exalt; promote; advance.*

**AGGRAVATE** (é'grae-vêt), v.r. (p. e pp. AGGRAVATED), agravar; piorar; sin.: *intensity; enhence.*

**AGGREGATE** (é'grâ-gheit), v.r. (p. e pp. AGGREGATED), agregar; agrupar; sin.: *accumulate; collect.*

**AGGRESS** (é-gréss'), v.r. (p. e pp. AGGRESSED), agredir; atacar; sin.: *attack; assault.*

**AGGRIEVE** (é-griv'), v.r. (p. e pp. AGGRIEVED), afligir; magoar; sin.: *afflict; distress.*

**AGITATE** (é'dji-têit), v.r. (p. e pp. AGITATED), agitar; perturbar; sin.: *disturb; rouse.*

**AGONIZE** (é'gâ-náiz), v.r. (p. e pp. AGONIZED), agonizar; agoniar; sin.: *struggle; strive.*

**AGREE** (ae-gri'), v.r. (p. e pp. AGREED), concordar; consentir; sin.: *acced; accept.*

**AID** (ĕid), v.r. (p. e pp. AIDED), auxiliar; ajudar; sin.: *abet; assist; help, relieve.*

**AIL** (ĕil), v.r. (p. e pp. AILED), doer; incomodar; sin.: *disturb; incommode; annoy.*

**AIM** (ĕimm), v.r. (p. e pp. AIMED), apontar; aspirar; sin.: *level, direct; train.*

**AIR** (ér), v.r. (p. e pp. AIRED), arejar; ventilar; sin.: *ventilate; earate.*

**ALARM** (ae-lârm'), v.r. (p. e pp. ALARMED), alarmar; assustar; sin.: *frighten; startle.*

**ALERT** (ae-lârt'), v.r. (p. e pp. ALERTED), alertar; prevenir; sin.: *warn; caution.*

**ALIENATE** (êi'li-nêit), v.r. (p. e pp. ALIENATED), alienar; estranhar; sin.: *estrange; transfer.*

**ALIGHT** (ae-láit'), v.r. (p. e pp. ALIGHTED), desmontar; apear-se; sin.: *descend; hit (upon).*

**ALIGN** (ae-láinn), v.r. (p. e pp. ALIGNED), alinhar; sin.: *line; range.*

**ALLAY** (é-lêi'), v.r. (p. e pp. ALLAYED), acalmar; apaziguar; sin.: *check; repress.*

**ALLEGE** (é-lé'dj), v.r. (p. e pp. ALLEGED), alegar, afirmar; sin.: *adduce; advance.*

**ALLEGORIZE** (é'le-gŏu-ráiz), v.r. (p. e pp. ALLEGORIZED), alegorizar.

**ALLEVIATE** (é-li'vi-êit), v.r. (p. e pp. ALLEVIATED), aliviar; mitigar; sin.: *lessen; diminish.*

**ALLOCATE** (é'lou-kêit), v.r. (p. e pp. ALLOCATED), repartir; distribuir; sin.: *allot; assing.*

**ALLOT** (é-lót'), v.r. (p. e pp. ALLOTED), distribuir; repartir; sin.: *apportion; appoint.*

**ALLOW** (é-láu'), v.r. (p. e pp. ALLOWED), admitir; permitir; sin.: *admit; approve; afford.*

**ALLOY** (é-lói'), v.r. (p. e pp. ALLOYED), misturar; despurificar; sin.: *mix; debase.*

**ALLUDE** (é-liúd'), v.r. (p. e pp. ALLUDED), aludir; referir-se; sin.: *hint; refer; suggest.*

**ALLURE** (é-liúr'), v.r. (p. e pp. ALLURED), cativar; seduzir; sin.: *entice; decoy; seduce.*

**ALLY** (é-lái), v.r. (p. e pp. ALLIED), aliar(-se); unir(-se); sin.: *unite.*

**ALPHABETIZE** (él'fae-be-táiz), v.r. (p. e pp. ALPHABETIZED), alfabetizar.

**ALTER** (ól'tär), v.r. (p. e pp. ALTERED), modificar; alterar; sin.: *modify; change.*

**ALTERCATE** (ól'tär-kéit), v.r. (p. e pp. ALTERCATED), altercar; disputar; sin.: *dispute; wrangle.*

**ALTERNATE** (ól'tär-nêit), v.r. (p. e pp. ALTERNATED), alternar; revezar-se; sin.: *take turns.*

**AMALGAMATE** (ae-mél'gae-mêit), v.r. (p. e pp. AMALGAMATED), amalgamar; combinar; sin.: *mix, combine; blend; unite; consolidate.*

**AMASS** (ae-maess'), v.r. (p. e pp. AMASSED), juntar; acumular; sin.: *aggregate; hoard.*

**AMAZE** (ae-mêiz'), v.r. (p. e pp. AMAZED), assombrar; espantar; sin.: *astonish; astound.*

**AMBLE** (émm'bl), v.r. (p. e pp. AMBLED), passear vagarosamente; sin.: *walk in a leisurely manner.*

**AMBUSCADE** (ém-bâs-kéid'), v.r. (p. e pp. AMBUSCADED), emborcar-se; sin.: *ambush; waylay.*

**AMBUSH** (émm'bu-ch), v.r. (p. e pp. AMBUSHED), emboscar; sin.: *ambuscade; waylay.*

**AMELIORATE** (ae-mí'li-ôu-rêit), v.r. (p. e pp. AMELIORATED), melhorar; sin.: *improve; meliorate.*

**AMEND** (ae-mend'), v.r. (p. e pp. AMENDED), emendar; corrigir; sin.: *correct; reform.*

**AMERCE** (ae-mârs'), v.r. (p. e pp. AMERCED), punir; castigar; sin.: *punish; chastize.*

**AMERICANIZE** (é-me'ri-kaen-náiz'), v.r. (p. e pp. AMERICANIZED), americanizar.

**AMORTIZE** (ae-mór'tâiz), v.r. (p. e pp. AMORTIZED), amortizar; sin.: *deaden; destroy.*

**AMOUNT** (ae-máunt'), v.r. (p. e pp. AMOUNTED), importar em; sin.: *rise; reach, extend.*

**AMPLIFY** (émm'pli-fái), v.r. (p. e pp. AMPLIFIED), amplificar; ampliar; sin.: *enlarge; augment.*

**AMPUTATE** (ém'pjú-têit), v.r. (p. e pp. AMPUTATED), amputar; decepar; sin.: *prune; cut off.*

**AMUSE** (ae-miúz'), v.r. (p. e pp. AMUSED), divertir; entreter; sin.: *divert; entertain.*

**ANALOGIZE** (ae-nae'lo-djáiz), v.r. (p. e pp. ANALOGIZED), expor em analogia.

**ANALYSE** (é'nae-láiz), v.r. (p. e pp. ANALLYSED), analisar.

**ANATHEMATIZE** (ae-nae'dhe-mae-táiz), v.r. (p. e pp. ANATHEMATIZE), sin.: *curse.*

**ANATOMIZE** (ae-nae'tôu-maíz), v.r. (p. e pp. ANATOMIZED), anatomizar; sin.: *analyze.*

**ANCHOR** (én'kâr), v.r. (p. e pp. ANCHORED), ancorar; fundear; sin.: *stop.*

**ANESTHETIZE** (é-nes'dhe-táiz), v.r. (p. e pp. ANESTHETIZED), anestesiar.

**ANGER** (énn'gâr), v.r. (p. e pp. ANGERED), irritar; encolerizar; sin.: *enrage; exasperate.*

**ANGLE** (énn'gl), v.r. (p. e pp. ANGLED), engodar; buscar; sin.: *troll; allure.*

**ANGLICIZE** (énn'gli-çáiz), v.r. (p. e pp. ANGLICIZED), anglicizar.

**ANIMALIZE** (é'ni-mae-láiz), v.r. (p. e pp. ANIMALIZED), animalizar; sin.: *dehumanize.*

**ANIMATE** (é'ni-mêit), v.r. (p. e pp. ANIMATED), animar; encorajar; sin.: *inspire; revive.*

**ANNEX** (é-néks'), v.r. (p. e pp. ANNEXED), anexar; apoderar-se; sin.: *add; attach; fasten.*

**ANNIHILATE** (é-nái'hi-lêit), v.r. (p. e pp. ANNIHILATED), aniquilar; exterminar; sin.: *abolish; destroy; extinguish; extirpate.*

**ANNOTATE** (é'nôu-têit), v.r. (p. e pp. ANNOTATED), anotar; marcar; sin.: *comment; note.*

**ANNOUNCE** (é-náuns'), v.r. (p. e pp. ANNOUNCED), anunciar; comunicar; sin.: *proclaim; publish.*

**ANNOY** (é-nói'), v.r. (p. e pp. ANNOYED), aborrecer; incomodar; sin.: *disturb; worry.*

**ANNUL** (é-nul'), v.r. (p. e pp. ANNULLED), anular; invalidar; sin.: *abolish; repeal.*

**ANOINT** (ae-nóint'), v.r. (p. e pp. ANOINTED), ungir; consagrar; sin.: *to pour oil upon.*

**ANNUNCIATE** (é-nânn'ci-êit), v.r. (p. e pp.

ANNUNCIATED), anunciar; sin.: *announce.*
**ANSWER** (énn'suár), v.r. (p. e pp. ANSWERED), responder; replicar; sin.: *reply.*
**ANTAGONIZE** (én-té'gôu-náiz), v.r. (p. e pp. ANTAGONIZED), antagonizar; provocar; sin.: *oppose; to act antagonistically.*
**ANTECEDE** (én-ti-cíd'), v.r. (p. e pp. ANTECEDED), anteceder.
**ANTEDATE** (án'ti-dêit), v.r. (p. e pp. ANTEDATED), antedatar; preceder; sin.: *precede; antecipate.*
**ANTICIPATE** (én-ti'çi-pêit), v.r. (p. e pp. ANTICIPATED), antecipar, antever; prever.
**APE** (êip), v.r. (p. e pp. APED), macaquear; imitar.
**APOLOGIZE** (á-po'lôuáiz), v.r. (p. e pp. APOLOGIZED), desculpar(-se); sin.: *justify; excuse.*
**APOSTATIZE** (ae-pos'tae-táiz), v.r. (p. e pp. APOSTATIZED), apostatar.
**APOSTROPHIZE** (ae-pos'trôu-fáiz), v.r. (p. e pp. APOSTROPHIZED), apostrofar.
**APPAL** (á-pél'), v.r. (p. e pp. APPALLED), horrorizar; amedrontar; sin.: *reduce; weaken.*
**APPEAL** (á-píl'), v.r. (p. e pp. APPEALED), apelar; recorrer; sin.: *resort; reason.*
**APPEAR** (á-pír'), v.r. (p. e pp. APPEARED), aparecer; comparecer; sin.: *to come in sight.*
**APPEASE** (á-píz'), v.r. (p. e pp. APPEASED), aplacar; apaziguar; sin.: *calm; pacify; quiet.*
**APPEND** (á-pênd'), v.r. (p. e pp. APPENDED), acrescentar; ajuntar; sin.: *affix; supplement.*
**APPERTAIN** (á-pâr-têin'), v.r. (p. e pp. APPERTAINED), pertencer; sin.: *pertain; relate.*
**APPLAUD** (á-plód'), v.r. (p. e pp. APPLAUDED), aplaudir; aclamar; sin.: *approve; cheer.*
**APPLY** (á-plái'), v.r. (p. e pp. APPLIED), aplicar; recorrer a; sin.: *engage; employ.*
**APPOINT** (á-point'), v.r. (p. e pp. APPOINTED), designar; nomear; sin.: *allot; constitute.*
**APPORTION** (áp-pôur'chánn), v.r. (p. e pp. APPORTIONED), repartir; distribuir; sin.: *distribute; deal out; shave; allot; dispose.*
**APPRAISE** (áp-prêiz', v.r. (p. e pp. APPRAISED), avaliar; apreçar; sin.: *estimate; praise.*

**APPRECIATE** (á-prí'chí-êit), v.r. (p. e pp. APPRECIATED), apreciar; estimar; sin.: *esteem; value.*
**APPREHEND** (á-pri-hênd'), v.r. (p. e pp. APPREHENDED), perceber; prender; sin.: *understand; comprehend.*
**APPRISE** (áp-práiz'), v.r. (p. e pp. APPRISED), avisar; informar; sin.: *notify; inform.*
**APROACH** (á-prôu'tch), v.r. (p. e pp. APROACHED), aproximar-se; dirigir-se; sin.: *approximate; near.*
**APPROPRIATE** (á-prôu'pri-êit), v.r. (p. e pp. APPROPRIATED), apropriar-se; apossar-se; sin.: *arrogate; assume; seize; usurp.*
**APPROVE** (á-pruv'), v.r. (p. e pp. APPROVED), aprovar; sancionar; sin.: *sanction.*
**APPROXIMATE** (á-pró'ksi-mêit), v.r. (p. e pp. APPROXIMATED), aproximar-se; sin.: *approach.*
**ARBITRATE** (ar'bi'trêit), v.r. (p. e pp. ARBITRATED), decidir; arbitrar; sin.: *settle; adjust.*
**ARCH** (ar'tch), v.r. (p. e pp. ARCHED), arquear; encurvar.
**ARGUE** (ar'ghiú), v.r. (p. e pp. ARGUED), debater; argumentar; sin.: *dispute; reason.*
**ARISE** (ae-ráiz), v.r. (p. AROSE, pp. ARISEN), surgir; levantar-se; sin.: *rise; spring.*
**ARM** (arm), v.r. (p. e pp. ARMED), armar(-se); sin.: *fortify; equip; furnish; attire.*
**AROUSE** (ae-ráuz'), v.r. (p. e pp. AROUSED), despertar; acordar; sin.: *stimulate; provoke.*
**ARRAIGN** (ér-rêinn'), v.r. (p. e pp. ARRAIGNED), processar; acusar; sin.: *accuse; attack.*
**ARRANGE** (ér-rêin'dj), v.r. (p. e pp. ARRANGED), arranjar; dispor; sin.: *class; dispose.*
**ARREST** (ér-rést'), v.r. (p. e pp. ARRESTED), deter; prender; sin.: *apprehend; withhold.*
**ARRIVE** (ér-ráiv'), v.r. (p. e pp. ARRIVED), chegar; elevar-se; sin.: *achieve; attain.*
**ARROGATE** (ér'rôu-ghêit), v.r. (p. e pp. ABROGATED), arrogar-se; apropriar-se; sin.: *appropriate; asume; affect; seize.*
**ARTICULATE** (ar-ti'kiu-lêit), v.r. (p. e pp. ARTICULATED), articular; pronunciar; sin.: *to utter distinctly; to pronounce carefully; enunciate.*
**ASCEND** (és-cend'), v.r. (p. e pp. ASCEND-

**ASCERTAIN** — **ED)**, ascender; subir; sin.: *surmount; mount.*

**ASCERTAIN** (és-çâr-têinn'), v.r. (p. e pp. ASCERTAINED), certificar; descobrir; sin.: *find out; discover; determine; detect.*

**ASCRIBE** (és-kráib'), v.r. (p. e pp. ASCRIBED), imputar; atribuir; sin.: *attribute; inpute.*

**ASK** (aesk), v.r. (p. e pp. ASKED), perguntar; pedir; sin.: *demand; entreat; inquire.*

**ASPHALT** (és-fólt'), v.r. (p. e pp. ASPHALTED), asfaltar.

**ASPHYXIATE** (és-fik'ci-êit), v.r. (p. e pp. ASPHYXIATED), asfixiar; sufocar; sin.: *sufocate.*

**ASPIRATE** (és'pi-rêit), v.r. (p. e pp. ASPIRATED), aspirar.

**ASPIRE** (és-páï'år), v.r. (p. e pp. ASPIRED), aspirar; pretender; sin.: *desire; aim.*

**ASSAIL** (és-cêil'), v.r. (p. e pp. ASSAILED), investir; atacar; sin.: *encounter; assault.*

**ASSASSINATE** (é-cé'ci-nêit), v.r. (p. e pp. ASSASSINATED), assassinar; sin.: *kill; slay.*

**ASSAULT** (é-çólt'), v.r. (p. e pp. ASSAULTED), assaltar; atacar; sin.: *assail; attack.*

**ASSAY** (é-cêi'), v.r. (p. e pp. ASSAYED), ensaiar; testar; sin.: *attempt, try; test.*

**ASSEMBLE** (é-cem'bl), v.r. (p. e pp. ASSEMBLED), convocar; reunir; sin.: *collect; gather.*

**ASSENT** (é-cent'), v.r. (p. e pp. ASSENTED), consentir; assentir; sin.: *agree; concede.*

**ASSERT** (és-çârt'), v.r. (p. e pp. ASSERTED), estimar; avaliar; sin.: *asseverate; aver.*

**ASSESS** (é-céss'), v.r. (p. e pp. ASSESSED), estimar; avaliar; sin.: *to set the amount.*

**ASSEVERATE** (é-ce'vå-reit), v.r. (p. e pp. ASSEVERATED), asseverar; afirmar; sin.: *affirm; assert.*

**ASSIGN** (é-çáinn'), v.r. (p. e pp. ASSIGNED), conceder; atribuir; sin.: *apportion; appoint.*

**ASSIMILATE** (é-ci'mi-lêit), v.r. (p. e pp. ASSIMILATED), assimilar; absorver; sin.: *absorb.*

**ASSIST** (é-cist'), v.r. (p. e pp. ASSISTED), ajudar; auxiliar; sin.: *cooperate; befriend.*

**ASSOCIATE** (é-çôu'chi-êit), v.r. (p. e pp. ASSOCIATED), associar; relacionar; sin.: *incorporate; combine; couple; unite.*

**ASSUAGE** (é-ciú'êi'dj), v.r. (p. e pp. ASSUAGED), aliviar; mitigar; sin.: *abate; alleviate.*

**ASSUME** (é-ciúm'), v.r. (p. e pp. ASSUMED), assumir; supor; sin.: *appropriate; arrogate.*

**ASSURE** (é-chiúr'), v.r. (p. e pp. ASSURED), assegurar; garantir; sin.: *embolden; insure.*

**ASTONISH** (és-tó'ni-ch), v.r. (p. e pp. ASTONISHED), surpreender; espantar; sin.: *amaze; wonder.*

**ASTOUND** (és-táund'), v.r. (p. e pp. ASTOUNDED), aturdir; espantar; sin.: *astonish; amaze.*

**ATOMIZE** (é'tå-máiz), v.r. (p. e pp. ATOMIZED), atomizar; pulverizar; sin.: *to separate into atoms.*

**ATONE** (ae-tôunn'), v.r. (p. e pp. ATONED), reparar; remir; sin.: *expiate; harmonize.*

**ATTACH** (é-té'tch), v.r. (p. e pp. ATTACHED), juntar; ligar; sin.: *affix; anex; connect.*

**ATTACK** (é-ték'), v.r. (p. e pp. ATTACKED), atacar; assaltar; sin.: *assail; assault.*

**ATTAIN** (é-têinn'), v.r. (p. e pp. ATTAINED), atingir; alcançar; sin.: *reach; achieve.*

**ATTEMPT** (é-tempt'), v.r. (p. e pp. ATTEMPTED), intentar; tentar; sin.: *try; endeavor.*

**ATTEND** (é-tend'), v.r. (p. e pp. ATTENDED), servir, atender; sin.: *accompany; escort.*

**ATTENUATE** (é-te'niú-êit), v.r. (p. e pp. ATTENUATED), atenuar; diminuir; sin.: *dilute; rarefy.*

**ATTEST** (é-test'), v.r. (p. e pp. ATTESTED), atestar; testemunhar; sin.: *certify; demonstrate.*

**ATTIRE** (é-tái'år), v.r. (p. e pp. ATTIRED), adornar, ataviar; sin.: *adorn; array; dress.*

**ATTITUDINIZE** (é-ti-tiú'di-náiz), v.r. (p. e pp. ATTITUDINIZED), assumir atitudes.

**ATTRACT** (é-trékt'), v.r. (p. e pp. ATTRACTED), atrair; encantar; sin.: *draw; allure.*

**ATRIBUTE** (é-tri'biút), v.r. (p. e pp. ATTRIBUTED), atribuir; imputar; sin.: *ascribe; impute.*

**ATTUNE** (é-tiúnn'), v.r. (p. e pp. ATTUNED), harmonizar; afinar; sin.: *tune; harmonize.*

**AUCTION** (ók-chånn'), v.r. (p. e pp. AUCTIONED), leiloar; sin.: *sell at auction.*

**AUDIT** (ó'dit), v.r. (p. e pp. AUDITED), examinar; controlar (contas); sin.: *examine.*

**AUGMENT** (Ó-ment'), v.r. (p. e pp. AUGMENTED), ampliar; aumentar; sin.: *increase; enlarge.*

**AUGUR** (ô'ghår), v.r. (p. e pp. AUGURED), augurar; desejar; sin.: *predict; forebode*.

**AUTHENTICATE** (ô-dhen'ti-kêit), v.r. (p. e pp. AUTHENTICATED), autenticar; sin.: *legalize*.

**AUTHORIZE** (ô'dho-ráiz), v.r. (p. e pp. AUTHORIZED), autorizar; facultar; sin.: *permit*.

**AUTOGRAPH** (ô'tôu-graef), v.r. (p. e pp. AUTHOGRAPHED), autografar.

**AVAIL** (ae-vêil'), v.r. (p. e pp. AVAILED), utilizar; prevalecer-se; sin.: *take advantage*.

**AVENGE** (ae-ven'dj), v.r. (p. e pp. AVENGED), vingar; sin.: *retaliate; revenge*.

**AVER** (ae-vår'), v.r. (p. e pp. AVERRED), asseverar; afirmar; sin.: *declare; affirm*.

**AVERAGE** (ê'vå-rêi-dj), v.r. (p. e pp. AVERAGED), tirar a média; dividir; sin.: *divide*.

**AVERT** (ae-vårt'), v.r. (p. e pp. AVERTED), evitar; impedir; sin.: *prevent; avoid*.

**AVOID** (ae-vóid'), v.r. (p. e pp. AVOIDED), evitar; impedir; sin.: *shun*.

**AVOW** (ae-váu'), v.r. (p. e pp. AVOWED), declarar; confessar; sin.: *aknowledge; declare; admit*.

**AWAIT** (ae-uêit'), v.r. (p. e pp. AWAITED), esperar; aguardar; sin.: *look for*.

**AWAKE** (ae-uêik'), v.r. e v.i. (p. e pp. AWAKED ou AWOKE), despertar; acordar; sin.: *arouse; exite*.

**AWAKEN** (ae-uêi'kenn), v.r. (p. e pp. AWAKENED), acordar; despertar; sin.: *awake; wake up*.

**AWARD** (ae-uord'), v.r. (p. e pp. AWARDED), conferir; conceder; sin.: *grant; allot*.

**AWE** (ó), v.r. (p. e pp. AWED), inspirar temor ou respeito.

# B

**BABBLE** (bé'bl), v.r. (p. e pp. BABBLED), tagarelar; matracar; sin.: *chatter; twaddle*.

**BACK** (bék), v.r. (p. e pp. BACKED), amparar; apoiar; sin.: *support; endorse*.

**BACKBITE** (bék'báit), v.i. (p. BACKBIT, pp. BACKBITTEN), maldizer; criticar; sin.: *slander*.

**BAFFLE** (bé'fl), v.r. (p. e pp. BAFFLED), baldar; frustrar; sin.: *defeat, disconcert*.

**BAG** (bég), v.r. (p. e pp. BAGGED), ensacar; sin.: *entrap, capture; snare*.

**BAIL** (bêil), v.r. (p. e pp. BAILED), caucionar; afiançar.

**BAIT** (bêit), v.r. (p. e pp. BAITED), lançar mão de isca; sin.: *entice; tempt; lure*.

**BAKE** (bêik), v.r. (p. e pp. BAKED), cozer (ao forno); sin.: *to cook (bread, cake)*.

**BALANCE** (bé'laens), v.r. (p. e pp. BALANCED), balançar; equilibrar; sin.: *adjust; equilize*.

**BALE** (bêil), v.r. (p. e pp. BALED), enfardar.

**BALK** (bólk), v.r. (p. e pp. BALKED), negligenciar; negacear; sin.: *bar; thwart; frustrate*.

**BALLOT** (bé'lot), v.r. (p. e pp. BALLOTED), votar.

**BAMBOOZLE** (bêm-bu'zl), v.r. (p. e pp. BAMBOOZLED), enganar; engodar; sin.: *confuse; puzzle*.

**BAN** (bénn), v.r. (p. e pp. BANNED), proscrever; proibir; sin.: *prohibit; forbid*.

**BAND** (bénnd), v.r. (p. e pp. BANDED), atar com faixa.

**BANDAGE** (bénd'êi-dj), v.r. (p. e pp. BANDAGED), ligar; enfaixar.

**BANG** (béng), v.r. (p. e pp. BANGED), bater (porta, janela, etc.); sin.: *strike; slam*.

**BANISH** (bé'ni-ch), v.r. (p. e pp. BANISHED), banir; desterrar; sin.: *exile; expel*.

**BANK** (bénk), v.r. (p. e pp. BANKED), depositar (em banco); sin.: *embank*.

**BANKRUPT** (bénk'råpt), v.r. (p. e pp. BANKRUPTED), falir; sin.: *fail*.

**BANQUET** (bénn'kêit), v.r. (p. e pp. BANQUETED), banquetear; sin.: *feast*.

**BANTER** (bén'tår), v.r. (p. e pp. BANTERED), zombar; chacotear; sin.: *deride; jest; chaff*.

**BAPTIZE** (bép-táiz'), v.r. (p. e pp. BAPTIZED), batizar; sin.: *christen; name; purify*.

**BAR** (bar), v.r. (p. e pp. BARRED), proibir; barrar; sin.: *obstruct; prevent; oppose*.

**BARBARIZE** (bar-bae-râiz), v.r. (p. e pp. BARBARIZED), barbarizar.

**BARE** (bêr), v.r. (p. e pp. BARED), revelar; descobrir; sin.: *expose; reveal*.

**BARGAIN** (bar'ghenn), v.r. (p. e pp. BARGAINED), negociar; barganhar; sin.: *haggle; deal*.

**BARGE** (bar'dj), v.r. (p. e pp. BARGED), transportar por barge (barcaça); sin.: *transport by barge*.

**BARK** (bark), v.r. (p. e pp. BARKED), latir; ladrar; sin.: *yelp; bay*.

**BARRACK** (bér'raek), v.r. (p. e pp. BARRACKED), apupar; acasernar.

**BARREL** (bér'rel), v.r. (p. e pp. BARRELED), embarricar; sin.: *cask; keg*.

**BARRICADE** (bér-ri-kêid'), v.r. (p. e pp. BARRICADED), barricar; entrincheirar-se; sin.: *obstruct; intrench*.

**BARTER** (bar'târ), v.r. (p. e pp. BARTERED), permutar; trocar; sin.: *trade; exchange*.

**BASE** (bêiz), v.r. (p. e pp. BASED), basear; fundar; sin.: *establish; found*.

**BASH** (bé'ch), v.r. (p. e pp. BASHED), surrar; bater; sin.: *blow; spank*.

**BASK** (baesk), v.r. (p. e pp. BASKED), aquecer-se (ao sol); sin.: *sunbathe*.

**BATH** (baess), v.r. (p. e pp. BATHED), dar banho; sin.: *wash; lave*.

**BATHE** (bêiss), v.r. (p. e pp. BATHED), tomar banho; sin.: *wash; lave (oneself)*.

**BATTEN** (bé'tenn), v.r. (p. e pp. BATTENED), parasitar; sin.: *thrive; overfeed*.

**BATTER** (bé'târ), v.r. (p. e pp. BATTERED), sovar, amassar; sin.: *beat*.

**BATTLE** (bé'tl), v.r. (p. e pp. BATTLED), batalhar; sin.: *combat; fight*.

**BAWL** (bôl), v.r. (p. e pp. BAWLED), gritar; berrar; sin.: *howl; cry*.

**BAY** (bêi), v.r. (p. e pp. BAYED), ladrar; latir; sin.: *bark; yelp*.

**BE** (bi), v. i. (p. WAS, WERE; pp. BEEN), ser, estar; sin.: *exist; live*.

**BEAM** (bi'mm), v.r. (p. e pp. BEAMED), resplandecer; brilhar; sin.: *shine; sparkle*.

**BEAR** (bé'er), v.i. (p. BORE; pp. BORNE ou BORN), sustentar; suportar; sin.: *suffer; support*.

**BEAT** (bi'it), v.i. (p. BEAT; pp. BEATEN), bater; derrotar; sin.: *hit; strike; belabor*.

**BEAUTIFY** (biú'ti-fái), v.r. (p. e pp. BEAUTIFIED), embelezar; alindar; sin.: *adorn; decorate*.

**BECKON** (bé'kênn), v.r. (p. e pp. BECKONED), acenar; sinalizar; sin.: *call, summon someone's attention*.

**BECOME** (bi-kâmm'), v.i. (p. BECAME; pp. BECOME), tornar-se; desenvolver-se; sin.: *get; grow*.

**BEDECK** (bi-dék), v.r. (p. e pp. BEDECKED), adornar; ataviar; sin.: *deck; adorn; grace*.

**BEDEVIL** (bi-dé'vil), v.r. (p. e pp. BEDEVILED), estorvar; frustrar; sin.: *torment; spoil*.

**BEFALL** (bi-fól'), v.i. (p. BEFFEL; pp. BEFALLEN), suceder; acondecer; sin.: *occur; happen*.

**BEFIT** (bi-fit'), v.r. (p. e pp. BEFITTED), convir; coadunar; sin.: *suit*.

**BEFRIEND** (bi-frênd'), v.r. (p. e pp. BEFRIENDED), proteger; acoroçoar; sin.: *favor; countenence*.

**BEFOUL** (bi-fául'), v.r. (p. e pp. BEFOULED), poluir; sujar; sin.: *pollute; soil*.

**BEG** (bég), v.r. (p. e pp. BEGGED), implorar; sin.: *beseech, solicit; entreat*.

**BEGET** (bi-ghét'), v.i. (p. BEGOT; pp. BEGOTTEN), gerar; procriar; sin.: *generate; produce*.

**BEGGAR** (bé'gâr), v.r. (p. e pp. BEGGARED), causar miséria a alguém; sin.: *improverish*.

**BEGIN** (bi-ghinn'), v.i. (p. BEGAN; pp. BEGUN), iniciar; começar; sin.: *commence; start*.

**BEGRIME** (bi-gráimm'), v.r. (p. e pp. BEGRIMED), sujar; emporcalhar; sin.: *sully, soil*.

**BEGRUDGE** (bi-grâ'dj), v.r. (p. e pp. BEGRUDGED), invejar; negar; sin.: *grumble at; envy*.

**BEGUILE** (bi-guáil'), v.r. (p. e pp. BEGUILED), iludir; enganar; sin.: *deceive; delude*.

**BEHAVE** (bi-hêiv'), v.r. (p. e pp. BEHAVED), comportar-se; conduzir-se; sin.: *conduct*.

**BEHEAD** (bi-héd'), v.r. (p. e pp. BEHEADED), decapitar; degolar; sin.: *decapitate*.

**BEHOLD** (bi-hôld'), v.i. (p. BEHELD; pp. BEHOLDEN), contemplar; observar; sin.: *see; regard*.

**BEHOOVE** (bi-huv'), v.r. (p. e pp. BEHOOVED), compatir; dever; sin.: *obligue, obligate*.

**BELCH** (bél'tch), v.r. (p. e pp. BELCHED), arrotar; vomitar; sin.: *vomit*.

**BELIE** (bi-lái'), v.r. (p. e pp. BELIED), desmentir; contradizer; sin.: *disappoint*.

**BELIEVE** (bi-li'iv), v.r. (p. e pp. BELIEVED), acreditar; crer; sin.: *assume; think*.

**BELITTLE** (bi-li'tl), v.r. (p. e pp. BELITTLED), abater; desdenhar; sin.: *disparage; lower*.

**BELLOW** (be'lŏyu), v.r. (p. e pp. BELLOWED), gritar; mugir; sin.: *cry loudly*.

**BELONG** (bi-lŏng'), v.r. (p. e pp. BELONGED), pertencer; sin.: *concern; pertain*.

**BEND** (bénnd), v.i. (p. e pp. BENT), curvar (-se); sin.: *stoop; curve*.

**BENEFIT** (be'ni-fit), v.r. (p. e pp. BENEFITED), beneficiar(-se); favorecer; sin.: *profit*.

**BEQUEATH** (bi-kuíss), v.r. (p. e pp. BEQUEATHED), legar; sin.: *devise; bestow; confer*.

**BERATE** (bi-rêit'), v.r. (p. e pp. BERATED), repreender; ralhar; sin.: *scold; chide*.

**BEREAVE** (bi-ri'iv), v.r. (p. e pp. BEREFT), despojar; destituir; sin.: *deprive; despoil*.

**BESEECH** (bi-ci'tch), v.i. (p. e pp. BESOUGHT), suplicar; solicitar; sin.: *entreat; implore*.

**BESET** (bi-set'), v.i. (p. e pp. BESET), sitiar; sin.: *surround; enclose; environ; press*.

**BESIEGE** (bi-ci'dj), v.r. (p. e pp. BESIEGED), cercar; encurralar; sin.: *encompass; invest*.

**BESMIRCH** (bis-mir'tch), v.r. (p. e pp. BESMIRCHED), manchar; sin.: *soil; befoul; sully*.

**BESPEAK** (bis-pi'ik), v.i. (p. BESPOKE; pp. BESPOKEN), pedir de antemão; predizer.

**BESTIR** (bis-tir'), v.r. (p. e pp. BESTIRRED), mexer-se; sin.: *move with vigor*.

**BESTOW** (bis-tôu'), v.r. (p. e pp. BESTOWED), outorgar; conceder; sin.: *give, grant, confer*.

**BET** (bét), v.i. (p. e pp. BET), apostar; sin.: *stake*.

**BETIDE** (bi-táid'), v.r. (p. e pp. BETIDED), acontecer; sin.: *happen; befall*.

**BETOKEN** (bi-tôu'kenn), v.r. (p. e pp. BETOKENED), significar; indicar; sin.: *indicate*.

**BETRAY** (bi-trêi'), v.r. (p. e pp. BETRAYED), trair, atraiçoar; sin.: *deceive; delude*.

**BETROTH** (bi-tróss'), v.r. (p. e pp. BETROTHED), contratar casamento; desposar; sin.: *engage to marry; wed*.

**BETTER** (be'ǎr), v.r. (p. e pp. BETTERED), melhorar; sin.: *improve, meliorate*.

**BEWAIL** (be'uêil), v.r. (p. e pp. BEWAILED), lamentar; chorar; deplorar; sin.: *mourn, lament*.

**BEWARE** (bi-uér'), v.r. (p. e pp. BEWARED), acautelar-se; sin.: *take care, guard against*.

**BEWILDER** (bi-uil'dǎr), v.r. (p. e pp. BEWILDERED), confundir completamente, desnortear; aturdir; sin.: *confound, confuse*.

**BEWITCH** (bi-ui'tch), v.r. (p. e pp. BEWICHED), enfeitiçar; encantar; sin.: *charm, fascinate*.

**BIAS** (bái-ês), v.r. (p. e pp. BIASED), influir; sin.: *influence*.

**BICKER** (bi'kǎr), v.r. (p. e pp. BICKERED), altercar; brigar; sin.: *quarrel*.

**BID** (bid), v.i. (p. BADE ou BID; pp. BIDDEN), ordenar; oferecer; dar (boas vindas); sin.: *order; offer; utter*.

**BIDE** (báib), v.i. (p. BIDED ou BODE; pp. BIDED), esperar, aguardar; sin.: *abide, await*.

**BILK** (bilk), v.r. (p. e pp. BILKED), lograr, defraudar; sin.: *cheat; swindle*.

**BILLOW** (bi'lou), v.r. (p. e pp. BELLOWED), encapelar-se (mar); formar vagalhões; sin.: *surge; swell*.

**BIND** (báind), v.i. (p. e pp. BOUND), atar, amarrar, encadernar; empenhar-se; sin.: *faten, stick; sew a cover on; commit, compromise*.

**BITE** (báit), v.i. (p. BIT; pp. BITTEN), morder, cortar (com os dentes); sin.: *cut or tear off with the teeth*.

**BIVOUAC** (bi'vu-aek), v.r. (p. e pp. BIVOUACKED), acampar, bivacar.

**BLAB** (blaeb), v.r. (p. e pp. BLABBED), tagarelar; mexericar; sin.: *chatter, prate, gossip*.

**BLACK** (blaek), v.r. (p. e pp. BLACKED), enegrecer; sin.: *blacken*.

**BLACKBALL** (blaek-bôl), v. r. (p. e pp. BLACKBALLED), rejeitar; sin.: *reject*.

**BLACKEN** (blae'kén), v.r. (p. e pp. BLACKENED), escurecer; difamar; sin.: *black; difame*.

**BLAME** (blêim), v.r. (p. e pp. BLAMED), censurar, culpar; sin.: *sensure; incriminate*.

**BLARE** (blér), v.r. (p. e pp. BLARED), clamar, buzinar; sin.: *noise, sound loudly*.

**BLANCH** (blaen'tch), v.r. (p. e pp. BLANTCHED), alvejar; sin.: *whiten, bleach*.

**BLANDISH** (blaen'di-ch), v.r. (p. e pp. BLANDISHED), lisonjear; sin.: *flatter, praise.*

**BLARNEY** (blar'nêi), v.r. (p. e pp. BLARNEYED), aliciar, engodar, bajular; sin.: *cajole, wheedle.*

**BLAST** (blaest), v.r. (p. e pp. BLASTED), devastar, crestar; explodir; sin.: *ravage; blight; explode.*

**BLEACH** (bli'tch), v.r. (p. e pp. BLEACHED), alvejar; sin.: *blanch, whiten.*

**BLEAT** (blit), v.r. (p. e pp. BLEATED), balir (carneiro); sin.: *cry as a sheep.*

**BLEED** (bljd), v.r. (p. e pp. BLED), sangrar; sin.: *draw blood from; lose blood.*

**BLEMISH** (blê'mi-ch), v.r. (p. e pp. BLEMISHED), manchar; enodoar; sin.: *stain; spot.*

**BLENCH** (blen'tch), v.r. (p. e pp. BLENCHED), recuar; sin.: *shrink, flinch.*

**BLEND** (blénd), v.r. (p. e pp. BLENDED), misturar; sin.: *mix.*

**BLESS** (bléss), v.r. (p. e pp. BLESSED), abençoar; sin.: *praise.*

**BLIND** (bláind), v.r. (p. e pp. BLINDED), cegar; ofuscar; sin.: *make sightless; dazzle.*

**BLINK** (blink), v.r. (p. e pp. BLINKED), piscar; pestanejar; sin.: *wink.*

**BLOAT** (blôut), v.r. (p. e pp. BLOATED), inchar; sin.: *swell, tumefy.*

**BLOCK** (blók), v.r. (p. e pp. BLOCKED), bloquear; obstruir; sin.: *obstruct.*

**BLOOM** (blumm), v.r. (p. e pp. BLOAMED), florescer; sin.: *flourish.*

**BLOT** (blót), v.r. (p. e pp. BLOTTED), borrar; manchar; sin.: *spot; stain.*

**BLOTCH** (bló'tch), v.r. (p. e pp. BLOTCHED), borrar; enegrecer; sin.: *spot; sully.*

**BLOW** (blôu), v.i. (p. BLEW, pp. BLOWN), propalar; retinir; explodir; assoar; soprar; tocar (trombeta); sin.: *spread; resound, echo; explode; wipe the nose; inflate; trump, wind.*

**BLUBBER** (blâ'bâr), v.r. (p. e pp. BLUBBERED), soluçar; choramingar; sin.: *whine; whimper.*

**BLUNDER** (blan'dâr), v.r. (p. e pp. BLUNDERED), dizer asneiras; enganar-se; sin.: *stumble; make a mistake.*

**BLUSH** (blâ'tch), v.r. (p. e pp. BLUSHED), corar, enrubescer; sin.: *flush, reddne.*

**BLUSTER** (blâs'târ), v.r. (p. e pp. BLUSTERED), fazer barulho; ralhar; sin.: *rumble; scold, chide.*

**BOARD** (bôrd), v.r. (p. e pp. BOARDED), assoalhar, entabular; tomar pensão ou refeição; abordar; sin.: *plank, floor; mess, eat; go on board of (a ship).*

**BOAST** (bôust), v.r. (p. e pp. BOASTED), gabar-se; sin.: *brag.*

**BOGGLE** (bó'gl), v.r. (p. e pp. BOGGLED), hesitar; estremecer; sin.: *hesitate; shudder.*

**BOIL** (bóil), v.r. (p. e pp. BOILED), ferver; sin.: *seethe.*

**BOLT** (bôlt), v.r. (p. e pp. BOLTED), trancar; engolir apressadamente; fugir; arremessar-se; sin.: *bar, fasten; swallow hastily; run off; dart off.*

**BOND** (bônd), v.r. (p. e pp. BONDED), hipotecar; depositar sob hipoteca; escravizar; sin.: *mortgage; store under bond; enslave.*

**BOOK** (buk), v.r. (p. e pp. BOOKED), inscrever; registrar; sin.: *enter, register.*

**BOOZE** (buz), v.r. (p. e pp. BOOZED), embriagar-se; sin.: *intoxicate, fuddle.*

**BORDER** (bôr'dâr), v.r. (p. e pp. BORDERED), confinar; sin.: *confine, limit.*

**BORE** (bôur), v.r. (p. e pp. BORED), furar; sondar; aborrecer; sin.: *pierce; weary.*

**BORROW** (bór'rôu), v.r. (p. e pp. BORROWED), pedir ou tomar emprestado; sin.: *take or receive (something) with the intention of returning it.*

**BOSOM** (bo'zâmm), v.r. (p. e pp. BOSOMED), encerrar no seio; esconder no âmago; sin.: *preserve in secrecy; conceal in bosom.*

**BOSS** (bóss), v.r. (p. e pp. BOSSED), dirigir; superintender; sin.: *lead, master; superintend.*

**BOTCH** (bó'tch), v.r. (p. e pp. BOTCHED), aborrecer; importunar; sin.: *tease; annoy, trouble; worry.*

**BOUNCE** (báuns), v.r. (p. e pp. BOUNCED), saltar, projetar-se; gabar-se; sin.: *leap, rebound, spring; brag, boast.*

**BOUND** (báund), v.r. (p. e pp. BOUNDED), saltar; sin.: *leap, jump, spring.*

**BOW** (báu), v.r. (p. e pp. BOWED), inclinar-se; saudar (inclinando-se); sin.: *incline; bend (the head, knee, etc.), as in reverence.*

**BOWER** (báu'âr), v.r. (p. e pp. BOWERED), habitar; sin.: *dwell, abide.*

**BOX** (óks), v.r. (p. e pp. BOXED), encaixar; esmurrar; sin.: *pack up, case; punch, bruise.*

**BOYCOTT** (bói'cót), v.r. (p. e pp. BOYCOTTED), boicotar; sin.: *refrain from having any dealings with.*

**BRAG** (braeg'), v.r. (p. e pp. BRAGGED), gabar-se; sin.: *boast.*

**BRAND** (braend), v.r. (p. e pp. BRANTED), marcar; estigmatizar; sin.: *mark, stigmatize.*

**BRAVE** (brêiv), v.r. (p. e pp. BRAVED), afrontar; sin.: *face, defy, confront.*

**BRAWL** (bról), v.r. (p. e pp. BRAWLED), discutir violentamente; sin.: *quarrel or dispute violently.*

**BRAY** (brêi), v.r. (p. e pp. BRAYED), zurrar; sin.: *utter a harsh cry, as a ass.*

**BRAZE** (brêiz), v.r. (p. e pp. BRAZED), soldar; sin.: *solder, weld.*

**BREAK** (brêik), v.i. (p. BROKE; pp. BROKEN), quebrar; domar; amansar; enfraquecer; falir; sin.: *brust, smash, split; tame; weaken; bankrupt; fail.*

**BREAKFAST** (brék-fest), v.r. (p. e pp. BREAKFASTED), desjejuar; tomar café da manhã; sin.: *eat or provide with the breakfast.*

**BREAST** (brêst), v.r. (p. e pp. BREASTED), lutar peito a peito; sin.: *fight face to face.*

**BREATHE** (brí'dh), v.r. (p. e pp. BREATHED), respirar, cochichar; sin.: *respire; whisper.*

**BREED** (brid), v.i. (p. e pp. BRED), gerar; criar; educar; sin.: *bring forth; bring up.*

**BREW** (bru), v.r. (p. e pp. BREWED), fazer cerveja, chá ou outra bebida; tramar; urdir; sin.: *prepare; plot, contrive.*

**BRIBE** (bráib), v.r. (p. e pp. BRIBED), subornar; sin.: *graft, suborn.*

**BRICK** (brik), v.r. (p. e pp. BRICKED), atijolar; sin.: *cover with bricks.*

**BRIDLE** (brái'dl), v.r. (p. e pp. BRIDLED), refrear, reprimir; sin.: *check, restrain; repress.*

**BRIGHTEN** (brái'tenn), v.r. (p. e pp. BRIGHTENED), abrilhantar; sin.: *embellish.*

**BRING** (bring), v.i. (p. e pp. BROUGHT), induzir; trazer; sin.: *induce; fetch, get.*

**BRISTLE** (bris'sl), v.r. (p. e pp. BRISTLED), eriçar; sin.: *stiffen; stretch.*

**BROACH** (brô'th), v.r. (p. e pp. BROATCHED), comunicar; sin.: *transmit, convey.*

**BROADCAST** (brôd'kaest), v.i. (p. e pp. BROADCAST), irradiar; sin.: *transmit by radio.*

**BROIL** (brôil), v.r. (p e pp. BROILED), assar; sin.: *grill.*

**BROOD** (brud), v.r. (p. e pp. BROODED), chocar; sin.: *hatch.*

**BROWSE** (bráus), v.r. (p. e pp. BROWSED), pastar; sin.: *graze.*

**BRUSH** (brå'ch), v.r. (p. e pp. BRUSHED), escovar; sin.: *dust, whisk.*

**BRUSTLE** (brås'sl), v.r. (p. e pp. BRUSTLED), estalar; crepitar; sin.: *crack; crepitate.*

**BUBLE** (bå'bl), v.r. (p. e pp. BUBLED), borbulhar; sin.: *gush out; wallop.*

**BUCKLE** (bå'kl), v.r. (p. e pp. BUCKLED), afivelar; sin.: *strap.*

**BUDGE** (bå'dj), v.r. (p. e pp. BUDGED), mexer-se; mover-se; sin.: *stir, move.*

**BUILD** (buíld), v.i. (p. e pp. BUILT), construir; edificar; sin.: *construct; erect.*

**BURDEN** (bår'dn), v.r. (p. e pp. BURDENED), sobrecarregar; oprimir; sin.: *overload; opress.*

**BURN** (bårn), v.r. ou v.i. (p. e pp. BURNT), queimar; sin.: *set fire to.*

**BURST** (båst), v.i. (p. e pp. BURST), rebentar, romper-se; sin.: *break, burst, split.*

**BURY** (bé'ri), v.r. (p. e pp. BURIED), enterrar; sin.: *entomb; inter.*

**BUST** (båst), v.r. (p. e pp. BUSTED), quebrar; romper-se; sin.: *break, brust, split.*

**BUSTLE** (bås'sl), v.r. (p. e pp. BUSTLED), apressar-se, atropelar-se; sin.: *hustle, hurry, hasten.*

**BUTT** (båt), v.r. (p. e pp. BUTTED), marrar; chifrar; sin.: *horn.*

**BUTTON** (bå'tn), v.r. (p. e pp. BUTTONED), abotoar; sin.: *fasten with a button or buttons.*

**BUY** (bái), v.i. (p. e pp. BOUGHT), comprar; sin.: *purchase.*

**BUZZ** (båzz), v.r. (p. e pp. BUZZED), zumbir; sin.: *whir; hum.*

# C

**CABLE** (kêi'bl), v.r. (p. e pp. CABLED), cabografar; sin.: *telegraph by cable*.

**CACKLE** (kae'kl), v.r. (p. e pp. CACKLED), cacarejar; tagarelar; sin.: *chuck, gossip*.

**CAJOLE** (kae-djôul), v.r. (p. e pp. CAJOLED), acariciar; lisonjear; sin.: *coax, caress, wheedle; flatter, fawn*.

**CALCULATE** (kél'kiú-lêit), v.r. (p. e pp. CALCULATED), calcular; contar; estimar; sin.: *figure out; count; estimate*.

**CALL** (cól), v.r. (p. e pp. CALLED), chamar, convocar, anunciar; sin.: *name; summon*.

**CALM** (kómm), v.r. (p. e pp. CALMED), acalmar; sin.: *quiet*.

**CALUMNIATE** (kae-lu'ni-êit), v.r. (p. e pp. CALUMNIATED), caluniar; sin.: *slander*.

**CAMP** (kaemp), v.r. (p. e pp. CAMPED), acampar; sin.: *tent*.

**CAN** (kaenn), v.r. (p. e pp. CANNED), enlatar; despedir, por na rua; sin.: *put up or preserve in cans, glass, jars; dismiss; expel (from school)*.

**CANCEL** (ken'sél), v.r. (p. e pp. CANCELED ou CANCELLED), cancelar; sin.: *annul, void*.

**CANNONADE** (ké-no-nêid'), v.r. (p. e pp. CANNONADED), canhonear; sin.: *bombard*.

**CANONIZE** (ké'no-náiz), v.r. (p. e pp. CANONIZED), canonizar; sin.: *sanctify*.

**CANT** (kaent), v.r. (p. e pp. CANTED), falar em tom lamurioso ou com afetada hipocrisia; inclinar (subitamente); falar em gíria; mendigar; sin.: *speak in a whining voice or with an affected tone; set slantingly; tip up; tilt; throw out; speak secret language of thieves, gipsies; whine, as a begger*.

**CANVASS** (kaen'vass), v.r. (p. e pp. CANVASSED), discutir, debater; solicitar; cabalar, intrigar; sin.: *discuss, debate; solicit; cabal, intrigue*.

**CAPITULATE** (ca-pi'tiu-lêit), v.r. (p. e pp. CAPITULATED), capitular; sin.: *yield; surrender on conditions*.

**CAPSIZE** (kaep-saiz), v.r. (p. e pp. CAPSIZED), capotar; emborcar; sin.: *overturn; upset*.

**CAPTIVATE** (kaep'ti-vêit), v.r. (p. e pp. CAPTIVATED), capturar; fascinar; sin.: *charm; enslave; fascinate*.

**CAPTURE** (kaep'tchâr), v.r. (p. e pp. CAPTURED), capturar; sin.: *apprehend; arrest*.

**CARE** (kér), v.r. (p. e pp. CARED), importar-se; cuidar; zelar; sin.: *mind; look after*.

**CARESS** (ca-res'), v.r. (p. e pp. CARESSED), acariciar; sin.: *fondle*.

**CAROUSE** (câr'ráus ou car'rúz), v.r. (p. e pp. CAROUSED), festejar com orgia; embebedar-se; sin.: *revel*.

**CARRY** (ké'ri), v.r. (p. e pp. CARRIED), levar, carregar; continuar; prosseguir; levar avante; sin.: *take, convey; continue; proceed; go ahead*.

**CART** (cârt), v.r. (p. e pp. CARTED), transportar (numa carroça); sin.: *truck, wagon*.

**CARVE** (carv), v.r. (p. e pp. CARVED), esculpir, entalhar; sin.: *chisel, sculpture*.

**CASH** (kae'ch), v.r. (p. e pp. CASHED), converter em dinheiro; descontar títulos; sin.: *exchange for money; release bills*.

**CAST** (kaest), v.i. (p. e pp. CAST), lançar; atirar; fundir; designar os atores para uma peça; sin.: *throw; mold; assign*.

**CASTIGATE** (kaes'ti-ghêit), v.r. (p. e pp. CASTIGATED), castigar; sin.: *chastise*.

**CASTRATE** (kaes'trêit), v.r. (p. e pp. CASTRATED), castrar; sin.: *gelg, capon*.

**CATCH** (kae'tch), v.i. (p. e pp. CAUGHT), apanhar, agarrar; sin.: *seize, grasp, grab, overtake, lay hold of*.

**CATER** (kêi'târ), v.r. (p. e pp. CATERED), prover, fornecer; sin.: *supply, provide*.

**CAUSE** (cóz), v.r. (p. e pp. CAUSED), causar; acarretar; sin.: *bring about; occasion*.

**CAUTION** (có'chân), v.r. (p. e pp. CAUTIONED), prevenir; acautelar; sin.: *warn; admonish*.

**CAVIL** (kae'vil), v.r. ou v.i. (p. e pp. CAVILLED), cavilar; chicanear; sin.: *quibble*.

**CEASE** (ciz), v.r. (p. e pp. CEASED), cessar, sin.: *stop, quit*.

**CEDE** (cid), v.r. (p. e pp. CEDED), ceder; sin.: *grant, give up*.

**CELEBRATE** (cé'le-brêit), v.r. (p. e pp. CELEBRATED), festejar, solenizar; sin.: *commemorate; solemnize*.

**CENSURE** (cen'châr), v.r. (p. e pp. CENSURED), censurar; condenar; sin.: *reprove; condemn*.

**CERTIFY** (sâr'ti-fái), v.r. (p. e pp. CERTIFIED), certificar, atostar; sin.: *attest*.

**CHAFE** (tchêif), v.r. (p. e pp. CHAFED), aquecer (por fricção); irritar-se; sin.: *warm (by rubbing), fret*.

**CHAFFER** (tchae'fâr), v.r. (p. e pp. CHAFFERED), comprar, regatear; trocar ironias ou sarcasmos; palrar; sin.: *buy; haggle; say idly; bandy; bargain; talk idly*.

**CHAIN** (tchêin), v.r. (p. e pp. CHAINED), encadear, acorrentar, algemar; sin.: *link, iron, shackle, fetter*.

**CHALLENGE** (tchae'lendj), v.r. (p. e pp. CHALLENGED), desafiar; disputar; interpelar; sin.: *defy; dispute*.

**CHANCE** (tchaens), v.r. (p. e pp. CHANCED), riscar; acontecer (por acaso), suceder; sin.: *happen; to occur accidentally; hazard*.

**CHANGE** (tchaen'dj), v.r. (p. e pp. CHANGED), mudar, trocar, sin.: *exchange, truck, barter, trade, swop*.

**CHAP** (tchaep), v.i. (p. e pp. CHAPPED), rachar, fender; sin.: *crack; split, cleave; rift*.

**CHAPERON** (chae'pâ-ron), v.r. (p. e pp. CHAPERONED), acompanhar, velar por; sin.: *escort; take care of*.

**CHARGE** (tchár'dj), v.r. (p. e pp. CHARGED), cobrar, atacar; acusar; ordenar; carregar; sin.: *fix a price; put to the account of; attack; accuse; command; load*.

**CHARM** (tcharm), v.r. (p. e pp. CHARMED), encantar; sin.: *delight, enchant*.

**CHARTER** (tchár'târ), v.r. (p. e pp. CHARTERED), privilegiar, patentear, diplomar; sin.: *privilege; patent; graduate*.

**CHASE** (tchêis), v.r. (p. e pp. CHASED), perseguir; cinzelar; sin.: *pursey, hunt; chisel*.

**CHASTISE** (tchaes-táiz'), v.r. (p. e pp. CHASTISED), castigar; sin.: *punish; castigate*.

**CHAT** (tchaet'), v.r. (p. e pp. CHATTED), conversar, tagarelar; bater papo; sin.: *chatter; talk; balb; talk familiarly*.

**CHEAPEN** (tchi'pn), v.r. (p. e pp. CHEAPENED), baratear; baixar o preço de; sin.: *make cheap; become cheap*.

**CHEAT** (tchit), v.r. (p. e pp. CHEATED), enganar; trapacear; sin.: *defraud, bilk, chouse*.

**CHECK** (tchék), v.r. (p. e pp. CHECKED), repelir; refrear; reprimir; conferir; sin.: *repel; restrain; stem; rebuke; mark off*.

**CHEEP** (tchip), v.r. (p. e pp. CHEEPED), gorjear; chilrear; sin.: *chirp; warble*.

**CHEER** (tchir), v.r. (p. e pp. CHEERED), animar, alegrar; aplaudir; sin.: *comfort, buck up; applaud*.

**CHERISH** (tchê'ri-ch), v.r. (p. e pp. CHERISHED), afeiçoar; nutrir (esperança, etc.); sin.: *love; hold in mind*.

**CHEW** (tchu), v.r. (p. e pp. CHEWED), mascar; sin.: *masticate*.

**CHIDE** (tcháid), v.i. (p. CHID; pp. CHIDDEN ou CHID), ralhar com, repreender; sin.: *rebuke, scold, upbraid, reproach*.

**CHIRP** (tchârp), v.r. (p. e pp. CHIRPED), gorjear; chilrear; sin.: *cheep; warble*.

**CHISEL** (tchi'zel), v.r. (p. e pp. CHISELLED), cinzelar; esculpir; sin.: *crave, sculpture*.

**CHOKE** (tchôuk), v.r. (p. e pp. CHOKED), estrangular, sufocar; sin.: *throttle; strangle; suffocate*.

**CHOOSE** (tchuz), v.r. (p. CHOSE; pp. CHOSEN), escolher; sin.: *select, pick out*.

**CHOP** (tchóp), v.r. (p. e pp. CHOPPED), cortar; sin.: *cult, fell, rive, slice*.

**CHOUSE** (tcháuz), v.r. (p. e pp. CHOUSED), lograr, trapacear; sin.: *cheat; defraud*.

**CHRISTEN** (kri'sn), v.r. (p. e pp. CHRISTENED), batizar; sin.: *baptize*.

**CHUCK** (tchâk), v.r. (p. e pp. CHUCKED), cacarejar; afagar; bater de leve; lançar, atirar; sin.: *cackle; fondle; strike gently; toss*.

**CHUCKLE** (tchâ'kl), v.r. (p. e pp. CHUCKLED), rir por entre os dentes; rir de satisfação; sin.: *laugh in a suppressed laugh; laugh quietly to oneself*.

**CHURN** (tchârn), v.r. (p. e pp. CHURNED), bater (leite, nata); agitar-se; revolver-se; sin.: *stir or agitate (cream, milk), as in a churn; agitate violently*.

**CICATRIZE** (cl'câtráiz), v.r. (p. e pp. CICATRIZED), cicatrizar; sin.: *scar*.

**CIPHER** (sái'fâr), v.r. (p. e pp. CIPHERED), calcular, computar; sin.: *figure, compute*.

**CIRCULATE** (saâr'kiú-lêit), v.r. (p. e pp. CIRCULATED), circular; sin.: *move round*.

**CIVILIZE** (ci-vi-láiz), v.r. (p. e pp. CIVILIZED), civilizar; sin.: *bring into a state of civilization; refine; educate from savagery*.

**CLAIM** (clêim), v.r. (p. e pp. CLAIMED),

reclamar; alegar; sin.: *demand; protest; object; allege.*

**CLANG** (claenk), v.r. (p. e pp. clanked), tilintar; retinir; soar agudamente; sin.: *clang, ring, ringing harsh sound.*

**CLAP** (claep), v.r. (p. e pp. CLAPPED), estalar; aplaudir, sin.: *crack; applaud.*

**CLASH** (clae'ch), v.r. (p. e pp. CLASHED), chocar-se; ressoar; sin.: *collide; ressound; echo.*

**CLASP** (claesp), v.r. (p. e pp. CLASPED), prender, afivelar; apertar, abraçar; sin.: *hook, clip, fasten; grasp; embrace.*

**CLASSIFY** (clae'ci-fái), v.r. (p. e pp. CLASSIFIED), classificar; sin.: *rank, class.*

**CLATTER** (clae'tår), v.r. (p. e pp. CLATTERED), retinir, ressoar; ţagarelar; sin.: *sound, rattle; chatter.*

**CLEAN** (clin), v.r. (p. e pp. CLEANED), limpar; sin.: *cleanse, dust.*

**CLEAR** (clir), v.r. (p. e pp. CLEARED), esclarecer; desembaraçar; retirar; evacuar; lucrar; sin.: *explain, illustrate; free; withdraw; quit; profit; draw.*

**CLEAVE** (cliv), v.i. (p. e pp. CLEFT), fender, rachar; sin.: *slit, split, rive.*

**CLIMB** (cláimb), v.r. (p. e pp. CLIMBED), trepar, subir; sin.: *get up, go up, ascend.*

**CLINCH** (clin'tch), v.r. (p. e pp. CLINCHED), segurar firme; sin.: *grasp tightly.*

**CLING** (cling), v.i. (p. e pp. CLUNG), apegar-se; sin.: *adhere; stick.*

**CLINK** (clink), v.r. (p. e pp. CLINKED), retinir, soar; sin.: *clank, ring.*

**CLIP** (clip), v.r. (p. e pp. CLIPPED), cortar, aparar; tosquiar; prender (com presilha); sin.: *cut; pare, shear; clamp, clasp, fasten.*

**CLOSE** (clôuz), v.r. (p. e pp. CLOSED), fechar; concluir; sin.: *shut; finish.*

**CLOTHE** (clôdh), v.i. (p. e pp. CLOTHED ou CLAD), vestir; sin.: *dress; vest.*

**CLUB** (cláb), v.r. (p. e pp. CLUBBED), associar-se, cotizar-se; organizar (um fundo); sin.: *associate, get together; to contribute for a common purpose.*

**CLUTCH** (clå'tch), v.r. (p. e pp. CLUTCHED), agarrar; sin.: *seize, grip, grasp.*

**COIL** (côil), v.r. (p. e pp. COILED), mover-se em círculos; enrolar-se; sin.: *wind spirally or in rings; move in spirals, as a hawk.*

**COIN** (côin), v.r. (p. e pp. COINED), cunhar (moedas); forjar, inventar; sin.: *mint (coins); make up, invent.*

**COLLAPSE** (co-lae'ps), v.r. (p. e pp. COLLAPSED), desmaiar; sin.: *faint; break down.*

**COLLECT** (co-lékt'), v.r. (p. e pp. COLLECTED), recolher, arrecadar; receber contas ou débitos; cobrar; colecionar; sin.: *gather, reap, secure; marke a collection.*

**COLLIDE** (co-láid'), v.r. (p. e pp. COLLIDED), colidir; chocar-se; sin.: *clash, foul.*

**COLOR ou COLOUR** (cå'lår), v.r. (p. e pp. COLORED ou COLOURED), colorir; pintar; sin.: *shade, dye, tinge, tint; paint.*

**COMB** (cômb), v.r. (p. e pp. COMBED), pentear; cardar, almofaçar; pesquisar; encrespar-se; granular (pintura); sin.: *dress the hair with a comb; card, hackle; search through; curl over; grind.*

**COMBAT** (com'baet), v.r. (p. e pp. COMBATED ou COMBATTED), combater, pelejar; sin.: *contend, battle, fight.*

**COMBINE** (com-báinn'), v.r. (p. e pp. COMBINED), unir, coligar-se; sin.: *unite, colligate.*

**COME** (câmm), v.i. (p. CAME; pp. COME), vir, chegar; sin.: *arrive, reach.*

**COMFORT** (câm'fårt), v.r. (p. e pp. COMFORTED), reconfortar; animar; sin.: *cheer, animate.*

**COMMAND** (co-maend'), v.r. (p. e pp. COMMANDED), comandar, governar; sin.: *bid; order; govern; overlook; guard.*

**COMMEMORATE** (co-mê'mo-rêit), v.r. (p. e pp. COMMEMORATED), comemorar, celebrar; sin.: *celebrate, record.*

**COMMENCE** (co-méns'), v.r. (p. e pp. COMMENCED), começar; sin.: *begin, start.*

**COMMEND** (co-ménd'), v.r. (p. e pp. COMMENDED), recomendar; louvar; sin.: *recommend; praise.*

**COMMENT** (cô'ment), v.r. (p. e pp. COMMENTED), comentar, criticar; sin.: *criticise, expound, opine on.*

**COMMIT** (co-mít'), v.r. (p. e pp. COMITTED), cometer; confiar; comprometer-se; empenhar; enviar sob prisão; sin.: *do; compromise; trust with; pledge; consign to prision.*

**COMMUNICATE** (cô-miú'ni-kêit), v.r. (p. e pp. COMMUNICATED), comunicar-se; sin.: *impart; transmit; get in touch with; announce.*

**COMMUTE** (cô-miút'), v.r. (p. e pp. COMMUTED), substituir; sin.: *substitute; replace.*

**COMPARE** (cóm-pér'), v.r. (p. e pp. COMPA-

**COMPEL** (com-pél'), v.r. (p. e pp. COMPELLED), compelir, obrigar; sin.: *drive, force, oblige; subdue; herd; constrain.*

**COMPENSATE** (côm'pen-sêit), v.r. (p. e pp. COMPENSATED), compensar, indenizar; sin.: *reward, indemnify, make amends for, make up for.*

**COMPETE** (com-pít'), v.r. (p. e pp. COMPETED), competir, concorrer; sin.: *contend.*

**COMPILE** (com-páil'), v.r. (p. e pp. COMPILED), compilar; sin.: *collect, compose.*

**COMPLAIN** (com-plêin'), v.r. (p. e pp. COMPLAINED), queixar-se; sin.: *moan over.*

**COMPLETE** (com-plít'), v.r. (p. e pp. COMPLETED), completar; sin.: *finish, end.*

**COMPLICATE** (cóm'pli-kêit), v.r. (p. e pp. COMPLICATED), complicar, dificultar; sin.: *entangle, mix, mingle, confuse.*

**COMPLY** (com-plái'), v.r. (p. e pp. COMPLIED), cumprir, obedecer; aceder, anuir, aquiescer; sin.: *accomplish, carry out; yeld, assent; acquiesce.*

**COMPOUND** (com-páund'), v.r. (p. e pp. COMPOUNDED), compor, misturar; conciliar, transigir; sin.: *compose, mix; reconcile; compromise.*

**COMPREHEND** (com-pri-hend'), v.r. (p. e pp. COMPREHENDED), compreender; abranger; incluir, conter; sin.: *understand; include, comprise, take in.*

**COMPRISE** (com-práiz), v.r. (p. e pp. COMPRISED), abranger, incluir, conter; sin.: *comprehend, include; contain.*

**COMPROMISE** (com'pro-máiz), v.r. (p. e pp. COMPROMISED), comprometer; estabelecer acordo ou ajuste; transigir; pactuar; sin.: *commit, settle by concession; compound.*

**COMPUTE** (com-piút'), v.r. (p. e pp. COMPUTED), computar, calcular; sin.: *figure out, calculate.*

**CONCEAL** (con-cil'), v.r. (p. e pp. CONCEALED), ocultar; dissimular; disfarçar; sin.: *hide, keep secret, disguise; cloak.*

**CONCEDE** (con-cid'), v.r. (p. e pp. CONCEDED), conceder; admitir; sin.: *grant, allow; admit.*

**CONCEIVE** (con-civ'), v.r. (p. e pp. CONCEIVED), conceber; imaginar; compreender; sin.: *imagine, figure, understand.*

**CONCENTRATE** (con'cen-trêit), v.r. (p. e pp. CONCENTRATED), concentrar(-se); intensificar, sin.: *center, centralize, condense.*

**CONCERN** (con-çârn'), v.r. (p. e pp. CONCERNED), concernir, dizer respeito; interessar-se; inquietar-se, afligir-se; sin.: *relate to, belong; interest, affect; make uneasy.*

**CONCERT** (con-çârt'), v.r. (p. e pp. CONCERTED), ajustar, maquinar; planejar; sin.: *arrange, adjust; plan, plot.*

**CONCILIATE** (con-ci'li-êit), v.r. (p. e pp. CONCILIATED), conciliar; granjear (afeição, etc.); sin.: *pacify; win the affections of.*

**CONCLUD** (con-clud'), v.r. (p. e pp. CONCLUDED), concluir, inferir, deduzir; sin.: *end, finish; infer, deduce.*

**CONCOCT** (con-kokt'), v.r. (p. e pp. CONCOCTED), cozinhar; planejar; tramar; misturar; sin.: *cook; plan out; plot; make by mixing (ingredients, as a drink).*

**CONDEMN** (con-demn'), v.r. (p. e pp. CONDEMNED), condenar; sin.: *sentence; convict.*

**CONDOLE** (con-dôul'), v.r. (p. e pp. CONDOLED), dar pêsames, sin.: *sympathize with.*

**CONDUCT** (con-dokt'), v.r. (p. e pp. CONDUCTED), conduzir; guiar; levar, sin.: *lead, direct, carry.*

**CONFER** (con-fâr'), v.r. (p. e pp. CONFERRED), conferenciar; conceder; conferir; sin.: *consult; give; bestow upon.*

**CONFESS** (con-fés'), v.r. (p. e pp. CONFESSED), confessar; reconhecer; sin.: *own, admit, avow.*

**CONFIDE** (con-fáid'), v.r. (p. e pp. CONFIDED), confiar; fiar-se; sin.: *trust, rely on, intrust.*

**CONFINE** (con'fáinn), v.r. (p. e pp. CONFINED), confinar, limitar; sin.: *border upon, limit.*

**CONFIRM** (con-fêrm'), v.r. (p. e pp. CONFIRMED), confirmar, assegurar; sin.: *strengthen, assure.*

**CONFISCATE** (con'fis-kêit), v.r. (p. e pp. CONFISCATED), confiscar; sin.: *seize, appropriate; take possession.*

**CONFORM** (con-fórm'), v.r. (p. e pp. CONFORMED), adaptar, conformar; sujeitar-se; sin.: *adapt, accord; obey; comply with.*

**CONFOUND** (con-fáund'), v.r. (p. e pp. CONFOUNDED), confundir; sin.: *confuse, astonish.*

**CONFRONT** (con-frônt'), v.r. (p. e pp. CONFRONTED), confrontar; afrontar; sin.: *compare, collate; face, brave.*

**CONFUSE** (con-fiúz'), v.r. (p. e pp. CONFUSED), confundir, embaraçar; sin.: *mingle, mistake.*

**CONGRATULATE** (con-grae'tiú-lêit), v.r. (p. e pp. CONGRATULATED), cumprimentar, felicitar, congratular; sin.: *compliment.*

**CONGREGATE** (con'gri-ghêit), v.r. (p. e pp. CONGREGATED), congregar, reunir; sin.:*gather, assemble.*

**CONJUGATE** (con'dju-ghêit), v.r. (p. e pp. CONJUGATED), conjugar; sin.: *inflect.*

**CONNECT** (con-nêkt'), v.r. (p. e pp. CONNECTED), ligar; sin.: *join, link.*

**CONNIVE** (co-náiv'), v.r. (p. e pp. CONNIVED), tolerar faltas; mancomunar-se; sin.: *wink at a fault; agree mutually.*

**CONQUER** (con'cãr), v.r. (p. e pp. CONQUERED), conquistar, vencer; sin.: *vanquish; win.*

**CONSECRATE** (con'si-crêit), v.r. (p. e pp. CONSECRATED), consagrar, canonizar; sin.: *render holy; canonize.*

**CONSENT** (con-sent'), v.r. (p. e pp. CONSENTED), consentir; sin.: *agree, yield, acquiesce.*

**CONSERVE** (con-serv'), v.r. (p. e pp. CONSERVED), guardar em conserva; sin.: *preserve.*

**CONSIDER** (con-si'dãr), v.r. (p. e pp. CONSIDERED), considerar; deliberar; estudar, examinar; sin.: *regard, look upon; deliberate; study; examine.*

**CONSOLE** (con-sôul'), v.r. (p. e pp. CONSOLED), consolar; sin.: *comfort.*

**CONSPIRE** (cons-pái'ãr), v.r. (p. e pp. CONSPIRED), conspirar; sin.: *plot.*

**CONSTIPATE** (côns'ti-pêit), v.r. (p. e pp. CONSTIPATED), constipar (intestinos); sin.: *clog (the intestines).*

**CONSTITUTE** (côns'ti-tiút), v.r. (p. e pp. CONSTITUTED), constituir; sin.: *establish; form.*

**CONSTRAIN** (cons-trêinn'), v.r. (p. e pp. CONSTREINED), constranger; forçar; sin.: *compel, force.*

**CONSTRUCT** (cons-trôkt'), v.r. (p. e pp. CONSTRUCTED), construir; sin.: *build.*

**CONSTRUE** (cons'tru), v.r. (p. e pp. CONSTRUED), traduzir; explicar; sin.: *translate; explain.*

**CONSULT** (con-sãlt'), v.r. (p. e pp. CONSULTED), consultar, pedir conselho; deliberar, conferenciar; sin.: *ask for advice; deliberate, confer.*

**CONSUME** (con-siúmm'), v.r. (p. e pp. CONSUMED), consumir; sin.: *use up.*

**CONSUMMATE** (côn'sã-mêit), v.r. (p. e pp. CONSUMMATED), consumar, rematar; sin.: *complate, perfect, acomplish.*

**CONTAIN** (con-têinn'), v.r. (p. e pp. CONTAINED), conter; reprimir; sin.: *hold; restrain.*

**CONTEMPLATE** (con'tem-plêit), v.r. (p. e pp. CONTEMPLATED), meditar, ponderar; projetar; tencionar, ter em vista; sin.: *meditate, ponder; plan, intend, purpose.*

**CONTEND** (con-tênd'), v.r. (p. e pp. CONTENDED), contender, disputar, competir; sin.: *strive, dispute; debate.*

**CONTEST** (con-tést'), v.r. (p. e pp. CONTESTED), contestar, refutar, disputar; sin.: *oppose, refute; dispute.*

**CONTINUE** (con-ti'niú'), v.r. (p. e pp. CONTINUED), continuar, ficar; sin.: *prolong, persist in, remain.*

**CONTRACT** (con-traek'), v.r. (p. e pp. CONTRACTED), contrair, contratar; ajustar; sin.: *catch, acquire, draw together; shrink up; shorten; bargain.*

**CONTRADICT** (con-trae-dikt'), v.r. (p. e pp. CONTRADICTED), contradizer; sin.: *gainsay, deny.*

**CONTRAST** (con-traest'), v.r. (p. e pp. CONTRASTED), contrastar; sin.: *show diferences when compared.*

**CONTRAVENE** (con-trae-vin'), v.r. (p. e pp. CONTRAVINED), infringir, transgredir; sin.: *violate, infringe, transgress.*

**CONTRIBUTE** (con-tri'biút), v.r. (p. e pp. CONTRIBUTED), contribuir; doar; sin.: *help on; cooperate; give.*

**CONTRIVE** (con-tráiv'), v.r. (p. e pp. CONTRIVED), projetar, imaginar, inventar; efetuar; sin.: *plan, scheme, plot; bring about.*

**CONTROL** (con-trôl'), v.r. (p. e pp. CONTROLLED), controlar; sin.: *audity, fiscalize.*

**CONVERGE** (con-vãr'dj), v.r. (p. e pp. CONVERGED), convergir; sin.: *approach one common center.*

**CONVERSE** (con-vãrs'), v.r. (p. e pp. CONVERSED), conversar, sin.: *talk, chat.*

**CONVERT** (con-vãrt'), v.r. (p. e pp. CON-

VERTED), converter; sin.: *change, turn into.*
**CONVEY** (con-vêi'), v.r. (p. e pp. CONVEYED), transportar; transmitir; exprimir, sin.: *transport; transmit; express.*
**CONVICT** (con-vict'), v.r. (p. e pp. CONVICTED), condenar; pronunciar (um réu); sin.: *condemn; prove guilty.*
**CONVINCE** (con-vins'), v.r. (p. e pp. CONVINCED), convencer; sin.: *persuade.*
**COOK** (cuk), v.r. (p. e pp. COOKED), cozinhar; sin.: *prepare (food) as by boiling, frying, or roasting.*
**COOL** (cul), v.r. (p. e pp. COOLED), esfriar; acalmar; sin.: *make or grow colder.*
**COOPERATE** (co-ôp'rêit), v.r. (p. e pp. COOPERATED), cooperar, coadjuvar; sin.: *assist, contribute, work together.*
**COPE** (côup), v.r. (p. e pp. COPED), combater; lutar contra; sin.: *fight, vie.*
**COPY** (có'pi), v.r. (p. e pp. COPIED), copiar; sin.: *reproduce, transcribe.*
**COPYRIGHT** (có'pi-ráit), v.r. (p. e pp. COPYRIGHTED), ressalvar direitos autorais; sin.: *secure the copyright of.*
**CORK** (córk), v.r. (p. e pp. CORKED), arrolhar; sin.: *stop, plug.*
**CORNER** (có'nâr), v.r. (p. e pp. CORNERED), encurralar; levar à parede; sin.: *drive into a position from which escape is dificult.*
**CORRECT** (cor-rékt'), v.r. (p. e pp. CORRECTED), corrigir; punir; sin.: *amend, punish.*
**CORRESPOND** (côr-rês-pónd'), v.r. (p. e pp. CORRESPONDED), corresponder; sin.: *tally, answer, agree with; keep up a correspondence.*
**CORRUPT** (cor-rupt'), v.r. (p. e pp. CORRUPTED), corromper; sin.: *bribe; debase, vitiate.*
**COST** (cóst), v.i. (p. e pp. COST), custar; sin.: *be prised at; amount to.*
**COUGH** (cóf), v.r. (p. e pp. COUGHED), tossir; sin.: *expel air from the lungs in a noisy manner.*
**COUNT** (cáunt), v.r. (p. e pp. COUNTED), contar; ter em conta; considerar como; sin.: *number, sum up, rompute; consider.*
**COUNTERFEIT** (cáun'târ-fêit), v.r. (p. e pp. COUNTERFEITED), contrafazer; falsificar, sin.: *forge, falsify, adulterate.*
**COURT** (côrt), v.r. (p. e pp. COURTED), cortejar; namorar; solicitar; sin.: *flirt, gallant; solicit.*
**COVER** (câ'vâr), v.r. (p. e pp. COVERED), cobrir, encapar; abranger, compreender; ocultar; sin.: *coat, clothe, protect; comprise; hide.*
**COVET** (câ'vet), v.r. (p. e pp. COVETED), cobiçar; sin.: *lust after.*
**CRACK** (craek), v.r. (p. e pp. CRACKED), fender, rachar, estalar; sin.: *split.*
**CRAM** (craem), v.r. (p. e pp. CRAMMED), atulhar; sin.: *stuff, fill up.*
**CRANE** (crêine), v.r. (p. e pp. CRANED), guindar, içar; sin.: *hoist, raise, lift.*
**CRAWL** (cról), v.r. (p. e pp. CROWLED), arrastar-se; sin.: *drag, trail.*
**CREATE** (cri-êit'), v.r. (p. e pp. CREATED), criar; inventar; sin.: *produce; invent.*
**CREDIT** (cré'dit), v.r. (p. e pp. CREDITED), crer, acreditar, creditar; sin.: *believe, trust; set to the credit of.*
**CREEP** (crip), v.i. (p. e pp. CREPT), engatinhar; sin.: *crawl.*
**CREMATE** (cri'mêit), v.r. (p. e pp. CREMATED), cremar; sin.: *burn to ashes.*
**CRIB** (crib), v.r. (p. e pp. CRIBBED), confinar; encurralar; plagiar; "colar" (uma lição, etc.); sin.: *confine; cage; plagiarize.*
**CRITICIZE** (cri'ti-çáiz), v.r. (p. e pp. CRITICIZED), criticar; sin.: *comment on; censure.*
**CROON** (crunn), v.r. (p. e pp. CROONED), cantar; sin.: *sing, chant.*
**CROP** (cróp), v.r. (p. e pp. CROPPED), cortar; colher; segar; semear; sin.: *hew, prume; harvest reap, sow.*
**CROSS** (crôs), v.r. (p. e pp. CROSSED), cruzar; atravessar; riscar; sin.: *lay across; run through; strike off.*
**CROUCH** (cráutch), v.r. (p. e pp. CROUCHED), agachar-se; sin.: *cringe.*
**CROW** (cróu), v.r. ou v.i. (p. e pp. CREW ou CROWED), cocoricar; gabar-se; sin.: *cry as a cock; boast.*
**CROWN** (cráun), v.r. (p. e pp. CROWNED), coroar; recompensar; encimar; sobrepor; sin.: *invest with a crown; reward; crest, top, cap.*
**CRUMBLE** (cram'bl), v.r. (p. e pp. CRUMBLED), chegar-se; aninhar-se; afagar; embalar; sin.: *snugle, nestle; lull.*
**CRUNCH** (cran'tch), v.r. (p. e pp. CRUNCHED), trincar; mascar; sin.: *chew, crush.*
**CRUSH** (crâ'ch), v.r. (p. e pp. CRUSHED),

esmagar; espremer; sin.: *bruise; press; squeeze.*
**CRY** (crái), v.r. (p. e pp. CRIED), gritar; chorar, sin.: *shout; weep.*
**CRUMPLE** (cram'pl), v.r. (p. e pp. CRUMPLED), esmigalhar; sin.: *grind.*
**CUDDLE** (cã'dl), v.r. (p. e pp. CUDDLED), amarrotar; sin.: *rimple, rumple, ruffle.*
**CUDGEL** (cã'djél), v.r. (p. e pp. CUDGELED), esbordoar; sin.: *drub, wallop.*
**CUFF** (cãf), v.r. (p. e pp. CUFFED), esmurrar, sin.: *box, slap.*
**CUMBER** (cam'bãr), v.r. (p. e pp. CUMBERED), estorvar; incomodar; sin.: *hinder; disturb.*
**CURDLE** (cãr'dl), v.r. (p. e pp. CURDLED), coalhar; coagular-se; sin.: *coagulate.*
**CURE** (kiúr), v.r. (p. e pp. CURED), curar; sin.: *heal.*
**CURL** (cãrl), v.r. (p. e pp. CURLED), anelar-se; enrolar-se; sin.: *coil; crisp.*
**CURSE** (cãrs), v.r. (p. e pp. CURSED), amaldiçoar, blasfemar; sin. *invoke evil upon, swear.*
**CURTAIL** (cãr-têil), v.r. (p. e pp. CURTAILED), encurtar, reduzir; aparar; sin.: *shorten, cut short; pare.*
**CURVE** (cãrv), v.r. (p. e pp. CURVED), curvar; sin.: *bend.*
**CUT** (cãt), v.i. (p. e pp. CUT), cortar; sin.: *hew, cleave, chop.*
**CYCLE** (sái'kl), v.r. (p. e pp. CYCLED), andar de bicicleta; sin.: *ride a bicycle.*

# D

**DABBLE** (dé'bl), v.r. (p. e pp. DABBLED), salpicar, borrifar; sin.: *sprinkle; splash.*
**DAGGLE** (dé'gl), v.r. (p. e pp. DAGGLED), enlamear-se; sin.: *draggle; trail through mud.*
**DALLY** (dé'li), v.r. (p. e pp. DALLIED), brincar, galhofar; sin.: *play, fondle, linger.*
**DAM** (démm), v.r. (p. e pp. DAMMED), represar, tapar; sin.: *close up, stop up, restrain.*
**DAMAGE** (dé'mae'dj), v.r. (p. e pp. DAMAGED), prejudicar, danificar; sin.: *injure, harm.*
**DAMP** (démp), v.r. (p. e pp. DAMPED), umedecer; desanimar; sin.: *moisten, stifle.*
**DANCE** (daens), v.r. (p. e pp. DANCED), dançar, bailar; sin.: *bob up and down.*
**DANDLE** (dén'dl), v.r. (p. e pp. DANDLED), acariciar, embalar; sin.: *fondle, pet, toy with.*
**DANGLE** (dén'gl), v.r. (p. e pp. DANGLED), bambolear(-se), balançar(-se); sin.: *sway, swing.*
**DARE** (dér), v.r. (p. e pp. DARED), atrever-se; ousar; sin.: *venture, face, embolden.*
**DARKEN** (dar'kenn), v.r. (p. e pp. DARKENED), ensombrear, escurecer; sin.: *obscure; sully.*
**DART** (dart), v.r. (p. e pp. DARTED), arremessar; dardejar; sin.: *throw, hurl, shoot.*
**DASH** (dé'ch), v.r. (p. e pp. DASHED), lançar, arremessar; sin.: *smash, splash, destroy.*
**DASTARDIZE** (dés'taer-dáiz), v.r. (p. e pp. DASTARDIZED), amedrontar, intimidar; sin.: *frighten, intimidate.*
**DATE** (dêit), v.r. (p. e pp. DATED), datar, contar; sin.: *determine the date of.*
**DAUB** (dób), v.r. (p. e pp. DAUBED), emplastar; borrar; sin.: *smear, soil, grease.*
**DAUNT** (dáunt), v.r. (p. e pp. DAUNTED), desanimar, intimidar; sin.: *dishearten, subdue.*
**DAWDLE** (dó'dl), v.r. (p. e pp. DAWDLED), zangar; vadiar; sin.: *loiter, loaf.*
**DAWN** (dónn), v.r. (p. e pp. DAWNED), amanhecer, alvorecer; sin.: *begin to appear.*
**DAZZLE** (dé'zl), v.r. (p. e pp. DAZZLED), deslumbrar, ofuscar; sin.: *splendor, offuscate.*
**DEAL** (di'il), v.i. (p. e pp. DEALT), distribuir, repartir; sin.: *portion out, distribute.*
**DEBAR** (di-bar'), v.r. (p. e pp. DEBARRED), cortar, excluir; sin.: *prevent, hinder, prohibit.*
**DEBASE** (di-bêiz'), v.r. (p. e pp. DEBASED), falsificar, aviltar; sin.: *demean, lower.*
**DEBATE** (di-bêit'), v.r. (p. e pp. DEBATED), discutir, debater; sin.: *discuss, dispute.*
**DEBAUCH** (di-bó'tch), v.r. (p. e pp. DEB-

AUCHED), depravar, corromper; sin.: *vitiate, corrupt.*
**DEBILITATE** (di-bi'li-têit), v.r. (p. e pp. DEBILITATED), debilitar, enfraquecer; sin.: *enervate, enfeeble, impair, weaken.*
**DEBIT** (dé'bit), v.r. (p. e pp. DEBITED), debitar, lançar ao débito.
**DECAPITATE** (di-ké'pi-têit), v.r. (p. e pp. DECAPITED), decapitar, degolar; sin.: *behead.*
**DECAY** (di-kêi'), v.r. (p. e pp. DECAYED), decair, arruinar(-se), sin.: *impair, deteriorate.*
**DECEASE** (di-çi'iz), v.r. (p. e pp. DECEASED), falecer, morrer; sin.: *pass away, die.*
**DECEIVE** (di-çi'iv), v.r. (p. e pp. DECEIVED), iludir, enganar; sin.: *mislead, gull.*
**DECIDE** (di-çáid'), v.r. (p. e pp. DECIDED), resolver-se, decidir-se; sin.: *resolve, adjust.*
**DECIPHER** (di-çái'fár), v.r. (p. e pp. DECIPHERED), interpretar, decifrar; sin.: *interprete.*
**DECK** (dék), v.r. (p. e pp. DECKED), ornamentar; ornar; sin.: *adorn, embelish, array.*
**DECLAIM** (di-klêimm'), v.r. (p. e pp. DECLAIMED), declamar; recitar; sin.: *make recitation.*
**DECLARE** (di-klér'), v.r. (p. e pp. DECLARED), proclamar, declarar; sin.: *reveal; proclaim.*
**DECLINE** (di-kláinn'), v.r. (p. e pp. DECLINED), baixar, declinar, sin.: *lower, refuse.*
**DECODE** (di-kôud'), v.r. (p. e pp. DECODED), decifrar códigos; sin.: *translate by code.*
**DECOLLATE** (di-kó'lêit), v.r. (p. e pp. DECOLLATED), decapitar, degolar; sin.: *decapitate.*
**DECOMPOSE** (di-kêm-pôuz'), v.r. (p. e pp. DECOMPOSED), decompor, desintegrar (-se); sin.: *decompound, rot, desintegrate.*
**DECORATE** (dé-kôu-rêit), v.r. (p. e pp. DECORATED), decorar, ornamentar; sin.: *deck, put decorations.*
**DECOY** (di-kói'), v.r. (p. e pp. DECOYED), engodar, seduzir; sin.: *to lure into a trap.*
**DECREASE** (di-kri'iz), v.r. (p. e pp. DECREASED), decrescer, diminuir; sin.: *lessen, abate.*
**DECREE** (di-kri'), v.r. (p. e pp. DECREED), determinar, decretar; sin.: *to order by decree.*
**DEDICATE** (dé'di-kêit), v.r. (p. e pp. DEDICATED), dedicar(-se), oferecer; sin.: *devote, consecrate.*
**DEDUCE** (di-diúss'), v.r. (p. e pp. DEDUCED), inferir, deduzir; sin.: *infer, conclude.*
**DEDUCT** (di-dákt'), v.r. (p. e pp. DEDUCTED), subtrair, deduzir; sin.: *reduce, subtract.*
**DEEM** (dimm), v.r. (p. e pp. DEEMED), considerar, julgar; sin.: *judge, think, doom.*
**DEEPEN** (di'penn), v.r. (p. e pp. DEEPENED), aprofundar, profundar; sin.: *to become deeper.*
**DEFACE** (di-fêiss'), v.r. (p. e pp. DEFACED), deformar, desfigurar; sin.: *deform, disfigure.*
**DEFALCATE** (di-fél'kêit), v.r. (p. e pp. DEFALCATED), desfalcar; defraudar; sin.: *cut off; embezzle.*
**DEFAME** (di-fêimm'), v.r. (p. e pp. DEFAMED), difamar, caluniar; sin.: *asperse, caluniate.*
**DEFAULT** (di-fôlt'), v.r. (p. e pp. DEFAULTED), violar um contrato; faltar ao juri; sin.: *to fail to appear in court.*
**DEFEAT** (di-fi'it), v.r. (p. e pp. DEFEATED), derrotar, desbaratar; sin.: *overpower, beat.*
**DEFEND** (di-fênd'), v.r. (p. e pp. DEFENDED), amparar, defender; sin: *protect, shield.*
**DEFER** (di-fár'), v.r. (p. e pp. DEFERRED), adiar, protelar; sin.: *postpone, delay, retard.*
**DEFINE** (di-fáinn'), v.r. (p. e pp. DEFINED), determinar, definir; sin.: *explain, determinate.*
**DEFLECT** (di-flékt'), v.r. (p. e pp. DEFLECTED), inclinar, desviar; sin.: *swerve.*
**DEFORM** (di-form'), v.r. (p. e pp. DEFORMED), deformar, desfigurar; sin.: *disfigure, mar.*
**DEFRAUD** (di-frôd'), v.r. (p. e pp. DEFRAUDED), lograr; defraudar; sin.: *deceive, cozen.*
**DEFRAY** (di-frêi'), v.r. (p. e pp. DEFRAYED), patrocinar, custear; sin.: *satisfy, pay for.*
**DEFY** (di-fái'), v.r. (p. e pp. DEFIED), desafiar; provocar; sin.: *provoke, challenge.*

**DEGENERATE** (di-dje'nâ-rêit), v.r. (p. e pp. DEGENERATED), degenerar, depravar (-se); sin.: *lower, deteriorate, deviate.*

**DEGRADE** (di-grêid'), v.r. (p. e pp. DEGRADED), degradar(-se), aviltar(-se); sin.: *humble, debase.*

**DEIGN** (dêinn), v.r. (p. e pp. DEIGNED), condescender, dignar-se; sin.: *vouchsafe.*

**DEJECT** (di-djékt'), v.r. (p. e pp. DEJECTED), desanimar, abater; sin.: *abate, depress.*

**DELATE** (di-lêit'), v.r. (p. e pp. DELATED), delatar, denunciar; sin.: *relate, denounce.*

**DELAY** (di-lêi'), v.r. (p. e pp. DELAYED), demorar(-se), retardar; sin.: *retard, detain.*

**DELEGATE** (dé'li-ghêit), v.r. (p. e pp. DELEGATED), comissionar, delegar; sin.: *appoint as a delegate.*

**DELIBERATE** (di-li'bâ-rêit), v.r. (p. e pp. DELIBERATED), considerar, deliberar; sin.: *consider.*

**DELIGHT** (di-láit), v.r. (p. e pp. DELIGHTED), alegrar, encantar; sin.: *please highly.*

**DELINEATE** (di-li'ni-êit), v.r. (p. e pp. DELINEATED), esboçar, delinear; sin.: *depict, design.*

**DELIVER** (di-li'vâr), v.r. (p. e pp. DELIVERED), entregar; libertar; sin.: *rescue, release.*

**DELUDE** (di-liúd'), v.r. (p. e pp. DELUDED), iludir, enganar; sin.: *deceive, mislead.*

**DEMAND** (di-maend'), v.r. (p. e pp. DEMANDED), reclamar, exigir; sin.: *request, solicit.*

**DEMEAN** (di-mi'inn), v.r. (p. e pp. DEMEANED), rebaixar, aviltar; sir.: *comport, behave.*

**DEMOLISH** (di-mó'li-ch), v.r. (p. e pp. DEMOLISHED), demolir, destruir; sin.: *overturn, overthrow.*

**DEMONSTRATE** (dé'mons-trêit), v.r. (p. e pp. DEMONSTRATED), provar, demonstrar; sin.: *prove, evince, show.*

**DEMORALIZE** (di-mó'rae-láiz), v.r. (p. e pp. DEMORALIZED), desmoralizar, corromper; sin.: *disorder, corrupt, lower the morals.*

**DEMOUNT** (di-máunt'), v.r. (p. e pp. DEMOUNTED), desmontar, desmantelar; sin.: *dismantle.*

**DEMULCE** (di-mâls'), v.r. (p. e pp. DEMULCED), amansar, amaciar; sin.: *soothe, soften.*

**DEMUR** (di-mâr), v.r. (p. e pp. DEMURED), objetar, hesitar; sin.: *object, hesitate.*

**DENOMINATE** (di-nô'mi-nêit), v.r. (p. e pp. DENOMINATED), designar, denominar; sin.: *name, entitle.*

**DENOTE** (di-nôut'), v.r. (p. e pp. DENOTED), indicar, denotar; sin.: *mean, indicate, imply.*

**DENY** (di-nái'), v.r. (p. e pp. DENIED), negar, renegar; sin.: *contradict, disavow, oppose.*

**DEODORIZE** (di-ôu'do-ráiz), v.r. (p. e pp. DEODORIZED), desodorizar, desinfetar; sin.: *desinfect.*

**DEPART** (di-part'), v.r. (p. e pp. DEPARTED), partir, afastar-se; sin.: *leave, retire, go.*

**DEPEND** (di-pend'), v.r. (p. e pp. DEPENDED), depender de; contar com; sin.: *rely, trust.*

**DEPICT** (di-pikt'), v.r. (p. e pp. DEPICTED), pintar, descrever; sin.: *delineate, portray.*

**DEPLORE** (di-plôur'), v.r. (p. e pp. DEPLORED), deplorar, lamentar; sin.: *mourn, lament.*

**DEPORT** (di-pôrt'), v.r. (p. e pp. DEPORTED), deportar, exilar; sin.: *carry, behave, conduct.*

**DEPOSE** (di-pôuz'), v.r. (p. e pp. DEPCSED), depor, destituir; sin.: *dethrone, turn out.*

**DEPOSIT** (di-pô'zit), v.r. (p. e pp. DEPOSITED), depositar; assentar; sin.: *lay down.*

**DEPRAVE** (di-prêiv'), v.r. (p. e pp. DEPRAVED), corromper, depravar; sin.: *corrupt, vitiate.*

**DEPRECATE** (de'pri-kêit), v.r. (p. e pp. DEPRECATED), esconjurar, deprecar; sin.: *pray against.*

**DEPRECIATE** (di-pri'chi-êit), v.r. (p. e pp. DEPRECIATED), menosprezar, depreciar; sin.: *disparage, traduce, decry, underrate.*

**DEPREDATE** (de'pri-dêit), v.r. (p. e pp. DEPREDATED), depredar, devastar; sin.: *plunder.*

**DEPRESS** (di-préss'), v.r. (p. e pp. DEPRESSED), deprimir, abater; sin.: *sink, lower, abase.*

**DEPRIVE** (di-práiv'), v.r. (p. e pp. DEPRIVED), privar, destituir; sin.: *dispossess, rob.*

**DERAIL** (di-rêil'), v.r. (p. e pp. DERAILED), descarrilar; sin.: *run off the track.*

**DERANGE** (di-rêin'dj), v.r. (p. e pp. DERAN-

GED), desarranjar, decompor; sin.: *disarrange, disturb*.
**DERIDE** (di-ráid'), v.r. (p. e pp. DERIDED), zombar, escarnecer; sin.: *ridicule, mock*.
**DERIVE** (di-ráiv), v.r. (p. e pp. DERIVED), deduzir, derivar; sin.: *deduce, trace*.
**DEROGATE** (de'rŏu-ghêit'), v.r. (p. e pp. DEROGATED), derrogar, separar; sin.: *take away*.
**DESAGGREGATE** (di-zae'gri-ghêit), v.r. (p. e pp. DESAGGREGATED), desagregar; sin.: *disjoin*.
**DESCANT** (des-kênt'), v.r. (p. e pp. DESCANTED), discorrer, dissertar; sin.: *discourse, sing*.
**DESCEND** (dis-cend'), v.r. (p. e pp. DESCENDED), descender, descer; sin.: *move downward*.
**DESCRIBE** (dis-kráib'), v.r. (p. e pp. DESCRIBED), narrar, descrever; sin.: *delineate, relate*.
**DESECRATE** (de'zi-krêit), v.r. (p. e pp. DESECRATED), violar, profanar; sin.: *profane, defile*.
**DESERT** (di-zârt'), v.r. (p. e pp. DESERTED), desertar, transfugir; sin.: *abandon; abdicate*.
**DESERVE** (di-zârv'), v.r. (p. e pp. DESERVED), merecer, ser digno; sin.: *merit*.
**DESIGN** (di-záinn'), v.r. (p. e pp. DESIGNED), projetar, planejar; sin.: *plan, sketch*.
**DESIGNATE** (de'zig-nêit'), v.r. (p. e pp. DESIGNATED), denominar, designar; sin.: *name, appoint*.
**DESIRE** (di-záï'ăr), v.r. (p. e pp. DESIRED), desejar, cobiçar; sin.: *wish, want, long for*.
**DESIST** (di-zist'), v.r. (p. e pp. DESISTED), desistir, renunciar; sin.: *cease, stop, abstain*.
**DESOLATE** (de'sŏu-lêit'), v.r. (p. e pp. DESOLATED), desolar, despovoar; sin.: *lay waste, ruin*.
**DESPAIR** (dis-pêr'), v.r. (p. e pp. DESPAIRED), desesperar, descoroçoar; sin.: *become hopeless*.
**DESPATCH** (des-pê'tch), v.r. (p. e pp. DESPATCHED), despachar, expedir; sin.: *send away*.
**DESPISE** (dis-páiz'), v.r. (p. e pp. DESPISED), desprezar, desdenhar; sin.: *scorn, disdain*.
**DESPOIL** (dis-póil), v.r. (p. e pp. DESPOILED), despojar, espoliar; sin.: *deprive, plunder*.
**DESPOND** (dis-pond'), v.r. (p. e pp. DESPONDED), desanimar, acabrunhar-se; sin.: *lose courage*.
**DESTROY** (des-trói'), v.r. (p. e pp. DESTROYED), despedaçar, destruir; sin.: *annihilate, demolish*.
**DETACH** (di-tê'tch), v.r. (p. e pp. DETACHED), destacar, desligar; sin.: *separate, detail*.
**DETAIL** (di-têil'), v.r. (p. e pp. DETAILED), particularizar, detalhar; sin.: *particularize*.
**DETAIN** (di-têinn'), v.r. (p. e pp. DETAINED), reter, deter; sin.: *withhold, keep back*.
**DETECT** (di-tékt'), v.r. (p. e pp. DETECTED), descobrir, denunciar; sin.: *discover, expose*.
**DETER** (di-târ'), v.r. (p. e pp. DETERRED), impedir, embaraçar; sin.: *discourage, hinder*.
**DETERIORATE** (di-ti'riŏu-rêit), v.r. (p. e pp. DETERIORATED), deteriorar(-se), estragar; sin.: *degrade, depreciate, degenerate, corrupt*.
**DETERMINE** (di-târ'minn), v.r. (p. e pp. DETERMINED), determinar, decidir; sin.: *decide, define*.
**DETEST** (di-tést'), v.r. (p. e pp. DETESTED), odiar, detestar; sin.: *hate, abhor, loath*.
**DETHRONE** (di-çrŏunn'), v.r. (p. e pp. DETHRONED), destronar; sin.: *depose, divest of authority*.
**DETRACT** (di-trékt'), v.r. (p. e pp. DETRACTED), caluniar, difamar; sin.: *difame, vilify*.
**DEVASTATE** (de'vaes-têit), v.r. (p. e pp. DEVASTATED), devastar; assolar; sin.: *despoil, desolate*.
**DEVELOPE** (di-vê'lăp)), v.r. (p. e pp. DEVELOPED), desenvolver-se; revelar (foto); sin.: *uncover, unfold, disclose, disentangle*.
**DEVIATE** (di'vi-êit), v.r. (p. e pp. DEVIATED), desviar(-se), apartar(-se); sin.: *deflect; digress*.
**DEVISE** (di-váiz'), v.r. (p. e pp. DEVISED), imaginar, inventar; sin.: *invent, contrive, plan*.
**DEVOLVE** (di-vólv'), v.r. (p. e pp. DEVOLVED), transferir; transmitir; sin.: *transmit*.
**DEVOTE** (di-vŏut'), v.r. (p. e pp. DEVOTED), devotar-se, consagrar-se; sin.: *dedicate, consign*.

**DEVOUR** (di-våur'), v.r. (p. e pp. DEVOURED), devorar, tragar; sin.: *consume, annihilate.*

**DIALOGUE** (dál'ae-lóg), v.r. (p. e pp. DIALOGUED), dialogar; sin.: *to hold a conversation.*

**DICTATE** (dik'tĕit), v.r. (p. e pp. DICTATED), ditar, prescrever; sin.: *direct, instruct.*

**DIE** (dái), v.r. (p. e pp. DIED), morrer, expirar; sin.: *perish, expire, decease.*

**DIFFER** (di'fǎr), v.r. (p. e pp. DIFERED), diferir, divergir; sin.: *disagree, dissent.*

**DIFFUSE** (di-fiúz'), v.r. (p. e pp. DIFUSED), difundir, propagar; sin.: *spread out, scatter.*

**DIG** (dĕg), v.i. (p. e pp. DUG), cavar, escavar; sin.: *excavate, thrust, nudge, prod.*

**DIGEST** (di-djest'), v.r. (p. e pp. DIGESTED), assimilar, digerir; sin.: *absorb mentally, assimilate.*

**DIGNIFY** (dig'ni-fái), v.r. (p. e pp. DIGNIFIED), exaltar, dignificar; sin.: *exalt, elevate.*

**DILACERATE** (di-lé'çâ-rĕit), v.r. (p. e pp. DILACERATED), dilacerar; sin.: *rip, tear.*

**DILAPIDATE** (di-lé'pi-dĕit), v.r. (p. e pp. DILAPIDATED), arruinar, dilapidar; sin: *ruin, waste.*

**DILATE** (dái-lĕit'), v.r. (p. e pp. DILATED), expandir-se, dilatar; sin.: *expand, distend.*

**DILUTE** (di-liút'), v.r. (p. e pp. DILUTED), dissolver, diluir; sin.: *dissolve, weaken.*

**DIM** (dimm), v.r. (p. e pp. DIMMED), obscurecer, ofuscar; sin.: *darken, cloud.*

**DIMINISH** (di-mi'ni-ch), v.r. (p. e pp. DIMINISHED), diminuir, reduzir; sin.: *decrease, reduct.*

**DIN** (din), v.r. (p. e pp. DINNED), atordoar, aturdir; sin.: *stun, harass.*

**DINE** (dáinn), v.r. (p. e pp. DINED), jantar; sin.: *take dinner.*

**DIP** (dip), v.r. (p. e pp. DIPPED), mergulhar; imergir; sin.: *immerge, immerse, plunge.*

**DIRTY** (dǎr'ti), v.r. (p. e pp. DIRTIED), sujar; emporcalhar; sin.: *soil, tarnish, stain.*

**DISABLE** (di-zĕl'bl), v.r. (p. e pp. DISABLED), incapacitar, inabilitar; sin.: *cripple, disqualify.*

**DISAGREE** (di-sae-gri'), v.r. (p. e pp. DISAGREED), discordar, desacordar; sin.: *differ, dissent, quarrel; vary.*

**DISAPPEAR** (di-çae-pi'ir), v.r. (p. e pp. DISAPPEARED), desaparecer, extinguir-se; sin.: *vanish; cease, fade away.*

**DISAPPOINT** (di-çae-pôint), v.r. (p. e pp. DISAPPOINTED), desapontar, baldar; sin.: *frustrate, balk, baffle.*

**DISARM** (di-zarm'), v.r. (p. e pp. DISARMED), desarmar, desmilitarizar; sin.: *deprive of arms.*

**DISBAND** (dis-bénd'), v.r. (p. e pp. DISBANDED), licenciar (tropas), debandar; sin.: *break up (an association), scatter.*

**DISBURGE** (dis-bǎrs'), v.r. (p. e pp. DISBURSED), desembolsar, despender; sin.: *spend out, expend.*

**DISCARD** (dis-kard'), v.r. (p. e pp. DISCARDED), descartar, excluir; sin.: *discharge, dismiss.*

**DISCERN** (dis-zǎrn'), v.r. (p. e pp. DISCERNED), discernir, perceber; sin.: *descry, discriminate.*

**DISCHARGE** (dis-tchar'dj), v.r. (p. e pp. DISCHARGED), desobrigar, absolver; sin.: *relieve of something, release from something.*

**DISCLOSE** (dis-klôuz'), v.r. (p. e pp. DISCLOSED), revelar, expor; sin.: *uncover, unveil.*

**DISCOMPOSE** (dis-kêm-pôuz'), v.r. (p. e pp. DISCOMPOSED), descompor, inquietar; sin.: *disorder, derange, unsettle, disturb.*

**DISCONCERT** (dis-kên-çǎrt'), v.r. (p. e pp. DISCONCERTED), desconcertar, malograr; sin.: *defeat, frustrate, discompose, confuse.*

**DISCONNECT** (dis-kên-nékt'), v.r. (p. e pp. DISCONNECTED), separar, desunir; sin.: *separate, disjoin, desunite, detach.*

**DISCONTINUE** (dis-kên-ti'niú), v.r. (p. e pp. DISCONTINUED), descontinuar, interromper; sin.: *cease, stop, interrupt, end.*

**DISCOUNT** (dis'kǎunt), v.r. (p. e pp. DISCOUNTED), descontar, deduzir; sin.: *deduct from.*

**DISCOURAGE** (dis-kê'rae-dj), v.r. (p. e pp. DISCOURAGED), desanimar, desencorajar; sin.: *dishearten, depress, dissuade, deter, dispirit.*

**DISCOVER** (dis-kê'vǎr), v.r. (p. e pp. DISCOVERED), descobrir, revelar; sin.: *manifest, disclose.*

**DISCREDIT** (dis-kré'dit), v.r. (p. e pp. DISCREDITED), desacreditar, desconsiderar; sin.: *disbelieve; cast doubt on.*

**DISCRIMINATE** (dis-kri'mi-nĕit), v.r. (p. e pp. DISCRIMINATED), discriminar, distinguir; sin.: *distinguish; differentiate.*

**DISCUSS** (dis'kâss), v.r. (p. e pp. DISCUSSED), debater, discutir; sin.: *debate, argue.*

**DISDAIN** (dis-dêinn), v.r. (p. e pp. DISDAINED), desdenhar, menosprezar; sin.: *despise, contemn.*

**DISENGAGE** (di-zen-ghêi'dj), v.r. (p. e pp. DISENGAGED), desocupar, desimpedir, sin.: *separate, liberate, free, disentangle.*

**DISENTANGLE** (di-zen-tên'gl), v.r. (p. e pp. DISENTANGLED), desenredar, desembaraçar; sin.: *unravel, untwist, loosen, extricate.*

**DISFAVOR** (dis-fêi'vâr), v.r. (p. e pp. DISFAVORED), desaprovar, desfavorecer; sin.: *disapprove, disgrace, discountenance.*

**DISFIGURE** (dis-fi'ghiûr), v.r. (p. e pp. DISFIGURED), desfigurar, deformar; sin.: *deface, botch.*

**DISGRACE** (dis-grêiss'), v.r. (p. e pp. DISGRACED), desfavorecer, desonrar; sin.: *abase, degrade.*

**DISGUISE** (dis-gâiz'), v.r. (p. e pp. DISGUISED), disfarçar; ocultar; sin.: *mask, dissemble.*

**DISGUST** (dis-gâst'), v.r. (p. e pp. DISGUSTED), repugnar; desgostar; sin.: *displease.*

**DISHEARTEN** (dis-hár'tenn), v.r. (p. e pp. DISHEARTENED), desanimar, desencorajar; sin.: *dispirit; discourage; deject.*

**DISHONOR** (dis-hô'nor), v.r. (p. e pp. DISHONORED), desonrar; ofender; sin.: *disgrace, disparage.*

**DISINFECT** (di-zin-fékt'), v.r. (p. e pp. DISINFECTED), desinfetar, desinfeccionar; sir.: *sterilize.*

**DISINHERIT** (di-zin-hé'rit), v.r. (p. e pp. DISINHERITED), deserdar, despojar, sin.: *deprive of an inheritance.*

**DISINTEGRATE** (di-zin'tâ-grêit), v.r. (p. e pp. DISINTEGRATED), desintegrar(-se); desagregar; sin.: *disjoin, separate, disunite.*

**DISLIKE** (dis-lâik'), v.r. (p. e pp. DISLIKED), não gostar de, antipatizar; sin.: *not to like.*

**DISLOCATE** (dis'lôu-kêit), v.r. (p. e pp. DISLOCATED), deslocar, desconjuntar; sin.: *displace, disjoint.*

**DISMAY** (dis-mêi'), v.r. (p. e pp. DISMAYED), desanimar, assombrar; sin.: *terrify; dishearten.*

**DISMEMBER** (dis-mem'bâr), v.r. (p. e pp. DISMEMBERED), desmembrar, mutilar; sin.: *disjoint, mutilate.*

**DISMISS** (dis-mêss'), v.r. (p. e pp. DISMISSED), demitir, dispersar; sin.: *discharge, banish.*

**DISMOUNT** (dis-máunt'), v.r. (p. e pp. DISMOUNTED), desmontar, apear, sin.: *descend, unhorse.*

**DISOBEY** (di-zôu-bêi'), v.r. (p. e pp. DISOBEYED), desobedecer, transgredir; sin.: *fail to obey.*

**DISOBLIGE** (di-zôu'blâi'dj), v.r. (p. e pp. DISOBLIGED), desfeitear, desconsiderar; sin.: *affront, offend, inconvenience.*

**DISORDER** (di-zôr'dâr), v.r. (p. e pp. DISORDERED), desordenar, desorganizar; sin.: *dissarrange, disturb.*

**DISORGANIZE** (di-zôr-gae-náiz), v.r. (p. e pp. DISORGANIZED), desorganizar; sin.: *throw into confusion.*

**DISOWN** (di-zôunn'), v.r. (p. e pp. DISOWNED), repudiar, renegar; sin.: *repudiate, deny.*

**DISPARAGE** (dis-pé'rêi-dj), v.r. (p. e pp. DISPARAGED), desacreditar, depreciar; sin.: *depreciate, undervalue, reproach, vilify.*

**DISPATCH** (dis-pé'tch), v.r. (p. e pp. DISPATCHED), despachar, enviar; sin.: *put an end to, kill.*

**DISPELL** (dis-pel'), v.r. (p. e pp. DISPELLED), dissipar, dispersar; sin.: *disperse, scatter.*

**DISPENSE** (dis-pens'), v.r. (p. e pp. DISPENSED), dispensar, conceder; sin.: *distribute, administer.*

**DISPERSE** (dis-pârs'), v.r. (p. e pp. DISPERSED), dispersar; espalhar; sin.: *spread, scatter.*

**DISPIRIT** (dis-pi'rit), v.r. (p. e pp. DISPIRITED), desanimar, acabrunhar; sin.: *discourage, dishearten.*

**DISPLACE** (dis-plêiss'), v.r. (p. e pp. DISPLACED), deslocar; depor; sin.: *remove, dismiss.*

**DISPLAY** (dis-plêi'), v.r. (p. e pp. DISPLAYED), expor, exibir; sin.: *unfold, open, expand.*

**DISPLEASE** (dis-pli'iz), v.r. (p. e pp. DISPLEASED), desagradar, magoar; sin.: *offend, vex, disgust.*

**DISPORT** (dis-pôrt'), v.r. (p. e pp. DISPORTED), brincar, divertir(-se); sin.: *play, frolic, amusse.*

**DISPOSE** (dis-pôuz'), v.r. (p. e pp. DISPOSED), arranjar, dispor; sin.: *arrange, settle.*

**DISPROVE** (dis-pruv'), v.r. (p. e pp. DISPROVED), refutar, desaprovar; sin.: *refute*.

**DISPUTE** (dis-piút'), v.r. (p. e pp. DISPUTED), contestar, disputar; sin.: *contest, argue*.

**DISQUALIFY** (dis-kuó'li-fái), v.r. (p. e pp. DISQUALIFIED), desclassificar, desqualificar; sin.: *incapacitate, disable*.

**DISQUIET** (dis-kuáil'et), v.r. (p. e pp. DISQUIETED), perturbar, conturbar; sin.: *disturb, exite*.

**DISREGARD** (dis-ri'gard'), v.r. (p. e pp. DISREGARDED), desprezar, desdenhar; sin.: *despise, neglect*.

**DISROBE** (dis-rôub'), v.r. (p. e pp. DISROBED), despir(-se), despojar; sin.: *divest of garments, undress*.

**DISSECT** (dis-sékt'), v.r. (p. e pp. DISSECTED), dissecar, cortar; sin.: *analyse closely, anatomize*.

**DISSEMBLE** (dis-sem'bl), v.r. (p. e pp. DISSEMBLED), disfarçar, dissimular; sin.: *hide, disguise*.

**DISSEMINATE** (dis-se'mi-nêit), v.r. (p. e pp. DISSEMINATED), disseminar, divulgar; sin.: *spread, diffuse, propagate, promulgate*.

**DISSENT** (dis-sent'), v.r. (p. e pp. DISSENTED), dissentir, discordar; sin.: *disagree, differ*.

**DISSERVE** (di-çârv'), v.r. (p. e pp. DISSERVED), desservir, prejudicar; sin.: *hurt, harm*.

**DISSIPATE** (dis'si-pêit), v.r. (p. e pp. DISSIPATED), dissipar, dispersar; sin.: *disperse, scatter*.

**DISSOLVE** (dis-sólv'), v.r. (p. e pp. DISSOLVED), dissolver, separar; sin.: *separate, desunite*.

**DISSUADE** (dis-su-êid'), v.r. (p. e pp. DISSUADED), dissuadir, despersuadir; sin.: *turn (a person) aside*.

**DISTEND** (dis-tend'), v.r. (p. e pp. DISTENDED), distender, dilatar; sin.: *enlarge, expand*.

**DISTIL** (dis-til'), v.r. (p. e pp. DISTILLED), destilar, retificar; sin.: *drip, filter*.

**DISTINGUISH** (dis-tin'güi-ch), v.r. (p. e pp. DISTINGUISHED), distinguir, diferenciar; sin.: *characterize, to become differentiated*.

**DISTORT** (dis-tôrt'), v.r. (p. e pp. DISTORTED), torcer, contorcer; sin.: *misrepresent, pervert*.

**DISTRACT** (dis-trékt'), v.r. (p. e pp. DISTRACTED), atormentar, confundir; sin.: *confuse; torment*.

**DISTRAIN** (dis-trêinn'), v.r. (p. e pp. DISTRAINED), penhorar, sequestrar; sin.: *confine, seize*.

**DISTRESS** (dis-tréss'), v.r. (p. e pp. DISTRESSED), angustiar; afligir; sin.: *pain, gieve*.

**DISTRIBUTE** (dis-tri'biút), v.r. (p. e pp. DISTRIBUTED), distribuir, repartir; sin.: *dispense, apportion*.

**DISTRUST** (dis-trâst'), v.r. (p. e pp. DISTRUSTED), desconfiar, suspeitar; sin.: *suspect*.

**DISUNITE** (di-siún-áit'), v.r. (p. e pp. DISUNITED), desunir, separar; sin.: *disjoin, separate*.

**DITCH** (dê'tch), v.r. (p. e pp. DITCHED), abrir; cavar (valas, etc.); sin.: *dig ditches*.

**DIVE** (dáiv), v.r. (p. e pp. DIVED), mergulhar, submergir; sin.: *go suddenly under water*.

**DIVERGE** (di-vâr'dj), v.r. (p. e pp. DIVERGED), divergir, discordar; sin.: *deviate, differ*.

**DIVERT** (di-vârt'), v.r. (p. e pp. DIVERTED), divergir, distrair; sin.: *amuse, turn aside*.

**DIVIDE** (di-váid'), v.r. (p. e pp. DIVIDED), dividir, separar; sin.: *sever, sunder, cleave*.

**DIVINE** (di-váinn'), v.r. (p. e pp. DIVINED), vaticinar, adivinhar; sin.: *foretell, guess*.

**DIVORCE** (di-vôrs'), v.r. (p. e pp. DIVORCED), divorciar-se; sin.: *disunite, separate*.

**DIVULGE** (di-vâl'dj), v.r. (p. e pp. DIVULGED), divulgar; propalar; sin.: *disclose, reveal*.

**DO** (du), v.i. (p. DID; pp. DONE), fazer, realizar; sin.: *make, realize, perform, proceed*.

**DOCK** (dók), v.r. (p. e pp. DOCKED), ancorar; aportar; sin.: *brig (a ship) to a dock*.

**DODGE** (dó'dj), v.r. (p. e pp. DODGED), esquivar-se; sin.: *avoid, evade, shift suddenly*.

**DOMESTICATE** (dôu-mes'tikêit), v.r. (p. e pp. DOMESTICATED), domesticar, domar; sin.: *tame, civilize, make domestic*.

**DOMINATE** (dó'mi-nêit), v.r. (p. e pp. DOMINATED), dominar, controlar; sin.: *rule, govern*.

**DOOM** (dumm), v.r. (p. e pp. DOOMED), condenar, sentenciar; sin.: *condemn, sentence*.

**DOSE** (dôuz), v.r. (p. e pp. DOSED), dosar; sin.: *administer in doses*.

**DOT** (dót), v.r. (p. e pp. DOTTED), salpicar; pontear; sin.: *stipple, make dots*.

**DOTE** (dôut), v.r. (p. e pp. DOTED), caducar; disparatar; sin.: *show senility*.

**DOUBLE** (dâ'bl), v.r. (p. e pp. DOUBLED), cobrar, duplicar; sin.: *fold, duplicate*.

**DOUBT** (dáut), v.r. (p. e pp. DOUBTED), duvidar, desconfiar; sin.: *to fluctuate in opinion*.

**DOZE** (dôuz), v.r. (p. e pp. DOZED), dormitar, cochilar; sin.: *nap, snooze, drowse*.

**DRAFT** (draeft), v.r. (p. e pp. DRAFTED), rascunhar, esboçar; sin.: *draw off, outline*.

**DRAG** (drég), v.r. (p. e pp. DRAGGED), arrastar, arrancar; sin.: *pull, draw, haul*.

**DRAIN** (drêinn), v.r. (p. e pp. DRAINED), drenar, escoar-se; sin.: *draw, strain, exhaust*.

**DRAPE** (drêip), v.r. (p. e pp. DRAPED), drapejar, decorar; sin.: *decorate with cloth*.

**DRAW** (dró), v.i. (p. DREW; pp. DRAWN), puxar, extrair; sin.: *sketch, outline, pull*.

**DRAWL** (drόl), v.r. (p. e pp. DRAWLED), gaguejar, tartamudear; sin.: *babble, satammer*.

**DREAD** (dréd), v.r. (p. e pp. DREADED), temer, recear; sin.: *fear intensely*.

**DREAM** (dri'imm), v.r. (p. e pp. DREAMED) ou v.i. (p. e pp. DREAMT), sonhar, devanear; sin.: *fancy, suppose, imagine, devise*.

**DRENCH** (dren'tch), v.r. (p. e pp. DRENCHED), ensopar, encharcar; sin.: *soak, steep, souse*.

**DRESS** (dréss), v.r. (p. e pp. DRESSED), vestir(-se); adornar; sin.: *to provide with clothing*.

**DRIBBLE** (dri'bl), v.r. (p. e pp. DRIBBLED), driblar, enganar; sin.: *slaver, drool*.

**DRIFT** (drêft), v.r. (p. e pp. DRIFTED), amontoar, impedir; sin.: *be driven along by the wind*.

**DRILL** (drêl), v.r. (p. e pp. DRILLED), exercitar(-se), furar (com broca); sin.: *train*.

**DRINK** (drink), v.i. (p. DRANK; pp. DRUNK), beber, absorver; sin.: *absorb, swallow*.

**DRIP** (drêp), v.r. (p. e pp. DRIPPED), pingar, gotejar; sin.: *absorb, swallow*.

**DRIVE** (dráiv), v.i. (p. DROVE; pp. DRIVEN), guiar, dirigir (carro); sin.: *to direct the curse of*.

**DRIZZLE** (dri'zl), v.r. (p. e pp. DRIZZLED), chuviscar, garoar; sin.: *sprinkle*.

**DROOP** (drup), v.r. (p. e pp. DROOPED), definhar, enfraquecer; sin.: *fade, languish*.

**DROP** (drόp), v.r. (p. e pp. DROPPED), deixar cair, derrubar; sin.: *let fall, drip*.

**DROWN** (dráunn), v.r. (p. e pp. DROWNED), abafar (o som) afogar; sin.: *sink, immerse*.

**DROWSE** (dráuz), v.r. (p. e pp. DROWSED), dormitar, cochilar; sin.: *doze, nap, snooze*.

**DRUB** (drab), v.r. (p. e pp. DRUBBED), vergastar, surrar; sin.: *thrash, cudgel, thrum*.

**DRUDGE** (drâ'dj), v.r. (p. e pp. DRUDGED), trabalhar, labutar; sin.: *toil, fag, endeavour*.

**DRY** (drái), v.r. (p. e pp. DRIED), enxugar, secar; sin.: *perch, wither, wipe*.

**DUCK** (dák), v.r. (p. e pp. DUCKED), esquivar-se (baixando a cabeça); sin.: *dip into water for a moment*.

**DUPLICATE** (diu'pli-kêit), v.r. (p. e pp. DUPLICATED), duplicar, dobrar; sin.: *double*.

**DUST** (dâst), v.r. (p. e pp. DUSTED), espanar, tirar o pó; sin.: *remove the dust from*.

**DWELL** (duél), v.i. (p. e pp. DWELT), morar, habitar; sin.: *reside, abide, live, stay*.

**DWINDLE** (dufn'dl), v.r. (p. e pp. DWINDLED), reduzir-se, diminuir; sin.: *diminish, decline*.

**DYE** (dái), v.r. (p. e pp. DYED), tingir, colorir; sin.: *stain, color, tinge*.

# E

**EARN** (êrn), v.r. (p. e pp. EARNED), merecer, ganhar; sin.: *merit, deserve, acquire, gain*.

**EAT** (i'it), v.i. (p. ATE; pp. EATEN), comer; sorver; sin.: *devour, consume, corrode*.

**ECHO** (e'kôu), v.r. (p. e pp. ECHOED), ecoar, ressoar; sin.: *reverberate, ressound*.

**ECLIPSE** (i-klî'pss), v.r. (p. e pp. ECLIPSED), eclipsar(-se), apagar(-se); sin.: *darken, obscure*.

**ECONOMIZE** (i-ko'nôu-máiz), v.r. (p. e pp. ECONOMIZED), economizar, poupar; sin.: *spare, save*.

**EDGE** (é'dj), v.r. (p. e pp. EDGED), afiar; aguçar; sin.: *sharpen, furnish with an edge*.

**EDUCATE** (e'diú-kêit), v.r. (p. e pp. EDUCATED), educar, instruir; sin.: *instruct, nurture*.

**EFFACE** (e-fêiss'), v.r. (p. e pp. EFFACED), apagar, abolir; sin.: *erase, obliterate*.

**EFFECT** (e-fékt'), v.r. (p. e pp. EFFECTED), efetuar, executar; sin.: *accomplish; perform*.

**EFFULGE** (e-fâl'dj), v.r. (p. e pp. EFFULGED), refulgir, brilhar; sin.: *shine out, flash out*.

**EFFUSE** (e-fiúz'), v.r. (p. e pp. EFFUSED), espalhar, emanar; sin.: *spread, diffuse*.

**EJACULATE** (i-djé'kiú-lêit), v.r. (p. e pp. EJACULATED), ejacular; sin.: *eject (fluids) suddenly*.

**ELABORATE** (i-lé'bou-rêit), v.r. (p. e pp. ELABORATED), elaborar, aperfeiçoar; sin.: *improve, develope, produce*.

**ELAPSE** (i-lé'ps), v.r. (p. e pp. ELAPSED), passar, expirar (o tempo); sin.: *slide away, pass*.

**ELECT** (i-lékt'), v.r. (p. e pp. ELECTED), eleger, escolher; sin.: *select, prefer, adopt*.

**ELECTRIFY** (i-lék'tri-fái), v.r. (p. e pp. ELECTRIFIED), eletrificar, eletrizar; sin.: *charge with electricity, shock by an electric current*.

**ELECTROCUTE** (i-lék'trôu-kiút), v.r. (p. e pp. ELECTROCUTED), eletrocutar; sin.: *execute by means of electricity*.

**ELEVATE** (e'le-vêit), v.r. (p. e pp. ELEVATED), elevar, levantar; sin.: *raise, hoist*.

**ELIMINATE** (i-li'mi-nêit), v.r. (p. e pp. ELIMINATED), eliminar, expulsar; sin.: *expel, thrust out, discharge, throw off*.

**ELONGATE** (i-lón'ghêit), v.r. (p. e pp. ELONGATED), alongar, prolongar; sin.: *lenghten, extend, prolong, recede*.

**ELOPE** (i-loup'), v.r. (p. e pp. ELOPED), fugir de casa; sin.: *escape, abscond*.

**ELUCIDATE** (i-liú-ci-dêit), v.r. (p. e pp. ELUCIDATED), esclarecer, elucidar; sin.: *illustrate, comment*.

**ELUDE** (i-liúd'), v.r. (p. e pp. ILUDED), esquivar-se; fugir; sin.: *shun, evade*.

**EMACIATE** (i-mêi'chi-êit), v.r. (p. e pp. EMACIATED), emagrecer, definhar; sin.: *reduce, waste away, grow lean*.

**EMANATE** (e'mae-nêit), v.r. (p. e pp. EMANATED), emanar, exalar; sin.: *flow forth, issue, spring*.

**EMANCIPATE** (i-mén'ci-pêit), v.r. (p. e pp. EMANCIPATED), emancipar, livrar-se; sin.: *liberate, set free from slavery*.

**EMBALM** (em-bámm'), v.r. (p. e pp. EMBALMED), embalsamar, conservar; sin.: *preserve in memory, make fragrant*.

**EMBANK** (em-bênk'), v.r. (p. e pp. EMBANKED), represar, deter; sin.: *defend by bank of earth, etc., dam*.

**EMBARGO** (em-bar'gôu), v.r. (p. e pp. EMBARGOED), embargar; interditar; sin.: *bar, detain, seize, restrain*.

**EMBARK** (em-bark'), v.r. (p. e pp. EMBARKED), embarcar, envolver-se (em negócios); sin.: *get abord, engage in any business*.

**EMBARRAS** (em-bar-raes'), v.r. (p. e pp. EMBARRRASSED), embaraçar, atrapalhar; sin.: *puzzle, perplex, disconcert, hamper*.

**EMBAY** (em-bêi'), v.r. (p. e pp. EMBAYED), procurar abrigo numa baía; sin.: *shut in, anchor, dock*.

**EMBELLISH** (em-be'li-ch), v.r. (p. e pp. EMBELISHED), embelezar, aformosear; sin.: *beautify, adorn, ornament, decorate*.

**EMBEZZLE** (em-be'zl), v.r. (p. e pp. EMBEZZLED), defraudar, apropriar-se fraudulentamente; sin.: *appropriate, peculate, misappropriate*.

**EMBODY** (em-bô'di), v.r. (p. e pp. EMBODIED), incorporar, abranger; sin.: *methodize, systematize, codify, incorporate*.

**EMBOLDEN** (em-bôul'denn), v.r. (p. e pp. EMBOLDENED), ousar, atrever-se; sin.: *encorage, venture, dare, make bold*.

**EMBOSS** (em-boss'), v.r. (p. e pp. EMBOSSED), ralçar, ornar com relevos; sin.: *embellish, ornament, raise in relief*.

**EMBRACE** (em-brêiss'), v.r. (p. e pp. EMBRACED), abraçar, cingir; sin.: *clasp, encircle, hug, comprehend, espouse*.

**EMBROIDER** (em-brôi'dar), v.r. (p. e pp. EM-

BROIDERED), bordar, adornar; sin.: *border with ornamental needlework or figures.*
**EMBROIL** (em-broil'), v.r. (p. e pp. EMBROILED), embrulhar, embaraçar, enredar; intrigar, confundir; sin.: *involve in dissention or strife, throw into uproar or tumult; render complicated or confused; entangle.*
**EMBROWN** (em-bráun'), v.r. (p. e pp. EMBROWNED), empardecer; escurecer, sin.: *become brow; darken; make dusky.*
**EMEND** (i-mend'), v.r. (p. e pp. EMENDED), emendar, corrigir, revisar, retificar (texto); sin.: *amend, correct, rectify, redress; reform.*
**EMENDATE** (i'men-dêit), v.r. (p. e pp. EMENDATED), emendar, corrigir; sin.: *amend, correct.*
**EMERGE** (i'mârdj), v.r. (p. e pp. EMERGED), emergir; sin.: *rise; become apparent.*
**EMIGRATE** (e'mi-grêit), v.r. (p. e pp. EMIGRATED), emigrar; sin.: *immigrate, migrate.*
**EMIT** (i'mit), v.r. (p. e pp. EMITTED), emitir; sin.: *discharge; promulgate; put in circulation, as money.*
**EMOTE** (i'môut), v.r. (p. e pp. EMOTED), ser exagerado ou dramático ou teatral; sin.: *exhibit an exaggerated emotion, as in acting a melodramatic role.*
**EMPLOY** (emplói'), v.r. (p. e pp. EMPLOYED), empregar; sin.: *engage, engross.*
**EMPOWER** (em'páu-âr), v.r. (p. e pp. EMPOWERED), dar poderes a, autorizar, licenciar; habilitar, permitir; sin.: *authorize, delegate authority to; enable; permit.*
**EMPTY** (emp'ti), v.r. (p. e pp. EMPTIED), esvaziar; evacuar; drenar; despejar; sin.: *blank, flat, vacant, vain.*
**EMPURPLE** (empâr'pl), v.r. (p. e pp. EMPURPLED), empurpurecer, purpurear; sin.: *tinge or color with purple.*
**EMULATE** (e'miu-leit), v.r. (p. e pp. EMULATED), emular, rivalizar com, competir com; sin.: *try to equal or suprass; rival with some sucess.*
**ENAMEL** (e-nae'mel), v.r. (p. e pp. ENAMELED ou ENAMELLED), esmaltar; sin.: *cover or inlay with enamel; surface with enamel; adorn with different colors.*
**ENCAGE** (en-ki'dj), v.r. (p. e pp. ENCAJED), engaiolar, enjaular, encarcerar; sin.: *shut up in a cage.*
**ENCAMP** (en-kaemp'), v.r. (p. e pp. ENCAMPED), acampar; sin.: *go into camp; live in a camp; place in a camp.*
**ENCARNALIZE** (en-kar'ne-láiz), v.r. (p. e pp. ENCARNALIZED), encarnar, dar forma corpórea a; sensualizar; sin.: *invest with flesh or blood; embody.*
**ENCHAIN** (en-tchêin'), v.r. (p. e pp. ENCHAINED), acorrentar, encadear; agrilhoar; prender (a atenção); sin.: *bind with a chain; hold fast; hold captive, as attention.*
**ENCHANT** (en-tchaent'), v.r. (p. e pp. ENCHANTED), encantar, enfeitiçar; deleitar; sin.: *charm, ravish.*
**ENCHASE** (en-tchêiz'), v.r. (p. e pp. ENCHASED), engastar; cravejar; marchetear; sin.: *incase a setting; decorate with engraved; engrave.*
**ENCIRCLE** (en-ser'kl), v.r. (p. e pp. ENCIRCLED), cercar; rodear; cingir; envolver; sin.: *embrace, clasp, contain; enclose, encompass.*
**ENCLASP** (en-klaesp'), v.r. (p. e pp. ENCLASPED), abraçar, cingir, reter nos braços; sin.: *embrace, encircle.*
**ENCLAVE** (en'klêiv), v.r. (p. e pp. ENCLAVED), criar um encrave; sin.: *surround.*
**ENCLOSE** (en-klôuz), v.r. (p. e pp. ENCLOSED), fechar, cercar, rodear; sin.: *circumscribe, embrace.*
**ENCOMPASS** (en-kam'pass), v.r. (p. e pp. ENCOMPASSED), rodear; cingir; conter; sin.: *embrace, enclas, encircle.*
**ENCOUNTER** (en-kaun'têr), v.r. (p. e pp. ENCOUNTERED), encontrar; enfrentar (inimigo); travar batalhar com; dar de cara com; chocar-se; sin.: *battle; collision.*
**ENCOURAGE** (en-kâ'ridj), v.r. (p. e pp. ENCOURAGED), animar; sin.: *foster, cheer up.*
**ENCROACH** (en-crôu'tch), v.r. (p. e pp. ENCROACHED), usurpar, invadir; sin.: *trespass.*
**ENCUMBER** (en-kam'bâr), v.r. (p. e pp. ENCUMBERED), embaraçar; onerar; sin.: *impede, hinder; load with debt, overcharge.*
**END** (énd), v.r. (p. e pp. ENDED), acabar; expirar; sin.: *finish; expire.*
**ENDANGER** (in-den'djâr), v.r. (p. e pp. ENDANGERED), expor, arriscar; sin.: *jeopadize.*
**ENDEAR** (in-di'ir'), v.r. (p. e pp. ENDEARED), encarecer; sin.: *value highly.*

**ENDEAVOR** (en-dé'ver), v.r. (p. e pp. ENDEAVORED), esforçar-se; sin.: *try, strive, attempt.*

**ENDORSE** (en-dôrs'), v.r. (p. e pp. ENDORSED), endossar; sin.: *sanction; ratify.*

**ENDOW** (en-dáu'), v.r. (p. e pp. ENDOWED), dotar; sin.: *provide with a dower; gift with; portion.*

**ENDURE** (en-diúr'), v.r. (p. e pp. ENDURED), sofrer; suportar; sin.: *bear, stand, suffer.*

**ENFORCE** (en-fôrs'), v.r. (p. e pp. ENFORCED), por em perigo; fazer valer; apoiar; executive; make good; give force to.

**ENFRANCHISE** (en-fraen'tcháiz), v.r. (p. e pp. ENFRANCHISED), libertar; sin.: *set free.*

**ENGAGE** (en-ghei'dj), v.r. (p. e pp. ENGAGED), empenhar, comprometer-se; alistar; ocupar; contratar; ajustar; sin.: *pledge, commit; enlist; occupy; hire.*

**ENGRAVE** (en-grêiv'), v.r. (p. e pp. ENGRAVED), gravar; sin.: *imprint; impress.*

**ENHANCE** (en-haens'), v.r. (p. e pp. ENHANCED), aumentar, elevar; sin.: *increase; raise.*

**ENJOY** (en-djói'), v.r. (p. e pp. ENJOYED), gozar; divertir; ter prazer; sin.: *delight in; amuse.*

**ENJOIN** (en-djóin'), v.r. (p. e pp. ENJOINED), impor (pena); prescrever; ordenar; sin.: *dictate order; injuction.*

**ENLARGE** (en-lardj'), v.r. (p. e pp. ENLARGED), aumentar; alargar; sin.: *increase, widen.*

**ENLIGHTEN** (en-lái'ten), v.r. (p. e pp. ENLIGHTENED), esclarecer; iluminar; sin.: *ilustrate, lighten.*

**ENLIST** (en-list'), v.r. (p. e pp. ENLISTED), alistar-se; recrutar; sin.: *enroll; recruit.*

**ENNOBLE** (en-nou'bl), v.r. (p. e pp. ENNOBLED), enobrecer; sin.: *dignify.*

**ENRAGE** (en-rêi'dj), v.r. (p. e pp. ENRAGED), enraivecer, enfurecer; sin.: *irritate, exasperate.*

**ENRICH** (en-ri'tch), v.r. (p. e pp. ENRICHED), enriquecer; sin.: *make rich.*

**ENROLL** (en-roul'), v.r. (p. e pp. ENROLLED), matricular, inscrever; sin.: *enter on; matriculate.*

**ENSLAVE** (en-slêiv'), v.r. (p. e pp. ENSLAVED), escravizar; sin.: *captivate, inthrall.*

**ENSUE** (en-siu'), v.r. (p. e pp. ENSUED), seguir-se, resultar; sin.: *follow, result.*

**ENTAIL** (en-têil'), v.r. (p. e pp. ENTAILED), substituir; impor; sin.: *substitute; impose.*

**ENTANGLE** (en-taen'gl), v.r. (p. e pp. ENTANGLED), embaraçar, emaranhar; sin.: *enmesh, embarrass.*

**ENTER** (en'târ), v.r. (p. e pp. ENTERED), entrar em; inscrever; registrar; sin.: *go or come in; enroll; inscribe; register.*

**ENTERPRISE** (in'târ-praiz), v.r. (p. e pp. ENTERPRISED), empreender; sin.: *undertake.*

**ENTERTAIN** (en-târ-tein'), v.r. (p. e pp. ENTERTAINED), tomar em consideração; entreter; acolher; divertir; sin.: *consider; welcome; amuse.*

**ENTHUSE** (en-dhuz'), v.r. (p. e pp. ENTHUSED), entusiasmar; sin.: *become enthusiastic.*

**ENTICE** (en-táis'), v.r. (p. e pp. ENTICED), tentar, seduzir; sin.: *tempt, allure.*

**ENTITLE** (en-tái'tl), v.r. (p. e pp. ENTITLED), intitular; ter ou dar direito a; sin.: *head; call; have or give a right to.*

**ENTRAP** (en-traep'), v.r. (p. e pp. ENTRAPPED), apanhar no laço; surpreender; sin.: *trap, ensnare; catch.*

**ENTREAT** (en-tri'it), v.r. (p. e pp. ENTREATED), implorar, rogar; sin.: *implore; beseech.*

**ENUMERATE** (i-niu'me-reit), v.r. (p. e pp. ENUMERATED), enumerar; sin.: *count, number.*

**ENUNCIATE** (i-nan'si-eit), v.r. (p. e pp. ENUNCIATED), enunciar; sin.: *express, pronounce distinctly.*

**ENVELOP** (en've-lâp), v.r. (p. e pp. ENVELOPED), envolver, embrulhar; sin.: *wrap.*

**ENVY** (en'vi), v.r. (p. e pp. ENVIED), invejar; cobiçar; sin.: *covet, grudge.*

**EPITOMIZE** (i-pi'tâ-máiz), v.r. (p. e pp. EPITOMIZED), resumir, abreviar; sin.: *summarize, abridge.*

**EQUAL** (i'cuâl), v.r. (p. e pp. EQUALLED), igualar; sin.: *level, liken.*

**EQUIP** (i-kúip'), v.r. (p. e pp. EQUIPPED), equipar, aparelhar; sin.: *fit out.*

**ERADICATE** (ir-rae'di-kêit), v.r. (p. e pp. ERADICATED), extirpar; erradicar; sin.: *destroy; extirpate.*

**ERASE** (i-rêiz), v.r. (p. e pp. ERASED), apagar, raspar; sin.: *efface, rub out, obliterate.*

**ERECT** (i-rékt'), v.r. (p. e pp. ERECTED), erigir; sin.: *build, settle.*

**ERR** (árr), v.r. (p. e pp. ERRED), errar; sin.: *mistake, blunder.*

**ESCAPE** (es-keip'), v.r. (p. e pp. ESCAPED), escapar; escoar; sin.: *flee, evade*.

**ESCHEW** (es-tchú'), v.r. (p. e pp. ESCHEWED), abster-se, evitar; sin.: *shun, avoid*.

**ESCORT** (es'córt), v.r. (p. e pp. ESCORTED), acompanhar, escoltar; sin.: *accompany*.

**ESPOUSE** (es-páuz'), v.r. (p. e pp. ESPOUSED), esposar; abraçar; sin.: *betroth; embrace*.

**ESPY** (es-pai'), v.r. (p. e pp. ESPIED), avistar; espiar, espreitar; observar; sin.: *sight, see; observe closely; explore; descry*.

**ESSAY** (es-sei'), v.r. (p. e pp. ESSAYED), ensaiar; sin.: *try, experiment*.

**ESTABLISH** (es-tae'bli-ch), v.r. (p. e pp. ESTABLISHED), estabelecer, fixar; fundar; sin.: *settle, fix, determine; found*.

**ESTEEM** (estim'), v.r. (p. e pp. ESTEEMED), avaliar; sin.: *value*.

**ESTIMATE** (es'ti-mêit), v.r. (p. e pp. ESTIMATED), avaliar; calcular; sin.: *appraise; figure out, calculate*.

**EULOGIZE** (iu'lo-djáit), v.r. (p. e pp. EULOGIZED), elogiar; louvar; sin.: *praise, commend, extol*.

**EVADE** (i-vêid), v.r. (p. e pp. EVADED), escapar a; evitar; sin.: *escape; avoid*.

**EVAPORATE** (i-vae'po-rêit), v.r. (p. e pp. EVAPORATED), evaporar-se; sin.: *pass off in vapor*.

**EVEN** (i'vn), v.r. (p. e pp. EVENED), igualar, aplainar, nivelar; uniformizar; sin.: *equal, plane, level, smooth*.

**EVIDENCE** (e'vi-dens), v.r. (p. e pp. EVIDENCED), provar, testemunhar, atestar; sin.: *prove, testify*.

**EVINCE** (i-vinss'), v.r. (p. e pp. EVINCED), provar, mostrar; manifestar; patentear; sin.: *prove; show; manifest*.

**EVOKE** (i-vóuk'), v.r. (p. e pp. EVOKED), evocar; sin.: *summon forth*.

**EVOLVE** (i-vól'), v.r. (p. e pp. EVOLVED), desenrolar-se, desprender-se; desenvolver; sin.: *unroll; develop*.

**EXACERBATE** (ig-za'ser-bêit), v.r. (p. e pp. EXACERBATED), exacerbar; exasperar; sin.: *exasperate; enrage*.

**EXACT** (ég-zaekt'), v.r. (p. e pp. EXACTED), exigir; extorquir; sin.: *demand; extort*.

**EXAGGERATE** (ig-zae'dje-rêit), v.r. (p. e pp. EXAGGERATED), exagerar; sin.: *overstate*.

**EXALT** (ig-zólt'), v.r. (p. e pp. EXALTED), exaltar, louvar; sin.: *extol, praise*.

**EXAMINE** (ig-zae'min), v.r. (p. e pp. EXAMINED), examinar; interrogar; sin.: *inspect; question*.

**EXASPERATE** (ig-zaes'pâ-reit), v.r. (p. e pp. EXASPERATED), exasperar; exasperar-se; sin.: *irritate, anger*.

**EXCAVATE** (éks-câ-veit), v.r. (p. e pp. EXCAVATED), escavar; sin.: *dig up, hollow out*.

**EXCEED** (ik-cíd'), v.r. (p. e pp. EXCEEDED), exceder, ultrapassar; superar; suplantar; sin.: *surpass, go beyond; excel*.

**EXCEL** (ik-sél'), v.r. (p. e pp. EXCELLED), exceder, superar; levar vantagem sobre; sin.: *outdo; lead; go beyond or above*.

**EXCEPT** (ik-sépt'), v.r. (p. e pp. EXCEPTED), excetuar; isentar; excluir; sin.: *exclude, omit; object*.

**EXCHANGE** (iks-tchaen'dj), v.r. (p. e pp. EXCHANGED), trocar, cambiar, permutar; sin.: *barter; reciprocate; change*.

**EXCITE** (ik-sáit'), v.r. (p. e pp. EXCITED), excitar; ativar; incitar; agitar; sin.: *actuate, encourage, influence, interest, promote*.

**EXCLAIM** (iks-clêim'), v.r. (p. e pp. EXCLAIMED), exclamar; bradar; gritar; vociferar; sin.: *cry out; call; ejaculate*.

**EXCLUDE** (eks-klud'), v.r. (p. e pp. EXCLUDED), excluir, excetuar; afastar; sin.: *shut out; except*.

**EXCOMMUNICATE** (eksko-miú'ni-kêit), v.r. (p. e pp. EXCOMMUNICATED), excomungar, sin.: *expel from communion*.

**EXCRUCIATE** (ikskru'chi-êit), v.r. (p. e pp. EXCRUCIATED), torturar; sin.: *torture*.

**EXCUSE** (iks'kiuz), v.r. (p. e pp. EXCUSED), escusar; pedir desculpas por; sin.: *free from; exempt from; apologize for*.

**EXECUTE** (ek'ze-kiút), v.r. (p. e pp. EXECUTED), executar; realizar; efetuar; sin.: *perform, carry out*.

**EXEMPLIFY** (ig-zem'pli'fái), v.r. (p. e pp. EXEMPLIFIED), exemplificar, ilustrar; trasladar; sin.: *illustrate by example*.

**EXEMPT** (íg-zempt'), v.r. (p. e pp. EXEMPTED), isentar; dispensar; livrar; eximir; sin.: *release; free*.

**EXERCISE** (ek'zâr-sáiz), v.r. (p. e pp. EXERCISED), exercitar, praticar; exercer; desempenhar; sin.: *practise, train*.

**EXERT** (ig-zerí'), v.r. (p. e pp. EXERTED), executar; esforçar-se; pôr em ação; si.: *perform; strive; endeavor*.

**EXHAUST** (ig-zóst'), v.r. (p. e pp. EXHAUSTED), esgotar; exaurir; gastar; sin.: *consume; tire out.*

**EXHIBIT** (ig-zi'bit), v.r. (p. e pp. EXHIBITED), exibir; apresentar; sin.: *show, display.*

**EXHILARATE** (ig-zi'larêit), v.r. (p. e pp. EXHILARATED), regozijar, alegrar-se; sin.: *make merry, rejoice, cheer.*

**EXHORT** (ig-zórt'), v.r. (p. e pp. EXHORTED), exortar; aconselhar; persuadir; sin.: *urge, advise or warn earnestly.*

**EXHUME** (ig-ziúm'), v.r. (p. e pp. EXHUMED), exumar; desenterrar; sin.: *dig up; disinter; dig out of the earth, as a dead body.*

**EXILE** (ek'zàil), v.r. (p. e pp. EXILED), exilar, desterrar; sin.: *expel from one's country.*

**EXIST** (eg-zist'), v.r. (p. e pp. EXISTED), existir, subsistir; sin.: *be, there be, live, occur, be present.*

**EXONERATE** (eg-zo'na-rêit), v.r. (p. e pp. EXONERATED), exonerar, absolver; sin.: *absolve, clear, justify, acquit.*

**EXPAND** (eks-pénd'), v.r. (p. e pp. EXPANDED), expandir(-se), dilatar(-se); sin.: *diffuse, dilate, spread, unfold.*

**EXPATIATE** (eks-pêi'chi-êit), v.r. (p. e pp. EXPATIATED), falar pormenorizadamente; sin.: *roam, wander freely, discourse.*

**EXPATRIATE** (eks-pêi'tri-êit), v.r. (p. e pp. EXPATRIATED), expatriar; desterrar; sin.: *exile, banish.*

**EXPECT** (eks-péct'), v.r. (p. e pp. EXPECTED), esperar, aguardar; sin.: *antecipate, await, forecast, forebode, foresee.*

**EXPEDITE** (eks'pi-dâit), v.r. (p. e pp. EXPEDITED), despachar, apressar; sin.: *hasten, speed, hurry, drive, accelerate, push.*

**EXPEL** (eks-pél'), v.r. (p. e pp. EXPELLED), expelir, expulsar; sin.: *banish, exile, eject, cast out, oust.*

**EXPERIMENTE** (eks-pe'ri-ment), v.r. (p. e pp. EXPERIMENTED), experimentar, ensaiar; sin.: *try, rehearse.*

**EXPIRE** (eks-pái'âr), v.r. (p. e pp. EXPIRED), expirar, exalar; sin.: *cease, end, terminate, close, conclude.*

**EXPLAIN** (eks-plêinn'), v.r. (p. e pp. EXPLAINED), explicar, explanar; sin.: *discredit, reject, blow up, blast.*

**EXPLOIT** (eks-plóit'), v.r. (p. e pp. EXPLOITED), explorar, utilizar; sin.: *utilize, make use of, take advantage of.*

**EXPLORE** (eks-plôur'), v.r. (p. e pp. EXPLORED), explorar, investiar; sin.: *examine, pry into, search, seek, scrutinize.*

**EXPORT** (eks-pôurt'), v.r. (p. e pp. EXPORTED), exportar; sin.: *carry away, send abroad.*

**EXPOSE** (eks-pôuz'), v.r. (p. e pp. EXPOSED), expor, exibir; sin.: *make bare, uncover, disclose, show, display.*

**EXPOSTULATE** (eks-pos'tiu-lêit), v.r. (p. e pp. EXPOSTULATED), repreender, censurar; sin.: *discuss, reason earnestly, remonstrate.*

**EXPOUND** (eks-páund'), v.r. (p. e pp. EXPOUNDED), expor, relatar; sin.: *state in detail, explain, interpret, examine.*

**EXPRESS** (eks-préss'), v.r. (p. e pp. EXPRESSED), exprimir, enunciar; sin.: *elict by force, extort, reveal, show, declare.*

**EXPUNGE** (eks-pân'dj), v.r. (p. e pp. EXPUNGED), apagar, riscar; sin.: *blot out, rub out, efface, obliterate, delete, cancel.*

**EXTEMPORIZE** (eks-tem'pôu-ráiz), v.r. (p. e pp. EXTEMPORIZED), improvisar; sin.: *improvise, speak without previous study.*

**EXTEND** (eks-tend'), v.r. (p. e pp. EXTENDED), estender, prolongar; sin.: *increase, enlarge, lenghten, stretch, amplify.*

**EXTENUATE** (eks-te'niu-êit), v.r. (p. e pp. EXTENUATED), extenuar, enfraquecer; sin.: *weaken, diminish, lessen, detract.*

**EXTERMINATE** (eks-târ'mi-nêit), v.r. (p. e pp. EXTERMINATED), exterminar, aniquilar; sin.: *uproot, abolish, annihilate, destroy.*

**EXTINGUISH** (eks-tin'güi-ch), v.r. (p. e pp. EXTINGUISHED), extinguir(-se), apagar (-se); sin.: *abolish, destroy, extirpate, eradicate, quench.*

**EXTOL** (eks-tól'), v.r. (p. e pp. EXTOLLED), louvar, exaltar; sin.: *laud, praise, applaud.*

**EXTORT** (eks-tórt'), v.r. (p. e pp. EXTORTED), extorquir, obter à força; sin.: *draw by force exact (money, etc.).*

**EXTRACT** (eks-trékt'), v.r. (p. e pp. EXTRACTED), extrair, arrancar; sin.: *draw the juice of a substance, deduce, derive.*

**EXTRICATE** (eks'tri-kêit), v.r. (p. e pp. EXTRICATED), desembaraçar, livrar; sin.: *disembarass, disengage, liberate.*

**EXTULT** (eg-zâlt'), v.r. (p. e pp. EXULTED), exultar, jubilar; sin.: *glory, rejoice greately.*

**EYE** (ái'i), v.r. (p. e pp. EYED), olhar, ver; sin.: *look on, view, observe.*

# F

**FACE** (fêiss), v.r. (p. e pp. FACED), enfrentar, encarar; sin.: *confront.*
**FACILITATE** (fae-çá'li-têit), v.r. (p. e pp. FACILITATED), facilitar, simplificar; sin.: *make ease or less difficult.*
**FADDLE** (fé'dl), v.r. (p. e pp. FADDLED), folgar, brincar; sin.: *trifle, toy, play.*
**FADE** (fêid), v.r. (p. e pp. FADED), desbotar, desmaiar (a cor); sin.: *fall, fail, decline, sink, droop, dwindle.*
**FAG** (fég), v.r. (p. e pp. FAGGED), labutar, derrear-se; sin.: *work, toil.*
**FAIL** (fêil), v.r. (p. e pp. FAILED), falhar, falir; sin.: *become deficient, miss.*
**FAINT** (fêint), v.r. (p. e pp. FAINTED), desfalecer; enfraquecer; sin.: *swoon, become feeble, weaken, fall unconscious.*
**FALL** (fól), v.i. (p. e pp. FELL; pp. FALLEN), cair, tombar; sin.: *topple, tumble, collapse.*
**FALSIFY** (fól'si-fái), v.r. (p. e pp. FALSIFIED), falsificar, alterar; sin.: *mistake, misinterpret, misrepresent, belie.*
**FALTER** (fól'tár), v.r. (p. e pp. FALTERED), gaguejar, balbuciar; sin.: *halt, hesitate, hobble, slip, doubt, stammer, stutter.*
**FAMISH** (fé'mi-ch), v.r. (p. e pp. FAMISHED), esfaimar, passar fome; sin.: *starve, die of hunger, exhaust the strength of.*
**FAN** (fénn), v.r. (p. e pp. FANNED), abanar, ventilar; sin.: *ventilate; blow on.*
**FANCY** (fén-çi), v.r. (p. e pp. FANCIED), imaginar, fantasiar; sin.: *imagine.*
**FARE** (fér), v.r. (p. e pp. FARED), viajar, passar bem ou mal; sin.: *happen, result.*
**FASCINATE** (fés'çâ-nêit), v.r. (p. e pp. FASCINATED), fascinar, encantar; sin.: *entrance, attract, enrapture, bewitch, enamour.*
**FASHION** (fé'chaun), v.r. (p. e pp. FASHIONED), amoldar, adaptar; sin.: *mold, fit, adapt, accommodate, suit.*
**FAST** (faest), v.r. (p. e pp. FASTED), jejuar, fazer abstinência; sin.: *go without food, eat very little, abstain from food.*
**FASTEN** (faes'sn), v.r. (p. e pp. FASTENED), apertar, prender; sin.: *affix, fix, attach.*
**FAT** (fét), v.r. (p. e pp. FATTED), engordar, tornar-se gordo; sin.: *become fat, fatten.*
**FATE** (fêit), v.r. (p. e pp. FATED), destinar, condenar; sin.: *destine, doom.*
**FATHER** (fá'dhâr), v.r. (p. e pp. FATHERED), assumir ou emprestar a paternidade; sin.: *originate, found, adopt, invent, make.*
**FATHOM** (fé'dhâmm), v.r. (p. e pp. FATHOMED), sondar, penetrar; sin.: *to find the bottom of, sound, master.*
**FATIGUE** (fae-tig'), v.r. (p. e pp. FATIGUED), fatigar(-se), cansar(-se); sin.: *tire out, weaken by continued use.*
**FAVOR** (fêi'var), v.r. (p. e pp. FAVORED), favorecer, socorrer; sin.: *countenance, befriend, encourage, support, advocate.*
**FAWN** (fónn), v.r. (p. e pp. FAWNED), bajular, cortejar; sin.: *wheedle, blandish.*
**FEAR** (fi'ir), v.r. (p. e pp. FEARED), temer, recear; sin.: *be afraid of, suspect.*
**FEAST** (fi'ist), v.r. (p. e pp. FEATED), festejar, regalar-se; sin.: *regale, delight.*
**FEATURE** (fi'tchâr), v.r. (p. e pp. FEATURED), realçar; sin.: *give special prominence to.*
**FEE** (fi), v.r. (p. e pp. FEED), gratificar; propinar; sin.: *tip; remunerate.*
**FEED** (fid), v.i. (p. e pp. FED), alimentar; sin.: *nurture; nourish.*
**FEEL** (fil), v.i. (p. e pp. FELT), apalpar, sentir; sin.: *believe; think.*
**FEIGN** (feinn), v.r. (p. e pp. FEIGNED), dissimular; fingir; sin.: *dissemble; disguise.*
**FELL** (fél), v.r. (p. e pp. FELLED), derrubar; abater; sin.: *chop or cut down.*
**FENCE** (fênss), v.r. (p. e pp. FENCED), cercar; esgrimir; sin.: *practise swordplay; enclose with a fence.*
**FERMENT** (fâr-ment'), v.r. (p. e pp. FERMENTED), azedar; agitar; sin.: *sour; agitate.*
**FERRY** (fér'ri), v.r. (p. e pp. FERRIED), transportar por balsa; sin.: *carry or convey in a ferryboat.*
**FERTILIZE** (fâr'ti-láiz), v.r. (p. e pp. FERTILIZED), adubar; fertilizar; sin.: *manure.*
**FETCH** (fé'tch), v.r. (p. e pp. FETCHED), trazer; buscar; sin.: *bring; go and get.*
**FETTER** (fé'târ), v.r. (p. e pp. FETTERED), agrilhoar; algemar; sin.: *iron; chain.*
**FIDGET** (fé'djét), v.r. (p. e pp. FIDGETED), agitar-se; mexer-se; sin.: *move uneasily; agitate.*

**FIGHT** (fáit), v.i. (p. e pp. FOUGHT), brigar, lutar; sin.: *combat; oppose.*

**FIGURE** (fi'ghiúr), v.r. (p. e pp. FIGURED), moldar; figurar; sin.: *personate; shape.*

**FILE** (fáil), v.r. (p. e pp. FILED), limar; arquivar; sin.: *register; rasp.*

**FILL** (fil), v.r. (p. e pp. FILLED), cumprir; preencher; sin.: *execute; fulfill.*

**FILM** (fêlmm), v.r. (p. e pp. FILMED), filmar; sin.: *photoplay; reel.*

**FILTER** (fil'târ), v.r. (p. e pp. FILTERED), filtrar; sin.: *percolate; strain.*

**FINANCE** (fi-néns'), v.r. (p. e pp. FINANCED), financiar; sin.: *manage the finances of.*

**FIND** (fáind), v.i. (p. e pp. FOUND), encontrar; achar; sin.: *detect; discover.*

**FINE** (fáinn), v.r. (p. e pp. FINED), multar; sin.: *levy a fine upon.*

**FINGER** (fín'nhâr), v.r. (p. e pp. FINGERED), furtar; dedilhar; sin.: *pilfer; handle with fingers.*

**FINISH** (fè'ni-ch), v.r. (p. e pp. FINISHED), terminar; acabar; sin.: *end; close.*

**FIRE** (fái'âr), v.r. (p. e pp. FIRED) pôr fogo; demitir; sin.: *burn; discharge.*

**FISH** (fi'ch), v.r. (p. e pp. FISHED), pescar; pesquisar; sin.: *hook; search.*

**FIT** (fét), v.r. (p. e pp. FITTED), assentar, convir; sin.: *become; suit.*

**FIX** (fêks), v.r. (p. e pp. FIXED), ligar; determinar; sin.: *fasten; establish.*

**FLAG** (flég), v.r. (p. e pp. FLAGGED), derrear; afrouxar; sin.: *loosen; diminish.*

**FLARE** (flêr), v.r. (p. e pp. FLARED), zangar-se; cintilar; sin.: *flame up; glare unsteadily.*

**FLASH** (flé'ch), v.r. (p. e pp. FLASHED), relampaguear; coriscar; sin.: *lighten.*

**FLATTEN** (flae'tênn), v.r. (p. e pp. FLATTENED), aplainar; prostrar; sin.: *plane; prostrate.*

**FLATTER** (flé'târ), v.r. (p. e pp. FLATTERED), elogiar; lisonjear; sin.: *faen; wheedle.*

**FLAUNT** (flónt), v.r. (p. e pp. FLAUNTED), empavonar-se; ostentar; sin.: *show off; display.*

**FLAVOR** (flêi-vâr), v.r. (p. e pp. FLAVORED), perfumar; temperar; sin.: *zest; scent.*

**FLEE** (fli), v.i. (p. e pp. FLED), fugir; sin.: *scamper; run away.*

**FLEECE** (fliss), v.r. (p. e pp. FLEECED), tosquiar; esbulhar; sin.: *swindle; shear off.*

**FLICKER** (fli-kâr), v.r. (p. e pp. FLICKERED), bruxulear; adejar; sin.: *wave; flutter.*

**FLINCH** (flên'tch), v.r. (p. e pp. FLINCHED), fugir ou desistir de; sin.: *shrink back.*

**FLING** (flêng), v.i. (p. e pp. FLUNG), repelir; arremessar; sin.: *repel; hurl.*

**FLIRT** (flêrt), v.r. (p. e pp. FLIRTED), flertar, namoricar; sin.: *coquet.*

**FLIT** (flêt), v.r. (p. e pp. FLITTED), esvoaçar; sin.: *flutter.*

**FLOAT** (flóut), v.r. (p. e pp. FLOATED), flutuar; boiar; sin.: *waffle; fluctuate.*

**FLOCK** (flók), v.r. (p. e pp. FLOCKED), juntar-se em multidão; sin.: *gather in crowd.*

**FLOG** (flóg), v.r. (p. e pp. FLOGGED), açoitar; fustigar; sin.: *whip; lash.*

**FLOOD** (flód), v.r. (p. e pp. FLOODED), inundar; sin.: *inundate.*

**FLOOR** (flór), v.r. (p. e pp. FLOORED), aterrar; assoalhar; sin.: *strike down; cover with a floor.*

**FLOUNCE** (fláuns), v.r. (p. e pp. FLOUNCED), debater-se; arremessar-se; sin.: *struggle; plunge.*

**FLOUNDER** (fláun'dâr), v.r. (p. e pp. FLOUNDERED), chafurdar(-se); sin.: *dabble; mire.*

**FLOURISH** (flâ'ri-ch), v.r. (p. e pp. FLOURISHED), prosperar; florescer; sin.: *thrive; embelish; adorn; wave.*

**FLOW** (flôu), v.r. (p. e pp. FLOWED), correr; fluir; sin.: *slide; glide.*

**FLUCTUATE** (flak'tiú-êit), v.r. (p. e pp. FLUCTUATED), hesitar; flutuar; sin.: *oscilate; change; move.*

**FLUNK** (flânk), v.r. (p. e pp. FLUNKED), ser reprovado (no exame); sin.: *fail.*

**FLUSH** (flâ'ch), v.r. (p. e pp. FLUSHED), enrubescer; corar; sin.: *redden; blush.*

**FLUTTER** (fla'târ), v.r. (p. e pp. FLUTTERED), agitar-se; esvoaçar; sin.: *agitate; flicker.*

**FLY** (flái), v.i. (p. FLEW; pp. FLOWN), fugir; voar; sin.: *wing; flit.*

**FOAM** (fômm), v.r. (p. e pp. FOAMED), enraivecer-se; espumar; sin.: *rage; froth.*

**FOCALIZE** (fo'kae-láiz), v.r. (p. e pp. FOCALIZED), focalizar; sin.: *focus.*

**FOIL** (fóil), v.r. (p. e pp. FOILED), frustrar; derrotar; sin.: *defeat; baffle.*

**FOIST** (fóist), v.r. (p. e pp. FOISTED), passar como verdadeiro; sin.: *pass off as genuine.*

**FOLD** (fôld), v.r. (p. e pp. FOLDED), duplicar; dobrar; sin.: *double; plait.*

**FOLLOW** (fó'lôu), v.r. (p. e pp. FOLLOWED), imitar; seguir; sin.: *imitate; go after.*

**FOMENT** (fo-ment'), v.r. (p. e pp. FOMENTED), untar; fomentar; sin.: *anoint; instigate*.

**FOOL** (ful), v.r. (p. e pp. FOOLED), fazer de tolo; enganar; sin.: *kid; jest*.

**FOOT** (fut), v.r. (p. e pp. FOOTED), dançar; andar; sin.: *dance; walk*.

**FORBEAR** (fór'bér), v.i. (p. FORBORE; pp. FORBORNE), abster-se de, suportar; sin.: *abstain from; endure; bear*.

**FORBID** (fór'bid), v.i. (p. FORBADE; pp. FORBIDDEN), vedar; proibir; sin.: *interdict*.

**FORCE** (fórs), v.r. (p. e pp. FORCED), obrigar; forçar; sin.: *compel; oblige*.

**FORD** (fórd), v.r. (p. e pp. FORDED), vadear; sin.: *wade through*.

**FORFEIT** (fór'fêit), v.r. (p. e pp. FORFEITED), perder por falta; sin.: *lose by fault*.

**FORGE** (fór'dj), v.r. (p. e pp. FORGED), falsificar; forjar; sin.: *counterfeit*.

**FORGET** (for-ghét'), v.r. (p. FORGOT; pp. FORGOTTEN), esquecer; sin.: *neglet*.

**FORGIVE** (fór-ghiv'), v.i. (p. FORGAVE; pp. FORGIVEN), perdoar; sin.: *pardon*.

**FORM** (fórm), v.r. (p. e pp. FORMED), estabelecer; formar; sin.: *establish; give shape to*.

**FORAY** (fó'rei), v.r. (p. e pp. FORAYED), destruir; assolar; sin.: *destroy; ravage*.

**FORSAKE** (fór'sêik), v.i. (p. FORSOOK; FORSAKEN), abandonar; sin.: *abandon*.

**FORTIFY** (fór'ti-fâi), v.r. (p. e pp. FORTIFIED), fortificar; sin.: *strengthen*.

**FORWARD** (fór'uórd), v.r. (p. e pp. FORWARDED), apressar; enviar; sin.: *hasten; transmit*.

**FOSTER** (fós'târ), v.r. (p. e pp. FOSTERED), animar; criar; sin.: *encourage; bring up*.

**FOUL** (fául), v.r. (p. e pp. FOULED), colidir; sujar; sin.: *colide; dirty*.

**FOUND** (fáund), v.r. (p. e pp. FOUNDED), fundar; sin.: *create; institute*.

**FOUNDER** (fáun'dar), v.r. (p. e pp. FOUNDERED), soçobrar; naufragar; sin.: *sink; shipwreck*.

**FRAME** (frêimm), v.r. (p. e pp. FRAMED), emoldurar; formar; sin.: *mould; form*.

**FREE** (fri), v.r. (p. e pp. FREED), isentar; libertar; sin.: *exempt from, liberate*.

**FREEZE** (friz), v.i. (p. FROZE; pp. FROZEN), gelar, sin.: *ice; congeal*.

**FREIGTH** (frêit), v.r. (p. e pp. FREIGHTED), transportar; fretar; sin.: *carry; load*.

**FREQUENT** (fri-küent'), v.r. (p. e pp. FREQUENTED), freqüentar; sin.: *visit often*.

**FRET** (frêt), v.r. (p. e pp. FRETTED), irritar-se; esfolar; sin.: *worry; wear away*.

**FRIGHTEN** (frâi'ten), v.r. (p. e pp. FRIGHTENED), amedrontar; assustar; sin.: *terrify*.

**FRISK** (frêsk), v.r. (p. e pp. FRISKED), brincar; saltar; sin.: *frolic; leap*.

**FRITTER** (fri'târ), v.r. (p. e pp. FRITTERED), desperdiçar; picar; sin.: *waste; hash*.

**FROLIC** (fró'lik), v.r. (p. e pp. FROLICKED), pular; brincar; sin.: *make merry; leap*.

**FRONT** (frônt), v.r. (p. e pp. FRONTED), afrontar; fazer frente; sin.: *oppose; face*.

**FROST** (fróst), v.r. (p. e pp. FROSTED), gear; sin.: *freeze, rime*.

**FROTH** (fróss), v.r. (p. e pp. FROTHED), espumar; sin.: *foam*.

**FROWN** (fráunn), v.r. (p. e pp. FROWNED), franzir os sobrolhos; sin.: *scowl; wrinkle the brows*.

**FRUSTRATE** (frâs'trêit), v.r. (p. e pp. FRUSTRATED), derrotar; frustrar; sin.: *upset; defeat; overthrow*.

**FRY** (frâi), v.r. (p. e pp. FRIED), fritar; sin.: *brown and sear in hot fat*.

**FUDDLE** (fâ'dl), v.r. (p. e pp. FUDDLED), embriagar-se; sin.: *intoxicate; booze*.

**FUDGE** (fâ'dj), v.r. (p. e pp. FUDGED), atamancar; sin.: *make in a bugling, careless manner*.

**FULFIL** (ful-fil'), v.r. (p. e pp. FULFILLED), preencher; cumprir; sin.: *accomplish; fill*.

**FULMINATE** (fâl'mi-nêit), v.r. (p. e pp. FULMINATED); fulminar; explodir; sin.: *explode*.

**FUMBLE** (fam'bl), v.r. (p. e pp. FUMBLED), apalpar; esquadrinhar; sin.: *search; grope about*.

**FUMIGATE** (fiú'mi-ghêit), v.r. (p. e pp. FUMIGATED), defumar; fumigar; sin.: *disinfect with fumes*.

**FUND** (fând), v.r. (p. e pp. FUNDED), consolidar, sin.: *consolidate*.

**FURL** (fâr), v.r. (p. e pp. FURLED), enrolar; recolher as velas (navio); sin.: *fold, roll up the sails*.

**FURNISH** (fâr'ni-ch), v.r. (p. e pp. FURNISHED), mobiliar; fornecer; sin.: *equip*.

**FURROW** (fâ'rôu), v.r. (p. e pp. FURROWED), enrugar; entalhar; sin.: *wrinkle; groove*.

**FURTHER** (fâr'dhâr), v.r. (p. e pp. FURTHERED), favorecer, adiantar; sin.: *facilitate; advance*.

**FUSS** (fâss), v.r. (p. e pp. FUSSED), criar dificuldades; sin.: *make great ado*.

# G

**GAB** (ghéb), v.r. (p. e pp. GABBED), tagarelar; sin.: *blab; gossip.*
**GABBLE** (ghé'bl), v.r. (p. e pp. GABBLED), algaraviar; sin.: *cakle; chat.*
**GAD** (ghéd), v.r. (p. e pp. GADDED), errar, vagar; sin.: *wander; rove about.*
**GAG** (ghég), v.r. (p. e pp. GAGGED), fazer trocadilhos; açaimar; sin.: *pun; muzzle.*
**GAIN** (ghéinn), v.r. (p. e pp. GAINED), lucrar; ganhar; sin.: *profit; earn.*
**GAINSAY** (ghêin'sêi), v.i. (p. e pp. GAINSAID), contradizer(-se); sin.: *contradict.*
**GALL** (gól), v.r. (p. e pp. GALLED), irritarse; esfolar; sin.: *enrage; irritate.*
**GALLOP** (ghae'lóp), v.r. (p. e pp. GALLOPED), galopar; sin.: *ride a horse at a gallop.*
**GALVANIZE** (ghael'vae-náiz), v.r. (p. e pp. GALVANIZED), galvanizar, sin.: *electroplate.*
**GAMBLE** (ghaem'bl), v.r. (p. e pp. GAMBLED), jogar (jogos de azar); sin.: *play for money.*
**GAMBOL** (ghaem'ból), v.r. (p. e pp. GAMBOLED), dar cambalhotas; sin.: *leap, skip.*
**GAME** (ghêimm), v.r. (p. e pp. GAMED), jogar; apostar; sin.: *gamble.*
**GANGRENE** (ghaen'grinn), v.r. (p. e pp. GANGRENED), gangrenar; sin.: *become putrid.*
**GAPE** (ghêip), v.r. (p. e pp. GAPED), ficar boquiaberto; bocejar; sin.: *be open-mouthed; yawn.*
**GARBLE** (gar'bl), v.r. (p. e pp. GARBLED), truncar; mutilar; sin.: *main, mutilate.*
**GARGLE** (gar'gl), v.r. (p. e pp. GARGLED), gargarejar; sin.: *wash the throat with a gargle.*
**GARNER** (gar'nãr), v.r. (p. e pp. GARNERED), armazenar; sin.: *store grain.*
**GARNISH** (gar'ni-ch), v.r. (p. e pp. GARNISHED), adornar; guarnecer; sin.: *embellish; adorn.*
**GARROTE** (ghaer'rôut), v.r. (p. e pp. GARROTED), estrangular; sin.: *strangle.*
**GAS** (ghaess), v.r. (p. e pp. GASSED), envenenar(-se) pelo gás; sin.: *poison by gas.*
**GASH** (ghae'ch), v.r. (p. e pp. GASHED), ferir gravemente; cutilar; sin.: *hurt hard; cut deeply.*
**GASP** (ghaesp), v.r. (p. e pp. GASPED), arquejar; sin.: *pant or breath convulsively.*
**GATHER** (ghae'dhãr), v.r. (p. e pp. GATHERED), compreender; colher; sin.: *learn; understand; pick.*
**GAUGE** (ghêi'jd), v.r. (p. e pp. GAUGED), medir; sin.: *measure.*
**GAZE** (ghêiz), v.r. (p. e pp. GAZED), encarar; sin.: *stare at.*
**GENDER** (djen'dãr), v.r. (p. e pp. GENDERED), gerar; sin.: *procreate; generate.*
**GENERALIZE** (dje'nã-rã-láiz), v.r. (p. e pp. GENERALIZED), generalizar; sin.: *reduce to general terms.*
**GENERATE** (dje'nã-rêit), v.r. (p. e pp. GENERATED), produzir; gerar; sin.: *produce.*
**GERMINATE** (djãr'mi-nêit), v.r. (p. e pp. GERMINATED), germinar; sin.: *sprout; bud.*
**GESTICULATE** (djes-ti'kiú-lêit), v.r. (p. e pp. GESTICULATED), gesticular; sin.: *gesture.*
**GET** (ghét), v.i. (p. GOT; pp. GOTTEN), obter; ganhar; adquirir; sin.: *obtain; gain.*
**GIBBER** (ghi'bãr), v.r. (p. e pp. GIBBERED), algaraviar; taramelar; sin.: *gabble; jabber.*
**GIBE** (djáib), v.r. (p. e pp. GIBED), repreender; zombar; sin.: *reproach; scoff.*
**GIFT** (ghêft), v.r. (p. e pp. GIFTED), presentear; dotar de; sin.: *endow; present.*
**GIGGLE** (dji'gl), v.r. (p. e pp. GIGGLED), rir-se à socalpa; sin.: *rail at; titter.*
**GILD** (ghild), v.i. (p. e pp. GILT), dourar; sin.: *cover or paint with gold.*
**GINGLE** (Ijin'gl), v.r. (p. e pp. GINGLED), tinir; soar; sin.: *toll; ring.*
**GIRD** (ghérd), v.r. (p. e pp. GIRT), ligar, cingir; sin.: *bind around; tie about.*
**GIVE** (ghiv), v.i. (p. GAVE; pp. GIVEN), dar; conceder; sin.: *bestow, presente; grant.*
**GLANCE** (glaens), v.r. (p. e pp. GLANCED), luzir; lançar um olhar; sin.: *gleam glimpse.*
**GLARE** (glêar), v.r. (p. e pp. GLARED), deslumbrar; olhar ostensivamente; sin.: *dazzle; stare fiercely.*
**GLAZE** (glêiz), v.r. (p. e pp. GLAZED), envidraçar; lustrar; sin.: *pane; polish.*
**GLEAM** (gli'mm), v.r. (p. e pp. GLEAMED), luzir; radiar; sin.: *glow; flash.*
**GLIDE** (gláid), v.r. (p. e pp. GLIDED), escoar; resvalar; sin.: *flow; slide.*

**GLIMMER** (gli'mår), v.r. (p. e pp. GLIMMERED), brilhar fracamente; sin.: *shine faintly*.
**GLIMPSE** (glim'ps), v.r. (p. e pp. GLIMPSED), lampejar, relancear; sin.: *glance*.
**GLISTEN** (gli'sn), v.r. (p. e pp. GLISTENED), brilhar; cintilar; sin.: *sparkle; glitter*.
**GLITTER** (gli'tar), v.r. (p. e pp. GLITTERED), cintilar; brilhar; sin.: *sparkle, glisten*.
**GLOOM** (glumm), v.r. (p. e pp. GLOOMED), escurecer; anuviar-se; sin.: *darken; cloud*.
**GLORIFY** (glôu'ri-fåi), v.r. (p. e pp. GLORIFIED), glorificar; sin.: *exalt*.
**GLOSS** (glós), v.r. (p. e pp. GLOSSED), lustrar; comentar; sin.: *polish; comment*.
**GLOW** (glôu), v.r. (p. e pp. GLOWED), brilhar com calor intenso; sin.: *shine with intense heat*.
**GLOZE** (glôuz), v.r. (p. e pp. GLOZED), lisonjear; acariciar; sin.: *flatter; caress*.
**GLUE** (glu), v.r. (p. e pp. GLUED), grudar; colar; sin.: *paste; stick*.
**GLUT** (glåt), v.r. (p. e pp. GLUTTED), comer avidamente; sin.: *swallow greedily*.
**GNARL** (nar), v.r. (p. e pp. GNARLED), rosnar; retorcer; sin.: *snarl; distort*.
**GNASH** (nae'ch), v.r. (p. e pp. GNASHED), ranger os dentes; sin.: *grind the teeth*.
**GNAW** (nó), v.r. (p. e pp. GNAWED), roer; corroer; sin.: *corrode*.
**GO** (gôu), v.i. (p. WENT; pp. GONE), ir; andar; partir; sin.: *move; walk; depart; leave*.
**GOAD** (gôud), v.r. (p. e pp. GOADED), aguilhoar; sin.: *sting*.
**GOBBLE** (gó'bl), v.r. (p. e pp. GOBBLED), engolir, tragar; sin.: *swallow; gulp down*.
**GORE** (gôur), v.r. (p. e pp. GORED), ferir a chifradas; sin.: *pierce, as with the hons*.
**GOSSIP** (gó'cip), v.r. (p. e pp. GOSSIPED), palrar; tagarelar; sin.: *chatter; tattle*.
**GOVERN** (gå'vérn), v.r. (p. e pp. GOVERNED), governar; sin.: *rule*.
**GRAB** (gréb), v.r. (p. e pp. GRABBED), segurar; agarrar; sin.: *seize; grasp*.
**GRABBLE** (gré'bl), v.r. (p. e pp. GRABBLED), andar às apalpadelas; sin.: *grope; poke*.
**GRADUATE** (grae'diú-êit), v.r. (p. e pp. GRADUATED), graduar; diplomar-se; sin.: *devide into degrees; receive a diploma*.
**GRAFT** (graeft), v.r. (p. e pp. GRAFTED), enxertar; subornar; sin.: *insert; suborn*.
**GRANT** (graent), v.r. (p. e pp. GRANTED), conceder; admitir; sin.: *bestow; allow; admit*.

**GRASP** (graesp), v.r. (p. e pp. GRASPED), segurar; agarrar; sin.: *grab; seize; lay hold of*.
**GRATE** (grêit), v.r. (p. e pp. GRATED), raspar; irritar; sin.: *rub hard; irritate*.
**GRATIFY** (grae'ti-fåi), v.r. (p. e pp. GRATIFIED), gratificar; satisfazer; sin.: *please; satisfy; content*.
**GRAZE** (grêiz), v.r. (p. e pp. GRAZED), pastar; sin.: *browse; feed on grass*.
**GREASE** (gri'iz), v.r. (p. e pp. GREASED), engraxar; engordar; sin.: *allure; wheedle*.
**GREET** (grit), v.r. (p. e pp. GREETED), saudar; sin.: *salute; hail*.
**GRIEVE** (gri'iv), v.r. (p. e pp. GRIEVED), afligir-se; lamentar-se; sin.: *worry; annoy*.
**GRILL** (gril), v.r. (p. e pp. GRILLED), frigir na grelha; sin.: *broil on a grill*.
**GRIMACE** (gri'mêiss), v.r. (p. e pp. GRIMACED), fazer caretas; sin.: *make faces*.
**GRIN** (grinn), v.r. (p. e pp. GRINNED), sorrir mostrando os dentes; sin.: *smile showing the teeth*.
**GRIND** (gråind), v.i. (p. e pp. GROUND), moer; amolar; oprimir; sin.: *powder; oppress; sharpen*.
**GRIP** (grêp), v.r. (p. e pp. GRIPPED), segurar com força; sin.: *seize tightly*.
**GRIPE** (gråip), v.r. (p. e pp. GRIPED), agarrar; apertar; sin.: *grasp; squeeze*.
**GROAN** (gro'nn), v.r. (p. e pp. GROANED), gemer; sin.: *moan; wail*.
**GROOVE** (gruv), v.r. (p. e pp. GROOVED), andar às apalpadelas; sin.: *poke; grabble*.
**GROUP** (grup), v.r. (p. e pp. GROUPED), agrupar; juntar; sin.: *assemble*.
**GROW** (grôu), v.i. (GREW; pp. GROWN), crescer; tornar-se; sin.: *develop, become*.
**GROWL** (gråul), v.r. (p. e pp. GROWLED), resmungar; rosnar; sin.: *grumble; snarl*.
**GRUB** (gråb), v.r. (p. e pp. GRUBBED), cavar; comer (gfria); sin.: *dig; eat the chow*.
**GRUDGE** (grå'dj), v.r. (p. e pp. GRUDGED), invejar; mostrar má vontade; sin.: *envy; show discontentment*.
**GRUMBLE** (gråm'bl), v.r. (p. e pp. GRUMBLED), resmungar; murmurar; sin.: *grunt; growl*.
**GRUNT** (grånt), v.r. (p. e pp. GRUNTED), grunhir; resmungar; sin.: *cry like a pig; growl*.
**GUARANTEE** (ghé-raen-ti'), v.r. (p. e pp. GUARANTEED), garantir; sin.: *assure; warrant*.

**GUARD** (gárd), v.r. (p. e pp. GUARDED), guardar; defender; sin.: *protect, defend.*

**GUESS** (ghés), v.r. (p. e pp. GUESSED), adivinhar; conjecturar; sin.: *divine; conjecture.*

**GUIDE** (gáid), v.r. (p. e pp. GUIDED), guiar; sin.: *lead; direct; conduct.*

**GULL** (gál), v.r. (p. e pp. GULLED), lograr; enganar; sin.: *trick; deceive.*

**GULP** (gálp), v.r. (p. e pp. GULPED), engolir apressadamente; sin.: *swallow; quaff; swig.*

**GURGLE** (gâr'gl), v.r. (p. e pp. GURGLED), gorgulhar; sin.: *flow noisily.*

**GUSH** (ga'ch), v.r. (p. e pp. GUSHED), esguichar; espirrar; sin.: *squirt spout; spirt.*

**GUZZLE** (ga'zl), v.r. (p. e pp. GUZZLED), beber em excesso; sin.: *drink excessively.*

# H

**HAGGLE** (hae'gl), v.r. (p. e pp. HAGGLED), pechinchar; regatear; sin.: *higgle; cheapen.*

**HAIL** (hêil), v.r. (p. e pp. HAILED), saudar; saraivar; sin.: *salute; sleet.*

**HALLOW** (hae'lou), v.r. (p. e pp. HALLOWED), consagrar; santificar; sin.: *consecrate; sanctify.*

**HALT** (hált), v.r. (p. e pp. HALTED), parar; mancar; sin.: *stop; limp.*

**HALVE** (hâv), v.r. (p. e pp. HALVED), dividir pelo meio; sin.: *divide into halves.*

**HAMMER** (hae'mar), v.r. (p. e pp. HAMMERED), martelar; sin.: *beat with a hammer.*

**HAMPER** (haem'par), v.r. (p. e pp. HAMPERED), estorvar; embaraçar; sin.: *impede; hinder.*

**HAND** (haend), v.r. (p. e pp. HANDED), entregar; passar; sin.: *deliver; pass.*

**HANDCUFF** (haend'káf), v.r. (p. e pp. HANDCUFFED), algemar; sin.: *manacle; shackle.*

**HANDICAP** (haen'di-kaep), v.r. (p. e pp. HANDICAPPED), colocar em situação desvantajosa; sin.: *place at a disadvantged position.*

**HANDLE** (haen'dl), v.r. (p. e pp. HANDLED), manejar; manipular; sin.: *manage; manipulate.*

**HANDSEL** (haend'sel), v.r. (p. e pp. HANDSELED), estrear; sin.: *make an outset.*

**HANG** (haeng), v.r. (p. e pp. HANGED), enforcar; sin.: *swing.*

**HANG** (haeng), v.i. (p. e pp. HUNG), pendurar; sin.: *suspend; hook.*

**HANKER** (haen'kar), v.r. (p. e pp. HANKERED), ansiar; estar esfaimado; sin.: *long for; famish.*

**HAPPEN** (hae'penn), v.r. (p. e pp. HAPPENED), acontecer; suceder; sin.: *occur; take place.*

**HARENGUE** (hae-reng'), v.r. (p. e pp. HARENGUED), arengar; sin.: *address by a harengue.*

**HARASS** (hae'raess), v.r. (p. e pp. HARASSED), apoquentar; atormentar; sin.: *harrow; torment, annoy.*

**HARBOR** (hâr'bor), v.r. (p. e pp. HARBORED), aportar; refugiar-se; sin.: *lodge; shelter.*

**HARDEN** (hâr'denn), v.r. (p. e pp. HARDENED), endurecer; temperar; sin.: *make hard; temper.*

**HARM** (hârm), v.r. (p. e pp. HARMED), prejudicar; ofender; sin.: *injure; hurt.*

**HARMONIZE** (hâr'môn-náiz), v.r. (p. e pp. HARMONIZED), harmonizar; sin.: *agree; accord.*

**HARNESS** (hâr'néss), v.r. (p. e pp. HARNESSED), arrear; selar; sin.: *fit out; saddle.*

**HARROW** (hae'rôu), v.r. (p. e pp. HARROWED), torturar, apoquentar; sin.: *harass; turture.*

**HARRY** (hae'ri), v.r. (p. e pp. HARRIED), saquear; destruir; sin.: *plunder; destroy.*

**HARVEST** (hâr'vést), v.r. (p. e pp. HARVESTED), fazer a colheita; sin.: *reap; crop; gather in.*

**HASH** (hae'ch), v.r. (p. e pp. HASHED), picar; sin.: *shop small.*

**HASTEN** (hêis'tenn), v.r. (p. e pp. HASTENED), apressar(-se); sin.: *hurry; accelerate.*

**HATCH** (hae'tch), v.r. (p.e pp. HATCHED), chocar; incubar; sin.: *brood; incubate.*

**HATE** (hêit), v.r. (p. e pp. HATED), odiar; detestar; sin.: *abhor; detest.*

**HAUL** (hól), v.r. (p. e pp. HAULED), puxar; rebocar; sin.: *drag; pull; trail.*

**HAUNT** (háunt), v.r. (p. e pp. HAUNTED), freqüentar; assombrar; sin.: *frequent; visit, as a ghost.*

**HAVE** (haev), v.i. (p. e pp. HAD), ter; haver; tomar; sin.: *possess; take.*

**HAVOC** (hae'vâk), v.r. (p. e pp. HAVOKED), arruinar; sin.: *ruin; wreck.*

**HAWK** (hók), v.r. (p. e pp. HAWCKED), apregoar a venda; sin.: *peddle.*

**HAZARD** (há'zard), v.r. (p. e pp. HAZARDED), arriscar-se; aventurar-se; sin.: *chance; risk; venture.*

**HEAD** (héd), v.r. (p. e pp. HEADED), guiar; encabeçar; chefiar; sin.: *conduct; lead; guide.*

**HEAL** (hi'il), v.r. (p. e pp. HEALED), curar; sarar, sin.: *cure; cicatrize.*

**HEAP** (hip), v.r. (p. e pp. HEAPED), amontoar; empilhar; sin.: *pile.*

**HEAR** (hi'ir), v.r. (p. e pp. HEARD), ouvir escutar; sin.: *listen to; heed to; learn of.*

**HEARKEN** (hár'kenn), v.r. (p. e pp. HEARKENED), escutar com atenção; sin.: *listen to.*

**HEARTEN** (hár'tenn), v.r. (p. e pp. HEARTENED), animar; encorajar; sin.: *cheer; encourage.*

**HEAT** (hit), v.r. (p. e pp. HEATED), aquecer; esquentar, sin.: *warm.*

**HEAVE** (hi'iv), v.r. (p. e pp. HEAVED), içar; suspender; sin.: *lift up; hoist.*

**HECKLE** (hé'kl), v.r. (p. e pp. HECKLED), apartear; sin.: *interrupt an orator.*

**HECTOR** (hék'târ), v.r. (p. e pp. HECTORED), ameaçar; atormentar; sin.: *bully; annoy; vex.*

**HADGE** (hé'dj), v.r. (p. e pp. HEDGED), cercar com sebes; proteger; sin.: *surround with a hedge.*

**HEED** (hid), v.r. (p. e pp. HEEDED), escutar; prestar atenção; sin.: *listen to; observe.*

**HEIGHTEN** (hái'tenn), v.r. (p. e pp. HEIGHTENED), elevar; sin.: *lift; raise.*

**HELP** (hélp), v.r. (p. e pp. HELPED), socorrer; ajudar; sin.: *assist; aid.*

**HEM** (hémm), v.r. (p. e pp. HEMMED), debruar; embainhar; sin.: *purfle.*

**HERALD** (hé'rald), v.r. (p. e pp. HERALDED), anunciar; proclamar; sin.: *purfle.*

**HESITATE** (hé'zi-têit), v.r. (p. e pp. HESITATED), hesitar; vacilar; sin.: *vacilate; falter.*

**HEW** (hiú), v.i. **(p. e pp. HEWN), cortar; picar**; sin.: *chop; crop, cut.*

**HICCOUGH** (hi'kâf), v.r. (p. e pp. HICCOUGHED), soluçar (contrair a glote); sin.: *hiccup; have hiccuos; make hiccups.*

**HICCUP** (hi'kâp), v.r. (p. e pp. HICCUPED), soluçar; sin.: *hiccough.*

**HIDE** (háid), v.i. (p. HID; pp. HIDDEN), esconder; ocultar; sin.: *conceal.*

**HIGGLE** (hi'gl), v.r. (p. e pp. HIGGLED) pechinchar; regatear; sin.: *haggle.*

**HINDER** (hin'dar), v.r. (p. e pp. HINDERED), impedir; embaraçar; sin.: *prevent; stop; hamper.*

**HINT** (hint), v.r. (p. e pp. HINTED), insinuar; sugerir; sin.: *intimate; suggest.*

**HIRE** (hai'âr), v.r. (p. e pp. HIRED), alugar; empregar; sin.: *let; engage.*

**HISS** (hiss), v.r. (p. e pp. HISSED), silvar; sussurrar; sin.: *whistle; whiz.*

**HIT** (hêt), v.i. (p. e pp. HIT), bater; ferir; acertar; sin.: *strike; reach.*

**HITCH** (hi'tch), v.r. (p. e pp. HITCHED), sacudir; enganchar; sin.: *jerk; clamp.*

**HOARD** (hôrd), v.r. (p. e pp. HOARDED), entesourar; acumular; sin.: *amass; accumulate.*

**HOAX** (hô'ks), v.r. (p. e pp. HOAXED), mistificar; lograr; sin.: *play a trick on; mistify.*

**HOBBLE** (hô'bl), v.r. (p. e pp. HOBBLED), mancar; embaraçar; sin.: *stump; obstruct.*

**HOE** (hôu), v.r. (p. e pp. HOED), capinar; sin.: *mow grass.*

**HOIST** (hóist), v.r. (p. e pp. HOISTEDO, guindar; alçar; sin.: *crane up; lift.*

**HOLD** (hôld), v.i. (p. e pp. HELD), segurar; manter; conter, sin.: *keep; seize; contain.*

**HONE** (hôunn), v.r. (p. e pp. HONED), afiar; amolar; sin.: *sharpen.*

**HOOD** (hud), v.r. (p. e pp. HOODED), encapuzar; sin.: *cape; cloak.*

**HOOK** (huk), v.r. (p. e pp. HOOKED), dependurar; enganchar; sin.: *hang; hitch.*

**HOOT** (hut), v.r. (p. e pp. HOOTED), vaiar; sin.: *hoop; hiss.*

**HOP** (hóp), v.r. (p. e pp. HOPPED), saltitar; sin.: *skip.*

**HOPE** (hôup), v.r. (p. e pp. HOPED), esperar; almejar; sin.: *expect.*

**HOUSE** (háuz), v.r. (p. e pp. HOUSED), hospedar; alojar; sin.: *lodge; shelter*.

**HOVER** (hou'var), v.r. (p. e pp. HOVERED), esvoaçar; pairar; sin.: *flutter; flap*.

**HOWL** (hául), v.r. (p. e pp. HOWLED), uivar; sin.: *yell*.

**HUDDLE** (hắ'dl), v.r. (p. e pp. HUDDLED), atropelar-se; apertar-se; sin.: *crowd; throng; press*.

**HUG** (hâg), v.r. (p. e pp. HUGGED), abraçar; sin.: *embrace*.

**HUM** (hâmm), v.r. (p. e pp. HUMMED), sussurrar; sin.: *buzz; purl; whir*.

**HUMBUG** (hâmm'bâg), v.r. (p. e pp. HUMBUGGED), mistificar; enganar; sin.: *mystify; hoax; trick*.

**HUMILIATE** (hiú-mê'li-êit), v.r. (p. e pp. HUMILIATED), humilhar; sin.: *humble; abase*.

**HUMOR** (hiu'mâr), v.r. (p. e pp. HUMORED), comprazer-se; agradar; sin.: *delight in; please*.

**HUNGER** (hân'gâr), v.r. (p. e pp. HUNGERED), estar esfomeado; sin.: *famish*.

**HUNT** (hânt), v.r. (p. e pp. HUNTED), caçar; sin.: *shoot; chase*.

**HURL** (hâr), v.r. (p. e pp. HURLED), arremessar; sin.: *throw; cast; dash*.

**HURRY** (hâ'ri), v.r. (p. e pp. HURRIED), apressar-se; sin.: *hasten*.

**HURT** (hurt)), v.i. (p. e pp. HURT), ferir; magoar; doer; sin.: *wound; injure; pain*.

**HURTLE** (hâr'tl), v.r. (p. e pp. HURTLED), esbarrar; brandir; sin.: *hit; crash; brandish*.

# I

**ICE** (áiss), v.r. (p. e pp. ICED), gelar; sin.: *freeze*.

**IDENTIFY** (áin-dên'ti-fái), v.r. (p. e pp. IDENTIFIED), identificar; sin.: *prove to be the same*.

**IDLE** (ái'dl), v.r. (p. e pp. IDLED), vadiar; sin.: *loaf*.

**IDOLIZE** (ái'dôu-láiz), v.r. (p. e pp. IDOLIZED), idolatrar; sin.: *worship*.

**IGNITE** (ig-náit'), v.r. (p. e pp. IGNITED), inflamar; dar na partida; sin.: *set on fire; push the start botton (automobile)*.

**IGNORE** (iğ-nôr'), v.r. (p. e pp. IGNORED), desprezar; rejeitar; sin.: *disregard; reject*.

**ILLUDE** (i-liúd'), v.r. (p. e pp. ILLUDED), iludir; sin.: *deceive*.

**ILLUMINATE** (i-liú'mi-nêit), v.r. (p. e pp. ILLUMINATED), iluminar; ilustrar; sin.: *light up; illustrate*.

**ILLUSTRATE** (i-lâs'trêit), v.r. (p. e pp. ILLUSTRATED), ilustrar; explicar; sin.: *illuminate; explain*.

**IMAGINE** (i-mê'djinn), v.r. (p. e pp. IMAGINED), imaginar; conceber; sin.: *fancy; conceive*.

**IMBIBE** (im-báib'), v.r. (p. e pp. IMBIBED), embeber; absorver; sin.: *soak; absorb*.

**IMBODY** (im-bô'dl), v.r. (p. e pp. IMBODIED), incorporar; abranger; sin.: *incorporate; comprise*.

**IMBUE** (im-biu'), v.r. (p. e pp. IMBUED), impregnar; embeber; sin.: *impregnate; imbibe*.

**IMITATE** (i'mi-têit), v.r. (p. e pp. IMITATED), imitar; copiar; sin.: *copy; pattern after*.

**IMMERGE** (i-mâr'dj), v.r. (p. e pp. IMMERGED), imergir; mergulhar, sin.: *plunder; dip*.

**IMMIGRATE** (i'mi-grêit), v.r. (p. e pp. IMMIGRATED), imigrar; sin.: *remove into a country to settle*.

**IMMOLATE** (i'mo-lêit), v.r. (p. e pp. IMMOLATED), imolar; sin.: *offer in sacrifice*.

**IMMORTALIZE** (i-môr'tae-láiz), v.r. (p. e pp. IMMORTALIZED), imortalizar; sin.: *perpetuate*.

**IMURE** (i-miúr'), v.r. (p. e pp. IMURED), emparedar; encarcerar; sin.: *wall; imprison*.

**IMPAIR** (im-pér'), v.r. (p. e pp. IMPAIRED), diminuir; deteriorar; sin.: *diminish; deteriorate*.

**IMPEACH** (im-pi'tch), v.r. (p. e pp. IMPEACHED), acusar; atacar; sin.: *accuse; charge with misconduct in office*.

**IMPEDE** (im-pid'), v.r. (p. e pp. IMPEDED), impedir; estorvar; sin.: *prevent; hinder; obstruct*.

**IMPEL** (im-pél'), v.r. (p. e pp. IMPELLED), impelir; sin.: *force on*.

**IMPEND** (im-pênd'), v.r. (p. e pp. IMPENDED), ameaçar; estar iminente; sin.: *threaten; be near or about to happen.*

**IMPETRATE** (im'pe-trêit), v.r. (p. e pp. IMPETRATED), impetrar; requerer; sin.: *gain by entreat; request.*

**IMPLICATE** (im'pli-kêit), v.r. (p. e pp. IMPLICATED), implicar; sin.: *involve.*

**IMPLORE** (im-plór'), v.r. (p. e pp. IMPLORED), implorar; sin.: *beseech, beg.*

**IMPLY** (im-plái'), v.r. (p. e pp. IMPLIED), implicar; incluir; sin.: *intimate; include.*

**IMPORT** (im-port'), v.r. (p. e pp. IMPORTED), importar; significar; sin.: *bring order from abroad; signify.*

**IMPORTUNE** (im-pór'iúnn), v.r. (p. e pp. IMPORTUNED), importunar; sin.: *torment; tease.*

**IMPOSE** (im-pôuz'), v.r. (p. e pp. IMPOSED), impor; impingir; sin.: *order; palm off.*

**IMPOVERISH** (im-po'vă-ri-ch), v.r. (p. e pp. IMPOVERISHED), empobrecer(-se); sin.: *grow poor; make poor.*

**IMPRECATE** (im'prā-kêit), v.r. (p. e pp. IMPRECATED), imprecar; sin.: *curse; swear.*

**IMPREGNATE** (im-prêg-nêit'), v.r. (p. e pp. IMPREGNATED), emprenhar; fecundar; imprégnar; sin.: *fertilize; fecundate; imbue.*

**IMPRESS** (im-préss'), v.r. (p. e pp. IMPRESSED), estampar; impressionar; sin.: *stamp; mark; affect deeply; point out to.*

**IMPRINT** (im-print'), v.r. (p. e pp. IMPRINTED), imprimir; marcar; sin.: *print; stamp.*

**IMPRISON** (im-pri'zênn), v.r. (p. e pp. IMPRISONED), aprisionar; encarcerar; sin.: *shut up; lock up; immure; confine.*

**IMPROVE** (im-pruv'), v.r. (p. e pp. IMPROVED), melhorar, aperfeiçoar; sin.: *better; perfect; develope.*

**IMPROVISE** (im-prôu-váiz'), v.r. (p. e pp. IMPROVISED), improvisar; sin.: *extemporise.*

**IMPUGN** (im-piún'), v.r. (p. e pp. IMPUGNED), impugnar; contestar; sin.: *oppose to gainsay.*

**IMPUTE** (im-piút'), v.r. (p. e pp. IMPUTED), imputar; atribuir; sin.: *ascribe; charge.*

**INAUGURATE** (i-nô'ghiú-rêit), v.r. (p. e pp. INAUGURATED), inaugurar; sin.: *open.*

**INCINERATE** (in-ci'nă-rêit), v.r. (p. e pp. INCINERATED), incinerar; sin.: *burn to ashes.*

**INCISE** (in-çáiz'), v.r. (p. e pp. INCISED), talhar; cortar; sin.: *slash; gash; cut.*

**INCITE** (in-çáit'), v.r. (p. e pp. INCITED), incitar; estimular; sin.: *excite; induce.*

**INCLINE** (in-kláinn'), v.r. (p. e pp. INCLINED), inclinar-se; pender; sin.: *lean; be disposed.*

**INCLOSE** (in-klôuz'), v.r. (p. e pp. INCLOSED), incluir; encerrar; sin.: *attach, append; surround.*

**INCLUDE** (in'klud'), v.r. (p. e pp. INCLUDED), incluir; abranger; sin.: *hold; comprise.*

**INCOMMODE** (in-ko-môud), v.r. (p. e pp. INCOMMODED), incomodar; estorvar; sin.: *inconvenience; trouble; disturb.*

**INCONVENIENCE** (in-con-vi'niêns), v.r. (p. e pp. INCONVENIENCED), incomodar, estorvar; sin.: *incomode; trouble; disturb.*

**INCORPORATE** (in-cor'po-rêit), v.r. (p. e pp. INCORPORATED), incorporar; materializar-se; sin.: *embody; aggregate.*

**INCREASE** (in-kri'iz), v.r. (p. e pp. INCREASED), aumentar; crescer; sin.: *augment; advance; improve.*

**INCRUST** (in-krăst'), v.r. (p. e pp. INCRUSTED), incrustrar; sin.: *inlay.*

**INCUBATE** (in'kiú-bêit), v.r. (p. e pp. INCUBATED), incubar; chocar; sin.: *hatch brood.*

**INCULCATE** (in-kăl'kêit), v.r. (p. e pp. INCULCATED), inculcar; sin.: *instill; impress.*

**INCULPATE** (in-kăl'pêit), v.r. (p. e pp. INCULPATED), inculpar; incriminar; sin.: *incriminate; charge; accuse.*

**INCUR** (in-kăr'), v.r. (p. e pp. INCURRED), incorrer; expor-se; sin.: *become liable to; bring on.*

**INDEMNIFY** (in-dem'ni-fái), v.r. (p. e pp. INDEMNIFIED), indenizar; compensar; sin.: *repay; compensate; repair; restore.*

**INDENT** (in-dênt'), v.r. (p. e pp. INDENTED), lavrar um contrato; sin.: *write down an agreement.*

**INDICATE** (in'di-kêit), v.r. (p. e pp. INDICATED), indicar; sin.: *point out.*

**INDICT** (in-dáit'), v.r. (p. e pp. INDICTED), acusar; levar aos tribunais; sin.: *charge with; sue for.*

**INDITE** (in-dáit), v.r. (p. e pp. INDITED), ditar; redigir; sin.: *dictate; write.*

**INDUCE** (in-duss'), v.r. (p. e pp. INDUCED), induzir; persuadir; sin.: *prevail on; influence.*

**INDUE** (in-diú'), v.r. (p. e pp. INDUED), dotar; revestir; sin.: *endow; cloth.*

**INDULGE** (im-dal'dj), v.r. (p. e pp. INDULGED), condescender; regalar-se; sin.: *condescend; consent to; yield to; feast on.*

**INEBRIATE** (i-ni'bri-êit), v.r. (p. e pp. INEBRIATED), embriagar; sin.: *intoxicate.*

**INFATUATE** (in-fae'tuf-êite), v.r. (p. e pp. INFATUATED), inspirar paixão insensata; sin.: *inspire with fatuous passion.*

**INFECT** (in-fékt'), v.r. (p. e pp. INFECTED), infectar; infeccionar; sin.: *taint.*

**INFER** (in-får'), v.r. (p. e pp. INFERRED), inferir; deduzir; sin.: *deduce.*

**INFEST** (in-fést'), v.r. (p. e pp. INFESTED), infestar; assolar; sin.: *overrun; harras.*

**INFILTRATE** (in-fil'trêit), v.r. (p. e pp. INFILTRATED), infiltrar-se; sin.: *penetrate.*

**INFLAME** (in-flêimm'), v.r. (p. e pp. INFLAMED), inflamar; irritar; sin.: *ignate; light up; excite.*

**INFLATE** (in-flêit'), v.r. (p. e pp. INFLATED), inflar; encher-se de ar; sin.: *puff up; swell with air.*

**INFLECT** (in-flékt'), v.r. (p. e pp. INFLECTED), inclinar; modular; sin.: *turn off; modulate.*

**INFLICT** (in-flikt'), v.r. (p. e pp. INFLICTED), infligir; impor; sin.: *impose.*

**INFLUENCE** (in'flu-êns), v.r. (p. e pp. INFLUENCED), influir; influenciar; sin.: *sway; move.*

**INFOLD** (in-fôld'), v.r. (p. e pp. INFOLDED), envolver; encerrar; sin.: *wrap; involve; contain.*

**INFORM** (in-fórm'), v.r. (p. e pp. INFORMED), informar; sin.: *appraise acquaint.*

**INFRINGE** (in-frin'dj), v.r. (p. e pp. INFRINGED), infringir; transgredir; sin.: *transgress; contravene; trespass.*

**INHABIT** (in-hae'bit), v.r. (p. e pp. INHABITED), habitar; sin.: *dwell in.*

**INHALE** (in-hêil'), v.r. (p. e pp. INHALED), inalar; inspirar; sin.: *draw in (the air).*

**INHERIT** (in-hé'rit), v.r. (p. e pp. INHERITED), herdar; sin.: *get by inheritance.*

**INHIBIT** (in-hi'bit), v.r. (p. e pp. INHIBITED), inibir; vedar; sin.: *forbid; hinder; check.*

**INJECT** (in-djékt'), v.r. (p. e pp. INJECTED), injetar; sin.: *throw into.*

**INJURE** (in'djur), v.r. (p. e pp. INJURED), prejudicar; ferir; sin.: *harm; hurt.*

**INLAY** (inn'lêi), v.i. (p. e pp. INLAID), incrustar; embutir; sin.: *incrust.*

**INNOVATE** (in-nôut-vêit), v.r. (p. e pp. INNOVATED), inovar; sin.: *change.*

**INOCULATE** (i-nô'kiú-lêit), v.r. (p. e pp. INOCULATED), inocular; sin.: *insert (a disease virus).*

**INQUIRE** (in-kuåí'år), v.r. (p. e pp. INQUIRED), inquirir; indagar; sin.: *investigate; ask; query.*

**INSCRIBE** (ins-kráib'), v.r. (p. e pp. INSCRIBED), inscrever; gravar; sin.: *register; engrave.*

**INSERT** (in-çårt'), v.r. (p. e pp. INSERTED), inserir; sin.: *set in; put in.*

**INSINUATE** (in-si'niú-êit), v.r. (p. e pp. INSINUATED), insinuar; aludir; sin.: *hint; intimate; creep in.*

**INSIST** (in-sist'), v.r. (p. e pp. INSISTED), insistir; sin.: *persist in.*

**INSNARE** (ins-nér'), v.r. (p. e pp. INSNARED), apanhar no laço; surpreender; sin.: *entrap; catch.*

**INSPECT** (ins-pékt'), v.r. (p. e pp. INSPECTED), inspecionar; sin.: *examine; survey.*

**INSPIRE** (ins-páí'år), v.r. (p. e pp. INSPIRED), inspirar; aspirar (o ar); sin.: *instil; influence; draw in (the air); breathe.*

**INSPIRIT** (ins-pi'rit), v.r. (p. e pp. INSPIRITED), animar; sin.: *animate; hearten.*

**INSTALL** (ins-tól'), v.r. (p. e pp. INSTALLED), instalar; alojar; sin.: *establish; lodge.*

**INSTATE** (ins-têit'), v.r. (p. e pp. INSTATED), colocar; estabelecer; sin.: *set; establish.*

**INSTIGATE** (ins'ti-ghêit), v.r. (p. e pp. INSTIGATED), instigar; induzir; sin.: *incite; induce.*

**INSTIL** (ins'til'), v.r. (p. e pp. INSTILLED), inspirar; inculcar; sin.: *inspire; inculcate.*

**INSTITUTE** (ins'ti-tuft), v.r. (p. e pp. INSTITUTED), instituir; nomear; sin.: *establish; appoint.*

**INSTRUCT** (ins-tråkt'), v.r. (p. e pp. INSTRUCTED), instruir; dar instruções; sin.: *teach; inform; order, direct.*

**INSULATE** (in'siú-lêit), v.r. (p. e pp. INSULATED), isolar; sin.: *detch; isolate.*

**INSULT** (in-sålt'), v.r. (p. e pp. INSULTED), insultar; sin.: *outrage; abuse.*

**INSURE** (in-chur'), v.r. (p. e pp. INSURED), pôr no seguro; sin.: *secure against loss.*

**INTEND** (in-tênd'), v.r. (p. e pp. INTENDED), tencionar; pretender; sin.: *purpose; design.*

**INTENSIFY** (in-tên'si-fái), v.r. (p. e pp. INTENSIFIED), intensificar; sin.: *accelerate; augment.*

**INTER** (in-têr), v.r. (p. e pp. INTERRED), enterrar; sin.: *bury; intomb.*
**INTERCEDE** (in-têr'cíd'), v.r. (p. e pp. INTERCEDED), interceder; sin.: *plead.*
**INTERDICT** (in-têr'dikt'), v.r. (p. e pp. INTERDICTED), interditar; vedar; sin.: *prohibit.*
**INTEREST** (in'tā-rêst), v.r. (p. e pp. INTERESTED), interessar; sin.: *concern.*
**INTERFERE** (in-têr'fir'), v.r. (p. e pp. INTERFERED), intervir em; sin.: *meddle with.*
**INTERPOLATE** (in-têr'po-lêit), v.r. (p. e pp. INTERPOLATED), intercalar; sin.: *intercalate.*
**INTERPOSE** (in-têr'pôuz'), v.r. (p. e pp. INTERPOSED), interpor; sin.: *place between; intervene.*
**INTERPRETE** (in-têr'pret), v.r. (p. e pp. INTERPRETED), interpretar; sin.: *translate.*
**INTERROGATE** (in-tê'rôu-ghêit), v.r. (p. e pp. INTERROGATED), interrogar; sin.: *question; query.*
**INTERRUPT** (in-tā-râpt'), v.r. (p. e pp. INTERRUPTED), interromper; sin.: *break in; stop.*
**INTERVENE** (in-têr'vinn'), v.r. (p. e pp. INTERVENED), intervir; interpor-se; sin.: *interpose; come between.*
**INTERVIEW** (in'târ-viú), v.r. (p. e pp. INTERVIEWED), entrevistar; sin.: *have an interview with.*
**INTHRAL** (in-çról'), v.r. (p. e pp. INTHRALLED), escravizar; submeter; sin.: *enslave.*
**INTIMATE** (in'ti-mêit), v.r. (p. e pp. INTIMATED), insinuar; dar a entender; sin.: *hint; insinuated.*
**INTIMIDATE** (in-ti'mi-dêit), v.r. (p. e pp. INTIMIDATED), intimidar; sin.: *frighten.*
**INTOMB** (in-tâmb'), v.r. (p. e pp. INTOMBED), sepultar; sin.: *bury; inter.*
**INTOXICATE** (in-tók'ci-kêit), v.r. (p. e pp. INTOXICATED), embriagar; sin.: *inebriate.*
**INTRENCH** (in-trê'tch), v.r. (p. e pp. INTRENCHED), entrincheirar; sin.: *fortify; ditch.*
**INTRIGUE** (in-trig'), v.r. (p. e pp. INTRIGUED), intrigar; sin.: *plot; puzzle.*
**INTRODUCE** (in-tro-diçuss'), v.r. (p. e pp. INTRODUCED), introduzir; apresentar; sin.: *put in; present.*

**INTRUD** (in-trud'), v.r. (p. e pp. INTRUDED), intrometer-se; sin.: *meddle with; trespass.*
**INTRUST** (in-trâst'), v.r. (p. e pp. INTRUSTED), encarregar de; confiar; sin.: *incharge.*
**INUNDATE** (i-nânn'dêit), v.r. (p. e pp. INUNDATED), inundar; sin.: *flood; overflow.*
**INURE** (i-niúr'), v.r. (p. e pp. INURED), acostumar-se; sin.: *accustom; use.*
**INVADE** (in-vêid'), v.r. (p. e pp. INVADED), invadir; sin.: *trespass; usurp.*
**INVALIDATE** (in-vae'li-dêit), v.r. (p. e pp. INVALIDATED), invalidar; anular; sin.: *annul; void.*
**INVENT** (in-vênt'), v.r. (p. e pp. INVENTED), inventar; sin.: *contrive; devise.*
**INVEST** (in-vest'), v.r. (p. e pp. INVESTED), aplicar (dinheiro); conferir; vestir; sitiar; sin.: *place, as money; dress, confer.*
**INVIGORATE** (in-vi'gâ-rêit), v.r. (p. e pp. INVIGORATED), fortalecer; sin.: *straighten.*
**INVITE** (in-váit'), v.r. (p. e pp. INVITED), convidar; sin.: *ask; summon.*
**INVOICE** (in-vóiss'), v.r. (p. e pp. INVOICED), faturar; sin.: *bill.*
**INVOKE** (in-vôuk'), v.r. (p. e pp. INVOKED), invocar; implorar; sin.: *plead; implore.*
**INVOLVE** (in-vólv'), v.r. (p. e pp. INVOLVED), envolver; implicar; sin.: *wrap up; implicate.*
**INWALL** (in-uól'), v.r. (p. e pp. INWALLED), murar; empredar; sin.: *immure; block up.*
**IRON** (ái'ânn), v.r. (p. e pp. IRONED), passar a ferro, algemar; sin.: *smooth with a flatiron; fetter.*
**IRRADIATE** (i-rêi'di-êit), v.r. (p. e pp. IRRADIATED), irradiar; sin.: *beam; shine.*
**IRRIGATE** (i'ri-ghêit), v.r. (p. e pp. IRRIGATED), irrigar; sin.: *water.*
**IRRITATE** (i'ri-têit), v.r. (p. e pp. IRRITATED), irritar; sin.: *anger; enrage.*
**ISOLATE** (ái'ço-lêit), v.r. (p. e pp. ISOLATED), isolar; sin.: *detach; insulate.*
**ISSUE** (i'chu), v.r. (p. e pp. ISSUED), sair, emitir; terminar; sin.: *go; emit; terminate.*
**ITCH** (é'tch), v.r. (p. e pp. ITCHED), coçar; sentir cócegas; sin.: *scratch.*

# J

**JABBER** (djae'bâr), v.r. (p. e pp. JABBERED), tagarelar; palrar; sin.: *blab; chatter.*

**JAG** (djaeg), v.r. (p. e pp. JAGGED), entalhar; sin.: *carve; notch.*

**JAM** (djaemm), v.r. (p. e pp. JAMMED), espremer; sin.: *squeeze*.

**JANGLE** (djén'gl), v.r. (p. e pp. JANGLED), discutir; altercar; sin.: *quarrel; wrangle*.

**JAPAN** (dja-paenn'), v.r. (p. e pp. JAPANED), envernizar; sin.: *varnish*.

**JAR** (djár), v.r. (p. e pp. JARRED), vibrar; tremer; sin.: *shake; tremble*.

**JEER** (djir), v.r. (p. e pp. JEERED), zombar de; sin.: *scoff; mock; laugh at*.

**JERK** (djárk), v.r. (p. e pp. JERKED), sacudir; sin.: *jolt; shake*.

**JEST** (djést), v.r. (p. e pp. JESTED), brincar; pilheriar; sin.: *Joke; make fun*.

**JET** (djét), v.r. (p. e pp. JETTED), formar saliência; projetar-se; sin.: *jut; throw forward*.

**JIB** (djib), v.r. (p. e pp. JIBBED), recuar; sin.: *recoil*.

**JIBE** (djáib), v.r. (p. e pp. JIBED), zombar; repreender; sin.: *mock; reproach*.

**JILT** (djilt), v.r. (p. e pp. JILTED), enganar (no amor); sin.: *disappoint (in love)*.

**JINGLE** (djin'gl), v.r. (p. e pp. JINGLED), retinir; rimar; sin.: *ring; rhyme*.

**JOG** (djóg), v.r. (p. e pp. JOGGED), tocar de leve; mover-se vagarosamente; sin.: *nudge; move slowly*.

**JOGGLE** (djó'gl), v.r. (p. e pp. JOGGLED), empurrar; sacudir; sin.: *jostle; shake*.

**JOIN** (djó'inn), v.r. (p. e pp. JOINED), unir; associar-se com; sin.: *connect; associate with*.

**JOKE** (djôuk), v.r. (p. e pp. JOKED), pilheriar; sin.: *banter; jest; make fun*.

**JOLT** (djolt), v.r. (p. e pp. JOLTED), solavancar; sacudir; sin.: *jerk; shake*.

**JOSTLE** (djós'tl), v.r. (p. e pp. JOSTLED), empurrar; acotovelar; sin.: *push; elbow*.

**JOURNEY** (djár'ni), v.r. (p. e pp. JOURNEYED), viajar; sin.: *travel*.

**JOY** (djói), v.r. (p. e pp. JOYED), alegrar-se; exultar; sin.: *rejoice; exult*.

**JUDGE** (djó'dj), v.r. (p. e pp. JUDGED), julgar; sentenciar; sin.: *opine; sentence*.

**JUGGLE** (djá'gl), v.r. (p. e pp. JUGGLED), escamotear; sin.: *trick; palm*.

**JUMBLE** (djâm'bl), v.r. (p. e pp. JUMBLED), misturar; complicar; sin.: *mix; complicate*.

**JUMP** (djâmp), v.r. (p. e pp. JUMPED), pular; saltar; sin.: *spring; leap*.

**JUNKET** (djân'ket), v.r. (p. e pp. JUNKETED), regalar-se; sin.: *feast*.

**JUSTIFY** (djós'ti-fái), v.r. (p. e pp. JUSTIFIED), justificar; sin.: *vindicate; account for*.

**JUT** (djât), v.r. (p. e pp. JUTTED), formar saliência; projetar-se; sin.: *jet; throw forward*.

# K

**KEEP** (kip), v.i. (p. e pp. KEPT), conservar; guardar; sin.: *maintain; preserve*.

**KICK** (kik), v.r. (p. e pp. KICKED), dar pontapés; escoicear; sin.: *strike out with the foot*.

**KIDNAP** (kid'naep), v.r. (p. e pp. KIDNAPED), raptar; sin.: *ravish*.

**KILL** (kil), v.r. (p. e pp. KILLED), matar; sin.: *slay; murder*.

**KINDLE** (kin'dl), v.r. (p. e pp. KINDLED), excitar; inflamar-se; sin.: *excite; inflame*.

**KISS** (kêss), v.r. (p. e pp. KISSED), beijar; sin.: *lip*.

**KNEAD** (nid), v.r. (p. e pp. KNEADED), amassar; sin.: *work into a mass*.

**KNEEL** (nil), v.i. (p. e pp. KNELT), ajoelhar-se; sin.: *rest on the knees*.

**KNIGHT** (náit), v.r. (p. e pp. KNIGHTED), conferir título de nobreza; sin.: *confer honor of knighthood upon*.

**KNIT** (nit), v.i. (p. e pp. KNIT), fazer tricô ou crochê; sin.: *bind together, as by knitting*.

**KNOCK** (nók), v.r. (p. e pp. KNOCKED), bater à porta; ferir; sin.: *rap, strike; hit*.

**KNOLL** (nól), v.r. (p. e pp. KNOLLED), retinir; tocar; sin.: *ring; toll*.

**KNOT** (nót), v.r. (p. e pp. KNOTTED), dar nó; enlaçar; sin.: *tie a knot*.

**KNOW** (nôu), v.i. (p. e pp. KNEW; pp. KNOWN), saber; conhecer; sin.: *be aware of; recognize*.

**KNUCKLE** (ná'kl), v.r. (p. e pp. KNUCKLED), curvar-se; submeter-se; sin.: *bend; yield*.

# L

**LABEL** (lêi'bl), v.r. (p. e pp. LABELED), rotular; etiquetar; sin.: *ticket*.

**LABOR** (lêi'bâr), v.r. (p. e pp. LABORED), trabalhar; labutar; sin.: *work; toil*.

**LACE** (lêiss), v.r. (p. e pp. LACED), guarnecer de rendas; sin.: *adorn with lace*.

**LACERATE** (lae'çâ-rêit), v.r. (p. e pp. LACERATED), lacerar; dilacerar; sin.: *tear; wound*.

**LACK** (lék), v.r. (p. e pp. LACKED), carecer de; sin.: *want; require*.

**LACKER** (lé'kâr), v.r. (p. e pp. LACKERED), pintar com laca; sin.: *cover with lacker*.

**LADE** (lêid), v.i. (p. e pp. LADEN), carregar; sin.: *load*.

**LAG** (laeg), v.r. (p. e pp. LAGGED), andar morosamente; sin.: *loiter; linger*.

**LAME** (lêimm), v.r. (p. e pp. LAMED), estropiar; aleijar; sin.: *cirpple; disable*.

**LAMENT** (la-ment'), v.r. (p. e pp. LAMENTED), lamentar; sin.: *mourn; grieve*.

**LAND** (laend), v.r. (p. e pp. LANDED), desembarcar; aterrisar; sin.: *disembark; get down to the ground*.

**LANGUISH** (laen'gui-ch), v.r. (p. e pp. LANGUISHED), desfalecer; sin.: *faint; droop; flag*.

**LAP** (lép), v.r. (p. e pp. LAPPED), lamber; sin.: *lick*.

**LAPSE** (lae'pss), v.r. (p. e pp. LAPSED), decair; cair em desuso; sin.: *decline; go by*.

**LASH** (lé'ch), v.r. (p. e pp. LASHED), chicotear; açoitar; sin.: *whip; flagelate*.

**LASSO** (lae'ço), v.r. (p. e pp. LASSOED), laçar (entre os *cowboys*); sin.: *catch with a lasso*.

**LAST** (laest), v.r. (p. e pp. LASTED), durar; sin.: *hold out; endure*.

**LATHER** (lae'dhâr), v.r. (p. e pp. LATHERED), espumar; ensaboar; sin.: *spread over with lather*.

**LAUD** (lód), v.r. (p. e pp. LAUDED), louvar; sin.: *praise*.

**LAUGH** (láf), v.r. (p. e pp. LAUGHED), rir; rir-se; sin.: *express mirth by a laugh*.

**LAUNCH** (láun'tch), v.r. (p. e pp. LAUNCHED), lançar à água; lançar-se; sin.: *move into the water; dart*.

**LAUNDER** (láun'dâr), v.r. (p. e pp. LAUNDERED), lavar e passar a ferro; sin.: *wash and iron*.

**LAUREATE** (ló-ri-êit'), v.r. (p. e pp. LAUREATED), laurear; sin.: *honor*.

**LAVE** (lêiv), v.r. (p. e pp. LAVED), lavar; banhar; sin.: *wash; bathe*.

**LAVISH** (lae'vi-ch), v.r. (p. e pp. LAVISHED), gastar; prodigalizar; sin.: *dissipate; bestow profusely*.

**LAY** (lêi), v.i. (p. e pp. LAID) pôr; espalhar; sin.: *put; spread over*.

**LEACH** (li'tch), v.r. (p. e pp. LEACHED), lavar com lixívia; sin.: *wash by percolation*.

**LEAD** (lid), v.i. (p. e pp. LED), guiar; conduzir; sin.: *head; guide*.

**LEAK** (lik), v.r. (p. e pp. LEAKED), vazar; escorrer; escapar; sin.: *ooze; trickle; escape*.

**LEAN** (li'nn), v.r. (p. e pp. LEANED), encostar-se; inclinar-se; sin.: *bend; rest; incline*.

**LEAP** (lip), v.r. (p. e pp. LEAPED), saltar; pular; sin.: *spring; jump*.

**LEARN** (lârn), v.r. (p. e pp. LEARNT), aprender; sin.: *acquire knowledge of*.

**LEASE** (lii'z), v.r. (p. e pp. LEASED), arrendar; sin.: *let for a term of years; rent*.

**LEASH** (li'ch), v.r. (p. e pp. LEASHED), atrelar; ajoujar; sin.: *hitch; tie by a leash*.

**LEAVE** (li'iv), v.r. (p. e pp. LEFT), deixar; abandonar; partir; sin.: *let stay; go out*.

**LECTURE** (lék'tchâr), v.r. (p. e pp. LECTURED), dar um curso; fazer conferências; sin.: *instruct by prelections*.

**LEER** (lir), v.r. (p. e pp. LEERED), olhar de soslaio; sin.: *look askance*.

**LEGALIZE** (li'gha-láiz), v.r. (p. e pp. LEGALIZED), legalizar; sin.: *legitimate; authenticate*.

**LEGISLATE** (le-djis-lêit), v.r. (p. e pp. LEGISLATED), legislar; sin.: *make laws*.

**LEGITIMIZE** (lidji'ti-máiz), v.r (p. e pp. LEGITIMIZED), legitimar; sin.: *legalize; authenticate*.

**LEND** (lénd), v.i. (p. e pp. LENT), emprestar; sin.: *loan*.

**LENGHTEN** (len'tenn), v.r. (p. e pp. LENGHTENED), prolongar; sin.: *prolong; stend*.

**LESSEN** (lé'cenn), v.r. (p. e pp. LESSENED), diminuir; sin.: *diminish; decrease*.

**LET** (lét), v.r. (p. e pp. LET), deixar; permitir; alugar; sin.: *allow; permit; rent.*

**LETTER** (lé'tår), v.r. (p. e pp. LETTERED), marcar com letras; fazer letreiros; escrever títulos ou cabeçalhos; sin.: *mark with letters; print.*

**LIBEL** (lái'bl), v.r. (p. e pp. LIBELLED), difamar; processar; sin.: *defame; sue; proceed against.*

**LIBERATE** (li'bâ-rêit), v.r. (p. e pp. LIBERATED), libertar; liberar; sin.: *free; release; discharge.*

**LICENCE** (lái'censs), v.r. (p. e pp. LICENCED), autorizar; licenciar; sin.: *authorize.*

**LICK** 9lik), v.r. (p. e pp. LICKED), lamber; esmurrar; sin.: *lap; drub.*

**LIE** (lái), v.r. (p. e pp. LIED), mentir; sin.: *falsity; utter a falsehood.*

**LIE** (lái), v.i. (p. LAY; pp. LAIN), deitar-se; jazer; sin.: *goto bed; be buried.*

**LIFT** (lift), v.r. (p. e pp. LIFTED), suspender; furtar; sin.: *raise; pilfer.*

**LIGHT** (láit), v.i. (p. e pp. LIT), acender; sin.: *set fire to; kindle.*

**LIGHTEN** (lái'tênn), v.r. (p. e pp. LIGHTENED), relampejar; clarear; sin.: *splarkle; enlighten.*

**LIKE** (láik), v.r. (p. e pp. LIKED), gostar de; sin.: *be pleased with; enjoy.*

**LIMIT** (li'mit), v.r. (p. e pp. LIMITED), limitar; restringir; sin.: *confine; restrict.*

**LIMP** (lêmp), v.r. (p. e pp. LIMPED), coxear; mancar; sin.: *stump; hobble.*

**LINGER** (li'nhâr), v.r. (p. e pp. LINGERED), tardar; demorar-se; sin.: *delay; loiter.*

**LINK** (link), v.r. (p. e pp. LINKED), encadear; ligar; sin.: *chain; conect.*

**LIONIZE** (lái'â-náiz), v.r. (p. e pp. LIONIZED), celebrizar; sin.: *exalt.*

**LIP** (lêp), v.r. (p. e pp. LIPPED), beijar; sin.: *kiss.*

**LIQUEFY** (li'kuf-fái), v.r. (p. e pp. LIQUEFIED), liquefazer; liquidificar; sin.: *melt; dissolve.*

**LISP** (lêsp), v.r. (p. e pp. LISPED), ciciar; balbuciar; sin.: *utter imperfectly.*

**LISTEN** (li'ssn), v.r. (p. e pp. LISTENED), escutar; dar ouvido; sin.: *hear; give heed.*

**LITIGATE** (li'ti-ghêit), v.r. (p. e pp. LITIGATED), pleitear; demandar; sin.: *plead; contest in law.*

**LIVE** (liv), v.r. (p. e pp. LIVED), morar; viver; sin.: *dwell; subsist.*

**LOAD** (lôud), v.r. (p. e pp. LOADED), carregar; sin.: *lade; charge; burden.*

**LOAF** (lôuf), v.r. (p. e pp. LOAFED), vadiar; sin.: *loiter; idle; dawdle.*

**LOAN** (lôûn), v.r. (p. e pp. LOANED), emprestar; sin.: *lend.*

**LOATH** (lôu'ss), v.r. (p. e pp. LOATHED), detestar; odiar; sin.: *detest; abhor; hate.*

**LOCALIZE** (lôu'kae-láiz), v.r. (p. e pp. LOCALIZED), localizar, sin.: *limit to a particular place.*

**LOCATE** (lôu'kêit), v.r. (p. e pp. LOCATED), localizar; determinar o lugar de; sin.: *place; establish; determine the place of.*

**LOCK** (lók), v.r. (p. e pp. LOCKED), fechar à chave; sin.: *shut up.*

**LODGE** (ló'dj), v.r. (p. e pp. LODGED), alojar; depositar; sin.: *harbor; lay.*

**LOITER** (lói'târ), v.r. (p. e pp. LOITERED), demorar-se; sin.: *delay; tarry.*

**LOLL** (lól), v.r. (p. e pp. LOLLED), refestelar-se; mostrar a língua; sin.: *lie lazily about.*

**LONG** (lôngg), v.r. (p. e pp. LONGED), desejar ardentemente; ter saudades de; sin.: *covet; desire earnestly; miss.*

**LOOK** (luk), v.r. (p. e pp. LOOKED), olhar; sin.: *behold; watch.*

**LOOSE** (luzz), v.r. (p. e pp. LOOSED), soltar; desatar, afrouxar; sin.: *release; free.*

**LOOT** (lut), v.r. (p. e pp. LOOTED), saquear; pilhar; sin.: *plunder; pillage.*

**LOP** (lóp), v.r. (p. e pp. LOPPED), podar; desbastar; sin.: *prune; trim.*

**LOSE** (luzz), v.i. (p. e pp. LOST), perder; sin.: *mislay; miss.*

**LOT** (lót), v.r. (p. e pp. LOTTED), lotear; repartir; sin.: *allot; share.*

**LOVE** (lâv), v.r. (p. e pp. LOVED), amar; gostar de; sin.: *be fond of; delight in.*

**LOWER** (lôu'âr), v.r. (p. e pp. LOWERED), abaixar; diminuir; sin.: *diminish; pull down.*

**LUBRICATE** (liú'bri-kêit), v.r. (p e pp. LUBRICATED), lubrificar; sin.: *oil.*

**LUG** (lâg), v.r. (p. e pp. LUGGED), puxar; arrastar; sin.: *haul; drag.*

**LULL** (lâl), v.r. (p. e pp. LULLED), embalar; acalmar; sin.: *rock; sooth.*

**LUMBER** (lam'bâr), v.r. (p. e pp. LUMBERED), cortar ou amontoar lenha; sin.: *cut or fill with lumber.*

**LUMP** (lamp), v.r. (p. e pp. LUMPED), amontoar; sin.: *heap up; throw into a mass.*

**LUNCH** (lăn'tch), v.r. (p. e pp. LUNCHED), almoçar; merendar; sin: *collate.*
**LURCH** (lăr'tch), v.r. (p. e pp. LURCHED), guinar; sin.: *stagger to one side.*
**LURE** (liúri), v.r. (p. e pp. LURED), engodar; atrair; sin.: *entice; attract.*
**LURK** (lărk), v.r. (p. e pp. LURKED), emboscar-se; sin.: *ambush.*
**LUST** (lăst), v.r. (p. e pp. LUSTED), cobiçar; sin.: *covet.*
**LYNCH** (lin'tch), v.r. (p. e pp. LYNCHED), linchar; sin.: *punish by lynch-law.*

# M

**MACADAMIZE** (mae-kae'dae-máiz), v.r. (p. e pp. MACADAMIZED), macadamizar.
**MACERATE** (mé'çâ-rêit), v.r. (p. e pp. MACERATED), macerar, amolecer; sin.: *torment.*
**MACHINATE** (mé'ki-nêit), v.r. (p. e pp. MACHINATED), maquinar; planificar; sin.: *plot; plan.*
**MACHINE-GUN** (mae-chinn'gănn), v.r. (p. e pp. MACHINE-GUNNED), metralhar.
**MACULATE** (mé'kiu-lêit), v.r. (p. e pp. MACULATED), macular; manchar; sin.: *defile, stain.*
**MADDEN** (mé'denn), v.r. (p. e pp. MADDENED), enlouquecer; sin.: *infuriate; inflame.*
**MAGNETIZE** (még'ne-tâiz), v.r. (p. e pp. MAGNETIZED), magnetizar; sin.: *attract (as a magnet).*
**MAGNIFY** (még'ni-fái), v.r. (p. e pp. MAGNIFIED), aumentar; ampliar; sin.: *augment, exalt.*
**MAIL** (mêil), v.r. (p. e pp. MAILED), postar; sin.: *post.*
**MAIM** (mêimm), v.r. (p. e pp. MAIMED), aleijar; mutilar; sin.: *injury; mutilate; garble.*
**MAINTAIN** (mêinn-têiin'), v.r. (p. e pp. MAINTAINED), manter; sustentar; sin.: *sustain; support.*
**MAKE** (mêik), v.i. (p. e pp. MADE), fazer; fabricar; sin.: *produce; frame; do.*
**MALIGN** (mae-láinn'), v.r. (p. e pp. MALIGNED), caluniar; difamar; sin.: *defame; slander.*
**MALINGER** (mae-linn'gâr), v.r. (p. e pp. MALINGERED), fingir-se de doente; sin.: *shirk.*
**MALTREAT** (mél-tri'it), v.r. (p. e pp. MALTREATED), maltratar; sin.: *abuse; illtreat.*
**MAN** (maenn), v.r. (p. e pp. MANNED), tripular; equipar; sin.: *fortify; brace.*
**MANACLE** (mé'nae-kl), v.r. (p. e pp. MANACLED), algemar; manietar; sin.: *handcuff, chain.*
**MANAGE** (mé-nae'dj), v.r. (p. e pp. MANAGED), gerenciar; manejar; sin.: *command, control.*
**MANGLE** (ménn'gl), v.r. (p. e pp. MANGLED), estropiar; mutilar; sin.: *tear, mutilate.*
**MANIFEST** (mé'ni-fést), v.r. (p. e pp. MANIFESTED), manifestar; demonstrar; sin.: *reveal; exhibit.*
**MANIFOLD** (mé'ni-fôuld), v.r. (p. e pp. MANIFOLDED), tirar várias cópias; sin.: *multiply.*
**MANIPULATE** (mae-ni'piú-lêit), v.r. (p. e pp. MANIPULATED), manipular; manejar; sin.: *handle, manage.*
**MANOEUVRE** (mae-nu'vâr), v.r. (p. e pp. MANOEUVRED), manobrar; sin.: *manage.*
**MANTLE** (ménn'tl), v.r. (p. e pp. MANTLED), encobrir; cobrir; sin.: *conceal; cloak.*
**MANUFACTURE** (mé-niú-fék'tchiúr), v.r. (p. e pp. MANUFACTURED), manufaturar; fabricar, sin.: *produce, make, fabricate, invent.*
**MANURE** (mae-niúr'), v.r. (p. e pp. MANURED), estrumar; estercar; sin.: *fertilize.*
**MAP** (mép), v.r. (p. e pp. MAPPED), fazer mapa.
**MAR** (mar), v.r. (p. e pp. MARRED), estragar; deturpar; sin.: *botch, hurt, deform, injure.*
**MARCH** (mar'tch), v.r. (p. e pp. MARCHED), marchar.
**MARK** (mark), v.r. (p. e pp. MARKED), marcar; manchar; sin.: *stamp, spot; label.*
**MAROON** (mae-runn'), v.r. (p. e pp. MAROONED), abandonar; isolar; sin.: *leave abandoned.*
**MARRY** (mér'ri), v.r. (p. e pp. MARRIED), casar(-se), desposar; sin.: *wed; take a wife.*
**MARSHAL** (mar'chael), v.r. (p. e pp. MARSHALED), ordenar; dispor; sin.: *dispose; arrange.*

**MARVEL** (mar'vel), v.r. (p. e pp. MARVELED), maravilhar-se; sin.: *wonder*.

**MASK** (maesk), v.r. (p. e pp. MASKED), mascarar(-se); disfarçar; sin.: *conceal; disguise*.

**MASS** (maess), v.r. (p. e pp. MASSED), aglomerar-se; sin.: *assemble into a mass*.

**MASSACRE** (mé'çae-kår), v.r. (p. e pp. MASSACRED), massacrar; chacinar; sin.: *slaughter; slay*.

**MASSAGE** (mê-ça'dj), v.r. (p. e pp. MASSAGED), massagear.

**MASTER** (maes'târ), v.r. (p. e pp. MASTERED), subjugar; dominar, sin. *conquer; overcome*.

**MASTICATE** (més'ti-kêit), v.r. (p. e pp. MASTICATED), mastigar; sin.: *munch; chew*.

**MAT** (maet), v.r. (p. e pp. MATTED), emaranhar(-se) [o cabelo, etc.]; sin.: *entangle*.

**MATCH** (mé'tch), v.r. (p. e pp. MATCHED), igualar; emparelhar; sin.: *equal; compare*.

**MATE** (mêit), v.r. (p. e pp. MATED), igualar; acasalar; sin.: *couple; match, checkmate*.

**MATERIALIZE** (mae-ti'riae-låiz), v.r. (p. e pp. MATERIALIZED), materializar(-se), concretizar.

**MATRICULATE** (ma-tri'kiú-lêit), v.r. (p. e pp. MATRICULATED), matricular(-se); sin.: *enroll, register; enlist*.

**MATTER** (mé'tår), v.r. (p. e pp. MATTERED), importar, ter importância, sin.: *concern*.

**MATURE** (mae-tchur'), v.r. (p. e pp. MATURED), amadurecer(-se).

**MAUL** (môl), v.r. (p. e pp. MAULED), maltratar; manusear; sin.: *bruise; lacerate; paw*.

**MAY** (méi), v. aux. (p. MIGHT), poder (ser permitido).

**MEAN** (mi'inn), v.i. (p. e pp. MEANT), significar; tencionar; sin.: *intend, purpose*.

**MEANDER** (mi-én'dår), v.r. (p. e pp. MEANDERED), serpentear; serpear; sin.: *ramble*.

**MEASURE** (mé'jår), v.r. (p. e pp. MEASURED), medir; sin.: *gauge*.

**MEDDLE** (mé'dl), v.r. (p. e pp. MEDDLED), meter-se, intrometer-se; sin.: *interpose; interfere*.

**MEDIATE** (mi'di-êit), v.r. (p. e pp. MEDIATED), mediar (ser mediador); sin.: *intervene*.

**MEDICATE** (mé'di-kêit), v.r. (p. e pp. MEDICATED), medicar; sin.: *treat with medicine*.

**MEDITATE** (me'di-têit), v.r. (p. e pp. MEDITATED), meditar, ponderar; sin.: *revolve, ponder*.

**MEET** (mit), v.i. (p. e pp. MET), encontrar; encarar; sin.: *encounter; assemble*.

**MELLOW** (mé'lôu), v.r. (p. e pp. MELLOWED), amadurecer; abrandar; sin.: *ripen; soften*.

**MELT** (mélt), v.r. (p. e pp. MELTED), derreter; fundir; sin.: *dissolve; disintegrate*.

**MEMORIZE** (me'môu-råiz), v.r. (p. e pp. MEMORIZED), memorizar; decorar; sin.: *commit to memory*.

**MENACE** (me'naess), v.r. (p. e pp. MENACED), ameaçar; sin.: *threaten*.

**MEND** (mennd), v.r. (p. e pp. MENDED), reparar; consertar; sin.: *improve; better*.

**MENTION** (menn'chan), v.r. (p. e pp. MENTIONED), mencionar; citar; sin.: *name, cite*.

**MERGE** (mår'dj), v.r. (p. e pp. MERGED), misturar-se; confundir-se com; sin.: *mix up*.

**MERIT** (mé'rit), v.r. (p. e pp. MERITED), merecer; sin.: *deserve*.

**MESMERIZE** (mes'må-råiz), v.r. (p. e pp. MESMERIZED), magnetizar; hipnotizar; sin.: *magnetize*.

**METE** (mit), v.r. (p. e pp. METED), medir; sin.: *allot, distribute, apportion*.

**MEW** (miú), v.r. (p. e pp. MEWED), miar; sin.: *cry as a cat*.

**MIGRATE** (mi'grêit), v.r. (p. e pp. MIGRATED), migrar; sin.: *depart*.

**MILITATE** (mi'li-têit), v.r. (p. e pp. MILITATED), servir de empecilho; sin.: *work against*.

**MILK** (mêlk), v.r. (p. e pp. MILKED), ordenhar; sin.: *draw milk, extract juice*.

**MILL** (mêll), v.r. (p. e pp. MILLED), esmagar; moer; sin.: *grind, crush*.

**MINCE** (minss), v.r. (p. e pp. MINCED), picar; sin.: *cut up; chop up; hash; weaken*.

**MIND** (måind), v.r. (p. e pp. MINDED), importar-se; cuidar; sin.: *care, beware of*.

**MINGLE** (minn'gl), v.r. (p. e pp. MINGLED), misturar, imiscuir-se; sin.: *mix, compound*.

**MINIMIZE** (mi'ni-måiz), v.r. (p. e pp. MINIMIZED), minimizar, diminuir; sin.: *diminish; attenuate*.

**MINISTER** (mi'nis-târ), v.r. (p. e pp. MINISTERED), ministrar, servir; sin.: *administer*.

**MINT** (mênt), v.r. (p. e pp. MINTED), cunhar; sin.: *coint out; stamp out*.

**MINUTE** (mi'nit), v.r. (p. e pp. MINUTED), anotar, fazer minuta; sin.: *record, draft*.

**MIRE** (måi'år), v.r. (p. e pp. MIRED), enlamear; sin.: *soil (with mud), sink (in mud)*.

**MISS** (mêss), v.r. (p. e pp. MISSED), perder, esquecer; sin.: *err, long for*.

**MITIGATE** (mi'ti-ghêit), v.r. (p. e pp. MITIGATED), mitigar; atenuar; sin.: *assuage; alleviate*.

**MIX** (mêx), v.r. (p. e pp. MIXED)), v.r. (p. e pp. misturar, imiscuir-se; sin.: *blend; compound; confuse*.

**MOAN** (mŏ'inn), v.r. (p. e pp. MOANED), lamentar-se; sin.: *lament; bewail*.

**MOBILIZE** (môu'bi-láiz), v.r. (p. e pp. MOBILIZED), mobilizar(-se); sin.: *make ready for war*.

**MOCK** (mók), v.r. (p. e pp. MOCKED), zombar; troçar; sin.: *deride; ridicule; gibe*.

**MODEL** (mŏ'del), v.r. (p. e pp. MODELED), modelar; moldar; sin.: *mould, shape*.

**MODERATE** (mŏ'dâ-rêit), v.r. (p. e pp. MODERATED), moderar(-se), controlar-se; sin.: *control, soften, allay, regulate, repress*.

**MODERNIZE** (mo'dâr-náiz), v.r. (p. e pp. MODERNIZED), modernizar(-se); sin.: *become modern*.

**MODIFY** (mo'di-fái), v.r. (p. e pp. MODIFIED), modificar; alterar; sin.: *alter; change*.

**MODULATE** (mŏ'diu-lêit), v.r. (p. e pp. MODULATED), modular, ajustar; adaptar; sin.: *adjust, adapt*.

**MOISTEN** (móis'snn), v.r. (p. e pp. MOISTENED), molhar; umedecer; sin.: *damp; wet*.

**MOLEST** (môu-lest'), v.r. (p. e pp. MOLESTED), molestar, importunar; sin.: *disturb, annoy*.

**MONOPOLIZE** (môu-no'pôu-láiz), v.r. (p. e pp. MONOPOLIZED), monopolizar; sin.: *forestall*.

**MOOCH** (mu'tch) v.r. (p. e pp. MOOCHED), vaguear, errar; sin.: *skulk, sneak, loiter*.

**MOPE** (môup), v.r. (p. e pp. MOPED), desanimar(-se), entristecer(-se); sin.: *discourage*.

**MORALIZE** (mŏ-rae-láiz), v.r. (p. e pp. MORALIZED), moralizar; sin.: *supply with a moral*.

**MORTGAGE** (mórt'ghae-dj), v.r. (p. e pp. MORTGAGED), hipotecar; sin.: *apply*.

**MORTIFY** (mor'ti-fái), v.r. (p. e pp. MORTIFIED), mortificar, atormentar; sin.: *umiliate; torment*.

**MOTOR** (mô-târ), v.r. (p. e pp. MOTORED), guiar ou viajar de automóvel; sin.: *drive, ride*.

**MOULD** (môuld), v.r. (p. e pp. MOULDED), moldar, modelar; amassar (pão); mofar; embolorar; sin.: *model; knead; decay, hoar*.

**MOULT** (môult), v.r. (p. e pp. MOULTED), mudar penas (as aves); sin.: *cast feathers*.

**MOUNT** (máunt), v.r. (p. e pp. MOUNTED), montar; trepar; sin.: *climb; get on*.

**MOURN** (môrnn), v.r. (p. e pp. MOURNED), prantear; deplorar; sin.: *grieve deplore, bewail, bemoan*.

**MOVE** (muv), v.r. (p. e pp. MOVED), mover; mexer-se; por-se a caminho; mudar-se; comover; sin.: *set in motion; budge, stir; depart; Change place; touch*.

**MOW** (môu), v.i. (p. MOWED; pp. MOWN), segar; ceifar; sin.: *cut, reap*.

**MUD** (mâd), v.r. (p. e pp. MUDDED), enlamear; sin.: *mire; muddy*.

**MUFFLE** (mâ'fl), v.r. (p. e pp. MUFLED), abafar; cobrir, agasalhar; sin.: *cover up; wrap up*.

**MULTIPLY** (mâl'ti-plái), v.r. (p. e pp. MULTIPLIED), multiplicar; sin.: *increase in number*.

**MUMBLE** (mam'bl), v.r. (p. e pp. MUMBLED), resmungar; murmurar; sin.: *grumble; murmur*.

**MUNCH** (man'tch), v.r. (p. e pp. MUNCHED), mascar; sin.: *chew; masticate*.

**MURDER** (mâr'dâr), v.r. (p. e pp. MURDERED), assassinar; sin.: *kill, slay*.

**MURMUR** (mâr'mâr), v.r. (p. e pp. MURMURED), murmurar, sin.: *mutter; mumble*.

**MUSE** (miúz), v.r. (p. e pp. MUSED), meditar; sin.: *meditate*.

**MUST** (mâst), v. auxiliar (pp. MUST), dever, ser obrigado a; sin.: *be obliged to; have to*.

**MUSTER** (mâs'târ), v.r. (p. e pp. MUSTERED), reunir; fazer a chamada; passar em revista; sin.: *assemble; call over; inspect; review*.

**MUTILATE** (miu'ti-leit), v.r. (p. e pp. MUTILATED), mutilar; sin.: *garble; maim*.

**MUTTER** (mâ'târ), v.r. (p. e pp. MUTTERED), resmungar; murmurar; sin.: *mumble; grumble; murmur*.

**MUZZLE** (ma'zle), v.r. (p. e pp. MUZZLED), açaimar; amordaçar; sin.: *restrain from bitting*.

**MYSTIFY** (mis'ti-fai), v.r. (p. e pp. MYSTIFIED), tornar misterioso; enredar; sin.: *bewilder, puzzle*.

# N

**NAB** (néb), v.r. (p. e pp. NABBED), agarrar; pegar alguém de surpresa; sin.: *snap; snatch, catch someone doing something wrong.*

**NAG** (nég), v.r. (p. e pp. NAGGED), atormentar com constantes censuras; sin.: *torment; tease; scold.*

**NAIL** (néil), v.r. (p. e pp. NAILED), pregar; sin.: *fasten with nails.*

**NAME** (nêimm), v.r. (p. e pp. NAMED), nomear; dar nome a; sin.: *designate; mention.*

**NAP** (nép), v.r. (p. e pp. NAPPED), dormitar, cochilar; sin.: *doze; slumber.*

**NARRATE** (nér-rêit), v.r. (p. e pp. NARRATED), narrar; relatar; sin.: *relate; tell.*

**NATIONALIZE** (né'chê-nae-láiz), v.r. (p. e pp. NATIONALIZED), nacionalizar; sin.: *make national in caracter; make into a nation.*

**NAVIGATE** (né'vi-ghêit), v.r. (p. e pp. NAVIGATED), navegar; sin.: *saint.*

**NEAR** (ni'ir), v.r. (p. e pp. NEARED), aproximar-se de; sin.: *approach; draw nigh.*

**NECESSITATE** (ne-ce'ci-têit), v.r. (p. e pp. NECESSITATED), necessitar; sin.: *constrain; make necessary.*

**NEED** (nid), v.r. (p. e pp. NEEDED), precisar; necessitar; sin.: *lack; require.*

**NEGLECT** (nê-glékt'), v.r. (p. e pp. NEGLECTED), negligenciar, descuidar; sin.: *ignore or disregard something.*

**NEGOTIATE** (ne-gôu'chi-êit), v.r. (p. e pp. NEGOTIATED), negociar; sin.: *confer; deal; parley; trade.*

**NEIGH** (néi), v.r. (p. e pp. NEIGHED), relinchar; sin.: *whinny*

**NESTLE** (né'çl), v.r. (p. e pp. NESTLED), aninhar-se; sin.: *cuddle; snuggle.*

**NEUTRALIZE** (niú'trae-láiz), v.r. (p. e pp. NEUTRALIZED), neutralizar; sin.: *paralyse the effectiveness, disposition (of), etc.*

**NIBBLE** (ni'bl), v.r. (p. e pp. NIBBLED), lambiscar; mordiscar; sin.: *eat with wick bites; bite lightly.*

**NICK** (nêk), v.r. (p. e pp. NICKED), chanfrar; entalhar; sin.: *cut through or into.*

**NICKNAME** (nêk'nêimm), v.r. (p. e pp. NICKNAMED), apelidar; sin.: *call by a wrong name.*

**NIP** (nêp), v.r. (p. e pp. NIPPED), beliscar; sin.: *pinch.*

**NOD** (nód), v.r. (p. e pp. NODDED), assentir com a cabeça; sin.: *assent with the head.*

**NOISE** (nóiz), v.r. (p. e pp. NOISED), fazer barulho; sin.: *make noise.*

**NOMINATE** (nó'mi-nêit), v.r. (p. e pp. NOMINATED), numerar, denominar; sin.: *carve; nick; mark by notches.*

**NOTE** (nôut), v.r. (p. e pp. NOTED), notar; observar; sin.: *notice; observe.*

**NOTICE** (nôu'tiss), v.r. (p. e pp. NOTICED), observar; notar; sin.: *note; observe*

**NOTIFY** (nôu'ti-fái), v.r. (p. e pp. NOTIFIED), notificar; sin.: *acquaint; advise.*

**NOURISH** (nâ'ri-ch), v.r. (p. e pp. NOURISHED), nutrir; alimentar; sin.: *nurture; feed; support; maintain.*

**NUDGE** (nâ'dj), v.r. (p. e pp. NUDGED), tocar de leve; sin.: *touch or push gently.*

**NULLIFY** (nâ'li-fái), v.r. (p. e pp. NULLIFIED), anular, nulificar; sin.: *annul; void.*

**NUMB** (nâmb), v.r. (p. e pp. NUMBED), entorpecer; amortecer; sin.: *deaden.*

**NUMBER** (nâm'bâr), v.r. (p. e pp. NUMBERED), enumerar, numerar; sin.: *mark; count.*

**NURSE** (nârs), v.r. (p. e pp. NURSED), nutrir; aleitar; sin.: *nourish; suckle.*

**NURTURE** (nâr'tchâr), v.r. (p. e pp. NURTURED), nutrir; educar; sin.: *feed; bring up.*

# O

**OAR** (ôr), v.r. (p. e pp. OARED), remar; sin.: *paddle; row.*

**OBEY** (ôu-bêi'), v.r. (p. e pp. OBEYED), obedecer; sin.: *to be obedient, submissive to.*

**OBJECT** (ób-djékt'), v.r. (p. e pp. OBJECTED), objetar; opor-se; sin.: *oppose.*

**OBLIGE** (ôu-blî'dj), v.r. (p. e pp. OBLIGED), forçar, obrigar; sin.: *compel; force; constrain; accomodate.*

**OBLITERATE** (â-blî'tâ-rêit), v.r. (p. e pp. OBLITERATED), obliterar, apagar; sin.: *efface; blot out; erase, expunge.*

**OBSCURE** (âbs-kiúr'), v.r. (p. e pp. OBSCURED), obscurecer; sin.: *darken.*

**OBSERVE** (âb-zêrv'), v.r. (p. e pp. OBSERVED); sin.: *remark; take notice.*

**OBSTRUCT** (âbs-trâkt'), v.r. (p. e pp. OBSTRUCTED), obstruir; sin.: *clog; block; hobble.*

**OBTAIN** (âb-têinn'), v.r. (p. e pp. OBTAINED), obter, conseguir; sin.: *secure; get; procure.*

**OBTEST** (â-bést'), v.r. (p. e pp. OBTESTED), suplicar; sin.: *beseech.*

**OBTRUDE** (âb-trud'), v.r. (p. e pp. OBTRUDED), apresentar-se à frente; sin.: *thrust forword.*

**OBVIATE** (ôb'vi-êit), v.r. (p. e pp. OBVIATED), evitar, obstar; sin.: *avoid; impede.*

**OCCUPY** (ók'kiú-pái), v.r. (p. e pp. OCCUPIED), ocupar, empregar; sin.: *employ; hold.*

**OCCUR** (ók-kâr'), v.r. (p. e pp. OCCURRED), ocorrer, acontecer; sin.: *take place; happen.*

**OFFEND** (óf-fênd'), v.r. (p. e pp. OFFENDED), ofender, magoar; sin.: *hurt; displease.*

**OFFER** (óf'fâr), v.r. (p. e pp. OFFERED), oferecer; sin.: *propose; present.*

**OFFICIATE** (ê-fi'chi-êit), v.r. (p. e pp. OFFICIATED), oficiar, oficializar; sin.: *make official; to perform official duties.*

**OKAY** (ôu'kêi), v.r. (p. e pp. OKAYED), sancionar; aprovar; sin.: *approve; sanction.*

**OIL** (óil), v.r. (p. e pp. OILED), azeitar, lubrificar; sin.: *lubrificate.*

**OINT** (óint), v.r. (p. e pp. OINTED), untar, besuntar; sin.: *anoint; salve.*

**OMIT** (ôu-mit'), v.r. (p. e pp. OMITTED), omitir; desprezar; sin.: *disregard, leave out.*

**OOZE** (uuz), v.r. (p. e pp. OOZED), escapar; esvair-se; sin.: *trickle; leak.*

**OPEN** (ôu'pnn), v.r. (p. e pp. OPENED), abrir; expor; sin.: *disclose; reveal.*

**OPERATE** (â'pe-rêit), v.r. (p. e pp. OPERATED), operar, acionar; sin.: *act; perform.*

**OPINE** (ôu-pâinn'), v.r. (p. e pp. OPiNED), opinar; julgar; sin.: *suppose; judge.*

**OPPOSE** (ôp-pôuz'), v.r. (p. e pp. OPPOSED), opor; contrapor; sin.: *object.*

**OPPRESS** (ôp-préss'), v.r. (p. e pp. OPPRESSED), oprimir; sin.: *depress; subdue.*

**OPPUGN** (ôp-piúnn'), v.r. (p. e pp. OPPUGNED), combater, opor-se; sin.: *combat, resist.*

**ORDAIN** (ôr-dêinn'), v.r. (p. e pp. ORDAINED), ordenar, decretar; sin.: *order; prescribe.*

**ORDER** (ôr'dâr), v.r. (p. e pp. ORDERED), ordenar; pedir; sin.: *ordain; command; bid.*

**ORGANIZE** (ô'ae-náiz), v.r. (p. e pp. ORGANIZED), organizar; sin.: *arrange.*

**ORIGINATE** (ôu-ri'dji-nêit), v.r. (p. e pp. ORIGINATED), originar; sin.: *produce; bear.*

**OSCILATE** (os'ci-lêit), v.r. (p. e pp. OSCILATED); oscilar; sin.: *hesitate.*

**OSTRACIZE** (os'trae-çáiz), v.r. (p. e pp. OSTRACIZED), colocar em ostracismo; sin.: *cast out; banish; exclude.*

**OUGHT** (ót), v. defec. aux. (p. OUGHT), ter obrigação de, dever.

**OUTLINE** (áut'láinn), v.r. (p. e pp. OUTLINED), delinear, esboçar; sin.: *delineate; sketch.*

**OUTRAGE** (áut'rêi-dj), v.r. (p. e pp. OUTRAGED), injuriar, ultrajar; sin.: *insult; abuse.*

**OVERLOOK** (ôu'vâr-luk), v.r. (p. e pp. OVERLOOKED), descurar; desleixar; sin.: *neglet; disregard; condone.*

**OVERPOWER** (ôu'vâr-páu'âr), v.r. (p. e pp. OVERPOWERED), abjugar; sin.: *subdue.*

**OVERSET** (ôu'vâr-sét), v.r. (p. e pp. OVERSETED), derrubar; sin.: *overturn.*

**OVERTAKE** (ôu'vâr-têik), v.i. (p. OVERTOOK; pp. OVERTAKEN), surpreender; alcançar; sin.: *catch yp; take by surprise.*

**OVERTHROW** (ôu'vâr-çrôu), v.i. (p. OVERTHREW; pp. OVERTHROWN), derrubar; demolir; sin.: *demolish; overturn; defeat; overset.*

**OVERTURN** (ôu'vâr-târn), v.r. (p. e pp. OVERTURNED), subverter; destruir; sin.: *overthrow; ruin; subvert.*

**OWE** (ôu), v.r. (p. e pp. OWED), dever (dinheiro); sin.: *to be indebted to the amount of.*

**OWN** (ôunn), v.r. (p. e pp. OWNED) possuir; sin.: *possess; acknowledge.*

# P

**PACE** (pêiss), v.r. (p. e pp. PACED), andar compassadamente; sin.: *walk with measured steps.*
**PACIFY** (pé'ci-fái), v.r. (p. e pp. PACIFIED), pacificar; sin.: *sooth; calm; quiet.*
**PACK** (pék), v.r. (p. e pp. PACKED), emalar; empacotar; sin.: *wrap up; bundle.*
**PAD** (péd), v.r. (p. e pp. PADDED), almofadar; acolchoar; sin.: *stuff; wad.*
**PADDLE** (pé'dl), v.r. (p. e pp. PADDLED), chapinhar; remar; sin.: *row; oar.*
**PAIN** (pêinn), v.r. (p. e pp. PAINED), doer; afligir; sin.: *hurt; afflict.*
**PAINT** (pêint), v.r. (p. e pp. PAINTED), pintar; descrever; sin.: *picture; describe.*
**PAIR** (pér), v.r. (p. e pp. PAIRED), emparelhar; ajoujar; sin.: *match; mate.*
**PALE** (péil), v.r. (p. e pp. PALED), empalidecer; sin.: *dismay; grow pale.*
**PALISADE** (pé-li'çêid'), v.r. (p. e pp. PALISADED), fazer paliçada; sin.: *stake; fence.*
**PALL** (pól), v.r. (p. e pp. PALLED), perder a energia, o espírito, etc.; sin.: *to become vapid, insipid or cloying; satiate.*
**PALM** (pálm), v.r. (p. e pp. PALMED), escamotear, sin.: *juggle.*
**PALPITATE** (pél'pi-têit), v.r. (p. e pp. PALPITATED), palpitar; sin.: *pant; throb.*
**PALSY** (pól'si), v.r. (p. e pp. PALSIED), paralisar; sin.: *paralise.*
**PALTER** (pól'târ), v.r. (p. e pp. PALTERED), falar ou agir insinceramente; sin.: *prevaricate; trifle; dodge; shuffle.*
**PAMPER** (pémm'pár), v.r. (p. e pp. PAMPERED), empanturrar(-se); sin.: *feed too much; glut; coddle; pet; indulge; spoil.*
**PANDER** (pén'dâr), v.r. (p. e pp. PANDERED), intrometer-se; sin.: *pimp for.*
**PANEL** (pé'nel), v.r. (p. e pp. PANELLED), almofadar (portas, etc.); sin.: *provide with panels.*
**PANT** (pént), v.r. (p. e pp. PANTED), arquejar; ofegar; sin.: *pulsate; throb.*
**PAPER** (pêi'pâr), v.r. (p. e pp. PAPERED), empapelar; sin.: *wrap or enclose in paper.*
**PARADE** (pa-rêid'), v.r. (p. e pp. PARADED), desfilar; estar em parada; sin.: *show off; review; march in procession.*
**PARCEL** (pár'cél), v.r. (p. e pp. PARCELLED), parcelar; sin.: *divide into portions.*
**PARCH** (pár'tch), v.r. (p. e pp. PARCHED), sapecar; queimar; sin.: *burn; scorch.*
**PARDON** (pár'dn), v.r. (p. e pp. PARDONED), perdoar; agraciar; sin.: *forgive.*
**PARE** (pêir), v.r. (p. e pp. PARED), aparar; cortar; sin.: *clip; cut.*
**PARK** (párk), v.r. (p. e pp. PARKED), estacionar; sin.: *stop in the curb.*
**PARLEY** (pár'lêi), v.r. (p. e pp. PARLEYED), parlamentar; sin.: *discourse.*
**PAROLE** (pa-rôul'), v.r. (p. e pp. PAROLED), soltar sob palavra; sin.: *release on word of honor; allow liberty to.*
**PARRY** (pér'ri), v.r. (p. e pp. PARRIED), enfeitar; ornar; sin.: *adorn.*
**PARSE** (párs), v.r. (p. e pp. PARSED), analisar (gram.); sin.: *analyse.*
**PART** (párt), v.r. (p. e pp. PARTED), dividir; separar; sin.: *divide; separate.*
**PARTAKE** (par-têik'), v.i. (p. PARTOOK; pp. PARTAKEN), compartilhar de; sin.: *share; participate; impart.*
**PARTICIPATE** (par-ti'ci-pêit), v.r. (p. e pp. PARTICIPATED), participar; sin.: *partake; share; impart.*
**PARTICULARIZE** (par-ti'kiú-lae-ráiz), v.r. (p. e pp. PARTICULARIZED), particularizar; sin.: *specify; detail.*
**PASS** (páss), v.r. (p. e pp. PASSED), passar; sin.: *go through; go by.*
**PASTE** (pêist), v.r. (p. e pp. PASTED), grudar; afixar; sin.: *fix, glue.*
**PASTURE** (paes'tchiur), v.r. (p. e pp. PASTURED), pastar; sin.: *graze; browse.*
**PAT** (pét), v.r. (p. e pp. PATTED), afagar dando palmadinhas; sin.: *caress; strike gently.*
**PATCH** (pé'tch), v.r. (p. e pp. PATCHED), remendar; sin.: *botch; mend.*
**PATENT** (pé'tent), v.r. (p. e pp. PATENTED), patentear; sin.: *grant a patent to.*
**PATROL** (pae-tról'), v.r. (p. e pp. PATROLLED), patrulhar; sin.: *watch; guard.*
**PATRONIZE** (pae'tro-náiz), v.r. (p. e pp. PATRONIZED), patrocinar; sin.: *support.*
**PATTER** (pé'târ), v.r. (p. e pp. PATTERED), tagarelar monotonamente; sin.: *chatter; prattle.*

**PAUSE** (pózz), v.r. (p. e pp. PAUSED), pausar; deter-se; sin.: *stop; rest.*

**PAVE** (péiv), v.r. (p. e pp. PAVED), pavimentar; sin.: *spread cement, stone or asphalt over streets or roads.*

**PAW** (pô), v.r. (p. e pp. PAWED), bater com a pata; sin.: *patter; stamp.*

**PAWN** (pónn), v.r. (p. e pp. PAWNED), penhorar; empenhar; sin.: *pledge; plight.*

**PAY** (péi), v.i. (p. e pp. PAID), pagar; prestar atenção; sin.: *satisfy; attend to.*

**PEAL** (pí'il), v.r. (p. e pp. PEALED), retinir, ressoar; sin.: *toll; ressound.*

**PECK** (pék), v.r. (p. e pp. PECKED), bicar, picar; sin.: *pick.*

**PEDDLE** (pé'dl), v.r. (p. e pp. PEDDLED), mascatear; sin.: *hawk.*

**PEEL** (pil), v.r. (p. e pp. PEELED), descascar; sin.: *skin; bark.*

**PEEP** (pip), v.r. (p. e pp. PEEPED), dar uma olhadela; piar; sin.: *pip; chird.*

**PEER** (pir), v.r. (p. e pp. PEERED), espiar; sin.: *spy.*

**PEN** (pénn), v.i. (p. e pp. PENT), pôr em curral; em chiqueiro; sin.: *stall; corral.*

**PENETRATE** (pe'ni-trêit), v.r. (p. e pp. PENETRATED), penetrar; sin.: *make way.*

**PENSION** (pen'chânn), v.r. (p. e pp. PENSIONED), aposentar(-se); sin.: *retire; grant a pension.*

**PEOPLE** (pi'pl), v.r. (p. e pp. PEOPLED), povoar; sin.: *provide with inhabitants.*

**PERAMBULATE** (pâ-rêm'biú-lêit), v.r. (p. e pp. PERAMBULATED), perambular; sin.: *wander over; inspect; walk through.*

**PERCEIVE** (pâr-civ'), v.r. (p. e pp. PERCEIVED), perceber; notar; sin.: *notice.*

**PERCOLATE** (per'co-leit), v.r. (p. e pp. PERCOLATED), filtrar; coar; sin.: *strain.*

**PERFECT** (pâr-fékt), v.r. (p. e pp. PERFECTED), aperfeiçoar; sin.: *improve.*

**PERFORATE** (pâr'fo-rêit), v.r. (p. e pp. PERFORATED), perfurar; sin.: *pierce; puncture.*

**PERFORM** (pâr-fórm'), v.r. (p. e pp. PERFORMED), realizar; executar; sin.: *execute; carry out.*

**PERFUME** (pâr-fiúmm'), v.r. (p. e pp. PERFUMED), perfumar; sin.: *flavor; scent.*

**PERISH** (pê'ri-ch), v.r. (p. e pp. PERISHED), perecer; sin.: *die.*

**PERJURE** (pâr'djiúr), v.r. (p. e pp. PERJURED), perjurar; sin.: *forswear.*

**PERK** (pârk), v.r. (p. e pp. PERKED), ornar; adornar; sin.: *adorn; trim.*

**PERMIT** (pâr-mit'), v.r. (p. e pp. PERMITTED), permitir, consentir; sin.: *consent, allow.*

**PERPETRATE** (pâr'pe-trêit), v.r. (p. e pp. PERPETRATED), perpetrar; sin.: *commit; perform.*

**PERPETUATE** (pâr-pê'tiú-êit), v.r. (p. e pp. PERPETUATED), perpetuar; sin.: *last for ever; enternize.*

**PERPLEX** (pâr-pleks'), v.r. (p. e pp. PERPLEXED), tornar perplexo; sin.: *embarrass; puzzle.*

**PERSECUTE** (pâr'se-kiút'), v.r. (p. e pp. PERSECUTED), perseguir; sin.: *pursue; harass.*

**PERSEVERE** (pâr-si-vir'), v.r. (p. e pp. PERSEVERED), perseverar; sin.: *persist.*

**PERSIST** (pâr-sist'), v.r. (p. e pp. PERSISTED), persistir; sin.: *persevere.*

**PERSONATE** (pâr'so-nêit), v.r. (p. e pp. PERSONATED), passar por outro; sin.: *assume the character of.*

**PERSONIFY** (pâr-so'ni-fái), v.r. (p. e pp. PERSONIFIED), personificar; sin.: *impersonate; to be a perfect example of.*

**PERSPIRE** (pârs-pái'âr), v.r. (p. e pp. PERSPIRED), transpirar, sin.: *sweat.*

**PERSUADE** (pâr-su-êid'), v.r. (p. e pp. PERSUADED), persuadir; sin.: *induce.*

**PERVERT** (pâr-vârt'), v.r. (p. e pp. PERVERTED), perverter; sin.: *corrupt.*

**PET** (pét), v.r. (p. e pp. PETTED), amimar; acariciar; sin.: *fondle; caress.*

**PETRIFY** (pê'tri-fái), v.r. (p. e pp. PETRIFIED), petrificar; sin.: *turn into stone.*

**PHILOSOPHIZE** (fi-lo'so-fáiz), v.r. (p. e pp. PHILOSOPHIZED), filosofar; sin.: *to search into the reason and nature of.*

**PHOTOGRAPH** (fo'to-graf), v.r. (p. e pp. PHOTOGRAPHED), fotografar; sin.: *snap, take a picture of.*

**PHOTOPLAY** (fó'to-plêi), v.r. (p. e pp. PHOTOPLAYED), filmar; sin.: *film; reel.*

**PICK** (pik), v.r. (p. e pp. PICKED), pegar; colher; bicar; sin.: *gather; peck.*

**PICTURE** (pik'tchâr), v.r. (p. e pp. PICTURED), pintar, representar; sin.: *represent.*

**PIERCE** (pirss), v.r. (p. e pp. PIERCED), furar; penetrar; sin.: *bore.*

**PILE** (páil), v.r. (p. e pp. PILED), empilhar; sin.: *heap up; amass.*

**PILFER** (pil'fâr), v.r. (p. e pp. PILFERED), furtar; sin.: *filch; steal.*

**PILLAGE** (pi'lêodj), v.r. (p. e pp. PILLAGED), pilhar; saquear; sin.: *plunder; plot.*

**PIN** (pênn), v.r. (p. e pp. PINNED), prender com alfinete; sin.: *fasten with a pin.*

**PINCH** (pên'tch), v.r. (p. e pp. PINCHED), atormentar; beliscar; sin.: *grip; squeeze.*

**PIP** (pêp), v.r. (p. e pp. PIPPED), piar; sin.: *peep.*

**PIPE** (pâip), v.r. (p. e pp. PIPED), soprar flauta, etc.; sin.: *play on a flute, etc.*

**PIQUE** (pik), v.r. (p. e pp. PIQUED), ofender; irritar; sin.: *offend; irritate.*

**PISS** (pêss), v.r. (p. e pp. PISSED), urinar; sin.: *urinate; make water.*

**PIT** (pêt), v.r. (p. e pp. PITTED), colocar num buraco; sin.: *put in a pit.*

**PITCH** (pê'tch), v.r. (p. e pp. PITCHED), atirar; pichar; sin.: *smear with pitch; throw.*

**PITY** (pê'ti), v.r. (p. e pp. PITIED), penalizar-se por; sin.: *feel sorry for.*

**PLACE** (plêiss), v.r. (p. e pp. PLACED), colocar; localizar; sin.: *put set; lay.*

**PLAGUE** (plêigh), v.r. (p. e pp. PLAGUED), flagelar; infestar; sin.: *infest with calamity.*

**PLAIT** (plêit), v.r. (p. e pp. PLAITED), dobrar; trançar; sin.: *fold; braid.*

**PLAN** (plênn), v.r. (p. e pp. PLANNED), planejar; projetar; sin.: *design; scheme.*

**PLANE** (plêinn), v.r. (p. e pp. PLANED), aplainar; sin.: *even; level.*

**PLANT** (plênt), v.r. (p. e pp. PLANTED), plantar; sin.: *set firmly; fix in position.*

**PLASH** (plê'ch), v.r. (p. e pp. PLASHED), chapinhar; sin.: *spatter; splash.*

**PLASTER** (plas'târ), v.r. (p. e pp. PLASTERED), emplastar; rebocar; sin.: *cover with plaster; parget.*

**PLATE** (plêit), v.r. (p. e pp. PLATED), chapear; blindar; sin.: *coat with metal.*

**PLAY** (plêi), v.r. (p. e pp. PLAYED), tocar; jogar; brincar; sin.: *frolic; sport.*

**PLEAD** (pli'id), v.r. (p. e pp. PLEADED), demandar; pleitear; sin.: *litigate; dispute.*

**PLEASE** (pli'iz), v.r. (p. e pp. PLEASED), agradar; satisfazer; sin.: *delight; satisfy.*

**PLEDGE** (plê'dj), v.r. (p. e pp. PLEDGED), penhorar; empenhar; sin.: *pawn; plight.*

**PLIGHT** (plâit), v.r. (p. e pp. PLIGHTED), empenhar; comprometer; sin.: *pledge.*

**PLOD** (plôd), v.r. (p. e pp. PLODDED), andar com dificuldade; sin.: *walk heavily on.*

**PLOUGH** (plâu), v.r. (p. e pp. PLOUGHED), arar; sin.: *plow; till.*

**PLOW** (plâu), v.r. (p. e pp. PLOWED), arar; sin.: *plough; till.*

**PLUCK** (plâk), v.r. (p. e pp. PLUCKED), arrancar; sin.: *strip; snatch.*

**PLUG** (plâg), v.r. (p. e pp. PLUGGED), arrolhar; tapar; sin.: *cork; stop.*

**PLUMB** (plâmb), v.r. (p. e pp. PLUMBED), sondar; pôr a prumo; sin.: *sound; adjust by a plumb line.*

**PLUMP** (plâmp), v.r. (p. e pp. PLUMPED), cair pesadamente; sin.: *drop heavily.*

**PLUNDER** (plân'dâr), v.r. (p. e pp. PLUNDERED), saquear; pilhar; sin.: *sack, pillage.*

**PLUNGE** (plân'dj), v.r. (p. e pp. PLUNGED), lançar-se à água; sin.: *dive.*

**PLY** (plâi), v.r. (p. e pp. PLIED), trabalhar ativamente; sin.: *work diligently.*

**POACH** (pôu'tch), v.r. (p. e pp. POACHED), pisar; contundir; sin.: *hurt; bruise.*

**POCKET** (pók'kêt), v.r. (p. e pp. POCKETED), embolsar, sin.: *pouch; purse.*

**POINT** (pôint), v.r. (p. e pp. POINTED), apontar; indicar; sin.: *indicate; show.*

**POISE** (pôiz), v.r. (p. e pp. POISED), pesar; equilibrar; sin.: *weigh; balance.*

**POISON** (pôi'sân), v.r. (p. e pp. POISONED), envenenar; sin.: *minister poison to.*

**POKE** (pôuk), v.r. (p. e pp. POKED), atiçar; empurrar; sin.: *thrust; stir.*

**POLISH** (pô'li-ch), v.r. (p. e pp. POLISHED), polir; lustrar; sin.: *shine; refine.*

**POLL** (pôl), v.r. (p. e pp. POLLED), tosquiar; votar; sin.: *shear; vote.*

**POLLUTE** (po-liút), v.r. (p. e pp. POLLUTED), poluir; manchar; sin.: *soil; dishonor.*

**PONDER** (pon'dâr), v.r. (p. e pp. PONDERED), ponderar, meditar; sin.: *meditate; muse.*

**POP** (póp), v.r. (p. e pp. POPPED), estalar; soltar; sin.: *explode; drop.*

**POPULARIZE** (pô'piú-lae-ráiz), v.r. (p. e pp. POPULARIZED), popularizar.

**PORE** (pôur), v.r. (p. e pp. PORED), estudar atentamente; sin.: *peruse.*

**PORTEND** (pôur'tend), v.r. (p. e pp. PORTENDED), vaticinar; pressagiar; sin.: *foretell; pressage; forebode.*

**PORTION** (pôr'chên), v.r. (p. e pp. PORTIONED), repartir; dotar; sin.: *allot; endow.*

**PORTRAY** (por-trêi'), v.r. (p. e pp. PORTRAYED), retratar, pintar; sin.: *paint; picture.*

**POSE** (pôuz), v.r. (p. e pp. POSED), posar; confundir; sin.: *set up; puzzle.*

**POSSESS** (po-zéss), v.r. (p. e pp. POSSESSED), possuir; sin.: *hold; own.*

**POST** (pôust), v.r. (p. e pp. POSTED), postar; pôr no correio; sin.: *mail.*

**POSTPONE** (pôust'pôunn), v.r. (p. e pp. POSTPONED), adiar, pospor; sin.: *adjourn; put off.*

**POSTULATE** (pôus-tiú-lêit), v.r. (p. e pp. POSTULATED), solicitar; sin.: *solicit.*

**POSTURE** (pôus'tchår), v.r. (p. e pp. POSTURED), pôr em posição; sin.: *sete in place.*

**POT** (pót), v.r. (p. e pp. POTTED), conservar em vasilhame; sin.: *preserve in pots.*

**POUCH** (páu'tch), v.r. (p. e pp. POUCHED), embolsar; sin.: *bag; pocket.*

**POULTICE** (pôul'tiss), v.r. (p. e pp. POULTICED), aplicar cataplasma.

**POUNCE** (páuns), v.r. (p. e pp. POUNCED), lançar-se sobre; sin.: *fall upon.*

**POUND** (páund), v.r. (p. e pp. POUNDERED), moer; pilar; sin.: *grind; mill.*

**POUR** (pur), v.r. (p. e pp. POURED), encher (copos, etc.); despejar; sin.: *shed; spread.*

**POUT** (páut), v.r. (p. e pp. POUTED), fazer muxoxo; amuar; sin.: *look sullen.*

**POWDER** (páu'dêr), v.r. (p. e pp. POWDERED), pulverizar; empoar; sin.: *pulverize; dust.*

**PRACTISE** (prék'tiz), v.r. (p. e pp. PRACTISED), praticar; sin.: *practice.*

**PRAISE** (prêiz), v.r. (p. e pp. PRAISED), louvar; elogiar; sin.: *extol; laud.*

**PRANCE** (praens), v.r. (p. e pp. PRANCED), saracotear; sin.: *strut; caper.*

**PRANK** (prênk), v.r. (p. e pp. PRANKED), enfeitar, adornar; sin.: *trim; adorn.*

**PRATE** (prêit), v.r. (p. e pp. PRATED), tagarelar; sin.: *blab; chatter.*

**PRATTLE** (pré'tl), v.r. (p. e pp. PRATTLED), falar infantilidades; sin.: *prate; blab.*

**PRAY** (prêi), v.r. (p. e pp. PRAYED), rezar, orar; sin.: *implore; entreat.*

**PREACH** (pri'tch), v.r. (p. e pp. PREACHED), pregar; fazer sermão; sin.: *deliver a sermon.*

**PRECEDE** (pri-cid'), v.r. (p. e pp. PRECEDED), preceder, anteceder; sin.: *antecede; prelude.*

**PRECIPITATE** (pre-ci'pi-têit), v.r. (p. e pp. PRECIPITATED), precipitar(-se); sin.: *cat; rush; hurry; throw down.*

**PRECLUDE** (pre-clud'), v.r. (p. e pp. PRECLUDED), impedir, proibir; sin.: *impede; hinder.*

**PREDICATE** (pre'di-kêit), v.r. (p. e pp. PREDICATED), predicar; afirmar; sin.: *affirm; base; imply; proclaim.*

**PREDICT** (pre-dikt'), v.r. (p. e pp. PREDICTED), predizer; sin.: *foretell.*

**PREDOMINATE** (pri-dó'mi-nêit), v.r. (p. e pp. PREDOMINATED), predominar; sin.: *preponderate; prevail.*

**PREFER** (pri-fâr'), v.r. (p. e pp. PREFERRED), preferir; sin.: *choose; like better.*

**PRELUDE** (pre-liúd'), v.r. (p. e pp. PRELUDED), preceder; sin.: *precede; antecede.*

**PREMONISH** (pri-mó'ni-ch), v.r. (p. e pp. PREMONISHED), prevenir; sin.: *warn; caution.*

**PREPARE** (pri-pér'), v.r. (p. e pp. PREPARED), preparar; aprontar; sin.: *get ready.*

**PREPONDERATE** (pri-pón'då-rêit), v.r. (p. e pp. PREPONDERATED), preponderar; sin.: *predominate; prevail.*

**PRESAGE** (pri-cêi'dj), v.r. (p. e pp. PRESAGED), pressagiar; sin.: *prophesy; foretell.*

**PRESCRIBE** (pres-kráib'), v.r. (p. e pp. PRESCRIBED), prescrever, receitar; sin.: *direct medicllly; order.*

**PRESENT** (pri-zent'), v.r. (p. e pp. PRESENTED), apresentar; sin.: *set before.*

**PRESERVE** (pri-zârv'), v.r. (p. e pp. PRESERVED), preservar, proteger; sin.: *protect; save; keep, can.*

**PRESIDE** (pri-záid'), v.r. (p. e pp. PRESIDED), presidir; sin.: *superintend; direct.*

**PRESS** (préss), v.r. (p. e pp. PRESSED), apertar; comprimir; sin.: *squeeze.*

**PRESUME** (pri-ziúmm'), v.r. (p. e pp. PRESUMED), presumir; sin.: *suppose.*

**PRETEND** (pri-tênd'), v.r. (p. e pp. PRETENDED), pretextar, alegar; sin.: *claim; allege.*

**PREVAIL** (pri-véil), v.r. (p. e pp. PREVAILED), prevalecer; sin.: *predominate.*

**PREVARICATE** (pri-vê'ri-kêit), v.r. (p. e pp. PREVARICATED), prevaricar; sin: *quibble; evade the truth.*

**PREVENT** (pri-vênt'), v.r. (p. e pp. PREVENTED), impedir; sin.: *impede; hinder.*

**PREY** (prêi), v.r. (p. e pp. PREYED), apresar; pilhar; sin.: *plunder; loot.*

**PRICE** (práiss), v.r. (p. e pp. PRICED), dar preço; avaliar, sin,: *value.*

**PRICK** (prĕk), v.r. (p. e pp. PRICKED), ferroar; picar; sin.: *puncture; pierce.*
**PRIDE** (práid), v.r. (p. e pp. PRIDED), ter orgulho; sin.: *glory; exult.*
**PRIG** (prĕg), v.r. (p. e pp. PRIGGED), surrupiar; furtar; sin.: *filch; steal.*
**PRINT** (print), v.r. (p. e pp. PRINTED), imprimir; sin.: *impress; stamp.*
**PRIVILEGE** (pri'vi-lĕ-dj), v.r. (p. e pp. PRIVILEGED), privilegiar; sin.: *patent.*
**PRIZE** (práiz), v.r. (p. e pp. PRIZED), premiar; avaliar; sin.: *value; reward.*
**PROBE** (prôub), v.r. (p. e pp. PROBED), examinar (um ferimento); sin.: *examine (a wond).*
**PROCEED** (prou-cíd'), v.r. (p. e pp. PROCEEDED), proceder; prosseguir; sin.: *act; conduct; transact; continue; go on.*
**PROCLAIM** (prôu-klêimm'), v.r. (p. e pp. PROCLAIMED), proclamar; professar; sin.: *profess; announce; publish.*
**PROCRASTINATE** (prôu-kras'ti-nêit), v.r. (p. e pp. PROCRASTINATED), adiar, pospor, sin.: *postpone; adjourn; put off.*
**PROCRIATE** (prôu'cri-êit), v.r. (p. e pp. PROCRIATED), procriar; gerar; sin.: *generate; gender; bear; beget.*
**PROCURE** (prôu-kiúr'), v.r. (p. e pp. PROCURED), achar; conseguir; sin.: *find; get.*
**PRODUCE** (prôu-diúss'), v.r. (p. e pp. PRODUCED), mostrar; produzir; sin.: *display; make.*
**PROFANE** (pro-fêinn'), v.r. (p. e pp. PROFANED), profanar; sin.: *violate; defile.*
**PROFESS** (pro-féss'), v.r. (p. e pp. PROFESSED), exercer; professar; sin.: *exercise; teach.*
**PROFILE** (prôu'fáil), v.r. (p. e pp. PROFILED), desenhar o perfil de; sin.: *draw a profile of.*
**PROFIT** (prô'fét), v.r. (p. e pp. PROFITED), proventar; ganhar; sin.: *gain.*
**PROGNOSTICATE** (prôg-nôs'ti-kêit), v.r. (p. e pp. PROGNOSTICATED), prognosticar; vaticinar; sin.: *prophesy; foretell; pressage.*
**PROGRESS** (prôu-gréss'), v.r. (p. e pp. PROGRESSED), progredir, avançar; sin.: *keep on; improve; advance.*
**PROHIBIT** (prôu-hí'bit), v.r. (p. e pp. PROHIBITED), proibir; coibir; sin.: *interdict; forbid.*
**PROJECT** (pro-djékt') v.r. (p. e pp. PROJECTED), projetar; inventar; sin.: *plan; divise.*

**PROLONG** (pro-lông'), v.r. (p. e pp. PROLONGED), alongar; prolongar; sin.: *lenghten; extend.*
**PROMENADE** (prô-mi-nêid'), v.r. (p. e pp. PROMENADED), passear; sin.: *walk; stroll.*
**PROMISE** (prô'miss), v.r. (p. e pp. PROMISSED), prometer; sin.: *give one's word.*
**PROMOTE** (pro-môut'), v.r. (p. e pp. PROMOTED), promover; elevar; sin.: *elevate; raise.*
**PROMPT** (prômp't), v.r. (p. e pp. PROMPTED), impelir; sin.: *impel; force.*
**PROMULGATE** (pro-mãl'ghêit), v.r. (p. e pp. PROMULGATED), promulgar; sin.: *proclaim; publish.*
**PRONOUNCE** (pro-náunss'), v.r. (p. e pp. PRONOUNCED), pronunciar; sin.: *speak distinctly; utter.*
**PROP** (prôp), v.r. (p. e pp. PROPPED), sustentar; apoiar; sin.: *support; sustain.*
**PROPAGATE** (prô'pae-gheit), v.r. (p. e pp. PROPAGATED), propagar; sin.: *disseminate; spread.*
**PROPEL** (prôu-pél'), v.r. (p. e pp. PROPELLED), impelir, propulgar; sin.: *drive forward.*
**PROPHESY** (prô'fi-sái), v.r. (p. e pp. PROPHISIED), profetizar; sin.: *foretell.*
**PROPITIATE** (prôu-pi'chi-êit), v.r. (p. e pp. PROPITIATED), proporcionar; sin.: *adjust in a suitable proportional.*
**PROPOSE** (pro-pôuz'), v.r. (p. e pp. PROPOSED), pedir em casamento; sin.: *ask in marriage.*
**PROPOUND** (pro-páund'), v.r. (p. e pp. PROPOUNDED), propor; expor; sin.: *offer; lay before.*
**PROPUGN** (pro-piú-gn), v.r. (p. e pp. PROPUGNED), propugnar; sin.: *fight for.*
**PROROGUE** (pro-rôug'), v.r. (p. e pp. PROROGUED), prorrogar; sin.: *prolong; continue.*
**PROSCRIBE** (pros-kráib'), v.r. (p. e pp. PROSCRIBED), proscrever; sin.: *interdict; outlaw.*
**PROSE** (prôuz), v.r. (p. e pp. PROSED), escrever prosa; sin.: *write prose.*
**PROSECUTE** (prô'ci-kiút), v.r. (p. e pp. PROSECUTED), processar; perseguir; sin.: *persecute; continue; proceed; sue against.*
**PROSPECT** (pros-pékt'), v.r. (p. e pp. PROSPECTED), aguardar ansiosamente; sin.: *search for something; look forward.*

**PROSPER** (prŏs'pĕr), v.r. (p. e pp. PROSPERED), prosperar; sin.: *thrive.*
**PROSTRATE** (prŏs'trĕit), v.r. (p. e pp. PROSTRATED), prostrar-se; sin.: *lay flat; overthrow.*
**PROTECT** (pro-tĕkt'), v.r. (p. e pp. PROTECTED), proteger, favorecer; sin.: *defend.*
**PROTEST** (prŏu-tĕst'), v.r. (p. e pp. PROTESTED), protestar; atestar; sin.: *affirm.*
**PROTRACT** (pro-traè'kt), v.r. (p. e pp. PROTRACTED), protrair; sin.: *put off.*
**PROTRUDE** (pro-trud'), v.r. (p. e pp. PROTRUDED), expelir; sin.: *project.*
**PROVE** (pruv), v.r. (p. e pp. PROVED), provar; demonstrar; sin.: *demonstrate.*
**PROVIDE** (pro-váid'), v.r. (p. e pp. PROVIDED), prover, fornecer; sin.: *furnish.*
**PROVISION** (pro-vi'jânn), v.r. (p. e pp. PROVISIONED), abastecer; prover; sin.: *victual; supply with; provide.*
**PROVOKE** (pro-vôuk'), v.r. (p. e pp. PROVOKED), provocar; irritar; sin.: *irritate; excite.*
**PROWL** (prául), v.r. (p. e pp. PROWLED), rondar à procura de saque; sin.: *rove in search of plunder.*
**PRUNE** (prunn), v.r. (p. e pp. PRUNED), podar; desramar; sin.: *cut short; lop.*
**PRY** (prái), v.r. (p. e pp. PRIED), esquadrinhar; pesquisar; sin.: *scrutinize.*
**PUBLISH** (pa'bli-ch), v.r. (p. e pp. PUBLISHED), publicar; sin.: *give forth.*
**PUCKER** (pâ'kâr), v.r. (p. e pp. PUCKERED), enrugar, franzir; sin.: *wrinkle.*
**PUDDLE** (pâ'dl), v.r. (p. e pp. PUDDLED), enlamear; sin.: *mud; mire.*
**PUFF** (pâf), v.r. (p. e pp. PUFFED), soltar baforadas; sin.: *whiff; inflate.*
**PULE** (piúi), v.r. (p. e pp. PULED), choramingar; sin.: *whine; whimper.*
**PULL** (pul), v.r. (p. e pp. PULLED), puxar; arrancar; sin.: *tear off; draw.*
**PULSATE** (pul'sêit), v.r. (p. e pp. PULSATED), pulsar; latejar; sin.: *beat; throb.*
**PULVERIZE** (pâ'vâ-ráiz), v.r. (p. e pp. PULVERIZED), pulverizar; sin.: *dust; powder.*
**PUMP** (pâmp), v.r. (p. e pp. PUMPED), bombear; sondar; sin.: *sound; raise with a pump.*
**PUN** (pânn), v.r. (p. e pp. PUNNED), fazer trocadilhos; sin.: *gag.*
**PUNCH** (pân'tch), v.r. (p. e pp. PUNCHED), golpear; picar; sin.: *pierce; strike.*
**PUNCTUATE** (pânk'tchu-êit), v.r. (p. e pp. PUNCTUATED), pontuar; sin.: *apply punctuation to a sentence.*
**PUNCTURE** (pânk'tchur), v.r. (p. e pp. PUNCTURED), perfurar; furar; sin.: *perforate.*
**PUNISH** (pâ'ni-ch), v.r. (p. e pp. PUNISHED), castigar; punir; sin.: *chastise.*
**PUNT** (pânt), v.r. (p. e pp. PUNTED), rebater bola; sin.: *kick a falling ball.*
**PURCHASE** (pâr'tchêiz), v.r. (p. e pp. PURCHASED), adquirir; comprar; sin.: *buy; get.*
**PURFLE** (pâr'fl), v.r. (p. e pp. PURFLED), embainhar; debruar; sin.: *hem.*
**PURGE** (pâr'dj), v.r. (p. e pp. PURGED), purgar; purificar; sin.: *cleanse; purify.*
**PURIFY** (piú'ri-fái), v.r. (p. e pp. PURIFIED), purificar; sin.: *clarify; cleanse.*
**PURL** (pâr), v.r. (p. e pp. PURLED), murmurar; sussurrar; sin.: *murmur; ripple.*
**PURLOIN** (pâr-lôin), v.r. (p. e pp. PURLOINED), furtar; surrupiar; sin.: *filch, pilfer.*
**PURPORT** (pâr'pôrt), v.r. (p. e pp. PURPORTED), querer dizer; sin.: *mean.*
**PURPOSE** (pâr'pôuz), v.r. (p. e pp. PURPOSED), tencionar; sin.: *intend; mean.*
**PURSE** (pârs), v.r. (p. e pp. PURSED), embolsar; sin.: *bag; pocket.*
**PURSUE** (pâr-siú'), v.r. (p. e pp. PURSUED), perseguir; seguir; sin.: *chase; follow.*
**PURVEY** (pâr-vêi'), v.r. (p. e pp. PURVEYED), abastecer; prover; sin.: *supply.*
**PUSH** (pâ'ch), v.r. (p. e pp. PUSHED), empurrar; sin.: *shove; thrust.*
**PUT** (put), v.i. (p. e pp. PUT), pôr, colocar; sin.: *place; set; lay; apply.*
**PUTREFY** (piú'tri-fái), v.r. (p. e pp. PUTREFIED), putrificar; sin.: *decay; rot.*
**PUZZLE** (pâ'zl), v.r. (p. e pp. PUZZLED), confundir; embaraçar; sin.: *perplex; pose.*

# Q

**QUACK** (kuék), v.r. (p. e pp. QUACKED), grasnar; arengar; sin.: *harengue; croak.*
**QUADRATE** (kuŏ'drêit), v.r. (p. e pp. QUADRATED), enquadrar-se; sin.: *square.*

**QUADRUPLICATE** (kúó-dru'pli-kêit), v.r. (p. e pp. QUADRUPLICATED), quadruplicar; sin.: *increase fourfold*.

**QUAFF** (kuaef), v.r. (p. e pp. QUAFFED0, tragar; sorver; sin.: *swig; gulp*.

**QUAIL** (kuê'il), v.r. (p. e pp. QUAILED), desanimar; acovardar-se; sin.: *cower; shrink*.

**QUAKE** (kuêik), v.r. (p. e pp. QUAKED), abalar, tremer; sin.: *shake; tremble*.

**QUALIFY** (kuô'li-fái), v.r. (p. e pp. QUALIFIED), qualificar; sin.: *particularize*.

**QUARREL** (kuô'rel), v.r. (p. e pp. QUARRELED), altercar; disputar; sin.: *dispute*.

**QUARTER** (kuôr'târ, v.r. (p. e pp. QUARTERED), alojar, aboletar-se; sin.: *lodge; harbor*.

**QUASH** (kuô'ch), v.r. (p. e pp. QUASHED), achatar, esmagar; sin.: *crush*.

**QUAVER** (kuêi'vâr), v.r. (p. e pp. QUAVERED), tremer, vibrar; sin.: *shake; vibrate*.

**QUELL** (kuêl), v.r. (p. e pp. QUELLED), dominar; esmagar; sin.: *crush; dominate*.

**QUENCH** (kuên'tch), v.r. (p. e pp. QUENCHED), extinguir; saclar-se; sin.: *satiate*.

**QUERY** (kui'ri), v.r. (p. e pp. QUERIED), inquirir; interrogar; sin.: *question; inquire*.

**QUESTION** (kués'tchânn), v.r. (p. e pp. QUESTIONED), interrogar; sin.: *query; inquire*.

**QUIBBLE** (kui'bl), v.r. (p. e pp. QUIBBLED), tergiversar; sin.: *cavil*.

**QUICKEN** (kuô'kn), v.r. (p. e pp. QUICKENED), acelerar; apressar-se; sin.: *hasten; hurry*.

**QUIET** (kuâi'êt), v.r. (p. e pp. QUIETED), acalmar; tranquilizar-se; sin.: *silence*.

**QUILT** (kuîlt), v.r. (p. e pp. QUILTED0, pespontar acolchoados; sin.: *stitch quilts*.

**QUIP** (kuíp), v.r. (p. e pp. QUIPPED), motejar; censurar; sin.: *rally; rail at*.

**QUIT** (kuît), v.r. (p. e pp. QUITED), deixar; desistir; sin.: *leave, abandon*.

**QUIVER** (kuí'vâr), v.r. (p. e pp. QUIVERED), estremecer; tremer; sin.: *shake; shiver*.

**QUIZ** (kuíz), v.r. (p. e pp. QUIZZED), mistificar; sin.: *puzzle; mock*.

**QUOTE** (ku-ôut'), v.r. (p. e pp. QUOTED), citar; quotar; sin.: *figure; cite*.

# R

**RABBET** (rae'bet), v.r. (p. e pp. RABBETED), entalhar; encaixar; sin.: *groove; set in*.

**RACE** (rêiss), v.r. (p. e pp. RACED), competir numa corrida; sin.: *run swiftly; engage in a race*.

**RACK** (rêk), v.r. (p. e pp. RACKED), torturar, torcer; sin.: *torture; strain*.

**RACKET** (rê'kt), v.r. (p. e pp. RACKETED), rebater com a raqueta; sin.: *strike with the racket*.

**RADIATE** (rêi'di-êit), v.r. (p. e pp. RADIATED), irradiar; cintilar; sin.: *shine; beam*.

**RADICATE** (rê'di-kêit), v.r. (p. e pp. RADICATED), radicar-se; enraizar; sin.: *take root; root; plant deeply*.

**RADIOGRAPH** (rêi'di-ôu-graef), v.r. (p. e pp. RADIOGRAPHED), radiografar; tirar raio X; sin.: *take X-ray pictures*.

**RAFFLE** (rê'fl), v.r. (p. e pp. RAFFLED), rifar; sin.: *participate in a raffle*.

**RAGE** (rêi'dj), v.r. (p. e pp. RAGED), devastar; assolar; sin.: *devastate; ravage*.

**RAIL** (rêil), v.r. (p. e pp. RAILED), prover de grade, corrimão, etc.; sin.: *enclose with a rail*.

**RAIN** (rêinn), v.r. (p. e pp. RAINED), chover; sin.: *fall water from the sky*.

**RAISE** (rêiz), v.r. (p. e pp. RAISED), levantar; suspender; sin.: *elevate; lift up*.

**RAKE** (rêik), v.r. (p. e pp. RAKED), aplainar a terra com ancinho; sin.: *scrape the earth with a rake*.

**RALLY** (rê'li), v.r. (p. e pp. RALLIED, reunir; zombar de; sin.: *get together; mock*.

**RAMBLE** (rêm'bl), v.r. (p. e pp. RAMBLED), perambular; vagar; sin.: *stroll; rove*.

**RAMIFY** (rê'mi-fái), v.r. (p. e pp. RAMIFIED), ramificar(-se); sin.: *fork; bifurcate*.

**RAMP** (rêmp), v.r. (p. e pp. RAMPED), pular; trepar; sin.: *leap; climb*.

**RANGE** (rêin'dj), v.r. (p. e pp. RANGED), dispor; enfileirar; sin.: *set in a row*.

**RANK** (rênk), v.r. (p. e pp. RANKED), dispor em ordem; sin.: *class; order*.

**RANKLE** (rén'kl), v.r. (p. e pp. RANKLED), envenenar; ulcerar; sin.: *poison, fester*.

**RANSACK** (rén'saek), v.r. (p. e pp. RANSACKED), esquadrinhar; sin.: *search throughly*.

**RANSOM** (rén'sămm), v.r. (p. e pp. RANSOMED), resgatar; sin.: *hold at a ransom*.

**RANT** (rént), v.r. (p. e pp. RANTED), arengar; sin.: *harengue*.

**RAP** (rép), v.r. (p. e pp. RAPPED), bater rapidamente; sin.: *strike with a quick blow*.

**RAREFY** (rae'ră-fái), v.r. (p. e pp. RAREFIED), rarefazer(-se); sin.: *become thin or less dense*.

**RASE** (rêiz), v.r. (p. e pp. RASED), demolir; arrasar; sin.: *demolish; tear down*.

**RASP** (răsp), v.r. (p. e pp. RASPED), ralar; lixar; sin.: *grate; file*.

**RAT** (rét), v.r. (p. e pp. RATTED), "virar a casaca"; sin.: *"turn one's coat"*.

**RATE** (rêit), v.r. (p. e pp. RATED), calcular; avaliar; sin.: *calculate; appraise*.

**RATIFY** (ré'ti-fái), v.r. (p. e pp. RATIFIED), ratificar; sin.: *approve; sanction*.

**RATIOCINATE** (ré-chiŏ'ci-nêit), v.r. (p. e pp. RATIOCINATED), raciocinar; sin.: *reason*.

**RATTEN** (ré'tenn), v.r. (p. e pp. RATTENED), sabotar; sin.: *sabotage*.

**RATTLE** (ré'tl), v.r. (p. e pp. RATTLED), chocalhar; ressoar; sin.: *clatter; resound*.

**RAVAGE** (ré'vae-dj), v.r. (p. e pp. RAVAGED), devastar, assolar; sin.: *lay waste; devastate*.

**RAVE** (rêiv), v.r. (p. e pp. RAVED), delirar; sin: *talk incoherently*.

**RAVEL** (ré'vel), v.r. (p. e pp. RAVELLED), emaranhar; desfiar; sin.: *untwist; entangle*.

**RAVISH** (ré'vi-ch), v.r. (p. e pp. RAVISHED), arrebatar; extasiar-se; sin.: *enrapture; delight to extasy*.

**RAZE** (rêiz), v.r. (p. e pp. RAZED), demolir; arrasar; sin.: *demolish; tear down*.

**REACH** (rî'i-tch), v.r. (p. e pp. REACHED), conseguir, alcançar; sin.: *get at; attain*.

**READ** (rî'id), v.i. (p. e pp. READ), ler; sin.: *understand (language)*.

**REALIZE** (rî'ă-láiz), v.r. (p. e pp. REALIZED), imaginar; conceber; sin.: *imagine; conceive*.

**REAP** (rî'ip), v.r. (p. e pp. REAPED), colher; segar; sin.: *harvest; mow*.

**REAR** (rî'ir), v.r. (p. e pp. REARED), elevar, educar; sin.: *raise up; bring up*.

**REASON** (rî'zn), v.r. (p. e pp. REASONED), discutir; raciocinar; sin.: *ratiocinate; argue*.

**REAVE** (rî'iv), v.i. (p. e pp. REFT), arrebatar; sin.: *snatch; ravish*.

**REBATE** (ri-bêit'), v.r. (p. e pp. REBATED), abater, deduzir; sin.: *deduct; subtract*.

**REBEL** (ri-bél'), v.r. (p. e pp. REBELLED), rebelar-se; revoltar-se; sin.: *take up arms against; revolt*.

**REBUFF** (ri-băf'), v.r. (p. e pp. REBUFFED), rejeitar; repelir; sin.: *repulse; repel*.

**REBUKE** (ri-biúk), v.r. (p. e pp. REBUKED), censurar, repreender; sin.: *reproach; reprove*.

**REBUT** (ri-băt'), v.r. (p. e pp. REBUTTED), replicar; refutar; sin.: *repel; retort*.

**RECALL** (ri-kól'), v.r. (p. e pp. RECALLED), recordar-se; sin.: *remember*.

**RECANT** (ri-ként'), v.r. (p. e pp. RECANTED), retratar-se; sin.: *retract*.

**RECAPITULATE** (re-kae-pi'tiŭ-lêit), v.r. (p. e pp. RECAPITULATED), recapitular; sin.: *review; sum up; summarize*.

**RECEDE** (ri-cíd'), v.r. (p. e pp. RECEDED), recuar; retirar-se; sin.: *recoil; withdraw*.

**RECEIVE** (ri-cív'), v.r. (p. e pp. RECEIVED), receber; sin.: *take; get*.

**RECIPROCATE** (ri-ci'prŏu-kêit), v.r. (p. e pp. RECIPROCATED), reciprocar; sin.: *be even with; give and receive mutually*.

**RECITE** (ri-çáit'), v.r. (p. e pp. RECITED), narrar; recitar; sin.: *narrate; declaim*.

**RECK** (rék), v.r. (p. e pp. RECKED), importar-se com; sin.: *care for; mind*.

**RECKON** (ré'kn), v.r. (p. e pp. RECKONED), contar; julgar; sin.: *value; count*.

**RECLINE** (ri-kláin'), v.r. (p. e pp. RECLINED), reclinar-se; sin.: *lie down; lean back*.

**RECOGNIZE** (re'kog-náiz), v.r. (p. e pp. RECOGNIZED), reconhecer; sin.: *acquaintance with; acknowledge*.

**RECOIL** (ri-kóil'), v.r. (p. e pp. RECOILED), retirar-se; recuar; sin.: *withdraw; recede*.

**RECOLLECT** (ri-ko-lékt'), v.r. (p. e pp. RECOLLECTED), recordar-se; sin.: *recall; remember*.

**RECOMMEND** (re-ko-mend'), v.r. (p. e pp. RECOMMENDED), recomendar; aconselhar; sin.: *advise; commend*.

**RECOMPENSE** (re'kom-pêns), v.r. (p. e pp. RECOMPENSED), recompensar; sin.: *indemnify; reward*.

**RECONCILE** (re'kon-çáil), v.r. (p. e pp. RECONCILED), reconciliar; sin.: *conciliate*.

**RECONNOITER** (re-ko-nói'târ), v.r. (p. e pp. RECONNOITERED), inspecionar; explorar; sin.: *survay, scout*.

**RECORD** (ri-kôrd'), v.r. (p. e pp. RECORDED), registrar; gravar; sin.: *register; note down*.

**RECOVER** (ri-kô'vâr), v.r. (p. e pp. RECOVERED), recuperar-se; recobrar; sin.: *retrieve; regain; recuperate*.

**RECREATE** (re'kri-êit), v.r. (p. e pp. RECREATED), recrear(-se); sin.: *delight; amuse*.

**RECRIMINATE** (ri-krí'mi-nêit), v.r. (p. e pp. RECRIMINATED), recriminar; sin.: *charge an accuser with some fault, in return*.

**RECRUIT** (ri-krut'), v.r. (p. e pp. RECRUITED), recrutar; sin.: *obtain fresh soldiers*.

**RECTIFY** (rék'ti-fái), v.r. (p. e pp. RECTIFIED), retificar; corrigir; sin.: *correct; amend; purify*.

**RECUPERATE** (ri-kiú'pâ-rêit), v.r. (p. e pp. RECUPERATED), recperar(-se); sin.: *convalesce; regain; to make well again*.

**RECUR** (ri-kâr'), v.r. (p. e pp. RECURRED), tornar a ocorrer; sin.: *happen again*.

**REDDEN** (rê'dn), v.r. (p. e pp. REDDENED), avermelhar; corar; sin.: *flush; grow red*.

**REDEEM** (ri-dimm'), v.r. (p. e pp. REDEEMED), remir; sin.: *ransom*.

**REDINTEGRATE** (ri-din'ti-grêit), v.r. (p. e pp. REDINTEGRATED), reintegrar; sin.: *reinstate*.

**REDOUND** (ri-dáund'), v.r. (p. e pp. REDOUNDED), redundar, resultar; sin.: *turn out; result*.

**REDRESS** (ri-dréss'), v.r. (p. e pp. REDRESSED), endireitar; arrumar; sin.: *straighten; set right*.

**REDUCE** (ri-diús"), v.r. (p. e pp. REDUCED), reduzir; diminuir; sin.: *diminish; bring down*.

**REEK** (rik), v.r. (p. e pp. REEKED), exalar; fumegar; sin.: *exhale; steam*.

**REEL** (ril), v.r. (p. e pp. REELED), encher um carretel; filmar; sin.: *film; spool*.

**REFER** (ri-fâr'), v.r. (p. e pp. REFERRED), aludir; referir-se; sin.: *relate; allude*.

**REFINE** (ri-fáinn'), v.r. (p. e pp. REFINED), refinar; polir; sin.: *polish; purify*.

**REFIT** (ri-fit'), v.r. (p. e pp. REFITTED), consertar; aparelhar; sin.: *equip; repair*.

**REFLECT** (ri-flékt'), v.r. (p. e pp. REFLECTED), refletir; ponderar; sin.: *ponder; project*.

**REFORM** (ri-fôrm'), v.r. (p. e pp. REFORMED), reformar; sin.: *correct; amend*.

**REFRAIN** (ri-frêin'), v.r. (p. e pp. REFRAINED), conter, refrear(-se); sin.: *restrain; abstain from; withhold; curb*.

**REFRESH** (ri-fré'ch), v.r. (p. e pp. REFRESHED), refrescar-se, recrear-se; sin.: *restore, amuse, delight; recover; recreate*.

**REFRIGERATE** (ri-fri'djâ-rêit), v.r. (p. e pp. REFRIGERATED), refrigerar; sin.: *cool*.

**REFUND** (ri-fând'), v.r. (p. e pp. REFUNDED), restituir; reembolsar; sin.: *pay back*.

**REFUTE** (ri-fiút'), v.r. (p. e pp. REFUTED), refutar; sin.: *oppose; disprove*.

**REGALE** (ri-ghêil'), v.r. (p. e pp. REGALED), banquetear; recrear-se; sin.: *amuse; banquet*.

**REGARD** (ri-gard'), v.r. (p. e pp. REGARDED), considerar; sin.: *look upon; consider*.

**REGENERATE** (ri-dje'nâ-rêit), v.r. (p. e pp. REGENERATED), regenerar-se; sin.: *enter into a new spiritual life; produce anew*.

**REGISTER** (ri'djis-târ), v.r. (p. e pp. REGISTERED), registrar; sin.: *record; note down*.

**REGRET** (ri-grét'), v.r. (p. e pp. REGRETTED), lamentar; arrepender-se; sin.: *be sorry; repent; grieve at; rue*.

**REGULATE** (rê'ghiú-lêit), v.r. (p. e pp. REGULATED), ordenar; regular; sin.: *order; direct*.

**REHABILITATE** (ri-ha-bi'li-têit), v.r. (p. e pp. REHABILITATED), reabilitar(-se); sin.: *reinstate; restore to former conditions*.

**REHEARSE** (ri-hârss'), v.r. (p. e pp. REHEARSED), ensaiar; repetir; sin.: *repeat*.

**REIGN** (rêinn), v.r. (p. e pp. REIGNED), reinar; sin.: *rule*.

**REIMBURSE** (ri-im-bârss'), v.r. (p. e pp. REIMBURSED), reembolsar; sin.: *repay; refund*.

**REIN** (rêinn), v.r. (p. e pp. REINED), controlar; governar; sin.: *control; govern*.

**REINFORCE** (ri-in-fórss'), v.r. (p. e pp. REINFORCED), reforçar; sin.: *fortify; strengthen*.

**REINSTATE** (ri-ins-tpeit'), v.r. (p. e pp. REINSTATED), reintegrar; sin.: *restore; redintegrate*.

**REITERATE** (ri-i'tâ-rêit), v.r. (p. e pp. REITERATED), reiterar; sin.: *renew; repeat*.

**REJECT** (ri-djékt'), v.r. (p. e pp. REJECTED), rejeitar; sin.: *refuse*.

**REJOICE** (ri-djóiss'), v.r. (p. e pp. REJOICED), regozijar-se; sin.: *feel delighted*.

**RENJOIN** (ri-djóinn'), v.r. (p. e pp. REJOINED), reunir; sin.: *join again*.

**REJUVENATE** (ri-dju'vi-nêit), v.r. (p. e pp. REJUVENATED), rejuvenescer, sin.: *revive; get younger; restore to youth*.

**RELAPSE** (ri-lae'ps), v.r. (p. e pp. RELAPSED), recair; sin.: *fall back*.

**RELATE** (ri-lêit'), v.r. (p. e pp. RELATED), relatar; descrever; sin.: *describe; narrate*.

**RELAX** (ri-léks'), v.r. (p. e pp. RELAXED), soltar-se; relaxar-se; sin.: *release; alacken*.

**RELEASE** (ri-liz'), v.r. (p. e pp. RELEASED), livrar; soltar; sin.: *undo; free*.

**RELEGATE** (ri-lê-ghêit'), v.r. (p. e pp. RELEGATED), consignar; exilar; sin.: *consign; exile*.

**RELENT** (ri-lent'), v.r. (p. e pp. RELENTED), enternecer-se; abrandar; sin.: *feel compassion; soften*.

**RELIEVE** (ri-li'iv), v.r. (p. e pp. RELIEVED), abrandar; aliviar; sin.: *lighten; ease*.

**RELINQUISH** (ri-lin'kuſ-ch), v.r. (p. e pp. RELINQUISHED), renunciar; abandonar; sin.: *give up; renounce; waive; abandon*.

**RELISH** (re-li'ch), v.r. (p. e pp. RELISHED), saborear; sin.: *savour; gust*.

**RELY** (ri-lái'), v.r. (p. e pp. RELIED), confiar em; sin.: *depend on; trust*.

**REMAIN** (ri-mêinn'), v.r. (p. e pp. REMAINED), permanecer; ficar; sin.: *stay*.

**REMAND** (ri-maend'), v.r. (p. e pp. REMANDED), reenviar; sin.: *send back*.

**REMARK** (ri-mark'), v.r. (p. e pp. REMARKED), declarar; notar; sin.: *say; observe*.

**REMEDY** (re'mê-di), v.r. (p. e pp. REMEDIED), remediar; reparar; sin.: *repair; correct*.

**REMEMBER** (ri-mem'bâr), v.r. (p. e pp. REMEMBERED), lembrar-se; sin.: *recall*.

**REMIND** (ri-máind'), v.r. (p. e pp. REMINDED), fazer lembrar; sin.: *put in mind*.

**REMIT** (ri-mit'), v.r. (p. e pp. REMITTED), remeter; reduzir; sin.: *reduce; transmit*.

**REMONSTRATE** (ri-mons'trêit), v.r. (p. e pp. REMONSTRATED), argumentar; objetar; sin.: *expostulate; protest; object*.

**REMOVE** (ri-muv'), v.r. (p. e pp. REMOVED), remover; retirar(-se); sin.: *move; withdraw*.

**REMUNERATE** (ri-miú'nâ-rêit), v.r. (p. e pp. REMUNERATED), remunerar; recompensar; sin.: *recompense; reward*.

**REND** (rênd), v.i. (p. e pp. RENT), despedaçar, rasgar; sin.: *tear off*.

**RENDER** (ren'dâr), v.r. (p. e pp. RENDERED), restituir; executar; sin.: *restore; perform*.

**RENEW** (ri-niú'), v.r. (p. e pp. RENEWED), renovar; recomeçar; sin.: *revive; recommence*.

**RENOUNCE** (ri-náunss'), v.r. (p. e pp. RENOUNCED), renunciar; sin.: *forsake*.

**RENOVATE** (re'no-vêit), v.r. (p. e pp. RENOVATED), renovar; sin.: *renew*.

**REPAIR** (ri-pçer'), v.r. (p. e pp. REPAIRED), consertar, reparar; sin.: *restore; mend*.

**REPAY** (ri-pêi), v.i. (p. e pp. REPAID), reembolsar; sin.: *indemnify; pay back*.

**REPEAL** (ri'pil'), v.r. (p. e pp. REPEALED), revogar; sin.: *abrogate; revoke*.

**REPEAT** (ri-pit'), v.r. (p. e pp. REPEATED), repetir; sin.: *say again*.

**REPEL** (ri-pél), v.r. (p. e pp. REPELLED), repelir; sin.: *repulse; push*.

**REPENT** (ri-pênt'), v.r. (p. e pp. REPENTED), arrepender-se; sin.: *regret, rue*.

**REPINE** (ri-páin'), v.r. (p. e pp. REPINED), atormentar-se; sin.: *fret one's self*.

**REPLACE** (ri-plêiss'), v.r. (p. e pp. REPLACED), substituir; sin.: *commute; substitute*.

**REPLENISH** (ri-plê'ni-ch), v.r. (p. e pp. REPLENISHED), encher novamente; reabastecer; sin.: *restock; fill again*.

**REPLY** (ri-plái'), v.r. (p. e pp. REPLIED), responder; sin.: *respond; answer*.

**REPORT** (ripórt'), v.r. (p. e pp. REPORTED), relatar, noticiar; sin.: *relate; state*.

**REPOSE** (ripôuz'), v.r. (p. e pp. REPOSED), repousar; sin.: *lie down; rest*.

**REPREHEND** (re-pri-hênd'), v.r. (p. e pp. REPREHENDED), repreender; sin.: *reprimand; reprove*.

**REPRESENT** (re-pri'zênt), v.r. (p. e pp. REPRESENTED), representar; interpretar; sin.: *stand in the place of; stand for; show*.

**REPRESS** (ri-prêss'), v.r. (p. e pp. REPRESSED), reprimir; sin.: *restrain; check*.

**REPRIEVE** (ri-priv'), v.r. (p. e pp. REPRIEVED), adiar uma sentença criminal; sin.: *give a respite to*.

**REPRIMAND** (re-pri-maend), v.r. (p. e³ pp. REPRIMANDED), repreender; sin.: *reprove severely; reprehend*.

**REPROACH** (ri-prōu'tch), v.r. (p. e pp. REPROACHED), censurar; exprobar, sin.: *censure; upbraid.*

**REPROBATE** (re'prou-bêit), v.r. (p. e pp. REPROBATED), reprovar, condenar; sin.: *condemn, disaprove; reprove; disown.*

**REPRODUCE** (ri-pro-diúss'), v.r. (p. e pp. REPRODUCED), reproduzir; sin.: *produce again.*

**REPROVE** (ri-pruv'), v.r. (p. e pp. REPROVED), censurar; reprovar; sin.: *reproach; censure.*

**REPUBLICANIZE** (ri-pâ'bli-kae-náiz), v.r. (p. e pp. REPUBLICANIZED), republicanizar; sin.: *turn into a republic.*

**REPUDIATE** (re-piú'di-êit), v.r. (p. e pp. REPUDIATED), repudiar; sin: *repel; reject.*

**REPUGN** (ri-piún'), v.r. (p. e pp. REPUGNED), repugnar; sin.: *disgust; aversion.*

**REPULSE** (ri-pâls'), v.r. (p. e pp. REPULSED), repelir; sin.: *refuse; repel.*

**REPUTE** (ri-piút'), v.r. (p. e pp. REPUTED), considerar; reputar; sin.: *regard; estimate.*

**REQUEST** (ri-kuést'), v.r. (p. e pp. REQUESTED), pedir; sin.: *desire; ask for.*

**REQUIRE** (ri-kuái'âr), v.r. (p. e pp. REQUIRED), precisar; sin.: *want; need.*

**RESCUE** (res-kiú'), v.r. (p. e pp. RESCUED), salvar; socorrer; sin.: *save; succour.*

**RESEARCH** (ri-çâr'tch), v.r. (p. e pp. RESEARCHED), pesquisar; procurar; sin.: *look for; search carefully.*

**RESEMBLE** (ri-zem'bl), v.r. (p. e pp. RESEMBLED), assemelhar-se a; sin.: *look like.*

**RESENT** (ri-zent'), v.r. (p. e pp. RESENTED), ressentir-se; sin.: *take offense.*

**RESERVE** (ri-zârv'), v.r. (p. e pp. RESERVED), reservar; conversar; sin.: *keep in store; put by.*

**RESIDE** (ri-záid'), v.r. (p. e pp. RESIDED), residir; sin.: *dwell; live.*

**RESIGN** (ri-záin'), v.r. (p. e pp. RESIGNED), renunciar; demitir-se; sin.: *quit; renounce.*

**RESIST** (ri-zist'), v.r. (p. e pp. RESISTED), resistir; sin.: *oppose; withstand.*

**RESOLVE** (ri-zolv'), v.r. (p. e pp. RESOLVED), resolver; sin.: *decide; solve.*

**RESORT** (ri-zórt'), v.r. (p. e pp. RESORTED), recorrer; dirigir-se; sin.: *apply; appeal.*

**RESPECT** (ris-pékt'), v.r. (p. e pp. RESPECTED), respeitar; referir-se; sin.: *concern; relate to; refer to; revere; regard.*

**RESPIRE** (res-pái'âr), v.r. (p. e pp. RESPIRED), respirar; sin.: *breath.*

**RESPITE** (res'pit), v.r. (p. e pp. RESPITED), adiar a execução de uma sentença; sin.: *delay; postpone; suspen; put off; reprieve.*

**RESPOND** (ris-pônd'), v.r. (p. e pp. RESPONDED), responder; sin.: *reply, answer.*

**REST** (rêst), v.r. (p. e pp. RESTED), descansar; sin.: *repose; nap.*

**RESTORE** (ris-tôur'), v.r. (p. e pp. RESTORED), restaurar; restituir; sin.: *replace.*

**RESTRAIN** (ris-trêinn'), v.r. (p. e pp. RESTRAINED), reprimir; restringir; sin.: *repress; hinder; restrict; limit; check.*

**RESTRICT** (res-trikt'), v.r. (p. e pp. RESTRICTED), restringir; limitar; sin.: *restrain.*

**RESULT** (ri-zált'), v.r. (p. e pp. RESULTED), resultar; sin.: *ensue; issue.*

**RESUME** (re-ziúmm'), v.r. (p. e pp. RESUMED), reiniciar; reassumir; sin.: *start; reassume.*

**RESUSCITATE** (re-çâ'ci-têit), v.r. (p. e pp. RESUSCITATED), ressuscitar; sin.: *revive.*

**RETAIL** (ri-têil'), v.r. (p. e pp. RETAILED), vender a varejo; sin.: *sell in small portions.*

**RETAIN** (ri-têinn'), v.r. (p. e pp. RETAINED), reter; sin.: *withhold.*

**RETALIATE** (ri-té'li-êit), v.r. (p. e pp. RETALIATED), revidar; sin.: *repay in kind*

**RETARD** (ri-târd'), v.r. (p. e pp. RETARDED), retardar; diferir; sin.: *delay, defer.*

**RETCH** (rê-tch), v.r. (p. e pp. RETCHED), ter ânsia de vomitos; sin.: *try to vomit.*

**RETIRE** (ri-tái'âr), v.r. (p. e pp. RETIRED), aposentar-se de; retirar-se; sin.: *retreat; go to bed; withdraw; active life.*

**RETORT** (ri-tor'), v.r. (p. e pp. RETORTED), retorquir; replicar; sin.: *answer back; rejoin.*

**RETOUCH** (ri-tó'tch), v.r. (p. e pp. RETOUCHED), retocar; sin.: *correct; touch up.*

**RETRACT** (ri-trae'kt), v.r. (p. e pp. RETRACTED), retratar-se; sin.: *withdraw a former declaration.*

**RETREAT** (ri-tri'it), v.r. (p. e pp. RETREATED), recuar; retirar-se; sin.: *retract; recede.*

**RETRENCH** (ri-tren'tch), v.r. (p. e pp. RETRENCHED), entrincheirar-se; sin.: *fortify; intrench.*

**RETRIBUTE** (ri-tri'biút), v.r. (p. e pp. RETRIBUTED), retribuir, restituir; sin.: *restore; remunerate; reward; repay.*

**RETRIEVE** (re-triv'), v.r. (p. e pp. RETRIEVED), recuperar; sin.: *recover; regain.*
**RETROCEDE** (re-tro-cid'), v.r. (p. e pp. RETROCEDED), retroceder; sin.: *retract.*
**RETROGRADE** (re'trou-grêid), v.r. (p. e pp. RETROGRADED), retrogradar; sin.: *retrocede.*
**RETURN** (ri-tårn'), v.r. (p. e pp. RETURNED), voltar, retornar; sin.: *come back; give back.*
**REVEAL** (ri-vil'), v.r. (p. e pp. REVEALED), revelar; divulgar; sin.: *discover; disclose.*
**REVEL** (ré'vl), v.r. (p. e pp. REVELLED), festejar turbulentamente; sin.: *carouse.*
**REVENGE** (ri-ven'dj), v.r. (p. e pp. REVENGED), vingar-se; sin.: *retaliate; avenge.*
**REVERE** (ri-vir'), v.r. (p. e pp. REVERED), venerar; sin.: *venerate.*
**REVERSE** (ri-vårs'), v.r. (p. e pp. REVERSED), inverter; sin.: *invert.*
**REVERT** (ri-vårt'), v.r. (p. e pp. REVERTED), reverter; sin.: *reverse; return.*
**REVIEW** (ri-viů'), v.r. (p. e pp. REVIEWED), revisar; rever; sin.: *proofread; revise.*
**REVILE** (ri-váil'), v.r. (p. e pp. REVILED), caluniar; sin.: *slander; calumniate.*
**REVISE** (ri-váiz'), v.r. (p. e pp. REVISED), revisar; rever; sin.: *proofread; review.*
**REVIVE** (ri-váiv'), v.r. (p. e pp. REVIVED), reviver; ressuscitar, sin.: *resuscitate.*
**REVOKE** (ri-vôuk'), v.r. (p. e pp. REVOKED), anular; revogar; sin.: *annul; recall.*
**REVOLT** (ri-vólt'), v.r. (p. e pp. REVOLTED), revoltar-se; sin.: *mutiny; rouse.*
**REVOLUTIONIZE** (re-vo-liů'chă-náiz), v.r. (p. e pp. REVOLUTIONIZED), revolucionar; sin.: *cause an entire change of.*
**REVOLVE** (ri-vólv'), v.r. (p. e pp. REVOLVED), girar; refletir; sin.: *whirl; consider.*
**REWARD** (ri-uórd'), v.r. (p. e pp. REWARDED), recompensar; sin.: *compenate.*
**RHYME** (ráimm), v.r. (p. e pp. RHYMED), versejar; rimar; sin.: *versify.*
**RID** (rid), v.i. (p. e pp. RID), livrar(-se), desembaraçar(-se); sin.: *disembarras.*
**RIDDLE** (ri'dl), v.r. (p. e pp. RIDDLED), decifrar; peneirar; sin.: *sift; solve.*
**RIDE** (ráid), v.i. (p. RODE; pp. RIDDEN), cavalgar; sin.: *get on horseback.*
**RIDGE** (ri'dj), v.r. (p. e pp. RIDGED), sulcar; sin.: *groove; furrow.*
**RIDICULE** (ri'di-kiůl), v.r. (p. e pp. RIDICULED), ridicularizar; sin.: *mock; banter.*

**RIFLE** (ráí'fl), v.r. (p. e pp. RIFLED), pilhar; roubar; sin.: *plunder; rob.*
**RIFT** (ri'ft), v.r. (p. e pp. RIFTED), fender-se; rachar-se; sin.: *split; cleave.*
**RIG** (rêg), v.r. (p. e pp. RIGGED), vestir(-se); sin.: *dress; clothe.*
**RIGHT** (ráit), v.r. (p. e pp. RIGHTED), endireitar(-se); sin.: *set upright.*
**RILE** (ráil), v.r. (p. e pp. RILED), irritar; enfezar; sin.: *irritate; annoy.*
**RIMPLE** (rim'pl), v.r. (p. e pp. RIMPLED), enrugar; amarrotar; sin.: *rufle; wrinkle.*
**RING** (ring), v.i. (p. RANG; pp. RUNG), tinir; soar; sin.: *sound; tingle.*
**RINSE** (rins), v.r. (p. e pp. RINSED), enxaguar; sin.: *wash.*
**RIOT** (rái'åt), v.r. (p. e pp. RIOTED), fazer distúrbios; sin.: *run to excess.*
**RIP** (rêp), v.r. (p. e pp. RIPPED), dilacerar; fender, sin.: *split; lacerate.*
**RIPEN** (rái'pn), v.r. (p. e pp. RIPENED), amadurecer, sin.: *season.*
**RIPPLE** (ri'pl), v.r. (p. e pp. RIPPLED), agitar-se de leve (as ondas); sin.: *curl (the surface of water).*
**RISE** (ráiz), v.i. (p. ROSE; pp. RISEN), elevar-se; levantar-se; sin.: *goup; get up.*
**RISK** (risk), v.r. (p. e pp. RISKED), aventurar; arriscar-se; sin.: *expose to hazard.*
**RIVAL** (rái'val), v.r. (p. e pp. RIVALLED), rivalizar; sin.: *vie; compete.*
**RIVE** (ráiv), v.i. (p. RIVED; pp. RIVEN), rahar; fender; sin.: *cleave; split.*
**RIVET** (ri'vêt), v.r. (p. e pp. RIVETED), rebitar; sin.: *clinch.*
**ROAM** (rômm), v.r. (p. e pp. ROAMED0, percorrer, vagar; sin.: *wander oven; ramble.*
**ROAR** (rô'ar), v.r. (p. e pp. ROARED), vociferar; rugir; sin.: *bellow; hoel.*
**ROAST** (rôust), v.r. (p. e pp. ROASTED), assar; sin.: *toast.*
**ROB** (rób), v.r. (p. e pp. ROBBED), roubar; sin.: *steal.*
**ROBE** (rôub), v.r. (p. e pp. ROBED), revestir; vestir; sin.: *array; dress.*
**ROCK** (rók), v.r. (p. e pp. ROCKED), embalar (-se); balançar(-se); sin.: *lull asleep.*
**ROISTER** (róis'tår), v.r. (p. e pp. ROISTERED), fazer barulho; sin.: *bluster.*
**ROLL** (ról), v.r. (p. e pp. ROLLED), rolar; enrolar; rodar; sin.: *tie around; turn.*
**ROMANCE** (rôu-maens'), v.r. (p. e pp. ROMANCED), romancear; sin.: *write romantically.*

**ROMP** (rômp), v.r. (p. e pp. ROMPED), brincar ruidosamente; sin.: *play noisily*.

**ROOF** (ruf), v.r. (p. e pp. ROOFED), colocar telhas; sin.: *tile; shelter*.

**ROOK** (ruk), v.r. (p. e pp. ROOKED), enganar; trapacear; sin.: *deceive; cheat*.

**ROOST** (rust), v.r. (p. e pp. ROOSTED), empoleirar-se; sin.: *perch*.

**ROOT** (rut), v.r. (p. e pp. ROOTED), enraizar-se; arraigar-se; sin.: *be firmly established*.

**ROT** (rôt), v.r. (p. e pp. ROTTED), apodrecer; sin.: *decay; putrefay*.

**ROUGE** (ruj), v.r. (p. e pp. ROUGED), passar ruge nas faces; sin.: *color the cheeks*.

**ROUGHEN** (rô'fn), v.r. (p. e pp. ROUGHENED), tornar(-se) rude ou tosco; sin.: *turn rude or rough (the sea)*.

**ROUND** (ráund), v.r. (p. e pp. ROUNDED), arredondar; cercar; sin.: *make round; go round*.

**ROUSE** (ráuz), v.r. (p. e pp. ROUSED), acordar; despertar; sin.: *stir up; awaken*.

**ROUT** (ráut), v.r. (p. e pp. ROUTED), derrotar; pôr em fuga; sin.: *put to flight; defeat*.

**ROVE** (rôuv), v.r. (p. e pp. ROVED), percorrer; vagar; sin.: *wander over; roam*.

**ROW** (rôu), v.r. (p. e pp. ROWED), remar; sin.: *scull; oar; paddle*.

**RUB** (râb), v.r. (p. e pp. RUBBED), lustrar; esfregar; sin.: *polish; scour*.

**RUDDLE** (râ'dl), v.r. (p. e pp. RUDDLED), marcar; rubricar; sin.: *mark countersign*.

**RUE** (ru), v.r. (p. e pp. RUED), arrepender-se; ter pesar; sin.: *repent; regret*.

**RUFFLE** (râ'fl), v.r. (p. e pp. RUFFLED), amarrotar; agitar-se; sin.: *wrinkle; flutter*.

**RUIN** (ru'inn), v.r. (p. e pp. RUINED), arruinar; sin.: *wreck; destroy*.

**RULE** (rul), v.r. (p. e pp. RULED), governar; dirigir; sin.: *manage; govern*.

**RUMBLE** (râm'bl), v.r. (p. e pp. RUMBLED), repreender; ralhar; sin.: *scold; chide*.

**RUMINATE** (ru'mi-nêit), v.r. (p. e pp. RUMINATED), ruminar; meditar; sin.: *meditate; chew the cud*.

**RUMMAGE** (râ'mêi-dj), v.r. (p. e pp. RUMMAGED), esquadrinhar; remexer; sin.: *search throughly; stir*.

**RUMOR** (ru'már), v.r. (p. e pp. RUMORED), espalhar boatos; sin.: *hearsay*.

**RUMPLE** (râm'pl), v.r. (p. e pp. RUMPLED), desgrenhar; amarrotar; sin.: *tousle; wrinkle*.

**RUN** (rânn), v.i. (p. RAN; pp. RUN), correr; fugir; escoar, sin.: *scamper; elapse; hurry*.

**RUPTURE** (rup'tchár), v.r. (p. e pp. RUPTURED), romper-se; sin.: *burst; break*.

**RUSH** (râ'ch), v.r. (p. e pp. RUSHED), lançar-se; arremessar-se; sin.: *dat; dash*.

**RUST** (râst), v.r. (p. e pp. RUSTED), enferrujar; sin.: *contract rust*.

**RUSTICATE** (râs'ti-kêit), v.r. (p. e pp. RUSTICATED), habitar no campo; sin.: *dwell or reside in the country; go to the country*.

**RUSTLE** (râ'sl), v.r. (p. e pp. RUSTLED), farfalhar; sussurrar; sin.: *whisper, murmur like the rubbing of silk, leaves, etc.*

# S

**SACK** (sék), v.r. (p. e pp. SACKED), ensacar; saquear; sin.: *plunder; bag*.

**SACRIFICE** (sé'kri-fáis), v.r. (p. e pp. SACRIFICED), sacrificar; sin.: *devote; immolate*.

**SADDEN** (sé'den), v.r. (p. e pp. SADDENED), entristecer; sin.: *grieve; make sad*.

**SAIL** (séil), v.r. (p. e pp. SAILED), velejar; navegar; sin.: *travel on a sailing vessel*.

**SALIVATE** (sé'li-vêit), v.r. (p. e pp. SALIVATED), salivar; sin.: *produce saliva*.

**SALLY** (sé-li), v.r. (p. e pp. SALLIED), sair às pressas; sin.: *rush out suddenly*.

**SALT** (sólt), v.r. (p. e pp. SALTED), saltar; sin.: *season with salt*.

**SALUTE** (sae-liúť), v.r. (p. e pp. SALUTED), fazer continência; saudar; sin.: *welcome; hail; greet*.

**SAMPLE** (sém'pl), v.r. (p. e pp. SAMPLED), fornecer amostra; sin.: *provide sample*.

**SANCTIFY** (sênk'ti-fái), v.r. (p. e pp. SANCTIFIED), santificar; sin.: *canonize*.

**SATIATE** (sêi'chi-êit), v.r. (p. e pp. SATIATED), saciar(-se); sin.: *satisfy; quench*.

**SATIRIZE** (sé'ti-ráiz), v.r. (p. e pp. SATIRI-

ZED), satirizar; sin.: *ridicule with satire*.
**SATISFY** (sé'tls-fái), v.r. (p. e pp. SATISFIED), contentar; satisfazer; sin.: *content; gratify, suffice; convince; pay*.
**SATURATE** (sé'tlú-rêit), v.r. (p. e pp. SATURATED), saturar; sin.: *imbue; soak fully*.
**SAUCE** (sóss), v.r. (p. e pp. SAUCED), temperar com molho; sin.: *put sauce into*.
**SAVE** (sêiv), v.r. (p. e pp. SAVED), economizar; salvar; sin.: *economize; rescue*.
**SAVOUR** (sêi'vâr), v.r. (p. e pp. SAVOURED), saborear; sin.: *flavour; taste*.
**SAW** (só), v.i. (p. SAWED; pp. SAWN), serrar; sin.: *cut with a saw*.
**SATY** (sêi), v.i. (p. e pp. SAID), dizer; sin.: *tell*.
**SCALD** (skóld), v.r. (p. e pp. SCALDED), escaldar; sin.: *burn with hot liquid*.
**SCALLOP** (ská'lôp), v.r. (p. e pp. SCALLOPED), recortar; sin.: *cut the edge into curves*.
**SCALP** (skélp), v.r. (p. e pp. SCALPED), escalpelar; escalpar; sin.: *deprive of the scalp*.
**SCAMPER** (ském'pâr), v.r. (p. e pp. SCAMPERED), fugir; sin.: *flee; run away*.
**SCAN** (skénn), v.r. (p. e pp. SCANNED), escandir; deslindar; sin.: *clear up; versify*.
**SCANDALIZE** (skén'dae-láiz), v.r. (p. e pp. SCANDALIZED), escandalizar; sin.: *shame; disgrade*.
**SCANT** (sként), v.r. (p. e pp. SCANTED), limitar; restringir; sin.: *cut short; restrain*.
**SCANTLE** (skén'tl), v.r. (p. e pp. SCANTLED), cortar em pedacinhos; sin.: *cut down; stint*.
**SCAR** (skár), v.r. (p. e pp. SCARRED), marcar com cicatrizes; sin.: *cicatrize*.
**SCATH** (skêi'ss), v.r. (p. e pp. SCATHED), injuriar; lesar; sin.: *harm; injure*.
**SCATTER** (ské'tar), v.r. (p. e pp. SCATTERED), dispersar; espalhar; sin.: *disperse; spread*.
**SCENT** (cent), v.r. (p. e pp. SCENTED), farejar; sin.: *smell; flavor*.
**SCHEDULE** (ské'djul), v.r. (p. e pp. CHEDULED), discriminar; sin.: *list; catalogue*.
**SCHEME** (skimm), v.r. (p. e pp. SCHEMED), planejar; projetar; sin.: *plot; plan*.
**SCOFF** (skóf), v.r. (p. e pp. SCOFFED), motejar; zombar de; sin.: *banter; scorn*.
**SCOLD** (skold), v.r. (p. e pp. SCOLDED), ralhar com; repreender; sin.: *reduke*.

**SCORE** (skór), v.r. (p. e pp. SCORED), lançar em conta; marcar; sin.: *charge; mark*.
**SCORN** (skórn), v.r. (p. e pp. SCORNED), desprezar; desdenhar; sin.: *disdain; despise*.
**SCOUR** (skáur), v.r. (p. e pp. SCOURED), limpar esfregando; sin.: *clean by rubbing*.
**SCOURGE** (skâr'dj), v.r. (p. e pp. SCOURGED), castigar; chicotear; sin.: *punish; whip*.
**SCOUT** (skáut), v.r. (p. e pp. SCOUTED), fazer reconhecimento (escoteiro); sin.: *reconnoiter*.
**SCOWL** (skául), v.r. (p. e pp. SCOWLED), franzir as sobrancelhas; sin.: *wrinkle the brows*.
**SCRABBLE** (skré'bl), v.r. (p. e pp. SCRABBLED), escrever mal; trepar com dificuldade; sin.: *clamber; scrawl; scramble*.
**SCRAMBLE** (skrém'bl), v.r. (p. e pp. SCRAMBLED), labutar; trepar com dificuldade; sin.: *struggle; gather haphazardly*.
**SCRANCH** (skán'tch), v.r. (p. e pp. SCRANCHED), mascar; mastigar; sin.: *masticate; chew*.
**SCRAPE** (skréip), v.r. (p. e pp. SCRAPED), raspar; sin.: *rub; erase*.
**SCRATCH** (skré'tch), v.r. (p. e pp. SCRATCHED), arranhar; coçar; sin.: *claw; itch*.
**SCRAWL** (skról), v.r. (p. e pp. SCRAWLED), escrever mal; sin.: *scrabble*.
**SCREAK** (skrik), v.r. (p. e pp. SCREAKED), berrar; gritar; sin.: *cry; shriek*.
**SCREAM** (skrimm), v.r. (p. e pp. SCREAMED), gritar; berrar; sin.: *screak; shriek*.
**SCREEN** (skrinn), v.r. (p. e pp. SCREENED), exibir (filme); sin.: *run; show*.
**SCREW** (skru), v.r. (p. e pp. SCREWED), torcer; parafusar; sin.: *twist; fasten*.
**SCRIBBLE** (skri'bl), v.r. (p. e pp. SCRIBBLED), escrever apressadamente; sin.: *write illegible; compose hastily*.
**SCRIBE** (skráib), v.r. (p. e pp. SCRIBED), escrever; sin.: *write*.
**SCRUB** (skráb), v.r. (p. e pp. SCRUBBED), esfregar; lavar com escova; sin.: *rub hard; wash by rubbing*.
**SCRUPLE** (skru'pl), v.r. (p. e pp. SCRUPLED), ter escrúpulos; sin.: *have conscientious scruples*.
**SCRUTINIZE** (skru'ti-náiz), v.r. (p. e pp. SCRUTINIZED), examinar cuidadosamente; sin.: *scan; examine closely*.

**SCUFFLE** (skă'fl), v.r. (p. e pp. SCUFFLED), bater-se confusamente; sin.: *fight confusedly; wrestle*.

**SCULK** (skălk), v.r. (p. e pp. SCULKED), ocultar-se; sin.: *hide*.

**SCULL** (skăl), v.r. (p. e pp. SCULLED), remar; sin.: *row; oar*.

**SCULPTURE** (skălp'tchur), v.r. (p. e pp. SCULPTURED), esculpir; sin.: *carve*.

**SCUM** (skămm), v.r. (p. e pp. SKUMMED), escumar; sin.: *skim; form a scum*.

**SCUTTLE** (skă'tl), v.r. (p. e pp. SCUTTLED), fazer rombos; apressar-se; sin.: *cut holes, as in a ship; hurry; hasten*.

**SEAL** (sî'il), v.r. (p. e pp. SEALED), lacrar; selar, sin.: *wafer; affix a seal to*.

**SEAM** (si'imm), v.r. (p. e pp. SEAMED), costurar; sin.: *sew*.

**SEAR** (sî'ir), v.r. (p. e pp. SEARED), chamuscar; secar; sin.: *scorch; dry up*.

**SEARCH** (săr'tch), v.r. (p. e pp. SEARCHED), procurar; examinar; sin.: *examine; seek for*.

**SEASON** (si'zn), v.r. (p. e pp. SEASONED), sazonar; aclimar; secar; sin.: *mature; accustom; dry*.

**SEAT** (sî'it), v.r. (p. e pp. SEATED), assentar; estabelecer; sin.: *place on a sit; establish*.

**SECEDE** (si-cid'), v.r. (p. e pp. SECEDED), separar-se; fazer cisão; sin.: *withdraw from*.

**SECERN** (si-çărn'), v.r. (p. e pp. SECERNED), separar; segregar; sin.: *separate; sever*.

**SECLUDE** (si-klud'), v.r. (p. e pp. SECLUDED), segregar; excluir; sin.: *segregate; exclude*.

**SECOND** (sé'kond), v.r. (p. e pp. SECONDED), secundar; apoiar; sin.: *back; follow*.

**SECUR** (si-kiúr'), v.r. (p. e pp. SECURED), pôr em segurança; obter; sin.: *make certain; obtain*.

**SEDUCE** (si-diúss'), v.r. (p. e pp. SEDUCED) seduzir; corromper; sin.: *allure; corrupt*.

**SEE** (si), v.i. (p. SAW, pp. SEEN), ver; visitar; compreender; sin.: *perceive; call on*.

**SEEK** (sik), v.i. (p. e pp. SOUGHT), procurar; sin.: *look for; search for*.

**SEMM** (simm), v.r. (p. e pp. SEEMED), parecer; sin.: *appear; look like*.

**SEESAW** (si'só), v.r. (p. e pp. SEESAWED), balançar-se numa gangorra; sin.: *go up and down like a seesaw*.

**SEETH** (si'dh), v.i. (p. SOD; pp. SODDEN), ferver; sin.: *boil*.

**SEGREGATE** (se'gri-ghêit), v.r. (p. e pp. SEGREGATED), segregar; sin.: *separate*.

**SEIZE** (sêiz), v.r. (p. e pp. SEIZED), agarrar; apoderar-se de; sin.: *lay hold of; grab*.

**SELECT** (se-lékt'), v.r. (p. e pp. SELECTED), escolher; selecionar; sin.: *pick out; choose*.

**SELL** (sél), v.i. (p. e pp. SOLD), vender; sin.: *vend; dispose of*.

**SEND** (send), v.i. (p. e pp. SENT), enviar; mandar; sin.: *forward*.

**SEPARATE** (se'pâ-rêit), v.r. (p. e pp. SEPARATED), separar; distinguir; sin.: *divide; sever; segregate; part; distinguish*.

**SEQUESTER** (si-kués'tăr), v.r. (p. e pp. SEQUESTERED), seqüestrar; confiscar; pôr em reclusão; sin.: *seize and confiscate; confine; set apart*.

**SEQUESTRATE** (si-kues'trêit), v.r. (p. e pp. SEQUESTRATED), seqüestrar; confiscar; sin.: *seize and conficate; confine; set apart*.

**SERENADE** (se'râ-nêid), v.r. (p. e pp. SERENADED), fazer uma serenata; sin.: *entertain with a serenade*.

**SERVE** (sărv), v.r. (p. e pp. SERVED), servir; sin.: *attend; wait on*.

**SET** (sét), v.i. (p. e pp. SET), colocar; estabelecer; acertar; pôr-se (o sol); adaptar; sin.: *place; establish; adjust; slide down; adapt music to*.

**SETTLE** (sé'tl), v.r. (p. e pp. SETTLED), colocar; fixar; colonizar; casar-se; sin.: *place; fix; colonize; get married*.

**SEVER** (se'văr), v.r. (p. e pp. SEVERED), separar; cortar; sin.: *separate; cut*.

**SEW** (sôu), v.r. (p. e pp. SEWED), costurar; sin.: *swam*.

**SHACKLE** (chae'kl), v.r. (p. e pp. SHACKLED), algemar; sin.: *fetter; iron*.

**SHAKE** (chêik), v.i. (p. SHOOK; pp. SHAKEN), abalar; tremer; sin.: *jerk; tremble*.

**SHAM** (chémm), v.r. (p. e pp. SHAMMED), simular; fingir; sin.: *pretend; feign*.

**SHAME** (chêimm), v.r. (p. e pp. SHAMED), fazer vergonha; desonrar; sin.: *make ashamed; disgrace*.

**SHAPE** (chêip), v.r. (p. e pp. SHAPED), formar; regular; sin.: *divide; regulate*.

**SHARE** (chér), v.r. (p. e pp. SHARED), compartilhar; sin.: *divide; partake*.

**SHARK** (chárk), v.r. (p. e pp. SHARKED), roubar, trapacear; sin.: *swindle; cheat.*

**SHARPEN** (chár'penn), v.r. (p. e pp. SHARPENED), afiar; aguçar; sin.: *hone; grind.*

**SHATTER** (chae'tår), v.r. (p. e pp. SHATTERED), despedaçar; fazer voar em lascas; sin.: *break to pieces.*

**SHAVE** (chélv), v.i. (p. SHAVED; pp. SHAVEN), barbear-se; fazer a barba; sin.: *cut or pare off with a razor.*

**SHEAF** (chif), v.r. (p. e pp. SHEAFED), enfeixar; sin.: *bundle up; truss.*

**SHEAR** (chir), v.i. (p. SHEARED; pp. SHORN), tosquiar; desbastar; sin.: *clip; chip off.*

**SHEATHE** (chí'dhe), v.r. (p. e pp. SHEATHED), embainhar (uma espada); sin.: *put into a sheath.*

**SHED** (chéd), v.i. (p. e pp. SHED), derramar; espalhar; sin.: *pour out; spread.*

**SHEER** (chir), v.r. (p. e pp. SHEERED), afastar-se; desviar-se; sin.: *deviate; swerve.*

**SHELTER** (chél'tår), v.r. (p. e pp. SHELTERED), abrigar; proteger; sin.: *lodge; protect.*

**SHELVE** (chélv), v.r. (p. e pp. SHELVED), inclinar-se; desprezar; pôr em prateleira; sin.: *slope; put aside; place on a shelf.*

**SHIELD** (chí'hild), v.r. (p. e pp. SHIELDED), escudar; proteger; sin.: *defend; protect.*

**SHIFT** (chi'ft), v.r. (p. e pp. SHIFTED), mudar; esquecer-se; sin.: *evade; transfer.*

**SHINE** (cháinn), v.i. (p. e pp. SHONE), brilhar; lustrar; sin.: *sparkle; polish.*

**SHINGLE** (chin'gl), v.r. (p. e pp. SHINGLED), cobrir com ripas; aparar (o cabelo); sin.: *cover with shingles; trim (the hair).*

**SHIP** (chép), v.r. (p. e pp. SHIPPED), embarcar (mercadoria); sin.: *forward by ship.*

**SHIPWRECK** (chép'rék), v.r. (p. e pp. SHIPWRECKED), naufragar; sin.: *submerge; sink.*

**SHIRK** (chárk), v.r. (p. e pp. SHIRKED), evitar; esquivar-se; sin.: *shun; avoid; evade.*

**SHIVER** (chí'vår), v.r. (p. e pp. SHIVERED), tremer; lascar; sin.: *shake; tremble; splinter.*

**SHOCK** (chók), v.r. (p. e pp. SHOCKED), chocar; escandalizar; sin.: *scandalize; shake by violence.*

**SHOE** (shu), v.i. (p. e pp. SHOD), calçar; ferrar (animais); sin.: *put shoes on; furnish with shoes.*

**SHOOT** (chut), v.i. (p. e pp. SHOT), dar tiro; brotar; sin.: *fire at; sprout.*

**SHOP** (chóp), v.r. (p. e pp. SHOPPED), fazer compras; sin.: *purchase goods.*

**SHORE** (chór), v.r. (p. e pp. SHORED), escorar; estacar; sin.: *sustain; prop.*

**SHORTEN** (chór'tenn), v.r. (p. e pp. SHORTENED), encurtar; abreviar; sin.: *make shorter; abridge.*

**SHOULDER** (chól'dår), v.r. (p. e pp. SHOULDERED), empurrar com o ombro; sin.: *push with the shoulder.*

**SHOUT** (cháut), v.r. (p. e pp. SHOUTED), berrar; bradar; sin.: *cry out.*

**SHOVE** (chóuv), v.r. (p. e pp. SHOVED), empurrar; sin.: *push.*

**SHOW** (chóu), v.i. (p. SHOWED; pp. SHOWN) mostrar; exibir; sin.: *display; demonstrate.*

**SHOWER** (cháu'år), v.r. (p. e pp. SHOWERED), tomar banho de chuveiro; chover a cântaros; sin.: *get a shower bath; rain in showers.*

**SHRED** (ch-réd'), v.i. (p. e pp. SHRED), retalhar; estraçalhar; sin.: *tear up; strip.*

**SHRIEK** (ch-rí'ik), v.r. (p. e pp. SHRIEKED), gritar; sin.: *scream; squeak.*

**SHRINK** (ch-rink'), v.i. (p. SHRANK; pp. SHRUNK), encolher(-se); contrair(-se); sin.: *contract; shrivel.*

**SHRIVE** (ch-ráiv'), v.i. (p. SHROVE; pp. SHRIVEN), confessar(-se); sin.: *hear confession; confess.*

**SHRIVEL** (ch-rí'vel), v.r. (p. e pp. SHRIVELLED), enrugar-se; contrair-se; sin.: *shrinkle; shrink.*

**SHRUG** (ch-rág'), v.r. (p. e pp. SHRUGGED), dar de ombros; sin.: *draw up the sholders.*

**SHUDDER** (chá'dår), v.r. (p. e pp. SHUDDERED), tremer (de medo); sin.: *tremble.*

**SHUFFLE** (chá'fl), v.r. (p. e pp. SHUFFLED), misturar; enganar; sin.: *mis; cheat; trick.*

**SUFFLE** (så'fl), v.r. (p. e pp. SUFFLED), arrastar a perna; esquivar-se; sin.: *drag the leg; evade.*

**SHUN** (chånn), v.r. (p. e pp. SHUNED), desviar; mudar de linha (trem); sin.: *turn aside; switch.*

**SHUNT** (chånt), v.r. (p. e pp. SHUNTED), evitar; sin.: *avoid; eschew.*

**SHUT** (chát), v.i. (p. e pp. SHUT), fechar; excluir; sin.: *close; exclude.*

**SHUT UP** (chát ap), v.i. (p. e pp. SHUT UP), calar-se; sin.: *silence; quiet.*

**SICKEN** (sĭ'kĕnn), v.r. (p. e pp. SICKENED), adoecer; sin.: *fall sick*.

**SIFT** (sĭft), v.r. (p. e pp. SIFTED), peneirar; examinar minuciosamente; sin.: *winnow; examine closely*.

**SIGH** (sái), v.r. (p. e pp. SIGHED), suspirar; lamentar-se; sin.: *grieve; inhale with a long breathing*.

**SIGHT** (sáit), v.r. (p. e pp. SIGHTED), ver, avistar; sin.: *see; view*.

**SIGN** (sáinn), v.r. (p. e pp. SIGNED), assinar; sin.: *attach a signeture to*.

**SIGNAL** (sig'nal), v.r. (p. e pp. SIGNALLED), fazer sinais; sin.: *make signals to*.

**SIGNIFY** (sig'ni-fái), v.r. (p. e pp. SIGNIFIED), significar; assinalar; sin.: *mean, indicate; import; show by sign*.

**SILVER** (sil'vår), v.r. (p. e pp. SILVERED), pratear; sin.: *cover with silver*.

**SIMMER** (sĭ'mår), v.r. (p. e pp. SIMMERED), ferver devagar; sin.: *boil gently*.

**SIMPER** (sim'pår), v.r. (p. e pp. SIMPERED), sorrir tolamente; sin.: *smile in a silly manner*.

**SIMPLIFY** (sim'pli-fái), v.r. (p. e pp. SIMPLIFIED), simplificar; sin.: *facilitate*.

**SIMULATE** (si'miú-lêit), v.r. (p. e pp. SIMULATED), simular; fingir; sin.: *feign; imitate*.

**SIN** (sênn), v.r. (p. e pp. SINNED) pecar; transgredir; sin.: *err; trespass*.

**SING** (sêng), v.i. (p. SANG; pp. SUNG), cantar; celebrar em canto ou verso; sin.: *chant; croon; troll carol; celebrate in song or verse*.

**SINGE** (sên'dj), v.r. (p. e pp. SINGED), chamuscar; sin.: *scorch; burn slightly*.

**SINGLE** (sin'gl), v.r. (p. e pp. SINGLED), separar; sin.: *separate; set apart*.

**SINK** (sênk), v.i. (p. e pp. SANK; pp. SUNK), afundar; soçobrar; sucumbir; sin.: *submerse; collapse*.

**SINUATE** (si'niú-êit), v.r. (p. e pp. SINUATED), serpentear; contornar; sin.: *bend in and out*.

**SIP** (sêp), v.r. (p. e pp. SIPPED), sorver aos goles; bebericar; sin.: *absorb; slowly*.

**SIT** (sêt), v.i. (p. e pp. SAT), sentar-se; posar; sin.: *take a sit; pose*.

**SIZE** (sáiz), v.r. (p. e pp. SIZED), calibrar; colar; sin.: *caliber; glue*.

**SKATE** (skêit), v.r. (p. e pp. SKATED), patinar; sin.: *slide; glide on skates*.

**SKETCH** (ské'tch), v.r. (p. e pp. SKETCHED), esboçar; traçar; sin.: *outline*.

**SKEWER** (skiú'år), v.r. (p. e pp. SKEWERED), espetar; sin.: *spit*.

**SKID** (skid), v.r. (p. e pp. SKIDED), derrapar; calçar (a roda); sin.: *slip sideways; check with a skid*.

**SKIM** (skêmm), v.r. (p. e pp. SKIMED), escumar; roçar; sin.: *scum; glide along the surface*.

**SKIP** (skêp), v.r. (p. e pp. SKIPPED), pular; passar por cima; sin.: *leap; pass over*.

**SKIRMISH** (skår'mi-ch), v.r. (p. e pp. SKIRMISHED), escaramuçar; sin.: *fight, battle*.

**SLABBER** (slae'bår), v.r. (p. e pp. SLABBERED), babar; sin.: *slaver*.

**SLACKEN** (slae'kênn), v.r. (p. e pp. SLACKENED), afrouxar; extinguir-se; sin.: *loosen; relax diminish; go out; slake*.

**SLAKE** (slêik), v.r. (p. e pp. SLAKED), estancar, apaziguar; sin.: *stach; quiet*.

**SLAM** (slaemm), v.r. (p. e pp. SLAMMED), fechar com violência (a porta); sin.: *bang; capot*.

**SLANDER** (slaen'dar), v.r. (p. e pp. SLANDERED), caluniar; difamar; sin.: *calumniate; defame*.

**SLANT** (slaent), v.r. (p. e pp. SLANTED), enviesar; obliquar; sin.: *slope; oblique*.

**SLAP** (slép), v.r. (p. e pp. SLAPPED), esbofetear; dar palmadas em, sin.: *clap; smack*.

**SLASH** (slae'ch), v.r. (p. e pp. SLASHED), cortar; criticar severamente; sin.: *cut with violence; criticize severely*.

**SLAUGHTER** (slô'tår), v.r. (p. e pp. SLAUGHTERED), trucidar; chacinar; sin.: *slay; butcher; kill cruelly*.

**SLAVE** (slêiv), v.r. (p. e pp. SLAVED), labutar; mourejar; sin.: *drudge; toil and moil*.

**SLAY** (slêi), v.i. (p. SLEW; pp. SLAIN), matar; trucidar; sin.: *kill with a weapon*.

**SLEEP** (slip), v.i. (p. e pp. SLEPT), dormir; sin.: *slumber*.

**SLEET** (slit), v.r. (p. e pp. SLEETED), chover e nevar; saraivar; sin.: *rain and snow; hail*.

**SLIDE** (sláid), v.i. (p. SLID; pp. SLIDDEN), escorregar; resvalar; sin.: *slip; glide*.

**SLIGHT** (sláit), v.r. (p. e pp. SLIGHTED), tratar mal; fazer pouco de; sin.: *disregard; make light of; neglect*.

**SLING** (sling), v.i. (p. e pp. SLUNG), lançar com estilingue; alçar; sin.: *throw with a sling; hoist*.

**SLINK** (slink), v.i. (p. e pp. SLUNK), esquivar-se; escapulir-se; sin.: *crawl away; sneak away.*

**SLIP** (slip), v.r. (p. e pp. SLIPPED), escorregar; escapulir; soltar; sin.: *slide; slink; let go.*

**SLIT** (slit), v.i. (p. e pp. SLIT), rachar; sin.: *split; cleave.*

**SLIVER** (slái'vår), v.r. (p. e pp. SLIVERED), lascar; sin.: *splinter.*

**SLOP** (slóp), v.r. (p. e pp. SLOPPED), derramar; encharcar; sin.: *spill; soak.*

**SLOPE** (slóup), v.r. (p. e pp. SLOPED), inclinar; enviesar; sin.: *incline; slant.*

**SLOUCH** (sláu'tch), v.r. (p. e pp. SLOUCHED), rebaixar; andar apressadamente; sin.: *hang down; depress; walk with a shambling sait.*

**SLUE** (sliú), v.r. (p. e pp. SLUE), girar; virar; sin.: *turn arond; whirl.*

**SLUMBER** (slåm'bår), v.r. (p. e pp. SLUMBERED), cochilar; dormir; sin.: *doze; drowse.*

**SLUMP** (slåm), v.r. (p. e pp. SLUMPED), cair ou afundar-se de repente; sin.: *fall or sink suddenly.*

**SLUR** (slår), v.r. (p. e pp. SLURRED), manchar; exprobar; modular; sin.: *rebuke; modulate.*

**SMACK** (smék), v.r. (p. e pp. SMACKED), estalar (lábios, beijo, bofetada, chicote, etc.); sin.: *kiss aloud; slap; snap the whip.*

**SMART** (smart), v.r. (p. e pp. SMARTED), sofrer; pungir; sin.: *suffer; feel a stinging pain.*

**SMASH** (smae'ch), v.r. (p. e pp. SMASHED), quebrar com estrépito; sin.: *break into pieces.*

**SMATTER** (smae'tår), v.r. (p. e pp. SMATTERED), falar sem saber; sin.: *talk superficially.*

**SMEAR** (smi'ir), v.r. (p. e pp. SMEARED), sujar; besuntar; sin.: *daub; stain.*

**SMELL** (smél), v.r. (p. e pp. SMELLED), cheirar; sin.: *scent.*

**SMILE** (smáil), v.r. (p. e pp. SMILED), sorrir; sin.: *look with a smile.*

**SMIRCH** (smår'tch), v.r. (p. e pp. SMIRCHED), enegrecer; sujar; sin.: *blacken; besmear.*

**SMIRK** (smårk), v.r. (p. e pp. SMIRKED), sorrir com afetação; sin.: *smile affectedly.*

**SMITE** (smáit), v.i. (p. SMOTE; pp. SMITTEN), golpear; atingir; sin.: *hit; strike; affect.*

**SMOKE** (smóuk), v.r. (p. e pp. SMOKED), fumar; defumar; sin.: *inhale and exhale the fumes of burning tobacco.*

**SMOOTH** (smu'ss), v.r. (p. e pp. SMOOTHED), alisar; aplainar; sin.: *polish; plane, make even.*

**SMOTHER** (smó'dhår), v.r. (p. e pp. SMOTHERED), sufocar; sin.: *suffocate stifle.*

**SMOULDER** (smóul'dår), v.r. (p. e pp. SMOULDERED), queimar lentamente; sin.: *burn slowly.*

**SMUDGE** (små'dj), v.r. (p. e pp. SMUDGED), sujar; sin.: *smutch, smear.*

**SMUGGLE** (små'gl), v.r. (p. e pp. SMUGGLED), fazer contrabando; sin.: *import or export illegaly.*

**SNAP** (snép), v.r. (p. e pp. SNAPPED), estalar, romper; abocar; ralhar; sin.: *smack; break short; bite; chide; scold.*

**SNARL** (snarl), v.r. (p. e pp. SNARLED), rosnar; emaranhar; sin.: *growl; tangle.*

**SNATCH** (snae'tch), v.r. (p. e pp. SNATCHED), agarrar repentinamente; sin.: *seize suddenly.*

**SNEAK** (sni'ik), v.r. (p. e pp. SNEAKED), esgueirar-se; introduzir-se; sin.: *steal in; move secretely.*

**SNEER** (snir), v.r. (p. e pp. SNEERED), zombar de; sin.: *mock; scoff.*

**SNIFF** (snif), v.r. (p. e pp. SNIFFED), fungar; sin.: *nose; scent.*

**SNIP** (snip), v.r. (p. e pp. SNIPPED), aparar; cortar; sin.: *cut off; pare.*

**SNIVEL** (sni'vl), v.r. (p. e pp. SNIVELLED), choramingar; pingar (o nariz); sin.: *whine with sniffling; run from the nose.*

**SNOOZE** (snuz), v.r. (p. e pp. SNOOZED), cochilar; sopitar; sin.: *doze; drowse.*

**SNORE** (snóur), v.r. (p. e pp. SNORED), roncar; sin.: *snuffle.*

**SNORT** (snort), v.r. (p. e pp. SNORTED), espirrar fortemente; sin.: *sneeze strongly.*

**SNOW** (snóu), v.r. (p. e pp. SNOWED), nevar; sin.: *fall, as snow.*

**SNUB** (snåb), v.r. (p. e pp. SNUBBED), repreender; sin.: *reprimand.*

**SNUFF** (snåf), v.r. (p. e pp. SNUFFED), aspirar rapé; sin.: *sniff tobacco.*

**SNUFFLE** (snå'fl), v.r. (p. e pp. SNUFFLED), roncar; falar fanhoso, sin.: *snore; talk through the nose.*

**SNUGGLE** (snâ'gl), v.r. (p. e pp. SNUGGLED), aconchegar-se; aninhar-se; sin.: *cuddle; nestle.*

**SOAK** (sôuk), v.r. (p. e pp. SOAKED), ensopar; embeber; sin.: *steep; sop; drench.*

**SOAR** (so'ár), v.r. (p. e pp. SOARED), esvoaçar; sin.: *fly soft; flutter.*

**SOB** (sób), v.r. (p. e pp. SOBBED), soluçar (choro); sin.: *sigh convulsively.*

**SOFTEN** (sóf'tenn), v.r. (p. e pp. SOFTENED), amolecer; abrandar; sin.: *mellow.*

**SOIL** (sóil), v.r. (p. e pp. SOILED), sujar; alimentar com forragem verde; sin.: *dirty; smear; tarnish; feed with green grass.*

**SOJOURN** (sou'djärn), v.r. (p. e pp. SOJOURNED), residir temporariamente; sin.: *reside temporarily.*

**SOLACE** (só'lêiss), v.r. (p. e pp. SOLACED), consolar; confortar; sin.: *console; comfort.*

**SOLDER** (sol'dár), v.r. (p. e pp. SOLDERED), soldar; sin.: *weld; braze.*

**SOLE** (sôul), v.r. (p. e pp. SOLED), pôr sola; sin.: *furnish with a sole.*

**SOLEMNIZE** (so'lem-náiz), v.r. (p. e pp. SOLEMNIZED), solenizar; celebrar; sin.: *honor solemnly; celebrate; commemorate.*

**SOLICIT** (so-li'cit), v.r. (p. e pp. SOLICITED), solicitar; sin.: *besseech; beg; request.*

**SOLIDIFY** (so-li'di-fái), v.r. (p. e pp. SOLIDIFIED), solidificar; sin.: *make or become solid.*

**SOLILOQUIZE** (so-li'lo-kuáiz), v.r. (p. e pp. SOLILOQUIZED), monologar; sin.: *speak to oneself.*

**SOLVE** (sôlv), v.r. (p. e pp. SOLVED), solver; resolver; esclarecer; sin.: *resolve; explain; clear up.*

**SOOTH** (su'ss), v.r. (p. e pp. SOOTHED), acalmar; abrandar; sin.: *calm; quiet.*

**SOOTHSAY** (su'ss-sêi), v.i. (p. e pp. SOOTHSAID), profetizar; predizer; sin.: *prophesy; foretell.*

**SOP** (sóp), v.r. (p. e pp. SOPPED), ensopar; sin.: *steep; soak; drench.*

**SOPHISTICATE** (sô-fis'ti-kêit), v.r. (p. e pp. SOPHISTICATED), sofisticar; sofismar; sin.: *employ sophism; render sophistical.*

**SORROW** (só'róyu), v.r. (p. e pp. SORROWED), entristecer; sin.: *sadden, grieve.*

**SORT** (sórt), v.r. (p. e pp. SORTED), classificar; sortir; sin.: *class; assort.*

**SOUND** (sáund), v.r. (p. e pp. SOUNDED), soar; sondar; parecer; sin.: *ring; examine; probe (a wound).*

**SOUSE** (sáuz), v.r. (p. e pp. SOUSED), salgar; salmourar; sin.: *drench; steep in pickle.*

**SOW** (sôu), v.i. (p. SOWED; pp. SOWN), semear; sin.: *scatter; seed.*

**SPAN** (spênn), v.r. (p. e pp. SPANNED), medir a palmos; transpor; atrelar; sin.: *measure by spans; stretch across; hitch.*

**SPANGLE** (spaen'gl), v.r. (p. e pp. SPANGLED), ornar de lantejoulas; sin.: *adorn with spangles.*

**SPANK** (spaenk), v.r. (p. e pp. SPANKED), espancar; sin.: *strike with open hand; slap.*

**SPAR** (spar), v.r. (p. e pp. SPARRED), esmurrar; exibir-se no boxe; sin.: *make motions of boxing.*

**SPARE** (spér), v.r. (p. e pp. SPARED), poupar; sin.: *save; economize.*

**SPARKLE** (spar'kl), v.r. (p. e pp. SPARKLED), cintilar; luzir; sin.: *beam; glitter.*

**SPATTER** (spé'tár), v.r. (p. e pp. SPATTERED), salpicar; sin.: *splash with drops of liquid.*

**SPAWL** (spól), v.r. (p. e pp. SPAWLED), escarrar; sin.: *expectorate.*

**SPAWN** (spón), v.r. (p. e pp. SPAWNED), desovar; sin.: *generate; espacially in large e number.*

**SPEAK** (spi'ik), v.i. (p. SPOKE; pp. SPOKEN), falar; sin.: *talk.*

**SPEAR** (spé'ár), v.r. (p. e pp. SPEARED), lancear; sin.: *lance.*

**SPECIALIZE** (spé'chá-láiz), v.r. (p. e pp. SPECIALIZED), especializar-se; sin.: *distinguish oneself; devote oneself to.*

**SPECIFY** (spé'ci-fái), v.r. (p. e pp. SPECIFIED), especificar; sin.: *mention; discriminate.*

**SPECKLE** (spé'kl), v.r. (p. e pp. SPECKLED), salpicar; sin.: *spot; speck.*

**SPECK** (spék), v.r. (p. e pp. SPECKED), salpicar; sin.: *spot; speckle.*

**SPECULATE** (spé'kiú-lêit), v.r. (p. e pp. SPECULATED), especular; conjecturar; sin.: *traffic for profit; meditate upon.*

**SPEED** (spid), v.i. (p. e pp. SPED), apressar; acelerar; sin.: sin.: *hasten; accelerate.*

**SPELL** (spél), v.r. (p. e pp. SPELLED), soletrar; encantar; sin.: *name; bewitch.*

**SPEND** (spénd), v.i. (p. e pp. SPENT), gastar; despender; sin.: *expend; waste.*

**SPEW** (spiú), v.r. (p. e pp. SPEWED), vomitar; sin.: *vomit; eject; spit out.*

**SPICE** (spáiss), v.r. (p. e pp. SPICED), temperar (a comida); sin.: *zest; season.*

**SPIKE** (spáik), v.r. (p. e pp. SPIKED), pregar; encavilhar; sin.: *nail; fasten with spikes.*

**SPILL** (spil), v.i. (p. e pp. SPILT), entornar; derramar; sin.: *pour out; shed.*

**SPIN** (spinn), v.i. (p. e pp. SPUN), fiar; girar rapidamente; sin.: *twist into threads; whirl rapidly.*

**SPIRIT** (spi'rit), v.r. (p. e pp. SPIRITED), animar; arrebatar; sin.: *encourage; excite.*

**SPIT** (spêt), v.i. (p. SPAT; pp. SPIT), cuspir; espetar; sin.: *expectorate; skewer.*

**SPITE** (spáit), v.r. (p. e pp. SPITED), ter despeito; atormentar; sin.: *hate; persecute.*

**SPLASH** (splé'ch), v.r. (p. e pp. SPLASHED), salpicar; enlamear; sin.: *spatter; throw mud at.*

**SPLAY** (splêi), v.r. (p. e pp. SPLAYED), abrir, alargar; sin.: *widen; enlarge.*

**SPLICE** (spláiss), v.r. (p. e pp. SPLICED), unir; juntar; sin.: *unite; join.*

**SPLINTER** (splin'târ), v.r. (p. e pp. SPLINTERED), lascar; fender; sin.: *sliver.*

**SPLIT** (split), v.r. (p. e pp. SPLIT), fender; rachar; sin.: *slit; cleave.*

**SPLUTTER** (splá'târ), v.r. (p. e pp. SPLUTTERED), borrifar; pingar; sin.: *sprinkle; drip; ooze out.*

**SPOIL** (spóil), v.r. (p. e pp. SPOILED), despojar; estragar (com mimos); sin.: *strip; spoliate; damage; despoil.*

**SPONGE** (spân'dj), v.r. (p. e pp. SPONGED), esponjar; enxugar; embeber; sin.: *clean or wipe with a sponge; suck in; live as a parasite.*

**SPORT** (sport), v.r. (p. e pp. SPORTED), brincar; divertir-se; sin.: *play; frolic; amuse oneself.*

**SPOT** (spot), v.r. (p. e pp. SPOTTED), manchar; descobrir; sin.: *stain; mark; detect.*

**SPOUSE** (spáuz), v.r. (p. e pp. SPOUSED), desposar; sin.: *marry.*

**SPOUT** (spáut), v.r. (p. e pp. SPOUTED), esguichar; jorrar; sin.: *squirt; gush out.*

**SPRAIN** (sprêinn), v.r. (p. e pp. SPRAINED), destroncar; deslocar; sin.: *overstrain.*

**SPRAWL** (spról), v.r. (p. e pp. SPRAWLED), espichar-se; debater-se; sin.: *stretch the body carelessly when lying; scramble.*

**SPREAD** (spréd), v.i. (p. e pp. SPREAD), estender; propagar; sin.: *extend; stretch; propagate.*

**SPRING** (spring), v.i. (p. SPRANG; pp. SPRUNG), grelar, crescer; emanar; saltar; sin.: *jump, leap; bound; sprout; shoot; grow; issue.*

**SPRINKLE** (sprin'kl), v.r. (p. e pp. SPRINKLED), irrigar; chuviscar; sin.: *scatter in small drops; drizzle.*

**SPRUCE** (spruss), v.r. (p. e pp. SPRUCED), ajonatar-se; sin.: *dress with affected neatness.*

**SPUR** (spâr), v.r. (p. e pp. SPURRED), esporear; sin.: *urge with wpurs; excite.*

**SPURN** (spârn), v.r. (p. SPURNED), rejeitar com desdem; sin.: *reject with disdain.*

**SPURT** (spârt), v.r. (p. e pp. SPURTED), esguichar; jorrar; sin.: *squirt; spout.*

**SPUTTER** (spâ-târ), v.r. (p. e pp. SPUTTERED), borrifar; balbuciar; sin.: *sprinkle; lisp.*

**SPY** (spái), v.r. (p. e pp. SPIED), espiar; avistar; sin.: *see; watch.*

**SQUABBLE** (skuó'bl), v.r. (p. e pp. SQUABBLED), discutir; contender; sin.: *wrangle; quarrel.*

**SQUALL** (skuól), v.r. (p. e pp. SQUALLED), berrar; gritar; sin.: *cry aloud; scream.*

**SQUANDER** (skuon'dár), v.r. (p. e pp. SQUANDERED), dissipar; esbanjar; sin.: *dissipate; waste.*

**SQUARE** (skuér), v.r. (p. e pp. SQUARED), quadrar; ajustar; elevar ao quadrado; sin.: *form like a square; adjust; multiply by itself.*

**SQUASH** (skuó'ch), v.r. (p. e pp. SQUASHED), esmagar; achatar; sin.: *crush; flatten.*

**SQUAT** (skuót), v.r. (p. e pp. SQUATED), agachar-se; acocorar-se; sin.: *sit squat.*

**SQUEAK** (skuí'ik), v.r. (p. e pp. SQUEAKED), guinchar; berrar; sin.: *screach, shriek.*

**SQUEAL** (skuí'il), v.r. (p. e pp. SQUEALED), esganiçar; denunciar; sin.: *utter a long cry.*

**SQUEEZE** (skufz), v.r. (p. e pp. SQUEEZED), espremer; apertar; sin.: *press; crush.*

**SQUINT** (skuínt), v.r. (p. e pp. SQUINTED), olhar de esguelha; sin.: *look obliquely.*

**SQUIRM** (skuêrm), v.r. (p. e pp. SQUIRMED), enroscar(-se); sin.: *wringgle; writhe.*

**SQUIRT** (skuêrt), v.r. (p. e pp. SQUIRTED), lancetar; seringar; sin.: *inject; syringe.*

**STAB** (stéb), v.r. (p. e pp. STABBED), apunhalar; estaquear; sin.: *dagger; stick.*

**STACK** (sték), v.r. (p. e pp. STACKED), empilhar; amontoar; sin.: *pile; heap.*

**STAGE** (stêi'dj), v.r. (p. e pp. STAGED), exibir(-se) no palco; sin.: *exhibit on stage.*

**STAGGER** (stê'går), v.r. (p. e pp. STAGGERED), cambalear; vacilar; sin.: *falter; totter*.

**STAGNATE** (stég'nêit), v.r. (p. e pp. STAGNATED), estagnar-se; sin.: *cease to flow*.

**STAIN** (stêinn), v.r. (p. e pp. STAINED), manchar; tingir; sin.: *spot; tarnish; tinge*.

**STAKE** (stêik), v.r. (p. e pp. STAKED), pôr estacas; arriscar (no jogo); apostar; sin.: *fasten with stakes; risc; wager*.

**STALK** (stókl), v.r. (p. e pp. STALKED), marchar com passos largos; espreitar a caça; sin.: *wal with long steps; pursue secretly, as a game*.

**STALL** (stól), v.r. (p. e pp. STALLED), encurralar; enguiçar; sin.: *house cattle in a stable; stick*.

**STAMMER** (stê'mår), v.r. (p. e pp. STAMMERED), gaguejar; sin.: *stutter; drawl*.

**STAMP** (stémp), v.r. (p. e pp. STAMPED), selar; carimbar; bater com o pé; sin.: *affix a stamp to; imprint; coin; strike with the sole of the foot*.

**STAMPEDE** (stém-pid'), v.r. (p. e pp. STAMPEDED), estourar (a boiada); sin.: *gallop off in panic*.

**STANCH** (stén'tch), v.r. (p. e pp. STANCHED), estancar; sin.: *stop*.

**STAND** (sténd), v.i. (p. e pp. STOOD), estar de pé; suportar; sin.: *set upright; resist*.

**STANDARDIZE** (stén'dår-dáiz), v.r. (p. e pp. STANDARDIZED), estandardizar; sin.: *typefy*.

**STAR** (står), v.r. (p. e pp. STARRED), salientar-se; estrelar (uma peça, etc.); sin.: *become a star (of a play, etc.); set asterisk*.

**STARCH** (star'tch), v.r. (p. e pp. STARCHED), engomar; sin.: *stiffen with starch*.

**STARE** (stér), v.r. (p. e pp. STARED), encarar; fitar; sin.: *gaze at*.

**START** (start), v.r. (p. e pp. STARTED), principiar; partir; sin.: *set out; commence*.

**STARTLE** (star'tl), v.r. (p. e pp. STARTLED), espantar; aturdir; sin.: *astonish; amaze*.

**STARVE** (starv), v.r. (p. e pp. STARVED), morrer de fome; esfaimar; sin.: *die of hunger; famish*.

**STATE** (stêit), v.r. (p. e pp. STATED), expor; declarar; sin.: *explain; declare*.

**STAY** (stêi), v.i. (p. e pp. STOOD), ficar; parar; esperar; sin.: *remain; stop, wait*.

**STEAL** (sti'il), v.i. (p. STOLE; pp. STOLEN), roubar; furtar; entrar às escondidas; sin.: *thieve; rob; pilfer; enter by stealth*.

**STEAM** (stimm), v.r. (p. e pp. STEAMED), evaporar; lançar vapor; sin.: *expel vapor*.

**STEEP** (stip), v.r. (p. e pp. STEEPED), ensopar; mergulhar; sin.: *soak; dip; immerse*.

**STEER** (stir), v.r. (p. e pp. STEERED), manobrar o leme; dirigir; sin.: *direct with the helm; guide*.

**STEM** (stemm), v.r. (p. e pp. STEMED), opor-se; repelir; sin.: *oppose; stop*.

**STENCIL** (sten'cil), v.r. (p. e pp. STENCILED), estampar (letras, etc.) com estêncil; sin.: *mark or color with a stencil*.

**STEP** (stép), v.r. (p. e pp. STEPPED), dar passos; andar; sin.: *pace, walk*.

**STERILIZE** (ste'ri-láiz), v.r. (p. e pp. STERILIZED), esterilizar; tornar estéril; sin.: sin.: *disinfect; deprive of fertility*.

**STEW** (stiú), v.r. (p. e pp. STEWED), estufar; cozer a fogo lento; sin.: *simmer; boil slowly*.

**STICK** (stik), v.i. (p. e pp. STUCK), trespassar com um espada; colar; afeiçoar-se; hesitar; enguiçar; sin.: *stab; glue; take a linking to; hesitate; adhere firmly to*.

**STICKLE** (sti'k'l), v.r. (p. e pp. STICKLED), pelejar por; debater-se; sin.: *contend obstinately; fight for*.

**STIFFEN** (sti'fenn), v.r. (p. e pp. STIFFENED), entesar; endurecer; sin.: *stretch; harden*.

**STIFLE** (sti'fl), v.r. (p. e pp. STIFLED), sufocar; abafar; sin.: *suffocate; smother*.

**STIGMATIZE** (stig'mae-táiz), v.r. (p. e pp. STIGMATIZED), estigmatizar; infamar; tachar; sin.: *mark with a stigma; dishonor*.

**STILL** (stil), v.r. (p. e pp. STILLED), acalmar; apaziguar; distilar; sin.: *appease; distil*.

**STIMULATE** (sti'miú-lêit), v.r. (p. e pp. STIMULATED), estimular; incitar; sin.: *incite; stir up*.

**STING** (stêng), v.i. (p. STANK; pp. STUNK), cheirar mal; sin.: *give forth a foul odor*.

**STINT** (stint), v.r. (p. e pp. STINTED), limitar; restringir; sin.: *limit; restrain*.

**STIPPLE** (sti'pl), v.r. (p. e pp. STIPPLED), pontuar; ornar com pingos; sin.: *dot*.

**STIPULATE** (sti'piú-lêit), v.r. (p. e pp. STIPULATED), estipular; sin.: *determinate*.

**STIR** (stir), v.r. (p. e pp. STIRRED), agitar; excitar; comover; sin.: *excite; move; touch*.

**STOCK** (stók), v.r. (p. e pp. STOCKED), estocar; abastecer; sin.: *supply; store; stow*.

**STOOP** (stup), v.r. (p. e pp. STOOPED), abaixar-se; sin.: *incline forward*.

**STOP** (stóp), v.r. (p. e pp. STOPPED), parar; fechar; ficar; sin.: *halt; cork; stay.*

**STORE** (stôr), v.r. (p. e pp. STORED), armazenar; abastecer; sin.: *stow; stock.*

**STORM** (stórmm), v.r. (p. e pp. STORMED), desencadear-se (uma tempestade); tomar de assalto; encolerizar-se; sin.: *raise a tempest; assault; rage.*

**STOW** (stôu), v.r. (p. e pp. STOWED), arrumar; pôr em ordem; armazenar; sin.: *range; set in order; store.*

**STRADDLE** (strae'dl), v.r. (p. e pp. STRADDLED), escanchar-se; cavalgar; sin.: *sit or walk with legs spread apart; ride.*

**STRAGGLE** (strae'gl), v.r. (p. e pp. STRAGGLED), vagar; perambular; sin.: *ramble; wander.*

**STRAIGHTEN** (strêi'tênn), v.r. (p. e pp. STRAIGHTENED), endireitar(-se); sin.: *set right.*

**STRAIN** (strêinn), v.r. (p. e pp. STRAINED), estender; filtrar; coar; sin.: *stretch; filter.*

**STRAITEN** (strêi'tênn), v.r. (p. e pp. STRAITENED), estreitar; estorvar; restringir; sin.: *narrow; hinder; restrict; limit.*

**STRANGLE** (straen'gl), v.r. (p. e pp. STRANGLED), estrangular; sin.: *throttle; choke.*

**STRAP** (strép), v.r. (p. e pp. STRAPPED), afiar (navalha) numa correia; prender com uma correia; sin.: *fasten with a strap.*

**STRAY** (strêi), v.r. (p. e pp. STRAYD), transviar-se; vagar; sin.: *swerve; wander.*

**STREAK** (stri'ik), v.r. (p. e pp. STREAKED), riscar; raiar; sin.: *stripe.*

**STREAM** (stri'imm), v.r. (p. e pp. STREAMED), correr; deslizar; sin.: *flow; glide.*

**STRENGTHEN** (strên'çênn), v.r. (p. e pp. STRENGTHENED), fortificar; fortalecer; sin.: *fortify; reinforce.*

**STRETCH** (strê'tch), v.r. (p. e pp. STRETCHED), estender; exagerar; sin.: *extend.*

**STREW** (stru), v.i. (p. STREWED; pp. STREWN), espalhar; disseminar; sin.: *scatter; disseminate.*

**STRIDE** (stráid), v.i. (p. STRODE; pp. STRIDDEN), marchar a passos largos; sin.: *bestride; straddle.*

**STRIKE** (stráik), v.i. (p. e pp. STRUCK), bater; fazer greve; cunhar; topar com; riscar (fósforo); sin.: *hit; go on strike; coin; light.*

**STRING** (string), v.i. (p. e pp. STRUNG), guarnecer de cordões; afinar (instrumento de cordas); sin.: *fit or supply with strings.*

**STRIP** (strép), v.r. (p. e pp. STRIPPED), arrancar em tiras; despir(-se); sin.: *pull of in trips; undress.*

**STRIPE** (stráip), v.r. (p. e pp. STRIPED), riscar; açoitar; sin.: *streak; lash; whip.*

**STRIVE** (stráiv), v.i. (p. STROVE; pp. STRIVEN), esforçar-se; disputar; sin.: *endeavor; struggle.*

**STROKE** (strôuk), v.r. (p. e pp. STROKED), acariciar; sin.: *caress.*

**STROLL** (strôl), v.r. (p. e pp. STROLLED), vagar; passear; sin.: *ramble; walk; wander.*

**STRUGGLE** (strâ'gl), v.r. (p. e pp. STRUGGLED), lutar; debater-se; sin.: *wrestle.*

**STRUM** (strâmm), v.r. (p. e pp. STRUMMED), tocar mal (piano, etc.); sin.: *thrum.*

**STRUT** (strât), v.r. (p. e pp. STRUTTED), empavonar-se; empertigar-se; sin.: *walk in a pompous manner.*

**STUDY** (stâ'di), v.r. (p. e pp. STUDIED), estudar; sin.: *apply the mind to a subject.*

**STUFF** (stâf), v.r. (p. e pp. STUFFED), encher; rechear; embalsamar; sin.: *fill; cram; press in.*

**STULTIFY** (stâl'ti-fái), v.r. (p. e pp. STULTIFIED), embasbacar; atoleimar; sin.: *make a fool of.*

**STUMBLE** (stâm'bl), v.r. (p. e pp. STUMBLED), tropeçar; encontrar casualmente; sin.: *trip; meet by accident.*

**STUMP** (stâmp), v.r. (p. e pp. STUMPED), manquejar; picar em toros; fazer discursos em comícios; sin.: *lame; reduce to a stump; make political speeches.*

**STUN** (stânn), v.r. (p. e pp. STUNNED), atordoar; aturdir; sin.: *knock senseless or dizzy.*

**STUPEFFY** (stiú'pe-fái), v.r. (p. e pp. STUPEFIED), estupefazer; sin.: *astonish; startle.*

**STUTTER** (stâ'târ), v.r. (p. e pp. STUTTERED), gaguejar; balbuciar; sin.: *stammer.*

**STYLE** (stáil), v.r. (p. e pp. STYLED), intitular; apelidar; sin.: *entitle; call, name.*

**SUBDUE** (sâb-diú'), v.r. (p. e pp. SUBDUED), subjugar; baixar a voz; sin.: *conquer; soften.*

**SUBJECT** (sâb-djékt'), v.r. (p. e pp. SUBJECTED), sujeitar; expor ao perigo; sin.: *compel; submit; expose danger.*

**SUBJUGATE** (sâb'dju-ghêit), v.r. (p. e pp. SUBJUGATED), subjugar; sin.: *subdue.*

**SUBMERGE** (sâb-mâr'dj), v.r. (p. e pp. SUBMERGED), submergir; sin.: *submerse; sink.*

**SUBMIT** (såb-mit'), v.r. (p. e pp. SUBMITTED), submeter(-se); sin.: *subject; give in.*

**SUBORDINATE** (så-bor'di-nêit), v.r. (p. e pp. SUBORDINATED), subordinar; sin.: *reduce in order rank or class.*

**SUBORN** (så-bórn'), v.r. (p. e pp. SUBORNED), subornar; sin.: *bribe; graft.*

**SUBSCRIBE** (såbs-kráib'), v.r. (p. e pp. SUBSCRIBED), subscrever; assinar (jornal ou revista); concordar mediante assinatura; sin.: *sign; become a subscriber (to a newspaper or magazine); consent by signing one's name.*

**SUBSIDE** (såb-çáid), v.r. (p. e pp. SUBSIDED), assentar; baixar (água); afundar (terreno); sin.: *settle; sink or fallot the bottom; become quiet.*

**SUBSIDIZE** (såb'ci-dáiz), v.r. (p. e pp. SUBSIDIZED), subvencionar; subsidiar; sin.: *assist pecuniarily.*

**SUBSTITUTE** (såbs'ti-tiút), v.r. (p. e pp. SUBSTITUTED), substituir; sin.: *replace.*

**SUBTRACT** (såb-trékt'), v.r. (p. e pp. SUBSTRACTED), subtrair; sin.: *take away.*

**SUBVERT** (såb-vårt'), v.r. (p. e pp. SUBVERTED), subverter; sin.: *overthrow.*

**SUCCEED** (såk-cíd'), v.r. (p. e pp. SUCCEEDED), suceder; sair-se bem; sin.: *take the place of; be lucky.*

**SUCCOR** (så'kår), v.r. (p. e pp. SUCCORED), socorrer; sin.: *manage to.*

**SUCCUMB** (så-kåmb), v.r. (p. e pp. SUCCUMBED), sucumbir; submeter-se; sin.: *die; sink under, yield.*

**SUCK** (såk), v.r. (p. e pp. SUCKED), chupar; mamar; sin.: *suckle; draw in a liquid with the mouth.*

**SUE** (su), v.r. (p. e pp. SUED), processar; acionar; pleitear; cotejar; sin.: *proceed against; plead; woo.*

**SUFFER** (så-får), v.r. (p. e pp. SUFFERED), sofrer; permitir; sin.: *endure; undergo.*

**SUFFICE** (så-fáiss'), v.r. (p. e pp. SUFFICED), bastar; satisfazer; sin.: *be enough; satisfy.*

**SUFFOCATE** (så-fo-kêit), v.r. (p. e pp. SUFFOCATED), sufocar; sin.: *chok; smother.*

**SUGGEST** (så-djést'), v.r. (p. e pp. SUGGESTED), sugerir; insinuar; sin.: *hint; insinuate; intimate.*

**SUIT** (suít), v.r. (p. e pp. SUITED), assentar; convir; sin.: *fit; agree with; please.*

**SULK** (sålk), v.r. (p. e pp. SULKED), embirrar; zangar; sin.: *be sulle or annoyed.*

**SULLY** (så'li), v.r. (p. e pp. SULLIED), sujar; manchar; sin.: *soil; stain.*

**SUM** (såmm), v.r. (p. e pp. SUMMED), somar; resumir; sin.: *add up; summarize.*

**SUMMON** (så'månn), v.r. (p. e pp. SUMMONED), convocar; sin.: *convoke.*

**SUNDER** (sån'dår), v.r. (p. e pp. SUNDERED), separar; dividir; sin.: *separate; divide.*

**SUP** (såp), v.r. (p. e pp. SUPPED), cear; sorver; sin.: *eat supper; sip liquid.*

**SUPERINTEND** (siú-pår-in-tend'), v.r. (p. e pp. SUPERINTENDED), superintender; sin.: *boss; manage; control; supervise.*

**SUPERSEDE** (siú-pår-sid'), v.r. (p. e pp. SUPERSEDED), substituir; suspender; sin.: *substitute; replace; suspend.*

**SUPERVENE** (siú-pår'vinn'), v.r. (p. e pp. SUPERVENED), sobrevir; sin.: *occur.*

**SUPERVISE** (siú-pår'váiz'), v.r. (p. e pp. SUPERVISED), supervisar; examinar; sin.: *oversee; manage; inspect.*

**SUPPLANT** (så-plént'), v.r. (p. e pp. SUPPLANTED), suplantar; arrasar; sin.: *displace; surpass; surmont; demolish.*

**SUPPLICATE** (så'pli-kêit), v.r. (p. e pp. SUPPLICATED), suplicar; sin.: *implore.*

**SUPPLY** (så-plái'), v.r. (p. e pp. SUPPLIED), suprir; fornecer; sin.: *provide; furnish.*

**SUPPORT** (så-pórt'), v.r. (p. e pp. SUPPORTED), sustentar; apoiar; suportar; sin.: *nourish; patronaize; tolerate.*

**SUPPOSE** (så-pôuz'), v.r. (p. e pp. SUPPOSED), supor; sin.: *presume; assume.*

**SUPPRESS** (så-préss'), v.r. (p. e pp. SUPPRESSED), suprimir; esmagar; sin.: *abolish; repress; subdue.*

**SUPPURATE** (så'piú-rêit), v.r. (p. e pp. SUPPURATED), supurar; sin.: *gather pus.*

**SURFEIT** (sår'fit), v.r. (p. e pp. SURFEITED), saciar-se; fartar-se; sin.: *fill to satiety, eat and drink in excess.*

**SURGE** (sår'dj), v.r. (p. e pp. SURGED), encapelar-se; sin.: *swell or rise in surges.*

**SURMOUNT** (sår-maunt'), v.r. (p. e pp. SURMOUNTED), sobrepujar; sin.: *supplant.*

**SURPASS** (sår-paess'), v.r. (p. e pp. SURPASSED), sobrepujar; sin.: *surmount.*

**SURPRISE** (sår-práiz), v.r. (p. e pp. SURPRISED), surpreender; admirar; sin.: *astonish; amaze; startle.*

**SURRENDER** (så-ren-dår), v.r. (p. e pp. SURRENDERED), render-se; entregar-se; sin.: *yield; give up.*

**SURROUND** (sâ-ráund'), v.r. (p. e pp. SURROUNDED), cercar; sin.: *encircle*.

**SURVEY** (sâr-véi), v.r. (p. e pp. SURVEYED), inspecionar, medir e avaliar terras; sin.: *look over; measure and estimate land*.

**SURVIVE** (sâr-váiv'), v.r. (p. e pp. SURVIVED), sobreviver; sin.: *outline*.

**SUSPECT** (sâs-pékt'), v.r. (p. e pp. SUSPECTED), suspeitar; desconfiar de; sin.: *mistrust; distrust; doubt*.

**SUSPEND** (sâs-pênd'), v.r. (p. e pp. SUSPENDED), suspender; adiar; enforcar; sin.: *withhold; delay; hang*.

**SUSTAIN** (sâs-têinn'), v.r. (p. e pp. SUSTAINED), sustentar; manter; sofrer; sin.: *hold up; mantain; undergo*.

**SWADDLE** (suó'dl), v.r. (p. e pp. SWADDLED), enfaixar (bebês); sin.: *swathe*.

**SWAG** (suég), v.r. (p. e pp. SWAGGED), pender; inclinar; derrear-se; sin.: *sway; sag*.

**SWAGGER** (sué'gâr), v.r. (p. e pp. SWAGGERED), bambolear o corpo; sin.: *swing the body; swash*.

**SWALLOW** (suó'lóu), v.r. (p. e pp. SWALLOWED), engolir; tragar; sin.: *ingulf; absorb*.

**SWAMP** (suómp), v.r. (p. e pp. SWAMPED), encharcar; submergir; sin.: *sink in a swamp; submerge*.

**SWAP** (suóp), v.r. (p. e pp. SWAPPED), trocar; permutar; sin.: *exchange; harter*.

**SWARM** (suórm), v.r. (p. e pp. SWARMED), enxamear; atropelar-se; sin.: *gather as bees do; flock; crowd; throng*.

**SWASH** (suó'ch), v.r. (p. e pp. SWASHED), encapelar-se; gabar-se; sin.: *swagger; brag; bluster*.

**SWATHE** (suêl'dh), v.r. (p. e pp. SWATHED), enfaixar; sin.: *bandage; swaddle*.

**SWAY** (suéi), v.r. (p. e pp. SWAYED), brandir; balançar; rebolar-se; dominar; sin.: *wield; handle; swing; dominate*.

**SWEAR** (sué'âr), v.i. (p. SWORE; pp. SWORN), jurar; blasfemar; sin.: *vow; curse; declare on oath*.

**SWEAT** (suét), v.r. (p. e pp. SWEAT), suar; transpirar; sin.: *perspire*.

**SWEEP** (suírp), v.i. (p. e pp. SWEEPT), varrer; arrebatar; limpar chaminés; dragar; passar rapidamente; sin.: *dust the floor; clean a chimney, drain; pass rapidly over*.

**SWEETEN** (suí'tênn), v.r. (p. e pp. SWEETENED), adoçar; sin.: *make sweet*.

**SWELL** (suél), v.i. (p. e pp. SWELLED; pp. SWOLLEN), inchar; engrossar; envaidecer-se; sin.: *bloat; expand; thicken; strut*.

**SWELTER** (suél'târ), v.r. (p. e pp. SWELTERED), estar abafado de calor; sin.: *be oppressed with heat*.

**SWERVE** (suârv), v.r. (p. e pp. SWERVED), afastar-se; desviar; sin.: *turn aside*.

**SWIG** (suíg), v.r. (p. e pp. SWIGGED), beber (a grandes tragos); sin.: *gulp; drink in large draughts*.

**SWILL** (suíl), v.r. (p. e pp. SWILLED), beber afoitamente; sin.: *drink greedily*.

**SWIM** (suímm), v.i. (p. SWAM; pp. SWUM), nadar; andar à roda; sin.: *propel oneself along in water; get dizzy or giddy*.

**SWINDLE** (suín'dl), v.r. (p. e pp. SWINDLED), trapacear; defraudar; sin.: *cheat; defraud*.

**SWING** (suíng), v.i. (p. e pp. SWUNG), balançar; enforcar; sin.: *sway; whirl; hang*.

**SWINGE** (suín'dj), v.r. (p. e pp. SWINGED), açoitar; forjar; sin.: *lash; forge*.

**SWINGLE** (suín'gl), v.r. (p. e pp. SWINGLED), bambolear; rebolar-se; sin.: *swing; wave*.

**SWIPE** (suáip), v.r. (p. e pp. SWIPED), golpear fortemente; sin.: *strike violently*.

**SWITCH** (suí'tch), v.r. (p. e pp. SWITCHED), desviar-se; mudar de linha; sin.: *whip; swinge; shunt*.

**SWOON** (su-unn'), v.r. (p. e pp. SWOONED), desmaiar; sin.: *faint*.

**SWOOP** (su-up'), v.r. (p. e pp. SWOOPED), cair sobre; abater; arrebatar; sin.: *sweep down and catch, seize; snatch*.

**SYMBOLIZE** (sim'bo-láiz), v.r. (p. e pp. SYMBOLIZED), simbolizar; sin.: *represent by a symbol*.

**SYMPATHIZE** (sim'pae-dháiz), v.r. (p. e pp. SYMPATHIZED), consolar; compadecer-se de; sin.: *console with; comfort*.

**SYSTEMATIZE** (sis'te-mae-táiz), v.r. (p. e pp. SYSTEMATIZED), sistematizar; sin.: *methodize; regulate*.

# T

**TABOO** (tâ-bu'), v.r. (p. e pp. TABOOED), interdizer; vedar; sin.: *interdict; forbid*.

**TACK** (taek), v.r. (p. e pp. TACKED), pregar com tachas; sin.: *tag or fasten with tacks*.

**TACKLE** (tae'kl), v.r. (p. e pp. TACKLED), amarrar; ligar; prover de cordagens; atacar; agarrar; sin.: *hitch; tie; moor; provide with tackle; attack; seize.*

**TAG** (taeg), v.r. (p. e pp. TAGGED), ligar; fixar uma presilha ou etiqueta a; tocar (no brinquedo de "pegador"); seguir de perto; sin.: *tack; fasten; fit a tag to; touch, as in the game of tag; follow closely.*

**TAINT** (têint), v.r. (p. e pp. TAINTED), infeccionar; infetar; poluir; corromper; estragar-se; sin.: *infect; polute; tarnish; corrupt.*

**TAKE** (têik), v.i. (p. TOOK; pp. TAKEN), tomar; pegar; apanhar; segurar; levar; admitir; entender; sin.: *get; lay hold of; catch; carry; convey; admit; understand.*

**TALK** (tólk), v.r. (p. e pp. TALKED), falar; conversar; sin.: *speak; converse.*

**TALLY** (tae'li), v.r. (p. e pp. TALLIED), corresponder; condizer; adaptar-se; quadrar-se; sin.: *correspond; match; agree.*

**TAME** (têimm), v.r. (p. e pp. TAMED), amansar; submeter; sin.: *domesticate; subdue.*

**TAMPER** (taem'pâr), v.r. (p. e pp. TAMPERED), subornar; meter-se com; intrometer-se; sin.: *bride; meddle.*

**TAN** (taen), v.r. (p. e pp. TANNED), curtir; tornar trigueiro; sin.: *tinge skins with tannin; make brown or tawny.*

**TANG** (téng), v.r. (p. e pp. TANGED), retinir; sin.: *ring; resound.*

**TANGLE** (taen'gl), v.r. (p. e pp. TANGLED), apanhar no laço; surpreender; entrelaçar; misturar; embaraçar; emaranhar; sin.: *insnare; entrap; interweave; mix, snarl.*

**TANTALIZE** (taen'tâ-láiz), v.r. (p. e pp. TANTALIZED), atormentar; sin.: *torment.*

**TAP** (tép), v.r. (p. e pp. TAPPED), bater de leve; dar uma pancadinha; furar um tonel; sin.: *strike gently; pat; bore (a cask).*

**TAPER** (têi'pâr), v.r. (p. e pp. TAPERED), adelgaçar; terminar em ponta; iluminar com círios; sin.: *become slender; get thinner towards the end; light with tapers.*

**TAR** (târ), v.r. (p. e pp. TARRED), alcatroar; sin.: *cover with tar.*

**TARNISH** (tar'ni-ch), v.r. (p. e pp. TARNISHED), embaçar; empanar; marear-se; descorar; sin.: *stain; dim; darken; discolor.*

**TARRY** (tae'ri), v.r. (p. e pp. TARRIED), demorar; tardar; ficar; parar; sin.: *loiter; delay; stay.*

**TASK** (tésk), v.r. (p. e pp. TASKED), dar uma tarefa a; sobrecarregar de trabalho; acusar; sin.: *impose a task on; burden; charge with; accuse.*

**TASTE** (têist), v.r. (p. e pp. TASTED), provar (alimento ou bebida); saborear; sin.: *try; savour.*

**TATTER** (tae'târ), v.r. (p. e pp. TATTERED), estraçalhar; reduzir a farrapos; sin.: *tear up; tear into bags.*

**TATTLE** (tae'tl), v.r. (p. e pp. TATTLED), tagarelar; palrar; sin.: *prate; chater; babble.*

**TATTOO** (tae-tu'), v.r. (p. e pp. TATTOED), tatuar; sin.: *mark (the skin) with some kind of figure.*

**TAUNT** (tónt), v.r. (p. e pp. TAUNTED), exprobrar; insultar; sin.: *reproach; ubbraid.*

**TAW** (tó), v.r. (p. e pp. TAWED), curtir (peles) com pedra-ume; sin.: *make into white leather.*

**TAX** (téks), v.r. (p. e pp. TAXED), taxar; sobrecarregar; acusar; sin.: *rate; burden; accuse; charge with.*

**TEACH** (ti'tch), v.i. (p. e pp. TAUGHT), ensinar; sin.: *educate; instruct.*

**TEAR** (tér), v.i. (p. TORE; pp. TORN), rasgar; despedaçar; dilacerar; arrancar; sin.: *rend; split; lacerate; draw assunder.*

**TEASE** (ti'iz), v.r. (p. e pp. TEASED), atormentar; cardar; ripar (o cânhamo); sin.: *vex; torment; card; comb (the hemp).*

**TED** (téd), v.r. (p. e pp. TEDDED), espalhar ou virar (o feno); sin.: *spread or turn hay.*

**TEEM** (timm), v.r. (p. e pp. TEEMED), gerar; abundar em; sin.: *bring forth; be full or prolific.*

**TELEGRAPH** (té'le-graef), v.r. (p. e pp. TELEGRAPHED), telegrafar; sin.: *cable; wire.*

**TELEPHONE** (té'le-fônn), v.r. (p. e pp. TELEPHONED), telefonar; sin.: *call up.*

**TELL** (tél), v.i. (p. e pp. TOLD), dizer; contar; narrar; informar; explicar; revelar; discernir; distinguir; ordenar; assegurar; sin.: *say; relate; narrate; inform; explain; disclose; discern; order; assure.*

**TEMPER** (tem'pâr), v.r. (p. e pp. TEMPERED), temperar; moderar; misturar; ajustar; acomodar; animar; impelir; sin.: *soften; moderate; mix; adjust; fit; animate; impel.*

**TEMPORIZE** (tem'po-ráiz), v.r. (p. e pp. TEMPORIZED), aceder; acomodar-se a; render-se; sin.: *accede; accomodate to; yield.*

**TEMPT** (tempt), v.r. (p. e pp. TEMPTED), tentar; seduzir; sin.: *seduce; lead astray.*

**TEND** (ténd), v.r. (p. e pp. TENDED), cuidar de; estar atento; acompanhar; contribuir; servir a; sin.: *take care; look after; mind; follow; contribute; wait upon.*

**TENDER** (ten'dăr), v.r. (p. e pp. TENDERED), oferecer; propor; dispensar (atenções, etc.); sin.: *offer; propose; present for; acceptance; show; render.*

**TERGIVERSATE** (tăr'dji-văr-sêit), v.r. (p. e pp. TERGIVERSATED), tergiversar; sin.: *shuffle; shift.*

**TERM** (tărm), v.r. (p. e pp. TERMED), nomear; chamar; sin.: *name; call.*

**TERMINATE** (tăr'mi-nêit), v.r. (p. e pp. TERMINATED), terminar; concluir; sin.: *end; finish; complete; conclude.*

**TERRIFY** (té'ri-fái), v.r. (p. e pp. TERRIFIED), terrificar; apavorar; sin.: *frighten greatly.*

**TEST** (tést), v.r. (p. e pp. TESTED), submeter (a uma prova); experimentar; analisar; examinar; testar; sin.: *put to proof; try; analyze; examine critically.*

**TESTIFY** (tés'ti-fái), v.r. (p. e pp. TESTIFIED), depor; testemunhar; atestar; declarar; sin.: *give testemony; bear witness; make a solemn declaration.*

**THANK** (cénk), v.r. (p. e pp. THANKED), agradecer; sin.: *express gratitude to.*

**THATCH** (dé'tch), v.r. (p. e pp. THATCHED), cobrir de colmo; sin.: *cover with thatch.*

**THAW** (çó), v.r. (p. e pp. THAWED), derreter; degelar; sin.: *melt.*

**THICKEN** (ci'kenn), v.r. (p. e pp. THICKENED), engrossar; densificar; aumentar; sin.: *enlarge; swell, crowd; increase.*

**THIN** (çinn), v.r. (p. e pp. THINNED), emagrecer; afinar; sin.: *grow lean or slender.*

**THINK** (çink), v.i. (p. e pp. THOUGHT) pensar; achar; julgar; crer; sin.: *form in the mind; reason; reflect; imagine; believe.*

**THRALL** (çról), v.r. (p. e pp. THRALLED), escravizar; sin.: *enslave; inthrall.*

**THRASH** (cré'ch), v.r. (p. e pp. THRASHED), bater com o mangual; debulhar; labutar; sin.: *beat out grain; drudge; toil.*

**THREAD** (créd), v.r. (p. e pp. THREADED), enfiar a linha (na agulha); traspassar; sin.: *passt through the eye of; pierce through.*

**THREATEN** (çri'f-tn), v.r. (p. e pp. THREATENED), ameaçar; sin.: *menace.*

**THRILL** (çril), v.r. (p. e pp. THRILLED), furar; perfurar; palpitar; comover; emocionar; sin.: *pierce; bore; drill; move; stir; tingle.*

**THRIVE** (çráiv), v.i. (p. THROVE; pp. THRIVEN), prosperar; medrar; enriquecer-se; crescer forte; ser bem sucedido; sin.: *prosper; flourish; grow vigorous; be successful.*

**THROB** (çrób), v.r. (p. e pp. THROBBED), bater; palpitar; pulsar; sin.: *beat; palpitate.*

**THRONE** (çróunn), v.r. (p. e pp. THRONED), entronar; exaltar; elevar; sin.: *enthrone; exalt; elevate.*

**THRONG** (çróng), v.r. (p. e pp. THRONGED), acorrer em multidão; atropelar; sin.: *crowd; press.*

**THROTTLE** (çró'tl), v.r. (p. e pp. THROTTLED), estrangular; sin.: *strangle; choke.*

**THROW** (çróu), v.r. (p. THREW; pp. THROWN), lançar; atirar; arremessar; sin.: *hurl; fling; cast; toss.*

**THRUM** (çramm), v.r. (p. e pp. THRUMMED), "arranhar" (instrumento); sin.: *play rudely or monotonously with the fingers; strum.*

**THRUST** (çrâst), v.i. (p. e pp. THRUST), empurrar; arrombar; forçar; apunhalar; sin.: *push; break in; intrude; force in; stab.*

**THUMP** (çâmp), v.r. (p. e pp. THUMPED), dar um murro; golpear pesadamente; sin.: *beath with something heavy; strike with a dull heavy sound.*

**THUNDER** (çân'dăr), v.r. (p. e pp. THUNDERED), trovejar; retumbar; sin.: *produce thunder; resound.*

**THUNDERSTRIKE** (çân'dăr-stráik), v.i. (p. THUNDERSTRUCK; pp. THUNDERSTRICKEN), fulminar; estupefazer; sin.: *electrocute; astonish.*

**THWACK** (çuék), v.r. (p. e pp. THWACKED), sovar; espancar; sin.: *drub; strike; whack.*

**THWART** (çuórt), v.r. (p. e pp. THWARTED), atravessar, contrariar; sin.: *cross; oppose.*

**TICK** (tik), v.r. (p. e pp. TICKED), comprar ou vender a crédito, fiar; bater como um relógio; conferir, marcando com um sinal; sin.: *get or give credit; beat, as a watch; check off using tick marks.*

**TICKLE** (ti'kl), v.r. (p. e pp. TICKLED), fazer cócegas; lisonjear; sin.: *tiddle; gratify.*

**TIDDLE** (ti'dl), v.r. (p. e pp. TIDDLED), fazer cócegas; acariciar; sin.: *tickle; caress.*

**TIE** (tái), v.r. (p. e pp. TIED), ligar; atar; sujeitar; empatar; constranger; sin.: *knot; string; twine; constrain; score equally.*

**TIFF** (tif), v.r. (p. e pp. TIFFED), disputar; zangar-se; enfeitar; ornar; sin.: *quarrel; anger; sett off; adorn.*

**TIGHTEN** (tái'tenn), v.r. (p. e pp. TIGHTENED), apertar; tornar rijo; sin.: *hold closely together; fasten stretch to the full extent.*

**TILE** (táil), v.r. (p. e pp. TILED), telhar; sin.: *cover or adorn with tiles.*

**TILT** (tilt), v.r. (p. e pp. TILTED), cobrir (com toldo ou lona); lancear (em torneio); inclinar; pender; empurrar; sin.: *cover with tarpaulin; lance; slant; thrust.*

**TIME** (táimm), v.r. (p. e pp. TIMED), adaptar ao tempo; observar hora exata; compassar (em música); cronometrar; sin.: *do at the proper season; give a proper time to; measure (in music); record time.*

**TIN** (tinn), v.r. (p. e pp. TINNED), estanhar; sin.: *cover or coat with tin.*

**TIND** (tind), v.r. (p. e pp. TINDED), acender; alumiar; sin.: *light; kindle.*

**TINGE** (tin'dj), v.r. (p. e pp. TINGED), tingir; colorir; sin.: *tint; dye; color.*

**TINGLE** (tin'gl), v.r. (p. e pp. TINGLED), tinir; formigar; arder; sin.: *ring; jingle; experience a thrilling sensation of pain.*

**TINCKLE** (tin'kl), v.r. (p. e pp. TINCKLED), tinir; soar; sin.: *clink; jingle.*

**TINSEL** (tin'sel), v.r. (p. e pp. TINSELED), ornar de lantejoulas; sin.: *spangle.*

**TINT** (tint), v.r. (p. e pp. TINTED), tingir; matizar; sin.: *dye; tinge; color slightly.*

**TIP** (tip), v.r. (p. e pp. TIPPED) abaixar ou guarnecer uma extremidade; dar conselho, palpite ou informação; dar gorjeta a; pender; bater de leve; sin.: *form or cover a point; furnish with private information; give a gratuity to; fall; lower one end of.*

**TIPPLE** (ti'pl), v.r. (p. e pp. TIPPLED), embebedar-se; sin.: *get drunk or intoxicated.*

**TIRE** (tái'tár), v.r. (p. e pp. TIRED), cansar; fatigar; irritar; colocar (pneu); sin.: *exhaust; fatigue; weary; equip with a tire.*

**TITHE** (tái'dh), v.r. (p. e pp. TITHED), taxar a dízima; sin.: *tax to a 1/10.*

**TITILLATE** (ti'ti-lêit), v.r. (p. e pp. TITILLATED), titilar; sin.: *tickle; tiddle.*

**TITLE** (tái'tl), v.r. (p. e pp. TITLED), intitular; dar título a; sin.: *entitle.*

**TITTER** (ti'tár), v.r. (p. e pp. TITTERED), rir à surdina; sin.: *giggle.*

**TOAST** (tôust), v.r. (p. e pp. TOASTED), brindar (à mesa); torrar ao fogo; sin.: *drink to the health of; dry and scorch at the fire.*

**TODDLE** (tó'dl), v.r. (p. e pp. TODDLED), cambalear; sin.: *walk as a small child.*

**TOIL** (tóil), v.r. (p. e pp. TOILED), labutar; mourejar; sin.: *labor; drudge; fag.*

**TOLERATE** (tó'lá-rêit), v.r. (p. e pp. TOLERATED), tolerar; sin.: *bear; endure.*

**TOLL** (tól), v.r. (p. e pp. TOLLED), voar vagarosamente; tanger; sin.: *sound slowly.*

**TONE** (tôunn), v.r. (p. e pp. TONED), entoar; sin.: *intone.*

**TOP** (tóp), v.r. (p. e pp. TOPPED), dominar; elevar-se; encimar; encabeçar; coroar; sin.: *excel; surpass; rise; head; crown.*

**TOPE** (tôup), v.r. (p. e pp. TOPED), beber em excesso; sin.: *drink excessively; sot.*

**TOPPLE** (tó'pl), v.r. (p. e pp. TOPPLED), cair; desabar; sin.: *fall; tumble down.*

**TORMENT** (tôr-ment'), v.r. (p. e pp. TORMENTED), atormentar; sin.: *afflict, vex.*

**TORPEDO** (tôr-pi'dou), v.r. (p. e pp. TORPEDOED), torpedear; sin.: *attack with or destroy by a torpedo.*

**TORTURE** (tôr-tchár), v.r. (p. e pp. TORTURED), torturar; atormentar; sin.: *afflict; harrow; harass; torment; vex.*

**TOSS** (tôss), v.r. (p. e pp. TOSSED), atirar para o ar; sin.: *throw upward; fling.*

**TOTTER** (tó'tár), v.r. (p. e pp. TOTTERED), cambalear; vacilar; sin.: *stagger; reel.*

**TOUCH** (tô'tch), v.r. (p. e pp. TOUCHED), tocar em; apalpar; comover; atracar; referir-se a; sin.: *feel; move; affect; dock; anchor; put in; relate to; concern.*

**TOUR** (tur), v.r. (p. e pp. TOURED), viajar; fazer uma excursão; sin.: *journey; travel.*

**TOUSLE** (táu'zl), v.r. (p. e pp. TOUSLED), desgrenhar; esguedelhar; sin.: *dishevel.*

**TOW** (tôu), v.r. (p. e pp. TOWED), rebocar; puxar com corda; sin.: *pull with a rope; tug; track.*

**TRACE** (trêis), v.r. (p. e pp. TRACED), seguir o rastro de; traçar; sin.: *track; trail; sketch; outline.*

**TRACK** (traek), v.r. (p. e pp. TRACKED), seguir o rastro; rebocar; sin.: *trail; tow.*

**TRADE** (trêid), v.r. (p. e pp. TRADED), traficar; permutar; sin.: *traffic; deal; exchange.*

**TRADUCE** (tra-diús'), v.r. (p. e pp. TRADUCED), caluniar; sin.: *calumnate; slander.*

**TRAFFIC** (trae'fik), v.r. (p. e pp. TRAFFICKED), traficar; comerciar; negociar; permutar; sin.: *trade; deal; barter; exchange.*

**TRAIL** (trêil), v.r. (p. e pp. TRAILED), seguir o rastro; arrastar; depor (armas); zombar; sin.: *trace, drag; let down (arms); jeer.*

**TRAIN** (trêinn), v.r. (p. e pp. TRAINED), treinar; puxar; sin.: *practise; educate; discipline; tame; draw along*.

**TRAMMEL** (traem'mel), v.r. (p. e pp. TRAMMELLED), algemar; limitar; impedir; sin.: *shackle; confine; impede*.

**TRAMP** (traemp), v.r. (p. e pp. TRAMPED), caminhar; vagar; perambular; pisar; sin.: *stroll, wander; tread*.

**TRAMPLE** (traem'pl), v.r. (p. e pp. TRAMPLED), pisar; calcar os pés; sin.: *stamp, tread under foot*.

**TRANQUILIZE** (trae'kuî-lâiz), v.r. (p. e pp. TRANQUILIZED), tranquilizar; sin.: *quiet; calm; still*.

**TRANSACT** (traen-zae'ct), v.r. (p. e pp. TRANSACTED), transacionar; realizar (negócio); sin.: *do or carry through (business)*.

**TRANSCEND** (traen-cênd), v.r. (p. e pp. TRANSCENDED), elevar-se acima de; exceder; sin.: *rise above; exceed; surpass*.

**TRANSCRIBE** (traens-kráib), v.r. (p. e pp. TRANSCRIBED), transcrever; sin.: *copy*.

**TRANSFER** (traens-fâr'), v.r. (p. e pp. TRANSFERRED), transferir; transmitir, vender; ceder; reproduzir; decalcar; sin.: *convey to another place; translate; transmit; sell, assign; give; print by stamping a drawing from one surface to another*.

**TRANSFIGURE** (traesn-fi'ghiúr), v.r. (p. e pp. TRANSFIGURED), transfigurar; sin.: *transform*.

**TRANSFIX** (traens-fiks'), v.r. (p. e pp. TRANSFIXED), perfurar; sin.: *pierce*.

**TRANSFORM** (traens-fôrm'), v.r. (p. e pp. TRANSFORMED), transformar; sin.: *convert; transmute*.

**TRANSFUSE** (traens-fiúz'), v.r. (p. e pp. TRANSFUSED), transvasar; transfundir; sin.: *decant; pour off; pass into*.

**TRANSGRESS** (traens-grês'), v.r. (p. e pp. TRANSGRESSED), transgredir; exceder; pecar; sin.: *break; contravene; go beyond*.

**TRANSLATE** (traesn-lêit'), v.r. (p. e pp. TRANSLATED), traduzir; transferir; sin.: *construe; turn into; remove*.

**TRANSMIT** (traens-mit'), v.r. (p. e pp. TRANSMITED), transmitir; sin.: *transfer; convey; pass on; turn over*.

**TRANSMUTE** (traens-miút'), v.r. (p. e pp. TRANSMUTED), transformar; sin.: *transform; convert*.

**TRANSPIRE** (traens-pái'âr), v.r. (p. e pp. TRANSPIRED), transpirar; exalar; divulgar-se; propalar-se; sin.: *perspire; exhale; divulgue; spread*.

**TRANSPORT** (traens-pôrt), v.r. (p. e pp. TRANSPORTED), transportar; exilar; sin.: *carry; convey; banish*.

**TRANSPOSE** (traens-pôuz'), v.r. (p. e pp. TRANSPOSED), transpor; sin.: *invert*.

**TRANSSHIP** (traens-chêp'), v.r. (p. e pp. TRANSSHIPPED), fazer baldeação; sin.: *transfer from one conveyance to another*.

**TRAP** (traep), v.r. (p. e pp. TRAPPED), apanhar no laço; sin.: *ensnare; catch*.

**TRAVEL** (trae'vl), v.r. (p. e pp. TRAVELLED), viajar; sin.: *journey; voyage; tour*.

**TRAVERSE** (trae'vârs), v.r. (p. e pp. TRAVERSED), atravessar; patrulhar; sin.: *cross; patrol*.

**TREAD** (trêd), v.i. (p. TROD; pp. TRODDEN), pisar; andar por; sin.: *step on; walk on*.

**TREASURE** (tré'jâr), v.r. (p. e pp. TREASURED), dar grande valia a; acumular fortuna; sin.: *value greatly; hoard up*.

**TREAT** (tri'it), v.r. (p. e pp. THREATED), tratar; regalar; entreter; sin.: *handle; deal with; attend to; regale; entertain*.

**TREMBLE** (trêm'bl), v.r. (p. e pp. TREMBLED), tremer; sin.: *shake; shiver*.

**TRENCH** (trén'tch), v.r. (p. e pp. TRENCHED), cavar; fazer trincheiras; invadir; sin.: *dig or cut trenches in; ditch; trespass*.

**TREND** trénd), v.r. (p. e pp. TRENDED), tender; dirigir-se; sin.: *tend; go*.

**TREPAN** (tri-pénn'), v.r. (p. e pp. TREPANNED), trepanar; emboscar; sin.: *remove a circular piece of the skull of; deceive*.

**TRESPASS** (trés'páss), v.r. (p. e pp. TRESPASSED), invadir; usurpar; pecar; sin.: *invade; encroach; usurp; trench on; intrude*.

**TRICK** (trik), v.r. (p. e pp. TRICKED), lograr; pregar uma peça; trapacear; enfeitar; sin.: *deceive; fool; cheat; deck; trim*.

**TRICKLE** (tri-kl), v.r. (p. e pp. TRICKLED), escoar; correr; sin.: *flow; drop; trill*.

**TRIFLE** (trái'fl), v.r. (p. e pp. TRIFLED), vadiar; agir ou falar levianamente; divertir-se frivolamente; sin.: *idle away; act or talk lightly; indulge in silly amusements*.

**TRILL** (tril), v.r. (p. e pp. TRILLED), escoar; trinar; vibrar (a voz); sin.: *trickle; warble; chirp; quaver*.

**TRIM** (trimm), v.r. (p. e pp. TRIMMED), endireitar; arranjar; ajustar; equipar; ornar;

enfeitar; aparar; podar; censurar; sin.: *straighten; prepare; adjust; equip; dress; adorn; clip; prune; upbraid; chide.*

**TRIP** (trĕp), v.r. (p. e pp. TRIPPED), dar uma rasteira em; tropeçar e cair; enganar-se; correr de leve; dançar; levantar âncora ou ferros; sin.: *cause to stumble; stumble and fall; make a mistake; slip; move with short light steps; dance; release.*

**TRIUMPH** (trái'amf), v.r. (p. e pp. TRIUMPHED), triunfar; celebrar com pompa; sin.: *conquer; celebrate a victory with pomp.*

**TROLL** (trôl), v.r. (p. e pp. TROLLED), podar; virar; cantarolar; arrulhar; pescar; sin.: *move circulary; turn arround; sign in a jovial manner; coo; fish; angle, hook.*

**TROOP** (trup), v.r. (p. e pp. TROOPED), marchar em tropa; correr em massa ou em tropel; sin.: *march in a company, or in haste.*

**TROT** (trót), v.r. (p. e pp. TROTTED), trotar; sin.: *ride at a trot.*

**TROUBLE** (trâ'bl), v.r. (p. e pp. TROUBLED), perturbar; sin.: *disturb; bother; tease.*

**TROUNCE** (traúns), v.r. (p. e pp. TROUNCED), bater severamente; espancar; sin.: *beat severely; drub.*

**TRUCK** (trâk), v.r. (p. e pp. TRUCKED), trocar; permutar; transportar em caminhão; sin.: *exchange; barter; swap, transform on a truck; wagon.*

**TRUCKLE** (trâ'kl), v.r. (p. e pp. TRUCKLED), submeter-se vilmente; humilhar-se; sin.: *yield meanly; humble.*

**TRUDGE** (trâ'dj), v.r. (p. e pp. TRUDGED), caminhar penosamente; sin.: *walk with effort.*

**TRUMP** (tramp), v.r. (p. e pp. TRUMPED), tocar trompeta; jogar trunfo, forjar; inventar; sin.: *blow a trumpet; play a trump on; forge; manufacture.*

**TRUMPET** (tram'pet), v.r. (p. e pp. TRUMPETED), proclamar; exaltar as virtudes de; trombetear; sin.: *proclaim; sound the praises of; blow a trumpet.*

**TRUNCATE** (tran'kêit), v.r. (p. e pp. TRUNCATED), truncar; sin.: *cut off; lop.*

**TRUSS** (trâss), v.r. (p. e pp. TRUSSED), enfeixar; sin.: *sheaf; bind up; pack up.*

**TRUST** (trâst), v.r. (p. e pp. TRUSTED), confiar em; dar crédito a; sin.: *rely on; confide in; give credit to.*

**TRY** (trái), v.r. (p. e pp. TRIED), experimentar; tentar; lidar; julgar (um réu); sin.: *test; attempt; endeavor; strive; put to trail.*

**TUCK UP** (tâk ap), v.r. (p. e pp. TUCKED UP), arregaçar; sin.: *turn up; pull up.*

**TUG** (tâg), v.r. (p. e pp. TUGGED), puxar com esforço; sin.: *pull with effort; tow; warp.*

**TUMBLE** (tam'bl), v.r. (p. e pp. TUMBLED), cair; dar cambalhotas; derrubar; amarrotar; sin.: *fall; roll or toss about; as an acrobat; throw headlong; upset; turn over.*

**TUMEFY** (tiú'mi-fái), v.r. (p. e pp. TUMEFIED), intumescer; sin.: *swell; bloat.*

**TUN** (tân), v.r. (p. e pp. TUNNED) pôr em tonéis; sin.: *put into tusn.*

**TUNE** (tiún), v.r. (p. e pp. TUNED), afinar (voz ou instrumento); sin.: *adjust (a voice or instrument) to a tune.*

**TUNNEL** (tâ'nel), v.r. (p. e pp. TUNNELLED), fazer um túnel; sin.: *make a tunnel.*

**TURN** (târn), v.r. (p. e pp. TURNED), converter; tornar-se; sin.: *make into; convert; change into; become.*

**TUTOR** (tiu'târ), v.r. (p. e pp. TUTORED), tutelar; educar; instruir; sin.: *do the work of a tutor or teacher; educate; instruct.*

**TWADDLE** (tuó'dl), v.r. (p. e pp. TWADDLED), tagarelar; palrar; sin.: *gossip; chatter.*

**TWANG** (tuêng), v.r. (p. e pp. TWANGED), ressoar; sin.: *clang.*

**TWEAK** (tu'ik), v.r. (p. e pp. TWEAKED), beliscar; sin.: *pinch.*

**TWINE** (tuáin), v.r. (p. e pp. TWINED), entrelaçar; sin.: *interlace.*

**TWINGE** (tu'in'dj), v.r. (p. e pp. TWINGED), picar; pungir; sin.: *twitch; pain sharply.*

**TWINCKLE** (tu'in'kl), v.r. (p. e pp. TWINCKLED), brilhar; cintilar; piscar; sin.: *shine whith an intermittent light; scintillate; wink.*

**TWIRL** (tuârl), v.r. (p. e pp. TWIRLED), girar; voltear; sin.: *whirl; revolve.*

**TWIST** (tu'ist), v.r. (p. e pp. TWISTED), torcer; entrelaçar; sin.: *wrest; wring; twine.*

**TWITCH** (tu'tch), v.r. (p. e pp. TWITCHED), puxar violentamente; contrair-se (um músculo); pungir; sin.: *pull with a jerk; contract aspasmodically twinge; pain sharply.*

**TWITTER** (tu'târ), v.r. (p. e pp. TWITTERED), chilrear; sin.: *chirp.*

**TYPE** (tâip), v.r. (p. e pp. TYPED), imprimir; datilografar; sin.: *print; typewrite.*

**TYPIFY** (ti'pi-fái), v.r. (p. e pp. TYPIFIED), simbolizar; sin.: *symbolize.*

**TYRANNIZE** (ti'râ-náiz), v.r. (p. e pp. TYRANNIZED), tiranizar; sin.: *opress; dominer over.*

# U

**ULCERATE** (ăl' ă-rēit), v.r. (p. e pp. ULCERATED), ulcerar; sin.: *form an ulcer.*

**UNBEND** (ăn-bénd'), v.i. (p. e pp. UNBENT), endireitar; descansar; afrouxar; sin.: *straighten; free from being bent; relax.*

**UNBIND** (ăn-báind'), v.i. (p. e pp. UNBOUND), desligar; desatar; soltar; sin.: *unfasten; loosen, free; release.*

**UNBOLT** (ăn-bōlt'), v.r. (p. e pp. UNBOLTED), destrancar; sin.: *unlock; unlatch; unfasten.*

**UNBOSOM** (ăn-bă'zămm), v.r. (p. e pp. UNBOSOMED), revelar; confessar; confiar; sin.: *disclose what is in the mind; trust.*

**UNCHAIN** (ăn-tchêinn'), v.r. (p. e pp. UNCHAINED), desencadear; desacorrentar; sin.: *unlink; unshackle.*

**UNCORK** (ăn-kórk'), v.r. (p. e pp. UNCORKED), desarrolhar; sin.: *unstop, unplug.*

**UNCOVER** (ăn-kŏ'văr), v.r. (p. e pp. UNCOVERED), destapar; descobrir-se; sin.: *unlid; take off the hat.*

**UNDECEIVE** (ăn-di-civ), v.r. (p. e pp. UNDECEIVED), desenganar; sin.: *disillusion.*

**UNDERGO** (ăn'dăr-gôu), v.i. (p. UNDERGONE; pp. UNDERWENT), sofrer; sujeitar-se a; sin.: *endure; be subject to.*

**UNDERLINE** (ăn'dăr-láinn), v.r. (p. e pp. UNDERLINED), sublinhar; sin.: *draw a line under; underscore.*

**UNDERSCORE** (ăn'dăr-skóur), v.r. (p. e pp. UNDERSCORED), compreender; estar informado; sin.: *comprehend; be informed.*

**UNDERTAKE** (ăn'dăr-têik), v.i. (p. UNDERTOOK; pp. UNDERTAKEN), empreender; prometer; contratar; sin.: *enterprise; promise; engage.*

**UNDERWRITE** (ăn'dăr-ráit), v.i. (p. UNDERWROTE; pp. UNDERWRITTEN), subscrever, tomar um seguro contra perdas; sin.: *subscribe; guarantee by insurance.*

**UNDO** (ăn-du'), v.i. (p. UNDID; pp. UNDONE), desmanchar; arruinar; anular; sin.: *unfix; unmake; bring to rain, render null.*

**UNFASTEN** (ăn-fás'tênn), v.r. (p. e pp. UNFASTENED), soltar; desabotoar; destrancar; sin.: *loosen; untie; disconnect; unlock.*

**UNFIX** (ăn-fiks'), v.r. (p. e pp. UNFIXED), desatacar; desfazer; sin.: *detach; undo.*

**UNFOLD** (ăn-fôld'), v.r. (p. e pp. UNFOLDED), desdobrar; desenvolver-se; mostrar; sin.: *spread out; take place; disclose.*

**UNFURL** (ăn-fâr'), v.r. (p. e pp. UNFURLED), desfraldar; sin.: *open out; spread.*

**UNHINGE** (ăn-hin'dj), v.r. (p. e pp. UNHINGED), desmontar; tirar os gonzos; sin.: *dismount; take the hinges from.*

**UNHITCH** (ăn-hi'tch), v.r. (p. e pp. UNHITCHED), desengatar; desatrelar; sin.: *unfasten; release; set free.*

**UNIFY** (iŭ'ni-fái), v.r. (p. e pp. UNIFIED), unificar; sin.: *unite; make uniform.*

**UNITE** (iŭ-náit'), v.r. (p. e pp. UNITED), unir; aliar-se; sin.: *join; act; ally.*

**UNLATCH** (ăn-lae'tch), v.r. (p. e pp. UNLATCHED), abrir (o trinco); sin.: *open; unbolt.*

**UNLINK** (ăn-link'), v.r. (p. e pp. UNLINKED), desacorrentar; sin.: *unchain; uncoil.*

**UNLOAD** (ăn-lôud'), v.r. (p. e pp. UNLOADED), descarregar; sin.: *discharge.*

**UNLOCK** (ăn-lók'), v.r. (p. e pp. UNLOCKED), abrir; sin.: *unbolt; open; unfasten.*

**UNMAKE** (ăn-mêik), v.i. (p. e pp. UNMADE), desfazer; destruir; sin.: *undo; destroy.*

**UNPACK** (ăn-pêk), v.r. (p. e pp. UNPACKED), desfazer os pacotes; sin.: *unwrap.*

**UNRAVEL** (ăn-ré'vl), v.r. (p. e pp. UNRAVELLED), desemaranhar; esclarecer; sin.: *untwist; unweave; disentangle; clear.*

**UNSAY** (ăn-sêi), v.i. (p. e pp. UNSAID), desdizer-se; retratar-se; sin.: *recant; retract.*

**UNSCREW** (ăns-kru'), v.r. (p. e pp. UNSCREWED), desparafusar; sin.: *unfasten; unbolt.*

**UNSHACKLE** (ăn-chae'kl), v.r. (p. e pp. UNSHACKLED), desencadear; tirar as algemas de; sin.: *unchain, unfasten; unlink.*

**UNSTOP** (ăns-top'), v.r. (p. e pp. UNSTOPPED), desarrolhar; destampar; sin.: *unscrew; unplug; unlid.*

**UNTIE** (ăn-tái'), v.r. (p. e pp. UNTIED), desatar; desamarrar; sin.: *unbind; loosen.*

**UNWRAP** (ăn-rép'), v.r. (p. e pp. UNWRAPPED), desembrulhar; sin.: *unpack; unfold.*

**UPBEAR** (ap-bêr'), v.i. (p. UPBORE; pp. UPBORNE), elevar, sustentar; sublevar; sin.: *raise; elevate; uphold; rouse; upheave.*

**UPBRAID** (ăp-brêid'), v.r. (p. e pp. UPBRAIDED), exprobar; repreender; sin.: *chide; reproach; reprove.*

**UPHEAVE** (ăp'hiv), v.r. (p. e pp. UPHEAVED), sublevar; levantar; sin.: *lift up; rouse.*

**UPHOLD** (ăp'hōld), v.i. (p. e pp. UPHELD), sustentar; manter; conservar; encorajar; sin.: *upbear; sustain; maintain; keep up, encourage.*

**UPHOLSTER** (ăp-hōls'tăr), v.r. (p. e pp. UPHOLSTERED), estofar; sin.: *cushion.*

**UPLIFT** (ăp-lift'), v.r. (p. e pp. UPLIFTED), levantar; sin.: *lift up; raise; elevate.*

**UPRAISE** (ăp-rēiz'), v.r. (p. e pp. UPRAISED), elevar; erguer; sin.: *elevate; uplift.*

**UPSET** (ăp-sĕt'), v.i. (p. e pp. UPSET), derrubar; virar; entornar; perturbar; transtornar; abalar; sin.: *overthrow; turn upside down; spill, disturb; perturb.*

**URGE** (ăr'dj), v.r. (p. e pp. URGED), urgir; insistir com; apressar; empurrar; sin.: *press; insist on; force to go faster; drive.*

**URINATE** (iŭ'ri-nêit), v.r. (p. e pp. URINATED), urinar; sin.: *piss; make water.*

**USE** (iŭz), v.r. (p. e pp. USED), usar; utilizar; empregar; servir-se de; acostumar-se; costumar; habituar; sin.: *make use of; utilize; employ; be accustomed; habituate.*

**USURP** (iŭ-zărp'), v.r. (p. e pp. USURPED), usurpar; sin.: *seize and hold by force and without right.*

**UTILIZE** (iu'ti-lăiz), v.r. (p. e pp. UTILIZED), utilizar; aproveitar; sin.: *use profitably.*

**UTTER** (ă'tăr), v.r. (p. e pp. UTTERED), proferir; pronunciar; sin.: *say; speak out.*

# V

**VACATE** (vēi'kēit), v.r. (p. e pp. VACATED), vagar; anular; sin.: *leave empty; annul.*

**VACCINATE** (vaek'ci-nêit), v.r. (p. e pp. VACCINATED), vacinar; sin.: *inoculate any virus.*

**VACILATE** (vae'ci-lêit), v.r. (p. e pp. VACILATED), vacilar; sin.: *flicker; hesitate.*

**VALUE** (vae'liŭ), v.r. (p. e pp. VALUED), avaliar; valorizar; sin.: *estimate; appraise.*

**VAMP** (vaemp), v.r. (p. e pp. VAMPED), interpretar papel de "vamp"; gaspear; remendar; sin.: *play the role of a vamp on the stage; put a new vamp on a boot.*

**VANISH** (vae'ni-ch), v.r. (p. e pp. VANISHED), desaparecer; dissipar-se; sin.: *disappear; pass away.*

**VANQUISH** (vaen'kuii-ch), v.r. (p. e pp. VANQUISHED), vencer; conquistar; sin.: *win; conquer.*

**VAPOR** (vēi'păr), v.r. (p. e pp. VAPORED), evaporar-se; vaporizar; gabar-se; sin.: *evaporate; boast; brag.*

**VARIEGATE** (vēi'ri-e-ghêit), v.r. (p. e pp. VARIEGATED), variegar; matizar; sin.: *mark with different colors; diversify.*

**VARNISH** (var'ni-ch), v.r. (p. e pp. VARNISHED), envernizar; lustrar; sin.: *lacker; gloss over.*

**VARY** (vēi'ri), v.r. (p. e pp. VARIED), variar; diferir; desviar; sin.: *differ; deviate.*

**VAULT** (vólt), v.r. (p. e pp. VAULTED), arquear; saltar; sin.: *shape as a vault; arch.*

**VAUNT** (vónt), v.r. (p. e pp. VAUNTED), gabar-se; ostentar-se; sin.: *boast; brag.*

**VEER** (vir), v.r. (p. e pp. VEERED), emborcar; mudar de direção (o vento); sin.: *turn; tack about; change directions, as the wind.*

**VEGETATE** (vé'dji-têit), v.r. (p. e pp. VEGETATED), vegetar; sin.: *grow as a plant; live a useless; indolent life.*

**VEIL** (vēil), v.r. (p. e pp. VEILED), velar; cobrir com véu; ocultar; sin.: *cover with a veil; conceal.*

**VEND** (vênd), v.r. (p. e pp. VENDED), vender; sin.: *sell.*

**VENERATE** (vê'nă-rêit), v.r. (p. e pp. VENERATED), venerar; sin.: *revere.*

**VENT** (vênt), v.r. (p. e pp. VENTED), dar saída a; sin.: *let out.*

**VENTILATE** (ven'ti-lêit), v.r. (p. e pp. VENTILATED), ventilar; elucidar; sin.: *air; elucidate.*

**VENTURE** (ven'tchăr), v.r. (p. e pp. VENTURED), aventurar-se; expor-se; sin.: *expose to hazard; risk, dare.*

**VERGE** (vår'dj), v.r. (p. e pp. VERGED), inclinar-se; sin.: *bend or incline toward.*

**VERIFY** (vê'ri-fái), v.r. (p. e pp. VERIFIED), verificar; autenticar; sin.: *examine; look into; authenticate.*

**VERSE** (vârs), v.r. (p. e pp. VERSED), fazer versos; versificar; sin.: *make verses*.

**VERSIFY** (vâr'si-fái), v.r. (p. e pp. VERSIFIED), versificar; sin.: *treat in verses*.

**VEST** (vést), v.r. (p. e pp. VESTED), vestir (-se); sin.: *cloth; dress*.

**VEX** (véks), v.r. (p. e pp. VEXED), vexar; irritar; aborrecer; sin.: *annoy; irritate*.

**VIBRATE** (vái'brêit), v.r. (p. e pp. VIBRATED), vibrar; oscilar; sin.: *oscilate; swing*.

**VICIATE** (vi'chi-êit), v.r. (p. e pp. VICIATED), viciar; corromper; adulterar; anular; sin.: *corrupt; adulterate; annul*.

**VICTUAL** (vi'tl), v.r. (p. e pp. VICTUALLED), fornecer víveres; abastecer; sin.: *supply with provisions*.

**VIE** (vái), v.r. (p. e pp. VIED), rivalizar; disputar; sin.: *rival; compete with; emulate*.

**VIEW** (viú), v.r. (p. e pp. VIEWED), ver; observar; considerar; sin.: *see; consider*.

**VINDICATE** (vin'di-kêit), v.r. (p. e pp. VINDICATED), defender; justificar; sustentar; sin.: *defend; justify; maintain*.

**VIOLATE** (vái'ôu-lêit), v.r. (p. e pp. VIOLATED), violar; ultrajar; profanar; sin.: *injure, abuse; infringe on; profane*.

**VISIT** (vi'zit), v.r. (p. e pp. VISITED), visitar; sin.: *see; call on*.

**VITRIFY** (vi'tri-fái), v.r. (p. e pp. VITRIFIED), vitrificar; sin.: *turn into or become glass*.

**VITUPERATE** (vái-tiú'pâ-rêit), v.r. (p. e pp. VITUPERATED), vituperar; censurar; ralhar; sin.: *censure; scold*.

**VIVIFICATE** (vi-vi'fi-kêit), v.r. (p. e pp. VIVICATED), vivificar), v.r. (p. e pp. make vivid; vivify.

**VIVIFY** (vi'vi-fái), v.r. (p. e pp. VIVIFIED), vivificar; sin.: *quicken; vivificate*.

**VIVISECT** (vi'vi-cékt), v.r. (p. e pp. VIVISECTED), operar por vissecação; sin.: *dissect a living animal*.

**VOCALIZE** (vôu'kae-láiz), v.r. (p. e pp. VOCALIZED), vocalizar; sin.: *make vocal*.

**VOCIFERATE** (vo-ci'fâ-rêit), v.r. (p. e pp. VOCIFERATED), vociferar; sin.: *cry with a loud voice*.

**VOICE** (vóiss), v.r. (p. e pp. VOICED), proclamar; anunciar; sin.: *proclaim; announce*.

**VOID** (vóid), v.r. (p. e pp. VOIDED), tornar vago; evacuar; sin.: *make vacant; discharge; send out*.

**VOLLEY** (vo'li), v.r. (p. e pp. VOLLEYED), dar salva com descarga; sin.: *discharge in a volley*.

**VOLUNTEER** (vó-lân-tir'), v.r. (p. e pp. VOLUNTEERED), oferecer-se como voluntário; sin.: *offer voluntarily*.

**VOMIT** (vô'mit), v.r. (p. e pp. VOMITED), vomitar; sin.: *spit out; spew; expel*.

**VOTE** (vôut), v.r. (p. e pp. VOTED), votar em; sin.: *choose by suffrage*.

**VOUCH** (váu'tch), v.r. (p. e pp. VOUCHED), atestar, garantir; sin.: *certify; guarantee*.

**VOUCHSAFE** (váu'tch-sêif), v.r. (p. e pp. VOUCHSAFED), conceder; permitir; sin.: *grant; afford; permit; allow*.

**VOW** (váu), v.r. (p. e pp. VOWED), fazer um voto a Deus; sin.: *make a solemn promise to God*.

**VOYAGE** (vói'êdj), v.r. (p. e pp. VOYAGED), empreender longa viagem; sin.: *sail; travel, go abroad*.

**VULGARIZE** (vâl'ghae-ráiz), v.r. (p. e pp. VULGARIZED), vulgarizar; sin.: *make vulgar; generalize*.

# W

**WABBLE** (uó'bl), v.r. (p. e pp. WABBLED), balançar; requebrar-se; rebolar-se; sin.: *swing; take a wabble in walking*.

**WADDLE** (uó'dl), v.r. (p. e pp. WADDLED), balançar; requebrar; rebolar-se; sin.: *wabble; swing; take a wabble in walking*.

**WADE** (uêid), v.r. (p. e pp. WADED), vadear; sin.: *ford; cross water on foot*.

**WAG** (uég), v.r. (p. e pp. WAGGED), sacudir; abanar; remexer; sin.: *shake; stir; waggle*.

**WAGE** (uêi'dj), v.r. (p. e pp. WAGED), apostar; empenhar-se em; levar avante; sin.: *bet; engage in; carry on*.

**WAGER** (uêi'djâr), v.r. (p. e pp. WAGERED), apostar; sin.: *bet; lay; ante*.

**WAGGLE** (ué'gl), v.r. (p. e pp. WAGGLED),

sacudir; remexer; sin.: *wag; move shortly from side to side.*

**WAGON** (ué'gênn), v.r. (p. e pp. WAGONED), transportar em vagão de estrada de ferro, carroça ou caminhão; sin.: *truck; cart.*

**WAIL** (uêil), v.r. (p. e pp. WAILED), lamentar; prantear; sin.: *lament; moan; mourn.*

**WAINSCOT** (uêis'kót), v.r. (p. e pp. WAINSCOTED), emadeirar paredes; sin.: *line with a wainscot.*

**WAIT** (uêit), v.r. (p. e pp. WAITED), esperar; sin.: *stay for.*

**WAIVE** (uêiv), v.r. (p. e pp. WAIVED), desistir de; renunciar a; sin.: *desist; renounce; relinquish; give up.*

**WAKE** (uêik), v.i. (p. WOKE, pp. WAKED), acordar; despertar; sin.: *rouse up; awake.*

**WALK** (uólk), v.r. (p. e pp. WALKED), andar; passear a pé; sin.: *pace, move; step; stroll; promenade.*

**WALL** (uól), v.r. (p. e pp. WALLED), emparedar; murar; sin.: *immure; block up.*

**WALLOP** (uó'lập), v.r. (p. e pp. WALLOPED), ferver; borbulhar; surrar; sin.: *boil; bubble; drub; beat.*

**WALLOW** (uó'lóu), v.r. (p. e pp. WALLOWED), rolar; gabar-se; sin.: *roll about; boast.*

**WAMBLE** (uóm'bl), v.r. (p. e pp. WAMBLED), palpitar; latejar; sin.: *throb; palpitante.*

**WANDER** (uân'dảr), v.r. (p. e pp. WANDERED), vagar; desviar-se; delirar; sin.: *ramble; rove; go astray; be delirious.*

**WANE** (uêinn), v.r. (p. e pp. WANED), declinar; enfraquecer; sin.: *decline; weaken.*

**WANT** (uânt), v.r. (p. e pp. WANTED), querer; precisar; sin.: *wish; require; need; lack.*

**WANTON** (uân'tânn), v.r. (p. e pp. WANTONED), andar em libertinagem; divertir-se lascivamente; sin.: *ramble without restraint; play lasciviously.*

**WAR** (uór), v.r. (p. e pp. WARED), guerrear; sin.: *contend; fight.*

**WARBLE** (uór'bl), v.r. (p. e pp. WARBLED), chilrear; trinar; sin.: *chirp, modulate.*

**WARD** (uórd), v.r. (p. e pp. WARDED), cuidar de; defender; ornar; sin.: *take care of, guard; defend; protect; adorn.*

**WAREHOUSE** (uér'háuz), v.r. (p. e pp. WAREHOUSED), abastecer; armazenar; sin.: *stock, store.*

**WARM** (uórm), v.r. (p. e pp. WARMED), esquentar; aquecer; irritar-se; sin.: *heat; stir up; irritate.*

**WARN** (uórn), v.r. (p. e pp. WARNED), prevenir; advertir; sin.: *admonish; caution.*

**WARP** (uórp), v.r. (p. e pp. WARPED), tecer; fazer empenar (madeira); perverter; sin.: *weave; twist; out of shape; pervert.*

**WARRANT** (uó'rant), v.r. (p. e pp. WARRANTED), garantir; sin.: *guarantee; justify.*

**WASH** (uó'ch), v.r. (p. e pp. WASHED), lavar; transbordar; sin.: *rinse; lave; overflow.*

**WASSAIL** (uó'cêil), v.r. (p. e pp. WASSAILED), festejar; sin.: *feast; banquet; revel.*

**WASTE** (uêist), v.r. (p. e pp. WASTED), desperdiçar; sin.: *throw away; squander.*

**WATCH** (uó'tch), v.r. (p. e pp. WATCHED), velar; vigiar; observar; sin.: *sit up; guard; look out; be hold; observe; spy.*

**WATER** (uó'tảr), v.r. (p. e pp. WATERED), regar; aguar; sin.: *wet; sprinkle; bathe.*

**WAVE** (uêiv), v.r. (p. e pp. WAVED), ondear; ondular; vibrar; acenar com; sin.: *ondulate; vibrate; move to and fro.*

**WAX** (uaeks), v.r. (p. e pp. WAXED), encerar; engrandecer; sin.: *rub with wax; increase.*

**WAYLAY** (uêí'lêi), v.i. (p. e pp. WAYLAID), surpreender; sin.: *ambush; surprise.*

**WEAKEN** (uí'kênn), v.r. (p. e pp. WEAKENED) enfraquecer; sin.: *enfeeble; debilitate.*

**WEAN** (uínn), v.r. (p. e pp. WEANED), desmamar; sin.: *accustom a child to loss of mother's milk.*

**WEAR** (ué'âr), v.i. (p. WORE; pp. WORN), trajar; passar (tempo); gastar-se; sin.: *dress; have on; use; slip-away; consume.*

**WEARY** (ue'ri), v.r. (p. e pp. WEARIED), fatigar-se; enfadar-se; sin.: *tire; wear out.*

**WEATHER** (ué'dhảr), v.r. (p. e pp. WEATHERED), resistir a; dobrar (um cabo); navegar ao vento de; sin.: *hold out against; double; sail to the windward of.*

**WEAVE** (uív), v.i. (p. WOVE, PP. WOVEN), tecer; sin.: *plait; twine.*

**WED** (uéd), v.r. (p. e pp. WEDDED), casar-se; sin.: *marry; take a wife or a husband.*

**WEDGE** (ué'dj), v.r. (p. e pp. WEDGED), rachar; fender; apertar; calçar; sin.: *split; cleave; fasten; prop; prick.*

**WEED** (uíd), v.r. (p. e pp. WEEDED), capinar; sin.: *hoe.*

**WEEP** (uíp), v.i. (p. e pp. WEPT), chorar; lamentar-se; sin.: *shed tears; lament; cry.*

**WEIGH** (uêi), v.r. (p. e pp. WEIGHED), pesar; carregar; saudar cordialmente; sin.: *load with a weight; burden, greet cordially.*

**WELCOME** (uél'kâmm), v.r. (p. e pp. WELCOMED), acolher; bendizer; dar as boas-vindas; sin.: *receive kindly; entertain, shelter.*

**WELDER** (uél'dâr), v.r. (p. e pp. WELDERED), soldar; sin.: *soler; swinge.*

**WELTER** (uél'târ), v.r. (p. e pp. WELTERED), chafurdar-se; rolar-se; sin.: *mire; wallow.*

**WEND** (uend), v.r. (p. e pp. WENDED), ir; dirigir-se; sin.: *go, direct.*

**WET** (uét), v.i. (p. e pp. WET), molhar; umedecer; sin.: *moisten.*

**WHACK** (uék), v.r. (p. e pp. WHACKED), bater fortemente; sin.: *strike smartly, whap.*

**WHAP** (huóp), v.r. (p. e pp. WHAPPED), bater fortemente; sin.: *strike smartly; whack.*

**WHEEDLE** (huf'dl), v.r. (p. e pp. WHEEDLED), acariciar; seduzir; enganar; sin.: *coax; entice; hoax; obtain by flaterry.*

**WHEEL** (hufl), v.r. (p. e pp. WHEELED), rodar; girar; passear de bicicleta; sin.: *turn around; whirl; cycle.*

**WHEEZE** (hufz), v.r. (p. e pp. WHEEZED), sibilar; sin.: *hiss.*

**WHELM** (huélm), v.r. (p. e pp. WHELMED), submergir; acabrunhar; oprimir; sin.: *engulf; ruin, destroy; oppress; vex.*

**WHET** (huét), v.r. (p. e pp. WHETTED), afiar; excitar; sin.: *sharpen; grind; stimulate.*

**WHIFF** (hufl), v.r. (p. e pp. WHIFFED), lançar baforadas; sin.: *puff out in a whiff.*

**WHIFFLE** (huf'fl), v.r. (p. e pp. WHIFFLED), mudar; variar; sin.: *turn; be fickle.*

**WHILE** (huái'âl), v.r. (p. e pp. WHILED), passar; entreter; sin.: *spend; pass; cause to pass away pleasantly.*

**WHIMPER** (hufm'pâr), v.r. (p. e pp. WHIMPERED), choramingar; sin.: *snivel; pule.*

**WHINE** (huáinn), v.r. (p. e pp. WHINED), choramingar; sin.: *snivel; pule; whimper.*

**WHINNY** (huf'ni), v.r. (p. e pp. WHINNIED), relinchar; sin.: *neigh.*

**WHIP** (hufp), v.r. (p. e pp. WHIPPED), chicotear; bater (nata); alinhavar; mover-se rapidamente; sin.: *switch; move rapidly.*

**WHIRL** (huêr), v.r. (p. e pp. WHIRLED), girar rapidamente; sin.: *turn or revolve speedily.*

**WHISK** (hufsk), v.r. (p. e pp. WHISKED), bater (ovos); espanar; varrer as pressas; sin.: *whip; dust; brush, sweep quickly.*

**WHISPER** (hufs'pâr), v.r. (p. e pp. WHISPERED), cochichar; sin.: *breathe; mutter.*

**WHISTLE** (hufs'sl), v.r. (p. e pp. WHISTLED), assobiar, apitar; sibilar; sin.: *hiss.*

**WHITEN** (huái'tenn), v.r. (p. e pp. WHITENED), embranquecer; sin.: *bleach.*

**WHITEWASH** (huáit'uó-ch), v.r. (p. e pp. WHITEWASHED), caiar; pintar com caiação; sin.: *whiten with dissolved lime.*

**WHITTLE** (huf'tl), v.r. (p. e pp. WHITTLED), cortar a faca; desbastar; sin.: *cut with the knife; hew.*

**WHIZ** (hufz), v.r. (p. e pp. WHIZZED), sibilar; sussurrar; zumbir; sin.: *hiss; hum, buzz.*

**WHOOP** (hup), v.r. (p. e pp. WHOOPED), berrar; vaiar; sin.: *shout; hoot.*

**WHOP** (huóp), v.r. (p. e pp. WHOPED), espancar; sin.: *cudgel; wallon; drub.*

**WIDEN** (uái'denn), v.r. (p. e pp. WIDENED), alargar; sin.: *extend; strech.*

**WIELD** (ufld), v.r. (p. e pp. WIELDED), manejar; dirigir; sin.: *handle; manage.*

**WILL** (ufl), v. aux. defect. (p. WOULD), querer; desejar; sin.: *want; wish.*

**WILT** (ufit), v.r. (p. e pp. WILTED), murchar; definhar; sin.: *wither; languish; fade.*

**WIN** (ufnn), v.i. (p. e pp. WON), ganhar; vencer; sin.: *gain; vanquish; conquest.*

**WINCE** (ufns), v.r. (p. e pp. WINCED), recuar; escoicear; sin.: *shrink; kick.*

**WIND** (ufnd), v.r. (p. e pp. WINDED), ventar; abanar; perder o fôlego; sin.: *blow; gasp.*

**WIND** (uáind), v.i. (p. e pp. WOUND), serpentear; tocar (instr. de sopro); arranjar; dar corda (a relógio); sin.: *meander; blow; fix up; turn a part to; tighten a spring.*

**WINK** (ufnk), v.r. (p. e pp. WINKED), piscar; sin.: *blink.*

**WINNOW** (uf'nôu), v.r. (p. e pp. WINNOWED), joeirar; sin.: *separate bad from good.*

**WINTER** (ufn'târ), v.r. (p. e pp. WINTERED), invernar; sin.: *pass the winter.*

**WIPE** (uáip), v.r. (p. e pp. WIPED), enxugar; sin.: *dry.*

**WIRE** (uái'âr), v.r. (p. e pp. WIRED), telegrafar; ligar, guarnecer com arame; sin.: *telegraph; fasten or surround with wire.*

**WIREDRAW** (uái'âr-drô), v.i. (p. WIREDREW; pp. WIREDRAWN), reduzir a arame; reduzir pressão; sutilizar; sin.: *reduce to wire; reduce the pressure; make too subtle.*

**WIRELESS** (uáo'âr-léss'), v.r. (p. e pp. WIRELESSED), radiografar; sin.: *radio.*

**WISH** (uf'ch), v.r. (p. e pp. WISHED), desejar; sin.: *desire; long.*

**WITCH** (uf'tch), v.r. (p. e pp. WITCHED), enfeitiçar; sin.: *bewitch; charm.*

**WITHDRAW** (uíç'dró), v.i. (p. WITHDREW; pp. WITHDRAWN), retirar; sin.: *recall, leave.*

**WITHER** (uídhâr), v.r. (p. e pp. WITHERED), murchar; secar; sin.: *fade; dry.*

**WITHHOLD** (uíç-hóld), v.i. (p. e pp. WITHHELD), reter; impedir; sin.: *hold back, detain; keep back; restrain.*

**WITHSTAND** (uíç-staend), v.i. (p. e pp. WITHSTOOD), resistir a; sin.: *oppose; resist.*

**WITNESS** (uít'néss), v.r. (p. e pp. WITNESSED), testemunhar; presenciar; atestar; sin.: *see; be present; give testimony to; attest.*

**WIVE** (uáiv), v.r. (p. e pp. WIVED), tomar como esposa; sin.: *marry, wed.*

**WONDER** (uân'dâr), v.r. (p. e pp. WONDERED), admirar; estranhar; sin.: *feel wonder.*

**WOO** (u-u'), v.r. (p. e pp WOOED), namorar; cortejar; sin.: *flirt; court.*

**WORD** (uêrd), v.r. (p. e pp. WORDED), exprimir; enunciar; sin.: *express; enunciate.*

**WORK** (uêrk), v.r. (p. e pp. WORKED), trabalhar; lavrar; surtir efeito; fermentar; sin.: *labor; toil; produce efect; ferment.*

**WORM** (uârm), v.r. (p. e pp. WORMED), livrar de vermes; introduzir-se sutilmente; sin.: *free from worms; wriggle into.*

**WORRY** (uê'ri), v.r. (p. e pp. WORRIED), preocupar-se; sin.: *harass; torment; vex.*

**WORSHIP** (uêr'chêp), v.r. (p. e pp. WORSHIPPED), adorar; sin.: *idolize; love.*

**WOUND** (u-und'), v.r. (p. e pp. WOUNDED), ferir; sin.: *injure; hurt.*

**WRANGLE** (rén'gl), v.r. (p. e pp. WRANGLED), disputar; sin.: *dispute; altercate.*

**WRAP** (rép), v.r. (p. e pp. WRAPPED), embrulhar; envolver; sin.: *envelop; pack up.*

**WREAK** (rik), v.r. (p. e pp. WREAKED), infligir; vingar; saciar; sin.: *inflict; avenge.*

**WREATH** (ri'dh), v.r. (p. e pp. WREATHED), entrelaçar; coroar; sin.: *twine; encircle.*

**WRECK** (rçek), v.r. (p. e pp. WRECKED), naufragar; arruinar; sin.: *shipwreck, sink; founder; ruin.*

**WRENCH** (ren'tch), v.r. (p. e pp. WRENTCHED), torcer; forçar; arrancar; sin.: *twist; sprain; force; pull off; extort.*

**WREST** (rést), v.r. (p. e pp. WRESTED), arrancar à força; falsear a verdade; sin.: *extort by force; twist the truth.*

**WRESTLE** (rés'tl), v.r. (p. e pp. WRESTLED), lutar corporalmente; sin.: *struggle.*

**WRIGGLE** (ri'gl), v.r. (p. e pp. WRIGGLED), torcer; retorcer-se; sin.: *twist; writhe.*

**WRING** (ring), v.i. (p. e pp. WRUNG), torcer; arrancar; sin.: *twist; force out; squeeze.*

**WRINKLE** (rin'ki), v.r. (p. e pp. WRINKLED), enrugar; franzir; dobrar; sin.: *contract; furrow; shrink; shrivel.*

**WRITE** (ráit), v.i. (p. WROTE; pp. WRITTEN), escrever; sin.: *scribe; compose.*

**WRITHE** (ri'dh), v.r. (p. e pp. WRITHED), torcer; contorcer-se; falsear a verdade; sin.: *twist violently; wrest; twist from the truth.*

**WRONG** (rông), v.r. (p. e pp. WRONGED), prejudicar; fazer mal; tratar com injustiça; sin.: *harm; injure; treat injustly.*

# X

**X-RAY** (éks-rêi), v.r. (p. e pp. X-RAYED), tirar raios-x; sin.: *photograph by Roentgen or x-rays.*

# Y

**YAWN** (ión), v.r. (p. e pp. YAWNED), bocejar; sin.: *gape.*

**YEARN** (iârn), v.r. (p. e pp. YEARNED), suspirar por; almejar; sin.: *desire earnestly.*

**YELL** (iél), v.r. (p. e pp. YELLED), urrar, berrar; vociferar; sin.: *howl; cry out; scream.*

**YELP** (iélp), v.r. (p. e pp. YELPED), latir; ladrar; sin.: *bark; bay.*

**YERK** (iérk), v.r. (p. e pp. YERKED), saltar; pular; escoicear; sin.: *jump; bound; kick.*

**YIELD** (i'ild), v.r. (p. e pp. YIELDED), produzir; restituir; capitular; sin.: *produce; return; give way.*

**YOKE** (I-óuk), v.r. (p. e pp. YOKED), pôr no jugo; ajougar; escravizar; sin.: *put a yoke on; join together; enslave.*

# Z

**ZEST** (zést), v.r. (p. e pp. ZESTED), temperar bem (a comida); sin.: *flavor; spice.*